《中国政党制度年鉴》编委会

中国政党制度年鉴

2017

中央社会主义学院中国政党制度研究中心编

中国文史出版社
CHINA CULTURAL AND HISTORICAL PRESS

图书在版编目（CIP）数据

中国政党制度年鉴·2017 / 中央社会主义学院中国政党制度研究中心编 .—北京 : 中国文史出版社，2018. 12

ISBN 978 – 7 – 5205 – 0899 – 5

Ⅰ . ①中…　Ⅱ . ①中…　Ⅲ . ①政党 – 政治制度 – 中国 – 2017 – 年鉴　Ⅳ . ① D665 – 54

中国版本图书馆 CIP 数据核字（2018）第 270889 号

中国政党制度年鉴·2017

编　　者：中央社会主义学院中国政党制度研究中心
责任编辑：徐玉霞
文字编辑：朱　虹
封面设计：敬德永业

出版发行：**中国文史出版社**
网　　址：www.chinawenshi.net
地　　址：北京市海淀区西八里庄69号院　　邮编：100142
电　　话：010–81136606　81136602　81136603（发行部）
传　　真：010–81136666
印　　装：北京新华印刷有限公司
经　　销：全国新华书店
开　　本：787 × 1092　　16开
印　　张：78
字　　数：1622千字
版　　次：2018年12月北京第1版
印　　次：2018年12月第1次印刷
定　　价：290.00元

编辑说明

一、《中国政党制度年鉴》是中央社会主义学院中国政党制度研究中心主编的一部专业性年鉴。它全面、系统地记录和反映了一年内执政党建设理论和实践研究、政党制度理论创新和实践发展、参政党建设理论和参政能力建设的基本情况。鉴于目前国内关于执政党研究的理论和实践成果十分丰富，它突出介绍了我国政党制度和参政党的研究和实践状况。

二、《中国政党制度年鉴》以中国特色社会主义理论体系为指导，力争全面、客观地反映中国共产党领导的多党合作和政治协商制度的理论研究动态、实践成果、政党和政党制度建设情况。

三、本年鉴框架相对稳定。《中国政党制度年鉴·2017》共设中国政党制度研究、执政党研究、参政党研究、重要文献、政党活动纪要、政党人物、学术会议、参政议政案例选、附录共九个栏目。

四、重要文献主要选编各民主党派本年度内关于参政议政、自身建设等重要文件、条例、规章制度，大会报告；学术会议是指与政党和政党制度研究相关的学术会议；附录一、附录二分别介绍了台湾政党制度、国外政党制度年度研究状况，附录三收录国内本年度关于政党制度相关研究的重点文献资料。欢迎社会各界积极推介有关政党制度的研究成果、学术会议和学术人物，我们将按标准收入年鉴。

五、鉴于中国政党制度的学科体系尚未规范，有关这方面的研究成果散见于各个学科之中，给资料收集工作带来很大困难，加上我们的学术水平和编辑能力所限，疏漏和不足之处在所难免，恳请广大读者不吝赐教，以便我们在今后的编辑工作中努力改进，使之不断完善。

目 录

C O N T E N T S

中国政党制度研究

执政党研究

参政党研究

重要文献

政党活动纪要

政党人物

学术会议

参政议政案例选

附　录

中国政党制度研究

中国政党制度研究述评

2017年，中共十九大胜利召开，吹响了决胜全面建成小康社会、夺取新时代中国特色社会主义伟大胜利、实现中华民族伟大复兴中国梦的号角。各民主党派不忘合作初心，继续携手前进，与中国共产党共同担负起新时代的光荣使命，在建设社会主义现代化强国的新征程中展示新气象、展现新作为。2017年也是实施"十三五"规划的重要一年，是推进供给侧结构性改革的深化之年。各民主党派坚持中国共产党的领导，深入开展"不忘合作初心，继续携手前进"专题教育；紧紧围绕"十三五"规划实施建言献策，深入调查研究，建真言、谋良策；继续开展脱贫攻坚民主监督，为打赢脱贫攻坚战做出了积极贡献。2017年还是各民主党派中央换届年，自11月27日至12月24日，八个民主党派陆续召开全国代表大会，这是各民主党派在中国特色社会主义进入新时代召开的第一次全国代表大会。中共中央对各民主党派全国代表大会高度重视，分别致辞表示祝贺。各民主党派把政治交接贯穿换届工作全过程，坚持德才兼备、以德为先的选人用人导向，做好人选酝酿、民主推荐、沟通协商、人选考察等各项工作。

一年中，专家学者们以习近平新时代中国特色社会主义思想为指导，深入学习贯彻中共中央有关文件精神，在以往研究的基础上，对中国政党制度展开了更为系统、深入的理论探索。相比较而言，本年度中国政党制度研究重点集中在坚持和完善中国的多党合作制度，构建多党合作话语体系、提高制度效能，民主党派参加中国共产党领导的政治协商的理论、机制和实践、社会主义协商民主与国家治理、切实加强民主党派民主监督、搞好人民政协民主监督等现实问题上。总的来看，在以往研究的基础上，2017年中国政党制度研究在视野上更加注重文化文明对比和世界历史意义，在理论上注重用习近平新时代中国特色社会主义思想指导理论创新，在方法上更加注重实证研究和制度分析，在研究旨趣上则体现出特别注重各地实际经验总结的特点。中共十九大召开以后，政党制度创新研究成为新的热点。

一、中国政党制度的形成和发展

围绕中国政党制度的形成和发展，本年度学者们一方面聚焦于从宏观上论述中国政党制度的发展史，在宏大叙事的广阔背景下展开历史研究；另一方面，研究趋向纵深、具体，通过对关键历史时刻的深描，展现中国人民历经艰难探索和失败，最终选择了中国共产党领导的多党合作和政治协商制度的历史线索。与此同时，本年度的研究重视政党制度的文化分析，深刻反映出政党制度的文化根性；重视比较研究，展现中国政党制度的世界意义。因而，呈现出厚重历史现实性、理论的解释力、文化的自信力、制度的特殊性，在民族性与现代性的交织中，引领人们深入理解中国政党制度合理性、现实性，增强制度自信。学者们以习近平新时代中国特色社会主义思想为指导，回顾民主党派接受中国共产党的领导与中国共产党团结合作的历史，揭示出各民主党派不忘合作初心，继续在中国共产党领导下，沿着中国特色社会主义道路奋勇前进的历史传承和现实面向，极具历史意识和现实感。

（一）关于中国政党制度形成的历史回顾与思考

多党合作制是从中国土壤里生长起来的。中国的政党制度经历了民国初年的竞争型“多党制”、垄断型“一党制”，最终向“多党合作制”演变的历史过程，体现着近现代中国政治发展的制度变迁。学者们围绕历史脉络进行回顾、考据和比较，发表的文章从不同侧面展现了多党合作的历史过程、重要事件，深刻反映出政党制度的文化根性，展现了中国政党制度的世界意义，形成一批创新性成果。与往年比较其突出的特点是：在宏大叙事的广阔背景下，对关键历史时刻的深描更加细致、深刻。

于维力在《中国特色政党制度与协商民主：基于历史、比较与发展的分析方法探究》（《大连干部学刊》2017年第4期）一文中认为，中国共产党领导的多党合作和政治协商制度，是具有中国特色与中国经验的政党间协商合作的有效模式。在全面建成小康社会即将实现的关键时期，需要坚持对于中国特色政党制度的自信，用正确的认知方法去全面理解当前我国所选择并坚持的政党制度。从纵向的历史维度来看，中国特色政党制度具有存在的历史必然性。在中国这样一个传统色彩强烈又极度不平衡的封建大国，究竟选择什么样的政党制度经历了一个摸索前进的过程，近代以来的革命家和先进知识分子不断从理论与现实的结合点中探究答案，并经历了由竞争型“多党制”、垄断型“一党制”最终向合作型“多党合作制”确立的这样一个历史选择的过程，从这个维度来讲，我们可以当之无愧地说中国特色政党制度是历史的选择。1949年9月，14个党派参加了中国人民政治协商会议，标志着中国共产党领导的多党合作和政治协商制度的正式确立。新中国成立以后，中国共产党在国家发展的各个时期都积极推动重大事件、重大发展方略的政治协商与民主互动，努力搭建多党合作的制度化平台，不断促进着国家政治生活的科学化与民主化。

骆平在《“民主之家”特园在多党合作史上的地位和作用研究》（《上海市社会主义学院学报》2017年第5期）一文中认为，第一，特园是抗日战争和解放战争初期中共和各民主党派、民主人士开展多党合作的重要场所。第二，中共中央南方局在特园的活动为我国多党合作制度形成打下了坚实的实践基础。抗战时期，重庆是中国共产党领导的统战工作的重要践行地，特园是中国共产党在重庆开展多党合作实践的重要场所之一。特园是南方局在重庆贯彻党的抗日民族统一战线政策的重要场所，积极利用特园宣传中共政策、讲解时事，促进各界人士对中共的了解；在特园破除国民党虚假宣传，廓清错误认识；借特园沟通各方，促统一行动。第三，特园是中国民主同盟和民革前身的一部分——三民主义同志联合会的诞生地，在特园成立的中国民主同盟、三民主义同志联合会为多党合作正式形成提供了组织条件。第四，在特园订立的“君子协定”为我国“政治协商”制度的确立打下了基础。第五，特园是中国共产党和爱国民主人士团结合作、患难与共的传统得以孕育和形成的重要场所。特园在我国多党合作形成过程中所做出的突出贡献，将永载青史。

周巧生在《多党合作在旧政协和新政协中的比较研究》(《统一战线学研究》2017 年第 6 期）一文中认为，20 世纪 40 年代，我国先后召开了两次政治协商会议。1946 年，由中国国民党召集的政治协商会议被称为“旧政协”；1949 年，由中国共产党和各民主党派、各人民团体、各界人士共同召开的政治协商会议一度被称为“新政协”，后被正式确定为“中国人民政治协商会议”。无论是旧政协还是新政协，多党合作在促成会议召开、达成会议成果等方面发挥了重要作用。但新政协与旧政协在性质上根本不同，多党合作也表现出迥异的政治风貌。第一，多党合作领导权的比较。旧政协期间，多党合作在国民党竭力巩固其一党专政的背景下开展。新政协期间，多党合作在各民主党派主动承认中共的领导地位下开展。第二，多党合作的对象比较。旧政协期间，中共合作的主要对象是以民盟为代表的民主党派以及部分民主人士。新政协期间，中共团结了一切可以团结的民主党派。第三，多党合作的性质比较。旧政协中的多党合作带有一定的妥协性质。新政协中的多党合作是在新民主主义最高原则指导下的团结合作。第四，多党合作的方式比较。旧政协期间，多党合作主要以中共和民盟通过订立“君子协定”的形式进行。新政协期间，多党合作由成文的规则和条款保障。第五，多党合作的结果比较。旧政协的多党合作成果最终被破坏。新政协中多党合作完成了成立新中国的使命并有了组织形式。中国共产党在领导人民进行革命、建设和改革的实践中，坚持从中国国情出发，既没有照搬照抄西方国家的两党制和多党制，也没有选择一些国家的一党制，而是与各民主党派和无党派人士一起，创立和发展了多党合作制度这一新型政党制度形式，成为世界政党制度中的一朵奇葩。这一政党制度具有历史选择的必然性、政治体制的独创性和政治效能的优越性等诸多优势，具有鲜明的中国特色。

张志永在《建国与建制：西柏坡时期当代中国政党制度的初创》[《安徽师范大学学报（人文社会科学版)》2017 年第 1 期］一文中认为，西柏坡时期既是筹备召开新政治协商会议、建立新中国的关键时期，又是当代中国政党制度的奠基阶段，中共中央在平山县李家庄与各民主党派、无党派民主人士团结合作、民主建国。通过一系列的学习和比较，李家庄“民主人士均感收获甚大”，他们迅速地从爱国主义转向了新民主主义，自觉地接受了中共的领导，他们人数虽少，但在筹备召开新政协会议等重大事宜上发挥了先锋带头作用。1949 年 1 月 22 日，李济深、沈钧儒、马叙伦、郭沫若、谭平山等 55 人正式发表声明，“一致认定……愿在中共领导下，献其绵薄，贯彻始终，以冀中国人民民主革命之迅速成功，独立、自由，和平、幸福的新中国之早日实现”。这标志着民主党派和民主人士正式接受了中共新民主主义理论和中共的领导。中国共产党与各民主党派、无党派民主人士在筹备新政协的过程中，不仅达成了多党合作、政治协商的共识和规范，还基本上形成了各民主党派、无党派民主人士政治参与的具体形式，诸如中共与各民主党派领导人之间政治协商、座谈会、通报情况、谈心活动、民主人士参政议政等，调动各民主党派和无党派民主人士的积极性，初步探索出了一条中国式的多党合作的新道路，拉开了中国特色民主政治的序幕。西柏坡时期中国共产党以建设独立、自由和富强的新中国为圭臬，真正代表人民的利益而非一党之私的权位算计，自觉地自我限定权力，开启了从革命党向执政党乃至自身现代化的历史转型，并把统一战线工作发展为国家政党制度建设。

代星均在《坚持中国特色政党制度的“四个自信”》（《学理论》2017 年第 1 期）一文中认为，历史证明，中国特色政党制度之所以行得通、有生命力，就是因为它植根于中国土壤，是中国政党政治发展的必然产物。从放眼西方，效仿西方政党制度成立政治团体到孙中山领导成立中国历史上第一个现代意义上的政党——中国同盟会，继而推翻帝制、成立“中华民国”，由此拉开了中国政党政治的序幕，开始了中国政党制度模式的艰辛探索。民国初年，议会制、内阁制被移植引入新政权，但最终的复辟宣告了这一段竞争性政党政治实验的破产与失败。议会制、多党制行不通，近代民主政治的发展决定了一党专政也走不下去。实行一党独裁的蒋介石最终溃败大陆、退守台湾，就是一党专制在中国行不通的最好例证。与此相反，中国共产党在对中国国情和革命道路深入分析的基础上，较早形成了政党联合的认识并付诸统一战线的革命实践。在中国共产党统一战线的团结和影响下，各民主党派与中国共产党在抗日战争和解放战争中开展密切合作，结下深厚友谊，形成广泛共识。1948 年 4 月，中国共产党提出召开政治协商会议、成立民主联合政府的主张，得到各民主党派人士的热烈拥护。1949 年 9 月中国共产党与各民主党派召开中国人民政治协商会议，共商共议，通过了《中国人民政治协商会议共同纲领》，中国共产党领导的多党合作制度由此正式确立。由此可见，中国特色政党制度的形成是中国政党政治发展的必然结果，是中国共产党与民主党派长期保持关系的最高形式，是符合中国社会内在发展逻辑的必然选择。

（二）对政党制度发展历史问题的思考

鉴往可以知来，以史为镜可以知兴衰。本年度相关研究成果较多。在历史梳理的基础上理解中国政党制度的历史必然性，是历史研究的旨归，也是理论探索的的鹄。学者们把中国政党政治放在政治现代化的历史进程中考察，强调中国政党政治的次生属性，突出政党政治转型中的基本问题，关注中西政党制度、政党政治在发生和发展上的根本性差异，探析政党制度背后的政治力量，强调中国政党制度探索的特殊性，具有大历史与现实感交织、理论构建与视角多元的厚重性和解释力。本年度相关研究具有从单纯历史叙述向理论型历史叙述转变，从单线条中国叙事向中西横向比较反思转变的鲜明特点。本年度的几篇文章在理论深度和历史广度上较往年有较大突破。

董亚炜在《历史与理论：政治学视角下的中国政党制度》（《中共浙江省委党校学报》2017 年第 4 期）一文中认为，中国特色的政党制度在中国政治制度中具有主体性地位和作用，它是中国现代民主革命历史发展必然逻辑的产物，从根本上取决于中国特殊的革命道路和建国道路。1948 年 4 月，中国共产党提出召开新政治协商会议、成立民主联合政府的主张，得到各民主党派和无党派民主人士的热烈响应。他们公开表示，愿意在中国共产党的领导下，共同为建立新中国而奋斗。中国政党制度中的八个民主党派正是在新民主主义革命过程中，与中国共产党一道建立了新中国。从一开始，中国政党制度就与中国民主革命时期统一战线组织形式——政治协商会议内在地联系在一起。中国特色政党制度是中国共产党在领导中国民主革命过程中，在马克思主义革命理论，尤其是统一战线理论和政策指导下，领导中国革命的结果。其中，党的群众路线起着根本性的作用，正是由于中国共产党所开创的群众路线，党的统一战线方略才得以实现。具体来说，党的群众路线的一个重要特征和价值追求就是党与人民群众之间要形成一种制度化的关系，而社会主义协商民主正是群众路线制度化的体现。这就决定了中国特色政党制度的坚持和完善必须从中国特殊的革命道路和中国特色的民主政治中来寻求动力和源头。对于中国政党制度来说，主要在党的领导与人民民主之间运行协商民主，将选举民主与协商民主有机地结合起来。

张建伟在《政党制度差异探源：理论范式与创新框架》(《甘肃理论学刊》2017 年第 2 期）一文中认为，探寻不同政党制度的产生根源，是政党研究的核心议题。现有的解释政党制度差异的理论可归为三大范式：社会中心范式、制度中心范式与政党中心范式，每种范式都有其独特的理论贡献，同时也都存在着适用性方面的局限。在系统梳理三大理论范式的内容主旨、因果机制与适用性局限的基础上，作者尝试提出一个新的初步框架——党际间的多元竞争模型，该框架立足于政党中心范式，从政党间的纲领分歧层次与政党间的组织能力对比这两个变量，来解释后发展国家中不同政党制度的历史起源，亦即在后发展国家的政体建构过程中，政党之间在纲领上的分歧层次以及组织能力上的力量对比，决定了政治斗争的基本规则和形式，并最终导致了作为竞争结果的不同政党制度。

肖存良在《社会冲突、政治力量与政党制度——政党制度解释的新视角》[《中南大学学报（社会科学版)》2017 年第 3 期］一文中认为，任何政党制度都是社会冲突的产物。各政党之间政治力量的不对等塑造了政党制度。政党制度背后的政治力量虽然与经济和文化相联系，但主要包括两类：一是社会力量；二是军事力量。政治力量通过军事力量和社会力量塑造政党制度。社会力量主要包括两个方面：一是政党所代表社会阶级阶层的力量，即政党制度中各政党受到社会支持的程度和所代表社会阶级阶层人口数量的多少，如果政党所代表的社会阶级阶层越多，人口数量越大，社会支持度越高，社会代表性越强，政党的社会力量也就越大。二是政党渗透社会的程度，政党与社会联系越密切，渗透社会的程度越高，社会力量也就越强。军事力量体现为政党对军队和武装力量的支配和控制能力，政党能够控制的军队和武装力量越大越强，则政党的军事力量越大，反之，政党的军事力量则越小。西方发达国家的政党制度主要由社会力量决定，而后发展国家的政党制度则受军事力量和社会力量双重影响。而且由于后发展国家缺乏成熟的竞争性选举，因而军事力量比社会力量更为强烈地影响政党制度。这是后发展国家与西方发达国家的重要差别所在。中国政党制度也是军事力量与社会力量双重复合的结果。辛亥革命以来的历史过程表明，中国政党制度的形成受到了军事力量的强大干预，军事力量妨碍了民初两党制的形成，支撑了土地革命战争时期国民党的一党制，国民党在抗日战争时期军事力量的弱化也伴随着一党制的弱化。抗日战争胜利之后，国民党又以军事力量干预两党制的形成。解放战争时期，中国共产党以军事力量打败国民党，中国共产党与民主党派之间的力量不对等与政治合作又促使民主党派宣布接受中国共产党的领导，从而把军事力量嵌入政党制度中。与之前袁世凯和蒋介石忽视社会力量不同，中国共产党基于民主党派的社会力量以及合作历程，与民主党派合作协商，从而形成了中国现在的政党制度。所以中国现在的政党制度是中国政治力量结构的内在必然，也是军事力量与社会力量双重复合的必然结果。

杨卫敏在《中国特色政党制度的优势及对世界的贡献——“为人类对更好社会制度的探索提供中国方案”之管见》（《统一战线学研究》2017 年第 1 期）一文中认为，可以从中国方案提出的背景、意义看中国特色政党制度所蕴含的智慧和力量。作为对中世纪封建专制的革命成果，西方的两党制和多党制长期以来被奉为民主的圭臬。当前，提出政党制度的中国方案具有深刻的时代背景。一是危机和困局让西式民主从神坛跌落尘埃：两党制和多党制不是“万能之药”。二是苏共垮台前苏联解体后 26 年来的演变表明：采用适合本国国情的政党制度具有极端重要性。三是第三世界国家从照搬西方多党制带来的噩梦中觉醒：中国式良政比形式上的民主更重要。四是中国发展奇迹不仅让中国人自信也让世界进行制度反思，“北京共识”和“中国模式”应运而生。中国特色政党制度所蕴含的政治智慧，一是体现了中国共产党和中国人民对向世界做出贡献的不懈追求和责任担当；二是意味着从“中国特色”到“中国模式”的转段升级；三是打破了西方对社会发展制度的话语垄断权；四是开创了不同文明对话的新模式。

陈钰业在《从大历史视野看中国政党政治实践的历史分期》（《湖南社会主义学院学报》2017 年第 3 期）一文中认为，从大历史视野来看，中国近代政党政治实践的历史就是中国走向近现代化的历史，也是中国特色政党制度探索实践和发展成型的历史。在近代以来一百多年革命、建设和改革开放的历史实践中，从西方引进的现代政党思想理论制度全面内化为中国特色的思想理论和制度，在外来文化制度本土化过程中贯通儒释道、兼容中西马，最终形成中国特色的政党制度和政党理论体系。其内在运行逻辑就是遵循人类历史发展规律，坚持继承优秀传统文化与吸收外来文明成果相结合，在推陈出新中实现外来思想文化制度中国化与现代化。中国特色的政党制度既不同于西方多党制，也不同于两党制，更不同于有些国家实行的一党制，而是中国特色的多党合作和政治协商制度，体现在合作与协商。这一制度与中国多元一体的政治文化相符合，与中国多元一统的传统历史国情相一致，也与中国单一制多民族国家体制相一致，与中国政治高度统一、民族深度融合的政治情感相一致，成功解决了地域板块差异与一体、权力分配与制衡、政治分权与政权统一、中央统一与地方分治相统一的问题，很好地解决了中国的国家治理中多元主体与一元政治冲突的问题。

二、中国政党制度的基本格局和主体关系

自新中国成立以来，无论经济社会条件如何变化，无论我国发展处于何种阶段，我国政党制度的基本格局都保持稳定，只是具体内容随着时代发展而不断发展变化。如何有效地协调各种社会政治主体的关系，适应新时代中国特色社会主义主要矛盾变化的要求，不断巩固多党合作的政治格局，仍然是中国政党制度理论和实践研究的重要领域。2017 年，学者们继续围绕多党合作与国家政权、政党制度与现代国家建构的关系、政党

结构模式、具体政党关系个案等几个大的方面，展开深入探讨。与往年相关研究相比，本年度学者们更加侧重从社会主义民主、统一战线与现代国家构建和治理这一更高的视野、更学理的角度和更多元的切入点，对与政党有关的问题展开研究，有的研究还是具有历史价值的。

（一）中国政党制度与政权、治理的关系

政党是以接近或进入国家政权，寻求掌握或影响公共权力运行为目的的政治组织。政党政治是使民主运转起来的工具，与国家政权和治理体系紧密相关。政党制度与国体、政体的关系问题是一个基本问题，在中国理解政党制度的基本问题需要从人民民主专政的国体这个基础出发，包容内涵不断调整，呈扩大趋势的“人民”，使得社会主义国家的人民民主实现的主体人数众多、构成特别复杂多元，因而中国政党制度具有特别的包容性，还要有特别的整合力量，这决定着中国政党制度的基本结构，也是中国政党制度理论依据。“中心—多元”政党结构模式的调适是中国政党与现代国家的关系演进的内在逻辑，发展、民主和团结是中国政党制度对现代国家的贡献。我们仍需要着眼于社会现代化和精致化治理的要求，坚持和完善当代中国政党制度，探索一条统一了民族性与现代性、融会了法治精神与民主实践的国家治理现代化之路。

董亚炜在《“大众民主”与社会整合：中国政党制度构建的理论依据》（《中共中央党校学报》2017 年第 6 期）一文中认为，在中国政党制度的研究中，关键的是要坚持“问题导向”，在研究中国政党制度中，有几个基本问题迫切需要从理论上进行回答。中国政党制度是与人民民主专政的国体相适应的，是人民民主的具体体现，在实现人民自身解放中发挥着重要的作用。因此，对中国政党制度中存在的基本问题的解释，必须从人民民主专政的基本特征中去寻找。人民民主与西方民主相比，其最大的本质特征就是“大众民主”，即大多数人的民主。这里的人民首先以无产阶级为主体，随着社会主义国家经济社会结构的变化，其内涵也不断发生着变化，在今天，人民范畴就包括社会主义劳动者、社会主义事业建设者、拥护社会主义的爱国者和拥护国家统一的爱国者等社会主体，无论怎样，从数量来看，都是社会大众。“大众民主”在数量上所具有的这种特点是人民民主包容性的体现。这就意味着在社会主义政治中，不能用单纯的社会阶级构成来分析政党制度，政党与阶级之间的关系已不再是机械的对应关系。社会主义国家政党与阶级之间的关系所具有的新的特征，从根本上取决于社会主义国家本身的过渡性。社会主义国家具有的这种过渡性，决定了社会主义政党制度所具有的双重属性。一方面，无产阶级及其先锋队仍然担负着解放自身和其他阶级的历史使命。这决定了无产阶级及其政党必须坚持革命时期形成的统一战线的基本方略，体现党的革命性，在党执政的社会主义时期，统一战线已从革命时期的从属于革命的阶级理论，转变为党执政条件下的社会整合理论，统一战线具有在社会主义国家的人民内部实现阶级改造和社会流动的功能。统一战线所具有的革命性和包容性的双重属性从根本上决定着中国政党制度的性质和理论依据，它们都是“大众民主”实现的具体体现。由于社会主义国家民主实现的主体人数众多，因而要求其具有特别的包容性；同时由于大众的构成特别复杂多元，因而要求社会有特别的整合力量。这决定着中国政党制度的基本结构，也是中国政党制度的理论依

据。"大众民主"这种形态就是群众路线制度化的过程。从这样的逻辑出发，党的群众路线无疑也是中国政党制度的基本理论分析框架。

池步云在《中国政党制度与现代国家互动历程研究》[《当代世界与社会主义（双月刊）》2017年第4期]一文中认为，"合法性—有效性"的二元框架是学界探讨中国政党制度与现代国家关系的既有路径。20世纪初，中国国家形态面临着从传统帝国向现代国家的历史性转变。由于国家转型是在外部压力引发的全面危机下被迫启动的，故而缺乏内在的担当力量。在既有的阶级或阶层无法支撑和引领国家转型的情况下，需要新的能够将自在的社会凝聚起来的组织力量。在现代政治条件下，这个力量就是政党。相对于后发国家政治上软弱的文化民族，政治上成熟的政党足以提供现代国家建设所要求的观念设计、制度供给和社会动员。从文化国家转变为政党国家，而非民族国家，成为中国国家形态由古典迈向现代的必由之路。中国共产党在统一战线的实践过程中，与各民主党派建立起协商合作的关系，党派相互间对政治价值的肯定为新中国政党制度的形成奠定了基础。从历时性视角看，中国政党制度与现代国家的关系经历了1949—1978年的组织性同构、1978—2005年的制度性嵌入、2005年至今效能性共生三个阶段。"中心—多元"政党结构模式的调适是两者关系演进的内在逻辑。国家与社会关系的深刻变革是政党制度与国家关系变迁的外部压力，现代社会的发育驱动了政党从国家化向社会化的回归，使政党成为沟通国家与社会的桥梁，政党制度成为多方参与的治理平台。中国共产党的适应性调整是政党制度与国家关系变迁的内生动力，中国共产党政党权力的合理收缩与规范行使，形成了对其他社会力量参与现代化与国家建设的客观需要，因此成为政党制度自成体系并获得独立发展的重要动力。民主党派的回应性转型是政党制度与国家关系变迁的结构推力。政党合作和协商机制的完善是政党制度与国家关系变迁的制度拉力。中国政党制度对现代国家的贡献，体现为凝聚力量、推动发展，包容协商、激发民主和多方整合、促进团结。政治协商是今后中国进一步发展政党制度的关键。

（二）关于政党关系问题

政党关系直接反映一个国家政党制度的实质，政党制度规约并塑造了政党关系。因此，政党关系问题及相关研究一直就是政党制度研究的关键环节。我国政党制度对于政党关系问题的基本要求集中体现在"十六字方针"以及建构和谐政党关系方面。本年度，围绕怎样建构、巩固、发展和谐政党关系，有些学者从统一战线的视角来理解政党关系，强调中国政党关系的联盟性质，具有学理性；有些学者从中国政党制度框架下政党关系的"和而不同""大同小异"，强调构建和谐政党关系关键要充分发挥民主党派的民主监督的作用；还有些学者以某个党派与中共的关系为案例来诠释政党关系和谐的历史渊源、保障机制和现实问题，有很强的理论与现实意义。总的来看，今年研究的特点是强调政党关系的中国文化基础，学理性较强，相关研究各陈己见，各展特色，都有其独到之处，值得深度关注。

董必荣在《建国以来中国共产党与民盟关系探讨——兼论政党关系和谐》（《上海市社会主义学院学报》2017年第1期）一文中认为，社会和谐是中国特色社会主义的本质属性，构建和谐社会必须最大限度地"促进政党关系、民族关系、宗教关系、阶层关系、海内外同胞关系的和谐”，其中位列首位的是政党关系。因为只有政党关系和谐才能有稳定团结的政治局面，只有政党关系和谐才能保证其他关系的和谐，所以政党关系和谐是实现其他关系和谐的政治基础。目前我国的政党关系是这五种关系中处理得最好的，对其他四种关系有榜样、示范、借鉴、促进作用。中国民主同盟在八个民主党派中人数最多，又集中了大量高等院校中的高级知识分子，加强民盟与中国共产党关系问题研究，作为一个典型样本，有很强的理论与现实意义。第一，中国共产党与中国民主同盟关系的历史，可以分为：（1）1949—1957 年多党合作阶段。中国共产党与民盟及各民主党派一起组建新中国、一起进行社会主义改造，走上社会主义道路。早在新民主主义革命时期，民盟就与中国共产党进行了各方面的合作，这为以后两党的进一步合作奠定了历史基础。1948 年 6 月 14 日积极响应“五一口号”，抛弃幻想，反对美蒋反动派。参加新政协，筹建新中国。积极参与社会改革，积极投身于社会主义改造。（2）1957—1977 年特殊时期，也是我国政党关系的磨合期，特别是“文化大革命”时期，中国共产党领导的多党合作制度名存实亡。（3）1978 年至现在，走向和谐。第二，政党关系和谐的保障机制。一是法律保障，这是政党和谐关系的主要保障。二是制度保障。三是方针政策保障。四是文化支持，中国传统文化中“和合”思想为我国政党关系的和谐提供了强大的支持。第三，在我国，由于执政党与参政党在数量、政治地位上来说是不对称、不均衡的，进而导致双方掌握的权力、信息、资源等也是不均衡的，所以还存在着这样那样的问题，主要有：（1）执政与参政议政的和谐问题。中国共产党要多给党外人士直接参政议政的机会，锻炼他们的政治能力。（2）互相监督的和谐问题。主要表现为中国共产党监督各民主党派易，民主党派监督中国共产党难。制度缺失与信息不对称使民主党派不能监督，而地位不对称又使民主党派不敢监督，长此以往，又使民主党派不善监督。（3）政治协商的和谐问题。主要在基层单位出现了“上热中温下凉”的现象，具体表现为随意性、流于形式、不注意意见反馈、居高临下。我国政党关系的和谐还任重道远，需要各方努力。

朱小宝在《统一战线学视域下的政党关系探略》（《湖南省社会主义学院学报》2017 年第 6 期）一文中认为，统战学所说的政党关系，是近、现代复杂统一战线内部结构中的诸多联系之一，是政党制度中一个最基本的关系，在国家政治和社会生活的一系列重大关系中处于核心地位。从统一战线学的视角，中国共产党就是领导者，各民主党派则是同盟者，我们要构建的政党关系，应该是一种和谐并充满活力的政党关系，这是中国特色政党关系的根本要旨和本质属性，是政党关系的最佳或理想状态，也是统一战线学学科建设的重要课题和研究内容。中国特色社会主义发展已经进入了一个新的时代，这就需要我们大力筑就更为巩固、更为和谐、更加充满活力的政党关系。长期以来，马克思主义经典作家和党的领袖，对于政党关系有相当多的重要论述，这是我们发展中国特色和谐政党关系的理论依据和行动指南。党的十八大以来，以习近平同志为核心的党中央审时度势，发展了和谐政党关系理论，提出要“发展充满活力的政党关系”，这对于巩固和发展我国的政党关系具有重要意义。坚持中国共产党的领导，此为发展和谐和充满活力的政党关系的政治保障；加强多党合作制度建设，此为发展和谐和充满活力的政党关系的制度保障；充分发扬社会主义民主，此为发展和谐和充满活力的政党关系的重要手段；强化民主党派能力建设，此为发展和谐和充满活力的政党关系的能力保障。

胡小燕在《从和谐政党关系构建的视角看充分发挥民主监督职能的重要意义》(《湖北省社会主义学院学报》2017 年第 4 期)一文中认为，以和为贵、和而不同的和谐政党关系是中国政党制度的必然要求。政党关系是现代国家最重要的关系之一。中国在近代化过程中建立起来的政党制度，其内核脱离不了传统政治文化的影响，故形成了特色鲜明的、与西方竞争型政党制度截然不同的政党制度——中国共产党领导的多党合作和政治协商制度。在此政党制度中，无论是执政党还是参政党，均是在“如何把国家治理得更好”这一命题下，通过协商合作的方式各司其职。这种独具特色的政党制度，以协商合作为基本特点，这也就决定了政党关系的核心精髓必然是“以和为贵”。执政党和参政党发挥各自的政党职能，通过协商合作的方式凝聚最大合力，达成最大共识，实现国家利益的最大化。在中国政党制度框架下构建和谐政党关系，其内涵强调“和而不同”。构建和谐政党关系，关键要充分发挥民主党派的职能作用，尤其是民主监督的作用，因为民主监督职能是其他任何一种资政机构或部门都无法拥有的能力，是民主党派身为参政党的独特标志，是执政党之外的“不同之声”“不同之行”，是政党关系和谐的重要体现和保障。必须要对民主监督的程序、制度等方面加强建设，民主党派也要提升自身政治素质和体现政党价值。

三、中国政党制度的特色和优势

围绕中国政党制度特色和优势这一基本问题，本年度学者们继续调整了探索角度，重视从文化和制度的差异等视角出发，依托中国政党制度的基本结构，以及中外政党制度比较等，融会政党关系、政党与政权关系、政党与公民关系等问题，展开经验探讨和比较研究，取得了不少有价值的研究成果。总括这些成果可以看到：首先，中国政党制度的特色和优势关键在于其适合中国的国情，适合中国社会发展的要求，在于其在解决中国问题、促进中国发展中的高效率和无可替代的性质。其次，作为一种从理念设计到经验实践都有效满足了当代中国政治发展和经济社会要求的政党制度，中国共产党领导的多党合作和政治协商制度为人类政治文明贡献了一种新的制度模式。再者，鉴于中国政党制度的特色和优势，我们必须要有足够的制度自信。中国政党制度的独特性、先进性并不排斥其对国外相关政治文明成果的吸收和借鉴，但此种吸收和借鉴是基于满足中国现实国情与发展需要前提基础之上的，绝对不能是无原则的照抄照搬。

（一）关于中国政党制度的特色与模式

中国的国情、中国的实践自然会生发中国风格和气派的民主政治和政党政治，自然会形成中国特色和模式的政党制度。本年度相关研究体量较去年增长明显。围绕中国政党制度特色与模式这一主题，本年度相关成果的鲜明特点是重视从文化角度阐述中国政党制度；从当代中国的政党制度一系列特有的关系或范畴出发来理解制度特色和模式，强调它是世界政党政治发展中的一种新范式、是对西方话语的突破；注重中国共产党的领导和制度建构方面的驱动作用，强调执政稳固性，领导核心的坐镇统筹，反映了研究者深入到了中国政党制度的本质特征层面。相关研究结果表明：中国的合作型政党制度实现了领导和参与、执政与参政、协商与共识、选举与协商、合作与竞争、监督与共荣的内在统一和有机融合，完全不同于西方竞争型政党制度模式。此种制度模式建立在深厚的中国传统历史、文化基础之上，与人民民主专政的国体、人民代表大会制的政体以及民主集中制的组织原则相适应，是依国情而生、依社会现实而长的一项具有特色的基本政治制度，此种制度模式有利于实现参与、民主和团结，具有包容性、开放性，是世界政党政治中一种崭新的制度类型。

袁廷华在《中国政党制度提供了一种新范式》(《世界社会主义研究》2017 年第 4 期）一文中认为，中国政党制度的运行与中国经济社会快速发展、国家治理水平不断提高的实践相结合，给世界政党政治发展带来一种新范式、一种西方话语无法解释的新模式。中国政党制度的理论与实践表明，民主不是只有一种模式，实现民主的形式和路径是多样的，这是由人类文明发展的多样性所决定的。一个国家实行什么样的政党制度，是由该国的国情、国家性质和社会发展状况决定的。中国政党制度的实践为世界政党政治发展提供了有益借鉴，为人类社会民主政治和政治文明发展做出了独特贡献，也为发展中国家走出一条既吸收人类文明优秀成果，又符合本国实际的政治发展道路提供了成功范例。具体来讲，其创造了一种新型民主实现形式，创造了一种新型执政方式，创造了一种新型政党关系。

钱牧在《试论当代中国政党制度中的基本范畴和特殊范畴》(《湖北社会科学》2017 年第 9 期）一文中认为，当代中国的政党制度是一个多层次、多样化的制度体系，它包含着一系列的关系或范畴。我国政党制度的基本关系范畴包括：第一，领导与参与是我国政党制度存续的前提与基础。中国共产党对各民主党派实行政治领导，基本方式是宣传和教育的方式，而不采用指令或命令的方式。中国共产党对各民主党派进行领导的基本方法是在具体的工作中对各民主党派进行具体领导，一方面，各级执政党的领导机构围绕国家和地方的中心工作，对各民主党派进行宏观上的指导，引导其服务于党的路线方针政策；另一方面，中国共产党要在具体的工作中为各民主党派履职尽责创造良好的环境和条件，帮助而非代替它们开展工作。第二，执政与参政是政党制度运行的关键。各民主党派参与中国共产党就重大方针政策和重要事务进行的政党间的政治协商，即党际协商。各民主党派成员进入人民代表大会行使国家权力；各民主党派成员进入各级国家行政机关担任领导职务或特约人员。民主党派人士进入各级政协组织，参与国家重大事务的协商。中国共产党领导的多党合作与政治协商制度，对于党的执政来说，起到了凝聚党派共识、增强执政合法性、提升决策科学性的作用。第三，协商与共识是我国政党制度的特色。第四，合作与竞争是我国政党制度的运转形式。我国的政党关系以合作为主。其特殊性体现在，它以求团结促合作和督促执政党改善工作为目的，以坚持中共执政党的领导为前提，以在个案或特定问题上，而非重大路线方针政策上的冲突为表现形态。第五，监督与共荣是我国政党制度健康发展的保障。中共与各民主党派的共存共荣是彼此之间相互监督的价值依归，而中共与各党派之间的相互监督又是其实现共存共荣的保障。除此以外，八大民主党派之间的求同存异是我国政党制度中的特殊关系范畴，是其健康发展的有益补充。这些关系或范畴之间的良性互动则全方位展现了我国多党合作与政治协商制度的基本内涵。

杨卫敏在《中国特色政党制度的优势及对世界的贡献——“为人类对更好社会制度的探索提供中国方案”之管见》(《统一战线学研究》2017年第1期)一文中认为，我国政党制度在政党关系上坚持共产党领导、多党派合作；在政权运作方式上坚持共产党执政、多党派参政；在协调利益关系上坚持维护国家和人民的根本利益、照顾同盟者的具体利益；在民主形式上坚持充分协商、广泛参与。中西方政党制度在政党关系、政党制度基本格局、政党制度在政治生活中的作用等方面都存在本质不同。一是政党关系上的合作共赢与零和博弈之分。我国各政党之间肝胆相照、通力合作的关系在西方是不可能存在的，这是我国政党制度的一大特点和优点。二是执政方式上的执政参政、合作共事与轮流执政、在朝在野之分。这就是“一届接着一届干”与“一届反着一届干”的区别，也是我国能够做到一张蓝图绘到底而西方国家很多规划悬而不决、难以付诸实行的深层次原因。三是利益诉求上的广泛社会基础与少数利益集团之分。中国共产党和各民主党派都有广泛的社会基础，共产党代表最广大人民群众的根本利益，民主党派兼具进步性与广泛性。执政为民，参政为公，共产党和各民主党派都没有一党私利。西方国家普遍存在的“政治献金”从本质上使政党政治和议会政治成为少数人的利益游戏。四是公共权力监督上的互相监督与恶斗扯皮之分。中国政党制度框架决定了执政党与参政党长期共存、互相监督，而且主要是民主党派对共产党进行民主监督。西方政党政治在运行中往往伴随政党、政客恶斗。实践证明，中国特色政党制度既坚持中国共产党的领导又体现广泛民主，既保持一致性又体现多样性，既规范有序又充满活力，在我国政治和社会生活中发挥了不可替代的作用。

于维力在《中国特色政党制度与协商民主：基于历史、比较与发展的分析方法探究》(《大连干部学刊》2017年第4期)一文中认为，与人民民主专政的国体、人民代表大会制的政体以及民主集中制的组织原则相适应的中国共产党领导的多党合作和政治协商制度，是依国情而生，依社会现实而长的一项具有特色的基本政治制度，与西方的政党制度相比具有自身鲜明特性。第一，从政党与国家关系角度看，中国特色政党制度是具有执政稳固性的政党制度。在我国，政党与国家形成的先后顺序是先有无产阶级政党后有社会主义国家，这种“先党后国”的政治模式使得带领人民群众建立社会主义国家的中国共产党具有了更多的政治认同和无可撼动的政治合法性。中国共产党长期执政并且有着法律赋予的执政地位。第二，从政党间关系的角度，中国特色政党制度是一种互动型政党制度。区别于西方政党间的竞争关系，我国的政党制度是一种基于中国共产党与各民主党派团结合作、互利共赢的良性互动关系，更确切地说是一种合作型的政党制度模式。第三，从政党与公民关系的角度看，中国特色政党制度是一种协商民主制度。无论在实践中还是在指导方针上，中国特色政党制度在构建新型民主模式、探索高质量民主等方面已经走在了世界其他政党之前列，具有重大的借鉴与研究价值。

李振鹏在《浅谈中国当代政党制度》(《党史博采》2017年第4期)一文中认为，我国的多党合作和政治协商制度不仅是我国当代政治文明的重要组成部分，也是世界政党政治中一种崭新的政党制度。中国共产党领导的多党合作和政治协商制度作为当代中国的政党制度，既不同于西方资本主义国家的两党制和多党制，又不同于前苏联高度集中的一党制。我国当代政党制度既有政党制度的一般规律和一般特征，又具有独特的政治优势和特点。我国政党制度的显著特征可以归纳为两点：共产党领导、多党合作；共产党执政、各民主党派参政。概括来说，我国政党制度是新型政党关系的制度总结和理论创造；我国当代的政党制度是协商民主思想的集中体现。

孙奥在《浅析中国的政党制度对社会秩序的维护》[《西南林业大学学报（社会科学版）》2017年第5期]一文中认为，自我国建立起了以中国共产党领导的多党合作及政治协商制度以来，国家的命运便有了更为深刻的改变，这种不同于西方国家一党专政、两党竞争或是多党轮流执政的新型政党制度的诞生，开创了一种更具特色的政党政治探索与发展模式。中国政党制度的独特性在于，它不会因为换届或是其他情况而造成国家权力稳定性的丧失，从根本上有效遏制政治动荡的发生。以一个强有力的执政党坐镇统筹，其他参政党积极参与决策，形成一种党派之间既有核心力量的维持，又能够充分照顾到不同政党和团体意愿的统一体。对一党执政多党参政的政党制度模式运行而言，法律机制的前提性基础是不可或缺的，正是由于在宪法的导向性和规约性作用的发挥之下，才能实现政党之间协作统一、共谋发展的良性互动局面。由于我国政党制度的参与机制和监督机制的同时作用，使得我们的政党呈现出自身民主、高效、富有活力的特点。基于以中国共产党为领导，同时有效整合各民主党派的参与，使得我国的政党制度的架构还呈现出"统一性"和"多样性"的特点，这也是政党制度的核心与组织成分之间有效协作互动，使其发挥长效机制的必要手段。

邱雨在《制度自信与深化改革：比较视野下的中俄政党制度》(《大连干部学刊》2017年第12期）一文中认为，在探索社会主义道路问题上，中国曾经"以俄为师"。苏联解体后，在社会主义阵营中，再也没有一个国家可供中国以发展道路上的参考，但是却可以从苏俄的演变中获得某种借鉴和思考，政党制度就是其中一个重要的方面。当今俄国实行的政党制度为多党制，中国为中国共产党领导的多党合作和政治协商制度。这里面都有"多党"二字，但是多党的地位却显著不同，俄国的多党基本是"单元"与"单元"的关系，"政权党"和其他党派之间是一种力量强弱不同的竞争关系，中国的"多党"是参政党，中国共产党是执政党，这就不是一种"单元"间的关系，而是一种"同心圆"的关系，中国共产党居于圆心，对其他党派进行政治领导。两国中的政党作为一个整体而言在国家政治中也发挥着迥然不同的影响力，俄国的政党之政治作用明显小于中国的政党在本国政治中的作用。俄国实行的是强总统制，总统却不具有政党身份，直接对选民负责，这使得政党在国家政权中的作用较小。中国党政制度是党的领导、人民当家做主和依法治国的统一体，其中，中国共产党的领导处于核心地位，中国共产党于中国不仅仅是一个政党，而是各民族人民总体利益的唯一政治代表，在中国的制度体系和制度话语体系中都占有绝对的强势地位。西方的竞争性的政党制度是建立在其个人主义、竞争文化的基础之上。与之相反，在中国的文化传统中，和谐文化、"天下"文化占据主导，"先天下之忧而忧，后天下之乐而乐""和而不同""君子和而不同，小人同而不和"等思想深深植根于中国人思维价值之中，它强调"国家兴亡，匹夫有责"以及差异性基础上的和谐。体现到政党制度上，中国共产党和各民主党派虽有差异，但是和谐共生，在根本利益和奋斗目标上一致。

（二）关于中国政党制度的优势

中国共产党人和中国人民完全有信心为人类对更好社会制度的探索提供中国方案。其中，中国特色政党制度最能反映和体现中国方案、中国模式、中国话语和中国智慧，是对全世界最有影响的制度方案。本年度围绕我国政党制度优势及其发挥这一主题的相关研究表明：从中国自身改革和发展的阶段来说，中国政党制度契合于国家治理主体多元化的整体布局，既有利于广泛开展民主协商，又有利于维护中国共产党的政治领导核心；既能反映多元化的利益诉求，发扬民主，又能高效整合政治资源，形成合力，避免大民主损害国家长远利益，避免和纠正决策失误问题；更是在党的十八大以来展现出在治理腐败和行使监督方面的效能，既有利于形成和谐稳定的局面，又有利于增强党和国家政治生活的活力。在集中对我国政党制度自身优势的阐发与论证中，非常注重基于文化特点的优势分析的同时，专家学者们的相关研究较去年更多地进行直接的国际比较。

杨卫敏在《中国特色政党制度的优势及对世界的贡献——“为人类对更好社会制度的探索提供中国方案”之管见》（《统一战线学研究》2017 年第 1 期）一文中认为，中国方案的本质是制度方案。其中，中国特色政党制度是对全世界最有影响的制度方案，最能反映和体现中国方案、中国模式、中国话语和中国智慧。中国特色政党制度对世界的影响和贡献日益扩大，对破解政党政治的世界性难题具有突破和启示。一是避免大民主损害国家长远利益。西方国家往往从眼前利益出发看问题，较少考虑合理性、科学性，近几十年来出现了政党去政治化、去组织化、媒体化和寡头化的现象，对国家不负责的政党化现象愈演愈烈。中国政党制度和政治制度能妥善和有效地处理问题。党的领导、人民当家做主和依法治国的有机统一，一党领导、多党合作和一党执政、多党参政的政党制度框架，能够在中国特色社会主义共同目标下把中国共产党领导和多党派合作有机结合起来，实现广泛参与和集中领导的统一、社会进步和国家稳定的统一、充满活力和富有效率的统一，有利于培养负责任的政府和政治家。二是避免和纠正决策失误问题。西方的政党制度注重决策程序和细节，常在无关宏旨的问题上争论不休，关键问题往往在最后期限以妥协方式或全民公投方式解决。相比之下，中国特色社会主义民主注重决策的科学性、高效性。中国政治制度和政党制度下的决策因为经过了政党协商、政协协商以及人大的立法协商和政府的行政协商，更加负责、科学、民主、合法，失误相对较少。而且即使发生失误，中国的政党制度和政治制度更容易纠错，政党之间相互补台。在西方国家，各政党在决策出台之前往往争论不休，政策出台后一旦出现失误则相互攻讦和拆台。中国特色社会主义政党制度和政治制度具有强大的自我纠错、自我变革、自我修复、自我完善功能。中国特色政党制度能够保证干部和人才既脱颖而出又具备治国理政的真才实学。三是治理腐败和行使监督问题。中国特色政党制度具有稳定的监督机制和强大的监督功能。四是发展中国家和地区如何构建现代政党制度，中国开启了“一党民主制”的先河，为发展中国家构建现代政党制度提供了中国方案。五是中国式协商民主对世界民主发展有影响和启示。西方的协商民主理念至今尚停留在理论探讨和政治试验阶段。中国特色政党制度蕴含的协商民主为世界展示了一种新的民主形式。它不是用纷争、内乱、竞争来强制推行少数服从多数，而是用与选举民主相辅相成的协商民主来实现人类的民主进步。这大大提升了中国共产党所创立的新型政党制度、中国政党理论在世界上的话语权。

李振鹏在《浅谈中国当代政党制度》(《党史博采》2017 年第 4 期）一文中认为，中国共产党领导的多党合作和政治协商制度是一体多元性的政党制度。这种政党制度兼具一元和多元的优势，杜绝了西方多党制的党争之弊，克服了西方由于党派的政治主张严重分野可能造成的政治不稳定，避免力量相互抵消，通过民主党派的政治协商，广泛吸收各民主党派合理建议，形成统一意志，有利于发挥社会主义民主的优越性，集中力量办好社会主义各项事业。在如何处理中国共产党与各民主党派关系方面，中国共产党选择实行“长期共存、互相监督、肝胆相照、荣辱与共”的基本方针。通过实行中国共产党与民主党派的基本方针，有利于防止中国共产党作为执政党时出现一党盲目自大、独断专行的问题；有利于避免政党无视中国社会各个民主阶级利益等不良现象的发生；有利于增强民主党派对中国共产党执政权力的监督，减少党内腐败现象的发生；有利于党听取各民主党派的合理建议和意见，为完善党的建设、提高党的现代化治理能力和水平，以及更好践行全心全意为人民服务的誓言奠定基础和提供依据。作为当代特色的政党制度，中国共产党领导的多党合作和政治协商制度明确地划分了共产党与各民主党派的政治地位。我国政党间独立平等的地位是我国政党制度的一大优势，也是保持我国政党制度稳定性的前提。

代星均在《坚持中国特色政党制度的“四个自信”》(《学理论》2017 年第 1 期）一文中认为，中国的政党制度是一党领导下的多党合作制的典型代表，体现的是以民主、团结、和谐为主题的党际关系。“共产党领导，多党派合作；共产党执政，多党派参政”的制度设计是中国特色政党制度的基本特征。在中国，中国共产党与各民主党派的关系并非执政党与在野党的关系，也并非执政党与反对党的政治敌对关系，而是有着共同思想政治基础、共同致力于国家建设和社会主义事业发展的亲密友党关系。这种以合作代替对立、协商代替争斗的政党模式，在中国的政治和社会生活中显示出独特的政治优势和强大的生命力。一方面，避免了因政党互相倾轧造成的政局不稳、政权频繁更迭，可以最大限度地减少因政党争权夺利、互相拆台所导致的社会内耗，有利于维护安定团结的社会政治局面；另一方面，一党领导下的多党合作模式具有高度的社会整合功能，能有效凝聚人心、汇聚力量，在保持政治稳定和社会和谐下实现国家的有效治理。

四、中国政党制度的功能和价值

对于相关功能和价值的探讨，是中国政党制度研究的一个重要的传统领域。本年度，学者们主要是紧扣我国政党制度的结构与功能关系问题，有些学者聚焦于对制度的某项具体功能进行研究；有些学者关注于适应中国社会主要矛盾的转化发挥政党制度功能；有些学者从文明发展的角度谈功能，认为制度价值是追求经济社会平等价值，具有解放意义。在理论上、视角上和论证方面有所突破。

（一）关于中国政党制度的功能

围绕与中国政党制度功能相关的问题，本年度相关探讨普遍紧扣结构与功能的对应关系，突出对制度的某项具体功能进行研究。学者们特别注重对政治领导功能、社会整合功能、民主监督功能的分析，这与中共十九大召开后，中国社会主要矛盾已经转化，重视政党制度整合功能与维护稳定功能发挥的大环境有关，相关问题研究和相关理论仍有待进一步展开。

孙奥在《浅析中国的政党制度对社会秩序的维护》[《西南林业大学学报（社会科学版）》2017年第5期]一文中认为，随着现代化进程的不断推进，社会问题与矛盾日趋凸显，并直接影响着社会的发展和秩序的稳定。因此，中国共产党正是力求通过对政党制度的不断完善和改良，来积极应对新的挑战。在纷繁复杂的社会环境和政治环境中，“多元性”的民主表现形式一定要以“一体性”为前提。而中国共产党作为一种统摄力量，恰恰能够实现对复杂的社会现实和政治状况的稳定性的维护，这是由于中国共产党对社会大众的根本利益的代表，使得其拥有了深厚的群众基础和政治号召力，能够在充分尊重和满足社会各界各领域的人士和团体的诉求的同时，有效整合其力量，以自身为纽带，连接各方形成良好的互利合作机制，保障其稳定性的发挥。就我国政党制度的整合机制而言，其作用主要体现在对政治资源的调配，各方利益的兼顾和思想统一性的把控。与此同时，在我国政党制度的建设过程中，党和国家始终重视民主的作用，始终突出政党制度中参与和监督的机制，使执政党不断吸纳各方力量，进一步夯实自身的执政能力和领导地位，广泛的政治参与主体还能为政策的制定和人员的选举提供更加公平、公正、公开的政治环境，为执政党自身威信的不断加强提供助力。应通过民主建设、法制建设、监督机制和社会保障等层面解决社会秩序问题。

李际卫在《多党合作参与全面建成小康社会的国家凝聚力功能分析》（《江苏省社会主义学院学报》2017年第3期）一文中认为，中国共产党领导的多党合作和政治协商制度是我国一项基本政治制度，中国共产党作为执政党，一直致力于国家富强文明、人民富裕安康。而民主党派作为参政党，自改革开放以来发挥自身优势开展社会服务，积极致力于扶贫开发。全面建成小康社会是引领“四个全面”战略布局的战略目标，是重中之重。中国共产党作为执政党，民主党派作为参政党，共同致力于中国特色社会主义事业，不断增强中国特色社会主义道路自信、制度自信、理论自信、文化自信，同心致力于脱贫攻坚的历史任务，履职服务于全面建成小康社会的中心工作。多党合作在凝聚共识、凝聚人心、凝聚智慧、凝聚力量中发挥其制度优势和特色功能。

（二）关于中国政党制度的价值

围绕这一研究主题，本年度学者们探讨了中国政党制度在整个中华文明以及马克思主义发展史上的价值，认为它是整个马克思主义政党理论发展史上的新突破，是继佛教进入中国并成功完成本土化之后，又一次外来文化中国化的成功实践，强调中国政党制度是积极民主意义上的制度，是人民主动参与的上层建筑，追求经济社会平等价值，具有解放意义。从以往研究的强调治理和善治价值向文明形态和人类民主实践形式上转换，学者们研究的视野更宽广，思考更有深度。

陈钰业在《中国特色政党制度的实践价值》(《江苏省社会主义学院学报》2017 年第 3 期）一文中认为，中国特色政党制度是外来文化与中国现实国情相结合的产物。中国政党制度是在中国文化和历史土壤上形成的，具有鲜明的中国特色。同时也是人类文明的组成部分，是对人类政治文明的贡献，具有高度的实践价值。中国选择多党合作和政治协商制度作为中国的政党制度，具有其历史必然性。第一，中国特色政党制度是一种制度创新，很好地解决了中国政治民主与政治稳定问题。中国特色政党制度是人类民主政治的全新探索和实践。西方民主并不是传统民族国家向现代民主国家转型的万能良药。它是探索走出历史循环的新途径。第二，它顺应人类政治文明发展趋势。随着中国逐步融入世界，由边缘走向核心，中国的政党制度越来越显示出它的开放与包容、自适与创新、民族与现代的价值。第三，它为人类政治民主提供新形式。标志着新型政党模式理论与实践的形成。中国特色的政党理论完全形成科学的理论体系，中国的政党制度、政党建设也全面走向正规化和法制化。中国特色的政党制度不仅是马克思主义建党学说新升华的结果，而且是整个马克思主义政党理论发展史上的新突破。它是佛教进入中国并成功完成本土化之后，又一次外来文化中国化的成功实践，为人类政治文明演进做出全新实践探索，对发展中国家有一定示范和借鉴意义。

董亚炜在《“大众民主”与社会整合：中国政党制度构建的理论依据》(《中共中央党校学报》2017 年第 6 期）一文中认为，“大众民主”不仅从形式上看是大多数人的民主，而且在民主的内涵上也发生了本质的变化。民主不仅意味着大多数人具有选举投票的政治权利，而且意味着大多数人直接管理国家和社会，实现“当家做主”。从这个意义上看，“大众民主”是一种积极的民主，是社会主义民主优越于西方民主政治的地方。积极民主不仅是一种更高形态的民主，而且具有解放意义。因为它是人民大众积极主动地参与上层建筑，更重要的是“积极民主”还具有经济社会内涵，追求经济社会平等。从这个意义上看，维持社会主体地位的平等既是社会主义对社会公平的本质追求，也是社会主义大众民主运作的必要条件。这决定了社会整合成为中国政党制度的重要功能，在市场经济体制条件下，由于经济社会结构的变化，利益主体不断多元化，社会整合和经济调控职能就越来越成为中国政党制度的客观需求。

胡政宏、钱文华在《中国政党制度政治包容性的价值》(《教育教学论坛》2017 年第 1 期）一文中认为，中国政党制度的一个重要特点就是具有政治包容性。在实践中，这种政治包容性体现了民主价值。一方面，人民民主是政党制度基本的价值追求；另一方面，中国各党派在多党合作制度中开展广泛又充分的政治协商。协商民主是社会主义民主的一大特点，体现出政党制度政治包容性的民主价值。在不同政治地位的政党之间就重大问题进行充分协商，本身折射出既反映多数又照顾少数的一种意愿平衡，能最大限度地体现人民民主。协商民主是政党制度社会整合功能的一种表现，是政治包容性的反映。政党制度的政治包容性还体现了社会价值。政党制度的多党合作实质上可以有效地处理和协调社会不同利益主体之间的矛盾，维护社会稳定。在现代化建设中，中国政党制度因多党合作而形成强大的社会整合力，有助于推动经济建设。政党制度的政治包容性体现了思想价值。政党制度政治包容性内蓄执政党接纳各民主党派并赋予参政地位的理念，其所体现的思想价值是执政党与参政党为中国特色社会主义事业共同奋斗、团结合作。无论是执政党还是参政的各民主党派，都坚持发展理念，共同把推进中国特色社会主义事业作为自己的奋斗目标，在实现重要目标过程中紧密团结、通力合作。

五、中国政党制度的思想和理论

十八大以来，以习近平同志为核心的党中央在中国特色社会主义建设伟大实践中提出了习近平新时代中国特色社会主义思想，成为全党全国人民的指导思想。习近平同志就坚持和完善我国多党合作制度提出了一系列新思想、新观点，推进了我国多党合作理论和实践的不断创新和发展。我国政治发展需要不断加强和改善党的领导、有效开展社会主义协商民主以巩固、丰富和发展人民民主。学者们在思想溯源、理论梳理上更精深，对经典的把握更加深入透彻，注重历史与逻辑的相统一，强调对制度背后文化基础的开发，这些研究紧密联系实际，有一定的创新性。

（一）中国政党制度的理论渊源、思想基础

围绕这一主题，相关的学术研究，有的直接深入中国政党制度扎根的深厚政治文化土壤，以现代政治文化的培育促进中国特色政党制度的发展完善；有的从党的统一战线理论和实践出发，提出如何建构中国特色的政治理论——“人民内部矛盾理论”，强调以毛泽东为代表的中国共产党人对传统的以“阶级斗争”为核心的马克思主义政治范式的突破，是中国政党制度产生的理论基础；有的从逻辑与历史相统一的观点说明中国的政党制度是中国社会主义民主政治长期发展、渐进改进、内生性演化的结果。这些成果都有一定的创新性。

齐春雷在《和合文化视域里的中国特色政党制度》[《攀登（双月刊）》2017 年第 1 期] 一文中认为，中华和合文化为中国特色政党制度的构建提供了深厚的政治文化土壤。如何将中华和合文化传统与现实国情结合，以现代政治文化的培育促进中国特色政党制度的发展完善，是中国共产党民主执政、科学决策长期面临的重要课题。和合文化的深层内涵是贵和持中，和合文化的重要理念是和而不同。中国共产党领导的多党合作和政治协商制度在构建之初就沿用、传承了源远流长的中华和合文化传统，因其与“和合文化”发展出的中华民族特定的思维方式和价值理念高度契合而具备了制度的文化合理性。“多元统一、和谐共生”是多党合作制度产生的文化根源，“尊重差异，和而不同”是多党合作制度存在的哲学基础。

董亚炜在《历史与理论：政治学视角下的中国政党制度》（《中共浙江省委党校学报》2017 年第 4 期）一文中认为，中国多党合作制度既坚持中国共产党的坚强领导，又体现广泛民主；既保持一致性，又体现多样性；既规范有序，又充满活力。坚持中国共产党的领导是中国多党合作制度的本质要求，同时也是中国特色社会主义事业的根本政治保障。如何建构中国特色的政治理论——“人民内部矛盾理论”，是一个具有中国特色的社会主义政治学命题。毛泽东所说“在人民有了自己的政权以后，这个政权同人民的关系就基本上是人民内部的关系了，采用的方法不是压服而是说服。这是一种新的政治关系”。这一“新的

政治关系”是以毛泽东为代表的中国共产党人对传统的以“阶级斗争”为核心的马克思主义政治范式的突破。这一理论形成了具有中国特色的政治体制，其中关键的就是要处理好人民代表大会制度和政治协商制度之间的关系。在人大与政协之间，中国政党制度发挥着重要作用。或者可以说，中国政党制度的重要功能恰恰就在于联结人大与政协，弥补它们之间的漏洞，解决它们之间的分歧，其方式就是党的领导与政党之间的协商。

蒋锐在《中国特色社会主义政党制度的理论和实践基础——兼议中国共产党领导的多党合作和政治协商制度是两项制度说》(《统一战线学研究》2017 年第 1 期）一文中指出，中国共产党领导的多党合作和政治协商制度是我国的一项基本政治制度，也是独具中国特色的社会主义政党制度。从逻辑与历史相统一的观点看，中国共产党领导的多党合作和政治协商制度是在我党统一战线理论和实践的基础上逐渐形成的，是中国社会主义民主政治长期发展、渐进改进、内生性演化的结果。多党合作与政治协商是这一制度的两个方面。二者共同发挥着实现“统一战线范围内的民主”的作用，成为我国实现人民民主的一种重要形式。因此，中国共产党领导的多党合作和政治协商制度既是同我国国体相适应的一项基本政治制度，也是同我国政体相适应的社会主义政党制度，而人民政协则是对我国政体的一种有益补充。

（二）中国政党制度理论、思想的最新发展

以习近平同志为核心的党中央在中国特色社会主义建设伟大实践中提出了习近平新时代中国特色社会主义思想，成为全党全国人民的指导思想。十八大以来，特别是十九大召开前后，习近平同志就坚持和完善我国多党合作制度提出了一系列新思想、新观点，推进了我国多党合作理论和实践的不断创新和发展。学者们认真学习、深入领会，消化吸收这些新理念、新思想、新举措，有学者进行了系统回顾和全面总结，在相关领域中取得了一系列理论研究的新成果。

张献生在《我国多党合作事业发展的新阶段新起点》(《中央社会主义学院学报》2017 年第 3 期）一文中认为，党的十八大以来，与全面建成小康社会、实现中华民族伟大复兴中国梦的新的历史阶段相适应，以习近平同志为核心的党中央，就坚持和完善我国多党合作制度提出了一系列新思想、新观点，推进了我国多党合作理论和实践的不断创新和发展。第一，明确民主党派是中国特色社会主义参政党，多党合作发展为不同社会主义政党的合作。经过长达半个多世纪的多党合作，民主党派的性质不断变化。民主党派成为中国特色社会主义参政党，还意味着推进中国特色社会主义事业成为各民主党派的自觉自为；意味着民主党派自身建设有了新的更高的要求。第二，服务“五位一体”总体布局和“四个全面”战略布局，实现中华民族伟大复兴中国梦成为多党合作的中心任务。多党合作在全面建成小康社会中聚焦经济发展新常态、扶贫攻坚战略和“一带一路”倡议，在全面深化改革中着力促进国家治理体系和治理能力现代化，在全面依法治国中树立法治思维、提供人才支撑，在全面从严治党中拓展民主监督的“新路”。第三，政党协商作为多党合作的核心要素，成为中国共产党执政兴国的重要方式。政党协商突出了政党这个多党合作的协商主体，突出了中国共产党和民主党派作为执政党和参政党在社会主义协商民主中承担的历史使命和重要作用，具有新阶段多党合作的鲜明特色。

政党协商在社会主义协商民主中具有引领作用，是科学民主决策的重要机制，是中国共产党领导和执政能力的重要来源，在国家治理中具有特殊重要作用。第四，民主党派参加政治协商，参政党作用得到新的拓展。民主党派参与人大协商，实现参加国家政权与参与国家事务管理的有机统一；民主党派参与政府协商，在政府治理中体现参政党作用；民主党派参与政协协商，拓展议政建言的广度和深度；民主党派参与社会组织协商，扩大参政党的社会影响。第五，全面提高民主党派“五种能力”，多党合作的制度效能进一步彰显。民主党派能力建设的“4+1”，既体现了多党合作新阶段中国共产党对民主党派自身建设特别是能力建设的高度重视和殷切希望，也是着眼多党合作长期战略，增强民主党派凝聚力、战斗力和创造力，进一步提高制度效能的内在要求。第六，推进政权中合作，中共领导干部与党外行政正职在政府部门合作共事成为多党合作的新常态。随着《中国共产党统一战线工作条例（试行）》规定的深入贯彻落实，民主党派成员和无党派人士在省、市政府部门担任行政正职，将由过去个别现象、特殊情况，成为中国共产党与民主党派在政权中合作的新常态。

丁俊萍在《全面把握习近平政党协商思想》(《理论探索》2017 年第 3 期）一文中认为，政党协商是我国政治文明的突出特点和优势，也是我国协商民主的最集中体现。党的十八大以来，以习近平同志为核心的党中央大力发展社会主义协商民主，积极推动政党协商的科学化、制度化、程序化，在政党协商的科学定位、内容和形式、主体和责任、特征和主题等方面提出了一系列新思想、新观点、新论断。习近平政党协商思想的特点是坚持以中国特色社会主义为政党协商的共同思想政治基础和鲜明旗帜，坚持以法治化、制度化、多样化为政党协商的主要方向，明确我国政党协商主体的不同职责，明确实现中华民族伟大复兴是当代中国政党协商的主题和任务。习近平政党协商思想进一步发展了马克思主义政党理论和中国特色社会主义政党理论，进一步明确了我国政党协商的发展方向和基本要求，进一步协调推进了“四个全面”战略布局，进一步助力中华民族伟大复兴中国梦的顺利实现。以习近平同志为核心的党中央坚持和发展中国特色政党制度，在推进协商民主建设的基础上创新发展了中国特色社会主义政党协商制度，使政党协商在新的历史时期有了更加明确和多样的协商内容，并大大拓展了政党协商的形式，推动了政党协商的科学化、规范化、常态化、制度化、法治化建设。

六、中国政党制度的坚持和完善

坚持和完善中国的政党制度，是中国特色社会主义政治发展的重大理论和实践问题，是保持我国政治格局长期稳定的关键所在。专家学者们紧密结合这一主题，展开了比较系统和深入的研究。这些研究分别涉及理念更新、问题反思、经验总结和对策建议等不同的方向，又自觉集中到如何提高制度效能、构建中国多党合作话语体系，增强中国多党合作话语权的问题上，取得了不少研究成果和一定的理论进展。

（一）构建中国多党合作话语体系

本年度学者们密集关注加快中国特色政党制度理论创新，构建中国特色政党制度话语体系，论文数量较往年呈现出明显的增长。学者提出把中国政党制度所蕴含的民族性特色、现代性理念和功能性优势既对中国人民说清楚，还要向世界传播、讲好中国故事。很多学者认为建立中国自己的话语体系，争取话语权，不是拿别人的理论体系来论证自己的制度，而是以世界眼光和思维形成自己的理论范式，建立中国多党合作理论的语词系统、逻辑架构、叙述方式，既体现民族特点中国特色，又能为世界听得懂、为世界所接受。有学者提出作为特色鲜明的中国政党制度，将在提高话语权中发挥“新优势”的作用，具有逆向思维创新性。许多成果指出话语体系建设的实践紧迫性，话语体系回归政治本土，需要一批具有人文意识和人文情怀的专家学者队伍。

农工党辽宁省委理论组在《彰显中国政党制度优势》(《辽宁省社会主义学院学报》2017 年第 1 期）一文中认为，作为特色鲜明的中国政党制度，将在提高话语权中发挥“新优势”的作用。彰显制度优势，是增强中国政党理论话语权的必然选择。应对现实挑战，是增强中国政党理论话语权的迫切需要。中国政党理论亟待强化国家话语权、国际话语权、核心话语权、共识话语权和解读话语权。提高中国政党制度理论的国际话语权，向世界展示中国的民主党派情况及在中国政党制度中发挥的作用，能够使我国主动应对西方政治思潮的挑战，对各种错误观点的批驳和反击更具有说服力。中国作为世界第二大经济体远未取得与经济实力相称的国际话语权。如何在具备相当经济实力的前提下，将力量进行整合重组利用，从而提升核心话语权，仍然任重道远。第一，完善多党合作，是增强中国政党理论话语权的必由之路。坚持马克思主义的指导地位，是增强中国政党理论话语权的思想根基。坚持共产党的领导地位，是增强中国政党理论话语权的根本保证。积极化解多元矛盾，是增强中国政党理论话语权的社会基础。健全多党合作机制，是增强中国政党理论话语权的必要条件。加强民主党派自身建设，是增强中国政党理论话语权的客观要求。第二，整合智力资源，是增强中国政党理论话语权的重要举措，包括加快新型智库建设、积极参与国际事务、重视重大议题研究、更新表达传播方式和及时总结成功经验。

陈钰业在《多党合作制度话语体系建设的理论维度》(《上海市社会主义学院学报》2017 年第 4 期）一文中认为，在人类社会主义事业 500 多年的探索实践发展中，中国的社会主义实践已经走在世界前列，没有更多成功的经验可以借鉴，没有成功的模式可以参照，没有成功的理论体系可以直接运用，而是需要独创性的探索研究，建立属于自己的理论体系和话语体系。第一，从理论视野看多党合作话语体系建设的现实必然性。经过近代 170 多年的探索和实践，中国已经不再是外来理论和制度的试验场，而是马克思主义理论创新的发源地。我们应当从传统文化中汲取智慧和营养，吸收和借鉴西方政党制度实践中的经验，培育与中国多党合作相适应的制度环境、理论体系、话语体系，建构自己的范式和分析模型，以解决中国政党制度不断发展完善实践中的问题，破除西方中心主义和话语霸权对政党制度理论研究话语权的垄断和霸主地位。中国近代以来 170 多年的政治实践，为马克思主义科学理论创新做出的全面实践和探索，最终完成了马克思主义中国化的理论和实践创新，并形成独立的政党制度体系。中国多党合作制度需要理论体系支撑。西方资本主义政党理论体系解释不了中国政党制度，指导不了中国多党合作制度实践问题，更解决不了中国政党政治实践中出现的新问题。建构中国多党合作理论体系是中国特色政党制度自我完善的现实需要。第二，从理论视野看，中国多党合作话语体系建设面临诸多现实困境，缺乏制度创新的理论支持，缺乏政治和理论自信，缺乏自己的理论体系，理论人才队伍建设不足，原创性理论研究太少，没有建立独立分析范式，缺乏眼睛向内的自省，西方理论话语权的霸权困扰，需要用全球化思维加以突破。

沈艳在《用问题导向型研究推进我国多党合作话语体系建设》(《广州社会主义学院学报》2017 年第 1 期）一文中认为，面对我们要在全球化背景下增强制度自信，却又不断受到世界多党制和民主化浪潮冲击的现实背景，我国的多党合作话语体系建设应以破解现实存在的问题为着力点，用问题导向型研究推进多党合作话语体系的构建。第一，开展问题导向型研究的前提是勇于直面问题。一是对中国共产党执政合法性的质疑。二是对参政党的政党属性提出质疑。三是把“共产党执政”称为“一党专政”，有人根据西方学者对政党类型的划分方法，认为我国的多党合作制度属于一党制的类型，而实行一党制国家基本都是搞专政，甚至“独裁”，独裁专制是和民主自由相背的。四是对民主监督法律化的呼声。第二，问题导向型研究的核心是弄清问题的性质和产生问题的原因。一是意识形态领域斗争的反映。二是我们的多党合作话语体系不成熟，说服力和感染力不强，因而对质疑回应不及时，力度不够。三是民主与专制的二元化思维还在某些地方的领导干部头脑中存在。四是相对于其他领域，多党合作理论研究与多党合作政策二者之间是紧密相连的，甚至是一致的。我国的政党制度作为一种合作型的政党制度设计，对民主化要求很高，然而在实际运作中，民主运行所需要的制度化、规范化和内在激励机制的设计以及民主监督的权利保障机制在一些地方还不是很健全，也严重影响了这一制度功能的发挥。第三，问题导向型研究的关键是找到解决问题的路径。政治立场上毫不动摇，理论研究上积极回应关切，舆论宣传上讲好多党合作故事，实践行动上提高民主监督效能。一是要说清楚我国政党制度形成的理论基础。二是要说清楚我国多党合作制度形成的历史必然性。三是要说清楚我国政党制度的现实合法性。四是要说清楚坚持这一政党制度的利害关系。五是要在深刻阐释我国多党合作制度五大价值功能（即政治参与、利益表达、社会整合、民主监督、维护稳定）的基础上，进一步概括出政党制度所包涵的核心价值理念，使之对内具有凝聚作用，对外具有呈现功能。六是要讲好多党合作的故事，展现我国多党合作制度的优点。在实践上不断加强多党合作的深度，提高民主监督的力度，逐步改善现实存在的问题，才是不言自明的、最好最真的话语。

张毅在《以完善的多党合作制度话语体系增强其国际话语权》(《广州社会主义学院学报》2017 年第 3 期）一文中认为，话语权和话语体系是紧密相关但又相互区别的两个概念，它们有相同的来源和归宿，也相互影响、相互促进，所以它们紧密相连，但话语权和话语体系在本质、内容、结构和功能等方面又相互区别。话语体系是话语权的必要非充分条件，没有较高水平的话语体系，就不可能赢得一定的话语权，但有了科学的话语体系也不一定会获得话语权。因此，要获取话语权就必须首先构建一套完整的话语体系。多党合作制度的话语权和话语体系现实正体现了这一关系，多党合作制度话语权是多党合作制度利用自身话语体系对话语客体的影响，即多党合作制度具有的引导力、影响力和控制力。多党合作制度的话语体系就是多党合作制度为了定义、解释和评价自身，传达自身价值、权益、思想理论等按照一定的逻辑规则而建构的一个系统的话语群。多党合作制度话语体系在国内和国际的功能有所不同，在国内主要是让人们了解多党合作制度并获取人们的认同，形成一种聚合力；在国际主要是为了阐释自身，获得别国认同，从而获得话语权。因此，要提升多党合作制度的话语权，必须首先完善其话语体系，再夯实基础，立足实践，增强硬实力；还要借鉴世界优秀成果，运用国际语言，体现中国特色；又要在保持自信，展示优势的基础上，加强宣传，扩大影响，并不断善于创新，完善话语体系，从而抓住机遇，增强话语权。

郭晓禄在《对外传播视域下多党合作话语体系的构建》(《江苏省社会主义学院学报》2017 年第 1 期》)一文中认为，中国共产党领导的多党合作和政治协商制度是符合中国国情的新型政党制度，具有历史的必然性、独特的创造性和巨大的优越性。随着中国前所未有地接近世界舞台中心，我们理应以更加积极的姿态，精心编织中国多党合作对外传播的内容和形式，向世界讲述中国故事，传播中国声音，阐释中国特色，逐步提高中国的国际话语权。其中，制度自信是构建中国多党合作对外话语体系的内源动力，要在历史经验、实践检验、制度活力中坚定制度自信；“讲好中国方案”是构建中国多党合作对外话语体系的首要任务，通过以理服人、以情服人、敢于“亮剑”，达到国际社会和民众对中国增信释疑的目的，提高对“中国方案”的认可度；着力打造“联通”桥梁是构建中国多党合作对外话语体系的实践策略，通过打造“理念联通”“载体联通”“话语联通”桥梁，实现中外交流对话的有效畅通，将中国发展优势真正转化为话语优势。

马艳在《构建中国多党合作制度话语权的思考》(《中共银川市委党校学报》2017 年第 3 期）一文中认为，西方国家对“中国模式”的疑惧，主要根源之一就是社会主义制度，担忧中国特色社会主义制度挑战资本主义制度。中国多党合作制度话语权建设是实现让世界读懂中国的战略切入点。一是以统一战线智库建设为抓手，用国际上惯用而又规范的研究方式提升中国多党合作制度的本土经验的研究水平，从而打造中国多党合作制度话语权。以理论自觉为基础，掌控多党合作制度话语权的制高点。以社会主义核心价值观引领中国多党合作制度话语权构建。增强媒体对外“话语传播”能力，提升对外宣传的影响力。

王刚在《当代中国政党制度话语权建设研究》(《辽宁省社会主义学院学报》2017 年第 3 期）一文中认为，提高中国政党制度话语权建设的水平和能力，具体包括四个方面的内容。一是不断加强国际建设，形成完善的对外传播话语体系。二是充分利用新兴媒体的传播作用，不断提升对外话语的形式创造力、主旨公信力。三是大力弘扬和积极宣传中国政党制度蕴含的优秀政治文化和光辉灿烂的历史。四是通过学校的思想政治教育、深入的理论研究、纵深的历史研究、鲜活的影视作品、丰富的文学作品等多种形式和渠道，引导我国人民树立和坚持正确的政党制度历史观、文化观。

（二）提高中国政党制度效能

理论创新引领实践发展，实践发展推运制度变革。本年度，学者们从如何保持我国基本政治格局稳定、如何改革和完善相关体制机制，以及如何充分发挥制度的整体功能并切实提高其效能的角度，紧密结合中央统战工作会议的相关精神，对中国政党制度的坚持和完善问题各抒己见、做了系统的思考，取得了一定的理论进展并产生了一定的社会影响。

徐锋在《对我国政党制度效能问题的几点思考》(《山东省社会主义学院学报》2017年第3期）一文中认为，作为我国民主政治、国家治理体系中的关键部分，我国政党制度还有进一步完善和发展的空间。特别是在当前党和国家面临严峻挑战和艰巨任务的关键时期，如何着眼于国家治理的现代化，来客观考察、理性把握和切实提高我国政党制度的效能，显得尤其重要。制度效能应是参与主体功能定位、职能权责的综合体现，表明了制度原则的规范要求；是机制衔接、程序运转的终端反映，展示了制度功能的整体效应；是作用发挥、价值彰显的衡量标准，决定了制度建设的发展方向。在当代中国，政党制度效能是一个唯有着眼于政治过程才能清晰显现出来的分析工具和认识范畴，它产生于变动不居的政治发展和社会变革进程，特别是社会主义民主政治创新发展的实际需要。因而，我国政党制度的效能是这一政党制度功能发挥的实际效果，以及基于此种效果的对这一制度的价值评价。我国政党制度的现实存在和实际运转离不开特定的结构系统，我国政党制度运转的过程、功能的实现构成其自身效能客观实际的一面；而对我国政党制度相关客体、对象和事务影响的评价，以及基于评价结果对前述制度设计与运行过程的再优化，构成政党制度效能又一更高层次的能动方面。我国政党制度效能的评价中需要解决“谁来评价”“评价有何实践意义”等问题。发挥政党制度效能亟待破解诸多“不对称关系”：理念建构和经验实践在广度、深度上的不对称；实体性规范与程序性保障的不对称；相关实践在事务性与政治性上的不对称；中央实践与地方实践的不对称；执政党内外对于统一战线、多党合作关注和熟悉程度的不对称；资源条件特别是信息获取上的不对称。在协商治理的创新发展中提升我国政党制度效能，一是坚持和完善中国共产党的领导；二是不断丰富人民民主的经验内容和实现形式；三是不断推动多党合作理论和实践、内容和形式的创新发展；四是打造政党能力建设、制度效能提升与协商治理规范化、程序化、制度化努力相得益彰的发展格局。

祝灵君在《从制度自卑走向制度自信和制度自觉》(《中共浙江省委党校学报》2017年第6期）一文中认为，一个国家选择什么样的政党制度，要看一定历史条件下的制度效能与制度成本之比。从制度效能看，评价中国政党制度合理性的首要前提是能否承载实现国家统一、推进现代化建设、建立民主政治、实现文化复兴的历史使命。中国共产党是一个拥有马克思主义政治信仰的政党，把实现人的自由和人类的幸福放在最高目标，把实现中华民族伟大复兴中国梦和为人类文明做出更大贡献作为自己的神圣使命。中国共产党通过统一战线平台，坚持民主协商原则，让不同党派和各界群众充分表达“众意”，并在人民代表大会的层面坚持民主集中原则实现民主基础上的集中，最终通过党的领导把这些不同的“众意”汇聚为“人民利益的最大公约数”。与两党制和多党制相比，中国共产党的领导和长期执政有利于最大限度实现人民福利。中国是世界上最大的发展中国家，与广大的实行两党制、多党制的发展中国家相比，中国的政党制度一方面能够实现人民利益的最大公约数，另一方面可以让人民的权利表达和政治参与更加有序，实现社会稳定。相对而言，我们的政党制度效能更高。从制度成本看，中国共产党的领导和长期执政（宪法规定），中国共产党不存在与八个民主党派在执政权方面的竞争，竞争成本为零，防止中国共产党决策错误及腐败方面的成本才是主要的成本。与西方政党制度比较，我们的监督成本并不小。然而，中国共产党历来重视管党治党，党的十八大以来习近平总书记提出全面从严治党的战略布局，在控制监督成本上下足了功夫，取得了良好效果。与一党制相比，中国的政党制度能够通过八个民主党派最广泛地凝聚人民意志，去实现人民利益的最大公约数，具有很高的制度效能；由于有八个民主党派的政治监督，加上党内监督和国家监督形成合力，由于中国共产党坚持全面从严治党永远在路上，中国的政党制度可以有效地控制监督成本。因而，中国的政党制度具有一党制不可比拟的高效能和稳控成本的优势。坚持和完善中国特色政党制度，关键在实践。从理论上讲，坚持和完善中国的政党制度，一方面应该提升制度效能，即明确新时期人民利益的最大公约数，增强中国共产党和各民主党派的代表力，大力推进协商民主、巩固新时代统一战线；另一方面则是稳定并逐步降低监督成本，如加大民主党派政治监督能力，坚持全面从严治党永远在路上。

任世红在《提升我国多党合作制度效能的着力点——兼论民主党派的主体性培育》（《广州社会主义学院学报》2017 年第 3 期）一文中认为，政党制度的主体是政党，主体构成通常是区分不同政党制度的重要标识。政党的政治角色及其功能发挥是制约政党制度效能的重要因素。主体的多元性是我国多党合作制度的结构特征，民主党派是多党合作制度的重要政党主体。在推进国家治理现代化的背景下，提升多党合作制度效能，从制度主体的维度看，着力点在于推进民主党派的主体性建设，主要是扩大组织空间，健全民主党派的组织体系；拓展社会空间，强化民主党派的利益代表；优化政治空间，激活民主党派的政治资源；提升功能空间，激发民主党派的功能潜力，进一步发挥民主党派在多党合作和国家治理中的政党功能和作用，实现我国多党合作制度功能与优势应然和实然的真正统一。

（三）多党合作的制度化、规范化和程序化建设

学者们普遍认识到，整体实现中国政党制度功能和价值，提升制度效能以及永续发展，离不开制度化、规范化和程序化的努力。“三化”建设是建构和谐政党关系、保持政党政治格局稳定、完善多党合作制度体系、保障制度效能发挥的需要。从宏观上说，本年度的文章把中国政党制度完善和发展与中国特色的民主政治发展相融合，将中国特色政党制度完善纳入中国特色政治体制完善和发展的总体框架下来谋划。关键是在机制上强化制度的可操作性，不断完善相应的机制功能。本年度相关研究既有理论反思和推动，也有直接深入具体程序环节的探究，反映了理论研究的现实性增强。

董亚炜在《历史与理论：政治学视角下的中国政党制度》（《中共浙江省委党校学报》2017 年第 4 期）一文中认为，中国特色政党制度完善和发展的根本动力，首先来源于中国共产党自身所具有的历史使命。新中国成立后，毛泽东同志还针对党内严重存在的“左”倾关门主义倾向，强调要在党内广泛开展对统一战线政策的宣传教育。毛泽东把统战工作提高到无产阶级解放全人类的战略需要的高度。为了实现这一历史使命，中国共产党必须不断加强自身建设，而执政党建设与参政党建设相互促进，就是一个重要的方式和路径。中国共产党与各民主党派互相监督，有利于强化体制内的监督功能，避免由

于缺乏监督而导致的种种弊端。除了在认识和理论上不断加深对中国特色政党制度的理解外，更重要的是要将中国政党制度完善和发展与中国特色的民主政治发展相融合，应当将中国特色政党制度完善纳入中国特色政治体制完善和发展的总体框架下来谋划。核心问题就是如何使民主与集中获得具有普遍适应性的有机统一。关键是在机制上强化制度的可操作性，通过协商使得民主与集中有机统一起来。为了更好地发展以“民主集中制”为核心的中国民主政治，更好地坚持和完善党的领导，就需要在政治体制层面不断完善中国特色的政党制度，尤其是需要从机制上不断完善中国共产党与民主党派之间的政党协商、充分发挥民主党派的民主监督功能，以及不断推进基层社会治理中的基层民主协商，这三大领域构成了未来中国特色政党制度发展的重点和方向，这样以民主集中制为主要内容的党的领导体制与多党合作政党制度，以及具有中国特色的协商民主之间互相补充，构成一个连贯的整体，中国政党制度的发展与坚持党的领导具有内在的一致性，党的领导体制的改革完善成为中国政党制度发展和完善的根本动力，党的领导体制的改革和完善需要中国政党制度的不断完善和发展。

冯颖红在《关于加强民主监督制度建设的思考》(《陕西社会主义学院学报》2017 年第 2 期）一文中认为，民主监督是我国多党合作制度的重要表现形式和职能，是中国政党制度的核心价值的体现。它是中国多党合作制度建设的历史起点和逻辑起点，是中国政党现代化的重要标志，是提升国家软实力的保障，更是一项制度安排。针对民主监督被监督者的民主监督意识薄弱、民主党派对共产党民主监督的力度有待加强、民主监督的机制还有待完善等问题，发挥民主监督的功效，要在非权力监督与有效监督之间寻求一个平衡点，既要坚持民主党派监督的固有性质，又要使监督形成一定的压力，要加强民主监督的顶层设计，中央要积极研究并制定出台民主监督的相关制度条例以及民主监督的实施意见，在既有的政治体制框架下，积极推进民主监督的制度化、规范化、程序化建设，将已经开展的民主监督形式进一步制度化，进一步提高其效能，并不断探索和拓展新的有效形式，使民主监督有规可循，有法可依。

（四）中国政党制度所面临的实际问题与对策

从生产力与生产关系和上层建筑的关系看，多党合作制度作为我国政治上层建设的一个重要组成部分，同样面临矛盾与发展。本年度学者们继续出于坚持和完善我国政党制度的目的，结合当前我国政治生活的现实要求、政党制度运行的实际情况，自觉敏锐地发现问题、主动理性地求解问题，产生了一批较好的研究成果。这些成果有的是宏观的、系统的理论论述，有的注意系统结构的优化，有的注重制度文化的作用，有的关注社会变化对制度调适的影响，分别或整体剖析了当前我国政党协商的实效问题、政党主体的能力建设问题、政党关系规范化和现代化问题、基层多党合作问题等，较之往年的研究更是理论有新意、研究有深度，其中制度建设注重文化因素是本年度的一个特色。

黄天柱在《可持续发展：中国多党合作制度研究的新议程》(《广州社会主义学院学报》2017 年第 1 期）一文中认为，从生产力与生产关系和上层建筑的关系看，多党合作制度作为我国政治上层建设的一个重要组成部分，同样面临可持续发展。中国多党合作制度的形成和发展是一个历史过程。在不同的历史阶段，这一制度所面对的环境不同，承担的使命不同，发展的要求也不同。新中国成立之初，面临的主要问题是如何为新生政权提供尽可能广泛的合法性基础以及如何更有效地巩固国家政权。随着时间的推移和社会政治生态的变化，多党合作制度的发展实践向我们提出了一个崭新的重大议程，即可持续发展问题。从世界政党政治发展的历史与实践看，每一个国家或地区在“选择”了某种政党制度后都面临如何使这一制度实现可持续发展的问题，而共产党领导的多党合作制在其他一些社会主义国家的中断对中国实现多党合作制度可持续发展更是一个巨大警示。从我国政党制度的实践看，多党合作制度的发展本身就并非一帆风顺，其制度设计与实际运行之间还存在一定差距，这个制度毕竟只有60多年的历程，而且又是当前世界政党政治格局中具有一定独特性的制度形态，其建设的经验不足并且尚存在着不够完善、不尽如人意的问题是难以完全避免的。比如说，政党制度功能尤其是对执政党的政治监督功能和对民众的利益表达和综合功能的发挥还远远不够；再如，政党制度的包容力尤其是对新兴社会力量的包容和吸纳还有待进一步加强；又如，各民主党派的参政能力与中共的执政能力还有待进一步相适应、相匹配；又如，多党合作制度的理论基础还有待进一步夯实，理论的自我辩护功能和说服力还有待进一步提升；等等。正确分析和解决这些问题和矛盾，多党合作制度才能获得新的发展动力。而且各界对这一制度的发展前途本身还存在争论。因此，在当前全球化程度不断提高和中国改革开放事业不断深化的大背景下，有必要将可持续发展作为思考和研究中国多党合作制度的新议程。

朱虹在《切实加强民主党派民主监督研究——中国政党制度研究中心第15届年会综述》(《中央社会主义学院学报》2017年第5期）一文中认为，民主监督是民主党派的三个基本职能之一。中国共产党历来重视民主党派民主监督职能作用的发挥，党的历代领导人都对此做出了重要论述。民主党派民主监督主要是指民主党派对中国共产党的监督，是一种政党监督，也是一种政治监督。民主党派成员的个人监督行为，可归类为广义概念里的“民主监督”，属于宪法赋予每个公民的权利这个范畴，但不是民主党派对中国共产党的民主监督，不具有政党性。在中国特色政党制度框架下，民主党派开展民主监督的首要原则是要坚持中国共产党的领导，还应遵循依法监督、准确监督、平等监督、公开监督等原则。虽然不具有强制性，但通过给予监督客体一定的影响或压力，从而达到制约权力的效果，是一种非权力性的柔性监督。民主监督是中国特色政党制度的核心价值和核心职能，是中国共产党执政的合法性基础和来源。目前，监督主体自身存在主观认识不足、自身能力不强、组织性不强等问题。监督的体制机制不完善，制度可操作性不强，长效机制不足。民主党派民主监督在相关文件上已有原则性的规范，但在操作层面缺乏具体程序设计，存在较大的随意性。民主监督实效的评估机制还有待完善。民主党派民主监督实践缺乏相应的理论支撑。对于如何进一步发挥民主党派民主监督作用、增强监督实效，学者们以高度的理论自觉，提出了学理性的对策和建议：关键在于中国共产党的重视和支持；加强民主党派自身建设，提升民主监督能力和水平；推进民主监督制度化、规范化、程序化，细化并完善运行机制，增强制度的可操作性；进一步探索民主党派民主监督实效评估新模式，探索民主监督项目化；深化民主党派民主监督理论研究。

齐春雷在《和合文化视域里的中国特色政党制度》[《攀登（双月刊）》2017年第1期]

一文中认为，中华和合文化为中国特色政党制度的构建提供了深厚的政治文化土壤。如何将中华和合文化传统与现实国情结合，以现代政治文化的培育促进中国特色政党制度的发展完善，是中国共产党民主执政、科学决策长期面临的重要课题。一是倡导现代和谐理念、和谐意识。对执政党而言，要着意培育、倡导契合现代社会发展的以社会主义核心价值观为统领的民主政治文化，并以政党协商的实践运作向民众传递执政为民、参政为民的政治理念，形成强烈的引导示范效应。对参政党而言，应培养、加强“政党意识”“合作意识”“监督意识”，增强作为执政党“诤友”“挚友”的责任感、使命感。二是重视“差异”“不同”在科学决策中的价值。多党合作中，执政党与参政党政治地位的分野，使得这一合作型政党制度呈现出非对称性特征。为维护其“不同”，执政党还应着意培养、增强其政党独立性，努力实现中国共产党的领导与民主党派独立性之间的平衡。帮助民主党派加强自身建设，从经费、编制、人才储备、干部选拔任用等多方面加大对参政党的扶持力度，是执政党应切实担负的责任。参政党也要通过全面自身建设，增强政党功能，保持“不同”于执政党的政党特色。三是完善“和而不同”的党际互动机制。包括党际协商机制、民主监督机制。

陆嘉慧在《中国特色政党制度文化建设探析》(《广东省社会主义学院学报》2017 年第 1 期）一文中认为，中国共产党领导的多党合作和政治协商制度是中国特色社会主义制度的一部分，是中国树立制度自信的一个重要来源，制度自信与文化自信密不可分，推进中国政党制度文化建设，是当今推进政党制度良性发展的必然之举。政党制度文化必须解决好信仰问题，民主党派与中国共产党以及民主党派之间的趋同问题，以及民主党派自身制度文化建设的滞后性等问题。为此，一是要坚持核心价值观的引领。中国特色政党制度文化建设的核心，就是要坚持民主与爱国的统一。二是共产党必须加强自身的制度文化建设，用马克思主义建设好党内文化，进而带动民主党派的文化建设，从而在更大范围内形成为人民群众所喜闻乐见的文化氛围。三是保持和发展民主党派的文化特色。四是谋求两者之间的良性互动，以先进性为引导，规范政党之间的互动，寻求政党制度文化发挥最大效用。

孙德魁在《基层多党合作实践的对策研究》(《云南社会主义学院学报》2017 年第 3 期）一文中认为，基层多党合作实践，广义上是指多党合作制度在基层的一系列贯彻落实、发展完善的活动总和；狭义上是指以实践主体为限，以基层各民主党派、工商联为主的各基层实践主体在多党合作制度指引下，在中国共产党地方党委领导下，统战工作部门牵头指导和联系协调下，围绕贯彻落实、发展完善多党合作制度，而与基层各国家权力机关、组织和企事业单位密切配合、通力协作，立足基层实际，结合基层需求，所从事的一系列发挥特色优势、履行职能任务的活动的总和。第一，当前基层多党合作实践的不足。一是与中上层的实践相比，基层多党合作实践的主体不够广，尤其是基层各地的实践往往忽视发挥无党派人士的优势和力量；领域不够宽；常态化不够。二是对照基层的现实要求还有不足。三是基层多党合作实践发展的均衡性不足。四是党派特色和优势的发挥还有不足。新形势下，基层孕育着激发多党合作制度效能的潜力和希望，是提高多党合作制度效能的突破点和着力点。为此，应在基层扩大多样性的半径和周长，营造加强基层多党合作实践的环境和氛围，拓展基层多党合作实践的深度和广度，进一步提升各民主党派的基层实践能力和水平、突出各民主党派的特色和优势，加快构建基层“大协商”工作格局和体系，发挥政党协商的“首位”作用，健全基层多党合作实践的长效保障和激励机制，加强党对基层多党合作实践的领导。

吴歆岑在《新生与统合：新社会阶层视域下中国政党制度的发展与完善》(《云南社会主义学院学报》2017 年第 4 期）一文中认为，新社会阶层人士的出现与兴起，是改革开放不断深入、国家现代化进程持续推进的产物，随着经济发展进入新常态，该群体正越来越受到社会的普遍关注。新社会阶层是从传统的“两个阶级一个阶层”的社会结构中分化而来的，作为一个群体有一些共性：具有开放性，思想认识、价值取向多元化，分布于传统的公有制之外，绝大多数收入中等，主动参与社会。我国的政党制度与新社会阶层之间存在一种有效而互动的关系，而非单向的关系。第一，中国政党制度为新社会阶层提供参与国家建设的领导机制。一是中国共产党作为执政党对新社会阶层实施领导，二是各民主党派作为参政党对新社会阶层发挥团结整合作用。第二，新社会阶层的组合分化带来中国政党制度的发展与完善。党的统战工作将视线聚焦这部分人群，希望为他们提供合法有序的政治参与渠道，而中国特色政党制度为此提供了强有力的支持，同时也要求和促使我国的政党制度不断发展完善。第三，让新社会阶层能够成为社会主义现代化建设的生力军，关键在于如何完善我国的政党制度，更好实现对社会各阶层、各种资源的整合功能。一是加强党对新社会阶层的领导。加强思想政治引导，组建先进人才队伍。提高党的建设质量，树立良好楷模形象。充分发挥党的领导协同作用，把握好关键桥梁纽带。二是发挥新社会阶层人士在民主党派中的活力。三是满足新社会阶层合理利益诉求，促进民主科学决策。随着多党合作和政治协商的制度化、规范化和程序化建设的持续推进，不同层面的党外人士座谈会和非公有制经济人士座谈会成为新社会阶层表达观点、意见、建议和诉求的重要平台，并且，随着科学技术的不断推进及网络平台的搭建应用，网络渠道的更新完善与和谐网络言论环境的营造，给予社会各阶层更宽松便捷的平台畅所欲言，有利于相关党政部门广听民声民意，汇聚民智，体现到日常的科学民主决策中。

七、中国政党制度与协商民主

中国特色社会主义协商民主是在中国共产党领导下，人民内部各方面围绕改革发展稳定重大问题和涉及群众切身利益的实际问题，在决策之前和决策实施之中开展广泛协商，努力形成共识的重要民主形式。十九大报告提出要发挥社会主义协商民主重要作用，“有事好商量，众人的事情由众人商量，是人民民主的真谛”。社会主义协商民主在我国政治生活特别是国家治理当中的地位和作用日益凸显，受到了专家学者们的持续关注，成为中国政党制度研究中一个持续增温的焦点领域。本年度，形成了一大批优秀的研究成果，取得了不少令人瞩目的理论进展。一是体现在中国特色社会主义协商民主基础理论和历史溯源研究方面，习近平关于社会主义协商民主的重要论述，中国共产党的协商民主战略、强协商民主的历史经验、内生逻辑、文化基础和发展动力、群众路线和协商民主关系等重大、基础的理论和实践问题都得到深入研究。二是体现在探讨协商民主在推进国家治理体系和治理能力现代化中的作用方面，涉及党治国理政和国家治理等宏观层面协商民主的作用和发展，也有在基层民主、村民自治等微观层面上协商民主的价值与功能。三是涉及协商民主的文化基础、培育社会民主协商文化，阐述中国协商民主的世界政治文明意义。这些较往年更为深入，更重实效，更有突破。

（一）协商民主的理论基础和历史溯源

在前些年关注社会主义协商民主的理论基础和历史溯源的理论研究的基础上，2017年的相关研究主要集中于梳理习近平的协商民主思想、中国共产党的协商民主战略，系统论述协商民主的历史经验、内生逻辑、文化基础和发展动力，有些文章集中讨论了群众路线和协商民主关系。从理论到历史、从逻辑到现实，深刻阐明了协商民主是中国社会主义民主政治中独特的、独有的、独到的民主形式。学者们纵横古今，分别从文化的、历史的视角切入主题，比较、融会相关价值与理论基础，取得了有一定价值的研究成果，很有学理性和创新性。

张文彬在《党的十八大以来中国特色协商民主战略思维》(《中央社会主义学院学报》2017年第1期）一文中认为，党的十八大以来，社会主义协商民主成为国家发展战略的重要组成部分。习近平同志从坚持和发展中国特色社会主义协商民主政治、实现中华民族的伟大复兴、实现人民当家做主等一系列全局性、根本性的理论与实践出发，进行了系统全面的战略思考、战略谋划、战略决策和战略部署，逐步形成了以战略主题、战略目标、战略布局、战略取向为逻辑结构的中国特色协商民主战略思维科学体系，彰显出协商民主的中国作风和中国气派。第一，中国特色协商民主的战略主题是坚持和发展中国特色社会主义民主政治。无论从民主运行的内在逻辑，还是从中国特色协商民主的战略部署以及中国特色协商民主的实践形式分析，中国特色协商民主的出发点是马克思主义的人民主体性理论，主题就是以实现人民当家做主为内涵的中国特色社会主义民主政治。第二，中国特色协商民主的战略目标是实现中华民族伟大复兴的中国梦。第三，中国特色协商民主的战略布局是“三层设计”，顶层设计要做好协商民主的制度基础构建，中层设计关键要提高协商民主的主体效能，基层实行民主实践关键要开辟协商民主的新路径。第四，中国特色协商民主的战略取向是始终体现人民当家做主。我国的协商民主作为社会主义民主的组成部分和重要形式，体现着多层次、多方面的政治关系，包括国家内部之间的关系、国家与社会之间的关系、社会内部之间的关系，国家与公民、社会与公民之间的关系，从各阶层、各方面，容纳各种意愿、意见、建议的充分表达，最大限度地保证人民当家做主，确保人民享有当家做主的政治权利，体现了社会主义民主政治的本质要求。

肖光荣在《习近平协商民主思想的理论基础、主要内容和现实价值》(《湖湘论坛》2017年第6期）一文中认为，习近平协商民主思想接受了马克思主义民主政治理论精髓，根植于中华民族优秀政治文化的沃土，继承并发展了几代中国共产党领导人的协商民主思想。习近平协商民主思想的主要内容有：第一，协商民主的基本原则：坚持党的领导、人民当家做主、依法治国有机统一，坚持协商于决策之前和决策实施之中，坚持广泛参与、多元多层，坚持围绕中心、服务大局。第二，协商民主的主要目标：促进协商民主广泛多层制度化发展，寻求最大公约数——“最大共同利益”。第三，协商民主的性质和地位：中国社会主义民主政治的特有形式和独特优势，中国共产党的“群众路线在政治领域的重要体现”。第四，协商民主的渠道：统筹推进政党协商、人大协商、政府协商、政协协商、人民团体协商、基层协商以及社会组织协商。习近平协商民主思想丰富和发展了马克思主义协商民主思想，是习近平新时代中国特色社会主义思想的重要组成部分，有利于促进党和政府科学决策、民主决策和依法决策，有利于集思广益、寻求最大公约数，有利于“四个全面”战略部署顺利实行。

刘秀玲在《习近平协商民主思想探析》(《福建省社会主义学院学报》2017年第2期)一文中认为，习近平协商民主思想对中国协商民主的内涵进行了新的阐释。明确了协商民主运行的原则，一是推进中国协商民主的发展，必须首先要坚持中国共产党的领导；二是坚持大团结、大联合的原则。提出了协商民主与群众路线的契合性。习近平关于推进协商民主广泛多层制度化发展的理论为中国协商民主的发展指明了方向。习近平关于构建程序合理、环节完整的协商民主体系为协商民主的发展提供了重要启示。习近平关于发挥人民政协在发展协商民主中的重要作用的思想为推进协商民主制度化提供了重要指导，从而使中国协商民主的发展迈向前所未有的新高度。

李仁彬在《中国社会主义协商民主的内生缘起》(《党政研究》2017年第5期)一文中认为，社会主义协商民主之所以能够在中国得以产生和发展起来有它自身的逻辑起点和变动规律。它的产生和发展不仅有其相应的经济和政治基础，而且还有其相应的社会和文化条件。协商民主与我国的国情、民族气质、政治发展道路和历史文化等有着密切的关系。习近平总书记“在庆祝中国人民政治协商会议成立65周年大会上的讲话”深刻阐明了中国社会主义协商民主产生和发展的“五大来源”，全面回答了中国社会主义协商民主的内生缘起，说明中国社会主义协商民主的产生和发展有其特定历史文化条件和政治发展轨迹作为基础。第一，中国社会主义协商民主源自中华民族长期形成的优秀政治文化。中国文化传统倾向于性善论，富有柔性，崇尚兼容并蓄、兼听则明、和而不同、和衷共济、有容乃大，倡导协商、协调协和等，为协商民主的发展提供了根本的文化基因。天下为公的价值观念为协商合作奠定了坚实的思想基础，兼容并蓄的和谐精神契合了协商民主求合作达共识的价值诉求，求同存异的有效方法为协商民主找到了实现的路径。第二，中国社会主义协商民主源自近代以后中国政治发展的现实进程。经历了模仿多党竞争模式失败，国民党“一党专政”的不得人心，统一战线为中国协商民主营造了十分重要的生存环境。第三，中国社会主义协商民主源自中国共产党领导人民进行的长期实践。中国协商民主在中国共产党领导的民主革命中萌芽，在中国共产党领导的社会主义革命和建设中建立，在中国共产党领导的改革开放中发展和完善。第四，中国社会主义协商民主源自新中国成立后在政治制度上的伟大创造。人民代表大会制度为中国社会主义协商民主提供了基本的政治保证，中国共产党领导的多党合作和政治协商制度为中国社会主义协商民主提供了直接的渠道，民族区域自治制度扩大了中国社会主义协商民主的范围，基层民主制度拓展了中国社会主义协商民主发展空间。第五，中国社会主义协商民主源自中国在政治体制上的不断创新。党的领导方式和执政方式的改革创新为中国社会主义协商民主开辟了更为广阔的发展空间，立法体制改革和创新推动了中国的立法协商，行政管理体制的改革创新推动了中国的行政协商。

池忠军在《基于人民民主的社会主义协商民主的内生逻辑》(《社会主义核心价值观研究》2017年第4期)一文中认为，针对“协商民主”这一概念，如果将西方协商民主与社会主义协商民主捆绑起来，其危害性显而易见。澄明社会主义协商民主的内生逻辑是解决这一问题的关键。在党的群众路线的发展轨迹上，探索社会主义协商民主的实践史，应起始于井冈山根据地的创建，这也正是“群众路线”这一概念的初始。新民主主义时期的民主协商与社会主义的协商民主的差别是性质问题，但这两个时期贯穿了党的群众路线与人民民主实现的逻辑关系。中国特色社会主义协商民主是内生的，源于中国共产党领导人民实现解放和美好生活的伟大实践。这条总体路线，是马克思主义中国化所达到的前后相继的两大理论形态，即毛泽东思想和中国特色社会主义理论体系所应有的内容，它贯穿了人民民主的核心价值及其实现的政治实践。

余帅军在《“三三”政权对推进社会主义协商民主制度化的启示》(《中共济南市委党校学报》2017年第6期)一文中认为，“三三制”政权是中国共产党在抗战背景下建立和领导的，与党外人士民主协商、合作共事的开端，是协商民主的萌芽和雏形。“三三制”政权是在抗日战争背景下协商民主思想与中国实际情况相结合的产物，其建立和推行实现了民主选举与广泛协商的有机结合。协商民主性、多元参与性、合法性与合理性、开创性与务实性是“三三制”政权的突出特点，其建立对争取抗日战争的胜利和人民民主制度的构建具有重要意义。在新的历史时期“三三制”政权对推进社会主义协商民主制度化具有重要的现实启示。一是提高党的领导水平和执政水平，增强民主协商的政治权威性和民主决策的科学性。二是扩大协商民主的主体范围，丰富协商内容，增强协商的实效性。三是创新协商民主的实现形式，丰富协商民主的政治内涵，推动协商民主向纵深化发展。

徐培华在《周恩来对协商民主的探索与贡献》(《中国政协》2018年第5期)一文中认为，周恩来认为新民主的一个重要特点就是着眼于协商。他还认为“长期共存、互相监督的方针，实际上扩大了民主”。他强调人民政协是“协商机关”。他在担任全国政协主席期间，探索确立了一系列协商活动必须遵循的原则，并身体力行创造形成了一整套开展政协工作的优良作风和方法：一视同仁、平等协商，求同存异、兼容并蓄，倾听意见、互相监督，合作共事、广交朋友。

张涛在《协商民主视阈下九三学社先贤政治主张的历史定位——以褚辅成〈中华民国临时政府制草案〉为中心》(《上海市社会主义学院学报》2017年第2期)一文中认为，九三学社先贤褚辅成在1924年提出的《中华民国临时政府制草案》具有协商民主的色彩。褚辅成先生之所以做出这一提案，以及这一提案无疾而终的原因，都是和当时的时代背景分不开的。第二次直奉战争(1924)之后，各军阀派系形成了暂时“均势”的局面。善后会议就是在此背景下，由段祺瑞临时政府举行的一次“政治协商”会议。当时北洋军阀“武力统一全国”的主张已经破产，因此，善后会议旨在通过会议协商的方式来谋求国家统一。《中华民国临时政府制草案》要放在近代中国协商民主制度的演变序列中，才能予以准确的历史定位。首先，《中华民国临时政府制草案》提出三十三人组成国务院，接受法律限制与人民监督，协商国是，共谋国家统一，针对的是此前军阀混战的乱局，代表了许多期盼统一、发展、建立共和的人士的呼声，在当时是有着积极的进步意义的。

其次，褚辅成先生在20世纪20年代的这一主张，不可避免地存在其历史的局限，其中最显著的一点就是仅仅试图依靠上层力量的相互妥协来达成政治统一，而没有认识到开发民众力量的必要性。这一文件的提出，反映了近代中国人对协商民主的迫切期待，反映了民主人士对协商民主的积极尝试；而其失败，则提醒人们，中国共产党领导下的协商民主，才是近代中国政治体制发展的必然归宿。历史经验昭示，中国社会主义协商民主的核心工作有二：其一是执政的中国共产党与民主党派和无党派人士之间的协商对话；其二是在基层政治中政府与民众的协商。

王凯在《社会主义协商民主的理论渊源及制度内涵》（《广西社会主义学院学报》2017年第3期）一文中认为，社会主义协商民主是我国人民民主的重要形式，其理论渊源来自中国共产党对马克思主义中国化的经验总结和理论创新。社会主义协商民主的理论渊源包括马克思、恩格斯、列宁的民主思想、政党理论和统一战线理论。中国共产党把马克思主义与中国具体实际相结合，在长期的革命斗争和新中国成立后的治国理政中丰富和发展着协商民主的思想。中国特色社会主义借鉴了政治学对西方传统“民主”的反思与批判。中国传统文化中的和合思想、民本思想和集体主义等蕴含非常丰富的“协商因子”，是社会主义协商民主的文化基因。社会主义协商民主的制度内涵强调政治秩序下的公民有序政治参与，对中西方探讨“中国模式”的世界意义具有重要的理论价值和实践意义。

韩志明、顾盼在《民意技术的形与质——群众路线与协商民主的技术比较》（《河南社会科学》2017年第8期）一文中认为，群众路线作为民意技术的具体含义是：群众观点规定了民意的地位，“从群众中来”是集中民意进行决策的过程，“到群众中去”是用科学的决策去影响民意的过程。协商民主作为一种处理民意的技术，从主体上看，协商民主的参与者是开放的和多元的，都处于平等的地位；从形式上看，区别于选举民主的投票活动，协商民主是以话语为中心的民主实践；从过程来看，协商民主是直接民主或大众民主的特殊形态；从结果来看，选举民主的结果有可能演变成“多数人的暴政”，但协商民主的程序正义可以保证不同的偏好和理由都获得表达的机会。群众路线与协商民主的技术差异主要有：一是群众路线强调的是决策者必须主动深入群众中去，而不是坐等群众前来参与，实际上可能会抑制群众的主动参与，是以权力和领导干部为中心；协商民主则是以权利和公民为中心的，主角是平等的公民参与者。二是在群众路线的语境中，党始终是主导者，群众则是受动者，是被动的；协商民主的参与者都是平等的公民，是公民与公民之间的平等互动关系，形成的是一个平行的和多中心的网络结构，而不是群众路线中以领导干部为中心的“中心 — 边缘”结构。三是坚持和贯彻群众路线主要解决的是党的领导干部脱离群众的问题，实质上是权力失范的问题；中国当代协商民主的兴起并非和西方一样是因选举民主的弊病，而是其他因素合力的结果。其中的关键是，在当前治理转型的背景下，由于推行选举民主任重道远，先行先试先发展协商民主，建立和完善社会主义民主制度，满足社会民主化的需要，利用理性和平等的协商对话机制来解决错综复杂的矛盾冲突问题。四是在群众路线的民意处理逻辑中，只有领导干部走群众路线、深入和联系群众，民意才能出场，而民意的甄选和整合都是领导干部的工作；协商民主并不否定领导干部在其中发挥作用，公民参与者凭借其意见和主张而影响他人。

群众路线和协商民主都是处理民意的重要技术，存在着多方面的契合性：都承认民意的优先性，都是民主科学决策的必要环节，都可以缩短群众与领导干部之间的距离、创造官意与民意接触和交流的机会，都关注社会弱势群体。在推进社会主义民主建设的过程中，必须既坚持和推进群众路线，又大力推进协商民主建设，发挥群众路线和协商民主各自的优势，形成有效的互动和互补，从而更好地处理多元而庞杂的民意。

张红国在《中国协商民主发展的逻辑与现实》（《天津市社会主义学院学报》2017 年第 2 期）一文中认为，中国社会主义协商民主的内涵主要体现在三个方面。首先，社会主义协商民主必须坚持党的领导，必须在社会主义民主制度与法治要求下进行。其次，社会主义协商民主的协商活动应当围绕一个社会主义公共事务进行。中国协商民主实践和理论发展凝聚了几代领导人的智慧结晶。中国共产党历代领导人关于协商民主思想发展的演进历程是一个不断深化、日趋完善的过程。一是主体的范围更为宽泛，二是运行的形式更为灵活，三是协商的载体更为丰富。以毛泽东为核心的中国共产党第一代中央领导集体，把马克思列宁主义和中国具体实际相结合，形成多党合作的传统，提出的统一战线、多党合作等理论为协商民主思想发展谱写了精彩的序曲。以邓小平为核心的中国共产党第二代中央领导集体，对统一战线、多党合作理论进行创新、丰富和发展，将中国的协商民主推进到一个崭新的阶段。以江泽民同志为核心的中国共产党第三代中央领导集体，其协商民主思想是对毛泽东、邓小平协商民主思想的继承和发扬，结合改革开放面临的新形势、新挑战，将协商民主理论的发展进一步推向规范化、制度化的轨道，为多党合作努力营造宽松稳定的政治环境。胡锦涛同志继承和发展了毛泽东、邓小平和江泽民同志的协商民主思想，进一步着眼于理论创新，促使中国协商民主事业开创了新局面。以习近平同志为核心的党中央继往开来，将协商民主的发展推到了前所未有的高度，谱写了协商民主发展的新篇章。首先是推进协商民主广泛多层制度化发展，推动了协商民主体系合理、完整的构建进程。其次是明确人民政协协商民主的发展路径，阐明了中国协商民主的独特优势。

（二）协商民主的相关理论与实践

我国社会主义协商民主是一种理论与实践并行相进、不断丰富和发展的人民民主形态和政治现象，相关的理论问题和实践问题也就深受关注。本年度，相关研究取得了值得瞩目的理论成果。有理论有实践，而且理论和实践结合得非常紧密。在理论创新和实证研究方面都有很大的进展。有的文章视野宽广，是近年来对比中西协商民主比较深入、全面、系统的文章。有的文章深入分析中国的决策过程，揭示中国式协商的实际运作方式。有些文章关注协商民主与选举民主的关系，提出协商与选举相结合的复合型民主推动中国民主政治发展，有其合理性和现实性。有些文章关注推进协商民主广泛、多层、制度化发展。有些学者从法治的角度思考如何完善协商民主制度。学者们普遍注意到协商民主对现代公民文化的培育作用，强调培育现代协商民主文化。总体来看，要真正切实推进中国政党制度和协商民主的发展，适应中国特色社会主义进入新时代的要求，实现基于民族性和现代性的全新熔铸，无疑需要学理上的深切关照、视野上的中西互鉴、文化上的坚持发展、法律和制度空间的拓展。

姜佳莹、鄢一龙、胡鞍钢在《中国决策过程中的协商民主类型——以国家“十二五”规划编制为例》[《新疆师范大学学报(哲学社会科学版)》2017年第4期]一文中认为，协商民主实质上是决策环节的民主，分析中国的协商民主，就需要深入分析中国的决策过程，揭示其实际运作方式。大部分学者都倾向于从协商民主原意，审慎地共同做出决定，而并非强调协商各方的完全平等，这也是基于中国民主集中制实践对于协商民主理论的发展，将决策的民主与效率有机结合起来。目前，理论研究对于决策过程尚分析不足，对于中国协商民主更多是从治理与政协工作方式加以分类。五年规划是中国政府最重大的公共政策，是参与范围最广、参与主体最多的政府政策之一，分析五年规划的编制过程，有助于我们理解中国协商民主的实际运作方式。“十二五”规划的编制，是一个几上几下、反复协商的过程，可以说是我国协商民主的一个生动案例，其编制过程中涉及不同的编制主体，形成多种类型的协商民主形式。不同类型的协商民主，在规划编制过程中起到不同的作用，使得规划的编制基于共识、具有研究支撑，并集合了集体的智慧。第一是决策型协商，决策者通过一系列正式会议制度安排进行协商，集体决策，共同做出决定。第二是编写型协商，规划起草过程也是通过边研讨、边起草的方式进行的。第三是协调型协商，政府内部不同部门与层级之间相互协调，形成共识。第四是咨询型协商，指政策制定过程中通过召集会议、发文等形式广泛征求各方意见。第五是研究型协商，指规划制定过程中开展大量的政策研究，为规划编制提供智力支持。第六是公众建言献策型协商，指政策制定过程中征求公众意见，吸纳民意的过程。这一分类将有助于我们深入理解不同层面、不同主体、不同方式的协商民主运行情况。

陈朋在《中国复合型民主的建构路径》[《内蒙古社会科学(汉文版)》2017年第6期]一文中认为，以协商与选举相结合的复合型民主推动中国民主政治发展，有其合理性和现实性。在明确协商与选举相结合的复合型民主契合中国民主政治发展现实需求的逻辑脉络下，探寻合适的发展路径乃为这一重大研究议题的必然要求。推动中国复合型民主发展是一项复杂的系统工程，第一，需要从促进协商由行为向制度转型。主要集中于两个层面：一是要让它成为政治经济社会等各领域制度体系建设所需要的制度要件——对于这些制度体系而言，它本身就是通过协商的规则而形成的。二是要确保它自身是制度化和规范化的。还要重视协商民主制度建设的均衡性问题，努力实现政党协商、立法协商、社会协商、行政协商在制度建设层面的均衡化。第二，有序扩大选举范围。选举是推动协商讨论、理性沟通走向更为广泛、更加深入的“催化剂”。第三，实现协商与选举的深度融合。需要从主体、客体和过程三个层面来探索。就主体而言，即是尽可能让参加协商和选举的人能够重叠；就客体而言，即是要使进入协商和选举环节的重要议题尽可能重合；就过程而言，即是推动协商贯穿于整个民主过程，不仅在协商讨论的时候有意见交流，而且在选举阶段也蕴含着协商。第四，培育参与型政治文化。培育公共理性，参与型的政治文化。第五，提供有力的法治保障。从法治的角度推动复合型民主发展，要有法治文化意义上的法治意识、法治思维；法治实施意义上的依法治国；保障法治意识和依法治国得以实施的法治体系。

顾碧、刘俊杰在《中国协商民主与选举民主关系的理论分析与历史考察》(《社科纵横》2017年第12期)一文中认为，理论上看，社会主义协商民主与选举民主互有侧重、互有优缺、互为补充。就区别来讲，第一，协商民主以对话为中心，表现形式是协商讨论；选举民主以投票为中心，表现形式是票决。第二，与协商民主相比，选举民主操作起来更为简便易行，效率更高。第三，协商民主要求参与主体的数量不宜过多，选举民主作为代议民主，参与主体的数量可以很多。第四，作为“选人”的选举民主关注权力来源；协商民主关注权力运行。第五，选举民主的基本前提假设是主体的偏好不变，认为选举是偏好的集聚；协商民主则相反，认为偏好可以通过协商实现转变。第六，选举民主“求同”，坚持多数原则，少数人的主张和要求容易被忽视；协商民主“求同存异”，少数人的主张和意见得到表达和尊重。第七，选举民主“求善”，主张多数即合理；协商民主“求真”，提倡凝聚主体理性和智慧，尽可能做出科学决策。第八，协商民主是民众经常性参与的民主形式；从“选人”角度看，选举民主则不是。就联系来讲，一是二者本质相同，目的都是要实现人民当家做主，都是实现民主价值和国家治理能力现代化的重要形式和手段；二是二者遵守的基本原则相同，都突出共产党领导，都以宪法法律为依据，都主张平等、有序、公开、公平、公正的参与；三是二者诸多功能相同，比如，保障公民政治权利、推动公民广泛参与、促进民主决策、表达社会利益诉求等。历史地看，中国共产党在带领中国人民追求和实现人民民主的进程中创建了两种民主形式并一直推动二者共同发展。两种民主形式未来需要在共同发展的基础上实现协同发展。

虞崇胜在《主持人语：推进中国协商民主向纵深发展》(《云南行政学院学报》2017年第2期）一文中认为，与西方协商民主不同，中国协商民主不只是作为代议民主的补充，而是贯穿于民主的全过程和不同环节，是一种既体现完整制度程序，又实现完整参与实践的民主形式。中国协商民主并非是成熟形态的协商民主，而是社会主义初级阶段正在发展中的协商民主，无论协商民主理论抑或协商民主实践仍然处在探索之中，存在诸多不足和有待提高的地方。

韩瑞波在《协商民主研究在中国：现状、向度与展望——基于CSSCI的文献计量分析》(《社会主义研究》2017年第3期）一文中认为，协商民主已成为国内学界的热点议题之一，相关领域的研究已取得丰硕成果。尤其是党的十八大之后，国内学者对协商民主的理论与实践研究给予了越来越多的本土化阐释。当前国内协商民主研究可概括为两个向度，第一，作为概念架构的理论工具、作为顶层设计的制度工具、作为治理范式的实践工具的工具向度。在工具向度的视野中，协商民主被视为实现民主政治目标的条件或手段，一般构成结构为：协商民主的主体—协商民主的实践—民主政治的目标（主体—中介—客体）。协商民主的概念架构主要涉及协商民主本身的概念界定以及相关概念的辨析。协商民主作为一种制度工具，在现实政治实践中具有超越既有制度范式的意义。协商民主的引进促成民主与治理的结合，与中国民主政治渐进有序发展的战略需要相契合，贯穿于国内治理的各个面向，包括国家治理、地方治理、基层治理、农村治理、社区治理、社会治理、网络治理等。第二，体现其政治价值与社会价值的价值向度。协商民主的价值向度即是协商民主的主体在进行价值目标选择时，对民主政治目标的属性、功能、结构做出准确判断，且对主体自身的需要加以全面分析，最后做出选择的过程。就协商民主的政治价值而言，协商民主塑造了一种政治宽容精神，它是一种非竞争性的“柔性民主”，与中国非竞争性政治形态相契合。协商民主的社会价值主要体现在实现社会公共利益、推动公民积极参与等方面。还应注意到该领域的研究存在视角错位、方法单一的问题，应从完善理论体系与丰富研究方法等方面加以改善。

周秀龙在《我国协商民主制度的法哲学思考》[《天津大学学报（社会科学版）》2017年第5期]一文中认为，我国悠久的历史文化传统与当前的政治生态为协商民主制度提供了哲学基础与理论源泉。一方面，协商民主制度为法治成为一种信仰和价值追求提供了道德支撑。另一方面，法律作为一种特殊行为规范，也为协商民主制度的实践提供了有力保障，其中，执政党的意志经过法定程序上升为国家法律，成为协商民主法律保障的重要路径；宪法产生利益主体的多元化成为协商民主存在的必要条件；权利保障与权力制约成为宪法保障协商民主合法权益的重要方式。在当前法律体系中，宪法和部门法针对协商民主与法治建设进行过一定的规范和保障，如从法律制定的宏观角度看，法律体制对协商民主的实体性与程序性制度进行规范；从法律制定的微观角度看，法律体系对协商民主的具体内容方式进行规范；建立完善民主协商的体制与机制，使协商民主科学化、民主化。

徐军在《魂、本、形——论协商民主法规体系的构建》(《广州社会主义学院学报》2017年第4期）一文中认为，十八大以来，我国社会主义协商民主法规建设呈现蓬勃发展之势，形成了法理层面的习近平总书记关于协商民主的重要思想，这是我国协商民主法规体系的魂。基本法层面的党章、四中全会有关条文和《中共中央关于加强社会主义协商民主建设的意见》，这是我国协商民主法规体系的本。部门法和操作法层面的中共中央办公厅关于政党协商、政协协商、城乡社区协商的实施意见及各地配套的实施办法，这是我国协商民主法规体系的形。我国目前关于协商民主的相关文件都属于党内法规，整体上都属于软法范畴，而且我国协商民主的传统是遇到问题一般采取协商式解决办法，但这不等于说这些党内法规可以执行可以不执行，无论是从全面从严治党、依规治党还是现代法治的时代大势要求，协商民主法规建设下一步都要考虑增设责任条款。同时应该指出的是，该体系还只是初步形成，在其完整性、配套性和约束性方面还有大量工作要做。

殷艺丛在《当代中国政治制度中协商民主生长空间研究》[《湖北经济学院学报（人文社会科学版）》2017年第3期]一文中认为，目前，我国社会经历着从传统社会转变成现代化社会、从计划经济转变成市场经济、从封闭文化转变成开放文化的历史进程，社会利益关系变得更加复杂，出现很多新问题、新矛盾，为增强政治体制的有效性与适应性，一定要大力推动民主政治的全面发展。我国协商民主具有包容性、现实性、协商性的特点。改革开放实践为协商民主的发展增加新元素。协商民主制度转变了人民群众被动参与政治的模式；协商民主是社会治理机制，是全面彰显群众自主治理能力的科学方式，为社会和谐与有效治理奠定基础条件，可以更好地治理基层社会；协商民主维护群众权益，提高中国共产党执政合法性。社会主义民主体系中协商制度的价值获得全面展示，其所蕴含的民主功能和民主形式，具有很大的发展空间。一是促进政府运作及人民代表大会中协商民主建设，如以立法听证制度扩宽公民参与立法协商的渠道，完善协商和民间表达机制，将协商民主和人大代议民主相结合，研究协商机制在人大代表选举中的作用，让协商民主与选举民主达到良性互动。二是完善政协层面协商民主的规章制度，如在政治体制中增强协商民主制度化，在法律层面上对政治系统不同主体与政协间的关系进行规范，增强政协的社会协商作用，建立起以人民政协为途径和平台，社会协商与政治协商相结合的协商民主制度。三是提升公民层面协商民主的发展，如扩大公民参与政治的途径，促进协商的法治化、制度化、规范化，完善民主制度、健全社会自治，支持公民协商向规范化运作的方向发展，重视公民教育，让公民社会更加完善。

马奔、程海漫、李珍珍在《从分散到整合：协商民主体系的构建》(《中共中央党校学报》2017年第2期）一文中认为，协商民主对主体和过程设定了严格条件，参与主体是自由而平等的“公民”，协商民主以话语为中心，是一种偏好的融合与转化过程，协商过程强调沟通、对话、慎思、审议和包容。但在实践中，分散的协商民主形式无法满足协商民主的理想标准，尤其体现在规模和协商这两项价值之间的冲突。因此，协商民主理想的实现，除了每一种协商民主形式发挥作用外，还必须从系统化的视角来考虑，从分散的协商民主形式走向整合的协商民主体系，形成协商民主的合力。首先，政党协商、政协协商、人民团体协商和社会组织协商主要是咨询型的协商，其协商实践形成的意见或建议可以为决策提供参照；人大协商、政府协商主要是决策型的协商，其不仅可以做出有约束力的决策，并且有制度作为支撑；基层协商更多的是自治协商，兼有咨询型协商和决策型协商的特点。其次，要把决策型的协商和咨询型的协商进行有效的衔接。再次，要补齐协商形式的短板，这主要体现在社会组织协商方面。最后，要以基层协商民主为突破口，在地方层面先探索协商民主体系的构建。探索一个能够纳入人大、政府、政协、社会组织和基层民意的地方协商体系是非常重要的，也可以为更高层面协商民主体系的建立提供经验。

李强彬、谢星全在《中国特色公众协商途径与协商民主实施满意度——基于12省市领导干部的问卷调查》(《国家行政学院学报》2017年第1期）一文中认为，在中国语境下，领导干部对作为公众参与的协商民主的实施满意度，在公众协商途径及其实施周期，以及不同职务级别、单位类型和地区之间存在显著差异。厅局级干部的协商民主实施满意度比科级和县处级干部高；党政部门实施决策听证会、党务会议、收集民意的周期越短，领导干部对协商民主实施越满意，但接待信访群众越频繁满意度越低；人大、政协、法检及群团组织实施决策听证会、接待信访、热线电话、网络问政和群众评议获得的满意度在不同实施周期之间无显著差别；政协领导干部经常收集民意比偶尔收集民意所获得的协商满意度要高；东部地区领导干部的协商民主实施满意度比西部地区高。面向协商民主的可持续发展，特别需要调动基层领导干部运用协商民主的积极性，一方面强化党政机构实施协商民主的主动性，另一方面重视公众主动发起而党政机构和领导干部被动卷入的公众协商途径。

王卫在《交往行为视域下的中国协商民主运行机制分析》(《长春大学学报》2017年第3期）一文中认为，交往行为理论是协商民主重要的理论基础。协商主体参与协商的过程是协商民主机制运行的开始。交往行为强调参与协商主体的广泛性与平等性，因为只有这种参与才能最大限度地体现人民主权。中国的协商民主运行机制包括协商的参与机制、对话机制，协商结果的运用机制，它们构成了从参与协商到提高决策质量这一完整的运作过程，这一过程体现了交往行为理论的基本理念。交往行为理论对保证协商参与主体的广泛包容性与平等性通过协商对话达成理性的共识，将协商的结果运用到公共决策中，从而促进中国协商民主运行机制的完善。

彭妹在《行政协商民主的经验困境及其超越——以深圳市政府引入第三方评估为例》（《广东省社会主义学院学报》2017年第1期）一文中认为，行政协商是社会主义协商民主体系的基本内容，是协商民主在行政领域的重要实现方式。自中国共产党十八届三中全会将“行政协商”列为构建社会主义协商民主体系重要内容以来，各地政府改革已经在有计划、有步骤地推动相关的实践与创新，“行政协商”逐渐成为一些地方政府改革新亮点。然而，正因为这些创新对中央精神的强回应性，难免呈现出“政治性目标”导向优于“社会性目标”导向的特点，“对上负责”多过“对下负责”，行政协商的经验困境依然突出。在具体改革实践中，行政协商的运用仍存在“任务型协商”“制度性支配”和“内向型协商”等经验困境。深圳市政府重大改革项目引入第三方评估的创新性做法，回应和解决了行政协商所存在的核心性问题，在行政协商的事前（协商议题启动）、事中（协商程序进行）、事后（协商结果采纳）有效规避行政主体的干预，以提升协商民主的真实性，具有可复制和可推广制度潜能。

陈家刚在《基层协商民主的实践路径与前景》（《河南社会科学》2017年第8期）一文中认为，在协商民主的各种具体形式和渠道中，基层协商民主具有基础性的地位和功能。随着我国协商民主制度建设的整体推进，基层协商民主作为一种民主实践形式，不仅有力地改变着当代中国的治理方式、民主观念，而且切实地为中国民主政治建设提供了一种新的观察视角和可行的实践路径。第一，基层协商民主的内涵。基层协商民主主要是在县级以下的乡镇、行政村和城市社区等范围内，其行为主体，包括基层党组织、基层政权组织、自治组织、社会组织、农村经济组织以及公民个体等，围绕涉及各方面利益的公共问题，通过广泛参与、协商对话形成共识的民主形式。第二，基层协商民主的价值有：能够解决群众的实际困难和问题，解决基层社会的矛盾；能够推动政府决策更加合理和正当，提升基层民主治理能力；有利于深化我国基层制度化建设；有利于培养有责任感的公民；是我国社会主义民主政治发展的必然要求。第三，基层协商民主的实践。基层民主内容非常广泛，概括来讲，涵盖着民主选举、民主决策、民主管理和民主监督等内容。就其基本内涵与运行机制来说，协商贯穿于基层民主的整个过程并在各个环节发挥着关键作用。近年，我国各地在城乡社区基层协商领域进行了许多有价值的探索。一是形成了具有创新性、针对性的基层协商民主平台；二是既充分利用已有的制度构造，同时也发展出新的制度设计；三是重视协商民主实践程序和机制建设。

韩福国、萧莹敏在《协商民主的基层实践程序与效能检验——浙江温岭参与式公共预算的制度分析》[《西安交通大学学报（社会科学版）2017年第5期》]一文中认为，协商民主是一种决策参与机制和意见整合程序，是一种有效的民意征集和利益整合方式，尤其是在中国基层社会的治理实践中。经历15年发展的温岭协商民主从最初的公共事务的民主恳谈，到重大公共工程项目预算的协商民意调查，最后形成整个乡镇与市级部门的参与式预算，呈现了协商民主在中国基层治理中的典型实验样本。中国基层社会治理中，协商民主得以操作实践需要四个必备要件：一是官员的责任心推动，二是技术支持使得协商民主可操作化，三是民主利益诉求的推动，四是制度实践效果的正面激励。协商民主的具体技术路径和方法，没有直接增加任何竞争成本，反而增强了政府对公众需求做出回应的水平和能力，使公民能够在平等和互相尊重的环境下表达自己的声音。因此，协商民主从长远来看能够促进中国基层民主发展的品质。

郭鹏在《基层协商与基层公共决策常态化对接机制建设初探》（《天津社会科学》2017年第5期）一文中认为，基层公共决策应以基层协商为必需的前置环节，但在实践中，需要合理确定协商议题和协商程序。现阶段基层协商存在议题设置不规范等诸多问题，如协商议题设置的随意性，局限于咨询而非协商，重形式而轻实质，舆情回应环节缺失，与基层公共决策明显脱节。当前工作的重点应是建立健全基层协商与基层公共决策的常态对接机制，加强法律法规和制度建设，健全奖惩监督机制、人才培养和人力物力保障机制、信息公开与舆情工作机制，积极探索基层协商代表机制。

黄国华在《试论中国基层协商民主实践探索的特点》（《中国政协理论研究》2017年第3期）一文中认为，中国基层协商民主实践探索，明显经历了三个阶段：一是1950年开始的，以“在私营企业设立劳资协商会议”为形式的基层协商民主实践探索。二是1987年开始的，以在国家、地方和基层构建“社会协商对话制度”为形式的基层协商民主实践探索。三是2013年开始的，明确以“基层协商民主”为形式的多种实践探索。迄今为止，中国基层协商民主实践探索已历67年左右。三个阶段特点大致有四：倡导推动者均系执政党；都以协商制度为前提展开；都以基层群众为协商主体；主要目的都为协调以利益为基础的社会矛盾，并逐步上升为对民主实现形式的探索。基层协商民主实践探索的范围遍及全国的社会各层面。基本形式大致有七种：村居民议事会、各类听证会、各类公示制度、各类民意调研专家咨询形式、各类恳谈会、工资集体协商制度。21世纪尤其是十八大以来，中国基层协商民主实践探索，在领导与制度建设方面，具有一些新的特征：一是实践探索主流是在执政党领导推动下展开且有制度为依托；二是在现行实践探索宏观形式上可分为四大类，政协类实践探索模式、区市县地方党委推动类实践探索模式、专家学者推动类模式、民政部较大范围地介入推进基层协商民主的试点；三是制度建设大致可以分为三类：以统战部、宣传部、组织部或民政局名义行文推动其试点类型，以乡镇或村社区名义行文推动试点类型，力度最大的就是以区市县党委名义行文领导与推动实践探索类型。

陈亮在《和合文化视野下我国基层协商民主的建构及其限度》（《行政论坛》2018年第2期）一文中认为，我国基层协商民主与和合文化之间具有一定的契合性。需立足于中层理论的维度，建构一个基于场域、关系与机制的分析框架，探讨和合文化视野下我国基层协商民主的建构逻辑。和合文化视野下的场域意味着包容个体差异性和个体纠正自利偏好是统一的。和合文化视野下的关系运行强调“推己及人”。和合文化提供了共识达成机制、利益整合机制以及分歧消解机制。在新的历史条件下，推动我国基层协商民主朝着广泛、多层、制度化方向发展，既要从和合文化中汲取有益要素，也要反思和总结和合文化视野下我国基层协商民主包容性建构的限度。一是警惕和合文化形塑的场域压制个体主体性和正当利益诉求，阻碍我国基层协商民主的持续性。二是防止和合文化维持的关系滑向特殊主义，阻碍我国基层协商民主的公共性。三是避免和合文化确立的机制在运行中相互掣肘，阻碍我国基层协商民主的效能。

杜欢在《人工智能时代的协商民主：优势、前景与问题》（《学习与探索》2017年第12期）一文中认为，人工智能的发展为民主政治带来了新的技术条件与物质基础，协商民主的发展也必须面对新一轮智能科技革命所带来的影响。从实践基础来看，协商民主面临的最大局限，在于通过协商机制来达成共识需要耗费较高的成本，并且要面对社会复杂性的难题。人工智能技术的嵌入可以在很大程度上降低协商成本并缓解复杂性难题，从而为民众的诉求提供智能化和精准化的政策供给。这种优势的应用，可以有利于政治数据的有效采集、公共决策的科学分析、协商程序的智能变革等，从而改善协商民主的机制和效果。但是，人工智能对协商民主也带来了相当多的挑战，专家治国、知识鸿沟和技术统治等发展趋势都在消解协商民主的基础。因此，我们应当正视人工智能的双重影响，探索在新的技术条件下协商民主理论与实践优化的可能性和具体途径。

王梅琳、李安增在《当代中国协商民主的推进机制：一个网络组织的视角》（《湖北行政学院学报》2017年第6期）一文中认为，当下中国协商民主的推进在顶层政治构建、中层政策创制和基层民主治理三个层面展开，形成了中国式协商民主的基本架构。但是，现有的民主协商体制也存在局域性、部门性、时空性、自由性等局限，由此造成中国的协商民主在基本理念、运作范围、功能发挥等方面均与理想状态存在一定偏差与区隔。其中一个根源可能就在于网络时代背景下网络与协商民主的整合程度不高。在网络组织理论的观照之下，推进当代中国的协商民主的建设：首先是立足于整个协商民主运作的有机系统，去促进民主协商主体素养的养成平等、包容理性，使他们契合网络时代的基本民主协商素养；其次是以民主协商主体互动机制作为推动的关键，使他们遵循互惠、信任、沟通等运作规则，保证民主协商主体之间的联结顺利达成；最后是建构完成形式各异、多种多样的协商网络，使民主协商主体的协同效果得到呈现，充分发挥网络组织的功能。

（三）协商民主的特色和优势

围绕这一主题，学者们特别集中于解读习近平关于社会主义协商民主的论述，强调我国社会主义协商民主的独特性，强调协商民主蕴含的中国智慧，强调中国协商民主的独特制度形态，强调协商民主的治理是国家治理现代化的必然要求，关注协商民主建构和发展的路径，强调协商民主的文化根基，与此同时，更加自信和开放，注重中西方协商民主同构异质的学理分析，提出协商民主的世界意义。这些纵向的历史梳理，横向的制度比较，多维的理论剖析，有批评、有借鉴，让人耳目一新。

李仁彬在《论社会主义协商民主是我国社会主义民主的特有形式和独特优势——学习习近平有关社会主义协商民主的论述》（《中共成都市委党校学报》2017年第4期）一文中认为，民主政治是人类社会一直追求的理想政治模式，但不同的国家又有不同的民主表现形式，特别是民主政治的实现形式可以是多样的。协商民主是我国社会主义民主政治的特有形式。协商民主很早就在中国大地上孕育成长，并随着中国新民主主义革命、社会主义革命以及中国特色社会主义改革开放实践不断得到发展和完善。中国从近现代以来，在中国共产党的主导下，中国协商民主从阶级联合、党派合作、统一战线到“协商共和”、参政议政、合作共事、民主监督等，发展到今天已经成为中国具有自己的独特优势的民主形式，它能够把票决民主与协商民主有机结合起来，扩大了公民有序政治参与，能使广大人民群众更好地当家做主，能使党和政府更好地民主决策、科学决策，增强了决策的合法性，提升了决策的质量。协商民主以人民群众作为社会主义协商民主的重点，动员各种社会力量积极参与政治协商、经济协商和社会协商等，并把协商置于决策之前和决策之中，既尊重多数人的意愿，又照顾少数人的合理要求，有利于整合诉求、化解矛盾，避免社会的分裂和动荡，使这种广泛商量的过程，成为实现人民当家做主的重要途径，将我国人民民主落到了实处，充分显示了协商民主的独特优势。

董树彬在《协商民主发展的中国智慧》(《当代世界与社会主义》2018 年第 2 期）一文中认为，中国社会主义协商民主植根于中华民族优秀政治文化，发源于中国对民主制度的创新，镶嵌于中国现实民主政治生活之中，是世界上独特、独有、独到的民主形式。从独特性而言，实现了协商民主与选举民主的协同发展。从独有性而言，拥有作为协商民主专门机构的人民政协。从独到性而言，形成了完整的社会主义协商民主运行体系。在中国社会主义协商民主实践发展的过程中，西方协商民主理论的输入与中国化转变，促使中国社会主义协商民主理论得以迅速发展。中国社会主义协商民主取得了有目共睹的建设成就，无论在实践上还是理论上都展现出自身的优越性，为西方协商民主经验化转向贡献了中国智慧。随着中国实现从站起来、富起来到强起来的伟大转变，作为世界上独特、独有、独到的社会主义协商民主也要为人类民主发展充分地贡献更多的中国智慧，在理论上更加自信，为西方协商民主发展提供中国经验和中国智慧，也为西方协商民主朝着经验化转向提供了新视角与新思路，中国社会主义协商民主丰富多彩的理论与实践进一步拓展和充实了世界民主形式，也为世界民主发展提供了新的发展方向。中国社会主义协商民主也为构建人类命运共同体提供了重要沟通手段，从而为人类和平发展贡献了中国智慧。

王国平在《我国协商民主的制度形态及其世界价值——学习十九大报告关于协商民主和人民政协论述的体会》(《中国政协理论研究》2018 年第 1 期）一文中认为，以人民政协为代表的社会主义协商民主的制度形态持续展示着自身风采，并正以独特的世界价值贡献于现在与未来。第一，我国协商民主的制度特质主要体现为：政治性、政党性和人民性的属性特质，组织特质，充分的国家治理参与性的功能特质，由系列的内在规则构建的运行机制的机制特质。第二，我国协商民主制度的结构性特征主要展现为：广泛多层制度化，坚持与依法治国相结合、分类分层纳入国家治理体系和治理能力现代化过程，缜密布局、构建完整的程序和环节，存在于决策前和决策实施之中，追求“五个有利于”的结构性运行目标。第三，协商民主制度形态的科学性和实效性，坚持问题导向、注重调查研究，必要时配之以“明察暗访”，高度关注提案质量、办理水平日渐提升，委托、邀请成为新时期政协实践的重要选择，民主监督力度持续增强并不断展示着实践的成熟性和科学性，构建专门的协商民主队伍并致力于制度和能力建设。第四，从世界民主发展的视角，我国的协商民主的价值贡献至少体现在：稳定有序、过程参与、实效验证、专门机构。

刘晋在《浅谈中国的协商民主制度》(《现代交际》2017 年第 15 期）一文中认为，现代西方协商民主在很大程度上可以看作是对代议制民主缺陷的一种回应。协商民主制度在世界范围内并不存在统一的模式。中国的社会主义协商民主制度却是最高类型的新型民主。它是在共产党的领导下，以马克思主义为指导，依据中国国情建立起来的适合中国特色社会主义的新型民主。它在发展过程中依然会遇到诸如协商主体理性不足、协商主体之间资源和机会不平等，协商结果未必如人所愿等现实问题。协商民主作为中国发展民主政治的一种形式，必须结合中国实际，随着实践的发展，不断创新形式。中国的协商民主建设应当：坚持中国共产党的领导，提高公民个人素质、培养公民精神，建立健全协商民主制度体系，充分发挥大众传媒的舆论引导和监督作用。只有在实践中不断探索，摆脱协商民主面临的种种困境，才能实现协商民主从理论向实践的飞跃，推进人类政治文明建设不断发展。

孙德海在《中西方协商民主同构异质的学理分析》（《中州学刊》2018 年第 2 期）一文中认为，协商民主作为当今世界的一种新型民主形态，自 20 世纪中期起，在中西方国家都有实践上的探索和理论上的思考。但由于文化背景、历史传统和制度基础等方面的不同，使得协商民主在中西方的生成与发展过程中呈现出本质性的区别。第一，中西方协商民主起源上的路径差异。一是中国协商民主来自长期实践基础上的政治创造。二是西方协商民主源于民主应然视野下的理论探讨。第二，中西方协商民主机理上的异曲同工。一是中西方协商民主都倡导多元主体的实质性政治参与。二是中西方协商民主都重视政治过程的对话和磋商机制。三是中西方协商民主都主张寻求公共利益的最大公约数。第三，中西方协商民主价值上的交流互鉴。第四，中西方协商民主本质上的同构异质。一是中西方协商民主的文化传统迥然相异。二是中西方协商民主的理论来源截然不同。三是中西方协商民主的政治成效大相径庭。作为在实现人民民主的长期实践经验中形成、发展和完善起来的中国社会主义协商民主，在科学性、制度化、生命力等方面都有着西方协商民主不可比拟的鲜明特色、独特优势和时代价值。

张明军、易承志在《中国复合民主的价值及其优化逻辑》（《政治学研究》2017 年第 2 期）一文中认为，复合民主在形式上分为直接民主与间接民主的复合，在内容上分为选举国家公职人员的选举民主与决定公共事务的决策民主的复合，在功能上分为消除分歧、形成共识的协商民主与履行合法化的票决民主的复合。中国特色社会主义复合民主是协商民主与票决民主相互作用、有机互动构成的复合统一体。通过协商民主过程，以实现消除分歧、扩大共识，减少决策执行阻力的目标。依据票决程序，实现决策最大合法性的目的。此种复合民主体现了理性选择理论以最小的成本和代价，获得最大化收益的原则；展示了协商先行、票决跟进，协商预期目标的实现程度决定票决的实施及范围，协商具有解决内容的实质功能、票决具有形式的合法性意义等重要特征。基于中国特色社会主义复合民主运作的现状，需要从提高复合民主参与主体的多元性、增进协商民主的法治化程度、渐进拓展票决民主的范围和深度以及提升协商与票决的衔接度四个维度予以优化，更好地提升中国特色社会主义复合民主的运作质量。

宋雄伟在《新时代中国特色社会主义协商民主价值、要素和构成体系》（《国家行政学院学报》2017 年第 6 期）一文中认为，发展社会主义协商民主是新时代中国特色社会主义基本方略的重要内容，是实现人民当家做主的重要方式，作为人民民主重要形式和制度的协商民主深深植根于中国政治制度、社会和文化的土壤中。在新的历史方位下，要坚持“有事好商量，众人的事情由众人商量”，推动协商民主广泛、多层、制度化发展，形成我国社会主义民主政治的特有形式和独特优势。第一，在继承中创新。时代是思想之母，实践是理论之源，十八大以来，党对协商民主不仅有诸多系统性的理论创新，更有丰富的实践探索，提出“六个坚持”和“七大渠道”，这为新时代背景下进一步推动协商民主广泛多层制度化发展，进行理论、制度和实践创新打下了坚实基础。第二，构建中国民主政治话语体系，与中国政治、历史和文化传统相结合，形成一种在民主理论基本原则（政治平等、大众参与、防止多数暴政、审慎讨论）下的新时代中国特色社会主义民主政治体系和话语体系。中国协商民主深深地根植于中国的土壤之中，紧密结合中国的实际情况，以马克思主义理论为指导思想，围绕国家与民族的整体利益而展开，同时还注重维护个人正当利益和民主诉求，彰显出社会主义政治制度和政党制度的独特优势。第三，促进政治现代化和政治稳定。政治现代化是实现新时代中国特色社会主义现代化的题中应有之意，是权威的合理化，政治参与的扩展，以及理性的合理化和结构分化等。协商民主提供了进一步巩固执政党以及政府权威合法性的机会，形成了在中国社会急剧转型背景下维持政治稳定的黏合剂。第四，实现政府“善治”。规范和建构现代公共行政，制约行政权力，形成理性、公平、合理和有效的公共治理体制。治理模式在各个国家有多种表现形式，但终极目标大体相似，即在各种不同的制度关系中运用权力去引导和规范公民的各种活动，以最大限度地增进公共利益，实现“善治”。第五，把党的群众路线贯彻到新时代治国理政全部活动之中。协商民主有利于不断扩大公众参与，形成“群体成员共有的一套非正式的、允许他们之间进行合作的价值观或准则”。发展健康民主社会在实践中所需要的政治文化，促成宽容、理解、对话、倾听和理性的民主氛围，推动协商民主运行中的整体性秩序，既可以缓解或消除各种社会矛盾，又可以培育社会公众的协商品质和协商能力。

（四）协商民主与国家治理

全面深化改革的总目标是完善和发展中国特色社会主义制度，推进国家治理体系和治理能力现代化。国家治理与作为中国特色社会主义基本政治制度的中国共产党领导的多党合作和政治协商制度的关系问题，这两年来一直是当代中国政治实践和理论研究关注的一个理论热点。围绕这一热点，学者们既有从党治国理政和国家治理等宏观视角研究协商民主的作用和发展，也有从基层民主、村民自治角度等微观视角研究协商民主的价值与功能，形成了一批新的研究成果。

李犇在《走向协商：国家治理现代化的价值转向与发展理路》（《湖北社会科学》2017 年第 8 期）一文中认为，作为与中国政治发展道路相适应的民主形态，社会主义协商民主是一元领导和多元参与有机统一的民主形式。中国协商民主兼具民主与治理的双重作用，不但是一种民主的实践形式，也是一种以民众诉求为治理核心的表现形式。国家治理是有效协商与现代民主共同合法性推进的产物，“协商”和“民主”的价值融合是理解国家治理的两个重要侧面，协商治理是一个亟待成长的新公共治理范式。实现我国国家治理的现代化，就必须以协商为载体开创治理模式的全新空间，在“协商”和“治理”的互动中理解国家治理的运作目标。其一，我国国家治理是党政主导下协商功能高位推动的结果，同样，协商治理的高位推动可以充分利用不同治理客体的利益共同体。其二，从组织过程来看，中国特色的协商民主形式能够凝聚多元治理主体。协商议题是衔接国家治理与协商民主的重要载体，协商治理实现了精英参政向公众参与转向，程序民主向参与式民主的过渡，群众参与向公共精神培育转向。公共精神贯穿于公共议题治理的全过程，对公共精神进行培养有助于强化协商治理价值理念中的公平和责任意识。因此，建构中国特色协商治理的话语体系的基本理路是：必须挖掘传统文化资源，确保“协商”在国家治理体系这一政治结构中的稳定性，以制度的科学制定与有效执行作为协商民主发展的保障。

胡象明、齐磊在《迈向协商：国家治理现代化的本土化价值与实践逻辑》[《河南师范大学学报（哲学社会科学版）》2017 年第 5 期]一文中认为，治理与协商的结合，表明中国国家治理体系现代化的民主化转向，这与整个社会治理领域中强调公民参与是并行不悖的。协商民主在价值上追求公共治理中的民主真实性、成熟的公共理性与公共政策的合法性，因此，协商治理的本质是一种民主治理。协商话语实现了从西方民主到中国治理语境的价值转换，协商形式彰显了民主治理的工具性，协商结果提升了政府执政的合法性基础。从协商过程来看，国家治理具有多样态的本土价值。治理主体协商功能的高位推动是党政主导下体制内协商治理的基本方向，以群众路线为基础的民主协商是中国特色国家治理体系在底层的有效执行，协商民主与国家治理的有机结合是国家治理能力提升的重要途径。建构协商治理体系的运作程式和实践原则，必须实现公共利益与个体利益的均衡配置，把握好行政主导与平等协商之间的平衡、政策试点与政策扩散之间的平衡。

许忠明、陈旭辉在《协商民主：国家治理现代化的重要路径》[《信阳师范学院学报（哲学社会科学版）》2017 年第 5 期]一文中认为，实现从民族国家到民主国家的转型，是国家治理现代化的基本目标。主权在民是近代国家转型的基本理论基础。如果说西方的发展沿着民主 — 国家的路径，而中国的进步则是沿着国家 — 民主的路径。中国国家治理现代化的核心问题是解决国家权力如何更好地体现人民民主的问题。在经济转型的基础上，进一步加快思想转型和民主政治建设的步伐，是当前我国国家转型的重要举措。在这一过程中，要把作为治理形式和民主形式的协商民主嵌入国家治理之中，从而实现二者的有机统一和共同发展。协商民主在客观上要求公民平等参与，体现了人民民主的本质属性；协商民主作为一种民主治理形式，具有主体多元性和整体包容性的内在特征；契合了国家治理现代化的要求。

朱哲、史博在《中国协商民主政治建设与国家治理现代化高度契合》（《人民论坛》2017 年第 6 期）一文中认为，习近平总书记指出，“发展社会主义民主政治，是推进国家治理体系和治理能力现代化的题中应有之义”。这说明社会主义协商民主政治建设与国家治理现代化高度契合。第一，中国特色社会主义协商民主目标的明确——找到社会民意的最大公约数。但是，如何实现国家治理现代化，国家需要在阶段性的目标和具体的实施方案方面进行积极探索。尤其在协商目的最终落实方面，成果转化率并不高。第二，中国特色社会主义协商民主形式的丰富——政党协商、人大协商、政府协商、基层协商、网络协商。还应探索网络协商。网络协商使人人参政、集体协商成为现实，这是新时代协商民主不同于之前所有时代的新特点。但是，网络的隐蔽性和可引导性，也使网络协商更易受到舆论的引导，成为激化社会矛盾的战场。第三，中国特色社会主义协商民主主体素质建设——全面从严治党与公民政治素质提升。第四，中国特色社会主义协商民主法治化——全面依法治国。这是从国家治理现代化的角度落实协商民主的重要体现。第五，中国特色社会主义协商民主的顶层设计——中国协商民主的多层次、制度化发展。国家治理的顶层设计，是对国家未来发展的整体规划，直接影响国家治理的现代化进程。顶层设计与基层改革并举，是当前我国协商民主改革的整体思路。

张太保在《村民自治中的协商民主：功能与价值》(《湖南省社会主义学院学报》2017 年第 1 期）一文中认为，村民自治制度是在党的领导下形成的我国农村基层民主政治制度。三十年来在以选举民主为基本框架下的村民自治制度，释放了广大农民的生产动力，促进了农村经济社会发展。但是，村民自治在实施过程中也暴露出了诸多问题，尤其是在当前农村社会多元利益格局逐步形成的大背景下，如何促进村民自治的发展和完善已成为农村基层民主政治发展中亟须解决的问题。作为一种参与式民主和过程性民主，协商民主契合我国农村社会多元背景下民主政治建设发展的实际需要。一是可以完善农村选举民主，促进民主选举的公开性、公正性。二是扩大农村政治参与，提升公共决策的民主性、科学性。三是促进农村利益整合，推动民主管理的协商理性、共治性。四是可以发展农村协商监督，提升民主监督的质量和效率。总之，以平等参与、共同协商为特征的协商民主对于完善选举民主和村民自治制度，解决村民自治“四大民主”困境具有重要的功能与价值，必将有助于推动村民自治的深入发展与有效实现。

张红国在《国家治理视域下的协商民主研究》(《广西社会主义学院学报》2017 年第 6 期）一文中认为，协商民主与国家治理对价值目标的追求具有高度的契合性。协商民主和国家治理最大的共通之处，就是要通过政府和公民对社会公共生活利益共同管理和参与来实现社会公共生活利益的最大化，其目的都是保障民众的合法权利，促进公正、公平与正义，形成良好的社会秩序。协商民主在结构方式上与国家治理理论结构特征具有相似性。中国共产党将国家治理和协商民主作为推进国家治理现代化和扩大人民群众有序政治参与的战略选择，是中国民主政治发展到一定历史阶段的客观反映。因而，推进协商民主是实现国家治理现代化的有效路径之一。国家治理视域下解决协商民主发展过程中存在的问题，一是健全协商民主方面的立法，从协商民主本身的法律地位到协商过程中的程序性要求都要有法可依；二是进一步完善和优化协商的机制和流程；三是培育协商参与者的专业化水平，使每个协商参与者所代表的利益方都能够在协商中充分表达，并且最终达成公共利益最大化的协商目标；四是创新协商方式。

八、人民政协理论与实践

中国人民政治协商会议是中国人民爱国统一战线的组织，是中国共产党领导的多党合作和政治协商的重要机构，是我国政治生活中发扬社会主义民主的重要形式，是国家治理体系的重要组成部分，是具有中国特色的制度安排。人民政协在性质地位、价值理念、组织结构、体制机制和过程效能上都充分体现了人民性、统战性和多党合作性，为中国特色社会主义的政治发展和中国国家治理的现代化做出了突出的贡献。一直以来，人民政协的界别、组织和制度，性质、地位和作用，都是专家学者们着力研究的传统领域。2017年，专家学者们在深耕传统研究领域的基础上，人民政协如何参与立法协商，人民政协民主监督与国家监察制度改革如何衔接，是本年度关注的重点。继续从理论创新、功能开发和体制机制创新角度对人民政协理论与制度创新展开深化研究，形成了一系列研究成果。

（一）人民政协的组织与界别

政协界别不仅是政协会议的组织形式，也是人民政协履行职能的有效载体。人民政协中的组织体系、界别设置是否合理和全面，是否反映了我国政治社会结构的基本状况，关系到政协体制的兼容性、政协意见表达的广泛性和代表性，也关系到中国特色社会主义协商民主和国家治理的现实性、合理性。我国政协的组织行为、界别设置始终在不断改进和调整。学者们围绕政协功能的发挥、整体履职效能的提高对相关问题开展研究，提出了不少有很强的理论性并切合实际的意见建议。

俞希舟在《界别民主与扩大社会各界有序政治参与》（《中共宁波市委党校学报》2017年第5期）一文中认为，代议制民主作为一种选举民主，有效解决了正当性问题，但在参与性上存在着一定的不足。协商民主的出现和兴起对代议制民主进行了很好的补充。协商民主关心的主要问题是决策，协商民主的实质就是实现公民持续的有序的政治参与，它必须回应如何实现政治参与的扩大与有序的勾连。我国在创造性地探索现代民族国家确立和民主国家成长过程中，协商民主实践以中国人民政治协商会议制度作为制度资源、组织载体而有效运行。“界别”是人民政协组织的一个特有术语。界别民主成为人民政协原创性的探索，是观察中国特色协商民主发展、扩大社会各界有序参与的制度标本和实践标本。所谓界别民主，指的是参加人民政协的各个界别及代表人士，以界别组织和委员个人的名义，代表所在的党派、民族、宗教和各自阶层，反映各界心声，表达利益诉求，对国家事务、经济政治文化社会事务发表自己的看法，依法行使“当家做主”的民主权利。界别民主的特征有界别性、协商性、包容性、拓展性、精英性。界别民主与扩大社会各界有序政治参与存在着深度契合，同时也存在一些不确定因素。一是界别民主的包容性和拓展性极大地延展着政治参与的广度。二是界别民主的界别性和协商性有效地提升着政治参与的深度。界别民主建设的拓展路径：一是以“扩大”为导向，优化界别设置，夯实界别民主的基础。包括厘清界别设置的依据，调整界别设置的基本思路是总体稳定、个别调整，适当整合部分界别和优化界别内部结构。二是以“扩大”为动力，深化界别联系，不断深耕界别民主。为增强界别民主的真实性，各界别应以社情民意为契入点，充分发挥联系面广的优势，不断创新联系群众的多维渠道；为增强界别民主的实效性，需要进一步强化界别与党委政府部门的对口联系，促进参政议政成果转化；还需要通过商议的形式深化界别与界别的联系，反复商议往往会产生民意的高度收敛，形成界别间的妥协和共识。

钱牧在《试论提升人民政协界别的整体履职效能：基于界别分类视角的考察》（《科学社会主义》2017年第3期）一文中认为，政协界别不仅是政协会议的组织形式，也是人民政协履行职能的有效载体。从新中国成立后，政协界别以中共和各民主党派界别为主。我国的人民政协目前共包括34个界别。按组成性质可把除中共界别以外的全部的政协界别大致分为两类，一类是来自八大民主党派、无党派，以及各人民团体的界别，即党派团体界别；另一类是依据成员所从事之业务领域所划分的界别，即行业界别。当前这两个界别的整体性履职效能偏低，其数量优势并未有效整合成整体性优势。各民主党派自身发展的相对滞后性影响了党派团体界别的履职效能，而界别组织依托体的缺失削弱了行业界别的履职效能。当前，政协界别效能呈现出个体化、分散化特征，未形成整体合力；这无法满足经济社会发展对于政协工作的新要求。需要我们有针对性地开展工作，使得委员的个体优势转化为界别的整体优势。第一，探索实现党派团体界别和行业界别良性互动的路径。一是分类指导，发挥自身优势。党派团体界别可依靠其依托的政治体制资源，利用其与党政机关联系紧密的优势，行业界别可利用其成员分布面广，与人民群众日常生活联系紧密的优势。二是以界别协商为纽带，建立和完善党派团体界别和行业界别之间的联动互助机制，党派团体界别和行业界别之间存在着专业和业务上的对口关系。三是各界别应汲取党派界别发展趋同化的经验教训，努力保持界别特色。第二，加强党派团体界别和行业界别的自身建设。一是建立和完善界别召集人制度。二是建立政协委员的淘汰机制，各级政协要定期组织对新进政协委员的教育培训，近些年新进的政协委员中年轻成员、从事自然科学工作的人员以及海归人才增多，他们对政协工作还不太熟悉，易受西方政治思潮的影响，所以，这种教育培训非常重要。而更要把好出口关，要加强对于此类界别成员的管理，要以年度为单位，建立成员完成本界别工作任务的考核评价机制。三是适当借鉴西方国家在相关领域实践中的经验。

周青山、陈恒全在《政协界别发展演变的特点及其优化路径》(《中国政协理论研究》2017年第2期）一文中认为，人民政协统战性、党派性和民主性的性质定位，始终规定着政协界别的发展变化。统一战线的发展变化，要求作为统一战线组织的人民政协在界别设置上及时进行调整，以涵盖不断扩大的统战对象，体现统一战线大团结、大联合的本质要求，确保政协统战功能的发挥。同时作为人民有序政治参与的重要渠道和发扬社会主义民主的平台，尤其作为专门协商机构，政协的民主特色与民主功能在改革开放以来不断增强，促使政协界别“官”角色逐渐淡化、“民”角色日益突出，加之人民内涵及其内部结构的变化，也必然要求人民政协发挥界别优势，通过界别的不断调整优化，实现与人大选举民主的有效衔接，以最大限度实现人民当家做主的政治意愿与民主权利。人民政协是多党合作和政治协商的重要机构，是我国唯一由所有合法政党参加并可以党派名义在其中开展活动的政治组织。作为“党派性的组织”，政协党派界别的设置与调整则与党派自身队伍的发展及其作用的变化紧密关联。界别发展演变植根于经济社会发展状况。界别发展演变反映着党和国家的任务要求。通过优化界别名称、合理调整结构以适应变化着的新形势是界别发展变化的重要特点，也是加强界别建设的一个重要途径。

周青山、俞玲在《人民政协界别设置及其作用发挥研究（二）——人民政协界别工作中存在的问题成因及对策建议》(《湖北省社会主义学院学报》2017年第1期）一文中认为，政协界别工作突出问题主要表现在：界别分类特色淡化，最为典型的是特邀界别；界别委员责任意识弱化，由于政协委员非界别群众推选产生，往往对自己的界别身份认识不够，又因为缺少界别群众的有效监督和约束，所以服务界别的政治责任感和使命感不强，存在提案趋同的现象；界别工作长效机制缺乏，界别服务机制、界别调整机制、组织活动机制、界别工作考核机制不健全。应主要从以下五个方面入手，进一步提升界别工作的实效性。第一，提高思想认识——强化界别建设的理性思考。政协委员由界别协商产生，不受地域和人口比例的限制，囊括了社会各个方面，负责表达界别利益，与人大构成“条”与“块”的有机结合。必须利用他们丰富的专业知识、技能和经验，激发其政治热情，提高其政治参与度。引导界别委员树立界别群众观念。第二，适时适度调整——实行科学合理的界别设置。明确界别划分标准，既要契合政协性质，以扩大团结面、增强包容性为原则，还要站在全国整个政治体制建设的高度，注意与人大代表制度相协调。适当增设新的界别，通过合并、削减、拆分、优化名称等方式合理调整已有的界别。第三，健全运行机制——完善界别工作的制度体系。建立健全界别自身工作制度，界别与政府相关职能部门联系制度，政协委员联系界别群众制度，建立健全界别工作考核评价机制。第四，创新工作模式——增强界别工作的有效性。创新“阳光运行”的界别工作宣传模式、“价值认同”的界别工作认可模式、“统筹服务”的界别工作保障模式。第五，丰富工作载体——增添界别工作的内在活力。

（二）人民政协的性质和地位

政协具有人民性和统战性、多党合作属性和社会主义民主属性，这是确定其在当代中国政治体系和政治生活中地位和作用的基本依据。围绕政协的历史方位、性质与地位问题，本年度相关学者有所推进，形成了一批主题相对突出而又新颖独特的研究成果。

刘佳义在《人民政协新的历史方位》(《中国政协》2018 年第 1 期）一文中认为，党的十九大，习近平总书记指出，“经过长期努力，中国特色社会主义进入新时代，这是我国发展新的历史定位”，由此开始了“强起来”的历程。新时代“是承前启后、继往开来、在新的历史条件下继续夺取中国特色社会主义伟大胜利的时代”。人民政协作为最广泛的爱国统一战线组织，要恪守这个共识，在中国共产党领导下，把统一战线事业搞得更好，把范围搞得更宽，把人团结得更多，为夺取新时代中国特色社会主义伟大胜利做出新贡献。新时代“是决胜全面建成小康社会、进而全面建设社会主义现代化强国的时代”。这是党确定的战略目标和安排，也是人民政协必须服从服务的大局。新时代“是全国各族人民团结奋斗、不断创造美好生活、逐步实现全体人民共同富裕的时代”。这是党的性质宗旨，也是人民政协必须坚守的根本价值取向。新时代“是全体中华儿女戮力同心、奋力实现中华民族伟大复兴中国梦的时代”。这是党的初心和使命，也是人民政协努力奋斗的战略任务。新时代“是我国日益走进世界舞台中央、不断为人类做出更大贡献的时代”。这是党统筹国内国际两个大局、构建人类命运共同体的政治主张，也为人民政协的对外交往开辟了广阔的舞台。

李祥营在《人民政协的性质定位解析》(《统一战线学研究》2017 年第 1 期）一文中认为，人民政协的性质定位是习近平总书记在全面深化改革时提出的科学论断，是中国共产党对人民政协本质属性的科学界定。人民政协的性质定位在中国民主政治进程中表现出鲜明的时代特征、形成了独特的内在逻辑结构，并在理论与实践的调适中不断发展，在中国特色社会主义制度体系中占据着重要地位，在民族性与国际性交融中体现出世界性的共同价值。第一，就人民政协性质定位的时代特征而言，统战组织与协商机构的双重属性在中国共产党领导的协商建国进程中形成了人民政协，构建起团结与民主的双重主题。人民政协在全面深化改革时期已经成为社会主义协商民主的重要渠道和专门协商机构。这是对人民政协性质定位的最新表述，成为指导人民政协发挥协商民主作用的重要指南，为人民政协的继续发展指明了方向。第二，就人民政协性质定位的逻辑结构而言，作为中国人民爱国统一战线组织，人民政协是社会各阶级各阶层各界别各民族的大团结大联合，体现出人民政协性质定位的基础性特征。作为中国共产党领导的多党合作和政治协商的重要机构，人民政协是中国特色政党制度的组织形式，体现出人民政协性质定位的政党政治特征。作为我国政治生活中发扬社会主义民主的重要形式，人民政协是中国社会主义民主政治的独特形式，体现出人民政协性质定位的根本性特征。人民政协的性质定位是人民政协理论体系中具有根本性的内容。第三，人民政协的性质定位在历史传承中形成了内在的基本结构，必须在民主政治实践中不断调整以适应时代发展的新要求。

程竹汝在《试论人民政协作为专门协商意蕴》（《中国政协理论研究》2017 年第 4 期）一文中认为，“专门协商机构”这样一个有关人民政协的新定位应从三方面来解释。从理论背景来看，专门协商机构是人民政协适应国家治理现代化要求的新定位，意味着人民政协协商民主功能的强化和广阔的发展前景。从人民政协内涵的历史展开来看，专门协商机构是人民政协团结和民主两大主题内在逻辑的历史展现。人民政协统一战线组织和专门协商机构的双重表达与其团结、民主两大主题有着明显关联，统一战线组织较多循着从团结到民主的逻辑；而专门协商机构则更多循着从民主到团结的逻辑。从业已形成的协商民主体系来看，专门协商机构是针对人民政协在协商民主体系中独特地位的新概括。协商民主构成相关主体履行职责的具体工作方式，还是构成职责本身，是人民政协作为专门协商机构与其他协商民主形式相区别的客观依据。

（三）人民政协的职能与相关工作

人民政协是统一战线的平台、人民民主的重要渠道。政协要充分发扬民主、加强监督、增进共识与团结，就要积极开展各项工作，卓越履行各项政治职能。围绕这一主题及相关问题，2017 年中办印发了《关于加强和改进人民政协民主监督工作的意见》，人民政协的民主监督职能受到了理论界和政策界的集中关注和深入研讨。有多篇文章围绕人民政协民主监督的理论基础和新定位、内容和形式、途径和方式等，就如何增强民主监督实效性展开了讨论。专门讨论人民政协民主监督持续成为理论界的热点问题。有些文章以委员履职为切入点谈制度功能，小切口大问题，实证分析，微观具体，有说服力。说明制度化、程序化、规范化在稳步推进，各地的实践经验和创造生动活泼。有的文章全面回顾了十二届政协的创新工作，很有指导性。有的文章对人民政协履行公共外交职能作了探索。

人民政协履职工作创新实践研究课题组在《党的十八大以来全国政协履职工作创新实践》（《中国政协理论研究》2017 年第 4 期）一文中认为，党的十八大以来，十二届全国政协认真学习习近平新时代中国特色社会主义思想，认真落实党中央关于人民政协和统一战线工作的重要部署和要求，准确把握人民政协性质定位，将改革创新精神贯穿于履行职能的各方面和全过程，全方位推动人民政协事业在继承中发展、在发展中创新，开创了新局面，取得了新成效，积累了新经验。第一，创新工作体制机制，切实发挥党在人民政协工作中的领导核心作用，进一步提高履职能力。一是健全领导体制机制，更好发挥政协党组在政协工作中的领导核心作用。二是加强专委会履职能力建设，进一步夯实政协工作基础。建立全国政协副主席联系专委会制度。积极探索和创新专委会履职形式。三是探索加强界别建设，更好发挥政协的界别优势及独特作用。建立副主席联系界别制度和专委会联系界别制度。四是加强委员队伍建设，更好发挥政协委员在政协工作中的主体作用。五是加强对地方政协的联系和指导，提高人民政协工作整体水平。第二，创新协商议政格局，聚焦党和国家中心任务，把协商民主贯穿政治协商、民主监督、参政议政全过程。以历史传统为借鉴，创新建立双周协商座谈会，进一步加强和改进人民政协民主监督工作。第三，创新经常性工作，深化对政协工作的规律性认识，进一步提高工作质量和实效。一是深入开展调查研究，努力做到言之有据。二是不断提高质量和实效，努力做到言之有理。三是营造良好协商氛围，努力做到言之有度。四是重视成果整理报送，努力做到言之有序。第四，创新工作方式方法，促进大团结大联合，更好发挥人民政协作为爱国统一战线组织的作用。一是做好凝聚共识的工作，巩固团结奋斗的共同思想政治基础。二是做好凝聚人心的工作，努力画出民心民愿的最大同心圆。三是做好凝聚智慧的工作，寻找全社会意愿和要求的最大公约数。四是做好凝聚力量的工作，为中华民族伟大复兴汇聚正能量。第五，创新机关自身建设，落实全面从严治党要求，进一步提高服务和保障全国政协履职的水平。

湖北省社会科学院课题组在《政协组织在民主监督中的作用研究》（《湖北政协》2018 年第 2 期）一文中认为，加强和改进人民政协的民主监督工作，充分发挥各级政协组织在民主监督中的作用，有必要阐明和分析政协组织在政协民主监督过程中所承担和发挥的作用，针对相关问题，提出建议。第一，政协组织在民主监督中的作用主要有：一是组织作用，政协民主监督主要是通过会议、视察、提案、专项监督以及其他形式的监督得以实现，各种民主监督形式，都离不开政协组织，必须充分发挥政协组织的组织作用。二是联系协调作用，在政协民主监督中，政协组织是政协委员进行民主监督的平台，它在监督双方之间架起一座沟通的桥梁，发挥着沟通和协调作用。体现在确定监督议题，监督活动的工作安排和对口联系上。三是督促保障作用，政协的督促作用主要体现在民主监督的反馈环节，反馈的是政协民主监督的办理、落实和采纳情况。主要体现在对政协委员的权益保障和权利保护。第二，充分发挥政协组织在民主监督中的作用，面对的问题主要有：一是民主监督意识弱，有的政协组织对自身的重要性和作用认识不足，不敢监督、不善监督和不愿监督。二是制度建设上“重实体轻程序”。三是监督机制不完善，监督环节脱节。第三，提高政协民主监督实效，一是强化党委统一领导，构建政协民主监督工作新格局。各级党委要提高认识，加强领导，纳入工作总体部署；根据各地情况，制定具体实施意见，完善民主监督的组织领导体制，形成党委统一领导、政府支持、政协主动、各方配合的民主监督工作格局和工作机制；在考评机制上，各级党委要把能否重视和支持政协民主监督，列入党委、政府督查部门的督查清单，列入党政部门年度绩效考核项目，作为党政领导干部选任的重要标准。二是发挥政协党组领导核心作用，提升政协民主监督实效。三是加强政协民主监督与其他监督形式的协同配合，形成民主监督合力。四是加强政协民主监督的宣传引导，营造理性包容的民主监督环境，把人民政协民主监督列入各级党委（党组）理论学习中心组学习内容和党校、行政学院、社会主义学院的教学计划中。

吕忠梅在《人民政协民主监督理论初探》（《中国政协理论研究》2017 年第 4 期）一文中认为，人民政协民主监督，源自中国共产党与各民主党派、无党派人士团结合作的理论和实践，其可行性之深刻根据在于中国特色社会主义事业领导核心的中国共产党的宗旨和品格。十八大以来，以习近平同志为核心的中共中央就人民政协民主监督提出一系列新思想新要求，强调人民是否享有民主权利，要看人民有没有进行民主选举的权利，也要看人民有没有进行民主决策、民主管理、民主监督的权利；强调要加强人民政协民主监督，完善民主监督的组织领导、权益保障、知情反馈、沟通协调机制，为新形势下做好人民政协民主监督工作指明了方向。作为我国社会主义监督体系的重要组成部分，政协民主监督是人民行使监督权利的重要形式，但不是以权力制约和监督权力，而是以权利（right）制约和监督权力（power）。人民政协在依章程进行民主监督的过程中，必须坚持人民政协的性质定位。这一性质定位，决定了政协民主监督不是权力监督，没有法律约束力和强制性，但与其他监督形式一样，都具有对权力运行的制约和监督作用。政协民主监督是一种“问题导向式监督”，必须从查找问题入手，在分析问题、查找原因的基础上提出批评和建议。应紧紧围绕党和政府中心工作，坚持监督于执行之中，努力做到中共党委、政府决策部署贯彻落实到哪里，政协的民主监督就跟进到哪里。批评意见要有现实针对性和可操作性，做到敢于监督不缺位、善于监督不任性、切实监督不表面，使政协的民主监督真正做到“监”到点子上，“督”到关键处，进而促进问题的解决，在助推解决问题中促进改进工作。通过丰富政协民主监督的内容和形式，健全知情明政机制，健全协调落实机制，健全办理反馈机制，健全权益保障机制，加强民主监督学习培训和理论研究，开创人民政协民主监督工作新局面。

张峰在《论人民政协民主监督的协商式监督新定位》（《国家行政学院学报》2017 年第 6 期）一文中认为，协商式监督是人民政协民主监督的新定位。协商式监督是以协商方式进行的监督，因而是社会主义协商民主的重要组成部分；协商式监督是协助性监督，在社会主义监督体系中起配合性作用；协商式监督是成事性监督，因而不同于多党制、两党制条件下的对抗性监督。把握人民政协民主监督的“批评”方式，对于在政协的履职实践中把是否具有“批评”色彩作为划分民主监督类别的标志，从而凸显出政协民主监督的实绩，有重要的操作性意义。批评也不等于指责，简单地指责容易，但批评则不仅要指出问题，找出不足，也要分析产生问题的原因，还要提出改进的意见建议。正是在这种意义上，中国共产党把批评和自我批评作为党的优良传统和作风之一，把“团结—批评—团结”作为解决人民内部矛盾的基本原则同时也是统一战线工作的基本方针。人民政协的民主监督要用好批评这个有力武器，发言说到点子上、批评点到关键处，设身处地多提建设性意见，真正显示出实效。

韩冬梅在《关于人民政协民主监督定位探源》(《中国政协理论研究》2017 年第 1 期)一文中认为，人民政协民主监督属于“以民主权利制约监督权力”的社会学范式，它的重要价值在于为民主权利制约监督权力搭建了平台，是实现民主权利制约监督的重要途径和渠道。马克思历史唯物主义关于社会与国家、人民与权力之间的关系，为民主权利制约监督权力提供了坚实的理论基础。政协民主监督的特点是以反映事实制约监督权力的科学范式，这是制约监督的第五种范式。政协民主监督在公正、全面、客观反映权力运行实际情况中具有独特优势。

宋俭在《论人民政协民主监督的主体、客体和中介》(《统一战线学研究》2018 年第 2 期)一文中认为，党的十九大报告提出了加强人民政协民主监督的要求。人民政协民主监督的主体是指人民政协民主监督的发起者和实行者，客体是指人民政协民主监督内容的总和，中介则是指人民政协民主监督的主体开展民主监督的组织载体和具体实现形式。目前，在人民政协理论研究和实际工作中，对人民政协民主监督的主体、客体、中介问题的认识存在一定的模糊性，需要厘清。根据 2017 年 2 月，中共中央办公厅印发的《关于加强和改进人民政协民主监督工作的意见》(以下简称《民主监督意见》)，参加人民政协的各党派、无党派人士、各人民团体、各族各界人士，他们既可以以组织的形式即政协全体会议、常委会、界别、委员小组等形式为民主监督的主体，也可以以个体的形式即政协委员的身份为民主监督的主体，所以界别和委员是人民政协开展民主监督最重要的主体。但在实际工作中并没有得到全面落实，仍有不少政协实际工作者和政协委员对此的认识不明确，特别是在地方和基层政协中，民主监督主体错位，由政协组织直接担当民主监督主体的问题仍然时有发生。《民主监督意见》将人民政协民主监督的主要内容由原来的 4 项扩展到 8 项，更具备可操作性，强调：“民主监督的重点是党和国家重大方针政策和重要决策部署的贯彻落实情况。”这一论述被写进了党的十九大报告。要将明确监督内容和丰富监督内容作为加强和改进人民政协民主监督工作的重要任务，鼓励地方各级政协在实践中进一步丰富民主监督的内容，结合各地实际，制定出更具体、更详细的民主监督“实施细则”，有条件的地方可以尝试制定人民政协民主监督主要内容的清单(或负面清单)，并使之具有相当的权威性，推动人民政协民主监督内容的制度化、具体化、规范化、常态化。人民政协民主监督的中介是政协组织，其作用主要体现在为监督主体开展民主监督提供制度化的渠道和形式。《民主监督意见》在总结各地实践经验的基础上，对人民政协民主监督的形式做出了新的规定，将其规范为会议监督、视察监督、提案监督、专项监督 4 种主要监督形式和其他形式的监督，提出了“完善监督形式”的要求。但基本上是从“实然”角度提出，不是从最优制度设计的“应然”角度，完善的空间仍很大。

姚俭建在《人民政协民主监督的聚集与整合：一种内在机制的分析》(《中国政协理论研究》2017 年第 1 期)一文中认为，在人民政协履行三大职能的过程中，协商顺畅监督有阻力、议政充分监督有难度。从民主监督内在分析，缺乏聚集与整合是一个重要因素。一是内部运作上的碎片化，二是与外部监督体系互动上的碎片化，三是在民主监督理论研究上的碎片化。因而，需要从系统的角度解决好政协内部，政协内外各种监督力量资源、形式的聚焦与整合问题。一是在人民政协内部运作上，进一步优化民主监督的聚焦与整合机制。二是在与外部监督体系互动上，进一步优化民主监督的聚焦与整合机制，搞好与民主党派民主监督的衔接，与权力部门监督的衔接，与舆论媒体、社会各界监督的衔接。

邓辉在《提升人民政协民主监督实效性的几点思考》(《厦门特区党校学报》2017 年第 6 期）一文中认为，第一，从提升“人”的角度出发，提高政协民主监督的实效性。一是增强党和政府中的各级领导干部自觉接受监督的意识。二是增强政协委员的自身建设，提高监督能力。第二，从完善制度的角度出发，提升政协民主监督的实效性。一是细化民主监督程序性规定。二是探索研究制定民主监督的专项条例或办法。第三，从创新工作方式的角度，提升政协民主监督工作的实效性。一是努力丰富监督平台和形式，如民主监督组等。二是充分挖掘政协组织内部机构的职能潜能。三是创新政协特约监督员工作。四是注重综合创新，吸收各地经验和运行机制，推动理论建设。

廖振民在《网络政治参与：提升人民政协民主监督实效性的新路径》(《中共山西省委党校学报》2018 年 4 月）一文中认为，人民政协民主监督是我国政治参与的重要内容。网络政治参与的交互性、多样性、开放性等独特优势，对提升人民政协民主监督实效性具有重要的积极作用。然而，在网络政治参与的要求下，人民政协民主监督实效性还有待提升，主要表现在部分委员的民主监督意识不强，一些被监督者对人民政协民主监督存在偏见，民主监督程序性机制存在缺失，民主监督的主客体发展不均衡，民主监督的界别力量未形成合力，民主监督的运行机制不完善。主要原因是人民政协民主监督的主客体发展不均衡，界别力量未形成合力，运行机制不完善。为此，人民政协应充分发挥网络平台渠道优势的重要作用，把人民政协民主监督与网络政治参与监督结合起来，利用网络的交互性优势提升人民政协民主监督的效力，利用网络的多样性优势拓宽人民政协民主监督的渠道，利用网络的开放性优势增强人民政协民主监督的民意。一是着力提高网络政治参与主体意识，全面营造政协民主监督良好氛围。二是搭建网络政治参与平台，开放政协民主监督的知情渠道。三是规范网络政治参与民主监督行为，提高政协委员的网络素养。让政协委员在履行民主监督职责上既“会”监督，又“敢”监督，从而不断增强和提升人民政协民主监督的实效性。

唐兴军在《论政协民主监督与政治生态优化》(《湖北省社会主义学院学报》2017 年第 6 期）一文中认为，民主监督作为人民政协的核心职能之一，经历了政治实践、理论构建和制度规范的发展与变迁。十八大以来，党内监督体系不断健全和完善，党内政治生态得以修复。2017 年 3 月，中共中央办公厅印发的《关于加强和改进人民政协民主监督工作的意见》(以下简称《意见》) 的出台，为新时期政协民主监督提供了制度保障和方向指引，明确将党内监督与民主监督有机结合，把政协民主监督作为新时期政治生态建设与优化的重要抓手。监督体系从党内向党外的拓展延伸，促进了整个政治生态的优化。《意见》指出，人民政协民主监督是在坚持中国共产党的领导、坚持中国特色社会主义的基础上，参加人民政协的各党派团体和各族各界人士在政协组织的各种活动中，依据政协章程，以提出意见、批评、建议的方式进行的协商式监督。《意见》将民主监督的内容进行了丰富和拓展，增加了“涉及人民群众切身利益的实际问题解决落实情况、国家机关加强作风建设与反腐倡廉等情况、政协提案议案等办理情况、党委交办的其他监督事项”等内容。政治生态的系统性、开放性、廉洁性等彰显着现代政治的价值追求。政协民主监督作为构成我国政治生态的重要子系统，具有系统性、廉洁性、参与性和民主性等特征，二者存在着高度的价值契合。政治生态的优化有赖于政协民主监督体系的健全与完善，以反腐倡廉和民生改善为核心的专题监督强化，以参与理性主导的政治文化的塑造。

刘靖子在《监督的“一元多体”思考——国家监察体制改革与民主问题探析》(《天津市社会主义学院学报》2017 年第 4 期）一文认为，自 2006 年 5 号文件《中共中央关于加强人民政协工作的意见（摘要）》发布以来，关于民主监督的研究也从此前聚焦于具体的工作层面上升到宏观的理论层面。当前需要顺应国家监察体制改革、提升民主监督实效研究。国家监察体制改革的目标是以监察委为核心构建大监督体系，政协的民主监督构成了大监督体系不可或缺的内在组成部分。必须坚持在党的领导下实现人民“依宪监督”，不断完善监督制度，充分保障各监督主体依法行使职权。政协的民主监督对于防止新型监察权的滥用，有着重要意义，这也是民主监督在新时期的新任务和突破点。建立“一元多体”监督体系，一是坚持党的领导不动摇，二是进一步加强政协民主监督制度建设，充分发挥各界别的监督作用，三是国家监察体制改革建立了集合党纪执纪职能、行政监察职能、职务犯罪侦查职能于一身的新型监察权，对这种新型监察权的行使加以监督，是民主监督在新时期面临的新任务和突破点，应探索建立政协反腐监督、工作监督、人事监督的新机制，理顺其与监察委的关系，建立相应的监督—监察衔接机制，提升民主监督实效。

王新尚在《浅谈政协民主监督的属性、特点和优势》(《中国政协理论研究》2017 年第 1 期）一文中认为，政协民主监督的本质属性是权利属性，还具有统一战线性质、发挥统战功能，具有高度的政治属性，具有批评性。政协民主监督的性质主要有：地位二重性，政协民主监督是处于我国政治监督体系之内、权力监督体系之外，高度政治性与高度群众性相结合的一种监督。政协民主监督的优势有：监督主体的优势，监督区位的优势，监督形式的优势。

张萍在《浅谈国家治理视角下的财政预算协商》(《财政监督》2017 年第 22 期）一文中认为，财政预算是国家治理体系中的核心内容。近年来，随着我国民主政治建设进程的不断推进，许多地区的人民政协都将财政预算协商作为在国家治理体系和治理能力现代化建设中，履行政治协商职能的重要途径和实现形式。人民政协对财政预算进行协商，不但能够为地方党委、政府提供决策层面的参考意见，提高财政预算的合法性和科学性，而且有利于进一步促进政府信息公开，推进民主理财，增进社会公众对公共财政的认知和了解。与此同时，通过协商，还可以对政府的一些重大财政经济活动提前做出风险预警，对于促进依法理财、防范风险发生具有十分重要的现实意义。人民政协对财政预算的协商，不仅仅只关注钱的数字多少，更多的是要关注编制预算的方针、政策、原则、重点等问题，这样才能将协商意见提到点子上，将协商建议提到关键处。

李江在《论政协委员参政议政对我国动态政治稳定的作用》(《湖北行政学院学报》2018 年第 2 期）一文中认为，政协委员参政议政促进了我国动态政治稳定。政协委员参与制定法律文件，担任国家机构的要职，在政治层面上促进了人民政权的动态政治稳定。政协委员参与反击国内外的敌对势力，推动我国经济社会的改造，在社会层面上促进了人民政权的动态政治稳定。人民政协继续发挥统一战线的作用，政协根据我国经济社会的发展变化，适当地调整界别设置，吸收新阶层的人员参与政协事务，促进了政协组织的动态政治稳定。政协委员参与人大会议，促进了人大机构的动态政治稳定。政协委员积极参与基层的视察调研活动和反映社情民意的工作，为党政部门了解基层社会的发展状况，制定有效的政策发挥了信息传递、决策咨询的作用，推动了我国党政部门政策的动态政治稳定。

亢升在《人民政协公共外交的“五维”审视与职能优化思路》(《理论探索》2017年第4期)一文中认为，随着中国公共外交时代的到来，人民政协公共外交职能优化的重要性日益凸显。对公共外交内涵的共识涉及公共外交的主体、客体、方法、价值、目标“五维”。从公共外交“五维”的视角优化人民政协公共外交职能的思路如下：就主体维度来说，要从制度上明确人民政协和各级人民政协委员参与公共外交的角色和身份；就客体维度来说，要提升政协委员的国际知识和公共外交能力，使他们能真正“讲好中国故事”；就价值维度来说，人民政协可以通过参与公共外交充分展示中国协商民主的魅力和中国特色社会主义政治制度的独特价值；就方法维度来说，借鉴公共外交方法，改进和提升人民政协对外交往技能和积极性；就目标维度来说，明晰人民政协公共外交服务于国家利益的基本要求。

（四）人民政协与协商民主

人民政协紧密依托中国共产党领导的多党合作和政治协商制度，政协协商集协商、监督、参与和合作于一体，构成中国特色社会主义协商民主的重要渠道和专门协商机构。我国人民政协与协商民主的关系问题，是近年来专家学者们在中国政党制度和协商民主政治研究领域中留心最多、着墨最多的主题之一。2017年度相关研究性著述比较侧重完善政协职能发挥的体制和机制问题，也有一些探索性的尝试如具体如何参与立法协商等。相对集中地探讨了人民政协、协商民主在制度化发展方面的内在联系，充分揭示了人民政协在中国特色社会主义协商民主规范系统和经验实践中的地位和作用。

山东大学马克思主义学院工作站课题组在《国家治理现代化视域下人民政协协商民主建设机制探析》(《中国政协理论研究》2017年第4期)一文中认为，作为全面深化改革的总目标和新的时代主题，国家治理现代化必然会从价值层面上引领人民政协协商民主的发展，并内在地“规定”着人民政协协商民主建设的价值取向。从民众层面考量，人民政协协商民主建设的价值取向在于扩充人民有序政治参与。从社会层面考量，人民政协协商民主建设的价值取向在于实现社会的和谐稳定。从政府层面考量，人民政协协商民主建设的价值取向在于实现政府决策的科学化、民主化。从国家层面考量，人民政协协商民主建设的价值取向在于推动中国特色社会主义事业的深入发展。国家治理现代化是从传统国家治理模式向现代国家治理模式转变的过程，同传统国家治理模式相比，现代国家治理模式的一个显著特点是内在地包含了更多包容、公平、创新、规范、理性等新时代元素。将国家治理现代化内含的时代元素融入人民政协协商民主建设，一是将包容元素融入人民政协协商民主建设中，增强政协委员的代表性、平等性。二是将公平元素融入人民政协协商民主建设中，增强协商内容的全面性、深入性。三是将创新元素融入人民政协协商民主建设中，增强协商形式的多元性、协调性。四是将规范元素融入人民政协协商民主建设中，增强协商过程的程序性、规范性。五是将理性元素融入人民政协协商民主建设中，增强协商结果的共识性、公共性。

罗章在《人民政协与国家治理的契合性研究》（《中国政协理论研究》2018 年第 1 期）一文中认为，学界对“国家治理”的理论梳理有两点共识：一是党领导下的政府是居主导地位的治理主体，发挥着关键作用。二是多元主体协同治理是国家治理的必然策略。国家治理需要更广泛的政治协商；需要更深刻的政治凝聚，将多种政党力量、多种政治力量聚集到一起为民族谋、为国家谋，形成坚强的政治联盟；需要更深厚的社会基础，需要提升政治体系的吸附功能。人民政协具有政治协商、民主监督、参政议政三大主要职能，对党、人大、政府在国家治理中的作用形成重要补充。同时，由人民政协的组织结构、工作方式的特色所决定，人民政协在国家治理中又具有独特优势。一是配合国家治理的辅助性功能，发挥政治录用中的补充性功能、政策制定中的参与性功能、政策执行中的民主监督功能。二是配合国家治理的独特优势，发挥政治社会化中的独特优势、发挥政治交流中的独特优势、发挥利益表达中的独特优势、发挥利益综合中的独特优势。除了上述的补充性功能，在推动国家治理现代化过程中，人民政协还能发挥其他独特作用，突出表现在政治社会化中的宣传作用、政治信息传导中的扩散作用、治理协同中涵养参与主体的作用。最为重要的是，人民政协能发挥搭建公共平台、建构共识、综合利益表达、确定政策关键点的作用，这对国家治理的质量有着极为重要的意义。

李建、宋连胜在《人民政协协商民主推进国家治理现代化发展路径探析》（《理论学刊》2017 年第 2 期）一文中认为，人民政协是社会主义协商民主在国家层面运行的主要渠道和专门协商机构，对整个国家协商治理的深入发展具有重要的示范引领作用。在新的历史条件下，中共中央以协商民主推进国家治理现代化的战略部署为当前人民政协协商民主推进国家治理现代化的深入发展提出了新的要求。因此，健全人民政协协商民主推进国家治理现代化的发展路径，必须坚持以人民政协在全面深化改革中面临的现实问题为导向，第一，不断丰富人民政协协商治理形式。巩固界别协商和提案办理协商等传统形式，鼓励专题协商和对口协商等拓展形式，探索应急协商和督办反馈协商等新形式。第二，优化人民政协界别结构构成。广泛吸纳新阶层加入界别组织，调整现有界别组织结构，优化界别推选政协委员程序。第三，强化政协委员主体作用提高政协委员思想理论素养，增强政协委员主动参与协商治理意识，以信息化技术完善政协委员网络学习交流平台。第四，强化政协委员对话协商机制。充分挖掘人民政协委员联络制度资源，构建不同界别政协委员沟通交流机制，强化各级党委统战部门中枢协调功能。通过以上四个方面，进一步发挥人民政协协商民主在国家治理现代化中的示范引领作用。

白帆、谈火生在《人民政协参与立法协商：模式、特征和原则》（《当代世界与社会主义》2018 年第 2 期）一文中认为，立法协商是社会主义协商民主建设的重要组成部分。人民政协不是国家权力机关，没有立法的功能，但人民政协可以参与人大或政府的立法协商活动。人民政协参与立法协商有助于统筹推进各协商渠道的协调发展，实现协商与决策的相互衔接，提高立法质量，是社会主义协商民主制度优势的具体体现。人民政协参与立法协商主要有三种模式：人民政协直接对接人大或政府、人民政协通过同级党委为中介参与立法协商，以及政协委员以个人身份参与人大或政府的立法协商。积极稳妥推进人民政协参与立法协商应遵循五项原则，一是推进人民政协参与立法协商，必须加强党的领导，通过同级党委进行统筹和领导，在党的领导和统筹下积极稳妥地推进人民政协参与立法协商工作。二是人民政协参与立法协商，要分清主次，准确定位。人民政协的立法协商只是人大立法协商和政府立法协商的辅助性环节。三是人民政协参与立法协商，可以更加积极有为，全过程参与。四是人民政协参与立法协商，要建立规范化、制度化的协商程序，提高协商的实效性。特别是人民政协协商活动与人大、政府的立法工作之间的衔接需要加强。五是人民政协参与立法协商，需要更加准确地理解其性质和特征。人民政协参与立法协商不仅不会导致两院制，而且能助力人大的立法协商，推动社会主义协商民主体系建设。人民政协参与立法协商是实现协商与决策相互衔接的重要手段，它将人民政协的协商纳入人大立法的总体布局之中，使人民政协立法协商成为立法的有机组成部分，将专门协商机构的协商与最高权力机构的决策有效衔接起来，彰显了社会主义协商民主的制度优势。

刘学军在《推进人民政协协商民主制度化的若干重要问题》(《中央社会主义学院学报》2017年第3期）一文中认为，必须站在新的历史起点认识推进人民政协协商民主制度化的必要性。新的历史起点，从现代化进程的视角看，就是当下我国的现代化状况，总体上相当于现代化进程由早期阶段向后期阶段“转段”的时期，也就是处于现代化的中期发展阶段。对于发展中国家的执政精英集团来说，就是如何主动提升国家治理体系和治理能力，使之适应现代化中期发展阶段的需要，以缓解诸多同时涌现的社会矛盾和问题。这种提升的基本过程，在政治上就是原有的集中集权模式向可控的制度模式转变。推进人民政协协商民主制度化，必须站在新历史起点的高度，才能凸显其重要性和必要性。第二，推进人民政协协商民主制度化必须把握好一个基本原则就是坚持中国共产党的领导、人民当家做主和依法治国的有机统一。第三，推进人民政协协商民主制度化必须坚持社会主义的根本方向。其一，完善其作为与国家意义上民主机制密切联系的运作机制，与人民代表大会制度这一国家意义上的民主形式互为补充，更好地保证国家权力掌握在绝大多数人手中。其二，充分利用人民政协协商民主的社会属性，推动国家意义上的民主向社会本身回归。第四，推进人民政协协商民主制度化必须坚持现代化的鲜明指向。必须满足民主化要求、法律化要求。第五，推进人民政协协商民主制度化必须加强协商民主文化建设。

吕其镁、陈光辉、刘世华在《历史与现实双重视角下人民政协协商民主发展路径研究》(《广西社会科学》2017年第1期）一文中认为，人民政协协商民主是中国原发内生的民主政治形式，是近代以来历史主题制约的结果，是中国多元化社会状态的内在要求，是中国共产党领导多党合作的历史总结。当前，人民政协协商民主的理论体系渐趋成型，为现实实践提供了经验镜鉴和理论指导。制度体系不断完善，较为完整的法律法规体系为人民政协协商民主现实实践提供了制度化支撑。能力和素质不断提高的协商主体为人民政协协商民主的现实实践提供了主体基础。基于人民政协协商民主存在和发展的历史逻辑和现实基础，应当走基于理论创新和实践探索的稳健制度化，基于顶层设计和基层驱动的有序制度化，基于存量积聚和政治改革的增量制度化，基于政治生态和协商文化的有机制度化道路。

（五）人民政协理论与制度创新

2017年，随着中共十九大的召开，习近平新时代中国特色社会主义思想确立为全党全国人民的指导思想。习近平协商民主思想的研究的全面展开，构成本年度此一领域研究的重点。探索推进人民政协协商发展的路径、发挥政协的政治功能等问题也成为一个重要的主题。围绕这一主题，专家学者们集中于人民政协协商民主制度化建设、实现公民有序政治参与、人民政协基本职能的发挥，结合一些地方的实践经验进行理论研讨，形成一批具有理论和实践价值意义的创新成果。如有的文章“双周协商座谈会”的经验介绍和特点总结很值得一提。

李君如在《以人民为中心把协商民主进行到底——初谈习近平新时代中国特色社会主义协商民主思想》（《中国政协理论研究》2017年第4期）一文中认为，学习贯彻十九大精神，在民主政治领域，一个重要的任务，就是要在习近平新时代中国特色社会主义思想指引下，坚持以人民为中心，学习和研究习近平新时代中国特色社会主义协商民主思想，把协商民主进行到底，特别是要把人民政协的协商民主贯彻到底。从党的十八大提出“健全社会主义协商民主制度”，到党的十九大提出要“发挥社会主义协商民主的重要作用”，两个动词，凸显了中国特色协商民主在实践中的进展。由于受西方学术思想和舆论攻势的影响，我们许多人常常把民主等同于选举。但是真正能够体现“人民民主真谛”的，是协商民主。十九大把“人民民主真谛”的思想写进党代会报告，意义非同寻常。在习近平新时代中国特色社会主义协商民主思想指导下，将人民政协的协商民主进行到底，一个根本性的任务，就是要落实十九大关于“把协商民主贯穿于政治协商、民主监督、参政议政全过程”的要求。而把协商民主“贯穿”于政协委员履职的全过程，其目的是要通过协商民主的制度和程序建设，进一步解决政协委员的“参与实践”问题。无论“参与”还是“贯穿”，其精神实质就是习近平新时代中国特色社会主义思想一以贯之坚持的“以人民为中心”的思想。

董树彬在《习近平社会主义协商民主思想的理论架构》（《高校马克思主义理论研究》2017年第1期）一文中认为，习近平社会主义协商民主思想是完整的理论体系，生动地体现了马克思主义的立场、观点、方法。从唯物论视域而言，人民政协是社会主义协商民主的专门机构和重要渠道；从辩证法视域而言，社会主义协商民主与选举民主间相得益彰，协同发展；从本体论视域而言，协商民主是中国特色民主政治的特有形式和独特优势；从实践论视域而言，社会主义协商民主是群众路线在政治领域的重要体现；从价值论视域而言，社会主义协商民主是实现社会公平正义的重要方式手段；从制度论视域而言，推进社会主义协商民主朝着制度化法治化的方向发展。

黄卫平、汪洋在《从毛泽东到习近平：人民政协理论发展及实践探索》[《深圳大学学报（人文社会科学版）》2017年第6期] 一文中认为，中国共产党领导的多党合作与政治协商制度是我国的基本政治制度之一，从毛泽东、邓小平、江泽民、胡锦涛到习近平，不同时代党对政协的性质、功能定位的发展，使人民政协逐步从党领导的爱国统一战线组织发展成为中国特色社会主义的国家民主政治重要形式，以及中国协商民主的重要渠道和专门协商机构。在党的十九大报告中，习近平同志明确指出：“人民政协是具有中国特色的制度安排，是社会主义协商民主的重要渠道和专门协商机构”；要“加强人民政协民主监督，重点监督党和国家重大方针政策和重要决策部署的贯彻落实；增强人民政协界别的代表性，加强委员的队伍建设”，这对人民政协理论与实践发展具有重要的里程碑意义。

董树彬在《从“政治协商”到“协商民主”的理论拓展》（《统一战线学研究》2017年第6期）一文中认为，人民政协的政治协商是社会主义协商民主的重要形式。抓住了人民政协的政治协商，就找到了深化社会主义协商民主的一把钥匙。随着人民政协不断推动政治协商的制度创新和理论创新，人民政协的政治协商不断朝着横向和纵向两个方面拓展。一方面，政治协商从横向层面朝着政党协商、人大协商、政府协商逐步拓展，使政治协商远远超出了人民政协的范畴，党委、政府、人大和政协中的协商民主已经蔚然成风。另一方面，政治协商从纵向层面朝着社会协商、基层协商、公民协商逐步拓展，协商民主已经成为全社会的最大共识。社会主义协商民主的横向、纵向拓展推动了统一战线和统战工作的创新发展。几大协商民主形式都与统一战线和统一战线工作有关。此外，协商民主的目标追求也与统一战线的主题密切相关。在实现中华民族伟大复兴中国梦、实现“两个一百年”奋斗目标的过程中，无论是作为协商民主重要渠道和专门协商机构的人民政协，还是始终作为中国共产党革命、建设、改革各个时期重要法宝的统一战线，都扮演着凝心聚力的关键角色、发挥着凝聚共识的重要作用。

杨卫敏在《人民政协统战团结功能新论——简析习近平对新时代人民政协理论的贡献》（《上海市社会主义学院学报》2017年第6期）一文中认为，党的十九大立足“两个一百年”提出的新目标、新判断、新理论、新方略，使人民政协工作面临新的机遇和挑战、新的任务和要求。习近平指出，“人民政协要发挥统一战线组织团结联谊功能”，这是人民政协理论和统一战线理论的重大创新。要以习近平新时代中国特色社会主义思想为指导，着眼于“最大限度为党和国家事业凝聚共识、凝聚智慧、凝聚力量”进行战略考量。要从当今国际形势发展和国内主要矛盾转化、社会变革角度审视人民政协统战团结功能提出的时代性。从党治国理政方略和党的建设新的伟大工程角度审视构建人民政协统战团结功能的重要性。从统一战线发展和统战理论创新角度审视强化人民政协统战团结功能的紧迫性。从人民政协组织和政协委员自身建设角度审视提升统战团结功能的可行性。着眼于“两个一百年”奋斗目标，人民政协要有大目标、大视野、大战略、大思维，一靠用足用好现有政策文件，二靠各级政协组织和政协委员适应形势、与时俱进、积极探索，以更加务实有效的对策来构建和拓展人民政协统战团结功能，努力实现大团结、大联合。

周全华在《推进协商民主视野下政协体制的与时俱进》（《贵州省党校学报》2017年第3期）一文中认为，协商民主着重强调实质，这与其他民主形式着重强调程序（举手、投票）不同。协商民主的若干形式和精神，一直存在于中国共产党的政治文化传统之中，只不过各时期依据政治协商对象的阶级身份不同而有不同的称谓。中共历史上实施协商民主的多种形式，就形成制度和机制而言，只有人民政协取得了实体化的存在形式，成为具有国家法定地位的政治机关。人民政协的运作有60多年历史，已经形成一个进行协商民主的制度化平台（介体）。在全国政协年会上，民主协商的对象应是国之方针大计，而不应是重复媒体谈论已久的公共话题、反映一些社会问题、提出一些专业性业务性建议。民主协商的各方都应是主体，并互为主客体，民主党派是中国协商民主的一个重要主体，应赋予民主党派更多政党功能。

吉林在《加强和改进政协组织党的建设为人民政协工作提供坚强政治保证》(《中国政协理论研究》2017年第4期）一文中认为，进一步加强政协组织中党建工作，在实践中还需要解决一些问题。一是中共界别在政协组织中的职责作用如何发挥，需要我们深刻把握设置中共界别的目的和任务，认真研究中共界别和同级党委、政协党组，以及政协委员中其他共产党员的关系问题。二是需要调研政协专门委员会设立分党组的问题。三是如何建立发挥政协委员中的共产党员的先锋模范作用的协同机制。政协委员中的共产党员，大部分的行政关系和组织关系在各自工作单位，把全面从严治党要求落实到这部分党员在政协的履职过程中，就需要政协组织和党委相关部门、党员委员所在单位共同研究建立相应的协同机制。

姚俭建在《人民政协履职制度化平台的品牌特色与效应》(《中国政协理论研究》2017年第4期）一文中认为，从2013年10月22日召开第一次双周协商座谈会至2017年7月6日的第70次双周协商座谈会，十二届全国政协已先后举行了69次双周协商座谈会（其中有1次未统计到）。这是十二届全国政协在履职实践中不断探索，在继承传统中不断创新，创建了一个具有时代特征的人民政协履职制度化平台的品牌。履职常态化是人民政协作为专门协商机构的基本要求，也是推进社会主义协商民主的重要体现。从这个意义上说，人民政协履职的制度化平台建设是一项基础性工作。2013年9月18日，政协第十二届全国委员会第六次主席会议通过了《政协全国委员会双周协商座谈会工作办法（试行）》，意味着人民政协履职常态化开启了一个新的模式。它是以“双周”为时间间隔，融专题协商、对口协商、界别协商、提案办理协商为一体，实现以界别为基础、专题为内容、对口为纽带、座谈为主要方法的特殊会议协商形式，起到了增加协商密度、增加交流力度、增加共识程度的作用。每年20次的双周协商座谈会嵌入了十二届全国政协的整体议政活动，与全会、常委会构成了人民政协的议政体系，有人将这种格局总结为一组数字“1420”：每年1次全会、4次常委会、20次双周协商座谈会。“双周协商座谈会”品牌特色体现在：制度化平台运行中的协商选题小中见大、内容覆盖面广，协商环境营造民主、理性、真诚，运行机制构建的规范有序、协商议政与促进解决等环节。

王影聪在《论协商民主方法的创新》(《广东省社会主义学院学报》2017年第1期）一文中认为，协商民主创新是政治学创新领域中民主政治概念下面的一个协商民主政治意义中的创新，是一种特定的理念、制度、体制、机制和途径方法意义的创新。协商民主的目标一致，原则不变，宗旨和主题一致，那么创新的方法和思维的方法必有新的创新和新的实践，即“三真”“三敢”“三动”：一是要向习近平为核心的党中央看齐，用真心的包容态度和情怀，真诚地听取真话与实策，真正地接受民主监督的“三真”创新。二是人民政协的协商民主应秉承“三敢”，敢于讲真话、实话；敢于献良策、实策；敢于探索、实践。三是要像以习近平为总书记的党中央那样，主动作为、互动作为、联动作为的“三动”创新。

学术著作评介和论文观点摘要

一、学术著作评介

《统一战线与协商民主》（陈明明，肖存良，复旦大学出版社2017年版）

统一战线、人民政协和协商民主的逻辑起点是各方力量的联合和人民的凝聚，而其相继发展的取向则是人民民主，即不仅要在价值上体现人民当家做主，而且要在制度上和机制上落实人民当家做主。在这其中，人民政协显然是承前启后的，它既承载着统一战线的使命，又承载着实践协商民主以落实和推进人民民主的使命。正因为居于这种承前启后的方位并承担承前启后的使命，人民政协也就很自然地通过创造团结与民主的有机统一，将党的领导、人民民主与社会主义的现代国家建设有机统一起来，从而在中国政治体系中，成为一个能够同时惠及人民、政党、国家与社会的重要政治空间和政治资源。

陈明明、肖存良主编的《统一战线与协商民主》围绕统一战线与协商民主这一主题，汇聚了统战基础理论上海研究基地专家学者的近期研究成果，包括统一战线与人民民主、统一战线与民主党派、统一战线与人民政协三部分内容。

二、论文观点摘要

《中国政党制度的世界贡献》（袁廷华，《人民日报》2017年6月30日）

当前，世界政党政治发展出现了许多新趋向，一些国家大选中“黑天鹅”事件迭出，政党攻讦加剧，社会纷争不断。“西方之乱”与“中国之治”的鲜明对比，让人们对中国的政党制度更加关注。“中国共产党为什么能？”回答这一问题，不可避免地要研究中国政党制度的作用。中国实行的政党制度是中国共产党领导的多党合作和政治协商制度，它既不同于西方国家的两党或多党竞争制，也有别于有的国家实行的一党制，而是中国特色社会主义政党制度。中国政党制度是在马克思主义政党理论指导下，在中国长期的革命、建设、改革实践中形成和发展起来的。它汲取了中华优秀传统文化中尚和合、和衷共济等养分，与发展社会主义民主政治和建设现代化国家的时代要求相契合，是适合中国国情的一项基本政治制度，日益彰显出独特的制度优势和强大生命力。党的十八大以来，习近平同志高度重视我国政党制度建设，强调“坚持和完善中国共产党领导的多党合作和政治协商制度，不断为事业发展凝聚人心、增添力量”。今天，中国政党制度的成功实践，正在为世界政党政治的发展做出独特贡献、提供有益借鉴。

一、中国政党制度在世界政党政治发展中彰显出巨大优势

中国近现代政治发展的历史证明：中国的民主政治建设，必须从中国的基本国情出发，盲目照搬别国政治制度和政党制度模式是不可能成功的。中国政党制度的形成和发展，是中国近现代历史发展的必然，是中国共产党和各民主党派智慧的结晶。它是与我国国体相适应的政党制度，是不同于西方政党制度的社会主义新型政党制度。中国政党制度通过对政党关系、政党与国家政权关系进行制度规范，形成了两大基本制度要素：一是在基本政治制度层面确立中国共产党的领导地位，以体现工人阶级（通过共产党）对国家的领导，为国家政权巩固和中国特色社会主义事业发展提供根本政治保障。二是在政党制度结构上确立可以广泛参与的、开放的制度架构，各民主党派和无党派人士的政治参与，扩大了人民民主专政的社会基础，强化了国家政治体系的民主属性。中国政党制度领导核心的一元性与结构的多元性模式，形成了特有的制度优势。

具有强大的整合功能。实现有效整合是政治进步、社会发展的必要条件。在现代社会，政党制度是实现政治整合和社会整合的重要机制。中国政党制度把中国共产党的领导与民主党派、无党派人士的合作紧密结合起来，形成强大的整合功能。中国共产党的坚强领导，提供了强大的整合力量；各民主党派和无党派人士的政治合作，扩大了整合的边界和张力，进一步强化了中国政党制度的整合功能，使中国政党制度成为有着强大动员力、决策力、执行力和凝聚力的制度。反观实行两党制、多党制的一些国家，其政党制度不但未能有效整合社会，反而撕裂了社会。

具有独特的民主功能。民主是人类政治文明发展的重要标志。从中国社会制度的性质出发，中国的民主政治建设既遵循人类政治文明发展的普遍规律和共同要求，又具有自身的内在规定，其目标模式是实现中国共产党的领导、人民当家做主、依法治国有机统一。中国政党制度是人民民主的重要制度载体和实现形式之一，其民主功能主要包括：一是政治参与；二是利益表达；三是民主监督。

具有良好的稳定功能。政治稳定是社会良性发展的必要条件。中国政党制度的稳定功能主要体现在以下几个方面。第一，强大且成熟的执政党有利于政治稳定。第二，多党派政治参与有利于政治稳定。第三，中国政党制度的运行方式有利于政治稳定。

二、中国政党制度为世界政党政治发展提供了一种新范式

中国政党制度的运行与中国经济社会快速发展、国家治理水平不断提高的实践相结合，给世界政党政治发展带来一种新范式、一种西方话语无法解释的新模式。中国政党制度的理论与实践表明，民主不是只有一种模式，实现民主的形式和路径是多样的，这是由人类文明发展的多样性所决定的。一个国家实行什么样的政党制度，是由该国的国情、国家性质和社会发展状况决定的。政党制度的优劣，从根本上说要看其是否有利于社会生产力发展，是否有利于民主政治有序健康发展，是否有利于国家稳定和长治久安。中国政党制度的实践为世界政党政治发展提供了有益借鉴，为人类社会民主政治和政治

文明发展做出了独特贡献，也为发展中国家走出一条既吸收人类文明优秀成果，又符合本国实际的政治发展道路提供了成功范例。表现在创造了一种新型民主实现形式、创造了一种新型执政方式、创造了一种新型政党关系。

《多党合作制度在中国国家治理中的基本作用》（张献生，《政治学研究》2017年第4期）

中国实行中国共产党领导的多党合作和政治协商制度，国家治理是多党合作的题中应有之义。我国各民主党派及无党派人士作为中国共产党的亲密友党和参政党，在合作共事中履行参政党职能的过程，就是参与国家治理，与执政党同心协力实现国家治理的善治和良政目标的过程。从这个意义上讲，作为执政党的中国共产党和作为参政党的各民主党派的合作共事，就是在国家治理上的风雨同舟、齐心协力。

从中国政治发展和国家治理的实践看，多党合作制度功能作用发挥往往同国家治理成效成正比：中国共产党与各民主党派多党合作的黄金时期，也是国家治理成效比较显著的时期；多党合作发展的曲折和挫折时期，往往是国家治理出现紊乱和混乱时期，这不是一个偶然和巧合。多党合作制度作为保障国家政治社会发展的体制机制，作为执政党和参政党共同致力于共同事业发展的重要平台，与国家治理密切相关，二者之间有着深刻的内在联系。这种内在联系，主要体现在国家治理与多党合作制度之间相互作用的互动上：国家治理的深入推进不断为多党合作提出新的任务和要求，国家治理的重点就是多党合作的重点；多党合作制度则以独特优势和功能作用为国家治理提供动力和智力支持，促进治理目标和任务的实现。因此，推进国家治理体系现代化和提高国家治理能力一个十分重要的方面，就是深刻认识和把握我国多党合作制度与国家治理之间的内在联系，充分发挥多党合作在推进我国治理体系现代化和提高治理能力中的独特优势。

一、聚合社会力量，形成合力治理

国家治理的根本在力量。推动历史前进的关键就在于产生和形成一种作用于共同方向的符合历史发展潮流的总的合力。在国家治理中，也有许多由生活条件、利益诉求、思想观念构成的互相交错的力量。从性质上看，有革命力量、保守力量、中间力量；从作用上看，有推进力量、阻碍力量、辅助力量；从方向上看，有纵向的、横向的、斜向的；从实践上看，有相向而行、有相对而行、有并行而行；等等。如何从这些不同的力量中找到最大公约数，最大限度地凝结成一种推动历史前进的总的合力，是进行国家治理的根本要求。中国的多党合作制度为形成这种历史合力提供了制度化机制。中国共产党与各民主党派在共同的思想政治基础上致力于共同事业，并在合作共事中建立了协商、参与、监督的运行机制，从而具有强大的政治凝聚和社会整合功能，最大限度地促进社会生产力发展，为国家治理提供广泛的力量支持。

二、优化政策决策，促进科学治理

国家治理的关键在决策。科学决策的主体主要是执政党和政府。执政党作为国家治理的领导核心，总览全局、协调各方，能否科学决策直接关系治理的成败。政府作为国家治理的行政中枢、执法主体和推进者，能否科学决策直接关系治理的成效。中国的多党合作制度，在促进科学民主决策中具有特殊的功能作用。多党合作中的政党协商和政治协商，既是政党合作的一个基本方式，也是科学民主决策的一个重要环节。协商、建言和监督构成了促进科学民主决策的重要机制，在优化政策决策、纠正出现的偏差、防止和减少失误上具有特殊重要作用。

三、拓宽政治参与，推进民主治理

国家治理的基础在参与。国家治理的本质不是治民，而是民治。国家治理现代化，从根本上讲，就是要改变政府对民众管治的治理性质和政府单独实施的治理模式，形成共建共治的治理格局。如何将广大社会成员吸纳进国家治理过程，充分发挥人民群众参与治理活动的积极性和主动性，使国家治理成为多元主体平等参与，民主协商、民主权利有效行使，人民利益不断实现，便成为建构现代化国家治理体系的一项极为重要的任务，就成为国家治理各项任务深入实施、治理目标如期实现的重要保障。中国的多党合作制度以其特有的资源配置、内部结构和运行机制，提供了促进社会各方面成员广泛参与、积极作为国家治理的制度化渠道。

四、坚持民主协商，致力共赢治理

国家治理的境界是共赢。在现代国家治理中，单中心权威主体强制形成“一元话语”的集中治理不太管用，传统的命令、强迫、压制基本失灵，包容、妥协、共识越来越重要，单靠某个治理主体已经难以承担综合性治理任务，参与主体多元，各方利益兼顾，政党、政府、企业组织、社会组织和公民等多主体之间的互动形成“多元话语”的共同治理已势在必行。中国的政党制度具有政党协商这个形成共识的合作机制与有效方式。政党协商作为多党合作的基本方式，既是党际民主的重要体现，也是中国共产党领导和执政的实现方式。政党间的民主协商，开启了中国社会主义民主政治实践历程，开创了中国共产党治理国家的崭新时代。

《国家治理现代化语境中的社会主义协商民主——党的十八大以来社会主义协商民主的新创造新发展》（包心鉴，《学习与探索》2017 年第 3 期）

以习近平为核心的党中央关于社会主义协商民主的重要论述和顶层设计，着重于从推进国家治理现代化高度赋予社会主义协商民主以深刻的时代内涵和强大的治理功能。当代中国协商民主新理论新实践有力表明：社会主义协商民主，既是对中华民族“天下为公、同舟共济、兼容并蓄、求同存异”等优秀政治文化，以及中国共产党与各民主党派“长期共存、互相监督、肝胆相照、荣辱与共”的优良政治传统的创造性继承，又是适应中国特色社会主义新发展、探索中国特色社会主义政治新形态的伟大政治创造。与西方协商民主不同，我国社会主义协商民主的创新之处在于，它是党领导人民共同治理国家的一种有效政治形式，是把人民当家做主“具体地、现实地体现到中国共产党执政和国家治理上来”的一种有效政治制度安排。国家治理现代化，不啻是我们深刻认识社会主义协商民主意义与功能的根本政治语境，还是推进社会主义协商民主广泛多层制度化发展的根本出发点和落脚点。

一、社会主义协商民主的国家治理含义

中国特色社会主义是一项长期任务、是一篇“大文章”，需要中国共产党人一代接一代地续力完成。续写中国特色社会主义这篇大文章，从何处破题、在何处着笔？以习近平为核心的党中央坚持问题导向、顺应时代变化、探索发展规律，紧紧抓住关乎中国特色社会主义能否实现新发展的一个关键性问题，这就是：如何从国家治理层面完善和发展中国特色社会主义制度？从邓小平1992年南方谈话到2012年党的十八大召开，恰好整整20年，实现中国特色社会主义制度“更加成熟、更加定型”，起码还需要进行10年的奋斗，时代将这一重大任务历史性地交付到以习近平为代表的中国共产党人肩上。这就是中国特色社会主义实现新发展的新的历史起点，也顺理成章地成为继续做好中国特色社会主义这篇“大文章”的新的着力点。

正是在“推进国家治理现代化”这一总目标和大背景下，习近平对社会主义协商民主的科学内涵和重大意义做出科学定位，赋予社会主义协商民主以深刻的国家治理重任与意义。第一，社会主义协商民主，是中国特色社会主义民主政治的特有形式，是中国共产党领导人民有效治理国家和社会的重要路径。第二，社会主义协商民主，是中国共产党的群众路线在政治领域的重要体现，是党治国理政智慧与能力的重要源泉。第三，社会主义协商民主，是调动一切积极因素、凝聚各方资源共同治理国家和社会的有效制度安排，具有广泛的社会基础和充沛的政治潜能。中国社会主义协商民主丰富了国家治理形式、拓展了国家治理渠道、加深了国家治理内涵、提升了国家治理水平。在推进国家治理现代化、促进中国特色社会主义新发展的历史进程中，社会主义协商民主的作用必将愈益凸显，内涵必将愈益提升，意义必将愈益增大。

二、社会主义协商民主的国家治理功能

在推进国家治理现代化历史进程中，社会主义协商民主意义的不断彰显，源自其国家治理功能的不断完善。在以习近平为核心的党中央科学的理论指引、严谨的制度设计和强有力的实践推进中，我国社会主义协商民主愈益展示出广泛参与、决策修补、多元共治、民主监督等特有的国家治理功能。

三、社会主义协商民主的国家治理原则

民主政治是一种实践过程。任何一种优良的民主制度设计，都需要通过社会实践予以证明并不断接受社会实践的检验而愈益走向完善。社会主义协商民主在推进国家治理现代化中的重大意义和重要功能，只有在广泛持久、扎实深入的协商民主实践中才能得以体现和实现。党的十八大以来我国协商民主实践及其显著成效表明，在推进国家治理现代化进程中发展社会主义协商民主，必须坚持以下基本原则。（1）人民民主原则；（2）平等包容原则；（3）多层推进原则；（4）和而不同原则；（5）和谐共进原则。

《中国的政党制度是新时代中国特色社会主义优越性的鲜明体现》（孙信、高国升，《团结报》2017年12月26日）

中国共产党领导的多党合作和政治协商制度是我国的一项基本政治制度，构成了中国特色社会主义制度的一个鲜明特色。中国特色社会主义政治制度之所以行得通、有生命力、有效率，就是因为它是从中国的社会土壤中生长起来的，集中体现了中国特色社会主义的特点和优势。

中国共产党领导的多党合作和政治协商制度保持和发挥了社会主义制度的优势。中国共产党领导的多党合作和政治协商制度与我国社会主义初级阶段的经济社会结构相适应，符合建设中国特色社会主义伟大事业的客观需要。社会主要矛盾的变化、经济结构的调整、社会阶级阶层结构的演进，决定了我国政治结构也应具有相应的特点，决定了必须由代表全体人民利益的政党即中国共产党领导；同时也要求一定社会组织反映不同阶级、社会群体的具体利益、愿望和要求，代表他们参政，并协助共产党和人民政府做好这些阶层和社会群体的工作。包括中国多党合作制度在内的中国特色社会主义政治制度是实现人民民主的制度保障，民主形式不断丰富，民主运行机制日益完善，民主渠道逐渐拓宽，选举民主和协商民主齐头并进，保证人民当家做主落实到国家政治生活和社会生活中。

中国多党合作制度有利于坚持中国共产党的领导，具有统一领导的优势。中国特色社会主义最本质的特征是中国共产党领导，中国特色社会主义制度的最大优势是中国共产党领导。在中国这样一个历史悠久、现实情况错综复杂的国度里进行社会主义现代化建设，如果没有一个可以代表最广大人民群众利益、能够总览全局、有效协调各方的政治核心作为社会生活的中坚力量，社会的稳定发展和不断进步是不可能的。多党合作的核心就是中国共产党的领导。按照十九大报告指引的方向，中国共产党不断推进党的建设新的伟大工程，确保党在世界形势深刻变化的历史进程中始终走在时代前列，在应对国内外各种风险和考验的历史进程中始终成为全国人民的主心骨，在坚持和发展中国特色社会主义的历史进程中始终成为坚强领导核心。中国共产党的领导，是中国多党合作制度正常运行的重要保证，是“大一统”思想在现代政治建设中的必然要求。

中国多党合作制度有利于巩固执政基础，具有凝聚共识的优势。

中国多党合作制度契合中国传统文化“尚和合、求大同”的精神。中国共产党以执政党的气度，团结一切可以团结的力量，在中国社会主义制度下，有事好商量，众人的事情由众人商量，找到全社会意愿和要求的最大公约数，是人民民主的真谛。共产党领导、多党派合作，共产党执政、多党派参政，在承认差异和不同的基础上寻求共识与合作，“和合”的内涵在其中得到了淋漓尽致的体现，这正是中国共产党领导的多党合作和政治协商制度的特点所在。

中国多党合作制度有利于实现人民民主，具有政治协商的优势。

新时代中国特色社会主义思想是中国共产党和各民主党派共同的思想政治基础，共同致力于推动中国的经济、政治、文化、社会和生态文明建设，实现创新、协调、绿色、开放、共享发展，契合传统文化中的“道”，这就是中国现代政治的“中和之道”。中国共产党经由多党合作制度，通过多种形式的协商，可以广泛听取意见和建议，广泛接受批评和监督；可以广泛达成决策和工作的最大共识；可以广泛畅通各种利益要求和诉求进入决策程序的渠道；可以广泛形成发现和改正失误和错误的机制；可以广泛形成人民群众参与各层次管理和治理的机制；可以广泛凝聚全社会推进改革发展的智慧和力量，具有西方国家政党制度无可比拟的协商优势。

中国多党合作制度有利于国家的长治久安，具有战略擘画的优势。中国特色的政党制度，能够科学制定长远规划并有效贯彻执行，保持了经济社会发展连贯性。不少西方发达国家一朝政党一朝国策，随着周期性选举，政府更迭而政策改变，很难制定和执行长期规划。不少发展中国家照搬西方民主模式，结果政府软弱、更迭频繁、社会经济政策变动不居，国家的各项建设急功近利，结果经济社会发展无从谈起，甚至经济上乃至政治上受制于人，经常受外部因素干扰。

中国政党制度的运行与中国经济社会快速发展、国家治理水平不断提高的实践相结合，深深扎根于中华文化，是马克思主义中国化的成功范例，集中体现了中国特色社会主义的巨大优越性，给世界政党政治发展带来一种新范式，为人类政治文明发展提出了一种新模式。

《抗战时期中国共产党处理党派关系的历史经验和现实启示》（周淑真，《统一战线学研究》2017 年第 5 期）

抗日战争时期（以下简称抗战时期）是中国的党派关系最为错综复杂的时期，围绕全民族抗战以及抗日民族统一战线的建立和发展，中国共产党在处理党派关系方面创造和积累了丰富而深刻的历史经验。

抗日民族统一战线是以国共两党为基础的。中国国民党是具有实力掌握国家政权的执政党，中国共产党是处于在全国在野、在局部地区执政的第二大政党，除国共两党之外，还存在其他各党各派，即抗战之前已经产生的政党——中国青年党、中国国家社会党和第三党，党派组织有救国会派、职教社派和乡村建设派。虽然这些党派政治理念不尽相同，但总体处于国共两党之间。这是抗日民族统一战线中党派关系的基本特征。在抗日民族统一战线中，中国共产党坚持独立自主原则。立足自身实际，发展进步势力；争取中间势力，与中间党派真诚合作；孤立顽固势力，对中国国民党统治集团既联合又斗争。

在整个抗战期间，尽管阶级矛盾与民族矛盾交织在一起，阶级斗争或隐或显、时起时伏，甚至以军事冲突和局部战争的形式表现出来，但中国共产党把握住了抗日民族统一战线发展的大方向，这与其成功处理党派关系是分不开的。抗战时期中国共产党处理与中间党派关系的历史经验主要有：

一、共同的政治目标是政党合作的坚实政治基础

抗战、民主、团结的共同政治目标，是中国共产党与中间党派合作的政治基础。在抗战爆发后，中华民族处于生死存亡的严峻关头，各中间党派放弃了对国共两党的成见，赞同和支持国共两党重新携手合作、共同抗日。抗战初期，各党派中央和地方组织积极参与抗日战争，形成了全民族同仇敌忾、各党派共同抗日的局面。但是抗战时期的中国国民党政权并没有改变一党训政的基本立场和政治体制，这激起了中间党派对中国国民党的不满和反抗，推动它们认识到为争取抗战必须开展反对中国国民党一党专政和争取民主的斗争。中间党派要生存和发展，只能同中国共产党合作。

二、帮助中间党派解决实际困难，为其发展提供条件

中国民主政团同盟在重庆秘密成立后，派梁漱溟到香港创办《光明报》，但资金匮乏，因得到了中共南方局和香港新华社的鼎力相助，才得以顺利创办。同样，中国共产党在支持中国国民党民主派组织的建立和发展时，也开展了争取西南地方实力派的工作，给予他们切实的帮助。

三、在政权建设中吸收中间势力，注重对中间党派的示范作用

中国共产党在抗日民主政权中实行“三三制”原则，给中间党派以三分之一的位置，既有力地巩固和发展了抗日民主根据地的政权建设，也给中间党派以鼓舞和示范。1945年7月初，中共中央邀请国民参政会六位参政员访问延安，就是中国共产党与民主党派合作的范例。黄炎培《延安归来》一书的传颂，扩大了中国共产党在国民党统治区的影响。毛泽东与黄炎培在“窑洞对”中关于“历史周期律”的谈话，成为中国共产党与民主党派合作历史上的佳话和警醒中国共产党在新的历史条件下治国理政的至理名言。

四、及时总结争取中间势力工作的实践经验，概括争取中间势力的理论

中国共产党总结了争取中间势力的三个基本条件：一是中国共产党有充足的力量；二是尊重中间势力的利益；三是进步势力对顽固派做坚决的斗争并收到切实的成效。此后，争取中间势力的观念在全党逐步树立起来，并成为巩固和发展统一战线的一条基本经验。

总之，抗战时期是中国共产党转危为安、由弱到强的历史发展时期。正确的抗日民族统一战线理论和恰如其分的处理党派关系的方针政策，特别是对中间党派的团结和争取，为抗战胜利后尝试通过重庆谈判、政治协商会议等政治方式解决中国的前途和命运问题创造了前提。而这些尝试展示的程序正义原则，置中国共产党于道义制高点，为中国共产党取得解放战争的胜利、建立新的国家政权奠定了基础。

中国共产党处理抗日民族统一战线中的党派关系的历史实践对当代政党关系的发展具有重要启示意义。我们必须汲取中国国民党因一党独霸而失去政权的深刻教训，认识政党关系和政党制度是构成国家政治制度的重要成分，求同存异，以更加包容的心态对待和处理同各民主党派的关系。同时，这一段历史在某些方面可以为当前处理与台湾地区、香港地区政党的关系提供一定参考、借鉴。一是要在政治上、法律上尊重和保障各民主党派的参政党地位，在巩固和发展多党合作的共同政治基础上发展中国特色政党制度；二是在党情、国情、世情已经发生巨大而深刻变化的情况下，面对经济社会发展过程中不断出现的新矛盾和新问题，要凝心聚力，有效发挥各民主党派在全面建成小康社会、全面深化改革、全面依法治国和全面从严治党“四个全面”战略布局中的特殊地位和作用；三是在全面深化改革和实现国家治理现代化的过程中，必须注重和加强政党协商，切实发挥参政党的职能作用；四是要尊重各民主党派的独立性和自主性，加强民主党派的思想、组织、制度特别是领导班子建设，切实帮助各民主党派解决发展中遇到的困难和问题。

《从制度自卑走向制度自信和制度自觉——中国政党制度的成本、效能分析》（祝灵君，《中共浙江省委党校学报》2017年第6期）

回首新中国成立前的历史，为何历史和人民选择了中国共产党领导的各革命阶级联合专政的政党制度，而没有选择中国国民党的一党专制？当今世界上绝大部分国家实行两党制或多党制，为何我国要坚持中国共产党领导的多党合作和政治协商制度？长期以来，为了回答这两个问题，理论界采用了“历史选择论”“和合文化论”“国情适用论”等给予阐释，每一个解释角度都有其合理性，为了深化对中国政党制度的认识，本文尝试运用制度效能和制度成本的新框架，抓住中国共产党领导制度这个关键，以多党合作、

政治协商制度为主要内容，通过历史和比较分析，澄清坚持和完善我国政党制度的历史逻辑、理论逻辑和实践逻辑，展示近代以来中国人民从制度自卑走向制度自信、制度自觉的心路历程。

一、克服制度自卑：我国政党制度选择的历史逻辑

1840年前夕，农耕文明的中国与处于工业文明顶峰的英国在事关贸易方面的“对话”最终尴尬收场，英国人选择以坚船利炮、野蛮入侵的方式敲开中国大门。从此，国家山河破碎，人民颠沛流离，主权碎片化，西强我弱的基本格局由此形成，“师夷长技以制夷”，中国人迈上了从器物到制度再到观念层面仰视西方的学习之旅。在这个大背景下，建立现代政治制度、克服制度自卑，就成为近代以来中国人民实现国家现代化的努力方向。一个有着五千年文明史、有过无数次自豪的大国却走向衰败的事实，注定了中国政治舞台上一切负责任的政治力量都不能不肩负起实现国家统一、推进现代化建设、建立民主政治、实现文化复兴的历史使命，这个使命是中国人民和中华民族利益的最大公约数，也是中国政党制度选择的基本前提。在这个大历史背景下，近代以来的中国由帝治走向了党治，由皇权走向党权，克服制度自卑，成为近代以来中国政治发展的主轴，拉开了中国人民政党制度选择的历史序幕。

孙中山希望借用西方政党竞争的理念来实现民权主义。然而，议会政治梦想在袁世凯的屠刀下化为灰烬，孙中山的英美式政党政治转变为一党专政的思想，并于1914年将中国国民党重组为中华革命党，将同盟会时期《革命方略》进行程序的军法、约法、宪法之治，易为军政、训政、宪政三阶段。俄国十月革命成功以后，孙中山转向学习俄国改组国民党。1927年国民党蜕变成一党垄断政权的独裁的执政党。而中国共产党除了代表并实现工农联盟这个“80%—90%人口”的根本利益，还通过不断扩大的统一战线代表并实现中国人民和中华民族的根本利益。中国共产党用土地改革、“三三制”、民主选举等方式实现了抗日根据地人民的根本利益；而且中国共产党作为领导革命的党，坚持以严格纪律约束自己，推行政府严格的预算制度，具有很低的监督成本。同时，中国共产党由于有极强的动员功能，而具有极低的执行成本和选举成本。因此，选择中国共产党领导各革命阶级联合专政的政党制度具有最高的制度效能和最低的制度成本，选择国民党的一党专制具有最低的制度效能和最高的制度成本，历史和中国人民最终做出了正确选择。

二、确立制度自信：我国政党制度选择的理论逻辑

从制度效能看，评价中国政党制度合理性的首要前提是能否承载实现国家统一、推进现代化建设、建立民主政治、实现文化复兴的历史使命。中国共产党是一个拥有马克思主义政治信仰的政党，把实现人的自由和人类的幸福放在最高目标，把实现中华民族伟大复兴中国梦和为人类文明做出更大贡献作为自己的神圣使命。而且，中国共产党通过统一战线平台，坚持民主协商原则，让不同党派和各界别群众充分表达“众意”，并在人民代表大会的层面坚持民主集中原则实现民主基础上的集中，最终通过党的领导把这些不同的“众意”汇聚为“人民利益的最大公约数”。因而，中国共产党的领导和长期执政有利于最大限度实现人民福利。中国共产党领导的多党合作和政治协商制度，可以凝聚人民意志，只要方向不发生偏差，会形成巨大的国家发展能量，坚定不移地朝着国家

发展目标前进。比较中美两国政党制度，均符合本国国情，都有自己的优势。

从政党制度成本看，以竞选成本为例，以“部分”作为定义的政党制度，其选举成本与竞选频率之间不可避免呈现出递增函数趋势。两党制、多党制所代表的政党制度的竞选成本一定会呈现出递增函数的基本态势。在许多发展中国家，即使采用两党制、多党制，也可能形成较高的制度监督成本。而中国共产党的领导和长期执政（宪法规定），中国共产党不存在与八个民主党派在执政权方面的竞争，竞争成本为零，防止中国共产党决策错误及腐败方面的成本才是主要的成本。与西方政党制度比较，我们的监督成本并不小。然而，中国共产党历来重视管党治党，党的十八大以来习近平总书记提出全面从严治党的战略布局，在控制监督成本上下足了功夫，取得了良好效果。只要坚持全面从严治党永远在路上，持之以恒正风肃纪，随着时间的推移，中国共产党的监督成本就会趋向稳定，呈现收敛函数的态势。对比两种政党制度的成本发展趋势，当代中国政党制度选择无疑具有合理性。与一党制相比，中国的政党制度能够通过八个民主党派最广泛地凝聚人民意志，去实现人民利益的最大公约数，具有很高的制度效能；由于有八个民主党派的政治监督，由于党内监督和国家监督形成合力，由于中国共产党坚持全面从严治党永远在路上，中国的政党制度可以有效地控制监督成本。因而，中国的政党制度具有一党制不可比拟的高效能和稳控成本的优势。

《中国特色社会主义政党制度的理论和实践基础——兼议中国共产党领导的多党合作和政治协商制度是两项制度说》（蒋锐，《统一战线学研究》2017年第1期）

一、中国特色社会主义新型政党关系及制度的确立

在1982年党的十二大上，邓小平提出了走自己的路、建设有中国特色的社会主义的重大理论命题，并把“长期共存，互相监督，肝胆相照，荣辱与共”确定为新时期我党处理与各民主党派关系的方针。同年，《宪法》对统一战线的地位、作用和构成重新进行了界定，并充分肯定了人民政协的重要作用。在此背景下，我国理论学术界展开了对中国社会主义政党制度的研究，中国共产党领导的多党派合作或多党合作这一概念开始被广泛使用。对这一问题的研究，从一开始就是与我党统一战线理论和实践紧密结合在一起的。有学者提出，这种“新型政党制度”和“一国两制”是中国特色社会主义政治制度的两个特点，是政治方面建设有中国特色社会主义的重要内容，并尝试把这种新型政党制度纳入中国特色社会主义政治制度中。这个观点引起了学界的广泛关注。

1987年10月，党的十三大报告正式提出要“完善共产党领导下的多党合作和政治协商制度”，并将这一制度的建设纳入我国政治体制改革的规划中。此后，我国理论学术界关于社会主义政党制度的研究与讨论进一步升温。1989年12月，制定和颁发了《关于坚持和完善中国共产党领导的多党合作和政治协商制度的意见》，该文件明确规定：“中国共产党领导的多党合作和政治协商制度是我国一项基本政治制度。”后来，这一制度被载入1993年宪法修正案。这标志着中国特色社会主义政党制度的正式确立，在我国政治制度发展史上具有里程碑意义。

随着我国政治体制改革和中国特色社会主义民主政治的不断发展，在十多年探索和实践的基础上，2005年2月中共中央颁发的《关于进一步加强中国共产党领导的多党合

作和政治协商制度建设的意见》将这一制度明确规定为“具有中国特色的社会主义政党制度”，认为它是中国社会历史发展的必然选择，是中国共产党和中国人民政治智慧的结晶，是建设社会主义政治文明的重要内容，是与我国国体相适应的新型政党制度，充分反映了人民当家做主的社会主义民主的本质，体现了我国政治制度的特点和优势，具有巨大的优越性和强大的生命力。

二、中国特色社会主义新型政党制度确立的历史逻辑

一般认为，第一届全国政协会议的召开标志着我国人民民主统一战线在组织上的实现，也标志着中国共产党领导的多党合作和政治协商制度的确立。然而事实上，作为我国社会主义政党制度，它直到20世纪90年代初才得到确认。在此前40多年的历史进程中，我国虽有中国共产党领导的多党合作和政治协商的事实，但并没有将它确立为一项基本政治制度或政党制度。

党的十三大以后，统一战线在我国社会主义改革与建设事业中的重要法宝地位日益引起理论学术界的关注。人们探讨的重点逐渐集中于如何发挥统一战线和人民政协的民主职能方面，并开始提出要把统一战线理论作为一门科学来对待。事实上，从逻辑与历史相统一的角度看，人民政协在中国的产生恰是我党统一战线长期发展的结果，并由此形成了中国共产党领导的多党合作和政治协商制度，为我国社会主义协商民主的发展奠定了坚实基础。正如有些学者指出的，政党制度“本身不是目的，只能是作为民主的工具和手段而存在”。因此，只有夯实中国特色社会主义政党制度的理论和实践基础，才能使社会主义协商民主在我国得到持续健康有序的发展。

三、中国共产党领导的多党合作和政治协商制度是两项制度吗？

中国共产党领导的多党合作和政治协商制度特指我国社会主义政党制度，而不是中国政党制度与政治协商制度或人民政协制度的结合。如果把人民政协理解为我国政党制度的一个组成部分，那么，由于后者已经上升为我国的一项基本政治制度，这就意味着人民政协也成为我国基本政治制度的一个组成部分了。然而，党的文献中从来就没有正式使用过“人民政协制度”这一概念，因而上述理解在理论上和事实上都是说不通的。笔者认为，与中国特色社会主义政党制度相区别，对人民政协可做如下界定：作为一种组织形式，它是我党爱国统一战线的组织，是我党领导的多党合作和政治协商制度的重要组织和实现形式，是发扬社会主义民主的重要渠道；作为一种理论，它是我党把马克思主义统一战线理论、政党理论和民主政治理论与中国具体实践相结合的重大理论成果，是中国特色社会主义理论体系的重要组成部分；作为一种制度，它与我国根本政治制度和基本政治制度既相互区别又相互联系，都是我党为实现人民民主而进行的制度设计和安排，是对我国政体的一种有益补充。

《“大众民主”与社会整合：中国政党制度构建的理论依据》（董亚炜，《中共中央党校学报》2017年第2期）

一、中国政党制度研究的主要问题与研究范式

在中国政党制度的研究中，关键的是要坚持“问题导向”，笔者认为有几个基本问题迫切需要从理论上进行回答。

第一个基本问题主要是认识方面的。中国政党制度作为中国政体中的一项基本政治制度，为什么在政治实践中不能得到有些领导干部应有的重视，在认识中也依然存在诸多偏差？

第二个基本问题就是在市场经济体制下，中国政党制度面临的挑战。主要就是中国政党制度如何不断增强自身包容性，有效整合应市场经济而生的新社会群体和新社会阶层，将其纳入现有的政治体制，实现社会利益有序表达，化解社会矛盾，而又不对中国政党制度的现有架构提出挑战。

第三个基本问题就是如何分析和看待政党制度与“人民当家做主”的国体，及其与社会主义所追求的经济社会平等之间的具体关系。上述这些问题，可以主要归结为用什么理论来解释中国共产党在中国政党制度中居于领导核心地位，同时与其他民主党派之间又是合作关系这一根本问题，即中国政党制度中，中国共产党领导地位合法性的问题。要回答上述问题，必须把握正确的理论基点和研究范式，即研究中国政党制度不是为了比较而比较，不是为了给世界提供所谓的“新范式”，也不是从所谓现代政党政治的基本原则来寻求中国政党制度的合法性依据和完善方向，而是要从中国革命的历史和社会主义的本质规定中去寻找理论依据，从中国特殊的革命道路和中国特色的民主政治发展中来寻求动力和源头，寻找完善方向。

二、“大众民主”与中国政党制度的分析框架

中国政党制度是与人民民主专政的国体相适应的，是人民民主的具体体现，在实现人民自身解放中发挥着重要的作用。因而对中国政党制度中存在的基本问题的解释必须从人民民主专政的基本特征中去寻找。人民民主在中国的建设和发展，既要充分尊重民主发展的一般规律，同时也要充分重视人民民主建设和发展的内在规定性。对人民民主而言，与西方民主相比，其最大的本质特征是什么？笔者认为，就是“大众民主”，即大多数人的民主。在社会主义政治中，不能用单纯的社会阶级构成来分析政党制度，政党与阶级之间的关系已不再是机械的对应关系。

统一战线所具有的革命性和包容性的双重属性从根本上决定着中国政党制度的性质和理论依据，它们都是“大众民主”实现的具体体现。由于社会主义国家民主实现的主体人数众多，因而要求其具有特别的包容性，同时由于大众的构成特别复杂多元，因而要求社会有特别的整合力量，这决定着中国政党制度的基本结构，也是中国政党制度的理论依据。

三、社会平等与中国政党制度的价值追求

社会主义民主政治所具有的社会整合功能，意味着社会主义民主政治不再仅仅是经济社会的机械的代表和反映。反过来，社会主义民主政治不再仅仅在国家政权层面运行，而是会拓展到整个经济社会层面，这一过程正是政治领导职能的确立和行使过程，这也是社会主义民主政治与西方民主政治之间根本的不同。维持社会主体地位的平等既是社会主义对社会公平的本质追求，也是社会主义大众民主运作的必要条件。这决定了社会整合成为中国政党制度的重要功能。在我国，党的坚强有力领导是政府发挥作用的根本保证。

四、政治社会融合与中国政党制度的领导职能

无论是统一战线所具有的革命性和包容性，还是社会主义本质属性对社会整合的客

观需求，都决定着社会主义民主政治需要与经济社会系统之间进行积极的调试。无论是“大众民主”还是社会整合，党的群众路线及其制度民主集中制都发挥着关键的作用，决定了中国共产党在中国政党制度中发挥着领导核心的作用，从这个意义上讲，中国政党制度的理论依据不能脱离对中国革命道路和中国共产党自身建设逻辑的研究。对于中国共产党这样的“群众性政党”来说，如何在新的历史条件下加强自身建设，无疑成为中国政党制度研究和发展中的一个首要课题。

《国家治理现代化的协商民主之维》（齐卫平，《人民政协报》2017年5月10日）

推进国家治理现代化和推进协商民主发展，是中共十八大以来以习近平同志为核心的党中央治国理政提出的两项重大任务，以它们之间的关联性为思考维度，研究中国社会主义民主政治作用于国家治理现代化的价值，是一个重大理论课题。

国家治理现代化是由体系、能力、机制、方式等多维构造组成的系统工程，就思想观念而言，民主和法治是国家治理现代化的核心要素。习近平总书记指出：“发展社会主义民主政治，是推进国家治理体系和治理能力现代化的题中应有之义”，“法治是国家治理体系和治理能力的重要依托”，揭示了民主和法治与国家治理现代化的内在关系。从一定意义上说，国家治理现代化就是国家治理的民主化和法治化。

人类历史进入近代社会后，无论是思想倡导还是实践运作，民主都与国家治理相联系，考量各种样式不同的制度安排和体制设计，也以民主为评判标准。因此，国家治理现代化绕不开民主问题，民主的发展和实现水平决定着国家治理现代化的程度和深度。中国民主政治按照本国的历史逻辑生长起来，植根于中华民族几千年来赖以生存和发展的广阔沃土，产生于中国共产党和中国人民为争取民族独立和国家富强而进行的伟大实践，发展于中国特色社会主义的伟大事业。历史轨迹表明，中国民主政治从一开始就走了自己的建设道路，并且始终与党治国理政相结合，构成中国特色社会主义事业的重要组成部分。

中国共产党领导下的国家治理现代化，以特色体现创新，以创新打造特色，协商民主就是国家治理现代化的一个重要中国特色。中国民主政治发展具有协商民主的基因，协商民主形式早就存在于我国历史实践之中。立足制度层面提出协商民主起点很高，它表明协商民主不只是局限于政治协商的单一制度路径。近些年来，习近平总书记论述协商民主形成丰富的思想，推进协商民主形成规范的实践，为发展中国民主政治注入新的内容。中共十八大以来协商民主思想丰富和发展的深刻之处，表现在从国家治理的角度对协商民主进行价值定位。

推进社会主义协商民主，旨在发展更加广泛、更加充分、更加健全的人民民主。协商民主是人民群众在国家治理中“完整的参与实践”，是“通过选举以外的制度和方式让人民参与国家生活和社会生活的管理”。它之所以能够成为优势，正是因为这样的民主形式以诉求广泛表达的国家治理参与权利承载着人民当家做主的使命。概而言之，协商民主的中国特色体现了国家治理现代化的中国特色。决策权力与表达权利相统一，要求充分发挥协商民主这一中国社会主义民主政治独有形式的独特优势，中国特色国家治理现代化因社会主义协商民主的中国特色而彰显其独特、独有、独到的价值。

国家治理能力的现代化必须与协商民主本领的能力化相对接。现代国家治理能力覆盖经济、政治、文化、社会和生态文明建设的方方面面，党治国理政的协商民主本领需要提到能力高度加以认识。协商民主的体系包括政党协商、人大协商、政府协商、政协协商、人民团体协商、基层协商、社会组织协商等形成总体架构，每一个方面的协商民主本领汇总成为中国民主政治的发展能力。经验上升为制度才能成为规范，本领提高为能力才能成为财富，协商民主本领的能力化是国家治理能力的现代化要求。

推进协商民主建设与推进国家治理现代化相对接，还必须坚持三个相契合。第一，利益表达的公共精神与民主政治的协商性相契合。国家治理现代化展示社会主义的中国特色，必须以广泛和充分开展协商的民主政治来实现人民群众利益表达的公共精神，国家治理中社会共同意愿和最大公约数诉求，依赖民主政治的协商性。第二，协商民主的实效性与满足人民群众的获得感相契合。国家治理现代化的出发点和归宿点是让人民生活得更美好。协商民主的真实、有效开展，直接关系到不断满足人民群众的获得感，提高协商民主的实效性是人民群众对国家治理现代化的绩效期待。第三，国家治理现代化全过程与中国社会主义民主政治全过程相契合。协商民主丰富了民主的形式、拓展了民主的渠道、加深了民主的内涵，已经“深深嵌入了中国社会主义民主政治全过程”，国家治理现代化全过程与中国社会主义民主政治全过程相契合，必须坚持以协商民主的中国特色体现国家治理现代化中人民当家做主的本质要求。

《中国特色政党制度的优势及对世界的贡献——“为人类对更好社会制度的探索提供中国方案”之管见》（杨卫敏，《统一战线学研究》2017 年第 1 期）

中国方案的本质是制度方案。制度方案涉及经济、政治、文化、社会和生态文明五个方面。笔者认为，中国对全世界最有影响的制度方案是中国特色政党制度。中国共产党领导的多党合作和政治协商制度是世界上独一无二的政党制度，是对人类政治文明的重大贡献，既最具中国特色，也最能体现中国特色社会主义的内涵。中国特色政党制度既根植于中华优秀传统文化又吸纳了世界文明成果，是中国共产党人、各民主党派和中国人民长期探索实践的智慧结晶，最能反映和体现中国方案、中国模式、中国话语和中国智慧。基于中国特色政党制度的立场，我们对“为人类对更好社会制度的探索提供中国方案”的内涵、意义、框架、渠道、方式等的认识都会更加清晰起来。

作为对中世纪封建专制的革命成果，西方的两党制和多党制长期以来被奉为民主的圭臬。“一人一票”更成为一些人心目中神圣庄严的人权和民主标志，垄断了政党制度和政治制度的话语权，以至谈到政党制度时“言必称希腊，总觉得别人的菜有味，自己的肉不香”。当前，提出政党制度的中国方案具有深刻的时代背景。

一是危机和困局让西式民主从神坛跌落尘埃：两党制和多党制不是“万能之药”。二是苏共垮台前苏联解体后 26 年来的演变表明：采用适合本国国情的政党制度具有极端重要性。三是第三世界国家从照搬西方多党制带来的噩梦中觉醒：中国式良政比形式上的民主更重要。四是中国发展奇迹不仅让中国人自信也让世界进行制度反思，“北京共识”和“中国模式”应运而生。在上述背景下，习近平总书记以世界眼光和战略思维提出“为人类对更好社会制度的探索提供中国方案”。这不仅是中国特色社会主义制度自信、理论自信、道路自信和文化自信的集中体现，而且对于参与全球治理、提供中国智慧、建立人类命运共同体都具有重大现实意义和深远历史意义。这其中当然包括对中国特色政党制度所蕴含的政治智慧的自信。一是体现了中国共产党和中国人民对向世界做出贡献的不懈追求和责任担当。二是意味着从“中国特色”到“中国模式”的转段升级。三是打破了西方对社会发展制度的话语垄断权。四是开创了不同文明对话的新模式。

中国特色政党制度的理论依据存在如下对应关系：文化性维度—求同与存异，历史性维度—领导与参与，内生性维度—合作与协商，合法性维度—执政与参政，实践性维度—共存与监督。中国特色政党制度是历史形成、法律确定、实践发展的，是中国共产党和各民主党派共同智慧和共同努力的结晶，有着丰富而深刻的文化内涵，具有内在合理性和历史必然性，是对人类政治文明的重大贡献。中国特色政党制度把中国共产党领导和多党派合作有机结合起来，实现了广泛参与和集中领导的统一、社会进步和国家稳定的统一、充满活力和富有效率的统一。充分反映了人民当家做主的社会主义民主本质，彰显了中国特色社会主义民主政治的特点和优势，具有鲜明的中国特色、中国气派、中国风格，具有巨大的优越性和强大的生命力。

中西方政党制度在政党关系、政党制度基本格局、政党制度在政治生活中的作用等方面都存在本质不同。一是政党关系上的合作共赢与零和博弈之分。二是执政方式上的执政参政、合作共事与轮流执政、在朝在野之分。这就是“一届接着一届干”与“一届反着一届干”的区别，也是我国能够做到一张蓝图绘到底而西方国家很多规划悬而不决、难以付诸实行的深层次原因。三是利益诉求上的广泛社会基础与少数利益集团之分。四是公共权力监督上的互相监督与恶斗扯皮之分。

当前，中国特色政党制度的发展完善和作用发挥方兴未艾，对世界的影响和贡献正在不断显现和提升。朝着为人类制度探索提供中国方案的目标，中国特色政党制度要在实践上更加丰富、理论上更加成熟、制度上将更加完善，解读得更加生动、传播得更加鲜活、影响得更加深远，逐步构建出科学、权威的中国政党理论话语体系。事实上，统一战线核心理念和五大领域都可以提供中国方案，无不蕴含着中国文化、中国智慧以及在中国特色社会主义实践探索中形成的中国方案和中国话语，有待进一步研究、总结、提炼和传播。

《从“政治协商”到“协商民主”的理论拓展》（董树彬，《统一战线学研究》2017年第1期）

人民政协的政治协商是社会主义协商民主的重要形式，抓住了人民政协的政治协商就找到了深化社会主义协商民主的一把钥匙。随着人民政协不断推动政治协商的制度创新和理论创新，人民政协的政治协商不断朝着横向和纵向两个方面拓展。

一、“政治协商”与“协商民主”的区别与联系

政治协商与协商民主紧密相连，但是内涵不同。在中国民主政治生活中，“政治协商”是一个专有名词。一方面，政治协商作为人民政协的重要职能之一，是人民政协的重要工作方法和运行方式；另一方面，中国共产党可以与各民主党派进行政治协商。在我国，政治协商离不开人民政协或民主党派职能和作用的发挥，是中国社会主义民主独有的形

式；协商民主来源于政治协商，政治协商在某种程度上成了协商民主的根基与灵魂。但是不能把协商民主完全等同于政治协商。

当然，社会主义协商民主脱胎于多党合作中的政治协商。没有多党合作和政治协商的发展演进，就没有今天的社会主义协商民主。改革开放以来，为了更好地顺应中国经济社会不断发展的时代要求，社会主义协商民主不能仅仅满足于人民政协政治协商的范围。协商民主开始逐渐超越了人民政协协商或政党协商的限制，不断向外进行理论拓展，日益成为党委、政府、人大科学民主决策的重要方法和手段，并且从高层逐渐向下转移，拓展到了公民社会层面。上至党和国家的大政方针，下至涉及群众切身利益的民生问题，都需要协商。但是无论协商民主怎么大发展大繁荣，始终都离不开政治协商这一内在灵魂。由此可见，协商民主是由多党合作中的政治协商发展演进而来的。在最初阶段，协商民主主要通过政治协商体现出来。为了顺应时代要求，协商民主逐步超出了人民政协的职能范畴，在人民政协政治协商的示范引领下，政治协商从横向和纵向两个层面向外不断拓展，最终形成了当前这样一个全方位、多层次的社会主义协商民主体系。

二、从“政治协商”到“协商民主”的横向拓展

人民政协政治协商从横向层面朝着政党协商、人大协商、政府协商逐步拓展，使政治协商的内涵不断拓展，远远超出了人民政协的范畴。在此基础上，社会主义协商民主理论就水到渠成地提了出来。人民政协是把协商民主运用于实际工作中成绩最为显著的。当前，伴随着社会主义协商民主如火如荼的大繁荣大发展，党委、人大、政府需要十分重视总结自身的协商民主经验。

三、从“政治协商”到“协商民主”的纵向拓展

在人民政协政治协商的示范引领下，人民政协充分利用自身平台推动政治协商向协商民主发展的成功经验，使协商民主不仅朝着党委、政府、人大实现横向拓展，而且还从国家政权机关、政协组织、党派团体的层面向社会组织、基层组织、公民的层面实现自上而下的纵向拓展，逐步形成了社会协商、基层协商、网络协商这些由政治协商拓展而来的协商民主新形态。当今中国，协商民主已蔚然成风。

社会主义协商民主的纵向、横向拓展对统一战线和统战工作创新发展提出了新的要求。既然多党合作中的政治协商成了社会主义协商民主的重要体现，政治协商属于作为最广泛的爱国统一战线组织的人民政协的基本职能之一，那么实现政治协商到协商民主的理论拓展过程本身，就是统一战线工作的创新发展。几大协商民主形式，无论是政协协商，还是其他形式，都与统一战线和统一战线工作有关。参加协商的主体通过协商民主可以更好地增进共识、发扬民主、实现和谐、化解矛盾。此外，协商民主的目标追求也与统一战线的主题密切相关。在实现中华民族伟大复兴中国梦、实现“两个一百年”奋斗目标的过程中，无论是作为协商民主重要渠道和专门协商机构的人民政协，还是始终作为中国共产党革命、建设、改革各个时期重要法宝的统一战线，都扮演着凝心聚力的关键角色、发挥着凝聚共识的重要作用。

《双周协商座谈会：人民政协协商民主的制度创新》（谈火生，《国家行政学院学报》2017 年第 2 期）

双周协商座谈会是十二届全国政协加强协商民主建设最重要的一项制度创新，是一种定期协商座谈会制度，它融专题协商、对口协商、界别协商、提案办理协商为一体，使人民政协的四种重要协商形式集中在一个平台上展现，不仅对人民政协发挥作为专门协商机构的作用具有重要意义，而且对社会主义协商民主体系建设也具有重要意义。

一、双周协商座谈会的运行机制

“双周协商座谈会”是从“双周座谈会”演变而来。“双周座谈会”是各党派间的时事政治座谈会，主要目的是沟通思想，就时事政治和统一战线工作交换意见。从新中国成立之初到“文化大革命”前，“双周座谈会”共举行了 114 次。时隔 47 年，“双周座谈会”这一在“文革”淡出政治舞台的重要形式重新回到了中国政治舞台。从 2013 年 10 月恢复至今，60 次座谈会基本做到了有序规划、按期举行，一般每两周举行一次，安排在周四下午，每年举行 20 次左右。而且，从年度协商计划的制订到协商成果的报送，形成了一套规范的操作流程。一般而言，协商议题既不能太过宽泛，也不能太过狭隘。总体而言，双周协商座谈会的议题有三个特点：（1）与党委、政府工作的有效衔接。（2）小切口、大视野。（3）年度协商计划的制订。双周协商座谈会在确定协商参与人员时，既强调代表性，又兼顾专业能力。邀请对议题有专门研究、深刻认识和浓厚兴趣的委员，以保证其协商能力，使之能对议题进行深入的讨论。邀请国家有关部门负责人到场与委员对话，为协商提供来自实务部门的视角。

由于双周协商座谈会的年度协商计划在前一年的 12 月即已确定，因此，全国政协办公厅会根据议题性质，将年度协商计划中所开列的议题进行任务分解，分别由全国政协各专门委员会承担前期调研和相关的准备工作。双周协商座谈会对会议的组织工作进行了精心的设计。首先，要营造平等协商、真诚坦率的会议氛围，鼓励与会者讲真话、讲实话，开门见山、直奔主题，不做经验介绍或工作汇报式发言。其次，精确控制会议发言时间，确保每位与会委员和专家都有平等表达自己意见的机会，同时力图使协商在自由而理性的讨论中富有成果。双周协商座谈会的相关情况还会通过新闻媒体向社会传播，每次双周协商座谈会，国内各主要媒体，包括《人民日报》、新华社、中央电视台等都会予以报道，《人民政协报》还会拿出两个版面的篇幅来摘登与会人员的发言。在解决协商与决策的衔接问题上，会追踪协商中形成的意见和建议在党政部门决策中落实的情况。在协商成果转化为相关的政策之后，政协还可以利用自身“民主监督”的职能，通过开展具有监督性的履职活动，推动相关政策的落实。

二、双周协商座谈会的制度绩效

作为政协协商重要形式的双周协商座谈会，它可以利用政协在中国政治体制中的特殊地位，有效地在协商和决策之间搭建起一座桥梁。这座桥梁有两个通道，一条通道连接政党，一条通道连接政府。一方面，双周协商座谈会的成果会以《信息专报》的形式直接报送中共中央政治局常委和政治局委员，而政治局及其常委会是中国的决策核心；另一方面，双周协商座谈会在召开之时就会邀请相关部门的负责人参加，尽管双周协商座谈会本身并非决策型协商，但是，这种组织形式可以让协商成果直接抵达相关的决策部门。因此，双周协商座谈会影响决策的途径也分为两种：一种是通过中央领导的批示，推动协商产生的意见建议进入政策议程。事实上，双周协商座谈会的《信息专报》基本上都得到了批示，有的专报甚至得到10次以上的批示。

三、双周协商座谈会的制度优势和未来的发展方向

未来可以在以下几个方面进一步向前推进：第一，进一步提升双周协商座谈会的决策民主化功能。双周协商座谈会的基本属性还是精英协商，其决策科学化的功能较强，但决策民主化的功能较弱。第二，进一步提高双周协商座谈会的制度化水平。一是创新协商议题的产生机制。目前双周协商座谈会的议题产生机制开放程度不够，议题的产生局限于政协系统内部，缺乏社会力量的参与。未来应该重新协商议题的产生机制，让议题更接地气。二是进一步提升协商参与者的代表性。目前有些协商的代表性不足。三是进一步完善协商效果的评价机制。四是进一步提高协商流程的透明度，扩大双周协商座谈会的社会效应。要进一步探索有效的机制与方法，更好地发挥双周协商座谈会在构建社会主义协商民主体系方面所具有的潜能。

《现代国家治理视域下政党协商的法理困境及其破解》（宋俭、袁珠萍，《江汉论坛》2017年第8期）

从现代国家治理的视域分析，在当代中国的政治生态中，政党协商还面临多重法理困境。本文拟就中国政党协商的法理困境及其破解作初步探讨。

一、民主党派作为现代国家治理的主体，要不要实现依法参政？

多元共治是现代国家治理的重要特征，政党无疑是现代国家治理最重要的主体。当然，不同政党在国家治理体系中的角色和地位是不同的。在全面推进依法治国，加快建设社会主义法治国家，推进国家治理体系和治理能力现代化的背景下，我们必须面对一个法理问题：作为参政党的各民主党派要不要实现依法参政？

如果只是从一般理论上来回答，答案当然是明确而肯定的。但是，我们还需要面对一个前置性的问题，那就是作为国家治理主体的民主党派的法律地位问题和民主党派参与国家治理的法律依据问题。我们说各民主党派是依据国家的宪法和法律参政的，然而在我国的宪法和相关法律中却并没有关于民主党派及其参政的具体规定。因而，从法理上来说，我国各民主党派在国家社会政治生活中的法律地位实际上是不清晰的。民主党派参与国家治理涉及的并不是政党之间的关系，而是政党与公共权力机关之间的关系，这种关系当然必须以法律而不是以政党的文件来调适。这是现代国家治理视域下政党协商面临的第一重法理困境，即各民主党派难以实现依法参政。

二、民主党派参与国家治理，需不需要“使党的主张通过法定的程序成为国家意志”？

在国家治理过程中，政党的主张不能直接代替国家意志，要经过投票、协商等法定程序，得到人民的认同才能成为国家意志。人民代表大会作为国家最高权力机关，是确立国家意志的主要制度载体，这就要求中国共产党将党关于国家治理和经济社会发展的主张经过人民代表大会的法定程序得到人民的认同和授权以后，再通过法律法规、纲要

规划、发展战略等形式的国家意志付诸实施。“中国共产党领导方式、执政方式的这种重大转变，必然带来各民主党派以参政党身份参与国家治理必须面对的一个重要的法理问题：作为现代国家治理的主体，各民主党派的主张是不是也需要“通过法定的程序成为国家意志”呢？民主党派参政的“三个参与”更主要是通过政党协商和政协协商的渠道来实现的，特别是政党协商事实上是各民主党派作为国家治理主体参与国家治理的主要形式和制度化渠道，但至少到目前为止，无论是政党协商还是政协协商，在国家治理结构中都还没有进入法治的轨道，都不是现代国家治理的真正的法定程序，因而难以实现民主党派的主张通过法定程序成为国家意志，这是现代国家治理视域下政党协商面对的第二重法理困境。

三、政党协商作为民主党派参与国家治理的主要形式和重要渠道，要不要实现“依法协商”？

政党协商是当代中国政党政治的主要运行方式，构成了中国社会主义民主政治的重要特色。中国共产党和各民主党派的政党协商，协商的主要不是党际关系和多党合作问题，而是国家治理问题。从法理上说，政党协商应该通过法定程序进行，必须实现依法协商，政党协商的法理依据应该是国家的法律性规范，而不是政党的指导性文件。目前关于政党协商的相关规定和制度都还未能进入法治的轨道，因而涉及国家治理的政党协商还难以真正实现依法协商，这是现代国家治理视域下政党协商面临的第三重法理困境。

四、破解政党协商法理困境的思路：“推进社会主义民主政治法治化”

“推进社会主义民主政治法治化”比“使民主制度化、法律化”的提法有着更为深刻的理论意蕴，从逻辑上说当然内在地包含了推进社会主义协商民主法治化和中国共产党领导的多党合作和政治协商制度法治化的内容。笔者认为，中共十八届四中全会提出的“推进社会主义民主政治法治化”的命题，实际上已经提出了破解现代国家治理视域下政党协商法理困境的基本思路。

《中国政党制度与现代国家互动历程研究》（池步云，《当代世界与社会主义》2017年第4期）

一、现代国家中的政党制度：理论回顾与既有研究

政党政治的运行离不开特定政治共同体所限定的时空范围，而构成政治共同体的基本单位是现代国家。政党通过利益表达、利益综合、政治录用、政治社会化等基本功能的发挥，实现了公民对国家的赋权，克服了代议民主运行中主权与治权分离的困境，维系着民主政治的运转。在此过程中，不同政党间以掌握或参与国家政权为目的进行和平的政治竞争、协商与合作所形成的较稳定的关系模式即为政党制度。社会因素与国家因素是塑造政党制度的基本力量。国家和社会都从自身利益与愿望出发对政党制度提出要求，但政党制度的根本价值在于体现国家立场，规范政党行为，使政党活动合法化、制度化。现代国家是政党制度产生的前提和存在的理由，是分析政党制度功能与变迁的基本维度。

中国的多党合作制度源自民主革命时期中国共产党与各民主党派开展的政治合作。中国共产党的领导是合作的基础，政治协商是合作的原则与方式。目前学界对中国政党制度与现代国家关系的研究主要围绕合法性与有效性两个维度展开。有关中国政党制度

合法性的阐释可以分为历史主义与制度主义两种视角。有关中国政党制度有效性的研究包含了“运行模式论”与“权力结构论”两种观点。“合法性—有效性”的二元论证富有启发性，深刻影响着中国学者的政党制度观。但这些研究大都将政党制度作为一个既成性结构，忽视了其变化性，这种变化性是以现代国家建设的历史进程为背景的。国家建构的路径选择与政党制度的演进逻辑相互影响、密不可分。本文将进一步梳理中国政党制度在现代国家建设中的作用和功能变化，分析二者关系的互动与变迁，以期对“中国道路”的阐释提供一些思路。

二、同构、嵌入、共生：中国政党制度与现代国家互动历程分析

现代国家建设是基于现代化的历史运动，不仅表现为经济与社会的深刻转型，而且追求现代化过程中日益分化的社会获得新的整合。国家建构是一个从无国家到有国家的过程，即基本政治秩序的建构。中国共产党在秩序国家的建构过程中，需要通过特定的政治程序来承担将汲取资源和垄断暴力合法化的功能，由统一战线所创造的阶级联盟与党派合作为新生政权提供了合法性资源。新中国成立至改革开放前，中国政党结构与现代国家表现为一种组织性同构关系。组织性主要基于两个事实：一是民主党派的存续得到了保证，二是党派关系有了稳定的实践形式，在 1954 年代行人民代表大会职权结束后，人民政协组织在政治生活中继续发挥作用，成为党派活动的主要场域。同构性主要体现为两个方面：一方面，中国共产党通过“党委—统战部—人民政协”的联系模式，确立了对党派关系的领导，其在政党结构中的“领导党”身份与政府过程中的“执政党”身份合二为一，使政党结构与国家建设同向发展；另一方面，人民政协作为统一战线组织，实际上是中国共产党政党功能的延伸，而非国家政治制度的组成部分。改革开放后政党结构由组织性存在向制度性存在的转变，使其活动场域不再局限于人民政协组织。政党制度成为维系政治体系的重要支柱，并在嵌入国家政治体系的过程中得到完善和发展。21 世纪以来，政党制度开始由宏观的政治体系领域进入微观的公共政策制定领域。多党合作在实际政治生活中的表态性功能逐步外溢为建设性功能，并推动形成以政治协商为特征的政党政府结构形态。

三、“中心—多元”结构的调适：中国政党制度与现代国家关系演进的内在逻辑

通过上述梳理可知，自政党成为政治舞台上的主导力量后，中国的政党结构便呈现出“中心—多元”模式。“中心”指的是占支配性地位的独大政党，“多元”涵盖了代表其他社会力量的政治组织。现代社会的发育驱动了政党从国家化向社会化的回归，使政党成为沟通国家与社会的桥梁，政党制度成为多方参与的治理平台。中国共产党政党权力的合理收缩与规范行使，形成了对其他社会力量参与现代化与国家建设的客观需要，因此成为政党制度自成体系并获得独立发展的重要动力。中国共产党成为社会转型和现代化所需要的领导力量，民主党派成为社会转型和现代化所需要的合作力量，中国共产党与民主党派的合作与协商供给了社会转型和现代化所需要的民主资源。

《社会主义协商民主：人类民主政治探索的中国方案》（徐锋，《中央社会主义学院学报》2017 年第 6 期）

社会主义协商民主是中华政治文明传统在现当代社会一脉相承、创新发展的必然结

果，是中国政治发展特别是中国共产党领导中国人民完成民主革命、实现民主建国的历史产物。作为人民民主重要的实现形式，作为我国社会主义政治的独特优势，协商民主集中反映中国人民 — 当代中国这一最广泛政治联盟的根本利益、基本价值，充分体现中华民族 — 世界民族之林中这一历久弥新的东方命运共同体的生命意志、政治智慧，不仅有利于解决中国的问题、促进中国发展，也为人类社会的民主探索提供了中国方案、中国经验。

一、生长于中国社会的优秀政治文明成果

千百年来，中华民族最基本的政治矛盾、政治需要，就是怎样把握和处理好这一古老的东方命运共同体中“一体”与“多元”二者的关系，亦即如何在政治理论和实践中促成和巩固“一体的多元”“多元的一体”。具体来讲，中国政治的恒久主题，是要在确认和尊重不同阶级阶层、族群地方及宗教信仰等不同社会主体和社会生活各方面独有的存在价值和利益诉求基础上，确立、维护和发展统一、广泛和有效适用的基本价值和基本规范体系。这当中就包括古代中国一以贯之的道统、政统和学统，以及由此而来的持续偏重中央行政集权的政体建构。梳理这些基本价值规范不难发现：中国人解决共同体内部政治矛盾和基本问题的传统方略、核心理念，总不外乎“和而不同”——倡导和促进有差异的不同主体、方面通过不断的交流沟通，来实现、维持彼此间的融会和统一。中国政治史也表明，唯有“和而不同”才有良政善治、才能长治久安。由此，倡导和遵循了这一基本价值、核心理念的中华政治文明，先天即秉承着协商和共识政治的精神气质。

近代以来，传统中国政治自我反思、返本开新地努力臻至一个史无前例的新高度、新境界。辛亥革命结束了专制帝制统治，实质性开启了中华民族转型为向现代政治民族、现代政治共同体的进程。中国共产党领导人民完成民主革命任务，也因而完成了中国现代民族和国家的历史与政治建构。在此基础上，人民民主与共和的新价值、新规范得以确立和完善，中国社会又一次成功实现“一体的多元”和“多元的一体”的重建。与之相随，在中国共产党领导下，在不断中国化的马克思主义指导下，从延安边区“三三制”实践到新政协“协商建国”及此后一直贯穿至今的“协商治国”，从一种潜在的文化基质到一种现实的可能，继而到一种全新的制度实践，社会主义协商民主终于破茧而出、蓬勃发展。

以此观之，作为中国政治演进、文明发展的制度选择和历史结晶，社会主义协商民主最适合中国国情和中华民族共同体的需要，故能最有效地解决中国的问题、巩固中华民族共同体的团结统一。较之移植和照抄照搬其他国家、其他形式的民主所引发的种种不适和混乱，这是其最大的自身优势。

二、最广泛政治联盟的政治民主实现形式

在中国，人民意味着中国共产党领导的最广泛政治联盟，包括以工农联盟为主体的所有社会主义劳动者、建设者，以及所有拥护社会主义、祖国统一及致力于中华民族伟大复兴的爱国者。由此，人民民主自然是联盟内部的民主、是强调社会本位和整体利益的民主。出于联盟政治、政治联盟本质，或曰统一战线特色，人民民主政治是一种新型共和民主政治，其最紧要处就是——以民主集中的原则构建和运转社会主义性质的权力系统，在党的领导下维护联盟内的一致共和、确保实现联盟整体利益及其成员利益的有机统一和整体均衡。这就要致力于实现党的领导、人民当家做主和依法治国的有机统一。要真正有效地维护这样的一致共和、确保这样的整体均衡、实现这样的有机统一，要靠选举（票决）民主，更要靠协商民主——当代中国政治的确需要选举与协商的创造性结合来实现党和政府的全面有效领导、来确保人民的广泛有效参与。与大统战、最广泛的联盟政治水乳交融的社会主义协商民主，是一种既注重实体真实又强调程序规范的民主实现形式。这种新型民主具有相对的比较优势：一是可能从根本上消除竞争加剧政治对抗，甚至导致社会断裂和共同体解体的“民主失灵”；二是可能免除因选制关系而合法产生的多数却每每偏离、背离真正的主流民意，并事实上导致少数或多数人民无法实现其应得权利的“民主悖论”；三是可能避免选后人民群众即难以做主甚至无法做主的“民主缺位”。简言之，更真实、更有效，这是我国协商民主最大的比较优势。

三、当代中国国家治理现代化的重要依托

社会主义协商民主所建构的规范体系、所形成的政治安排更贴近现代治理的神髓，有着更光明的现代化前景、更广阔的发展空间。相比西方一些国家的相关做法和安排，协商民主并不是政治交易的工具，其本身即在象征着、生成着现代治理的目的和价值。

《可持续发展——中国多党合作制度研究的新议程》（黄天柱，《广州市社会主义学院学报》2017 年第 1 期）

中国多党合作制度的形成和发展是一个历史过程。在不同的历史阶段，这一制度所面对的环境不同，承担的使命不同，发展的要求也不同。随着时间的推移和社会政治生态的变化，多党合作制度的发展实践向我们提出了一个崭新的重大议程，即可持续发展问题。所谓多党合作制度可持续发展，指的是多党合作制度在与社会各方面的协调发展中所展现出来的一种充满生机与活力的、持久而连续的、平衡而稳定的运行状态。概言之，多党合作制度可持续发展主要包含了两层意思：一是可持续，二是可发展。

一、从生产力与生产关系和上层建筑的关系看研究中国多党合作制度可持续发展问题的必要性

实践证明，一种适合本国或本地区实际的、可持续发展的政党制度，往往有利于维护政治稳定，实现社会整合，扩大有序参与，加强政治监督，并通过这些中间变量的作用，有利于推动生产力的可持续发展。反之，一种与本国或本地区实际相脱节的、不稳定的政党制度，对这个国家或地区的社会生产力的发展而言，往往是一种灾难。

二、从世界政党政治发展的历史与实践看研究中国多党合作制度可持续发展问题的必要性

当今时代是政党政治的时代，政党政治已成为大多数国家政治运作的方向和趋势，广大发展中国家也不例外。除了少数几个国家仍不允许存在政党外，绝大多数发展中国家都已走上了政党政治的轨道。由于在社会文化背景、经济发展状况、所处历史阶段等方面的特殊性，加上起步相对较晚，与西方成熟民主国家相比，发展中国家的政党政治有明显的不规范、不成熟、发展不够平衡等特点，属于正在发展中的政治形式，因此，发展中国家政党制度所面临的可持续发展方面的问题也显得愈加突出。中国的多党合作

制度在世界范围内的确是独树一帜、独具特色；但是，如果穿越“时空隧道”回到20世纪80年代末90年代初即苏东剧变之前，你会发现，中国的多党合作制度在当时并不“寂寞”。在当时世界上15个社会主义国家中，有7个国家（分别是亚洲的中国、朝鲜、越南，欧洲的波兰、保加利亚、民主德国、捷克斯洛伐克）实行的是共产党领导的多党合作制，即除了执政的共产党之外，还有置于共产党领导之下的非共产主义政党，在我国称为“民主党派”，在东欧社会主义国家称为“民主政党”，共计23个。这些社会主义国家实行的共产党领导的多党合作制为什么无法实现可持续发展？因此，共产党领导的多党合作制在这些社会主义国家的中断对我国实现中国共产党领导的多党合作制度的可持续发展是一个巨大的警示。系统、深入总结它们的经验教训，对于进一步发展和完善硕果仅存的社会主义多党合作制度具有重要的借鉴意义。

三、从我国政党制度实践看研究中国多党合作制度可持续发展的必要性

中国多党合作制度要实现可持续发展，本身也面临着诸多挑战，必须引起高度重视。首先，从历史上看，中国多党合作制度的发展并非一帆风顺。其次，从现实看，中国多党合作制度的制度设计与实际运行之间还存在一定差距。最后，从未来看，各方面对中国多党合作制度的发展前途本身还存在争论。

笔者认为，中国已选择了一条具有中国特色的社会主义政治发展道路，中国共产党领导的多党合作制度是中国特色社会主义政治发展道路的重要组成部分，已经并将继续在中国的政治和社会生活中显示出独特的政治优势和强大的生命力，发挥不可替代的重大作用。社会生产力的发展、政治文明的进步、社会的团结安定，都需要多党合作制度的健康可持续发展。但我们也必须清醒认识到，与确立一项制度相比，使这项制度做到持续有效的运转，难度将更大。这是因为，影响一项制度可持续发展的因素实在太多了：主观的，客观的；必然的，偶然的；内部的，外部的；显性的，隐性的；直接的，间接的；等等。因此，实现我国多党合作制度的可持续发展，是一个系统工程。正是在这个意义上，可持续发展应该成为下一步我们思考和研究中国多党合作制度的新议程，而多党合作制度中许多理论、政策和实践问题，都应该提到多党合作制度可持续发展的高度来进行思考和研究。

总体上看，中国多党合作制度实现可持续发展是具备有利条件的，如具有国家意志保障、具有执政党意志保障、多党合作的制度化水平不断提高等。但同时必须看到，中国多党合作制度可持续发展仍面临诸多挑战。包括：从国际环境看，经济全球化、世界多极化和信息网络化使各种文化、思潮的交流和碰撞日益广泛、直接，不同形态的政党制度相互影响日益深刻，对我国多党合作制度构成了外在冲击和挑战；从国内环境看，随着市场化改革不断深入，我国所有制性质更加多样、社会阶层更加多样、社会思想观念更加多样，人民群众对构建和谐社会、发展民主政治的要求和愿望日益强烈，这些都给多党合作制度发展带来了新课题；从多党合作制度本身运行情况看，面临结构失衡、功能失调、认同失缺、理论失语等现实问题。

王江燕　中央社会主义学院中国政党制度研究中心副教授

执政党研究

执政党研究述评

2017年是党建研究大年，执政党研究取得了丰富的成果。统观2017年的党建理论研究成果，学者们的研究关注点主要集中在六个方面：一是习近平总书记关于党的建设和组织工作的重要思想研究，主要包括习近平党建思想内涵、党建思想特色、党建思想创新研究；二是全面从严治党研究，主要包括全面从严治党理论内涵、意义作用、系统机制、贯彻落实研究；三是党内法规研究，主要包括党内法规理论研究、党内法规逻辑研究、党内法规体系研究、党内法规执行研究；四是党的建设总结与创新研究，主要包括两个基本方面，一方面是十八大以来党的建设总结研究，主要包括十八大以来的党建创新研究、十八大以来的反腐倡廉研究、十八大以来的全面从严治党研究，另一方面是党的建设创新研究，主要包括党的政治建设研究、十九大党章修正案研究、十九大党建理论创新研究；五是党建理论研究，主要包括党建基础理论研究、管党治党研究、党建理论热点研究、党建理论前沿研究；六是党建实践研究，主要包括党建范式创新研究、农村党建研究、干部任用研究、反腐败研究。概而言之，2017年的执政党研究呈现出五个鲜明的特点：一是从研究主题上看，学者们关注的几乎都是党建领域的热点和难点问题，充分反映出党建理论研究与党建实践之间的紧密互动关系，也从侧面印证了党建理论研究成果丰富的原因在于对党建生动实践的持续关注和有效回应。二是从研究趋势上看，以党的十九大召开为标志性节点，党的建设研究热点实现了明显的位移。在十九大召开之前，比较突出的党建研究热点是对党的十八大以来党的建设经验的总结研究、全面从严治党研究、依规治党研究等。十九大召开之后，学者们高度关注十九大报告以及十九大党章修正案对新时代党建的创新发展，从而涌现出一大批优秀的研究成果。三是从研究主体上看，党建研究主体的多元化，造就了党建研究成果的多样化。当前，党校系统、高校系统、党政机关系统三大系统构成了党建研究的系统力量，三大系统研究力量有着不同的研究优势和研究专长，其中党校系统更加注重政治高度和政治把握，高校系统更加注重学理阐释和框架分析，党政机关系统更加注重问题聚焦和实践导向，三者相辅相成、相得益彰。四是从研究方法上看，研究方法多样化愈加明显，特别是定量研究比重明显上升。随着党建研究成为一门显学，越来越多的相关学科开始介入党建研究，同时也带来该学科的研究方法，特别是数学模型以及计量模型的引入，这不仅有效弥补了以往党建学科定性研究“一招鲜”所造成的实证不足，同时也消解了“口说无凭”的自说自话尴尬，使得研究成果更加具有科学性、学理性和操作性。五是从研究体系上看，2017年执政党研究的代表性成果无形中自成逻辑体系，即七个方面的成果大体上遵循着实践导向和问题导向的基本逻辑，追寻着党的建设科学化的基本目标，探索着建设新时代的中国共产党。

一、习近平总书记关于党的建设和组织工作的重要思想研究

党的十八大以来，习近平总书记站在战略和全局的高度，紧紧围绕“建设一个什么样的党、怎样建设党”这一党的建设根本问题，创造性地提出了一系列新思想、新观点、新论断，系统回答了党的建设为什么抓、谁来抓、抓什么、怎么抓等一系列带有方向性、根本性、全局性、战略性的重大问题，形成了登高望远、观点鲜明、内涵丰富、系统完整、逻辑严谨的党建思想，进一步深化了对马克思主义执政党建设规律的认识，为在新的历史条件下坚定不移推进全面从严治党提供了根本遵循。党的十八大以来，我们党和国家事业发生历史性变革，究其原因，最根本的是党的坚强领导和党的创新理论的正确指引，在于习近平总书记关于党的建设和组织工作的重要思想的指引。因此，学者们非常重视对习近平党建思想的研究，形成的研究成果也非常丰富，主要集中于四个方面：一是全面从严治党思想研究；二是党建思想内涵研究；三是党建思想特色研究；四是党建思想创新研究。可以发现，学者们的研究成果既阐述习近平党建思想的基本内涵，又突出党建思想的重点，同时也进一步研究了党建思想的特色和创新所在。

（一）全面从严治党思想研究

全面从严治党是习近平总书记关于党的建设和组织工作的重要思想的核心部分。值得指出的是，学者们在研究的过程中是比较严谨地区分两个概念的，即习近平全面从严治党思想和党的全面从严治党思想，二者之间既有联系也有区别。区别在于前者是习近平总书记个人对全面从严治党的思考，而后者则是我们党对全面从严治党的部署。联系在于习近平总书记对全面从严治党的论述是我们党推进全面从严治党的根本指针和核心动力。学者们研究习近平全面从严治党思想，主要着力于五个方面：一是着力于研究习近平全面从严治党思想的科学体系；二是着力于研究习近平全面从严治党思想的运行机制；三是着力于研究习近平全面从严治党思想的特点所在；四是着力于研究习近平全面从严治党思想的规律问题；五是着力于研究习近平全面从严治党思想的责任体系。我们可以发现，学者们的研究成果其实本身也形成了一个逻辑体系，即首先从整体研究习近平全面从严治党思想的科学体系，继而研究这个科学体系的运行机制，以及这个体系呈现出何种的特征，蕴涵着什么样的规律问题，最重要的是明确了全面从严治党的责任体系。

金怡顺在《习近平全面从严治党思想的特点及规律问题探析》（《探索》2017 年第 5 期）一文中认为，习近平全面从严治党思想具有四个方面的显著特点：一是坚持党要管党、从严治党，管党、治党达到新高度；二是思想建党与制度治党同时发力，开辟内外兼修的政党治理新路径；三是深化党的组织、纪律和作风建设，构筑团结和谐、风清气正、纪律严明的党内政治生态；四是坚持“零容忍”惩治腐败，保持党的肌体健康纯洁。习近平全面从严治党思想蕴含五个方面的党建规律，分别为：一是紧扣党的中心任务，强化全面从严治党的使命感；二是重视理论武装，增强全面从严治党的理论自觉；三是全面从严治党，既要“上”与“下”的双向互动，又要突出领导干部这个“关键少数”；

四是用制度治党、管权、治吏，突出从源头上全面从严治党的治本之策；五是反腐倡廉制度建设“破”“立”结合，深化全面从严治党的监督机制。

施秀莉、张士海在《习近平全面从严治党思想的科学体系》（《马克思主义与现实》2017年第2期）一文中认为，习近平总书记围绕着“为什么要全面从严治党、怎样全面从严治党”这一逻辑主题，提出了一系列新观点、新看法、新判断，创立了以有利于永葆马克思主义政党政治本色、提高政党战斗力、赢得执政合法性、推动社会发展为价值意义，以保持党的纯洁性、体现党的先进性为主要目标，以严肃党内政治生活为重要抓手，以从严加强党的思想建设为中枢驱动，以从严加强党的组织建设为核心要求，以从严加强党的作风建设为关键环节，以从严加强反腐倡廉建设为基本途径，以充分发挥民主监督作用为应有之义，以从严加强治党文化建设为内在诉求，以从严加强党的制度建设为根本保障的全面从严治党思想的科学体系，实现了马克思主义中国化党建理论的创新发展。

岳奎、李思学在《习近平关于党委主体责任思想及其对全面从严治党的重大意义》（《马克思主义研究》2017年第4期）一文中认为，习近平关于党委主体责任思想主要包括：强化党委主体责任意识是首要前提，是形成全面从严治党政治自觉的先决条件；建立健全“责任清单”制度是核心机制，为落实全面从严治党提供制度保障；严格执纪问责是关键环节，是推进全面从严治党的根本保证。这三大举措层层递进、环环相扣，构成了落实党委主体责任，推进全面从严治党的统一整体。唯有强化意识、制度与问责，才能使这三大举措同时发力、同向发力，不断深化全面从严治党。

倪新兵、范伟在《论习近平党建思想的一大亮点：全面从严治党运行机制论》（《探索》2017年第1期）一文中认为，习近平党建思想中蕴涵着的全面从严治党运行机制，是由运行主体、客体、载体、目标、理念和路径诸要素耦合而成的严密的关联系统。其中，中国共产党是向导和指针，人民群众是本体和基础，中华民族伟大复兴的中国梦是平台和载体，治理现代化是任务和前途，求实创新是品质和价值，德治与法治相结合是路径和手段。这六个组成模块相互联系，相辅相成，共同构成了科学完善的全面从严治党运行机制。全面从严治党的理论与实践之所以具有空前的社会影响和巨大的生机活力，与习近平党建思想蕴涵的这一运行机制是分不开的。

（二）党建思想内涵研究

习近平党建思想具有丰富的内涵，形成了一个完整的理论体系，这是一个刚柔并济、充满马克思主义政党灵魂的党建理论体系。那么，如何更好地把握习近平党建思想的内涵？学者们主要是从构成内涵的关键点来进行研究的，主要集中在三个方面：一是从思想的刚性层面来说，主要研究习近平党内法规制度建设的相关思想。习近平党建思想中的刚性内容是建构和形塑整个党建理论体系的四梁八柱，因此把刚性内容方面研究透彻，也就能基本上把握好党建思想体系的总体轮廓。二是从思想的柔性层面来说，主要研究党内文化思想。习近平党建思想中的柔性内容是充实和连接整个党建理论体系的无形力量，研究柔性内容往往可以一窥习近平党建思想的独到精妙之处。三是从思想的心性层面来说，主要侧重研究纯洁性和对党忠诚两大关键性问题。在习近平党建思想中，刚性内容与柔性内容的契合与互动，淬炼和升华出心性内容，成为其党建思想的灵魂和核心。

赵付科、孙道壮在《习近平党内法规制度建设思想论析》(《马克思主义与现实》2017年第6期）一文中认为，党的十八大以来，在推进全面从严治党的进程中，习近平总书记形成了较为完整的党内法规制度建设思想。这一思想的逻辑理路，主要把握了政党政治的普遍规律与中国共产党自身发展的特殊规律双重逻辑的统一，巩固党的执政地位与提高党的执政能力双重要求的统一，实现执政党价值与实现中华民族伟大复兴双重目标的统一。这一思想的内容思路，主要依循了立规与改革统一、依规与尚德并举、施规与监督同行、重规与全面兼顾、常规与问责齐驱五个方面。这一思想的时代新路，主要体现在党的政治意识的新觉醒、党的治国理政的新境界和党的自身建设的新发展三个方面。

关凤利在《习近平关于加强党的文化建设思想探析》(《思想理论教育导刊》2017年第4期）一文中认为，党的文化建设是党夺取和巩固政权的重要武器和法宝。习近平从党的文化的有机构成、内在约束以及外部规制等多重维度系统地阐释了进一步加强党的文化建设的新思想，极大地丰富和发展了马克思主义政党文化理论。中华优秀传统文化、红色革命文化和现代先进文化是党的文化的有机构成，是体现党的文化自信的重要支撑。习近平力求主张在三者的融会贯通中切实加强党的文化建设，在优秀传统与红色革命、现代先进文化的融会贯通中，在科学“灌输”与自觉学习的辩证统一中，在制度与纪律的相辅相成中，深刻阐释了新的历史条件下加强党的文化建设的新思路。

蔡如军、魏永强在《习近平党的纯洁性建设思想研究》(《思想理论教育导刊》2017年第6期）一文中认为，从“保持党的纯洁性要求”到“党的纯洁性建设”，从马克思主义政党的“本质要求”到“本质属性”，从“基础性源泉”到“胜利法宝”，表明了习近平对党的纯洁性建设思考的不断深化，形成了逻辑严密的思想体系。其中，马克思主义经典作家关于党的纯洁性建设理论是习近平党的纯洁性建设思想的理论来源；“四大危险”“四大考验”和“四风问题”是习近平党的纯洁性建设思想形成的时代背景；思想纯洁、作风纯洁、组织纯洁、政治纯洁是党的纯洁性建设思想的内容要求；党员领导干部示范带头、加强党性修养和党性锻炼、反腐倡廉、严明纪律和严格监督是党的纯洁性建设的基本路径；制度建设是党的纯洁性建设的根本保证；与时俱进是党的纯洁性建设的理论品格。

（三）党建思想特色研究

习近平党建思想具有鲜明的特色。科学地分析、概括、提炼习近平党建思想的特色，有助于广大党员干部进一步深入地理解和把握习近平党建思想的总体布局、主体构架和逻辑走向。统合学者们的研究成果来看，主要是从三个方面来研究习近平党建思想的特色：一是注重研究思想本身的特色，可以称为内生性特色，即党建思想本身具有哪些突出的特征，这些思想特征具有高度的理论辨识度，是人们掌握和运用习近平党建思想的关键法门；二是注重研究思想产生的背景特色，可以称为外生性特色，即抓住新时代这个时代背景，探讨作为习近平党建思想核心板块的反腐倡廉思想与新时代这个时代背景之间的互动关系，勾勒出了新时代对习近平党建思想的形塑轨迹；三是注重研究思想的维度构成，可以称为结构性特色，即从思想构成的角度来分析习近平党建思想的结构特色，通过对结构的解构和还原，进而建构起理解习近平党建思想的理论框架。

尹书博在《论习近平党建思想的鲜明特色》(《学习论坛》2017 年第 6 期）一文中认为，党的十八大以来，全面从严治党的生动实践体现了习近平党建思想的鲜明特色：一是贯穿着强烈的问题意识、鲜明的问题导向，展现了马克思主义者的坚定信仰和责任担当；二是提出了“四个全面”战略布局，开辟了治国理政的新境界；三是全面从严治党是习近平党建思想的一条主线，也是它的鲜明主题；四是科学严谨辩证的管党治党方法。习近平党建思想体现了马克思主义科学的思想方法和工作方法：在党建战略格局的谋划上，既加强顶层设计，又重视基层创造；在党建难题的破解上，既坚持问题导向，又强化建设意识；在党建整体工作的推进上，既坚持真抓实做，又突出改革创新。

刘宗洪在《习近平党建思想的鲜明特色》(《理论视野》2017 年第 10 期）一文中认为，习近平党建思想的鲜明特色主要有：一是理论内涵的时代性。二是党建工作的政治性。三是组织形态的集中性。强调全党在政治上的统一，强调党员在组织上的服从，强调党内执纪的严肃性。四是党内治理的系统性。全面从严治党的前提是“全面”，而“全面”反映了系统性和整体性的特征，注重治党内容的整体性、治党工作的协同性、治党对象的全面性。五是中外并蓄的包容性。在治党方向上，坚持马克思主义政党的基本原则；在党性修养上，积极吸收中华民族的优秀文化；在政党治理上，大胆借鉴外国政党的有益经验。六是着眼长远的制度性。坚持把党章作为治党的根本遵循、创建党内法规的立法规则、建立健全党内的制度体系、强化党的制度的执行力。七是党内生活的严肃性。八是自我净化的战斗性。

蒋来用在《习近平反腐倡廉思想的新时代特色》(《理论探索》2017 年第 6 期）一文中认为，习近平反腐倡廉思想的新时代特色主要体现为：从保持党的纯洁性破题将反腐倡廉推向新境界，对党风廉政建设和反腐败斗争形势做出了新判断，清晰表明了坚定不移惩治腐败的新意志，展现了踏石留印、抓铁有痕般抓作风建设的新韧劲，提出全面深化改革与反腐败有机结合的新理念，为破解党风廉政建设责任制难题提供了新方法，阐述了通过思想文化养成建立不想腐机制的新思路，提出了加强追逃追赃构建国际反腐新秩序的新主张，为党风廉政建设和反腐败斗争新实践提供了正确的指导。

肖存良在《执政能力与领导能力：习近平党建思想的双重维度》(《理论与改革》2017 年第 5 期）一文中认为，中国共产党在我国政治生活中承担了双重角色：一是执政党角色，二是领导党角色。作为执政党，中国共产党是执掌国家政权的执政力量；作为领导党，中国共产党是领导党和国家前进的领导核心。党的执政主要是党通过合法途径进入并执掌国家政权，所以党的执政主要是一种权力而不是影响力。在领导与执政的关系上，领导主要是一种政治权威，而执政主要是一种政治权力，领导不具有强制力，而执政具有强制力。执政主要通过政权工作和政府工作来体现，领导的面则更广，其影响力和吸引力可包含国家政务活动与全部社会生活等各个方面。基于中国共产党执政与领导的双重角色，中国共产党的政党能力主要包括执政能力与领导能力两种。党的十八大以来，在以习近平同志为核心的党中央领导下，鉴于领导能力弱化的社会现实，中国共产党在政党建设方面逐步实现了执政能力与领导能力并重，并且大力补齐领导能力弱化这一短板，从加强党的自身建设和社会影响力建设方面大力加强政党领导能力建设，使党逐渐实现了行政能力、执政绩效和自身能力、社会影响力之间的有机平衡。

（四）党建思想创新研究

习近平总书记党建思想是对马克思主义执政党建设理论的发展和创新。在2017年的研究成果中，学者们注重从三个突出的角度研究习近平党建思想的创新点：一是注重从宏观整体上研究习近平党建思想对马克思主义党建理论的新发展，这种研究的一个特点就是通过研究框架的搭设来观察、比对和推演党建理论之间的承继、发展和创新关系，廓清了习近平党建思想的创新面貌。二是注重从党的意识形态建设的角度上来研究，一个执政党的意识形态关系到这个政党的生死存亡，维系着一个政党、一个国家、一个民族的前途命运。通过研究党的意识形态创新之处，往往可以映射党的思想理论创新之光。三是注重从政治建设的角度上来研究，政治建设成为党的建设的统领和根本，这是习近平对马克思主义党建理论的最大创新，拓展了马克思主义政党建设的新路径。

张志明在《习近平新时代中国特色社会主义思想的创新界标》（《人民论坛》2017年11月上）一文中认为，中国共产党的思想理论创新至少要具备三个方面的基本条件：一是中国革命、建设和改革发展确实遇到了新的重大问题，老的理念、思路、办法再也无法有效回答和解决这些问题；二是党的领袖或领导集体为了解决这些新问题，确实在集中全党智慧基础上提出了新的理论体系，并以此做出了新的战略布局和制度安排；三是一旦新的理论体系指导实践，这些新的重大问题的解决有非常明显的成效，中国革命、建设和改革发展的面貌由此就焕然一新了。这是中国共产党近百年奋斗历程的客观事实，也是党理论创新的历史经验和基本特点。习近平新时代中国特色社会主义思想对当代中国社会发展的历史方位做出了科学界定，即中国特色社会主义新时代；对坚持和发展中国特色社会主义伟大事业的基本方略，做出了科学阐释；对新时代如何全面推进党的建设新的伟大工程，特别是提升党的政治领导能力，做出了科学论断。

肖纯柏在《习近平对马克思主义党建理论的新发展》（《井冈山干部学院学报》2017年第3期）一文中认为，习近平党建思想实现了马克思主义党建理论的新发展。主要体现在：一是思想建党新内涵，坚持以人民为中心、不忘初心，赋予党的功能新定位，理直气壮讲共产主义，从优秀传统文化中汲取精神营养，依靠文化自信坚定理想信念；二是组织建党新格局，把抓好党建作为最大的政绩，抓住党内政治生活“关键载体”和高级干部“关键少数”，把握民主集中制新要求，增强党组织的政治性、战斗性和创造性；三是作风强党新实践，以自我革命精神改进党风，以优良家风带动执政新风，推进作风建设常态化，构建新型的党群关系和党群命运共同体；四是反腐兴党新局面，党面临的最大风险是腐败，坚持反腐败无禁区、全覆盖、零容忍，破解一党长期执政面临的监督难题；五是制度治党新突破，统筹推进依法治国与依规治党，依宪执政、纪严于法，以党内治理现代化推动国家治理体系现代化。

秦哲、丰志刚在《习近平同志的治国理政思想与党的意识形态创新》（《红旗文稿》2017年第10期）一文中认为，治国理政思想的形成与传播，既增强了党的思想理论的世界影响力、提升了国家文化软实力，更为新的历史时期党的意识形态创新树立了典范。

一是始终坚持党的意识形态创新的为民初衷，确立以“民族复兴中国梦”为引领的思想理论体系，并将其凝聚成为全社会共同理想。二是充分体现党的意识形态创新的科学精神，加强以“党内政治文化自信”为核心的思想文化建设，塑造形成全民族文化自觉。三是深刻阐明党的意识形态创新的价值共识，探索以“人类命运共同体”为主旨的人类社会发展规律，积极构建全世界思想认同。

唐晓清、钟宪章在《旗帜鲜明讲政治：习近平党的政治建设思想的重要内涵》(《毛泽东研究》2017年第5期）一文中认为，旗帜鲜明讲政治是习近平党的政治建设思想的重要内涵。一是要增强政治意识，坚定政治信仰。在习近平政治建党话语体系中，坚定政治意识、政治信仰是基础。二是要增强政治定力，提升政治能力。习近平提出“注重提高政治能力”的重大命题，要求党员领导干部要加强政治历练、积累政治经验、通晓政治规律、强化政治担当、提升政治勇气，使自己的政治能力与担任的领导职责相匹配。三是培育政治文化，净化政治生态。党内政治生活、政治生态、政治文化是相辅相成的，政治文化是政治生活的灵魂，对政治生态具有潜移默化的影响。四是严明政治纪律，严守政治规矩。加强党的政治建设，必须把党的政治纪律和政治规矩挺在前面，使党员始终心存敬畏、手握戒尺，用铁的纪律保障全面从严治党。

胡洪彬在《习近平新时代党的政治建设思想论析》(《探索》2017年第6期）一文中认为，统观十九大报告，有关“政治建设”的内容前所未有地出现了8次，充分表明“政治建设”已成为新时代推进党的建设的核心主题。习近平新时代党的政治建设思想博大精深，是习近平在继承与发展马克思主义政治建党理论和中国共产党政治建设优良传统的基础上，结合新时代党的建设的主客观形势得出的科学结论。习近平基于党的政治纲领、政治立场、政治生活、政治生态、政治方向、政治责任、政治认同、政治风险和政治规律等多重视角，科学诠释了新时代党的政治建设的动因、内容、目标及其方法论，在理论和实践中实现了对新时代党“为什么要强化政治建设”“强化什么样的政治建设”及“怎么样强化政治建设”等基本命题的科学解答。习近平新时代党的政治建设思想内蕴着系统性、核心性、为民性和发展性的鲜明特性。

二、全面从严治党研究

随着全面从严治党实践的不断深入，学术界对全面从严治党的研究也是不断深入的，可以说党建实践与党建研究形成了良好的互动共进关系，而这种关系的形成与演进从某种意义上看也可以说是全面从严治党的成果。学者们对全面从严治党研究的深入，主要体现在四个方面：一是对全面从严治党理论内涵的研究不断深入，主要是在“全面”二字上不断深入耕耘，使得全面从严治党的内涵更加明确、更加丰富、更加突出；二是对全面从严治党意义作用的研究不断深入，学术界通过拉长时间尺度和变化研究维度对其意义作用的认识的不断加深；三是对全面从严治党系统机制的研究不断深入，应该说研究到系统机制问题本身就是研究的一种深入，学者们对系统机制研究的深入，主要体现在解构其系统、把脉其问题、完善其机制；四是对全面从严治党贯彻落实研究的深入，全面从严治党是一种大战略，大战略就是大处着眼、小处着手，大战略就是一分部署、九分落实。如何进一步贯彻落实好全面从严治党的战略？学者们的研究主要集中于拓展研究广度、加强从严的力度、评价治党效度等方面。

（一）理论内涵研究

全面从严治党具有深邃的思想意涵和丰富的理论内涵，如何全面看待和准确把握其理论内涵，是学者们研究全面从严治党必须解决的前提性问题。以学者们对其理论内涵的研究成果为分析样本，不难发现一个研究特点，那就是研究视角的多维度或者多层性，这与其内涵的丰富性形成了有效的对照和映射关系。正所谓“论如析薪，贵在破理”，全面从严治党内涵的丰富性，决定了研究其视角的多重性。就学者们的研究成果而言，这种多重性主要体现在五个方面：一是“一新”论，即认为思想建党和制度治党有机结合是推进全面从严治党的新战略；二是“两维”论，即认为要从历史和现实两个维度相结合来看待全面从严治党的内涵；三是“四论”，即从哲学的高度上分析全面从严治党的理论内涵，提出要从本质论、主体论、方法论、整体论等多维视角来不断审视其内涵；四是“五大关系”论，即从社会 — 政党 — 国家的分析框架出发，提出全面从严治党所蕴含的五大关系问题；五是“六兼顾”论，即从全面从严治党的方法特征着手，提出由于其内涵的丰富性，必然决定其执行方法的多样性灵活性，而从一定的意义上而言，全面从严治党方法特征亦是其内涵的重要组成部分。

周敏凯、周勇在《关于全面从严治党思想内涵与基本关系的辩证思考》（《思想理论教育》2017 年第 1 期）一文中认为，全面从严治党战略思想作为执政党的指导思想的重要组成部分，体现了执政党自身建设与执政党治国理政的统一，是“四个全面”之魂。全面从严治党的基本内涵是：核心是加强党的领导，基础在全面，关键在严，要害在治。全面从严治党要辩证处理好五大关系：一是清理党内前定法规与创设新法规的关系；二是治党制度创新中“国法”与“党规”的关系；三是全面从严治党中制度治党与思想建党的关系；四是制度治党与从严执纪的关系；五是制度治党与优化党内政治生态的关系。

杨德山在《试论“全面从严治党”的理论价值》（《马克思主义研究》2017 年第 10 期）一文中认为，“全面从严治党”既是重大的战略部署，又是重要的实践活动，更是在党的建设理论上实现了全面的创新。从本质论上看，它进一步阐明“马克思主义执政党”和“中国特色社会主义事业的坚强领导核心”的深刻内涵；从主体论上看，它从政治高度阐明“党的建设”和“党的事业”的辩证关系，强调各级各部门党委（党组）必须“把抓好党建作为最大的政绩”；从方法论上看，它针对党建工作存在的实际问题，强调“思想建党”和“制度治党”同向发力、同时发力、互为过程；从整体论上看，它系统阐述了“全面”的基本要求，表现为它对客观形势呈现出的“全面”性特点的认识和把握，反映在从严治党内涵于十八大以来党治国理政整体战略布局中，体现在以历史经验教训为基础对治党模式的选用上，将从严治党定位为国家发展的战略目标，突出其长期性、持久性。

杨凤城在《从历史与现实两个维度看“全面从严治党”》（《前线》2017 年第 12 期）一文中认为，全面从严治党的内容特点主要包括四个方面：一是以党风廉政建设和反腐败斗争实绩提振党心民心。二是讲政治，严明纪律、严守规矩。在推进全面从严治党的过程中，将纪律建设摆在更加突出的位置上，强调集中统一、严明纪律，坚持纪严于法、纪在法前，用铁的纪律维护党的团结统一，构成党的十八大以来党建理论和实践的鲜明特色。三是“抓关键少数”，率先垂范。高度集中统一是中国共产党的组织特征，也是管党治党能够富有成效的原因。在这一制度运行中，领导干部尤其是高级领导干部具有举足轻重的意义。四是思想建党与制度治党有机结合、良性互动。制度的主要功能在于设定行为的下限或底线，思想、信仰则主要用来提升人的境界、操守，包括遵守制度的自觉性等。二者相互配合，执政党建设才能达到较为理想的境地。

汤俊峰在《论全面从严治党的“六个兼顾”方法特征》（《理论探索》2017 年第 2 期）一文中认为，在推进全面从严治党的伟大斗争中，习近平总书记把马克思主义建党理论与新时期党的建设面临的新态势、新要求、新考验紧密结合起来，从理论和实践两个层面探索形成了管党治党的新思想、新经验，体现出日益鲜明的马克思主义方法特征。这些方法特征集中体现：标本兼顾，狠抓作风建设与强化理想信念相结合；柔刚兼顾，思想建党与制度治党相结合；普遍与特殊兼顾，全面治党与抓住“关键少数”相结合；点面兼顾，反腐零容忍与严明纪律规矩相结合；主体客体兼顾，管党治党与治国理政相结合；自律与他律兼顾，落实管党治党责任与依靠人民监督相结合。这就生动地说明了新形势下的全面从严治党决不是简单的治腐肃贪、约束从紧、执纪从严，而是一个综合治理、辩证施策、科学治理的管党治党过程。

（二）意义作用研究

学术界对全面从严治党意义作用的研究是比较充分的，但这方面的研究存在一个突出的问题就是以政治论调为主、学理说明不够。如何把政治论调用学理说明阐述好，这是党建研究中至关重要的一个方面，亦即如何用学术讲好政治。从研究全面从严治党意义作用的一些代表性成果来看，学者们把政治和学术结合得还是比较到位的，中规中矩不逾矩。统合学者们的成果来看，主要有四个方面的特点：一是立足基础，即从事关政治基础的重大意义来阐述全面从严治党的意义作用。二是抓住根本，即认为制度是全面从严治党的利器，因此制度治党才是全面从严治党胜利推进的关键所在。三是把握细节，全面从严治党是一个大战略，而一些关键性的细节具有决定性的意义。在细节把握上，一些学者认为新《准则》的制定和执行是全面从严治党制度化、深入化、细节化的关键之举。四是追溯历史，对全面从严治党意义作用的认识，需要有一个合理合适的时间尺度，直言之，就是必须拉长时间尺度，才能更好地发现和理解全面从严治党的实践厚度、理论深度和作用强度。

柳建辉在《全面从严治党才能夯实党执政的政治基础》（《中共天津市委党校学报》2017 年第 2 期）一文中认为，党要管党、从严治党是中国共产党领导革命、建设和改革的经验总结与政治优势，是中国共产党长期执政的必然要求。办好中国的事情，关键在党，关键在党要管党、从严治党。只有党要管党、从严治党，发挥好党的这一制胜法宝的作用，才能增强党的创造力、凝聚力、战斗力，永葆党的生机和活力；只有党要管党、从严治党，始终把党的思想建设放在首位，以党章为根本遵循，才能开展严肃认真的党内政治生活；只有党要管党、从严治党，始终坚持全心全意为人民服务的根本宗旨，才能始终保持党同人民群众的血肉联系；只有党要管党、从严治党，始终坚持并完善民主集中制，既发扬民主又善于集中，才能坚定维护党的团结统一。

齐卫平在《全面从严治党的重大战略部署》(《湖湘论坛》2017 年第 3 期）一文中认为，在新的历史条件下，严肃党内政治生活具有极其重大的时代意义，推进全面从严治党的实践，将严肃党内政治生活作为重大任务提到党的建设新的伟大工程议程上来，是以习近平同志为核心的党中央战略部署的重大抉择。严肃党内政治生活并不是党的作风建设的结束，而是从更深层面继续推进党的作风建设。党的作风好坏优劣与党内政治生活是否正常健康密切相关，党内政治生活影响党的作风，党的作风表现党内政治生活，党内政治生活不正常不健康，党的作风必然不正不实不廉。整饬党的作风本身就包含着严肃党内政治生活的要求，严肃党内政治生活同样覆盖端正党的作风的内容。《准则》规定的 12 条中很多方面涉及党的作风问题。由此而言，全面从严治党打响严肃党内政治生活的第二个战役，是巩固重点转变党的作风第一个战役胜利成果的部署。

胡键在《制度治党是全面从严治党的根本》(《探索》2017 年第 2 期）一文中认为，党的建设是中国革命取得胜利的三大法宝之一，同样也是中国特色社会主义建设的重要法宝。长期以来，党的建设强调的是党员干部道德的重要性，这固然重要，但不能忽视党的制度建设，忽视制度建设就会使从严治党落空。从党的建设实践来看，制度治党才是从严治党的根本保证。制度带有根本性、全局性、稳定性和长期性，制度设置后虽然不能一劳永逸，但在一定时期内制度的约束力是刚性的。刚性的制度约束能够确保权力在制度的笼子里并在阳光下运行，能够使党不会脱离群众，使党的领导干部不敢滥用权力，使党在治国理政的实践中建立稳定健康的秩序，确保中国共产党长期执政。当然，制度治党也需要在实践中不断进行制度创新，以确保制度治党的有效性。

李青青、崔瑾在《从历史的纵向看全面从严治党的实践与意义》(《前沿》2017 年第 8 期）一文中认为，在全面从严治党提出前，中国共产党对于党的建设就涉及了“全面”的各个方面，只是在不同的时期所侧重的方面不同。相比于历史上的“全面”，十八大后提出的“全面”无论是在广度和深度上都有了更进一步的发展。从历史上看，全面从严治党是中国共产党由马克思主义革命党成长为社会主义中国的执政党的必由之路。从现实来看，全面从严治党是中国共产党在全球化背景下，继续和长期执政的必然要求。在不同的历史时期，全面从严治党的实践都对于中国共产党实现历史任务具有重要的影响，同时也对中国共产党自身的成长与中国现实的发展具有重大的意义。

（三）系统机制研究

全面从严治党之所以能够有效运行，关键就在于其是一个自成体系的有机系统，特别是有着运行机制或者各种运行子机制的支撑。换言之，研究全面从严治党的关键就在于搞清楚弄明白支撑其系统不断运行的各项机制或者运行机理。综合来看，学者们注重对全面从严治党系统机制的研究，代表性成果主要着墨于四个方面：一是通过对全面从严治党进行一种理论上的透视，进而梳理和追寻中国共产党作为先锋队政党所采取的独特政党治理逻辑，以及这种逻辑在全面从严治党视域中的全面运用；二是通过对全面从严治党进行一种系统性的分析，发现和标注全面从严治党系统所存在的问题漏洞，进而提出有针对性的治理策略进行有效供给；三是通过对全面从严治党中所存在的最突出问题以及非制度化行为问题展开剖析，提出建立常态化多元化的应对机制；四是从理论和实践相结合的角度出发，提出要重构全面从严治党的治理机制。一言以蔽之，学者们的研究成果一致认为全面从严治党是一个系统，这个系统靠相应的机制或者子机制方能得以运转，而当前一些机制尚未构建抑或机制存在些许问题，都是全面从严治党所应消弭的问题。

储霞、钟宪章在《全面从严治党的系统性研究》(《中共福建省委党校学报》2017 年第 5 期）一文中认为，全面从严治党是一个系统设计，既面对党的建设自身系统，又和国家社会建设发展紧密相连。随着全面从严治党的深入推进，在集中力量解决党内突出矛盾问题的基础上，系统性思维、整合各种资源、运用多种因素、发挥整体功能是治党的更高要求。目前存在的问题是：对全面从严治党有态度上的总体认同，但缺少实际工作的积极有效对应；对全面从严治党有工作的部署和落实，但缺少党的建设与经济社会建设的互动共进；对全面从严治党有强烈的问题意识，但缺少解决问题的整体设计与统筹安排；对全面从严治党有高压的态势氛围，但缺少科学机制的长效保障。因此，要坚持管党治党与治国理政紧密结合，建立全面从严治党的大党建思维；坚持重点突破与整体协同紧密结合，促进全面从严治党向纵深发展；坚持思想建党与制度治党紧密结合，形成全面从严治党的最大合力；坚持党内监督与人民监督紧密结合，完善全面从严治党的动力机制；坚持继承传统与改革创新紧密结合，促进全面从严治党达到新境界。

田旭明在《全面从严治党实践中党内非制度化行为治理机制探析》(《马克思主义与现实》2017 年第 2 期）一文中认为，党内非制度化行为与党章党规、党纪国法相对立，是全面从严治党实践中必须铲除的毒瘤。它的滋生、蔓延与资本逻辑和权力相互勾结、制度短板、文化陋俗和消极价值观的纷扰有着直接关联。党内非制度化行为的主要危害在于降低制度认同，破坏政治规矩和纪律，加剧权力腐败，扭曲党内人际关系，恶化社会风气。在全面从严治党实践中，只有建立行之有效的心理动机抑制机制、过程预防机制、制度惩戒机制、常态化整治机制和多元力量协同应对机制，才能有效治理党内非制度化行为，维护党的先进性和纯洁性。

王浦劬在《深化推进全面从严治党创新中国特色治党机制》(《学习月刊》2017 年第 3 期）一文中认为，实施全面从严治党的总体思路，是思想建党与制度治党、弘扬信仰与制约权力、信任激励与严格监督、党内监督与外部监督有机结合起来，构建和形成全面从严治党的有效实施机制。主要包括七个方面的治理：一是思想治理，要弘扬共产主义远大理想和中国特色社会主义共同理想，党的治理不仅据此确定党的发展方向和方位，而且以此来实现党的价值体系的引领；二是制度治党，强调党的治理的制度化、规范化、程序化，把制度治党作为新时期党的治理的至关重要的机制创设；三是权力制约，科学合理有效的权力制约和监督机制；四是民主治理，党的民主治理机制，是党实现自我净化、自我完善、自我革新和自我提高的长久可靠机制；五是责任治理，建立和完善治党责任机制，按照党章党规党纪建立健全赋责、究责和追责制度，是落实从严治党的重要机制；六是重点治理，通过重点治理带动普遍治理，是治党机制创新的重要亮点；七是预防治理，在党内政治生活和监督中，强化风险意识，提升防范能力，完善拒腐制度，建立健全预防机制，是达成治党目标的重要途径。

汪仕凯在《先锋队政党的治理逻辑：全面从严治党的理论透视》(《政治学研究》2017年第1期）一文中认为，先锋队是对共产党内在性质的集中概括，党的先锋队性质决定了中国共产党的政党治理有着严格的标准和特殊的逻辑。先锋队性质是全面从严治党的内在根据，全面从严治党是在共产党的先锋队性质遭受一系列政治风险侵蚀的背景下推行的政党治理方案。中国共产党从十八大以来所推行的严厉的政党治理措施，都能够从党的先锋队性质得到解释。全面从严治党将强化共产党的先锋队性质，并且能够改善党的领导方式与执政方式。由于共产党是中国政治体制的核心要素，并且在中国政治体制的运转中发挥着关键作用，因而在全面从严治党的进程中，中国政治体制的优势和竞争力都将获得增强，进而能够为中国国家崛起提供更为坚实的政治支撑。这种存在于先锋队性质、党的领导与执政、政治体制竞争之间的逻辑关系，就是中国共产党的政党治理逻辑所在。

（四）贯彻落实研究

全面从严治党的战略部署如何进一步贯彻落实到位？在新时代全面从严治党的贯彻落实出现了哪些新的着力点和新趋向？综合学者们在这个方面的研究成果，其代表性研究成果可以概括为“一点一线两面”：“一点”即抓住全面从严治党新发展这个点，主要探讨依法治国与依法治党的双向互动关系，值得注意的是有研究者使用了“依法治党”的概念，而非党建学界普遍使用的“依规治党”概念，但在研究语境中二者的内涵又是一致的；“一线”就是全面从严治党贯彻落实的考核标准和评价体系问题，特别是全面从严治党最终都要落实在基层一线的党组织，因此构建有效管用的考评体系是确保全面从严治党贯彻落实到位的保障；“两面”就是紧紧把握全面从严治党的新趋向，众所周知全面从严治党是采取自上而下、以上率下的方式推进的，初期呈现见效快、用时短、受众少的特征，要进一步全面推进，就必须大力推进两个新趋向，一个就是向纵深发展，另一个就是向基层延伸，这样才能实现全覆盖。

戴焰军在《推动全面从严治党向纵深发展》(《党建研究》2017年第9期）一文中认为，腐败和反腐败呈胶着状态，主要指我们在实现不敢腐、不能腐、不想腐上还没有取得压倒性胜利，腐败活动减少了但并没有绝迹，腐败分子被震慑住了但还在窥测方向甚至困兽犹斗，反腐败体制机制建立了但还不够完善，思想教育加强了但思想防线还没有筑牢，减少腐败存量、遏制腐败增量、重构政治生态的工作艰巨繁重。我们要深刻理解习近平总书记做出的“全面从严治党依然任重道远”的科学判断，对进一步推进全面从严治党过程中可能遇到的新情况、新问题、新挑战、新困难有足够的估计，有足够的思想准备，必须毫不动摇推进全面从严治党，毫不动摇推进党的建设新的伟大工程，把党建设得更加坚强有力。

王世谊在《推动全面从严治党向基层延伸》(《红旗文稿》2017年第13期）一文中认为，当前，基层组织在全面从严治党实践中面临着常态化趋向缺乏“功能性”自觉、制度建设并非“系统自为”、长效化运行缺乏自我更新机制等新问题，必须以改革创新精神加强和改进基层党组织建设，多管齐下，打出“组合拳”。一是要强化党员意识。主要是补齐准入机制的短板，同时要围绕身份意识开展管理。二是要提升党组织运转的活力。要以基层组织生活会为重点巩固阵地，加快“法治型党组织”研究和建设，以民主评议党员作为筑牢组织存在感的抓手。三是建立配套评估体系。构建“土智库”作为评估力量，对基层组织各方面要素进行评估反馈。四是不断提升党内认同感。要鼓励基层宣传工作者更多地根据马克思主义原理，结合实际解决群众在基层的疑虑和困惑，同时任用干部要以“优选”代替“保底”策略。五是优化监察体系补齐党内监督短板。要关口前移、明确责任，按照国家监察体制改革要求，在基层纪检监察组织建设中提前优化布局。

胡洪彬在《基层党组织落实全面从严治党绩效评价机制的建构》（《理论探讨》2017年第5期）一文中认为，对基层党组织落实全面从严治党的绩效评价，有助于基层党组织激发主体责任，明确目标导向，提升管党治党和党内问责工作的精确性。绩效评价机制要科学嵌入基层党组织落实全面从严治党全过程，必须基于评价的主体、对象、指标和程序等要素，对“谁来评价”“去评价谁”“评价什么”“如何评价”等命题做出科学厘定。当前，基层党组织管党治党绩效评价机制建设已取得一定成就，但依然存在评价力量单一、评价方式和评价过程欠缺科学性等现实缺憾，推进全面从严治党向基层有效延伸，必须通过多元协同机制、动态嵌入机制、全面透明机制、指标完善机制和理念引导机制的建构，推进基层党组织落实全面从严治党绩效评价的完善化。

王建国、王昭在《依法治党：全面从严治党的新发展》（《当代世界与社会主义》2017年第3期）一文中认为，“依法治党”是中国共产党依据国家宪法法律和党内法规制度，运用法治思维方式管党治党的理论和实践。关于“依法治党”的内涵与外延，可以从以下几个方面来把握：首先，从治理方式来看，“依法治党”蕴含政党治理理念的“法治化”治理方式，目的是通过“法治化”的治理促进政党治理走向善治；其次，“依法治党”的治理依据包括国家宪法法律和党内法规制度，是依宪法法律治理党的执政行为和领导行为，依党内法规治理党内政治行为和党员身份行为的理论与实践的内在统一；最后，从“依法治党”与“依法治国”的关系来看，“依法治党”是要把“依法治国”的治理理念和法治精神贯彻到党的领导活动、执政行为和自身建设中来，同时把政党治理纳入依法治国大框架中。

三、党内法规研究

党内法规是我们党管党治党的基本依据，依规治党是党的建设从“党建自在”状态发展到“党建自觉”阶段的一个重要标志。随着依规治党在党建实践中的大量运用，在取得一系列丰富经验的同时，也在实践中遇到了诸多的新问题。无论是进一步总结新鲜经验，抑或是解决新问题，都需要在理论上进行全面深入的总结。可以说，在党内法规的研究上，学者们主要集中在四个基本方面：一是注重对党内法规基本理论的研究，正是党内法规实践的不断推进，使得党内法规基本理论不断实现新的突破。从一般的学理上看，党建实践的新发展迫切要求党建理论予以新的阐释，而一旦拥有理论上的合理性，党建实践的推进则在无形中多了理论资源的助力。二是注重对党内法规基本逻辑的研究，党内法规具备法的一般基本特征，不管是党内法规本身的逻辑性也好，或者党内法规所遵循的运行逻辑也罢，都需要一个严谨的逻辑性，这样可以最大限度避免由于自身的逻辑漏洞而引发的运行偏差。三是注重对党内法规基本体系的研究，其焦点在于如何构建这个体系？这是解释实践与改变实践双方之间有效互动的一个连结点。四是注重对党内法规执行力的研究，权威性和实践性是党内法规的两大基本特性，缺一不可，而且权威性必须依托实践性方能得以彰显，否则其权威性资源会不断流失，最终会影响党的建设的效果。学者们对党内法规执行力的研究，存在多样视角的研究特点，从而为提高党内法规执行力提供了多重理论资源，这是一个值得关注的研究特点。

（一）党内法规理论研究

加强对党内法规基本理论的研究，厘清党内法规的一些基本理论问题，对广大党员干部在党内生活中树立起正确的党内法规观念具有正本清源作用，同时对党内法规的制定和执行具有重要意义。从学者们的代表性研究成果来看，主要注重于三个大的方面的研究：一是注重对党内法规基本概念和基本属性的厘清与确认，正所谓熟知非真知，耳熟能详未必心领神会，正是在实践中存在着不少对党内法规“见仁见智”的看法，在一定程度上影响了党内法规的权威，甚至影响到了党内法规的制定和执行，因此十分有必要统一对党内法规的准确认识；二是注重对党内法规功用定位的研究，这实际上涉及一个非常核心的问题，就是党内法规的界限问题，主要是如何准确界定党法与国法的界限，避免出现党法与国法不分，甚至出现党法代替国法的问题，换言之，党法应有其明确的、清晰的、不可逾越的界限；三是注重对党内根本大法——党章的研究，党章是党内法规的法源，如何正确地认识党章及其作用，对整个党内法规体系研究具有标杆性、引领性和示范性的作用。

刘长秋在《论党内法规的概念与属性》（《马克思主义研究》2017 年第 10 期）一文中认为，党内法规作为一种管党治党的规矩，是中国共产党制定和实施的有关其自身建设的规范，是应当能够调整党内关系且一般只能用来调整党内关系的规范，对于党员及各级党组织而言具有法律性质的约束力，但又不同于国家法的规范。党内法规姓“党”不姓“国”，党内法规是党规而非国法。党内法规的“党姓”，决定了其作为我国社会主义法治体系的重要组成部分，是管党治党的基本依据，是从严治党的制度保障。党内法规对于我国法治的保障是通过其发挥管党治党的作用来加以实现的，党内法规通过管党治党，能够使党的活动始终被控制在宪法和法律允许的范围之内，确保其依法执政，可以进一步提高党运用法治思维和法治方式的能力，增强党在处理各种事务中的效率和应变能力，提高其依法治国的能力。党内法规既具有法律属性，又具有政治属性，基于管党治党的需要，其政治属性应当优先于其法律属性。党内法规的法律属性与政治属性之间的关系决定了党内法规不宜被上升为国家法，而更宜固守其与国家法的边界。

陈柏峰在《党内法规的功用和定位》（《国家检察官学院学报》2017 年第 3 期）一文中认为，执政党强调党内法规，源自特定的社会和政治环境。之前，党内政治生态存在一些问题，体现在政商关系、中央与地方“两个积极性”、干部乱作为和不作为等方面，故党内法规体系的主要任务在于重构良好的政治生态，具体任务一是推进反腐败斗争，二是增强党内政治生活的能动性。党内法规应当在“党的领导”与“依法治国”的关系框架下予以定位，它是中国特色社会主义法治体系中的“担纲者”。党内法规建设的理论起点应当与国家法律建设的理论起点有所差别，形成二者互补的格局，以有利于更好地发挥我国政党与国家高度整合的宪制结构的制度优势，推动重构良好的政治生态。党内法规建设中需要正确处理好三个方面的重要问题：一是党内法规建设应以增强共产党在中国宪制结构中的领导能力为基本出发点；二是党内法规建设应为中国的宪制运行实践提供政治价值；三是党内法规建设应发挥党组织在宪制结构中的政策性和能动性优势。完善党内法规建设，还需要健全具体运行机制，促进党内法规能够落到实处。

陈立峰在《党章的本源、本质和本体的哲学论析》(《理论与改革》2017 年第 5 期）一文中认为，党章既是一种复杂的政治现象，又是一种复杂的认识现象和文化现象，它同党的生活各个方面广泛而深刻联系。透过党章，可以探究一个政党的性质、宗旨等政党最核心的内容。执政党党章的本质具有两个层次：一方面，党章是统治阶级意志的体现，党章作为统治阶级意志的相对独立性与依赖性并存。党章只有经过国家权力机关把统治阶级的意志上升为国家意志，并客观化为法律规定，此时被统治阶级很难左右统治阶级的意志，故具有一定的独立性。同时，统治阶级是与被统治阶级相对立而存在的，统治阶级意志的形成和调节必然受到被统治阶级的制约。另一方面，党章的内容由统治阶级的物质生活条件决定。党章的贯彻执行也同样具有物质制约性，必须随着实际情况的变化而不断完善。党章的本质存在着三大要素：一是主观方面，即统治阶级意志、观念、思想、传统等主观精神性要素，这是党章的初级本质；二是客观方面，即物质生活条件、生产方式、经济基础、利益关系、客观规律等客观物质性要素，这是党章的更深层次的本质；三是“本能方面”，即党员的义务和权利。

（二）党内法规逻辑研究

党内法规作为一种党内法，具有普通法的若干特征，其中最为突出的当属逻辑性，逻辑是决定党内法规施行成败的关键要素。学者们对党内法规逻辑的研究，主要体现在四个方面：一是治理逻辑，主要是以一般法理为分析框架，来探讨如何进一步完善制度治党的逻辑；二是社会逻辑，即通俗意义上的“党法”和“国法”的逻辑关系问题，学者们研究的焦点在于如何把握二者之间的衔接与界限问题；三是质量逻辑，曾几何时不少地方和部门盛行党内法规有无多少的数量逻辑，现在注重党内法规好坏高低的质量逻辑早已深入人心，在这方面学者们主要着力于构建质量逻辑的评估标准问题；四是操作逻辑，如何使得党内法规更加具有可操作性是这个逻辑的主要指向，一些学者就此建构了相应的党内法规可操作性评价系统，从系统结构、评价维度以及反馈机制等方面进一步明晰了党内法规的操作逻辑。

周悦丽在《制度治党的法理与逻辑》(《新视野》2017 年第 5 期）一文中认为，实现国家治理体系和治理能力现代化，一个根本的判断标志就是执政党是否忠于宪法、法律，是否严格依法办事，是否严格依法执政。中国共产党依法执政的状况影响中国法治建设事业的成败，因而应当领导立法以成为法治的先导，模范守法以成为法治的楷模，完善法制以成为法治的保障。从法理上思考制度治党，就是要把依法执政的理念贯彻到党的领导活动和自身建设中，把党内法规建设和执行落实在党的领导活动和自身建设中。制度治党，含有民主与法治、权利与义务等丰富的制度意蕴，融汇了法律至上、权力制约、依法治国、依法治党等诸多价值取向，涵盖政党内部生活和外部活动的所有方面，贯穿政党治理国家和管理自身事务的全过程。制度治党、依法依规从严管党治党，强调的就是要把依法治国的基本理念和精神内核贯彻到党的领导活动和自身建设中，这也是依法治国的必然选择。制度治党的逻辑，是坚持党章为本完善党内制度体系，处理好党内法规与国家法律的关系，提升党内法规权威及其执行力，用完备的制度实现管党治党的民主化、法治化。

王勇在《再论党内法规与国家法律间的关系》(《理论与改革》2017 年第 3 期）一文中认为，党内法规是规范党组织、党员关系的一系列制度规范的总称，国家法律是调整公民之间以及各种社会关系的法律规范制度的总称，二者在国家治理体系与治理能力现代化建设中都在发挥着非常重要的作用。因党内法规作为中国特色社会主义法治体系的重要内容，尽管其与国家法律存在重大区别，但是，它与国家的法治精神是一致的、相容的，而不是冲突的，党内法规与国家法律都是制度，具有一致性。当前，全面从严治党是党和国家各项工作顺利推进的路径和根本保证。而对于如何实现全面从严治党，这就需要在准确理解党内法规的本质和内涵基础上，建立完善的党内法规制度体系，这是实现全面从严治党的基础和保障；同时，还要意识到，党内法规与国家法律具有密切关系，依法治国与依规治党的建设应该统筹考虑，共同推进。只有真正地搞好二者的共同建设，让党法科学地互动，我们党才可能实现更好的依法执政，也才能永葆生机与活力。

管华在《党内法规质量评估标准研究》(《学习与实践》2017 年第 7 期）一文中认为，所谓党内法规的质量就是指作为立规活动产品的党内法规的优劣程度，其符合客观规律和人民的根本利益，具备可操作性，达到立规时设定的预期目标以及内部协调统一、符合逻辑的程度。党内法规质量评估标准是指评价、判断、检测党内法规立规行为及立规成果优劣程度的基本准则。在评估流程上，应分为三个阶段，即立规前评估、立规中评估和立规后评估。在党内法规质量评估标准的功能上，至少应包括三个方面：加强对立规行为的引导，提高立规质量；设定价值趋向，提供定性定量评价的标尺；为党内法规的改、废、释提供基础性信息。党内法规质量评估标准包括：必要性、合目的性、合规性、效益性、民主性等立规前评估标准，合法性、合规性、合理性、可操作性、民主性和技术性等立规中评估标准，以及协调性、必要性、实效性、可操作性、合理性等立规后评估标准。党内法规质量评估标准属于一级指标，其下属标准为二级、三级指标，通过对各级指标赋值，就能形成党内法规质量评估的量化指标体系。

汪全胜、黄兰松在《党内法规的可操作性评估研究》(《中共浙江省委党校学报》2017 年第 3 期）一文中认为，党内法规可操作性评估是党内法规评估的重要组成部分，是指有权评估主体通过一定的评估方法、评估程序对党内法规的权利性、义务性、责任性、程序性等规则的可行性展开的评估，其目的在于增强党内法规的操作性、实用性和科学性，提升党内法规的实施效果。在借鉴立法评估一般理论的基础上，对我国的党内法规可操作性评估进行系统性的建构，包括其结构要素、评估维度、评估结果的回应机制等。一是从党内法规可操作性评估的结构要素上看，主要包括评估主体、评估对象、评估程序等；二是从党内法规可操作性评估的维度上看，主要包括权利性规则与义务性规则、责任性规则、程序性规则等方面；三是从党内法规可操作性评估结果的回应机制上看，要确保评估结果的客观性和科学性，要建立评估实施主体与党内法规制定主体之间畅通的沟通机制，要构建党内法规可操作性评估结果的义务性回应规则。

（三）党内法规体系研究

从党内法规的发展史上看，我们党十分注重党内法规的制定和执行。经过改革开放近 40 年的发展，我们党面临的不是党内法规不足，而是如何把条目众多的党内法规整合起来的问题。换言之，党内法规不能是法规条文的随意堆砌，而应该是环环相扣的有机体系。在这方面的研究成果中，学者们的代表性观点主要集中在三个方面：一是从理论上分析和建构党内法规制度体系，这属于一种理论上的思考，从概念、逻辑、模型到实践逐步推进，提出党内法规体系化的相应措施；二是从衔接上看，学术界普遍认为党内法规可以分为两大基本类型，一种是实体性法规，另一种是程序性法规，这两种法规各司其职、不可或缺、相辅相成，但目前存在的问题是这两种类型的法规在具体操作中的有效互动和有机衔接程度还不够，因此必须把二者之间的协调一致作为党内法规体系建设的重要内容；三是从实践上看，要把现有的党内法规条文整合成体系，一个重要的步骤就是必须对一些已经过时或者功能重复的党内法规在一定的标准下进行必要的清理。

周叶中在《关于中国共产党党内法规体系化的思考》[《武汉大学学报（哲学社会科学版）》2017 年第 5 期] 一文中认为，在“治国必先治党，治党务必从严，从严必有法度，法度必求完备”的逻辑思路下，中国共产党将“体系化”思维引入党内法规建设进程，提出了“形成完善的党内法规体系”这一现实命题。党内法规体系化需要满足目标任务一致性、制度统筹整体性、实质内容统一性、形式结构层次性等构成要素。党内法规体系化，对于深化全面从严治党、推进国家治理体系和治理能力现代化以及党内法规自身工作发展具有积极意义。对此，为了实现党内法规体系化，不仅要从宏观层面科学合理地设计党内法规体系的总体框架，而且需要从健全基础主干性中央党内法规、完善配套中央党内法规、健全部门和地方党内法规、统筹推进党内法规立改废释工作四个方面予以综合推进。

王建芹、章逸琦在《党内程序性法规与实体性法规协调性研究》(《桂海论丛》2017 年第 1 期）一文中认为，党内法规建设是中国共产党体现无产阶级政党纪律性的重要方式。在全面推进依法治国的历史大背景下，党内法规已被纳入中国特色社会主义法治体系之中。与规范的法律体系一样，党内法规体系的建构必须同时注重实体性党内法规和程序性党内法规的协调统一，程序性党内法规是确保党内各项实体制度科学制定并得以严格落实的重要保障。当前党内程序性法规建设相对滞后于实体性法规，基于此，遵循程序正义原则，以公平为导向，注重人文关怀，并运用法学思维，借鉴现代法治因素和国家立法经验，不断提高党内立法技术特别是程序性党内法规的立法技术水平，以实现党内法规体系中实体性法规与程序性法规的有机协调，是加强当前党内法规体系建设的重要内容。

陈志英在《省级党内法规清理研究》[《中国矿业大学学报（社会科学版）》2017 年第 1 期] 一文中认为，党的十八大以来，根据中共中央的要求，各地进行了党内法规的清理工作。这次清理工作历时两年，是党的历史上第一次集中进行的大规模清理活动，也是向党内法规体系完善和规范迈出的第一步。从各地的清理实践来看，党内法规的清理主体包括清理权力主体和清理参与主体两方面以及决定权主体和参与、建议权主体两种类型；清理工作分为对党内法规的梳理阶段和处理阶段；清理过程要遵循不适应、不协调、不衔接和不一致的“四不”标准且要把标准具体细化，要注意处理好党内法规与社会现实的关系、党内法规与其他党内法规的关系、党内法规与国家法律的关系；清理程序要遵循中央部署的“由近及远、五步走”的步骤；清理方式都属于集中清理、运动清理和全面清理。

王建芹在《党内法规清理标准的科学化构建》（《理论学刊》2017 年第 4 期）一文中认为，党内法规清理作为党内法规体系的立法监督机制，在党内法规体系的“终端”对党内立法的“质”与“量”进行严格管控，是促进党内法规体系科学化与完善化的关键环节。完备的党内法规清理机制不仅需要合理配置清理权限，完善清理程序，更关键的是要形成科学的清理标准。现行党内法规清理标准存在制度基础不足、审查能力弱化等缺陷，无法化解党内法规体系中存在的内部难题，亦难以满足协调国家法律体系的客观需求，亟须对之进行完善。科学的党内法规清理标准有助于实现党内法规内部的耦合，促进党规与国法的兼容，保证党内法规与社会发展相适应。在党内治理法治化背景下，应建立一个以政治性审查为前提、以合法性审查为着力点、以合理性审查为重要补充的科学完善、运行有效、开放多元的党内法规清理标准。

（四）党内法规执行研究

“徒善不足以为政，徒法不足以自行”，制度的生命在于执行。党内法规作为一种党内的制度，如何使其在执行中产生最大的功效？关键在于执行力问题。学者们研究党内法规执行力问题时，尽管在概念的使用上存在着不尽相同的地方，但其研究目的都旨在提高党内法规执行力。就概念使用来说，主要存在三个不同的提法：一是直接式，即使用“党内法规执行力”这个概念，这个概念直截了当、简单明了；二是拓展式，即使用“党内法规制度实施”，这个概念不仅是党内法规，而且包括了党内其他一些成文制度和不成文制度；三是提炼式，即使用“纪律治理”这个概念，突出了党内法规中的重要部分即党内纪律。这三个略有不同的概念，实际上折射出的是党内法规执行力研究中三个不同的研究视角，从而为实践中进一步提高党内法规执行力提供了更为全面的演示图景。

王芳、刘长秋在《提高党内法规执行力研究》（《观察与思考》2017 年第 5 期）一文中认为，当前一些党内法规执行不力的原因是多方面的，如部分党内法规的不完善、执行主体的法规意识有待提高、对违反党法行为的监督不力、对违反党法行为的责任追究不力。针对党内法规在执行中存在的问题，可以从四个方面着力以提高党内法规执行力：一是进一步完善党内法规，主要是提高党内法规的可操作性、补齐程序性规定的短板、增进党内法规的衔接和协调、完善法规实施后评估机制；二是加大公开、宣传和教育的力度，要加强党内法规重要性的教育、要加大公开宣传力度、要加强党规的专门教育；三是加强党内法规执行的监督检查，要健全党内法规执行监督查处机制、要加大对违规行为的监督检查力度、要强化巡视“全覆盖”监督；四是强化责任追究，要坚持责任追究与教育相结合，防止单纯将责任追究作为问责的目的或只以说服教育代替必要的责任追究。

张晓燕在《关于党内法规制度实施体系建设的思考和建议》(《理论学刊》2017 年第 3 期）一文中认为，党内法规实施制度体系，可以从广义和狭义两个角度来理解，从广义上说，它包括党内法规制度实施的所有制度要素；从狭义上说，它只关注和解决已经生效的党内法规如何得到有效遵守和执行的制度体系建设，至于已经生效的党内法规本身内容是否科学和完善及其对党内法规执行的影响因素不在研究视野和范畴之内。党内法规制度实施，实质上就是提高党内法规的执行力。党内法规制度实施体系实质就是执行已经生效的党内法规的一整套制度体系。换句话说，党内法规制度实施体系本身也是一个制度体系，通过加强党内法规制度实施体系建设，使已经生效的党内法规制度得到贯彻、遵守和执行。党内法规制度实施体系至少应当包括党内法规发布制度、党内法规学习教育制度、党内法规解释制度、党内法规制度执行督查责任制和评估制度。

江龙、邓燕在《党建工作内控体系与党内法规的执行力》(《中国党政干部论坛》2017 年第 10 期）一文中认为，党建工作内控体系是指在基层党组织内部形成以“3 级党组织”与“3 级纪检组织”为主框架，根据各级组织责任分工，制定的科学合理的运行机制的总称，目标是增强基层党组织“与中央看齐”的政治定力与不折不扣的执行能力。建立党建工作内控体系是加强党内法规执行力的具体措施，加强党内法规执行力是建立党建工作内控体系的总体目标。“3+3”党建工作内控体系是总框架，其中包括报告反馈及自我完善机制、阶段性看齐纠偏机制、考核评价机制和整改问责机制四大运行机制。该四大运行机制与“3+3”党建工作内控体系之间构成了有机融合、互为要素的党内法规执行监督生态系统，其中“3+3”执行、监督链条是总揽，四大运行机制则是按照日常、阶段性纠偏、年度考评和整改反馈等时间逻辑顺序推演、监督警戒水平逐步递增的一个良性循环运行肌体。

四、党的建设总结与创新研究

（一）党的十八大以来党的建设总结研究

2017 年是十八届中央治国理政的收官之年，从 2012 年到 2017 年，中国共产党不断以自身革命推进社会革命，解决了许多长期想解决而没有解决的问题，办成了许多想办而没有办成的事情，取得了历史性成就。这与我们党全方位加强和改进党的建设，使党的建设产生了革命性变化是分不开的。因此，2017 年党建理论界有一个研究热点，就是总结十八大以来这五年党的建设的经验与创新。值得注意的是，这种理论上的总结有一个十分明显的特点，就是与党的建设实践遥相呼应，紧密互动。总体上看，对党的十八大以来党的建设的总结研究主要包括三个方面：一是对十八大以来党的建设理论创新特别是治党思路的总结；二是对十八大以来反腐倡廉研究的总结；三是十八大以来全面从严治党的总结研究。

1. 十八大以来的党建创新研究

党的十八大以来，我们党不断推进党的建设创新发展，采取了一系列措施创新党的建设，取得了一系列的党建创新成就。如何去总结这五年来的党建创新？学者们的代表性研究成果主要抓住了三个大点：一是注重从管党治党的思路上去总结，应该说这对寻找这五年来党的建设创新的根源，厘清党的建设的发展脉络具有非常重要的参考意义。二是注重总结五年来党建理论创新的总体成就，应该说五年来有很多的党建理论创新之处，那么我们应该如何去把握重点？从何种角度入手、以何种框架整合众多创新之处？有学者总结了十个方面的理论创新，相对而言比较全面和具体，这值得关注和肯定。三是注重研究党的建设的突出亮点，比如，有的学者提出党的十八大以来思想建设实现了伟大发展，值得注意的是该文是在十九大前发表的，因此该文中的思想建设的内容范畴相当程度包含着党的十九大所提出的政治建设内容，故而该文的观点具有较强的理论性和前瞻性。

齐卫平在《十八大以来党建理论创新的重大成就》(《学术前沿》2017 年 11 月上）一文中认为，十八大以来全面从严治党的理论创新成果主要表现在十个方面：一是丰富党的领导理论，把坚持党的领导提到党和国家事业发展的战略制高点；二是突出强调科学思维对党的建设的重要性，注重全面提高党的建设科学化水平；三是坚持思想建设和制度治党相结合，寻找坚定理想信念的制度保证新路径；四是坚持党的建设全面推进和重点突破相结合，坚持标本兼治；五是坚持依法治国和依规治党相结合，严明党的纪律和规矩；六是强调把权力关进制度的笼子，发挥党内监督的利剑作用；七是提出严肃党内政治生活、净化党内政治生态、加强马克思主义政党文化建设的新任务；八是落实党的建设责任主体和主体责任，努力解决党的建设虚化、边缘化以及形式主义的问题；九是以“赶考永远在路上”告诫全党，强化忧党兴党的责任担当；十是提出不忘初心，传承共产党人的红色基因，永葆党的政治本色。

闫志民在《十八大以来党中央治党的新思路》(《中国特色社会主义研究》2017 年第 2 期）一文中认为，新思路主要体现在三个方面：一是依规治党。从严治党所要解决的最根本的问题，是要使全体党员、干部都按照党内政治生活准则和党的各项规定办事，党章党规党纪是从严治党的基本依据，依规治党是从严治党的主要途径和方法。二是全面治党。以习近平同志为核心的党中央治党新思路的另一个特点，是强调全面治党。三是从严治党。从时间上讲，从严治党永远在路上。这就是说，从严治党要长期进行下去，不断进行下去，不是发一两个文件和搞一段活动就能完结了的。从领域上讲，强调全面从严，不留死角，党内监督没有禁区，没有例外。尤其是对于群众最关心的反腐败斗争，要坚持有腐必反，有贪必肃，坚持无禁区、全覆盖、零容忍，党内决不允许有腐败分子的藏身之地。

2. 十八大以来的反腐倡廉研究

党的十八大以来，党中央以雷霆之势、霹雳手段反腐倡廉，取得了历史性成就，获得了国内外的一致赞赏。正所谓实践出真知，学术界在反腐倡廉研究方面也是硕果累累，主要的研究内容大体上包括五个方面：一是注重分析反腐倡廉的新形势，以党的十八大为界，十八大前和十八大后在反腐倡廉上，无论是广度、深度还是效度都不是一个量级，因此非常有必要对反腐倡廉的新形势进行重新评估和再检视；二是注重问题导向和策略应对，主要是分析新问题，并据此提出新对策；三是注重及时总结反腐倡廉的新鲜经验；

四是注重回应社会的热点关切，比如对于严厉的反腐倡廉和一定程度的经济增长速度放缓这两种现象的同时出现，社会上乃至党内都有一些不正确的论调，即“反腐影响经济发展”，理论界为此进行了专门的研究表明和回应；五是注重从理论和实践互动的角度来研究作风建设，并且着重分析了作风建设的新形势新特点，进一步丰富了反腐倡廉研究内容。

魏晓文、姚丹在《十八大以来中国共产党治理腐败的新态势》(《中共天津市委党校学报》2017 年第 4 期）一文中认为，党的十八大以来，中国共产党治理腐败呈现一些新态势，主要体现在五个方面：一是腐败治理责任更明晰。第一，强化党委管党治党主体责任；第二，纪委聚焦监督执纪问责职责；第三，协调党委与纪委的关系，党委与纪委在反腐败斗争中相互协调，形成了双擎驱动的新格局。二是反腐“治标”取得新突破。反腐无禁区、不封顶，反腐力度不减、节奏不变，“不敢腐”目标初步实现。三是反腐“治本”迈出新步伐。加强反腐倡廉宣传教育、推进纪检监察体制改革、进一步完善党内法规。四是治理腐败策略扎实有效。利用各种媒体的优势、发挥巡视制度的作用、引导反腐向基层延伸。五是国（境）内外反腐互动。从完善制度入手，有效遏制贪官外逃，形成了国际追逃追赃工作协调机制和合作网络，大力开展国（境）外追逃。

陈东辉在《十八大以来党内监督的实践探索与经验启示》(《长白学刊》2017 年第 1 期）一文中认为，十八大以来党内监督的实践探索主要体现在六个方面：一是强化监督体系的顶层设计。建立健全党中央统一领导，党委（党组）全面监督，纪律检查机关专责监督，党的工作部门职能监督，党的基层组织日常监督，党员民主监督的党内监督体系。二是坚持完善落实民主集中制。增强坚持民主集中制的自觉性、着力健全民主集中制、督促民主集中制的执行和落实。三是用好监督执纪“四种形态”。四是发挥巡视巡察监督利剑作用。发挥巡视“侦察兵”和“千里眼”作用，推进巡视工作全覆盖，积极推进市县巡察工作。五是着力破解“一把手”监督难题。从源头上监督“一把手”，强化对“一把手”的约谈监督，做好“一把手”身边人员的各项工作。六是推动党内监督责任的执行落实。新的实践探索带来的新鲜经验和启示，主要体现为“五个结合”，必须把顶层设计与问题意识结合起来、必须把制度创新与继承经验结合起来、必须把发扬民主与党管干部结合起来、必须把党内监督与外部监督结合起来、必须把严格监督与信任激励结合起来。

韩喜平、孙小杰在《十八大以来反腐倡廉的经济社会发展成效分析》(《理论学刊》2017 年第 5 期）一文中认为，近年来我国经济发展速度有所减缓，有人借此提出所谓的反腐败影响经济发展的观点，由于在现象上的吻合，而且在新自由主义经济理论中确实有类似的观点，这一不合乎常理现象，不仅在社会中引起迷惑，在学术界也引起了广泛讨论。中国的反腐败是否影响经济发展速度，需要进行理论上的深刻剖析和实证性的明确证明。理论表明，反腐倡廉同经济发展并行不悖。实践证明，党的十八大以来党中央加大反腐倡廉力度，有力地打击设租寻租行为，净化了社会风气，推动政府转变职能，为社会主义经济建设提供优质高效的市场环境，推动了经济社会发展，而目前出现的经济发展速度减缓有着多种原因，我们必须坚定信念，以制度建设为基础，以市场机制为依托，以道德教育为保障，在反腐倡廉中持续推动经济社会转型与发展。

熊亮华在《十八大以来党的作风建设理论和实践创新浅析》(《邓小平研究》2017年第2期)一文中认为，以习近平同志为核心的党中央提出了一系列关于党风建设的新思想、新观点：作风问题本质上是党性问题，核心是党同人民群众的关系问题。目前，全面从严治党已经纳入“四个全面”战略布局中，党风廉政建设是全面从严治党的重要任务。党的十八大以来，党的作风建设新的实践和探索取得成功，与其具有的适应新形势、新要求的新特点是分不开的。这些特点主要是：一是突出重点，抓住要害和关键，点准穴位，打准靶子；二是从中央做起，坚持领导带头、以上率下，层层立标杆、作示范；三是见事见人，既抓思想引导又抓行为规范，不搞形式、不放空炮；四是上下互动，强化组织管理和群众监督，形成强大势场；五是执纪问责，严肃查处和曝光典型案件，形成高压态势，形成严格的标准和氛围；六是驰而不息，一环扣一环抓，不间断抓，努力形成长效机制。

3. 十八大以来的全面从严治党研究

办好中国的事情，关键在党。全面从严治党是“四个全面”战略的重要组成部分，也可以说是“四个全面”的重中之重。学术界对5年来全面从严治党的总结研究，更加注重从三个方面进行总结：一是注重从宏观层面进行总结，即对全面从严治党新形势和新进展进行回顾和总结；二是注重从中观层面进行总结，即对全面从严治党的创新内容特别是理论创新和实践创新两个大的层面进行总结；三是注重从微观层面进行总结，这种类型的研究主要以提炼归纳全面从严治党的新特点、新要求、新经验为主，间或辅之以新观点研究。值得指出的是，这些研究全面从严治党的代表性成果，其研究成果之间具有交叉性和互证性的特点。

许耀桐在《党的十八大以来全面从严治党的新进展》(《国家行政学院学报》2017年第4期)一文中认为，党的十八大以来全面从严治党的新进展，主要体现在十个新理念。第一，提出“办好中国的事情关键在党”“打铁还需自身硬”。第二，提出“党面临的‘赶考’远未结束”“努力交出优异的答卷”。第三，提出“坚定理想信念”“补足共产党人精神上的‘钙’”。第四，提出“唤起党章意识”“党章是总章程，总规矩”。第五，提出“抓住‘关键少数’”“重点是高级干部”。第六，提出“治国之要，首在用人”“坚持正确的选人用人导向”。第七，提出“坚决维护党中央的权威”“树立政治意识、大局意识、核心意识、看齐意识”。第八，提出“制度治党，依规治党”“把权力关进制度的笼子里”。第九，提出“‘老虎’‘苍蝇’一起打”“反腐败只有进行时，没有完成时”。第十，提出“全党讲政治”“做政治上的明白人”。

王保彦等在《十八大以来全面从严治党创新理论研究》(《中共天津市委党校学报》2017年第5期)一文中认为，十八大以来全面从严治党创新理论主要包括七个方面的内容：一是关于全面从严治党的总体思想。全面从严治党要以加强党的领导为核心，以全面为基础，以严为关键，以治为要害。二是关于思想建设的新观点。坚定理念信念，补足共产党人精神上的“钙”，坚持思想建党和制度治党相结合，牢牢把握意识形态工作的领导权。三是关于组织建设的新观点。管党首先要管好干部，治党关键是从严治吏，抓基层打基础，发挥好基层党组织的整体功能。四是关于作风建设的新观点。以解决“四风”问题为突破口密切党群关系，作风建设永远在路上。五是关于反腐倡廉建设的新观点。惩治腐败无禁区、全覆盖、零容忍，必须深化纪检监察体制改革。六是关于纪律建设的新观点。加强纪律建设首先要严明政治纪律。七是关于制度建设的新观点。扎紧制度的笼子，要下大气力建制度、立规矩，更要下大气力抓落实、抓执行。

陈松友、李雪在《党的十八大以来全面从严治党的实践与经验》（《理论探讨》2017年第4期）一文中认为，党的十八大以来以习近平同志为核心的党中央全面从严治党的实践主要包括五个方面：一是坚定理想信念，补足精神之“钙”；二是严明党的纪律，维护党的团结；三是狠抓作风建设，密切联系群众；四是把权力关进制度的笼子，规范权力运行；五是高压惩治腐败，建设廉洁政治。党的十八大以来全面从严治党的实践取得了阶段性成果和显著成效，不仅深化了对全面从严治党规律的认识，还积累了丰富的管党治党经验，主要体现为“五个坚持”：一是坚持思想建党与制度治党紧密结合；二是坚持从严治吏与增强党性修养并举；三是坚持党要管党与人民群众监督互补；四是坚持依规治党与提高制度执行力并进；五是坚持从严治腐与建设预防腐败体系同行。

（二）党的建设创新研究

党的十九大对党的建设的创新，主要体现在两个方面：一方面是党的十九大报告，十九大报告在第十三部分，从八个方面用了4000多字对新时代党的建设作了战略部署；另一方面是十九大党章修正案，无论是总纲的修改，还是具体条文的修改，都涉及党的建设理论的重大发展和创新。因此，学者们研究十九大对党的建设的创新，主要是从这两个方面着手的。从研究的侧重点上看，主要集中在三个大的方面：一是党的政治建设研究，党的十九大明确提出了党的政治建设的概念，这可以说是新时代党的建设的统领和灵魂，引起了学术界的高度重视，同时也激发了学者们的研究兴趣和热情，由此产生了一系列有关政治建设的研究成果，对政治建设的提出缘由、重大意义、建设路径等进行了比较充分的研究。二是十九大党章修正案研究，党章在党内法规中居于统领地位，是党的建设的根本标尺，把十九大党章修正案研究透彻、理解明白，是推进新时代党的建设的前提要件。学者们对十九大党章修正案的研究集中于新变化、新特点和新意义。三是十九大对党建理论的创新研究，如果说政治建设研究和党章创新研究是专题性研究的话，那么对党建理论的创新研究则是一种综合性研究，学者们根据自身的研究专长，分别从不同的研究视角出发，针对十九大所创新的党建理论的不同方面，着重研究了十九大党建理论的新概念、新突破、新理论。

1. 党的政治建设研究

党的十九大报告明确提出“把党的政治建设摆在首位”，第一次把党的政治建设纳入党的建设总体布局，并且明确在新时代党的建设总体布局中，要坚持“以党的政治建设为统领”，这是党的建设理论和实践的重大创新。为什么要提出党的政治建设？什么是党的政治建设？党的政治建设为什么要摆在首位、居于统领地位？如何加强党的政治建设？围绕着这些基本理论问题，学术界对党的政治建设的时代要求、基本内涵、重大意义、创新价值以及建设路径等重要问题进行了全面研究。

江金权在《把党的政治建设摆在首位》（《求是》2017年第11期）一文中认为，党的十九大报告强调“把党的政治建设摆在首位”，凸显党的政治建设的极端重要性。这是马克思主义党建理论的重大创新，意义重大而深远。党的政治建设是党的根本性建设。注重抓党的政治建设是党的十八大以来全面从严治党的成功经验，党的政治建设决定党的建设的方向和效果，党的政治建设是最重要的，是统领、是核心，党的其他建设最终的着眼点和落脚点必须在政治建设上。没有政治建设这个“灵魂”和“根基”，其他建设都成了无用功。政治建设抓好了，政治方向、政治立场、政治大局把握住了，党的政治能力提高了，党的建设就铸了魂、扎了根。政治建设抓好了，对党的其他建设可以起到纲举目张的作用。

蔡常青、赵树禄在《突出党的政治建设的重大创新价值》[《内蒙古社会科学（汉文版）》2017 年第 6 期] 一文中认为，党的十九大报告突出了政治建设在党的建设新的伟大工程中的根本地位，具有十分重大的政治、理论和实践意义。一是在政治上彰显了加强党的全面领导的极端重要性，要确保党始终成为总览全局、协调各方的领导核心，就必须加强党的政治建设。二是在理论上进一步深化了对党的自身建设规律的认识。长期以来，有观点认为党的政治建设应归属党的领导范畴，不属于党的建设的内容，这显然是就党建论党建的认识误区。实际上，党的政治建设在党的建设中始终处于根本的统领地位，直接决定着党的建设的方向和效果，抓住了党的政治建设，就抓住了党的建设的“牛鼻子”。三是在实践上为推进党的建设新的伟大工程提供了科学路径，长期以来学术界对党的中观理论层面特别是实践布局研究还比较薄弱，比如对政治建设认识的不足。党的十九大充分肯定了党的政治建设在党的建设中具有根本和统领地位，并列为“五大建设”总体布局之首，这反映了中国共产党对自身建设规律的认识和把握程度不断深入。

刘先春、葛英儒在《新时代党的政治建设的科学内涵与时代要求》（《马克思主义理论学科研究》2017 年第 3 期）一文中认为，把政治建设摆在首位凸显了党的政治建设的极端重要性，是习近平新时代中国特色社会主义思想对马克思主义党建理论的重大创新。政治建设的具体内涵主要包括四个方面：一是坚持党的基本理论、基本路线和基本方略是政治建设的坚实基础；二是维护党中央权威和集中统一领导是政治建设的首要任务；三是增强“四个意识”是政治建设的基本要求；四是严明政治纪律和政治规矩是政治建设的根本保障。因此，加强新时代党的政治建设，就必须用习近平新时代中国特色社会主义思想武装全党，指导党的政治建设全过程；完善和落实民主集中制的各项制度，构筑党的政治建设的制度保障；严肃党内政治生活，增强党内政治生活的政治性、时代性、原则性、战斗性；积极培育健康的党内政治文化，引领和规范党的政治实践；自觉加强党性锻炼，培养新时代合格的共产党员。

刘红凛在《党的政治建设的主要抓手与根本保障》（《求实》2017 年第 12 期）一文中认为，突出强调党的政治建设在整个党的建设中的统领与首要地位，是十九大党建精神的鲜明特色，也是习近平党建思想的显著特色。从根本上看，政治性不仅是政党的第一属性，也是政党的本质属性；但不同政党的阶级基础、政治基础与政治立场不同，对政治建设的要求也有所不同。对我们党而言，加强党的政治建设是马克思主义政党先进性本质使然；新时代要加强党的政治建设，必须以严肃与规范党内政治生活为主要抓手，使党员干部牢固树立“四个意识”；必须加强党员干部的党性修养，坚定理想信念、加强组织纪律修养与道德修养；必须以党内法规制度建设做保障，既要注重以党的政治建设来统筹推进党的各项建设，也要坚持系统的党建观，通过打好管党治党“组合拳”来推进党的政治建设。

王世谊在《把党的政治建设摆在首位的三个维度》(《学习时报》2017 年 12 月 4 日）一文中认为，准确认识党的政治建设要把握三个维度：一是从当今世界政党兴衰成败的视野宽度，深刻把握把党的政治建设摆在首位是马克思主义政党的本质要求。把党的政治建设摆在首位，推动形成清清爽爽的同志间关系、规规矩矩的上下级关系、亲清新型的政商关系，是坚持马克思主义政治立场的现实需要。二是从中国共产党 96 年不懈奋斗的历史维度，深刻把握把党的政治建设摆在首位是我们党对执政党建设规律认识的全面深化。三是从不忘本来、吸收外来、走向未来的战略高度，深刻把握把党的政治建设摆在首位是进行伟大斗争、建设伟大工程、推进伟大事业、实现伟大梦想的必然要求。

2. 十九大党章修正案研究

党章是党的根本大法。从党章发展史的角度上看，历届党代会基本上都会对党章进行修改、充实、完善。党章的修改变化，其背后往往有着深刻的政治动因和理论发展。因此，通过研究党章的修改变化，特别是党章中关于党的指导思想以及党的建设要求的发展变化，对我们进一步研究党所处的历史方位和一段时期以来党的建设实践和理论的新发展具有十分重要的意义。正是从这个角度上看，学者们对党的十九大党章修正案的研究给予了高度重视，在较短的时间内就形成了较丰富的研究成果。概而言之，这当中的代表性研究成果主要体现在：一是研究十九大党章修正案的修订背景和修改的主要内容；二是研究十九大党章修正案的重大意义和时代价值；三是研究十九大党章修正案所展现的新特点。这些研究成果对我们准确了解和全面把握十九大党章修正案具有十分重要的参考价值。

张晓燕在《十九大党章修正案的新时代意蕴》(《学习时报》2017 年 11 月 8 日）一文中认为，十九大党章修正案在总纲部分对新时代党的建设的总要求做出了新表述。这一新表述使党的建设总体要求主线清晰、内容明确、更加完善，体现了我们党对马克思主义执政党建设规律认识的深化。这一新表述具有新特点，包括调整和规范了五大建设的概念和内涵，使五大建设内涵更加清晰和明确；改变了过去关于党的思想政治建设的笼统提法，突出党的政治建设的统领地位和作用；增加了党的纪律建设内容；删除了反腐倡廉建设，解决了反腐倡廉建设和党的作风建设、制度建设、纪律建设之间的重复和交叉问题，将其要求融入思想建设、作风建设、纪律建设和反腐败斗争中；调整了原来把制度建设作为党的建设的五大建设板块之一的规定和做法，把制度建设贯穿新的五大建设之中，新的五大建设都必须紧密结合党的制度建设进行和展开，都必须以党的制度建设为依托和载体，都必须落实到党的具体制度建设上。

姚桓在《如何认识十九大党章的新变化、新特点》(《中共党史研究》2017 年第 11 期）一文中认为，研究十九大党章的新变化要把握科学的方法论。党章修正案变化很大，据统计，共修改 107 处，总纲修改 58 处，条文修改 49 处。十九大党章修正案的修改主要包括四个方面：一是党章对党领导的伟大事业的历史方位做出新判断：中国特色社会主义进入新时代；二是修改党章最大的创新和亮点是把习近平新时代中国特色社会主义思想确立为指导思想；三是新时代需要对坚持和发展中国特色社会主义提出新方略，做出新部署；四是完成新时代的新任务迫切需要加强、改进党的领导。因此，十九大党章新变化的逻辑思路是：从判定党的事业新的历史方位出发，确立习近平新时代中国特色社会主义思想为党的指导思想，进而提出新时代的新方略、做出新部署，为完成新的历史任务提出从严治党新要求。同时，十九大党章新变化体现了两个新特点：一是体现了历史必然性和马克思主义政党主动性、创造性的结合；二是既继承传统又勇于突破创新，实现了“变”与“不变”的辩证统一。

宋功德在《十九大党章修正案的修订背景、修改重点和重大意义》(《前线》2017年第11期）一文中认为，十九大党章修改综合考虑“大、新、高、慎”4个字。所谓“大”，是指视野宏大、内容重大，涵盖发展党的指导思想、推进党的事业、加强党的建设的方方面面，把党的十九大报告确立的重大理论观点和重大战略思想写进党章，至于比较具体的理论观点、政策主张、工作要求不写进党章。所谓“新”，是指紧扣新时代之“新”来推进党章制度创新，保证修改后的党章充分体现马克思主义中国化最新成果，充分体现党的十八大以来习近平总书记治国理政新理念、新思想、新战略，充分体现党的工作和党的建设的新鲜经验。所谓“高”，是指对照党章作为党的根本大法、效力位阶最高这一定位，将涉及党的性质和宗旨、指导思想和奋斗目标、基本路线和行动纲领、党的基本组织制度、党员基本义务和党的干部基本要求等内容写进党章，至于比较具体的事项不写入党章，可在条例等其他党内法规中规定。所谓“慎”，是指审慎而为，保持党章总体稳定、仅作适当修改，只修改那些成熟的、在党内已成共识且必须改的内容，至于不成熟的不改，不太成熟尚需实践继续研究探索的也不改，而可改可不改的原则上不改。

张士义在《深刻认识十九大修改党章的重大变化和历史意义》(《紫光阁》2017年第11期）一文中认为，十九大党章的重大意义在于：一是从我们党干事创业的奋斗历程看，十九大党章确认“中国特色社会主义进入新时代，我国社会主要矛盾已经转化为人民日益增长的美好生活需要和不平衡不充分的发展之间的矛盾”的重大政治论断，为我们把握我国发展新的历史方位和阶段性特征、更好推进党和国家事业提供了重要指引。二是从我们党推进理论创新的发展史看，十九大党章把习近平新时代中国特色社会主义思想确立为党的指导思想，有利于全党用习近平新时代中国特色社会主义思想武装头脑、指导实践、推动工作；把以习近平同志为核心的党中央在经济建设、政治建设、文化建设、社会建设、生态文明建设方面提出的一系列新理念新思想新战略写入党章，对全党更加自觉、更加坚定地贯彻党的基本理论、基本路线、基本方略，统筹推进“五位一体”总体布局具有十分重要的指导作用。三是从我们党加强自身建设的历史进程看，十九大党章确认中国共产党的领导是中国特色社会主义最本质的特征，是中国特色社会主义制度的最大优势，把“党政军民学，东西南北中，党是领导一切的”这一重大政治原则写入党章，有利于增强全党的意识，实现全党思想上统一、政治上团结、行动上一致，提高党的创造力、凝聚力、战斗力。

吴美华在《全面准确把握十九大新党章的精髓要义》(《马克思主义理论学科研究》2017年第6期）一文中认为，十九大新党章的突出特点可以概括为“四个更加”：更加深厚的理论底蕴、更加开放的视野、更加强烈的使命意识、更加鲜明的务实精神。十九大党章的新亮点大体可以概括为15个方面：一是把习近平新时代中国特色社会主义思想确立为党的指导思想；二是确立了习近平同志的核心地位；三是对中国特色社会主义做出更为科学全面的概括；四是调整完善了“两个一百年”奋斗目标；五是对社会主要矛盾做出新概括；六是丰富发展了党在社会主义初级阶段的基本路线；七是提出新的发展理念和新的战略布局；八是充实完善了中国特色社会主义“五位一体”总体布局；九是对党的领导做出新表述；十是调整充实了对党的建设的总体要求；十一是对党员队伍建设和党的干部工作提出新要求；十二是在党的组织制度中完善了巡视制度；十三是对党的各级组织的职能任务做出新规定；十四是充实了党的纪律建设的内容；十五是完善了党的纪律检查机关的体制机制。

3. 十九大党建理论创新研究

党的十九大报告对新时代党的建设提出了许多新的要求，如何科学认识和把握新时代党的建设的新要求？学者们从不同的角度进行了研究，大体包括了三个方面的研究内容：一是从宏观的角度上研究，比如从研究十九大党章入手，进而推演和分析党的指导思想的创新规律，抑或是研究十九大对新时代党的建设的总体布局，这些研究成果都比较注重从整体上对十九大党建理论创新成果进行把握；二是从中观的角度上研究，比如有的学者以十九大报告对制度建设的新要求，提出了新时代构建党内法规制度体系的三条进路，该研究成果属于典型的中观思维，尤其注重互动性，有效沟通了党建宏观层面和微观层面之间的联系；三是从微观的角度上看，十九大报告关于党的建设的论述，有很多概念和要求都是第一次提出来的，如何精细地把握这些新概念新要求新理论？在这个方面，一些研究成果比较注重微观性，对十九大报告所提出的党建新概念，形成的新突破，产生的新理论等进行了详细的分析和论述。

牛先锋在《从党章看党的指导思想创新规律》(《学术前沿》2017 年第 21 期）一文中认为，从党章的表述来看，中国共产党指导思想的创新有四个规律：一是时代是指导思想创新之母。从党章对党的指导思想表述来看，中国共产党指导思想的每一个理论成果都有一个时间上的限定，毛泽东思想创立于“中国革命”过程中，邓小平理论开创于“十一届三中全会以来”，“三个代表”重要思想形成于“十三届四中全会以来”，科学发展观形成于“十六大以来”，习近平新时代中国特色社会主义思想创立于“新时代”。时间上的限定，一方面表明党的指导思想取得的每一个理论成果，都是对时代呼声的回应，另一方面也表明党的指导思想是一个开放和发展的体系。二是实践是指导思想创新之源。党的指导思想的每次创新都是对中国革命建设、改革开放现代化建设实践问题的科学回答和理论总结。三是继承与发展是指导思想创新的理论之基。党章对指导思想成果的接续性表述，反映出中国共产党的指导思想创新的优点和特点。就党的指导思想的创立和形成来看，党的指导思想是对人民群众实践经验的总结，是对实践中产生的重大问题的科学回答，党的指导思想的形成过程，真实地证明了党的指导思想中凝聚了广大人民群众丰富的智慧。

温敬元在《十九大报告对党的建设的重大新突破》(《中共福建省委党校学报》2017 年第 11 期）一文中认为，党的十九大报告对党的建设的新突破，主要体现在四个方面：一是对党的领导地位定位的新突破。第一次从“中国特色社会主义的本质”和“中国特色社会主义制度的优势”高度，对党的领导地位进行了新的定位，从而把党的领导地位提到了前所未有的高度，这是对党的建设的重大突破和历史性贡献。二是对党的建设地位与作用的新突破。第一次将党的建设的地位与作用上升为“决定性作用”。这体现了我们党对党的建设规律认识的进一步深化，对党的建设地位与作用认识的新突破，必将对新时代党的建设伟大工程产生重大而深远的影响。三是对党的建设内涵与布局的新突破。第一次把党的政治建设纳入党的建设总体布局，这是对马克思主义党的建设理论新的重大贡献。同时，把“五大建设”发展为“六大建设”。这又是一个对党的建设内涵与布局的一大创新。四是对党的建设路径与举措的新突破。党的十九大报告从八个方面对新时代党的建设进行部署。在八个方面的部署中，提出了一系列加强和改进新时代党的建设的新路径、新举措、新方法。

韩强、牛晴苇在《构建新时代党的建设新布局》(《中共天津市委党校学报》2017 年第 6 期）一文中认为，党的十九大根据中国特色社会主义进入新时代提出了党的建设以“一条主线、六大建设”为主体的新总体布局，使得新时代党的建设的目标更加精准、任务更加明确、重点更加清晰。新布局是一个系统复杂的综合体，体现了党的建设进一步系统化、科学化的总体趋向。新布局中的“一条主线、六大建设”以及根本原则、指导方针、工作主线、根本基础、着力点、统领、基本要求等都是紧密联系的，从不同方面拓展了党的建设的视野，体现了党的建设的要求，也使新时代党的建设布局呈现出范围更广、整体性更优、现实性更强的特点。

王建芹、农云贵在《科学构建党内法规制度体系的三条进路》(《中共天津市委党校学报》2017 年第 6 期）一文中认为，完善的党内法规制度体系不是诸多党规的机械叠加或纸面上的简单设计，而是整合党内法规的静态立法、动态执法与监督机制，形成“三位一体”的科学系统。一是规范党内立法是构建党内法规制度体系的逻辑起点，应完善党内法规制定机制，扩充党内法规解释机制，科学订立党内法规立法规划；二是强化党规执行是党内法规制度体系获得生命力的根本措施，要丰富党内法规制度的供给、增强党规意识、完善执行机制，为党规执行提供前提、条件和保障；三是党内法规的监督机制是党内法规制度体系内置的实现自我进化、自我完善的重要手段，要优化党内法规备案机制，健全党内法规评估机制，完善党内法规清理机制。

五、党建理论研究

全面从严治党开启了党的建设的新篇章。为了把进一步全面从严治党推向深入，离不开从理论上对近年来的党建实践进行相应的总结和反思，不断充实和发展党建理论宝库，以与党建实践形成有效的双向互动。基于学者们的代表性研究成果的梳理和总结，党建理论研究主要包括四个方面：一是注重对党的建设基础理论的研究，主要是涉及党建的基本理论体系、党的学科建设基本构想、党建智库科学化建设等基础性、长远性问题；二是注重对管党治党热点难点问题的理论剖析，主要是如何有效构建管党治党的基本范式，继而从历史中吸收经验、在实践中协调关系、在机制上优化完善，牢牢把握党内问责机制和党员进出机制，不断维系管党治党系统的有效运行；三是注重对理论热点的追踪研究，实践操作中的难点往往会成为理论研究中的热点，主要是围绕三大问题展开，即在基层中如何有效坚持党的领导、在纪委监察委合署办公中如何使监督效能最大化、在维护党内政治生态中如何进一步发展积极健康的党内政治文化；四是注重对党建前沿理论的研究，近年来党建实践的一大特点就在于无论是形式创新抑或是内容创新，由于创新过程的快速推进，使现有的党建创新内容与已有的党建理论体系之间的张力越来越大，为了弥合二者之间的紧张关系，就需要理论界追踪党建创新实践，引领党建前沿研究，不断为党建创新提供理论合法性。

（一）党建基础理论研究

学者们对党建基础理论的研究，大体包括三个方面：一是注重对党建理论体系的研究，尤其是突出中国化马克思主义党建理论的研究。从马克思主义政党的党建理论发展史上看，可以概括为始于马克思恩格斯、发展于列宁、创新于中共，党建的一些基本概念、理论以及话语体系，无不出自马克思主义经典作家之手，如何建构中国化的党建理论体系？一方面要解决内容问题，另一方面要解决逻辑问题，这样才能构成逻辑严密的理论体系。学者们的研究，也正是因循这个研究路数，相应得出了中国化马克思主义党建理论体系的主体内容和建构逻辑。二是注重对党建学科构建的研究，党建学科构建事关党建理论研究大局，如何看待当前党建学科构建中的问题、难点与总体布局，特别是在构建过程中亟须正确处理的若干关系，这是学者们在研究成果所努力解决的。三是注重对党建特色智库的研究，如果说对党建理论体系的研究是明确了研究内容，而对党建学科的研究是明确了研究力量，那么对特色党建智库的研究则是明确了研究目的，那就是为新时代党的建设科学化源源不断地提供理论资源和智力支持。

张志明在《构建中国化马克思主义党建理论体系》（《学习时报》2017 年 8 月 30 日）一文中认为，中国化马克思主义党建理论体系，在党的思想理论建设、组织建设、作风建设、反腐倡廉建设和制度建设方面，提出了新的系统的思想、办法和制度安排，构成了全面系统的理论内容体系。一是思想建党要摆在党的建设首要地位。在党的思想理论建设方面，习近平总书记提出了“思想建党要摆在党的建设首要地位”的重要思想。二是培养选拔党和人民需要的好干部和把抓基层打基础作为长远之计和固本之策。在党的组织建设方面，习近平总书记一方面提出了“培养选拔党和人民需要的好干部”和“把抓基层打基础作为长远之计和固本之策”的重要思想。三是使党的作风建设常态化制度化。在作风建设方面，习近平总书记提出了“使党的作风建设常态化制度化”的重要思想。四是把权力关进制度的笼子。在反腐倡廉建设方面，习近平总书记提出了“把权力关进制度的笼子”的重要思想。五是坚持制度治党、依规治党。在制度建设方面，习近平总书记提出了“坚持制度治党、依规治党”的重要思想。

刘先春、王小鹏在《中国化马克思主义党建理论体系的建构逻辑》（《马克思主义研究》2017 年第 6 期）一文中认为，中国化马克思主义党建理论体系的构建要遵循“原初内容”到“理论重塑”的建构逻辑。中国化马克思主义党建理论体系的基本逻辑框架主要包括：一是中国化马克思主义党建理论体系的理论前提是坚持和发展马克思列宁主义；二是中国化马克思主义党建理论体系紧紧围绕“建设什么样的党、怎样建设党”这一主题而展开，其理论对象是中国共产党建设的基本经验和规律，其实践对象就是党的建设新的伟大工程，理论对象和实践对象是内在统一的；三是中国化马克思主义党建理论体系的理论基础是“为什么要建设党”；四是中国化马克思主义党建理论体系的核心理念是全心全意为人民服务；五是中国化马克思主义党建理论体系的理论支柱是党的建设和伟大事业的关系论、坚持党的领导和改善党的领导论、党的自我塑造论；六是中国化马克思主义党建理论体系的基本内容是一条主线、六大建设；七是中国化马克思主义党建理论体系的实践要求是全面从严治党。

丁俊萍在《党建学科构建的几点思考》(《理论探索》2017 年第 4 期）一文中认为，加强党建学科构建：一是认清党建学科的性质和本质特征，党的建设学科“姓马”“姓党”这一学科本质属性和鲜明特点，需要坚持政治性与学术性的统一、党性和科学性的统一；二是把握党建学科与其他相关学科的关系，党的建设学科属于法学门类下马克思主义一级学科中一个独立的二级学科；三是党建学科进一步的发展方向，在全面从严治党、全党抓党建的推动下，党的建设研究已经成为理论界、学术界研究的一个热点，成为众多社会科学学科中的一门“显学”；四是党建学科的研究思路、主要研究方向、课程体系。从研究思路来看，党的建设学科应当以马克思主义政党理论为指导，以世界社会主义特别是中国特色社会主义事业发展为背景，以中国共产党的建设为中心，以国外主要政党的兴衰成败和自身建设的经验教训为借鉴，以加强和改善中国共产党的领导为目标取向，系统研究马克思主义政党建设理论，为中国共产党治国理政和全面从严治党提供学科支撑、学术支持。从主要研究方向来看，党的建设学科可以设置马克思主义政党领导理论与方法研究、马克思主义政党基本理论研究、中国共产党建设历程及其经验研究、执政党建设的理论与实践研究、党务工作研究、国外政党建设及其借鉴研究等研究方向。从课程体系来看，党建学科需要开设的课程可以分为公共必修课、学科通开课、学科基础课、学科专业核心课等若干个层次。

宋智富等在《中国特色党建智库建设问题研究》(《湖南社会科学》2017 年第 5 期）一文中认为，目前党建智库仍面临众多的问题与挑战，突出表现在智库机构庞杂而不精，研究内容缺乏整体性，系统性、针对性不强，“管用”性不够，研究资源分散、低水平重复现象严重，对外交流不足、国际影响力和话语权欠缺等方面。中国特色党建智库建设在建立科学的内部运营机制、周密的外部考核监管机制和有力的政策支持保障机制等方面不断加强与完善。一是始终把握建设的总体要求，智库姓党为根本，服务决策是宗旨，特色高端为关键。二是建立充满活力的内部运营机制。管理出组织调控力、思想凝聚力和成果竞争力，实现内部治理现代化是中国特色党建智库建设的基本前提。三是建立科学严密的外部监管机制。党建智库区别于一般的智库组织，其管理要求应比一般的服务类社会组织高。在其建设发展过程中，既要做好服务，更要强化监管。四是建立有效给力的政策保障机制。党建智库的发展需要良好的外部环境。要明确党建智库的归口管理部门，多加强“营养配送”，多给“阳光雨露”，为中国特色党建智库大展身手当好“后勤部长”。

（二）管党治党研究

学者们对管党治党的研究，主要包括三个方面：一是注重对管党治党基本范式和基本关系的研究，如何进一步管党治党？学者们主要从两个基本点着手，一个点是纵向的历史追溯，一个点是横向的关系梳理，前者对我们党管党治党的历史进行总结并概括归纳，后者对我们党管党治党的现状进行评述并重构再造，两点的结合点就在于全面从严治党。二是注重对党内问责机制的研究，党内问责是管党治党的达摩克利斯之剑，是全面从严治党的重要手段。如何进一步总结党内问责的经验、规范党内问责程序和内容、执行党内问责成果等，进而为新时代的管党治党提供理论支撑，成为学者们津津乐道之处。三是注重对党员进出机制问题的研究，我们党是一个具有纯洁性和先进性的先锋队政党，而要永葆党的纯洁性和先进性，就必须畅通党员能进能出机制和管道。在全面从严治党的党建场景中，如何有效地构建该机制并切实使其有效运转、产生应然功能？这就亟须有相应的理论基础作支撑，一些学者在该方面也做出了有力的回应和努力。

雷蕾、雷厚礼在《论中国共产党管党治党的基本范式》(《贵州社会科学》2017 年第 5 期）一文中认为，中国共产党 90 多年管党治党的实践与理论，因经济发展、政治变革、社会转型与传统文化等多因素的变动，呈现出三种基本范式：毛泽东时代的“思想建党 +”，邓小平时代的“制度建党 +”，习近平时代的“思想建党制度治党 +”。三种基本范式既不是从肯定到否定再到否定之否定简单的逻辑推演，更不是黑格尔正、反、合三段式自然法则的变迁，而是中共自我净化、自我提升、自我变革、自我提高，与时俱进的革故鼎新。管党治党一定要适合党和人民事业的发展要求，就是中共管党治党的基本规律。遵循习近平党建规律的思想，管党治党必须把握三个基本维度：一是根据社会历史条件的变化管党治党；二是与时俱进推进管党治党理论创新；三是牢牢把握管党治党的领导权。

刘红凛在《增强管党治党的系统性、协同性和有效性》(《理论探索》2017 年第 6 期）一文中认为，深刻认识与把握党的建设的整体性与系统性，不断增强管党治党的协同性、科学性与有效性。一是要正确认识党的领导、党的建设、党的伟大事业之关系，树立整体的“大党建观”，增强管党治党的系统性，党的建设从来都不是“自转”的，而是公转的。要树立整体的“大党建观”；党的建设从来都不是为了建设而建设的，而是为了加强与改善党的领导、实现党的中心任务与历史使命服务的。二是全面深刻认识党的建设丰富内涵与内在层次，增强党的建设各项工作的协同性，形成管党治党的强大合力。从根本上看，党的建设并非思想建设、组织建设、作风建设、反腐倡廉建设、法规制度建设的简单相加，更不是各项具体党建工作的简单罗列，而是这五大部分的有机统一、各具体党建工作的有机统一。三是系统把握并着力解决党建中的突出问题，增强全面从严治党的有效性，重塑党的好形象。要坚持问题导向，在系统性思考中找准推进全面从严治党的问题症结与着力点；要认真落实党建责任制，创新党建工作思路与方法，进一步增强管党治党的科学性与有效性；坚持党建工作标准、政治效应、社会效应的统一，确保党始终同人民想在一起、干在一起，不断增强人民群众在全面从严治党中的获得感。

张文渊、谷志军在《党内问责制的内涵及其构成》(《岭南学刊》2017 年第 2 期）一文中认为，党内问责制就是指在政党内部要求党的领导机关和党的领导干部对其职责履行情况进行说明与解释，并对其违反职责要求的行为承担党内责任的制度。党内问责制的基本构成：一是谁来问责：党内问责的主体，党的问责工作是由党组织按照职责权限进行；二是问谁的责：党内问责的对象，党内问责的对象理应是党内负有主要或直接领导责任的领导者；三是问什么责：党内问责的内容，即党的建设和党的事业中失职失责党组织和党的领导干部的主体责任、监督责任和领导责任；四是何以问责：党内问责的情形，主要包括党的领导弱化、党的建设缺失等六个方面；五是如何问责：党内问责的方式，就党组织而言，问责方式分为检查、通报和改组3种方式，就党的领导干部而言，分为通报、诫勉、组织调整或者组织处理、纪律处分4种方式；六是问责决定：党内问责的结果，问责决定应当由党中央或者有管理权限的党组织做出；七是问责实施：党内问责的执行，应当及时向被问责党组织或者党的领导干部及其所在党组织宣布并督促执行，一般应向社会公开，并实行终身问责。

肖俊、陈新新在《论党员能进能出机制的理论基础》（《湖湘论坛》2017年第4期）一文中认为，党员能进能出机制是中国共产党制度建设的重要组成部分，包括“进口”与“出口”两种机制，着重点是健全党员退出机制，本质上是要求改变群众中“党员不党员，相差几块钱（指党费）”的党员先进性不强现状，要求改变党员大“进”小“出”，甚至只“进”不“出”的“出口不畅”形势，要求党员工作符合新陈代谢、优胜劣汰的进化规律，从而形成生机勃勃、创新争优的良好局面。党员能进能出机制的理论基础主要包括四个方面：一是健全党员能进能出机制的类型，包括自行脱党、规劝退党、开除党籍。二是健全党员能进能出机制的原因，即党的组织优势要求及时清理不合格分子；党的力量和作用主要不在数量而在质量；共产党成为执政党后大门不宜敞得过开，应保持适度规模。三是健全党员能进能出机制的目的，即留住真正的共产党员，清除蜕变分子；提高党员的素质与活力；确保党组织的先进性、纯洁性。四是健全党员能进能出机制的路径，前提是提高领导干部的质量；完善党内考核与党外监督制度；坚持走群众路线，畅通群众批评检举不合格党员渠道。

（三）党建理论热点研究

党建热点问题是党内外都普遍关注的一些新问题，亟须理论界从理论上做出进一步的诠释。从学者们的代表性研究成果上分析，主要的党建研究热点大致涵盖三个方面：一是注重对“老难点”问题的研究，即一直以来饱受困扰的基层党组织“政治核心”和“领导核心”二者之间的关系问题。在党内法规的表述中，不同类型的基层党组织在“政治核心”和“领导核心”二者中有着不同的定位，其发挥的作用也迥然有别，在全面从严治党的大语境中如何正确看待和处理二者关系成为一个热点议题。二是注重对“新焦点”问题的研究，即对纪委与监察委合署办公问题的研究，监察委是新生事物，纪委在全面从严治党中可以说是扮演着日新月异的角色，如何看待二者之间的强强联合以及这种联合对新时代党建工作究竟会产生何种广泛影响，成为研究者们的研究动力。三是注重对“大热点”问题的研究，即对党内政治文化的研究，党内政治文化的提出始见于十八届六中全会，党的十九大再次强调要发展积极健康的党内政治文化，从而引燃党内政治文化的研究火种，遂成燎原之势。应该看到，党内政治文化是严肃党内政治生活、净化党内政治生态的文化根基，故而成为研究大热点也在学理之中。

韩强在《基层党组织“领导核心”与“政治核心”地位作用辨析》（《探索》2017年第3期）一文中认为，随着全面从严治党的推进和党的领导的加强，“领导核心”与“政治核心”的关系日益成为当前基层党组织运行面临的一个新的突出问题。二者的区别在于：一是“领导核心”与“政治核心”的适用范围不同；二是“领导核心”与“政治核心”的具体内涵不同；三是“领导核心”与“政治核心”的作用发挥的衡量标准不同。“领导核心”与“政治核心”作为基层党组织的两种基本领导体制和运行模式，与党的领导作用发挥和党的执政地位息息相关，从过去单一的“领导核心”到如今“领导核心”与“政治核心”并存，甚至后者范围逐步扩大，这反映了党对领导和执政规律的认识有了进一步深化，也体现了在治国理政体制机制方面的与时俱进。当前，“领导核心”与“政治核心”的概念有待进一步厘清，各自的职责需要逐步明晰，二者关系也要逐步理顺，运行机制也亟须更加完善，但无论如何，这两种基层党组织的基本运行模式仍将长期存在，需要从全面从严治党和提高党的治国理政水平的视角科学审视和解决这一问题，以便为加强党的领导提供有力的组织保障。

谷志军在《谁来监督监督者：监督权问责的逻辑与实现》(《社会科学战线》2017 年第 1 期）一文中认为，从决策权、执行权、监督权既相互制约又相互协调的要求来讲，破解“谁来监督监督者”的难题需要建立专门针对监督权的问责机制。所谓监督权问责，是指监督权行使主体就其监督行为向多元监督者进行责任回应并据此接受监督失责惩罚的行为过程。问责主体、问责客体、权力行使、责任类型等不同体现出监督权问责与决策问责、执行问责之间的区别。在当前“强监督弱制约”的控权模式下，监督权的被动性、从属性、分散性、事后性导致监督权问责的乏力和不足。为此，需要通过落实纪委的监督责任和完善人民监督员制度的方式建构监督权的内外部问责机制，以实现问责链条的闭合循环。

王立峰、吕永祥在《纪委与监察委员会合署办公的理论内涵、现实意义与优化路径》(《河南社会科学》2017 年第 11 期）一文中认为，纪委与监察委员会合署办公是我国完善腐败治理体系和提升腐败治理能力的重大举措，是中国特色社会主义权力监督体系的一大优势。如何构建一种更为科学有效的纪委与监察委员会合署办公体制，既充分发挥纪委与监察委员会的互补优势与监督合力，又避免原纪检监察体制中存在的权责划分不清晰、关系不协调等问题，是深入推进国家监察体制改革需要处理好的一个重要问题。探寻纪委与监察委员会合署办公的优化路径，可以从三个方面入手：一是从“物理融合”到“化学融合”，拓展纪委与监察委员会人员深度融合的多元渠道。实现纪委与监察委员会人员的深度融合，需要借助内部遴选、公开招聘等制度化的人员选拔渠道解除纪检机关转隶人员的思想顾虑和后顾之忧；需要在联合办案和共同培养中加强两个机构人员的业务联系和情感交流，打造一支既懂执纪又懂执法的复合型法治人才队伍。二是前后衔接和并行衔接并用，构建合署办公中纪法衔接的多种有效机制。要构建“纪委—监察委员会”前后衔接和“监察委员会—纪委”前后衔接两种纪法衔接模式，可以考虑以纪委和监察委员会对涉及党员领导干部的“大案要案”成立联合调查组的形式展开。三是以留置规范“双规”的使用，推动纪检监察手段走向法治化。一方面，进一步明确纪委的“双规”措施和监察委员会的“留置”措施分别适用的对象；另一方面，进一步明确纪委的“双规”措施和监察委员会的“留置”措施分别适用的案件类型。

冯灵芝、周显信在《发展积极健康党内政治文化的三重维度》(《南京社会科学》

2017 年第 12 期）一文中认为，在党的十九大报告中，习近平总书记再次强调“发展积极健康的党内政治文化”，进一步为党内政治文化建设指明了方向。发展党内政治文化要把握三重维度：一是在内涵维度上，体现为中国共产党人对马克思主义理论的信仰认同。党内政治文化的核心内涵就是党的建设和发展的价值坐标，是党对自身的性质、宗旨、目的、使命等的认知，是党进行价值判断和价值选择的基本标准，更是党内政治文化基本问题的哲学抽象。二是在价值维度上，新时代中国特色社会主义思想统领党内政治文化建设方向。党内政治文化建设的核心要义是弘扬共产党人价值观，倡导和弘扬忠诚老实、光明坦荡、公道正派、实事求是、艰苦奋斗、清正廉洁等价值观。三是在实践维度上，培育健康的党内政治文化，推进党的建设的伟大工程。主要措施是以马克思主义滋养共产党人价值观，以中华优秀传统文化涵养共产党人心性，以中国革命文化锤炼共产党人血性，以社会主义先进文化永葆党内政治文化时代性。

（四）党建理论前沿研究

2017 年的党建理论前沿研究中，学者们十分注重对非传统领域党建的研究，这也因应了党的建设全覆盖的党建基本要求。透过学者们的代表性研究成果，其中有两个值得关注的重要趋势：一是党的建设更加“信息化”，即互联网思维全方位介入和影响着新时代的党建工作；二是党的建设更加“基层化”，即党建工作关口前移、重心下移、扎根基层。毋庸讳言，党建工作的信息化和基层化趋势并不是新鲜现象，但由于党建工作的发展和位移，使得信息化和基层化呈现出更加鲜明的特征，引起了学者们广泛和浓厚的研究兴趣。总体而言，党建理论前沿研究大致表现在三个方面：一是探讨互联网思维对新时代党建工作的重塑，互联网思维是社会高度信息化的一个应然产物，重塑和引领着社会新的发展方向，党建工作概莫能外，党建不应自我拘束于“局域网”，而应该连上“互联网”，这其中核心就在于互联网思维对党建工作动力、机制特别是途径的再塑造；二是探讨基层党建与社会治理之间的互动关系，党建实质上是一种党内治理，在我们党一党长期执政的政治体制语境下，党内治理是社会治理的重要组成部分，党内治理引领社会治理，决定社会治理成效，社会治理要创新、要现代化，前提和基础在于党内治理要创新、要现代化，并且社会治理要与党内治理密切互动；三是探讨社会组织党建问题，当前党组织在社会组织中的覆盖率亟待提高，同时覆盖率也不等同于领导力，故而全面推进社会组织党建，必须有正确的目标导向和合力的实践逻辑。

孙林在《互联网思维作用于党建工作的动力、路径与机制》（《理论学刊》2017 年第 5 期）一文中认为，在政治指引、理论指导和舆论塑造等多因素叠加影响下，互联网思维多方跨界进入诸多领域，党建工作同样也受互联网思维跨界影响，由此产生了互联网思维作用于党建工作的动力、路径与机制问题。一是以多力源重复博弈的合力为动力。学术、资本、权力、意识形态和知识所涉及主体之间借助新媒体的人际传播，驱动互联网思维通过“无组织的组织力量”介入作用于党建工作。这些多源驱动力不仅共时性汇集，而且历时性共存，彼此之间不断重复进行博弈，形成诸如资本、权力、意识形态和知识主导型驱动力，但互联网思维作用于党建工作的最终动力显然不是单一的而是复合的，即是多力源重复博弈后的合力。二是以人为中介的多维传播为路径。辐射既是党建域外互联网思维绩效示范效应的传播路径，也是党组织、党员干部以知识学习为主要形式的观念碰撞、融合的路径，但无论是哪种具体的形式，辐射都必须经过观念内化才能最终完成闭合。三是以观念为中介的互动为机制。互联网思维作用于党建工作深层的发生机制，即“把关人”的“观念翻译”。“观念翻译”是“把关人”基于对党建工作的认知将互联网思维“翻译”到党建工作中去的一种机制，它是互联网思维作用于党建工作的主要机制。

黄意武、李露在《城市基层党建与社会治理创新的互动关系研究》(《中州学刊》2017年第10期）一文中认为，城市结构的变化迫切需要基层社会治理创新，党建可以引领社会治理创新的发展方向、内容和路径，并与其形成良性互动关系。目前，城市基层党建面临着职责定位不准、有效运行机制缺乏、群众参与不强、职能发挥较难等问题。城市基层党建引领社会治理创新需要突出以服务人民为目的的工作核心，着力于基层党组织的设置创新和体制创新，积极探索社会治理在基层的有效实践模式。一是建立街道、社区、居民三级联动的党建格局，构建区域化大党建格局、完善基层党组织的职能定位、完善基层党组织的运行机制、创新党建活动的形式和载体；二是推进社区党建和社区治理融合发展，完善城市社区治理体制、深入推进社区协商、建立企业联动发展模式、积极培育和发挥社会组织的专业作用；三是以多元方式强化基层党组织的社区服务功能，以解决居民需求为核心推进社区服务、以搭建协同发展平台推进社区共建共享、建立群众满意度考评机制，增强群众获得感；四是完善党建与社区治理联动发展体系。

郑琦在《社会组织党建：目标取向与实践逻辑》(《求实》2017年第10期）一文中认为，社会组织党建是促进社会组织健康有序发展的重要保障，其目的并不在于加强对社会组织的内部控制，而是希望实现党的领导与社会组织依法自治的统一。十八大以来，社会组织党建工作成效显著，随着工作力度的增强，党组织覆盖率明显提升。然而，组织覆盖缺乏延展性、工作覆盖缺乏实效性的问题不容忽视。借鉴结构化理论的视角，加强社会组织党建工作，既要持续改善外部结构，又要有效激发内部行动者的能动性，通过外在压力和内生动力的共同作用，最终实现社会组织党建的目标。要实现党的领导与社会组织依法自治相统一，既要依靠外部规则与资源的改善，同时也需要有效激发党组织与党员的能动性。一是要先将党组织嵌入社会组织中并督促其正常运转，才能有效保障党组织在社会组织中的“在场”，如果没有刚性嵌入作为前提和基础，党组织的作用发挥与党的领导在社会组织中的实现便无从谈起；二是党组织要进行三类资源供给，即组织资源、政府资源、平台资源；三是社会组织党建既要依靠外部的规则与资源，更要发挥内部的党组织与党员的能动性。

六、党建实践研究

党建实践研究的一大特点就在于其成果必须具有很强的操作性，反言之，党建实践研究的就是党建实践中遇到的热点、难点和焦点问题，以为党建实践提供具有针对性的操作指南。从党建理论研究者的代表性成果来看，今年的党建实践研究主要着力于四个方面：一是注重对基层党建范式创新的研究，基层党建创新案例层出不穷是基层党建工作中的一个常态，那么这种常态中是不是蕴含着党建实践创新的某种样态？研究者们以此逻辑展开探寻，并得出了三个基层党建范式创新。二是注重对农村党建的研究，到2020年要实现全面小康，这是我们党庄严的政治承诺，在实现精准脱贫方面，农村基层党组织是践诺的主要责任人之一，因此如何提高农村基层党组织的凝聚力、公信力以及战斗力，是关系到精准扶贫成败的重大问题。三是注重对干部任用的研究，在全面从严治党高压下，干部选任工作面临着前所未有的巨大挑战，如何把真正德才兼备的好干部考评出来？如何避免"带病提拔"现象？如何使干部考评结果更具有公信力和权威性？这些都是干部任用研究的重点方向。四是注重对反腐败的研究，学者们主要针对饱受诟病的权力"圈子"展开学理剖析以探求根治之策，对大显神威的网络反腐如何进一步完善予以了关注。此外，在如何增强有着"八府巡按"之称的巡视组的反腐力度，如何有效规制权力以解除县委书记岗位的"高危"状态，学者们都有着独到的见解。

（一）党建范式创新研究

在党建创新中，如若是个别案例的创新，那只是一个点上的创新，尚不足以带动整条线或者一个面的创新。只有对众多的党建创新案例进行深入研究，总结提炼其创新的精髓本质，建构出一个党建创新范式，才能源源不断地供给出高质量的党建精品。对党建方式创新的研究，学者们主要着重于三个方面：一是基层党建中"复合式党建"范式，与机关党建、高校等其他类型党建相较而言，基层党建不仅资源有限，而且面临着愈加复杂的党建生态，存在一个基层治理影响力的问题，"复合式党建"方式是加强基层党建主导权的有效创新；二是基层党建中的"互联网+"党建范式，值得注意的是"+互联网"代表的是一种手段，而"互联网+"代表的是一种思维，思维创新的意义远大过手段创新，"互联网+"党建创新的是新时代党建样态；三是基层党建中的整体性党建范式，该范式强调的是全域党建观，即以整体性思维梳理基层党建全流程，突破传统基层党建"片段思维"的拘束，形塑基层党建全流域的整体观，从而使基层党建的点、线、面有机联通，形成基层大党建局面。综观这三个基层党建范式创新，实质上都致力于基层党建资源的有效整合和优化重置。

卢爱国、陈洪江在《"复合式党建"：城市基层党建区域化体制构建的目标选择》（《探索》2017年第6期）一文中认为，城市基层党建区域化，是创新基层党建工作的重要趋向。新时代深入推进城市基层党建区域化，必须高屋建瓴地科学设定体制改革目标。立足国家—社会转型复合化与政党整合困境复合化的现实环境，把脉城市基层党建区域化实践的复合取向，提出以"一体五联"为内涵特征的"复合式党建"体制构建目标，即"现实空间与虚拟空间联通、政治功能与社会功能联体、政党体系与党外体系联结、垂直领导与民主嵌入联结、科层机制与社会机制联动，构建党领导的复合共同体"。"复合式党建"，既立足"本来"、准确把握传统体制的路径依赖，又借鉴"外来"、科学吸纳社会发展的国际经验，实现了社区建设和社区体制改革的战略转移，从国家主导的政府行动转向国家主导的社会行动。它提出的"党领导的复合共同体"目标定位，既关照了社会活力迸发，又注重了社会稳定维护；它倡导的基层公共事务分类、基层组织体系再造、基层权力关系理顺、运行机制复合联动、行动空间多元联通，既有助于实现社会管理和公共服务的社会化，也有助于实现社会管理和公共服务的一体化。可以说，“复合式党建”是一种包容性社会整合方略和内生型社会秩序生长路径，是新时代社会主义和谐社会构建的根基。

韩冬雪、李浩在《复合制结构："联合党建"与"三社联动"科学对接》(《理论探索》2017 年第 5 期）一文中认为，社区、社会组织、社会工作的“三社联动”是我国社区治理机制的创新。当前，“三社联动”面临着政社关系没有理顺、联动工作体系不健全、居民参与不足等问题。实践证明，社区联合党建对破解“三社联动”治理机制的瓶颈具有重要意义。联合党建与“三社联动”科学对接的社区治理复合制结构，有助于形成新型政社关系，增强党的执政与服务功能，有利于社会资源的整合与优化配置，促进公民社会的建设与公共理性的培育。应采取的对接方案有：一是善联合党建与“三社联动”对接的工作规范；二是在社区成立“三社联动”党建部；三是着重明确“三社联动”党建部职责，避免党组织包办一切事务。在实践当中要着力提升基层工作队伍的素质，完善解决基层工作人员生活水平和个人发展问题的制度保障，使之能够在进一步探索推进联合党建与社区治理复合制结构的规范运转中发挥创造性作用，避免党建形式化加剧社区治理内卷化现象的出现，真正使联合党建盘活基层治理全局。

李潇在《从“+ 互联网”到“互联网 +”：网络时代城市基层党建的重构与转型》(《求实》2017 年第 9 期）一文中认为，互联网的出现与普及一定程度上打破了过去信息被政府垄断的局面，从技术层面将公共信息、政治权力等各类资源进行重新分配，可以说，互联网技术带来了一场互联网变革。特别是互联网技术的高速发展，形成了开放、平等、互动的虚拟公共话语空间，实现了话语权的再分配，促使城市基层党建经历了一个从“+ 互联网”向“互联网 +”的大转型，即从技术性思维转向大数据思维，从内生型功能转向外延型功能，从塔式治理结构转向网式治理结构，从行政命令机制转向合作共治机制。在此过程中，互联网技术与城市基层党建实现了深度融合，建构了“互联网 + 城市基层党建”的新模式，并伴随着互联网技术的进一步发展而不断完善，成为互联网时代城市基层党建的新趋势。

佘湘、樊孝明在《基层党建从碎片化走向整体性的实践与探索》(《岭南学刊》2017 年第 6 期）一文中认为，整体性是马克思主义哲学的一个重要范畴，也是系统论的一个重要原则。无论是从历时性，还是从共时性的角度来看，基层党建都是一项复杂性的系统工作，是一个不可分割的有机整体，而不仅仅只是一个个彼此孤立的概念、范畴或要素的集合。基层党建的系统性与整体性要求我们要树立整体观念，注意从整体上、全域上去思考和谋划基层党建工作。然而受主观、客观和社会文化等因素的影响，有的地方抓基层党建，习惯于从“本位主义、局限思考”出发，长期在几个点上打转转，造成了基层党建的片面化、碎片化和“点强面不强”的问题。所以，应该从整体思维出发抓基层党建，着力解决基层党建“经验出在点上、问题出在面上”的问题，在思维上突破了传统基层党建“片段思维”的局限，在方法上也实现了对传统基层党建工作方式方法的创新和超越，是新时期抓好基层党建工作的一项创新发展和战略举措。

（二）农村党建研究

农村富不富，关键在支部。我们党提出“确保到2020年我国现行标准下农村贫困人口实现脱贫，贫困县全部摘帽，解决区域性整体贫困，做到脱真贫、真脱贫”。为了打赢脱贫攻坚战，加强农村党建具有决定性的意义。在研究农村党建方面，学者们的代表性研究成果大体聚焦在三个方面：一是注重对农村党组织凝聚力的研究，如何解决农村原子化的存在状态，进而聚沙成塔炼铁成钢，是农村党组织面临的首要问题；二是注重对农村党组织公信力的研究，与其他类型的党组织比较而言，农村党组织在公信力建设方面面临的问题更为艰巨和突出，由于熟人社会、家族联系、人情关系的重重交织，农村党组织亟须在公信力建设方面迈出关键步伐，需要用公信力测评体系对农村党组织进行公信力体检，优化农村的政治生态；三是注重对农村党组织精准扶贫作用发挥的研究，精准扶贫是全党全社会共同参与的一个攻坚战，在这个攻坚战中，农村基层党组织就是攻坚脱贫的主攻手。因此，只有充分激发农村基层党组织的领导核心作用，使其勇于担当善于作为，才能实现真脱贫、脱真贫。

周忠丽在《提升农村基层党组织凝聚力夯实党的执政基础》（《唯实》2017年第5期）一文中认为，农村基层党组织凝聚力的强弱直接影响基层治理的质量以及党在农村的执政基础。当前，农村基层党组织建设面临的挑战主要有：组织威信有待提升、干群关系存在疏离、信任组织程度不高等问题，其原因则在于基层党员老化，现代化进程带来的交通、通信、传媒等现代技术日益发展使农民理念及行为方式日趋多元化、复杂化，基层干部缺乏创新意识和能力，农村基层党组织家族化现象有所抬头等。因此要进一步提升农村基层党组织凝聚力，一是要优化农村基层党组织运行方式，通过引导动员群众、通过服务凝聚群众、通过整合借力社会组织。二是要改善农村基层党组织领导选用，应以选为立足点，积极运用科学办法，创新农村基层党组织带头人选任机制；应以育为关键点，加强对基层干部进行群众工作方法和政策法律法规的培训；以励为支撑点，激发农村基层党组织带头人的工作动力。三是要加强农村基层党组织人员管理，吸纳以“新农人”为代表的农村优秀人才，夯实基层组织基础；通过农村党员志愿者化来创新党员培养机制，进一步规范党员队伍管理，建立激励考核新机制。

吴家庆、杨荣华在《农村基层党组织公信力综合测量指标体系的构建》[《湘潭大学学报（哲学社会科学版）》2017年第6期]一文中认为，农村基层党组织是落实党的农村工作任务的战斗堡垒，农村基层党组织只有获得最充分最广泛的信任，才能把广大农民群众紧紧团结在党的周围。农村基层党组织公信力可以界定为公众基于经验和对农村基层党组织信用的判断并产生期待，在特定的社会环境中通过与农村基层党组织互动，形成公众对农村基层党组织的态度、评价、信念等政治心理表现。它测量的是公众对农村基层党组织的整体执政体系的信任，从内容上包括农村基层党组织执政的价值理念、公共政策、组织结构、组织绩效等方面。同时，公众对执政体系的信任表达方式（包括心理表达、话语表达和行动表达）以及农村地区的经济环境、文化环境和社会环境等方面因素，也是构建农村基层党组织公信力综合测量的指标体系应该考虑的范畴。农村基层党组织公信力的综合测量可以从农村基层党组织执政的价值理念、公共政策、组织结构、组织绩效四个维度，分别测量公众对执政体系的信任表达方式，包括心理表达、话语表达和行动表达等方面，同时也应考虑农村地区的经济环境、文化环境和社会环境等方面因素。

陈晓莉、钟海在《在全面从严治党中优化农村基层政治生态》（《理论探讨》2017 年第 5 期）一文中认为，农村基层党组织作为农村政治生活的重要主体，是形成农村政治生态的关键因素。这些年来，不良政治生态文化严重制约和影响了农村基层党组织建设，致使农村基层党组织对上与组织疏离，对下严重脱离群众；许多村级组织治理能力不足，干群关系紧张，甚至滥用职权、贪污腐化问题突出。农村政治生态的劣化甚至恶化，究其根源在于全面从严治党向下延伸没有做到位，农村基层党组织成为从严治党的边缘地带甚至“盲区”。因此，有力有序有效地推进全面从严治党向农村基层延伸，是从根本上净化优化农村基层政治生态的治本之策。一是要严格党内政治生活，落实各项政治规矩。二是要坚持“德才兼备，以德为先”的用人标准，纯洁党员干部队伍，严把村民自治选举关，严把基层党组织党员发展关，确保基层党组织的纯洁性和先进性。三是要明确权力责任清单，划定干部行为边界。四是要多方联动，让党员干部没有监督真空。要加强对村干部权力的监管，实现“纪检下乡”；要加强对党外村干部权力的监管，真正实现巡视监督制度延伸下沉到村社；要加强村民监督委员会建设，保障村民监督权真正得以实现。

余国琦等在《发挥农村基层党组织在精准扶贫中的作用研究》（《中国延安干部学院学报》2017 年第 1 期）一文中认为，农村基层党组织在精准扶贫中的领导核心地位不可动摇，对完成脱贫任务，巩固脱贫成果，实现全面建成小康社会目标发挥着至关重要的作用。农村基层党组织是党联系群众的“最后一公里”，只有充分发挥其政治优势、组织优势和密切联系群众的优势，才能切实扛起脱贫攻坚的重任，凸显抓党建促脱贫的成效。农村基层党组织在精准扶贫中发挥着引领示范作用、服务发展作用和桥梁纽带作用。通过调研发现，当前制约农村基层党组织在精准扶贫中作用发挥的问题主要有：农村基层党组织凝聚力、战斗力不强，部分农村基层党组织设置不科学，缺少“带头人”，工作运行机制不健全等。推动农村基层党组织在推动精准扶贫中发挥作用，必须加强组织领导、形成合力促进农村党建工作，优化基层党组织设置，着力加强农村基层党组织干部队伍建设，加大培训力度，提升致富带富能力，大力发展农村集体经济，健全规范工作机制，及时完善“顶层设计”，为农村基层党组织推动精准扶贫营造良好环境。

（三）干部任用研究

共产党历来对干部培养选拔工作高度重视。党的十八大以来，我们党提出要建设一支忠实贯彻新时代中国特色社会主义思想、符合新时期好干部标准、忠诚干净担当、数量充足、充满活力的高素质专业化年轻干部队伍。如何建设好这支队伍？学者们的理论探索主要包括三个方面：一是注重对干部道德考评的研究，我们党一直以“德才兼备、以德为先”来选人用人，其中对“才”的考核具有一些客观上的标准，而对“德”的考核则是一直以来的难题，如何客观公正地对“德”进行考评，成为理论界的重点探索领域；二是注重对干部选任中重点问题的破解，如有学者提出权力“圈子”对干部选任所存在的重要影响，权力“圈子”将党的干部选任异化成为“圈子”的干部选任，必须从改进干部选任程序入手，彻底拆除“圈子”的围栏；三是注重对干部绩效评价体系的研究，干部选任工作中，对党员领导干部的考核需要一个公开、透明、科学的评价体系，这个评价体系要以干事创业的实绩为导向。

高国舫在《干部道德考评方法的完善》(《长白学刊》2017年第5期）一文中认为，随着近年来“以德为先”用人机制的日益推广，干部的道德品质逐渐成为其是否被选任的第一标准，而如何对干部道德进行考评，是决定“以德为先”用人机制成败的关键环节。在“以德为先”用人机制初兴之时，关于如何考德，全国没有统一的规范制度，不得不依赖各地党政部门的自行摸索，出现一些不足和偏颇，也在情理之中。然而，时至今日，考德的实践已积累了一些经验，考德方法实施中的一些纰漏和弊端也已经显现，社会各界也已经开始聚焦并参与考德方法的讨论，因此，冷静反思前一时期的干部考德实践、完善今后考德方法的时机已经基本成熟。为了使考德方法取信于民，今后有三项工作亟待完成：一是尽快完成一部全国统一的干部道德行为规范准则和一套规范的干部考德程序，并使之上升到法律的层面；二是考德的每一步工作，都要向公众开放，接受人民群众的监督，并认真回应来自人民群众的质疑；三是在干部考德过程中，如果对同一干部，组织方面的考德结论与大部分人民群众对其考德结论发生严重偏离时，应尽量尊重大部分人民群众的意见。

刘明等在《健全和落实干部使用、晋升机制研究》(《中共福建省委党校学报》2017年第3期）一文中认为，当前健全和落实干部使用、晋升机制中的主要问题有：严管与激励不平衡、身份壁垒导致干部使用晋升受限、干部考核机制不够完善、干部选任机制还不够优化等。因此，要健全和落实干部使用、晋升机制的对策措施：一是树好导向，建立科学合理的干部选拔任用机制。二是要疏通渠道，消除干部交流难的制度壁垒，主要是完善调任制度，破解机关与企事业单位之间干部交流难的问题；完善转任制度，推进干部岗位交流；完善挂职锻炼制度，加强干部工作交流。三是要严格管理，完善干部考核评价和表彰奖励机制，主要是完善公务员考核制度体系；完善事业单位工作人员考核制度体系；完善物质奖励与精神奖励并重的表彰奖励机制。四是要正向激励，构建推动干事创业的动力机制，主要是重统筹，完善职务职级并行制度；常补钙，强化理想信念教育；暖人心，更加注重人文关怀。五是要保驾护航，建立容错保护和权益保障机制，主要是建立容错保护制度、执纪问责须更加规范、加大合法权益保障力度。

吴思红在《权力“圈子”对干部选拔任用的影响与干部选拔程序的改进》(《中共杭州市委党校学报》2017年第3期）一文中认为，干部选拔中权力“圈子”操纵选拔程序的运行过程，实现“圈内”选人用人，这已成为干部选拔中需要引起各级组织部门重视的政治问题。权力“圈子”是在一定社会文化网络基础上的权力依附结构中产生的，这一依附结构又根源于权力资源的集中，特别是“一把手”在干部选拔中所拥有的权力资源。在现行的干部选拔《条例》中，由于其中的程序赋予了权力者特别是“一把手”过大的自由裁量权，程序的相关环节上同时也存在一些缺陷，这导致权力“圈子”能够直接或间接地介入程序的运行过程，并对选拔结果进行操控，由此导致选人用人上的不正之风和腐败现象出现。面对这一问题，需要从源头上完善干部选拔程序，压缩其中的自由裁量权，强化党对干部选拔的领导和监督，从而消除权力“圈子”的产生基础及其对干部选拔的影响。

刘昕在《论以实绩导向的党政领导干部绩效评价体系》[《武汉科技大学学报(社会科学版)》2017年第2期]一文中认为，我国党政领导干部过去采用的考核评价形式主要是民主测评，这种测评方式在党政领导干部的考核评价指标方面采用的是“德、能、勤、绩、廉”的统一指标模式，这种模式存在的明显问题就是由于不同部门承担不同职责，但处于不同岗位的党政领导干部的考核评价内容基本相同，缺乏针对性，很难与党政领导干部的日常工作及其实际绩效联系到一起，结果导致领导干部考核评价流于形式。总的来说，过去以民主测评模式为主导的党政领导干部考核评价内容和指标设计必须彻底推倒重来，在重点以业绩为导向的指导原则下，重新设计科学、合理的考核评价指标体系。从管理的基本逻辑上来说，一个党政领导班子的绩效主要应当包括三部分内容，即业务目标绩效、人员管理绩效以及团队合作绩效。从绩效管理的一般原理来看，党政领导班子的绩效评价内容和指标设计重点需要考虑三个方面的因素：上级的工作计划和总体绩效目标；党政领导干部领导的政府或党政机构的使命与职能定位；党政领导干部领导的政府或党政机构的实际情况。

(四)反腐败研究

党的十八大以来，我们党通过“打虎”“拍蝇”“猎狐”迅速消除腐败存量，腐败蔓延势头得到有效遏制。在取得反腐重大阶段性胜利的同时，我们党清醒地认识到反腐败斗争的形势依然严峻复杂。反腐的如火如荼和高歌猛进，既为理论界深入研究反腐败提供了丰富的素材和案例，同时也向理论界提出了实践困惑和求解问题。从学者们的代表性研究成果来看，一个特点就在于对反腐难点进行了有针对性的回应。主要是抓住了四个方面的热点问题。一是注重对圈子腐败问题的破解，圈子腐败问题是反腐中屡见不鲜的一种塌方式腐败形式，具有极强的隐蔽性和顽固性，由于其形成了腐败堡垒，极难攻破其防线。因此要有效治理圈子腐败，就要找到圈子腐败的生成逻辑，以其之道还施彼身，方能击碎其顽固防线。二是注重对县委书记腐败防治的研究，县委书记是治国理政大网中的扭结，是我们党在基层执政的“一线总指挥”，由于长期以来其权力未能受到有效制约，导致其成为腐败高发区。因此，结合新形势的特点探讨如何有效规约其权力，是防治县委书记腐败问题的有效举措。三是注重对网络反腐的研究，网络反腐是一种体制外监督，同时也是一种异体监督，在反腐中具有重要作用，网络反腐是一把双刃剑，所以问题的关键在于如何有效引导网络反腐，使其成为党领导的反腐斗争的利器，这成为学术界的一个研究热点；四是注重对巡视反腐的研究，巡视反腐是我们党打赢反腐败斗争的关键，如何进一步优化其动力机制，增强其反腐威力，这也是学者们的关注热点。

陈朋在《圈子腐败的生成逻辑及其治理路径》[《苏州大学学报(哲学社会科学版)》2017年第2期]一文中认为，圈子腐败是对政治生态污染性最强、影响最直接的一种特殊腐败形式。从其外部表象看，圈子腐败呈现出内部结构封闭固化、运作过程利益输送、表面呈像内外有别、政治雾霾效应极为明显等特征。利益驱使下权力失控、制度执行力脆弱、政治生态恶化三大要素的相互交织共同构成圈子腐败的基本生成逻辑。治理圈子腐败是一项系统的复杂工程，标本兼治方能形成有效突破。其“本”在于培育良性的政治文化、构建严密的制度体系；"标"则在于抓住当前应重点解决的确权限权、加强监督制约、严明纪律规矩、优化政治生态等基础性问题。具体而言，当前需要抓好四点：一是确权限权，切断腐败圈子的命脉；二是加强监督，压缩圈子腐败的生长空间；三是严明纪律规矩，扎牢圈子腐败的"紧箍咒"；四是优化政治生态，逐步消解圈子腐败的生存土壤。

张锐昕、王玉荣在《网络举报：反腐效用、影响因素及突破路径》(《理论探讨》2017 年第 6 期）一文中认为，网络举报在预防、发现及惩处腐败环节具有显著的效力和潜力，表现出对腐败思想的深层震慑、对腐败行为的合力发掘以及对腐败分子惩处的实时监督等明显效用。为了保证这些反腐效用能真正产生实际效果，克服网络举报的利益相关者、媒介及保障措施等方面存在的制约反腐效用发挥的影响因素，需要从网络文化建设和信息素养培育、管理模式创新和平台功能建设以及举报制度规范和反腐法律完善等路径入手发力应对。此外，还需要重视官方及非官方网络举报媒介的合作，需要推进政府、个人、社会信用体系建设。当然，"亦需要伦理道德上的规范和支持"。只有各方合作，多管齐下，积聚优势，补齐短板，网络举报的反腐效用才能全面、有效地发挥出来。

何旗、郭文亮在《加强县委书记权力监督制约的四维探索》(《中州学刊》2017 年第 3 期）一文中认为，在党的组织结构和国家政权架构中，县一级政权起着上承中央与省市权力、下接百姓生计的关键作用，处于宏观管理之末、微观治理之始，是国家政权与基层社会的接合部、城市与乡村的交会点。县委书记不仅地位独特，而且权力很大。县委书记是中国共产党执政治国的基层骨干力量，是当地人民群众心目中党的形象的具体代表者，也是最容易滋生腐败的岗位。但近些年来县委书记腐败现象高发频发，引起人们的高度关注和担忧。县委书记为何成为反腐败的重点对象？究其原因，除了"天高皇帝远"的地缘因素，主要是权力高度集中而又缺乏有效的监督制约。从源头治理县委书记腐败问题的根本路径是，从科学配权、适度分权、严格监权、阳光晒权四个维度监督制约县委书记权力，形成科学合理的权力结构和公开透明的权力运行机制，营造风清气正、健康向上的县级政治生态环境。

程惠霞在《巡视组反腐败动力机制及其增强路径》[《南京师大学报（社会科学版）》2017 年第 4 期］一文中认为，党内巡视制度本质上是中国共产党在不同时期追求自身可持续性发展的生存战略之一，巡视组及其前身是实现该战略的重要组织依托和运行机制，确保党组织和组织成员之间的目标函数一致。其组长规格配置与年龄分布、灵活多样的履职手段、权限范围与责任机制、"常规巡视"和"专项巡视"相结合聚焦于"一把手"四个要素构成了超强的巡视组反腐败动力机制，使之具有发现高级官员违纪违法线索的卓越能力。然而，要想持续发挥其事后纠错与惩罚手段的动力，巡视组反腐败机制还需要在四个方面加强建设：一是将"不敢腐"氛围转变为"不敢腐"政治文化；二是遏制贪腐动机实现"不能腐"和"不愿腐"；三是加强巡视成果向司法成果转化；四是增强巡视组反腐败行动的现代法治性。反腐败行动本身绝不是一个终点，它的终点是消除"腐败症候"，需要一个较长的制度变迁周期。由此，巡视组反腐败的最大意义不是查处了多少贪腐案件和贪腐官员，而是为消除腐败生成条件、斩断腐败路径争取时间和空间。

学术著作评介和论文观点摘要

一、学术著作评介

《中国共产党如何治党？》（谢春涛著，新世界出版社 2017 年版）

《中国共产党如何治党？》一书从党史的角度讲党建，试图讲清不同时期党的建设遇到的问题、中央是如何研究解决这些问题的、其效果如何等，从而讲清楚中国共产党是如何治党的。该书分为八章。前三章分别概述民主革命时期、改革开放以前和改革开放以来党的建设的主要脉络。后五章分别介绍党的思想建设、组织建设、作风建设、反腐倡廉建设和制度建设的基本情况。该书主要观点认为：中国共产党是以马克思列宁主义为指导、以俄共（布）为榜样建立起来的工人阶级政党。但是，建党伊始就遇到了前所未有的难题，那就是在农村环境中建党，党员中工人出身的很少。毛泽东纠正了在发展党员问题上一度存在的唯成分论，认为只要拥护党的纲领主张、符合入党条件的都可以入党。他强调思想建党，用先进的思想教育党员，用严格的纪律约束党员，走出了在农村环境中建设工人阶级先锋队的新路。新中国成立后，毛泽东特别强调党要密切联系群众，保持战争年代的优良作风。对于党内出现的不良现象乃至腐败问题，他采取了坚决反对和惩处的措施，保持了党的良好作风和形象。为了防止执政党脱离群众，他还进行了长期的探索，提出了许多正确思想和主张。但伴随着党领导社会主义建设的失误，党的建设也走了弯路。改革开放初期，邓小平总结长期的经验教训，认识到了党在执政后的根本任务，以及由此带来的对党的建设的要求。之后，江泽民根据党所处历史方位的变化，提出了“三个代表”重要思想。胡锦涛又根据新的形势，提出加强党的执政能力建设和先进性建设。中共十八大以来，习近平提出全面从严治党，党的建设出现全新局面。经过从建党至今的长期探索，中国共产党形成了“五位一体”的党的建设总体布局。思想建设，不断进行理论创新，并用创新理论武装党员头脑；组织建设，造就高素质党员干部队伍；作风建设，保持党同人民群众的血肉联系；反腐倡廉建设，保持执政党的清正廉洁；制度建设，建立健全党的规章制度。围绕这五个方面的建设，中国共产党形成了一整套管党治党的理论和办法。尤其是中共十八以来，以习近平为核心的党中央全面从严治党，大大丰富和深化了党的建设的理论与实践。

《中国共产党与国家建设》（林尚立著，天津人民出版社 2017 年版）

《中国共产党与国家建设》立足政治学理论，从历史与现实两个维度，分析和研究中国共产党与国家建设之间的互动关系，讨论了三个基本问题：一是中国共产党在国家建设中的价值与意义；二是中国共产党建设国家的基本战略；三是中国共产党自我建设和发展的方略。《中国共产党与国家建设》的研究有助于人们进一步理解中国特色社会主义政治发展和国家建设的内在原理。该书共分十一章。第一章论述以政党为主轴的现代国家建设问题，主要阐释现代国家建设的中国逻辑、中国共产党的历史贡献、党建设现代国家的战略框架等问题。第二章论述中国共产党与中国特色社会主义，主要阐释党的领导与中国特色社会主义、中国特色社会主义下的党建战略等问题。第三章论述中国共产党与中国现代国家制度，主要阐释中国共产党自主建构中国国家制度、政治发展与国家制度建设、中国国家制度的自我完善能力等问题。第四章论述中国共产党与人民民主建设，主要阐释中国共产党领导民主有序发展、协商民主有效实践人民民主、党内民主推动人民民主发展、区别一般民主的党内民主边界等问题。第五章论述党的统一战线与国家建设，主要阐释党领导国家整合的法宝与机制、统一战线建设人民团结的社会、统一战线协调多样性与一致性、党以统战逻辑建设国家的战略等问题。第六章论述党领导国家建设的权力网络，主要阐释权力组织网络与党的领导、中央集权与党的中央集权、分权及其运动逻辑、权力组织网络与权力关系变迁等问题。第七章论述党整合社会的轴心与结构，主要阐释中心支柱与轴心体系、从轴心到外围的向心性整合、外围组织反向发展与同构性整合、轴心与外围互动的认同性整合、从组织化社会到社会组织化等问题。第八章论述党领导核心作用的现实基础，主要阐释社会主义与党领导的合法性基础、党的建设与党领导的政治基础、依法治国与党的领导的制度基础、政治整合与党领导的社会基础等问题。第九章论述社会主义国家党的执政体系，主要阐释执政与领导的政治逻辑、执政党执政的合法性结构、功能体系、资源体系、实现方式、战略体系等问题。第十章论述党的建设推动国家建设，主要阐释党的先进性建设的基础与使命、系统强化执政为民能力建设、健全党政关系的制度安排、制度建设整合党建全局、党内民主推动党和国家制度化等问题。第十一章论述基层组织与党的执政资源，主要阐释基层组织是党执政的战略资源、组织创新提升党的先进性与执政力、基层组织建设两大行动空间、社区党建与基层群众自治互动发展等问题。

《中国共产党管党治党理论与实践研究》（杨金卫著，中国社会科学出版社 2017 年版）

《中国共产党管党治党理论与实践研究》从共产党的建设理论、党的主体责任等方面，论述了全面管党治党、从严治党的理论建设等问题。该书共分十三章。第一章论述党的建设理论的创新与发展，主要阐释全面从严治党是党建理论的新发展和对执政规律的新认识等观点。第二章论述落实管党治党主体，主要阐释坚持把抓好党建作为最大政绩，坚持党建工作和中心工作一起谋划部署考核等观点；第三章论述坚持思想建党和制度治党紧密结合，主要阐释思想建党和制度治党是对马克思主义政党学说的独创性发展等观点。第四章论述严肃党内政治生活，主要阐释严肃党内政治生活是我们党的优良传统和政治优势等观点。第五章论述坚持从严管理干部，主要阐释党要管党，首先是管好干部，从严治党必须以严的标准要求干部、严的措施管理干部、严的纪律约束干部等观点。第六章论述持续深入改进作风，主要阐释作风建设永远在路上，必须坚持抓常抓细抓长，持续努力久久为功等观点。第七章论述严明党的纪律，主要阐释要多管齐下，把严明党的纪律不断引向深入等观点。第八章论述发挥人民监督作用，主要阐释充分尊重人民主体地位，建立健全人民监督体制机制等观点。第九章主要论述科学把握管党治党规律，主要阐释中国共产党丰富的管党治党经验和对管党治党规律的认识不断深化等观点。第十章论述从严治党与中央“八项规定”，主要阐释中央“八项规定向全党发出了从严治党动员令，开启了从严治党新时代等观点。第十一章论述从严治党与反“四风”，主要阐释反“四风”为从严治党找到了重要突破口，是从严治党新的里程碑等观点。第十二章论述践行“三严三实”治党新要求，主要阐释“三严三实”新要求明确了领导干部的修身之本、为政之道和成事之要，丰富了从严治党的科学内涵，是从严治党的有力抓手等观点。第十三章论述新常态下的反腐倡廉长效机制建设，主要阐释全面加强惩治和预防腐败体系建设，建立健全不敢腐的惩戒机制、不能腐的防范机制、不易腐的保障机制，着力强化对权力运行的制约和监督，不断提高拒腐防变和抵御风险能力等观点。

《中国共产党意识形态领导权研究》（于华著，人民出版社 2017 年版）

《中国共产党意识形态领导权研究》对意识形态领导权概念进行了再定义，提出意识形态领导权的核心要义是自觉认同，意识形态领导权的主要特征是非强制性、动态性和阶级性。中外执政党建设的经验不断表明，掌握意识形态领导权意义非常重大。该书共分为五章。第一章论述中国共产党意识形态领导权的理论渊源。第二章论述中国共产党意识形态领导权的理论与实践。第三章论述国外经验教训对中国共产党意识形态领导权的启示。第四章论述中国共产党意识形态领导权面临的挑战。第五章论述中国共产党牢牢掌握意识形态领导权的策略。对于当代中国而言，中国共产党的意识形态领导权问题，关系到党和社会主义的兴衰存亡。中国共产党选择马克思主义作为指导思想有其理论、历史和现实的三重维度，中国共产党始终特别关注意识形态领导权问题，并以大无畏的勇气对意识形态领导权问题进行了理论和实践的艰辛探索。国外的经验或是教训，亦可以成为我党意识形态领导权问题的参考和借鉴。随着国内政治环境日益民主，各种社会思潮在中国大地竞相争鸣。不可否认，在这里面出现了与党、国家、人民选择的道路和指导思想相互抵触的违和的声音。在各种思潮的多重作用下，意识形态领域已然出现了淡漠化、边缘化、碎片化、空心化等消极后果，这不得不引起我们的关注和重视。当下，创新理论、营造环境、夯实基础和打造路径四个方面，是具有可行性及可推广性的，加强和巩固中国共产党意识形态领导权的策略。

《中国共产党当代政党文化建设研究》（刘娜著，中国经济出版社 2017 年版）

《中国共产党当代政党文化建设研究》以中国共产党政党文化为主要研究对象，以建设党内优秀文化为目标，试图从文化的视角探寻党的建设的新思路、新视野。该书共分为六章。第一章是中国共产党政党文化建设的理论概述，第二章是中国共产党政党文化建设的历史考察，第三章是中国共产党政党文化建设的现状分析，第四章是中国共产党政党文化建设面临的时代挑战与机遇，第五章是中国共产党当代政党文化建设的对策。该书重点围绕理论与实践、历史与现实两条主线深入探索和系统论述了中国共产党当代政党文化建设。在理论研究层面，探讨了中国共产党政党文化的基本概念和科学内涵、重点阐述了中国共产党政党文化建设的要素构成与基本原则、全面探讨了中国共产党政党文化建设的理论体系及重大意义；在实践操作层面，针对当前中国共产党政党文化建设面临的重点、难点问题，从目标定位、实践主体、内容体系、实践载体以及保障体系等五个方面提出了中国共产党政党文化建设的推进路径。围绕历史与现实的主线，主要考察了中国共产党政党文化建设的发展脉络，从新民主主义革命时期的初步探索，社会主义革命和建设时期的曲折发展到改革开放和现代化建设新时期的积极实践，分析了当前中国共产党政党文化建设取得的成果以及存在的问题，并从世情、国情、党情三个视角论述了中国共产党政党文化建设面临的时代挑战与机遇，通过历史与现实的考察指明了中国共产党当代政党文化建设发展如何并依此印证建设发展的原因分析，并根据前述研究成果，对中国共产党当代政党文化的建设方向提出了建议。

二、论文观点摘要

《把党的政治建设摆在首位》（双传学，《红旗文稿》2017 年第 24 期）

要学懂弄通做实“把党的政治建设摆在首位”，首先要深刻把握为什么要把政治建设摆在首位、把政治建设摆在首位需要厘清哪些错误认识和如何把政治建设摆在首位这三个基础性问题。中国特色社会主义最本质的特征是中国共产党领导，中国特色社会主义制度的最大优势是中国共产党领导，党是最高政治领导力量，党的政治建设是党的根本性建设，必须把政治建设摆在首位。把政治建设摆在首位需要厘清三个认识：把政治建设摆在首位，不是“只抓其一，不管其他”；不是权宜之计而是长期工程；不是只抓“关键少数”，而是要抓好全党。把政治建设摆在首位重点要抓好六个关键环节：一是坚持党中央权威和集中统一领导；二是严格遵守政治纪律和政治规矩；三是尊崇党章、严肃党内政治生活；四是营造风清气正的良好政治生态；五是坚持和完善民主集中制；六是弘扬锻造积极向上的政治文化。

《习近平总书记党建思想的独特建树》（中共湖南省委组织部，《党建研究》2017 年第 2 期）

习近平总书记从理论上实践上对党的建设进行改革创新，提出了一系列新思想、新观点、新论断、新要求，在党建思想领域具有许多独特建树。一是在党建战略思想上，提出全面从严治党，把“从严治党”提升到“全面从严治党”的新高度。由“从严治党”到“全面从严治党”，是党的建设理论的创新发展，丰富了马克思主义党建学说，是党对新形势下执政党建设规律、治国理政规律的新认识、新创见。二是在党的建设内容上，对党的领导和党的建设“五位一体”工作格局提出了许多新思想、新观点、新论断、新要求。第一，提出中国共产党的领导是中国特色社会主义最本质的特征；第二，提出把理想信念教育作为思想建设的首要任务，要求拧紧世界观、人生观、价值观这个“总开关”；第三，提出抓作风是推进党的建设的切入点和着力点；第四，提出从严治党关键是从严管理干部；第五，提出要全面净化党内政治生态；第六，提出把抓基层打基础作为长远之计和固本之策；第七，提出要坚定不移割除伤害党的健康肌体的“毒瘤”；第八，提出用法治思维和法治方式推进全面从严治党。三是在党的建设推进路径上，提出了许多闪烁着唯物辩证法光辉的新思想、新举措。主要是继承传统与改革创新相结合、顶层设计与落细落小相结合、思想建党与制度治党相结合、正面引导与敢于“亮剑”相结合、敢于担当与稳妥审慎相结合、“举全党之力”与发挥“关键少数”作用相结合。

《深入理解和认真贯彻新时代党的建设的重大部署》（李景田，《党建研究》2017 年第 12 期）

党的十九大明确提出了新时代党的建设的总要求和八个方面新任务，构成了新时代党的建设重大部署的核心内容。理解把握新时代党的建设重大部署，关键是深入理解和把握新时代党的建设总要求和新任务。一是要深入理解新时代党的建设的根本原则和指导方针。坚持和加强党的全面领导，坚持党要管党、全面从严治党，是新时代党的建设的根本原则和指导方针。二是要深入理解新时代党的建设的主线。新时代党的建设主线把党的建设目标、党的各方面建设、党的建设各项工作连接贯通起来，是党的建设核心的、系统性的要求，蕴含着对党实现执政使命长期性、艰巨性的深远考量。三是要深入理解新时代党的建设的总体布局。新时代党的建设的总体布局，概括了党的建设的基本内容、重点领域及其相互关系。这一总体布局的一项重大创新，是将政治建设纳入党的建设总体布局，并确立了其作为统领的重要地位。四是要深入理解新时代党的建设的总目标。新时代党的建设总目标，涵盖了保持党的先进性和纯洁性、提高党的执政能力和本领、密切党同人民群众的血肉联系、不断增强“四自能力”、始终保持蓬勃向上的政治品格和精神风貌等多方面内容，构成了一个统一的整体。五是要深入理解新时代党的建设八个方面新任务。这些新任务涉及党的建设各个方面、各个领域，突出了党的建设的主要矛盾和重点问题，是推动全面从严治党向纵深发展的实践路径。

《如何理解“党内政治生活质量”的科学概念》（王进，《红旗文稿》2017 年第 24 期）

目前，在对“党内政治生活质量”的理解上有三种认识。一是把“党内政治生活质量”定义为党的各级组织和全体党员的党内政治生活客观条件的综合反映。这种看法将“党内政治生活质量”作为反映党的各级组织和全体党员党内政治生活状况、党内政治生活条件、党内政治生活水平的重要指标，同时也是反映全面从严治党与党的建设新的伟大工程推进程度的发展指标。二是把“党内政治生活质量”定义为社会或人们包括党员对于党内政治生活总体水平和党内政治生活各种客观条件的主观评价，看作社会或人们包括党员对党内政治生活的总体满意度以及对党内政治生活各方面的满意度。三是将上面两种理解结合起来进行考虑，认为“党内政治生活质量”是由反映党的各级组织和全体党员党内政治生活状况的客观条件和社会或人们包括党员对党的各级组织和全体党员党内政治生活状况的主观感受两部分组成的。笔者认为，党内政治生活质量是党的建设水平和党的整体状况的综合反映，是全面提升党的建设科学化水平的系统工程，必须从主客观两个方面深入理解“党内政治生活质量”这一科学概念。

《加强党内政治文化建设》（晓山，《求是》2017年第6期）

政治文化包括政治认知、政治信念、政治情感、政治态度、政治价值观等，深刻影响人们的政治行为。政治文化具有鲜明党性特质，是中国共产党人精神家园的根基，是党的信仰之基、发展之源、行为之舵。加强党内政治文化建设：一是要旗帜鲜明地弘扬先进政治文化。加强对政治文化的宣传阐释，重视政治文化的社会渗透，教育引导党员干部明辨是非黑白、正心修身、涵养文化，把思想和行动集中到自觉、积极贯彻执行党的路线方针政策中。二是要着力提升政治文化的影响力。加强党内政治文化建设，根本任务就是“以文化人”。在新的历史条件下，纯洁党内政治文化，重在增强党内政治生活的政治性、时代性、原则性、战斗性，把建设先进政治文化作为严肃党内政治生活、净化党内政治生态的重要任务。三是要积极同有害政治文化做斗争。党员干部要善于从中华优秀传统文化中汲取营养，传承革命文化的红色基因，从社会主义先进文化中获取滋养，加强自律、慎独慎微，怀德自重、清廉自守，永葆共产党人的政治本色。四是要以党内政治文化引领社会文化。党内政治文化不是在封闭的系统内部自我发展的，党内环境、社会环境都是重要的影响因素。建设先进的党内政治文化，要增强传承性、创造性、务实性、开放性，在继承传统中弘扬党内政治文化，在开放交流中丰富发展党内政治文化，在逐步规范中铸造党内政治文化，以党风正、政风清促民风淳。

胡国喜　中央社会主义学院统战理论教研部讲师

参政党研究

参政党研究述评

2017年是民主党派换届年，因此民主党派的历史、传统和政治交接问题备受关注。理论界在研究民主党派的性质、地位、职能与作用这些基本问题的基础上，围绕新形势和新任务，分析民主党派面临的新机遇和新挑战，就更好地加强自身能力建设，积极履行参政党职能进行了有益的探讨。本年度参政党研究还有一个突出特点，就是紧紧抓住时代特征，展现大数据和“互联网+”等技术进步对政治生活的影响，利用新的研究方法，以新的研究视角，挖掘参政党建设的时代意义，探索提高参政党职能的新路径，体现出较强的时代特性和创新性。

一、参政党性质、地位与作用研究

“中国特色社会主义参政党”是对各民主党派的定性与定位，围绕这一基本定性与定位，学术界对参政党的作用进行了进一步研究。学者们普遍认为，在中国共产党的领导下，明确参政党在我国政治生活中的地位，强化参政党的使命意识和责任担当，充分调动参政党的积极性，发挥他们在国家政治生活中的作用，有助于团结一切可以团结的力量、调动一切可以调动的积极因素，共同为实现中华民族伟大复兴的中国梦而奋斗。

（一）关于民主党派性质与地位的讨论

在明确“中国特色社会主义参政党”概念的基础上，2017年对参政党性质与地位的讨论，主要有以下几个方面内容：部分学者着力于梳理民主党派性质的历史演变，分析中国共产党对民主党派性质认识的发展过程；有的围绕中国共产党与民主党派的关系，从党际关系的角度，对民主党派的地位进行政治定位；有的从构建民主党派主体性的角度出发，探讨明确民主党派政治地位的理论资源。代表性观点如下：

华正学在《党章视阈下民主党派性质演进的三维互动——以民建章程为例》（《统一战线学研究》2017年第1期）一文中指出，中国特色社会主义参政党是现阶段我们对民主党派性质的科学定位。立足民主党派章程的独特视角，回顾中国共产党领导的多党合作和政治协商制度发展历程，不难发现，民主党派性质经历了阶级属性、政治属性、实践属性的三维互动过程。民主党派性质的这种互动演进，充分展示了民主党派社会基础不断扩展、政治纲领不断提升和参政党性质不断鲜明的内在机理，从侧面表明中国社会各种政治力量对民主党派性质的认知有一个逐步深化的过程。

李仁质在《从民主党派早期章程看我国民主党派的性质》(《山西社会主义学院学报》2017年第3期)一文中认为，我国现在共有八个民主党派，每个党派的章程都经过了一个长期的发展和完善过程，各民主党派的章程反映了民主党派发展的历史。党章是一个政党性质的反映，从民主党派早期章程来看，民主党派并不具备现代意义政党的属性。因此，民主党派成立早期，中共便将一些进步的党派称为“爱国党派”，1947年以后称为“民主党派”。此后，一些党派也在一些重要的文件中自称“民主党派”。民主党派章程随着中国革命、建设和改革开放事业的发展而不断完善。如今，八个民主党派都制定了较完备的章程。我国的民主党派已经发展成为具有现代政党意义的中国特色社会主义参政党。

华正学在《政党互动中的民主党派性质演进》(《统一战线学研究》2017年第6期)一文中指出，民主党派的性质定位直接关乎中国共产党领导的多党合作和政治协商制度的发展，是各民主党派和中国共产党都十分关注的重大问题。从政党互动的视角，分析民主党派对自身性质的自我认知和中国共产党对民主党派性质的他者认定，可以看出，各民主党派的政党性质是在自我认知与他者认定的互动统一中实现的。其中，各民主党派的自我认知是基础，中国共产党的他者认定是核心，二者和谐统一是关键。

尹航在《“中国特色社会主义参政党”概念形成的历史考察》(《统一战线学研究》2017年第4期)一文中认为，改革开放以来，尤其是社会主义市场经济体制确立之后，我国的社会阶层构成发生了深刻变化，我国各民主党派的社会基础相应地发生了巨大变化。中国共产党结合各民主党派的社会基础、政治纲领和政治实践的发展，从各民主党派的社会属性和政治属性上进行综合考量，根据实践的发展变化不断厘清自身对各民主党派性质的认识。2013年2月，习近平总书记正式指出各民主党派是“中国特色社会主义参政党”。这一科学论断的提出是中国共产党对各民主党派的性质认识不断深化的成果，是在以往认识的基础上取得的重大突破，标志着中国共产党对各民主党派性质问题的认识达到了一个新高度，也标志着中国共产党政党观念的进一步成熟。

任世红在《提升我国多党合作制度效能的着力点——兼论民主党派的主体性培育》(《广州社会主义学院学报》2017年第3期)一文中认为，政党制度的主体是政党，主体构成通常是区分不同政党制度的重要标识。政党的政治角色及其功能发挥是制约政党制度效能的重要因素。主体的多元性是我国多党合作制度的结构特征，民主党派是多党合作制度的重要政党主体。在推进国家治理现代化的背景下，提升多党合作制度效能，从制度主体的维度看，着力点在于推进民主党派的主体性建设，主要是扩大组织空间，健全民主党派的组织体系；拓展社会空间，强化民主党派的利益代表；优化政治空间，激活民主党派的政治资源；提升功能空间，激发民主党派的功能潜力，进一步发挥民主党派在多党合作和国家治理中的政党功能和作用，实现我国多党合作制度功能与优势应然和实然的真正统一。

张师伟在《中国特色社会主义参政党主体性建设的必要性及党建工作抓手》(《理论与改革》2017年第6期)一文中指出，中国特色社会主义事业的领导核心是中国共产党，中国共产党的执政地位和领导作用在其中发挥着不可替代的重要作用。但中国特色社会主义事业也是一项惠及全国并泽及后世的伟大事业，需要广大社会各阶层同行同心的决心与众志成城的斗志。中国特色社会主义事业及人民群众的新要求及中国共产党的新思想、新理论和新战略，既提供了参政党主体性建设的驱动力，也提出了参政党主体性建设的内容要求，更提供了参政党进行主体性建设的党建工作的现实抓手。中国特色社会主义参政党党建工作的重心，就是要获得政党主体性内容的理论自觉和实践落实。理论自觉是解决为什么要建设参政党、建设什么样的参政党和怎样建设参政党的理论问题，实践落实则是要自觉地将参政党主体性内容，落实在参政党的组织形态、制度体系、行为逻辑等方面。

（二）参政党的作用研究

2017年，学者们对参政党作用的研究，主要聚焦于国家治理现代化和协商民主的发展，探讨参政党在其中可以发挥的作用和应当担当的职责。学者们认为，“国家治理体系和治理能力现代化”的形成和提出，是中国共产党高度重视现代化、不断求解现代化的结果，也是中国共产党认识现代化的最新成果。参政党是社会治理的重要主体之一，在社会治理过程中发挥着不可替代的作用。为此，参政党要从思想建设、组织建设、制度建设和能力建设等多方面提升素质，提高政党协商水平，发挥好参政党参政议政作用。此外，对参政党在“互联网+”时代的作用、对参政党政治责任以及参政党发挥作用的平台的讨论也是本年度这一议题研究的亮点。

1. 参政党在协商民主中的作用研究

进入21世纪后，协商民主的理论和实践在我国不断发展，中共十八大提出了“社会主义协商民主”这一概念，提出了“健全社会主义协商民主制度、推进协商民主广泛多层制度化发展”的总要求。2015年，中共中央颁发《中共中央关于加强社会主义协商民主建设的意见》，对新形势下加强社会主义协商民主建设做出了全面部署。那么，民主党派在社会主义协商民主建设中的地位和作用如何？围绕这一问题，学者们就发挥民主党派成员在协商民主中的独特优势，参政党在协商民主体系中的价值和意义、参政党在社会主义协商民主建设历史进程中的贡献与经验、参政党参与协商民主的平台与路径等问题进行了深入研讨，代表性观点如下：

张永军在《农工党基层组织在协商民主中发挥作用的思考》（《前进论坛》2017年第1期）一文中认为，社会主义协商民主是社会主义民主政治的特有形式，有利于巩固中国共产党的执政基础，促进科学民主决策，为经济社会发展凝心聚力。民主党派基础组织要在社会主义协商民主中发挥作用，就必须从政治基础、人才队伍建设、自身建设、平台支持、“参会、提案”这两个关键等方面更好地努力。

王翔在《民主党派在政协协商民主平台上作用无可替代》（《中国政协理论研究》2017年第2期）一文中认为，人民政协是中国共产党领导的各党派、各团体、各民族、各阶层、各界人士大团结大联合的组织。在这一组织中，民主党派是一支最显著、最重要的力量。作者基于在杭州的实践，认为民主党派在政协的平台上大有可为，作用无可替代。为此，一要秉书直言追求真理；二要深入调研摸准实情；三要联系群众传递民意；四要瞄准问题敢于监督。

方荣在《当代中国党际协商民主研究》（《法制博览》2017年第34期）一文中认为，

中国党际协商民主是我国政治制度文明建设的重要内容。由于这一民主形式坚持民主集中制原则，遵守宪法和法律，围绕国家和地方的重大方针政策和国内外重要事务进行平等协商，因而有利于建设社会主义政治文明，推进我国各项事业的健康发展，具有维护经济政治稳定、表达民众诉求、实现民众利益等功能，是民主党派在实现中华民族的伟大复兴中发挥积极作用的重要形式。

涂序堂在《发挥高校民主党派成员协商民主的优势，优化非理性因素对大学生政治参与的消极影响》(《市场论坛》2017年第1期）一文中认为，非理性因素对大学生政治参与常表现出一定的消极影响效应，具体为消极抑制、迷茫误导和惰性抵制等作用。为了解决这一问题，我们需要发挥高校民主党派成员实践协商民主的优势，进一步优化非理性因素对大学生政治参与的消极影响，进而提高大学生政治参与的水平。

郭红霞在《我国协商民主的实践现状研究》(《延边党校学报》2017年第1期）一文中指出，我国的政治制度是共产党领导的多党合作和政治协商制度。政治生活中，各民主党派在共产党的领导下就国家、社会发展、民生领域等重大问题进行广泛协商，协商民主实践的好坏与否，将直接影响国家的大政方针与政策能否和谐发展。为此，需要立足于我国基本国情，借鉴各国政治文明之成果，来推进我国协商民主广泛多层制度化发展。

杨霞、杨鹏在《协商民主视角下高校党外代表人士队伍建设研究——以重庆理工大学为例》(《福建省社会主义学院学报》2017年第1期）一文中指出，推进党外代表人士参与协商民主实践，是中国特色社会主义民主政治发展的重要生长点。作者从协商民主的视角，论证了新形势下加强高校党外代表人士队伍建设的重要意义，分析了重庆理工大学党外代表人士队伍建设的现状和存在的问题，并由此提出了加强高校党外代表人士队伍建设的思考与举措：一要进一步提高认识，着力抓好工作组织领导；二要进一步加强宣传教育，着力营造“大统战”氛围；三要进一步加强民主党派建设，着力推进多党合作事业的发展；四要进一步充分调动党外知识分子的积极性，着力加强党外代表认识队伍建设；五要进一步拓宽工作领域，着力确保高校和谐稳定；六要进一步创新工作方式方法，着力提高统战工作科学化水平。

吴亮在《参政党基层组织参与协商治理的路径研究》(《河北省社会主义学院学报》2017年第1期）一文中认为，积极探索协商民主视域下参政党参与协商治理，合理把握参政党基层组织在协商治理中的职责权限，对于参政党更好地履行职能、推进国家治理体系与治理能力现代化、发展和完善社会主义协商民主有着非常重要的现实意义。因此，需要对参政党基层组织实践协商民主、参与协商治理的独特优势和存在问题进行分析，并从参政党基层组织成员担任基层国家机关公职人员、借助人民政协舞台、发挥参政党民主监督作用、投身社会服务等路径，把参政议政、民主监督、政治协商和社会服务每个环节融合到协商治理中，不断提高协商治理制度化、规范化、科学化水平。

肖存良在《个体与界别：民主党派在政协发挥作用的双重维度》(《团结》2017年第1期）一文中认为，政协是民主党派发挥作用的重要平台。中华人民共和国开国建政的重要特征是协商建国，即中国共产党与各民主党派合作协商，由中国人民政治协商会议第一次全体会议代行全国人民代表大会职权，选举产生中央人民政府，建立中华人民共和国。在协商建国过程中，民主党派作为一个参加单位，响应中国共产党“五一口号”，参与了协商建国的全过程，是协商建国的重要参与主体和协商主体。中国人民政治协商会议成立之后，民主党派又进入人民政协，成为人民政协的一个参加单位。1954年制定的《中国人民政治协商会议章程》指出，“中国人民政治协商会议以各民主党派、各人民团体为基础组成”。2004年修订后的政协章程把“参加单位”改成了“界别”，民主党派成为了人民政协的界别之一，所以民主党派最初是以“参加单位”形式参加人民政协，后又以“界别”形式参加人民政协，但是无论作为哪种参与方式，民主党派在政协都是一个参与主体，一种政治组织，并以组织化的形式开展活动、发挥作用。

黄福寿在《民主党派与人民政协》(《团结》2017年第1期）一文中认为，人民政协是中国共产党同各民主党派、人民团体、各族各界爱国人士长期团结奋斗的成果，是民主党派发挥作用的重要平台。民主党派与人民政协共生共长，民主党派与人民政协制度的确立、民主党派和人民政协制度的演进、民主党派与人民政协功能的实现等方面，都展示了中国特色社会主义民主政治发展的历史场景和发展逻辑。

2. 参政党在国家治理体系和治理能力现代化中的作用研究

推进国家治理体系和治理能力现代化是全面深化改革的总目标，对于中国的政治发展，乃至整个中国的社会主义现代化事业来说，都具有重大而深远的理论意义和现实意义。在这个过程中，参政党既责无旁贷又大有可为。2017年度这一问题的研究，带有强烈的问题意识和现实关怀，学者们聚焦国家治理的一个个具体领域和具体问题，探讨了参政党发挥作用的方式与途径，代表性观点如下：

陈云亮在《新媒体条件下发挥民主党派在意识形态工作中积极作用的思考》(《江苏省社会主义学院学报》2017年第3期）一文中指出，新媒体条件下，发挥民主党派在意识形态工作中的积极作用，是中共中央的明确要求，是中国特色社会主义参政党的题中之义，也是加强民主党派队伍建设的内在需求，更是应对新形势新挑战的重要举措。当前民主党派意识形态工作存在思想认识跟不上、方法手段较单一、能力水平待提高、舆论引导声音弱等短板。发挥民主党派在意识形态工作中的积极作用，需要在提高思想认识、加强正面引导、创新方式方法、培养专门队伍、促进媒体融合等方面着力，积极发声，理性发声，弘扬主旋律，释放正能量。

王丽锟在《论参政党在国家治理现代化中的作用》(《河北省社会主义学院学报》2017年第2期）一文中认为，在国家治理现代化过程中，发挥参政党作用是“国家治理现代化”题中应有之义。参政党是国家治理多元主体的重要一员，能起到推动国家治理现代化进程的重要作用。作者从国家治理体系和能力现代化两个方面进行路径探析，认为在促进国家治理体系现代化方面，对于参政党治理体系存量，要求“尊、学、守、用”，对于参政党治理体系变量，要求“坚持原则、敢于创新”；在促进国家治理能力现代化方面，要厘清参政党自身的能力清单、确定目标，从强化角色与定位、提高参政议政水平、加强人才队伍建设三个角度制订行动计划，从而加强参政党在国家治理现代化中的作用。

常庆林在《参政党推进国家治理体系和治理能力现代化路径的双重维度》(《山西社会主义学院学报》2017年第2期）一文中指出，国家治理能力现代化是中国共产党治国理政理念的升华。参政党是社会治理的重要主体之一，在社会治理的实现过程中发挥着不可替代的作用。从参政党与国家治理的关联性来看，参政党参与国家治理体系和治理能力现代化应具备实践性思维、创新性思维、世界性思维。新形势下，参政党推进国家治理体系和治理能力现代化应从参政党自身建设发展的主观维度和参政党参与社会管理的客观维度着手，强化参政党成员的思想意识，加强参政党自身制度建设，重视和发挥参政党基层组织在社会管理中的作用，加强执政党和群众对参政党参与社会管理的认知度，建立和完善制度，保证参政党有序参与社会管理。

黄颂凯、邓可英在《“四个全面”战略布局中民主党派推进政党协商的思考》（《广西社会主义学院学报》2016 年第 6 期）一文中认为，政党协商是中国共产党领导的多党合作和政治协商制度的重要内容，是社会主义协商民主体系的重要组成部分，在协调推进“四个全面”战略布局中具有独特优势和作用。新形势下民主党派应充分发挥自身优势作用，增强使命感、把握新定位、找准着力点，积极探索和大力加强与执政党的协商合作，不断增进政治共识、广泛凝心聚力，不断促进科学民主决策、推进国家治理体系和治理能力现代化，不断丰富和发展中国特色政党制度理论与实践，凝聚服务“四个全面”战略布局的最大公约数。

陈勇在《民主党派依法发挥政党协商作用与关联政治信息完备化的效应》（《陕西社会主义学院学报》2017 年第 4 期）一文中认为，中国共产党领导的多党合作和政治协商制度是中国特色社会主义民主制度的基本核心内容之一，有利于推进依法治国、全面实现小康社会、实现中华民族伟大复兴的目标。积极促进物质文明、精神文明、政治文明建设，不仅是中国共产党作为执政党的政治纲领和现实任务，也是民主党派履行政治职能的宗旨，是国家治理现代化的基石。民主党派作为参政党，团结于中国共产党的周围，践行参政议政、民主监督和政治协商的职能，以关联政治信息完备化的效应为基础，共同协调推动中国特色社会主义政党政治的文明发展。

曾明星在《“互联网 +”背景下民主党派治理能力现代化研究》（《湖南省社会主义学院学报》2017 年第 5 期）一文中认为，随着国家出台“互联网 +”发展战略和行动计划，新形势下民主党派迎来了新的发展机遇。如何进行民主党派治理能力现代化建设，也是各民主党派面临的一个紧迫而又重要的问题。通过运用互联网思维构建“以公民为中心”的治理理念和模式，运用互联网技术构建党派大数据治理模式、“精准”治理模式与智慧治理环境，创建适应“互联网 +”的开放性、包容性机制，重视复合型人才培养和队伍建设，积极培育“互联网 +”文化，全面提升民主党派治理能力现代化水平。

张阿樱、李志平在《中国特色社会主义参政党履职范式研究》（《黑龙江省社会主义学院学报》2017 年第 1 期）一文中认为，深刻认识中国各民主党派的基本属性及其规定性，是民主党派履行好职能的条件和基础。民主党派履行参政议政、民主监督、参加中国共产党领导的政治协商三项基本职能，其基本要求是围绕中心、服务大局，关注民生、促进发展；其重要方法是党委出题、党派调研、政府采纳、部门落实。

盛佩琰在《“补短板”语境中民主党派基层组织参与社会治理的路径探索》（《上海市社会主义学院学报》2017 年第 5 期）一文中认为，从完善社会治理体系角度看，民主党派作为参政党，参与国家政治生活有制度化的机制安排。从民主党派自身建设角度看，参与社会治理能进一步增强政党意识，是我国民主政治建设中的重要环节。随着“治理”

内涵的丰富、外延的拓展，民主党派及其基层组织不断探索着参与社会治理的路径。要在“补短板”的语境中寻找民主党派基层组织参与社会治理工作的新的切入点、着力点、发力点，在提升“补短板”自觉能动性、优化“补短板”工作环境、打造“补短板”信息枢纽、制造多样化“补短板”工具、积蓄“补短板”人才力量等方面，探索民主党派基层组织参与社会治理的新路径。

黄天柱在《团体提案视野下民主党派的利益代表功能探析》(《团结》2017 年第 1 期）一文中从“一根头发”与“一把头发”的关系角度，探讨了民主党派充分发挥利益表达功能的重要性。作者认为，统战工作一个非常重要的思维和方法是以点带面，即吸纳一个、影响一片。从这个意义上讲，被纳入统战对象范围的精英和组织，如果他们的代表性弱化了甚至没有了，那么他们的参与顶多就是一种精英民主的形式，而对中国共产党而言，顶多也就是吸纳精英的一种手段。但如果他们真正具有代表性，那么尽管形式上看仍是精英参与，但这种精英参与却与大众民主紧紧绑在一起，从而就能适应现代民主政治发展的基本逻辑。另外，民主党派内有大量专业人才，可以发挥一定的智库作用。但民主党派通过履行参政议政、民主监督、参与中国共产党领导的政治协商这三大基本职能，不仅要发挥决策咨询功能，而且还要发挥民主监督、利益表达和认同建构功能，并最终要服务于统一战线凝聚人心、汇聚力量的主要任务，这是与专业智库不同的，也是专业智库无法替代的。

二、参政党的历史研究

研究民主党派在不同历史时期的价值观念与政治追求，分析民主党派对共产党从排斥、吸引、合作再到接受共产党领导的历史过程，展现民主党派在不同历史时期对中华民族伟大复兴做出的伟大贡献，对我们继承优良传统、搞好政治交接具有重要意义。因此，2017 年对民主党派历史的研究，最突出的特点就是结合党派换届的历史契机，对民主党派的优良传统进行了深入挖掘，从而为民主党派搞好政治交接提供了思想资源和政治智慧。

（一）民主党派在民主革命时期的历史研究

结合民主革命时期的重大历史事件，考察民主党派在重要历史节点的政治表现，对民主党派的政治立场、政治纲领进行细致研究，证明多党合作制度的历史必然性与合理性，是 2017 年民主党派历史研究的重要内容。这些研究具有重要的实践价值，就在于它有力地指导了民主党派开展的“不忘合作初心、继续携手前进”的主题教育活动，为多党合作制度更好地发挥制度效能和更好地发挥民主党派作用提供历史与现实的确证。代表性观点如下：

尹浩、李志强在《西柏坡时期党外人士对中共领导及道路认同研究》(《河北省社会主义学院学报》2017 年第 3 期）一文中认为，西柏坡时期，中共适应形势和时代发展的需要，为实现民族独立、国家富强和人民的幸福的目标，提出了新民主主义道路。这条道路得到了民主党派、无党派民主人士的拥护和爱戴，他们通过实践认识到，只有在中共的领导下，走中共提出的道路，才是解决中国问题的唯一出路，因此他们认同中共的道路，并且真心真意跟党走，为了同一目标而共同奋斗。当今时代条件、历史方位和面临的任务都发生了巨大变化，但是无论如何变化，在实现中华民族伟大复兴中国梦的历史征程中，我们仍然需要团结在以习近平同志为核心的党中央周围，在党的领导下，团结包括各个民主党派在内的全国人民，努力奋斗，走中国特色的社会主义道路，实现中华民族伟大复兴中国梦的伟大目标。闫社喜、王军在《西柏坡：开创新中国统一战线新纪元》（《河北省社会主义学院学报》2017 年第 1 期）一文中也表达了类似的观点，作者认为，西柏坡时期是中国共产党历史上一个辉煌耀眼的时期，它是新中国的摇篮，也是统一战线和多党合作制度的摇篮。在这一时期，新民主主义革命即将取得全国胜利，各民主党派实现了公开接受中国共产党领导的历史性转变。

周巧生在《关于“民主科学座谈会”和“九三座谈会”的再研究》（《上海市社会主义学院学报》2017 年第 2 期）一文中认为，人们一般将九三学社的历史追溯到 1944 年底由文教科技界知识分子在重庆发起的“民主科学座谈会”阶段，并将“民主科学座谈会”认定为九三学社前身。然而多年以来，此说法仍有争议，焦点在于“民主科学座谈会”是否存在。作者通过对诸多文献的梳理和考证后认为：座谈会存在是个事实，抗战胜利后座谈会正式得名为“九三座谈会”，只不过“九三座谈会”因为存在时间短，在九三学社社史中没有得到足够重视。实际上，“九三座谈会”对九三学社的创建起到承上启下的作用。

任禀洁、黄晓翠在《民主革命时期民主党派的历史沿革》（《陕西社会主义学院学报》2017 年第 1 期）一文中认为，民主党派从中国的土壤里生长出来，早期的数百个中间势力及其政党政派在历史的洪流中大浪淘沙，最终形成了现今的八个民主党派，这是民主革命时期民主党派在抗日反蒋革命斗争及争取救国民主的过程中必然的选择，民主党派与中国共产党同舟共济、荣辱与共，建立了革命的统一战线并且最终接受中国共产党的领导，建立了新中国。

骆平在《“民主之家”特园在多党合作史上的地位和作用研究》（《上海市社会主义学院学报》2017 年第 5 期）一文中认为，特园是抗战胜利前后中国共产党和各民主党派、陪都各界进步人士共商国是的地方，是南方局在重庆贯彻党的抗日民族统一战线政策的重要场所，是中国民主同盟和民革前身的一部分——三民主义同志联合会的诞生地，为我国多党合作制度形成打下了坚实的实践基础和组织基础。特园在我国“政治协商”重要形式的确立以及多党合作优良传统的传承中具有重要作用。

钱牧在《中国政党趋同现象的历史缘起考察（新民主主义时期）》（《上海市社会主义学院学报》2017 年第 5 期）一文中认为，政党趋同是当代中国政党关系与政党政治发展过程中所衍生的问题，是一系列历史因素与现实因素相互交织所产生的结果。从历史的角度上看，各民主党派成立时在阶级基础、政治理念等方面的先天相似性是导致这种趋同的历史基因。国共两大党对于民主党派的不同政策决定着这种趋同的发展方向。中共“五一口号”的发布以及各民主党派对于口号的积极响应，标志着共产党领导的多党合作这种政党关系正式形成。这使得中共与各民主党派之间的趋同从“具有可能性”成为“一种必然的历史发展趋势”。新政协运动的开展及其成果《共同纲领》的颁布，正式确立了共产党领导的多党合作与政治协商的制度框架，以此奠定和强化了我国政党趋同的政治基础。

李传玺在《团结合作争民主——民盟在出席联合国制宪大会代表问题上与中共的配合》(《群言》2017年第10期）一文中指出，1945年4月25日联合国制宪大会在美国旧金山开幕，6月26日闭幕。出席会议的有50个国家的282名代表。中国作为联合国发起国之一，派出了宋子文、顾维钧、王宠惠、魏道明、胡适、吴贻芳、李璜、张君劢、董必武、胡霖十名正式代表。其中，董必武是中共代表，李璜和张君劢是民盟代表。在组织中国代表团的问题上，民盟与中国共产党积极配合，同国民党进行了坚决斗争，打破了国民党企图独占代表团名额的计划。

（二）民主党派在新中国成立后的政治实践研究

新中国成立后，中国共产党确立了与各民主党派“长期共存，互相监督，肝胆相照，荣辱与共”的方针，为民主党派更好地发挥作用奠定了基础。那么，在新中国成立前后这样一个重要的历史节点，民主党派究竟发挥了什么作用？这其中有什么样的经验和教训值得我们总结？2017年，研究者们对这些问题给予了高度关注，丰富了对民主党派和多党合作历史的研究，代表文章如下：

王砚戎在《不忘初心携手同行——“民主与科学”是九三学社与中国共产党通力合作的基石和动力》(《天津市社会主义学院学报》2017年第2期）一文中指出，新中国成立前后，九三学社将“五四”精神的内涵“爱国、进步、民主、科学”作为了九三学社的立社之基，大力弘扬民主精神和科学精神，为九三学社在新的历史条件下坚持中国共产党领导的多党合作和政治协商制度提供了坚实的基础和动力。随着时代的发展，“爱国、民主、科学”逐步变成九三学社的鲜明特色和文化精髓，成为九三学社不忘合作初心，继续携手前进的力量源泉。

任禀洁在《九三学社与中国共产党合作的基本历史》(《云南社会主义学院学报》2017年第2期）一文中指出，九三学社在中国共产党的鼓励与推动下成立，自成立之日起就与中国共产党有着共同的救国救民情怀。九三学社的基本主张及其革命实践活动与中国共产党的抗日民族统一战线的精神也是完全一致的，九三学社在与中国共产党并肩战斗、风雨同舟中成为战友、诤友，并且在中国共产党的帮助和支持下发展壮大，成为与中国共产党一道共同致力于中国特色社会主义伟大事业的参政党。

黄天柱在《民主党派组织发展界别特色的形成演变及理论思考》(《广西社会主义学院学报》2017年第3期）一文中指出，各民主党派在中国特殊的国情条件和历史演进中，在组织发展方面明确了各自的重点分工，在此基础上形成了各党派的界别特色。民主党派组织发展的界别特色是历史与现实的产物，既体现了对历史的承继性，也体现了对现实的回应性。基于组织发展重点分工形成的成员结构界别特色，有助于民主党派在履职过程中形成各自的功能界别特色。民主党派与中国共产党在发展对象上既有交叉，也有错位，这既反映了社会发展的趋势，又体现了民主党派的价值。各民主党派组织发展的重点分工有边界，也有重叠，由于交叉发展导致的界别趋同现象需要引起高度关注。

胡耿、唐富满在《新中国成立初期民主党派报刊的角色转换及其影响——以广州〈联合报〉为中心》(《党史与文献研究》2017年第1期)一文中指出，新中国成立初期，在中共中央华南分局统战部主导下，广州的各民主党派共同创办了《联合报》。该报在宣传新中国成立初期中国共产党的新政策和新方针方面起到了重要作用，为新中国成立初期广东的统战工作做出了贡献。两年后，《联合报》停刊并转型成为广州市委机关报《广州日报》。民主党派报刊的角色转换，是观察和了解新中国成立初期中共新闻媒介的政策倾向以及国内媒介生态环境的一个窗口。首先，《联合报》的创办，成为新中国成立初期广东统一战线的一个重要标志。其次，《联合报》的创办在舆论宣传方面发挥了重要作用，为当时中共各项政策在广东的顺利实施起到了很好的舆论导向作用。再次，《联合报》为《广州日报》的创办奠定了基础。此外，《联合报》办刊期间没有花费国家一分钱，自力更生实现盈利，这在当时来说是难能可贵的。

三、参政党的职能研究

《中国共产党统一战线工作条例(试行)》明确规定，民主党派的基本职能是参政议政、民主监督，参加中国共产党领导的政治协商。围绕这三大职能，学者们认真研讨了参政党履职的瓶颈与对策，分析了参政党履职的途径与方法，研究了参政党的职责使命，从而为参政党更加充分地履行职能提供了方法论指导。此外，还有部分学者探讨了参政党的社会服务职能问题。代表性观点如下：

(一)新时代参政党的职责使命

随着中国特色社会主义进入新时代，民主党派承担着更重要的职责与使命，需要更加充分实现参政党的功能，从而为中华民族伟大复兴凝心聚力。那么，新时代民主党派有着什么样的职责使命？中共十九大召开之后，这一问题开始破题，学者们对此有了初步思考，代表性文章如下：

王小鸿在《论新时代民主党派的职责使命》(《山东省社会主义学院学报》2017年第6期)一文中指出，十八大以来，民主党派履职尽责取得了重大成就。当前中国特色社会主义已经进入了新时代，各民主党派要紧密团结在以习近平同志为核心的党中央周围，把十九大精神切实贯彻到参政议政、民主监督和中国共产党领导的政治协商之中，致力于建设适应新时代中国特色社会主义要求的参政党，为全面建成小康社会、实现中华民族伟大复兴的中国梦做出贡献。走进新时代，努力建设适应新要求的参政党；踏上新征程，大力加强实现新目标的参政议政；打赢新攻坚，务实推进覆盖新领域的民主监督；面对新矛盾，积极开展负有新使命的政党协商，正是新时代中国特色社会主义参政党的职责使命。

吴艳春在《新时代中国特色社会主义参政党的政治责任》(《黑龙江省社会主义学院学报》2017年第4期)一文中指出，中国特色社会主义参政党是对民主党派时代特质、本质属性和政治地位做出的科学概括，体现了鲜明的中国特色。民主党派要充分认识和把握新时代中国特色社会主义参政党的时代内涵和历史方位，增强政党责任意识，传承多党合作的优良传统，切实履行基本职能，加强中国特色社会主义参政党建设，增强履职尽责的能力和素质。

龚立群在《为全面建成小康社会献计出力——民建如何履行参政党职能》(《人民论坛》2017 年第 25 期)一文中指出，站在新的历史起点，面对新的时代重任，民建坚持认真贯彻落实习近平总书记重要讲话精神，按照全面建成小康社会的“时间表”，沿着中国梦的“路线图”，认真履行参政党职能，助推中华民族伟大复兴中国梦的实现。一要围绕中心工作，发挥参政议政职能，为全面建成小康社会建言献策。二要围绕改革发展，发挥民主监督职能，为全面建成小康社会保驾护航。三要围绕领导核心，发挥自身特点和优势，为全面建成小康社会贡献力量。四要围绕改善民生，发挥社会服务功能，为全面建成小康社会添砖加瓦。

辽阳市社会主义学院课题组在《中国参政党功能发挥问题研究——以辽阳市民主党派为例》(《辽宁省社会主义学院学报》2017 年第 1 期)一文中认为，参政党功能的充分发挥需要参政党自身的努力，更需要执政党担负起扶持、帮助参政党发展的政治责任。充分发挥参政党功能，可以从以下几个方面努力：加大对多党合作制度的宣传；依靠党委，发挥自身优势，围绕中心，服务大局，开创参政议政工作新局面；加强与对口单位联系，将参政议政工作基础做实；通过创新机制，加强知情协商、民主监督。

(二)参政议政职能

参政议政是民主党派在我国民主政治生活中履行职能、发挥作用的重要途径，是衡量民主党派政治价值、工作效能的重要标准，也是参政党与政权关系、参政党功能和作用的集中体现。2017 年学者们对这一问题的研究，采用实证研究等方法，聚焦于大数据、参政议政能力提升与提高参政议政实效等问题，代表性观点如下：

1. 新媒体时代参政党参政议政面临的机遇与挑战

新媒体时代下，利用自媒体等形式精准化参政议政成为新的趋势。构建新型参政议政平台，拓展参政议政渠道和途径，引导民主党派成员提升运用媒介和网络技术能力，发挥更加有效和积极的参政议政作用，成为新形势下参政议政的一项重要研究课题。代表性研究如下：

王劲松、王维在《关于大数据时代民主党派提高参政议政能力的思考》(中央社会主义学院学报》2017 年第 1 期)一文中认为，完善民主党派参政议政职能，加强民主党派参政议政能力建设，是一项复杂的系统工程。大数据时代为这个系统工程注入了新的活力，民主党派通过合理运用大数据能够开展精准化的参政议政。作者从参政议政大数据的来源、运用大数据对民主党派参政议政水平的意义，以及如何运用大数据提升民主党派参政议政能力等方面进行了分析，指出合理运用大数据，将数据进行汇聚整合和关联分析，能够提升民主党派参政议政能力。

王腊梅、邢中先在《“互联网 +”视阈下民主党派参政议政信息平台研究》[《重庆理工大学学报(社会科学版)》2017 年第 5 期]一文中认为，参政议政是我国政治制度赋予民主党派的基本职能，完善民主党派参政议政信息平台建设是参政党履行自身职能的必然需要。自 2015 年李克强总理提出“互联网 +”概念以后，“互联网 + 参政议政信息平台”为民主党派参政议政搭建了一个全新的平台。作为参政党的民主党派要紧抓“互联网＋参政议政信息平台”这一发展契机，不断提高民主党派成员的媒介素养和运用网络技术的能力，不断构建新型参政信息平台，这将有助于提高民主党派参政议政的能力，提升其参政议政水平。

张凌在《大数据时代下民主党派的参政议政》（《民主》2017年第5期）一文中指出，现在是移动互联网＋、物联网、信息服务、大数据的时代。当下的任何决策如果缺少大数据环境下的数据挖掘和分析将降低决策的科学性和成功率，因此民主党派如何在大数据时代下进行参政议政将是一项重要的研究课题。在新时期，民主党派要主动拥抱移动互联网＋、物联网、信息服务、大数据，探索参政议政新常态，提高参政议政新水平。首先，要利用大数据突破“信息孤岛”，提高参政议政水平；其次，要利用大数据提高参政议政前瞻性、全面性和实效性；最后，要利用大数据提高参政议政科学性，改进社会管理，搭建公共服务平台，开创新形势下参政议政工作的新局面。

2. 参政党提高参政议政能力研究

对参政议政能力问题，学者们把研究触角伸向具体的领域和方面，有的研究者从高校出发，指明高校民主党派成员参政议政存在的问题以及解决路径；有的研究者从文化建设领域出发，探索了在文化建设中参政党具有的独特优势和应该承担的责任。

韩启德在《讲政治有依据真管用文风实民主党派参政议政“四要”》（《人民论坛》2017年第20期）一文中认为，中共十八大以来，习近平总书记曾经在多个重要场合对民主党派参政议政工作提出殷切期望，这些重要论述是引领民主党派参政议政工作的行动指南和根本遵循。民主党派参政议政要做到讲政治、有依据、真管用、改文风，推动参政议政工作迈上新台阶。

张震宇在《高校民主党派成员参政议政能力提升研究》（《民主》2017年第11期）一文中认为，参政议政是民主党派的基本职能之一，也是发挥参政党作用的重要环节。高校是民主党派成员相对集中的地方，民主党派成员大多是教学科研和管理骨干，是我国经济建设和社会发展的骨干力量，具有联系广泛、业务能力强和思想活跃等方面的特点，也是民主党派成员履行参政议政与民主监督职能的重要力量。但是，由于他们同时也承担着繁重的本职工作，并且缺乏参政议政能力的专门训练，所以在参政议政时会产生与现实要求不相适应的矛盾，存在参政议政热情不高的现象，影响了参政议政的实际效果。因此，加强高校民主党派参政议政职能建设，不断提高民主党派成员参政议政能力，进一步发挥高校民主党派在国家政治生活和经济社会发展中的作用，是新形势下民主党派建设的重大课题。

吴晓蓓在《践行参政职能提升议政水平——致公党江苏省委基于“实践—认识—议政”的参政履职思考》（《江苏省社会主义学院学报》2017年第3期）一文中总结了致公党江苏省委各级组织近些年的履职经验，认为提升议政水平要从参政党的历史担当、发挥特色和优势以及议政能力提升等方面着手，践行“实践—认识—议政”的履职模式。

吴艳春在《民主党派履行参政议政基本职能着力点论析》（《陕西社会主义学院学报》2017年第4期）一文中认为，参政议政作为民主党派的基本职能之一，是衡量各民主党派政治价值、工作实效的重要标准。民主党派切实履行参政议政基本职能，需要以执政党与参政党共同的政治基础和价值认同作为重要着力点。在履行参政议政职能中，要遵循我国政治体系的政治原则和政治规则，围绕中心、服务大局，深入开展调查研究，积极反映社情民意，切实加强自身建设。

李为民在《民主党派参与文化建设探析》(《云南社会主义学院学报》2017 年第 2 期）一文中认为，民主党派文化人才资源丰富，他们既是先进生产力的开拓者，又是精神产品的生产者和传播者，是民主党派服务文化建设的重要力量。民主党派应充分发挥其在文化建设中的独特优势，从自身实际出发，将文化元素融入思想教育、参政议政、社会服务工作中，拓展工作方向，创新工作载体，为推动社会主义文化大发展大繁荣贡献智慧和力量。要坚持以社会主义核心价值体系引领民主党派自身建设航向，积极发挥民主党派在文化建设中凝聚思想共识的积极作用。同时，民主党派在继承发展中华民族优秀文化传统，学习吸收国外优秀文化成果，提高全民族思想道德和科学文化素质，推进文化创新，增强文化发展活力等方面同样具有突出的优势和作用。

李淑萍在《民主党派参政议政能力问题研究——以宁夏为例》(《河北省社会主义学院学报》2017 年第 1 期）一文中认为，如果各民主党派的参政议政能力大幅提高，参政议政的实效得到显著提升，就可以充分体现出我国政党制度的优越性。完善和提高民主党派参政议政能力可从以下几个方面着手：一是进一步巩固各民主党派参政党的政治地位，提高民主党派的参政议政能力；二是党委重视，多方配合，加强信息交流，积极拓宽参政议政渠道；三是进一步加强自身建设，不断提高参政议政能力；四是建立包容个性、宽容错误的权利保障机制，形成积极向上的参政议政的良好风尚；五是完善平台建设，建立有效的参政议政渠道。

李仲先在《参政党基层组织参与公共决策研究——以致公党攀枝花市委会为例》(《云南社会主义学院学报》2017 年第 2 期）一文中认为，参政党参与公共决策是履行参政议政职能、发挥作用的重要形式，是协商民主的主要内容。作为参政党的基层组织，参政议政更多的问题是非政治性的内容，主要是从微观公共决策上起到对决策者的辅助与协助功能。目前参政党基层组织在参与公共决策中存在着人才缺乏、成员参与公共决策热情不高、信息渠道不畅、组织机构不健全等问题，因此参政党基层组织要提高参与公共决策的效能，就必须加强人才队伍建设、拓展信息渠道，健全组织机构和树立敢于实事求是讲真话的精神。

王木森在《存同与求异：民主党派“发声”的逻辑、路径与机制》(《岭南学刊》2017 年第 2 期）一文中认为，民主党派“发声”是民主党派就国家政治经济社会发展等发出自己独创性的思想、见解和观点，提出自己独立性、建设性的意见、建议和批评，实现参政党功能的过程。民主党派“发声”本质是“存同求异”，即参政党与执政党“存同”过程发出有分量、有见地的真知灼见为民谏言、为党补天。民主党派可通过建构“谁发声”“发什么声”“在哪儿发声”的“主体、音质、渠道”三统一的“发声”路径，建立“学习、激励、人才”的“发声”动力机制和“调研、领导、评估”的“发声”运行机制，实现民主党派积极“发声”、有效“发声”。

闫红果在《“同心”视角下民主党派建言献策研究》(《湖北省社会主义学院学报》2017 年第 4 期）一文中结合对浙江省 H 市六大民主党派状况的调研，分析了民主党派建言献策数量少、质量低、时效性差、优势减弱等问题。作者认为，积极主动性欠缺、能力不足、途径单一是制约民主党派建言献策的重要因素。破解该难题，需要进一步增强民主党派对建言献策重要性的认识、提升民主党派建言献策的能力与水平、拓展民主党派建言献策的方式与渠道。

王霞在《民主党派参政议政能力优化研究——基于组织结构的视角》(《黔南民族师范学院学报》2017年第6期）一文从组织结构视角出发，以民建会员在政府中的任职与提案为重点，着重考察了广州民建参政议政的状况。民主党派参政议政的瓶颈源于民主党派在中国政治格局中的地位设计与自身组织结构的薄弱性，因此要提升民主党派参政议政的质量，民主党派就要完善自身的组织结构，强化参政议政的激励机制。

3. 新型智库助力参政议政研究

新型智库建设是事关科学民主决策，事关国家治理体系与治理能力现代化建设的重要议题。那么，民主党派与智库建设是什么关系？能发挥什么作用？围绕这些问题，学者们进行了深入探讨，成为2017年参政党研究的重要创新点之一。学者们普遍认为，民主党派积极参与新型智库建设，有助于提高参政议政水平，从而为推进中国特色社会主义经济、政治、文化、社会和生态建设贡献力量。代表性观点如下：

刘菊香在《民主党派参与中国特色新型智库建设研究》(《广州社会主义学院学报》2017年第1期）一文中认为，民主党派的人力资源与智库的智力基础、民主党派的活动机制与智库的运行系统、民主党派的职能定位与智库的功能作用、民主党派的组织独立与智库的特征要求等诸多方面相契合，具有参与中国特色新型智库建设的优势和条件。目前，民主党派在探索建立党属智库的同时，积极参与我国各类智库的建设与活动，但仍处在起步阶段，存在定位不清晰、特色不鲜明、影响力不大、制度环境不理想等问题。面对这些问题，民主党派应多一些“冷思考”：精准定位，厘清民主党派与新型智库之间的差异；保持特色，积极参与新型智库建设提升履职能力；提高效能，全方面谋划避免“政治秀”。

宋广磊在《如何发挥民主党派智库的作用》(《团结》2017年第1期）一文中认为，民主党派智库要发挥好作用，需要具备五种能力，最重要的是要具有依据现在预判未来的能力，当好“远镜”。民主党派智库的作用除了获取现有的信息、收集现有的政策、沟通现有的部门外，还要具备放眼未来事物、掌握事物发展规律的能力，从而提供有参考价值的对策。

张怀东、杨冲在《从意识形态视角看民主党派智库优势》(《前进论坛》2017年第2期）一文中指出，当前我国智库发展迅速，然而受西方学者关于智库“中立”“去意识形态”等话语影响，国内学者对智库意识形态功能研究相对较少。智库是否完全中立，历史自有说法，但从历史发展的视角来考察，智库在意识形态建设中确有其地位和作用。民主党派智库要发挥专业知识优势，不断充实“中国方案”内涵；要发挥公共外交功能，不断提升“中国方案”影响。

沙勇在《科学建构参政党新型智库》(《中国社会科学报》2017年11月16日第2版）一文中认为，习近平总书记在中央统战工作会议上对民主党派提出了加强“四个建设”，提升“五种能力”的要求，这是新时期、新形势下对民主党派如何加强自身建设，提高履职能力的最新诠释。在智库发展已成为国家软实力的重要组成部分，并提升到国家战略高度的条件下，当前各民主党派要应对参政议政面临的挑战，顺应历史发展和时代要求，就需要通过整合资源、完善机制、规范运作，积极参与新型智库建设，发挥智库作用，这是切实提高履职能力、建设现代高素质参政党的有效途径。

（三）民主监督职能

民主监督是在坚持四项基本原则的基础上通过提出意见、批评、建议的方式进行的政治监督，是非权力监督，是我国社会主义监督体系的重要组成部分。由于中国共产党处于领导和执政地位，更加需要自觉接受民主党派的监督。在这一共识的基础上，2017年对民主监督的研究主要侧重以下几个方面：参政党民主监督的基本问题研究、参政党民主监督的创新研究、参政党民主监督发挥作用和产生实效研究以及脱贫攻坚民主监督研究等。值得注意的是，有的学者从政治学和方法论的视角，考察民主监督的意义和价值，从某种意义上开拓了民主监督的研究视野，具有亮点和新意。

1. 参政党民主监督的基本问题研究

2017年对民主监督基本问题研究主要围绕民主监督的历史、性质、地位、作用和存在的问题以及对策等方面展开阐述，代表性观点如下：

郭洪泉在《关于民主党派民主监督的几点思考》（《前进论坛》2017年第6期）一文中认为，相对于政治协商和参政议政职能，民主监督一直是各民主党派履职的短板。中共十八以来，以习近平同志为核心的中共中央提出从制度上保障和完善民主党派的民主监督职能，并部署各民主党派中央开展脱贫攻坚专项民主监督。作者认为，参政党要从以下几个方面积极探索民主监督的实现路径和具体措施：一要明确民主党派民主监督的性质与定位；二要明确民主党派民主监督的内容与形式；三要明确民主党派民主监督的程序与步骤；四要明确推进民主党派民主监督的工作措施。

李金河在《论民主党派的民主监督》（《当代世界社会主义问题》2017年第2期）一文中指出，中国共产党早在20世纪30年代初瑞金时期就开始了民主监督实践的不断探索，“三三制”抗日民主政权及“窑洞对”是民主监督思想的具体体现。民主党派的民主监督是我国政党之间通过提意见、作批评的方式，以政党组织行为为特征的一种政治监督，在性质上体现出鲜明的民主性、合作性和表达性。全面从严治党对新时期民主党派的民主监督工作提出了更高的要求，民主监督既可以在政党之间直接进行，也可以通过人民政协来广泛开展。

宋俭在《关于民主党派民主监督的几个问题》（《广州社会主义学院学报》2017年第3期）一文中认为，民主监督是中国各民主党派的一项基本职能，也是各民主党派及其成员参与国家治理的重要途径。中国的社会主义监督体系有权力监督和权利监督两种不同性质的监督形式，民主党派的民主监督与作为公民基本权利的广大人民群众的民主监督的性质是一致的，都属于权利监督，是中国特色社会主义监督体系的重要组成部分。民主党派成员参加民主监督的实现形式是多样化的，不同形式的民主监督亦具有不同的内容。提出意见、批评、建议是民主党派成员开展民主监督的基本方式。中国共产党与民主党派长期共存，互相监督，就是希望能够“听到不同的声音”，民主党派成员在民主监督中要敢于讲真话，建诤言，敢谈不同观点，敢提批评意见。中国共产党要大力营造宽松稳定、团结有序、包容多元的良好政治环境；要有海纳百川的胸怀，能够虚心听取不同意见，容得下尖锐批评；“要从制度上保障和完善民主监督”，使民主监督机制更加健全、程序更加规范、成效更加显著。

徐军在《民主党派民主监督的基本问题研究》(《统一战线学研究》2017年第5期)一文中认为，真正发挥民主党派对共产党的民主监督作用，需要清楚认识民主党派民主监督的八个基本问题：动因主要是基于民主党派作为政党的应有权利，而不仅是执政党的现实需要；主体主要是民主党派的各级组织，而不应是民主党派成员个人；对象主要应是中国共产党的各级组织及其领导干部，而不应是各级政府及其部门；客体主要应是执政行为，而不应是行政行为；性质主要应是政治监督，而不应是事务监督；方式主要应是批评，而不是建议；效力主要应是政治影响力，而不应是硬法效力；保障主要应是法治，而不应是政策。

常庆林在《新形势下民主党派民主监督的价值体现与策略》(《吉林省社会主义学院学报》2017年第2期)一文中认为，民主党派履行民主监督职能是坚持和发展中国特色政党制度的内在要求，是巩固和扩大爱国统一战线的内在需要，是我国社会主义监督体系的重要组成部分。作者认为，从操作层面上看，提升民主监督实效的方法策略主要在以下几个方面：一要完善民主监督环节，畅通民主监督渠道；二要创新民主监督模式，丰富民主监督手段；三要建立健全民主监督评价机制，突出民主监督的实效。

刘晓庄在《民主监督：跳出历史的周期律》(《群言》2017年第1期)一文中指出，中共十八届六中全会审议通过的《中国共产党党内监督条例》规定：“各级党组织应当支持民主党派履行监督职能，重视民主党派和无党派人士提出的意见、批评、建议，完善知情、沟通、反馈、落实等机制。”把民主监督写进党内法规并作为一种制度安排，这是中国共产党历史上的第一次，既充分体现了以习近平同志为核心的中共中央自觉接受人民监督的宽广胸怀，同时也赋予了人民政协和民主党派履行监督职能的新内涵。民主监督的基本要义可以勾勒为：以坚持四项基本原则为基础，本质是人民群众自下而上对公共权力开展的监督，作为人民政协和民主党派的一项重要职能，通过提出意见、建议和批评的方式，主要对党政部门的工作开展非权力性监督。虽不具有法律的约束力和纪律的强制性，但有助于党和政府解决问题、改进工作、克服不足、消除腐败，有利于增进团结、形成合力、维护国家利益和公民合法权益，从根本上巩固中国共产党长期执政的地位，跳出历史的周期律；有利于促进决策权、执行权、监督权既相互制约又相互协调，促使公民社会与公共权力出现良性互动与相互配合。为了充分发挥人民政协和民主党派的监督作用，更好地调动民主监督的积极性，必须从上到下制定规章制度作为保障，进一步健全民主监督的知情明政机制、协调沟通机制、办理反馈机制、权益保障机制等，明确民主监督的工作重点、工作要求、工作形式、工作程序等内容。

胡小燕在《从和谐政党关系构建的视角看充分发挥民主监督职能的重要意义》(《湖北省社会主义学院学报》2017年第4期)一文中认为，以和为贵、和而不同的和谐政党关系，是中国政党制度的必然要求。无论是执政党还是参政党，均是在“如何把国家治理得更好”这一命题下，通过协商合作的方式各司其职。即在中国共产党的领导下，执政党和参政党围绕国家大政方针、国家重大事务等通过协商后决策的方式，提升国家治理的科学化、民主化水平，进而推动社会主义国家的发展，推进中华民族伟大复兴中国梦的实现。和谐政党关系的构建有赖于中国共产党和各民主党派对政党协商合作优良传统的继承和发扬，有赖于执政党为参政党履职尽责提供良好的政治生态，有赖于结合新形势对参政党相关具体职能进行深入研究和明确界定，有赖于建立科学规范的制度体系保障参政党有效履职尽责的合法权益，尤其是要充分发挥民主党派的民主监督作用。因为民主监督职能使民主党派有别于其他资政机构而体现政党属性，是政党关系和谐的重要体现和保障。因此，必须要加强对民主监督的程序、制度等方面的建设，这既是民主党派提升自身政治素质和体现政党价值的需要，也是构建和谐政党关系的必然要求。

汪守军在《民主党派民主监督的现状、问题及对策》（《中央社会主义学院学报》2017 年第 5 期）一文中认为，民主党派的民主监督是国家监督体系的重要组成部分，至少包括政党监督（政治监督）、权力监督、权利监督等几个层面。民主党派民主监督的主要目的是对执政党的权力运行和执政方式进行有效的监督制约，有利于防止和纠正执政党及其干部滥用权力的偏向，也有利于惩防腐败，减少国家政策失误，促进执政党依法执政、民主执政和科学执政，并保障民主党派以及人民群众合法政治权利不受侵害。民主党派民主监督的制度设计虽然属于“软法”的范畴，不具备宪法法律法规的“刚性”约束，但实际上它是具有“硬约束力”的，它的独特优势是其他监督方式无法替代的。

唐长久、周密在《不忘合作初心强化监督职能——对民主党派民主监督理论与政策的再认识》（《湖北省社会主义学院学报》2017 年第 5 期）一文中指出，民主监督在多党合作制度中是民主党派的重要职能，是民主党派存在的价值和意义的体现。民主党派只有积极履行民主监督职能，体现与共产党的“不同”，代表不同利益才能扩大社会主义民主覆盖范围，发出不同声音才能使执政党及政府部门的决策更加科学合理。改革开放后，民主党派在履行民主监督职能方面做了许多工作，但是效果并不尽如人意。从根本上加强民主党派民主监督工作，就是要回归多党合作制度充分发挥民主党派监督党和政府作用的初心，切实贯彻“长期共存、互相监督”的方针，强化民主党派民主监督重要职能，使民主监督工作成为民主党派的一项重要日常工作。

邱永文在《统一战线语境中的民主监督：概念、政策和实践》（《统一战线学研究》2017 年第 5 期）一文中认为统一战线语境中的民主监督具有特定的内涵、形式和功能。了解民主党派民主监督的概念和形式的发展变化，有助于澄清对民主监督的错误和片面认识。民主党派民主监督是中国特色政党制度价值和功能的重要体现，既不可弱化，更不可偏废。民主党派民主监督是民主党派对中国共产党的政治监督。这种政治监督的性质是随着中国现代政治系统的逐步建立和完善而形成的。在当代中国，提高民主党派民主监督的实效性，需要中共各级党组织重视，需要民主党派提高自身水平和能力，需要优化民主监督的制度环境。

2. 参政党民主监督的实效性研究

《中国共产党统一战线工作条例（试行）》明确了参政党开展民主监督的十种形式，这对推动民主监督进一步落实完善、提高民主监督的成效和水平起到重要作用，但是，当前民主监督仍是参政党三大基本职能中最薄弱的环节，存在诸多不足和问题。为了破解民主监督难题，提高民主监督实效，学者们积极寻找民主监督职能履行的内外制约因素，分析影响民主监督实际效能的原因，并积极探索提升民主监督实效的方法。代表观点如下：

仝双印在《提升民主党派履行民主监督职能的有效性》（《广州社会主义学院学报》2017年第1期）一文中认为，面对我国当前民主党派民主监督中存在的诸多问题，应坚持合理性、科学性和有效性的原则予以改进。为此需要在民主监督的制度建设方面进一步改革，尤其是在有效落实、机制选择、反馈机制等方面积极探索，以便有效发挥民主党派履行民主监督的职能。

欧斌、陈洪连在《增强民主党派民主监督实效性的价值、困境与对策研究》（《山东省社会主义学院学报》2017年第2期）一文中认为，增强民主党派民主监督实效性，对于巩固中国共产党的执政合法性，提高公共决策科学化和民主化水平，落实民主集中制，推动中国共产党和政府加强作风建设等具有重要价值。然而，民主监督意识的缺位和错位、民主监督制度建设的滞后、民主监督能力准备的不足、民主党派特约人员的管理缺失、民主党派成员的素质短板等因素还制约着民主党派民主监督效能的提升。为破解现实问题，应切实转变思想观念，大力支持民主监督工作；畅通民主监督渠道，加强民主党派能力建设；改善民主监督方法，提高民主监督的规范化水平；改进特约监督员管理制度；加快民主政治建设，营造良好的民主监督氛围和环境。

杨雪燕在《参政党民主监督实效性诊断及强化之道》（《中央社会主义学院学报》2017年第5期）一文中认为，政党监督是现代民主政治的产物，其实质是权力的相互制约。中国共产党历来重视民主党派的民主监督作用，新形势下加强参政党民主监督具有重大意义。当前，民主监督仍是参政党三大职能中最薄弱的环节，存在诸多不足和问题。进一步发挥参政党的民主监督作用，不断提高我国政党监督实效性，已经成为发展中国特色社会主义民主政治的重要课题。要增强民主监督的自觉性和主动性；健全参政党民主监督运行机制；加强参政党监督主体的自身建设；创新参政党民主监督渠道。

周淑真在《提升民主党派履行民主监督职能水平的对策建议》（《人民政协报》2017年5月3日第8版）一文中认为，在当代中国特色社会主义政治和多党合作制度发展过程中，民主党派履行民主监督职能具有十分重要的意义。执政党要充分认识民主党派作为参政党履行民主监督职能的价值和作用，为民主党派履行民主监督职能创造条件。提高民主监督实效性需要从以下几个方面着手：一要加强教育引导，提高党的各级领导干部自觉接受民主监督的主动意识；二要建立配套机制，在制度的可操作性上下功夫；三要大力加强民主党派自身建设；四要不断创新完善特约人员工作；五要解放思想深化对多党合作制度的研究。

刘卫国、闻壮宏在《民主党派基层民主监督效能问题研究》（《辽宁省社会主义学院学报》2017年第2期）一文中认为，提高民主党派基层民主监督问题是中国共产党和各民主党派共同面临的现实新课题。民主党派基层民主监督将对党的执政和基层政府依法行政、科学行政、民主行政、廉洁行政起到非常重要的作用。只要不断提高全社会的思想认识，同时采取切实措施，才能不断提高民主党派基层民主监督的效能，推进民主政治建设和多党合作事业不断向前发展。

田圣斌在《参政党履行民主监督工作研究》（《民主与科学》2017年第2期）一文中

认为，完善民主监督的程序和形式，强化民主监督的结果运用和评价机制，有利于增加民主监督的公开度和民主党派开展监督工作的积极性，更好地推进社会主义民主进程。在新形势下，要强化民主监督的结果运用，建构党派监督评价机制，对民主党派行使监督权的工作进行考核评估。

汪丞在《民主党派加强民主监督的问题与对策刍议》（《湖北第二师范学院学报》2017 年第 5 期）一文中认为，民主监督是民主党派作为参政党的一个重要职能。当前，民主党派进行民主监督的过程中，还存在一些突出的问题，主要表现在：监督主体的监督意识不强与能力不足；监督客体的民主氛围不够与意识弱化；监督程序上存在知情渠道不畅与程序虚化；监督机制建设存在缺陷与操作失范。为加强民主监督的实效，需要采取以下对策：拓展民主空间，营造民主监督的氛围；激活政党特性，强化监督能力；加强机制建设，增强民主监督的动力；创新形式方法，提升民主监督的力度。

杨健、徐昂在《对当前民主党派民主监督状况的分析及未来实施建议》（《江苏省社会主义学院学报》2017 年第 6 期）一文中认为，党的十八大和中央统战工作会议以来，中共中央对民主党派民主监督的内容、形式、渠道、方法进行了完善和规范，但在民主党派民主监督实际运作过程中，依然存在着大量的问题，主要表现在我国政治文化缺少对权力监督的传统；社会环境对民主党派民主监督存在认识误区；民主党派成员缺乏主动性、积极性；民主监督的内容偏于具体化、浅表化，方式单一、渠道狭窄。因此，短期阶段应推进民主党派民主监督在党风廉政建设和反腐败工作中发挥更大作用；中期阶段应继续建立和完善民主党派民主监督规章制度；长期阶段应提高民众的权利意识和依法维护自身权利的能力。从监督主体方面来看，需大力加强民主党派自身建设，提升党派成员参政议政能力和民主监督意识；从监督客体方面，要提高执政党接受民主监督的自觉性。

史振华在《民主党派履行民主监督职能研究》（《前进论坛》2017 年第 7 期）一文中认为，民主党派民主监督是指由参政的民主党派通过民主的方式对执政党实行的一种权利监督，其出发点和目的是“支持、维护和帮助中国共产党更好地执政”。民主党派民主监督体现了我国政党民主政治的重要理念，民主党派是我国政党民主政治的一种制度安排。民主党派的民主监督是党际性高层次权力监督。完善民主党派履行民主监督职能的措施是：加强共产党执政能力建设；推进民主党派自身建设；完善履行民主监督职能运行机制；履行民主监督职能应注重与其他监督形式相结合。

齐春雷在《柔性监督彰显民主　刚性约束彰显活力——增强参政党民主监督效能研究》（《广东省社会主义学院学报》2017 年第 2 期）一文中认为，参政党民主监督是中国特色政党制度的重要内容，更是其民主价值得以彰显的重要指征，是多党合作和政治协商制度的目标取向和政治期待的核心组成。作者认为，要增强参政党民主监督效能，需要注意以下几个问题：明确参政党民主监督权利属性；畅通参政党民主监督知情环节；建构参政党民主监督法律保障；发掘参政党民主监督政治潜能；完善参政党民主监督程序机制；整合参政党民主监督组织力量。

韩淑华在《民主党派履行民主监督职能的内生动力与实践路径》（《广东省社会主义学院学报》2017 年第 4 期）一文中认为，民主监督是民主党派的一项基本职能，在新的形势下，民主监督越来越受到关注和重视，但是实践中民主监督职能弱化，存在许多与执政党、人民群众的期待不相适应，与自身工作需求不相协调的方面，需要从互相监督、整合监督资源、创新形式、强化能力构建和培育机制等方面实现有序有效监督。

刘雅萍在《发挥民主党派民主监督职能的三点建议》(《团结》2017年第1期）一文中认为，搞好民主监督，首先要营造良好的民主监督环境：一是各级党政部门的领导要营造广开言路、广纳群言的民主氛围，正确对待来自民主党派的声音，鼓励他们讲真话，切实做到知无不言、言无不尽，争当中共的良友、诤友；二是各级党政机关要重视和支持民主党派的调研活动，主动拓宽民主监督的范围和领域，扩大知情面，畅通沟通渠道，丰富民主监督载体；三是进一步拓宽民主监督的渠道。其次要认真总结民主监督的经验，开展切实有效的民主监督。最后要创新民主监督方式方法，突出特色。

王周刚、李庆在《治国理政进程中我国政党监督的转型优化及其路径选择》(《理论导刊》2017年第4期）一文中认为，中国特色社会主义政党监督是我国政党体制的重要内容。新阶段，治国理政对我国的政党监督提出了新的任务和目标，与此同时，政党监督的担当性、时代性、创新性又赋予了中国特色政党监督新的价值和功能以助推全面深化改革。当前，我国政党监督还存在诸多问题，相关法律、制度、理论自觉、程序与落实都需要完善与提高，才能充分发挥政党监督的作用。我们要从科学立法、制度创新、理论自觉、阳光政务、监督路径升级等方面入手，进一步优化提升我国政党监督的水平和能力。

武汉市社会主义学院课题组在《关于提升民主党派地方组织民主监督效能的思考——以民革武汉市委工作实践为例》(《中央社会主义学院学报》2017年第5期）一文中认为，在民主党派的三大基本职能中，民主监督始终是个短板，与参政议政、政党协商还有较大差距。从民主监督开展情况来看，对党委部门监督少，对政府部门监督多，反映出在相当程度上存在的监督“错位”。在监督方式上，建议多、批评少，突出了“诤友”的“友”，却忽略了“诤”，监督效果得不到保障。作者认为，应参照参政议政工作，在党派机关内部自上而下建立起主抓民主监督的内设机构或专委会，明确人员和责任，做好组织工作，加强特约监督员队伍建设。统战工作者要时刻牢记“立党为公”的政治信念，深刻认识民主监督的本质同样是为了更好地运用公共权力和保障公共利益，是为了帮助执政党实现治理能力与治理体系的现代化。

济南市社会主义学院课题组在《参政党基层民主监督职能提升研究——以济南为例》(《中共济南市委党校学报》2017年第6期）一文中认为，参政党的民主监督职能历来是短板，参政党的基层民主监督就更难以发挥应有作用。十八大以来，我国进入转型升级的新阶段，城市基层治理需要参政党发挥民主监督，完善治理体系。济南市在近几年的参政党民主监督工作中积极探索各种监督形式，取得了良好的社会效果，但是面对新时期的艰巨任务，也面临着进一步深化改革，提升监督效能的问题。随着从严治党和依规治党的深入，通过健全党内法规体系，完善地方党委政府接受民主监督的党内规范，促进参政党党内建设提升监督质量是加强参政党基层民主监督职能的可行措施。

3. 参政党民主监督的创新研究

创新民主监督的运行机制，深化对民主监督作用与方法的认识，使民主监督研究不断与新形势、新要求相结合，使民主监督工作有章可循，有序进行，运行起来顺畅通达，是民主监督理论研究的重要任务。为此，学者们紧紧围绕民主监督理论创新、机制创新和方法论创新等主题，从大数据、互联网以及人工智能等新视角，推进民主监督研究走向深入，代表性观点如下：

顾新军在《论民主党派在社会主义民主监督创新与发展中的作用》（《湖北省社会主义学院学报》2017 年第 2 期）一文中认为，民主监督是在创新和发展中不断成长和完善的。影响民主监督创新和发展的因素主要包括三个方面：政治基础、制度保障和民主党派自身建设。民主党派在社会主义民主监督创新和发展中发挥着主体参与者、实践者与推动者的独特作用。在当前社会背景下，要从加强民主党派自身建设、参政议政能力建设和社会服务能力建设等方面促进民主党派在社会主义民主监督创新和发展中发挥出更大作用。

胡敏新在《浅议参政党民主监督创新》（《福建省社会主义学院学报》2017 年第 1 期）一文中认为，参政党民主监督是我国社会主义监督体系的重要组成部分，是民主政治运行程序中的重要一环，但也是参政党履行职能的“短板”。完善民主监督，创新监督方式方法，已成为新形势下推进多党合作制度建设和发展中国特色社会主义民主的一个急需解决的课题。作者认为，参政党民主监督创新的实现路径，必须以增强使命意识为抓手，以提高自身素质为基础，以创新履职方式方法为支撑，以机制建设为保障，着力提升民主监督能力，从而增强民主监督实效性。

蔡蕊在《新形势下完善和创新民主党派监督机制研究》（《理论观察》2017 年第 7 期）一文中指出民主监督是民主党派的一项重要职能，在中国政党制度构建中有着不可取代的政治作用。因此，我们要明确民主党派民主监督的定位和优势，从保障机制、运行机制和反馈评价机制三方面探索民主党派民主监督的机制创新问题。

蒋红丹在《新形势下增强民主党派民主监督活力问题研究》（《辽宁省社会主义学院学报》2017 年第 2 期）一文中认为，民主监督活力是保证民主监督有效开展、不断创新的重要动力。充满活力的民主监督能促使我国社会主义民主政治蓬勃发展、良性运行。作者认为，激发民主党派民主监督活力的路径主要在以下几个方面：一要加强顶层设计，加大执政党对民主监督的支持力度。二要提高思想认识，增强民主党派民主监督意识。三要提升能力素质，加强民主党派队伍建设。四要完善规章制度，健全民主党派民主监督制度。

彭红霞在《谈新媒体时代下民主监督能力提升对策》（《才智》2017 年第 23 期）一文中认为，新媒体是新生事物，在它茁壮成长的过程中，电脑、智能手机等新媒体信息传播载体已经深入社会、经济、政治发展的过程中。对于民主监督来说，新媒体也为其带来了新的机遇与挑战，因此要坚持社会主义的正确方向，拓宽民主党派新媒体监督范畴，提高民主党派人士的媒介素养，利用好新媒体，趋利避害，不断提升民主党派的监督能力。

胡建兰在《大数据运用于参政党民主监督初探》（《中央社会主义学院学报》2017 年第 1 期）一文中认为，中国民主政治理论与实践的发展，对参政党提升民主监督职能提出了必然要求；当今世界大数据的迅速发展，为参政党提升民主监督职能提供了时代契机。面对当前民主监督的新机遇和新挑战，参政党必须树立大数据思维意识，将大数据技术运用于民主监督的实践和理论研究之中，不断提升参政党民主监督的科学性、针对性和实效性。

刘春雷在《大数据视域下，增强民主党派民主监督实效性的路径初探》（《贵州社会主义学院学报》2017 年第 2 期）一文中认为，随着科技的不断发展，“大数据”早已融入我们日常生活中，“大数据 +”时代已蓄势待发。“大数据 + 民主监督”是目前民主党派民主监督的研究前沿。我们需要从民主党派的民主监督方法论入手，思考依托大数据交互平台，党派成员以发收民主监督信息数量相对平衡为路径，思考如何提高民主党派民主监督的实效性。作者认为，增强民主党派民主监督实效性的关键是党派成员通过“大数据”系统所发送民主监督信息的数量要与相关政府部门回复民主监督信息的数量相对持平，在此过程中，党派成员可通过互联网交互系统、手机微信、微博客户端、自媒体等多种方式提交民主监督的信息，并存储到“大数据存储库”中，记录数据，然后提交到大数据处理器中，按照预先设定的数据处理模块进行分类处理，传递到相关部门负责人手中。相关部门顺利获取数据信息，在规定时间内，相关部门将回复的信息内容上传至数据互动平台，当政府的相关部门将回复信息写好后，就可以发送到大数据存储库中，并记录总体回复信息数据，显示在大数据交互平台上。这样，党派成员及政府相关部门负责人都能看到发送信息数据总数和回复信息的数据总数。党派成员在收到回复信息后，可向政府相关部门二次回复民主监督的信息，并再次等待政府相关部门负责人的回复，循环往复，直到党派成员提出问题得到最终解决为止。

钱再见在《论民主党派民主监督的主体意识》（《统一战线学研究》2017 年第 6 期）一文中认为，民主党派民主监督是中国特色社会主义监督体系的重要组成部分，也是中国特色社会主义民主政治的重要实现机制。民主党派民主监督主体意识的提升，是民主党派履行民主监督职能和发挥民主监督作用的关键。民主党派民主监督主体意识是指民主党派民主监督的责任性、自觉性、积极性和主动性，包括政治责任意识、历史使命意识、社会大局意识、监督实效意识。

王远启在《习近平问题导向思想对于民主党派民主监督的方法论意义》（《山西社会主义学院学报》2017 年第 4 期）一文中认为，习近平问题导向思想作为一种科学思维方式，对民主党派民主监督具有重要方法论意义。民主党派民主监督要想取得好的效果，必须讲究方式方法，科学方法论是打通民主党派民主监督“最后一公里”的必要武器，而问题导向是破解民主党派民主监督困局的科学有效方法。在习近平新时代中国特色社会主义思想指导下，树立问题意识，坚持问题导向，体现了新形势下扎实有力推进民主党派民主监督工作的现实要求。

王相红在《构建民主党派民主监督动力机制研究》（《江苏省社会主义学院学报》2017 年第 6 期）一文中认为，在中国政党制度框架内，加强民主党派民主监督的履职建设，其中重要者在于解决好民主监督活动中的人心困局——施受双方的政治心理问题，构建起民主党派民主监督的动力机制。完善的动力机制建设包括激励、导向、约束与控制、“文化场”等内容，在民主党派民主监督动力机制建设中，应当党委重视，营建民主党派民主监督政治生态环境；党派承接，充分发挥民主监督主观能动性。

陈兵斌、闵建中在《参政党民主监督机制创新问题思考》(《山西社会主义学院学报》2017 年第 4 期)一文中认为，民主监督是民主党派的一项基本职能，是中国共产党领导的多党合作和政治协商制度的重要制度安排，是社会主义监督体系的重要组成部分。民主监督存在民主监督机制缺位，操作实践不足；民主监督意识不强，评价反馈缺位；民主监督能力不够，组织力量欠缺；民主监督信息不畅，获取渠道受限；民主监督合力不够，协作联动缺乏等需要解决的问题。完善顶层设计，健全监督机制；强化评估考核，激发监督动力；加强自身建设，提升监督能力；丰富信息渠道，增扩监督路径；发挥比较优势，增强监督实效，是民主监督机制创新的方法与路径。

4. 国家治理和制度建设视角下的参政党民主监督

面对“四个全面”战略布局的不断落实，面对新的形势与任务，如何在全面从严治党和国家治理体系下发挥民主监督独特作用和价值，成为 2017 年学者们的研究热点。研究者们或从与执政党的关系出发，或从国家治理的视角出发，对参政党民主监督职能进行深入研究。代表性观点如下：

王彩玲在《让民主监督在从严治党中发挥重要作用》(《人民政协报》2017 年 1 月 11 日)一文中认为，人民政协和民主党派的民主监督之所以在全面从严治党过程中能发挥积极作用，是因为相对于党内监督，它是一种外部监督，一种异体监督，能够有效解决“谁来监督监督者”这一难题。同时由于人民政协和民主党派具有地位超脱的优势，不仅与执政党是政治命运共同体，同时也是人民利益表达的重要渠道，因而能通过理性建言，体现人民对国家权力的约束。虽然这种约束不具有“刚性”的法律效力，但却是社会主义民主的重要体现，既饱含着民主党派对共产党在政治上、道义上的支持和期待，也是对中国共产党保持自身先进性、提高执政能力与绩效的鞭策与警醒，更是人民群众的利益与呼声通过合法的政治过程得到实现的重要通道。

张瑞琨在《发挥民主党派监督作用推进全面从严治党》(《山东省社会主义学院学报》2017 年第 1 期)一文中认为，中国共产党的监督实行党内监督和外部监督相结合。民主党派的民主监督是外部监督和国家整体监督体系的重要组成部分。中国共产党与民主党派实行“长期共存、互相监督”的方针，但执政地位决定了中国共产党更加需要自觉接受民主党派的监督。民主监督是民主党派的基本职能，在革命、建设和改革开放过程中发挥了重要作用。当前，在推进全面从严治党进程中，要更加充分地发挥民主党派的监督作用，着力完善民主监督的知情、沟通、反馈、落实等机制，形成民主党派民主监督与其他监督的密切配合。

王小鸿在《论民主党派民主监督与全面从严治党》(《湖南省社会主义学院学报》2017 年第 1 期)一文中认为，民主党派的民主监督在中国共产党全面从严治党中发挥过重要作用，中国共产党要完成所肩负的历史使命需要民主党派继续发挥民主监督作用，民主党派有能力、有责任在中国共产党全面从严治党中发挥独特作用。

张献生在《全面从严治党赋予民主监督新使命》(《中国社会科学报》2017 年 2 月 23 日第 6 版)一文中认为，民主党派和无党派人士的民主监督作为参政党对执政党的监督，在监督对象上必须聚焦执政党和领导干部这“两个关键”，在内容上要突出党的基本路线的全面贯彻执行，在目的上要立足于防止对权力的滥用，促进执政权的正确行使。

蒋德海在《政党监督：全面从严治党的重要组成部分》（《统一战线学研究》2017年第4期）一文中认为，政党监督是我国社会主义民主的重要组成部分，也是全面从严治党的重要方面。我国已经建立起比较全面的政党监督制度，但政党监督职能的实施相对薄弱。全面从严治党，深化政党监督，在观念上要进一步解放思想，超越“敢于谏言、勇于谏言”的传统。简单把民主党派的政党监督等同于中国传统社会的谏言，是对社会主义民主政治的误解，不利于政党监督的健康发展。在制度上，要进一步强化政党监督的法治保障。全面从严治党，必须使政党监督制度化、规范化和程序化，将政党监督纳入全面从严治党的轨道。

王红玉在《全面从严治党背景下参政党履行民主监督职能论析》（《湖南省社会主义学院学报》2017年第6期）一文中认为，全面从严治党离不开参政党的民主监督。加强参政党民主监督，有利于厚植党的执政基础，有利于维护党的领导权威。在全面从严治党背景下，参政党履行好民主监督职能，不仅需要执政党努力为其营造良好的政治环境，其自身也需要加强建设，同时执政党与参政党应共同努力，完善民主监督运行机制。

赵慧礼在《全面从严治党视域下参政党民主监督作用的发挥》（《云南省社会主义学院学报》2017年第1期）一文中认为，执政党全面从严治党对参政党民主监督提出新要求，带来新机遇。参政党民主监督在执政党全面从严治党中可以发挥重要作用。为此，必须解决好三大问题：基本前提是加强参政党自身整体能力建设，根本保障是执政党为参政党搭建宽广的、制度化的民主监督平台，关键在于建立健全顺畅的运行机制，形成执政党和参政党良性互动格局。

致公党湖北省委会课题组在《参政党成员应着力增强民主监督的制度自觉》（《湖北省社会主义学院学报》2017年第1期）一文中，从确立党派成员制度自信的高度阐述了民主监督制度自觉的重要性和搞好民主监督的重要意义，分析了部分民主党派成员在民主监督制度自觉方面存在的四大思想误区，并有针对性地阐述搞好民主监督制度自觉的对策建议。作者认为，要正确把握和处理参政议政与民主监督的关系，不能简单地用参政议政代替民主监督，切实解决不思监督的问题；要准确区分民主党派的民主监督与西方多党制下各党派之间互相监督的不同本质，勇于监督，切实解决不敢监督的问题；要加强民主监督相关知识的学习，注重民主监督综合素质的锤炼，切实解决不善监督的问题；要充分认识参政党民主监督的特色和优势，打破“好说不可行，好看不好用”的思维定式，坚信民主监督的合理性和可行性，切实解决“监督信心不足”的问题。

杨君武在《国家治理体系视角中民主党派民主监督若干问题探讨》（《统一战线学研究》2017年第6期）一文中，从国家治理主体体系、职能体系、制度体系、能力体系等视点出发，研究了民主党派民主监督基本特性、实际作用、综合能力培育、保障机制建设等问题。作者认为，民主党派民主监督作为政治组织的非权力监督，具有政治性、组织性、协商性、言论性、体制内异体性、合作性、界别性等基本特性。要理性、切实、全面、深入看待民主监督的实际作用。民主党派民主监督需要胆、识、才、德、情。在综合能力结构中，胆是前提，识是基础，才是主体，德是支撑，情是动力。无胆，监督不出；无识，监督不中；无才，监督不力；无德，监督不硬；无情，监督不继。民主党派行使好监督权利，需要相应的保障机制。保障机制包括但不限于主要指向监督客体的信息供给机制、后续压力机制，以及主要指向监督主体的权益维护机制、能力强化机制。

杨爱珍在《监控腐败：分析民主党派民主监督职能的现实视角》（《上海市社会主义学院学报》2017 年第 4 期）一文中认为，能否有效地监控腐败，是衡量本国的政党制度是否有强大的合法性能力的重要指标，也是衡量相关政党伦理高度的标尺。从中国特定社会政治经济文化生态中生长出来的多党合作制度，在制度内部建构了控制腐败的一系列机制，把民主党派民主监督作为政治监督就是重要的制度安排。然而，在实际运转中，民主党派民主监督作用发挥并不理想，直接关系到政党现代化建设的成效，使多党合作制度的制度效能受到影响。因此，分析民主党派民主监督职能运转中的问题，缩小应然与实然之间的差距就显得非常重要。

张建明在《国家监察体制改革中民主监督制度设计探讨》（《统一战线学研究》2017 年第 6 期）一文中认为，国家监察体制改革是中国特色反腐败体制改革的重大创新。人民政协、民主党派履行民主监督职能，应围绕监察体制改革试点工作积极建言献策，为做好监察体制改革试点工作提供智力支持。作者认为，在国家监察体制改革中应加强民主监督制度设计，这些制度设计应包括：通过监察委员会平台更好发挥民主监督作用；建议政协整体上不纳入监察对象的范围；建议在监察委员会组成人员中增设民主党派成员。

中共黄冈市委党校课题组王礼金、柯芬、程玉文在《充分发挥民主党派对执政党党风廉政建设民主监督作用论析》（《长江论坛》2017 年第 2 期）一文中认为，民主党派的民主监督作为我国政党体制内的政治监督，具有独特地位和优势，将其运用到中国共产党党风廉政建设中十分重要和必要。从多方面切实加强和改进民主党派对执政党党风廉政建设的民主监督，关键是要积极探索民主党派发挥监督作用的有效形式，着力推进民主监督的制度化、规范化、程序化，提高民主监督质量和成效。同时，还应加大执政党对民主党派履行监督职能的支持力度，以提供制度机制保障。

王松在《论高校民主党派在反腐败中的民主监督作用》（《学理论》2017 年第 11 期）一文中认为，党内法规为高校民主党派的民主监督提供了依据和保障，在此基础上，高校应当通过确立民主党派地位职责，消除其顾虑和增强主动性；增强高校党委和民主党派监督意识，保证监督有的放矢；完善校情通报和意见反馈机制，保证民主监督落到实处；建立奖励保障和会议监督制度，保证民主监督取得实效。

赵秀芳在《国家治理视域下我国参政党民主监督的效能研究》（《山东青年政治学院学报》2017 年第 4 期）一文中认为，国家治理与执政党建设、参政党建设具有高度契合性的关联和内在的逻辑关系。在当前中国特色的“执政 — 参政”政党制度格局中，参政党的民主监督是促进党的领导方式和执政方式改进的外在力量，更是实现国家治理体系和治理能力现代化的一个重要向度。从推进国家治理现代化的角度看，当前参政党民主监督的效能发挥与其理论上的应然状态之间仍然存在落差，尤其是与其在推进国家治理体系和治理能力现代化中的作用极不相称，参政党在民主监督的意识、能力、效能及其制度化水平等方面仍然有很大的提升空间和可供进一步开发的资源。因此在国家治理视域下提高参政党民主监督的效能，需要构建有利于民主监督的政治文化、加强民主监督的制度化建设、注重网络民主监督、拓宽民主监督的角度、下移民主监督平台等。

鲍跃华在《民主党派民主监督的生成逻辑及其流变——基于党际信任维度的分析》

(《统一战线学研究》2017 年第 5 期)一文中认为，民主党派民主监督源于近代以来中国共产党与民主党派的团结合作，在长期共同合作中建立起来的信任关系构成了民主党派民主监督的逻辑基础和实践基础。中国共产党与民主党派合作信任关系的演进，也直接反映出民主党派民主监督的状况和成效。接续和增进多党合作中的信任关系，成为发挥民主党派民主监督作用的基础。增进政治共识、强化协商民主、完善制度保障、体现监督成效，是系统接续党际信任、发挥民主党派民主监督作用的重要途径。

田晓玉在《执政党支持参政党发挥民主监督作用的路径探析》(《广西社会主义学院学报》2017 年第 4 期)一文中认为，民主监督是参政党的重要职能之一，是我国多党合作制度的重要内容，也是我国社会主义民主政治的重要实现形式。在中国现行体制下，参政党发挥民主监督作用关键在于执政党的支持。执政党要从强化思想认识、加强制度支持、推动人才供给、完善工作机制、注重权益保护、提高物质保障等方面，加大对参政党民主监督的支持力度，增强民主监督实效。

5. 关于脱贫攻坚民主监督研究

开展脱贫攻坚民主监督，是中共中央赋予各民主党派的重要使命，也是各民主党派中央首次对国家重大战略决策进行专项监督。这项工作自 2016 年起步之后，各民主党派认真贯彻中央精神，积极推动落实，脱贫攻坚民主监督工作得到扎实推进。民主党派开展脱贫攻坚民主监督作为多党合作提高效能的有益探索，既需要来自理论的指导，同时也需要对已有经验教训进行总结，这正是本年度关于民主监督研究的重要内容和重要创新。学者们围绕脱贫攻坚民主监督的意义、内容、形式、方法等问题各抒己见，深入研究，对更好地开展这一工作提供了方法论指导。代表性观点如下：

陈竺在《发挥民主监督政治优势倾力投身脱贫攻坚战》(《团结报》2017 年 11 月 25 日第 1 版)一文中认为，开展脱贫攻坚民主监督，是以习近平同志为核心的中共中央着眼于发挥我国多党合作制度优势、打赢脱贫攻坚战所做出的重大决策部署，充分体现了中共中央对各民主党派的高度政治信任。作者对农工党中央对口云南省开展脱贫攻坚民主监督的工作进行了深入思考，认为做好这项工作，需要深刻认识脱贫攻坚民主监督工作的重大意义，切实增强责任感和使命感；需要围绕助推云南打赢脱贫攻坚战目标，努力提高民主监督工作实效；需要进一步发挥党派特色优势，深入推进脱贫攻坚监督工作。

万钢在《发挥侨海优势投身脱贫攻坚民主监督》(《团结报》2017 年 11 月 30 日第 2 版)一文中认为，打赢脱贫攻坚战是中共中央着眼全局做出的重大战略部署，是全面建成小康社会最艰巨的任务。致公党中央深入学习贯彻习近平总书记扶贫开发战略思想，以精准扶贫、精准脱贫工作为主线，着力探索实施脱贫攻坚民主监督工作，为服务全面建成小康社会积极努力。一是贯彻精准脱贫重要思想，注重脱贫攻坚的有效性；二是着力发挥制度优势，做好脱贫攻坚民主监督工作；三是继续深入贯彻习近平总书记扶贫开发战略思想，进一步做好脱贫攻坚民主监督工作。

姚俭建、李响在《参政党民主监督与公共政策机制优化——以各民主党派中央脱贫攻坚民主监督专项工作为例》(《上海市社会主义学院学报》2017 年第 6 期)一文中认为，在国家、政党和社会三维视角下，参政党民主监督与国家权力监督、社会舆论和公众监督相契合，已成为中国特色社会主义民主制度优势和特点的核心要件之一。各民主党派中央脱贫攻坚民主监督专项工作的案例凸显了参政党民主监督与公共政策机制之间的内在相关性。制度化地发挥多党合作制度的功能，提升参政党民主监督的能力和水平，是推进嵌入公共政策体系的民主监督的重点。

喻旭在《参政党脱贫攻坚民主监督工作实现路径研究》(《湖北省社会主义学院学报》2017 年第 5 期）一文中比较、分析了参政党脱贫攻坚民主监督工作相对于其他监督形式、相对于民主党派以往的监督形式的特点和优势，指出了其中存在的思想认识不清、知情信息不够、制度机制不全等难点，认为其实现路径应有三个方面，即一要树立民主监督意识，二要增强民主监督能力，三要建设民主监督运行机制。

（四）政党协商职能

2015 年中央统战工作会议通过的《中国共产党统一战线工作条例（试行）》，第一次在正式的中央文件中明确民主党派的基本职能是“参政议政、民主监督，参加中国共产党领导的政治协商”之后，推进政党协商就成为理论界的一个热点话题。2017 年继续这一个话题进行理论探讨，对政党协商的基本理论、参政党协商能力等问题进行了深入的思考。

1. 政党协商基本理论研究

政党协商是中国共产党同民主党派基于共同的政治目标，就党和国家重大方针政策和重要事务，在决策之前和决策实施之中，直接进行政治协商的民主形式。进一步梳理政党协商的历史与特点，探讨政党协商的性质与内容，探索提高政党协商效能的措施成为 2017 年政党协商理论研究的重点，尤其是对政党协商与其他协商的关系、政党协商的机制完善等问题的探讨，展现出一定的创新性，是本年度参政党职能研究的重要亮点。代表性观点如下：

鲁开垠在《新常态下政党协商与政协协商的边界与融合研究》(《广东省社会主义学院学报》2017 年第 1 期）一文中认为，作为社会主义协商民主体系的重要组成部分，政党协商层次高且历史悠久，政协协商制度化、程序化程度高，二者有着各自的优势与特点，也存在着相当程度的关联性。因此，厘清二者的边界，做好两个协商渠道的衔接配合及有机融合，对于引领协商民主广泛多层制度化发展，为发展中国社会主义民主政治注入新的活力，切实提高协商质量和效率，对于推进国家治理体系和治理能力现代化等都具有决定性的意义。

吴平魁在《民主党派与政党协商》(《上海市社会主义学院学报》2017 年第 3 期）一文中认为，民主党派作为政党协商的重要主体，如何在中共领导的政党协商中发挥作用，是需要认真研究的课题。正确认识民主党派在政党协商关系中的地位是民主党派在政党协商中发挥作用的政治前提；加强协商能力建设是民主党派在政党协商中发挥作用的重要基础；发挥界别优势是民主党派在政党协商中发挥作用的基本特点；推动制度的完善是民主党派在政党协商中发挥作用的重要保证。

莫岳云在《继续把政党协商坚持好发展好运用好》(《学习时报》2017 年 10 月 2 日）一文中认为，政党协商是执政的中国共产党与参政的民主党派之间进行政治协商，对其他六种协商形式包括国家层面的政府协商、政协协商、人大协商和社会层面的人民团体协商、基层协商、社会组织协商等具有统领作用。政党协商是实现国家治理体系现代化的重要路径，把政党协商这一社会主义民主的重要形式坚持好、发展好、运用好，需要总结实践经验，需要创新政治理念与提升协商意识，更要建立健全政党协商的实现机制。

马大勇在《如何发展和完善政党协商》(《贵州社会主义学院学报》2017年第1期)一文中，通过简要介绍新中国成立以来的政党协商历程，见证其在历史上所发挥过的积极作用与所留下的遗憾，对在新形势下执政党与参政党应做出哪些转变分别给出建议，以期利用新形势下的大好环境更好地发展政党协商。作者认为，历史的经验教训表明，搞好政党协商，从执政党方面来说，要提供环境保障；提供人才保障；提供知情保障；提供制度保障。从参政党方面来说，要敢于做“诤友”；要提高政治把握能力和议政能力；加强民主党派人才队伍建设；重视平台搭建，收集意见，锻炼队伍，扩大影响；善于借力而为。

丁俊萍、王占可在《全面把握习近平政党协商思想》(理论探索》2017年第3期)一文中认为，政党协商是我国政治文明的突出特点和优势，也是我国协商民主的最集中体现。党的十八大以来，以习近平同志为核心的党中央大力发展社会主义协商民主，积极推动政党协商的科学化、制度化、程序化，在政党协商的科学定位、内容和形式、主体和责任、特征和主题等方面提出了一系列新思想新观点新论断，为推进政党协商的发展提供了科学指南。作者认为，习近平政党协商思想的特点是坚持以中国特色社会主义为政党协商的共同思想政治基础和鲜明旗帜，坚持以法治化、制度化、多样化为政党协商的主要方向，明确我国政党协商主体的不同职责，明确实现中华民族伟大复兴是当代中国政党协商的主题和任务。习近平政党协商思想进一步发展了马克思主义政党理论和中国特色社会主义政党理论，进一步明确了我国政党协商的发展方向和基本要求，进一步协调推进了“四个全面”战略布局，进一步助力中华民族伟大复兴中国梦的顺利实现。

民建天津市委会课题组在《民主党派做好政党协商关键的研究》(《天津市社会主义学院学报》2017年第3期)一文中认为，政党协商是在中国共产党领导下，中国共产党同各民主党派就党和国家重大方针政策、重要事务进行的政治协商，在党和国家工作大局中具有不可或缺的重要地位和作用。贯彻落实《关于加强政党协商的实施意见》，进一步提高政党协商质量，激发多党合作制度效能，民主党派需要在深化认识、把握协商性质，深入探讨、明确协商内容，拓宽思路、丰富协商实践，强化队伍、提高协商能力等方面着力推进。

肖建平在《论政党协商的双重属性与内在张力》(《上海市社会主义学院学报》2017年第5期)一文中认为，中国共产党领导的多党合作制度的包容性决定了政党协商同样会兼具多重属性，具体体现为大众民主属性和精英民主属性。政党协商的双重属性决定了政党协商在制度设计与实践运行中存在内在张力：制度设计与实际功能之间的矛盾、党委期待与民主党派参政议政能力之间的矛盾、民主党派参政议政意愿与党委现实态度之间的矛盾。在开展政党协商时，要合理调适政党协商的双重属性，确保二者之间的平衡协调：坚持政党协商的大众民主属性，扩大民主党派的政治参与度；发挥政党协商的精英民主属性，提升民主党派的参与实效；根据实际条件，选择差别化的政党协商发展模式。

常庆林在《增强政党协商实效性的路径研究——以哈尔滨为例》(《广东省社会主义学院学报》2017 年第 1 期）一文中认为，新形势下进一步增强政党协商的实效性，确保政党协商的有序高效开展，对于推进社会主义协商民主的广泛、多层、制度化发展具有重要意义。作者立足于哈尔滨市开展政党协商情况的调研，在借鉴广州、贵阳等地经验的基础上结合实际，提出进一步增强政党协商实效性的对策和措施：一是坚持党的领导，增强协商主体的主动性；二是提高协商能力，促进协商成果的科学化；三是细化协商程序，强调协商过程的规范性；四是完善协商机制，提高协商成果的实效性。

王彝伟在《民主党派在政党协商中担负重要政治责任的思考》(《前进论坛》2017 年第 6 期）一文中认为，深入思考民主党派在政党协商中担负的重要责任，对深入推进民主党派参与政党协商、促进科学民主决策、促进国家治理体系和治理能力现代化有着重要意义。政党协商中，民主党派要担负参与者、实践者、推动者等重要政治责任。

宋俭、袁珠萍在《现代国家治理视域下政党协商的法理困境及其破解》(《江汉论坛》2017 年第 8 期）一文中认为，在当代中国的政治生态中，政党协商还面临多重法理困境：一是民主党派作为现代国家治理的重要主体，难以实现“依法参政”；二是民主党派参与国家治理，难以“使党的主张通过法定的程序成为国家意志”；三是政党协商作为民主党派参与国家治理的主要形式和重要渠道，难以实现“依法协商”。中共十八届四中全会提出的“推进社会主义民主政治的法治化”的主张，将坚持和完善中国共产党领导的多党合作和政治协商制度，推进社会主义协商民主广泛多层制度化发展纳入重点立法的领域，是破解当前政党协商法理困境的根本出路。

王俊华在《政党协商有效嵌入公共决策的三维分析》(《上海市社会主义学院学报》2017 年第 1 期）一文中认为，政党协商能否有效嵌入公共决策同时受宏观层面的价值认同、中观层面的制度约束和微观层面的协商主体等因素的制约。作者认为，当前政党协商纳入公共决策取得了良好成效，但也存在一些问题。在宏观价值之维，存在弱化、西化或异化政党协商价值等问题；在中观制度之维，存在制度位阶不高和制度供给不足等问题；在微观主体之维，存在协商主体平等性、协商意见聚合性和协商主体主动性不足等问题。作者指出，政党协商有效嵌入公共决策，在宏观层面，需要培育政党协商价值认同；在中观层面，需要建立政党协商议题设置制度，完善协商成果转化制度以及优化政党协商机制；在微观层面，需要增进政党协商主体政治互信，增强协商意见聚合能力，培养旗帜型和复合型协商人才。

吴肖明在《试论政党协商的实现路径》(《前进论坛》2017 年第 1 期）一文中认为，中国共产党对协商民主的认识和实践已经达到了一个新水平，面对新形势和新任务，如何与时俱进、创新奋进，切实担负起加强和完善政党协商的历史使命，这是摆在中国共产党和各民主党派面前的一个共同的崭新课题。为此，首先要坚持和完善中国共产党的领导，营造宽松和谐的协商氛围；其次要健全完善制度，实现政党协商的制度化、规范化、程序化；最后要加强自身建设，提高协商能力，增强政党协商的实效。

徐宗俦在《促进政党协商不断升华的几点思考》(《贵州社会主义学院学报》2017 年第 1 期）一文中认为，政党协商是参政党之所以存在与发展的根本要义；政党协商的核心与效果在于“前置性”；政党协商更需要决策实施之后“升华性”的再协商；政党协商，重在“双向”才能发挥参政党积极性。

夏波在《政党协商的制度化规范化程序化研究》(《广东省社会主义学院学报》2017年第4期)一文中认为，我国多党合作制度中的政治协商有两种基本形式：政党协商和政协协商。政党协商体现多党合作的精神，政协协商体现社会协商民主的精神。政党协商从新中国成立前的中国共产党策略到新中国成立后的国家战略，发展为新时期的民主政治建设层面，已经成为人民民主的重要组成部分。政党协商在中国革命、建设和改革的实践中不断发展成熟，并且积累了丰富的经验，但是我们也要正视其中存在的不足之处，要建立健全相关制度，设定规范标准，优化程序流程，不断推进政党协商的制度化、规范化、程序化。要健全章法，实现政党协商制度化；要设定标准，实现政党协商规范化；要优化流程，实现政党协商程序化。

2. 参政党的协商能力研究

由于协商民主的实现程度与参与主体的协商能力密切相关，因而参政党作为政党协商的重要参与者，提高自身协商能力，不仅是提高多党合作制度效能的关键，更是政党协商有效进行的前提。2017年对参政党协商能力的探讨，主要围绕参政党协商能力建设的重要性、参政党协商能力的结构性要素和加强参政党协商能力的路径等角度展开，主要观点如下：

王彩玲在《参政党加强协商能力建设的意义与途径》(《中国统一战线》2017年第1期)一文中认为，加强参政党的协商能力具有重要意义，首先，它是培养人民协商能力的载体，而这不仅是中国民主政治建设的重要生长点，更是中国特色社会主义民主政治建设的重要方法；有助于提高中国协商民主的政治效能，真正发挥社会主义协商民主的优势，成为“为人类对更好社会制度的探索提供中国方案”的生动阐释；有助于帮助中国共产党提高执政能力，推动国家治理体系和治理能力现代化。参政党现有的能力和水平与其在我国政治系统中的地位和作用不相适应的矛盾，参政党的能力结构与社会主义协商民主的要求之间存在着的现实差距，是加强参政党协商能力建设的内在依据。参政党加强协商能力建设，首先要全面推进自身建设，完善内部治理，通过参政党整体素质的提升带动协商能力的提升。其次，要在构建程序合理、环节完整的协商民主体系中，在积极参与各种政治协商活动的实践中加强参政党的协商能力建设。再次，完善参政党协商能力建设的机制，包括参政党的理论创新机制、资源整合机制、人才培养机制、功能优化机制、参与协商民主的激励机制，等等。最后，执政党要积极为参政党的协商能力建设创造条件，帮助参政党通过有效政治参与提高协商能力。

张毅在《论参政党协商能力评价指标体系构建》(《广西社会主义学院学报》2017年第5期)一文中认为，协商能力是参政党的核心能力，有其特定内涵和构成要素。根据一定的原则和方法可以构建参政党协商能力评价指标体系，包括指引指标、过程指标、结果指标三个一级指标。指引指标中有理论指标、理念指标、目标指标。过程指标包含协商的要素、环境、基础和技能等指标。结果指标有协商结果和效益两个方面，在二级指标下还有若干具体的三级指标。以上三个一级指标共同构成一个完整的参政党协商能力评价指标体系。通过层次分析法，可以对评价指标体系中的每一个指标进行权重赋值，以确定参政党协商能力每个评价指标的重要性，对参政党协商能力进行比较精确评价。

曹伟在《参政党协商能力建设探析：基于协商全过程的视角》(《湖北省社会主义学院学报》2017年第1期)一文中认为，从协商全过程的视角出发，参政党协商能力在不同阶段有着不同的体现和要求，总体上包括政治把握、组织协调、研究分析、沟通对话四种能力。当前，参政党参与协商的专业性和影响力不断提升，但也面临着与新形势新任务新要求不相适应、发展不平衡、主动性不强、保障机制不完善等方面的突出问题。为此，需要采取有针对性的措施，强化参政党协商能力建设，切实保障参政党在社会主义协商民主中发挥应有作用。首先，要从政治把握、组织协调、研究分析、沟通对话等方面入手，有针对性地进行参政党协商能力建设。其次，要注重统筹协调和系统设计，推动参政党协商能力的平衡发展。最后，要激活参政党的政党意识，提升参政党参与协商的积极性和主动性。

杨雪燕在《关于新形势下参政党协商能力建设的若干思考》(《福建省社会主义学院学报》2017年第3期)一文中认为，加强参政党协商能力建设，是参政党自身能力建设的重要组成部分，包括端正方向、提高政治把握能力；加强学习、建设学习型参政党组织；健全机制、使制度机制更具可操作性；强化队伍、提升参政党干部人才队伍的总体素质和能力；注重实践、不断提高调查研究能力等内容。

吴胜兴、丁柄中在《加强参政党协商能力建设》(《江苏省社会主义学院学报》2017年第5期)一文中认为，政党协商是民主党派的基本职能，在社会主义协商民主体系中占有重要的地位，因此加强参政党协商能力建设是民主党派面临的重要课题。民主党派的领导班子是党派的领导核心，是政党协商的主要参与者与领导者，加强参政党协商能力必须首先从提升党派领导班子能力入手，大力提高领导班子的政治把握能力、参政议政能力、组织领导能力、合作共事能力、解决自身问题能力。

谭清华在《加强民主党派协商能力建设的路径选择》(《福建省社会主义学院学报》2017年第4期)一文中认为，提高民主党派协商能力必须加强民主党派的自身建设。一要加强思想建设，为提高民主党派协商能力奠定思想基础；二要加强组织建设，为提高民主党派协商能力提供组织保证；三要加强制度建设，为提高民主党派协商能力提供制度保障；四要加强队伍建设，为提高民主党派协商能力提供人才支撑。

（五）社会服务职能

社会服务是参政党在长期发展过程中，所从事的为社会和公众提供的各项实践活动，是参政党履行职能的重要组成部分。尽管它不是参政党的基本职能，但由于它是党派成员了解国情民情、关注国计民生、反映社情民意的重要渠道，是参政党服务社会、增加社会影响力的有效途径，也是党派组织加强自身建设、凝聚成员、促进共识的重要抓手，因而一直以来都受到各民主党派的高度重视。与此相适应，理论界对参政党的社会服务职能也越来越关注。2017年的研究主要对社会服务与参政议政、民主监督的关系、社会服务与社会治理的关系、社会服务的重要意义和良好经验进行了讨论，代表性观点如下：

雷明贵在《定位、功能与路径：参政党社会服务辨析——结合〈中国共产党统一战线工作条例（试行）〉相关规定的考察》(《湖北省社会主义学院学报》2017年第2期)一文中认为，社会服务是参政党联系和团结社会的重要渠道，是发挥参政党基本职能的条件和途径。社会服务是参政议政的"资料库"、社会和谐的"助推器"、能力建设的"黏合剂"、人才建设的"蓄水池"。发挥好参政党社会服务作用，要明确基本理念、把握主要方向、探索工作模式。在发展理念上，要以履行基本职能为中心；在发展方向上，要服务于国家治理的大主题；在工作模式上，要致力于平台建设和服务支持。

孙学君在《新形势下民主党派社会服务的新思考》(《前进论坛》2017年第11期）一文中指出，民主党派的社会服务是参政议政职能范畴内的重要组成部分，社会服务工作是民主党派参政议政的延伸和拓展，也是服务国家经济建设和社会发展的实际行动。民主党派社会服务的途径与方法有：扶贫济困搞建设，发挥特色谋发展；长期跟踪树品牌，以点带面做示范；围绕中心，加强对口联系，拾遗补阙做好辅助；开拓创新，搞好项目，充分发挥社会服务效益。

顾榕昌在《参政党在创新基层社会治理中的优势与作用》(《广西社会主义学院学报》2017年第1期）一文中认为，基层治理是国家治理体系的重要组成部分，是国家治理的基石。参与和服务城乡基层社会治理创新是参政党的一项重要社会责任。各民主党派具有反映社情民意、开展社会服务以及参政议政、民主监督的优势，能够通过各种方式直接或间接参与基层社会治理创新实践活动，在推进基层社会治理创新实践中发挥着重要作用。

王振在《多党合作参与毕节试验区建设的经验启示》(《新西部》2017年第4期）一文中，以多党合作参与毕节试验区建设为例，分析了社会服务职能的实践特色和完善途径。作者认为，民主党派通过毕节试验区建设履行社会服务职能有如下特色：增进目标共识，凝心聚智体现顶层设计与基层落实结合；增强战略定力，精准发力体现持续帮扶与广泛参与结合；运用统战法宝，民主协商体现党的领导与多方联动结合，这为社会服务提供了宝贵经验。作者认为，多党合作参与毕节试验区建设有以下几点启示：坚持党的领导，引领多党合作科学发展；坚持精诚合作，推进多党合作有效运行；健全制度保障，完善多党合作服务平台；构建示范品牌，发挥多党合作政治优势。

四、参政党的建设研究

民主党派加强思想、组织、制度特别是领导班子建设，提高政治把握能力、参政议政能力、组织领导能力、合作共事能力、解决自身问题能力，是民主党派适应新形势与新任务要求，承担自身历史使命的必然要求，也是坚持和完善中国共产党领导的多党合作和政治协商制度的一项重要内容。围绕将参政党建设水平提高到新高度这一课题，理论界进行了深入思考。学者们认为，参政党建设要坚持中国共产党的领导，发扬社会主义协商民主，体现一致性和多样性相统一的特征，依循参政党自身建设的原则，以进一步搞好政治交接为主线，以思想建设为核心，以组织建设为基础，以制度建设为保障，以提高参政党的"五种能力"为抓手，为多党合作奠定坚实的政治基础、思想基础和组织基础。值得注意的是，2017年学者们尤其注意在新媒体的视角下展现舆论建设的特殊价值，体现出较强的时代性和一定的创新性。

（一）参政党建设基本问题研究

按照中国特色社会主义参政党的标准和要求加强自身建设，是民主党派的历史性课题。研究者们从中国特色社会主义进入新时代这一时代背景出发，从执政党从严治党的比较视野，探讨民主党派加强自身建设的必要性和紧迫性，探讨参政党自身建设的目标、内容与方法，思考了如何从一致性与多样性的角度避免政党趋同，提出了“民主党派也要加强政治建设”这一新命题，表现出一定的创新性。代表性观点如下：

陈竺在《做适应新时代要求的中国特色社会主义参政党》（《团结报》2017年11月16日第1版）一文中认为，要以执政党为师，全面加强自身建设。一要把政治建设放在首位，巩固团结奋斗的共同思想政治基础。二要坚定不移依规从严治党，持续深入改进干部作风。三要深入实施人才强党战略，着力夯实基层基础。四要切实提高“五种能力”，增强参政本领。

杨宗科在《提高民主党派履职水平的思考》（《民主》2017年第2期）一文中认为，执政党的管党治党工作取得了伟大的历史性成就，执政能力和作风建设水平有了根本性提高。作为与中国共产党亲密合作的友党，民主党派需要与时俱进，提高参政党履行职能的水平。这个问题是民主党派在中国共产党领导的多党合作和政治协商这一基本政治制度下发挥作用、体现价值的重要内容，是民主党派与中国共产党长期共存、与时俱进、不断发展的前提条件。为此，民主党派要“以党为师”，推动实施民主党派自身建设“同步工程”，还要加强共产党领导，建立执政党与参政党党建工作联进机制和民主党派之间联动机制。

车庆芳在《“一”与“多”视阈下的参政党趋同问题研究》（《河北省社会主义学院学报》2017年第3期）一文中指出，参政党趋同问题集中体现在政治、组织、行为趋同三个方面；其产生的原因主要在执政党、参政党、历史和现实因素三个层面；缓解参政党趋同问题要以正确处理一致性和多样性关系为指导思想。具体而言，执政党秉承民主、合作、协商理念，为巩固和发展“和而不同”政党关系创造条件是根本；参政党立足参政、协商、监督，在改革发展中履行政党使命是关键；适应历史和时代变迁，中国特色政党制度不断实现创新发展是保障。

张燕红在《加强民主党派自身建设问题研究》（《福建省社会主义学院学报》2017年第3期）一文中认为，当前作为参政党的各民主党派，面临着“建设一个什么样的参政党、怎样建设参政党”的重大课题。随着我国经济、政治和社会发展环境的巨大变化，在多种因素共同影响下，民主党派组织发展出现了一些新的现象、新的问题，如存在着缺乏统一思想观念、缺乏系统理论研究、发展不平衡、组织功能不强、干部成长路径有待优化等问题。面对存在的问题，民主党派必须加强自身建设：第一，思想建设是核心，要加强基础理论建设，加大党派成员培训教育力度；第二，组织建设是基础，要加强领导班子建设、队伍建设、机关建设和基层组织建设；第三，制度建设是保障，要完善中国共产党领导机制、人才发现储备机制、实践锻炼机制和安排使用机制；第四，能力建设是重点，要提高政治把握能力、参政议政能力、组织领导能力、合作共事能力和解决自身问题能力。

关春兰、杨琨在《高校教师党建与民主党派建设相互促进研究》[《华南理工大学学报（社会科学版）》2017 年第 4 期] 一文中认为，高校是我国高素质人才的主要聚集地，中国共产党和各民主党派都将其作为发展党员和完善自身建设的重要阵地。高校教师党建与民主党派建设可取长补短，探讨二者相互学习、相互促进的方法机制。构建高校党建与民主党派建设团结协作、共同发展新机制：一要健全协商参与机制，共筑和谐；二要完善监督考核机制，相辅相成；三要完善法治民主制度，依法治校；四要完善学习教育机制，相互借鉴；五要寻求产学发展机制，合作共进。

谢伟铭在《讲好参政党的故事——不忘初心，把握新时代参政党建设的宗旨与目标》（《天津市社会主义学院学报》2017 年第 4 期）一文中认为，坚定文化自信、讲好中国故事，是习近平总书记提出的重要思想。“讲好中国故事”是我们秉承文化血脉，寻找思想源泉的重要方式，这一秉承和寻找的过程正是我们“不忘初心，继续前行”的保证，与习近平总书记“不忘初心”的思想相得益彰、相辅相成。落实在统一战线事业上，就是要讲好参政党故事，继承和弘扬统一战线优良传统，在新时代参政党自身建设的过程中秉承初心，明确自身建设的宗旨和目标，跟党同行，为实现中华民族伟大复兴的中国梦而贡献自己的力量。

张洪兵、冯松、石宗鑫在《新形势下民主党派自身建设问题研究》（《中国高新区》2017 年第 7 期）一文中认为，在新的历史时期，加强民主党派自身建设，是我国基本政治制度的重要保证。在大力促进参政党建设的同时，我们也要看到在国内外政治、经济、文化等因素的影响下，各民主党派自身建设问题上也存在着诸多不足。面对存在的问题，我们必须清晰认识到根源所在，寻找科学的解决路径，才能够充分发挥民主党派在建设中国特色社会主义中的积极作用。加强民主党派自身建设策略主要有：一要加强党对统一战线工作的领导；二要加强统战理论研究、创新与宣传工作；三要增进政治共识，画好“同心圆”；四要加强民主党派组织自身建设，打造合格队伍。

郭志云在《论全面从严治党视域下的参政党建设》（《湖南省社会主义学院学报》2017 年第 2 期）一文中认为，作为“四个全面”战略布局的根本保证，全面从严治党已经成为中国共产党党内生活的新常态。作为多党合作制度重要主体的参政党，要深刻认识、主动适应全面从严治党的新常态，同时要树立求同存异、依法治国、网络统战三大理念，增强政治、大局、服务三大意识，提升学习、创新、合作三大能力，积极服务全面从严治党新常态。

李淑萍在《关于全面从严治党对参政党建设的影响和要求的思考》（《湖北省社会主义学院学报》2017 年第 3 期）一文中指出，中共十八届六中全会既昭示出十八大以来党要管党、从严治党的持续推进、严上加严、永远在路上，又昭示出“四个全面”更加完整、战略布局更加系统。作为与中国共产党通力合作的中国特色社会主义参政党，既要对此加强监督，更要借鉴其从严治党的做法和经验，全面加强思想、能力、作风建设。应向执政党学习，把全面从严治党引向深入并进而建立长效机制，激发干事创业的热情和担当，以新的思路、新的状态逐步形成参政党全面从严治党的共识。

（二）参政党的思想政治建设研究

思想建设是参政党建设的永恒主题，是参政党自身建设的核心。2017 年换届以及中共十九大提出“政治建设”的命题之后，参政党的政治建设问题也开始受到关注，提出了“以思想政治建设为引领”和“民主党派也要讲政治”等新论断。学者们围绕思想政治建设的目标、载体、方法等问题建言立论，一致认为思想建设要围绕“四个自信”，高度重视代际变化视野下的政治交接问题、核心价值观的建设问题，以及参政党的思想宣传工作，代表性观点如下：

刘翔在《浅谈民主党派如何培育和践行社会主义核心价值观》(《前进论坛》2017 第第 1 期）一文中认为，民主党派培育和践行社会主义核心价值观，要将社会主义核心价值观贯穿于民主党派各项工作的始终，内化于心，外践于行，因势利导，顺势而为，积极发挥自身优势和作用，在尊重差异中扩大社会认同，在包容多样中形成思想共识，坚决抵制各种错误思想和腐朽文化的消极影响，积极担负起培育和践行社会主义核心价值观的崇高使命和历史责任。一要自觉加强理论学习，充分发挥文化宣传引领作用；二要积极履行职能，用实际行动践行社会主义核心价值观；三要夯实组织基础，把培育和践行社会主义核心价值观有效融入组织建设中；四要注重实践养成，完善制度建设和道德内化机制；五要立足本职工作，做培育和践行社会主义核心价值观的模范。

牛广明在《践行社会主义核心价值观全面建设高素质的参政党》(《前进论坛》2017 年第 7 期）一文中认为，参政党要认真学习践行社会主义核心价值观，全面把握其科学内涵和精神实质，增强贯彻落实核心价值观的自觉性和坚定性，要紧紧围绕坚持和发展中国特色社会主义这一主题，紧紧围绕实现中华民族伟大复兴中国梦这一目标，紧紧围绕“三个倡导”这一基本内容，注重宣传教育、示范引领、实践养成相统一，注重政策保障、制度规范、法律约束相衔接，使社会主义核心价值观融入人们的生产生活和精神世界。作者认为，践行社会主义核心价值观，法治建设是底线；践行社会主义核心价值观，诚信体系是关键；践行社会主义核心价值观，发挥作用是根本；践行社会主义核心价值观，自身建设是保障。

严丽娟在《试论新时期民主党派的思想政治教育》(《贵州社会主义学院学报》2017 年第 1 期）一文中认为，面对开放性、多样性的社会环境，民主党派成员的政治思想和价值观念都发生着一定程度的变化，需要把思想政治教育作为加强民主党派建设的思想基础，从而进一步行使好参政党的职能，发挥好参政党的作用。作者认为，新时期民主党派思想政治教育是中共团结广大社会阶层的重要形式；是民主党派加强自身建设的重要方式；是多党合作制度在中国发展的思想基础。新时期民主党派思想政治教育的主要内容是：对于政党制度的学习；对于重大理论的学习；对于方针政策的学习；对于先进人物的学习。

李家祥在《新形势下加强民主党派奉献务实作风建设研究》(《山西社会主义学院学报》2017 年第 3 期）一文中认为，加强民主党派奉献务实作风建设是发挥民主党派独特作用、更好地为国家发展和社会进步事业服务的必然要求，其内涵与途径主要必须在以下几个方面：一是提升广大民主党派成员的思想认识水平，牢固树立实事求是、按客观规律办事的自觉意识；二是在干事创业、议政建言过程中民主党派成员要做深入细致的调查研究工作；三是在参政议政、民主监督工作中要讲实话、建真言，不断提高民主党派协商议政的能力和水平。

戴洁、王磊在《体认与顺应：民主党派成员身份认同实证研究》（《统一战线学研究》2017年第2期）一文中，利用对W市民主党派成员的问卷调查数据和深度访谈材料，以民主党派成员对自我身份的理解、顺应和建构为独特视角，将以价值判断为基础的规范分析与以经验事实为基础的实证分析进行有机结合，揭示了民主党派成员的主观预期与情境选择、自我体认与公众评价，以及多党合作制度设计与行为实践之间存在的差异和张力。作者认为，民主党派成员对党派身份的确认、对所归属组织的认知与社会公众对其的认知存在较大差距；民主党派成员在加入民主党派前后对伴随身份而来的情感体验，以及以党派身份行事的行为模式有不同的认识。这些问题的解决有赖于优化民主党派内部组织结构和激励机制、逐步提高民主党派领导班子专职化水平、创新政治引导和思想教育方式方法、发挥民主党派在政治社会化中的积极作用等方面。

武晓瑞在《有效利用新媒体促进参政党思想建设》（《内蒙古统战理论研究》2017年第2期）一文中认为，参政党应积极有效利用新媒体，促进参政党思想建设，发出党派新媒体“好声音”。一要增强政治意识，党派新媒体发出“好声音”；二要增强组织意识，党派新媒体发好“党派声音”；三要增强责任意识，党派新媒体发好“会员声音”；四要增强网络意识，党派新媒体发好“生动声音”。

刘锦春在《广州地区民主党派成员政党认同情况分析——基于广州民盟的研究》（《广东省社会主义学院学报》2017年第2期）一文中，通过问卷调查的形式，定量分析广州民盟盟员对中国当前政党制度、民盟价值理念、民盟领袖人物、民盟组织、参与民盟活动情况和对民盟的忠诚六个方面情况，分析了广州民盟盟员对民盟的认同情况，以进一步分析民主党派成员的政党认同情况。作者认为，广州民盟盟员对民盟理念文化认同（84.9%）、民盟组织认同（中值55）以及盟员对民盟的忠诚情况（90.2%）都是非常高的；对民盟活动的参与程度（77.4%）和我国现行政党制度的认同（68.5%）是比较高的；但是对民盟政党领袖人物的认同（54.8%）仍有待进一步提高。

张淑兰在《高校九三学社社员对多党合作制度的认知及分析——基于山东省的调查研究》（《统一战线学研究》2017年第3期）一文中认为，执政党、民主党派及其成员对多党合作制度的认知，均是考察、研究多党合作制度的重要维度。在对547份有效样本的分析基础上，作者认为，高校九三学社社员对我国多党合作制度的认知代表了九三学社社员的主流状况。高校社员对多党合作制度的认知比例总体居中，一般高于公务员社员，低于其他事业单位社员。高校社员对多党合作制度的认知既受社会政治大环境的影响，也与九三学社组织及个人因素密不可分。

郭强、贾贤良、陈景在《代际变化视野下的民主党派政治交接问题研究》（《湖北省社会主义学院学报》2017年第6期）一文中认为，在代际变化条件下，我国民主党派的政治交接问题日益重要。当前民主党派政治交接总体上是适应自身任务要求的，但也存在一些短板和问题，必须认真研究并加以解决。加强代际变化视野下的民主党派政治交接的研究，对于加强民主党派自身建设、完善中国共产党领导的多党合作和政治协商制度都有着重要意义。为此，一要强化民主党派思想建设，凝聚强大政治共识；二要加强民主党派组织建设，夯实政治交接基础；三要加强制度建设，确保政治交接工作常态化；四要加强民主党派领导班子建设，提升政治交接责任担当能力；五要加强政党协商，为政治交接创设良好平台。

宋村珠在《正确认识和把握参政党政治交接的时代内涵》(《吉林省社会主义学院学报》2017年第3期）一文中认为，政治交接是参政党存在和发展，履行职能，完成使命的重大课题和战略任务，具有重要性、长期性、阶段性。重要性是指，政治交接不仅关系到参政党能否正确履行职能，甚至关系到生死存亡。政治交接搞不好，偏离了正确的政治方向，是十分危险的。长期性是指，政治交接不可能一蹴而就，必须贯穿参政党建设发展的全过程，精神不可懈怠，力度应当保持。阶段性是指，不同历史时期，面临新的形势和任务，由于社会发展阶段决定的参政党内外部环境和使命不同，政治交接的内涵也发生了深刻变化，不同阶段政治交接的内涵不同。

江志全在《加强高校民主党派新成员思想建设的思考》(《民主》2017年第8期）一文中认为，新世纪新阶段，随着高校民主党派成员、无党派知识分子、留学出国归国人员队伍不断扩大，人数日益增多，高校统一战线不仅范围扩大，对象更多，人员结构也发生了变化，青年成员已成为高校民主党派的新生力量，他们富有活力、知识层次高，其中相当一部分已成为各自专业、学科的骨干和职能部门的领导者，尤其是近五年来加入的新成员，已在高校民主党派中占相当比例，他们应该是民主党派思想工作的重点。加强新成员思想建设的对策及措施有：以马克思主义科学理论为指导，以社会主义核心价值观为引领，打牢思想建设的坚实基础；进行民主党派自身的党史教育，强化新成员参政党意识；将思想政治工作与政党职能有机结合。

李坦、李晖在《论民主党派内新阶层人士的政治诉求——以湖北省九三学社为样本》(《湖北省社会主义学院学报》2017年第2期）一文中认为，新的社会阶层人士是在我国社会转型、经济转轨过程中逐渐发展壮大的，目前已成为发展趋势明显、功能作用显著、游离于传统体制之外的一个重要群体，是社会和谐稳定不可忽视的重要力量。近年来，新阶层人士在民主党派组织成员中的占有比例不断提升，他们总体上能够理性看待社会问题，积极参与政治，但在政治信念、政治参与能力等方面还存在一定问题。因此，民主党派的思想建设要加强对新阶层成员的引导，使他们成为助推和谐社会建设的重要力量。

（三）参政党的组织建设问题研究

组织建设是参政党建设的基础，包括加强领导班子、人才队伍、基层组织建设、内部监督机制建设等内容。研究者们认为，优化民主党派成员结构、加强参政党干部队伍建设，是参政党建设的组织保证；人才队伍是参政党事业可持续发展的前提。为此，不仅要抓组织发展，坚持质量与数量并重、保持党派特色、优化队伍结构，还要把组织发展与履行职能相结合，重视发展履行职能急需的专门人才；要提高基层组织的活力；要让内部监督成为参政党自我管理、自我约束、自我完善提升的过程。代表性观点如下：

关于干部队伍建设，王凯、辛刚国、曹天玲在《新形势下党外干部队伍建设的瓶颈与出路》(《山西社会主义学院学报》2017 年第 1 期)一文中认为，党外干部队伍是中国共产党领导的多党合作和政治协商制度的运行实践主体。新形势下甘肃省党外干部队伍建设既有长足进步，也面临瓶颈，存在无党派人士在县处级党外干部中所占比例较大、民主党派基层建设缺乏活力等问题，反映出统战体制机制和政策对环境变化的适应性不足。为了解决这些问题，应该从加强民主党派基层组织建设、利用新媒体做好统战宣传、积极谋划统战体制机制创新等方面着手。

中共南宁市委统战部联合课题组在《优化民主党派成员结构问题研究——以南宁市为例》(《广西社会主义学院学报》2017 年第 1 期)一文中认为，民主党派地方组织是民主党派组织体系的基础性力量，是国家治理体系的重要组成部分。民主党派地方组织发展质量的高低，将极大地影响国家治理体系的现代化水平。因此，民主党派应进一步做好自身组织发展工作、抓好基层组织建设工作、明确组织成员重点发展领域、发挥骨干成员示范带动作用、做好发展对象培养发展任用工作、不断加强民主党派基层组织管理等工作，不断优化民主党派成员结构，加强自身能力建设。

徐玉发在《以换届为契机加强地方民主党派后备干部建设》(《前进论坛》2017 年第 6 期)一文中认为，加强后备干部队伍梯次建设的路径主要在以下几个方面：一是中央统战部应该出台规定，地方民主党派各级委员会组成成员不得连任超过两届，以便及时补充新鲜血液，防止领导班子固化，甚至演变成拉帮结派；二是充分发挥中共常委兼任统战部部长的契机，积极参加地方民主党派后备干部队伍梯次建设，主动向民主党派组织推荐层次高、代表性强的党外优秀人才，重点发展业务骨干；三是地方民主党派委员会和上级委员会应主动、积极向政府有关部门推荐民主党派优秀人才任职、挂职，敢于推荐，勇于担当，"有为才有位"；四是做好政治交接，优化民主党派后备干部选拔机制；五是各民主党派组织应建立健全后备干部人才库，为后备干部的推荐和选拔做好人才储备工作；六是地方各级民主党派组织应建立健全党员人事档案制度；七是采用双轨平行考核法对民主党派后备干部进行考察；八是建立规范有序的民主党派干部队伍管理机制。

姜力在《当代民主党派领导干部成长规律——基于全国人大代表、政协常委的实证研究》(《北京社会科学》2017 年第 11 期)一文中，以十二届全国人大代表、十二届全国政协委员中的副处级以上民主党派领导干部为样本，采用描述性统计分析和相关性分析方法，揭示了当代民主党派领导干部成长规律。作者认为，从职业职务视角看，本职职业发展历程模式以专业技术类转为领导类居多，有些机关单位中下层岗位经历的不多；无论是初任各职务级别的领域，还是现任不同职务级别的分布领域，都有一定倾向性；领导正职安排主要在党派人民团体和事业单位领域，职务逐级晋升与越级晋升并存。从影响因素视角看，良好的教育背景是成长的基础，初始工作领域是成长的主要平台，组织培养是成长的关键，任职经历更是职务晋升的显著性变量。

宋菊芳在《民主党派高层次人才培养与安排使用研究——以北京市为例》(《中央社会主义学院学报》2017 年第 1 期)一文中认为，目前民主党派高层次人才的培养与安排使用工作虽然取得了一定的成绩，但依然存在思想认识不到位、思维方式受传统的框架束缚等方面的问题。作者认为，要从健全民主党派高层次人才的培养机制，完善民主党派高层次人才的选拔、任用机制，加强民主党派高层次人才的交流、轮岗工作，切实加强民主党派高层次人才的培训工作等方面做好民族党派高层次人才的培养工作。

朱云慧、宋乐乐在《关于民主党派人才强党战略的思考》(《湖北省社会主义学院学报》2017 年第 1 期）一文中认为，实施人才强党战略，提升参政能力，是民主党派在新的历史时期的一项重大工作，可以从以下几个方面努力：一是基层组织需牢固树立人才强党战略意识；二是拓宽人才发展渠道，建筑人才高地；三是搭建人才培养平台，促进人才进步发展；四是健全管理考评机制，营造健康成长环境。

戴秀英、王波、吴海鸿在《构建综合评价体系创新人才培养模式（上）——宁夏民主党派代表人士综合评价实证研究》(《前进论坛》2017 年第 1 期）一文中认为，中共十八大以来，以习近平为总书记的党中央坚持把统一战线放在党和国家工作的大局中来定位、部署、推动，强调党外代表人士工作的重点是科学使用、发挥作用，关键是加强培养、提高素质。目前，我国民主党派代表人士缺乏切实可行、科学合理的综合评价体系，不同程度地影响民主党派代表人士队伍建设的现状，因此，建立科学实用的综合评价指标体系，并运用到实践之中，使之公开、公平、公正地选拔运用优秀的民主党派代表人士，为各级党委推荐选拔党外人士提供客观依据，就成为加强党外代表人士队伍建设的重要举措。

农工党黑龙江省委理论研究课题组在《民主党派推进人才强党战略机制研究》(《前进论坛》2017 年第 3 期）一文中认为，民主党派推进人才强党战略是党外干部培养的重要环节，关系到民主党派整体干部队伍建设，关系到民主党派的发展和进步。加强民主党派人才培养，提高党外干部的素质，需要探索民主党派人才培养建设的机制：一是落实《关于加强社会主义协商民主建设的意见》《中国共产党统一战线工作条例（试行)》要求，切实提高对民主党派的重视程度；二是稳步推进民主党派组织发展，完善人才队伍结构；三是明晰关系权责，避免选拔“多头性”；四是构建梯度培训模式，提升综合素质；五是搭建使用平台，施展个人才华；六是建立跟踪测评体系，确保标准严格。

伍伏海、蔡小莲在《以人才强党引领建设高素质参政党》(《前进论坛》2017 年第 12 期）一文中认为，实施人才强党战略，是建设高素质参政党的关键举措，也是履行好参政党职能的必然要求。努力建立一支专业影响大、社会影响好、参政议政能力强的高层次人才队伍可以从以下几个方面着手：一要强化人才意识，做好组织发展工作；二要强化人才培训，做好队伍储备工作；三要强化人才举荐，树立正确的用人导向；四要强化人才管理，大力推进制度建设；五要强化人才平台建设，发挥好组织体系作用。

关于基层组织建设，姚跃传在《统战视域下民主党派基层组织建设路径探析》(《江苏省社会主义学院学报》2017 年第 2 期）一文中认为，基层组织建设是民主党派健康发展的基础，是一项需要长期坚持的战略性任务。目前民主党派基层组织建设依旧存在不少问题。作者通过对若干地市、高校民主党派基层组织负责人的调研，结合自己的工作实践，提出了加强民主党派基层组织建设的新途径：一是思想建设重中之重，政治责任铭刻在心；二是精心策划活动形式，结合岗位增添活力；三是加强建设领导班子，减少过多主委兼职；四是牢牢抓紧工作作风，强化成员政党意识；五是党派制度不可松懈，坚持施行成员评议；六是采取措施吸引人才，中共助力共同培养；七是改善组织人员结构，党派工作合理安排。

梁丹在《加强高校民主党派基层组织建设，助力应用型本科科学发展》（《辽宁科技学院学报》2017 年第 3 期）一文中认为，高校民主党派基层组织是各民主党派的重要组成部分，新形势下需研究其工作现状以及突出问题，并给出高校民主党派加强基层组织建设的对策与思考，进而发挥其优势，助力应用型本科教育教学科学发展。一要切实加强党的领导；二要加强思想建设；三要加强组织建设；四要加强制度建设。

段青英、林霞在《民主党派基层组织建设初探——以农工党济南市委为例》（《山东省社会主义学院学报》2017 年第 4 期）一文中认为，加强民主党派基层组织建设是塑造高素质参政党的必备条件，也是完善多党合作制度的内在要求，为此，要突出共识教育；突出激励引导；突出组织发展；突出班子建设；突出活动创新；突出科学的体制机制。

胡越在《推进民主党派基层支部建设的思考》（《团结》2017 年第 3 期）一文中认为，基层支部是民主党派组织中最基本的组成部分，是民主党派的组织基础和工作基础，也是民主党派成员履行参政党职能、开展自我教育、交流思想、增强凝聚力的组织形式。加强和完善基层支部建设，努力探索民主党派基层支部建设的新方法和新途径，提高民主党派基层支部规范化、制度化建设水平，不断增强民主党派基层支部的凝聚力和创造力，是当前民主党派基层组织建设面临的一个重要课题。一要加强思想建设，提高政治把握能力；二要规范组织工作，提高组织凝聚力；三要加强制度建设，增强活动实效；四要加强参政议政能力建设，提高履职水平；五要丰富组织生活，增强组织活力。

李运波在《民主党派基层支部组织建设和发展影响因素的研究》（《上海市社会主义学院学报》2017 年第 5 期）一文中认为，民主党派基层支部的组织建设和发展，不仅是民主党派存续发展的需要，也是中国共产党领导的多党合作政党制度巩固和发展的需要，是我国基本政治制度巩固和发展的需要。作者以民主党派基层支部组织建设和发展的影响因素为研究对象，从内部结构性因素和外部环境性因素两个维度，探讨了加强民主党派基层支部组织建设和发展的路径与方法。从改善内部结构性因素而言，要立足支部，夯实基础，加强基层支部自身建设和发展。从改善外部环境性因素来思考：一要注重基层，激发活力，提升民主党派区委的有效支持；二要提高认识，加强合作，强化基层单位的支持力度。

宋丽慧、万建中、张和友在《北京市高校民主党派基层组织建设的现状与发展对策》［《北京教育（高教）》2017 年 7 月 8 日］一文中认为，高校民主党派成员人才层次高、整体素质好，而且参政议政、建言献策能力强。然而，目前民主党派组织建设面临着诸多问题与不足，需要从统战部门与民主党派自身两个维度加以考量并提出具体的应对策略：一是统战部门和党派市委要重视对基层组织建设的指导；二是加强基层组织自身建设，激发基层组织活力。

陈宏寿在《新形势下民办高校民主党派基层组织的建设研究》（《湖北省社会主义学院学报》2017 年第 5 期）一文中认为，近年来，民主党派基层组织在民办高校发展中的作用日益凸显，是新形势下民办高校统战工作的重要组成部分。民主党派基层组织建设作为民办高校统战工作的重要一环，是贯彻执行多党合作制度的重要保障。所以，在新形势下，加强和完善民办高校民主党派基层组织建设具有重要的理论和现实意义。加强民办高校民主党派基层组织建设：一要以增强统战意识为“先”，指导加强民办高校民主党派基层组织建设；二要以切实履行职责为“本”，增强民办高校民主党派的参政党意识；三要以搭建发展平台为“要”，抓好民办高校民主党派基层组织建设。

崔珏在《民主党派地方组织领导班子建设研究——以广州市为例》（《广州社会主义学院学报》2017 年第 2 期）一文中指出，民主党派领导班子建设，其政治目标是搞好政治交接，组织目标是增进民主团结，功能目标是有效履行职能。民主党派地方组织领导班子建设既要体现民主党派发展的总体要求，又要从地方组织的特点和实际出发找到着力点。地方领导班子建设也要以思想建设为核心，组织建设为基础，制度建设为保障，能力建设为重点。

姚东元在《民主党派基层组织内部监督问题刍议》（《辽宁省社会主义学院学报》2017 年第 3 期）一文中指出，民主党派内部监督是民主党派加强自身建设的重要举措，关乎其生存与发展，关乎多党合作事业，关乎社会主义民主政治建设和中国共产党领导的多党合作和政治协商制度的坚持与完善。目前，民主党派内部监督理论研究和实践探索基本同步，还处于起步阶段，开展内部监督仍在探索中。在民主党派基层组织开展内部监督中，还存在主观认识、机构设置、制度建立、机制运行和结果评价上的阻碍问题，应该从扩大党内民主、试点差额选举、完善监督机构、细化监督制度和推行监督员制度等方面予以解决。

关于参政党的领导班子建设，吴星辰、吴金华在《“五种能力建设”理论与民主党派政治交接中领导班子建设工作研究探析》（《湖南省社会主义学院学报》2017 年第 5 期）一文中指出，当前，为适应我国社会形势发展需要，回应社会期望，领导班子在民主党派组织中的重要地位尤为凸显，决定性更加明确，亟须科学提高民主党派政治交接中领导班子建设的效能。加强民主党派政治交接中领导班子建设，对中国梦的实现、中国特色社会主义伟大事业不断取得新的胜利、坚持和发展中国共产党领导的多党合作和政治协商制度等具有重要意义。

张师伟在《中国特色社会主义参政党党内民主建设的法治路径》（《社会科学研究》2017 年第 4 期）一文中指出，在中国特色社会主义政党体系中，参政党的党内民主建设，一方面，是为了整体提升中国政党体系的民主水平，因为在执政党的党内民主已经达到较高水平的时候，参政党的党内民主水平就成了一个决定性的影响因素。另一方面，参政党的党内民主建设，也是为了更加有效地与执政党进行合作和政治协商。执政党的党内民主建设已经提升了其组织、制度及决策等的民主水平，这就要求参政党也要在党内民主建设上达到相应的水平，否则就会影响合作和协商的效率。参政党党内民主建设要积极借鉴执政党党内民主建设经验，采取法治路径，建立和健全党内法规，积极稳妥地推进参政党党内民主建设，提升参政党党内民主水平，整体性推进中国政党体系的民主化和法治化建设。

（四）参政党的制度建设及其他问题研究

除了思想建设和组织建设，研究者们还对制度建设与能力建设问题给予了高度关注。研究者们认为，民主党派加强自身建设，必须以制度建设为保障，努力做到科学化、规范化，使各项工作有章可循、运转协调、规范有序，健全参政党的运行机制，不断提高参政党履职的制度化、规范化、程序化水平。此外，大数据时代，新媒体对参政党建设的作用和影响是参政党建设理论框架中一个比较前沿和具有时代气息的课题，研究者们还在舆论建设的视野中深入讨论了参政党自身建设的问题。代表性观点如下：

王珊在《关于民主党派制度建设的几点思考——基于中国民主党派章程的视角》(《天津市社会主义学院学报》2017 年第 3 期）一文中认为，民主党派制度建设是民主党派工作经验的总结和升华，是发挥民主党派自身性质、地位和作用的重要保障。民主党派章程规定了民主党派的各项基本制度，是民主党派自身建设的历史缩影，也是制定其他一切制度的基础和依据。作为政治领域的一项系统工程，民主党派制度建设具有长期性、复杂性和艰巨性，它直接影响到民主党派参政能力的提升，关系到民主党派规范化、程序化的管理。加强民主党派制度建设，必须遵循相应的基本原则，逐步建立一套适合自身特点的、适应组织运行需要的制度和机制，努力体现合法性、系统性、科学性，使各民主党派的工作逐步走向制度化、程序化、规范化。

毕华在《借鉴中共经验加强民主党派党内监督》(《前进论坛》2017 年第 5 期）一文中认为,《关于新形势下党内政治生活的若干准则》和《中国共产党党内监督条例》标志着中国共产党全面从严治党向制度化方向纵深发展，开启了全面从严治党新时代，具有里程碑意义。民主党派作为与中国共产党通力合作的中国特色社会主义参政党，应该借鉴中国共产党成功的经验，加强党内监督，这是中国特色政党制度建设的重要内容之一，也是中国特色社会主义监督体系的重要组成部分。

杨明在《民主党派舆论建设现状及对策研究》(《河北省社会主义学院学报》2017 年第 2 期）一文中认为，民主党派的舆论代表着民主党派对公共事物的看法、态度、意见，有时甚至是一种公开的表达。舆论建设同组织建设和思想建设一起共同组成了民主党派党务工作的核心。党派舆论建设与政治生态密切相关，良好的政治生态会大大提高党派舆论建设水平，反过来党派的舆论建设可以影响政治生态的发展。党派舆论具有强烈的政治性和多元性，使得党派舆论在多党合作中发挥了重要而特殊的作用，从而推动民主党派用正确的思想和方法从事政治协商、民主监督和参政议政。

荆小庆、李益在《新媒体对参政党建设的作用及影响浅析》(《四川统一战线》2017 年第 2 期）一文中认为，互联网技术构建的新媒体时代，广泛影响着社会结构、产业结构以及人们的观念、行为和舆论走向，对高素质中国特色社会主义参政党建设有着重要作用和巨大影响。新媒体对参政党建设的作用有：扩展了参政党的话语权；增强了参政党的舆论引导性；调动参政党成员的参与性。各民主党派必须认真研究，加快对新媒体技术在开展党务工作中的融合应用，为在中国共产党领导下的多党合作事业，为参政党自身建设和发展夯实思想舆论的技术基础。

贾亭在《新媒体时代加强民主党派舆论工作研究》(《上海市社会主义学院学报》2017 年第 3 期）一文中认为，在新媒体时代，民主党派舆论工作充当着“驾驶员”“宣传员”“保安员”三种角色。加强新媒体时代民主党派舆论工作，促进新媒体成为传播正能量的主阵地，是新的时代背景下增强党派凝聚力、建设社会主义核心价值体系、提高统战工作科学化水平的客观要求。民主党派舆论工作应针对当前存在的问题，提高认识，建立健全民主党派新兴媒体应用的管理制度，创造更加新颖有效的民主党派舆论工作新形式，着力打造一支素质过硬的舆论工作队伍，积极探索科学高效的新方式、新方法。

张翠莲、李桂梅在《民主党派自营新媒体运营管理研究》(《湖南省社会主义学院学报》2017 年第 6 期）一文中认为，新媒体的诞生意味着非群体化传播工具时代的真正到来，在传播个性化的潮流中，民主党派自营新媒体运营管理好坏关涉民主党派能否提升党派形象、发挥党派职能和凝聚党派共识。民主党派自营新媒体运营需要从内容管理、用户管理、平台管理和团队管理四个方面，通过创新媒体管理理念、建立完善新媒体运营管理制度、提高自营新媒体运营团队的行业素质，实现民主党派自营新媒体运营管理的专业化和制度化。民主党派自营新媒体运营管理的基本途径：一是创新媒体管理理念；二是制定完善民主党派自营新媒体运营管理制度；三是提高民主党派自营新媒体运营管理人员的行业素质。

陈勇在《如何做好民主党派工商联新闻宣传工作探析》(《传播力研究》2017 年第 6 期）一文中认为，民主党派工商联的新闻宣传工作是统一战线的基础性工作，是其自身建设的重要内容。民主党派工商联加强新闻宣传工作可以从以下几个方面着手：一是各部门加强交流，形成一致目标；二是加强新闻宣传队伍建设；三是完善表彰激励制度；四是加强与新闻媒体的联络。

乌兰图雅在《新媒体时代民主党派宣传工作机制研究》(《法制博览》2017 年第 9 期）一文中认为，民主党派宣传工作作为中国共产党领导的多党合作和政治协商制度宣传的重要组成部分，具有不可替代的优势和作用。在网络媒体、手机媒体、数字电视等新媒体迅速发展的今天，民主党派在参政议政、开展民主宣传的过程中应当充分利用新媒体信息扩散速度快、传播范围广、形式丰富、互动性强等独特优势开展宣传工作，以充分汲取网络民意，着力提升参政议政能力。新媒体时代提升民主党派宣传工作的措施和方法：一要更新宣传理念，变革宣传策略；二要构建多元化的宣传体系；三要加强宣传人才队伍建设。

杨军在《加强参政党能力建设的方法和途径探析》(《宁夏党校学报》2017 年第 1 期）一文中认为，我国的多党合作和政治协商制度具有内生性，因而有强大的政党制度优势。新形势下参政党能力建设的提高需要执政的共产党加强体制与制度建设，为参政党能力建设提供有效的制度供给。参政党要不断加强自身理论建设和理论创新，在履行参政党职责过程中逐渐强化政党意识，努力提升能力建设水平，充分激发我国多党合作制度优越性的整体活力。

张鹏立在《关于民主党派提高解决自身问题能力的思考》(《山东省社会主义学院学报》2017 年第 3 期）一文中指出，民主党派提高解决自身问题的能力，是民主党派自身存在和发展的必要条件，是民主党派能力建设的根本。民主党派提高解决自身问题能力，主要是提高自我净化、自我革新、自我提升、自我完善的能力。当前民主党派在解决自身问题能力方面有诸多欠缺，需要在加强理论学习与创新、强化政党意识与参政意识、增强基层组织活力、加强制度建设、增强民主党派干部队伍建设五个方面切实提高。

杨宝康在《论提高民主党派的“五种能力”》(《普洱学院学报》2017 年第 4 期）一文中认为，提高民主党派“五种能力”，是坚持走中国特色社会主义政治发展道路的现实要求，关系到多党合作制度的巩固和完善；是充分发挥中国特色社会主义参政党作用的迫切需要，关系到民主党派的发展和前途。民主党派“五种能力”的提出，是民主党派能力建设经验的科学总结和建设理论的重要创新，为民主党派加强能力建设指明了方向，这必将在民主党派加强自身建设实践中发挥重要的指导作用。提高民主党派“五种能力”的重要路径是以史为镜、实践为本和以党为师。

王焕平在《制度效能视角下民主党派能力建设研究》(《山西社会主义学院学报》2017 年第 2 期）一文中认为，民主党派能力建设是我国多党合作制度效能实现的必然要求。从提升多党合作制度效能视角阐述民主党派能力建设具有重要意义。当前，我国民主党派能力建设还存在一些问题，应从理论建设、实践创新、制度保障三个方面加强民主党派能力建设。

桂娟妮在《从社会活动家视域谈民主党派机关干部能力建设》(《前进论坛》2017 年第 10 期）一文中认为，提高政治把握能力、参政议政能力、组织领导能力、合作共事能力、解决自身问题的能力，既是对民主党派领导班子的要求，也是民主党派机关干部努力的目标和奋斗的方向。社会活动家所要具备的素质与民主党派机关干部“五个能力”存在共通之处，学做“社会活动家”，要做到立足界别，善于博学广知；崇德修身，不断提升境界；拓宽思路，勇于善谋健行。

学术著作评介和论文观点摘要

一、学术著作评介

《国是——民主党派中央参政议政工作案例选编》（中央统战部编，民主与建设出版社 2017 年版）

《国是——民主党派中央参政议政工作案例选编》充分展示了多年来，尤其是中共十八大以来，民主党派发挥作用和自身建设的新面貌、新气象，是多党合作事业蓬勃发展的鲜活记忆，是参政党奔走国是的生动写照，也是再次出发的响亮号角，助力民主党派在新时代的履职建言再起航。

这是一幅展示多党合作制度效能的美丽画卷。本书通过一个个生动鲜活的案例，全面反映了近年来民主党派参政议政工作的崭新面貌和巨大成绩，记录民主党派服务党和国家事业发展的精彩故事和难忘画面：民革中央牢记习近平总书记的嘱托，为福建平潭建设发展建言献策；民盟中央助力我国高等教育改革与发展，为推进“双一流”建设贡献力量；民建中央发挥经济界独特优势，为长江经济带建设献计出力；民进中央围绕构建现代公共文化服务体系建设建言献策，使人民共享文化发展成果；农工党中央以“健康中国”“美丽中国”为主题，深入调研，成果丰硕；致公党中央突出“侨”“海”特色，助力“一带一路”建设；九三学社中央发挥科技界优势，为促进我国科技发展和自主创新议政建言；台盟中央助力海峡西岸经济区建设，为推动两岸经贸合作与民间交流贡献力量。

这是一本指导参政议政工作创新实践的生动教材。本书通过选取各民主党派中央参政议政经典案例，记录参政议政工作各环节、全流程，总结工作规律，挖掘工作创新点，见微知著，为提升参政议政工作水平提供有益示范和参考借鉴。各民主党派中央在多年的工作实践中，突出各自特点，多年持续调研，形成了参政议政重点领域和特色品牌。在参政议政工作方式方法上，各民主党派建立和完善参政议政工作制度机制，注重整合人才资源，加强与政府有关部门的对口联系与合作调研，吸收社会力量参与，切实增强调研实效。在调查研究的工作环节上，从确定选题、组成队伍、实地调研、征求意见、形成成果、议政建言，形成了一套民主党派考察调研步骤流程。这些宝贵的传统、经验和方法，构成了本书的价值所在，有利于各民主党派搞好政治交接的重要抓手，使参政议政工作的优良传统薪火相传。

这是一份记录民主党派成员家国情怀的无悔宣言。本书记述了民主党派成员在参政议政工作中展现出的良好专业素养、精益求精的钻研精神及履职思考与感悟，展现出了民主党派与中国共产党永做诤友的精神追求、强烈的使命担当和浓浓的家国情怀。这份无悔宣言是八位民主党派中央主席的率先垂范。他们身先士卒、深入一线、体察民情、亲自指导，他们用自己的实际行动为每一名民主党派成员做出榜样，践行着他们对中国特色社会主义参政党新时代履职建言的理念追求。这份无悔宣言是广大民主党派成员的履职实践。他们将习近平总书记对党外知识分子的殷切嘱托，转化为履职建言的满腔热情，将个人的才华智慧和实际行动转化为报国情怀和责任担当。他们分布在新时代中国特色社会主义建设事业的各个领域，为新时代中国特色社会主义事业发展建言献策，谱写出新时代多党合作事业的辉煌篇章。

《大道——多党合作历史记忆和时代心声》（孙春兰主编，团结出版社 2017 年版）

时代感悟和历史记忆汇聚到一起，合辑形成了《大道——多党合作历史记忆和时代心声》一书。这是一本厚重的书，内容涵盖多党合作制度的孕育、形成和发展。本书有重要历史的生动解读，也有优良传统的深刻感悟，有首次呈现的细节故事，还有履职实践的点滴经历。不同的视角、不同的故事，联结起的是多党合作的过去、现在和未来，集中展现了各民主党派与中国共产党风雨同舟、团结合作的光辉历程，充分表达了新征程中各民主党派不忘合作初心、继续携手前进的坚定信念。

情怀是多党合作的鲜明底色。中国知识分子有着浓厚的家国情怀和强烈的社会责任感，作为以知识分子为主体的民主党派，其诞生、发展都源于争取民族独立和人民解放、实现国家富强和人民幸福的热切渴望。正如民革中央主席万鄂湘所说“爱国爱家不需要理由，爱国情怀最没有代沟”，这种深沉的情怀铸就了多党合作鲜明的底色，汇成了实现中华民族伟大复兴中国梦的磅礴合力。

信念是多党合作的坚强支柱。1948 年 4 月 30 日，中共中央发布了“五一口号”，各民主党派积极响应，标志着公开、自觉地接受了中国共产党的领导，这一历经血与火的洗礼、自觉自愿的历史选择，决定了选择后的执着和坚贞。长期以来，不管国际国内形势如何变化，也不管遇到多大困难和挫折，各民主党派坚持中国共产党领导的信念始终不变、矢志不移。正是在中国共产党的领导下，各民主党派走过了一条从爱国主义到新民主主义，再到新民主主义向社会主义，进而走上中国特色社会主义的光辉历史道路。

传承是多党合作的生命航道。“人事有代谢，往来成古今”，我国多党合作事业之所以不断向前发展，既离不开中国共产党的坚强领导，也在于各民主党派将与中国共产党长期团结合作中形成的坚定信念、优良传统代代相传、接力传递。正如民盟中央原主席张宝文所说“政治交接，不唯一时；薪火相传，期在绵久”。这种富有生命力的传承，穿越了时间、空间，铸就了多党合作生生不息的精神航道，使得感情永存、信念永恒、传统永续，成为多党合作的生命线。

力量是多党合作的价值体现。在我国革命、建设和改革的各个时期，各民主党派与中国共产党风雨同舟、团结合作，做出了不可磨灭的重要贡献，充分展示了民主党派的价值所在、多党合作的力量所在。在争取国家解放、民族独立血与火的斗争中，各民主党派与中国共产党协力同心，将智慧、汗水洒遍大江南北，在中国大地上留下了坚实的足迹，融汇成民建中央原主席陈昌智所说“参政党的生命价值体现”。特别是党的十八大以来，各民主党派紧紧围绕统筹推进“五位一体”总体布局、协调推进“四个全面”战略布局，深入调研积极建言，扎实推进脱贫攻坚民主监督，各民主党派中央向中共中央、国务院报送意见建议496件。习近平总书记指出，各民主党派“在帮助中国共产党科学决策、民主决策、依法决策上做出了重要贡献”。

不忘初心，方得始终。回顾多党合作制度确立以来近70年的光辉历程，有一种不变的初心贯穿始终、历久弥坚，成为多党合作的“根”和“魂”，这种初心概括起来就是：坚持中国共产党领导，坚定不移走中国特色社会主义道路，致力于国家富强、民族振兴和人民幸福。这种初心，是民主党派代代相传、永恒不变的自觉坚守，是多党合作近70年栉风沐雨、稳步前行的经验总结，已成为中国特色政党制度鲜明的政治品格和精神特质。

《中国农工民主党的历史道路》（中国农工民主党研究室编，中国社会科学出版社2017年版）

中国农工民主党（简称农工党）自1930年8月9日成立以来，经过了80多年的风雨历程，中共中央对农工党的历史曾给予高度评价。2010年8月，中共中央在致农工党成立80周年纪念大会的贺词中说：“中国农工民主党自1930年成立至今，走过了一条从爱国主义到社会主义的历史道路，形成了爱国革命的优良传统，为中华民族的解放事业，为社会主义革命、建设和改革开放事业，做出了重要的历史贡献。”2012年12月，中共中央在致农工党十五大的贺词中说：“中国农工民主党具有光荣历史和优良传统。自1930年成立以来，一代又一代农工党中央领导人带领广大成员与中国共产党亲密合作、团结奋斗，经受了血与火的考验，走过了不断追求进步的光辉历程。”中共中央的高度评价，是对农工党爱国革命光荣历史的充分肯定。本书正是介绍农工党这一光辉历史进程和发展情况的一部佳作，再现了轰轰烈烈的大革命失败后，邓演达等国民党左派人士为继承孙中山的“三民主义”和“联俄、联共、扶助农工”三大政策而开展的革命活动，以及中国农工民主党因此而成立的壮美画卷，将农工党对中国革命的探索，同中国共产党团结合作的历史道路，为民族的解放事业、社会主义革命、建设和改革开放事业做出的历史贡献比较系统全面地展示了出来。作者认为，农工党是为继续领导国民革命而建立的革命组织，成立后即开展以推翻蒋介石政权为目标的革命活动，在抗日烽火中同中国共产党亲密合作，为推翻国民党反动统治和建立新中国而奋斗，走过了从爱国主义到新民主主义和社会主义的历史道路，同中国共产党建立了深厚情谊和亲密合作关系，在社会主义革命、建设和改革开放的伟大事业中做出了杰出的贡献。本书执笔人为游宏炳、张意愿。

《一路同心——现代视野下的参政党建设》（吴棉国著，中国致公出版社2017年版）

2017年是全面建成小康社会关键之年，也是民主党派中央换届之年。《一路同心——

现代视野下的参政党建设》的面世，可谓应时之作，为统战工作尤其是参政党建设领域带来欣喜，引起各民主党派成员的深入思考。著者吴棉国是农学博士，现任中国致公党福建省委会专职副主委，长期以来在致公党党务工作中孜孜求索，取得了学界公认的系列研究成果。该书是一项集多党合作、统一战线和参政党自身建设于一体的系统工程。共收录41篇论文，约30万字，内容涉及参政党的民主参与、政治作为、素质提升和致公党的特色构建等方面，具有政治性、时代性、实践性等特征。

把握政治性。坚持中国共产党的领导是我国多党合作和参政党自身建设的最根本政治原则。该书站在这样的政治高度，探讨我国多党合作的新成果和新经验，从执政党建设和参政党建设互相促进的角度出发，讨论参政党履行基本职能，发挥应有作用，提高履职成效的有效途径，并以提升民主党派成员的政治素质为切入点，提出加强参政党五种能力建设的有针对性的建议和意见，使人获益良多。值得注意的是，作者牢牢扭住政治把握能力这个"牛鼻子"，从马克思主义哲学的理论高度，积极探索加强思想建设，提升政治共识的对策，取得了一定的成果。

富于时代性。作者梳理参政党尤其是致公党的历史脉络，牢固把握时代脉搏，从《欣析六十载多党合作的华美乐章——纪念人民政协成立六十周年》到《"同心思想"是新时期民主党派思想教育工作的重要指南》，再到《关于以"中国梦"引导民主党派政治开展共识教育的思考》，参政党自身建设的重要历史节点，都留下了作者思考的印记。一些重点篇目即使今天读来，时代的气息依然扑面而来，依旧常读常新，促人思索，启人心智，让人爱不释卷。令人欣喜的是，作者不仅从宏大视角考察参政党建设，而且善于利用新媒体、网络平台和微公益等微观视角，探究民主党派成员媒介素养的提升途径，推动参政党成员社会服务功能的探索，从全新视角展现了参政党的各项工作。

强化实践性。马克思的墓志铭是以往的哲学家都在解释世界，而重要的是改变世界。马克思超越了"理论态度"，提出并践行了"实践立场"。这就为理论工作者指明了理论研究的出发点和归宿点。作者立足本职工作，强调理论结合实际，把对参政党建设的思考具象化到完善民主监督、提高参政议政实效、创建特色支部、加强基层组织建设等具体层面，不断推进基层组织工作深入开展，为广大从事基层工作的参政党成员提供了良好的实践典范，同时也为理论工作者开阔了工作视野，提供了实践素材。从这个角度看，参政党实践工作吁求新的理论支撑，对中国特色社会主义视域下参政党建设的探索依旧在路上。

二、论文观点摘要

《坚持主题不动摇携手合作开新篇》（严隽琪，《团结报》2017年8月26日第20版）

要在社会深刻变革中坚持正确方向，在纷繁复杂形势下保持清醒头脑，在大是大非面前站稳立场，在艰难险阻中实现伟大目标，必须统一思想。首先是具有八千九百万党员的长期执政的执政党需要统一思想，才能始终成为伟大事业的核心力量；其次是同盟者——各民主党派需要统一思想，才能继续携手合作，同舟共济；再者是全国人民需要统一思想，才能形成齐心合力的大和谐局面；还有是使世界上理解、同情、支持中国特色社会主义事业的朋友多多益善。作为民主党派，要重点做出三方面的努力：

第一，要牢牢把握中国特色社会主义主题，进一步凝聚思想政治共识。中国特色社会主义道路是实现我国社会主义现代化的必由之路，是创造人民美好生活的必由之路。深入学习“7·26”重要讲话的丰富内涵、精神实质和基本要求，要联系以习近平同志为核心的中共中央治国理政实践，联系中国共产党和国家的历史性变革和历史性成就，与坚持和发展中国特色社会主义学习实践活动和“不忘合作初心，继续携手前进”专题教育紧密结合起来，在学习实践活动和专题教育中团结引导广大会员正确认识中国特色社会主义参政党的性质和内涵，正确认识领导中国特色社会主义事业和中华民族伟大复兴事业的核心力量只能是中国共产党。要不断增强政治意识、大局意识、核心意识、看齐意识，增强接受中国共产党领导、坚持走中国特色社会主义道路的思想政治共识。

第二，要紧密围绕决胜全面小康实现中国梦的奋斗目标，切实履行好职能。第一个百年目标要实现13亿多中国人民共同迈入全面小康社会，是一项有着重大而深远影响的历史任务。民进要把思想统一到“7·26”重要讲话对形势的判断和对新阶段特征的分析上来，正确认识我国发展中出现的矛盾、困难和问题，围绕国家“五位一体”的总体布局和“四个全面”战略布局，凝聚全会力量，发挥自身优势，认真有效地履行参政议政、民主监督、参加中国共产党领导的政治协商基本职能，积极服务社会，秉承为执政党助力、为国家尽责、为人民服务的责任心和使命感，为全面建成小康社会、实现中华民族伟大复兴的中国梦贡献参政党的力量。

第三，要深入学习执政党与时俱进的理论品格和全面从严治党的决心勇气，不断加强自身建设。中共十八大以来，以习近平同志为核心的中共中央以高度的理论自觉，针对时代和实践发展中的问题，不断进行理论思考、理论概括；针对人民群众反映最强烈、对党的执政基础威胁最大的突出问题，全面推进从严治党，其力度前所未有，赢得了人民群众衷心拥护。要认识到中国共产党领导的多党合作是中国特色社会主义的重要组成部分，具有创造性的制度优势和政治优势。执政党建设与参政党建设必然是相互促进的关系。民进要坚持理论与实践的紧密结合，深入研究多党合作事业发展过程中民进自身发展和建设的规律，以中共十九大和民进十二大召开为契机，深化政治交接，继承和弘扬民进优良传统，扎实推进思想建设、组织建设、制度建设和作风建设，不忘合作初心，继续携手前进。

《全面从严治党赋予民主监督新使命》（张献生，《中国社会科学报》2017年2月23日第6版）

全面推进从严治党、营造风清气正的政治生态，必须坚持党内监督和外部监督相结合，其中很重要的一个方面，就是“支持民主党派履行监督职能”。民主监督是我国各民主党派和无党派人士的基本职能，也是多党合作基本方针的重要内涵。营造风清气正的政治生态，既是新形势下多党合作的新课题，也为民主党派和无党派人士的民主监督赋予新的使命和要求。

第一，在民主监督对象上聚焦执政党和党的领导干部。“长期共存，互相监督，肝胆相照，荣辱与共”是我国多党合作的基本方针。中国共产党处于执政地位，互相监督主要是民主党派和无党派人士监督共产党。新形势下营造风清气正的政治生态，更好进行具有许多新的历史特点的伟大斗争，把中国特色社会主义事业不断推向前进，关键是执政的中国共产党；加强和规范党内政治生活，净化党内政治生态，营造风清气正的政治生态，重点是党的领导干部这个关键少数。因此，民主党派和无党派人士进行民主监督，必须聚焦执政党和领导干部这“两个关键”，从中国共产党提高创造力凝聚力战斗力，更好执政兴国、执政为民着眼，从党的领导干部遵守准则、贯彻落实条例，联系群众、廉洁从政着眼，为确保中国共产党团结带领人民不断开创中国特色社会主义建设事业新局面，促进执政党的领导干部在营造风清气正的政治生态中率先垂范，做出应有的贡献。

第二，在民主监督内容上突出党的基本路线的全面贯彻执行。民主党派和无党派人士对中国共产党的民主监督是高层次的政治监督。党的基本路线是党和国家的生命线、人民的幸福线，也是营造风清气正政治生态的根本保证。能否全面贯彻执行党的基本路线，关乎国家发展的前途和命运，关乎人民根本利益的维护和发展，关乎中华民族伟大复兴中国梦的实现。民主党派作为中国特色社会主义参政党，是与中国共产党长期合作、风雨同舟的亲密友党，因此，民主党和无党派人士民主监督的内容，必须紧紧围绕党的基本路线全面贯彻执行这一主题主线，在毫不动摇抓好经济建设这个中心和发展这个第一要务，协调推进“五位一体”总体布局和“四个全面”战略布局，落实“五大发展理念”上；在毫不动摇坚持四项基本原则，坚决维护中国特色社会主义理论体系、道路、制度和文化上；在毫不动摇坚持改革开放上，积极提出意见、批评和建议，努力发挥民主监督的作用，对一切违背、歪曲、否定、偏离党的基本路线的言行，旗帜鲜明地进行批评、反对和抵制，充分体现参政党在意识形态领域的重要作用，努力成为中国特色社会主义的亲历者、实践者、维护者和捍卫者。

第三，在民主监督目的上促进执政党执政权的正确行使。中国共产党作为执政党，要全面从严治党，净化党内政治生态、营造风清气正的政治生态，就要把权力关在制度的笼子里，让权力在阳光下运行，确保执政权的正确行使。监督是权力正确行使的根本保证。民主党派和无党派人士的民主监督作为参政党对执政党的监督，根本性质和目的也是防止对权力的滥用，促进执政权的正确行使。执政党正确行使执政权，涉及中国共产党和各民主党派、无党派人士共同奋斗目标的实现，关系以人民利益为根本的共同利益的维护，是执政党和参政党的共同责任和担当。切实有效防止权力的滥用，不仅需要把权力关在制度的笼子里，还需要让权力行使于监督的阳光下。制度规范和要求只要缺乏及时有力的监督，在权力行使和运用过程中，就很容易造成制度笼子形同虚设的局面，以致权力在众目睽睽下横行无忌。因此，民主党派和无党派人士的民主监督，必须着眼执政党执政权的正确行使，协同人大、政府、监察和司法机关的依法监督，在防止权力的滥用、消除和防止各种腐败上积极发挥制约作用。

第四，在民主监督功能上坚持以批评实现完善、纠偏和防错。监督的本意就是监察和督责。中国共产党之所以与民主党派实行互相监督，就是要听到不同声音，保持清醒头脑；就是要互相规过，让民主党派协助共产党消除毛病、改进作风。无论是净化政治生态，还是营造风清气正的政治生态，要解决存在的突出矛盾和问题，要强身治病、保持肌体健康，都需要批评和自我批评这一锐利武器。民主党派和无党派人士进行民主监督，可以提出意见和建议，但核心要旨是批评，是在党和政府的决策、政策的制定、实施中，发挥完善、纠偏和防错功能。因此，民主党派和无党派人士进行民主监督，必须把批评作为主要方式，运用这一锐利武器激浊扬清、除弊兴利。同时，要把民主监督与政党协商、参政议政相区别，防止以协商、议政代替监督。要把敢于监督和善于监督、建设性和尖锐性结合起来，提意见作批评既要苟利国家、有益人民，又敢直面问题、不避祸福，在执政党民主执政、依法执政和科学执政中，在重大决策、政策制定和实施过程中，把监督的完善、纠偏和防错功能充分发挥出来。

第五，在民主监督效能上着力完善工作机制和增强影响力。民主党派和无党派人士对中国共产党的民主监督是非权力性监督，没有强制性；是外部同质性监督，具有建设性。这既是我国多党合作中民主监督的特点和优势，但又容易出现随意性、缺乏约束力，使监督流于形式。在净化党内政治生态、营造风清气正的政治生态中，要切实发挥民主监督的作用，实现建设性和制约性的统一，切实做到有益有效有用，需要执政党和参政党共同努力。执政党要按照党内监督条例的要求，重视民主党派和无党派人士提出的意见、批评、建议，真诚和善于接受监督，并在扩大知情内容、畅通沟通渠道、及时反馈结果、切实落实改进上完善工作机制。各民主党派和无党派人士要着力提高监督的质量，珍惜和用好话语权，使所提意见和批评具有针对性、科学性和可行性，不断增强民主监督的影响力，努力运用民主监督为营造风清气正的政治生态，起到保驾护航的作用。

《民主党派组织发展界别特色的形成演变及理论思考》（黄天柱，《广西社会主义学院》2017 年第 3 期）

各民主党派发展对象的重点分工基本保持了新中国成立初期明确下来的大体格局。

第一，民主党派组织发展的界别特色是历史与现实的产物，既体现了对历史的承继性，也体现了对现实的回应性。具体来看，分三种情况。第一种情况是，一些民主党派成立之初发起人的职业界别或身份特征一脉相承地影响到今天民主党派组织的界别构成，而且从发展趋势看，其主体成员界别构成状况在未来很长一段时期可能也不会有太大的变化。这种情况之下又分为两种情形：民盟、民建、民进、九三学社这四个党派沿袭下来的主要是基于职业和行业的界别特征；致公党、台盟这两个党派沿袭下来的主要是基于身份和社会关系的界别特征。第二种情况是，由于历史原因，民主党派成立之初所依存的社会背景及社会关系不断改变，有些关系甚至趋于淡化，其成员主体界别特色也随之悄然变迁，属于这种情况的主要是民革。第三种情况是，民主党派成立之初发起人的职业和身份界别状况，对目前其组织发展的主体成员界别已经没有联系和影响，其后期发展主要是依据新中国成立之初对党派组织发展的主体界别重新进行的协商界定和重点分工，属于这种情况的主要是农工党。

第二，基于组织发展重点分工形成的成员结构界别特色，有助于民主党派在履职过程中形成各自的功能界别特色。结构界别特色与功能界别特色之间并非简单对应关系。民主党派结构界别特色是相对固定的，功能界别特色则是可以动态调整的。从实践看，功能界别特色的形成，有两种基本路径：一是在结构界别特色的基础上形成特色政策领域；二是在某一时期内就某一政策问题发表持续性政策见解的基础上形成特色政策领域。

结构界别特色与功能界别特色之间有着密切的关联性。从结构功能主义的角度，结构界别特色往往决定了至少是部分决定了其功能界别特色。

第三，民主党派与中国共产党在发展对象上既有交叉，也有错位，这既反映了社会发展的趋势，又体现了民主党派的价值。民主党派与中国共产党组织发展的交叉点，主要是在知识分子和非公有制经济人士中。从错位看，在中国共产党发展的最主要的几类对象（工人、农民、军人，以及在校学生等）中，民主党派一般是不发展成员的。这种错位发展在民主党派成员与中国共产党党员的职业构成上有明显体现。相比之下，民主党派成员的职业分布表现出自身特点：一是主要集中在知识界，脑力劳动者占较大比例；二是比较分散，具有突出的广泛性；三是担任领导干部的参政党成员主要是在人大和政协机构中。民主党派作为知识分子型政党，其面向知识分子发展成员和开展工作有自身的独特优势，因此有存在和发展的价值和必要性。

第四，各民主党派之间的重点分工有边界，也有重叠，由于交叉发展导致的界别趋同现象需要引起高度关注。从民主党派的功能意义上说，保持适度的张力和多样，能在更广泛的意义上为各社会阶层和群体的利益表达、政治参与提供畅通的渠道。目前各民主党派大体上呈现出了各自的界别特色，主要集中在教育、科技、医卫、文化出版、公有制经济、新的社会阶层和政府机关等行业、机构和群体中，其中教育、科技、医卫是除民建、台盟外其他党派最密集分布的领域。尽管民主党派之间的界别趋同有难以避免的一面，但还是要注重保持和加强自身界别特色。

《民主党派在政党协商与政协协商中的非均衡性及其化解》（肖存良，《统一战线学研究》2017 年第 1 期）

党的十八大报告对社会主义协商民主进行了总体布局。这个总体布局为社会主义协商民主发展指明了方向，为提出政党协商与政协协商奠定了基础。政党协商主要聚焦于政党政治领域，强调政党关系；政协协商主要聚焦于国家与社会领域，强调国家与社会的关系。政党协商和政协协商拓宽了协商领域，丰富了协商形式、协商内容和协商层次。

民主党派既是政党协商主体，又是政协协商主体。民主党派的双重主体性在党的十八大之前和之后有一定区别。在对政党协商与政协协商进行比较明确的区分的同时，产生了二者之间的内在张力，即非均衡性。存在两个层面的非均衡性：一是政党协商与政协协商之间的非均衡性，二是由于民主党派的双重主体性而带来的民主党派在政党协商与政协协商之间的非均衡性。民主党派在政党协商与政协协商之间的非均衡性既限制了政协协商的发展，也限制了政党协商的发展。

在两种协商形式阶段，民主党派在两种场合与中国共产党进行政治协商，一是党际协商，即与中国共产党直接进行政治协商；二是人民政协政治协商，即在人民政协与中国共产党进行政治协商。各民主党派具有双重主体性，属于政协界别；各民主党派中央主席大多兼任政协副主席职务，两个任务之间存在张力，因而存在非均衡性。但是由于协商内容的重叠，党际协商与人民政协协商之间的内在张力被弱化，甚至被掩盖。

两种协商形式发展为政党协商与政协协商之后，情况发生了变化。第一，在政治地位上明确了政党协商是首位协商。政党协商比政协协商和其他协商形式的政治地位高。

第二，对政党协商与政协协商的内容进行了区分，前者侧重于政党领域，后者侧重于国家与社会领域。第三，民主党派在政党协商与政协协商中的地位存在非均衡性。

虽然民主党派具有双重主体性，有政党协商与政协协商两个政治舞台，但由于民主党派在政党协商与政协协商中的政治地位存在差异，民主党派在这两个协商舞台中存在一定张力，具有非均衡性。这种非均衡性和张力体现在政协工作的各个方面：第一，发挥委员主体作用与发挥党派界别作用之间存在张力；第二，界别内部的张力。

解决上述非均衡性问题，促进政党协商与政协协商的均衡发展，推动民主党派在政党协商与政协协商中实现均衡发展的着力点在于加强政协协商，而不在于单一加强政党协商，就是要以激活人民政协界别为核心，推进人民政协体制改革；以人民政协体制改革促进政协协商，以政协协商发展产生的溢出效应推动政党协商发展，最终实现政党协商与政协协商均衡发展。

《论民主党派的民主监督》（李金河，《当代世界社会主义问题》2017年第1期）

民主监督就其本义来讲是指人民群众运用民主权利监察和督促政党、政府及公务人员，是人民直接参与公共事务管理、行使当家做主权利的体现。参政党的民主监督是特指在统一战线的语境下，作为民主党派基本职能的民主监督。我们党关于民主监督思想的形成经历了一个较长的历史时期，这既反映了人民民主思想的发展，也反映出我们党对监督认识的不断深化。关于民主监督的思想，经历了“监督”“互相监督”“民主监督”三个发展阶段。梳理民主监督思想演进的历史过程，民主党派的民主监督是政党之间通过提意见、作批评的方式，以政党组织行为为特征的一种政治监督，在监督性质上是一以贯之、坚定不移的。作为政党性的、合作性的监督，民主党派民主监督是为了发扬民主、表达意见，用民主的力量让不同的意见充分表达。虽然民主党派的民主监督不具有国家权力的性质，但是这种监督是我国发扬社会主义民主不可缺少的重要渠道，同国家权力机关的监督是相辅相成、缺一不可的。

在民主党派民主监督性质的认识上，鲜明地体现出以下特点：第一，民主性原则。执政党要贯彻人民民主理念，用民主的作风、民主的机制集中反映人民的智慧、利益、要求和愿望，让权力的运行更加公开、透明、合法。民主监督要成为有效、有序的民意表达形式，就必须发扬民主，坚持坦诚相待、求同存异，营造宽松和谐的民主氛围，使各种意见、建议和批评充分表达。第二，合作性原则。民主党派监督共产党的目的是加强和改善共产党的领导，而不是反对或取消共产党的领导。这种监督立足于中国共产党领导的多党合作和政治协商制度，通过执政党和参政党在国家政治生活领域内多方面的合作来促进和体现。民主党派及其成员通过广泛参与人民代表大会、政治协商会议、人民政府的工作，充分行使知情权、参与权、表达权和监督权，对执政党的各种政策主张提出建设性的意见和建议，最终是为了支持和帮助执政党执好政、用好权力。第三，表达性原则。民主党派的监督对共产党来说是来自不同政党的“异体监督”，具有自身独特的视角，所提的意见是单靠共产党的党员难以提供的，有助于及时发现和纠正党在领导工作中的偏差和失误，完善各项政策，这种民主监督主要就体现在要听到不同的声音、收集不同的意见以利于决策。作为非权力性监督，民主监督主要体现为话语权、表达权。

民主党派运用集体的智慧、畅通的渠道、多种参与平台，进行话语表达或者书面表达意见建议，是中国特色社会主义民主政治的独特优势所在。

民主党派民主监督与人民政协民主监督具有共同的制度基础，都是中国共产党领导的多党合作和政治协商制度的体现；两种监督在性质上是相同的，都带有统一战线性质，都致力于发扬民主、巩固团结，增强党和政府决策的合理性和治理的正当性；二者在坚持党的领导、人民当家做主和依法治国方面是一致的，在内容、形式、程序、工作机制上也有相似部分。但民主党派民主监督与人民政协民主监督并不互相包含，更不能相互替代。二者的不同之处主要表现在参与主体的差异、内容的差异、形式上的差异、效能上的差异四方面。民主党派民主监督和人民政协民主监督虽然有差异，但二者不能截然分开，而是相互促进、相辅相成的。特别是从地方的实际情况来看，只有多党合作的机构——人民政协强大了，民主党派组织力量才更强大，话语权更受重视，政党民主监督功能才能更好地发挥。

《当代民主党派领导干部成长规律——基于全国人大代表、政协常委的实证研究》（姜力，《北京社会科学》2017年第11期）

民主党派领导干部是与中国共产党团结合作、做出较大贡献、有一定社会影响的党外代表人士，也是中国领导干部队伍不可缺少的一个重要组成部分。随着多党合作制度的不断完善，当代民主党派领导干部队伍日益壮大，呈现出明显的群体性成长规律。深入研究当代民主党派领导干部成长规律，无论是对民主党派领导干部个人发展，还是对民主党派领导干部队伍建设都具有重要意义。既可以指导民主党派领导干部保持理性健康的成长心态和成长预期，不断加强自身建设，提高参政议政能力，也可以为相关部门改进完善民主党派领导干部的培养选拔工作提供参考。

迄今为止有关民主党派领导干部成长的研究很少，关于党外代表人士成长的研究略多一些。鉴于民主党派领导干部是党外代表人士的一个组成部分，关于党外代表人士成长的研究成果也可以借鉴。这些研究分别从成长规律归纳、成长轨迹描述和成长影响因素分析等方面揭示民主党派领导干部或党外代表人士的成长。已有研究内容还不够全面系统，往往局限于问题的某些侧面，而忽略相互关联的其他方面；研究方法、研究样本也有较大局限，即便实证研究的样本也是来自局部地区或领域，但缺少丰富的宏观层面样本数据。为此，通过大量研究样本基础上的实证分析，从职业、职务、成长因素等视角多方面揭示当代民主党派领导干部成长的外在联系规律和内在因素规律。

以十二届全国人大代表、十二届全国政协委员中的副处级以上民主党派领导干部为样本，采用描述性统计分析和相关性分析方法，揭示当代民主党派领导干部成长规律。从职业视角看，本职职业发展历程模式以专业技术类转为领导类居多，有机关单位中下层岗位经历的不多；从职务视角看，无论是初任各职务级别的领域，还是现任不同职务级别的分布领域，都有一定倾向性，领导正职安排主要在党派人民团体和事业单位领域，职务逐级晋升与越级晋升并存；从影响成长因素的视角看，良好的教育背景是成长的基础，初始工作领域是成长的主要平台，组织培养是成长的关键，任职经历是职务晋升的显著性变量，明显影响了职务晋升的幅度，而教育背景虽然与领导干部成长有相关性，但不是明显相关，不是决定职务晋升的显著性变量，只是成长的前提和基础。

对于实证分析中得出的几个结果，需要进一步讨论。一是有人文社会科学专业背景的人士明显少于非人文社会科学专业。二是初始工作领域集中于企事业单位，当时基本上都从事专业技术工作。三是从综合职务级别看，由企业直接晋升的很少。四是从本职职务看，较多领导就职于事业单位、党派人民团体。五是职务逐级晋升与越级晋升并存。

《中国特色社会主义参政党党内民主建设的法治路径》（张师伟，《社会科学研究》2017 年第 4 期）

在全面从严治党和全面依法治国之间，还有一个政党体系民主化及法治化内容需要落实，而这个工作实际上可以包含在较为广义的全面从严治党中，即全面依法治国不仅要求建设一个民主法治的、干净纯洁的执政党，也需要建设民主法治的、干净纯洁的参政党。中国共产党在《统战条例》中对涉及多党合作与政治协商的有关规定，不仅体现了中国共产党党内法规的法治要求，而且还提出了参政党进行党内民主建设的时代使命。作为多党合作与政治协商主要方面的中国共产党，它在党内民主及党内法规建设方面为多党合作和政治协商所做的工作及提出的要求，当然是针对中国共产党的工作并要求中国共产党首先予以贯彻和落实，同时也是间接地向作为多党合作与政治协商相对人的参政党提出了党内民主及党内法规建设的要求。中国共产党在党际合作和政治协商上面向参政党展示出来的民主化和法治化的工作内容，客观上要求参政党也要通过党的建设，在工作内容、工作程序等方面，达到大致相同的程度和水平，唯有如此才有可能及时、充分和有效地进行多党合作与政治协商。

中国特色社会主义民主体系的进一步发展与完善不能忽略参政党的重要作用，参政党能否在中国特色社会主义民主体系中积极存在、扮演合格的角色及发挥充分的作用，已经成为中国特色社会主义民主体系能否顺利实现法治化、并以法治化的民主体系来推进国家治理体系与治理能力现代化的关键所在。参政党的党建工作不仅要服务于将自身建设成为一个形态稳定、主体性突出的合格的民主行为体，而且要在中国共产党领导下，通过党内章程、规章等法治路径建设，与时俱进地推进党建工作，以满足中国特色社会主义民主体系成型及成熟对参政党的要求。参政党党建已经成为中国特色社会主义民主体系进一步发展、成型、成熟的一个必要环节。

参政党党内民主除了要确保政党与社会联系的稳定性、持久性及内部关系的民主化之外，还要在日常运作的内容上充分体现民主，即政党的党内民主不仅是一个完善的民主形式，还必须落实为一个承载和运转特定内容的民主过程。因此，参政党要着实加强党内民主就需要在政党的运作过程中来贯彻民主，将民主的原则与精神充分落实在参政党的运作机制与运行过程中。

参政党党内民主落实法治思维，一方面，要观照国家层面的相关立法，积极贯彻国家关于参政党的有关法律法规，依法积极发展党内民主，激发政党的活力，积极扮演政治角色，履行参政党的职责。另一方面，参政党关于党内民主建设的法治思维，也要参照中国共产党的经验，积极进行党内法规建设，以健全的党内法规促进党内民主的积极发展，并以充分的党内民主确保参政党的政治质量及社会影响力，适应国家治理体系和治理能力及全面依法治国情况下的政治新需求。为此，参政党的党内法规建设就要在内容上向党员广泛地进行民主的观念教育，普及民主知识，强化民主意识，提升民主素质，培养和提高民主能力，并因此而持续稳步、长期有效地提升参政党的政治质量及参政水平。

参政党的政治质量决定于党内民主的层次和水平，而党内民主的层次和水平则除了普及民主观念和健全民主制度之外，还取决于参政党及其党员是否具有行为上的民主习惯，即只有让党内法规确立的党内民主的法治逻辑，普遍内化为参政党与党员习惯性的行动逻辑，才能真正落实党内民主建设的法治路径，并最终落实党内民主的法治形态。

《关于大数据时代民主党派提高参政议政能力的思考》（王劲松、王维，《中央社会主义学院学报》2017 年第 1 期）

民主党派参政议政是对政治、经济、文化和社会生活中的重要问题以及人民群众普遍关心的问题，开展调查研究，反映社情民意，进行协商讨论。当今，大数据技术对全球经济社会产生巨大影响，“数据强国”已成为世界众多国家的战略目标。在大数据时代，民主党派在参政议政能力提高方面，面临着新的机遇与挑战。

第一，互联网催生网络民意大数据。民主党派开展调查研究，一定不能忽视互联网中的民意表达，而合理运用“网络民意大数据”，能够更好地了解社情民意，及时掌握基层民众的动态、了解基层民众的想法、获知基层民众的需求。同时也要注意到，网络表达具有情绪化、非理性的一面，我们既要强调网络民意表达在监督政府权力、减少决策失误、提供治国理政新思路等方面的价值，又要解决好网络民意表达存在的问题。

第二，政府数据开放共享提供了政府信息大数据。政府数据开放共享为民主党派参政议政提供了全新的知情渠道。合理运用大数据，通过将数据进行汇聚整合和关联分析，民主党派能够相对全面及时地了解在特定领域的政府行为及状态，精准聚焦关键问题并提出针对性强的有效建议。

第三，合理运用大数据为“参政参到要点上，议政议到关键处”提供了保障。一是合理运用大数据，能够为参政议政提供更加全面丰富的第一手信息资源。二是“基于大数据的参政议政”为民主党派履职创新提供了坚实基础。三是“精准参政议政”为中国共产党领导的多党合作和政治协商制度注入了新活力。

第四，在参政议政中用好大数据，对于民主党派“整体功能中显现个体的影响，个体作用中凸显整体的力量”具有重要推动作用。大数据的合理运用，能够让民主党派在参政议政工作中更好地发挥整体功能。一是大数据为党派成员参政议政提供新方式。在一定程度上解决了民主党派成员党派活动与本职工作的矛盾；缓解经费难的问题；基于大数据的调查研究工作呈现出新模式、新活力，提高了参政议政的效能。二是大数据为民主党派在参政议政中发挥整体功能提供新途径。通过调动基层组织成员、利用其专业优势，通过开展大数据采集、分析等系列工作直接参与到参政议政工作中，可以激发每一位民主党派成员的政治热情，充分发挥其主体作用。

第五，合理运用大数据，能提升民主党派参政议政能力。网络民意数据和政府共享数据具有数据量巨大、数据类型繁多、数据价值密度低、速度快、时效高等特征。一要建立多层次多维度的参政议政大数据共享与研究机制。要建立基于大数据的参政议政体系，发展完善集智聚力机制；要加强“基于大数据的参政议政”的基础研究，促进成果转化。二要用好大数据采集和分析工具，准确聚焦参政议政“冷问题”。三要以积极推进政府数据开放共享为切入点，通过“基于政府大数据的参政议政”助力政府实现精准治理。四要重视开展“基于大数据的参政议政”的局限性和风险。“基于大数据的参政议政”中的数据分析，并不能替代深入基层调研获得的第一手资料。同时，运用大数据要在法律框架下清晰界定使用大数据的边界，不要涉及个人隐私、商业秘密和政府保密数据。

《民主党派参与中国特色新型智库建设研究》（刘菊香，《广州社会主义学院学报》2017 年第 1 期）

党的十八大以来，党和国家越来越重视智库在国家治理中的作用。从国家治理的角度看，民主党派与中国特色新型智库均是助力中国共产党执好政、掌好舵，民主党派的人力资源与智库的智力基础、活动机制与智库的运行系统相契合，职能定位与智库的功能作用、组织独立与智库的特征要求等诸多方面相契合，民主党派具有参与新型智库建设的优势和条件。

进入 21 世纪后，我国智库发展到第四个阶段即中国特色新型智库发展阶段，呈现出多元化的发展趋势，各类智库风起云涌。目前，从参与方式来看，民主党派参与新型智库建设主要有建立党属智库、合作建设智库和成员担任智库专家三种方式；从智库分类来看，民主党派主要参与了与统一战线有关的智库、高校与科研院所的智库、官方和民间智库的建设。

民主党派凭借自身优势在积极参与这波智库建设热潮时，应该在背后多一些“冷思考”，对自身参与智库建设进行精准定位、保持特色、提高效能，才能走出一条适度、理性的道路。

第一，精准定位，厘清民主党派与新型智库之间的差异。各民主党派扬长避短建立自己的党属智库。民主党派与中国共产党同为我国的政党，中国共产党可以在体制内建立各类智库帮助自己科学决策民主决策，民主党派也可以建立从属于各民主党派的智库为更好地履行参政议政、民主监督、参加中国共产党领导的政治协商职能提供议政咨询。因此，在中共十八大后形成的“智库热”中，民主党派应顺势而为、努力参与，但须精准定位，建立符合各民主党派特色的党属智库。各民主党派的党属智库主要应着眼于提升参政党履行三大职能提供咨询，所以民主党派党属智库在我国智库体系中应该不属于目前的任何一类，而应在智库体系中单辟民主党派党属智库这个类别。

第二，保持特色，积极参与新型智库建设提升履职能力。首先，打造民主党派党属智库要保持各民主党派的特色。各民主党派应该传承历史经验，以各民主党派内部研究室为基础打造具有各自特色的智库。一方面，各民主党派从上到下内部组织都设立有研究室，有利于各民主党派从中央到地方打造既具党派特色又具地方特色的智库；另一方面，有利于保持民主党派的特色，避免出现一个党派打造一大批智库反而失去特色、降低影响力的局面。其次，民主党派与其他机构合作打造的智库也要保持各民主党派的特色。在具体的合作过程中要从提升本党派功能特色的角度引导合作机构研究一些政府看不到的问题，以便于研究成果能通过党派较为通畅的途径迅速转化为党和政府的决策咨询。最后，民主党派应鼓励成员以个人身份参与各类智库建设时体现党派身份和党派特色。

第三，提高效能，全方位谋划避免“政治秀”。民主党派参与中国特色新型智库建设要从人才队伍、内部机制、转化渠道、创新方式等方面全盘筹划、提高效能，才能真正达到“广泛听取民意、容聚广大成员的智慧”的目的。一是加强人才队伍建设；二是健全内部机制；三是畅通研究成果转化渠道；四是充分利用“双微融合”创新信息化方式。大数据时代，民主党派要抓紧建立民主党派大数据应用平台，推进微博、微信“双微融合”，实现信息搜集、鉴别、整理、分析、保存和利用共享，参与智库建设的党派成员能全面及时地掌握信息，从而增强研究成果的有效性和采纳率。

《论民主党派民主监督的主体意识》（钱再见，《统一战线学研究》2017 年第 6 期）

意识作为具有自觉性的思维，其本质是能动地认识及指导人类的自我自由的实现。民主党派民主监督意识是指民主党派开展民主监督的积极性、主动性和自觉性。民主党派民主监督的主体意识包括政治责任意识、历史使命意识、社会大局意识、监督实效意识。研究民主党派民主监督的主体意识，目的是从强化监督主体意识入手，改变目前民主党派民主监督存在的被动监督现象，凸显民主监督责任性，增强民主监督主动性，提升民主监督实效性。

民主党派民主监督的政治责任意识是从对中国共产党领导的多党合作和政治协商制度这一基本政治制度的政治认知出发，准确把握民主党派民主监督在中国特色社会主义监督体系中的政治地位，坚持民主党派民主监督的政治方向，明确民主党派民主监督的政治责任，切实履行民主党派民主监督的政治职能。增强民主党派民主监督的政治责任意识，要求民主党派成员在民主监督过程中始终保持清醒的政治头脑，坚定政治立场和政治信仰，不断增强政治把握能力。一要在民主党派民主监督中彰显民主党派作为公共政策主体的政治责任意识；二要在民主党派民主监督中激活民主党派作为政党的政治责任意识；三要在民主党派民主监督中凸显民主党派作为参政党的政治责任意识。

民主党派作为中国特色社会主义参政党，在对执政党开展民主监督的过程中还要不断提升民主党派自身的历史使命意识。在中国特色政党制度中，民主党派民主监督的历史使命意识主要来自以下方面：一是民主监督是各民主党派与中国共产党长期合作的历史选择；二是民主监督是民主党派政党职能演变的历史必然；三是民主监督是民主党派发挥参政党作用的历史任务。

社会大局意识指民主党派民主监督要站在中国特色社会主义事业全局的高度，用长远眼光观察形势、分析问题，善于围绕中心工作来认识和把握大局、服务大局，自觉地在顾全大局的前提下做好民主监督工作。一要坚持“参政为民、监督为公”，彰显民主监督的政治性与公共性；二要坚持从大局和全局出发，突出民主监督的针对性与实效性；三要坚持形成监督合力，体现民主监督的整体性与协同性。

监督实效意识意味着民主党派成员在民主监督过程中，不仅要敢于监督，而且要善于监督，在不断增强民主监督能力的基础上，切实提高民主监督实效性。一要树立主动监督的意识；二要树立敢于监督的意识；三要树立善于监督的意识。

民主党派民主监督是中国特色社会主义监督体系的重要组成部分。要从强化民主党派民主监督的主体意识入手，不断提升民主党派民主监督的政治责任意识、历史使命意识、社会大局意识和监督实效意识。监督主体意识是民主党派民主监督实施的关键因素之一，也是帮助执政党提升执政能力的重要条件之一，都是国家治理能力的组成部分。作为监督主体的民主党派和作为被监督主体的党政部门及其工作人员，都应该养成良好的监督主体意识、互相监督意识和民主法治意识以及主动接受监督的意识。

《现代国家治理视域下政党协商的法理困境及其破解》（宋俭、袁珠萍，《江汉论坛》2017 年第 8 期）

从现代国家治理的视域分析，在当代中国的政治生态中，政党协商还面临多重法理困境。多元共治是现代国家治理的重要特征，政党无疑是现代国家治理最重要的主体。当然，不同政党在国家治理体系中的角色和地位是不同的。当代中国，在中国共产党领导的多党合作和政治协商制度下，作为领导党和执政党的中国共产党是现代国家治理的领导力量，而作为合作党和参政党的民主党派则是现代国家治理的重要参与者。民主党派在参与国家治理的过程中，其参政的方式也同样应当适应法治国家建设的要求。既然作为领导党和执政党的中国共产党都已经不再直接以党的文件来治国理政，那么，中国的各民主党派仅仅以中共中央的文件作为依法参政的法理依据在逻辑上显然是缺乏说服力的，因为民主党派参与国家治理涉及的并不是政党之间的关系，而是政党与公共权力机关之间的关系，这种关系当然必须以法律而不是以政党的文件来调适。这是现代国家治理视域下政党协商面临的第一重法理困境，即各民主党派难以实现依法参政。

在目前中国的政治制度构架中，各民主党派关于治国理政的主张至少在形式上是不能通过人民代表大会这一最权威的法定程序成为国家意志的。民主党派参政的“三个参与”更主要是通过政党协商和政协协商的渠道来实现的，特别是政党协商事实上是各民主党派作为国家治理主体参与国家治理的主要形式和制度化渠道，但至少到目前为止，无论是政党协商还是政协协商，在国家治理结构中都还没有进入法治的轨道，都不是现代国家治理的真正的法定程序，因而难以实现民主党派的主张通过法定程序成为国家意志，这是现代国家治理视域下政党协商面对的第二重法理困境。

各民主党派就国家治理问题参与政党协商的主要依据应当是国家层面的法律法规。中共十八大以来，以习近平同志为核心的党中央明确提出要“在法治的轨道上推进国家治理体系和治理能力现代化”。政党协商作为执政党领导国家治理、参政党参与国家治理的重要形式和途径，当然也应该进入法治的轨道，实现由“依制协商”“依规协商”“依序协商”到“依法协商”的转变。但目前关于政党协商的相关规定和制度都还未能进入法治的轨道，因而涉及国家治理的政党协商还难以真正实现依法协商，这是现代国家治理视域下政党协商面临的第三重法理困境。

“推进社会主义民主政治法治化”是一个新的提法，比“使民主制度化、法律化”的提法有着更为深刻的理论意蕴。选举民主和协商民主是中国社会主义民主政治的两种重要形式，中国共产党领导的多党合作和政治协商制度是中国特色社会主义民主政治制度的重要组成部分，因而“推进社会主义民主政治法治化”的命题从逻辑上说当然内在地包含了推进社会主义协商民主法治化和中国共产党领导的多党合作和政治协商制度法治化的内容。中国共产党领导的多党合作和政治协商制度与社会主义协商民主是社会主义民主政治发展的产物，是实践证明行之有效的社会主义民主政治制度和民主形式，特别是政党协商在当代中国有着丰富的实践和成功的经验，显然符合“决定”所说的“上升为法律”的条件。因此，中共十八届四中全会提出的“推进社会主义民主政治法治化”的命题，实际上已经提出了破解现代国家治理视域下政党协商法理困境的基本思路。

重要文献

中国国民党革命委员会

不忘合作初心　筑梦伟大时代
为实现中华民族伟大复兴的中国梦而不懈奋斗

——在中国国民党革命委员会第十三次全国代表大会上的报告

万鄂湘

（2017 年 12 月 20 日）

同志们：

我受中国国民党革命委员会第十二届中央委员会委托，现在向大会报告工作，请审议。

中国国民党革命委员会第十三次全国代表大会，是在全面建成小康社会决胜阶段、中国特色社会主义进入新时代的关键时期召开的一次大会。大会适逢民革成立七十周年。不忘初心，方得始终。1948 年 1 月 1 日，民革在香港成立时发表《成立宣言》，提出“建设独立、民主、幸福之新中国”的总奋斗目标。1948 年 5 月 5 日，李济深主席领衔发表通电，响应中共“五一口号”。民革前辈选择接受中国共产党领导，并在中国共产党领导下为实现中华民族伟大复兴而不懈奋斗，这就是民革永不动摇的初心。今天，我们可以告慰前辈的是，中华民族正以昂扬的姿态屹立于世界民族之林，我们比历史上任何时期都更接近、更有信心和能力实现中华民族伟大复兴的目标。同样可以告慰前辈的是，七十年来，在中国共产党领导的多党合作事业中，民革充分发挥参政党积极作用，为中国革命的胜利和中国特色社会主义建设做出了应有的贡献。民革要始终不忘当初的正确选择，始终不忘一直以来与中国共产党肝胆相照、荣辱与共的合作历程，始终不忘为了祖国完全统一和中华民族伟大复兴而奋斗的坚定信念，更好地履行参政党职能，不负我们的历史使命。

过去五年的工作

过去的五年，是中国共产党和国家发展进程中极不平凡的五年。以习近平同志为核心的中共中央团结带领全国各族人民，高举中国特色社会主义伟大旗帜，统揽伟大斗争、伟大工程、伟大事业、伟大梦想，统筹推进“五位一体”总体布局，协调推进“四个全面”战略布局，“十二五”规划胜利完成，“十三五”规划顺利实施，我国发展站到了新的历史起点上，中国特色社会主义进入了新时代。五年来，民革全党牢固树立政治意识、大局意识、核心意识、看齐意识，不断增强道路自信、理论自信、制度自信、文化自信，不断提高政治把握能力、参政议政能力、组织领导能力、合作共事能力和解决自身问题能力，积极发挥自身特点和优势，全面履行参政党职能，各项工作开创了新局面。

一、自身建设得到全面加强

（一）多党合作共同思想政治基础不断巩固

思想政治理论工作常抓不懈。以坚持和发展中国特色社会主义学习实践活动为主线，扎实开展“薪火相传，圆多党合作之梦”学习教育活动、“不忘合作初心，继续携手前进”主题教育活动。民革中央中心学习组开展一系列专题座谈，认真学习中共十八大及其历次中央全会精神，学习习近平同志系列重要讲话精神。中共十九大召开后，及时组织学习中共十九大精神和习近平新时代中国特色社会主义思想。民革中央主要领导同志多次在《人民日报》《求是》和《人民政协报》《中国统一战线》《团结报》等报刊发表署名文章，带动全党形成良好的学习氛围。民革中央领导同志通过谈心会和民主生活会，适时与中央常委、地方组织领导班子成员沟通情况、交流思想、增进共识。民革中央首次举办厅级以上实职干部“坚持和发展中国特色社会主义”专题研讨班。在全党组织开展“不忘合作初心，继续携手前进——纪念民革成立70周年”知识竞赛。深入了解民革党员对全面深化改革的思想认识、民革组织参与协商民主现状，成立协商民主与公共政策研究中心，不断提高理论研究水平。

始终坚持弘扬民革优良传统。编辑出版民革中央老同志文稿，记录了老同志团结带领民革全党在政治上与中共中央保持高度一致，为坚持和发展中国共产党领导的多党合作和政治协商制度贡献力量的历史进程。认真开展民革前辈史料采集工作，为227名年事已高的黄埔老人、抗战老兵和民革老领导留下珍贵的影像资料，共采集全高清视频16000多分钟。开展“镜头中的抗战老兵·团结行”系列采访，为继承和发扬民革优良传统提供了生动教材。参与编写《大道——多党合作历史记忆和时代心声》《统一战线人物志》等图书。团结出版社出版了《孙中山文集》《伟人孙中山》等书籍。举办民革优良传统巡回讲座，已有近万名民革党员现场聆听。开展“观故居，走多党合作之路”活动，已有超过5万人次参加活动。推进民革前辈纪念场馆建设，目前已在全国命名13个民革党史教育基地、3个民革党员教育基地。

多措并举建设“民革党员之家”。以“民革党员之家”为抓手，加强和改进民革基层组织思想政治工作，有效增强了民革组织凝聚力和向心力。召开现场会推进“民革党员之家”建设，努力打造一批思想政治合格、组织工作规范、履职能力突出、规章制度健全的基层组织。目前，22个省级组织已经建立或者正在筹建党员之家。

（二）组织建设稳步推进

组织发展呈现良好态势。地方组织建设布局合理、发展有序，基层组织数量增加、活力增强。制定《民革示范支部建设工作指南》和《支部工作手册》，支持地方组织针对新的社会情况和时代特点，适时调整基层组织架构，帮助基层党员更好地融入组织、发挥作用。五年来，净增民革党员 26065 人，新建 7 个地市级组织和 911 个基层组织。现有民革党员 127930 人，省级组织 30 个，地市级组织 274 个，县级组织 51 个，基层组织 5906 个。共有 48 名民革党员荣获“国家科学技术奖”“全国先进工作者”“全国五一劳动奖章”“全国三八红旗手”“巾帼建功标兵”等国家级表彰。

干部队伍建设取得突破。牢固树立人才意识，注重保持民革特色，积极推动高层次人才发展、培养、推荐工作。专题研究中央国家机关及直属单位、部分省市的高层次人才发展工作，探索建立与中央国家机关、高等院校及科研院所中共党委统战部门的日常联络沟通交流机制，密切与国务院国资委等部门的联系，加强国有企业中高层次人才发展工作。多渠道多层次向中共各级党委和统战部门推荐人才，民革党员担任实职岗位领导职务的数量和层次不断提高。目前，民革党员担任最高人民检察院副检察长 1 人，人民政府副省长 2 人，高等院校省部级领导职务 1 人，中管正厅级领导职务 2 人，政府工作部门领导职务的正厅级 6 人、副厅级 21 人，人民政府副市长 29 人，高级人民法院副院长和法院副厅级以上领导职务 8 人，省级人民检察院副检察长 5 人，高等院校、科研院所、国有企业正厅级领导职务 12 人、副厅级领导职务 60 人。民革党员中有中国工程院院士 3 人。做好民革高层次人才后备干部储备工作，出台关于省级组织领导班子后备干部队伍建设的文件。不断完善教育培训体系，五年来共举办各类培训班 8 次，培训干部 527 人次，12 名中青年骨干到党外代表人士实践锻炼基地挂职。

着眼长远谋划地方组织换届工作。以政治交接统领地方组织换届工作和领导班子建设，制定下发文件，对换届工作做出统筹安排和全面部署。民革地方组织严格按照换届有关文件精神开展工作，召开的代表大会都取得了圆满成功。目前，30 个省级组织已全部完成换届。一批政治坚定、参政议政能力突出、组织领导能力较强的同志进入地方组织新的领导班子，为民革履行参政党职能奠定了良好基础。

扎实开展党内监督工作。各级组织认真贯彻落实关于内部监督的条例和细则，加强理论研究和实践探索，初步建立了符合民革自身特点的党内监督体系。目前，30 个省级组织均已成立监督委员会，部分省级组织积极探索建立地市级监督委员会。制定《民革监督委员会监督省级组织换届工作办法》，指导、规范中央和省级监督委员会对换届工作的监督，保证换届纪律不折不扣执行。中央监督委员会派出委员全程参加各省代表大会，与省级监督委员会委员共同对代表大会的关键环节进行监督，确保换届工作风清气正。五年来，中央监督委员会受理涉及党内监督和举报事项的党员来信 109 件，依规妥善办理民革党员信访和举报事项，跟踪监督重要信访事项的处理情况。

机关服务保障能力增强。各级机关认真贯彻中共中央八项规定精神，大力改进学风、文风、会风。加大机关干部培养力度，支持机关干部参加培训，赴基层挂职锻炼，努力建设高素质、有作为的参政党机关。民革中央成立信息化工作领导小组，开发运营“民革 e 家”，为办公和履职提供电子平台。民革中央机关还相继出台了一批新的规章制度，聘任机关法律顾问，保证机关工作依法依规进行。

（三）全方位宣传民革工作

深度宣传民革履职情况。每年两会期间，集中向新闻媒体介绍民革的重点提案和大会发言，联系安排民革中央领导同志和党员中的人大代表、政协委员接受主流媒体的专题访谈和采访。积极向主流媒体介绍民革重要的履职成果，《人民日报》、新华社、中央电视台等中央级媒体采编了一批有影响、有分量的民革要闻。纪念《团结报》创刊60周年。《团结报》入选社会科学评价中心引文数据库来源期刊，并顺利通过第二批全国学术期刊认定，影响因子指数在统战系统刊物中位居前列。

宣传民革代表性人物及其先进事迹。积极利用自有媒体和社会主流媒体，宣传民革代表性人物及其先进事迹，提高民革组织认知度。《亲历者赞——民革人物报道集》丛书由团结出版社出版，积极展现民革党员作为中国特色社会主义事业的亲历者、实践者、维护者、捍卫者的风采。开展向“人民好医生”蔡立忠同志学习活动和向“感动中国”年度人物张宝艳、秦艳友同志学习活动，大力弘扬社会主义核心价值观，传递社会正能量。

“动动手指宣传民革”蔚然成风。民革中央网站发稿量和专题制作量均居统战系统网站前列。开通民革微信公众号，内容质量和社会影响力不断提升。团结报社全媒体建设亮点突出，发行数量屡创新高，多媒体阅报屏在统战系统广泛覆盖，微博、微信公众号点击浏览量超过6000万人次。目前，已有17个省级组织开通微信公众号，“动动手指宣传民革”的号召已深入人心。

二、履职工作取得新成绩

（一）参政议政成果丰硕

参加国家重大国事和外事活动。参与隆重纪念孙中山诞辰150周年活动。2016年11月11日上午，受孙中山先生诞辰150周年纪念活动筹备办公室委托，民革中央在北京香山碧云寺举行晋谒孙中山先生衣冠冢仪式。2016年11月13日，齐续春同志率港澳台和海外嘉宾团到南京晋谒中山陵。举办“天下为公——纪念孙中山先生诞辰150周年美术作品展览”。参与隆重纪念中国人民抗日战争暨世界反法西斯战争胜利70周年活动。邀请台湾退役将领、组织所联系的人士出席“9·3”阅兵式，为70余位民革前辈的亲属申领了抗战胜利纪念章。举办“民族魂——纪念中国人民抗日战争暨世界反法西斯战争胜利70周年美术作品展览”。民革中央领导同志参与重要外事活动98次。我以国家主席特使身份赴肯尼亚出席肯尼亚独立50周年庆典，齐续春同志陪同俞正声同志对阿尔及利亚、摩洛哥、约旦、巴林四国进行正式友好访问，体现了民主党派同中国共产党亲密合作的关系，宣传了中国共产党领导的多党合作和政治协商制度，扩大了民革的影响。

调研报告获批示数量创历史新高。五年来，民革中央开展调研214次，通过“直通车”形式向中共中央、国务院领导同志报送调研报告78篇，得到批示187次，其中习近平同志重要批示10次、李克强同志重要批示24次、张德江同志重要批示8次、俞正声同志重要批示24次、刘云山同志重要批示2次、张高丽同志重要批示56次。调研报告围绕全局性、战略性和前瞻性问题，对一系列重点难点问题提出意见建议，如《关于加强环渤海地区水域治理与保护的建议》《关于设立“一带一路”国际争端解决中心的建议》《关于尽快完成香港基本法第23条有关国家安全立法的建议》《关于将宜昌、荆州纳入

“长江中游城市群”的建议》得到习近平等领导同志的重要批示。国家发改委、科技部、工信部、财政部、农业部等部门高度重视民革中央的建议，就落实中共中央、国务院领导同志的重要批示精神多次与民革中央进行协商，推动了相关工作开展。

重点考察调研成效显著。受中共中央委托，中央统战部组织各民主党派开展年度重点考察调研。中共十八大以来，中共中央更加重视民主党派重点考察调研工作，首次以中共中央文件的形式对这项工作进行规范。2014 年 11 月 1 日，我陪同习近平同志赴福建平潭调研。遵照习近平同志的嘱托，民革开展重点考察调研，形成《关于加快推进平潭综合实验区建设的建议》，得到习近平等领导同志的重要批示。报告提出的绝大部分建议得到采纳，海峡两岸仲裁中心在平潭挂牌，两岸青年创业谷顺利投入运营。关于京津冀协同发展中能源结构调整、关于“一带一路”西北发展战略的调研报告得到习近平等领导同志的重要批示。关于农村困难群众权益保护问题的调研首次将法制与“三农”特色相结合，调研报告得到李克强等领导同志的重要批示。关于司法体制改革的若干建议得到中共中央政法委的高度评价，为改革试点方案贡献了民革的智慧。

参政议政成果产生示范引领效应。社会和法制、“三农”、促进祖国和平统一是民革参政议政工作的重点领域。民革中央在 4 个省深入调研志愿服务法治化问题，并落实中共十八届四中全会提出的“探索委托第三方起草法律法规草案”，起草了《志愿服务条例》（示范文本），有关调研报告得到李克强等领导同志的重要批示。民革中央在 12 个省深入调研精准立法促进社会文明问题，形成《关于精准立法促进社会文明的建议》，得到习近平等领导同志的重要批示。为落实中共中央领导同志批示精神，民革中央起草了《中华人民共和国社会文明促进条例（示范文本）》，助力厦门市、荆州市制定出台相关规定。为破解环京津贫困带问题，民革中央在河北省涞源县、张北县和隆化县开展深入调研，通过“解剖麻雀”，建立精准扶贫“试验田”，探索新形势下精准扶贫新思路、新途径、新办法。《关于解决京津冀协同发展中贫困问题的建议》得到习近平等领导同志的重要批示，京津冀协同发展领导小组办公室、国家发改委、国务院扶贫办等部门认真研究民革中央的建议，农业部为此专门出台《关于加快推进“环京津贫困带”农业扶贫行动（2016—2020 年）》。在促进祖国和平统一方面，围绕两岸关系重点难点问题建言献策，民革中央对 2014 年《政府工作报告》中涉台部分有关表述的建议得到国务院采纳。民革中央深入开展系列调研，先后在四川省攀枝花市、河北省秦皇岛市、贵州省遵义市、湖北省宜昌市、山东省威海市等地，与省级政协共同举办健康与养老产业发展论坛或座谈会，总计带动投资超过 2000 亿元，取得了较好的经济和社会效益，推动健康与养老产业等新时代民生经济发展已经成为民革参政议政工作的重要品牌。此外，民革中央还围绕国家公园体系建设持续建言献策，为有关改革试点贡献了智慧。

（二）民主监督向纵深发展

围绕脱贫攻坚进行民主监督。在中共中央统一部署下，民革对口贵州省开展脱贫攻坚民主监督工作。民革中央制定开展脱贫攻坚民主监督工作方案，成立领导小组，我担任组长，齐续春同志担任副组长。组建工作小组和 2 个联络组、6 个调研组，围绕精准识别、精准脱贫、贫困县摘帽、脱贫攻坚责任落实、政策执行、扶贫资金项目管理使用等方面，下沉到扶贫基层一线，进村入户，开展 29 次专题调研，涉及贵州省 8 个市（自治州）的54个县95个村，举办协商、座谈、答复反馈等会议12次，并针对极贫地区脱贫、产业扶贫、精神扶贫提出意见建议。《关于脱贫攻坚民主监督中发现的问题的建议》得到了习近平等领导同志的重要批示。积极参加国务院扶贫办组织的贵州省脱贫攻坚督察，对扶贫开发工作成效考核、民主监督中发现的问题整改情况等进行监督巡查。今年以来，有脱贫攻坚任务的省份的民革省级组织陆续开展了对本地区脱贫攻坚工作的民主监督，为打赢脱贫攻坚战做出积极贡献。

不断丰富民主监督的形式和内容。针对推动全面从严治党向基层延伸、简政放权、财税体制改革中出现的问题，在高层协商中专门提出意见建议。对中共中央政治局践行“三严三实”要求、加强自身建设，中共政协全国委员会党组工作及开展“三严三实”专题学习教育活动，最高人民法院、最高人民检察院的工作提出意见建议。民革党员中的各级人大代表认真履职，在人大会议中提出意见和建议，参加人大及其常委会和各专门委员会组织的有关调查研究。民革党员中的各级政协委员在政协召开的各种会议、组织的视察调研中，围绕一系列重大问题，以发言、提案等形式提出批评和建议。《“一带一路”沿线省份同质化竞争问题值得高度重视》《我国生活垃圾填埋场地下水污染监管亟待重视》等一批信息得到全国政协采纳，被转送有关部门处理。推荐29名民革党员担任最高人民法院、最高人民检察院、公安部、监察部、教育部、国土资源部、环保部、国家税务总局、审计署等中央国家机关特邀（约）人员，参加相关监督检查工作，提出意见建议，有力发挥民主监督作用。

（三）政治协商成效显著

凝聚力量参与政党协商。五年来，民革中央参加中共中央召开或委托中央统战部召开的协商会、座谈会、情况通报会114次，其中习近平同志主持召开或出席21次。充分运用重点调研和专家研讨论证成果，发挥专委会及研究中心的抓手作用，围绕全面依法治国、落实新发展理念、促进经济平稳健康发展、推进供给侧结构性改革、加强生态文明建设等重点任务集中发力，先后就许多战略性全局性问题提出意见建议，得到中共中央、国务院领导同志的高度重视，一批建议被采纳。

突出重点参与政协协商。五年来，民革中央向全国政协提交了42篇大会发言和210篇集体提案。大会发言工作屡创佳绩，《以法治思维和方式推进行政体制改革》等大会口头发言引发热烈反响。提案质量稳步提升，《关于加强金融消费者权益保护的提案》等6篇集体提案、《关于加快发展学生营养午餐工作的提案》等5篇个人提案被评为政协第十二届全国委员会优秀提案。《加强两岸四地消费者权益保护合作机制建设的提案》被列为2014年唯一一件对台工作重点提案，《关于加快我国金融监管体制改革的提案》被列为2014年财税金融类1号提案，《关于健全三江源生态补偿机制的提案》等29篇被全国政协列为重点督办提案。参与承办了5场双周协商座谈会，45名民革党员中的全国政协委员受邀参加了40场双周协商座谈会。

信息工作持续领先。建立民革中央常委报送社情民意信息制度和信息直报点、特约信息员制度，有效调动了各级组织和广大党员的积极性，信息工作质量显著提高。五年来，共收到信息素材8910篇，向全国政协报送1307篇，被采用201篇。整体采用率在各民主党派中央和全国工商联中连续领先。充分发挥对台交流层次高、联系密切等优势，报送涉台社情民意信息97篇，一批重要信息得到中共中央领导同志的重要批示。

三、社会服务工作取得新进展

（一）提高精准扶贫工作实效

持续做好对口帮扶工作。民革不断加大对革命老区、民族地区、边疆地区、集中连片特困地区帮扶力度，重点参与毕节试验区建设，做好对口纳雍县帮扶工作，通过教育培训、产业帮扶、文化建设、医疗服务，推动纳雍县经济社会发展和民生改善。纳雍不脱贫，民革不脱钩，纳雍脱了贫，民革不断线。五年来，累计在纳雍县投入扶贫资金和物资折合价款约2545万元，其中用于资助贫困学生892万元，累计资助学生1454人次，举办干部、专业技术人员、致富带头人等各类培训班58期，培训4785人次。在重视物质脱贫的同时，高度重视精神脱贫，重点关爱少年儿童特别是留守儿童身心健康。中山博爱基金会资助纳雍县昆寨乡民族中学改扩建项目，并拨付专门经费，在2017年暑期组织纳雍县品学兼优的留守儿童到北京参加“博爱牵手·情暖童心——中山博爱夏令营”。孩子们接受了生动的爱国主义教育，感受到民革大家庭的温暖。多地民革组织积极响应，将持续开展夏令营活动，共同呵护纳雍县留守儿童健康成长。

发扬博爱精神扶贫济困。为弘扬孙中山博爱精神，发扬民革扶贫济困优良传统，为民革党员中的爱心人士搭建服务社会的平台，在民革中央支持下，民革党员发起设立非公募中山博爱基金会。2016年4月，基金会得到国家民政部批复正式成立，两年来共接受民革党员捐款3472万元。五年来，各级组织共开展“博爱·牵手”相关活动13000多场，活动捐款捐物总价值近3.4亿元，直接受益人数143万人。民革中央画院举办“伸出博爱之手”主题笔会，并积极筹措善款，援助雅安、鲁甸地震灾区重建工作。

（二）打造社会服务新抓手

深入开展法律服务工作。截至今年11月，共有24个省级组织、179个地市级组织成立了法律咨询服务机构，其中4个省级组织和39个地市级组织所属的法律服务机构被纳入国家法律援助工作体系。2014年以来，各级组织累计实施法律援助13000多例，开展法律咨询和普法活动13000多次，11.5万人次受益，为化解社会矛盾、维护社会稳定、促进社会和谐做出积极贡献。

成立民革中央企业家联谊会。为做好民革非公经济代表人士工作，民革中央企业家联谊会于2015年10月正式成立，为民革党员中的企业家和从事经济管理者提供参政议政、社会服务的平台。联谊会邀请成员参与民革中央组织的座谈会、调研考察活动、康养产业论坛，组织投资考察和各类慈善公益活动，有力促进党员企业和区域经济共同发展。目前，已有21个省成立了民革企业家联谊会或类似组织，发挥了积极作用。

四、为推进祖国和平统一进程做贡献

（一）坚持“九二共识”，反对“台独”

旗帜鲜明地阐述民革的政治立场。台湾岛内政权更迭以来，民进党当局拒不承认“九二共识”及其“两岸同属一中”核心意涵，在岛内大肆推行“去中国化”“台独”路线，不断加大对两岸交流的限制和干扰，台海局势更加复杂严峻。全国政协十二届四次会议上，民革中央做大会口头发言《有“九二共识”神针定海，两岸关系方能行稳致远》，全国政协十二届五次会议上，民革界别政协委员做联名发言《撼山易，撼一个中国原则难》，阐述坚持“九二共识”、反对“台独”的政治立场，得到社会舆论的广泛好评。在国庆招待会、两岸各项论坛、参访交流等场合，民革中央领导同志多次重申民革的政治立场，努力做好所联系台湾同胞、海外侨胞的工作。以中华中山文化交流协会名义，组团赴国外参访交流 14 次，积极参加全球反“独”促统大会。

不断凝聚两岸青年反“独”促统的政治共识。邀请台湾统派青年代表参加民革中央涉台调研和信息工作。与北京大学、清华大学以及台湾有关社团合作创办“台青之友沙龙”和“两岸青年观点论坛”，帮助两岸青年增进了解，凝聚共识。创立“两岸青年和平发展论坛”，两岸青年在论坛上开展政治对话，共同发表《两岸青年海峡倡议》。

（二）坚持推动两岸关系和平发展

加强两岸联系与交流。民革与台湾有着特殊的渊源和联系。两岸同胞始终是命运与共的骨肉兄弟，始终是血浓于水的一家人。民革秉承“两岸一家亲”理念，坚持推动两岸关系和平发展，注重做好基层一线台湾人民的工作，坚持创新工作方式方法，为扩大两岸社会各界经济文化交流合作、实现互利共赢献计出力。五年来，民革中央组织赴台参访 5 次，邀请台湾政党社团来大陆参访 300 余次，接待台湾同胞近万人次。增进两岸退役将领交流，成功举办两届“中山·黄埔·两岸情论坛”。每年与国家水利部共同主办“海峡论坛·两岸乡村农田水利建设交流会”，交流会被国台办列为海峡论坛两岸名乡名村交流板块重要活动项目。积极邀请台湾企业家参与民革中央主办的论坛、研讨活动。组织联络两岸史学专家共同编写“两岸共修抗战史系列丛书”，目前已出版《长城与抗战》，启动了《长江与抗战》的前期工作。推动两岸同胞共同弘扬中华文化，促进心灵契合。与台湾中华花艺文教基金会共同举办海峡两岸插花艺术展。以大陆赠台大熊猫“团团”“圆圆”为原型，成功策划巡演大型音乐儿童剧《团仔圆妞》。

多种形式开展台湾青年群体工作。组织一系列两岸青年交流项目，拉近两岸青年心理距离，促进两岸青年融合，增进共同的国家、民族、文化认同。继续办好台湾高校杰出青年赴大陆参访团，创办台湾励志青年暑期大陆参访团，首次邀请台湾中南部贫困家庭大学生赴大陆参访交流。鼓励台湾青年来大陆实习就业创业，先后组织 300 名优秀台湾学生暑期来大陆实习，已有一批台湾学生通过实习活动在大陆就业。牵头成立“两岸青年创新大联盟”，整合全国 48 家创业（产业）园区资源，为希望来大陆就业创业的台湾青年提供丰富的资讯和全方位的扶持。成功举办 4 届“两岸新锐设计竞赛——华灿奖”，吸引两岸及港澳地区近千所高校、两千多位嘉宾参加，被国台办列为重点支持项目。

民革五年来取得的进步，令全体同志骄傲和自豪。这是以习近平同志为核心的中共中央正确领导的结果，得益于何鲁丽同志、周铁农同志等民革历届领导打下的良好基础，也是民革各级组织和广大党员兢兢业业工作、戮力同心奋斗的结晶。这些进步，与中共各级党委、人大、政府、政协的大力帮助密不可分，与各兄弟党派、各界爱国人士、广大台湾同胞和海外侨胞的长期支持密不可分。在这里，我代表民革第十二届中央委员会，向历届领导和广大民革党员表示崇高的敬意！向帮助和支持民革发展的所有朋友表示衷心的感谢！

同时，我们也应当清醒地看到，与新时代新任务的要求相比，与人民群众和广大民革党员的期望相比，我们的工作还有很多不足。主要体现在：一是仍需进一步提高思想政治工作的针对性和实效性，筑牢多党合作的共同思想政治基础。二是仍需进一步提高各级组织参政议政、民主监督的质量，提升参与中国共产党领导的政治协商的水平。三是仍需进一步优化民革组织的质量和结构，不断发展培养高层次人才，充实各专门委员会的研究力量，提高民革的可持续发展能力。四是仍需进一步弘扬博爱精神，更好地将社会服务工作与民革资源优势相结合，为打赢脱贫攻坚战贡献力量。五是仍需进一步创新对台工作方式方法，与岛内形势发展变化紧密结合，提高工作实效。在今后的工作中，我们需要高度重视这些问题和不足，认真研究加以解决。任重而道远，民革全体同志一定要加倍努力，把民革事业不断推向前进。

主要体会和经验

今年是民革成立七十周年。认真回顾民革的历史，特别是中共十八大以来的历程，用以总结经验，激励全党，更好地开拓未来，具有十分重要而深远的意义。

七十年来的体会和经验，归根结底就是必须始终坚持中国共产党的领导。中国的历史和实践反复证明，中国共产党始终是中国特色社会主义事业的领导核心。民革最大的政治就是坚定不移地接受中国共产党领导。民革必须坚决维护习近平同志的核心地位，在政治立场、政治方向、政治原则、政治道路上同以习近平同志为核心的中共中央保持高度一致，牢固树立政治意识、大局意识、核心意识、看齐意识，不忘合作初心，继续携手前进。这是我们的政治生命线，必须毫不动摇、不折不扣、一以贯之坚持下去。

总结五年来的经验，我们还得到以下重要启示。

——必须旗帜鲜明讲政治。习近平新时代中国特色社会主义思想是中国共产党和国家事业取得历史性成就的根本原因，是继续开创美好未来的根本保证，也是五年来民革做好各项工作的根本遵循。民革要传承初心之志，筑牢同心之基，恪尽兴国之责，不断增强道路自信、理论自信、制度自信、文化自信，为坚持和完善中国共产党领导的多党合作和政治协商制度做贡献。

——必须举全党之力抓参政议政。参政议政是参政党参与国家各项建设的主要形式，是检验民主党派自身建设搞得好不好的主要标准。坚持举全党之力抓参政议政是民革十二大确立的方针，五年来的实践表明，围绕中心服务大局，上接天线、下接地气，才能找准履职工作的焦点；注重聚集民革党内外智慧，注重加强上下联动，才能不断提高履职水平；把得力的干部用在参政议政工作上，把政治安排、干部使用与参政议政工作联系到一起，才能为履职工作提供可靠保证。

——必须营造团结与学习的党内氛围。五年来，我们紧紧依靠广大民革党员，发扬党内民主，调动民革广大党员的积极性、主动性、创造性，努力营造出团结的党内氛围，增强民革组织执行力、凝聚力、战斗力。我们努力建设学习型参政党，民革党内学习的氛围更加浓厚，全党同志的政治素质、组织工作水平、履职能力不断提高。实践证明，民革组织要不断加强团结和学习，才能不断适应新时代要求，永葆生机与活力。

——必须加强队伍建设和人才培养。队伍建设是关乎民革组织健康可持续发展的基础性工程，必须本着对民革组织负责的态度，严肃对待队伍建设问题，尽早布局，循序推进，把握好干部安排的关键时间节点，不拘一格发现、培养人才，千方百计使用、举荐人才，从战略高度提早谋划梯队建设。

——必须继承和发扬孙中山爱国、革命、不断进步精神。民革前辈大多是在孙中山革命思想和精神影响下走上救国救民道路的。孙中山爱国、革命、不断进步精神，是民革诞生和发展的思想基础，也是民革全党继往开来的精神动力和宝贵财富。民革对孙中山先生怀有特殊的感情和崇高的敬意，我们要永远继承和发扬孙中山精神，弘扬民革优良传统，使广大民革党员坚定信念、锤炼品格，保证民革事业薪火相传！

今后工作的建议

今后五年是“两个一百年”奋斗目标的历史交汇期，民革工作的指导思想是：以习近平新时代中国特色社会主义思想为指导，高举中国特色社会主义伟大旗帜，深入学习贯彻中共十九大精神，继承和发扬孙中山爱国、革命、不断进步精神，围绕统筹推进“五位一体”总体布局和协调推进“四个全面”战略布局，全面加强自身建设，积极履行参政党职能，推动民革各项工作取得新的成绩，为把民革建设成为适应新时代发展要求的高素质、有作为的中国特色社会主义参政党而努力奋斗，为决胜全面建成小康社会、开启全面建设中国特色社会主义现代化国家新征程做出新贡献。

一、全面学习领会和认真贯彻落实中共十九大精神

中国共产党第十九次全国代表大会是在全面建成小康社会决胜阶段、中国特色社会主义进入新时代的关键时期召开的十分重要的大会，是一次举旗定向、引领复兴，开辟时代、开启征程，凝聚意志、催人奋进，继往开来、薪火相传的大会，在中国共产党和国家发展进程中具有划时代的里程碑意义。习近平同志所做的报告，系统回答了在新时代坚持和发展什么样的中国特色社会主义、怎样坚持和发展中国特色社会主义的重大时代课题，擘画宏伟蓝图，回应人民关切，是建设社会主义现代化强国的总纲领、总设计、总方略。中共十九届一中全会选举产生了新一届中共中央领导机构，习近平同志继续担任中共中央总书记、中央军委主席，充分体现了包括民主党派成员在内的全国人民的共同心愿。

要夯实共同思想政治基础。民革全党要把深入学习宣传贯彻中共十九大精神作为首要政治任务，在学懂弄通做实上下功夫，用习近平新时代中国特色社会主义思想武装头脑、指导实践、推动工作，坚决维护习近平同志的核心地位，坚持好、完善好、发展好中国共产党领导的多党合作和政治协商制度。要深入学习领会中共十九大提出的重要思想、重要观点、重大判断、重大举措，引导广大民革党员增进对中国共产党和中国特色社会主义的政治认同，把智慧和力量凝聚到中共十九大确定的目标任务上来，共同致力于新时代坚持和发展中国特色社会主义、实现中华民族伟大复兴。

要不断提高思想理论工作水平。要以继续开展“不忘合作初心，继续携手前进”主

题教育活动为载体，提高思想工作的说服力和感染力。要全方位报道民革参政议政的成果和广大党员在中国特色社会主义事业中的贡献，不断扩大民革的社会影响，宣传我国多党合作制度的优越性。要着眼理论与实践结合，深入研究民革履行职能和自身建设的重要问题。

要把宣传工作做到党员心坎上。依靠线上线下两个平台，不断创新宣传工作方式方法。发动更多党员“动动手指宣传民革”，在原有线上宣传平台的基础上，加大整合力度，提升中央和地方、地方和地方之间宣传内容的共享力度，提升工作时效性，增强宣传的深度和广度。加强民革党史教育基地、民革党员教育基地建设，开展民革优良传统教育，凝聚党员人心。

二、大力加强组织建设

要加强人才队伍建设。坚持质量、数量并重的原则，抓好党员发展工作和高层次人才工作。要立足政治交接，着眼中央和省级组织换届，在未来发展一批素质高、代表性强、优势突出、具有发展潜力的高层次人才，推荐更多民革党员担任实职领导职务，提高两院院士、“千人计划”专家等高层次人才数量。民革中央将从全党的层面对高层次人才的推荐和使用做出统筹安排，省级组织也要构建分层次、结构好的高层次人才储备库，为民革的人才队伍建设和可持续发展打下良好的基础。

要加强地方组织建设。探索制定地方组织发展绩效评估办法，做好地方组织发展规划。以开展示范性支部创建活动为抓手，发现和建设一批具有示范意义的基层组织，全面增强基层组织的活力，激发广大党员参与的积极性，进一步扩大民革的社会影响。继续建设“民革党员之家”，探索推进基层组织的人员编制、经费保障、办公活动场所建设。

要加强领导班子建设。以换届为契机，继承和发扬多党合作的优良传统，深化政治交接，加强思想、组织、制度特别是领导班子建设，提高中国特色社会主义参政党建设水平。要进一步增强领导班子政治把握能力、参政议政能力、组织领导能力、合作共事能力和解决自身问题能力，坚持民主集中制，不断完善领导班子议事决策机制，营造扎实干事、团结和谐的良好工作氛围。

要完善内部监督工作制度。创新工作方法和机制，探索内部监督工作向省级以下民革组织延伸，提高工作的制度化水平。加强理论研究，针对内部监督工作与国家监察制度的衔接等课题开展调研，推动工作深化完善。

三、更好履行参政党职能

要高度重视参政议政工作。继续坚持举全党之力抓参政议政，各级组织主委要谋划好“一把手工程”，身体力行，确定调研选题、带队开展调研、修改审定重要文稿，提升参政议政、民主监督能力，提高参加中国共产党领导的政治协商的水平。要坚持上接天线、下接地气，认真抓好上下联动机制，完善联合调研机制，充分发挥专委会的重要抓手和平台的作用，打造高水平的研究中心。要充分重视反映社情民意信息工作，切实提高信息工作质量，把信息工作作为基础性工作抓紧抓好。

要坚持围绕中心服务大局。紧紧围绕中共十九大报告提出的一系列科学论断，选择中共中央、国务院密切关注的重大问题和涉及广大人民群众对美好生活的向往的重要问题，充分发挥民革的特色和优势，在融入大局、服务大局、保障大局中找准履职尽责的切入点和突破口，聚焦实施乡村振兴战略、深化依法治国实践、提高保障和改善民生水平、加强和创新社会治理等重大问题，深入开展调查研究，提出真知灼见，协助中共党委和政府做好矛盾化解工作，积极营造团结稳定的社会环境。

要注重突出特色发挥优势。充分发挥民革人才资源优势，继续巩固社会和法制、“三农”、促进祖国和平统一等重点领域的优势，不断提高经济金融领域的研究水平。地方组织要在突出民革传统特色的同时，发挥本级组织的区域性优势，因地制宜，在教育、科技、医疗卫生、环境保护、文化等方面打造新的亮点，围绕当地中共党委和政府的中心工作和重要决策，积极建言献策，为当地经济社会发展服务。

四、持续开展社会服务工作

要聚焦如期完成脱贫攻坚任务。贯彻落实中共十九大有关打赢脱贫攻坚战的部署和有关文件精神，积极参与统一战线凝心聚力“十三五”行动，按照“寓监督于帮扶之中，寓帮扶于监督之中”的工作思路，以协助贵州省打赢脱贫攻坚战为出发点和落脚点，集中力量开展脱贫攻坚民主监督，重点关注深度贫困破解之策，对摘帽县实际脱贫效果“回头看”，围绕产业扶贫、易地搬迁、精神扶贫、农村基层组织建设等开展民主监督专题调研。进一步明确定点扶贫责任，完善帮扶机制，继续开展东中部民革组织“同心·博爱行”活动，将帮扶力量向深度贫困地区倾斜，向农村基层延伸，帮助纳雍县如期完成脱贫攻坚任务。持续开展“博爱牵手·情暖童心——中山博爱夏令营”。

要加强社会服务平台建设。支持民革中央企业家联谊会开展工作。办好中山博爱基金会。着力提升民革非公经济人士政治素质和服务社会的能力，为民革非公经济人士参与“一带一路”建设和地方经济社会发展提供支持和搭建舞台。发挥民革法律人才优势，更好组织民革法律工作者对困难群众提供法律咨询和援助。推进志愿服务制度化建设，并为之提供法律援助支持，为营造良好法治环境、化解社会矛盾做贡献。突出民革在书画、社会办学方面的传统特色，力争工作取得新进展。

五、为实现祖国完全统一凝聚力量

中共十九大报告宣示了对台工作的根本目标和主要任务，阐明了对台工作的基本方针和基本原则，提出了对台工作的重要理念和主要措施，表明了反对“台独”分裂图谋的坚定意志和鲜明态度，提出了对包括台湾同胞在内的全体中华儿女的殷切期望和伟大号召。报告强调“解决台湾问题、实现祖国完全统一，是全体中华儿女的共同愿望，是中华民族根本利益所在”，体现了实现中华民族伟大复兴的必然要求，彰显了全体中华儿女追求祖国统一的坚定决心和不可撼动的民族意志。民革将按照中共中央推进祖国统一大业的新理念、新主张、新要求，发挥民革传统优势，不断创新工作思路，努力推进民革祖统工作，为实现祖国完全统一凝聚力量。

要提高涉台调查研究水平。强化各级祖统委员会的抓手作用，鼓励各级民革组织充分发挥优势，特色鲜明地开展涉台调研。注重发掘民革的内外资源，坚持从祖统工作中定选题、找素材、出成果，紧紧围绕两岸关系重点、焦点、热点和难点问题，提出更多兼具前瞻性、针对性、可操作性的良策实招。

要深化交流反对“台独”。加强与台湾所有认同一个中国原则的政党和团体的接触交流，扩大两岸经济、文化等各领域民间交流，特别是将青年一代、基层一线作为重点工作对象，讲好新时代中国故事，促进两岸经济社会融合发展。继续积极参加海外侨界反“独”促统运动，加强与各国侨界的联系，积极创建民革侨务工作的新品牌。整合资源，为台湾有志青年来大陆求学求职、就业创业、生活工作提供更加便捷的服务，帮助他们在大陆实现人生愿景。我们坚信，两岸青年一定能顺应历史大势、共担民族大义，把民族命运牢牢掌握在自己手中，一定能够共创中华民族伟大复兴的美好未来！

同志们！大道之行，天下为公。中国特色社会主义事业是包括民主党派成员在内的全体中国人民的共同事业，实现中华民族伟大复兴是海内外全体中华儿女的共同心愿。民革全体同志一定要牢记职责，不辱使命，不负重托，无愧时代，团结一致，苦干实干，全面开创民革工作新局面。让我们不忘合作初心，筑梦伟大时代，更加紧密地团结在以习近平同志为核心的中共中央周围，高举中国特色社会主义伟大旗帜，继承和发扬孙中山爱国、革命、不断进步精神，为决胜全面建成小康社会、夺取新时代中国特色社会主义伟大胜利、实现中华民族伟大复兴的中国梦、实现人民对美好生活的向往继续奋斗！

中国国民党革命委员会第十二届中央常务委员会工作报告

万鄂湘

（2017 年 12 月 17 日在民革十二届六中全会上）

各位委员、同志们：

现在，我代表第十二届中央常务委员会向全会报告工作，请予审议，并请列席的同志提出意见。

2017 年的主要工作

今年以来，以习近平同志为核心的中共中央，科学把握当今世界和当代中国发展大势，统筹推进“五位一体”总体布局，协调推进“四个全面”战略布局，坚定不移贯彻落实新发展理念，坚定不移推进改革攻坚，坚定不移推进党风廉政建设和反腐败斗争，有效应对各种风险挑战，创新和完善宏观调控，出台并落实了一批“稳增长、促改革、调结构、惠民生、防风险”的政策措施，各项事业取得新的重大进展。10月召开的中国共产党第十九次全国代表大会，是在全面建成小康社会决胜阶段、中国特色社会主义进入新时代的关键时期召开的一次十分重要的大会，在中国共产党和国家发展进程中具有划时代的里程碑意义。民革完全拥护习近平同志的报告和中共十九大通过的各项决议，衷心拥护中共十九届一中全会选举产生的以习近平同志为核心的新一届中共中央领导集体。一年来，民革全党深入学习贯彻中共十八大及其历次中央全会精神，认真学习宣传贯彻中共十九大精神，在习近平新时代中国特色社会主义思想指导下，大力加强自身建设，全面提高履职能力，着力打造适应新时代要求的中国特色社会主义参政党，各项工作呈现良好局面。

一、不断强化思想政治工作

认真学习宣传贯彻中共十九大精神。中共十九大高举中国特色社会主义伟大旗帜，确立了习近平新时代中国特色社会主义思想的历史地位，做出了中国特色社会主义进入了新时代、我国社会主要矛盾已经转化为人民日益增长的美好生活需要和不平衡不充分的发展之间的矛盾等重大政治论断，深刻阐述了新时代中国共产党的历史使命，确定了决胜全面建成小康社会、开启全面建设社会主义现代化国家新征程的目标，在中国共产党历史上、中华人民共和国历史上、中华民族历史上都具有重要的里程碑意义。习近平同志继续担任中共中央总书记、中央军委主席，充分体现了包括民革党员在内的全体中国人民的共同心愿。中共十九大闭幕后，民革十二届二十次中常会做出《关于学习贯彻中国共产党第十九次全国代表大会精神的决定》，要求把认真学习宣传贯彻中共十九大精神，作为当前和今后一个时期民革的首要政治任务，在学懂弄通做实上下功夫，用习近平新时代中国特色社会主义思想武装头脑、指导实践、推动工作。民革各级组织以高度的政治责任感和使命感，精心组织，迅速行动，利用各种宣传形式和教育手段，掀起学习贯彻中共十九大精神的热潮。

深入开展“不忘合作初心，继续携手前进”主题教育活动。在13个省市举办民革优良传统巡回讲座，组织开展“纪念民革成立70周年”知识竞赛，进一步增强了广大民革党员接受中国共产党领导的自觉性和坚定性。继续开展“观故居，走多党合作之路”活动，将江苏苏州柳亚子纪念馆、广东云浮蔡廷锴故居、福建福州陈绍宽故居命名为民革党史教育基地，将江苏苏州南社通讯处旧址命名为民革党员教育基地。

大力推动“民革党员之家”建设。以“民革党员之家”为抓手，加强和改进民革基层组织思想政治工作，有效增强了民革组织的凝聚力和向心力。9月，在浙江省召开现场推动会，总结和推广建设“民革党员之家”的做法和经验，努力打造一批思想政治合格、组织工作规范、履职能力突出、规章制度健全的基层组织。目前，已有22个省级组织建成或者正在筹建“民革党员之家”。

继续拓展宣传工作渠道。加强与人民日报社、新华社、中央电视台、人民政协报社等中央新闻单位的联系沟通，主动向媒体推介民革履职成果，形成了一批有影响有分量的宣传报道。升级“民革e家”信息交流平台，并在平台上开发了信息报送系统。改版民革中央网站，开通民革微信公众号，新闻报道水平、稿件数量质量、内容展示效果和用户浏览体验等方面进一步提升，社会影响力不断扩大。团结报社办报质量稳步提高，“六位一体”全媒体布局初步构建，统战主流媒体作用有效发挥。国家文化产业发展专项资金项目“多党合作制度宣传融媒体平台建设”通过中宣部、财政部审批。《团结报》微信公众号在统战类新媒体中影响力居前，手机客户端、今日头条号等年度点击浏览量超过2000万人次。“动动手指宣传民革”蔚然成风，产生了良好的社会效果。参与中共中央统战部组织的《大道——多党合作历史记忆和时代心声》《国是——民主党派中央参政议政工作案例选编》编写工作。团结出版社连续第四年被评为中国海外馆藏影响力百强出版社。

二、全面加强组织建设

圆满完成省级组织换届。3月，民革十二届十八次中常会专门就省级组织换届工作做出统筹安排和全面部署。民革中央领导同志赴各地参加省级组织代表大会，指导换届工作。各省级组织严格按照换届有关文件精神开展工作，扎实做好换届人选的测评、推荐与考察。截至目前，30个省级组织全部顺利完成换届，选举产生的新一届领导班子成员普遍拥有较高的知识层次和综合素质，具有广泛的群众基础和较强的参政议政能力。

有序推进组织发展。截至2017年6月底，民革党员总数127930人，较去年同期新增4915人，新成立地市级组织1个、基层组织332个。民革中央把高层次人才发展作为组织发展工作的重大战略任务，专题研究中央国家机关及直属单位、部分省市的高层次人才发展工作，探索建立与中央国家机关、高等院校及科研院所中共党委统战部门的日常联络沟通交流机制，密切与国务院国资委等部门的联系，加强国有企业中高层次人才发展工作。今年，共有8位民革党员荣获“国家科学技术奖”“全国五一劳动奖章”“全国三八红旗手”“巾帼建功标兵”等国家级表彰。

高度重视干部培养推荐。按照《2016—2020年民革全国党员、干部教育培训工作规划》，不断完善从中央到地方分层、分级、分期教育培训体系。举办第十四期民革中青年干部培训班以及民革省级组织专职副主委、秘书长、办公室主任培训班，做好中央社院民主党派干部进修班、培训班学员推荐工作，注重在培训中发现和考察人才。多渠道多层次向中共各级党委及统战部门推荐民革党员担任领导职务，张雪樵同志被任命为最高人民检察院副检察长，田红旗同志被任命为中南大学校长。

持续强化党内监督。适应新形势，研究修改《中国国民党革命委员会内部监督条例》。中央监督委员会首次派员参加省级代表大会，依据《民革中央关于严肃换届纪律，加强换届工作监督的通知》和《民革监督委员会监督省级组织换届工作办法》，对省级组织换届过程中的关键环节进行监督，确保换届工作风清气正，顺利实现省级组织领导班子新老交替。依照《民革中央机关信访工作原则》及《实施细则》，妥善办理来信来访56件。

三、增强参政议政工作实效

积极参与政治协商。充分运用重点考察调研和专家研讨论证成果，围绕经济社会发展全局，紧扣国家中心工作，在中共中央、国务院和有关部门召开的党外人士协商会、座谈会、情况通报会上，先后提出了创设“一带一路”争端解决机制、加快推进农村基层基础设施建设、更好释放“营改增”改革的政策红利、继续推动全面从严治党向基层延伸等多项建议，一些建议在制定国家大政方针和政府决策中得到采纳。在全国政协十二届五次会议上，民革中央做了题为《关于构建完整的跨行政区划人民法院体系的建议》的大会发言，提交了8篇书面发言和33件集体提案。《关于完善我国环保技术专利制度的提案》《关于设立跨行政区划人民法院和人民检察院的提案》被列为全国政协重点提案。民革中央还积极参加全国政协议政性常委会议、双周协商座谈会等，提交多篇发言。民革党员中的全国人大代表和全国政协委员认真履行职责，共提出议案6件、建议172件和个人提案210件、联名提案25件，14位全国政协委员受邀参加7场双周协商座谈会并发言。《关于进一步推进金融精准扶贫的提案》等6件民革中央集体提案、《关于加快发展学生营养午餐工作的提案》等5件民革党员个人提案，被评为政协第十二届全国委员会优秀提案。

精心组织专题调研。一年来，民革中央聚焦国家经济社会发展全局性、战略性和前瞻性问题，结合民革优势和特色，围绕21个课题开展调研考察36次，形成调研成果21项，向中共中央、国务院报送书面建议15篇，得到领导同志批示71次，其中习近平同志重要批示5次，李克强同志重要批示10次，张德江同志重要批示6次，俞正声同志重要批示8次，刘云山同志重要批示2次，张高丽同志重要批示16次。在委托内蒙古、陕西、甘肃、青海、宁夏、新疆等地民革组织开展预调研的基础上，民革中央邀请国家发改委、农业部、国务院参事室等有关单位的专家学者和部分民革党员企业家，先后赴陕西、甘肃、内蒙古、宁夏、青海就"'一带一路'西北发展战略"开展年度重点考察调研。调研报告《关于确立"一带一路"西北发展战略的建议》得到习近平等领导同志的重要批示，相关部委对有关建议进行了认真研究落实。此外，民革中央提出的《关于设立"一带一路"国际争端解决中心的建议》《尽快完成香港基本法第23条有关国家安全立法的建议》《关于加强环渤海地区水域治理与保护的建议》都得到了习近平等领导同志重要批示，相关部委正在抓紧研究、推动落实。

努力拓展参政议政领域。继续围绕"精准立法促进社会文明"，在归纳梳理提炼多地调研情况的基础上，民革中央联合有关单位和专家学者，起草了《中华人民共和国社会文明促进条例（示范文本）》，为厦门、荆州、长春等地推动和开展社会文明立法工作，提供了有益的参考。今年下半年出台的《厦门经济特区促进社会文明若干规定》《荆州市文明行为促进条例》，标志着民革中央的部分建议落地生根。坚持"上接天线，下接地气"，将落实国家重点战略部署与推动地方经济社会发展相结合，继续围绕康养产业发展，在广东、云南、山东、湖北、河南、重庆等地开展调研，并在湖北宜昌、贵州遵义、山东威海、四川攀枝花与当地省级政协联合主办系列论坛或座谈会，得到国家有关部委和地方党委政府的积极响应，为地方引入社会投资超过千亿元，有效推动了区域经济和产业发展。

稳步提升信息工作水平。根据全国政协季度选题，主动向民革省级组织、党内专家征稿。注重将调研过程中了解到的问题转化为信息，如《"一带一路"沿线省份同质化竞争问题值得高度重视》，被全国政协单篇采用。加大信息工作人员培训力度，来稿质量明显提升。一年来，民革中央共收到信息素材1185篇，向全国政协报送163篇，被采用22篇，政协信息采用率继续保持领先。

四、聚焦脱贫攻坚做好社会服务工作

扎实开展脱贫攻坚民主监督。民革中央领导同志多次率队，赴贵州开展脱贫攻坚民主监督专题调研。按照《民革中央开展脱贫攻坚民主监督工作方案》，组织6个调研组和2个联络组，赴贵州8个市州42个县62个村，开展两轮集中调研，重点了解摘帽县实际脱贫效果，积极探索破解深度贫困的对策，针对产业脱贫、精神脱贫等提出意见建议。民革中央报送的《关于脱贫攻坚民主监督中发现的问题的建议》，得到习近平等领导同志的重要批示。召开民革全国脱贫攻坚民主监督工作交流会，有力推动了22个有脱贫攻坚任务的省级组织开展工作。

深入拓展精准扶贫工作领域。举办“博爱牵手·情暖童心——中山博爱夏令营”，组织贵州省纳雍县品学兼优的贫困户留守儿童赴北京开展活动，孩子们开阔了眼界，增长了见识，深切感受到民革大家庭的温暖。活动取得了很好的效果，影响不断扩大，多地民革组织已经提出申请，希望继续举办夏令营活动。中山博爱基金会援建的昆寨乡民族中学，目前已建成并投入使用。组织东中部16个省市民革组织赴纳雍开展“同心·博爱行”活动，与纳雍县达成教育、卫计、农牧等方面帮扶意向。截至目前，民革各级组织共举办各类培训454期，帮助家庭困难学生4677名，向贫困地区直接投入3370余万元。

着力强化社会服务品牌。依托民革中央企业家联谊会，支持民革党员企业家开展参政议政、社会服务活动。一年来，企业家联谊会共邀请民革党员企业家参与民革中央组织的座谈会、考察交流活动、康养产业座谈会共104人次，有力促进了党员企业与区域经济共同发展。加强中山博爱基金会资金募集和使用管理，规范开展各类公益慈善项目。基金会2017年共接受捐款1110万元，资助项目4个，拨付资金660.83万元。一年来，各级民革组织共开展“博爱·牵手”相关活动近3000场次，活动捐款捐物总价值近8400万元，直接受益人数26.9万人。法律服务工作得到各级组织和广大党员积极响应并持续推进。圆满完成民革中央企业家联谊会和民革中央画院换届工作。

五、推动祖统工作取得新成绩

旗帜鲜明反对“台独”。当前两岸关系形势复杂严峻，民进党当局拒不承认“九二共识”及其“两岸同属一中”的核心意涵，破坏两岸关系和平发展的政治基础，两岸关系受到严重冲击。在全国政协十二届五次会议上，民革界别部分全国政协委员联名提交了《撼山易，撼一个中国原则难》的书面发言，阐述民革坚定支持“九二共识”、反对“台独”的政治立场。以中华中山文化交流协会名义，组团出访并参加“全球华侨华人促进中国和平统一大会”，向侨界宣讲中国政府对台方针政策及中国共产党领导的多党合作和政治协商制度，宣传“一带一路”倡议，团结海外华侨华人，凝聚反“独”促统爱国力量。

关注台湾青年群体。每季度召开“台青之友”沙龙和“两岸青年观点论坛”，邀请在京部分台湾青年及专家参加，增进相互了解。支持两岸青年创业、组织台生来大陆实习等活动已经形成品牌，今年共组织70名台湾青年到26家单位实习、就业，邀请300名台湾青年来大陆参访。举办“首届台湾励志青年大陆参访团”，邀请岛内中南部较贫困家庭青年赴北京、天津参访，为他们今后来大陆就学就业提供信息和指导，打造民革中央对台工作新品牌。

做好台情研究工作。充分发挥专家学者“外脑”作用，与中国社科院台湾问题研究所、厦门大学台湾研究院等单位合作，形成了一批有影响力的研究成果。邀请台湾青年赴北京、上海、甘肃等地，开展“台湾小微企业有效对接自贸区惠台政策”“鼓励台企融入‘一带一路’西部建设，促进两岸民间经济融合”“台湾青年在陆融合发展”等专题调研。开展“推动台湾青年融入‘一带一路’倡议”等专项研究。

促进两岸交流交往。主办第四届两岸新锐设计竞赛“华灿奖”、第九届“海峡论坛·两岸乡村农田水利建设交流会”、第八届两岸青年创新创业论坛和第二届两岸大学校长论坛。启动抗战系列丛书第二部《长江与抗战》编辑工作，与台湾新党等共同开展“长江抗战缅怀之旅”参访活动。以大陆赠台熊猫“团团”“圆圆”为原型的音乐儿童剧《团仔圆妞》完成全国巡演，并以此为基础打造系列文化产品。

同志们！过去的一年，民革各项工作取得了积极进步和可喜成绩。这是以习近平同志为核心的中共中央正确领导的结果，也是民革各级组织和广大党员兢兢业业、同心协力的成果。在这里，我代表民革中央常委会，向各级组织和全体党员的热忱支持和辛勤付出表示衷心的感谢！

看到成绩的同时，我们也要清醒地认识到，与新形势、新任务的要求相比，与民革承担的历史使命相比，我们的工作还存在一些问题和不足：如思想理论建设还需继续加强，组织发展缺少更多旗帜性领军人物，担任各级政府及部门领导实职的代表性人士仍然较少，参政议政重点领域人才储备不足，专委会职能发挥不够充分，脱贫攻坚民主监督工作有待进一步加强等。对这些问题和不足，我们要认真总结经验，切实采取措施，努力加以改善，力争取得更大的成绩和进步。

今后五年，民革将按照新时代中国特色社会主义发展的战略部署，切实履行新时代中国特色社会主义参政党职能。民革十三大将认真梳理总结近年来各项工作取得的成绩和经验，部署今后五年的目标和任务。

民革十三大筹备情况

同志们，民革第十三次全国代表大会马上就要召开，这次会议是民革政治生活中的一件大事，也是中国共产党领导的多党合作事业中的一件大事。这次会议的主要议题是：认真学习贯彻中共十九大精神，听取和审议第十二届中央委员会的工作报告，修改《中国国民党革命委员会章程》，并选举出新一届中央委员会。

为保证会议顺利召开，民革中央提前一年开始准备，成立了人事工作小组、工作报告起草工作小组和党章修改工作小组，认真完成大会的各项筹备工作。

人事工作小组严格遵循中央领导机构和省级组织换届文件精神及具体政策，积极与有关部门沟通联系，协助30个省级组织圆满完成换届工作，选举产生558名民革十三大代表。今年4月，民革中央下发了《关于做好中国国民党革命委员会第十三届中央委员会委员候选人初步推荐工作的通知》，明确提出了中央领导机构换届基本原则、人选提名条件、十三届中央委员会规模及分配给各省级组织的中委人选名额，确定十三届中央委员会规模225名，中央常委会规模51名。经民革各级组织和有关部门的认真考察酝酿，确定十三届中委候选人220名，中央常委候选人46名，空缺名额预留给届中调整。

工作报告起草工作小组根据民革中央主席办公会议有关精神，确定报告的起草原则、重点内容和基本框架。10月中下旬，以中央各工作部门提供的素材为基础，起草完成工作报告初稿。在广泛听取各方意见的基础上，工作小组结合中共十九大精神，对报告反复推敲、补充修改，形成工作报告（送审稿）。

党章修改工作小组就党章修改问题赴多地进行调研，认真了解和吸收各级组织提出的意见和建议，起草完成党章修正案（草案）。

为保证十三大的顺利召开，中央机关上半年起开始着手会务工作，制定工作预案并逐项落实。中央办公厅牵头组成大会秘书处，中央秘书长担任大会秘书处负责人。秘书处下设6个组，中央各工作部门负责人担任各小组负责人。目前，会议所需经费、场地、物品、交通等已经落实到位，会议工作人员业已全部就位。

总之，经过各方面的共同努力，在各级组织的积极配合下，民革十三大筹备工作顺利推进，各项工作都已准备就绪。

各位委员、同志们，本次会议是民革第十二届中央委员会最后一次全体会议。在此，我代表十二届中央常委会，对各位委员五年来对常委会工作的支持表示衷心的感谢！希望大家接下来认真开好民革十三大，圆满完成中央委员会换届，并一如既往地支持新一届中央常委会工作，推动民革各项工作不断前进。让我们更加紧密地团结在以习近平同志为核心的中共中央周围，认真学习宣传贯彻中共十九大精神，在习近平新时代中国特色社会主义思想的指引下，继承和发扬孙中山爱国、革命、不断进步精神，全面履行好参政党的各项职能，为决胜全面建成小康社会、夺取新时代中国特色社会主义伟大胜利、实现中华民族伟大复兴的中国梦、实现人民对美好生活的向往而努力奋斗！

中国国民党革命委员会中央监督委员会工作报告

郑建邦

（2017年12月17日在民革十二届六中全会上）

各位委员、同志们：

现在，我受中央监督委员会委托，向十二届六中全会报告监督委员会工作，请予审议。

五年工作回顾

民革十二大以来，中央监督委员会在中央委员会的领导下，根据民革章程和《民革内部监督工作条例》(以下简称《监督条例》),坚持积极稳妥、循序渐进、惩防并举、重在预防的方针,积极作为,探索创新工作方式方法,不断完善内部监督制度,进一步健全民革全党内部监督体系,推动内部监督工作由虚向实,更加具有实务性和可操作性,更加适应新时代中国特色社会主义民主政治发展需要。五年来,中央监督委员会积极完善监督制度建设,推进内部监督工作稳步向前发展。

一、加强监督理论研究,完善监督机制

自2008年12月民革中央监督委员会成立以来,民革全党把健全和完善党内监督机制作为各级组织的重要工作,十一届七次中常会专题研究了内部监督工作,针对监督机制的重要性和必要性作了明确阐述,成为各级监督委员会工作的指导方针。十二届中央监督委员会在中央委员会的领导下,根据十一届七次中常会精神和《监督条例》,按照中央委员会的工作要求和部署开展内部监督工作,不断完善工作机制,创新工作形式,积极发挥内部监督作用,为民革加强自身建设,稳步推进各项工作,提供了保障。

注重加强自身建设。中央全会期间,中央监督委员会向全会报告工作,中央监督委员会委员列席会议。中央委员认真审议监督工作报告,提出意见建议,对内部监督工作和中央监督委员会的工作起到极大的推进作用。

坚持会议制度。中央监督委员会坚持每年召开一次研讨会,邀请省级监督委员会参加,围绕当年重点工作开展研讨,广泛听取意见,同时注意吸收委员在实际工作中对内部监督理论研究的成果;根据工作需要,中央监督委员会每年召开一至三次全体会议,研究有关工作,制定相关制度。

探索建立中央和地方联动合作机制。中央监督委员会充分发挥省级监督委员会人才优势,每年设立一个调研课题,通过联合调研形式,加强中央和地方间的联系沟通,共同研究内部监督工作理论和实务。几年来,中央监督委员会先后与天津、上海、江苏、福建、广东、重庆六个省级监督委员会分别就《〈民革内部监督工作条例〉实施细则(试行)》(以下简称《实施细则》)、在换届中发挥内部监督作用、《监督条例》修改和制定《民革党内纪律处分办法》等重点课题进行实地调研,总结各地实践经验,上升为规范、制度,推动监督工作不断向前发展。同时,中央监督委员会就当年重点工作,向各省级组织开展问卷调研,了解省级监督委员会开展内部监督工作的情况,总结内部监督工作实践经验,为加强内部监督理论研究奠定了基础。

二、积极转化调研成果,加强制度建设

中央监督委员会注重调查研究。在到上海、江苏、云南、黑龙江、河南、辽宁、陕西等省实地调研基础上,总结各地经验,将调研成果转化成全国适用的原则、制度,指导中央和地方监督委员会工作,为监督工作提供了行之有效的工作抓手。

制定出台《实施细则》。《实施细则》是中央和地方联动合作机制建立后的第一个调研成果,在十二届十三次中常会上通过。《实施细则》从内部监督对象、监督重点内容、监督机构、监督职责、监督制度和监督保障等多个方面明确了内部监督工作的重点和依据,是《监督条例》的细化和补充。制定《实施细则》是不断健全和完善民革党内监督制度的

必然要求，也是民革党内监督制度不断成熟的体现，有利于切实加强党内监督体制和机制建设，强化各级组织遵守民革章程的自觉性和坚定性，为预防性监督提供了抓手。

形成《监督条例》修改意见和《民革党内纪律处分办法》建议稿。为了更好地适应民革内部监督工作需要，2017 年中央监督委员会在联合调研的基础上形成了《监督条例》修改意见和《民革党内纪律处分办法》建议稿。此次条例修改，本着局部小改的原则，在总则部分、监督机构、监督职责、监督制度、监督保障等方面作了局部修改。《监督条例》修改意见经 11 月召开的中央监督委员会第八次全体会议原则通过，并征求了多方意见，基本已经成熟。

三、围绕重点工作，创新工作形式

2016 年到 2017 年，民革地方组织和中央领导机构换届工作是在中国共产党大力营造风清气正的政治生态大背景下进行的。中央监督委员会把监督换届工作，确保换届工作风清气正作为工作重点，利用联动合作机制开展调研，总结省级监督委员会在省辖市级组织换届中发挥作用的情况，制定出台了《民革中央关于严肃换届纪律，加强换届工作监督的通知》和《民革监督委员会监督省级组织换届工作办法》，并派中央监督委员会委员参与各省代表大会，与省级监督委员会共同对关键环节实行全程监督。各省级代表大会换届过程严肃严谨，换届程序严格细致，是民主党派内部监督工作的一次开拓和创新，也得到了有关部门的肯定。

十二届中央第三十二次主席会议通过了《民革中央监督委员会关于严肃第十三次全国代表大会纪律的通知》《民革中央监督委员会关于第十三次全国代表大会监督工作方案》，明确了中央监督委员会监督中央领导机构换届工作方案和中央监督委员会委员工作职责。在十三大期间，还将向全体代表提出会议期间的纪律要求，公布监督电话和邮箱。

这次民革地方组织和中央领导机构换届工作是对民革内部监督工作水平的一次检验。参与换届给内部监督工作提供了检验自身工作能力和水平的机会，为今后内部监督工作开展积累了经验。

四、指导省级监督委员会工作，认真处理信访

中央监督委员会办公室作为中央监督委员会的具体办事机构，认真履行职责，做好各项具体工作。严格按照《民革中央监督委员会办公室工作规程》办事，同时按照《监督条例》规定，认真指导省级监督委员会工作，注意听取他们的意见建议。五年来，省级监督委员会由 14 个增加到 30 个，实现了省级监督委员会全覆盖，健全了从中央到省级的内部监督组织体系，也为省级组织更好地开展内部监督工作提供了组织保障。江苏、浙江、广东等省级组织积极探索在省辖市级组织建立监督委员会，并开展相关工作。民革全党内部监督体系的不断健全和完善，为今后在全党范围内开展内部监督工作，提供了良好的组织保障。

中央监督委员会按照《民革中央信访工作条例》，认真做好来信来访工作，以省或以反映内容为类别建立专档。五年来，中央监督委员会办公室共收到来信 109 件。对署真实姓名和虽未具名但有具体线索的信件，积极与有关部门、民革省级组织或省级监督委

员会办公室联系，做好调查和协调工作，并跟踪监督检查重要信访事项的处理情况，直至妥善解决。在2016年省辖市级组织换届工作启动后，针对班子成员个人的反映信件明显增加，中央监督委员会办公室针对不同的情况采取不同的处理办法，包括实地调查、与相关人员谈话、与省级监督委员会沟通，做到处理及时、反馈及时、汇报及时，避免因处理时间过长影响地方组织换届工作。

五年来，民革内部监督工作在不断探索中前进，取得了积极的成效，通过完善制度、建立机制、健全体系，达到了锻炼队伍、提高工作水平的目的，在理论研究和工作实践方面，都取得了长足的进步，为今后五年开展工作打下了基础。总结五年工作经验，我们的体会有：一是坚持中国共产党的领导，注重学习和借鉴执政党在自身建设方面的经验，是民革各级监督委员会做好内部监督工作的根本保证；二是重视理论研究和调查研究，以研究成果指导实际工作，克服工作的盲目性，是民革加强内部监督工作的有效路径；三是完善内部监督制度，使监督工作有章可循、有章可依，是民革加强内部监督工作的制度保障；四是重视组织建设，通过完善内部监督组织架构，使监督工作向纵深方向发展，是民革加强内部监督工作的组织基础。

在取得成绩的同时，我们也认识到，民革内部监督工作仍存在监督机制尚未健全，监督机构和监督队伍建设有待加强等问题，内部监督工作还需要在实践中不断完善、探索和深化。

今后五年工作建议

换届之后，新一届中央监督委员会将在中央委员会的领导下，以中共十九大和民革十三大精神为指导，按照新时代中国特色社会主义参政党建设要求，以加强民革自身建设为根本，继续坚持“积极稳妥、循序渐进，惩防并举、重在预防”的方针，推动民革内部监督工作在探索中进一步完善，为民革发挥参政党作用贡献力量。在接下来的五年中，民革中央监督委员会和办公室将继续坚持理论研究和实践探索并重的原则，继续完善监督体系，加强调查研究，推进监督制度和机制建设，加大监督工作力度，进一步发挥内部监督作用。

一、进一步强化监督意识，高度重视监督工作

内部监督工作是民主党派自身建设的重要组成部分。各级组织要把进一步加强内部监督工作作为自身建设的重要内容，增强进一步做好内部监督工作的自觉性和紧迫性，有效推进内部监督工作巩固和发展，促进内部监督机制的完善和健全。各级领导班子及其成员要重视内部监督工作，认识到内部监督工作与领导班子建设密不可分，要认真听取党员意见，提高自觉接受监督的意识，积极主动指导内部监督工作开展。各级组织和监督委员会要加大宣传力度，提高党员遵守民革章程的自觉性，提高各级组织及领导班子履行职责的自觉性，提高全党对内部监督工作性质、原则和意义的认识，加强廉政建设和作风建设，营造良好的内部监督工作环境。

二、进一步加强队伍和机构建设，提升监督专业化水平

为了提高内部监督工作水平，必须加强监督队伍建设。要对监督委员会委员适时开展培训，使委员深入了解内部监督制度，理解监督工作要求，提高理论和实践水平，从而提升各级监督委员会的整体能力，提高民革内部监督工作的制度化、规范化和专业化水平，增强监督工作的实效性。

要进一步探索健全内部监督体系，积极稳妥推进内部监督向省以下地方组织延伸，鼓励有条件的省辖市级组织建立内部监督机构，有条件的基层组织还可以探索在支部设置监督委员。稳步推进内部监督机构的专门化，鼓励有条件的地方设立专门的监督委员会办公机构，配备专职人员。

三、进一步完善工作机制，促进监督规范化发展

要把健全和完善内部监督机制作为自身建设的有力保障，建立健全一系列具有长期性、实效性的制度。在执行制度的同时，要根据形势发展和实际工作需要，进行完善，促进民革内部监督工作有效开展。

要抓好《监督条例》的实施和各项制度的落实。加强对省级组织内部监督工作的指导、监督和检查，重点是各项制度的落实情况，如民主集中制、工作报告制度、述职和民主评议制度等。省级监督委员会也要从自身情况和工作要求出发，完善工作机制，切实把内部监督工作落到实处。

四、进一步深化理论研究，加强监督制度建设

民革内部监督工作开展已近十年，我们要在总结和思考的基础上，研究亟待解决的理论和实践问题，认真学习、借鉴执政党的经验。中国共产党在九十多年的实践基础上，积累了大量宝贵的经验，形成了丰富的党内监督理论成果，特别是近几年，在从严治党的道路上又有新举措。作为参政党，民革在进行理论研究时，必须结合自身实际，积极吸收执政党的理论精髓和实践成果，形成有参政党特色的内部监督理论。

近几年建立的中央和地方联动合作机制为深化理论研究、做好调研工作发挥了积极作用，今后还要继续加强，发挥中央的协调优势和地方的人才优势，继续开展有针对性的理论研究和调查研究工作。

建议新一届中央监督委员会重点开展两项调研：一是配合国家监察制度改革，开展民主党派内部监督制度与国家监察制度衔接的研讨活动；二是探索制定《民革党内纪律处分办法》。2017年中央监督委员会已经启动了纪律处分办法相关调研活动并形成了初稿，建议继续深化调研，探索制定出符合民革自身特点的纪律处分办法。

同志们，加强民革内部监督工作是民革自身建设的必然要求，也是民革组织自我完善、不断进步的需要。民革各级组织和广大党员，要通过不断学习，提高监督意识，增强责任意识和自觉性，在深化内部监督工作理论探索和提高内部监督工作实践水平的道路上，不忘初心，继续前行，开拓进取，为健全和完善内部监督制度，促进民革组织积极健康发展而共同努力。

中国国民党革命委员会章程

（民革第十三次全国代表大会部分修改，2017 年 12 月 23 日通过）

总　纲

中国国民党革命委员会（简称民革），是具有政治联盟性质的、致力于建设中国特色社会主义和祖国统一事业的政党，是中国共产党领导的多党合作和政治协商制度中的中国特色社会主义参政党。

民革由原中国国民党民主派和其他爱国民主人士所创建。中国民主革命的伟大先行者孙中山领导辛亥革命，于 1911 年推翻封建帝制，创建了共和国。孙中山逝世以后，中国国民党内的民主派和其他爱国民主人士，继承孙中山遗志，坚持“联俄、联共、扶助农工”三大政策，继续参加民族民主革命，为促进国共第二次合作，夺取抗日战争的胜利，发挥了重要作用。在此过程中，国民党各派爱国民主力量逐步发展和联合，于 1948 年 1 月 1 日成立了中国国民党革命委员会。在新民主主义革命时期，本党同中国共产党风雨同舟，共同战斗，为推翻帝国主义、封建主义、官僚资本主义的反动统治，建立中华人民共和国，做出了重要贡献。新中国成立以后，本党作为中国共产党领导的多党合作的成员，参加人民政权和人民政协的工作，为巩固人民民主专政，发展爱国统一战线，顺利实现社会主义改造和促进社会主义事业发展，发挥了积极作用。中国共产党十一届三中全会以来，本党适应社会主义建设新时期的要求，实现了工作重心的转移，为推进改革开放和社会主义现代化，为全面建设小康社会、促进社会和谐，为加强海峡两岸沟通与交流，推动祖国和平统一进程，做出了新的贡献。

总结民革的历史经验，最根本的，就是要坚持中国共产党的领导，坚持中国特色社会主义政治发展道路，坚持中国特色社会主义理论体系，坚持中国共产党领导的多党合作和政治协商制度；高举爱国主义、社会主义旗帜，坚持“长期共存、互相监督、肝胆相照、荣辱与共”方针，巩固和发展社会主义和谐政党关系。不断加强自身建设，继承和发扬孙中山爱国、革命、不断进步精神这一民革优良传统和基本特色，大力提高参政议政的质量和水平，为推动国家决策的科学化、民主化，发挥自身独特的优势和作用。

我国正处在全面建成小康社会决胜阶段、中国特色社会主义进入新时代的关键时期。中国共产党的领导是中国特色社会主义最本质的特征，是中国特色社会主义制度的最大优势。在习近平新时代中国特色社会主义思想指导下，中国共产党领导全国各族人民，统揽伟大斗争、伟大工程、伟大事业、伟大梦想，推动中国特色社会主义进入了新时代。我国社会主要矛盾已经转化为人民日益增长的美好生活需要和不平衡不充分的发展之间的矛盾。

从全面建成小康社会到基本实现现代化，再到全面建成社会主义现代化强国，这是新时代中国特色社会主义发展的战略安排，标志着我国社会主义现代化建设开启了新征程。

本党现阶段的政治纲领是，坚持中国特色社会主义道路，以邓小平理论、“三个代表”重要思想、科学发展观、习近平新时代中国特色社会主义思想为指导，继承和发扬孙中山爱国、革命、不断进步精神，切实履行参政党职能；参加国家政权，参与国家大政方针和国家领导人选的协商，参与国家事务的管理，参与国家方针、政策、法律、法规的制定执行，实行民主监督；致力于推动科学发展、深化改革开放、促进公平正义和社会和谐；致力于健全社会主义法制、发展社会主义民主，巩固和扩大爱国统一战线、推进社会主义协商民主广泛、多层、制度化发展；致力于丰富“一国两制”实践、推进祖国统一；为全面建成小康社会，把我国建设成为富强民主文明和谐美丽的社会主义现代化强国，实现“两个一百年”奋斗目标、实现中华民族伟大复兴的中国梦而奋斗。

本党的基本职能是参政议政、民主监督，参加中国共产党领导的政治协商。本党坚持以经济建设为中心、科学发展为主题，紧紧围绕加快完善社会主义市场经济体制、加快转变经济发展方式，统筹推进“五位一体”总体布局，协调推进“四个全面”战略布局，坚持创新、协调、绿色、开放、共享的发展理念参政议政。本党重视加强参政能力建设，不断建立和健全参政议政工作机制，强化参政议政重点领域。动员和鼓励全体党员与所联系人士发挥主动性、积极性和创造性，在各自岗位上努力工作，做出成绩，同时积极参与各级组织的参政议政、民主监督，参加各级中国共产党组织领导的政治协商工作，以发挥整体优势，形成合力。本党代表与反映党员及所联系群众的具体利益和要求，积极协调关系，维护社会稳定，促进公平正义和社会和谐。

本党以促进祖国和平统一为工作重点，拥护“和平统一、一国两制”的方针，坚定维护国家的主权和领土完整，坚决反对任何旨在制造台湾独立和分裂祖国的企图和行动；赞同和推动两岸关系和平发展；重视以孙中山爱国思想为纽带，团结海内外所联系人士，为祖国统一大业而努力。

本党把加强自身建设放在重要地位，以坚持共产党领导与发扬社会主义民主、体现政治联盟特点、体现进步性与广泛性相统一为原则，以继承和发扬孙中山爱国、革命、不断进步精神为特色，牢固树立政治意识、大局意识、核心意识、看齐意识，不断坚定道路自信、理论自信、制度自信、文化自信，坚定维护以习近平同志为核心的中共中央权威和集中统一领导，坚决维护习近平同志的核心地位，贯彻中国特色社会主义基本理论、基本路线、基本方略，加强思想、组织、制度特别是领导班子建设，提高政治把握能力、参政议政能力、组织领导能力、合作共事能力、解决自身问题能力，积极培育和践行社会主义核心价值观，不断提高干部、党员政治素质；发展党内民主、加强党内监督、巩固党内团结、促进党内和谐，增强组织活力，进一步把本党建设成为与中国共产党亲密合作、致力于建设中国特色社会主义的参政党。本党贯彻民主集中制，坚持群众路线，实现决策的民主化、科学化。

本党以《中华人民共和国宪法》为一切活动的根本准则，负有维护宪法尊严、保证宪法实施的职责；在宪法规定的权利和义务的范围内，享有政治自由、组织独立和法律地位平等，独立自主地处理自己的内部事务，开展各项活动。

本党履行中国人民政治协商会议章程，承担政协章程所规定的义务。

本党维护党员的合法权益。

第一章　党　员

第一条　中华人民共和国公民，符合本党发展党员条件，愿意遵守本党章程，可以申请加入本党。

第二条　申请入党，须有两名党员介绍，提交入党申请书，由支部和所属地方组织考察合格后，经支部大会通过，所属地方组织审核，报省辖市级组织（省直属支部报省级组织）批准，省辖市级组织报省级组织备案，省级组织报中央组织部备案，并书面通知本人及所在工作单位。党龄自支部大会通过之日起计算。

中央委员会和省、自治区、直辖市委员会必要时可以直接吸收党员。

第三条　党员享有下列权利：

（一）参加本党有关的会议和活动，阅读有关文件，对本党的工作提出意见建议；

（二）行使表决权、选举权，有被选举权；

（三）可以有根据地批评本党的任何一级组织和任何党员；

（四）对于组织的决议如有不同意见，可以保留或向领导机关提出，但在决议未修改以前，必须执行；

（五）基层组织对党员个人作党纪处分时，本人可以要求参加会议，并有权提出申辩；对处分决定有不同意见，可以要求复议，并有权向上级组织申诉；

（六）向上级组织直至中央提出请求、申诉和控告，并要求有关组织给以负责的答复。

第四条　党员履行下列义务：

（一）努力学习邓小平理论、“三个代表”重要思想、科学发展观、习近平新时代中国特色社会主义思想，学习和践行社会主义核心价值观；坚持中国共产党领导的多党合作和政治协商制度，不断增强坚持和发展中国特色社会主义的自觉性和坚定性；

（二）遵守宪法、法律、法规，维护国家利益，保守国家机密；

（三）遵守本党章程，继承和发扬民革优良传统；

（四）对党忠诚，维护党的团结和统一；

（五）执行组织决议，交纳党费，参加组织生活，开展批评与自我批评，积极参与政治协商、参政议政、民主监督和其他各项工作；

（六）在本职工作中，认真负责，廉洁奉公，努力提高业务水平，积极完成各项任务，并接受组织和群众的监督。

第五条　党员有退党的自由。党员要求退党，须向所在支部提出本人的书面退党报告，支部层报省辖市级组织（省直属支部报省级组织）注销其党籍，省辖市级组织层报中央组织部备案，并书面通知本人及所在工作单位。

第六条　党员无正当理由长期不参加组织生活或不交纳党费，不履行党员义务，多次教育无效者，经支部大会通过，所属地方组织审核，层报省级组织批准，注销其党籍，省级组织报中央组织部备案，并书面通知本人及所在工作单位。

第七条　党员从一个地区迁移到另一个地区，必须办理组织关系转移手续。

第八条　党员在工作中做出优异成绩的，给予表扬或奖励。

第二章　组织制度

第九条　本党各级组织是：

中央组织为中央委员会。

地方组织为省级、省辖市级、县级委员会。省级组织为省、自治区、直辖市委员会；省辖市级组织为省辖市（自治州、盟）、直辖市的区委员会；县级组织为县级市、县（旗）、省辖市的区委员会。

基层组织为支部、总支部、基层委员会。

第十条　本党的根本组织原则和领导制度是民主集中制。

（一）实行民主基础上的集中和集中指导下的民主相结合的原则，切实保障各级组织和党员的民主权利。

（二）个人服从组织，少数服从多数，下级组织服从上级组织，全党服从中央。

（三）各级领导机关采用无记名投票方式选举产生。特殊情况，可由上一级组织的常务委员会指派负责人员主持工作，或对领导班子成员作个别调整。

（四）各级委员会对同级代表大会或党员大会和上级组织负责。下级组织要贯彻执行上级组织的决定，向上级组织反映情况，请示和汇报工作；上级组织要加强对下级组织的领导，经常听取和及时处理下级组织提出的意见和问题；党的各级组织要按规定实行党务公开，使党员对党内事务有更多的了解和参与。

（五）各级领导机关实行集体领导和个人分工负责相结合的原则。凡属重大问题必须经过集体讨论，方能做出决定。

第十一条　本党的最高领导机关是全国代表大会，在全国代表大会闭会期间是中央委员会。

地方领导机关是同级代表大会或党员大会，在各级代表大会或党员大会闭会期间是同级委员会。

第十二条　中央委员会必要时可以召集全国代表会议，讨论和决定需要及时解决的重大问题。代表会议代表的名额和产生办法，由中央委员会或中央常务委员会决定。

省、自治区、直辖市委员会必要时也可以召集代表会议，讨论和决定需要及时解决的重大问题。代表会议代表的名额和产生办法，由召集代表会议的委员会或常务委员会决定，并报中央委员会批准。

第十三条　凡成立新的省辖市级、县级组织或撤销原有的省辖市级、县级组织，须经省级组织提出，报中央委员会批准。

凡成立新的省级组织或撤销原有的省级组织，须经中央委员会决定。

第十四条　各级组织的工作机关应当做到队伍精干，纪律严明，制度健全，运转有序，办事高效，服务优质。

第十五条　发展党员，把政治标准放在首位，实行发展与巩固相结合，注重政治素质，坚持以大中城市为主，有计划地稳步发展的基本方针；发展对象是同原中国国民党有关系的人士、同本党有历史联系和社会联系的人士、同台湾各界有联系的人士、社会和法制专业人士以及其他人士，着重吸收其中有代表性的中上层人士和中高级知识分子。

第三章　中央组织

第十六条　本党全国代表大会每五年举行一次，由中央委员会召集，必要时可以提前或延期举行。全国代表大会代表的名额和产生办法，由中央委员会或中央常务委员会决定。

第十七条　全国代表大会的职权是：

（一）审议中央委员会报告；

（二）决定本党的方针、任务及其他重大事项；

（三）修改本党章程；

（四）选举中央委员会。

第十八条　中央委员会每届任期五年。如果全国代表大会提前或延期举行，其任期也相应改变。

在全国代表大会闭会期间，中央委员会执行全国代表大会的决议，领导全党工作，对外代表全党。

中央委员会全体会议每年举行一次，由中央常务委员会召集，必要时可以提前或延期举行。

第十九条　中央委员会全体会议的职权是：

（一）审议中央常务委员会报告；

（二）审议中央监督委员会报告；

（三）决定本党重大事项；

（四）选举中央委员会主席、副主席和常务委员；

（五）在全国代表大会闭会期间，调整和增选中央委员会委员；

（六）决定中央监督委员会组成人员名单。

第二十条　中央常务委员会由中央委员会主席、副主席、常务委员组成，在中央委员会全体会议闭会期间，行使中央委员会的职权，领导全党工作。

中央常务委员会会议每三个月举行一次，由中央委员会主席召集和主持，必要时可以提前或延期举行。中央委员会主席可以委托副主席主持会议。

中央常务委员会定期向中央委员会全体会议报告工作，接受监督。

第二十一条　中央常务委员会闭会期间，由中央主席会议主持中央领导工作。

中央主席会议由中央委员会主席、副主席组成。

中央主席会议由中央委员会主席主持。

每届中央委员会产生的中央常务委员会和中央领导人，在下届全国代表大会开会期间，继续主持中央日常工作，直到下届中央委员会产生新的中央常务委员会和中央领导人为止。

第二十二条　中央委员会设秘书长一人、副秘书长若干人，中央工作机关根据工作需要设立若干职能部门。

秘书长、各职能部门正职负责人，由中央常务委员会任命；副秘书长、各职能部门副职负责人由中央主席会议任命。

第二十三条　中央委员会设立若干专门委员会。专门委员会的主任由中央常务委员会决定，副主任和委员由中央主席会议决定。

第四章　地方组织

第二十四条　地方代表大会或党员大会，每五年举行一次，由同级委员会召集。必要时，经上一级组织批准，可以提前或延期举行。

地方代表大会代表的名额和产生办法，由同级委员会或常务委员会决定，并报上一级组织批准。

第二十五条　地方各级代表大会的职权是：

（一）审议同级委员会的报告；

（二）决定同级委员会的重大事项；

（三）选举同级委员会。

第二十六条　地方各级委员会每届任期五年。如果同级代表大会或党员大会提前或延期举行，其任期也相应改变。

地方各级委员会委员名额，由上一级组织决定。

地方各级委员会在同级代表大会闭会期间执行同级代表大会的决议，领导本级组织的工作。

地方委员会全体会议每年至少举行一次，由地方常务委员会召集，必要时可以提前或延期举行。

地方各级委员会的职权是：

（一）审议同级常务委员会的报告。

（二）审议同级监督委员会（或内部监督机构）的报告。

（三）决定同级组织的重大事项。

（四）选举同级委员会主任委员、副主任委员和常务委员。

主任委员、副主任委员、常务委员的候选人名单，事先须经上一级组织批准。如果上述人员在任期内职务需要变动，须经上一级组织批准。

（五）在同级代表大会闭会期间，调整和增选同级委员会委员。

（六）决定同级内部监督机构组成人员名单。

第二十七条　省级委员会设常务委员会，其他各级委员会可设常务委员会。

常务委员会由主任委员、副主任委员、常务委员组成。在同级委员会闭会期间，行使同级委员会的职权。

常务委员会定期向同级委员会全体会议报告工作，接受监督。

地方各级委员会的常务委员会，在下届代表大会开会期间，继续主持日常工作，直到新的常务委员会产生为止。

第二十八条 常务委员会闭会期间，由主任委员会议主持领导工作。

主任委员会议由主任委员、副主任委员组成。

主任委员会议由主任委员主持。

第二十九条 地方各级委员会设秘书长，根据工作需要，可以设立若干专门委员会。地方组织工作机关可以根据工作需要，设立若干职能部门。

秘书长、专门委员会和职能部门的正职负责人，由常务委员会任命，不设常务委员会的地方组织由同级委员会任命。副秘书长、专门委员会和职能部门的副职负责人由主任委员会议任命。

第五章 基层组织

第三十条 凡基层单位有党员五人以上者，经上一级地方组织批准，可以成立支部。三人以上者，可以成立小组，也可以加入邻近地区或相近行业的支部。根据工作需要，同一单位、行业、地区设有两个以上支部的可以设总支部或基层委员会。

党员因特殊原因不能编入支部的，由所属组织直接联系。

第三十一条 支部委员会由党员大会选举产生，基层委员会、总支部委员会由党员大会或党员代表会议选举产生。党员代表由所属支部党员大会选举产生。每届任期三至五年。必要时经上一级地方组织批准，可以提前或延期换届。委员的名额和人选，须报上一级地方组织批准。

支部、总支部、基层委员会由主任委员、副主任委员、委员组成。主任委员、副主任委员由委员会推选。

支部、总支部、基层委员会贯彻民主集中制，实行在主任委员主持下的集体领导与个人分工负责相结合的原则。定期开展活动，健全组织生活。

第三十二条 基层组织的基本任务是：

（一）发扬自我教育优良传统，推动和组织党员学习邓小平理论、“三个代表”重要思想、科学发展观、习近平新时代中国特色社会主义思想，学习和践行社会主义核心价值观，继承和发扬孙中山爱国、革命、不断进步精神，不断提高党员的思想政治素质；

（二）推动和组织党员学习本党章程和历史，遵守章程规定，继承和发扬民革优良传统；

（三）调动党员的积极性、创造性，教育和鼓励党员做好本职工作；积极参加本党各级组织的工作和活动；

（四）维护和执行本党纪律，开展批评与自我批评，教育和监督党员遵纪守法，廉洁奉公；维护党员的合法权益；

（五）反映群众的意见和要求，反映社情民意；

（六）教育党员自觉抵制社会不良倾向，维护社会稳定，坚决同违法犯罪和破坏安定团结局面的行为做斗争；

（七）发现、培养并向上级组织推荐优秀人才；

（八）发展党员，收缴党费，讨论对党员的奖励和处分；

（九）组织党员开展社会服务活动。

第六章　干部

第三十三条　本党各级领导干部是本党的骨干。要按照德才兼备、以德为先的原则选拔和任用干部，建立高素质的干部队伍。

第三十四条　本党各级领导干部，须具备以下条件：

（一）认真学习邓小平理论、“三个代表”重要思想、科学发展观、习近平新时代中国特色社会主义思想，学习和践行社会主义核心价值观；模范履行本党章程，接受组织和党员的监督；

（二）理论联系实际，解放思想，实事求是，与时俱进，开拓创新，注重调查研究，钻研业务，不断提高思想政治素质，提高政治把握能力、参政议政能力、组织领导能力、合作共事能力和解决自身问题能力；

（三）坚持和维护党的民主集中制，作风民主，胸襟宽广，顾全大局，善于团结同志，紧密联系群众；

（四）热爱民革工作，服从组织，遵守政治纪律、政治规矩，信念坚定、为民服务、勤政务实、敢于担当、清正廉洁。

第三十五条　本党重视教育、培训、选拔和考核干部，特别是培养、选拔优秀年轻干部。

第三十六条　本党中央和地方组织的领导班子成员原则上同一职务可连选连任两届，最多不超过三届。

第七章　党的纪律与内部监督

第三十七条　党员必须严格执行和维护本党政治纪律，任何情况下不得有违反或削弱本党政治纪律的行为。

第三十八条　党员如有违反宪法、法律、法规，或违反本党章程和纪律的行为，按情节的轻重，分别给予警告、严重警告、停止或撤销党内职务、留党察看、开除党籍的处分。

留党察看的期限最多不超过两年。党员在留党察看期间，没有表决权、选举权和被选举权。党员经过留党察看，确已改正错误的，应当恢复其党员的权利；坚持错误不改的，应当开除党籍。

第三十九条　对党员的纪律处分，须经支部大会决定，报上一级地方组织批准，并层报中央组织部备案。特殊情况下，中央和省级委员会有权直接决定给党员以纪律处分。开除党籍的处分，须经省级组织批准，报中央常务委员会备案。

对地方各级委员会委员的纪律处分，须经同级委员会或常务委员会决定，层报中央委员会批准。

对中央委员会委员的纪律处分，须经中央常务委员会决定。

以上纪律处分，由所属地方组织书面通知本人及所在工作单位。

第四十条 内部监督是本党对各级组织和党员遵守本党章程，履行参政议政、民主监督职责情况的自我监督。监督的重点是各级领导班子及其成员、各级领导机构成员、民革各级机关担任公职的党员。

中央和省级组织设立监督委员会，在同级委员会的领导下工作，指导下一级内部监督机构的工作。

省辖市级组织可以设立内部监督机构。

第四十一条 中央监督委员会组成人员名单由中央主席会议提出，中央委员会全体会议决定，任期与中央委员会一致。

中央监督委员会成员届中如需调整，由中央主席会议提出，中央委员会全体会议决定。在中央委员会全体会议闭会期间，由中央常务委员会决定，报下一次中央委员会全体会议确认。

第四十二条 省级监督委员会组成人员名单由主任委员会议提出，省级委员会全体会议决定，任期与省级委员会一致。

省级监督委员会成员届中如需调整，由主任委员会议提出，省级委员会全体会议决定。在省级委员会全体会议闭会期间，由省级常务委员会决定，报下一次省级委员会全体会议确认。

省辖市级内部监督机构的设立和职责，参照省级监督委员会的相关规定。

第八章 附 则

第四十三条 本章程自全国代表大会通过之日起生效。

第四十四条 本章程的修改权属于全国代表大会，解释权属于中央委员会。

关于《中国国民党革命委员会章程（修正案）》（草案）的说明

修福金

（2017 年 12 月 20 日）

各位代表：

我受第十二届中央委员会委托，就提请会议审议的《中国国民党革命委员会章程（修正案）》（草案）作如下说明。

现行民革章程，是在 2012 年第十二次全国代表大会上修正通过的。五年来，这一章程在规范和指导民革各级组织和党员全面履行参政党职能、开展组织活动过程中，发挥了积极的作用。过去的五年，我国发生了历史性变革，改革开放和社会主义现代化建设取得了历史性成就，民革在五年的组织运行过程中，面临的一些新情况、新问题，需要在章程中加以明确。特别是中国共产党第十九次全国代表大会的召开，习近平新时代中国特色社会主义思想的提出，需要把中共十九大主要精神写入章程，这些都要求民革第十三次全国代表大会对现行章程进行适当修改。

民革中央高度重视本次章程的修改工作。2016 年 7 月，经中央主席办公会议研究，启动党章修改的前期调研工作。2016 年 12 月，民革第十二届中央常务委员会第十七次会议研究决定，成立由修福金同志为组长，程崇庆、傅惠民、田惠光、邓力平、叶赞平、刘良翠 6 位同志为成员的党章修改工作小组，党章修改工作正式启动。

在本次修改工作过程中，党章修改工作小组广泛征求民革各级组织、专家学者和基层党员的建议，认真听取各方面的意见，并结合有关部门关于各民主党派章程修改的建议，先后进行了多次修改。经中央主席会议、十二届二十一次中常会、十二届六中全会审议通过，形成了提交本次代表大会审定的章程修正案（草案），现提交大会审议。

本次章程修改的原则是，以中共十九大精神为指导，深入学习贯彻习近平新时代中国特色社会主义思想，落实中央统战工作会议精神和《中国共产党统一战线工作条例（试行）》《中共中央关于加强政党协商的实施意见》等中共党内法规和文件要求，总结多党合作和民革工作新经验，完善有关制度和机制，调整有关表述，使章程符合新时代要求，体现参政党特色，为民革加强自身建设，更好履行职能、发挥作用提供遵循。为保持章程的历史延续性，本次章程修正坚持大稳定、小修改原则，即现行章程除必须修改之处外，一般不做改动，可改可不改的不改，能小改的不大改，尚未考虑成熟或条件不具备的问题，暂时不改。

下面对民革章程修正案（草案）的主要修改内容说明如下：

一、关于总纲部分的修改说明

（一）明确写入“中国国民党革命委员会……是中国共产党领导的多党合作和政治协商制度中的中国特色社会主义参政党”。将“中国特色社会主义参政党”这一重要论断，写入民革政治定位。

（二）突出将“坚持中国共产党的领导”与“坚持中国特色社会主义政治发展道路，坚持中国特色社会主义理论体系，坚持中国共产党领导的多党合作和政治协商制度”一起，作为民革的历史经验。

（三）明确写入“以邓小平理论、‘三个代表’重要思想、科学发展观、习近平新时代中国特色社会主义思想为指导”，确立“习近平新时代中国特色社会主义思想”与“邓小平理论、‘三个代表’重要思想、科学发展观”一起，作为民革全党的指导思想。

（四）把“我国正处在全面建成小康社会决胜阶段、中国特色社会主义进入新时代的关键时期”及相关表述和内容，作为制定民革现阶段政治纲领的时代背景和重要依据，增加一段进行阐明。

（五）明确写入以“推进社会主义协商民主广泛、多层、制度化发展”，“把我国建设成为富强民主文明和谐美丽的社会主义现代化强国”，“‘两个一百年’奋斗目标”，“中华民族伟大复兴的中国梦”，作为民革全党的奋斗目标。

（六）将“参加中国共产党领导的政治协商”与“参政议政、民主监督”一起，作为民革的基本职能。

（七）把“五位一体”总体布局、“四个全面”战略布局与“创新、协调、绿色、开放、共享的发展理念”写入“总纲”的有关部分，明确统筹推进“五位一体”总体布局，协调推进“四个全面”战略布局，坚持新发展理念，是民革参政议政的重要任务。

（八）将“牢固树立政治意识、大局意识、核心意识、看齐意识，不断坚定道路自信、理论自信、制度自信、文化自信，坚定维护以习近平同志为核心的中共中央权威和集中统一领导，坚决维护习近平同志的核心地位，贯彻中国特色社会主义基本理论、基本路线、基本方略，加强思想、组织、制度特别是领导班子建设，提高政治把握能力、参政议政能力、组织领导能力、合作共事能力、解决自身问题能力”，作为民革自身建设的重要内容，写入有关自身建设部分。

根据上述内容，对其他章节部分也做了相应的增加和修改。

二、关于其他章节的修改说明

（一）为进一步体现党的纪律和内部监督的重要性，把章程中关于纪律处分和内部监督的条款提炼出来，单设为“第七章　党的纪律与内部监督”。涉及的条款为：原章程第一章第七条、第十条，第二章第十三条，第三章第二十七条，第四章第三十四条。对提炼出来的条款主要做了如下修改：

第三十八条（原章程第七条），增加“党员经过留党察看后，确已改正错误的，应当恢复其党员的权利；坚持错误不改的，应当开除党籍”。

第三十九条（原章程第七条），根据实践需要，借鉴中共党章的有关规定，对党员的纪律处分增加“特殊情况下，中央和省级委员会有权直接决定给党员以纪律处分”，以便更及时、妥善处理党员违纪问题。

第四十条（原章程第十三条），明确中央和省级监督委员会“在同级委员会的领导下工作，指导下一级内部监督机构的工作”。明确“省辖市级组织可以设立内部监督机构”。

第四十一条（原章程第二十七条），在已有中央监督委员会组成人员产生程序的基础上，明确中央监督委员会成员调整程序。“中央监督委员会成员届中如需调整，由中央主席会议提出，中央委员会全体会议决定。在中央委员会全体会议闭会期间，由中央常务委员会决定，报下一次中央委员会全体会议确认”。

第四十二条（原章程第三十四条），明确省级监督委员会成员产生及调整程序。“省级监督委员会组成人员名单由主任委员会议提出，省级委员会全体会议决定，任期与省级委员会一致。省级监督委员会成员届中如需调整，由主任委员会议提出，省级委员会全体会议决定。在省级委员会全体会议闭会期间，由省级常务委员会决定，报下一次省级委员会全体会议确认。”

明确“省辖市级内部监督机构的设立和职责，参照省级监督委员会的相关规定”。

（二）第二章第十五条（原章程第十八条），明确发展党员要“把政治标准放在首位”。

（三）第三章第十九条（原章程第二十二条），第（五）项“在全国代表大会授权下，调整和增选中央委员会委员”，根据实践情况和工作需要，修改为“在全国代表大会闭会期间，调整和增选中央委员会委员”。地方各级委员会职权也相应进行修改，涉及的条款为第四章第二十六条（原章程第三十条），增加“（五）在同级代表大会闭会期间，调整和增选同级委员会委员”。

（四）第三章第二十条（原章程第二十三条），根据中央常务委员会实际工作需要，增加“中央委员会主席可以委托副主席主持会议”。

（五）第四章第二十六条（原章程第三十条），地方各级委员会职权增加“审议同级监督委员会（或内部监督机构）的报告”。

（六）第四章第二十九条（原章程第三十三条），明确秘书长、专门委员会和职能部门的正职负责人的任命程序，增加“副秘书长、专门委员会和职能部门的副职负责人由主任委员会议任命”。

（七）第五章第三十一条（原章程第三十六条），考虑到有些总支和基层委员会规模较大，召开党员大会有很大难度，因此将“支部、总支部、基层委员会由党员大会选举产生”改为“支部委员会由党员大会选举产生，基层委员会、总支部委员会由党员大会或党员代表会议选举产生。党员代表由所属支部党员大会选举产生”。

（八）第五章第三十二条（原章程第三十七条），基层组织的基本任务增加“（九）组织党员开展社会服务活动”。

（九）第六章第三十三条（原章程第三十八条），干部选拔和任用原则增加“以德为先”原则，修改后为“要按照德才兼备、以德为先的原则选拔和任用干部”。

（十）第六章第三十四条（原章程第三十九条），第（四）项改为“热爱民革工作，服从组织，遵守政治纪律、政治规矩，信念坚定、为民服务、勤政务实、敢于担当、清正廉洁”。

（十一）第六章第三十六条（原章程第四十一条），明确任期制不包括基层组织领导班子成员。将原表述改为“本党中央和地方组织的领导班子成员原则上同一职务可连选连任两届，最多不超过三届”。

三、党章有关文字表述的修改

为使党章用语更加准确和规范，对部分文字及标点进行了修改，如第三章第二十二条、二十三条（原章程第二十五条、二十六条）“主席会议”，改为“中央主席会议”；第四章第二十五条（原章程第二十九条）第（二）项“讨论并决定同级委员会的重要事项”，改为“决定同级委员会的重大事项”；第四章第二十六条（原章程第三十条）地方委员会职权，“同级组织常务委员会”，改为“同级常务委员会”。

原章程为四十三条，修改章程增加了一条，修改后的章程为四十四条。

以上是对民革章程修改的主要原则、重点内容和有关情况的说明，请审议。

在民革十二届十八次中常会上的讲话

万鄂湘

（2017 年 3 月 9 日）

同志们：

这次中常会的主要议题是学习贯彻全国两会精神，进一步明确今年的各项工作任务。2016 年是中华民族伟大复兴征程中十分重要的一年，在以习近平同志为核心的中共中央坚强领导下，经济社会持续健康发展，“十三五”实现良好开局，全国人大、全国政协各项工作取得新进展、新成就。刚才同志们结合两会精神谈了自己的体会，并原则通过了常委会决议，在认识上取得了一致，为我们做好今年工作提供了重要保证。下面，我谈几点意见，供大家参考。

一、深入学习贯彻全国两会精神

今年两会，是在全面实施“十三五”规划重要之年和推进供给侧结构性改革深化之年召开的重要会议。习近平总书记与代表委员共商国是，从党和国家大局发展高度，提出了一系列新论断、新论述、新部署。习近平总书记在看望民进、农工党、九三学社全国政协委员时发表重要讲话，充分肯定了知识分子的特殊作用、责任担当和历史贡献，对广大知识分子更好地报效祖国、服务人民寄予殷切期望，展现了“聚天下英才而用之”的博大胸襟和战略远见，为民主党派知识分子更好地投身中国特色社会主义伟大实践吹响了集结号，并对民主党派换届工作做出重要指示，充分体现了对统一战线和多党合作事业的高度重视。李克强总理所做的政府工作报告、张德江委员长所做的全国人大常委会工作报告和俞正声主席所做的全国政协常委会工作报告，全面科学总结了 2016 年的工作，对 2017 年工作的目标、任务和要求做出了全面部署。这次会议进一步增强了全国各族人民在以习近平同志为核心的中共中央领导下团结奋斗的信心和力量，对民革进一步做好今后各项工作具有重要指导意义。

在今年政协大会上，民革中央共提交 10 篇大会发言、33 篇提案，这些成果凝聚了民革各级组织和广大党员的集体智慧。民革参加两会的代表委员，以高度的政治责任感和强烈的代表委员意识，严肃会风会纪，认真履行职责，展现了民革的良好风采。民革各级组织和广大党员要认真学习贯彻会议精神和习近平总书记系列重要讲话精神，把思想和行动凝聚到中共中央的决策部署上来，凝聚到服务“十三五”发展上来，全面做好今年的各项工作，为完成全国两会提出的目标任务做出应有贡献。

二、认真做好今年的几项重点工作

民革全党要全面贯彻中共十八大和十八届三中、四中、五中、六中全会精神，深入贯彻习近平总书记系列重要讲话精神和治国理政新理念新思想新部署，坚决维护以习近平同志为核心的中共中央权威，牢固树立政治意识、大局意识、核心意识、看齐意识，紧紧围绕统筹推进“五位一体”总体布局和协调推进“四个全面”战略布局，坚持稳中求进工作总基调，贯彻落实新发展理念，扎实做好以下几项工作，以优异成绩迎接中共十九大和民革十三大的胜利召开。

一是加强思想建设，积极为中共十九大召开营造良好氛围。民革各级组织要深入开展“不忘合作初心，继续携手前进”主题教育活动，引导广大党员坚持中国共产党的领导，增强“四个意识”，坚定“四个自信”。民革各级领导干部要做出表率，深入基层推动各级组织开展主题教育活动。民革党员一定要自觉承担起作为中国特色社会主义事业亲历者、实践者、维护者、捍卫者的政治责任，增强政治鉴别力和政治敏锐性，自觉抵制西方意识形态的影响和渗透，对一些社会热点问题要做出客观理性的解读，积极正面发声。两会之前民革中央正式开通微信公众号，就是要宣传多党合作的优越性，积极传播正能量，民革各级组织要做好宣传推广和供稿工作，做到“动动手指宣传民革”。要进一步提高信息化工作水平，按照《民革中央信息化建设规划（2017—2021年》，加强信息化基础设施建设，优化信息化应用服务，确保网络信息安全。

二是做好省级组织和中央领导机构换届工作。民革各级领导和全体同志一定要深入贯彻习近平总书记在全国政协联组讨论上的重要讲话精神，深刻认识这次换届工作的重要性，搞好政治交接，努力换出新干劲、换出新气象。要积极贯彻有关换届文件精神，增强责任感、使命感和组织观念，营造风清气正的政治生态，确保省级组织和中央领导机构换届工作圆满成功。1月，民革中央召开了高校及科研机构民革党员代表座谈会，从了解到的情况来看，目前高校及科研机构民革基层组织发展平稳，但也还存在一些问题。民革各级组织要深入贯彻习近平总书记关于知识分子的重要讲话精神，针对新形势下知识分子的特点，更加细致地做好高校、科研机构以及律师民革党员的工作，不断创新工作方法，约束和激励党员积极履行职责，自觉把个人价值实现同国家和民族发展紧紧联系起来，发挥好知识层次高、社会联系面广、影响大的特点。

三是切实增强参政议政工作实效。今年的参政议政工作可谓“开门红”，专题调研报告相继得到中央领导同志的批示。其中，《关于设立“一带一路”国际争端解决中心的建议》得到习近平、李克强、俞正声、张高丽、汪洋、杨洁篪等领导同志的重要批示，《关于规范人大代表反映司法案件的建议》得到张德江、俞正声等领导同志的重要批示，《关于发展城市群城际铁路的调研报告》得到张高丽、马凯等领导同志的重要批示。民革中央今年确定的重点调研课题，也得到了中央领导同志的高度认可和肯定。春节一过，我和齐续春同志就环渤海地区水域治理与保护问题，分别带队到天津、山东、辽宁、河北开展调研，得到国家环保部、海洋局等部委的大力支持。中共中央、国务院高度重视生态文明建设和环境保护工作，水资源作为生态系统中不可缺少的要素，与老百姓的生活、国家的发展息息相关。下一步，民革各级组织要积极行动起来，持续关注水资源利用与保护问题，围绕渤海、黄海、东海、南海、长江、黄河、洞庭湖、鄱阳湖、太湖、滇池等水域以及地下水的保护利用问题开展调研，按照流域特点，因地制宜，形成参政议政合力，为解决我国水资源供需矛盾、推动经济社会可持续发展做出积极贡献。两会以后，民革中央将要开展“一带一路”西北发展战略调研，此次调研是中央统战部组织的“大调研”，相关地区要高度重视，按照中央部署做好前期准备工作。希望民革全党上下一盘棋，贯彻落实好《民革中央关于切实做好2017年参政议政工作的意见》，聚焦中央确定的重点课题，找准切入点，扎实开展调查研究。

四是务实开展脱贫攻坚民主监督工作。脱贫攻坚民主监督工作是中共中央赋予各民主党派的一项新任务，习近平总书记对这项工作高度重视。民革对口贵州省开展脱贫攻坚民主监督工作以来，积极探索、认真调研，形成了“领导小组＋工作小组+2个定点扶贫地区+6个调研组”的“1126”工作模式。针对工作中发现的问题和困难，民革中央向中共中央、国务院提出了意见建议，得到习近平、李克强、俞正声、汪洋等领导同志的重要批示，给予我们极大肯定和鼓舞。下一阶段工作要按照《民革中央开展脱贫攻坚民主监督工作方案》，切实提升工作实效，帮助解决中央最关注和地方最迫切需要解决的实际困难和问题。中央统战部计划今年在有脱贫攻坚任务的22个省区开展脱贫攻坚民主监督工作，相关民革省级组织要早做准备，积极借鉴民革中央工作经验，结合各地实际有效开展工作，为打赢脱贫攻坚战做出新的贡献。

五是为促进祖国和平统一贡献力量。2017年两岸关系和台海局势更加复杂严峻，我们要坚决贯彻中共中央对台工作大政方针，深入贯彻习近平总书记对台工作重要思想，坚持一个中国原则，维护“九二共识”共同政治基础，坚决反对“台独”分裂活动。要密切关注两岸关系和平发展进程中的新情况新问题，拓宽涉台参政议政工作战略视野，突出精品意识，提出诤言良策，促进两岸经济社会融合发展。要不断做好争取台湾民心工作，巩固与岛内泛蓝阵营的传统交往，深化对台青年工作，继续做好台湾青年来大陆实习、就业工作，加大对台湾贫困青年群体的关注力度。

两会闭幕后，民革各级组织要围绕会议精神、结合民革实际，引导广大党员更加紧密地团结在以习近平同志为核心的中共中央周围，坚定信心、奋发进取、扎实工作，不断为实现“两个一百年”奋斗目标、实现中华民族伟大复兴的中国梦做出新贡献！

在民革十二届十九次中常会上的讲话

万鄂湘

（2017年7月14日）

各位常委、同志们：

这次中常会主要议题是：总结民革省级组织换届工作，研究安排中央换届工作。下面，我向常委会通报一下民革省级组织换届工作的基本情况，并就下一阶段做好中央领导机构换届工作等重点工作谈几点意见。

一、省级组织换届工作平稳顺利，新一届领导班子结构进一步优化

全国两会以来，民革省级组织积极开展换届工作，取得了圆满成功。这次省级组织换届时间紧、任务重，在各省中共党委的正确领导和统战部的大力支持下，在民革各级组织和广大党员的共同努力下，换届工作进展顺利。截至目前，已有26个省级组织召开了代表大会，选举产生了新一届委员会和领导班子，顺利完成了换届工作。还有4个省级组织换届安排在这次常委会后进行。在整个换届工作中，各省级组织严格按照民革中央下发的换届文件精神做好各项工作，代表大会都取得了圆满成功。监督委员会积极履行职责，各省代表大会都有一名中央监督委员会委员全程出席会议，与省级监督委员会共同对代表大会关键环节进行监督，换届氛围风清气正，没有发现一起非组织行为。

已换届的26个省级组织领导班子成员绝大多数都是高票或全票当选，一批高学历、高层次、高素质的年轻同志走上领导岗位。加上届中调整当选的2位主委，目前共有13位同志新进入主委岗位。26位主委平均年龄55.7岁，具有研究生学历21人，具有高级职称20人，在国务院部委任职1人，担任副省长1人，在政府部门任厅级以上职务9人，在高校、科研院所任厅级以上领导职务5人，在社会团体任职2人，在省级人大、政协机关任职6人，在民革省委会任职2人。169位副主委平均年龄52.6岁，具有研究生学历111人，具有高级职称107人，在政府、政府部门和司法机关任职51人，在高校、科研院所任职37人，在国有企业任职4人，在社会团体中任职7人，在省级人大、政协机关任职27人。23省任命了秘书长，其中1省秘书长由专职副主委兼任。选举产生的新一届委员会有委员1518人，平均年龄50.1岁；常委568人，平均年龄52.2岁。

通过以上数据可以看出，新一届领导班子知识层次进一步提高，总体结构更加合理。很多同志在本职工作岗位上担任重要的领导职务，工作成绩突出，参政议政能力强。这些都为民革省级组织更好地围绕民革中央和地方党委中心工作，履行好参政党职能打下了良好基础。我相信，民革各省级组织在总结上一届工作的基础上，在新领导班子的带领下，一定会开创民革工作的新局面。

在去年以来的届中调整和这次换届之后，共有13位同志离开了主委的岗位。这些同志在担任主委期间，坚持中国共产党领导的多党合作和政治协商制度，坚持中国特色社会主义政治发展道路，坚持民革多年来形成的优良传统，为推动民革加强自身建设和积极发挥参政党作用，做了大量卓有成效的工作，非常值得我们尊敬和学习。这次换届当中还有一些同志因到届或到龄原因而离任；同时，我们也注意到，有的同志虽未到届、也未到龄，但从民革事业长远考虑，主动提出退出领导岗位。这些同志正确对待个人进退，自觉服从组织安排，为民革事业的可持续发展尽心竭力，为顺利换届做出了重要贡献。在此，我代表民革中央，对所有光荣离任的同志致以诚挚的感谢和崇高的敬意！

换届既是一个重要节点，也是一个新的起点。本次省级组织换届工作总体上取得了圆满成功，但也存在一些值得注意的问题。比如，高层次人才还不够多，后备干部队伍建设相对滞后等。这就要求省级组织新一届领导班子不断提高自身建设的能力和水平，进一步提升民革的凝聚力和战斗力。在此，我向大家提三点希望：

一是旗帜鲜明讲政治。新时期的民主党派领导班子必须要有坚定的政治信念，最根本的就是毫不动摇地拥护中国共产党的领导，维护以习近平同志为核心的中共中央权威，增强“四个意识”，坚定“四个自信”，始终在思想上政治上行动上同以习近平同志为核心的中共中央保持高度一致。要深入学习贯彻习近平总书记系列重要讲话精神和治国理政新理念新思想新战略，准确把握中国特色社会主义参政党的政治定位，进一步夯实共同思想政治基础，坚定站稳政治立场。要积极主动与统战部保持密切沟通联系，争取统战部对我们工作的指导、支持和帮助。只有领导班子的思想政治素质提高了，才能带领民革党员沿着正确的政治方向，更好地发挥参政党作用。要在“党管干部”原则的基础上，把依靠中共的领导与发挥民革自身的积极性结合起来，通过各种有效途径加强后备干部队伍建设，为领导班子建设以及向人大、政府、政协等输送干部做好充分的、合格的人才储备。

二是团结一心顾大局。我们常讲团结就是力量，团结出凝聚力、出战斗力，也出好干部。团结是班子建设的重要问题，主委作为“班长”要负主要责任，树立良好工作作风，起到表率作用，善于抓方向、议大事、管全局，善于团结各方面同志包括与不同意见的同志一道工作，善于充分调动班子成员的积极性、主动性和创造性。在一个班子共事，是一种缘分，更是一种责任。领导班子成员都要像爱护自己眼睛一样维护团结，大事讲原则，小事讲风格，形成心往一处想、劲往一处使的强大合力。

三是奋发进取干事业。民革各省领导班子要尽快进入角色、投入工作，提高政治把握能力、参政议政能力、组织领导能力、合作共事能力和解决自身问题能力。要继承和发扬上一届领导班子在工作中形成的好传统、好经验、好做法，深入做好政治交接，整合各种资源，在积极履行参政党职能的实践中积累经验、增长才干、有所作为。要进一步增强责任感和使命感，视事业如泰山，以“只争朝夕”的精神，尽职尽责，积极作为。要树立“无功就是过”的观念，勇挑重担，勇于实践，团结和带领广大民革党员投身经济社会发展的浪潮，在多党合作事业的征途上不忘初心、砥砺前行。

二、认真总结省级组织换届工作经验，进一步加强民革自身建设

这次省级组织换届的圆满成功，很好地检验了省级组织在加强自身建设方面所取得的成果，充分展现了省级组织的领导协调能力，也充分体现了广大党员顾大局的政治素质。认真总结省级组织换届中的好做法、好经验，有利于推动省级组织今后的各项工作，同时对中央领导机构换届工作也能起到很好的促进作用。民革中央对省级组织换届工作经验进行了初步总结，归纳起来主要有以下五个方面：

一是深化政治交接，凝聚思想共识。五年来，民革中央和省级组织大力加强自身建设，以政治交接为主线，持续深入开展坚持和发展中国特色社会主义学习实践活动，将思想教育工作贯穿换届工作始终，不断夯实共同思想政治基础。省级组织通过开展内容丰富、形式多样的学习实践活动，全面提升自身素质，为换届成功提供了思想上、政治上的基础和保障。

二是指导思想明确，确保组织有序。民革中央对省级组织换届工作进行了认真研究部署，下发了《中国国民党革命委员会中央委员会关于省级组织换届若干问题的决定》。

省级组织认真贯彻民革中央换届文件精神，加强对换届工作的组织领导，确保了换届工作始终按照制度化、规范化、程序化的要求进行。

三是发扬民主作风，充分酝酿人事。民革中央和省级组织坚持“党管干部”原则，依靠中共党委和统战部的帮助指导，充分做好换届人选的测评、推荐与考察工作。省级组织坚持民主集中制原则，认真做好民主推荐、征求意见等各环节工作，树立了正确的用人导向，增强了干部选拔任用工作的科学性和民主性，营造了和谐稳定的换届工作氛围。

四是严格换届程序，规范换届流程。本次换届工作更加强调原则性、程序性、规范性，民革中央制定了严格规范的换届工作文件和流程模板，明确涉及人事和选举工作的具体程序和做法，并加强审核。省级组织按照民革中央的统一要求，结合实际情况设计换届流程，代表大会期间认真履行程序，保证代表大会的严肃性和规范性。

五是严肃换届纪律，发挥监督作用。民革中央下发了《民革中央关于严肃换届纪律加强换届工作监督的通知》《民革监督委员会监督省级组织换届工作办法》，中央监督委员会首次派员参加省级代表大会，与省级监督委员会一起对换届过程中的关键环节进行监督。省级组织严格执行民革中央有关换届纪律要求，以高度的政治责任感和“零容忍”的态度坚决正风肃纪，确保换届工作健康有序顺利进行。

本次省级组织换届工作还有许多经验值得认真总结，在座的各位常委、主委都是换届工作的具体组织者和参与者，对做好换届工作有许多切身体会。希望大家在讨论中结合本省实际畅所欲言，以便我们进一步总结好换届经验。

三、以中央领导机构换届为中心，扎实做好民革下一阶段工作

随着地方组织换届工作的圆满完成，我们将在年底召开民革第十三次全国代表大会，进行中央领导机构换届。换届工作是一个系统工程，民革全党一定要在思想上高度重视，在组织上精心安排，明确任务、各负其责。要处理好中央领导机构换届工作和其他工作的关系，以换届工作为中心部署安排工作，统筹兼顾，互相促进，使换届工作和日常工作有条不紊地顺利进行。

（一）统一思想，明确责任，做好中央领导机构换届工作。

这次中央领导机构换届正值民革成立 70 周年，我们要通过换届，进一步统一思想，形成共识，整合力量，努力开创民革事业新局面。下面，我就做好中央领导机构换届工作谈三点意见：

一是充分认识中央领导机构换届的重要性。中央领导机构是民革全党的组织核心，选配好中央领导班子，顺利完成换届，实现政治交接，是民革加强自身建设的一个重要方面，直接关系到中国共产党领导的多党合作和政治协商制度的长期存在和发展。我们要通过换届，在中央领导机构中充实一批德才兼备的代表人士，保证多党合作事业和民革事业后继有人，带领民革全党更好地履行参政党职能。

二是认真做好中央领导机构换届筹备工作。换届工作是系统性工作，要把握工作进度，制定工作计划和方案，周详考虑每一个环节和应对预案。要认真组织筹备代表大会，做好工作报告起草、《民革章程》修改以及人事、宣传、会务等各项筹备工作，确保换届

工作有条不紊地进行。各省级组织要配合中央换届，与当地统战部充分沟通，做好中央委员初步人选的推荐工作，在7月20日前将中央委员人选名单上报中央研究。

三是确保中央领导机构换届工作风清气正。近年来，中共中央通报了辽宁拉票贿选案等严重违反党纪国法、严重违反组织纪律和换届纪律的重大案件。对这些案件进行坚决果断的处理，反映了中共中央从严治党、严肃组织纪律和换届纪律的坚定意志。我们一定要引以为戒，把纪律和规矩挺在前面，加强对代表的教育和警示，坚决抵制和严厉查处各类不正常现象和非组织活动，以“零容忍”的态度、严肃认真的纪律、规范严谨的程序做好换届工作。民革中央监督委员会要充分发挥在换届工作中的重要作用，及时发现并妥善处理好换届工作中的苗头性、倾向性问题，提升监督实效。

（二）加强思想建设，积极为中共十九大胜利召开营造良好氛围。

今年我国有很多重大的节点，“一带一路”国际合作高峰论坛，香港回归二十周年，特别是还将召开中共十九大，都是全世界关注的重要活动。当前，国际国内形势总体来说十分有利，我国经济平稳健康发展，但意识形态领域斗争仍然复杂。民革全党必须认清形势、把握方向，坚定不移拥护中国共产党的领导，坚定不移走中国特色社会主义道路，坚定不移推动多党合作事业向前发展。

一是深入开展“不忘合作初心，继续携手前进”主题教育活动。不忘初心，方得始终。今年以来，民革中央把开展“不忘合作初心，继续携手前进”主题教育活动作为坚持和发展中国特色社会主义学习实践活动重要内容和载体。为了保证主题教育活动扎实有效，真正“入耳、入脑、入心、入行”，民革中央选择以民革优良传统巡回讲座为抓手，已先后在北京、广东、湖南、河北、福建举办了五场。民革中央领导同志亲自带头讲课，在党员中引发了热议，刮起了一阵“学习风”。目前，民革各级组织开展了报告会、培训班、知识竞赛等形式多样的学习活动，广大党员乐于参与，学习教育持续深入。下一步，民革各级组织要建立健全长效机制，不断探索创新学习的方法、形式，增强主题教育活动的吸引力和持久性，引导广大党员继承和发扬民革坚持中国共产党领导、与中国共产党亲密合作的优良传统。

二是加强网络宣传和舆论引导工作。互联网是意识形态领域斗争的主战场，民革各级组织主动适应新环境，努力尝试通过新媒体开展新闻宣传工作，讲述民革好故事，宣传多党合作的优越性。民革中央微信公众号自今年3月开通以来，得到了广大党员和社会各界的热烈反响，订阅数、单篇点击量、同类媒介排行等方面均表现良好。团结报微信公众号、民革地方组织的微信公众号也充分发挥“弘扬主旋律、传播正能量”的作用，取得了很好的宣传效果。下一步，民革各级组织要进一步提高网络安全意识，加强自我监督，发布信息应确保政治正确、弘扬社会正气，杜绝虚假新闻、违规转载、违规直播或“标题党”等行为。

（三）继续发挥优势，务实开展脱贫攻坚民主监督工作。

开展脱贫攻坚民主监督，是民主党派履行民主监督职责的新抓手、新领域、新任务。上半年，民革中央联合上海、江苏、浙江、广东、湖北、四川和贵州地方组织组成8个调研组，根据贵州省对口市州脱贫攻坚工作总体情况和阶段性规划目标，每个调研组选取2至3个上一年度实现“摘帽”的贫困村和本年度计划“摘帽”的贫困村作为日常调研点，开展深入调研，研究重点难点问题，提出意见建议。7月初，民革中央在贵州毕节召开了脱贫攻坚民主监督工作交流会，总结交流各组工作的成果和经验，进一步梳理工作思路、完善工作模式。同期还召集全国有脱贫攻坚任务的22个省份民革组织进行经验交流，做好脱贫攻坚民主监督工作的规范引导和经验推广。

经过一年来的实践，我们对脱贫攻坚民主监督工作有了更深的认识和理解，采取的一些做法也切实可行、行之有效。我们要清醒地认识到这项任务会越来越艰巨，进一步创新工作办法，整合各方面力量，助推贵州省打赢脱贫攻坚战。

一是深入贯彻“寓监督于帮扶之中，寓帮扶于监督之中”的工作思路。把脱贫攻坚民主监督与参政议政、社会服务相结合，在深入调研、掌握实情的基础上，帮助地方党委政府在产业扶贫、教育扶贫、精神扶贫等方面出主意、想办法。发扬统一战线帮扶贵州毕节、黔西南等地的光荣传统，把合作和支持贯穿在脱贫攻坚民主监督工作的始终，对监督工作中发现的具体困难和问题，要及时提出有关建议，并力所能及地给予实际支持。5月7日，在民革中央支持下，贵州省扶贫办在北京召开了产业扶贫项目推介会，取得了良好的效果。今年，民革中央还将纳雍县昆寨乡民族中学作为援建和帮扶学校，中山博爱基金会捐赠400万元用于改扩建工程，学校计划于9月1日建成并投入使用。

二是在重视物质脱贫的同时，高度重视精神脱贫问题。关爱支持贫困地区少年儿童特别是留守儿童的健康成长，是民革中央今年开展的一项重点工作。由于父母外出打工，贵州省很多乡村留守儿童与父母长期分离，身心健康成长受到严重影响。民革中央将于7月、8月举办两期中山博爱夏令营活动，希望各省市民革组织积极参与该项活动，帮助留守儿童开拓视野、增长见识、树立乐观向上的人生态度。

（四）扎实开展调研，不断增强参政议政工作实效。

今年上半年参政议政工作可谓形势喜人。民革中央开展了“环渤海水域治理和保护”“康养产业发展”“‘一带一路’西北发展战略”“提升农产品质量”“滇池保护治理工作”等十多项专题调研，通过“直通车”向中共中央、国务院报送了12篇书面建议，共得到中共中央、国务院领导同志批示59次。其中，中共中央政治局常委批示38次，包括习近平总书记批示5次（《关于设立“一带一路”国际争端解决中心的建议》《关于脱贫攻坚民主监督中发现的问题的建议》《关于加强环渤海地区水域治理与保护的建议》《关于尽快完成香港基本法第23条有关国家安全立法的建议》《关于确立“一带一路”西北发展战略的建议》)，李克强总理批示8次，张德江委员长批示5次，俞正声主席批示6次，刘云山书记批示2次，张高丽副总理批示12次。民革中央参与主办了全国政协“水污染防治法修订”双周协商座谈会，郑心穗、温香彩、杨天怡、施中岩、程萍、陈星莺6位民革党员应邀参加座谈会并发言。

上次中常会上，我曾强调民革全党要上下一盘棋，聚焦中央确定的重点课题，找准切入点，扎实开展调查研究。4月，民革中央就“‘一带一路’西北发展战略”开展重点考察调研，陕西、甘肃、宁夏、青海、新疆、内蒙古六省区民革组织按照民革中央统一部署，在当地开展了预调研，为民革中央的调研做出了积极贡献。民革中央报送的《关于确立“一带一路”西北发展战略的建议》，得到习近平、李克强、张德江、俞正声、刘云山、张高丽、孙春兰等领导同志重要批示。目前，“一带一路”领导小组办公室、国家发改委、商务部、交通运输部等部委，正按照领导同志批示精神，研究民革中央的意见建议。下一步，民革各级组织要继续深入贯彻“举全党之力抓参政议政”的指导思想，高度重视参政议政工作。

一是落实好《民革中央关于切实做好2017年参政议政工作的意见》。紧紧围绕“五位一体”总体布局和“四个全面”战略布局，扎实开展调研，积极建言献策。按照“发挥优势，‘联结’特色，找准切入点，打造新亮点”的工作思路，进一步加强上下联动、左右互动，不断探索新形势下参政议政的新方法和新途径。

二是持之以恒做好反映社情民意信息工作。坚持“领导抓、层层抓、抓基层”的工作方法，各级领导干部要起表率作用，适时以个人名义报送信息。各级组织要加强信息工作的调研、采集、编辑和整合，做到文字顺、情况准、分析透、建议实，提高信息采用率，切实让小信息发挥大作用。

（五）坚持“九二共识”，为促进祖国和平统一贡献力量。

去年以来，民进党当局拒不接受“九二共识”，不认同两岸同属一中，破坏了两岸关系和平发展的政治基础。尽管两岸关系遭遇严重冲击，面临新的风险和挑战，但中共中央高瞻远瞩，本着“两岸一家亲”的理念，积极推进两岸民间交流合作，深化两岸经济社会融合发展。民革中央深入领会习近平总书记对台工作重要思想，坚决贯彻落实中共中央对台工作大政方针，不断探索新形势下争取台湾民心工作的新内容、新方法。

6月下旬，民革中央和水利部在福建省龙岩市联合主办“第九届海峡论坛・两岸乡村农田水利建设交流会”，来自两岸的专家学者、各界嘉宾以及农田水利建设一线的基层民众、台湾青年等200余人齐聚一堂。从2012年到现在，经过6届的积淀，两岸乡村农田水利建设交流会更加成熟和务实，成为国台办确保和重点支持的交流项目。民革中央还以《团仔圆妞》为媒介，促进两岸青少年交流与情感融合，推动两岸文化交流与文化产业合作。目前，《团仔圆妞》大型音乐儿童剧已获得国家艺术基金支持，将在多个省市巡演近百场，儿童故事绘本也已正式出版发行。

面对新的台海局势，民革全党一定要旗帜鲜明地坚持“九二共识”，坚决反对“台独”，巩固与岛内泛蓝阵营的传统交往，不断深化对台青年和基层民众工作，不断做好涉台参政议政工作，不断推动两岸关系和平发展。

同志们，人事有代谢，薪火永相传。民革各级组织和广大党员要以换届为契机，深化政治交接，更加紧密地团结在以习近平同志为核心的中共中央周围，牢固树立政治意识、大局意识、核心意识、看齐意识，不忘合作初心、继续携手前进，全面加强自身建设，积极履行参政党职能，以优异成绩迎接中共十九大和民革十三大的胜利召开！

在民革十二届二十次中常会上的讲话

万鄂湘

（2017年10月31日）

各位常委、同志们：

这次常委会的主要议题是学习贯彻中共十九大精神。刚才同志们谈了自己的体会，通过了常委会决定。下面，我谈两点意见。

一、把学习领会贯彻中共十九大精神放在最紧要位置

中共十九大是在全面建成小康社会决胜阶段、中国特色社会主义进入新时代的关键时期召开的一次十分重要的大会，在中国共产党和国家发展进程中具有划时代的里程碑意义。习近平同志代表中共十八届中央委员会所做的报告，高举中国特色社会主义伟大旗帜，总结了中共十八大以来执政党和国家事业的历史性变革，做出了中国特色社会主义进入了新时代等重大政治论断，确立了习近平新时代中国特色社会主义思想的历史地位，明确提出了新时代坚持和发展中国特色社会主义的基本方略，深刻回答了一系列重大理论和实践问题，对决胜全面建成小康社会、开启全面建设社会主义现代化国家新征程做出了全面部署，是一个举旗帜、指方向、明方略、绘蓝图的好报告，是一篇光辉的马克思主义纲领性文献。中共十九届一中全会选举产生了新一届中央领导集体，习近平同志继续担任中共中央总书记、中央军委主席，充分体现了全体共产党员和全国人民的共同心愿。同志们要深刻认识这次大会的重大意义，坚决拥护以习近平同志为核心的新一届中共中央领导集体。

当前，摆在民革全党面前的首要政治任务，就是学习贯彻中共十九大精神，把思想和行动统一到大会精神上来，把智慧和力量凝聚到落实大会确定的目标任务上来。民革中央要结合实际做出专题部署，提出具体要求，着力抓好落实，迅速掀起学习宣传贯彻中共十九大精神的热潮，把学习宣传贯彻中共十九大精神不断引向深入。民革各级组织要充分利用各种宣传形式和教育手段，结合开展“不忘合作初心，继续携手前进”主题教育活动，教育引导党员干部，全面准确学习领会中共十九大精神，要原原本本学，全面系统学，在学懂、弄通、做实上下功夫，更加自觉地用习近平新时代中国特色社会主义思想武装头脑、指导实践、推动工作。

（一）始终坚持中国共产党的领导是学习贯彻中共十九大精神的核心要义。

中华民族能够实现从站起来、富起来到强起来的历史性飞跃，根本在于中国共产党的领导。事实证明，以习近平同志为核心的中共中央的坚强领导，是我们取得历史性成就的根本原因，也是我们继续开创美好未来的根本保证。坚定不移地接受中国共产党领

导，是民革在与中国共产党风雨同舟、患难与共的历程中取得的最基本的、最重要的政治共识，是民革奉行不变的初心，也是民革优良传统核心的核心。民革全党同志要进一步增强政治意识、大局意识、核心意识、看齐意识，不断坚定道路自信、理论自信、制度自信、文化自信，始终在思想上政治上行动上同以习近平同志为核心的中共中央保持高度一致，坚决维护中共中央权威，坚决服从中共中央集中统一领导，确保政治信念和政治方向不变，确保与中国共产党的深厚感情不变，确保多党合作事业薪火永续。

（二）深入领会习近平新时代中国特色社会主义思想是学习贯彻中共十九大精神的重中之重。

五年来，执政党和国家事业发生的历史性变革、取得的历史性成就，彰显出中国特色社会主义道路的优越性和生命力，也让我们更加坚定了一种信念：中国特色社会主义是当代中国发展进步的根本方向，只有中国特色社会主义才能发展中国。习近平新时代中国特色社会主义思想不仅指引中国特色社会主义道路、理论、制度、文化不断发展，而且为发展中国家走向现代化强国提供了路径启示，为解决人类问题贡献了中国智慧和中国方案。作为多党合作的共同思想政治基础，习近平新时代中国特色社会主义思想也是民革当然的指导思想和行动指南。同志们要以此为指引，更好地把科学理论转化为推动经济社会发展的生动实践，转化为落实中共十九大部署的思想共识和行动自觉。

（三）不断提升参政党履职能力是学习贯彻中共十九大精神的实践要求。

民革全党要学习领会新时代坚持和发展中国特色社会主义基本方略的内涵，大力加强参政议政能力建设，要紧扣人民群众对美好生活的向往，结合民革参政议政三大重点领域，就建设现代化经济体系、深化依法治国实践、提高保障和改善民生水平、加强和创新社会治理、建设美丽中国等具体任务，深入开展调查研究，建诤言、献良策。要以时不我待、只争朝夕的精神投身脱贫攻坚大决战，扎实做好脱贫攻坚民主监督，为协助对口省份打赢脱贫攻坚战问诊把脉、出谋划策，向中共中央和贵州人民交出圆满答卷。要明确未来对台工作的重点，坚持一个中国原则，秉承“两岸一家亲”的理念，反对任何形式的“台独”分裂图谋，团结台湾同胞共同弘扬中华文化，为推动两岸关系和平发展、推进祖国和平统一进程做出新贡献。

二、以高度的政治责任感和历史使命感开好民革十三大

同志们，民革十三大是在中国特色社会主义进入新时代的历史节点上召开的一次重要会议。在中共中央的坚强领导和中央统战部的指导下，经过民革全党的共同努力，民革十三大暨民革成立70周年纪念大会各项筹备工作已基本就绪，即将开幕。这次会议将以贯彻落实中共十九大精神为主线，在习近平新时代中国特色社会主义思想指导下，认真总结民革中央本届各项工作，科学部署未来五年工作。民革全党一定要统一思想、提高认识，讲大局、讲团结、讲纪律，把会议开成一个凝心聚力、团结奋进的大会。

各代表团要在大会主席团领导下，教育引导代表强化组织观念和纪律意识，组织各位代表以饱满的政治热情参与大会各项议程，使会议成果充分体现中共十九大精神，更加切合民革实际，真正反映全体党员的共同意愿，确保换届工作顺利完成。大会秘书处和各有关方面要以高度负责的精神，坚持高标准、严要求，相互配合、通力协作，狠抓

任务落实，确保优质高效做好大会筹备和组织服务工作。这是对民革组织凝聚力、战斗力的一次集中检验。我相信，在大家的共同努力下，大会一定会取得圆满成功。

同志们，新的宏伟蓝图已经绘就，让我们更加紧密地团结在以习近平同志为核心的中共中央周围，深入学习贯彻中共十九大精神，在习近平新时代中国特色社会主义思想的指引下，以更加奋发有为的精神状态，全面履行参政党职能，为决胜全面建成小康社会、夺取新时代中国特色社会主义伟大胜利、实现中华民族伟大复兴的中国梦、实现人民对美好生活的向往继续奋斗。

中国国民党革命委员会中央委员会关于学习贯彻十二届全国人大五次会议和全国政协十二届五次会议精神的决议

（2017 年 3 月 9 日民革十二届十八次中常会通过）

中国国民党革命委员会第十二届中央常务委员会第十八次会议学习了十二届全国人大五次会议和全国政协十二届五次会议精神，一致赞同李克强总理所做的政府工作报告、张德江委员长所做的第十二届全国人大常委会工作报告、俞正声主席所做的全国政协第十二届常委会工作报告及其他报告。

会议认为，2016 年，以习近平同志为核心的中共中央，勇于历史担当，保持战略定力，驾驭复杂局面，引领改革发展，团结带领全党全国各族人民，开启全面建成小康社会决胜阶段伟大进军，打响供给侧结构性改革攻坚之战，吹起脱贫攻坚战的冲锋号，社会主义经济建设、政治建设、文化建设、社会建设、生态文明建设和党的建设取得显著成就，实现“十三五”良好开局。十二届全国人大五次会议和全国政协十二届五次会议，是在全面实施“十三五”规划重要之年和推进供给侧结构性改革深化之年召开的重要会议。两会的召开，对于进一步凝聚全国各族人民的智慧和力量，促进经济平稳健康发展和社会和谐，如期实现全面建成小康社会目标，意义十分重大。习近平总书记在看望民进、农工党、九三学社委员时发表的重要讲话展现了“聚天下英才而用之”的博大胸襟和战略远见，为民主党派知识分子更好地投身中国特色社会主义伟大实践吹响了集结号。李克强总理所做的政府工作报告，全面总结了去年的工作，明确了今年我国经济社会发展的总体部署和主要预期目标，极大增强了全国各族人民在中国共产党坚强领导下团结奋斗、创新发展的信心和力量。张德江委员长所做的全国人大常委会工作报告和俞正声主席所做的全国政协常委会工作报告，全面总结了去年全国人大和全国政协的工作，提出了今年全国人大和全国政协工作的主要任务，为做好人大、政协工作指明了方向。认真学习好这三个报告，对于民革做好 2017 年的工作具有十分重要的指导意义。

会议要求，民革各级组织和广大党员要认真学习两会精神，为完成两会提出的目标任务做出应有贡献。要围绕统筹推进“五位一体”总体布局、协调推进“四个全面”战略布局，紧扣“十三五”规划实施和全年经济社会发展目标，聚焦重点领域、重点课题，找准切入点，扎实开展调研，积极建言献策。要在今年中央领导机构及省级组织换届工作中搞好政治交接，努力换出新干劲、换出新气象。要务实开展脱贫攻坚民主监督工作，为打赢脱贫攻坚战贡献力量。要深入贯彻中共中央对台工作大政方针，坚决维护“九二共识”，反对“台独”分裂，努力推动两岸关系和平发展。

会议强调，2017年，中国共产党将召开第十九次全国代表大会。迎接十九大、学习宣传贯彻十九大精神，是民革贯穿全年的重大政治任务。要牢固树立政治意识、大局意识、核心意识、看齐意识，贯彻落实新发展理念，进一步增强责任感和使命感，更加自觉地坚持中国共产党的领导，把思想和行动凝聚到中共中央的决策部署上来，不忘合作初心、继续携手前进。

会议号召，民革全党要更加紧密地团结在以习近平同志为核心的中共中央周围，高举中国特色社会主义伟大旗帜，以邓小平理论、“三个代表”重要思想、科学发展观为指导，深入学习贯彻习近平总书记系列重要讲话精神和治国理政新理念新思想新战略，继承和发扬孙中山爱国、革命、不断进步的精神，凝心聚力，锐意进取，真抓实干，为迎接中共十九大和民革十三大胜利召开，为实现“两个一百年”宏伟目标、实现中华民族伟大复兴的中国梦而努力奋斗！

民革中央关于认真学习贯彻习近平总书记“7·26”重要讲话精神的通知

民革各省、自治区、直辖市委会，中央各工作部门、团结报社、团结出版社：

中共中央总书记习近平同志在7月26日省部级主要领导干部专题研讨班开班式上发表重要讲话，系统总结中共十八大以来党和国家事业发展的巨大成就和实践经验，深刻阐述新的历史条件下坚持和发展中国特色社会主义的一系列重大理论和实践问题，深刻阐明未来一个时期党和国家事业发展的大政方针。讲话具有很强的思想性、战略性、前瞻性、指导性，是坚持和发展中国特色社会主义的政治宣言和行动纲领，为中共十九大胜利召开奠定了重要的政治基础、思想基础和理论基础，对于团结动员全党全国各族人民锐意进取、开拓创新，满怀信心为决胜全面建成小康社会、夺取中国特色社会主义伟大胜利而奋斗，必将产生重大而深远的影响。

深入学习习近平总书记“7·26”重要讲话精神，对于民革各级领导干部与全体党员进一步深入认识中国共产党的先进性，坚定不移接受中国共产党领导，毫不动摇走中国特色社会主义道路，牢固树立“四个意识”，不断增强“四个自信”，进一步提高参政履职能力，具有十分重要的意义和作用。民革全党要把学习好、宣传好、贯彻好习近平总书记“7·26”重要讲话精神作为当前最重要的政治任务，更加紧密地团结在以习近平同志为核心的中共中央周围，以更加饱满的热情和优异的工作成绩迎接中共十九大的胜利召开。

一、深刻认识学习习近平总书记“7·26”重要讲话精神的重要意义

习近平总书记“7·26”重要讲话，高瞻远瞩、总览全局，思想深刻、内涵丰富，具有重大的政治意义、理论意义和实践意义。习近平总书记重要讲话是高举中国特色社会主义伟大旗帜，牢固树立中国特色社会主义道路自信、理论自信、制度自信、文化自信，确保党和国家事业始终沿着正确方向胜利前进的政治宣示，是统一思想、凝聚共识，激励全党全国各族人民决胜全面建成小康社会、夺取中国特色社会主义伟大胜利的政治动员。习近平总书记重要讲话坚持辩证唯物主义和历史唯物主义的立场、观点、方法，提出了许多具有开创性的重要思想观点，进一步丰富和发展了中国共产党的理论创新成果。习近平总书记重要讲话科学把握当今世界和当代中国的发展大势，明确了党和国家未来发展的根本方向、战略安排和大政方针，是新的历史条件下推动实践新发展、夺取事业新胜利的行动指南。民革各级领导干部和广大党员要认真学习，深入领会，深刻认识学习习近平总书记重要讲话精神的重要意义，切实把思想和行动统一到讲话精神上来。

二、将学习习近平总书记“7·26”重要讲话精神与学习习近平总书记系列重要讲话精神和治国理政新理念新思想新战略相结合，掀起学习贯彻习近平总书记“7·26”重要讲话精神的热潮

习近平总书记系列重要讲话精神和治国理政新理念新思想新战略，是马克思主义中国化的最新成果，开辟了当代中国马克思主义发展新境界，也是中国共产党对21世纪马克思主义发展的新贡献。学习习近平总书记“7·26”重要讲话精神要结合习近平总书记系列讲话精神和治国理政新理念新思想新战略，联系中共中央治国理政新实践，联系中共十八大以来党和国家事业发展取得的辉煌成就和历史性变革，深入领会讲话的丰富内容、精神实质、实践要求，切实掌握精髓要义，真正融会贯通。民革各级组织要以高度的政治责任感和使命感，精心组织，迅速行动，切实把学习活动抓紧、抓好、抓实，抓出成效，掀起学习贯彻习近平总书记“7·26”重要讲话精神的热潮。

三、将学习习近平总书记“7·26”重要讲话精神与加强民革自身建设、提高履职水平相结合

习近平总书记“7·26”重要讲话为民革深入开展“不忘合作初心，继续携手前进”主题教育活动提供了新的重要遵循，要把学习贯彻重要讲话精神作为主题教育活动的主要内容，以学促教，学以致用，不断提高广大民革党员干部的思想素质和理论水平。要把学习贯彻重要讲话精神与落实民革十二届十九次中常会的部署结合起来，做好中央领导机构换届和参政议政、脱贫攻坚民主监督等工作。要在以习近平同志为核心的中共中央治国理政新理念新思想新战略指引下，加强参政能力建设，提高履职水平，要像习近平总书记重要讲话中强调的那样，“牢牢把握我国发展的阶段性特征，牢牢把握人民群众对美好生活的向往”，按照全面建成小康社会各项要求，发挥民革特色优势，在“重点”“短板”“弱项”上下功夫，扎实研究问题，多进诤言、多谋良策、多出实招，为决胜全面建成小康社会、实现中华民族伟大复兴的中国梦做出更大贡献。

四、加大宣传力度，营造团结稳定、积极向上、奋发有为的舆论氛围

要以习近平总书记“7·26”重要讲话精神为指导，牢牢把握宣传工作正确的政治方向和舆论导向，特别是把宣传贯彻习近平总书记重要讲话精神与扎实做好迎接中共十九大宣传工作紧密结合起来，与迎接民革十三大、民革成立70周年的宣传工作紧密结合起来。充分利用民革中央网站、民革微信公众号、《团结报》《团结》杂志和各级民革组织的刊物、网站等民革自有宣传阵地，加大对民革学习习近平总书记重要讲话精神的宣传力度，加强对民革各级组织学习活动的报道。广泛联系社会主流媒体，积极宣传民革学习习近平总书记重要讲话精神、履行参政党职能的生动实践，切实为迎接中共十九大、民革十三大的胜利召开营造团结稳定、积极向上、奋发有为的舆论氛围。

各地要把开展学习活动的情况及时向民革中央报告。

民革中央

2017年8月17日

中国国民党革命委员会中央委员会关于学习贯彻中国共产党第十九次全国代表大会精神的决定

（2017年10月31日民革十二届二十次中常会通过）

中国国民党革命委员会第十二届中央常务委员会第二十次会议于2017年10月31日在北京召开。会议学习了中共十九大精神，对习近平同志代表中共十八届中央委员会所做的报告和大会通过的各项决议表示完全拥护，对中共十九大和十九届一中全会选举产生的以习近平同志为核心的新一届中共中央领导集体表示衷心拥护。

会议认为，中共十九大是在全面建成小康社会决胜阶段、中国特色社会主义进入新时代的关键时期召开的一次十分重要的大会。大会高举中国特色社会主义伟大旗帜，以马克思列宁主义、毛泽东思想、邓小平理论、“三个代表”重要思想、科学发展观、习近平新时代中国特色社会主义思想为指导，分析了国际国内形势发展变化，回顾和总结了过去五年的工作和历史性变革，做出了中国特色社会主义进入了新时代、我国社会主要矛盾已经转化为人民日益增长的美好生活需要和不平衡不充分的发展之间的矛盾等重大政治论断，深刻阐述了新时代中国共产党的历史使命，确立了习近平新时代中国特色社会主义思想的历史地位，提出了新时代坚持和发展中国特色社会主义的基本方略，确定了决胜全面建成小康社会、开启全面建设社会主义现代化国家新征程的目标，对新时代推进中国特色社会主义伟大事业和党的建设新的伟大工程做出了全面部署，在党和国家的发展进程中具有极其重大的历史意义。习近平同志所做的报告，深刻回答了新时代坚

持和发展中国特色社会主义的一系列重大理论和实践问题，描绘了决胜全面建成小康社会、夺取新时代中国特色社会主义伟大胜利的宏伟蓝图，进一步指明了党和国家事业的前进方向，是全党全国各族人民智慧的结晶，是中国共产党团结带领全国各族人民在新时代坚持和发展中国特色社会主义的政治宣言和行动纲领，是马克思主义的纲领性文献。

会议认为，中共十八大以来的五年，是党和国家发展进程中极不平凡的五年，改革开放和社会主义现代化建设取得了历史性成就。五年来，以习近平同志为核心的中共中央以巨大的政治勇气和强烈的责任担当，统揽伟大斗争、伟大工程、伟大事业、伟大梦想，统筹推进“五位一体”总体布局，协调推进“四个全面”战略布局，提出一系列新理念新思想新战略，出台一系列重大方针政策，推出一系列重大举措，推进一系列重大工作，解决了许多长期想解决而没有解决的难题，办成了许多过去想办而没有办成的大事。五年来的成就是全方位的、开创性的，五年来的变革是深层次的、根本性的，在中国共产党的历史、中华人民共和国历史、中华民族历史上具有里程碑意义。

会议认为，习近平新时代中国特色社会主义思想，系统回答了新时代坚持和发展什么样的中国特色社会主义、怎样坚持和发展中国特色社会主义这个重大时代课题，并根据新的实践对党和国家事业各方面做出了理论分析和政策指导，是对马克思列宁主义、毛泽东思想、邓小平理论、“三个代表”重要思想、科学发展观的继承和发展，是马克思主义中国化的最新成果，是党和人民实践经验和集体智慧的结晶，是中国特色社会主义理论体系的重要组成部分，是全党全国各族人民为实现中华民族伟大复兴而奋斗的行动指南。中共十九大把习近平新时代中国特色社会主义思想确立为中国共产党必须长期坚持的指导思想，是重大的历史性贡献。

会议强调，认真学习贯彻中共十九大精神，是当前和今后一个时期民革的首要政治任务。民革全党要迅速兴起学习贯彻中共十九大精神的热潮，全面深刻领会习近平新时代中国特色社会主义思想的精神实质和丰富内涵，切实在学懂弄通做实上下功夫，夯实团结合作共同思想的政治基础。要牢固树立政治意识、大局意识、核心意识、看齐意识，不断增强道路自信、理论自信、制度自信、文化自信，把思想和行动统一到中共十九大精神上来，把智慧和力量凝聚到完成中共十九大确定的目标任务上来，以更加强烈的责任感、使命感和紧迫感，认真履行好参政党职能。

会议要求，民革各级组织和广大党员要更加坚定不移地接受中国共产党领导，继续发扬与中国共产党密切合作、风雨同舟的优良传统，坚决维护以习近平同志为核心的中共中央权威和集中统一领导，坚持和维护中国共产党领导的多党合作和政治协商制度，坚定不移沿着中国特色社会主义道路奋勇前进。要坚持用习近平新时代中国特色社会主义思想武装头脑、指导实践、推动工作，着力加强思想、组织、制度特别是领导班子建设，不断提高政治把握能力、参政议政能力、组织领导能力、合作共事能力、解决自身问题能力。要把深化政治交接与学习贯彻中共十九大精神结合起来，把握当前的时代特点和任务要求，为民革十三大的召开做好充分准备。要紧紧围绕中共十九大战略部署，结合民革实际，不忘合作初心，继续携手前进，奋力开创民革工作新局面。

会议号召，全党同志要更加紧密地团结在以习近平同志为核心的中共中央周围，高举中国特色社会主义伟大旗帜，以习近平新时代中国特色社会主义思想为指导，继承和发扬孙中山爱国、革命、不断进步精神，锐意进取，埋头苦干，为实现推进现代化建设、完成祖国统一、维护世界和平与促进共同发展三大历史任务，为决胜全面建成小康社会、夺取新时代中国特色社会主义伟大胜利、实现中华民族伟大复兴的中国梦、实现人民对美好生活的向往继续奋斗！

中国国民党革命委员会中央委员会
关于将柳亚子纪念馆命名为民革党史教育基地的决定

民革各省、自治区、直辖市委员会，中央各工作部门，团结报社、团结出版社：

柳亚子同志是我国近现代著名的爱国诗人和民主人士，中国共产党的忠实朋友，民革创始人之一。柳亚子同志和许多民革前辈一样，为民革组织和广大党员留下了宝贵精神财富，学习继承他们坚持中国共产党领导、为多党合作无私奉献的优良传统，是民革开展坚持和发展中国特色社会主义学习实践活动的重要内容。

江苏省苏州市吴江区柳亚子纪念馆见证了柳亚子同志为国家、为民族不懈奋斗的光荣历史。为充分发挥柳亚子纪念馆在民革自身建设中的作用，以柳亚子同志生平事迹和优良传统教育广大民革党员干部为实现中华民族伟大复兴中国梦贡献力量，在中共江苏省委统战部，中共苏州市委、市政府的大力支持下，民革中央决定，命名柳亚子纪念馆为民革党史教育基地。

民革中央

2017 年 5 月 8 日

中国国民党革命委员会中央委员会
关于将南社通讯处旧址命名为民革党员教育基地的决定

民革各省、自治区、直辖市委员会，中央各工作部门，团结报社、团结出版社：

江苏省苏州市吴江区南社通讯处旧址是包括民革前辈柳亚子同志在内的南社同人开展革命活动的重要场所。南社是中国近代史上第一个以推翻封建统治为宗旨的革命文学社团。以陈去病、高旭、柳亚子为首的一批知识分子，在孙中山先生领导的革命浪潮的鼓舞下，相约结社，通过文学形式鼓吹革命、摇旗呐喊，谱写了中国近代民主革命史上光辉的一页。柳亚子同志是南社社务的主持者、南社活动的中心人物，为南社发展做出了不可磨灭的贡献。何香凝、邵力子、姚雨平等民革重要创始人或早期领导人是南社的发起人或重要成员。学习继承南社前辈热爱祖国、无私奉献的优良传统，是民革开展坚持和发展中国特色社会主义学习实践活动的重要内容。

南社通讯处旧址记录和见证了柳亚子等革命前辈为国家、为民族不懈奋斗的光荣历史。为充分发挥南社通讯处旧址在民革自身建设中的作用，以柳亚子同志及众多革命前辈的生平事迹和优良传统教育广大民革党员干部为实现中华民族伟大复兴中国梦贡献力量，在中共江苏省委统战部，中共苏州市委、市政府的大力支持下，民革中央决定，命名南社通讯处旧址为民革党员教育基地。

中国国民党革命委员会中央委员会
关于将广东省云浮市罗定市蔡廷锴故居命名为民革党史教育基地的决定

民革各省、自治区、直辖市委员会，中央各工作部门，团结报社、团结出版社：

蔡廷锴同志是著名的抗日将领、爱国民主人士，中国共产党的忠实朋友，中国国民党革命委员会卓越的创始人和领导人。蔡廷锴同志和许多民革前辈一样，为民革组织和广大党员留下了宝贵精神财富，学习继承他们坚持中国共产党领导、为多党合作无私奉献的优良传统，是民革开展坚持和发展中国特色社会主义学习实践活动的重要内容。

广东省云浮市罗定市蔡廷锴故居见证了蔡廷锴同志为国家、为民族不懈奋斗的光荣历史。为充分发挥蔡廷锴故居在加强民革自身建设中的作用，以蔡廷锴生平事迹和优良传统教育广大民革党员干部为实现中华民族伟大复兴中国梦贡献力量，在中共广东省委统战部，中共云浮市委、市政府的大力支持下，民革中央决定，命名蔡廷锴故居为中国国民党革命委员会党史教育基地。

中国国民党革命委员会中央委员会 2017 年工作要点

2017 年是全面实施“十三五”规划的重要一年，也是全面建成小康社会的攻坚之年。根据民革十二届五中全会精神，民革中央 2017 年工作的总体要求是：全面贯彻中共十八大；十八届三中、四中、五中、六中全会精神和习近平总书记系列重要讲话精神，坚决维护以习近平同志为核心的中共中央权威，牢固树立政治意识、大局意识、核心意识、看齐意识，以持续开展坚持和发展中国特色社会主义学习实践活动为主线，夯实共同思想政治基础，搞好政治交接，做好省级组织和中央领导机构换届工作，全面加强自身建设，提高民革履职能力，以优异成绩迎接中共十九大和民革十三大的胜利召开。

一、深入学习贯彻中共十八届六中全会精神和中共十九大精神

（一）把学习贯彻中共十八届六中全会精神作为当前和今后一段时期的重大政治任务，坚决维护以习近平同志为核心的中共中央权威，牢固树立“四个意识”，自觉在思想上政治上行动上同以习近平同志为核心的中共中央保持高度一致。把认真学习执政党全面从严治党的经验和做法，与全面加强思想、组织、制度和作风建设相结合，与着力提升民革全党参政履职能力相结合。

（二）围绕学习贯彻中共十九大精神，进一步做好学习宣传和教育引导，积极宣传中共十八大以来党和国家事业发展取得的重大成就，宣传中国共产党同各民主党派团结合作、携手同行的光辉历程和生动实践，进一步巩固多党合作共识，不忘合作初心，继续携手前进，切实承担起中国特色社会主义事业的亲历者、实践者、维护者、捍卫者的政治责任。

二、不断加强自身建设

（一）继续推进坚持和发展中国特色社会主义学习实践活动，深入开展“不忘合作初心，继续携手前进”主题教育活动。注重与学习贯彻中共十八届六中全会精神、迎接中共十九大、学习贯彻中共十九大精神和习近平总书记系列重要讲话精神相结合，与开展纪念民革成立70周年系列活动相结合，与“观故居，走多党合作之路”活动相结合，把主题教育活动抓实抓好，进一步巩固多党合作共同思想基础。

（二）坚持做到思想政治工作不松懈，宣传工作不弱化，理论工作常抓不懈。提高思想政治工作精细化水平，开展新形势下民革党员思想状况调研，客观评估民革党员中新的社会阶层人士、非公经济人士的数量和质量，重点抓好对青年民革党员的教育引导和培养锻炼。充分发挥《团结报》《团结》杂志和团结出版社的宣传阵地作用，进一步提高新闻宣传质量，增强工作效能，促进融合发展。组建一支形象好、导向好、表达好、影响好的民革党员发声队伍，建立民革党员专家采访库。开展多党合作历史传统记录工作，继续编辑出版《亲历者赞·民革人物报道集》《民革前辈纪念场馆系列丛书》，做好民革前辈纪念场馆保护建设工作。就协商民主与基层社会治理课题开展理论研究。稳妥地建好、管好、用好新媒体，6月底前完成民革中央网站改版搬迁工作，推广民革中央网站APP，开展民革刊物与新媒体融合调研，召开民革中央网站特约编辑培训班。

（三）做好省级组织和中央领导机构换届工作，切实搞好政治交接。思想上高度重视，措施上精心部署，认真做好民革十三大各项前期准备工作。严格遵循《民革章程》和《关于省级组织换届若干问题的决定》等换届文件的原则，明确政治责任，坚持把纪律挺在前面，将思想政治工作贯穿换届工作始终，营造风清气正的换届环境和政治生态，确保省级组织和中央领导机构换届工作圆满成功。结合当前形势及工作实际，做好《民革章程》修改工作。配合中共中央统战部编写民主党派政治交接辅导读本。

（四）全面加强组织建设。加强省市级组织新一届领导班子建设，切实提高五种能力。加强后备干部队伍培养，健全完善后备干部动态管理机制。对照《中国共产党统一战线工作条例（试行）》要求，加强实职干部推荐工作。加强基层组织建设，在部分省辖市级

组织先行开展示范支部建设活动，推动有条件的基层组织建设“民革党员之家”。继续加强组织工作信息化建设，完成组织信息管理软件的全面推广使用，完成党籍信息核查工作。加大干部培训力度，举办第十四期民革中青年干部培训班、国有企业民革代表人士培训班和民革省级组织新任专职副主委、秘书长和办公室主任培训班。

（五）切实提高解决自身问题的能力。指导各级监督委员会按照《民革章程》和换届文件要求，参与换届关键环节，加强对党员行为和换届程序的监督。研究做好《监督条例》修改工作，积极稳妥做好来信来访工作。

（六）扎实推进机关建设。根据形势变化需要，结合机关工作实际，修订、制定一批规章制度，适时召开民革全国机关建设工作研讨会。按照“政治要过硬、能力要过硬、作风要过硬”的要求，进一步加强民革机关干部队伍建设，做好机关干部培训工作，继续开展机关干部基层挂职工作，适时进行机关干部轮岗、交流。实施《民革中央信息化建设规划（2017—2021 年）》，整合信息化平台资源，强化网络信息安全。升级“民革 e 家”信息交流平台，完善现有板块和功能，拓展信息发布及传播方式。推动机关办公信息化、数字化和流程化，进一步开发内网云服务功能，建设民革中央内部网络应用系统。

三、做好脱贫攻坚民主监督工作

（一）把开展脱贫攻坚民主监督工作放在重要位置。聚焦脱贫攻坚三个阶段，找准民主监督工作的关键点和切入点，结合贵州全省和各地区脱贫攻坚整体规划和阶段性目标，聚焦工作中的重点难点问题和政策落实中的薄弱环节，有针对性地开展监督工作。积极参与当地脱贫攻坚的政策制定、落实、检查工作全过程；坚持问题导向，务求工作实效，分阶段、有重点地开展进村入户走访调查，为判断脱贫攻坚实际效果提供更多依据；寓支持于监督，适时举办产业脱贫项目推荐活动。

（二）加强脱贫攻坚民主监督工作机制体制建设，进一步细化、完善、落实职责分工，提升工作整体效果。按照《民革中央开展脱贫攻坚民主监督工作方案》要求，围绕重点工作内容，开展常态化监督，通过开展 1 至 2 次中央主要领导同志带队的调研和若干次各调研组对口调研，及时形成专项报告和意见建议。

（三）适时总结开展脱贫攻坚民主监督的工作经验，进一步加强民主监督理论研究。在做好脱贫攻坚民主监督信息收集汇总、经验总结、理论研究与宣传等工作的基础上，总结经验、摸索规律，适时提出有关意见和建议。

四、持续提高履职能力和水平

（一）深入研究精准立法促进社会文明工作。继续组织民革社会法制领域人才做好深入研究工作。认真起草《中华人民共和国社会文明促进条例（示范文本）》，为开门立法、民主立法提供有益参考。指导民革省级组织在当地选取基础较好的一两个市，通过政治协商、立法协商渠道，推动地方立法机关以精准立法的形式，惩罚整治陋习、带动全民守法、促进社会文明。

（二）努力提高政治协商水平。精心准备全年高层协商、两高座谈会上的民革中央发言工作，认真做好全国政协各类会议发言和党派提案等有关协商工作。围绕统筹推进“五位一体”总体布局和协调推进“四个全面”战略布局，落实五大发展理念，结合民革参政议政特色和优势领域，扎实开展“一带一路”西北发展战略、脱贫攻坚中的重点难点问题、《水污染防治法》修订、环渤海地区水域治理与保护、农业供给侧结构性改革相关问题、农村土地流转问题、健康中国建设、司法体制改革中遇到的新问题及对策、协调区域发展与环境保护、荒漠化治理、“一带一路”与生态文明建设等课题的调研工作。持之以恒抓好反映社情民意信息工作，力争在保证质量的同时提高采用数量。

（三）持续加强参政议政能力建设。继续打造“立足本地、放眼全国，南北互动、东中西交流，优势互补、各级组织相互促进”的平台，不断提高全党参政议政工作制度化、规范化、程序化水平。制定《关于切实做好2017年民革参政议政工作的意见》，进一步统筹和加强全党参政议政工作。不断深化与全国政协社法委、最高人民法院、最高人民检察院、司法部、农业部、民政部、中国社科院等单位的联络沟通机制。研究制定专委会工作办法，加强专委会制度化建设。继续坚持“上接天线、下接地气”，紧紧围绕国家重点战略部署，同时与地方经济社会发展紧密结合，与山东省政协、新疆自治区政协等联合举办专题研讨会。召开民革全国参政议政工作表彰会，继续举办民革全国参政议政工作骨干培训班。

（四）发挥民革在人才和智力扶贫上的优势和作用，充分调动、利用社会各界力量和资源，继续做好精准扶贫工作。重点做好国家定点扶贫纳雍县的工作，着力推进“博爱·牵手”活动，开展留守老人和留守儿童专项帮扶活动，配合当地从物质和精神两方面同步推进脱贫攻坚工作，组织东中部民革省级组织开展“同心博爱行”活动，争取纳雍的扶贫工作有新突破；进一步做好环京津贫困区定点联系村的帮扶工作；继续做好黔西南试验区、重庆石柱县等地帮扶工作。召开民革全国社会服务工作表彰会。做好中央画院换届工作。

五、为促进祖国和平统一贡献力量

（一）深入贯彻中共中央对台工作总体部署，密切关注两岸关系和平发展进程中的新情况新问题，不断拓宽对台涉台参政议政工作战略视野。发挥民革支持台湾青创工作的优势，根据中共中央统战部分配的工作任务，开展“在大陆台湾创业就业青年发展现状”调研。紧紧依靠祖国和平统一促进委员会，依托台湾问题研究中心、涉台国际政治研究中心等智库，就两岸小微企业合作对接、有效整合两岸青创资源、两岸共同增强文化自信、完善涉台相关法制等课题开展深入调研，突出精品意识，提出诤言良策。继续加强民革全国祖统工作联动机制，以会议、调研等形式对地方祖统工作进行分片指导。

（二）不断做好争取台湾民心工作。巩固与岛内泛蓝阵营的传统交往，重点办好第八届“中山·黄埔·两岸情”论坛，扩大与岛内其他相关社团的合作。深化对台青年工作，继续做好台湾青年来大陆实习、就业工作，办好第三届两岸青年和平发展论坛、第四届两岸新锐设计竞赛“华灿奖”等活动，推动“两岸青年创新大联盟”建设。加大对台湾贫困青年群体的关注力度，适时邀请他们到大陆参访交流。做好台湾基层民众工作，办好第九届海峡论坛·两岸乡村农田水利论坛，推动两岸在康养、农业、环保等领域的交流合作。促进两岸文化交流，推进《团仔圆妞》儿童剧在大陆及港澳台巡演和主题动漫电影项目，积极筹备赴台湾推介“华灿奖”。启动“两岸共写抗战史”系列图书第二部“长江与抗战”采风活动。

（三）加强与海外人士的广泛联系，推进全球反“独”促统。组团出访中南美洲、欧洲部分国家，与海外侨胞共同举办全民族抗战爆发80周年纪念活动，赴海外参加全球性反“独”促统大会，邀请“第三届海外知名人士国庆参访团”，办好民革中央台港澳及海外知名人士国庆招待会。

中国民主同盟

不忘合作初心　切实履行职能
为推进新时代中国特色社会主义伟大事业贡献力量

——在中国民主同盟第十二次全国代表大会上的报告

张宝文

（2017 年 12 月 6 日）

各位代表、各位同志：

现在，我代表第十一届中央委员会向大会做报告，请予审议。

中国民主同盟第十二次全国代表大会，是在中国共产党第十九次全国代表大会胜利召开、全面建成小康社会进入决胜阶段、中国特色社会主义进入新时代的关键时期召开的一次重要会议。会议的主题是：认真学习贯彻中共十九大精神，高举中国特色社会主义伟大旗帜，继承传统，开拓创新，全面增强民盟履职能力，努力建设适应新时代要求的中国特色社会主义参政党，为决胜全面建成小康社会、夺取新时代中国特色社会主义伟大胜利、实现中华民族伟大复兴的中国梦贡献力量。

团结奋进的五年

过去的五年，是中国特色社会主义事业在理论和实践两个方面均取得伟大成就的五年。全国各族人民在以习近平同志为核心的中共中央坚强领导下，迎难而上，开拓进取，取得了改革开放和社会主义现代化建设的历史性成就；全党全国人民以习近平新时代中国特色社会主义思想为指引，绘制了实现社会主义现代化和中华民族伟大复兴的宏伟蓝图，开启了全面建设社会主义现代化国家新征程。

置身伟大时代，勇创新的业绩。为落实中共十八大和民盟十一大精神，本届中央委员会在开局之年召开了民盟全国工作会议，审议通过《民盟中央五年工作规划（2013—2017）》，提出了全盟工作的指导思想和基本框架。五年来，中央委员会共召开 5 次全会；

中央常务委员会共召开19次中常会，分别就新形势下思想宣传、参政议政、组织建设等工作进行了研究部署。在盟中央的带领下，全盟各级组织和广大盟员紧密团结在以习近平同志为核心的中共中央周围，认真学习贯彻中共十八大、十九大等重要会议以及习近平总书记系列重要讲话精神和治国理政新理念新思想新战略，秉承民盟优良传统，不忘合作初心，不负伟大时代，扎实工作，锐意进取，更加出色地履行了参政党职能，在中华民族伟大复兴的征程中留下浓墨重彩的印记。

一、切实加强思想建设，不断夯实多党合作的共同思想政治基础

思想建设是关乎民盟事业发展、决定政治方向的根本问题。全盟各级组织以深入开展“坚持和发展中国特色社会主义学习实践活动”为主线，坚持正确政治方向，把握思想建设的主动权，教育引导广大盟员牢固树立“四个意识”，增强“四个自信”，思想建设取得突出成效。

1. 统一思想，认真学习贯彻中共十八大、十九大等重要会议精神。五年来，全盟各级组织认真学习贯彻中共十八大、十九大、中央统战工作会议、全国“两会”等重要会议精神，深入学习贯彻习近平总书记系列重要讲话及《中共中央关于加强社会主义协商民主建设的意见》等重要文件精神，积极参加或举办中国共产党成立95周年、中共中央“五一口号”发布65周年、新中国成立65周年、人民政协成立65周年等重大事件和节日的纪念活动。通过这些学习和活动，广大盟员进一步提高了思想觉悟和政治站位，增强了对中国特色社会主义的政治认同、理论认同、文化认同和情感认同。

2. 凝聚共识，深入开展“坚持和发展中国特色社会主义学习实践活动”。2013年盟中央在全盟部署开展“坚持和发展中国特色社会主义学习实践活动”，2016年又将“不忘合作初心，继续携手前进”专题教育纳入学习实践活动，并召开思想宣传工作暨学习实践活动推进会。各级盟组织高度重视，精心安排，将学习实践活动与思想政治教育、民盟优良传统教育和履职实践有机结合起来，不断拓宽学习实践活动的领域，充实了内容，丰富了形式，创新了平台载体，取得了实实在在的成果。全盟共举办各种论坛、学习讲座、宣讲报告会、征文活动、知识竞赛等7000余场，参加盟员近20万人次。盟中央举办了纪念胡愈之诞辰120周年、李公朴闻一多殉难70周年、费孝通逝世10周年、“重走同心路、共叙肝胆情”等大型座谈和纪念活动。各级盟组织以庆祝民盟成立75周年等重大历史事件以及当地民盟组织成立纪念日为契机，以“盟员之家”和“传统教育基地”建设为抓手，开展了内容丰富的思想政治教育和盟史教育。截至2017年10月，共建成“盟员之家”1000多个，全国和省级传统教育基地达100余处，有力提升了盟员的归属感和基层组织的凝聚力。

3. 拓宽渠道，宣传工作成效不断提高。盟中央紧紧把握新媒体的发展态势，发挥微信公众号传播速度快、受众面广的优势，紧密结合时政、社会热点及重大节日，做好专题策划，积极宣传民盟重点工作、履职成果和优秀盟员，在盟员中和社会上均引起强烈反响。推出的纪念民盟成立76周年一文，成为统战系统微信公众号首篇阅读量突破10万的文章。完成盟中央网站第三次改版，建立省级盟组织稿件报送系统，并于2014年上线盟中央网站手机版。目前，全国各级盟组织网站总数达到175个。

《中央盟讯》进行了改版扩版，进一步突出了政策性、时讯性、资料性，栏目设置更为科学合理，内容更为丰富充实。《群言》杂志坚守“知识分子群言堂”的办刊宗旨，不断提升刊物品质与可读性，举办创刊30周年纪念座谈会，与地方盟组织合作推出4期地方专刊，得到广大读者好评。五年来，盟中央与主流媒体积极合作，做好对外宣传，在《人民日报》《光明日报》《人民政协报》《团结报》等报刊上刊发稿件近3000篇，民盟组织的社会影响力持续扩大。

盟中央积极发挥文化教育主界别作用，2013年以来先后成立了美术院理事会、艺术团理事会和文化艺术研究院，先后举办了“继往开来”“梦想与激情”“放歌中原”等盟员美术作品展和艺术演出，在带领和引导文化艺术界盟员弘扬主旋律，传播正能量，促进社会主义文化大发展大繁荣方面做出了贡献。目前，全盟共成立民盟中央美术院分院34个，创作基地26个，10余个省级组织建立了文艺团体。

4. 继承创新，稳步推进参政党理论和盟史研究。全盟各级组织高度重视理论研究工作，不断完善课题招标工作机制，研究成果的数量和质量明显上升，其中盟中央共评出优秀获奖论文116篇。2015年，盟中央策划编辑出版《社会主义协商民主研究》一书，推动了全盟对社会主义协商民主的深入研究。近两年连续开展了以“民盟历史人物研究”为主题的年度理论课题招标工作，并组织力量编写《民盟编年史（1941—1949）》，为系统性地收集整理盟史资料、深入开展盟史研究打下了良好基础。2017年9月，民盟中央盟史陈列室“中国民主同盟历史展”扩建改造完成，充实了更为丰富多彩的盟史内容。各级地方盟组织通过开展课题招标，组织论坛、研讨会，编印出版文集，表彰先进，承担当地政协和统战部等有关单位的课题等形式推动理论研究工作不断开展，较好地发挥了理论研究在深化对参政党建设规律的认识、推动工作创新方面的作用。

二、围绕中心服务大局，更好地履行参政党职能

全盟各级组织深入贯彻“五大发展理念”，紧紧围绕推进“五位一体”总体布局和“四个全面”战略布局，充分发挥各种协商议政和民主监督的平台作用，履职能力与水平不断提高，成效显著。

1. 着眼国计民生，积极参加高层政治协商活动。五年来，盟中央领导参加中共中央、国务院、全国政协及国家有关部委举办的座谈会、协商会50余次，围绕中共十九大报告及中全会重要文件、“十三五”规划纲要草案、政府工作报告以及“一带一路”建设、全面深化改革、加快推进供给侧结构性改革、积极稳妥推进城镇化建设、教育优先发展、建设创新型国家、保障和改善民生、生态文明建设、农村集体产权制度改革等重大问题提出意见和建议，受到中共中央、国务院和有关部门的高度重视。盟的地方组织负责同志也在当地中共党委、政府召开的协商会、座谈会上积极建言献策，很多意见、建议被采纳，推动了当地经济社会发展。

2. 聚焦热点难点，充分发挥民盟在政协的参政议政作用。十二届全国政协期间，盟中央共提交大会口头发言5篇、书面发言21篇、提案164件；民盟组委员提交大会发言237篇、提案1000多件。盟中央《民众金融资产保值增值应引起高度重视》《关于推进我国农村土地制度改革的几点建议》、盟员委员《中国人的饭碗要牢牢端在自己手上》等大

会发言引起各界广泛关注和好评。在全国政协十二届三次会议上，盟中央《关于深化行政审批制度改革》的提案被列为大会“1号提案”。在全国政协十二届二次会议上，民盟组委员联名提出的《关于加强打击暴力恐怖活动，维护社会和谐稳定的提案》，是第一件关于反恐立法的提案，受到有关部门的高度重视。盟中央和盟员委员提交的关于促进西部学前教育发展、加快建立我国统一的金融监管体制、关于加速推进文化创意产业发展等20件提案，被评为全国政协优秀提案。另外，盟中央在议政性常委会期间共提交22件平时提案，盟员委员在政协常委会上发言达30余人次。

自2014年全国政协双周协商座谈会制度化、规范化以来，盟中央与全国政协教科文卫体委员会、提案委员会等共同承办了以“大学毕业生创业就业环境优化”“促进高校办出特色与水平”“加快食品安全监管体系建设”“优化创新环境，改革科技评价体系”为主题的4场双周协商座谈会，盟员委员作了重点发言，国务院有关部门给予积极回应。

盟的各级地方组织高度重视在政协平台上发挥作用。针对各地经济社会发展的重大问题和关系群众切身利益的热点、难点问题，积极议政建言，提出了大量具有前瞻性、可操作性的意见建议，为促进当地经济社会发展发挥了积极作用。

3. 深入调查研究，围绕国计民生的重大问题积极建言献策。五年来，盟中央及所属专委会始终坚持“不调研，不发言”的原则，围绕国计民生的各个领域“找热点、盯难点、想对策”，进行各类调研200余次。受中共中央委托，盟中央主要负责同志带队，先后就“全面优化制度安排，实现社会保障定型、稳定、可持续发展”“大学生就业、创业环境优化”“养老服务产业发展”“改革开发区管理体制，促进开发区转型创新发展”“以改革创新为引领，加快推进我国农业机械装备制造转型升级”开展重点调研，北京、江西、辽宁、上海、江苏、浙江、山东、湖北、广东等省级组织协同调研。盟中央分别赴吉林、福建、湖南、云南、青海、宁夏等地，就加快食品安全监管体系建设、推动我国大数据发展、东北老工业基地振兴、少数民族地区教育、草牧业科技创新、生物多样性保护利用及生态安全等问题开展重要调研。盟中央充分发挥专委会和地方组织的作用，联合国家有关部委进行合作调研、延伸调研，广聚盟内外人才与资源的开放型工作机制逐步形成。先后与教育部、商务部、水利部等有关部门合作，就“高等教育改革”“民办职业教育改革发展”“消费品工业产能国际合作”“长江中下游水资源保护”等课题开展调研，取得了一系列重要成果。

在大量深入实地调研的基础上，盟中央向中共中央、国务院报送政策建议46件，均得到党和国家领导人的批示，多件成为中办、国办的重点督办件。其中，《关于加强西北旱区农牧业可持续综合开发，提高我国粮食安全保障能力的建议》，习近平总书记等中央领导同志做出重要批示，国务院有关部门召开专门会议，研究提出了相关支持政策；《关于实施“中国野生东北虎和东北豹恢复与保护重大生态工程”的建议》，习近平总书记做出重要批示，有关建议在“十三五”规划中得以体现，中国首个东北虎豹国家公园建设工作已经启动；《关于加快大数据安全保障能力建设的建议》，习近平总书记等中央领导同志做出重要批示，中央网信办、发改委、教育部、科技部、工信部、财政部、国防部等召开专门协商会，与盟中央就如何落实好建议信内容进行磋商；《以改革创新为引领，加快推进我国农机装备产业转型升级的建议》，习近平总书记等中央领导同志做出重要批示，国务院召集民盟中央、发改委、农业部、工信部等13个有关部门专门协商，研究出台相关政策文件。

反映社情民意信息工作是参政议政的重要内容。盟中央进一步完善社情民意信息报送工作机制，充分调动各级盟组织和广大盟员的积极性，参与面不断扩大，信息质量不断提高，信息工作的整体水平进一步提升，五年来共报送社情民意信息4000余件。在全国政协反映社情民意信息工作评比中，盟中央始终名列前茅。

4. 保持传统优势，精心组织论坛和活动。五年来，盟中央注重发挥在传统领域的优势，整合资源、完善机制、推陈出新，全力打造“三个论坛”和“一个活动”，取得了一系列有价值的参政议政成果。

经过多年的探索和实践，盟中央将民盟基础教育研讨会、民盟高等教育研讨会统一整合成“民盟教育论坛”，先后以“深化综合改革，推动高教内涵式发展”“深化职业教育改革，加快我国现代职业教育体系建设”“深化教育改革，推动民办教育发展”“深化改革，提高质量，推动基础教育公平和创新发展”“坚持改革创新，加快推进教育现代化”为主题，主办了5届论坛，成为全盟教育领域参政议政的重要平台。

为弘扬民盟“奔走国是，关注民生”的优良传统，盟中央于2012年创办了“民盟民生论坛”。论坛以“关注民生、研究民生、服务民生”为宗旨，先后以“让发展成果更多惠及民生”“就业优先：新形势、新挑战、新任务”“‘十三五’民生面临的挑战与应对”“民生短板与社会保障”“经济发展与民生保障政策”为主题，为民生建设建务实之言。论坛成果先后转化为盟中央在全国政协大会上的发言、提案和政策建议等。

为进一步加强民盟在经济领域参政议政的影响和成效，2015年盟中央创办了“民盟经济论坛”。三年来，论坛以“中国经济发展与‘一带一路’战略实施”“‘一带一路’与区域合作”“补短板，增后劲，惠民生，全面推动实现新一轮东北振兴”为主题，邀请盟内外知名专家学者展开深入研讨和交流，将研讨成果转化为民盟经济方面的建言献策内容。

作为统一战线知名品牌，盟中央参与主办的“海峡两岸暨港澳地区大学校长联谊活动”先后在台湾、贵州、澳门—珠海、陕西和浙江举办。经过13年的培育，此项活动从最初的“聚合”“组合”，发展到现在的“整合”“融合”，在四地教育界、文化界乃至政界的影响力不断提高。盟中央认真总结活动经验和成果，报送了《关于“海峡两岸暨港澳地区大学校长联谊活动”情况汇报》，受到中共中央领导同志的充分肯定，并做出重要批示。

5. 找准自身定位，认真履行民主监督职能。民主监督是民主党派的基本职能。盟中央通过高层协商、政策建议、政协发言与提案等形式和渠道，发挥了民主监督的作用。在中央统战部召开的“征求对中共中央政治局加强作风建设的意见”座谈会上，就落实“八项规定”有关问题提出了建议。在每年的最高人民法院、最高人民检察院的党外人士座谈会上，就推进依法治国、司法体制改革、提升司法公信力等方面提出意见。针对生态文明建设中出现的问题，提出了《推进京津冀协同发展中的大气污染防治》等提案和政策建议信；针对非物质文化遗产保护工作中一些亟待解决的问题，在全国政协大会上提交了《加大力度，切实保护好我国非物质文化遗产》的书面发言；针对教育资源的不均衡，在全国政协常委会上做了《谋划高等教育合理布局，推动教育资源均衡发展》的大会发言，从不同角度反映民盟对一些重大事项的意见建议，促进了政府决策的科学化、民主化。

2016年6月以来，按照中共中央的安排部署，盟中央对口河南省开展脱贫攻坚民主监督工作。一年多来，盟中央把脱贫攻坚民主监督作为重点工作积极推进，组织调研组多次赴河南省开展调查研究，实地考察扶贫项目，走访贫困户，了解当地脱贫攻坚工作进展情况及存在问题；盟中央把脱贫攻坚民主监督工作与民主党派的参政议政、社会服务以及自身建设有机结合起来，发动广大盟员、专家积极参与，不但在开展监督工作中查找问题、发现问题，同时积极帮助出主意、想办法，研究解决问题。开展脱贫攻坚民主监督，是各民主党派参与国家政治生活的具体实践，彰显了中国共产党领导的多党合作制度的优势和价值。

地方各级盟组织负责同志参加当地党委、政府及统战部、人民法院、人民检察院等召开的座谈会和情况通报会，就经济社会发展中的突出问题和司法公正等问题提出意见建议。担任各级人大代表和政协委员的盟员，认真参与立法和执法检查，积极提交议案、提案、建议。担任中央和地方各级特约监察员、检察员、审计员、教育督导员等职务的盟员，积极参与行风政风评议，依法依规履行监督职责。

三、务实进取，持续开展社会服务工作

社会服务工作是民盟履行参政党职能的延伸和拓展，也是察民意、知民情、惠民生的重要途径。各级盟组织坚持突出重点、量力而行、讲求实效、持之以恒的方针，积极助力地方社会经济发展，社会服务工作取得了新的进展。

1. 精准发力，积极助推毕节、广宗等地脱贫攻坚。盟中央积极动员全盟力量，稳步推进在河北、贵州、广西、重庆、甘肃等地的智力扶贫工作。盟中央领导多次深入重点扶贫联系点考察调研，对当地的脱贫攻坚工作提出指导性意见。继续加大对毕节试验区的帮扶力度，盟中央联合东部十省市盟组织对口支援毕节试验区建设，开展“民盟中央聚力脱贫攻坚活动月”等系列活动，落实了一批投资项目和资金，增强了当地社会经济发展的造血能力。协调有关部门落实毕节市倒天河三期综合治理工程信贷、甘肃省天祝县生态移民小康供水等项目，推动当地经济社会发展。成功举办“盟遂合作”30周年系列活动。协调水利部，支持四川省遂宁市安居区萝卜园水库项目成功立项，工程总投资2亿元。协调国家发改委、水利部，使遂宁市“武引工程蓬船灌区项目”获得批复立项，总投资金额达33亿元。联合中国农业大学，帮助河北省广宗县编制农业产业发展规划，打造“生态养殖示范基地”，引导当地农民发展特色种养殖产业，促进广宗现代农业发展。参与并围绕“中国美丽乡村·万峰林峰会”开展特色活动，在支持黔西南中医药苗药发展、助推康养产业等项目上取得新进展。连续启动了“微天使”“超天使”“守护天使”等医疗扶贫工程，提高欠发达地区乡镇卫生院和县级医院的影像装备诊断水平，缓解了老百姓看病难、看病贵的问题。“明眸工程”“民盟增爱义诊”“民盟名医大讲堂”“健康心动”等系列品牌活动持续展开，赢得了社会的广泛赞誉。

2. 发挥优势，“农村教育烛光行动”深入开展。“烛光行动”是民盟社会服务工作开

展多年的品牌。五年来，盟中央联合各省级组织，积极整合社会资源，努力推进中西部农村教育发展。持续开展“烛光行动之新东方教师社会责任行”活动，在福建、海南、甘肃、青海等近20个省、区、市培训农村中小学英语教师，并组织西部乡村基层骨干教师到北京进修。稳步推进与北京四中网校合作开展的“远程教育烛光行动”，先后在黑龙江、河南、广西、贵州、陕西等地300余所中学捐赠优质在线教育资源。牵头组织东部十省市民盟组织在毕节等地深入开展全方位、多层次的助学活动，捐助教学设备，设立奖教金，多次组织北京、天津等地盟组织的优秀教师赴毕节市、黔西南州开展“民盟名师大讲堂”活动，在江苏、山东、广东等地举办多期西部校长、教师培训班，为加强农村教师队伍建设做出了积极贡献。与外研社合作开展“烛光行动——外研通支教行”，协调香港汉荣书局向内地65家公共图书馆捐赠图书，协调章如庚慈善基金会向内蒙古、贵州、西藏捐赠价值1000万元的图书、书架，支持贫困地区中小学图书室建设。

3. 整合资源，“黄丝带”帮教计划品牌效益凸显。各级盟组织深化与司法部门的合作，积极探索帮教新模式，“黄丝带”帮教计划的社会影响和品牌效应不断提升。山西、安徽、四川等省级组织积极动员盟内外专家队伍走进监狱、未成年人管教所、戒毒所等帮教基地，举办讲座，开展文艺演出、义诊咨询、心理辅导、技能培训、就业导航等活动，不断创新帮教形式，丰富帮教内容，扩大帮教范围，进一步探索构建帮教工作长效机制，取得了良好的社会效益。目前，全盟30个省级组织已在千余所监狱、少管所开展了帮教工作，建立了各类帮教基地百余个，得到了司法部门的充分肯定。

4. 聚焦民生，社区服务工作不断加强。开展城市社区服务是新时期民盟推进社会服务工作的重要探索。各级盟组织积极探索民主党派参与社会管理创新、多方位服务社区新模式，促进城市和谐社区建设。上海、新疆、南京、青岛等地民盟组织充分发挥自身特色和优势，打造同心社区服务示范基地，成立了“民盟志愿者服务队”，积极开展法律咨询、纠纷调解、医疗义诊、文化讲座等活动，产生了良好的社会反响。

四、适应时代发展需要，扎实推进组织建设

人才问题是关系到民盟事业兴衰的关键问题。五年来，全盟继续推进实施“人才强盟”战略，全面加强组织建设，为民盟更好地履行参政党职能提供强大的智力支撑和组织保障。

1. 优化人才结构，组织发展健康有序。按照保证数量、提升质量的发展原则，全盟各级组织制订实施组织发展五年规划和年度计划，在保持界别特色优势的同时，加大对代表人士和履行参政党职能亟须的经济、法律等方面高层次人才的发展力度，民盟人才队伍不断壮大，在职盟员数量稳步增长，年龄结构更加合理，盟员队伍专业结构和分布领域进一步优化。截至目前，全盟共有省级组织30个，市级组织316个，县级组织95个，基层组织7495个；共有盟员29万余人，年平均净增率为4.69%。

2. 加大培训力度，干部队伍建设持续加强。各级盟组织以提升领导班子“五种能力”为抓手，认真贯彻民主集中制，完善盟内监督机制，严格执行“八项规定”，努力打造勤于盟务、干净担当、团结协作的领导班子。圆满完成30个省级组织的换届工作，实现了领导班子新老更替，推进了政治交接。新当选的30名主委中，新任主委9名；新当选的

210 名副主委中，新任副主委 101 名，班子的年龄结构、学历层次和界别构成均得到进一步优化。

以代表人士为重点，不断完善后备干部队伍培养、使用和推荐机制，增强培养选拔的针对性、系统性和科学性。坚持教育培训与实践锻炼并重，实施分层次、分类别培训。盟中央启动“民盟双百人才工程”，首次大规模、高规格集中培训地市级组织主委、高层次新盟员和基层组织负责人。盟中央和地方盟组织从创新培训内容和方法入手，通过社院、党校、高校、传统教育基地等有效平台对盟员和专职干部进行培训。自 2012 年换届以来，盟中央先后举办各类培训班 8 期，培训学员 600 多人次；各省级组织举办各类培训班 310 余期，培训学员 2.3 万人次。

坚持长期培养和精准推荐原则，结合定期推荐和适时推荐方式，积极推荐优秀骨干盟员到各级人大、政府、政协、高校、群团任职，努力为他们的成长搭台铺路。目前，全盟共有全国人大代表 62 人，省级人大代表 362 人，市、县级人大代表 3119 人。全国政协委员 130 人，省级政协委员 1226 人，市、县级政协委员 15951 人。有 1764 名盟员担任各级政府和司法部门县处级以上领导职务，其中国家部委副部长 3 人，副省长 6 人，厅局级干部 157 人。有 165 名盟员担任大学校（院）长。

3. 创新工作方法，基层组织活力不断增强。全盟以基层组织建设年为契机，按照“强组织扩覆盖、抓班子强队伍、求实效增活力”的要求，以改革创新精神推动基层组织建设工作。各级盟组织按照《民盟中央关于进一步加强基层组织建设的意见》，制定了领导班子成员联系基层制度，定期深入基层与盟员座谈，帮助解决实际困难，有针对性地指导基层盟务工作。积极引导基层组织将组织建设与参政议政、社会服务有机结合起来，增强履职能力，争创“活力支部”“示范支部”。全盟基层组织建设工作呈现出新局面，党盟关系更加和谐，基层组织的活力、凝聚力和影响力明显增强。

4. 完善工作机制，盟内监督稳步开展。为适应形势任务发展的需要，盟中央对新形势下进一步加强和规范盟内政治生活、加强盟内监督做出了安排部署，以确保民盟的政治进步性和组织凝聚力。五年来，盟中央监督委员会注重制度建设，制定了《民盟中央监督委员会全体会议规则》《民盟中央监督委员会关于严肃换届纪律，加强换届风气监督的意见》等规范性文件。指导各省级组织建立监督委员会，实现全盟省级组织监督全覆盖。各级监督委员会以领导班子述职评议和换届工作为抓手，将监督工作贯穿始终，不断充实内部监督工作的具体内容。在今年的省级组织换届中，盟中央监督委员会委员参加了 20 个省级组织的换届大会，全程监督换届大会的各项工作，营造了良好的换届环境。

5. 强化制度管理，机关建设达到新水平。盟的各级机关是展示民盟形象的窗口，是贯通上下、协调左右的枢纽。全盟各级机关按照建设学习型、制度型、服务型、和谐型机关的要求，通过建章立制、规范程序、严抓落实来强化制度建设，通过业务培训、挂职锻炼、轮岗交流等形式加强能力建设，通过提升服务意识、强化民主监督进一步加强作风建设。严格落实中共中央“八项规定”精神，塑造作风优良、保障有力、团结和谐的机关干部队伍，确保各项盟务工作高效有序开展。各级机关还努力改善办公条件，举办丰富多彩的文体活动，增强了机关干部的凝聚力和向心力。

6. 广大盟员立足本职，在各自领域做出突出成绩。五年来，共有 131 位盟员获得国家科学技术奖，其中，郑哲敏和张存浩分别荣获 2012、2013 年度国家最高科学技术奖，王丰等 2 人获得国家科学技术进步奖特等奖，孙优贤等 3 人获得国家科学技术进步奖一等奖，刘中民等 2 人获得国家技术发明奖一等奖。常青等 5 人当选中国科学院院士，蒋庄德等 5 人当选中国工程院院士。吴良镛、郑哲敏、张存浩获得小行星永久命名。许晨阳获得“未来科学大奖”。彭孝军等 16 人获聘教育部“长江学者奖励计划”特聘教授。江雷等 9 人获得何梁何利基金奖等奖项。蔺涛等 64 位盟员分别荣获“全国劳动模范”“高教名师”“三八红旗手标兵”“中青年德艺双馨文艺工作者”等称号。此外，还有许多盟员在自己的工作岗位上踏实有为、建功立业，取得优异成绩，为树立盟组织的良好社会形象做出了贡献。

各位代表、各位同志，五年的工作实践，加深了我们对履行参政党职能和参政党建设规律的认识，积累了十分宝贵的经验。回顾五年来走过的道路，我们深切体会到：

1. 始终坚持中国共产党的领导，与共产党亲密合作、共襄伟业，是民盟参政履职的根本前提。坚持中国共产党的领导，是我国政党制度的本质要求。自觉接受中国共产党的领导，坚持走中国特色社会主义政治发展道路，既是民盟先辈的历史选择，也是当代盟员坚定的政治信念。只有坚持中国共产党的领导，持续夯实多党合作的共同思想政治基础，自觉做诤友、建诤言，民盟才能切实承担起作为中国特色社会主义事业亲历者、实践者、维护者、捍卫者的政治责任，为建设社会主义现代化强国、实现中华民族伟大复兴中国梦做出更大贡献。

2. 始终继承和弘扬民盟优良传统，是民盟保持优势特色的重要基础。“奔走国是，关注民生”是民盟长期坚持的优良传统，“爱国的情怀、民主的精神、正直的作风、切实的知识”，是民盟一脉相传的精神特征，这是我们承前启后、薪火相传的宝贵精神财富，也是民盟凝聚力和感召力的根源所在。只有继承和发扬这些优良传统，将其内化为共同的价值理念和精神追求，不断增强盟员的使命感和责任感，才能保持民盟的特色，发挥民盟的优势，推动盟的事业不断向前发展。

3. 始终准确把握中心工作，不断提高履职能力和水平，是民盟有效议政建言的重要途径。履行好参政党职能，是参政党工作有为的基本标准，是社会认同的重要因素。全盟各级组织只有辨明历史方位、顺应发展大势、紧扣时代脉搏，按照执政党的战略决策部署，积极投身于改革发展的伟大实践，找准自身优势和服务大局的结合点，抓住事关发展的全局性、战略性、前瞻性问题，深入调研，广聚智慧，努力建睿智之言、献务实之策，才能切实做到为党分忧、为国尽力、为民尽责。

4. 始终重视自身建设，“人才强盟”战略，是推进民盟可持续发展的重要保障。面对复杂多变的国际形势和艰巨繁重的国内改革发展任务，我们只有不断加强自身建设，才能切实承担起时代赋予参政党的历史使命。只有面向新时代、结合新特点、适应新要求，缜密思考、科学谋划，把“人才强盟”战略落到实处，着力提高领导班子成员和代表人士的“五种能力”，善于发现、培养、锻炼和使用人才，使人力资源优势充分发挥，才能推进自身建设跃上新水平，把民盟建设成为高素质的中国特色社会主义参政党。

5. 始终坚持开拓创新，是民盟履职尽责的动力源泉。实践永无止境，创新永无止境。创新的实质，是在坚持参政党基本政治准则和工作原则的前提下，大胆创建工作机制和方法，使盟的工作更富时代气息，更具实际成效。只有坚持解放思想，实事求是，敢于创新，勇于实践，坚持好经验，探索新做法，拓展新领域，培育新品牌，才能适应时代要求，激发生机活力，持续开创民盟工作新局面，在国家政治生活中发挥更大作用。

面对新时代新形势新任务，认真回顾总结过去五年的工作，我们还有许多方面需要更加努力，比如，盟的人才结构需要进一步优化；参政议政工作应更加注重统筹规划；民主监督的方式方法需要探索创新；思想宣传工作的针对性、实效性还有待提高；各级机关的制度化规范化建设尚需进一步加强；等等。对这些问题我们要高度重视，力争在今后的工作中有明显改进。

各位代表、各位同志，民盟十一大以来的五年，是全盟与时俱进、不断创新、参政议政、社会服务、自身建设等各项工作取得丰硕成果，不断开创工作新局面的五年，也是民盟为国家做出更多贡献的五年。尤其可贵的是，在继承民盟优良传统的基础上，全盟团结协作、扎实工作、奋发有为、稳步前进的局面更加稳固，盟中央与地方组织的合作更加密切，盟中央把握全面工作的优势、地方组织的特色优势、广大盟员的专业优势，已经整合成了全盟的整体优势。在履行参政党职能方面，我们咬住老问题，关注新常态，“不调研，不发言”，集中整合全盟智慧，全方位参政议政，得到中共中央、国务院的重视；健全规范了三级联动、东西携手、多省市共同参与的社会服务工作机制，“烛光行动”“黄丝带”帮教计划等已经成为广有影响的服务品牌。在自身建设方面，我们以“盟员之家”为抓手，找到了有效加强基层组织思想教育的突破口；持续壮大盟员队伍，净增盟员6万余人。五年来，我们精神振奋，锐意进取，亮点纷呈，卓有实效，切实履行了参政党职能，成绩有目共睹。这些成绩是在以习近平同志为核心的中共中央正确领导下和社会有关方面的支持与帮助下取得的，是民盟各级组织和全体盟员同心同德、砥砺奋进的结果。在此，我代表民盟中央，向领导我们前进的中共中央致以崇高的敬意！向全国人大、国务院、全国政协、中央统战部、各兄弟民主党派中央和全国工商联表示衷心的感谢！向盟的各级组织、全体盟员和广大盟务工作者表示衷心的感谢和诚挚的问候！向民盟前辈和即将离开盟务工作岗位的同志们，表示由衷的感谢和崇高的敬意！

对今后五年工作的建议

新时代中国特色社会主义事业是改革创新的事业，正站在一个新的历史起点。今后五年，既是我国全面建成小康社会决胜阶段、中国特色社会主义进入新时代的关键时期，也是民盟充分履行参政党职能大有可为、大有作为的重要时期。对今后五年全盟的工作，我们提出以下建议：

一、认真学习贯彻中共十九大精神，坚定不移走中国特色社会主义政治发展道路

中共十九大站在历史和时代高度，紧紧抓住坚持和发展中国特色社会主义这条主线，科学判断中国特色社会主义进入新时代，提出了新时代我国社会主要矛盾，阐明了基本方略，描绘了宏伟蓝图，展示了以习近平同志为核心的中共中央引领新时代中国特色社会主义的一系列理论成果、实践成果、创新成果，为执政党带领全国各族人民迈进新时

代、开启新征程、续写新篇章做出了政治宣言和行动指南，为实现中华民族伟大复兴明确了目标、指明了方向。尤其重要的是，以习近平同志为主要代表的中国共产党人，进行着划时代的理论创新、实践创新，创立了习近平新时代中国特色社会主义思想，进一步丰富和发展了中国特色社会主义理论体系，开辟了马克思主义中国化的新境界，为我们在新的历史起点上实现新的奋斗目标提供了科学理论指导和实践指南。

当前和今后一个时期，全盟首要的政治任务就是学习贯彻中共十九大精神，一张蓝图绘到底，一茬接着一茬干。全盟各级组织要把认真学习贯彻中共十九大精神特别是习近平新时代中国特色社会主义思想作为首要政治任务。要组织广大盟员认真学习中共十九大文件，深刻领会新时代坚持和发展中国特色社会主义的基本方略、决胜全面建成小康社会的新要求和全面建设社会主义现代化强国的新部署。要引领全盟同志系统学习习近平新时代中国特色社会主义思想，全面准确理解其基本观点和精神实质，深刻领会把握其核心要义和丰富内涵，结合中共十九大对多党合作事业提出的新要求，增强“四个意识”，坚定“四个自信”，始终在思想上政治上行动上与以习近平同志为核心的中共中央保持高度一致，始终以习近平新时代中国特色社会主义思想武装头脑、指导实践，坚定不移地走中国特色社会主义政治发展道路。

二、切实履行参政党职能，为决胜全面建成小康社会、进而全面建设社会主义现代化强国做出贡献

立足我国已经进入中国特色社会主义新时代、我国社会主要矛盾已经转化为人民日益增长的美好生活需要和不平衡不充分的发展之间的矛盾、我国仍处于并将长期处于社会主义初级阶段的基本国情，围绕中共十九大对我国改革发展做出的一系列重大战略决策和部署，统筹规划各项职能，集中优势，切实履职，助力我国全面建成小康社会、踏上建设社会主义现代化国家新征程，是全盟今后五年的中心任务。

新时代要有新气象，更要有新作为。要立足“五位一体”总体布局和“四个全面”战略布局，不断巩固参政议政传统重点领域，整合利用盟内外资源，进一步完善全盟参政议政整体格局。进一步增强全局意识、前瞻意识、问题意识，提高参政议政工作的针对性、协调性、科学性，建有效之言，献精准之策。推动调查研究的制度化，完善盟内外人才、机构合作调研的工作机制，使调查研究更加贴近中心工作、更加贴近实践需要，更加有利于发挥人才第一资源作用和解决重点难点问题，为参政议政和政治协商提供更好支撑。注重发挥盟内各级政协委员的集体合力，有效提升政协发言、提案质量，充分利用政协平台发出民盟声音、推动社会发展。认真办好各种论坛活动，提升质量，优化品牌，丰富参政议政资源。调动广大盟员发挥作用的积极性，不断提高反映社情民意信息工作的质量和成效。

各级盟组织要勇于承担民主监督重任，着力加强民主监督能力建设，讲真话、做诤友，重点就当前重大改革举措、重要政策贯彻执行情况等进行监督。继续做好民主党派脱贫攻坚民主监督工作，做好地方重大事项民主监督工作。鼓励支持担任各级各类特约职务的盟员认真开展工作，充分发挥监督作用。

社会服务工作要从政党属性出发，立足于知民情、惠民生、增活力、扩影响的职能

特点，突出助推脱贫攻坚等重点项目，量力而行、持之以恒，进一步巩固传统优势，开拓新的领域，完善协作机制，吸引带动社会各方资源广泛参与，为全面建成小康社会和促进社会和谐发挥有效作用。

三、全面提高民盟自身建设水平，为切实提高盟的履职能力打牢坚实基础

自身建设永远在路上。面对新的形势任务，我们要善于借鉴执政党的党建理论和经验，立足参政党职能特点，深入把握参政党建设规律，创新思路，开拓进取，努力建设高素质的中国特色社会主义参政党。

思想建设是自身建设的核心。要务实创新，努力增强思想宣传工作的针对性、适应性和时代性，建立健全符合民盟实际、具有民盟特色的思想宣传工作长效机制。要进一步加强参政党理论研究工作，以理论的创新推动参政党自身建设和履职实践的发展。要用好盟史资源，深入开展盟史研究，发挥“传统教育基地”作用，以盟的优良传统“资政育人”。要善于用互联网思维整合提升《群言》、各级组织《盟讯》、网站、微信公众号、各文化艺术院团等宣传平台，注重整体策划和深度报道，加强与主流媒体、新兴媒体的联系协作，不断增强盟的思想宣传工作的实效。

组织建设是自身建设的基础。各级盟组织要从多党合作事业和民盟事业长远发展大局出发，继续推进实施“人才强盟”战略，进一步增强组织发展的计划性、主动性和针对性，尤其是要积极发展青年才俊，为民盟事业的长远发展储备更多人才；坚持教育培训与实践锻炼并重，完善培养选拔机制，系统推进代表人士和后备干部队伍建设，以慧眼识才，以公心用才，努力在盟内形成人尽其才、才尽其用、用当其时的良好局面。进一步搞好政治交接，规范盟内政治生活，加强盟内监督，不断提高各级领导班子的“五种能力”。切实加强基层组织建设，因地制宜开展基层组织活动，注重加强盟内激励关怀，引导广大盟员知盟、爱盟、兴盟，不断增强基层组织的活力、凝聚力和影响力。

机关建设要以提高服务能力、提高科学管理水平为目标，队伍建设、制度建设和作风建设多管齐下，不断增强各级机关的枢纽作用。要加强学习培训，尽快提高机关干部的综合素质和工作能力；进一步规范机关工作程序，提高工作执行力和工作效率；培养求真务实、严谨细致的优良作风，营造充满活力的工作氛围，进一步打造学习型、制度型、服务型、和谐型机关，为各项盟务工作的开展提供有力保障。

各位代表、各位同志！

民盟从成立至今，已经走过了76年的光辉历程，几代盟员薪火相传、接力前行，与中国共产党肝胆相照、荣辱与共，为新中国的成立、改革和发展，为中国特色社会主义多党合作事业的发展与完善做出了重要贡献，留下了无愧于人民、无愧于时代的坚实足迹。民盟自成立之初，就自觉与中国共产党亲密合作，共克时艰。多党合作制度确立以来，民盟始终坚持中国共产党的领导，坚定不移走中国特色社会主义道路，致力于国家富强、民族振兴、社会进步和人民幸福。这种合作初心，代代相传，历久弥坚，是鼓舞指引我们前进的精神财富和力量源泉。作为后来者，不忘合作初心，共襄盛世伟业，是我们的使命和责任，我们有信心把民盟前辈参与开创的多党合作事业进一步坚持好、完善好。

中共十九大的胜利召开，开启了建设新时代中国特色社会主义伟大事业的新征程。

全面建成小康社会决胜在即，中国特色社会主义道路更加宽广。作为致力于中国特色社会主义事业的参政党，我们肩负的使命艰巨而光荣。我们相信，只要全盟同志同心同德，努力奋进，切实提高履行参政党职能的能力和水平，就一定能够取得新的进步、创造新的业绩。

站在新的历史起点上，让我们紧密团结在以习近平同志为核心的中共中央周围，高举中国特色社会主义伟大旗帜，团结进取，尽职尽责，为决胜全面建成小康社会、夺取新时代中国特色社会主义伟大胜利、实现中华民族伟大复兴的中国梦做出新的更大贡献！

中国民主同盟章程

（中国民主同盟第十二次全国代表大会部分修改，2017 年 12 月 9 日通过）

序　言

中国民主同盟是中国共产党领导的爱国统一战线的组成部分，是同中国共产党通力合作的中国特色社会主义参政党。

中国民主同盟是在中国共产党的抗日民族统一战线政策影响下，在民族危机空前严重时刻，由主张“团结、民主、抗日”的政团，于 1941 年 3 月 19 日在重庆组成的，当时的名称是中国民主政团同盟。1944 年 9 月改组为中国民主同盟。

抗日战争和解放战争时期，中国民主同盟与中国共产党亲密合作，坚持抗战，争取民主，反对内战，为反对帝国主义、封建主义、官僚资本主义英勇斗争，做出了重要贡献。在民主宪政运动、政治协商会议、国共两党和谈、反对国民党当局召开“国民大会”的斗争中，与中国共产党密切配合，共同战斗，锻炼了自己，纯洁了组织。1947 年 10 月，中国民主同盟被国民党当局宣布为“非法团体”，总部被迫解散。中国民主同盟在艰苦环境中坚持斗争。1948 年 1 月，在中国民主同盟一届三中全会上，制定了和中国共产党携手合作的政治路线，与中国共产党共同为建立和平、民主、统一的新中国而斗争。1949 年 1 月，中国民主同盟公开宣告接受中国共产党领导。同年，参加中国人民政治协商会议第一次全体会议，民盟的历史揭开了新的篇章。

新中国成立后，中国民主同盟遵循《中国人民政治协商会议共同纲领》，参加政治协商、民主监督，参与国家事务管理；推动盟员和民盟所联系的知识分子学习马克思列宁主义、毛泽东思想；参加各项民主改革，参加社会主义革命。在社会主义建设时期，中国民主同盟同中国共产党共同前进，共同经受考验。广大盟员热爱祖国，拥护中国共产党，拥护社会主义，为社会主义建设做出了积极贡献。

改革开放后，中国民主同盟确立了参政党的性质、地位、作用，实现了工作重点转移，积极履行参政党职能，巩固和发展新时期的爱国统一战线，不断解放思想，坚持改革开放，推动科学发展，促进社会和谐，为推进中国特色社会主义经济建设、政治建设、文化建设、社会建设和生态文明建设服务，为维护安定团结的政治局面服务，为实现祖国统一服务，为维护世界和平和促进共同发展服务。

进入中国特色社会主义新时代，中国社会主要矛盾已经转化为人民日益增长的美好生活需要和不平衡不充分的发展之间的矛盾。中国民主同盟坚持高举中国特色社会主义伟大旗帜，以邓小平理论、“三个代表”重要思想、科学发展观、习近平新时代中国特色社会主义思想为指导，积极参与中国共产党领导的伟大斗争、伟大工程、伟大事业、伟大梦想，努力服务“全面建成小康社会、全面深化改革、全面依法治国、全面从严治党”的战略布局，坚定不移沿着中国特色社会主义道路前进，为实现两个阶段战略安排、“两个一百年”奋斗目标，为实现中华民族伟大复兴的中国梦而奋斗。

第一章　总　纲

第一条　中国民主同盟是主要由从事文化教育以及科学技术工作的高、中级知识分子组成的，具有政治联盟特点的，接受中国共产党领导、同中国共产党通力合作，进步性与广泛性相统一的中国特色社会主义参政党。

第二条　中国民主同盟一切活动以《中华人民共和国宪法》为根本准则，在宪法规定的权利和义务范围内，按照政治自由、组织独立、法律地位平等的原则开展工作。

第三条　中国民主同盟坚决拥护以习近平同志为核心的中共中央的领导，拥护中国共产党的执政地位，坚信中国共产党的领导是中国特色社会主义最本质的特征，是中国特色社会主义制度的最大优势。坚持和完善中国共产党领导的多党合作和政治协商制度，坚持中国特色社会主义基本理论、基本路线、基本方略，坚持“长期共存、互相监督、肝胆相照、荣辱与共”的方针，维护宽松稳定、团结和谐的政治环境。参加国家政权，参与国家大政方针和国家领导人选的协商，参与国家事务的管理，参与国家方针、政策、法律、法规的制定执行。在国家政治生活中积极履行参政议政、民主监督和参加中国共产党领导的政治协商职能，积极推进社会主义协商民主广泛多层制度化发展。

第四条　中国民主同盟坚持以人为本，切实履行参政党职能，把中国特色社会主义政治发展道路作为必须牢牢把握的政治方向，把推动创新、协调、绿色、开放、共享发展作为广大盟员参政议政的第一要务，把维护团结稳定、促进社会和谐、发展社会主义民主政治作为基本任务。

第五条　中国民主同盟坚持爱国主义、社会主义，树立政治意识、大局意识、核心意识、看齐意识，坚定道路自信、理论自信、制度自信、文化自信，促进大团结大联合，努力为加快推进富强民主文明和谐美丽的社会主义现代化强国建设凝聚共识、汇聚力量。

第六条　中国民主同盟贯彻科教兴国、人才强国、创新驱动发展、乡村振兴、区域协调发展、可持续发展等战略。在推进社会主义现代化建设的实践中，坚持教育事业优先发展，为建设教育强国、提高全民族素质而努力；坚持科学技术是第一生产力，为提高我国的科学技术水平、建设创新型国家和世界科技强国而努力；坚持“百花齐放、百家争鸣”的方针，为扎实推进社会主义文化强国建设、促进社会主义文化大发展大繁荣而努力；坚持社会主义生态文明观，为建设美丽中国、促进人与自然和谐发展而努力；坚持人民利益至上，为保障和改善民生，建设社会主义和谐社会，实现人民共同富裕、共享发展成果而努力。

第七条 中国民主同盟反对任何分裂国家的企图和行为。努力发展海峡两岸关系，促进祖国完全统一。加强与台湾同胞、港澳同胞和海外侨胞的交往与合作。

第八条 中国民主同盟积极推进国际交往，维护世界和平、促进共同发展，推进构建人类命运共同体。

第九条 中国民主同盟的组织原则是民主集中制。贯彻群众路线，充分发扬民主，实行集体领导和个人分工负责相结合的制度。

第十条 中国民主同盟发扬自我教育的优良传统，加强思想道德建设，培育和践行社会主义核心价值观，推动盟员学习中国特色社会主义理论体系，倡导爱国主义、集体主义、社会主义思想，发扬民主、科学精神，解放思想，实事求是，坚持理论与实践相结合。

第十一条 中国民主同盟坚持“尊重劳动、尊重知识、尊重人才、尊重创造”的方针，充分发挥盟员在改革开放和现代化建设中的作用；多做协调关系、化解矛盾、理顺情绪的工作，反映盟员和民盟所联系的知识分子的意见和要求，维护其合法权益。

第十二条 中国民主同盟自身建设的目标是，把民盟建设成为与中国共产党长期亲密合作的高素质的参政党。自身建设的原则是，坚持中国共产党的领导与充分发扬社会主义民主；体现政治联盟的特点；体现进步性与广泛性的统一。

自身建设要以思想建设为核心，以组织建设为基础，以制度建设为保障，不断提高政治把握能力、参政议政能力、组织领导能力、合作共事能力、解决自身问题能力。

第二章 盟 员

第十三条 从事文化教育以及科学技术和其他工作的中国知识分子，自愿遵守中国民主同盟章程，可以申请加入中国民主同盟。

第十四条 吸收盟员，要将政治标准放在首位。须由本人提出书面申请，经两位盟员介绍，由基层组织考察、讨论通过后，报设区的市、直辖市的区、自治州及其以上委员会审核批准，逐级上报，由民盟中央备案。

必要时，设区的市、直辖市的区、自治州及其以上委员会可以直接吸收盟员。

第十五条 盟员有下列义务：

（一）遵守民盟章程，执行民盟决议，参加基层组织生活和民盟活动，按时交纳盟费；

（二）参与国家政治生活，坚持社会主义初级阶段的基本路线，维护社会主义民主和社会主义法制；

（三）认真做好本职工作，遵守职业道德，积极参加社会主义现代化建设事业；

（四）密切联系群众，接受民盟组织和群众的监督。

第十六条 盟员有下列权利：

（一）选举权、被选举权、表决权；

（二）参加民盟有关会议，讨论民盟工作，阅读盟内有关文件资料；

（三）参加民盟所组织的有关国家大事的讨论，反映情况，提出意见和建议；

（四）向民盟的各级组织提出请求、建议和批评；

（五）在合法权益遭受损害时，可请求民盟组织帮助。

第十七条 盟员因工作变动等原因迁移至异地，应办理转移组织关系手续。

第十八条 盟员有退盟自由。盟员要求退盟，应以书面形式提出，由所在基层组织报请上一级地方组织批准，逐级上报，由民盟中央备案。自退盟之日起，其所任盟内职务自动终止。

第十九条 盟员无特殊情况，连续一年不参加组织活动，不与组织联系，不交纳盟费，经教育仍不改正者，应予注销盟籍，由基层组织讨论通过，报上级民盟组织审核，经省、自治区、直辖市委员会批准，报民盟中央备案。

第三章 组织总则

第二十条 按照民主集中制的原则，中国民主同盟的组织制度是：

（一）个人服从组织，少数服从多数，下级组织服从上级组织，全盟服从中央。

（二）各级代表大会的代表和委员会委员，在发扬民主、充分协商的基础上，采用无记名投票差额或等额方式选举产生。地方组织和基层组织的负责人在不能用选举方式产生的特殊情况下，因工作需要可以由上一级组织任免。

各级委员会委员的选举方式由同级代表大会（或盟员大会）决定。

（三）最高领导机关是全国代表大会。全国代表大会闭会期间，由其所产生的中央委员会领导全盟工作。地方各级领导机关是地方各级代表大会（或盟员大会）。地方各级代表大会（或盟员大会）闭会期间，由其所产生的委员会领导地方盟务工作。各级委员会对同级的代表大会（或盟员大会）负责并报告工作。

（四）建立集体领导、民主集中、个别酝酿、会议决定的原则和程序，完善议事、工作决策机制，使民主集中制规范化。

（五）上级组织实施对下级组织的领导，并经常听取下级组织和盟员的意见，了解情况，及时处理他们提出的问题。下级组织要贯彻执行上级组织的决定，向上级组织反映情况，请示和汇报工作，同时也要独立处理职责范围内的事务。上下级之间要互通信息，互相监督。

（六）中央和地方组织的领导班子成员原则上同一职务可连选连任两届，最多不超过三届。

第二十一条 在组织发展中，以大中城市为主，以高、中级知识分子为主，以从事文化教育以及科学技术工作的知识分子为主。发展盟员要注重质量，注意吸收政治素质高、有代表性的人士入盟。在工作中发展，发展为了工作，有计划地稳步发展，实行组织发展与后备干部队伍建设相结合、保持民盟特色与有利于参政议政工作相结合、发展与巩固相结合的组织工作方针。

第二十二条 县级以上（含县级）组织，必要时可召集代表会议，讨论决定需要及时解决的重大问题。

第二十三条 新建或撤销县级以上（含县级）组织，须报民盟中央批准。

第四章 中央组织

第二十四条 中国民主同盟的全国代表大会每五年举行一次，由中央委员会召集或中央委员会委托中央常务委员会召集，由代表大会预备会产生的主席团主持。必要时可提前或延期举行。

三分之一以上中央委员提出要求，可以召开临时全国代表大会。

全国代表大会的代表名额和产生办法，由中央常务委员会决定。

第二十五条 全国代表大会的职权是：

（一）听取和审议中央委员会的报告；

（二）决定民盟的方针、任务和重大事项；

（三）修改民盟的章程；

（四）选举中央委员，组成中央委员会。

第二十六条 中央委员会每届任期五年。全国代表大会如果提前或延期举行，中央委员会任期相应改变。

在全国代表大会闭会期间，中央委员会执行全国代表大会决议，领导全盟工作。

中央委员名额由全国代表大会决定。

第二十七条 中央委员会全体会议每年举行一次，由中央常务委员会召集。必要时可提前或延期举行。

第二十八条 中央委员会的职权是：

（一）贯彻执行全国代表大会的决议；

（二）听取和审议中央常务委员会的工作报告；

（三）听取和审议中央监督委员会的工作报告；

（四）讨论、决定民盟的重大事项；

（五）选举中央主席、副主席和常务委员，组成中央常务委员会；

中央委员会决定中央常务委员会委员的名额，有权罢免中央常务委员会委员；

届中增补中央委员，可以由中央委员会选举产生；届中辞免中央委员，须由中央委员会决定，其结果均须由下次全国代表大会予以确认；

（六）根据主席会议提名，决定中央监督委员会人选。

第二十九条 中央常务委员会在中央委员会闭会期间，行使中央委员会的职权，领导全盟工作。常务委员会会议每季度举行一次，必要时可提前或延期举行。

中央委员会主席、副主席，同时是中央常务委员会主席、副主席，任期与中央委员会相同。

第三十条 主席主持中央工作，召集常务委员会会议。

在常务委员会闭会期间，主席、副主席组成主席会议，领导中央日常工作。

第三十一条 中央常务委员会根据主席会议提名，在中央常务委员会的委员中任命秘书长，必要时可任命副秘书长若干人。

中央常务委员会可以根据工作需要设立若干专门委员会和若干职能机构，其领导成员人选正职由中央常务委员会决定，副职由主席会议决定。

第五章 地方组织

第三十二条 中国民主同盟的地方组织是：

（一）省委员会，自治区委员会，直辖市委员会；

（二）设区的市委员会，直辖市的区委员会，自治州委员会；

（三）县委员会，不设区的市委员会，设区的市的区委员会。

第三十三条 中国民主同盟的各级地方组织的代表大会（或盟员大会），每五年举行一次。必要时，经上一级组织批准，可提前或延期举行。

地方各级代表大会（或盟员大会）由同级委员会召集，选举主席团主持会议。代表大会的代表名额和产生办法由同级委员会或其常务委员会决定，并报上一级组织批准。

地方各级委员会委员名额由上一级组织决定。

第三十四条 地方各级代表大会（或盟员大会）的职权是：

（一）贯彻执行全国代表大会、中央委员会和所属上级组织的决议；

（二）听取和审议同级委员会的报告；

（三）讨论并决定同级委员会的重要事项；

（四）选举同级委员会委员组成同级委员会。

地方各级委员会经上一级委员会批准，可在届中增补或辞免委员；增补委员，可由同级委员会选举产生；辞免委员，须由同级委员会决定，其结果均须由下次同级代表大会（或盟员大会）予以确认。

第三十五条 省委员会、自治区委员会、直辖市委员会和设区的市委员会、直辖市的区委员会、自治州委员会选举主任委员、副主任委员。如设常务委员会，应选举常务委员。主任委员、副主任委员同时是常务委员会的主任委员、副主任委员，任期与同级委员会相同。在委员会闭会期间，由常务委员会领导工作。

第三十六条 县委员会、不设区的市委员会、设区的市的区委员会，选举主任委员、副主任委员，任期与同级委员会相同。

第三十七条 中国民主同盟的各级地方委员会，每届任期五年。委员会全体会议至少每年举行一次。各级代表大会提前或延期举行，各级委员会任期相应改变。

地方各级委员会在其代表大会（或盟员大会）闭会期间，领导本级地方组织的工作。

第三十八条 在同级常务委员会（或同级委员会）闭会期间，主任委员、副主任委员组成主任委员会议，领导民盟组织的日常工作。

常务委员会（或委员会）根据主任委员会议提名，在常务委员会（或委员会）的委员中任命秘书长；必要时可设副秘书长若干人，由同级常务委员会（或同级委员会）决定。常务委员会（或委员会）根据工作需要，可设立若干专门委员会和若干工作部门，其负责人选由同级常务委员会（或同级委员会）决定。

第六章　基层组织

第三十九条　中国民主同盟的基层组织是：基层委员会、总支部委员会、支部委员会或地方委员会的直属基层组织（含直属基层委员会、直属总支部委员会、直属支部委员会、直属小组）。

第四十条　基层组织按盟员所在单位、业务系统、行政区划或盟员界别等建立。根据工作需要，可建立基层委员会、总支部委员会、支部委员会。支部委员会可划分小组。

地方委员会可根据不同情况设立直属支部或直属小组。因特殊情况不能编入支部的盟员，由所属民盟组织直接联系。

第四十一条　基层委员会、总支部委员会、支部委员会由盟员大会或盟员代表会议选举，委员会名额由上一级组织决定。经上一级组织批准，基层委员会、总支部委员会、支部委员会推选主任委员、副主任委员以及组织、宣传等委员，直属小组推选组长。

基层委员会、总支部委员会、支部委员会、直属小组长，每届任期五年，必要时可以提前或延期改选。基层组织的建立、合并、撤销、调整以及换届、届中调整，因特殊情况需提前或推迟换届、改选时，须报上级组织批准。

第四十二条　基层组织的基本任务是：

（一）组织盟员学习政治理论，学习时事政策，学习民盟章程和民盟历史；

（二）传达并贯彻上级组织的决议、决定，根据上级组织的工作部署，围绕所在单位的中心任务，开展组织活动；

（三）反映盟员对国家和地方的大政方针以及所在单位工作的意见和建议，发挥民主监督作用；

（四）培养、推荐民盟的后备干部；

（五）关心盟员的工作、学习和生活，开展思想政治工作，推动盟员做好本职工作，组织盟员参加面向社会的活动；

（六）反映盟员及民盟所联系的知识分子的意见和要求，维护其合法权益；

（七）维护和执行民盟的纪律，讨论对盟员的奖励和处分；

（八）吸收盟员，收缴盟费；

（九）加强同盟员所在单位、系统、行业或地区中国共产党基层组织或地方组织的联系。

第七章　干部和纪律

第四十三条　中国民主同盟注重干部的思想政治素质，按照德才兼备、以德为先的原则选拔和任用干部。选拔干部要充分发扬民主，严格贯彻执行有关程序和规定。重视后备干部队伍建设，重视教育、培训、选拔和考核干部，特别是培养、选拔优秀年轻干部。坚持任人唯贤，反对任人唯亲。建立健全内部监督机制，加强作风建设，反对任何滥用职权、谋求私利的不正之风。

第四十四条　中国民主同盟的各级干部必须模范地遵守本章程，并且具备以下基本条件：

（一）有强烈的政治责任感，坚持正确政治方向，遵守政治纪律、政治规矩，信念坚定，经得起各种考验；

（二）有履行职责所需要的政治理论水平，熟悉统一战线理论、方针、政策；

（三）热心民盟事业，有胜任领导工作的组织能力、开拓创新能力、文化水平和专业知识，坚持求真务实，反对形式主义；

（四）坚持和维护民主集中制，有民主作风，有全局观念，善于团结同志；

（五）严格遵守和执行盟的章程和制度，积极参加组织生活，接受组织的教育和管理，自觉接受组织和盟员的批评和监督；

（六）遵纪守法，勤政务实，敢于担当，清正廉洁，以身作则，艰苦朴素，不谋私利。

第四十五条　中国民主同盟的各级机关要执行《中华人民共和国公务员法》，加强职能部门的建设，实行岗位责任制，健全各项规章制度。机关工作人员要清正廉洁，克己奉公，尽职敬业，树立良好形象。

第四十六条　对在社会主义建设事业或盟务工作中成绩显著或有较大贡献的盟员和组织，民盟组织应给予表彰、奖励。

第四十七条　盟员违反民盟的纪律，损害民盟的利益，应视情节轻重，予以批评教育或相应处分。

（一）对盟员的处分分为：警告，严重警告，撤销盟内职务，留盟察看，开除盟籍。

留盟察看，最长不得超过两年。受留盟察看处分的盟员，在察看期间没有选举权、被选举权、表决权。确已改正错误的，可以按期或提前撤销处分，恢复上述权利。坚持错误不改的，开除盟籍。

（二）地方组织处分盟员，须经基层组织讨论，要做到事实清楚、证据确凿、程序合规、处理恰当。开除盟籍，应由省、自治区、直辖市一级组织审核，并报民盟中央批准。

处分盟员时，除特殊情况外，应通知被处分盟员到会，允许其申辩，允许其他盟员为其辩护。盟员对处分有不同意见，有权向上级民盟组织直至中央申诉，有关民盟组织必须负责处理或迅速转递，不得扣压。

（三）严禁打击报复或诬告陷害，严禁用违反盟章或违犯国家法律的手段对待盟员。违者必究。

第八章　内部监督

第四十八条　内部监督是对盟的组织、成员遵守盟章、履职情况的自我监督。重点是对盟的各级领导班子及其成员、各级领导机构成员、各级机关中拥有盟员身份的公职人员的监督。

第四十九条　设立中央监督委员会和省级监督委员会，有条件的地市级组织可以试点设立内部监督机构。中央监督委员会在中央委员会领导下开展工作。省级监督委员会、地市级内部监督机构在同级委员会领导下开展工作。

第五十条　中央监督委员会组成人员由中央主席会议提出，中央委员会全体会议决定。省级监督委员会、地市级内部监督机构组成人员由同级主任委员会议提名，同级委员会全体会议决定。

监督委员会设主任、副主任和委员。任期和同级委员会一致。

第九章　附　则

第五十一条　本章程经全国代表大会通过后施行。本章程的修改，由中央委员会提请全国代表大会进行，并须经超过半数的应到会代表通过。

第五十二条　本章程的解释权属于中央委员会。

中国民主同盟章程修改报告

（2017 年 12 月 8 日）

各位代表：

现在，我代表盟章修改委员会，受第十一届中央委员会委托，向大会做中国民主同盟章程修改报告。请予审议。

现行民盟章程由 2012 年民盟第十一次全国代表大会通过，基本框架完善，整体内容基本满足指导、规范盟务工作的需要。五年来，我国的经济社会建设取得了举世瞩目的成就，多党合作制度在国家政治生活中越来越重要，民盟各级组织的工作均取得了新成绩，积累了新经验。在总结发展经验，展望新时代的当下，对现行章程进行部分修改，使其更符合时代发展的新要求、适应多党合作事业的新局面和体现广大盟员的新诉求，更好地指导和规范全盟工作，是非常必要的，也具有重要意义。

本次章程修改，我们做了大量的调研工作。2016 年 12 月盟章修改小组成立后，便以书面形式对民盟各省级组织征集了修改意见建议；先后在北京、上海、江苏、重庆等地召开多场座谈会，听取地方盟组织专职干部、基层盟员代表和盟中央机关有关部门的意见建议。这为本次章程修改工作奠定了坚实的实践基础。

本次章程修改的指导思想是：高举中国特色社会主义伟大旗帜，坚持中国特色社会主义理论体系，学习贯彻习近平新时代中国特色社会主义思想，充分吸收和体现中共十九大精神重要内容，落实中央统战工作会议精神和《中国共产党统一战线工作条例（试行）》《关于加强政党协商的实施意见》等法规和文件要求，总结多党合作和民盟工作新经验，吸收实践中的成熟做法，使章程符合时代要求，体现参政党特色，为民盟加强自身建设，更好地履行职能、发挥作用提供遵循。

本次章程修改的主要原则为：

一、坚持政治性。盟章涉及民盟的基本纲领、组织制度和多党合作历史传统等，政治性强。章程修改必须始终坚持“四个自信”，维护多党合作政治格局。

二、体现时代性。章程修改要立足当前实际，着眼多党合作长远发展，吸收和体现中共十九大精神重要内容、十八大以来统一战线和多党合作新理论新实践新发展，使章程体现时代发展、符合时代要求。

三、保持稳定性。盟章具有严肃性和延续性特点，需要保持相对稳定性。现行章程中除必须修改之处外，一般不作改动，可改可不改的不改，能小改的不大改，尚未考虑成熟或条件不具备的，不作修改。

四、坚持发扬民主。盟章体现了民盟各级组织和广大盟员的集体智慧。章程修改中，坚持深入调研，集思广益，沟通协商，使章程修改的过程成为统一思想、教育盟员、凝聚共识的过程。

现在根据修改的内容，作以下说明。

一、关于序言、总纲

在序言中增加了“新时代”“新矛盾”的表述，完善了民盟先辈“设立序言时，对‘盟在不同历史时期的工作方针作简明阐述’”的初衷。

在序言对民盟指导思想的表述中，增加了“习近平新时代中国特色社会主义思想”，这一思想是中共十九大精神的核心和关键。中共十九大将这一思想确定为：马克思主义中国化的最新成果，中国特色社会主义理论体系的飞跃，实现中华民族伟大复兴的行动指南。因此，将其写入民盟指导思想，用以指导和引领全盟各项工作，是十分必要的。

在序言中增加了参与“四个伟大”、服务“四个全面”战略布局的表述，它包含着建设中国特色社会主义的奋斗目标、发展动力、基本方略和政治保证，是中共理论创新和实践创新的重要成果。

将实现两个阶段战略安排、“两个一百年”奋斗目标，实现中华民族伟大复兴的中国梦，写入序言。它们是引领中国前行的时代号召，也是包括民盟在内的全国各族人民要共同为之奋斗的宏伟目标。

为体现时代性，将序言第一句话修改为“中国民主同盟是中国共产党领导的爱国统一战线的组成部分，是同中国共产党通力合作的中国特色社会主义参政党”。将第一条后半句修改为“进步性与广泛性相统一的中国特色社会主义参政党”。

为体现政治性，将第三条中“中国民主同盟维护中国共产党的执政地位”修改为“中国民主同盟坚决拥护以习近平同志为核心的中共中央的领导，拥护中国共产党的执政地位”；最后一句修改为“在国家政治生活中积极履行参政议政、民主监督和参加中国共产党领导的政治协商职能，积极推进社会主义协商民主广泛多层制度化发展”。为体现时代性，将本条中“社会主义初级阶段的基本路线、基本纲领和基本经验”修改为“中国特色社会主义基本理论、基本路线、基本方略”。

为体现时代性，将第四条中“科学发展”修改为“创新、协调、绿色、开放、共享发展”；为体现政治性，将“政治方向”一句调整到“第一要务”之前。

为体现时代性，在第五条中增加了坚定“四个自信”的内容。同时，考虑到与序言和第三条重复的原因，删除了本条中对基本路线、三大历史任务和新阶段的目标的表述。同时增加“努力为加快推进富强民主文明和谐美丽的社会主义现代化强国建设凝聚共识、汇聚力量”。

为体现时代性，在第六条中，对国家长期重大战略进行了补充。为了与实际相呼应，体现民盟现实工作的中心和重点，对民盟围绕这些主界别工作的战略内容部分需要坚持的重要理念和努力方向进行了调整和梳理，增加了生态、民生相关内容的表述。考虑到依法治国战略已上升为全面依法治国战略，具有更高层次的价值和意义，并已在序言中有所表述，因此删减此条中的有关内容。

充分吸收习近平新时代中国特色社会主义新思想，在第八条中增加“推进构建人类命运共同体”；将第十条“加强思想道德建设，推动盟员学习中国特色社会主义理论体系”修改为“加强思想道德建设，培育和践行社会主义核心价值观，推动盟员学习中国特色社会主义理论体系”；在第十二条中增加“解决自身问题能力”，同时删除“致力于中国特色社会主义事业”一句。

二、关于盟员

为体现政治性，在第十四条中增加“要将政治标准放在首位”的表述。

为表述严谨，将第十五条第一款修改为“遵守民盟章程，执行民盟决议，参加基层组织生活和民盟活动，按时交纳盟费”。

为适应电子化时代的需要，将第十六条第二款“阅读盟内有关文件和刊物”修改为“阅读盟内有关文件资料”。

为表述严谨，将第十七条修改为“盟员因工作调动等原因迁移至异地，应办理转移组织关系手续”。

为表述严谨，便于执行时有章可循，将第十八条“报请上一级地方组织注销盟籍”修改为“报请上一级地方组织批准”，并增加“自退盟之日起，其所任盟内职务自动终止”。

为表述准确，将第十九条“由支部大会讨论通过”修改为“由基层组织讨论通过”。

三、关于组织总则

将第二十条第六款修改为“中央和地方组织的领导班子成员原则上同一职务可连选连任两届，最多不超过三届”。

为表述准确，将第二十一条“中国民主同盟发展组织”修改为“在组织发展中”；将“以从事文化教育工作的知识分子为主”修改为“以从事文化教育以及科学技术工作的知识分子为主”。

四、关于中央组织

为适应工作需要，在第二十八条中增加两款：“（三）听取和审议中央监督委员会的工作报告”；“（六）根据主席会议提名，决定中央监督委员会人选”。

五、关于地方组织

为避免内容重复，删除原第三十七条中“根据工作需要可任命秘书长，可设必要的工作部门，其负责人选由同级委员会决定”的表述。

六、关于基层组织

为适应工作需要，将原第四十一条修改为："中国民主同盟的基层组织是：基层委员会、总支部委员会、支部委员会或地方委员会的直属基层组织（含直属基层委员会、直属总支部委员会、直属支部委员会、直属小组）。"

依据《民盟中央关于进一步加强基层组织建设的意见》，将原第四十二条第一句修改为"基层组织按盟员所在单位、业务系统、行政区划或盟员界别等建立"。在原第四十三条中，删除所有"直属支部""支部所属小组"的表述，删除"征得上一级组织同意后，可推选副组长"，将最后一句修改为"基层组织的建立、合并、撤销、调整以及换届、届中调整，因特殊情况需提前或推迟换届、改选时，须经上级组织批准"。

为表述准确，将原第四十四条中"根据上级组织的工作布置"修改为"根据上级组织的工作部署"。

七、关于干部和纪律

为加强干部队伍建设和管理，吸收中共十八大以来关于从严治党、强化干部管理监督的新规定和新要求，将原第四十五条和原第四十六条的内容进行互换，将原第四十六条中"按照德才兼备的原则选拔和任用干部"修改为"按照德才兼备、以德为先的原则选拔和任用干部"；将"建立内部监督机制"修改为"建立健全内部监督机制，加强作风建设"。

为体现政治性，并对干部应具备的基本条件进行更加全面和规范的表述，对原第四十五条第一、第二款对调，增加"严格遵守和执行盟的章程和制度"一款，将原第二款分为"有较强的事业心和政治责任感"与"热心民盟事业"两款，并对各条款作适当补充。

为适应工作需要，将原第四十九条第二款第一句修改为：地方组织处分盟员，须经基层组织讨论，要做到事实清楚、证据确凿、程序合规、处理恰当。

八、关于内部监督

随着盟内监督工作不断加强，各级盟内监督机构逐步健全，制度建设更加规范，对内部监督的原则、职责界定和机构设立需要更加统一规范的表述。因此参照《中国共产党章程》，在盟章第七章"干部和纪律"后单设"内部监督"一章。具体内容为：

第四十八条　内部监督是对盟的组织、成员遵守盟章、履职情况的自我监督。重点是对盟的各级领导班子及其成员、各级领导机构成员、各级机关中拥有盟员身份的公职人员的监督。

第四十九条　设立中央监督委员会和省级监督委员会，有条件的地市级组织可以试点设立内部监督机构。中央监督委员会在中央委员会领导下开展工作。地方的内部监督机构在同级委员会领导下进行工作。

第五十条　中央监督委员会组成人员名单由中央主席会议提出，中央委员会全体会议决定。地方各级监督委员会组成人员名单由同级主委会议提名，同级委员会全体会议决定。

监督委员会设主任、副主任和委员。任期和同级委员会一致。

同时删除盟章原第三十二条和原第四十条，并调整第三十一条之后所有条目的序号。

现行盟章共八章五十一条，修改后为九章五十二条。详见《中国民主同盟章程修正案》(草案)。

盟章修正案及以上报告是否妥当，请审议。

民盟中央关于学习贯彻
十二届全国人大五次会议和全国政协十二届五次会议精神的决定

（2017年3月10日民盟十一届十七次中常会通过）

十二届全国人大五次会议和全国政协十二届五次会议，是在迎接中共十九大胜利召开、全面实施“十三五”规划、深化改革向纵深推进的关键时期召开的重要会议。认真学习贯彻全国“两会”精神，对于民盟各级组织认清形势，凝聚共识，更好地发挥自身特点和优势，切实履行好参政党职能，具有十分重要的意义。

民盟中央赞同李克强总理所做的政府工作报告，赞同张德江委员长所做的全国人大常委会工作报告和俞正声主席所做的全国政协常委会工作报告，赞同十二届全国人大五次会议审议通过的《中华人民共和国民法总则》，拥护两会通过的各项决定、决议。

民盟中央认为，2016年是中华民族伟大复兴征程中十分重要的一年。面对错综复杂的国际形势和艰巨繁重的国内改革发展稳定任务，以习近平同志为核心的中共中央团结带领全党全国各族人民，统筹推进“五位一体”总体布局和协调推进“四个全面”战略布局，坚持稳中求进工作总基调，牢固树立和贯彻落实新发展理念，开启全面建成小康社会决胜阶段伟大进军，打响供给侧结构性改革攻坚之战，全年经济社会发展主要目标任务圆满完成，“十三五”实现了良好开局。一年来，全盟认真学习贯彻中共十八大和十八届三中、四中、五中、六中全会精神，深入学习贯彻习近平总书记系列重要讲话精神和治国理政新理念新思想新战略，持续开展坚持和发展中国特色社会主义学习实践活动，引领广大盟员坚定政治信念，多党合作的共同思想政治基础更加牢固；秉承“奔走国是、关注民生”的优良传统，紧紧围绕国家改革发展稳定大局，聚焦经济社会发展重大问题，在深入调研的基础上，汇聚全盟智慧，积极履行参政党职能，各项工作都取得了新的成绩，为实现“十三五”良好开局做出了应有贡献。

2017年是实施“十三五”规划的重要一年，是推进供给侧结构性改革的深化之年，也是我国政治生活中具有重要意义的一年，中国共产党将召开第十九次全国代表大会，民盟也将召开第十二次全国代表大会。作为致力于中国特色社会主义事业的参政党，全盟各级组织要把贯彻全国“两会”精神与全面贯彻落实中共十八大和十八届三中、四中、五中、六中全会精神结合起来，与深入学习贯彻习近平总书记系列重要讲话精神和治国理政新理念新思想新战略结合起来，与积极开展“不忘合作初心，继续携手前进”专题教育结合起来，牢固树立“四个意识”，增强“四个自信”，进一步夯实多党合作的共同思想政治基础；要围绕政治交接这一主线，在换届过程中全面加强思想、组织、制度和作风建设，努力换出新干劲、换出新气象，为民盟事业持续健康发展奠定坚实基础；要紧扣“十三五”规划实施和全年经济社会发展目标，聚焦中共中央重大战略部署，聚焦改革领域突出问题，聚焦群众关切热点问题，积极参加中国共产党领导的政治协商，不断提高民主监督的实效，不断提高参政议政的能力和水平，多提务实管用的对策建议，促进经济平稳健康发展和社会和谐稳定。要深入贯彻《关于加强和改进人民政协民主监督工作的意见》，支持民盟各级组织和盟员政协委员在政协平台积极开展民主监督工作，努力做到真监督、善监督，进一步彰显中国共产党领导的多党合作和政治协商制度的优势和特色，更好地推动中共中央大政方针的贯彻落实。

“两会”期间，习近平总书记在政协联组会上发表关于知识分子的重要讲话，强调伟大的事业更加需要知识和知识分子，更加需要知识分子为国家富强、民族振兴、人民幸福多做贡献。民盟是由从事文化教育以及科学技术工作的高、中级知识分子为主体的民主党派，充分发挥知识分子的作用责无旁贷，全盟同志一定要认真学习贯彻习近平总书记重要讲话精神，要始终胸怀大局，坚守正道，身体力行带动全社会遵循社会主义核心价值观；要积极投身创新发展实践，立足本职，扎实工作，主动担当，积极作为，为全面建成小康社会、建设世界科技强国做出更大贡献。

民盟中央要求，全盟各级组织和广大盟员要认真学习贯彻全国“两会”精神，更加紧密地团结在以习近平同志为核心的中共中央周围，同心同德、锐意进取，不断开创民盟工作新局面，为实现“两个一百年”宏伟目标、实现中华民族伟大复兴的中国梦贡献力量，以优异成绩迎接中共十九大和民盟十二大的胜利召开！

民盟中央关于学习贯彻中国共产党第十九次全国代表大会精神的通知

盟中发〔2017〕190号

民盟各省、自治区、直辖市委员会：

中国共产党第十九次全国代表大会，是在全面建成小康社会决胜阶段、中国特色社会主义进入新时代的关键时期召开的一次十分重要的大会。大会高举中国特色社会主义伟大旗帜，以马克思列宁主义、毛泽东思想、邓小平理论、“三个代表”重要思想、科学发展观、习近平新时代中国特色社会主义思想为指导，分析了国际国内形势发展变化，回顾和总结了过去五年的工作和历史性变革，做出了中国特色社会主义进入了新时代、我国社会主要矛盾已经转化为人民日益增长的美好生活需要和不平衡不充分的发展之间的矛盾等重大政治论断，深刻阐述了新时代中国共产党的历史使命，确立了习近平新时代中国特色社会主义思想的历史地位，提出了新时代坚持和发展中国特色社会主义的基本方略，确定了决胜全面建成小康社会、开启全面建设社会主义现代化国家新征程的目标，对新时代推进中国特色社会主义伟大事业和党的建设新的伟大工程做出了全面部署。这是一次不忘初心、牢记使命、高举旗帜、团结奋进的大会，必将对决胜全面建成小康社会、开启全面建设社会主义现代化国家新征程，对夺取新时代中国特色社会主义伟大胜利、实现中华民族伟大复兴的中国梦发挥十分重要的指导和保证作用。

中国民主同盟坚决拥护习近平同志所做的报告和大会通过的各项决议，拥护中共十九届一中全会选举产生的中共中央新的领导集体。民盟中央要求，全盟各级组织和广大盟员必须紧密团结在以习近平同志为核心的中共中央周围，以马克思列宁主义、毛泽东思想、邓小平理论、“三个代表”重要思想、科学发展观、习近平新时代中国特色社会主义思想为指导，认真学习贯彻中共十九大精神，把思想和行动统一到贯彻落实中国共产党关于决胜全面建成小康社会、开启全面建设社会主义现代化国家新征程的战略部署上来。为此，特通知如下：

一、全盟要把深入学习贯彻中共十九大精神作为当前和今后一个时期的重要政治任务，抓紧抓实抓好。全盟各级组织和广大盟员必须深刻认识学习贯彻中共十九大精神的重要意义，深刻领会习近平新时代中国特色社会主义思想的精神实质和丰富内涵，深刻理解中国特色社会主义进入新时代的新论断、我国社会主要矛盾发生变化的新特点和分两步走全面建设社会主义现代化国家的新目标，把握学习重点，提高学习实效。民盟各级组织要认真部署学习活动，使广大盟员不断强化“四个意识”，坚定“四个自信”，在思想上政治上行动上同以习近平同志为核心的中共中央保持高度一致。

二、全盟要把深入学习贯彻中共十九大精神与履行参政党职能相结合，更好地建言献策、履职尽责。要紧密结合中共十九大对我国未来发展做出的战略安排，充分发挥界别优势，围绕加快教育现代化、推进高等教育内涵式发展，深化文化体制改革、完善文化经济政策，深化科技体制改革、加强国家创新体系建设等重大问题，通过参与政党协商、开展实地调研、举办论坛研讨会、开展脱贫攻坚民主监督等活动，积极出主意、想办法，做好事、做实事，发挥好民盟在社会主义协商民主中的重要作用，担负起新时代赋予中国特色社会主义参政党的历史责任。

三、全盟要把深入学习贯彻中共十九大精神与加强民盟自身建设相结合，做新时代中国特色社会主义参政党。要始终坚持中国共产党的坚强领导，以中共十九大精神引领民盟的自身建设，注重以党为师，把中共十九大对党建的新要求内化为民盟自身建设的行动指南，不断继承和发扬民盟优良传统，为民盟优良传统注入新时代的精神内涵；继续深入开展坚持和发展中国特色社会主义学习实践活动，不忘合作初心，继续携手前进，搞好政治交接，加强思想建设、组织建设、制度建设、理论建设、机关建设，把民盟建设成为高素质的新时代中国特色社会主义参政党，以优异成绩迎接民盟十二大的胜利召开。

中国民主同盟中央委员会
2017 年 10 月 25 日

民盟中央2017年工作要点

（2017年1月4日民盟中央主席办公会议通过）

2017年全盟工作总的要求是：深入学习贯彻中共十八大，十八届三中、四中、五中、六中全会精神和习近平总书记系列重要讲话精神，积极开展“不忘合作初心，继续携手前进”专题教育，不断提高议政建言能力和水平，努力提升民主监督实效，圆满完成政治交接任务，为推进“五位一体”总体布局和“四个全面”战略布局、推动“十三五”规划的实施做出新的贡献。

一、进一步加强思想建设，打牢多党合作共同思想政治基础

1.全盟要认真学习贯彻中共十八大和十八届三中、四中、五中、六中全会精神，深入贯彻习近平总书记系列重要讲话精神，引导广大盟员不断增强“四个自信”，强化“四个意识”，坚持以中国特色社会主义理论体系武装头脑、指导实践、推动工作，为坚持和完善中国共产党领导的多党合作事业贡献力量。

2.以“不忘合作初心，继续携手前进”专题教育为主要内容，深入开展学习实践活动。通过学习培训、宣讲座谈、典型宣传、经验交流等多种形式，实现专题教育全面覆盖，引导广大盟员努力把“立盟为公、参政为民”的价值理念转化为为党分忧、为国尽力、为民尽责的实际行动。

二、充分发挥主席会议和常委会的领导核心作用，加强对影响全局重大问题的统筹规划

3.充分发挥主席会议和常委会在盟务工作中的决策和领导作用，就关系全盟工作的重大问题做好研究部署。

4.今年常委会将重点研究民盟中央的换届工作和省级组织换届的总结工作，认真完成人事交接和政治交接，不断提升民盟自身建设的科学化水平。

三、围绕“五位一体”总体布局和“四个全面”战略布局，充分履行参政党职能

5.发挥优势，整合资源，切实履行参政议政职能。聚焦“十三五”规划实施和供给侧结构性改革等重要工作，针对生态保护、教育改革、科技创新、民生保障、法治建设、文化建设、现代农业和区域发展等重大问题，积极参政议政、献计出力。扎实做好中共中央委托的重点调研和民盟中央开展的重要调研，指导协调民盟中央各专委会与省级盟组织的合作调研，做好成果转化，提高建言水平。

6.进一步提升民主监督工作的制度化、规范化、程序化水平，重点就当前重大改革

举措、重要政策贯彻执行情况和“十三五”时期重要约束指标等进行监督。

7. 开展专题调研，成立专家顾问组，深入开展对口河南脱贫攻坚民主监督工作。

8. 围绕中心，服务大局，积极参加中国共产党领导的政治协商。做好中共中央党外人士座谈会、政府工作报告征求意见座谈会、中共中央委托调研协商座谈会、高检高法座谈会等高层会议协商的发言。

9. 充分利用政协平台，促进参政议政成果转化。做好全国政协十二届五次会议、常委会、双周协商座谈会、专题协商会和提案办理协商会的民盟提案与发言。发挥盟内各级政协委员的作用，做好提案工作。

10. 发挥好各专门委员会和民盟国情研究中心的作用，不断拓展参政议政渠道和资源。认真办好民盟参政议政工作会议、第三届经济论坛、第八届民生论坛、第五届教育论坛，为建言献策提供有力支持。

11. 完善“民盟参政议政成果共享平台”，做好“民盟参政议政文献史料”收集、整理工作，开展好“参政议政人才库”“参政议政资源库”和“参政议政文献库”的建设，实现全盟参政议政信息资源共享。

12. 开展反映社情民意信息工作专题调研，完善信息采集、编辑、报送、反馈、评比表彰等工作机制。加大全盟信息工作培训力度，进一步提升盟员骨干和专职干部信息工作水平。

四、集中力量，抓好重点，提升社会服务工作整体水平

13. 协调整合有关省、市盟组织力量集中行动，扎实推动毕节、广宗等地帮扶系列活动。推进东部十省市民盟组织参与毕节试验区精准扶贫行动。

14. 协调更多的盟内和社会资源参与“农村教育烛光行动”，促进教育公平发展。开展好“增爱义诊”“名医大讲堂”“明眸工程”等帮扶活动。

15. 探索有效帮教形式，稳步推进“黄丝带帮教行动”。继续深入开展社区服务工作。

16. 适时召开民盟中央社会服务工作专题研讨会，总结经验，推进工作。

五、以搞好政治交接为主线，全面加强组织建设

17. 做好民盟中央和省级组织的换届工作，顺利完成政治交接和新老交替。按照换届文件的要求，强化领导，严格程序，严肃纪律，加强监督，做好换届的各项具体工作。

18. 进一步增强组织发展的计划性、目的性和主动性，认真贯彻“人才强盟”战略，明确重点，抓好源头，有效改善人才结构，确保民盟特色优势。

19. 落实“民盟双百人才工程”，年中举办高层次新盟员培训班和盟务工作骨干培训班；完善干部人才信息库，做好代表性人士的推荐工作，切实加强代表性人士和后备干部队伍建设。

20. 做好民盟中央和省级组织监督委员会的换届工作，建设高素质监督委员队伍。

六、深化参政党理论和盟史研究，加大思想宣传工作力度

21. 深入开展参政党理论和盟史研究，协调各省级盟组织完成“民盟历史人物”招标

课题的撰写工作，推动《民盟编年史（1941—1949）》的编写工作。适时召开参政党理论专题研讨会。

22. 结合换届做好思想宣传工作，加强新一届领导班子和后备干部的思想政治作风建设；广泛开展盟员思想状况调查研究，有针对性地加强盟员思想引导。

23. 加强与主流媒体的沟通联系，进一步办好《中央盟讯》，优化新媒体平台与工作队伍建设，及时总结、宣传民盟在服务建设中国特色社会主义伟大实践中的履职成果，深入报道重点调研、重大活动、重要建言和优秀盟员。做好中共十九大和民盟十二大会议精神的学习宣传。

24. 组建民盟中央宣讲团开展宣讲活动；启动“多党合作历史传统记录工程”和“民盟传统教育基地规范化工程”；召开“盟员之家”建设研讨会；适时召开民盟中央艺术团和文化艺术研究院的理事会，组织民盟中央美术院、艺术团、文化艺术研究院开展文化活动。

25.《群言》杂志要进一步拓宽选题视野，密切关注社会重大事件，积极反映民盟履行职能的工作亮点，有效提升盟史宣传力度，继续打造地方专刊品牌。

七、搭建平台，促进交流，进一步做好对台港澳的联谊工作

26. 办好第十三届海峡两岸暨港澳地区大学校长联谊活动，加强海峡两岸及港澳地区教育交流合作。

27. 做好台港澳同胞和海外侨胞的联谊和联络工作，增进了解，扩大共识，加深友谊，为祖国和平统一大业做出应有贡献。

八、完善管理制度，增强机关建设的科学性和规范性

28. 打造学习型、绩效型、服务型、和谐型机关，努力提高机关干部的工作能力，改进工作作风，提高工作效率。

29. 制定与财务管理、资产管理、基建管理、政府采购相关的机关管理制度，增强机关管理的科学性和规范性。做好基础设施修缮、办公环境维护工作，为各项盟务工作的开展提供保障。

中国民主建国会

不忘合作初心　继续履职前行
为决胜全面建成小康社会
夺取新时代中国特色社会主义伟大胜利贡献力量

——在中国民主建国会第十一次全国代表大会上的报告

陈昌智

（2017 年 12 月 16 日）

各位代表、同志们：

现在，我代表第十届中央委员会向大会作报告，请予审议，并请列席会议的同志提出意见。

中国民主建国会第十一次全国代表大会，是在全国人民深入学习贯彻中共十九大精神，决胜全面建成小康社会，开启全面建设社会主义现代化国家新征程的形势下召开的一次重要会议。

大会的主要任务是：以中共十九大精神为指导，认真学习习近平新时代中国特色社会主义思想，回顾本会十大以来的工作，总结经验，研究和部署今后五年的工作任务，修改会的章程，选举产生新一届会中央领导机构，统一思想，凝聚力量，动员全会各级组织和广大会员，坚定不移沿着中国特色社会主义道路前进，为决胜全面建成小康社会、夺取新时代中国特色社会主义伟大胜利贡献力量。

一、过去五年的工作回顾

过去五年是我国发展进程中极不平凡的五年。以习近平同志为核心的中共中央，团结带领全党全军全国各族人民，深刻审视当今世界和当代中国发展大势，准确把握我国发展新要求和人民群众新期待，制定了适应时代要求的行动纲领和大政方针，继续统筹推进“五位一体”总体布局，协调推进“四个全面”战略布局，取得了改革开放和社会主义现代化建设的历史性成就。

五年来，民建全会以中国特色社会主义理论体系为指导，深入学习贯彻中共十八大、十九大精神，按照本会十大确定的目标和任务，弘扬优良传统，不断开拓进取，努力加强自身建设，切实履行参政党职能，为促进经济持续健康发展、维护社会和谐稳定做出了积极贡献。

（一）思想建设取得新成效

五年来，全会始终把思想建设摆在各项工作的首要位置，继承优良传统，深化政治交接，召开全国宣传思想工作座谈会，举办重大纪念活动，开展会史学习和思想宣传，加强自我教育，激发广大会员爱国爱党爱会爱社会主义的情感，进一步夯实共同政治思想基础，保证会的事业沿着正确的政治方向前进。

主题教育深入人心。本届伊始，会中央对开展坚持和发展中国特色社会主义学习实践活动做出重要部署。召开坚持和发展中国特色社会主义学习实践活动座谈会，交流经验，总结成绩，推进活动深入开展。会中央领导集体成员参加统一战线学习中央统战工作会议精神研讨班，深化思想认识，进一步增强坚持和发展中国共产党领导的多党合作和政治协商制度的信念。各级组织和广大会员认真学习中共十八大、十九大精神，举办理论研讨会、培训班等，推动理论学习。围绕响应“五一口号”65 周年、中国人民抗日战争暨世界反法西斯战争胜利 70 周年、建会 70 周年等重大活动，召开纪念会、报告会，开展征文活动，组织参观考察，举办文艺演出，通过多种形式推进学习实践活动。开展“不忘合作初心，继续携手前进”专题教育。配合有关部门做好多党合作历史传统记录工程，参与编写《大道》。开展会员基本情况问卷调查，了解会员思想动态，针对问题释疑解惑，坚定会员政治信念。

传统教育内容丰富。会中央将中国民主建国会成立旧址陈列馆、黄炎培故居、胡厥文生平事迹展览馆、孙起孟故居陈列馆、施复亮故居、冷遹纪念馆、南京民间抗日战争博物馆命名为民建中央爱国主义教育基地，挖掘会内资源，打造会史教育载体。会中央编印《光辉历程——中国民主建国会七十年》，编写出版《民建史话》《民建先贤轶事》，配合拍摄《民建文献片》，为开展会史教育提供新的学习材料。会中央召开成思危同志追思会，地方组织举行纪念活动，号召广大会员缅怀他的光辉业绩，学习他的崇高精神，坚持榜样引领，巩固共同理想信念。

理论研究重点突出。会中央围绕参政党的建设和职能，结合形势确定年度重点课题，就加强自身建设的经验和规律、履行参政党职能的经验和规律、民建如何在全面深化改革和全面推进依法治国中发挥作用、民建如何在中国共产党领导的政党协商中发挥作用、民建如何履行民主监督职能等，开展理论研究，共收到研究文章 1189 篇，部分优秀成果在会中央网站和《民讯》刊发。举办“参政党与中国现代文明发展”研讨会，对参政党的建设与发展做了有益探讨。

媒体宣传效果显著。每年全国两会前夕，会中央都召开新闻通气会，接受媒体采访，介绍有关提案、大会发言情况。五年来，《人民日报》《光明日报》《经济日报》等中央新闻媒体刊发会中央领导和民建会员中的各级人大代表、政协委员的署名文章、重要言论、采访稿件 300 余篇，介绍民建年度重点调研专题、建言献策重要成果等新闻特写类稿件 100 多篇，扩大了民建的社会影响。新华社、中央电视台、中新社等媒体对民建界别的政协委员首倡设立南京大屠杀死难者国家公祭日进行报道，在社会上引起强烈共鸣。完成会中央网站和《民讯》改版，推出网站手机版和官方微信公众号，宣传平台有新拓展。完成民主与建设出版社改制工作，《经济界》杂志始终保持较高办刊水准。地方组织的网站和会刊越办越好，283 个市级组织办有刊物。

（二）组织建设迈出新步伐

五年来，全会以领导班子建设为重点，大力加强地方组织和基层组织建设，提升会员发展质量，组织建设取得新的成效。截至今年 6 月，新建市级组织 12 个，新发展会员 45191 人，年均净增长 5%，全会有会员 178449 人，其中大专以上学历会员占 85.7%、企业界会员占 63%、新的社会阶层人士占 33.3%，代表人士比例进一步提高。在纪念建会 70 周年大会上，会中央表彰了 500 名全国优秀会员和 200 个先进集体。据统计，五年内有 1491 人次获得国家和省部级表彰奖励，为本会赢得了荣誉。

领导班子建设进一步增强。会中央坚持中心组学习制度和主席务虚会制度，及时学习、认真领会习近平总书记系列重要讲话精神，结合本会实际，研究新问题，提出新举措。坚持民主生活会制度，驻会领导同志开展批评与自我批评，交流思想，增进共识。加强作风建设，严格落实中共中央八项规定精神，多次召开改进工作作风座谈会，分别征求中央常委、省级组织主委、会中央机关干部的意见和建议，形成整改报告，在十届五次中常委会上作了通报。会中央领导坚持联系地方组织的制度，深入市级组织调研，听取意见，指导工作。各级组织认真贯彻会中央有关精神，完善领导制度，改进工作作风，进一步推进班子建设。

地方组织和基层组织建设不断加强。会中央加强对地方组织换届工作的指导，在中共地方党委的领导和帮助下，30 个省级组织、294 个市级组织完成换届，一批德才兼备、年富力强的同志进入领导班子，领导成员的年龄和知识结构更加合理，整体素质进一步提高。先后召开全国基层组织建设研讨会、市级组织建设研讨会和省级组织建设研讨会，总结交流经验，分析存在问题，明确新形势下加强组织建设的重点和要求。地方组织机关改进工作作风，采取与支部联合活动、走访会员企业等方式，加强与基层组织联系。

会员培训工作全面开展。认真制定和实施培训工作规划，先后对新任中央委员、省级组织新任专职副主委、市级组织专职副主委进行全员培训。召开民建全国厅局级政府实职干部工作研讨会，加强工作交流，为干部成长提供借鉴。会中央与各省级组织联合举办学习习近平总书记系列重要讲话和中共中央有关会议精神培训班，培训会员骨干 2980 人。采取单独培训和联合省级组织培训的方式，先后培训基层组织负责人 7821 人次。选派 19 名局级干部参加中央统战部组织的学习贯彻习近平总书记系列重要讲话精神轮训班，182 名会内骨干参加在中央社院举办的民主党派干部研修班、进修班、培训班。建华课堂的区域分课堂从 9 个增加到 19 个，开展培训活动 700 余场，培训会员会友约 8 万人次，建华课堂培训案例入选中央统战部编撰的《统一战线教育培训优秀案例选编》。

会内监督机制逐步完善。中央监督委员会组织部分成员到有关单位学习，得到中纪委、监察部主要领导的指导和帮助，与兄弟党派交流经验，相互借鉴，促进了工作开展。中央和省级组织监督委员会建立健全监督工作制度，列席下一级组织的述职评议会、谈心会，推动地方组织领导班子建设。加强换届工作的监督，营造风清气正的换届环境。严肃会纪，对触犯法律和犯有严重错误的会员给予纪律处分，对涉及辽宁拉票贿选案的会员进行诫勉谈话。稳步探索市级组织会内监督工作，已有28个市成立了监督委员会或监督小组。认真做好会员信访工作，共处理来信来访3969件次。及时处理地方组织换届信访问题，保障换届顺利进行。

机关建设水平不断提升。会中央机关完善管理制度，修订民建中央机关财务管理制度、会议费管理办法等文件，进一步规范机关管理工作，机关的财务预算、决算工作先后4次在财政部评比中获奖。配合审计署完成对会中央机关、本级和所属事业单位预算情况的首次审计，审计报告对会中央相关工作给予了肯定。选派19名机关干部到基层挂职锻炼，组织78名会务工作者参加境内外培训，机关党支部、民建支部、团支部开展“两学一做两提高”学习教育，举办报告会和知识讲座、组织参观和知识问答，提高机关干部的政治素质和业务水平。机关各部门与基层支部联合开展活动100余次，就参政议政、自身建设等课题开展讨论交流。各地方组织机关进一步健全日常管理、会务工作等机制，努力提高工作效率和质量，为会务工作提供有力保障。

（三）履行职能收获新成果

五年来，本会针对改革开放、经济建设和社会发展中的重大问题，发挥密切联系经济界的特色和优势，深入开展调查研究，认真履行职能。召开参政议政工作会议，制定《民建中央关于加强参政议政工作的意见》，总结经验，健全机制，发挥骨干作用，着力提高全会的参政议政水平。

高层协商水平不断提高。会中央贯彻落实政治协商的有关文件精神，积极参加政党协商、政府协商和政协协商等。协商前深入考察调研，协商中坦陈己见，协商后注意总结，进一步提高了政治协商的能力和水平。会中央领导共参加中共中央和国务院举行的高层协商会22次，就中共十九大报告、编制和实施“十三五”规划、政府工作报告，以及深化改革、依法治国、从严治党、经济形势等重大问题和重要人事安排，提出意见建议，受到中共中央的重视。

参政议政取得丰硕成果。担任全国人大代表的会员牵头提交议案99件，建议1892件。会中央和担任全国政协委员的会员向全国政协大会提交提案2264件、大会发言320件，向全国政协常委会提交发言16件，向全国政协专题协商会和双周协商会提交发言46件。会中央针对实行金融业统一监管、降低存贷款利率、设立民营银行、减少增值税档次、降税减费发展民营经济、改善民间投资环境、扩大小微企业享受个人所得税减免范围、加强长江生态环境保护、改进证券监管工作、提高公务员工资水平等提出的多项建议被国务院和有关部委采纳。全国政协从五年来立案的23950多件提案中，评选出优秀集体提案86件，民建中央有6件获奖；优秀委员提案154件，有10位会员获奖。会中央每年第三季度召开中常委会议研究分析经济形势，并形成相关建议，为中共中央、国务院决策提供参考。地方组织结合当地实际认真搞好参政议政，得到地方党委和政府的高度评价，并积极向会中央提供参政议政成果，在会中央提交全国政协的提案中，67%为地方组织提供。会中央十分重视反映社情民意信息工作，五年来，共收到社情民意信息13157篇，向全国政协等有关方面编辑报送2909篇，255篇被采用。

民主监督工作有新拓展。脱贫攻坚民主监督是中共中央赋予民主党派的一项新任务。会中央对此高度重视，主要领导多次带队开展调研，与广西自治区党委、政府主要领导座谈，对开展脱贫攻坚民主监督的做法、内容达成共识。组建专家队伍，开展入村调研，实地检查扶贫政策执行情况，发现问题并督促改进，协助广西打赢脱贫攻坚战。在中共开展党的群众路线教育实践活动中，会中央积极向中共中央政治局常委会、全国人大常委会党组、全国政协党组、中央统战部提出意见和建议。会中央领导通过参加高层协商会以及最高法、最高检、国家发改委、公安部等举行的民主监督座谈会，就加强社会治理、促进经济发展、推进司法改革、加强产权保护等坦诚指出问题，提出改进建议，部分意见建议在“两高”工作报告和部门文件中得到体现。担任各级人大代表、政协委员和政府部门特约（邀）职务的会员，积极参加调研、检查、视察等活动，发现问题，提出改进意见。

调查研究深入扎实。会中央每年确定5个重点调研专题，驻会领导带队，邀请国家有关部委、民建地方组织、会内外专家学者参与，深入196个市开展调研，调研成果全部转化为参政议政的提案和大会发言，多项重点调研专题成果被《国是——民主党派参政议政工作案例选编》收录。根据国家和社会需要，会中央还对京津冀大气污染防治、民间固定资产投资下滑等课题开展应急调研，将有关成果及时报送中共中央和国务院。五年来，共提交调研报告33份，得到中央领导批示53件次。

专门委员会作用有效发挥。根据参政议政工作需要，本届对原有的10个专委会进行了调整，新增2个专委会，并召开民建中央专门委员会工作研讨会，进一步加强专门委员会建设。各专门委员会结合自身特点，准确定位，健全制度，制定规划，就社会关注的重大问题、热点问题开展调研，五年来共提交调研报告338篇，为会中央的参政议政工作提供重要支撑。部分专门委员会与地方政府联合举办论坛、召开研讨会，为推动地方经济社会发展献智献策。

（四）社会服务做出新贡献

五年来，本会以“思源工程”为载体，以中华思源工程扶贫基金会为平台，依托地方组织和会员企业，立足特色，发挥优势，动员全会力量，扎实做好社会服务工作，赢得社会广泛赞誉。会中央召开全国社会服务工作会议，全面总结五年来的工作，交流经验，明确今后的总体思路和方向，推动工作深入开展。

定点扶贫成效突出。会中央持续加大对贵州黔西县、河北丰宁县的帮扶工作力度，建立民建东部十省市组织对口帮扶黔西、京津冀民建组织对口帮扶丰宁的工作机制，深入推动定点扶贫工作。在黔西县举办“毕节试验区生态产业发展峰会”、百企黔西行、特色小镇产业发展论坛等活动10次，促成招商引资签约项目15个，总金额90亿元。会中央领导加大对重大项目的协调力度，推动毕节飞雄机场、丰宁抽水蓄能电站、黔西电厂二期扩建工程等落实见效。投入帮扶资金7928万元，在两县实施帮扶项目440个。帮助两县培训乡村骨干教师、乡村医生、农村致富带头人、新型职业农民等15560人次；扶持两县建设黑莓、樱桃、魔芋、生姜、石榴等基地1170亩，发展有机蔬菜大棚800亩，资助 1686 个建档立卡的贫困户发展种养殖实现脱贫。帮助两县新建或改造村级卫生室、图书室、小水窖、村内便道（桥）、沼气罐（池）等多项惠民工程。

“思源工程”社会效益显著。五年来，各级组织在教育培训、医疗卫生、社会救助、助残济困、帮幼敬老、文化环保、新农村建设等方面，实施扶贫和公益项目。广大会员企业家通过捐助、投资、帮助安置就业等方式，为全会开展“思源工程”做出突出贡献。中华思源工程扶贫基金会汇聚会内资源，大力争取社会募捐，为实施“思源工程”提供强有力的支持。五年来共募集资金 10.1 亿元，其中社会捐赠 8.3 亿元，占 82.18%。实施 8 大类公益项目，其中，思源救护项目向全国 843 个国家级和省级贫困县捐赠 2411 辆救护车；思源教育移民计划项目在 14 个省份开设 190 个教育移民班、资助 9500 名山区移民学生；思源新农村项目涵盖 15 个省份、为 30.3 万名贫困群众脱贫提供助力；在社会救助方面，救助残疾儿童和 63 种大病的患者 1.3 万余人次。芭莎明星慈善夜、思源教育移民计划、思源天使妈妈、思源爱的分贝等项目已经成为业界著名品牌。思源救护项目和两位慈善人物分获公益慈善领域国家级最高奖项——中华慈善奖，10 余个项目荣获行业奖，基金会连续 6 年并列全国基金会透明指数第一名。

抗灾救灾工作及时有力。四川雅安 7.0 级地震等重特大自然灾害以及“8・12”天津特别重大火灾爆炸事故发生后，会中央都第一时间做出抗灾救灾工作安排，全会各级组织和广大会员、中华思源工程扶贫基金会积极行动，共捐献款物约 1.92 亿元，运送赈灾物资 1 万余吨，资助受灾群众达 260 万人次。会中央还及时成立思源救灾工作组，组织力量，迅速赶赴灾区开展生命救援、搜寻遇难者、医疗诊治、消毒防疫等工作。

两大论坛品牌效应持续扩大。继续每年举办中国风险投资论坛、中国非公有制经济发展论坛。中国风险投资论坛影响更加广泛，参加论坛的国内外专家学者、企业界人士累计 8100 余人次，被评为最具投资潜质创新企业的会员企业逐年增加，论坛已成为国内风险投资领域层次最高、影响最大的盛会。中国非公有制经济发展论坛举办水平不断提高，参加论坛的会内外企业家、专家学者累计 5100 余人次，收到论文 1000 余篇，项目签约金额 3247.18 亿元，成为民建宣传我国非公经济政策、履行参政议政职能、促进地方经济建设的重要平台。

服务会员企业形式多样。连续 5 年与国务院发展研究中心联合开展民建非公经济会员问卷调查。举办 4 次民建会员企业家培训班，在 11 个省（自治区、直辖市）召开 21 次非公经济前沿圆桌会议，为促进会员企业转型升级、提高管理水平服务。参与“一带一路”建设，组织会员企业家赴巴基斯坦考察，项目签约金额 1.5 亿元。举办经贸合作推介交流会、丝绸之路高峰论坛、企业投融资经验交流会，组织会员企业家赴辽宁、甘肃、新疆等地投资考察，为会员企业搭建学习、交流、投资平台，服务地方经济发展。

（五）联络工作取得新进展

五年来，本会在联络工作中，深化与港澳台各界的交流，加强与国外工商界的联系与沟通，并将联络工作与参政议政、社会服务相结合，收到良好效果。先后组织赴港澳交流团组 4 个，赴台团组 5 个，赴国外调研考察团组 9 个；共接待港澳工商经济界、教育界来访团组 6 个，台湾教育、农业、文化等方面来访团组 26 个，并促成多个合作项目。

与港澳交流稳步发展。每年全国两会期间，拜访港澳代表和委员，就共同关心的港澳发展问题深入交换意见。邀请香港中华出入口商会、香港教育工作者联会访问团到内地参访，促进交流合作。联合香港中华出入口商会、香港中华总商会在香港举办民建会员企业家“一带一路”研讨班，深化双向交流。接待香港思源学校访问团赴宁夏和内蒙古考察，巩固与香港会员会友的传统友谊。

对台工作有序开展。本会认真贯彻中共中央对台工作方针，稳步做好促进两岸交流工作。会中央领导先后率团出席两岸企业合作研讨会、两岸产业供应链合作研讨会、两岸财经圆桌论坛等活动，组织中小企业代表团访问台湾中小企业和相关科研机构。在京两次成功举办台湾民用消费品推介会，达成多项实质性合作。继续保持与台湾民间机构的友好交流，办好对台交流品牌项目，坚持每年与台湾世新大学联合举办两岸财经论坛、专题研讨会。先后接待台北市教育会、新北市工商企业代表团等参访内地，多层面多角度展现大陆发展成就，促进两岸交流合作。

赴国外调研交流富有成效。注重与参政议政工作相结合，紧扣会中央的年度重点调研课题，组织专家团组赴国外考察调研，就经济、科技、养老保障、环境保护、“一带一路”建设等，与有关国家政府机构、工商企业、民间组织进行广泛交流和研讨，借鉴国外好的经验和做法，为参政议政工作提供参考。

在回顾工作成绩的同时，我们必须清醒地看到，本会工作还存在一些不足，如思想教育联系实际不够，组织发展要更加注重质量、优化结构，后备干部储备不够充分，民主监督的实效性不够强，社会服务工作方式有待创新，等等。对此，我们要高度重视，采取切实有效的措施加以改进。

各位代表，同志们！

过去五年，全会弘扬传统、开拓创新、勇于实践，自身建设水平明显提高，履职能力显著增强，各项工作取得新成绩。这些成绩，离不开中国共产党的坚强领导，离不开社会各界的大力支持，是全会同志辛勤付出、共同奋斗的结果。在这里，我谨代表会中央向全会各级组织、全体会员和会务工作者致以亲切的问候！向领导和支持我们的中国共产党表示崇高的敬意！向关心和帮助我们工作的全国人大、国务院、全国政协、各兄弟民主党派和全国工商联表示衷心的感谢！

二、五年的工作特点和经验

五年来，本会坚持和发展参政党的进步性和广泛性，努力推动会的实践，在继承中发展，在发展中创新，具体工作上呈现出以下特点：

（一）探索我会建设和发展的规律

围绕建会70周年，全会深入学习中国特色社会主义政党理论、会章会史和会的优良传统，认真总结经验，对本会建设发展的规律做出了理论概括：政治纲领的与时俱进，引领民建的前进方向；思想建设的与时俱进，保证民建的健康发展；履职能力的与时俱进，巩固民建的参政党地位。“三个与时俱进”高度概括了民建的历史实践，赋予了时代内涵，回应了会员期盼，弥足珍贵。同时，凝练出“爱国、民主、建设、团结、创新、奉献”的共同价值理念。这些价值理念契合了社会主义核心价值观的基本要求，传承着民建的优良传统，体现着民建的自身特色。“三个与时俱进”和“六个价值理念”，是全会智慧的结晶，是引领民建事业继续前进的精神财富和力量源泉。

（二）工作作风切实转变

会中央进一步加强作风建设，工作重心下移，深入推进组织建设。一是首次召开全国基层组织建设研讨会、全国市级组织建设研讨会，会中央分别与两级组织共同研究如何搞好组织建设工作，形成共识后，有布置，有检查。二是领导班子多层次广泛征求意见，诚恳接受批评，对意见建议进行认真梳理和分析，专题研究，制定措施，切实加以整改。三是主席会议成员 440 次深入全国 297 个市级组织，了解基层组织和会员情况，指导工作。四是培训工作向基层倾斜。会中央首次把培训基层组织负责人作为重点，周密组织，有序安排，实现了对全会 7700 多个基层组织负责人培训的全覆盖，提高了基层骨干整体素质，为组织建设打牢基础。

（三）会内监督不断强化

会中央把建立健全会内监督作为加强自身建设的重要措施。一是健全会内监督体系。推动 30 个省级组织全部建立监督委员会，部分市级组织结合实际建立了监督委员会或监督小组。二是完善会内监督制度。在实施《中国民主建国会会内监督条例（试行）》的同时，修订了《中央监督委员会工作规则》，推动地方组织落实述职评议、谈心会等有关制度。坚持每年召开中央监督委员会全体会议，总结工作，部署任务，并向中央委员会汇报工作。三是监督工作取得实质性进展。从本届开始，中央监督委员会每年对会中央机关有关专项经费支出进行审查；根据会章和有关规定，对触犯法律和犯有严重错误的领导干部给予纪律处分或进行诫勉谈话。地方组织及其监督委员会也通过组织谈话、批评教育、纪律处分等形式，加大了监督和追责的力度。

（四）参政议政务实高效

会中央在充分调动专委会、基层组织和会员参政议政积极性的同时，更加注重建言献策的实效性。一是坚持以问题为导向精心选题。持续关注全面建成小康社会的重点难点和短板问题，新发展理念落实中的重要问题，人民群众关心的生产生活实际问题，特别是针对民营经济发展的难题，察实情、讲实话、谋实策。二是调查研究深入扎实。围绕选题，深入一线，选好样本，集中攻关，用事实说话，用数据说话，真正把问题找准、把原因厘清、把建议提实。三是大量建议被采纳，见到实效。几年来，会中央着力提高建言献策的针对性和可操作性，有的建议在后续的体制改革中被采纳、有的建议在新出台的政策中得到体现、有的建议被有关部门编成内部简报，有的部门主要领导专程到民建中央介绍情况，共同探讨落实建议的具体办法。

（五）“思源工程”亮点纷呈

“思源工程”是本会社会服务的重要载体，在扶贫济困、社会公益等方面取得明显成效。中华思源工程扶贫基金会作用突出，为“思源工程”提供了强有力的支撑。一是筹款额稳步增长，连续7年创历史新高。中华思源工程扶贫基金会本届募集善款10.1亿元，占成立10年来筹款额的68.71%。二是扶贫济困赈灾的地域不断扩大。“思源工程”各类项目覆盖了全国31个省（自治区、直辖市），还走出国门，把爱心送到了尼泊尔地震灾区，救助4300多灾民。参与国家“一带一路”建设，支持柬埔寨贫困地区的教育事业，援建35所学校。三是社会认可度、参与度明显提升。中华思源工程扶贫基金会坚持规范、透明、公开运作，多次获得国家和部级的奖项。五年来，开展5200多次募捐活动，特别是网络募捐得到众多爱心网友的支持，参与人数呈几何增长，2016年达到3亿多人次。“思源工程”已成为本会服务社会的亮丽品牌。

五年来的工作实践，我们有以下主要经验。

一是必须坚持党的领导，把握正确的政治方向。坚持中国共产党的领导，是民建在长期实践中做出的必然选择，也是民建发展历程中形成的最基本的经验和最重要的优良传统。党的十八大以来，以习近平同志为核心的中共中央对多党合作和政治协商制度高度重视。习近平总书记多次对发展多党合作制度，支持民主党派加强自身建设、提高履职能力等做出重要指示和新的阐述，为民主党派的建设和发展指明了方向。中央统战工作会议的召开和《中国共产党统一战线工作条例（试行）》的出台，解决了长期制约统战工作的重点难点问题，为全面加强统一战线建设提供了政治保障、组织保障、法治保障。中共中央《关于加强政党协商的实施意见》的颁布，从内容、形式、程序、保障机制等对政党协商工作进行了全方位的规范。本会五年来的成绩，正是在中共中央的政治领导和具体指导下取得的。

二是必须坚持思想建会，筑牢多党合作的思想政治基础。本会始终把思想建会作为加强自身建设的首要任务和中心环节。在利益多元、思想多样的今天，巩固共同思想政治基础是多党合作事业的重要保障。会中央和各级组织高度重视思想教育，注重以主流意识去引领，弘扬正能量；注意区分思想问题，教育在前，引导为先，使广大会员更加坚定拥护中国共产党的领导、走中国特色社会主义政治发展道路的信心，会内“四个意识”更加牢固，“四个自信”更加坚定。

三是必须坚持以“会员为本、支部为根”，发挥民建的整体功能。在多年的工作实践中，会内形成了“会员为本、支部为根”的共识。会员是本会肌体的基本细胞，是会的活动主体；支部是本会组织的基本细胞，是会的全部工作的基础。对此，应有清醒认识，必须高度重视。支部和广大会员中蕴藏着极大能量，他们参政议政意识强烈，社会服务热情高涨，对所联系的群众有较强影响。各级组织必须坚持领导班子联系下级组织、机关联系支部的制度，一方面注意倾听会员呼声，了解基层诉求；另一方面努力发掘会员和支部潜能，调动其积极性、主动性和创造性，充分发挥会的整体功能。

四是必须坚持求真务实，认真履行各项职能。求真务实是一种科学态度，一种政治品格，一种优良作风。对此，我们在履职过程中体会深切。求真，就是从国情、民情出发，从本会的自身实际出发，在实践中认识社会，把握规律，力求提出真知灼见。务实，就是要在参政议政、社会服务中，深入实际，深入基层，说实话，出实招，办实事，求实效。我们只有坚持求真务实，才能真正做到建有用之言、献务实之策、行监督之责、出建设之力，切实发挥中国特色社会主义参政党的应有作用。

三、今后五年的工作任务

今后五年，是“两个一百年”奋斗目标的历史交汇期，是全国各族人民在中共十九大精神指引下，决胜全面建成小康社会、夺取新时代中国特色社会主义伟大胜利的关键时期。站在新的历史起点上，需要我们用中共十九大精神武装头脑，统一思想认识，坚持与时俱进，传承价值理念，努力把本会建设成为理论上清醒、政治上坚定、组织上巩固、制度上健全、充满活力的中国特色社会主义参政党。

今后五年工作的总体要求是：在以习近平同志为核心的中共中央坚强领导下，高举中国特色社会主义伟大旗帜，认真学习贯彻中共十九大精神和习近平新时代中国特色社会主义思想，深刻认识我国社会主要矛盾的变化，贯彻落实新发展理念，围绕中心、服务大局，认真履行参政党职能；弘扬会的优良传统，巩固共同思想政治基础，全面加强自身建设；充分发挥本会的特色和优势，团结带领各级组织和广大会员积极投身于新时代中国特色社会主义伟大事业，为决胜全面建成小康社会、全面建设社会主义现代化强国做出新的更大贡献。

（一）深入学习贯彻中共十九大精神，坚定不移走中国特色社会主义政治发展道路

中国共产党第十九次全国代表大会，是在全面建成小康社会决胜阶段、中国特色社会主义进入新时代的关键时期召开的一次十分重要的大会。大会分析了国际国内形势发展变化，回顾和总结了过去五年的工作和历史性变革，做出了中国特色社会主义进入了新时代等重大政治论断，深刻阐述了新时代中国共产党的历史使命，确立了习近平新时代中国特色社会主义思想的历史地位，提出了新时代坚持和发展中国特色社会主义的基本方略，确定了决胜全面建成小康社会、开启全面建设社会主义现代化国家新征程的目标，对新时代推进中国特色社会主义伟大事业和党的建设新的伟大工程做出了全面部署。这是一次不忘初心、牢记使命、高举旗帜、团结奋进的大会，是一次迈向新时代、开启新征程、续写新篇章的大会，在中国共产党历史上、中华人民共和国历史上、中华民族历史上都具有重要的里程碑意义。

民建作为中国特色社会主义参政党，各级组织和广大会员要把学习贯彻中共十九大精神作为当前和今后一个时期的重大政治任务，以高度的政治自觉和政治责任，精心组织、周密安排，深刻学习领会习近平新时代中国特色社会主义思想，深刻学习领会中国特色社会主义进入新时代的新论断，深刻学习领会我国社会主要矛盾发生变化的新特点，深刻学习领会分两步走全面建设社会主义现代化强国的新目标。全会要切实把思想和行动统一到中共十九大精神上来，引导广大会员更加紧密地团结在以习近平同志为核心的中共中央周围，牢固树立政治意识、大局意识、核心意识、看齐意识，不断加强自身建

设，提高履职水平，为决胜全面建成小康社会、夺取新时代中国特色社会主义伟大胜利贡献智慧和力量。

（二）适应时代发展要求，全面提高会的自身建设水平

搞好政治交接。随着换届工作的顺利推进，本会将实现新一轮的新老交替。换届不仅是人事更迭，更重要的是政治交接。要切实做好政治交接各项工作，把老一辈领导人与中国共产党长期亲密合作的优良传统，密切联系会员群众的工作作风，对会的事业兢兢业业、高度负责的精神，薪火相传，发扬光大。在历史传承中坚定理想信念，把坚持和发展中国特色社会主义作为巩固共同思想政治基础的主轴，增进政治共识，始终在思想上政治上行动上同以习近平同志为核心的中共中央保持高度一致，做自觉接受中国共产党领导、与中国共产党通力合作的参政党。

加强思想建设。组织广大会员深入学习贯彻中共十九大精神和习近平新时代中国特色社会主义思想，以纪念响应“五一”口号 70 周年、建党 100 周年、建国 70 周年、建会 75 周年等重大活动为契机，强化会员思想教育，不断增进政治认同和思想共识。深入开展中国特色社会主义理论体系教育，培育和践行社会主义核心价值观，不断增强道路自信、理论自信、制度自信、文化自信。加强会章、会史和会的优良传统学习，不断推动自我教育。结合实际确定研究课题，切实抓好参政党理论研究，夯实民建事业持续健康发展的理论基础。把握互联网时代特征，树立“大宣传”理念，充分认识网络舆情工作的重要性，进一步规范信息化管理工作，密切关注会员的思想动态，引导广大会员弘扬主旋律，传播正能量。坚持贴近实际、贴近基层、贴近会员，充分运用各种媒体，广泛宣传民建先贤的感人事迹和优秀会员的典型事例，讲好民建故事，做好重大活动和工作成效的宣传报道，树立良好的参政党形象。办好会中央网站、《民讯》《经济界》和微信公众号等新媒体平台。各省级和市级组织在办好刊物和网站的同时，积极适应形势需要，建设新的宣传平台。

巩固组织建设。组织发展要贯彻以大中城市为主、中上层人士为主、经济界人士为主的方针，坚持注重质量、注意数量、保持特色、优化结构的组织发展原则，坚持人才强会，把政治标准放在首位，努力将那些政治坚定、业绩突出、群众认同、热爱民建事业的人士发展到组织中来。会员发展上，在坚持特色立会，巩固和发展本会界别优势的同时，注意吸收其他领域的优秀人才入会，坚持经济界人士占会员总数的 70% 左右。按照政治素质好、代表性强、结构合理、数量充足的要求，加强后备干部和代表人士队伍建设，坚持正确的选人用人导向，努力为后备干部提供更多锻炼和成长进步的平台。进一步加强会内监督，健全制度机制，强化执行问责，通过谈心会、述职、民主评议、诫勉谈话、纪律处分等，推动监督工作深入开展。继续做好会员权益保障工作，维护会员合法权益。

抓好领导集体建设。坚持制度治会，认真贯彻民主集中制，发扬会内民主，遵守议事规则和程序，强化决策执行，进一步增强领导集体的凝聚力、战斗力、号召力。继续坚持领导集体成员分工联系地方组织的制度。坚持中心组学习制度，各级领导干部要戒骄戒躁，虚心学习，不断提高政治把握能力、参政议政能力、组织领导能力、合作共事

能力和解决自身问题的能力。

强化机关建设。贯彻落实中共中央八项规定精神，坚持不懈反对形式主义、官僚主义、享乐主义和奢靡之风，进一步转变工作作风。加强各级组织信息化建设，提高机关工作效率。完善机关管理制度，使各项工作有章可循，规范运转。坚持德才兼备、以德为先的用人原则，完善民主、公开、透明的干部选任机制。加强机关学习培训，选派干部赴基层挂职锻炼，搭建干部干事成长的平台，努力培养一支政治业务素质过硬、勤奋敬业、热爱民建事业的机关干部队伍，营造积极向上的机关文化氛围。继续坚持会的中央机关、省市机关联系基层组织的制度，进一步密切机关干部与基层组织和会员的联系。

（三）围绕党和国家中心工作，积极履行参政党职能

切实履行参政议政职能。贯彻新时代坚持和发展中国特色社会主义的基本方略，按照社会主义经济建设、政治建设、文化建设、社会建设、生态文明建设等方面的重大部署，持续关注发展不平衡不充分的问题，聚焦建设社会主义现代经济体系，打好防范化解重大风险、精准脱贫、污染防治攻坚战等经济社会重大问题，开展重点专题考察调研，努力提出质量较高、操作性较强的意见建议。充分发挥民建在协商民主中的作用，依托政党协商、人大协商、政府协商、政协协商等多种平台，献良策、建诤言，提高参政议政成效。进一步挖掘参政议政资源，抓好全会成果征选，积极反映社情民意。强化参政议政能力和体系建设，完善工作运行机制，充分调动领导集体、专门委员会、地方组织、基层组织、会内外专家等各方面的力量，提升参政议政工作水平。进一步加强专门委员会建设，做好新一届专门委员会的组建工作，完善和创新工作机制，发挥专业优势，巩固和拓展参政议政优势领域。

增强民主监督实效。认真学习领会民主监督的内涵、重点和方式方法，提高监督工作的水平和效果。要围绕中央重大改革举措、重要政策贯彻执行和“十三五”规划实施情况，深入基层、深入实际、深入群众，通过调研考察发现问题，针对不足督促改进，寓监督于协商会议、视察、提案、专题调研、反映社情民意等活动之中，力争做到发言说到点子上、批评点到关键处、监督督出实效来。担任特约（邀）职务的会员，要认真履行职责，敢于监督，善于监督。切实做好对口广西脱贫攻坚民主监督工作，对脱贫攻坚政策落实情况、脱贫成效等进行监督，及时提出意见建议，协助广西打赢脱贫攻坚战。

提升社会服务工作水平。探索新形势下民主党派社会服务工作新思路、新途径、新办法，在工作中更加突出政治责任，更加强调服务大局，更加讲求工作实效。深入贯彻有关文件精神，在定点帮扶的黔西县和丰宁县，创新扶贫工作机制，统筹推进产业扶贫、电商扶贫、就业扶贫、教育扶贫、医疗救助等多项措施，精准施策，帮助两县农村贫困人口如期实现脱贫。创新服务会员企业模式，组织会员企业积极参与国家“一带一路”建设；搭建政府、银行、企业等多方交流平台，帮助企业了解国家政策，促进互利共赢；加大会员企业家教育培训力度，提升其经营管理能力，促进企业依法经营，引导建立“亲”“清”新型政商关系。弘扬优秀企业家精神，更好地发挥会员企业家在创业创新、服务社会等方面的作用。举办好中国风险投资论坛和中国非公有制经济发展论坛，扩大论坛影响力。加强对地方组织社会服务工作的指导。以中华思源工程扶贫基金会为平台，

深入开展“思源工程”，在做好已有项目的基础上，拓展新的社会公益项目，坚持品牌特色，扩大品牌效应。

加强对外联络工作。坚定不移贯彻“一国两制”的方针，加强同港澳社团及代表人士联谊交往，接待港澳访问团来内地参访考察，展示祖国建设成果，促进内地与港澳各领域交流合作，推动爱国爱港、爱国爱澳力量发展壮大。贯彻中共中央对台工作方针，坚持“九二共识”共同政治基础，坚决反对任何形式的“台独”分裂行径，加强与台湾高校、年青一代、基层民众的交流往来，巩固两岸关系和平发展的民意基础，增进国家认同。外联工作要注重与参政议政相结合，积极服务“一带一路”等国家重大发展战略，组织会员赴国外调研考察，推动相关领域务实合作。

各位代表，同志们！

过去的成绩，凝结着民建人的心血和智慧；未来的发展，呼唤民建人的责任与担当。“昔日之得，不足以为矜；后日之成，不容以自限。”让我们更加紧密地团结在以习近平同志为核心的中共中央周围，高举中国特色社会主义伟大旗帜，深入学习贯彻中共十九大精神，在习近平新时代中国特色社会主义思想的指引下，不忘合作初心，继续履职前行，为决胜全面建成小康社会、夺取新时代中国特色社会主义伟大胜利、实现中华民族伟大复兴的中国梦而努力奋斗！

勇于探索砥砺前行不断推进会内监督
为开创新时代民建工作新局面保驾护航

——中国民主建国会第十届中央委员会监督委员会工作报告

马培华

（2017 年 12 月 15 日）

各位委员、各位同志：

我受中央监督委员会委托，向中央委员会全体会议报告工作，请予审议，并请列席的同志提出意见。

一、五年来的工作回顾

第十届中央监督委员会自 2012 年 12 月民建十届一中全会产生以来，在中央委员会的领导下，以中国特色社会主义理论体系为指导，以会章为准绳，依据《中国民主建国会会内监督条例（试行）》，积极稳妥开展会内监督工作，取得了新的理论成果、实践成果和制度成果，为发扬会内民主，严肃会内纪律，保持会的生机活力，加强会的自身建设做出了积极贡献。

（一）以思想建设为先导，统一思想，增进共识，切实夯实会内监督思想基础

五年来，为将会内监督深入人心、付诸实践、开展到底，我们始终坚持把加强学习教育、宣传引导作为凝聚会内监督共识、巩固会内监督思想基础的重要任务。在十大修改章程时，会中央补充了会内监督的有关规定，有力地扩大了会内民主，方便了实际操作，为深入开展会内监督提供了法理依据。会中央主要领导在历次中委会全会、全国基层组织、市级组织和省级组织建设研讨会及会内监督工作研讨会等重要会议上，大力宣传会内监督对参政党建设的重要作用和深远意义，强调“会要管会”，切实提高了广大会员特别是各级领导干部对会内监督工作迫切性、必要性和重要性的认识。中央监督委员会通过召开中央监督委员会全体会议、全国会内监督工作研讨会、省级组织办公室主任会议和省级组织监督委员会主任、办公室主任工作会议等，强调加强会内监督工作要入脑入心，深入探讨工作思路，提出具体落实措施，督促会内监督工作落到实处。

各地方组织将学习宣传会内监督作为加强思想建设的必备内容，与坚持和发展中国特色社会主义学习实践主题教育活动有机结合，在刊物上设立专栏，利用网站、公众号等信息化平台，及时向广大会员宣传加强会内监督工作的重要意义，调动会员参与会内监督的积极性，奠定了良好的监督工作思想基础和会员基础。江苏省监督委员会坚持将会内监督与“省委会成立 60 周年”等重要活动相结合，以监督推进工作的方式开展活动；湖南省监督委员会坚持每年制定一个年度监督主题，围绕主题开展监督工作。

（二）以制度建设为保障，完善制度，健全机构，逐步完善会内监督体系

五年来，为深入贯彻落实会内监督条例，中央监督委员会从会内监督工作实际出发，强化顶层设计，在充分调查、反复研究的基础上，学习借鉴中共党内监督条例和成熟经验，着眼于民建会情，本着讲求实效、逐步完善的原则，制定了《中国民主建国会关于对会内领导干部进行诫勉谈话和函询的暂行办法》《民建中央关于建立健全省级组织领导班子述职评议会制度的意见》《关于对违法违纪的民建省级组织领导班子成员和中央委员会委员给予纪律处分的程序》等具有较强针对性和可操作性的规章制度，基本建立起了一套切实可行的制度体系，为顺利开展会内监督工作提供了抓手和保障。推动“三个列席”制度的落实，畅通了上令下达、下情上达的沟通渠道，初步形成上下联动、全国“一盘棋”格局。各省级组织结合自身实际，制定了关于会内监督的细化制度和实施规则，使监督工作的开展有章可循、有据可依。

健全监督机构，为开展会内监督发挥重要的载体功能。第十届中央监督委员会继续稳步推进省级组织监督委员会的成立，完成了 10 个省级组织监督委员会筹建工作，截至 2014 年 7 月，民建全国 30 个省级组织全部成立监督机构，在各民主党派中第一个实现了省级监督委员会全覆盖。部分省级组织继续试点将会内监督机构延伸到市级组织，有 28 个市级组织成立了监督委员会或监督小组。今年，中央监督委员会指导各省级组织通过换届，吸收了一批专业性强、经验丰富的优秀人才，建立了一支具有较强代表性、能够有效开展监督、比较精干的监督队伍。目前，30 个省级监督委员会共有主任 30 人，副主

任50人，委员208人。各省级组织通过采取与内部相关部门合署办公等方式已经全部设立监督委员会办公室，保证监督工作有具体机构落实。山西、安徽、山东、广东、甘肃等省监督委员会建立了市级组织联系人制度，各市委会确定1名专职干部作为省监督委员会联系人，发挥了省、市之间监督的桥梁和纽带作用。

重视教育培训，加强会内监督队伍建设。中央监督委员会认真贯彻落实会中央改进工作作风的要求，增强监督干部的责任意识和服务意识，着力提高规范化水平，通过省级监督委员会主任列席中央监督委员会全体会议和召开多种形式的省级监督委员会办公室主任会议，以会代训，集中学习，交流研讨，使监督干部准确把握政策规定，深化认识，不断提升工作能力和水平。各省级组织也采取多种形式，积极培训监督工作者，坚定他们的政治信念，增强他们的责任感和使命感。

（三）以贯彻条例为抓手，发扬民主，转变作风，有效推进领导班子建设

五年来，我们牢牢把握会内监督重点，以领导班子谈心会、述职评议会执行情况和廉洁自律、会风建设情况为重点内容，加强对各级领导班子及其主要负责人的监督，以内部监督促进领导班子作风转变、能力提升。中共中央出台“八项规定”以后，会中央印发了《关于改进工作作风、密切联系群众的通知》，分不同层次先后召开了中央常委、省级主委座谈会、会中央机关局级干部座谈会和处级及以下干部座谈会，征求各方面意见。中央监督委员会认真参与监督整改工作，监督工作与时俱进，积极推动各级组织切实转变工作作风。各省级组织领导班子认真查摆问题，带头转变作风，为监督工作增加了新的内涵。民建在各民主党派中率先开展此项活动，得到有关方面的充分肯定，在广大会员中产生良好反响，会的作风建设得到明显加强。北京市监督委员会在市委会“作风建设年”活动中，对全市各级会的组织活动开展情况和作风建设机制建立、落实情况进行指导检查，推动各项任务完成。

领导班子谈心会和述职评议会是会内监督的重要实现形式。中央监督委员会依据会内监督条例，督促各级组织发扬会内民主，贯彻执行民主集中制和各项规章制度，并对开展领导班子谈心会和述职评议会提出具体要求；中央监督委员会委员按照《关于中国民主建国会中央监督委员会委员联系省级组织工作的方案》，分工联系，积极参加省级组织领导班子谈心会和述职评议会；中央监督委员会办公室印发《关于进一步规范省级组织领导班子谈心会和述职评议会情况沟通工作的通知》，规范工作程序，积极与各省监督委员会沟通，密切与地方组织联系，加强指导力度，及时掌握和总结省级组织开展监督工作的经验，促进了省级领导班子建设。各省级组织对谈心会和述职评议会高度重视，认真落实，讲求实效，会前精心筹备，会上开诚布公开展批评与自我批评，会后及时整理总结、制定相应的整改措施，并向中央监督委员会报告，会议质量和成效明显提升。各省级监督委员会积极履行职责，加强对市级组织领导班子谈心会和述职评议会的指导。本届至今，30个省级组织共召开72次谈心会和84次述职评议会。通过召开谈心会和述职评议会，领导班子成员加强了思想交流，认真交换意见，主动接受监督，剖析存在问题，提出改进思路，推进了自身建设。在广大会员积极参与、各级组织和领导干部大力支持与主动配合下，会的民主得到发扬，会的团结得到维护，会的凝聚力得到增强。

部分省级组织探索对领导集体履职情况进行监督。河北、浙江、安徽、福建、湖南、广东、广西、海南、重庆、四川、贵州、陕西、宁夏、新疆的省级组织相互学习，借鉴先进经验，立足自身实际，建立起行之有效的领导集体履职管理制度；江西、广西等省级组织建立了市级领导班子履职考核制度，规范评价标准；省级监督委员会通过调研、考核、建档等方式进行履职监督，取得良好的成效，促进各级领导班子和领导集体履职能力不断提高。部分省级组织加强对领导干部日常监督和警示教育，浙江省监督委员会开展廉政文化进党派活动，在浙江民建微信公众号开辟民建先贤廉政故事、浙江民建老同志口述会史专栏，宣传民建先辈爱国爱会、敬业奉献、清正廉洁、克己奉公的感人故事。

（四）以换届工作为重点，严肃纪律，维护团结，确保换届工作风清气正、顺利圆满

2015 年以来，民建各市级组织、省级组织和会中央相继开展换届工作，任务繁重。保障换届顺利进行，实现政治平稳交接是会内监督的重点任务。中央监督委员会印发了《关于在各级组织换届中严肃换届纪律的通知》，提出加强思想教育、严明纪律、严格执行换届程序要求，督促各省级组织认真贯彻落实，履行好主体责任，加强领导和统筹，坚决维护换届工作的严肃性；要求省级监督委员会履行好监督职责，严肃执纪，确保换届纪律不折不扣执行；强调要精心组织，协调推进，将严肃换届纪律的各项措施落到实处。衡阳破坏选举案和辽宁拉票贿选案发生后，要求各级组织深刻吸取教训，清醒认识其中严重危害性，严守政治纪律和政治规矩，切实强化组织监督、制度监督、民主监督，确保换届工作顺利进行。换届期间，中央监督委员会办公室密切关注换届动态，及时掌握换届情况，高度关注苗头性、倾向性问题，对影响换届工作的问题情况，及时与有关方面沟通，采取多种措施，化解不良情绪，妥善解决矛盾，统一思想认识，努力发挥会内监督的保障作用。中央监督委员会参与会中央换届监督工作，对中央委员候选人遴选工作进行全程监督。

各省级组织和省级监督委员会认真学习民建中央和有关部门制定的换届文件精神及换届工作政策、程序和纪律要求，总结以往换届工作，借鉴其他地区和党派换届经验，将监督贯穿换届工作的始终；强化纪律教育，增强广大会员的组织观念，要求参会代表正确行使民主权利，坚决抵制各种形式的非组织活动；关注思想动态，积极引导领导干部树立政治意识和全局意识，正确面对个人的进退留转，自觉服从组织安排；畅通监督渠道，及时应对和解决问题，确保换届工作公平、公正、公开，为营造风清气正的换届环境，维护安定团结的大局奠定了良好基础。监督委员会参与换届工作，起到了规范换届工作程序、严明换届工作纪律、畅通情况反映渠道的作用，为顺利换届奠定了坚实的基础，有力地推动了领导班子建设和干部队伍建设。黑龙江省监督委员会以零投诉、零质疑、零失误的成绩保障了换届和干部推荐等工作圆满完成，得到广大会员的认可。陕西省监督委员会在省委会网站上设立换届监督专栏，公布省委会换届工作文件、监督联系人电话及电子邮箱，畅通监督渠道。

（五）以实质性监督为方向，积极探索，努力实践，不断提高会内监督实效

如何推进实质性监督，使会内监督向更加务实的方向发展，是民主党派内部监督的一项重要课题。五年来，围绕这一课题，会中央和各级组织在理论和实践层面不断进行着富有成效的探索。中央监督委员会部分委员走访监察部，与监察部领导及有关部门负责同志进行交流座谈，时任中共中央政治局常委、中纪委书记王岐山亲自做出批示；成立调研课题组，深入四川、湖北、江苏等省份调查研究，走访民进、九三学社、致公党等党派中央，相互学习借鉴，对参政党内部监督理论进行研究和探讨。参与对民建全国基层组织、市级组织和省级组织建设研讨会精神贯彻落实情况的督促检查，利用到地方调研机会实地调查贯彻落实情况。针对个别领导干部违纪违法的情况，会中央加强警示教育，在重要会议上通报有关情况，强调廉政教育，同时启动《关于对违法违纪的民建省级组织领导班子成员和中央委员会委员给予纪律处分的程序》，撤职和开除 2 名中央委员；委派工作组对辽宁拉票贿选案中涉及的民建会员进行诫勉谈话，辽宁省监督委员会积极予以配合，对涉案会员进行警示教育和思想引导；陈昌智主席、马培华主任和中央监督委员会办公室主任对个别省级组织领导干部的错误行为进行诫勉谈话，中央监督委员会办公室对个别省级组织领导干部涉嫌违法违纪的举报发文函询。中央监督委员会办公室从本届开始，采取谈话、查验原始凭证等方式，审查会中央机关特费使用情况；对会中央机关分房工作进行全程监督。启动对违法违纪会员的纪律处分，五年来全会给予纪律处分共计 45 人。

各省级组织围绕会中央的决策和部署，因地制宜，适度拓展，积极探索和丰富会内监督的新形式、新渠道、新手段，取得了许多行之有效的经验和做法。上海市监督委员会走访中共杨浦区纪委监察局、广东省监督委员会走访中共广东省纪委监察厅进行座谈交流，学习中共监督制度和监督经验；山西省监督委员会以监督调研的形式促进各市级组织和省直支部在制度落实、工作推进、作风建设等方面上新台阶；吉林、安徽、河南、陕西、甘肃省监督委员会对全国优秀会员、先进集体和省委会评选表彰工作进行全程监督；江西省监督委员会做好对会费收缴管理工作的监督；湖北省监督委员会对企业家捐款及使用情况和对机关财务管理进行监督；重庆市监督委员会对中国民主建国会成立旧址复建工程进行全程监督；四川省监督委员会对省委会各项决定、参政议政和社会服务等重大决策进行监督；云南省监督委员会加强省委会机关会风廉政建设，与机关干部签署廉政建设责任书；青海省监督委员会全程监督全省基层组织负责人的推荐、换届工作。

（六）以有序规范为目标，加强交流，做好服务，助推会内监督工作

中央和各级地方监督委员会办公室按照职能和制度要求，准确把握工作定位，改进工作方式，围绕重点任务认真开展各项工作，努力实现工作有序规范。中央监督委员会办公室遵循工作制度，重视调查研究，积极加强与有关方面联系，主动交换意见，取得支持和帮助；注重上下协调联动，印发会内监督文件，加强对地方监督委员会业务工作的指导、督促和检查；印发中央监督委员会情况通报 28 期，各省级组织向下转发，使会内上下了解会内监督工作的新情况、新进展。各省级监督委员会主动加强与中央监督委

员会的联系，报告工作、提出建议。天津、上海、浙江、广东、四川、贵州等省监督委员会办公室编发监督工作情况简报，宣传监督思想、监督制度和监督成果。

谨慎处理来信来访。中央和省级监督委员会办公室严格原则和程序，注意工作方法，充分发挥“窗口、桥梁、纽带”的作用，对会员反映的问题认真调查核实，切实维护会员合法权利。中央监督委员会办公室五年来处理来信来访3969件次，耐心了解情况，对重大问题及时向领导汇报，及时与地方组织和有关部门进行沟通，做好会员思想工作，妥善解决会员实际困难，赢得了会员的信任。同时，坚持做到信访信息详细记录，定期进行信访情况汇总，及时编发信访简报。

二、五年来的工作体会

会内监督是加强民建自身建设的创新性举措，需要长期不断地探索、发展和完善。会中央高度重视，地方组织主动响应，广大会员积极支持，会务工作者辛勤工作，在全会上下共同努力下，中央监督委员会本着积极稳妥有序的方针，基本建立了符合民建自身特点的监督体系，会内监督从务虚走向务实，取得了实质性成果：一是在体制机制上，实现“三个率先”，即在各民主党派中率先提出构建内部监督体系的构想、率先实现省级监督委员会全覆盖、率先完成会内监督基础制度的建设；二是在监督形式上，形成了三项比较成熟的监督手段，即换届监督、领导班子谈心会和述职评议；三是在思想认识上，呈现出三个不断增强的特点，即全会对会内监督的思想共识不断增强、领导干部自觉接受监督的意识不断增强，各级组织探索实践监督工作的主动性不断增强。

回顾五年来的工作实践，主要有以下体会：

（一）加强会内监督要坚持与时俱进，不断适应多党合作和本会事业发展的新形势

当前，多党合作事业正在蓬勃发展，中共十八大以来，执政党提出了推进中国特色社会主义事业的总体部署和主要任务，特别指出要坚持和完善中国共产党领导的多党合作和政治协商制度，加强同民主党派的政治协商，进一步为包括民建在内的统一战线人士搭建广阔政治舞台，对民建履行参政党职能提出新的期待、新的要求。民建作为多党合作总格局中的参政党，必须进一步加强自身建设，强化会内监督，提升履行参政党职能的水平，提高会的整体素质。我们努力营造良好的监督氛围，强化监督意识，使广大会员尤其是领导干部充分认识到加强会内监督是促进自我管理、自我约束、自我完善的重要举措，是提高解决自身问题能力的重要途径，是民建保持生机与活力的源泉；积极鼓励、支持和保护广大会员发挥监督作用，进一步畅通监督渠道，充分保障各级组织和广大会员的知情权、参与权和监督权，为广大会员参与会内监督提供条件；始终坚持加强对政治方向的监督，把握正确的政治方向，遵守多党合作政治准则，坚定接受中国共产党领导的信念不动摇，坚定走中国特色社会主义道路的信念不动摇，强化会员的政党意识、政治意识，把会员的思想和行动统一到中国共产党领导的多党合作事业上来。实践证明，这些都为取得共识、推进工作奠定了基础。

（二）加强会内监督要以推进领导班子建设为重点，在推动会的自身建设、提升参政党履职能力上凸显成效

加强领导班子建设，以领导班子建设带动队伍建设，是民建自身建设的着力点。领导班子作为广大会员的骨干力量、民建组织的领导核心和带头人，其综合素质应更具有进步性和代表性，需不断增强政治把握能力、参政议政能力、组织领导能力、合作共事能力、解决自身问题能力。通过开展会内监督，能够切实保障各级组织及其成员的民主监督权利，有利于发扬会内民主，提高政治素质和组织观念，提升“五种能力”，保障领导集体正确行使权力，切实推动领导班子建设的科学化水平。实际工作中，我们坚持贯彻执行民主集中制，实行集体领导和个人分工负责相结合；坚持深入落实领导班子谈心会和述职评议会制度；坚持推动各级领导干部作风转变；坚持检查落实中央监督委员会委员联系省级组织制度和省级监督委员会委员联系市级组织制度；坚持完善和推广领导集体成员履职制度；坚持加大监督和追责的力度，对触犯法律和犯有严重错误的领导干部给予纪律处分或诫勉谈话或书面函询，不断推进会内监督向实质性发展，推动会的自身建设，努力提升参政党履职能力。

（三）加强会内监督要借鉴中共治党管党经验，立足会情，强化制度建设，切实保障推进会内监督有依据

开展好会内监督需要科学合理的制度体系作为基础和保障。各级监督委员会认真学习《中国共产党党内监督条例》和《关于新形势下党内政治生活的若干准则》，借鉴中共全面从严治党经验，立足会情、讲求实效、稳妥推进、逐步探索建立科学、完善、系统的会内监督制度体系。会内监督条例（试行）已历时9年的实践，基本符合民建实际工作需要，配套制度体系基本构架完成，各类监督内容基本有章可循，有据可依。随着形势的发展和实践的需要，监督内容和程序需要进一步明确细化，可操作性需要进一步增强，以适应新时期监督工作的发展要求。各级组织在制定制度时统筹考虑，以会章为准绳，以监督条例为基础，既讲原则，坚定维护会内监督的严肃性、规范性，又讲团结，充分体现进步性与广泛性相统一的政治联盟特点，切实保证制度出台后的实效性、可操作性；重点抓好制度的执行落实，突出强调领导干部要率先垂范，主动接受制度约束，强化制度学习和干部培训，在实践中不断改进规章制度；坚持督查督办，检查制度执行情况，从监督的层面推动各级组织提高执行、落实制度的思想自觉和行动自觉，更好地发挥会内监督对自身建设的推动作用。

（四）加强会内监督要以改革创新精神为指导，善谋实干，鼓励理论研究和实践探索

坚持理论与实践相结合，是扎实推进会内监督工作的关键。加强会内监督是一个需要不断深化和发展的过程。会中央和各地方组织坚持以改革创新精神为指导，认真学习执政党内部监督的丰富经验，结合民建特点，在积极稳妥、规范有序推进会内监督工作的同时，不断探索，勇于实践。积极鼓励开展会内监督的理论研究，推出了一些高质量

的研究成果，并用于实际工作。在实践探索过程中，坚持以会的章程为准绳，把握教育与监督并举、重在预防的方针，坚持以增进团结、发扬民主、严肃纪律和加强自身建设为落脚点，充分发扬包容和团结的精神，增强会的组织程度，提升会的凝聚力和向心力。

（五）加强会内监督要坚持不懈，真抓实干，上下一心，共同努力

会中央一直高度重视会内监督工作，每年都将其列入年度重点工作加以研究推进。陈昌智主席身体力行，先后参加民建全国会内监督工作研讨会和6次中央监督委员会全体会议作重要讲话，并在不同场合多次强调要重视会内监督、抓出监督实效。中央监督委员会认真履行职责，按照工作部署开展工作，做好督查督办，切实推动重要决策部署以及相关会务工作落到实处；实质性参与述职评议、谈心会，广泛听取会员的意见，反映会员心声，为领导集体建设提供正能量。各地方组织切实加强对会内监督工作的领导，主要领导同志亲自抓，认真研究推进会内监督工作的具体举措，鼓励支持会内监督机构履行职责，关心支持会内监督的机构和干部队伍建设，不断完善会内监督网络，为会内监督工作创造良好的环境。各级监督委员会努力履行好监督责任，监督委员会成员敢于担当，以高度的责任感和使命感，按照分工负责、责任明确的原则做好会内监督工作。会内监督干部秉承服务会员、秉公执纪的要求，主动思考，认真执纪，把好关口，报告工作，提出建议，努力做好会内监督工作的实践者、推行者。

各位委员、各位同志，会内监督作为民建加强自身建设的内在要求，五年来，在中央委员会的领导下，中央监督委员会立足实际，积极探索，大胆创新，把握重点，服务大局，会内监督迈出了新步伐，取得了新成绩。但我们还应清醒地认识到，加强会内监督工作是一项长期任务，在推进会内监督的过程中，还存在着一些困难和不足：从全国范围来看，各地开展会内监督工作的情况参差不齐，实质性工作还需不断推进；会内监督理论研究有待进一步探索和丰富；有些配套制度如会内纪律处分办法等还需进一步完善，一些制度的可操作性有待加强；监督渠道和沟通途径有待进一步加强。这些问题需要我们高度重视，在实践中认真解决。

三、今后的工作建议

中共十九大提出了习近平新时代中国特色社会主义思想和基本方略，为决胜全面建成小康社会，实现社会主义现代化强国和中华民族伟大复兴指明了前进方向。民建第十一次全国代表大会即将胜利召开，将对未来五年民建的工作提出新任务。进入新时代，作为中国共产党领导的中国特色社会主义参政党，加强和完善会内监督工作，既是民建加强自身建设、不断提高解决自身问题能力的要求，更是坚定不移走中国特色社会主义发展道路的政治任务。

今后五年，会内监督工作要高举中国特色社会主义伟大旗帜，坚持以习近平新时代中国特色社会主义思想为指导，全面贯彻中共十九大和本会十一大精神，认真落实即将出台的《各民主党派中央关于加强内部监督工作座谈会纪要》，以会的章程为准绳，充分体现进步性和广泛性相统一的特点，贯彻教育与监督并举、重在预防的方针，着眼发扬会内民主、维护会内团结，坚持深化认识、突出重点、积极稳妥、务求实效，强化政治引导，狠抓作风建设，为把本会建设成为高素质的中国特色社会主义参政党提供坚强保证。

（一）学习中共十九大精神，强化政治引导

中共十八大以来，以习近平同志为核心的中共中央坚持党要管党、从严治党，加大反腐败斗争力度，开展群众路线教育实践活动，严肃党内政治生活，制定《关于新形势下党内政治生活若干准则》和《中国共产党党内监督条例》，开辟了管党治党新境界。中共为我们树立了榜样，为完善会内监督提供了重要参照和借鉴。中共十九大又对全面从严治党提出新部署、新要求。当前及今后一段时期，会内监督要以学习贯彻中共十九大精神作为首要政治任务，以十九大精神为引领，强化政治引导。在换届后进行政治交接和加强领导班子建设的关键时期，要利用会内监督平台，组织会的干部原原本本学习十九大精神，继承和发扬民建老一代领导人同中国共产党长期合作形成的坚定信念、优良传统、高尚风范，深入搞好政治交接。要将会内监督作为常态化工作，使监督的过程成为了解会员思想状况、倾听会员呼声、沟通情况、疏解矛盾的过程，成为干部和会员加强思想教育的过程。要注意加强对会员政治方向的监督，教育引导广大会员提高政治站位、坚持政治原则、站稳政治立场、保持政治定力，旗帜鲜明讲政治，在思想上政治上行动上与以习近平同志为核心的中共中央保持高度一致。要以党为师，借鉴中国共产党治党管党的经验，构建有民建特点的科学高效的监督体系。

（二）贯彻座谈会纪要精神，提升会内监督效能

按照工作计划，明年各民主党派中央将在深入调研、专题研讨、听取意见、协商一致的基础上，总结归纳各民主党派推进内部监督工作的经验做法，借鉴吸收中共党内监督的有关要求，形成《各民主党派中央关于加强内部监督工作座谈会纪要》。纪要将明确内部监督工作的指导思想、主要内容、监督职责、监督形式和工作保障，成为加强和规范各民主党派内部监督工作的重要指导文件。要认真学习、切实贯彻纪要精神，推动各级领导班子和广大会员继续深化对会内监督重要意义的认识和共识。要围绕监督重点，着力提升监督效能，继续加强对各级领导干部贯彻执行民主集中制的监督，既反对个人专断、把个人凌驾于组织之上，又要杜绝无人负责、遇事推诿、互相扯皮的现象。随着越来越多的民建会员走上实职领导岗位，面临的廉政风险正在加大，要深刻认识到民主党派成员并非与腐败绝缘，民主党派也绝非反腐倡廉的世外桃源，要坚持教育在先、防范在先、制约在先，切实发挥会内监督在廉政教育、警示、预防、监督、惩处方面的作用，达到防微杜渐的效果。要对会内干部任免、推荐代表人士、任职安排等方面加强监督和制约，保证各级领导干部正确行使权力。要继续规范和加强对领导集体履职的监督，建立履职档案，促进领导集体更好履职。

（三）继续探索实践，努力开创工作新局面

会内监督工作已近十年，经验不断积累，制度不断健全，成效不断显现，但从民主党派内部监督发展历程来看，还有很多问题需要不断研究探索，有很多工作需要总结规

范。未来一段时间的会内监督工作，要一手抓探索创新，继续鼓励实践探索和理论研究，增强会内监督针对性、实效性；一手抓总结规范，推进会内监督工作制度化、程序化。要坚持问题导向，在不断研究监督薄弱环节和解决问题中丰富监督内容，拓展监督渠道。要鼓励和支持地方组织紧密结合当地实际，探索更多务实有效的监督形式，为全会推进实践创新和制度建设积累经验。要稳妥积极推进督察督办工作制度化，建立督察督办长效机制，通过监督的方式，推动各项决策部署落地生根，推动制度落实到位。要建立经常性谈话制度，领导班子主要负责人应经常同班子成员、下级组织主要负责人沟通交流，了解其思想、工作、作风、生活状况，发现苗头性、倾向性问题及时指出，帮助改进。要建立履职情况档案，定期汇总分析，加强日常履职监督。要加强理论研究，梳理会内监督工作中待回答和待改进的问题，阐明相应理论依据，指导和推动新的监督实践。

重视制度建设，结合会务实际，不断将成功经验制度化，推动在实践中比较成熟的监督形式和要求更加规范。修订出台正式的会内监督条例及配套办法，建立健全领导工作制度、组织生活制度、干部工作制度以及履职监督等制度，探索会内问责机制建设，建立起一套科学、规范、系统、完整的监督运作规则，形成用制度管权、按制度办事、靠制度管人的有效机制。继续落实和规范谈心会、述职评议制度，提高会议效果，在市级层面进一步推广谈心会、述职评议会，交流思想，统一认识，改进作风，增进团结。继续推动和改进监督委员会参与换届选举等监督工作，切实发挥监督作用。规范问题线索办理，严格各项程序，保证监督渠道畅通有效。

（四）加强监督工作保障，形成会内监督合力

各级委员会要把会内监督工作纳入重要议事日程，经常研究部署，检查推动，在人员配备、经费保障、宣传教育等方面为内部监督创造良好条件。各级领导班子成员要以身作则，自觉加强理论修养、政治修养、道德修养、纪律修养、作风修养，带头遵守制度规定，主动接受监督。要增强会内民主，切实尊重会员的主体地位和民主权利，拓宽会员表达意见的途径和渠道，引导广大会员主动关心、参与会内监督工作，正确行使监督权力。因地制宜推行会务公开，提高工作透明度，落实会员知情权、参与权。改进会员来信来访和权益保障工作，促进会内监督工作健康发展。要强化监督委员的责任与担当，加大培训教育力度，深化理论政策学习，建设一支高素质的内部监督工作队伍。落实中央监督委员会委员联系省级组织制度和省级监督委员会委员联系市级组织制度。加强中央监督委员会与各省级监督委员会之间的日常联系与交流，及时研究反馈会员反映的问题，指导推动工作。

各位委员，同志们，推进会内监督工作是本会加强自身建设的一项长期的战略任务，需要全体成员共同努力。中央监督委员会要以中共十九大精神为指导，认真贯彻落实民建十一大精神，在中央委员会的领导下，勇于探索，开拓创新，不忘初心，砥砺前行，不断改进自身工作，积极发挥内部监督在本会自身建设中的重要作用，为开创民建工作新局面做出新的更大贡献！

中国民主建国会章程

（2017 年 12 月 20 日中国民主建国会第十一次全国代表大会通过）

总　纲

中国民主建国会是主要由经济界人士组成的、具有政治联盟特点的政党，是接受中国共产党领导，与中国共产党通力合作的中国特色社会主义参政党。

中国民主建国会自 1945 年 12 月 16 日在重庆成立以来，同中国共产党长期亲密合作，具有爱国、革命的光荣历史。在民主革命时期，团结爱国民族工商业者和所联系的知识分子，为争取新民主主义革命胜利和建立中华人民共和国做出了积极贡献。新中国成立后，参加人民政权和人民政协工作，积极配合国家实行对资本主义工商业的社会主义改造，为巩固人民民主专政，实现从新民主主义到社会主义的转变，确立社会主义制度，发挥了重要作用。改革开放以来，认真学习中国特色社会主义理论，贯彻社会主义初级阶段基本路线，努力发挥参政党作用，为我国改革开放和现代化建设做出了应有贡献。在长期实践中，逐步形成了坚持爱国主义、致力于中国特色社会主义事业，坚持接受中国共产党的领导、与中国共产党亲密合作，坚持遵从人民群众的根本利益、认真履行参政党职能，坚持与经济界的紧密联系、努力发挥会的特色，坚持与时俱进、在自我教育中不断提高会的素质等优良传统，探索出具有本会特色的参政党建设规律：政治纲领的与时俱进，引领会的前进方向；思想建设的与时俱进，保证会的健康发展；履职能力的与时俱进，巩固会的参政党地位。

中国民主建国会以《中华人民共和国宪法》为一切活动的根本准则，维护宪法尊严，保证宪法实施，享有宪法范围内的政治自由、组织独立和法律地位平等。

中国民主建国会是中国共产党领导的多党合作和政治协商制度中的参政党，始终贯彻中国共产党与各民主党派“长期共存、互相监督、肝胆相照、荣辱与共”的方针，接受中国共产党的领导，独立自主地开展工作。

中国民主建国会现阶段的政治纲领是：高举中国特色社会主义伟大旗帜，坚定中国特色社会主义道路自信、理论自信、制度自信、文化自信，贯彻中国特色社会主义基本理论、基本路线、基本方略，积极履行参政议政、民主监督、参加中国共产党领导的政治协商职能，促进社会主义协商民主广泛、多层、制度化发展，推动社会主义经济建设、政治建设、文化建设、社会建设、生态文明建设，服务全面建成小康社会、全面深化改革、全面依法治国、全面从严治党，为把我国建设成为富强民主文明和谐美丽的社会主义现代化强国而奋斗。

中国民主建国会现阶段的任务是：围绕“两个一百年”和实现中华民族伟大复兴中

国梦的奋斗目标，把握我国社会主要矛盾已经转化为人民日益增长的美好生活需要和不平衡不充分的发展之间的矛盾的新变化，按照“两个阶段”战略安排，坚持创新、协调、绿色、开放、共享的发展理念，充分发挥密切联系经济界的特色和优势，积极参加社会主义现代化建设，就经济社会发展重大问题进行考察调研，反映社情民意、协调社会关系、维护社会稳定、开展社会服务，为推进我国的现代化建设，完成祖国统一，维护世界和平，推动构建人类命运共同体做出贡献。

实现政治纲领和任务，必须全面加强自身建设。全会要继承和发扬会的优良传统，努力保持宽松稳定、团结和谐的政治环境，坚持进步性与广泛性的统一，深入推进政治交接，把中国民主建国会建设成为理论上清醒、政治上坚定、组织上巩固、制度上健全、充满活力的中国特色社会主义参政党。各级组织要始终把思想建设放在自身建设的首位，组织广大会员特别是各级领导集体成员努力学习马克思列宁主义、毛泽东思想、邓小平理论、“三个代表”重要思想、科学发展观、习近平新时代中国特色社会主义思想，深刻认识中国特色社会主义进入新时代的我国发展新的历史方位；深刻认识中国共产党的领导是中国特色社会主义最本质的特征，是中国特色社会主义制度的最大优势；深刻认识新时代进行伟大斗争、建设伟大工程、推进伟大事业、实现伟大梦想的重大意义，树立政治意识、大局意识、核心意识、看齐意识，坚决维护习近平总书记核心地位，始终坚持走中国特色社会主义政治发展道路，坚持爱国、民主、建设、团结、创新、奉献的共同价值理念，培育和践行社会主义核心价值观，不断提高会员的政治素质。要保持和发挥与经济界密切联系的特色，努力改善会员队伍结构，提高会的组织程度。要切实加强会的领导集体建设，坚持和健全民主集中制，发扬会内民主，加强会内监督，促进领导作风建设，注重发挥领导集体的作用，不断提高领导水平，坚持把中国共产党的路线、方针、政策与会的实际结合起来，解放思想，实事求是，与时俱进，奋发有为。要不断增进会的团结，密切联系群众，维护会员的合法权益，增强会的凝聚力，充分调动各级组织和会员的积极性和创造性，更好地担负起历史赋予的光荣使命。

第一章　会　员

第一条　凡经济界人士以及其他方面的专家学者，愿意履行会的章程，可以申请加入中国民主建国会。

第二条　会员必须热爱祖国，拥护社会主义初级阶段的基本路线，努力为人民服务，为社会主义现代化建设事业服务。

第三条　加入中国民主建国会，须由本人提出书面申请，由两名会员介绍，经过组织考察，填写入会申请表，由支部会员大会或支部委员会讨论通过，报设区的市、自治州和直辖市的区以上委员会批准。中央委员会和省、自治区、直辖市委员会可以直接吸收会员。

第四条　会员享有下列权利：

（一）在会内有表决权、选举权和被选举权；

（二）参加会的有关会议和活动，阅读有关文件，对工作提出建议和批评；

（三）对国家大政方针以及地方重大问题提出意见和建议；

（四）在会内，批评会的任何一级组织和会员；

（五）对会的决议和决定如果有不同意见，在坚决执行的前提下，可以声明保留，并可向上级组织直至中央委员会提出；

（六）在合法权益遭受损害时，向会的组织反映，请求帮助。

第五条 会员履行下列义务：

（一）遵守宪法、法律和法规，维护国家利益，保守国家机密；

（二）遵守章程，学习会史，热爱会的事业，执行组织决议和决定，努力完成会的任务；

（三）学习马克思列宁主义、毛泽东思想、邓小平理论、“三个代表”重要思想、科学发展观、习近平新时代中国特色社会主义思想，学习时事政策，学习科学技术和业务知识，积极参加社会主义现代化建设，爱岗敬业，廉洁奉公；

（四）相互帮助，增进团结，开展批评与自我批评，坚持真理，修正错误；

（五）密切联系群众，积极反映社情民意，在所联系的群众中发挥带头和桥梁作用；

（六）参加组织生活，交纳会费。

第六条 会员从一个地方迁移到另一个地方，应向原地方组织申请办理转移组织关系。会员如果迁移到没有建立组织的地方，仍应与原地方组织保持联系，或将组织关系转移到邻近的地方组织。

第七条 会员有退会自由。会员要求退会，须由本人提出书面申请，经所在支部讨论同意后，报设区的市、自治州和直辖市的区以上委员会批准，注销其会籍。

第八条 会员不履行会员义务，经劝告无效者，由支部会员大会讨论通过，报设区的市、自治州和直辖市的区以上委员会批准，劝其退会，注销其会籍。

第九条 会员的入会、转移组织关系、退会和劝退，应报省、自治区、直辖市委员会备案，并报中央委员会备查。

第十条 会员在为社会主义现代化建设服务，参加政治活动、社会活动和会务活动中有显著成绩的，经基层组织核实并讨论通过后，报请上一级地方组织给予表彰。对有重大贡献的，可由省、自治区、直辖市委员会报请中央委员会给予表彰。

第二章 组织制度

第十一条 中国民主建国会的组织原则是民主集中制。

（一）各级领导机关都由选举产生。

（二）全国代表大会和它所产生的中央委员会，是会的最高领导机关。地方各级代表大会或会员大会和它所产生的委员会，是会的地方各级领导机关。各级委员会向同级代表大会或会员大会负责并报告工作。

（三）会员个人服从会的组织，少数服从多数，下级组织服从上级组织，地方组织服从中央组织。

（四）各级委员会必须贯彻集体领导和个人分工负责相结合的原则。会的组织在讨论决定问题时，必须贯彻集体领导、民主集中、个别酝酿、会议决定的原则。凡属重大问题，都要由领导集体协商讨论，进行表决，做出决定。各级领导集体成员要根据集体的决定和分工，切实履行自己的职责。

（五）各级领导机关应当听取下级组织和会员的意见，研究他们的经验，解决他们提出的问题，不断改进工作；下级组织必须贯彻执行上级组织的决议和决定，向上级组织报告工作。下级组织要独立负责地解决自己职责范围内的问题，在工作中遇到应当由上级组织决定的问题，必须向上级组织请示。

第十二条 各级领导机关的选举，要体现选举人的意志。候选人名单应经充分酝酿协商，采用差额选举或等额选举的方式，进行无记名投票。

地方组织的领导成员，如果由于特殊原因不能用选举方法产生，可以由省级组织或中央委员会指定。在筹建中的地方组织和基层组织的领导成员，由上级组织决定。

第十三条 由选举产生的中央委员会和地方委员会的组成人员，每届任期与同级委员会相同，可以连选连任。

第十四条 中国民主建国会的组织系统是：中央委员会，省、自治区、直辖市委员会，设区的市、自治州和直辖市的区委员会，县（旗）、自治县、不设区的市和市辖区委员会，基层委员会、总支部委员会、支部委员会。

第十五条 成立新的地方组织，或撤销、合并、改建地方组织，须由中央常务委员会批准。

第十六条 中国民主建国会的发展工作要把政治标准放在首位，贯彻以大中城市为主，以中上层人士为主，以经济界人士为主，发展与巩固相结合，有计划地稳步发展的方针。

第三章　中央组织

第十七条 全国代表大会每五年举行一次，由中央委员会召集。全国代表大会在必要的时候可以提前举行，如果没有特殊情况，不得延期举行。

全国代表大会代表名额和产生办法，由中央常务委员会决定。在举行全国代表大会期间，由选举产生的主席团主持会议。

第十八条 全国代表大会的职权是：

（一）听取和审查中央委员会的报告；

（二）讨论并决定会的重大事项；

（三）修改会的章程；

（四）选举中央委员会。

第十九条 中央委员会在必要的时候，可以召集全国代表会议，讨论决定重大问题。

第二十条 中央委员会每届任期五年。全国代表大会如果提前或延期举行，它的任期相应地改变。

中央委员会委员的名额，由全国代表大会决定。

中央委员会全体会议每年举行一次，由中央常务委员会召集和主持；如果没有特殊情况，不得延期举行。

第二十一条 中央委员会是全国代表大会闭会期间会的最高领导机关，领导会的全部工作，对外代表中国民主建国会。它的职权是：

（一）贯彻执行全国代表大会决议；

（二）听取和审查中央常务委员会的工作报告；

（三）审查中央监督委员会的工作报告；

（四）讨论并决定会的工作方针和任务；

（五）选举中央委员会主席、副主席、常务委员，组成中央常务委员会；

（六）选举中央监督委员会；

（七）调整和增选中央委员会的部分委员。

第二十二条 中央常务委员会每届任期与中央委员会相同，在中央委员会全体会议闭会期间，行使中央委员会的职权。它的职权是：

（一）贯彻执行中央委员会的决议；

（二）听取和审查中央工作部门和专门委员会的工作报告；

（三）讨论并决定会的工作方针和任务；

（四）决定中央委员会秘书长、各工作部门主要负责人。

中央常务委员会全体会议每年至少举行四次。由中央委员会主席召集和主持。

中央委员会主席主持中央委员会、中央常务委员会的工作，副主席协助主席工作。

第二十三条 中央委员会主席、副主席组成主席会议，根据中央委员会和中央常务委员会的决定，讨论、处理中央日常领导工作中的重大事项。主席会议由中央委员会主席召集和主持。主席会议规程由中央常务委员会制定。

第二十四条 中央委员会设秘书长和若干工作部门。中央委员会根据需要可设立若干专门委员会，专门委员会每届任期五年，专门委员会的设立由中央常务委员会决定。

第四章 地方组织

第二十五条 省、自治区、直辖市，设区的市、自治州和直辖市的区，县（旗）、自治县、不设区的市和市辖区的代表大会或会员大会，每五年举行一次。会的各级地方代表大会或会员大会由同级地方委员会召集。在必要的时候可以提前举行，如果没有特殊情况，不得延期举行。

各级地方代表大会代表名额和产生办法，由同级委员会或它的常务委员会决定，并报上一级组织备案。在举行代表大会或会员大会期间，由选举产生的主席团主持会议。

第二十六条 各级地方代表大会或会员大会的职权是：

（一）贯彻全国代表大会和中央委员会的决议和决定；

（二）听取和审查同级委员会的工作报告；

（三）讨论并决定本地区会的重大事项；

（四）选举同级委员会。

第二十七条 省、自治区、直辖市、设区的市、自治州委员会在必要的时候可以召集代表会议，讨论决定重大问题。

第二十八条 省、自治区、直辖市，设区的市、自治州和直辖市的区，县（旗）、自治县、不设区的市和市辖区委员会每届任期五年。会的各级地方代表大会或会员大会如果提前或延期举行，由它产生的委员会的任期也相应地改变。

各级地方委员会的委员名额由上一级委员会决定。

第二十九条 各级地方委员会在同级代表大会或会员大会闭会期间领导本地区的工作。它的职权是：

（一）贯彻上级组织和同级代表大会或会员大会的决议，并定期向上级组织报告工作；

（二）听取和审查同级常务委员会（设常务委员会的地方）的工作报告；

（三）审查同级监督委员会的工作报告；

（四）讨论并决定本地区会的工作任务；

（五）选举主任委员、副主任委员、常务委员，组成常务委员会（不设常务委员会的地方组织不选举常务委员）；

（六）选举同级监督委员会；

（七）调整和增选同级委员会的部分委员。

第三十条 各级地方代表大会或会员大会选举产生的各级委员会成员须报上一级组织备案，并报中央委员会备查。

第三十一条 各级地方委员会的常务委员会每届任期与同级委员会相同。在委员会全体会议闭会期间，行使同级委员会的职权。它的职权是：

（一）贯彻上级组织和同级委员会的决议和决定；

（二）听取和审查各工作部门和专门委员会的工作报告；

（三）讨论并决定本地区会的工作任务；

（四）决定地方委员会秘书长、各工作部门主要负责人（不设常务委员会的地方由同级委员会决定）。

第三十二条 各级地方委员会主任委员主持同级委员会、常务委员会的工作，副主任委员协助主任委员工作。

各级地方委员会主任委员、副主任委员组成主任委员会议，根据地方委员会和常务委员会的决定，讨论、处理地方日常领导工作中的重大事项。主任委员会议由主任委员召集和主持。

第三十三条 各级地方委员会根据工作需要可设秘书长和若干工作部门。各级地方委员会必要时可设立若干专门委员会，专门委员会每届任期五年。专门委员会的设立由同级地方常务委员会决定（不设常务委员会的地方由同级委员会决定）。

第五章 基层组织

第三十四条 中国民主建国会的基层组织是支部、总支部和基层委员会。有会员五人以上，可以成立支部。根据工作需要，一个单位、行业、地区设有两个以上支部的，可以设立总支部或基层委员会。

支部、总支部、基层委员会的建立、撤销和合并，由上一级组织决定。

在必要的时候，中央和地方委员会可以设立直属支部、总支部、基层委员会；省、自治区、直辖市委员会可设直属工作委员会。

由于特殊原因不能编入支部的会员，由有关地方组织直接与之保持联系。

第三十五条 支部委员会、总支部委员会、基层委员会由支部会员大会、总支部会员大会、基层委员会会员大会或会员代表大会选举产生，任期三至五年。委员名额由上一级地方组织决定，必要时可以增补。

支部委员会、总支部委员会、基层委员会设主任委员一人，副主任委员若干人，由委员会推选产生。

不满七人的支部不设委员会，只选举主任委员一人，在必要的时候可选举副主任委员一人。

支部委员会、总支部委员会和基层委员会选出的主任委员、副主任委员，应报上一级地方组织批准。

第三十六条 基层组织是实现会的政治任务的基础，它的基本任务是：

（一）贯彻执行上级组织的决议和决定，组织会员参加各项会务活动；

（二）充分调动会员的积极性和创造性，围绕所在地区、单位的中心任务，努力做好本职工作，为社会主义现代化建设事业服务；

（三）组织会员对国家的大政方针和地方重要事务以及群众生活中的重要问题开展调查研究，提出意见和建议，反映社情民意；

（四）定期举行组织生活，结合会员的社会实践，开展思想政治工作，帮助会员进行自我教育，关心会员的工作、学习和生活，反映会员的意见和要求，互相学习、互相帮助、团结友爱，不断取得新的进步；

（五）维护和执行会的纪律，讨论对会员的表扬、奖励和处分；

（六）吸收会员，收缴会费。

第六章 干 部

第三十七条 干部是会的事业的骨干。全会要重视对干部的教育、培养、推荐、选拔、使用、监督和考核，特别是培养、选拔优秀年轻干部，不断提高政治把握能力、参政议政能力、组织领导能力、合作共事能力和解决自身问题的能力，努力建设高素质的干部队伍。

第三十八条 要坚持按照德才兼备的原则选拔和任用干部。干部的选拔和任用，要经过民主推荐、组织考察、酝酿协商、集体决定等程序，实行择优选拔。坚持任人唯贤，反对任人唯亲以及任何滥用职权、谋求私利的不正之风。

第三十九条 各级领导干部必须模范履行章程所规定的各项义务，并具备以下基本条件：

（一）具有履行职责所需要的理论政策水平，带头学习马克思列宁主义、毛泽东思想、邓小平理论、“三个代表”重要思想、科学发展观、习近平新时代中国特色社会主义思想，把握正确的政治方向，遵守政治纪律、政治规矩，坚持理论联系实际，创造性地开展工作；

（二）具有较强的事业心和政治责任感，热爱会的事业，有相应的实践经验以及胜任领导工作的组织能力、文化水平和专业知识；

（三）具有一定的社会影响力和参政议政能力，坚持实事求是，认真调查研究，讲实话、办实事、求实效；

（四）坚持和维护民主集中制原则，有民主作风，能顾全大局，维护会的团结，勇于批评和自我批评，善于与其他同志一道工作；

（五）信念坚定、为民服务、勤政务实、敢于担当、清正廉洁，密切联系群众，自觉接受组织和会员的监督。

第四十条 会的各级领导职务，无论是由民主选举产生的，或是由领导机关任命的，都不是终身职务。

担任中央委员会主席、副主席和地方委员会主任委员、副主任委员职务的人员，同一职务可连选连任两届，最多不超过三届。

担任各级领导职务的人员，凡由于任职年龄、健康状况或其他原因不适宜继续担任领导职务的，可以依据相应的程序在任期内调整。

第七章 纪律和会内监督

第四十一条 会员应自觉遵守会的纪律。会员违犯法律、政纪和会的纪律，应按其具体情节和对待错误的态度，分别给予警告、严重警告、撤销会内职务、留会察看、开除会籍的处分。

留会察看一般不超过两年。会员在留会察看期间没有表决权、选举权和被选举权。会员经过留会察看确已改正错误的，恢复其会员的权利；坚持错误不改的，开除会籍。

会的各级代表大会的代表受到留会察看及以上处分的，应当终止其代表资格。

第四十二条 对会员的警告、严重警告、撤销会内职务、留会察看的处分，须经支部会员大会讨论通过，经设区的市、自治州和直辖市的区委员会批准，报省、自治区、直辖市委员会备案；对会员给予开除会籍的处分，须经支部会员大会讨论，由设区的市、自治州和直辖市的区委员会审核，省、自治区、直辖市委员会批准，并报中央委员会备案。

对中央委员会委员的纪律处分，须经中央委员会讨论决定。

对地方各级委员会委员的纪律处分，须经同级委员会讨论决定，报上一级组织批准，并报中央委员会备案。

第四十三条 各级组织对会员处分前，应听取本人说明情况和申辩，实事求是地查清事实。做出的处分决定，必须书面通知本人。如果本人不服决定，可以提出申诉。各级组织对会员的申诉，应认真负责处理。

第四十四条 中央委员会和省、自治区、直辖市委员会设立监督委员会，作为会内监督的专门机构，在同级委员会的领导下工作，指导下一级监督委员会的工作。有条件的设区的市、自治州和直辖市的区委员会可以设立会内监督机构。

会内监督是对会员个人和会的组织遵守章程、履行职责情况的监督。监督的重点是会的各级领导班子及其成员、各级领导集体成员、各级机关的会员公职人员。

第四十五条 中央监督委员会设主任一人、副主任和委员若干人，由中央委员会选举产生，每届任期与中央委员会相同。主任由中央委员会副主席担任，副主任由常委会组成人员担任，委员由中央委员或会员中的代表性人士担任。

省、自治区、直辖市委员会监督委员会主任、副主任、委员由同级委员会选举产生，每届任期与同级委员会相同。

第八章 附 则

第四十六条 本章程经全国代表大会通过后施行。

第四十七条 本章程由中央委员会解释。

在民建十届十九次中常委会议上的讲话

陈昌智

（2017年7月6日）

同志们：

本次会议听取了民建四川省委和民建中央法制委员会、文化委员会的工作情况汇报，圆满完成了各项议程。下面我将民建省级组织换届的情况、中央换届的准备情况以及会中央近期的工作向大家进行通报。

一、省级组织换届的情况

截至目前，全国30个省级组织已经有27个完成换届任务，选举产生了新一届省级组织领导机构。各省级组织代表大会都开得很成功，选举产生了新一届领导集体，达到了民主、团结、务实、奋进的目标要求，同时为年底的中央换届和全会今后五年发展奠定了基础。下面，我对省级组织换届作简要介绍：

（一）新一届领导集体基本情况

完成换届的27个省级组织，共选举出主委27人、副主委174人；领导班子成员的平均年龄51.9岁，50岁以下44人，占21.9%；主委平均年龄54.8岁，副主委平均年龄51.4岁。其中，女同志51人，占25.4%。新进入领导班子的92人（含届内调整14人），占领导班子成员总数的45%。新任主委9人（含届内调整2人），占主委的33%。22个省级组织任命了秘书长（其中5个地区的秘书长由副主委兼任）。

从学历结构看，本科以上学历的196人，占97.5%；其中，具有研究生以上学历的137人，占68.2%；具有博士学位的61人，占30.3%；具有硕士学位的50人，占24.9%。

从职业结构看，企业界人士 33 人，占 16.4%；专家学者 35 人，占 17.4%；在政府和司法机关担任领导职务的 71 人，占 35.3%；会务工作者 38 人，占 18.9%；人大、政协及其他方面代表性人士 24 人，占 11.9%。

（二）主要做法

这次换届是在中共中央统战部、中共地方党委统战部和会中央统一部署、直接指导和密切配合下进行的。会中央对换届工作高度重视，指导有力、措施到位、准备充分，各省级民建组织全力以赴，精心组织实施，为换届成功提供了坚强组织保障。

1. 超前谋划，做好思想和组织准备。会中央高度重视省级组织换届工作。从 2014 年开始，会中央就着手对省级组织换届进行思想准备、组织准备和相关工作筹备，组织开展了“坚持和发展中国特色社会主义学习实践活动”和“不忘合作初心、继续携手前进”专题教育活动，继承优良传统，增强政治共识，坚定共同致力于中国特色社会主义事业的信念，推动思想建设，做好政治交接的准备。2014 年 2 月，会中央制定印发了《关于做好 2014—2017 年省级组织领导班子后备干部队伍建设工作的意见》，在协商基础上，建立省级组织领导班子后备干部名单。会中央主席、各位副主席深入省级和市级组织开展调研，及时与当地中共党委、统战部进行沟通交换意见，协调推荐优秀会员到政府及司法机关任职，注重发展高层次人才入会。2016 年 7 月，会中央制定印发了《关于民建省级组织换届工作的意见》，明确换届指导思想、工作原则和政策规定。同时，召开由省级组织主委、副主委和组织部门负责人参加的省级组织建设工作研讨会、省级组织换届工作会议，研究部署换届工作，把各项准备工作落到实处；会中央组织部修改制定了省级组织换届工作流程、操作范本，进一步规范了省级组织换届工作程序；2017 年 1 月，再次召开省级组织处长会议，深入学习换届工作文件，研究部署省级组织换届工作具体事宜。

2. 密切协作，中央统战部和地方党委高度重视和支持换届工作。中央统战部和地方党委统战部非常关心民建省级组织干部队伍建设，在换届三方协商中，既严格把握相关政策，又充分尊重会中央的意见，人事安排沟通协商顺畅，针对个别地方的特殊情况，做了大量有效的工作。在领导班子配备方面，坚持“德才兼备、以德为先”选人用人导向，反复与会中央协商沟通人选，并着眼于下次换届，将优秀后备干部纳入视野。有的省委统战部广泛征求各方面对民建省级组织领导班子配备意见，为换届工作顺利推进保驾护航。有的省委统战部在代表大会召开前，还专门召开参会代表会议，确保与当地党委和民建中央换届各项要求保持一致。代表大会期间，各省中共党委统战部有关领导同志和党派处、干部处等相关部门同志全程听会，精心指导，为换届选举顺利进行提供了有力的保证。

3. 工作到位，确保换届工作平稳有序进行。会中央和各省级领导班子高度重视换届工作。省级组织主要负责同志深入基层开展调查研究，认真贯彻会中央的部署，加强政治思想工作，引导广大会员讲政治、讲大局、讲传统、讲团结，增强责任意识和组织观念，正确对待个人进退留转，正确处理个人与组织的关系，在思想上、组织上、工作上都做了充分准备。换届期间，会中央主席、副主席亲临各地指导工作，与省级组织班子成员谈心谈话，做深入细致的思想工作，省级组织主委在预备会上发表讲话，统一思想，教育和引导代表服从大局，维护和树立民建形象。

4. 全过程从严要求，把换届纪律挺在前面。会中央和各省级组织始终紧绷换届纪律这根弦，坚持把纪律和规矩挺在前面。坚持教育在先、警示在先、预防在先，省、市级组织班子成员认真学习中共中央关于辽宁拉票贿选案和湖南衡阳破坏选举案、四川南充拉票贿选案通报精神，深刻汲取教训，筑牢思想防线和纪律防线。各省级组织认真贯彻民主集中制原则，规范各项换届工作程序，严格执行充分酝酿、民主推荐、多方协商、组织考察、会议选举，保证了换届的严肃性、选举的公正性和人选的群众基础。同时，深入开展换届纪律宣传，有的省级组织班子成员还签订了严守换届纪律承诺书。会中央充分发挥监督委员会职能作用，强化换届全过程监督，确保换届工作风清气正、选举工作顺利进行。

5. 换出新班子新气象，开启民建事业发展新征程。这次省级组织换届，我们坚持把继承和弘扬多党合作优良传统贯穿换届工作全过程，深化"坚持和发展中国特色社会主义"学习实践活动，引导广大会员坚定理想信念，自觉践行社会主义核心价值观，凝聚力量，在新老交替中实现了政治交接。我们准确把握换届政策，树立鲜明用人导向，与中央统战部、各省级党委和统战部门密切配合，把一批信念坚定、敢于担当、业绩突出、会员认同的代表人士选入省级领导班子，班子成员的年龄梯次、界别特色、专业分布等更趋合理，与经济界紧密联系的特点更为突出，班子整体素质有了新的提高，整体功能进一步增强。

在省级组织换届中也有个别地方没有严格按照我们的程序进行，出现了违规的行为，组织部门也要把问题进行总结，会中央领导要研究讨论改进办法。

目前，还有3个省级组织没有换届，希望你们认真学习借鉴27个省级组织换届工作中好的做法和经验，为民建省级组织换届工作画上圆满句号。

二、中央换届准备情况

今年初，成立了民建中央换届工作领导小组。重点做了以下几项工作：一是起草工作报告。今年初，成立了报告起草小组，负责会中央五年来的工作报告、大会筹备工作报告、大会决议等起草工作；3月组织召开了主席和两位副主席参加的十一大报告起草工作会议，讨论报告的主体框架、起草日程、工作分工。5月底已完成报告初稿，目前已经修改完成了第二稿，近期经主席办公会议讨论通过后，发到各省级组织、各位常委、机关各部门开展第一轮征求意见。请各省级组织、各位同志认真研究，将意见建议反馈回来。二是修改会的章程。上半年，已成立会章修改工作领导小组，并对章程修改工作进行了安排部署，并在山东、上海、重庆、湖北、江苏、浙江等地召开了章程修改座谈会，目前已完成基础研究和章程修改初稿。从基层的调研和在部分地区座谈研究的情况看，大家普遍认为，十大通过的章程在指导和推动会务实践中发挥了十分重要的作用，中共十八大以来，以习近平同志为核心的党中央，统筹推进"五位一体"总体布局和协调推进"四个全面"战略布局，五年砥砺奋进，各项事业成就辉煌，多党合作、协商民主、党派工作都取得了丰硕的理论和实践成果，对十大章程进行适当修改和补充是十分必要的。这次章程修改要把五年来民建事业发展的实践经验和规律总结研究，对未来发展定位、目标要求有一个清晰表述。同时，把即将召开的中共十九大精神，作为章程修改的重要依据。目前，章程修改的框架已经形成，还需要继续研究和完善，准备在中共十九大召开后，进一步修改完善，征求省级组织意见。三是做好全国代表大会代表名额分配和产生工作。做好代表推荐考察是开好十一大的重要基础，十一次代表大会代表名额650名；会中央已专门印发文件，对代表资格条件、各省名额分配、代表产生程序等提出了明确要求。目前完成换届的27个省已选举出了参加代表大会的代表人选，正在落实上报。四是做好中央委员名额分配和候选人产生的工作。今年3月，会中央常务委员会通过了十一届中央委员会委员候选人产生办法和名额分配方案。方案规定：十一届中央委员215名，从民建的特点出发，明确了构成比例：企业界人士占30%，专家学者占20%，在政府司法部门任职的同志占20%，会务工作者占20%，其他代表人士占10%。为了使更多的优秀人才进入中央委员会，我们这次拿出27.9%的名额即60名作为竞争名额，通过中央常委会议投票遴选。各省级组织按照会中央的部署，严格执行民主推荐、组织考察、酝酿协商等程序，抓紧将125名人选报上来。会中央将通过投票遴选方式，从125名人选中，遴选产生60名中央委员候选人名单。其余155个中央委员名额，根据各省会员总数已分配下达，请各省级组织按照我们下发文件的要求，抓紧时间，尽快把分配和推荐名单一并上报会中央，不要影响工作整体进度。所有上报人选名单，须同省委统战部共同研究决定后，报民建中央；各省级组织和会中央有关部门，要对中央委员人选名单严格保密。

三、会中央近期的重要活动

（一）中国风险投资论坛

6月17日由民建中央、广东省人民政府、广州市人民政府和深圳市人民政府共同主办，科学技术部支持的2017年第十九届中国风险投资论坛在广州举办。论坛期间举办高层论坛、首届“金投奖”颁奖典礼、资本项目对接会、主题论坛、专题活动等近30场系列活动，参加人数近3500人，是历届论坛规模最大的一次，规格最高的一次。

本次论坛在会中央以及各级民建组织的重视和推动下，在民建会员企业中反响热烈。有来自30个省市自治区的435名会员报名参加此次论坛，由10位省级组织主委、48位省市专职副主委带队参会。有8位会员参加2017中国企业兼并收购训练营培训班，6家会员企业进行了项目路演，其中4家企业获得“2017年最具投资潜力创新企业”奖。贵州省组织的9家企业进行中国风险资本专场路演，参与专场的投资机构上百家，会上反响热烈。

（二）非公经济论坛

2017年非公有制经济发展论坛将于9月22日至23日在南昌举行。今年年初，在与江西省人民政府、国家工业和信息化部充分沟通后，确定了《2017 中国（江西）非公有制经济发展论坛总体方案》。论坛主题方面，经过征询各主办方意见，最终确定为“非公有制经济发展升级与绿色崛起”。

江西省人民政府对此次论坛十分重视，于去年 12 月成立了论坛组委会，并已多次召开筹备工作会议，论坛的相关工作都在有条不紊地进行。

“2017 中国（江西）非公有制经济发展论坛”招商项目册经过收集、整理已经下发到各省级组织。论坛组委会招商组在广东、浙江、上海、山东、江苏、福建等地召开招商推介会，希望各省级组织能给予大力支持和协助。“2017 中国（江西）非公有制经济发展论坛”征文通知业已下发送至各省级组织，截止日期为 7 月 15 日，希望各个省组织广大会员能够踊跃投稿。

经地方申请，主席办公会议研究，明年的非公经济论坛将在四川举行。

最后，我再对民建省、市级组织创办刊物的情况进行一下通报，截至 2017 年 6 月 16 日，各省级组织均有刊物，其中，北京、吉林、山东、广东、重庆、四川 6 个省级组织办有月刊。全国 297 个市级组织中，有 234 个办有刊物，比例为 79%，比去年增加了 38 个。北京、吉林、江苏、浙江、山东、湖北、重庆、四川、青海、新疆 10 个省级组织所属的所有市级组织均办有刊物。

据了解，市级组织暂时未办刊物的主要原因有：工作人员不足、没有相关经费、缺乏有办刊专业知识的人员、无法取得内部刊号等。困难非常多，但是有的市级组织就能够克服困难，例如黑龙江的绥化市，他们 2000 年成立市委会，2001 年开始办刊，至今已经坚持 16 年。目前，绥化市委会机关有 3 名专职干部，1 人牵头办刊，另外 2 人协助；绥化市委会除人员工资外办公经费 2.98 万元，办刊经费未获取其他赞助。目前绥化市委会的刊物是季刊，每期印刷 200 多本，给每位会员送一本，发送给省民建、绥化市党委、人大、政府、政协以及其他民主党派。绥化市在这样的条件下办刊取得了良好的效果，值得其他未办刊物的市级组织学习借鉴。

希望各位主委回去后专门抓一下市级组织创办刊物的工作，加大市级组织自我宣传的力度，力争在今年年底前所有市级组织都办有自己的刊物。

同志们，下半年会中央换届工作将全面启动，工作任务非常繁重，希望我们继续带领广大会员，凝心聚力，脚踏实地，把各项工作做好，以优异的成绩迎接中共十九大和民建十一大的胜利召开。

谢谢大家。

在民建十届二十次中常委会议上的讲话

陈昌智

（2017年9月13日）

同志们：

本次常委会议听取了中央经济委员会、财政金融委员会、企业委员会对当前经济形势的分析，审议通过《遴选第十一届中央委员会委员候选人推荐名额人选办法》，遴选了第十一届中央委员会委员候选人推荐名额人选，讨论了《中国民主建国会章程（修改草案）》（讨论稿），审议通过了关于召开民建十届六中全会的决定。在大家的共同努力下，会议圆满完成了各项议程。会议结束前，谈几点意见，通报几个方面情况。

一、关于学习习近平总书记“7·26”重要讲话精神

习近平总书记“7·26”重要讲话，是坚持和发展中国特色社会主义的政治宣言和行动纲领，为中共十九大胜利召开奠定了重要的政治、思想和理论基础，为推进中国特色社会主义伟大事业提供了科学指南，具有重大政治意义、理论意义、实践意义。

（一）牢牢把握“7·26”重要讲话的重大意义。习总书记“7·26”重要讲话站在时代和全局的高度，科学分析当前国际国内形势，深刻阐述中共十八大以来党和国家事业发生的历史性变革，深刻阐述新的历史条件下坚持和发展中国特色社会主义的一系列重大理论和实践问题，深刻阐明未来一个时期党和国家事业发展的大政方针和行动纲领，提出了一系列新的重要思想、重要观点、重大判断、重大举措，具有很强的思想性、战略性、前瞻性、指导性，是一篇马克思主义的纲领性文献。我们要深入学习领会，充分认识讲话的重大政治意义、理论意义、实践意义，切实把思想和行动统一到讲话精神上来。

（二）牢牢把握“7·26”重要讲话的丰富内涵。“一个鲜明主题”，宣示举什么旗、走什么路、以什么样的精神状态、担负什么样的历史使命、实现什么样的奋斗目标。“三个牢牢把握”，牢牢把握社会主义初级阶段这个最大国情、牢牢把握我国发展的阶段性特征、牢牢把握人民群众对美好生活的向往，为深入分析和准确判断当前世情国情党情提供依据。“四个伟大”，进行伟大斗争、建设伟大工程、推进伟大事业、实现伟大梦想，凸显了手段、路径与目标高度统一的内在逻辑。“三大攻坚战”，打好防范化解重大风险、精准脱贫、污染防治的攻坚战，体现出决胜全面建成小康社会的信心和决心。

（三）牢牢把握“7·26”重要讲话的实践要求。习近平总书记强调，时代是思想之母，实践是理论之源。我们要在迅速变化的时代中赢得主动，要在新的伟大斗争中赢得胜利，就要在坚持马克思主义基本原理的基础上，以更宽广的视野、更长远的眼光来思考和把握国家未来发展面临的一系列重大战略问题，在理论上不断拓展新视野、做出新

概括。民建作为中国特色社会主义参政党，我们要按照习近平总书记要求，着力提升政治把握能力、参政议政能力、组织领导能力、合作共事能力、解决自身问题能力，发挥好参政议政、民主监督职能，发挥好密切联系经济界的界别特色和人才优势，服从服务中国特色社会主义建设的伟大实践。

二、关于我国经济发展形势

怎么看待经济形势，习近平总书记强调："对经济形势，我们要用长期的观点来分析，'验在近而求在远'。"就是说，看经济形势既要看当前，也要看长远；既要看指标，也要看预期；既要看到成就，也要看到问题。

（一）当前经济发展态势：稳中向好

7月24日中央政治局会议指出，今年以来，面对复杂多变的国内外形势，我国保持了经济发展稳中向好态势。

从速度变化看，2017年上半年我国经济最显著的特点是，经济运行的稳定性不断增强。上半年GDP同比增长6.9%，较去年同期提高了0.2个百分点，也是2015年第四季度以来的最高值。截至今年二季度，GDP增速已连续八个季度稳定在6.7%—6.9%的中高速区间，7月虽受洪涝灾害、高温天气、结构调整等多种因素影响，增速有所放缓，但仍高于去年同期水平，这表明我国经济波动已经趋于平稳化，新常态下经济增长缓中趋稳的向好局面得到巩固。7月24日，国际货币基金组织宣布将中国今明两年经济增长预期分别上调0.1个和0.2个百分点至6.7%和6.4%，这是该机构今年第三次上调我国经济增长预期。

从结构优化看，消费、投资、出口实现了比较均衡的增长。农业供给侧结构性改革持续推进，工业结构有所优化，特别是过剩产能继续得到化解，前7个月，规模以上工业企业实现利润总额同比增长21.2%，比上年同期加快14.3个百分点。创新驱动的效应开始显现，适应消费升级和技术进步的行业增长较快。同时，产业组织结构也在改善，竞争性产业集中度在提高，大中小企业分工在深化。房地产市场调控效果开始初步显现。6月，OECD发布的首份《G20结构性改革进展的技术性评估报告》指出，中国的结构性改革取得积极进展，在生产率提升、稳定就业、增加收入、"放管服"等方面效果显著。

从动能转换看，供给侧改革深入推进，创业创新条件不断改善，推动各类新技术新产业新产品新商业模式不断涌现，为经济持续健康发展注入了新的动力。前7个月，全国新登记企业345.4万户，同比增长11.9%，日均新登记企业约1.6万家，是商事制度改革前的两倍多。以网络销售为代表的互联网经济快速增长，前7个月，全国网上零售额同比增长33.7%，增速比上年同期提高6.2个百分点。同时，服务业对经济的主导作用进一步显现，上半年服务业增加值比重提高到54.1%，比2012年提高了8.8个百分点，势必增加中高端供给和有效供给，有力支撑需求升级、经济企稳、就业向好和效率改进。

（二）未来经济发展态势：困难较多

李克强总理在7月8日召开的经济形势专家和企业家座谈会上指出："面对世界经济政治格局深度调整和国内一些深层次矛盾交叉叠加，未来发展面临的困难仍然较多。"

从国际层面看，当前世界不稳定因素仍然存在，仍然有许多不可预测和不确定性。

习近平总书记指出，世界经济仍处在国际金融危机后的深度调整期，全球产业正处于转型重构关键阶段，新的增长动力源蓄势未发，国际金融市场新旧矛盾交织，爆发贸易战的概率上升，我国经济发展外部环境不容乐观。8 月 18 日，美国正式对我国发起“301 调查”，此举可能加剧外部经济环境的不确定性。

从国内层面看，综合调研情况看，各类深层次结构性矛盾依然突出，实体经济循环不畅问题尚未得到根本解决，防范和化解金融风险的任务依然艰巨。一是项目投资后劲不足。有效投资情况虽然比去年好，但走势还有待观察。特别是民间投资，虽然增速比去年有所回升，但仍然低于全国固定资产投资。二是实体经济依然困难。一些行业、企业的原材料成本、人工成本、物流成本等仍在上升。贷款“脱实向虚”“国进民退”仍未得到根本扭转，融资难、融资贵仍是企业反映的普遍问题。三是金融风险仍然存在。李克强总理指出，一方面，我国储蓄率高达 40%—50%，是世界最高的；另一方面，确实有些企业存在债务较多问题，等等。

中共中央提出的防范金融风险、支持实体经济发展、推进供给侧结构性改革，是当前的重点任务，非常重要。希望同志们继续加强对这些方面的研究，尤其是供给侧结构性改革的问题。今年是推进供给侧结构性改革的关键之年。习近平总书记强调，供给侧结构性改革，重点是解放和发展社会生产力，用改革的办法推进结构调整，减少无效和低端供给，扩大有效和中高端供给，增强供给结构对需求变化的适应性和灵活性，提高全要素生产率。我们讲的供给侧结构性改革，既强调供给又关注需求，既突出发展社会生产力又注重完善生产关系，既发挥市场在资源配置中的决定性作用又更好发挥政府作用，既着眼当前又立足长远。总书记的指示，为我们搞好研究、提出建议，提供了遵循，明确了方向。

在开展供给侧结构性改革问题研究时，我们需要把握好以下几个方面：一是正确认识供给侧结构性改革的目的，通过推动制度、机制、体制改革，发挥好市场对资源配置的决定性作用和更好发挥政府作用。二是统筹考虑供给和需求的互动关系，既强调供给又关注需求，促进需求扩大与供给改善协调推进。三是科学把握“三去一降一补”在推进供给侧结构性改革中的定位，有效落实好这五大重点任务，更好地适应经济发展新常态。

对于以上问题，会中央将继续关注并提出建议，希望同志们在实践过程中，找准切入点，深入基层，深入一线，开展调查研究，为会中央和各级党委政府更好分析形势和问题，提出参考建议。

三、关于近期参政议政情况

这里，简要通报高层协商情况。今年 7 月，在党外人士座谈会上，就当前经济形势和经济工作，会中央提出了 3 项意见建议，供同志们参考。

（一）防范和化解地方政府债务风险。建议：一是健全金融法治，严控地方政府债务增量，明确“谁负债，谁偿债”主体责任，终身问责，倒查责任，强化政府负债的硬约束。强化地方政府的法律意识和责任意识。将债务负担率、债务偿还率、新增债务率、逾期债务率等指标列入考核范围。二是提高政府债务的透明度，避免各种形式的变相举债，查处违法违规举债，严控隐性债务“黑箱”（暗箱操作）和“黑洞”。建立一套能够反映政府全部经济活动的会计制度及债务统计与报告制度。三是推进中央与地方事权与支出责任划分改革，健全地方税体系方案，理顺中央和地方事权、财权关系。深化土地制度改革，试点推行土地年租制，加快推进地方融资平台公司转型发展，改变地方政府对举债和土地财政的过度依赖。

（二）积极推进光伏产业持续健康发展。建议：一是尽快落实可再生能源配额制。2016年3月，国家能源局颁布了《关于建立可再生能源开发利用目标引导制度的指导意见》，第一次对非化石能源比重指标要求作了定量分解，但由于缺乏刚性约束难以保证实施效果。建议将发展目标进一步分解到各级政府、电网企业和发电企业，逐步由目标引导过渡到强制性的配额制，明确相关主体义务，作为约束性指标进行考核。二是协调解决用地与土地税费问题。对利用农用地、农业大棚、畜禽舍、水面等上方架设光伏组件进行综合利用的“互补”型项目，按原地类进行认定和管理，并加强事中、事后监管；对符合国家政策规定的光伏发电项目占用的土地，在不改变土地性质的情况下，尤其是未利用地、荒漠戈壁、荒漠化草地，予以减免土地使用税或耕地占用税。三是综合施策解决光伏发电补贴问题。建议研究将可再生能源电价附加征收标准从每千瓦时1.9分增加到3分，每年可多征收400多亿元；通过竞价方式配置项目，促进光伏企业加快技术进步和降低成本，逐步减少对政府补贴的依赖。此外，在促进产业发展方面应积极布局储能和分布式能源建设。

（三）支持设立崇明国家级生态文明试验区。建议大力支持绿色发展，把崇明世界级生态岛建设上升为国家战略，设立崇明国家级生态文明试验区。一是允许在重大制度创新方面先行先试。崇明岛形态上的相对隔离和功能上的相对独立，作为制度创新试验田的条件比较好，可以允许大胆闯、自主试，成为绿色发展的样本。二是推动“三区联动”。允许上海自贸区和张江自主创新示范区政策在崇明岛落地，与崇明国家级生态文明试验区形成政策叠加、联动发展。

四、关于做好民建十一大筹备工作

本会十一大将于今年12月召开，各项准备工作正在紧锣密鼓进行，其中，中央委员会工作报告已经过多次的修改，文稿已经形成，下周将印发征求大家的意见，请以对组织、对事业高度负责的精神，研究提出意见建议。需要强调的是，若无修改意见，也应书面反馈。起草组要认真梳理、充分吸纳大家的意见、建议，把报告修改好、完善好，使报告符合民建发展实际、符合广大会员的共同愿望，对今后的工作具有指导性、可行性。

五、关于非公经济论坛有关事宜

9月22日至23日，将在江西召开第十五届非公经济论坛。江西是中国革命摇篮、人民军队摇篮、共和国摇篮和工人运动摇篮，希望各省级组织要高度重视此次论坛，组织高层次企业家、有投资兴业意愿的企业家、有志为老区发展贡献力量的企业家参加此次论坛，为推动老区更好更快发展，贡献民建的一份力量。

六、关于全国政协第十二届全国委员会优秀提案和先进承办单位表彰会情况

五年来，全国政协共收到提案29340多件，立案23950多件，按照1%的比例，240件提案被选为优秀提案。其中，优秀集体提案86件，优秀委员提案154件。在86件优秀集体提案中，本会有6件提案被评为优秀提案，分别是：《关于发展文化旅游产业的提案》《关于共抓大保护推动长江经济带绿色发展的提案》《关于培育新生中小城市，推进新型城镇化发展的提案》《关于加快科技成果转化和技术转移，促进创新驱动发展战略实施的提案》《关于加大金融支持精准扶贫力度的提案》《关于加强我国土壤污染防治的提案》。在154件委员优秀提案中，有10位民建会员的提案获评为优秀提案，获奖会员分别是王名、孙太利、孙宝启、朴英、李修松、李晓林、武鸿麟、梁留科、谢伯阳、蔡玲。我们受表彰的提案和人员数量，在8个民主党派中，居于前列。希望受表彰的同志们珍惜荣誉，再接再厉，取得新的成绩。其他同志要向他们学习，深入开展调查研究，不断提升提案质量，服务经济社会更好更快发展。

七、关于支持贵州省黔西脱贫攻坚事宜

贵州省黔西有14个深度贫困村，脱贫任务很重。我们原有10个省对口帮扶黔西，这次需要增加4个单位进行对口帮扶，进一步加大帮扶力度。这4个单位分别是，民建中央、民建贵州省委、民建重庆市委、民建宁波市委，这样就形成了14个单位对口帮扶14个深度贫困村的工作局面。会后，社会服务部将和大家联系、沟通、商量有关帮扶工作。希望同志们深刻领会脱贫攻坚工作的重大意义，以高度的政治责任感和历史使命感落实好各项帮扶任务。

八、关于市级组织办刊问题

希望到今年12月，实现市级办刊“满堂红”。7月常委会结束以来，不到三个月的时间，大家行动很快，抓得很好，有的省级组织采取统筹办法，帮助市级组织解决办刊困难，取得了很好的效果。据统计，不到三个月的时间，创办刊物的市级组织又新增了39个，全会297个市级组织，有271个创办了刊物，占比达92%。这说明，领导重视，认真去抓，没有办不成的事，希望大家完成任务后，继续坚持下去，不断提高刊物质量，更好地宣传民建、展示民建服务发展成果。

同志们，今年后四个月，大事多、喜事多，希望大家集中精力，统筹做好各项工作，抓好每一天，干好每件事，以优异成绩迎接中共十九大和本会十一大的胜利召开！

谢谢大家！

关于深入学习贯彻中共十九大精神的通知

民建各省、自治区、直辖市委员会：

举世瞩目的中国共产党第十九次全国代表大会是在全面建成小康社会决胜阶段、中国特色社会主义进入新时代的关键时期召开的一次十分重要的大会。大会高举中国特色社会主义伟大旗帜，以马克思列宁主义、毛泽东思想、邓小平理论、“三个代表”重要思想、科学发展观、习近平新时代中国特色社会主义思想为指导，总结了中共十八大以来党和国家事业的历史性变革，做出了中国特色社会主义进入了新时代、我国社会主要矛盾已经转化为人民日益增长的美好生活需要和不平衡不充分的发展之间的矛盾等重大政治论断，系统阐述了习近平新时代中国特色社会主义思想，明确提出了新时代坚持和发展中国特色社会主义的基本方略，深刻回答了新时代坚持和发展中国特色社会主义的一系列重大理论和实践问题，对决胜全面建成小康社会、开启全面建设社会主义现代化国家新征程做出了全面部署。习近平同志在大会上所做的报告，描绘了决胜全面建成小康社会、夺取新时代中国特色社会主义伟大胜利的宏伟蓝图，进一步指明了党和国家事业的前进方向，是全党全国各族人民智慧的结晶，是中国共产党团结带领全国各族人民在新时代坚持和发展中国特色社会主义的政治宣言和行动纲领，是马克思主义中国化的纲领性文献。

全会要把学习贯彻中共十九大精神作为当前和今后一个时期的重要政治任务，切实抓紧抓好。

一、全面学习深刻领会中共十九大文件的精神实质

要坚持认认真真、原原本本地学习中共十九大报告和习近平同志在中共十九届一中全会上的重要讲话，着力在掌握精神实质上下功夫、在学深学透上下功夫、在融会贯通上下功夫，完整准确地领会中共十九大提出的新思想、新论断、新要求。要深刻领会中共十九大“不忘初心，牢记使命”的主题，深刻领会中国特色社会主义进入新时代的重大政治论断，深刻领会习近平新时代中国特色社会主义思想的精神实质和丰富内涵，深刻领会决胜全面建成小康社会、开启全面建设社会主义现代化国家新征程的目标。通过学习，教育引导广大会员深刻认识到，五年来改革开放和社会主义现代化建设之所以取得了如此成就，中国特色社会主义之所以焕发出勃勃生机，最根本的是有以习近平同志为核心的中共中央的坚强领导；深刻认识到，中国共产党的领导是中国特色社会主义最本质的特征，是中国特色社会主义制度的最大优势；深刻认识到，中国共产党不愧是伟大、光荣、正确的党，中国共产党领导中华民族伟大复兴事业，是历史和人民做出的正确选择。

各级组织要制订计划、周密部署，精心组织广大会员认真研讨，深入思考，领会精

神，在全会掀起学习高潮。各级领导班子成员在学习中要率先垂范、做好表率。

二、准确把握新时代中国特色社会主义发展的战略安排，始终围绕中心履职尽责

中共十九大对全面建成小康社会做出新部署，提出了从2020年到本世纪中叶分两步走全面建设社会主义现代化国家的新目标，开启了全面建设社会主义现代化国家新征程，中华民族伟大复兴的中国梦以崭新且壮丽的姿态更具体更生动地呈现在全国人民面前。中共十九大提出我国经济已由高速增长阶段转向高质量发展阶段，正处在转变发展方式、优化经济结构、转换增长动力的攻关期，建设现代化经济体系是跨越关口的迫切要求和我国发展的战略目标。民建作为密切联系经济界的参政党，要充分发挥自身优势，牢牢把握建设现代化经济体系这一主线，贯彻新发展理念，以解决好发展不平衡不充分问题、提升发展质量和效益作为长期参政议政的重要方向，围绕深化供给侧结构性改革、加快建设创新型国家、实施乡村振兴战略、实施区域协调发展战略、加快完善社会主义市场经济体制等重大问题，多献求真务实之策，多做开拓创新之事。

三、适应新时代多党合作要求，不断提高中国特色社会主义参政党建设水平

中共十八大以来，习近平同志提出“民主党派是中国特色社会主义参政党”的性质定位，为我们的自身建设指明方向。随着民建十一大即将召开，本会将实现新一轮新老交替，全会要按照习近平同志“各民主党派要搞好政治交接，努力换出新干劲、换出新气象”的要求，切实把坚持和发展中国特色社会主义作为巩固共同思想政治基础的主轴，继承弘扬老一辈优良传统，不断增进政治共识。以学习贯彻中共十九大精神为主线，持续推进坚持和发展中国特色社会主义学习实践活动，深入开展“不忘合作初心，继续携手前进”专题教育。要把学习贯彻中共十九大精神与加强自身建设的实践结合起来，着眼于提高政治把握、参政议政、组织领导、合作共事、解决自身问题“五种能力”，遵循本会“三个与时俱进”的参政党建设发展规律，秉承和践行“爱国、民主、建设、团结、创新、奉献”的共同价值理念，提高会的整体素质，强化会的整体功能，推动民建事业持续健康发展。

各级组织要及时总结和研究在学习贯彻中共十九大精神过程中的经验和做法，并将学习情况报告会中央。

中国民主建国会中央委员会

2017年10月30日

民建中央2017年工作要点

2017年是实施“十三五”规划的重要一年，是供给侧结构性改革的深化之年。全会要高举中国特色社会主义伟大旗帜，全面加强自身建设，认真履行参政党职能，以良好的精神风貌和优异的工作业绩迎接中共十九大和民建十一大的胜利召开。

一、深入学习贯彻中共十八届六中全会精神

当前，各级组织要把学习贯彻中共十八届六中全会精神作为首要政治任务。同时，把学习十八届六中全会精神与学习中央经济工作会议精神相结合，牢固树立政治意识、大局意识、核心意识、看齐意识，在思想上政治上行动上同以习近平同志为核心的中共中央保持高度一致，切实把思想和行动统一到中共中央的决策部署上来，振奋精神，扎实工作，圆满完成本会十大提出的各项任务。

二、思想宣传

进一步贯彻落实统战系统学习实践活动经验交流暨中期推动会精神，继续搞好坚持和发展中国特色社会主义学习实践活动，加强思想政治引导，弘扬优良传统，传承价值理念。适时召开学习实践活动经验交流会，总结工作，梳理经验，巩固成果，扩大实效。深入开展“不忘合作初心，继续携手前进”专题教育，广泛组织学习中共十八大、十八大以来历次全会精神，学习中共党史、多党合作历史和会章、会的历史。积极探索青年会员思想教育的方式和途径，加强对会员思想的分类引导，有针对性地释疑解惑，在会员中广泛凝聚改革共识、发展共识、法治共识和价值理念共识，坚定走中国特色社会主义政治发展道路的信心。适应新媒体发展趋势，充分利用各种渠道，做好中共十九大、民建十一大、全国“两会”等重大活动有关精神的学习宣传，以及民建先贤的感人事迹、先进会员典型事例的宣传报道。

三、组织建设

成立中央换届领导机构，做好会章修改、十一大报告起草和中央换届文件起草等各项工作，顺利完成换届任务。加强与有关部门的联系和沟通协商，深刻汲取辽宁拉票贿选案教训，严肃换届纪律，做好省级组织领导班子人选情况分析、换届工作方案审查和换届工作业务培训等工作，指导帮助省级组织如期顺利完成换届。认真学习中国共产党加强党内监督的经验，认真执行《中国民主建国会会内监督条例（试行）》，积极发挥会内监督的纪律保障作用，监督换届工作程序，增强会内监督的实效，切实保障换届工作平稳、健康、有序进行。推动条件成熟的省份设立分课堂，注重实效，进一步做强建华课堂品牌。

四、参政议政

积极参加政党协商，努力提高协商能力和水平。继续围绕统筹推进“五位一体”总体布局和协调推进“四个全面”战略布局，主动适应经济发展新常态，充分发挥自身优势，就推进供给侧结构性改革、深入推进新型城镇化、抓好“三去一降一补”重点任务、打赢脱贫攻坚战等重大问题和战略部署，深入调研，形成高质量的调研报告及相关成果。会中央将就新能源发展、大力推动创业投资促进科技型中小企业发展、脱贫攻坚民主监督、深化供给侧改革促进创业创新、地方政府债务等方面问题开展重点专题调研。积极参与高层协商，向全国“两会”和全国政协常委会、专题协商会、双周协商座谈会等提

交有水平、有影响的提案和发言。积极关注国内外经济形势变化，跟踪国家政策和改革措施的实施情况，开展应急研究，提出有较强针对性、可操作性的意见建议。

五、社会服务

贯彻落实民建全国社会服务工作会议精神，按照会议提出的工作要求和任务，结合实际学习好的经验和做法，提高社会服务工作水平。认真贯彻落实脱贫攻坚民主监督有关会议精神，立足民建优势，通过深入检查、开展调研、提出意见等形式，做好广西脱贫攻坚民主监督工作。保护会员企业产权和合法权益，推动构建“亲”“清”的新型政商关系，稳定民营企业家信心。继续开展捐建沼气池和沼气罐、修建村级卫生室、培训人才等定点帮扶工作。加强对中华思源工程扶贫基金会工作的指导和支持，整合会内外资源，在“思源救护”等优秀项目的基础上，不断挖掘、培育“思源工程”项目新品牌。继续在集中连片特困地区和原中央苏区实施“思源教育移民”计划。办好 2017 中国（江西）非公有制经济发展论坛和在广州举办的 2017（第十九届）中国风险投资论坛。

六、对外联络

将联络工作与参政议政紧密结合，组织会内专家学者就环境保护与环保产业发展等问题，赴国外考察调研。与台湾世新大学联合举办第 18 届两岸财经论坛，开展相关学术研讨。邀请台湾中小企业访问团、台湾职业教育界人士等来内地考察，促进两岸有关方面的交流与合作。邀请香港爱心家庭访问团、香港中华出入口商会代表团、香港教师联合会代表团等来内地参访，对口交流，寻找合作商机，引导更多的香港年青一代爱国、爱港，共同维护香港繁荣稳定。

七、机关建设

坚持机关学习制度，进一步提高机关干部政治思想素质。按照中共中央八项规定和全面从严治党要求，完善机关经费、资产等管理制度。加强对机关干部的管理和培养，做好选派机关干部到基层挂职锻炼工作。坚持机关各部门联系基层支部制度，提高机关干部对基层会情的认识。

中国民主促进会

不忘合作初心　牢记历史使命
为夺取新时代中国特色社会主义伟大胜利做出新贡献

——在中国民主促进会第十二次全国代表大会上的报告

严隽琪

（2017 年 12 月 1 日）

各位代表：

现在，我代表第十三届中央委员会向大会作报告，请予审议，并请列席的同志提出意见。

中国民主促进会第十二次全国代表大会，是在中国特色社会主义进入新时代、民进事业继往开来的重要时期召开的一次大会。大会的主题是：高举中国特色社会主义伟大旗帜，深入学习贯彻中共十九大精神，以习近平新时代中国特色社会主义思想为指引，不忘合作初心，牢记历史使命，为决胜全面建成小康社会，夺取新时代中国特色社会主义伟大胜利做出新贡献。

中国共产党第十九次全国代表大会，深刻阐明了习近平新时代中国特色社会主义思想的精神实质和丰富内涵，指明了新时代坚持和发展中国特色社会主义的基本方略，开启了全面建设社会主义现代化国家的新征程，具有重大的现实意义和深远的历史意义。民进衷心拥护中共十九大做出的各项决策部署，衷心拥护以习近平同志为核心的新一届中共中央领导集体。

民进为中共十九大描绘的民族复兴宏伟蓝图而备感振奋，同时也为民进七十余年薪火相传，在建立新中国、建设新中国、探索改革路、实现中国梦的伟大实践中做出的贡献深感自豪。我们将无懈无滞，切实承担起新时代赋予我会的光荣使命。

工作回顾

过去的五年，是我国发展进程中极不平凡的五年。中国共产党以巨大的政治勇气和强烈的责任担当，领导全国各族人民统揽伟大斗争、伟大工程、伟大事业、伟大梦想，取得了全方位、开创性的历史成就，实现了深层次、根本性的历史变革，推动中国特色社会主义进入新时代。

五年来，民进准确把握新形势、主动适应新要求，毫不动摇地坚持中国共产党的领导，坚定中国特色社会主义道路自信、理论自信、制度自信、文化自信，深入学习贯彻中共十八大精神，落实民进十一大提出的各项任务，坚持“有思有行、集智聚力、顺势而为、开拓创新”的工作方针，为执政党助力，为国家尽责，为人民服务，在前进的道路上取得了新成绩，开创了新局面。

一、凝聚政治共识，始终在正道上行

全会自觉坚持接受中国共产党的领导，把坚持和发展中国特色社会主义作为共同理想信念、共同前进方向、共同奋斗目标，不断巩固对中国特色社会主义道路的认同、对全面建成小康社会目标的认同和对社会主义核心价值观的认同，确保民进事业始终朝着正确的方向前进。

理论上更加清醒自觉。高度重视理论学习，强化理论武装。紧密结合国际国内形势和中心任务，深入学习贯彻中共十八大，十八届三中、四中、五中、六中全会和中共十九大精神，学习习近平新时代中国特色社会主义思想，以及中央统战工作会议精神等，会中央中心学习组发挥领学作用，通过撰写理论学习文章，作辅导报告，座谈讨论，举办各类研讨班、培训班等多种方式导学促学。从中央到地方，各级组织创新学习方法、丰富学习内容、完善学习制度、注重学习效果，引导广大会员不断提高政治素质和理论修养，形成了层层推动、广泛参与的良好学习氛围。高度重视理论研究和理性思考，发挥与中央社会主义学院合作建立的“参政党建设理论研究中心”作用，形成研究合力；推动省级组织成立参政党理论研究会，促进理论研究水平与工作能力的同步提升。坚持问题导向，通过课题招标、专题研讨、理论征文等方式，围绕会员关切和参政党建设中有待解决的理论与实践问题开展应用理论研究，发挥了主动地、有针对性地释疑解惑的作用，努力为推进政治交接、加强民进自身建设和更好地履行参政党职能提供理论支撑。

学习实践活动深入开展。把坚持和发展中国特色社会主义学习实践活动作为贯穿我会各项工作的主线，坚定政治立场、凝聚政治共识，加强组织部署，上下联动，持续推进。会中央坚持主线引领，推动各年度工作主题与主线紧密结合；不断丰富活动内涵，着眼于搞好政治交接，在全会开展“不忘合作初心，继续携手前进”专题教育，扎实推进“多党合作历史传统记录工程”，深化对多党合作历程的认识，使学习实践活动常做常新。抓“关键少数”，中央领导集体的各位成员都深入地方基层，分赴遍及29个省市的70个联系点，以专题讲座、座谈交流、参加支部生活和看望老会员等“规定动作”，以及旨在加强与基层会员思想沟通和情感交流的“自选动作”，和会员一起学习；在全会广泛开展“我身边的先进”宣讲活动，大力宣传“伟大出于平凡，先进就在身边”的理念，激励和引导会员在本职岗位和履行参政党职能中“双岗立功”，宣讲场次近500场，宣讲人次逾千，听讲人数近3万，营造了讲先进、学先进、做先进的浓厚氛围。

彰显优良传统时代价值。坚持以重大纪念活动、会史教育和宣传为重点，学习、继承和弘扬民进优良传统。隆重举办庆祝新中国和人民政协成立65周年、中国共产党成立

95周年、改革开放35周年、“五一口号”发布65周年等活动，深入进行中国特色社会主义伟大成就和多党合作宝贵经验的宣传教育。充分发挥会史资政育人的作用。修订中国民主促进会简史，编辑出版年鉴、大事记、历史图册、人物传记、会史资料选辑等，广泛开展“口述会史”工作，规范和推动会史教育基地建设，举办我会老一辈主要领导人和创始人的纪念活动。各级地方组织积极开展民进地方史的编写、代表人物传记及工作成果汇编等。特别是在纪念民进成立70周年之际，各级组织通过纪念大会、文艺演出、征文、书画展、演讲比赛、表彰先进集体和先进个人等多种形式，有组织、有计划地开展系列庆祝活动，全会形成了学习会史、宣传会史的浓厚氛围，广大会员在这个过程中进一步深化了对民进优良传统的认识，并自觉加以继承和弘扬，使之不断焕发出新的时代精神。

宣传引导汇聚正能量。以重大宣传主题为抓手，通过刊发署名文章和系列理论文章，对社会热点问题发出民进声音，做出客观理性的解读，积极回应会员关切，提升舆论引领作用。巩固和拓展宣传思想工作阵地，提升《民主》杂志、民进网站整体水平，开通“民进网”微信公众号、“开明视点”微信服务号，生动展现民进人、民进事、民进情，形成了网络宣传新局面。适应互联网和新媒体的发展，加强对网络舆情的日常关注与分析研判，健全会内思想动态信息报送机制，提升对突发舆情的及时应对能力，不断增强宣传思想工作的针对性。主动加强与主流媒体深度合作，宣传我会自身建设和履行职能的丰硕成果，展现我会各级组织和广大会员的风采，提升民进的社会影响力。

二、认真履职尽责，服务国家改革发展

全会认真履行参政议政、民主监督、参加中国共产党领导的政治协商的基本职能，积极开展社会服务和港澳台联谊工作，为统筹推进“五位一体”总体布局、协调推进“四个全面”战略布局献计出力。

参政议政成果丰硕。坚守教育情怀。多次呼吁中共中央坚持教育优先发展战略，并围绕加强教育立法、强化政府责任、加大教育供给侧结构性改革等重大问题提出建议；对《国家教育事业发展“十三五”规划》等教育领域的行动纲领提出意见建议，推动国务院出台《乡村教师支持计划》；以“推进义务教育均衡发展”“职业教育改革助推制造业发展”为主题，开展年度重点考察调研；在全国政协大会上先后作关于教育公平和“从农民工大国到技工大国”的大会发言；就深化教育领域综合改革提交一系列提案，参与主办全国政协“重视特殊教育”“办好学前教育”双周协商座谈会；中国教师发展论坛、基础教育改革座谈会已成为民进的特色品牌，产生了较为广泛的社会影响。助力文化强国。以“构建现代公共文化服务体系”为主题，开展年度重点考察调研；关注传统文化的传承，参与主办全国政协“非物质文化遗产传承与保护”双周协商座谈会；关注国家通用语言文字的规范表述，相关建议纳入修订后的《教育法》；关注文化走出去，围绕发好中国声音、讲好中国故事报送建议，参与主办北京国际出版论坛，推动国家外文局成立中国翻译研究院。聚焦经济建设。向中共中央提出挖掘消费潜力、防范金融风险、提高实体企业盈利水平、激发科技进步新动力、推动资源型城市转型、推进新型城镇化进程、深化医药卫生体制改革和加强我国域外研究等一系列有针对性的建议。以“推进农

村扶贫供给侧改革”为主题开展年度重点考察调研，围绕“一带一路”建设、京津冀协同发展、长江经济带发展“三大战略”和新一轮东北振兴战略开展专题调研，助力国家重大发展战略的实施。推动绿色发展。呼吁扭转传统发展模式对生态环境破坏的趋势，就大气、水、土壤污染防治工作提出具体建议，在全国政协大会上作关于节水优先的大会发言。围绕“区域经济体制和生态文明体制改革与创新”开展年度重点考察调研，以“加快生态文明制度建设”“修复长江生态环境”为主题，举办长江保护与发展论坛，扩大了民进又一特色品牌的社会影响。

民主监督有新作为。受中共中央委托，以推动中央决策部署落实为重心，对湖南省脱贫攻坚工作进行专项民主监督。将认识统一到坚持和完善我国多党合作制度的政治立场上来，先后以“贫困人口精准识别、精准脱贫”“扶贫资金精准使用”为主题开展了17次调研，范围涉及湖南省14个市州的29个贫困县和50个贫困村，设立2个县级监测点，26个村级观察窗口，动态观察扶贫工作进展。向湖南省委、省政府及时反馈情况、提出整改意见，向中共中央、国务院报送调研报告，就完善扶贫政策提出建议，对湖南改进脱贫工作和国家科学决策发挥了积极作用，取得了专项民主监督工作制度建设的宝贵经验。受国务院领导委托，组织专家对国家统编基础教育“语、史、德”教材进行审读，向国务院及相关部门提交了6.5万字的修改意见，受到高度重视和认真采纳。围绕法治中国建设，提出要建立改革决策与立法决策的联动机制、完善群众有序参与立法的工作机制等建议；在最高人民法院、最高人民检察院召开的座谈会上，针对深化司法体制改革提出具体建议；多次指出公安执法规范化的必要性，敦促加快公安工作法治化进程。围绕从严治党和政府治理能力，向中共中央提出加强巡视制度的协调性、设计科学的容错机制、强化对“关键少数”的监督等建议，向中央纪委报送关于推进惩治和预防腐败体系建设的建议，连续两年围绕政府诚信问题在全国政协大会上作大会发言，呼吁以诚信政府引领诚信中国、以政务诚信引导社会预期。发挥特约（邀）人员作用，支持在政府部门和司法机关担任特约（邀）监督员、监察员、检察员、审计员和教育监督员等职务的会员认真履行检查监督职责，为实现国家的良治和善政而努力。

积极参加政治协商。围绕新时代的中国国际战略、国家宏观经济政策、重大方针政策等问题，在中共中央、国务院召开的党外人士座谈会上提出建议65条，直接报送书面建议85件，为反映社情民意和促进决策的科学化、民主化贡献力量。十二届全国政协期间，作大会口头发言13次，提交党派提案191件，民进组提案53件，民进界政协委员提交提案1710件，31件党派提案被全国政协列为重点办理提案，20件党派及委员提案被评为十二届全国政协优秀提案。在全国政协常委会、联组会、专题协商会、双周协商座谈会上发言91次，就改革中的重要领域和关键环节建言献策。编写《民进信息》2207期，被全国政协采纳252篇，始终保持较高的质量和水平，及时反映了全会对新形势下经济社会发展突出问题的立场观点和思考建议。

社会服务取得实效。聚力脱贫攻坚。坚持将扶贫同扶志扶智相结合、变“输血式”扶贫为“造血式”扶贫的理念，持续参与毕节试验区建设，扎实推进会中央对口黔西南州安龙县的定点扶贫，主动服务湖南脱贫攻坚，服务新疆等民族地区社会稳定和发展。以教育、医卫帮扶为重点，中央与地方组织联动，会内与会外力量合作，协调发达地区先进学校、医院参与对口共建，组织专家学者千余人次进行考察调研、开展智力咨询，资助用于改善教学、医疗条件的资金物资折合人民币5710余万元，举办培训班150余期，培训教师和医务人员2万余人次；推进产业扶贫，积极帮助引进农业科技扶贫资金和项目，支持企业界会员直接参与当地经济建设，总投资达149亿多元；推进生态扶贫，参与石漠化区域治理，继续援建农户水窖和学校水窖，农户直接受益人口1827人，惠及34所学校近2.4万名学生。提升品牌项目社会影响。"同心·彩虹行动"深入推进，持续举办教师培训班、新疆少数民族校长培训班、贫困家庭女生职业教育"彩虹班""同心助学"等活动，为当地引入先进教学理念和优质教育资源，体现了民进的界别特色和优势；"服务就在身边，人人可以参与"的微公益理念深入人心，广大会员积极参与扶危济困、抗灾救灾、助学助教、文化下乡、送医送教等公益活动；"春联万家"影响力持续扩大，全国参与会员3397人次，为各地群众手书春联28万副；"书香彩虹"活动捐赠图书120余万册；四川雅安、云南鲁甸地震灾害发生后，全会各级组织和广大会员通过多种形式开展救援，累计捐款486万元，用于灾区学校重建。发挥平台作用。开明慈善基金会筹集资金6600万元，成立9个专项基金，投入3000余万元，用于会内重点公益项目；开明画院先后举办全国性书画展40余场次，指导地方组织成立96家画院，创建了江西篁岭、广东东莞写生创作基地；支持26个省级组织成立企业家联谊会，每年召开联席会议，举办民进企业家培训班，参训会员近700人次，起到了增强企业界会员社会责任感的作用。

港澳台联谊不断拓展。发挥民进界别特色，以中华传统文化为纽带，举办五届"海峡两岸中华传统文化与现代化研讨会"；以高端知识分子为对象，搭建小规模高层次的学术对话平台，举办四届"两岸学者共话"论坛，深化与台湾社科界的联系；推动海峡两岸暨香港、澳门地区基础教育领域的交流往来向纵深发展，举办两届"海峡两岸暨港澳地区基础教育交流活动"；探索两岸青年交流的新形式，引导会员为台湾青年到大陆实习提供帮助，支持举办海峡两岸青年企业家创新发展与经济合作圆桌会议。加强同台湾有关社会组织和团体的交流交往，接待台湾民意代表交流参访团、台湾中华文化研习营、台湾慈济慈善事业基金会、台湾中华文化总会、台湾旅游协会参访团等来访25批次，约800人次；组团赴台湾和香港访问9次，通过学术文化交流等形式，做增信释疑的工作；围绕推进两岸文化交流、深化两岸出版合作、香港国情教育等问题向国务院有关部门提出意见建议。

三、顺应新时代，加强自身建设

全会自觉从执政党全面加强党建中汲取经验，按照新时代对中国特色社会主义参政党的要求，切实加强人才队伍建设和基层组织建设，不断完善制度、改进作风，积极稳妥推进会内监督，自身建设再上新台阶。

队伍建设取得积极成果。坚持人才强会战略，持续加大培训力度，举办培训班14期，实现省、市级组织领导班子培训全覆盖，省级组织领导班子后备干部培训全覆盖；向中央社会主义学院推荐学员100余人次，鼓励各级组织开展分级培训，提高培训实效。加大推荐力度，推荐优秀人才担任实职领导职务，向有关部委推荐特约（邀）人员，向社团组织推荐任职人选；在做好对外推荐的同时，积极拓展会内成长空间，鼓励骨干会员在专门委员会中充分发挥作用。注重加强后备干部队伍建设，按照“德才兼备、以德为先、注重实绩、会员公认、任人唯贤”的选人原则，选好人、选准人，圆满完成各省级组织换届。各级领导加强同代表人士的联系和互动，召开不同界别和领域的骨干会员座谈会，关注高校、科研机构、新的社会阶层、非公经济和青年等会员群体的利益关切和思想动态。组织发展工作坚持质量与数量并重，将参政议政所需人才作为会员发展的重点，为我会更好地履行参政党职能奠定基础。努力建设专职干部队伍，通过培训、轮岗、挂职锻炼等形式提升干部的业务能力和综合素质。全会现有会员 15.9 万人，平均年龄 51 岁，大学以上学历占 69.3%，中高级职称以上占 79.4%，各级人大代表 2380 人，各级政协委员 12401 人，副处级以上政府及司法机关任职人员 989 人，队伍建设取得积极成果。

基层组织活力显现。认真研究新时期基层组织建设规律，制定 2015—2017 年三年行动计划，增强基层组织活力。领导班子成员坚持联系基层，听取意见建议，及时发现和肯定基层组织工作中的好做法、好经验，帮助反映和促进解决基层组织建设中的突出问题。认真抓基层组织班子建设，首次举办基层组织负责人培训班。提倡结合重大形势任务开展“主题支部生活”，引导基层规范组织制度、丰富活动内容、创新活动形式，把组织活动与履行职能相结合、与自身学习工作的需求相结合、与会员特长相结合、与宣传民进相结合。大力开展“创先争优”活动，表彰宣传先进人物先进事迹，在网站和会刊设立专栏提供交流平台，编辑出版《民进基层组织活动案例选编》和《基层民进》《民进支部》专刊，用基层经验推动基层工作。调查数据显示，我会 7794 个基层组织中，开展活动好和比较好的占到 84%，初步改变了好、中、差各占 1/3 的状况，凝聚力和向心力进一步增强，这是全会共同努力的结果。

制度机制不断完善。坚持以贯彻落实民主集中制为重点，逐步形成了一套适合我会自身特点、有利于促进全会工作规范化和科学化运行的制度。着力加强领导班子和机关的制度建设和作风建设，坚持集体领导和个人分工负责相结合的原则，进一步明确领导班子成员的岗位责任、议事规则、工作程序；领导班子学习、谈心、述职和联系基层及会员的制度不断完善；各级领导班子成员以身作则，讲政治、讲规矩、讲团结，树立群众观念、集体观念和民主观念。通过制度建设、能力建设、作风建设和文化建设，机关建设向着“阳光、高效、规范、和谐”的目标取得新进步。“集智聚力”的工作机制不断健全与推进，建立和完善了以加大中央和地方联合调研力度为重点的课题调研机制、以加强专业论证和分析为重点的提案形成机制、以扩大奖励范围为重点的成果奖励机制。以建立课题库和专家库为重点改版网上参政议政平台、以强化工作保障力度为重点深入推动专门委员会工作，调动了更多有参政议政能力和愿望的会员“双岗立功”。有效利用会外资源，在深化与上海社会科学院、北京师范大学中国教育与社会发展研究院、清华大学政治经济学研究中心合作的同时，与中国科学院科技战略咨询研究院建立合作关系，注重发挥民进中央参政议政特邀研究员队伍开放性、高端性、灵活性的特点，多措并举提升建言献策的质量和水平。

会内监督有序推进。积极推进会内监督的理论研究与实践探索，促进自我管理、自我约束、自我完善能力的提升。支持中央监督委员会通过列席有关会议、个别谈话、专项监督检查、问题线索办理等方式，重点对领导班子及其成员遵守会章、执行制度、履行职能、改进作风情况和机关工作实施监督，认真妥善处理涉及会员的来信来访，监督工作取得实效。推动和帮助29个省级组织全覆盖成立监督机构、制定监督制度，会内监督体系初步形成，切实增强了广大会员特别是各级领导班子自觉参与监督、接受监督的意识。在本次省级和中央换届过程中，将换届纪律作为会内监督内容的重中之重，以确保换届工作程序规范、纪律严明、风清气正，促进会内民主。

各位代表：

过去的五年，是民进事业踵事增华、守正有为的五年，是大力推进中国特色社会主义参政党建设的五年，是为全面建成小康社会做出积极贡献的五年。五年来取得的成绩，是中国共产党坚强领导的结果，是全会同志共同奋斗的结果。在此，我代表民进第十三届中央委员会，向为我会事业做出突出贡献的老同志，向各级组织干部和全体会员表示诚挚的问候！向长期关心、支持、帮助民进工作的各级党政部门、各兄弟党派、各有关团体，以及社会各界的朋友们表示衷心的感谢！

在充分肯定成绩的同时，我们必须清醒认识到，与新时代新形势新任务的要求和广大会员的期待相比，我们的工作尚有不足之处，面临不少挑战：代表人士和后备干部储备不足的问题须高度重视；参政议政的参与面还须进一步扩大，履行职能的能力特别是民主监督的能力须不断增强，集智聚力的体制机制须持续完善；宣传思想工作适应新媒体发展的能力须进一步提升等。这些问题需要高度重视，切实采取措施，使民进事业持续向前发展。

基本经验

过去五年的工作，是民进十大以来全会致力于中国特色社会主义参政党建设和履职的重要组成部分。我们在继承优良传统、坚持重要原则的基础上统一思想，明确目标，扎实工作；在研究新情况、解决新问题的实践中，创造了一些宝贵经验，形成了一些规律性认识，希望在知行合一中不断深化。

一、坚持接受中国共产党的领导，坚持和发展中国特色社会主义

坚持接受中国共产党的领导，是民进老一辈正确的历史选择，是民进优良传统的核心，是民进持续健康发展、沿着正确道路前进的根本保证。中国民主促进会自成立以来，始终认同共产党的政治主张，接受共产党的领导，做共产党的诤友挚友，与中国共产党同心同行，形成了民进人“只有跟着共产党走，才是在正道上行”的坚定信念；形成了坚持中国共产党的领导，坚持爱国、民主、团结、求实，坚持立会为公的优良传统。改革开放新时期，中国共产党在长期奋斗的基础上开创了中国特色社会主义，为实现国家富强和人民幸福探索出了一条正确道路。中共十八大以来，中华民族迎来了从站起来、富起来到强起来的伟大飞跃，中国共产党以永不懈怠的精神状态和一往无前的奋斗姿态，使中国特色社会主义焕发出强大生机活力并不断开辟发展新境界。中国特色社会主义是改革开放以来中国共产党全部理论和实践的主题，中国共产党的领导是中国特色社会主

义最本质的特征。坚持接受中国共产党的领导，坚持和发展中国特色社会主义，是我会当前最大的政治共识；中国特色社会主义参政党，是我会在新时期定位的根本遵循。多年来，我会的主题教育活动不断、形势教育不断、会史传统教育不断、学习谈心不断，我们在弘扬优良传统中凝聚政治共识，在加强思想交流中深化政治共识，在参与社会实践中巩固政治共识；始终高举中国特色社会主义伟大旗帜不动摇，始终坚持中国的政党制度不动摇，始终深化政治交接不动摇，切实承担起了中国特色社会主义事业亲历者、实践者、维护者、捍卫者的政治责任。巩固和扩大政治共识的要求是一以贯之的，但其内容和任务是历史的、具体的、发展的，这是参政党建设的核心内容，也是长期任务，必须持之以恒、久久为功。

二、坚持有思有行，推动理论研究与实际工作相互促进，提升理论自觉和行动本领

面对新形势新任务新挑战，不断深化参政党在中国特色社会主义事业中定位和作用的自我认识，探索工作特点，把握内在规律，强调理论与实践的辩证统一，这是我会提升自身建设水平的内在需要，也是提高履职能力和水平，更好地投身中国特色社会主义事业的必然要求。多年来，我会在中国特色社会主义理论体系指引下，坚持问题导向和需求导向，强化应用理论研究，将成功的实践上升为理论，又以科学的理论指导新的实践，并把实践中已经见效的经验做法及时上升为工作方针或制度原则，初步收到了以理论研究成果推动我会实践创新和制度创新的效果。“道路认同、目标认同、价值观认同”，这是民进的政治选择，是精神动力和思想统一的标准；“为执政党助力、为国家尽责、为人民服务”，这是民进履职尽责的宗旨；“有思有行，集智聚力，顺势而为，开拓创新”，这是民进的工作方针。我们在建设适应时代要求的高素质参政党过程中保持和发扬与时俱进的理论品格，不断破题、解题，不断拓展新视野、做出新概括，这些基于经验的理论概括，契合民进会情，构成了我会参政党建设理论的基本框架。我们的事业越是向纵深发展，越是必须高度重视理论的作用，多年来的无懈无滞、有思有行使得我们能够认识到位、行动自觉、定位和坐标准确清晰、前行的脚步坚实稳健。

三、坚持集智聚力，为中国特色社会主义事业凝聚人心、汇聚力量

凡推进伟大事业，必先争取人心、集智聚力。这符合参政党建设的内在规律，是提升自身能力的重要法宝。如何在外部环境和参政党自身均发生很大变化的情况下，扩大团结面，增强包容性，凝聚正能量；如何持续提升履职能力和水平，在机制创新中迸发新活力，为破解改革难题、厚植发展优势献计出力，始终是我会必须面对的两大历史性课题。聚力先凝心。在共识引导中，我们结合当前所有制形式更加多样、社会阶层更加多样、社会思想观念更加多样的客观实际，注意正确处理一致性和多样性的关系，坚持宣传思想工作的“以情动人”与“以理服人”并重。对于民进人而言，“三个认同”是底线，在此基础上，关注会员的思想和精神动态，允许、尊重、鼓励会员自主理性地思辨，在讨论、辨别、争鸣中析事明理、增强团结，以此形成真正的共识和统一的方向。在履行职能中，涉及的领域越来越广、任务越来越重，我们正视并努力破解自身面临的瓶颈和难题，整合全会资源、调动社会力量、广交民进之友，逐步形成了央地间联动、会内

外共享、专兼职结合、职能间互补的大合作局面，“双岗立功”成为推进工作的有效手段，组织运行更为系统高效，集智聚力成为全会共识。时代赋予民进光荣的历史使命，广大会员因为“同道”而走到一起，我们理应把知识分子的家国情怀，把对民进的组织归属，转化为生生不息、团结奋进的不竭动力，转化为心忧天下、致力国是的共同担当。

四、坚持顺势而为，开拓创新，使民进工作紧跟时代步伐

顺势而为，既是胸怀大局、把握大势，更是因势而谋、应势而动。多年来，我会坚持在党和国家的事业全局中定位、在维护大局中行动，拓宽视野，聚焦国情，关注会员期待，发挥特色优势，积极探索破解工作难题的新举措新办法，以敢于担当的勇气迎接挑战，改革体制机制，拓展工作局面，形成了富有活力和组织有序的工作格局。我们按照执政党建设与参政党建设相互促进的要求，不断加强工作的顶层设计、系统设计，先后以宣传思想、组织建设、社会服务、参政议政、机关建设为年度工作主题，重点推进，探索规律。我们学习借鉴执政党全面从严治党，加强和规范党内政治生活、加强党内监督的做法经验，积极探索并推进会内监督和会内民主，作为“关键少数”的领导班子以身作则、以上率下，在建立健全领导班子议事决策制度和机制，开展会内监督等方面迈出了坚实步伐。基于社会主义协商民主的全面展开、政党协商重要地位和渠道的确立、脱贫攻坚专项民主监督工作的启动，我们努力发挥参政党在国家政治生活中的作用，在拓展履职上的广度和深度，实现更有前瞻性、系统性、实效性的建言献策上取得了显著进步。全会以新作为巩固老阵地、在顺势中开拓新领域，在参政议政工作中主动作为；最大限度发挥专门委员会的作用，专门委员会从荣誉组织向工作机构的转换已经基本实现，很大程度上对参政议政人才从哪里来、建言献策题目从哪里来等问题做出了回答；大力倡导“微公益”理念，鼓励和支持会员根据自身实际服务社会，在为国家、为社会、为他人的“付出”中，践行社会主义核心价值观，增强组织归属感，提升精神境界。创新是事业发展的不竭动力，民进只有顺应新形势，把握新特点，在前进中开拓，在继承中创新，才能在迅速变化的时代中赢得主动，永葆中国特色社会主义参政党的生机与活力、勇气与自信。

工作建议

中国特色社会主义已经进入了新时代，这是我国发展新的历史方位。民进必须立足于新时代新方位，准确把握建设中国特色社会主义参政党的新要求，不忘合作初心，牢记历史使命，找准自身建设和履行职能的着力点，在继承弘扬民进优良传统的基础上，以更宽广的视野、更长远的眼光来思考和把握我会未来的发展，不断增强工作的原则性、系统性、预见性、创造性，为中国特色社会主义事业做出应有的贡献。

一、深入学习贯彻中共十九大精神，自觉承担历史使命

中共十九大是在我国全面建成小康社会决胜阶段、中国特色社会主义进入新时代的关键时期召开的一次具有里程碑意义的重要会议。习近平总书记代表中共中央委员会作的大会报告，系统回答了在新时代坚持和发展什么样的中国特色社会主义、怎样坚持和发展中国特色社会主义的重大时代课题，是建设社会主义现代化强国的总纲领、总设计、总方略。大会选举产生了以习近平同志为核心的新一届中共中央领导集体，通过了《中国共产党章程（修正案）》，把习近平新时代中国特色社会主义思想同马克思列宁主义、毛泽东思想、邓小平理论、"三个代表"重要思想、科学发展观一道确立为中国共产党的行动指南，实现了党的指导思想的又一次与时俱进。中共十九大的胜利召开，对决胜全面建成小康社会、开启全面建设社会主义现代化国家新征程，对夺取新时代中国特色社会主义伟大胜利、实现中华民族伟大复兴的中国梦，具有重大的政治意义、理论意义、实践意义。

民进全会要把深入学习贯彻中共十九大精神作为当前和今后一个时期首要的政治任务，牢固树立政治意识、大局意识、核心意识、看齐意识，坚定中国特色社会主义道路自信、理论自信、制度自信、文化自信，更加自觉地在思想上政治上行动上同以习近平同志为核心的中共中央保持高度一致，把中共十九大精神贯穿于主题教育活动，贯穿到思想、组织、制度、作风和领导班子建设始终，深刻理解中国特色社会主义进入新时代这一重大判断，深刻理解习近平新时代中国特色社会主义思想这一重大理论成果，深刻理解我国社会主要矛盾发生的历史性变化，深刻理解建设社会主义现代化强国的宏伟蓝图，把智慧和力量凝聚到中共十九大提出的任务目标上来，不忘合作初心，继续携手前进，自觉承担起中国特色社会主义参政党的历史使命。

二、深化政治交接，将参政党建设水平提升到新高度

新时代新方位对统一战线和多党合作事业的发展、对我会建设中国特色社会主义参政党提出了新要求。我会必须深入学习借鉴中国共产党深入推进党的建设新的伟大工程、坚持全面从严治党的决心、勇气和经验，认真研究参政党建设规律，提高自身建设的科学化水平。

政治交接是我会发展的永恒主题。全会要以换届为契机，认真总结开展政治交接20年来的重要经验，把学习贯彻中共十九大精神特别是习近平新时代中国特色社会主义思想作为政治交接的时代内涵，继承和发扬老一辈民进人与中国共产党团结合作形成的政治信念、优良传统和高尚风范，增强接受中国共产党领导、坚持和发展中国特色社会主义的自觉性和坚定性，坚持好、完善好、发展好中国共产党领导的多党合作和政治协商制度，在新老交替中确保政治信念不淡化、政治方向不偏移、政治传统不中断。

思想建设是我会自身建设的重要任务。全会要进一步加强理论武装，提升理论自觉，清醒认识当前意识形态领域斗争的长期性复杂性尖锐性，正确处理一致性和多样性、思想性和实践性、阶段性和长期性的关系，不断巩固全会的共同思想政治基础；提高思想政治工作本领，增强思想政治工作的针对性、主动性和实效性；提升宣传思想工作适应新媒体发展的能力，密切关注网络舆情和网络安全，健全突发事件的预警处理机制，加强宣传出版载体的管理，营造良好的舆论氛围。

组织建设是我会自身建设的基础性工作。全会各级组织要继续坚持"人才强会"战略，在坚持"三个为主"、保持界别特色的基础上，抓住领导班子建设这个关键环节，切实贯彻民主集中制原则，增进班子的团结与相互配合，提高政治把握能力、参政议政能力、组织领导能力、合作共事能力、解决自身问题能力；完善发现、培养、推荐使用、管理监督机制，建立一支德才兼备、数量充足、结构合理的代表人士队伍；关心和推动解决基层组织建设中的突出问题，增强基层组织活力，切实发挥基层组织在凝聚会员、履行职能方面的作用；继续推动会内监督工作的开展，完善工作机制，探索和创新工作方式，构建适合我会实际情况的会内监督体系；把加强机关建设放到更重要位置，以制度和作风建设为重点，打造一支符合我会自身建设和履职特点的、既有情怀又有使命感的机关干部队伍。

三、紧紧围绕新时代中国特色社会主义奋斗目标，切实履行参政党职能

新时代坚持和发展中国特色社会主义的战略安排，为我会围绕中心、服务大局提出了新的时代命题，提供了广阔舞台和难得机遇。我会必须立足我国社会主要矛盾的变化和长期处于社会主义初级阶段的基本国情，以人民群众对美好生活的向往作为履职出发点，进一步增强与中国共产党团结合作的责任感和使命感，进一步完善和加强集智聚力的制度，进一步发挥民进在教育文化出版领域的界别优势，为建成富强民主文明和谐美丽的社会主义现代化强国贡献智慧力量。

推动参政党履行职能进入新境界。全会要围绕执政党和国家的重大战略部署、经济社会发展重大问题，特别是发展不平衡、不充分的问题，创新服务大局的工作思路，充分发挥民进自身界别特色优势，围绕建设教育强国、推动社会主义文化繁荣兴盛、加快建设创新型国家等重大课题，广泛深入调研，积极建言献策，为实施科教兴国战略、人才强国战略、创新驱动发展战略等做出新贡献。要高度重视民主监督，把握定位、集聚资源、积极行动，坚持做诤友、讲真话。尤其要开展好脱贫攻坚专项民主监督，不断增强针对性和实效性，真正把监督过程变成发现问题、分析问题、解决问题的过程，把开展监督作为推动落实各项改革发展举措的过程。要推动履行职能的支撑体系更加成熟、更加完善、更加体系化，在以人才、机制、平台为核心的集智聚力基本构架已经形成的基础上，扩大工作参与面，健全专门委员会的人才遴选机制和工作机制，主动发掘会外资源，使会内、会外资源相互衔接，有效结合，形成合力。

做好社会服务和港澳台海外联谊工作。全会要深刻认识中国特色社会主义参政党的社会责任，更加心系基层、关注民生，继续以参与脱贫攻坚工作为重点，以重点品牌项目为载体，发挥智力优势，积极参与毕节试验区建设、黔西南州安龙县定点扶贫，以及湖南、新疆等地区的改革发展稳定工作；引导调动各级组织广泛开展微公益活动，为会员了解国情、服务社会提供机会和渠道；充分发挥开明慈善基金会、开明画院、企业家联谊会等工作平台的作用，助推和谐社会建设。维护香港澳门的繁荣稳定、服务祖国和平统一大业是我会的重要任务，要密切关注两岸关系和港澳地区形势的发展，坚决维护“九二共识”共同政治基础，坚持以教育、文化、出版等领域的交流为纽带，积极务实推动两岸交流，增进民意互信，促进祖国完全统一。

各位代表：

未来赋予使命，使命呼唤担当。在中国特色社会主义道路上实现中华民族伟大复兴，是全体中国人民的共同理想和心愿。全会一定要牢记职责，不辱使命，不负重托，无愧于时代，全面开创民进事业蓬勃发展的新局面。让我们更加紧密团结在以习近平同志为核心的中共中央周围，凝心聚力，同心同行，为决胜全面建成小康社会、夺取新时代中国特色社会主义伟大胜利，为实现中华民族伟大复兴的中国梦、实现人民对美好生活的向往不懈奋斗！

中国民主促进会章程

（中国民主促进会第十二次全国代表大会 2017 年 12 月 6 日通过）

总　纲

中国民主促进会是以从事教育文化出版工作的高中级知识分子为主、具有政治联盟性质的政党，是同中国共产党通力合作的中国特色社会主义参政党。

本会是爱国统一战线的组成部分，是发展先进生产力、社会主义民主政治、社会主义先进文化和构建社会主义和谐社会，实现国家富强、祖国统一、民族振兴的重要力量。

本会于 1945 年 12 月 30 日创立，在中国共产党的指引和帮助下，积极投入反内战、反独裁的爱国民主运动，为争取新民主主义革命的胜利和建立中华人民共和国，做出了重要贡献，谱写了革命的光荣历史。中华人民共和国成立后，本会努力促进社会主义各项事业发展，为建立和完善社会主义制度，推进改革开放和现代化建设，促进祖国统一发挥了积极作用。

本会的优良传统是坚持接受中国共产党的领导，坚持爱国、民主、团结、求实，坚持立会为公。

本会以《中华人民共和国宪法》为根本准则，维护宪法权威，促进宪法实施，在宪法和法律的范围内活动。

本会坚持中国共产党领导的多党合作和政治协商制度，贯彻“长期共存、互相监督、肝胆相照、荣辱与共”的方针，积极参加国家政权，参与国家大政方针和国家领导人选的协商，参与国家事务的管理，参与国家方针政策、法律法规的制定执行。在国家政治生活中认真履行参政议政、民主监督、参加中国共产党领导的政治协商的基本职能。

本会的政治纲领是：高举中国特色社会主义伟大旗帜，以邓小平理论、“三个代表”重要思想、科学发展观、习近平新时代中国特色社会主义思想为指导，弘扬爱国主义精神，坚定不移地贯彻执行“以经济建设为中心，坚持四项基本原则，坚持改革开放”的基本路线，坚定不移地走中国特色社会主义道路，准确把握中国特色社会主义新时代的历史方位，深刻认识现阶段我国社会主要矛盾已经转化为人民日益增长的美好生活需要和不平衡不充分的发展之间的矛盾，围绕统筹推进经济建设、政治建设、文化建设、社会建设、生态文明建设的总体布局和协调推进全面建成小康社会、全面深化改革、全面依法治国、全面从严治党的战略布局，切实履行参政党职能，为推进现代化建设，完成祖国统一，维护世界和平与促进共同发展，为全面建成小康社会，把我国建设成为富强民主文明和谐美丽的社会主义现代化强国而奋斗。

本会的基本任务是：

（一）积极参加社会主义经济建设，促进先进生产力的发展，推进改革开放和社会主义市场经济的发展，贯彻新发展理念，贯彻科教兴国战略、人才强国战略、创新驱动发展战略，为建设现代化经济体系献计出力。

（二）促进社会主义政治建设，努力巩固和发展爱国统一战线，扩大社会主义民主，促进社会主义法治国家建设，推进社会主义政治制度完善和发展，推进社会主义协商民主广泛、多层、制度化发展，维护社会和谐稳定，实现国家长治久安，巩固中华民族大团结。

（三）致力于社会主义文化建设，继承发展中华民族的优秀文化，吸收人类先进文明成果，培育和践行社会主义核心价值观，巩固共同思想道德基础，提高全民族的思想道德素质和科学文化素质。

坚持为人民服务、为社会主义服务的方向和百花齐放、百家争鸣的方针，推进文化创新，增强文化创造活力，繁荣文化事业，发展文化产业，建设社会主义文化强国。

（四）致力于社会主义社会建设，促进民生改善、发展成果共享，维护社会公平正义。推动全社会优先发展教育，促进教育改革和创新，促进社会体制改革和社会治理完善。

（五）致力于生态文明建设，坚持节约资源和保护环境的基本国策，坚持节约优先、保护优先、自然恢复为主的方针，推动绿色发展，实现人与自然的和谐发展，促进经济社会与人口资源环境的可持续发展。

（六）按照“一个国家、两种制度”的方针，坚持一个中国原则，反对分裂国家，服务祖国统一大业。

（七）拥护和支持我国独立自主的和平外交政策，积极参加对外交流和友好活动，为构建人类命运共同体做出贡献。

（八）尊重劳动，尊重知识，尊重人才，尊重创造，充分发挥会员和所联系知识分子的积极性和创造性，维护他们的合法权益，反映他们的意见与合理要求。积极提倡奉献和创新精神，推动会员为实现社会主义现代化、实现中华民族伟大复兴建功立业。

为确保政治纲领和基本任务的实现，必须坚持中国共产党的领导与发扬社会主义民主的原则，体现政治联盟的特点，体现进步性与广泛性的统一；必须坚持以政治交接为主线，继承和发扬我会的优良传统及老一辈领导人的高尚风范，深刻认识中国共产党领导是中国特色社会主义最本质的特征和制度的最大优势，同以习近平同志为核心的中共中央保持高度一致，增强政治意识、大局意识、核心意识、看齐意识，坚定中国特色社会主义的道路自信、理论自信、制度自信、文化自信；必须坚持以思想建设为核心，以组织建设为基础，以制度建设为保障，全面加强自身建设，不断提高全会的整体素质和履行职责的能力；必须坚持贯彻民主集中制，促进领导决策的科学化、民主化；必须坚持解放思想、实事求是、与时俱进、开拓创新，努力把本会建成与中国共产党亲密合作、适应新时代要求的中国特色社会主义参政党，更好地担负起历史赋予的光荣使命。

第一章 工作总则

第一条 根据国家的法律法规和方针政策，紧密联系实际，有思有行、集智聚力、顺势而为、开拓创新，围绕中国共产党统揽的伟大斗争、伟大工程、伟大事业、伟大梦想，积极发挥参政党的作用，为执政党助力，为国家尽责，为人民服务。

第二条 以服务科学发展为履行职责的第一要务，围绕中心，服务大局，加强与有关部门的联系，深入调查研究，对经济和社会发展中的重要问题提出意见和建议，参与协商决策和进行民主监督。

第三条 经常了解、及时反映社情民意，为化解矛盾、协调关系，促进社会和谐稳定发挥积极作用。

第四条 积极参加人民政协的各项活动，发挥本会在爱国统一战线中的作用。推动担任各级人大代表、政协委员和在各级人大、政府及政府工作部门、政协、司法机关、高等院校、科研院所、人民团体、企业和其他社会组织等任职的会员认真履行职责，支持担任特约人员的会员开展工作。

第五条 以服务为宗旨，面向社会，以人为本，关注民生，突出特色，开展社会服务工作，为人民群众多办实事。

第六条 加强代表人士队伍建设，发现和培养人才，向各级人大、政府及政府工作部门、政协、司法机关、国有企事业单位、社会团体等方面推荐人才，为各类人才充分发挥作用创造条件。

第七条 加强与台湾同胞、港澳同胞和海外侨胞的交往与合作，为实现祖国的繁荣和统一做出贡献。

第八条 把加强思想建设放在自身建设的首位，推动和帮助会员学习马克思列宁主义、毛泽东思想、邓小平理论、“三个代表”重要思想、科学发展观、习近平新时代中国特色社会主义思想，学习践行社会主义核心价值观，深入进行坚持基本路线、爱国主义、集体主义、社会主义教育和会章会史教育。

第九条 组织发展坚持以从事教育文化出版工作的知识分子为主、以大中城市为主、以有一定代表性的人士为主的原则。发展会员要注重质量，把政治标准放在首位，坚持发展与巩固相结合、有计划稳步发展的方针。

第十条 加强各级领导班子建设，坚持民主集中制，贯彻集体领导与分工负责相结合的原则，实行集体领导、民主集中、个别酝酿、会议决定的民主程序，把领导班子建设成为政治坚定、作风优良、工作高效、团结合作、廉洁自律的领导集体。

第十一条 依法加强机关干部队伍建设、制度建设、作风建设、文化建设和信息化建设，强化服务意识，提高工作效率，推进机关工作的制度化、规范化和程序化。

第十二条 加强对统一战线、人民政协、多党合作理论和会史的研究，积极推动理论创新和工作创新。

第二章　会　员

第十三条　中华人民共和国公民，从事教育文化出版以及科技等其他工作的知识分子，承认并愿意遵守本会章程的，可以申请加入本会。

第十四条　会员必须热爱祖国，拥护中国共产党的领导，爱岗敬业，努力为中国特色社会主义事业服务。

第十五条　申请加入本会，应由本人提出申请并填写入会申请表，两名会员介绍，经组织培养考察，由支部会员大会或支部委员会讨论通过，未设支部的基层委员会由其领导班子讨论通过，报省辖市或省级组织批准，并逐级上报中央备案。

中央和省级组织必要时可以直接发展会员。

第十六条　会员有下列权利：

（一）会内的选举权、被选举权和表决权；

（二）参加本会有关会议和活动，阅读有关文件；

（三）参加本会组织的有关国家大事的讨论，反映意见，提出建议；

（四）对本会的工作和领导机构进行监督，提出建议和批评；

（五）当合法权益遭受损害时，要求组织关心和帮助。

第十七条　会员应履行下列义务：

（一）遵守国家法律，维护国家利益，严守国家机密；

（二）遵守本会章程，执行组织决议，完成本会任务，参加组织生活，按时交纳会费；

（三）参加国家的政治生活，发扬社会主义民主，维护社会主义法制，反映社情民意；

（四）努力学习，不断提高思想政治水平和业务水平，做好本职工作；

（五）联系群众，接受本会组织和群众的监督。

第十八条　会员工作变动或迁移他地时，应转组织关系。会员如迁移到没有建立组织的地方，其组织关系仍属原所属组织。

第十九条　会员要求退会，必须正式提出书面申请，经所在基层组织讨论并提出意见，报省辖市或省级组织批准，注销会籍，并逐级上报中央备案。

第二十条　会员不履行义务，长期无故不参加组织活动、不交纳会费，经教育无效，或有其他原因，不宜保留会籍的，可由所在基层组织讨论，报省辖市或省级组织批准，作自行退会处理，并逐级上报中央备案。

第三章　组织制度

第二十一条　本会的组织原则是民主集中制。上级组织要经常听取下级组织和会员的意见，下级组织要及时向上级组织请示和汇报工作。下级组织要遵守和执行上级组织的决议。

第二十二条　各级组织的权力机构是各级会员大会或代表大会。在大会闭会期间，各级委员会即为领导机构。

第二十三条 各级委员会的人选，由同级会员大会或代表大会经过充分酝酿协商，采取无记名投票方式选举产生。

地方组织和基层组织的领导成员，由于特殊原因不能用选举办法产生的，可以由上级组织任命。

中央和省级组织在特殊情况下，经过一定程序，可以对所属组织领导机构的成员做适当调整。

第二十四条 地方组织的筹备、建立或撤销，须逐级上报中央批准。

第二十五条 建立健全表彰奖励制度，对地方组织、基层组织和会员在社会主义现代化建设中，在履行参政党职责和自身建设中，做出显著成绩的，其上级组织应给予表扬或奖励，贡献特别突出的，可由省、自治区、直辖市组织上报中央，在全会通报表彰。

第二十六条 建立健全监督制度和机制，设立中央和省级组织监督委员会，对各级组织和会员遵守本会章程、履行职责情况进行监督。

第四章 中央组织

第二十七条 全国代表大会是本会的最高权力机构，其职权是：

（一）听取、审议并批准中央委员会的报告；

（二）决定本会的方针、任务和其他重大事项；

（三）修改本会章程；

（四）选举中央委员会。

第二十八条 全国代表大会每五年举行一次，由中央委员会召集，必要时可以提前或延期举行。

出席全国代表大会的代表名额和产生办法，由中央委员会或中央常务委员会决定。

必要时可以召开全国代表会议，讨论和决定需要及时解决的重大问题。全国代表会议代表的名额和产生办法，由中央委员会或中央常务委员会决定。

第二十九条 中央委员会每届任期五年，全国代表大会如提前或延期举行，其任期也相应改变。

中央委员会委员的名额，由上一届中央委员会或中央常务委员会提出，全国代表大会决定。

第三十条 中央委员会在全国代表大会闭会期间，贯彻执行全国代表大会的决议，领导全会工作，对外代表本会。其职权是：

（一）听取、审议和批准中央常务委员会的报告；

（二）听取中央监督委员会的报告；

（三）讨论和决定本会的重大事项；

（四）选举中央委员会主席、副主席、常务委员；

（五）选举中央监督委员会主任、副主任、委员；

（六）必要时可以调整少部分中央委员、中央监督委员会委员。

第三十一条 中央委员会全体会议每年举行一次，由中央常务委员会召集，必要时可以提前或延期举行。

新一届中央委员会第一次全体会议，由代表大会主席团推定召集人主持会议。

第三十二条 中央常务委员会任期与中央委员会相同，在中央委员会全体会议闭会期间，行使中央委员会的职权。

中央常务委员会会议原则上每季度举行一次，必要时可以提前或延期举行。

第三十三条 中央委员会设主席一人，副主席若干人，任期与中央委员会相同。

中央委员会主席、副主席即为中央常务委员会主席、副主席。

中央委员会主席主持中央委员会的工作，召集中央常务委员会会议。副主席协助主席工作。

第三十四条 中央委员会主席、副主席组成主席会议，根据中央委员会和中央常务委员会的决定，领导中央日常工作。主席会议由中央委员会主席召集和主持。

第三十五条 中央委员会设秘书长，由主席会议提名，中央常务委员会任命。根据需要由中央常务委员会任命副秘书长，协助秘书长工作。

根据需要在中央机关中设立工作部门。各工作部门的负责人按《中华人民共和国公务员法》的规定产生，由主席会议或主席办公会议任命，向中央常务委员会通报。

根据需要设若干专门委员会。其机构设置和主任人选，由中央常务委员会决定。

第五章　地方组织

第三十六条 本会的地方组织是：省（自治区、直辖市）委员会；省（自治区）辖市（自治州、盟）委员会，直辖市的区（县）委员会；县（旗）委员会，县级市委员会，省（自治区）辖市的区委员会。

第三十七条 地方各级会员大会或代表大会，每五年举行一次，必要时经上级组织批准可以提前或延期举行。

地方各级会员大会或代表大会由同级委员会召集。代表大会的代表名额和产生办法，由同级委员会或常务委员会决定。

第三十八条 地方各级会员大会或代表大会的职权是：

（一）执行全国代表大会、中央委员会和上级组织的决议和工作任务；

（二）听取、审议和批准同级委员会的报告；

（三）讨论并决定同级委员会的重大事项；

（四）选举同级委员会。

第三十九条 地方各级委员会每届任期五年。同级会员大会或代表大会如提前或延期举行，其任期也相应改变。

地方各级委员会委员的名额，由上一届同级委员会或常务委员会提出，报上一级组织批准。

地方各级委员会全体会议每年举行一次，由地方各级委员会或常务委员会召集，必要时可以提前或延期举行。

新一届地方各级委员会第一次会议，由同级会员大会或代表大会主席团推定召集人主持会议。

第四十条 地方各级委员会在同级会员大会或代表大会闭会期间，领导本级地方组织的工作，对外代表本级地方组织。

地方各级委员会的职权是：

（一）听取、审议和批准同级委员会或常务委员会的报告；

（二）讨论和决定本级组织的重大事项；

（三）选举同级委员会主任委员、副主任委员、常务委员；

（四）必要时经上一级组织同意，可以调整同级委员会的少部分成员。

省级委员会应听取同级监督委员会的报告，选举产生同级监督委员会主任、副主任、委员。

第四十一条 地方各级委员会设主任委员一人，副主任委员若干人，由同级委员会全体会议选举，报上一级组织批准。主任委员、副主任委员的任期与本届委员会相同。

第四十二条 地方各级委员会根据需要可设常务委员会。常务委员会由同级委员会全体会议选举产生，其任期与本届委员会相同。

常务委员会在同级委员会全体会议闭会期间，行使委员会的职权。

地方各级委员会的主任委员、副主任委员即为同级常务委员会的主任委员、副主任委员。

地方各级委员会的主任委员、副主任委员组成主委会议，领导委员会的日常工作。主委会议由委员会主任委员召集和主持。

第四十三条 地方各级委员会根据需要可设秘书长，由主委会议提名，同级常务委员会任命（在不设常务委员会的地方，由同级委员会任命），报上一级组织批准。

地方各级委员会根据需要可设副秘书长和必要的工作部门。各工作部门的负责人按《中华人民共和国公务员法》的规定产生，由主委会议任命，向同级常务委员会通报（在不设常务委员会的地方，向同级委员会通报）。

根据需要设若干专门委员会。其机构设置和主任人选，由同级常务委员会决定（在不设常务委员会的地方，由同级委员会决定）。

第六章 基层组织

第四十四条 本会的基层组织是基层委员会、总支部委员会、支部委员会。

会员人数五人以上的可成立支部委员会。会员人数较多的支部委员会可设小组。省、自治区、直辖市委员会根据工作需要，可在会员人数较多的单位或按会员的业务系统设立基层委员会或总支部委员会。基层委员会或总支部委员会可设支部委员会。

中央和各级地方组织根据不同情况，可设立直属支部委员会或直属小组。不能编组的会员，应由其所属会的组织直接联系。

第四十五条 基层委员会、总支部委员会和支部委员会的委员，由会员大会或会员代表大会选举产生，委员名额由上一级组织决定。基层委员会、总支部委员会和支部委员会设主任委员、副主任委员，由委员会选举，并根据实际情况，设组织、宣传等委员。小组可推选组长一人。基层委员会、总支部委员会和支部委员会每届任期五年。必要时经上级组织批准，可提前或延期换届。

基层组织的设立、合并或撤销和所选出的负责人，须报上级组织批准。

第四十六条 基层组织是实现本会政治纲领的基础，其基本任务是：

（一）贯彻执行上级组织的决议和决定，组织会员积极参加本会的各项活动；

（二）结合本单位、本系统、本地区中心任务开展活动，推动会员努力做好本职工作，为社会主义经济建设、政治建设、文化建设、社会建设、生态文明建设贡献力量；

（三）了解会员对国家大政方针和地方重要事务的意见和建议，向上级组织和有关方面反映；

（四）组织会员过好组织生活，加强政治学习，关心会员的思想状况和工作、学习、生活情况，增强团结，共同进步；

（五）做好所联系群众的工作，积极开展调查研究，反映社情民意；

（六）教育会员遵纪守法，讨论对会员的表扬、奖励和处分；

（七）对申请入会对象进行考察和培养，做好发展会员的工作；

（八）收缴会费。

第七章　干　部

第四十七条 各级组织按照德才兼备、以德为先、注重实绩、会员公认、任人唯贤的原则，选拔和任用干部。

各级组织应加强对干部的教育、培训和考核工作，努力提高干部队伍的整体素质，加强后备干部队伍建设，优化干部队伍结构。

第四十八条 各级领导干部必须具备以下基本条件：

（一）坚持用中国特色社会主义理论体系武装思想、指导工作，做到信念坚定、为民服务、勤政务实、敢于担当、清正廉洁；

（二）了解国情，熟悉政策，把握大局，善于带领所在组织的会员开展各项会务工作，具有一定的政治把握、参政议政、组织领导、合作共事和解决自身问题的能力；

（三）认真执行本会的各项决议，模范地履行本会章程，严格自律，遵守政治纪律、政治规矩，有较强的事业心、责任感和奉献精神；

（四）作风民主正派，求真务实，密切联系群众，善于团结同志，自觉接受组织和会员的批评监督；

（五）坚持立会为公，服务社会，热心会务，积极主动地开展本会工作。

第四十九条 中央和地方组织的领导班子成员，无论是选举产生的，还是由组织任命的，均实行任期制，原则上同一职务可连选连任两届，最多不超过三届。

第八章　纪律与监督

第五十条　各级组织和全体会员必须遵守会章，这是维护本会团结统一、完成本会任务的保障。

第五十一条　会员违反本会纪律和国家法律法规的，所属组织应按其错误性质、情节轻重和对待错误的态度，分别给予警告、严重警告、撤销会内职务、留会察看、开除会籍的处分。

第五十二条　对会员的处分须经所属组织委员会讨论通过，报上一级地方组织批准。其中撤销省级组织以下会内职务的处分，须上报省级组织批准，报中央备案；撤销省级组织及以上会内职务、留会察看、开除会籍的处分，须经中央批准。

留会察看处分，最长不得超过两年，在察看期间，没有会内的选举权、被选举权和表决权。

对会员的处分应严肃、慎重。

受处分的会员对处分有不同意见，有权向上级组织直至中央申诉。

第五十三条　会内监督是对各级组织和会员遵守本会章程、履行职责情况的自我监督。

监督的重点是各级领导班子及其成员、各级领导机构成员、各级机关公职人员中的会员。

中央和省级组织监督委员会，在同级委员会的领导下工作，指导下一级监督委员会的工作。

中央监督委员会组成人员名单由主席会议提出，中央委员会全体会议决定，任期与同级委员会一致。

有条件的地市级组织可以试点设立会内监督机构。

附　则

本章程经全国代表大会通过后施行，解释权属于中央委员会。

中国民主促进会第十二次全国代表大会决议

（2017 年 12 月 6 日通过）

中国民主促进会第十二次全国代表大会于 2017 年 12 月 1 日至 6 日在北京举行。大会认真学习贯彻中国共产党第十九次全国代表大会精神，听取并审议了民进第十三届中央委员会报告，修订了《中国民主促进会章程》，选举产生了民进第十四届中央委员会。这是一次民主团结、求实奋进、凝心聚力、继往开来的大会。

大会认为，中共十九大高举中国特色社会主义伟大旗帜，做出了中国特色社会主义进入了新时代、我国社会主要矛盾已经转化为人民日益增长的美好生活需要和不平衡不充分的发展之间的矛盾等重大政治论断，深刻阐述了新时代中国共产党的历史使命，确立了习近平新时代中国特色社会主义思想的历史地位，确定了决胜全面建成小康社会、开启全面建设社会主义现代化国家新征程的目标，在中国共产党历史上、中华人民共和国历史上、中华民族历史上都具有重要的里程碑意义。大会强调，深入学习贯彻中共十九大精神，是民进当前和今后一个时期首要的政治任务。民进各级组织和广大会员要把思想和行动统一到中共十九大精神上来，在中国共产党的坚强领导下，为实现中共十九大描绘的宏伟蓝图而不懈奋斗。

大会认真学习了中共中央致民进十二大的贺词。贺词高度评价了民进的光荣历史和优良传统，充分肯定了民进五年来的工作成绩，全体代表深受鼓舞，备感振奋。民进各级组织和广大会员要按照贺词的要求，进一步深化政治交接，加强自身建设，认真履行参政党职能，积极投身中国特色社会主义伟大实践。

大会听取并审议了严隽琪同志代表民进第十三届中央委员会所做的《不忘合作初心 牢记历史使命 为夺取新时代中国特色社会主义伟大胜利做出新贡献》的报告。报告以习近平新时代中国特色社会主义思想为指导，全面回顾了民进过去五年的工作，深刻总结了民进建设中国特色社会主义参政党的经验和体会，提出了对今后工作的建议。大会认为，报告主题鲜明，实事求是，是指导民进在新起点上继续前进的重要文件。大会决定批准这个报告。

大会高度评价民进第十三届中央委员会的工作。五年来，民进中央团结带领各级组织和广大会员，准确把握新形势、主动适应新要求，毫不动摇地坚持接受中国共产党的领导，牢固树立政治意识、大局意识、核心意识、看齐意识，坚定中国特色社会主义道路自信、理论自信、制度自信、文化自信，深入学习贯彻中共十八大，十八届三中、四中、五中、六中全会和中共十九大精神，坚持巩固对中国特色社会主义道路的认同、对全面建成小康社会目标的认同和对社会主义核心价值观的认同，坚持“为执政党助力，为国家尽责，为人民服务”的宗旨，坚持“有思有行、集智聚力、顺势而为、开拓创新”的工作方针，落实民进十一大提出的各项任务，在前进的道路上取得了新成绩，开创了民进工作新局面。

大会审议通过了《中国民主促进会章程（修正案）》，认为《章程（修正案）》充分体现了中共十九大精神，反映了民进建设中国特色社会主义参政党的新经验，保持了会章的延续性和相对稳定性。大会要求，民进各级组织和广大会员要认真学习会章、遵守会章、贯彻会章、维护会章，更好地发挥会章对民进工作的指导和规范作用。

大会强调，中国特色社会主义进入了新时代，这是我国发展的新的历史方位。民进要立足新时代新方位，牢固树立“四个意识”，坚定“四个自信”，准确把握建设中国特色社会主义参政党的新要求，不忘合作初心，牢记历史使命，找准自身建设和履行职能的着力点，不断巩固团结奋斗的共同思想政治基础，进一步加强领导班子和代表人士队伍建设，不断提高政治把握能力、参政议政能力、组织领导能力、合作共事能力、解决自身问题能力；充分发挥民进界别特色优势，围绕建设教育强国、文化强国、加快建设创新型国家等重大课题，广泛深入调研，积极建言献策，为实施科教兴国战略、人才强国战略、创新驱动发展战略等做出新贡献，切实履行参政议政、民主监督、参加中国共产党领导的政治协商的基本职能，推进自身建设和履职能力迈上新台阶。

大会号召，民进各级组织和广大会员要更加紧密团结在以习近平同志为核心的中共中央周围，在中共十九大精神的指引下，在民进新一届中央委员会带领下，不辱使命，不负重托，无愧于时代，为决胜全面建成小康社会、夺取新时代中国特色社会主义伟大胜利、实现中华民族伟大复兴的中国梦、实现人民对美好生活的向往而团结奋斗！

在中国民主促进会第十二次全国代表大会闭幕式上的讲话

蔡达峰

（2017 年 12 月 6 日）

各位代表、同志们：

在全体代表共同努力下，中国民主促进会第十二次全国代表大会已完成了各项议程，即将胜利闭幕。

这是一次鼓舞人心的大会。刚才，严隽琪同志饱含深情、语重心长的讲话，代表了严隽琪同志、罗富和同志、贺旻同志、张帆同志等民进中央离任领导和委员对民进的深情厚意、殷切期望，我们深为感动。大会期间，中共中央政治局常委汪洋同志代表中共中央莅临开幕会并致贺词，充分肯定了民进为国家建设发展做出的贡献，对民进今后的工作提出了殷切希望。全国人大、国务院、全国政协、各民主党派中央、全国工商联、有关部门和单位的领导出席了开幕式，或来电来函表示祝贺，民进各省级组织发来了贺信贺电，会员们以各种方式向大会表示祝贺，我们深受鼓舞。大会主席团谨向他们表示衷心的感谢。

这是一次民主集中的大会。大会学习贯彻中共十九大精神，学习中共中央致民进十二大的贺词。审议批准了民进第十三届中央委员会报告，修订了《中国民主促进会章程》，选举产生了民进第十四届中央委员会，审议通过了决议。大会高度评价了民进第十三届中央委员会的工作成绩和领导作用，为民进在中国特色社会主义新时代取得新发展，奠定了组织保障，明确了目标要求，我们一定要认真领会大会的重要意义，响应大会号召，贯彻大会精神。大会期间，代表们牢记使命，不负众望，坚持民主集中制组织原则，发扬团结民主的优良传统，以饱满的热情和负责的态度，集中精力，严肃认真，充分审议，慎重表决，确保了大会取得圆满成功。大会主席团谨向各位代表表示诚挚的感谢。

这是一次继往开来的大会。中国特色社会主义进入了新时代，全面建成小康社会进入了决胜时期，全面建设社会主义现代化国家开启了新征程，民主党派发展面临历史新机遇、时代新要求。新一届中央委员会及领导班子，一定要牢记光荣的使命和全会的重托，按照习近平总书记对民主党派换届的要求，深化政治交接，体现新干劲、新气象，为实现民进十二大确定的目标而努力工作。我们将坚定政治立场和方向，自觉接受中国共产党的领导，同心同德，坚持中国特色社会主义政治发展道路，与以习近平同志为核心的中共中央保持高度一致。加强政治学习，以习近平新时代中国特色社会主义思想为指导，深入学习贯彻中共十九大精神，准确把握新时代中国特色社会主义参政党建设的使命和定位，不断增强政治把握能力；我们将勤勉履职，恪尽职守，遵守民进章程和制度，坚持民主集中制，注重制度执行的质量和效率。加强自身建设，学习执政党全面从严治党的精神和经验，从领导班子和领导干部自身做起，以参政党政治建设的要求，统领自身建设各方面，提升内涵，形成合力，补齐短板，带动各级组织全面建设，不断增强组织领导能力；我们将严格自律，发挥示范作用，带头践行社会主义核心价值观和民进优良传统，密切联系地方和基层组织，提升会员工作和服务能力。崇尚清正廉洁，自觉防腐反腐，支持中央监督委员会开展工作，诚恳接受监督，提高解决自身问题的能力；我们将围绕新时代中国特色社会主义基本方略和重大任务，发挥民进优势，在履行职能、社会服务、反映社情民意信息工作等方面体现新作为，为国家发展建言献策，为多党合作做出贡献，不断增强参政议政、合作共事能力。

十四届一中全会第二次全体会议选举我担任中央委员会主席，这是大家的信任、组织的重托，是光荣的使命、神圣的职责。我深感责任重大，一定会更加勤奋学习，坚定信念，坚持原则；更加勤勉努力，忠于职守，负责担当，积极进取；更加严格自律，遵守制度，保持廉洁，公道守信；更加谦虚谨慎，发扬民主，维护团结，增进共识。我将以身作则，做好表率，当好班长，不辱使命，诚恳接受监督。

我们相信，在中共中央的坚强领导下，在民进老一辈打下的坚实基础上，在大家的支持和帮助下，新一届中央委员会一定会团结和带领民进全会，取得无愧于伟大时代、无愧于伟大事业的业绩。

这是一次团结奋进的大会。大会决议强调，要把深入学习贯彻中共十九大精神作为当前和今后一个时期首要的政治任务，民进各级组织要贯彻《中共中央关于认真学习宣传贯彻党的十九大精神的决定》和《民进中央关于学习贯彻中国共产党第十九次全国代表大会精神的决定》，认真组织开展学习活动，在学懂弄通做实上下功夫。希望各位代表联系好会员，宣传好大会精神，关心和支持民进中央的工作，把代表的作用发挥好。民进中央将认真研究和办理代表意见建议，完善代表意见建议办理工作，把代表的作用实现好。希望广大会员努力争当践行社会主义核心价值观的模范，积极投身国家创新发展的实践，为新时代中国特色社会主义建设“双岗立功”，贡献自己的智慧和力量。

民进事业，继往开来，前程辉煌。我们要以本次大会为新的起点，牢记光荣使命，不忘合作初心，继续携手前进，再接再厉，团结奋进。让我们紧密团结在以习近平同志为核心的中共中央周围，以习近平新时代中国特色社会主义思想为指导，坚定“四个自信”，发挥进步性与广泛性相结合的作用，开拓创新，奋发有为，为实现全面建成小康社会、全面建设社会主义现代化国家的宏伟目标而努力奋斗，为民进事业的发展创造新的辉煌，谱写新的篇章。

最后，向所有关心和支持民进的各界人士、大会工作人员和与会的媒体朋友们，表示衷心的感谢！

现在我宣布，中国民主促进会第十二次全国代表大会胜利闭幕。

民进第十三届中央监督委员会工作报告

卫小春

（2017 年 11 月 30 日）

各位常委、各位同志：

受民进第十三届中央监督委员会的委托，我向常委会报告十三届中央监督委员会的工作情况，请各位常委和各位同志提出意见和建议。

民进十一大以来，中央监督委员会深入学习贯彻中共十八大、十九大精神，落实民进十一大提出的关于会内监督的各项任务，坚持“有思有行、集智聚力、顺势而为、开拓创新”的工作方针，积极稳妥地推进会内监督工作，取得了积极进展。

一、工作回顾

五年来，中央监督委员会始终坚持在中央委员会的领导下开展工作，坚持积极稳妥、循序渐进、惩防并举、重在预防的方针，进一步明确会内监督的性质定位，围绕会内监督的重点和内容，探索会内监督的形式和手段，完善会内监督的制度和工作机制、加强会内监督的理论研究，积极推进会内监督体系建设。

（一）突出重点，认真履职

本届中央监督委员会始终将会中央领导班子及其成员这个“关键少数”作为会内监督工作的重点对象，丰富监督方式与手段，认真履行监督职责，进一步提高监督工作实效。

一是按照会中央的决定，坚持列席民进中央常委会、全委会制度。按照工作安排，中央监督委员会委员每年列席三次民进中央常委会及一次全委会，以此作为了解全会建设目标和工作任务、领导班子成员履行职责、执行制度有关情况的一项有效途径。通过列席中常会、中全会，中央监督委员会及时了解领导班子履行职责、贯彻民主集中制、执行议事决策的民主程序等情况，对领导班子作风建设情况开展监督，有效提高了对领导班子及其成员开展监督的针对性和实效性。

二是坚持定期听取民进中央常委对会中央工作的意见建议。中央监督委员会委员在列席常委会期间，向本届所有民进中央常委广泛征求了对会中央各项工作的意见建议。五年来，共计听取常委意见建议 66 人次，内容涵盖了组织建设、思想建设、参政议政、社会服务、机关建设等会中央各年度工作主题，以及会中央领导班子履行职责和作风建设等情况。中央监督委员会及时将常委们的意见建议汇总形成情况反馈，报送民进中央领导集体。民进中央领导集体高度重视中央监督委员会反馈的意见建议，多次在主席办公会议上予以研究，部署会中央机关相关部门组织开展自查，切实改进工作作风，提升工作质量和水平。

三是积极探索开展对民进中央机关相关工作的专项监督检查。加强对民进中央机关相关工作和机关工作人员执行制度、廉洁自律情况的监督，也是中央监督委员会监督工作的重要内容之一。本届中央监督委员会根据民进中央加强机关建设的需要，积极实践，有益探索，先后就民进中央机关装修工程，开明慈善基金会的资金募集、管理、使用情况，机关公务员录用、干部选拔、外事工作以及财务审计工作情况等进行了专项监督检查，参加机关审计工作座谈会，将专项检查形成报告，反馈民进中央领导集体；对反映民进中央机关相关人员的有关情况，进行了调查核实，并及时反馈有关部门。通过一系列扎实有效的监督工作，为进一步推进建设“阳光、高效、规范、和谐”的参政党机关发挥了积极的促进作用。

四是配合换届工作，做好换届监督工作。中央监督委员会根据《关于严肃换届纪律，加强换届监督工作的指导意见》，结合民进实际，将换届工作程序的执行情况和遵守换届纪律的情况作为监督重点，了解省级、市级组织换届进展情况和存在的问题；对个别省级组织届中调整中出现的违反程序的问题进行了调查，及时掌握情况、给予指导，提出处理意见，并对相关人员进行了约谈；对参与省级人大换届“贿选案”的相关人员进行了约谈；听取了部分常委对省级组织和民进中央换届的情况反映；参加了民进中央召开的省级组织换届工作座谈会，听取省级组织关于开展换届监督的意见建议，为进一步指导省级组织换届监督工作、做好对民进中央换届监督工作奠定了扎实的基础，从程序和纪律层面确保了省级组织和中央换届的顺利进行。

五是妥善处理信访工作。信访工作是有效维护会员权益，畅通会内监督渠道的一个重要途径。中央监督委员会办公室在中央监督委员会的领导下，妥善做好涉及会员的各类来电、来信和来访处理工作，五年来共收到、接待60余件/宗来信、来访、来电，内容主要涉及基层会员个人情况或诉求的反映，对个别地方组织、基层组织领导违纪事项的反映，对各级组织机关干部作风问题的反映，对社会问题或群众诉求的反映等。中央监督委员会办公室认真整理各地重要来信，妥善处理来电、来访，层报领导批示后，及时将各地重要来信、来访批转相关部门或省级组织并要求给予关心，妥善处理。各省级组织监委会也认真处理会员来信、来访，对成员来信、来访、来电进行认真核查。

中央监督委员会在完成好监督职责的同时，每年向中央全会报告年度工作情况，自觉接受中央委员对中央监督委员会履行职责情况的监督。

（二）指导推动省级组织开展会内监督工作

中央监督委员会按照统筹规划、逐步推进的原则，继续认真指导并推动省级组织开展会内监督工作。2016年底，已实现了省级组织监督委员会全覆盖，在会内监督体系建设上迈出了坚实的步伐。

中央监督委员会注重将会内监督工作与组织建设工作主题紧密结合。在 2014 年民进全国专职副主委组织建设工作研讨班的分组讨论中，将会内监督作为议题之一，加强研讨交流，有效促进了省级组织领导班子对会内监督工作的重视和支持，进一步提高了省级组织对开展会内监督工作重要性的认识。

在日常工作中，中央监督委员会注重加强与各省级组织监督委员会之间的工作联系与交流，及时了解省级组织监督委员会会内监督工作的开展情况和存在的困难，并给予必要的工作指导与帮助。

各省级组织监督委员会依照各省监督工作条例，围绕年度工作重点，认真履行监督职责，不断加强对会内监督工作理论与实践的研究，积极开展省级组织监督委员会之间的横向工作交流与研讨，互相借鉴经验、取长补短，及时研究和反馈会员提出的有关问题，努力使会内监督工作取得实效。在省级组织换届工作过程中，认真贯彻民进中央《关于严肃换届纪律，加强换届监督工作的指导意见》精神，在严肃换届纪律方面发挥了重要作用。有的省级监委会参与了述职评议、民主推荐和大会选举等关键环节，全程监督换届程序和纪律；有的省级监委会公布举报电话和邮箱，受理违反换届程序和纪律的问题，畅通会员举报渠道，为换届顺利进行提供了保障。在省级委员会完成换届的同时，省级组织监督委员会也完成了换届，为进一步履行监督职能奠定了基础。

（三）加强对会内监督工作的理论研究

民进中央历来高度重视有关会内监督工作的理论研究。民进中央分别于 2014 年 2 月、2017 年 3 月召开了民进民主监督工作研讨会、民进全国会内监督工作研讨会，结合民进中央参政党理论研究会在会内监督领域取得的课题研究成果，围绕会中央和省级组织近五年来会内监督工作开展的情况、取得的经验、存在的困惑、今后工作的思路等进行了深入交流和研讨。通过会议交流研讨，进一步统一了思想、提高了认识，更加深刻地认识到：加强会内监督是我会从所处的历史方位、所面临的国内外形势、所肩负的历史使命出发，适应时代要求，坚持接受中国共产党的领导，保持民进的进步性和团结性提出的一项重大任务，扎实做好这项工作，对于建设中国特色社会主义参政党意义重大。进一步加强会内监督的理论研究，对于指导会内监督工作的实践、推进会内监督工作平稳有序开展，将起到积极的促进作用。

（四）广泛开展会内监督工作调研和交流

中央监督委员会将会内监督调研课题与组织建设调研课题紧密结合，中央监督委员会领导亲自参与或委托中央监督委员会办公室参与调研。五年来，结合坚持中国特色社会主义学习实践活动，重点围绕加强领导班子作风建设、完善会内监督制度、创新会内监督工作方式、探索内部监督机制等议题，先后赴 16 个省份深入基层开展调研。在调研过程中，与省级组织委员会成员、民进十一大代表、机关干部、部分会员等开展座谈，广泛听取基层会员的意见建议，并及时向民进中央反馈。

加强与兄弟党派中央监督委员会进行交流。中央监督委员会办公室与九三学社中央监督委员会办公室进行座谈，就中央监督委员会成立以来工作开展情况、取得的经验及存在的问题，省级组织成立监督委员会情况及成立后开展工作情况，中央监督委员会与省级组织监督委员会之间的工作指导与交流情况，中央监督委员会处理内部监督来信来访工作原则及程序，中央监督委员会对本党派成员违纪违法情况的处理原则及程序等议题，进行了充分的交流与研讨，了解了兄弟党派中央监督委员会内部监督工作开展情况、理论研究成果与实践工作经验等，一方面建立了工作联系，另一方面为做好中央监督委员会的工作，提供了有益的借鉴。

二、工作体会

中央监督委员会能够取得上述工作成绩，主要有以下四点：

（一）民进中央领导高度重视会内监督工作，为中央监督委员会顺利开展工作提供了坚强保障。自中央监督委员会成立以来，民进中央领导集体就高度重视会内监督工作，严隽琪主席、罗富和第一副主席多次在民进中央主席会议和民进中央常委会议上强调要有序推进会内民主，稳步推进会内监督工作。2014 年严隽琪主席专程出席了中央监督委员会十三届五次全体会议，强调会内监督是参政党建设规律的客观要求，是参政党提高自身建设水平的实际需要，参政党开展内部监督应该成为我国政党内部监督体系中不可或缺的一个重要环节。

（二）民进中央领导主动接受监督，是对中央监督委员会工作的最大支持。严隽琪主席在多次讲话中，强调中央监督委员会要坚持会内监督的性质定位，要以监督领导班子贯彻民主集中制原则、遵守会章和履行职责情况为重点，要加强保障组织肌体健康活力的会内监督制度建设，要在实践探索基础上，不断完善会内监督的机制体制，增强监督的实效，并多次表示民进中央将继续加强对中央监督委员会工作的支持，民进中央领导班子要自觉主动地接受监督，以身作则，加强领导班子的决策民主和作风民主，有效推进会内民主进程。

（三）中央常委的大力支持，为中央监督委员会顺利开展工作创造了有利条件。征求民进中央常委对会中央工作的意见建议，是中央监督委员会自成立以来，始终坚持的一项履行监督职责的有益方式和有效途径。五年来，中央监督委员会听取民进中央常委对民进中央各项工作的意见和建议，内容涵盖了自身建设的各个方面：如建议将组织建设工作与参政议政、民主监督等工作紧密结合，及时发现人才、培养人才，做好推荐和政治安排，为会内人才提供锻炼和施展才能的平台；建议针对新的情况与政治性强的特点，加强对做好全会思想工作的科学规律的研究；建议在参政议政集智聚力方面，要更好地发挥会内现有专家作用，以会内专家为依托，集聚会外专家资源；建议创新社会服务工作机制和工作方式，将信息技术引入社会服务工作，利用互联网等科技平台创新社会服务工作方式；建议加强对专职干部的培养培训，加大交流锻炼力度，等等。这些有益的意见和建议，对会中央切实改进工作，提升工作水平起到了良好的效果。各位常委对中央监督委员会工作始终给予大力支持，中央监督委员会每次征求意见，常委们都高度重视，认真准备，体现了大局意识、组织意识、创新意识和强烈的责任感。

（四）中央监督委员会的全体委员认真履职、积极探索，为不断完善会内监督机制奠定了坚实基础。本届中央监督委员会14位委员中，10位是新任委员。换届后，中央监督委员会在第一次全体会议上就强调了加强学习的重要性，并汇编了会内监督工作相关文件资料，要求各位委员认真学习、扎实落实。五年来，中央监督委员会委员在监督工作实践中，不断深化对会内监督工作的认识，认真履行监督职责，就如何在新形势下开展会内监督工作不断研究、尝试和探索，为提高解决自身问题能力，为全会的自身建设，特别是领导班子建设和机关建设做出了积极贡献。各省级组织监督委员会也在建立和完善会内监督机制和制度方面，做出了积极探索。正是大家的共同努力、不断探索和立会为公的奉献精神，才使得会内监督工作不断稳步推进、取得扎实成效。

在总结成绩的同时，我们也要清醒认识到，开展会内监督工作是一个逐步提高认识和不断探索的过程，仍有不少待回答的问题和待改进的地方，提高会内监督工作的水平还任重道远，需要全会上下共同努力，进一步研究探索、进一步实践创新、进一步总结提升。要加强会内监督的理论研究，阐明相应的理论依据，完善相关的制度和规定，探索更加行之有效的监督手段和措施，最大限度凝聚全会的智慧和力量，最大限度激发全会的创造活力，推动会内监督工作制度化、程序化、规范化。

三、今后工作建议

中共十九大以不忘初心、牢记使命为主题，凸显了中国共产党的初心和坚定不移全面从严治党的决心，为参政党建设提供了重要启示。推进会内民主、加强会内监督，是民进学习借鉴执政党建设经验，加强自身建设的重要方面，是新时代新任务的需要，是广大会员心之所向。会内监督工作要进一步适应新形势与新要求，在实践中不断探索、不断总结、不断完善，循序渐进、逐步推进。

（一）加强学习，履职尽责。加强会内监督工作要以邓小平理论、“三个代表”重要思想、科学发展观、习近平新时代中国特色社会主义思想为指导，在中共十九大精神的指引下，以高度的政治自觉和思想自觉，各级领导班子要将研究部署会内监督工作纳入重要议事日程；领导班子成员要以身作则，遵守政治纪律和政治规矩，带头遵守会章和制度规定，主动接受组织和会员的监督；各级监委会要深化理论政策学习，加强日常学习、培训和教育，加强会内监督理论研讨，自觉加强理论修养、政治修养、道德修养、纪律修养、作风修养，用实际行动推进会内监督工作。

（二）加强队伍建设。中央监督委员会和省级监督委员会的委员大多是兼职从事会内监督工作，在选配各级监委会成员时，要按照政治素质好、组织纪律性强、清正廉洁、敢于担当等要求，注重吸收有监督、监察、法律背景或监督实践经验的人才，使会内监督队伍的人才结构更趋合理，努力建设一支政治坚定、素质优良的会内监督工作队伍，为提高会内监督工作水平奠定组织保障。

（三）积极实践，完善机制。各级监督委员会要根据会章的有关规定，围绕监督内容、监督重点，探索工作方法，积极开展工作。一是继续协助开展省级组织领导班子成员谈心会、述职和民主评议工作。注意收集各方面的意见建议，并以适当方式向领导班子集体反馈。对述职评议的范围、程序等是否符合工作方案要求进行监督，保障广大会员的知情权、参与权、选举权，推动会内民主气氛的形成。二是促进中央、地方会内监督工作统筹协调发展。切实加强会中央对地方会内监督工作的指导和服务，创造积累工作成果和经验的良好环境。三是注重制度建设，不断推进会内监督的制度化进程。四是继续坚持领导班子联系基层、发扬民主的优良作风，关心、联系广大会员，促进与会员的交流和沟通。增强信访工作的有效性和针对性。五是加强与其他党派、其他部门的工作交流，推动会内监督工作与其他部门各项工作相互促进。

最后，感谢各位常委对民进第十三届中央监督委员会工作的大力支持。也请各位继续参与和支持会内监督工作，为不断提高会内监督工作的水平献计出力。

稳中求进　做好换届年各项工作

——在民进十三届十八次中常会议上的讲话

严隽琪

（2017 年 3 月 6 日）

同志们：

“两会”期间召开的中常会，是时间最短的一次中常会，但其所处的时间节点决定了这是非常重要的一次会议。会议将围绕开好两会、会后贯彻好“两会”精神以及民进全年工作进行讨论和部署。

3 月 4 日，习近平总书记在参加政协民进、农工党、九三学社联组会议时强调，我国广大知识分子要主动担当，积极作为，为国家富强、民族振兴、人民幸福多做贡献，各民主党派要搞好政治交接，努力换出新干劲、换出新气象。民进成员以高中级知识分子为主，各级组织要为会员的工作学习创造更好条件，团结带领广大会员自觉践行社会主义核心价值观，积极投身创新发展实践，紧紧围绕经济竞争力的核心关键、社会发展的瓶颈、国家安全的重大挑战，增加知识积累，强化创新意识，提升创新能力，刻苦钻研，勤奋工作，为全面建成小康社会、建设世界科技强国做出更大贡献。

习近平总书记在年初与党外人士的新春座谈会上，提出了三点希望：一是希望积极为中共十九大召开营造良好氛围，二是希望紧紧围绕改革发展稳定大局履职尽责，三是希望把政治交接贯穿换届工作全过程。这是 2017 年民进做好全年工作的重要指导思想。年初，会中央主席班子召开了谈心会，各位班子成员围绕民进五至十年来的工作体会、对参政党建设规律和特点的认识与思考进行了较深入的交流。我们认为一代人有一代人的责任，要努力完成时代赋予我们的使命，要处理好变革与传承的关系，在变革中传承，在传承中变革，一棒接一棒地书写好民进的历史。

今年全会工作的总体基调是“稳中求进”，既确保政治格局要稳、队伍思想要稳，又要确保各项工作在原有基础上有所推进。学习实践活动将画上圆满句号，换届工作要实现平稳过渡，履行职能要取得实际效果，机关建设要有新气象，具体谈三点意见。

一、巩固扩大政治共识

一般来说，开放社会比起封闭社会、和平发展年代比起战争年代、互联网时代比起传统技术时代，不同思想文化的交流交融交锋会更加活跃复杂。加上当前国际形势的复杂多变、国内改革进入深水区，今年又正值党的十九大和民进十二大召开，换届工作涉及人事更退，社会密切关注，利益诉求多样。民进全会宣传思想工作会面临更多的新情况，促进民进全会的“三个认同”责任重大。

新年伊始，山东会员网络舆情事件就对民进提出了警示，对民进的应对能力是一次考验。会员网络舆情事件所属的山东民进主委班子有政治敏感性，工作及时有效；会中央高度重视，“举一反三”，从应急措施、制度建设、理论思考等多方面进行了严肃反思和研究，整个事件处理是稳妥的。这说明我们必须深刻认识意识形态工作的严峻性、复杂性，直面工作中存在的问题和不足。民进是中国特色社会主义参政党，政治共识是立会之基，必须把讲政治放在第一位，要协助执政党做好意识形态工作，接受中国共产党领导这个共识是不容含糊的，这是党派工作之魂。政治坚定和有所作为又是密不可分、相辅相成的，越是在改革开放攻坚克难的阶段，越是需要有稳定的政局，越是需要民进团结广大会员和所联系的群众，形成支持改革发展的高度共识，在“三个认同”基础上发挥参政党服务改革发展大局的积极作用。

当前，网络舆情是党派思想政治工作中最大的风险点，特别是网络的聚集传播能力不容轻视。我们必须从总体国家安全观的高度，充分认识做好网络舆情工作的重要性，持续加力、妥善应对。在座的各位是民进的“关键少数”，尤其要切实增强政治敏锐性和鉴别力，将做好网络舆情工作作为一项重要政治责任，定期开展专题研究，并采取扎实有效的举措。我们不能有任何侥幸心理，网络是有记忆的，一些会员如果在过去某个时刻发表过不当言论，就可能随时被人关注并“起底”。为了保护和引导好会员，必须把工作做在前面，加大工作力度，不仅要密切关注会员思想动态，更要做好经常性分析、时间节点分析，及时发现倾向性、苗头性问题。立足早发现、早防范、早处置，出现问题一定要妥善做好协同应对处理，防止扩散升级。这项工作有一定敏感性，请大家注意内紧外松、把握好节奏力度，防止引起会员误解。

在共识引导中，须把握好分寸和“度”，把处理一致性与多样性的关系、组织纪律和个人发表意见的关系，放到具体条件下去考量，放到大局中去权衡。要坚持“疏”与“堵”的结合，关注会员的思想和精神需求，做到讲“理”、讲“情”、讲“规”。会中央认为，首先意见的表达要释放出良好的预期，发挥建设性而不是破坏性、对抗性的作用，这就要求表达意见既要有好的主观愿望，又要能够取得好的效果。其次当对有些问题在认识上有差异时，作为知识分子政党，必须发挥成员具有较高学术造诣的特点，以科学严谨的态度理性地发表见解，同时必须接受组织纪律的约束，敏感的话题要接受组织指导，尽量通过组织渠道发声，避免被人利用，落入舆论“陷阱”。最后参政党成员要切实承担起应有的政治责任，我们的所有言论与行动，必须考虑社会后果，不能成为社会冲突和社会撕裂的推手，这是民进组织的政治和纪律要求。希望各位常委以身作则，心存敬畏和戒惧，将政治立场、政治态度、政治承诺放在第一位，做到知会、爱会，自觉维护民进声誉，维护我们国家来之不易的稳定发展大局。

2013 年以来，我会把学习实践活动作为贯穿各项工作的主线，今年全会的重点在于“搞好一个结合”“开展好两项活动”“把握好三点核心要义”，就是，将政治交接与深化开展学习实践活动紧密结合；深入开展“不忘合作初心，继续携手前进”专题教育和多党合作历史传统记录工程两项活动；把握好自觉接受中国共产党的领导、坚持和发展中国特色社会主义、传承弘扬党派老一辈领导人高尚风范三个核心要义。同时，希望各省级组织对 2013 年以来开展学习实践活动的特色亮点、经验成效，十八大以来开展思想政治工作的规律特点等进行及时总结，为今后坚持不懈提升思想政治工作针对性、实效性奠定理论基础。

二、全面提升履职能力

去年是我会参政议政工作主题年，但是参政议政能力建设永远在路上。随着多党合作事业的发展，特别是政党协商职能的突出，我们越发感到，参政党正在以“有限”的人力、时间和专业经验面对这项职能中提出的几乎是“无限”的要求和挑战。改革开放将近 40 年，已进入了深水区，面对许多难啃的“硬骨头”，深层次错综复杂的矛盾凸显。在“四个全面”和“五位一体”的大局中，问题的来源是无领域界限的，如何以“有限”应对“无限”？个体的素质和能力固然是重要的方面，更重要的是组织的系统发力。民主党派成员绝大多数是兼职的，这是不可改变的现实，因而专兼职结合、会内外联动、集智聚力是必然的选择；调动和保护更多的积极性、成果的利用需要不断改进，这些都需要更多的努力。总之，民进要怀着历史责任心“为执政党助力、为国家尽责、为人民服务”。

政党协商是中国特色社会主义协商民主的重要内涵，中共十八大以来，政党协商制度安排更加规范有序。今年 2 月的中共中央政治局常委会议审议通过了 2017 年政党协商（会议协商）计划，对中央层面的专题协商座谈会、调研协商座谈会、人事协商座谈会和其他协商座谈会的有关问题做出了安排。这次会议上，习近平总书记对 2016 年的政党协商工作给予充分肯定，同时也强调，其他国家的政党是为了斗争而斗争，各种乱象、怪象频出，就像中国“文革”时期，越左越好。习总书记说，极左极右，不是真正的民主。我们才是真民主，要珍惜。

按照政党协商计划，中共中央对今年民主党派大调研出了两个题，一个是“深入推进‘一带一路’建设”，另一个是“大力振兴和提升实体经济”。根据民进界别特色和工作基础，会中央拟定围绕“职业教育助推制造业发展”开展大调研，同时围绕“一带一路文化走出去”开展重点调研。中共中央的调研协商座谈会大约安排在今年年中，因此，两会以后会中央就将紧锣密鼓地开展考察调研，为形成高质量的考察调研成果、开好调研协商座谈会做准备。希望各省级组织也根据本地情况，积极为这两大主题的调查研究贡献力量。

民主监督在民主党派履职中得到前所未有的重视。最近，中共中央办公厅印发了《关于加强和改进人民政协民主监督工作的意见》，对人民政协民主监督工作的意义、要求、主要内容、形式、程序、机制等作了明确规定，值得民进认真学习研究。今年，有关部门也将出台《关于加强民主党派民主监督的意见》，相信会为党派的民主监督工作进一步提供指导和遵循。民主监督职能受重视，这对民主党派提出了新考验，因此民进要认真进行研究。脱贫攻坚民主监督工作已经进入第二年，这是参政党参与国家政治生活的一种新尝试。中央统战部年初召开了座谈会，孙春兰部长对今年的脱贫攻坚民主监督工作做了部署，民进要做好全年工作的整体规划，上下联动，合力攻坚，立足我们的人才特点、资源条件，把中共中央最关注的和省里最迫切需要解决的问题，与民进的优势和工作积累结合起来，争取监督工作取得实实在在的成效。

三、切实搞好政治交接

会中央和省级组织换届是今年工作的重点，我们曾多次要求各位常委高度重视。换届首先是政治交接，今年是民主党派开展政治交接正式提出20周年，要认真总结经验，将政治交接作为思想政治建设和领导班子建设的重点，切实将政治交接贯穿于换届工作全过程，贯穿于履行职能各方面，贯穿于参政党建设各领域。换届是对民进过去五年乃至十年工作的检验，对新老领导班子都是“五种能力”的考验。政治交接抓得实、有特色、见实效，多党合作事业才能确保薪火相传。

换届工作程序较多、环环相扣，希望全面加强组织领导，主要负责同志要切实履行好第一责任人的职责，认真抓好各项工作。要制定换届工作应急预案，重大事项要及时反馈报告、稳妥处置，确保省级组织和中央领导机构换届工作圆满成功。要继续发挥我会各级监督委员会作用，确保换届在阳光下进行。

今年是机关建设主题年。主题年是抓工作的一种方式，每年一个主题，要对这个主题下日常的工作实践，坚持问题导向，集中精力总结研究，并力图把经验上升到理性，提升工作能力和水平。希望全会按照会中央的主题年工作方案，以机关作风建设为重点，精心策划，认真落实。作风问题具有反复性和顽固性，形成一种优良作风不可能一蹴而就，克服不良作风也不可能一劳永逸。机关作风建设，既要抓行为规范，又要抓思想意识，思想意识是作风之根。希望通过机关建设主题年，使更多的党派机关干部成为自我教育的模范，成为思想工作的能手，成为会务工作的精英。

各位常委，今年对中共和民进而言，都是不平凡的一年。希望大家继续振奋精神，不管在这次换届是“进”、是“退”、是“留”，都要摆正心态竭诚奉献，以实际工作成绩迎接中共十九大和民进十二大的召开！

谢谢大家。

不忘初心　凝心聚力　立会为公　搞好交接

——在民进十三届十九次中常会上的讲话

严隽琪

（2017 年 7 月 5 日）

各位常委、各位同志：

本次中常会任务多、意义重，在大家的共同努力下，就要闭幕了。会议对上半年工作进行了回顾，各位常委围绕坚持和发展中国特色社会主义学习实践活动这个主线和机关建设年度工作主题，以及下半年工作打算，进行了交流。大家的发言反映了各位努力的工作，也有深入的思考。会议审议通过了民进中央关于 2017 年中央委员会换届工作的意见，并进行了中央领导班子人选的民主推荐，民进中央监督委员会还召开了第十四次全体会议。

刚才科技部研究室胥和平主任作了国家创新战略与政策的专题报告。习近平总书记在今年 3 月 4 日全国政协十二届五次会议民进、农工党、九三学社委员联组会上作了重要讲话，指出知识分子在弘扬社会主义核心价值观、建设科技强国中的独特作用，向广大知识分子发出共襄复兴伟业的时代号召。中国知识分子历来有心系家国的优良传统，在中国崛起的历史新时期，民进人要认真学习习近平总书记讲话精神，把知识分子的家国情怀融入干事创业的担当之中，积极投身创新实践，在国家创新发展中有所作为、有所贡献。

今年上半年，民进整体上处于一个团结紧张的局面之中。各省级组织换届紧锣密鼓，在政治交接的主线引领和风清气正的主基调下完成人事更替，为今后五年确定了领导集体，这关系到民进事业能否有序传承，也是会内监督机制的一次“实战”。与此同时，由于各项工作节奏加快，许多重要工作都提前到上半年：如一年一度的大调研基本在上半年进行，其成果在六月底就进行了高层协商，比往年大大提前；今年会中央对口湖南省脱贫攻坚民主监督工作也进入了“实战”阶段，上半年在完善民主监督工作体制和机制、深入发现和分析脱贫攻坚问题、与湖南省领导当面交流和向中央做出报告等方面都有实质性进展，这一方面是湖南脱贫攻坚的新形势带来的迫切性应对，另一方面也是民进不断提高对此项任务的意义、性质和特点的认识，进行不断探索的结果；上半年在政协平台上，民进中央积极履职，以建言的高质量争取到更大的影响和更多的机会，充分反映了全会“集智聚力”的共同努力；机关建设主题年以作风建设为重点，抓政治纪律、强服务意识、浓学习氛围、改进制度程序，使得对建设“阳光、规范、高效、和谐”机关的提倡更加扎实落实；今年国家审计工作对中央机关，包括民主党派中央机关实现全覆盖，虽然审计针对的是财务，但反映的绝非仅仅是财务问题，这使会中央机关建设有了一个非常好的接受来自外面的客观又专业的检查审视机会。当然，社会服务和其他工作也都在有序推进。

下半年将迎来两个具有重大历史意义的大会，中共十九大和民进十二大，这是下半年工作最重要的考虑基点。

一、凝心聚力，为中共十九大召开营造良好氛围

中共十九大是在我国全面建成小康社会决胜阶段召开的十分重要的会议，是党和国家政治生活中的大事。我们期待着十九大在科学总结改革开放发展伟大实践的基础上，将中国特色社会主义理论创新推向新的高度；对落实新发展理念、国家安全观和实现中国的世界角色等有重大战略部署。我们相信这次大会一定会对中国梦的第一个百年目标的如期实现以及向第二个百年目标进发吹响新的进军号。

中共十八大以来，习近平总书记就治国理政发表了系列重要讲话。在此次政协大会的联组会议上更是对知识分子工作进行了最新阐述，为做好新形势下党外知识分子统战工作提供了根本遵循。党外知识分子的作用和影响，很突出地体现在意识形态领域。中国特色社会主义事业不断发展，中华民族伟大复兴前景可期，然而随着世界格局的深刻调整，特别是中国越来越走向世界舞台的中心，西方敌对势力加紧对我遏制和唱衰，千方百计在我国知识分子特别是执政党外知识分子中兜售西方价值观，寻找和培植发言人，争夺人心的较量相当激烈。我国正处于深化改革，实现经济社会转型的关键期，也是矛盾显现期，国际国内问题相互影响，维护国家安全和社会稳定的任务十分艰巨。在多种社会思潮以及鱼龙混杂的网络言论中，核心问题还是道路和政治制度的较量。能否把执政党外知识分子这样一个思想活跃的群体团结好引导好，对中国特色社会主义事业的发展具有现实的重要性和紧迫性。正如习近平总书记强调的“伟大的事业，决定了我们更加需要知识和知识分子，更加需要知识分子为国家富强、民族振兴、人民幸福多做贡献”。

作为中国特色社会主义参政党，民进要按照习近平总书记的讲话精神，切实贯彻中国共产党对知识分子工作的要求，提高践行社会主义核心价值观的自觉性，增强投身创新发展实践的积极性，主动配合中国共产党的统一战线工作和人才建设工作，突出我们的宣传思想工作的政治性、时代性、实效性。各级领导干部和宣传部门要及时掌握会内意识形态领域的动态，了解广大会员的思想动态和精神需求，用中国在社会主义道路上取得的巨大成就鼓舞和凝聚会员们的心，对各种政治性、原则性、导向性等问题保持敏锐性，对错误思潮敢于交锋，对模糊认识及时澄清，对网络涉及的热点问题稳妥回应，帮助广大会员明辨是非、站稳立场，树立“四个意识”，增强“四个自信”。引导广大会员积极投身全面建成小康社会、实现中华民族伟大复兴的宏伟事业中，这正是会中央今年在全会部署开展“不忘合作初心，继续携手前进”专题教育的内涵所在。希望各位常委自觉保持政治上的清醒，在关键时刻和重大问题上更是如此，坚持会中央提出的“三个认同”，即目标认同、道路认同和价值观认同，把维护中国共产党的领导、维护中共中央核心落实到行动中去，落实到各项工作中去，为迎接中共十九大营造和谐稳定的社会环境做出民进的贡献。

二、立会为公，继续做好换届和各项工作，迎接民进十二大的召开

习近平总书记在这次联组会议上提出，希望各民主党派搞好政治交接，努力换出新干劲、换出新气象。我们也多次强调，换届不仅是政治交替、人事调整，更重要的是政治交接，是政治共识的加深与巩固，要继承弘扬统一战线和多党合作的优良传统，以及民进的优良传统，探索形成各级领导班子解决自身问题的方式方法，不断提高履职尽责的能力和水平。

上半年是省级组织集中换届的阶段。从4月起至目前，我会已有24个省级组织相继完成换届。通过换届，民进省级组织领导班子和领导机构的整体结构得到优化，一批政治素质好、有较强参政议政能力和组织领导能力、有广泛群众基础和代表性、年龄适当的骨干会员充实进了领导班子和领导机构，实现了省级组织的新老交替。这次换届，各省级组织都始终与会中央保持密切的联系，会中央、中央统战部和地方党委、统战部除按照程序进行三方协商之外，还及时就一些具体问题多次进行沟通。各省级组织在重点工作环节上更是积极争取地方党委和统战部门的领导和支持。全会坚持把深入细致的思想工作贯穿于换届工作始终，将换届作为发扬“立会为公”优良传统的思想教育过程，通过讲情、讲理、讲政治规矩、讲立德为先，引导正确价值取向，正确看待个人的进退留，正确处理个人与组织关系，增强领导干部和广大会员的大局观念、法纪观念。各省级组织换届都严格按照换届程序进行，对违反换届纪律的行为坚持“零容忍”态度，严明纪律，向代表大会代表提出明确要求，多个省级组织还在预备会上播放警示片，有的省提出“三率”（到会率、住宿率、就餐率）要求，有的省级组织明确了换届纪律“九严禁”、会议代表签署了保证书等，确保了会风的清正以及选举的顺利进行。同时，省级组织将内部监督贯穿换届和筹备工作的全过程，省级监委会认真贯彻会中央《关于严肃换届纪律，加强换届监督工作的指导意见》精神，将换届纪律和程序作为当前进行监督的最主要内容，在严肃换届纪律方面发挥了重要作用。由于对内充分发扬民主、严明纪律，对外广泛听取意见、充分协商，确保人选取得高度共识，各省级班子成员都是全票或高票当选，代表大会圆满顺利，没有发现一起非组织行为。各省级组织将换届工作与机关建设主题年相结合，将做好代表大会的服务工作，作为检验机关建设成果的重要过程，使机关干部得到锻炼，提高了工作能力。组织部门还要进一步总结此次省级换届工作的经验。

本次换届工作的结束，就是下届换届准备工作的开始。在此，对各省级组织的工作提四点希望，希望认真贯彻：一是关于主委人选的培养问题。2022年将有10位省级组织主委任满三届，按照任期制的要求，预计调整幅度不小。各位常委特别是省级组织主委，一定要从现在起物色培养人岗相适、堪当其任的“接班人”，保证民进各省级有一位优秀的主委，并能够获得各方面的高度认可，这是“一把手”的政治责任，也是对民进的应有贡献。二是代表人士队伍建设问题。各省级组织要从多党合作事业和民进事业健康发展的高度，坚持人才强会理念，研究和把握我会新一代代表人士成长规律，完善代表人

士发现、培养、推荐使用、管理监督机制，立足于体现民进特色、改善人才结构，从履行职能中、从基层组织活动中发现和培养人才。要加强代表人士与适用岗位的匹配性培养，争取为他们的成长提供必要的锻炼台阶，尤其要注意把能力素质好的同志直接放到或推荐到重要岗位上历练，以储备更多的高素质人才。三是政治学习问题。近年来，会中央做到了对市级组织领导班子培训全覆盖、省级组织领导班子后备干部培训全覆盖，取得了提高培训对象政治水平和政策水平、增强他们对民进组织归属感的良好效果。会中央和各省级组织要认真总结经验，换届之后及时地继续加大培训力度，针对会员思想和履职的需要，特别是加强对青年会员的关注，精心设计培训内容，提高培训实效。四是会内监督问题。民进十大以来，我会开展了会内监督工作的探索，会内监督是在会中央领导下、在现有组织框架内的内部监督机制。多年来，会中央和各省级组织在监督理论和实践上都作了积极探索和进行了深入思考。中央统战部将出台有关文件，对参政党内部监督工作进行规范、统一思想会起到很好的推进作用，届时会中央将结合民进实际，进一步建立健全会内监督工作的体制机制，加强指导会内监督工作。如会内监督如何与领导班子民主生活更紧密地结合，就是值得探索的方向。

在完成省级组织换届和启动会中央换届工作的同时，我们依然要以“为执政党助力、为国家尽责、为人民服务”为价值追求，坚持“有思有行、集智聚力、顺势而为、开拓创新”的工作方针，无懈无滞地履行好参政议政、政党协商、民主监督职能和开展社会服务工作，要使机关建设主题年取得预期的成效。新上岗的同志要尽快进入角色，把工作抓起来；即将退休的同志，在岗一天就要尽一天的力，为组织、为事业站好最后一班岗，尽力为接班者做好铺垫。

最后着重谈两个问题。一个问题是脱贫攻坚民主监督工作。目前，不仅会中央接受中共中央委托对口湖南省的脱贫攻坚开展民主监督工作，而且不少省级组织也接受了地方党委委托进行本地区脱贫工作民主监督。做好民主监督工作要思考三个问题。第一，这项工作的意义为何？脱贫攻坚民主监督，是中国特色社会主义民主政治制度优势的生动体现，是中共中央推进多党合作事业的一个创举，也是参政党提升能力素质的一个绝好机遇，意义重大。同时也是对民进“立会为公”宗旨、履职能力和自身建设成效的极大考验。第二，对民主监督的性质与定位的思考。从民主党派自身履职的角度来看，民主监督既不同于参政议政，也不同于社会服务。从外部来看，民主党派民主监督不同于党政督查巡查，不同于上级的考核问责，也不同于第三方评估以及媒体公众的社会监督。正像俞正声主席在今年 3 月的脱贫攻坚座谈会上强调的那样，“民主党派开展脱贫攻坚民主监督的性质是政治监督，是对执政党监督，本质上是协商式监督，因此要增强针对性和实效性”。我们开展的民主监督是中国共产党领导下的协商式监督，必须突出政治性，政治性是指我们在政治立场、目标和基本遵循上与执政党是高度一致的，这是原则。第三，党派的特点如何发挥？一段时间的工作使我感到有这样三个特点，一是党派较少受行政层级的限制，党政部门有严格的层级制度，须一层一层报告，而民主党派反映情况有“直通车”的渠道，既处庙堂之高又处江湖之远，为使二者结合为一体，会中央在这项工作中十分重视社情民意，特别是依靠湖南民进组织，开展基层主题支部活动，听取湖南会员们反映的社情民意，同时还设立了较长期的脱贫监测点。二是请专家全程参加，问题导向，既发挥专业特长又不受单一学科限制，努力贯彻集智聚力的方针。三是发挥组织作用，会中央专门成立了领导小组并多次召开专题会研究有关问题，机关内部机构根据工作需要适时进行调整，成立了民主监督工作处，保证有专职的人力配备，有了长期在当地深入调研的工作小分队。民进中央不仅要求勤思，同时要求笃行，提出在民主监督工作中要做到“不说风凉话、不说虚话、不说冲动话”，做到设身处地，做到言之有物、言之有据、言之有理，这是对历史负责、对人民负责，也是对执政党负责。民进中央十分重视与湖南党政主要领导的高层协商，及时就工作进度与方法、重点问题的把握等进行交流，取得理解和共识。我们要按照习近平总书记6月23日主持召开深度贫困地区脱贫攻坚座谈会上发表的重要讲话精神，不断深化认识，努力实现脱贫攻坚民主监督的正确性和有效性。并且要在力所能及的范围内优先考虑对湖南开展进一步帮扶工作，希望东部脱贫压力相对较轻的省份主动为湖南脱贫出力。民进要以脱贫攻坚民主监督的新效果，为多党合作事业发展做出新贡献。

另一个问题是要着重强调换届纪律。近期，中央统战部将中共中央关于湖南衡阳破坏选举案，四川南充、辽宁拉票贿选案查处情况及其教训警示的通报三份文件发至各党派中央，要求从全面从严治党和全面依法治国的高度，以破坏选举案、拉票贿选案为反面教材，以对党、对国家、对人民、对历史高度负责的精神做好党派中央的换届工作。以上拉票贿选案，虽然发生在人大换届和中共党委换届中，但对于民主党派同样具有警示作用。希望各位常委、各位省级组织主委以高度的政治责任感，从自己做起，带头营造风清气正的换届环境。要贯彻民主集中制，在人选问题上实行集体领导、民主决策，在民主程序的阶段，充分交流沟通，发表意见，一旦组织决定，个人要服从组织，严格执行。要做好广大会员的思想政治工作。要加强换届政策和制度规定的专题学习，加强换届程序和纪律的学习宣传，确保政策的严肃性、选举的公正性和人选的群众基础。会中央和省级组织监督委员会要切实发挥监督作用，组织部作为换届工作的具体负责部门，在中央换届工作中责任更加重大，要严格按照我会章程、组织制度和换届政策的要求，规范和完善各项工作程序，严格组织纪律，确保程序不出差错。

本次常委会通过了会中央换届工作的《意见》，各省级组织要按照《意见》精神，抓紧开展相关工作。当前，对换届工作的政治性、政策性、程序性、时间性要求比过去任何时候都更加严格，各省级组织要和会中央积极配合，加强沟通，统一思想，提高认识，共同努力，确保本次换届圆满成功。

总之，希望各地结合实际情况，努力做好下半年工作，新一届省级组织要在工作开好局的同时，按照会中央的要求，以优异的工作业绩迎接中共十九大和民进十二大的胜利召开。

以党为师，不辱使命

——在民进十三届二十次中常会闭幕式上的讲话

严隽琪

（2017 年 10 月 23 日）

各位常委、各位同志：

在大家的共同努力下，本次中常会顺利完成了各项预定议程，就要闭幕了。会议交流了学习习近平同志在中共十九大上所作报告的体会，以及在民进五年工作的体会；听取了民进十二大筹备情况报告，以及民进中央 2017 年度两项重点工作：大调研和脱贫攻坚民主监督工作情况报告；并以书面形式报告了民进省级组织换届工作情况和民进中央一年来议政建言工作情况。

在会议闭幕前，谈三点意见：

一、深入学习贯彻中共十九大精神

中共十九大是在中国特色社会主义进入新的发展阶段的一次具有里程碑意义的重要会议，大会报告绘蓝图、定基调、明路径、立大纲，对中国特色社会主义伟大实践进行新的理论升华，是中国共产党在新时代坚持和发展中国特色社会主义的政治宣言，是中国实现两个百年目标的战略布局和行动纲领。学习贯彻中共十九大精神就是要深化对中共十八大以来党和国家事业发生的历史性变革的认识，对习近平新时代中国特色社会主义思想的认识，对中国特色社会主义进入了新时代但仍处于社会主义初级阶段这一最大国情的认识，对“两个一百年”奋斗目标的认识，以及对推进党的建设新的伟大工程的认识，从而正确把握民进作为中国特色社会主义参政党的历史定位、政治定位和履职着力点的定位。

中国特色社会主义是改革开放以来党的全部理论和实践的主题。中共十九大提出一个重大论断，就是“我国发展站到了新的历史起点上，中国特色社会主义进入了新的发展阶段”。社会主义在中国的活跃和兴旺、成功和胜利，是在中华民族从站起来、富起来到强起来的历史进程中实现的，是在不断顺应人民新期待、开辟发展新境界的历史进程中实现的，也是在国际竞争、国际比较中被世界瞩目和认识的。中国特色社会主义道路已经深深融入了中国共产党领导中国人民团结奋斗的伟大实践中，深刻改变着中华民族的整体面貌，改变着社会主义中国的整体面貌。在新的发展阶段，中国共产党对于举什么旗、走什么路、以什么样的精神状态、担负什么样的历史使命、实现什么样的奋斗目标，已经给出了明确的宣誓。坚定不移地坚持和发展中国特色社会主义，已经成为当代中国发展进步的根本方向，也成为参政党共同的愿望、担当与使命。

中共十九大对中国国情和发展阶段、对我国社会主义初级阶段的特点有精辟的论述，这将是谋划和推进党和国家各项工作的基础依据。当前，中国共产党领导的中国特色社会主义事业发展的广度、深度已经远远超出西方国家发展的历史经验，也远远超出马克思主义经典作家关于社会主义的最初设想，拓展了发展中国家走向现代化的途径。与此同时，世界格局正处于“二战”以来最深刻的变化之中，不确定和不稳定因素很多，中国的世界角色也处于从未有过的变化之中，世界对中国的眼光既有更高期待又有前所未有的复杂性。中国经历了近40年改革开放和经济高速增长，进入了经济新常态，经济发展正处于从“速度为王”向更重视质量和效益的转变、从“规模为王”向更重视结构优化的转变、从追赶型向创新领跑型的转变的关键时刻。我国虽然就总量而言已成为世界第二大经济体，但发展短板仍然不少，摆脱了贫困的中国人民对美好生活的追求呈现出前所未有的更高、更多样、更全面的特点。推进伟大的事业仍在路上，我们要使制度架构更加完善，物质基础更加坚实，文化进步更加润泽，需要大家秉承科学的发展理念，同心奋进、久久为功。

中共十九大对决胜第一个百年目标做出了新部署，为实现第二个百年奋斗目标发出了动员令，这是创造更美好未来的行动指南。大会报告特别强调要增强理论自信和战略定力，善于在重要历史关头坚定信心、凝聚力量，正是中国共产党领导推进伟大事业发展的重要经验。执政党要领导人民在社会深刻变革中坚持正确方向，在纷繁复杂形势下保持清醒头脑，在大是大非面前站稳立场，在艰难险阻中实现伟大目标，必须统一思想。首先是具有近9千万党员的执政党内需要统一思想，才能始终成为伟大事业的核心力量；其次是同盟者，包括我们各民主党派需要统一思想，才能不忘合作初心，继续与党携手前进；最后是全国人民需要统一思想，才能形成齐心合力的大和谐局面；还要使世界上理解支持中国特色社会主义事业的朋友多多益善。这就像一个多层的同心圆，执政党是核心圆，而中共十九大就是在核心圆的中心树起了标杆，手持标杆的旗手就是习近平同志，他引领万众一心、破浪前行。

作为中国特色社会主义参政党，学习贯彻中共十九大精神，是当前和今后一个时期民进的首要政治任务。我们处于中国共产党领导的多党合作的政治格局中，要切实树立“四个自信”，增强“四个意识”，更加自觉地在思想上政治上行动上同以习近平同志为核心的中共中央保持高度一致，民进有责任在贯彻落实中共十九大精神中做参与者、促进者、维护者。本次中常会审议并原则通过了会中央关于学习贯彻中共十九大精神的决定，希望全会各级组织认真落实，各位常委要带头学习、思考、研究和宣传中共十九大精神的丰富内涵、精神实质和基本要求，不断加深对中国特色社会主义本质的理解，加强全会“三个认同”。将学习与实践紧密结合，以身作则，在会内大兴学习之风，鼓舞广大会员为坚持和发展中国特色社会主义伟大事业做出更大贡献。

二、继续推进中国特色社会主义参政党建设

一是要牢牢把握中国特色社会主义主题，进一步凝聚思想政治共识。中国特色社会主义道路是实现我国社会主义现代化的必由之路，是实现人民美好生活的必由之路，也

是中国共产党同各民主党派在长期合作实践中共同开辟的伟大道路。要充分认识到，党和国家事业取得的历史成就离不开中国共产党的坚强领导，维护习近平同志的核心地位是伟大事业的需要。4 年来，会中央坚持把学习实践活动作为贯穿各项工作的主线，各级组织、广大干部和会员积极响应会中央号召，紧密结合工作实际，不断强化主线意识，丰富学习内涵，创新实践形式，这项活动进展有序，取得了积极成效。参政党推进政治交接、加强思想建设永远在路上。全会要认真总结四年来学习实践活动取得的成绩和经验，将学习贯彻中共十九大精神与学习实践活动和“不忘合作初心，继续携手前进”专题教育紧密结合起来，只有进一步提高各级组织和广大会员的政治素质，不断深化政治交接的时代内涵，凝聚更加广泛和牢固的政治共识，才能为保证中国特色社会主义参政党的进步性和团结性奠定坚实的思想基础。

二是要紧密围绕决胜全面小康实现中国梦的奋斗目标，切实履行好职能，在履职实践中提升能力。有为才有位，“立会为公”要以业绩来表明。中共中央提出的第一个百年目标要实现 13 亿多中国人民共同迈入全面小康社会，是一项有着重大而深远影响的历史任务。我会要认真总结多年来履职的经验做法，进一步增强与中国共产党团结合作的责任感和使命感，进一步提高服务社会主义现代化建设的自觉性和实效性，认识并顺应形势，进一步完善及加强集智聚力的制度，用好多党合作的各种工作方式及协商平台。

当前深化供给侧结构性改革、精准脱贫、防范化解重大风险等攻坚任务十分紧迫，民进应该有所作为，也正在努力。脱贫攻坚民主监督是中共中央委托的一项重大任务，我们还缺乏经验，但会中央高度重视、把握定位、集聚资源、积极行动，已取得阶段性成效和一些宝贵的工作经验。会中央决定近期召开此项工作的研训班，请各省组织都参加，互相学习交流，边工作、边总结、边提升认识和能力，要为中国打赢脱贫攻坚持久战做出更大贡献。其他的各项履职工作也在无滞无懈地推进中。

三是要深入学习执政党与时俱进的理论品格和全面从严治党的决心勇气，从理论到实践全面加强自身建设。中共十八大以来，以习近平同志为核心的中共中央以高度的理论自觉，针对时代和实践发展中的问题，不断进行理论思考、理论概括；针对人民群众反映最强烈、对党的执政基础威胁最大的突出问题，全面推进从严治党，其力度前所未有，赢得了人民群众衷心的拥护。执政党建设与参政党建设必然是相互促进的关系，十九大报告提出“五加一”推进党建，即政治建设、思想建设、组织建设、作风建设、纪律建设和贯穿其中的制度建设，这为民进的党派建设树立了榜样。理论研究不是“囿于书斋里的学问”，全会要始终突出问题导向，坚持理论与实践的紧密结合，深入研究多党合作事业发展过程中民进自身发展和建设的规律，使我们弥足珍贵的实践经验上升为系统的理论思维。要以中共十九大和民进十二大召开为契机，抓好政治思想教育这个根本，抓好正风肃纪这个关键，抓好选人用人这个导向，加强领导班子建设，不断提升“五种能力”，扎实地将参政党建设水平提升到新高度。

三、以高度的政治责任感开好民进十二大

再过一个多月，民进将召开第十二次全国代表大会。十二大的主要任务是学习贯彻中共十九大精神，总结民进十一大以来的 5 年工作情况和十大以来的 10 年经验体会，对

今后一个时期的工作提出建议，修改会章，选举产生第十四届中央委员会。

确保十二大顺利召开，圆满完成会中央换届，是我会学习贯彻中共十九大精神的实际行动和具体体现。我们要看到开好十二大的有利条件。第一，中共十九大的胜利召开，我会将兴起学习贯彻中共十九大精神的高潮，这是开好十二大的良好氛围；第二，我会近年来深入开展学习实践活动，为十二大的召开奠定了政治思想基础；第三，各省级组织基本完成换届以及后备干部队伍建设的成果，为十二大的召开奠定了组织基础。

在迎接十二大召开时，希望中央和各省级组织时刻关注舆情，关注网站、微信公众号、微信群、QQ 群等新媒体，以及社会影响大又思想活跃的会员，保持同他们线上线下的联系，如果有需要关注的，哪怕是倾向性、苗头性问题，也应及时同会中央和当地省委统战部联系，主动并稳妥地进行处理，确保我会十二大的顺利召开。

各位常委、各位同志，这是本届倒数第二次中常会了，也是最后一次有实质性思想交流的中常会了，因为下一次中常会主要是程序性的。昨天和今天，发言的同志们都饱含感情，对本届会中央工作给予了高度肯定，对下届会中央工作提出了殷切的期望。我听了大家的发言，很感动也很感慨。时间过得真快，我和大家在民进中央一起工作了十年。十年时光，在民进的历史上仅仅是一个篇章而已，但对我而言却是一段十分难忘的人生岁月和职业经历，在此衷心感谢各位常委对我和我们主席班子的理解和宝贵的支持，也感谢会中央和各省级机关的同志们，这中间既有在座的同志，有的是十年来与我不离不弃并肩战斗的，也有在这十年中陆续退休而不在座的老同志，他们帮助我融入民进中央这个集体，适应北京的新生活和新岗位，尽管他们已经退休了，但我对他们铭记在心。我在昨天主席班子成员的民主生活会上说，回想这十年，我不敢懈怠，但欲寡其过而未能也，现在想来，有不到之处也只能表示惭愧和遗憾了，留待下届做得更好。这十年来，两副担子时刻不能忘怀：一要凝聚政治共识，画好同心圆；二要建诤言、献良策，提出的意见建议要经得起历史的考验，要为中国的进程发挥正能量。

现在面临交接，政治交接将是一个长期持续而且常做常新的过程，任何伟大的事业都要一代接一代地干，要秉承着“成功不必在我”的理念，民进的事业只有进行时，没有完成时，我们的使命光荣、任重道远。民进的事业需要民进一代代人不忘初心、弘扬传统、坚定信念、接续奋斗。相信只要我们是诚心团结的，是努力工作的，特别是中央常委们，在民进内部已经身居高位，能够坚持以身作则，常怀敬畏之心，保持上进之心，不忘为公之心，就一定可以带领全会不断取得新成绩，开创新局面。

民进中央关于学习贯彻十二届全国人大五次会议和全国政协十二届五次会议精神的通知

民进各省、自治区、直辖市委员会：

十二届全国人大五次会议和全国政协十二届五次会议是在“十三五”实现良好开局、全面建成小康社会进入决胜阶段召开的重要会议。会议全面贯彻中共十八大和十八届三中、四中、五中、六中全会精神，深入学习贯彻习近平总书记系列重要讲话精神和治国理政新理念新思想新战略，聚焦深化改革关键问题，集民智、凝民心、聚民力，是一次民主团结、求实奋进、鼓舞人心的盛会。民进中央赞成和拥护两会通过的各项决议和决定。

2017年是实施“十三五”规划的重要一年、推进供给侧结构性改革的深化之年，中国共产党将召开第十九次全国代表大会，中国民主促进会将召开第十二次全国代表大会。学习贯彻两会精神，对于民进全会统一思想、凝聚共识，扎实开展全年工作具有重要意义。全会各级组织要高度重视、精心组织，深入学习习近平总书记在民进、农工党、九三学社委员联组会上的重要讲话，做好学习贯彻两会精神的各项工作。

一、把握两会精神实质，积极为中共十九大召开营造良好氛围

中共十八大以来，在以习近平同志为核心的中共中央坚强领导下，全党全国各族人民团结奋斗，坚持稳中求进工作总基调，沉着应对国内外复杂环境，开创了中国特色社会主义事业蓬勃发展的崭新局面。民进各级组织要深入学习贯彻两会精神，切实增强政治意识、大局意识、核心意识、看齐意识，增强同以习近平同志为核心的中共中央保持高度一致的自觉性，坚定中国特色社会主义道路、理论、制度和文化自信，巩固全会的道路、目标、价值认同，引导广大会员自觉做践行社会主义核心价值观的模范，积极投身创新发展实践。要把思想和行动统一到中共中央对形势的分析判断上来，把智慧和力量凝聚到中共中央的决策部署上来，凝聚起推进改革发展的正能量，积极为中共十九大召开营造良好氛围。

二、围绕两会提出的目标和任务，切实履行参政党职能

两会强调坚持统筹推进“五位一体”总体布局和协调推进“四个全面”战略布局，牢固树立和贯彻落实新发展理念，适应把握引领经济发展新常态，提出了今年工作的总体要求，明确了经济社会发展的目标任务。民进各级组织要紧密围绕两会提出的目标和任务，牢牢把握围绕“十三五”规划实施建言献策的工作主线，就贯彻落实新发展理念、经济社会发展、全面深化改革、推动创新创造等重大问题，围绕中共中央高度重视、社会各界普遍关注、基层群众最为关切的难点问题，深入调查研究，提出真知灼见。要围绕中共中央重大方针政策和重要决策部署的贯彻落实情况，聚焦脱贫攻坚重大部署开展民主监督，强化问题导向，进一步增强民主监督实效，不断提高参加政治协商的能力和水平。

三、开展“不忘合作初心，继续携手前进”专题教育，不断深化政治交接

今年是民主党派实现新老交替、政治交接的关键之年，以专题教育为重要载体，引导广大会员深入学习民进与中国共产党团结合作的历史传统，深刻认识坚持中国共产党领导的历史必然，为中国特色社会主义事业凝心聚力，是今年工作的重要任务。民进各级组织要把坚持和发展中国特色社会主义作为巩固共同思想政治基础的主轴，把学习贯彻两会精神和深化学习实践活动紧密结合起来，推动学习实践活动不断取得新实效。要继承弘扬民进优良传统和老一辈领导人的崇高风范，将政治交接贯穿换届工作的全过程，进一步提高组织建设科学化水平，为建设中国特色社会主义参政党夯实组织基础。

民进中央号召全会各级组织和广大会员，更加紧密地团结在以习近平同志为核心的中共中央周围，高举中国特色社会主义伟大旗帜，不忘合作初心，继续携手前进，以自身建设和履行职能的优异成绩，迎接中国共产党第十九次全国代表大会和中国民主促进会第十二次全国代表大会的胜利召开！

中国民主促进会中央委员会

2017年3月15日

民进中央关于学习贯彻中国共产党第十九次全国代表大会精神的决定

中国共产党第十九次全国代表大会，是在全面建成小康社会决胜阶段、中国特色社会主义进入新时代的关键时期召开的一次十分重要的大会。大会不忘初心、牢记使命，对于高举中国特色社会主义伟大旗帜，决胜全面建成小康社会，夺取新时代中国特色社会主义伟大胜利，实现中华民族伟大复兴的中国梦具有重大意义。

大会回顾和总结了过去五年的工作和历史性变革，做出了中国特色社会主义进入了新时代、我国社会主要矛盾已经转化为人民日益增长的美好生活需要和不平衡不充分的发展之间的矛盾等重大政治论断，深刻阐述了新时代中国共产党的历史使命，确立了习近平新时代中国特色社会主义思想的历史地位，提出了新时代坚持和发展中国特色社会主义的基本方略，确定了决胜全面建成小康社会、开启全面建设社会主义现代化国家新征程的目标，对新时代推进中国特色社会主义伟大事业和党的建设新的伟大工程做出了全面部署。

深入学习贯彻中共十九大精神，是中国民主促进会当前和今后一个时期的重要政治任务。民进各级组织要把学习贯彻中共十九大精神与深化政治交接、积极履行职能、加强自身建设结合起来，高度重视、精心部署、抓好落实。

一、高举中国特色社会主义伟大旗帜，牢牢把握中国特色社会主义主题，把思想和行动统一到中共十九大精神上来

中国特色社会主义是改革开放以来中国共产党的全部理论和实践的主题，是中国共产党和中国人民历尽千辛万苦、付出巨大代价取得的根本成就。中共十八大以来，以习近平同志为核心的中共中央，科学把握当今世界和当代中国发展大势，以巨大的政治勇气和强烈的责任担当，举旗定向、谋篇布局，迎难而上、开拓进取，统筹推进“五位一体”总体布局，协调推进“四个全面”战略布局，推动中国特色社会主义事业取得重大成就。站在新的历史起点上，民进全会要把思想和行动统一到中共十九大精神上来，不断增强政治意识、大局意识、核心意识、看齐意识，增强接受中国共产党领导的自觉性和坚定性，增强中国特色社会主义道路自信、理论自信、制度自信和文化自信，以更加

坚定的主题意识，积极投身中国特色社会主义伟大实践，为把我国建设成为富强民主文明和谐美丽的社会主义现代化国家凝心聚力。

二、深刻领会习近平新时代中国特色社会主义思想的精神实质和丰富内涵，紧密围绕决胜全面小康、实现中国梦的奋斗目标，切实履行参政党职能

习近平新时代中国特色社会主义思想，是中国特色社会主义理论体系的重要组成部分，是实现中华民族伟大复兴的行动指南。在治国理政新的实践中，以习近平同志为核心的中共中央紧密结合新的时代条件和实践要求，以全新的视野深化对共产党执政规律、社会主义建设规律、人类社会发展规律的认识，进行艰辛理论探索，取得重大理论创新成果，形成了习近平新时代中国特色社会主义思想，开辟了当代中国马克思主义发展新境界。民进全会要深刻领会习近平新时代中国特色社会主义思想的精神实质和丰富内涵，适应经济发展新常态，贯彻落实新发展理念，紧密围绕决胜全面小康、实现中国梦的奋斗目标，切实履行参政党职能，要正确认识我国社会主要矛盾的变化和社会发展的阶段性特征，准确把握改革发展稳定中出现的困难和问题，围绕国家重大战略部署，突出抓重点、补短板、强弱项，深入调查研究，提出真知灼见；发挥民进界别优势，在教育文化出版领域发挥更大作用，为推动经济社会持续健康发展贡献智慧和力量。

三、学习借鉴执政党全面从严治党的决心、勇气和经验，以深化政治交接为主线，全面加强参政党自身建设

中国共产党是中国特色社会主义事业的领导核心，管党治党不仅关系党的前途命运，而且关系国家和民族的前途命运。以习近平同志为核心的中共中央坚定不移推进全面从严治党，着力解决人民群众反映最强烈、对党的执政基础威胁最大的突出问题，形成并巩固反腐败斗争压倒性态势，党内政治生活气象更新，党内政治生态明显好转，党的执政基础和群众基础更加巩固，党的创造力、凝聚力、战斗力显著增强。民进全会要学习借鉴执政党全面从严治党的决心、勇气和经验，按照中国特色社会主义参政党的要求，自觉与中共中央在政治立场、政治方向、政治原则、政治道路上保持高度一致，以民进十二大召开为契机，以深化政治交接为主线，进一步加强思想、组织、制度特别是领导班子建设，提高政治把握能力、参政议政能力、组织领导能力、合作共事能力、解决自身问题能力，提高自身建设科学化水平，切实承担起中国特色社会主义参政党的历史使命和时代担当。

民进中央号召各级组织和广大会员，更加紧密地团结在以习近平同志为核心的中共中央周围，高举中国特色社会主义伟大旗帜，以马克思列宁主义、毛泽东思想、邓小平理论、“三个代表”重要思想、科学发展观、习近平新时代中国特色社会主义思想为指导，在中共十九大精神的指引下，不忘合作初心，继续携手前进，为决胜全面建成小康社会，实现社会主义现代化和中华民族伟大复兴不懈奋斗！

中国民主促进会中央委员会
2017 年 10 月 27 日

民进中央 2017 年工作要点

为了贯彻落实民进十一大和十三届五中全会部署的各项任务，提出民进中央 2017 年工作要点如下：

一、开展“不忘合作初心，继续携手前进”专题教育，巩固全会思想政治共识

1. 加强政治理论学习。学习贯彻中共十八大和十八届三中、四中、五中、六中全会精神、习近平总书记系列重要讲话精神。领导班子成员和中心学习组带头学习，撰写署名文章和学习体会，结合会议、培训、调研、授课等多种形式，指导推动全会政治理论学习。

2. 深入开展学习实践活动。将开展“不忘合作初心，继续携手前进”专题教育，作为坚持和发展中国特色社会主义学习实践活动的重要内容。扎实推进学习实践活动新一批联系点工作，支持和鼓励各级组织开展“我身边的先进”宣讲活动。9 月召开“民进学习实践活动总结表彰会”。

3. 推进理论和会史研究工作。通过开展课题招标、举办研讨会等形式，围绕民主监督、会内监督等课题开展应用理论研究。完成《民进简史 1945—2007》编写工作，加强对民进优良传统、人物资料的挖掘整理，编辑《口述会史资料集》。8 月召开“民进全国理论研究和会史工作会议”。

4. 积极发好民进声音。加强与主流媒体的深度合作，围绕中心工作和年度重点工作做好宣传报道；加强正面宣传和引导，在意识形态领域积极正面发声；推进网站、新闻客户端、微信公众号和《民主》杂志等宣传平台建设，加大推广力度，提升影响力。

二、以换届工作为重点，提高组织建设的科学化水平

5. 做好中央和省级组织换届。严明政治纪律和政治规矩，明确换届政策，规范工作流程，加强对省级组织换届工作的联系与指导。2 月召开“民进省级组织专职副主委工作会议”，7 月举办“民进全国秘书长工作研讨班”，12 月召开民进第十二次全国代表大会，完成中央换届。

6. 推进会内监督。重点监督换届工作程序和换届纪律，营造风清气正的换届环境；对会中央机关相关工作进行监督；进一步探索和总结会内监督机制。3 月召开“民进全国会内监督工作研讨会”。

7. 加强代表人士队伍建设。及时对换届后新任领导班子成员进行培训，8 月举办“民进新任省级组织副主委学习研讨班”；继续召开小范围、高层次座谈会，重点关注高校和科研机构会员、新阶层和非公经济会员以及青年会员等群体；增强会员发展的针对性和规划性；加大会员推荐力度，帮助会员拓展履职平台。

8. 增强基层组织活力。坚持领导班子成员下基层制度，加强对基层组织的帮助和指导；鼓励和支持基层组织开展“我为机关建设建一言”活动；全面总结近年来基层组织建设的成果和经验，9 月召开“民进全国基层组织建设经验交流会”。

三、巩固参政议政主题年成果，持续提升履职能力和水平

9. 做好政党协商。围绕中心、服务大局，努力做好党外人士座谈会发言工作；开展年度重点考察调研，向中共中央、国务院报送建议书；关注经济社会发展中的重大问题，在深入调研的基础上，形成并报送建议。

10. 参与政协协商。针对重要领域和关键环节的改革发展，向全国政协十二届五次会议报送党派发言和提案；做好全国政协常委会、专题协商会、双周协商座谈会等会议的发言，参与主办关于学前教育的双周协商座谈会；报送社情民意信息。

11. 进行民主监督。继续推进脱贫攻坚民主监督工作，围绕扶贫资金项目管理使用情况等开展监督性调研，提出意见建议；进一步围绕党风廉政建设、司法体制改革等，积极履行民主监督职能，切实承担起时代赋予的新使命、新要求。

12. 完善工作机制。加强集智聚力，推进中央和地方联动、会内会外互动，发挥好参政议政平台作用。8 月召开“民进中央参政议政年会”，9 月举办“中国教师发展论坛”，12 月召开“基础教育改革座谈会”，开好贯穿全年的议政建言专题会和务虚会。

四、参与精准扶贫，增强社会服务工作实效

13. 参与精准扶贫工作。助力贵州省黔西南州安龙县精准脱贫，组织助学助教及智力支持考察活动，鼓励引导会员参与扶贫点教育扶贫、产业扶贫、易地移民搬迁和劳动输出脱贫等重点工作。1 月召开“省级组织社会服务工作视频会议”。

14. 深化“同心・彩虹行动”。协同开展贵州省毕节市金沙县“同心助学”和西部地区校长教师、医卫人员培训；编辑出版《彩虹十年》，回顾 10 年来“同心・彩虹行动”的主要工作和重要成果。6 月举办“新疆校长培训班”，7 月举办“音乐教师暑期培训班”，8 月举办“美术教师暑期培训班”。

15. 推进工作平台建设。完善基金会专项基金管理办法；组织开展地方画院之间书画交流及美育进校园活动，筹建开明画院采风创作基地。1 月举办“春联万家”活动，9 月召开“民进企业家联谊会联席会议”、举办“民进企业家培训班”，12 月举办“民进中央开明画院二届理事作品展”，完成开明画院理事会换届。

五、做好海外联谊工作，服务祖国和平统一大业

16. 发挥民进界别特色开展两岸四地教育文化交流。5 月召开“海峡两岸中华传统文化与现代化研讨会”，7 月举办海峡两岸暨港澳地区基础教育交流活动，以文化和教育交流为纽带增进台湾、香港和澳门同胞对祖国大陆的了解和对“一个中国”的认同。

17. 加强同台湾有关社会组织和民间团体的交流交往。做好台湾民意代表团、台湾大学生中华文化研习营等来访团体的接待工作，继续探索改进推动两岸青年交流的方式，提升交流内涵，增进互信与共识。

18. 将海外联谊与参政议政相结合。举办小范围高层次对台工作务虚会，逐步联系和建立一支会内外涉台专家队伍，更好地为推动两岸关系和平发展建言献策，为中共中央决策和相关部门完善措施提供参考。

六、以机关建设为年度工作主题，切实改进工作作风

19. 改进工作作风。认真贯彻“八项规定”要求，完善机关各项规章制度，按制度办事，倡导干部树立大局观、责任感，强化服务大局、服务会员、服务基层的服务意识，进一步提高工作效率，确保完成换届任务，检验作风建设成效。

20. 加强能力建设。利用开明论坛、周学习日、在线学习等平台，引导督促机关干部加强学习；继续开展轮岗交流、挂职锻炼工作，完善干部选拔任用机制，激发干部队伍活力。2 月召开“民进中央机关部门工作研讨会”，5 月召开“民进中央机关处长工作研讨会”，8 月举办“民进省级、副省级及省会城市组织办公室主任培训班”。

21. 提升工作效能。做好代表大会、中央全会、中常会议、主席（办公）会议等各类重要会议活动的筹备组织工作。做好信息化系统的优化升级和技术维护，完善对云视频会议系统的使用。增进人文关怀，努力解决干部工作生活中的实际困难，形成心齐、气顺、风正、劲足的和谐局面。

22. 召开全国工作会议。4 月召开“民进全国机关建设工作会议”，以加强作风建设为重点，总结民进十一大以来的实践与经验，研究新形势下开展机关建设工作的内在规律，表彰先进，部署工作。面向全会机关专职干部开展“我与民进共成长”主题征文活动。

中国农工民主党

不忘合作初心　继续携手前进　为决胜全面建成小康社会夺取新时代中国特色社会主义伟大胜利不懈奋斗

——在中国农工民主党第十六次全国代表大会上的报告

陈　竺

（2017 年 11 月 27 日）

同志们：

现在，我代表中国农工民主党第十五届中央委员会向大会作报告，请予审议。

举世瞩目的中国共产党第十九次全国代表大会，是一次举旗定向、引领复兴、开辟时代的大会。大会确立了习近平新时代中国特色社会主义思想的历史地位，做出了中国特色社会主义进入了新时代、我国社会主要矛盾已经转化为人民日益增长的美好生活需要和不平衡不充分的发展之间的矛盾等重大政治论断，开启了中国共产党团结带领全国各族人民全面建设社会主义现代化国家新征程。中共十九大取得的各项成果，凝聚了中国共产党全党的智慧，表达了全国人民的心声，我党由衷钦佩、衷心拥护！

中国农工民主党第十六次全国代表大会，是在全国上下认真学习贯彻中国共产党第十九次全国代表大会精神、全面建成小康社会决胜阶段、中国特色社会主义进入新时代的关键时期召开的一次十分重要的会议。

大会的主题是：不忘合作初心，继续携手前进，以习近平新时代中国特色社会主义思想为指导，高举中国特色社会主义伟大旗帜，认真学习贯彻中共十九大精神，深化政治交接，努力推进适应新时代要求的高素质中国特色社会主义参政党建设，为决胜全面建成小康社会、夺取新时代中国特色社会主义伟大胜利、实现中华民族伟大复兴的中国梦、实现人民对美好生活的向往做出新的更大贡献。

一、过去五年的工作

过去五年，我党和全国各族人民一道，经历了国家发展进程中极不平凡的五年。以习近平同志为核心的中共中央，科学把握当今世界和当代中国发展大势，顺应实践要求和人民愿望，以巨大的政治勇气和强烈的责任担当，统揽伟大斗争、伟大工程、伟大事业、伟大梦想，统筹推进“五位一体”总体布局，协调推进“四个全面”战略布局，提出一系列新理念新思想新战略，出台一系列重大方针政策，推出一系列重大举措，推进一系列重大工作，解决了许多长期想解决而没有解决的难题，办成了许多过去想办而没有办成的大事，推动国家各项事业发生历史性变革，改革开放和社会主义现代化取得历史性成就。我们满怀豪情地进入了中国特色社会主义新时代！

过去五年，我党作为爱国统一战线的组成部分，感受了统一战线和中国共产党领导的多党合作事业取得的重大进展。以习近平同志为核心的中共中央把统战工作摆在治国理政的重要位置，不断推进统一战线和多党合作重大理论和实践创新，召开中共中央统战工作会议等一系列重要会议，颁布《关于加强社会主义协商民主建设的意见》《中国共产党统一战线工作条例（试行）》《关于加强政党协商的实施意见》等一系列重要文件，明确民主党派是中国特色社会主义参政党，明确民主党派参加中国共产党领导的政治协商基本职能，推动社会主义协商民主广泛多层制度化发展，为我党各项工作的开展指明了方向。

过去五年，是我党开拓创新奋发有为的五年。中共十八大结束后一个月，中共中央总书记习近平同志走访我党中央，对我党八十多年来爱国革命的光荣历史给予高度评价，对更好履行参政党职能提出殷切期望，我们深受鼓舞、备感振奋，深感责任重大。在中共中央坚强领导下，我党高举中国特色社会主义伟大旗帜，坚定不移走中国特色社会主义政治发展道路，深入开展坚持和发展中国特色社会主义学习实践活动（以下简称学习实践活动），进一步增强中国特色社会主义道路自信、理论自信、制度自信、文化自信，牢固树立政治意识、大局意识、核心意识、看齐意识，紧密围绕“两个一百年”奋斗目标，围绕统筹推进“五位一体”总体布局、协调推进“四个全面”战略布局，贯彻落实新发展理念，聚焦积极推进健康中国和美丽中国建设两条工作主线，切实履行参政党职能，全面加强自身建设，开创了我党工作新局面。

（一）深入开展学习实践活动，共同思想政治基础不断夯实

全党牢牢把握思想建设这个核心，以深化政治交接、增进政治共识为引领，深入开展学习实践活动，多党合作共同思想政治基础不断巩固，中国特色社会主义事业亲历者、实践者、维护者、捍卫者的政治责任进一步增强。

主题教育成果显著。中央和各级组织把学习实践活动作为贯穿自身建设和履职尽责全过程的一项重要政治任务来抓，成立由主要领导担任组长的领导小组，切实加强组织领导。中央精心做好顶层设计，制定《学习实践活动 2013—2017 年工作规划》，在全党开展了一系列形式新、内容活、效果好的专题活动，共同理想信念不断增强。以“中国梦・农工情”为专题，在全党开展演讲比赛、巡回演讲、征文竞赛系列活动，29 个省级组织、220 多个市级组织积极参与，产生广泛影响。以“学精神・学党章・学党史”为专题，举办知识竞赛和文艺会演，8 万多名党员参与，产生了学精神增素质、学党章增党性、学党史增责任的良好效果。以“走进基层，贴近党员，培育和践行社会主义核心价

值观”为专题，举办了140多场形式新颖、生动活泼的宣讲活动，3万多名党员积极参与。以“不忘合作初心、继续携手前进”为专题开展学习教育活动，广大党员在重走先辈道路、重温光荣历史中进一步筑牢多党合作信念。中央表彰了学习实践活动的10大优秀成果、120个优秀组织、518个先进集体、630名优秀党员和先进个人，全党凝聚力和向心力显著提升。

学习宣传扎实有效。我党把学习放在重要位置，政治定力不断增强。中央和地方组织召开常委会、理论学习中心组会、研讨会，认真学习贯彻中共十八大和十八届历次中央全会精神，深入学习领会中共十九大精神和习近平新时代中国特色社会主义思想，学习贯彻中共中央统战工作会议精神、多党合作的重要理论方针政策，自觉在思想上政治上行动上同以习近平同志为核心的中共中央保持高度一致。坚持正确舆论导向，注重日常宣传和重点宣传相结合。健全与新闻媒体的沟通协作机制，不断拓宽社会宣传渠道，人民日报、新华社、中央电视台等中央主流媒体发表有关我党的宣传报道3700余篇，社会影响力进一步提升。结合中国共产党成立95周年、中共中央发布“五一口号”65周年、农工党建党85周年，开展多角度立体式宣传，讲好多党合作故事。巩固拓展宣传载体，实现传统媒体和新媒体优势互补。提高《前进论坛》办刊质量，订阅量突破9万份。改版中央网站，使信息呈现方式更加丰富。中央微信公众号关注人数近5万人，地方组织网站、微信公众号等新媒体平台建设成效明显。

理论研究深入开展。中央和省级组织承担中国多党合作制度话语体系构建研究等统一战线高端智库课题，为坚持和完善多党合作制度进行理论探索。中央在省级组织设立的理论研究点增至9个。完善理论研究机制，培养了一支有较强研究能力的骨干队伍，完成《协商民主理论与实践研究》《参政党建设科学化问题研究》《市级机关条件保障情况调研报告》等一批具有较高水平的理论研究成果。中央开展理论征文活动，五年共评出一等奖44篇、二等奖70篇、三等奖140篇。编印《理论研究优秀论文选》和《理论研究参考》。各省级组织的理论研究成果受到有关部门的表彰。

党史工作亮点纷呈。我党把党史研究与历史经验总结相结合，把学习宣传党史与加强思想建设相结合，形成了上下联动机制。在上海、广东、重庆等地建立16处党史教育基地，在开展优良传统教育、坚定理想信念方面发挥了重要作用。特别是取得“一干会址”租用权并建成党史教育基地，圆了几代农工党人的心愿，广大党员积极缴纳特殊党费600余万元支持修缮布展，以实际行动诠释了在党爱党的精神。参与多党合作历史传统记录工程，参加编写《大道——多党合作历史记忆和时代心声》。加强史料挖掘和抢救，收集到一批珍贵党史文物和文献资料。完成《中国农工民主党的历史道路》等多项党史研究成果，制作《中国农工民主党与福建事变》等5部资料片。举办“福建事变”80周年、农工党建党85周年暨邓演达诞辰120周年、卢嘉锡诞辰100周年等重大纪念活动，在重温光荣历史中更好传承弘扬爱国革命优良传统。

（二）切实履行参政党职能，服务经济社会发展贡献突出

我党紧密围绕改革发展稳定大局，积极履行参政议政、民主监督、参加中国共产党领导的政治协商职能，深入调查研究，积极建言献策，充分展示了中国特色社会主义参

政党的重要地位和责任担当。

参政议政成果丰硕。五年来，参政议政工作更加注重前瞻性、系统性、实效性，持续跟踪，深度建言。中央领导带队开展专题调研60多次，在深入调研基础上，报送调研专报42件，获得中共中央、国务院领导重要批示39件，很多意见建议被吸收转化为国家相关规划与政策措施。推动美丽中国建设方面，着眼推进生态文明建设，在综合防治大气、水、土壤污染方面持续发声。其中《关于积极应对区域灰霾污染的有关工作建议》得到习近平、李克强等中共中央领导的重要批示，为国务院出台“大气十条”、实施蓝天保卫战提供了先导支撑；《关于加强涉水体制机制改革，确保我国水安全的建议》得到李克强总理的重要批示；《关于转变立法理念，注重多元共治，加快完善土壤污染防治基本法律制度的建议》得到张德江委员长的重要批示，为《土壤污染防治法》的制定和“十三五”期间土壤污染防治工作做出了贡献；中国生态健康论坛不断创新形式，广泛传播现代生态健康理念，促进生态健康的系统研究。助推健康中国建设方面，围绕卫生事业顶层设计，助力系统破解医改难题，在完善医疗、医保、医药“三医联动”工作机制，建立新型医保管理体制，保障药品供应、满足群众合理用药需求等方面持续建言献策，深度参与和助推《“健康中国2030”规划纲要》制定实施，为医药卫生事业改革发展，提高人民健康水平做出积极贡献。其中《关于动员社会力量促进健康服务业发展的建议》得到李克强总理高度重视，为国务院出台《关于促进健康服务业发展的若干意见》提供了有力支撑；《关于〈基本医疗卫生法〉立法基本原则和重点内容的有关建议》得到张德江委员长的重要批示，为制定我国医疗卫生事业的第一部母法提供了重要参考；《以平潭综合实验区为纽带，积极促进两岸医药合作的建议》得到俞正声主席重要批示；《深化医学教育改革，筑牢“健康中国”人才之基》的建议为国务院出台《关于深化医教协同进一步推进医学教育改革与发展的意见》提供了有益参考。助力实施“一带一路”等国家战略方面，提出打造“一带一路”健康命运共同体的建议，得到中共中央、国务院领导的肯定，积极参与“健康丝绸之路”建设，将我国防治地中海贫血、传染病防控和医改相关经验介绍至沿线国家。围绕推动京津冀协同发展、长江经济带发展、供给侧结构性改革、自贸区建设、革命老区建设等，联合相关省级组织深入调研，所提建议为促进经济社会协调发展发挥了积极作用。

在国家政权和人民政协中发挥作用。全党现有2451名党员担任各级人大代表，其中全国人大代表55名；12510名党员担任各级政协委员，其中全国政协委员85名；多名党员在政府和司法机关担任实职，许多党员受聘担任各级政府参事，他们在各自岗位上依法履行职责，发挥了应有作用。十二届全国政协期间，我党中央在大会、常委会、专题协商会上作发言40余次，数量取得新突破，质量和影响不断提升。以中央名义提交提案213件，其中28件被列为重点提案，6件集体提案、7件个人提案被评为优秀提案。我党中央与全国政协相关专委会联合举办“改进和加强我国卫生援非工作”等4次双周协商座谈会，推动有关部门加强相关工作。向全国政协报送《信息专报》1709件，被采用245件，其中13件得到国务院领导的重要批示。我党中央荣获2012—2013年度、2014—2015年度全国政协反映社情民意信息工作先进集体。各省级组织向省级政协提交提案2600件，提交大会发言1017篇，其中大会口头发言202篇。地方组织社情民意信息工作多次获得中共地方党委、政府、政协的表彰和肯定。

中央和地方组织专委会履行职能，发挥作用。中央制定《专门工作委员会工作条例》，建立相关工作制度和活动细则，成立由387名委员组成的11个专委会。中央各专委会加强同地方组织和政府部门、研究机构的合作，开展各类专题调研56次，向中央报送提案310件、社情民意信息523件。

民主监督有序推进。担任各级特邀（约）检察员、监察员、审计员、教育督导员等职务的党员，积极参加执法检查、视察、行风政风评议等活动，有效发挥了民主监督作用。脱贫攻坚民主监督是我党承担的一项新任务，是履行民主监督职能的新平台。中央高度重视对口云南省脱贫攻坚民主监督工作，注重与政党协商、参政议政、社会服务等工作有机结合，中央主要领导带队深入调研，与中共云南省委深度沟通，与相关部委及中共地方党委、政府协商40余次，协调我党16个省市级组织分别对口云南省16个市（州），建立健全对接机制，形成中央统筹、全党参与的工作格局。坚持问题导向，围绕精准要求，秉承科学循证精神，深入44个贫困县调研，找准制约脱贫的问题，率先建立动态评估体系，形成的监督报告得到中共中央领导的重要批示，有关意见被国务院扶贫开发领导小组考评体系采纳，关于边民脱贫、健康扶贫等多项监督建议转化为国家政策措施。探索出一套从发现问题、提出建议、沟通会商到跟踪整改落实的闭环工作模式，实现民主监督与推动工作的有机统一，得到有关部门的充分肯定。中央对省级组织开展脱贫攻坚民主监督工作给予指导，更好服务国家和地方工作大局，各级组织的履职能力和广大党员的政治信念在监督实践中得到提升。

参加中国共产党领导的政治协商成绩喜人。五年来，我党中央主要领导参加中共中央、国务院组织的高层协商会议20多次，就中共十九大、中共中央全会议题、“十三五”规划、中央经济工作、政府工作报告等，提出了一系列务实管用的政策建议，得到中共中央、国务院领导的高度肯定。我们提出加强基层医疗卫生服务体系和全科医生队伍建设的建议被中共十九大报告采纳，关于改革生态环境监管体制和加强固体废弃物的处理和利用等方面的有关建议也被吸收。我们提出“十三五”期间GDP年增速达到6.5%，即可实现2020年经济总量比2010年翻一番的重要意见，在《中共中央关于制定国民经济和社会发展第十三个五年规划的建议》中得到体现。我们提出将人均期望寿命提高1岁列为“十三五”规划的预期性指标等建议，被国家“十三五”规划纲要吸收采纳。我们提出加大对雾霾成因、成分分析和防治的科技攻关力度等建议，被政府工作报告采纳。我们提出研究启动全面放开二孩政策的建议，在中共十八届五中全会文件中得到体现。我党地方组织负责同志积极参加中共地方党委、政府座谈会，提出了许多有价值的意见建议，有些转化为区域政策后还上升到国家层面。

中央主要领导作为习近平主席特使出席77国集团成立50周年纪念峰会并作主旨发言，出席卢旺达总统就职典礼。中央领导多次陪同参加外国元首和政府首脑来访欢迎仪式，在对外交流中讲好多党合作的“中国故事”。

（三）扎实开展社会服务，助力增进民生福祉卓有成效

五年来，我党以服务社会、改善民生为出发点和落脚点，聚焦精准扶贫精准脱贫，

积极开展社会服务，为增进民生福祉做出了应有贡献。

助力精准扶贫精准脱贫有新作为。按照脱贫攻坚工作要求，制定“十三五”期间全党参与精准扶贫精准脱贫工作指导意见，把健康扶贫作为重点领域。中央带领30个省级组织开展因病致贫因病返贫情况调查，形成的《关于在精准扶贫中着重发挥健康扶贫作用的建议》得到中共中央、国务院领导重要批示。中央积极整合党内外资源，在延安、渭南、宁德、黔西南、武陵山区等革命老区、民族地区、连片特困地区捐建村卫生室，培训医疗卫生人员，健康扶贫成效初显。各省级组织充分发挥优势，认真做好本地定点帮扶，为脱贫攻坚献计出力。各级组织和广大党员积极参加救灾济困，为灾区捐款捐物价值1亿多元，圆满完成芦山地震援建等项目。

参与毕节试验区建设有新成效。围绕试验区建设“开发扶贫、生态建设、人口控制”三大主题，中央领导赴毕节调研考察10多次，帮助试验区制定整体脱贫规划，在健康、生态、产业、教育等方面开展综合帮扶。以大方县基层卫生人才培养和能力提升为重点，深化“同心助医工程”，帮助推进“县乡村卫生一体化”软硬件建设，形成较为成熟的县域健康扶贫经验。发挥人才智力优势，协助大方县治理石漠化，推进农村环境治理，促进人口均衡发展，帮助编制中药产业发展规划，建设食品药品产业园和猕猴桃特色产业基地，援建同心农工中等职业技术学校，培训基层干部和教师，增强发展内生动力。召开东部十省（市）组织支持毕节试验区大方县精准扶贫座谈会，动员我党十多个省级组织参与大方县精准扶贫，实施帮扶项目60个，落实帮扶资金1122万元。五年间，大方县贫困人口由18万余人减少至11万余人。

开展品牌活动有新亮点。中央创立并举办三届中医科学大会和首届健康中原高峰论坛，搭建推动中医药振兴、促进中西医融合、推进健康中国建设的新平台。设立同心全科医生特岗人才基金，在毕节、百色、河池、宁德等地实施同心全科医生特岗人才计划，为加强基层医疗卫生服务体系建设进行了有益探索。实施同心圆工程，帮助广东、湖南、湖北、安徽、重庆、云南、西藏、甘肃等地建设村卫生室92个，培训村医1.3万人次，受到中共地方党委、政府和群众的好评。参与开展杏林春雨行动，对小儿脑瘫和癫痫病患者进行义诊筛查和免费救助。各级组织积极开展“中国环境与健康宣传周”“国际科学与和平周”活动，中央连续多年被“国际科学与和平周”中国组委会授予“特别贡献奖”“突出贡献奖”，我党社会影响进一步扩大。

对台交流有新成果。我党中央稳妥开展对台联络工作，通过互访、举办论坛、联合调研等方式，积极推动两岸交流合作。为促进两岸医药界人士相互交流，搭建健康产业发展研讨会、海峡两岸中医药学术交流论坛等重要平台。“两岸学生走访名医名家交流活动”被有关部门列为对台交流重点项目。中央书画院组织书画家赴台进行文化交流，取得圆满成功。各省级组织和广大党员充分发挥自身优势，在促进行业交流、青年交往、亲情联谊等方面做了大量卓有成效的工作，为推动两岸关系和平发展、促进祖国统一做贡献。

（四）深入实施人才强党战略，组织建设进一步加强

十五届中央领导集体创造性提出人才强党战略，围绕建设中国特色社会主义参政党，不断加强领导班子和党员骨干队伍建设，不断增强基层组织活力，积极稳妥开展党内监

督，为履职尽责提供了人才支撑和组织保障。

领导班子建设全面加强。各级组织认真贯彻落实民主集中制，不断健全领导班子集体领导和分工负责制，中央建立了领导班子成员联系地方组织及中央各专委会制度，地方组织普遍建立了班子成员谈心会、述职述廉和民主评议制度等，领导班子凝聚力进一步增强。中央创设主席战略研讨会，对关系我党发展的战略性、全局性问题超前谋划。中央常委会着重围绕国家重大战略和我党中心工作精心部署，全党工作前瞻性、协同性进一步增强。各省级组织圆满完成换届，新当选主委14人，一批政治素质好、有较强代表性和广泛群众基础、年富力强的同志充实到新一届省级组织领导班子中，班子结构进一步优化，整体素质进一步提升，顺利实现人事交替和政治交接。

地方和基层组织建设不断强化。中央修订《组织发展工作规程》和《基层组织工作条例》，进一步规范组织建设，多措并举促进各级组织交流与合作，鼓励引导开展跨省（区、市）联合培训、联合调研、对口帮扶等活动，推动副省级城市联席会议规范化、部分地级市联席会议制度化，促进横向交流。基层组织探索开展绩效量化考核，增强活力。五年来，我党新建地市级组织13个，目前共有省级组织30个，地市级组织284个，区县级组织46个，基层组织7066个。

党员骨干队伍建设扎实有效。坚持标准，严格程序，保持特色，在归国留学人员、非公有制经济人士中发展了一批党员，同时探索在高新技术园区发展党员、建立组织。与中国社会科学院研究生院联合培养博士研究生，开辟高层次参政议政和党务工作人才培养新途径。与中国人民大学合作开展党员培训和智库建设。中央举办各类培训班30余期，培训党员1500余人次；各省级组织举办各类培训班500余期，培训党员3.5万人次。加大干部推荐使用力度，全党担任厅局级以上领导职务的党员253人，其中省部级以上28人、正厅级56人。中央和各省级组织分别建立了642人、3992人的代表人士队伍，数量和质量进一步提升。

五年来，新发展党员2.8万人，截至今年6月底，全党党员达15.7万人。其中，医药卫生界占56.34%，人口资源和生态环境领域占2.34%，科技、教育界占20.46%，其他界别占20.86%。广大党员在本职岗位上建功立业，2017年我党有2名党员当选中国工程院院士，截至目前，我党党员中两院院士增至16人，“千人计划”18人、“长江学者”30人。据不完全统计，100多名党员荣获国家科学技术奖、全国五一劳动奖章、全国三八红旗手、全国先进工作者、国医大师等国家级奖励和称号。一大批党员荣获“最美医生”“年度法治人物”“绿色中国年度人物”、何梁何利奖等行业荣誉称号和重要奖项，集中展示了我党良好的精神风貌和社会形象。

党内监督取得新进展。制定《党内监督条例（试行）》《中央监督委员会工作规则（试行）》，党内监督制度不断完善。29个省级组织、部分地市级组织成立了监督委员会，监督机构日益健全。探索党内监督工作基本规律，加强监督干部队伍建设，提升监督能力。中央和各省级监督委员会通过走访和诫勉谈话，对党员领导干部在遵守多党合作政治准则、贯彻民主集中制、履行职责和廉洁从政等方面出现的苗头性、倾向性问题及时进行教育。加强对换届工作的纪律监督和程序监督，营造风清气正的换届环境，保障换届平稳顺利进行。规范纪律处分程序，五年来，全党各级组织共给予违纪党员纪律处分51人次，其中开除党籍23人，维护了党章党规党纪的严肃性。

机关建设迈上新台阶。中央和地方组织加强机关制度建设，优化运行机制和工作流程，提高制度化、规范化、程序化水平。加强机关作风建设，认真贯彻落实中共中央八项规定精神。加强机关干部队伍建设，通过考录、遴选、调任，充实干部队伍，优化干部结构；通过竞争上岗和挂职锻炼，激发干部干事创业活力；通过加大培训力度，不断提升干部综合能力与素质。各级机关干部恪尽职守、服务大局，为农工党事业发展做出了积极贡献。改善办公条件，规范财务、固定资产、档案等内部管理，机关服务保障能力不断提升。机关党团组织、工会、书画院等围绕中心工作开展活动，积极发挥作用。

同志们，五年的奋斗令人难忘，五年的成绩振奋人心。这些成绩的取得，是以习近平同志为核心的中共中央坚强领导的结果，是中共各级党委热情帮助的结果，是各级人大、政府、政协、统战部门和社会各界大力支持的结果。在此，我谨代表农工党十五届中央委员会向他们表示衷心感谢！

这些成绩的取得，是与我党中央和地方各级组织历任领导多年奠定的坚实基础分不开的，是与全体党员和机关干部倾情奉献、努力奋斗分不开的。在此，我谨代表农工党十五届中央委员会向各位老领导、老同志致以崇高敬意！向全体党员同志和机关干部致以亲切慰问！

在充分肯定成绩的同时，必须清醒看到，我党的工作还存在一些不足，面临不少挑战。主要是：思想政治工作的精细化程度不够；全党大参政议政格局有待形成，高层次专家队伍仍较薄弱，专委会作用发挥还有提升空间；有效运用资源提高精准扶贫精准脱贫工作实效的水平有待提升；基层组织在运行规范、活力发挥、骨干培养等方面亟待改进；有效实施党内监督的体制机制仍需完善，相关制度亟待健全。我们必须站在对全党事业负责的高度，切实重视这些问题，认真研究，采取有效措施加以解决。

二、经验和体会

回顾过去五年，在以习近平同志为核心的中共中央坚强领导下，多党合作事业更加兴旺、多党合作效能更加彰显、参政党履职舞台更加广阔。我们的经验和体会：

（一）坚持中国共产党的领导，是我党沿着正确方向前进的根本保证

邓演达等创党先辈为“解放中国民族、建立平民政权、实现社会主义”上下求索、历经坎坷，直到与中国共产党合作，做出自觉接受中国共产党领导的政治抉择，才实现了国家独立、民族解放的政治初衷。正是在中国共产党的影响、推动、帮助、领导下，我党才获得力量的源泉，认清前进的方向，始终没有偏离中国革命、建设、改革的正确道路。在与中国共产党亲密合作、团结奋斗的历史进程中，农工党见证了中国共产党团结带领中国人民实现了从站起来、富起来到强起来的历史性飞跃。在中国共产党的关怀下，我党不断完善组织体系，不断壮大党员队伍，不断拓展联系界别领域，发挥作用的平台空前广阔。特别是中共十八大以来，以习近平同志为核心的中共中央提出“不忘初心，继续前进”，进一步明确民主党派政治属性和基本职能。农工党牢记合作初心，传承

优良传统，坚定理想信念，切实承担起中国特色社会主义参政党的政治责任和历史使命，在国家政治生活中发挥了重要作用。历史和现实充分证明，中国共产党不愧为伟大、光荣、正确的马克思主义政党，不愧是时代先锋、民族脊梁，不愧是坚持和发展中国特色社会主义的坚强领导核心。始终不渝坚持中国共产党的领导，始终不渝致力于中国特色社会主义事业，始终不渝走中国特色社会主义政治发展道路，是我党的立党之本！

（二）坚持中国共产党领导的多党合作和政治协商制度的成功实践，是我们为人类政治文明进步贡献的中国智慧

中国共产党领导的多党合作和政治协商制度，是我国的一项基本政治制度，是中国共产党、中国人民和各民主党派的伟大政治创造，经受了中国革命、建设、改革的历史检验，反映了人民当家做主的社会主义民主政治的本质，是我国政治格局稳定的重要制度保证，具有历史必然性、伟大独创性、巨大优越性。通过履职实践，我们更加真切感受到，我国政党制度设计科学，运行有效，既实现了代表最广大人民利益的执政党的集中统一领导，又保证了包括参政党在内的各方智慧力量的有效发挥，在扩大政治参与、协调利益关系、凝聚广泛共识、促进社会和谐等方面具有无可比拟的制度优势。我们完全有信心、有能力在中国共产党的坚强领导下，把我国政党制度的优势和特点更好发挥出来，为人类政治文明进步做出充满中国智慧的贡献。

（三）坚持围绕中心服务大局，科学确定工作主线并持续发力，是我们发挥参政党作用的有效路径

中共十八大以来，中共中央确立了包括生态文明建设在内的“五位一体”总体布局，深化医药卫生体制改革和健康中国建设持续推进。结合我党界别特色，我们提出了积极推进健康中国和美丽中国建设两条工作主线，做健康中国的促进者，以健康梦助力实现中国梦；做美丽中国的推动者，积极推进生态文明建设，实现中华民族永续发展。这两条工作主线得到中共中央的肯定和广大党员的拥护。五年来，全党紧扣两条工作主线，统筹党内外人才智力资源，围绕推进健康中国和美丽中国建设的重点问题，深入调研、持续关注、久久为功，一批调研成果及相关建议上升为国家政策。实践证明，科学确定工作主线，是对我党自身优势的准确把握，能够最大限度地调动全党积极性、激发创造性，为增进人民健康福祉和建设优美生态环境发挥更大作用，充分体现作为参政党的责任担当。

（四）坚持深入实施人才强党战略，是我党事业兴旺发达的有力保障

人才兴则事业兴，队伍强则工作强。中央做出实施人才强党战略的重大决策部署，全党牢固树立人才是重要资源的理念，把建设高素质党员人才队伍作为着力点，不断提高人才工作的针对性、系统性和可操作性。各级组织采取更加积极、更加开放、更加有效的措施，把优秀人才集聚到我党事业中来，给予关心，提供发挥作用的平台，提出要求，使之增强参政党意识，不断探索丰富党员发展、培养、使用的新思路新渠道新方法，形成中央领导统筹、各部门联动、全党共同参与的人才工作格局。实践证明，实施人才强党战略使党员队伍素质进一步提升，为我党事业蓬勃发展提供了中坚力量，为我党人才储备奠定了坚实基础，我们必须长期坚持这一战略。

（五）坚持凝聚全党力量发挥整体优势，是推动我党各项工作不断前进的关键所在

上下同欲者胜，同舟共济者兴。我党中央注重系统谋划、加强统筹协调，搭建跨层级、跨地域、跨领域的合作平台，不断扩大全党各项工作的参与面。各级组织创造性地开展工作，积极为中央提供试点经验。各级领导秉承科学严谨的态度和求真务实的作风，以上率下，深入一线；广大党员积极响应、主动参与。正是在全党一盘棋的工作格局中，通过“自上而下”的引领带动和“自下而上”的广泛参与，大家心往一处想、劲往一处使、智往一处谋，形成了强大合力，推动中央和地方组织各项工作扎实有序、相互促进、相得益彰、共同前进。实践证明，只有整合全党资源，汇聚全党力量，才能提高履职成效、增强全党凝聚力向心力。

（六）坚持与时俱进开拓创新，是我党永葆生机活力的不竭源泉

创新是当今时代最鲜明的主题，是引领发展的第一动力。抓创新就是抓发展，谋创新就是谋未来。五年来，我党坚持与时俱进，准确把握中国特色社会主义事业发展对参政党的新要求，牢固树立并贯彻落实创新发展理念，把创新贯穿于全党各项工作中，坚持在实践中创新，在创新中发展。创新工作思路，创造性地提出了积极推进健康中国和美丽中国建设两条工作主线；创新工作举措，实施同心全科医生特岗人才计划；创新监督方法，运用统计学工具，为脱贫攻坚民主监督提供循证依据；创新交流方式，提升副省级城市联席会议和部分地级市联席会议实效；创新评价手段，建立基层组织量化考核制度；创新培养渠道，搭建与高端智库、知名高校联合培养人才的平台。实践证明，只有勇于创新、善于创新，主动适应形势发展要求，才能使我党工作更好体现时代性、把握规律性、富于创造性，永葆生机与活力。

以上六个方面的经验和体会来自全党同志的工作实践，体现全党同志的集体智慧，对做好今后我党各项工作具有重要意义。

三、今后五年的主要任务

中共十九大确立了习近平新时代中国特色社会主义思想的历史地位，绘就了伟大梦想的新蓝图，为我党今后工作指明了方向。未来五年，是我国实现“两个一百年”奋斗目标的历史交汇期，第一个百年奋斗目标要实现，第二个百年奋斗目标要开篇。我们要紧密围绕中共十九大确定的奋斗目标和重点任务，扎实工作、奋发有为，担负起新时代赋予的新使命。

今后五年，我党工作的指导思想和主要任务是：高举中国特色社会主义伟大旗帜，以邓小平理论、“三个代表”重要思想、科学发展观、习近平新时代中国特色社会主义思想为指导，坚持中国共产党的领导，坚定不移走中国特色社会主义政治发展道路，深入学习贯彻中共十九大精神，以积极推进健康中国和美丽中国建设为工作主线，履行参政

议政、民主监督、参加中国共产党领导的政治协商职能，全面加强自身建设，为实现“两个一百年”奋斗目标和中华民族伟大复兴的中国梦贡献智慧和力量。

（一）认真学习贯彻中共十九大精神，以习近平新时代中国特色社会主义思想武装全党、指导实践

中国共产党第十九次全国代表大会，是在全面建成小康社会决胜阶段、中国特色社会主义进入新时代的关键时期召开的一次十分重要的大会，在我国发展进程中具有划时代的里程碑意义。当前和今后一个时期，全党要把学习贯彻中共十九大精神作为首要政治任务，把思想和行动统一到中共十九大精神上来，把智慧和力量凝聚到落实中共十九大各项决策部署上来。

学习贯彻中共十九大精神，全面准确把握“八个深刻领会”的丰富内涵和精神实质。习近平总书记代表中国共产党第十八届中央委员会作的报告，描绘了决胜全面建成小康社会、夺取新时代中国特色社会主义伟大胜利的宏伟蓝图，进一步指明了我国发展的前进方向，是中国共产党团结带领全国各族人民在新时代坚持和发展中国特色社会主义的政治宣言和行动指南，鼓舞人心、催人奋进。我党同志要认真学习、深刻领会，切实把握精神实质。要深刻领会习近平新时代中国特色社会主义思想，深刻领会中共十九大的主题，深刻领会中共十八大以来中国共产党和国家事业发生的历史性变革，深刻领会中国特色社会主义进入了新时代的新论断和我国社会主要矛盾发生变化的新特点，深刻领会新时代坚持和发展中国特色社会主义的基本方略，深刻领会实现第一个百年奋斗目标和向第二个百年奋斗目标进军，深刻领会社会主义经济建设、政治建设、文化建设、社会建设、生态文明建设等方面的重大部署，深刻领会关于协商民主、统一战线、多党合作的重要论述，在全党掀起学习贯彻中共十九大精神的高潮。

学习贯彻中共十九大精神，重中之重是深刻领会习近平新时代中国特色社会主义思想。以习近平总书记为主要代表的中国共产党人，围绕新时代坚持和发展什么样的中国特色社会主义、怎样坚持和发展中国特色社会主义这一重大时代课题，以全新的视野深化对共产党执政规律、社会主义建设规律、人类社会发展规律的认识，进行艰辛理论探索，创立了习近平新时代中国特色社会主义思想。习近平新时代中国特色社会主义思想是对马克思列宁主义、毛泽东思想、邓小平理论、“三个代表”重要思想、科学发展观的继承和发展，是马克思主义中国化最新成果，是中国共产党和人民实践经验和集体智慧的结晶，是中国特色社会主义理论体系的重要组成部分，是中国共产党带领全国人民为实现中华民族伟大复兴而奋斗的行动指南。全党同志要把学习领会习近平新时代中国特色社会主义思想同过去五年国家事业发生的历史性变革结合起来，同我党的工作实践结合起来，深刻理解其精神实质和丰富内涵，准确把握其继承性、创新性、时代性，用习近平新时代中国特色社会主义思想武装头脑，增进高度的政治认同、思想认同、理论认同、情感认同，牢固树立“四个意识”，始终坚定“四个自信”，不断夯实团结奋斗的共同思想政治基础。

学习贯彻中共十九大精神，要在学懂弄通做实上下功夫。要在学懂上下功夫，认真研读中共十九大报告，坚持领导带头学、原原本本学、原汁原味学、带着问题学、联系实际学，多思多想，努力掌握中共十九大精神的政治意义、历史意义、理论意义、实践意义。要在弄通上下功夫，联系地而不是孤立地、系统地而不是零散地、全部地而不是局部地理解中共十九大精神，把学习贯彻中共十九大精神同把握“四个伟大”的实践贯通起来，同中共十九大做出的各项战略部署贯通起来。要在做实上下功夫，深刻理解新时代中国特色社会主义基本方略，围绕中共十九大确定的重要目标任务，紧密结合实际找准落实基点，切实在工作中贯彻下去、体现出来。

（二）围绕中共十九大确定的目标任务积极履职尽责，切实担负起新时代赋予的新使命

决胜全面建成小康社会，夺取新时代中国特色社会主义伟大胜利，实现中华民族伟大复兴的中国梦，是包括农工党在内的全体中国人民的共同理想、共同事业、共同使命。新时代提出新要求，新时代聚焦新任务，我们要按照中国特色社会主义参政党要求更好履行职能，以昂扬的精神状态，和中国共产党共赴新征程、共襄复兴梦。

聚力参加中国共产党领导的政治协商。对于我们参政党，政党协商是参加中国共产党领导的政治协商中最重要的内容。要切实加强协商能力建设，形成全党有效参加政党协商的整体合力。建立高层协商专家库，着重构建中央与相关部委联系沟通机制，与省级组织、各专委会、社会智库联动研究机制，建立健全重大问题预研机制、重大成果激励机制等，不断提高政党协商能力和水平。加强顶层设计和建言储备，在继续关注优势界别领域基础上，更加关注经济金融、社会治理、文化建设等领域，探索建立一批研究点，通过加强交叉研究，就一些重点、难点、共性问题提出具有前瞻性、针对性和可操作性的意见建议，为中共党委、政府科学民主决策提供有效参考。

全力做好参政议政。参政议政是我党参与国家政治生活的重要途径。要围绕中共十九大确定的重要目标任务，在融入大局、服务大局、保障大局中找准履职尽责的切入点和突破口，紧密结合社会主要矛盾的深刻变化，将健康和生态方面的工作有机结合，深入调查研究，为更好满足人民日益增长的美好生活需要提出真知灼见，积极助力打好防范化解重大风险、精准脱贫、污染防治三大攻坚战。努力在完善国民健康政策、深化医药卫生体制改革、健全现代医院管理制度、加强基层医疗卫生服务体系和全科医生队伍建设、关注食品药品安全、传承发展中医药事业、促进健康产业发展、加强社会心理服务体系建设、促进生育政策和相关经济社会政策配套衔接、积极应对人口老龄化等领域深耕细作，为推动健康中国战略实施做出新贡献。在推进绿色发展，大气、水、土壤综合治理，生态环境监管体制改革等领域，深入调研，持续发力，推动关口前移，为建设美丽中国、实现中华民族永续发展做出新贡献。围绕“一带一路”倡议，持续推动“健康丝绸之路”建设。构建全党大参政议政格局，健全部门协作、上下联动、省际协同、资源共享的工作机制，实现党派直通车、政协提案和发言、反映社情民意信息等渠道的融合互通。做好中长期工作规划，提高选题的科学化水平，做好大调研和各类调研，多出有分量的议政建言精品。

倾力履行民主监督。民主党派的民主监督有其特殊性，是在坚持四项基本原则的基础上，通过提出意见、批评、建议的方式对中国共产党进行的政治监督。新时代对我党履行民主监督职能提出了更高要求。全党上下要切实提高对民主监督重要性的认识，增强主动性，结合界别特色找准切入点，建立健全相关工作机制，探索行之有效的监督方式，更好把握民主监督工作规律。要进一步集中力量完成好脱贫攻坚民主监督任务，同时注意总结经验，提高发现问题的水平，掌握磋商问题的方法，增强帮助解决问题的能力，为未来担负更多民主监督任务做好思想和能力准备。

合力推进社会服务。社会服务是民主党派直接参与国家经济社会建设的重要方式，要紧扣“健康”“绿色”“扶贫”三大主题，集中力量、整合资源、统筹谋划。将同心全科医生特岗人才计划、中医科学大会、杏林春雨行动等一批初见成果的工作，培育成更具影响力的社会服务品牌。助力实施乡村振兴战略。进一步调动优质资源聚焦重点帮扶地区，着力提高精准帮扶实效，帮助定点扶贫地区如期实现脱贫目标。系统总结帮扶毕节试验区的成功经验，形成可推广的成熟模式，为兴边富民行动和宁德、渭南、武陵山区等地的帮扶工作提供借鉴和支撑。开展健康扶贫跟踪调研。注重工作衔接，将社会服务与参政议政、民主监督等有机结合，及时把工作中了解的情况、发现的问题转化为意见建议。

（三）全面加强自身建设，做适应新时代要求的高素质中国特色社会主义参政党

新时代要有新气象，更要有新作为。中国共产党推进党的建设伟大工程的决心和实践，为参政党加强自身建设做出了表率，指明了方向。我们要以执政党为师，全面提高自身建设科学化水平，建设适应新时代要求的中国特色社会主义参政党。

以政治建设为根本。一引其纲，万目皆张。旗帜鲜明讲政治，是参政党自身建设的“纲”，是“立身之本”。作为中国特色社会主义参政党，全党要把政治建设摆在首位，以习近平新时代中国特色社会主义思想武装全党，引导广大党员坚定不移走中国特色社会主义道路，坚定不移接受中国共产党的领导，坚决维护习近平总书记的核心地位和中共中央权威，不断增强政治意识、大局意识、核心意识、看齐意识，始终坚定中国特色社会主义道路自信、理论自信、制度自信、文化自信，在政治立场、政治方向、政治原则、政治道路上同以习近平同志为核心的中共中央保持高度一致。

以思想建设为核心。思想建设具有凝心铸魂的作用。在思想多样、利益多元，民主党派成员独立性和差异性明显增强的今天，巩固团结奋斗的共同思想政治基础显得更加重要。要把加强对广大党员的思想教育放在更加突出的位置，提高思想政治工作的精细化程度。坚持开展主题教育活动，深化政治交接，传承优良传统，不忘合作初心，牢记政治使命。加强参政党理论建设，围绕建设适应新时代要求的中国特色社会主义参政党这个重大课题，不断深化对参政党自身建设规律和参政履职规律的认识，推进实践基础上的理论创新。加大挖掘、保护、利用党史资料的力度，继续建设好使用好党史教育基地，进一步彰显我党优良传统的时代价值。坚持“大宣传、大教育”的宣传思想工作理念，创新宣传手段和形式，积极发掘参政履职中的优秀成果，大力宣传优秀党员的先进事迹，讲好多党合作的农工党故事。把握重大历史事件和关键时间节点及时主动发声，巩固扩大团结面，画出最大同心圆，凝聚奋进正能量。

以组织建设为基础。功以才成，业由才广。要着眼于多党合作事业的长远发展，完善人才强党战略的制度设计，编制中长期组织建设和人才发展规划，引导各级组织抓好

贯彻落实。坚持正确选人用人导向，大力建设政治坚定、团结民主、工作高效、关系和谐、廉洁自律的领导班子。严把质量关，做好组织发展工作，采取切实有效措施，加大在人口资源、生态环境等领域的党员发展力度，扩大高层次专家队伍，不断优化界别结构，壮大代表人士队伍，切实把我党的组织资源优势转化为参政资源优势。重点抓好骨干党员和青年党员的培养，加强后备干部队伍梯队建设。加强对基层组织的指导考核，开展“优秀支部”创建活动，帮助基层组织更好担负起教育党员、管理党员、监督党员和服务党员的职责。进一步推动中央、地方和基层各级组织的交流合作，建立中央常委联系基层组织和党员制度，继续用好副省级城市联席会议、部分地级市联席会议等平台。研究发挥专委会作用的有效方式。

以制度建设为保障。制度建设是提升全党各项工作科学化、规范化水平的重要保障。要立足当前，将工作中行之有效的做法用制度的形式固定下来，突出针对性和指导性，抓紧制定完善一批自身建设和履职急需的制度规则，提高工作的执行力。要着眼长远，把握好制度建设规律，处理好阶段性任务和战略性目标的关系，对制度建设进行整体规划设计，加快形成结构合理、配套完善、运行有效的党内制度体系。坚持制度建设常态化，建立定期梳理清理和动态调整机制，不断适应工作发展需要。

以作风建设为抓手。作风是关乎一个政党生存发展的重大问题。风清则气正，气正则心齐，心齐则事成。要深入持久抓好作风建设，认真学习借鉴中国共产党“党要管党、全面从严治党”的经验，坚定不移推进依规从严治党。坚持民主集中制，规范党内政治生活，建立民主生活会制度。准确把握内部监督职责和定位，健全党内监督相关制度，切实发挥各级监督委员会专责监督作用，通过谈心会、述职述廉和诫勉谈话，对党员干部遵守党章、履行党派职责情况进行党内监督。要强化党章学习，自觉遵守党章、贯彻党章、维护党章。把作风建设和廉洁自律作为党员干部培训的重要内容，严格执行党的纪律，确保党员干部忠诚干净担当，在全党营造风清气正、团结奋进的良好政治生态和工作氛围。

以能力建设为支撑。新时代中国特色社会主义参政党要切实提高政治把握能力、参政议政能力、组织领导能力、合作共事能力、解决自身问题能力，不断强化参政本领。要增强学习本领，在全党营造善于学习、勇于实践的浓厚氛围。要增强调查研究本领，提倡深度调研、科学循证的求实精神。增强创新本领，保持锐意进取的精神风貌，不断增强创新意识，善于结合实际创造性推动工作，不断推动理论创新、制度创新、实践创新。增强狠抓落实本领，坚持说实话、谋实事、出实招、求实效，担当起该担当的责任，以钉钉子精神锲而不舍做好各项工作。中央和地方组织负责同志要增强领导本领，强化战略思维、辩证思维、法治思维、底线思维，深刻把握新时代的新特点和新要求，科学谋划和推动各项工作。

以机关建设为依托。机关是工作运转的中枢，是服务联系党员的纽带。中央和地方组织要以改革创新精神加强机关建设，努力打造学习型、服务型、效能型、创新型、和谐型机关，提高执行力和服务保障水平。合理配置机关人员，明确岗位职责，形成权责清晰、高效运转的管理机制。推进机关人事制度改革，完善评价考核机制，真正形成能上能下、能进能出、多岗锻炼的干部良性流动机制，为想干事、能干事、干成事的干部提供舞台和机会。进一步优化机关干部年龄结构，加强对年轻干部的培养使用，形成老中青合理梯队。加强机关文化建设，形成讲政治、讲规矩、讲团结、讲担当、讲奉献的良好风气。加强信息化等机关保障能力建设，提高机关工作效能。关心机关干部的学习、工作和生活，切实帮助解决实际困难，把机关建设成为党员之家、职工之家。

同志们！回顾我党87年的历史，一代又一代农工党人秉承爱国革命的优良传统，与中国共产党亲密合作、团结奋斗，经受了血与火的考验，走过了不断追求进步的光辉历程。在民主革命时期，创党先辈锻造了拯民救国、不怕牺牲、百折不挠的革命精神；在社会主义建设时期，我党代表人士践行了披肝沥胆、不计得失、勇建诤言的报国精神；在改革开放新时期，全党同志展现了参政为民、竭智尽力、开拓创新的奋斗精神。一个时代有一个时代的主题，一代人有一代人的精神。中国特色社会主义进入新时代，我国即将全面建成小康社会、实现第一个百年奋斗目标，开启全面建成社会主义现代化强国、实现第二个百年奋斗目标的新征程。未来五年，我们还将迎来改革开放40周年、中华人民共和国成立70周年、我党成立90周年和中国共产党成立100周年等大事喜事。身处如此伟大的时代，投身如此伟大的事业，为实现如此伟大的梦想而奋斗，怎能不让人激情满怀、志气昂扬！在实现民族伟大复兴的征程中，我们要传承弘扬优良传统，牢牢把握时代脉搏，艰苦奋斗、开拓创新，奋力塑造农工党新的时代精神，为我党在新时代履行新使命、创造新辉煌提供强大动力，汇聚磅礴力量。

伟大时代催人奋进，光明前景鼓舞人心。让我们更加紧密团结在以习近平同志为核心的中共中央周围，高举中国特色社会主义伟大旗帜，不忘合作初心、继续携手前进，以崭新的精神面貌，锐意进取、砥砺前行，为决胜全面建成小康社会、夺取新时代中国特色社会主义伟大胜利、实现中华民族伟大复兴的中国梦、实现人民对美好生活的向往不懈奋斗，谱写我党无愧于时代、无愧于人民、无愧于历史的新篇章！

完善体制机制　强化责任担当
不断开创党内监督工作新局面

——在中国农工民主党第十五届中央委员会第六次全体会议上的党内监督工作报告

（2017年11月26日）

各位委员、同志们：

现将中国农工民主党第十五届中央监督委员会工作报告，书面提交大会审议。

一、过去五年工作回顾

过去的五年，在以习近平同志为核心的中共中央和农工党第十五届中央委员会的领导下，中央监督委员会坚持以邓小平理论、“三个代表”重要思想和科学发展观为指导，深入贯彻习近平新时代中国特色社会主义思想，紧紧围绕我党十五大和十五届历次全会部署，全面履行党章赋予的职责，在上一届中央监督委员会奠定的良好基础上，积极进行理论和实践的探索，全党监督共识基本形成，监督构架初步建立，监督实效逐渐显现，为更有效地开展党内监督工作开创了良好局面。

（一）凝聚共识坚定信念，不断筑牢党内监督思想根基

中央监督委员会始终把统一党内监督思想放在重要位置，常抓不懈。一是强化监督意识。采取统一部署明确任务、集中学习领会精神、组织调研分析形势、深入地方指导工作等形式，广泛宣传我党党内监督的历史沿革、理论依据和实践经验，深入阐述党内监督在党的自身建设中的重要意义，不断提高广大党员特别是各级领导班子成员对党内监督的认识和重视程度，各级组织齐谋共抓党内监督工作的局面逐渐形成。二是加强警示教育。在党员干部培训中开设廉政教育专题课，用违法违纪案例警示和教育党员干部严把纪律的红线，坚守法律的底线。中央领导在每次中全会、中常会上以及出席地方各类会议时，都强调各级党员干部要坚定政治信念，树立为人民服务的思想，清白做人、干净做事。在"走进基层、贴近党员，培育和践行社会主义核心价值观"百场主题宣讲报告会中，把廉政教育宣讲与大家喜闻乐见的故事形式相结合，讲好廉政教育系列小故事，寓教于乐，起到了良好的教育效果。三是深化理论研究。围绕党内监督《指导思想、基本原则、监督性质、监督客体、监督主体、怎么监督》深入开展理论研究，形成了"农工党中央关于党内监督工作有关情况的调研报告"，在回顾党内监督历史、总结经验教训的基础上，对今后工作提出了建设性的意见建议。在全党组织开展党内监督理论研究征文活动，各地党员积极参与，共收到健全党内监督体系、理顺党内监督机制、发挥党内监督实效等方面的理论文章76篇。

（二）坚持从严依规治党，积极完善党内监督工作构架

中央监督委员会顺应形势发展，不断总结经验、增添举措、建立制度，初步建立了党内监督工作构架。一是督促落实谈心会制度。积极督促各省级组织落实领导班子谈心会制度，确立了会前征集意见、会上交流谈心、会后整改提高的规范流程。五年来，各省共召开谈心会92次，通过认真整改查找梳理出的问题，切实增进了领导班子团结，有效提高了领导班子的凝聚力和执行力。中央监督委员会派员参加了多个省的领导班子谈心会，重点就规范会议程序、提高会议实效等进行督导，及时了解掌握地方领导班子的履职情况。二是推动党内作风建设常态化。从党内监督工作实际出发，借鉴执政党的有益经验，制定下发了《中国农工民主党中央监督委员会关于开展践行"三严三实"、加强作风建设工作的意见》，对各级组织和全体党员加强作风建设提出了明确要求，有力推动了党内作风建设的制度化、常态化，为始终保持党的进步性提供了制度保障。三是切实加强换届纪律监督。把严肃纪律贯穿于换届工作全过程，用铁的纪律保证了换届选举的风清气正。自换届工作启动以来，中央领导在历次中央常委会议、中央全会上都重点强调了换届纪律要求，并用湖南衡阳破坏选举案，四川南充、辽宁拉票贿选案警示各级干部引以为戒。印发了《关于严肃换届纪律保证换届风清气正的通知》，督促各级干部认真学

习党章及换届选举工作的政策和规定，使换届纪律要求深入人心。各级监督委员会切实担负起监督职责，做到了对换届工作纪律和程序的全程监督、全面监督，保障了各级组织换届的平稳顺利进行。四是严格规范执行党纪处分。针对少数党员违法违纪的新情况新问题，积极研究、逐步规范纪律处分程序，在反复核实有关情况的基础上，按照党章的有关规定给予了纪律处分。五年来，全党各级组织共给予违纪党员纪律处分 51 人次，其中开除党籍 23 人，维护了党章的严肃性和权威性。中央委员会先后对黄峰平做出了撤销中央委员和中央常委等党内职务、开除党籍的处分，对卢志鹏做出了撤销中央委员党内职务的处分，在党内形成了震慑作用。对不实举报通过调查了解，澄清了事实，保护了党员的合法权利。

（三）建立健全组织机构，大力推进党内监督自身建设

完善的组织体系是开展党内监督工作的前提条件。中央监督委员会高度重视自身建设工作，认真指导、稳妥推进，党内监督组织体系日趋完整。一是加快监督机构建设。在中央监督委员会和地方各级委员会的共同努力下，监督机构建设取得了明显成效。全国 29 个省级组织成立了监督委员会，少数条件相对成熟的市级组织探索成立了监督委员会。各级监督委员会均采取与组织部门合署办公等方式设立了办事机构，使党内监督工作有了具体的落脚点和执行者，能够持续地开展。二是着力提升队伍素质。按照政治强、业务精、作风正、敢担当的要求，选好配强各级监督委员会成员，特别是注意吸收有监督、监察、法律背景的优秀人才。先后举办党内监督工作培训班 4 期，培训干部 80 人次，进一步加强思想引导，深化政策理论学习，不断提高干部履职能力和水平，形成了一支高素质的工作队伍。三是鼓励地方积极探索。鼓励省级监督委员会立足区域与自身实际，积极探索党内监督的新方法、新途径，切实增强监督实效。有的地方建立了省委会委员履职考核制度，有效促进了省委会委员积极参与党派工作；有的地方监督委员会深入地市级组织巡查了解情况，参加领导班子述职评议会听取意见建议，不断改进工作方法，切实提升了工作实效。四是加强相互学习交流。积极搭建平台，加强中央监督委员会和省级监督委员会相互之间的业务交流，不断提升党内监督整体工作水平。五年来，共组织召开交流研讨会 5 次，10 个省市作了经验交流发言，为其他省级组织因地制宜开展监督工作提供了有效参考。中央监督委员会办公室创建了《党内监督工作信息》专刊，定期收集整理并编印下发中央及各省监督工作信息，方便各省及时了解掌握党内监督工作最新动态。

（四）切实做好日常工作，充分发挥专责机构职能作用

中央监督委员会准确把握职能定位，按照中央部署认真开展各项工作，充分发挥党内监督专责机构的职能作用。一是深入调研指导。五年来，中央监督委员会赴各省开展调研 11 次，及时了解各省领导班子履职情况，收集反映各级组织和党员意见建议，特别是加强对各省监督委员会业务工作的指导、督促和检查，就党内监督的形式和手段进行深入交流，帮助改进党内监督工作。二是积极建章立制。制定了《监督委员会成立程序参考》《监督委员会工作规则》等多个规范性文件，为开展党内监督工作提供了具体依据。

去年以来，启动了党内监督条例和党章中党内监督条款的修订工作，下发了在全党征求意见的通知，在全国分片召开的党章修改、组织发展及党内监督工作座谈会上听取了各级组织和党员的建议意见，并召开专家研讨会形成了修改建议稿，为做好修订工作奠定了基础。三是做好信访工作。中央监督委员会办公室充分发挥“窗口”“桥梁”作用，严格按照原则和程序处理来信来访共计55件，对党员反映的有关问题进行了认真调查核实，积极协调解决，切实畅通了党内监督渠道。中央监督委员会办公室还对中央机关选拔任用干部、职工分房以及重大项目的资金使用等工作，进行了全程监督，维护了党员权利。

五年来，我党党内监督工作立足实际、着眼全局、大胆实践，紧跟新形势，迈出新步伐，取得新成绩。这些成绩的取得，得益于中央委员会的坚强领导和有力鞭策，得益于在座各位同志的率先垂范和鼎力支持，得益于全体监督干部的开拓创新和共同努力，得益于广大党员的积极配合和广泛参与。在此，我代表中央监督委员会，向关心支持党内监督工作的各位领导、各位同志，表示衷心的感谢！

在充分肯定成绩的同时，我们也应清醒地看到：我党的党内监督工作仍处于探索实践、积累经验阶段，理论研究不够深入、体制机制不够健全、方式方法不够完善、与党内其他工作的协同配合不足等问题仍然客观存在。对此，我们必须充分认识党内监督工作的长期性、复杂性和艰巨性，在今后的工作中不断加以改进。

二、工作体会

五年来的实践，让我们对党内监督工作规律的认识进一步深化，也在探索中获得了一些体会：

第一，中国共产党是领导一切工作的坚强核心。作为新时代中国特色社会主义参政党，我们必须把党的政治建设摆在首位，始终在政治立场、政治方向、政治原则、政治道路上同中共中央保持高度一致。加强党内监督工作的根本任务是严肃党内政治纪律和规矩，保证全党坚定不移地走中国特色社会主义发展道路。只有坚持中国共产党对一切工作的领导，我党的党内监督工作才能始终保持正确的政治方向，为把党建设成为始终具有进步性和代表性、经得起各种考验的中国特色社会主义参政党提供坚强保障。

第二，加强党内监督是提高参政党自身建设水平的保障。中国特色社会主义进入了新时代，我党必须持续加强党内监督工作，促进自我管理、自我约束、自我完善，不断增强解决自身问题的能力，全面提高党的建设质量，才能确保我党在全面建设社会主义现代化国家的新征程中发挥更加积极的作用。虽然这些年我们管党治党取得了一定成绩，但有些领导班子不够团结、少数党员党内规章制度执行不严甚至违法违纪等问题仍然比较突出，这些问题都需要我们通过不断强化党内监督加以解决。

第三，必须注重党内监督同外部监督的有机统一。参政党的党内监督主要是对各级组织和党员遵守党章、履行党派职责情况的自我监督，在监督的重点和方式上均与执政党有所不同。我们既要不断学习借鉴中国共产党在党内监督方面的有效做法和成功经验，不断强化党内监督工作；又要充分认识外部监督的重要意义，积极主动接受执政党的监督，认真对待舆论监督、群众监督等社会监督。特别是随着国家监察体制改革在全国范围内的全面推进，将实现对所有行使公权力的公职人员监察全覆盖，我们在监督过程中必须要正确处理好党内职务与党外职务的关系，确保党内监督与国家监察的有效衔接、同步跟进。

这些在实践中形成的好的做法，为今后开展工作积累了宝贵经验，我们应当倍加珍惜、积极运用，在新的实践中继承和发展下去。

三、今后五年工作建议

中共十九大报告旗帜鲜明地提出了全面从严治党永远在路上，释放了中共中央坚定不移推进全面从严治党向纵深发展的强烈政治信号，这既对民主党派的党内监督工作提出了更高的要求，也为如何强化党内监督工作指明了方向。我们要高举中国特色社会主义伟大旗帜，以邓小平理论、“三个代表”重要思想、科学发展观、习近平新时代中国特色社会主义思想为指导，全面落实中共十九大和我党十六大的战略部署，全面履行党章赋予的职责，着眼增进政治共识，更加注重提高实效，把党内监督不断引向深入，确保自身建设和参政议政、民主监督、政治协商、社会服务等方面工作顺利开展。

（一）深入学习贯彻中共十九大精神，准确把握党内监督工作的新时代要求

加强党内监督是新时代中国特色社会主义参政党建设的现实需要，也是全党上下的共同任务。要在全党组织开展中共十九大精神、中国农工民主党章程的专题学习，进一步在党内统一思想、提高认识，引导各级组织和党员充分认识开展党内监督工作的重要性、迫切性，准确把握监督和被监督的角色定位，牢固树立主动接受中国共产党的监督、正确对待群众监督、共同推进党内监督的意识。各级领导干部要厘清自己在推进党内监督中肩负的重要职责，带头做好党内监督工作。广大党员要增强民主观念，正确行使监督权利，通过正常的渠道理性地表达意见和建议。各级监督干部要增强政治责任感和历史使命感，从思想上热爱党内监督工作，切实履行好监督职责。

（二）提升党内监督实效，促进新时代中国特色社会主义参政党建设

要继续开展践行“三严三实”、加强作风建设工作，坚持从严把握和问题导向，坚持以上率下和常抓不懈的要求，推动各级组织加强学习教育，着力固化“严”“实”的共同观念，努力营造积极向上、干事创业、风清气正的良好政治生态。要加强各级领导班子思想建设、制度建设和民主作风建设，重点督促落实民主集中制、集体领导和分工负责制、述职和民主评议、谈心会等制度，推动领导班子形成民主团结、求真务实、联系党员、履职尽责、清正廉洁的思想和工作作风。要加强廉政警示教育，进一步创新手段、丰富内容，发展积极健康的党内政治文化，全面净化党内政治生态，引导广大党员坚定爱党奉献、遵章守纪、廉洁自律的理想信念，筑牢拒腐防变的思想道德防线。

（三）结合国家监察体制改革，完善党内监督体制机制

中共十八大以来，制定和修订了廉洁自律准则、新形势下党内政治生活若干准则、党内监督条例等一系列党内法规，采取了约谈督促、报告工作、严肃问责等一系列行之有效的手段，切实把党内监督落到了实处，这对我们完善我党党内监督体制机制有很强的启示作用和借鉴意义。在党规层面，要结合党章的修改和国家监察体制改革，尽快修订党内监督条例；在制度层面，要进一步深化理论研究，修订监督委员会工作规则、省级组织领导班子谈心会制度，制定省级领导班子述职和民主评议制度等，逐步建立一个相对完备、切实可行的党内监督制度体系；在具体工作层面，要探索实践符合我党自身特点的有效监督途径和方法。

（四）加强队伍建设，提升做好监督工作的能力和水平

要总结省级组织成立监督委员会的经验，鼓励有条件的地市级组织试点成立党内监督机构，进一步延伸党内监督组织体系。要积极落实各民主党派加强党内监督工作座谈会精神，加强与中共党委的沟通协调，加强与中共党委组织、统战部门的衔接配合，逐步在各级监督委员会设立专职办事机构和专职办事人员，负责日常事务。要加强各级监督机构领导班子和干部队伍建设，从人员、经费和提高素质等方面加大支持力度，开展多层次和内容丰富的培训工作，为监督干部履行职责创造条件。

各位委员、同志们，党内监督关乎党的自身建设和发展大局，对把我党建设为新时代中国特色社会主义高素质参政党具有重大的现实意义和深远的历史意义。中央监督委员会将在中央委员会的坚强领导下，强化责任担当，扎实工作、锐意进取，不断开创党内监督工作新局面，取得党内监督新成效，为促进党的各项事业发展提供有力保证。

中国农工民主党第十六次全国代表大会决议

（2017年12月1日通过）

中国农工民主党第十六次全国代表大会于2017年11月27日至12月1日在北京召开。大会的主题是：不忘合作初心，继续携手前进，以习近平新时代中国特色社会主义思想为指导，高举中国特色社会主义伟大旗帜，认真学习贯彻中共十九大精神，深化政治交接，努力推进适应新时代要求的高素质中国特色社会主义参政党建设，为决胜全面建成小康社会、夺取新时代中国特色社会主义伟大胜利、实现中华民族伟大复兴的中国梦、实现人民对美好生活的向往做出新的更大贡献。全体代表以高度的政治责任感和强烈的历史使命感，充分发扬民主，认真履行职责。会议顺利完成各项议程，取得圆满成功，是一次在新时代高举伟大旗帜、继承光荣传统、深化政治交接、坚定理想信念、展现新

成果新气象新作为的大会。

大会认真学习贯彻中共十九大精神。大会认为，举世瞩目的中共十九大确立了习近平新时代中国特色社会主义思想的历史地位，做出了中国特色社会主义进入了新时代、我国社会主要矛盾已经转化为人民日益增长的美好生活需要和不平衡不充分的发展之间的矛盾等重大政治论断，开启了中国共产党团结带领全国各族人民全面建设社会主义现代化国家新征程，具有重大的现实意义和深远的历史意义。大会强调，学习宣传贯彻中共十九大精神是农工党当前和今后一个时期的首要政治任务，要深刻领会习近平新时代中国特色社会主义思想，是对马克思列宁主义、毛泽东思想、邓小平理论、“三个代表”重要思想、科学发展观的继承和发展，是马克思主义中国化的最新成果，是中国共产党和人民实践经验和集体智慧的结晶，是中国特色社会主义理论体系的重要组成部分，是中国共产党带领全国人民为实现中华民族伟大复兴而奋斗的行动指南，是农工党必须长期坚持的指导思想。大会要求，切实用习近平新时代中国特色社会主义思想武装全党，增进高度的政治认同、思想认同、理论认同、情感认同，牢固树立政治意识、大局意识、核心意识、看齐意识，始终坚定中国特色社会主义道路自信、理论自信、制度自信、文化自信，把思想和行动统一到中共十九大精神上来，把智慧和力量凝聚到落实中共十九大各项决策部署上来。

开幕会上，中共中央政治局常委栗战书同志代表中共中央致贺词，用三个“重要贡献”和三个“一支重要力量”对农工党爱国革命的光荣历史和优良传统给予高度评价，对过去五年取得的成绩给予充分肯定；用三个“坚定不移”重申加强同各民主党派的团结合作是中国共产党的长期战略方针，强调决胜全面建成小康社会，夺取新时代中国特色社会主义伟大胜利，实现中华民族伟大复兴的中国梦，是中国共产党和各民主党派的共同理想、共同事业、共同使命。与会代表和全体同志备感振奋、备受鼓舞，一致表示要不忘合作初心，勇担政治责任，始终不渝坚持中国共产党的领导，始终不渝致力于中国特色社会主义事业，始终不渝走中国特色社会主义政治发展道路，围绕中共十九大提出的重大战略、重要部署、重大任务，围绕提高人民健康水平、推动医药卫生事业改革发展、推进生态文明建设等重大问题，充分发挥自身优势，积极献计出力，努力推进适应新时代要求的高素质中国特色社会主义参政党建设，共同开创多党合作事业的美好未来，共同谱写新时代中国特色社会主义伟大事业的光辉篇章。

大会听取并审议通过了陈竺同志代表中国农工民主党第十五届中央委员会所做的《不忘合作初心 继续携手前进 为决胜全面建成小康社会 夺取新时代中国特色社会主义伟大胜利不懈奋斗》的报告。大会高度评价第十五届中央委员会所做的工作和取得的成绩。与会代表认为，五年来，全党同志高举中国特色社会主义伟大旗帜，坚定不移走中国特色社会主义政治发展道路，深入开展坚持和发展中国特色社会主义学习实践活动，紧密围绕统筹推进“五位一体”总体布局和协调推进“四个全面”战略布局，聚焦积极推进健康中国和美丽中国建设两条工作主线，切实履行参政党职能，参政议政成果丰硕，民主监督有序推进，参加中国共产党领导的政治协商成绩卓著，社会服务扎实有为，自身建设不断加强，各方面工作取得新成就，为全面建成小康社会、更好发展中国特色社会主义事业做出了重要贡献。这是习近平新时代中国特色社会主义思想指导的结果，凝聚了全党同志的智慧和心血，是农工党与中国共产党真诚合作的光辉结晶。大会认为，报告认真贯彻中共十九大精神，实事求是总结回顾了农工党过去五年取得的成绩，提炼了六条重要经验和体会，紧密围绕中共十九大确定的重大战略部署，提出了农工党今后五年的主要任务，符合新时代对中国特色社会主义参政党的新要求，主题鲜明、内涵丰富、求真务实、催人奋进，是一份具有高度政治性、思想性、前瞻性、引领性的报告。大会要求，各级组织和全体党员要深入学习，抓好贯彻落实。

大会审议并通过了《中国农工民主党章程（修正案）》。大会认为，这次党章修改准确把握中国特色社会主义进入新时代的历史方位，坚持政治性、体现时代性、保持稳定性，充分体现了农工党坚持中国共产党的领导，坚持和发展新时代中国特色社会主义的信心和决心。大会认为，把习近平新时代中国特色社会主义思想写入党章，确立为农工党必须长期坚持的指导思想，充分反映了全党同志的共同心愿。修改后的党章符合新时代中国特色社会主义事业发展新要求，为加强自身建设、强化党内监督、更好履行职能、充分发挥作用提供了遵循。大会要求，各级组织和全体党员要更加自觉地学习党章、遵守党章、贯彻党章、维护党章，在新时代中国特色社会主义伟大实践中，更好地凝聚共识、凝聚智慧、凝聚力量。

大会选举产生了中国农工民主党第十六届中央委员会，实现了新老交替、深化了政治交接。大会要求，新一届中央领导机构进一步增强“四个意识”、坚定“四个自信”，始终坚持中国特色社会主义政治发展道路，继承和发扬同中国共产党风雨同舟、亲密合作的优良传统，承担起中国特色社会主义事业亲历者、实践者、维护者、捍卫者的政治责任，团结全体党员认真履行参政议政、民主监督、参加中国共产党领导的政治协商职能，不断巩固多党合作的思想政治基础，不断提升参政党建设水平，奋力开拓农工党工作新局面。

大会号召，全党要更加紧密地团结在以习近平同志为核心的中共中央周围，高举中国特色社会主义伟大旗帜，以邓小平理论、“三个代表”重要思想、科学发展观、习近平新时代中国特色社会主义思想为指导，认真学习贯彻中共十九大精神，不忘合作初心，继续携手前进，全面加强自身建设，切实履行参政党职能，为决胜全面建成小康社会、夺取新时代中国特色社会主义伟大胜利、实现中华民族伟大复兴的中国梦、实现人民对美好生活的向往不懈奋斗！

中国农工民主党章程

（中国农工民主党第十六次全国代表大会部分修改，2017 年 11 月 30 日通过）

总　纲

中国农工民主党是以医药卫生、人口资源和生态环境领域高中级知识分子为主，由一部分社会主义劳动者、社会主义事业建设者和拥护社会主义的爱国者组成的，具有政治联盟特点的中国特色社会主义参政党，是中国共产党领导的多党合作和政治协商制度中，同中国共产党通力合作的亲密友党。

中国农工民主党创始人、革命先烈邓演达等同志于 1930 年 8 月 9 日在上海创立了中国国民党临时行动委员会，确定了"解放中国民族、建立平民政权、实现社会主义"的政治纲领。1935 年 11 月，改党名为中华民族解放行动委员会，率先响应中共《八一宣言》，走上同中国共产党合作抗日的道路。1947 年 2 月，确定党名为中国农工民主党，加强与中国共产党全面合作，参加中国共产党领导的人民民主统一战线。1948 年 5 月，响应中共"五一口号"，自觉接受中国共产党的领导，参加中国人民政治协商会议，筹建新中国。在民主革命时期，中国农工民主党团结爱国知识分子和进步人士，同中国共产党亲密合作，共同奋斗，经受了血与火的考验，为争取新民主主义革命的胜利、建立中华人民共和国做出了重要贡献。新中国成立后，中国农工民主党参加人民政权和人民政协，为巩固人民政权、推进社会主义革命和建设，促进祖国和平统一发挥了重要作用。改革开放以来，中国农工民主党立足自身特点和优势，围绕中心、服务大局，坚持把发展作为参政议政的第一要务，认真履行参政党职能，努力推进健康中国和美丽中国建设，为推动改革发展、促进社会和谐、增进民生福祉，发挥了重要作用。坚定不移地接受中国共产党的领导，坚定不移地传承和弘扬爱国革命的优良传统，坚定不移地走中国特色社会主义道路，坚定不移地为民族振兴、社会进步、国家富强和人民幸福贡献力量，是中国农工民主党在长期艰苦曲折和不断前进的历史征程中形成的宝贵经验。

中国共产党领导的多党合作和政治协商制度是我国的一项基本政治制度，共产党领导、多党派合作，共产党执政、多党派参政是在中国革命、建设和改革开放的实践中形成和发展起来的，是符合中国国情的社会主义政党制度。中国农工民主党遵循的政治准则是：坚持以邓小平理论、"三个代表"重要思想、科学发展观、习近平新时代中国特色社会主义思想为指导，坚持中国共产党的领导，坚持中国特色社会主义的基本理论、基本路线、基本方略，坚持中国共产党领导的多党合作和政治协商制度，坚持"长期共存、互相监督，肝胆相照、荣辱与共"的基本方针。

中国农工民主党在国家政治生活中履行参政党职能，参加国家政权，参与重要方针政策、重要领导人选的协商，参与国家事务的管理，参与国家方针政策、法律法规的制定和执行，发挥参政议政、民主监督、参加中国共产党领导的政治协商的作用。

中国农工民主党以中华人民共和国宪法为根本活动准则，负有维护宪法尊严、保证宪法实施的职责，在宪法规定的权利和义务范围内享有政治自由、组织独立和法律地位平等。

中国农工民主党高举中国特色社会主义伟大旗帜，高度认同中国共产党的领导是中国特色社会主义最本质的特征，是中国特色社会主义制度的最大优势，坚决拥护中国共产党这个中国特色社会主义的领导核心；高度认同新时代中国共产党团结带领全国各族人民进行伟大斗争、建设伟大工程、推进伟大事业、实现伟大梦想的历史使命，坚决拥护以习近平同志为核心的中共中央的领导；高度认同中国特色社会主义进入新时代、我国社会主要矛盾已经转化为人民日益增长的美好生活需要和不平衡不充分的发展之间的矛盾的重大政治判断，坚决拥护中国共产党提出的我国基本实现社会主义现代化和建成富强民主文明和谐美丽社会主义现代化强国的“两个阶段”战略安排。坚定中国特色社会主义道路自信、理论自信、制度自信、文化自信，坚持以人民为中心的发展思想，贯彻落实创新、协调、绿色、开放、共享的发展理念，紧紧围绕中国共产党确定的统筹推进经济建设、政治建设、文化建设、社会建设、生态文明建设“五位一体”总体布局和协调推进全面建成小康社会、全面深化改革、全面依法治国、全面从严治党“四个全面”战略布局，以积极推进健康中国和美丽中国建设为工作主线，为实现“两个一百年”奋斗目标、夺取新时代中国特色社会主义伟大胜利，实现中华民族伟大复兴的中国梦不懈奋斗。

中国农工民主党的基本任务：

——坚持中国共产党的领导、人民当家做主、依法治国有机统一。坚持中国特色社会主义政治发展道路，坚持一致性和多样性统一，推进社会主义民主政治制度化、规范化、程序化，巩固和发展最广泛的爱国统一战线，推动社会主义协商民主广泛多层制度化发展，为发展社会主义民主政治，建设社会主义法治国家，建设社会主义政治文明而努力。

——坚持新发展理念。坚定贯彻实施科教兴国战略、人才强国战略、创新驱动发展战略、乡村振兴战略、区域协调发展战略、可持续发展战略、军民融合发展战略，以供给侧结构性改革为主线，积极推进改革开放，推动经济发展，提升质量和效益，为建设现代化经济体系和创新型国家，不断增强我国经济创新力和竞争力，努力实现更高质量、更有效率、更加公平、更可持续的发展献计出力。

——坚持中国特色社会主义文化发展道路。坚定文化自信，牢固树立中国特色社会主义共同理想，培育和践行社会主义核心价值观，推动中华优秀传统文化创造性转化、创新性发展，加强思想道德建设，发展社会主义文艺，推动文化事业和文化产业发展，为更好构筑中国精神、中国价值、中国力量，推动社会主义文化繁荣兴盛，建设社会主义文化强国贡献才智。

——坚持在发展中保障和改善民生。加强和创新社会治理，贯彻总体国家安全观，助力打赢脱贫攻坚战，推动实施健康中国战略，推动卫生与健康事业发展，深化医药卫生体制改革，促进人口均衡发展，提高保障和改善民生水平，不断促进社会公平正义，使人民获得感、幸福感、安全感更加充实、更有保障、更可持续，为促进人的全面发展、全体人民共同富裕，建设健康中国、平安中国，维护社会和谐稳定建言献策。

——坚持节约资源和保护环境的基本国策。推进美丽中国建设，坚定走生产发展、生活富裕、生态良好的文明发展道路，践行绿水青山就是金山银山的理念，助推生态文明体制改革，推进绿色、循环、低碳发展，致力解决突出环境问题，为促进形成节约资源和保护环境的空间格局、产业结构、生产方式、生活方式，推动形成人与自然和谐发展现代化建设新格局，满足人民日益增长的优美生态环境需要贡献力量。

——坚持“一国两制”和推进祖国统一。全面准确贯彻“一国两制”“港人治港”“澳人治澳”、高度自治的方针，加强同香港特别行政区、澳门特别行政区同胞的联系，促进香港、澳门的长期繁荣发展。坚持“和平统一、一国两制”方针，推动两岸同胞的联谊、交流与合作，共同弘扬中华文化，共同反对一切分裂国家的活动，推动两岸关系和平发展，推动祖国和平统一进程，共同为实现中华民族伟大复兴而奋斗。

——坚持和平发展道路，推动构建人类命运共同体。高举和平、发展、合作、共赢的旗帜，促进“一带一路”建设，推动建设相互尊重、公平正义、合作共赢的新型国际关系，增进同世界各国人民的友谊，加强同各国政党和政治组织的交流合作，促进和而不同、兼收并蓄的文明交流，同世界各国人民一道建设持久和平、普遍安全、共同繁荣、开放包容、清洁美丽的世界。

为实现上述任务，适应时代发展的要求，全党要以建设高素质的中国特色社会主义参政党为目标，用习近平新时代中国特色社会主义思想武装全党，增强政治意识、大局意识、核心意识、看齐意识。坚持进步性与广泛性相统一的原则，深化政治交接，全面推进思想建设、组织建设、作风建设、纪律建设，把制度建设贯穿其中，强化党内监督，完善监督体制机制。实施人才强党战略，加强高素质党员人才队伍建设，提高政治把握能力、参政议政能力、组织领导能力、合作共事能力、解决自身问题能力，不断巩固多党合作的共同思想政治基础，全面提高自身建设科学化水平，更好发挥中国特色社会主义参政党作用，为巩固和发展中国共产党领导的多党合作和政治协商制度而努力奋斗。

第一章　党　员

第一条　凡医药卫生、人口资源和生态环境领域以及科技、教育和其他领域的高中级知识分子，承认中国农工民主党章程，具有中国公民身份，自愿参加党的组织，参加组织活动，执行党的决议和履行党员义务的，可以申请加入中国农工民主党。

第二条　申请加入中国农工民主党，须由两名党员介绍，填写入党申请表。基层组织或地方组织必须坚持把政治标准放在首位的原则，对申请人进行初步审查，对确定为发展对象的申请人进行考察和培养教育，培养期一般为六个月以上，经考察后符合发展条件的，报设区的市、自治州以上组织审查批准，并层报中央备案。在特殊情况下，中央和省、自治区、直辖市委员会可以直接吸收党员。

第三条　中国农工民主党对党员的基本要求是：热爱祖国，拥护中国共产党的领导，拥护中国特色社会主义基本理论、基本路线、基本方略，拥护中国共产党领导的多党合作和政治协商制度，坚持中国特色社会主义政治发展道路，自觉践行社会主义核心价值观，弘扬中华民族传统美德，积极参加社会主义现代化建设。

第四条 党员必须履行下列义务：

（一）遵守宪法和法律，保守国家机密，维护国家利益和社会稳定。

（二）遵守党的章程，执行党的决议和决定，完成党组织交付的任务。

（三）学习马克思列宁主义、毛泽东思想、邓小平理论、“三个代表”重要思想、科学发展观、习近平新时代中国特色社会主义思想，贯彻中国共产党和国家的路线、方针、政策，学习党的基本知识，钻研业务，做好本职工作。

（四）密切联系群众，了解和反映社情民意，发挥桥梁和纽带作用。

（五）维护党的团结和统一，遵守组织纪律，开展批评和自我批评，自觉接受党的监督。

（六）发扬社会主义新风尚，践行社会主义核心价值观，弘扬中华民族传统美德。

（七）参加组织生活，按照规定缴纳党费。

第五条 党员享有下列权利：

（一）党内的选举权、被选举权和表决权。

（二）参加党的有关会议和活动，阅读党的有关文件和刊物，参加组织的培训。

（三）参加党组织有关国家事务的讨论，提出意见和建议。

（四）对党的工作提出建议和批评，监督党的各级领导和工作人员。

（五）对党的决议和决定有不同意见，在执行的前提下，可以保留，也可以向上级组织直至中央提出。

（六）在合法权益遭受损害时，有权要求党组织提供帮助。

（七）在党组织讨论决定对党员的纪律处分时，当事人有权参加和进行申辩，其他党员可以为其做证或辩护；如对处分不服，可以申诉，要求上级组织复议和处理。

第六条 党员迁移到另一个地方，须办理转移组织关系手续，如迁移到无党组织的地方，应与原地方组织保持联系。

第七条 党员退党，须书面申请，经基层组织讨论通过，报设区的市、自治州以上组织批准，并层报中央备案。

第八条 党员无正当理由连续一年不参加组织活动、不与组织联系，也不缴纳党费的，经教育无效，基层组织可以建议上一级地方组织注销其党籍。注销党籍应层报中央备案。

第九条 党员在社会主义现代化建设、履行参政党职能和党的自身建设中做出显著成绩的，可由中央或地方组织决定，给予表彰和奖励。

第十条 党员违反党的章程，按照情节轻重，分别给予党内警告、撤销党内职务、留党察看、开除党籍的处分。

留党察看期限不超过两年。党员在留党察看期间，在党内没有选举权、被选举权和表决权。留党察看期间确已改正错误的，可以由做出处分决定的组织按期或提前撤销处分，恢复上述权利。坚持错误不改的，开除党籍。

严重触犯刑律的党员应予开除党籍。

第十一条 对党员的处分，须经本人所在的基层组织党员大会讨论决定，报上一级地方组织批准。

对中央和地方各级委员会委员的处分，须由同级委员会全体会议做出决定。在特殊情况下，可以先由中央常务委员会和地方各级委员会常务委员会做出决定，待召开委员会全体会议时予以追认。对地方各级委员会委员的处分，须经上一级组织批准，并层报中央备案。

开除党籍的处分，须经省、自治区、直辖市委员会审核批准，报中央备案。

第二章 组织制度

第十二条 党的组织原则是民主集中制：

（一）党员个人服从党的组织，少数服从多数，下级组织服从上级组织，全党各个组织和全体党员服从党的全国代表大会和中央委员会。

（二）各级委员会由同级代表大会或党员大会选举产生。

（三）党的最高领导机构是全国代表大会和它选举产生的中央委员会。

地方各级领导机构是地方各级代表大会或党员大会和它选举产生的委员会。

各级委员会向同级的代表大会或党员大会负责并报告工作。

（四）各级委员会实行集体领导和分工负责制度。凡属重要决策、干部任免和重要事项，由领导班子充分酝酿，民主讨论并形成决议。重大事项须经常委会或全委会讨论通过。

（五）上级组织要加强对下级组织的领导，充分调动他们的积极性和创造性，指导下级组织工作，经常了解、听取下级组织和党员的意见和诉求，及时处理他们所提出的问题。下级组织要执行上级组织的决议和决定，向上级组织请示和报告工作。

第十三条 党的组织发展方针是：坚持以医药卫生、人口资源和生态环境领域人士为主、以大中城市为主、以有一定代表性人士为主，注重质量，保持特色，组织发展与后备干部队伍建设相结合。

第十四条 各级代表大会、党员大会和委员会召开会议，必须超过应到人数的半数出席方能举行；通过决议和决定，执行少数服从多数的原则。

第十五条 选举各级代表大会的代表和各级委员会的委员，要广泛听取对候选人的意见，充分协商，采用无记名投票方式进行。选举办法须报上级组织批准。

必要时，上级组织可以调整下级组织的负责人。

第十六条 县级及以上委员会，必要时可以召集代表会议，讨论和决定需要及时解决的重大问题。代表会议的召开、代表的名额和产生办法，由召集代表会议的委员会决定，报上一级组织批准。

第十七条 地方组织的建立、撤销、合并、改建，须报中央批准。筹建中的地方组织领导班子成员，由上一级组织任命。

第十八条 党的内部监督机构为监督委员会，由同级委员会决定设立。

第十九条 中央和省、自治区、直辖市委员会可设直属基层组织，必要时可设置直属工作委员会，领导和管理直属基层组织。直属工作委员会不是一级地方组织，其职权范围和组成人员由中央和省、自治区、直辖市组织决定。

第三章　中央组织

第二十条　全国代表大会每五年举行一次，由中央委员会召集。中央委员会认为必要时，可以提前举行；如无特殊情况，不得延期举行。在举行全国代表大会时，选举主席团主持会议。全国代表大会代表名额和产生办法，由中央委员会或中央常务委员会决定。

第二十一条　全国代表大会的职权是：

（一）审议和批准中央委员会的报告。

（二）修改党的章程。

（三）选举中央委员会。

（四）讨论并决定党的重大事项。

第二十二条　全国代表大会闭会期间，可以由中央委员会全体会议调整和增、补选中央委员会的部分委员。调整和增、补选中央委员，数额不得超过全国代表大会选出的中央委员总数的十分之一。

第二十三条　中央委员会每届任期五年，全国代表大会如提前或延期举行，它的任期相应地改变。

中央委员会委员的名额，由全国代表大会决定。

中央委员会全体会议由中央常务委员会召集，每年至少举行一次。

第二十四条　中央委员会在全国代表大会闭会期间，领导全党工作，对外代表中国农工民主党。其职权是：

（一）贯彻执行全国代表大会的决议。

（二）审议中央常务委员会的工作报告。

（三）审议中央监督委员会的工作报告。

（四）讨论和决定党的工作方针和任务。

（五）选举中央委员会主席、副主席、常务委员会委员。

（六）决定中央监督委员会组成人员。

第二十五条　中央常务委员会在中央委员会闭会期间，行使中央委员会的职权。

中央常务委员会委员的名额由中央委员会决定。

中央委员会主席、副主席，同时是中央常务委员会主席、副主席。

中央常务委员会全体会议，每年至少举行两次，由主席会议决定。

第二十六条　中央委员会主席、副主席组成主席会议，贯彻执行中央委员会和中央常务委员会的决议、决定，处理党的重要事项。主席会议由主席或主席委托的副主席召集和主持。主席会议工作规程由中央常务委员会决定。

第二十七条　中央委员会设秘书长，在主席会议领导下工作。中央委员会设职能工作部门组成中央机关。中央秘书长和职能工作部门的正职负责人由主席会议提名，中央常务委员会任命。副秘书长和职能工作部门的副职负责人由主席会议任命。

第二十八条 根据工作需要中央委员会可设置若干专门工作委员会。专门工作委员会的组建、调整、工作规程由中央常务委员会决定。专门工作委员会主任由主席会议提名，中央常务委员会任命。副主任和委员由主席会议任命。

第四章 地方组织

第二十九条 省、自治区、直辖市的代表大会，设区的市、自治州的代表大会或党员大会，县、不设区的市和市辖区的代表大会或党员大会，每五年举行一次，必要时可提前或延期举行。在举行代表大会或党员大会时，选举主席团主持会议。地方各级代表大会或党员大会由同级委员会召集。代表名额和产生办法，由同级委员会或常务委员会决定，并报上一级组织批准。

第三十条 地方各级代表大会或党员大会的职权是：

（一）贯彻执行全国代表大会、中央委员会和上级组织的决议。

（二）审议和批准同级委员会的报告。

（三）选举同级委员会。

（四）选举出席上一级代表大会的代表。

（五）讨论并决定同级委员会的重要事项。

第三十一条 地方各级代表大会或党员大会闭会期间，经上一级组织批准，可以由它所产生的委员会全体会议调整和增、补选委员会的部分委员。调整和增、补选委员，数额不得超过代表大会或党员大会选出的委员总数的十分之一。

第三十二条 地方各级委员会，每届任期五年。代表大会或党员大会如提前或延期举行，其委员会的任期也相应改变。

地方各级委员会的规模要报上一级组织批准，由同级代表大会或党员大会决定。地方各级委员会全体会议，每年至少举行一次。

第三十三条 地方各级委员会在同级代表大会或党员大会闭会期间，领导本地的党务工作，其职权是：

（一）贯彻执行上级组织和同级代表大会或党员大会的决议，定期向上级组织报告工作。

（二）审议工作报告。

（三）审议同级监督委员会的工作报告。

（四）制订工作计划，讨论决定本组织的重大问题。

（五）选举主任委员、副主任委员、常务委员会委员。

（六）决定同级监督委员会组成人员，并报上一级组织备案。

第三十四条 省、自治区、直辖市，设区的市、自治州委员会可设常务委员会，每届任期和同级委员会相同，在委员会闭会期间，行使同级委员会的职权。

委员会的主任委员、副主任委员，同时是同级常务委员会的主任委员、副主任委员。

主任委员主持同级委员会和常务委员会的工作，副主任委员协助主任委员工作。

第三十五条 省、自治区、直辖市，设区的市、自治州委员会的主任委员、副主任委员组成主任委员会议，贯彻执行委员会和常务委员会的决议、决定，处理地方的重要工作。

主任委员会议由主任委员或主任委员委托的副主任委员召集和主持。

第三十六条 地方各级委员会可设秘书长，在主任委员会议领导下工作。地方各级委员会根据工作需要，配备专职工作人员，设立职能工作部门和专门工作委员会。

秘书长和职能工作部门的正职负责人由主任委员会议提名，同级常务委员会任命。副秘书长和职能工作部门的副职负责人由同级主任委员会议任命。

专门工作委员会的主任由主任委员会议提名，同级常务委员会任命。副主任和委员由主任委员会议任命。

不设常务委员会的地方组织，有关职务由主任委员会议提名，同级委员会任命。

第五章 基层组织

第三十七条 基层组织是指各级组织所辖的小组、支部、支部委员会、总支部委员会、基层委员会。

凡有党员三人以上，可以成立小组；党员五人以上，可以设立支部；有党员九人以上的支部，可以建立支部委员会。根据工作需要，在同一单位、业务系统或地区，可以建立总支部委员会、基层委员会。

基层组织的设立、合并或撤销，由上一级地方组织决定。

第三十八条 支部委员会由支部党员大会选举产生，总支部委员会、基层委员会由党员大会或代表大会选举产生，委员名额由上一级地方组织决定。支部委员会、总支部委员会、基层委员会选举主任委员、副主任委员，不设委员会的支部选举主任和副主任，小组选举组长，每届任期五年。

第三十九条 基层组织的任务是：

（一）接受中共基层党组织和中国农工民主党上级组织的领导，贯彻中国农工民主党上级组织的决议、决定，对上级组织的工作提出建议和意见。

（二）组织党员学习政治理论，学习中国共产党和国家的路线、方针、政策，学习中国农工民主党的历史、章程和文件，开展思想政治工作。

（三）配合所在单位或所在地区的中心工作，鼓励党员立足岗位建功立业；围绕经济社会发展和国计民生，开展调查研究和社会活动，反映社情民意，积极建言献策。

（四）健全工作制度，对党员进行教育、管理、监督和服务，开展组织活动，增强组织凝聚力。

（五）关心党员的思想状况和工作、生活情况，依法维护党员权益，按组织程序反映他们的意见和建议，协调关系、化解矛盾。

（六）严格按照党组织发展工作的规定，做好党员的发展、考察、培养和推荐工作。

（七）制订年度计划，总结年度工作，研究对党员的表扬、奖励和处分等重要事项。

（八）收缴党费，定期公布党费使用情况。

第六章 干 部

第四十条 按照德才兼备、以德为先的原则选拔党的各级领导干部，建立健全民主评议机制、干部选拔任用机制和合理的进退机制。努力建设自觉接受中国共产党的领导，坚持走中国特色社会主义政治发展道路，团结和带领广大党员坚定不移地同中国共产党一道前进的政治坚定、团结民主、工作高效、关系和谐、廉洁自律的领导班子。

第四十一条 中央和地方组织的领导班子成员实行任期制，原则上同一职务可连选连任两届，最多不得超过三届。各级委员会的领导成员，因工作需要，在任期内可进行调整。

第四十二条 各级领导干部必须遵守政治纪律、政治规矩，信念坚定、为民服务、勤政务实、敢于担当、清正廉洁，模范地遵守党的章程，并且要具备以下条件：

（一）具有履行职责所需要的马克思列宁主义、毛泽东思想、邓小平理论、“三个代表”重要思想、科学发展观的水平，带头贯彻落实习近平新时代中国特色社会主义思想，牢固树立政治意识、大局意识、核心意识、看齐意识，自觉在思想上政治上行动上同中共中央保持高度一致，努力用马克思主义的立场、观点、方法分析和解决实际问题，不断提高政治把握能力、参政议政能力、组织领导能力、合作共事能力、解决自身问题能力。

（二）具有中国特色社会主义坚定信念，坚决执行中国共产党的基本路线和各项方针、政策，忠诚于中国共产党领导的多党合作和爱国统一战线事业，立志改革开放，献身现代化事业，在社会主义建设中艰苦创业，树立正确政绩观，做出经得起实践、历史检验的实绩。

（三）坚持解放思想，实事求是，与时俱进，开拓创新，认真调查研究，卓有成效地开展工作，讲实话，办实事，求实效。

（四）热心党的工作，善于合作共事，有政治责任感，有实践经验，有胜任领导工作的组织能力、文化水平和专业知识。

（五）正确行使人民赋予的权力，坚持原则，依法办事，清正廉洁，勤政为民，以身作则，艰苦朴素，密切联系群众，自觉地接受党和群众的批评和监督，加强道德修养，讲党性、重品行、作表率，做到自重、自省、自警、自励，反对形式主义、官僚主义、享乐主义和奢靡之风，反对任何滥用职权、谋求私利的行为。

（六）坚持和维护民主集中制，有民主作风，有全局观念，善于团结同志。

第四十三条 县级以上委员会的机关干部按照《中华人民共和国公务员法》管理。

第七章 党内监督

第四十四条 党内监督是党对各级组织和党员遵守章程、履行本党职责情况的自我监督，是维护党的团结统一、完成党的任务的保证。党的各级组织和党员必须自觉接受党内监督。

第四十五条 党内监督的任务是确保党章在全党有效执行，保证党的组织充分履行职能、发挥作用，保证党的领导干部忠诚干净担当。

第四十六条 党内监督的重点对象是党的各级领导班子及其成员、各级领导机构成员以及在党的各级机关中担任公职的党员。

第四十七条 中央和省级组织设立监督委员会，有条件的地市级组织可以试点设立党内监督机构。

中央监督委员会在中央委员会领导下进行工作。地方各级监督委员会在同级委员会领导下和上级监督委员会指导下进行工作。

各级监督委员会每届任期和同级委员会相同，向同级委员会报告工作。

监督委员会委员列席同级委员会全体会议。

第八章 附 则

第四十八条 本章程经全国代表大会通过后施行，解释权属中央委员会。

中国农工民主党中央关于做好2017年中央换届工作的意见

（中国农工民主党第十五届中央常务委员会第十八次会议2017年6月25日通过）

我党中央将于2017年第四季度召开中国农工民主党第十六次全国代表大会进行换届。为保证换届工作平稳有序进行，现提出以下意见：

一、指导思想和基本原则

（一）指导思想

高举中国特色社会主义伟大旗帜，坚持以马克思列宁主义、毛泽东思想、邓小平理论、“三个代表”重要思想、科学发展观为指导，全面贯彻中共十八大和十八届三中、四中、五中、六中全会精神，深入贯彻习近平总书记系列重要讲话精神和治国理政新理念新思想新战略，以《中国农工民主党章程》为依据，进一步深化政治交接，传承优良传统，选好配好中央领导机构，为多党合作事业健康发展提供有力组织保证。

（二）基本原则

坚持搞好政治交接，传承优良传统，夯实共同思想政治基础；坚持正确选人用人导向，严格人选标准，严把政治关廉洁关；坚持健全机制规范程序，发挥农工党内部监督机制作用，营造风清气正换届环境；坚持“中共党管干部”原则，充分发扬民主，广泛沟通协商；坚持优化领导班子结构，增强班子整体功能，提高“五种能力”；坚持政策的相对稳定，与全国人大、全国政协换届人事安排相衔接，与干部人事制度改革相适应。

二、人选的基本条件和结构要求

（一）人选基本条件

1. 政治素质好，坚持中国共产党的领导，坚决拥护以习近平同志为核心的中共中央，坚定走中国特色社会主义道路，坚持社会主义核心价值观，与中国共产党同心同德。

2. 热爱多党合作事业，深刻认识中国共产党领导的多党合作和政治协商制度，深入了解中国共产党与各民主党派团结合作的历史，准确把握统一战线理论政策。

3. 熟悉并热爱农工党工作，有较强的政治把握能力、参政议政能力、组织领导能力、合作共事能力、解决自身问题能力，在党内有一定的代表性，在本行业本专业有一定的知名度，在党员中有较高的公认度。

4. 为人正派，作风民主，团结同志，勤奋敬业，遵纪守法，廉洁自律。

（二）不宜提名的情况

属于下列情形之一者不宜提名：

1. 本人已获得外国国籍的。

2. 因违纪违法受到组织处理、纪律处分影响使用，或被判刑以及涉嫌违纪违法正在接受调查处理的；无正当理由不参加我党组织生活和工作一年以上的；因健康原因，无法正常履行工作职责一年以上的。

3. 已是省级工商联领导成员，或拟在全国工商联安排为常委、执委的。

4. 情况发生变化的，不再具有代表性的；本人主动要求不再提名的。

5. 因其他因素不宜提名的。

（三）结构要求

中央常务委员会和中央委员会的组成人员要体现农工党特色，应有专家学者、有行政管理经验的领导干部和党务工作者，保持合理的年龄、知识、专业结构和性别比例。

三、领导机构规模

中央常务委员会和中央委员会规模原则上不超过上届。第十六届中央常务委员会规模为 51 名、中央委员会规模为 215 名。

四、领导机构成员提名年龄界限

中央常委64岁以上的（即1954年1月1日前出生），中央委员62岁以上的（即1956年1月1日前出生），一般不再继续提名。新提名中央常委年龄一般在61岁以下（即1956年12月31日后出生），新提名中央委员年龄一般在59岁以下（即1958年12月31日以后出生）。

五、全国代表大会代表的产生和选举办法

全国代表大会代表由选举代表和提名代表组成。选举代表一般由省级组织的代表大会选举产生，提名代表包括新一届领导班子人选、中央机关部门负责人、部分老同志及有关专家学者。代表大会规模一般不超过上届。

选举中央委员采用等额选举的办法。

六、党章修改

贯彻中共十九大精神，充分体现以习近平同志为核心的中共中央治国理政的新理念新思想新战略、统一战线和多党合作的新理论新实践新发展，遵循坚持政治原则和体现党派特色相统一，保持相对稳定和与时俱进相统一，着眼当前实际和长远发展相统一的原则，充分发扬民主，广泛听取意见，重点修改完善“总纲”和“干部”部分。

中国农工民主党中央关于认真学习贯彻十二届全国人大五次会议和全国政协十二届五次会议精神的通知

（中国农工民主党第十五届中央常务委员会第十七次会议2017年3月10日通过）

农工党各省、自治区、直辖市委员会：

十二届全国人大五次会议和全国政协十二届五次会议（以下简称全国两会），是在全面建成小康社会决胜阶段召开的重要会议。学习贯彻好全国两会精神，对于动员广大党员更加紧密地团结在以习近平同志为核心的中共中央周围，为实施“十三五”规划、夺取中国特色社会主义新胜利贡献智慧和力量，具有十分重要的意义。现就有关要求通知如下：

一、认真学习贯彻全国两会精神，统一思想认识、凝聚广泛共识

2016年是中华民族伟大复兴征程中十分重要的一年。以习近平同志为核心的中共中

央，勇于历史担当，保持战略定力，驾驭复杂局面，引领改革发展，团结带领全党全国各族人民，开启全面建成小康社会决胜阶段伟大进军，打响供给侧结构性改革攻坚战，取得新的显著成就，实现了“十三五”良好开局。一年来，农工党中央聚焦健康中国和美丽中国两条主线，积极参与脱贫攻坚，深入推进坚持和发展中国特色社会主义学习实践活动（以下简称学习实践活动），努力加强自身建设，切实履行参政党职能，积极开展社会服务，各项工作取得新进展。

2017 年，是实施“十三五”规划的重要一年、推进供给侧结构性改革的深化之年。置身伟大时代，投身伟大事业，各级农工党组织要认真组织学习全国两会期间习近平总书记发表的重要讲话和李克强总理作的政府工作报告、张德江委员长作的全国人大常委会工作报告、俞正声主席作的全国政协常委会工作报告等重要会议文件，引导广大党员进一步增强贯彻落实全国两会精神的自觉性和主动性，切实把思想和行动统一到习近平总书记重要讲话精神上来，把智慧和力量凝聚到中共中央的决策部署上来，充分发挥智力密集、联系广泛的特点和优势，努力画出最大同心圆、凝聚强大向心力、汇聚更多同行者，为决胜全面小康、实现中华民族伟大复兴凝聚起强大正能量。

二、认真学习贯彻习近平总书记在民进、农工党、九三学社委员联组会上的重要讲话，加强自身建设、全面履行职能

习近平总书记在全国两会期间亲切看望参加全国政协十二届五次会议的民进、农工党、九三学社委员，并在联组会上发表重要讲话，对关心和尊重知识分子提出明确要求，希望广大知识分子自觉做践行社会主义核心价值观的模范、积极投身创新发展实践；对各民主党派围绕“十三五”规划实施献计出力，以换届为契机搞好政治交接、加强自身建设提出殷切希望。充分体现了以习近平同志为核心的中共中央对广大知识分子和各民主党派的高度重视和充分信任。与会委员和总书记共商国是，精神振奋，备受鼓舞。各级组织和广大党员要把学习贯彻习总书记在联组会上的讲话精神，作为当前和今后一个时期的重要政治任务，抓紧抓好抓实。

自觉做践行社会主义核心价值观的模范。要坚持国家至上、民族至上、人民至上，身体力行践行社会主义核心价值观。要积极投身创新发展实践，想国家之所想、急国家之所急，紧紧围绕经济社会发展的瓶颈，不断强化创新意识，不断提升创新能力，不断攀登创新高峰。

紧扣“十三五”规划实施履职尽责。要紧紧围绕实施“十三五”规划，就贯彻落实新发展理念、保持经济平稳健康发展和社会和谐稳定、全面深化改革、推动创新创造、决战脱贫攻坚、推进健康中国和美丽中国建设、促进健康产业和环保产业发展等重大问题，围绕中共中央高度重视、社会各界普遍关注、基层群众最为关切的热点难点问题献计出力，真诚协商、务实监督、深入议政，多建诤言，共谋良策，推动中共中央大政方针落地见效，促进人民福祉不断改善。要切实做好对口云南省脱贫攻坚民主监督工作，通过调查研究发现问题，集成运用民主监督形式形成攻坚合力、增强脱贫实效，寓扶贫于监督中，助力打赢脱贫攻坚战。

把政治交接贯穿换届工作全过程。要牢牢把握思想建设这个核心，探索建立政治交接长效机制，使换届的过程成为传承农工党爱国革命优良传统、筑牢共同思想政治基础、提高自身建设水平的过程。要切实加强领导班子建设，进一步提高政治把握能力、参政议政能力、组织领导能力、合作共事能力、解决自身问题能力，着力增强领导班子的整体功能和合力。要积极营造风清气正的换届氛围，努力换出新干劲、换出新气象。

三、持续深入开展学习实践活动，不忘合作初心，继续携手前进

2017年，中国共产党将召开第十九次全国代表大会。农工党各级组织要把迎接中共十九大、学习宣传贯彻中共十九大精神，作为贯穿全年的重大政治任务切实抓好。要继续把坚持和发展中国特色社会主义作为巩固共同思想政治基础的主轴，深入开展“不忘合作初心，继续携手前进”专题教育活动，按照深化学习与注重实践相统一、思想建党和制度治党相结合、增进政治共识与提高履职实效相促进的要求，扎实有效地推进学习实践活动深入开展、取得实效。要继续把“健康中国”和“美丽中国”作为工作主线，扎实履行参政议政、民主监督、参加中国共产党领导的政治协商的基本职能，特别是按照“长期共存、互相监督、肝胆相照、荣辱与共”的基本方针，切实重视和加强民主监督工作，敢于讲真话、建诤言，勇于提意见、作批评，更加有效地促进中共中央重大方针政策和重要决策部署的贯彻落实。

当前，要把学习贯彻全国两会精神与全面贯彻中共十八大和十八届三中、四中、五中、六中全会精神结合起来，与深入贯彻习近平总书记系列重要讲话精神和治国理政新理念新思想新战略结合起来，以各类座谈会、报告会、研讨会、培训班等形式专题学习研讨，着力增强广大党员的政治意识、大局意识、核心意识、看齐意识，真正在思想上政治上行动上同以习近平同志为核心的中共中央保持高度一致，进一步坚定对中国特色社会主义的道路自信、理论自信、制度自信、文化自信，切实承担起作为中国特色社会主义事业亲历者、实践者、维护者、捍卫者的政治责任，夯实团结奋斗的共同思想政治基础。

站在新的起点，迈上新的征程。让我们更加紧密地团结在以习近平同志为核心的中共中央周围，高举中国特色社会主义伟大旗帜，同心同德，真抓实干，锐意进取，以更加饱满的精神和更加出色的成绩迎接中共十九大和农工党十六大胜利召开！为实现两个一百年奋斗目标、实现中华民族伟大复兴的中国梦，做出新的更大贡献！

中国农工民主党中央关于认真学习宣传贯彻中共十九大精神的决议

［中国农工民主党第十五届中央常务委员会第十九次（扩大）会议
2017年10月29日通过］

中国共产党第十九次全国代表大会，是在我国全面建成小康社会决胜阶段、中国特色社会主义进入新时代的关键时期召开的一次十分重要的大会。大会批准了习近平同志代表十八届中央委员会所做的《决胜全面建成小康社会夺取新时代中国特色社会主义伟大胜利》的报告，批准了中央纪律检查委员会的工作报告，审议通过了《中国共产党章程（修正案）》，选举产生了新一届中央委员会和中央纪律检查委员会。中共十九届一中全会选举产生了新一届中央领导集体，习近平同志再次当选中央委员会总书记、担任中央军委主席。这是一次不忘初心、牢记使命、高举旗帜、团结奋进的大会，是一次迈向新时代、开启新征程、续写新篇章的大会，在中国共产党历史上、中华人民共和国历史上、中华民族历史上都具有重要的里程碑意义。

农工党中央完全赞同中共十九大报告及通过的各项决议，衷心拥护以习近平同志为核心的新一届中共中央领导集体。农工党中央要求，各级组织和全党同志要把认真学习宣传贯彻中共十九大精神特别是习近平新时代中国特色社会主义思想，作为当前和今后一个时期的首要政治任务，认真研读中共十九大报告和有关文件，准确领会把握中共十九大精神的思想精髓、核心要义，原原本本、原汁原味学习好中共十九大精神，把坚决维护习近平总书记作为中共中央的核心、中国共产党的核心地位作为第一位的政治要求，切实把思想和行动统一到中共十九大精神上来，把智慧和力量凝聚到中共十九大确定的目标任务上来。

一、充分认识学习宣传贯彻中共十九大精神的重大意义

中共十九大高举中国特色社会主义伟大旗帜，以马克思列宁主义、毛泽东思想、邓小平理论、“三个代表”重要思想、科学发展观、习近平新时代中国特色社会主义思想为指导，分析了国际国内形势发展变化，回顾和总结了中共十八大以来五年的工作和历史性变革，做出了中国特色社会主义进入了新时代、我国社会主要矛盾已经转化为人民日益增长的美好生活需要和不平衡不充分的发展之间的矛盾等重大政治论断，深刻阐述了新时代中国共产党的历史使命，确立了习近平新时代中国特色社会主义思想的历史地位，提出了新时代坚持和发展中国特色社会主义的基本方略，确定了决胜全面建成小康社会、开启全面建设社会主义现代化国家新征程的目标，对新时代推进中国特色社会主义伟大事业和中国共产党的建设新的伟大工程做出了全面部署。

习近平总书记作的报告，主题鲜明、思想深邃、大气磅礴，描绘了决胜全面建成小康社会、夺取新时代中国特色社会主义伟大胜利的宏伟蓝图，指明了中国共产党和国家事业的前进方向，是全党全国各族人民智慧的结晶，是中国共产党团结带领全国各族人民在新时代坚持和发展中国特色社会主义的政治宣言和行动纲领，是马克思主义的纲领性文献。

大会通过的《中国共产党章程（修正案）》将习近平新时代中国特色社会主义思想写入党章，确立为中国共产党必须长期坚持的指导思想。修改后的党章体现了中共十八大以来中国共产党的理论创新、实践创新、制度创新成果，体现了中共十九大报告确立的重大理论观点和重大战略思想，是执政党指导思想又一次与时俱进，开辟了当代中国马克思主义发展的新境界，为新时代中国特色社会主义伟大事业提供了根本保证。

习近平同志再次当选中共中央总书记、担任中央军委主席，充分体现了全党全国人

民的共同心愿。一大批经验丰富、德才兼备、奋发有为的同志进入新一届中共中央领导机构，充分显示出中国特色社会主义事业蓬勃兴旺、充满活力。这是一个政治坚定、团结统一、坚强有力、奋发有为的中央领导集体，这是一个人民可以期待、适应中国共产党和国家事业发展需要的中央领导集体。

农工党中央认为，认真学习宣传贯彻中共十九大精神，关系决胜全面建成小康社会、开启全面建设社会主义现代化国家新征程，关系多党合作事业持续健康发展，对于动员农工党各级组织和全体党员紧密团结在以习近平同志为核心的中共中央周围，高举中国特色社会主义伟大旗帜，以习近平新时代中国特色社会主义思想为指引，满怀信心地为决胜全面建成小康社会、开启全面建设社会主义现代化国家新征程，夺取新时代中国特色社会主义伟大胜利、实现中华民族伟大复兴的中国梦、实现人民对美好生活的向往，具有重大现实意义和深远历史意义。

二、全面准确学习领会中共十九大精神

农工党中央认为，学习宣传贯彻中共十九大精神，要在全面系统的基础上突出重点、抓住关键，把着力点聚焦到习近平新时代中国特色社会主义思想是党必须长期坚持的指导思想上；聚焦到5年来中国共产党和国家事业取得历史性成就和发生历史性变革上；聚焦到做出中国特色社会主义进入了新时代、我国社会主要矛盾已经转化为人民日益增长的美好生活需要和不平衡不充分的发展之间的矛盾等重大论断的深远影响上；聚焦到贯彻落实中共十九大的重大决策部署上；聚焦到习近平总书记是全党拥护、人民爱戴、当之无愧的党的领袖上。我们在学习过程中，要注意把握以下几个方面：

——深刻领会中共十九大的主题。中共十九大的主题是：不忘初心，牢记使命，高举中国特色社会主义伟大旗帜，决胜全面建成小康社会，夺取新时代中国特色社会主义伟大胜利，为实现中华民族伟大复兴的中国梦不懈奋斗。这个主题，明确回答了中国共产党在新时代举什么旗、走什么路、以什么样的精神状态、担负什么样的历史使命、实现什么样的奋斗目标的重大问题。

——深刻领会习近平新时代中国特色社会主义思想。中共十八大以来，以习近平同志为核心的中共中央以全新的视野深化对共产党执政规律、社会主义建设规律、人类社会发展规律的认识，进行艰辛理论探索，创立了习近平新时代中国特色社会主义思想。习近平新时代中国特色社会主义思想从理论和实践结合上系统回答了新时代坚持和发展什么样的中国特色社会主义、怎样坚持和发展中国特色社会主义这一重大时代课题，是对马克思列宁主义、毛泽东思想、邓小平理论、“三个代表”重要思想、科学发展观的继承和发展，是马克思主义中国化的最新成果，是中国共产党和人民实践经验和集体智慧的结晶，是中国特色社会主义理论体系的重要组成部分，是全党全国人民为实现中华民族伟大复兴的行动指南，对于在新的历史起点上进行伟大斗争、建设伟大工程、推进伟大事业、实现伟大梦想具有重大现实意义和深远历史意义。农工党中央要以习近平新时代中国特色社会主义思想统一思想和行动，把这一重要思想贯彻到履行参政党职能的全过程、体现到加强参政党建设的各方面，始终做到理论上清醒、政治上坚定，不断增强学习贯彻的自觉性和坚定性。

——深刻领会中共十八大以来中国共产党和国家事业发生的历史性变革。中共十八大以来的五年，是中国共产党和国家发展进程中极不平凡的五年，改革开放和社会主义现代化建设取得了历史性成就。五年来，以习近平同志为核心的中共中央，以巨大的政治勇气和强烈的责任担当，提出一系列新理念新思想新战略，出台一系列重大方针政策，推出一系列重大举措，推进一系列重大工作，解决了许多长期想解决而没有解决的难题，办成了许多过去想办而没有办成的大事，推动中国共产党和国家事业发生历史性变革，赢得了包括农工党在内全国各族人民的一致拥护和衷心爱戴。5 年来的成就是全方位的、开创性的，5 年来的变革是深层次的、根本性的，这些历史性成就和历史性变革，对中国共产党和国家事业发展具有重大而深远的影响。

——深刻领会中国特色社会主义进入了新时代的新论断和我国社会主要矛盾发生变化的新特点。经过长期努力，中国特色社会主义进入了新时代，这是中共十九大对我国发展新的历史方位的科学判断，也是贯穿中共十九大报告的一条主线。中共十九大提出，我国社会主要矛盾已经转化为人民日益增长的美好生活需要和不平衡不充分的发展之间的矛盾。这个变化是关系全局的历史性变化，反映了我国社会发展的客观实际，不仅对中国共产党和国家工作提出了新要求，也对新时代农工党各项工作提出了许多新要求。

——深刻领会新时代坚持和发展中国特色社会主义的基本方略。为贯彻落实习近平新时代中国特色社会主义思想，中共十九大报告提出新时代坚持和发展中国特色社会主义的基本方略，并概括为“14 个坚持”：坚持党对一切工作的领导、坚持以人民为中心、坚持全面深化改革、坚持新发展理念、坚持人民当家做主、坚持全面依法治国、坚持社会主义核心价值体系、坚持在发展中保障和改善民生、坚持人与自然和谐共生、坚持总体国家安全观、坚持党对人民军队的绝对领导、坚持“一国两制”和推进祖国统一、坚持推动构建人类命运共同体、坚持全面从严治党。习近平新时代中国特色社会主义思想是指导思想层面的表述，在行动纲领层面称为中国特色社会主义基本方略。我们要全面贯彻中国共产党的基本理论、基本路线、基本方略，奋力推进新时代中国特色社会主义事业。

——深刻领会实现第一个百年奋斗目标和向第二个百年奋斗目标进军。中共十九大提出，从现在到 2020 年，是全面建成小康社会的决胜期。中共十九大认为，从十九大到二十大，是“两个一百年”奋斗目标的历史交汇期，既要全面建成小康社会、实现第一个百年奋斗目标，又要乘势而上开启全面建设社会主义现代化国家新征程，向第二个百年奋斗目标进军。在综合分析国际国内形势和我国发展条件基础上，中共十九大对第二个百年奋斗目标进行了战略规划，提出将全面建设社会主义现代化国家的新征程分两个阶段来安排：第一个阶段，从 2020 年到 2035 年，在全面建成小康社会的基础上，再奋斗十五年，基本实现社会主义现代化；第二个阶段，从 2035 年到本世纪中叶，在基本实现现代化的基础上，再奋斗十五年，把我国建成富强民主文明和谐美丽的社会主义现代化强国。从全面建成小康社会到基本实现现代化，再到全面建成社会主义现代化强国，是新时代中国特色社会主义发展的战略安排。

——深刻领会新时代中国共产党的历史使命、党的建设总要求以及坚定不移全面从严治党的重大部署。中共十九大指出，实现中华民族伟大复兴是近代以来中华民族最伟大的梦想，实现伟大梦想必须依靠中国共产党团结带领人民进行伟大斗争、建设伟大工程、推进伟大事业，其中起决定性作用的是党的建设新的伟大工程，必须毫不动摇坚持和完善党的领导，毫不动摇把党建设得更加坚强有力。中共十九大提出了新时代中国共产党建设的总要求，并对坚定不移全面从严治党、不断提高党的执政能力和领导水平提出了八个方面具体要求。我们要坚持以执政党为师，学习中国共产党勇于自我革命的精神，借鉴中国共产党全面从严治党的成功经验和做法，全面加强参政党建设，不断提高政治把握能力、参政议政能力、组织领导能力、合作共事能力、解决自身问题能力。

——深刻领会关于协商民主、统一战线、多党合作的重要论述。中共十九大把发展社会主义协商民主、巩固和发展最广泛的爱国统一战线、坚持和完善中国共产党领导的多党合作和政治协商制度纳入中国共产党必须长期坚持的基本方略；强调要加强协商民主制度建设，统筹推进政党协商、政协协商等；强调统一战线是中国共产党的事业取得胜利的重要法宝，必须长期坚持；重申坚持“长期共存、互相监督、肝胆相照、荣辱与共”方针，支持民主党派按照中国特色社会主义参政党要求更好履行职能。中共中央在10月26日致各民主党派中央、全国工商联的感谢信中再次强调了“三个坚定不移”，即坚定不移坚持和完善中国共产党领导的多党合作和政治协商制度，坚定不移贯彻十六字方针，坚定不移支持各民主党派履行职能发挥作用。作为中国特色社会主义参政党，我们要深刻把握这些重要论述，紧密联系实际，充分展示多党合作制度的独特优势和强大生命力，坚定信念，矢志跟随，和中国共产党共赴新征程、共襄复兴梦。

三、联系实际，认真做好中共十九大精神的学习宣传贯彻

农工党中央要求，各级组织和领导干部要把学习宣传贯彻中共十九大精神摆上重要议事日程，要坚持联系实际、坚持学用一致，在学懂、弄通、做实上下功夫，在统一思想、凝聚力量，落实部署、见诸行动上见实效，迅速掀起学习宣传贯彻中共十九大精神的热潮。

1. 以中共十九大精神特别是习近平新时代中国特色社会主义思想为指引，在思想认识上达到新高度。中共十九大提出了一系列新思想、新论断、新任务、新举措，为农工党各项工作指明了前进方向。各级组织和全党同志要积极行动起来，认真开展好各种形式的学习宣传活动，充分运用中共十九大精神特别是习近平新时代中国特色社会主义思想，武装头脑、指导实践、推动工作。各级组织要切实抓好学习培训，通过举办各种形式的报告会、研讨班、座谈会，制订系统学习计划，列出专题进行研讨，组织广大党员干部认真学习中共十九大精神，力求学深学透、融会贯通；要充分发挥理论中心组和理论研究点的作用，加强对中共十九大精神的学习研究、阐释宣传，努力推出一批结合农工党实际、有较强实践指导意义的理论成果；要通过报纸杂志、广播电视、网络微信等多种媒体形式，全方位宣传各级组织学习贯彻中共十九大精神的情况，努力推出一批有分量有深度的报道、综述、评论和理论文章，总结推广好的经验和做法，积极营造学习宣传贯彻中共十九大精神的浓厚氛围。

2. 以中共十九大精神特别是习近平新时代中国特色社会主义思想为指引，在认真履行职能上做出新贡献。中共十九大报告明确指出：“坚持长期共存、互相监督、肝胆相照、

荣辱与共，支持民主党派按照中国特色社会主义参政党要求更好履行职能。”过去的5年，农工党紧密围绕统筹推进“五位一体”总体布局、协调推进“四个全面”战略布局，结合自身在医药卫生、人口资源和生态环境等领域的联系界别优势，将推进“健康中国”“美丽中国”建设作为履行职能的两条工作主线，取得了一些重要成果。当前，我们要紧密围绕中共十九大提出的新目标、新任务，深刻把握新时代的新特点和人民群众对美好生活的新期盼，积极探索创新服务大局的工作思路和重点，认真履行参政议政、民主监督、参加中国共产党领导的政治协商职能，特别是贯彻新发展理念，围绕助力健康中国战略实施、助推美丽中国建设、助力脱贫攻坚、促进社会和谐献计出力，在新时代推动中国特色社会主义伟大事业发展中发挥积极作用。

3. 以中共十九大精神特别是习近平新时代中国特色社会主义思想为指引，在加强自身建设上取得新进展。身处“两个一百年”奋斗目标的历史交汇期，要在新时代更好担负参政党的历史使命，农工党就必须高度重视自身建设，进一步加强政治、作风、队伍、本领建设。我们要认真学习借鉴执政党的做法和经验，把深入学习宣传贯彻中共十九大精神同坚持和发展中国特色社会主义学习实践活动结合起来，认真开展“不忘合作初心，继续携手前进”专题教育，深入实施“人才强党”战略，坚持依规从严治党，牢固树立“四个意识”，更加坚定“四个自信”，努力把农工党建设成为适应新时代要求的中国特色社会主义参政党，在思想上政治上行动上与以习近平同志为核心的中共中央保持高度一致，真正担负起中国特色社会主义事业亲历者、实践者、维护者、捍卫者的政治责任。我们要把学习宣传贯彻中共十九大精神特别是习近平新时代中国特色社会主义思想，作为政治交接的时代内涵，在即将召开的农工党十六大和今后的工作中认真贯彻落实，夯实团结奋斗的共同思想政治基础。

新时代提出新要求，新时代聚焦新任务。农工党中央号召，各级组织和全党同志要紧密团结在以习近平同志为核心的中共中央周围，高举中国特色社会主义伟大旗帜，以习近平新时代中国特色社会主义思想为指引，不忘合作初心，继续携手前进，为决胜全面建成小康社会、夺取新时代中国特色社会主义伟大胜利、实现中华民族伟大复兴的中国梦、实现人民对美好生活的向往而继续奋斗！

中国农工民主党第十五届中央常务委员会2017年工作要点

（中国农工民主党第十五届中央常务委员会第十六次会议2016年11月28日通过）

2017年是实施“十三五”规划的重要一年，是供给侧结构性改革的深化之年，也是我国政治生活中具有重要意义的一年。全党工作的总体要求是：更加紧密团结在以习近平同志为核心的中共中央周围，高举中国特色社会主义伟大旗帜，以邓小平理论、“三个代表”重要思想和科学发展观为指导，全面贯彻中共十八大和十八届三中、四中、五中、六中全会和中央经济工作会议精神，深入学习贯彻习近平总书记系列重要讲话精神和治国理政新理念新思想新战略，坚持以统筹推进“五位一体”总体布局和协调推进“四个全面”战略布局为统领，贯彻落实新发展理念，以健康中国和美丽中国为主线，着力加强自身建设，积极履职尽责，以优异成绩迎接中共十九大和我党十六大的胜利召开。

一、切实加强思想建设，不断巩固多党合作的共同思想政治基础

1. 认真学习贯彻中共十八届六中全会精神。采取座谈会、报告会、培训班等形式多样、内容丰富的学习活动，增强学习实效，引导广大党员不断增强“四个意识”特别是核心意识、看齐意识，切实把思想和行动统一到中共中央的决策部署上来。以执政党为师，加强党内政治生活建设，营造风清气正的政治生态。

2. 开展“不忘合作初心，继续携手前进”专题教育。将专题教育作为坚持和发展中国特色社会主义学习实践活动（以下简称学习实践活动）的重要内容和载体，认真制定工作方案，精心组织实施，紧密结合学习习近平总书记系列重要讲话精神、学习多党合作历史和农工党党史，进一步巩固团结奋斗的共同思想政治基础。

3. 做好学习实践活动总结工作。系统总结学习实践活动的经验做法，统一对全党近五年的重要工作进行表彰。深入宣传我党履职成果和党员典型事迹，发挥好先进典型的示范引领作用，探索形成加强自身建设、履职尽责的长效机制。

4. 开展思想建设调研和思想态势分析。做好思想建设调研工作，通过实地调研、调查问卷、走基层等深入分析党员思想态势，准确把握党员思想实际，搞好分类引导，提高思想政治工作精细化水平。

5. 加强宣传工作。贯彻落实《关于加强统一战线和多党合作事业宣传的意见》，加强对中共十九大、我党十六大等重要会议、重大活动的宣传报道。关注意识形态领域的重要问题和社会热点问题，运用好我党新闻舆论专家库，正面踊跃发声。建好管好用好新媒体，推动党刊、网站、微信订阅号融合发展，提高宣传教育水平。

6. 加强理论工作。全面总结我党十五大以来的主要经验做法，使之系统化理论化，为党章修改、我党十六大文件起草等工作提供理论支撑。办好中央理论学习中心组学习会。开展理论征文。加强对八个理论研究点的指导。加强民主监督理论研究。举办理论工作培训班。编印《理论研究优秀论文选》《理论研究参考》等。

7. 加强党史工作。启动多党合作历史传统记录工程，采访记录、收集整理农工党老同志对多党合作的历史记忆，现任领导人对传承多党合作优良传统的思考感悟等，为深化政治交接提供生动素材。支持和指导地方加强党史教育基地建设。做好省、市级党史宣讲员培训和党史宣讲工作。

二、着眼新任务新目标，认真履行参政党职能

8. 积极参加中国共产党领导的政治协商。围绕中共十九大报告、经济形势、政府工作报告等重要议题，充分调动各方力量，精心举办研讨会、座谈会，提出切实可行的意见建议。

9. 开展重大专题调研。围绕“打造健康命运共同体、服务国家‘一带一路’战略”、新人口政策下的儿童保障体系建设、药品供给体系改革、“十三五”期间缓解因病致贫返

贫问题、医学人才培养路径与政策、去产能重点地区的转型调整与新能源建设等课题开展调研。提高调研质量，不断提升履职能力和参政议政水平。

10. 做好政协提案、大会发言工作。召开提案工作骨干人员培训会，举办提案工作研讨交流会，完善提案工作机制。打造精品提案，提高重点提案质量和数量。做好政协大会、议政性常委会和专题协商会发言工作，与全国政协外事委员会筹办“改进我国卫生援非工作”双周协商座谈会。

11. 提高社情民意信息质量。以多出精品信息为目标，加强重大、特色信息挖掘。加强与省级组织联系，开展重点信息共建工作。建立中央社情民意信息骨干专家队伍。加强信息工作培训，提高信息撰写和采编水平。

12. 积极发挥专委会作用。围绕重点课题深入调研，为中央履行职能提供智力支撑。举办第十二届中国生态健康论坛。开展好与港澳台医药卫生界的专业交流、亲情联谊等活动。

13. 扎实开展民主监督。全面铺开对口云南省脱贫攻坚民主监督工作，完善与中共云南省委、省政府的沟通联系机制。围绕贫困人口精准脱贫情况等重点内容深入调研。把脱贫攻坚民主监督与履行政党协商、参政议政职能结合起来。寓支持于监督之中，中东部地区条件较好的省级组织和副省级城市，以及党员企业家要发挥各自优势，开展形式多样的监督和帮扶工作。按照中共中央要求，对中共各级党政机关和党员领导干部贯彻《关于新形势下党内政治生活的若干准则》和《中国共产党党内监督条例》情况开展民主监督，提出意见建议。

三、聚焦用力，积极开展社会服务

14. 扎实推进健康扶贫跟踪调研各项工作。全面落实好健康扶贫调研工作座谈会的会议精神，完善工作方案和调查问卷，在深入调研的基础上，用好数据平台，深化数据分析，为实施精准扶贫提供支撑。

15. 继续做好毕节试验区等地帮扶工作。动员农工党东部十省市继续支持毕节试验区大方县建设。推进“同心助医工程”。帮助建设毕节农工同心中等职业技术学校。推动开展大方县医联体建设。推行农村全科家庭医生签约服务，推动“三医联动”。选派优秀干部赴毕节挂职锻炼。

16. 继续推进“同心全科医生特岗人才计划”。推动“同心全科医生特岗人才基金”建设，为基层全科特岗医生提供特岗津贴专项补助，建立“下得去、留得住、用得好、能发展”的长效机制。把毕节“同心全科医生特岗人才计划”成功经验向其他地方复制推广。

17. 提升品牌活动影响力。办好第十届中国环境与健康宣传周、第二十九届国际科学与和平周，各级组织结合实际，开展有特色有亮点的系列活动。扩大“杏林春雨行动”覆盖面。

四、高度重视，认真做好换届工作

18. 全力保障换届工作。全面加强对换届工作的组织领导。中央换届工作领导小组要充分发挥作用，加强对省级组织换届工作的领导。加强调研，做好教育引导工作。认真做好中央和省级组织人事酝酿、协商、提名工作。在充分调研和测算基础上，提出科学的人事方案。严格执行换届程序，指导省级组织开好代表大会，选好配强新一届领导机构，顺利实现政治交接。

19. 把握好党员发展的原则。坚持“三个为主”的方针，深入实施人才强党战略。保持全党党员数量规模以 4.5%—5% 的净增率增长。保持主体界别党员数量不少于 70%，提高“人口资源和生态环境”领域的党员比例。密切关注各级政府机关、国有企业、高校、科研院所、高新技术园区等重点单位，发现优秀人才。注重素质，把握标准，发展符合我党界别特色、代表性强的新的社会阶层人士和非公有制经济人士。

20. 提高培训工作精细化水平。加强市级组织新任主委、省级组织新任领导班子成员的培训。对高校和科研院所党员、新社会阶层人士和非公有制经济人士，以及中青年党员，加大思想政治教育培训力度。继续举办省级监督委员会委员、中西部中青年党员和基层组织负责人培训班。加强部门之间联动，增强对省级组织培训工作的指导，力争形成上下联动、教育培训与履职实践结合的培训体系。

21. 拓展增强组织活力的有效措施。加强与中共地方统战部门的沟通和联系，推动省市级组织领导班子和机关建设。探索实行中央与地方之间党务工作者的双向挂职锻炼。鼓励地方组织之间开展联合培训、联合调研和对口帮扶。支持召开副省级城市联席会议、部分地级市联席会议。规范党费的收缴和管理使用。积极开展“优秀支部”创建活动，评选优秀组织和先进支部。

22. 加强党内监督。充分发挥监督委员会的作用，把对换届纪律的监督作为党内监督工作的重点。加强对换届工作的纪律监督和程序监督。及时发现和纠正苗头性、倾向性问题，坚决抵制不正之风。强化党章党规学习，加强警示教育，加强内部监督制度建设。深入开展调研，广泛征求意见，修改好党内监督条例。做好中央监督委员会的换届工作。

五、集中力量，全力做好农工党十六大各项工作

23. 做好十六大会务工作。成立十六大会务工作领导机构，切实发挥组织协调作用，各级组织积极配合，全面提高服务保障能力，同心协力筹备好召开好十六大。

24. 选好新一届中央领导机构。根据《中国农工民主党第十六次全国代表大会代表名额分配及产生办法》，做好十六大代表的提名和选举工作。着眼于优化班子结构和年龄梯次，增强班子整体功能，选举好新一届中央领导机构。

25. 与时俱进修改好党章。充分发扬民主，利用全国性会议、中央常委会议以及省级组织换届大会契机，广泛征求各级组织和党员的意见。召开专题研讨会，征求党内外专家的意见，使党章适应新形势对参政党建设的新要求。

26. 起草好全会报告等文件。成立十六大文件起草组，起草好全会报告等各项文件。认真总结过去五年在加强自身建设、履行参政党职能、开展社会服务等方面形成的重大成果和主要经验，科学谋划未来五年工作。深入调研、广泛征求意见，形成一份指导思想明确、工作重点突出、适应多党合作发展和全面建成小康社会目标要求、鼓舞人心凝聚力量的好报告。

27. 全面提升机关效能。健全各项工作制度，理顺机关内部工作流程，强化预算管理，加强工作督查督办。推进智慧参政党平台建设。开展录音录像档案数字化工作。统筹各类业务培训，提高机关管理能力和服务水平。

中国致公党

致力为公　侨海报国
为建设新时代中国特色社会主义努力奋斗

——在中国致公党第十五次全国代表大会上的报告

万　钢

（2017 年 12 月 2 日）

各位代表、各位同志：

现在，我代表中国致公党第十四届中央委员会向大会作报告，请各位代表予以审议，并请列席的同志提出意见。

中国致公党第十五次全国代表大会是在中国特色社会主义建设进入新时代召开的一次重要会议。

大会的主题是：在中国共产党的领导下，高举中国特色社会主义伟大旗帜，认真学习贯彻中共十九大精神和习近平新时代中国特色社会主义思想，坚持走中国特色社会主义道路，巩固和深化政治交接，团结带领致公党全党为决胜全面建成小康社会，夺取新时代中国特色社会主义伟大胜利做出新的贡献。

一、过去五年的工作

过去的五年，是中华民族伟大复兴征程中极不平凡的五年，也是统一战线和中国共产党领导的多党合作事业蓬勃发展的五年。中共十八大以来，以习近平同志为核心的中共中央团结带领全党全国各族人民，不忘初心、砥砺奋进，推动党和国家事业发生历史性变革、取得历史性成就，开辟了治国理政新境界，开创了中国特色社会主义新局面。

五年来，在中国共产党领导下，致公党深入学习贯彻落实中共十八大和十八大以来中共中央做出的各项重大决策部署，用习近平新时代中国特色社会主义思想武装全党，围绕国家中心工作，按照本党十四大确定的目标和任务，牢牢把握政治交接这条主线全力推进自身建设，牢牢把握参政为民这个立足点全力提升履职能力，牢牢把握凝聚侨海这个优势全力做好对外交流，全党上下团结一致、共同奋斗，各项工作都取得了很大的成绩。

（一）坚持正确政治方向，多党合作的思想基础进一步巩固

五年来，本党坚持把筑牢思想根基摆在首要位置，紧紧围绕“夯实政治基础、探索履职规律、讲好致公故事”的工作目标，不断巩固全党的政治道路认同、奋斗目标认同和文化价值认同。

理论政策学习持续深入。坚持和完善中心组学习制度，把理论政策学习与主席会、常委会和全委会学习相结合，把学习领会习近平新时代中国特色社会主义思想列为首要政治任务。先后就学习中共十八大，十八届三中、四中、五中、六中全会和中共十九大举行了 20 次专题学习，以中共中央的决策部署统一思想和行动。鼓励各级组织创新学习方法，丰富学习内容，完善学习制度，引导广大党员不断提高政治素质、理论修养和业务能力，全党的凝聚力、创造力和执行力得到进一步提高。

主题学习教育活动取得积极成效。根据本党思想政治工作的实际，积极开展坚持和发展中国特色社会主义学习实践活动和“不忘合作初心，继续携手前进”专题教育活动。各级组织领导班子成员带头坚持做到“讲一次党课、写一篇文章、联系一个组织”，“主席走基层”“主委走基层”成为学习实践活动的常态机制。各地也注重创新思路，选好抓手，通过“重走致公路”、邀请专家学者举办专题讲座、党史党章宣讲等多种形式，引导党员把个人理想自觉融入建设中国特色社会主义的共同理想中。为把学习实践活动推向深入，在全党开展了以“中国梦·侨海情”为主题的宣讲活动，15 个省、32 个市进行了 45 场宣讲，1 万多名党员聆听了宣讲报告，取得了很好的学习成效。

党史研究和理论建设工作不断推进。继续在全党范围内加强党史资料的抢救、收集、整理和研究。先后建成中国致公党展览馆、致公党中央党部旧址陈列馆等党员学习教育基地，有序推进口述党史和致公党创始人历史文物征集工作。各级组织以庆祝中国共产党成立 95 周年、中国致公党成立 90 周年、抗战胜利 70 周年等重大活动为契机，开展形式多样的党史教育活动，并积极参加中央统战部组织的多党合作历史传统记录工程。继续在全党范围内推进理论学习、理论研究，通过加强规划指导，健全工作机制，完善队伍建设，形成理论研究工作合力，完成了一批理论研究课题并形成《中国致公党理论研究选集》等优秀成果。

（二）围绕改革发展大局，参政议政的履职成效进一步彰显

五年来，本党坚持把推进“五位一体”总体布局、实现“四个全面”战略布局作为参政议政的第一要务，紧扣改革发展脉搏，突出特色优势，整合内外资源，注重人才培养，形成了集智聚力的参政议政工作新格局，取得了丰硕成果。

积极参与政治协商。本党各级组织负责同志认真参加与中共各级党委的政党协商会、情况通报会。其中，本党中央参加中共中央和国务院召集的高层协商会 24 次，围绕《政府工作报告》、经济形势分析和经济工作、“十三五”规划、中共十九大报告等关系国计

民生的重大问题建言献策，受到高度重视。在十二届全国政协会议期间，作党派大会口头发言 5 次，提交党派大会书面发言 33 件、提案 165 件，内容涵盖了当前我国经济社会发展的众多领域，其中 30 余件提案被全国政协列为重点办理提案，6 件提案获优秀提案表彰。

围绕重大问题开展调研。本党中央在各地方组织的配合下，开展了年度重点调研 62 项，打造了服务创新型国家建设、推动实施健康中国战略、助力区域协调发展、促进对外开放合作、发挥归侨侨眷和归国留学人员作用五大系列的重点调研特色领域。其中，先后围绕加快发展农业现代化、创新驱动装备制造业结构调整、促进淮河流域经济与生态环境协同发展、积极应对人口老龄化、推进“一带一路”建设下的中国文化“走出去”主题，进行了 5 次党派中央大考察活动。在扎实调研的基础上，全党各级组织共完成调研报告 6512 篇，数量和质量比上一届显著提升。本党中央向中共中央、国务院报送相关专题报告和建议 78 篇，其中 62 篇获得习近平、李克强等中共中央领导同志的重要批示，为推动国家事业的发展发挥了积极作用。

认真履行民主监督职能。本党中央领导同志定期参加廉政建设通报会，听取中共中央关于党风廉政建设和反腐败工作情况的报告；参加最高人民法院、最高人民检察院召开的专题座谈会 10 次，就加强反腐倡廉、维护侨商合法权益等提出一系列意见建议。担任各级人大代表、政协委员的党员，认真履行人大代表和政协委员的职责，悉心反映人民意愿。担任各级各类特约人员的党员，认真参加有关监督工作，充分履行了民主监督职责。此外，各级组织向本党中央报送社情民意信息素材 8516 篇。在此基础上，本党中央向全国政协和中央统战部报送信息 1350 篇，及时对经济社会发展和人民群众普遍关心的新情况新问题提出意见建议。

优化参政议政工作机制。各级组织着力加强制度建设，以优化机制放大参政议政效果。在“上下联动、横向联合”的基础上，构建调研、提案、信息采集协同机制，创设参政议政联系点，进一步加强了本党中央与地方组织的配合力度。在“各方合力、共谋发展”的基础上，各级组织加大与国家部委、地方政府的联系与合作，成功举办 9 次中国发展论坛，成为致公党与地方政府合作的特色品牌。在“行动中的致公党、平台化的智库”的准确定位上，各级组织加大专门委员会的建设力度，专门委员会的作用进一步发挥，全党性的专门委员会制度结构、人员网络、交流平台初步建成。

（三）做好侨海大文章，海外联络的整体布局进一步完善

五年来，本党充分发挥侨海优势，大力拓展联络平台和工作领域，以新状态适应形势发展，以新作为强化传统优势，积极服务国家外交大局。

发展壮大海外友好力量。各级组织普遍加强了“走出去、请进来”工作的力度。五年来，本党中央累计派出 32 个代表团，赴 53 个国家和地区进行访问，并接待团组 100 多个。目前本党已与 70 多个国家和地区的侨团和重点人士建立了友好联系。注重深化包括海外洪门在内的传统侨团工作，继续有针对性地做好重点侨团、重点人士的工作，并积极拓展新移民群体工作。加大与海外（境外）致公协会的联系，为留学人员回国发展搭建平台。着重加强了与“一带一路”沿线国家华侨华人的联系和交流，首次访问了葡

萄牙、波兰、匈牙利、希腊、斯洛伐克、阿联酋、哈萨克斯坦、新加坡等国家，拓展了海外联络工作新领域。召开“海外华商·致公峰会”和海外侨胞与“一带一路”建设研讨会，邀请“一带一路”沿线国家的侨胞代表与各地方组织代表共同研讨交流。

积极开展侨务公共外交工作。围绕国家外交战略，努力拓展侨务公共外交，在互访中开展高层对话和深入交流，广泛宣传中国特色政治制度，传播良好的中国国家形象。根据两岸关系的发展形势，按照“有节奏、有策略、有侧重”的方针，积极稳妥做好未建交国家工作。在强化与多米尼加、巴拉圭等未建交国家联系的基础上，首次与洪都拉斯、伯利兹、帕劳等未建交国家建立互访关系，外交部对此项工作给予高度评价。此外，本党加强了与中央各涉侨涉台部门的合作，积极支持和参与海外“反独促统”活动，注重与亲台社团和人士的团结争取工作，努力遏制“台独”分裂势力在海外的影响。

着力做好台港澳工作。结合国家台港澳工作大局，及时把握对台工作和港澳工作所面临的新形势，密切关注台湾和香港局势变化，高度警惕“台独”“港独”势力在国际舞台上抬头，进一步密切与台港澳爱国侨社的联系。加大与台港澳地区交流平台的建设，持续开展海峡科技论坛、海峡两岸中华武术论坛、致公恳谈会、“粤港青年公益行”等活动。同时，把做好港澳工作的重点放在青年一代和专业人士上，注重通过各种形式做好与港澳工商界、法律科技界人士及青年学生的工作，最大范围内争取人心、增进认同。

（四）聚焦全面小康与脱贫攻坚，社会服务的工作实绩进一步突出

五年来，本党注重社会服务体系化建设，不断完善工作机制，努力整合拓展资源，提升社会服务品牌创新力度，取得良好社会效益，赢得社会广泛赞誉。

定点扶贫成效明显。本党中央和地方组织积极参与对贵州毕节、重庆酉阳、贵州黔西南和四川泸州的定点扶贫工作，通过项目帮扶培育贫困地区内生动力、改善民生。五年来，本党中央共组织40余次针对定点扶贫地区的专题调研，引进和实施项目100余项，协调招商引资项目资金80多亿元，协调捐赠款物达1.2亿多元。在帮扶过程中，努力实现外部支持与培育内生动力相结合，毕节的“致公党毕节农业科技帮扶园”、泸州的“社区发展基金”等很好地提升了当地农民的自我发展能力；突出强调经济发展与带动就业相结合，毕节的“致福光谷”、酉阳的花田乡社会服务实践基地等很好地促进了当地农民的就业；着力追求教育发展与医疗卫生改善相结合，“致公学生培养计划”“致福送诊”等一批项目有力地改善了当地的教育医疗状况。

脱贫攻坚民主监督扎实有序。按照中共中央部署，2016年以来，本党正式开展对口四川省的脱贫攻坚民主监督工作。通过两年的努力，与四川省及国家有关部门建立了较为完善的集“信息沟通、实地督导、意见反馈”三位一体的监督机制。7次组织调研组赴四川贫困地区实地考察，多次召开全党性的专题工作会议，形成脱贫攻坚相关信息和建议80余份，其中不少意见和建议得到了国务院领导同志的批示，对四川省脱贫攻坚工作起到了很好的推动作用。

社会服务工作新格局基本形成。经过本党上下的共同努力，全党形成了社会服务工作纵向到底的工作体系，并向基层高效延伸。本党中央与地方组织积极合作，紧密互动，共实施了9个“央地互动”项目，取得了很好的资源共享、工作协同的效果。强化横向

协作机制建设，增强社会服务工作活力。鼓励东西部组织结合国家精准扶贫、精准脱贫工作的形势和需求协同参与脱贫攻坚，34个东部地区组织与15个连片贫困地区组织先后建立扶贫结对帮扶关系，开展资源精准对接，形成了更大范围内的全党扶贫工作格局。打造“致福送诊”“致科工程”等一批优秀工作品牌，全面提升本党社会服务工作的社会影响力。

（五）着眼强基固本，自身建设的能力水平进一步提升

五年来，本党紧紧围绕“建设一个什么样的参政党，怎样建设参政党”这个问题，以组织建设为基础，以制度建设为保障，以能力建设为重点，全面加强自身建设，进一步增强了全党的凝聚力和影响力。

扎实推进组织建设。本党十四大以来，各级组织始终把加强领导班子建设放在突出位置，在搞好政治交接的基础上，进一步明确职责、加强团结、狠抓作风，提高了各级领导班子成员的领导能力和水平。按照“人才兴党”的要求，各级组织重视抓好后备干部队伍建设，注重人才的发现、培养和使用工作，尤其注重对青年党员政治素养的提升。本党中央也对骨干党员、干部的教育培训工作作了系统安排，将新党员培训、中青年骨干党员培训、基层组织负责人培训和地方组织领导班子成员培训作为“人才兴党”的四项重点工程。党内监督工作稳步推进，探索了“四个重点”“四个拓展”和“三个动作”的监督工作机制，中央和省级组织的监督机构不断完善，在各级组织换届工作中发挥了积极有效的作用。

在各级组织的努力下，本党的组织发展工作也在稳步前进，显现出基层组织不断增加、党员人数稳步增长、新党员素质逐年提高的良好发展态势。截至今年11月，新增1个省级组织，4个市级组织。目前，本党有19个省级委员会、1个省级筹备委员会、128个市级委员会、15个县级委员会，共有党员近5.4万人，其中担任各级人大代表的1177人，担任各级政协委员的5343人，在政府、司法部门任县处级及以上实职职务的571人。

着力构建“大宣传”格局。本党坚持统筹“内宣”服务大局，谋划“外宣”树立形象。紧抓传统宣传阵地不放松，《中国致公》等各级党刊，坚持正确的舆论导向，对促进自身建设和提高履职能力发挥了重要作用。不断拓展对外宣传渠道，讲好致公党故事，树立致公党良好形象。近五年，主流媒体刊登有关本党工作的报道3200多篇、专版20多个。各级组织以“互联网+民主党派工作”的创新思路，不断增强互联网思维，不断探索新媒体环境下的宣传工作。经过五年的努力，全党基本构建起了“一站一微一端”的全方位新媒体宣传矩阵。此外，各级致公画院、致公摄影社等文化平台逐步完善，作用日益显现。

全面提升机关建设水平。本党中央领导高度重视各级机关建设，提出要以“不忘起点、抓住重点、做出亮点”的工作思路，全面推进“学习型、服务型、创新型”机关建设。首次举办致公党地方组织工作交流会，对全党地方组织和机关建设工作进行了全面部署。本党中央机关创设了融参政议政与机关学习培训为一体的月度专题座谈会平台，建立和完善了年度论文竞赛、机关财务管理会议等机制，加大了对青年干部的培养和使用力度，鼓励他们到贫困地区挂职锻炼，积极参与脱贫攻坚，不断提高自身素质。经过

五年的努力，本党各级机关干部的政治素养和业务能力显著提升，各类规章制度日益完善，机关工作水平不断提高，机关作风建设成效显著，为保障本党各项工作顺利运转发挥了重要作用。

各位代表，各位同志！

这五年，是我们坚持中国共产党的领导，与中国共产党亲密合作、共同致力于中国特色社会主义事业的五年；是我们继承传统、与时俱进的五年；是我们全体致公党党员锐意进取、团结奋斗的五年。在这里，我代表中国致公党第十四届中央委员会，向领导我们前进的中共中央致以崇高的敬意！向关心和支持我们工作的全国人大、国务院、全国政协、各民主党派中央、全国工商联、中央统战部和中央涉侨单位表示衷心的感谢！向为致公党事业发展做出辛勤努力的各级组织和广大致公党党员、党务工作者致以诚挚的问候！

回顾五年来走过的道路，我们深切体会到：1. 只有坚持中国共产党的领导，夯实共同思想政治基础，才能使致公党的事业始终沿着正确方向前进；2. 只有继承和发扬致公党的优良传统，才能保持致公党的特色，发挥致公党的优势，才能做到在任何复杂形势下不迷失自我，自尊、自信、自强，推动致公党的事业不断发展；3. 只有坚持以促进发展为第一要务，发挥统筹有力、上下联动、运行有序的组织优势，强化本党中央与地方组织的合作，提高广大党员的参与力度，才能最大限度地凝聚全党推进改革发展的智慧和力量；4. 只有加强队伍建设，注重领导班子和后备干部队伍建设，重视吸收更多优秀人才加入致公党，坚持人才兴党，坚持发挥党员的主体作用，才能使致公党在国家政治生活中发挥更大作用，更好地履行参政党职能；5. 只有坚持以人为本、为侨海服务的立场，广泛团结和联系归侨、侨眷、海外侨胞和留学人员，多渠道、多层次、多形式开展海外联络工作，才能进一步发挥出致公党在爱国统一战线中的独特作用。

同志们！这些年来，我们致公党一直保持着以问题导向来推进自身建设的优良传统。中央委员会每年都把解决上一年存在的问题作为开展各项工作的切入点，每年也都把找准当前存在的新问题作为改进工作，继续前进的出发点。经过五年的努力，我们解决了一些自身建设中的问题，总结了自身建设的规律，开辟了致公党良好的发展前景和局面。然而，我们也要清醒地认识到，我们的工作与新时代对参政党的期待还有差距，前进中还面临不少困难和挑战。我们还需要探索更加有效的思想工作新思路、新办法，提高党员的思想素质，增强组织的凝聚力；还需要建立健全党员诉求表达机制，加强党内监督，发扬党内民主；还需要进一步提高全党参政议政的协同能力，完善资源、信息共享机制，多出精品，多做贡献；还需要继续拓展海外联络新领域，团结和凝聚更多的海外华人华侨和留学人员，扩大本党在海外的影响力；还需要开拓创新，勇于实践，继续深耕细作社会服务的全国知名性品牌；还需要继续推动各项工作的制度化、规范化、程序化，进一步完善体制机制等。这些都应在今后的工作中切实予以重视，真抓实干地把各项工作推向前进。

二、中国致公党新时代的责任与使命

各位代表，各位同志：

前不久胜利闭幕的中共十九大确立了习近平新时代中国特色社会主义思想的历史地位，提出了新时代坚持和发展中国特色社会主义的基本方略，确定了决胜全面建成小康社会、开启全面建设社会主义现代化国家新征程的目标，对新时代推进中国特色社会主义伟大事业和党的建设新的伟大工程做出了全面部署，进一步指明了党和国家事业的前进方向。

对于我们参政党来讲，如何更好地为建设新时代中国特色社会主义贡献力量，不辜负党和人民的重托，已经是我们在下一个时期必须认真加以思考和研究的重大问题。再过八年，致公党将迎来建党一百周年的历史时刻。90多年来，我们致公党始终与祖国共命运、同发展，坚持与中国共产党同心同德、肝胆相照，团结带领全体党员和所联系的归侨、侨眷、归国留学人员及海外侨胞，积极投身我国革命、建设、改革事业，为争取民族独立、国家富强和人民幸福不懈奋斗，为促进祖国和平统一不遗余力，做出了重要贡献。一代又一代的致公党人用自己的拳拳赤子之心，在中华民族实现民族独立和人民解放的光辉历程中，用鲜血和勇气谱写了追求和渴望国家富强、民族振兴的光荣篇章；一代又一代的致公党人用自己的殷殷报国之志，在中华民族开启改革开放的创新实践中，用智慧和汗水实践了“党的规模小声音不能小，党员人数少作为不能少”的历史担当；一代又一代的致公党人用自己的浓浓侨海之情，在中华民族走向复兴的历史征程中，用自信和执着扬起了“致力为公、侨海报国”的时代风帆。此时此刻，我们深切缅怀司徒美堂、陈其尤、黄鼎臣、董寅初等已故领导人。我们也要向罗豪才、杜宜瑾等为致公党中央和地方组织发展殚精竭虑、做出重要贡献的老领导、老同志们致以崇高的敬意。

同志们！中国特色社会主义进入了新时代。今天，我们比历史上任何时期都更接近、更有信心和能力实现中华民族伟大复兴的目标。我国社会主要矛盾已经转化为人民日益增长的美好生活需要和不平衡不充分的发展之间的矛盾，社会结构和利益格局深刻变化，新的社会阶层不断涌现，思想观念日益多样，改革发展稳定任务依然艰巨繁重。在这伟大的新时代征程中，我们参政党只有承担起新时代的历史使命，谱写出新时代的壮丽篇章，才能保持进步性和广泛性，才能有更加光明的未来。建设新时代中国特色社会主义的号角已经吹响。作为中国特色社会主义参政党，作为新时代的致公党人，我们只有不忘合作初心，继续携手前进，开拓创新，砥砺奋斗，才能在中国共产党领导下，以更加昂扬的斗志，更加扎实的努力，迈进新时代、踏上新征程、共筑复兴梦。

我们要始终坚持和维护中国共产党领导，坚持中国特色社会主义政治发展道路，全力建设一个高素质的新时代中国特色社会主义参政党。

指导思想是一个参政党的精神旗帜，理想信念是一个参政党的政治灵魂。一直以来，致公党坚定地选择了中国共产党的领导，坚定地选择了走中国特色社会主义政治发展道路。新时代，继承和发扬致公党的这一根本政治信念，关键要用习近平新时代中国特色社会主义思想去思考问题，指导实践，始终与以习近平同志为核心的中共中央保持高度一致，建设一个高素质的新时代中国特色社会主义参政党，进一步夯实中国共产党领导的多党合作政治制度。其核心是要把习近平新时代中国特色社会主义思想贯穿到致公党加强自身建设的各个方面，使致公党始终保持一致性和多样性，不断夯实共同思想政治基础；其重点是要把新时代坚持和发展中国特色社会主义的基本方略运用到致公党提高履职能力的各个领域，使致公党成为致力于推进新时代中国特色社会主义现代化建设的高素质参政党。

我们要始终不忘致力为公的立党宗旨，发扬侨海报国的优良传统，全力推进建设一个具有历史传承的新时代中国特色社会主义参政党。

立党宗旨是一个参政党的血脉和纽带，优良传统是一个参政党的精神和形象。90 多年来，我们致公党萌芽于华人华侨的爱国情怀，产生于近代广大海外华人华侨的报国革命，发展于在中国共产党领导下自觉投入革命建设发展的兴国实践，实现了从一个旧民主主义政党向社会主义参政党的历史转变。一代又一代的致公党人铸就了致公党的精神传统，一代又一代的致公党人发展了致公党的精神传统。这一精神传统可以归结为“致力为公，以兴邦为民为己任；侨海报国，以创新开放为担当”。这一精神传统的本质在于强烈的爱国奉献信念；这一精神传统的特征在于积极的开创进取意识。新时代，我们要更好地传承和发扬这一精神传统，以精神鼓舞士气，以精神凝聚干劲，把一切智慧和力量聚焦到全面建成小康社会和继续推进社会主义现代化建设上来。

我们要始终保持侨海特色，最大限度凝聚侨海力量，全力推进建设一个具有侨海优势的新时代中国特色社会主义参政党。

永葆特色是一个参政党生生不息的根基，凝聚力量是一个参政党有所作为的源泉。有着众多的归侨、侨眷、归国留学人员和遍布世界各地的几千万海外侨胞，既是我国的一大国情，也是我国的一大优势。在走向中华民族伟大复兴的光明前景中，需要巩固全国各族人民大团结，加强海内外中华儿女大团结，凝聚成最为广泛的致力于中华民族伟大复兴的爱国者联盟。致公党有责任、有义务最大限度地把广大归侨、侨眷、留学人员和海外侨胞团结起来，最大限度地把他们促进国家改革开放和新时代社会主义现代化建设的积极性调动起来，最大限度地把他们在促进祖国和平统一中的独特优势发挥出来。在新时代，致公党发挥侨海优势要更加注重通过开展广泛联谊增强群众性，统筹内外大局把握涉外性，反映侨海呼声体现统战性，进一步发挥参政党优势；发挥侨海特色要更加注重立足国内、放眼海外，以国际化的视野、全局性的思维，把侨海的无限智慧和磅礴力量汇聚到全面建设社会主义现代化国家的伟大实践之中。

同志们！新的时代开启新的征程，新的目标赋予新的使命。我们新时代致公党人要有勇往直前的决心和气概，在中国共产党的领导下，坚定正确道路，传承精神传统，凝聚侨海力量，在决胜全面建成小康社会、夺取新时代中国特色社会主义伟大胜利的新征程上，让即将迎来百年历史的致公党再续辉煌篇章！

三、今后五年的主要任务

当前，我国进入了中国特色社会主义新时代，这个时代承前启后、继往开来、前景光明。我们所联系的广大归侨、侨眷、归国留学人员和海外侨胞正在发生结构性、深层次的变化。我们所面临的既有难得的发展新机遇，也有前所未有的新挑战和新使命。致公党作为中国特色社会主义参政党，必须主动作为，迎接挑战，与中国共产党共创伟业。

在今后五年，致公党要高举中国特色社会主义伟大旗帜，深入学习贯彻中共十九大精神和习近平新时代中国特色社会主义思想，强基固本，鼎新革故，以自觉筑牢思想底线，以创新引领履职作为，以人文提升自身建设，以融合贯通工作机制，全面开创致公党工作新局面。

（一）认真学习贯彻中共十九大精神，坚定不移走中国特色社会主义道路

中共十九大顺应时代大势，引领未来发展，向世界宣示了中国的新时代、新思想、新目标、新征程。习近平总书记所做的报告是中国共产党团结带领全国各族人民在新时代坚持和发展中国特色社会主义的政治宣言和行动纲领。深入学习贯彻中共十九大精神，是当前和今后一个时期致公党的首要政治任务。全党要聚焦牢固树立政治意识、大局意识、核心意识、看齐意识，自觉接受中国共产党的领导，坚决维护习近平总书记的核心地位。要深刻学习领会习近平新时代中国特色社会主义思想，在学懂弄通做实上下功夫，增进高度的政治认同、思想认同、理论认同、情感认同。要深刻理解新时代中国特色社会主义基本方略，广泛凝聚共识、凝聚智慧、凝聚力量，抓铁有痕、踏石留印，以钉钉子精神抓好贯彻落实，共同为实现中共十九大确定的目标任务而奋斗。

深入学习贯彻中共十九大精神，要与夯实共同思想政治基础紧密结合起来，传承初心之志，筑牢同心之基，不断增强“四个自信”。各级组织要牢牢把握思想建设这个核心，把学习贯彻中共十九大精神特别是习近平新时代中国特色社会主义思想作为政治交接的时代内涵，不断巩固多党合作的共同思想政治基础。要继续有序开展主题教育活动，夯实致公党党史研究，深挖致公党的精神传统，确保多党合作事业根基牢固、薪火永续。要围绕致公党新时代的责任和使命，探索把握新时代参政党建设规律，继承优良传统，不断开拓进取，努力提高新时代中国特色社会主义参政党的建设水平。

（二）以提升创新能力为重点，全面增强全党的履职能力

新使命新要求需要参政党在继承中创新，在创新中开拓。今后五年，我们在履职过程中会比任何时期都能体会到创新意识、创新举措和创新形式的重要性。全党要勇于创新，善于创新，大力提升致公党参政议政、民主监督和参加中国共产党领导的政治协商的能力和水平。要创新参政议政的调研实施、成果转化、信息互通、资源共享模式，在巩固科技创新、卫生医疗、生态保护、对外开放、助力侨海等重点领域的基础上，紧扣我国社会主要矛盾变化，突出抓重点、补短板、强弱项，着力拓展具有致公党特色和时代特征的新领域。要创新参政议政的人才队伍培养和使用机制，把得力的干部、优质的资源用在参政议政上，把政治安排、干部使用与参政议政工作联系在一起，充分调动广大党员参政议政的积极性、主动性和创造性。

要增强合作共事能力，积极投入社会主义协商民主建设，切实利用好政党协商、政协协商这两种主要渠道，创新央地协同建言献策机制，更好地围绕中心、服务大局、履职尽责，完善民情民意反映机制，更好地深入群众、了解民情、反映人民意愿，充分发

挥社会主义协商民主的重要作用。要切实做好民主监督工作，以高度的政治责任感和使命感，本着“讲原则、讲真话、讲方法、讲团结”的方针，积极探索、创新民主监督的理论与渠道、途径、方法，勇于实践，善于实践，不断提高监督意识和监督水平，不断推进致公党的民主监督工作。要大力推进专门委员会建设，不断创新专门委员会的体制机制，努力形成本党中央与省级专门委员会协同发展的新格局，以融合联动释放专门委员会的活力，让全党专家的智慧充分涌动。

（三）以服务“一带一路”建设为着眼点，着力彰显侨海优势

“一带一路”建设是中共中央在新的历史时期构建开放型经济新体制、打造全方位对外开放格局的重大战略部署。今后五年，致公党要把服务“一带一路”建设作为彰显侨海优势、写好侨海大文章的基本内容。要着力在“一带一路”沿线国家及地区建立和壮大一支对我友好的侨界力量。要牢牢坚持有助于凝聚侨心侨力、有助于促进“反独促统”、有助于服务“一带一路”建设这三大原则来开拓致公党服务“一带一路”建设的新格局。

致公党根系国内，面向海外；渊源于侨社，服务于侨胞。全党要进一步树立全视野、全方位的大侨海意识，努力把致公党所联系的对象拓展到五大洲更大范围内的侨社侨胞。要牢牢把握我国推进“一带一路”建设的历史机遇，加强与主流爱国侨社、爱国侨领及有影响力的留学人员专业团体的联系，进一步做实与未建交国家的联络、促进科技文化交流、引才引智、涵养华裔新生代等重点工作，增强致公党在海外侨界的向心力与凝聚力。积极配合国家台港澳工作大局，团结台港澳同胞共同为维护港澳繁荣稳定、促进两岸和平统一贡献力量。

（四）以推进全面建成小康社会为目标，大力提升社会服务的整体水平

在 2020 年实现全面小康，是顺利实现第一个百年目标的关键所在。全面建成小康社会，最艰巨最繁重的任务在农村，特别是在贫困地区。全面小康，一个也不能少。聚力脱贫攻坚是参政党的一项重要政治任务。要举全党之力做好脱贫攻坚民主监督工作，继续深入对四川贫困地区考察调研，针对重点难点及时与四川省委、省政府沟通交流，提出意见建议，一些共性问题要向中共中央、国务院反映情况、建言献策，把监督的过程变成推动问题解决和政策落实的过程。要围绕精准扶贫、精准脱贫，以教育扶贫、科技扶贫、健康扶贫为主抓手，以贵州毕节、重庆酉阳、贵州黔西南和四川泸州等定点帮扶和对口支援地区为主战场，积极探索参与推进深度贫困地区脱贫攻坚的新思路和新模式。

要准确认识社会服务是参政党履行职能的重要载体，把社会服务工作放到重要位置。坚持“量力而行，尽力而为”的原则，把全党社会服务工作的重心放到资源整合、提质增效上，建立从中央、省市地方组织到基层党员全面参与的社会服务工作大格局。要以致福慈善基金会为载体，以党内专家和企业家为骨干，打造各类社会服务实践基地、扶贫实践基地。要加强对全党社会服务工作的分类指导，深化央地互动，拓展东西部协作，实现全党社会服务工作协同式发展。

（五）以推进致公党人文建设为支撑，努力提高全党的活力和生机

党员是一个政党发展的根本。全党要坚持以人为本、以文化人，大力弘扬致公党的精神传统，促进致公党员的全面发展，提高致公党全党的组织感召力、人才竞争力和文化向心力。要继续推进“人才兴党”战略，注重吸收高质量、高层次的致公党员，坚持选拔一批能做、愿做、会做的代表性人士进行重点培养。要加强基层组织建设，注重对基层组织的分类指导，积极帮助基层组织解决实际困难，强化基层组织的自我管理能力，全面提升基层组织的活力与凝聚力。要进一步完善党内监督体系，努力构建规范化、程序化的内部监督机制，着力提高解决自身问题的能力，努力建设高素质的新时代中国特色社会主义参政党。

要坚持以政治交接为主线，深化学习践行社会主义核心价值体系，鼓励和引导广大党员在本职岗位和党务工作中做出贡献，增强致公党党员的使命感与荣誉感。要努力在全党塑造出一种具有历史传承、现代理念和未来关怀的文化氛围，温暖和鼓舞每位党员，提升各级组织的正能量。到2022年，要围绕宣讲致公好故事、弘扬致公好传统、彰显侨海新特色、构建侨海大家园四大重点，每年重点实施若干推进工程，把致公党的人文建设提高到新的水平。

（六）以加速融合共享为目标，不断加强信息化时代的自身能力建设

日新月异的信息技术变革对参政党的自身建设带来了前所未有的机遇和挑战。信息生产的巨量化、内容时间的碎片化、传播速度的迅捷化增强了社会的开放性和透明度，使得人们的知情意识、参与意识、表达意识迅速增强。全党必须深刻认识到信息化、数字化对致公党自身能力建设和履职水平提升带来的深刻影响。各级组织要深化对信息化时代特征、发展趋势、机遇挑战的理解和认识，各级党员干部要提高应对信息化挑战的主动性和自觉性。

要把参政党自身能力建设和信息化时代特征有机紧密结合起来，各级组织要全面推进数字致公建设，创新党员管理和党员活动方式，提高思想宣传工作的针对性与实效性。要从致公党信息网络可持续发展出发，建立自上而下、相互衔接、条块结合的全国性致公党网络系统架构，推进信息资源的融合与共享。要按照“党员活动到哪里，自身建设工作就跟进到哪里”的原则，通过建立“网上支部”“党员网上交流平台”“微信参政平台”等途径，创新网络组织活动形式，加强组织与党员的互动交流。要强化党内纪律，规范约束党员干部在信息化条件下的言行。

各位代表、各位同志：

一代人有一代人的长征路，一代人有一代人的使命担当。在新的历史起点上，中华民族迎来了从站起来、富起来到强起来的伟大实践，迎来了实现中华民族伟大复兴的光明前景。

伟大的实践需要坚韧不拔的努力，光明的前景需要锲而不舍的奋斗。在中国特色社会主义新时代，让我们牢记新时代赋予我们参政党的崇高使命，更加紧密地团结在以习近平同志为核心的中共中央周围，高举中国特色社会主义伟大旗帜，致力为公，侨海报

国，始终保持和发扬致公党人的那一腔报国热情、那一股创业干劲、那一种奉献精神，不忘合作初心，继续携手前进，为决胜全面建成小康社会、夺取新时代中国特色社会主义伟大胜利、实现中华民族伟大复兴的中国梦、实现人民对美好生活的向往而团结奋斗！

中国致公党第十五次全国代表大会关于第十四届中央委员会报告的决议

中国致公党第十五次全国代表大会审议通过万钢同志代表第十四届中央委员会所做的报告。

大会高度评价第十四届中央委员会的工作。过去五年，第十四届中央委员会高举中国特色社会主义伟大旗帜，用习近平新时代中国特色社会主义思想武装全党，多党合作的思想基础进一步巩固，参政议政的履职成效进一步彰显，海外联络的整体布局进一步完善，社会服务的工作实绩进一步突出，自身建设的能力水平进一步提升，圆满完成了致公党十四大确定的目标任务，为我国经济社会发展做出了积极贡献。

大会指出，报告围绕回答在新时代致公党建设一个什么样的参政党和怎样建设参政党这一重大课题，明确了致公党在新时代的责任和使命，为今后发展确立了奋斗方向。大会要求各级组织和广大党员要始终坚持和维护中国共产党领导，坚持走中国特色社会主义政治发展道路，全力建设一个高素质的新时代中国特色社会主义参政党；始终不忘致力为公的立党宗旨，发扬侨海报国的优良传统，全力建设一个具有历史传承的新时代中国特色社会主义参政党；始终保持侨海特色，最大限度凝聚侨海力量，全力推进建设一个具有侨海优势的新时代中国特色社会主义参政党，努力谱写新时代多党合作事业发展的崭新篇章。

大会同意报告提出的致公党今后五年的主要任务。大会认为，今后五年的主要任务突出了致公党的侨海特色，具有强烈的历史使命感和责任感，反映了新时代进一步加强致公党自身建设和履行参政党职能的新要求，全党要深入贯彻落实。今后五年，致公党要在思想上更坚定，组织上更坚强，履职上更坚实。

大会强调，中共十九大为决胜全面建成小康社会、夺取新时代中国特色社会主义伟大胜利指明了方向，深入学习贯彻中共十九大精神是当前和今后一个时期致公党的首要政治任务。致公党各级组织和广大党员要认真学习贯彻中共十九大精神和习近平新时代中国特色社会主义思想，坚决维护习近平总书记的核心地位，坚定不移地走中国特色社会主义道路，自觉把思想和行动统一到中共十九大精神上来，把力量和智慧凝聚到实现中共十九大确定的各项任务上来。

大会号召，致公党各级组织和广大党员要高举中国特色社会主义伟大旗帜，更加紧密地团结在以习近平同志为核心的中共中央周围，不忘合作初心，牢记历史使命，致力为公，侨海报国，为决胜全面建成小康社会、夺取新时代中国特色社会主义伟大胜利、实现中华民族伟大复兴的中国梦、实现人民对美好生活的向往而团结奋斗！

中国致公党章程

（中国致公党第十五次全国代表大会部分修改，2017 年 12 月 5 日通过）

总　纲

中国致公党是以归侨、侨眷中的中上层人士和其他有海外关系的代表性人士为主组成的、具有政治联盟特点的政党，是中国共产党领导的多党合作和政治协商制度中的中国特色社会主义参政党。

中国致公党由华侨社团美洲洪门致公总堂发起，于 1925 年 10 月 10 日在美国旧金山成立。长期以来，中国致公党为争取国家独立、民族解放和维护华侨的正当权益而奋斗，在世界反法西斯战争特别是祖国的抗日斗争中做出了自己的贡献。1947 年 5 月，中国致公党在香港举行了具有重大历史意义的第三次代表大会，由旧民主主义政党转变为新民主主义政党。1948 年 6 月 9 日，中国致公党发表《响应中共中央“五一号召”宣言》，声明接受中国共产党的领导，从此走上了同中国共产党真诚合作、共同奋斗的道路，为新民主主义革命的胜利和建立新中国，为社会主义革命和建设事业，为推进改革开放和祖国统一大业做出了积极贡献。中国致公党在长期革命和建设的实践中，形成了自觉接受中国共产党领导，与中国共产党亲密合作，热爱祖国，致力为公，团结奋进，坚定走中国特色社会主义道路的优良传统。在全面推进新时代中国特色社会主义伟大事业的进程中，中国致公党进一步认识到，中国共产党的领导是中国特色社会主义最本质的特征，是中国特色社会主义制度的最大优势；中国共产党领导的多党合作和政治协商制度，是一项具有中国特色的基本政治制度。中国致公党将始终把接受中国共产党领导、坚持和完善中国共产党领导的多党合作和政治协商制度、坚持中国特色社会主义政治发展道路作为崇高的政治责任，并为此做出不懈努力。

中国致公党作为所联系的一部分社会主义劳动者、社会主义事业建设者和拥护社会主义爱国者的政治联盟，是接受中国共产党领导、与中国共产党通力合作的亲密友党，是进步性与广泛性相统一、致力于中国特色社会主义事业的参政党。中国致公党以《中华人民共和国宪法》为根本准则，维护宪法尊严，保证宪法实施；在宪法规定的权利和义务范围内，遵循政治自由、组织独立、法律地位平等的原则开展工作。

中国致公党的政治纲领是：坚持以马克思列宁主义、毛泽东思想、邓小平理论、“三个代表”重要思想、科学发展观、习近平新时代中国特色社会主义思想为指导，坚持中国共产党的领导，拥护习近平同志的领导核心地位，坚持中国特色社会主义基本理论、基本路线、基本方略，坚持长期共存、互相监督、肝胆相照、荣辱与共的基本方针，坚持一致性和多样性相统一，保持宽松稳定、团结和谐的政治环境，坚持“致力为公、侨海报国”，切实履行参政党职能，找到最大公约数，画出最大同心圆。高举中国特色社会主义伟大旗帜，牢固树立政治意识、大局意识、核心意识、看齐意识，不断增强道路自信、理论自信、制度自信和文化自信，团结全体党员和所联系的归侨、侨眷、归国留学人员及海外侨胞，弘扬爱国主义精神，坚定不移沿着中国特色社会主义道路前进，为实现推进现代化建设、完成祖国统一、维护世界和平与促进共同发展这三大历史任务，为决胜全面建成小康社会、把我国建设成为富强民主文明和谐美丽的社会主义现代化强国，为实现“两个一百年”奋斗目标、实现中华民族伟大复兴的中国梦而共同奋斗。

在中国特色社会主义新时代的历史方位，社会主要矛盾已经转化为人民日益增长的美好生活需要和不平衡不充分的发展之间的矛盾，但社会主义初级阶段的基本国情没有变，我国作为世界上最大发展中国家的国际地位没有变。中国致公党坚持贯彻新发展理念，按照“五位一体”总体布局和“四个全面”战略布局，助力中国共产党统揽的伟大斗争、伟大工程、伟大事业、伟大梦想，共同开启中国特色社会主义新时代新征程。中国致公党现阶段的基本任务是：

一、切实履行参政党基本职能。在国家政治生活中积极发挥参政议政、民主监督作用，参加中国共产党领导的政治协商。参加国家政权，参与国家大政方针和国家领导人选的协商，参与国家事务的管理，参与国家方针政策、法律法规的制定和执行；与中国共产党在坚持四项基本原则的基础上，通过提出意见、批评、建议的方式实行互相监督；就中国共产党和国家重大方针和重要事务，在决策之前和实施之中，直接进行政治协商，积极参与协商民主广泛多层制度化发展。

二、充分发挥在人民政协中的作用。积极参与国家重大方针政策的讨论协商和履行职责的各种活动，以中国致公党名义在政协会议上发表意见和主张，积极开展视察、提出提案、反映社情民意、参与调查和检查等活动。积极支持担任政协委员、常委的中国致公党党员在政协大会、常委会议、专门委员会中充分发挥作用。

三、牢牢把握发展这个根本任务，紧紧围绕经济建设这个中心，自觉服务于改革发展稳定的大局，把中国致公党党员和所联系群众的智慧和力量凝聚到建成社会主义现代化强国、实现“两个一百年”奋斗目标上来，解放思想，实事求是，与时俱进，开拓创新，为促进社会主义经济建设、政治建设、文化建设、社会建设、生态文明建设，确保完成“两个阶段”战略安排而努力。

四、紧密围绕国家的中心任务，充分发挥中国致公党在反映社情民意、协调社会关系、维护社会稳定方面的作用，并积极开展社会服务活动，协助中国共产党和政府维护安定团结的政治局面，为构建社会主义和谐社会做出贡献。

五、维护党员和所联系的归侨、侨眷、归国留学人员的合法权益及海外侨胞的正当权益，积极反映他们的意见和合理要求，加强同政府及有关部门的联系和协商，协助和督促有关政策的制定和执行。

六、充分发挥中国致公党与海外联系广泛的特点，积极开展对海外侨胞、香港特别行政区同胞、澳门特别行政区同胞、台湾同胞和出国留学人员的联谊工作，推进经贸、科技、教育、文化等领域的交流交往，为维护香港、澳门的繁荣稳定和实现祖国的完全统一做出贡献。

七、积极组织和参加对外友好、民间交往和学术交流活动，努力促进中国人民与各国人民的友好往来和国际交流，为维护世界和平与促进共同发展做出贡献。

为了肩负起新时代赋予中国致公党的光荣使命，全党必须坚持社会主义核心价值体系，大力加强自身建设，按照坚持中国共产党的领导、发扬社会主义民主、体现政治联盟特点、体现进步性和广泛性相统一的原则，以思想建设为核心，以组织建设为基础，以制度建设为保障，加强履职能力建设，努力把中国致公党建设成为与中国共产党亲密合作、致力于发展中国特色社会主义事业、适应新时代发展要求的高素质参政党。

第一章　党　员

第一条　凡是归侨、侨眷中的中上层人士和其他有海外关系的代表性人士，以及其他方面有代表性的中高级知识分子，承认并愿意遵守中国致公党章程的，可以申请加入中国致公党。

第二条　要求入党者，须由本人申请，填写入党申请表，两名党员介绍，经过全面考察，由支部大会或支部委员会讨论通过，报设区的市级或以上组织批准，并逐级呈报中央备案。必要时，中央和省、自治区、直辖市委员会可以直接吸收党员。

发展党员要把政治标准放在首位。

第三条　党员应当履行以下义务：

（一）努力学习马克思列宁主义、毛泽东思想、邓小平理论、“三个代表”重要思想、科学发展观、习近平新时代中国特色社会主义思想，树立正确的世界观、人生观和价值观，不断提高思想政治水平。

（二）遵守宪法和法律，认真学习、宣传、贯彻执行国家的方针政策，维护国家利益。

（三）树立参政党意识，学习党的历史，遵守党的章程，执行党的决议和决定，参加党的活动，努力完成党交给的各项任务，交纳党费。

（四）刻苦钻研业务，努力做好本职工作，勤奋敬业，诚实守信，廉洁奉公。

（五）弘扬社会主义新风尚，践行社会主义核心价值观，遵守社会公德，维护社会公益。

（六）互相帮助，增进团结，开展批评与自我批评，坚持真理，修正错误。

（七）密切联系群众，反映群众的意见、要求和建议，发挥桥梁和纽带作用。

第四条　党员享有以下权利：

（一）在党内有表决权、选举权和被选举权。

（二）参加党的有关会议和活动，阅读党的有关文件，参加党的培训。

（三）对党的工作提出意见和建议。

（四）在党内，有权向党的各级组织、干部和党员提出意见、批评和建议，有权向上级组织直至中央，如实反映各级组织、干部和党员违反党的章程或违法乱纪的行为。

（五）对党的决议和决定如有不同意见，可以声明保留，并向上级组织直至中央提出，但在决议和决定未改变前，仍应当坚决执行。

（六）在本人合法权益受到损害时，有权要求党组织依法协助解决。

第五条　党员迁往异地居住、工作时，须办理组织关系转移手续。党员如迁至没有党组织的地方，应与原地方组织保持联系，或申请原地方组织将其组织关系转移到与新居住地邻近的地方组织。

第六条 党员在本职工作和党务工作中有显著成绩的，地方各级组织应给予表彰和奖励，对有重大贡献的，可由中央给予表彰和奖励。

第七条 党员有退党的自由。党员要求退党，须书面申请，经基层组织讨论通过，报上一级地方组织批准，并逐级呈报中央备案。

第八条 党员无特殊情况，连续两年不参加组织活动、不与党组织联系和不履行党员义务，经批评教育无效者，应劝其退党，由支部大会讨论通过，逐级报上一级地方组织审核，经省、自治区、直辖市委员会批准，注销其党籍，并呈报中央备案。

第九条 党员违反党的章程，经反复批评教育无效者，应按其情节轻重和对待错误的态度，分别给予警告、严重警告、撤销党内职务、留党察看、开除党籍的处分；党员受到政纪处分或刑事处罚者，应根据不同情况，给予相应的党的纪律处分。

党员留党察看时间为一至两年。党员在留党察看期间没有表决权、选举权和被选举权。党员经过留党察看确已改正错误并已被撤销处分的，恢复上述权利；坚持错误不改的，应开除党籍。

第十条 对党员的纪律处分，必须经基层组织讨论决定，报上一级地方组织批准，并逐级呈报中央备案。

对中央委员的纪律处分，必须由中央委员会决定；对地方各级委员会委员的纪律处分，必须由同级委员会决定，报上一级组织批准，并逐级呈报中央备案。

在特殊情况下，对中央委员和地方各级委员会委员的纪律处分，可以先由中央常务委员会和地方各级常务委员会（不设常务委员会的由主委会议）做出决定，待召开委员会全体会议时予以追认。

第十一条 各级组织在处分党员时要实事求是，要有确凿的证据；讨论处分时，应允许本人参加，说明情况和进行申辩，其他党员可以为其做证和辩护。党员对组织处分决定有异议时，有权向上一级地方组织直至中央提出申诉，有关组织应当受理并给予答复。

第二章　组织制度

第十二条 党的组织系统包括中央组织、地方组织和基层组织。

第十三条 党的组织原则是民主集中制，其基本原则是：

（一）个人服从组织，少数服从多数，下级服从上级，全党服从中央。

（二）党的各级领导机构由选举产生。

（三）党的最高领导机构是全国代表大会和它所产生的中央委员会。地方各级领导机构是地方各级代表大会、党员大会和它所产生的委员会。基层组织的领导机构是基层委员会、总支部委员会、支部委员会或支部党员大会。各级委员会向同级代表大会或党员大会负责并报告工作。

（四）党的各级领导机构实行集体领导和个人分工负责相结合的制度，贯彻集体领导、民主集中、个别酝酿、会议决定的原则。

（五）党的上级领导机构要加强对下级组织的领导，经常听取并及时处理下级组织的意见和建议。下级组织要认真执行上级领导机构的决议和决定，向上级领导机构请示和汇报工作，如实反映情况。党的各级领导机构要按规定实行党务公开，使党员对党内事务有更多的了解和参与。

第十四条 党的各级委员会根据工作需要，可以召集代表会议，代表会议的代表名额和产生办法由召集会议的委员会决定。代表会议讨论决定需要及时解决的重要问题。地方各级组织召开代表会议应报上一级委员会批准。

第十五条 党的各级常务委员会在必要时可召集委员会扩大会议（地方组织不设常务委员会的由主委会议召集），讨论决定需要及时解决的重要事项，扩大的范围由召集会议的机构决定。

第十六条 党的各级委员会的产生，应经充分酝酿协商，由党的各级代表大会或党员大会采用等额或差额选举办法和无记名投票方式进行选举，以保障选举人充分行使民主权利。

地方组织和基层组织的个别领导成员，必要时可以由上级组织任免。筹建中的地方组织的领导成员，由上一级组织任免，并逐级呈报中央备案。

第十七条 由选举产生的中央委员会主席、副主席和地方各级委员会主任委员、副主任委员实行任期制，同一职务一般可以连选连任两届，最多不得超过三届，在任期中可以根据任职年龄界限、工作需要、本人意愿等情况进行调整。

第十八条 县级及以上地方组织的建立和变更，由上一级组织审核，并逐级呈报中央批准。

第十九条 在尚未成立省级委员会的地方，根据工作需要并在条件成熟时，可设中央直属的组织和工作委员会。

第二十条 中央和地方各级组织及其领导成员要加强思想政治建设，不断推进政治交接，切实提高政治把握能力、参政议政能力、组织领导能力、合作共事能力和解决自身问题的能力。要着眼于多党合作事业的长远发展，切实加强后备干部队伍建设。

第二十一条 组织发展应坚持以归侨、侨眷中的中上层人士和其他有海外关系的代表性人士为主，以大中城市为主和以有一定代表性人士为主，注重政治素质，发展与巩固相结合，有计划地稳步发展。

第二十二条 党的各级组织要切实加强机关建设，配备好机关工作班子，加强对机关干部的培养，健全以岗位责任制为核心的管理机制，提高工作质量和工作效率。

第三章　中央组织

第二十三条 全国代表大会每五年举行一次，由中央委员会召集，必要时可以提前或延期召开。全国代表大会的代表名额及产生办法由中央委员会决定。

第二十四条 全国代表大会的职权是：

（一）听取和审议中央委员会的工作报告；

（二）讨论并决定党的方针、任务和重大事项；

（三）修改党的章程；

（四）选举中央委员会。

第二十五条 中央委员会每届任期五年，全国代表大会如提前或延期举行，其任期相应改变。

新一届中央委员会委员名额由上届中央常务委员会提出，全国代表大会决定。中央委员会全体会议一般每年举行一次，由中央常务委员会召集，必要时可提前或延期召开。

第二十六条 全国代表大会闭会期间，中央委员会领导全党的工作，对外代表中国致公党。中央委员会全体会议的职权是：

（一）贯彻执行全国代表大会决议；

（二）听取和审议中央常务委员会的工作报告；

（三）讨论并决定党的工作方针和任务；

（四）审议中央监督委员会工作报告；

（五）选举中央常务委员会，选举中央主席、副主席；

（六）决定中央监督委员会组成人员；

（七）调整和增补中央委员会部分委员。

第二十七条 中央常务委员会是中央的决策机构，在中央委员会全体会议闭会期间，行使中央委员会的职权。中央常务委员会的任期同该届中央委员会。

中央委员会设主席一人、副主席若干人，组成主席会议。主席会议的任期同该届中央委员会。

中央常务委员会全体会议闭会期间，由主席会议领导全党工作。在主席会议闭会期间，由主席、驻会副主席组成主席办公会议，主持中央的经常性工作。

每届中央委员会选举产生的中央常务委员会、主席会议，在下届全国代表大会开会期间，继续主持党的经常性工作，直到下届中央委员会选举产生新的中央常务委员会、主席会议为止。

第二十八条 中央委员会设秘书长一人，由主席会议提名，中央常务委员会任免。根据工作需要，中央委员会可设副秘书长若干人，协助秘书长工作，副秘书长由主席会议任免。

中央委员会根据工作需要，设立若干职能部门和办事机构。职能部门和办事机构的主要负责人由主席会议任免。

第二十九条 中央委员会根据工作需要，可设立若干专门委员会，专门委员会是中央委员会履行参政党职能的工作机构，专门委员会的任期同该届中央委员会。专门委员会主任、副主任由中央常务委员会任免。

第四章 地方组织

第三十条 党的地方组织是省、自治区、直辖市组织，设区的市、自治州、直辖市区组织，县、自治县、不设区的市、市辖区组织。

第三十一条 地方各级代表大会每五年召开一次，必要时经上一级组织批准可提前或延期召开。

地方各级代表大会由同级委员会召集。代表大会的召开、代表名额和选举办法由同级委员会或常务委员会提出，报上一级组织批准。

第三十二条 地方各级代表大会的职权是：

（一）听取和审议同级委员会的工作报告；

（二）讨论并决定同级委员会的重要事项；

（三）选举同级委员会；

（四）选举出席上一级代表大会的代表。

第三十三条 地方各级委员会在同级代表大会闭会期间，领导本地区的全部党务工作，对外代表同级地方组织。地方各级委员会全体会议的职权是：

（一）贯彻执行上级委员会和同级代表大会的决议、决定，定期向上级委员会报告工作；

（二）听取和审议同级常务委员会（不设常务委员会的为主委会议）的工作报告；

（三）讨论并决定本地区组织的重要事项；

（四）审议同级监督委员会工作报告；

（五）选举同级常务委员会，选举同级委员会主任委员、副主任委员；

（六）决定同级监督委员会组成人员；

（七）调整和增补同级委员会部分委员。

第三十四条 地方各级委员会设主任委员一人、副主任委员若干人，组成主委会议。主任委员、副主任委员由同级委员会选举产生后，报上一级组织核准，并逐级呈报中央备案。主委会议的任期同该届委员会。

新一届地方各级委员会委员和常务委员会委员的名额，由上届同级常务委员会（不设常务委员会的为同级委员会）提出，报上一级组织批准。委员会委员和常务委员会委员选举产生后报上一级组织核准，并逐级呈报中央备案。

第三十五条 地方各级委员会的任期每届五年。同级代表大会或党员大会提前或延期举行，委员会的任期相应改变。

地方各级委员会全体会议每年至少举行一次，由同级常务委员会（不设常务委员会的为主委会议）召集，必要时可提前或延期召开。

第三十六条 地方各级常务委员会（不设常务委员会的为委员会）是地方各级组织的决策机构。在地方各级委员会全体会议闭会期间，常务委员会行使同级地方委员会的职权。地方各级常务委员会应定期召开会议，及时研究、解决本地区组织的重大问题。地方各级常务委员会的任期同该届委员会。

地方各级常务委员会全体会议闭会期间，由主委会议领导本地区各级组织的工作。

每届地方各级委员会选举产生的常务委员会、主委会议，在下届同级代表大会开会期间，继续主持经常性工作，直到下届代表大会选举产生新的常务委员会、主委会议为止。

第三十七条 地方各级委员会设秘书长一人，由地方各级主委会议提名，常务委员会任免，不设常务委员会的，由委员会任免。根据工作需要，地方各级委员会可设副秘书长若干人，协助秘书长工作，副秘书长由地方各级主委会议任免。

地方各级委员会根据工作需要，设立若干职能部门，其负责人由主委会议任免。

秘书长的任免，应报上一级委员会核准，并逐级呈报中央备案；副秘书长、职能部门负责人的任免，报上一级委员会备案。

第三十八条 地方各级委员会根据工作需要，可设立若干专门委员会，专门委员会是地方各级委员会履行参政党职能的工作机构，专门委员会的任期同该届委员会。专门委员会主任、副主任由同级常务委员会（不设常务委员会的由委员会）任免。

第五章 基层组织

第三十九条 党的基层组织是基层委员会、总支部、支部、小组。凡有党员三人以上可成立小组，五人以上可建立支部。有两个以上支部的单位、行业、地区，根据工作需要，可设立总支部。党员人数较多的单位和地区，可设立基层委员会。

基层组织的建立、合并和撤销，由上一级地方组织决定。

中央和省、自治区、直辖市委员会认为有必要并在条件具备时，可设立直属基层组织。

第四十条 党的基层组织根据工作需要，经上级地方组织批准，分别设立基层委员会、总支部委员会、支部委员会，领导基层组织工作。

第四十一条 基层委员会、总支部委员会、支部委员会分别由所属组织的党员大会选举产生，每届任期三到五年，委员名额由上级地方组织决定。小组选举组长一人，任期三年。

基层委员会、总支部委员会、支部委员会各设主任委员一人、副主任委员若干人，分别由基层委员会、总支部委员会、支部委员会选举产生。不设委员会的支部，由党员大会选举主任和副主任。基层组织的负责人经选举产生后，均需报上一级地方组织核准。

第四十二条 基层组织的任务是：

（一）组织党员学习马克思列宁主义、毛泽东思想、邓小平理论、“三个代表”重要思想、科学发展观、习近平新时代中国特色社会主义思想，学习宪法、法律法规、方针政策和时事政治，学习党的历史和章程。

（二）积极引导党员做好本职工作，并围绕本单位、本地区的中心工作，充分发挥协调关系、化解矛盾、促进工作和维护社会稳定的积极作用。

（三）组织党员积极参加社会主义经济建设、政治建设、文化建设、社会建设、生态文明建设，深入开展调查研究，反映情况，提出意见，为开展参政议政、民主监督和社会服务活动提供信息和建议。

（四）根据上级组织的决议、决定，结合本单位、本地区的实际情况，积极主动开展各项活动。

（五）定期开展组织活动，做好党员的思想政治工作，增强团结，共同进步。

（六）关心党员的工作、学习和生活，为党员服务，向上级组织和有关部门反映党员和所联系群众的意见、要求和建议。

（七）执行和维护党的纪律，讨论对党员的表彰、奖励和处分。

（八）发展党员，收缴党费。

第六章　党内监督

第四十三条　党内监督是党对各级组织及党员遵守党的章程、履行党的职责情况实施的自我监督。

党内监督的重点是党的各级领导班子及其成员、各级领导机构成员，以及党在各级委员会机关的公职人员。

第四十四条　中央和地方组织、党的监督委员会、基层组织和党员通过不同的方式履行党内监督职责。

第四十五条　党的监督委员会是党内监督工作的专责机构。

中央和省、自治区、直辖市组织设立监督委员会，有条件的设区市、自治州、直辖市区组织可试点设立监督委员会；监督委员会的任期与同级委员会相同。

第四十六条　中央和省、自治区、直辖市监督委员会在同级委员会领导下，对辖属各级组织及其领导班子遵守党的章程和履行党的职责等情况进行监督，指导下一级监督委员会的工作。

第七章　干　部

第四十七条　党的干部是党的事业的骨干，为了更好地发挥参政党的作用，必须大力加强干部队伍建设，提高广大干部特别是领导干部的素质。

第四十八条　从中央到地方各级组织，要重视教育、培训、选拔和考核干部，特别是重视后备干部队伍建设，按照德才兼备、以德为先的原则，培养和选拔中青年干部，以推进新老合作交替、政治交接和人才兴党。

第四十九条　党的各级领导干部，应模范地履行党的章程所规定的党员义务，牢固树立政治意识、大局意识、核心意识和看齐意识，以身作则，率先垂范，并具备以下基本条件：

（一）自觉接受中国共产党的领导，坚持中国特色社会主义政治发展道路，信念坚定，遵守政治纪律和政治规矩；

（二）热心党的工作，有较强事业心和政治责任感，有与时俱进、开拓创新的精神；

（三）牢记为人民服务、致力为公的宗旨，密切联系党员群众，热心为党员群众服务；

（四）带头践行社会主义核心价值观，带头执行廉洁自律准则，遵纪守法，清正廉洁；

（五）刻苦学习，勤奋敬业，勤政务实，敢于担当，有胜任领导工作的政治水平和工作能力；

（六）坚持和维护民主集中制，作风民主，善于团结同志，包括团结和自己有不同意见的同志一道工作，认真开展批评与自我批评，自觉接受党组织和党员的批评与监督。

第五十条　党的各级机关干部要认真履行公务员职责，清正廉洁，克己奉公，尽职敬业，树立良好形象。

第八章　附　则

第五十一条　本章程自党的第十五次全国代表大会通过之日起施行。

第五十二条　本章程的解释权属于中央委员会。

关于《中国致公党章程（修正案）》的说明

严以新

各位代表、各位同志：

受中国致公党第十四届中央委员会委托，我就《中国致公党章程》修改的指导思想、工作方针和主要内容向代表大会作如下说明。

一、《中国致公党章程》修改的指导思想和工作方针

《中国致公党章程》是致公党政治纲领、组织方针的集中体现，是致公党各级组织和广大党员共同遵守的行为准则。自1992年中国致公党第十次全国代表大会审议通过《中国致公党章程》的25年来，章程基本内容保持稳定，对规范党务工作、指导自身建设起到了重要作用；同时，根据各个时期形势和任务的发展变化，致公党十一大、十二大、十三大、十四大分别对章程进行了不同程度的修改，这些修改既体现了时代特征，也反映了致公党在不同历史条件下的政治状况、组织状况。

2012年中共十八大召开以来，在中国共产党领导下，我们国家发生了深刻的历史性变革，中国共产党领导的多党合作事业也在实践中进一步发展、完善。特别是前不久召开的中共十九大做出了中国特色社会主义进入新时代的重大政治论断，确立了习近平新时代中国特色社会主义思想的历史地位，提出了新时代坚持和发展中国特色社会主义的基本方略，确定了决胜全面建成小康社会、开启全面建设社会主义现代化国家新征程的目标。与此同时，自中国致公党第十四次全国代表大会召开以来，致公党在加强自身建设、积极履行参政党职能方面也取得了可喜成绩、积累了宝贵经验。在中国特色社会主义进入新时代的背景下，对致公党章程进行适当充实、完善，使致公党的政治纲领、奋斗目标、基本任务等更加突出政治性和时代性，对于统一全党思想、凝聚全党共识具有十分重要的历史意义和现实意义。

这次修改的指导思想是：以马克思列宁主义、毛泽东思想、邓小平理论、“三个代表”重要思想、科学发展观、习近平新时代中国特色社会主义思想为指导，充分吸收和体现中共十九大精神、中共中央统战工作会议精神，落实《中国共产党统一战线工作条例（试行）》《关于加强政党协商的实施意见》等文件要求，总结多党合作以及致公党工作的新

经验，吸收实践中的成熟做法，使章程更加体现参政党特色，为致公党加强自身建设，更好地履行职能、发挥作用提供遵循。

这次章程修改的工作方针是：坚持发扬民主，体现时代性，保持稳定性。立足当前实际，着眼多党合作长远发展，充分吸收中共十八大以来特别是中共十九大提出的新论断新思想新战略，充分吸收统一战线和多党合作新理论新实践新发展，使章程更好地体现时代发展，符合时代要求。同时，保持章程相对稳定，现行章程中除必须修改的内容外，一般不作改动；可改可不改的，不改；能小改的不大改；尚未考虑成熟或条件不具备的，不宜修改。

二、总纲修改的主要内容

总纲部分阐述了致公党的性质、政治纲领、奋斗目标和基本任务。为了使章程总纲更好地适应时代发展要求、表述更加完整，章程修正案对总纲部分做出以下修改。

（一）根据中共十九大精神对致公党的政治纲领、基本任务等内容做出修改和补充。

中共十九大做出了中国特色社会主义进入新时代的重要论断，明确提出了“实现两个一百年”“实现中华民族伟大复兴的中国梦”的奋斗目标和各项战略部署。这些奋斗目标以及战略部署，是致公党当前以及今后一段时期履行参政党职能、加强自身建设需要长期遵循并切实贯彻的行动指南，应当体现在致公党的章程当中。为此，章程修正案做出如下修改：

一是在政治纲领中将习近平新时代中国特色社会主义思想列入指导思想，并强调习近平同志的领导核心地位。中共十九大确立了习近平新时代中国特色社会主义思想的历史地位。习近平新时代中国特色社会主义思想是对马克思列宁主义、毛泽东思想、邓小平理论、“三个代表”重要思想、科学发展观的继承和发展，是马克思主义中国化的最新成果，是中国共产党和全国人民实践经验和集体智慧的结晶，是中国特色社会主义理论体系的重要组成部分，是中国共产党和全国人民为实现中华民族伟大复兴而奋斗的行动指南。致公党在积极投身新时代中国特色社会主义的具体实践中，必须长期坚持并自觉运用习近平新时代中国特色社会主义思想，谋划致公党发展的新思路、新任务、新举措，保证致公党的各项工作符合新时代要求。

二是强调中国共产党对多党合作事业的领导。中共十九大报告重申了重大政治原则：“党政军民学，东西南北中，中国共产党是领导一切的。”在致公党章程中明确并强调中国共产党对多党合作事业的领导，既是上述重大政治原则的具体体现，也有利于增强致公党全党的政治共识，巩固和夯实中国共产党领导的多党合作思想政治基础。为此，将总纲原第四段中关于坚持和完善多党合作制度的内容调整到第二段，并增加如下表述：“中国共产党的领导是中国特色社会主义最本质的特征，是中国特色社会主义制度的最大优势”。同时，适当调整总纲原第三段、第四段相关内容的顺序。

三是充实了政治纲领的内容。除了将习近平新时代中国特色社会主义思想列入指导思想，政治纲领中还充实了以下内容：坚持中国特色社会主义基本理论、基本路线、基本方略；牢固树立“四个意识”；坚定“四个自信”；坚持一致性和多样性统一；找到最大公约数、画出最大同心圆；坚持“致力为公、侨海报国”。

四是完善了有关奋斗目标的表述。根据中共十九大精神，将奋斗目标修改为：团结全体党员和所联系的归侨、侨眷、归国留学人员及海外侨胞，弘扬爱国主义精神，坚定不移地沿着中国特色社会主义道路前进，为实现推进现代化建设、完成祖国统一、维护世界和平与促进共同发展这三大历史任务，为决胜全面建成小康社会、把我国建设成为富强民主文明和谐美丽的社会主义现代化强国，为实现“两个一百年”奋斗目标、实现中华民族伟大复兴的中国梦而共同奋斗。

五是增写了新时代中国特色社会主义历史方位下致公党的历史使命。增写的内容包括：新时代中国特色社会主义条件下社会主义初级阶段的特征；推进“五位一体”总体布局和“四个全面”战略布局，助力伟大斗争、伟大工程、伟大事业、伟大梦想，以及中国致公党围绕上述内容做出的政治表态。

六是完善了现阶段基本任务。在基本任务第三段，根据中共十九大精神，补充了实现“两个一百年”奋斗目标、完成“两个阶段”战略安排等内容表述。

（二）根据近年来统一战线和多党合作理论与实践最新成果，补充和完善了致公党性质与基本职能的表述。

一是在总纲第一段完整表述中国致公党的性质以及中国致公党与多党合作和政治协商制度的关系。2005年颁布的《中共中央关于进一步加强中国共产党领导的多党合作和政治协商制度建设的意见》明确提出：各民主党派是“具有政治联盟特点的、接受中国共产党领导、与中国共产党通力合作的亲密友党，是中国特色社会主义参政党”；2015年颁布的《中国共产党统一战线工作条例（试行）》也沿用了这一表述。参考上述内容，总纲第一段将致公党的性质明确表述为：“中国致公党是以归侨、侨眷中的中上层人士和其他有海外关系的代表性人士为主组成的、具有政治联盟特点的政党，是中国共产党领导的多党合作和政治协商制度中的中国特色社会主义参政党。”

二是在基本任务中明确了致公党作为参政党的基本职能，并充实了政治协商、协商民主等内容。《中国共产党统一战线工作条例（试行）》（以下简称《条例》）提出：民主党派的基本职能是参政议政、民主监督，参加中国共产党领导的政治协商。根据《条例》，在致公党现阶段基本任务第一段增写了“参加中国共产党领导的政治协商”。2015年，中共中央印发《关于加强社会主义协商民主建设的意见》（以下简称《意见》），《意见》提出：“推进协商民主广泛多层制度化发展，建设社会主义政治文明”。根据这个《意见》，在致公党现阶段基本任务第一段增写了以下内容：“就中国共产党和国家重大方针和重要事务，在决策之前和实施之中，直接进行政治协商，积极参与协商民主广泛多层制度化发展。”

三、条文部分修改的主要内容

自十四大召开以来，致公党切实加强自身建设，积极履行参政党职能，在探索和实践中总结、凝练出若干新的经验。根据中共十九大精神和致公党五年来的工作，章程修正案对条文部分进行了修改、补充。

（一）根据自身建设实践，补充和丰富了党的建设的成果与要求。

一是强调发展党员要坚持政治标准。在第二条增写了“发展党员要把政治标准放在首位”。这是落实民主党派组织发展原则、建设中国特色社会主义参政党的必然要求。

二是对党员义务、基层组织任务作适当补充。第三条第一款、第四十二条第一款分别增写了学习习近平新时代中国特色社会主义思想的内容，使党员义务、基层组织任务的规定更符合长期教育、长期发展的要求。

三是要求各级组织及其领导班子提高解决自身问题的能力。2015年，习近平同志在中央统战工作会议上提出：支持民主党派加强思想、组织、制度，特别是领导班子建设，提高“政治把握能力、参政议政能力、组织领导能力、合作共事能力、解决自身问题能力”。这个论断和要求，既是对民主党派领导班子建设长期实践的经验总结，也为民主党派自身建设特别是领导班子建设指明了方向。

四是增加党内监督内容并专设一章。五年来，致公党中央和各省级组织深入开展党内监督，在建立健全规章制度和工作机制、探索党内监督工作的方式和途径、落实党内监督工作、指导辖属组织开展党内监督等方面取得显著成绩。根据工作实际和形势需要，章程增写了党内监督的内容并单独设为一章，规定了党内监督的性质、监督的重点、监督机构设置以及任期等；同时，在中央委员会全体会议职权、地方委员会全体会议职权中分别增加审议同级监督委员会工作报告、决定同级监督委员会组成人员的内容。

五是强化对干部的要求。从严治党，特别是从严教育、从严要求、从严管理致公党的干部，是致公党加强自身建设和履行职能的必然要求。为落实从严治党要求，章程修正案在“干部”一章对干部应具备的基本条件进行了梳理、补充，强化各级领导干部树立“四个意识”，以身作则、率先垂范，遵守政治纪律和政治规矩，清正廉洁、勤政务实、敢于担当等要求。

（二）对其他有关条文作适当规范、修改。

章程修正案各章还对文字表述、词语运用、内容安排等进行了一些修改，使内容安排更规范有序、文字表述更符合有关文件精神、词语运用更准确。如：根据干部管理权限，调整了地方委员会副秘书长、机关职能部门负责人备案程序；根据基层组织构成情况，重新梳理了基层组织序列。这类修改，这里不再一一说明。

四、其他需要说明的问题

自章程修改工作启动以来，致公党各级组织和广大党员热情关注章程修改工作，积极参与，主动配合，先后通过各种方式、各种渠道反馈修改意见、建议近400条。章程修订工作组经过多次讨论、修改，采纳了部分意见；另有一些修改意见暂时没有吸收到修正案中。这里，就两个带有普遍性的建议作如下说明。

（一）关于致公党发展的对象和范围。

一些组织和党员提出把“归国留学人员”明确纳入致公党发展对象和范围。在2012年十四大修改党章时，也有一些组织和党员提出了这个意见。经与有关部门沟通，中央认为：归国留学人员已经包括在“其他有海外关系的代表性人士”当中，致公党可以发展，与致公党章程规定的发展对象和界别特色并不排斥。

早在1996年，各民主党派协商制定了民主党派组织发展座谈会纪要，明确了各自的发展对象范围。这是落实民主党派组织发展“三个为主”方针的重要措施。自1996年以来，围绕民主党派组织发展工作，各民主党派先后协商制定了若干纪要。这些纪要是民主党派组织发展的重要指导文件；同时，对于各民主党派来说，这些纪要也具有协议性质和自律性质。因此，在尚未协商一致、新的组织发展政策文件出台前，致公党章程中的相关内容不宜作改动。

（二）关于章程的细化或具体化问题。

这次修改过程中，有的组织和党员提出：希望细化章程规定，增强章程的可操作性。章程修正案未采纳和吸收这类意见，主要基于以下两点考虑。

1. 章程的体例。用一个不是特别准确的法律词汇做类比，章程相当于一部上位法，具有宏观性和原则性，但无法面面俱到，很多具体操作层面的问题需要通过专项制度或条例来细化和完善。有的省级组织提出了制定专项制度或条例的建议。这类建议具有参考价值，但无法在章程修正案中体现出来，需要在今后的工作中加以落实。为此，中央和各级组织要在各自权责边界内，以章程为基本依据，结合工作实际，逐步制定和完善相关条例、制度，来解决实际工作中的具体问题。

2. 实践中理解和处理尺度不一。比如，关于无特殊情况，连续两年不参加组织活动、不与党组织联系和不履行党员义务的"三不党员"的规定，具体要如何处理、如何落实。据了解，对于这种情况的处理，各地反馈的意见和要求不尽一致，还需要在实践中进一步探索、总结。

这次章程修改过程中，各级组织提出了很多宝贵的意见、建议，一些中央常委和省级组织主委、专职副主委、秘书长，特别是中央党务研究会、理论研究会的老领导、老党员，更是对章程修改工作给予了很大的支持、帮助。在此，特别向他们表示感谢。

各位代表、各位同志：这次章程修改工作充分发扬民主，严格遵循程序。2016 年 11 月，《中国致公党章程》修订工作组成立；2017 年 2 月，中央向各省级组织以及中央监督委员会委员、中央党务研究会成员、中央理论研究会成员发出通知，广泛征集修改意见；修订工作组汇总、整理修改意见并进行讨论、研究，提出修改方案，起草修订草稿；召开三次座谈会、一次研讨会，进一步听取意见、讨论修改内容；向中央常委印发修改草案并征求意见。在修改过程中，修订工作组及时与有关部门沟通、协商；中共十九大召开后，认真学习会议精神和有关文件，对修改稿进行修改、补充，形成"章程修正案（征求意见稿）"。经中央主席会议审定，形成"章程修正案（讨论稿）"，依次提交中央常委会议、中央全会审议，最终形成《中国致公党章程修正案（草案）》。应当说，这次章程修改工作经过自上而下的动员发动、自下而上反馈修改意见的多次互动，讨论比较充分，意见比较成熟。现将章程修正案提交代表大会，请予审议。

特此说明。

在致公党第十四届中常会第十九次会议上的讲话

万　钢

（2017 年 3 月 9 日）

同志们：

我们这次会议的主题是学习贯彻“两会”精神。今年的“两会”是中共十九大前，在我国大力实施“十三五”规划、深入推进供给侧结构性改革的形势下召开的一次重要会议。对于会议的主要情况，今天由于时间关系，我就不再细述了。下面，我就学习贯彻这次“两会”精神谈两点意见。

第一，要认真学习宣传贯彻好“两会”精神

认真学习领会“两会”精神、切实抓好“两会”各项决策部署的贯彻落实，是当前和今后一个时期致公党的重要任务。习近平总书记在“两会”上的重要讲话，对做好今年人大和政协工作提出了明确要求。李克强总理的政府工作报告、张德江委员长的人大常委会工作报告、俞正声主席的政协常委会工作报告，都认真回顾了去年的工作，提出了今年工作的基本思路和目标任务。这次“两会”精神的内涵十分丰富，就致公党而言，主要要把握好以下四个方面：

一是要把握好以习近平同志为核心的中共中央治国理政新理念新思想新战略。中共十八大以来，在以习近平同志为核心的中共中央坚强领导下，我国走过了不平凡的历程，实现了“十三五”时期良好开局。中共十八届六中全会明确了习近平总书记的核心地位，这是众望所归、民心所向。今年“两会”全面贯彻了以习近平同志为核心的中共中央治国理政新理念新思想新战略。在学习宣传贯彻落实“两会”精神时，要切实增强“四个意识”，深入学习贯彻习近平总书记系列重要讲话精神和治国理政新理念新思想新战略，自觉把维护以习近平同志为核心的中共中央权威落实到实际工作、实际行动中，紧紧围绕中共中央决策部署凝神聚力、履职尽责。

二是要把握好“两会”对全局工作的重大决策部署。李克强总理的政府工作报告、张德江委员长的人大常委会工作报告、俞正声主席的政协常委会工作报告，都对今年的全局工作作了部署。特别是政府工作报告在综合分析国内外形势的基础下，明确了今年工作的主要预期目标，强调了在实施创新驱动发展战略时，要注重供给侧结构性改革、“三去一降一补”、扩大投资、脱贫攻坚、发展现代农业、注重环保社会民生事业等重点任务。这对我们正确认识我国经济社会发展全局具有重要的指导意义，各级组织要认真学习领会，进一步强化全局意识、责任意识，在全局中科学谋划本党工作。

三是要把握好习近平总书记在政协联组会上的重要讲话精神。3 月 4 日下午，习近平总书记参加民进、农工、九三三个届别的联组会，听取意见和建议，并对新时期如何发挥知识和知识分子作用发表了重要讲话。他强调，伟大的事业，决定了我们更加需要知识和知识分子，更加需要知识分子为国家富强、民族振兴、人民幸福多做贡献。我国广大知识分子要以时不我待的紧迫感、舍我其谁的责任感，主动担当，积极作为，刻苦钻研，勤奋工作，为全面建成小康社会、建设世界科技强国做出更大贡献。习近平总书记对做好民主党派工作也提出了要求。他强调，今年，各民主党派中央及其省级组织要进行换届，各民主党派要搞好政治交接，努力换出新干劲、换出新气象。我们要把总书记的这一重要讲话精神作为今年致公党迎接中共“十九大”及本党“十五大”的重要指导思想，扎扎实实地进行贯彻落实。

四是要把握好张高丽同志代表中共中央对致公党工作所做的指示精神。3 月 4 日下午，中共中央政治局常委、国务院副总理张高丽看望了致公、侨联、对外友好界委员并参加了讨论。在听取了 10 位委员的发言后，他集中对委员们关心的“一带一路”、京津冀协同发展、大气治理等问题作了集中细致的说明并发表了重要讲话。

高丽同志强调，今年将召开中国共产党第十九次全国代表大会，是党和国家事业发展中具有重大意义的一年。要深入贯彻习近平总书记系列重要讲话精神和治国理政新理念新思想新战略，保持经济平稳健康发展和社会和谐稳定，以优异成绩迎接党的十九大胜利召开。

高丽同志表示，实现中华民族伟大复兴，需要海内外中华儿女共同努力。要坚持胸怀全局、坚持为侨服务、坚持改革创新，以凝聚侨心侨力同圆共享中国梦为主题，把广大海外侨胞和归侨侨眷紧密团结起来，发挥他们在中华民族伟大复兴中的积极作用。

高丽同志对致公、侨联、对外友好界去年的工作表示了高度肯定，希望致公、侨联、对外友好界委员在服务经济社会发展方面大有作为、大有可为，并提出五点具体要求。一是要切实增强“四个意识”、坚持正确的政治方向，要始终坚持中国共产党的领导，在思想上、行动上与以习近平同志为核心的中共中央保持一致。二是要聚焦热点难点问题，对促进经济社会平稳健康发展献计出力。三是要积极推进侨界联谊，凝聚侨心侨力，共圆共享中国梦。四是要加强中外友好交往，为构建人类命运共同体贡献智慧和力量。五是要强化使命担当，为中共十九大胜利召开营造良好社会环境。

各级组织要认真传达高丽同志代表中共中央所做的重要讲话精神，紧密联系本党履职尽责的实际，紧密联系本地区本部门本单位的实际，切实把高丽同志的讲话精神落实到我们今年的工作当中，不辜负中共中央、国务院对我们致公党工作的支持和信任。

第二，要精心组织好今年的各项工作

关于今年工作，本党十四届六中全会已经作了全面部署，刚才主席会议也通过了本党中央今年的工作要点，各级组织要结合学习贯彻全国“两会”精神，认真抓好落实。这里，我再强调几点。

一、希望同志们积极为中共十九大召开营造良好氛围。要坚持中国共产党的领导，深入开展“不忘合作初心，继续携手前进”专题教育，教育引导全体致公党员增强“四个意识”，把思想和行动统一到中共中央对国际国内形势的判断上来，把智慧和力量凝聚到中共中央决策部署上来。特别要注意两点：一是要加强政治思想引导。对一些重要问题和社会热点问题，要密切关注网络舆情，坚持正能量，理性解读，动态跟进，正面发声；同时要建好管好用好新媒体，深化新媒体规律研究，把握好时、度、效，用清新生动的网言网语，发好致公党的声音，为迎接中共十九大和本党十五大的胜利召开营造良好舆论氛围。二是要做好优良传统的薪火相传。加强对致公党优良传统、人物资料的挖掘整理，总结社会主义参政党自身建设和发展的规律性认识，确保本党在换届过程中传统不断档、干劲不减退、思想不松懈。

二、希望同志们紧紧围绕改革发展稳定大局履职尽责。要紧扣“十三五”规划实施和全国“两会”的有关部署建言献策，就贯彻落实新发展理念、经济社会发展、全面深化改革、推动创新创造等重大问题，深入调查研究，多谋良策、多出实招。希望同志们重视三个重点：一是要把适应引领经济发展新常态，实施创新驱动战略，深化供给侧结构性改革，促进经济平稳健康发展作为今年调研的重要领域。各地可就振兴实体经济实现转型升级、深化创新驱动战略、“三去一降一补”、振兴制造业等重点问题进行专题调研。二是要把促进“一带一路”建设作为今年彰显本党特色的主要课题。本党中央已把做好“一带一路”下的文化“走出去”问题作为年度重点考察，计划赴陕西、福建等省进行调研。“一带一路”问题这几年我们已经有了很好的研究基础，希望今年大家能集中力量，把这一课题做深、做精、做好。三是要扎实开展好脱贫攻坚民主监督工作。今年要加强与四川省的联系和紧密合作，尤其要注意聚焦脱贫攻坚重大部署，深入贫困地区，进村入户，接续调研，着力帮扶实践，寓监督于建言之中、寓支持于监督之内，切实为全面建成小康社会做贡献。

三、希望同志们把政治交接贯穿换届工作全过程。习近平总书记在今年的党外人士新春座谈会和本次政协联组会上都着重强调了这一点。今年上半年，各省级组织将陆续完成换届。本党中央也将在年底完成换届工作。换届不仅是组织交替、人事调整，更重要的是政治交接。要把换届工作与探索政治交接长效机制密切结合起来，使人事更替的过程成为坚定理想信念、增进政治共识、继承优良传统、提高自身建设水平的过程。这里再强调两点：一是各省主要负责同志要切实履行好第一责任人职责，认真抓好各项工作，同时要树立榜样，坚守正道、坚守原则、坚守规矩，珍爱和维护作为班长的良好形象。二是要严肃换届纪律。要充分发挥各级监督委员会的作用，把对换届纪律的监督作为党内监督工作的重点，把严肃纪律贯穿换届工作全过程。坚持教育在先、警示在先、预防在先的原则，及时发现和纠正苗头性、倾向性问题，坚决抵制不正之风，努力营造风清气正的换届环境。

同志们，习近平总书记强调，越是任务艰巨，越要全国上下团结一心、砥砺前行。作为参政党，只有做到敢于担当，才能有所作为，才能不负人民重托。起跑决定后势，开局关系全局。一年之计在于春，希望大家回去之后，做好谋篇开局、找准工作重点，扎实推进各项工作。

今年“两会”是本届全国人大和政协的最后一次全体会议。在座不少代表和委员也是最后一次参加会议，在这里我也代表本党中央向大家这么多年来始终坚持“致力为公侨海报国”，兢兢业业履职尽责，为我国社会主义事业所做的努力和贡献表示崇高的敬意。

也希望各位代表和委员再接再厉，以积极向上的热忱、求真务实的态度，切实履行好自身履职，积极参政议政、建言献策，不辱使命、不负重托。同时，也祝愿大家在京期间工作顺利、身体健康。

最后，让我们更加紧密地团结在以习近平同志为核心的中共中央周围，高举中国特色社会主义伟大旗帜，不忘合作初心，继续携手前进，为实现“两个一百年”奋斗目标、实现中华民族伟大复兴的中国梦做出新的更大贡献！

致公党中央关于学习贯彻“两会”精神的决议

（第十四届中常会第十九次会议审议 2017 年 3 月 9 日通过）

十二届全国人大五次会议和全国政协十二届五次会议，是在中国共产党即将召开第十九次全国代表大会、进一步实施“十三五”规划、深入推进供给侧结构性改革之年召开的重要会议。会议凝聚了共识，提振了信心，对于进一步推动各项重大决策部署的贯彻落实，推进改革开放和现代化建设事业的发展，促进民生改善与社会和谐稳定，具有重大意义。认真学习领会“两会”精神，切实抓好“两会”各项决策部署的贯彻落实，是致公党当前乃至今后一个时期的重要政治任务。

过去一年，是中华民族伟大复兴征程中十分重要的一年。中共十八届六中全会确定了习近平同志的核心地位，以习近平同志为核心的中共中央团结带领全国各族人民，撸起袖子加油干，发起全面建成小康社会决胜阶段伟大进军，打响供给侧结构性改革攻坚之战，全面深化改革向纵深推进，“十三五”实现开门红。会议分析了我国当前经济社会发展中存在的困难和问题，明确提出了今年经济社会发展工作目标和重点工作任务。全党要认真学习贯彻“两会”精神，切实增强“四个意识”，尤其是核心意识和看齐意识，深入学习贯彻习近平总书记系列重要讲话精神和治国理政新理念新思想新战略，自觉把维护以习近平同志为核心的中共中央权威落实到实际工作、实际行动中，紧紧围绕中共中央决策部署凝神聚力、履职尽责。

学习贯彻“两会”精神，就要深入学习习近平等领导同志在政协联组会上的讲话精神和李克强所做的《政府工作报告》等重要文件精神。习近平总书记在联组会上的重要讲话亲切坦诚、内容丰富、期望殷切，对知识分子的社会地位和价值作用作了新的深刻阐释，令人鼓舞，引起了共鸣，坚定了决心。全党要认真贯彻落实习近平总书记的讲话精神，团结广大党员知识分子，引导他们以时不我待的紧迫感、舍我其谁的责任感，主动担当，积极作为，刻苦钻研，勤奋工作，为全面建成小康社会、建设世界科技强国做出更大贡献。李克强总理所做的《政府工作报告》明确了今年工作的主要预期目标，部署了“三去一降一补”等 9 个方面的重点工作，这对我们正确认识我国经济社会发展全局具有重要的指导意义。我们还要认真学习领会张德江委员长所做的《人大常委会工作报告》和俞正声主席所做的《政协常委会工作报告》，进一步强化全局意识、责任意识，在全局中科学谋划本党工作。要把握好张高丽副总理代表中共中央对致公党工作所做的指示精神，坚持胸怀全局、坚持为侨服务、坚持改革创新，以凝聚侨心侨力同圆共享中国梦为主题，把广大海外侨胞和归侨侨眷紧密团结起来，发挥他们在实现中华民族伟大复兴中的积极作用。

学习贯彻“两会”精神，就要与“不忘合作初心，继续携手前进”专题教育活动结合起来，坚定政治信念，把思想和行动统一到中共中央的决策和部署上来。要结合坚持和发展中国特色社会主义学习实践活动，深入开展“不忘合作初心，继续携手前进”专题教育，不断巩固全党的政治道路认同、奋斗目标认同和文化价值认同，坚定中国特色社会主义的道路自信、理论自信、制度自信和文化自信。要自觉做践行社会主义核心价值观的模范，坚持国家至上、民族至上、人民至上，始终胸怀大局、心有大我，始终坚守正道、追求真理，从自我做起、从现在做起、从日常生活做起，身体力行带动全社会遵循社会主义核心价值观。要更加坚定地维护以习近平同志为核心的中共中央权威和集中统一领导，自觉把习近平总书记系列重要讲话精神和治国理政新理念新思想新战略作为各项工作的科学理论指导和行动指南，在思想上政治上行动上同中共中央保持高度一致，切实承担起中国特色社会主义事业亲历者、实践者、维护者、捍卫者的政治责任。

学习贯彻“两会”精神，就要与搞好政治交接、推进自身建设结合起来，为巩固中国共产党领导的多党合作制度奠定坚实基础。要切实搞好政治交接。要把换届工作与探索政治交接长效机制密切结合起来，使人事更替的过程成为坚定理想信念、增进政治共识、继承优良传统、夯实共同思想政治基础、提高自身建设水平的过程。一是严肃换届纪律，努力营造风清气正的换届环境。二是加强党内监督，加强制度建设，进一步增强制度的适应性、系统性、权威性和可操作性，提高制度的执行力。三是围绕换届做好宣传思想工作，把宣传发动工作贯穿于换届选举的全过程，营造良好的舆论氛围。

学习贯彻“两会”精神，就要与参政履职结合起来，为实现中华民族伟大复兴献计出力。要紧扣“十三五”规划实施和全年经济社会发展目标，聚焦中共中央重大战略部署、聚焦改革领域突出问题、聚焦群众关切热点难点，深入调查研究，多谋良策、多出实招。一是要把适应引领经济发展新常态，实施创新驱动战略，深化供给侧结构性改革，促进经济平稳健康发展作为今年调研的重要领域。二是要把促进“一带一路”建设作为今年彰显本党特色的主要课题做深、做精、做好。三是要扎实开展好脱贫攻坚民主监督工作，聚焦脱贫攻坚重大部署，深入贫困地区，进村入户，接续调研，化监督于建言之中、寓支持于监督之内，切实为全面建成小康社会做贡献。

今年是实施“十三五”规划的重要一年，是供给侧结构性改革的深化之年，做好今年各项工作，对于确保“十三五”规划顺利实施意义重大。全党要认真学习贯彻“两会”精神，高举中国特色社会主义伟大旗帜，紧密团结在以习近平同志为核心的中共中央周围，坚定信心，奋发有为，以优异的成绩迎接中国共产党第十九次全国代表大会和本党第十五次全国代表大会的胜利召开，为实现“两个一百年”宏伟目标、建设富强民主文明和谐美丽的社会主义现代化国家、实现中华民族伟大复兴的中国梦而不懈奋斗！

关于建立全党参与　定点开展
脱贫攻坚民主监督工作体系实施方案的通知

致办发〔2017〕117号

致公党中央办公厅
（2017年9月27日）

北京市委会、上海市委会、天津市委会、广东省委会、福建省委会、江苏省委会、浙江省委会、安徽省委会、山东省委会、辽宁省委会、湖南省委会、湖北省委会、河南省委筹委会：

2016年以来，致公党中央以社会服务部为牵头部门，及时开展各项工作，逐步建立、完善具有党派特色的民主监督体系。脱贫攻坚民主监督工作开展两年来，致公党中央以体制机制建设为引领，加强“致公东西协作行动”结对帮扶平台建设，广泛动员全党力量，将民主监督寓于脱贫攻坚和建言献策之中。

2017年，致公党中央将继续在执行《致公党中央开展四川省脱贫攻坚民主监督工作方案》的基础上，不断创新完善脱贫攻坚民主监督机制，理顺民主监督流程，强化民主监督实效。通过发动全党力量，建立全党省级组织齐参与，定点轮替开展民主监督的新架构，打造脱贫攻坚民主监督专家团，提升建议水平。以“向前看”“回头看”“盯着看”为工作主轴，围绕“五个一批”“四大重点片区”开展民主监督。现将实施方案下发有关组织，请遵照执行。

一、全党共同参与，采取致公党省级组织对口国家级贫困县模式，实时监测脱贫攻坚进展

致公党中央根据中央统战部统一部署，立足党派实际，倾心竭力，发动全党力量，在脱贫攻坚民主监督工作扎实推进上形成了共识。致公党中央领导高度重视，高位推动，成立了脱贫攻坚民主监督工作领导小组，整合统筹全党开展定点监督工作。依托致公党中央各部门、中央各专委会、各地方省级组织的智力资源，形成脱贫攻坚民主监督工作的合力。尤其注重发挥省级组织的积极性，进一步完善相关体制、机制，形成更为科学、有效的民主监督体系。

探索建立致公党省级组织定点四川贫困市（州）开展脱贫攻坚民主监督的工作体系。经中央领导批准，综合考虑各省级组织的实际情况，选取十三个省级组织对口开展脱贫攻坚民主监督工作。分别是：北京市委会、河南省委筹委会对口凉山州，上海市委会、天津市委会对口甘孜州，广东省委会对口巴中市，福建省委会对口阿坝州，江苏省委会

对口泸州市，浙江省委会对口广元市，安徽省委会对口南充市，山东省委会对口宜宾市，辽宁省委会对口乐山市，湖南省委会对口达州市，湖北省委会对口广安市。

经同四川省委统战部、四川省扶贫和移民工作局协商，由上述两部门联合发文提供制度保障。各省委会于11月底前同对口市（州）对接，确定调研行程。调研组由省级组织主要领导带队，包含党内相关领域专家、学者，中央社会服务部择机派员参与调研。调研结束后15天内完成调研报告，并上报致公党中央。社会服务部负责汇总后，利用现有沟通机制同四川省有关方面对接，实现成果会商。

二、召开专题研讨会，整合多方研究成果，提升脱贫攻坚民主监督理论研究水平

致公党中央充分发挥社会服务专委会的智库作用，每年召开“精准扶贫工作”专题研讨会，围绕“五个一批”内容，总结一段时期脱贫攻坚中遇到的实际问题，倾听党内专家、学者的相关意见和建议，并与参会的国家有关部委同志交流调研成果。参与对口监督的省级组织负责人参加座谈。

三、建立致公党中央脱贫攻坚民主监督专家团

为进一步凝聚党内力量，发挥本党“侨”“海”特色和智力优势，提高本党开展脱贫攻坚民主监督工作的实效性，致公党中央已于年内完成组建“脱贫攻坚民主监督专家团”（名单附后）。专家团将围绕四川省实施脱贫攻坚工作的手段和领域，汇集一批法律、教育、医疗、经济、农业专门人才。整合本党智力资源，发挥各领域专家学者专业优势，提升脱贫攻坚民主监督的科学性和针对性。发挥专家团成员智力优势，在监督过程中认真开展调研，促进民主监督与参政议政相结合。鼓励专家团成员积极为脱贫攻坚事业献计献策，提升扶贫精准度，助推贫困地区顺利实现脱贫摘帽。

四、召开致公党脱贫攻坚民主监督工作专题培训班

专家团组建完成后，每年将择机开展专题研讨、培训班，普及脱贫攻坚工作政策法规及实施情况，听取四川省有关部门的工作介绍，尽快熟悉情况，积极投入脱贫攻坚民主监督的实践中。

五、召开致公党脱贫攻坚民主监督联络员工作会议

以致公党四川省、市两级组织负责人为主体建立的脱贫攻坚民主监督联络员发挥了积极作用，成为本党开展专项民主监督的重要协调和参与力量。根据职责设计，将继续发挥联络员的作用，以工作会议为契机，扩大党内共识，提升民主监督实效。

六、开展专题调研，扩大调研地域和领域范围，提升调研成果针对性和实效性

由致公党中央领导、各部门领导带队，以脱贫攻坚民主监督专家团、脱贫攻坚民主监督联络员为调研组基干，分赴秦巴山区、乌蒙山区、高原藏区、大小凉山彝区等重点连片贫困地区，围绕产业发展脱贫、转移就业脱贫、易地搬迁脱贫、教育扶贫、健康扶贫、生态保护扶贫、兜底保障、社会扶贫等重要领域开展“拉网式”调研。

实施“向前看”，即关注未脱贫地区存在的实际困难，提出建设性意见，督促落实国家有关政策；“回头看”，即关注已脱贫摘帽地区返贫现象，杜绝一阵风式扶贫，促进可持续脱贫目标的实现；“盯着看”，即对重点地区、重点领域持续关注，尤其是针对脱贫“硬骨头”。调研坚持问题导向，以发现扶贫工作中的突出问题为目的，深入贫困户、贫困村，了解掌握基层第一手材料。关注贫困县整体脱贫政策的落实，将农民人均可支配收入增速、农村集中供水率、义务教育巩固率、贫困户因病致（返）贫户数、贫困村村集体经济年收入等重点指标纳入民主监督调研范畴。

七、理顺沟通机制，加强同四川有关单位的互动联系

2016 年，社会服务部同四川省扶贫移民局建立了良好的沟通机制，共收到四川省报送脱贫攻坚情况相关文件三十余份，及时掌握了四川省有关政策制定和实施情况。

2017 年，社会服务部将继续同四川省有关部门理顺沟通机制。将日常联络机制固定为每季度通报一次，遇到突发、重大问题随时沟通；以调研专题座谈会、联络员工作会、专家座谈会为平台，夯实成果会商机制，加强同四川省有关部门的对接、协调工作；以调研报告为载体，继续完善信息通报机制，对调研报告中反馈的情况及时跟踪。

八、注重调研成果反馈，密切关注发现问题的解决进度

专题调研结束后，调研组将组织有关专家、联络员、部门负责人开展“脱贫攻坚民主监督座谈会”，沟通调研过程中发现的问题，并形完整会议纪要。调研结束一周内，形成完整调研报告，及时反馈四川省有关部门，并呈报中共中央统战部。对调研形成的成果和提出的意见建议，四川省和有关市（州）向致公党中央、致公党四川省委会及有关市级组织进行反馈。

致公党中央开展四川省脱贫攻坚民主监督工作方案

为确保致公党中央开展四川省脱贫攻坚民主监督工作顺利开展，探索建立务实、互动、高效的脱贫攻坚民主监督体系，根据中央统战部、国务院扶贫开发领导小组办公室《关于支持各民主党派中央开展脱贫攻坚民主监督工作的实施方案》（统发〔2016〕50 号），结合致公党长期在四川开展定点扶贫工作的经验和实际，特制定本工作方案。

一、成立脱贫攻坚民主监督工作组织机构

为加强领导、全面统筹致公党中央开展脱贫攻坚民主监督工作，成立“致公党中央开展四川省脱贫攻坚民主监督工作领导小组”，成员名单如下：

组　长：万　钢　全国政协副主席、致公党中央主席、科技部部长、中国科协主席

副组长：蒋作君　全国政协常委、副秘书长，致公党中央常务副主席
严以新　全国人大教科文卫委副主任委员、代表资格审查委副主任委员、致公党中央副主席、水资源高效利用与工程安全国家工程研究中心主任
闫小培　全国人大常委，致公党中央副主席
曹鸿鸣　致公党中央副主席兼秘书长
杨兴平　致公党中央常委、四川省委主委，四川省副省长

领导小组下设办公室在致公党中央社会服务部，主要负责统筹协调、贯彻落实领导小组安排部署的各项工作任务。其成员名单如下：

主　任：曹鸿鸣（兼）

副主任：李万通　致公党中央社会服务部部长
程向前　致公党中央参政议政部部长
范承玲　致公党中央宣传部副部长（主持工作）
梁伟华　致公党四川省委副主委、四川省统计局副局长
肖剑书　致公党四川省委驻会副主委

成　员：

致公党中央：李　曼　王启平　赵晓萍　王学俊　易志隆　马宗慧　何　群　郑　鉉　田荣华　黎　萍

致公党四川省委：杨　成　张家伟

二、建立工作机制

为确保致公党中央开展四川省脱贫攻坚民主监督工作落到实处、取得实效，探索建立“领导小组＋协调小组＋联络员”的组织模式、“调研＋督查＋信息通报”的监督模式、“《调研报告》+《直通车专报》+《信息简报》”的信息共享模式，力争发挥民主党派参政议政的智力优势，助推四川省脱贫攻坚工作取得长足发展。

（一）工作协调机制

为便于致公党中央同中共四川省委、四川省政府有关部门对接协调，建立“致公党中央开展四川省脱贫攻坚民主监督工作协调小组”，其成员名单如下：

组　长：曹鸿鸣　致公党中央副主席兼秘书长
崔保华　中共四川省委常委、统战部部长

副组长：李万通　致公党中央社会服务部部长
聂文强　中共四川省委统战部常务副部长
降　初　四川省扶贫和移民工作局党组副书记、副局长
刘建军　中共四川省委统战部副部长
肖剑书　致公党四川省委驻会副主委
张海鹏　四川省扶贫和移民工作局副巡视员

协调小组下设办公室分别在致公党中央社会服务部和中共四川省委统战部，其成员名单如下：

主　任：李万通　聂文强

副主任：肖剑书　张海鹏

成　员：高　莺

夏鞍宁　中共四川省委统战部党派处处长

杨　成　致公党四川省委办公室主任

雷　蕾　四川省扶贫和移民工作局国际合作与社会扶贫处处长

协调小组主要负责上下协调、左右衔接等工作。协调小组办公室承担协调衔接具体工作，其中：

致公党中央社会服务部：负责致公党中央领导赴川调研统筹协调并通知四川省委统战部做好有关工作等事宜。

中共四川省委统战部：负责致公党中央领导在川调研期间的综合协调牵头工作，即上报中央四川省委、制作调研方案、协调省领导参与、通知部门配合、做好食宿用车后勤保障服务等工作。

四川省扶贫和移民工作局、致公党四川省委：配合中共四川省委统战部做好相关工作。

协调小组每年召集1—2次联席会议，互相通报情况，沟通交流工作，提出工作建议。

（二）日常联络机制

建立“致公党中央开展四川省脱贫攻坚民主监督联络组”，负责中央、四川及有关市（州）三级联络工作。

组　长：李万通

副组长：刘建军　梁伟华　张海鹏

联络员：

四 川 省：杨　成　夏鞍宁　雷　蕾

秦巴山区：杨守贵　陈　琴　邓　勇　王大文　章红玉　文　杰　庞富烈　史国旭

乌蒙山区：阮小梅　张永志　周　军　向　蕾　青　云

大小凉山彝区：周　军　高旦珠　邓永玲

联络员根据工作具体情况，按照要求及时了解当地贫困状况、扶贫措施和工作安排，及时向基层群众了解实情、听取意见。

根据工作需要，适时召开联络员会议，沟通交流情况，并提出工作建议。

（三）信息通报机制

建立“致公党中央开展四川省脱贫攻坚民主监督信息通报制度”，及时沟通情况、交流信息。

1. 通报内容：四川省及有关市（州）贫困人口精准识别情况，贫困人口精准脱贫情况，贫困县摘帽情况，落实脱贫攻坚责任制情况、重大政策措施执行情况，扶贫资金项目管理使用情况，其他需要监督了解情况。

2. 通报程序：由四川省脱贫攻坚领导小组办公室牵头，四川省扶贫和移民工作局负责收集省级层面脱贫攻坚领导小组及脱贫办文件、信息简报、数据材料等，适时向致公党中央通报；致公党四川省委负责收集市（州）层面脱贫攻坚重要信息、数据资料等，按要求向致公党中央通报。

3. 通报方式：一般以文字方式（或传真）进行，紧急情况采用电话形式进行通报。根据工作需要，重大情况由协调小组决定后以会议方式进行通报。

4. 通报时间：致公党县级组织每月向市级组织通报一次，市级组织每月向省级组织通报一次，省级组织双月向致公党中央通报一次。如有重大突发事项，随时通报。

（四）成果会商机制

建立"致公党中央开展四川省脱贫攻坚民主监督工作会商制度"，致公党中央、四川省和有关市（州）对调研督查成果进行会商。

致公党中央、致公党四川省委及有关市级组织可就脱贫攻坚民主监督工作有关情况，适时召集有关部门负责同志和专家学者就调研督查情况进行沟通交流，对工作中发现的重大问题及时会商，就形成的调研报告认真研究并修改完善。致公党各级组织调研督查形成的成果以会议、座谈、书面、电话等方式向四川省和有关市（州）进行反馈。对致公党中央调研督查形成的成果和提出的意见建议，四川省和有关市（州）经研究、办理后，向致公党中央、致公党四川省委会及有关市级组织进行反馈。

三、工作原则

（一）坚持正确的政治方向

开展脱贫攻坚民主监督的出发点和落脚点是帮助党和政府打赢脱贫攻坚战。要坚持党的领导，以推动中央决策部署落实为核心，围绕脱贫攻坚中的重点难点问题深入考察调研，及时发现和反映存在的问题，提出意见和批评，协助四川省委和省政府加强改进工作。

（二）坚持鲜明的问题导向

通过深入调研、考察、座谈等形式，将发现问题与共同研究对策、提出整改办法相统一，真正把监督过程变成发现问题、解决问题的过程，把开展监督作为推动政策落实的过程。

（三）坚持从实际出发、突出工作重点

全面深入学习中央关于脱贫攻坚的决策部署，深入了解四川省的贫困状况和扶贫工作开展情况，聚焦脱贫攻坚中的难点问题和政策落实中的薄弱环节，有针对性地开展工作，不搞面面俱到。

（四）坚持与民主党派履职相结合

把参政议政、民主监督、参加中国共产党领导的政治协商三项基本职能有机结合，通过开展脱贫攻坚民主监督了解社情民意，形成真知灼见，为开展参政议政、政治协商打下基础；通过政治协商和参政议政的平台提出监督性的意见建议。

四、重点监督内容

根据中央统战部、国务院扶贫开发领导小组的工作要求，以“五个一批”脱贫思路为指引，本着量力而为、特色优先的基本思路，以问题为导向，发挥党派智力资源密集的优势，采取联络员定期督查与联合调研相结合的模式，重点关注贫困人口精准识别情况；贫困人口精准脱贫情况；贫困县摘帽情况；落实脱贫攻坚责任制情况；重大政策措施执行情况以及扶贫资金项目管理使用情况。同时，结合四川省脱贫攻坚工作开展的规划布局及实际情况，致公党中央将重点围绕民生保障机制、公共服务能力、乡村基础设施建设、特色产业发展、生态环境保护五大领域开展民主监督工作。

为便于民主监督工作的实施，及时发现脱贫攻坚工作中暴露的问题，宣传成功经验和亮点，鼓励各级联络员深入基层，在完成既定监督内容的同时，动态围绕四川省各级地方政府的具体脱贫攻坚举措，开展参政议政、建言献策。

五、重点工作地区

（一）秦巴山区［6 市 16 县（区）］：绵阳市（北川县、平武县）、广元市（朝天区、旺苍县、青川县、苍溪县）、南充市（嘉陵区、阆中市、南部县、仪陇县）、广安市（广安区）、达州（万源市、宣汉县）、巴中市（通江县、南江县、平昌县）

（二）乌蒙山区（2 市 6 县）：泸州市（叙永县、古蔺县）、宜宾市（筠连县、珙县、兴文县、屏山县）

（三）大小凉山彝族区［2 市（州）11 县］：乐山市（金口河区、峨边县、马边县）、凉山州（美姑县、布拖县、昭觉县、金阳县、喜德县、越西县、雷波县、普格县）

（四）其他地区（含高原藏区及其他需要监督的地区）

六、主要工作形式

（一）开展调查研究

致公党中央主席率队进行重点调研一次，副主席等相关领导根据具体情况调研若干次。致公党中央领导将围绕国家脱贫攻坚工作的大政方针，深入基层一线，以慰问、座谈等方式倾听当地干部、群众心声，反映脱贫攻坚过程中的实际问题。

（二）提出意见和建议

结合致公党参政议政的各类平台，组织党内专家学者，积极就脱贫攻坚工作情况提出意见和建议，提升脱贫攻坚相关举措的科学性和可操作性，务求取得实效。

（三）参与专项监督评估

充分发挥民主党派的优势，推荐本党派专家学者参与有关部门和专业机构就贫困人口精准识别、扶贫资金项目管理使用情况等开展的第三方评估工作。

（四）加强日常联系

本党中央、四川省委和四川市级组织建立常态化联系机制，及时了解地方工作情况，及时反映问题和有关部门进行沟通。

（五）进行政策宣讲

注重广泛宣传中共中央、国务院关于脱贫攻坚的方针政策，帮助贫困地区干部群众知晓政策、落实政策、用好政策，坚定脱贫攻坚的信心和决心。及时总结地方在开展脱贫攻坚工作中的经验做法，发现先进、推广典型。

致公党关于严格遵守宣传工作纪律的暂行规定

为贯彻落实关于当前意识形态领域工作相关文件精神，确保新闻舆论可管可控，牢牢把握宣传工作的正确方向，现就进一步严格致公党党内宣传工作纪律作如下规定。

一、中央机关各部门和各省级组织要切实增强宣传意识和宣传工作纪律意识，主要负责同志要做到重要宣传工作亲自部署、重要宣传问题亲自过问、重要宣传事项亲自处置。

二、中央机关各部门应主动及时向宣传部门报送致公党中央领导同志的活动及各部门组织活动的新闻稿件和相关图片。

三、中央机关各部门涉及采写致公党中央领导同志、致公党中央会议活动的稿件，草拟完毕后要严格履行中央机关新闻宣传工作报审程序：稿件由主办活动的中央机关部门负责起草，送部门领导审批，如涉及中央领导讲话内容还需送中央领导审阅同意。形成新闻通稿后，由致公党中央刊物、网站、微信订阅号、手机新闻客户端等宣传平台进行发布，地方组织刊物、网站、微信订阅号、手机新闻客户端等宣传平台进行转发。

四、各省级组织采写致公党中央领导同志、致公党中央重要会议活动的稿件，草拟完毕后报致公党中央相关部门，稿件按照中央机关新闻宣传工作报审程序（本规定第三条）执行。

五、各省级组织宣传平台转发致公党中央有关领导同志、中央重要会议活动的新闻通稿时，原则上不允许进行增删，特别是中央领导的讲话内容和会议照片。如需更好地体现地方领导、地方组织参与了活动，地方组织可在新闻通稿中增加相关内容，但要将文章标题修改为地方性新闻标题，不能照搬中央通稿的标题，同时需在文中标明："来源致公党中央，原文有改动。"

六、中央机关统一由中央宣传部负责与外界各类新闻媒体进行联系，并协调组织相关宣传活动，中央机关各部门和直属事业单位原则上不直接联系外部媒体，如工作确实需要，需经宣传部相关领导授权。中央机关干部未经组织批准，不得就党务和机关工作擅自接待和接受媒体采访，不得向新闻单位提供涉及致公党中央工作的文件、图片、视频等资料。如媒体确实需要，可告知宣传部新闻期刊处联系方式（电话：010-51550570）。

七、中央机关局级干部赴地方开展调研、授课及其他活动，报道角度以其所代表的部门为宣传对象，例如标题可为：致公党中央某某部赴某地开展活动。文中可以提及局级干部名字。处级（含）以下干部活动原则上不进行新闻报道，如确需报道，参照局级干部活动报道方式，但文中不提及具体人员名字。

八、中央和各省级组织所管理和发行的杂志、互联网站、微博、微信公众号、移动新闻客户端等新闻发布平台，要严格甄别内部信息和新闻稿件，防止泄密。转载刊发国家时政类新闻时，要按照国家互联网信息办公室公布的"互联网新闻信息（时政类新闻）稿源单位名单"完整转载刊发稿件，并注明来源，避免失真失实。严禁发布虚假新闻、违规转载、违规直播、"标题党"或通过微博、微信传递涉密信息和敏感信息。严禁利用职权或变相对官方微博、微信公众号、移动新闻客户端等新媒体平台进行强制"吸粉"。

九、中央机关及各级组织干部出版专著、发表文章、授课，以及在微博、微信等网络平台发表言论、转载文章，要遵守国家有关规定。

关于印发《中国致公党2017年省级组织换届工作总结》的通知

致中发〔2017〕156号

各省、自治区、直辖市及中央直属组织：

现将中国致公党第十四届中央委员会第二十一次主席会议审议通过的《中国致公党2017年省级组织换届工作总结》印发给你们，请你们认真学习。

附件：《中国致公党2017年省级组织换届工作总结》

中国致公党中央委员会

2017年11月10日

附件

中国致公党2017年省级组织换届工作总结

根据《中国致公党章程》和致公党中央关于省级组织换届工作的部署，2017年4月至7月，本党各省、自治区、直辖市组织（以下统称省级组织）先后召开代表大会，选举产生了新一届委员会。目前，省级组织换届工作已全部顺利完成。本次换届工作平稳有序，换出了新干劲、换出了新气象，成功实现了组织人事上的交接。现将省级组织换届工作有关情况总结如下：

一、换届工作概况

全党19个省级组织代表大会共有代表3007名，占全体党员总数的5.5%，代表出席率为93.2%。代表大会召开期间，广大代表积极行使代表权利，体现出很强的政治责任感和政治参与热情。代表大会的整体氛围团结奋进、民主务实、风清气正，全程没有收到违规违纪的举报。

全党19个省级组织共选举产生新一届主委、副主委125人，其中，留任71人，新任54人（主委5人、专职副主委8人、兼职副主委41人）；共选举产生常委342名，委员809名。各省新一届委员会委员、常委和领导班子成员均高票当选。新一届省级组织领导班子成员平均年龄52.2岁，具有博士、硕士学位的共97人，占76.4%，有侨海关系的111人，占87.4%。各省级组织领导班子和领导机构继续保持了合理的知识、年龄、性别比例结构和本党的“侨”“海”特色。

致公党各省级组织换届过程中，还选举产生了本省（区、市）出席致公党十五大的代表，为召开致公党十五大进行了必要的组织准备。

二、换届工作中的主要做法

（一）抓好工作传承

换届的主题是政治交接。除了人事更替，最能体现政治交接和工作传承的就是工作报告。各省级组织对此高度重视，在工作报告中全面梳理了五年工作的成绩、经验和不足，认真研究了面临的新形势、新任务，提出了对新一届工作的建议。这一点既体现在工作报告的起草上，也体现在工作报告的讨论中。各省级组织、各位代表本着高度负责的精神，精心组织和参与到这项工作中，广纳群意、积极建言，保证了致公党事业和各项工作弦歌不辍、薪火相传。

（二）抓好程序规范

换届工作是一项重大的政治任务，是提升本党自身建设水平的重要契机，是提升本党履行参政党职能水平的重要基础。中央领导反复在各类会议上强调换届政策和程序的重要性，各省级组织领导班子能够严格遵循换届政策和规范执行换届程序，明确各方职责，形成齐心协力、层层抓落实的有效机制，在换届中做到履行程序严格、遵循步骤到位、执行规定过硬，确保了选举规范有序地进行。

（三）抓好氛围营造

各省级组织在本次换届中突出学习教育、宣传引导、预防监督三个关键环节，为换届工作顺利开展营造了良好氛围。

一是突出学习教育，筑牢思想防线。各省级组织严格按照致公党中央《关于加强换届纪律监督营造良好换届环境的意见》和各地中共党委有关严肃换届纪律、强化监督检查的工作要求，专题组织学习有关文件和湖南衡阳、四川南充、辽宁违反换届纪律典型案例通报，领导班子成员亲自领学，准确掌握“九个严禁、九个一律”的换届纪律要求，教育党员、代表、干部遵规守纪，不触换届纪律“红线”。

二是突出宣传引导，营造和谐氛围。各省级组织充分运用主流媒体、视频、网站、微博、微信公众号等平台播发工作回顾、主委的采访、党员风采、代表心声、代表大会开闭幕等新闻报道，传递换届正能量。很多省级组织还在代表大会期间举办了“中国梦·侨海情”主题宣讲和文艺演出、书画展等活动，既营造了良好的换届氛围，又扩大了致公党的社会影响。

三是突出预防监督，强化纪律约束。中央积极发挥监督委员会作用，把监督工作贯穿于干部提名、推荐、考察、公示和选举等各个环节。中央还专门成立换届巡视组，针对集中换届开展专项巡视巡察，紧扣政策把握、换届程序、换届风气等问题开展巡察，把换届过程置于有效监督之下。各省级组织通过发放《换届纪律提示函》、签订遵守换届纪律承诺书、播放换届纪律宣传片、设立会风会纪意见箱、发送提醒短信等多种措施，落实和保证会风会纪。

（四）抓好选人用人关键环节

各省级组织严格把好政治关、能力关、群众关和年龄结构关，从政治上着眼，从致公党事业的兴旺发达着眼，从党员和群众公认满意度着眼，选出了一批信念坚定、靠得住的人，敢于担当、有能力、能干事的人，遵纪守法、清正廉洁、干净干事的人，特别注意搭配一个整体素质优良、优势互补、团结合作、配合默契的领导班子。从本次换届选举结果来看，人选都是高票当选，反映了所选的人所用的人具有广泛的群众性和较好的民意基础。

三、换届工作的经验和体会

（一）始终坚持中国共产党的领导，把政治交接贯穿于换届全过程，是做好换届工作的重要前提

在整个换届过程中，致公党各省级组织自觉坚持中国共产党的领导，自觉贯彻党管干部、协商在前原则，凡是换届中的重要事项和重大问题，坚持与中共党委及有关部门反复沟通、充分协商，既充分表达意见和主张，又充分尊重中共党委意见。

各省级组织把学习中共十八大、十八届三中、四中、五中、六中全会精神，习近平总书记系列重要讲话精神和十八大以来有关多党合作的重要文件精神，作为新时期政治交接的重要内容，并落实到换届的各项工作中。在工作报告中，各省级组织均把进一步增强“四个意识”“四个自信”，坚持中国共产党的领导、紧密团结在以习近平同志为核心的中共中央周围、坚定走中国特色政治发展道路，作为最重要的经验加以阐述，并把这一经验作为对新一届委员会履职尽责的希望和要求，不断传承下去。这种对优良传统的传承与担当，保证了换届工作保持正确的政治方向。

（二）坚持加强组织领导，准确把握换届政策，是做好换届工作的重要基础

中央领导班子一直高度重视人才工作。万钢主席多次在重要会议上强调“人才兴党”战略。本党中央有针对性地就加强领导班子建设和后备干部的培养、选拔力度进行了工作部署，为换届工作提供了扎实的人才储备。换届工作开始后，中央召开全党组织工作会议，统一了换届指导思想，明确了换届的工作原则和各项政策；中央注重与中共地方省委、省委统战部门在人事安排等问题上的充分协商，及时了解掌握省级组织换届工作动态和重要信息，为换届工作的顺利进行提供了坚强领导。

各省级组织在本省领导班子的带领下，成立换届领导机构，发挥总览全局、协调各方的领导核心作用，及时研究解决政策性问题、落实中的问题，切实把所有问题消除在萌芽状态，制定工作方案，认真组织、精心筹划、集思广益、广泛动员，为换届选举顺利进行提供了组织保障，确保各省级组织代表大会选出了党员满意、组织放心的新一届省级委员会。

（三）严格依“章”办事，充分保障党员、代表、委员的民主权利，是做好换届工作的关键所在

换届是党派自身建设的大事，也是每位党员非常关心的问题。充分发扬民主，通过严格组织程序、规范各个环节，充分保障每位党员的民主权利，让广大党员参与换届过程，是顺利完成换届各项工作的基础和保障，也是提升凝聚力和参政党素质的关键。

在换届过程中，各省级组织始终坚持民主集中制原则，既切实加强集体领导，重要问题集体研究决定；又积极稳妥地发扬党内民主，调动广大党员、代表的积极性和主动性。为了保障每一名党员的民主权利，各省级组织一方面主动教育和引导广大党员、代

表认真贯彻民主集中制原则，把正确行使民主权利与执行党的决议统一起来，增强了本党的向心力和凝聚力；另一方面坚持做到每一阶段都严格程序，严格操作，严格把关，始终按照本党章程、组织制度和换届政策的要求，尤其是在领导人选的提名、考察、选举等关键环节，坚持民主集中制，发扬民主、善于集中、敢于担责，最大限度汇聚各方面智慧和共识。正是由于充分发扬民主、严格依“章”办事，保证了本次换届的严肃性、选举的公正性和人选的群众性，为换届工作的顺利完成奠定了坚实的基础。

（四）加强工作研究，精心谋划组织，是做好换届工作的有效措施

各省级组织牢牢把握换届选举工作的主动权，认真履行工作职责。一是注重及早谋划，进行前期调研，摸清底数，掌握领导班子、领导机构及后备干部队伍现状，找准问题，制定人事方案和预案。二是注重全面部署，制定本省换届工作规程和流程表，增强工作可操作性。三是注重统筹协调，充分发挥组织部门牵头抓总和统筹协调作用，其他部门密切配合，科学安排，统筹推进，整体联动，形成合力，一个步调、一个声音地把换届工作抓紧抓好。

大会选举是实现人事安排方案的关键环节，各省级组织精心组织，周密实施，保证选举规范有序进行。一是把好方案关，认真起草选举办法，组织安排会议日程和选举事项。二是把好思想关，做好解释说明工作，普遍开展谈心谈话，教育引导党员、代表正确处理民主与集中、权利与义务的关系，依法按章程行使选举权和被选举权。三是把好程序关，严格履行规定程序，严格按规矩办、按政策办、按要求办，做到依法依规、程序完备。

（五）探索开展换届巡视工作，强化党内监督，是做好换届工作的有力保障

本次换届，各省级组织加强与中共地方统战部门的沟通与协调，统一思想，齐心协力，坚持教育在先、警示在先、预防在先，将纪律要求贯穿到换届工作方案、换届人事酝酿、换届投票选举等各环节，加强教育引导，严谨规范操作，严把选人关口，严肃投票选举，严厉监督查处，坚决抵制不正之风，使整个换届过程中思想不散、秩序不乱、工作不断，确保了换届工作的顺利完成，保证政治交接风清气正。

这得益于各省级组织紧密依靠所在地方中共党委，取得中共党委统战部门的支持和帮助；得益于各省级组织严格按程序办事，发扬党内民主；得益于各省级组织密切联系党员，开展了深入细致的思想工作；得益于各省级组织严明换届纪律要求，加强对相关领导干部和广大党员的教育引导，切实增强大局观念、法纪观念。

正是各省级组织对换届纪律、换届风气的高度重视，克服了这次换届工作任务繁重的压力，齐心协力、严肃认真地按政策、按规矩、按程序办事，保障了本次换届工作的顺利完成，增强了本党各省级组织的凝聚力和履职能力，为今后更好地发挥参政党作用奠定了坚实的基础。

总体上看，本次省级组织换届工作风清气正、平稳有序。各省级组织的换届工作，为本党十五大的召开积累了丰富的经验。当然，本次换届工作中尚存在一些问题，如有的省级组织在换届工作中过于依赖和遵循旧例，对于《致公党省级组织换届文件汇编》中的一些规定理解不够；有的省级组织对于换届过程中可能发生的情况缺乏预见和预案；

有的省级组织在与中央和中共地方统战部门沟通中存在偏差，有的情况汇报不及时，等等，在今后的工作中，我们将认真加以研究改进。

中共十九大刚刚闭幕，致公党第十五次全国代表大会即将在年底召开。新换届的各省级组织要把深入学习贯彻中共十九大精神作为当前和今后一个时期的首要政治任务，牢固树立政治意识、大局意识、核心意识、看齐意识，深入学习贯彻习近平新时代中国特色社会主义思想，不断巩固坚持和发展中国特色社会主义学习实践活动和“不忘合作初心，继续携手前进”专题教育活动成果，深入总结省级组织换届工作的经验，弘扬“致力为公”优良传统，充分发挥“侨”“海”特色，在新时代，全面切实加强中国特色社会主义参政党建设，围绕中共十九大做出的重大决策部署，探索创新服务大局的工作思路和重点，为实现中华民族伟大复兴的中国梦，为实现人民对美好生活的向往贡献力量。

九三学社

建设新时代中国特色社会主义参政党
为决胜全面小康实现中华民族伟大复兴而奋斗

——在九三学社第十一次全国代表大会上的报告

韩启德

（2017 年 12 月 3 日）

各位代表、同志们：

现在，我代表九三学社第十三届中央委员会向大会作报告，请予以审议。

本次大会，是在全国各族人民深入学习贯彻中共十九大精神的重要时刻召开的。中共十九大系统总结了过去五年党和国家事业发生的历史性变革，做出中国特色社会主义进入新时代的科学判断，确立习近平新时代中国特色社会主义思想作为全党的指导思想，对决胜全面建成小康社会、夺取新时代中国特色社会主义伟大胜利做出全面部署，是中国共产党迈进新时代、开启新征程的政治宣言和行动指南，必将指引和激励全体中华儿女为实现中华民族伟大复兴的中国梦而不断奋进！九三学社完全赞同中共十九大做出的各项决策和部署，衷心拥护以习近平同志为核心的新一届中共中央领导集体。

本次大会的主题是：深入学习贯彻中共十九大精神，以习近平新时代中国特色社会主义思想为指导，弘扬爱国、民主、科学优良传统，团结动员全社各级组织和全体社员，更加紧密地团结在以习近平同志为核心的中共中央周围，不忘合作初心、勇担政治责任，总结社十大以来的经验和不足，研究部署今后五年的工作，建设新时代中国特色社会主义参政党，为决胜全面建成小康社会，夺取新时代中国特色社会主义伟大胜利，实现中华民族伟大复兴的中国梦而奋斗。

一、过去五年的工作

过去五年，社中央委员会学习贯彻习近平同志系列重要讲话和中共十八大精神，围绕思想上坚定、履职上坚实、组织上坚强的参政党建设目标，提出一系列创新举措，推进一系列重要工作，取得一系列新成就，圆满完成社十大确定的目标任务，开创了九三学社事业的崭新局面。

（一）不忘合作初心，思想坚定性不断增强的五年

五年来，面对改革发展中出现的各种复杂矛盾和困难，面对各种思潮不断涌现、亟须增强社会共识的形势，我们始终把思想建设作为自身建设的核心，以巩固思想政治共识为抓手，不断加强自身建设，广大社员“四个自信”和“四个意识”不断增强，多党合作的共同思想政治基础进一步夯实。我们探索并初步形成具有“九三”特色的思想建设思路和方法，为各项工作提供了坚强的政治保障和强大的精神动力。

——以上率下，把思想政治工作作为自身建设的基础性工程。每年举行社中央领导班子战略研讨会，系统研讨思想建设思路，统筹规划，制定措施。召开以“坚持和发展中国特色社会主义”为主题的常委会议，就广泛深入开展坚持和发展中国特色社会主义学习实践活动做出具体安排。成立社中央理论学习中心组，围绕习近平总书记系列重要讲话、中共十八大以来历次全会精神、中央统战工作会议精神和中共十九大精神等及时开展集体学习，不仅深化了对以习近平同志为核心的中共中央治国理政新理念新思想新战略的认识，也带动了全社的理论学习。

——丰富形式，持续开展坚持和发展中国特色社会主义学习实践活动。成立“社中央宣讲团”，采用“菜单点题”方式，在全社进行理论和模范人物事迹巡回宣讲120余场次，受众达2万多人次，对提高社员思想政治觉悟、坚定理想信念发挥了重要作用。大力开展九三学社优良传统教育。修订撰写《九三学社简史》《九三学社人物传略》《九三史话》，推进“九三学社人物丛书”编纂，启动“九三学社口述史”工作，取得阶段性成果。隆重召开庆祝九三学社创建70周年大会，举办九三先辈诞辰纪念会。首批命名20个“九三学社全国传统教育基地”。全社各级组织开展形式多样的学习社史、继承优良传统活动。许多地方组织编写了本省市的社史或人物传记。通过社史学习，广大社员对九三学社发展历程有了更加清晰的理解，对九三先辈们的感人事迹有了更加深刻的认识。2014年至今共评选“九三楷模”40名，宣传先进人物，弘扬九三正气，增强了思想共识。各省级组织以坚持和发展中国特色社会主义学习实践活动为主线，开展系列学习教育和纪念活动，成效显著。

——勇于探索，多党合作理论研究持续深化。五年来，我们围绕坚持中国特色社会主义政治发展道路和多党合作基本政治制度、民主监督和法治建设等重大问题，开展理论课题招标，各地报送近100篇研究成果，其中《改革和完善基层人民代表大会制度的调查报告》《关于人大财政预算监督研究报告》等26篇被评为优秀论文。组织撰写质量较高的有关中国特色社会主义道路和中国特色社会主义民主政治建设的研究报告和论文，一些成果直接体现在社中央文件和领导同志讲话中。举办坚持和发展中国特色社会主义专题论坛、九三讲堂、理论沙龙和各类理论研讨会等活动，开展理论研讨和交流。各级地方组织积极开展参政党理论研究，取得一定成绩。

——与时俱进，宣传工作不断创新。社中央和各级地方组织的媒体始终坚持正确政治方向，突出爱国、民主、科学优良传统，充分发挥舆论阵地作用。加强与各级各类媒

体合作，充分利用新媒体，及时全面展示九三学社重大活动及相关工作。社中央网站发稿3万多篇，访问量700多万人次。30个省级组织和112个市级组织建立网站。各级组织开通微信公众号76个。“社员之家”平台工作初见成效，确定5个省36个市级组织作为试点。学苑出版社出版图书1800余种，有20多种图书获得各级各类奖项，多个项目列入国家出版重点规划，连续入选“中国图书世界馆藏影响力出版100强”。《民主与科学》杂志全新改版，质量不断提升，转载引用率提高，受到社内外读者好评。

（二）收获累累硕果，履职坚实性显著提高的五年

五年来，我们紧扣统筹推进“五位一体”总体布局和协调推进“四个全面”战略布局，坚持新发展理念，围绕脱贫攻坚、深化供给侧结构性改革、国家三大战略实施、建设创新型国家和生态文明建设等重大任务，不断拓展工作思路，创新和完善工作机制，参政议政、民主监督、参加中国共产党领导的政治协商等工作亮点纷呈，成绩突出。

——参政议政取得新成果。开展党派大调研和其他调研150余次，向中共中央、国务院和党中央领导同志报送调研报告“直通车”建议101份。特别是历年的党派大调研成果，对国家相关战略、政策的出台和实施起到良好的推动作用。如2015年“长江上游水利水电工程对全流域生态环境影响”提出的理念和建议，对国家制定“共抓大保护、不搞大开发”的长江经济带发展战略产生积极影响。2016年“新型城镇化背景下社区治理与服务”，受到国务院领导高度重视，对相关政策的出台起到重要作用。2017年“促进科技型中小企业发展”，党和国家领导人以及相关部门高度重视，若干意见和建议作为制定政策和完善制度的依据和参考。

我们的许多专题调研成果，对解决相关领域问题、推动政府出台相关政策起到积极作用。其中，建设中国特色的国家层级战略科技体系、大力推进量子通信技术发展、利用大数据等现代技术提升政府治理能力、推进黄河下游滩区扶贫开发、统筹川甘青交界地区藏区协调发展、促进农业绿色转型发展、加强农业面源污染治理、促进河西走廊节水农业发展、开展绿色建筑行动计划、加强海岸带综合治理以及实施黄土高原“固沟保塬”综合治理等建议，受到中共中央、国务院高度重视，不少建议已经得到落实和正在落实之中，或纳入了国家有关规划和相关部门工作部署。

不断加强社情民意信息工作。升级信息工作平台，进一步完善信息奖励和信息选编机制。采编《九三学社信息》《九三学社信息专报》2627篇，225篇信息被全国政协采用，《实施粮食生产方式的转型升级》等16篇信息得到党和国家领导同志批示。部分信息为社中央在政党协商座谈会、政协协商会议上发言提供了参考或转化为提案。

——政党协商和政协协商展现新作为。社中央主要领导应邀参加中共中央举行的政党协商座谈会30余次，提出多项意见和建议，对中共中央不断推出标本兼治的改革举措，解决制约经济社会发展的关键问题有所助益。比如，我们提出的关于加大国有股权划转社保基金比例，以及以法治理念和方式不断增强政府、市场和社会理性的建议，在中共十八届三中、四中全会决定中得到体现；关于处理好党内监督与其他监督的关系、监督不留死角、坚持监督与爱护并重等建议，在中共十八届六中全会文件中得到体现；科技管理体制改革的建议，很多内容被写入《国务院关于加快科技服务业发展的若干意见》

《关于深化中央财政科技计划（专项、基金等）管理改革的方案》；关于调整和完善农业扶持政策、调整粮食安全策略的建议，在《中共中央关于制定国民经济和社会发展第十三个五年规划的建议》中得到体现；关于发展房屋租赁市场的建议，受到习近平总书记重视，并对相关政策的出台起到推动作用；关于处理好科研经费存量与增量关系的意见，受到李克强总理重视，对完善科研经费管理起到积极作用。

提交全国政协提案403件，其中社中央提案238件，界别提案165件。《关于加强绿色农业发展的建议》《关于发挥市场配置科技资源的决定性作用，让创新活力竞相迸发的建议》《关于以市场为导向深化农业供给侧改革的建议》，分别被列为十二届全国政协一次、二次和五次会议的一号提案，13件提案被全国政协评选为优秀提案，40件提案被列为全国政协重点提案。一些提案受到承办单位的高度重视，中共中央和国务院的有关部委或多次专门走访，或组织专项调研，落实提案建议。提交政协全会大会发言56篇，《点赞正能量厚爱正能量弘扬正能量》《敢于担当，从我做起，为建设科技强国建功立业》等大会发言引起强烈反响。

——民主监督开辟新领域。我们始终将民主监督寓于参政议政、政治协商和社会服务之中，围绕贯彻落实党和政府重大方针政策中出现的问题、司法领域和其他部门行业存在的问题等提出批评和建议。比如针对刑事案件涉案财产处理中的乱象，我们提出"关于规范刑事诉讼涉案财产处理的建议"，部分建议在中办国办发布的《关于进一步规范刑事诉讼涉案财物处置工作的意见》中得到采纳。担任各级各类特约监督人员的社员，以高度的政治责任感认真参加有关检查和监督工作，参与有关法律法规制定研究和重大案情调查，发挥了特约人员的作用。

2016年，中共中央赋予各民主党派开展脱贫攻坚民主监督的新任务，并将陕西省确定为九三学社中央对口监督省份。社中央成立脱贫攻坚民主监督工作领导小组和工作小组，制定工作实施方案，组建专家组，完成建章立制、布点监测、入户调研、情况分析、对策研究等工作；以监督中共陕西省委和政府对中央脱贫攻坚决策部署的执行和落实情况为主要内容，采取"定点监测、解剖麻雀"工作方法，一年多来累计开展10次专题调研，深入5市12县24村，访谈农户690户。针对发现的问题，提出50余条意见建议，并对整改情况"回头看"，有效助力陕西省打赢脱贫攻坚战。围绕"健康扶贫、易地扶贫搬迁和县级财政涉农资金整合使用"3个重点领域，动员全社21个省级组织开展调研、座谈，形成监督性调研报告。建议和报告受到中共中央政治局常委汪洋同志的高度重视，认为有深度，对改进工作有帮助，并将报告转有关部门提出改进意见。各省级组织也在本省开展脱贫攻坚民主监督工作，取得一定成效。

——社会服务取得新成效。社会服务是民主党派履行参政党职能的一项重要工作。五年来，我们强化服务意识，提升服务能力，挖掘服务资源，深入基层、深入群众，更多把注意力放在困难群众身上，努力为群众排忧解难，社会服务工作取得新成效。我们确立了"常为常思、开拓创新；尽力而为、量力而行；借势借力、整合资源；品牌做精、新牌做响；不图虚名、力求实效"工作思路，在促进国家经济建设、社会进步的各项工作中做出积极贡献。

紧紧围绕中共中央脱贫攻坚重大决策部署，扎实推进扶贫项目，累计争取财政资金

1820万元用于社会服务。大力推动生态文明建设，长期帮扶威宁草海保护和综合治理。帮助威宁引进投资31亿元，吸纳贫困人口就业451人，日产食用菌400吨，建设马铃薯种源基地968亩。持续智力支持黔西南美丽乡村建设和生态旅游。重点关注对口扶贫县中药材优势品种种植产业发展。广泛开展“九地合作”，已有20多个省级组织与50多个地方政府签订合作协议。“九广合作”“沪豫合作”等以科技资源助力地方产业发展，“沪滇合作”“京宁合作”焕发生机。实施“同心树人”教育扶贫项目，17个省级组织累计协调教师交流培训651人次。实施健康扶贫，继续开展“亮康行动”，（在20省筛查32.8万人次，培训1472场，完成免费白内障手术6万余例。实施“同心康福”项目，救治脑瘫患儿433例，先心病患儿136例，置换髋关节538例、安装假肢531例。）服务新疆“丝绸之路经济带核心区”建设。召开以服务“一带一路”建设为主题的社会服务工作论坛，围绕“一带一路”建设开展专题调研。以新疆和田肉苁蓉等沙产业为重点，助推地方经济建设。赴兵团举办义诊咨询活动，支持高等教育师资队伍建设。部分省级组织将服务“一带一路”建设与科普、脱贫攻坚等工作有机结合，构建“就医、就学、就业”一体化扶贫，效果良好。创新科普活动形式，成立社中央科普工作委员会，指导和支持各级组织成立科普讲师团，建立科普工作基地。全社开展科普活动11708场，发放科普资料175万余份，累计受众219万人次，涌现出“院士专家健康科普巡讲”“革命老区健康行”“名家科普讲坛”“科普之旅”“名医工作室”“九三书屋”等富有特色的服务品牌。成立社中央促进技术创新工作委员会，整合社内科研与创投资源，主办2017年中国创新创业成果交易会，组织多个社员项目参加高端人才科技成果展。围绕养老服务体系建设、“中国—东盟自由贸易区”、智库建设等主题，组织外事出访活动7次，促进对外交流与合作。

——创新工作理念，履职机制和方法更加完善。用理念创新和机制创新推动参政议政和各项履职工作，是社中央一贯坚持的工作思路。五年来，我们不断探索新办法新途径，进一步创新和完善工作机制，推动履职工作再上新台阶。

一是进一步整合资源，凝聚力量。不断扩大调研工作参与面。关于“长江上游水利水电工程对全流域生态环境影响”的党派大调研，动员长江沿线14个省市组织、相关专家联合进行；“关于社区治理和服务”大调研，30个省级组织参与，成立40余个课题组同时开展调研；11个省级组织联动开展海岸带综合治理课题调研；三省四市社组织持续建言“黄河金三角”区域统筹协调发展。充分发挥专门委员会“智囊团”作用。各专门委员会积极参加社中央相关调研，自行设置研究课题调研；邀请政府相关部门和社外专家参与重要调研和议政建言。整合社内各职能部门力量，将社会服务、组织建设与参政议政结合起来，使各项工作相互配合、相互融通、相互促进。地方组织不断探索和创新工作协同机制。一些地方组织将社中央课题和当地党委、政协课题整合研究，上下共同发力，提高建言实效。通过整合社内外资源，凝聚社内外力量，集中优势力量攻关，多角度掌握情况，不仅使我社参政议政质量和水平不断提高，而且大大增强了九三学社的凝聚力。

二是发挥优势，在优势领域发声。长期跟踪研究科技创新问题，对我国科技创新体系建设、科研管理体制改革、科技型企业发展等多项政策的出台和实施，起到良好推动作用。持续关注生态文明建设，围绕建筑、交通、工业、能源和服务业绿色发展，流域治理体制改革，生态补偿机制建设等建言献策，推动经济社会绿色转型发展。各部门和工作委员会聚集一大批专家和人才，在相关领域提出许多高质量参政议政成果。举办“科学座谈会”14次，弘扬民主科学优良传统，聚集社内外相关领域高层次专家，就一些重大科学技术问题和与科技相关的经济社会发展重大问题进行深入交流和探讨。经过几年努力，科学座谈会不仅成为社内外科学家交流科学思想、分享科研成果的重要平台，也成为我社高水平的建言平台。

三是抓住关键精准发力，在切实、管用上下功夫。调研选题上注重立意高、切口小，既勇于选择那些对全局具有重要甚至关键影响和人民群众迫切关心的重要问题，又善于“聚焦”，从关键性具体问题入手，由小及大，探索解决问题的抓手。调研指向上着力找到解决问题的“总开关”，在复杂矛盾和问题中辨别主次，寻找最关键、最突出和最能带动全局的因素，抓住“牛鼻子”精准发力，提出建议，起到“四两拨千斤”和“牵一发而动全身”的作用。调研方法上力戒走马观花、浅尝辄止，运用多种手段把调查研究做深做实做细，把情况摸准摸清摸透；开展基础性研究，注重长期积累。

（三）坚持人才强社，组织坚强性持续巩固的五年

五年来，我们制定和贯彻《关于进一步加强组织建设的若干意见》，切实推进政治交接，全面加强组织建设，全面实施人才强社战略，全面提升社的组织化水平和整体运行能力，为履行职能提供坚强组织保障。

——领导班子建设扎实推进。中央领导班子以贯彻落实民主集中制为重点，在完善主席会议和主席办公会议制度基础上，定期召开民主生活会，沟通思想、交换意见、增进共识。每年召开战略研讨会，分析形势、研究社务、规划工作。完善中央常务委员会决策和工作班子职能，充分发挥中央常务委员作用。建立代表大会代表列席中央委员全会制度和委员建议案制度，为代表和中央委员参与社务决策提供新渠道。社中央领导班子统筹全社工作、动员全社力量的能力明显提升，领导力进一步加强。

——组织化水平显著提升。健全中央与地方组织联系机制，制定实施《九三学社中央领导联系地市级组织工作方案（试行）》，主席、副主席带头联系基层。成立组织建设研究中心，为全社组织建设提供咨询指导。加强组织协调，推动地方组织交流联动，特别是通过发动和组织省级组织参与社中央重大课题调研活动，鼓励和支持地方组织在参政议政、社会服务、人员培训等方面进行横向交流与合作。医疗咨询平台建设取得阶段性成果，成立社中央医疗咨询小组，部分省级组织初步建成地方平台。通过委托地方组织举办九三论坛、科学座谈会，实施“院士导师培养计划”，九三王选关怀基金会资助患病困难社员等，使全社的凝聚力和组织化水平进一步提高。

——内部监督工作有较大进步。推动省级组织社内监督机构建设，实现社内监督机构全覆盖。建立健全相关制度，基本实现社内监督工作有章可循、有据可依。启动社内监督工作创新试点，探索内部监督新途径新方法并向全社推广。制定工作办法，圆满完成对30个省级组织的巡视督导工作，促进中共中央决策部署和社中央各项工作的贯彻落实，推动地方组织工作开展，提高了组织凝聚力和解决自身问题的能力。

——人才队伍建设取得积极成效。社员结构继续优化，组织发展保持平稳健康态势。

明确对新社会阶层代表性人士的发展政策。积极推进组织与社员信息管理系统开发应用。显著加大干部培训力度，举办或协办多期骨干社员培训班，培训学员 2700 人。成立社中央青年工作委员会，大力推进青年工作。截至目前已有 22 个省级组织成立“青工委”，为加强青年工作奠定组织基础。“青工委”探索建立“自组织、自发展、自管理”新模式，开展一系列卓有成效的工作。成功举办三届全国青年论坛、上海“科技创新与成果转化论坛”、深圳“九三学社全国青年创新创业论坛”，调动全社青年社员的积极性，为青年社员成长提供平台、创造条件，增强了全社的凝聚力和组织活力。

——机关工作效能显著提高。各级机关普遍建立了较为完善的制度规范体系，创新服务、开拓进取、工作卓有成效。连续三年培训省级以下机关专职干部 700 余人。选择 82 个市级组织，开展了富有成效的机关能力建设试点工作。分片区召开全国机关建设工作座谈会，组织各区域省市级机关进行多层级深入交流。创新开展全国机关建设交叉检查工作，全面推动各地机关之间直接学习借鉴、以查促改、共同提高。编撰《机关工作手边书系列》、制定《社内部分用语规范》，印发各级机关学习施行。持续开展信息化建设，组织管理、参政议政等信息平台在社内得到广泛应用。强化运行保障，编制《九三学社中央内部控制手册》，预算管理、决算和政府采购信息统计工作在中央和国家机关系统受到表扬。各级机关工作科学化、制度化、规范化水平进一步提高。

截至 2017 年 6 月 30 日，全社共有 30 个省级组织、280 个设区市级组织、29 个县级组织、167218 名社员。社员中具有高级职称的 94576 人，占社员总数的 56.6%，两院院士 61 人。有各级人大代表 2381 人，各级政协委员 11885 人；在各级政府和司法机关有 6 名省部级干部，155 名厅局级干部，993 名县处级干部。五年来，广大社员在本职岗位奋发进取，建功立业，8 名社员当选中国科学院院士，4 名社员当选中国工程院院士，225 名社员获国家科技奖，46 名社员获全国五一劳动奖章，11 名社员获全国三八红旗手荣誉称号。社员程开甲获 2013 年度国家最高科技奖、2017 年度八一勋章，潘建伟团队获 2015 年度国家自然科学奖一等奖。

在充分肯定成绩的同时也应清醒地看到，在新的历史时期和新的艰巨任务面前，与中共中央、广大社员和人民群众的殷切期待相比，我们的工作还存在一些突出问题和不足：思想政治工作的针对性、吸引力和说服力有待进一步加强；参政议政、民主监督、参加中国共产党领导的政治协商能力有待进一步提高；各级组织特别是基层组织的凝聚力和活力有待进一步增强；促进人才成长，使优秀社员脱颖而出、大有作为的机制有待进一步完善；在中共全面从严治党和参政党在国家政治生活中的地位更加凸显的情况下，如何进一步贯彻落实民主集中制，加强作风建设和纪律约束，也需要进一步探索，等等。这些，都要在今后工作中逐步解决。

各位代表、同志们，回顾五年来的工作，我们深切感受到，九三学社发生了令人鼓舞的深刻变化，取得了来之不易、值得自豪的成就。这些成就的取得，是以习近平同志为核心的中共中央坚强领导、亲切关怀的结果，是党和国家相关部门与社会各界积极支持、大力帮助的结果，是全社各级组织团结带领全体社员锐意进取、顽强拼搏的结果。在这里，我谨代表九三学社中央委员会，向中共中央，向全国人大、国务院、全国政协，向各兄弟民主党派、全国工商联和无党派人士，向所有支持我们工作的各部门各单位和社会各界人士，致以崇高的敬意和诚挚的感谢！向全社各级组织和全体社员，表示亲切的问候和衷心的感谢！

二、五年工作实践的主要经验和体会

总结五年工作实践，联系九三学社发展历程，我们在许多重大问题上提高了认识，探索和积累了新的经验。主要是：

第一，坚持中国共产党领导，坚持和发展中国特色社会主义，是九三学社应始终坚持的政治原则

1840年鸦片战争以来中国人民追求民族独立、国家富强苦难而曲折的历史表明，只有中国共产党才能救中国。新中国成立后，特别是改革开放和中共十八大以来所取得的历史性成就充分证明，唯有中国共产党的领导和中国特色社会主义，才能使中华民族实现从站起来、富起来到强起来的历史性飞跃。九三学社所取得的成就也一再证明，坚持接受中国共产党领导，坚持和发展中国特色社会主义，是我们在中国历史进程中发挥作用、做出贡献的根本前提和政治基础，是我们最重要、最根本的政治选择和历史经验。坚持中国共产党的领导，是中国特色社会主义最本质的特征。我们既是中国特色社会主义的亲历者、实践者，也是中国特色社会主义的维护者、捍卫者。必须牢固树立政治意识、大局意识、核心意识、看齐意识，不断增强中国特色社会主义道路自信、理论自信、制度自信、文化自信，更加自觉地在思想上政治上行动上同以习近平同志为核心的中共中央保持高度一致，更加坚定地维护以习近平同志为核心的中共中央权威和集中统一领导，更加坚决地贯彻落实以习近平同志为核心的中共中央各项决策部署。

第二，坚持弘扬爱国、民主、科学优良传统，是九三学社砥砺前行的重要精神支撑

爱国、民主、科学是九三学社的创建缘起和历史传统，是九三人的精神基因和心灵家园，是贯穿九三学社历史的一条主线，也是激励我们积极履职尽责、加强自身建设的重要力量。在新的历史时期，弘扬爱国、民主、科学优良传统，就是为建成社会主义现代化强国、实现中华民族伟大复兴的中国梦而不懈奋斗；就是坚持爱国主义和社会主义相统一，坚定不移走中国特色社会主义政治发展道路，切实承担起中国特色社会主义参政党的政治责任；就是坚持中国共产党的领导、人民当家做主和依法治国的有机统一，为推进社会主义民主政治建设做出不懈努力；就是贯彻科教兴国战略、可持续发展战略和创新驱动发展战略，为推进创新型国家建设，弘扬科学精神、促进科技进步、培育科技人才，提高中华民族科学文化水平做出应有贡献。

第三，坚持围绕中心、服务大局，是九三学社实现参政党价值的必然要求

围绕中心、服务大局是九三学社各项工作的基本导向。偏离这个基本导向，我们的工作就会事倍功半，甚至南辕北辙。过去五年，我们围绕中共十八大以来中共中央提出的“五位一体”总体布局和“四个全面”战略布局，供给侧结构性改革，脱贫攻坚，“一带一路”等中心任务，思考、部署和行动，取得了可喜成就。中共十九大提出了中国特色社会主义进入新时代的科学判断，确立了习近平新时代中国特色社会主义思想和基本方略，规划了新时代中国特色社会主义发展的宏伟目标和战略安排。新时代要求我们在履职过程中，必须根据我国社会主要矛盾的变化，紧扣满足人民日益增长的美好生活需要，着力解决发展不平衡不充分的突出问题；围绕发展新时代中国特色社会主义基本方略、战略部署和重大任务，找准着力点，提出具有战略性、前瞻性、可行性的意见建议，为决胜全面建成小康社会和建设社会主义现代化强国做出贡献。只有这样，才能真正担负起时代赋予我们的使命，才能真正显示出九三学社的价值并把我们的光荣载入史册。

第四，坚持全面推动工作创新，是九三学社永葆生机的力量源泉

创新是一个民族进步的灵魂，是一个国家兴旺发达的不竭动力，也是一个政党永葆生机的力量源泉。顺应时代，直面挑战，勇于创新者兴；抱残守缺，墨守成规，故步自封者亡，这是一条不变的历史定律。过去五年，我们正是以理念创新、制度机制创新和方法创新为先导，从而使我们的事业和各项工作呈现出生机勃勃的局面。面向未来，我们必须始终坚持解放思想、实事求是、与时俱进的思想品格，敢于破除旧框框旧习惯，不断探索新思路新方法新举措，“苟日新，日日新，又日新”，努力开创九三学社各项工作新局面。

第五，坚持强化组织，凝聚全社力量，整合工作和资源，是九三学社推进各项工作的有效方法

众志成城，其利断金。只有把全体社员的积极性调动起来，把全社工作和力量有效整合起来，我们的事业才能取得成功。过去五年，我们坚持调动全体社员积极性，不断增强组织动员能力，有效整合各项工作和力量，调动一切积极因素，全面提高九三学社的工作能力和水平。我们必须牢固坚持凝聚全社力量、整合全社工作和资源的理念，坚持“全社一盘棋”，不断完善工作机制和组织网络，加强各级组织间的统筹协调，改进沟通机制，积极搭建各种平台，实现信息互通、资源共享，把全社整体力量发挥出来，促进全社工作再上新台阶。

第六，坚持实施人才强社战略，是九三学社事业兴旺、不断发展的基本方略

人才是事业兴盛之本。造就一支高素质的人才队伍，是九三学社建设与发展的根本性关键性问题。要使多党合作和九三学社事业得到传承和延续，就必须坚持实施人才强社战略，造就一支素质优良、结构合理、专兼结合的人才队伍。我们不仅要着力吸纳两院院士、重大奖项和荣誉称号获得者以及其他知名专家学者，也要积极主动吸引素质好、有潜力、尚在成长中的中青年人才加入社组织；我们既要继续以科技界人才为主要发展对象，也要重视吸纳其他领域的高层次人才。我们更要营造人才成长的优良环境，搭建人才成长的各种平台，畅通和扩展人才推荐和培养渠道，完善人才发现、储备、教育培养和选拔任用的制度机制，开创优秀人才脱颖而出、人才辈出、人尽其才的新局面。

以上六个方面，既体现我社在长期历史发展进程中形成的优良传统和历史经验，又具有新时代鲜明的特征；既是全社同志共同创造的宝贵精神财富，也是未来全社必须长期坚持的重要遵循。

三、建设新时代中国特色社会主义参政党，在新的历史起点上再创佳绩

当前，中国特色社会主义进入新时代，我国站在新的历史起点上。新时代、新起点，必须科学分析、准确把握九三学社事业发展面临的新变化。

从世情看，当今世界正在经历广泛而深刻的变革。经济全球化不断发展，各国联系更为紧密，和平与发展仍然是时代的主题，合作、共赢的时代潮流不可阻挡，全球治理体系和国际秩序变革加速推进。习近平主席提出的构建人类命运共同体倡议得到大多数国家的认同，我国国际影响力、感召力、塑造力进一步提高，世界对中国的期待日益增强。与此同时，世界面临的不稳定性不确定性突出，世界经济增长动能不足，贫富分化严重，贸易保护主义、民粹主义抬头，地区冲突和局部战争此起彼伏，恐怖主义、网络安全、气候变化等全球性挑战层出不穷，人类面临许多共同挑战。

从国情看，中国特色社会主义进入新时代，我国的发展处于新的历史方位。中共十八大以来，我国取得改革开放和社会主义现代化建设的历史性成就：经济建设取得重大成就，发展方式加快转变，发展质量和效益不断提升；全面深化改革取得重大突破，重要领域和关键环节改革取得突破性进展，主要领域改革主体框架基本确立；人民生活不断改善，脱贫攻坚战取得决定性进展，人民获得感显著增强；民主法治建设迈出重大步伐，生态文明建设成效显著。中华民族正迎来从站起来、富起来到强起来的伟大飞跃，迎来实现中华民族伟大复兴的光明前景。进入新时代，我国社会主要矛盾已经转化为人民日益增长的美好生活需要和不平衡不充分的发展之间的矛盾，但我国仍处于并将长期处于社会主义初级阶段的基本国情没有变。我国仍然面临一系列困难和挑战：发展不平衡不充分的一些突出问题尚未解决；发展质量和效益还不高，创新能力不够强；生态环境保护任重道远；民生领域还有不少短板，脱贫攻坚任务艰巨；城乡区域发展和收入分配差距仍然较大；社会矛盾和问题交织叠加，意识形态领域斗争依然复杂；化解矛盾、防范风险、维护国家安全任务艰巨。外部的诸多风险挑战与国内的改革发展稳定难题交织叠加，使我们面临的形势更加复杂，肩负的任务更加艰巨。

从中国共产党的理论与实践发展看，中共十八大以来，以习近平同志为核心的中共中央就坚持和完善多党合作制度提出一系列新思想、新观点，推进多党合作理论和实践不断创新，使我国多党合作事业以新的内涵和面貌进入新时代。中共十九大确立习近平新时代中国特色社会主义思想为党必须长期坚持的指导思想，深刻阐述新时代坚持和发展中国特色社会主义的一系列重大理论和实践问题，明确新时代中国特色社会主义事业发展的大政方针和行动纲领。所有这些，都为九三学社事业发展指明了前进方向，提供了根本遵循。

综合判断，未来五年我们面临的发展机遇与挑战并存、优势与困难同在。谋划未来工作，既要有广阔的国际视野，又要深刻把握国内实际；既要自觉从党和国家全局的高度辨明历史方位、认清历史使命，又要根据九三学社实际抓住重点带动面上工作，真正

做到牢记使命、立足当前、着眼全局，真正做到脚踏实地、不懈奋斗、有所作为，为新时代中国特色社会主义事业发展做出更大贡献。

今后五年工作的指导思想和总体思路是：在以习近平同志为核心的中共中央坚强领导下，高举中国特色社会主义伟大旗帜，认真学习贯彻中共十九大精神，以马克思列宁主义、毛泽东思想、邓小平理论、“三个代表”重要思想、科学发展观、习近平新时代中国特色社会主义思想为指导，弘扬爱国、民主、科学优良传统，充分发挥自身特点和优势，紧紧围绕推进“五位一体”总体布局和“四个全面”战略布局，不断开拓创新，切实履职尽责，加强自身建设，为决胜全面建成小康社会、夺取新时代中国特色社会主义伟大胜利、实现中华民族伟大复兴的中国梦做出新贡献。

肩负起参政党的光荣使命，关键在于把自身建设好。站在新的历史起点上，我们必须根据多党合作和全社工作的实际，再创新局面，实现建设新时代中国特色社会主义参政党的新目标。这就是：成为政治清醒、信念牢固的中国特色社会主义参政党；成为参政有为、履职有力的中国特色社会主义参政党；成为科学民主、富有活力的中国特色社会主义参政党。也就是成为思想更加坚定、履职更加坚实、组织更加坚强的中国特色社会主义参政党。

建设新时代中国特色社会主义参政党，必须把思想建设放在首位。坚持和发展中国特色社会主义，是全社理论建设和工作实践的不变主题。深入推动习近平新时代中国特色社会主义思想落地生根，是全社思想建设的重中之重。进一步加强中国特色社会主义理想信念教育，凝聚思想共识，是夯实团结合作共同思想政治基础的根本举措。

建设新时代中国特色社会主义参政党，必须在实践中砥砺提升履职本领。九三学社是接受中国共产党领导、同中国共产党通力合作的亲密友党，是中国特色社会主义参政党。九三学社对国家、对民族、对人民也负有十分重大的政治责任和历史责任。承担起重大责任，履行好职责，为国家富强民族振兴人民幸福多干实事、多做贡献，是我们的立社之基和价值所在。唯有如此，我们才能得到人民的认同，体现参政党的价值。我们必须不断提升政治参与能力和履职本领，主动担当、积极作为、踏实工作，在经济社会发展方面发挥作用，在国家政治生活中展现自身价值，推动党和国家各项事业全面发展。

建设新时代中国特色社会主义参政党，必须坚持人才强社战略。九三学社作为政党，人才是否充足、整体功能能否发挥，至关重要。人才强社战略实施十余年，极大地调动了社员的积极性和创造性，激发了组织发展活力。今后，我们必须继续深入实施人才强社战略，着力打造一支坚强的人才队伍，为建设新时代中国特色社会主义参政党提供有力的人才和组织保障。

凝聚思想共识、提升履职本领、坚持人才强社，是相互依存、不可分割的有机整体，共同构成我们建设新时代中国特色社会主义参政党的基本思路。我们要以此为抓手，紧紧围绕“思想更加坚定、履职更加坚实、组织更加坚强”的建设新目标，以搞好政治交接为主线，坚持一致性与多样性相统一、进步性与广泛性相统一、履行职能与自身建设相统一，全面加强思想建设、组织建设、制度建设、作风建设和机关建设，以更大决心、更大勇气、更大气力实现各领域各方面的突破。

四、建设思想更加坚定的中国特色社会主义参政党，把学习贯彻中共十九大精神引向深入

从思想上建党，是中国共产党的光荣传统和政治优势。我们要借鉴中国共产党的有益经验，把凝聚思想共识始终放在首要位置，筑牢信仰之基、把稳思想之舵，以行动彰显理想信念的强大力量，确保新时代多党合作事业根基牢固、薪火相传。

（一）强化理想信念教育，建立健全思想建设的常态化、长效化机制

深入学习贯彻中共十九大精神和习近平新时代中国特色社会主义思想是当前和今后一个时期九三学社的首要政治任务，也是推进思想建设的必然要求。全社各级组织和广大社员要认真学习领会中共十九大精神，全面理解中共十九大报告内容，深化对中共十八大以来党和国家事业发生的历史性变革的认识，深化对习近平新时代中国特色社会主义思想的认识，深化对中国特色社会主义进入新时代的历史方位、我国社会主要矛盾的认识，深化对新时代中国共产党历史使命的认识，深化对新时代坚持和发展中国特色社会主义基本方略和战略安排的认识，深化对中国特色社会主义参政党的认识，在学懂弄通做实上狠下功夫，自觉把思想和行动统一到中共十九大精神上来，把智慧和力量凝聚到落实中共十九大确定的目标任务上来。

深入推进主题教育活动。认真学习统一战线和多党合作理论政策，认真学习社章社史，努力践行社会主义核心价值观，进一步增强“四个意识”，牢固树立“四个自信”，始终不渝地为中国特色社会主义共同理想而奋斗。突出问题导向，坚持理论与实践、历史与现实、内容与形式相统一，不断增强教育的说服力、感染力，提高教育的针对性和实效性，将坚持中国共产党领导变为自主意识和自觉行动。把制度作为思想建设的硬约束，通过建立健全常态化、长效化机制，不断提高思想建设的科学化、规范化、制度化水平。在意识形态领域积极传递正能量，主动维护国家意识形态安全。建立健全思想动态分析机制，密切关注网络舆情，了解和掌握社员的思想动态和愿望诉求。正确处理一致性与多样性关系，注意求同存异，营造宽松和谐氛围。增强政治敏感性和辨别是非能力，对涉及重大是非和原则的错误观点，必须旗帜鲜明地开展批评和抵制。

（二）加强理论和社史研究，为思想建设提供理论支撑和历史借鉴

思想上的坚定，源于理论上的清醒。坚持和发展中国特色社会主义，必须高度重视理论的作用，不断增强理论自信和战略定力。要围绕凝聚共识、推动履职、指导工作的目标，侧重于多党合作和自身建设，侧重于民主法治建设，侧重于讲清道理，进一步加强理论研究特别是习近平新时代中国特色社会主义思想的研究。做好理论研究规划，培养理论研究骨干，充分整合和利用社内外研究力量。联系九三学社实际，深入基层开展调研，避免空洞的、一般化的说教；继续推进课题招标活动，提高理论研究质量，注重理论研究成果利用。社史是加强九三学社优良传统教育的重要教材，是推动思想建设、组织建设的重要工具。继续推进“社史工程”，精益求精、确保质量，形成品牌效应；进

一步加强社史研究工作机制建设，加强社中央对地方社史研究工作的指导；做好宣传普及社史知识；搞好重大历史节点和重要人物的纪念活动，使这些重大纪念活动与宣传工作及其他社务工作有机衔接。

（三）加强和改进宣传工作，讲好多党合作和九三学社故事

宣传工作承担着内聚人心、外树形象的重要任务。充分发挥社刊、网络、图书出版等媒体的宣传教育作用，广泛深入宣传中共十九大精神，广泛深入宣传习近平新时代中国特色社会主义思想，广泛深入宣传多党合作和九三学社优良传统，广泛深入宣传社内先进典型和履职成果，推动全社形成昂扬向上、奋发有为、团结和谐的氛围。进一步加强与各级各类主流媒体联系，大力拓展宣传阵地，发出九三声音，以饱满的热情弘扬正能量。深入探索互联网等新媒体管理和传播规律，转型升级宣传工作平台，用好新媒体。注重用讲故事、举案例，现身说法等方法，使宣传平实生动、亲切感人，提高社员的关注度和荣誉感。

五、建设履职更加坚实的中国特色社会主义参政党，在决胜全面小康实现中华民族伟大复兴的新征程中更加出彩

新时代中国特色社会主义参政党的作用和价值，体现在履职尽责的水平和质量上。全社必须全面提升履职本领，发挥优势、突出重点、聚焦问题，广泛动员社内外力量，紧紧围绕推进“五位一体”总体布局和“四个全面”战略布局，围绕中共十九大确立的重大战略决策和部署，积极开展参政议政，扎实推进民主监督，认真参与政党协商和政协协商，让九三学社在新时代新征程中更加出彩。

（一）锤炼调查研究硬功夫，不断提升参政议政能力

参政党要履行好参政议政职责，提出切实管用的意见建议，必须做好调查研究。要坚持深入基层、深入群众，多层次、多方位、多渠道地调查研究，力求把握真实情况。要认真规划、统筹考虑，进一步聚焦重大问题。围绕全面深化供给侧结构性改革，社会、民生领域的改革和建设，加快建设创新型国家，科技体制改革，生态文明建设，精准扶贫，“三大发展战略”，防范重大风险等问题，深入调研，建言献策。围绕全面依法治国、司法体制改革，改革和完善人民代表大会制度、社会主义协商民主建设和民主党派履行监督职能等方面的重点难点问题开展研究，为建设法治国家、推进社会主义民主建设做出贡献。突出选题的问题导向，既强调前瞻性、全局性、战略性，又强调切口小、具有可行性。创新完善调查研究的各种工作机制，形成规范化的工作制度，使履职更加科学化和专业化。加强基础性研究，充分利用专业部门和智库的研究成果、资料和大数据。更好地发挥各专门委员会和工作委员会作用，动员和整合多方力量，培养一批政治素质高、专业水平高和议政能力强的参政议政骨干。加强议政建言工作平台建设，为广大社员履行职能创造条件。

（二）以脱贫攻坚民主监督为抓手，努力提高监督本领和实效

脱贫攻坚民主监督是民主党派参与国家政治生活的新形式，是民主党派民主监督的新实践，我们必须坚决完成好这项重大任务。要以打赢脱贫攻坚战为出发点和落脚点，把对陕西的脱贫攻坚民主监督工作持续做实做精做细，深入研究陕西脱贫攻坚中存在的困难与问题，将监督的过程变成共同发现问题、研究问题、解决问题的过程，变成推动政策落实和制度完善的过程。鼓励支持担任各级各类特约职务的社员认真开展工作，充分发挥监督作用。积极探索民主监督的新途径新方法，不断提高监督本领和水平，为中国共产党打赢反腐攻坚持久战、推动全面从严治党向纵深发展以及各项建设做出积极贡献。

（三）创新工作思路，探索完善社会服务新模式

社会服务是民主党派履行职能的重要内容，也是我国多党合作制度的一大特色。要以新发展理念为引领，不断探索完善社会服务机制和模式。加强工作整合，扩大横向合作，提升示范效应。聚力脱贫攻坚，深入推进贵州威宁、黔西南和四川旺苍的对口帮扶和定点扶贫，狠抓各项任务落实，做到真扶贫、扶真贫、真脱贫；以打造旺苍农村集体经济示范区为突破口，积极探索参与脱贫攻坚工作新思路。继续发挥科技、医药和高等教育的资源优势，以新疆为重点做好服务“一带一路”建设工作。继续推进科普工作的创新与发展，力争实现团队成员专业化、学科背景多样化、社会影响普及化。充分发挥促进技术创新工作委员会和医疗咨询平台作用，为需要帮助的成员及专家做好服务。继续巩固和深化“九地合作”“多党合作新农村建设”“亮康行动”“同心康福”等社会服务品牌建设。整合优化资源，进一步规范社会服务项目经费的使用。要加强与港澳台和海外各界友好人士的交流与合作，为祖国统一贡献力量。

六、建设组织更加坚强的中国特色社会主义参政党，增强组织向心力凝聚力战斗力

履行好新时代中国特色社会主义参政党的历史使命和职责，迫切需要集聚更多的优秀人才，优化和巩固组织基础，增强组织的向心力、凝聚力、战斗力。全社必须以提高“五种能力”为着眼点，着力推进人才强社战略，严格落实民主集中制，加强机关的枢纽作用和服务功能，把全社组织化水平和整体运行能力建设推进到新的高度。

（一）进一步加强领导班子建设，提高“五种能力”

“五种能力”建设是新形势下中国共产党对民主党派工作的新要求，是民主党派增强自身素质的关键。要进一步强化领导机构职能，充分发挥领导班子核心作用，深化政治交接，全面提高领导班子的政治把握能力、参政议政能力、组织领导能力、合作共事能力、解决自身问题能力。民主集中制是社的根本组织制度和领导制度。领导班子要充分发扬民主，集思广益，防止独断专行；同时善于进行正确集中，防止软弱涣散和各行其是。进一步提高领导班子的战略思维、创新思维、辩证思维、法治思维、底线思维，把

领导班子建设成为经得起各种风浪考验的政治坚定、民主团结、求真务实、高效有为、廉洁自律的领导集体。

（二）进一步提升组织化水平，推进社内监督

进一步完善组织体系，建立上下联动、横向合作、有机互动的长效机制，提升组织体系的整体性、系统性和有效性。加强对基层组织的宏观指导和规范，创新基层组织活动内容与形式，突出自身特色，注重提高质量，不断提升基层组织的活力和凝聚力。加强基层组织制度建设，探索建立基层组织领导班子向社员大会报告工作、学习座谈、组织生活、组织发展、社籍管理等各项规章制度。继续推广社内监督试点经验，开展新一轮督导工作，探索工作评估机制，完善社内监督体系，丰富监督手段。进一步探索社内纪律约束机制，发挥纪律和规矩的正面引导和惩戒警示作用，推进同级监督，开展预防教育。进一步深入贯彻落实中共中央八项规定精神，转变作风、端正学风、改进文风。

（三）进一步推进人才强社战略，努力造就高素质干部和人才队伍

社的发展，归根结底要靠高素质的干部和人才。要牢固树立以社员为本的理念，充分相信、依靠和服务社员，高度重视并维护社员的合法权益，反映社员的诉求，呼应社员的心声，不断增加社员的信任感和获得感。把牢发展社员的政策关和入口关，更加注重质量，更加注重保持特色，更加注重优化人才队伍结构，着力做好代表人士的发展工作，吸收更多品德优秀、业绩突出、具有较强参政议政和社会活动能力的高层次人才。加强基础性工作，加快建设组织与社员信息管理系统，加强数据收集、整理和分析应用，提高人才管理工作信息化水平。进一步加强青年工作，将青年工作与其他社务工作整体谋划和推进，相互促进、协同发展；努力搭建各种平台，积极开展培训和各种活动，为优秀青年社员成长和发展创造条件，增强社组织活力和发展后劲。

着力加强后备干部队伍建设，科学谋划、加强协调、提早部署，逐步形成年龄层次、界别构成、知识结构、性别组成科学合理的后备干部队伍。进一步加大培训力度，通过举办培训班、实践锻炼等方式，不断提高干部队伍综合素养和履职水平。

（四）进一步强化机关枢纽作用和服务功能，推动机关工作再上新台阶

机关是民主党派开展活动、履行职能的重要枢纽。要全面建设学习型、服务型、创新型、效能型、廉洁型、和谐型机关，推进各级机关正规化建设。进一步完善机关制度规范体系，建立健全机关干部培训交流机制，加强机关思想、文化、作风建设，着力增强机关干部政治意识、大局意识和服务意识，全面提升思想业务素质和服务水平。继续推进机关信息化和“社员之家”平台建设，提升全社电子社务水平。充分发挥机关枢纽作用，增强服务和协调能力，为各级社组织提高履职水平、加强自身建设、推动事业发展，提供坚实高效的服务保障。

各位代表、同志们！建设新时代中国特色社会主义参政党，任务艰巨而繁重，前景美好而光明。我们要以时不我待的紧迫感、不进则退的危机感、勇于担当的责任感、不负重托的使命感，奋力开创九三学社事业发展的新局面！

回顾历史、放眼世界，没有哪个文明像中华文明这样，历经几十个世纪的沧桑和磨难却能够绵延不绝，生生不息；也很少有哪个民族像中华民族这样，遭遇“数千年未有之大变局”却能够坚毅前行、革命开新，在饱经灾难后又重新屹立，再创辉煌。现代中国之所以发生这样的巨大变化，决定性的因素在于我们有中国共产党的正确领导，在于我们找到了实现中国梦的道路——中国特色社会主义。站在接近实现第一个百年奋斗目标、即将进入第二个百年奋斗目标的历史关口，回首九三学社与中国共产党同心同德、同心同向、同心同行的不平凡岁月，亲历改革开放带来国强民富的伟大进步和十八大以来的历史性成就，建设新时代中国特色社会主义参政党，向着决胜全面小康实现中国梦的新征程迈进，我们九三人比任何时候都更有信心、更有决心、更有底气！

“孤举者难起，众行者易趋。”进行伟大斗争、建设伟大工程、推进伟大事业、实现伟大梦想，需要包括九三学社在内的全国各族人民的共同努力。让我们更加紧密地团结在以习近平同志为核心的中共中央周围，高举中国特色社会主义伟大旗帜，弘扬爱国、民主、科学优良传统，以更加饱满的精神状态，团结一心、履职尽责、砥砺奋进，努力谱写新时代中国特色社会主义的九三学社新篇章！

九三学社第十三届中央委员会监督委员会工作报告

（九三学社中央监督委员会第六次全体会议 2017 年 11 月 30 日通过）

现将九三学社第十三届中央委员会监督委员会工作情况报告如下。

过去五年工作回顾

社第十次代表大会以来的五年，是九三学社事业开拓奋进、创新发展的五年，也是社内监督工作健康发展、持续进步的五年。五年来，在社中央的坚强领导下，社中央监督委员会紧紧围绕社务中心工作，认真履行监督职能，扎实推进各项工作，为我社建设“思想上坚定、履职上坚实、组织上坚强”的中国特色社会主义参政党提供了有力保障。

一、强化部署，统一思想，凝聚社内监督共识

中共十八大以来，以习近平同志为核心的中共中央深入推进全面从严治党，开创了党的建设新的伟大工程，也为各民主党派加强自身建设提供了遵循，指明了方向。为了更好地以党为师，履行好新时期参政党职能，社中央审时度势，从牢固树立“四个意识”、推动事业长远发展的高度出发，把加强社内监督工作摆在更加重要的位置，并逐步统一全社思想，推动工作走向深入。2013 年，社中央提出了争取省级组织社内监督机构全覆盖的工作目标，并持续跟踪督促这一目标落实。2013 年底，社中央启动了全国范围内的

社内巡视督导工作，展现了抓紧抓实抓好社内监督工作的态度和决心，使各省级组织对社内监督工作的重视程度进一步提高。2014 年底，为了更好地探索路径、积累经验，社中央在河南启动了社内监督工作创新试点工作，其间召开多次全国性会议，宣传推动社内监督工作，不断对试点经验进行探索、总结和推广，在进一步凝聚共识的同时，有力地推动了工作水平的提升。经过几年来的努力，全社上下已经充分认识到加强社内监督对加强自身建设、履行参政党职能的重要性和必要性，监督意识和主动性有了进一步提高，接受监督、参与监督已成为全社上下的共识。

二、健全体系，完善机制，为全面开展社内监督工作奠定坚实基础

社内监督是一项系统工程，构建完善的工作体系是做好这项工作的重要前提和基础。五年来，从完善组织体系、健全管理机制、强化人才培养入手，加强顶层设计，逐步形成了统筹协调、运转有效的社内监督工作体系。一是完善监督机构设置。持续协调推动各省级组织监督机构建设工作，积极为开展社内监督工作打基础、搭平台。截至 2017 年 6 月 30 日，30 个省级组织均设立了监督委员会，实现了省级监督机构全覆盖。部分省级组织如辽宁、河南、云南等省，已经开始在市级组织层面设立监督委员会。22 个省级组织监督委员会设置了办公室，并安排干部专门负责监督工作。组织保障机制的不断完善，有效保证了社内监督工作的有序开展。二是健全监督制度机制。强化制度约束意识，不断提高社内监督工作的制度化、规范化水平，确保了工作有章可循、有据可依，逐步建立工作的长效机制。2012 年 12 月修改通过的《九三学社章程》，首次增加了社内监督的内容；2013 年修订《九三学社中央监督委员会工作条例》，明确规定中央监督委员可受邀列席中央常务委员会和中央委员会全体会议，直接参与会议各项议程，对中央决议的形成、中央委员履职过程进行监督；同年制定颁布了《九三学社中央监督委员会工作细则》，明确了开展监督工作的有关程序和方法。与此同时，部分省级组织监督委员会在充分调研基础上，结合地方工作实际，不断细化工作制度、完善工作机制，为本地区社内监督工作提供了有效指导。三是加强监督干部队伍建设。科学合理地确定监督委员结构，既考虑地域分布和开展工作的便利性，又充分考虑代表性和专业性，为开展监督工作提供了人才保障，同时有针对性地加强监督人才培训，普遍提升了从事监督工作干部的政策理论水平，增强了监督实践能力。

三、突出重点，抓住关键，不断丰富社内监督工作方式方法

五年来，我们积极适应新形势新要求，在巩固完善既有成熟做法的同时，提出了一系列新思路，实施了一系列新举措，逐步形成一套行之有效的监督方式方法，收到了很好实效。一是通过参与考核测评加强社内监督。按照社中央安排，每年均派出中央监督委员，参与社省级组织领导班子述职和民主评议活动，了解领导班子工作情况和成员履职情况，并提出意见建议。二是通过参与巡视督导加强社内监督。巡视督导制度在各民主党派中为首创，在为期三年的巡视督导中，社中央领导带队，通过听取省级组织领导班子工作汇报、召开听取意见和反馈意见座谈会、与省级组织领导班子成员进行个别谈话、列席省级组织领导班子谈心会和省委全会、观摩基层组织活动、与巡视地中共省委

统战部进行沟通协商等方式，实现了强化社中央对省级组织的领导和监督的目的，助推了全社社务工作和社内监督工作的发展，巡视督导已经成为社内监督的重要举措和有力抓手，并且受到地方组织的高度肯定和欢迎。三是通过参与换届过程加强社内监督。换届工作事关党派政治交接、薪火相传，加强换届工作监督是社内监督的重要环节。2016年初，下发了关于严肃换届纪律的通知，要求把监督工作贯穿于省市级组织换届全过程，并从加强领导、严肃纪律、严格程序、加强监督等方面，对做好省市级组织换届工作提出具体要求。在今年各省级组织换届过程中，派出中央监督委员全程监督辽宁等10个省级组织换届工作，确保了这些省级组织换届工作的顺利开展。四是通过畅通信访渠道加强社内监督。五年来，共收到反映问题的来信23封，接待来访2次。来信来访主要反映各级组织的领导班子及其成员的相关问题，对反映的问题，社中央监督委员会办公室按照工作规程，认真调查核实，提出处理建议，并将处理情况及时通报来信来访社员，保证了监督工作落地、信访对象满意。

四、积极探索，典型引领，总结推广社内监督试点经验

社内监督是一项具有探索性的工作，在各民主党派中并无成熟现成经验可循。因此，社中央采取了抓试点、树典型的方式推动工作，通过工作试点来探索总结经验，通过典型引领在全国进行推广。2014年底，社中央确立工作基础较好的社河南省委作为社内监督工作创新试点，并积极指导推动社河南省委相关工作开展。近三年来，社河南省委在社内监督组织架构、制度体系、工作机制和理论研究等方面持续探索与创新，形成了以思想建设、组织建设、制度建设为主体，以社务工作量化评价为抓手，以监督工作为保障的大监督格局，并形成了系统的、行之有效的做法和经验，试点工作得到了中央媒体的关注，《中国统一战线》杂志去年专门刊发文章介绍河南试点经验。社中央高度重视试点工作所取得的成功经验，韩启德主席做出重要批示，要求以推广河南试点经验为抓手，推进社内监督工作深入开展。积极采取多种方式，迅速掀起了推广河南试点经验的工作高潮，其中，召开社中央监督工作现场会，对河南试点经验进行全面总结；向各省级组织专门下发通知，对推广河南试点经验提出明确具体要求；召开社中央监督工作试点经验推进会，组织各省级组织学习借鉴河南试点工作经验和做法。在社中央的推动下，各省级组织充分认识到复制推广试点经验的重要意义，并且主动开展工作交流，辽宁、福建、重庆等省级组织，相继组队到河南进行专门学习，并且结合本地实际，认真消化吸收，积极研究实施，有效带动了本地区社内监督工作水平的提升。可以说，河南试点工作经验的成功推广，对全社社内监督工作的深入开展起到了积极推动作用。

在社中央领导的高度重视下，通过我们不懈努力和探索，社内监督工作开启了新起点、迈出了新步伐，在凝聚监督共识、构建监督体系、丰富监督手段、增强监督实效方面做了许多扎实的工作，也取得了较为突出的成绩。

在取得较大成绩的同时，我们也要看到，社内监督工作还存在着一些问题和不足，主要包括以下几个方面：一是区域工作开展不平衡。二是监督体系需进一步健全完善。三是监督方式还需进一步丰富创新。四是社内监督理论还需研究探索等。在今后工作中，要认真研究，加以改进。

过去五年工作体会

回顾总结过去五年社内监督工作实践，我们主要有以下三点体会：

第一，做好社内监督工作，前提在于社组织的领导和支持。社组织的领导和支持，是做好社内监督的政治前提和工作保障。五年来，社中央对社内监督工作的总体设计、具体工作的开展高度重视、大力支持，为社内监督顺利开展提供了条件。下一步，必须继续坚持社的各级组织对社内监督的领导，从事关九三学社长远发展和多党合作事业健康发展的高度谋划推动。

第二，做好社内监督工作，根本在于遵循社章。社章是开展社内监督工作的依据和根本遵循。五年来，社内监督工作之所以取得一定成绩，获得社内广泛认可，根本在于社内监督工作无论是制度设计、机制创新，还是结果运用等各个环节的实践探索，都是严格按照社章规定组织开展的。今后工作中，必须坚持依据社章，加强制度设计、创新机制，持续推进社内监督的制度化、规范化。

第三，做好社内监督工作，关键在于求真务实。五年来，对于社内监督工作，社中央不搞“一刀切”，不设时间表，一切从实际出发，坚持以点带面、梯次推进。结合工作实际，2014 年底，社中央把社河南省委作为监督创新试点单位，鼓励开拓新思路、探索新办法，再组织学习、逐步推广经验，取得了良好成效。下一步，必须坚持鼓励先行先试、逐步推开的工作方法，扎实推进社内监督工作的有序开展。

以上三方面工作体会，同时也是我们五年来所取得的主要工作经验，这些在实践中形成的经验，对今后社内监督工作开展具有重要指导意义。

今后五年工作建议

今后五年，是全面建成小康社会进入决胜阶段、奋力开启中国特色社会主义建设新征程的关键时期。九三学社要肩负起时代赋予的重任，更好地履行参政党职能，必须继续加大社内监督工作力度，全面推进自身建设。

今后五年的总体要求是：全面贯彻落实中共十九大精神，以习近平新时代中国特色社会主义思想为指导，紧紧围绕“思想上坚定、履职上坚实、组织上坚强”的目标，扎实推进社内监督各项工作，为建设新时代中国特色社会主义参政党提供保障。

一、全面学习贯彻中共十九大精神，筑牢共同思想政治基础，深化政治交接

全面学习贯彻中共十九大精神是当前和今后一个时期的首要政治任务。各级监督委员会及成员要原原本本学习十九大报告，准确把握十九大的重大意义、重大贡献和提出的新思想、新论断、新要求、新任务，把思想和行动统一到十九大精神上来，筑牢共同思想政治基础。应把学习贯彻习近平新时代中国特色社会主义思想作为政治交接的时代内涵，与加强中国特色社会主义参政党建设、履行好参政党职能结合起来，贯彻于监督工作的各个方面，确保政治交接看得见、摸得着、见成效。

二、强化社内监督，突出监督重点，切实提高社内监督工作能力和水平

推动各级组织高度重视社内监督工作，从建设适应新时代要求的高素质参政党的高度，从履行参政党职责和九三学社长远发展的层面，把社内监督摆上议事日程，统筹谋划、科学部署、深入推进。推动各级组织把社内监督放到整个社务工作的大局中综合考虑、谋划安排，充分发挥社内监督在事前研究决策、事中操作执行、事后总结评估中的积极作用。推动各级组织，特别是领导班子成员，把社内监督与充分贯彻民主集中制结合起来，严格按照议事规则和决策程序办事，规范工作程序、确保工作质量。继续强化社员监督意识，领导班子成员应带头接受监督，营造良好监督氛围，普通社员应通过各种平台和渠道学习监督、参与监督，提高监督的积极性，保证监督的广泛性。

三、开展理论研究，加强制度设计，进一步完善社内监督体系

在监督理论研究方面，要科学分析中国特色社会主义参政党社内监督的必要性和重要意义、面临问题和实现路径，重点回答在新的历史条件下“监督者和被监督者的权利与义务、监督的边界、监督的方法”等一系列基本问题。在监督制度方面，要推动各省级组织结合工作实际，成立专门办事机构、配备相应工作人员，确保社内监督工作有人管、有人抓。研究制定相应的工作制度规范，配套可操作的监督条款细则，突出制度的长效性和可操作性。随着监督实践的不断深入，要将办事公开制度、重要情况通报和重要事项报告制度的研究制定提上日程，逐步融入社内监督制度，构建全面科学的社内监督制度体系。要探索建立科学严谨的纪律约束和退出机制，推动社内监督结果运用，真正发挥社内监督的效力，增强权威性。

四、积极稳妥探索，努力开拓创新，进一步丰富完善社内监督方式

应研究部署加强预防的举措，对社内领导班子成员、后备干部队伍等加强政治纪律、组织纪律、思想作风和廉洁教育。应强化开展同级监督，将积累的关于社内监督的经验和做法，加以改进和创新，有效应用于同级监督。要深入学习中共中央关于全面推开国家监察体制改革的精神和要求，自觉接受外部监督，切实强化内部监督，形成内外监督合力，在加强监督实效方面取得突破。

总之，加强社内监督，提高全社组织化水平，是中国特色社会主义进入新时代背景下，我社全面推进自身建设的一项重大举措，事关我社未来事业健康持续发展。我们应继续秉承高度的责任感和使命感，持续推进社内监督工作探索和实践，不断开创社内监督工作新局面，努力建设适应新时代需要的中国特色社会主义参政党，为实现中华民族伟大复兴做出应有贡献！

九三学社章程

（九三学社第十一次全国代表大会修订，2017 年 12 月 6 日通过）

总　纲

九三学社是以科学技术界高、中级知识分子为主的具有政治联盟特点的政党，是接受中国共产党领导、同中国共产党通力合作的亲密友党，是中国特色社会主义参政党。

九三学社与五四运动有着深厚渊源。本社创始人积极参加五四运动，深受五四运动影响。抗日战争后期，一批文化教育、自然科学学者继承并发扬五四运动反帝反封建的爱国精神，以民主、科学为宗旨，在中国共产党支持和抗日民族统一战线政策感召下，于重庆发起民主科学座谈会，自然科学座谈会的学者也陆续参加进来。为纪念抗日战争和世界反法西斯战争的伟大胜利，1945 年 9 月 3 日，民主科学座谈会召开扩大会议，并更名为九三座谈会。1946 年 5 月 4 日，改建为九三学社。国共和谈和旧政协期间，本社支持中国共产党的主张，反对内战，反对独裁。解放战争期间，本社严正声明不承认国民党包办的“国民大会”，赞成中国共产党各项主张，与中国共产党团结合作，积极参加反对国民党独裁统治的民主运动，为争取新民主主义革命胜利而斗争。随后，本社公开响应中国共产党召开新政协、成立民主联合政府的号召，宣告接受中国共产党领导，参加中国人民政治协商会议，为建立中华人民共和国做出了积极贡献。新中国成立后，本社以中国人民政治协商会议《共同纲领》和政协章程总纲为政治纲领，积极参与国家政治生活中重大问题的协商，组织社员参加民主改革和社会主义改造运动，走上为社会主义服务的道路，为巩固新生人民政权、恢复和发展国民经济、推进社会主义建设，特别是发展科学技术、高等教育和医药卫生等事业做出了重要贡献。中共十一届三中全会后，进一步明确了本社性质、地位和使命。本社坚持以经济建设为中心，坚持四项基本原则，坚持改革开放，认真履行参政党职能，为社会主义现代化事业做出了显著成绩，发展成为一支建设中国特色社会主义、维护国家安定团结的重要力量。

本社以中华人民共和国宪法为根本活动准则，负有维护宪法尊严、保证宪法实施的职责，享有宪法范围内的政治自由、组织独立和法律地位平等。

中国共产党领导是中国特色社会主义最本质的特征，是中国特色社会主义制度的最大优势。本社拥护中国共产党的执政地位，坚持中国共产党领导的多党合作和政治协商制度，贯彻“长期共存、互相监督、肝胆相照、荣辱与共”的基本方针，与中国共产党团结合作、相互尊重、友好共处，维护宽松稳定、团结和谐的政治环境，不断巩固和发展中国特色社会主义和谐政党关系。

本社以马克思列宁主义、毛泽东思想、邓小平理论、“三个代表”重要思想、科学发展观、习近平新时代中国特色社会主义思想为指导，坚持中国特色社会主义道路、理论体系、制度和文化，为把我国建成富强民主文明和谐美丽的社会主义现代化强国而奋斗。

本社弘扬爱国、民主、科学的优良传统。爱国、民主、科学是中国特色社会主义理论体系的题中之义，是社会主义核心价值观的基本要求，是九三学社的创建缘起、特色鲜明的文化传承和精神支撑。中国特色社会主义新时代，秉承爱国、民主、科学的优良传统，就是要坚持中国共产党的领导、人民当家做主和依法治国的有机统一，推进社会主义民主政治建设，贯彻科教兴国战略、可持续发展战略和创新驱动发展战略，发挥科技人才比较集中的特点和优势，为建设创新型国家、提高全民族科学文化水平做出贡献。

中共十八大以来，以习近平同志为核心的中共中央举旗定向、运筹帷幄，统揽伟大斗争、伟大工程、伟大事业、伟大梦想，中国特色社会主义进入新时代，这是我国发展新的历史方位。我国社会主要矛盾已经转化为人民日益增长的美好生活需要和不平衡不充分的发展之间的矛盾。本社的基本任务是，围绕统筹推进“五位一体”总体布局和协调推进“四个全面”战略布局，牢固树立新发展理念，坚持中国特色社会主义基本理论、基本路线、基本方略，为实现“两个一百年”奋斗目标，按照“两个阶段”战略安排，团结全体社员和所联系的知识分子，为实现决胜全面建成小康社会、夺取新时代中国特色社会主义伟大胜利、实现中华民族伟大复兴的中国梦、实现人民对美好生活的向往贡献力量。

本社参政的主要内容是，参加国家政权，参与重要方针政策、重要领导人选的协商，参与国家事务的管理，参与国家方针政策、法律法规的制定和执行。

本社的基本职能是，参政议政、民主监督、参加中国共产党领导的政治协商。参政议政应当围绕经济建设、政治建设、文化建设、社会建设和生态文明建设中的重要问题以及人民群众普遍关心的其他问题，深入调查研究，通过调研报告、提案、建议案、社情民意或其他形式，向中国共产党和国家机关提出意见和建议；民主监督应当在坚持四项基本原则基础上，对国家宪法和法律法规的实施情况，中国共产党和政府重要方针政策的制定和贯彻执行情况，中共党委依法执政及党员领导干部履行职责、为政清廉等方面的情况，通过提出意见、批评、建议的方式进行政治监督；参加中国共产党领导的政治协商，就党和国家重大方针政策和重要事务在决策之前和决策实施过程中，通过会议、约谈、书面等形式进行政治协商，促进社会主义协商民主广泛多层制度化发展。

本社在生态环境、科技教育、文化卫生、社会治理、扶贫济困等领域开展多种形式的社会服务，协调社会关系、促进社会发展与和谐稳定。

本社坚决反对任何分裂国家的言行，努力开展海外联络工作，促进祖国完全统一。

本社努力推进与各国人民的友好往来和国际交流，维护世界和平，促进人类进步，推动构建人类命运共同体。

本社积极反映社员的意见建议，维护社员合法权益，鼓励社员在本职岗位建功立业。

本社自身建设的目标是，建设思想上坚定、履职上坚实、组织上坚强的中国特色社会主义参政党。自身建设的原则是，坚持中国共产党领导，发扬社会主义民主；体现政治联盟特点，坚持一致性与多样性相统一、进步性与广泛性相统一。自身建设的内容是，以思想建设为核心，深化政治交接，不断提高社员政治素质，坚定中国特色社会主义道路自信、理论自信、制度自信、文化自信，树立政治意识、大局意识、核心意识、看齐意识，维护习近平同志核心地位，夯实多党合作共同思想政治基础；以组织建设为基础，坚持民主集中制，实施人才强社战略，加强领导班子建设、后备干部队伍建设、机关建设和基层组织建设，建立健全内部监督机制，增强组织活力和凝聚力；以作风建设为抓手，艰苦奋斗、谦虚谨慎、发扬民主、求真务实，秉承科学理性，勇于使命担当；以制度建设为保障，建立健全工作机制，促进各项工作制度化、规范化、科学化，肩负起历史赋予的光荣使命。

第一章　社　员

第一条　从事科学技术工作以及高等教育、医药卫生等方面的高、中级知识分子，赞成并愿意遵守社的章程，可以申请加入本社。

第二条　发展社员，应当把政治标准放在首位，由申请人向社组织递交入社申请书，社组织经过联系培养、考察后，由两名社员介绍，填写入社登记表，经基层组织讨论通过，报设区的市级及以上组织批准，并由省级组织备案。社龄自批准之日起算。

必要时，中央和省级组织可以直接发展社员。

第三条　社员应当履行下列义务：

（一）遵守宪法、法律和社会公德，恪守职业道德，弘扬和践行社会主义核心价值观，维护国家和人民利益，维护安定团结的政治局面。

（二）拥护中国共产党领导的多党合作和政治协商制度，继承和发扬社的优良传统。

（三）遵守社的章程，执行社的决议和决定，参加基层组织生活和社的活动，接受社的监督，交纳社费。

（四）努力学习，做好本职工作，为国家建设积极贡献力量。

第四条　社员享有下列权利：

（一）表决权、选举权和被选举权。

（二）参加社组织活动。

（三）对社的工作和社的各级领导机构提出建议和批评，对社的决议和决定有不同意见，在坚决执行的前提下可以保留。

（四）在合法权益遭受不法行为侵害时，要求社组织给予关心和帮助。

第五条　社员在中国特色社会主义建设事业和社的工作中做出显著成绩，社组织应当给予表彰奖励。

第六条　社员违反社的章程，按错误性质和情节轻重，给予批评教育直至纪律处分。

社的纪律处分有四种：警告、严重警告、留社察看、开除社籍。

留社察看最长不超过两年。社员在留社察看期间没有表决权、选举权和被选举权。

对社员的纪律处分，须经所在基层组织讨论通过，由设区的市级及以上组织批准。对中央委员会和地方委员会委员的纪律处分，须经同级委员会全体会议讨论通过；对地方委员会委员的纪律处分，须报上一级组织批准。开除社籍，须经省级组织批准，报中央备案。

对处分决定不服的，可以向上级组织直至中央提出申诉。

第七条 社员有退社自由。退社须由本人提出书面申请，经所在基层组织讨论通过，报设区的市级及以上组织批准终止其社籍，并报省级组织备案。

第八条 社员无正当理由，长期不参加组织活动，且连续三年不交纳社费，经教育仍不改正的，由所在基层组织讨论通过，经省级组织批准，终止其社籍。

第九条 社员工作地、生活地变动时，应当按规定办理社组织关系转移手续。

第二章 组织制度

第十条 本社实行民主集中制原则。个人服从组织，少数服从多数，下级组织服从上级组织，全社各个组织和全体社员服从全国代表大会和中央委员会。

第十一条 本社组织分为中央组织、地方组织和基层组织。

社内实行分级领导。上级组织应当经常听取下级组织和社员意见，下级组织应当认真贯彻执行上级组织决议和决定，按有关规定向上级组织请示和汇报工作。

第十二条 本社各级组织的领导机构，是社员大会或代表大会及其选举产生的委员会、中央和地方委员会选举产生的常务委员会。各级委员会和常务委员会实行集体领导和个人分工负责相结合的制度，重大问题按照集体领导、民主集中、个别酝酿、会议决定的原则，集体讨论决定。各级委员会对同级社员大会或代表大会负责并接受其监督。各级常务委员会对同级委员会负责并接受其监督。

根据工作需要，上级组织可以对下级组织的领导机构成员进行届中调整。领导机构成员进行届中调整须经同级委员会全体会议或扩大会议通过。

第十三条 根据工作需要，经各级委员会全体会议或常务委员会会议决定，可以召开代表会议或全体委员扩大会议，讨论决定须及时解决的重大问题。

第十四条 中央和地方组织可以设立若干专门委员会、工作委员会，作为同级常务委员会和主席（主委）会议领导下的工作机构。

第十五条 本社组织发展坚持以大、中城市为主，以科学技术界为主，以有一定代表性高、中级知识分子为主的原则；坚持注重质量、保持特色、组织发展与后备干部队伍建设相结合的原则。

第十六条 中央和地方组织的机关，根据工作需要，合理设置机构和岗位，明确部门职责，按照《中华人民共和国公务员法》加强人员管理，健全工作机制，完善工作制度。

第十七条 地方组织和基层组织在中国特色社会主义事业和社的工作中做出突出贡献，上级组织应当给予表彰奖励。

第十八条 地方组织和基层组织违反社的章程，视情节轻重，分别给予责令检查、改组领导机构的处分。

对地方组织的处分，须由上一级组织提出意见，逐级上报中央批准。

对基层组织的处分，须由上一级组织提出意见，逐级上报省级组织批准。

第三章　中央组织

第十九条　全国代表大会每五年举行一次，由中央委员会召集。

必要时可以提前或延期举行。

全国代表大会的规模及代表产生办法，由中央常务委员会决定。代表大会表决通过的主席团主持会议。

第二十条　全国代表大会行使下列职权：

（一）讨论并决定社的工作方针、任务和其他重大事项。

（二）听取和审议中央委员会的报告。

（三）修改社的章程。

（四）选举中央委员会。

第二十一条　中央委员会每届任期五年。如全国代表大会提前或延期举行，其任期相应调整。

中央委员会全体会议每年举行一次，由中央常务委员会召集，必要时可以提前或延期举行。

第二十二条　中央委员会在全国代表大会闭会期间领导全社工作，行使下列职权：

（一）执行全国代表大会决议。

（二）听取和审议中央常务委员会、中央监督委员会工作报告。

（三）讨论并决定社的重大问题。

（四）选举中央委员会主席、副主席、常务委员，组成中央常务委员会。

（五）决定中央监督委员会主任、副主任、委员。

（六）决定召开全国代表大会。

第二十三条　中央委员会及其常务委员会设主席一人、副主席若干人。

中央委员会主席、副主席同时是中央常务委员会主席、副主席。

第二十四条　中央委员会设秘书长和若干工作部门。

第二十五条　中央常务委员会任期与中央委员会相同，在中央委员会全体会议闭会期间领导全社工作。中央常务委员会会议由主席会议召集并主持，每季度举行一次。中央常务委员会行使下列职权：

（一）组织实施中央委员会全体会议的决议和决定。

（二）召集并主持中央委员会全体会议。

（三）讨论并决定本社工作的重大问题。

（四）讨论并决定中央工作部门、专门委员会、工作委员会机构设置，任免秘书长和上述机构主要负责人。

第二十六条　中央委员会主席、副主席组成中央主席会议，在中央常务委员会会议闭会期间，主持中央工作。

中央委员会主席、专职副主席组成中央主席办公会议，主持日常工作。

主席会议和主席办公会议由中央委员会主席召集并主持，也可以由主席委托一位副主席召集并主持。

第二十七条 每届中央委员会选举产生的中央领导机构及其领导成员，在下届全国代表大会开会期间，继续主持日常工作，至下届中央委员会产生新的中央领导机构及其领导成员为止。

第四章 地方组织

第二十八条 本社地方组织一般分设为省（自治区、直辖市）、设区的市（自治州、直辖市的区）两级。

地方组织的社员大会或代表大会每五年举行一次，由同级委员会召集，必要时经上级组织批准，可以提前或延期举行。

地方组织代表大会的规模及代表产生办法由常务委员会决定，不设常务委员会的地方组织由主委会议决定。社员大会或代表大会表决通过的主席团主持会议。

第二十九条 地方社员大会或代表大会行使下列职权：

（一）贯彻执行全国代表大会、中央委员会和上级组织的决议和决定。

（二）听取和审议同级委员会的报告。

（三）讨论决定同级委员会的工作。

（四）选举同级委员会。

第三十条 地方各级委员会由同级社员大会或代表大会选举产生。候选人提名应当充分发扬民主，认真酝酿协商，并报上级组织审批。

地方委员会因故不能选举产生时，由上级组织指定适当人选组成临时领导机构。

筹建地方组织，领导成员由上级组织指定。

新建、改建、撤并地方组织，应当报中央批准。

第三十一条 地方委员会每届任期五年。如地方社员大会或代表大会提前或延期举行，其任期相应调整。

地方委员会全体会议每年至少举行一次，由同级常务委员会或主委会议召集。

第三十二条 地方委员会在同级社员大会或代表大会闭会期间领导本地区社的工作，行使下列职权：

（一）贯彻执行上级组织和同级社员大会或代表大会的决议和决定，定期向上级组织报告工作。

（二）听取和审议同级常务委员会或主委会议、同级内部监督机构工作报告。

（三）讨论决定本地区社的重要工作。

（四）选举主任委员、副主任委员，有条件的地方委员会选举常务委员组成同级常务委员会。

（五）决定同级内部监督机构组成人员。

第三十三条 地方委员会设主任委员一人、副主任委员若干人组成主委会议，主持本级组织工作。主委会议由主任委员召集并主持，也可以由主任委员委托一位副主任委员召集并主持。

设常务委员会的地方委员会主任委员、副主任委员同时是本级常务委员会主任委员、副主任委员。

地方委员会主任委员因故不能履职时，由本级常务委员会决定一位副主任委员负责全面工作。未设常务委员会的地方组织，由主委会议决定。

第三十四条 地方委员会设秘书长和若干工作部门。

第三十五条 地方常务委员会在地方委员会全体会议闭会期间，行使地方委员会职权，领导本地区社的工作；讨论决定地方组织工作部门、专门委员会、工作委员会等机构的设置及秘书长和其他重要人事任免。未设常务委员会的地方组织由主委会议行使常务委员会相应职权。

第三十六条 每届地方委员会选举产生的地方领导机构及其领导成员，在下届社员大会或代表大会开会期间，继续主持日常工作，至下届地方委员会产生新的地方领导机构及其领导成员为止。

第五章 基层组织

第三十七条 本社基层组织包括：直属小组、支社委员会和基层委员会。基层组织领导成员每届任期五年。

在同一单位、系统或行政区域，社员三人以上的，可以设立直属小组；社员七人以上的，可以设立支社委员会；三个支社委员会以上的，可以设立基层委员会。

基层组织的新建、改建、撤并，应当报上级组织批准。

第三十八条 直属小组设组长一人，必要时可以设副组长一人；支社委员会和基层委员会设主任委员一人、副主任委员和委员若干人；均由选举产生。

第三十九条 基层组织的主要任务包括：

（一）根据上级组织决议、决定和形势发展需要，结合本单位、本系统、本地区实际开展工作。

（二）组织社员学习有关方针政策及社章社史，提高综合素质。

（三）鼓励社员做好本职工作，围绕国家大政方针和当地重点难点问题，开展调查研究，反映社情民意。

（四）关心社员工作、学习和生活，协调关系，加强团结，发现、培养和推荐优秀人才。

（五）做好社员发展工作，认真开展组织生活。

（六）及时收缴社费。

第六章 社的干部

第四十条 民主推荐培养选拔干部，按照德才兼备、以德为先的原则选拔政治坚定、为民服务、勤政务实、敢于担当、清正廉洁、群众认同的优秀干部，努力建设高素质干部队伍。

第四十一条 社的领导干部应当模范遵守社的章程，并具备以下基本条件：

（一）履行职能所必需的政治理论水平和运用正确立场、观点、方法分析解决实际问题的能力。

（二）热爱社组织，有较强事业心、责任意识和进取奉献精神。

（三）良好的品德修养，谦虚谨慎，不骄不躁，团结同志。

（四）坚持民主集中制，顾全大局，作风民主，公道正派。

（五）遵守政治纪律、政治规矩和各项保密制度。

第四十二条 设区的市级及以上组织的领导干部除本章程第四十一条规定条件外，还应当具备：

（一）较强的政治把握能力、参政议政能力、组织领导能力、合作共事能力和解决自身问题的能力。

（二）在本地区、本领域、本行业贡献突出并具有代表性、良好社会形象和知名度。

（三）在社内具有较大影响力，在社员和所联系群众中有较高威信，能够发挥引领带动作用。

（四）一年以上社龄。

第四十三条 中央和地方组织领导班子成员原则上同一职务可以连选连任两届，最多不超过三届。

第七章 内部监督机构

第四十四条 内部监督是本社对组织、社员遵守社的章程、履行社的职责情况的监督。

第四十五条 内部监督的重点是社的各级领导班子及其成员、各级领导机构成员、各级机关的九三学社公职人员。

第四十六条 中央和省级组织设立监督委员会，在同级委员会领导下工作，指导下一级内部监督机构工作。

有条件的设区的市级组织可以设立内部监督机构。

第四十七条 中央监督委员会组成人选由中央主席会议提出，中央委员会全体会议决定；省级监督委员会组成人选由省级主委会议提出，省级委员会全体会议决定。

中央和省级监督委员会任期与同级委员会相同。

第八章 附 则

第四十八条 本章程经全国代表大会通过后实施。解释权属于中央常务委员会。

关于《九三学社章程（修正案）》的说明

丛　斌

（2017 年 12 月 6 日）

《九三学社章程》是社内法规，集中体现了九三学社性质、宗旨和基本主张，规定了社内重要制度和体制机制，是全社必须遵循的总规则。九三学社自成立以来共制定了 8 部社章（包括具有社章性质的文件）。现行社章是九三学社六大修改制定的。根据形势和任务的发展变化，九三学社七大至十大，分别对总纲和一至七章做了部分修改。此次对社章进行修订，主要基于三点考虑。

一是适应形势任务发展变化的客观需要。中共十八大以来，以习近平同志为核心的中共中央以马克思列宁主义、毛泽东思想、邓小平理论、“三个代表”重要思想、科学发展观为指导，顺应时代发展，大力推进理论创新，创立了习近平新时代中国特色社会主义思想，开辟了马克思主义中国化新境界和中国特色社会主义新境界。在习近平新时代中国特色社会主义思想指导下，中国共产党带领全国人民统揽伟大斗争、伟大工程、伟大事业、伟大梦想；顺应实践要求和人民愿望，坚持以新发展理念引领经济发展，统筹推进“五位一体”总体布局，协调推进“四个全面”战略布局，提出一系列新思想新理念新战略，出台一系列重大方针政策，推出一系列重大举措，推进一系列重大工作，解决了许多长期想解决而没有解决的难题，办成了许多过去想办而没有办成的大事，推动执政党和国家事业取得历史性成就。中共十九大报告站在历史和时代高度，根据国际形势变化和国内经济社会发展新特点，阐明了未来一个时期的大政方针和战略部署，提出一系列新的重要思想、重要观点、重大论断、重大举措。

从贯彻落实中共十九大精神，推进新时代多党合作和九三学社事业发展，健全参政党党内法规的要求出发，对社章进行修订，是全社凝聚共识、凝聚智慧、凝聚力量，巩固团结奋斗共同思想政治基础的重要举措。

二是提高参政党建设科学化水平的时代要求。5 年来，在中国特色社会主义理论指引下，我社各项工作都取得了重要进展，将行之有效的实践成果、理论成果、制度成果体现凝练在社章中，是时代和发展的需要，是进一步深化对多党合作规律和参政党建设规律认识的需要，也是引导社组织和广大社员树立法治观念，强化规则意识、社章意识，维护社的团结统一，增强社章权威性的需要。

三是顺应全社各级组织和广大社员呼声，调整梳理社章体例结构。九三学社六大以来对社章的 4 次修改，都以保持社章连续性和稳定性，能不改的不改、能小改的不大改为原则。由于不断地在“六大社章”基础上增删式地“打补丁”，因此出现了不少逻辑结构不清、条理关系不清、文字表述不清的问题。九三学社十大期间，代表们对此提出诸多意见。大会主席团当时郑重承诺，代表大会闭幕后，社中央将组织精干力量，根据代表的意见结合参政党理论研究，对社章进行系统修改。

社中央高度重视社章修改工作。韩启德同志全程指导社章修改工作，多次听取汇报，提出重要指导意见。2014 年 5 月 4 日，社中央十三届十六次主席办公会议决定，启动社章修改工作并筹组社章修改工作小组。9 月 4 日，社中央十三届十九次主席办公会议审议通过社章修改工作小组组成人员名单。11 月 25 日，社中央十三届二十一次主席办公会议审议通过社章修改工作计划。12 月 9 日，在社十三届三中全会期间，社章修改工作小组召开全体会议，对社章修改工作进行部署。

此次社章修改工作的指导思想是，以马克思列宁主义、毛泽东思想、邓小平理论、“三个代表”重要思想、科学发展观、习近平新时代中国特色社会主义思想为指导，贯彻落实中共十九大精神，充分体现中央统战工作会议精神和《中国共产党统一战线工作条例（试行）》《中共中央关于加强社会主义协商民主建设的意见》《关于加强政党协商的实施意见》等文件相关规定，以《中华人民共和国宪法》为准则；总结多党合作和我社工作新经验，吸收实践中成熟做法，增强社章时代特征，体现参政党特色，为加强自身建设，更好履行职能、发挥作用提供基本遵循；使修改过程成为深入学习研究社章的过程，成为充分发扬民主、不断凝聚思想共识、努力寻求最大公约数的过程；使修改后的社章经得起历史的检验、实践的检验和广大社员的检验。

2015 年 1 月，社中央向各省级组织和社章修改工作小组成员印发通知，征求修改意见。与此同时，社章修改工作小组办公室组织力量查阅档案，逐条梳理社十大代表关于社章修改的意见建议，9 月中旬形成社章修改第一稿。2016 年 2 月初，社章修改工作小组办公室召开会议，集体研讨社章修改第一稿，4 月初形成第二稿。5 月初，社中央将社章修改第二稿印发各省级组织和社章修改工作小组成员征求意见，并于 7 月初在哈尔滨召开社章修改（东北三省）征求意见座谈会，9 月下旬形成社章修改第三稿。10 月中旬，社中央在杭州召开社章修改（华东、华中、华南片）征求意见座谈会，12 月底形成社章修改第四稿。今年 4 月上旬，社中央在石家庄召开社章修改（华北、西南、西北片）征求意见座谈会，5 月初形成社章修改第五稿。5 月 27 日，社章修改工作小组在京召开全体会议，对社章修改第五稿逐条推敲，形成社章修改第六稿。7 月初，社中央在内蒙古包头市召开十三届十九次（主题）常委会，听取各位常委对社章修改第六稿的意见，8 月上旬形成社章修改第七稿。8 月 15 日，将社章修改第七稿印送社中央主席、副主席并汇总书面意见，9 月 11 日，经社中央十三届四十八次主席办公会议研究，形成社章修改第八稿。10 月 29 日，社中央在京召开十三届二十次常委会，听取各位常委对社章修改第八稿的意见，11 月 9 日形成社章修改第九稿。12 月 2 日，社十三届六中全会审议通过《九三学社章程（修正案）》，决定提交社十一次全国代表大会审议。社十一大期间，全体代表以高度政治责任感和主人翁精神，畅所欲言、各抒己见，认真审议《九三学社章程（修正案）》。其间，共提出修改意见 368 条。其中，原则性修改意见 17 条，总纲部分修改意见 167 条，一至八章修改意见 184 条。社章修改工作小组据此进行了 22 处修改。

截至 2017 年 12 月 6 日，共征集修改意见 2603 条，其中原则性修改意见 151 条，涉及总纲部分 1146 条，涉及一至七章 1306 条。社章修改工作小组经过对修改意见逐条研究，对总纲部分 202 处做了修改，对一至七章 718 处做了修改。从现行社章总纲及一至七章（44 条），修改为总纲及一至八章（48 条）。

下面，重点就社章修正案的主要修改内容说明如下。

一、关于总纲的修改

总纲是社组织和广大社员意见比较集中的部分，也是本次社章修改的重点。

第一，关于九三学社的性质（第一自然段）

现行社章关于我社性质的表述，是从主体界别（组织形态）；与执政党的关系（所处地位），在政治、经济、社会发展中的功能和作用三个方面，用三句话表述，即“九三学社是以科学技术界高、中级知识分子为主的具有政治联盟特点的政党，是接受中国共产党领导、同中国共产党通力合作的亲密友党，是进步性与广泛性相统一、致力于中国特色社会主义事业的参政党”。

有的地方组织和社员提出，“科学技术界”的表述过于宽泛，建议进一步彰显九三学社界别特色，突出九三学社人才优势，将“科学技术界”的表述改为“自然科学、工程技术界”。与此同时，也有的地方组织和社员提出，目前学科交叉成为趋势，“自然科学、工程技术界”的表述过于狭窄，建议维持“科学技术界”的提法。从“科学技术”这一概念的内涵来看，在我国已被习惯认为是指“自然科学、工程技术”；从社员专业结构来看，截至今年 6 月 30 日，主体界别社员占 77.4%，符合我社界别特色。据此，社章修正案维持了现行社章“九三学社是以科学技术界高、中级知识分子为主的具有政治联盟特点的政党”的表述。

《中国共产党统一战线工作条例（试行）》第十一条第二款明确提出：“民主党派是接受中国共产党领导、同中国共产党通力合作的亲密友党，是中国特色社会主义参政党。”这是对 8 个民主党派的性质、政治定位和作用的最新阐释，是多党合作理论的重要创新。

据此，社章修正案对九三学社的性质进行了改写，表述为：“九三学社是以科学技术界高、中级知识分子为主的具有政治联盟特点的政党，是接受中国共产党领导、同中国共产党通力合作的亲密友党，是中国特色社会主义参政党。”

这样表述社的性质，既比以往有所精练，又符合九三学社历史和现实状况，进一步彰显了我社界别特色，体现了九三学社作为中国特色社会主义参政党的政党性质和政治定位。

第二，关于九三学社的发展历程（第二自然段）

九三学社发展历程的表述集中体现了我社作为参政党的历史价值及与中国共产党的合作初心，没有历史价值、忘记合作初心，就没有今天存在的基础，就会迷失未来发展和继续携手前进的方向。

综合地方组织和社员的修改意见，社章修正案本着实事求是、尊重历史的原则，并充分吸收近年来社史研究最新成果，从政治追求、历史功绩、与中共合作历程三个方面，对我社发展历程作了更为系统简明的表述，特别是增加了我社与五四运动的深厚渊源、与民主科学座谈会和自然科学座谈会关系的表述，同时删除了民主科学座谈会、自然科学座谈会、九三座谈会的双引号。即，“九三学社与五四运动有着深厚渊源。本社创始人积极参加五四运动，深受五四运动影响。抗日战争后期，一批文化教育、自然科学学者继承并发扬五四运动反帝反封建的爱国精神，以民主、科学为宗旨，在中国共产党支持和抗日民族统一战线政策感召下，于重庆发起民主科学座谈会，自然科学座谈会的学者也陆续参加进来。为纪念抗日战争和世界反法西斯战争的伟大胜利，1945 年 9 月 3 日，民主科学座谈会召开扩大会议，并更名为九三座谈会。1946 年 5 月 4 日，改建为九三学社”。

第三，关于九三学社的政治纲领（第三至十四自然段）

政治纲领是对九三学社基本政治主张的宣示，是九三学社作为一个参政党举什么旗、走什么路，肩负什么历史使命、实现什么奋斗目标的根本标志，包括基本遵循（基本制度）、政党关系、指导思想、组织文化、基本任务、基本职能和自身建设等方面内容。这部分修改的主要依据是中共十九大精神，宪法、有关法律和《中国共产党统一战线工作条例（试行）》《中共中央关于加强社会主义协商民主建设的意见》《关于加强政党协商的实施意见》等有关文件。为了准确理解、更好贯彻执行上位法，满足一部分地方组织和社员的要求，社章修正案在将相关精神、规定和规范表述纳入社章的同时，做了必要诠释。

一是突出宪法。有的地方组织和社员提出，宪法是国家根本大法，是治国安邦的总章程，是中国共产党和包括各民主党派在内的全国人民共同意志的集中体现。坚持依法治国首先就要坚持依宪治国。建议在总纲中把“九三学社与宪法关系”的表述位次前移，以体现九三学社对宪法的充分尊重和坚决维护。据此，社章修正案将“九三学社与宪法关系”的表述由第五自然段调整到第三自然段。

二是政党关系。中共十九大报告强调：“中国特色社会主义最本质的特征是中国共产党领导，中国特色社会主义制度的最大优势是中国共产党领导。”这一重要论述有着深邃的历史逻辑、理论逻辑和实践逻辑，也是我社处理与执政党关系需要把握的最根本政治原则。据此，社章修正案将第四自然段表述为：“中国共产党领导是中国特色社会主义最本质的特征，是中国特色社会主义制度的最大优势。本社拥护中国共产党的执政地位，坚持中国共产党领导的多党合作和政治协商制度，贯彻‘长期共存、互相监督、肝胆相照、荣辱与共’的基本方针，与中国共产党团结合作、相互尊重、友好共处，维护宽松稳定、团结和谐的政治环境，不断巩固和发展中国特色社会主义和谐政党关系。”

三是指导思想。中共十九大报告指出：“新时代中国特色社会主义思想，是对马克思列宁主义、毛泽东思想、邓小平理论、‘三个代表’重要思想、科学发展观的继承和发展，是马克思主义中国化的最新成果，是党和人民实践经验和集体智慧的结晶，是中国特色社会主义理论体系重要组成部分，是全党全国人民为实现中华民族伟大复兴而奋斗的行动指南，必须长期坚持并不断发展。”同时强调，中国特色社会主义文化是中国特色社会主义的重要组成部分，是激励全党和全国各族人民奋勇前进的强大精神力量。据此，社章修正案将指导思想表述为：“本社以马克思列宁主义、毛泽东思想、邓小平理论、‘三个代表’重要思想、科学发展观、习近平新时代中国特色社会主义思想为指导，坚持中国特色社会主义道路、理论体系、制度和文化，为把我国建成富强民主文明和谐美丽的社会主义现代化强国而奋斗。”这里需要特别指出的是，中国特色社会主义理论体系包括邓小平理论、“三个代表”重要思想、科学发展观、习近平新时代中国特色社会主义思想。

四是关于爱国民主科学。有的地方组织和社员提出，爱国、民主、科学是九三学社的缘起，也是广大社员始终不渝的价值追求，建议此次修改对爱国民主科学做进一步透彻系统阐释。还有的社员提出，2007 年 12 月，社九大修改社章时，根据中共中央贺词，在民主、科学之前又单独列出“爱国”，而民主、科学已经包含“爱国”，建议此次修改恢复对民主、科学的表述。

民主、科学是五四时期新文化运动提出的口号，五四运动是以爱国为宗旨，高举民主、科学旗帜的反帝反封建新文化运动。我社建社伊始，曾经明确宣示以民主、科学为宗旨。历史经过近百年演进，今天将民主、科学的时代内涵阐释清楚，并突出爱国主义精神引领，有利于我社更好地秉承优良传统，搞好政治交接，弘扬九三文化，夯实团结合作共同思想政治基础。

爱国、民主、科学不是孤立的、抽象的、一成不变的，而是历史的、具体的、与时俱进的，其内涵是不断丰富和发展的。爱国是基础，是弘扬民主、科学精神的出发点和落脚点，我们传承的民主与科学是中国气派、中国方案、中国特色的民主与科学。科学无国界，但科技工作者应当有国魂。据此，社章修正案表述为：“本社弘扬爱国、民主、科学的优良传统。爱国、民主、科学是中国特色社会主义理论体系题中之义，是社会主义核心价值观的基本要求，是九三学社的创建缘起、特色鲜明的文化传承和精神支撑。中国特色社会主义新时代，秉承爱国、民主、科学的优良传统，就是要坚持中国共产党的领导、人民当家做主和依法治国的有机统一，推进社会主义民主政治建设，贯彻科教兴国战略、可持续发展战略和创新驱动发展战略，发挥科技人才比较集中的特点和优势，为建设创新型国家、提高全民族科学文化水平做出贡献。”

五是基本任务。中共十八大以来，以习近平同志为核心的中共中央举旗定向、运筹帷幄，统揽伟大斗争、伟大工程、伟大事业、伟大梦想。中共十九大做出中国特色社会主义进入新时代，我国社会主要矛盾已经转化为人民日益增长的美好生活需要和不平衡不充分的发展之间的矛盾的重大政治论断，描绘了决胜全面建成小康社会，夺取新时代中国特色社会主义伟大胜利的宏伟目标。“五位一体”总体布局、“四个全面”战略布局、新发展理念和“两个一百年”奋斗目标、“两个阶段”战略安排，是一个逻辑严密的有机整体，深刻回答了新时代事关经济社会发展的一系列重大理论和现实问题，集中反映了新一届中共中央领导集体对共产党执政规律、社会主义建设规律和人类社会发展规律的认识，同时为我社加强自身建设，搞好政治交接，更好履行参政党职能提供了新的理论指导。据此，社章修正案将上述内容写进社的基本任务。

六是基本职能和自身建设。《中国共产党统一战线工作条例（试行）》第十三条规定，民主党派参政的主要内容是：参加国家政权，参与重要方针政策、重要领导人选的协商，参与国家事务的管理，参与国家方针政策、法律法规的制定和执行。第十一条第四款将民主党派的基本职能由两项拓展为三项，即增加了“参加中国共产党领导的政治协商”的表述。据此，社章修正案增加了上述内容，并根据中共中央有关文件（〔1989〕14 号、〔2005〕5 号、〔2015〕5 号）精神，对三项基本职能内涵分别进行了简要阐释。

社会服务是我社的一项重要工作。有的地方组织和社员提出，目前我社社会服务任务很重、影响很大，但在现行社章中却未提及，建议加以明确。《中国共产党统一战线工作条例（试行）》第十三条第二款规定："支持民主党派就经济社会发展重大问题进行考察调研，发挥其在反映社情民意、协调社会关系、维护社会稳定方面的积极作用，支持民主党派开展社会服务活动。"据此，社章修正案增加了"本社在生态环境、科技教育、文化卫生、社会治理、扶贫济困等领域开展多种形式的社会服务，协调社会关系、促进社会发展与和谐稳定"的表述。

将本社第三项基本任务修改为："本社努力推进与各国人民的友好往来和国际交流，维护世界和平，促进人类进步，推动构建人类命运共同体。"

九三学社十大提出我社自身建设"三坚"的目标，此次代表大会做了进一步强调。《中国共产党统一战线工作条例（试行）》将正确处理一致性与多样性关系确立为统战工作基本方针。中共十九大报告强调："文化自信是一个国家、一个民族发展中更基本、更深沉、更持久的力量。"习近平同志在今年全国两会期间看望参加政协会议的民进、农工党、九三学社委员时强调，我国广大知识分子要以时不我待的紧迫感、舍我其谁的责任感，主动担当，积极作为，刻苦钻研，勤奋工作，为全面建成小康社会、建设世界科技强国做出更大贡献。毛泽东同志在中共七届二中全会上提出"两个务必"著名论断，对加强我社作风建设具有重要指导意义。在新形势下加强我社作风建设，强调秉承科学理性、勇于担当，既是我社爱国、民主、科学精神的传承，也是自身建设的需要。据此，社章修正案在自身建设的目标中，增加了"把九三学社建设成为思想上坚定、履职上坚实、组织上坚强的中国特色社会主义参政党"的表述；在自身建设原则中，增加了"坚持一致性与多样性相统一"；在自身建设内容中，增加了坚定"四个自信"，树立"四个意识"，维护习近平同志核心地位，夯实多党合作共同思想政治基础等内容，并在思想建设、组织建设、制度建设基础上，增加了作风建设相关内容。

二、关于一至八章部分条文的修改

第一，关于发展对象及入社程序

有的组织和社员提出，进一步拓宽发展范围，发展社员不必报社中央备案，报省级组织备案即可，并明确社龄起算时间。根据8个民主党派中央共同协商，此次章程修改对各民主党派组织发展对象范围暂不作调整，同时强调了社员的政治标准。据此，社章修正案第一条修改为："从事科学技术工作以及高等教育、医药卫生等方面的高、中级知识分子，赞成并愿意遵守社的章程，可申请加入本社。"

第二条修改为："发展社员应当把政治标准放在首位，由申请人向社组织递交入社申请书，社组织经过联系培养、考察后，由两名社员介绍，填写入社登记表，经基层组织讨论通过，报设区的市级及以上组织批准，并由省级组织备案。社龄自批准之日起算。"

有的地方组织建议，不仅中央和省级组织必要时可直接发展社员，地市级组织必要时也可直接发展社员。直接发展的社员，一般来说或是某一专业领域领军人物，或是具有较强社会影响力的难得人才，不立即发展就可能流失。而这样的人毕竟是少数。直接发展社员运用过多并不利于社组织健康发展，应处理好特殊与一般的关系，从严掌握。据此，社章修正案维持了现行规定。

第二，关于社员的权利和义务

有的社员提出，《中华人民共和国宪法》的表述顺序是先写公民权利再写义务，建议社章按照《宪法》顺序调整过来。还有的社员认为，九三学社作为中国特色社会主义参政党，九三社员作为社会中的进步分子，将社员义务放在前面，更有利于体现我社的进步性，更有利于表明我社的性质，意味着义务重于并优先于权利，当权利和义务发生冲突时，权利须让位于义务。据此，社章修正案维持了现行顺序。同时，对文字表述做了适当调整，在社员权利第三项中增加一款："对社的决议和决定有不同意见，在坚决执行的前提下可以保留。"

第三，关于社的纪律处分

有的地方组织和社员建议，对社的纪律处分中的"留社察看"进一步加以明确。据此，社章修正案在第六条增加一款："留社察看最长不超过两年。社员在留社察看期间没有表决权、选举权和被选举权。"

有的地方组织和社员建议，社员退社、终止社籍由省级组织备案即可，不必报社中央备案；对社员无正当理由长期不参加组织的活动中的"长期"应加以明确。也有的地方组织和社员认为，我社目前长期不参加组织活动的社员占有一定比例，规定一个具体时间显得"太死"且难以执行，"长期"的规定较为灵活，便于掌握。据此，社章修正案第七条修改为："社员有退社自由。退社须由本人提出书面申请，经所在基层组织讨论通过，报设区的市级及以上组织批准终止其社籍，并报省级组织备案。"第八条修改为："社员无正当理由，长期不参加组织活动，且连续三年不交纳社费，经教育仍不改正的，由所在基层组织讨论通过，经省级组织批准，终止其社籍。"

第四，关于社的组织原则

有的地方组织和社员提出，虽然现行社章明确我社组织原则是民主集中制，但却缺乏领导机构体现民主集中制议事规则的可操作性规定。

据此，社章修正案在第十二条增加了"重大问题按照集体领导、民主集中、个别酝酿、会议决定的原则，集体讨论决定"的表述。

将第十一条分为两款。即，本社组织分为中央组织、地方组织和基层组织。（以下单列一款）社内实行分级领导，上级组织应经常听取下级组织和社员意见，下级组织应认真贯彻执行上级组织决议和决定，按有关规定向上级组织请示和汇报工作。

第五，关于社的工作机构

有的地方组织和社员提出，社中央和各级地方组织目前大多设有各类专门（工作）委员会，但社章缺乏相应规定。

据此，社章修正案增加一条（第十四条）："中央和地方组织根据需要设立若干专门委员会、工作委员会，作为同级常务委员会和主席（主委）会议领导下的工作机构。”

特别需要指出的是，这里的工作委员会是指与专门委员会性质相同，以开展活动为主的工作机构。

第六，关于地方组织层级

现行社章第二十九条规定，我社地方组织分省（自治区、直辖市）、设区的市（包括自治州、直辖市的区）、不设区的市（包括市辖区）三级。截至今年上半年，我社现有县（市）级地方组织29个。

根据8个民主党派中央共同协商，此次章程修改继续坚持原则上暂不建立新的县级组织的政策规定。据此，社章修正案将第二十八条修改为："本社地方组织一般分设为省（自治区、直辖市）、设区的市（自治州、直辖市的区）两级。"

第七，关于地方委员会任期

有的地方组织和社员建议，在社章中比照中央委员会，明确地方委员会任期和全会召开周期。据此，社章修正案增加了第三十一条："地方委员会每届任期五年。如地方社员大会或代表大会提前或延期举行，其任期相应调整。地方委员会全体会议每年至少举行一次，由同级常务委员会或主委会议召集。"

第八，关于社的干部

社的干部队伍状况，直接关系我社参政党作用的发挥，关系九三学社事业的健康发展，关系和谐政党关系的构建。按照中共中央办公厅《关于做好民主党派中央换届工作的有关政策》文件要求，"社的干部"一章是此次社章修改的重点。

根据中共中央2014年1月修订的《党政领导干部选拔任用工作条例》有关规定，总结近年来社的组织建设特别是干部队伍建设的新鲜经验，并与总纲部分的修改相衔接，社章修正案第四十条修改为："民主推荐培养选拔干部，按照德才兼备、以德为先的原则选拔政治坚定、为民服务、勤政务实、敢于担当、清正廉洁、群众认同的优秀干部，努力建设高素质干部队伍。"

对第四十一条社的领导干部的基本条件进行了修改完善。这里特别需要指出的是，随着民主党派知情明政权利的不断增加，社的各级领导干部有更多机会参加高层协商，接触或知悉国家秘密，因此遵守政治纪律、政治规矩和保守国家秘密成为一项法定义务。依据《宪法》第五十二条之规定，本条增加了一项，作为第五项："遵守政治纪律、政治规矩和各项保密制度。"

地市级以上社组织领导干部是全社干部队伍的"关键少数"，标准应当更高、条件应该更严。据此，社章修正案增加了第四十二条，明确了对设区的市级及以上组织领导干部任职的四项特殊条件。

有的地方组织和社员建议，中央和地方组织领导班子成员实行任期制，在社章中明确规定同一职务任期不得超过两届。鉴于民主党派领导班子成员实行任期制，牵涉面广，需要一系列配套制度跟进。据此，社章修正案第四十三条修改为："中央和地方组织领导班子成员原则上同一职务可连选连任两届，最多不超过三届”。

第九，关于社内监督机构

有的地方组织和社员提出，现行社章关于社内监督机构的有关规定分散在各个章节，规定比较笼统，要求不够明确，建议在社章中增加内部监督机构专门一章。借鉴《中国共产党党内监督条例》有关规定，结合我社实际特别是近 10 年来开展内部监督工作的实践经验，社章修正案在整合现行社章相关条款基础上，单设了“第七章　内部监督机构”。根据 8 个民主党派中央共同协商，为了便于与正在进行的国家监察体制改革、制定出台国家监察法有效衔接，此次“内部监督机构”一章只作原则性规定，有关可操作性内容将通过制定内部监督条例实现。其中，第四十四条明确了内部监督的性质及内容；第四十五条明确了内部监督的对象；第四十六条明确了内部监督机构的设置；第四十七条明确了内部监督机构组成人员的产生程序和任期。

对现行社章的逻辑结构、条理关系也做了适当调整和梳理，对文字表述不一致的地方，以讲话、报告的口吻和口语化表述的地方，本着从简又不致产生歧义的原则进行了文字规范。

此外，有些修改意见与规范提法有出入，有些修改意见有待进一步形成共识，有些修改意见与 8 个民主党派中央对有关问题共同协商一致的精神不相吻合，有些修改意见属于需要制定社章相关配套文件的内容，还有些修改意见属于改进工作的建议。这些意见我们将在今后工作中认真研究，暂不体现在本次社章修改中。

在九三学社第十四届中央委员会第一次全体会议上的讲话

武维华

（2017 年 12 月 7 日）

各位委员：

九三学社第十四届中央委员会第一次全体会议选举产生了新一届中央领导机构，选举我担任中央委员会主席，同时选举产生了 10 名副主席和 47 名常委。我衷心感谢同志们的信任，深感自己责任重大，决心同新一届中央领导集体一道，尽心尽力，夙夜在公，不负重托，不辱使命，紧紧依靠并团结带领广大社员，弘扬传统、凝心聚力，坚定不移沿着中国特色社会主义道路前进，为全面建成小康社会、不断开创我社各项工作新局面而努力奋斗。借此机会，我代表新一届中央委员会，向以韩启德主席为班长的上一届中央委员会表示感谢！上一届以及上三届中央委员会在韩启德主席领导下，完成了一系列创新性工作，为今后的工作奠定了良好基础，开创了很好的工作局面，也为我们树立了榜样。我提议，让我们大家一起，向韩启德主席和谢小军副主席、马大龙副主席表示衷心感谢和崇高敬意！

下面，我想围绕做好中央委员会的工作，谈4点意见。

一、认真学习贯彻中共十九大精神，牢固树立“四个意识”

当前，我社的首要政治任务，就是学习贯彻中共十九大精神。学习贯彻中共十九大精神，关键在于牢固树立政治意识、大局意识、核心意识、看齐意识，始终同以习近平同志为核心的中共中央保持高度一致；最根本的是要深入学习贯彻习近平新时代中国特色社会主义思想，学思践悟、融会贯通。习近平新时代中国特色社会主义思想在实践上引领党和国家事业发生历史性变革，在理论上实现马克思主义中国化新的历史性飞跃，是确保中国共产党长期执政、带领全国各族人民建设社会主义现代化强国、实现中华民族伟大复兴中国梦的强大思想武器和行动指南。新一届中央委员会作为九三学社领导集体，一定要深刻领会习近平新时代中国特色社会主义思想的丰富内涵，任何时候都不能动摇走中国特色社会主义政治发展道路的信念。要始终保持对中国特色社会主义的高度自觉和自信，把坚持和发展中国特色社会主义，作为同中国共产党亲密合作的最大共识，作为巩固共同思想政治基础的着力点。这是中央委员会最重要的政治原则，也是在新形势下履行职责最根本的保证。我们一定要始终坚持中国共产党领导，坚持和完善中国共产党领导的多党合作和政治协商制度，继续发扬优良传统，投身新时代中国特色社会主义伟大事业，为决胜全面建成小康社会，夺取新时代中国特色社会主义伟大胜利，实现中华民族伟大复兴的中国梦做出应有贡献。

同时，要把学习贯彻九三学社十一大精神与学习贯彻中共十九大精神相结合，切实发挥九三学社十一大报告对全社工作的指导作用。九三学社十一大报告凝聚了参会全体代表和全社近17万名社员的经验和智慧。这个报告得到了与会代表高度认同。大家认为这个报告很好总结了九三学社工作的6条经验，展现了5年来我社围绕思想上坚定、履职上坚实、组织上坚强建设目标取得的成就，体现了九三学社的传统和特色，对今后工作的部署有高度，又切实可行。大会结束后要坚持九三学社十一大确定的基本指导思想和工作目标，落实九三学社十一大报告的工作部署。各级组织要采取多种形式，迅速将九三学社十一大精神贯彻下去，将其变成各级组织和广大社员的行动指导，努力开创全社工作新局面。

二、新一届中央委员会的建设目标

一是建设成为一个富有政治智慧和政治把握力的中央委员会。当前，我国正处在社会发展转型期，社会矛盾较为凸显，影响社会和谐的不稳定因素较多。在这种形势下，中央委员会一定要有政治定力和政治主见，在重大事件面前要把握好政治方向，做到大是大非不糊涂，大风大浪不摇摆，始终不忘与中国共产党的合作初心，继续与中国共产党携手前进；要有政治敏锐性和政治远见，能够看到和分析存在的特别是潜在的各种问题和困难；要努力扩大视野，提升战略思维，辩证看待机遇和挑战，善于科学分析和判断问题，站得更高，看得更远，想得更深。

二是建设成为一个具有较强参政议政、民主监督和参加中国共产党领导的政治协商能力的中央委员会。参政议政、民主监督和参加中国共产党领导的政治协商是参政党的基本职能，是衡量参政党政治价值、工作绩效的重要标准。中央委员会一定要在研究积累上下更大功夫，在勇于创新上下更大功夫，在聚焦课题上下更大功夫，在突出特色上下更大功夫，在力量整合上下更大功夫，集思广益，努力提出具有远见卓识、高质量、科学和切实可行的建言成果，努力为国家经济社会发展，为社会主义民主政治建设做出实实在在的贡献。

三是建设成为一个继续高举爱国民主科学旗帜的中央委员会。九三学社从诞生之日起，就高举爱国民主科学的思想旗帜，成为爱国民主科学精神的忠实传承者和积极倡导者。爱国民主科学早已成为九三学社的优良传统，成为九三学社的自身特色、风格和气质。这就要求中央委员会必须首先弘扬爱国民主科学精神。要认真贯彻民主集中制，充分发扬民主，尊重并善于吸纳地方组织和基层组织的意见和建议，认真听取广大社员的呼声。要坚持弘扬科学精神，深入实际，深入基层，深入调查研究，求真务实，推动我社各项工作的科学发展。

四是建设成为一个意志坚强、士气昂扬的中央委员会。“立志欲坚不欲锐，成功在久不在速。”意志是不是坚强，士气是不是高涨，精神状态好不好，直接关系中央委员会战斗力的强弱，在很大程度上决定了我们的事业能不能取得成功。所以，我们要有一种激情和热情，有一种积极向上、朝气蓬勃的精神，有一股为实现目标勇往直前、开拓进取的冲劲和闯劲；有一种适应新形势新任务，不断推陈出新的创造力。

五是建设成为一个团结和谐、风清气正的中央委员会。团结就是力量，团结就是胜利。中央委员会只有拧成一股绳，心往一处想，劲往一处使，相互包容，和谐共事，才能干大事、干成事。要坚持“和为贵”“和而不同”的理念。有事儿好商量。由于角度不同，工作中产生不同意见是正常的，什么都一致反而不正常。工作意见不一致并不等于不团结、不和睦，相反还有利于把事情办得更周全。所以，工作中不要怕意见有分歧，关键要看是不是出于公心。只要是出于公心，都应该受到鼓励。公心就是时刻想着我们的事业，时刻想着九三学社，时刻为中央委员会的共同进步、共同提高、共同发展出点子、想法子、找路子。常言道“其身正，不令而行；其身不正，虽令不从”。只要我们风清气正，人心就齐，形象就好，工作就会方便顺畅。

六是建设成为一个制度完善、运行高效的中央委员会。制度问题带有根本性、全局性、稳定性和长期性。中央委员会要进一步建立健全各种议事制度和工作制度，使各项工作纳入制度化规范化程序化轨道，保证中央委员会的各项工作有序、高效运行。

三、对中央委员会集体和各位委员的 3 点建议

一是要不断学习提高，搞好自身建设。学习是增加知识、增长才干、提高政治把握能力和专业业务能力的重要途径，也是做好各项社务工作的重要基础。在座各位都是各自领域的专家学者，都在某一领域学有所长、造诣很深，但在日新月异的时代，如果我们不抓紧学习，很快就会落伍，就难以履行好职责、完成参政党肩负的历史责任。所以我提点儿建议与大家共勉：把不断学习和提高、搞好自身建设当成一种生活态度、一种工作责任、一种精神追求；同时，还要着眼于对我社实际问题的思考和实践新的发展，

注重学以致用、知行合一，把学习成果转化为推动九三学社事业发展的思路和促进社务工作的措施。

每位中央委员都要注重自身修养，经常进行思想上、作风上的“体检”，培养和保持高尚的道德情操，以不断增强中央委员会集体和每位委员自身的凝聚力和影响力。还要不断拓展自己的视野。只有站得高，才能看得远，看得全面。我们要用历史的眼光和辩证的思维客观分析世情、国情、社情，凡事要从长远着眼，深思熟虑，审慎谋划，保证做好全社各项工作。

二是要真抓实干，务求实效。“空谈误国，实干兴邦。”我们所有的工作成就都是干出来的，不是轻轻松松、说说笑笑就能实现的。中央委员不仅是一份荣誉，更是一份沉甸甸的责任。我们必须做真抓实干的表率，办不到的不说，说了的事就一定要努力办到，不搞形式主义。对涉及全社的重大工作，要一件事情一件事情去做，一个项目一个项目去抓，一个问题一个问题去解决，确保九三学社各项任务落到实处。

三是要勇于探索，开拓创新。有没有创新意识，有没有创新能力，是衡量每位中央委员履职能力高低的一把重要尺子，也是九三学社工作能否取得成功的关键。要善于总结实践经验，立足于九三学社实际，不断探索做好各项社务工作的新思路、新方法和新途径。

四、关于2018年工作安排

九三学社十四届一中全会的主要任务是选出中央领导机构。本来应借此机会对明年工作有一个大致的部署，但新的领导班子还没有来得及开会研究。这里我想先根据九三学社十一大报告的内容以及这次代表大会期间大家的讨论情况，对2018年的工作谈一个大概的想法。

一是组织好中共十九大精神学习，传达好九三学社十一大精神。九三学社十一大今天下午就要闭幕了。各位中央委员都是我社的骨干和中坚，是做好我社工作的决定性力量。会后大家首先要把继续认真学习贯彻中共十九大精神作为我们最重要的任务来抓，同时将学习贯彻九三学社十一大精神与学习贯彻中共十九大精神紧密结合起来，与本地实际工作紧密结合起来，带头学习贯彻十九大精神，带头学习宣传九三学社十一大精神，带头在社务工作中贯彻落实九三学社十一大的部署，以推动我社各项工作在2018年再上一个新台阶。

二是切实抓紧抓好参政议政工作。中共十九大后新一届政府很快就要到位，各项工作将向新的方向蓬勃发展奋进。我社的参政议政要抓住重点，尽早立项，尽快开展工作。我们既要讲究工作的延续性，同时也要抓住政府工作的一些新重点。要根据九三学社十一大的部署，搭建平台、整合资源，充分发挥九三学社的特色和优势，深度开展调查研究，朝着科学化和专业化方向努力，把这项工作做得更好。

三是推进脱贫攻坚民主监督工作。对口陕西省开展脱贫攻坚民主监督工作是中共中央交给我们的重要政治任务！过去两年，九三学社中央在这项工作中取得了不俗成绩，积累了宝贵经验，下一步的工作任务依然非常繁重！我们要进一步完善工作机制，改进工作方法，加强理论研究，共同把这项工作做实做好。并以此为契机，切实推动民主监督工作的发展。我想强调的是，这项工作不仅是九三学社中央和九三学社陕西省委的工作，而且是全社的工作！希望全体中央委员、全社各级组织都能积极主动地、以多种方式参与到这项工作中来。各省级组织在完成本省脱贫攻坚任务的同时，也要积极支持陕西省脱贫攻坚民主监督工作，为圆满完成这项重要政治任务出谋划策、切实贡献力量。

四是做好社会服务工作。社会服务是民主党派一项重要工作，是参政党政治职能的延伸和社会责任的担当，是统一战线成员展示社会实践能力的重要平台。社会服务既能扩大九三学社的社会影响，同时也体现了九三学社宗旨。我们要尽力而为，量力而行，扩大横向合作，注重示范效应，为社会发展服务。同时要把社会服务与参政议政、民主监督及组织建设有机结合起来，使社会服务工作成为推动社务工作的有力抓手。

五是着力加强组织建设，进一步落实人才强社战略。中央和各省、市人大、政府、政协换届工作马上就要开始。九三学社要配合党和政府做好这方面工作。要继续完善九三学社组织网络，特别是要加强地方组织和基层组织工作，把整体力量发挥出来。要扎实推进人才强社战略，既要一个一个去做旗帜性人物的工作，同时也要积极发现、培养优秀年轻后备人才。在这次代表大会上，大家讨论了我们组织发展中的一些问题，今后我们将根据各地的实际情况，逐一努力解决这些问题，把组织建设得更加坚强。要进一步加强参政党理论研究和社史研究工作，做好各项思想政治工作，弘扬我社优良传统，凝聚社员思想共识，夯实多党合作共同思想政治基础。

我坚信，在以习近平同志为核心的中共中央正确领导下，在习近平新时代中国特色社会主义思想指引下，在九三学社全体中央委员的团结奋斗下，必将胜利完成九三学社十一大提出的各项任务，开创九三学社各项工作新局面，为把我社建设成为“思想更加坚定、履职更加坚实、组织更加坚强”的中国特色社会主义参政党，为全面建成小康社会、为实现中华民族伟大复兴的中国梦做出新的更大贡献！

谢谢大家！

在九三学社第十一次全国代表大会闭幕会上的讲话

武维华

（2017 年 12 月 7 日）

各位代表，同志们：

九三学社第十一次全国代表大会在全体代表的共同努力下，圆满完成了各项议程，今天就要闭幕了。这次大会充分贯彻中共十九大精神，充分发扬民主、科学、务实作风，统一了思想认识，明确了努力方向，确立了今后一个时期的工作目标和任务。这次大会是一次继往开来的大会，是一次凝心聚力的大会，是一次动员全社上下团结一心、埋头苦干，努力创造新的更大辉煌的大会。

开幕会上，赵乐际同志代表中共中央致贺词，对我社“爱国、民主、科学”优良传统在新时期的传承与弘扬，以及过去五年所取得的成绩给予了充分肯定和高度评价，对我社未来发展提出了殷切希望和要求。与会代表深受鼓舞，反响热烈。同时，各民主党派中央、全国工商联也派代表致贺词。在此，我谨代表九三学社中央，对给予本次大会以热情支持和帮助的中共中央、中央统战部和各民主党派中央、全国工商联以及中央、国家有关方面和部门表示衷心感谢！对全体与会代表们的积极努力和团结合作，以及全体工作人员付出的辛勤劳动表示衷心感谢！

大会选举产生了新一届中央委员会，委员的年龄结构、知识结构适应新的工作需要，充分体现代表性，符合广大社员的意愿。我代表新当选的社中央领导机构成员，衷心感谢同志们的信任。我们定当不忘初心，牢记使命，恪尽职守，勤勉工作，团结和带领全体社员，弘扬传统、凝心聚力，坚定不移沿着中国特色社会主义道路前进，为全面建成小康社会、不断开创我社各项工作新局面而奋斗。

大会选举我担任社中央主席，我衷心感谢同志们的信任。我深感自己责任重大，决心同新一届中央领导集体一道，紧紧依靠全体社员，尽心尽力，夙夜在公，决不辜负全社同志的信任和期待。

大会还产生了第十四届中央委员会内部监督委员会。新一届社中央内部监督委员会将继续总结经验，健全工作机制，持续推动我社自身建设和各项事业的发展。

过去五年，社中央委员会学习贯彻习近平同志系列重要讲话和中共十八大精神，围绕思想上坚定、履职上坚实、组织上坚强的参政党建设目标，提出一系列创新举措，推进一系列重要工作，取得一系列新成就，九三学社事业实现了跨越式发展。社十大以来我们取得的突出成绩和宝贵经验，凝结着韩启德主席和十三届中央委员会、中央常委会的智慧和心血，也离不开九三学社全体成员的共同努力和贡献。大家牢记使命，恪守职责，勤勉工作，开拓创新，在各自岗位上都做出了杰出的成绩。

随着代表大会的胜利闭幕，韩启德主席和一批老同志即将离任。韩启德主席领导九三学社 15 年，15 年来，九三学社发生了极为显著的变化，各项工作取得了骄人成绩。韩启德主席为九三学社的工作殚精竭虑、勤勉工作，为九三学社的建设和发展做出了杰出的贡献，是我们学习的榜样。其他各位老同志曾长期奉献于统一战线和多党合作事业，他们为推进我社各项工作兢兢业业、献智出力，发挥了重要作用，并以自己的高尚品格和骄人成就提升了我社的影响力和感召力，赢得了广大社员的崇敬和爱戴。现在，为了推进中央领导机构的新老交替和九三学社事业的继往开来，这些老同志从领导岗位上退了下来，我社全体社员将永远铭记他们的贡献。同时，我们也衷心希望韩启德主席及各位离任老同志们一如既往地关心九三学社的事业，继续给我们今后的工作以帮助和指导。借此机会，我代表新一届中央委员会，向韩启德主席和各位老同志致以衷心的感谢和崇高的敬意！同时也衷心祝愿他们身体健康，生活幸福！

大会期间，全体与会代表认真学习了中共十九大精神，对中共十九大精神加深了理解，提高了认识，这对我们进一步增强“四个意识”、坚定“四个自信”，做好参政党工作有重要意义。

与会代表审议通过了社十一大报告。代表们对社十三届中央委员会的工作是满意的，对我社过去五年所取得的工作成绩给予了高度评价，并对今后的工作提出了很多好的意见和建议，会后我们将吸收大家的意见，把报告修改好。代表们通过深入讨论，对报告做出的各项工作部署和决定取得了高度共识，决心在今后的工作中努力把报告精神落到实处。

大会通过的社章修正案，充分体现了中共十九大精神，适应新形势新任务，对推进我社各项工作和加强自身建设提出了明确要求，是规范和指导全社行为的总章程。

下面我根据大会讨论的情况，讲五点意见。

一、认真学习贯彻中共十九大精神

中共十九大闭幕后，中央统战部对会议精神进行了传达学习、社中央组织了集中学习，在这次大会上还进行了专题学习，社各级地方组织也积极开展了学习。会后，九三学社要继续把学习贯彻中共十九大精神当作首要政治任务来抓紧抓好。首先要认认真真研读十九大报告原文，要重点领会精神实质。中共十九大充分把握世情、国情、党情变化新特点，提出了许多新思想、新论断、新主张和新举措。我们学习贯彻中共十九大精神，关键在于牢固树立政治意识、大局意识、核心意识、看齐意识，始终同以习近平同志为核心的中共中央保持高度一致；最根本的是要深入学习贯彻习近平新时代中国特色社会主义思想，学思践悟、融会贯通。习近平新时代中国特色社会主义思想在实践上引领党和国家事业发生历史性变革，在理论上实现马克思主义中国化新的历史性飞跃，是确保中国共产党长期执政、带领全国各族人民建设社会主义现代化强国、实现中华民族伟大复兴中国梦的强大思想武器和行动指南。我们对中国特色社会主义要有更深刻认识，对大会确立的习近平新时代中国特色社会主义思想和基本方略要有更深刻认识，对全面建成小康社会和全面建设社会主义现代化强国奋斗目标要有更深刻认识，对大会确立的新时代中国特色社会主义发展战略安排要有更深刻认识。学习十九大精神，要紧密联系自己的思想实际和工作实际。九三学社各级组织要认真组织好学习活动，创新学习交流形式，务求提高学习质量，把全社成员的思想认识统一到中共十九大精神上来，把十九大精神贯穿到参政党履行职责的各项工作中去，把全社成员的智慧和力量凝聚到更好地促进和服务科学发展、全面建成小康社会上来。

二、切实发挥社十一大报告对全社未来工作的指导作用

在社十一大报告起草过程中广泛吸收了全社广大成员和各方面的意见，又在社十一大召开期间由代表们进行了认真的审议，这个报告是凝聚参会的全体代表和全社近 17 万社员的经验和智慧形成的。这个报告得到了与会代表的高度认同，大家认为这个报告很好地总结了九三学社工作的六条经验，展现了五年来我社围绕“思想上坚定、履职上坚实、组织上坚强”建设目标取得的成就，体现了九三学社的传统和特色，对今后工作的部署有高度，又切实可行。此次大会结束后我们要坚持社十一大确定的基本指导思想和工作目标，落实社十一大报告的工作部署。各级组织要采取多种形式，迅速将社十一大精神传达到社员中去，变成广大社员的行动指导。要特别强调的是，各级地方组织要把社十一大精神与当地中共党委的工作部署和各自代表大会所通过的报告的要求融会贯通，

寻求结合点，不搞几张皮，努力在工作实践中切实取得成效。

三、坚持人民立场，巩固多党合作共同思想政治基础

“大道之行，天下为公。”为人民谋幸福，是中国共产党人的初心，也是我们九三学社全体成员的初心。坚持以人民为中心的发展理念，是中国特色社会主义的根本价值所在。坚持人民立场也是参政党坚持走中国特色社会主义道路，夯实多党合作共同思想政治基础的必然要求。我们九三学社的各项工作，本质上也是为人民群众服务，为国家的发展大计服务。新时期做好我社各项工作，无论是参政议政、民主监督、参加中国共产党领导的政治协商，还是社会服务，都要切实保持和增强全心全意为人民服务的自觉性，一切从人民的利益出发，关心关注民生和人民群众的重大关切，助推经济社会发展，对人民群众深恶痛绝的现象给予尖锐批评，并就如何从制度上消除这些现象提出意见和建议。这就要求我们，要真正地感知社会、了解社会、融入社会，与人民群众相知、相行，紧接地气。只有这样，才能真正体会民众疾苦，增强履行职责的紧迫感和使命感；才能更深刻地体认中国特色社会主义的伟大意义，筑牢多党合作的思想基础；也才能更好地履行我们的政治职责，为实现中华民族伟大复兴的中国梦做出应有贡献。

四、在实践中继承和发扬九三学社优良传统

爱国、民主、科学是九三学社一以贯之的品性特质和文化精髓。过去，老一辈“九三人”为之不懈奋斗；如今，一代又一代新“九三人”仍然要将它高高举起。要更好地弘扬传统、凝心聚力，关键在于实践，通过实践把继承和发扬民主、科学精神与履行好各项参政党职能紧密结合起来。“知之愈明，则行之愈笃；行之愈笃，则知之益明。”我们要坚持知行合一，以实际行动诠释我社优良传统，以主动作为体现中国特色社会主义参政党的定位。一是积极参与社会政治生活，积极履行参政议政、民主监督、参加中国共产党领导的政治协商职能，在政治实践中学习提高，不断增强政治把握能力。二是了解和把握国情，深入调查研究，聚焦国计民生重点难点问题，为党和政府科学决策和科学施政建睿智之言、献务实之策。三是积极组织开展社会服务工作和公益活动，发挥参政党智力密集、人才荟萃、联系广泛的优势，在服务社会与人民的同时，促进我社自身建设和更好地履行参政党职能。四是在实践中经受考验和锻炼。在我国改革处于攻坚阶段、发展处于关键时期的今天，世界政治格局多极化和经济全球化趋势对我国的影响越来越广泛、深刻。在这样的社会实践中，我们参政党要经受住考验，始终保持清醒和政治坚定，不断提高适应和驾驭新情况、新形势的实践能力。五是利用好、发挥好社史资政育人的作用。坚持在广大社员中开展我社光荣传统教育，大力宣传老一辈“九三人”的光辉事迹和崇高品质，让爱国、民主、科学的光荣传统薪火相传、发扬光大。

五、以科学创新精神引领自身建设再上新台阶

坚持科学与真理，是九三学社的特色和优势，是我社实现工作创新、提升履职能力的不二法宝。为此我们需要认识和做到以下几点：一是理性。科学精神的核心价值是理性。现今社会现象让人眼花缭乱，如果人缺乏理性，就会变得迷失、盲从和轻信。二是

实事求是。就是从实际出发，遵循客观规律。比如，在参政议政课题确立之前，可能有时会产生诸多灵感、创新思维，但最后还是要实事求是，进行科学的可行性论证。只有通过深入调研和科学论证而形成的意见和建议才可能会有前瞻性、可能性和可行性。三是创新。创新是科学精神的灵魂。作为参政党，我们的履职要上新的台阶，关键要有创新意识。创新是我们参政党自身建设和发展进步的精神支撑，也是对履职成果的重要评价标准。四是纠错。科学从来都是在不断纠错中发展的，敢于质疑批判，科学才能不断进步。培养广阔胸怀和视野是践行科学精神的前提。我们全社上下要以海纳百川、兼收并蓄的气度加强合作与协同，扩大资源和信息共享，这样才能孕育创新的沃土。我们每项创新性的工作，都需要在不断的证伪、试错和纠错中取得进步。只有不怕失败、宽容失败，才能激发起我们的挑战精神和战胜各种困难的勇气，推动我社各项工作在创新中不断发展。

各位代表，同志们，新时代，新使命，新期待。在以习近平同志为核心的中共中央的正确领导下，九三学社新一届中央领导集体将团结带领广大社员踏上新的征程。我们将不负重托、不辱使命，紧紧依靠全社广大成员，继往开来、求真务实、与时俱进，在习近平新时代中国特色社会主义思想的指引下，积极投身于中国特色社会主义伟大事业，为全面建成小康社会、为实现中华民族伟大复兴的中国梦不断做出新贡献！

祝各位代表身体健康、工作顺利、生活幸福！

谢谢大家！

九三学社第十三届中央常务委员会 2017 年工作报告

韩启德

（2017 年 12 月 1 日）

各位委员：

我受九三学社第十三届中央常务委员会委托，向全会作工作报告，请予审议。

2017 年工作回顾

2017 年是全面建成小康社会进入决胜阶段、全面深化改革纵深推进的一年，是中国共产党第十九次全国代表大会胜利召开、中国特色社会主义事业站到新的历史起点之年，是九三学社薪火相传、接力奋进的换届之年。一年来，在以习近平同志为核心的中共中央坚强领导下，九三学社深入学习贯彻中共十九大精神和中共中央重大决策部署，认真落实“思想上坚定、履职上坚实、组织上坚强”建设目标，凝心聚力，扎实奋进，以协商议政的新成果、民主监督的新突破、服务社会的新贡献、自身建设的新面貌，满怀信心迎接社十一大的胜利召开。

2017年，我们主要开展了以下几个方面的工作。

一、全面做好我社第十一次全国代表大会筹备工作

九三学社第十一次全国代表大会是在全国各族人民贯彻落实中共十九大精神，中国特色社会主义进入新时代的关键时期召开的一次十分重要的大会。开好这次大会，对于我社统一思想，明确目标，搞好政治交接，动员全社各级组织和广大社员，坚定不移沿着中国特色社会主义道路前进，为全面建成小康社会做贡献，具有十分重要的意义。根据社十三届五中全会的部署，我们对社十一大筹备工作进行了精心组织安排。目前，大会各项准备工作全部就绪。

社中央高度重视社十一大报告的起草工作，将起草大会报告作为贯彻落实中共十九大精神，集中全社智慧的过程，努力形成一篇既体现时代发展要求又符合我社实际、顺应全体社员意愿的报告。关于社十一大报告的起草工作，后面我将向大家作说明。

社中央认为，社十大以来，随着中国特色社会主义事业全面发展，我们面临的形势和任务也发生了重要变化，在多党合作的具体实践中，有些经验、认识和做法应进一步提升和规范，并在社章中得到充分反映。为此，社中央于2014年成立社章修改工作小组，在深入调查研究、广泛听取意见、集中全社智慧的基础上，形成了提交这次全会讨论的社章修正案。

社中央高度重视并认真做好社十一大的有关人事准备工作。今年3月，社十三届十八次中常会审议通过并印发了《关于九三学社中央2017年换届工作的意见》，对第十一次全国代表大会代表的产生和第十四届中央委员会委员候选人提名条件及提名办法做出明确规定。第十一次全国代表大会代表由选举代表和提名代表两部分组成。选举代表由省级代表大会无记名投票等额选举产生，提名代表由社中央按提名原则产生。第十一次全国代表大会代表共计699人，已由社中央换届领导小组和社十三届二十次中常会审议确认。在地方组织和有关方面民主推荐基础上，社中央换届领导小组集中研究、遴选，并经过与地方组织、地方和中央有关部门反复协商，严格按照规定程序提名，第十四届中央委员会委员候选人建议名单已由社中央换届领导小组和社十三届二十一次中常会审议通过，将提请第十一次全国代表大会酝酿和选举。

二、圆满完成省级组织换届工作

今年4月开始，我社省级组织换届工作全面展开。目前30个省级组织换届圆满结束。这次省级组织换届工作呈现以下几个特点。

一是领导班子调整幅度较大。与2012年相比，本次换届，领导班子规模基本不变，但调整幅度较大。今年更换主委的省份有11个，加上2016年届中调整的3个省市则达14个，调整面近一半。副主委调整幅度也很大，副主委变动达到或高于50%的省级组织有15个，新进副主委94人，占副主委总数的48.7%。虽然本次换届调整面大，但在各方面的共同努力下，换届工作规范有序、风清气正，取得圆满成功。所有主委、副主委候选人均高票当选。

二是换届人选的考核审查更加严格。随着中共全面从严治党的深入推进，此次民主党派换届人选的考核审查也严格遵照中共干部选拔任用有关规定进行。在本次换届过程中，多位候选人因个人事项申报不实等原因依照相关规定被取消资格。

三是领导班子结构进一步优化，平均年龄有所增高。换届后，社省级组织主委、副主委共计223人，平均年龄53.5岁，比上届高1.5岁。主要原因是新进班子成员大多还是以20世纪60年代初中期人士为主，70年代初成员比重偏小。换届后省级组织领导班子中，具有博士研究生学历的144人，占67%，两院院士9人，长江学者14人，均高于上届水平。具有正高级以上专业技术职称的148人，占68.8%，担任政府实职的53人，占23.8%，社务工作者52人，占23.3%。总体来看，全社省级组织领导班子结构进一步优化，特别是一批政治素质高、代表性强的同志和社务工作者走上省级组织领导岗位，增强了社的领导力量和组织活力。平均年龄的继续增高，表明我社亟须进一步加大中青年后备干部队伍的培养力度。

四是多数省级组织监督委员会同步换届，省级监督委员会实现全覆盖。今年有23个省级组织的监督委员会同步换届，另有2个省级组织同步成立监督委员会，其余省级组织监督委员会预计年底前完成换届。至此，我社30个省级组织全部成立了监督委员会。经过多年努力，社内监督工作取得长足进步，进入新的发展阶段。

省级组织换届的圆满成功充分说明我社近年来实施人才强社战略、加强自身建设取得显著成效，也为未来五年全社工作的发展奠定了坚实的基础。

三、围绕改革主线，协商议政监督再上新台阶

（一）参加政党协商，积极建言献策

在中共中央、国务院召开的党外人士座谈会上，社中央结合长期关注的重点和今年的调研成果，围绕重视扶贫产业协调发展，重视住房财富管理、更好实现住有所居，优化杠杆结构是去杠杆的重中之重，加快海绵城市建设、促进城市水环境改善，重点区域农业面源污染治理，多措并举推进新能源可持续发展，将超算速度优势转化为应用优势，优化科技创新支持方式等问题，就政府工作报告、当前经济形势和2017年下半年经济工作、中共十九大报告、2018年经济工作等提出意见和建议，得到党和国家领导同志的高度重视，相关部委相继就我社反映的问题做了答复，一些建议被纳入国家的工作决策部署。

（二）参与政协协商，聚焦改革发展

全国政协十二届五次会议期间，习近平总书记看望参加会议的民进、农工党、九三学社委员，并参加联组会，听取意见和建议。中共中央政治局常委、全国政协主席俞正声参加看望和讨论。联组会上，武维华、印红、周锋等9位委员，围绕加快农业补贴政策体系改革、重大工程建设须坚守科学之道等问题作了发言。在这次会议上，提交九三学社中央提案47件，九三学社界别提案38件；潘建伟代表九三学社中央作了《敢于担当从我做起为建设科技强国建功立业》的发言，印红副主席以个人名义作了《力戒表面看齐狠抓政策落地》的发言，另有5篇发言被选为大会书面发言。13件提案被选为全国政协重点提案或入选全国政协《重要提案摘报》。《关于以市场为导向深化农业供给侧改

革的建议》列全国政协十二届五次会议提案号之首（案号0001号）。一些提案得到中央维稳办、财政部、工业和信息化部、科技部、环境保护部、住建部等办理单位的高度重视。多个办理单位到社中央走访沟通，或邀请相关同志参加办理座谈会。此外，社中央还和全国政协教科文卫体委员会共同承办了主题为改进校园餐食管理的全国政协第69次双周协商座谈会。

（三）开展专题调研，助力科学决策

社中央联合有关地方、部委和专家就促进科技型中小企业创新发展，黄河首曲水源涵养地抢救性保护，互联网家政服务业，改进校园餐食管理，互联网+医疗，房地产市场研究，柴达木生态综合治理与绿色发展，二氧化碳气肥技术应用，健康扶贫、易地扶贫搬迁和县级财政涉农资金统筹使用情况等课题进行深入细致的调研。关于信息系统安全的“直通车”建议得到习近平同志批示。《关于促进科技型中小企业发展的调研报告》和《关于大力实施科技创新券政策的建议》得到李克强、刘延东同志批示。《关于脱贫攻坚民主监督情况的报告》针对脱贫攻坚中健康扶贫、产业扶贫和基层涉农财政资金整合中存在的问题，提出监督性建议，受到汪洋同志的高度重视，认为建议有深度，对改进工作有帮助，并将报告转有关部门提出改进工作意见。《关于推广二氧化碳气肥促进农业绿色发展的建议》得到汪洋同志批示。《关于黄河首曲水源涵养地抢救性保护的建议》得到国务院领导同志批示后，国家发展改革委高度重视社中央的建议，与财政部、环境保护部、农业部、水利部、国家林业局等部门多次会商，并组织专家沿社中央课题组的调研线路再次开展调研。这些都反映出中共中央、国务院和有关部门对我社建言的高度重视和认可。

（四）聚力脱贫攻坚，加强民主监督

召开以脱贫攻坚民主监督理论研究和工作实践为主题的全国社会服务工作会议，研究部署脱贫攻坚民主监督工作。社中央开展脱贫攻坚民主监督工作以来，与陕西方面达成了广泛共识，构建了联络机制，加深了理解互信，共开展调研10次，深入5市12县24村，访谈农户690户，查看建档立卡资料780余户，召开会议34次，形成调研报告8份，提出意见建议50余条，初步建立起涵盖医疗、教育、中药材、产业规划、民主监督5个领域464名成员的社内专家库。特别值得一提的是，今年社中央围绕健康扶贫、易地搬迁和县级财政涉农资金统筹整合3个重点领域，在陕西选取3县4村作为监测点，采取“解剖麻雀”的工作方法，开展实地调研，深入查找问题，研究扶贫对策，提出50多条整改建议，得到中共陕西省委省政府的高度重视和积极回应。同时，部分省级组织在省内的脱贫攻坚民主监督工作有序推进，取得成效。

（五）汇集社员智慧，反映社情民意

信息工作取得新进展。本年度共收到社情民意信息4000条，采编形成《九三学社信息》《九三学社信息专报》646期，被全国政协采用43篇。其中，《解决科技型中小微企业“营改增”之后税负增加问题的建议》得到张高丽同志批示，《关于融通中外讲好中国故事的建议》《关于进一步促进海水淡化产业发展的建议》《关于加快建立大数据应用制度体系的建议》3篇信息转化为全国政协十二届五次会议提案。

（六）坚持上下联动，形成工作合力

20多个省级组织和部分副省级组织参与党派大调研，成立20余个课题组，形成调研报告供社中央参考，并在第十二届九三论坛交流。“一省牵头、多省联动、社中央指导”的做法，已被各省级组织普遍采用。海岸带综合治理、长江上游生态保护与流域城市绿色发展等课题，均为社中央指导、多个省级组织参与的联合选题。科学座谈会的形式和内容进一步创新，地方组织参与、申报和承办科学座谈会的积极性进一步提高，全年分别以“中国超算的国产创新与应用强国之路、能源改革、中国防震减灾对策、文物考古与丝绸之路”为主题，举办科学座谈会4次，充分发挥了增进学术交流、建言创新发展、推动科技进步的平台作用。各专门委员会积极参与社中央调研、联合省级组织调研和自行组织调研，为高层协商、政协提案和发言提供了质量较高的参考稿。一些专门委员会的专家和省级组织的专职干部参加了社中央提案和大会发言统稿会，集中选稿改稿，提高了成果质量。

四、坚持创新引领，社会服务开创新局面

（一）服务“一带一路”倡议积极主动作为

围绕新疆丝绸之路经济带核心区建设，深入新疆昭苏县等地开展调研。组织社内医疗专家在新疆生产建设兵团医院开展义诊咨询活动，向团场医院、昭苏县贫困户捐赠药品。组织清华大学专家赴新疆部分高校调研师资队伍建设。在西部省区实施“‘一带一路’助推地方经济发展”项目，带动当地贫困户增收。各省级组织将服务“一带一路”倡议与科普、脱贫攻坚等工作有机结合，相互促进，良性运作。

（二）优质示范项目有效助推地方经济发展

以帮助建档立卡贫困户脱贫为主要目标，以四川旺苍县、贵州威宁县和黔西南州为帮扶重点，投入项目资金430万元，在全国14个集中连片贫困地区实施教育、医疗、产业等领域扶贫项目45个，产生良好社会效益。产业扶贫项目发挥示范带动效应，截至9月底，全社实施各类产业合作项目208个，协助相关单位落实项目资金3亿元。重点实施“多党合作社会主义新农村建设”项目9个，带动贫困户597个。帮助威宁、旺苍2县对接中药材企业实地考察，打造中药材种植基地。在威宁引进的雪榕集团实现日产食用菌400吨，吸纳451个贫困人口就业。各级组织有效利用“九地合作”平台，为助推当地产业发展提供智力支持。截至9月底，全社各级组织共开展脱贫攻坚项目219个，组织专家2496名，受益群众达20万人次。

（三）“同心”品牌持续促进社会民生改善

“亮康行动”带动地方和社会配套资金2445万元，（筛查3万余人，免费实施白内障手术5490例。“同心康福”扩大服务面，在中西部贫困地区筛查贫困脑瘫患者1617人、肢残患者2556人，救治脑瘫患儿156例，安装假肢314例，手术置换髋关节60例。）在中西部6个贫困县分别开展“九三学社革命老区健康行”。10个省级组织参与实施“同心树人”项目，促成教师互访28次。协调社员在四川旺苍县设立100万元“九三学社同心树人助学金”，捐赠电脑400台。开展中西部地区2所小学援建项目。邀请社内院士专家赴18个省开展科普巡讲63场，听众达2万余人次。

（四）社内平台建设引领社会服务纵深推进

社中央促进技术创新工作委员会通过搭建对接平台、引进优质企业、开展项目合作和直接投资等方式，推动委员之间、委员与地方政府和企业之间的交流。开展医疗健康等多个领域的合作项目 13 个。参与筹办 2017 中国创新创业成果交易会，推荐 31 名社员参加高端人才科技成果展。开展促创工委沧州行活动。举办委员会年度论坛。社中央医疗咨询平台建设取得阶段性成果。落实在京 34 家三级医院副高及以上职称医生 144 名，组成社中央医疗咨询小组；28 个省级组织推荐医疗专家 2443 名；全年累计提供医疗咨询服务 1000 余次；部分省级组织已初步建成地方平台。九三王选关怀基金会资助 20 名困难社员，共计 60 万元。

（五）持续开展文化服务和对台交往

推进院士导师培养计划，院士工作委员会为多位院士和博士生导师确认了合作培养关系。妇女工作委员会开展妇女角色与村落文化构建等课题调研。文化工作委员会编撰出版“九三文学创作文库”丛书，参与支持“微跑团”等公益活动。周培源基金会邀请台湾省台北市立第一女子高级中学和新竹高级中学师生来大陆参访。

五、增强“四个意识”，思想建设取得新成效

（一）坚持和发展中国特色社会主义学习实践活动完美收官

社十三届十八次、二十次中常会认真学习全国两会和中共十九大精神，努力增强贯彻落实的思想自觉和行动自觉。社中央理论学习中心组举行 3 次专题座谈会，围绕意识形态问题、习近平同志“7·26”重要讲话和中共十九大精神进行交流学习，研判形势，把握中共中央决策部署。社中央宣讲团总结经验，充实内容，在 10 多个省的市级组织和基层组织开展巡回宣讲。举办第四届九三学社中央坚持和发展中国特色社会主义专题论坛，总结全社学习实践活动，表彰先进集体和个人。举办五四运动与九三学社缘起学术研讨会。开展科技界社员思想状况课题招标，6 个中标课题正按计划组织开展调研。评选表彰第四批“九三楷模”，社会影响进一步扩大，榜样的力量深入人心。先后召开社章修改征求意见座谈会，专题研究社章修改工作，社章修改工作成为我社一次充分发扬民主、凝聚社员意志的生动实践。

（二）新闻宣传工作亮点纷呈

坚持弘扬主旋律、传递正能量，围绕社的中心工作和重点工作，讲述组织换届故事，宣扬模范人物事迹，展现基层社员风采，讲好中国故事和九三学社故事。评选表彰优秀新闻作品，鼓励创作更多精品。召开全社宣传工作会议，研讨新媒体建设，推动宣传工作全面创新。继续开展“社员之家”试点和推广工作，举办骨干培训班，在平台上先期推出社员医疗咨询服务功能。社中央网站、移动客户端和微信公众号较好发挥内聚人心、外树形象的作用。推进与央媒的合作，央视推出九三学社调研行。《民主与科学》杂志办刊质量不断提高。学苑出版社继续朝着“专精特新”的方向发展，“梨园精舍——中国传统戏曲资源库”荣膺第七届中国数字出版博览会优秀品牌。

（三）理论和社史研究不断深入

加强参政党理论研究，承担中央社会主义学院统一战线高端智库课题。第三次参政

党理论研究课题顺利结题，涌现出一批较高质量的研究成果。开展改革和完善基层人民代表大会制度研究，探索发展中国特色社会主义民主政治的途径。结合实地调研，开展脱贫攻坚民主监督理论研究。继续推进“九三学社人物丛书”项目，出版《薛愚传》等4部人物传记。启动“统一战线人物志”丛书修编工作，完成吴阶平、王文元等人物志初稿。持续开展“九三学社口述史”项目。举办社史研究培训班，着力提升研究人员的学术素养和业务能力。开展吴阶平诞辰100周年、王选诞辰80周年、潘菽诞辰120周年等纪念活动，缅怀先贤们的光辉业绩和崇高风范。与中央统战部、各民主党派中央共同编写出版图书《大道——多党合作历史记忆和时代心声》，引导社员弘扬优良传统，夯实团结合作共同思想政治基础。

六、贯彻人才强社战略，自身建设呈现新面貌

（一）组织发展健康有序

认真贯彻人才强社战略，加强对组织发展分类指导，组织架构进一步完善，社员结构不断优化，组织发展保持平稳健康态势。截至6月30日，全社共有30个省级组织，309个市级组织（包括29个县级市组织），6557个基层组织，167218名社员。社员平均年龄54.5岁，主体界别比例为77.4%，具有高级技术职称的比例为56.6%，两院院士61人。广大社员在本职岗位上恪尽职守、勇担重任，涌现出一大批杰出人才，展现了良好的精神风貌。社员程开甲荣获2017年度八一勋章。34名社员主持或参与完成的31个项目荣获2016年度国家科技奖。4名社员当选为中国科学院和中国工程院院士。8名社员荣获2017年度全国五一劳动奖章。

（二）加强干部队伍建设

做好干部培训工作。组织24名省级主委参加中央统战部和各民主党派联合举办的省级组织主委多党合作专题研究班。推荐40余人参加中央社会主义学院举办的民主党派干部培训班和进修班。举办第3期社省级以下机关专职干部培训班，200多名地市级机关专职干部参训。青年工作机构逐步完善。截至6月30日，22个省级组织、139个市级组织成立了青年工作组织。举办九三学社第三届全国青年论坛。指导各地青年工作组织围绕科技创新、环境保护、科普工作等主题开展丰富多样的活动。青年工作的蓬勃发展培养了一批优秀青年人才，激发了干部队伍的生机活力。

（三）总结推进社内监督工作

总结2014—2016年巡视督导工作，研究起草九三学社中央巡视督导工作报告。召开九三学社中央社内监督工作会议，全面总结5年来社内监督工作的成绩和经验，深入剖析问题，谋划部署下一步工作。加强省级组织换届监督，安排社中央监督委员参加部分省级组织换届，确保换届风清气正、平稳有序。积极做好社中央监督委员会换届工作。

（四）提升机关管理规范化水平

机关能力建设试点工作覆盖30个省区市，试点地市达82个。在30个省级组织和56个地市级组织机关开展省市组织机关建设交叉检查，并召开全国经验交流会，及时进行经验总结。按照有关政策，全面进行社中央机关干部人事档案专项审核工作。社中央机关在2016—2017年度中央部门预算管理工作考核评比中荣获三等奖。推进廉洁高效机关

建设，成立社中央机关内部控制工作小组，编制《内部控制手册》和《内部控制评价手册》。依据相关法律法规和有关部门要求，完成社中央机关信息系统安全等级保护工作。社中央办公厅和组织部共同开发的九三学社组织与社员信息管理系统上线运行。

各位委员，过去一年的成绩，是以习近平同志为核心的中共中央坚强领导和重视关怀的结果，是各级统战部门和社会各界鼎力支持的结果，是全社各级组织和全体社员共同努力的结果，我代表社中央常务委员会表示诚挚的感谢！

我们也要清醒地认识到，与新形势新任务要求和广大社员、人民群众期望相比，我社一些工作还存在不足，需要切实加以改进。主要是：思想政治工作的针对性、吸引力和说服力有待增强；参政议政、民主监督、参加中国共产党领导的政治协商以及社会服务的能力有待提高；各级组织特别是基层组织的凝聚力和活力有待加强；促进人才成长的机制和条件有待完善；作风建设和纪律约束有待强化，等等。对这些问题，我们要高度重视，切实改进。

关于2018年的各项具体工作，九三学社第十三届中央常务委员会建议在社十一大选举产生新一届领导班子后，由新一届领导班子根据社十一大精神再进行安排部署。

根据会议安排，我就《九三学社第十三届中央委员会报告（草案）》起草情况作一说明。

（一）报告起草过程

九三学社第十三届中央委员会报告的起草工作是社十一大筹备工作的重要组成部分。起草一个立意高远、总览全局，目标清晰、措施有力，振奋人心、鼓舞士气的报告，是开好代表大会的重要基础。社中央高度重视报告起草工作，努力做到组织领导有力、人员配备得力、保障条件充分，早部署、早动手，确保报告起草工作顺利开展。

2017年3月10日，社中央第二十五次主席会议审议通过《九三学社中央换届工作机构组成人员及主要职责》，成立由张桃林、赖明、郭悦等同志组成的报告起草组，报告起草组随即制定工作方案，开展前期准备和资料收集工作。

6月下旬，下发通知，请各省级组织和社中央机关各部门提供五年来的工作情况等书面材料。

8月中旬，拟定报告提纲初稿。

8月底，邀请部分社省级组织负责同志、社中央机关部门负责人及部分专委会成员，就报告的指导思想、框架结构、主要内容，以及如何总结5年来的经验，确立新时期九三学社建设指导思想、发展方向和目标等问题深入研讨。

报告起草组认真梳理研讨会意见，在消化吸收研讨会意见基础上，几经修改，于9月上旬确定正式提纲。

10月上旬，在三次修改后，形成报告初稿（第一稿）。此后，先后征求社中央领导、社中央机关各部门、各位常委和省级组织意见，并提交五十一次主席办公会，二十八次主席会，十三届二十次、二十一次常委会讨论，多次修改，历经六稿，最终形成了提交这次全会审议的报告（草案）。

（二）报告的指导思想和特点

社中央主席办公会议对社十一大报告起草工作提出的要求是：要把社十一大报告写成一个政治报告；要对过去五年的成就和经验科学总结；要以中共十九大精神为指导，

明确九三学社作为参政党的历史定位；要以中共十九大精神为指导，明确新时代九三学社建设指导思想和方向目标，确立今后工作思路和任务。

根据主席办公会议精神，报告起草组注意把握七点：一是充分体现中共十九大精神。二是力求全面、真实、科学地总结五年来九三学社的工作和经验。三是把握政治报告属性，突出政治性，强调思想性、全局性、时代性和前瞻性，体现广阔的视野和辩证思维。四是充分体现和发扬九三学社爱国民主科学优良传统。五是充分贯彻习近平新时代中国特色社会主义思想，围绕建设新时代中国特色社会主义参政党目标提出具体措施，力求对今后一段时期工作具有指导意义。六是文字力求凝练，文风力求朴实，力戒空话套话。七是坚持集思广益，在起草工作中广泛征求各方面意见，凝聚全社智慧。

（三）报告的结构和主要内容

报告题目为：建设新时代中国特色社会主义参政党，为决胜全面小康实现中华民族伟大复兴而奋斗。

目前报告约 19000 字，分为三个板块六个部分：第一板块由第一、第二部分组成，第二板块由第三部分组成，第三板块由第四、第五、第六部分组成。

报告导语部分阐述会议的主题。

第一板块，总结过去五年的工作和经验。

第一部分，总结过去五年的工作。报告以社十大提出的“思想上坚定、履职上坚实、组织上坚强”建设目标为框架，以“不忘合作初心，思想坚定性不断增强的五年”“收获累累硕果，履职坚实性显著提高的五年”“坚持人才强社，组织坚强性持续巩固的五年”三个主题，总结五年工作。第一，思想建设方面。以上率下，把思想政治工作作为自身建设的基础性工程；丰富形式，持续开展坚持和发展中国特色社会主义学习实践活动；勇于探索，多党合作理论研究持续深化；与时俱进，宣传工作不断创新。第二，履职方面。参政议政取得新成果；政党协商和政协协商展现新作为；民主监督开辟新领域；社会服务取得新成效；创新工作理念，履职机制和方法更加完善。第三，组织建设方面。领导班子建设扎实推进；组织化水平显著提升；内部监督工作有较大进步；人才队伍建设取得积极成效；机关工作效能显著提高。

同时，报告指出工作中存在的一些突出问题和不足。

第二部分，总结五年工作经验。报告提炼概括六条主要经验：第一，坚持接受中国共产党领导，坚持和发展中国特色社会主义，是九三学社应始终坚持的政治原则。第二，坚持弘扬爱国民主科学优良传统，是九三学社砥砺前行的重要精神支撑。第三，坚持围绕中心、服务大局，是九三学社实现参政党价值的必然要求。第四，坚持全面推动工作创新，是九三学社永葆生机的力量源泉。第五，坚持强化组织，凝聚全社力量，整合工作和资源，是九三学社推进各项工作的有效方法。第六，坚持实施人才强社战略，是九三学社事业兴旺、可持续发展的基本方略。这六条经验，既体现我社在长期历史发展进程中形成的优良传统和重要认识，又具有鲜明的时代特征；既是全社同志共同创造的宝贵精神财富，又是未来必须长期坚持的重要遵循。

第二板块由第三部分构成。这部分以“建设新时代中国特色社会主义参政党，在新的历史起点上再创佳绩”为题，在阐明世情国情党情基础上，明确九三学社今后五年工作的指导思想，与时俱进地提出建设新时代中国特色社会主义参政党的新目标。

第三板块由第四、第五、第六部分构成，围绕“思想更加坚定、履职更加坚实、组织更加坚强”建设新目标，部署今后五年工作。

第四部分，强调建设思想更加坚定的中国特色社会主义参政党，把学习贯彻中共十九大精神引向深入。一是强化理想信念教育，建立健全思想建设的常态化、长效化机制；二是进一步加强理论和社史研究，为思想建设提供理论支撑和历史借鉴；三是加强和改进宣传工作，讲好多党合作和九三学社故事。

第五部分，强调建设履职更加坚实的中国特色社会主义参政党，在决胜全面小康实现中华民族伟大复兴的新征程中更加出彩。一是锤炼调查研究硬功夫，不断提升参政议政能力；二是以脱贫攻坚民主监督为抓手，努力提高监督本领和实效；三是创新工作思路，探索完善社会服务新模式。

第六部分，强调建设组织更加坚强的中国特色社会主义参政党，增强组织向心力凝聚力战斗力。一是进一步加强领导班子建设，提高“五种能力”；二是进一步提升组织化水平，推进社内监督；三是进一步深化人才强社战略，努力造就高素质干部和人才队伍；四是强化机关枢纽作用和服务功能，推动机关工作再上新台阶。

报告的结束语部分，对全社发出号召。

会议已另行印发详细的报告（草案）起草情况说明，供大家在讨论时参考。在此，恳请大家多提宝贵意见和建议，以进一步修改和完善报告，力争写出一个高水平的报告。

各位委员，这次全会担负着为召开我社第十一次全国代表大会做好准备的重要使命，希望大家按照全会的部署，认真开好会议，圆满完成全会的各项任务，迎接我社第十一次全国代表大会胜利召开！

在九三学社第十三届中央委员会第六次全体会议闭幕会上讲话

韩启德

（2017年12月2日）

各位委员，同志们：

这次全会很快就要闭幕了。在一天半的时间里，大家保持了一贯的热情，开了一个简短高效的会议。昨天我参加3个小组的讨论，大家认真地审议了工作报告、章程修正案的草案，提出了很多好的意见。在参加讨论的过程中，我听到很多委员深思熟虑而热情洋溢的发言，感受到每一位委员对九三学社都是发自内心的热爱，都有很强的的责任心。有的同志对章程中每一个文字标点都认真审阅；有的同志对工作报告中的一些重要问题提出自己的看法；有的同志对于参政党建设中最根本性的问题提出自己的看法，比如新时期九三学社工作的主要矛盾到底是什么。大家提出的宝贵意见，对总结这一年的工作、这五年的工作，尤其是对开好九三学社第十一次全国代表大会起到很大的作用。社中央主席会议决定，把这些意见尽量吸收到工作报告和章程的下一稿中，将有关工作的建议交由下一届中央委员会认真考虑。

这次六中全会总结了2017年的工作，大家都认为这个报告写得很好，主要原因是工作做得好。这一年做了大量的工作，成绩是非常显著的，得到了大家的高度认可。作为这一届最后一次全会，会议也审议了中央委员会在十一大上的报告。报告总结了五年的工作，提出实现了“跨越式发展”，对此我们认为应“低调”一点，不要这样提。但是，这五年的工作呈现出了新的局面，我想这还是实事求是的。我感觉，这五年最大的特点就是工作创新。我们在十大上首次提出了高度概括凝练的参政党建设目标，就是建设“思想上坚定，履职上坚实，组织上坚强”的参政党。五年来，这一目标逐渐被大家认同和落实，所以全社工作展现出了一系列新面貌。在十一大报告中，关于今后一个阶段的建设目标有了更新的提法，就是建设“思想更加坚定，履职更加坚实，组织更加坚强”的中国特色社会主义参政党。这个目标不是凭空而来，是从多年实践中总结而来，有一定的理论高度，更有很强的实践意义。

这五年的工作，我们真正突出了创新。作为一个参政党，我们在组织化程度、组织动员全社的能力方面有一些创新性的做法。我举几个例子，一是在社中央领导班子建设方面，每年初召开战略研讨会，总结前一年工作，从宏观层面前瞻性地、全面地讨论九三学社的定位和发展。我们还坚持在每次战略研讨会后召开一次领导班子民主生活会。这个民主生活会不是形式上的，而是大家真正地交心。我们每次都很感慨，九三学社的主席、副主席既能够这么开门见山地当面提意见，又能够非常团结和谐。二是社中央领导机构组成理论学习中心组，学习活动开展得非常及时，对全社的政治理论政策学习产生很好的指导作用。三是建立起社中央领导联系地市级组织的工作机制，每年每位社中央领导分别多次联系各自定点的地市级组织，了解基层情况。四是开展巡视督导工作。与中共的巡视工作职能不同，我们开展的参政党巡视督导，主要是督促和指导地方工作、加强联系并帮助解决困难。通过总结我们了解到，大家总体认同这项工作，认为可以继续开展。社内监督机制也有很多探索，比如社河南省委开展了一些探索性的工作，社中央在那里开了现场会议。五是开展了4届九三楷模的评选。实践证明，社内这种感动大家的人物还是非常多的，他们的事迹、为人、风范，大大激励了“九三人”建设中国特色社会主义的积极性。通过评选和宣传，也能引导广大社员加深对爱国、民主、科学优良传统的理解。六是社中央组织了宣讲团，开展社史、先进人物的宣讲，此外还建立了20个九三学社全国传统教育基地。这些都是这一届中具体的创新性工作。

我们在履职过程中，也不断探索出新的经验，创造出一些新的做法。比如资源整合，尽管提得比较早，但在这一届做得越来越好、越来越实，其中最成功的是党派大调研工作。2015年“关于长江中上游水电工程对中下游生态环境影响”大调研就有14个省参与。2016年“新型城镇化背景下的社区治理与服务”大调研由30个省级组织全部参与，分头开展40多个项目，最后形成一个总报告。当时选择这个题目的时候大家感觉比较超前，但现在中共中央已把社区治理与服务列为重点工作，而且已经成为社会稳定和发展、建设和谐社会的非常重要的一个环节。我们提交中共中央的建议发挥了比较大的作用。总之，每年的党派大调研都有越来越多的省市级组织自愿参与，整合社内资源的力度相比以往显著提升，同时在整合国务院部门专家、社外各方面的力量方面也多有成效。在社会服务方面，整合工作也做得很好。比如黄河金三角区域合作项目就由3省4市的九三学社组织统筹开展，也只有整合起来才能做好这项工作。在参政议政方面，我们从实践中总结了12个字——整合力量，发挥优势，找到开关。就以科学座谈会为例，近4年社中央召开的14次座谈会，会议的目的、定位、形式都了经历发展变化的过程。现在看，我们每次邀请社内顶级科学家一起探讨科学问题，都必然涉及相关社会问题，因此每次科学座谈会都会产生非常有价值的参政议政成果，很多都纳入高层协商的建议。此外，我们肩负起中共中央委托的脱贫攻坚民主监督任务，也是履行民主监督职能的一项创新。我在调研期间，切身感受到陕西方面非常认真地对待监督工作，并且发自内心的感动与感谢。我们也确实发挥了非常大的作用，促进陕西在不少方面改进脱贫攻坚工作，同时对如何进行民主监督也有了更新的体会。在参政议政与社会服务两项工作结合方面，也有新的探索。比如河南省委了解到黄河滩区股骨头坏死情况比较普遍，从开展社会服务起步，组织专家为患病居民做手术，随后延伸到探索致病原因，开展流行病学调查，最后调研整个黄河滩区农村经济社会发展面临的问题，由此形成了非常好的议政建议。在组织建设层面，社中央新成立了2个工作委员会。一个是在“双创”形势下成立的促进技术创新工作委员会，由社内一部分有代表性、有热情的科技工作者、企业家和投资专家组成，积极组织社员代表参加广州创新创业成果交易会等活动。另一个是近几年发展迅速、进步很大的青年工作委员会。以往尽管社内有相当一部分非常优秀的中青年社员，但加入组织后参与度不大、活跃度不高，青年工作委员会成立后，采取“自组织、自发展、自管理”的机制，在实践中发挥了很好的作用，使得现在社内青年活动特别踊跃，活动方式也与以前完全不同，起到很好的动员作用。这五年，我们建立了更多的活动平台，比如新办了许多论坛，涉及社会服务、参政议政、理论研究、机关建设等方面，通常由社中央牵头，各地积极参与，内容也越来越丰富。社中央启动了院士导师培养计划，并已开始发挥作用。搭建了九三学社医疗咨询平台，以解决社内成员看病难问题。开展“社员之家”建设，尽管这项工作面临较多困难，但也已经在一些省市试点。回顾这五年，我们做了很多以前没有做过的工作，采取了很多新的方式、方法、内容、机制，使各项工作呈现出蓬勃向上的态势，最大的体会就是依靠创新——不仅科技要依靠创新，党派工作也是如此。也正是因为创新，五年来的工作得到了各方的充分认可。

这次会议是这一届中央委员会最后一次全体会议，会议结束后就要召开九三学社第十一次全国代表大会，产生新一届中央委员会。在这个场合，我要代表社中央领导机构向全体中央委员表示最诚挚的、衷心的感谢！这五年我们不容易。不说别的，每位委员都有非常繁忙的本职工作，但每年大家仍以很高的出席率参加中央全会，认真审议各项报告文件。每次开全会，都使我非常感动。当然，不仅在开会期间，大家在平时也都积极参与社内各项活动，为推进全社工作发挥了很大的作用。我平时接触到的委员，都能够认识到自身肩负的这份责任，并努力把它履行好。

这次会议以后，大约有一半的同志还要继续担任中央委员，在第十四届中央委员会继续发挥作用。大家年富力强，一定会把这么多的工作经验传承下去，要以老带新，共同把新一届中央委员会的工作开展得更好。所以留任的中央委员责任重大，希望大家尽心尽责，相信激情不会消退。

还有接近一半的同志和我一样，将不再担任中央委员。但是我相信，大家也和我一样，对九三学社的这份爱是始终在的，还会以不同的形式为九三学社增光添彩。不管怎样，今年是换届年，很多同志或进或退、或留或转。“人事有代谢，往来成古今”，新陈代谢是必然，每位领导干部最后都是要退出工作岗位的。不过作为九三学社成员，大家都要为这个组织继续尽一份心。最近在讨论下一届人选的过程中，常常碰到一些很无奈的事情，我也很揪心。有些同志是挺委屈，我替他们委屈，组织也尽力帮助，但是客观条件下有些情况还是很无奈。令我很感动的是，接触到的这些同志都能从大局出发，表现出来的大度、胸怀、态度，让我感慨我们的同志真好，“九三人”这种境界、胸怀、风骨令人尊敬。我相信在接下来的代表大会上，大家一定还会坚守这种精神，服从大局，展现更高的境界。

十一大是进入新时代承上启下的一次非常重要的大会，在座同志绝大多数要继续参会，希望大家都以负责任的、饱满高昂的精神面貌开好十一大，一定要把这次大会开成一次风清气正的大会，一次热烈、团结、和谐的大会，像我们“九三人”开的大会。

我也到了交班的时候。当了 15 年的主席，感谢党和组织对我的信任，感谢九三学社同志们对我的信任和帮助，使我从学校的象牙塔里走出来。15 年来，有机会到祖国各地调研、参与国是，真的长见识，每次从发达地区回来都是信心满满，到落后地区又会忧心忡忡，很多见识不是从书本能够得来的。有机会到世界各国访问，了解各国不同情况，对这个世界也有更深的认识。更重要的是与社内各地方组织和社员打交道，结识很多朋友同道，也向他们学得很多。为了更好地发挥参政议政的作用，我不断在实践中学习经济、农业、科技政策等方方面面的知识。所以，这 15 年我感觉自己很有长进，真正做到“行万里路，读万卷书”，也因工作很幸运地和一批优秀人才相伴同行，正像周总理说的“与有肝胆人共事，从无字句处读书”。

交班的时候，我也有一份欣慰。因为这 15 年，我与九三一起走过来，看到九三的进步与贡献。这里边我也尽了自己最大的能力。说实在的，真是如履薄冰。我兼任别的工作很多，担任人大常委会副委员长也好，政协副主席也好，其他一些组织的负责人也好，但是我的主要岗位是九三学社中央主席，因此我把最主要的精力投入九三学社的建设之中。我感觉这 15 年是人生中最值得怀念、最有价值的 15 年，我非常感谢，也非常幸福，能跟“九三人”在一起、跟九三学社的组织一起成长。退下来后，我不会再干涉新一届领导班子的工作，因为我相信他们的能力更强，境界更高。没有我，九三学社会继续往前走，但我这颗心是永远跟九三在一起的。我拥有跟九三在一起 15 年的工作经历，不虚此生！

感谢大家！

在九三学社第十三届中央常务委员会第十八次会议上的闭幕讲话

韩启德

（2017 年 3 月 10 日）

各位常委、同志们：

每年全国“两会”期间我们都要召开一次常委会。今年全国“两会”期间，习近平总书记参加民进、农工党、九三学社界委员联组会并发表重要讲话。这已经是总书记连续第 3 年与党派和工商联界别的委员一道共商国是了。总书记在讲话中充分肯定了知识分子为我国革命、建设和改革事业做出的重要贡献，对知识分子引领践行社会主义核心价值观，积极投身创新发展实践和建设科技强国的伟大事业提出殷切希望，在当前形势下具有特殊重要意义。

我体会，在新的历史时期，知识分子要发挥应有作用，首先要讲政治。知识分子在当前怎么发挥作用，怎么来担当，我们应该从大的形势、格局来考虑。这个世界很不安定。全世界都在发生着急剧的变革，急剧的动荡。根据世界形势，根据国家改革发展的形势，我们不仅要在经济上贯彻稳中求进的总基调，而且在政治、社会以及其他各方面也要稳。稳是压倒一切的。如果说，在我们这样一个转型阶段，像有些国家发生了不稳的情况，那一切都是泡影。当然各个国家的情况不一样。像美国这样的国家，选这样一个总统，它照样可以折腾。一是它的实力强，二是它有民主政治的基础。东欧、中东、东亚等地区的情况就不太一样。你们看韩国最近政局就比较动荡。我们多数都是 20 世纪五六十年代出生、经历过“文革”的人，只要好好回忆一下，就能明白稳定的重要性。我们从来没有一个时候像今天这样，离实现中华民族伟大复兴的梦想这么近，但是我们还没有达到这个梦想，还需要继续齐心协力、凝心聚力。尽管可以有各种各样的观点，各种各样的想法，各自的利益也日益多元化。但是，为了全民族的利益，我们要高度统一认识。知识分子的高度共识尤为重要。九三学社在本次全国“两会”上的大会发言多篇聚焦知识分子思想共识，如潘建伟委员所做《敢于担当从我做起为建设科技强国建功立业》的口头发言，就是呼吁科技工作者要为实现科技强国敢于担当、追求原创、包容友善、崇尚道德。九三学社各级组织和广大社员要不断深入学习领会总书记重要讲话精神，并贯彻落实到履职工作和自身建设中。作为一个参政党，我们在政治上尤其要把好关，为国家的改革、发展、稳定，为实现“四个全面”和“五位一体”做出贡献。

第二，要在履职上做出更大贡献。我们要提高建言质量，尤其是要提高调查研究质量。今年我们有一个特别明确的任务，就是针对脱贫攻坚的民主监督。我们要把这项任务作为提高民主监督能力的一个突破口。九三学社中央明确承担了对陕西省的脱贫攻坚民主监督，各个省级组织都要配合做好这项工作。在这次政协常委会上，俞主席的闭幕讲话给我们提供了很好的思路。我们到底怎么监督，监督什么？我在上次脱贫攻坚民主监督领导小组的会议上讲，如果我们不深入调查研究，不做细致的工作，现在已经可以写报告了。但写出来的报告质量不会高。很多问题是明摆着的。但我们怎样真正起到作用，就不是那么简单的事情。所以俞主席提出，你要知道他们财政的钱是怎么花的。你把这个挖出来，就知道他们有没有真正的扶贫。这其实给我们提供了一个思路，就是说我们在民主监督的过程中，特别是在脱贫攻坚民主监督中，要从根本的、管用的、有创新性的方面来开展。

第三，确保今年换届工作顺利进行。地级市组织已经完成了换届，除了实职、进班子的比例有所降低外，其他都进行得很顺利。问题已经反映给中央，我们在省级组织换届、中央换届的时候会进一步加强这方面的工作。从我们自身来讲，一定要确保换届工作顺利进行。一是要保持风清气正。加入九三也不是要当什么官，需要去跑动。不要搞这些不正之风。二是要做好协调。包括与统战部等方方面面，要体现党的领导，体现党管干部。三是要从实际出发。换届的目的只有一个，就是把最好的人选进我们的班子里，把最恰当的人选进我们的班子里，形成合力。要通过换届，更进一步地凝聚人心，为下一届的工作打下坚实基础，不能搞得大家意见一大堆。希望我们这一届的常委继续发挥作用。也许有的同志下届就不再担任领导工作了，但我们还是要站好最后一班岗，为我们换届后的工作奠定好基础。

最后再补充说一件事情。去年我们部署提高社的组织动员能力，各项工作进展不一。其中关于建立社员之家网络平台这件事情有所进展，但也问题多多。前几天我们专门开了一个会。这确实是一个很难的问题。但是我本人体会，这件事是非常重要的。我们九三学社的组织动员能力要真正提高的话，这是不可或缺的一块。现在整个社会的动员机制发生了根本性的变化。如果我们不能利用好手机终端、网络平台，不仅是工作不能提高，甚至于我们原来的这些手段方式都要被冲掉，我们的能力反而要下降。反过来，如果我们把网络平台利用好，就能够真正把全社组织动员起来。在上次的会上我已经讲过，这种网络平台包括三个方面：一是组织与组织的沟通，现在我们已经有了工作平台；二是社员与社员之间的沟通，现在已经有了各种微信群、微信公众号、QQ 群等；三是组织和成员之间的沟通。现在最大的问题是黏度还比较差。上次我们常委会又进行了研究，社员之家网络平台主要是体现组织与社员之间的联系，但也还要适当包括社员与社员之间的沟通。社员和组织、组织和组织是分层平台，由地级市开始，到省级再到中央，都可以打通。通过不同的授权，社员可以逐级联系到中央，中央也可以逐级联系到社员。除了这些以外，还要有一些能让大家进一步认识、交流的内容。现在我们软件开发、试点都已经进行了，发现很多好的办法。珠海市委会做得非常好，广东省委会也有一些经验非常有用。上次河南提出由他们两个地级市来试点。湖南也提出要在湖南试点。我想这次会议以后，我们每个省都争取参与进来。在试点扩大的基础上，我们再不断地改进，将来再扩大试点，甚至于在省级组织试点。这次听了珠海市委会的新经验后，我感觉，我们的动员能力是怎么样的，动员程度是怎么样的，社员参与程度是怎么样的，完全可以通过社员之家网络平台的活跃度来考察。如果没人加入你这里，那就说明你的动员力还不够。看了他们的演示，像我这样一个对网络很不精通的人，都能感觉到这个平台对我们组织是多么的有用。如果我们不做的话，就永远停留在原地。当然我们要保障网络的安全，防止被人侵入，此外还要注意防范一些敏感问题。请各省级组织先给社中央办公厅报一下名，报完名以后我们再专门组织一次会议，给大家培训、沟通、讨论。希望大家高度重视这件事情，共同把这件事情做好。

谢谢大家。

在九三学社第十三届中央常务委员会第十九次会议上的闭幕讲话

韩启德

（2017 年 7 月 6 日）

各位常委、同志们：

这次常委会圆满完成各项议程，即将闭幕。会议开得很紧凑、很务实，效果也很好。下面，我就三个方面的问题谈点意见。

一、从省级组织换届中吸取经验教训

刚才，邵主席做了一个很好的总结。这个总结是经过主席会议认真讨论修改后确定的，内容全面，重点突出，充分肯定了这次省级组织换届工作的成绩，更重要的是找到了存在的不足，明确了今后努力的方向。对于这次省级组织换届工作，我有两点较突出的体会。

（一）要注重后备干部队伍建设

有的省级组织换届非常顺利，因为大家对于领导班子人选，特别是主委人选，早就形成共识，也得到组织的认同。有的省级组织筹备换届时，对后备干部队伍不是非常满意。还有个别省级组织选好的人选临时发现有问题，工作比较被动。总体来讲，人才强社战略取得了很大成功，九三学社现在人才济济，从中又要选出更优秀的人才，这就不太容易。新中国成立初期高校里的教授，有的也不见得拔尖超群，但他们人数非常少，又很集中，就比较容易选择。现在人才越来越多，要从中选出那些不仅在本职岗位上有代表性，而且在政治素养、社会工作、道德品行等各方面都比较突出的，素质全面的，积极参加社组织活动的同志，难度就比较大。我们一定要继续加强后备干部队伍建设。一是要揽才纳智，长远谋划。人才的储备是根本，要把最优秀的人才发展入社，同时也要长期规划，提前布局。换届工作完成后就要开始考虑到下一届，甚至再下一届领导班子的后备人选，一定要先有一个范围，做到心中有数。二是要搭建平台，培育土壤。成才之后才挖来，那是组织发展中没有办法的办法。我们要努力让素养好的年轻同志能够在九三学社的平台上施展才华。三是要加强协商，主动沟通。有了合适的人选，我们要主动同统战部、其他有关部门及其所在单位沟通。相互之间的了解，包括我们对社员的了解、对后备人选的了解以及社员之间的联系沟通，都是很重要的。我体会，凡是平时长期注重这项工作的省级组织，换届的时候就比较主动。比如谢小军副主席领导下的社重庆市委，从领导班子到各级组织，都是实实在在的一级抓一级，其做法业已上升为制度。所以重庆的区县级组织，都有合适的班子人选，而且绝大多数都进了地方政府、人大、政协班子。广东也是人才济济，后备人选多，在换届的时候选择余地就大。后备干部队伍建设能否得到大家公认，很大程度反映了平时工作的扎实程度。根据这次省级组织换届工作的情况，针对暴露出来的问题，我们一定要有的放矢，从现在就开始谋划布局。

（二）要警钟长鸣，严格要求

在这次省级组织换届中，有些候选人被查出有问题。这说明参政党的成员不是生活在真空中，权力小一点，腐败也少一点，如果给的权力大一点，会不会出现更多的问题呢？我认为我们之所以腐败少，主要是因为权力小，并不是因为比中共党员更优秀。当然，随着多党合作制度的加强，随着参政党发挥的作用越来越大，对成员个人的要求也必须越来越严格，比如世界观、人生观、价值观是怎样的，品格、道德是怎样的，活着为什么、有没有理想、追求，等等，对这些都有要求。作为参政党各级领导干部，我们更应该严格要求自己，要保大节，也要注意个人小节，保证廉洁上没有问题。这次省级组织换届也给我们敲响了一次警钟，希望各级组织的领导同志，在平时加强学习和自律。我们所提倡的爱国、民主、科学在新形势下是有其时代内涵的，要秉承爱国、民主、科学精神，就必须严格要求自己。

二、做好九三学社第十一次全国代表大会的筹备工作

（一）努力做好社章修改工作

前一段时间，我们在社章修改工作上花了很大力气。我们总结上一次全国代表大会的经验教训，大会后就提出此项任务并做了大量工作。这次提交常委会的第六稿，凝聚了很多社内同志的智慧，是发动全社同志参与的成果。这项工作本身也是一次很好的思想理论和社史教育。尽管还有各种各样的意见，但从昨天的讨论结果看，大家已基本认同第六稿。大家提的有些意见是在前面展开过充分讨论的，已体现在第六稿里，也有一些意见是前面讨论不够的，值得高度重视。

我认为，在修改社章的时候，一是要加强政治意识、大局意识、核心意识、看齐意识。看起来是修改社章，但背后实际上就有增强“四个意识”的问题，每一个条文的修改都不是孤立的。目前我们国家正处于发展转型的特殊阶段，九三学社作为参政党，只是中国特色社会主义伟大事业的一个组成部分。如果说整个中国特色社会主义伟大事业是一部交响乐，我们只是其中的一个乐器。这个乐器如果弹奏出一个不和谐的音调，就

会影响整部交响乐的质量。在一部作品里，并不是每个乐器都要表现得最强、最好，否则交响就成了混响，就会吵乱得一塌糊涂。交响乐的指挥就是中国共产党，乐器就是中国共产党领导下的包括各民主党派在内的中国人民。我们要演奏出一部最完美的交响乐，除了完成自己分工的乐器外，一定要考虑整体服从全局。实际上有很多具体问题要放到大局来考虑。昨天丛斌副主席说得对，修改还是要与时俱进，现在还是要把中国共产党最强调的东西放进去。

二是要注重历史的延续。有些事情可以这样表述，也可以那样表述，如果不是原则性的问题，不修改可能就没有什么问题，一修改就会产生异议。所以不必要改的就不改，要注重历史的延续。

三是要从实际出发。社章是用来指导我们工作的，要对工作有利。如果不修改影响工作，那一定要修改，而且要符合实际地修改。比如昨天有同志提出，市级以上干部一定要有两年社龄，像这样的规定是不是要放进去？这就要从实际出发，一旦放进去就必须严格执行，如果那时工作还没有做好，找不出人选，就比较被动了。我觉得还是不要把自己的手脚束缚得太紧，要给特殊情况留点余地。再比如终止社籍的问题。有意见认为，应该让很多不参加活动的成员退出社组织。社章目前对此仅有原则性的规定，第六稿更加细化，但是昨天又有一位同志提出，如果严格落实新规定，可能10%的社员就要退社了。那么，这项改动是否对工作有利？在原则性问题上我们不能有任何退让，但在具体条文的修改上一定要从实际出发，各省级组织的具体情况都有所不同，我还是比较倾向于在条文里留一些余地。

四是要求同存异。人类有意识、有语言、有文字，有着其他生物无可比拟的沟通能力，因此能够主宰地球。但是，人与人之间仅靠文字是不可能实现完完全全沟通的。我最近学习了一本关于人类沟通的经典书籍，是新闻传媒学必修课程读物，名为《沟通的技术》，很受启发。人人都要沟通，但我想到并用语言表达出的意思，和你听到并理解的意思，不可能一致。两个人受制于教育、经历、健康、行业、文化、基因等诸多因素的差异，对同一个字有着不同理解，对同一个意思有着不同表达。语言沟通尚且有音调、语气、表情、动作等辅助，文字沟通则需要满足更多更具体的条件。大家即使很认真地推敲文字，也不可能逐字达成完美的共识。我们九三常委会在学习中共中央重要文件时需要形成决议，大家常常为了一些文字的用法讨论得很热烈，其实多数并无大的差别。原则性的问题不能动，但关于有些表述是不可能人人观点一致的。比如，以前讨论社章时最大的分歧就是关于民主与科学的表述，反复修改大家还不满意，有时甚至影响整个代表大会的氛围和进程。我印象最深刻的是2002年的全国代表大会，因为修改章程拿掉了民主与科学，大家有些情绪，以至于影响到了选举环节。社章是全社必须遵循的总规则，以前几乎每次代表大会时都下很大功夫去修改，不断给社章“打补丁”，以致出现了不少逻辑结构不清、条理关系不清、文字表述不清的问题。所以我们决定这次从头到尾把文字梳理一遍，把原来的意思表述得更加清楚，为此改动了很多文字，但是根本原则没改。即使这样，到最后大家还是会有不同意见。为什么尽早启动这项工作呢？目的就是尽量争取大家的共识。我们之前开了那么多次座谈会，修改到第六稿已经吸收了绝大部分的意见，在此基础上要充分尊重这次常委会上各位常委的意见，进一步研究吸收完成第七稿，在代表大会前提交各位审议，那时除非再有原则性的问题，一般情况下就应该维护该稿。作为代表大会中的一个焦点，我们要把社章修改工作做好，顾全大局，取得共识，保证代表大会顺利召开。

（二）做好推举中央委员的工作

中央委员推举是一项很重要的工作，有些省级组织已经完成了，还有一些省级组织没有完成，希望大家高度重视这项工作。名额是分配到各省的，基本上由大家推举人选，但还需要社中央协调。中央委员会是我们的领导机构，希望大家做好这项工作。

（三）推举好社中央领导班子的人选

昨天，大家就社中央领导班子人选做了民主推荐。在此基础上，如果有需要还会再吸收大家的意见。希望大家及时反映意见，同时也要从全局出发。对社中央和我本人来讲，要更多地发扬民主，更多地考虑大家的意见，同时要坚持党管干部，贯彻好中央的意图，把社中央领导班子人选推举好。

总之，一定要把代表大会各项筹备工作做得细致扎实，不能出一点纰漏。

三、各省级组织新一届领导班子要做好开局工作

所有省级组织都将很快完成领导班子的换届工作。希望新班子的主委要担起责任，不管是老主委，还是新任主委，都要加强新班子的凝聚力，做好这一届工作的长远规划，提前布局，制定工作规则，完善制度，开拓创新，重点突破，力争取得有亮点的成绩。

要深入调查研究，更加注重选题。这次省级组织换届的工作报告，以及地方组织的座谈汇报，都讲提出多少件提案，然后得到有关领导或部门的肯定，等等，但是真正管用和在社会上真正产生重大影响的建议有多少呢？我们必须集中精力重点突破：选题一定要突出特色，要具有创新性，要围绕中心服务大局，对策建议要提出特别的见解并产生重大影响。建言献策关键不在于数量多，而在于质量好，要做出有代表性的成果是不容易的。大家脑子里一定要有根弦，衡量工作的标准，在于实际意义和成效，而不是表面光鲜。我们提倡爱国、民主、科学，什么是科学？科学就是要求真，要创新，要证伪，要有确凿证据。我们要把科学精神体现在工作中。总之，我对各省级组织换届以后的工作充满信心。

当前，人类文明正在发生急剧变化，信息网络、大数据、人工智能等技术的发展，正根本性地改变人类的生活方式、政治模式、社会制度等，这也是工业文明发展到一定阶段必然发生的。中国在变，西方世界在变，发展中国家也在变，而且这种变化非常迅猛。改革开放 30 多年来，国运昌盛，离实现中华民族伟大复兴梦想越来越近。中国要在原来积贫积弱的基础上发展成为一个现代化的强国，必须在政治、社会、制度各方面有所创新，这不是一件容易的事情。九三学社各项工作要再上一个新台阶，也不是一件简单的事情，要靠全体“九三人”特别是领导班子的努力，常委会的责任非常重大。离全国代表大会还有 5 个月，我们还有参政议政、社会服务等工作，都是很具体、很艰巨的

任务，要把这些工作都做好。

筹备好第十一次全国代表大会是我们工作的当务之急。中共十九大先一步召开，大家要认真学习贯彻会议精神，为代表大会召开创造更好的条件。希望各位常委这次会后服从全局，各尽其责，为推动九三学社的工作在换届以后再上一个台阶做出贡献。

这次会议时间短、任务重。大家日常工作都很忙，但还是齐聚包头，非常不容易。我对大家表示感谢，祝大家返程顺利，工作愉快！

谢谢大家！

九三学社中央2017年工作要点

2017年是实施“十三五”规划的重要一年，是推进供给侧结构性改革的深化之年，也是九三学社中央和省级组织的换届之年。社中央2017年工作的总体思路是：全面贯彻中共十八大和十八届三中、四中、五中、六中全会精神，深入贯彻习近平总书记系列重要讲话和中央统战工作会议精神，牢固树立“四种意识”，坚定“四个自信”，坚持弘扬民主科学精神、突出科技特色，聚焦重点领域和关键环节履行参政党职能、发挥参政党作用，脚踏实地、扎实工作，做好政治交接，以议政监督协商的新成果、服务社会的新贡献、自身建设的新成绩，迎接中共十九大和社十一大的召开。

一、深入学习贯彻中共十八届六中全会和十九大精神

1. 认真学习全会精神。要把学习六中全会精神作为全社各级组织和广大社员当前和今后一个时期首要的政治任务，进一步坚定中国特色社会主义道路、理论、制度和文化自信，增强政治意识、大局意识、核心意识、看齐意识，坚定维护以习近平同志为核心的中共中央权威，进一步加强和规范社内政治生活，切实把思想和行动统一到全会精神上来。

2. 结合工作实际贯彻全会精神。要把学习全会精神与开展学习实践活动有机结合起来，与参政议政、民主监督、自身建设有机结合起来，进一步提高履职水平和能力。要把学习全会精神与开展学社章、守社章活动结合起来，强调依章办事，形成全社学习和遵守章程的良好氛围。

3. 认真部署，积极做好深入学习贯彻中共十九大精神相关工作。

二、加强思想理论建设，巩固拓展学习实践活动成果

4. 认真总结运用学习实践活动成果。开展“不忘合作初心、继续携手前进”专题教育，以“九三学社文脉与传承”为主题举办第四届学习实践活动专题论坛。做好第四批“九三楷模”评选表彰工作。召开学习实践活动总结大会，表彰先进集体和优秀社员。

5. 继续开展思想建设调研。充分发挥思想建设研究机构作用，了解社员思想困惑和

愿望诉求，加强动态分析和科学研判，增强思想引导针对性。开展科研院所社员思想状况课题招投标，搞好分类引导。

6. 提高宣传工作水平。健全社内舆论引导专家库，在一些重大问题和重要时间节点适时发声、理性解读，营造良好舆论环境。健全管理制度，深化规律研究，强化内容支撑，建好管好用好新媒体。继续研究和完善“社员之家”平台，推动做好试点工作。配合做好纪念全民族抗战爆发 80 周年等重大活动的宣传工作。

7. 加强参政党理论研究。开展民主党派履行民主监督职能理论研究。继续做好参政党理论研究课题招标管理。紧密联系社员关注的重大问题、出现的思想困惑，开展深入调研和深层次理论研讨。进一步加大与社会智库及社外研究机构的合作力度。继续做好理论研究培训工作，着力打造一支高素质的研究人才队伍。

8. 继续推进“社史工程”。编制未来 10 年社史研究规划。继续抓好“九三学社人物丛书”的编纂、评审和出版工作。加强对口述史项目进度的检查、指导和督促。出版发行新版《九三学社简史》，开展“学社史、爱九三”活动。

三、围绕“四个全面”战略布局和“五位一体”总体布局，履行好参政党基本职能

9. 整合力量深入开展议政调研。围绕大力振兴中小微科技型企业开展 2017 年党派大调研，以此为主题办好第十二届“九三论坛”。聚焦“促进科技发展与自主创新”长期课题，跟踪调研“深化科研计划与项目管理改革”问题。围绕脱贫攻坚、养老事业发展、医疗公共服务保障等民生问题，开展专项调研。围绕农业结构调整、民间投资、房地产市场、海洋丝绸之路、行政体制改革等热点难点问题，开展重点调研。

10. 积极参与高层协商。认真做好政府工作报告（征求意见稿）征求意见座谈会、经济形势和经济工作座谈会、中共十九大文件稿征求意见座谈会、“两高”座谈会和政协大会等有关发言，以及政协大会、双周协商座谈会等有关事项的准备工作，提交高质量的提案和发言。

11. 履行好民主监督职能。重点做好对陕西省脱贫攻坚的民主监督工作，围绕重点领域深入调研、及时反馈问题及意见建议，促进脱贫攻坚政策精准落地落实；启动社内扶贫审计等有关专家库建立应用工作。动员各省级组织围绕脱贫攻坚开展民主监督工作。开展民主党派民主监督有关理论和机制研究。

12. 创新参政议政工作机制。充分发挥各专门委员会和地方组织的作用，更大范围动员社员力量，采取多种方式调动议政骨干积极性。加强与有关部委的联系，全面了解和把握国家宏观政策。突出信息成果转化，健全议政成果反馈机制。继续抓好信息工作培训，壮大骨干信息员队伍。

13. 继续办好科学座谈会。继续鼓励支持地方组织申办科学座谈会，动员各省级组织和成员共同参与、提供创意、提出题目，创新形式、增加场次，扩大科学座谈会参与面和社外影响力。

四、持之以恒，增强实效，进一步做好社会服务工作

14. 发挥优势聚力精准扶贫，持续推进医疗扶贫。整合各方资源，协调社内外专家提

供智力支持，以多党合作社会主义新农村建设等项目为抓手，支持中西部地区社组织参与脱贫攻坚。继续帮扶支持贵州威宁、四川旺苍有关产业发展和项目工作。深入开展“同心康福”行动，做好“亮康行动”工作，实施“互助幸福院”和卫生室建设示范项目，开展“革命老区健康行”活动。加快社内医疗咨询平台建设，完善制度规范。

15. 深入推进“九地合作”，扎实做好服务“一带一路”工作。继续探索完善合作激励机制，以项目合作为抓手，推动搭建省际合作平台，不断丰富拓展“九地合作”内容和范围，促进省际资源整合和共享。围绕“一带一路”战略深入调研，以高等教育和医疗健康为重点，统筹推动各省级组织利用自身优势做 1 件至 2 件实事。支持新疆建设中亚高等教育和医疗服务中心。

16. 继续开展科普工作，扩大影响力。充分发挥科普工作委员会的作用，加强科普专家团队建设，围绕社会热点焦点问题，举办更有影响的科普活动并做好宣传。

17. 创新开展“社内服务”。推动整合社内技术、管理、金融等资源，积极引进社外优势资源，为社内科技创业者搭建平台、提供助力。组织参加创新创业成果交流活动。

五、抓好社中央和省级组织换届工作

18. 切实抓好换届工作。贯彻民主集中制原则和社中央及省级组织换届工作文件精神，落实好换届的政策规定，加强对换届工作的领导，严肃换届纪律，严格工作程序，加强换届工作纪律监督和程序监督，确保风清气正。指导帮助各省级组织开好代表大会，顺利完成换届任务。召开主题常委会，做好社中央换届工作，确保第十一次全国代表大会圆满成功。

19. 扎实做好社章修改工作。坚持问题导向，广泛听取意见建议，深入进行研究论证，确保社章修改经得起历史检验。

六、全面加强组织建设，提高组织动员能力

20. 提高组织工作水平。进一步发挥主席副主席联系基层制度的重要作用。加强各级领导班子建设，使班子成员进一步带头增强“四种意识”，提高领导能力和水平。贯彻“人才强社”战略，继续加强对组织发展的宏观调控和分类指导，注重发展代表性人士，优化社员行业结构和年龄结构。继续开展好院士导师培养计划工作，重视中青年骨干队伍的储备和培养。继续做好培训工作。

21. 进一步增强全社的组织动员能力。加强中央与地方的沟通联系，及时反馈工作问题、情况及意见建议。进一步升级改造完善组织数据库。创新基层组织活动，激发基层组织活力。办好第三届青年论坛。

22. 建立完善社内监督机制。试点探索建立社内纪律约束机制，适时出台《九三学社社内纪律处分暂行办法》《九三学社社费管理办法》。总结巡视督导工作，进一步完善巡视督导制度，为开展新一轮巡视督导工作做准备。召开全国监督工作会议。改进社员参与监督的途径与方法，进一步畅通监督渠道。

七、以提高服务能力为重点，扎实推进机关建设

23. 继续加强机关规范化、制度化建设。修改完善有关规章制度，修订《九三学社中央及机关文件制度汇编》。开展公文互查，进一步推动各级组织机关公文处理规范化。

24. 努力提高各级组织机关工作水平。深入推进地市级机关能力建设，总结推广试点工作经验。举办第三期社省级以下机关专职干部培训班，完成第一轮市级机关专职干部培训工作计划。开发建设社务平台，贯通各级社组织社务工作，带动“社员之家”的推广应用。用好《九三学社机关工作手边书系列（2016年版）》，提高各级社组织机关办文办会办事工作水平。做好中央委员建议案办理工作。

25. 进一步加强机关作风和文化建设。严格落实党中央八项规定有关精神，坚决杜绝“四风”。继续举办“九三讲堂”等学习活动，加强机关文化建设，营造团结和谐、积极向上的机关氛围，形成学习研究的良好风气。

26. 加强与港澳台的科技、教育和文化交流。

台湾民主自治同盟

不忘合作初心　传承家国情怀
坚定不移走中国特色社会主义政治发展道路

——在台湾民主自治同盟第十次全盟代表大会上的报告

林文漪

（2017 年 12 月 5 日）

各位代表：

现在，我代表台盟第九届中央委员会向大会作报告，请予审议。

台湾民主自治同盟第十次全盟代表大会，是在台盟成立 70 周年的新起点，带领全盟不忘合作初心、传承家国情怀，谱写中国特色社会主义参政党建设新篇章的一次十分重要的大会。

大会的主题是：在以习近平同志为核心的中共中央领导下，高举中国特色社会主义伟大旗帜，认真学习贯彻中国共产党第十九次全国代表大会精神和习近平新时代中国特色社会主义思想，坚定不移走中国特色社会主义政治发展道路，团结带领全盟为决胜全面建成小康社会、实现祖国和平统一和中华民族伟大复兴的中国梦而不懈奋斗。

一、矢志同心、砥砺奋进的五年

台盟第九次全盟代表大会以来，在以习近平同志为核心的中共中央带领下，我们着力全局之重、矢志两岸之为，与全国人民一道，携手奋进、逐梦前行，共同走过了国家发展进程中极不平凡的五年。

此时此刻，我们信心满怀，党和国家事业取得历史性成就、发生历史性变革。中国共产党第十九次全国代表大会胜利召开，将习近平新时代中国特色社会主义思想确立为行动指南，中华民族伟大复兴展现出前所未有的光明前景。

此时此刻，我们信心满怀，中国共产党领导的多党合作事业蓬勃向上。社会主义协商民主建设、统一战线工作条例、加强政党协商等一系列重要文件的出台，凝聚爱国心、汇聚团结力，为民主党派参政履职开辟了广阔空间。

此时此刻，我们信心满怀，“实现祖国完全统一，是实现中华民族伟大复兴的必然要求”。习近平总书记的重要指示，引领着两岸关系前进的正确方向，为我们落实两岸命运共同体重要理念注入了强大动力。

此时此刻，我们信心满怀，推动两岸交流、共图民族伟大复兴，是台盟一以贯之的历史责任。我们深情牢记习近平总书记的重要嘱托，始终聚焦国家所望、大局所需、两岸所盼，圆满完成了台盟九大确定的各项任务。

（一）恪尽兴国之责，参政议政有进有成，在社会主义协商民主的生动实践中彰显同心作为

五年来，在凝练全盟调研成果的基础上，台盟中央参加中共中央、国务院的各类高层政党协商 31 次，提出建议 86 项；以“直通车”的形式向中共中央领导报送党派专题调研报告及建议 51 份，获得中央领导同志批示 85 次，同比分别提升 5 倍。向十二届全国政协提交党派提案 147 件，同比增长 40%；提交委员个人提案 1020 件，同比增长 48.5%；更加重视提案质量，入选重点提案 49 件，同比增长 85.7%。台盟中央组织全盟开展重点调研课题 81 项，同比增长 88.4%；全盟形成课题调研成果 3234 份，同比提升 1 倍；报送社情民意信息 9866 件，累计采用率达 33%。

一是规划引领，参政履职的政治意识和大局意识空前高涨。台盟在各党派中率先制定了《参政议政工作五年规划纲要》。经过前后十年、两个五年规划的有效聚力，形成了以参政议政为抓手，全盟上下联动、横向联合，组织凝聚力显著增强的新局面。通过纵横交错的矩阵管理模式，从台盟中央到地方组织纵向贯通，设立参事室和 10 个专委会横向联络盟员骨干，广泛积聚盟内人才资源；全盟同频共振、同向聚力，深耕课题调研，全盟重点课题中地方组织调研参与率达到 95%；五年来的参政议政量化统计评价体系显示，超过一半的盟员，主要是年轻盟员激发起参政履职的热情，直接参与调研，撰写调研报告、提案和社情民意信息；在新创设的 4 次台盟中央协商议政论坛上，青年盟员和年轻盟务干部崭露头角、尽显风采，围绕发展实体经济、推进祖国统一等国家重大战略踊跃建言，全盟参政履职的积极性空前高涨，中国特色社会主义参政党意识显著增强。

二是特色凸显，参与政党协商与政协协商成效显著。一方面，在“十三五”规划、全面深化改革、全面从严治党、全面依法治国等国家重大决策的出台过程中，台盟通过政党协商的渠道，提出了“抓住新技术革命机遇引领经济发展新常态”“妥善推进土地制度改革”“强化党内监督”“以司法之力维护两岸同胞权益”等独特的政策参考。在集成凝练福建、北京、重庆、浙江、上海、广东、辽宁等地方组织与专委会的调研成果基础之上，还以台盟中央专报形式，向中共中央直接报送了“关于加强两岸基层民众交流”“落实首都功能定位”“推动中西部地区发展”“加快‘一带一路’建设”“促进新型城镇化建设”等系列建议，得到习近平、李克强、俞正声、汪洋等中央领导同志几百字的详细批示与“言之有理、论之有据”“建议值得重视，请结合规划编制工作研究采纳”等重要指示。另一方面，五年间，习近平、张德江、俞正声等多位中央领导同志参加了台盟全国政协委员联组会，体现出对两岸关系的高度重视以及对台盟工作的殷切期望。在台盟中央与全国政协专委会共同主办的4场双周协商座谈会上，在全国政协议政性常委会与专题协商会上，台盟盟员共入选68人次发言。在十二届全国政协优秀提案评选中，台盟共有13件入选，我们以占全国政协委员总数1%的人数，取得入选率超过5%的显著成绩。

三是正向发力，真诚开展民主监督工作。全盟高度重视寓民主监督于参政议政、政治协商之中，充分发挥人大代表、政协委员和各类特约人员在民主监督中的作用。台盟中央领导同志五年来定期参加廉政建设通报会，深入了解党风廉政建设和反腐败工作情况。担任各级人大代表的盟员，认真履行人民代表的职责，参与了台湾同胞投资保护法、妇女权益保障法等执法检查和视察工作。担任人民法院、检察院，国土资源、公安、教育、审计等部门特约人员的盟员，认真参加有关执法监督工作，充分履行了民主监督职责。

（二）融合两岸之情，对台工作有声有色，在促进祖国和平统一的生动实践中彰显特色作为

五年来，全盟共接待台胞1261批次19546人次，同比增长30.3%；赴台交流团组96个992人次，同比增长83.4%；完成涉台课题研究报告428篇，同比增长近4倍，加强了与海内外台胞的交往，助力壮大促进祖国统一的力量。

一是播种两岸同胞心灵契合的种子，着力开展两岸青年主题体验式活动。按照习近平总书记关于两岸青年成长、成才、成功的讲话精神，着眼两岸关系和平发展的未来，以助力两岸青年就业创业为主题，台盟中央与北京、上海、福建、广东等地方组织合作，在新创设的大江论坛中，突出青年创业议题，吸引近千名两岸创客，共商携手打拼的规划与前景；结合盟内外资源，在福建等地探索设立青年创业示范基地，为两岸青年提供更多实习交流的机会；应台湾青年企业家要求，举办多期台湾青年国情区情培训班，邀请政府部门、专家学者讲解“十三五”规划、“一带一路”建设等国家发展重大议题。以助力文化认同、心灵契合为主题，台盟中央与福建、北京、浙江、陕西、广东等地方组织联动，依托地域特色文化，举办台湾青年中华文化研习营系列活动；与辽宁、浙江、广东等地方组织联动，连续举办了三届两岸青少年（中学生）足球友谊赛及小学生排球邀请赛，并邀请台湾媒体全程跟踪报导；与福建、海南等地方组织联动，在海峡论坛、海峡两岸船政文化研讨会、海峡两岸休闲农业（海南）研讨会等一系列已形成品牌特色的交流活动中，增设青年文化体验、农业创业等各种贴近新世代、更加接地气的主题环节，使两岸青年在互动参与中增进心灵契合。

二是厚植两岸同胞心灵契合的土壤，着力加强与台胞代表性人士的交流。全盟秉承“专、精、深、久”的工作方针，持续深化与台湾医师界、统派团体、中小企业界、少数民族及海外台胞团体等重点台胞团组的联络交往，与一批影响力强的台胞代表性人士建立了深厚感情，支持他们参访、办学、投资、兴业，参与祖国发展建设。如连续10年锲而不舍，与台湾中南部有较大影响力的民间专业人士团体——台南医师公会开展持续联络交流，组织他们与祖国大陆医生一起，深入云南、贵州、江西、四川、陕西、安徽等中西部地区、红色老区开展义诊活动，使来自台湾南部的医师亲见了祖国的发展建设情况，体验到脱贫攻坚的巨大努力与空前成效，对“中国梦”的丰富内涵、对两岸关系和平发展的强劲潮流有了更真切的体会和感悟。此外，全盟还以中医药、文化教育、社会组织、社区养老、生态农业等为主题，组织赴台参访考察，与岛内相关领域专业人士开展了深入交流。

三是营造两岸同胞心灵契合的良好氛围，着力突出台盟宣传特色。全盟一方面以重大纪念日为契机，在抗日战争胜利暨台湾光复、台湾人民“二二八”起义等重要时间节点，及时举办纪念宣传活动，还原两岸同根的历史真相，驳斥混淆视听的“台独”史观。另一方面汲取盟史深厚滋养，举办抗日将领李友邦、抗日志士林正亨等重要台湾历史人物的纪念活动，出版台盟先辈专题图书，用台盟人物讲好两岸故事，传播台湾同胞始终与祖国同呼吸、共命运的两岸“好声音”。此外，台盟中央两岸书画院正式成立，在岛内外举办书画艺术交流展；台海出版社图书入岛也取得新突破，成为第一家在台湾书店设置销售专柜并独立挂牌、第一家走进台湾大学校园书店的祖国大陆出版社，在岛内有效传递了两岸文化交流的正能量。

四是夯实两岸同胞心灵契合的基础，着力开展台湾民情研究。全盟立足亲情乡情优势，充分运用对台联络平台收集台胞意见，网络交流平台及时反映岛内动态，涉台会商研判机制共享台情研究资讯，并探索利用统计科学等新手段进行动态分析。调研形成的30余份关于岛内选举、反对文化“台独”、推动两岸青年融合发展等台情专报，得到中共中央领导同志的高度重视，为开展对台工作提供了重要的政策参考。

（三）力行富民之举，社会服务有为有效，在决胜全面建成小康社会的生动实践中彰显民生作为

五年来，全盟开展对口帮扶项目249个，同比增长6.5倍，累计向对口扶贫点捐助财物折合人民币1850.49万元；帮扶中西部地区、贫困地区吸引投资项目落地资金总额达5730万元，彰显了台盟助力脱贫攻坚的政治自觉与民生作为。

一是全力做好脱贫攻坚民主监督。坚持全盟推动、汇聚合力。台盟中央常委会专题研究脱贫攻坚民主监督工作，并成立专项领导小组，建立了组织协调、联系沟通和社会参与等工作机制，凝聚起全盟19个地方组织的合力。坚持“在参与中支持，在支持中服务，在服务中监督”的工作定位。台盟中央领导带队，专委会、地方组织参与，先后6次深入甘肃陇南、甘南、天水、定西、临夏等地的一线贫困村，开展深度化、解剖式调研，调研成果得到俞正声、汪洋、孙春兰、杜青林等中央领导同志的重视与批示。

二是扎实开展对口帮扶工作。积极投身毕节试验区和黔西南试验区的同心帮扶实践，共筹集资金478万元支持对口地区改善民生。一方面，着力拓展智力帮扶品牌。与辽宁、北京等地方组织合作，连续四年组织开展“教师走出去”“专家请进来”双向培训，为2000余名一线教育工作者送教送学。上海、天津、吉林、浙江、湖北、广东、南京等地方组织，深入毕节等地牵线台资企业开展校企合作，开展联合捐赠、节日慰问、学校结对等帮扶活动。支持台湾企业家兴办的盛华职业学院开展教育扶贫，并免费培育百余名赫章贫困学生。另一方面，积极探索医疗帮扶新途径，捐资支持建设赫章海雀医院，并与安徽等地方组织合作，连续举办多期乡镇医师培训班，为提升基层医疗服务水平办实事。

三是统筹推进社会帮扶工作。充分发挥“两岸同心”帮扶项目资金作用，深入河南焦作、重庆万州、云南玉溪、安徽亳州、江西广昌、海南陵水等地区，助力当地贫困群众改善生产生活条件。连续五年在6省9县开展的两岸医师深入贫困地区医疗义诊活动，受到当地群众热烈欢迎，“同心义诊”的品牌更加响亮。

四是积极支持盟员岗位建功。引导支持盟员在本职岗位上勤于工作、勇于创新、甘于奉献。重点推出了从事新能源科技研发、医疗卫生服务、基层社会管理等行业的青年盟员事迹，作为台湾同胞在祖国大陆成长成才的典型，多家媒体予以宣传报道，取得了很好的效果。

（四）传承初心之志，自身建设有序有力，在建设中国特色社会主义参政党的生动实践中彰显严实作为

五年来，在中央统战部和中共地方党委支持下，台盟已建立14个省级委员会（含1个筹委会）、25个地市级委员会和122个基层组织。盟员数量增长近四分之一，达到3128名，队伍结构进一步优化，担任各级人大代表、政协委员的盟员比例达到14.2%。

一是以传承政治薪火为根本，思想建设引领有力。全盟以认真学习贯彻中共十八大和十九大精神为引领，扎实开展坚持和发展中国特色社会主义学习实践活动，将学习贯彻习近平新时代中国特色社会主义思想与“不忘合作初心、继续携手前进”专题教育紧密结合，进一步增强了全盟走中国特色社会主义政治发展道路的自觉性和坚定性。注重突出盟史教育特色，五年来出版了21种400余万字的台盟历史系列丛书、台湾历史系列丛书、台湾同胞抗日丛书等，为弘扬老一辈的坚定政治信念和光荣爱国爱乡传统发挥了重要作用。

二是以提升履职能力为重点，组织建设推进有力。着力深化政治交接。强化工作指导、严明政策纪律，台盟地方组织换届工作圆满完成，顺利实现了新老交替。着力强化基层组织。五年来，先后成立台盟南宁支部、贵阳支部、江西省委筹委会，全盟已在全国19个省、直辖市、自治区建立了组织。着力打造人才队伍。以青年盟员为重点，在全盟范围内开展了多层次、广覆盖、多批次的骨干盟员培训，着力加强盟史及参政能力等方面的教育和培养，为全盟参政履职打下坚实基础。

三是以转变工作作风为重点，制度建设规范有力。强化制度落实，完善常委会每次围绕一个主题开展深入讨论的制度，更好发挥了常委会议事决策的功能。参事室和各专委会不断加大与盟中央机关职能部门、地方组织协作，优势和作用得到凸显。大力加强机关建设，机关公文运行、财务管理、人事制度、外事管理、行政后勤等各项工作制度进一步修订完善。安全保密工作进一步加强。台盟中央机关新办公楼正式启用，机关办公条件得到明显改善，服务盟务中心工作的能力和水平不断提升。

各位代表：

台盟能取得这样的成绩，是中国共产党正确领导的结果，是我国多党合作和政治协商制度不断巩固和发展的结果，是全盟各级组织和广大盟员齐心协力、开拓进取的结果。在这里，我代表台盟第九届中央委员会，向辛勤工作在各条战线上的全体盟员

和盟务工作者表示诚挚的问候！向长期关心和带领台盟不断前进的中国共产党，致以崇高的敬意！向一贯支持台盟工作的全国人大、国务院、全国政协和各兄弟民主党派、工商联以及各有关人民团体，向致力于祖国统一事业的台湾同胞、港澳同胞和海外侨胞表示衷心的感谢！

在充分肯定成绩的同时，我们也应该清醒地看到，与新形势新任务的要求和广大盟员的期望相比，我们的工作还有不少差距。主要是：参政议政与对台联络统筹联动、互为支撑的工作机制还需深化完善；民主监督工作还需创新方式方法；台情研究还需传承台盟特色，着力增强时效性和前瞻性；社会服务还需不断提高工作实效；自身建设还需与履职尽责更加紧密结合，进一步提高台盟的可持续发展能力等。这些不足都需要在今后的工作中采取有效措施加以改进。

二、看齐核心、携手共进的体会

五年来的实践，积累了很多宝贵的经验。回顾五年的历程，我们体会最深的是：

（一）必须筑牢同心之基，助力画出最大同心圆

要以坚持和发展中国特色社会主义为引领，不断巩固与中国共产党团结奋斗的政治共识。台盟成立 70 年来，始终与中国共产党同心奋斗、携手前进。特别是这五年来，以习近平同志为核心的中共中央，引领国家各项事业取得历史性成就，更加凸显中国特色社会主义的优越性，进一步坚定了台盟坚持中国共产党的领导，坚持中国特色社会主义的道路自信、理论自信、制度自信、文化自信。作为中国特色社会主义参政党，台盟需以理论上的清醒自信，达到政治上的坚定自觉与行动上的同心自为。

要以中华民族伟大复兴中国梦为引领，广泛团结所联系的台湾同胞。习近平总书记将中国梦作为团结海内外中华儿女的最大公约数，以爱国主义为基础，为实现民族复兴增添了强大力量。作为台湾省人士组成的特色鲜明的参政党，台盟需以民族共圆之梦凝聚两岸同胞之心，协力画出实现民族复兴的最大同心圆。

（二）必须着力特色之为，明确参政党履职的定位角度切入点

首先需明确履职定位。从助推“一带一路”、新型城镇化等重大政策实施，到宣传中共中央对台大政方针、正向发力开展脱贫攻坚民主监督，台盟参政履职的定位，始终是围绕中共中央重大决策，团结盟员和联系的台胞，为促进改革落地、推动政策实施以及两岸关系发展大势出主意、想办法、增共识、促团结。从这些履职实践中，我们尤其体会到台盟作为中国特色社会主义参政党的定位，体会到台盟与中国共产党同心协力全面建成小康社会的责任与使命。

其次需选好履职角度。关键要结合台盟自身特点，抓住国家工作大局与两岸关系发展大局的结合点，在服务“四个全面”发展大局中选准建言的独特角度，在服务共圆中国梦大局中发挥台盟亲情乡情优势，在服务打赢脱贫攻坚战大局中凝聚两岸同胞力量。只有将党派组织特色转化为参政履职特色，才能充分发挥多党合作的优势与效能，为国

家推动相关工作提供独特的政策参考。

最后需找准履职切入点。从锲而不舍深耕调研重点课题，到绵绵用力持之以恒开展对台交流，到抽丝剥茧解剖麻雀开展扶贫攻坚民主监督，台盟参政履职始终以“小切口反映大问题”的思路来开展工作。通过履职实践，我们真切地体会到，结合台盟的党派实际，以钉钉子的精神开展工作，切入点适当，受力面集中，才能把工作做得更加扎实有效。

（三）必须汇聚全盟之力，做好科学履职的顶层制度与机制设计

立足台盟人数少，在多党合作的政治格局中需以少当多的实际情况，经过长时间的共同探索与实践，我们已经形成一整套适合台盟自身特点、比较成熟的科学工作制度与机制。以党为师，借鉴执政党治国治党的先进经验，台盟参政履职的顶层设计与构架已基本形成，全盟的力量被空前凝聚调动起来。

首先是强化工作规划、工作纲要、工作要点的引领作用，提前明确方向和重点，确保全盟劲往一处使，集中力量，以少当多。我们制定了参政议政工作五年规划纲要、对台工作五年规划、加强社会服务工作的指导意见，以及台盟中央监督委员会工作规则、台盟中央参事室规则、台盟中央专门委员会通则等。

其次是在各项规划的指引下，探索形成了具有台盟特色的工作思路与举措。在参政议政工作中，形成了“上下联动、横向联合”的工作机制，走过了“规划、量化到数字化评价”的发展过程，呈现出台盟中央引领、各地方组织支撑、专委会协力、盟员主动作为，聚力融入社会主义协商民主的生动局面；在对台工作中，形成了“专、精、深、久”的工作方针，抓住专业领域、精选人物、深入交流、持久联络，以乡情亲情之爱厚植两岸一家之亲；在社会服务工作中，形成了“两岸同心”的工作思路，聚焦精准扶贫、精准脱贫，将鼓励台湾同胞参与祖国建设有机地融入社会服务工作之中；在自身建设工作中，形成了突出台盟优良传统的工作方式，注重在推进政治交接的过程中，突出盟史教育特色，传承台盟优良传统，切实提高“五种能力”。

以上几条经验，是全盟上下团结一心、共同探索努力实践的宝贵结晶，也是我们牢记使命、再启征程的珍贵财富！

三、不忘初心、继续前进的征程

当前，在以习近平同志为核心的中共中央领导下，全面建成小康社会胜利在望，“两个一百年”奋斗目标前景光明，中国特色社会主义新时代已向我们发出热切召唤。台盟作为中国特色社会主义参政党，肩负着更加光荣而艰巨的使命。在今后五年里，全盟工作要在以习近平同志为核心的中共中央领导下，高举中国特色社会主义伟大旗帜，认真学习贯彻中共十九大精神，深入学习领会习近平新时代中国特色社会主义思想，广泛动员全体盟员和所联系的台胞，与中国共产党并肩踏征程、同心创伟业，为决胜全面建成小康社会和实现祖国和平统一做出新的更大的贡献。

（一）围绕学习贯彻中共十九大精神，在中国特色社会主义政治发展道路上筑牢共同思想政治基础

中国共产党第十九次全国代表大会，回顾和总结了在以习近平同志为核心的中共中央带领下，党和国家事业的历史性变革，做出了中国特色社会主义进入了新时代、我国社会主要矛盾已经转化为人民日益增长的美好生活需要和不平衡不充分的发展之间的矛盾等重大政治论断，将习近平新时代中国特色社会主义思想确立为党的指导思想，提出了新时代坚持和发展中国特色社会主义的基本方略，对决胜全面建成小康社会、开启全面建设社会主义现代化国家新征程做出了全面部署。大会选举产生的以习近平同志为核心的新一届中共中央领导集体，必将带领全国各族人民决胜全面建成小康社会，夺取新时代中国特色社会主义伟大胜利。

深入学习、领会和贯彻中共十九大精神，是台盟当前和今后一个时期首要的政治任务。要将学习贯彻中共十九大精神与坚持和发展中国特色社会主义学习实践活动相结合，不断增强道路自信、理论自信、制度自信、文化自信，确保始终在思想上政治上行动上与以习近平同志为核心的中共中央保持高度一致。要深入全面贯彻习近平新时代中国特色社会主义思想，在结合工作实际中彰显台盟的特色作为与风采，坚定不移做中国特色社会主义事业的亲历者、实践者、维护者、捍卫者。要以中共十九大精神为指导，进一步明确参政履职的方向和重点，不断巩固与中国共产党团结奋斗的共同思想政治基础。

（二）围绕中共十九大关于发挥社会主义协商民主重要作用的要求，在“四个全面”大局中协商议政

全盟各级组织要紧紧抓住国家工作大局与两岸关系发展大局的结合点，在大视野中精选切入点，在深调研中建言关键处。要继续发挥规划的引领作用。围绕中共十九大确定的战略目标，按照国家“十三五”规划的具体部署，在总结台盟参政议政两个五年规划的成功经验基础之上，研究制定新的五年规划，确定全盟参政议政的总体思路和框架，并逐年细化、调整和补充。要继续加强参政议政的制度化与信息化建设。进一步完善“上下联动、横向联合”的工作机制，广泛整合凝聚盟内外参政议政力量与资源；进一步完善参政议政工作量化评价体系，不断提高激励机制的科学性和可操作性；进一步完善参政议政信息化平台，推动资源与信息的实时共享。要通过合理的制度与机制设计，引导广大盟员把本职工作与民主党派成员参政议政的政治责任结合起来，在界别特色的基础上努力形成参政议政的特色专业领域，持续激发全盟参政议政的积极性。

（三）围绕中共十九大关于推进祖国统一的要求，在“两岸一家亲”理念下助力民间交流

全盟各级组织要坚定维护体现一个中国原则的“九二共识”、坚决反对“台独”分裂势力及其活动，充分发挥台盟自身特点和优势，持续推进两岸民间交流合作，为促进心灵契合多做绵绵用力、潜移默化的工作。要着力厚植两岸心灵契合的青年基础。以台湾青年中华文化研习营、国情区情培训班为抓手，集中力量打造具有台盟特色的主题体验式交流活动，通过亲情乡情互动拉近彼此距离，触动家国情怀激发两岸青年命运共同体的认知。要着力厚植两岸心灵契合的社会基础。以大江论坛等主题活动为依托，深入做好与台湾工商界、医师界、文化界等重点领域和重点台胞团组的持续联络交往，贴近基层民众，广泛收集、及时反映岛内民情，不断推动两岸同胞对两岸关系和平发展理念的共同认知。

（四）围绕中共十九大关于坚决打赢脱贫攻坚战的要求，在“两岸同心”的主题下落实以人民为中心的发展思想

全盟各级组织要着力打造“两岸同心”的社会服务工作品牌，为打赢脱贫攻坚战、促进全体人民共享改革发展成果，为凝聚两岸同胞力量共圆中国梦做出贡献。要扎实推进脱贫攻坚民主监督。与甘肃省加强对接合作，在调查研究中掌握脱贫难点，在正向发力中开展民主监督。通过调查研究、电商扶贫、医疗扶贫等工作，为甘肃早日建成全面小康社会贡献力量。要继续全力做好对口帮扶工作。发挥台盟独特优势，凝聚两岸医师界、职教界、商业界力量，共同实施教师培训、医疗服务、捐资助学、项目帮扶等精准脱贫举措，增强帮扶地区发展内生动力，促进人民群众共同富裕。

（五）围绕中共十九大关于建设中国特色社会主义参政党的要求，在提升“五种能力”的目标下积蓄台盟发展动力

全盟各级组织要注重在推进政治交接的过程中将台盟与中国共产党风雨同舟、肝胆相照的光荣传统薪火相传，将台湾人民爱国爱乡的炽热情怀薪火相传。要加强思想建设。牢固树立和践行社会主义核心价值观，不断增进对中国特色社会主义的政治共识。要加强组织建设。打造领导班子队伍，认真学习中国共产党全面从严治党的新鲜经验，进一步完善内部监督机制；打造盟员骨干队伍，强化理论培训，注重实践锻炼，着力增强政治素质和业务能力；打造后备干部队伍，加强青年盟员的培养，切实增强参政履职意识。要加强制度建设。在建立健全制度、狠抓工作落实、加强督促检查上下功夫，不断提高全盟工作的制度化、规范化、科学化水平。

各位代表：

时代华章铺展新蓝图，壮丽征程催人再奋进。中共十九大引领中国特色社会主义迈入新时代，中华民族伟大复兴焕发无限生机活力。台盟全体成员信心满怀，牢记使命，更需担当。让我们更加紧密地团结在以习近平同志为核心的中共中央周围，振奋精神，再启征程，为决胜全面建成小康社会，推动祖国和平统一大业，实现中华民族伟大复兴的中国梦做出新的更大的贡献！

台湾民主自治同盟第十次全盟代表大会决议

（台湾民主自治同盟第十次全盟代表大会 2017 年 12 月 9 日通过）

台湾民主自治同盟第十次全盟代表大会于 2017 年 12 月 4 日至 12 月 9 日在北京举行。

大会深入学习贯彻中国共产党第十九次全国代表大会精神和习近平新时代中国特色社会主义思想，审议批准了林文漪同志代表台盟第九届中央委员会所做的报告，审议通过了《台湾民主自治同盟章程（修正案）》，选举产生了台盟第十届中央委员会。这是一次不忘合作初心、传承家国情怀、同心砥砺奋进的大会，对于台盟续写中国特色社会主义参政党建设新篇章具有重要意义。

大会认为，台盟第九届中央委员会高举中国特色社会主义伟大旗帜，以马克思列宁主义、毛泽东思想、邓小平理论、“三个代表”重要思想、科学发展观、习近平新时代中国特色社会主义思想为指导，带领全盟筑牢同心之基、汇聚全盟之力、着力特色之为，推动台盟各项工作取得显著成效，圆满完成了台盟九大确定的各项任务。大会高度评价台盟第九届中央委员会的工作。

大会指出，中共十九大是在全面建成小康社会决胜阶段、中国特色社会主义进入新时代的关键时期召开的一次十分重要的大会。中共十九大回顾和总结了在以习近平同志为核心的中共中央带领下，党和国家事业的历史性变革，做出了中国特色社会主义进入了新时代、我国社会主要矛盾已经转化为人民日益增长的美好生活需要和不平衡不充分的发展之间的矛盾等重大政治论断，将习近平新时代中国特色社会主义思想确立为党的指导思想，提出了新时代坚持和发展中国特色社会主义的基本方略，对决胜全面建成小康社会、开启全面建设社会主义现代化国家新征程做出了全面部署。中共十九大选举产生的以习近平同志为核心的新一届中共中央领导集体，必将带领全国各族人民决胜全面建成小康社会，夺取新时代中国特色社会主义伟大胜利。深入学习、领会和贯彻中共十九大精神，是台盟当前和今后一个时期首要的政治任务。要将学习贯彻中共十九大精神、习近平新时代中国特色社会主义思想与坚持和发展中国特色社会主义学习实践活动相结合，在学懂、弄通、做实中彰显台盟的特色作为，进一步明确参政履职的方向和重点，不断巩固与中国共产党团结奋斗的共同思想政治基础。

大会要求，全盟各级组织要围绕中共十九大关于发挥社会主义协商民主重要作用的要求，紧紧抓住国家工作大局与两岸关系发展大势的结合点协商议政、献计国是，在大视野中精选切入点，在深调研中建言关键处，为决胜全面建成小康社会贡献智慧和力量。要围绕中共十九大关于推进祖国统一的要求，坚定维护体现一个中国原则的“九二共识”、坚决反对“台独”分裂势力及其活动，厚植两岸同胞心灵契合的青年基础、社会基础，在“两岸一家亲”理念下助力各领域民间交流合作。要围绕中共十九大关于坚决打赢脱贫攻坚战的要求，在“两岸同心”的主题下落实以人民为中心的发展思想，扎实开展脱贫攻坚民主监督、对口帮扶和社会帮扶，为凝聚两岸同胞力量共圆中国梦做出贡献。要围绕中共十九大关于建设中国特色社会主义参政党的要求，不断深化政治交接，持续加强台盟的政治、思想、组织、纪律、作风建设，把制度建设贯穿其中，加强盟史教育，牢固树立“四个意识”，坚定“四个自信”，提升“五种能力”，将台盟与中国共产党风雨同舟、肝胆相照的光荣传统薪火相传，将台湾人民爱国爱乡的炽热情怀薪火相传。

大会号召，全盟要高举中国特色社会主义伟大旗帜，更加紧密地团结在以习近平同志为核心的中共中央周围，深入学习贯彻中共十九大精神和习近平新时代中国特色社会主义思想，与中国共产党并肩踏征程、同心创伟业，为决胜全面建成小康社会、实现祖国和平统一、实现中华民族伟大复兴的中国梦做出新的更大的贡献！

台湾民主自治同盟第十次全盟代表大会闭幕讲话

台盟中央主席　苏辉

（2017 年 12 月 9 日）

各位代表、同志们：

台湾民主自治同盟第十次全盟代表大会，在中共中央的亲切关怀和指导下，经过全体代表和工作人员的共同努力，圆满完成了各项既定议程，即将闭幕。

这次会议时间不长，但主题突出，衔接紧凑，效率很高，达到了预期目的，开得非常成功。在此，我代表台盟第十届中央委员会，向为本次大会付出辛勤努力的同志们表示衷心的感谢！向长期以来关心支持台盟工作的老领导、老同志和朋友们致以诚挚的谢意！

回顾总结，这是一次坚定信心、凝聚力量的大会。以习近平同志为核心的中共中央，对台盟的发展建设高度重视，中共中央政治局常委韩正同志出席大会并致贺词，充分肯定了台盟七十年来的奋斗历程，对台盟未来的发展提出了殷切的期望，使我们备受鼓舞，备感振奋。会议期间，全体代表通过认真学习中共十九大精神和中共中央的贺词，缅怀台盟老一辈与中国共产党风雨同舟、患难与共的优良传统，进一步统一了思想，更加坚定了建设中国特色社会主义参政党的信心和决心。会议根据全盟同志的意愿，对《台盟章程》进行了修改，正式把习近平新时代中国特色社会主义思想，作为台盟必须牢固树立、长期坚持和努力践行的指导思想。

同时，这是一次明确目标、催人奋进的大会。各位代表以高度负责的精神，围绕林文漪主席代表台盟第九届中央委员会所做的工作报告，进行了认真的学习和热烈的讨论。大家普遍认为，《报告》以中共十九大精神为指导，重点突出，内容翔实，文风质朴，对五年来工作的回顾全面务实，对经验的总结系统到位，对下一阶段工作的建议，紧扣新时代中国特色社会主义建设的重大方略，定位准确，切合实际，有很强的指导意义和可操作性，是一个实事求是、与时俱进的好报告，大家一致表示赞同。在此基础上，大家对开展好全盟参政履职各项工作提出了建设性的意见，对这些真知灼见，盟中央将认真研究，充实到今后的工作中去。

这更是一次同心同德、团结民主的大会。全体代表在充分酝酿协商的基础上，经过民主、公开的程序，选举产生了新一届台盟中央委员会，并在十届一中全会上，选举产生了主席、副主席和中央常务委员，顺利实现了台盟领导机构的新老交替和平稳交接。

在这次大会上，有一批德高望重、贡献突出的老领导、老同志，由于年龄原因，主动退出了中央委员会和各级领导岗位。事业千钧重，进退见精神。他们用自己忠诚无私的实际行动，推进了新老交替和政治交接，为全盟树立了榜样。他们在辛勤工作中所表现出的人格魅力和学识风范、他们通过不懈探索取得的宝贵经验，更是我们必须加以学习和传承的精神财富。换届后，新一届中央领导集体一定会团结带领全体盟员，继承和发扬优良传统，不负老同志的殷切期望，努力把工作做好。在此，我代表中央委员会，代表与会的全体同志，向老领导、老同志致以崇高的敬意！

同志们：

中华民族千秋伟业，百年恰是风华正茂。回想习近平总书记关于台盟要担负起推进祖国统一，共图中华民族伟大复兴历史责任的重要指示，巍如泰华，语重心长。现在，中共十九大指明了党和国家前进的方向，绘就了新时代中国特色社会主义事业的宏伟蓝图，对我们参政党更好地履职尽责，提出了新的更高要求。在此，结合深入学习中共十九大精神和落实习近平总书记重要指示，就做好今后五年台盟各项工作，讲几点意见，供同志们参考。

一、以党为师，深入学习贯彻习近平新时代中国特色社会主义思想，确保台盟事业沿着正确的政治方向前进

政治定力源于理论定力，思想上的看齐是最坚定的看齐。习近平新时代中国特色社会主义思想，是中国共产党实践经验和集体智慧的结晶，是全党全国人民为实现中华民族伟大复兴而奋斗的行动指南。我们以党为师，向党学习，就必须紧紧跟随中国共产党的理论创新步伐，用习近平新时代中国特色社会主义思想武装全盟，以上率下，融会贯通，切实把思想和行动统一到总书记提出的重大理论观点、重大战略思想、重大决策部署上来，进一步强化政治觉悟。

学深、悟透，是为了学以致用。全盟同志要通过系统学习习近平新时代中国特色社会主义思想和基本方略，准确掌握贯穿其中的以伟大复兴为使命的历史担当、以人民为中心的根本立场、以实际问题为导向的思想方法、以求真务实为特征的实践精神，并自觉运用，努力在改造主观世界上下功夫见实效，在直面挑战、攻坚克难中，解决问题，实现新的突破。

二、只争朝夕，大力推进各项工作，更好地承担起台盟的重大历史责任

新时代要有新气象，更要有新作为。中共十九大做出从“三步走”到“两阶段”的

战略安排，是一个重大的跨越和提升，充分昭示了党和国家事业蓬勃发展的光明前景。

开局就是决战，起步就是冲锋。紧紧围绕十九大确定的中心任务，服从服务于党和国家的工作大局，就是台盟下一个五年参政履职的主线。

我们要切实增强工作的全局性和系统性，紧紧围绕十九大工作部署中的八个"明确"和十四个"坚持"，紧紧围绕总书记关于发展社会主义民主政治的重要论述，紧紧围绕中共中央对台工作的指导思想、目标任务、原则方针和重大举措，制定和完善各项工作规划，更好地明确定位、角度和切入点。我们要充分发挥整体优势，组织和引导广大盟员，立足本职，见贤思齐，做出实实在在的成绩。我们要进一步突出特色，精益求精，在参政议政、对台联络、社会服务、组织宣传等各项工作中，努力推出更多的精品力作，实现全盟参政履职整体跃上新台阶。

三、众志成城，不断加强自身建设，推进台盟事业薪火相传、蓬勃向上

扎实推进自身建设，是台盟参与新时代中国特色社会主义事业的有力保证。今年以来，全盟基层组织先后顺利完成换届，产生了新一届领导班子。以此为基础，我们要坚持以深化政治交接为主线，不断提高自身建设的科学化水平，努力适应新形势新发展的要求。

今后，我们要更加注重盟员和机关队伍建设，不断优化行业结构和年龄结构，为参政履职打好多层次、宽领域的人才基础。我们要把中央与基层的工作更好地结合起来，充分发挥中央机关、参事室和专委会的作用，坚持上下联动、横向联合，切实提高全盟各级组织联系群众、宣传群众、团结凝聚群众的能力与水平。我们要继续加强对青年人才的选拔和培养，引导他们铭记光辉历史、传承红色基因，帮助他们提高理论政策水平、增强参政实践能力，确保台盟事业后继有人。

政治路线确定以后，干部就是决定因素。正如总书记指出的，有多大担当才能干多大事业。今后，按照深化政治交接这条主线，我们不仅要着力提高各级领导干部的"五种能力"，而且要不断地探索、不断地完善盟内监督工作。对各级领导干部而言，也要时刻把自己置于纪律的监督、组织的管理之下，自觉担当重任，创造业绩。

各位代表、同志们：

中共十九大开启了决胜全面建成小康社会、全面建设社会主义现代化国家的新征程。台盟承担的任务将更加繁重。为此，全盟同志要不忘初心，牢记使命，更加紧密地团结在以习近平同志为核心的中共中央周围，同心同德、砥砺奋进，不断开创台盟工作的新局面，为推进祖国统一、实现中华民族伟大复兴，做出新的更大的贡献！

政党活动纪要

中国共产党

一、重要会议及活动

1. 隆重举行国家科学技术奖励大会。1 月 9 日，中共中央、国务院在北京隆重举行国家科学技术奖励大会。党和国家领导人习近平、李克强、刘云山、张高丽出席大会并为获奖代表颁奖。李克强代表党中央、国务院在大会上讲话。张高丽主持大会。

2. 中共中央政治局常务委员会召开会议。1 月 10 日，中共中央政治局常务委员会全天召开会议，听取全国人大常委会、国务院、全国政协、最高人民法院、最高人民检察院党组工作汇报，听取中央书记处工作报告。中共中央总书记习近平主持会议并发表重要讲话。会议强调，办好中国的事情，关键在党。中国特色社会主义最本质的特征是中国共产党领导，中国特色社会主义制度的最大优势是中国共产党领导。坚持党的领导首先是坚持党中央集中统一领导。坚持党中央集中统一领导，是全面从严治党、严肃党内政治生活、加强党内监督的重要目的，也是一条根本的政治规矩。牢固树立政治意识、大局意识、核心意识、看齐意识，坚持以党的旗帜为旗帜、以党的方向为方向、以党的意志为意志，切实把党中央重大决策部署落实到各项工作中去。

3. 习近平出席世界经济论坛 2017 年年会开幕式并发表主旨演讲。1 月 17 日，国家主席习近平在达沃斯国际会议中心出席世界经济论坛 2017 年年会开幕式，并发表题为《共担时代责任　共促全球发展》的主旨演讲，强调要坚定不移推进经济全球化，引导好经济全球化走向，打造富有活力的增长模式、开放共赢的合作模式、公正合理的治理模式、平衡普惠的发展模式，牢固树立人类命运共同体意识，共同担当，同舟共济，共促全球发展。习近平宣布，今年 5 月，中国将在北京主办“一带一路”国际合作高峰论坛，共商合作大计，共建合作平台，共享合作成果，为解决当前世界和区域经济面临的问题寻找方案，为实现联动式发展注入新能量，让“一带一路”建设更好造福各国人民。

4. 习近平出席“共商共筑人类命运共同体”高级别会议并发表主旨演讲。1 月 18 日，国家主席习近平在日内瓦万国宫出席“共商共筑人类命运共同体”高级别会议，并发表题为《共同构建人类命运共同体》的主旨演讲，深刻、全面、系统阐述人类命运共同体理念，主张共同推进构建人类命运共同体伟大进程，坚持对话协商、共建共享、合作共赢、交流互鉴、绿色低碳，建设一个持久和平、普遍安全、共同繁荣、开放包容、清洁美丽的世界。

5. 中共中央政治局召开会议。1 月 22 日，中共中央政治局召开会议，决定设立中央军民融合发展委员会；审议《中央政治局常委会听取和研究全国人大常委会、国务院、全国政协、最高人民法院、最高人民检察院党组工作汇报和中央书记处工作报告的综合情况报告》。中共中央总书记习近平主持会议。会议决定，设立中央军民融合发展委员会，由习近平任主任。中央军民融合发展委员会是中央层面军民融合发展重大问题的决策和议事协调机构，统一领导军民融合深度发展，向中央政治局、中央政治局常务委员会负责。

6. 中共中央政治局进行集体学习。1 月 22 日下午，中共中央政治局就深入推进供给侧结构性改革进行第三十八次集体学习。中共中央总书记习近平在主持学习时强调，推进供给侧结构性改革是我国经济发展进入新常态的必然选择，是经济发展新常态下我国宏观经济管理必须确立的战略思路。必须把改善供给侧结构作为主攻方向，从生产端入手，提高供给体系质量和效率，扩大有效和中高端供给，增强供给侧结构对需求变化的适应性，推动我国经济朝着更高质量、更有效率、更加公平、更可持续的方向发展。国家发展改革委宏观经济研究院陈东琪研究员就这个问题进行讲解，并谈了意见和建议。中共中央政治局各位同志认真听取了讲解，并就有关问题进行了讨论。

7.《中共中央国务院关于深入推进农业供给侧结构性改革加快培育农业农村发展新动能的若干意见》发布。2 月 6 日，《人民日报》第一版全文发布《中共中央国务院关于深入推进农业供给侧结构性改革加快培育农业农村发展新动能的若干意见》。该《意见》共分六个部分：一、优化产品产业结构，着力推进农业提质增效；二、推行绿色生产方式，增强农业可持续发展能力；三、壮大新产业新业态，拓展农业产业链价值链；四、强化科技创新驱动，引领现代农业加快发展；五、补齐农业农村短板，夯实农村共享发展基础；六、加大农村改革力度，激活农业农村内生发展动力。

8. 习近平主持召开中央全面深化改革领导小组会议。2 月 6 日上午，中共中央总书记、国家主席、中央军委主席、中央全面深化改革领导小组组长习近平主持召开中央全面深化改革领导小组第三十二次会议并发表重要讲话。他强调，党政主要负责同志是抓改革的关键，要把改革放在更加突出位置来抓，不仅亲自抓、带头干，还要勇于挑最重的担子、啃最硬的骨头，做到重要改革亲自部署、重大方案亲自把关、关键环节亲自协调、落实情况亲自督察，扑下身子，狠抓落实。中共中央政治局常委、中央全面深化改革领导小组副组长李克强、刘云山、张高丽出席会议。会议审议通过了《新时期产业工人队伍建设改革方案》《关于加强党对地方外事工作领导体制改革的实施意见》《关于改革驻外机构领导机制、管理体制和监督机制的实施意见》《关于改革对外工作队伍建设的实施意见》《关于改革援外工作的实施意见》《关于社会智库健康发展的若干意见》《国家科技决策咨询制度建设方案》《关于推进公共信息资源开放的若干意见》《按流域设置环境监管和行政执法机构试点方案》《外国人永久居留证件便利化改革方案》《关于深化中央主要新闻单位采编播管岗位人事管理制度改革的试行意见》《关于实行国家机关"谁执法谁普法"普法责任制的意见》；听取了《关于全国总工会改革试点工作总结报告》《上海市委全面深化改革领导小组关于群团改革试点工作总结的报告》《重庆市委全面深化改革领导小组关于群团改革试点工作总结的报告》。

9. 习近平主持召开国家安全工作座谈会。2 月 17 日上午，中共中央总书记、国家主席、中央军委主席、中央国家安全委员会主席习近平在京主持召开国家安全工作座谈会并发表重要讲话，强调要准确把握国家安全形势，牢固树立和认真贯彻总体国家安全观，以人民安全为宗旨，走中国特色国家安全道路，努力开创国家安全工作新局面，为中华民族伟大复兴中国梦提供坚实安全保障。中共中央政治局常委、中央国家安全委员会副主席李克强、张德江出席座谈会。

10. 中共中央政治局召开会议。2 月 21 日，中共中央政治局召开会议，讨论国务院拟提请第十二届全国人民代表大会第五次会议审议的《政府工作报告》稿，审议《关于巡视中央和国家机关全覆盖情况的专题报告》和《关于推进“两学一做”学习教育常态化制度化的意见》。中共中央总书记习近平主持会议。

11. 中共中央政治局进行集体学习。2 月 21 日下午，中共中央政治局就我国脱贫攻坚形势和更好实施精准扶贫进行第三十九次集体学习。中共中央总书记习近平在主持学习时强调，言必信，行必果。农村贫困人口如期脱贫、贫困县全部摘帽、解决区域性整体贫困，是全面建成小康社会的底线任务，是我们作出的庄严承诺。要强化领导责任、强化资金投入、强化部门协同、强化东西协作、强化社会合力、强化基层活力、强化任务落实，集中力量攻坚克难，更好推进精准扶贫、精准脱贫，确保如期实现脱贫攻坚目标。

12. 习近平主持召开中央财经领导小组第十五次会议。2 月 28 日上午，中共中央总书记、国家主席、中央军委主席、中央财经领导小组组长习近平主持召开中央财经领导小组第十五次会议。习近平发表重要讲话强调，做好经济工作是我们党治国理政的重大任务，要坚持宏观和微观、国内和国外、战略和战术紧密结合，坚持问题导向，及时研究重大战略问题，及早部署关系全局、事关长远的问题，对经济社会发展进行指导，把谋划大事和制定具体政策紧密结合起来，加强责任分工，一锤一锤钉钉子，直到产生实际效果。会议审议了《关于党的十八大以来中央财经领导小组工作和 2017 年重点工作的报告》。会议听取了国家发展改革委、人民银行、住房和城乡建设部、工业和信息化部关于深入推进去产能、防控金融风险、建立促进房地产市场平稳健康发展长效机制、振兴制造业等工作思路的汇报。

13. 十二届全国人大五次会议在京开幕。3 月 5 日上午，第十二届全国人民代表大会第五次会议在人民大会堂开幕。国务院总理李克强向大会作政府工作报告时指出，使命重在担当，实干铸就辉煌。我们要更加紧密地团结在以习近平同志为核心的党中央周围，同心同德，开拓进取，努力完成今年经济社会发展目标任务，为实现“两个一百年”宏伟目标、建设富强民主文明和谐的社会主义现代化国家、实现中华民族伟大复兴的中国梦而不懈奋斗。大会主席团常务主席、执行主席张德江主持大会。根据会议议程，国务院总理李克强代表国务院向大会作政府工作报告。报告共分三部分：一、2016 年工作回顾；二、2017 年工作总体部署；三、2017 年重点工作任务。

14. 习近平主持召开中央全面深化改革领导小组第三十三次会议。3 月 24 日上午，中共中央总书记、国家主席、中央军委主席、中央全面深化改革领导小组组长习近平主持召开中央全面深化改革领导小组第三十三次会议并发表重要讲话。他强调，各级主要负责同志要自觉从全局高度谋划推进改革，做到实事求是、求真务实，善始善终、善作善成，把准方向、敢于担当，亲力亲为、抓实工作。中共中央政治局常委、中央全面深化改革领导小组副组长刘云山出席会议。

15. 中共中央政治局召开会议。3 月 31 日，中共中央政治局召开会议，听取 2016 年省级党委和政府脱贫攻坚工作成效考核情况汇报，对推进脱贫攻坚工作提出要求。中共中央总书记习近平主持会议。会议指出，脱贫攻坚工作在党和国家工作全局中具有重要地位。党的十八大确定了到 2020 年全面建成小康社会的目标，其中最难实现的就是农村贫困人口脱贫、贫困县摘帽、消除区域性整体贫困。实现这个目标是我们党对人民的庄严承诺。必须把从严要求贯穿脱贫攻坚工作全过程、各方面，严格落实脱贫攻坚工作报告制度、责任制度、考核制度、督查巡查制度，确保实现脱贫攻坚工作目标任务。

16. 设立河北雄安新区。4 月 2 日，《人民日报》报道：日前，中共中央、国务院印发通知，决定设立河北雄安新区。这是以习近平同志为核心的党中央作出的一项重大的历史性战略选择，是继深圳经济特区和上海浦东新区之后又一具有全国意义的新区。设立雄安新区，是以习近平同志为核心的党中央深入推进京津冀协同发展作出的一项重大决策部署，对于集中疏解北京非首都功能，探索人口经济密集地区优化开发新模式，调整优化京津冀城市布局和空间结构，培育创新驱动发展新引擎，具有重大现实意义和深远历史意义。

17. 习近平主持召开中央全面深化改革领导小组第三十四次会议。4 月 18 日下午，中共中央总书记、国家主席、中央军委主席、中央全面深化改革领导小组组长习近平主持召开中央全面深化改革领导小组第三十四次会议并发表重要讲话。他强调，督察是抓落实的重要手段。各地区各部门要把抓改革落实摆到重要位置，投入更多精力抓督察问效，加强和改进督察工作，拓展督察工作广度和深度，点面结合，多管齐下，提高发现问题、解决问题的实效。中共中央政治局常委、中央全面深化改革领导小组副组长李克强、刘云山出席会议。会议审议通过了《关于加快构建政策体系、培育新型农业经营主体的意见》《关于进一步激发和保护企业家精神的意见》《关于建立现代医院管理制度的指导意见》《关于改革完善短缺药品供应保障机制的实施意见》《关于办理刑事案件严格排除非法证据若干问题的规定》《关于完善反洗钱、反恐怖融资、反逃税监管体制机制的意见》《对省级人民政府履行教育职责的评价办法》《关于禁止洋垃圾入境推进固体废物进口管理制度改革实施方案》。会议审议了《中央全面深化改革领导小组 6 个专项小组开展改革督察工作情况的报告》。

18. 中共中央政治局第四十次集体学习。4 月 25 日下午，中共中央政治局就维护国家金融安全进行第四十次集体学习。中共中央总书记习近平在主持学习时强调，金融安全是国家安全的重要组成部分，是经济平稳健康发展的重要基础。维护金融安全，是关系我国经济社会发展全局的一件带有战略性、根本性的大事。

19. 习近平出席“一带一路”国际合作高峰论坛开幕式并发表主旨演讲。5 月 14 日，国家主席习近平出席“一带一路”国际合作高峰论坛开幕式，并发表题为《携手推进“一带一路”建设》的主旨演讲，强调坚持以和平合作、开放包容、互学互鉴、互利共赢为核心的丝路精神，携手推动“一带一路”建设行稳致远，将“一带一路”建成和平、繁荣、开放、创新、文明之路，迈向更加美好的明天。国务院副总理张高丽主持开幕式。

20. 中共中央印发《关于加快构建中国特色哲学社会科学的意见》。5 月 17 日《人民日报》报道，近日，中共中央印发了《关于加快构建中国特色哲学社会科学的意见》（以下简称《意见》）。《意见》强调，坚持和发展中国特色社会主义，必须加快构建中国特色哲学社会科学。要高举中国特色社会主义伟大旗帜，深入贯彻习近平总书记系列重要讲话精神和治国理政新理念新思想新战略，坚持为人民服务、为社会主义服务，坚持百花齐放、百家争鸣，立足中国、借鉴国外，挖掘历史、把握当代，关怀人类、面向未来，充分体现继承性、民族性、原创性、时代性、系统性、专业性，创新发展哲学社会科学，为实现“两个一百年”奋斗目标、实现中华民族伟大复兴的中国梦提供强大思想理论支撑。

21. 习近平主持召开中央全面深化改革领导小组第三十五次会议。5 月 23 日下午，中共中央总书记、国家主席、中央军委主席、中央全面深化改革领导小组组长习近平主持召开中央全面深化改革领导小组第三十五次会议并发表重要讲话。他强调，抓好试点对改革全局意义重大。要认真谋划深入抓好各项改革试点，坚持解放思想、实事求是，鼓励探索、大胆实践，敢想敢干、敢闯敢试，多出可复制可推广的经验做法，带动面上改革。中共中央政治局常委、中央全面深化改革领导小组副组长李克强、刘云山、张高丽出席会议。会议审议通过了《关于深化教育体制机制改革的意见》《外商投资产业指导目录（2017 年修订）》《关于规范企业海外经营行为的若干意见》《关于建立资源环境承载能力监测预警长效机制的若干意见》《关于深化环境监测改革提高环境监测数据质量的意见》《个人收入和财产信息系统建设总体方案》《跨地区环保机构试点方案》《海域、无居民海岛有偿使用的意见》《关于检察机关提起公益诉讼试点情况和下一步工作建议的报告》。会议审议了《关于各地区各部门贯彻落实习近平总书记在中央全面深化改革领导小组第三十三次会议上重要讲话精神情况的报告》《关于深化教育领域综合改革情况汇报》《关于科技领域重点改革工作情况汇报》《关于深化医药卫生体制改革进展情况汇报》《关于足球领域重点改革工作情况汇报》。

22. 习近平对黄大年同志先进事迹作出重要指示。5 月 26 日《人民日报》报道，中共中央总书记、国家主席、中央军委主席习近平近日对黄大年同志先进事迹作出重要指示指出，黄大年同志秉持科技报国理想，把为祖国富强、民族振兴、人民幸福贡献力量作为毕生追求，为我国教育科研事业作出了突出贡献，他的先进事迹感人肺腑。习近平强调，我们要以黄大年同志为榜样，学习他心有大我、至诚报国的爱国情怀，学习他教书育人、敢为人先的敬业精神，学习他淡泊名利、甘于奉献的高尚情操，把爱国之情、报国之志融入祖国改革发展的伟大事业之中、融入人民创造历史的伟大奋斗之中，从自己做起，从本职岗位做起，为实现“两个一百年”奋斗目标、实现中华民族伟大复兴的中国梦贡献智慧和力量。

23. 中共中央政治局第四十一次集体学习。5 月 26 日下午，中共中央政治局就推动形成绿色发展方式和生活方式进行第四十一次集体学习。中共中央总书记习近平在主持学习时强调，推动形成绿色发展方式和生活方式是贯彻新发展理念的必然要求，必须把生态文明建设摆在全局工作的突出地位，坚持节约资源和保护环境的基本国策，坚持节约优先、保护优先、自然恢复为主的方针，形成节约资源和保护环境的空间格局、产业结构、生产方式、生活方式，努力实现经济社会发展和生态环境保护协同共进，为人民群众创造良好生产生活环境。

24. 习近平主持召开中央军民融合发展委员会第一次全体会议。6 月 20 日下午，中共中央总书记、国家主席、中央军委主席、中央军民融合发展委员会主任习近平主持召开中央军民融合发展委员会第一次全体会议并发表重要讲话。习近平强调，把军民融合发展上升为国家战略，是我们长期探索经济建设和国防建设协调发展规律的重大成果，是从国家发展和安全全局出发作出的重大决策，是应对复杂安全威胁、赢得国家战略优势的重大举措。要加强集中统一领导，贯彻落实总体国家安全观和新形势下军事战略方针，突出问题导向，强化顶层设计，加强需求统合，统筹增量存量，同步推进体制和机制改革、体系和要素融合、制度和标准建设，加快形成全要素、多领域、高效益的军民融合深度发展格局，逐步构建军民一体化的国家战略体系和能力。会议审议通过了《中央军民融合发展委员会工作规则》《中央军民融合发展委员会办公室工作规则》《中央军民融合发展委员会近期工作要点》和《省（区、市）军民融合发展领导机构和工作机构设置的意见》。

25. 习近平主持召开中央全面深化改革领导小组第三十六次会议。6 月 26 日上午，中共中央总书记、国家主席、中央军委主席、中央全面深化改革领导小组组长习近平主持召开中央全面深化改革领导小组第三十六次会议并发表重要讲话。他强调，注重系统性、整体性、协同性是全面深化改革的内在要求，也是推进改革的重要方法。改革越深入，越要注意协同，既抓改革方案协同，也抓改革落实协同，更抓改革效果协同，促进各项改革举措在政策取向上相互配合、在实施过程中相互促进、在改革成效上相得益彰，朝着全面深化改革总目标聚焦发力。中共中央政治局常委、中央全面深化改革领导小组副组长刘云山出席会议。会议审议通过了《祁连山国家公园体制试点方案》《中央企业公司制改制工作实施方案》《地区生产总值统一核算改革方案》《统计违纪违法责任人处分处理建议办法》《中国国际进口博览会总体方案》《关于改进境外企业和对外投资安全工作的若干意见》《全国和地方资产负债表编制工作方案》《关于设立杭州互联网法院的方案》《领导干部自然资源资产离任审计暂行规定》《国家生态文明试验区（江西）实施方案》《国家生态文明试验区（贵州）实施方案》。会议审议了《国家生态文明试验区（福建）推进建设情况报告》《中国（广东）、中国（天津）和中国（福建）自由贸易试验区建设两年进展情况总结报告》。

26. 庆祝香港回归祖国 20 周年大会暨香港特别行政区第五届政府就职典礼隆重举行。7 月 1 日上午，庆祝香港回归祖国 20 周年大会暨香港特别行政区第五届政府就职典礼在香港会展中心隆重举行。中共中央总书记、国家主席、中央军委主席习近平出席并发表重要讲话。他强调，“一国两制”是中国的一个伟大创举，是中国为国际社会解决类似问题提供的一个新思路新方案，是中华民族为世界和平与发展作出的新贡献，凝结了海纳百川、有容乃大的中国智慧。坚持“一国两制”方针，深入推进“一国两制”实践，符合香港居民利益，符合香港繁荣稳定实际需要，符合国家根本利益，符合全国人民共同意愿。中央贯彻“一国两制”方针坚持两点，一是坚定不移，不会变、不动摇；二是全面准确，确保“一国两制”在香港的实践不走样、不变形，始终沿着正确方向前进。习近平对今后更好在香港落实“一国两制”，提出四点意见：第一，始终准确把握“一国”和“两制”的关系。必须牢固树立“一国”意识，坚守“一国”原则，正确处理特别行政区和中央的关系。任何危害国家主权安全、挑战中央权力和香港特别行政区基本法权威、利用香港对内地进行渗透破坏的活动，都是对底线的触碰，都是绝不能允许的。要把坚持“一国”原则和尊重“两制”差异、维护中央权力和保障香港特别行政区高度自治权、发挥祖国内地坚强后盾作用和提高香港自身竞争力有机结合起来，任何时候都不能偏废。第二，始终依照宪法和基本法办事。要把中央依法行使权力和特别行政区履行主体责任有机结合起来；要完善与基本法实施相关的制度和机制；要加强香港社会特别是公职人员和青少年的宪法和基本法宣传教育。第三，始终聚焦发展这个第一要务。发展是解决香港各种问题的金钥匙。香港背靠祖国、面向世界，有着许多有利发展条件和独特竞争优势。特别是这些年国家的持续快速发展为香港发展提供了难得机遇、不竭动力、广阔空间。大家一定要珍惜机遇、抓住机遇，把主要精力集中到搞建设、谋发展上来。第四，始终维护和谐稳定的社会环境。只有凡事都着眼大局，理性沟通，凝聚共识，才能逐步解决问题。从中央来说，只要爱国爱港，诚心诚意拥护“一国两制”方针和香港特别行政区基本法，不论持什么政见或主张，我们都愿意与之沟通。

27. 全国金融工作会议召开。7 月 14 日至 15 日，全国金融工作会议在北京召开。中共中央总书记、国家主席、中央军委主席习近平出席会议并发表重要讲话。他强调，金融是国家重要的核心竞争力，金融安全是国家安全的重要组成部分，金融制度是经济社会发展中重要的基础性制度。必须加强党对金融工作的领导，坚持稳中求进工作总基调，遵循金融发展规律，紧紧围绕服务实体经济、防控金融风险、深化金融改革三项任务，创新和完善金融调控，健全现代金融企业制度，完善金融市场体系，推进构建现代金融监管框架，加快转变金融发展方式，健全金融法治，保障国家金融安全，促进经济和金融良性循环、健康发展。中共中央政治局常委、国务院总理李克强在会上讲话。中共中央政治局常委俞正声、王岐山、张高丽出席会议。

28. 习近平主持召开中央财经领导小组第十六次会议。7 月 17 日下午，中共中央总书记、国家主席、中央军委主席、中央财经领导小组组长习近平主持召开中央财经领导小组第十六次会议，研究改善投资和市场环境、扩大对外开放问题。

29. 习近平主持召开中央全面深化改革领导小组第三十七次会议。7 月 19 日下午，中共中央总书记、国家主席、中央军委主席、中央全面深化改革领导小组组长习近平主持召开中央全面深化改革领导小组第三十七次会议并发表重要讲话。他强调，各地区要切实把思想和行动统一到党中央改革决策部署上来，从服务党和国家工作大局出发推动改革，敢于担当、善谋实干、实事求是、锐意进取，扎实推进各项改革落到实处、见到实效。中共中央政治局常委、中央全面深化改革领导小组副组长李克强、刘云山、张高丽出席会议。会议审议通过了《关于创新体制机制推进农业绿色发展的意见》《国家技术转移体系建设方案》《关于深入推进公共文化机构法人治理结构改革的实施方案》《关于加强和改进中外人文交流工作的若干意见》《聘任制公务员管理规定（试行）》《关于完善进出口商品质量安全风险预警和快速反应监管体系切实保护消费者权益的意见》《关于深化审评审批制度改革鼓励药品医疗器械创新的意见》《建立国家公园体制总体方案》《关于健全统一司法鉴定管理体制的实施意见》。会议审议了《党的十八届三中全会以来改革试点工作进展情况报告》《关于社会保障制度改革督察情况报告》。

30. 中共中央政治局召开会议。7 月 24 日，中共中央政治局召开会议，分析研究当前经济形势，部署下半年经济工作。中共中央总书记习近平主持会议。会议指出，在充分肯定成绩的同时要清醒看到，经济运行中还存在不少矛盾和问题，要站在经济长周期和结构优化升级的角度，把握经济发展阶段性特征，保持头脑清醒和战略定力，坚定不移抓好供给侧结构性改革，妥善化解重大风险隐患，促进经济社会持续健康发展。

31. 省部级主要领导干部“学习习近平总书记重要讲话精神，迎接党的十九大”专题研讨班举行。7月26日至27日，省部级主要领导干部“学习习近平总书记重要讲话精神，迎接党的十九大”专题研讨班在京举行。中共中央总书记、国家主席、中央军委主席习近平在开班式上发表重要讲话强调，中国特色社会主义是改革开放以来党的全部理论和实践的主题，全党必须高举中国特色社会主义伟大旗帜，牢固树立中国特色社会主义道路自信、理论自信、制度自信、文化自信，确保党和国家事业始终沿着正确方向胜利前进。我们要牢牢把握我国发展的阶段性特征，牢牢把握人民群众对美好生活的向往，提出新的思路、新的战略、新的举措，继续统筹推进“五位一体”总体布局、协调推进“四个全面”战略布局，决胜全面建成小康社会，夺取中国特色社会主义伟大胜利，为实现中华民族伟大复兴的中国梦不懈奋斗。中共中央政治局常委李克强、张德江、俞正声、刘云山、王岐山、张高丽出席。

32. 庆祝中国人民解放军建军90周年阅兵隆重举行。7月30日上午，庆祝中国人民解放军建军90周年阅兵在朱日和联合训练基地隆重举行。中共中央总书记、国家主席、中央军委主席习近平检阅部队并发表重要讲话。

33. 庆祝中国人民解放军建军90周年大会隆重举行。8月1日上午，庆祝中国人民解放军建军90周年大会在北京人民大会堂隆重举行。中共中央总书记、国家主席、中央军委主席习近平在会上发表重要讲话强调，人民军队的历史辉煌，是鲜血生命铸就的，永远值得我们铭记。人民军队的历史经验，是艰辛探索得来的，永远需要我们弘扬。人民军队的历史发展，是忠诚担当推动的，永远激励我们向前。中华民族实现伟大复兴，中国人民实现更加美好生活，必须加快把人民军队建设成为世界一流军队。我们要不忘初心、继续前进，坚定不移走中国特色强军之路，把强军事业不断推向前进，努力实现党在新形势下的强军目标。中共中央政治局常委李克强、张德江、俞正声、刘云山、王岐山、张高丽出席大会。

34. 内蒙古自治区成立70周年庆祝大会隆重举行。8月8日下午，内蒙古自治区成立70周年庆祝大会在内蒙古少数民族群众文化体育运动中心隆重举行。中共中央、全国人大常委会、国务院、全国政协、中央军委发来贺电。中共中央政治局常委、全国政协主席、中央代表团团长俞正声出席庆祝大会并讲话。中央代表团副团长刘延东、孙春兰、张平、王正伟、张阳和中央代表团全体成员，以及内蒙古自治区有关负责同志出席了大会。

35. 习近平主持召开中央全面深化改革领导小组第三十八次会议。8月29日下午，中共中央总书记、国家主席、中央军委主席、中央全面深化改革领导小组组长习近平主持召开中央全面深化改革领导小组第三十八次会议并发表重要讲话。他强调，改革是我们进行具有新的历史特点的伟大斗争的重要方面。全面深化改革，必须加强党对改革的领导，必须坚持问题导向，必须狠抓改革落实，必须深化对改革规律的认识和运用。要继续高举改革旗帜，站在更高起点谋划和推进改革，坚定改革定力，增强改革勇气，总结运用好党的十八大以来形成的改革新经验，再接再厉，久久为功，坚定不移将改革进行到底。中共中央政治局常委、中央全面深化改革领导小组副组长李克强、刘云山出席会议。会议审议通过了《关于完善主体功能区战略和制度的若干意见》《关于探索建立涉农资金统筹整合长效机制的意见》《生态环境损害赔偿制度改革方案》《关于建立健全村务监督委员会的指导意见》《关于加强法官检察官正规化专业化职业化建设全面落实司法责任制的意见》《关于上海市开展司法体制综合配套改革试点的框架意见》。会议审议了《关于脱贫攻坚责任制实施办法落实情况的督察报告》《宁夏回族自治区关于空间规划（多规合一）试点工作情况的报告》。

36. 习近平主持召开中央军民融合发展委员会第二次全体会议。9 月 22 日上午，中共中央总书记、国家主席、中央军委主席、中央军民融合发展委员会主任习近平主持召开中央军民融合发展委员会第二次全体会议并发表重要讲话。他强调，推动军民融合发展是一个系统工程，要善于运用系统科学、系统思维、系统方法研究解决问题，既要加强顶层设计又要坚持重点突破，既要抓好当前又要谋好长远，强化需求对接，强化改革创新，强化资源整合，向重点领域聚焦用力，以点带面推动整体水平提升，加快形成全要素、多领域、高效益的军民融合深度发展格局。中共中央政治局常委、中央军民融合发展委员会副主任李克强、刘云山、张高丽出席会议。会议审议通过了《"十三五"国防科技工业发展规划》《关于推动国防科技工业军民融合深度发展的意见》《"十三五"期间推进军事后勤军民融合深度发展的实施意见》《经济建设与国防建设密切相关的建设项目贯彻国防要求管理办法（试行）》，部署了当前和今后一个时期工作。

37. 中共十八届七中全会在京举行。10 月 11 日至 14 日，中国共产党第十八届中央委员会第七次全体会议在北京举行。全会总结了党的十八大以来 5 年的工作。一致认为，这 5 年是党和国家发展进程中极不平凡的 5 年，改革开放和社会主义现代化建设取得了历史性成就。5 年来，以习近平同志为核心的党中央迎难而上、开拓进取，革故鼎新、励精图治，以巨大的政治勇气和强烈的责任担当，进行具有许多新的历史特点的伟大斗争，提出一系列新理念新思想新战略，出台一系列重大方针政策，推出一系列重大举措，推进一系列重大工作，解决了许多长期想解决而没有解决的难题，办成了许多过去想办而没有办成的大事，推动党和国家事业发生历史性变革。5 年来的成就是全方位的、开创性的，5 年来的变革是深层次的、根本性的。这些历史性成就和历史性变革，标志着我国发展站到了新的历史起点上，对党和国家事业发展具有重大而深远的意义。中共中央总书记习近平作重要讲话。会议决定中国共产党第十九次全国代表大会于 10 月 18 日在北京召开。全会听取和讨论了习近平受中央政治局委托作的工作报告。会议讨论并通过了党的十八届中央委员会向中国共产党第十九次全国代表大会的报告，讨论并通过了党的十八届中央纪律检查委员会向中国共产党第十九次全国代表大会的工作报告，讨论并通过了《中国共产党章程（修正案）》，决定将这 3 份文件提请中国共产党第十九次全国代表大会审查和审议。习近平就党的十八届中央委员会向中国共产党第十九次全国代表大会的报告讨论稿向全会作了说明，刘云山就《中国共产党章程（修正案）》讨论稿向全会作了说明。全会审议并通过了中共中央纪律检查委员会关于孙政才、黄兴国、李立国、孙怀山、吴爱英、苏树林、杨焕宁、王三运、项俊波、李云峰、杨崇勇、张喜武、莫建成严重违纪问题的审查报告，审议并通过了中共中央军事委员会关于王建平、田修思严重违纪问题的审查报告。

38. 中国共产党第十九次全国代表大会在京开幕。10 月 18 日上午，举世瞩目的中国共产党第十九次全国代表大会在人民大会堂开幕。习近平代表第十八届中央委员会向大会作了题为《决胜全面建成小康社会　夺取新时代中国特色社会主义伟大胜利》的报告。习近平指出，中国共产党第十九次全国代表大会，是在全面建成小康社会决胜阶段、中国特色社会主义进入新时代的关键时期召开的一次十分重要的大会。大会的主题是：不忘初心，牢记使命，高举中国特色社会主义伟大旗帜，决胜全面建成小康社会，夺取新时代中国特色社会主义伟大胜利，为实现中华民族伟大复兴的中国梦不懈奋斗。大会由李克强主持。习近平代表第十八届中央委员会向大会作的报告共分 13 个部分：一、过去五年的工作和历史性变革；二、新时代中国共产党的历史使命；三、新时代中国特色社会主义思想和基本方略；四、决胜全面建成小康社会，开启全面建设社会主义现代化国家新征程；五、贯彻新发展理念，建设现代化经济体系；六、健全人民当家作主制度体系，发展社会主义民主政治；七、坚定文化自信，推动社会主义文化繁荣兴盛；八、提高保障和改善民生水平，加强和创新社会治理；九、加快生态文明体制改革，建设美丽中国；十、坚持走中国特色强军之路，全面推进国防和军队现代化；十一、坚持“一国两制”，推进祖国统一；十二、坚持和平发展道路，推动构建人类命运共同体；十三、坚定不移全面从严治党，不断提高党的执政能力和领导水平。习近平指出，经过长期努力，中国特色社会主义进入了新时代，这是我国发展新的历史方位。这标志着我国社会主要矛盾已经转化为人民日益增长的美好生活需要和不平衡不充分的发展之间的矛盾。我国社会主要矛盾的变化，没有改变我们对我国社会主义所处历史阶段的判断，我国仍处于并将长期处于社会主义初级阶段的基本国情没有变，我国是世界最大发展中国家的国际地位没有变。习近平用“八个明确”对新时代中国特色社会主义思想进行了阐述。他说，新时代中国特色社会主义思想明确坚持和发展中国特色社会主义，总任务是实现社会主义现代化和中华民族伟大复兴，在全面建成小康社会的基础上，分两步走在本世纪中叶建成富强民主文明和谐美丽的社会主义现代化强国。习近平阐述了构成新时代坚持和发展中国特色社会主义基本方略的“十四条坚持”：坚持党对一切工作的领导；坚持以人民为中心；坚持全面深化改革；坚持新发展理念；坚持人民当家作主；坚持全面依法治国；坚持社会主义核心价值体系；坚持在发展中保障和改善民生；坚持人与自然和谐共生；坚持总体国家安全观；坚持党对人民军队的绝对领导；坚持“一国两制”和推进祖国统一；坚持推动构建人类命运共同体；坚持全面从严治党。习近平在谈到“两个一百年”奋斗目标时说，改革开放之后，我们党对我国社会主义现代化建设作出战略安排，提出“三步走”战略目标。解决人民温饱问题、人民生活总体上达到小康水平这两个目标已提前实现。从现在到二〇二〇年，是全面建成小康社会决胜期。从十九大到二十大，是“两个一百年”奋斗目标的历史交汇期。我们既要全面建成小康社会、实现第一个百年奋斗目标，又要乘势而上开启全面建设社会主义现代化国家新征程，向第二个百年奋斗目标进军。习近平提出，从二〇二〇年到本世纪中叶可以分两个阶段来安排。第一个阶段，从二〇二〇年到二〇三五年，在全面建成小康社会的基础上，再奋斗十五年，基本实现社会主义现代化。第二个阶段，从二〇三五年到本世纪中叶，在基本实现现代化的基础上，再奋斗十五年，把我国建成富强民主文明和谐美丽的社会主义现代化强国。习近平提出了新时代党的建设总要求以及必须抓好的八个方面重要任务：把党的政治建设摆在首位；用新时代中国特色社会主义思想武装全党；建设高素质专业化干部队伍；加强基层组织建设；持之以恒正风肃纪；夺取反腐败斗争压倒性胜利；健全党和国家监督体系；全面增强执政本领。

39. 中国共产党第十九次全国代表大会在京闭幕。10月24日上午，中国共产党第十九次全国代表大会在选举产生新一届中央委员会和中央纪律检查委员会，通过关于十八届中央委员会报告的决议、关于十八届中央纪律检查委员会工作报告的决议、关于《中国共产党章程（修正案）》的决议后，在人民大会堂胜利闭幕。大会号召，全党全国各族人民要紧密团结在以习近平同志为核心的党中央周围，高举中国特色社会主义伟大旗帜，认真学习贯彻习近平新时代中国特色社会主义思想，锐意进取，埋头苦干，为实现推进现代化建设、完成祖国统一、维护世界和平与促进共同发展三大历史任务，为决胜全面建成小康社会、夺取新时代中国特色社会主义伟大胜利、实现中华民族伟大复兴的中国梦、实现人民对美好生活的向往继续奋斗。习近平同志主持大会并发表重要讲话。习近平强调，中国共产党人的初心和使命，就是为中国人民谋幸福，为中华民族谋复兴。这个初心和使命是激励中国共产党人不断前进的根本动力。全党同志一定要永远与人民同呼吸、共命运、心连心，永远把人民对美好生活的向往作为奋斗目标，以永不懈怠的精神状态和一往无前的奋斗姿态，继续朝着实现中华民族伟大复兴的宏伟目标奋勇前进。全党要紧密团结在党中央周围，高举中国特色社会主义伟大旗帜，解放思想，改革创新，锐意进取，埋头苦干，带领全国各族人民为实现党的十九大确定的目标任务而奋斗。大会选举后，现任和曾任全国人大常委会副委员长、全国政协副主席的党外人士，在京各民主党派中央、全国工商联副主席，无党派代表人士，宗教界代表人士，在京全国人大、全国政协常委中的民主党派、无党派和民族宗教界人士作为来宾列席大会。党内有关负责同志也列席了大会。

40. 党的十九届一中全会产生中央领导机构，习近平任中共中央总书记中央军委主席。10月25日，中国共产党第十九届中央委员会第一次全体会议在北京举行。习近平、李克强、栗战书、汪洋、王沪宁、赵乐际、韩正任中央政治局常委。习近平同志主持会议并在当选中共中央委员会总书记后作了重要讲话。全会选举了中央政治局委员、中央政治局常务委员会委员、中央委员会总书记；根据中央政治局常务委员会的提名，通过了中央书记处成员，决定了中央军事委员会组成人员；批准了十九届中央纪律检查委员会第一次全体会议选举产生的书记、副书记和常务委员会委员人选。

41. 十九届中共中央政治局召开会议。10月27日，十九届中共中央政治局召开会议，研究部署学习宣传贯彻党的十九大精神，审议《中共中央政治局关于加强和维护党中央集中统一领导的若干规定》和《中共中央政治局贯彻落实中央八项规定的实施细则》。中共中央总书记习近平主持会议。会议强调，党中央集中统一领导是党的领导的最高原则，从根本上关乎党和国家前途命运、关乎人民根本利益。加强和维护党中央集中统一领导是全党共同的政治责任，首先是中央领导层的政治责任。中央政治局要带头树立政治意识、大局意识、核心意识、看齐意识，严格遵守党章和党内政治生活准则，全面落实党的十九大关于加强和维护党中央集中统一领导的各项要求，自觉在以习近平同志为核心的党中央集中统一领导下履行职责、开展工作，坚决维护习近平总书记作为党中央的核心、全党的核心的地位，凝聚全党意志，激发全国各族人民充满信心朝着实现“两个一百年”奋斗目标、建设社会主义现代化强国、实现中华民族伟大复兴中国梦的宏伟目标奋勇前进。会议一致同意中央政治局关于加强和维护党中央集中统一领导的若干规定。会议认为，作风建设永远在路上。贯彻执行中央八项规定是关系我们党会不会脱离群众，能不能长期执政、能不能很好履行执政使命的大问题。会议指出，修订后的实施细则，坚持以习近平新时代中国特色社会主义思想为指导，贯彻落实党的十九大对党的作风建设的新部署新要求，坚持问题导向，根据这几年中央八项规定实施过程中遇到的新情况新问题，着重对改进调查研究、精简会议活动、精简文件简报、规范出访活动、改进新闻报道、厉行勤俭节约等方面内容作了进一步规范、细化和完善，更加切合工作实际，增强了指导性和可操作性。中央政治局的同志要带头弘扬党的优良作风，严格执行中央八项规定，为全党作出表率。会议强调，学习宣传贯彻党的十九大精神是当前和今后一段时期全党全国的首要政治任务。要把全党全国各族人民思想统一到党的十九大精神上来，把力量凝聚到实现党的十九大确定的各项任务上来。会议强调，要把学习党的十九大精神作为党的理论武装工作的重点任务，面向全体党员开展多形式、分层次、全覆盖的学习培训，要组织开展内容丰富、形式多样的宣传教育活动，广泛吸引干部群众积极参与，在全社会形成学习贯彻党的十九大精神的浓厚氛围，要加强对外宣传，针对国际社会关切，积极宣介党的十九大精神。会议指出，要组织开展集中宣讲活动，推动党的十九大精神进企业、进农村、进机关、进校园、进社区、进军营、进网站，推动党的理论创新成果走近群众，凝聚党心民心、扩大社会共识。

42. 十九届中共中央政治局进行第一次集体学习。10 月 27 日上午，十九届中共中央政治局就深入学习贯彻党的十九大精神进行第一次集体学习。中共中央总书记习近平在主持学习时强调，党的十九大在政治上、理论上、实践上取得了一系列重大成果，就新时代坚持和发展中国特色社会主义的一系列重大理论和实践问题阐明了大政方针，就推进党和国家各方面工作制定了战略部署，是我们党在新时代开启新征程、续写新篇章的政治宣言和行动纲领。贯彻落实党的十九大精神，在新时代坚持和发展中国特色社会主义，要求全党来一个大学习。李克强、栗战书、汪洋、王沪宁、赵乐际、韩正就深刻领会和贯彻落实党的十九大精神谈了体会。中共中央政治局各位同志认真听取了他们的意见。

43. 中共中央关于认真学习宣传贯彻党的十九大精神的决定。11 月 1 日，为深入学习宣传贯彻党的十九大精神，把全党全国各族人民的思想统一到党的十九大精神上来，把力量凝聚到党的十九大确定的各项任务上来，中共中央作出关于认真学习宣传贯彻党的十九大精神的决定。决定包括五个部分：一、充分认识学习宣传贯彻党的十九大精神的重大意义；二、全面准确学习领会党的十九大精神；三、认真做好党的十九大精神的学习宣传；四、弘扬理论联系实际的学风，切实提高解决问题、推动发展的能力；五、切实加强组织领导。

44. 习近平会见全国精神文明建设表彰大会代表。11 月 17 日，全国精神文明建设表彰大会在京举行。中共中央总书记、国家主席、中央军委主席习近平在人民大会堂亲切会见参加大会的新一届全国文明城市、文明村镇、文明单位、文明校园、未成年人思想道德建设工作先进代表和全国道德模范代表，向全体代表表示热烈的祝贺，勉励他们再接再厉，在社会主义精神文明建设中再立新功、作出表率。中共中央政治局常委、中央文明委主任王沪宁参加会见并出席表彰大会。王沪宁在表彰大会上讲话。

45. 习近平主持召开十九届中央全面深化改革领导小组第一次会议并发表重要讲话。11 月 20 日下午，中共中央总书记、国家主席、中央军委主席、中央全面深化改革领导小组组长习近平主持召开十九届中央全面深化改革领导小组第一次会议并发表重要讲话。他强调，过去几年来改革已经大有作为，新征程上改革仍大有可为。各地区各部门学习贯彻党的十九大精神，要注意把握蕴含其中的改革精神、改革部署、改革要求，接力探索，接续奋斗，坚定不移将改革推向前进。李克强、张高丽、汪洋、王沪宁出席会议。会议审议通过了《关于建立国务院向全国人大常委会报告国有资产管理情况的制度的意见》《关于加强贫困村驻村工作队选派管理工作的指导意见》《农村人居环境整治三年行动方案》《关于在湖泊实施湖长制的指导意见》《全面深化新时代教师队伍建设改革的意见》《关于拓展农村宅基地制度改革试点的请示》《关于改革完善全科医生培养与使用激励机制的意见》《中央团校改革方案》《关于立法中涉及的重大利益调整论证咨询的工作规范》《关于争议较大的重要立法事项引入第三方评估的工作规范》《关于加强知识产权审判领域改革创新若干问题的意见》《关于贯彻落实党的十九大精神坚定不移将改革推向深入的工作意见》《中央全面深化改革领导小组工作总结》《中央全面深化改革领导小组工作规则（修订稿）》《中央全面深化改革领导小组专项小组工作规则（修订稿）》《中央全面深化改革领导小组办公室工作细则（修订稿）》。会议审议了《关于加大督察力度狠抓改革落实情况的报告》。

46. 习近平出席中国共产党与世界政党高层对话会开幕式并发表主旨讲话。12 月 1 日，中共中央总书记、国家主席习近平在人民大会堂出席中国共产党与世界政党高层对话会开幕式，并发表题为《携手建设更加美好的世界》的主旨讲话，强调政党要顺应时代发展潮流、把握人类进步大势、顺应人民共同期待，志存高远、敢于担当，自觉担负起时代使命。中国共产党将一如既往为世界和平安宁、共同发展、文明交流互鉴作贡献。习近平指出，中国共产党是为中国人民谋幸福的党，也是为人类进步事业而奋斗的党。我们要把自己的事情做好，这本身就是对构建人类命运共同体的贡献。我们也要通过推动中国发展给世界创造更多机遇。我们不“输入”外国模式，也不“输出”中国模式，不会要求别国“复制”中国的做法。第一，中国共产党将一如既往为世界和平安宁作贡献。第二，中国共产党将一如既往为世界共同发展作贡献。第三，中国共产党将一如既往为世界文明交流互鉴作贡献。

47. 省部级干部学习贯彻习近平新时代中国特色社会主义思想和党的十九大精神研讨班在京举办。12 月 6 日上午，省部级干部学习贯彻习近平新时代中国特色社会主义思想和党的十九大精神集中轮训第一期研讨班在中央党校开班，中共中央政治局常委、中央书记处书记王沪宁出席开班式并讲话。他表示，领导干部要增强学习贯彻习近平新时代中国特色社会主义思想和党的十九大精神的思想自觉和行动自觉，在学懂弄通做实上下功夫、作表率，牢固树立“四个意识”，坚决维护习近平总书记在党中央和全党的核心地位，在政治立场、政治方向、政治原则、政治道路上同以习近平同志为核心的党中央保持高度一致，为夺取新时代中国特色社会主义伟大胜利不懈奋斗。

48. 中共中央政治局召开会议。12 月 8 日，中共中央政治局召开会议，分析研究 2018 年经济工作。中共中央总书记习近平主持会议。会议指出，2018 年是贯彻党的十九大精神的开局之年，是改革开放 40 周年，是决胜全面建成小康社会、实施“十三五”规划承上启下的关键一年。做好明年经济工作，要全面贯彻党的十九大精神，以习近平新时代中国特色社会主义思想为指导，加强党对经济工作的领导，坚持稳中求进工作总基调，坚持新发展理念，紧扣我国社会主要矛盾变化，按照高质量发展的要求，统筹推进“五位一体”总体布局和协调推进“四个全面”战略布局，坚持以供给侧结构性改革为主线，统筹推进稳增长、促改革、调结构、惠民生、防风险各项工作，大力推进改革开放，创新和完善宏观调控，推动质量变革、效率变革、动力变革，在打好防范化解重大风险、精准脱贫、污染防治的攻坚战方面取得扎实进展，引导和稳定预期，加强和改善民生，促进经济社会持续健康发展。会议强调，稳中求进工作总基调是治国理政的重要原则，要长期坚持。

49. 中共中央政治局进行第二次集体学习。12 月 8 日下午，中共中央政治局就实施国家大数据战略进行第二次集体学习。中共中央总书记习近平在主持学习时强调，大数据发展日新月异，我们应该审时度势、精心谋划、超前布局、力争主动，深入了解大数据发展现状和趋势及其对经济社会发展的影响，分析我国大数据发展取得的成绩和存在的问题，推动实施国家大数据战略，加快完善数字基础设施，推进数据资源整合和开放共享，保障数据安全，加快建设数字中国，更好服务我国经济社会发展和人民生活改善。

50. 中央经济工作会议在北京举行。12 月 18 日至 20 日，中央经济工作会议在北京举行。中共中央总书记、国家主席、中央军委主席习近平，中共中央政治局常委、国务院总理李克强，国务院副总理张高丽，中共中央政治局常委栗战书、汪洋、王沪宁、赵乐际、韩正出席会议。习近平在会上发表重要讲话，总结党的十八大以来我国经济发展历程，分析当前经济形势，部署 2018 年经济工作。李克强在讲话中对明年经济工作作出具体部署，并作了总结讲话。会议指出，2018 年是贯彻党的十九大精神的开局之年，是改革开放 40 周年，是决胜全面建成小康社会、实施“十三五”规划承上启下的关键一年。做好明年经济工作，要全面贯彻党的十九大精神，以习近平新时代中国特色社会主义思想为指导，加强党对经济工作的领导，坚持稳中求进工作总基调，坚持新发展理念，紧扣我国社会主要矛盾变化，按照高质量发展的要求，统筹推进“五位一体”总体布局和协调推进“四个全面”战略布局，坚持以供给侧结构性改革为主线，统筹推进稳增长、促改革、调结构、惠民生、防风险各项工作，大力推进改革开放，创新和完善宏观调控，推动质量变革、效率变革、动力变革，在打好防范化解重大风险、精准脱贫、污染防治的攻坚战方面取得扎实进展，引导和稳定预期，加强和改善民生，促进经济社会持续健康发展。会议强调，稳中求进工作总基调是治国理政的重要原则，要长期坚持。会议确定，按照党的十九大的要求，今后 3 年要重点抓好决胜全面建成小康社会的防范化解重大风险、精准脱贫、污染防治三大攻坚战。会议指出，要围绕推动高质量发展，做好 8 项重点工作。一是深化供给侧结构性改革。二是激发各类市场主体活力。三是实施乡村振兴战略。四是实施区域协调发展战略。五是推动形成全面开放新格局。六是提高保障和改善民生水平。七是加快建立多主体供应、多渠道保障、租购并举的住房制度。八是加快推进生态文明建设。会议号召，全党全国要紧密团结在以习近平同志为核心的党中央周围，锐意进取，埋头苦干，扎扎实实做好各项工作，确保经济工作明年开好局、起好步。

51. 中央农村工作会议在北京举行。12 月 28 日至 29 日，中央农村工作会议在北京举行。会议深入贯彻党的十九大精神、习近平新时代中国特色社会主义思想，全面分析“三农”工作面临的形势和任务，研究实施乡村振兴战略的重要政策，部署 2018 年和今后一个时期的农业农村工作。习近平在会上发表重要讲话，总结党的十八大以来我国“三农”事业的历史性成就和变革，深刻阐述实施乡村振兴战略的重大问题，对贯彻落实提出明确要求。李克强在讲话中对实施乡村振兴战略的重点任务作出具体部署。汪洋在会议结束时作总结讲话。

二、多党合作及协商民主建设

1. 俞正声主持召开全国政协党组会议。1 月 11 日上午，中共政协第十二届全国委员会党组召开会议，学习贯彻习近平总书记在十八届中央纪委七次全会上的重要讲话和全会精神。中共中央政治局常委、全国政协主席、党组书记俞正声主持会议并讲话。会议指出，要以党章为根本遵循、以党规党纪为根本准绳，以习近平总书记提出的“十个必须”为根本要求，牢固树立政治意识、大局意识、核心意识、看齐意识，不断提高政治定力和政治把握能力，坚决维护以习近平同志为核心的党中央集中统一领导。会议强调，全国政协要深入学习贯彻习近平总书记的重要讲话精神，深入学习贯彻党的十八届六中全会精神和中纪委七次全会精神，把党风廉政建设和反腐败斗争继续引向深入。一要坚定不移推进反腐败斗争。二要坚决执行中央八项规定。三要严格遵守换届纪律。四要认真贯彻中央关于规范党和国家领导人有关待遇的规定，加强自我约束。五要认真筹备组织全国政协十二届五次会议。全国政协副主席、党组成员杜青林、张庆黎、李海峰、陈元、卢展工、王家瑞、马飚出席会议。

2. 全国政协召开双周协商座谈会。1 月 12 日下午，全国政协在京召开第 61 次双周协商座谈会，围绕“提升中华老字号品牌质量”建言献策。全国政协主席俞正声主持会议并讲话。全国政协委员刘凡、张海涛、张红力、金建华、李玉光、刘长庚、汪苹、冯平、刘文伟、张连起、张其成、高鹰忠、张彦森、黄淑和，以及企业家代表梅群、张健在座谈会上发言。俞正声认真听取意见，不时与大家交流。商务部副部长房爱卿介绍了有关情况。文化部副部长项兆伦、国家工商总局副局长刘俊臣等与委员互动交流。全国政协副主席杜青林、韩启德、张庆黎、王家瑞、马飚出席座谈会。

3. 全国统战部长会议召开。1 月 16 日，全国统战部长会议在京召开。中共中央政治局常委、全国政协主席俞正声出席会议并讲话，强调要认真学习贯彻党的十八届六中全会精神，坚决维护以习近平同志为核心的党中央权威，深入推进党中央关于统一战线决策部署的贯彻落实，把统战工作提高到一个新水平，为党的十九大胜利召开凝聚智慧和力量。俞正声对过去一年统战工作给予充分肯定，强调为党的十九大召开营造良好氛围，是今年统战工作必须紧扣的中心，要扎实做好广泛凝聚共识、服务经济社会发展、维护社会和谐稳定的工作。要牢固树立“四个意识”，认真学习、理解和贯彻中央的方针，坚决执行党中央的各项政策，切实执行请示报告制度，坚定不移把维护以习近平同志为核心的党中央权威落实到行动中，落实到各项工作中。俞正声指出，统一战线的大政方针已经明确，关键要抓好落实。要推动各级党委和政府认真落实促进非公有制经济发展的各项政策措施，引导非公有制经济人士始终保持发展的信心和定力。要巩固和发展新疆、西藏社会稳定局面，从长计议，作出特别的努力，不能有丝毫的松懈和麻痹。要坚持平等对待、依法治理，深入做好少数民族流动人口服务和管理工作。要严格标准、严格程序、严肃纪律，做好换届工作。俞正声强调，统一战线是一门科学，有其自身规律。统战工作的主体是各级党组织，要把党的建设和统战工作统筹协调，一起推进。统战工作的本质是扩大共识，必须照顾同盟者利益，关注统一战线成员的思想和精神需求，积极为党外人士发挥作用搭建舞台。统战工作的核心是掌握政策，要善于运用政策协调关系，注重运用政策研究解决实际问题。统战工作的关键是把握好度，要把处理统一战线中一致性与多样性的关系放在具体条件下去考量，放在大局中去权衡。统战工作的重要方式是联谊交友，要交流思想、交换看法，在平等交谈中增进感情、增进共识。中共中央政治局委员、中央统战部部长孙春兰主持会议并讲话。

4. 俞正声主持召开全国政协第五十三次主席会议。1 月 20 日下午，全国政协主席俞正声主持召开政协第十二届全国委员会第五十三次主席会议，为召开政协第十二届全国委员会第五次会议作准备。会议要求，要认真学习贯彻习近平总书记关于人民政协工作的重要指示，始终坚持中国共产党的领导，把坚持和发展中国特色社会主义作为巩固共同思想政治基础的主轴，把围绕“十三五”规划实施建言献策作为工作主线，认真做好团结工作，精心筹备组织好政协第十二届全国委员会第五次会议，以优异成绩迎接中国共产党十九大胜利召开。全国政协副主席杜青林、韩启德、林文漪、罗富和、何厚铧、李海峰、陈元、卢展工、周小川、王家瑞、王正伟、马飚、齐续春、陈晓光、马培华、刘晓峰、王钦敏出席会议。

5. 习近平同党外人士共迎新春。1 月 22 日，中共中央总书记、国家主席、中央军委主席习近平在人民大会堂同各民主党派中央、全国工商联负责人和无党派人士代表欢聚一堂，共迎佳节。习近平代表中共中央，向各民主党派、工商联和无党派人士，向统一战线广大成员，致以诚挚的问候和新春的祝福。中共中央政治局常委、全国政协主席俞正声，中共中央政治局常委、国务院副总理张高丽出席。民革中央主席万鄂湘、民盟中央主席张宝文、民建中央主席陈昌智、民进中央主席严隽琪、农工党中央主席陈竺、致公党中央主席万钢、九三学社中央主席韩启德、台盟中央主席林文漪、全国工商联主席王钦敏和无党派人士代表郭雷、苏士澍等应邀出席。应邀出席的还有全国政协副主席董建华、何厚铧，已退出领导岗位的各民主党派中央、全国工商联原主席、第一副主席和常务副主席。林文漪代表各民主党派中央、全国工商联和无党派人士致辞。习近平发表了重要讲话。他强调，过去的一年，我们对统一战线重大工作和重点问题进行了谋划，特别是对中共中央关于统一战线重大决策部署贯彻落实情况开展了全国范围的调研检查，统一战线呈现出团结、振奋、活跃的良好局面。各民主党派、工商联和无党派人士履行职责、奋发有为，同中国共产党一道，推动统一战线和多党合作事业向前发展，为改革发展稳定大局贡献了智慧和力量。习近平提出3点希望。一是希望同志们积极为中共十九大召开营造良好氛围，坚持中国共产党的领导，深入开展“不忘合作初心，继续携手前进”专题教育，教育引导广大成员增强“四个意识”，把思想和行动统一到中共中央对国际国内形势的判断上来，把智慧和力量凝聚到中共中央决策部署上来。二是希望同志们紧紧围绕改革发展稳定大局履职尽责，以改革创新的精神、求真务实的作风，围绕“十三五”规划实施建言献策，就贯彻落实新发展理念、经济社会发展、全面深化改革、推动创新创造重大问题，围绕中共中央高度重视、社会各界普遍关注、基层群众最为关切的难点问题，深入调查研究，多谋良策、多出实招。三是希望同志们把政治交接贯穿换届工作全过程，坚持德才兼备、以德为先的选人用人导向，做好人选酝酿、民主推荐、沟通协商、人选考察等各项工作。习近平强调，越是任务艰巨，越要全国上下团结一心、砥砺前行。中共各级党委要为民主党派、工商联和无党派人士履行职能提供支持，认真听取和积极采纳党外人士意见和建议，协助民主党派加强自身建设。孙春兰、栗战书，各民主党派中央、全国工商联有关负责人，中央有关部门负责同志参加活动。

6. 俞正声同全国性宗教团体负责人迎春座谈。1月24日，中共中央政治局常委、全国政协主席俞正声邀请全国性宗教团体负责人座谈，共庆新春佳节，并代表中共中央和习近平总书记向全国宗教界人士和广大信教群众致以新春的祝福。俞正声在听取各宗教团体负责人发言后说，2016年是中华民族伟大复兴征程中十分重要的一年，也是宗教工作极为重要的一年，党中央、国务院召开了全国宗教工作会议，习近平总书记发表重要讲话，深刻阐述了宗教工作重大理论和实践问题，为做好宗教工作提供了根本遵循。各全国性宗教团体积极服务经济社会发展，相继完成换届、实现新老交替，宗教工作进入了一个全新的阶段。中共中央政治局委员、国务院副总理刘延东，中共中央政治局委员、中央统战部部长孙春兰等出席座谈会。

7. 全国政协召开双周协商座谈会。2月16日下午，全国政协在京召开第六十二次双周协商座谈会，围绕“办好学前教育”建言献策。全国政协主席俞正声主持会议并讲话。全国政协委员朱永新、李卫红、胡卫、卫小春、钟秉林、罗黎辉、杨建德、汤素兰、刘焱、杨文、陈自力、卢天锡、高美琴、张杰庭、祝连庆，以及专家学者庞丽娟、李丁丁在座谈会上发言。全国政协对学前教育问题十分关注。会前，民进中央、全国政协教科文卫体委员会组织了专题调研。全国政协副主席罗富和、张庆黎出席座谈会。

8. 中共中央举行民主协商会。2月22日，受中共中央委托，中共中央政治局常委、全国政协主席俞正声主持召开民主协商会，就增选全国政协领导成员的人选，向各民主党派中央、全国工商联领导人和无党派人士通报情况，听取意见，进行协商。

9. 全国新的社会阶层人士统战工作会议召开。2月23日至24日，全国新的社会阶层人士统战工作会议在京召开。中共中央政治局常委、全国政协主席俞正声出席会议并讲话，强调要深入贯彻习近平总书记系列重要讲话精神，认真落实中央统战工作会议精神和《中国共产党统一战线工作条例（试行）》，推动新的社会阶层人士统战工作全面深入开展。俞正声指出，改革开放以来，我国所有制形式、社会治理方式、社会分工和产业结构发生了深刻变化，出现了许多新的社会阶层人士，他们是建设中国特色社会主义事业的重要力量。加强对新的社会阶层人士的团结引导，增进政治认同，坚定中国特色社会主义道路自信、理论自信、制度自信、文化自信，是新形势下我们党治国理政必须妥善解决的现实课题。各级党委要从全局和战略的高度，切实增强责任感和使命感，将他们纳入工作视野，不断扩大团结面。俞正声强调，做好新的社会阶层人士统战工作，关键是牢牢坚持“充分尊重、广泛联系、加强团结、热情帮助、积极引导”的方针，科学把握工作原则，明确目标要求，不断提升工作水平。要坚持党的领导，依靠党的基层组织，通过团结引导、联谊交友等方式，使他们更加拥护中国特色社会主义道路。中共中央政治局委员、中央统战部部长孙春兰主持会议并作总结讲话。

10. 全国政协十二届五次会议在京开幕。3 月 3 日下午，中国人民政治协商会议第十二届全国委员会第五次会议在人民大会堂开幕。俞正声代表政协第十二届全国委员会常务委员会作工作报告。俞正声从 7 个方面总结了过去一年人民政协的工作。他说，中共十八届六中全会深刻分析全面从严治党的形势和任务，就新形势下加强党的建设作出新的重大部署，正式明确习近平总书记的核心地位，体现了党和人民的根本利益，对保证党和国家兴旺发达、长治久安，具有十分重大而深远的意义。俞正声指出，2017 年是实施“十三五”规划的重要一年、推进供给侧结构性改革的深化之年，中国共产党将召开第十九次全国代表大会。人民政协工作的总体要求是：全面贯彻落实中共十八大和十八届三中、四中、五中、六中全会精神，深入学习贯彻习近平总书记系列重要讲话精神和治国理政新理念新思想新战略，坚持统筹推进“五位一体”总体布局和协调推进“四个全面”战略布局，坚持稳中求进工作总基调，牢固树立和贯彻落实新发展理念，组织参加人民政协的各党派团体、各族各界人士，围绕团结和民主两大主题，认真履行政治协商、民主监督、参政议政职能，把坚持和发展中国特色社会主义作为巩固共同思想政治基础的主轴，把围绕“十三五”规划实施建言献策作为工作主线，着力做好思想引导、汇聚力量、议政建言、服务大局的各项工作，促进经济平稳健康发展和社会和谐稳定，以优异成绩迎接中国共产党十九大胜利召开。俞正声强调，中共十八大以来，以习近平同志为核心的中共中央着眼统筹推进“五位一体”总体布局和协调推进“四个全面”战略布局、发展社会主义民主政治，高度重视发挥人民政协民主监督重要作用，提出一系列新思想新观点新要求。中共十八届六中全会对支持和保证人民政协依章程进行民主监督作出部署，中共中央办公厅印发《关于加强和改进人民政协民主监督工作的意见》。这些都为新形势下政协民主监督提供了基本遵循。他说，政协十二届四次会议以来，政协委员、政协各参加单位和各专门委员会，紧密团结在以习近平同志为核心的中共中央周围，贯彻落实新发展理念，围绕“十三五”规划的实施，深入调查研究，积极建言献策，提交提案 5769 件。经审查，立案 4279 件。截至 2017 年 2 月 20 日，99.84%的提案已经办复。

11. 脱贫攻坚民主监督工作座谈会在京召开。3 月 27 日，脱贫攻坚民主监督工作座谈会在京召开。中共中央政治局常委、全国政协主席俞正声主持会议并讲话，强调要深入贯彻习近平总书记系列重要讲话精神和治国理政新理念新思想新战略，充分认识开展脱贫攻坚民主监督的重要性，不断增强脱贫攻坚民主监督的针对性和实效性，为打赢脱贫攻坚战作出更大贡献。俞正声指出，民主监督是社会主义监督体系的重要组成部分，也是多党合作的重要制度安排，这项工作搞好了，对于彰显我国多党合作和政治协商制度的优势和特色、发展社会主义民主政治，具有重要意义。特别是在脱贫攻坚决战决胜阶段，开展民主监督是推动以习近平同志为核心的中共中央决策部署贯彻落实的重要举措，是人民政协献计出力的生动实践，是各民主党派履行职能的着力重点。俞正声强调，脱贫攻坚民主监督的性质是政治监督，本质上是一种协商式监督。要坚持正确政治方向，树立“公、和、诚、实”的理念，通过开展脱贫攻坚民主监督，深切感受中国共产党心系群众、改善民生的决心和努力，进一步增强“四个意识”“四个自信”，更加坚定地走中国特色社会主义政治发展道路。开展脱贫攻坚民主监督，要坚持鲜明问题导向，直面现实问题，做到敢监督、真监督，围绕精准识别、精准施策、精准脱贫等重点工作，力求把情况摸清、把政策吃透、把问题看准。要提出管用的意见建议，针对带有地区性特点的问题和贫困地区带有普遍性的问题，从不同层面加强研究，提出解决的思路和对策。会上，严隽琪、万鄂湘、张宝文、陈竺、韩启德、万钢、林文漪、马培华作了发言，就开展好脱贫攻坚民主监督工作提出意见建议。汪洋、孙春兰出席会议并讲话，杜青林、张庆黎出席会议。

12. 全国政协召开双周协商座谈会。3 月 30 日下午，全国政协在京召开第六十三次双周协商座谈会，围绕“优化电子商务监管”建言献策。中共中央政治局常委、全国政协主席俞正声主持会议并讲话。全国政协委员石军、程红、杨志明、徐一帆、陈小平、刘平均、陈健、骆沙鸣、徐向东、梅兴保、谢渡扬、蓝逢辉、徐晓兰、曾蓉，以及专家学者徐显明、刘强东、马云等在座谈会上发言。全国政协对优化电子商务监管问题十分关注。会前，全国政协经济委员会组织委员先后赴浙江、北京等地开展了专题调研。全国政协副主席杜青林、张庆黎、陈元、王钦敏出席座谈会。

13. 全国政协召开双周协商座谈会。4 月 13 日下午，全国政协在京召开第六十四次双周协商座谈会，围绕“培养爱国爱教的宗教界中青年代表人士”建言献策。全国政协主席俞正声主持会议并讲话。全国政协委员学诚、李光富、杨发明、马英林、傅先伟、朱维群、王学仁、杨松、珠康・土登克珠、刘元龙、张风雷、罗一民、雷春美、程振山、贺军科，专家学者董美琴、王驰在座谈会上发言。全国政协副主席帕巴拉・格列朗杰会前专门提交了书面发言。全国政协十分关注宗教界中青年代表人士队伍建设问题。去年，全国政协民族和宗教委员会组织委员先后在北京、上海、福建等地开展了专题调研。全国政协副主席张庆黎、王家瑞、马飚出席座谈会。

14. 全国政协召开双周协商座谈会。4 月 27 日下午，全国政协在京召开第六十五次双周协商座谈会，围绕“水污染防治法修订”建言献策。全国政协主席俞正声主持会议并讲话。全国政协委员吕忠梅、郑心穗、李原园、温香彩、杨天怡、王俊峰、朱征夫、周健民、朱专兴、汪利民、沈奎林、施中岩、程萍、陈星莺、高吉喜，专家学者汪劲、郑丙辉在座谈会上发言。俞正声认真听取意见，不时与大家交流。国务院法制办副主任刘炤介绍了有关情况。环保部副部长黄润秋、水利部副部长陆桂华、农业部副部长张桃林等与委员互动交流。全国政协委员十分关注水污染防治问题，一些委员连续多年通过提案等形式，建议修订水污染防治法。今年，民革中央、全国政协社会和法制委员会组织“水污染防治法修订”专题调研组赴湖北、广东两省多地开展调研。全国政协副主席杜青林、张庆黎、卢展工、陈晓光出席座谈会。

15. 全国政协召开双周协商座谈会。5 月 11 日下午，全国政协在京召开第六十六次双周协商座谈会，围绕“加强垃圾无害化处理”建言献策。全国政协主席俞正声主持会议并讲话。全国政协委员张基尧、朱奕龙、梁伟华、黄国柱、关凯、张茵、叶惠丽、董配永、陶夏新、王尚旭、梁平、杜时贵、杨兴平、孙朝晖，专家学者刘建国、吕彩霞、沈国军在座谈会上发言。俞正声认真听取意见，不时与大家交流。全国政协副主席万钢在座谈会上讲了意见。住房和城乡建设部部长陈政高介绍了有关情况。国家发展和改革委员会副主任张勇、环境保护部副部长赵英民、住房和城乡建设部副部长倪虹等与委员互动交流。全国政协对加强垃圾无害化处理问题十分关注。会前，致公党中央、全国政协人口资源环境委员会组织了专题调研。全国政协副主席罗富和、张庆黎出席座谈会。

16. 俞正声主持召开全国政协第五十九次主席会议。5 月 18 日下午，全国政协主席俞正声主持召开政协第十二届全国委员会第五十九次主席会议并讲话。会议审议通过了全国政协十二届常委会第二十一次会议议程（草案）和日程、有关人事事项（草案），上述草案将提请第二十一次常委会议审议。全国政协十二届常委会第二十一次会议将于 6 月下旬在京召开，常委会组成人员将围绕“深化供给侧结构性改革，促进经济平稳健康发展”建言献策。会议原则通过了《政协全国委员会双周协商座谈会工作规则》。会议强调，双周协商座谈会是十二届全国政协在继承历史传统基础上，为充分发挥人民政协作为协商民主重要渠道和专门协商机构作用，丰富协商形式、增加协商密度、提升协商成效，更好地履行政协职能而创新发展形成的重要协商平台，将这项工作用制度固定下来、坚持下去很有必要。全国政协副主席兼秘书长张庆黎，全国政协常务副秘书长潘立刚，中共中央统战部常务副部长张裔炯，分别就有关议题作了说明。全国政协副主席杜青林、韩启德、万钢、林文漪、罗富和、李海峰、陈元、卢展工、周小川、王家瑞、王正伟、马飚、齐续春、陈晓光、马培华、刘晓峰、王钦敏出席会议。

17. 全国政协召开“坚定文化自信，讲好中国故事”专题协商会。5 月 23 日，全国政协在京召开“坚定文化自信，讲好中国故事”专题协商会。中共中央政治局常委、全国政协主席俞正声主持会议并讲话。中共中央政治局委员、中央书记处书记、中宣部部长刘奇葆出席会议并讲话。30 位委员和地方代表、专家学者在会上发言，对坚定文化自信、讲好中国故事提出意见建议。中宣部常务副部长黄坤明介绍有关情况。中央网信办、教育部、文化部、国家新闻出版广电总局等部门负责同志与委员互动交流。中共中央、国务院有关部门和单位的负责同志到会听取意见建议。中共中央书记处书记、全国政协副主席杜青林主持上午的会议。全国政协副主席韩启德、林文漪、罗富和、何厚铧、张庆黎、卢展工、王正伟、马飚、陈晓光、刘晓峰出席会议。

18. 全国政协召开双周协商座谈会。5 月 25 日下午，全国政协在京召开第六十七次双周协商座谈会，围绕“完善住宅房地产调控，有序推进新型城镇化建设”建言献策。全国政协主席俞正声主持会议并讲话。全国政协委员赖明、刘世锦、郭允冲、王文娅、刘红宇、王滨、闫冰竹、许家印、王济光、徐钧健、徐玖平、徐念沙、蔡玲，以及专家学者辜胜阻、企业家代表王石在座谈会上发言。俞正声认真听取意见，不时与大家交流。全国政协副主席梁振英也讲了意见。住房和城乡建设部部长陈政高介绍了有关情况。财政部部长助理戴柏华、国土资源部副部长赵龙、中国人民银行行长助理张晓慧、住房和城乡建设部副部长陆克华等与委员互动交流。会前，民建中央和全国政协提案委员会组织了专题调研。全国政协副主席杜青林、张庆黎、马培华出席座谈会。

19. 俞正声主持召开调研协商座谈会。6 月 1 日，中共中央政治局常委、全国政协主席俞正声在京主持召开调研协商座谈会，邀请民革中央、农工党中央、致公党中央、台盟中央负责人和无党派人士代表，围绕深入推进“一带一路”建设建言献策。中共中央政治局委员、中央统战部部长孙春兰出席。俞正声就一些问题与大家进行了探讨。他指出，“一带一路”建设，是以习近平同志为核心的中共中央统筹国内国际两个大局，着眼实现“两个一百年”奋斗目标和中华民族伟大复兴中国梦，提出的重大战略。服务“一带一路”建设，是统一战线的重要政治任务，民主党派、无党派人士要加强“一带一路”重点课题调查研究，积极献计出力。外交部、国家发展改革委、交通运输部、商务部、文化部、国家卫生计生委有关负责同志与党外人士进行了互动交流。参加座谈会的党外人士还有齐续春、刘晓峰等。

20. 俞正声出席第九届海峡论坛开幕式并致辞。6 月 18 日，第九届海峡论坛 18 日在厦门隆重举行。中共中央政治局常委、全国政协主席俞正声出席论坛开幕式并致辞。俞正声围绕“扩大民间交流、深化融合发展”的论坛主题阐述了五点意见。第一，深化融合发展，需要秉持“两岸一家亲”理念，共同维护中华民族整体利益。第二，深化融合发展，需要进一步提升两岸经济合作水平，厚植两岸共同利益。第三，深化融合发展，需要共同弘扬中华文化，增强两岸同胞的精神纽带。第四，深化融合发展，需要充分发挥两岸同胞的创造力，进一步增强融合发展动力。第五，深化融合发展，需要两岸同胞携手克服困难、排除干扰。“台独”是台海和平稳定与两岸同胞根本利益的最大威胁和祸害。

21. 全国政协召开双周协商座谈会。7 月 6 日下午，全国政协在京召开第七十次双周协商座谈会，围绕“重视去产能过程中职工就业再就业问题”建言献策。全国政协主席俞正声主持会议并讲话。全国政协委员徐振寰、付志方、张复明、徐念沙、迟福林、张文学、白鹤祥、傅军、王美华、管飞、李建明、王玉锁、颜辉、施杰，企业家代表程维、杨槐在座谈会上发言。俞正声认真听取意见，不时与大家交流。人力资源和社会保障部副部长吴道槐介绍了有关情况。国家发展和改革委员会副主任王晓涛、工业和信息化部副部长辛国斌、财政部副部长史耀斌、国务院国有资产监督管理委员会副主任孟建民等与委员互动交流。全国政协副主席张庆黎、卢展工、马飚、王钦敏出席座谈会。

22. 全国政协召开“构建‘亲’‘清’新型政商关系，促进民营经济健康发展”专题协商会。7 月 18 日，全国政协在京召开“构建‘亲’‘清’新型政商关系，促进民营经济健康发展”专题协商会。全国政协主席俞正声主持会议并讲话。国务委员王勇出席会议并讲话。31 位委员和专家学者、企业家代表、地方代表在会上发言。国家发改委副主任张勇、工信部总工程师张峰分别介绍有关情况。最高人民检察院、国家税务总局、国家工商总局、银监会等部门负责同志与委员互动交流。中共中央、国务院有关部门和单位的负责同志到会听取意见建议。全国政协副主席杜青林主持上午的会议。全国政协副主席王钦敏在会上讲了意见。全国政协副主席韩启德、董建华、张庆黎、李海峰、陈元、王家瑞、齐续春、马培华、梁振英出席会议。

23. 全国政协召开双周协商座谈会。7 月 20 日下午，全国政协在京召开第七十一次双周协商座谈会，围绕“改进和加强我国卫生援非工作”建言献策。全国政协主席俞正声主持会议并讲话。全国政协委员何维、陈健、凌锋、于文明、刘晓榕、焦红、王启仪、郑小燕、花亚伟、艾平、任国胜、蔡建国、王宇，以及专家学者鲁新、吴晓东、刘培龙等在座谈会上发言。俞正声认真听取意见，不时与大家交流。全国政协副主席王家瑞在会上讲了意见。国家卫生计生委副主任崔丽介绍了有关情况。外交部副部长张明、财政部副部长胡静林、商务部副部长钱克明等与委员互动交流。全国政协对改进和加强我国卫生援非工作问题十分关注。为开好这次会议，农工党中央和全国政协外事委员会分别组织调研组，赴北京、上海、湖北、山西开展了专题调研。全国政协副主席杜青林、韩启德、张庆黎、刘晓峰出席座谈会。

24. 中共中央召开党外人士座谈会。7 月 21 日，中共中央在中南海召开党外人士座谈会，就当前经济形势和下半年经济工作听取各民主党派中央、全国工商联负责人和无党派人士代表的意见和建议。中共中央总书记习近平主持座谈会并发表重要讲话。中共中央政治局常委李克强、俞正声、刘云山、张高丽出席会议。李克强通报了上半年经济工作有关情况，介绍了中共中央关于做好下半年经济工作的考虑。会上，民革中央主席万鄂湘、民盟中央常务副主席陈晓光、民建中央主席陈昌智、民进中央主席严隽琪、农工党中央常务副主席刘晓峰、致公党中央主席万钢、九三学社中央主席韩启德、台盟中央主席林文漪、全国工商联主席王钦敏、无党派人士代表林毅夫先后发言。他们赞同中共中央对当前我国经济形势的分析和下半年经济工作的考虑，并就助力“一带一路”建设、防范和化解地方政府债务风险、防范财政金融风险、加大市场开放力度优化营商环境、发挥营改增改革政策效应、提高物流业运行效能、提高人力资源有效供给、完善医保管理体系、构建科技创新先发优势、推进新能源可持续发展等内容提出意见和建议。在认真听取大家发言后，习近平作了重要讲话。他表示，今年是全面落实“十三五”规划的重要一年，是供给侧结构性改革的关键一年。中共中央审时度势、科学决策、狠抓落实，推动实施“十三五”规划各项任务。大家在发言中充分肯定了上半年经济工作取得的成绩，并就正确认识当前经济形势、做好下半年经济工作提出了很多有针对性和建设性的意见，听了很受启发，我们将认真研究、积极吸纳。习近平提出三点希望。一是希望同志们增强维护中国共产党领导、坚持走中国特色社会主义道路的政治共识，充分认识我国发展取得的重大成就，不断增强道路自信、理论自信、制度自信、文化自信，团结引导各自成员和所联系群众客观认识发展中出现的困难和问题，凝聚政治共识，汇聚各方力量。二是希望同志们发挥各自优势，准确把握经济发展规律，围绕国家重大战略部署，深入实践，深入调研，提出真知灼见。三是希望同志们准确把握中共中央关于当前经济形势的分析判断，把一切可以团结的力量广泛团结起来，把一切可以调动的积极因素充分调动起来，整合各方面资源，共同为全面建成小康社会贡献智慧和力量。

25. 俞正声会见国务院侨办专家咨询委员会大会代表。8 月 22 日，中共中央政治局常委、全国政协主席俞正声在北京会见了出席国务院侨办专家咨询委员会大会的全体代表，并发表讲话。俞正声充分肯定了海内外的专家学者长期以来积极投身中国改革开放和现代化建设所发挥的重要作用。他对海内外的专家学者提出三点希望：一是充分发挥智囊作用，围绕中国改革开放和现代化建设面临的重大问题，围绕决胜全面建成小康社会、深入推进社会主义现代化建设的重大任务，开展前瞻性、战略性、针对性研究，提出专业化、建设性的政策建议，为科学决策提供有力支持。二是坚持求真务实的科学精神，找准世界先进知识技术和中国实际的结合点，找准专业优势和社会发展的结合点，投身创新创造实践，在各自专业领域勇于探索、勇于创新、勇于实践，用已所长造福社会、造福人民。三是发挥学贯中西、融通中外的优势，内引外联、牵线搭桥，在促进中外科技交流合作、吸引更多优秀人才到中国创新创业的同时，传承和弘扬中华优秀文化，传播好中国声音，为中国人民与世界各国人民的友好交往贡献力量。

26. 全国政协召开双周协商座谈会。8月24日下午，全国政协在京召开第七十二次双周协商座谈会，围绕“营改增执行情况和改进的建议”建言献策。全国政协主席俞正声主持会议并讲话。全国政协委员尚福林、宋兰、杨凯生、曹德旺、傅成玉、王志雄、庄聪生、王小兰、朱成钢、苏华、蓝逢辉、周桐宇、赵海英，以及专家学者许善达、张和平、刘桓在座谈会上发言。俞正声认真听取意见，不时与大家交流。全国政协副主席陈元在会上讲了意见。财政部副部长史耀斌介绍了有关情况。国家税务总局局长王军、国家发展和改革委员会副主任连维良等与委员互动交流。全国政协对营改增执行情况十分关注。为开好这次会议，全国政协经济委员会赴上海、江苏、北京和天津进行了专题调研。全国政协副主席杜青林、韩启德、张庆黎、王钦敏出席座谈会。

27. 俞正声会见政协第十二届全国委员会优秀提案和先进承办单位获奖代表并讲话。9月6日上午，全国政协主席俞正声在北京会见政协第十二届全国委员会优秀提案和先进承办单位获奖代表并讲话。俞正声说，提案工作是人民政协工作的重要组成部分，是反映各方面要求和意见、向政府部门提出建议的重要形式。党的十八大以来，以习近平同志为核心的党中央高度重视人民政协工作，对推动人民政协事业发展作出一系列重要指示，对人民政协通过提案履行职能提出新的要求。全国政协与各有关方面坚决贯彻中央决策部署，大力推进提案工作创新，提案质量和提案办理质量不断提高，提案工作取得了新的成绩。俞正声指出，提案工作的关键不在数量在质量。提案要紧紧围绕党和国家中心工作、符合国家大政方针，既要反映群众需求，又要针对某些领域和工作中的薄弱环节提出具有可操作性的建议。提案承办单位要尊重委员权利，认真细致办理提案。凡属合情合理的建议都要重视采纳，发挥好提案服务大局、改进工作的作用。政协第十二届全国委员会优秀提案和先进承办单位表彰会6日上午在京召开，表彰了240件优秀提案和45个先进承办单位。表彰优秀提案和先进承办单位是自七届全国政协以来的传统做法，每届政协表彰一次。十二届全国政协近5年的提案，内容覆盖“五位一体”总体布局和“四个全面”战略布局的各个方面。全国政协副主席杜青林、张庆黎、李海峰、卢展工、陈晓光参加会见。

28. 全国政协召开双周协商座谈会。9月7日下午，全国政协在京召开第七十三次双周协商座谈会，围绕“优化创新环境，改革科技评价体系”建言献策。全国政协主席俞正声主持会议并讲话。全国政协委员程津培、郑兰荪、朱星、王光谦、干勇、田刚、杨玉成、陈群、刘永、沈保根、罗永章、高文、唐明、胡刚、顾行发、蒋华良，专家学者郭雷、梅永红在座谈会上发言。俞正声认真听取意见，不时与大家交流。全国政协副主席万钢在会上讲了意见。科技部副部长王志刚介绍了有关情况。中组部副部长周祖翼、教育部副部长杜占元、国家自然科学基金委员会主任杨卫等与委员互动交流。全国政协对科技评价体系改革工作十分关注，将“优化创新环境，改革科技评价体系”作为今年重点协商议题之一。为开好这次会议，民盟中央、全国政协教科文卫体委员会分别开展了专题调研。全国政协副主席杜青林、张庆黎、陈晓光出席座谈会。

29. 贯彻落实中央关于宗教工作重大决策部署经验交流会召开。9 月 11 日，贯彻落实中央关于宗教工作重大决策部署经验交流会在北京召开。中共中央政治局常委、全国政协主席俞正声出席会议并讲话。中共中央政治局委员、国务院副总理刘延东主持会议，中共中央政治局委员、中央统战部部长孙春兰出席会议。俞正声指出，做好新形势下宗教工作，关键要认真学习、准确把握习近平总书记在全国宗教工作会议上的重要讲话，特别是关于“导”的重要思想，在“导”上下功夫。要全面贯彻党的宗教信仰自由政策，始终坚持政治上团结合作、信仰上互相尊重，把信教群众紧紧团结在党和政府周围。要充分发挥宗教界人士积极作用，鼓励和支持他们在开展公益慈善、弘扬传统文化、促进民族团结等方面多作贡献。要始终坚持我国宗教中国化方向，用社会主义核心价值观来引领和教育宗教界人士和信教群众，用中华优秀文化浸润各宗教。要不断提高宗教工作法治化水平，用法律规范政府管理宗教事务的行为、规范宗教团体的行为和宗教活动，用法律调节涉及宗教的各种社会关系。俞正声强调，各地要紧密结合实际，推动中央关于宗教工作重大决策部署的贯彻落实，扎实推进重点难点问题的解决。要遏制宗教极端化倾向，坚持依法治理，对涉及民族宗教因素的矛盾纠纷，违反什么法律就按什么法律处理，维护社会和谐稳定。要坚决抵御境外利用宗教进行渗透，防范校园传教活动。要重视培养爱国爱教的宗教界人士，增强他们抵御极端思想和境外渗透的能力。俞正声强调，要认真贯彻执行新修订的《宗教事务条例》，做好《条例》的宣传和培训，切实保护宗教界的合法权益，规范执法程序，按照依法治国的总体要求，不断提高依法管理宗教事务的能力和水平。

30. 新疆若干历史问题研究座谈会在京召开。9 月 12 日至 13 日，新疆若干历史问题研究座谈会在北京召开。中共中央政治局常委、全国政协主席俞正声出席会议并作重要讲话。会议深入学习贯彻习近平总书记系列重要讲话精神和党中央治国理政新理念新思想新战略，认真贯彻落实第二次中央新疆工作座谈会精神和中央关于新疆工作决策部署，认真学习领会有关新疆若干历史问题研究座谈纪要精神，进一步统一思想、深化认识、凝聚共识，扎实推进依法治疆、团结稳疆、长期建疆的各项工作。俞正声指出，纪要运用马克思主义国家观、历史观、民族观、文化观、宗教观，坚持中华民族共同体意识和视野，从我国历史发展全局界定和研究新疆区域历史发展，着眼于中华民族与新疆各民族、中华文化与新疆各民族文化的相互联系，认真回答了新疆若干历史问题，明确阐明：新疆是我国领土不可分割的一部分，多民族大一统格局是我国自秦汉以来就基本形成的历史传统和独特优势；新疆各民族是中华民族血脉相连的家庭成员，实现中华民族伟大复兴的中国梦是各族人民的共同利益；新疆各民族文化扎根于中华文明沃土，是中华文化不可分割的一部分；新疆是多种宗教并存地区，促进宗教关系和谐是新疆稳定繁荣的历史经验等等。俞正声强调，要认真学习领会纪要的主要内容和精神实质，深刻理解用社会主义核心价值观引领新疆各族干部群众的重要思想，准确把握促进各民族交往交流交融的重要要求，切实坚持正确处理新疆意识形态领域和历史领域现实问题的重要遵循，结合实际做好新疆意识形态领域工作。

31. 全国政协召开双周协商座谈会。9月21日下午，全国政协在京召开第七十四次双周协商座谈会，围绕“营造风清气正的网络空间”建言献策。全国政协主席俞正声主持会议并讲话。全国政协委员陈冀平、朱永新、高美琴、马利、王长江、龙宇翔、刘春、王继亮、白岩松、严望佳、李忠杰、郝振省、潘晓燕、张灼华、贺强，以及专家学者马化腾、曹诗权等在座谈会上发言。俞正声认真听取意见，不时与大家交流。中央网信办副主任任贤良介绍了有关情况。工业和信息化部副部长陈肇雄、文化部副部长项兆伦、国家新闻出版广电总局副局长田进、公安部部长助理王俭等与委员互动交流。全国政协对营造风清气正的网络空间问题十分关注。为开好这次会议，全国政协社会和法制委员会会前组织委员赴上海、山东等地进行了专题调研。全国政协副主席张庆黎、李海峰、卢展工、陈晓光出席座谈会。

32. 中共中央召开党外人士座谈会征求对中共十九大报告的意见。8月30日，中共中央在中南海召开党外人士座谈会，就中共十九大报告征求意见稿听取各民主党派中央、全国工商联领导人和无党派人士意见和建议。中共中央总书记习近平主持座谈会并发表重要讲话。中共中央政治局常委俞正声、刘云山、王岐山出席。民革中央主席万鄂湘、民盟中央主席张宝文、民建中央主席陈昌智、民进中央主席严隽琪、农工党中央主席陈竺、致公党中央常务副主席蒋作君、九三学社中央主席韩启德、台盟中央主席林文漪、全国工商联主席王钦敏、无党派人士代表郭雷先后发言。与会同志围绕推进结构性减税、优化经济发展环境、深化农村体制改革、推进创新型国家建设、重视科技创新系统性环境建设、为非公有制经济发展营造更为公平公正的法治环境、加强党外知识分子工作、完善权力运行制约和监督体系、统筹谋划脱贫攻坚和生态建设、重视少年儿童综合素质提高、推进健康中国和美丽中国建设、统筹生态文明体制改革、推动全面从严治党向基层延伸、加强党的基层组织建设等问题提出意见和建议。听取大家发言后，习近平作了重要讲话。他指出，民主党派是中国共产党的亲密友党，就中国共产党和国家重大方针政策和决策部署听取各民主党派中央、全国工商联负责人和无党派人士的意见，是长期以来形成的惯例，也是社会主义协商民主的重要体现。习近平强调，中共十九大报告起草工作是中共十九大筹备工作的重要组成部分。中共中央对这项工作高度重视。今天，大家提出了许多好的意见和建议，对修改好报告稿很有帮助。习近平指出，中国共产党领导的多党合作和政治协商制度，是我国的一项基本政治制度。坚持和完善中国特色社会主义制度，很重要的一个方面就是坚持和完善中国共产党领导的多党合作和政治协商制度，发展社会主义协商民主，更好发挥各民主党派和无党派人士积极作用。习近平希望各民主党派中央、全国工商联和无党派人士自觉增强维护中国共产党领导、坚持走中国特色社会主义道路的政治共识，团结引领各自成员和所联系群众，充分认识我国发展取得的辉煌成就，牢固树立中国特色社会主义道路自信、理论自信、制度自信、文化自信，正确分析国际国内形势，凝聚政治共识，汇聚各方力量。要正确认识我国社会发展的阶段性特征，准确把握改革发展稳定中出现的困难和问题，发挥各自优势，围绕国家重大战略部署，突出抓重点、补短板、强弱项，贴近基层、深入实践，问需问计于民，提出真知灼见，推动经济社会持续健康发展，使全面建成小康社会得到人民认可、经得起历史检验。王沪宁、刘奇葆、许其亮、孙春兰、汪洋、赵乐际、栗战书、杨洁篪、周小川和中央有关部门负责人出席座谈会。出席座谈会的党外人士还有罗富和、齐续春、陈晓光、马培华、刘晓峰和郝明金、蔡达峰、邵鸿、黄志贤、叶小钢等。

33. 中共全国政协党组认真学习贯彻党的十八届七中全会精神。10 月 16 日，中共全国政协党组认真学习贯彻党的十八届七中全会精神。中共中央政治局常委、全国政协主席、党组书记俞正声强调，党组成员要带头学习、深刻领会，把思想和行动统一到公报精神上来，以良好的精神状态和优异的工作成绩迎接党的十九大胜利召开。大家一致表示，人民政协作为一个政治组织，要深刻认识维护党中央权威和集中统一领导、严格政治纪律和政治规矩以及风清气正的良好政治生态的极端重要性。必须牢固树立政治意识、大局意识、核心意识、看齐意识，坚决维护党中央权威，坚决服从党中央集中统一领导，在思想上政治上行动上同以习近平同志为核心的党中央保持高度一致。必须坚持党的领导，坚持和完善民主集中制，坚持党领导各项工作的体制机制，确保党对一切工作的领导，确保党总览全局、协调各方。必须坚持党的理论和路线方针政策不动摇，不折不扣执行党中央决策部署。政协委员中的党员领导干部，必须对党忠诚，做到心中有党、心中有民、心中有责、心中有戒，增强政治定力、纪律定力、道德定力、抵腐定力，自觉维护党中央权威和党的团结统一。

34. 各民主党派中央、全国工商联分别发贺信热烈祝贺中共十九大胜利召开。10 月 19 日，在中国共产党第十九次全国代表大会开幕之际，各民主党派中央、全国工商联分别发来贺信，热烈祝贺中共十九大胜利召开，并预祝大会取得圆满成功。

35. 中共全国政协党组召开会议传达学习贯彻党的十九大精神。10 月 26 日下午，中共政协第十二届全国委员会党组召开会议，传达学习贯彻中国共产党第十九次全国代表大会和十九届一中全会精神。全国政协主席、党组书记俞正声主持会议并讲话。全国政协副主席、党组成员张庆黎传达了党的十九大精神和习近平总书记在十九届一中全会上的重要讲话精神。会议表示，完全拥护习近平同志代表十八届中央委员会所作的报告和大会通过的各项决议，衷心拥护党的十九大和十九届一中全会选举产生的以习近平同志为核心的新一届中央领导集体。全国政协副主席、党组成员杜青林、张庆黎、李海峰、陈元、卢展工、王家瑞、王正伟、马飚出席会议并发言。

36. 全国政协召开双周协商座谈会。11 月 16 日下午，全国政协在京召开第七十五次双周协商座谈会，围绕“推进粮食定价机制、补贴政策和收储制度改革”建言献策。全国政协主席俞正声主持会议并讲话。全国政协委员陈锡文、杜鹰、李成贵、柯炳生、刘晓庄、王国发、李世杰、杨维刚、朱家媛、张全国、尚福林、薛亮、戴公兴、胡汉平、霍学喜，以及专家学者叶兴庆、韩福春在座谈会上发言。俞正声认真听取意见，不时与大家交流。国家发展和改革委员会副主任王晓涛介绍了有关情况。财政部副部长刘伟、农业部副部长屈冬玉、国家粮食局副局长卢景波等与委员互动交流。全国政协十分关注推进粮食定价机制、补贴政策和收储制度改革问题。为开好这次会议，全国政协经济委员会组织委员赴黑龙江、吉林、湖南等地开展了专题调研。全国政协副主席杜青林、张庆黎、陈元、梁振英出席座谈会。

37. 全国政协召开双周协商座谈会。12 月 7 日下午，全国政协在京召开第七十六次双周协商座谈会，围绕“少数民族戏剧的传承与发展”建言献策。全国政协主席俞正声主持会议并讲话。全国政协委员吴江、侯露、王全书、龙倩、曹育民、田青、乌恩、李羚、艾克拜尔・米吉提、杨承志、袁慧琴、郭瓦・加毛吉、张建国、聂震宁，以及专家学者王馗、谭志湘在座谈会上发言。俞正声认真听取意见，不时与大家交流。文化部副部长董伟介绍了有关情况。国家民委主任巴特尔、中宣部副部长崔玉英、财政部副部长张少春、国家新闻出版广电总局副局长田进等与委员互动交流。全国政协对少数民族戏剧的传承与发展十分关注。为开好这次会议，全国政协教科文卫体委员会、文史和学习委员会组织委员赴内蒙古、青海、广西、贵州进行了专题调研。全国政协副主席杜青林、张庆黎、卢展工、王家瑞出席座谈会。

38. 中共中央召开党外人士座谈会。12 月 6 日，中共中央在中南海召开党外人士座谈会，就今年经济形势和明年经济工作听取各民主党派中央、全国工商联负责人和无党派人士代表的意见和建议。中共中央总书记习近平主持座谈会并发表重要讲话。习近平强调，2018 年是贯彻中共十九大精神的开局之年，是实施“十三五”规划承上启下的关键一年。经济工作要贯彻新理念、聚焦新目标、落实新部署，为 2020 年全面建成小康社会打下坚实物质基础。李克强、俞正声、张高丽、王沪宁、韩正出席座谈会。李克强通报了今年经济工作有关情况，介绍了中共中央关于做好明年经济工作的考虑。座谈会上，民革中央主席万鄂湘、民盟中央主席张宝文、民建中央主席陈昌智、民进中央主席蔡达峰、农工党中央主席陈竺、致公党中央主席万钢、九三学社中央主席韩启德、台盟中央主席林文漪、全国工商联主席高云龙、无党派人士代表林毅夫先后发言。习近平总书记作了重要讲话。习近平指出，一年来，各民主党派中央、全国工商联和无党派人士，围绕经济社会发展和关系国计民生的重大问题，就深入推进“一带一路”建设、振兴和提升实体经济等重大问题深入考察调研，提出意见和建议 80 余件，为中共中央科学决策和有效施策提供了重要参考。大家开展脱贫攻坚民主监督，为打赢脱贫攻坚战作出了积极贡献。习近平给各民主党派、工商联和无党派人士提出三点希望。一是希望大家深入学习领会中共十九大提出的重要思想、重要观点、重大判断、重大举措，引导广大成员增进对中国共产党和中国特色社会主义的政治认同，把智慧和力量凝聚到中共十九大确定的目标任务上来，共同致力于新时代坚持和发展中国特色社会主义、实现中华民族伟大复兴。二是希望大家充分发挥特点和优势，在融入大局、服务大局、保障大局中找准履职尽责的切入点和突破口，深入进行调查研究，提出真知灼见，协助党委和政府做好矛盾化解工作，积极营造团结稳定的社会环境。三是希望各民主党派以换届为契机，继承和发扬多党合作的优良传统，深化政治交接，加强思想、组织、制度特别是领导班子建设，提高中国特色社会主义参政党建设水平。他还希望工商联加强自身建设，做好代表人士教育培养工作。

39. 俞正声主持召开全国政协第六十七次主席会议。12 月 15 日下午，全国政协主席俞正声主持召开全国政协第六十七次主席会议。会议决定 2018 年 1 月召开全国政协十二届常委会第二十四次会议。会议审议通过全国政协十二届常委会第二十四次会议议程（草案）和日程，原则通过《中国人民政治协商会议全国委员会常务委员会工作报告（草案）》《中国人民政治协商会议章程（修订草案）》，原则同意《政协全国委员会2018年协商计划》。上述文件草案将提请第二十四次常委会议审议。全国政协副主席兼秘书长张庆黎，全国政协常务副秘书长潘立刚，全国政协副秘书长常荣军，全国政协副秘书长、办公厅研究室主任舒启明，分别就有关议题作说明。全国政协副主席杜青林、韩启德、董建华、万钢、林文漪、罗富和、李海峰、陈元、卢展工、王家瑞、王正伟、马飚、齐续春、陈晓光、刘晓峰、王钦敏出席会议。

40. 俞正声主持召开政协第十二届全国委员会第六十八次主席会议。12月22日下午，全国政协主席俞正声主持召开政协第十二届全国委员会第六十八次主席会议。会议传达学习了中央经济工作会议精神，强调要深入学习贯彻中共十九大和中央经济工作会议精神，以习近平新时代中国特色社会主义经济思想为指导，紧紧围绕党中央的决策部署，认真履行政治协商、民主监督、参政议政职能，为促进我国经济社会持续健康发展贡献智慧力量。会议通过了关于召开政协第十三届全国委员会第一次会议的决定（草案）、关于授权主席会议审议政协第十二届全国委员会常务委员会第二十四次会议未尽事宜的决定（草案），原则通过了政协第十三届全国委员会第一次会议议程（草案）和日程（草案）、政协全国委员会常务委员会关于提案工作情况的报告（草案）、政协全国委员会2018年对外交往计划，听取了关于政协全国委员会2017年重点提案工作情况的汇报，研究了2018年全国政协常委会学习讲座参考选题，书面审议了政协第十二届全国委员会对外交往工作总结（稿）、政协第十二届全国委员会各专门委员会工作总结（稿）、政协全国委员会办公厅五年工作总结（稿）、政协全国委员会办公厅关于十二届全国政协委员视察考察工作情况的报告（草案）、政协全国委员会办公厅关于十二届全国政协反映社情民意信息工作情况的报告（草案）。会议决定将上述有关草案（稿）提请全国政协十二届常委会第二十四次会议审议。全国政协副主席兼秘书长张庆黎、常务副秘书长潘立刚、副秘书长常荣军、提案委员会主任孙淦分别就有关议题作了说明和汇报。全国政协副主席杜青林、韩启德、万钢、林文漪、罗富和、何厚铧、李海峰、陈元、卢展工、周小川、王家瑞、王正伟、马飚、陈晓光、马培华、刘晓峰、王钦敏、梁振英出席会议。

41. 全国政协举行新年茶话会。12月29日上午，中国人民政治协商会议全国委员会在全国政协礼堂举行新年茶话会。党和国家领导人习近平、李克强、张德江、俞正声、张高丽、栗战书、汪洋、王沪宁、赵乐际、韩正等同各民主党派中央、全国工商联负责人和无党派人士代表、中央和国家机关有关方面负责人以及首都各族各界人士代表欢聚一堂，共迎2018年元旦。中共中央总书记、国家主席、中央军委主席习近平在茶话会上发表重要讲话。他强调，新时代中国特色社会主义的航线已经明确，中华民族伟大复兴的巨轮正在乘风破浪前行。在这艘巨轮上，每一份力量都不可或缺。时间不等人！我们必须走在时间前面，成为时代的弄潮儿。我们坚信，有中国共产党掌舵领航，有中国改革发展的浩荡东风，有全国各族人民扬帆划桨，中华民族伟大复兴的巨轮一定能够抵达光辉的彼岸。习近平强调，2017年，人民政协坚持团结和民主两大主题，聚焦党和国家中心任务，完善协商议政格局，强化民主监督职能，拓展团结联谊工作，加强履职能力建设，进一步开拓了团结民主、务实进取、蓬勃发展的新局面，为党和国家事业发展作出了重要贡献。新的一年，我们要坚持和完善中国共产党领导的多党合作和政治协商制度，巩固和发展最广泛的爱国统一战线。人民政协要充分发挥作为社会主义协商民主的重要渠道和专门协商机构作用，促进各党派团体、各族各界人士的大团结大联合，共同为实现中共十九大确定的目标任务而奋斗。茶话会由全国政协主席俞正声主持。他指出，习近平总书记在讲话中回顾了 2017 年中共中央团结带领全国各族人民坚持和发展中国特色社会主义事业取得的新成就，对做好明年党和国家工作提出了重要要求。习近平总书记在讲话中充分肯定了人民政协一年来的工作，对巩固和发展最广泛的爱国统一战线和做好人民政协各项工作提出了新的希望和要求。农工党中央主席陈竺代表各民主党派中央、全国工商联和无党派人士表示将更加紧密地团结在以习近平同志为核心的中共中央周围，以习近平新时代中国特色社会主义思想为指导，不忘合作初心，继续携手前进，切实加强自身建设，自觉融入大局、服务大局、保障大局，为决胜全面建成小康社会、实现中华民族的伟大复兴贡献智慧和力量。

三、全面从严治党

1. 习近平在十八届中央纪委七次全会上发表重要讲话。1 月 6 日，中共中央总书记习近平在中国共产党第十八届中央纪律检查委员会第七次全体会议上发表重要讲话。他强调，全面贯彻落实党的十八届六中全会精神，以新的认识指导新的实践，继续在常和长、严和实、深和细上下功夫，坚持共产党人价值观，依靠文化自信坚定理想信念，严肃党内政治生活，强化党内监督，推进标本兼治，全面加强纪律建设，持之以恒抓好作风建设，把反腐败斗争引向深入，不断增强全面从严治党的系统性、创造性、实效性。中共中央政治局常委李克强、张德江、俞正声、刘云山、张高丽出席会议。中共中央政治局常委、中央纪律检查委员会书记王岐山主持会议。王岐山在主持会议时指出，习近平总书记的重要讲话，站在时代发展和战略全局的高度，充分肯定全面从严治党取得的显著成效，明确提出今后工作的总体要求和主要任务，强调要冷静清醒判断形势，着眼实现“两个一百年”奋斗目标和中华民族伟大复兴的历史使命，凝聚党心民心，坚定不移推进全面从严治党。

2. 第十八届中央纪律检查委员会第七次全体会议举行。1 月 6 日至 8 日，中央纪律检查委员会第七次全体会议在北京举行。中共中央总书记、国家主席、中央军委主席习近平出席全会并发表重要讲话。李克强、张德江、俞正声、刘云山、王岐山、张高丽等党和国家领导人出席会议。全会由中央纪律检查委员会常务委员会主持。全会总结 2016 年纪律检查工作，部署 2017 年任务，审议通过了王岐山同志代表中央纪委常委会所作的《推动全面从严治党向纵深发展，以优异成绩迎接党的十九大召开》工作报告，审议通过了《中国共产党纪律检查机关监督执纪工作规则（试行）》。王岐山同志就规则（试行）审议稿向全会作了说明。全会认真学习、深刻领会习近平总书记重要讲话。一致认为，讲话立意高远、内涵丰富，直面现实、充满自信，蕴含着质朴真挚的为民情怀、许党许国的担当精神，具有深刻思想性和强烈感染力。全会按照党章规定，选举李书磊同志为中共中央纪律检查委员会常务委员会委员、副书记。全会审议并通过中央纪律检查委员会常务委员会关于王仲田同志严重违纪问题、李建波同志违纪问题的审查报告，确认中央纪律检查委员会常务委员会之前作出的给予王仲田同志撤销党内职务处分、给予李建波同志党内严重警告处分责令其辞去中央纪委委员职务的决定。全会号召，要紧密团结在以习近平同志为核心的党中央周围，谦虚谨慎、戒骄戒躁，不忘初心、继续前进，深入推进党风廉政建设和反腐败斗争，不断取得全面从严治党新成效，为夺取全面建成小康社会新胜利提供有力保障，交上让党和人民满意的答卷。

3. 省部级主要领导干部学习贯彻十八届六中全会精神专题研讨班开班。2 月 13 日上午，省部级主要领导干部学习贯彻十八届六中全会精神专题研讨班在中央党校开班。中共中央总书记、国家主席、中央军委主席习近平在开班式上发表重要讲话强调，贯彻好党的十八届六中全会精神，对顺利推进具有许多新的历史特点的伟大斗争、党的建设新的伟大工程、中国特色社会主义伟大事业，具有重大而深远的意义。党中央决定举办这期研讨班，目的是在省部级主要领导干部这个层面把全会精神理解深、理解透，把《准则》《条例》各项规定把握精、把握准，以省部级主要领导干部思想到位、行动对标带动全党贯彻落实，以解决突出问题为突破口和主抓手，推动全会精神落到实处。

4. 十八届中央第十二轮巡视工作动员部署会议召开。2 月 22 日，中共中央政治局常委、中央巡视工作领导小组组长王岐山出席十八届中央第十二轮巡视工作动员部署会议。会议传达了习近平总书记关于巡视工作的重要指示。王岐山强调，巡视要旗帜鲜明讲政治，深入贯彻党的十八届六中全会精神，善于从政治上发现问题，推动巡视工作向纵深发展。中共中央政治局委员、中央书记处书记、中央巡视工作领导小组副组长赵乐际，中央书记处书记、中央巡视工作领导小组副组长赵洪祝出席会议。经中央批准，十八届中央第十二轮巡视将对北京大学、清华大学、北京师范大学、中国农业大学、北京航空航天大学、北京理工大学、南开大学、天津大学、大连理工大学、吉林大学、哈尔滨工业大学、上海交通大学、同济大学、南京大学、东南大学、浙江大学、中国科学技术大学、厦门大学、山东大学、武汉大学、华中科技大学、中南大学、中山大学、重庆大学、四川大学、西安交通大学、西北农林科技大学、西北工业大学、兰州大学等 29 所中管高校党委开展专项巡视。同时，对内蒙古、吉林、云南、陕西等 4 个省区开展“回头看”，对中央网络安全和信息化领导小组办公室、国务院扶贫开发领导小组办公室、中国铁路总公司、中国船舶重工集团公司等 4 个单位试点开展“机动式”巡视。

5. 中共中央办公厅印发《关于推进“两学一做”学习教育常态化制度化的意见》。3 月 29 日《人民日报》报道：近日，中共中央办公厅印发了《关于推进“两学一做”学习教育常态化制度化的意见》，并发出通知，要求各地区各部门认真贯彻落实。《人民日报》刊发《意见》全文，包括八个部分：一、从讲政治的高度充分认识推进“两学一做”学习教育常态化制度化的重大意义；二、明确基本目标要求；三、精心安排学习内容；四、引导党员做到“四个合格”；五、联系思想工作实际经常查找解决问题；六、坚持领导机关、领导干部率先垂范；七、把“两学一做”学习教育纳入党支部“三会一课”等基本制度；八、层层推动工作落实。

6. 中办印发《中国共产党党委（党组）理论学习中心组学习规则》。3 月 31 日，《人民日报》报道，近日，中共中央办公厅印发了《中国共产党党委（党组）理论学习中心组学习规则》，并发出通知，要求各地区各部门认真遵照执行。党委（党组）理论学习中心组学习，是建设学习型服务型创新型的马克思主义执政党、提高党的执政能力和领导水平的重要途径，是中国共产党一个独特的政治优势。这次制定颁布《规则》，是以习近平同志为核心的党中央高度重视中心组学习的重要体现，是贯彻党的十八大和十八届三中、四中、五中、六中全会精神，深化全面从严治党、坚持思想建党与制度治党相结合的重要举措。《规则》作为关于中心组学习的一部专门党内法规，对于推动理论武装工作深入开展，提高领导干部的理论水平和工作能力，加强领导班子思想政治建设，具有十分重要的意义。《规则》以党章为根本遵循，明确党委（党组）理论学习中心组学习以政治学习为根本，以深入学习中国特色社会主义理论体系为首要任务，以深入学习贯彻习近平总书记系列重要讲话精神为重点，以掌握和运用马克思主义立场、观点、方法为目的，坚持围绕中心、服务大局，坚持知行合一、学以致用，坚持问题导向、注重实效，坚持依规管理、从严治学。《规则》共 5 章 17 条，对党委（党组）理论学习中心组学习的性质定位原则、内容形式要求、组织管理考核等方面作出明确规定。《规则》要求，各级党委（党组）应当把中心组学习列入重要议事日程，纳入党建工作责任制，纳入意识形态工作责任制。各级党委（党组）对本级中心组学习负主体责任，对本地区本部门本单位的中心组学习负领导责任，党委（党组）书记是中心组学习第一责任人，党委（党组）负责宣传思想工作的成员是中心组学习直接责任人，中心组成员应当发挥“关键少数”的示范和表率作用。

7. 中共中央印发《中国共产党工作机关条例（试行）》。4 月 13 日，《人民日报》报道，近日，中共中央印发了《中国共产党工作机关条例（试行）》，并发出通知，要求各地区各部门认真遵照执行。通知强调，党的工作机关是党实施政治、思想和组织领导的政治机关，是落实党中央和地方各级党委决策部署，实施党的领导、加强党的建设、推进党的事业的执行机关，在革命、建设、改革各个时期都发挥了重要作用。新的历史条件下，我们党要更好进行具有许多新的历史特点的伟大斗争、推进党的建设新的伟大工程、推进中国特色社会主义伟大事业，必须进一步加强和规范党的工作机关工作。通知指出，《条例》是规范党的工作机关设立、职责和运行的基础主干党内法规，是继党组工作条例、地方党委工作条例之后，加强党的组织制度建设的又一重要成果，对于夯实党执政治国的组织制度基础，推进国家治理体系和治理能力现代化，提高党的领导水平和执政水平具有重要意义。通知要求，各级党委要从坚定不移推进全面从严治党的战略高度，充分认识加强和改进党的工作机关工作的重要性和紧迫性，切实加强对《条例》实施的组织领导。

8. 习近平对廖俊波同志先进事迹作出重要指示。4 月 15 日，《人民日报》报道，中共中央总书记、国家主席、中央军委主席习近平近日对廖俊波同志先进事迹作出重要指示强调，廖俊波同志任职期间，牢记党的嘱托，尽心尽责，带领当地干部群众扑下身子、苦干实干，以实际行动体现了对党忠诚、心系群众、忘我工作、无私奉献的优秀品质，无愧于“全国优秀县委书记”的称号。广大党员、干部要向廖俊波同志学习，不忘初心、扎实工作、廉洁奉公，身体力行把党的方针政策落实到基层和群众中去，真心实意为人民造福。

9. 习近平对推进“两学一做”学习教育常态化制度化作出重要指示。4 月 17 日《人民日报》报道，中共中央总书记、国家主席、中央军委主席习近平日前作出重要指示强调，在全党开展“两学一做”学习教育，取得了显著成效。实践证明，“两学一做”学习教育是推进思想建党、组织建党、制度治党的有力抓手，是全面从严治党的基础性工程，要坚持不懈抓下去。要把思想政治建设摆在首位，坚持用党章党规规范党员、干部言行，用党的创新理论武装全党，引导全体党员做合格党员。要抓住“关键少数”，抓实基层支部，坚持问题导向，发挥先进典型示范作用。要落实各级党委（党组）主体责任，落实好“两学一做”学习教育常态化制度化各项举措，保证党的组织履行职能、发挥核心作用，保证领导干部忠诚干净担当、发挥表率作用，保证广大党员以身作则、发挥先锋模范作用，为统筹推进“五位一体”总体布局和协调推进“四个全面”战略布局提供坚强组织保证。

10. 中办国办印发《领导干部报告个人有关事项规定》和《领导干部个人有关事项报告查核结果处理办法》。4 月 20 日《人民日报》报道，近日，中共中央办公厅、国务院办公厅印发《领导干部报告个人有关事项规定》（以下简称《规定》）和《领导干部个人有关事项报告查核结果处理办法》（以下简称《办法》），并发出通知，要求各级党委（党组）认真遵照执行。

11. 中共中央政治局召开会议。5 月 26 日，中共中央政治局召开会议，审议《关于修改〈中国共产党巡视工作条例〉的决定》和《关于巡视中央意识形态单位情况的专题报告》。中共中央总书记习近平主持会议。会议指出，党的十八大以来，以习近平同志为核心的党中央把巡视作为推进全面从严治党的重大举措，对加强和改进巡视工作作出一系列重大决策部署，坚持党内监督和群众监督相结合，赋予巡视制度新的活力。实践证明，巡视工作是治标之举，也是治本之策，必须在坚持中深化、在深化中坚持，发挥标本兼治作用。会议认为，加强巡视工作，必须贯彻党的十八大和十八届三中、四中、五中、六中全会精神，贯彻习近平总书记系列重要讲话精神和治国理政新理念新思想新战略，落实全面从严治党要求，深化政治巡视，聚焦坚持党的领导、加强党的建设、全面从严治党，突出严肃党内政治生活，净化党内政治生态，促进管党治党标本兼治。《条例》修改总结吸纳巡视工作实践创新成果，对中央和国家机关巡视工作、市县巡察工作、一届任期内巡视全覆盖等作出明确规定，为依纪依规开展巡视、推动巡视工作向纵深发展提供了制度保障。会议强调，党的十八大以来，党中央坚持党要管党、全面从严治党，坚持思想建党和制度治党相统一，扎牢制度笼子，强化制度执行。各级党委要加强对《条例》实施的组织领导，学习好、宣传好、贯彻好《条例》。领导干部要发挥“关键少数”作用，深刻理解《条例》精神实质，增强党章党规党纪意识，自觉接受监督，带头按规矩办事、按制度用权，自觉贯彻落实党中央提出的依法治国和依规治党要求。会议指出，意识形态工作是党的一项极其重要的工作。十八届中央巡视对宣传、文化、新闻等单位进行了全面政治“体检”，加强党对意识形态工作的领导，促进意识形态阵地建设，推动意识形态领域全面从严治党。会议强调，党管意识形态是坚持党的领导的重要内容，各级党组织和党员领导干部要牢固树立“四个意识”，坚决维护以习近平同志为核心的党中央权威和集中统一领导，强化政治担当，落实意识形态工作责任制，紧密联系实际贯彻

“五位一体”总体布局、“四个全面”战略布局，贯彻新发展理念。要坚定“四个自信”，用党的理论创新成果指导意识形态工作，坚持以人民为中心，把握正确政治方向、价值取向、舆论导向。加强党的建设，结合推进“两学一做”学习教育常态化制度化，管好导向、管好阵地、管好队伍，提升主流意识形态领域传播力、引导力、影响力、公信力。以巡视整改为契机，深入推进全面从严治党，坚持问题导向，敢于亮剑、主动作为，补齐短板、堵塞漏洞，深化改革、完善制度，做好稳预期、稳思想、稳人心工作，为党的十九大胜利召开营造良好思想舆论环境。

12. 中共中央印发《关于加强新形势下党的督促检查工作的意见》。6月6日《人民日报》报道，近日，中共中央印发《关于加强新形势下党的督促检查工作的意见》。《意见》深入贯彻党的十八大以来以习近平同志为核心的党中央对加强督促检查、抓好落实作出的一系列重要指示和部署，从指导思想、主要任务、工作原则、工作制度、效能建设、组织领导等方面，对加强新形势下党的督促检查工作提出明确要求和重要措施。

13. 中共中央追授廖俊波同志“全国优秀共产党员”称号。为深入学习贯彻习近平总书记重要指示精神，表彰先进、弘扬正气，引导广大党员、干部对标先进、见贤思齐，凝心聚力、开拓奋进，在促进改革发展稳定中当先锋、作表率，党中央决定，追授廖俊波同志“全国优秀共产党员”称号。党中央号召，广大党员、干部特别是领导干部向廖俊波同志学习。

14. 俞正声会见中国共产党全国台湾省籍党员代表会议代表。6月21日，中国共产党全国台湾省籍党员代表会议在北京闭幕。中共中央政治局常委、全国政协主席俞正声会见全体代表并讲话。俞正声指出，党的十九大将于今年下半年召开。开好党的十九大，对于全党紧密团结在以习近平同志为核心的党中央周围，团结带领全国各族人民为实现“两个一百年”奋斗目标而不懈努力，具有重大而深远的意义。希望当选的台湾省籍党员代表，不辜负广大台籍党员和群众的重托，以高度的政治责任感和历史使命感，认真履行职责，为开好党的十九大作出积极贡献。

15. 中共中央印发《关于加强党内法规制度建设的意见》。6月26日《人民日报》报道，近日，中共中央印发《关于加强党内法规制度建设的意见》。《意见》贯彻落实以习近平同志为核心的党中央关于全面从严治党、依规治党的重大决策部署，从指导思想、总体目标、加快构建完善的党内法规制度体系、提高党内法规制度执行力、加强组织领导等方面，对加强新形势下党内法规制度建设提出明确要求、作出统筹部署。

16. 中共中央政治局召开会议。6月28日，中共中央政治局召开会议，审议《关于巡视31所中管高校党委情况的专题报告》。中共中央总书记习近平主持会议。会议指出，我国高校肩负着培养社会主义事业建设者和接班人的重大任务，是巩固和发展马克思主义的重要阵地。巡视对31所中管高校进行了全面政治体检，加强了党对高校的领导，促进了高校管党治党、办学治校各项工作，发挥了标本兼治作用。会议强调，办好中国特色社会主义高等教育，必须旗帜鲜明坚持党对高校工作的领导。高校党委要增强“四个意识”，落实管党治党、办学治校主体责任，坚定“四个自信”，贯彻党的教育方针政策，坚持社会主义办学方向，把立德树人作为根本任务，以实际行动维护党中央权威和集中统一领导。要深入研究高校党建工作特点和规律，创新体制机制和方式方法，推动形成党委统一领导、各部门各方面齐抓共管的工作格局，提高党建工作针对性和实效性，有效发挥基层党组织战斗堡垒作用和党员先锋模范作用。要以巡视整改为契机，严肃党内政治生活，加强高校领导班子建设，切实防范廉洁风险，营造风清气正的教书育人环境。要坚持问题导向，把深化高校改革和全面从严治党结合起来，明晰责任、完善制度、堵塞漏洞，确保高等教育事业始终沿着正确方向健康发展，为实现“两个一百年”奋斗目标和中华民族伟大复兴的中国梦提供人才保障和智力支持。

17. 中共中央追授黄大年同志“全国优秀共产党员”称号。7 月 23 日，为深入学习贯彻习近平总书记重要指示精神，表彰先进、弘扬正气，引导广大党员、干部胸怀理想、坚定信念，开拓进取、敬业奉献，在改革开放和社会主义现代化建设各项事业中发挥先锋模范作用，党中央决定，追授黄大年同志“全国优秀共产党员”称号。党中央号召，广大党员、干部向黄大年同志学习。

18. 王岐山出席全国纪检监察系统表彰大会并讲话。9 月 8 日，中共中央政治局常委、中央纪委书记王岐山出席全国纪检监察系统表彰大会并讲话。他强调，要深刻学习领会习近平总书记“7·26”重要讲话精神，伴随“两学一做”学习教育常态化制度化，学出一份忠诚，学出一份担当，学出中国特色社会主义道路自信、理论自信、制度自信、文化自信。王岐山指出，党的十八大以来，以习近平同志为核心的党中央把全面从严治党摆上战略布局，使党的面貌焕然一新，党和国家事业发生历史性变革。实践充分证明，全面从严治党的战略抉择英明、正确、及时。中央纪委牢固树立“四个意识”，自觉同党中央保持高度一致，各级纪检监察机关忠诚履行党章赋予的职责，在波澜壮阔的全面从严治党和反腐败斗争实践中，经受了严峻考验和深刻洗礼，涌现出一大批先进典型，受到表彰的只是其中的代表。党中央对纪检监察工作给予充分肯定。王岐山强调，要深刻理解中国特色社会主义的本质特征是党的领导，坚持党的领导、全面从严治党同实现伟大复兴中国梦有机统一、不可分割。进行伟大斗争、建设伟大工程、推进伟大事业、实现伟大梦想，要勇于面对风险和挑战，以永远在路上的坚韧，在坚持中深化、在深化中坚持。要梳理、归纳、提炼、总结五年来的经验成效，深化转职能、转方式、转作风，坚守监督执纪问责的定位，持之以恒正风肃纪、改进作风，不断厚植党执政的政治基础，为统筹推进“五位一体”总体布局和协调推进“四个全面”战略布局提供政治保障。王岐山指出，广大纪检监察干部要牢记使命、学思践悟、坚定自信，自觉维护党中央集中统一领导。各级纪检监察机关要坚持高标准严要求，教育引导干部坚定理想信念宗旨，防止思想滑坡，以坚定的信仰和铁的纪律，建设让党放心、人民信赖的队伍，用担当诠释对党和人民的忠诚。中共中央书记处书记、中央纪委副书记赵洪祝主持表彰大会。

19. 中共中央政治局召开会议。9 月 18 日，中共中央政治局召开会议，研究拟提请党的十八届七中全会讨论的十八届中央委员会向中国共产党第十九次全国代表大会的报告稿、《中国共产党章程（修正案）》稿、十八届中央纪律检查委员会向中国共产党第十九次全国代表大会的工作报告稿，审议《关于五年来中央政治局贯彻执行中央八项规定并以此带动全党加强作风建设情况的报告》。中共中央总书记习近平主持会议。会议认为，党章是党的总章程，对坚持党的领导、加强党的建设具有根本性的规范和指导作用。党的十九大根据新形势新任务对党章进行适当修改，有利于全党更好学习党章、遵守党章、贯彻党章、维护党章，更好把中国特色社会主义伟大事业和党的建设新的伟大工程推向前进。要把党的十九大报告确立的重大理论观点和重大战略思想写入党章，使党章充分体现马克思主义中国化最新成果，充分体现党的十八大以来党中央提出的治国理政新理念新思想新战略，充分体现坚持和加强党的领导、全面从严治党的新鲜经验，把我们党建设得更加朝气蓬勃、坚强有力，始终保持党同人民群众的血肉联系。会议认为，十八届中央纪律检查委员会向中国共产党第十九次全国代表大会的工作报告稿，实事求是反映了在党中央坚强领导下，各级纪律检查机关推进全面从严治党的实践探索、重要成效、工作体会。要紧紧围绕坚持和加强党的领导，毫不动摇推进党的建设新的伟大工程，坚定不移全面从严治党，深入推进党风廉政建设和反腐败斗争，为实现“两个一百年”奋斗目标、实现中华民族伟大复兴的中国梦提供坚强保证。会议同意2017年10月9日召开中国共产党第十八届中央纪律检查委员会第八次全体会议。会议指出，党的十八大以来，以习近平同志为核心的党中央以强烈的历史担当和顽强的意志品质，直面党内存在的种种问题和弊端，从制定和执行中央八项规定破题，解决了新形势下作风建设抓什么、怎么抓的问题，进而推动了全面从严治党，推动了党风、政风、社会风气好转。中央八项规定成为管党治党、从严治党的重要抓手，对维护党中央权威、增强党的向心力，对保持党同人民群众的血肉联系都起到了重要作用。会议强调，全面从严治党永远在路上，作风建设永远在路上。贯彻落实中央八项规定精神、转作风改作风只能加强不能削弱。要保持战略定力，坚持问题导向，锲而不舍、持之以恒，强化责任、强化督查、强化查处，不断把作风建设引向深入，努力使党的作风全面好起来，确保党同人民群众始终同呼吸、共命运、心连心。

20. 习近平主持中共中央政治局第四十三次集体学习并讲话。9月29日下午，中共中央政治局就当代世界马克思主义思潮及其影响进行第四十三次集体学习。中共中央总书记习近平在主持学习时强调，我们党是用马克思主义武装起来的政党，马克思主义是我们共产党人理想信念的灵魂。发展21世纪马克思主义、当代中国马克思主义，必须立足中国、放眼世界，保持与时俱进的理论品格，深刻认识马克思主义的时代意义和现实意义，锲而不舍推进马克思主义中国化、时代化、大众化，使马克思主义放射出更加灿烂的真理光芒。习近平指出，回顾党的奋斗历程可以发现，我们党之所以能够不断历经艰难困苦创造新的辉煌，很重要的一条就是我们党始终重视思想建党、理论强党，坚持用科学理论武装广大党员、干部的头脑，使全党始终保持统一的思想、坚定的意志、强大的战斗力。我们要赢得优势、赢得主动、赢得未来，战胜前进道路上各种各样的拦路虎、绊脚石，必须把马克思主义作为看家本领，以更宽广的视野、更长远的眼光来思考把握未来发展面临的一系列重大问题，不断提高全党运用马克思主义分析和解决实际问题的能力，不断提高运用科学理论指导我们应对重大挑战、抵御重大风险、克服重大阻力、解决重大矛盾的能力。

21. 习近平带领中共中央政治局常委瞻仰上海中共一大会址。10月31日，党的十九大闭幕仅一周，中共中央总书记、国家主席、中央军委主席习近平带领中共中央政治局常委李克强、栗战书、汪洋、王沪宁、赵乐际、韩正，专程从北京前往上海和浙江嘉兴，瞻仰上海中共一大会址和浙江嘉兴南湖红船，回顾建党历史，重温入党誓词，宣示新一届党中央领导集体的坚定政治信念。习近平发表重要讲话强调，只有不忘初心、牢记使命、永远奋斗，才能让中国共产党永远年轻。只要全党全国各族人民团结一心、苦干实干，中华民族伟大复兴的巨轮就一定能够乘风破浪、胜利驶向光辉的彼岸。

22. 中共中央政治局召开会议。11 月 30 日，中共中央政治局召开会议，审议通过《中国共产党党务公开条例（试行）》。中共中央总书记习近平主持会议。会议指出，推进党务公开，是贯彻落实党的十九大精神的重要举措，是发扬党内民主、发展社会主义民主政治的必然要求，对于推进全面从严治党，加强党内监督，充分调动全党积极性、主动性、创造性具有重要意义。《条例》制定出台，为做好党务公开工作提供了基本遵循，有利于推进党务公开工作制度化、规范化、程序化。会议强调，党务公开政治性、政策性强。要坚持正确方向，认真贯彻落实习近平新时代中国特色社会主义思想，把党务公开放到新时代坚持和发展中国特色社会主义、推进党的建设新的伟大工程的实践中谋划和推进，把坚持和完善党的领导要求贯穿到党务公开全过程和各方面。要坚持发扬民主，保障党员民主权利，落实党员知情权、参与权、选举权、监督权，更好调动全党积极性、主动性、创造性，及时回应党员和群众关切，以公开促落实、促监督、促改进。要积极稳妥、有序推进，统筹各层级各领域党务公开工作。

23. 习近平作出重要指示强调纠正“四风”不能止步，作风建设永远在路上。12 月 12 日《人民日报》报道，近日，中共中央总书记、国家主席、中央军委主席习近平近日作出重要指示强调，纠正“四风”不能止步，作风建设永远在路上。习近平是就新华社一篇《形式主义、官僚主义新表现值得警惕》的文章作出指示的。他指出，文章反映的情况，看似新表现，实则老问题，再次表明“四风”问题具有顽固性反复性。纠正“四风”不能止步，作风建设永远在路上。各地区各部门都要摆摆表现，找找差距，抓住主要矛盾，特别要针对表态多调门高、行动少落实差等突出问题，拿出过硬措施，扎扎实实地改。各级领导干部要带头转变作风，身体力行，以上率下，形成“头雁效应”。在即将开展的“不忘初心、牢记使命”主题教育中，要力戒形式主义，以好的作风确保好的效果。

24. 中共中央印发《中国共产党党务公开条例（试行）》。12 月 26 日《人民日报》报道，近日，中共中央印发了《中国共产党党务公开条例（试行）》，并发出通知，要求各地区各部门认真遵照执行。通知强调，推进党务公开，是贯彻落实党的十九大精神，坚定不移全面从严治党，提高党的执政能力和领导水平的重大举措。这既是我们党“四个自信”的重要体现，也是增强全党“四个意识”的重要途径，对于发展党内民主，加强党内监督，充分调动全党积极性、主动性、创造性，对于推进社会主义民主政治建设，动员组织人民群众形成最大的同心圆和凝聚力，更好贯彻落实党的理论和路线方针政策，具有重要意义。《条例》的制定出台，为做好党务公开工作提供了基本遵循，标志着党务公开工作全面走上制度化、规范化、程序化轨道。通知要求，各级党组织要以习近平新时代中国特色社会主义思想为指导，牢牢把握党务公开基本原则，把党务公开放到新时代坚持和发展中国特色社会主义、推进党的建设新的伟大工程的实践中谋划和推进，把坚持和完善党的领导要求贯彻到党务公开全过程和各方面。

25. 中共中央政治局召开民主生活会。12 月 25 日至 26 日，中共中央政治局召开民主生活会，以认真学习领会习近平新时代中国特色社会主义思想、坚定维护以习近平同志为核心的党中央权威和集中统一领导、全面贯彻落实党的十九大各项决策部署为主题，重点对照《中共中央政治局关于加强和维护党中央集中统一领导的若干规定》《中共中央政治局贯彻落实中央八项规定实施细则》，联系中央政治局工作，联系带头执行中央八项规定的实际，联系狠抓党的十九大决策部署的实际，进行自我检查、党性分析，开展批评和自我批评。中共中央总书记习近平主持会议并发表重要讲话。

26. 中共中央政治局召开会议。12 月 27 日，中共中央政治局召开会议，决定明年 1 月在北京召开中国共产党第十九届中央委员会第二次全体会议，主要议程是，讨论研究修改宪法部分内容的建议。会议听取中央纪律检查委员会工作汇报，研究部署 2018 年党风廉政建设和反腐败工作。中共中央总书记习近平主持会议。会议强调，中国特色社会主义进入新时代，我们党一定要有新气象新作为。要把全面从严治党长期坚持下去，将反腐败斗争进行到底，决不半途而废。会议指出，要牢牢把握全面贯彻落实党的十九大精神这条主线，紧紧围绕新时代党的建设总要求，以党的政治建设为统领，思想建党、纪律强党、制度治党同向发力，增强全面从严治党的系统性、创造性、实效性。要严明政治纪律和政治规矩，聚焦“七个有之”，严肃查处对党不忠诚不老实、阳奉阴违的“两面人”和违背党的政治路线、破坏党内政治生态问题，确保党中央政令畅通。要徙木立信、以上率下，锲而不舍落实中央八项规定精神，一个节点一个节点坚守，一个问题一个问题解决，抓具体、补短板、防反弹，重点纠正形式主义、官僚主义问题，坚决反对特权思想、特权现象，使党员干部知敬畏、人民群众有信心。要巩固发展反腐败斗争压倒性态势，全面加强纪律建设，全面深化国家监察体制改革，严厉整治发生在群众身边的腐败和作风问题，重点审查党的十八大以来不收敛、不收手，问题线索集中、群众反映强烈，现在重要领导岗位、可能还要提拔使用的领导干部，严肃查处政治问题和腐败问题通过利益输送相互交织，在党内培植个人势力、结成利益集团的行为。各级纪检监察机关要忠实履行职责，强化自我监督和自我约束，建设忠诚干净担当的纪检监察干部队伍。

中国国民党革命委员会

2017年，民革全党认真学习贯彻中共十八大、十八届三中、四中、五中、六中全会精神，认真学习领会中共十九大精神，以习近平总书记系列重要讲话精神为指导，紧紧围绕中共中央“五位一体”总体布局和“四个全面”战略布局，积极履行参政党职责、大力加强自身建设，各项工作取得了新成绩。

一、重要会议及活动

2017年，民革中央领导机构根据党章规定，通过召开全国代表大会、中全会、中常会、中央监督委员会会议、专题工作会议来领导全党工作，同时中央还在本年的有关重大事件和纪念日召开了多种形式的座谈会和纪念会。

（一）中国国民党革命委员会第十三次全国代表大会

12月20日至24日，中国国民党革命委员会第十三次全国代表大会在北京召开。

12月20日下午，民革第十三次全国代表大会开幕式暨民革成立70周年纪念大会在人民大会堂隆重举行。中共中央政治局常委王沪宁会见全体与会代表，并代表中国共产党中央委员会向大会致贺词。贺词中说，过去的5年，是以习近平同志为核心的中共中央团结带领全国各族人民取得历史性成就的5年，是党和国家事业发生历史性变革的5年。5年来，民革围绕统筹推进“五位一体”总体布局、协调推进“四个全面”战略布局和促进祖国和平统一，围绕新型城镇化建设、“一带一路”建设、脱贫攻坚等战略性全局性课题，深入调查研究，提出许多重要意见建议，受到中共中央、国务院的高度重视。深入贯彻习近平总书记“两岸一家亲”理念，不断扩大与台湾各界的交往交流，为促进两岸关系和平发展作出了重要贡献。

贺词指出，充分发挥统一战线的优势，加强同各民主党派的团结合作，是中国共产党的长期战略方针。中国共产党将按照中共十九大精神，坚定不移坚持和完善中国共产党领导的多党合作和政治协商制度，坚定不移贯彻“长期共存、互相监督、肝胆相照、荣辱与共”的方针，坚定不移支持民主党派按照中国特色社会主义参政党要求更好履行职能，把多党合作事业继续推向前进，巩固和发展最广泛的爱国统一战线，画出共同团结奋斗的最大同心圆。

贺词希望，民革深入学习宣传贯彻中共十九大精神，充分发挥自身特色和优势，紧密结合参政议政重点领域，围绕实施乡村振兴战略、深化依法治国实践、提高保障和改善民生水平、加强和创新社会治理等重大问题，深入开展调查研究，多献求真务实之策；继续发挥与海内外联系广泛的优势，进一步深化与岛内各阶层、各群体的联系交往，推进两岸经济、文化、科技等方面的交流合作，为推进新时代中国特色社会主义事业、实现祖国和平统一作出更大贡献。中共中央相信，民革新一届中央领导机构一定能够紧密团结在以习近平同志为核心的中共中央周围，高举中国特色社会主义伟大旗帜，以习近平新时代中国特色社会主义思想为指导，继承和发扬老一辈的优良传统和高尚风范，扎实推进政治交接，不断加强参政党建设，努力开创民革工作新局面。

大会主席团常务主席万鄂湘主持开幕式。大会主席团常务主席齐续春致开幕词，他首先代表大会主席团，向莅临大会的中共中央、全国人大、国务院、全国政协的领导同志，向中共中央统战部、各民主党派中央、全国工商联和各有关部委领导同志表示热烈的欢迎和衷心的感谢，向出席大会的全体同志致以亲切的问候。

齐续春说，本次大会适逢民革成立70周年，在这庄严的时刻，我们怀着崇敬的心情，缅怀伟大的革命先行者孙中山先生，缅怀民革名誉主席宋庆龄同志，缅怀为民革的创立、成长、发展作出重大贡献的老一辈民革领导人，缅怀为民族独立和新中国成立而英勇牺牲的民革先烈。他们的光辉业绩永远铭记在我们心中。回首民革成立70年来的奋斗足迹，我们始终与中国共产党风雨同舟、团结协作，在我国革命、建设和改革的各个时期，经受了血与火的考验，走过了不断追求进步的光辉历程。回首70年来的奋斗足迹，我们认真学习贯彻中共中央对台工作大政方针，发挥民革在台湾和海外联系广泛的优势，团结海内外中华儿女，反对“台独”，为实现祖国完全统一贡献力量。

齐续春说，本次大会要把深入学习贯彻中共十九大精神贯穿始终，切实在学懂弄通做实上下功夫，夯实共同思想政治基础，总结成绩和经验，布局民革未来发展，为更好服务社会主义现代化国家建设作出部署。全体代表要以高度的政治责任感开好这次大会，积极履行职责，确保各项议程顺利完成。

全国政协副主席、致公党中央主席万钢代表各民主党派中央、全国工商联向大会致贺词。中共中央书记处书记、中央统战部部长尤权，全国人大常委会副委员长张平、国务委员王勇、全国政协副主席李海峰，民革中央原主席何鲁丽、周铁农及各民主党派中央、全国工商联有关领导同志，国家有关部委负责同志出席开幕会。

万鄂湘代表民革第十二届中央委员会作题为《不忘合作初心，筑梦伟大时代，为实现中华民族伟大复兴的中国梦而不懈奋斗》的工作报告。报告指出，五年来，民革全党牢固树立政治意识、大局意识、核心意识、看齐意识，不断增强道路自信、理论自信、制度自信、文化自信，不断提高政治把握能力、参政议政能力、组织领导能力、合作共事能力和解决自身问题能力，积极发挥自身特点和优势，全面履行参政党职能，各项工作开创了新局面。

报告指出，今年是民革成立70周年，70年来的体会和经验，归根结底就是必须始终坚持中国共产党的领导。总结五年来的经验，我们还得到以下重要启示：一是必须旗帜鲜明讲政治。二是必须举全党之力抓参政议政。三是必须营造团结与学习的党内氛围。四是必须加强队伍建设和人才培养。五是必须继承和发扬孙中山爱国、革命、不断进步精神。

报告强调，今后五年是“两个一百年”奋斗目标的历史交汇期，民革工作的指导思想是：以习近平新时代中国特色社会主义思想为指导，高举中国特色社会主义伟大旗帜，深入学习贯彻中共十九大精神，继承和发扬孙中山爱国、革命、不断进步精神，围绕统筹推进“五位一体”总体布局和协调推进“四个全面”战略布局，全面加强自身建设，积极履行参政党职能，推动民革各项工作取得新的成绩，为把民革建设成为适应新时代发展要求的高素质、有作为的参政党而努力奋斗，为决胜全面建成小康社会、开启全面建设中国特色社会主义现代化国家新征程作出新贡献。民革全党要全面学习领会和认真贯彻落实中共十九大精神，大力加强组织建设，更好履行参政党职能，持续开展社会服务工作，为实现祖国完全统一凝聚力量。

修福金作关于《中国国民党革命委员会章程（修正案）》（草案）的说明。

与会代表结合中共十九大精神、中共中央贺词、第十二届中央委员会工作报告、《中国国民党革命委员会章程（修正案）》（草案）及大会各项决议草案、有关人事事项进行了分组讨论。与会代表还听取了中共十九大精神中央宣讲团成员、全国政协人口资源环境委员会副主任徐绍史关于中共十九大精神的专题辅导报告。

12 月 23 日上午，民革十三大举行全体会议。万鄂湘主持会议。大会通过了《中国国民党革命委员会章程（修正案）》和关于《中国国民党革命委员会章程（修正案）》的决议。大会经过无记名投票，选举产生了由 220 人组成的民革第十三届中央委员会。

十三届一中全会

12 月 23 日至 24 日，民革第十三届中央委员会第一次全体会议在大会期间召开，会议经过选举产生民革第十三届中央委员会主席、副主席、常务委员，会议还通过了民革第十三届中央监督委员会组成人员名单。

十三届一次常委会

民革十三届一中全会期间，召开了民革第十三届中央常务委员会第一次会议。会议任命李惠东同志为民革第十三届中央委员会秘书长。

12 月 24 日下午，中国国民党革命委员会第十三次全国代表大会在北京闭幕，郑建邦主持闭幕会。大会通过了民革第十三次全国代表大会决议、关于民革第十二届中央委员会工作报告的决议，李惠东宣读了第十三次全国代表大会给光荣离任同志的致敬信。

万鄂湘致闭幕词。

万鄂湘指出，这是一次鼓舞人心、团结聚力、统一思想、提高认识、民主集中、求真务实的大会。大会以中共十九大精神和习近平新时代中国特色社会主义思想为指导，全面总结了过去 5 年的成绩和经验，明确提出了今后一个时期的指导思想和主要任务，对做好民革全党工作具有十分重要的意义。

万鄂湘表示，这是一次政治交接、薪火相传、承前启后、继往开来的大会。新一届中央领导集体一定不辜负全党同志的期望和重托，自觉接受全党同志的监督，恪尽职守、廉洁奉公，为开创民革工作新局面而勤奋工作。

万鄂湘号召，全党同志紧密团结在以习近平同志为核心的中共中央周围，以习近平新时代中国特色社会主义思想为指导，继承和发扬孙中山爱国、革命、不断进步精神，不忘合作初心，筑梦伟大时代，为决胜全面建成小康社会、夺取新时代中国特色社会主义伟大胜利、实现中华民族伟大复兴的中国梦而努力奋斗！

（二）中央委员会会议

2017年，根据党章规定和履行职能需要，民革第十二届中央委员会召开了第六次全体会议，民革第十三届中央委员会在民革十三大期间召开了第一次全体会议。

1. 中国国民党革命委员会第十二届中央委员会第六次全体会议

12月17日至18日，中国国民党革命委员会第十二届中央委员会第六次全体会议在北京召开。民革中央主席万鄂湘、常务副主席齐续春，副主席修福金、刘凡、傅惠民、田惠光、郑建邦、邓力平、刘家强，副主席兼秘书长李惠东及中央委员出席会议。

万鄂湘代表民革第十二届中央常务委员会作工作报告。报告指出，一年来，民革全党深入学习贯彻中共十八大和十八届历次中央全会精神，认真学习宣传贯彻中共十九大精神，在习近平新时代中国特色社会主义思想指导下，大力加强自身建设，全面提高履职能力，着力打造适应新时代要求的中国特色社会主义参政党，各项工作呈现良好局面。

报告指出，民革全党深入开展“不忘合作初心，继续携手前进”主题教育活动，大力推动“民革党员之家”建设，思想政治工作不断强化。圆满完成30个民革省级组织换届工作，有序推进组织发展，高度重视干部培养推荐，持续强化党内监督，组织建设全面加强。

报告指出，民革中央积极参与政治协商，精心组织专题调研，努力拓展参政议政领域，稳步提升信息工作水平，参政议政工作成效显著。2017年，聚焦国家经济社会发展全局性、战略性和前瞻性问题，围绕21个课题开展调研考察36次，形成调研成果21项，向中共中央、国务院报送书面建议15篇，得到了中央领导同志的高度重视，相关部委对有关建议进行了认真研究落实。

报告指出，民革中央扎实开展脱贫攻坚民主监督，深入拓展精准扶贫工作领域，着力强化社会服务品牌，社会服务工作持续推进。多次开展集中调研，积极探索破解深度贫困的对策，针对产业脱贫、精神脱贫等提出意见建议。民革全党坚决贯彻执行中共中央对台大政方针和决策部署，旗帜鲜明反对“台独”，做好台情研究工作，促进两岸交流交往，为推动两岸关系和平发展作出积极贡献。

齐续春主持开幕会。郑建邦在开幕会上代表中央监督委员会作工作报告；会议书面报告了民革中央2017年参政议政工作情况；会议审议了第十二届中央委员会向第十三次全国代表大会作的工作报告（送审稿），李惠东就报告起草情况作了说明；会议审议了拟提交民革第十三次全国代表大会审议的《中国国民党革命委员会章程（修正案）》（草案），修福金就草案作了说明。与会同志就中央常务委员会工作报告、中央监督委员会工作报告、中央参政议政工作情况报告，中央委员会工作报告（送审稿）、民革章程修正案（草案）、六中全会决议和有关人事事项进行了讨论。

12月18日上午，民革十二届六中全会在北京闭幕。傅惠民主持闭幕会。会议通过了第十二届中央委员会向第十三次代表大会作的工作报告、《中国国民党革命委员会章程（修正案）》（草案）及其说明；通过了第十三次全国代表大会主席团、秘书长建议名单，第十三次全国代表大会代表资格审查委员会名单；通过了民革十二届六中全会决议。齐续春在闭幕会上讲话，就做好下一步民革工作提出三点要求：一是深入学习贯彻中共十九大精神。二是以高度的政治责任感和历史使命感开好民革十三大。三是继续为民革建设新时代中国特色社会主义参政党作出贡献。

民革中央原主席何鲁丽、周铁农，原副主席李赣骝、朱培康、谢克昌、何丕洁及中央顾问出席开幕会。不是中央委员的省级组织主委、中央监督委员会委员、中央机关局级干部，团结报社、团结出版社负责人列席会议。

2. 中国国民党革命委员会第十三届中央委员会第一次全体会议

12月23日至24日，民革第十三届中央委员会第一次全体会议在京召开，会议经过无记名投票，选举万鄂湘为民革第十三届中央委员会主席，选举郑建邦、邓力平、刘家强、李惠东、高小玫、何报翔、张伯军、田红旗、王红、冯巩为民革第十三届中央委员会副主席，选举万鄂湘等46位同志为民革第十三届中央委员会常务委员。会议还通过了民革第十三届中央监督委员会组成人员名单，郑建邦任民革第十三届中央监督委员会主任，傅惠民、张雪樵任副主任。

民革十三届一中全会期间，召开了民革十三届中央第一次主席会议。民革十三届中央主席万鄂湘，副主席郑建邦、邓力平、刘家强、李惠东、高小玫、何报翔、张伯军、田红旗、王红、冯巩参加会议。会议决定郑建邦任第十三届中央委员会常务副主席；通过了民革十三届一次中常会有关文件。

（三）中央常务委员会会议

2017年，根据党章规定和履行职能需要，民革第十二届中央常务委员会共召开了五次会议，民革第十三届中央常务委员会召开了第一次会议。

1. 中国国民党革命委员会第十二届中央常务委员会第十八次会议

3月9日，中国国民党革命委员会第十二届中央常务委员会第十八次会议在北京会议中心召开。民革中央主席万鄂湘、常务副主席齐续春，副主席修福金、刘凡、程崇庆、傅惠民、田惠光、郑建邦、邓力平、刘家强，副主席兼秘书长李惠东和中央常委出席会议。不是中央常委的民革省级组织主委、民革中央机关各工作部门负责人，团结报社、团结出版社负责人列席会议。齐续春主持会议。

会议学习座谈了十二届全国人大五次会议和全国政协十二届五次会议精神，原则通过了关于学习贯彻十二届全国人大五次会议和全国政协十二届五次会议精神的决议，书面报告了民革中央自十二届五中全会以来主要工作情况和2017年第二季度初步工作安排，通过了关于调整民革第十二届中央委员会监督委员会主任的决定，确认了民革十二届中央人口资源环境委员会主任职务调整的决定，通过了关于民革党员党纪处分的备案事项。

万鄂湘在会上讲话，他说，今年的全国两会是在全面实施“十三五”规划重要之年和推进供给侧结构性改革深化之年召开的重要会议。习近平总书记从党和国家大局发展高度，提出了一系列新论断、新论述、新部署。这次会议进一步增强了全国各族人民决胜全面小康的信心和力量，对民革进一步做好今后各项工作具有重要指导意义。民革各级组织和广大党员要认真学习贯彻会议精神和习近平总书记系列重要讲话精神，把思想和行动凝聚到中共中央的决策部署上来，凝聚到服务“十三五”发展上来，全面做好今年的各项工作，为完成全国两会提出的目标任务作出应有贡献。

万鄂湘对做好民革重点工作提出了具体要求：一是要加强思想建设，积极为中共十九大召开营造良好氛围。民革各级组织要深入开展“不忘合作初心，继续携手前进”专题教育活动，引导广大党员坚持中国共产党的领导，增强“四个意识”。二是要做好省级组织和中央领导机构换届工作。民革各级组织领导和全体同志一定要深入贯彻习近平总书记在看望民进、农工党、九三学社全国政协委员时对民主党派换届工作作出的重要指示精神，搞好政治交接，努力换出新干劲、换出新气象。三是切实增强参政议政工作实效。希望民革全党上下一盘棋，贯彻落实好《民革中央关于切实做好 2017 年参政议政工作的意见》，聚焦中央确定的重点课题，找准切入点，扎实开展调查研究。四是务实开展脱贫攻坚民主监督工作，下一阶段工作要按照《民革中央开展脱贫攻坚民主监督工作方案》，切实提升工作实效，帮助解决中央最关注和地方最迫切需要解决的实际困难和问题。五是为促进祖国和平统一贡献力量。我们要坚决贯彻中共中央对台工作大政方针，深入贯彻习近平总书记对台工作重要思想，不断做好争取台湾民心工作，巩固与岛内泛蓝阵营的传统交往，深化对台青年工作，继续做好台湾青年来大陆实习、就业工作，加大对台湾贫困青年群体的关注力度。

2. 中国国民党革命委员会第十二届中央常务委员会第十九次会议

7 月 14 日至 15 日，中国国民党革命委员会第十二届中央常务委员会第十九次会议在北京召开。本次会议主题是总结民革省级组织换届工作，研究安排中央换届工作。民革中央主席万鄂湘、常务副主席齐续春，副主席修福金、刘凡、傅惠民、田惠光、郑建邦、邓力平、刘家强，副主席兼秘书长李惠东和中央常委出席会议，不是中央常委的省级组织主委，中央机关局级干部，团结报社、团结出版社负责人列席会议。

万鄂湘在开幕会上讲话，介绍了民革省级组织换届工作的基本情况，他说，民革省级组织换届工作平稳顺利。新一届领导班子结构进一步优化，知识层次进一步提高，总体结构更加合理。省级组织换届工作有五个方面基本经验，一是深化政治交接，凝聚思想共识；二是指导思想明确，确保组织有序；三是发扬民主作风，充分酝酿人事；四是严格换届程序，规范换届流程；五是严肃换届纪律，发挥监督作用。这些都为民革省级组织更好地围绕民革中央和地方党委中心工作，履行好参政党职能打下了良好基础。他要求省级组织新一届领导班子不断提高自身建设的能力和水平，旗帜鲜明讲政治，团结一心顾大局，奋发进取干事业。万鄂湘还对民革中央换届工作作出了部署。他说，这次中央领导机构换届正值民革成立 70 周年，要充分认识换届的重要性，认真做好筹备工作，确保换届工作风清气正；要通过换届，进一步统一思想，形成共识，整合力量，努力开创民革事业新局面。

万鄂湘指出，民革全党要继续发挥优势，务实开展脱贫攻坚民主监督工作。今年，民革中央联合有关地方组织组成 8 个调研组，根据贵州省对口市州脱贫攻坚工作总体情况和阶段性规划目标，各选取 2 至 3 个上一年度实现“摘帽”的贫困村和本年度计划“摘帽”的贫困村作为日常调研点，研究重点难点问题。7 月初，民革中央在贵州毕节召开了脱贫攻坚民主监督工作交流会，总结交流工作成果和经验，并召集全国有脱贫攻坚任务的22个省份民革组织进行经验交流。他要求，脱贫攻坚民主监督工作要深入贯彻“寓监督于帮扶之中，寓帮扶于监督之中”的工作思路。在重视物质脱贫的同时，高度重视精神脱贫问题。

万鄂湘强调，参政议政工作要聚焦中央确定的重点课题，找准切入点，扎实开展调查研究，不断增强工作实效。要继续深入贯彻“举全党之力抓参政议政”的指导思想，落实好《民革中央关于切实做好2017年参政议政工作的意见》，持之以恒做好反映社情民意信息工作。

万鄂湘要求，民革全党一定要旗帜鲜明地坚持“九二共识”，坚决反对“台独”，不断深化对台青年和基层民众工作，不断做好涉台参政议政工作，不断推动两岸关系和平发展。

会议审议并通过了《关于召开民革第十二届中央委员会第六次全体会议的决定》；报告了民革中央自十二届十八次中常会以来主要工作情况和2017年第三季度初步工作安排；通过了关于民革党员党纪处分的备案事项。与会同志围绕会议主题进行了研讨与交流，对下一步继续做好民革各项工作提出了意见和建议。

齐续春在闭幕会上讲话，就学习贯彻本次常委会精神和万主席重要讲话精神提出三点意见：继承民革优良传统，搞好政治交接；提高五种能力，加强领导班子建设；认真履行职责，继续做好民革各项工作。齐续春强调，再过几个月，民革就要召开第十三次全国代表大会，进行中央领导机构换届。这是民革全党的一件大事，也是国家政治生活中的重要事件。民革全党必须正确认识做好这项工作的重要意义，进一步统一思想，强化共识，认真筹备，确保换届工作风清气正。

3. 中国国民党革命委员会第十二届中央常务委员会第二十次会议

10月31日，中国国民党革命委员会第十二届中央常务委员会第二十次会议在京召开。本次会议主题是学习贯彻中国共产党第十九次全国代表大会精神。民革中央主席万鄂湘、常务副主席齐续春，副主席修福金、刘凡、程崇庆、傅惠民、田惠光、郑建邦、邓力平、刘家强，副主席兼秘书长李惠东和中央常委出席会议，不是中央常委的省级组织主委，中央机关局级干部，团结报社、团结出版社负责人列席会议。齐续春主持会议。

万鄂湘在会上讲话，他说，中共十九大是在全面建成小康社会决胜阶段、中国特色社会主义进入新时代的关键时期召开的一次十分重要的大会。习近平同志代表中共十八届中央委员会所作的报告，高举中国特色社会主义伟大旗帜，总结了中共十八大以来执政党和国家事业的历史性变革，作出了中国特色社会主义进入了新时代等重大政治论断，确立了习近平新时代中国特色社会主义思想的历史地位，明确提出了新时代坚持和发展中国特色社会主义的基本方略，深刻回答了一系列重大理论和实践问题，对决胜全面建成小康社会、开启全面建设社会主义现代化国家新征程作出了全面部署。中共十九届一中全会选举产生了新一届中央领导集体，习近平同志当选为中共中央总书记、中央军委主席，充分体现了全体共产党员和全国人民的共同心愿。我们要深刻认识这次大会的重大意义，坚决拥护以习近平同志为核心的新一届中共中央领导集体。

万鄂湘指出，学习贯彻中共十九大精神，重中之重是学习领会习近平新时代中国特色社会主义思想。要在学懂、弄通、做实上下功夫，用习近平新时代中国特色社会主义思想武装头脑、指导实践、推动工作，更好地把科学理论转化为推动经济社会发展的生动实践，转化为落实中共十九大部署的思想共识和行动自觉。

万鄂湘强调，不断提升参政党履职能力是学习贯彻中共十九大精神的实践要求。民革全党要认真学习领会新时代坚持和发展中国特色社会主义基本方略的内涵，大力加强参政议政能力建设，紧扣人民群众对美好生活的向往，建净言、献良策。要扎实做好脱贫攻坚民主监督，为协助对口省份打赢脱贫攻坚战问诊把脉、出谋划策。要明确未来对台工作的重点，坚持“一个中国”原则，秉持“两岸一家亲”的理念，为推动两岸关系和平发展、推进祖国和平统一进程作出新贡献。

万鄂湘还对扎实做好民革十三大筹备工作进行了安排部署。

与会常委就学习贯彻中共十九大精神并结合民革工作谈了体会和感受。会议原则通过了《民革中央关于学习贯彻中国共产党第十九次全国代表大会精神的决定》，报告了民革中央自十二届十九次中常会以来主要工作情况和 2017 年第四季度初步工作安排。

4. 中国国民党革命委员会第十二届中央常务委员会第二十一次会议

12 月 16 日，中国国民党革命委员会第十二届中央常务委员会第二十一次会议在京召开。民革中央主席万鄂湘、常务副主席齐续春，副主席修福金、刘凡、傅惠民、田惠光、郑建邦、邓力平、刘家强，副主席兼秘书长李惠东和中央常委出席会议，不是中央常委的省级组织主委，中央机关局级干部，团结报社、团结出版社负责人列席会议。万鄂湘主持会议。

会议审议并通过了民革十二届六中全会议程（草案）、十二届六中全会日程，十二届六中全会小组召集人名单；审定了提交十二届六中全会的第十二届中央常务委员会工作报告、中央监督委员会工作报告、民革中央参政议政工作情况报告；审议了第十二届中央委员会向第十三次全国代表大会作的工作报告（送审稿）、《中国国民党革命委员会章程（修正案）》（草案）及其说明；通过了民革第十三次全国代表大会主席团、秘书长初步建议名单，民革第十三次全国代表大会代表资格审查委员会建议名单；通过了民革第十三届中央委员会委员候选人建议名单，郑建邦就中央换届工作人事事项作了说明；通过了关于民革党员党纪处分的备案事项。

5. 中国国民党革命委员会第十二届中央常务委员会第二十二次会议

12 月 19 日，中国国民党革命委员会第十二届中央常务委员会第二十二次会议在京召开。万鄂湘、齐续春、刘凡、傅惠民、田惠光、郑建邦、刘家强、李惠东和中央常委出席会议，不是中央常委的省级组织主委，中央机关局级干部，团结报社、团结出版社负责人列席会议。万鄂湘主持会议。

会议审议并通过了民革第十三次全国代表大会议程（草案）、民革第十三次全国代表大会日程；通过了民革第十三次全国代表大会主席团常务主席建议名单。

6. 中国国民党革命委员会第十三届中央常务委员会第一次会议

12 月 23 日至 24 日，中国国民党革命委员会第十三届中央常务委员会第一次会议在民革十三届一中全会期间召开。会议任命李惠东为民革第十三届中央委员会秘书长。

（四）中央监督委员会全体会议

12 月 16 日，中国国民党革命委员会第十二届中央监督委员会第九次全体会议在北京召开。民革十二届中央副主席、中央监委会主任郑建邦主持会议，民革十二届中央副主席、中央监委会副主任田惠光，中央监委会副主任陈清华及监委会委员出席会议。

会议研究通过了中央监委会工作报告，并提请民革十二届二十一次中常会审议。

（五）中央专题工作会议

1. 环渤海地区水域治理与保护问题座谈会

2 月 7 日，民革中央在机关召开环渤海地区水域治理与保护问题座谈会。民革中央主席万鄂湘、常务副主席齐续春，副主席修福金，副主席兼秘书长李惠东出席会议。

万鄂湘在会上表示，中共中央、国务院高度重视生态文明建设和环境保护工作。在中共党委政府的多措并举和社会各界的关切推动下，近年来环渤海水域治理取得积极进展，但仍面临一些问题，现状还不容乐观。民革中央把渤海湾污染治理与水域保护问题列入 2017 年重点考察调研课题，将充分发挥参政党优势，联合有关部委，以及相关省市民革组织、有关部门等，上下联动，深入调研，为进一步做好环渤海地区水域的治理与保护工作，积极出谋划策，作出参政党应有的贡献。

齐续春在会上表示，围绕执政党和国家大政方针以及民众关注的热点难点问题，通过调查研究等方式，提出具有全局性、战略性、综合性、前瞻性和可操作性的意见建议，是参政党的重要职责所在。环渤海湾水域的治理与保护和“一带一路”、京津冀协同发展等国家战略关系紧密，民革中央将认真调研，力争提出真知灼见。

来自环保部、水利部、农业部、国家海洋局、中国水产科学研究院等部委的有关负责同志及专家学者从不同角度，介绍分析了环渤海水域治理的情况和存在的问题，并从加强区域立法、强化水域治理督导考核等方面提出意见建议。

2. 当前经济形势与对策座谈会

7 月 5 日，民革中央在机关召开当前经济形势与对策座谈会。民革中央主席万鄂湘，副主席修福金、刘凡出席会议。

民革中央经济委员会、民革中央企业家联谊会以及高校和研究机构的 7 位专家学者、企业家代表，结合自身研究领域和经历，对当前经济形势及对策进行了研判和分析，围绕上半年经济运行情况、供给侧结构性改革、防范结构性金融风险等问题展开交流，提出了有价值的对策建议。万鄂湘在听取大家发言后表示，民革中央要从民主党派角度出发，结合与会经济学家和企业家提出的真知灼见，对下半年经济工作提出可行的建议方案，供中共中央和国务院参考。

3. 民革全国参政议政工作骨干培训班

7 月 24 日至 28 日，民革全国参政议政工作骨干培训班在吉林省长春市举办。民革中央常务副主席齐续春、副主席修福金，民革吉林省委会主委张伯军等出席开班式。

修福金在开班式上讲话指出，民革中央领导同志高度重视参政议政工作，多次作出“举全党之力抓参政议政”“不断提高履职实效”的重要指示，在不同场合强调参政议政是民革各项工作的重中之重，提出要着力打造“立足本地、放眼全国，南北互动、东中西交流，优势互补、各级组织相互促进”的平台。民革中央今年出台了《关于切实做好2017年参政议政工作的意见》，要求坚持“中央统筹、全党实施”，“立足本地、放眼全国”，“联动协调、确保实效”，以优异的参政议政工作成绩，迎接中共十九大和民革十三大的胜利召开。

修福金要求，民革各级组织的参政议政工作要进一步增强“四个意识”，深入领会和贯彻五大发展理念，紧扣“十三五”规划的各项重点任务，建真言、谋良策、出实招。深入调查研究是做好参政议政工作的重中之重。选题要注重“上接天线，下接地气”，注重顶层设计、整合资源，争取中共党委政府支持、专家参与。要充分发挥中央和地方两个积极性，通过民革中央的组织协调，整合各级组织优势资源，按照“发挥优势，‘联结’特色，找准切入点，打造新亮点”的工作思路，丰富调研形式，重视论证研究，强化人才支撑，为促进区域经济社会协调发展、产业转型升级和推动国家各项战略的实施建言献策。要充分利用“民革e家”平台集聚全党智慧，实现上情下达、下情上传，提高参政议政的有效性。

开班式后，齐续春为学员们作了参政议政与合作共事专题报告。民革中央各专委会、民革各省级组织及副省级城市、省会城市有关负责同志、参政议政骨干等130余人参加培训班。

4. 民革中央中心学习组（扩大）学习习近平总书记“7·26”重要讲话精神座谈会

8月25日，民革中央中心学习组（扩大）学习习近平总书记“7·26”重要讲话精神专题座谈会在中央机关召开。民革中央主席万鄂湘、常务副主席齐续春，副主席修福金、刘凡、傅惠民、郑建邦、刘家强，副主席兼秘书长李惠东出席会议。民革中央部分在京常委，民革中央机关各工作部门有关同志，团结报社、团结出版社负责人参加会议。齐续春主持会议。

万鄂湘在会上讲话，他说，习近平总书记的重要讲话，是坚持和发展中国特色社会主义的政治宣言和行动纲领，为中共十九大胜利召开奠定了重要的政治基础、思想基础和理论基础，为推进中国特色社会主义伟大事业提供了科学指南，具有重大的政治意义、理论意义、实践意义。深入学习贯彻习近平总书记“7·26”重要讲话精神，切实把思想和行动统一到讲话精神上来，以优异成绩迎接中共十九大的胜利召开，是民革全党当前最重要的政治任务。

万鄂湘指出，中共十八大以来的五年，是党和国家发展进程中很不平凡的五年。我国发展站到了新的历史起点上，中国特色社会主义进入了新的发展阶段。民革作为中国特色社会主义的亲历者、实践者、维护者和捍卫者，始终与中国共产党团结合作、共同奋斗，始终积极参与中国特色社会主义理论探索、中国特色社会主义事业实践、中国特色社会主义制度建设。在新的历史起点上，民革全党必须始终不渝地坚持中国共产党的领导，坚定不移地走中国特色社会主义政治发展道路，不断增强中国特色社会主义道路自信、理论自信、制度自信、文化自信。

万鄂湘强调，民革作为致力于中国特色社会主义事业的参政党，肩负着参与全面建成小康社会实现中国梦的历史使命，这是顺应时代和社会发展的需要，更是履行职能的需要。当前，全面建成小康社会进入决胜阶段，民革作为参政党有能力有责任发挥更大的作用。按照全面建成小康社会各项要求，发挥民革特色优势，在“重点”“短板”“弱项”上下功夫，扎实研究问题，多进诤言、多谋良策、多出实招。

傅惠民、郑建邦、刘家强、李惠东结合民革工作实际，畅谈了学习习近平总书记“7·26”重要讲话精神的体会。

5. 民革宣传思想工作会议

9月17日，民革宣传思想工作会议在浙江省杭州市开幕。民革中央主席万鄂湘，中共浙江省委书记、省人大常委会主任车俊出席会议开幕会。民革中央副主席修福金、傅惠民、田惠光、邓力平，副主席兼秘书长李惠东，民革浙江省委会主委吴晶出席会议。民革各省级组织主委、分管宣传思想工作负责同志、宣传部门负责人、“民革党员之家”建设分管部门负责人，有关地市、基层支部负责人参加会议。

万鄂湘在会上讲话，他表示，民革十二大以来，宣传、思想和理论研究工作紧紧围绕民革自身建设目标，讲政治、重团结、谋创新、有作为，形成了比较完整的工作理念、内容和方法，取得了新的成绩。民革思想政治工作以“坚持和发展中国特色社会主义学习实践活动”为主线，组织广大党员干部认真学习习近平总书记系列重要讲话精神和中共中央治国理政新理念新思想新战略，深刻理解坚持和发展中国特色社会主义的丰富内涵，对进一步提高党员干部思想政治素质，夯实团结合作共同思想政治基础起到了很好的作用。

万鄂湘强调，要通过搭建“民革党员之家”这样一个平台，更好地开展党员思想政治工作，把党员拢在一起，把党员的心聚在一起，不断增强民革组织的凝聚力，扩大民革的社会影响。

万鄂湘对今后的工作提出了要求。他说，中共十九大召开后，要及时部署学习贯彻中共十九大精神，进一步夯实多党合作的思想政治基础。民革各级组织要抓好抓实中共十九大精神的学习。领导班子成员要以上率下、以身作则，深入学、扎实学、带头学，带领广大党员干部坚决在思想上、政治上、行动上同以习近平同志为核心的中共中央保持高度一致。

万鄂湘要求，要继续深入开展民革优良传统教育，不忘初心，推动民革自身建设再上新台阶。今年是民革成立70周年。70年来，民革前辈前赴后继投身革命、建设、改革伟大实践，留下了无比珍贵的优良传统。要记录好、宣传好、学习好、传承好民革优良传统，在中国共产党领导下，坚定不移地做中国特色社会主义的亲历者、实践者、维护者和捍卫者，保证民革的事业薪火相传，永续发展。

修福金在会上作工作报告，总结了民革十二大以来民革宣传思想理论工作取得的成绩和经验，并对今后五年的工作作出部署。他指出，民革宣传思想工作首先要始终坚持一个指导思想不变，即坚持中国共产党领导，坚定走中国特色社会主义道路。二是要坚持以线上、线下两个宣传平台建设为抓手，使宣传思想工作做到党员心坎上。三是要以创新精神大力加强和改进民革宣传思想工作和理论研究。要在已有工作创新的基础上，不断提高民革宣传思想和理论研究的水平，把工作推上一个新台阶。

会议期间，万鄂湘等领导同志还考察了“浙江民革党员之家”和“杭州民革党员之家”，并参加民革杭州市西湖区基层委员会活动。万鄂湘希望全国各地的民革组织以“民革党员之家”建设调研暨现场推动会为契机，进一步推广民革好的工作方法、好的工作思路，使之在其他工作方面生根、发芽、开花、结果。

6. 健康中国与促进三峡康养产业发展座谈会

9月12日，民革中央、湖北省政协在湖北宜昌市联合召开健康中国促进三峡康养产业发展座谈会。民革中央常务副主席齐续春，中共湖北省委常委、宜昌市委书记周霁等出席会议。

齐续春在会上讲话，他指出，发展康养产业是顺应中国社会结构新变化、满足“健康老龄化”刚性需求的长久之计。同时，作为现代服务业的重要组成部分，康养产业蕴含拉动经济发展的巨大潜力，一头连接民生福祉、一头连接经济社会发展，覆盖面广、产业链长，可以被打造成我国又一个新兴的战略性支柱产业，为推进经济持续健康发展注入强劲动力，发展前景无限光明。此外，发展康养产业将大力推动社会事业相关改革，通过深化医药卫生、社会保障等领域改革，统筹基本公共服务体制机制改革，更好激发全社会发展活力，成为健全资源节约环境保护体制、加快生态文明建设的重要抓手和平台。

7. 中国赤水河流域保护治理发展协作推进会

9月20日至21日，民革中央与贵州省政协、云南省政协、四川省政协在贵州省仁怀市联合召开中国赤水河流域保护治理发展协作推进会。民革中央常务副主席齐续春、贵州省政协主席王富玉、云南省政协主席罗正富、四川省政协副主席邓川、民革中央副主席兼秘书长李惠东，国家气象局副局长宇如聪、民革贵州省委会主委王世杰等出席会议。

李惠东代表民革中央致辞，他表示，近年来，赤水河流域各地深入贯彻学习习近平总书记关于生态文明建设的系列重要讲话精神，牢牢守住发展和生态两条底线，全面贯彻五大发展理念，在开展生态文明建设制度改革试点、保护治理、发展协作等方面取得了可喜的成绩。

李惠东指出，推进赤水河流域保护治理发展协作，有利于进一步探索出生态与经济协调发展的新路子、流域综合开发治理的新模式，有利于形成脱贫攻坚同步小康的新助力。希望赤水河流域各地齐心协力、整合资源、主动作为，发挥“青山”优势，做好“赤水河”文章，实现产业强、百姓富、生态美的有机统一，推动赤水河流域生态经济又好又快发展，力争早日实现精准脱贫、同步小康。

会议以“生态共享、发展共赢”为主题，有关专家学者和来自昭通、毕节、泸州、遵义4个流域市的政府相关负责同志发表主旨演讲。云贵川三省政协领导同志现场签订了《云贵川三省政协助推赤水河流域生态经济发展协作协议书》。

8. 健康中国与助推山东康养产业发展座谈会

10月27日，民革中央和山东省政协在山东省威海市联合召开健康中国与助推山东康养产业发展座谈会。民革中央常务副主席齐续春、副主席兼秘书长李惠东，山东省副省长王随莲、民革山东省委会主委孙继业等出席座谈会。

齐续春在会上讲话指出，民革长期关注健康和养老问题，一直在努力探索以健康和养老产业为抓手，深化供给侧结构性改革、助推现代服务业加快发展，由此既满足“健康老龄化”刚性需求，又推动经济调结构、转方式，做到“一举两得、两全其美”。他表示，全国上下正在掀起学习贯彻落实中共十九大精神的热潮，希望山东省和威海市以此次座谈会为契机，坚持高端引领、优化提升、多产融合、辐射带动，以产业化的思维，推动健康事业和健康产业有机衔接、相互促进，加快推进康养产业发展，为全省、全市经济社会持续健康发展注入新动能。

会上，与会嘉宾观看了威海市康养产业专题宣传片，知名专家学者围绕如何发展康养产业进行了座谈交流。会议还发表了《康养产业发展威海共识》，并举行了威海国际医疗健康产业城揭牌仪式，齐续春、李惠东等领导同志为其揭牌。

国家发改委、民政部等部委有关负责同志，民革中央相关部门和民革中央企业家联谊会有关负责人，山东省政府有关部门、各市政府、特邀城市、康养产业协会商会有关负责人，以及专家学者、知名医院、企业界代表300余人参加座谈会。

9. 民革社会服务工作座谈会

10月17日，民革社会服务工作座谈会在京召开。民革中央副主席兼秘书长李惠东出席会议并讲话。

李惠东指出，社会服务是民革全党工作的重要方面，民革开展社会服务工作历史悠久，通过开展书画、支边扶贫等一系列富有民革特色、成效显著的社会服务工作，起到了宣传民革、服务社会、树立民革良好形象、扩大民革社会影响的作用。他强调，书画工作和非公经济人士工作是民革社会服务工作中的重要内容，而民革中央画院和民革中央企业家联谊会正是做好这两项工作的重要平台和抓手。万鄂湘主席、齐续春常务副主席十分关心画院工作和企业家联谊会工作，多次作出重要指示。画院和企业家联谊会自成立以来都发挥了积极作用，但其现有的组织架构、运行机制等方面需要进一步调整和完善，以适应新时代不断变化发展的形势和任务要求。

民革各省级组织分管社会服务工作的领导同志及相关负责同志参加会议。与会人员围绕民革中央画院和民革中央企业家联谊会理顺体制机制、完善组织架构和今后更好地开展工作等问题充分发表了意见和建议。

10. 民革全国组织建设社会服务参政议政工作表彰会

11月20日，民革全国组织建设社会服务参政议政工作表彰会在北京召开。民革中央主席万鄂湘，副主席修福金、刘凡、傅惠民、郑建邦、刘家强，副主席兼秘书长李惠东出席会议。刘凡同志主持会议。

本次会议主题是深入学习贯彻中共十九大精神，总结经验、树立典型，不断加强自身建设、提高履职能力，进一步推动民革工作向前发展。万鄂湘在会上讲话，代表民革中央向获得表彰的先进集体和先进个人致以热烈的祝贺，向长期奋斗在组织建设、社会服务、参政议政工作一线的广大党员干部致以诚挚的问候和衷心的感谢。

万鄂湘表示，民革十二大以来，民革全党紧密团结在以习近平同志为核心的中共中央周围，以习近平新时代中国特色社会主义思想为指引，牢牢把握加强中国特色社会主义参政党建设这个根本，组织建设稳步推进，社会服务成效彰显，参政议政成果丰硕，民革事业呈现蓬勃发展的好局面。

万鄂湘指出，这些成绩的取得，得益于各级中共党委，特别是统战部门以及人大、政府和政协对民革工作的支持和帮助，得益于民革各级组织领导班子的高度重视和科学谋划，得益于广大民革党员的积极作为。在这个过程中，涌现出一大批成绩突出、影响广泛的先进集体和先进个人，为民革增添了光彩，集中体现了民革的新风貌和新作为。

万鄂湘强调，民革作为中国特色社会主义参政党，当前和今后一个时期的首要政治任务，就是全面深入学习贯彻中共十九大精神，把思想和行动统一到中共十九大精神上来。民革全党要带着责任学，联系实际学，确保学深悟透，在工作中贯彻下去、体现出来。进一步增强政治把握能力、参政议政能力、组织领导能力、合作共事能力和解决自身问题能力。民革各级组织要以时不待我、只争朝夕的干劲投身脱贫攻坚战，坚持精准扶贫、精准脱贫，注重扶贫与扶志相结合，扎实做好脱贫攻坚民主监督，为决胜全面建成小康社会献计出力。

修福金宣读了《民革中央关于表彰民革全国参政议政工作先进集体先进个人的决定》，郑建邦同志宣读了《民革中央关于表彰民革全国组织建设工作先进集体先进个人的决定》，李惠东宣读了《民革中央关于表彰民革全国社会服务工作先进集体先进个人的决定》。会议对五年来在组织建设工作、社会服务工作和参政议政工作中作出突出贡献的321个先进集体、605名先进个人进行了表彰。万鄂湘等中央领导同志向获奖集体和个人代表颁发了奖牌和证书。6名先进集体和个人代表在大会上做了交流发言。

11. 当前经济形势座谈会

12月1日，民革中央在机关召开当前经济形势座谈会。民革中央主席万鄂湘、副主席兼秘书长李惠东出席座谈会。

会上，9位经济政策、金融等领域的专家学者、企业家结合自己的研究领域或企业实际，就当前经济形势进行研判和分析，并提出意见和建议。万鄂湘对大家给予民革中央工作的支持表示感谢。他表示，民革中央将认真听取大家反映的情况和提出的建议，进一步做好研究，力争在经济领域提出具有针对性、可操作性的建议，为中共中央、国务院决策提供参考。

12. 第三届中国康养产业发展论坛

12月9日至10日，由民革中央和四川省政协联合主办的第三届中国康养产业发展论坛在四川省攀枝花市举行。民革中央常务副主席齐续春，全国政协、国家发改委、民政部、农业部、商务部、国家卫生计生委、国家体育总局、中国气象局、中国残疾人联合会、四川省有关部门负责同志及来自国内外的专家学者出席论坛。

齐续春在论坛上作主旨演讲，他指出，中共十九大报告为康养产业发展绘就了宏伟蓝图、指出了明确方向。康养产业作为现代服务业的重要组成部分，一头连接民生福祉，一头连接经济社会发展，覆盖面广、产业链长，蕴含着拉动经济发展的巨大潜力，可以被打造成为我国又一个新兴的支柱产业，发展前景无限光明。

（六）专门委员会工作会议

1. 民革十二届中央人口资源环境委员会第五次全体会议

1月10日，民革十二届中央人口资源环境委员会第五次全体会议在北京召开。民革中央副主席兼秘书长、人口资源环境委员会主任李惠东，民革中央原副主席、人口资源环境委员会顾问何丕洁出席会议。

李惠东在会上指出，民革中央高度重视专委会工作，8 个专委会为民革履行参政议政职能作出了突出贡献。人资环委应充分利用政协提案、大会发言、社情民意信息、专题调研等履职载体，整合资源，集中力量，不断拓展工作的广度和深度，重点围绕脱贫攻坚民主监督、绿色“一带一路”等课题进行调查研究，力争形成一批有分量的调研成果，努力打造人资环领域参政议政品牌。

人资环委有关负责同志作专委会工作报告。会上向获得 2016 年民革参政议政工作先进个人的委员颁发了证书。委员们就 2017 年全国政协会议大会发言、提案和重点调研课题进行了交流研讨。

2. 民革十二届中央妇女和青年工作委员会第六次全体会议

11 月 23 日，民革十二届中央妇女和青年工作委员会第六次全体会议在江苏省扬州市召开。民革中央副主席、民革中央妇青委主任田惠光出席会议并作五年工作总结讲话。民革中央妇青委副主任、民革上海市委会主委高小玫等出席会议。

田惠光同志在讲话中从加强制度建设、建立严谨的参政议政模式和发挥优势开展社会服务工作三个方面总结了中央妇青委五年来的工作，并对妇青委五年来在参政议政、反映社情民意和助力精准扶贫和其他方面开展的工作成绩进行了回顾和总结。

妇青委委员、妇女儿童研究中心成员、青年问题研究中心成员出席会议。与会同志对妇青委明年的工作提出了意见和建议，并对妇青委 2017 年调研课题提案进行了审定。

（七）中央举办的有关纪念会、座谈会

1.2017 年迎春茶话会

1 月 17 日，民革中央在机关举行 2017 年迎春茶话会。民革中央主席万鄂湘、原主席周铁农、原第一副主席厉无畏，副主席修福金、刘凡、傅惠民、郑建邦、刘家强，副主席兼秘书长李惠东，全国政协副秘书长张秋俭，最高人民法院副院长贺荣、农业部副部长屈冬玉、全国政协人口资源环境委员会驻会副主任高波、最高人民检察院检察委员会专职委员陈连福、国家海洋局副局长孙书贤等出席茶话会。民革中央常务副主席齐续春主持茶话会。

万鄂湘在会上代表民革中央向长期关心和支持民革工作的各界人士、港澳台及海外的朋友致以新春祝福。他指出，一年来，民革不忘合作初心，继续携手前行，持续开展坚持和发展中国特色社会主义学习实践活动，牢牢把握两岸关系发展大政方针，扎实稳步推进各项对台交流工作。“走出去，请进来”，接待联络港澳台及海外同胞 50 余批次 3000 多人次。中华中山文化交流协会代表团赴亚洲、欧洲、美国等地与侨胞共同举办了多场海外侨胞纪念孙中山先生诞辰 150 周年座谈会和反“独”促统活动。

万鄂湘表示，2017 年是全面实施“十三五”规划的重要一年，也是全面建成小康社会的攻坚之年。民革全党将全面贯彻中共十八大和十八届三中、四中、五中、六中全会精神，深入贯彻习近平总书记系列重要讲话精神，坚决维护以习近平同志为核心的中共中央权威，牢固树立政治意识、大局意识、核心意识和看齐意识，搞好政治交接，全面加强自身建设，以优异的成绩迎接中共十九大和民革十三大的召开。

万鄂湘强调，今年，我们将继续深入学习贯彻习近平总书记对台工作重要讲话精神

和中共中央对台工作总体部署，坚持“九二共识”共同政治基础，毫不妥协反对一切形式的“台独”分裂活动，务实做好两岸交流交往，切实推动两岸经济社会融合发展、促进两岸同胞心灵契合，造福两岸同胞。

中共中央台湾工作办公室、国务院台湾事务办公室交流局局长黄文涛、欧洲中国和平统一促进会主席张曼新在会上致辞。文艺工作者表演了精彩的文艺节目。

民革中央原副主席李赣骝、朱培康，中共中央统战部、外交部、民政部、司法部、文化部、国家卫生计生委、全国政协社法委、中国科学院、中国社会科学院、中国工程院、中央国家机关工委、中国文联、新华社、人民日报、人民政协报、中国高等教育学会、北京大学、清华大学、苏宁环球集团、江苏绿滋集团等单位有关负责同志，贵州省纳雍县有关负责同志，部分来自海外、台湾和香港的嘉宾，部分在京民革中央委员、民革中央各工作部门负责人、部分老同志、有关联系人士等参加茶话会。

2.2017 年春节联欢会

1 月 19 日，民革中央机关举行 2017 年春节联欢会。民革中央主席万鄂湘、常务副主席齐续春，原主席周铁农、原第一副主席厉无畏，副主席修福金、傅惠民、郑建邦，副主席兼秘书长李惠东，原副主席李赣骝、朱培康、何丕洁等出席联欢会。

受万鄂湘委托，齐续春代表民革中央领导班子向一年来在各自工作岗位上辛勤工作、无私奉献的机关干部职工，团结报社和团结出版社的同志致以节日祝贺，向一年来给予民革中央各项工作支持和帮助的有关部门表示感谢，祝大家鸡年大吉，阖家欢乐，工作顺利，万事如意。

联欢会上，中央各工作部门、团结报社、团结出版社的同志们表演了精彩的文艺节目。

3. 纪念孙中山先生逝世 92 周年仪式

3 月 12 日上午，民革中央在北京中山公园中山堂举行纪念孙中山先生逝世 92 周年仪式。

民革中央副主席刘凡主持纪念仪式。全国政协副主席陈元代表中国人民政治协商会议全国委员会，全国政协副主席、民革中央常务副主席齐续春代表中国国民党革命委员会中央委员会，中央统战部副部长林智敏代表中共中央统一战线工作部，北京市副市长程红代表北京市人民政府，民革中央副主席、民革北京市委会主委傅惠民代表中国国民党革命委员会北京市委员会，向孙中山先生像敬献了花篮。与会同志向孙中山先生像三鞠躬，缅怀这位伟大的民主革命先行者。

全国政协副主席罗富和、马培华，全国人大常委会原副委员长何鲁丽、周铁农，民革中央副主席程崇庆、田惠光、郑建邦、刘家强，副主席兼秘书长李惠东，原副主席李赣骝、朱培康、何丕洁以及全国人大、全国政协、中共中央统战部、北京市有关领导同志，参加全国两会的部分全国人大代表、全国政协委员，民革部分在京中央委员、顾问、老同志，民革中央各工作部门负责人和首都各界人士近 200 人参加纪念仪式。

4. 国庆六十八周年招待会

9 月 28 日，民革中央在机关举办国庆六十八周年招待会，来自二十多个国家和地区的台港澳同胞及海外侨胞代表聚集一堂，共同欢度国庆。民革中央常务副主席齐续春、副主席郑建邦、副主席兼秘书长李惠东出席招待会。

齐续春代表民革中央向嘉宾的到来表示欢迎。他指出，早日解决台湾问题，实现祖国完全统一，是中华民族的根本利益所在，也是海内外全体中华儿女的共同愿望和神圣职责。民革作为中国共产党领导的多党合作和政治协商制度中的八个参政党之一，多年来一直将参政议政、推动祖国和平统一作为本党工作的重点。

美国华人社团联合会荣誉主席张素久、台湾中华侨联总会荣誉理事长简汉生分别代表台港澳同胞和海外侨领致辞，表达对国庆六十八周年的祝愿，以及对祖国和平统一事业的热切期盼。民革党员中的文艺骨干表演了精彩的文艺节目。

（八）其他主要工作活动

1. 团结报社全国两会新闻报道总结暨新媒体建设培训研讨会

4 月 19 日至 20 日，团结报社全国两会新闻报道总结暨新媒体建设培训研讨会在湖北省宜昌市召开。民革中央副主席修福金出席开幕式并讲话。

修福金指出，今年团结报社的全国两会报道有几个突出特点：坚持正确的舆论导向，传播了正能量；坚持服务多党合作事业，营造了好氛围；发挥统战主流媒体作用，传递了好声音；推动媒体融合发展，取得了好成效；锤炼编辑记者队伍，树立了好形象。

围绕如何做好新形势下民主党派宣传思想工作，修福金指出，要坚持正确舆论导向，在舆论引导上下功夫；要坚持服务大局，在凝心聚力上下功夫；要坚持融合发展，在提质增效上下功夫。他强调，面临多党合作宣传事业和媒体融合的新形势，《团结报》要提升采编质量、增强报道时效，提高发展质量、增强发展绩效，为讲好中国共产党领导的多党合作故事凝聚共识、凝聚智慧，以优异成绩迎接中共十九大和民主党派全国代表大会的胜利召开。

2. 能源软科学研究中心成立

6 月 9 日，民革中央教科文卫体委员会——华北电力大学能源软科学研究中心、民革北京市委会——华北电力大学能源软科学研究中心揭牌仪式暨学术委员会第一次工作会议在华北电力大学举行。民革中央副主席、民革中央教科文卫体委员会主任、民革北京市委会主委傅惠民出席会议并为研究中心揭牌。民革中央、民革北京市委会、华北电力大学有关部门负责同志及部分专家学者出席会议。

此次成立能源软科学研究中心，旨在围绕我国能源、环境与经济社会发展的重大战略需求，以能源问题为切入点，开展战略性、前瞻性和交叉性研究，为我国能源发展战略、规划和政策制订提供科学依据、系统方案和政策建议。揭牌仪式后，中心举办了学术委员会第一次工作会议。与会专家领导座谈交流，结合各自专业所长，围绕中心未来研究方向、运行机制、创新发展以及如何在能源、环境和经济领域推进民革参政议政工作提出了意见和建议。

3. 民主党派新闻宣传与信息化建设会议

9 月 6 日，由团结报社与民革江苏省委会共同主办的民主党派新闻宣传与信息化建设会议在江苏省南京市召开。民革中央副主席修福金、民革江苏省委会主委陈星莺等出席会议。

修福金在会上讲话，他表示，做好民主党派的宣传思想工作，事关新形势下我国多党合作事业的顺利推进，并在一定程度上影响着党和国家工作大局。民革十二大以来，民革中央领导同志高度重视宣传思想工作，始终坚持把思想政治工作放在首要地位，重视宣传和理论研究对于实际工作的推动，取得了良好的进展。修福金就新形势下做好《团结报》工作提出三点要求：一是要充分认识做好《团结报》工作的重要意义，真正把《团结报》当作自家的阵地；二是要发挥优势，继续做好《团结报》发行工作，具体负责同志要认真落实、抓出实效；三是要结合实际，共享团结新媒体资源，按照万鄂湘主席“动动手指宣传民革”的要求，做好新媒体的推广工作。

开幕式上，修福金等领导同志共同为团结报多媒体阅报屏揭幕，并为团结报江苏记者站揭牌。会议还举行了公益捐赠活动。

4. 民革中央企业家联谊会工作座谈会

10 月 29 日，民革中央企业家联谊会工作座谈会在京召开。民革中央副主席兼秘书长李惠东出席会议并讲话。民革各省级组织推荐的企业家代表，民革中央企业家联谊会负责同志和部分常务理事、理事，特邀党员企业家等参加会议。

李惠东指出，民革历来非常重视非公经济工作。促进非公有制经济健康发展和非公有制经济人士健康成长，凝聚智慧和力量，为新时代中国特色社会主义服务，是民革社会服务工作的重要内容。民革中央企业家联谊会自 2015 年 10 月成立以来，为全国党员企业家搭建了联系和沟通平台，促进了会员相互交流、优势互补，同时围绕民革中央重点工作，开展了一系列扶危济困、社会服务、投资考察等活动，取得了很好的成效，得到了社会的广泛认可。

李惠东强调，万鄂湘主席、齐续春常务副主席十分关心民革中央企业家联谊会工作，希望通过联谊会这个平台，把民革党员企业家中的优秀分子紧密团结在一起，更好地服务于民革工作，服务于会员企业家，服务于社会发展。下一步，要在前期工作基础上，厘清思路，搭好班子，健全制度，推进企业家联谊会换届工作顺利开展。

与会代表围绕企业家联谊会的职能定位、组织机构、活动机制，以及联谊会换届工作等内容展开充分讨论，并提出了意见建议。

5. 民革中央画院第三次代表会议

12 月 8 日，民革中央画院第三次代表会议在京召开。民革中央主席万鄂湘、常务副主席齐续春，副主席修福金、副主席兼秘书长李惠东和全国政协书画室、中国美术家协会、各民主党派中央画院有关负责同志出席会议，民革各省级组织书画工作者代表参加会议。

万鄂湘在会上讲话，对继续办好民革中央画院，推动民革全党社会服务工作提出三点要求：一是坚定政治信念，保持民革本色。民革中央画院是团结、联系广大民革书画工作者的重要平台，画院领导班子要为画院的发展把好舵、撑稳船，要切实担负起对所属成员开展思想政治教育的责任。要引导广大成员坚定不移地接受中国共产党领导。二是凝聚艺术力量，履行服务职责。民革中央画院履职形式要创新多样，围绕脱贫攻坚民主监督开展文化扶贫；围绕促进祖国和平统一，加强两岸文化交流。要鼓励各地书画院社合作交流；要关心民革党员的艺术成长，积极培养和推介优秀中青年美术家；要引导书画工作者积极参与送文化下乡等公益活动，树立民革良好的社会形象。三是坚持艺术水准，体现民革特色。画院要围绕民革重大历史事件，深入挖掘民革历史人物精神内涵，引导和鼓励大家聚焦民革主题进行创作，着力表现民革与中国共产党肝胆相照、荣辱与共的合作初心，表现民革党员参与建设中国特色社会主义的模范事迹，创作出具有鲜明民革特色的主题性作品。

李惠东在会上宣读了《民革中央关于任命民革中央画院领导机构成员的决定》。《决定》任命民革山东省委会副主委、山东画院院长孔维克为民革中央画院院长。

6. 民革中央企业家联谊会代表会议

12 月 7 日，民革中央企业家联谊会代表会议在京召开。民革中央主席万鄂湘、常务副主席齐续春，副主席修福金、副主席兼秘书长李惠东出席会议。来自各省级组织的 70 余名民革党员企业家代表参加会议。

万鄂湘在会上讲话，对继续办好民革中央企业家联谊会，推动民革全党社会服务工作提出三点要求：一是坚持正确政治方向，不断提高政治把握能力。民革党员企业家首先要是合格的民革党员，要继承和发扬民革老一辈领导人与中国共产党在长期团结合作中形成的政治信念、优良传统和高尚风范。要恪守“亲清”之道，作新型政商关系的典范。二是坚持服务民革工作，不断提高履职能力。民革中央企业家联谊会要服从民革中央工作大局，在民革各级组织的领导和支持下，团结联系会员，发挥经济领域人才和资源优势，为民革履行参政党职能服务。三是弘扬中山博爱精神，为打赢脱贫攻坚战作贡献。民革中央企业家联谊会要在促进贫困地区经济社会发展和贫困群众脱贫增收中发挥应有作用，特别是在民革中央定点扶贫的贵州省纳雍县，充分发挥好企业人才、资金、技术、管理等方面的优势，配合民革中央将扶贫重心下沉，扎实做好精准扶贫精准脱贫工作。

李惠东在会上宣读了《民革中央关于任命民革中央企业家联谊会领导机构成员的决定》。《决定》任命全国政协港澳台侨委员会副主任、富华国际集团主席陈丽华为民革中央企业家联谊会名誉会长，任命苏宁环球集团董事长张桂平为会长。

二、履行职能

2017 年，民革中央围绕国家经济社会发展全局性、战略性和前瞻性问题，扎实开展调研，紧扣改革发展建言献策，为协调推进“四个全面”战略布局贡献力量，在参政议政、民主监督、参加中国共产党领导的政治协商、推进祖国和平统一、社会服务等工作上取得了新的成绩。

（一）参政议政

1. 重要调研活动

1 月 2 日，民革中央主席万鄂湘率调研组赴广东省惠州市，就康养产业发展等进行调研。调研组考察了仲恺幸福旅游文化产业园和潼湖生态智慧区，并就广东省惠州市康养产业发展环境进行了实地调研。调研期间，万鄂湘还就“司法体制改革中遇到的问题和对策”，听取了广东省高级人民法院和惠州市中级人民法院的情况汇报，并就相关问题进行了交流和探讨。

2 月 9 日至 25 日，民革中央主席万鄂湘、民革中央常务副主席齐续春分率调研组赴天津、山东，辽宁、河北，就环渤海地区水域治理与保护问题开展系列调研。民革中央副主席郑建邦，民革中央副主席、民革天津市委会主委田惠光，民革中央副主席兼秘书长李惠东，民革山东省委会主委孙继业，民革辽宁省委会主委施中岩，民革河北省委会主委卢晓光，国家海洋局副局长孙书贤等参加调研。调研组分别在三省一市与有关方面负责同志和专家学者进行专题座谈。座谈中相关通知就海洋环境保护、水污染防治、水资源保护、渤海环境保护相关法律问题等方面分别进行了介绍，分析了存在的问题，并从全面实施"水污染防治行动计划"、加大陆海及河海统筹、上下游联动等方面提出了意见建议。调研组在天津实地考察了天津市永定新河防潮闸、临港工业区胜科污水处理厂、临港湿地公园等地，了解排污河污水标准、污水处理手段、缺水原因等；调研组在山东赴蓬莱市西海岸文化新区，实地考察海岸带修复工程，了解溢油生态修复工作进展、开采石油收益与环境治理成本的关系等情况；调研组在辽宁实地考察了旅顺和平公园、葫芦岛污水处理有限责任公司、锦西石化分公司污水车间、兴城红海滩生态环境综合整治工程等；调研组在河北实地考察了北戴河新区污水处理厂、北戴河新区人造河综合治理工程和国家海洋局秦皇岛海洋环境监测中心等。

2 月 26 日至 27 日，民革中央主席万鄂湘率调研组赴广东省深圳市，就康养产业发展与健康中国建设开展调研。在调研座谈会上，深圳市发改、卫生、民政、文体旅游等相关部门负责人和有关企业家、专家学者纷纷发言，介绍深圳市健康和养老产业发展现状和经验，并就如何推进医养结合，更好推进社会资金进入养老产业等提出意见和建议。

3 月 29 日至 4 月 1 日，民革中央主席万鄂湘率调研组赴湖北，就"深化农业供给侧结构性改革，推进农产品质量提升与有效供给"开展调研。民革湖北省委会主委王红玲参加调研。调研组与湖北省相关部门负责人以及部分农业专家和企业代表座谈，详细了解湖北省推进农产品质量提升与有效供给方面的实践、经验及建议。

4 月 5 日至 9 日，民革中央主席万鄂湘、常务副主席齐续春率调研组在陕西、甘肃、内蒙古开展民革中央年度重点考察调研——"一带一路"西北发展战略调研。5 日至 7 日，万鄂湘、齐续春率调研组赴陕西调研。民革中央副主席修福金、刘凡、傅惠民、郑建邦，副主席兼秘书长李惠东，原副主席何丕洁等参加调研。调研组实地走访了位于中国（陕西）自由贸易试验区的大商道商品交易市场、跨境电商平台洋货码头、西安国际港商务区综合服务大厅、西安高新技术产业开发区综合服务大厅，考察自贸区建设给企业发展带来的重大机遇。调研组在西安市召开调研座谈会，中共陕西省委副书记、省长胡和平主持座谈会并介绍陕西省经济社会发展情况。调研组听取了陕西省发改委、商务厅负责同志的情况介绍，听取了民革内蒙古区委会、甘肃省委会、青海省委会、宁夏区委会、新疆区委会围绕"一带一路"西北发展战略开展调研的情况汇报。7 日至 8 日，万鄂湘率调研组赴甘肃调研，中纪委驻中央统战部纪检组组长苏波，民革中央副主席修福金、傅惠民，民革中央副主席兼秘书长李惠东等参加调研。调研组实地走访了位于兰州新区的兰石集团高端装备产业园、西部药谷产业园、兰州新区综合保税区，并在兰州市召开调研座谈会。中共甘肃省委副书记、省政府党组书记唐仁健主持座谈会。调研组听取了甘肃省参与建设丝绸之路经济带和 21 世纪海上丝绸之路实施情况的介绍，针对甘肃省在"一带一路"战略实施中存在的短板提出意见建议。7 日至 9 日，齐续春率调研组赴内蒙古调研。民革中央副主席刘凡、郑建邦，民革中央原副主席何丕洁等参加调研。调研组在呼和浩特市考察了盛乐现代服务业集聚区、内蒙古蒙草生态环境股份有限公司、内蒙古蒙牛乳业股份有限公司；在鄂尔多斯市考察了源盛光电有限责任公司、鄂尔多斯现代羊绒工业园区、空港物流园区、鄂尔多斯综合保税区、神华集团鄂尔多斯煤制油分公司。调研组在鄂尔多斯市召开座谈会，听取了内蒙古参与“一带一路”战略实施情况的介绍，并就“一带一路”西北发展战略提出意见建议。民革内蒙古区委会主委刘斌、湖南省委会主委田红旗、陕西省委会主委李晓东、甘肃省委会主委郭层城、青海省委会主委马志伟、宁夏区委会主委张守志、新疆区委会主委蒋平安，中共中央统战部、国家发改委、国务院参事室、农业部以及中国工程院、清华大学等单位和科研机构的领导同志、专家学者参加调研。

4月14日至16日，民革中央副主席修福金率调研组赴湖北省荆州市，就荆州古城保护与功能疏散工作进行调研。中国文联副主席、民革中央常委冯巩，民革湖北省委会主委王红玲等参加调研。在调研座谈会上，荆州市有关方面负责同志介绍了荆州古城保护与功能疏散情况。调研期间，调研组实地考察了荆州古城墙、宾阳楼、大北门、公安门、关帝庙、南门大街、老行署机关、玄妙观、三义街、文庙、熊家冢遗址博物馆、荆州博物馆以及荆州中心城区市容市貌和荆州经济社会发展情况。

4月14日，民革中央副主席兼秘书长李惠东率调研组赴河南省洛宁县，就精准扶贫工作进行调研。民革河南省委会主委李英杰等参加调研。调研组先后考察了洛宁县长水乡后湾村文化广场、后湾村光伏扶贫电站项目建设现场、洛出书处和同心洛书苑社区，并到贫困户家中进行走访，详细了解了黄牛养殖、光伏发电等项目在脱贫攻坚中发挥的作用及存在的问题，仔细询问了土地流转、异地搬迁中贫困户的生活情况，听取了洛出书处的渊源传说和旅游项目开发情况。

4月19日至21日，民革中央副主席兼秘书长李惠东率调研组赴贵州省考察调研。19日至20日调研组先后赴纳雍县化作乡枪杆岩景区、昆寨乡民族中学、阳长镇核桃寨村，就乡村旅游、寄宿制学校援建、博爱牵手——乡村贫困学生夏令营活动、脱贫攻坚等工作进行实地考察，并与中共纳雍县委、县政府及县直有关部门负责人进行了座谈。21日，调研组赴贵州省安顺市平坝区塘约村考察调研。调研组考察了塘约村基础设施、文化广场、产业发展以及村干部监督管理、村规民约执行等情况，并听取了塘约村的发展经验介绍。

5月3日至5日，民革中央副主席兼秘书长李惠东率调研组赴广东省揭阳市，就工业废水综合治理工作开展调研。调研组先后赴揭阳产业园磐东街道城南村电镀企业旧址、中德金属生态城等地考察，并召开座谈会，与揭阳市有关部门、行业协会负责人及企业家进行交流，详细了解揭阳市工业废水综合治理特别是电镀废水治理工作情况。

5月7日至9日，民革中央主席万鄂湘率调研组赴云南省，就水污染防治与滇池保护治理工作开展调研。中共云南省委书记陈豪、省长阮成发在昆明拜会了万鄂湘一行。万鄂湘介绍了本次调研的有关情况，肯定了近年来以滇池治理保护为代表的水污染防治工作取得的积极成效，希望云南牢固树立“绿水青山就是金山银山”的理念，保护好良好的生态环境，立足资源优势，发展好大健康产业，走出一条生态优先、绿色发展新路。

5月9日至10日，民革中央副主席兼秘书长李惠东率调研组赴湖北省鄂州市，以梁子湖湖泊区域治理经验为考察重点，就湖泊治理保护与绿色发展开展调研。民革湖北省委会主委王红玲，水利部、环保部、农业部、北京市农林科学院有关专家参加调研。调研组赴鄂州市东沟镇茅圻村，听取该村民居改造、环境整治情况；赴武汉大学梁子湖湖泊生态系统国家野外科学研究观测站，了解湖泊和水生植被保护情况。在调研座谈会上，湖北省水利、农业、环保等有关单位介绍了湖北省湖泊治理保护的基本情况和经验做法，鄂州市就梁子湖区域湖泊保护治理工作做了专题汇报，介绍了梁子湖在发挥生态效益、探索湖泊治理模式等方面所做的工作。

6月1日至2日，民革中央副主席郑建邦率调研组赴重庆石柱县，就发展康养产业进行调研。在重庆期间，调研组一行出席了“中国・重庆石柱首届康养大会”，并赴石柱县国家级4A景区大风堡、黄水镇黄连产业示范区、冷水镇莼菜产业种植基地、三河镇辣椒产业扶贫示范基地以及民革中央、民革重庆市委会援建合作项目（大林村“博爱卫生院”、三河镇红明村委会）调研，深入了解石柱县地理、旅游、文化等康养产业发展资源优势。

6月1日至2日，民革中央副主席兼秘书长李惠东率调研组赴甘肃省天水市，就特色农业发展进行调研。民革甘肃省委会主委郭层城参加调研。调研组一行出席了西北蔬菜产业绿色发展武山论坛及“2017天水・武山蔬菜博览会”开幕式，并赴武山县蔬菜产业科技示范园区、武山蔬菜及特色产品展示展销区、大南河流域蔬菜标准化示范基地、国家级洛门蔬菜批发市场、秦州区罗玉沟万亩大樱桃种植示范基地等地实地考察。

7月7日至11日，民革中央副主席、民革中央妇女和青年工作委员会主任田惠光率调研组赴四川省，就完善生育相关政策，助推民族地区脱贫奔小康课题进行调研。调研组赴甘孜藏族自治州进行深入考察，与甘孜州卫计委、民政局、教育局、统计局、财政局、扶贫移民局等职能部门以及康定市相关职能部门进行座谈。各单位负责人介绍了甘孜州计划生育政策的执行情况、存在的困难，并提出了一些希望得到解决的问题。

8月21日至24日，民革中央常务副主席齐续春率调研组赴湖南，就湖泊环境保护与治理开展调研。民革湖南省委会主委何报翔等参加调研。中共湖南省委书记、省人大常委会主任杜家毫，中共省委副书记、省长许达哲，省政协主席李微微会见了齐续春一行。调研组在长沙召开座谈会，听取了湖南省有关方面关于洞庭湖保护与治理情况的汇报，并就相关问题进行深入交流。调研组实地考察了岳阳县新墙镇枫树湾生态农业园沼气综合利用工程和岳阳林纸股份有限公司污水处理系统。

9月12日至13日，民革中央副主席兼秘书长李惠东率调研组赴黑龙江齐齐哈尔市，就“筹建侵华日军516部队遗址展示园和罪证陈列馆，以及恢复江桥抗战标志性遗址”开展专题调研。调研组实地考察了位于齐齐哈尔市内的“五一六”化学毒气部队旧址，以及位于泰来县的江桥抗战纪念馆、江桥抗战纪念地嫩江哈尔葛大桥遗址，详细了解了相关旧址、遗址的保护和利用现状，纪念场馆的修缮、展陈及有关文物资料的挖掘使用情况。

9月15日至16日，民革中央常务副主席齐续春率调研组赴河南焦作市，就康养产业发展情况进行调研。民革河南省委会主委李英杰参加调研。调研组赴太极拳发源地温县陈家沟，围绕焦作市全力打造“世界太极城、中原康养地”主题，实地考察了杨露禅学拳处、陈家沟东沟、太极拳祖祠等地。调研组在焦作市召开座谈会上，中共焦作市委、市政府负责同志介绍了焦作市康养产业发展有关情况。

11月6日至8日，民革中央常务副主席齐续春率调研组赴重庆市石柱土家族自治县，就康养产业发展情况开展调研。民革中央副主席兼秘书长李惠东，民革重庆市委会主委王新强、原主委杨天怡及国家发改委、民政部、住房和城乡建设部有关部门负责同志参加调研。调研组首先来到石柱冷水生态露营基地，听取了石柱全域旅游、沙子动车站及导轨电车、冷水特色康养小镇、中益土家园林小镇、西沱古镇云梯街规划情况介绍，随后考察了石柱莼菜产业、重庆市康复医院黄水院区、黄连良繁基地、千野草场生态保护发展等康养产业发展情况。调研组召开了座谈会并听取了石柱康养产业工作情况汇报。

2. 以民革中央名义向中共中央和国务院、全国人大提交专项建议

1月24日，民革中央向全国人大常委会领导同志报送了《关于将〈民事诉讼法〉第122条解释为强制性调解的建议》。该《建议》是在民革中央主席万鄂湘率队进行司法体制改革调研的基础上形成的。《建议》分析了《民事诉讼法》第122条在司法实践中存在的主要问题，并提出相关建议。

2月6日，民革中央向中共中央、国务院领导同志报送了《关于设立“一带一路”国际争端解决中心的建议》。该《建议》是在民革中央主席万鄂湘率队进行相关调研的基础上形成的，《建议》分析了设立“一带一路”国际争端解决机制的重要意义，并提出了设立争端解决机制的初步构想。

2月8日，民革中央向中共中央、国务院领导同志报送了《关于脱贫攻坚民主监督中发现的问题的建议》。该《建议》是在民革中央主席万鄂湘率队赴贵州开展脱贫攻坚民主监督工作的基础上形成的，《建议》分析了事关脱贫攻坚战役全局的主要问题，并提出相关建议。

2月14日，民革中央向中共中央、全国人大常委会领导同志报送了《关于规范人大代表反映司法案件的建议》。该《建议》是在民革中央主席万鄂湘率队在北京、上海、江苏、广西、广东进行司法体制改革问题调研的基础上形成的，《建议》分析了当前人大代表监督司法案件过程中存在的问题，并提出相关建议。

2月14日，民革中央向国务院领导同志报送了《关于发展城市群城际铁路的调研报告》。该《报告》是在民革中央协同各省级组织就城际铁路规划建设问题进行联动调研的基础上形成的，《报告》分析了当前城际铁路现状、规划情况和存在的问题，并提出相关建议。

3月23日，民革中央向中共中央、国务院领导同志报送了《关于加强环渤海地区水域治理与保护的建议》。该《建议》是在民革中央主席万鄂湘、常务副主席齐续春率队赴天津、河北、辽宁、山东等地进行相关调研的基础上形成的。《建议》分析了当前环渤海地区水域治理与保护情况及存在的问题，并提出相关建议。3月29日，中共中央总书记习近平就该建议作出重要批示。3月31日，中共中央政治局常委、国务院总理李克强两次就该建议作出重要批示。3月27日，中共中央政治局常委、全国人大常委会委员长张德江就该建议作出重要批示。3月28日，中共中央政治局常委、全国政协主席俞正声就该建议作出重要批示。3月28日、30日，中共中央政治局常委、国务院副总理张高丽两次就该建议作出重要批示。3月29日，中共中央书记处书记、国务委员兼国务院秘书长杨晶就该建议作出重要批示。

4月28日，民革中央向中共中央、国务院领导同志报送了《关于发挥湖北特色农产

品资源优势推动现代农业发展的建议》。该《建议》是在3月中旬民革中央主席万鄂湘率调研组赴湖北，就“深化农业供给侧结构性改革，推进农产品质量提升与有效供给”开展专题调研的基础上形成的。《建议》分析了湖北特色农产品潜力发挥和空间提升方面所存在的主要问题，并提出相关建议。4月29日，中共中央政治局常委、国务院副总理张高丽就该建议作出重要批示。

4月28日，民革中央向中共中央、国务院领导同志报送了《关于尽快完成香港基本法第23条有关国家安全立法的建议》。该《建议》是在民革中央主席、国家高端智库武汉大学国际法研究所首席专家万鄂湘率调研组就香港基本法第23条立法有关问题展开调研的基础上形成的。《建议》分析了推进第23条立法工作的紧迫性和重要性，并提出相关建议。

5月8日，民革中央向中共中央、国务院领导同志报送了《关于加大荆州古城保护力度的建议》。该《建议》是在民革中央主席万鄂湘、副主席修福金分别率调研组赴湖北荆州就古城保护问题进行专题调研的基础上形成的。《建议》分析了目前荆州古城保护工作中存在的主要问题，并提出相关建议。

5月19日，民革中央向中共中央、国务院领导同志报送了《关于确立“一带一路”西北发展战略的建议》。该《建议》是在民革中央主席万鄂湘、常务副主席齐续春分别率调研组，就“一带一路”西北发展战略赴陕西、甘肃、内蒙古、宁夏进行考察调研的基础上形成的。《建议》分析了确立“一带一路”西北发展战略对于解决西北部地区互联互通水平不高、龙头带动作用不明显、区域发展协同性不够、自然环境较脆弱等问题的重要作用，并提出相关建议。5月22日，中共中央总书记习近平，中共中央政治局常委、国务院总理李克强，中共中央政治局常委、全国人大常委会委员长张德江就该《建议》作出重要批示。5月24日，中共中央政治局常委、全国政协主席俞正声就该《建议》作出重要批示。5月27日，中共中央政治局常委、中央书记处书记刘云山就该《建议》作出重要批示。5月20日、23日、29日，中共中央政治局常委、国务院副总理张高丽就该《建议》三次作出重要批示。5月23日，中共中央政治局委员、中央统战部部长孙春兰就该《建议》作出重要批示。6月8日，交通运输部就该《建议》作出答复，就西北地区跨境综合交通运输走廊建设、加速高铁通道建设、统一科学编组中欧班列、提高在西北地区基础设施建设中的出资比例等事宜介绍了交通运输部采取的政策措施。

6月27日，民革中央向中共中央、国务院领导同志报送了《关于提高云南水电等可再生能源利用效率的建议》。该《建议》是在民革中央主席万鄂湘率队在云南调研期间专门就云南水电等能源利用问题听取相关部门意见的基础上形成的。《建议》分析了云南可再生能源利用中存在的主要问题，并提出相关建议。6月30日，中共中央政治局委员、国务院副总理马凯就该《建议》作出重要批示。7月1日，中共中央政治局常委、国务院副总理张高丽就该《建议》作出重要批示。7月2日，中共中央政治局常委、国务院总理李克强就该《建议》作出重要批示。

8月7日，民革中央向中共中央、国务院领导同志呈报了《关于当前做好台湾青年工作的三点建议》。《建议》围绕民革中央深入学习领会贯彻习总书记系列重要讲话精神和治国理政新理念新思想新战略，结合近年来做台湾青年工作的体会，提出了相关建议。

11月15日，民革中央向中共中央、国务院领导同志报送了《关于支持武汉长江新区建设的建议》。该《建议》是在2017年9月民革中央主席万鄂湘率队赴湖北调研的基础上形成的。《建议》分析了设立武汉长江新区对构建长江经济带新的增长极和中部崛起重要战略支点所具有的重要意义，并提出具体建议。11月18日，国务院副总理张高丽就该《建议》作出重要批示；11月20日，中共中央政治局常委、国务院副总理汪洋就该《建议》作出重要批示；11月21日，中共中央政治局常委、国务院总理李克强就该《建议》作出重要批示。

11月22日，民革中央向中共中央、全国人大领导同志报送了《关于在宪法中明确我国对国际法的原则立场的建议》。《建议》分析了在宪法中明确我国对国际法的原则立场的重要意义，并提出具体建议。11月24日，全国人大常委会委员长张德江就该《建议》作出重要批示。

11月30日，民革中央向国务院领导同志报送了《关于解决黑龙江省一般工商业电价偏高问题的建议》。该《建议》是在2017年8月民革中央主席万鄂湘率队赴黑龙江调研的基础上形成的。《建议》分析了当前黑龙江省一般工商业电价偏高的原因及对经济社会发展造成的不利影响，并提出具体建议。12月1日，国务院副总理张高丽、马凯分别就该《建议》作出重要批示。

（二）民主监督

1. 民革中央脱贫攻坚民主监督工作推进会议

1月14日，民革中央脱贫攻坚民主监督工作推进会议在贵州省贵阳市召开。民革中央副主席兼秘书长、民革中央脱贫攻坚民主监督工作小组组长李惠东出席会议。

李惠东在会上就脱贫攻坚民主监督工作“为什么要干、干什么、怎么干”进行了阐述。他指出，脱贫攻坚民主监督这项开创性的工作正成为民革履行参政党职能的又一个着力点。万鄂湘主席高度重视脱贫攻坚民主监督工作，强调打赢脱贫攻坚战既是执政党的崇高使命，也是参政党的重要职责。我们要按照万鄂湘主席的思路和要求，于监督和协助、支持中参与脱贫攻坚，实实在在帮助贵州打赢脱贫攻坚这场硬仗。

李惠东要求，各调研组要根据《民革中央开展脱贫攻坚民主监督工作方案》和《脱贫攻坚民主监督调研组组建及监督工作实施意见》进一步调整加强工作力量，总结好2016年度工作，切实提出2017年工作方案，踏实开展好调研工作，准确掌握工作进展情况。要发挥好广大民革党员及民主监督专家工作组成员的积极性，及时收集信息，发现重点难点问题，为调研组确定重点调研方向提供建议。

与会同志就民革中央脱贫攻坚民主监督工作规则和工作程序以及下一步工作思路和计划进行了交流讨论。

2. 民革中央脱贫攻坚民主监督工作会议

2月20日，民革中央脱贫攻坚民主监督工作会议在贵阳召开。民革中央副主席兼秘书长、民革中央脱贫攻坚民主监督工作小组组长李惠东，中共贵州省委常委、省委统战部部长刘晓凯，民革贵州省委会主委王世杰，贵州省人民政府副省长刘远坤等参加会议。

李惠东代表民革中央向贵州省有关方面反馈了2016年开展脱贫攻坚民主监督工作情

况。他表示，自2016年6月21日民革中央对口贵州省开展脱贫攻坚民主监督工作以来，民革中央和中共贵州省委、省政府高度重视、迅速响应、加强沟通配合，针对贵州省实际，探索工作机制，制定工作方案，脱贫攻坚民主监督工作取得初步成效。中共贵州省委、省政府坚定不移地把脱贫攻坚作为“第一民生工程”，集中力量打好易地扶贫搬迁、产业脱贫、绿色贵州建设、基础设施建设、教育医疗脱贫、社会保障兜底“六大攻坚战”。总体来说，贵州省所开展的工作措施有力、责任到位、成果丰硕，创造了一批值得推广的工作模式和经验，较好地完成了本年度脱贫攻坚任务。

李惠东还针对工作中发现的问题和困难提出了意见建议。他表示，民革中央将发挥自身优势，深度参与贵州脱贫攻坚政策制定、落实、验收全过程，寓帮扶于监督，助力贵州省坚决打赢脱贫攻坚战。建议贵州省建立完善相关工作机制，使各级党委和政府知晓、支持、参与民革中央开展脱贫攻坚民主监督工作。

3. 民革中央脱贫攻坚民主监督第二次工作推进会

4月22日，民革中央脱贫攻坚民主监督第二次工作推进会在贵州省贵阳市召开。民革中央副主席兼秘书长、民革中央脱贫攻坚民主监督工作小组组长李惠东，民革贵州省委会主委王世杰等出席会议。

李惠东在讲话中充分肯定了前一阶段民革中央脱贫攻坚民主监督工作取得的阶段性成果，并对下一阶段工作提出明确要求。他指出，一是要提高认识，统一思想，厘清思路。要认真学习脱贫攻坚有关文件，充分了解掌握各级政府的工作规划和安排，强化思想认识，对民主监督工作加以认真谋划。二是调整工作方式，完善工作机制，提高协调能力。民革贵州省委会和各调研组、联络组要依据《关于支持各民主党派中央开展脱贫攻坚民主监督工作的实施方案》，紧密依靠当地民革组织，发动党员积极参与；强化各调研组、联络组联络员工作职能，切实担负起联络协调服务的责任；加强与中共贵州省委、省政府和有关部门的沟通联系，及时反馈信息情况。三是明确工作内容，加大工作力度，创造性地开展工作。要认真落实《民革中央开展脱贫攻坚民主监督工作方案》，重点处理好怎么干、干什么、谁来干、干到什么程度等问题。充分利用中共贵州省委、省政府办公厅下发《关于配合民革中央做好脱贫攻坚民主监督工作的通知》这一有利时机，主动争取中共地方党委、政府对这项工作的支持和配合，围绕七个方面调研内容，精心选点，经常性地开展进村入户调查研究。

会议对2017年民革中央脱贫攻坚民主监督工作进行了研究部署。

4. 民革全国脱贫攻坚民主监督工作交流会

7月5日至6日，民革全国脱贫攻坚民主监督工作交流会在贵州省毕节市召开。民革中央副主席兼秘书长、民革中央脱贫攻坚民主监督工作小组组长李惠东，民革中央脱贫攻坚民主监督工作小组副组长、民革贵州省委会主委王世杰出席会议。

李惠东在会上指出，脱贫攻坚民主监督的性质是政治监督，不同于行政监督、司法监督和舆论监督，应体现统一战线特点和多党合作优势，要与民主党派参政议政、社会服务等职能相结合，通过在参与中开展监督，不断积累经验，探索监督模式和方法，进一步完善中国共产党领导的多党合作和政治协商制度。

李惠东强调，开展脱贫攻坚民主监督工作，首先要领导重视，其次要提高认识、健全机制、厘清思路、强化力量、深入调研，既要搞好研究，又要写好报告，更要做好反馈。民革各相关省级组织要按照上述要求，认真落实万鄂湘主席在民革十二届十八次中常会上的讲话精神，按照地方党委政府的要求和部署，扎实有效地开展工作，为打赢脱贫攻坚战，全面建成小康社会作出新的贡献。

会上，民革中央脱贫攻坚民主监督工作各调研组和联络组、民革云南省委员会有关负责同志分别汇报了工作情况和经验做法。毕节市有关方面负责同志介绍了毕节市配合民革中央开展脱贫攻坚民主监督工作的情况。与会同志还参观了毕节试验区同心展览馆，并赴毕节市七星关区朱昌镇、纳雍县库东关乡等地就现代农业及脱贫攻坚工作情况进行考察调研。

21 个有脱贫攻坚民主监督任务的民革省级组织分管领导同志和处室负责人，民革贵州省委会有关负责同志参加会议。

5. 脱贫攻坚民主监督座谈会暨脱贫攻坚民主监督调研

7 月 16 日至 17 日，民革中央主席万鄂湘率调研组赴贵州省，深入开展脱贫攻坚民主监督工作。民革中央副主席兼秘书长李惠东、民革贵州省委会主委王世杰等参加调研。调研组赴毕节市金海湖新区竹园乡老街社区，走进贫困户家中，详细询问贫困户生活状况、致贫原因，倾听他们的意见诉求，并送去慰问金和慰问品。调研期间，万鄂湘等还出席了民革中央援建的昆寨中学改造项目工程竣工仪式。

17 日上午，民革中央对口贵州省脱贫攻坚民主监督座谈会在贵阳市召开。中共贵州省委常委、统战部部长刘晓凯出席座谈会。贵州省副省长刘远坤介绍了贵州省脱贫攻坚工作情况。与会同志围绕扶贫政策实施、产业扶贫、教育扶贫、精神脱贫、异地搬迁扶贫等问题进行了深入交流，并提出意见建议。万鄂湘高度评价了贵州脱贫攻坚工作取得的成效。他说，中共贵州省委、省政府认真学习贯彻习近平总书记关于脱贫攻坚重要讲话精神，坚定不移地把脱贫攻坚作为“第一民生工程”，抢抓发展机遇，创新发展模式，采取有力措施，为我国全面打赢脱贫攻坚战作出了重要贡献。贵州省为打赢脱贫攻坚战积极探索新路子，涌现出一批好的经验和做法，特别是抓住了产业扶贫这个牛鼻子，找准了易地扶贫搬迁的关键点，强化了教育医疗扶贫的全覆盖，掌握了精准脱贫和成效考核的大数据。万鄂湘强调，民革中央在贵州开展脱贫攻坚民主监督工作，既是完成一项光荣艰巨的任务，又是加强自身建设、提高能力水平的难得机遇。对于民革中央下一步脱贫攻坚民主监督工作，他提出三点意见：一是认真贯彻落实习近平总书记重要讲话精神，聚焦极贫地区和摘帽县开展调研。二是深入贯彻“寓监督于帮扶之中，寓帮扶于监督之中”的工作思路，抓住脱贫攻坚关键环节研究问题。三是充分发挥民革优势与特色，进一步统筹做好脱贫攻坚民主监督工作，在重视物质脱贫的同时，也要高度重视精神脱贫问题。李惠东在会上介绍了今年以来民革中央脱贫攻坚民主监督工作的基本情况。

（三）政治协商

1. 在高层政治协商和征求意见座谈会上提出意见和建议

1 月 18 日，最高人民法院召开各民主党派中央、全国工商联和无党派人士座谈会，通报 2016 年人民法院工作，听取意见建议。最高人民法院院长周强、中共中央统战部副部长戴均良等出席会议。民革中央副主席修福金出席会议并代表民革中央发言。修福金在发言中指出，2016年，为贯彻落实中央对人民法院司法体制改革的战略部署，民革中央与最高人民法院等单位围绕深化司法体制改革中的若干重大问题，赴多地开展专题调研，提出的关于构建完整的跨行政区划人民法院体系等建议得到中共中央、国务院有关领导同志的高度评价，对此项工作的开展从党派的角度起到了一定的推动作用。近期，为贯彻落实中共十八届三中全会"改革司法管理体制，推动省以下地方法院、检察院人财物统一管理"的战略部署，民革中央主席万鄂湘亲自率队开展调研，深入听取各地意见和建议，并拟向中共中央报送建议。修福金表示，今年，民革中央还将就司法体制改革后续问题进行专题调研，希望最高人民法院能一如既往地协助民革中央做好调研，为民革中央参政议政提供支持。

1月19日，中共中央政治局常委、国务院总理李克强主持召开座谈会，听取各民主党派中央、全国工商联负责人和无党派人士代表对《政府工作报告（征求意见稿）》的意见建议。中共中央政治局常委、国务院副总理张高丽出席会议。民革中央主席万鄂湘、常务副主席齐续春、副主席修福金出席会议。万鄂湘在会上代表民革中央发言，对《报告》表示赞同，并结合民革中央调研中了解到的情况，提出四点建议：一、创设"一带一路"争端解决机制，以法治思维推进"一带一路"建设。二、发挥政府和市场作用，优化农村能源结构。三、探索巩固脱贫攻坚成果的长效机制。四、从供给侧改革入手，加强食品安全工作。万鄂湘还对《报告》中的具体内容提出了文字修改意见。

2月10日，最高人民检察院召开各民主党派中央、全国工商联负责人和无党派人士代表座谈会，征求对最高人民检察院工作报告和检察工作的意见、建议。最高人民检察院检察长曹建明主持会议，中共中央统战部副部长戴均良出席会议。民革中央副主席修福金出席会议并代表民革中央发言。

3月17日，中共中央统战部在京召开党外人士座谈会，学习贯彻习近平总书记在看望参加全国政协十二届五次会议的民进、农工党、九三学社委员时的重要讲话。中共中央政治局委员、中央统战部部长孙春兰出席会议并讲话。民革中央主席万鄂湘、常务副主席齐续春出席会议。万鄂湘在会上代表民革中央发言。他表示，中共十八大以来，民革在履行职能过程中，整合智力资源，强化人才支撑，注重发挥知识分子的作用，不断优化、充实、整合专委会力量，健全完善知识分子参政议政工作机制，积极参与中国特色新型智库体系建设，参政能力不断增强，履职时效不断提高。万鄂湘表示，民革将以习近平总书记系列重要讲话精神为指导，把知识分子工作作为民革自身建设的一个重要内容和课题，遵循知识分子工作特点和规律，不断探索，形成有利于发挥知识分子作用的体制机制，为其提升创新能力、攀登创新高峰提供更好的平台；把"不忘合作初心，继续携手前进"主题教育活动贯彻换届工作的始终，以民革前辈特别是知识分子的优良传统教育广大民革党员干部，着力培养中国特色社会主义的亲历者、实践者、维护者、捍卫者，确保民革传统薪火永续，代代相传。

7月20日，中共中央统战部召开党外人士情况通报会。中共中央政治局委员、中央统战部部长孙春兰向党外人士通报全国金融工作会议精神。民革中央主席万鄂湘、常务副主席齐续春，副主席修福金、郑建邦出席会议。万鄂湘代表民革中央发言，他表示，下一步民革将认真学习领会习近平总书记关于金融工作的重要讲话精神，切实把思想和行动统一到中共中央对金融工作的重大判断和决策部署上来。一是要深刻领会现代金融的重要定位，深化对金融形势总体判断的认识。二是要深刻领会金融工作的总体布局，充分认识设立国务院金融稳定发展委员会的重要意义。三是要深刻领会回归本源、优化结构、强化监管、市场导向这四大重要原则，是增强金融工作科学性有效性的重要保证。四是要深刻领会加强党对金融工作领导、确保金融改革发展正确方向、加强金融队伍建设的重要性。

7月21日，中共中央在中南海召开党外人士座谈会，就当前经济形势和下半年经济工作听取各民主党派中央、全国工商联负责人和无党派人士代表的意见和建议。中共中央总书记习近平主持座谈会，中共中央政治局常委李克强、俞正声、刘云山、张高丽出席会议。李克强通报了上半年经济工作有关情况，介绍了中共中央关于做好下半年经济工作的考虑。民革中央主席万鄂湘、常务副主席齐续春、副主席修福金出席会议。万鄂湘代表民革中央发言，他表示，今年以来，在以习近平同志为核心的中共中央坚强领导下，各地各部门认真贯彻落实中共中央关于经济工作的部署，我国经济稳中向好、稳中有进，供给侧结构性改革取得显著成效，各项主要经济指标好于预期。民革中央十分赞同中共中央对当前经济形势的判断和对下半年工作的部署。万鄂湘结合调研中了解的情况，提出四点建议：一、更好释放“营改增”改革的政策红利。二、加快推进老旧小区改造。三、关注易地扶贫搬迁中的随同搬迁问题。四、攻克关键性技术，培育新的经济增长点。

10月26日，受中共中央委托，中共中央政治局委员、中央统战部部长孙春兰向各民主党派中央、全国工商联负责人和无党派人士代表通报了中共十九大精神。民革中央主席万鄂湘、常务副主席齐续春，副主席修福金、刘凡、傅惠民、刘家强出席会议。万鄂湘代表民革中央发言，他表示，中共十九大是在全面建成小康社会决胜阶段、中国特色社会主义进入新时代的关键时期召开的一次十分重要的大会。民革中央完全赞成、衷心拥护习近平同志在大会上所作的报告，坚决拥护将习近平新时代中国特色社会主义思想确立为中国共产党的行动指南。

12月6日，中共中央在中南海召开党外人士座谈会，就今年经济形势和明年经济工作听取各民主党派中央、全国工商联负责人和无党派人士代表的意见和建议。中共中央总书记习近平主持座谈会并发表重要讲话。李克强、俞正声、张高丽、王沪宁、韩正出席座谈会。李克强通报了今年经济工作有关情况，介绍了中共中央关于做好明年经济工作的考虑。民革中央主席万鄂湘、常务副主席齐续春、副主席修福金出席会议。万鄂湘代表民革中央在会上发言，他说，今年以来，以习近平同志为核心的中共中央坚持稳中求进的总基调，我国经济发展的质量和效益不断提升，全国人民在决胜全面建成小康社会征程中又迈出了坚实的一步。我们坚信，全国上下同心，斗志昂扬，在新时代继续发挥“集中力量办大事”的优势，一年一个台阶，一定能把中共十九大描绘的美好蓝图变成现实。万鄂湘根据调研中了解的情况，提出五点建议：一、发扬改革精神，加快建设创新型国家；二、关注“一老一小”经济，推动服务业供给侧结构性改革；三、推广“扶贫车间”，助力精准脱贫；四、深化农业供给侧结构性改革，满足人民对安全食品的需求；五、加快推进老旧小区改造。

2. 在全国政协上的提案和发言（办复）

3 月 3 日至 13 日，全国政协十二届五次会议在北京召开，民革中央提交大会发言 10 件，分别是：《精准立法促进社会文明》《关于构建完整的跨行政区划人民法院体系的建议》（民革中央和全国政协社法委联名提交，刘凡在会上作口头发言）、《加强农村光伏产业专业化建设，促进农村可持续发展》《优化京津冀能源结构　让蓝天不再是奢望》《依托京津冀协同发展战略，加快“环首都贫困带”脱贫》《深化落实生态优先原则，助推长江经济带绿色发展》《幸福产业让人民更幸福》《进一步开展海水淡化与综合利用，健全水资源保障体系》《创新沙漠治理体制机制，推动防沙治沙事业发展》《撼山易，撼一个中国原则难！》。提交公开提案 26 件，分别是：《关于进一步推进金融精准扶贫的提案》《关于进一步做好耕地质量建设与管理工作的提案》《关于完善我国绿色专利制度的提案》（民革中央、全国政协社法委联名提案）、《关于充分利用“互联网 +”的广阔空间改进两岸跨境电子商务合作模式的提案》《关于治理农村散烧煤，推动京津冀地区大气污染治理的提案》《关于加强丝绸之路经济带生态环保建设的提案》《关于提升中华老字号品牌质量，培育更多“百年老店”的提案》《关于推进粮食供给侧结构性改革的提案》《关于以农村土地改革为引擎，推进脱贫攻坚向脱贫致富转变的提案》《关于强化龙头企业引领作用，推进农村一二三产业融合发展的提案》《关于进一步做好农业面源污染防治工作的提案》《关于加快推进“互联网 +”现代农业发展的提案》《关于完善机制建设，促进涉台教育健康发展的提案》《关于建立海峡两岸医疗卫生对接体系的提案》《关于强化自贸试验区涉台工作机制建设的提案》《关于推动两岸社会企业合作，促进两岸社会融合的提案》《关于建立旅游扶贫长效机制，推动贫困片区绿色发展的提案》《关于加强海洋生态修复立法的提案》《关于尽快完善渤海保护管理体制机制，保障渤海生态安全的提案》《关于转变社会经济发展模式建设智慧中国的提案》《关于加大退耕还林还草工程实施力度，推进生态文明建设的提案》《关于合理解决农村老人赡养问题的提案》《关于搭建青年创业就业服务平台的提案》《关于加强大学生心理辅导　提高心理健康水平的提案》《关于完善校园欺凌防范和治理机制的提案》《关于尽快完善预防接种异常反应救济制度的提案》。

7 月 1 日，环境保护部就民革中央在全国政协十二届五次会议上提交的《关于治理农村散烧煤，推动京津冀地区大气污染治理的提案》作出答复。

7 月 6 日，环境保护部就民革中央在全国政协十二届五次会议上提交的《关于加强丝绸之路经济带生态环保建设的提案》作出答复。

7 月 10 日，全国人大常委会法制工作委员会就民革中央在全国政协十二届五次会议上提交的《关于完善举报人制度的提案》作出答复。

7 月 28 日，国家卫生和计划生育委员会就民革中央在全国政协十二届五次会议上提交的《关于建立海峡两岸医疗卫生对接体系的提案》作出答复。

8 月 3 日，国家海洋局就民革中央在全国政协十二届五次会议上提交的《关于加强海洋生态修复立法的提案》作出答复。

8 月 9 日，公安部就民革中央在全国政协十二届五次会议上提交的《关于推进〈全国青少年毒品预防教育规划（2016—2018）〉实施的提案》作出答复。

8 月 11 日，国土资源部就民革中央在全国政协十二届五次会议上提交的《关于建立农村宅基地退出机制的提案》作出答复。

8 月 14 日，国家卫生和计划生育委员会就民革中央在全国政协十二届五次会议上提交的《关于尽快完善预防接种异常反应救济制度的提案》作出答复。

8 月 14 日，人力资源和社会保障部就民革中央在全国政协十二届五次会议上提交的《关于搭建青年创业就业服务平台的提案》作出答复。

8 月 14 日，国家知识产权局就民革中央在全国政协十二届五次会议上提交的《关于完善我国绿色专利制度的提案》作出答复。

8 月 15 日，中国社会科学院就民革中央在全国政协十二届五次会议上提交的《关于组织编修〈中华人民共和国统一志〉的提案》作出答复。

8 月 18 日，国家发展和改革委员会就民革中央在全国政协十二届五次会议上提交的《关于加大退耕还林还草工程实施力度，推进生态文明建设的提案》作出答复。

8 月 21 日，国务院台湾事务办公室就民革中央在全国政协十二届五次会议上提交的《关于推动两岸社会企业合作，促进两岸社会融合的提案》作出答复。

8 月 21 日，中国人民银行就民革中央在全国政协十二届五次会议上提交的《关于进一步推进金融精准扶贫的提案》作出答复。

8 月 21 日，国家海洋局就民革中央在全国政协十二届五次会议上提交的《关于尽快完善渤海保护管理体制机制，保障渤海生态安全的提案》作出答复。

8 月 21 日，国家质量监督检验检疫总局就民革中央在全国政协十二届五次会议上提交的《关于适应“一带一路”战略要求，加强和改善口岸检疫防控体系的提案》作出答复。

8 月 23 日，教育部就民革中央在全国政协十二届五次会议上提交的《关于加强大学生心理辅导　提高心理健康水平的提案》作出答复。

8 月 23 日，最高人民法院就民革中央在全国政协十二届五次会议上提交的《关于设立跨行政区划人民法院和人民检察院的提案》作出答复。

8 月 24 日，水利部就民革中央在全国政协十二届五次会议上提交的《关于加强新疆吐鲁番艾丁湖生态保护治理工作的提案》作出答复。

8 月 29 日，国家能源局就民革中央在全国政协十二届五次会议上提交的《关于治理农村散烧煤，推动京津冀地区大气污染治理的提案》作出答复。

8 月 30 日，农业部就民革中央在全国政协十二届五次会议上提交的《关于进一步做好农业面源污染防治工作的提案》作出答复。

8 月 30 日，国家工商行政管理总局就民革中央在全国政协十二届五次会议上提交的《关于提升中华老字号品牌质量，培育更多“百年老店”的提案》作出答复。

9 月 1 日，农业部就民革中央在全国政协十二届五次会议上提交的《关于加快推进“互联网 +”现代农业发展的提案》《关于推进粮食供给侧结构性改革的提案》作出答复。

9 月 4 日，国务院台湾事务办公室就民革中央在全国政协十二届五次会议上提交的《关于强化自贸试验区涉台工作机制建设的提案》作出答复。

9 月 4 日，农业部就民革中央在全国政协十二届五次会议上提交的《关于进一步做好耕地质量建设与管理工作的提案》作出答复。

9 月 5 日，民政部就民革中央在全国政协十二届五次会议上提交的《关于合理解决农村老人赡养问题的提案》作出答复。

9 月 12 日，国家发展和改革委员会就民革中央在全国政协十二届五次会议上提交的《关于转变社会经济发展模式建设智慧中国的提案》作出答复。

9 月 15 日，农业部就民革中央在全国政协十二届五次会议上提交的《关于强化龙头企业引领作用，推进农村一二三产业融合发展的提案》作出答复。

9 月 19 日，农业部就民革中央在全国政协十二届五次会议上提交的《关于以农村土地改革为引擎，推进脱贫攻坚向脱贫致富转变的提案》作出答复。

9 月 20 日，教育部就民革中央在全国政协十二届五次会议上提交的《关于完善机制建设，促进涉台教育健康发展的提案》作出答复。

11 月 28 日，教育部就民革中央在全国政协十二届五次会议上提交的《关于完善校园欺凌防范和治理机制的提案》作出答复。

（四）促进祖国和平统一工作

1. 台湾青年联络工作

2 月 8 日至 17 日，民革中央组织第十六届“台湾高校杰出青年赴大陆参访团”一行 36 人赴北京、河南和陕西进行参访。

7 月 9 日至 15 日，民革中央组织接待“第六届中华擎天协会暑期青年华夏文化参访团”一行 35 人赴北京、广西参访交流。

8 月 3 日至 9 日，民革中央组织“首届台湾励志青年大陆参访团”一行 11 人赴北京和天津参访。该团成员全都来自岛内中南部较为贫寒的家庭，都有着感人的成长故事，绝大多数是第一次来大陆，活动中注重为他们今后的就学就业提供信息和指导。

7 月 24 日至 8 月 31 日，民革中央举办了第六届台湾学生暑期大陆实习活动，安排在岛内甄选出的 70 名台湾青年学生到北京地区的国美集团、拉卡拉集团、中国银行、广发银行、中联达集团、北京市网贷协会等单位开展为期一个月的实习。实习结束后，再安排研习营活动一周，以增进台湾学生对大陆的全面了解。让更多的台湾优秀青年参与到两岸交流的实践中来，从而把自己的个人理想、价值和中华民族的复兴、中国梦的构筑紧密联系在一起。

9 月 15 日，民革中央与中国高等教育学会、北京歌华文化发展集团在吉林长春共同举办“第四届两岸新锐设计竞赛‘华灿奖’颁奖仪式”。同时，为了促进两岸大学校长间的交流合作，并扩大“华灿奖”在两岸高校的影响力，民革中央还与吉林省教育厅共同举办“第八届两岸青年创新创业论坛及第二届两岸大学校长论坛”。

11 月 25 日，民革中央在广东深圳举办“第三届两岸青年和平发展论坛暨中华中山两岸青年创新大联盟 2017 年会”，会后邀请部分参会台湾青年参与“台湾青年精英大陆研习营”。

2. 推动两岸农业交流合作

6 月 17 日至 21 日，民革中央在福建龙岩主办召开“第九届海峡论坛・两岸乡村农田水利建设交流会”，邀请台湾农田水利会联合会、台湾中华农业暨水利事业发展协会、国民党、新党等社团及政党领导人及台湾农民、农业企业家、农业专家共计 200 余人参会，考察特色乡镇建设及农田水利设施建设。并于论坛期间，邀请大陆黑龙江、山东、陕西、安徽、湖北、四川、甘肃等七省市农业厅局部分相关领导与台湾农业专家和企业家共同召开了“七省市两岸农业项目对接会”，为两岸农业交流合作牵线搭桥。

3. 推动两岸文化交流

4月20日至28日，民革中央举办“两岸共修抗战史第二部《长江与抗战》编辑工作启动仪式”暨“长江抗战缅怀之旅”活动，台湾新党主席郁慕明亲自带队，新党青年骨干及部分两岸专家学者悉数参与，赴北京、湖北、江苏、上海等地抗战遗址实地考察参访，沿途召开一系列高端学术研讨会，为抗战系列丛书第二部《长江与抗战》编辑工作搜集史料。

民革中央与北京北控集团、北京儿童艺术剧院共同合作，联合台湾多元文化艺术团，以大陆赠台熊猫“团团”“圆圆”为原型，创作音乐儿童剧《团仔圆妞》今年完成全国巡演，并在儿童剧基础上打造出“团仔圆妞”系列文化产品；完成《团仔圆妞》绘本编创工作，5月18日在京举行《团仔圆妞》主题绘本发行新闻发布会；完成动画大电影《团仔圆妞》剧本定稿，并与深圳广电集团国家动漫基地合作，正式启动动画电影制作工作；与中国大百科全书出版社合作，完成《心系中国梦　传承中华情——团仔圆妞识中国》人文阅读丛书，并举办首发式。

10月，民革中央与台湾中华花艺文教基金会在山东济南共同举办“馨香一脉，花耀泉城”2017海峡两岸（济南）中华插花艺术展。

4. 海外华侨华人联络工作

4月18日至28日，应巴西中国和平统一促进会、阿根廷华侨中华商会、智利中国和平统一促进会邀请，全国政协副主席、民革中央常务副主席、中华中山文化交流协会会长齐续春率中华中山文化交流协会代表团赴巴西、阿根廷、智利三国进行访问。齐续春向南美侨界朋友介绍了十八大以来，以习近平总书记为核心的中共中央团结带领全国各族人民在各个领域取得的辉煌成就，并鼓励海外华侨华人和驻外中资机构为“反独促统”，维护国家核心利益，维护国家领土主权完整，为实现中华民族伟大复兴的中国梦作出贡献。

7月21日至30日，应全英华侨华人中国统一促进会总会长单声、挪威华人联谊会会长高丹和荷兰欧华文教协会会长薛正利的邀请，民革中央副主席郑建邦率中华中山文化交流协会参访团一行6人赴英国、挪威和荷兰访问。此次出访听取了侨界有关新形势下“反独促统”的工作经验和建议，并对当地港澳台侨社状况进行了深度调研。

7月22日至23日，在佛罗伦萨举办了“全球华侨华人促进中国和平统一大会（2017佛罗伦萨）”。应大会组委会邀请，7月22日至31日，民革中央副主席李惠东率参访团一行5人出席大会，会后顺访瑞士和奥地利。此次出访向海外侨界宣讲了中国政府对台方针政策及中国共产党领导的多党合作和政治协商制度，加强了与欧洲国家和地区华人华侨的联系。

9月28日，民革中央举办了“台港澳同胞和海外侨胞庆祝国庆68周年”招待会，民革中央常务副主席齐续春，副主席郑建邦、李惠东在机关会见了110位来自全球20余个国家和地区的侨领及台港澳知名人士。

（五）社会服务

1. 扶贫调研和帮扶工作

1月13日至16日，民革中央组织6名吉林省教育专家对毕节市赫章县206名中小学教师进行培训。6月30日至7月2日，民革中央通过民革吉林省委会邀请8位教育专家赴纳雍县开展教育信息技术能力和课堂技能培训，帮助地区提升农村中小学教师素质和办学水平。2月20日至24日，民革中央通过民革天津市委会组织10名医疗专家深入纳雍基层医院和农村开展教学培训和义诊义治活动，帮助提升基层医卫人员技术水平，解决部分困难群众因病致贫问题。

3月9日至13日，民革中央社会服务部调研组赴云南开展社会服务综合调研。调研组先后来到云南省红河县迤萨镇勐龙村建设的国家级“稻渔共作”良种繁育基地、红河县撒玛坝万亩梯田和昆明福保文化城中海渔业有限公司，实地考察“稻渔共作”工程推广情况，以及遇到的困难和问题。调研组负责人在座谈时指出，“稻渔共作”有很高的经济价值和社会效益。首先，探索出山区建档立卡贫困户产业脱贫的新路子，为推进哈尼梯田保护、发展生态农业模式积累实践经验。其次，“稻渔共作”种养模式为全县发展绿色、有机食品生产奠定了生态基础。最后，通过提高产值和梯田设施建设，留住了农村劳动力，有效缓解了冬闲田、水改旱、抛荒等现象，为保护哈尼梯田奠定了基础。同时，这个项目以渔业养殖来实施精准扶贫，具有民主党派开展社会服务，帮助脱贫解困的示范作用。

5月24日至25日，民革中央副主席兼秘书长李惠东率队赴青海省，就脱贫攻坚民主监督和社会服务工作开展调研。民革青海省委会主委马志伟参加调研。调研组赴海东市乐都区峰堆乡上一村，了解民革青海省委会参与上一村的扶贫工作情况，听取乡中共党委和驻村工作队脱贫攻坚工作汇报，并与驻村干部和村民进行座谈。在青海期间，调研组还听取了民革青海省委会就近期开展的社会服务工作和定点帮扶与精准脱贫民主监督工作的情况汇报；考察了民革青海省中山文化艺术院、民革党员企业家创办的青海康普生物科技股份有限公司和青海绿草地新能源科技有限公司。

7月18日，民革中央主席万鄂湘，副主席兼秘书长李惠东，民革贵州省委会主委王世杰出席纳雍县昆寨中学校园改扩建项目落成仪式并为项目落成剪彩。该项目由民革中央协调联系，民革党员、海云天投资控股集团董事长游忠惠通过中山博爱基金会捐款人民币400万元（不足部分由纳雍县财政承担）用于改扩建昆寨乡民族中学。昆寨中学改扩建项目于3月底动工，计划于9月1日建成并投入使用，建成后可容纳24个班1200名学生学习和生活。

11月25日，民革中央常务副主席齐续春率调研组赴上海，就教育帮扶工作进行调研。民革中央副主席兼秘书长李惠东，民革上海市委会主委高小玫、江苏省委会主委陈星莺等参加调研。调研组实地考察了民革党员陈伟志创办的新纪元教育集团所属上海中山幼儿园，听取新纪元教育集团对贵州纳雍的教育扶贫工作情况介绍，并出席了民革上海市委会“博爱·新纪元”助学基金捐赠仪式。该活动共捐赠393万余元，用于帮助品学兼优的贵州纳雍县家庭经济困难学生完成高中学业。

2. 助推区域发展

3 月 30 日，民革中央在贵州省黔西南州参与主办第五届“中国美丽乡村 · 万峰林峰会”。峰会以“凝心聚力 · 脱贫攻坚”为主题，围绕“脱贫攻坚，同步小康”的核心任务，搭建开放创新的研讨平台，汇集众人的智慧和力量，共同为推进美丽乡村建设，促进绿色发展，打赢脱贫攻坚战探索可行道路。

5 月 7 日，民革中央配合贵州省政府在北京举办贵州产业扶贫项目推介会，邀请近 400 名企业家参会，为助推贵州省脱贫攻坚和产业发展贡献力量。6 月 26 日，在北京举办吉林省辽源市龙山区招商引资推介会，40 余名民革党员企业家和经济界联系人士参会。民革中央副主席修福金、副主席兼秘书长李惠东出席会议并作讲话。

8 月 2 日至 4 日，民革中央组织东中部 16 省市民革组织赴纳雍开展“同心博爱行”活动。通过沟通对接，东中部省市民革组织与纳雍县达成教育、卫计、农牧等六个方面帮扶意向并签订帮扶框架协议。民革贵州省委会与然健环球（中国）日用品有限公司签订博爱精准扶贫脱贫捐资助学意向书，该公司连续 5 年每年资助纳雍县 60 名品学兼优的贫困学生 1 万元 / 人，共计 300 万元。民革天津市委会邀请医疗专家到县医院开展调研指导，并对 80 余名医护人员进行培训。民革湖北省委会邀请国家二级演员秦海群对纳雍县 130 名中小学、幼儿园音乐教师进行专业知识培训。

8 月 3 日，在贵州省毕节市纳雍县参与主办第五届“美丽家乡 · 科普环保公益电影万里行”活动。活动通过捐赠物资、播放电影、讲座培训，推动农村科技、文化、社会事业发展和生态环境改善，积极促进纳雍县现代农业发展。

3. 中山博爱基金会

4 月 18 日，中山博爱基金会一届三次理事会在民革中央机关召开。民革中央副主席、中山博爱基金会理事长郑建邦，民革中央副主席兼秘书长、基金会副理事长兼秘书长李惠东，基金会副理事长邓兴贵、庄小夸和理事任文海、游忠惠、翟志海等出席会议。郑建邦在会上指出，随着中国特色社会主义建设事业的全面推进，民革作为重要的参政党承担了越来越多的社会责任。要充分利用基金会资金优势，落实好民革中央社会公益类决策部署。要拓展公开渠道，保障捐赠人知情权、监督权，提升社会透明度和公信力。要充分利用政策优势，争取民革党员尤其是民革党员企业家的支持。李惠东在工作报告中总结了基金会自一届二次理事会以来的主要工作情况。会议审定了《中山博爱基金会 2016 年度财务收支决算》和《财产清册》，审议通过了《中山博爱基金会 2017 年度工作计划》《中山博爱基金会 2017 年度财务收支预算》和《中山博爱基金会 2017 年度投资计划》。

7 月 18 日，“博爱牵手　情暖童心——中山博爱夏令营”开营仪式在贵州省毕节市纳雍县第一中学举行。民革中央主席万鄂湘、副主席兼秘书长李惠东，民革贵州省委会主委王世杰等出席开营仪式。开营仪式上，万鄂湘为夏令营领队授旗，有关领导同志向学生代表发放了生活礼包。关爱支持贫困地区少年儿童特别是留守儿童的健康成长，是民革中央今年开展的一项重点工作。中山博爱夏令营的举办就是落实这项工作的具体举措。本次活动由中山博爱基金会主办，从纳雍县 23 个乡镇初中学生、部分小学高年级学生中挑选 80 人作为入营团员，要求选择品学兼优的建档立卡贫困户家庭子女、优先考虑长期与父母分离的留守儿童。夏令营将分两个批次赴北京开展活动，通过活动，帮助乡村儿童特别是留守儿童开拓视野、增长见识，增进亲情联系，培养团队精神，塑造意志品格，树立人生理想。

10月19日，中山博爱基金会一届四次理事会在广东省深圳市召开。民革中央副主席、中山博爱基金会理事长郑建邦主持会议并讲话。基金会副理事长、理事参加会议。郑建邦指出，通过近两年来的运行，中山博爱基金会整体上运转良好，基本达到了预期目的。基金会要继续服务脱贫攻坚工作，助推民革重点工作，进一步扩展筹资渠道，完善内部管理，打造民革社会服务工作新品牌。会议听取审议了秘书长工作报告，增补游忠惠、蒋会成为副理事长，审议通过了湖南省安化县龙塘乡沙田溪村学校改造项目和四川省九寨沟地震赈灾项目计划及预算，审议通过了申请认定为慈善组织的决议，审议了部分重点项目进展情况。

2017年度，中山博爱基金会共接受捐款1110万元，资助项目4个，拨付资金660.83万元。一年来，各级民革组织共开展“博爱·牵手”相关活动近3000场次，活动捐款捐物总价值近8400万元，直接受益人数26.9万人。

三、自身建设

2017年，民革全党认真学习贯彻中共十八大、十八届三中、四中、五中、六中全会精神和习近平总书记系列重要讲话精神，坚决拥护中国共产党的领导，不忘合作初心，继续携手前进，自身建设取得新进展。

（一）思想政治和宣传工作

1.“不忘合作初心，继续携手前进”主题教育活动

举办“不忘合作初心，继续携手前进”民革优良传统巡回讲座。4月21日，“不忘合作初心，继续携手前进”民革优良传统巡回讲座在北京首讲，万鄂湘主席在首讲中作动员讲话，他强调，民革优良传统巡回讲座是“不忘合作初心，继续携手前进”主题教育活动的一项重要工作内容。民革全党要继承和发扬民革优良传统，不忘合作初心，以高度的荣誉感、使命感和自信心，为中华民族伟大复兴中国梦早日实现而继续携手前进。修福金副主席在讲座中详细阐述了民革优良传统的内涵，揭示了开展活动的意义和必要性，指出了确保活动效果的具体措施和方法。截至2017年10月底，“不忘合作初心，继续携手前进”民革优良传统巡回讲座已经在北京、广东、湖南、河北、福建、吉林、黑龙江、天津、江西、安徽、江苏等地举办了十余场，数千名民革党员现场聆听了报告。

组织开展“不忘合作初心，继续携手前进——纪念民革成立70周年”知识竞赛。5月，下发《民革中央办公厅关于举办“不忘合作初心，继续携手前进——纪念民革成立70周年”知识竞赛的通知》，在民革全党组织开展知识竞赛，推动广大民革党员加强学习，提高思想认识。11月，30个省级组织通过预赛选拔出的代表队将在北京进行复赛和决赛。

推动民革党史教育基地、民革党员教育基地建设。民革中央将江苏苏州柳亚子纪念馆、南社通讯处旧址，广东云浮蔡廷锴故居分别命名为民革党史教育基地、民革党员教

育基地，并举行挂牌仪式。

2. 深入学习习近平总书记“7·26”重要讲话精神

8月17日，下发《民革中央关于认真学习贯彻习近平总书记“7·26”重要讲话精神的通知》。通知要求，民革全党要深入学习习近平总书记“7·26”重要讲话精神，进一步提高民革各级领导干部与全体党员对中国共产党的先进性的认识，坚定不移接受中国共产党领导，毫不动摇走中国特色社会主义道路，牢固树立“四个意识”，不断增强“四个自信”。民革各级组织以高度的政治责任感和使命感，精心组织，迅速行动，切实把学习活动抓紧、抓好、抓实，抓出成效，掀起学习贯彻习近平总书记“7·26”重要讲话精神的热潮。万鄂湘主席就学习习近平总书记“7·26”重要讲话精神，在《团结报》上发表署名文章《高举伟大旗帜，共创美好未来》。修福金副主席就学习习近平总书记“7·26”重要讲话精神接受新华社书面采访。

8月25日，民革中央中心学习组（扩大）学习习近平总书记“7·26”重要讲话精神专题座谈会在京召开。民革中央主席万鄂湘出席会议并讲话，常务副主席齐续春主持会议，副主席修福金、刘凡、傅惠民、郑建邦、刘家强、李惠东出席会议。万鄂湘在讲话中指出，深入学习贯彻习近平总书记“7·26”重要讲话精神，切实把思想和行动统一到讲话精神上来，以优异成绩迎接中共十九大，是民革全党当前最重要的政治任务。傅惠民、郑建邦、刘家强、李惠东结合民革工作实际，畅谈了学习体会。

3. 探索思想政治工作新举措，全面总结宣传思想工作经验

9月18日至22日，民革中央在浙江省先后召开“民革党员之家”调研暨建设现场推动会、民革思想宣传工作会议。与会人员分两路，赴杭州、绍兴、嘉兴、金华、衢州对民革浙江省委会以“民革党员之家”为阵地开展思想政治工作的做法和经验进行了考察和总结。“民革党员之家”建设是对加强和改进民革基层组织的思想政治工作的积极探索。下一步，要积极推动“民革党员之家”建设，以“民革党员之家”为抓手，强化思想教育、夯实政治共识、凝聚人心力量、展示民革形象。随后召开的民革思想宣传工作会议，总结了近年来民革宣传思想工作取得的成绩和经验。万鄂湘主席出席会议并作重要讲话。他在讲话中进一步强调了宣传思想理论工作的重要性，就如何通过宣传和理论研究推动实际工作提出了新的要求。

4. 利用民革前辈纪念场馆开展民革优良传统教育

积极推动民革前辈纪念场馆升级工作。4月26日，在北京召开了民革前辈纪念场馆升级申报工作推动会。为更好地贯彻落实刘延东同志就民革中央有关加强民革前辈纪念场馆保护利用书面汇报的批示精神，推动民革前辈纪念场馆升级，会议就申报文保单位、爱国主义教育基地工作，使民革前辈纪念场馆获得更好的发展条件，发挥其应有的社会教育功能进行了认真研讨、充分交流。在民革中央及地方组织的共同推动下，江苏钱昌照故居正在进行修缮，上海朱学范故居，江苏王昆仑故居，安徽张治中故居，广东郑坤廉、蔡廷锴故居等都在积极准备申报全国重点文保单位，浙江邵力子故居、福建陈绍宽故居已经从县级文保单位升为市级文保单位。

推进民革前辈纪念场馆保护利用工作。民革中央副主席修福金率领调研组先后赴江苏钱昌照、柳亚子故居，广东郑坤廉、蔡廷锴故居，福建陈绍宽故居等地开展专题调研；

5月20日，在苏州召开“柳亚子生平事迹研讨会暨民革前辈纪念场馆联谊会第六次年会”，研讨柳亚子等民革前辈的生平事迹和精神遗产，推动民革前辈纪念场馆相关工作，部署民革前辈纪念场馆保护开发。

5. 民革中央微信公众号开通运行

3月2日，中国国民党革命委员会微信公众号正式开通。在微信公众号首次推送的文章中，民革中央主席万鄂湘发表了题为《为民革点赞，为伟大的时代点赞！》的贺词。民革微信公众号开通以来，随着内容质量和社会影响力的不断提升，引发了广大民革党员和社会各界的热烈反响，在订阅数、单篇点击量、同类媒介排行等方面均有良好表现。

5月18日至19日，民革微信公众号工作研讨会在京召开。民革中央副主席修福金出席会议，民革微信公众号信息员参加会议。修福金在讲话中指出，民主党派需要在新媒体环境下，更快速、更直接地适应媒介变革，在新闻宣传的实践层面主动出击、直接介入，建立起直接面向社会公众的媒介平台，努力尝试通过新媒体来开展新闻宣传工作。修福金针对民革微信公众号工作提出三点要求，一要深入学习贯彻民革全国宣传思想理论工作会议精神，筑牢共同思想政治基础。二要主动适应信息化时代，注重利用现代传播手段，让宣传工作提质增效。三要不断加强微信公众号信息员队伍建设，发挥好基层组织在宣传思想工作中的作用。修福金强调，为了更好地体现民革微信公众号的统战特色、参政党特色和民革特色，宣传部门要主动作为，多想事、多谋事、多干事，当好宣传的“主攻手”，少做“二传手”，既要完成“规定动作”，更要深入发掘好材料的内涵，梳理和阐发好材料中蕴含的隽永的精神和深刻的道理，设计一些“自选动作”。各部门要加强协作配合，实现工作共融、资源共享、发展共赢，打好“组合拳”、奏响“交响乐”，形成民革宣传工作的强大合力，打造“大宣传”的工作格局。

（二）组织建设

1. 省级组织换届工作顺利完成

按照民革中央统一部署，民革30个省级组织从2017年4月开始，到11月结束，历时7个月全部完成换届。民革中央主席万鄂湘，民革中央常务副主席齐续春，副主席修福金、刘凡、程崇庆、傅惠民、何丕洁、田惠光、郑建邦、邓力平、刘家强、李惠东等中央领导同志分别参加各省级组织代表大会，指导各省级组织换届工作，至2017年末全部30个省级组织换届全部圆满完成。

2. 针对党员干部的培训和座谈活动

1月10日，民革中央在京召开高校及科研机构民革党员代表座谈会。民革中央副主席郑建邦出席会议，并与与会人员围绕“促进高校及科研机构民革组织自身建设与民革党员自身发展”座谈交流。郑建邦在会上表示，长期以来，民革把吸引人才、引进人才作为民革全党长期坚持的一项重要战略任务。对于进一步做好这项工作，郑建邦要求，要加强思想建设，根据高级知识分子的特点，不断创新方法，把多党合作的道理说清，把政治协商的文章做好。要大力推动组织建设，积极发展真正认同民革事业，有志为此作出贡献的党员。要加强制度建设，建立一套适合高校工作环境、更好履行基层组织职能的制度，约束和激励党员积极履行职责。要提高履职能力，充分认识加强参政议政能力建设的重要性和紧迫性，发挥自身优势，激发党员积极性，努力形成“以参政议政为第一要务”的良好氛围。来自清华大学、北京大学、中国人民大学、上海交通大学等高等院校、科研机构的20余名民革党员参加会议。

4月25日，中央国家机关及直属单位民革党员代表座谈会在民革中央机关举行。民革中央副主席郑建邦出席座谈会。会上，来自国家发改委、国土资源部、环保部、银监会、林业局等单位的近20位民革党员代表就中央国家机关及直属单位的民革组织发展工作做了发言，提出了很多具有针对性的意见和建议。郑建邦在听取发言后表示，中央国家机关是最高层级的国家机构，在国家经济社会发展中承担着重要任务和职能。中央国家机关及直属机构中的民革党员是民革履行参政党职能的重要力量。目前民革在中央国家机关及直属单位的组织发展还需进一步加强工作。要充分发挥现有党员的作用，同时进一步改进组织发展工作，为民革争取更多的高层次人才。

8月28日至9月1日，民革中央在中央社会主义学院举办民革省级组织专职副主委秘书长办公室主任培训班。民革中央副主席修福金、郑建邦，副主席兼秘书长李惠东分别为培训班学员授课。李惠东出席培训班开班式。李惠东在开班式上指出，此次培训班是在中共十九大和民革十三大即将召开、民革全党全面深入学习习近平总书记“7·26”重要讲话精神之际举办的，意义深远而重大。

11月上旬，在中央社会主义学院举办第三期“民革非公经济人士培训班”。全国30个省级组织和民革中央企业家联谊会共推荐65余名学员参加学习。通过系统培训，加强对民革非公经济人士理想信念教育，提高党员企业家适应形势创新发展的能力，促进党员企业健康发展。

3. 民革中央内部监督工作会议

3月20日至22日，民革中央内部监督工作会议在安徽省马鞍山市召开。民革中央副主席、中央监督委员会主任郑建邦，民革中央副主席、中央监督委员会副主任田惠光，民革中央原副主席、中央监委会原主任何丕洁，民革安徽省委会主委夏涛等出席会议。

郑建邦在讲话中指出，2017年是民革省级组织和中央领导机构换届之年，召开此次会议的目的是贯彻落实《民革中央关于严肃换届纪律，加强换届工作监督的通知》《民革监督委员会监督省级组织换届工作办法》，认真研究监督委员会在换届中履行监督职责的具体内容和要求，对具体的监督工作进行动员和部署，确保换届工作风清气正，换届任务圆满完成。郑建邦就做好内部监督工作提出两点意见：一是要统一思想，充分认识监督委员会监督省级组织换届的重要意义；二是要突出重点，切实做好监督委员会监督换届的各项具体工作，包括省级监督委员会监督省级组织换届的工作重点和中央监督委员会委员监督省级组织换届工作事项。

田惠光在会议总结讲话中详细归纳了与会同志提出的意见、建议。她要求与会同志和各级监督委员会要充分认识新形势下加强民主党派内部监督工作的重要意义，坚持内部监督工作的原则，按照相关文件要求开展工作，要注意总结换届监督工作经验。

与会同志在分组讨论中就各具体监督事项提出了意见和建议，明确了监督委员会监督省级组织换届的工作内容。

4. 进一步推进信息化工作水平

9 月 6 日至 7 日，“民革 e 家”信息交流平台升级培训工作会在北京召开。民革中央副主席兼秘书长李惠东出席开幕会。民革中央各工作部门管理员，民革各省级组织“民革 e 家”建设工作主管处室负责人、系统管理员、社情民意信息报送员，新功能试点支部管理员等参加会议。

李惠东在会上指出，“民革 e 家”信息交流平台的建设，是民革提高信息化工作水平的重要举措。投入使用一年多来，平台运行稳定，取得良好成效，得到了各方的一致肯定。李惠东要求，各省级组织和试点单位，要借平台升级培训的契机，提高对平台价值的认识，重视推广运行环节；认真学习钻研，成为平台操作的行家里手；充分运用功能，吸引更多党员参与；及时沟通反馈，总结论证经验和不足，通过使用“民革 e 家”，进一步提高民革信息化工作水平。

民革中央有关部门负责同志介绍了“民革 e 家”升级情况，部分省级组织及试点支部的平台管理员介绍了平台建设和推广的先进经验，与会人员就《“民革 e 家”信息交流平台建设使用综合考评办法（讨论稿）》进行了讨论。

5. 致信祝贺获得国家级重大奖励的民革党员

1 月 13 日，民革中央向获得 2016 年度国家科学技术奖励的 4 位民革党员发出贺信。在 1 月 9 日召开的国家科学技术奖励大会上，湖北省民革党员、华中农业大学动物医学学院兽药科学系副主任陈冬梅，浙江省民革党员、浙江东睦科达磁电有限公司总经理柯昕获得国家技术发明奖二等奖。上海市民革党员、上海交通大学机械与动力工程学院教授王宇晗，江苏省民革党员、江苏省苏北人民医院影像科医师张洪英获得国家科学技术进步奖二等奖。

3 月 9 日，民革中央向荣获全国三八红旗手荣誉称号的民革党员发出贺信。荣获全国三八红旗手荣誉称号的民革党员是：江苏交科交通设计研究院有限公司总经理、总工程师孙蔚，广东诚公律师事务所律师肖寒梅。

5 月 8 日，民革中央向荣获 2017 年全国五一劳动奖章的陕西省民革党员、西北综合勘查设计研究院建筑设计院副院长樊丽萍发出贺信。

（三）机关建设

1. 机关工作制度完善修订

2017 年民革中央办公厅重新调整修订并印发了《民革中央机关培训计划编报审批办法》《民革中央机关书画档案资料管理办法》《民革中央机关图书出版管理办法》《民革中央机关信息化办公设备管理办法》，编发民革中央《外网云使用指南》《档案综合系统使用指南》《照片档案管理系统使用指南》《电子书刊管理系统使用指南》，“民革 e 家”信息交流平台《信息安全应急预案》《建设使用综合考评办法》及各类档案管理系统的“使用说明”等，不断完善机关各项规章制度。

2.2016 年度总结述职表彰会

1 月 12 日，民革中央机关召开 2016 年度总结述职表彰会。民革中央主席万鄂湘出席会议，常务副主席齐续春主持会议，副主席修福金，副主席兼秘书长李惠东及机关全体干部职工参加会议。

万鄂湘在会上指出，2016 年，中央机关围绕民革整体工作部署，全面加强自身建设，创新工作方式，改进工作作风，各项工作取得了新的进展和成绩，为更好履行参政党职能提供了优质、高效的服务和保障。参政议政工作重点突出，成果丰硕；思想宣传工作方向明确，多措并举；组织工作稳步提升，成效显著；社会服务工作统筹协调，积极作为；祖统工作主题明确，措施有力；机关工作和谐有序，务实高效。万鄂湘针对 2017 年的机关工作提出三点希望：一、进一步增强机关干部的政治意识；二、进一步规范机关的选人用人机制；三、进一步发扬机关的团结协作传统。

中央各工作部门主要负责人在会上述职，会议对 2016 年机关优秀公务员和先进职工进行了表彰。

3. 民革中央机关学习贯彻全国两会精神报告会

3 月 21 日，民革中央机关举行报告会，传达学习十二届全国人大五次会议、全国政协十二届五次会议精神。民革中央副主席修福金主持会议，民革中央副主席兼秘书长李惠东出席会议。

全国人大代表、民革中央副主席兼秘书长李惠东，全国政协委员、民革中央联络部部长李霭君分别传达了十二届全国人大五次会议和全国政协十二届五次会议的有关情况，并介绍了民革党员中的人大代表、政协委员履职情况。

修福金在会上指出，民革党员中的全国人大代表、政协委员在两会期间共谋改革良策，共商发展大计。他们不负广大人民群众和全体民革党员的托付和期望，展现了民革风采，为共圆中国梦贡献了力量。

修福金强调，刚刚闭幕的全国两会上，习近平总书记与代表委员共商国是，从党和国家大局发展高度，提出了一系列新论断、新论述、新部署。希望机关各部门、各下属单位会后按照民革中央万鄂湘主席的要求，深入学习贯彻两会精神，坚决维护以习近平同志为核心的中共中央权威，围绕统筹推进“五位一体”总体布局和协调推进“四个全面”战略布局，结合民革中央 2017 年工作要点，加强民革全党思想建设，做好民革省级组织和中央领导机构换届工作，切实增强参政议政工作实效，务实开展脱贫攻坚民主监督工作，为促进祖国和平统一贡献力量。

民革中央机关各工作部门、团结报社、团结出版社负责同志及全体干部职工参加报告会。

（四）成员和组织发展概况

截至 2017 年 12 月底，民革共有地方组织 356 个。其中包括省级组织 30 个，省辖市级组织 275 个，县级组织 51 个。基层组织 6087 个，其中基层委员会 170 个，总支 458 个，支部 5459 个。全年新加入成员 6548 人。全党党员总数 131410 人，其中女成员 50432 人，平均年龄 54 岁，离退休 31255 人。

界别分布上看，民革全党党员的构成主要如下：公有制经济界 23284 人，占比 17.7%；基础教育界 20379 人，占比 15.5%；新社会阶层 21391 人，占比 16.3%，其中私营企业主 8369 人，占比 6.4%；医药卫生 15456 人，占比 11.8%；高等教育界 13118 人，占比 10.0%；科技界 4772 人，占比 3.6%；文化艺术 4410 人，占比 3.4%；出版传媒 1192 人，占比 0.9%；机关团体及其他 32180 人，占比 20.9%。

民革党员中担任各级人大代表的共有 2760 人，其中全国人大常委会副委员长、常委、专职副秘书长及专委会主任副主任、人大代表 41 人，省级人大常委会副主任、常委、专职副秘书长及专委会主任副主任、人大代表 290 人，市地级人大常委会副主任、常委、人大代表 1175 人；县市区级人大常委会副主任、常委、人大代表 1234 人。

民革党员中担任各级政协委员共有 13684 人，其中全国政协副主席、常委、专职副秘书长及专委会主任副主任、政协委员 94 人，省级政协副主席、常委、专职副秘书长及专委会主任副主任、政协委员 884 人，市地级政协副主席、常委、政协委员 5216 人，县市区级政协副主席、常委、政协委员 7490 人。

民革党员中担任省、市、自治区政府及政府部门领导 2 人，厅局级 56 人，县处级 646 人。担任司法机关厅局级领导职务 13 人，县处级领导职务 64 人。

民革党员中学历中有大专以上学历的占 61.7%，其中本科以上占 50.7%，研究生及以上学历占 11%。担任中国工程院院士的共有 3 人，担任长江学者 15 人。

张　栋　民革中央宣传部干部

中国民主同盟

2017年，中国民主同盟坚决维护中共中央权威和集中统一领导，坚持中国特色社会主义政治发展道路，继承优良传统，不断开拓创新，紧紧围绕推进“五位一体”总体布局和“四个全面”战略布局，努力加强自身建设，积极履行参政党职能，成功召开第十二次全国代表大会，各项工作均取得了新的进步。

一、重要会议及活动

（一）中国民主同盟第十二次全国代表大会

12月6日至10日，中国民主同盟第十二次全国代表大会在北京举行。大会圆满完成了各项议程，认真学习了中共十九大精神，听取并审议了民盟第十一届中央委员会工作报告，审议通过了《中国民主同盟章程（修正案）》，讨论通过了《中国民主同盟第十二次全国代表大会决议》，选举产生了由278名委员组成的新一届中央委员会。

中共中央政治局常委栗战书会见与会代表，并代表中共中央在开幕式上致贺词。贺词指出，中共十八大以来，在以习近平同志为核心的中共中央领导下，在习近平新时代中国特色社会主义思想指导下，党和国家事业取得历史性成就、实现历史性变革，统一战线和多党合作事业也取得蓬勃发展。五年来，民盟认真履行参政党职能，自觉服务改革发展稳定大局，议政建言取得新成果，履职尽责拓展新领域，社会服务打开新局面，自身建设再上新台阶，为发展中国特色社会主义作出了积极贡献。

贺词指出，中共十九大确立了习近平新时代中国特色社会主义思想的历史地位，作出了中国特色社会主义进入新时代、迈上新征程的重大政治论断，在中国共产党历史上、中华人民共和国历史上、中华民族历史上都具有重要的里程碑意义。希望民盟深入学习宣传贯彻中共十九大精神，围绕中共十九大提出的重大战略、重要部署、重大任务，继续发挥教育文化科技界别特色优势，积极履职尽责，更好地承担起中国特色社会主义事业亲历者、实践者、维护者、捍卫者的政治责任。希望民盟新一届中央领导进一步增强“四个意识”、坚定“四个自信”，加强自身建设，不断提高政治把握能力、参政议政能力、组织领导能力、合作共事能力、解决自身问题能力，推进新时代民盟工作展现新气象。

贺词指出，坚持中国特色社会主义政治发展道路，充分发挥统一战线的优势，加强同各民主党派的团结合作，是中国共产党的长期战略方针。中共中央相信，民盟新一届中央领导一定能够紧密团结在以习近平同志为核心的中共中央周围，高举中国特色社会主义伟大旗帜，以马克思列宁主义、毛泽东思想、邓小平理论、“三个代表”重要思想、科学发展观、习近平新时代中国特色社会主义思想为指导，始终坚持中国共产党领导，始终坚持中国特色社会主义政治发展道路，不忘合作初心，继续携手前进，为决胜全面建成小康社会、夺取新时代中国特色社会主义伟大胜利、实现中华民族伟大复兴的中国梦、实现人民对美好生活的向往不懈奋斗。

全国人大常委会副委员长、民建中央主席陈昌智代表各民主党派中央和全国工商联致贺词。贺词说，各民主党派中央和全国工商联始终在思想上政治上行动上同以习近平同志为核心的中共中央保持高度一致，始终以习近平新时代中国特色社会主义思想武装头脑、指导实践，认真学习贯彻中共十九大精神，勇担政治责任，凝聚起助力实现“两个一百年”奋斗目标的强大力量。

大会主席团常务主席张宝文代表民盟第十一届中央委员会作工作报告。报告回顾和总结了民盟 5 年来的主要工作和基本经验，提出要深入学习贯彻中共十九大精神，高举中国特色社会主义伟大旗帜，更加紧密地团结在以习近平同志为核心的中共中央周围，致力于国家富强、民族振兴、社会进步和人民幸福，继承传统、开拓创新，团结进取、尽职尽责，努力建设适应新时代要求的中国特色社会主义参政党，为推进新时代中国特色社会主义伟大事业贡献力量。

杨洁篪、尤权、沈跃跃、王家瑞以及蒋树声出席开幕会，陈晓光主持开幕会。

12 月 7 日上午，中国民主同盟第十二次全国代表大会举行第二次全体会议，认真学习中共十九大精神。会议邀请中共十九大精神中央宣讲团成员、中共十九大文件起草组成员、全国政协港澳台侨委员会副主任高虎城同志作宣讲报告。大会主席团常务主席张平主持全体会。

12 月 8 日，大会主席团常务主席徐辉向大会作《中国民主同盟章程修改报告》。与会代表认为，这次盟章修改充分体现了习近平新时代中国特色社会主义思想和中共十九大精神，体现了时代发展的新要求、多党合作事业的新局面和广大盟员的新诉求，反映了民盟建设高素质参政党的新经验，保持了盟章的延续性和相对稳定性。

12 月 9 日，大会表决通过了《中国民主同盟章程修正案》、选举产生了由 278 人组成的中国民主同盟第十一届中央委员会。

大会 10 日上午胜利闭幕。闭幕会上，通过了《中国民主同盟第十二次全国代表大会决议》。

大会主席团常务主席张宝文在闭幕会上讲话。他指出，民盟十二大是在中共十九大胜利召开、全面建成小康社会进入决胜阶段、中国特色社会主义进入新时代的关键时期召开的重要会议。会议隆重热烈、催人奋进，取得了圆满成功。相信在新一届中央委员会的带领下，全盟同志一定能够继承和发扬多党合作优良传统，始终把坚持和发展中国特色社会主义作为最大政治共识，在民族复兴大业中发挥更大作用，无愧于民盟前辈，无愧于民盟历史，无愧于国家人民，无愧于伟大时代！

大会强调，学习贯彻中共十九大精神特别是习近平新时代中国特色社会主义思想，是当前和今后一个时期民盟的首要政治任务。民盟要按照中共十九大对参政党提出的新要求，进一步增强“四个意识”，坚定“四个自信”，始终在思想上政治上行动上同以习近平同志为核心的中共中央保持高度一致，始终以习近平新时代中国特色社会主义思想武装头脑、指导实践，坚定不移地走中国特色社会主义政治发展道路。

大会指出，今后五年，既是我国全面建成小康社会决胜阶段、开启全面建设社会主义现代化国家新征程的关键时期，也是民盟充分履行参政党职能大有作为的重要时期。全盟要紧紧围绕中共十九大做出的重大战略决策部署，立足服务“五位一体”总体布局和“四个全面”战略布局，深入调查研究，凝聚全盟智慧，发挥优势，精准建言，切实履行好参政党职能。要深化政治交接，着力加强思想建设、组织建设、制度建设和机关建设，全面提高民盟自身建设水平，努力建设高素质的中国特色社会主义参政党。

大会号召，全盟同志要更加紧密地团结在以习近平同志为核心的中共中央周围，高举中国特色社会主义伟大旗帜，认真贯彻落实民盟十二大精神，继承和发扬民盟优良传统，团结进取，尽职尽责，为决胜全面建成小康社会、夺取新时代中国特色社会主义伟大胜利、实现中华民族伟大复兴的中国梦做出应有的贡献！

闭幕会上还宣读了《给光荣退出中央委员会的同志们的致敬信》。

闭幕会由大会主席团常务主席陈晓光主持。大会主席团常务主席张平、丁仲礼、徐辉、温思美、欧阳明高、郑惠强、田刚、龙庄伟、葛剑平、倪慧芳、王光谦等出席了闭幕会。

（二）中央委员会会议

中国民主同盟第十二届中央委员会第一次全体会议

12 月 10 日，中国民主同盟第十二届中央委员会第一次全体会议在京举行。会议选举产生了由 71 名委员组成的民盟第十二届中央常务委员会和新一届中央领导班子，丁仲礼当选主席，陈晓光、张平、徐辉、欧阳明高、田刚、龙庄伟、王光谦、曹卫星、程红、张道宏、陈群、邓秀新、郑功成当选副主席。

主席丁仲礼在会上作了讲话。会议还决定并通过了民盟第十二届中央委员会监督委员会组成人员名单，其中主任由常务副主席陈晓光兼任、副主任由副主席张道宏兼任。

（三）中央常务委员会会议

1. 中国民主同盟第十一届中央常务委员会第十七次会议

3 月 10 日，中国民主同盟第十一届中央常务委员会第十七次会议在北京举行。全国人大常委会副委员长、民盟中央主席张宝文主持会议并讲话，全国政协副主席、民盟中央常务副主席陈晓光出席会议。

会议审议通过了《民盟中央关于学习贯彻十二届全国人大五次会议和全国政协十二届五次会议精神的决定》。会议认为，十二届全国人大五次会议和全国政协十二届五次会议，是在我国全面实施“十三五”规划的关键阶段召开的重要会议。认真学习贯彻全国“两会”精神，对于民盟各级组织认清形势，凝聚共识，更好地发挥自身特点和优势，切实履行好参政党职能，具有十分重要的意义。

会议强调，2017 年是实施“十三五”规划的重要一年，是推进供给侧结构性改革的深化之年，也是我国政治生活中具有重要意义的一年，中国共产党将召开第十九次全国代表大会，民盟也将召开第十二次全国代表大会。作为致力于中国特色社会主义事业的参政党，全盟各级组织要把贯彻全国“两会”精神与全面贯彻落实中共十八大和十八届三中、四中、五中、六中全会精神结合起来，与深入学习贯彻习近平总书记系列重要讲话精神和治国理政新理念新思想新战略结合起来，与积极开展“不忘合作初心，继续携手前进”专题教育结合起来，牢固树立“四个意识”，增强“四个自信”，进一步夯实多党合作的共同思想政治基础；要围绕政治交接这一主线，在换届过程中全面加强思想、组织、制度和作风建设，努力换出新干劲、换出新气象，为民盟事业持续健康发展奠定坚实基础。

会议要求，全盟各级组织和广大盟员要紧密团结在以习近平同志为核心的中共中央周围，紧扣“十三五”规划实施和全年经济社会发展目标，聚焦中央重大战略部署，聚焦改革领域突出问题，聚焦群众关切热点问题，积极参加中国共产党领导的政治协商，多提务实管用的对策建议，不断提高参政议政的能力和水平。要深入贯彻《关于加强和改进人民政协民主监督工作的意见》，努力做到真监督、善监督，不断提高民主监督的实效。

张宝文就做好 2017 年全盟重点工作提出四点意见：一是坚持正面发声、积极引导，切实加强思想建设和宣传工作；二是坚持围绕中心、服务大局，认真做好参政议政、民主监督、参加中国共产党领导的政治协商；三是坚持有所为、有所不为，积极搞好社会服务工作；四是坚持以搞好政治交接为主线，全面加强组织建设工作。

民盟中央副主席郑兰荪、张平、丁仲礼、徐辉、温思美、欧阳明高、郑惠强、田刚、龙庄伟、葛剑平、倪慧芳、王光谦，秘书长高拴平出席会议，民盟中央部分专委会主任和民盟中央机关各部门负责同志列席会议。

2. 中国民主同盟第十一届中央常务委员会第十八次会议

7 月 11 日至 12 日，中国民主同盟第十一届中央常务委员会第十八次会议在北京举行。会议的主要任务是：认真总结民盟省级组织换届经验，研究部署民盟第十二次全国代表大会的筹备工作。

全国人大常委会副委员长、民盟中央主席张宝文出席开幕会并讲话，全国政协副主席、民盟中央常务副主席陈晓光主持开幕会。

张宝文首先通报了今年民盟省级组织换届的基本情况、特点和主要经验。他说，全盟已有 29 个省级组织相继召开了代表大会，选举产生了新一届领导机构和领导班子，圆满完成了换届任务。各省级组织换届工作组织严密、程序规范、纪律严明、会风和谐，全面展现了民盟作为新时期参政党的精神风貌。选举会议出席率高，候选人得票率高，充分体现了广大盟员代表高度的政治意识和大局意识。通过换届，一大批年富力强、德才兼备的后备干部走上了省级组织领导岗位，完成了组织上的新老更替，为各省级组织今后五年各项工作的顺利开展奠定了坚实的组织基础。

张宝文指出，这次省级组织换届呈现出的新特点包括，领导班子和领导机构成员调整幅度较大，换届后班子的整体结构更加优化，干部考察和纪律监督更加严格规范，创新发展理念得到了较好体现。换届工作圆满成功的主要经验包括：加强协商，为做好换届工作提供了坚强组织保证；准备充分，为顺利完成换届任务打下了坚实基础；严格程序，确保了换届工作平稳有序、风清气正；胸怀大局，领导班子充分发挥了表率作用。

张宝文还对做好民盟十二大的筹备工作做出了部署。

常务副主席陈晓光在闭幕会上讲话，闭幕会由副主席张平主持。

陈晓光指出，张宝文主席的讲话立足当前、着眼长远，全面系统地总结了民盟省级组织换届的基本情况、特点和主要经验，进一步明确了做好民盟十二大准备工作的主要任务和重点方向。讲话内涵丰富、分析透彻、针对性强，对于做好下一阶段全盟工作，具有很强的指导意义。

会议还审议通过了《民盟中央关于做好2017年民盟中央换届工作的意见》，讨论通过了民盟中央第十一届专门委员会主任增补名单。

民盟中央副主席郑兰荪、张平、丁仲礼、徐辉、温思美、欧阳明高、郑惠强、田刚、龙庄伟、葛剑平、倪慧芳、王光谦，秘书长高拴平，民盟中央常委，以及未担任中央常委的省级组织主委，民盟中央专委会主任和民盟中央机关各部门负责人出席、列席会议。

3. 中国民主同盟第十一届中央常务委员会第十九次会议

12月5日上午，中国民主同盟第十一届中央常务委员会第十九次会议在北京举行。全国人大常委会副委员长、民盟中央主席张宝文主持会议。全国政协副主席、民盟中央常务副主席陈晓光汇报了民盟十二大代表的产生和十二届中央委员会人选的推荐情况。

会议审议通过了中国民主同盟第十二次全国代表大会议程、日程、分组召集人名单（草案），十二大主席团成员、秘书长名单（草案），常务主席团成员、秘书长名单（草案），副秘书长和有关工作机构名单（草案），审议通过了民盟十一届中央委员会工作报告（征求意见稿）并建议张宝文同志为报告人，审议通过了《中国民主同盟章程修正案》（草案）、中国民主同盟章程修改报告和民盟十二大开幕词（草稿）。相关文件将提请中国民主同盟第十二次全国代表大会预备会议和大会主席团第一次会议审议。

会上，副主席张平、徐辉分别就文件起草、盟章修改情况向会议作了汇报。

民盟中央副主席郑兰荪、丁仲礼、温思美、欧阳明高、郑惠强、龙庄伟、葛剑平、倪慧芳、王光谦，秘书长高拴平出席会议。部分省级组织新任主委、民盟中央各专门委员会主任和民盟中央机关各部门负责同志列席会议。

4. 中国民主同盟第十二届中央常务委员会第一次会议

12月10日，中国民主同盟第十二届中央常务委员会第一次会议在京举行。会议任命高拴平同志为民盟中央秘书长。主席丁仲礼，常务副主席陈晓光，原主席张宝文，副主席张平、徐辉、欧阳明高、田刚、龙庄伟、王光谦、曹卫星、程红、张道宏、陈群、邓秀新、郑功成等出席会议。

（四）中央监督委员会会议

12月10日下午，民盟第十二届中央监督委员会第一次会议在京召开。会议推选民盟中央组织部副部长蔡葵担任办公室主任，并研究酝酿了监督委员会下一阶段的工作。民盟中央常务副主席、监督委员会主任陈晓光主持会议并讲话。

陈晓光指出，新一届监督委员会要在中共中央统战部的指导下，从以下几个方面做好工作：一是提高履行监督职责的能力。以领导班子及其成员述职评议工作、谈心会等为抓手，加强对各级组织和盟员遵守《盟章》的监督，重点对民盟各级领导班子及其成员、各级领导机构成员、各级机关中拥有盟员身份的公职人员遵守多党合作政治准则、贯彻民主集中制和履行职责的情况进行监督。二是修订《民盟中央监督委员会工作试行条例》。随着监督工作的实践和新形势新任务对监督工作的新要求，按照《盟章》及有关要求，对《条例》进行修改，完善有关制度，显得十分必要。在修改工作中，监督委员会办公室将征求各位委员意见，并提请有关会议讨论通过。三是加强对省级监督委员会的指导。目前30个省级组织都已建立了监督委员会。16个省级组织的监督委员会在今年完成了换届。要扎实调研、认真了解各省级组织监督委员会的工作情况，促进相互交流，加强工作指导。

委员们一致表示，愿以更高的责任感和使命感，认真履职尽责，积极发挥监督委员的作用和影响，为盟内监督工作实现新突破、民盟事业取得新发展做出应有贡献。

（五）中央专题工作会议

3月20日至21日，2017年民盟参政议政工作会议在北京召开。主席张宝文、副主席徐辉出席会议并讲话。秘书长高拴平主持开幕会，民盟中央参政议政部部长范芳作参政议政工作报告。

张宝文在讲话中指出，回顾近五年来的参政议政工作，我们有以下几点体会：一、坚持正确的政治方向，自觉接受中国共产党的领导，在多党合作的政治格局中积极建言献策，是民盟履行参政议政职能的基本原则。二、准确把握中心工作，聚焦热点难点问题，扎实开展调查研究，是保证民盟参政议政工作取得成效的主要方法。三、充分整合盟内外资源，坚持上下联动、左右互动，不断探索建立和完善工作机制，是提升参政议政工作整体水平的重要手段。四、突出民盟界别特色和传统优势，适应形势发展和任务要求，坚持传承与创新相结合，是促进参政议政工作持续发展的有效途径。五、注重人才队伍的培养、锻炼和使用，不断提升民盟参政议政能力，是推动参政议政工作规范有序、永葆活力的有力保障。这是中心、大局，参政党参政议政必须主动围绕这个中心、大局，对新常态下的改革发展任务作出回应：一是既要咬住老问题，也要盯紧新趋势；二是既要持续关注民生，也要注重协调平衡；三是既要坚持好的经验，也要探索新的机制。他强调，创新是改革发展的动力，也是参政议政创造特色、不断进步的源泉。新形势下，参政议政遇到的综合性、全局性课题很多，仅靠个人单打独斗，难度越来越大，必须发挥集体合力。激发参政议政新动力，关键是要解决好发现、培养、使用参政议政人才的问题，解决好民盟界别特点与全面参政议政之间的矛盾问题，解决好参政议政骨干与28万多盟员作用发挥的问题，解决好盟内人才资源与盟外社会资源合作互补的问题。要加强对发挥专委会功能作用的研究，进一步加强民盟国情研究中心等智库建设，注重发展新领域的人才，瞄准未来参政议政的一些新领域，同时深入挖掘参政议政传统领域中的新机遇、新空间，与时俱进地改善民盟整体的知识结构，做好参政议政的人才储备。

徐辉作了总结讲话。他认为，今年的参政议政工作会议前期工作准备足，会议时机安排好，开得圆满成功。张宝文主席发表了重要讲话，高瞻远瞩、重点突出、意义深远，深刻总结了近年参政议政工作的经验，对进一步做好今后的工作具有重大的指导意义。针对如何做好参政议政工作，徐辉副主席提出要常怀“五字”：一是“心”。不忘民盟成立初心，不忘多党合作初心，坚定多党合作信念，对坚持做好参政议政工作、履行参政党职能具有重要意义。二是“情”。做好参政议政工作，对个人来讲，要有激情，对组织来讲，要有感情。这些年我们取得的成绩，与广大盟员和各级组织的热情投入是分不开的。三是“实”。做好参政议政工作要实事求是、务实扎实。调研工作从前期准备到启动调研再到报告完成，每一项工作都要细致扎实。四是“新”。做好参政议政工作要不断推陈出新、不断创新工作内容和工作方式，适应经济新常态和时代新要求。比如，在专委会设置和民盟国情研究中心智库建设方面，就涌现出许多新亮点，取得许多新成效。五是“精”。做好参政议政工作要有精品意识和工匠精神，不断打磨，精益求精，做出精品。

民盟中央参政议政部部长范芳作参政议政工作报告，回顾总结了全盟 2016 年参政议政工作和取得的参政议政成果；部署了 2017 年民盟参政议政的重点工作，并对全盟的参政议政工作提出了意见要求。

会议对 2016 年度民盟参政议政工作先进单位、民盟参政议政工作优秀成果奖及民盟反映社情民意信息工作先进单位和个人进行了表彰。徐辉宣读表彰决定。

民盟中央社会委员会、民盟广东省委、民盟北京市委、民盟福建省委、民盟山东省委、民盟陕西省委的代表作了发言，介绍了各自开展参政议政工作的经验和体会。

会议宣布了 2017 年民盟中央与各省级组织、民盟中央各专门委员会合作调研课题的承担单位。

民盟中央各专门委员会、机关各部门负责人，特邀的盟内专家学者，民盟各省、自治区、直辖市委员会负责参政议政工作的领导和部门负责人 100 余人参加会议。

（六）其他重要活动

1 月 9 日，常务副主席陈晓光在全国政协礼堂出席已故知名人士和党外全国政协委员夫人迎春茶话会。1 月 20 日，常务副主席陈晓光、原第一副主席张梅颖在京出席全国政协新老领导新春团聚。1 月 22 日，主席张宝文、常务副主席陈晓光、原主席蒋树声、原第一副主席张梅颖在人民大会堂出席中共中央领导与各民主党派中央、全国工商联负责人和无党派人士代表共迎新春茶话会。1 月 26 日，主席张宝文、常务副主席陈晓光及部分原副主席、民盟中央常委在人民大会堂出席中共中央、国务院举办的 2017 年春节团拜会。12 月 29 日上午，主席丁仲礼，常务副主席陈晓光，原主席张宝文，原第一副主席张梅颖，副主席徐辉、欧阳明高、王光谦、程红、郑功成在京出席全国政协 2018 年新年茶话会。

1 月 10 日，主席张宝文在民盟中央机关会见中国和平统一促进会副会长方乃纯。7 月 19 日，主席张宝文、常务副主席陈晓光在民盟中央机关会见前来走访的全国政协机关党组副书记、常务副秘书长潘立刚一行，副主席张平、徐辉，秘书长高拴平出席座谈会并发言。8 月 22 日下午，主席张宝文、常务副主席陈晓光在民盟中央机关会见了来访的中共北京市委常委、统战部部长齐静一行。8 月 24 日，主席张宝文、常务副主席陈晓光在民盟中央机关会见了来访的中共天津市委常委、统战部部长冀国强一行。9 月 6 日下午，主席张宝文、常务副主席陈晓光在民盟中央机关会见来访的中共广东省委常委、统战部部长严植婵一行。9 月 28 日下午，主席张宝文在民盟中央机关会见来访的教育部领导。

1 月 13 日，副主席徐辉在人民大会堂出席纪念王任重同志诞辰 100 周年座谈会。3

月 17 日，副主席田刚代表民盟中央在京出席纪念王选同志诞辰 80 周年座谈会。5 月 5 日，主席张宝文在京出席中华职教社成立 100 周年大会并代表各民主党派中央、全国工商联致贺词。

1 月 18 日，主席张宝文在京出席中国国际文化交流中心理事大会。9 月 4 日上午，主席张宝文在京出席《中华人民共和国农民专业合作社法》实施十周年座谈会。9 月 6 日上午，主席张宝文在京出席中国和平统一促进会九届三次常务理事会议。9 月 20 日，副主席张平在京出席海联会理事会议。10 月 9 日至 10 日，主席张宝文在江西南昌出席中国草原论坛开幕式。11 月 25 日上午，副主席张平在福建省福州市出席首届中国世界遗产（福州）高峰论坛并讲话。

2 月 22 日下午，常务副主席陈晓光在民盟中央机关会见了来访的财政部部长肖捷一行并召开座谈会。民盟中央副主席张平、徐辉出席座谈会。陈晓光简要介绍了民盟的基本情况和近年来民盟中央机关建设的主要工作和成绩，指出，民盟中央机关严格执行党中央和国家有关财政政策规定，不断规范和完善财务管理制度和工作流程，工作效能进一步提升。他表示，民盟中央机关将继续严格按照党中央和国家有关规定，切实做好财务管理等工作，不断提升机关建设水平。肖捷介绍了 2016 年财政预算执行和 2017 年财政预算编制总体情况；回应了民盟人大代表和政协委员对有关财政工作提出的意见和建议，并就加强财政资金管理和完善教育、生态环境治理等领域财政支持政策两方面的工作情况作了说明；对下一阶段财政部在教育、科技、文化领域的财政支持计划予以说明。副主席张平、徐辉和全国人大代表、国土资源部规划司巡视员董祚继，全国政协委员、北京市农林科学院院长李成贵，全国政协委员、北京大学地球与空间科学学院教授鲁安怀在座谈会上发言并就有关问题提出了意见和建议。民盟中央秘书长高拴平、办公厅主任王荣彬参加座谈。财政部办公厅主任欧文汉、预算司司长李敬辉、科教司司长赵路、行政政法司副司长陈志斌、行政政法司处长孙力、预算司处长袁继东参加座谈。

2 月 24 日 9 时 30 分，冯之浚同志的遗体告别仪式在八宝山革命公墓举行。整个礼堂庄严肃穆，哀乐低回，冯之浚同志的遗体安卧在鲜花翠柏丛中。李克强、张德江、俞正声、王岐山、张高丽、刘延东、孙春兰、李建国、李源潮、胡锦涛、温家宝、李岚清、杜青林、王晨、韩启德、何鲁丽、丁石孙、徐匡迪、白立忱、张榕明、邓朴方、陈宗兴等同志送花圈表示哀悼。全国人大常委会副委员长、民盟中央主席张宝文，全国政协副主席、民盟中央常务副主席陈晓光，全国人大常委会原副委员长、民盟中央原主席蒋树声，全国政协原副主席、民盟中央原第一副主席张梅颖，中共中央统战部副部长林智敏，全国人大常委会委员、民盟中央副主席张平，全国人大常委会委员、民盟中央副主席丁仲礼，全国政协副秘书长、民盟中央副主席徐辉，全国人大常委会委员、民盟中央副主席龙庄伟，全国政协副秘书长何丕洁，民盟中央原副主席李重庵，国际欧亚科学院中国科学中心副主席汪光焘等同志依次向冯之浚同志的遗体告别，并向家属表示慰问。民盟中央机关干部和离退休同志，以及冯之浚同志的生前友好也前往送别。中共中央统战部、全国人大常委会办公厅、全国政协办公厅、各民主党派中央委员会、中华全国工商业联合会、全国人大民族委员会、全国人大教科文卫委员会、全国人大环境与资源保护委员会、国务院参事室、中国科学技术协会，宁夏回族自治区人民政府办公厅、中国软科学研究会、中国循环经济协会、中国科学学与科技政策研究会以及民盟各省级组织等也以不同方式表示哀悼。

3月9日晚，民盟中央群言杂志社在北京举行“我们离‘双一流’还有多远”专题座谈会，出席全国政协十二届五次会议的民盟组、教育组部分政协委员莅临会议。与会委员围绕高校评价体系、人才培养、学科建设等方面就如何促进世界一流大学、一流学科建设进行了深入探讨和交流。民盟中央副主席郑惠强主持座谈会并讲话。针对当下各地积极推动“双一流”建设的风潮，郑惠强强调，“双一流”不是“富一流”，不能只做到硬件一流，还需要一流的学术水平、师资、科研条件等，才能培养出一流的人才，这就要在特色发展、内涵发展上下功夫。“双一流”建设，重在办学思想、理念与体制的改革与创新。要进一步破除制约大学快速发展的体制机制性障碍，塑造大学精神、大学气质和风范，打造自身核心竞争力，办出既立足中国国情又符合教育现代化发展的优质教育，建设一批真正的世界一流大学、一流学科。民盟中央宣传部部长曲伟参加会议。

3月30日，副主席龙庄伟代表民盟中央在河南出席丁酉年黄帝故里拜祖大典。6月22日，副主席温思美代表民盟中央在甘肃省天水市出席2017（丁酉）年公祭中华人文始祖伏羲大典。

4月6日至14日，应法国饶勒斯基金会、马耳他议会、英国48家集团俱乐部的邀请，全国人大常委会副委员长、民盟中央主席、中国国际交流协会副会长张宝文率团访问法国、马耳他和英国。全国政协委员、中国国际交流协会副会长艾平等随同访问。访法期间，张宝文分别会见了法国国民议会副议长马泽提埃和参议院副议长马赛，就中法及中欧关系发展交换了意见；与饶勒斯基金会共同举办了有关“一带一路”中法民间座谈会；还与法中委员会开展了沟通交流。访马期间，马耳他总统普雷卡会见张宝文一行。普雷卡请张宝文转达她对习近平主席的亲切问候，并表示马中建交45年来，两国关系已超越单纯外交关系，并随着时间发展更趋紧密，已成为不同幅员、不同制度国家间友好合作、共同发展的典范，希望两国进一步密切经贸合作和人文交流。张宝文向普雷卡转达了习近平主席的亲切问候。他表示，中马关系自建交以来一直保持健康发展，政治互信不断加强，在能源、电力等领域合作成果丰硕，希望双方继续深化双边关系，加强政府、议会、人民间的交流，推动两国关系再上新台阶。马议会议长法鲁贾、外交部长维拉分别会见了张宝文。访英期间，张宝文会见了英国下院副议长霍伊尔，就深化中英合作、推动双边关系发展交换了意见；出席了由中国国际交流协会与48家集团俱乐部共同举办的“‘一带一路’与中英合作”研讨会；参观牛津大学并与有关专家学者进行了座谈交流。

6月29日，主席张宝文在北京出席第八届“一带一路”生态农业与食品安全论坛并致辞。本届论坛由国务院食品安全委员会办公室指导，中国人民对外友好协会、国家质量监督检验检疫总局、中国国际贸易促进委员会、中国公共外交协会、中联部“一带一路”国际智库合作联盟联合举办。论坛的主题为“食品安全，国际共治”，旨在提升国内外农产品和食品安全水平，加强社会食品安全意识，助力国内外生态农业和食品产业走出去、引进来。中国公共外交协会会长李肇星，中共中央对外联络部副部长郭业洲，商务部副部长、民盟中央常委钱克明等出席论坛并致辞。张宝文在致辞中指出，“民以食为天，食以安为先”。食品安全是关系国际民生的“民心工程”，直接关系到人的身体健康和生命安全，关系到经济发展和社会稳定。在经济和贸易全球化的今天，食品的生产、销售、消费早已超越了传统国界。食品安全是一个全球性的问题，只有在全球的范围内统一标准、统一质量，才能够保障食品安全。食品供应链的国际化驱使各国政府通过国际合作来保障食品安全。“一带一路”生态农业与食品安全论坛为各国提供了一个充分交流与合作的平台。

7 月 7 日上午，副主席张平代表民盟中央在京出席纪念全民族抗战爆发 80 周年仪式。7 月 21 日，常务副主席陈晓光在京参观庆祝人民解放军建军 90 周年主题展览。8 月 1 日，主席张宝文、常务副主席陈晓光、副主席王光谦在京出席庆祝建军九十周年纪念大会。9 月 3 日上午，副主席王光谦在京出席中国人民抗日战争暨世界反法西斯战争胜利 72 周年纪念座谈会。9 月 28 日晚，主席张宝文、常务副主席陈晓光、副主席龙庄伟在人民大会堂出席由全国政协办公厅、中央统战部、国务院侨办、国务院港澳办、国务院台办共同举办的国庆招待会。9 月 30 日上午，常务副主席陈晓光、副主席徐辉在天安门广场出席烈士纪念日向人民英雄敬献花篮仪式。9 月 30 日晚，主席张宝文、常务副主席陈晓光、原主席蒋树声、原第一副主席张梅颖、副主席张平在人民大会堂出席国务院 2017 年国庆招待会。12 月 13 日，副主席徐辉在南京出席南京大屠杀死难者国家公祭仪式。

7 月 23 日上午，由意大利中国和平统一促进会主办、以“坚持‘九二共识’、促进两岸融合发展、同圆共享中国梦”为主题的全球华侨华人促进中国和平统一大会（2017 佛罗伦萨）在意大利佛罗伦萨隆重开幕。全国人大常委会副委员长、民盟中央主席、中国和平统一促进会副会长张宝文在开幕式上致辞。张宝文在致辞中充分肯定了港澳台同胞和海外侨胞为推动两岸关系和平发展、促进祖国和平统一大业所作出的重要贡献，指出港澳台同胞和海外侨胞是推动两岸关系发展、促进祖国和平统一的重要力量，统促会组织是团结联系海内外同胞的重要桥梁纽带、是全球反“独”促统运动的中坚骨干。张宝文简要介绍了国内形势和两岸关系形势。他强调，中央对台大政方针不会因台湾政局变动而改变，将毫不动摇坚持“九二共识”，坚定反对“台独”，努力维护两岸关系和平发展，深化两岸各领域交流合作，促进两岸经济社会融合发展，增进两岸同胞福祉和亲情，共同构建两岸命运共同体。张宝文呼吁广大统促会组织和港澳台同胞、海外侨胞坚定信心，发挥优势，积极作为，牢固坚持“九二共识”、坚定维护一中原则，反对一切分裂行径、维护领土主权完整，助推两岸交流往来、促进两岸深度融合，支持中国发展战略、积极参与祖国建设，深入开展民间外交、营造良好外部环境，切实加强团结联合、壮大反“独”促统力量，为维护和促进两岸关系和平发展、推动祖国和平统一进程多作贡献。在意期间，张宝文一行还分别会见了米兰、佛罗伦萨和罗马侨界侨社代表，并与他们座谈。

7 月 26 日，主席张宝文、常务副主席陈晓光在京出席省部级主要领导干部“学习习近平总书记重要讲话精神，迎接党的十九大”专题研讨班。

7 月 31 日下午，民盟中央主席张宝文，常务副主席陈晓光，副主席张平、徐辉、龙庄伟集体学习习近平总书记 7 月 26 日在省部级主要领导干部专题研讨班上的重要讲话，并对全盟学习贯彻习总书记重要讲话精神作出全面部署。张宝文主持学习。张宝文说，习近平总书记在省部级主要领导干部专题研讨班上的重要讲话，高屋建瓴、思想深邃，站在历史和时代发展、理论和实践创新、政治和战略全局的高度，系统总结了5年来中国共产党和国家事业发生的历史性变革、取得的历史性成就，深刻阐述了新的历史条件下坚持和发展中国特色社会主义的一系列重大理论和实践问题，深刻阐明了未来一个时期中国共产党和国家事业发展的大政方针和行动纲领，是一篇马克思主义的纲领性文献，为中国共产党第十九次全国代表大会的胜利召开奠定了重要的政治基础、思想基础、理论基础，对于团结动员全国各族人民满怀信心地为决胜全面建成小康社会、夺取中国特色社会主义伟大胜利而奋斗，具有十分重要的意义。张宝文要求，民盟各级组织和全体盟员要认真学习贯彻习近平总书记此次重要讲话精神，与“不忘合作初心，继续携手前进”专题教育相结合，加强自身建设，进一步巩固团结合作的思想政治基础，始终在思想上政治上行动上同以习近平同志为核心的中共中央保持高度一致，为中国特色社会主义不断取得新胜利、获得新发展、开辟新境界，作出新的更大的贡献。陈晓光说，习近平总书记“7・26”重要讲话，提出了一系列新的重要思想、重要观点、重大判断、重大举措，对我们在新的历史条件下进一步坚持和发展好中国特色社会主义，具有非常重大的政治意义、理论意义和实践意义。张平、徐辉、龙庄伟也结合自身经历和民盟工作，畅谈了学习体会。

8月31日至9月9日，副主席徐辉随全国政协团组，对密克罗尼西亚、文莱和柬埔寨进行国事访问。11月8日至17日，副主席徐辉率队前往罗马尼亚、克罗地亚、保加利亚考察调研高等职业技术教育。

9月19日上午，全国人大常委会副委员长、民盟中央主席张宝文在河南省安阳市出席2017中国（安阳）国际汉字大会，并致辞、宣布大会开幕。本次大会由中国人民对外友好协会、河南省人民政府主办。张宝文主席在致辞中说，汉字是中华民族独一无二的文化创造。汉字经历了几千年的历史变迁，始终一脉相承，代表着中华民族独特的身份标识，表达着中华民族深层的精神追求，积淀着中华民族深厚的文化底蕴，为中华民族的文明延续、发展壮大提供了丰厚滋养。他指出，汉字也是世界人民共同享有的文化瑰宝。文明因互鉴而丰富，文化因交流而多彩，文字因分享而富有魅力。中华文明是在中国大地上产生的文明，也是同其他文明不断交流互鉴而形成的文明。当今的世界，不同国家、不同民族和不同文化背景的人们交往更加紧密，汉语和汉字也在被更多的外国人所接受、所喜欢、所使用。希望在座的各位嘉宾携手与共，把中国的汉字文化继续发扬光大，让更多的人热爱汉字、使用汉字、传播汉字。开幕式前，张宝文主席会见了尼泊尔前总理、前外长苏加塔・柯伊拉腊等外国嘉宾代表。

9月21日，全国人大常委会副委员长、民盟中央主席张宝文在陕西省西安市出席2017欧亚经济论坛・第九届“一带一路”生态农业与食品安全论坛，并作主旨演讲。论坛由农业部、国家质量监督检验检疫总局、中国人民对外友好协会、中国国际贸易促进委员会、陕西省人民政府、中国公共外交协会等单位共同主办，西安市人民政府承办。论坛以“‘一带一路’框架下的农业合作与贸易便利化”为主题，旨在共商生态农业发展，服务“一带一路”农业投融资，促进农业资源共享，促进贸易便利化。张宝文在演讲中说，“一带一路”倡议自提出以来，坚持共商、共建、共享原则，秉承和平合作、开放包容、互学互鉴、互利共赢的丝路精神，从理念到行动、从规划到实施，取得了丰硕成果。

希望大家利用这个平台，共同推动标准化进程，共商生态农业与食品安全国际合作，促进农产品与食品贸易发展，建立安全、健康、可持续发展的运营体系，更好地服务“一带一路”沿线国家人民。

9月25日，主席张宝文、副主席丁仲礼在京出席中国—丹麦科研教育中心大楼落成启用仪式。会前，张宝文接见了丹麦王储腓特烈。

10月18日上午，民盟中央主席张宝文，常务副主席陈晓光，原民盟中央主席蒋树声，原民盟中央第一副主席张梅颖，民盟中央副主席张平、丁仲礼、徐辉、欧阳明高、葛剑平、王光谦，原民盟中央副主席厉以宁，及民盟部分在京全国人大常委会委员、全国政协常委在人民大会堂列席中国共产党第十九次全国代表大会开幕会。

10月25日，全国人大常委会副委员长、民盟中央主席张宝文在京出席何梁何利基金2017年度颁奖大会，并讲话。张宝文指出，中共十八大以来，以习近平同志为核心的党中央顺应世界科技发展潮流，高度重视科技创新，将实施创新驱动发展战略提升到事关“两个一百年”奋斗目标和实现中国梦的全局高度。希望大家紧密地团结在以习近平同志为核心的新一届党中央周围，牢固树立创新发展理念，着力推进科技体制改革，增强发展动力，厚植人才优势，让创新创业在全社会蔚然成风，为建设创新型国家、建成世界科技强国，为实现“两个一百年”奋斗目标、中华民族伟大复兴的“中国梦”再谱新华章、再写新辉煌！民盟中央委员、中国农业大学资源环境与粮食安全研究中心主任张福锁等34位科技工作者获得“科学与技术进步奖”；民盟盟员、江南大学食品科学与技术国家重点实验室主任金征宇等16位科技工作者获得“科学与技术创新奖”。

11月5日，全国人大常委会副委员长、民盟中央主席张宝文在陕西杨凌出席第二十四届中国杨凌农业高新科技成果博览会，并与塞尔维亚驻华大使米兰·巴切维奇，陕西省委书记、省长胡和平共同按下启动键，为博览会启幕。本次博览会以“一带一路助推农业现代化”为主题。张宝文在随后举行的杨凌现代农业高端论坛上发表了题为《大力弘扬丝路精神促进农业国际合作》的主旨演讲。张宝文说，中国政府一直高度重视粮食和农业问题，坚持把发展农业、富裕农民、繁荣农村摆在突出位置，不断完善强农惠农富农政策，加强农业基础设施建设，推进农业科技进步。他指出，中国作为农业生产大国和农产品消费大国，将高举和平、发展、合作、共赢的旗帜，大力弘扬丝路精神，加强农业领域国际合作，促进全球现代农业发展。致力于解决共性问题，进一步加强国际农业科技合作；致力于促进公平贸易，进一步完善农业贸易发展支持体系，推动形成公平合理的国际贸易秩序；致力于提质增效，大力推进农业国际产能合作；致力于加强人才交流，促进人才智力开放合作；共同推进“一带一路”现代农业发展，为全球农业发展和粮食安全作出新的更大贡献。开幕前，张宝文还参观了脱贫攻坚馆和国际馆的展览。

11月10日，中共中央书记处书记、中央统战部部长尤权同志一行走访民盟中央，就统一战线学习宣传贯彻中共十九大精神，推进统一战线和多党合作事业发展听取意见建议。全国人大常委会副委员长、民盟中央主席张宝文介绍了民盟的主要情况和近年来工作，并就推进新时代多党合作事业发展提出意见建议。他强调，当前是多党合作的最好时期之一，民盟各级组织和广大盟员要紧密团结在以习近平同志为核心的中共中央周围，不忘合作初心、牢记历史使命，不断夯实多党合作的共同思想政治基础，充分发挥中国特色社会主义参政党的职能作用。尤权高度评价了近年来民盟所取得的成绩，指出民盟是与中国共产党风雨同舟、荣辱与共的亲密友党，为中国革命、建设和改革事业作出了重要贡献，体现了中国政党制度的优势和活力。希望民盟深入学习贯彻中共十九大精神，深刻领会习近平新时代中国特色社会主义思想，增强“四个意识”，坚定“四个自信”，积极参政议政，认真做好换届工作，在建设社会主义现代化强国的新征程上展示新气象、实现新作为。中共中央统战部常务副部长张裔炯，副部长兼秘书长冉万祥，副部长戴均良随同来访，全国政协副主席、民盟中央常务副主席陈晓光，民盟中央副主席张平、田刚、龙庄伟、王光谦出席座谈会。

11月23日，副主席徐辉代表民盟中央在广东佛山出席第二十二届全国发明展览会暨第二届世界发明创新论坛开幕式，并致辞。本届展会由中国发明协会主办，国家科技部及民盟中央等支持，佛山市人民政府承办。徐辉在讲话中说，随着创新驱动发展战略的大力实施，我国创新型国家建设成果丰硕，新技术、新成果加速转化，新模式、新业态不断涌现，大众创业、万众创新深入推进，以创新为主要引领和支撑的经济体系和发展模式加快形成。本次会议契合中国和世界经济发展的需要，为各国创新机构、创新团体和发明家提供了一个共同学习交流的平台和技术成果转化的平台。希望与会专家学者加强沟通交流，激发创新思维，在创新成果转化、发明成果大众化、创造新的经济增长点等方面进行广泛合作，实现互利共赢。

11月24日上午，副主席龙庄伟在京出席全国工商业联合会第十二次全国代表大会开幕式。11月27日上午，张平副主席在京出席农工民主党第十六次全国代表大会开幕式。12月1日，张宝文主席在京出席中国民主促进会第十二次全国代表大会开幕式，并代表各民主党派、全国工商联致贺词。12月2日，王光谦副主席在京出席中国致公党第十五次全国代表大会开幕式。12月3日，徐辉副主席在京出席九三学社第十一次全国代表大会开幕式。12月16日，副主席程红在京出席中国民主建国会第十一次全国代表大会开幕式。12月20日，副主席曹卫星在京出席中国国民党革命委员会第十三次全国代表大会暨民革成立70周年纪念大会开幕式。

2月22日，主席张宝文、常务副主席陈晓光、副主席徐辉在京出席习近平总书记为意大利总统马塔雷拉访华举行的欢迎仪式及晚宴。4月10日，副主席张平在京出席习近平主席为缅甸总统廷觉举行的欢迎仪式和晚宴。5月16日，常务副主席陈晓光、副主席田刚在京出席李克强总理为柬埔寨首相洪森举行的欢迎仪式和午宴。7月18日，主席张宝文在京出席习近平主席为巴勒斯坦首相阿巴斯举行的欢迎仪式和晚宴。9月3日至9日，副主席龙庄伟陪同缅甸议长吴温敏访华期间有关行程。9月13日下午，副主席徐辉在京出席习近平总书记为文莱苏丹哈桑纳尔访华举行的欢迎仪式及晚宴。9月19日下午，常务副主席陈晓光在京出席李克强总理为新加坡总理李显龙举行的欢迎仪式和晚宴。

二、履行职能

中国民主同盟深入贯彻“五大发展理念”，着力“十三五”规划实施、供给侧结构性改革、精准脱贫等重点任务，发挥自身优势，完善工作机制，深入调查研究，在参政议政、民主监督、参加中国共产党领导的政治协商方面均取得了新的成绩。

（一）参政议政

1. 做好调查研究，夯实建言基础

3月22日至24日，受中共中央委托，主席张宝文率民盟中央调研组，赴江苏省开展“以改革创新为引领，加快推进我国农业机械装备制造转型升级”实地调研。副主席张平参加调研。调研组先后视察了久富公司、久保田公司、美国爱科集团、江苏常发集团、常州东风集团、金坛唐丰农机专业合作社、江苏沃德农业机械有限公司、江苏省农业机械鉴定站、南京六合区河王农机专业合作社等创新创业企业和服务机构，了解农业机械装备制造管理体制和转型创新情况。24日下午，调研组在南京召开了座谈会。会上，省政协副主席徐鸣代表省政府介绍了江苏省农机装备制造业的发展现状，指出了存在的问题，提出了江苏农机装备制造业转型升级的打算和相关建议。张宝文在听取情况介绍后指出，江苏在农业机械装备制造等方面取得了很好的成绩，其中发展和创新的经验值得向全国推广。结合调研了解到的情况，他对当前全国范围内农业机械装备制造管理体制和转型创新发展中存在的普遍性问题进行了分析，并对农业机械装备制造提出建议。他认为，在农业机械装备制造发展中首先要创新发展，尤其是管理体制机制方面的创新；其次要协调发展，构建各类农业机械装备制造转型升级的支撑体系，理顺政府和市场关系，促进产学研对接；最后要绿色发展，提高农业机械装备制造等资源的使用效率，加快转变发展方式，进行集约化发展。调研期间，省委书记、省人大常委会主任李强，省委副书记、南京市委书记吴政隆，省委常委、统战部部长、宣传部部长王燕文，省委常委、苏州市委书记周乃翔，省人大常委会副主任刘永忠等先后会见张宝文一行。

3月29日至4月1日，常务副主席陈晓光率调研组赴山东开展“以改革创新为引领，加快推进我国农业机械装备制造转型升级”调研。副主席徐辉参加调研。调研组先后赴日照、潍坊实地考察了山东五征集团、雷沃重工股份有限公司、潍坊谷合传动技术有限公司和潍坊富源增压器有限公司等农机装备生产企业，了解农机装备企业的生产情况、技术需求以及发展中面临的困难和问题。在济南召开的座谈会上，副省长王书坚介绍了山东省农机装备产业的整体发展情况。山东省经信委、省农机局、省农机工业协会和有关企业的负责同志参加了会议，并作了相关汇报。陈晓光常务副主席在座谈会上指出，加快推进农业机械装备制造转型升级，需要破除体制机制障碍，充分发挥市场作用，提升整个行业的资源配置效益和创新能力。一是加强政策法规体系的完善，增强农业机械化提档升级的制度保障；二是保护知识产权，鼓励企业勇于创新、掌握核心技术，增强可持续发展能力；三是注重发挥市场主体和行业协会作用，强化资源整合和技术、人才支撑。调研期间，中共山东省委常委、省委统战部部长，省政协副主席吴翠云，省委统战部常务副部长赵强等会见了陈晓光常务副主席一行。山东省人大常委会副主任、民盟山东省委主委温孚江；中国农机工业协会会长陈志、副秘书长宁学贵，中国电子信息产业发展研究院装备工业研究所所长左世全，中国农机工业协会研究员成洪等专家；中央统战部一局干部刘海峰、民盟中央参政议政部副部长吴会劲、山东省委统战部副巡视员孙中亮、民盟山东省委专职副主委董利忠等同志参加调研。

4月19日至21日，副主席徐辉带领调研组在河南济源市和洛阳市就“以改革创新为引领，加快推进我国农业机械装备制造转型升级”进行专题调研。调研组先后实地调研了梨林新大地农机合作社、思礼高庄农机合作社、洛阳市第一拖拉机股份有限公司第三装配厂、洛阳福格森机械装备有限公司、孟津县王家门农机专业合作社等，详细了解农机生产、研发及销售情况，以及合作社的发展模式、经营状况和农机购置使用等情况，并就农机购置补贴政策、农机现代化等问题与相关人员进行深入交流。21日上午，调研组在洛阳召开座谈会，就农机购置补贴政策导向、推进农机装备创新示范、提升农机发展质量、农艺与农机结合、农机检验服务等问题，认真听取了洛阳市农机局、农业局、商务局、工信委、财政局等有关部门负责人及部分农机合作社代表的意见和建议。徐辉在座谈会上发表了讲话。中国电子信息产业发展研究院电子信息产业研究所所长安晖、民盟中央参政议政部副部长吴会劲、民盟河南省委专职副主委柳锋波等参加调研。

4月24日至27日，民盟中央联合水利部科技委、黄河水利委员会在山东、河南开展黄河下游滩区综合治理调研。民盟中央副主席徐辉，水利部原副部长、科技委主任胡四一，水利部科技委名誉主任、民盟中央原副主席索丽生等参加调研。水利部、国务院南水北调办、黄河水利委员会、中国水科院、民盟河南省委等单位代表组成专家组，河南、山东两省政府及有关部门的同志参加调研。调研组先后赴山东济南、菏泽和河南开封、濮阳、新乡、郑州等地，考察了东明滩区长兴集乡七号新村及拟建设的找营村村台、兰考滩区谷营2003年移民新村、姚寨村居民迁建点、长垣县亚行贷款项目苗寨村台等安全建设实施情况，以及兰考滩区蔡集控导工程、濮阳习城滩及生产堤、新乡河段堤河、原阳三官庙畸形河势等工程情况。考察过程中，调研组分别与河南省、山东省政府进行了座谈，入户调查了解了已外迁安置群众、就地筑大村台安置群众和尚未安置群众的生活生产条件、公共服务措施、居住环境和家庭收入情况，与滩区政府、群众进行了沟通交流，详细了解了地方各级政府关于安全建设方式以及黄河滩区下一步治理开发的思路、政策措施、有关意见和建议。4月27日上午，专家组在郑州召开咨询会，对滩区安全建设、滩区经济社会发展等问题进行了研讨，并对相关问题提出了建议。民盟河南省委专职副主委柳锋波、民盟中央参政议政部副部长吴会劲等参加调研。

5月2日，副主席徐辉带领调研组在北京就“优化创新环境，改革科技评价体系”进行专题调研。调研组先后赴北京师范大学、神州数码集团、中国科学院进行考察。民盟中央副主席、北京师范大学副校长葛剑平，北京师范大学党委副书记刘利，中国科学院北京分院分党组常务副书记马扬、神州数码集团高级副总裁谢耘等单位领导和相关部门负责人介绍了本单位优化创新环境、改革科技评价体系工作的有关情况。随后，调研组在中国科学院理化所召开座谈会，就当前科技评价体系的发展现状、存在的问题和困难、发展需求等问题，认真听取了来自高校、科研院所、企业的十六位专家、学者的意见建议。徐辉在座谈会上发表讲话。参政议政部部长范芳介绍了调研背景。民盟中央科技委员会主任周元主持座谈会。民盟中央参政议政部副部长吴会劲、民盟北京市委专职副主委宋慰祖、民盟上海市委专职副主委丁光宏等参加调研。民盟国情研究中心、民盟中央科技委员会、民盟北京市委、民盟上海市委等单位的领导、专家作为调研组成员参加了调研。

5月8日至9日，副主席徐辉率民盟中央调研组赴上海就盟章修改、经济形势和科教兴国等问题进行系列调研。民盟上海市委主委、华东师范大学校长陈群参加了调研。8日，徐辉、陈群和上海社科院院长王战、副院长周伟出席了民盟中央—上海社科院合作中心“经济形势分析”座谈会。徐辉在座谈会上指出，民盟中央与上海社科院的合作富有成效，上海社科院充分发挥高端智库的优势，围绕民盟中央关注的实际问题，提供了相应的政策咨询；民盟中央发挥渠道畅通的优势，促进了上海社科院科研成果的转化；希望民盟中央与上海社科院的合作越来越深入有效。会上，民盟中央参政议政部部长范芳宣读了民盟中央致上海社科院的感谢信。上海市政府发展研究中心副主任周国平、上海交大管理学院教授陈宪、上海社科院世界经济研究所原副所长徐明祺、应用经济研究所房地产研究中心主任戴晓波、经济研究所金融与资本市场研究室主任韩汉君等专家，围绕宏观经济形势、特色城镇建设与产业发展、粤港澳大湾区与区域建设、房地产未来走势、金融风险、自贸区体制开放与自贸区的可复制推广性等议题进行了深入研讨，并提出了相关政策建议。9日，徐辉到华东师范大学国家教育宏观政策研究院进行调研，并与学校的教育专家就“免费师范生政策”“大学生村官制度”“优化创新环境，改革科技评价体系”等问题进行了深入研讨。徐辉副主席对华东师大在教育领域的研究优势和成果给予了高度评价，期待将来能够进一步拓展民盟与华东师大国家教育宏观政策研究院的合作，共同为国家教育发展建言献策。陈群主委主持了座谈会。华东师范大学教育学部主任袁振国、社科处处长吴瑞君、城市与区域科学学院院长杜德斌、孟宪承书院院长吴薇、教育学部教授范国睿、高等教育研究所所长阎光才、国家教育宏观政策研究院副院长朱益明、郅庭瑾等参加了座谈。民盟中央参政议政部部长范芳、副部长吴会劲，民盟上海市委专职副主委沈志刚、丁光宏，秘书长费俭等同志也参加了系列调研。

5月22日，民盟中央召开“以改革创新为引领，加快推进我国农业机械装备制造转型升级”调研报告座谈会。民盟中央主席张宝文、常务副主席陈晓光出席会议并讲话。副主席徐辉主持会议。会上，民盟国情研究中心专家、中国电子信息产业发展研究院装备工业研究所所长左世全代表民盟中央调研撰稿组汇报了调研报告的主要内容。与会人员围绕调研报告进行了讨论，并提出了意见建议。张宝文在讲话中指出：农机装备是发展现代农业的重要支撑和物质基础。抢抓新一轮工业革命战略机遇，推动农机装备产业转型升级，对加快制造业供给侧结构性改革，促进实体经济发展，具有重要意义。他强调，民盟中央的建议要站位高远、操作性强、可行性大，需要综合考虑以下几个方面：一、从农机装备的供给侧结构性改革方面，解决好向市场提供什么样的农机装备产品问题；二、从技术研发、科技融合方面，解决好关键技术、关键零部件的研发问题，以及如何鼓励支持农机企业、科研机构创新，推动农机与农艺结合等问题；三、从行政管理体制、财税金融政策方面，解决好部门之间统筹协调的问题，以及如何完善农机购置补贴政策，提高财税金融支持力度等问题；四、从国际合作方面，解决如何更好地使农机装备产品“走出去”，将农机装备制造与“一带一路”战略结合起来等问题。陈晓光对调研报告的撰写提出了两个方面的要求：一是农机装备制造转型升级方向要更加明确；二是对拟提出的政策建议要高度重视、反复研讨，使其更具科学性、可操作性。此外，对关系行业发展方向的重大问题，在各地方已有相关举措的基础上，我们也可以结合实际调研情况，认真整理、归纳吸收，形成建议后再次提出。参加会议的还有民盟中央参政议政部部长范芳、副部长吴会劲，以及民盟国情研究中心专家、中国电子信息产业发展研究院电子信息产业研究所所长安晖、装备工业研究所机器人产业研究室副主任卢月品；中国农业机械工业协会副秘书长宁学贵，中国农业机械化协会会长刘宪、副秘书长陈海燕，中国农机化导报社主任夏明，农业部农业机械试验鉴定总站副处长韩雪等专家。

6月2日，副主席张平利用出席民盟安徽省第十三次代表大会间隙，专程赴六安市毛坦厂中学考察调研农村基础教育工作。民盟中央办公厅主任王荣彬，民盟安徽省委副主委钱念孙，中共六安市委常委、六安市委统战部部长王琦，市政协副主席、民盟六安市委主委司敏等陪同调研。张平表示，教育是民盟的主界别之一，民盟一直高度关注教育。此次调研，为今后教育方面参政议政获得了一手的丰富素材，调研时间虽然短暂，但是印象深刻。他希望毛坦厂中学认真总结经验、再接再厉，为老区教育事业发展、为老区人民脱贫致富贡献力量。

7月20日，副主席徐辉带领调研组在北京就“全面提升博物馆发展质量，坚定文化自信”进行专题调研。“全面提升博物馆发展质量，坚定文化自信”是2017年民盟中央的重要调研，本课题将围绕当前博物馆发展中存在的体系架构不完善、管理机制不健全、发展侧重点不明确、区域分布不均衡等问题进行实地考察。本调研由民盟中央联络委员会牵头，民盟上海市委、民盟江苏省委、民盟福建省委、民盟四川省委共同参与。近期，各合作单位已分别在本省就这一课题展开了配合调研。调研组先后考察了海关博物馆、观复博物馆并与博物馆领导和专家进行了研讨，听取意见。海关博物馆副馆长赵萍、观复博物馆馆长马未都等博物馆领导和相关部门负责人介绍了本博物馆在全面提升博物馆发展质量等方面的具体情况。调研中，徐辉仔细了解了当前各类博物馆在发展方面取得的成效、面临的问题及困难。他表示，本次调研旨在推动我国博物馆的进一步发展，创造更加良好的政策环境和发展平台。民盟中央将认真总结调研经验，积极建言献策，为博物馆的发展尽力量、做贡献。民盟中央参政议政部部长范芳，民盟中央联络委员会副主任、故宫博物院副院长宋纪蓉，民盟北京市委专职副主委宋慰祖，中共北京市朝阳区委常委、统战部部长黄晓伟等陪同调研。民盟上海市委、民盟江苏省委、民盟四川省委、民盟北京市朝阳区委等单位的领导、专家参加了调研。

11月21日，副主席徐辉率“全面提升博物馆发展质量，坚定文化自信”调研组在故宫博物院开展了实地考察与座谈。调研中，徐辉仔细了解了故宫博物院在展览、文物保护、公共宣传等方面的具体情况。座谈中，故宫博物院院长单霁翔详细介绍了近年来故宫博物院在各方面的发展情况以及当前亟待解决的一些发展难题。来自文保科技、展览、宣传教育等部门的负责人就各自领域的发展情况与存在问题进行了介绍。徐辉表示，故宫博物院是我国博物馆中的杰出代表，在文化传承、文物保护以及大国外交等方面都发挥了很好的桥梁和窗口作用，其建设经验值得广大博物馆借鉴推广。民盟中央将梳理总结调研中发现的博物馆建设的良好经验和存在问题，形成政策建议提交中共中央、国务院，为推动我国博物馆事业的进一步健康发展尽力量、做贡献。民盟中央参政议政部部长范芳，民盟中央联络委员会副主任、故宫博物院副院长宋纪蓉等陪同调研。

2. 办好论坛、研讨会，加强成果转化

7月6日，主题为“补短板 增后劲 惠民生 全面推动实现新一轮东北振兴”的第三届民盟经济论坛在黑龙江哈尔滨举行。民盟中央常务副主席陈晓光出席论坛开幕式并讲话。中共黑龙江省委副书记陈海波致辞，民盟中央副主席徐辉主持开幕式。民盟黑龙江省委主委赵雨森、哈尔滨工业大学党委书记王树权分别致辞。民盟中央参政议政部部长范芳，黑龙江省委统战部副部长郭龙川，民盟中央经济委员会副主任、中国发展研究基金会副秘书长方晋等出席了会议。陈晓光表示，2017 年是新一轮东北振兴战略实质性推进的关键一年，民盟作为致力于建设中国特色社会主义事业的参政党，在这个历史的关键节点上召开以“振兴东北”为主题的民盟经济论坛，紧紧围绕“推动实现新一轮东北振兴”重大战略任务，积极建言献策，是民盟履行参政议政职能的重要着力点，也是民盟践行“奔走国是，关注民生”优良传统的具体体现。他希望论坛从完善体制机制、推进结构调整、鼓励创新创业、保障改善民生等各个角度，深入研讨、提出建议，对全面推动实现新一轮东北振兴起到积极的促进作用。中共黑龙江省委副书记陈海波介绍了黑龙江省经济社会发展情况，并指出第三届民盟经济论坛的主题与黑龙江振兴发展中急需破解的重点难点问题高度契合，是一次难得的机会。民盟中央经济委员会副主任、中国发展研究基金会副秘书长方晋，民盟国情研究中心专家、中国电子信息产业发展研究院电子信息产业研究所所长安晖，哈尔滨市国资委书记、主任于得志分别作题为“扩大对外开放、推动东北振兴”“把握数字经济发展机遇，推动东北实现全面振兴”“哈尔滨国资国企现状与改革发展思考”的主旨报告。哈尔滨工业大学人文社科与法学学院院长赵宏瑞主持主旨报告会。在下午的分论坛上，19 位盟内外专家学者围绕“区域发展的宏观视角”“技术进步与网信时代”“转型升级与历史机遇”等专题作精彩发言，与会代表热烈讨论。民盟黑龙江省委副主委王健凤、哈尔滨工业大学人文社科与法学学院院长赵宏瑞、民盟中央经济委员会副主任方晋分别主持了下午的分论坛。民盟中央经济委员会以及哈尔滨工业大学、黑龙江省社科院等单位的专家，各省级盟组织经济委员会主任（副主任）、相关负责同志和优秀论文的作者代表近 150 人出席论坛。

7 月 25 日至 30 日，由民盟中央、南京大学、北京大学、台湾大学主办，浙江大学承办的第十三届“海峡两岸暨港澳地区大学校长联谊活动”在浙江举行。主席张宝文、副主席徐辉和来自大陆、台湾、香港、澳门地区的 21 所高校的 23 位现任校长及原任校长参加活动。26 日，联谊活动重头戏“海峡两岸暨港澳地区大学校长论坛”在浙江大学紫金港校区举办，此次论坛的主题是“人才培养与创新创业”。论坛开幕式由南京大学校长陈骏主持，台湾政治大学校长周行一、台湾联合大学系统校长曾志朗、澳门大学校长赵伟分别主持论坛分环节。浙江省副省长、民盟浙江省委主委成岳冲出席论坛开幕式并致辞。大学参与社会创新创业，已经成为四地大学校长们的共识；而改变传统的“填鸭式”教育模式和考试方式，培养有创意、又能坚守中国文化的下一代，则成为校长们在论坛自由讨论环节热烈探讨的内容，北京大学原校长许智宏、台北医学大学校长阎云、台湾元智大学校长吴志扬、台湾东海大学校长王茂骏、台湾亚洲大学校长蔡进发、台湾东吴大学校长潘维大、北京大学校长林建华、台湾政治大学校长周行一、澳门大学校长赵伟等先后发言，互相学习，互相借鉴。活动期间，嘉宾们考察了浙江大学机器人与智能装备科技联盟、良渚博物院、浙江超威电源有限公司、赵孟頫艺术馆、中国湖笔博物馆、张静江故居和乌镇。张宝文在话别晚宴上致辞。他说，参加了 4 次“海峡两岸暨港澳地区大学校长联谊活动”，结识了很多朋友，结下了深厚的友谊。这是一个非常好的平台，大家在宽松的环境中集中研究、共同探讨两岸四地高等教育的现状、问题和做法，互相借鉴、取长补短，推进了两岸在教育方面的合作，13年来参与活动高校签署的双边、多边合作协议、交流项目等已达上千项之多。他表示，"海峡两岸暨港澳地区大学校长联谊活动"应持续地、长期地办下去，越办越好，越办越有吸引力，越办越有影响力，并祝愿海峡两岸暨港澳地区在教育、文化等各个方面蓬勃发展，共同为中华民族的复兴贡献力量！

9月12日至13日，由民盟中央教育委员会和民盟陕西省委员会主办，民盟杨凌区工委协办，以"坚持改革创新，加快推进教育现代化"为主题的第五届民盟教育论坛在陕西杨凌农业高新技术示范区举行。民盟中央副主席徐辉出席开幕式并讲话。他在回顾了民盟教育论坛五年来取得的成绩和进步后指出，改革开放以来，我国教育现代化建设取得了巨大成就，建成了世界上最大规模的教育体系，为推动我国经济社会发展做出了重要贡献。陕西省副省长、民盟陕西省委主委张道宏出席开幕式并致辞。民盟中央参政议政部部长范芳主持开幕式，中共陕西省委统战部、杨凌农业高新技术示范区党工委、西北农林科技大学相关领导出席开幕式。开幕式上还宣布了优秀论文名单并为31位优秀论文作者颁发了证书。论坛上，中国教育科学研究院教育理论研究所所长邓友超和苏州大学校长熊思东，分别作了题为"教育新阶段及其战略选择""教育现代化中的地方大学：挑战与变革"的主旨报告，民盟中央教育委员会副主任、北京大学地球与空间科学学院教授鲁安怀主持了主旨报告会。教育领域专家学者、民盟各级组织领导和代表150余人出席论坛。论坛代表围绕"深化体制机制改革，推进教育治理现代化""更新观念，转变方式，推进教育观念现代化""加强资源整合共享，以教育信息化助推教育现代化"三个分论坛主题进行了研讨和交流。民盟陕西省委副主委、西安交通大学经济与金融学院教授李香菊，民盟湖北省委原专职副主委王耀辉，民盟上海市委专职副主委丁光宏分别主持了分论坛。民盟中央参政议政部副部长吴会劲作论坛总结。代表们还在盟省委副主委、西北农林科技大学动物科技学院副院长昝林森的带领下考察了西北农林科技大学。本次论坛共收到论文100余篇，经专家认真评审和论证，评选出优秀论文31篇，其中一等奖论文11篇，二等奖论文10篇，三等奖论文10篇。

9月22日，由民盟中央社会委员会主办的民盟第八届民生论坛在北京举行。民盟中央常务副主席陈晓光出席论坛并讲话，副主席徐辉出席论坛。全国人大财经委员会副主任尹中卿、国家卫计委副主任曾益新、国务院扶贫办副主任欧青平、全国老龄办副主任吴玉韶出席论坛。民盟中央社会委员会主任郑功成主持论坛开幕式与主旨报告会。本次论坛以"经济发展与民生保障政策"为主题。来自相关领域的著名专家学者、民盟各级组织及全盟民生问题专家学者和代表约120人出席了论坛。陈晓光在论坛开幕式上说，当前民生问题的全面升级，既是广大人民群众解决温饱问题后的进步表现，更是国家快速发展进程中必须认真应对的挑战。我们一定要牢记习近平总书记关于民生问题的系列重要指示，着力保障和改善民生，通过全面发展教育事业，促进充分就业，改革收入分配制度，健全社会保障体系。他强调，民盟始终秉持"奔走国是、关注民生"的优良传统，进入新的历史发展时期后更加重视在民生领域发挥参政党作用，取得了丰硕成果。本次民生论坛聚焦"经济发展与民生保障政策"，主题更加宏大，也更加符合当前改革与发展的需要。希望各位领导、专家、盟员同志们紧紧围绕论坛主题，积极参与、广泛交流，深入研讨、提出建议，为决胜全面建成小康社会、实现中华民族伟大复兴的中国梦多建睿智之言，多献务实之策。在上午的主旨报告会上，尹中卿、欧青平、吴玉韶、曾益新等领导、知名专家学者先后分别围绕“经济发展、收入分配与民生保障”“扶贫工作”“居家养老”“健康中国建设”等攸关民生福祉的主题做了主旨报告，对当前我国在收入分配、扶贫、养老、健康管理和预防等民生方面取得的成就、存在的问题进行了深入分析，并提出了深刻见解和建议。下午，郑功成和国家行政学院公共管理教研部教授、社会文化部副主任丁元竹分别以“经济发展与民生保障政策”和“学会用数字技术解决民生问题”为题做了主题报告，许艳丽、郑玉梅、刘洪银、张磊、蓝岸、沈克慧、何天喜、何炳善等 8 位盟员专家，分别围绕论坛主题提出了观点和建议，论述了许多具有前瞻性和针对性的意见和建议。专家研讨和闭幕式由民盟中央社会委员会副主任马驰主持，郑功成为本届论坛做了总结发言。本次论坛从全盟省市级组织上报的优秀论文中，优中选优，经过专家认真评审，共选出 12 篇优秀论文，会议对优秀论文获奖者进行了表彰。

11 月 6 日，由民盟中央法制委员会和民盟四川省委员会主办，民盟四川省委社会法制工作委员会和民盟成都市委员会承办的民盟法治论坛在四川成都举行。民盟中央副主席徐辉，中共四川省委常委、统战部部长李静，民盟四川省委主委赵振铣出席论坛并讲话。民盟中央参政议政部部长范芳主持论坛开幕式和主旨报告会。本次论坛以“司法改革与社会治理”为主题。来自最高人民法院、最高人民检察院、民盟中央法制委员会、民盟各级组织的领导、盟员专家及四川省相关领域的领导、法律专家学者和代表约 220 人出席了论坛。徐辉在讲话中着重指出，此次论坛是民盟认真贯彻落实学习中共十九大精神的具体体现。如何解决好新时代下我国社会的主要矛盾，使人民获得幸福感、安全感，生活得更加美好、更加充实、更有保障，有赖于不断促进社会公平正义，有赖于形成有效的社会治理、良好的社会秩序。这对深化司法体制改革，进一步提升国家治理体系和治理能力现代化水平，提出了更高要求。他希望，在司法体制改革过程中，民盟要继续发挥人才荟萃、智力密集的优势，在科学立法、严格执法、公正司法、全民守法等法治建设的各个层面、各个领域，建言献策，履职尽责，在全面推进依法治国的伟大征程中发挥更大的作用。在主旨报告会上，最高人民检察院检察理论研究所副所长谢鹏程，最高人民法院执行局申诉审查室主任、审判长刘雅玲和成都市中级人民法院党委书记、院长郭彦分别作了题为《本轮司法改革的历史定位和未来发展》《深化执行体制改革实现“用两到三年基本解决执行难”庄严承诺》《一体三维综合配套：全面推进以司法责任制改革为核心的司法体制改革》的主旨报告，对当前我国司法改革、执行体制改革以及司法责任制改革等方面取得的成就、存在的问题及深化途径进行了深入分析，并提出了深刻见解和建议。与会专家学者分别对主旨报告作了深入讨论及补充，并就如何加强和创新社会治理提出了宝贵的意见和建议。论坛专家研讨环节中，11 位专家盟员分别围绕“现实语境下的司法改革”“社会治理的思考与实践”“以法治方式推进社会治理现代化”三个分论坛主题作了精彩发言。民盟中央法制委员会副主任梁文永作论坛总结。本次论坛收到全盟各级组织提交的论文共 137 篇，经论坛组委会组织专家严格评审，评选出优秀论文 46 篇，会议对优秀论文获奖者进行了表彰。

11月8日，民盟天津市委在天津大学举办“坚持改革创新，加快推进高校‘双一流’建设”专题研讨会。民盟中央主席张宝文出席研讨会并讲话，副主席张平、民盟天津市委主委高玉葆出席研讨会。张宝文指出，建设世界一流大学和一流学科，是中共中央、国务院作出的重大战略决策。民盟作为以文化教育科技为主要界别的参政党，多年来始终将教育作为参政履职的重要领域。民盟中央连续多年举办论坛，邀请盟内外专家围绕教育改革发展各项重大课题集思广益、出谋划策。天津民盟近年来也先后举办十届专题研讨会，在开展特色办学、深化教育体制改革等方面积极建言献策，取得了显著成果。张宝文强调，近年来，我国教育取得了全方位、开创性的成就，高等教育普及化程度提高，在世界多项大学排行中位次整体大幅前移，部分学科已达到或接近世界一流水平，我国正在从高等教育大国向高等教育强国迈进。这就要求我们在发展方向上更加突出高等教育强国建设的总体目标，推动一批高水平大学和学科进入世界一流行列或前列；在推进手段上更加明确高等教育综合改革的路径方法，提升我国高等教育综合实力和国际竞争力；在操作实施上更加注重构建竞争择优的体制机制，激发高校的内生动力和活力。会上，来自南开大学、天津大学、河北工业大学等16所高校的民盟专家学者作了交流发言。会前，张宝文来到民盟盟员创办的学校，就职业培训机构发展情况进行调研，并出席了民盟天津市委经济管理支部“盟员之家”揭牌仪式。民盟中央宣传部、中共天津市委统战部、天津市人大、天津市教委、天津大学及民盟天津市委有关部门负责同志分别参加上述活动。

11月12日，由民盟中央、民盟上海市委、上海社会科学院共同主办的第八届“文化论坛”在上海社会科学院举办，主题为“文化视阈下的历史与现实”。民盟中央副主席张平参加开幕式并讲话。上海市副市长、民盟上海市委主委陈群，上海社会科学院党委书记于信汇出席开幕式。张平指出，在当今的多元文化社会中，我国的政党制度和政治文化面临严重挑战，迫切需要我们加强参政党自身建设，包括参政党文化建设。作为参政党，要围绕民盟自身建设，努力培育和践行社会主义核心价值观；要弘扬民盟的优秀传统文化，为建设中华民族共有精神家园贡献才智；要围绕学习型参政党的建设，提升参政议政、民主监督的履职能力；要以更加强烈的文化自觉、更加坚定的文化自信，按照中国特色社会主义参政党的要求更好履行职能，担负起建设社会主义强国，推动社会主义文化繁荣兴盛和中华民族文化复兴的新使命。会上，与会人员围绕论坛主题，从执政党文化建设理论、“一带一路”的文化内涵、民盟前辈所展现的民盟精神、民盟先贤的政治追求和文化创造、民主党派的职能发挥等不同角度进行了热烈深入的交流探讨。民盟上海市委专职副主委丁光宏主持开幕式。民盟中央宣传部部长曲伟、民盟上海市委专职副主委沈志刚以及专家学者、盟员代表120余人与会。

（二）民主监督

4月5日至7日，民盟中央常务副主席陈晓光率队赴豫开展脱贫攻坚民主监督工作，7日上午在郑州召开专题座谈会，河南省委副书记、省长陈润儿主持会议。座谈中，陈晓光首先对河南省脱贫攻坚工作予以充分肯定。他指出，在脱贫攻坚决胜阶段开展民主监督，是以习近平同志为核心的中共中央作出的重要部署，也是民主党派履行职能的重要着力点。应充分认识开展脱贫攻坚民主监督工作的重要性，进一步彰显我国多党合作制度优势，不断深化民主党派三项基本职能之一的“民主监督”，努力提升民主党派参政能力。他还对进一步深化拓展脱贫攻坚民主监督的思路提出几点建议：一是加强理论学习和业务培训，提高民主监督能力；二是组织各方面专家力量，定期召开各种形式的论证会、建议会、协商会；三是完善知情明政、沟通联系、成果会商等工作机制；四是注重把民主监督与社会服务工作相结合。最后，陈晓光希望河南省在现有良好基础上，更加重视培养贫困户的内生动力，提升产业扶贫的“造血”功能，持续加大教育扶贫力度，进一步做好贫困县、贫困村与非贫困县、非贫困村的统筹协调发展，使脱贫攻坚工作不断取得新成效。民盟中央将在中共河南省委、省政府的支持配合下，持续提升民主监督的能力与成效，合力推动脱贫攻坚向纵深推进。民盟中央副主席龙庄伟，河南省委常委、统战部部长陶明伦，民盟河南省委主委储亚平出席座谈会，副省长王铁代表省委、省政府介绍了河南脱贫攻坚工作情况。在豫期间，陈晓光一行还先后到上蔡县大路李乡栗庄村、邵店镇和汝南县老君庙镇小方庄村等地，走进便民服务站、扶贫助残托养院和多个产业扶贫项目点，实地考察，与基层干部群众深入交流，详细了解当地脱贫攻坚工作进展。

6 月 6 日，副主席龙庄伟在京出席民盟中央脱贫攻坚民主监督培训班开班仪式并讲话。

12 月 20 日至 22 日，民盟中央在郑州召开脱贫攻坚民主监督工作座谈会。民盟中央副主席龙庄伟，民盟中央社会服务部部长刘圣宇、副部长段海溪，河南省人民政府副省长王铁，民盟河南省委主委、省科协主席霍金花，省扶贫办主任史秉锐等领导同志出席会议。民盟中央专家组成员、全国 17 个省级盟组织和河南 18 个市级盟组织的领导、专家、机关专职干部 120 余名代表参加本次会议。民盟河南省委主委、省科协主席霍金花主持座谈会。会议总结了 2017 年民盟中央对口河南脱贫攻坚民主监督工作，研讨了 2018 年脱贫攻坚民主监督工作总体思路。省发改委、省教育厅、省卫计委、省金融办、省扶贫办等河南省脱贫攻坚责任单位进行了工作汇报。龙庄伟对河南脱贫攻坚工作给予了充分肯定，他表示，民盟中央对河南如期打赢脱贫攻坚战充满信心。对今后一个时期，如何做好脱贫攻坚民主监督工作，他提出了具体要求，一是要把握“精准”要义，不断提升脱贫攻坚民主监督的能力水平；二是进一步做好机制建设，建立脱贫攻坚民主监督顺畅的沟通交流渠道；三是推进民盟社会服务与民主监督相结合，积极助力河南脱贫攻坚决战决胜。他表示民盟中央将一如既往地支持河南脱贫工作，继续发挥民盟界别优势，汇聚资源，凝聚力量，为河南打赢脱贫攻坚战做出应有的贡献。

1 月 30 日至 2 月 1 日，根据民盟中央脱贫攻坚民主监督工作领导小组安排，民盟中央社会服务部部长刘圣宇一行赴商丘虞城、夏邑开展脱贫攻坚民主监督工作调研。4 月 20 日至 21 日，民盟中央社会服务部调研组一行四人，深入上蔡县开展脱贫攻坚民主监督工作，并就“社会救助制度的兜底保障功能”进行专题调研。7 月 3 日至 7 日，民盟中央社会服务部部长刘圣宇带领相关专家学者一行 17 人，赴河南开展脱贫攻坚民主监督工作。8 月 4 日，民盟中央社会服务部部长刘圣宇一行来到信阳市新县调研脱贫攻坚工作。9 月 8 日至 11 日，民盟中央社会服务部部长刘圣宇一行 8 人赴河南开展脱贫攻坚民主监督工作。

（三）政治协商

1. 积极参加中国共产党领导的政治协商

1月19日，主席张宝文、常务副主席陈晓光、副主席徐辉出席国务院党外人士座谈会。张宝文代表民盟中央发言，对《政府工作报告（征求意见稿）》提出三条建议：1. 加快推动政府数据与市场数据对接，促进数据资源开放和应用；2. 加快推进二维码自主产业体系建设，掌握全球二维码产业战略主动；3. 推动文化“走出去”，促进与“一带一路”沿线国家民心相通。

1月18日，副主席徐辉出席最高人民法院党外人士座谈会并代表民盟中央发言，对最高人民法院工作提出五条建议：1. 加强顶层设计，重视改革的整体性、系统性、关联性；2. 依托信息技术，加强对审判执行权力运行的内部管理与监督；3. 推进严格司法，健全错案发现、纠正和追责机制；4. 加强队伍建设，推动司法工作人员正规化、专业化和职业化；5. 遵从司法规律，设计符合审判、执行实际的绩效考核制度。

2月10日，副主席徐辉出席最高人民检察院党外人士座谈会并代表民盟中央发言，对最高人民检察院工作提出四条建议：1. 坚持检察机关的宪法定位，构建检察工作的新格局；2. 加强对检察改革的调研和指导，推行检察权运行的新机制；3. 注重以公开树公信，落实检务公开的新制度；4. 推进以审判为中心的诉讼制度改革，倡导刑事司法的新理念。

1月10日，民盟中央向张高丽副总理提交《关于建立环首都国家公园体系的建议》，建议提出：1. 创建协同统筹体系，制定相应规划；2. 加强政策研究，提供法规体系保障；3. 开展资源普查，摸清区域自然文化遗产家底；4. 加大生态补偿力度，协调各方利益；5. 先行试点，构建环首都国家公园体系框架。建议信得到了张高丽副总理的批示。

2月10日，民盟中央向李克强总理、张高丽副总理提交《关于大力加强南海生态环境保护工作的建议》，建议提出：1. 加强南海环境保护机制建设的顶层设计；2. 加强污染应急、环境保护监测等保障能力建设；3. 以南海环境保护为契机，推动健全南海周边国家区域合作机制；4. 加大资金保障力度、规范资金使用重点。建议信得到了李克强总理、张高丽副总理的批示。

3月2日，民盟中央向李克强总理提交《关于加强云南生物多样性保护利用及生态安全的建议》，建议提出：1. 采取多项政策措施，进一步强化和发挥好西南生态屏障建设在国家生态安全中的作用；2. 进一步加强以自然保护区为主的就地就近保护能力建设；3. 构建生物多样性和生态安全的科技支撑体系。建议信得到了李克强总理的批示。

1月17日，主席张宝文，常务副主席陈晓光，副主席张平、徐辉在中央统战部集中阅读《政府工作报告（征求意见稿）》，并听取国务院研究室有关负责同志说明。

1月20日，副主席徐辉出席教育部在京召开的各民主党派中央座谈会，代表民盟中央对教育工作提出意见和建议。

2月9日，副主席徐辉在中央统战部出席2017年党外人士重点考察调研选题介绍会。

3月17日，主席张宝文、常务副主席陈晓光在京出席中央统战部党外人士座谈会。张宝文代表民盟中央就认真学习贯彻“两会”精神和习近平总书记政协联组会讲话精神发言，表示：民盟作为致力于中国特色社会主义事业的参政党，要把贯彻全国“两会”

精神与全面贯彻落实中共十八大和十八届三中、四中、五中、六中全会精神结合起来，与深入学习贯彻习近平总书记系列重要讲话精神和治国理政新理念新思想新战略结合起来，与积极开展“不忘合作初心，继续携手前进”专题教育结合起来，牢固树立“四个意识”，增强“四个自信”，进一步夯实多党合作的共同思想政治基础；要围绕政治交接这一主线，在换届过程中全面加强思想、组织、制度和作风建设，为民盟事业持续健康发展奠定坚实基础。

3月21日，副主席张平在京出席国务院第五次廉政工作会议。

3月27日，主席张宝文在中央统战部出席扶贫攻坚民主监督工作座谈会，并代表民盟中央发言。会后，中央统战部举行情况通报会，传达了2017年6号文件精神，张宝文代表民盟中央发言，表示：在脱贫攻坚决胜阶段开展民主监督，是以习近平同志为核心的中共中央作出的重要部署，也是民主党派履行职能的重要着力点。民盟中央将持续提升民主监督的能力与成效，合力推动脱贫攻坚向纵深推进。

4月25日，民盟中央向刘延东副总理提交《关于推动文化“走出去”促进与东南亚国家“民心相通”的建议》，建议提出：1.引导和强化文化交流中的民间力量；2.创新文化“走出去”的形式和载体；3.充分发挥传统文化的软实力作用。建议信得到了刘延东副总理的批示。

5月24日，常务副主席陈晓光在京出席中央统战部各民主党派中央常务副主席座谈会，代表民盟中央就有关文稿提出意见建议。

6月15日，副主席王光谦在京出席国务院征求意见座谈会，代表民盟中央对《中国教育现代化2030》文件稿提出意见建议。

6月20日，民盟中央向李克强总理提交《关于促进重大技术装备制造业转型升级和创新发展的建议》，建议提出：1.针对重大技术装备骨干企业转型阵痛期的特殊困难，制定专项财税扶持与减负政策，缓解企业资金困境，避免“三角债”的继续累积对整个行业形成连锁冲击；2.加大金融支持力度，促进重大技术装备制造业转型升级和创新发展；3.完善重大技术装备制造业重大工程国家层面整体领导协调机制，推动重大核心技术集中攻关；4.加快推进国企管理体制改革，增强骨干企业创新发展的内驱动力；5.清除制约科研成果转化利用和不利于新技术、新产品进入市场的政策壁垒，创造良好的政策和市场环境；6.依托“成—德—绵”高端军民融合产业带的技术集聚优势，为重大技术装备制造业转型升级和创新发展先行探路。建议信得到了李克强总理的批示。

6月30日，主席张宝文、常务副主席陈晓光、副主席徐辉在中共中央统战部出席党外人士调研协商座谈会，调研协商的主题是大力振兴和提升实体经济，张宝文代表民盟中央发言。

7月20日，主席张宝文、常务副主席陈晓光、副主席徐辉在中共中央统战部出席党外人士情况通报会，听取全国金融工作会议精神汇报，张宝文代表民盟中央发言。

7月21日，常务副主席陈晓光、副主席徐辉在中南海出席中共中央党外人士座谈会，对上半年经济形势和下半年经济工作提出意见和建议。

8月30日上午，主席张宝文、常务副主席陈晓光在中南海出席党外人士座谈会。张宝文代表民盟中央提出意见建议。

9月30日下午，主席张宝文、常务副主席陈晓光出席中央统战部情况通报会，张宝文代表民盟中央发言。

10月26日，主席张宝文、常务副主席陈晓光在中央统战部出席党外人士情况通报会，听取关于中国共产党第十九次全国代表大会的有关情况通报。张宝文代表民盟中央发言。

11月7日上午，副主席徐辉代表民盟中央应邀出席由中央政治局常委、国务院副总理汪洋主持召开的专题座谈会，研究加快推进农机装备产业转型升级有关问题。中央农办、发展改革委、教育部、科技部、工业和信息化部、财政部、农业部、商务部、人民银行、国资委、质检总局、国研室等部门负责同志参加。

11月23日下午，主席张宝文、常务副主席陈晓光在中央统战部出席党外人士座谈会。

12月4日，常务副主席陈晓光在京出席全国人大、全国政协、各民主党派中央三方协商会，代表民盟中央就有关问题进行沟通。

12月6日，主席张宝文、常务副主席陈晓光、副主席徐辉在京出席党外人士座谈会，张宝文代表民盟中央就今年经济形势和明年经济工作提出意见建议。

12月15日，主席丁仲礼、常务副主席陈晓光在京出席党外人士座谈会，丁仲礼代表民盟中央就中共中央关于修改宪法部分内容的建议提出意见和建议。

12月22日，主席丁仲礼在中央统战部出席党外人士情况通报会。

12月25日，副主席曹卫星在京出席全国政协征求意见座谈会，代表民盟中央对中共全国政协党组和机关党组工作提出意见建议。

2. 充分利用政协平台议政建言

民盟中央向全国政协十二届五次会议提交了口头发言1篇、书面发言5篇、提案38篇，内容涉及教育文化、科学技术、生态环境、社会管理、经济发展、财税金融、农业农村、法律法规等8个方面。大会口头发言的题目是《振兴实体经济 打造制造强国》，内容紧扣中央经济工作会议精神，为制造业供给侧结构性改革建言献策。盟员委员《坚守清廉家风筑牢家庭防腐“篱笆墙”》《加强实践性教育是全面落实立德树人根本任务的重要途径》《健康餐桌需政府有力作为》的大会发言也受到社会广泛关注。《关于建设运河文化经济带，贯通“一带”“一路”两大板块的提案》等5件提案被列为2017年全国政协重点提案，其中《关于建设运河文化经济带，贯通“一带”“一路”两大板块的提案》被评为全国政协第十二届全国委员会优秀提案。民盟组政协委员共提交书面发言37篇，提案266件，社情民意信息49篇。

9月6日上午，常务副主席陈晓光、副主席王光谦在京出席政协第十二届全国委员会优秀提案和先进承办单位表彰会。本届政协共立提案23950件，评选出优秀提案240件，其中集体提案87件，个人提案153件。民盟共有20篇提案获评第十二届全国政协优秀提案，其中集体提案6件，个人提案14件。

9月7日，由民盟中央和全国政协教科文卫体委员会共同承办的全国政协第73次双周协商座谈会在京召开，协商会的主题是“优化创新环境，改革科技评价体系”。中共中央政治局常委、全国政协主席俞正声主持会议并讲话，全国政协副主席杜青林、张庆黎，全国政协副主席、民盟中央常务副主席陈晓光出席会议。在座谈会上，盟员政协委员郑兰荪、王光谦、田刚、杨玉成、陈群、唐明、胡刚、蒋华良，分别就SCI评价体系的效果、诱因与对策；改变论文评价导向对工程学科和成果转化的弱化影响；改革科技评估制度；构建"三位一体"新型科技评价体系；加强学术共同体建设完善科研评价体系；让科技评价激励团队创新能力；构建基于贡献度的临床医学科技评价体系；重点研发计划评审及组织实施管理等方面，找准问题，提出建议。委员们还对明确工科人才培养模式、解决工科院校理科化，重视大数据的应用，促进重大原始创新等问题提出意见建议。全国政协副主席万钢在会上讲了意见。科技部副部长王志刚介绍了有关情况。中组部副部长周祖翼、教育部副部长杜占元、国家自然科学基金委员会主任杨卫等与委员互动交流。

民盟中央在全国政协十二届二十二次、二十三次常委会上分别做了书面发言《加强民主监督，推进精准扶贫》和发言《全面贯彻中共十九大精神，加快推进教育现代化》，还提交了《关于推进少数民族地区双语教育的提案》等6件平时提案，受到国务院有关部门重视。

民盟中央进一步完善信息工作机制，全面提高反映社情民意信息工作能力和水平，全年向全国政协报送信息400余篇，被全国政协采用率高出平均数2个百分点。

（四）社会服务

一年来，民盟各级组织坚持突出重点、量力而行、讲求实效、持之以恒的方针，积极助力地方社会经济发展，社会服务工作取得了新的进展。

1. 积极助推毕节、广宗等地脱贫攻坚工作

（1）参与帮扶毕节试验区

1月9日，"民盟儿童心理健康云平台"在民盟中央机关正式启动并举行了首次讲座。启动仪式采用三地远程视频会议的形式举行，在民盟中央机关设主会场，山东省德州宁津县和贵州省毕节市七星关区设分会场。"民盟儿童心理健康云平台"是由民盟中央在宁津县保店中学和毕节市清水浦中学"助力天使关爱留守儿童帮扶平台"的基础上组建而成，利用"互联网+"技术，为边远贫困地区儿童解决心理健康问题，能够实时为儿童提供心理健康服务。

10月17日，民盟中央副主席龙庄伟一行赴毕节市七星关区开展"同心助学"捐赠活动。在捐赠仪式上，龙庄伟指出，毕节试验区作为科学发展的试验区和多党合作的示范区，是各民主党派参与脱贫攻坚的主阵地。自试验区成立伊始，民盟组织就积极参与试验区建设。29年来，民盟中央在中央统战部的统一协调下，立足自身优势，组织协调各方力量，开展了招商引资、捐资助学、人员培训、医疗扶贫等丰富多彩的帮扶活动，为推动毕节经济社会发展做出了积极努力。今后，民盟中央将一如既往地积极参与试验区建设工作，同时也欢迎社会各界能够关心支持毕节的发展，希望大家共同携手，为推动毕节试验区经济社会发展做出积极努力。捐赠仪式上，龙庄伟和中国光华科技基金会基金管理部主任博赫向毕节市授牌，向毕节市农村中小学校捐赠图书800万码洋；民盟北京市委向毕节二中和毕节六中捐赠人民币8万元，向干堰小学捐赠50套学生课桌椅。

11月9日至15日，民盟江苏省委举办第十期"农村教育烛光行动"校长培训班。这是民盟江苏省委响应民盟中央"农村教育烛光行动"号召、开展"同心助学"活动的生动实践。民盟江苏省委依托省、市盟组织联动平台，组建了"教育帮扶志愿者人才库"，

按年度根据毕节教育实际需求，制定师资培训方案，一方面，送教上门，开设专题讲座，对一线教师进行系统培训，签约四年多来，分学科培训教师6600余人次；另一方面，请进来，举办培训班，提升校长教育理念，先后四次举办毕节中小学校长培训班，对90位校领导进行培训，还接受2名校长来江苏挂职锻炼；同时，设立“江苏民盟奖教金”，每年10万元，奖励毕节优秀教师。

（2）参与黔西南州“星火计划、科技扶贫”工作

1月3日，民盟中央副主席龙庄伟在民盟中央机关会见来访的中共黔西南州委常委、纪委书记刘良一行。龙庄伟在讲话中指出，黔西南旅游优势突出、发展定位准确，在中共黔西南州委、州政府的带领下，近几年试验区经济社会发展迅速。民盟中央作为黔西南“星火计划、科技扶贫”试验区联合推动组成员单位之一，将一如既往地支持试验区建设，组织协调地方民盟组织力量，充分发挥在教育、医疗领域的优势和作用，不断拓宽合作领域，深化合作关系，助推黔西南试验区教育、医疗、旅游事业发展。在春节即将来临之际，特别委托刘良书记一行给黔西南州领导干部和群众带去节日的问候。

6月29日，第五届万峰林系列活动之统一战线医疗扶贫——民盟名医大讲堂在黔西南州兴义市举行。北京康益德中西医结合肺科医院为黔西南州100余名中医、苗医授课培训，并向下五屯卫生院捐助了第二批帮扶物资——价值10万元的冬病夏治专用膏药、罐具、药品。

7月12日，第五届万峰林系列活动之统一战线教育帮扶——民盟名师大讲堂在兴义中学举行。本次活动邀请北京、武汉、广州8位知名教育专家参与，强化与黔西南州各学校的对接，在课程设置、受训老师安排、授课师资的邀请上更加细化、精准。此次培训共有来自黔西南州各县市区中小学校校长、骨干教师近2000人参加。

10月14日，民盟中央赴黔西南“星火计划、科技扶贫”试验区民盟名医大讲堂暨黔西南义诊活动启动仪式在黔西南州人民医院举行。仪式上，民盟河北省委向黔西南州捐赠总价值20万元的药品。民盟中央副主席龙庄伟指出，民盟中央将医疗帮扶作为关注民生的工作抓手，先后倡导发起了“明眸工程”“健康心动”等医疗帮扶活动，为广大贫困患者提供医疗救助，帮助地方医疗机构提高诊疗水平。2013年，民盟中央倡导发起“民盟名医大讲堂”系列活动，盟内外广大医疗专家先后走进云南、甘肃、贵州等多个西部省区，累计培训基层医生近5000人次，义务诊疗患者近万人次。一个地区的医疗卫生事业发展不能单纯依靠外部输血，“民盟名医大讲堂”就是通过先进医疗技术的分享来推动优质医疗资源的共享，从而推动帮扶地区医疗服务能力的整体提升。民盟中央希望通过这次活动，为黔西南试验区建设再出力，为民族地区医疗卫生事业和黔西南州的康养产业发展升级作出贡献。义诊中，北京大学人民医院胃肠外科主任医师叶颖江，北京康益德中西医结合肺科医院院长，主任医师董瑞，中国医学科学院北京协和医院眼科主任医师张华，北京大学世纪坛医院乳腺科主任医师吕大鹏，首都医科大学北京安贞医院心脏外科主任医师穆军升等涵盖了多个专业的11位医学专家，为前来求医的广大患者悉心诊断、解疑答惑、医治病痛。义诊结束后，专家们还来到相关病区进行教学查房、疑难病例会诊、专题讲座，针对患者病情为当地医生进行了深入浅出、毫无保留的分析和指导，深入细致地讨论病例，提出诊疗方案和合理用药等事宜。中国医学科学院北京协和医院

眼科主任医师张华为全州的200余名医护人员带来精彩的医学讲座，并进行教学查房，以多种形式提高医护人员的医疗水平。

（3）河北广宗定点扶贫

1月17日，民盟中央副主席龙庄伟一行赴广宗县开展慰问调研。龙庄伟一行先后来到北塘疃镇斥漳村老党员王云峰、王义海以及贫困户杨焕章的家中，给他们送去节日的祝福，并送上慰问金和慰问品。随后，龙庄伟代表民盟中央向广宗县捐赠了3万元慰问金。民盟河北省委向后魏村小学、后魏村困难群众捐赠11台电脑和10条棉被。河北省红十字基金会医院、邢台市人民医院、民盟邢台文化支部的医生和书法家举行了义诊、送春联活动。

4月27日，由民盟中央社会服务部部长刘圣宇带队的专家组赴河北广宗县开展系列帮扶活动。系列帮扶活动之一——“民盟名医大讲堂”在广宗县人民医院开讲。民盟中央社会服务部充分利用盟内外医疗资源，邀请北京康益德中西医结合肺科医院院长董瑞及北京大学人民医院肝病研究所李晓波副主任医师为广宗县近200名基层医卫人员进行了专题讲座和个案培训。系列帮扶活动之二——邀请北京市农林科学院生物技术研究所黄丛林研究员对广宗县1000亩玫瑰种植户进行技术指导。系列帮扶活动之三——牵线北京宝讯溯源科技有限公司，为广宗县相关部门介绍“互联网+”时代精准扶贫新模式。此次系列活动，针对广宗县的实际需求，涵盖了医疗、种植业、畜牧业，实实在在的帮扶，体现了民盟“奔走国是、关注民生”的优良传统，为当地实现脱贫攻坚任务贡献一份力量。

6月12日至17日，由民盟中央社会服务部、中共广宗县委联合举办的“不忘初心 逐梦前行 矢志扶贫 精准帮扶”专题干部培训班在邢台市委党校成功举办。此次培训班共两期，广宗县各乡镇区党政一把手及扶贫一线干部、县直单位负责扶贫党建工作的同志共计120余人全程参加了培训，广宗县四大班子领导和27个单位、部门负责人参加了部分课程学习。培训围绕习近平治国理政新理念新思想新战略、一带一路战略思维、扶贫理论政策与经验、法治思维方式、领导能力提升等内容展开。参训学员表示通过培训开阔了视野，拓宽了思路，提高了能力，下一步定将学习成果转化为指导实践的具体措施，更好地推动精准扶贫工作向纵深发展，取得扎实成效，确保广宗如期完成脱贫攻坚任务。

9月12日，民盟中央联合陈香梅公益基金会嘉惠教育基金“慧蕾行动”在广宗一中举行资助仪式，本次共有45名优秀贫困高中生和2017年被高校录取的贫困学生受到资助，资助资金总额15万元。

11月18日上午8时，“心贴心”医路行暨民盟医疗专家服务团走进邢台医专第二附属医院大型义诊活动隆重开幕。本次义诊活动由“心贴心”医路行——民盟医疗专家服务团策划组织发起，精心筹备，旨在帮助邢医二附院全面提升医疗技术水平，解决当地部分群众进京挂号难、看病贵的问题，不出远门就可以在家享受到北京三甲医院医疗专家的诊疗服务。

（4）其他

11月7日，副主席温思美在河南开封出席中国民主同盟中南六省（区）第十八次盟务工作会议暨助力脱贫攻坚研讨会并讲话。民盟湖南省委主委杨维刚，民盟河南省委主委霍金花出席会议。

11 月 16 日，副主席倪慧芳在贵州省毕节市出席民盟西部省（区、市）第十六次盟务工作会并讲话。民盟贵州省委主委何力出席开幕式。与会代表围绕“决胜脱贫、全面小康”主题进行了交流研讨。

2.“烛光行动”在巩固中获得新的发展

4 月 12 日，副主席龙庄伟在江苏省宿迁市出席民盟江苏省委与泗阳县人民政府教育合作帮扶一周年纪念活动。民盟江苏省委主委胡刚参加活动。

8 月 23 日，2017“烛光行动——新东方教师社会责任行”启动仪式暨十周年图片展在北京新东方双师总部举行。民盟中央副主席徐辉，民盟中央常委、新东方教育科技集团董事长俞敏洪出席活动并讲话，民盟中央社会服务部部长刘圣宇、副部长段海溪，集团助理副总裁、北京双师东方 CEO 冯大为，总裁办公室主任王学文等参加了活动。徐辉说，民盟一直秉持“奔走国是、关注民生”的优良传统，长期关注教育，为教育事业发展献计出力。致力于推动城乡基础教育水平提升的民盟“烛光行动”，自 2007 年开展以来，迄今为止已培训教师 30 多万人次，援建学校 130 多所，援助图书、资金、教学设备、教育资源等上亿元，为推动教育发展做出了卓有成效的努力。习近平总书记在走访民盟中央机关时，听取了民盟“烛光行动”工作汇报，称赞民盟“烛光行动”树立了民盟的良好形象。徐辉指出，在以习近平同志为核心的党中央坚强有力的领导下，我们国家正在进行一场具有深远意义和重大现实意义的脱贫攻坚战。在这一重要时刻，民盟将继续担负起自己的使命，发挥自己的优势，团结发动广大盟员，积极助力教育脱贫。下一步民盟中央将联合新东方，在开展传统的送教下乡活动的同时，通过现代化的移动互联，开展远程教育，让新东方更多的优质教育资源走向教育欠发达地区，最大限度地发挥好新东方优秀教育资源的影响力，将民盟烛光行动——新东方社会责任行不断推向深入。在活动现场，俞敏洪分享了关于“农村教育的问题与未来”的思考，他表示，未来新东方将与民盟中央一起，扩大和增加对于农村偏远地区的教师培训，利用互联网技术，加强公益双师课堂的布局，以此缓解教育发展和资源不均衡的问题，真正让优质教育资源得以共享。2017 年，“烛光行动——新东方教师社会责任行”借助双师课堂，首次实现了线上线下支教同步展开，极大拓展支教活动的时间和空间边界。活动当天，河北广宗，四川泸定、康定、盐边等地的 500 多名中小学教师，通过新东方双师课堂，远程同步观看直播。

9 月 18 日上午，民盟远程教育“烛光行动 · 千校计划”陕西省捐赠仪式在眉县中学举行。本次活动陕西省共有长安八中、眉县中学、咸阳民盟中学、延安中学等 18 所学校获得为期三年免费使用北京四中网校优质教学资源。截至目前，陕西已有 57 所学校获得捐赠，有力促进了当地教育事业发展。民盟远程教育“烛光行动 · 千校计划”是基于“互联网 + 教育”发展趋势，由民盟中央依托北京四中网校，倡导在全盟广泛实施的大型助教、助学公益活动，旨在利用信息技术推动学校教育教学改革，让各地学校享受均等的优质教育资源，助推各地学校教育均衡发展。

3. 打造社会服务品牌，助推帮扶地区医疗卫生事业发展

1 月 31 日，民盟医疗扶贫 · 超天使工程影像培训活动在河南商丘举行。民盟中央社会服务部部长刘圣宇、民盟河南省委专职副主委柳锋波等出席了启动仪式。来自夏邑、柘城等地乡镇卫生院的影像操作医务人员 50 余人参加了培训。启动仪式结束后，医疗专

家们结合乡镇卫生院的实际情况，围绕“超声诊断培训和病例分享”“超声技术交流”“常见病的X线诊断”“DR诊断和病例分享”等对学员们进行了专题培训。“超天使工程”是民盟中央携手西门子医疗推出的精准医疗扶贫项目，经过民盟河南省委争取，河南省有10家乡镇卫生院成功申报该项目，医疗设备已在去年8月投入使用。通过此次培训，将进一步增强乡镇医院影像医务人员对相关设备的使用能力和对复杂病例的诊断水平，让老百姓实现就近就医，从而缓解看病难、看病贵问题。

3月1日上午，副主席龙庄伟在民盟中央机关会见了来访的增爱公益基金会理事长胡锦星及夫人何珍玉一行并召开座谈会，民盟中央社会服务部部长刘圣宇、副部长段海溪出席座谈会。双方经过友好协商，签订了《医疗卫生公益项目合作协议》，计划每年开展助医活动6次。增爱公益基金会理事兼北京区负责人何宁、社会服务部及增爱公益基金会相关工作人员参加座谈。

4月10日，副主席龙庄伟在重庆彭水出席民盟中央“超天使工程”医疗扶贫对接仪式并讲话，代表民盟中央向彭水县授“超天使工程”援建牌，并捐赠价值4000万元的医疗设备。

5月19日，由民盟中央社会服务部主办、西门子医疗中国支持的“守护天使工程”在北京启动。该项目是继“超天使工程”之后，双方在医疗精准扶贫方面的再度合作。民盟中央主席张宝文、副主席龙庄伟，民盟中央社会服务部部长刘圣宇，西门子医疗大中华区总裁曾繁忠，副总裁孔发、浦峥嵘等出席启动仪式。启动仪式由民盟中央社会服务部副部长段海溪主持，来自全国27个省市自治区的民盟组织、受助地区代表近百人参加了启动仪式。启动仪式上，张宝文主席代表民盟中央向西门子医疗中国赠送纪念牌匾，并向三家“民盟医学影像继续教育基地”授牌。龙庄伟在讲话中指出，“守护天使”作为医疗扶贫天使系列工程的升级版本，与已经开展的“超天使工程”“微天使工程”形成高低搭配、点面结合的工作格局，将有效推动受助地区医疗卫生事业的发展，为进一步创新医疗扶贫工作模式，推进贫困地区民生改善做出积极贡献。希望承担培训任务的影像基地能够认真做好人员培训、远程诊疗工作，真正做到倾囊相授、金针度人。“守护天使工程”旨在提高县级医院的影像装备和诊断水平，强化县级医院在分级诊疗中的关键作用，缓解老百姓看病难、看病贵的问题，为实现“大病不出县”提供有力支持。秉持“精准扶贫、影像先行、影像精准、百县先行”的宗旨，“守护天使工程”以极其优惠的条件，向100家县级医疗机构提供日常医疗检查中必备的影像诊断及实验室诊断设备；同时，联合国内权威医疗机构及医学院校成立“民盟医学影像继续教育基地”，为县级医疗机构影像科医师提供影像诊断继续教育培训；此外，该项目还携手爱影医生集团，对复杂病例提供影像诊断服务咨询。该项目的启动，显示了民盟中央社会服务部与西门子医疗中国参与脱贫攻坚、助力健康中国所作的积极努力，彰显双方将在打赢脱贫攻坚战、全面建成小康社会的过程中作出更大贡献。

7月8日至9日，由民盟中央社会服务部携手增爱公益基金会主办、民盟甘肃省委社会服务部、民盟天水市委具体承办的“民盟增爱义诊暨民盟名医大讲堂”在天水市第二人民医院举办；由民盟河北省委社会服务部、河北省红十字基金会医院发起的“新肝行动”同时在天水落地。12名北京医疗专家以及“新肝行动”项目医疗专家、河北省红十字基金会医院院长崔树旺，免费为天水市民进行诊疗服务。活动共免费诊治患者310人，手术2例，培训医务工作人员500余人。

8月22日，民盟“守护天使工程”甘肃启动仪式在天水市秦安县举行，“民盟名医大讲堂”活动在天水市中医院举行。民盟中央副主席龙庄伟，西门子医疗系统有限公司大中华区总裁曾繁忠，甘肃省政协副主席、民盟甘肃省委主委张世珍，天水市人大常委会主任王光庆，市政协主席张明泰，市人大常委会副主任、民盟天水市委主委安志宏，副市长何东以及市卫计委、秦安县等有关领导出席活动。启动仪式上，西门子医疗系统有限公司向秦安县人民医院、庆阳市华池县人民医院、陇南市文县第一人民医院等六家医院捐赠了医疗设备，张世珍向西门子医疗系统有限公司颁发了锦旗。下午，来自北京医院放射科的李惠章主任，以《解剖关系及疾病内在逻辑关系在腹部疾病诊断中的应用》为题，对天水市第一、二、三、四、五人民医院，妇幼保健院，中医院七家医院的120余名影像医务人员进行了培训。

9月21日，民盟中央“守护天使工程”黑龙江启动仪式在黑龙江省鹤岗市举行。民盟中央副主席龙庄伟，民盟中央社会服务部部长刘圣宇，西门子医疗全球首席运营官Michael Reitermann，西门子医疗大中华区总裁曾繁忠及相关西门子医疗管理层，民盟黑龙江省委驻会副主委王健凤，民盟省委秘书长兼参政议政部部长李福生，中共鹤岗市委领导、绥滨县人民政府领导及“守护天使工程”惠及医院代表等共同出席了启动仪式。启动仪式后，民盟中央、西门子医疗等一行对绥滨县人民医院、县中医院进行了考察，当地医院负责人介绍了“守护天使工程”给医院带来的重大提升。在此次活动中，来自北京协和医院两位影像专家宋兰、王志伟老师为鹤岗市医院的影像医生进行了业务培训，受到当地医生的欢迎。

11月29日，“民盟健康心动云南行”在大理白族自治州人民医院正式启动。民盟中央副主席、云南省政协副主席倪慧芳，民盟云南省委主委、云南省科技厅厅长徐彬，民盟中央社会服务部部长刘圣宇，四川大学华西医院心内科主任黄德嘉教授，武汉大学人民医院黄从新教授，美敦力大中华区心脏节律及心衰业务副总裁林松等嘉宾出席了启动仪式。刘圣宇指出，民盟积极发挥人才和智力上的优势，广泛动员包括美敦力公司这样的爱心企业、社会组织，形成帮扶合力，推进落实“医疗精准扶贫”。“民盟健康心动云南行”项目已经是民盟、中华医学会心电生理和起搏分会与美敦力公司的第三次携手合作，此前的2011年“毕节行”、2014年“延安行”活动都取得了突出的成绩。即将开展的“云南行”项目要按照“医疗精准扶贫”的要求，为云南贫困地区的心律失常患者提供及时的医疗服务保障，使得广大贫困患者获益。“民盟健康心动云南行”项目支持单位美敦力公司将向云南省贫困患者捐赠30套心脏起搏系统和10套远程随访系统，帮助患者减轻心动过缓等疾病造成的痛苦，改善其生活质量。项目实施的五年间，中华医学会心电生理和起搏分会还将组织专家携手省内医疗单位配套开展“全国百县心律失常规范化治疗与新技术培训”项目，为贫困心脏病患者免费安装心脏起搏器的同时，提升省、市、州各级医疗机构的心脏学科诊疗水平。

12月22日至24日，民盟中央携手增爱公益基金会共同开展的“民盟增爱义诊暨名医大讲堂齐齐哈尔站”活动圆满结束。活动通过义诊、科内培训、病例讨论、教学查房、主题讲座等形式，提升当地医疗水平，帮助广大病患早日战胜病痛，重获健康。来自北京医院心内科主任医师曾学寨和来自北京安贞医院心外科主任医师穆军升，为齐齐哈尔医学院 270 余名师生做了专题讲座。后两日 11 位专家医生在当地多家医院开展义诊，共接诊患者近 200 名，其中建档立卡贫困户 31 人。

12 月 27 日至 28 日，副主席龙庄伟赴丹江口出席“微天使工程”丹江口站授牌仪式。民盟湖北省委专职副主委王耀辉、中国肿瘤微创治疗技术创新战略联盟理事长郑加生教授以及丹江口市有关领导出席授牌仪式。“微天使工程”是民盟中央社会服务部联合中国肿瘤微创治疗技术创新战略联盟等单位共同启动的。该项目主要面向我国中西部地区县级医疗机构，通过设备捐赠以及人员培训、远程诊疗咨询等手段，推广普及肿瘤微创治疗这一先进技术，并以尖端引领的方式来带动提升基层医院的诊疗能力，推进分级诊疗体系建设，从而使广大基层患者能够就近享受到优质医疗服务。活动开展一年多来，已在重庆、河北、内蒙古等 10 多个省区市建立了肿瘤微创示范中心，极大地提升了当地县级医院相关疾病的装备水平和诊疗能力。龙庄伟在授牌仪式上指出，作为一种前沿的医疗技术，肿瘤微创介入治疗必须要有相应技术装备的支持。技术设备的“用”比“有”更加重要。只有实现先进技术的输入，才能真正发挥装备的作用。只有医师队伍建设水平的整体提高，才能真正提升当地卫生事业的技术水平，实现当地卫生事业永续发展和自我进步。龙庄伟希望参与活动的专家团队，能够认真做好人员培训、远程诊疗工作，真正做到倾囊相授、金针度人；也希望各受助医院和各位受训的同志也要充分珍惜、利用好捐赠的设备和培训的机会，虚心向各位专家学习，切实提高自身专业水平，真正把技术学到手，真正把设备用起来，造福一方百姓。龙庄伟还实地查看了丹江口市第一人民医院部分科室建设情况，详细了解了该医院就医环境、“微天使工程”项目相关诊疗设备操作应用、人才配备等相关情况。

4.“黄丝带”帮教计划拓展新形式

1 月 9 日，民盟盟员主创的戒毒题材电影《刺儿头》开机发布会在天堂河强戒所举行，民盟中央副主席张平出席活动并致辞。张平说，民盟与司法系统的情谊源远流长，民盟中央第四届主席史良，曾任共和国司法部第一任部长。民盟各级组织在监狱和戒毒系统开展知识讲座、义诊等多样的帮教活动，形成“黄丝带”品牌，产生了良好的社会影响。他表示，此次民盟盟员主创的宣传戒毒工作的电影隆重开机，这也是党盟共建、民盟与司法系统共同开展戒毒宣传工作的新尝试。对戒毒战线涌现出的先进事迹大力宣传，让鲜活的生命，活力的青春远离毒品，是全社会的责任，也是民盟社会服务的重要内容。民盟将秉承传统，继续做实事做好事，为经济社会发展做出应有贡献。电影《刺儿头》是我国首部以强制隔离戒毒工作为题材的影片，由民盟中央文化委员会、法制日报社、《法制文萃报》等单位联合制作。

11 月 7 日上午，副主席龙庄伟在福建省厦门市出席厦门民盟“黄丝带帮教行动”走进戒毒所活动。龙庄伟致辞并为“厦门民盟黄丝带帮教基地”揭牌。

三、自身建设

（一）思想理论建设

1月9日至19日，在鸡年新春佳节即将到来之际，民盟中央领导看望了在京老领导、老盟员及家属，为他们送去新春的祝福。1月12日，主席张宝文在常务副主席陈晓光，副主席张平、龙庄伟，秘书长高拴平的陪同下前往北京医院，看望正在这里住院的原主席丁石孙。张宝文向丁老致以新春的问候，并向家属及身边的工作人员详细询问了丁老的身体健康情况，叮嘱工作人员照顾好丁老，祝愿他早日康复。1月10日，主席张宝文，常务副主席陈晓光，副主席张平、徐辉、龙庄伟，秘书长高拴平来到原主席蒋树声家中慰问。张宝文首先问候了蒋先生及夫人的身体状况，并向蒋先生介绍了民盟一年来的参政议政、社会服务、自身建设以及即将到来的民盟中央换届准备等方面的工作。1月13日，副主席张平看望了原副主席厉以宁和原顾问邬沧萍，代表民盟中央向他们致以新春的美好祝福。1月9日，副主席徐辉分别看望了陶大镛同志遗孀牛平青女士和张纪域同志遗孀张祖贻女士，向她们致以诚挚的问候。1月13日，副主席龙庄伟分别来到原副主席袁行霈和卢强家中，向袁先生、卢先生转达了主席张宝文、常务副主席陈晓光的亲切问候，并代表民盟中央向两位先生及家人送上新春祝福。1月19日，秘书长高拴平看望了千家驹同志遗孀赵甲素女士，带去了民盟中央领导的问候和新春祝福。民盟中央领导还以不同形式向原第一副主席张梅颖，原副主席冯之浚、俞泽猷、王维城、李重庵、索丽生，马大猷同志遗孀王荣和女士、萧乾同志遗孀文洁若女士等老领导、老同志送去了新春的祝福。

1月20日，民盟中央、民盟北京市委组织民盟书法家来到昌平区十三陵镇仙人洞村，开展“写春联送祝福”文化下乡活动。民盟中央副主席龙庄伟和民盟中央副主席、民盟北京市委主委葛剑平出席活动。在活动现场，民盟二十多位书画家挥毫泼墨，兴致高昂地为村民们书写春联。短短的两小时，书画家们书写了几百副对联和福字。一副副飘着墨香的春联，寄托着对新春的祝福，对美好生活的祝愿，送到了充满期待的和喜悦的村民手中。民盟中央宣传部部长曲伟，民盟北京市委常务副主委刘玉芳、秘书长赵雅君参加活动。

2月20日，民盟中央召开2017年两会新闻通气会。副主席徐辉出席会议并讲话。秘书长高拴平主持会议。民盟中央参政议政部部长范芳向参会记者介绍了2017年民盟中央向全国政协十二届五次会议提交的大会发言和提案的基本情况。来自人民日报、新华社、中新社、光明日报、人民政协报、团结报、中央人民广播电台等20家媒体的记者参加了此次新闻通气会。

3月16日，民盟在京高校思想工作座谈会在北京大学召开。民盟中央副主席张平出席会议并讲话。民盟中央副主席、民盟北京市委主委葛剑平，民盟中央宣传部部长曲伟、副部长郑洁，民盟北京市委常务副主委刘玉芳、专职副主委宋慰祖出席座谈会。座谈会由刘玉芳主持。来自11所在京高校的民盟基层组织负责人和民盟北京大学委员会的部分盟员参加了座谈会。张平在讲话中充分肯定了在京高校民盟基层组织在思想建设和盟务工作方面取得的成绩，感谢大家对盟务工作的努力和付出。他指出，民盟作为以教育为主要界别、在高校有着大批成员的民主党派，思想工作面临着更为复杂的形势和任务，特别是在中共十九大和民盟中央十二大即将召开之际，大家责任重大，任重如山。张平就进一步做好高校民盟思想工作提出三点要求，一是要充分认识加强民盟高校思想工作的重要性和紧迫性。二是要实事求是，注重实效，创新民盟高校思想工作的方式方法。三是要把解决思想问题和解决实际问题结合起来，要坚持政治上引导、思想上关心、生活上关照、业务上支持。各位基层组织负责人介绍了所在高校民盟组织的基本情况，交流了民盟思想工作情况、经验及体会，并对如何进一步开展民盟高校思想工作、进行内容和形式的创新、提升民盟组织的凝聚力、处理好盟员本职工作和盟务工作的关系、发挥“盟员之家”作用等问题进行了探讨和交流，提出了许多具有建设性的建议。座谈会前，张平副主席与北京大学党委副书记敖英芳，著名经济学家、民盟中央原名誉副主席厉以宁，民盟中央副主席、民盟北京市委主委葛剑平等共同为北京市民盟基层组织第一个“盟员之家”——民盟北京大学委员会“盟员之家”揭牌。揭牌仪式由民盟北京市委常务副主委刘玉芳主持。

3月22日，主席张宝文、副主席张平来到吴江费孝通江村纪念馆，缅怀费老功绩，追寻先辈足迹。费孝通是我国著名社会学家、人类学家、民族学家，中国社会学和人类学奠基人之一，中国民主同盟的卓越领导人。在费孝通纪念馆内，展示了费老社会调查的大量珍贵图片和调研学术成果。费孝通江村纪念馆位于费老的家乡江苏省吴江市开弦弓村（江村），占地面积为10000平方米，建筑面积为2200平方米。纪念馆以费老社会调查的大量珍贵图片和调研学术成果为主线，展示了费老用毕生的精力为人类社会的发展进步进行社会调研所取得的巨大学术成果。展馆寓知识性、可观性、教育性于一体，富有鲜明的展馆特色。

3月25日，副主席张平应邀来到南京，为300多名基层盟员作了题为《中国民主同盟简史（1941—1949）》的专题辅导报告。张平在报告中，回顾了新中国成立前民盟成立、发展、斗争、壮大的历史过程。报告用翔实的历史资料和珍贵的历史图片，呈现了民盟烽火硝烟中成立，追求民主和平中成长，与反动势力不屈斗争中成熟，同共产党精诚合作中不断壮大的波澜画卷。报告用丰富的史实和鲜活的语言，讲述了民盟先贤在追求反内战、反独裁的爱国民主运动中与中国共产党亲密合作、风雨同舟、生死与共，在争取民族独立、人民解放的新民主主义革命中作出的不朽功绩和重大贡献。

3月26日，副主席张平在江苏省南京市出席民盟中央美术院南京分院揭牌仪式暨首届作品展。民盟江苏省委主委胡刚参加活动。

5月2日，“民族翰骨：潘天寿诞辰120周年纪念大展”在中国美术馆举办。常务副主席陈晓光，副主席张平、龙庄伟出席开幕式。张平在开幕式上致辞。他说，潘天寿先生既是民盟美术界的先辈，也是民盟文化界的骄傲。从潘天寿先生身上，我们看到了民盟历代知识分子的优秀品质。张平表示，民盟一直秉承“奔走国是、关注民生”的优良传统，坚持文化自信，弘扬中华文化，在建设文化强国的道路上努力实施着应有的责任与担当。民盟中央在2011年成立了美术院，广大盟员美术家为弘扬中华民族优秀文化，繁荣与发展具有时代精神的美术事业，一直在积极努力，默默奉献。也衷心希望社会各界人士对民盟的各项工作和文化事业，给予更多的关注和支持！中国文联党组副书记左中一，中国美协主席刘大为，民盟中央文化委员会主任、中国美术馆馆长吴为山，中国美术学院院长许江等出席开幕式。

5月15日，史良纪念馆筹建工作座谈会在民盟中央机关召开，副主席张平出席会议并讲话。座谈会上，史良纪念馆牵头参与单位——常州市司法局、民盟常州市委负责同志分别做了工作汇报，史良后人代表对纪念馆建设提出了意见建议。张平表示，常州民盟的各项工作都很扎实，特别是在民盟传统教育基地、盟员之家建设方面，做出了突出的成绩。常州五贤（史良、李公朴、华罗庚、刘海粟、周有光）都是民盟的杰出人士，留下丰厚的精神遗产，值得深入挖掘。民盟中央宣传部部长曲伟、副部长郑洁，民盟常州市委、司法局、史良后人代表共20余人参加座谈会。

5月15日，钱端升纪念馆开馆仪式在中国政法大学举行，民盟中央副主席张平出席活动并致辞。民盟北京市委常务副主委刘玉芳，中国政法大学党委书记石亚军、校长黄进等参加活动。

5月22日，副主席张平在京看望原副主席卢强，为卢强庆祝81岁寿辰。9月5日上午，主席张宝文、常务副主席陈晓光亲切看望丁石孙先生，并为其庆祝九十寿诞。9月22日，副主席张平看望民盟中央原顾问邬沧萍，并为其庆祝九十六岁寿诞。11月9日，副主席龙庄伟看望民盟中央原副主席俞泽猷，并为其庆祝八十六岁寿诞。

6月16日，由民盟广州市委主办，民盟泉州、漳州、福州、宁波、南京、扬州、西安、敦煌和乌鲁木齐等九个“一带一路”重要节点和代表城市的民盟组织联办，广州市体育局、广州市文广新局协办的“丝路丹青——海陆丝绸之路十城市盟员书画联展”在广州开幕。民盟中央主席张宝文，民盟中央副主席、广东省政协副主席、民盟广东省委主委温思美，民盟中央宣传部部长曲伟，广东省法制办主任、民盟广东省委副主委王学成，中共广州市委常委、统战部部长卢一先，民盟广州市委主委江智涛，广州市体育局、文广新局有关负责人，来自全国22个省市民盟组织代表及多位盟员艺术家出席开幕仪式。开幕仪式由民盟广州市委专职副主委黄雪萍主持。

7月7日，民盟中央原第一副主席张梅颖、副主席张平赴梅兰芳大剧院，观看了由四川庞氏文化传播有限公司民中川剧团演出的川剧《布衣张澜》。文化部部长助理于群，民盟四川省委副主委姚其清等一同参加活动。《布衣张澜》是由中共中央宣传部、中华人民共和国文化部主办的2017年全国基层院团戏曲会演的演出剧目之一。张梅颖、张平对演出给予了充分肯定并提出了宝贵的意见和建议。

7月16日，中国民主同盟学习实践基地授牌仪式在民盟杭州市公羊会支部举行。副主席张平出席活动并为公羊会支部授中国民主同盟学习实践基地牌。授牌仪式上，张平指出，公羊会之所以能成为国内具有较大影响力的民间公益组织，不仅是因为全体成员十余年来淡泊名利、坚持为社会无私奉献，还因为有各级党委政府、各级民盟组织、广大媒体和社会各界的关心呵护和全力支持。他希望公羊会、公羊会支部时刻不忘初心，永远把社会公益放在首位，长久地为国家、为社会做出更大贡献。浙江省副省长、民盟浙江省委会主委成岳冲，民盟中央宣传部部长曲伟，民盟上海市委会专职副主委沈志刚，民盟浙江省委会巡视员徐向东，民盟浙江省委专职副主委徐燕峰，民盟杭州市委主委宦金元等参加活动。授牌仪式结束后，张平一行还参观了公羊会支部盟员之家、公羊会公益大学等，并听取了支部主委何军的汇报。

7 月 17 日，“中国民主同盟传统教育基地”暨“浙江省盟员传统教育基地”授牌仪式在浙江省春晖中学隆重举行。民盟中央副主席张平，民盟中央宣传部部长曲伟，民盟浙江省委会专职副主委徐燕峰等参加授牌仪式。民盟浙江省委会秘书长兼宣传部部长何志芬主持仪式。张平为浙江省春晖中学授“中国民主同盟传统教育基地”牌。徐燕峰为浙江省春晖中学授“浙江省盟员传统教育基地”牌。春晖中学是中国现代新教育和新文学的发源地之一，因其教育革新与名贤汇聚享誉中国文化教育界，春晖中学文化先贤中有黄炎培、胡愈之、陈望道、柳亚子、朱光潜等众多民盟前辈。民盟中央在春晖中学建立传统教育基地，不仅能为广大盟员学习优良传统、传承民盟精神搭建了新的平台，为教育培训盟员、推动坚定信念、增强凝聚力提供了新的载体，也将为社会各界人士进一步了解民盟、了解多党合作制度开启新的窗口。授牌仪式结束后，张平参观了春晖中学校史馆，并为学校题词“万紫千红好春晖”。

8 月 21 日，为迎接即将召开的中国共产党第十九次代表大会、中国民主同盟第十二次代表大会，由民盟天津市委主办的“翰墨书丹心、共筑中国梦”美术作品展暨民盟中央美术院天津分院成立仪式在天津盛玺美术馆举行。民盟中央副主席张平出席活动并宣布展览开幕。天津市政协副主席、民盟天津市委主委高玉葆，民盟中央宣传部部长曲伟，中共天津市委统战部副部长唐瑞生，民盟中央美术院美术家以及盟员代表 150 余人参加了活动。仪式由民盟天津市委副主委兼秘书长郭维丽主持。仪式上，张平、高玉葆为民盟中央美术院天津分院揭牌，曲伟宣读了关于同意民盟中央美术院天津分院成立的批复。仪式结束后，张平一行参观了美术作品展，民盟中央美术院和天津分院的美术家们进行了笔会交流。

9 月 25 日，由民盟中央主办、民盟北京市委承办的“身边的榜样”宣讲会首场宣讲在北京民主党派人民团体大楼举行。民盟中央副主席张平、秘书长高拴平，民盟中央办公厅主任王荣彬、宣传部部长曲伟，民盟北京市委专职副主委宋慰祖，副主委何福胜、刘学俊等出席会议。会议由宋慰祖主持。为充分发挥先进典型的带头示范作用，更好地引导广大盟员加强政治思想学习，积极参与参政议政和社会服务实践，民盟中央宣讲团将以“身边的榜样”为主题，组织系列宣讲活动。张平等领导为宣讲团成员代表颁发聘书并讲话。

9 月 26 日上午，中国民主同盟历史展开展仪式在民盟中央机关举行。民盟中央主席张宝文，常务副主席陈晓光，副主席张平、龙庄伟，秘书长高拴平出席开展仪式并为中国民主同盟历史展揭牌。张宝文在开展仪式上讲话，张平主持开展仪式。张宝文在讲话中说，76 年来的民盟历史，不仅是我们团结自身所联系的知识分子，为争取民族独立、人民解放和实现国家富强、人民富裕的历史，也是我们与中国共产党肝胆相照、荣辱与共的历史。接受中国共产党的领导，坚持多党合作制度，是民盟在饱经艰难曲折之后的理性认知，也是在革命和建设实践当中锤炼出的自觉选择；是民盟先辈深思熟虑的政治智慧，也是全盟对历史经验的深刻总结。张宝文强调，今年是中共十九大召开之年，也是民盟换届之年。全盟上下正在开展的“不忘合作初心，继续携手前进”专题教育，就是要使我们的广大盟员在历史发展的新时期，更加充分地认识到接受中国共产党领导的历史必然，将民盟先辈们的历史选择内化为我们的自觉选择，不断夯实多党合作的共同思想政治基础。盟史展在此时开展，正当其时。各有关部门要继续深入挖掘盟史的时代内涵，广泛传播民盟的优良传统，将盟史陈列室打造成全盟盟史教育的样板工程、传承民盟优良传统的模范平台，为各地民盟组织来盟中央机关参观学习提供支持和帮助。民盟中央机关各部门、群言杂志社和机关服务中心等90余人参加开展仪式。

9月27日，《群言·内蒙古专刊》首发式在内蒙古包头市举行，民盟中央副主席张平，民盟内蒙古区委主委董恒宇，民盟中央宣传部部长曲伟，中共内蒙古自治区委、包头市委有关领导等出席首发式。内蒙古专刊是《群言》第四本地方专刊，它寄托了守望相助、建设亮丽北疆的草原情怀、骏马精神，更是对内蒙古自治区成立70周年和内蒙古民盟组织成立35周年的献礼。

9月27日，2017年度群言理事暨通讯员会议在内蒙古包头市召开，民盟中央副主席，《群言》编委会主任、理事会理事长张平出席会议并讲话。会议由民盟中央宣传部部长曲伟主持。张平副主席代表民盟中央对各位理事及通讯员几年来与杂志社的通力合作表示感谢，并充分肯定了群言的各项工作。张平副主席还对今后群言的工作提出要求。他强调，群言要继续深入学习贯彻习近平总书记系列重要讲话精神，尤其是关于知识分子的重要思想；要深刻认识民盟思想宣传工作面临的新要求，围绕民盟重点工作积极发声；要充分发挥新兴媒体作用，多方位、多角度、多层次打造群言宣传平台，以更好地反映时代呼声、传播中国价值、展现民盟智慧、彰显民盟风骨。在分组讨论中，与会代表围绕如何办好《群言》展开了热烈讨论，并为群言的发展提出了意见和建议。会议还对2017年度群言杂志社发行工作优秀单位进行了表彰，并为新任理事颁发聘书。

10月14日下午，民盟中央美术院浙江分院暨民盟浙江华夏书画学会创作基地揭牌仪式在浙江赛丽美术馆隆重举行。民盟中央副主席、民盟中央美术院院长张平，浙江省副省长、民盟浙江省委会主委成岳冲出席揭牌仪式，并为民盟中央美术院浙江分院和民盟浙江华夏书学会创作基地揭牌。民盟中央美术院常务院长、浙江分院院长、浙江华夏书画学会会长陈振濂，民盟中央宣传部部长曲伟，民盟中央美术院部分副院长、理事出席揭牌仪式。揭牌仪式由民盟浙江省委会专职副主委徐燕峰主持。民盟中央宣传部部长曲伟在开幕式上宣读了关于同意成立民盟中央美术院浙江分院的批复文件并讲话。揭牌仪式后举行了喜迎中共十九大庆祝笔会。盟员艺术家纷纷献墨，共贺民盟中央美术院浙江分院和民盟浙江华夏书学会创作基地的成立。

10月14日，民盟中央美术院宁波分院和宁波创作基地在天港禧悦举行揭牌仪式，民盟中央副主席、民盟中央美术院院长张平应邀出席活动，中共宁波市委统战部常务副部长叶苗到会祝贺。张平和民盟浙江省委会副主委、宁波市委会主委、副市长许亚南共同为民盟中央美术院宁波分院和宁波创作基地揭牌。民盟宁波市委会专职副主委郭强主持了揭牌仪式。揭牌仪式后还举行了“喜迎十九大、共筑中国梦”主题笔会，民盟中央美术院领导与宁波的盟员艺术家，泼墨挥毫，以书会友，共贺民盟中央美术院宁波分院的正式成立。

10月15日，民盟盟员之家建设经验交流会在杭州举行。民盟中央副主席张平出席会议并讲话，浙江省人民政府副省长、民盟浙江省委会主委成岳冲致欢迎词，中共浙江省委统战部常务副部长金长征出席开幕式并讲话。开幕式由民盟中央宣传部部长曲伟主持。张平在讲话中指出，“盟员之家”作为民盟思想建设和组织建设“建在基层”的创新平台，成为民盟深入开展坚持和发展中国特色社会主义学习实践活动的重要抓手和亮点内容。坚持中国共产党领导，坚持中国特色社会主义政治发展道路，不断继承和发扬民盟的优良传统，为多党合作事业和民盟事业发展努力发挥好自身作用，是盟员之家要一如既往秉持的“家风”。民盟浙江省委专职副主委徐燕峰、福建省委专职副主委刘泓、山东临沂市委主委孟凡明、河北邯郸市委驻会副主委王爱军、浙江杭州市委副主委周常生、江苏江阴市委主委龚振东、吉林电子信息技术职业学院支部主委桑小洲、广东广州市从化区基层委员会副主委迟云平等8位代表做了先进发言。民盟各省级组织专职副主委、宣传部门负责同志，部分省盟组织部门负责同志及基层组织代表参加会议。民盟浙江省各市委会领导和盟员之家代表列席会议。10月14日，与会代表分赴嘉兴、绍兴两地，现场考察参观了桐乡、柯桥、上虞等地的盟员之家和沈钧儒纪念馆、胡愈之故居、春晖中学等民盟传统教育基地。

10月16日，民盟中央美术院无锡分院成立揭牌仪式在无锡举行，首届作品展同时在崇安寺老图书馆亮相，展览展出了无锡19位民盟书画家的60件书画篆刻作品。民盟中央副主席、民盟中央美术院院长张平，民盟中央宣传部部长曲伟，民盟江苏省委秘书长唐双辰，无锡市副市长、民盟无锡市委主委高亚光，民盟中央美术院部分副院长、理事，盟员代表两百余人出席大会。仪式结束后，民盟中央美术院书画名家在现场举行了“喜迎中共十九大——民盟书画名家‘走进无锡’交流笔会”。

10月16日上午，民盟中央美术院宜兴分院成立揭牌仪式暨宜兴民盟陶艺书画展在中超利永紫砂陶有限公司举行。民盟中央副主席张平，民盟中央宣传部部长、民盟中央美术院秘书长曲伟，民盟江苏省委秘书长唐双辰，无锡市副市长、民盟无锡市委主委高亚光，中共宜兴市委副书记、统战部部长周中平，宜兴市人大常委会副主任、民盟宜兴市委主委赵菊明等领导以及有关方面的负责人出席活动。揭牌仪式结束后，张平宣布“喜迎中共十九大——宜兴民盟陶艺书画展”开幕，与会领导与嘉宾饶有兴趣地参观了展览。展览集中展示了宜兴民盟37位艺术家100多件高水平陶瓷书画艺术精品，自即日起长期展出。

10月17日上午，由民盟中央美术院、民盟江苏省委主办，民盟常州市委、民盟中央美术院各分院协办，民盟中央美术院常州分院、中国·环太湖艺术城承办的“梦想与激情”——民盟中央美术院全国美术作品展在常州环太湖艺术城开幕。本次画展共展出全国30余个省市民盟盟员的优秀作品近300件。民盟中央副主席、民盟中央美术院院长张平，中国美术馆馆长、中国美协副主席、民盟中央文化委员会主任、民盟中央美术院常务院长吴为山，民盟江苏省委主委、南京中医药大学校长胡刚，民盟中央宣传部部长、民盟中央美术院秘书长曲伟，江苏省文化厅党组书记、厅长徐耀新，中共常州市委常委、宣传部部长、科教城党工委书记徐光辉，民盟常州市委主委、常州市人民政府副市长许峥，江苏艺术基金管理中心副主任王伟，民盟江苏省委秘书长唐双辰等，以及来自全国各省市民盟组织的领导和盟员艺术家，各新闻媒体的记者约600余人出席开幕式。曲伟主持开幕式。许峥致欢迎词，胡刚代表民盟江苏省委在开幕式上致辞。吴为山受张平副主席委托代表民盟中央美术院讲话。张平、吴为山、胡刚、徐耀新、徐光辉、许峥共同为本次展览揭幕。本次展出的作品，有刘海粟、邓散木、刘继卣、吴冠中、何海霞等已故大师的传世经典，其中有些作品为首次展出；还有以吴为山、陈振濂等为代表的，活跃在当今美术界的中青年美术家的艺术精品。当天下午，还召开了“各美其美、美美与共——以经典对话经典学术研讨会”，吴为山主持研讨会。为配合本次画展，民盟中央美术院编辑出版了大型画册《梦想与激情——民盟中央美术院全国美术作品展作品集》。

10月18日上午，为及时学习贯彻中共十九大精神，民盟各级组织踊跃收看收听中共十九大开幕会直播和习近平同志的报告，并热烈讨论、畅谈感想。民盟中央机关组织干部职工集体收看中共十九大开幕会。在外调研或举办活动的民盟中央领导和工作人员，也在当地集体收看了中共十九大开幕会。民盟30个省级组织分别组织机关干部集体收看了开幕会。各地民盟基层组织也纷纷组织盟员通过电视、网络、广播等途径收听收看开幕会直播。广大盟员在微信、微博等新媒体上积极转发大会盛况、中共十九大报告、权威解读等，抒发学习心得。

10月30日，中国民主同盟第十一届中央委员会第二十次主席会议在北京举行。会议的主要议程是深入学习贯彻中共十九大精神，听取民盟第十二次全国代表大会筹备工作情况。主席张宝文主持会议并讲话，常务副主席陈晓光，副主席张平、丁仲礼、徐辉、温思美、欧阳明高、郑惠强、田刚、龙庄伟、葛剑平、倪慧芳、王光谦，秘书长高拴平出席会议。民盟中央机关各部门负责同志列席会议。

11月2日上午，民盟中央机关召开学习中共十九大精神专题交流会。主席张宝文发表讲话，常务副主席陈晓光主持会议，副主席徐辉、秘书长高拴平出席会议。张宝文在讲话中指出，习近平总书记所作的十九大报告，立意高远、思想深邃、气势恢宏，擘画宏伟蓝图，回应人民关切，是建设社会主义现代化强国的总纲领、总设计、总方略。认真学习贯彻中共十九大精神，就是要深刻认识中共十九大胜利召开的伟大历史意义，全面把握新时代新思想新使命新征程的思想内涵；就是要重点抓好学习宣传和教育引导，进一步凝聚共识、凝聚力量；就是要以中共十九大精神为指引，不断加强自身建设，切实履行好参政党职能。张宝文强调，学习贯彻中共十九大精神，最根本的是学习贯彻习近平新时代中国特色社会主义思想。全盟各级组织和广大盟员要深入理解这一重要思想的历史地位、精神实质和丰富内涵。接下来，机关各部门要精心组织，采取各种形式，分类分层次抓好学习，以中共十九大精神为指引，不断加强“学习型、绩效型、服务型、和谐型”机关建设，为各项盟务工作的高效有序开展奠定坚实基础。会上，来自机关各部门的八位代表就学习中共十九大精神分享了体会，并联系工作实际做出了深入阐释。大家一致认为，将继续认真学习贯彻习近平同志十九大报告和新时代中国特色社会主义思想，并以其为思想指引和行动指南，全面准确地贯彻落实到工作中去，为把我国建设成为富强民主文明和谐美丽的社会主义现代化强国、夺取新时代中国特色社会主义伟大胜利做出应有贡献。听了同志们的心得体会后，陈晓光对大家的学习成果表示充分肯定，认为同志们对中共十九大精神作了扎实深入的学习。他强调，机关全体同志要按照宝文主席的要求，深入学习领会中共十九大精神特别是习近平新时代中国特色社会主义思想的精神实质和深刻内涵，切实把思想和行动统一到中共十九大精神上来，把智慧和力量凝聚到实现中共十九大确定的目标任务上来，立足本职岗位，认真履行职责，推动民盟各项工作有序开展，为民盟更好地建设高素质参政党做出应有贡献。民盟中央机关全体同志参加会议。

11月11日，民盟中央与民盟上海市委合作举办了“重走同心路 共叙肝胆情”系列活动，以内容丰富、时代感强的演讲比赛、民盟传统教育基地定向赛，鼓舞激励广大盟员学习领会习近平新时代中国特色社会主义思想，继承和发扬民盟优良传统，从而更好履行参政党职能，以实际行动迎接民盟十二大的胜利召开。

11 月 12 日上午，副主席张平在上海出席中国民主同盟（上海）传统教育基地揭牌仪式并讲话。民盟上海市委主委陈群出席仪式。

（二）组织建设

省级组织换届是今年全盟工作的重点。从 4 月初到 8 月下旬，全盟 30 个省级组织圆满完成了换届工作。民盟中央各位领导分别出席各省级组织代表大会。整个换届工作部署周密、程序规范、纪律严明、会风和谐，全面展现了各地民盟组织的发展成就和精神风貌，顺利实现了人事更替和政治交接，换出了新干劲新气象，为谱写民盟事业和多党合作事业发展新篇章打下了坚实的组织基础。与以往相比，本次换届呈现出一些新特点，如代表出席率高，候选人得票率高，各方满意度高；工作报告内容丰富、形式新颖，突出了盟务工作的新特色新亮点，展示了履职尽责的新成绩新贡献；微信公众号等新媒体的广泛应用，有效提高了宣传报道的时效性和覆盖面。换届后班子的整体结构进一步优化，30 个省级组织共选举产生领导班子成员 240 人，其中新任主委 9 名，新任副主委 101 名；平均年龄为 54.8 岁，已由 50 后为主转变为 60 后为主，还有部分 70 后的新生力量；有博士学位的占 55.6%，硕士学位或研究生学历的占 35.5%, 分别比上届增加了 3.8 个百分点和 11 个百分点；班子成员中主界别的占 42.3%，政府司法机关的占 27.8%，盟务专职干部占 13.7%，人大政协占 12%，新社会阶层占 2.9%，基本符合当前盟员队伍的整体结构和发展状况。

3 月 24 日下午，民盟中央邀请在中央社会主义学院学习的第 37 期民主党派干部进修班、培训班的 17 位民盟学员到机关座谈。常务副主席陈晓光亲切接见各位学员并与大家座谈交流。座谈会由秘书长高拴平主持。参加座谈的盟员来自全国各地，既有入盟二十多年的市级主委，也有 70 后、80 后的年轻盟员，大家都非常珍惜这样的学习机会，在座谈中畅所欲言，分享了在中央社院的学习体会，针对组织发展、参政议政、盟内监督等内容展开了热烈讨论。同时结合自身工作实际，提出了很多富有建设性的意见、建议。陈晓光首先代表民盟中央对各位学员的到来表示欢迎，对大家提出的问题作出一一回应。他指出，2017 年是实施“十三五”规划的重要一年，也是推进供给侧结构性改革的深化之年，作为致力于中国特色社会主义事业的参政党，我们要统一思想，提高认识，切实履行好参政党职能。他还对大家提出三点希望：一是要加强学习，深入学习贯彻习近平总书记系列重要讲话精神和全国“两会”精神，牢固树立“四个意识”，切实增强“四个自信”，不断加强“五种能力”的培养；二是要积极参政议政，关心国家大事，关注所在地区、行业、单位的有关情况，道实情、建诤言、献良策，参政参到点子上，议政议到关键处，努力提高参政履职的能力和水平；三是加强思想建设，牢记思想建设永远在路上，自觉与以习近平同志为核心的中共中央保持高度一致，筑牢思想防线，弘扬主旋律，倡树正能量。

4 月 12 日，河南民盟成立 70 周年纪念大会在郑州召开。民盟中央副主席张平出席大会并致辞。大会对在思想宣传、组织建设、参政议政、社会服务、本职工作等各方面表现突出的 55 个“先进基层组织”，267 名“优秀盟员”进行了表彰。民盟河南省委机关干部及盟员代表，先进基层组织和优秀盟员代表共 200 余人参加大会。

5 月 20 日至 21 日，全国副省级城市盟务工作第 13 次联席会议在深圳召开。全国一线、新一线的30个经济中心城市盟市委汇聚深圳，共话城市盟务工作发展。民盟中央副主席王光谦在开幕式上作了热情洋溢的讲话。30个盟市委代表和全体参会人员采取扫描屏幕二维码的形式，共同启动了“经济中心城市盟务工作共享平台联盟”。此次深圳会议以“沟通、协作、开放、共享”为宗旨，一如既往地从盟务工作入手，研讨大中城市盟市委会工作实务，同时适应新形势，积极创新，采取“副省级城市盟员主旨演讲+子论坛”的“1+4”会议模式。其中4个子论坛分别由民盟大连、成都、南京、广州市委会协办，讨论内容涉及科技创新、区域经济、民办教育、盟务工作等方面，既贴近经济社会发展前沿领域，又更新了盟务工作“切面”，更加注重盟务工作的系统性研究。

6月17日，副主席徐辉在江西省南昌市出席江西民盟成立70周年纪念大会并致辞，民盟江西省委主委刘晓庄出席大会。

7月16日，民盟浙江省省级组织成立70周年纪念大会暨浙江民盟榜样人物颁奖典礼在杭州举行。民盟中央副主席张平出席纪念大会并致贺词。大会授予省人大常委会原副主任、民盟省委会原主委王启东先生省级组织成立70周年特别贡献奖，向入盟60周年以上的老盟员代表颁发了纪念证书。在随后举行的“浙江民盟榜样人物”颁奖典礼上，民盟浙江省委会领导为何军等10名“浙江民盟榜样人物”，沈国华等10名“浙江民盟榜样人物提名奖”获得者，吴建清等9名“浙江民盟榜样人物入围奖”获得者，颁发了奖杯和证书。

8月21日至25日，为贯彻落实民盟中央主席张宝文在民盟十一届十四次中常会上提出的组织实施“民盟双百人才工程”的有关要求，即每年在全盟选取100名高层次新盟员和100名代表人士、后备干部集中进行培训，民盟中央在中央社会主义学院举办了首届“民盟双百人才工程”培训班。本次培训班共有来自全国各地市级组织、大的基层组织新任主委和有代表性的新盟员近200人参加。民盟中央常务副主席陈晓光出席开班式并作重要讲话，副主席徐辉出席结业式并作总结讲话，民盟中央秘书长高拴平主持开班式。陈晓光指出，中共十八大以来，以习近平同志为核心的中共中央高度重视知识分子工作，在很多场合、从不同方面对知识分子给予充分肯定、寄予殷切希望。作为以文化教育及科技界高中级知识分子为主体的参政党，民盟充分发挥知识分子的作用责无旁贷，广大盟员扛起使命担当义不容辞。参加本次培训的各位同志，都是所在领域或所在单位的业务骨干。伟大时代为大家提供了广阔舞台，也对大家提出了更高要求。陈晓光向学员们提出四点要求：一是要坚定理想信念，做中国特色社会主义的亲历者、实践者、维护者和捍卫者；二是要强化担当精神，做勇于创新创造的先锋；三是要深化政党意识，做履行参政党职能的表率；四是要锤炼品格，做践行社会主义核心价值观的模范。本次培训特别注重创新，实行授课人主讲与学员“微讲座”分享相结合的方式，激发了学员的能动性和学习热情；安排了参观国家博物馆主题展览等活动，丰富了授课方式和内容。在小组讨论中，学员们畅所欲言，一致认为，通过这次学习，政治信念更加坚定，对盟的历史更加自豪，对做好盟的工作更有信心。结业式上八位盟员代表学员报告了学习体会。徐辉副主席作总结讲话。他指出，本期培训班是民盟中央首次大规模、高规格集中培训地市级组织主委和高层次新盟员。培训班时间虽短，但主题突出，内容丰富，针对性强，呈现出鲜明特点。徐辉向学员们提出两点要求：一要“坚定信念”，以坚定的理想信念不断学习、做好角色转换，传承民盟优良传统、努力成为一名有责任感和使命感的优秀盟员；二要“求真务实”，在实际工作中以专业负责的态度立足本职，积极参政议政，认真履职尽责，为把民盟建设成高素质参政党作出应有的贡献。

9月12日下午，民盟中央邀请在中央社会主义学院学习的第38期民主党派干部进修班、培训班的20位民盟学员到机关座谈。常务副主席陈晓光亲切接见各位学员并与大家座谈。座谈会由民盟中央秘书长高拴平主持。学员们畅谈了培训的感受和体会，表达了对民盟中央关怀的感谢，并结合自身工作实际，就民盟自身建设、参政议政、社会服务等工作提出了很多富有建设性的意见和建议。陈晓光充分肯定了大家的学习成果，解答了学员提出的问题。他指出，自民盟十一大以来，全盟各级组织秉承“奔走国是、关注民生”的传统，积极发挥特色和优势，围绕中心、服务大局，各方面工作都取得了长足的进步。他希望大家要以当前正在深入开展的坚持和发展中国特色社会主义学习实践活动为契机，认真学习贯彻中共十八大和十八届三中、四中、五中、六中全会精神，认真学习贯彻习近平总书记系列重要讲话精神，牢固树立“四个意识”，不断增强“四个自信”，始终在思想上政治上行动上同以习近平同志为核心的中共中央保持高度一致，不断夯实多党合作的共同思想政治基础；要进一步认清当前形势，切实增强责任感、使命感和紧迫感，着力提升参政履职能力，紧紧围绕经济社会发展中的重大问题建言献策，努力为实现中华民族伟大复兴的中国梦贡献力量；要继承和弘扬民盟优良传统，加强作风修养和人格修养，树立敬业意识和奉献精神，在工作实践中不断赋予民盟优良传统以新的时代内涵。

9月19日上午，常务副主席陈晓光在京出席中央社会主义学院“民主党派省级组织主委多党合作专题研究班”开班典礼。

9月20日晚，民盟中央邀请参加中央社会主义学院“民主党派省级组织主委多党合作专题研究班”的21位主委和在中央党校学习的4位主委到盟中央机关座谈。主席张宝文，常务副主席陈晓光，副主席张平、徐辉与大家合影留念并座谈。座谈会由陈晓光主持。各省级组织主委首先作了发言。主委们表示，本次培训班课程安排好、学习收获大，尤其是孙春兰部长所做的开班讲话，为大家今后的工作提出了要求、指明了方向，意义深远，值得大家认真学习、深刻体会。主委们还介绍了换届以来各省级组织在政治交接、组织建设、参政议政、社会服务等各方面工作的开展情况和对未来发展的一些构想。大家一致表示，今后一定把中央领导的讲话精神落实到盟务工作中、把培训学到的知识运用到具体实践中，为当地经济社会发展多做贡献，为盟的事业增光添彩。听取了大家的发言后，张宝文代表民盟中央对主委们的到来表示欢迎，对大家的学习热情感到欣慰。他指出，至今年8月，民盟省级组织的换届工作圆满完成。在顺利实现新老交替的同时，各省级组织新一届领导班子对未来的工作积极谋篇布局，大家干劲很足，信心很强，中央统战部在此时组织大家集中培训，加强政治学习，提升履职能力，很有必要，非常及时。他提出三点希望：一是在政治引领上要坚持正确方向，继承和发扬民盟老一辈与中国共产党亲密合作、风雨同舟的优良传统，继续深化政治交接，更加自觉地接受中国共产党的领导，坚定不移地走中国特色社会主义政治发展道路；二是在参政履职上要强化责任担当，紧紧围绕国家重大战略部署，多深入基层，多深入实际，及时了解社会生活中的重要情况和群众关注的热点问题，做到了解情况实、反映问题准、解决办法好；三是在自身建设上要提升能力水平，切实加强思想、组织、制度建设特别是领导班子建设，要不断强化后备干部队伍建设和民盟传统领域组织发展，切实做好人才推荐工作，同时努力提升五种能力建设，以新面貌新气象展示新作为、创造新业绩。陈晓光总结这次座谈会时指出，张宝文主席的讲话，着眼于民盟长远发展和各省级组织换届后的新情况，对大家今后的工作提出了指导性意见，希望大家认真学习、深刻领会，在学习孙春兰部长讲话精神的基础上，把张宝文主席的讲话落实到实际工作中去。秘书长高拴平和民盟中央各部门负责同志参加了座谈会。

10月10日下午，民盟中央主席张宝文在江西出席“2017中国草原论坛”期间，专程来到民盟江西省委会机关，亲切看望民盟江西省委会领导班子和机关工作人员，嘱托大家坚持正确方向，继承和发扬民盟老一辈与中国共产党亲密合作、风雨同舟的优良传统，继续深化政治交接，扎实开展“不忘合作初心，继续携手前进”专题教育，更加自觉地接受中国共产党的领导，坚定不移地走中国特色社会主义政治发展道路。江西省政协主席黄跃金，中共江西省委常委、统战部部长陈兴超，江西省人大常委会副主任龚建华，江西省政协副主席、民盟江西省委会主委刘晓庄和江西省政协秘书长肖为群等陪同。民盟江西省委会副主委何建洋、黄菊花、陈文华、刘新农、张国新参加。

12月19日下午，民盟中央主席丁仲礼一行走访民盟福建省委机关。丁仲礼在与民盟福建省委领导班子成员和部分机关干部座谈时，就民盟福建省委近年来对民盟中央工作的支持表示感谢，对民盟福建省委近年来工作所取得的成绩表示肯定。他希望民盟福建省委会继承和发扬费孝通先生提出的“出主意、想办法，做好事、做实事”的优良传统，围绕中共中央、国务院的中心工作，积极履行参政党职能。同时，加强与民盟中央、民盟其他省级地方组织间的交流联动，整合盟内资源，把民盟的工作做实、做好，为实现中华民族伟大复兴的中国梦作出应有的贡献。中共福建省委常委、统战部部长雷春美会见了丁仲礼一行。受中共福建省委书记于伟国的委托，她代表中共福建省委对丁仲礼当选新一届民盟中央主席表示热烈祝贺，对丁主席到访福建表示热烈欢迎。民盟福建省委主委阮诗玮汇报了近年来民盟福建省委会工作的开展情况。

12月20日，副主席程红在京出席民盟中国政法大学支部成立65周年纪念大会暨“中国民主同盟传统教育基地”揭牌仪式。

12月29日上午，副主席张平在山西太原出席纪念中国民主同盟在山西建立组织70周年大会并讲话。民盟山西省委主委王维平致贺词。

（三）机关建设

1月4日上午，民盟中央机关举行“恒爱行动——百万家庭亲情一线牵”公益活动成果展。主席张宝文，常务副主席陈晓光，副主席张平、徐辉、龙庄伟出席成果展并认真观看了机关干部职工的编织作品。“恒爱行动——百万家庭亲情一线牵”公益活动是民盟中央机关工会响应全国妇联和中直机关妇工委的号召，组织机关干部职工编织毛衣、围巾、帽子、手套等捐赠给新疆少数民族儿童，用实实在在的爱心向少数民族家庭传递温暖的活动。活动开展以来，民盟中央机关干部职工共编织毛衣、围巾、帽子、手套等成品70余件，大家把对孩子们的关心爱心和对公益活动的热心恒心，都密密实实地织进了这些五颜六色、温暖厚实的衣物中。张宝文对机关干部职工积极参与“恒爱行动”公益活动给予了高度评价。

1月10日，民盟中央机关召开全体干部职工大会，总结2016年工作，部署2017年任务。常务副主席陈晓光出席会议并讲话。副主席徐辉、龙庄伟出席会议。陈晓光对机关过去一年的工作进行了回顾，对各部门工作表示充分肯定。他指出，一年来，全盟上下深入学习中共十八大和十八届三中、四中、五中、六中全会精神，认真学习习近平总书记系列重要讲话精神，进一步坚定理想信念，不忘合作初心，与执政党携手前进，积极参与改革发展的伟大实践，充分履行参政党职能，全面推进自身建设，各项工作都取得了新的成绩。机关工作是全盟工作的重要组成部分，全盟的工作成绩也包含着机关全体同志的努力和付出。陈晓光对机关2017年工作提出了明确要求。他强调，2017年是贯彻落实中共十八届六中全会精神、全面推进改革发展的重要一年。民盟中央机关要进一步抓好政治理论和业务学习；进一步做好参政议政和社会服务工作；进一步开展新形势下的思想宣传和理论研究工作，切实加强组织建设和机关建设。他希望，大家在新的一年里牢记使命、开拓进取，努力把民盟中央机关建设成为适应多党合作事业需要的高效、文明、团结、务实的党派机关，为推进民盟事业的可持续发展作出我们应有的贡献。会议由秘书长高拴平主持。民盟中央办公厅、组织部、宣传部、社会服务部、参政议政部、研究室及群言杂志社、机关服务中心的负责人分别作了部门2016年工作总结，并汇报了2017年工作计划。民盟中央机关各部门、群言杂志社及机关服务中心的干部职工参加会议。

1月13日，民盟中央机关新春联欢会在机关报告厅举行。民盟中央主席张宝文，常务副主席陈晓光，副主席张平、徐辉、龙庄伟，原副主席索丽生出席联欢会。中央统战部一局副局长易玉娟等应邀出席联欢会。联欢会由秘书长高拴平主持。张宝文在联欢会上致辞，向参加联欢会的老领导、老同志以及全体机关干部致以新年的问候。他说，一年来，全盟坚定政治信念，不忘合作初心，与执政党携手前进，努力参与改革发展的伟大实践，积极履行参政党职能，全面推进自身建设，各项工作都取得了新的成绩。2017年是贯彻落实中共十八届六中全会精神、全面推进改革发展的重要一年。在新的形势下，作为参政党，我们要深入学习贯彻中共十八大，十八届三中、四中、五中、六中全会精神和习近平总书记系列重要讲话精神，积极开展“不忘合作初心，继续携手前进”专题教育，不断提高议政建言能力和水平，努力提升民主监督实效，圆满完成政治交接任务，为落实“四个全面”战略布局和推进“十三五”规划的实施作出新的贡献。出席联欢会的民盟中央领导向机关2016年度先进集体和优秀个人颁发了奖状和证书。

2月21日，全国政协民族和宗教委员会主任、中共中央统战部原常务副部长朱维群应邀来到民盟中央机关，以“民族宗教工作的坚持与探索”为主题，为机关干部作了一次精彩的讲座。民盟中央主席张宝文、常务副主席陈晓光在讲座前会见了朱维群。朱维群结合历史现实，运用大量实例，详细介绍了我国民族宗教工作的基本情况、基本特征以及党和国家关于民族宗教工作的基本政策、基本方针，并对当前涉及民族宗教的突出问题进行了深入浅出的分析与讲解。朱维群强调，必须坚持党和国家关于民族宗教工作的基本方针政策，坚持民族平等、民族团结，坚持民族区域自治制度，促进少数民族地区加快发展，保护和发展少数民族文化，大力培养少数民族干部。要全面正确地贯彻宗教信仰自由政策，依法管理宗教事务，坚持独立自主自办原则，积极引导宗教与中国特色社会主义相适应。民盟中央办公厅主任王荣彬主持会议。来自民盟中央机关各部门、群言杂志社及民盟北京市委机关的同志聆听了讲座。

3月17日，民盟中央机关举行2017年两会精神传达会，张平、徐辉副主席分别传达了十二届全国人大五次会议和全国政协十二届五次会议精神，秘书长高拴平主持会议。会上，张平从听取和审议政府工作报告、全国人大常委会工作报告和“两高”工作报告，审查和批准计划报告和预算报告，审议通过民法总则草案等方面传达了十二届全国人大五次会议的基本情况，并介绍了王岐山同志参加青海代表团、刘云山同志参加山西代表团审议的情况。他说，今年中国共产党将召开第十九次全国代表大会，民盟也将召开第十二次全国代表大会，希望大家以两会为新起点，深入学习贯彻习近平总书记治国理政新理念新思想新战略，更加紧密地团结在以习近平同志为核心的中共中央周围，切实增强履职尽责的责任感和使命感，不忘合作初心，继续携手前进，为实现中华民族伟大复兴的中国梦贡献力量。徐辉从本次政协会议概况、大会主要特点、委员分组审议讨论情况、委员重点关注问题、民盟履职情况等方面传达了全国政协十二届五次会议的基本情况。他重点介绍了习近平总书记参加民进、农工党、九三学社界联组会议的情况。他希望大家把围绕“十三五”规划实施作为民盟建言献策的工作主线，发挥民盟优势特长，推动各项工作再上新台阶。

4月1日上午，怀着崇敬的心情，民盟中央副主席张平率机关干部前往八宝山革命公墓，祭奠长眠于此的民盟先辈，深切缅怀他们的丰功伟绩和高尚风范。大家首先来到民盟中央原主席张澜墓前，张平副主席代表民盟中央向张澜先生墓碑敬献花篮，大家一齐三鞠躬、瞻仰墓碑并将鲜花摆放在墓前。随后，一行人来到革命公墓骨灰堂，分别向黄炎培、沈钧儒、杨明轩、史良、胡愈之等民盟老一辈领导人遗像敬献花篮并三鞠躬，表达了民盟后辈对他们深深的思念。不忘合作初心，继续携手前进，民盟前辈精神薪火相传、历久弥新，将继续指引后辈们以更加坚定的信念积极投身多党合作事业，为实现中华民族伟大复兴的中国梦贡献力量。祭扫活动由秘书长高拴平主持，民盟中央各部门和群言杂志社的同志参加了此次活动。

6月2日上午，民盟中央机关“不忘初心，继续前进”红色经典诵读会在机关报告厅举行。主席张宝文参加诵读会并发表了讲话。此次“不忘初心，继续前进”红色经典诵读会，旨在通过诵读马克思主义经典作家、党的领袖、革命先烈先辈、英雄模范人物及革命作家的名篇名段等形式，深入推进“两学一做”学习教育常态化制度化，教育支部党员和机关干部坚定理想信念，立足本职做好工作，以良好的状态和优异的成绩迎接党的十九大胜利召开。张宝文在讲话中指出，今年是中共十九大召开之年，也是民盟换届之年，现在全盟上下正在开展“不忘合作初心，继续携手前进”专题教育。机关举办红色经典诵读活动，也是专题教育的一个组成部分，对于提高机关干部的综合素质，特别是提高思想政治水平，具有重要意义。党派机关干部学习理论的深度、掌握知识的广度，直接影响着政治敏感的程度、思维视野的宽度和思想境界的高度，希望大家读书学习时能够做到博览群书、博闻强记、博采众长、博学多才，既要“温故”，又要“知新”，使自己成为一个有理想、有能力、有担当、有操守的新时期党派机关干部。在诵读会上，18名机关干部诵读了11篇红色经典名篇。

（四）盟员及组织概况

截至 2017 年底，全国共有民盟盟员 295903 人。2017 年发展盟员 15068 人，净增率 4.78%。平均年龄 54.3 岁，在职 201708 人，占 68.2%，女盟员 130320 人，占 44%。大学以上文化程度 227422 人，占 76.8%，研究生以上文化程度 47172 人，占 15.9%。中上层人士 254644 人，占 86.1%。

盟员中，教育、科技医卫、文化艺术、出版传媒共 222519 人，占 75.2%（其中，高教 66203 人，占 22.4%；基教 87593 人，占 29.6%；科技医卫 51369 人，占 17.4%；文化艺术、出版传媒 17354 人，占 5.9%）；新社会阶层 25206 人，占 8.5%。

盟员中高校院长 164 人（985 高校 7 人），其中正职 30 人。高校院处长 1726 人。

盟员中两院院士 52 人（其中吴良镛、郑敏哲为两院院士）：科学院院士 34 人，工程院院士 20 人。教育部“长江学者奖励计划”特聘教授 85 人。

盟员中各级人大代表 3958 人，其中全国人大代表 58 人（副委员长 1 人、常委会委员 8 人、代表 49 人，专委会副主任 7 人），省级人大常委会副主任、常委会委员、人大代表 410 人，市地级人大常委会副主任、常委会委员、人大代表 1664 人，县市区级人大常委会副主任、常委会委员、人大代表 1826 人。各级政协委员 18673 人，其中全国政协委员 127 人（副主席 1 人、常委 31 人、委员 95 人，专委会副主任 1 人），省级政协副主席、常委、政协委员 1179 人，市地级政协副主席、常委、政协委员 7161 人，县市区级政协副主席、常委、政协委员 10206 人。

盟员中在政府及司法机关中担任县处级以上职务 1578 人：国务院部委副部级 3 人；国务院直属、部委司局级 11 人；省级政府副省长 5 人，省级政府组成部门及司法机关厅局级 54 人，地市级副市长、副区长 47 人。

民盟各级地方组织总数 441 个，其中省级 30 个，市地级 316 个，县市区级 95 个。基层组织 7555 个，其中基层委员会 719 个，总支 724 个，支部 5981 个，小组 131 个。

广大盟员立足本职，以出色的工作业绩，为盟组织增光添彩。2017 年度有 40 人荣获国家科学技术奖励；张福锁、金征宇获 2017 年何梁何利基金奖；欧阳明高、蒋华良、彭孝军当选中国科学院院士，张福锁当选中国工程院院士；许晨阳获得未来科学大奖；宣利江等 6 人荣获 2017 年“全国五一劳动奖章”；陈淑芳等 3 人荣获第六届全国道德模范及提名奖；茅善玉荣获 2017 年度“全国三八红旗手”称号。

李晓虎　民盟中央研究室综合处副处长
徐　叶　民盟中央组织部组织处副处长
邱　芳　民盟中央社会服务部办公室副主任
陈茂来　民盟中央研究室理论处主任科员
于　倩　民盟中央组织部组织处主任科员

中国民主建国会

2017年是实施“十三五”规划的重要一年，是供给侧结构性改革的深化之年。民建全会高举中国特色社会主义伟大旗帜，全面加强自身建设，认真履行参政党职能，以良好的精神风貌和优异的工作业绩迎接中共十九大和民建十一大的胜利召开。

一、重要会议及活动

（一）中国民主建国会第十一次全国代表大会

中国民主建国会第十一次全国代表大会12月16日在北京开幕。中共中央政治局常委、国务院副总理汪洋会见全体与会代表，并代表中共中央致贺词。

贺词指出，中共十八大以来，党和国家事业取得了历史性成就、发生了历史性变革，统一战线和多党合作事业也展示了独特魅力和巨大优势。5年来，民建发挥特色优势，围绕深入推进新型城镇化、防范系统性金融风险、推动长江经济带发展等重大问题，深入调查研究，积极建言献策，有效发挥了智库作用，履职能力和自身建设水平不断提高。

贺词说，充分发挥统一战线的优势，加强同各民主党派的团结合作，是中国共产党的长期战略方针。中国共产党将按照中共十九大精神，坚定不移坚持和完善中国共产党领导的多党合作和政治协商制度，坚定不移贯彻长期共存、互相监督、肝胆相照、荣辱与共的方针，坚定不移支持民主党派按照中国特色社会主义参政党要求更好履行职能，把多党合作事业继续推向前进，巩固和发展最广泛的爱国统一战线，画出共同团结奋斗的最大同心圆。

贺词指出，在新时代坚持和发展中国特色社会主义的伟大实践中，需要凝聚起同心共筑中国梦的磅礴力量。希望民建认真学习宣传贯彻中共十九大精神，深刻领会习近平新时代中国特色社会主义思想的历史地位和丰富内涵，牢固树立“四个意识”，坚定“四个自信”。充分发挥联系经济界的特色和优势，引导广大会员贯彻新发展理念，推动建设现代化经济体系，密切关注转变发展方式、优化经济结构、转换增长动力攻关期的战略部署和重要任务，围绕深化供给侧结构性改革、加快建设创新型国家、实施区域协调发展战略等建言践行，为促进我国经济实现更高质量、更有效率、更加公平、更可持续的发展贡献智慧和力量。中共中央相信，民建新一届中央领导机构一定能够带领全体会员，深化政治交接，传承优良传统，继续砥砺奋进，推动新时代统一战线和多党合作事业实现新的更大发展。

全国人大常委会副委员长、农工党中央主席陈竺代表各民主党派中央、全国工商联致贺词。贺词说，民建自十大以来，坚持以中国特色社会主义理论体系为指导，不断开拓进取，为促进经济持续健康发展、社会和谐稳定发挥了积极作用。各民主党派和工商联将更加紧密地团结在以习近平同志为核心的中共中央周围，高举中国特色社会主义伟大旗帜，以习近平新时代中国特色社会主义思想为指导，为决胜全面建成小康社会、夺取新时代中国特色社会主义伟大胜利、实现中华民族伟大复兴的中国梦、实现人民对美好生活的向往继续奋斗。

大会主席团常务主席陈昌智代表中国民主建国会第十届中央委员会作工作报告。报告在回顾和总结民建5年来的成绩和经验后提出，民建要在以习近平同志为核心的中共中央坚强领导下，高举中国特色社会主义伟大旗帜，认真学习贯彻中共十九大精神和习近平新时代中国特色社会主义思想，深刻认识我国社会主要矛盾的变化，贯彻落实新发展理念，围绕中心、服务大局，认真履行参政党职能；弘扬民建优良传统，巩固共同思想政治基础，全面加强自身建设；充分发挥民建特色和优势，为决胜全面建成小康社会、全面建设社会主义现代化强国作出新的更大贡献。

杨洁篪、尤权、吉炳轩、陈元以及张榕明出席开幕会，马培华主持开幕会。

本次大会将听取和审议中国民主建国会第十届中央委员会工作报告，审议通过《中国民主建国会章程（修正案）》，选举中国民主建国会第十一届中央委员会。

中国民主建国会第十一次全国代表大会圆满完成各项议程，于12月20日在北京闭幕。大会认真学习了中共十九大精神和中共中央致民建十一大的贺词，审议批准了陈昌智同志代表第十届中央委员会所作的报告，审议通过了《中国民主建国会第十一次全国代表大会决议》和《中国民主建国会第十一次全国代表大会关于〈中国民主建国会章程（修正案）〉的决议》，选举产生了由205名中央委员组成的新一届中央委员会。

会议期间举行的民建第十一届中央委员会第一次全体会议，选举产生了由47人组成的第十一届中央常务委员会，郝明金当选主席，辜胜阻、张少琴、李谠、周汉民、吴晓青、高峰、陈文华、孙东生、秦博勇、李世杰当选副主席。

大会认为，五年来，民建全会以中国特色社会主义理论体系为指导，深入学习贯彻中共十八大、十九大精神，按照民建十大确定的目标和任务，弘扬传统、开拓创新、勇于实践，思想建设取得新成效，组织建设迈出新步伐，履行职能收获新成果，社会服务作出新贡献，联络工作取得新进展，各方面工作都迈上了新台阶。

郝明金在闭幕讲话中指出，民建十一大是在中国特色社会主义进入新时代召开的一次重要会议。大会深入学习贯彻中共十九大精神，高举中国特色社会主义伟大旗帜，以习近平新时代中国特色社会主义思想为指引，回顾过去五年的工作，部署今后五年的任务。民建全会要把深入学习贯彻中共十九大精神作为当前和今后一个时期的首要政治任务，以习近平新时代中国特色社会主义思想为指导，武装头脑、指导实践、推动工作。按照中共十九大作出的“两个阶段”战略安排，紧扣新时代社会主要矛盾变化，聚焦不平衡不充分的发展问题，围绕贯彻新发展理念、建设现代化经济体系，发挥民建自身特色优势，积极履行参政议政、民主监督、参加中国共产党领导的政治协商职能，努力实现民建工作在开局之年迈出扎实步伐。

大会要求，民建要按照中共中央致民建十一大贺词的精神，深化政治交接，全面加强思想建设、组织建设、制度建设和领导班子建设，牢固树立“四个意识”，坚定“四个自信”，不断提高“五种能力”。深刻认识我国社会主要矛盾的变化，充分发挥特色和优势，贯彻落实新发展理念，推动建设现代化经济体系，密切关注转变发展方式、优化经济结构、转换增长动力攻关期的战略部署和重要任务，围绕深化供给侧结构性改革、加快建设创新型国家、实施区域协调发展战略等方面建言践行，在履行参政党职能上有新作为。

大会号召，民建全会要更加紧密团结在以习近平同志为核心的中共中央周围，以习近平新时代中国特色社会主义思想为指导，认真学习贯彻中共十九大精神，落实民建十一大确定的工作目标和任务，继承和发扬优良传统，不忘合作初心，继续履职前行，为决胜全面建成小康社会、夺取新时代中国特色社会主义伟大胜利、实现中华民族伟大复兴的中国梦而努力奋斗！

闭幕会上还宣读了《给光荣离任同志的致敬信》。

闭幕会由大会主席团常务主席辜胜阻主持。大会主席团常务主席陈昌智、马培华、张少琴、宋海、李说、周汉民、王永庆，新当选副主席高峰、陈文华、孙东生、秦博勇、李世杰出席闭幕会。

（二）中央委员会会议

中国民主建国会第十届中央委员会第六次全体会议于12月15日在京举行。全国人大常委会副委员长、民建中央主席陈昌智主持会议并讲话。全国政协副主席、民建中央第一副主席马培华，民建中央常务副主席郝明金出席会议。

陈昌智指出，民建要把认真学习贯彻中共十九大精神作为首要政治任务，深刻学习领会中共十八大以来党和国家事业取得的历史性成就和历史性变革、中国特色社会主义进入新时代的重大政治论断、习近平新时代中国特色社会主义思想的精神实质和丰富内涵，以及我国社会主要矛盾的新变化。要把学习贯彻中共十九大精神同学习马克思主义基本原理贯通起来，同把握中共十八大以来进行伟大斗争、建设伟大工程、推进伟大事业、实现伟大梦想的实践贯通起来，同把握中共十九大作出的各项战略部署贯通起来。

陈昌智强调，建设适应新时代要求的中国特色社会主义参政党是民建义不容辞的责任和使命。民建各级组织和全体会员要更加紧密地团结在以习近平同志为核心的中共中央周围，以习近平新时代中国特色社会主义思想为指导，进一步加强自身建设，提高履职能力，充分发挥密切联系经济界的特色和优势，为决胜全面建成小康社会、夺取新时代中国特色社会主义伟大胜利，为实现中华民族伟大复兴的中国梦、实现人民对美好生活的向往而不懈奋斗。

陈昌智指出，民建十大以来，全会坚持中国共产党的领导，把握正确的政治方向；坚持思想建会，筑牢多党合作的思想政治基础；坚持以“会员为本、支部为根”，发挥民建的整体功能；坚持求真务实，认真履行各项职能。民建各项工作取得了长足的进步。即将召开的民建第十一次全国代表大会是新时期又一次承前启后、继往开来的大会。参会代表要统一思想、明确方向，以高度的责任感和使命感，确保圆满完成大会各项任务。

会议审议通过关于第十届中央委员会报告及报告人的决定，审议通过关于将《中国民主建国会章程（修正案）》（草案）提交第十一次全国代表大会审议的决定。会议决定，中国民主建国会第十一次全国代表大会于12月16日至20日在北京举行。会议还审议了中央监督委员会工作报告、《大力发展光伏产业 推进能源革命与绿色发展》等五个专题调研报告、十一届中央委员会委员名额的决定（草案）。

民建中央副主席张少琴、辜胜阻、宋海、李谠、周汉民、吴晓青、王永庆及民建中央委员出席会议。民建中央机关工作部门主要负责同志列席会议。

（三）中央常务委员会会议

1. 中国民主建国会第十届中央常务委员会第十八次会议

中国民主建国会第十届中央常务委员会第十八次全体会议于3月7日在京召开。会议的主要内容是审议通过了《民建中央关于认真学习贯彻十二届全国人大五次会议和全国政协十二届五次会议精神的决议》及《关于民建中央2017年换届工作的意见》等相关文件，听取了民建安徽省委、民建中央妇女委员会、民建中央企业委员会工作情况的汇报，通报了2017年民建中央重点调研专题。全国人大常委会副委员长、民建中央主席陈昌智主持会议并讲话。全国政协副主席、民建中央第一副主席马培华出席会议。

陈昌智指出，全国两会正在按照会议的日程顺利进行，这是我国社会各界乃至全世界关注的大事。我们要认真开好此次会议，学习会议各种报告的精神，特别是要认真学习习近平总书记3月4日在看望参加全国政协十二届五次会议的民进、农工党、九三学社委员时的讲话精神，自觉围绕党和国家中心工作积极投身创新发展实践，想国家之所想、急国家之所急，坚持国家至上、民族至上、人民至上，主动担当，积极作为，刻苦钻研，勤奋工作，自觉做践行社会主义核心价值观的模范。我们要认真学习俞正声主席所作的政协全国常务委员会工作报告，研究民主监督的问题。两会结束后，要做好两会精神的传达贯彻工作，把民建各级组织和广大会员的思想统一到两会精神上来，带动大家更好地完成今年的各项任务。

陈昌智强调，换届工作是2017年民建工作的头等大事。市级组织换届工作已接近尾声，要继续努力，把换届后存在的一些问题沟通协调好。各省级组织要高度重视，认真按照换届文件组织实施，确保省级组织换届工作圆满完成。

陈昌智指出，要继续深入推进“坚持和发展中国特色社会主义”学习实践活动。深入学习中共十八大、十八大以来历次全会和习近平总书记系列重要讲话精神，深入贯彻落实中央统战工作会议精神，认真学习中共党史和多党合作历史、民建成立七十周年中共中央贺词，学习民建会章、会史、会的优良传统以及会员先进事迹。结合中央和省级组织换届，开展“不忘合作初心，继续携手前进”专题教育，深化新一轮的政治交接。

陈昌智还通报了两会前民建中央在高层协商会上对《政府工作报告（征求意见稿）》所提意见建议的内容。

会议还就做好2017年全会重点工作进行了部署，并重点强调要继续做好2017年非公经济发展论坛和2017年（第十九届）中国风险投资论坛的筹办工作。

民建中央常务副主席郝明金，副主席陈政立、张少琴、辜胜阻、宋海、李谠、周汉民、吴晓青、王永庆以及民建中央常委共47人出席会议。不担任民建中央常务委员的省级组织主委，民建中央各工作部门主要负责人列席会议。

2. 中国民主建国会第十届中央常务委员会第十九次会议

中国民主建国会第十届中央常务委员会第十九次全体会议于7月6日在京召开。会议的主要内容是总结民建省级组织换届情况，通报民建中央换届筹备情况，研究部署民建中央近期重点工作。全国人大常委会副委员长、民建中央主席陈昌智主持会议并讲话。全国政协副主席、民建中央第一副主席马培华，民建中央常务副主席郝明金出席会议。

陈昌智指出，截至目前，民建全国30个省级组织已有27个完成换届任务，选举产生了新一届省级组织领导机构，达到了民主、团结、务实、奋进的目标要求，为年底民建中央换届和民建今后五年发展奠定了基础。中共中央统战部和中共地方党委统战部非常关心和支持民建省级组织换届工作，为换届工作顺利推进保驾护航。会中央对换届工作高度重视、措施到位、指导有力，各省级民建组织全力以赴，精心组织实施，为换届成功提供了坚强组织保障。他要求，未完成换届工作的省级组织要认真借鉴换届工作中好的做法和经验，为民建省级组织换届工作画上圆满句号。

陈昌智说，今年初民建中央换届工作领导小组成立，工作报告起草、章程修改、民建十一大代表名额分配和产生、民建十一届中央委员名额分配和候选人产生等工作正有条不紊进行。他要求严格按照民建章程、组织制度和换届政策的要求，规范和完善各项工作程序，以严谨细致的工作为民建十一大的召开打下扎实基础。

陈昌智还介绍了2017年（第十九届）中国风险投资论坛举办情况、2017年非公有制经济发展论坛筹备情况和民建省、市级组织创办刊物情况。

会议还听取了民建四川省委、民建中央法制委员会、民建中央文化委员会工作情况的汇报。

民建中央副主席陈政立、张少琴、辜胜阻、宋海、李说、周汉民、吴晓青、王永庆和民建中央常委40余人出席会议。不担任民建中央常委的省级组织主委、民建中央机关工作部门主要负责人列席会议。

3. 中国民主建国会第十届中央常务委员会第二十次会议

中国民主建国会第十届中央常务委员会第二十次全体会议于9月12日至13日在京召开。全国人大常委会副委员长、民建中央主席陈昌智主持会议并讲话。全国政协副主席、民建中央第一副主席马培华，民建中央常务副主席郝明金出席会议。

陈昌智指出，习近平总书记“7·26”重要讲话，是坚持和发展中国特色社会主义的政治宣言和行动纲领，为中共十九大胜利召开奠定了重要的政治、思想和理论基础，为推进中国特色社会主义伟大事业提供了科学指南，具有重大政治意义、理论意义、实践意义。全会要充分认识讲话的重大意义，切实把思想和行动统一到讲话精神上来；要牢牢把握讲话的丰富内涵，更准确地把握我国社会主义初级阶段不断变化的特点；要按照习近平总书记要求，着力提升政治把握能力、参政议政能力、组织领导能力、合作共事能力、解决自身问题能力，发挥好密切联系经济界的界别特色和人才优势，积极投身建设中国特色社会主义的伟大实践。

陈昌智对当前国内经济形势和未来经济发展态势做了分析研判。他说，今年以来，面对复杂多变的国内外形势，我国保持了经济发展稳中向好态势。但是，研究经济形势既要看当前，也要看长远；既要看指标，也要看预期；既要看到成就，同时也要看到问题。从国际层面看，当前世界不稳定因素仍然存在；从国内层面看，综合调研情况表明各类深层次结构性矛盾依然突出。民建要继续关注当前经济发展的重点难点，找准调研切入点，深入基层，深入一线，提出有价值的意见建议。

陈昌智还通报了近期参与高层协商、开展重点调研的情况，介绍了“2017 中国（江西）非公有制经济发展论坛”的筹备情况，并对民建十一大的筹备工作作出部署。

郝明金就《中国民主建国会章程（修改草案）》（讨论稿）做说明。会议围绕修改草案展开了充分的讨论。

会议听取民建中央经济委员会、财政金融委员会、企业委员会对当前经济形势的分析，并进行了讨论。

会议审议通过《遴选第十一届中央委员会委员候选人推荐名额人选办法》，并遴选出第十一届中央委员会委员候选人推荐名额人选。会议还审议通过《关于召开第十届中央委员会第六次全体会议的决定》。

民建中央副主席陈政立、张少琴、辜胜阻、宋海、李说、周汉民、吴晓青、王永庆和民建中央常委 40 余人出席会议。不担任民建中央常委的省级组织主委、民建中央机关工作部门主要负责人列席会议。

4. 中国民主建国会第十届中央常务委员会第二十一次会议

中国民主建国会第十届中央常务委员会第二十一次全体会议于 12 月 14 日在京召开。会议的主要内容是学习贯彻中共十九大精神，审议中国民主建国会第十届中央委员会第六次全体会议和中国民主建国会第十一次全国代表大会有关文件。全国人大常委会副委员长、民建中央主席陈昌智主持会议并讲话。全国政协副主席、民建中央第一副主席马培华就民建十一大代表名单和列席人员名单、民建十一大主席团和秘书长名单、第十一届中央委员会委员候选人建议名单、民建十一大选举办法等作说明。民建中央常务副主席郝明金就民建第十届中央委员会报告、民建章程修改情况作说明。

会议审议通过关于十届六中全会召开日期的决定；审议十届六中全会议程（草案）、日程（草案）、分组名单（草案），并提请十届六中全会审议；审议关于第十届中央委员会报告及报告人的决定（草案），并提请十届六中全会审议；审议民建中央监督委员会工作报告，并提请十届六中全会审议；审议关于将《中国民主建国会章程（修正案）》（草案）提交第十一次全国代表大会审议的决定（草案），并提请十届六中全会审议；审议通过第十一次全国代表大会代表名单和列席人员名单；审议关于十一大召开日期的决定（草案），并提请十届六中全会审议；审议十一大议程（草案）、日程（草案）、分组名单（草案），并提请十一大预备会议和大会主席团会议审议；审议通过关于十一大主席团组成办法和秘书长人选的意见；审议十一大主席团和秘书长名单（草案），并提请十一大预备会议审议；审议十一大主席团常务主席名单（草案），并提请十一大主席团审议；审议关于第十一届中央委员会委员名额的决定（草案），并提请十届六中全会审议；审议通过第十一届中央委员会委员候选人建议名单（草案），并提请十一大审议；审议选举办法（草案），并提请十一大审议。会议还通报了人事任免决定。

陈昌智在讲话中指出，即将召开的民建十一大是民建全会政治生活中的一件大事，具有重要意义。为了开好民建十一大，去年6月，十届十五次中常委会议通过了《关于民建中央和省级组织换届工作的意见》，对本次换届的指导思想、方针原则和有关政策作出了明确规定。去年12月，十届十八次主席会议决定成立中央换届领导小组，领导换届工作。随后召开的十届五中全会作出了《关于召开第十一次全国代表大会的决定》。今年，中央委员会、中央常务委员会、主席会议分别就十一大的主题和任务、十届中央委员会报告、会章修改、十一大代表产生、新一届中央领导机构候选人人选等各项筹备工作，进行认真研究和部署。经过一年多积极有序的工作，现在十一大的各项准备工作已基本就绪。陈昌智提出，要以中共十九大精神为指导，秉持高度的政治责任感和使命感，圆满完成民建十一大的各项议程。

民建中央副主席陈政立、张少琴、辜胜阻、宋海、李谠、周汉民、吴晓青、王永庆和民建中央常委40余人出席会议。不担任民建中央常委的省级组织主委，民建中央机关工作部门主要负责人列席会议。

（四）中央监督委员会会议

2017年12月13日，民建第十届中央委员会监督委员会第六次全体会议在北京召开。全国人大常委会副委员长、民建中央主席陈昌智出席会议并作重要讲话，全国政协副主席、民建中央第一副主席、监督委员会主任马培华在会上作工作报告，民建中央常务副主席、监督委员会副主任郝明金主持会议。中央监督委员会委员参加会议。

陈昌智在讲话中充分肯定了本届中央监督委员会五年来所做的工作和取得的显著成效。他指出，五年来，会内监督在加强学习教育宣传、完善监督机制、强化警示教育、落实谈心会和述职评议会制度、实施诫勉谈话和书面函询、参与换届监督等方面都取得了积极进展，在理论和实践上得到了新发展，取得了新成效，迈出了新步伐，会中央对此充分肯定。他还表扬中央监督委员会的成员认真履行职责，不负重托、不辱使命，推动会内监督向前迈进一大步，为会的事业发展作出了贡献。

陈昌智就进一步贯彻中共十九大精神，推进会内监督工作提出意见和要求。他强调，中央和各地方监督委员会要全面准确学习领会中共十九大精神，学习借鉴中共十九大关于党内监督的新精神和新要求，融会贯通到会内监督工作的各个领域和环节。今后的会内监督工作要把政治监督放在首位，推动各级领导干部自觉接受中国共产党的领导、坚持走中国特色社会主义道路不动摇；要在意识形态上开展监督，引导广大会员学习领会、自觉拥护中国特色社会主义政治制度和政党制度；要持之以恒正风肃纪，狠抓作风建设，加强对各级领导干部贯彻执行民主集中制的监督；要充分发挥会内监督在反腐败方面的警示预防作用，加强对有实职安排的会员、企业家会员的教育和提醒，引导他们正确行使权力、正当守法经营。

马培华所作的工作报告从六个方面对本届中央监督委员会的工作进行了总结：一是以思想建设为先导，统一思想，增进共识，切实夯实会内监督思想基础；二是以制度建设为保障，完善制度，健全机构，逐步完善会内监督体系；三是以贯彻条例为抓手，发扬民主，转变作风，有效推进领导班子建设；四是以换届工作为重点，严肃纪律，维护团结，确保换届工作风清气正、顺利圆满；五是以实质性监督为方向，积极探索，努力实践，不断提高会内监督实效；六是以有序规范为目标，加强交流，做好服务，助推会内监督工作。报告还全面总结了五年来会内监督的工作体会，并对下步的监督工作提出四点建议：一是学习中共十九大精神，强化政治引导；二是围绕监督重点，提升会内监督效能；三是继续探索实践，努力开创工作新局面；四是加强监督工作保障，形成会内监督合力。

郝明金指出，正是因为会中央领导的高度重视、委员们的扎实工作，创造了会内监督的良好局面，为今后的会内监督工作打下了良好的基础。委员们既是会内监督的实践者和推动者，也是受益者，在监督别人的同时都很好地以身作则，模范遵守各项制度，希望大家继续保持好的传统，在做人做事和会务工作中做好表率。

与会同志认真听取了工作报告，积极讨论，提出了对工作报告的修改意见，探讨了今后进一步做好会内监督的途径和方法。会议原则通过了工作报告，将提请主席会议和中常委会议审议，向中国民主建国会第十届中央委员会第六次全体会议报告（书面）。

（五）主要论坛、座谈会、研讨会等

1. 风险投资论坛

6 月 17 日，由民建中央、广东省人民政府、广州市人民政府和深圳市人民政府共同主办，科学技术部支持的 2017（第十九届）中国风险投资论坛在广州隆重开幕。中共中央政治局委员、广东省委书记胡春华出席并宣布论坛开幕。全国人大常委会副委员长、民建中央主席陈昌智，全国政协副主席、致公党中央主席、科学技术部部长万钢，中国证监会主席助理、党组成员宣昌能出席开幕式并发表主旨演讲。广东省政府党组成员陈云贤主持开幕式。中共十八届中央委员、广东省委副书记、省长、党组书记马兴瑞，广州市委副书记、市长、市政府党组成员温国辉出席开幕式并致辞。民建中央常务副主席郝明金，民建中央副主席陈政立出席开幕式。民建中央副主席辜胜阻出席开幕式并作高层论坛演讲。

陈昌智发表了题为《规范扶持并重，提升 VC/PE 金融服务服务品质》的主旨演讲。他在演讲中说，在中共广东省委、省政府的大力支持下，从今年开始，原在深圳举办的中国风险投资论坛，改由广州、深圳两地轮流举办。本届论坛以“双创新经济，资本新时代”为主题，对于聚焦行业发展、助推创新经济很有意义。

陈昌智针对资本市场发展，提出四条具体建议：（1）坚持与时俱进，拓宽创业投资资金来源。一是拓展机构投资者队伍。二是大力发展市场化创投母基金。三是扩大个人投资者群体。四是丰富创业投资企业募集资金方式。（2）坚持公平包容，加快发展多元化的创业投资主体。一是加快发展一批有影响力和竞争力的创投龙头企业。二是鼓励符合上市标准的优质创投管理机构 IPO 或并购。三是大力支持坚持长期价值投资的民营创投龙头企业的发展。（3）坚持推进地方性资本市场的建设，为企业打通资本通道。一是落实国务院规范性文件的实施细则，并完善上层设计。二是加快转板制度的设立。三是强化相关部门间的统筹协调。四是完善区域股权市场的基本职能。五是探索推出创业投资基金份额转让机制。（4）坚持降低税费负担，促进行业良性发展。为解决基金先期被

征税但后期整体亏损问题，可以研究在基金收回成本之后，再根据盈利情况进行征税。要对基金的收益和成本进行综合核算，把基金作为集合投资者对待。陈昌智还就当前资本市场发展的两个热点问题发表了看法。

在高层论坛上，辜胜阻作了题为《创业—创新—创投铁三角成经济转型最大新动能——风险投资二十年回顾与展望》的演讲。他回顾了民建中央为推动风险投资事业发展所做的努力，指出要通过“三创”来培育新动能。一是要打造良好的创业创新生态系统，推进双创主体多元化。二是要构建创新激励机制和营造良好环境，推进创新人才的知识资本化和知识产权股份期权化，建立知识合法转化为财富的机制，实现创新、创业、创富联动，形成创新“铁三角”。三是技术创新与金融创新要双轮驱动，打造创业、创新和创投“铁三角”。四是推进模式创新，实现众创、众包和众筹有效对接，推进聚合创业创新。五是发挥科技大企业、互联网平台企业的“龙头”作用，推进“裂变式”创新创业，形成顶天立地的大企业和铺天盖地的小企业。六是建立容错机制，培育宽容失败、鼓励冒险的创业文化和价值观。七是完善产权保护机制，让创业、创新、创富者有“方向感”和“安全感”。八是防止“浮夸刮风”的偏向，避免“一哄而起”式的误区、“一夜暴富”思维，让大众创业、万众创新健康可持续发展。

论坛期间，陈昌智、郝明金、陈政立、辜胜阻会见了与会机构代表和民建企业家会员代表。陈昌智、郝明金、陈政立出席了中国风险投资研究院主办的首届“金投奖”颁奖典礼。

民建各省级组织支持和参与本届论坛。民建贵州省委组织了“2017（第十九届）中国风险投资论坛——贵州省专场”。民建山西省委主委王宁，民建内蒙古区委主委李荣禧，民建辽宁省委主委武献华，民建江西省委主委孙菊生，民建广东省委主委李心，民建广西区委主委钱学明，民建贵州省委主委李瑶，民建陕西省委主委李冬玉，民建甘肃省委主委宁崇瑞，民建中央经济委员会委员出席论坛开幕式。

2. 非公有制经济发展论坛

9 月 22 日，由中国民主建国会中央委员会、国家工业和信息化部、江西省人民政府共同主办的“2017 中国(江西)非公有制经济发展论坛”在南昌拉开帷幕。本届论坛主题是：非公有制经济转型升级与绿色发展。全国人大常委会副委员长、民建中央主席陈昌智出席开幕大会并致辞。全国政协常委、民建中央常务副主席郝明金，中共江西省委书记、省人大常委会主任鹿心社出席开幕大会。中共江西省委副书记、省长刘奇代表中共江西省委、江西省人民政府致欢迎词。工业和信息化部副部长、党组成员刘利华代表工业和信息化部致辞。开幕式由中共江西省委统战部部长陈兴超主持。

陈昌智代表民建中央对此次论坛的召开表示热烈祝贺。他指出，中国非公有制经济发展论坛自 2003 年创办以来，始终紧紧围绕国家关于发展非公有制经济的大政方针政策，结合宏观经济形势和举办地实际情况，本着虚实结合的原则，群策群力，广开言路，为非公有制经济的健康发展积极建言献策。十五届论坛参会总人数达到 18400 余人次，共收到论文 3200 余篇，达成项目签约金额总计 4943.95 亿元。经过十五年的发展，中国非公有制经济发展论坛已经成为宣传中国共产党领导的多党合作和政治协商制度的平台；成为发挥民建参政党职能、广泛开展参政议政的平台；成为动员组织会内外非公经济人士参与地方经济建设的平台。论坛不仅为政府、专家、企业各方的合作交流搭建了平台，而且为全面改善民营企业健康发展的政策法规环境、市场环境和公共服务环境发挥了重要作用。

陈昌智认为，在以习近平同志为核心的党中央坚强领导下，我国坚持稳中求进工作总基调，以新发展理念为指引，积极推进供给侧结构性改革，经济结构调整深化，新旧动能转换加快，宏观经济稳定性提升，企业预期和市场信心逐步好转，经济发展动力增强，但经济运行中还存在不稳定因素，非公有制经济发展面临重大机遇和挑战。我们要进一步牢固树立国有民营平等竞争、大企小企同等对待的理念，以推动大众创业万众创新、优化服务提升效能为主线，以清除市场准入障碍、建立公平开放透明的市场规则为重点，降低制度性交易成本，优化非公经济发展环境，激发非公经济发展活力。要促进金融与实体经济之间的良性循环，继续推进多层次资本市场建设，扩大信贷支持，帮助非公有制企业拓宽融资渠道，降低融资成本。要坚持放水养鱼的政策导向，进一步推进包括减税降费在内的一系列改革，落实好已出台的各项减税措施。要支持非公有制企业技术创新，加大引导力度，为非公有制企业自主创新提供资金技术支持和专业化服务。同时，非公有制企业要敢为人先，奋发有为，不断强化创新意识，增强创新能力，拓展创新领域，努力实现企业转型升级，着力在战略型新兴产业等相关领域谋求更大发展。

陈昌智说，江西是一块具有光荣革命传统的红土地，也为民族工商业振兴和经济社会发展作出了重要贡献。中共十八大以来，江西省委、省政府把推进非公有制经济持续健康发展作为一以贯之的主战略，通过构建服务体系、完善政策措施、培育市场主体等多种举措，全力促进非公有制经济获得新发展，使非公有制经济成为江西经济社会发展的主力军和主动力。他希望，此次论坛的成功举办为江西非公有制经济加快发展、为建设富裕美丽幸福江西创造新的契机。

刘奇在致辞中说，改革开放以来，我国非公有制经济从少到多、从小到大、从弱到强，成为社会主义市场经济的重要组成部分，为经济社会发展作出重要贡献。非公有制经济的发展成长是一代代非公有制经济人士接续奋斗、富而思进的结果，更是党和国家政策的引领、关心、支持的结果。特别是党的十八大以来，以习近平同志为核心的党中央，对非公有制经济健康发展和非公有制经济人士的健康成长寄予了厚望，出台了一系列扶持政策和措施，推动我国非公有制经济发展进入新的春天。如今的江西以新发展理念为引领，主动适应经济发展新常态，加快培育新动能，大力发展航空制造、电子信息、新能源、新材料等新兴产业，发展生态旅游、现代农业、节能环保等绿色产业，着力推动钢铁、有色金属、建材等传统产业绿色改造，不断增强发展的绿色动力，提高发展的绿色含量。在新旧动能的支撑下，江西经济运行保持了良好的发展态势。江西始终把支持非公有制经济发展放在重要位置，积极引导非公有制经济转变发展方式，大力发展循环经济、低碳经济和绿色经济，实现经济、社会和生态效益的统一。

刘利华在致辞中感谢民建中央、中共江西省委、江西省政府为举办“2017 中国（江西）非公有制经济发展论坛”所作的努力，并预祝此次论坛取得圆满成功。随后，他详细介绍了当前我国非公有制经济和中小企业发展情况、面临的机遇与挑战。

民建中央副主席陈政立、张少琴、辜胜阻，江西省常务副省长毛伟明，江西省委秘书长刘捷，江西省人大常委会副主任周萌，江西省副省长李贻煌，江西省政协副主席、民建江西省委主委孙菊生等出席开幕大会。民建中央有关部门负责人、工业与信息化部有关部门负责人、民建各省（区、市）代表团代表、江西省直有关部门主要负责同志、江西省各设区市和赣江新区分管招商工作的负责同志等1300余人参加论坛开幕式。

开幕式后，举行了主题演讲、招商成果发布和合作项目签约仪式。全国人大常委会委员、民建中央副主席辜胜阻，华夏新供给经济学研究院首席经济学家、财政部财政科学研究所原所长贾康，方正证券首席经济学家、联席所长任泽平，民建中央经济委员会副主任、中央电视台财经频道评论员马光远，北京金和网络股份有限公司董事长、总裁栾润峰分别作主题演讲。主题演讲环节由全国人大常委会委员、民建中央副主席张少琴主持。招商成果发布和合作项目签约仪式由江西省政府常务副省长毛伟明主持。

在论坛举行的合作项目签约仪式上，共签约项目156个，涉及航空、新能源、新型电子、智能装备等多个领域，签约总金额达1047亿元。论坛期间，还举办了专题论坛，邀请来自国务院发展研究中心、江西银行等部门的专家学者和企业家围绕非公有制经济引领绿色发展、非公有制经济人士健康成长等主题展开研讨。此外，与会企业界人士还将分赴南昌、九江、景德镇、鹰潭、赣江新区等地参加项目考察、投资推介等活动。

3. 两会提案新闻通气会

2月27日下午，民建中央2017年两会提案新闻通气会在京召开。民建中央副主席、全国人大常委、财经委员会副主任委员辜胜阻出席会议并回答了记者的提问。

辜胜阻对今年两会的经济热点进行了前瞻。他指出，今年是实施“十三五”规划的重要一年，是供给侧结构性改革的深化之年。今年两会代表委员会高度关注如何深化供给侧结构性改革引导经济转型，如何振兴实体经济，如何更多以市场化、法治化手段有序推动去产能，如何推进“一带一路”建设进一步扩大对外开放，如何构建科学的养老服务体系积极应对人口老龄化，如何推进绿色发展保障民生等热点问题。

辜胜阻表示，深化供给侧结构性改革是推进经济转型的主线，要培育和弘扬企业家创新精神与“工匠精神”，以创新驱动供给质量提高，依靠创新提高全要素生产率。提高供给对需求的适应性，通过消费升级引导供给质量和效率的提升。企业要适应消费升级趋势，为消费者提供更多高质量、多层次、个性化的消费品。以品牌创新为抓手提高供给质量，打造中国品牌，建设质量强国。通过提升行业产品质量标准，倒逼企业提升产品质量。鼓励企业树立品牌经营理念，以品牌为载体，下大力气把产品做专做精做优，由产品制造走向精品制造，从而建立品牌声誉、提高品牌的顾客感知度并建立顾客忠诚度。建立产品质量多元共治模式，形成多方合力，全面加强质量管理。

辜胜阻认为，着力振兴实体经济是国民经济的立身之本，要打好削减实体经济成本的“组合拳”，通过进一步加快税制改革、规范行政性收费项，切实降低企业融资、用工、税费成本，让实体企业轻装上阵、有利可图。抑制“炒”的利润空间，减少投机暴利，限制投机暴富，缓解资本“脱实向虚”和“由内向外”的趋向，让金融回归服务实体经济本位。引导企业形成自己独有的比较优势，树立质量与品牌意识，打造更多“百年老店”，增强产品竞争力，以技术创新促使制造业转型升级，推进实体型企业进入产业链中高端环节。深化政府“放管服”改革，构建“亲”“清”政商关系，完善产权保护制度，进一步降低门槛，放宽市场准入，推动各种所有制经济平等使用各种生产要素、公平参与市场竞争，营造法治化的市场营商环境。

辜胜阻指出，去产能去库存是结构改革的重要任务。推进去产能要坚持更多用市场化和法治化措施，释优汰劣，把去产能与结构调整、转型升级和优化布局结合起来统筹谋划和推进。据市场需求有序释放安全高效的先进产能，淘汰落后产能，依靠创新驱动钢铁、煤炭和水泥等行业的转型升级和绿色发展，提高供给质量，减少环境污染。更多采取市场化的举措，通过市场的价格机制推进资源优化配置，鼓励企业以联合重组，增加行业集中度，让过剩产能退而有序。更多以法治化手段去产能，发挥法律的规范和引导作用。加快制定和完善相关行业在排放、能耗、生产安全等方面的法律法规和标准，加大对违法和不达标企业的监管和惩处力度。

辜胜阻强调，“一带一路”战略是国际合作新平台，推进“一带一路”战略与对外开放要强化沿线各国间的战略共识，探索“一带一路”与各国战略规划的契合点，推进战略对接，促进市场深度融合，形成互惠互利、共同繁荣的“利益共同体”。他进一步提出加强顶层设计和整体布局、优化海外投资环境、完善股权投资链、实施人才发展战略、构建国际化市场化的中介服务机构和中间组织、建立风险预警机制等具体建议。

积极应对人口老龄化和绿色发展保护环境，也是辜胜阻长期关注的问题。“如何应对人口老龄化”，辜胜阻认为，应从加快老年服务体系建设和调整生育政策两方面着手。针对如何推动绿色发展保护环境，辜胜阻强调，推进绿色发展，实现“十三五”时期环境质量有效提升要改变现存能源结构、产业结构和城镇化结构的深层次问题，全面提升污染治理能力，多措并举实现标本兼治。

辜胜阻还就当前经济形势和民间投资下行、房地产市场的基础性制度和长效机制、应对人口老龄化、金融风险防控等问题回答了新华社、中国网、凤凰网等新闻媒体的提问。

会上，全国政协委员、民建中央调研部部长蔡玲通报了民建中央向全国政协十二届五次会议提交提案的相关情况。她说，2017 年是实施“十三五”规划的重要一年，也是供给侧结构性改革的深化之年。民建中央认真贯彻中共十八大和十八届三中、四中、五中全会精神以及中央经济工作会议精神，紧密围绕各项改革和发展中的重点、难点、热点问题，在深入调查研究的基础上，认真履行参政党职能，积极建言献策，调动全会力量做好政协大会的提案准备工作。今年民建中央提交政协十二届五次会议集体提案 38 篇，内容涵盖了经济、法律、社会保障等多个方面，其中经济类提案 25 篇，约占 66%。38 篇提案侧重于推进城镇化建设、深化供给侧结构性改革、实施创新驱动发展战略支持企业创新、金融改革和民营经济发展、环境保护、扶贫、养老、社会保障、职业教育等方面。提案的基础素材主要来源于民建中央重点调研专题、民建中央领导应急研究成果、民建省级组织成果征选、民建中央专门委员会研究成果、民建基层支部建议材料、平时搜集的社情民意等。蔡玲还就去年民建向全国政协十二届四次会议提交的提案落实情况和成效、今年提交的提案形成过程中的调研情况、长江经济带发展战略和中部崛起等问题回答了记者提问。

全国政协委员、民建中央组织部部长李世杰和全国人大代表、民建中央社会服务部部长包瑞玲分别就“一带一路”战略和精准扶贫有关问题回答了媒体的提问。全国政协委员、民建中央宣传部部长张皎主持新闻通气会。

4. 学习贯彻两会精神会议

3月16日下午，民建中央在机关召开全国两会精神学习会。全国政协常委、民建中央常务副主席郝明金传达了全国政协十二届五次会议精神，并对认真学习习近平总书记3月4日重要讲话精神、全国两会精神和做好近期重点工作提出明确要求。全国人大常委会委员、民建中央副主席张少琴传达了十二届全国人大五次会议精神。

郝明金首先传达了全国政协十二届五次会议的基本情况、委员们分组审议讨论情况和委员们重点关注的几大问题，以及民建界别委员的参会情况。郝明金介绍，3月7日下午，全国政协民建界别举行联组会议，中共中央书记处书记、全国政协副主席杜青林，全国政协副主席、民建中央第一副主席马培华，全国政协常务副秘书长潘立刚及工信部、工商总局、税务总局的有关负责同志到会听取讨论并与委员们座谈交流。委员们针对推进军民融合深度发展、建立完善市场主体信用服务平台、增强政策实效、加强电子商务监管、推动财税改革、推进国企混合所有制改革、加速科技成果转化、推动中国制造业发展、加快西北地区发展等问题作了发言，相关部委的同志就委员们关心的问题作了回应。杜青林副主席在会上作了重要讲话，对民建委员们"有价值、有见地"的发言给予了很高的评价。

郝明金还传达了本次会议期间民建中央及委员们提交提案和大会发言的情况。会议期间，民建中央提交大会发言5件，民建界别委员提交42件。民建中央提交提案38件，民建界别委员共提交提案223件。本次大会安排了三场大会口头发言。其中，郝明金常务副主席代表民建中央作了题为《培育发展新生中小城市，推进新型城镇化建设》的发言。周新生委员作了题为《让真情大义的春风吹遍神州大地》的大会发言。张泓铭、袁慧琴委员分别作了题为《楼市调控需要对冲异常波动的自动调节机制同综合施策形成合力》《激活戏曲遗产，创造时代经典》的大会发言，都收到了良好的反响。

郝明金就认真学习习近平总书记3月4日在看望参加全国政协十二届五次会议民进、农工党、九三学社委员联组会上的重要讲话精神、学习贯彻全国两会精神和做好近期重点工作提出明确要求。一是要把认真学习习近平总书记3月4日重要讲话精神作为民建中央当前一个时期的重要政治任务，密切联系实际，紧扣当前工作，结合民建当前继续开展的"坚持和发展中国特色社会主义"学习实践活动，以及开展的"不忘合作初心、继续携手前进"专题教育，切实加强政治坚定和思想建设。二是深入学习贯彻全国两会精神，履行参政党各项职责，为实现今年国民经济和社会发展目标贡献力量。三是切实做好本会今年的各项工作，振奋精神，凝心聚力，担当作为，奋发努力，以良好的精神风貌和优异的工作业绩迎接中共十九大的胜利召开和本会十一次全国代表大会的召开。

张少琴传达了十二届全国人大五次会议的精神，强调2016年是在以习近平同志为核心的党中央坚强领导下，全国各族人民万众一心、攻坚克难，开创中国特色社会主义新局面、取得辉煌成就的一年。他强调党的十八届六中全会正式明确习近平总书记的核心地位，体现了党和人民的根本利益，对保证党和国家兴旺发达、长治久安，具有十分重大而深远的意义。

他强调李克强总理的政府工作报告求真务实、亮点纷呈、振奋人心、凝聚力量。张德江委员长所作的全国人大常委会工作报告实事求是、全面客观，是一个政治性、指导性和实践性都很强的好报告。张少琴还就最高人民法院工作报告和最高人民检察院报告作了介绍，重点强调了2016年，在以习近平同志为核心的党中央坚强领导下，最高人民法院和最高人民检察院深入推进平安中国、法制中国建设，各项工作取得的新进展和新成就。

张少琴强调，会议顺利完成各项议程，大会开得圆满成功。本次大会通过了《中华人民共和国民法总则》。

张少琴最后强调，我们要认真学习、领会两会精神，更加紧密地团结在以习近平同志为核心的党中央周围，凝心聚力、奋发进取，为实现中华民族伟大复兴的中国梦做出新的贡献。

民建中央机关干部80余人参加了学习会。

5.“一带一路”和养老服务座谈会

为响应国家“一带一路”战略和探讨如何应对老龄化形势给我国养老服务体系带来的挑战，2月27日下午，民建中央举办了“一带一路”和养老服务座谈会，全国人大财政经济委员会副主任、民建中央副主席辜胜阻出席本次座谈会，与会人员有研究“一带一路”和养老服务的专家学者，有正在参与“一带一路”建设的会员企业家，大家结合实际，从不同视角就推进“一带一路”建设工作和养老服务工作提出意见和建议，来自新华社、中国新闻社、人民政协报、团结报等多家媒体参与了此次座谈会。

会上，辜胜阻介绍了“一带一路”和养老服务相关情况。他指出，实施“一带一路”战略以来，我国围绕“政策沟通、道路联通、贸易畅通、货币流通、民心相通”，与沿线各国在全方位合作方面取得了丰富成果，企业“走出去”步伐不断加快，为进一步加强全球经济合作奠定了坚实基础。但是，作为一项具有长期性、复杂性、风险性的系统工程，“一带一路”战略在实施过程中，同样面临着由于特殊地缘政治环境所形成的挑战与风险。为此建议：（1）推动筹建海外开发署，保障“一带一路”战略合作项目能够落地生根。（2）建立双边经济合作区，加强基础设施和产能合作的“硬件”“软件”建设。（3）推动投资主体多元化，形成国有企业和民营企业相互补充、共同发展格局。（4）构建国际化、市场化的中介服务机构和中间组织。（5）强化风险评估、预警和管控。（6）实施人才发展战略，着手打造智力丝绸之路。

辜胜阻认为，我国已成为世界上人口老龄化速度最快、规模最大，同时挑战最严峻的国家。严峻的老龄化形势给我国养老服务体系带来巨大挑战，构建与完善适合我国国情、可持续发展的养老服务体系，已成为我国经济社会发展的紧迫任务。构建科学合理的养老服务体系，关键在于科学界定政府、家庭、市场三者在体系中的职能边界，发挥不同主体在养老服务供给方面的协同作用，重点保障特殊老年群体的养老服务权益。他强调，这还需深入调查研究，有调研，提案才有强大的生命力。

与会代表围绕企业如何参与“一带一路”建设、企业在“走出去”中遇到的问题、对“一带一路”建设的相关建议等议题开展交流。大家认为，“一带一路”是一条合作共赢之路，作为一项国家战略方向很正确、实施力量很强大，同时当地国家也有强烈的需求，但存在管理和国际化人才不足、政策制度落后、服务缺失和投融资安全等问题，有一些风险需要预防：一是国际公共产品属性及法律风险，二是地缘政治风险，三是劳工风险。相信今年5月即将在北京主办的“一带一路”国际合作高峰论坛将搭建更多合作平台，深化彼此发展战略对接，为解决当前世界和区域经济面临的问题寻找方案，让“一带一路”建设更好地造福各国人民。大家纷纷表示，作为参政党的会员企业家，将积极建言献策，为参与“一带一路”建设发挥好参谋作用。

代表们建议：一是国家主管部门对“一带一路”国家战略要进行阶段性评估；二是要加大对走出去企业成功项目的宣传，充分考虑项目的经济效益和政治影响力；三是对已经走出去特别是即将走出去的企业加大培训力度；四是成立股份制的丝路投资保险公司，分散民营企业的投资风险，保障民营企业的投资安全；五是提升沿边城市实力，探讨建立扶贫开发试验区，带动沿边国家发展，增强“一带一路”倡议的国际影响力；六是打造服务企业走出去的专业平台机构和中介机构，为企业更好地走出去提供指导；七是成立高规格的，对“一带一路”进行统一顶层设计的海外投资开发署或者对外投资委员会，帮助企业更好地规避政治风险；八是成立“一带一路”企业总商会，增加企业相互间的交流，统领投资项目，提前建立安保、投资等方面的预防机制；九是进一步发挥驻外使领馆的公共和经济外交职能，为企业走出去保驾护航。

代表们还就调整与改善养老服务体系等主题进行了座谈，并就养老创新、异地养老等问题回答了记者的提问，认为，我国养老服务体系的基本框架逐步明确、养老服务的政策法规建设不断推进、养老服务多元化投入格局日趋形成、养老服务体系的覆盖范围逐步扩大、养老服务体系的能力建设不断增强。下一步，一方面，要推动养老服务供给方式、供给主体多元化，满足多层次的养老服务需求，保证我国养老服务体系的可持续性；另一方面，要做好养老服务体系补“短板”工作，既要保障每一位老年人获得基本养老服务的权益，不断提高统筹层次和水平，又要转变思路、突出重点，解决好失能失智老人、农村留守老人、老年农民工等特殊老年群体养老服务保障的短板问题。

6. 民建中央“关于大力发展光伏产业的调查与建议”重点考察调研专题座谈会

4月7日下午，民建中央“关于大力发展光伏产业的调查与建议”重点考察调研专题座谈会在京召开。全国人大常委会副委员长、民建中央主席陈昌智出席会议，并就我国光伏产业发展现状、面临的挑战以及专题调研方向等方面问题听取相关部门负责同志的意见建议。全国政协常委、民建中央常务副主席郝明金出席会议。全国政协常委、民建中央副主席兼秘书长吴晓青主持会议。陈昌智认真听取与会人员发言，并与他们进行深入探讨和交流。他指出，光伏产业是全球能源科技和产业的重要发展方向，具有巨大发展潜力。发展光伏产业对推动能源结构优化升级、促进生态文明建设和绿色发展具有重要战略意义。近年来，在中共中央和国务院的大力支持下，我国光伏产业发展迅速、成效显著，但仍面临着弃光等问题和挑战。他认为，在接下来的调研中，要认真研究当前制约光伏产业发展的关键性问题，并从全局出发，提出切实可行的意见建议，为党和政府决策提供参考。工信部电子司副司长彭红兵、国家能源局新能源和可再生能源司副司长梁志鹏、国家电网公司企协副理事长孙吉昌出席会议，并就光伏产业发展概况、光伏产业政策支持体系、推进光伏产业发展开展的主要工作与下一步工作重点、专题调研需重点关注的方面等问题介绍了有关情况。

7. 金融风险防范专题研讨会

7月18日下午，民建中央调研部、民建中信支部联合在京举办金融风险防范专题研讨会，全国人大常委会副委员长、民建中央主席陈昌智出席会议并讲话。

陈昌智充分肯定了本次对口联系支部活动，赞同大家对做好金融风险防范所提的意见和建议。陈昌智说，全国金融工作会议刚刚落下帷幕，民建中央调研部和民建中信支部即联合举办此次研讨会，这既是对全国金融工作会议精神很好的学习贯彻，也是聚力做好参政议政工作的体现。陈昌智表示，从严监管、坚决依法依规办事，对管控金融风险至关重要。防范金融风险，除了要解决金融自身的问题，还要解决产能过剩、杠杆率高等金融以外的问题。政府在金融监管中要转变思维方式和管理手段，让市场发挥决定性作用。最后，陈昌智还就金融如何服务实体经济提出了建议和设想。

会议由民建中信支部主委刘育梅主持。中央财经大学金融学院应用金融系主任韩复龄、中信证券股份有限公司首席风险官蔡坚作为特邀嘉宾，以及民建中信支部副主任、中信银行金融市场部总经理助理孟超，民建中信支部委员、中融信托信息技术部副总经理王新迪，中信金石投资董事总经理方哲分别从《当前宏观经济形势与金融去杠杆》《互联网金融市场风险防范》《人民币汇率交叉金融风险防范及政策建议》《信托行业的金融风险防范与科技革新》《私募基金行业的金融风险防范》等方面作了发言。

8. 学习习近平总书记“7・26”重要讲话精神座谈会

8月4日，民建中央在京召开座谈会，认真学习宣传贯彻习近平总书记在省部级主要领导干部“学习习近平总书记重要讲话精神，迎接党的十九大”专题研讨班上的重要讲话精神。全国人大常委会副委员长、民建中央主席陈昌智主持会议并讲话。

陈昌智在讲话中指出，总书记重要讲话回顾了中共十八大以来的党和国家事业取得的历史性成就。这一系列实践再次证明，中国共产党不愧为中国特色社会主义事业和中华民族伟大复兴事业的坚强领导核心。民建必须坚定不移地坚持中国共产党的领导，以执政党为师，进一步加强自身建设，提高履职能力。

陈昌智强调，中国特色社会主义进入了新的发展阶段，总书记要求勇于推进实践基础上的理论创新，不断拓展理论新视野、作出理论新概括，不断丰富和发展党的理论创新成果，彰显了高度的理论自觉和理论自信。民建要从历史变革中把握大势，进一步增强“四个自信”，深化对习近平总书记一系列治国理政新理念新思想新战略的理解领悟，提高战略思维能力，以新的精神状态和奋斗姿态，投身建设中国特色社会主义这一蓬勃兴旺的伟大事业。

陈昌智说，当前正处在即将实现第一个百年奋斗目标并向第二个百年奋斗目标迈进的关键节点。宏伟的目标、强烈的历史责任感让民建人备感振奋，备受鼓舞。民建要以目标明确方向、鼓舞斗志、引领行动，继续为如期实现全面建成小康社会奋斗目标，进而实现建成富强民主文明和谐的社会主义现代化强国奋斗目标贡献智慧和力量。

陈昌智要求，民建全会要把学习好、宣传好、贯彻好习近平总书记“7・26”重要讲话精神，作为当前重要的政治任务，抓紧抓好。一要用讲话精神统一思想、凝聚人心。引导广大会员深刻理解接受中国共产党领导、坚持走中国特色社会主义政治发展道路的必然性，把思想和行动统一到讲话精神上来，坚决维护以习近平同志为核心的中共中央权威，真正让中国特色社会主义的道路自信、理论自信、制度自信、文化自信扎根于广大会员的思想深处，不断增强致力于中国特色社会主义事业的精神动力。二要明确思路，创新方法，宣传阐释好讲话精神。应把握宣传重点，统筹会内外宣传平台，特别是用好会刊、网站、微信公众号等会内宣传阵地，选好切入点、做好策划、讲好故事，形成宣传合力，为中共十九大的胜利召开凝聚共识。三要以讲话精神指导工作，履职尽责。努力探索以经济界人士为主体的参政党履职规律，不断提高参政议政、民主监督、参加中国共产党领导的政治协商的能力与水平。

陈昌智号召民建全会以高度的政治责任感和强烈的历史使命感，紧密地团结在以习近平同志为核心的中共中央周围，做好迎接中共十九大的准备，以饱满的精神面貌和优异的工作成绩迎接中共十九大的胜利召开。

民建中央副主席张少琴、辜胜阻出席会议并发言。民建中央机关各部门代表、部分局级干部结合思想和工作实际，从不同层面和角度畅谈了对习近平总书记“7·26”重要讲话精神的理解和认识。

民建中央机关局级干部参加座谈会。

9. 民建中央坚持和发展中国特色社会主义学习实践活动座谈会

9 月 12 日，民建中央坚持和发展中国特色社会主义学习实践活动座谈会在京召开。座谈会的主要任务是认真学习中共十八大，十八届三中、四中、五中、六中全会精神以及习近平总书记系列重要讲话精神，认真贯彻中央统战工作会议、中央统战部学习实践活动经验交流暨中期推动会精神，深入交流民建各省级组织开展坚持和发展中国特色社会主义学习实践活动的经验做法，推动“不忘合作初心，继续携手前进”专题教育活动不断深入。全国人大常委会副委员长、民建中央主席陈昌智出席座谈会并讲话。全国政协副主席、民建中央第一副主席马培华，民建中央常务副主席郝明金出席座谈会。民建中央副主席宋海主持座谈会。

陈昌智在讲话中指出，自 2013 年以来，民建着眼于多党合作事业与自身事业长远发展，在全会深入开展坚持和发展中国特色社会主义学习实践活动。特别是 2015 年中央统战部召开学习实践活动中期推进会后，民建中央又多次提出要求，持续推动学习实践活动不断深化，取得了显著成效。民建各级组织高度重视学习实践活动，结合各地实际，探索和实践了很多卓有成效的经验办法，广大会员为实现中华民族伟大复兴的中国梦团结奋斗的信念和信心进一步加强，多党合作的思想政治基础进一步巩固，为服务“五位一体”总体布局和“四个全面”战略布局献计出力的责任感和使命感进一步提高。

陈昌智强调，这次会议是在中共十九大和民建十一大之前召开的一次重要会议。会议既是交流总结前期开展学习实践活动的经验和做法，也是推进“不忘合作初心，继续携手前进”专题教育活动深入开展；既是动员全会在总结经验的基础上，继续深入开展专题教育，推进会的事业持续健康发展，也是进一步动员全会把专题教育落实于自身建设和履行职能之中，继续以实际行动为实现“两个一百年”奋斗目标和中华民族伟大复兴的中国梦作出更大贡献。

陈昌智认为，思想建设是一个政党的根本性建设，是决定前进方向、道路的工作，是党派工作的灵魂。思想建设的与时俱进，保证民建的健康发展。要从全局上来认识当前思想建设的极端重要性，从面临的新情况、新问题来认识思想建设的现实意义和紧迫性。随着中国特色社会主义进入新的发展阶段，民建成员数量有较大幅度增加，队伍结构发生新变化，组织状况呈现出很多新的特点。目前，民建省级组织换届工作已经完成，中央换届工作正在启动，全会正处于新老交替、政治交接的重要阶段。要结合换届工作，继续弘扬优良传统，进一步坚定政治信念，建设高素质的中国特色社会主义参政党，确保多党合作事业薪火相传。

陈昌智提出，"不忘合作初心，继续携手前进"专题教育活动，是"坚持和发展中国特色社会主义"学习实践活动的深化和延续，是当前和今后一个时期推进全会思想建设的首要任务，是推进政治交接的重要手段。他要求，坚持学行并重，扎实推动"不忘合作初心，继续携手前进"专题教育不断深入。要将专题教育与学习习近平总书记系列重要讲话精神紧密结合，为迎接中共十九大凝聚共识；要将专题教育与推进政治交接紧密结合，加强领导集体建设；要将专题教育与工作实际紧密结合，为民建事业长远健康发展提供思想保证。

座谈会上，浙江、安徽、福建、河南、重庆、贵州、陕西、上海等 8 个省级组织围绕开展坚持和发展中国特色社会主义学习实践活动的亮点、特色、成效等作典型发言。

民建中央副主席陈政立、张少琴、辜胜阻、李说、周汉民、吴晓青、王永庆出席座谈会。民建中央常委、不担任民建中央常委的省级组织主委、民建中央机关工作部门负责人、民建各省级组织分管副主委和宣传部门负责同志 120 余人参加会议。

10. 民主党派省级组织主委多党合作专题研究班民建学员座谈会

9 月 20 日晚，民主党派省级组织主委多党合作专题研究班民建学员座谈会在民建中央机关召开。全国人大常委会副委员长、民建中央主席陈昌智出席会议并讲话。全国政协常委、民建中央常务副主席郝明金主持会议。全国政协常委、民建中央副主席周汉民，全国政协常委、民建中央副主席兼秘书长吴晓青出席会议，26 位民建省级组织主委参加会议。

座谈会上，民建北京市委主委高云龙、天津市委主委李文海、山西省委主委薛维梁、福建省委主委吴志明、广东省委主委李心、海南省委主委蒙晓灵、贵州省委主委李瑶、青海省委主委王舰、宁夏区委主委杨培君等本届新任主委和上届届中当选的主委先后发言，结合孙春兰在开班式上的讲话，围绕如何当好省级组织主委畅谈学习体会、工作经验、下一步工作思路和计划。与会同志还对组织建设、信息宣传等工作提出中肯的建议。

陈昌智认真听取大家的发言，并作讲话。他指出，这次研究班正值中共十九大和民建十一大即将胜利召开之际，省级组织换届工作顺利完成之时，十分必要和及时，这也体现了中共中央和有关部门对民主党派工作的高度重视和支持。他希望参加研究班的主委们珍惜学习机会，学有所获，并对如何做好研究班的学习提出三点建议：一要从理论上弄懂习近平总书记"7・26"重要讲话的精神内涵，深入领会讲话的丰富内容、精神实质和实践要求，切实把思想和行动统一到讲话精神上来；要加强研究，深化对中国特色社会主义进入新的发展阶段的认识、对"两个一百年"奋斗目标的认识，不断提高理论水平，做到理论上清醒、政治上坚定。二要带着问题学，以问题导向统领学习过程，结合工作实践中的困惑和会内思想状况，提出问题、思考问题、分析问题、解答问题，有针对性地进行研究，做到融会贯通；要有自己的思考和观点，对会员和社会上不正确的、模糊的认识和观点，有针对性地进行说服引导。三要用理论知识推动会务工作，要充分发挥主观能动性，善于学习别人的经验，认真分析、推敲、甄别适合自身实际的经验加以学习借鉴，以学习的成效推动会务工作不断取得新进步。

陈昌智还向与会同志介绍了民建十一大报告的起草情况，并希望大家认真研究，积极对报告起草工作提出意见建议，集中全会的智慧，共同把十一大报告起草好。

郝明金希望与会同志将学习贯彻落实陈昌智主席讲话精神与学习习近平总书记“7·26”重要讲话精神和孙春兰部长在开班式上的讲话精神结合起来，集中精力，专注学习，使此次研究班的学习收到良好成效，推动民建工作开展。

民建中央常委、组织部部长李世杰，组织部副部长李维平参加会议。

11. 民建中央学习贯彻中共十九大精神座谈会

10月27日，民建中央在京召开座谈会，传达学习中共十九大精神，并对民建全会学习宣传贯彻中共十九大精神进行动员部署。全国人大常委会副委员长、民建中央主席陈昌智主持会议并讲话。全国政协副主席、民建中央第一副主席马培华，民建中央常务副主席郝明金出席会议并讲话。

陈昌智在讲话中指出，民建全会要深刻认识中共十九大胜利召开的伟大历史意义，全面把握新时代新思想新使命新征程的思想内涵。要深刻理解中国特色社会主义进入新时代，坚定历史站位，始终顺应历史潮流，把握时代脉搏；要学深悟透习近平新时代中国特色社会主义思想，提升理论自觉，始终保持理论清醒、政治坚定；要准确把握新时代中国特色社会主义发展的战略安排，勇于责任担当，始终围绕中心大局，履职尽责。

陈昌智强调，建设适应新时代要求的社会主义参政党是民建义不容辞的责任和使命。民建全会要把认真学习贯彻中共十九大精神作为首要政治任务，以习近平新时代中国特色社会主义思想为指导，牢固树立政治意识、大局意识、核心意识、看齐意识，进一步加强自身建设，提高履职能力，充分发挥密切联系经济界的特色和优势，为决胜全面建成小康社会、夺取新时代中国特色社会主义伟大胜利，为实现中华民族伟大复兴的中国梦、实现人民对美好生活的向往而不懈奋斗。

马培华说，民建作为与中国共产党通力合作、共同致力于中国特色社会主义事业建设的亲密友党，要把学习贯彻中共十九大精神作为当前和今后一个时期的首要政治任务，切实将大会精神贯彻到民建的各项工作之中，切实承担起新时代下参政党的历史使命。要认真研读报告以及其他会议文件，切实学习领会中共十九大精神；要深刻认识中共十八大以来中国特色社会主义事业取得的历史性成就，进一步坚定接受中国共产党领导的信心和决心；要适应中国特色社会主义新时代的多党合作新要求，积极履行参政党职能；要以中共十九大精神为指导，继承民建的优良传统，搞好政治交接。

郝明金说，当前全国上下都在深入学习贯彻中共十九大会议精神，民建也要积极行动起来，迅速掀起学习贯彻中共十九大精神的热潮。要深刻认识中共十九大的重大意义，深刻把握精神实质，深入贯彻各项决策部署，把思想认识统一到中共十九大精神和习近平新时代中国特色社会主义思想上来，把行动集中到贯彻落实会议提出的各项决策部署上来，把力量凝聚到实现会议确定的奋斗目标上来，以学习贯彻会议精神的丰硕成果，为民建各项工作奠定坚实的政治、思想和理论基础。

民建中央副主席张少琴、辜胜阻、吴晓青分别发言，分享了列席中共十九大开、闭幕会议的感受，并从不同层面和角度畅谈了学习中共十九大报告的心得体会，以及对中共十九大精神的理解和认识。

民建中央机关各部门代表结合思想和工作实际，表达了为新时代中国特色社会主义事业作出应有贡献的决心。

民建中央机关全体干部参加座谈会。

12. 民建十一大报告征求意见座谈会

11 月 6 日，民建十一大报告征求意见座谈会在京召开，全国人大常委会副委员长、民建中央主席陈昌智出席并主持座谈会。民建中央常务副主席郝明金，副主席兼秘书长吴晓青出席会议。全国省级组织专职副主委参加了会议。

陈昌智就报告起草情况作了简要说明。他说报告征求意见稿 9 月下旬已经发给中央委员、各省级组织、机关各部门和部分老同志。此次请大家来，就是要当面倾听大家的意见和建议，凝聚大家的智慧，把报告修改好。

陈昌智指出，学习宣传贯彻中共十九大精神是全会当前和今后一个时期的首要政治任务。民建十一大报告要以中共十九大精神为指导，全面回顾和总结过去五年民建工作。全会各级组织和广大会员要学懂弄通中共十九大精神，按照中国特色社会主义参政党要求更好履行职能，积极投身新时代中国特色社会主义伟大实践，为决胜全面建成小康社会、实现中华民族伟大复兴的中国梦贡献力量。

陈昌智对大家认真研读报告征求意见稿并提出不少好的意见建议表示感谢。他要求报告起草组的同志认真研究、分析、吸纳这些意见建议，做到在内容上实事求是、在文字上精益求精，把报告改得更好。

13. 民建中央章程修改征求意见座谈会

民建中央章程修改征求意见座谈会于 11 月 7 日在京召开。民建中央常务副主席、章程修改领导小组组长郝明金主持会议并讲话。民建中央宣传部部长、章程修改领导小组副组长张皎，民建中央组织部部长、章程修改领导小组副组长李世杰，民建中央组织部副部长、章程修改领导小组副组长卞小俊出席座谈会。部分民建省级组织主委、专职副主委，老同志，会内法律方面专家学者等 20 余人参加会议。

座谈会上，张皎、李世杰分别就《中国民主建国会章程（修改草案）》（讨论稿）总纲部分和条文部分作说明。与会同志结合各地会务实际和自身思考，就修改草案讨论稿展开了深入的交流和讨论，提出了很多有价值的意见建议。

郝明金认真听取发言，并不时与大家交流。郝明金强调，刚刚胜利闭幕的中共十九大，是在全面建成小康社会决胜阶段、中国特色社会主义进入新时代的关键时期召开的一次十分重要的大会，具有重大而深远的意义。会中央对学习贯彻十九大精神高度重视，当前全会上下正在掀起学习十九大精神的热潮。我们要以十九大精神为指导做好会章修改工作。大家的意见建议非常好，体现了大家的深入思考和丰富的实践，对会章修改帮助很大。我们将认真研究，能吸收的尽量吸收，把会章修改好，为民建十一大顺利召开作好充分准备。

14. 民建中央教育工作参政议政座谈会

11月21日，民建中央就教育工作召开参政议政座谈会，邀请会内部分教育领域专家，围绕加快教育现代化、建设教育强国进行座谈研讨。全国人大常委会委员、民建中央副主席辜胜阻出席会议。

辜胜阻认真听取与会专家的发言，并就有关问题进行讨论。他表示，建立现代化教育体系，是实现建设社会主义现代化强国百年奋斗目标的基石之一。他认为，当前要抓紧建立职业教育与其他教育互联互通的立交桥，消除社会对职业教育的偏见，要研究解决基础教育不均衡、择校严重的问题，要落实《民办教育促进法》，发动社会力量办学，要着力解决人文社会科学与自然科学地位不平等的问题，做好人文社科资深教授等有关制度建设。

全国政协委员、民建中央科教委员会副主任、四川现代教育集团董事长苏华，北京工商大学副校长方德英，民建中央科教委员会委员、合肥工业大学社会科学处处长吴椒军，中央民族大学教授胥悦虹，北京市无限培训学校校长张鑫，中国教育进出口出版集团审读报关室副主任吴琳等参加会议，结合自身研究与所在行业就推动教育事业全面发展、建设现代化教育强国发表了看法，提出了意见建议。

民建中央调研部部长蔡玲主持座谈会。

15. 民建中央脱贫攻坚民主监督工作培训会

11月21日至22日，民建中央脱贫攻坚民主监督工作培训会在广西南宁召开。会议的主题是：学习领会中共十九大精神，认真贯彻中共中央关于脱贫攻坚民主监督工作的重要部署，交流探讨开展脱贫攻坚民主监督工作的思路和举措。全国人大常委会委员、民建中央副主席张少琴出席会议并作重要讲话。

张少琴强调，要认真学习宣传贯彻党的十九大精神，提高认识、统一思想，特别是全面深刻领会习近平新时代中国特色社会主义思想是推动党和国家事业发展的强大思想武器，是全党全国人民为实现中华民族伟大复兴而奋斗的行动指南。要认真学习贯彻党的十九大精神，以习近平新时代中国特色社会主义思想为引领，进一步深刻认识脱贫攻坚民主监督工作的重要性，完成中共中央赋予民主党派的这项重要政治任务。他要求各省级组织要团结引领会员，认真学习、宣传和贯彻好党的十九大精神，牢固树立“四个意识”，在政治上、思想上、行动上同以习近平同志为核心的党中央保持高度一致，把个人理想、事业追求与国家发展结合起来，发挥专业优势和社会影响，围绕打赢脱贫攻坚战重大战略部署凝心聚力、献计出力。

张少琴在讲话中指出，做好脱贫攻坚民主监督工作：一是要高度重视，切实将脱贫攻坚民主监督作为重要的政治任务，深入学习贯彻十九大精神和中共中央关于脱贫攻坚民主监督工作的指示精神，按照省委统战部的安排部署，研究制定脱贫攻坚民主监督工作的实施方案，形成具体工作计划，明确工作原则、重点内容、主要形式；二是要加强与地方党委、政府的沟通联系，争取支持，及时了解脱贫攻坚情况、扶贫措施、工作安排、指标进度和监督意见的整改落实情况；三是要写好调研报告，全面客观地展示对口监督县市的脱贫攻坚整体情况，不仅要实事求是地指出问题，更要提出整改建议，同时也要反映地方脱贫攻坚取得的成绩；四是要依靠地方党委政府和人民群众，依靠当地民建组织，依靠专家和顾问团队，凝聚力量，服务大局；五是要共同做好宣传工作，宣传脱贫攻坚取得的好成绩、好经验，为打赢脱贫攻坚战营造良好舆论氛围。

会上，国务院扶贫办社会扶贫司副司长王春燕介绍了中共中央关于脱贫攻坚的决策部署和整体情况，民建广西区委主委钱学明介绍了民建广西区委脱贫攻坚民主监督工作经验，广西壮族自治区扶贫办副主任吴清松介绍了广西脱贫攻坚工作情况。与会人员就脱贫攻坚民主监督工作开展的思路、做法和建议进行了分组讨论。会议由民建中央社会服务部副部长程喜真主持。

会议期间，张少琴前往南宁市隆安县城厢镇东信村开展扶贫调研，走村入户了解产业扶贫情况。

有脱贫攻坚民主监督任务的中西部 21 个省区市民建省级组织副主委、分管处室负责同志，民建广西区委、广西各市级组织负责人，民建各省级组织社会服务处长参加会议。会前，与会人员还赴南宁市隆安县那桐镇定江村定典屯考察了新农村建设示范点和农业产业化龙头企业。

（六）其他重要工作会议及活动

1 月 3 日上午，民建中央副主席张少琴在京会见了中共黔西南州委书记张政一行。双方就大力推进黔西南州的精准扶贫和精准脱贫工作进行了亲切交谈。

1 月 4 日下午，全国政协召开党派、团体、政协专委会大会发言工作协调会。辜胜阻副主席代表民建中央出席会议并发言。

1 月 6 日至 7 日，全国人大常委会委员、民建中央副主席张少琴率队赴河北省丰宁满族自治县开展精准扶贫送温暖活动。

1 月 9 日下午，为做好参加最高人民法院民主监督座谈会的准备，民建中央副主席辜胜阻一行到北京市第二中级人民法院就产权保护等问题进行调研。北京市第二中级人民法院党组副书记、副院长王金山等参加调研座谈。

1 月 10 日，民建全国组织处长会议在京召开。全国政协副主席、民建中央第一副主席马培华出席会议并做重要讲话。这次会议专题研究、布置省级组织换届工作，来自 30 个省级组织的组织部门负责人以及会中央组织部干部参加会议。

1 月 13 日，全国人大常委会委员、财经委副主任委员、民建中央副主席辜胜阻在深圳调研了位于宝安区西乡的中国天谷基地，了解民营卫星通信企业发展现状和落实“一带一路”战略“走出去”情况。

1 月 11 日至 13 日，全国人大常委会委员、民建中央副主席、中华全国总工会副主席张少琴带领全总慰问团赴江苏开展两节送温暖活动。

1 月 14 日，由中国企业评价协会与中国移动通信集团公司联合主办的“第十五届中国企业发展高层论坛”在北京钓鱼台国宾馆举行。全国人大常委会副委员长、民建中央主席陈昌智出席开幕式并作主旨演讲。

1 月 14 日至 15 日，全国人大常委会委员、财经委副主任委员、民建中央副主席辜胜阻带队在湖北就“制度反腐”和“产权保护”进行调研，并在湖北省高级人民法院同人民法院、检察院一线办案人员进行座谈，就贪污贿赂、渎职侵权犯罪和产权保护在司法实践中的问题及改进建议听取意见。湖北省高级人民法院副院长陈平安主持座谈会。

1月18日下午，全国人大常委会委员、财经委副主任委员、民建中央副主席辜胜阻出席了由最高人民法院组织的与各民主党派中央、全国工商联、无党派代表人士座谈会。结合实地调研情况，辜胜阻对人民法院工作提出了五个方面的建议。一是全面落实对非公有制企业的产权保护，提振民企信心和安全感。二是通过制度反腐，治标又治本。三是进一步加大知识产权保护力度，提高知识产权案件办案效率。四是加强司法队伍建设，进一步明确责任追究的错案类型、追责范围、程序等，给办案法官一粒“定心丸”，另外多关注“法官助理”群体，从而真正实现司法人员分类改革所设定的目标。五是进一步开展对公益诉讼案件的研究，规范各试点人民法院的诉讼程序和相关业务庭的具体操作细则，避免理解偏差或适用误区。

2月8日下午，全国人大常委会委员、民建中央副主席、中华全国总工会副主席张少琴在民建中央机关会见了来访的工业和信息化部中小企业局局长马向晖一行。

2月10日，最高人民检察院召开各民主党派中央、全国工商联和无党派人士代表座谈会。民建中央常务副主席郝明金出席会议并代表民建中央就检察机关履行职能，加强非公经济产权保护方面提出意见和建议：一、把保护财产权作为检察机关一项基本职责。二、抓紧总结，推广一批可复制可推广的成功经验。三、健全完善检察机关保护产权的内部协调机制。四、加强知识产权保护促进民营企业创新发展。五、建立检察机关与社会共同参与的产权保护机制。

2月14日，全国政协提案委员会在京召开各民主党派中央和全国工商联提案工作座谈会。全国人大常委会委员、财经委副主任委员、民建中央副主席辜胜阻出席会议并发言。全国政协提案委员会主任孙淦主持会议。

2月15日至16日，全国人大常委会副委员长、民建中央主席陈昌智到广东省湛江市进行市级组织建设调研，与民建湛江市委领导班子、部分基层组织负责人和会员代表亲切座谈。民建中央副主席兼秘书长吴晓青、民建广东省委主委李心、专职副主委陈海等陪同调研。

2月17日上午，2017智汇养老北京高峰研讨会在北京国际饭店会议中心召开，研讨会的主题为“养老服务业的失衡与重构”。全国人大常委会委员、财经委副主任委员、民建中央副主席辜胜阻出席研讨会，并作了题为“科学界定家庭、政府和市场在养老体系中的边界和功能”的主旨演讲。

2月24日至25日，民建中央常务副主席郝明金率队赴河北省丰宁县调研，走访当地龙头企业了解产业扶贫情况，深入建档立卡困难户家中走访调研，并召开座谈会研究下一步的工作方向和重点。24日，民建中央帮扶丰宁县精准脱贫座谈会在丰宁县行政中心举行，郝明金出席会议并发表讲话。

3月1日下午，中华思源工程扶贫基金会新能源公益基金（以下简称“思源·新能源公益基金”）在北京揭牌成立，河南多氟多化工股份有限公司捐赠500万元，主要通过扶持新能源材料及产品的研发、培养新能源领域专业人才等公益项目，促进新能源产业和教育事业的发展，改善和保护环境，促进人与社会、人与自然的和谐发展。全国人大常委会副委员长、民建中央主席、中华思源工程扶贫基金会理事长陈昌智，民建中央副主席张少琴，河南省政协副主席、民建河南省委会主委龚立群，民建中央常委、中华思源工程扶贫基金会副理事长兼秘书长李晓林，多氟多化工股份有限公司董事长李世江等出席启动仪式。

3 月 1 日，中央社会主义学院 2017 年春季开学典礼在北京举行。全国人大常委会副委员长、民进中央主席、中央社会主义学院院长严隽琪，中共中央统战部副部长林智敏出席并讲话，民建中央常务副主席郝明金代表各民主党派、全国工商联和无党派人士讲话。

3 月 13 日下午，中华思源工程扶贫基金会、芭莎公益慈善基金在北京举行“2017 思源救护中国行暨芭莎公益慈善基金、BAZAAR 明星慈善夜 300 辆救护车发车仪式”，向云南省、贵州省、河北省、甘肃省、湖南省、广西壮族自治区等 6 个省（自治区）的贫困县医院捐赠 300 辆救护车。全国人大常委会副委员长、民建中央主席、中华思源工程扶贫基金会理事长陈昌智，全国人大常委、民建中央副主席张少琴出席活动。

3 月 14 日至 17 日，全国政协常委、民建中央副主席兼秘书长吴晓青先后在广西桂林、贺州、梧州、柳州四市就市级组织建设工作进行调研，民建广西区委主委钱学明等陪同调研。

3 月 15 日上午，民建中央常务副主席郝明金在会中央机关会见了来访的广州市金融工作局党组书记、局长邱亿通一行。

3 月 18 日至 19 日，全国人大常委会委员、财经委副主任委员、民建中央副主席辜胜阻在广东省佛山市顺德区调研创新引领实体经济转型升级。辜胜阻实地考察了顺德区北滘镇、乐从镇的新型城镇化建设和产城融合发展情况，现场调研了广东工业设计城、美的全球创新中心、罗浮宫国际家具博览中心、中德工业服务区等创业创新孵化平台和产业转型升级载体。在顺德期间，佛山市市长朱伟与辜胜阻交换了对顺德实体经济转型的看法。辜胜阻还应邀出席了由国家发改委城市和小城镇改革发展中心主办的“2017 中国新型城镇化（佛山顺德区）经验交流会”并作发言。

3 月 21 日，国务院召开第五次廉政工作会议，中共中央政治局常委、国务院总理李克强发表讲话。民建中央副主席辜胜阻出席会议。

3 月 22 日下午，全国人大常委会副委员长、民建中央主席陈昌智，全国人大常委会委员、民建中央副主席张少琴在会中央机关接见了民建广西区委主委钱学明、自治区扶贫办副主任吴清松、自治区委统战部副巡视员邓国忠一行，并听取了脱贫攻坚民主监督汇报。

3 月 25 日，“寻找鲨鱼苗”2017 首届新三板品牌峰会在京举行。这是国内首次举行以品牌为主题的大型新三板峰会。全国人大常委会副委员长、民建中央主席陈昌智出席并发表讲话。陈昌智指出，中国的国家品牌战略时代已经到来，新三板企业品牌发展的时代也已经到来。新三板作为国家战略设立的全国第三大交易场所，在实现创新驱动发展战略中，新三板的企业将大有可为。

3 月 27 日至 28 日，全国人大财经委副主任委员、民建中央副主席辜胜阻赴广东自由贸易试验区横琴新区片区和澳门调研创业创新企业与科教机构。

3 月 27 日至 31 日，全国政协常委、民建中央副主席王永庆赴安徽省阜阳市、亳州市、宿州市、淮北市，就四市民建市级组织建设进行调研。调研期间，王永庆看望了民建市委机关干部，并与班子成员、支部主委以及骨干会员进行座谈。民建安徽省委副主委李霞、赵皖平分别陪同调研。

3月28日，全国人大常委会委员、财经委副主任委员、民建中央副主席辜胜阻应邀出席由澳门城市大学举办的“海峡两岸暨港澳地区人口变化与高等教育研讨会”，并发表题为“教育供给侧结构改革与教育转型”的主题演讲。澳门日报3月29日刊发了题为《辜胜阻称建设粤港澳大湾区将带来发展机遇》的文章。

3月28日至30日，中国民主建国会上海市委员会召开第十三次代表大会。全国政协副主席、民建中央第一副主席马培华出席会议并作了重要讲话。中共上海市委副书记、秘书长尹弘，中共上海市委常委、统战部部长沙海林，上海市人大常委会副主任钟燕群，上海市副市长翁铁慧，上海市政协副主席徐逸波，农工党中央副主席、农工党上海市委主委蔡威等应邀出席开幕式。民建中央副主席、上海市政协副主席、民建上海十二届市委主委、大会主席团常务主席周汉民主持开幕式。

3月29日至31日，全国人大常委会委员、民建中央副主席张少琴赴山西省长治市就民建地方组织建设调研。山西省政协副主席、民建山西省委主委王宁参加调研。

3月30日，农历三月三，丁酉年黄帝故里拜祖大典在新郑市隆重举行。全国政协副主席、民建中央第一副主席马培华，民建中央副主席兼秘书长吴晓青出席大典。

3月30日至31日，全国政协副主席、民建中央第一副主席马培华率调研组就全国政协双周协商座谈会“完善房地产调控、有序推进新型城镇化建设”在河南省专题调研。全国政协常委、民建中央副主席兼秘书长吴晓青，河南省政协主席叶冬松、副省长徐光，河南省政协副主席、民建省委主委龚立群等参加调研或座谈。

3月31日，正在柬埔寨访问的全国人大常委会副委员长陈昌智同柬国会主席韩桑林举行会谈，并分别会见柬首相洪森和参议院代主席奈本纳。

3月31日至4月5日，各国议会联盟（议联）第136届大会在孟加拉国首都达卡举行，全国人大常委会副委员长、民建中央主席陈昌智率团与会。

4月5日至7日，中国民主建国会重庆市第五次代表大会隆重举行。全国人大常委会委员、民建中央副主席张少琴代表民建中央向大会致贺词。中共重庆市委常委、统战部部长宋爱荣，重庆市人大常委会副主任郑洪，市人民政府副市长、九三学社重庆市委主委屈谦，市政协副主席、民革重庆市委主委杨天怡，市人大常委会副主任、民建市委主委沈金强，民建中央原副主席程贻举，民建重庆市委原主委卢晓钟等出席会议。民建中央常委、组织部部长李世杰参加会议。

4月10日至14日，按照全国政协的统一部署，全国政协副主席、民建中央第一副主席马培华率调研组在贵州开展了“实施精准扶贫中存在的问题和建设”专题调研。全国政协常委、经济委员会副主任、民建中央副主席、北京市政协副主席、民建北京市委主委王永庆担任调研组副组长并参加调研。

4月10日至15日，全国政协副秘书长、民建中央副主席宋海赴四川省南充市、内江市、自贡市、宜宾市、泸州市等地，分别就民建市级组织建设进行调研。民建四川省委副主委毛凯、民建四川省委秘书长刘正方等陪同调研。

4月12日晚，对黑龙江省药品管理法实施情况进行检查并对民建自身建设进行调研的全国人大常委会副委员长、民建中央主席陈昌智，在哈尔滨亲切接见了民建黑龙江省委部分领导班子成员。民建省委主委孙东生代表民建省委会汇报了省委会工作，副主委张洪升、杨弘智、刘志圣、张岭及秘书长郭景有分别作了发言。

4月13日至14日，全国人大常委会委员、财经委员会副主任、民建中央副主席辜胜阻就扶贫工作和市级组织建设赴承德市进行调研。辜胜阻看望了民建承德市委领导班子成员和部分会员代表，了解了承德民建组织运行情况，走访了会员企业，并召开了座谈会。

4月18日下午，民建北京市委组织部分央企活动小组成员在京举行中央企业参与“一带一路”和雄安新区建设座谈会。全国人大常委会委员、财经委副主任委员、民建中央副主席辜胜阻，民建中央副主席、北京市政协副主席、民建北京市委主委王永庆出席座谈会。

4月19日至20日，全国政协副主席、民建中央第一副主席马培华带领全国政协提案委员会“完善房地产调控，有序推进新型城镇化”重点提案督办调研组在重庆开展调研。全国人大常委、民建中央副主席辜胜阻参加调研。重庆市人大副主任、民建重庆市委主委沈金强陪同调研。

4月20日上午，全国人大常委会副委员长、民建中央主席、中华职业教育社理事长陈昌智在会中央机关亲切会见了来访的天津中德应用技术大学党委副书记、校长张兴会一行并举行座谈。中华职业教育社总干事王金宝陪同会见。

4月21日，全国政协副主席、民建中央第一副主席马培华前往民建重庆市委看望机关干部，并与民建重庆市委班子成员座谈。座谈会前，马培华还专程前往中国民主建国会成立旧址陈列馆参观。

4月24日至26日，全国政协常委、民建中央常务副主席郝明金赴辽宁省葫芦岛市、朝阳市、阜新市、锦州市，就市级组织建设工作进行调研。调研期间，郝明金先后出席了四市的座谈会，与各市班子成员、部分基层组织负责人、骨干会员座谈交流。辽宁省政协副主席、民建辽宁省委主委武献华陪同调研。

5月4日，民建中央文化委员会全体会议暨“我国文化产业供给侧结构性改革文化论坛”在上海召开。民建中央副主席周汉民与会，民建中央文化委员会主任李修松作工作报告。民建中央文化委员会副主任安庭、陈少峰分别主持全体会议和文化论坛。

5月5日，2017年中华环保世纪行宣传活动座谈会暨启动仪式在京举行。全国人大常委会副委员长、民建中央主席陈昌智出席活动并宣布活动启动。今年将把加快推动生态文明建设作为主题宣传的根本任务，注重舆论监督与法律监督紧密结合，努力将生态环境保护工作推向深入。

5月5日至7日，由教育部、人社部、中国贸促会作为指导单位，中华职业教育社、中国教育电视台、中展集团联合主办的“2017年全国职业教育博览会暨中华职业教育社百年历史图片展”在北京中国国际展览中心成功举办。博览会以“展示职教成果 、搭建共享平台、支撑中国制造、弘扬工匠精神”为主题。全国人大常委会副委员长、民建中央主席、中华职业教育社理事长陈昌智出席博览会开幕式并讲话。全国政协副主席、民建中央第一副主席、中华职业教育社副理事长、中华同心温暖工程基金会理事长马培华主持开幕式。联合国开发计划署致信祝贺。

5 月 8 日，全国人大常委会副委员长、民建中央主席陈昌智带队就民建中央重点考察调研专题“关于大力支持光伏产业发展的调查与建议”赴甘肃调研。民建中央常务副主席郝明金，民建中央副主席辜胜阻，省人大常委会副主任周多明，民建甘肃省委主委宁崇瑞陪同调研。调研期间，陈昌智亲切接见了民建甘肃省委领导班子成员并召开座谈会。

5 月 8 日，全国政协第 112 期干部培训班在青岛市开班。全国政协副主席、民建中央第一副主席马培华出席开班式并讲话。

5 月 11 日，2017 国际创业孵化峰会在成都举行。全国政协副主席、中国科协主席、科技部部长万钢出席会议并作主题报告。全国人大常委会委员、财经委副主任委员、民建中央副主席辜胜阻出席会议并作主题演讲。

5 月 11 日至 15 日，民建中央副主席宋海赴黑龙江省佳木斯市、双鸭山市、鸡西市，就市级组织建设工作进行调研。调研期间，宋海先后出席三市民建组织的座谈会，与民建市委班子成员、部分基层组织负责人、骨干会员座谈交流。黑龙江省人民政府副省长、民建黑龙江省委主委孙东生，民建黑龙江省委副主委张岭分别陪同调研。

5 月 12 日下午，全国人大常委会委员、财经委副主任委员、民建中央副主席辜胜阻专程到审计署走访座谈，就企业特别是央企参与“一带一路”建设听取国家审计部门的意见和建议。座谈会由审计署副审计长秦博勇主持。

5 月 13 日，2017 年民建中央法制委员会全体会议在福州召开。民建中央常务副主席郝明金出席会议并讲话。民建中央法制委员会主任李秀清主持会议，民建福建省委主委郭振家在开幕式上致辞。下午，民建中央常务副主席郝明金到民建福建省委调研，看望省委会机关干部，并召开座谈会。中共福建省委常委、统战部部长雷春美出席座谈会并讲话。

5 月 14 日至 15 日，全国人大常委会委员、财政经济委员会副主任委员、民建中央副主席辜胜阻受邀分别出席“一带一路”国际合作高峰论坛高级别会议和“第五届全球智库峰会”，并就“深化‘一带一路’合作，引领全球化升级的战略思考”作主旨发言。

5 月 15 日，全国政协副主席、民建中央第一副主席马培华赴宁调研民建宁夏区委自身建设发展情况。在宁期间，自治区党委书记石泰峰拜会马培华一行，对民建中央一直以来给予宁夏经济社会发展的支持表示感谢。

5 月 15 日，由民建中央社会服务部、民建贵州省委主办，中共黔西县委、黔西县人民政府、民建毕节市工委承办的“2017 特色小镇产业发展（黔西）论坛”在贵州黔西召开。民建中央副主席张少琴出席论坛并讲话。中共毕节市委常委、黔西县委书记卢林致欢迎词。贵州省政协副主席、民建贵州省委主委李汉宇主持开幕式。

5 月 15 日，民建东部十省市对口帮扶黔西县第四次联席（扩大）会议暨“百千万”工程推进会在贵州黔西召开。此次会议的主题是：深入学习贯彻习近平总书记关于扶贫工作系列讲话精神，总结和回顾 2015 年 4 月第三次对口帮扶会议以来的工作，明确下一步精准帮扶工作任务，助推毕节试验区和黔西县早日实现脱贫与全国同步小康。民建中央副主席张少琴出席会议并讲话。

5 月 15 日至 17 日，中国民主建国会山东省第九次代表大会隆重举行。民建中央常务副主席郝明金出席大会并代表民建中央向大会致贺词，中共山东省委常委、常务副省长李群代表中共山东省委、省政府讲话，山东省政协副主席、民革山东省委主委孙继业代表各民主党派、工商联及有关人民团体致贺词。中共山东省委常委、统战部部长吴翠云，山东省人大常委会副主任夏耕，山东省政协副主席许立全，山东省纪委副书记明春德等中共党委、人大、政府、政协领导同志和各兄弟党派、工商联、有关人民团体领导同志莅会祝贺。

5月16日，庆祝中国与阿根廷建交45周年招待会在京举行，全国政协副主席、中国拉丁美洲和加勒比海友好协会会长马培华以及阿根廷总统马克里出席招待会并致辞。

5月16日至17日，中国民主建国会黑龙江省第九次代表大会在哈尔滨市隆重举行，民建中央副主席宋海代表民建中央向大会致贺词，中共黑龙江省委常委、统战部部长孙尧，省人大常委会副主任胡世英，省政府副省长郝会龙，省政协副主席宫晶堃等中共党委、人大、政府、政协领导同志和各兄弟党派、工商联、有关人民团体领导同志莅会祝贺。

5月18日下午，由民建上海市委和中共崇明区委、崇明区人民政府联合举办的“上海民建浦江论坛”在崇明区会议中心举行。本次论坛以“建设崇明世界级生态岛”为主题，全国人大常委会副委员长、民建中央主席陈昌智出席并作主旨演讲。

5月19日，全国人大常委会副委员长、民建中央主席、中华职业教育社理事长陈昌智在沪出席纪念中华职业教育社成立100周年大会等活动。中华职业教育社党组书记、总干事方乃纯陪同参加。

5月19日至21日，中国民主建国会内蒙古自治区第六次代表大会隆重举行，民建中央副主席周汉民出席大会并代表民建中央向大会致贺词，中共内蒙古自治区委常委、统战部部长王莉霞代表内蒙古自治区党委致贺词，民革内蒙古区委副主委吴平代表各民主党派、工商联及有关人民团体致贺词。

5月22日，中国民主建国会浙江省第九次代表大会在杭州隆重开幕。全国政协副主席、民建中央第一副主席马培华到会祝贺并致贺词。中共浙江省委常委、秘书长陈金彪，浙江省人大常委会副主任厉志海、省人民政府副省长梁黎明、省政协副主席王建满，民建浙江省委原主委程炜、吴国华，中共浙江省委统战部部长冯志礼、常务副部长金长征出席开幕式。浙江省政协副主席、民革浙江省委主委吴晶代表各民主党派省委会和省工商联祝贺大会召开。

5月23日，全国人大常委会副委员长、民建中央主席陈昌智带队就民建中央重点考察调研专题“关于大力支持光伏产业发展的调查与建议”赴江苏调研。民建中央常务副主席郝明金，民建中央副主席兼秘书长吴晓青，江苏省政协副主席、民建江苏省委会主委洪慧民陪同调研。调研期间，陈昌智会见了中共江苏省委书记、省人大常委会主任李强，省委常委、统战部部长、宣传部部长王燕文，省人大常委会常务副主任史和平等省主要领导同志。

5月25日下午，全国政协在京召开第67次双周协商座谈会，围绕“完善住宅房地产调控，有序推进新型城镇化建设”建言献策。全国政协主席俞正声主持会议并讲话。全国政协副主席、民建中央第一副主席马培华出席会议。全国人大常委会委员、财经委员会副主任委员、民建中央副主席辜胜阻作为专家学者在座谈会上就“完善房地产长效机制亟须加快税制改革”发言。

5月25日至26日，民建中央副主席宋海赴宁夏回族自治区吴忠市，就民建市级组织建设进行调研。民建宁夏区委副主委、自治区监察厅副厅长杨培君，民建宁夏区委副主委、吴忠市副市长马中勇等陪同调研。

5月26日至28日，中国民主建国会宁夏回族自治区第七次代表大会在银川隆重举行。民建中央副主席宋海到会祝贺并致贺词。中共宁夏回族自治区党委常委、统战部部长马廷礼出席开幕式并讲话。自治区人大常委会副主任刘慧芳、政协副主席刘小河、政府秘书长王紫云等中共党委、人大、政府、政协领导同志和各兄弟党派、工商联、相关对口联系部门领导同志莅会祝贺。民盟宁夏区委主委冀永强代表自治区各民主党派、工商联致贺词。

5月31日，民建中央副主席辜胜阻就市级组织建设工作赴湖北天门调研，走访市委会机关、看望市委会班子成员和会员代表，了解组织运行情况，并召开座谈会。

5月31日至6月2日，中国民主建国会湖北省第八次代表大会隆重举行。民建中央副主席辜胜阻出席大会并代表民建中央向大会致贺词，中共湖北省委常委、统战部部长尔肯江·吐拉洪代表中共湖北省委、省政府讲话，湖北省人大常委会副主任、民进湖北省委主委周洪宇代表各民主党派、工商联及有关人民团体致贺词。湖北省人民政府副省长、民盟湖北省委主委郭生练，湖北省政协副主席肖旭明，中共湖北省委统战部副部长冯艳飞，湖北省工商联主席杨玉华等中共党委、人大、政府、政协领导同志和各兄弟党派、工商联、有关人民团体领导同志莅会祝贺。

6月1日至3日，中国民主建国会云南省第九次代表大会在昆明隆重举行。民建中央副主席王永庆到会祝贺并致贺词。中共云南省委常委、省委统战部部长杨宁出席开幕大会并代表中共云南省委讲话。云南省政协副主席、九三学社云南省委主委曾华代表云南省各民主党派、工商联及有关人民团体致贺词。云南省人大常委会副主任杨保健，副省长陈舜，云南省政协副主席罗黎辉、王承才、喻顶成等中共省委、人大、政府、政协领导同志和各民主党派、工商联、人民团体、相关部门及高校领导同志莅会祝贺。

6月5日至9日，全国人大常委会副委员长、民建中央主席陈昌智率检查组在山西开展固体废物污染环境防治法执法检查，他指出，要充分认识贯彻实施固废法的重要意义，突出重点、抓住关键，切实推动固体废物污染防治工作取得新进展。

6月6日，全国人大常委会委员、财经委副主任委员、民建中央副主席辜胜阻会见美国奥本大学美籍华裔教授唐宗力先生，双方就特朗普上台前后美国的经济社会形势、“一带一路”倡议、中美两国城镇化和创业创新等问题从学术的角度交换了看法，交流了思想。

6月8日，中国民主建国会广西壮族自治区第九次代表大会在南宁隆重开幕。民建中央副主席兼秘书长吴晓青出席开幕会并代表民建中央致贺词，中共广西区委常委、统战部部长赵德明代表中共广西区委致贺词，民进广西区委主委陈自力代表各民主党派、工商联致贺词。各兄弟党派、工商联负责同志莅会祝贺。

6月8日至10日，中国民主建国会贵州省第九次代表大会隆重举行。全国人大常委会委员、民建中央副主席张少琴出席会议并代表民建中央向大会致贺词。中共贵州省委常委、省委统战部部长刘晓凯代表中共贵州省委讲话，贵州省副省长、民盟贵州省委主委何力代表各民主党派省委、省工商联致贺词。省人大副主任、民革贵州省委主委王世杰，副省长陈鸣明，省政协副主席蒙启良，省政协副主席、民进贵州省委主委左定超，省政协副主席、致公党贵州省委主委谢晓尧，省委统战部副部长、贵州省社会主义学院党组书记何萍，九三学社贵州省委主委黄宗洪，农工党贵州省委副主委张光奇等中共省委、省人大、省政府、省政协领导和各民主党派、工商联、人民团体、相关部门及高校领导莅会祝贺。

6月10日至12日，中国民主建国会安徽省第九次代表大会隆重举行。民建中央副主席王永庆出席大会并代表民建中央向大会致贺词，中共安徽省委常委、统战部部长刘莉代表安徽省党委致贺词，民进安徽省委主委李和平代表各民主党派、工商联及有关人民团体致贺词。安徽省人大常委会副主任梁卫国，安徽省副省长李建中，安徽省政协副主席邵国荷等中共省委、人大、政府、政协领导同志和各民主党派、工商联、人民团体、相关部门及高校领导同志莅会祝贺。

6月10日下午，民建北大委员会在北京大学英杰交流中心阳光大厅举办第五届民建“城市发展论坛”，论坛的主题是“城市发展与社会治理”。全国人大常委会委员、财经委副主任委员、民建中央副主席辜胜阻出席论坛并作演讲。

6月10日至12日，民建中央副主席宋海赴四川省绵阳市、德阳市，就民建市级组织建设进行调研。民建四川省委副主委王元勇、毛凯、苏华等陪同调研。

6月12日至13日，中国民主建国会江西省第九次代表大会隆重举行。全国政协副主席、民建中央第一副主席马培华出席大会并代表民建中央向大会致贺词，中共江西省委常委、常务副省长毛伟明代表中共江西省委致贺词，江西省政协副主席、民进江西省委主委汤建人代表江西省各民主党派省委、工商联及有关人民团体致贺词。

6月12日至14日，中国民主建国会四川省第九次代表大会在成都隆重举行。全国人大常委会副委员长、民建中央主席陈昌智到会祝贺并致贺词。民建中央副主席宋海出席开幕式。中共四川省委常委、统战部部长李静出席开幕大会并代表中共四川省委讲话。省政协副主席、省工商联主席陈放代表四川省各民主党派、工商联致贺词。省人大常委会党组书记、副主任陈光志，副省长朱鹤新，省政协副主席高烽等中共省委、人大、政府、政协领导同志和各民主党派、工商联领导同志莅会祝贺。

6月12日至14日，中国民主建国会青海省第七次代表大会隆重举行。民建中央副主席张少琴出席会议并代表民建中央向大会致贺词。中共青海省委常委、统战部部长公保扎西代表中共青海省委讲话，九三学社青海省委主委、青海大学副校长杜德志代表各民主党派省委、省工商联致贺词。

6月16日至18日，中国民主建国会河北省第九次代表大会隆重举行。民建中央副主席兼秘书长吴晓青出席大会并代表民建中央向大会致贺词，中共河北省委常委、统战部部长高志立代表中共河北省委讲话，河北省政协副主席、民革河北省委主委卢晓光代表各民主党派、工商联及有关人民团体致贺词。河北省人大常委会副主任王雪峰，河北省人民政府副省长李谦，中共河北省委统战部常务副部长邹平等中共党委、人大、政府、政协领导同志莅会祝贺。

6月16日至17日，民建中央经济委员会在广东省广州市召开了2017年全体会议及“金融支持实体经济发展”论坛，研究讨论当前我国经济形势以及金融支持实体经济发展等主题；并赴佛山市开展了实地调研和座谈。全国人大常委会委员、财经委副主任委员、民建中央副主席辜胜阻参加调研。民建中央经济委员会主任、清华大学经济管理学院副院长、中国人民银行货币政策委员会委员白重恩主持论坛与全体会议。

6月17日上午，中国风险投资研究院创新资本研究院、广州创投小镇 海珠洋湾岛揭牌暨产业资本创新研讨会在广州召开，全国人大常委会副委员长、民建中央主席陈昌智，民建中央常务副主席郝明金出席揭牌仪式，并现场见证了落户项目签约。

6月17日至18日，由民建上海市委、深圳证券交易所、浙江财经大学、上海锦天城律师事务所共同主办的“2017年中国上市公司论坛”在上海松江召开。全国政协副主席、民建中央第一副主席马培华出席论坛并作主旨演讲。全国政协常委、副秘书长、民建中央副主席宋海出席论坛并在开幕式上作专题演讲，全国政协常委、民建中央副主席、上海市政协副主席、民建上海市委主委周汉民主持论坛并作演讲。

6月19日至20日，中国民主建国会吉林省第九次代表大会在长春隆重举行。全国人大常委会副委员长、民建中央主席陈昌智到会祝贺并作重要讲话。中共吉林省委副书记高广滨出席开幕大会并代表中共吉林省委讲话。省政协副主席、民进吉林省委主委薛康代表吉林省各民主党派、工商联致贺词。

6月19日至21日，全国政协副主席、民建中央第一副主席马培华在青海西宁出席青洽会开幕式并致辞，出席锂产业高峰论坛并作主旨报告，参观青洽会展馆并与青海民建会员座谈。国家工业和信息化部部长苗圩出席青洽会开幕式并致辞。

6月21日下午，吉林省中华职业教育社隆重举办庆祝中华职业教育社成立100周年纪念大会，全国人大常委会副委员长、民建中央主席、中华职业教育社理事长陈昌智出席会议并作重要讲话，中共吉林省委书记、省人大常委会主任巴音朝鲁为大会作出重要批示，吉林省人大常委会副主任、省中华职业教育社主任车秀兰，中共吉林省委副书记高广滨，吉林省政协副主席、省教育厅厅长张伯军，省政协副主席、民进省委主委薛康分别讲话和致辞。大会由中共吉林省委常委、统战部部长李景浩主持。

6月22日至24日，全国政协副主席、民建中央第一副主席、中华职业教育社副理事长、中华同心温暖工程基金会理事长马培华率调研组就国家通用语言培训工作开展情况在西藏调研。

6月23日至25日，中国民主建国会湖南省第九次代表大会隆重举行。民建中央副主席陈政立出席大会并代表民建中央向大会致贺词，中共湖南省委常委、统战部部长黄兰香代表中共湖南省委、省政府致贺词，湖南省人民政府副省长、民革湖南省委主委何报翔代表湖南省各民主党派、工商联及有关人民团体致贺词。

6月24日至25日，中国民主建国会河南省第九次代表大会隆重举行。民建中央副主席周汉民出席大会并代表民建中央向大会致贺词，中共河南省委常委、秘书长穆为民代表中共河南省委致贺词，民盟河南省委主委霍金花代表各民主党派、工商联致辞，省侨联党组书记董锦燕代表人民团体致辞。

6月24日至25日，中国民主建国会海南省第六次代表大会在海口隆重举行。民建中央常务副主席郝明金到会祝贺并代表民建中央致贺词。中共海南省委常委、统战部部长张韵声出席开幕大会并代表中共海南省委致贺词。九三学社海南省委主委过建春代表海南省各民主党派、工商联致贺词。中共海南省委统战部副部长、省工商联党组书记郭全茂和各民主党派、工商联领导同志莅会祝贺。

6月26日，中国民主建国会福建省第九次代表大会在福州隆重开幕。民建中央副主席兼秘书长吴晓青出席开幕会并代表民建中央致贺词，中共福建省委常委、统战部部长雷春美代表中共福建省委致贺词，民盟福建省委主委阮诗玮代表各民主党派、工商联致贺词。

6月27日，由民建中央和台湾世新大学联合举办的第十八届两岸财经研讨会在京举办，全国人大常委会副委员长、民建中央主席陈昌智出席研讨会开幕式并致辞。

6月27日至29日，中国民主建国会北京市第十一次代表大会隆重举行。全国政协副主席、民建中央第一副主席马培华出席大会并代表民建中央向大会致贺词，中共北京市委常委、统战部部长齐静代表中共北京市委致贺词，市政协副主席、民革北京市委主委傅惠民代表各民主党派、工商联致辞。

6月28日至29日，中国民主建国会江苏省第九次代表大会在南京隆重举行。全国人大常委会副委员长、民建中央主席陈昌智到会祝贺并作重要讲话。中共江苏省委常委、宣传部部长、统战部部长王燕文出席开幕会并代表中共江苏省委讲话。省政协副主席、致公党江苏省委主委麻建国代表江苏省各民主党派、工商联致贺词。

6月28日至30日，中国民主建国会广东省第九次代表大会在广州隆重举行。全国人大常委会副委员长、民建中央主席陈昌智到会祝贺并致贺词。中共广东省委常委、统战部部长严植婵出席开幕大会并代表中共广东省委致贺词。致公党广东省委主委黄武代表广东省各民主党派、工商联致贺词。省人大常委会副主任徐少华，省政协副主席、党组副书记林木声等人大、政协领导同志和各民主党派、工商联领导同志莅会祝贺。

6月28日至29日，中国民主建国会天津市第十二次代表大会隆重举行。民建中央副主席李谠出席大会并代表民建中央向大会致贺词，中共天津市委常委、统战部部长冀国强代表中共天津市委致贺词，民革天津市委主委齐成喜代表天津市各民主党派致贺词，天津市工商联副巡视员范学义代表天津市工商联致贺词。

6月30日，中共中央政治局常委、全国政协主席俞正声在京主持召开调研协商座谈会，邀请民盟中央、民建中央、民进中央、九三学社中央和全国工商联负责人，围绕大力振兴和提升实体经济建言献策。中共中央政治局委员、中央统战部部长孙春兰出席。座谈会上，民建中央主席陈昌智建议，加快西部地区电力外送通道建设，落实新能源配额制，推动新能源产业和现代高载能产业、先进装备制造业、高端服务业等协同发展。

7月2日至4日，中国民主建国会陕西省第九次代表大会隆重举行。民建中央副主席陈政立出席大会并代表民建中央向大会致贺词，中共陕西省委副书记毛万春代表中共陕西省委致贺词，陕西省人大常委会副主任、农工党陕西省委主委朱静芝代表陕西省各民主党派、工商联致贺词。

7月4日至5日，中国民主建国会辽宁省第九次代表大会在沈阳隆重举行。民建中央常务副主席郝明金到会祝贺并代表民建中央致贺词。中共辽宁省委常委、秘书长刘焕鑫出席开幕大会并代表中共辽宁省委讲话。省政协副主席、民盟辽宁省委主委李晓安代表辽宁省各民主党派、工商联和有关人民团体致贺词。

7月5日上午，丰宁满族自治县举行成立30周年庆祝大会，全国人大常委会委员、民建中央副主席张少琴代表民建中央出席大会。

7月6日，中华思源工程扶贫基金会十周年庆典暨中华思源慈善奖颁奖典礼在京举行，全国人大常委会副委员长、民建中央主席、中华思源工程扶贫基金会理事长陈昌智出席并作重要讲话。全国政协副主席、民建中央第一副主席马培华，民建中央常务副主席郝明金出席活动。

7月10日，全国政协副主席兼秘书长、机关党组书记张庆黎走访民建中央机关，就全国政协机关巡视整改工作征求民建中央意见建议。全国人大常委会副委员长、民建中央主席陈昌智会见了张庆黎一行并座谈。全国政协副主席、民建中央第一副主席马培华，民建中央常务副主席郝明金，副主席张少琴、辜胜阻，副主席兼秘书长吴晓青参加会见并座谈。

7月11日至13日，全国人大常委会副委员长、民建中央主席陈昌智率全国人大常委会固体废物污染环境防治法执法检查组赴津进行执法检查。天津市人大常委会主任肖怀远，全国人大环资委副主任委员王云龙、黄献中、罗志军，全国人大常委会副秘书长窦树华和部分全国人大代表参加执法检查，环保部副部长翟青陪同检查。

7月12日至13日，中国民主建国会甘肃省第九次代表大会在兰州隆重举行。民建中央副主席张少琴出席会议并代表民建中央向大会致贺词。中共甘肃省委常委、统战部部长马廷礼出席开幕式并代表中共甘肃省委致贺词，民革甘肃省委专职副主委杨利亚代表各民主党派省委、省工商联致贺词。

7月17日至18日，民建中央妇女委员会第五次全体会议在京召开。全国人大常委会副委员长、民建中央主席陈昌智，民建中央副主席李说出席开幕会并作重要讲话。

7月18日下午，民建中央调研部、民建中信支部联合在京举办金融风险防范专题研讨会，全国人大常委会副委员长、民建中央主席陈昌智出席会议并讲话。

7月19日下午，全国人大常委会副委员长、民建中央主席陈昌智在京听取了中国证监会党委书记、主席刘士余汇报中国证监会深入学习贯彻全国金融工作会议精神、深化资本市场改革和推进资本市场法治建设有关工作。全国人大财经委副主任委员、民建中央副主席辜胜阻一同听取汇报。中国证监会副主席姜洋、主席助理宣昌能及有关部门负责同志陪同。

7月19日至21日，民建中央副主席张少琴带队就会中央“关于脱贫攻坚民主监督调查研究”重点专题赴四川进行调研。

7月21日，中共中央在中南海召开党外人士座谈会，就当前经济形势和下半年经济工作听取各民主党派中央、全国工商联负责人和无党派人士代表的意见和建议。中共中央总书记习近平主持座谈会并发表重要讲话。民建中央主席陈昌智、第一副主席马培华、常务副主席郝明金出席会议。

7月25日，财政部党组书记、部长肖捷走访民建中央机关，就民建中央提案办理情况进行了汇报。全国人大常委会副委员长、民建中央主席陈昌智亲切会见了肖捷一行并座谈。民建中央常务副主席郝明金，副主席张少琴、辜胜阻、宋海参加座谈。座谈会由郝明金主持。

7月25日至28日，民建中央能源与资源环境委员会2017年度全体会议在浙江省安吉县召开。民建中央副主席兼秘书长吴晓青出席会议并讲话。会议对能资环委成立以来的工作情况进行了总结，并对年度课题及专委会工作展开了讨论。

7月26日，全国政协副主席、民建中央第一副主席、中国灾害防御协会会长马培华到中国地震局视察指导工作。中国地震局党组书记、局长郑国光，党组成员、副局长牛之俊，有关单位及中国灾害防御协会相关负责同志陪同视察。

7月28日至29日，全国政协副主席、民建中央第一副主席马培华率民建中央调研组一行，就“推动创业投资，促进科技型中小企业发展”专题赴浙江考察调研。

8月2日至4日，民建中央常务副主席郝明金到民建宁夏区委调研，看望机关干部，并召开座谈会。民建宁夏区委领导班子成员、各市委会负责人、部分骨干会员和机关干部参加座谈会。

8月8日，民建中央经济委员会经济形势分析座谈会在民建中央机关召开。全国人大常委、财经委副主任、民建中央副主席辜胜阻出席会议。全国政协委员、民建中央经济委员会主任白重恩出席会议，全国政协委员、民建中央调研部部长蔡玲主持会议。会议就当前经济形势进行了深入研讨。

8月8日，全国人大常委会副委员长、民建中央主席陈昌智在民建中央机关会见中共北京市委常委、统战部部长齐静，常务副部长周开让一行，就统一战线和北京市民建工作交换了意见。全国政协常委、民建中央常务副主席郝明金参加会见。

8月13日至16日，民建中央副主席周汉民赴内蒙古自治区赤峰市、乌兰察布市，就两地民建组织建设工作进行调研。民建内蒙古自治区委主委李荣禧 、副主委康永恒等陪同考察调研。

8月14日，中华思源工程扶贫基金会支持广西脱贫攻坚捐赠仪式在南宁举行。全国人大常委会副委员长、民建中央主席、中华思源工程扶贫基金会理事长陈昌智，中共广西壮族自治区党委书记、自治区人大常委会主任彭清华出席捐赠仪式并致辞。民建中央常务副主席郝明金、副主席张少琴，中共广西壮族自治区党委常委、秘书长王可，广西壮族自治区人大常委会副主任、党组副书记李克，广西壮族自治区副主席黄日波等出席捐赠仪式。

8月14日至16日，全国人大常委会副委员长、民建中央主席陈昌智率队赴广西壮族自治区开展脱贫攻坚民主监督调研。全国政协常委、民建中央常务副主席郝明金，全国人大常委会委员、民建中央副主席张少琴参加调研。广西壮族自治区党委书记、自治区人大常委会主任彭清华，自治区党委常委、秘书长王可，自治区党委常委、统战部部长赵德明，自治区人大常委会副主任李克，自治区副主席黄日波等参加相关活动。

8月21日至22日，中国民主建国会山西省第九次代表大会隆重举行。全国人大常委会委员、民建中央副主席张少琴出席会议并代表民建中央向大会致贺词。中共山西省委常委、统战部部长廉毅敏代表中共山西省委讲话，山西省政协副主席、民进山西省委主委卫小春代表山西省各民主党派、省工商联致贺词。

8月24日至26日，中国民主建国会新疆维吾尔自治区第六次代表大会在乌鲁木齐隆重举行。民建中央常务副主席郝明金到会祝贺并代表民建中央致贺词。自治区党委常委、统战部部长肖开提·依明出席开幕大会并代表中共新疆维吾尔自治区委员会讲话。民盟新疆区委主委陈旗代表各民主党派新疆区委会、自治区工商联致贺词。

8 月 26 日至 27 日，全国人大常委会委员、财经委副主任委员、民建中央副主席辜胜阻在湖北调研精准扶贫和新型城镇化。

9 月 1 日，中央社会主义学院 2017 年秋季开学典礼在京举行。全国人大常委会副委员长、民进中央主席、中央社会主义学院院长严隽琪，中央统战部副部长戴均良出席典礼并讲话。民建中央副主席王永庆出席开学典礼。

9 月 4 日，在第二个中华慈善日即将到来之际，中华思源工程扶贫基金会、芭莎公益慈善基金在北京举行“2017 思源救护中国行暨芭莎公益慈善基金 210 辆救护车发车仪式”，再向陕西、四川、山西、新疆、江西 5 个省（自治区）的贫困县医院捐赠 210 辆救护车。全国人大常委会副委员长、民建中央主席、中华思源工程扶贫基金会理事长陈昌智出席活动并讲话。

9 月 4 日至 8 日，全国政协常委、民建中央常务副主席郝明金赴辽宁省大连市、丹东市、辽阳市、抚顺市调研市级组织建设。调研期间，郝明金先后出席了四市的座谈会，与各市委会领导班子成员、部分机关干部、基层组织负责人、骨干会员座谈交流。辽宁省政协副主席、民建辽宁省委主委武献华，民建辽宁省委专职副主委陈耀东陪同调研。

9 月 5 日，第九届投资北京洽谈会在京召开。全国政协副主席、民建中央第一副主席马培华出席会议并致辞。北京市副市长程红，民建北京市委主委、中国光大集团股份公司总经理高云龙，以及来自跨国公司、大型民企、高成长性创新型企业、外国和外省市驻京商会等 700 余名中外知名企业家与会。

9 月 6 日上午，全国政协召开了政协第十二届全国委员会优秀提案和先进承办单位表彰会。民建中央副主席辜胜阻出席会议。

9 月 7 日，全国政协副主席、民建中央第一副主席马培华带队就“推动创业投资，促进科技型中小企业发展”到北京市调研。民建中央副主席、北京市政协副主席王永庆，民建北京市委主委高云龙，民建湖南省委原主委龙国键等参加调研。中共北京市委常委、统战部部长齐静，中共北京市委副秘书长赵玉金陪同调研。

9 月 9 日，2017 第十五届 BAZAAR 明星慈善夜在北京圆满落幕，最终，当晚共筹得爱心善款 101382845.92 元，获捐救护车 1330 辆，所有款项将全部捐赠给“为爱加速”思源・芭莎自治区救护车项目，助力少数民族和民族地区卫生医疗事业发展。全国人大常委会副委员长、民建中央主席、中华思源工程扶贫基金会理事长陈昌智出席并代表基金会接受捐赠。

9 月 14 日至 22 日，民建中央副主席宋海赴黑龙江省伊春市、鹤岗市、大庆市、齐齐哈尔市调研民建市级组织建设。调研期间，宋海先后出席了四市的座谈会，与各市委会领导班子成员、机关干部、基层组织负责人、骨干会员座谈交流。

9 月 18 日至 27 日，应格鲁吉亚议会、波黑议会民族院、黑山议会邀请，全国政协副主席、民建中央第一副主席马培华率全国政协代表团对上述三国进行了友好访问。

9 月 18 日上午，“建华课堂——黑龙江分课堂”授牌暨开班仪式在哈尔滨举行。民建中央副主席宋海出席活动并作首场报告，民建黑龙江省委主委、黑龙江省副省长孙东生主持开班仪式。

9月18日至23日，民建中央副主席王永庆赴云南普洱市、文山州，就民建市级组织建设工作进行调研。王永庆副主席分别看望民建普洱、文山市州委机关干部，并与班子成员、支部主委以及骨干会员进行亲切座谈。

9月19日，民主党派省级组织新任主委多党合作专题研究班在京举办，中共中央政治局委员、中央统战部部长孙春兰出席会议并讲话，强调要深入学习贯彻习近平总书记系列重要讲话特别是“7·26”重要讲话精神，进一步深化政治交接，增强“四个意识”、坚定“四个自信”，为实现“两个一百年”奋斗目标作出更大贡献，以优异成绩迎接中共十九大召开。民建中央常务副主席郝明金出席开班式。

9月21日下午，中华思源工程扶贫基金会在江西省南昌市举行捐赠仪式，思源·天使妈妈基金联合仁和(集团)发展有限公司捐赠800万儿童大病救助善款，BAZAAR明星慈善夜、思源·芭莎公益慈善基金捐赠交付30辆救护车，助力江西省医疗卫生及社会救助事业。全国人大常委会副委员长、民建中央主席、中华思源工程扶贫基金会理事长陈昌智，江西省委书记、省人大常委会主任、党组书记鹿心社出席并讲话。江西省委副书记、省政府党组书记、省长刘奇，全国政协常委、民建中央常务副主席郝明金等出席活动。

9月21日至22日，全国人大常委会委员、财经委副主任委员、民建中央副主席辜胜阻就创业创新与脱贫攻坚在江西调研。

9月25日，全国人大常委会副委员长、民建中央主席陈昌智到唐山考察调研，并与中共唐山市委统战部、民建唐山市委有关同志交流座谈。国家审计署副审计长、民建中央常委秦博勇，中共河北省委常委、中共唐山市委书记焦彦龙，河北省人大常委会副主任宋太平等陪同调研。

9月25日至28日，民建中央副主席周汉民赴河南平顶山、南阳、漯河三市调研考察市级组织建设工作，河南省政协副主席、民建河南省委主委龚立群，民建河南省委副主委张晓林陪同调研。

9月26日，由中华职业教育社、河北省中华职业教育社、唐山市委市政府主办的2017职业教育与城市发展高层对话会在唐山市举行。全国人大常委会副委员长、民建中央主席、中华职业教育社理事长陈昌智出席会议并作主旨演讲。中共河北省委常委、唐山市委书记焦彦龙致辞。

9月27日下午，孙起孟故居陈列馆开馆暨民建中央爱国主义教育基地揭牌仪式在安徽省黄山市休宁县商山镇孙起孟故居前隆重举行。全国人大常委会副委员长、民建中央主席陈昌智出席仪式并发表重要讲话。陈昌智与中共安徽省委常委、统战部部长刘莉共同为孙起孟故居陈列馆开馆并为“民建中央爱国主义教育基地”揭牌。同日，全国人大常委会副委员长、民建中央主席陈昌智赴黄山调研，亲切接见了黄山民建会员代表并召开座谈会。

9月27日至28日，全国人大财经委副主任、民建中央副主席、国际金融论坛副理事长辜胜阻就粤港澳大湾区发展战略以及“一带一路”和人民币国际化等国家经济发展热点议题赴香港进行调研。

9月28日，由民建中央法制委员会、民建四川省委主办的民建中央法制委员会2017

年“经济与法治”论坛在成都举行。本届论坛主题是“产权保护的法治环境探讨”。民建中央常务副主席郝明金出席论坛并讲话。

9 月 29 日上午，全国人大常委会副委员长、民建中央主席、中华职业教育社理事长陈昌智在民建中央机关会见了来访的教育部副部长孙尧一行，并就职业教育、教育扶贫、少数民族地区双语教学等问题进行了座谈交流。全国政协常委、民建中央常务副主席郝明金，全国政协常委、民建中央副主席兼秘书长吴晓青出席会见和座谈。

10 月 9 日至 16 日，民建中央副主席宋海赴黑龙江省牡丹江市、七台河市、黑河市调研民建市级组织建设。调研期间，宋海先后出席了三市的座谈会，与各民建市委会领导班子成员、机关干部、基层组织负责人、骨干会员座谈交流，并赴绥芬河市调研民建绥芬河口岸支部建设情况，看望支部会员，走访了民建黑河市委机关，看望了机关干部。

10 月 9 日至 12 日，民建中央副主席兼秘书长吴晓青先后到广西百色市、贵港市、玉林市和北海市就民建市级组织建设工作进行调研，分别出席了民建百色市委、贵港市委、玉林市委和北海市委召开的骨干会员座谈会。

10 月 11 日，由民建上海市委与静安区人民政府联合举办的“2017 上海中小企业发展论坛”在上海市北高新园区商务中心举行。本次论坛的主题为“大数据与人工智能——场景 应用 畅想”。全国政协副主席、民建中央第一副主席马培华出席论坛并作主旨演讲。民建中央副主席、上海市政协副主席、民建上海市委主委周汉民主持会议。

10 月 11 日至 12 日，全国人大常委会副委员长、民建中央主席陈昌智到天津市河北、南开、河西区进行区级组织建设调研，与民建区委领导班子成员、部分基层组织负责人和企业家会员代表座谈。

10 月 11 日，民建中央副主席辜胜阻就市级组织建设工作赴河北衡水调研，看望市委班子成员和会员代表，了解组织运行情况，并召开座谈会。

10 月 11 日至 12 日，全国人大常委会委员、财经委副主任委员、民建中央副主席辜胜阻到河北调研创业创新与京津冀协同发展。

10 月 12 日至 13 日，全国政协副主席、民建中央第一副主席马培华就加强民建基层组织建设在上海市黄浦区、长宁区调研。民建中央副主席、上海市政协副主席、民建上海市委主委周汉民参加调研。

10 月 19 日至 20 日，全国政协副主席、民建中央第一副主席马培华赴江西省九江、景德镇两地就民建市级组织建设调研。

10 月 20 日至 23 日，民建中央副主席宋海赴四川省雅安市、广安市、遂宁市调研民建市级组织建设。

10 月 23 日，全国人大常委会委员、财经委副主任委员、民建中央副主席辜胜阻在北京召开座谈会，就会中央“优化创业创新生态环境，激励更多社会主体投身创业创新”重点专题调研报告征求相关职能部门负责人和专家的意见和建议。

11 月 2 日至 4 日，全国政协副主席、民建中央第一副主席马培华赴浙江省温州、台州两地就民建基层组织建设情况调研。

11 月 2 日至 3 日，2017 年民建省级组织调研处长会议在北京召开。会议的主要内容是学习贯彻中共十九大精神，交流参政议政工作经验，研究探讨问题，就进一步做好参政议政工作进行部署。全国人大常委会委员、财经委副主任委员、民建中央副主席辜胜阻出席会议并作辅导报告。

11月4日至5日，民建中央农业与农村委员会第五次全体会议在广西南宁召开。会议以学习贯彻中共十九大精神、总结五年来的工作和经验、研究谋划下一步的工作为主要内容，进行了深入交流。民建中央副主席王永庆出席会议并讲话。

11月6日至7日，为做好参加最高人民法院民主监督座谈会的准备，全国人大常委会委员、财经委副主任委员、民建中央副主席辜胜阻带队赴陕西延安基层法院调研。

11月7日，全国人大常委会副委员长、民建中央主席、中华思源工程扶贫基金会理事长陈昌智赴京东集团总部调研，并出席中华思源工程扶贫基金会与京东集团战略合作签约仪式。

11月8日晚，出席民建中央理论委全体会议的全国人大常委会副委员长、民建中央主席陈昌智，在济南出席民建组织建设调研座谈会并作重要讲话。

11月9日，民建中央理论研究委员会全体会议在山东济南召开。会议的主题是：学习贯彻中共十九大精神，总结本届理论研究委员会成立5年来的工作成果、成功做法和有益经验，探讨进一步开展好民建理论研究工作的具体措施。全国人大常委会副委员长、民建中央主席陈昌智出席会议并讲话。

11月9日至11日，为做好民建中央参加最高人民检察院民主监督座谈会的准备工作，全国政协常委、民建中央常务副主席郝明金率领调研组赴河南开展专题调研。

11月9日，由国家发展改革委和清华大学共同指导、清华大学中国新型城镇化研究院主办的第二届中国新型城镇化理论·政策·实践论坛在清华大学举办。全国人大常委会委员、财经委副主任委员、民建中央副主席辜胜阻应邀出席论坛，并作了题为“新时代城镇格局需要创新治理机制——学习十九大城市群及城镇化精神”的主旨报告。

11月12日，中共中央书记处书记、中央统战部部长尤权走访了民建中央机关，参观会史展览，看望机关干部，并与民建中央领导班子座谈。全国人大常委会副委员长、民建中央主席陈昌智主持座谈会，全国政协副主席、民建中央第一副主席马培华出席会议并发言。民建中央常务副主席郝明金，副主席张少琴、辜胜阻、宋海、李说、吴晓青、王永庆参加座谈，分别就学习中共十九大精神心得体会和工作情况作了发言。中央统战部常务副部长张裔炯，副部长兼秘书长冉万祥，副部长戴均良陪同走访。

11月13日，全国人大常委会委员、财经委副主任委员、民建中央副主席辜胜阻就创业创新和绿色发展在浙江省湖州市安吉县调研。

11月13日，民建中央人口医药卫生委员会第六次全体会议在江苏南京召开。全国政协副主席、民建中央第一副主席马培华出席会议并讲话。

11月13日至14日，民建中央企业委员会第五次全体会议在浙江省安吉县召开。全国人大常委会委员、财经委副主任、民建中央副主席辜胜阻出席会议并作题为“十九大现代化经济体系解读与新时代民企机遇”的主题报告。

11月14日至22日，民建中央副主席宋海赴四川省资阳市、凉山彝族自治州、广元市、巴中市、达州市调研民建市级组织建设。

11月15日，中华思源工程扶贫基金会生态公益慈善基金在北京揭牌成立，全国人大常委会副委员长、民建中央主席、中华思源工程扶贫基金会理事长陈昌智出席仪式并讲话。

11 月 16 日，《教育与职业》杂志创刊 100 周年纪念会暨首届教育与职业学术年会在京举行，全国人大常委会副委员长、民建中央主席、中华职业教育社理事长陈昌智出席并讲话。

11 月 16 日，民建中央画院院务委员会及艺术委员会第八次全体会议暨学习中共十九大精神繁荣社会主义文艺座谈会在福建省福州市召开。全国政协副主席、民建中央第一副主席、民建中央画院院长马培华主持会议并讲话。

11 月 18 日上午，应国际金融论坛（IFF）邀请，全国人大常委会委员、财经委员会副主任委员，民建中央副主席辜胜阻出席了在广州香格里拉酒店举行的国际金融论坛第 14 届全球年会，发表了题为“粤港澳协同打造世界一流创新经济湾区”的演讲。

11 月 21 日，庆祝中国—牙买加建交 45 周年招待会在北京钓鱼台国宾馆举行。全国政协副主席、民建中央第一副主席、中国拉丁美洲和加勒比友好协会会长马培华和牙买加驻华大使丘伟基出席招待会。

11 月 22 日，民建省级组织社会服务处长培训会在广西南宁召开。会议的主要内容是学习贯彻中共十九大精神，总结 2016 年民建全国社会服务工作会议以来的工作，交流社会服务工作经验，就做好新形势下的社会服务工作进行研究部署。民建中央副主席张少琴出席会议并作重要讲话。

11 月 22 日，全国政协副主席、民建中央第一副主席马培华就加强民建基层组织建设先后前往北京市朝阳区、东城区调研。

11 月 23 日，由中国新闻社主办的“第十三届中国 · 企业社会责任国际论坛”在北京钓鱼台国宾馆举行，全国政协副主席、民建中央第一副主席马培华出席并致辞。

11 月 27 日，全国人大常委会副委员长、民建中央主席陈昌智赴江西南昌就基层组织建设进行调研，并同民建南昌市委班子成员、部分基层组织代表亲切座谈。

11 月 28 日上午，以“情系江西、共谋发展”为主题的首届世界赣商大会暨第三届华赣会在江西南昌隆重开幕。全国人大常委会副委员长、民建中央主席陈昌智出席并致辞。

11 月 28 日至 29 日，民建中央副主席张少琴赴山西就民建地方组织建设调研。张少琴走访了民建山西省委机关，看望机关干部并与民建山西省委领导班子成员座谈。调研期间，张少琴还会见了中共山西省委常委、统战部部长廉毅敏。

11 月 29 日，第四期民建中央企业家培训班在中央统战部干部培训中心举行开班仪式。民建中央副主席兼秘书长吴晓青出席开班仪式并致辞。

12 月 1 日，全国政协副主席、民建中央第一副主席、中国—拉丁美洲和加勒比友好协会会长马培华在乌拉圭出席“第十一届中国—拉美企业家高峰会”开幕式，并率全国政协代表团赴安提瓜和巴布达、特立尼达和多巴哥进行友好访问。

12 月 9 日至 10 日，民建中央副主席周汉民赴河南信阳、周口两市调研考察市级组织建设工作。

12 月 21 日，中华思源工程扶贫基金会在北京举行第三届理事会第六次会议，全国人大常委会副委员长、中华思源工程扶贫基金会理事长陈昌智出席理事会并讲话。民建中央副主席张少琴主持本届理事会。

12月21日，中国民主建国会第十一届中央委员会监督委员会第一次全体会议在北京召开。民建中央主席郝明金出席会议并作重要讲话，民建中央常务副主席、监督委员会主任辜胜阻主持会议并讲话，民建中央副主席、监督委员会副主任李说参加全体合影，民建中央副主席、监督委员会副主任秦博勇出席会议。

12月28日下午，民建安徽省委纪念民建省级组织成立60周年大会在合肥举行。民建中央副主席、云南省政府副省长高峰出席会议。

12月28日下午，由中央统战部机关党委统一安排，民建中央机关中共支部承办的民主党派中央机关中共党组织学习贯彻十九大精神交流会在民建中央机关举办。民建中央主席郝明金，中央统战部副部长兼秘书长、机关党委书记、机关纪委书记冉万祥出席会议并讲话。民建中央副主席兼秘书长李世杰出席会议。

二、履行职能

（一）参政议政

1. 关注参政议政重点，深入实际开展调研

围绕会中央年初确定的五个重点调研专题，在主席、各位副主席的领导下，分别制定工作计划、调研方案，组建专家队伍、开展调研和座谈活动。调研部还向民建各省级组织、各位中央委员发出通知，邀请民建各省级组织和中央委员积极参与会中央重点专题调研，提供参考素材。

（1）“大力发展光伏产业，推进能源革命与绿色发展”重点专题。本专题由民建中央主席陈昌智牵头负责。4月7日，专题组召开开题座谈会，工信部、国家能源局、国家电网公司有关同志参加座谈，讨论我国光伏产业发展基本情况，制定调研方案。5月8日至12日，专题组赴甘肃省兰州、酒泉、金昌三市调研，召开了3场政府座谈会，分别听取省政府、兰州、嘉峪关、张掖、酒泉、金昌、武威等市政府有关部门和企业代表的情况介绍；召开了1场企业座谈会，专门听取酒泉经济技术开发区管委会及10余家企业代表对光伏产业发展情况介绍和建议；实地考察了酒泉市金塔县红柳洼光电产业园、金塔县粤水电光伏发电项目、万晟晶体硅太阳能电池整产业链项目、酒泉经济技术开发区、东方铝业股份有限公司、正泰太阳能科技有限公司、华杰电气股份有限公司等。调研结束前，专题组召开了内部讨论会议，总结调研情况并部署下一步调研安排。5月23日至26日，专题组赴江苏省南京、常州、苏州三市调研，召开了3场座谈会，分别听取省政府、常州、苏州等市政府有关部门，2家行业协会和21家企业代表的情况介绍，深入了解江苏省支持光伏产业发展的经验与成效，以及产业发展面临的主要困难和建议等；实地考察了天合光能有限公司、阿特斯阳光电力有限公司和协鑫光伏科技有限公司等光伏企业。5月底至6月，专题组部分成员深入湖北省进行基层一线调研。同时，民建地方组织还对广东、四川、山东、河北等地光伏产业发展情况进行调研，为本报告提供了有力的支撑材料。结合实际调研情况，专题组形成了《大力发展光伏产业，推进能源革命与绿色发展》专题调研报告。报告得到了李克强总理批示。6月初，结合江苏调研情况，专题组提

出了《关于积极稳妥应对美“201”调查的建议》，该专项建议得到了汪洋副总理批示。

（2）“大力推动创业投资，促进科技型中小企业发展”重点专题。该专题由民建中央第一副主席马培华负责，7月，专题组赴浙江考察调研，与浙江省政府召开座谈会。浙江省发改委、科技厅、财政厅、金融办，杭州市政府、高新开发区管委会海淀区政府等有关负责同志介绍了情况，部分创投行业和科技型中小企业的代表参加座谈会并发言。专题组考察了杭州未来科技城（海创园）内多家企业。9月，专题组在北京开展调研，考察了北京融联世纪信息技术有限公司和中关村互联网金融服务中心，实地调研创投机构和科技型中小企业运营的有关情况，听取企业的情况介绍，与企业负责人互动交流。在调研座谈会上，北京市经信委、北京市科委、中关村管委会、海淀区政府、中关村互联网金融研究院、中关村并购发展促进会有关负责同志先后发言。民建地方组织和会员专家也深入调研，积极提供相关素材。10月，专题组形成调研报告初稿，经修改完善后形成《大力推动创业投资，促进科技型中小企业发展》专题调研报告，报国务院办公厅专送李克强总理，得到李克强总理重要批示。

（3）“脱贫攻坚民主监督”重点专题。该专题由民建中央副主席张少琴牵头负责，专题组先后就如何搞好脱贫攻坚民主监督到贵州的安顺市、六盘水市和四川甘孜的康定、丹巴县进行调研；调研组参加了民建中央对口广西壮族自治区开展脱贫攻坚民主监督情况的调研，对35家贫困户、67家2017年将要脱贫户、36家已脱贫户，进行了入户调查，完成调查问卷205份。调研组召开省级座谈会3次、市级座谈会4次、县级座谈会3次，听取省（区）、市、县党委和政府及相关部门介绍开展脱贫攻坚的情况报告，实地考察贫困村、贫困户、易地扶贫搬迁项目示范点、扶贫产业化项目基地等，与农村基层党政干部、驻村扶贫的民建干部、农村合作组织负责人和贫困户等进行座谈交流。10月，课题组在认真学习和消化吸收前期调研材料基础上，形成了《民建中央关于开展脱贫攻坚民主监督的调研报告》。

（4）“优化创业创新生态环境”重点专题。该专题由民建中央副主席辜胜阻牵头负责，专题调研组先后到北京、广东、湖北、四川、浙江、河北、江西等十多个省市进行了调查研究，召开了20多场座谈会，听取了一百多名企业家、专家和职能部门业内人士的意见。在以上广泛调研基础上，形成了调研报告。调研取得了较好效果，相关调研成果通过专项建议、协商会议、决策咨询、形势报告会、讲座论坛等多种方式向有关部门和社会各方进行了反映，得到有关方面的重视和肯定。

（5）“我国地方政府债务风险问题研究”重点专题。该专题由民建中央副主席宋海负责。为贯彻落实习总书记指示精神，摸清我国地方政府债务风险的构成、管理模式、成因及危害性，民建中央成立了专家小组，采取实地调研和函调等方式，对我国地方政府债务风险问题进行了深入调研，在此基础上形成了《我国地方政府债务风险问题研究》专题调研报告。

2. 积极开展应急调研活动

（1）赴河南开展检察工作调研。为做好民建中央参加最高人民检察院民主监督座谈会的准备工作，11月9日至11日，全国政协常委、民建中央常务副主席郝明金（时任）率领调研组赴河南开展专题调研。在调研相关检察院关于检察机关开展公益司法保护、配合国家监察体制改革、跨行政区划检察改革、司法办案责任制改革、《中华人民共和国人民检察院组织法》修订意见等方面工作情况基础上，形成专题调研报告，为参加 2018 年最高检民主监督座谈会打下坚实基础。

（2）开展参政议政政治效能研究。5 月初至 7 月初，根据工作安排，调研部完成了中央社会主义学院有关参政议政政治效能课题研究工作，在搜集写作素材、起草写作提纲、修改研究报告初稿的基础上，形成《民主党派参政议政政治效能研究》一文，计 11000 字。

（3）为《中国教育现代化 2035（根据十九大精神修改后征求意见稿）》提供意见。11 月底，会中央收到教育部发来的《中国教育现代化 2035（根据十九大精神修改后征求意见稿）》，根据会中央领导的要求，调研部积极联络会中央科教委员会、民建北京市委员会，组织会内教育界会员，召开座谈会认真研讨。在汇总与会专家的意见后，经过文字整理，形成 17 方面、29 条意见，即《关于〈中国教育现代化 2035（根据十九大精神修改后征求意见稿）〉的几点建议》并转送教育部。

3. 继续做好反映社情民意信息工作

2017 年以来，调研部积极推动社情民意工作制度化、规范化、程序化，工作机制不断完善，工作基础不断夯实。一是顺利举办 2017 年民建省级组织社情民意工作培训班。4 月，来自江苏、浙江、福建、江西、湖北、湖南、广东、贵州、云南、广西十个省级组织的 72 名信息员和反映社情民意信息骨干会员参加了在广西南宁举办的培训。培训班培训内容丰富扎实、会议气氛热烈积极，达到了培训效果。二是通过对个别省份的培训，有针对性地解决了认识不够，工作不实的问题，进一步推动了民建市级组织社情民意工作步入正轨。2017 年，民建中央共收到社情民意信息来稿 2007 篇，向全国政协报送 286 期，被全国政协采用 29 期。

（二）民主监督

履行民主监督职能。民建中央领导通过高层协商会、报送专项建议等方式，就加强社会管理、促进经济发展、推进司法改革、保护生态环境等方面指出问题，提出意见建议。参加最高法、最高检举行的民主监督座谈会，就人民法院工作和检察机关司法体制改革中的问题，提出改进工作的建议。2017 年初，民建中央常务副主席郝明金、副主席辜胜阻分别出席最高人民检察院、最高人民法院民主监督座谈会，代表民建中央就检察院、法院工作提出意见建议。在准备上述发言材料过程中，辜胜阻赴湖北、北京等地开展了一系列调研活动。同时，民建中央法制委员会部分委员结合工作实际，利用自身专长，提交了 23 份书面建议材料，为会中央领导出席“两高”座谈发言提供了重要支持。

1 月 18 日下午，民建中央副主席辜胜阻出席了由最高人民法院组织的与各民主党派中央、全国工商联、无党派代表人士座谈会。最高人民法院院长周强、中央统战部副部长戴均良出席座谈会。辜胜阻在座谈中表示，最高人民法院每年组织召开座谈会，邀请民主党派中央、全国工商联、无党派代表人士发表意见建议，体现了执政党与民主党派的协商民主，是落实多党合作基本政治制度的体现；同时，与会者大多要参加全国两会，通过这样的活动，也是与两会代表委员的一种沟通。一年来人民法院围绕中心、服务大局，各项工作取得新进展。尤其是深入推进司法公开，以公开促公正，提升司法能力和公信力，并全面深化四项改革，促进司法队伍建设向专业化、职业化方向发展。辜胜阻还对最高人民法院能够对各民主党派中央、全国工商联和无党派人士在去年座谈会上提出的意见建议进行梳理、采纳并认真反馈的做法给予了高度评价。结合实地调研情况，辜胜阻对人民法院2016年工作提出了五个方面的建议。一是全面落实对非公有制企业的产权保护，提振民企信心和安全感。切实贯彻平等保护理念，形成促使各种所有制经济依法平等使用各类生产要素、同等受到法律保护的良好制度环境。严格执行刑事法律和相关司法解释，尽量采取对企业正常生产经营影响较小的办案方式。对有关法律法规及司法解释做出及时修改完善，做到风险防控"提前亮"。注重司法功能延伸，通过司法建议、司法公开等引导企业规范发展。二是通过制度反腐，治标又治本。充分发挥职能作用，坚持依法从严惩处腐败犯罪，通过公开透明的程序公正来规范和制约各种权力的滥用，对腐败分子形成有力震慑；同时要立足审判职能，深入分析制度机制和工作环节中存在的缺陷和漏洞，及时发出司法建议和司法解释，促进惩治和预防腐败体系建设。三是进一步加大知识产权保护力度，提高知识产权案件办案效率。与知识产权行政管理部门构建司法程序的对接机制；进一步明确需要鉴定的事由范围，完善专家证人制度，加大民事制裁的威慑力度；加强与司法、行政执法机关之间的沟通联系和协作配合，统一执法标准等。四是加强司法队伍建设，进一步明确责任追究的错案类型、追责范围、程序等，给办案法官一粒"定心丸"，另外多关注"法官助理"群体，从而真正实现司法人员分类改革所设定的目标。五是进一步开展对公益诉讼案件的研究，规范各试点人民法院的诉讼程序和相关业务庭的具体操作细则，避免理解偏差或适用误区。

2月10日，最高人民检察院召开各民主党派中央、全国工商联和无党派人士代表座谈会。民建中央常务副主席郝明金出席会议并建言。在听取最高检2016年工作情况通报后，郝明金对检察机关坚决贯彻落实党的十八大和历次全会精神，与习近平同志为核心的党中央保持高度一致，紧紧围绕党和国家工作大局，切实履行检察机关职能，为实现"五位一体"总体布局和推进"四个全面"战略布局做出的重要贡献表示肯定，对最高检多年坚持召开党外人士座谈会，听取各民主党派、全国工商联和无党派人士意见所体现的对民主党派工作的高度重视表示感谢！结合调研情况，代表民建中央就检察机关履行职能，加强非公经济产权保护方面提出意见和建议：一、把保护财产权作为检察机关一项基本职责。产权制度是社会主义市场经济基石，保护产权是坚持社会主义基本经济制度的必然要求。中央《关于完善产权保护制度依法保护产权的意见》（以下简称《意见》）强调：加强产权保护，根本之策是全面推进依法治国；保护企业产权要不断完善社会主义市场经济法律制度，强化法律实施，确保有法可依、有法必依。我国法律对财产权、人身权的保护都做了规定。我国宪法规定了社会主义的公共财产神圣不可侵犯，同时规定公民的合法的私有财产、公民的人身自由不受侵犯。作为保护公民财产权、人身权最重要的两部法律，刑法和刑事诉讼法在第二条，都规定了要保护公民的人身权利和财产权利。但是，在司法实践中存在重人身权保护，轻财产权保护的问题。检察机关在公诉中，主要关心犯罪嫌疑人有罪无罪、罪轻罪重、此罪彼罪，判处的刑期等，很少关心公民财产权是否受到侵犯，对公民财产的处置是否得当合法。即使得到纠正的冤案和错案，也都是侵犯公民人身权的杀人类案件，对司法过程中对公民财产权处置不当而视为错案，提起抗诉并予以纠正的案例甚少。检察机关要按照中央《意见》要求，严格规范涉案财产处置的法律程序，依法慎重决定是否采取相关强制措施。坚持有错必纠，抓紧甄别纠正一批社会反映强烈的产权纠纷申诉案件，确属事实不清、证据不足、适用法律错误的错案冤案，依法予以纠正并赔偿当事人的损失。检察机关应当牢固树立“两个保护”并重的观念，切实落实宪法法律保护财产权的各项规定，全面履行法律监督职责，有效弥补保护财产权方面存在的“短板”，把保护财产权作为检察机关的一项基本职责，建立加强产权保护的长效机制，为全面依法治国做出重要贡献。二、抓紧总结、推广一批可复制可推广的成功经验。各地检察机关认真贯彻中央《意见》精神，按照最高检的规定和要求，结合当地工作实际，创新了一些好的经验和做法。湖南、广东、内蒙等地检察院都出台了保障和促进非公有制经济健康发展的实施意见，进一步细化了相关要求。比如，内蒙古区院出台了《内蒙古检察机关关于充分发挥检察职能依法保障和促进非公有制经济健康发展的十二条措施》，湖南省检察机关重点探索建立了“除虫护花”和“依法容错”两项工作机制，广东省检察院编印了依法服务保障和促进非公有制经济健康发展的十大典型案例。全国其他地方的检察机关也有一些好的经验和做法。对这些好的经验和做法，建议最高检察院按照“探索实践在前、总结提炼在后”的原则，加以总结提炼，作为可复制可推广的经验，向全国范围推广，便于各地检察机关一体遵循，这有利于对产权的平等、规范保护，减少工作中的随意性和差异对待，保证检察机关产权保护工作的健康持续有效开展。三、健全完善检察机关保护产权的内部协调机制。检察机关服务和保障非公经济发展，保护非公有产权工作，涉及职务犯罪侦查、批捕、起诉、民事和行政检察等多项职能，存在多部门管理、各行其是的问题，缺乏统一领导和部门间的沟通协调，大家从自身部门职责考虑，在认识和措施上有时不一致，既影响到产权保护工作效率，也会导致工作难以真正落实，同时给民营企业和非公经济人士维权带来了不便。为切实解决存在的上述问题，建议检察机关建立民事行政检察部门牵头，侦查监督、刑事检察、控告申诉等部门参与协调配合的工作体系。具体地讲，就是可以考虑检察机关的产权保护工作明确由民行检察部门负责，其他部门参与，并按照各自职责落实。另外，在检察机关内部，还可以实行产权保护工作信息专报、司法统计、工作考核等办法，以尽可能体现产权保护工作特点和规律。四、加强知识产权保护促进民营企业创新发展。创新发展列五大发展理念首位，国家实施创新驱动发展战略，民营企业正成为我国自主创新的主体。近年来，我国自主创新的70%、国内发明专利的65%和新产品的80%都来自民营企业。保护产权必须保护知识产权，保护民营企业的知识产权是知识产权保护的大头，对民营企业的创新发展尤为重要。当前，存在知识产权保护力度不够，刑事制裁不到位，刑事案件立案难等问题。检察机关通过立足自身法律监督职能，完全可以在保护民营企业知识产权中发挥重要作用。比如，可以启动知识产权司法保护程序，严肃查处知识产权案件背后的职务犯罪行为，加强对知识产权行政执法机关行为的监督，防止有案不立，保障司法公正等。在办理刑事案件中，对科研创新有重大贡献人员涉嫌犯罪的，可以考虑作为酌情从轻处理的因素，尽可能避免和减轻对企业造成严重损失。五、建立检察机关与社会共同参与的产权保护机制。检察机关在产权保护方面有效发挥作用，离不开社会的理解支持和共同参与。在这方面，可以尝试一下新的做法，比如，为了使社会了解检察机关加强产权保护工作的情况，可以定期或不定期召开新闻发布会，或评选检察机关产权保护年度十大案件，同一项工作或同一个案件，如果侧重于其产权保护方面的意义，宣传的效果和社会影响会大不一样。建议把产权保护工作写进今年“两会”最高检的工作报告，引起与会代表委员关注，也便于代表委员对检察机关工作的监督。还可以与民主党派、工商联、无党派人士联合开展产权保护的调研。畅通平时听取意见和受理反映问题的渠道。民建中央与国家工信部和省级政府联合每年举办“非公经济论坛”，每次举办地和题目都不相同，已成为民建的一个品牌，参与论坛的有许多民营企业家，欢迎最高检院派员参与，近距离接触民营企业家，听取他们的意见，同时就产权保护给以法律指导。

突出重点，扎实开展脱贫攻坚民主监督工作。今年民建中央脱贫攻坚民主监督工作的重点举措是：1. 陈昌智主席、郝明金常务副主席等民建中央领导先后 6 次赴广西开展脱贫攻坚民主监督调研或听取工作汇报，召开了有主席、副主席、自治区主要领导或相关部门负责同志参加的专题座谈会 5 次；2. 牵头组成调研组赴广西调研，召开省级、县级座谈会各 1 次，深入龙胜各族自治县 35 家贫困户、67 家 2017 年将要脱贫户、36 家已脱贫户进行了入户调查，完成调查问卷 205 份；3. 形成了民建中央 2017 年对口广西壮族自治区开展脱贫攻坚民主监督工作情况报告，报送中央统战部；4. 在广西召开脱贫攻坚民主监督工作培训会，中西部 21 个省区市民建省级组织的副主委和分管处室负责同志参加，进一步统一了思想认识，提升了脱贫攻坚民主监督工作水平；5. 用活用好联络联系机制，针对调研中发现的问题，及时与自治区交换意见，得到了很好的整改落实；6. 建立了脱贫攻坚民主监督工作专家库。

（三）政治协商

1. 积极参与政治协商

1 月 19 日，中共中央政治局常委、国务院总理李克强主持召开座谈会，听取各民主党派中央、全国工商联负责人和无党派人士代表对《政府工作报告（征求意见稿）》的意见建议。民建中央主席陈昌智出席座谈会并发言，提出要加大降费力度降低企业成本，加强雾霾综合防治。

6 月 30 日，中共中央政治局常委、全国政协主席俞正声在京主持召开调研协商座谈会，邀请民盟中央、民建中央、民进中央、九三学社中央和全国工商联负责人，围绕大力振兴和提升实体经济建言献策。中共中央政治局委员、中央统战部部长孙春兰出席。民建中央主席陈昌智出席座谈会并建议加快西部地区电力外送通道建设，落实新能源配额制，推动新能源产业和现代高载能产业、先进装备制造业、高端服务业等协同发展。

7 月 21 日，中共中央在中南海召开党外人士座谈会，就当前经济形势和下半年经济工作听取各民主党派中央、全国工商联负责人和无党派人士代表的意见和建议。中共中央总书记习近平主持座谈会并发表重要讲话。中共中央政治局常委李克强、俞正声、刘云山、张高丽出席会议。李克强通报了上半年经济工作有关情况，介绍了中共中央关于做好下半年经济工作的考虑。民建中央主席陈昌智出席座谈会并发言，就防范财政金融风险内容提出意见和建议。

8 月 30 日，中共中央在中南海召开党外人士座谈会，就中共十九大报告征求意见稿听取各民主党派中央、全国工商联领导人和无党派人士意见和建议。中共中央总书记习近平主持座谈会并发表重要讲话。中共中央政治局常委俞正声、刘云山、王岐山出席。民建中央主席陈昌智出席会议并发言。

12 月 6 日，中共中央在中南海召开党外人士座谈会，就今年经济形势和明年经济工作听取各民主党派中央、全国工商联负责人和无党派人士代表的意见和建议。中共中央总书记习近平主持座谈会并发表重要讲话。李克强、俞正声、张高丽、王沪宁、韩正出席座谈会。李克强通报了今年经济工作有关情况，介绍了中共中央关于做好明年经济工作的考虑。民建中央主席陈昌智出席会议并发言，就促进科技型中小企业发展等工作提出意见和建议。

12 月 15 日，中共中央在中南海召开党外人士座谈会，就中共中央关于修改宪法部分内容的建议听取各民主党派中央、全国工商联负责人和无党派人士代表的意见和建议。中共中央总书记习近平主持会议并发表重要讲话。张德江、俞正声、栗战书、汪洋、王沪宁出席座谈会。民建中央主席陈昌智出席会议并发言，就加强宪法实施和监督、维护宪法权威、推进依宪治国和依法治国提出意见和建议。

2. 在全国政协常委会、专题协商会上建言

在 10 月 30 日至 11 月 1 日召开的全国政协十二届第二十三次常委会上，李谠副主席代表民建中央围绕“发展清洁能源推进绿色发展”，提交了题为《贯彻十九大精神，推进绿色发展》的口头发言。

在全国政协 5 月 23 日召开的“坚定文化自信，讲好中国故事”专题协商会上，调研部派员参加会议。在全国政协 7 月 18 日召开的“构建‘亲’‘清’新型政商关系，促进民营经济健康发展”专题协商会上，民建中央第一副主席马培华出席会议。

3. 积极组织筹备全国政协双周协商座谈会

民建中央非常重视政协双周协商座谈会，根据协商议题安排情况，认真开展调研，积极参加座谈，建真言、献实策。5 月 25 日，全国政协召开第 67 次双周协商座谈会，围绕“完善住宅房地产调控，有序推进新型城镇化建设”建言献策。该次座谈会由民建中央与全国政协提案委员会共同组织，会前，民建中央和全国政协提案委员会组织了专题调研。民建中央第一副主席马培华出席座谈会，民建中央副主席辜胜阻作为专家学者在座谈会上发言，民建界别的全国政协委员王济光、徐钧健、蔡玲分别在座谈会上发言。

4. 准备全国政协十二届五次会议提案、发言材料

在 2016 年会中央重点专题报告、专委会课题报告以及省级组织春秋季成果征选材料的基础上，经过认真分析、加工转化，以及专家论证，最后经主席、各位副主席认真审阅、亲自修改，主席办公会研究讨论，完成了民建中央向全国政协十二届五次会议提交的 5 篇大会发言和 38 件政协提案。其中，郝明金常务副主席代表民建中央作了题为《培育发展新生中小城市 推进新型城镇化建设》的口头发言，《民建中央关于培育新生中小城市推进新型城镇化发展的提案》《民建中央关于加大金融支持精准扶贫力度的提案》被全国政协评为优秀提案。“两会”前，会中央组织召开了新闻媒体见面会，就提案情况向媒体进行了介绍。“两会”结束后，积极做好提案承办单位来电、来信、来访的联系沟通工

作，参加全国政协、银监会、财政部等单位的重点提案办理座谈会，及时将提案办理情况征询意见表提交全国政协提案委员会办公室，向全国政协推荐优秀提案承办单位。截至 2017 年底，已经有 37 件提案接到承办单位书面答复。

（四）社会服务

2017 年，民建中央坚持精准脱贫精准扶贫基本方略，积极整合力量，深入推进定点县的精准扶贫，努力为会员企业家提供服务和支持，助力构建新型“亲”“清”政商关系，社会服务各项工作取得明显成效。

1. 坚持精准扶贫精准脱贫方略，着力推进定点扶贫工作

（1）举办重要会议和调研活动

2017 年是精准扶贫精准脱贫的深化之年，民建中央高度重视，陈昌智主席亲自召开会议研究部署定点扶贫工作，并在多个场合反复强调定点扶贫的重要意义，常务副主席郝明金，副主席张少琴、辜胜阻先后 4 次赴定点扶贫县开展扶贫调研。召开民建中央帮扶丰宁县精准脱贫座谈会、民建东部十省市组织对口帮扶黔西县（扩大）会议暨“百千万”工程推进会、2017 特色小镇产业发展（黔西）论坛。通过走访当地龙头企业，深入建档立卡困难户家中，对参与脱贫攻坚和做好定点扶贫工作提出了具体要求。为做好定点扶贫工作指明方向。

（2）探索开展电商扶贫新形式

年初，民建中央社会服务部与商务部电子商务和信息化司联合赴丰宁县开展电商扶贫调研，摸清了丰宁电商扶贫的基本情况。11 月，民建中央中华思源工程扶贫基金会与京东集团签订了战略合作协议，共同开展“百县千村十万户”精准扶贫工作。12 月，社会服务部又专门组织召开电商扶贫对接会，邀请京东集团与丰宁县等贫困地区探讨电商扶贫形式、对接产业项目。京东集团表示将立足京东优势，从电商、金融、旅游、培训、公益等方面加强同黔西县、丰宁县等贫困地区的合作。

（3）调动各方面积极性，开展精准结对帮扶

9 月，民建中央下发了《关于民建部分省市组织结对帮扶黔西县 16 个贫困村的通知》，对东部省市结对帮扶黔西县深度贫困村做出了具体安排。通知发出后，民建中央社会服务部、民建东部十省市组织、民建重庆市委、民建贵州省委、民建宁波市委高度重视，先后组织专家、企业家共 200 多人次先后到结对帮扶村开展精准扶贫对接考察，分别召开精准扶贫座谈会，围绕乡村振兴战略，结合各村的实际情况，明确了精准帮扶的思路和举措，目前正在深入推进。按照国务院扶贫办的要求，7 月和 10 月，民建中央社会服务部两次赴丰宁就精准识别、精准帮扶、精准退出等中央政策落实情况、扶贫资金使用情况、民建中央项目落实情况开展了专项调研。

（4）定点扶贫工作取得显著成效

圆满完成 2017 年各项工作计划。按照年初提交给中央统战部的工作计划，民建中央有 21 个帮扶项目。根据帮扶地区的实际需求，在实施过程中对 4 个项目进行了调整，又新增了部分项目，全年开展帮扶项目共计 48 个，累计投入资金 1654.4 万元，协调引进资金 3.16 亿元，促成了丰宁县太阳能监控中心、贵州三县易地扶贫搬迁工程等较大的项目，

开展各类人才培训 1114 人次，“百千万”工程已完成 74 名致富带头人培训，截至 11 月共解决就业 859 人，技能培训 2050 人。建设卫生室 10 个、新型沼气罐 380 个、小水窖 30 口、蔬菜大棚 26 个、通村路 1 条，开展送医下乡活动 2 次，连续 15 年在丰宁开展送温暖活动，开办思源教育移民班 33 个，共惠及 20 余万困难群众。

宣传先进典型、发挥示范带动作用。在民建中央大力推动下，民建会员企业河北丰宁元始公司从 2016 年起在丰宁县发展杂粮种植。2017 年在丰宁县 12 个乡镇、36 个村发展小米、玉米、黑豆等传统杂粮种植，种植面积 5000 多亩，可为种植户增收 700 多万元，直接带动 603 个贫困农户脱贫。民建中央将丰宁元始公司作为产业扶贫的典型，在多次会议上邀请元始公司介绍产业扶贫经验。新华社、中央电视台、人民日报对河北丰宁元始公司精准扶贫、精准脱贫工作做了广泛报道。

结对帮扶成绩显著。在不到 3 个月的时间内，民建部分省市级组织就有 15 批次，271 人深入到对口帮扶的贫困乡村开展考察、调研、资助，掀起了新一轮精准扶贫、结对帮扶的热潮，把建设“对口帮扶、多党合作”高地推向了新的高度。截止到 12 月，已实现 16 个贫困村（其中 14 个深度贫困村）民建组织帮扶全覆盖，目前已落实项目 21 个，落实帮扶到位资金 603.41 万元。京津冀地区还制定短、中、长三期发展目标，通过发展养蜂项目、给贫困户添置家具，打造奶牛养殖项目，发动京津冀民建会员企业投资贫困村扶贫产业项目助力黔西打赢脱贫攻坚战。民建广东省委落实美业培训精准脱贫项目，已完成第一期参训学员 38 人的培训。民建浙江省委、民建宁波市委捐赠 60 万元帮助高坡小学教育基础设施建设。

2. 筹备举办“2017 中国 (江西) 非公有制经济发展论坛”，进一步提升了论坛的知名度和民建的影响力

“中国非公有制经济发展论坛”此前已经成功举办十四届，2017 中国 (江西) 非公有制经济发展论坛为第十五届。十五届论坛参会总人数达到 18400 余人次，共收到论文 3200 余篇，达成项目签约金额总计 4943.95 亿元。经过十五年的发展，中国非公有制经济发展论坛已经成为宣传中国共产党领导的多党合作和政治协商制度的平台；成为发挥民建参政党职能、广泛开展参政议政的平台；成为动员组织会内外非公经济人士参与地方经济建设的平台。论坛不仅为政府、专家、企业各方的合作交流搭建了平台，而且为全面改善民营企业健康发展的政策法规环境、市场环境和公共服务环境发挥了重要作用。为了继续做好这一工作，企业处从年初就将精力积极投入其中，紧锣密鼓地进行筹备。与江西省政府、民建江西省委、工信部等相关单位密切联络，协商各个细节。论坛从制定工作方案，征询确定论坛主题，邀请演讲嘉宾，协助地方招商引资，组织人员参会到会议召开以及会上和会后的宣传工作再到上报论坛总结报告，论坛筹办工作持续了半年多的时间。

在各主办方和承办方的共同努力下，2017 中国 (江西) 非公有制经济发展论坛于 9 月下旬在南昌市成功召开。本届论坛有如下几个特点：(1) 取得了丰硕的学术成果。本届论坛以“非公有制经济转型升级与绿色发展”为主题，汇聚政、学、商、产等各界精英，聚焦非公有制经济发展的新局面，谋划非公有制经济新发展。专家学者们在论坛上发表真知灼见，与参会企业家代表共商破解中小企业发展困局的良策。论坛还开展了征文活

动，并从中精选出102篇优秀论文编辑成电子论文集发放给全体参会代表。（2）促成了一批招商引资项目。本届论坛的招商引资工作取得了显著成绩，在开幕式后举行的招商成果发布和合作项目签约仪式上，共签约项目156个，涉及航空、新能源、新型电子、智能装备等多个领域，签约总金额达1047亿元，创历届论坛之最。论坛期间还组织与会企业界人士分赴南昌、九江、景德镇、鹰潭、赣江新区等地参加项目考察、投资推介等活动。（3）产生了良好的社会影响。论坛上有关领导和专家学者提出了大量富有建设性的观点和意见。与会企业家提出了很多促进民营企业健康发展的看法和建议。社会各界给予了高度关注，光明日报、中国经济时报、中国网、人民政协报、江西日报等数十家中央和地方主流媒体对论坛进行了集中报道。与会代表表示，通过参加论坛，听到了领导和专家的真知灼见，对我国中小企业目前所面临的问题有了总体的了解，感受到了国家将进一步对中小企业加大支持力度，增强了应对困难、再创佳绩的信心和决心。

3. 积极服务企业委员会以及各专业组的工作，促进会员企业与地方政府合作双赢

8月16日，由民建中央社会服务部和民建内蒙古区委联合主办，中共兴安盟委、盟行署和中共阿尔山市委、市政府承办的非公经济前沿圆桌会议阿尔山论坛在内蒙古自治区兴安盟阿尔山市举行。论坛以“非公经济与创新驱动”为主题，汇聚专家学者、企业家的智慧和经验，积极探讨经济发展新常态下民营企业如何转型升级、通过创新驱动实现新的跨越，促进非公有制经济健康持续发展。民建中央副主席周汉民出席论坛并讲话。内蒙古人大常委会副主任、民建内蒙古区委主委李荣禧出席论坛并致辞。吉林省人大常委会副主任、民建吉林省委主委车秀兰，辽宁省政协副主席、民建辽宁省委主委武献华等出席论坛。来自全国18个省、自治区、直辖市的会员企业家和民建中央企业委员会部分成员共200多人参加了论坛。论坛虚实结合，在思想碰撞、观点交流探讨的同时，也促成了11个项目合作，企业家与兴安盟签约项目总额达33亿人民币，其中香港鼎诚珠宝集团与科右旗政府签订的投资金额为4亿元的珠宝加工项目已正式立项。

12月23日，由民建中央企业委员会、民建陕西省委员会、韩城市人民政府、社团法人台湾全球商贸运筹发展协会等单位联合主办第十届（2017）海峡物流论坛在陕西省韩城市召开。民建中央主席郝明金向论坛致信祝贺。民建福建省委主委吴志明在论坛开幕式上宣读贺信。陕西省政协副主席、民建陕西省委主委李冬玉致欢迎词。来自全国各地的民建会员企业家和海峡两岸物流界企业家、专家学者等600余人参加论坛。会议举办了精彩的主题论坛和金融科技创新发展论坛、电商与物流配送合作论坛、大数据与商务信用发展论坛等相关活动。论坛期间还举行了项目投资与合作签约仪式，涉及两岸产业交流与合作、物流、金融、电商、旅游、航空等领域。

4. 举办企业家培训班，加强对会员企业的服务、教育和引导工作。

为了进一步帮助企业会员了解掌握国家政策信息，改善管理，开拓创新，使企业会员能够不断学习、不断提升，促进会员企业健康成长，民建中央于2013年、2015年、2016年成功举办了三期民建中央企业家培训班，培训班得到了民建中央领导的肯定和广大会员企业家的欢迎。11月29日至12月2日，第四期民建中央企业家培训班在中央统战部干部培训中心举行。民建中央副主席兼秘书长吴晓青出席开班仪式并致辞。中央统战部培训中心主任刘海富代表中央统战部培训中心在开班仪式上致辞。第四期民建中央

企业家培训班由民建中央社会服务部与民建会员培训中心、中央统战部干部培训中心共同主办，邀请中共中央党校、中央社会主义学院、国务院发展研究中心、商务部、中央财经大学等单位的专家学者围绕学习贯彻十九大精神、习近平新时代统一战线重要思想、供给侧结构性改革、企业家精神与企业创新、“一带一路”相关政策分析解读等主题为学员进行授课。培训班有来自全国各地的120余名民建会员企业家参加，得到了企业家会员的高度评价。

为全面了解和掌握会员企业发展的外部环境及政策建议，掌握企业家对宏观经济、行业发展及企业发展的信心，与中国企业家调查系统联合进行民建非公有制经济会员问卷调查，并形成报告，报告一方面可以为政府决策提供依据，另一方面也为各级组织更好地为会员服务提供参考。

按照要求，今年6月下发填报大型民建会员企业情况的通知，截至年底收到除了辽宁省、内蒙古以外的28个省级组织反馈的报表。并形成了《大型民建会员企业情况分析》报告。据不完全统计，民建全会现有大型会员企业154家，涉及农业、工业、建筑业、零售业、餐饮业、IT、房地产开发经营、物业管理、其他行业等，重点统计了企业营业收入、总资产、从业人数三个主要指标，个别企业未能达到但接近行业大型企业标准的，也纳入了统计范围。这份情况分析报告使我们更深入地了解了民建会员企业的总体情况，并为民建中央今后有重点有针对性地开展服务工作提供了重要依据和参考。

（五）对外联络

2017年，按照工作总体部署，民建中央围绕中心，拓宽思路，创新形式，推动合作，较好地完成了年度对外交流任务目标。全年累计组织赴国外考察调研团组1个，赴港澳交流调研团组2个，接待香港来访团组1个，接待台湾来访交流团组5个，先后就常驻祖国大陆台商发展现状、两岸经济与金融合作、“一带一路”、粤港澳大湾区发展、人民币国际化、横琴新区的创业与创新等6个课题开展调查研究。

1. 加强调查研究，丰富参政议政

2017年，民建中央积极贯彻落实新的工作思路，大兴调查研究之风，丰富全会的参政议政。在分管副主席辜胜阻的指导和带领下，先后就常驻祖国大陆台商发展现状、两岸经济与金融合作、一带一路、粤港澳大湾区发展等重要课题赴深圳、广州、北京、香港、澳门等地调查研究。辜胜阻利用赴澳门学术访问之机，在出席两岸暨港澳地区人口与高教论坛期间，就横琴新区的创业与创新等课题开展调研。在赴香港访问期间，辜胜阻先后就一带一路、粤港澳大湾区建设和人民币国际化等课题开展调查研究。按照工作部署，今年民建中央联络部承担了年度重点调研课题“常驻祖国大陆台商台企发展现状”的调查研究工作。为摸清当前台商在祖国大陆的发展状况，服务常驻大陆台商台企，推动两岸之间的融合，联络部成立了专门调研组，对广东、福建、安徽、山东、北京等地的台商进行了实地考察、电话采访、交流座谈、问卷等多种形式的调研。调研组还走访了国台办经济局、深圳市台湾同胞投资企业协会、北京市台湾同胞投资企业协会等机构，在调研取得第一手材料的基础上，最后形成了将近一万字的专题调研报告。这些调研活动，较好地拓展了工作思路，摸清了相关情况，探索了工作规律，明确了工作方向，并向国家主管部门提出了相应的政策建议。

2. 积极争取人心，促进融合发展

积极争取人心，促进融合发展始终是我们对台工作的重中之重。民进党蔡英文上台以来，拒不承认九二共识，大搞柔性台独，封杀岛内统派力量，两岸官方往来被迫中断。在这种两岸关系状况下，推动两岸民间的往来，积极争取人心，促进两岸经济整合、民心融合显得尤为重要。

今年，民建中央对台的主要工作举措有：

（1）发挥优势，打造品牌。自1998年以来，民建中央与台湾世新大学先后召开了18次两岸财经论坛。该论坛每年就两岸经济社会发展中的难点、热点问题邀请两岸著名的业内专家学者开展研讨，并向有关部门提出相应的政策建议。论坛已经发展成为重要的对台工作品牌项目。今年，两岸财经论坛在北京举办，论坛研讨的主题是“贸易保护主义背景下的两岸经济与金融合作”。台湾世新大学董事长成嘉玲、校长吴永乾等专家出席。来自两岸8位知名专家学者围绕“保护主义冲击下之两岸经济与金融合作契机”主题，分别作精彩演讲和深入研讨。民建中央副主席辜胜阻在发言中分析了大陆“一带一路”倡议对两岸经贸关系的影响，积极建言台湾要变消极等待为积极融入，抢搭“一带一路”建设的顺风车。清华大学经济管理学院常务副院长白重恩主讲《中国经济增长潜力》，台湾中华经济研究院院长吴中书主讲《保护主义与两岸经贸交流》，中国社科院信息情报研究院院长张树华主讲《政治新生态与海峡两岸合作前景》，世新大学经济学系讲座教授薛琦主讲《金融监理沙盒与两岸金融合作》，申万宏源证券首席经济学家杨成长主讲《大陆台湾金融联动互补》，台湾师范大学管理学院讲座教授吴寿山主讲《两岸农文创与资本市场》，北京大学台湾研究院副院长肖治合主讲《关于两岸经济发展与交流的一些思考》。

（2）企业交流，推进合作。为推动两岸企业界合作尤其是中小企业之间的合作，今年民建中央邀请了台湾中小企业访问团和台湾新北工商妇女企业管理协会代表团分赴四川和江苏与当地的企业界和基层部门交流。新北工商妇女企业家代表团赴江苏天合光能集团考察了太阳能产业发展，参访了光宝集团、海峡两岸（常州）健康产业合作园、石墨烯小镇、新誉集团等单位，实地了解了台湾企业在常州的发展成果，大陆企业转型发展的新愿景等。台湾中小企业访问团考察了成都天府新区菁蓉中心、成都科学城发展规划馆、中国大熊猫保护中心雅安基地，并与四川千行你我科技有限公司、清华四川能源互联网研究院以及通威集团等四川龙头企业交流。

（3）教育交流，繁荣学术。台湾世新大学在岛内新闻传播领域具有重要影响力，岛内半数新闻媒体从业者为该校毕业生。世新大学一直拥护两岸和平发展，积极致力于推动两岸高等教育交流与合作，是与大陆高校开展交流活动最密切和对大陆师生最友好的学校之一。为推动两岸青年互动交流，今年10月，民建中央邀请了台湾世新大学新任董事长周成虎以及校长吴永乾率领台湾世新大学青年骨干教师访问团一行18人赴四川、重庆两地进行交流访问。访问团一行分别到访西华师范大学、成都师范学院。双方一致认为，应在目前师生互访等基础上，进一步增加交流人数，拓宽合作形式，推动两岸教育合作与学术繁荣。世新大学参访团一行还赶赴重庆，与“双一流”建设大学重庆大学进行交流。重庆大学在工科领域优势突出，但是随着学校迈向综合性大学发展，文科特别是新闻传播方面亟待加强，急需与世新大学开展教学和科研方面的合作。重庆大学校长、中国工程院院士周绪红与访问团畅谈，双方认为重庆大学与世新大学学科互补性强，可以在人才培养尤其是新闻传播学科建设等方面相互学习和借鉴，积极开展合作。来自两所高校的交换生还现场分享了各自在台北、重庆的学习和生活体会。

为助推两岸产业升级，培育工匠精神，今年民建中央还邀请了台北市教育会理事长台湾开平餐饮学校董事长夏惠汶率领的台湾职业教育访问团到海南交流调研。访问团参观了海南省农业学校实训楼、烹饪中心、动植物标本陈列室等教学设施，了解了海南农校的发展历程、办学理念及成绩。台湾开平餐饮学校教学精细，注重个性教育，与海南农业学校的互补性强，未来可以在办学理念，办学思路和创新办学模式等方面相互学习和借鉴，在民建中央联络部和民建海南省委的全力推动下，海南省农业学校与台北开平餐饮学校达成合作共识，自愿缔结友好学校，举行了签约仪式。双方一致表示，将在对等的原则下尽快展开互派老师和学生等交流工作。

（4）服务台企，推动发展。在开展常驻大陆台商台企发展现状调查研究的过程中，接触了不少的台资企业和移居大陆的台湾同胞。调研的过程同时也是联系台商、服务台商、推动发展的过程。民建中央联络部将台商在交流座谈过程中反映的困难和问题，全部归类向有关部门反映，推动问题的解决，这种反映台商的呼声与诉求，帮助他们解决生产和生活中碰到的问题的积极做法，获得了常驻祖国大陆台商台企的好评。

3. 维护港澳繁荣 提升两地合作

在维护港澳的繁荣与稳定，推动内地与港澳工商经济界的交流与合作方面，主要工作举措有：

（1）利用两会契机，与香港澳门的人大代表、政协委员交流。今年两会期间，民建中央陈昌智主席、辜胜阻副主席等领导先后抽空会见了港、澳全国人大代表卢瑞安、高开贤、梁维特等三人。民建中央领导大力宣讲中央港澳政策精神，宣传国家发展建设成就以及中央维护港澳繁荣稳定的坚定决心，取得了较好的效果。

（2）密切联系香港爱国工商社团，推动香港与内地的合作。香港中华出入口商会与民建中央一直保持着良好的合作关系。今年 8 月，民建中央邀请了以全国政协委员、香港中华出入口商会会长张学修为团长的香港中华出入口商会代表团一行 14 人赴贵州调研访问。访问团先后参访了贵安新区，参观了息烽集中营革命历史纪念馆，考察了香港爱国人士黄佩球、颜同珍援建的格冲小学，并与学校老师开展了座谈交流。访问团再次捐款共 6 万元，设立奖学金，支援不发达地区的基础教育事业。

（3）民建中央副主席辜胜阻作为著名经济学家赴港澳学术访问，同时开展调查研究。在出席两岸暨港澳地区人口与高教论坛期间以及赴香港出席爱国工商社团活动期间，辜胜阻先后就一带一路、粤港澳大湾区发展、人民币国际化、横琴新区的创业与创新等重要课题走访港澳当地企业、研究机构，开展调查研究、建言献策。

4. 推动对外合作，开展民间外交

应新西兰唐明集团及澳大利亚中国工商业委员会的邀请，2017 年 4 月组织了以民建中央副主席吴晓青为团长的民建中央环境保护与环保产业调研团赴新西兰、澳大利亚两国进行调研。此次出访旨在调研两国环境保护与环保产业发展的现状和政策，增进双方的交流与合作，为民建中央参政议政提供参考。调研团参加了中新环保科技投资与合作交流峰会，与新西兰、澳大利亚政府机构、专家学者、工商界人士和企业家座谈，实地走访了两国环保部门、企业和学校等，结合当前我国经济社会发展中环境保护及环保产业方面的现实情况，认真调研两国在环境立法与环保产业发展方面的先进经验和技术，为提高我国环境保护和环保产业发展寻求启示和借鉴，圆满完成各项任务，达到了预期目标，取得了丰硕成果。并就提升我国的环保事业提出了六条政策建议：（1）进一步确立生态文明、环保优先发展的理念。（2）逐步完善生态环境保护的法制建设。生态文明建设，需要建立长期稳定的法律保障机制。（3）充分发挥政府在环境保护工作中的主导性。（4）推动和优化生态环保企业的产业结构。（5）最大限度地形成运用市场的监管机制。（6）持续强化国民生态文明、全民环保意识。

三、自身建设

（一）思想建设

2017年，民建中央按照年初部署，把学习中共十八届六中全会、中共十九大精神与坚持和发展中国特色社会主义学习实践活动相结合，与推进会的政治交接相结合，以成功召开民建十一大为重点，以推动开展“不忘合作初心，继续携手前进”专题教育活动为着力点，加强思想引导、深化理论研究。

深入学习中共十九大精神，扎实推进“坚持和发展中国特色社会主义”学习实践活动。今年，民建中央将学习中共十八大、十九大，中共十八届三中、四中、五中、六中全会精神，习近平总书记系列重要讲话精神，与深入贯彻落实中央统战工作会议、中央统战部学习实践活动经验交流暨中期推动会精神紧密结合，将学习中共党史和多党合作历史、民建成立七十周年中共中央贺词、陈昌智主席在民建成立七十周年纪念大会上的讲话与学习民建会章、会史、会的优良传统以及会员先进事迹紧密结合，不断推动全会思想教育和政治教育走向深入。

8月4日，组织召开民建中央学习习近平总书记“7·26”重要讲话精神座谈会，民建中央主席陈昌智主持会议并做重要讲话。他强调指出，学习好、宣传好、贯彻好习近平总书记“7·26”重要讲话精神，是当前全会重要的政治任务，务必抓紧抓好。一要用讲话精神统一思想、凝聚人心。二要明确思路，创新方法，宣传阐释好讲话精神。三要以讲话精神指导工作，履职尽责。

9月12日，组织召开民建中央坚持和发展中国特色社会主义学习实践活动座谈会。认真学习中共十八大，十八届三中、四中、五中、六中全会精神以及习近平总书记系列重要讲话精神，认真贯彻中央统战工作会议、中央统战部学习实践活动经验交流暨中期推动会精神，深入交流民建各省级组织开展坚持和发展中国特色社会主义学习实践活动的经验做法，推动“不忘合作初心，继续携手前进”专题教育活动不断深入。民建中央主席陈昌智出席座谈会并讲话，第一副主席马培华、常务副主席郝明金出席座谈会。民建中央副主席宋海主持座谈会。

10月27日，组织召开民建中央学习贯彻中共十九大精神座谈会，传达学习中共十九大精神，并对民建全会学习宣传贯彻中共十九大精神进行动员部署。民建中央主席陈昌智主持会议并讲话。民建中央第一副主席马培华、常务副主席郝明金出席会议并讲话。以“学习贯彻中共十九大精神”为重点展开集中性宣传。组织新闻媒体对民建中央学习中共十九大精神座谈会进行集中报道，15家媒体近20名记者参会。先后在《中国政协》《人民政协报》《团结报》等刊发民建中央主要领导的学习体会文章。

继续深入推进“坚持和发展中国特色社会主义”学习实践活动。在全会开展“不忘合作初心，继续携手前进”主题征文活动，共收到论文2152篇，评选出优秀论文97篇，优秀组织奖10个。

开展多党合作历史传统记录工程。完成《大道——多党合作历史记忆和时代心声》一书民建部分的组稿工作，承担了《大道——多党合作历史记忆和时代心声》一书中8篇文稿的组稿任务。2017年9月，此书正式出版，为政治交接提供了生动素材、营造了良好氛围。组织实施《统一战线人物志》民建部分的修编工作。为弘扬统一战线的光荣传统和优良作风，承担了《统一战线人物志》第1、2、3卷中10位传主的组稿任务。通过深入挖掘整理本党派历史资料和优良传统，进一步引导广大会员重温历史，弘扬传统，夯实多党合作共同思想政治基础。

以加强民主监督为重点，继续做好理论研究和会史研究工作。为进一步夯实多党合作共同思想政治基础，努力推动会的事业持续健康发展、建设适应时代要求的中国特色社会主义参政党，民建中央以“如何开展民主监督”为重点课题，向全会发出通知开展理论研究。累计收到理论文章494篇，评出优秀成果一等奖12篇、二等奖44篇，优秀组织奖11个。编印《民建中央理论研究委员会2016年论文汇编》《民建中央2017年理论研究论文汇编》，为会内开展理论研究提供素材和参考资料。

建立民建中央爱国主义教育基地并举行挂牌仪式。9月27日下午，孙起孟故居陈列馆开馆暨民建中央爱国主义教育基地揭牌仪式在安徽省黄山市休宁县商山镇孙起孟故居前隆重举行。民建中央主席陈昌智出席仪式并发表重要讲话。陈昌智与中共安徽省委常委、统战部部长刘莉共同为孙起孟故居陈列馆开馆并为“民建中央爱国主义教育基地”揭牌。

（二）组织建设

2017年，组织部门围绕民建十大及十届五中全会提出的工作任务和要求，认真贯彻落实关于换届工作的相关文件，做了大量细致深入的准备工作，严格程序，严肃纪律，扎实稳妥、圆满完成了民建中央和省级组织的换届工作，深入务实开展会内监督，为民建全会履行参政党职能打下坚实的组织基础。

认真做好民建中央换届选举工作。换届工作是组织建设工作的重中之重。年初起草下发中央委员候选人产生办法的意见、中央委员名额分配方案等文件，扎实做好前期的文件准备工作。认真组织十一届中央委员候选人人选遴选工作。做好相关协商工作，参与有关部门的考察、公示和推荐工作。汇总各省参加十一大的代表名单，进行认真的资格审查。精心做好换届选举的相关文件准备、简历简介校对和会务安排，保证全国代表大会和十一届一中全会选举工作圆满成功，顺利选举出新一届的民建中央领导机构、领导班子成员，选举出新一届的民建中央监督委员会。

指导、帮助省级组织顺利完成换届。1月，召开全国组织处长会，进行换届前的思想动员和业务培训。加强与有关部门的联系，就有关省级组织换届事宜进行沟通协商。制定下发省级组织换届范本，指导换届工作。分析省级组织领导班子人选情况，认真审查各省级组织换届工作方案，及时批复各省领导班子人选、规模、成立换届领导小组等文件，积极协助解决换届工作中出现的问题。截至2017年8月，全国30个省级组织全部完成换届工作。换届完成后，对省级组织领导集体组成人员和全国厅局级在政府及司法机关任职情况进行认真分析，做好相关的总结工作。

做好会章条文修改相关工作。认真梳理研究前期调研座谈、书面反馈等渠道收集的关于会章修改的建议。先后到山东、上海、重庆、湖北、江苏、浙江等省份召开座谈会听取意见建议。结合民建工作实际和自身建设的新经验，对条文部分进行了认真的修改，新增“纪律和会内监督”一章。8月、11月先后两次在北京召开章程修改座谈会，邀请部分省级组织主委、副主委、法律及会内监督方面的专家和老同志参加，征求他们的意见，会后对意见建议逐条梳理、研究，不断完善条文部分的修改工作。11月中下旬，又发至各省级组织和中央团代表，征求各省级组织、代表大会全体代表、中央委员的意见，结合收集的意见和中共十九大新精神新要求做了进一步的完善工作。最终，经过反复研究协商，共对条文部分做了29处修改，体现了章程修改适应会务工作、与时俱进的特点。

继续积极稳妥推进会内监督工作。结合民建中央和省级组织换届，继续积极稳妥推进会内监督，保证各级换届工作风清气正。指导各省做好省级监督委员会换届工作。进一步落实省级组织领导班子谈心会和述职评议会制度，对会议召开和委员参加情况进行督促、统计。认真学习研究《各民主党派中央加强内部监督工作座谈会纪要（征求意见稿）》，结合本会监督工作经验，提出建议。召开第十届中央监督委员会第六次全体会议和第十一届中央监督委员会第一次会议。认真做好信访工作，全年共处理来信来访528件次，其中会内信访44件次，定期进行信访统计，编发信访简报。

加强组织建设指导和会员发展管理。民建中央主席、副主席按照分工，本届完成了对全部297个市级组织的调研工作，总计调研441人次。2017年共调研98人次。关注、督促各省做好市级组织换届工作。加强对基层组织工作的指导，继续推动广大基层组织学习先进经验，加强规范管理，创新形式，增强活力。继续推动会员发展工作制度化、规范化。根据新版会员统计表修改组织管理信息系统相关内容，制定信息系统的初步升级计划，开展评比表彰推动各省进一步完善会员信息录入工作。

（三）民建组织发展概况

截至2017年12月底，共有地方组织383个。其中包括省级组织30个，省辖市级组织297个，县级组织56个。基层组织8119个，其中基层委员会330个，总支636个，支部7153个。全年新加入会员9925人。会员总数184206人，其中女会员63983人。平均年龄50.6岁。离退休36237人。

经济界会员143955人，占会员总数的78.1%。其中企业界会员116742人，占会员总数的63.4%。企业界会员中担任各种经济实体的正、副董事长，总经理，厂长等高管理人员 46406 人，占企业界会员的 39.8%，占会员总数的 25.2%；其中私营企业主 31431 人，占企业界会员的 26.9%，占会员总数的 17.1%。新社会阶层人士 63048 人，占会员总数的 34.2%。政府机关 23758 人，占会员总数的 12.9%。司法机关 1064 人，占会员总数 0.6%。党派机关 2670 人，占会员总数 1.4%。人大政协机关 1531 人，占会员总数的 0.8%。高等教育 10977 人，占会员总数 6.0%。基础教育 7013 人，占会员总数 3.8%。科学技术 3784 人，占会员总数 2.1%。医药卫生 7658 人，占会员总数 4.2%。文化艺术 1902 人，占会员总数 1.0%。出版传媒 1387 人，占会员总数 0.8%。社会团体 2357 人，占会员总数 1.3%。其他 3363 人，占会员总数 1.8%。

会员中人大代表 4351 人，其中全国人大代表 62 人，常委 2 人，副委员长 1 人；省级人大代表 304 人，常委 38 人，副主任 5 人；市地级人大代表 1450 人，常委 260 人，副主任 64 人；县市区级人大代表 1587 人，常委 429 人，副主任 145 人。会员中政协委员 19304 人，其中全国政协委员 87 人，常委 15 人，副主席 1 人；省级政协委员 839 人，常委 251 人，副主席 17 人；市地级政协委员 5587 人，常委 1370 人，副主席 164 人；县市区级政协委员 8180 人，常委 2424 人，副主席 369 人。

在政府及其组成部门任职（领导和非领导职务）的中央部级干部 1 人；地方省级干部 2 人，厅局级 132 人，县处级 1886 人。在法院和检察院任职厅局级 9 人，处级 101 人。担任市级以上级特邀（约）职务的 1652 人。

会员学历其中有大专以上学历的占 86.5%；有大本以上学历的占 57.8%；有研究生以上学历的占 11.8%；有中、高级职称的占 48.5%。担任两院院士的共有 6 人。担任长江学者 19 人。

许　谨　民建中央宣传部新闻处调研员

中国民主促进会

2017年民进深入学习贯彻中共十九大精神，认真落实民进十一大和十三届五中全会提出的任务，坚持“有思有行、集智聚力、顺势而为、开拓创新”的工作方针，为执政党助力，为国家尽责，为人民服务，在前进的道路上取得了新成绩，开创了新局面。

一、重要会议活动

2017年，根据民进会章的规定，共举行全国代表大会1次，中央全会1次，中常会5次。举行中央监督委员会全体会议3次。根据工作需要举行了一系列专项工作会议和座谈会、研讨会等，研究部署并推动各项工作的开展。

（一）中国民主促进会第十二次全国代表大会

12月1日至6日，中国民主促进会第十二次全国代表大会在北京召开。大会听取并审议了民进第十三届中央委员会报告，审议通过了《中国民主促进会第十二次全国代表大会决议》和《中国民主促进会第十二次全国代表大会关于〈中国民主促进会章程〉修正案的决议》，选举产生了由199人组成的新一届中央委员会。

12月1日，中国民主促进会第十二次全国代表大会在北京开幕。

大会主席团常务主席严隽琪致开幕词。开幕词说，过去五年，民进毫不动摇坚持中国共产党的领导，坚定“四个自信”，不断巩固对中国特色社会主义道路的认同、对全面建成小康社会目标的认同和对社会主义核心价值观的认同，坚持“有思有行、集智聚力、顺势而为、开拓创新”的工作方针，紧紧围绕中心大局，坚守教育情怀，助力文化强国，聚焦经济建设，推动绿色发展，认真履行参政党职能，不断加强自身建设，为执政党助力，为国家尽责，为人民服务，在前进的道路上取得了新成绩。全会呈现出团结奋进、务实创新的良好局面。

开幕词指出，在中国特色社会主义进入新时代的关键时期，民进各级组织和广大会员，要更加紧密地团结在以习近平同志为核心的中共中央周围，高举中国特色社会主义伟大旗帜，以习近平新时代中国特色社会主义思想为指导，不忘合作初心，继续携手前进，共同谱写统一战线和多党合作事业发展新篇章。

中共中央政治局常委、国务院副总理汪洋会见全体与会代表，并代表中共中央致贺词。

贺词指出，中共十八大以来，党和国家事业取得了历史性成就、发生了历史性变革，为统一战线和多党合作作出了重要贡献。五年来，民进秉持“为执政党助力、为国家尽责、为人民服务”的使命担当，坚持“有思有行、集智聚力、顺势而为、开拓创新”的工作方针，认真履行参政党职能，为推进改革开放和社会主义现代化建设作出了重要贡献。

贺词说，广泛团结各方面力量，心往一处想，劲往一处使，是中国共产党攻坚克难、夺取胜利的重要经验，也是我们党和国家的一个重要政治优势。中国共产党将按照中共十九大精神，坚定不移坚持和完善中国共产党领导的多党合作和政治协商制度，坚定不移贯彻长期共存、互相监督、肝胆相照、荣辱与共的方针，坚定不移支持民主党派按照中国特色社会主义参政党要求更好履行职能，把多党合作事业继续推向前进，巩固和发展最广泛的爱国统一战线，画出共同团结奋斗的最大同心圆。

贺词指出，希望民进深入学习宣传贯彻中共十九大精神，深刻领会习近平新时代中国特色社会主义思想的历史地位和丰富内涵，牢固树立“四个意识”，坚定“四个自信”，不断巩固团结奋斗的共同思想政治基础。充分发挥自身界别特色优势，围绕建设教育强国、推动社会主义文化繁荣兴盛、加快建设创新型国家等重大课题，广泛深入调研，积极建言献策，为实施科教兴国战略、人才强国战略、创新驱动发展战略等作出新贡献。准确把握建设中国特色社会主义参政党的要求，进一步加强领导班子和代表人士队伍建设，不断提高政治把握能力、参政议政能力、组织领导能力、合作共事能力和解决自身问题能力，切实履行好参政议政、民主监督、参加中国共产党领导的政治协商职能，推进自身建设迈上新台阶。

全国人大常委会副委员长、民盟中央主席张宝文代表各民主党派中央、全国工商联致贺词。贺词说，民进自十一大以来，高举中国特色社会主义伟大旗帜，毫不动摇坚持中国共产党领导，积极履行参政党职能，大力加强自身建设，在前进的道路上取得了新的成绩。各民主党派和工商联将紧密团结在以习近平同志为核心的中共中央周围，以习近平新时代中国特色社会主义思想为指导，不忘合作初心，继续携手前进，为决胜全面建成小康社会、实现社会主义现代化和中华民族伟大复兴作出新的更大的贡献。

严隽琪代表民进第十三届中央委员会作工作报告。报告首先回顾了民进五年来的主要工作。五年来，民进全会自觉坚持接受中国共产党的领导，把坚持和发展中国特色社会主义作为共同理想信念、共同前进方向、共同奋斗目标，不断巩固对中国特色社会主义道路的认同、对全面建成小康社会目标的认同和对社会主义核心价值观的认同，确保民进事业始终朝着正确的方向前进；认真履行参政议政、民主监督、参加中国共产党领导的政治协商的基本职能，积极开展社会服务和港澳台联谊工作，为统筹推进“五位一体”总体布局、协调推进“四个全面”战略布局献计出力；自觉从执政党全面加强党建中汲取经验，按照新时代对中国特色社会主义参政党的要求，切实加强人才队伍建设和基层组织建设，不断完善制度、改进作风，积极稳妥推进会内监督，自身建设再上新台阶。

报告总结了民进这些年来的基本经验。一是坚持接受中国共产党的领导，坚持和发展中国特色社会主义。二是坚持有思有行，推动理论研究与实际工作相互促进，提升理论自觉和行动本领。三是坚持集智聚力，为中国特色社会主义事业凝聚人心、汇聚力量。四是坚持顺势而为，开拓创新，使民进工作紧跟时代步伐。

报告提出，中国特色社会主义已经进入了新时代，民进必须立足于新时代新方位，以习近平新时代中国特色社会主义思想为指导，找准自身建设和履行职能的着力点，以更宽广的视野、更长远的眼光来思考和把握民进未来的发展。民进全会要深入学习贯彻中共十九大精神，自觉承担起中国特色社会主义参政党的历史使命；深化政治交接，将参政党建设水平提升到新高度；切实履行参政党职能，为决胜全面建成小康社会，夺取新时代中国特色社会主义伟大胜利，实现中华民族伟大复兴的中国梦贡献智慧力量。

国务院副总理刘延东，中共中央书记处书记、中共中央统战部部长尤权，全国人大常委会副委员长向巴平措，全国政协副主席张庆黎和民进中央原主席许嘉璐、原第一副主席张怀西出席开幕会，大会主席团常务主席罗富和主持开幕会。

12 月 1 日下午，大会召开第二次全体会议，主题是学习中共十九大精神。

12 月 2 日至 3 日，大会举行分组讨论。

12 月 4 日下午，大会举行第三次全体会议。大会审议通过了中国民主促进会第十二次全国代表大会关于《中国民主促进会章程》(修正案)的决议(草案)；通过了中国民主促进会第十二次全国代表大会选举第十四届中央委员会委员办法(草案)；通过了中国民主促进会第十二次全国代表大会选举第十四届中央委员会委员总监票人、监票人名单(草案)。大会选举了中国民主促进会第十四届中央委员会委员。

12 月 6 日，大会在北京闭幕，刘新成主持闭幕会。会议期间举行的民进第十四届中央委员会第一次全体会议，选举产生了由 44 人组成的第十四届中央常务委员会，蔡达峰当选主席，刘新成当选常务副主席，朱永新、姚爱兴、卫小春、张雨东、王刚、陶凯元、庞丽娟、黄震、高友东当选副主席。

蔡达峰作闭幕讲话。他指出，这是一次鼓舞人心、发扬民主、继往开来、团结奋进的大会。大会高举中国特色社会主义伟大旗帜，以习近平新时代中国特色社会主义思想为指导，深入学习贯彻中共十九大精神，认真学习中共中央致民进十二大的贺词，高度评价了民进第十三届中央委员会的工作成绩和领导作用，为民进在中国特色社会主义新时代取得新发展，奠定了组织保障，明确了目标要求，具有十分重要的意义。

蔡达峰说，新一届中央委员会及领导班子，一定牢记光荣的使命和民进全会的重托，继承和发扬民进的优良传统，深化政治交接，不断增强政治把握能力、组织领导能力、参政议政能力、合作共事能力和解决自身问题的能力，体现新干劲、新气象，为实现民进十二大确定的各项任务而努力工作。

大会强调，深入学习贯彻中共十九大精神，是民进当前和今后一个时期首要的政治任务。民进要立足新时代新方位，牢固树立“四个意识”，坚定“四个自信”，准确把握建设中国特色社会主义参政党的新要求，不忘合作初心，牢记历史使命，推进自身建设和履职能力迈上新台阶。

大会号召，民进各级组织和广大会员要更加紧密团结在以习近平同志为核心的中共中央周围，在中共十九大精神的指引下，在民进新一届中央委员会带领下，不辱使命，不负重托，无愧于时代，为决胜全面建成小康社会、夺取新时代中国特色社会主义伟大胜利、实现中华民族伟大复兴的中国梦、实现人民对美好生活的向往而团结奋斗。

闭幕会上还宣读了民进十二大给光荣离任同志的致敬信。

（二）中央委员会会议

12 月 5 日，中国民主促进会第十四届中央委员会第一次全体会议在京召开，会议召集人蔡达峰主持会议。

到会的民进十四届中央委员以无记名投票方式，选举产生了由 44 人组成的民进第十四届中央常务委员会，选举了民进第十四届中央委员会主席、副主席；表决通过了民进第十四届中央监督委员会主任、副主任、委员名单。

新当选的民进第十四届中央委员会主席蔡达峰发表讲话。他说：我代表新一届常委会和领导班子，衷心感谢全体委员的信任。我们一定牢记光荣使命和重大责任，以习近平新时代中国特色社会主义思想为指导，坚持中国共产党领导的多党合作和政治协商制度，增强“四个意识”，坚定“四个自信”，继承和发扬民进的优良传统，不忘合作初心，继续携手前进；一定加强自身建设，带头重政治、顾大局，讲原则，守纪律；一定积极履行职能，坚持立会为公，参政为民，围绕新时代中国特色社会主义基本方略和目标任务，集智聚力，顺势而为，为改革发展献计出力。

蔡达峰指出，72 年来，民进在我国革命、建设和改革各个时期都作出了出色贡献。今天，我们站在新的起点上，重任在肩。让我们精诚团结，奋发有为，紧密团结在以习近平同志为核心的中共中央周围，团结带领各级组织和广大会员，深入学习贯彻中共十九大精神，落实民进十二大工作部署，努力开创民进各项工作新局面，为新时代中国特色社会主义事业作出新贡献。

民进第十四届中央委员参加会议。民进中央机关部门负责人列席会议。

（三）中央常务委员会会议

1. 中国民主促进会第十三届中央常务委员会第十八次会议

3 月 6 日，中国民主促进会第十三届中央常务委员会第十八次会议在京召开，民进中央主席严隽琪主持会议并讲话。民进中央第一副主席罗富和，常务副主席蔡达峰，副主席贺旻、刘新成、朱永新、张帆、姚爱兴、卫小春、张雨东，秘书长高友东，以及民进第十三届中央常委出席会议。

严隽琪在讲话中指出，要巩固扩大民进全会的政治共识。民进作为中国特色社会主义参政党，政治共识是立会之基，必须把讲政治放在第一，要协助执政党做好意识形态工作，接受中国共产党领导这个共识是不容含糊的，这是党派工作之魂。全面提升履职能力，个体的素质和能力固然是重要的方面，更重要的是组织的系统合力，专兼职结合、会内外联动、集智聚力是必然的选择。要调动和保护更多的积极性、成果的利用需要不断改进，这些都需要更多的努力。

严隽琪强调，中央和省级换届是 2017 年工作的重点。换届首先是政治交接，今年是民主党派开展政治交接正式提出 20 周年，要认真总结经验，将政治交接作为思想政治建设和领导班子建设的重点，切实将政治交接贯穿于换届工作全过程，贯穿于履行职能各方面，贯穿于参政党建设各领域。政治交接抓得实、有特色、见实效，多党合作事业才能确保薪火相传。

会议审议通过了《民进中央关于学习贯彻十二届全国人大五次会议和全国政协十二届五次会议精神的通知（草案）》《中国民主促进会第十二次全国代表大会筹备委员会成员名单（草案）》。

中共中央统战部一局有关同志，民进有关省级组织负责人、民进中央机关部门负责人列席会议。

2. 中国民主促进会第十三届中央常务委员会第十九次会议

7 月 4 日至 5 日，中国民主促进会第十三届中央常务委员会第十九次会议在京召开。民进中央主席严隽琪出席会议并讲话。第一副主席罗富和，常务副主席蔡达峰，副主席贺旻、刘新成、朱永新、张帆、姚爱兴、卫小春、张雨东，秘书长高友东，以及民进第十三届中央常委出席会议。

严隽琪在闭幕讲话中指出，上半年通过省级组织集中换届，民进省级组织领导班子和领导机构实现了新老交替。民进全会坚持把深入细致的思想工作贯穿于换届工作始终，将换届作为发扬“立会为公”优良传统的思想教育过程，通过讲情、讲理、讲政治规矩、讲立德为先，引导正确价值取向。在即将完成省级组织换届、紧张筹备中央换届之时，希望各位常委、各位省级组织主委要以高度的政治责任感，带头营造风清气正的换届环境。要贯彻民主集中制，做好广大会员的思想政治工作，加强换届政策和制度规定的专题学习，确保政策的严肃性、选举的公正性和人选的群众基础。中央和省级组织监督委员会要切实发挥监督作用，组织部作为换届工作的具体负责部门，要严格按照民进章程、组织制度和换届政策的要求，规范和完善各项工作程序，确保程序不出差错，要做好换届和各项工作，迎接民进十二大的召开。

开幕式上，罗富和报告了民进中央 2017 年上半年工作情况。

会议审议通过了《民进中央关于 2017 年中央委员会换届工作的意见》。与会常委结合学习实践活动和机关建设年度工作主题，以及 2017 年下半年工作重点等交流了工作体会。

会议期间，与会常委听取了题为《国家创新战略与政策》的专题报告。民进中央监督委员会听取了部分常委对机关建设主题年工作的意见和建议。

中共中央统战部一局有关同志，民进中央省级组织换届工作领导小组办公室负责人，部分民进省级组织主委、副主委，民进第十三届中央监督委员会委员，民进中央机关部门负责人列席了会议。

3. 中国民主促进会第十三届中央常务委员会第二十次会议

10 月 22 日至 23 日，中国民主促进会第十三届中央常务委员会第二十次会议在北京召开。民进中央主席严隽琪主持会议开幕式并作闭幕讲话。第一副主席罗富和，常务副主席蔡达峰，副主席贺旻、刘新成、朱永新、张帆、姚爱兴、卫小春、张雨东，秘书长高友东，以及民进第十三届中央常委出席会议。

严隽琪在讲话中强调，作为中国特色社会主义参政党，学习贯彻中共十九大精神，是当前民进的首要政治任务。要在多党合作的政治格局中，切实树立“四个自信”，增强“四个意识”，更加自觉地在思想上政治上行动上同以习近平同志为核心的中共中央保持高度一致，在贯彻落实中共十九大精神中做好参与者、促进者、维护者。

严隽琪指出，民进要牢牢把握中国特色社会主义主题，进一步凝聚思想政治共识，为保证中国特色社会主义参政党的进步性和团结性奠定坚实的思想基础；要紧密围绕决胜全面小康实现中国梦的奋斗目标，切实履行好职能，在履职的实践中提升自己的能力，进一步增强与中国共产党团结合作的责任感和使命感，进一步提高服务社会主义现代化建设的自觉性和实效性，进一步完善和加强集智聚力的制度；要深入学习执政党与时俱进的理论品格和全面从严治党的决心勇气，深入研究民进自身发展和建设的规律，把实践经验上升成为系统的理论思维，抓好政治思想教育、正风肃纪和选人用人，加强领导班子建设，不断提升“五种能力”，扎实地将参政党建设水平提升到新高度。

严隽琪强调，确保中国民主促进会第十二次全国代表大会顺利召开、圆满完成会中央换届工作，是民进学习贯彻中共十九大精神的实际行动和具体体现，民进全会要以高度的政治责任感开好民进十二大。

会上，罗富和作民进十二大筹备情况报告，蔡达峰作民进中央2017年对口湖南省脱贫攻坚民主监督工作情况报告，朱永新作民进中央2017年度重点考察调研情况报告。

会议原则审议通过了《民进中央关于学习贯彻中国共产党第十九次全国代表大会精神的决定（草案）》；书面报告了民进省级组织换届工作情况、民进中央议政建言工作情况。

与会常委围绕学习中共十九大精神，结合五年来的工作进行了交流发言。

中共中央统战部一局有关同志，民进中央省级组织换届工作领导小组办公室负责人，部分民进省级组织负责人，民进第十三届中央监督委员会委员，民进中央机关部门负责人列席会议。

4. 中国民主促进会第十三届中央常务委员会第二十一次会议

11月30日上午，中国民主促进会第十三届中央常务委员会第二十一次会议在京召开。民进中央主席严隽琪主持会议并讲话，第一副主席罗富和，常务副主席蔡达峰，副主席贺旻、刘新成、朱永新、张帆、姚爱兴、卫小春，秘书长高友东，以及民进第十三届中央常委出席会议。

会议听取了罗富和所作的民进十二大筹备工作报告和蔡达峰所作的民进十二大代表情况报告；审议了民进第十三届中央委员会报告（草案），并推定严隽琪为报告人；审议了《中国民主促进会章程》修正案（草案）及会章修改的报告，并推定刘新成为报告人；审议了民进十二大代表资格审查委员会名单（草案）、会章修改审查委员会名单（草案）、文件起草委员会名单（草案）；审议了民进十二大议程、日程（草案）及开幕会议程（草案）；审议了民进十二大主席团、主席团常务主席、秘书长、副秘书长名单（草案）；审议通过了民进第十四届中央委员会委员候选人建议名单（草案）。

会议听取了卫小春所作的民进第十三届中央监督委员会工作报告，审议通过了民进第十四届中央监督委员会主任、副主任、委员候选人建议名单（草案）。

严隽琪在讲话中指出，民主党派换届是国家政治生活中的大事，民进十二大是民进历史上的一个关键节点，关键时候关键少数要真正发挥骨干、砥柱和榜样的作用，希望各位常委严格要求自己，把政治规矩和组织纪律挺在前面，要当好学习的模范、遵守会议纪律的模范、政治交接的模范、统一思想的模范，并影响好其他的代表；要明确肩负的政治责任，正确行使代表的权力，正确对待组织的决定，正确贯彻民主集中制，带头营造风清气正的换届环境。她同时向所有即将离任的常委表示衷心的感谢和敬意，也真切地希望留任的常委们，继承和发扬民进的优良传统，继续做好工作。

中央统战部一局有关同志、民进中央省级组织换届工作领导小组办公室负责人、部分民进省级组织负责人、民进第十三届中央监督委员会委员以及民进中央机关部门负责人列席会议。

5. 中国民主促进会第十四届中央常务委员会第一次会议

12 月 5 日，中国民主促进会第十四届中央常务委员会第一次会议在京召开。民进中央主席蔡达峰主持会议，常务副主席刘新成，副主席朱永新、姚爱兴、卫小春、张雨东、王刚、陶凯元、庞丽娟、黄震，副主席兼秘书长高友东，以及民进第十四届中央常委出席会议。

蔡达峰报告了民进十四届一次主席会议情况。

会议任命高友东为民进第十四届中央委员会秘书长。

会议决定民进第十四届中央委员会设 9 个专门委员会，并任命了各专门委员会主任。

会议报告了民进中央机关部门负责人和各专门委员会副主任名单。

会议审议通过了民进中央 2018 年工作要点（草案）。

中央统战部一局有关同志、部分民进省级组织负责人、民进第十四届中央监督委员会委员、民进中央机关部门负责人列席会议。

（四）中央监督委员会会议

1. 中国民主促进会第十三届中央监督委员会第十四次全体会议

7 月 3 日，民进第十三届中央监督委员会第十四次全体会议在北京召开。会议总结了 2017 年上半年的工作情况；听取了 2017 年民进省级组织换届情况及民进中央换届筹备情况的报告；听取了国家审计署对民进中央机关财务审计情况的报告。民进中央监督委员会主任罗富和出席会议并讲话。民进中央监督委员会副主任卫小春主持会议。

罗富和指出，中央监督委员会要认真学习今年 3 月召开的民进全国会内监督工作研讨会精神，梳理总结本届中央监督委员会五年来的工作实践、探索与经验，为下半年中央监督委员会换届做好筹备工作，认真履行对会中央换届的监督职责，进一步推进民进会内监督工作体制机制的健全与完善。

7 月 4 日至 5 日，中央监督委员会委员列席了民进十三届十九次中常会，听取了 10 位民进中央常委对机关建设主题年工作的意见建议，并形成了《民进中央监督委员会听取部分常委意见的情况反馈》。

民进中央监督委员会委员出席会议。民进中央省级组织换届工作领导小组办公室负责同志和民进中央监督委员会办公室负责同志列席会议。

2. 中国民主促进会第十三届中央监督委员会第十五次全体会议

10 月 22 日，民进第十三届中央监督委员会第十五次全体会议在北京召开。罗富和出席并讲话，卫小春主持。

会议审议通过了《民进第十三届中央监督委员会工作情况报告》（草案）；汇报了向部分常委了解的关于换届过程中存在问题的反映；列席了民进十三届二十次中常会。

罗富和说，本届中央监督委员会始终坚持在民进中央的领导下开展会内监督工作，准确把握定位，坚持监督重点，探索监督形式，认真履行监督职责，工作卓有成效。希望大家能够全面总结本届监督委员会的工作经验、理论认识、行之有效的监督手段与方式，对下一步工作提出意见建议，为下一届中央监督委员会继续稳步推进会内监督工作献计出力。

民进中央监督委员会委员出席会议。民进中央省级组织换届工作领导小组办公室负责同志和民进中央监督委员会办公室负责同志列席会议。

3. 中国民主促进会第十四届中央监督委员会第一次全体会议

12 月 5 日，民进第十四届中央监督委员会第一次全体会议在京召开。蔡达峰出席会议并讲话。民进中央监督委员会主任刘新成、副主任卫小春出席会议，刘新成主持会议。

蔡达峰强调，做好监督委员会工作，首先，要学习和掌握相关的政策要求。要学习中共十九大精神，尤其是新时代执政党党建思想和要求，执政党纪律、监督、纪检等制度；要学习和贯彻民进新会章、十二大报告、各项制度、监督委员会工作报告、监督委员会工作经验；要学习国家监察、审议制度，以及各种实践经验；要学习监督理论，认识监督活动的规律。其次，要探索和推进会内监督实践。民进中央要发挥领导作用，以积极的态度，从严要求，加强作风、纪律建设，为监督工作提供支撑。监委会要加强工作力度，以科学的态度，着力推进监督工作规范化和制度化，为加强作风、纪律建设提供支撑。要坚持以领导班子为监督重点，积极探索实践，不断完善制度。最后，要保障监委会工作。领导班子成员要自觉接受监督，把接受监督作为自律。会中央及机关要为监委会工作提供支持。

民进中央监督委员会委员出席会议。民进中央监督委员会办公室负责同志列席会议。

（五）专项工作会议

1.2017 年民进全国社会服务工作视频会议

1 月 13 日上午，2017 年民进全国社会服务工作视频会议在京举行。罗富和出席会议并讲话，高友东主持会议。

罗富和首先代表民进中央，向各省级组织社会服务专职干部以及参与社会服务工作的全体会员表示衷心感谢，并向大家致以新春的祝福。罗富和希望大家在今后的工作中，积小善为大善，集智聚力，提高组织凝聚力，体现民进的社会责任；他叮嘱社会服务专干在新春佳节来临之际，做好对口帮扶点的送温暖、走访工作，做好困难会员的慰问工作。

民进中央社会服务部负责人传达了民进十三届五中全会精神，从参与脱贫攻坚是社会服务工作的重中之重、社会服务与参政议政结合、集智聚力上下联动、建设富有活力的社会服务平台四个方面总结了 2016 年民进中央社会服务工作的亮点；部署了 2017 年民进社会服务重点工作，介绍需要各省级组织重点配合的项目，交流了社会服务工作信息，并对今后民进社会服务工作提出了四点希望。

开明慈善基金会秘书长介绍了开明慈善基金会 2017 年的工作计划以及省级组织专项基金成立与管理有关事项。

民进北京市委会机关干部及各区委会、区工委代表，部分省级组织分管领导以及各省级组织社会服务处、办公室和宣传处等部门的同志，共 140 余人，分别在主会场和各省分会场参加了会议。

2. 民进网站 2017 年度工作会议

1 月 16 日下午，民进网站 2017 年度工作会议在民进中央机关举行。会议的主要内容是总结民进网站 2016 年度工作，表彰 2016 年度网站“好编辑”，讨论 2017 年网站工作计划。民进网站管理委员会主任刘新成、副主任高友东出席会议。

刘新成对民进网站 2016 年工作给予充分肯定，并指出，2017 年民进中央和省级组织将进行换届，同时也是机关建设主题年。大事多也意味着对网站和新媒体关注度也更高，希望大家更加重视，进一步增强把关意识。此外，还要加大对年度大调研的宣传力度，进一步宣传好民进在脱贫攻坚民主监督工作中的探索。他说，民进网站和微信公众号的工作已经有一个很好的基础，希望大家继续努力，争取 2017 年再上新台阶。

民进网站管理委员会办公室负责同志对网站 2016 年的工作进行了总结。全年民进网站共发布信息 10563 条，制作专题网页 5 个、微专题 2 个，举办专题访谈 2 次，网站点击量持续提升。探索新媒体应用，开通微信公众号，用生动活泼的方式宣传民进工作，受到广大会员的欢迎。

民进中央省级组织换届工作领导小组办公室负责人，民进网站管理委员会成员以及民进网站编辑 30 余人参加了会议。

3. 民进省级组织专职副主委工作会议

2 月 4 日至 5 日，民进省级组织专职副主委工作会议在京举行。严隽琪、罗富和、蔡达峰出席会议并讲话，刘新成、朱永新、高友东出席会议。

严隽琪在讲话中着重围绕如何认识当前的意识形态形势、意识形态工作在参政党建设中处于什么位置、如何做好会内意识形态工作等问题进行了阐述。她强调，各省级组织负责同志作为第一责任人，要密切关注会员思想动态，高度重视意识形态工作，带头做会员的思想政治工作；要完善日常舆情工作机制，进一步提高会内网络舆情事件应对的能力和水平；要加强与高校和科研机构会员的联系，做好服务和引导工作；要发挥网上活跃会员的积极作用，加强民进自己的网络宣传队伍建设；要结合换届工作和日常学习培训，在会内进一步加强政治纪律和会章教育，真正引导会员做到知会、爱会、自觉维护民进声誉。

罗富和指出，民进各级组织要提高对当前意识形态领域斗争尖锐性复杂性的认识，把提高认识落实到队伍的思想建设上。要坚持问题导向，发现问题、研究问题、解决问题体现求真务实的态度，应该成为我们工作的自觉。领导干部要发现问题在前，把化解问题、解决矛盾，作为履职尽责的能力，做到守土有责。他希望大家要真抓实干，严以修身、严以用权、严以律己，谋事要实、干事要实、做人要实，身负领导责任，要对党、对人民、对组织忠诚，公道正派，勇于承担责任，不断取得作风建设新成效。

蔡达峰指出，这次会议及时、务实，富有成效。会中央对意识形态工作提出了新要求，各级组织、领导干部和广大会员，要在思想上和言论上与会中央保持高度一致，在大是大非面前坚定政治共识和政治立场，在社会上保持民进组织良好的整体形象和积极作用。会议结束后，各省级组织要为年度工作开好局；要以高度的责任感和紧迫感，切实抓紧抓好意识形态工作；要以机关作风建设为重点，认真做好机关建设主题年工作；

要做好换届工作，确保换届圆满完成。

会上，刘新成通报了有关情况。

各省级组织专职副主委结合会中央对 2017 年各项工作的要求，就如何落实年度重点工作、如何做好专职副主委工作进行了交流发言。

民进中央机关部门负责人列席会议。

4. 2017 年民进中央机关部门工作研讨会

2 月 6 日至 7 日，2017 年民进中央机关部门工作研讨会在京举行。研讨会围绕本届工作，结合本职工作开展交流研讨。严隽琪、罗富和、蔡达峰、刘新成、朱永新出席会议并讲话，高友东主持会议。

严隽琪在讲话中指出，民进政治立场坚定，在履行职能和自身建设等方面都取得了显著成绩。近 10 年来，民进中央在自身建设方面，搭建起了参政党理论体系的基本框架，贯彻民主集中制有大进步，队伍建设有重要成果，机构设置更加合理，平台建设以及工作机制有很大突破。但在看到成绩的同时也要保持清醒的头脑，我们的工作中还存在着“内忧外患”。作为中国特色社会主义参政党，凝聚政治共识是我们工作的出发点和落脚点，是我们的一大历史使命，是所有工作的主线。对知识分子的意识形态工作，要进行研究，提出理论、总结工作方法。要做好会内监督工作，所有权力要在阳光下、在笼子里运行。2017 年是换届年，要认真做好 10 年工作总结，并从中提炼出理论，为今后的工作打下基础；换届工作要坚持弘扬正气、立会为公，要讲政治。2017 年还是机关建设主题年，希望能够举行老同志座谈会和青年干部座谈会，了解思想动态、听取意见建议，各群团组织也要发挥作用，为主题年工作献策出力。

罗富和以《不忘初心，“善”离职守》为题做了讲话。他指出，第一要不忘初心，希望大家都能够始终坚持自己的本心，做好各项工作。第二要真抓实干，做到对党的事业忠诚，对民进忠诚，对岗位职责忠诚，坦坦荡荡地做人做事。第三要“善”离职守，加强参政党体系与能力建设，强化五种能力，尤其是解决自身问题的能力，进一步做好会内监督工作。

蔡达峰在讲话中指出，我们在工作中面临着很多挑战，其中最大的挑战就是当下政治和社会之间的关系。履行职能要围绕中心服务大局，要始终抓住本质，即坚持发展中国特色社会主义。在组织工作方面，要了解会员的思想动态，加强思想教育，并严把入会关，要对组织发展的各个环节加强研究，避免出现薄弱环节。

刘新成在讲话中指出，民主党派的工作可以总结为两点，即凝聚共识、履行职能。民主党派具有多样性的特点，在凝聚共识方面要通过特殊的方式起到特殊的作用。我们要了解党派成员真实的思想动态，力求在工作的方式方法上有所创新。

朱永新在讲话中指出，要把机关看作成长的平台，通过工作让个人能够更好地成长。部门负责人要带领好自己的团队，在工作中不断总结经验并注意创新，要有意识地培养人才，把民进的事业一代一代地传承下去。

高友东在发言中结合自身工作经历，对民进中央机关自身建设和履行职能谈了体会。

民进中央机关部门负责人、副巡视员参加会议并分别作了发言。

5. 民进全国机关建设工作会议

4 月 12 日至 13 日，民进全国机关建设工作会议在京举行。

12 日上午，民进全国机关建设工作会议在京开幕。严隽琪出席开幕式并作重要讲话。蔡达峰、刘新成、朱永新、高友东出席开幕式。蔡达峰主持开幕式。

严隽琪指出，在机关作风建设的任务中，思想作风是灵魂，学习作风是基础，工作作风是保证，领导作风是关键，生活作风是镜子。切实加强机关作风建设，需要我们坚定理想信念，回应时代召唤。一方面要把对组织上的归属，转化为对时代精神的共识，竭尽所能为民进完成历史使命提供更有力的支撑和更有质量的服务；另一方面也要锤炼自身成为履职的一支精英力量，把履职的过程作为认识国情、认同政治制度、增强政党意识、体现人生价值的过程。要增强大局观，提倡甘于奉献，树立起家国情怀，处理好学习与工作的互相促进。要靠信念共识、组织纪律、制度保障和民进情怀，切实加强组织体系，提高能力素质。切实加强作风建设，必须真抓实干，关键是谋事要实、干事要实、做人要实，加强和改进作风，要发扬“钉钉子”精神，保持一股韧劲，持久抓、见长效。

刘新成宣读了《民进中央关于表彰民进全国机关工作先进集体、先进个人的决定》。民进中央授予 73 个单位和部门“民进全国机关工作先进集体”称号，授予 142 人“民进全国机关工作先进个人”称号。

高友东作民进全会机关建设工作报告，总结五年来民进机关建设工作的总体情况和经验体会，以及对下一步机关建设工作的思考。

开幕式上，先进集体、先进个人代表作了发言。

12 日下午会议举行分组讨论，蔡达峰参加了小组讨论。

13 日上午，民进全国机关建设工作会议在京闭幕。蔡达峰出席闭幕式并讲话，高友东主持闭幕式。

蔡达峰强调，要着力提高作风建设的能力，希望各级机关从民进大局理解机关建设的责任，从机关全局理解作风建设的意义，研究作风建设规律，研究自身实际问题，通过作风建设，带动机关干部队伍的思想建设、制度建设和文化建设，促进机关的全面发展。要在换届工作中加强机关建设，体现机关建设成效，我们要以政治交接的要求，发扬优良作风，做好服务保障，提高会务能力；严格执行换届工作规程，及时报告市级和省级组织换届结果；认真做好代表大会的各项筹备工作，确保代表大会顺利进行。要努力提高意识形态工作的能力，机关既要成为自我教育的模范，还要成为思想建设工作的能手，善于组织和开展思想宣传和教育工作，善于及时果断、严谨稳妥地处置舆情事件，密切联系会员，坚持正面发声，掌握思想动态，健全应急机制，加强业务训练，进一步提高思想建设能力。

6 位同志代表各小组发言，交流学习严隽琪主席在开幕式上的重要讲话和民进全会机关建设工作报告的体会，交流各地方组织机关建设工作的经验体会和有效做法，提出了建设性的意见建议。

会议还听取了题为《机关干部能力素质建设》的专题报告。

民进中央省级组织换届工作领导小组办公室负责人，中央统战部一局有关同志，民进中央机关部门负责人、处级干部，民进各省、省会城市、副省级城市组织负责人，部分获奖代表等共180余人参加会议。

6. 民进中央2017年机关处长工作研讨会

5月11日至12日，民进中央2017年机关处长工作研讨会在京举行。严隽琪、罗富和、蔡达峰、刘新成、朱永新出席会议并讲话。高友东主持研讨会。

严隽琪要求，机关干部都是因为政见相同而自愿进入民进中央机关工作的，就必须增强“四个意识”，必须与民进的政见保持一致。未来二三十年对中国的发展至关重要，大家赶上了这个好的时代，要坚持学习，认真工作，常思自己在国家社会发展的过程中能够为祖国做什么贡献；能够在回顾自己的人生时，不因虚度光阴而悔恨。要坚持不断总结反思，不仅仅满足于完成交办任务，更要抬头看看未来国家发展的大局，产生工作内在原动力，找到自我价值定位，不枉费最美好的青春年华。

罗富和在讲话中对处长提高能力、加强作风建设强调三点意见：一要增强政治意识。政治意识是作风的灵魂，要把政治意识放在第一位，把握正确的政治方向，主动提高政治意识，学习有关文件精神，融入处室工作。二要学会做思想工作。要把做思想工作作为一项重要的任务，做好思想引领和沟通。三要带出处室清风正气。要带好本处室干部队伍，多承担责任，养成良好风气。在决策制定过程中充分研究积极发表意见，形成会中央决策后，要认真贯彻执行。

蔡达峰结合自己的工作经历和体会，强调指出，处长要成为民进中央机关作风建设的主力军。加强作风建设要从三个方面下功夫：一是学习的作风。二是团结的作风。三是严谨的作风。希望机关处级干部通过自己的努力，力争成为统一战线事业中的精英。

刘新成在讲话中对机关处级干部提出希望。他强调，一要重视积累。要多看书多学习，厚积薄发。二要积极思考。做好统筹安排，在做好具体事务性工作的同时，能适时超脱出来，厘清思路，做一些整体的思考，突破个人能力的瓶颈。

朱永新在讲话中指出，处长处于承上启下的重要位置，处长作用发挥在机关工作中至关重要。处室工作能不能做好主要取决于处长的精神状态。处长得力，才能有效推动处室工作。

高友东提出要及时学习贯彻处长工作研讨会精神，认真贯彻领导讲话精神要求，梳理研究会上提出的意见建议。要不断提高谋划工作能力、领导力与执行力，正确对待批评，容人容事容错，提高合作共事能力，带好处室，久久为功。

民进中央省级组织换届工作领导小组办公室负责人、机关部门负责人就加强部门和处室工作，发挥处长作用，加强作风建设等与处级干部进行了交流和研讨。

民进中央机关局处级干部40余人参加研讨会。

7. 民进网站2017年度管理委员会全体会议

6月29日下午，民进网站2017年度管理委员会全体会议在民进中央机关召开。民进网站管理委员会主任刘新成出席会议并讲话。

会议主要内容是总结民进网站2017年上半年工作，增补网站管委会成员，讨论交流如何做好民进网站和微信公众号工作。

刘新成指出，要进一步做好网络宣传工作，一是要充分认识新形势下网络宣传工作的重要性，增强网络意识，提高网络效能。要认识到网络不仅是宣传的阵地，也是凝聚会员的纽带。做好网络宣传工作，要调动年轻人的活力，提升宣传效率，科学分配现有资源，最大限度提升宣传效果。二是要增强安全意识。要重点关注网络信息技术安全和网络宣传内容安全，两手抓，两手都要硬，切实增强安全意识和责任意识。三是要不断形成网络宣传的合力，增强大局意识。要根据工作需要探讨形成各部门网络宣传联动机制，加强各部门与网站总编室的联系沟通，确保重要会议和活动新闻宣传不遗漏。

民进中央网站管理委员会负责同志对网站 2017 年上半年网站工作进行总结。

民进网站管理委员会成员以及民进网站编辑 20 余人参加了会议。

8. 民进中央 2017 年专门委员会主任会议

10 月 18 日晚，民进中央 2017 年专门委员会主任会议在京召开。严隽琪出席会议并讲话，罗富和、蔡达峰、刘新成、朱永新、高友东，以及民进中央各专门委员会主任出席会议。朱永新主持会议。

在听取了各专门委员会主任发言后，严隽琪代表民进中央充分肯定了五年来各专门委员会的工作，并向各专门委员会主任表示感谢。

严隽琪强调，民进当前的主要任务是认真学习贯彻中共十九大精神，做无愧于新时代的参政党。学习十九大报告，对参政党来说很重要的一点就是要明确自己的定位。一是历史定位，民进要了解新时代中国特色社会主义的时代特征，把握自身历史定位，为执政党助力，做好新时代中国特色社会主义的亲历者、实践者、维护者和捍卫者。二是政治定位，民进要增强对中国共产党的基本路线、我国政党制度的认识，保持政治定力，也要发挥好会内专家作用，团结好会外的专家，要有基本规律的掌握和基本理论的支撑。三是着力点的定位，十九大报告提出新时代我国社会主要矛盾的变化是关系全局的历史性变化，提出新时代中国特色社会主义基本方略之一是要坚持新发展理念，等等，民进要深入学习十九大报告找准着力点的定位。希望民进特别是民进中央专门委员会的工作，能谱写出新的格局和篇章。

罗富和向各专门委员会主任对会中央工作的支持表示感谢，希望各专门委员会梳理出工作的亮点并树立品牌，强调民进中央机关要继续提高服务专门委员会的能力，协助专门委员会做好工作。

蔡达峰指出，各专门委员会工作任务重，成绩很多，水平也很高。专委会不但要和机关配合开展工作，还要不断和会外广泛联系，相信在总结经验的基础上完善体制机制，会发挥更大的作用。

刘新成认为，目前专门委员会基本实现向参政议政工作机构的转型，希望专委会在发挥参政议政职能之外，还应该成为吸引本领域会员参与、加强交流沟通的平台。

会上，各专门委员会主任分别汇报了五年来各专门委员会开展工作的情况、体会以及对工作的建议。

民进中央各专门委员会秘书长以及机关部门负责人参加了会议。

9. 民进省级组织负责人会议

12 月 6 日上午，民进省级组织负责人会议在京举行。蔡达峰出席并讲话。刘新成主持会议，朱永新、姚爱兴、卫小春、张雨东、王刚、陶凯元、庞丽娟、黄震、高友东出席会议。

会议对 2017 年省级组织专项工作先进单位进行表彰，对“我与民进共成长”主题征文活动进行颁奖。

蔡达峰代表民进中央向获得表彰的省级组织和征文获奖者表示热烈祝贺，对各省级组织为民进十二大提供的支持和帮助表示感谢。

针对民进中央 2018 年主要工作的部署，蔡达峰说，学习贯彻落实中共十九大精神是明年工作的指导思想和首要任务，也是民进当前和今后一个时期的首要政治任务。各级组织要按照民进十二大决议的要求，扎扎实实地开展学习活动，在学懂、弄通、做实上下功夫。各级组织领导班子要带头学习，发挥领学示范作用，同时按照民进中央关于学习贯彻中共十九大精神的部署，策划、制定好学习活动方案，推动基层支部有计划地持续开展学习和交流，使各类会议、培训和社会服务等活动都以中共十九大精神为指导，突出主题，服务主题，使广大会员在丰富有效的活动中，增强“四个自信”，进一步增强参政党意识。

王刚宣读了《民进中央关于表彰省级组织专项工作先进单位的决定》。

高友东通报了《民进中央 2018 年工作要点》，并作了说明。

民进各省级组织负责人、民进中央机关部门负责人出席会议。

（六）各类纪念会、座谈会

1. 民进全国人大代表政协委员座谈会

3 月 6 日晚，民进出席 2017 年全国两会的人大代表、政协委员座谈会在京举行。严隽琪、罗富和、蔡达峰、贺旻、刘新成、朱永新、张帆、姚爱兴、卫小春、张雨东，王佐书，高友东出席会议。蔡达峰主持会议。

严隽琪说，希望各位代表、委员客观准确看待当前形势，增强大局意识、责任意识和履职意识，把关注点聚焦到围绕两会议题建言献策上来，把思想和行动统一到中共中央对国际国内形势的判断上来，把智慧和力量凝聚到中共中央决策部署上来。今年将迎来民进十二大，民主党派换届，首先是政治交接。领导班子换届，但各项工作不能断；岗位职责变动，但思想共识不能变。我们要将坚持和发展中国特色社会主义与政治交接紧密结合，认真开展“不忘合作初心，继续携手前进”专题教育，不断夯实多党合作的共同思想政治基础；要围绕推进“五位一体”总体布局和“四个全面”战略布局，落实创新、协调、绿色、开放、共享的发展理念，聚力全面小康，助力脱贫攻坚，献务实之策、进坦诚之谏，以自身建设和履行职能的成果，迎接中共十九大和民进十二大的胜利召开。

5 位与会代表、委员交流了五年来的履职感受。

中央统战部一局有关同志，民进中央省级组织换届工作领导小组办公室负责人，民进中央机关部门负责人参加了座谈会。

2. 民主党派省级组织主委多党合作专题研究班学员座谈会

9 月 20 日晚，民主党派省级组织主委多党合作专题研究班学员座谈会在民进中央机关举行。严隽琪、罗富和、蔡达峰、刘新成、朱永新、卫小春、张雨东、高友东出席座谈会。蔡达峰主持会议。

严隽琪指出，省级组织主委是民进组织中举足轻重的群体，承担着两个艰巨的任务：一是凝聚政治共识，尤其是在民进联系的知识分子中，放大“同心圆”，扩大“朋友圈”；二是谏真言，让党和国家的决策更加科学化。省级组织主委作为一把手，要冷静地看待自己、认识自己，保持谦虚谨慎的态度，遇事反求诸己，时刻保持敬畏之心；要坚持学习，干到老学到老，多读、多问、多思、多行，以适应快速发展变化的时代，永远保持上进之心；要摆正个人与组织的关系，自觉接受党和政府的约束与要求，全心全意，始终秉持为公之心。希望省级组织主委发挥关键作用，处理好中央和地方的关系，把民进全会凝聚成一个整体，形成合力；要团结和关爱代表人士，统一思想，以诚相待，充分发挥他们的聪明才智；要充分发挥机关专职干部的作用，集智聚力，提高参政议政水平，共同建设好民进大家庭。

参加民主党派省级组织主委多党合作专题研究班的民进省级组织主委，民进中央省级组织换届工作领导小组办公室负责人参加座谈会。

3. 民进学习贯彻两会精神座谈会

3 月 15 日下午，民进学习贯彻两会精神座谈会在京举行。罗富和、蔡达峰、刘新成、朱永新出席会议。卫小春在山西分会场出席会议。高友东参加会议。

蔡达峰在讲话中指出，两会期间，习近平总书记在民进、农工党、九三学社委员联组会上发表重要讲话，涉及三方面：一是充分发挥广大知识分子作用；二是围绕“十三五”规划实施献计出力；三是党派在换届中加强自身建设。这是 2017 年学习贯彻两会精神的新内容、新要求，要特别重视。民进要深入理解知识、知识分子和知识分子工作的重要性，准确把握党派工作与知识分子工作的内在关系，既要积极配合党和国家的知识分子工作，又要自觉加强自身建设，做好会员工作，支持和引导会员双岗立功，争当模范，争取创新成果。要按照讲话要求，切实为“十三五”规划实施献计出力，民进全会要围绕两会确定的目标任务，针对其中的重大事项、难点问题和关键环节，深入调研，积极开展参政议政、民主监督、政治协商和反映社情民意工作。要按照讲话精神，以换届为契机，搞好政治交接，努力换出新干劲、换出新气象。

蔡达峰强调，要坚持以思想建设为先导，努力增进共识，以自身优异的成绩，迎接中共十九大的召开，为十九大的召开营造良好氛围。要认真开展好 2017 年的学习实践活动，开展好“不忘合作初心，继续携手前进”专题教育活动，为十九大召开贡献智慧与力量。各级组织和广大会员，要自觉与以习近平同志为核心的中共中央的决策部署保持高度一致，始终坚持立会为公、参政为民，理性把握自己的需求和言行，不引发、不陷入影响大局的舆论旋涡；要增强政治敏锐性，冷静分析网络等各种渠道中的各种意识和诉求，坚持正面发声，积极引导社会，多做化解矛盾、理顺情绪、增进共识的工作。

朱永新重点介绍了民进在两会前后有关工作的情况，以及民进组织在政协会议期间履行职能的情况。

座谈会上，2 位人大代表、2 位政协委员分别介绍了个人履职情况及参会体会。

民进中央省级组织换届工作领导小组办公室负责人，部分在京民进中央委员，民进中央机关部门负责人和民进北京市委专职副主委，民进北京市委部分区委会、区工委、基层支部负责人，以及民进中央机关全体干部参加了座谈会。

座谈会由民进中央办公厅和民进北京市委联合举办。座谈会在民进中央机关设有主会场和分会场。各省均设分会场，各省级组织领导班子成员、省会城市组织和直属基层组织负责人、机关干部、会员代表近千人参加了座谈会。

4. 中共中央书记处书记、中央统战部部长尤权和中央统战部常务副部长张裔炯、副部长戴均良一行走访民进中央，并与民进中央领导座谈

11 月 13 日上午，中共中央书记处书记、中央统战部部长尤权和中央统战部常务副部长张裔炯、副部长戴均良一行走访民进中央，并与民进中央领导座谈。严隽琪、罗富和、蔡达峰、刘新成、朱永新、高友东出席座谈会。

座谈会上，严隽琪简要介绍了民进的主要情况，以及在凝聚政治共识和履行职能方面的重点工作。民进以“为执政党助力、为国家尽责、为人民服务”为使命，在教育、文化等“老阵地”有新作为，在“新领域”中顺势而为，就安全发展战略、社会建设、生态文明建设、“三农”问题、经济结构调整、党的建设和法治建设等建言献策，参与脱贫攻坚民主监督，开展社会服务工作，取得了积极成效。

尤权高度评价了民进所取得的成绩，指出民进是与中国共产党风雨同舟、荣辱与共的亲密友党，为中国革命、建设和改革事业作出了重要贡献，体现了中国政党制度的优势和活力。希望民进深入学习贯彻中共十九大精神，深刻领会习近平新时代中国特色社会主义思想，增强“四个意识”，坚定“四个自信”，积极参政议政，认真做好换届工作，在建设社会主义现代化强国的新征程上展示新气象、实现新作为。

罗富和、蔡达峰、刘新成、朱永新等分别就学习贯彻中共十九大精神谈了体会，并就推进新形势下多党合作事业提出意见建议。

中共中央统战部有关同志随同走访，民进中央机关部门负责人参加了活动。

5. 民进文艺界会员座谈会

11 月 24 日上午，民进文艺界会员座谈会在京举行。严隽琪、罗富和、蔡达峰、刘新成出席会议。刘新成主持座谈会。

9 位文艺界会员出席座谈会。与会人员就学习贯彻中共十九大精神、提高公共文化服务水平、推动中华优秀传统文化创造性转化和创新性发展、推动文化事业和文化产业发展等话题，结合个人履职情况，提出了意见建议。

在听取大家发言后，严隽琪指出，中共十九大报告把坚定文化自信、推动社会主义文化繁荣兴盛作为新时代中国特色社会主义的一项重要方略。文化是民进的主界别之一，文化繁荣，民进责无旁贷。新的形势对民进怎样跟上时代、怎样更好地发出自己的声音提出了极大的考验。在文化繁荣工作中，我们要处理好形式与内容的关系、创新和继承的关系、雅和俗的关系、社会效益和经济效益的关系；要尊重和把握文化建设的规律，在继承中创新，在创新中发展；要顺应时代发展趋势，直面全球化背景下的文化交锋，树立社会主义核心价值观，建设美丽的精神家园；要不断改进民进在文化领域中建言献策的支持体系，发挥好民进文化界会员的优势。

民进中央省级组织换届工作领导小组办公室负责人参加座谈会。

6. 民进第十三届中央监督委员会委员座谈会

11 月 30 日，民进第十三届中央监督委员会委员座谈会在京举行。严隽琪出席会议并讲话。罗富和、蔡达峰、卫小春出席会议。会议由罗富和主持。

严隽琪指出，加强会内监督，是民进从所处的历史方位、所面临的内外形势、所肩负的使命任务出发，适应时代要求，坚持接受中国共产党的领导，保持民进的进步性和团结性、不断提高解决自身问题能力提出的一项重大任务。民进开展内部监督工作近十年，十年来我们不断加强对会内监督工作的认识，探索规律、积极实践、顺势而为，整体工作稳中求进。民进监督委员会的成立，是执政党建设和参政党建设相互促进的体现，是参政党与执政党同心同行的保障措施，它的存在对会内纪律和作风的改进发挥了不可替代作用，阶段性的理论成果已经反映到民进会章和国家相关文件里。当前全面依法治国不断推进，会内监督工作将面临新形势、新任务和新要求。希望大家能够始终关注民进的会内监督工作，提出意见建议，为完善会内监督的机制体制、稳步推进会内监督工作献计出力。

民进第十三届中央监督委员会委员出席座谈会。大家就加强民进自身建设、发挥监委会主体作用、会内监督工作长效机制建设、地方组织开展监督工作等话题，结合个人履职情况，交流了工作经验并提出了意见建议。

民进中央省级组织换届工作领导小组办公室负责人、民进中央监督委员会办公室负责人出席会议。

二、履行职能

（一）参政议政

1. 反映社情民意

2017 年，民进中央共收到信息 2802 篇，向中共中央统战部、全国政协编报社情民意信息 473 篇。全国政协用稿 41 篇，占全国政协全年采用量的 32%，本年度排名位居各党派之首。《关于国家应对危废处理行业发展进行长远布局的建议》《建议鼓励大陆台资企业返台聘用台湾中南部劳工》《关于我国海绵城市建设应重视次生盐碱化问题防控的建议》等 3 篇社情民意信息被全国政协专报有关党和国家领导人，并得到批示；《全国中小学教师资格考试、面试题库亟待改进、升级》得到教育部回函，表示高度重视，要专门研讨。

2. 调查研究

（1）年度大调研

2017 年，民进中央以“职业教育改革助推制造业发展”为主题，在福建开展年度重点考察调研，多位民进中央领导和 11 个省级组织参与了调研，先后举办了 16 场专题务虚会与座谈会，在此基础上，向中共中央、国务院报送了《关于深化职业教育改革，助推我国制造业发展的建议》。以“推进我国文化走出去”为主题开展专题调研，先后赴清华大学、外研社、中译出版社座谈，组织外交部翻译室、中共中央编译局等相关单位的专家学者召开专题研讨会。在此基础上，向中共中央、国务院报送了《关于加强中文图书对外译介出版工作，提升中国文化世界影响力的建议》。

（2）其他调研活动

4 月 16 日，朱永新赴四川文化艺术学院调研。

4 月 24 日至 26 日，朱永新率民进中央调研组在广东省佛山市就“职业教育改革助推制造业发展”课题开展调研。

5 月 8 日至 10 日，朱永新在广东省深圳市、东莞市调研技工教育。

5 月 16 日上午，罗富和赴中国林科院森环森保所北京植物园空气质量监测站考察调研。

6 月 16 日至 18 日，严隽琪赴海南调研。

8 月 23 日，严隽琪赴河南调研普惠金融和金融精准扶贫工作。

10 月 9 日至 10 日，罗富和率民进中央调研组在甘肃酒泉调研开展荒漠化地区生态治理情况。朱永新陪同调研。

10 月 11 日，罗富和率民进中央调研组在甘肃武威调研石羊河流域生态建设。朱永新陪同调研。

10 月 13 日至 15 日，朱永新率民进中央人口资源环境委员会专家就“科尔沁沙地综合治理”赴内蒙古自治区赤峰市开展年度重点调研。

3. 各类论坛、研讨会、座谈会

（1）民进中央“全面振兴东北地区等老工业基地”座谈会

1 月 10 日，民进中央“全面振兴东北地区等老工业基地”座谈会在北京举行。朱永新出席会议并讲话。

8 位专家学者参加座谈。与会专家分析了东北三省近几年经济发展的形势及趋势，并围绕推进政府职能转变、深化国有企业改革、加快民营经济发展等议题进行交流研讨。

朱永新作总结讲话。他指出，针对振兴东北战略，民进中央也一直在关注，希望东北三省的民进组织加强调查研究，同民进中央一起，为东北全面振兴作出应有的贡献。专家们谈到的东北地区如何留住人才、如何发挥地方优势、如何推进政府改革等问题，民进中央会继续跟踪、深入研究。

（2）民进中央促进通航产业发展问题第二次专题座谈会

1 月 11 日上午，民进中央围绕促进通航产业发展问题举行第二次专题座谈会。严隽琪出席并讲话，朱永新主持会议。

严隽琪指出，通用航空的应用潜力大、产业带动作用强，但又涉及面广、问题复杂。本次邀请的领导和专家，涵盖企业管理、技术研发、行业管理、相关智库等各个层面，大家的切身体会和真知灼见，对民进的参政议政非常有帮助。希望与会者持续关注和研究通航产业的市场潜力、民营企业参与、自主研发、无人机发展等一系列相关问题。

11 位专家学者参加本次座谈，并对通航的行业管理、低空开放、自主制造、市场培育、基础设施建设、无人机发展等议题进行交流研讨。

（3）智慧教育论坛

3 月 21 日，由民进中央教育委员会、联络委员会和民进北京市委会联合主办，云校大数据技术研究院承办的“智慧教育论坛”在京举行。论坛围绕“信息技术与教育深度融合”进行了研讨。罗富和、朱永新出席会议。

朱永新指出，学校的变革存在三个方面的困难，一是必须要有学校形态的变革才能适应教育的变革；二是人是情感性的动物，心理科学、教育科学、生物科学还远远没有支撑起一个属于真正未来教育的知识体系；三是教育不是一个简单的商业模式，它取决于教育以外的很多因素。教育面临的一个非常关键的问题是“变”和“不变”。公平与品质几千年来一直是教育“不变”的主题，而教育要“变”的东西很多，我们在技术上只是为这种变化提供了支撑。信息技术和教育深度融合为我们把握“变与不变”的关系提供了重要的启示，相信论坛的研讨，会对未来的教育发展起到推动作用。

部分民进中央机关部门负责人，民进中央教育委员会、联络委员会部分成员，以及来自部分省份教育行政管理人员，部分企事业单位代表和新闻媒体约300余人参加了会议。

（4）民进中央科技医卫委员会主任（扩大）会议

5月3日，民进中央科技医卫委员会主任（扩大）会议在京召开。罗富和出席并讲话。

会上，委员们结合本职工作和作为参政党成员的履职情况，交流了学习习近平总书记关于知识分子重要讲话精神的心得体会。

罗富和在认真听取委员们发言后说，我国目前处于经济发展动能的转换期，面临严峻考验。要顺利跨越这一时期，强大的科技创新能力是关键支撑，而广大知识分子正是科技创新的主要力量。中共中央高度重视知识分子，展现了“聚天下英才而用之”的博大胸襟和战略远见。他指出，广大民进会员，包括科技医卫委员会的各位委员，自觉投身创新发展实践，是践行社会主义核心价值观的模范，对于他们的先进事迹，我们要多总结、多宣传，以振奋人心、凝聚共识。

会议还研究了科技医卫委员会本年度工作计划。科技医卫委员会在京副主任、委员参加会议。

（5）民进中央参政议政务虚会

5月5日，民进中央在上海举行参政议政务虚会。严隽琪、蔡达峰、朱永新出席会议。

上午，民进中央—上海社科院合作中心围绕当前的经济形势专题研讨。10名专家先后发言。

严隽琪说，近十年，民进中央和上海社科院的合作卓有成效，民进中央受益匪浅。当前，上海社科院已经作为国家的高端智库，实现了人才高端、成果高端、渠道高端的转型，而且站位高端，这个和民进中央有高度的切合点。希望继续深化当前对双方都有利的合作，围绕国家智库建设，对如何完善现行的制度体系，双方可共同建言和呼吁。

下午，民进中央南方片区的参政议政特邀研究员围绕中共十九大建言专题研讨。6名专家先后发言。

蔡达峰说，中共十九大是我国发展中具有里程碑意义的大事，全社会对中共十九大高度关注、充满期待。中共中央在十九大召开前期的筹备工作中，也对社会有很多的期待，希望通过广泛征求意见，达到集思广益、充分交流、增进共识、凝聚人心的作用。

（6）民进中央2017年京津冀协同发展信息工作专题研讨会

8月24日至25日，民进中央2017年京津冀协同发展信息工作专题研讨会在河北省张家口市举行。会议聚焦京津冀协同发展战略，旨在进一步推进民进三地组织围绕此战略更好反映社情民意建言献策。朱永新出席会议并讲话。

朱永新强调，京津冀三地民进组织要“身在兵位，胸为帅谋”，当好党的“千里眼、顺风耳”，围绕大局反映情况、报送信息，主动深入研究党和国家中心工作、重点工作，多出大主意、好主意；要“沉下身子，静下心来”，充分利用自身优势，主动反映暂时尚未引起关注，但对经济社会发展具有重大影响的前瞻性、预警性信息；“注重音准，把握节奏”，尽量保证“专业的人讲专业的事儿”，使信息工作与政府工作、重大事件合拍，为京津冀协同发展贡献力量。

研讨会期间，听取了题为“京津冀一体化相关国家战略宏观政策解读”和题为“关于京津冀综合交通的大数据分析”的讲座，三地民进组织信息工作者交流了工作心得体会，并就今后如何做好信息工作提出了意见和建议。

民进京津冀三地部分市级组织副主委及信息专干约 50 人参加了研讨会。

（7）庆祝第三十三个教师节暨 2017·中国教师发展论坛

9 月 6 日，庆祝第三十三个教师节暨 2017·中国教师发展论坛在湖北省武汉市开幕，论坛主题为“教师队伍建设与中国教育现代化 2030”。严隽琪出席开幕式并讲话。朱永新主持开幕式。

严隽琪指出，本次论坛的主题有着立足当前、展望未来的深意。面向未来，今天的中国教育必须保持竞争力，办出世界水平。立足现实，中国教育必须坚持中国特色，以最大的制度优势来包容和消化发展的不充分和不均衡，实现最大限度的教育公平，并以此推进社会公平。

严隽琪强调，未来的教育变革，将实现“人人”“时时”“处处”皆可学的学习社会，只有勤于学习、善于学习、教学相长、勇于自我超越的教师才能适应变革中的教育形态，只有改革完善教师培养制度，完善教师专业化发展体系，才能更好地帮助教师提升创新教育教学方式的能力，成为具有自觉适应能力的学习型教师。教育现代化的实现必须做好与教师相关的制度设计，教师职业具有特殊性，相关制度在设计和改革的过程中，应慎重改动，尽量保持一贯性，为教师们提供清晰的基于价值观的内在激励和稳定的外部保障。要关注乡村、补齐短板，在未来几年，教育领域综合改革应更加注重解决“历史欠账”问题，对特殊群体给予相应的补偿性政策，例如可以探索建立分层、分类、分区的师资培养体系，在基本原则统一、保障底线的前提下，为不同的教育层次、不同的行业类型、不同的地理区域培养多样化的师资。

开幕式上，教师和学生代表先后作了发言。教育部教师工作司副司长及有关专家分别作了主题报告和主题演讲。

会议承办、协办单位有关领导，来自全国各地的专家学者及教师代表、武汉市教育界代表，部分民进中央机关部门负责人、民进地方组织代表近 200 人参加开幕式。

7 日上午，论坛闭幕。蔡达峰出席闭幕式并讲话。朱永新出席闭幕式。

蔡达峰指出，教师发展是教育优先发展的前提和保障，是国家发展的重要任务。国家发展与教师发展，是全局与重点的关系，两方面相互促进。教师发展有赖于国家的高度重视和科学决策，需要政府不断完善教师制度、职业条件和环境，妥善协调各类教师、教师与学校、教师与机关事业单位等其他职业界队伍的关系。同时，国家发展也有赖于教师的大力奉献和积极作为，需要教师不断提升职业精神和能力，形成更先进的教育力量和建设作用，妥善处理自身与学生、学校和外界的关系。

蔡达峰强调，习近平总书记今年在亲切看望参加全国政协十二届五次会议的民进、农工党、九三学社委员并参加联组会时发表重要讲话，精辟阐述了国家、知识和知识分子共同发展的关系，希望知识分子成为践行社会主义核心价值观的模范，积极投身国家创新发展的实践。这也就是实现自身素养和社会价值的同步提升，我们应该认真学习领会，在为国家献计出力中，兼顾好自身与全体之间的关系，兼顾好个人发展与职业发展的关系，以身作则，培养学生，引导社会。

闭幕式上，8 位与会专家就信息技术如何重塑教育形态、城镇化进程中教师政策变革等议题作了主题发言。

论坛期间，与会专家学者围绕“教师队伍建设与中国教育现代化 2030”这一主题，以及教师教育制度和教师管理制度现代化、教师专业发展与信息化时代的教育变革、乡村教师支持体系建设与教育精准扶贫三个专题，通过主题发言、专题演讲和分论坛研讨等多种形式，开展了广泛而深入的研讨交流，分享了经验，增进了共识，促进了思考。论坛取得的丰硕成果，将有助于形成一系列政策建议和社情民意信息，并通过民进参政议政的渠道予以反映。

论坛承办、协办单位有关领导，与会专家学者，部分民进中央机关部门负责人、民进地方组织代表以及华中师范大学师生 100 余人参加了闭幕式。

论坛闭幕后，与会领导和专家学者来到华中师范大学国家数字化学习工程技术研究中心、教育大数据应用技术国家工程实验室、智慧教室以及数字教育资源中心进行了实地考察。

（8）民进中央联络委员会全体会议

9 月 25 日下午，民进中央联络委员会全体会议在杭州举行，朱永新出席会议并讲话。

朱永新说，本届联络委员会在社会服务、参政议政、海外联谊、自身建设等方面开展了一系列卓有成效的工作，取得了积极成果。联络委员会委员分布广泛，来自四面八方，掌握着大量第一手的信息来源，可以最直接感受到经济社会发展的脉搏，除参政议政外，还承担着企业家联络、社会服务等职能，希望能够认真总结过去的经验和问题，在今后的工作中发挥出更大作用。

会上，联络委员会主任汇报了五年来的工作情况，与会委员就参与脱贫攻坚工作、加强组织联络、民营企业发展、改进联络委员会工作等方面的内容进行了交流讨论，并就贯彻中央有关会议精神进行了学习研讨。

部分民进中央机关部门负责人，民进中央联络委员会副主任及 30 余位委员出席了会议。

（9）民进中央 2017 年参政议政年会

10 月 19 日至 20 日，民进中央 2017 年参政议政年会在京举行。

19 日上午，会议开幕。严隽琪出席开幕式并讲话。罗富和、蔡达峰、刘新成、朱永新、高友东出席开幕式。蔡达峰主持会议。

严隽琪说，要积极推动参政党履行职能进入新境界。要有理论新境界，更加科学地运用马克思主义认识论和辩证法，使我们的履职符合时代需要。要有思想新境界，永远不忘“参政为民，立会为公”，要以中国共产党“执政为民”为榜样，把知识分子的家国情怀，把对民进的精神和组织上的归属，转化到“参政为民”的实践之中，人民群众对美好生活的向往的新特点、新要求，也是我们履职的出发点。要有实践新境界，更加突出问题导向，以高度的紧迫感和使命感，为打赢防范化解重大风险、精准脱贫、污染防治这三大攻坚战建言献策；要履行好民主监督职能，为推动全面从严治党向纵深发展作出积极贡献。要有制度新境界，着眼未来长远发展，建设参政党履行职能的支撑体系，把民进的工作不断推向前进。

开幕式上，民进中央对 2017 年度参政议政成果进行了表彰，其中一等奖成果 56 件，二等奖成果 66 件，三等奖成果 36 件。

中共中央统战部一局有关同志，部分民进中央参政议政特邀研究员，民进中央各专门委员会主任、副主任，民进各省级组织有关负责人，参政议政合作平台的有关专家，以及民进中央机关部门负责人等 160 余人参加了开幕式。

20 日下午，会议闭幕。罗富和出席闭幕式并作专题报告，朱永新作总结讲话。高友东主持闭幕式。

在谈到履行民主监督职能的体会时，罗富和说，一是要不忘合作初心，坚持接受中国共产党的领导，坚定不移走中国特色社会主义道路，这是政治方向和政治基础。二是要弘扬科学精神，要像专家做课题那样做提案工作、做监督工作。三是要通过扎实的调查研究发现问题、聚焦问题，切实深入基层、深入群众，向实际情况请教。四是要善于思考，要从现象归纳总结，分析原因，这样才能够提出应对之策。五是要注重思辨，我们提出的提案、建议，或者进行民主监督，都应广纳群言，这样才能作出科学的判断。六是要做到知行合一，出实招、谋良策，我们提的建议应该是能够在现有基础上，进一步促进工作。

朱永新在总结讲话中强调，中共十九大是在全面建成小康社会决胜阶段、中国特色社会主义进入新时代的关键时期召开的一次十分重要的大会。学习贯彻中共十九大精神，是民进当前首要的政治任务。民进全会必须深入学习贯彻中共十九大精神，更加自觉地在思想上、政治上、行动上同以习近平同志为核心的中共中央保持高度一致，把智慧和力量凝聚到十九大提出的目标任务上来，自觉承担起中国特色社会主义参政党的历史使命。

当天上午，会议进行了分组讨论。闭幕式上，6 位小组代表作了大会交流发言。

大会期间，与会人员还听取了关于民主党派民主监督、政党协商和政协协商的专题报告。

（10）民进中央参政议政特邀研究员会议

10 月 19 日上午，民进中央参政议政特邀研究员会议在京举行。严隽琪出席会议并讲话。罗富和、蔡达峰、刘新成、朱永新参加会议。朱永新主持会议。

严隽琪说，建立参政议政特邀研究员队伍，是民进中央集智聚力开展参政议政工作的重要举措，多年的工作实践表明，建立这支队伍非常有必要，促进我们工作取得了显著的成效。特邀研究员都是专业研究造诣高、见识深厚、阅历丰富的会内外专家学者，这不仅推动了我们参政议政工作本身出成果，而且对整个工作作风具有带动和影响作用。在谈到如何确定调研课题时，严隽琪说，调研课题要有应急的内容，但是更要注重对长线课题的研究，要做到长短结合，重视参政议政的规划性，形成民进特色。

12 位来自不同领域的专家学者应邀参加会议。与会人员结合自身工作，围绕如何加强参政议政特邀研究员队伍建设，完善参政议政工作机制，以及今后如何策划参政议政研究课题和方向提出了意见建议。

部分民进中央机关部门负责人参加会议。

（11）民进中央—中科院科技战略咨询研究院“面向2030年创新型中国建设”专题务虚会

10月26日下午，民进中央—中科院科技战略咨询研究院“面向2030年创新型中国建设”专题务虚会在京举行。会议旨在贯彻落实中共十九大精神，面向2030年创新型中国建设目标，就“创新发展”“绿色发展”“共享发展”等有关战略进行交流研讨。严隽琪、蔡达峰、朱永新出席会议。

与会专家围绕科技人才培养、国家科技布局、科技奖励体制、人工智能发展等议题进行了交流。

严隽琪强调，中科院科技战略咨询研究院作为高层科技顾问，地位要超脱；同时要加强对智库制度设计本身的研究，真正使智库起到“防偏、持正、望远”的作用。希望双方可以继续加强合作，互利双赢，共同推动民进中央—中科院科技战略咨询研究院平台建设。

蔡达峰指出，创新型国家建设，民进亦深感责任重大，民进中央将进一步研究创新型国家建设的体制机制等问题，并与中科院科技战略咨询研究院进一步紧密合作，为促进国家相关政策的科学决策、落地实施发挥更大的作用。

（12）民进中央2017年聚焦西部发展信息工作专题研讨会

11月8日至9日，民进中央2017年聚焦西部发展信息工作专题研讨会在重庆举行。姚爱兴出席开幕式并讲话。

会上，多位专家学者，聚焦西部地区发展现状，分别作《西部在“一带一路”战略实施中的机遇与挑战》《我国脱贫攻坚的政策与实践》《强化举措，推进西部大开发形成新格局》《中国民族政策：挑战与前景》《新时代我国的宗教政策》等专题讲座。江苏、广东、重庆等省级民进组织交流了各自开展反映社情民意信息工作的经验和做法。与会人员还围绕学习中共十九大精神，学习领会西部大开发等国家重大战略；发挥反映社情民意信息渠道优势，为西部发展建言献策；进一步提高反映社情民意信息工作质量，推进参政议政能力建设，迎接民进十二大等主题进行了深入探讨。

来自西部各省（市、区）民进组织的领导、参政议政部门负责人、专职干部、参政议政骨干会员等80余人参加会议。

（13）民进中央参政议政工作研训班

11月23日至24日，民进中央参政议政工作研训班在京举行。

23日上午，民进中央参政议政工作研训班在京开班。罗富和出席开班式并作专题报告，朱永新致辞。高友东主持开班式。

朱永新在致辞中指出，研训班的三个议题——“机制、机构、机能”。机制是央地联动。目前已经进入了地方工作有需求、有意愿主动融入中央工作的更高阶段。专兼职结合，重在机构。要坚持不懈推动专门委员会向参政议政工作机构转换，在现有的框架内进行探索，更好地以自身有限的资源去应对中国特色社会主义事业发展的无限需求。会内外共享，重在机能。要有效利用会外资源，发挥“智库”平台的作用和能力，最大限度地实现专业化研究成果向参政议政成果的转化。

部分民进中央机关部门负责人，民进中央各专门委员会负责人，各省级组织专门委员会负责人，各省级组织、副省级和省会城市组织参政议政部门负责人共150多人参加了开班式。

24日下午，研训班结业。朱永新出席结业式并讲话。

研训班期间，听取了《不忘初心 牢记使命——努力把基础教育越办越好》的专题报告；学员们通过大会交流，分组讨论等多种形式进行了研讨和交流。

（14）2017年基础教育改革座谈会

12月26日，2017年基础教育改革座谈会在京举行。罗富和出席会议。蔡达峰出席会议并讲话。朱永新、高友东分别主持并出席会议。

此次会议的主题是普及高中阶段教育的问题与对策，主要议题是普及高中阶段教育的路径选择、重点难点和保障措施。

罗富和说，我们的教育所要培养的是决胜全面建成小康社会、建设社会主义现代化强国事业的接班人，所以要从学习贯彻中共十九大精神的高度，来认识普及高中阶段教育的重大意义；立德树人的教育是养成教育，要把培育和践行社会主义核心价值观融入学校教育；授人以鱼不如授人以渔，教育改革的重点是要培养学生的学习能力，培养学生判断问题、分析问题、解决问题的能力。

蔡达峰指出，普及高中阶段教育是一项艰巨的任务，它既需要强大的经济实力保障，又要有雄厚的师资力量支撑；既有规模要求，又有质量要求；既要保证机会公平，又要兼顾多样需求和能力差异；既要达到高中阶段的总体普及指标，又要顾及教育类型和结构；既要改革高中教育，又要顾及高等教育和职业市场；既要解决重点地区、重点人群、重点问题，也要顾及其他地区和人群的需求矛盾；既要中央政府统筹全局，又要各地政府主动作为。对此我们要有客观的认识和充分的准备。

来自北京、山东、江苏、湖南、贵州、安徽、山西、云南、广东、海南等10个省市的15位校长和教育行政部门负责人，以及来自中国教育学会、国研中心和北京师范大学中国教育与社会发展研究院的专家学者参加了座谈会。大家围绕会议主题，就普及高中阶段教育保障机制、高中教育评价和招生考试改革、名校集团化办学、大力发展职业教育等问题进行了交流，介绍了各地区、各学校的经验做法以及遇到的问题和困难，并提出了意见建议。

（二）民主监督

2017年，民进中央在最高人民法院、最高人民检察院主要领导同志主持召开的座谈会上，围绕司法体制改革，在深入推进司法责任制、司法人员分类管理、司法职业保障制度、省以下人财物统一管理等方面，以及检察机关深耕监督主业方面提出了具体的意见建议。

贯彻中共中央的部署，以高度政治责任感，继续开展对口湖南的脱贫攻坚民主监督，先后10次对7个地市14个县进行了各种规模和形式的调研，覆盖武陵、罗霄两个连片特困地区和非国家连片特困地区的国贫县，两次与湖南省主要领导反馈和交换监督意见，如期完成了年度监督任务和报告。坚持实事求是态度和主人翁精神，“不说风凉话、不说虚话、不说冲动话”，提高监督有效性，形成7份专题报告，其中关于深度贫困地区的建议得到中共中央主要领导同志的重要批示。聚焦问题，就精准脱贫中的标准、作风、管理、金融和土地问题等进行深度调研，与当地主要领导和部门密切联系，坦诚沟通，及时反馈，提出了65条意见建议。

1. 民进中央脱贫攻坚民主监督工作第三次专题会

2月20日下午，民进中央举行脱贫攻坚民主监督工作第三次专题会。民进中央脱贫攻坚民主监督工作领导小组组长严隽琪出席并主持会议，领导小组副组长刘新成、朱永新，领导小组秘书长高友东出席会议，领导小组成员参加会议。

严隽琪指出，要深入学习领会中央关于脱贫攻坚民主监督工作的重要精神；积极应对新挑战、新问题，深入思考这项工作的定位，做好理论研究；要找准调研的切入点，扩大调研地的覆盖面，深入基层，掌握第一手资料，避免闭门造车，增强调研成果的客观性和全面性；要进一步发挥民进湖南省委会在第一线的作用，完善与湖南省有关方面的协作机制，做到集智聚力。严隽琪强调，要抓紧完善与湖南省的高层协商座谈机制以及日常工作联络与保障机制，为更好开展脱贫攻坚民主监督工作巩固良好合作基础。

会议学习了“各民主党派中央开展脱贫攻坚民主监督工作座谈会”重要精神，审议了《民进中央2017年脱贫攻坚民主监督工作计划（草案）》。

2. 民进中央湖南省脱贫攻坚民主监督工作协商座谈会

3月10日晚，严隽琪、罗富和、蔡达峰在民进中央机关会见中共湖南省委书记、省人大常委会主任杜家毫，中共湖南省委副书记、省人民政府省长许达哲一行。刘新成、朱永新、高友东陪同会见。双方就脱贫攻坚民主监督工作举行协商座谈会。会议由罗富和主持。

严隽琪指出，脱贫攻坚，入之愈深，其进愈难。造血功能不强、内生动力不足、多元主体不健全、阶段性项目性任务与新农村建设的长期规划存在一定程度的冲突等问题仍然比较普遍，民进中央将继续做好对共性问题的研究。同时，还将持续保持对去年监督重点“精准脱贫”问题的关注，把“资金使用精准”问题作为2017年的监督重点。2016年民进中央和湖南省对脱贫攻坚民主监督工作进行了初步探索，奠定了良好的基础，期望2017年能够在高层协商机制、对接联络机制、重要情况通报机制等工作机制的完善上有所突破。民进中央将本着“为执政党助力、为国家尽责、为人民服务”的宗旨，为“十九大”的胜利召开和全面建成小康社会，为湖南省打赢脱贫攻坚战贡献力量。

杜家毫对民进中央长期以来给予湖南省各项工作的支持与帮助，特别是在脱贫攻坚民主监督工作中积极为湖南鼓与呼、争取国家支持表示衷心感谢，对2017年民进中央脱贫攻坚民主监督工作计划表示赞成。他希望民进中央能进一步发挥人才、智力、资源、平台等独特优势，为湖南改革发展特别是脱贫攻坚事业提供更多支持帮助。

座谈会上，许达哲介绍了湖南省脱贫攻坚工作情况；朱永新介绍了民进中央脱贫攻坚民主监督工作情况。

中共中央统战部一局有关同志，中共湖南省委、省政府和省委统战部等有关部门同志，以及民进中央脱贫攻坚民主监督工作领导小组成员等参加座谈会。

3. 民进中央脱贫攻坚民主监督工作第四次专题会

4月20日下午，民进中央脱贫攻坚民主监督工作第四次专题会在京召开。会议议题是：学习贯彻“脱贫攻坚民主监督工作座谈会”重要精神；报告民进中央脱贫攻坚民主监督工作近期开展情况；研究下一步脱贫攻坚民主监督工作的开展。严隽琪主持会议并讲话。罗富和、蔡达峰、刘新成、朱永新出席会议。

严隽琪指出，要进一步聚焦真正的关键性问题，选择民进有基础、有能力、有特色、有资源能够推动解决的问题，集智聚力开展深入调研。民主党派要秉持知识分子良心，按照客观规律说实话、讲真话，对历史负责、对人民负责、对执政党负责。在脱贫攻坚民主监督过程中依靠两股力量开展工作。既要依靠本土力量，设置监测点，开展长期定量分析；还要依靠专门委员会力量、依靠会内外各有关方面专家力量开展深入研讨和进村入户访查。要高度重视反映社情民意信息工作与脱贫攻坚民主监督工作的有机结合，充分调动广大基层会员参与的积极性；要及时组织参加脱贫攻坚民主监督工作的同志开展培训，学习研读吃透相关政策法规，不当“门外汉”，不说“外行话”，不做“亏心事”，不断增强脱贫攻坚民主监督的针对性和实效性，为打赢脱贫攻坚战作出更大贡献。

会议听取了湖南省脱贫攻坚及民主监督工作开展情况的介绍、“脱贫攻坚民主监督工作座谈会”情况汇报以及近期各项工作开展情况的介绍。

民进中央脱贫攻坚民主监督工作领导小组成员参加了会议。

4. 民进中央与湖南省在长沙举行脱贫攻坚民主监督座谈会

6月28日下午，民进中央与湖南省在长沙举行脱贫攻坚民主监督座谈会。严隽琪出席并讲话。刘新成出席会议。

严隽琪指出，民主党派开展脱贫攻坚民主监督，是推动以习近平同志为核心的中共中央决策部署贯彻落实的重要举措，是各民主党派履行职能的着力重点，充分体现了中国特色民主政治制度的优越性。中共中央明确民进中央对口湖南开展脱贫攻坚民主监督，既是考验和提高民进中央履职能力的好机会，也为民进中央为执政党助力、为国家尽责、为人民服务提供了好平台。在民主监督过程中，要做到不说风凉话，真正把自己摆到湖南工作中去、摆到贫困地区和贫困群众中来，决不能“站着说话不腰疼”，而要设身处地地协助各级党委政府谋实策、出实招、办实事；做到不说客套话，针对问题、结合实际，多讲真话实话管用的话，少讲正确的空话套话；做到不说冲动话，遵循客观规律，力求把情况摸清、把政策吃透、把问题看准，确保言之有物、言之有理、言之有据，努力做到帮忙不添乱。民进中央要与湖南各级党委政府进一步加强协商沟通，遇到矛盾问题不遮掩，推心置腹、开诚布公，共同商讨解决的思路和对策，真正做到肝胆相照、荣辱与共，齐心协力打好打赢脱贫攻坚战。

刘新成代表民进中央反馈了今年上半年开展脱贫攻坚民主监督的调研成果，相关专家就更好推进脱贫攻坚工作开诚布公、建言献策。调研报告充分肯定了湖南在明确各级领导干部脱贫攻坚责任、培养基层干部、脱贫攻坚与脱贫巩固“两手抓”、完善产业脱贫链条、建设美丽乡村、统筹整合贫困县涉农资金等方面取得的经验成绩，并针对当前脱贫攻坚中存在问题，提出了意见和建议。

5. 民进中央脱贫攻坚民主监督工作研训班

11月2日至4日，民进中央脱贫攻坚民主监督工作研训班在京举行。严隽琪出席开班式并讲话。蔡达峰、朱永新、高友东出席开班式。朱永新主持开班式。

严隽琪在讲话中指出，“专项监督”探索的背后就是全面履行民主监督基本职能，面对执政党的要求与新时代的要求，形势发展和决策部署之快，民进无论是思想上、组织上、理论上还是能力上，都要努力进步，迎接全新的挑战。一是要深化对脱贫攻坚工作和民主党派履行民主监督意义的认识，明确历史定位，推动思想共识的进步；二是要总结经验，以党为师，加强中国特色社会主义参政党建设理论研究，为履职机制的创新和工作水平的提高提供理论支撑，推动理论研究上的进步；三是要集智聚力，主动适应新时代民主政治发展的新态势，建设参政党履行职能的支撑体系，推动组织体系上的进步；四是要通过学习实践，直面民主监督能力的考验，提高社会调查研究能力，取得货真价实的民主监督成果，推动履职能力上的进步。为了增强脱贫攻坚民主监督的针对性，切实取得监督实效，必须要带着问题去监督。在监督内容上，要遵循中共中央统一部署和“必须精准”的要求；在监督的实效上，要树立正确的政绩观，经得起历史检验。

中央统战部一局有关同志，民进中央脱贫攻坚民主监督工作顾问，部分民进中央机关部门负责人以及研训班全体学员参加了研训班开班式。

4日，民进中央2017年脱贫攻坚民主监督工作研训班在京结业。蔡达峰、朱永新、高友东出席结业式。朱永新主持结业式。

蔡达峰在结业讲话中指出，要监督脱贫工作，先要理解脱贫工作。要全面把握中共十九大报告关于脱贫攻坚的目的、任务和要求的阐述。在2020年之前，脱贫攻坚将会向深度贫困聚焦，直至打赢脱贫攻坚战，但难度也会更大；也会向纵深推进，适应现代化建设的新要求，会显得更加重要，会更关注主体需要，会更讲究质量效益，会在新时代中国特色社会主义建设的更大格局中推进、实现。要监督脱贫工作，还要加强对民主监督的认识。民主监督是党派的基本职能，在承担脱贫攻坚民主监督任务过程中，要积极探索监督的目的，通过发现政策和做法上的偏差，提出批评和建议，保证党和国家建设目标的实现，体现民主监督的价值。要通过制订方案、掌握情况、研究问题、形成意见、发表意见等做法，为监督活动提供制度保障、力量保障、条件保障。尤其要敢于实践，在实践中提高思想和能力，不断完善制度和方式。

结业式上，六位学员代表结合自身工作实际及研训体会作了发言。

研训班期间，五位专家学者分别为学员就中共中央关于开展脱贫攻坚民主监督工作的重要精神、习近平总书记精准扶贫思想、脱贫攻坚中应高度重视的问题等内容作了讲座；研训班学员围绕扶贫内生动力、教育扶贫、农村基层智力扶贫等议题进行了分组交流研讨。

部分民进中央机关部门负责人，研训班全体成员参加结业式。

（三）政治协商

1. 积极参与高层协商

在中共中央主要领导同志主持召开的党外人士座谈会上，围绕宪法的修改，提出了加强宪法宣传教育工作、加强宪法实践等2点建议；围绕十九大报告，提出了要深化农村体制改革、推进创新型国家建设、完善权力运行制约和监督体系、统筹生态文明体制改革等 4 点建议；围绕经济形势和经济工作，提出了推进自贸试验区建设、推动旱作农业和节水技术走出去、提高人力资源的有效供给、制定符合市场规律的产业创新支持政策、切实支持实体经济、着力增强创新能力、全面加强乡村治理等 7 点建议。在国务院主要领导同志主持召开的党外人士座谈会上，围绕政府工作报告，提出了切实提高企业对减税降费的获得感、加大教育供给侧结构性改革、出台县级及基层卫技人员国培计划、推进绿色“一带一路”建设等 4 点建议。

以书面形式向党和国家领导同志报送了 14 篇建议书，分别是《关于新闻媒体要规范国家通用语言表述的建议》《关于高度重视相对湿度对雾霾影响的建议》《关于加快提高劳动生产率的建议》《关于提高境外网站访问速度的建议》《关于建设国家风景道体系，打造公路旅游国家名片的建议》《关于开展县级及农村地区基层卫生技术人员国家级培训计划的建议》《关于调整四川省白玉县类区划分的建议》《关于支持甘孜藏族自治州装配式建房的建议》《治疆：历史经验与现实观察》《关于加强中文图书对外译介出版工作，提升中国文化世界影响力的建议》《关于加快科技和人才国际化的建议》《关于深化职业教育改革 助推我国制造业发展的建议》《关于综合施策改善空气质量的建议》《关于解决四川凉山彝族自治州深度贫困问题的建议》，得到高度重视和批示。

2. 在全国政协十二届五次会议、常委会议和专题会议上的发言与提案工作

向全国政协十二届五次会议提交党派提案 46 件，民进组提案 15 件，内容涵盖当前经济社会发展的众多领域。《关于大力发展中职教育，助力农村脱贫攻坚的提案》被列为重点办理提案，参加了大会期间举行的首场提案办理协商会。作题为《提高政务诚信，引导社会预期》的大会口头发言，呼吁行政为民，政府理应引导社会预期，成为诚信表率。作题为《加强知识产权保护，让创新者吃下“定心丸”》的大会口头发言，提出以更加坚定的决心、更有效的手段，坚决保护好创新者的合法权益，让创新者吃下“定心丸”，在全社会形成大众创业、万众创新的生动局面。作题为《以金融推进养老产业供给侧结构性改革》的口头发言，提出要引入多元主体，完善金融配套措施，提供当前我国养老业发展的金融助力。3 位委员在习近平总书记亲切看望民进、农工党、九三学社委员联组会上发言，围绕加强农村基层治理、提升中华文化国际影响力、推进基础教育减负提质提出建议，得到了总书记的回应。

在全国政协十二届二十一次常委会上，作题为《供给侧改革既要“见物”更要“见人”》的党派口头发言；二十三次常委会上，作题为《坚定文化自信，提升发展动力》的党派口头发言。在全国政协“坚定文化自信，讲好中国故事”专题协商会上，作题为《重视翻译工作，用世界语言讲好中国故事》的主旨发言。参与主办全国政协“办好学前教育”双周协商座谈会，围绕出台《学前教育法》、优化学前教育管理体制、稳定学前教师队伍等问题建言。参加了“无障碍环境建设”“改进校园餐食管理”“重视去产能过程中职工就业再就业问题”“优化创新环境，改革科技评价体系”“营造风清气正的网络空间”的双周协商座谈会并发言。

（四）社会服务

中共十八大以来，以习近平同志为核心的中共中央，把脱贫攻坚摆到治国理政的重

要位置。民进中央深入贯彻习近平总书记扶贫开发重要战略思想，始终秉持“为执政党助力、为国家尽责、为人民服务”的责任感和使命感，调动各方资源和力量，积极开展助力脱贫攻坚工作，持续参与毕节试验区建设，扎实推进对口黔西南州安龙县的定点扶贫，主动服务湖南脱贫攻坚，服务新疆等民族地区社会稳定和长治久安；进一步拓宽工作思路，提升工作实效，积极加强自身建设，主动服务所联系的企业界、文化界会员，努力展现新时代的新作为，各方面工作都呈现出新面貌。

1. 抓住脱贫攻坚关键，以产业、创业为突破点，推进定点脱贫帮扶工作

在扶贫实践中，产业发展、农民创业是脱贫攻坚的重点和难点。民进中央以产业、创业扶贫为重要抓手，发挥联系广泛的党派特点，促成广东温氏畜牧股份有限公司与贵州安龙县签署了50万头生猪产业一体化合作项目，合同带动了104个家庭养殖农场建设，吸纳近3000户贫困户参与创业增收；协调北京中农华威生物制药有限公司赴安龙县考察对接，洽商建设种牛养殖基地；协调引进投资400余万元发展安龙县坝盘村民宿项目，并协调开明慈善基金会向村集体捐资30万元作为村集体资产参与入股，支持项目建设；支持北京曲美公益基金古村论坛在兴义市举办，协调与会人员赴坝盘村考察，推介坝盘村旅游；协助金沙县成功申办2020年第30届中国兰花博览会；推进金沙县“开明同心城”项目三期工程，完成投资7.5亿元；推进朗月国际广场项目顺利完成23万㎡城市综合体建设。协助湖南省怀化市引进铁皮石斛种植、种牛养殖、山茶花种植项目。

2. 发挥党派特色优势，坚持扶贫与扶志、扶智并重

脱贫攻坚的根本动力来自于贫困群众的内生动力，来自于他们的素质提高。民进中央坚持把扶贫与扶志、扶智相结合，作为增强脱贫内生动力和能力的重要抓手，充分发挥党派优势特色，一方面通过挂职干部和第一书记访贫问苦，宣讲扶贫政策，帮助村民树立战胜困难、摆脱困境的信心和斗志。另一方面动员民进全会力量，以教育和医疗卫生帮扶为重点，开展结对帮扶。

2017年，民进中央共举办教师培训活动10期，培训教师2000多人次，组织专家“走进去”进行现场教学和高考前辅导，帮助提升当地教育教学管理水平；捐赠物资33万余元，开展助学助教活动，资助贫困学生完成学业；进一步推动实施对口金沙县14所中小学及幼儿园的“同心助学”项目，举办“同心·彩虹行动”新疆少数民族校长培训班。开展“美育进校园”活动，继续办好贫困家庭女生职业教育“彩虹班”，培训安龙县布依族传统手工艺者。在民进全会开展“书香彩虹—安龙行动”图书捐赠活动，助力安龙幼教事业发展。协调组织推进民进重庆市委会和安徽省委会医疗专家与安龙县人民医院建立对口帮扶关系，加快医院科室建设和管理水平提升；协调支持贵州省基层胸痛中心建设大会暨贵州省第四届急性心肌梗死规范化诊疗会在兴义市人民医院顺利举办；协调39家互联网医院与兴义市人民医院达成合作，与金沙县人民医院对接协作，协调唐强工作室医学专家到金沙县人民医院开展医学交流。

（1）举办“同心·彩虹行动”2017年新疆少数民族校长培训（东旭）班

6月15日至28日，“同心·彩虹行动”2017年新疆少数民族校长培训（东旭）班在乌鲁木齐举行。罗富和出席开班式并以《推广普通话 圆梦大中华》为题开讲校长培训班第一课。

罗富和指出，近年来民进持续向中共中央建言，对推进国家通用语言文字的规范表

述和加强推广使用作出了积极的贡献。他建议，为了进一步促进国家通用语言的规范使用，要不断提高依《宪法》推广普通话的自觉性，加大推广力度，创新宣传形式，进一步增强各族人民对中华民族、中华文化和国家的认同感；在双语教学的报道中，明确双语教学中“双语”是指民族语言和普通话，使少数民族学生基本熟练掌握并使用国家通用语言文字和本民族语言文字，提升融入现代社会生活、适应社会主义市场经济条件下人才竞争的能力，从而推动民族地区的经济社会发展；在报道对外宣传、教育和文化交流活动时，统一使用“中文推广”，制定对外中文教学标准，开发和推广对外中文教材等标准表述，报道海外华侨华人有关活动时，也可以沿用海外华侨华人习惯使用的“华文”“华语”的表述。

讲座结束后，罗富和听取了新疆中小学校国家通用语言普及推广情况介绍，并就新疆推广使用国家通用语言的情况与在座学员进行互动交流。

来自民进新疆区委会、新疆自治区教育厅、新疆师范大学、东旭集团有限公司、民进新疆直属各支部等有关单位的同志以及新疆 12 个地州的 60 余名中小学校长参加了培训班开班式。

本期培训班为期 15 天，覆盖新疆 12 个地区的中小学校长，参训人数共计 60 人，以“中小学校长领导力提升”为主题，围绕“规划学校发展、领导课程教学、引领教师成长、优化内部管理、营造特色文化以及调适外部环境”六个专题邀请新疆内外专家学者授课。

（2）举办“同心·彩虹行动”2017 年音乐美术教师暑期培训班

8 月 1 日至 6 日，“同心·彩虹行动”2017 年音乐美术教师暑期培训班在北京市第三十五中学举办。罗富和出席培训班结业式。

结业式上，罗富和参观了美术班学员书法、绘画、平面设计、面塑等作品展示，观看了音乐班学员中国传统舞蹈、京剧、欧洲集体舞、河北民谣等节目汇报展演，并为学员颁发结业证书，为优秀学员颁奖。

本次培训班由民进中央主办，北京市第三十五中学承办，主题是“提升艺术教育教学水平”。培训班安排了音乐教学法、多声部合唱和打击乐、美术教学方法和案例分析、书法、国画等培训内容，以提升受训教师的专业知识、技能、修养和教学操作能力。来自 19 个国家集中连片特困区省份、民进中央脱贫攻坚民主监督对口的湖南省、民进中央对口帮扶的贵州金沙县和安龙县、民进中央开明慈善基金会援建的四川雅安地震灾区芦山县初级中学的音乐教师与美术教师共 101 人参加了培训。

培训期间，学员们还参观了民进中央会史展览馆、国家博物馆、首都博物馆，并观摩了国际打击乐节音乐会。

3. 坚持“团结、引导、支持、服务”的工作方针，加强企业界会员工作

民进各省（自治区、直辖市）企业家联谊会工作机制不断健全，平稳推进换届调整，加强班子建设，增强组织凝聚力，团结带领企业界会员积极投身“双创”，组织参与社会公益活动，参与整村对口扶贫等脱贫攻坚工作，积极为经济社会发展建言，展现了民进企业界会员的良好精神风貌。通过民进企业家培训班和民进企业家联谊会联席会议，服务企业界会员发展，增进交流合作，为企业界会员参与民进中央参政议政和社会服务工作搭建平台，拓宽渠道。

9 月 1 日至 5 日，2017 年民进经济界会员培训班在京举行。本次培训班为期 5 天，

邀请民进中央、国务院研究室综合经济司、中国现代国际关系研究院、中央社院马列教研部等有关方面的领导和专家学者为学员授课。培训内容丰富、针对性强，包括《不忘初心行与思，民进建设中国特色社会主义参政党的实践与体会》，《民进优良传统》，经济形势和体制改革，“一带一路”从提出到实践，中国经济模式及其基础，世界经济模式及其文化基础，儒商文化与现代企业文化建设等。培训班还安排了微课堂、分组交流、参观考察、招商推介会（湖南怀化、贵州金沙）等诸多活动。来自29个省市区的140位民进经济界会员听取了讲座。

培训期间，罗富和以《不忘初心行与思，民进建设中国特色社会主义参政党的实践与体会》为题，为2017年民进经济界会员培训班的学员上了第一课。

罗富和还与学员们就我国民营经济发展环境、企业创新发展、企业文化传承、学前教育、东北老工业基地振兴和社会主义市场经济法制建设等问题进行了交流。

9月26日，2017年民进企业家联谊会联席会议在浙江杭州举行。会议的主题是“参与‘一带一路’建设，促进民营企业创新发展”。罗富和、朱永新出席开幕式。高友东主持开幕式。民进中央联络委员会委员，省级组织分管社会服务工作负责人和来自全国各地的民进企业家会员近200人参加了会议。

开幕式后，全体与会人员听取了题为“以‘一带一路’倡议为统领 建设开放强市”的主题讲座。

当日下午，与会人员分别到世界级互联网创业高地——阿里巴巴集团总部及杭州梦想小镇进行实地考察学习。

会议前一天晚上，罗富和在杭州会见了前来参加2017年民进企业家联谊会联席会议的各省级组织企联会会长及企业家代表，并与大家座谈交流。朱永新、高友东出席座谈会。朱永新主持座谈会。

与会人员围绕民营企业如何参与“一带一路”建设、克服当前经济环境的困难、谋求创新发展等问题作了交流发言。

在杭州期间，罗富和会见了中共浙江省委常委、杭州市委书记赵一德同志。

4. 加强开明画院建设，积极探索多样服务模式

民进中央积极探索以成立采风创作基地的方式为美术界会员艺术创作服务。先后创建了篁岭采风创作基地、东莞采风创作基地，并考察了贵州毕节百里杜鹃采风创作基地和安徽合肥文房四宝馆采风创作基地建设情况；积极筹备纪念毕节试验区成立30周年民进中央开明画院美术作品展；在东莞虎门举办了2017年度民进中央开明画院院长艺术高峰论坛；积极支持省级组织及画院理事的展览活动，支持民进湖南、贵州、广西、山东、甘肃省（区）委会，民进中央开明画院封俊虎副秘书长、韩一民理事在民进中央开明美术馆举办了美术展览。

1月10日上午，由民进中央开明画院和民进北京市委会主办的“春联万家”北京主会场活动，在大兴区榆垡镇西麻各庄村村委会举行。民进中央开明画院常务副院长朱永新出席活动，并为活动开笔送福。开明画院副院长兼秘书长高友东出席活动。

3月18日，民进中央开明画院二届四次院长办公会议在江西省上饶市举行。朱永新出席会议并讲话，高友东出席会议，民进中央开明画院副院长、副秘书长出席会议。本

次会议的主题是为年底的换届工作做准备。与会同志围绕中心，提出了很多建设性的意见建议。

3 月 18 日，民进中央开明画院篁岭采风创作基地揭牌仪式在江西举行。朱永新、高友东出席仪式并为基地揭牌。

11 月 5 日，民进中央开明画院东莞采风创作基地揭牌仪式在广东省东莞市开明美术馆举行。朱永新出席仪式并为基地揭牌。

11 月 5 日，民进中央开明画院二届五次院长办公会议在广东省东莞市开明美术馆举行。朱永新出席会议。民进中央开明画院副院长出席会议。

会议审议了百里杜鹃等四个采风创作基地的申请，研究了民进中央开明画院二届理事会工作报告的框架和内容、民进中央开明画院换届方案、民进中央开明画院 2018 年工作计划。

副院长汇报了各自分管领域工作，并对下一阶段画院工作提出了针对性的意见建议。

朱永新做总结发言，他对本届理事会的工作给予充分肯定，对开明画院领导班子的辛勤工作表示感谢。朱永新要求，今后开明画院要发挥优势，在为中小学美术教师搭建平台、提高艺术素养方面有所作为。

5. 发挥慈善平台作用，助力公益事业发展

开明慈善基金会积极参与统一战线聚力脱贫攻坚工作，继续援建江西广昌县千善乡敬老院工程项目，举办“同心·彩虹行动”2017 年新疆少数民族校长培训班，支持坝盘村民宿改造、连续三年资助安龙 200 名贫困学生；支持怀化市鹤城区、通道县、安化县等地受灾严重的中小学和幼儿园的校园基础建设并支持助学活动。继续支持“春联万家”公益活动，2017 年全国参与会员 3397 人次，举办活动 347 场，现场参与群众 9.3 万人，书写春联达 10 万余副。专项基金项目规范开展，合作项目有序推进。推进与大爱教育集团合作项目，在贵州工商职业学院、湖北民族科技学院、云南工商学院开展“一个都不能少”助学活动；支持“大手拉小手”一对一捐资助学项目，资助内蒙古赤峰市喀喇沁旗地区的贫困学生。

2 月 24 日至 3 月 3 日，开明慈善基金会以通讯方式举行二届三次理事会议。基金会办公室确认各理事、监事均收到会议文件，并对会议事项进行了审议、表决。会议审议了《开明慈善基金会 2016 年度审计报告》《开明慈善基金会 2016 年度专项信息审核报告》，审议通过了《开明慈善基金会 2016 年度工作报告》《开明慈善基金会 2016 年度财务报告》《开明慈善基金会 2017 年工作计划》和《开明慈善基金会 2016 年度预算执行报告及 2017 年度财务预算报告》。

12 月 6 日晚，开明慈善基金会第二届理事会第四次会议在京举行。罗富和主持会议并讲话，刘新成、高友东和基金会副理事长出席会议，基金会监事列席会议。

罗富和指出，基金会要适应新时代、新要求，围绕十九大提出的决胜全面建成小康社会的目标，发挥民进的优势和特色，积极探索筹资模式，积小善为大善，把工作进一步聚焦到民进对口帮扶的贵州安龙、金沙，湖南，新疆等地，助力民进全会工作的开展。

刘新成作《开明慈善基金会 2017 年工作报告（草案）》。

高友东肯定了基金会工作，并希望大家继续为民进事业作出更大贡献。

会议听取了对《开明慈善基金会 2018 年工作计划（草案）》的说明。听取了对《开

明慈善基金会2017年财务报告（草案）》和《开明慈善基金会2017年预算执行情况及2018年财务预算报告（草案）》的说明。

各位理事、监事讨论、审议了上述事项，对工作报告、工作计划及预算提出了修改意见。

（五）海外联谊

充分发挥民进特色与优势开展交流活动，不断创新活动形式，充实海峡两岸和香港澳门交流内容、深化交流内涵。

1.继续推进两岸教育文化等领域的交流交往。努力打造小而精、立体式交流平台，以“现代出版业与中华传统文化的传承与弘扬”为主题，举办“2017海峡两岸中华传统文化与现代化研讨会”，来自海峡两岸的39位出版界负责人和相关学者应邀参加，在研讨、考察、洽谈合作的过程中，两岸出版界人士进一步增进了了解。以“21世纪的中小学数学教育”为主题，举办“2017海峡两岸暨港澳地区基础教育交流活动”，来自海峡两岸和港澳地区的57位基础教育界学者参加交流。以“基础教育师资培养与培训”为主题，组团赴台开展为期7天的基础教育交流，先后在台湾台北、新竹、台中、南投、高雄等地6所学校，与台湾基础教育界人士进行深入广泛的交流。

（1）举办2017海峡两岸中华传统文化与现代化研讨会

5月23日至25日，由民进中央和叶圣陶研究会主办的2017海峡两岸中华传统文化与现代化研讨会在京举行，此次研讨会的主题是“现代出版业与中华传统文化的传承与弘扬”。

23日，研讨会开幕。刘新成出席开幕式并致辞，高友东主持开幕式。

来自海峡两岸的出版界专家学者，以及部分民进中央机关部门负责人等60余人出席了开幕式。

开幕式结束后，与会嘉宾与专家学者就两岸出版业如何携手传承与弘扬中华优秀传统文化，出版业对中华文化“走出去”的贡献、责任与担当，数字化时代中文出版物形态的创新与发展等问题进行了分组研讨。

（2）举行“2017海峡两岸暨港澳地区基础教育交流活动”

7月27日至28日，“2017海峡两岸暨港澳地区基础教育交流活动”在上海举行。此次交流活动的主题是“21世纪的中小学数学教育”。

27日下午，交流活动举行开幕式。严隽琪出席开幕式并讲话，刘新成主持开幕式，高友东出席。

开幕式后，与会人员听取了题为“国际比较视野中的上海数学教育与教师”的主旨报告。

28日下午，交流活动举行闭幕式。蔡达峰出席闭幕式并讲话，刘新成主持闭幕式。

交流活动还设立了三个分会场分三个小组进行了深入研讨，各组代表在闭幕式上作大会发言。

来自海峡两岸暨港澳地区的专家学者，以及民进中央、叶圣陶研究会、中国教育学会、民进上海市委有关部门负责人等80余人参加了研讨会。

会前，与会的专家学者还实地考察了上海8所颇具特色的中小学校，并进行座谈。

（3）组织叶圣陶研究会“基础教育考察团”赴台考察交流

12 月 17 日至 23 日，应台湾财团法人海峡两岸民意交流基金会邀请，叶圣陶研究会“基础教育考察团”一行 8 人，赴台湾开展基础教育考察交流，了解台湾基础教育师资培养和培训状况，介绍大陆基础教育相关情况，并会见了相关人士。

在台期间，考察团先后赴台北、新北、新竹、台中、南投、高雄等地，访问了新埔初中、安康高中、新湖小学、乐业小学、草屯小学、新民小学等学校，通过各种形式与来自台湾北部、中部和南部中小学校的多位校长和教师，就两岸基础教育的学校课程建设、师资队伍建设、校园文化建设等问题，进行了深入的探讨。考察团还会见了台湾财团法人海峡两岸民意交流基金会董事长饶颖奇等台湾朋友。在会见和座谈时，考察团一行介绍了叶圣陶研究会的基本情况和大陆近年来基础教育改革和发展的情况，表示叶圣陶研究会今后将继续在推进两岸教育文化交流，特别是基础教育交流合作方面发挥作用。

2. 积极推进两岸青年合作交流。继 2016 年成功举办首届“海峡两岸青年企业家创新发展与经济合作圆桌会议”后，2017 年由民进中央指导、民进中央办公厅和中国民营经济国际合作商会合作举办了第二届“海峡两岸青年企业家创新发展与经济合作圆桌会议”，共邀请来自两岸的 100 多位科技和文创领域的青年企业家出席会议。会议以“创新发展与经济合作”为主题，搭建了一个以科技文创类企业为主、以创新合作等内容为题的海峡两岸青年企业家交流平台。在民进北京市委会的帮助联系下，帮助联系台湾大学生在大陆企业实习，为他们在大陆创业就业、学习交流提供便利。一年中，接待台湾“2017 纵横北京”中华文化研习营、“2017 京津创新创业”文化研习营，台湾民意代表交流参访团、台湾经贸代表团、台湾中华语文研习所等台湾团组 6 个，共 130 余人次，进一步联络感情、增进互信、推进合作。

（1）会见台湾“2017 纵横北京”中华文化研习营和“2017 京津创新创业”文化研习营一行

1 月 21 日下午，朱永新在民进中央机关会见“2017 纵横北京”中华文化研习营和“2017 京津创新创业”文化研习营一行，并做演讲。高友东主持活动。

朱永新结合自己的成长经历，给学子们提供了成长的宝贵经验并结合自身经历，介绍了大陆教育改革与新教育实验的发展历程。演讲结束后，朱永新还就学前教育、文理分科、知识产权保护、教育资源均衡等问题与台湾大学生进行了互动。

高友东向两个研习营的学员们简要介绍了民进的基本情况。

（2）会见台湾经贸代表团一行

4 月 17 日，刘新成在民进中央机关会见由台湾乾坤国际经贸文化促进会创会长王宝华率领的台湾经贸代表团一行，并举行座谈。

王宝华介绍了台湾经贸代表团此次到大陆的参访情况。他说，两岸同根同源，同文同种，两岸之间的交流应以文化为先导。代表团愿与民进加强合作，共同为增进两岸同胞的福祉做出努力。

（3）举办 2017 海峡两岸青年企业家创新发展与经济合作圆桌会议

8 月 23 日上午，2017 海峡两岸青年企业家创新发展与经济合作圆桌会议在京举行。严隽琪向会议发来书面讲话。刘新成出席开幕式。

受严隽琪委托，刘新成代为宣读书面讲话。

开幕式上，与会人员听取了关于《新常态下的创新模式转型》的专题演讲。

来自海峡两岸的80多位青年企业家参加了圆桌会议。

（4）会见台湾民意代表交流参访团一行

11月7日，严隽琪、罗富和、蔡达峰、刘新成在京会见由台湾民意代表交流参访团一行。刘新成主持会见活动，高友东陪同会见。

严隽琪指出，中共十九大刚刚闭幕，报告描绘了到2020年全面建成小康社会，2050年建成富强、民主、文明、和谐、美丽的现代化国家的光辉前景，激励人心。两岸同根同源，是命运的共同体，大陆的发展成果理应与台湾同胞共享，欢迎各界台湾同胞在大陆的蓬勃发展中找到自己的机遇。中华民族的伟大复兴需要全体中华儿女的共同努力。

蔡达峰向参访团成员简要介绍了中国民主促进会的成立和发展历程。

（5）分别会见来访的台湾有关人士

12月8日，蔡达峰、刘新成在京分别会见了来访的台湾贤德惜福文教基金会董事长周荃女士、台北大学公共行政暨政策学系副教授郑又平先生。高友东陪同会见。

3. 推动海外联谊工作开展。举办“民进中央港澳台海外联谊工作座谈会”，总结民进中央港澳台海外联谊工作的成果和经验，进一步明确工作思路，发挥优势，整合资源，推动民进全会更好地参与工作。

10月18日，民进海外联谊工作座谈会在京举行。蔡达峰出席会议并讲话，刘新成、高友东出席并分别主持会议。

会上，与会人员听取了题为《当前两岸关系及形势》专题报告和民进中央近年来开展海外联谊的工作情况介绍。2位特邀专家及10位省级组织相关负责人，就开展港澳台和海外联谊工作的基本情况、经验、存在的问题做了交流发言，并对民进港澳台和海外联谊工作提出了意见建议。

民进各省级组织相关负责人参加了会议。

三、自身建设

（一）思想建设

2017年，民进中央深入学习贯彻习近平新时代中国特色社会主义思想和中共十九大精神，按照总体工作部署，以坚持和发展中国特色社会主义学习实践活动为主线，以民进十二大召开为重点，指导和推动民进全会宣传思想工作取得积极进展。

1. 深化学习实践活动

（1）召开民进坚持和发展中国特色社会主义学习实践活动总结表彰会

9月20日至21日，民进坚持和发展中国特色社会主义学习实践活动总结表彰会在京举行。

20日上午，会议举行开幕式。严隽琪出席并讲话。罗富和、蔡达峰、刘新成、高友东出席开幕式。蔡达峰主持开幕式。

严隽琪指出，民进全会通过学习实践活动，对新形势下如何深化政治交接，取得了新认识、积累了新经验。一是紧紧抓住各级领导班子成员这个“关键少数”，领学示范、指导带动，推动了学习实践活动有序有效开展；二是强化主线意识，坚持知行合一，积极探索开展学习实践活动的有效路径；三是深入开展会史和优良传统教育，立足民进自身资源、体现民进特色，为学习实践活动提供了持续动力；四是广泛开展“我身边的先进”宣讲活动，以身边人身边事激励和鼓舞会员，推动了学习实践活动入脑入心。

严隽琪强调，参政党推进政治交接、加强思想建设永远在路上。民进全会要以本次学习实践活动总结表彰为新的起点，在主题教育活动中继续探索、不断前进。一要着眼搞好政治交接，继承和弘扬民进优良传统，丰富主题教育活动内涵，进一步提高各级组织和广大会员的政治素质，凝聚更加广泛的政治共识；二要发挥领导班子和代表人士的重要作用，以点带面扩大主题教育活动的参与面；三要强化问题导向，解决好贴近会员、贴近时代两个问题，发挥好鼓劲和解惑两个作用，增强思想政治工作在主题教育活动中的针对性和实效性。四要坚持自我教育的传统和自觉、自主、自为的原则，提高各级组织和广大会员的主动性和积极性。

刘新成宣读了《关于表彰民进坚持和发展中国特色社会主义学习实践活动先进集体、先进个人的决定》。民进北京市海淀区委等 138 个集体荣获“民进坚持和发展中国特色社会主义学习实践活动先进集体”称号；马静等 112 人荣获“民进坚持和发展中国特色社会主义学习实践活动先进个人”称号。

会上，先进集体和先进个人代表结合工作实践做了大会交流。

民进中央省级组织换届工作领导小组办公室负责人，民进中央机关部门负责人、学习实践活动领导小组办公室成员，各省级组织负责人、民进中央学习实践活动联系点负责人、先进集体和先进个人代表 150 余人参加了会议。

21 日上午，民进坚持和发展中国特色社会主义学习实践活动总结表彰会在京闭幕。蔡达峰、刘新成、高友东出席闭幕式。刘新成主持闭幕式。

会议期间，与会人员分成 5 个小组进行了分组讨论，各小组代表在闭幕式上分别就分组讨论情况作了汇报发言。

（2）开展“不忘合作初心，继续携手前进”专题教育

围绕“不忘合作初心，继续携手前进”主题，民进中央领导结合重要会议、联系点讲座、授课和调研等活动，带头领学示范。依托民进会内宣传平台，以刊发民进中央领导、省级组织新任主委、专家学者和靳萱署名文章，以及“不忘合作初心，继续携手前进”专题教育网站微专题等形式，营造开展专题教育的良好氛围。配合多党合作历史传统记录工程，参与《大道——多党合作历史记忆和时代心声》一书的编写工作，并将该书作为专题教育学习资料，供所有民进十二大代表和基层组织学习。

（3）推进学习实践活动联系点工作

在前三批联系点工作基础上，2017 年民进中央建立第 4 批 12 个联系点，实现联系点在省级组织的全覆盖。主席班子成员结合“不忘合作初心，继续携手前进”专题教育和年度工作重点，深入联系点地方和基层组织，特别是通过与基层会员“面对面”交流，进一步凝聚建设中国特色社会主义参政党的思想共识。

3月24日，朱永新赴江苏常州调研。

5月18日，张帆赴福建南平调研。

5月25日，张雨东赴贵州毕节调研。

5月27日，蔡达峰赴上海市静安区调研，为会员作“把握主题，增强自信”专题报告。

7月18日，刘新成赴陕西渭南调研。

7月21日，刘新成赴北京市海淀区调研。

7月24日，姚爱兴赴宁夏吴忠调研。

8月2日，蔡达峰赴黑龙江大庆调研。

8月3日至4日，朱永新赴海南三亚调研。

9月3日至4日，罗富和赴广东东莞调研。

10月25日，姚爱兴赴宁夏吴忠调研，为会员作学习中共十九大精神辅导报告。

（4）落实学习实践活动领导小组办公室工作职责

办公室分别于1月和6月召开会议，研究落实2017年重点工作。开展学习实践活动工作调研，推动左右联合、上下互动。全年共编发简报6期，及时传达民进中央学习实践活动的工作部署，总结推广活动经验。连续第4年向各省级组织寄发学习资料。

1月16日，民进中央学习实践活动领导小组办公室举行2017年第一次会议，总结2016年度学习实践活动开展情况及民进中央常委参与联系点工作情况，研究学习实践活动第四批联系点有关工作安排，交流2017年学习实践活动主要安排。刘新成出席会议并讲话，高友东主持会议。民进中央省级组织换届工作领导办公室负责人，学习实践活动领导小组办公室成员出席会议。

刘新成充分肯定了2016年学习实践活动及联系点工作取得的成绩。他指出，2017年是学习实践活动的收官之年，也是省级组织和民进中央的换届之年，面对繁重的工作任务和比较复杂的舆情形势，民进各级组织不能有思想上的松懈，一定要再接再厉、乘势而上，以“不忘合作初心，继续携手前进”专题教育为重要内容，继续深入开展学习实践活动，民进中央学习实践活动领导小组办公室要加强督促指导，做好统筹协调，确保学习实践活动善作善成。

6月29日，民进中央学习实践活动领导小组办公室举行2017年第二次会议，交流第四批联系点工作开展情况，总结交流开展学习实践活动的主要工作。刘新成出席会议并讲话。学习实践活动领导小组办公室成员参加会议。

会议从坚持以学习实践活动为主线、领导班子带头树立“主线意识”、深入开展会史和优良传统教育、建立联系点并实现全覆盖、广泛开展“我身边的先进”宣讲活动、加强经验交流和工作研讨、积极发挥领导小组办公室作用和加强高素质参政党机关建设等8个方面对开展学习实践活动的主要工作进行了总结，并对今后开展主题教育活动提出了意见建议。

2. 推动政治理论学习

（1）深入学习贯彻中共十九大精神。向民进全会印发《民进中央关于学习贯彻中国共产党第十九次全国代表大会精神的决定》。围绕学习贯彻中共十九大精神，严隽琪发表了《学习贯彻十九大精神 成为无愧于新时代的参政党》的署名文章。民进会内宣传平台以专栏、专题等形式，集中刊发民进中央领导和会员学习十九大精神的学习体会，配发系列专家解读文章，指导推动民进全会学习。

（2）学习宣传习近平总书记在全国政协民进、农工党、九三学社委员联组会上的重要讲话精神。先后召开民进全国人大代表、政协委员座谈会和中常会，学习习近平总书记的重要讲话精神，引导广大会员自觉做践行社会主义核心价值观的模范，积极投身创新发展实践。民进中央主要领导带头领学，先后发表《加强学习 指导实践》《亲切的问候，殷切的期待》等署名文章。民进会内宣传平台陆续刊发系列学习文章，民进网站推出学习专题，深入宣传民进会员中的优秀知识分子，激励和引导广大会员主动担当、积极作为。

（3）发挥中心学习组的领学作用。民进中央中心学习组结合主席会和中常会，把学习贯彻中共十八大和十八届三中、四中、五中、六中全会精神，学习贯彻习近平新时代中国特色社会主义思想和中共十九大精神作为重点学习内容。1 月主席会议期间，围绕学习中共十八届六中全会精神、贯彻落实民进十三届五中全会工作部署进行了谈心交流；7 月中常会期间，就“国家创新驱动与转型发展”进行专题学习；8 月召开专题学习会议，交流学习习近平总书记在省部级主要领导干部专题研讨班上的重要讲话（“7・26”重要讲话）精神的心得体会，严隽琪发表了《坚持主题不动摇 携手合作开新篇》的署名文章；10 月主席会议期间，围绕中共十九大精神交流学习体会。

（4）学习贯彻两会精神。向民进全会印发《民进中央关于学习贯彻十二届全国人大五次会议和全国政协十二届五次会议精神的通知》，及时组织召开民进学习贯彻两会精神座谈会。通过图文直播、在线互动、视频会议相结合的形式，有效扩大了学习的范围，提升了学习的效果。

3. 加强网络舆情工作

为适应网络舆情工作的新形势，民进中央制定了《民进中央网络舆情事件应急处置暂行办法》，成立了网络舆情工作领导小组，领导小组下设办公室，并建立了办公室日常值班制度。办公室多次向民进中央报送有关网络舆情信息，同时注意加强与有关省级组织的沟通与协调。为贯彻落实民进省级组织专职副主委工作会议精神，4 月 18 日在京举行民进网络舆情工作研讨会。刘新成出席会议并讲话，各省级组织组织部门、宣传部门负责人，民进中央网络舆情工作领导小组办公室有关同志等近 70 人参加研讨会。

针对目前民进会内网络舆情反映出来的问题和工作现状，刘新成从做好会员的工作、做好组织系统特别是机关工作两个层面提出具体要求。他指出，网络舆情工作本质上是做好会员的工作，民进全会各级领导干部、各级组织机关职能部门负责同志要加深认识，形成做好网络舆情工作是职责所在的共识。要引导广大会员自觉遵守民进章程，严守政治底线，以高于法律对公民的要求加强自我约束。有影响力的骨干会员要有更严格的自我约束，主动承担责任，传播正能量。

各省级组织代表围绕贯彻落实民进省级组织专职副主委工作会议精神，交流了工作和体会，并结合各省实际情况，对进一步加强网络舆情工作提出了意见建议。

4. 推动民进全会参政党理论研究的开展

民进中央按照“理论研究与实际工作相互促进”的要求，以应用理论研究为重点，立足民进开展学习实践活动和会务工作的实际需要，就会员关心的重大理论问题、参政党建设和履行职能中亟待解决的现实问题，坚持问题导向，创新工作方式方法，积极推进理论研究工作。

（1）组织召开“民进全国理论研究与会史工作会议”，努力提高理论研究和会史研究的能力与水平

8月18日至19日，民进全国理论研究与会史工作会议在苏州举行。刘新成作开幕讲话，朱永新致开幕词。高友东主持开幕式。会议总结交流理论研究与会史工作的经验和体会，研究探讨加强理论研究与会史工作的思路和举措。会议的目的是进一步统一民进全会思想，整合会内外力量，明确未来工作的任务和方向，推动民进理论研究和会史工作打开新局面。中央社会主义学院，民进中央会史工作委员会，民进省级组织、省会城市和副省级城市组织有关领导、专家及理论研究和会史工作负责同志近150人参加了会议。

刘新成指出，理论研究工作必须更加关注对于政党理论的探究思考，更加强调面向实际工作，更加强调问题意识。理论研究的题目要从履职的实践中来，从民主党派所面临的内外形势变化中来；理论研究的人才资源要坚持会内挖掘与会外合作相结合；理论研究的动力必须来自于有感而发，有呈现体会的愿望，如此获得的研究成果才能确保质量与价值。他强调，形势的紧迫性决定了研究的紧迫性，实践的丰富性决定了研究的广泛性，我们要及时总结经验体会，补齐短板，持续发力，以真正实现理论研究与实际工作的相互促进。

关于会史工作，刘新成指出，会史工作的意义在于尊重历史，抵制历史虚无主义；立足点在于继承优良传统，不忘合作初心，继续携手前进；着力点在于与自身建设相结合，不断巩固民进全会的思想政治共识。在未来的工作中，应进一步发挥会史研究的教育功能，持续关注会史资料的抢救工作，应继续以“人”为本、重视人物史的挖掘和利用，要扎实推进会史教育基地建设、切实发挥好基地的教育作用。民进全会要认清形势、明确任务，努力推动民进理论研究和会史工作开创新局面。

开幕式后，会议进行了大会交流。

19日下午，会议闭幕。刘新成出席闭幕式并讲话。高友东主持闭幕式。

针对理论研究工作，刘新成认为，民进十大以来，经过十年的努力，民进的理论研究工作取得了一定进步，但依然相对薄弱，是块短板。希望民进各级组织想方设法逐步提高思想重视程度，在参政党理论研究的定义、价值和到底需要做什么、如何做好等方面不断深化认识；要尽量确保理论研究岗位的专职化和专业化，如果不能做到专人，至少也应做到专事，将此项工作做实和做出真正的成果。他提出，参政党理论研究有非常大的研究空间，有许多非常值得研究的问题，我们要力争去讲清一些模糊问题，解决一些实际工作中的困惑，以达到通过研究解决问题并服务于领导决策的最终目的。

刘新成指出，在新时期，着眼民进会史工作的可持续发展，本次会议达成以下共识，即做好几个结合：会史工作和档案工作相结合，扎实推进会史基础资料的系统收集；会史工作与宣传思想工作相结合，努力创新会史教育手段和会史成果呈现方式；简史编修与专题史编纂相结合，在会史中突出界别特色，系统回顾民进履职和自身建设的历程；中央和地方相结合，民进中央应完整收录各级组织的会史资料成果，在此基础上加强会史研究，形成会史工作合力。

会议期间，与会人员听取了题为《关于民主党派民主监督的几个问题》《不忘合作初心，弘扬优良传统》的专题报告。

（2）制定下发参政党理论研究课题，开展课题招标活动

根据民进全会中心工作及民进中央各部门实际工作需要，结合民进理论研究实际，制定下发和招标课题，内容主要涉及新媒体环境下如何加强意识形态工作、加强和规范民主党派民主监督工作、推动专门委员会向工作机构发展的经验研究、脱贫攻坚民主监督的关键环节研究等方面。各省级组织结合本省实际，积极部署，开展研究。及时收集整理各地的理论研究成果，运用到领导讲话和工作报告中，并向《人民政协报》、《团结报》、《民主》杂志、民进宣传网等媒体推荐，调动了地方组织和骨干会员的积极性，实现了研究成果的有效利用。

5. 稳步提高会史工作质量

民进中央大力推动会史学习、宣传和研究，充分发挥会史的资政育人作用，引导广大会员重温民进与中共的"合作初心"和历史贡献，继承和弘扬民进优良传统。

（1）做好民进会史正本的编辑出版工作，夯实会史工作的基础。完成《民进简史（1945—2007）》的出版工作，全面回顾、梳理和总结民进的发展脉络和工作经验。将会史资料收集的重心下移，完成《民进会史资料选辑（第七辑）》编撰出版工作，系统汇总民进市县级组织的成立纪实。

（2）引导地方组织加强对会史资料的抢救性收集和整理，增强民进全会会史工作的统筹性。启动民进"多党合作历史传统记录工程"，以老领导和老会员为重点对象，面向29个省级组织开展口述会史资料收集工作，采取历史解读、口述会史、回忆文章、访谈实录等多种形式，深入挖掘民进会史资料和历史记忆。

（3）助力民进会史教育基地提质升级，拓展会史工作的平台。启动民进会史教育基地的新一轮申报和核验工作，助力民进会史教育基地的提质升级，多家基地实现了陈设的更新、展品的丰富和会史资料的充实。

（4）加强会史的宣传力度，提升会史的宣教效能。参与有关部门《大道》民进部分会史文章和两篇人物访谈的撰写修订工作，在统一战线工作领域层面积极宣传民进的历史贡献。通过民进网站和民进微信公众号，在重要纪念日、民进前辈的诞辰纪念日等，推送纪念文章，扩大会史的宣传效能。

（二）组织建设

2017年是民进全会的换届年，组织建设工作以开展坚持和发展中国特色社会主义学习实践活动为主线，以认真做好中央换届工作、指导省级组织换届为重点，加强代表人士队伍建设、基层组织建设和会内监督工作，推进组织建设再上新水平。

1. 指导省级组织换届工作

民进中央对省级组织换届工作高度重视，在换届程序上严格把关，在换届纪律上严格要求。一是对2016年没有进行三方协商的省级组织，及时沟通情况，完成所有省级组织换届班子人选的三方协商，并对个别人选的变动及时进行沟通协商；二是召开省级组织专职副主委工作会议，对换届各项工作进行专题部署，统一思想、提出要求；三是对各省级组织领导班子成员情况进行进一步测算分析，及时与各省级组织、当地统战部门密切联系、沟通情况，对省级组织的换届程序给予指导，及时了解并帮助解决换届工作

中存在的问题；四是参加省级组织换届大会，了解各省级组织换届的程序，学习借鉴好的做法和经验，对出现的问题，提出意见建议；五是起草印发《关于严肃换届纪律，加强换届监督工作的指导意见》，指导省级组织监督委员会就换届程序和纪律进行监督，参加省级组织监督委员会的换届，听取关于加强会内监督工作的意见建议；参与了省级组织届中述职、民主评议等关键环节，调查处理了届中调整中出现的一些不符合程序的问题，确保了换届工作程序规范、纪律严明，增强了广大会员特别是各级领导班子自觉参与监督、接受监督的意识。

2. 加强代表人士队伍建设

加强与代表人士的联系，做好代表人士的推荐工作。先后向民办教育协会、中国教育学会、中华职教社推荐领导人选；全国两会期间，召开全国人大代表、全国政协委员中的民进会员座谈会，民进中央领导就提高履职能力、增强“四个意识”、廉洁自律等提出要求；召开文艺界会员座谈会，就学习贯彻中共十九大精神，推进文化建设建言献策；省级组织换届后，举办民进全国专职副主委、秘书长培训班；对换届情况及时进行总结，梳理存在的问题。

8 月 22 日至 25 日，民进全国专职副主委、秘书长培训班在中央社会主义学院开班。严隽琪出席开班式，高友东主持。

严隽琪结合培训主题，对做好专职副主委和秘书长工作提出三点要求：一是要加强学习，不断用中国特色社会主义最新理论成果武装头脑，在新的历史阶段巩固多党合作的思想政治基础。二是要提高能力，切实发挥作用，努力将民进建设成为符合时代要求的高素质参政党。三是要带好队伍，全面加强自身建设，为履行职能提供坚强的思想和组织保障。

严隽琪要求，专职副主委和秘书长在工作中要坚持实行民主集中制，既分工明确，又互相沟通、密切配合，建立良好的合作共事关系，形成合力；要提高协调沟通的能力，协调好上下级组织、与当地党委统战部以及与政府、政协的关系；要关心机关同志，让机关同志感受到人文关怀；要以身作则，模范遵守机关各项规章制度，带动机关令行禁止，自觉遵守八项规定，维护民进的良好形象。

开班式后，高友东为培训班作了加强机关建设的辅导报告。民进中央省级组织换届工作领导小组办公室负责人参加了开班式。

24 日上午，罗富和看望参加民进全国专职副主委、秘书长培训班的 80 余位学员，并与他们座谈。

罗富和指出，做好专职副主委、秘书长的工作，首先要不忘初心，并且将其转化为不断推动工作的恒心。其次要加强民进自身的体系与能力建设，这样才能承担起履行参政党职能的重任。最后要在工作的规划、实施和总结的各个阶段加强谋划。

罗富和还结合工作实际案例，强调专职副主委、秘书长要加强自身能力建设，要有问题导向，善于发现问题并解决问题；要加强会内监督工作，畅通意见反映渠道，自觉接受监督；工作要善于谋划，主动把握工作的关键环节；要身体力行，工作要具有很强的责任心；要知人善用，言传身教，培养年轻同志。

座谈会上，五位学员代表谈了关于机关建设工作的思考和建议。民进中央机关部门负责人参加座谈并介绍了各部门的重点工作。

25日下午，培训班结业。蔡达峰出席结业式并讲话。

蔡达峰强调，领导干部首先要行为端正，在工作中能够正确处理公与私的关系，以自愿奉献的精神、真诚纯洁的愿望，致力于服务最大多数，不计较个人名利，为党和国家工作大局服务，为民进组织和广大会员服务。民进先辈就是以这种高尚的人格境界，为民进赢得了地位和声誉，当前这种作风依然具有现实意义，依然是我们的标杆，我们要珍惜和弘扬。专职领导干部任务重、责任大，但能为崇高的事业而工作是我们的荣幸。只要我们保持积极的心态和务实的作风，依靠组织，团结同志，就一定能克服困难，促进我们的事业和自身的共同发展。

3. 加强基层组织建设

民进中央加强对基层组织建设的指导和支持，印发《基层组织活动案例选编》《民进支部》等资料，开展基层组织建设调研，对基层组织建设的做法、经验、体会、存在问题进行梳理，组织召开民进全国基层组织建设经验交流会，就加强基层组织建设进行深入研讨，进一步推动基层组织建设再上新水平。

9月18日至19日，民进全国基层组织建设经验交流会在京召开。蔡达峰出席开幕式。高友东主持开幕式并作闭幕总结讲话。民进各省级组织分管组织建设的副主委、组织部门负责人及先进基层组织代表130余人参加会议。

蔡达峰在开幕式讲话中指出，基层组织是党派团结会员、开展工作、发挥作用的第一线，是党派保持生命力、形成战斗力、体现进步性的基础，是党派履行职能和自身建设的支撑点和落脚点。近五年来，民进基层组织建设取得了新成绩，但也遇到了新情况、新问题、新挑战。各级组织要在认真总结经验、分析问题的基础上，寻求新思路，争创新局面。一是坚持不懈，把加强基层组织建设作为基本任务，促进基层组织整体水平的提高。二是把握原则，保证基层组织建设的目标和方向。三是把握特性，基层组织有职业性和基础性两大基本属性，加强基层组织建设，既要发挥基层组织的主体作用，积极探索有效的建设办法，又要发挥中央和地方、地方和基层组织的合力，优势互补，促进整体联动。四是务求实效，要适应形势，总结经验，聚焦问题，不断增强建设能力，提升建设实效。

蔡达峰强调，基层组织领导班子要努力提高工作能力，在开展活动、建言献策、关心会员上下功夫。基层组织要发挥好桥梁作用，既要主动与党政领导联系，了解本单位需要；又要组织会员研讨，形成集体建议，向本单位反映，帮助本单位向有关方面反映，在服务中体现自身的价值，提升自身的影响力。基层组织除开展活动，还要保持经常性的联系，使大家在坦诚相见、相互帮助中增进信任，形成友爱向上的会员关系，达到团结会员、凝聚力量的目的。

高友东在闭幕总结讲话中指出，基层组织建设是民主党派自身建设的主要内容之一，涉及会员发展与管理、基层组织活动开展与履行职能、基层组织工作载体建设与制度保证等方面，是一项系统工程。要着力抓好班子建设，建立健全规章制度，加强联系指导和监督检查，建立广泛的工作联系，努力搭建活动平台。希望各级组织进一步增强责任感、使命感和紧迫感，认真落实本次会议的任务和要求，推动民进的基层组织建设再上新台阶。

会议期间还进行了大会交流发言和分组讨论，与会人员并就《中国民主促进会基层组织工作条例》（征求意见稿）提出了意见建议。

4. 稳步推进会内监督

有序推进会内监督工作。召开民进全国会内监督工作研讨会，总结交流十三届中央及省级组织监督委员会工作，就民进会章中有关监督和纪律的内容提出修改意见及建议；对中央监督委员会五年来工作进行总结；加强对民进中央机关作风建设情况进行监督，对有关部门反馈的有关问题进行调查核实。

3月22日至23日，民进全国会内监督工作研讨会在京举行。22日上午，民进全国会内监督工作研讨会在京开幕。严隽琪出席开幕式并讲话，罗富和、蔡达峰、卫小春出席开幕式，卫小春主持开幕式。民进中央监督委员会委员，民进各省级组织监督委员会相关负责同志，民进中央省级组织换届工作领导小组办公室负责人、监督委员会办公室负责同志、研究室负责同志等40余人参加了本次会议。

严隽琪指出，推进会内民主、加强会内监督，是民进加强自身建设的重要方面，是大势所趋、是广大会员心之所向，同时又没有现成的经验，只能在不断探索实践、不断反思总结中完善。2017年是民进中央和省级组织的换届之年，希望在会内监督和换届工作中找到结合点，努力探索创新监督的方式方法，既保障换届工作平稳有序，又为监督工作的制度完善积累经验。

卫小春总结了民进中央监督委员会五年来的工作情况。

9位省级组织代表作了大会发言，就会内监督工作思考与体会进行了交流。

23日上午，民进全国会内监督工作研讨会在京闭幕。罗富和、蔡达峰、卫小春出席闭幕式。

罗富和指出，民进将会内监督作为有序推进会内民主的一项重要工作。有序推进会内民主是贯彻民主集中制原则的体现，也是组织工作的重要原则。会内监督将遵守会章、制度的执行情况、加强制度建设情况作为主要内容，将领导班子和各级组织机关作为会内监督的重点对象，担任监督委员会的同志要带头接受监督。要把会内监督工作与思想工作相结合，与培养骨干相结合。

蔡达峰指出，要在内部监督工作的探索实践中，深入学习领会中共十八大以来监督体系建设的意义，深入理解“中国特色社会主义政治发展道路和政治体制改革”对“监督”的要求，理解党派内部监督与接受监督的关系，理解党派思想建设、组织建设、制度建设、作风建设以及纪律建设与监督工作的关系，理解党派内部监督的目的和重点。

（三）机关建设

2017年，民进中央以开展坚持和发展中国特色社会主义学习实践活动为主线，紧扣“不忘合作初心，继续携手前进”主题，切实转变作风、提升能力、建好制度、优化服务，有力推动会中央“阳光、高效、规范、和谐”的机关建设再上新台阶。

1. 倡导积极向上、民主公开风气，构建“阳光”组织

（1）深入开展机关建设工作主题年活动。2017年是民进中央机关建设主题年，民进中央以此为契机，统一思想，提高认识，借劲发力，通过开展一系列活动有力推动机关建设工作再上新台阶。一是4月在京召开民进全国机关建设工作会议，总结五年来民进机关建设工作的总体情况和经验体会，提出对下一步机关建设工作的思考建议。严隽琪、

蔡达峰在会上作重要讲话，高友东作工作报告，会议总结了经验，明确了任务，表彰了先进，激励了干劲，对民进机关建设具有重要的指导意义。二是面向民进全会机关专职干部开展“我与民进共成长”主题读书征文活动，评选获奖文章53篇，编印了《民主》增刊，通过述说所见、所闻、所感，反映几十年来民进机关建设的历程与成果，抒发机关干部的自豪感以及对组织的深厚感情。三是推动民进全会干部培训工作，在京举办民进省级（副省级、省会城市）组织办公室主任培训班，配合筹办民进省级组织专职副主委、民进全国秘书长工作研讨班，帮助民进各级组织专职干部队伍丰富理论知识，增强业务能力，提升工作水平。四是成立调研小组赴地方组织就机关建设问题进行专题调研，收集民进全国机关工作先进集体、先进个人材料及各省级组织五年来机关建设工作总结，在民进宣传网开设主题年专题，加强对民进机关建设先进经验、先进典型的宣传。主题年系列活动的开展，展示了五年来民进全会机关建设良好风貌，深化了对民主党派机关建设工作的理性思考，取得了显著的成效。

9月12日至15日，民进省级（副省级、省会城市）组织办公室主任培训班在中央社会主义学院举行。12日上午，培训班举行开班式，罗富和出席并讲话。

罗富和结合自身多年的工作经验与大家交流了做好机关工作的体会。他说，办公室是综合办事机构，在机关工作中具有重要的地位和作用，民主党派机关办公室有自己的工作特点，我们服务的对象绝大部分是具有较高社会地位的兼职的党派成员。做好办公室工作首先是要强化政治意识，坚持绝对忠诚的政治品格，打牢思想基础，这是做好各项工作的核心。其次是加强民进自身的体系与能力建设，我们共同认同的民进的宗旨和优良传统是这个体系的核心，使大家能凝聚在一起；我们需要一定的机构工作人员来维持和运作这个体系；我们需要章程、规章制度以及各种机制，包括政治共识和政治规矩来增强民进的凝聚力。最后是以问题为导向改进工作，不能纸上谈兵而是要撸起袖子加油干、实干。他强调，工作中凡事预则立，在工作的谋划阶段要预估到可能出现的问题，在运作实施过程中要注意关键的环节，在总结工作时要注重吸取工作教训。

罗富和强调，“两个一百年”奋斗目标和中华民族伟大复兴中国梦的宏伟蓝图已经展开，作为中国特色社会主义参政党的一员，民进各级组织要集智聚力，认真履行职责，为这项事业做出我们的努力。大家要扎实做好各项工作，以优异的成绩迎接中共十九大和民进十二大的胜利召开。

民进各省级（副省级、省会城市）组织办公室主任，民进中央办公厅的处室负责人参加培训。开班式后，学员们听取了中央社院教师作的《学习习近平总书记7·26重要讲话精神》的辅导报告。

15日下午，培训班在中央社会主义学院结业。高友东出席结业式并讲话。

高友东在讲话中总结了培训班的情况，肯定了培训班的成果和收获。他指出，本次培训班是民进机关建设主题年的一项重要内容，是在民进各省级组织完成换届之后，中共十九大和民进十二大即将召开之前举办的一次重要培训，也是民进全会继续深入学习领会习近平总书记系列重要讲话、中央统战工作会议精神，贯彻落实民进全国机关建设工作会议精神，进一步深化机关作风建设、提高干部履职能力、提升服务水平的一次重要培训。他强调，加强机关建设，进一步提升办公室工作水平，要按照习近平总书记对民主党派“加强思想、组织、制度特别是领导班子建设，提高政治把握能力、参政议政能力、组织领导能力、合作共事能力、解决自身问题能力”这“四个建设、五种能力”的要求，继续深入学习贯彻“7·26”重要讲话精神，用最新理论成果武装头脑，积极适应时代的要求，切实巩固“四个意识”，增强“三个认同”，按照严隽琪主席为民进机关建设提出的“阳光、高效、规范、和谐”的工作方针和罗富和第一副主席“抓作风建设促严谨、抓能力建设促高效、抓制度建设促规范、抓文化建设促和谐”的要求，不断强化体系建设，进一步完善工作机制，找准加强办公室工作的关键点、支撑点、着力点，切实转变作风、提升能力、建好制度、优化服务，在政治上、思想上、行动上做一个“靠谱”的人，以优异的工作成绩和坚实的政治保障，迎接中共十九大和民进十二大的胜利召开。

本次培训班为期4天。培训期间，学员们通过听取辅导报告、参加小组讨论、参观会史展览等形式，对习近平总书记“7·26”重要讲话精神、中央统战工作会议精神、《中国共产党统一战线工作条例（试行）》、领导力与执行力、加强党派机关办公室工作、中国特色政党制度、民进会史等内容进行了深入的学习、交流和研讨，对于加强民进全会办公室干部队伍建设、提高民进全会办公室工作水平将产生积极推动作用。

（2）加强作风建设，倡导良好精神风貌。民进中央机关将加强作风建设作为主题年工作的重中之重。围绕坚持和发展中国特色社会主义学习实践活动主线，紧扣“不忘合作初心，继续携手前进”主题，引导督促机关干部深入学习习近平新时代中国特色社会主义思想和中共十九大精神，认真开展贯彻中央“八项规定”“两学一做”等专题教育，坚持树正气、接地气，切实增强机关干部的大局意识、合作意识、服务意识、枢纽意识、责任意识和纪律意识，争做“守纪律、讲规矩、业务强、敢担当”的机关干部。同时，坚持以重大活动为契机，开展国情教育、政策法规教育和民进会章、会史、优良传统教育，激励机关干部牢记民进的光荣历史和优良传统，凝聚“三个认同”政治共识，立足岗位、奋发有为，进一步树立胸怀大局意识和服务为本的良好风气，做到接受任务不推诿、执行任务不讲困难、完成任务追求圆满。

（3）积极推动机关工作公正民主、公开透明。坚持贯彻民主集中制原则，通过多种渠道积极推动议事制度科学民主化，在研究过程中充分发挥集体的力量，利用专题会、学习会等平台，集智聚力，力求研究广泛深入细致；充分调动各个层级主观能动性，及时收集并反馈意见与建议，建立有效信息传递，通过全员有序参与，有力保障干部职工对机关事务的知情权、参与权、建议权和监督权，形成人人能参与、乐于参与机关事务的和谐民主氛围。人事部门在机关内网公开干部工作和外事工作等流程图，通过不确定岗位竞聘、民主测评、群众不计名投票等方式，以公开、公平、公正的原则考察、选拔干部；机关财务报销，须经手人填报、主管审批、会计审核，重大支出财务会签；物品采购坚持质优价廉，努力节约会议、办公成本，注重节能减耗，体现少花钱、多办事的原则；办公楼局部维修改造工程委托专业的招标公司进行公开竞标；机关信息化建设项目等投资额低于政府采购招标要求的，由财务、采购、技术、固定资产管理、内部审计等部门及相关领导共同组成采购项目小组，参照招标评标的方法进行评标；一般性的采购，通过网上各大电商比价后采购，大大提高效率、降低成本；食堂、车队、物业定期请群众评分提意见，并认真吸纳改进；物业日常工程维修和维护有报告、有审批、有审核、有验收。

2. 加强干部队伍建设，提升机关整体合力

为提高干部的业务能力和综合素质，优化科学、合理的干部结构，培养造就一支政治坚定、业务精通、务实创新、作风过硬的机关干部队伍，民进中央认真探索创新干部培养方式，努力完善干部选拔任用评价体系，进一步加强机关干部队伍建设。坚持发挥选人用人的导向作用，严把“进人关”和“晋升关”，按照“信念坚定、为民服务、勤政务实、敢于担当、清正廉洁”的好干部标准培养和选拔任用干部，努力打造一支结构合理、素质优良、业务精通的干部队伍；坚持以实绩为核心的考核办法，普遍推行业务档案，引导机关干部通过日常工作加强积累、提高能力；选派 4 名干部赴湖南怀化、贵州金沙、贵州安龙、贵州黔西南坝盘村挂职锻炼，开展内部定期轮岗交流，组织干部赴基层和境外开展调研，帮助机关干部多岗位多方面提升素质、历练成长；召开“部门工作研讨会”“处长工作研讨会”，围绕本届工作和本职工作，以问题为导向，研讨如何加强部门、处室建设，提高部门管理和各处室服务能力。

3. 以信息化为手段，提高工作效能

民进中央坚持信息化建设为参政党履职服务的方向，稳步开展信息化建设。一是合理利用有关方面的专项支持，加紧实施资产信息管理系统、网络数据备份容灾系统建设、文件共享及邮件系统升级、参政议政综合平台、民进网站投稿系统、信息化设备升级、档案数字化建设、文件印刷设备升级等项目，进一步提高机关的信息化工作水平。二是加强信息安全建设，加强对机关互联网入口安全设备、计算机终端的安全巡检工作。三是加强信息化建设的联系与交流。走访中央统战部、各民主党派中央等兄弟单位，与信息技术行业专业公司进行座谈，赴深圳、广州两地民进组织进行信息化调研，共同研究信息技术与机关工作的结合点。以举办“民进学习贯彻两会精神座谈会”“民进社会服务部工作会议”等全国范围的视频会议为契机，通过创建 QQ 群、添加微信号等方法，进一步加强与 29 个省级组织信息化专职干部的联系。

4. 以制度为抓手，以管理强服务，健全“规范”流程

（1）完善规章制度，加强执行监督。修订并严格执行《民进中央制度汇编》《民进中央机关管理制度汇编》等各项规章制度，结合政策法规变动和机关实际不断完善操作流程，将程序的规范作为各项工作的基本原则，使每一项工作都必须有规范的程序、健全的审核流程和完整的资料档案。严格检查机关各项管理制度规定执行落实情况，加强督办力度，力戒松散、推诿、扯皮等不良工作现象，推动机关整体执行力进一步提高。

（2）提升各专项工作管理水平。一是严格机关财务管理。2017 年，民进中央机关接受了国家审计署派出审计组的审计。民进中央全力配合审计工作，对审计组提出的要求事事有落实，需要的资料件件有回复，圆满配合完成了审计工作；根据财政部通知精神，民进中央进行了单位内部控制风险评估，多措并举完善机关内部控制；做好项目预、决算和绩效考评工作，强化部门预算管理，提高预算编制质量，加强资金使用的计划性、效率性和安全性，做到“合法、合规、高效”。二是做好固定资产管理。开展国有资产清查后续复核工作，向财政部报送 2016 年度资产报表并反馈资产管理条例的有关意见；对各库房进行盘点清理，对采购物品及时入库登记；做好职工住房、集体宿舍管理相关工作。三是做好人事管理工作。根据相关部门要求，认真开展机关干部人事档案专项审核

工作、领导干部个人事项报告工作。四是完善外事工作管理。提高外事工作政策把握能力，严格按规定做好外事和因私出国境相关工作，认真执行出访年度计划，出访调研成果明显。五是狠抓机关安全管理。做好机关消防安全、设备安全、用车安全、食堂安全管理工作，杜绝安全隐患。

5. 坚持以人为本，注重文化熏陶，建设“和谐”机关

（1）开展丰富文化活动，形成浓郁文化氛围。机关文化建设是陶冶和提升机关干部素质的重要内容。民进中央注重打造并大力推动机关文化品牌，紧密结合建设高素质参政党机关的要求以及干部成长、成才的需求，举办 5 次开明论坛讲座，拓展干部职工的视野和知识水平；举办机关干部职工红旗渠干部学院培训班，学习红旗渠精神，加强机关作风建设，提高干部综合素质；开展“我与民进共成长”主题读书征文活动，鼓励机关干部重温、铭记民进历史和优良传统，增进对民进目标、道路、文化的认同；组织干部积极参加在线学习和周学习日活动，推荐 32 人次参加相关部门举办的专项业务培训班、局级干部调训班、自主选学；健全机关党支部、民进支部、工会、团支部等群团组织“四位一体”的协调合作机制，为群团组织开展活动提供良好条件，召开新春茶话会、机关职工运动会，选派机关干部参加外单位组织的运动比赛，多次举办学习参观活动，定期为离退休老干部播放电影，丰富职工业余文化生活。

（2）关心爱护干部，坚持人性化管理。注重人文关怀，健全干部谈心制度，坚持人性化管理，了解、爱护、团结干部，倡导公道正派。在做好沟通交流、温暖人心、理顺情绪的思想工作的同时，通过多方协调，努力解决干部工作生活中的实际困难。例如，做好公务员调资和养老金并轨的相关工作；配合政协做好职工住房配售工作，积极联系有关方面为机关无房户争取公租房入住名额；开展送温暖工作，了解机关困难职工情况，并且及时发放困难补助；关心职工健康，定期组织机关职工体检；关心离退休老干部，做好每周一、周四老干部接待工作，高龄、住院老干部定期探望，离退休老干部集体活动组织等工作，向他们转达会中央机关的问候。以人为本的理念，使广大干部感受到来自机关大家庭的温暖，大家心情舒畅，工作热心，机关团结振奋、友爱和谐的氛围不断加强。

（四）2017 年底民进组织及成员情况统计

截至 2017 年 12 月底，民进共有地方组织 356 个。其中包括省级组织 29 个，市级组织 273 个，县级组织 54 个。基层组织 8146 个，其中基层委员会 309 个，总支委员会 462 个，支部 7122 个。全年新加入成员 7559 人。全会会员总数 163654 人，其中女会员 81346 人，平均年龄 51.3 岁，离退休 50732 人。

界别分布上看，民进全会会员的构成主要如下：高等教育 21487 人，占比 13.1%；基础教育 76184 人，占比 46.6%；科学技术 3507 人，占比 2.1%；医药卫生 11100 人，占比 6.8%；文化艺术 9561 人，占比 5.8%；出版传媒 3514 人，占比 2.1%；公有制经济 6286 人，占比 3.8%；新的社会阶层 13730 人，占比 8.4%；人大政协机关 820 人，占比 0.5%；政府机关 11284 人，占比 6.9%；司法机关 681 人，占比 0.4%；社会团体 673 人，占比 0.4%；党派机关 1996 人，占比 1.2%；其他 2831 人，占比 1.7%。

民进会员中担任各级人大代表共有 2690 人，其中全国人大常委会副委员长 1 人、常

委 6 人、人大代表 48 人；省级人大常委会副主任 6 人、常委及人大代表 277 人；市级人大常委会副主任 35 人、常委及人大代表 1153 人；县级人大常委会副主任 91 人、常委及人大代表 1073 人。（截至 2018 年两会）

民进会员中担任各级政协委员共有 13313 人，其中全国政协副主席 1 人、常委 14 人、政协委员 66 人；省级政协副主席 17 人、常委及政协委员 846 人；市级政协副主席 148 人、常委及政协委员 5169 人；县级政协副主席 231 人、常委及政协委员 6821 人。（截至 2018 年两会）

民进会员中担任省、市、自治区人民政府领导职务 1 人，厅局级领导职务 110 人，县处级 876 人。担任中央司法机关领导职务 1 人，司法机关厅局级领导职务 1 人，县处级领导职务 17 人。

民进会员学历结构中，大专学历占 19.8%，本科学历占 57.8%，硕士学历占 9.0%，博士学历占 2.9%。

民进会员中担任科学院院士的共有 6 人，中国工程院院士的共有 3 人，千人计划 18 人，长江学者 40 人。

石树梅　民进中央办公厅副主任
沈轶筠　民进中央办公厅秘书处干部

中国农工民主党

一、重要会议及活动

（一）中国农工民主党第十六次全国代表大会

2017年11月27日至12月1日，中国农工民主党第十六次全国代表大会在京隆重召开。

11月25日晚，农工党十六大代表团团长会议在会议驻地——北京会议中心召开。十五届中央主席陈竺主持会议并讲话。

11月26日上午，农工党中央主席陈竺，常务副主席刘晓峰，副主席陈述涛、何维、姚建年、杨震、朱静芝、蔡威、龚建明，副主席兼秘书长曲凤宏等中央领导在北京会议中心集体观看《同心共筑中国梦——中国农工民主党五年来工作回顾图片展》。

11月26日晚，农工党十六大预备会在北京会议中心召开。十五届中央主席陈竺主持会议。会议听取了十五届中央常务副主席刘晓峰所做的农工党第十六次全国代表大会筹备工作报告。会议审议通过了十六大议程、主席团名单、秘书长名单、代表资格审查委员会名单。

11月27日上午，农工党十六大开幕式在人民大会堂宴会厅举行。中共中央政治局常委栗战书，中共中央书记处书记、中央统战部部长尤权，全国人大常委会副委员长艾力更·依明巴海，国务委员常万全，全国政协副主席、九三学社中央主席韩启德，全国政协副主席李海峰以及中央和国家机关有关部门的负责同志，各民主党派中央和全国工商联负责人等到会祝贺。

开幕式上，农工党十五届中央主席、大会主席团常务主席陈竺致开幕词。他说，举世瞩目的中国共产党第十九次全国代表大会，确立了习近平新时代中国特色社会主义思想的历史地位，做出了中国特色社会主义进入了新时代等重大政治论断，开启了中国共产党团结带领全国各族人民全面建设社会主义现代化国家新征程。农工党具有爱国革命的光荣历史和优良传统。农工党同志要深刻认识中国特色社会主义进入新时代的伟大意义和丰富内涵，更加紧密团结在以习近平同志为核心的中共中央周围，高举中国特色社会主义伟大旗帜，不忘合作初心，继续携手前进，自觉服务于国家改革发展稳定大局，按照中国特色社会主义参政党要求更好履行职能，全面加强自身建设，切实增强“四个意识”，始终坚定“四个自信”，不断提高“五种能力”，以更加昂扬的精神状态，切实担负起新时代赋予的新使命，谱写无愧于新时代的新篇章。

中共中央政治局常委栗战书会见全体与会代表，并代表中共中央致贺词。贺词指出，过去5年，是党和国家发展进程中极不平凡的5年。在以习近平同志为核心的中共中央领导下，在习近平新时代中国特色社会主义思想指导下，党和国家事业取得了历史性成就，实现了历史性变革，统一战线和多党合作事业也取得重大进展。5年来，农工党紧紧围绕党和国家事业大局，充分发挥在医药卫生、人口资源和生态环境领域的独特优势，以推进健康中国、美丽中国建设为主线，积极参政议政、建言献策，为党和政府科学决策提供了重要参考，为发展中国特色社会主义做出了积极贡献。贺词说，充分发挥统一战线的优势，加强同各民主党派的团结合作，是中国共产党的长期战略方针。中国共产党将按照中共十九大精神，坚定不移坚持和完善中国共产党领导的多党合作和政治协商制度，坚定不移贯彻长期共存、互相监督、肝胆相照、荣辱与共的方针，坚定不移支持民主党派按照中国特色社会主义参政党要求更好履行职能，把多党合作事业继续推向前进，巩固和发展最广泛的爱国统一战线，画出共同团结奋斗的最大同心圆。贺词指出，决胜全面建成小康社会，夺取新时代中国特色社会主义伟大胜利，实现中华民族伟大复兴的中国梦，是中国共产党和各民主党派的共同理想、共同事业、共同使命。希望农工党深入学习宣传贯彻中共十九大精神，紧密团结在以习近平同志为核心的中共中央周围，以习近平新时代中国特色社会主义思想为指导，围绕中共十九大提出的重大战略、重要部署、重大任务，围绕提高人民健康水平、推动医疗卫生事业改革发展、推进生态文明建设等重大问题，充分发挥自身优势，深入调查研究，积极建言献策。中共中央相信，农工党新一届中央领导机构一定能够进一步增强“四个意识”、坚定“四个自信”，一定能够坚持中国特色社会主义政治发展道路，一定能够继承和发扬同中国共产党风雨同舟、亲密合作的优良传统，承担起中国特色社会主义事业亲历者、实践者、维护者、捍卫者的政治责任，不断巩固多党合作的思想政治基础，不断提升参政党建设水平，奋力开拓农工党工作新局面，为中国特色社会主义伟大事业做出新的更大贡献。

全国政协副主席、九三学社中央主席韩启德代表各民主党派中央和全国工商联致贺词。贺词说，农工党十五大以来，新一届中央领导班子团结带领全党同志，深入开展坚持和发展中国特色社会主义学习实践活动，牢固树立“四个意识”，更加坚定“四个自信”，在思想上、政治上、行动上同以习近平同志为核心的中共中央保持高度一致，切实承担起中国特色社会主义事业亲历者、实践者、维护者、捍卫者的政治责任，开创了全党工作新局面。我们决心紧密团结在以习近平同志为核心的中共中央周围，认真学习宣传贯彻中共十九大精神，以习近平新时代中国特色社会主义思想为指引，不忘合作初心，继续携手前进，为决胜全面建成小康社会、夺取新时代中国特色社会主义伟大胜利、实现中华民族伟大复兴的中国梦、实现人民对美好生活的向往而共同奋斗！

农工党十五届中央主席、大会主席团常务主席陈竺代表第十五届中央委员会作了题为《不忘合作初心　继续携手前进　为决胜全面建成小康社会　夺取新时代中国特色社会主义伟大胜利不懈奋斗》的报告。报告指出，本次大会主题是：不忘合作初心，继续携手前进，以习近平新时代中国特色社会主义思想为指导，高举中国特色社会主义伟大旗帜，认真学习贯彻中共十九大精神，深化政治交接，努力推进适应新时代要求的高素质中国特色社会主义参政党建设，为决胜全面建成小康社会、夺取新时代中国特色社会主义伟大胜利、实现中华民族伟大复兴的中国梦、实现人民对美好生活的向往做出新的更大贡献。报告认为，5年来，在中共中央坚强领导下，农工党高举中国特色社会主义伟大旗帜，坚定不移走中国特色社会主义政治发展道路，深入开展坚持和发展中国特色社会主义学习实践活动，进一步增强中国特色社会主义道路自信、理论自信、制度自信、文化自信，牢固树立政治意识、大局意识、核心意识、看齐意识，紧密围绕"两个一百年"奋斗目标，围绕统筹推进"五位一体"总体布局、协调推进"四个全面"战略布局，贯彻落实新发展理念，聚焦积极推进健康中国和美丽中国建设两条工作主线，切实履行参政党职能，全面加强自身建设，开创了工作新局面。报告总结了六点经验和体会：一是坚持中国共产党的领导，是沿着正确方向前进的根本保证；二是坚持中国共产党领导的多党合作和政治协商制度的成功实践，是为人类政治文明进步贡献的中国智慧；三是坚持围绕中心服务大局，科学确定工作主线并持续发力，是发挥参政党作用的有效路径；四是深入实施人才强党战略，是事业兴旺发达的有力保障；五是坚持凝聚全党力量发挥整体优势，是推动各项工作不断前进的关键所在；六是坚持与时俱进开拓创新，是永葆生机活力的不竭源泉。报告指出，今后5年农工党工作的指导思想：高举中国特色社会主义伟大旗帜，以邓小平理论、"三个代表"重要思想、科学发展观、习近平新时代中国特色社会主义思想为指导，坚持中国共产党的领导，坚定不移走中国特色社会主义政治发展道路，深入学习宣传贯彻中共十九大精神，以积极推进健康中国和美丽中国建设为工作主线，履行参政议政、民主监督、参加中国共产党领导的政治协商职能，全面加强自身建设，为实现"两个一百年"奋斗目标和中华民族伟大复兴的中国梦贡献智慧和力量。报告提出了三项工作任务：一是认真学习贯彻中共十九大精神，以习近平新时代中国特色社会主义思想武装全党、指导实践；二是围绕中共十九大确定的目标任务积极履职尽责，切实担负起新时代赋予的新使命；三是全面加强自身建设，做适应新时代要求的高素质中国特色社会主义参政党。报告号召，我们要更加紧密团结在以习近平同志为核心的中共中央周围，高举中国特色社会主义伟大旗帜，不忘合作初心、继续携手前进，以崭新的精神面貌，锐意进取、砥砺前行，为决胜全面建成小康社会、夺取新时代中国特色社会主义伟大胜利、实现中华民族伟大复兴的中国梦、实现人民对美好生活的向往不懈奋斗，谱写无愧于时代、无愧于人民、无愧于历史的新篇章！

开幕式由农工党十五届中央常务副主席、大会主席团常务主席刘晓峰主持。农工党中央原主席蒋正华、桑国卫，原常务副主席李蒙、陈宗兴，十五届中央副主席陈述涛、何维、姚建年、杨震、朱静芝、蔡威、龚建明、曲凤宏，原副主席朱兆良、张大宁、陈勋儒、汪纪戎以及大会主席团成员出席开幕式并在主席台上就座。出席、列席大会的农工党十六大代表、特邀人员和农工党中央机关部分在职及离退休干部等近千人参加开幕会。

11月27日晚，话剧《邓演达》在北京会议中心上演，陈竺、刘晓峰、何维、蔡威、龚建明、曲凤宏等农工党中央领导与出席十六大的代表、特邀嘉宾观看了演出，该剧生动展示了以邓演达为代表的农工党老一辈领导人与中国共产党亲密合作、团结奋斗的光辉历程。

11月28日上午，大会举行第二次全体会议。会议听取了中共十九届中央委员、中共十九大文件起草小组成员、中共十九大精神宣讲团成员、中共中央党史研究室主任曲青山所做的学习中共十九大精神的辅导报告。

11 月 28 日、29 日晚，代表中的书画家在北京会议中心举办书画展，开展笔会活动，庆祝十六大胜利召开。刘晓峰、何维、龚建明、曲凤宏等中央领导来到笔会现场，和参加书画展、出席笔会活动的代表谈心交流。部分书画家还共同创作了书画作品《美丽中国》，并捐赠了个人书画作品。

11 月 29 日上午，大会举行第三次全体会议。会议听取了大会主席团常务主席刘晓峰作的关于中国农工民主党党章（修正案）（草案）的说明和关于第十六届中央委员会委员候选人建议名单的说明。

11 月 30 日下午，大会举行第四次全体会议。在审议通过了《关于〈中国农工民主党党章〉（修正案）的决议》、十六大《选举办法》以及十六大选举监票人、总监票人名单后，全体代表郑重地对第十六届中央委员会委员候选人投下庄严一票。下午 5 时许，大会执行主席刘晓峰宣布，丁列明等 214 位同志得票超过法定半数，当选为第十六届中央委员会委员。

12 月 1 日下午，大会闭幕式在北京会议中心举行。大会表决通过了《中国农工民主党第十六次全国代表大会决议》《中国农工民主党第十六次全国代表大会关于第十五届中央委员会报告的决议》，批准了陈竺同志代表农工党第十五届中央委员会作的报告。第十六届中央常务副主席何维宣读了大会向不再担任中央委员同志的致敬信。

十六大主席团常务主席、第十六届中央委员会主席陈竺致闭幕词。他代表第十六届中央委员会感谢全体代表和全体党员的信任，表示一定恪尽职守、勤勉工作，自觉接受全党同志监督，不辱使命、不负重托！陈竺提出三点希望：一是带头学习贯彻中共十九大精神，带动全党以习近平新时代中国特色社会主义思想武装头脑；二是深化政治交接，夯实团结奋斗的共同思想政治基础；三是以崭新的精神面貌和昂扬的奋斗姿态，谱写无愧于新时代的灿烂篇章。

闭幕会由十六大主席团常务主席刘晓峰主持。中央原主席蒋正华、桑国卫，原常务副主席李蒙、陈宗兴，第十六届中央委员会常务副主席何维，副主席姚建年、杨震、朱静芝、蔡威、龚建明，副主席兼秘书长曲凤宏，副主席王路、焦红、于文明，原副主席朱兆良出席了闭幕会。

（二）中央委员会会议

11 月 26 日，中国农工民主党第十五届中央委员会第六次全体会议在北京会议中心召开，中央主席陈竺主持会议并讲话，常务副主席刘晓峰出席会议。会议审议通过了农工党十五届六次中央全会议程（草案）；审议通过了中国农工民主党第十五届中央委员会的报告（草案）、《中国农工民主党章程（修正案）》（草案），同意提请第十六次全国代表大会审议，陈竺、刘晓峰分别对报告起草情况、党章修改情况作了说明；审议通过了《中国农工民主党第十六次全国代表大会日程》（草案）、十六大主席团名单（草案）、十六大秘书长名单（草案）、十六大代表资格审查委员会名单（草案），提请农工党十六大预备会议审议。中央副主席陈述涛、何维、姚建年、杨震、朱静芝、蔡威、龚建明，副主席兼秘书长曲凤宏及中央委员出席会议，非中央委员的省级组织主委、中央机关局级干部等列席会议。

（三）中央常务委员会会议

1. 中国农工民主党第十五届中央常务委员会第十七次会议

3月10日，中国农工民主党第十五届中央常务委员会第十七次会议在京召开。中央主席陈竺出席并讲话，常务副主席刘晓峰主持会议。陈竺就认真学习贯彻2016年全国“两会”精神提出了具体要求：一是深入学习贯彻习近平总书记在全国政协十二届五次会议联组会上的重要讲话精神，积极投身全面建成小康社会、建设世界科技强国的伟大实践；二是认真履行宪法和法律赋予的职责，为深入实施“十三五”规划、推进供给侧结构性改革贡献智慧和力量。就深化政治交接，做好换届工作，为改革发展稳定大局积极献计出力，陈竺强调：要加强思想政治建设，为中共十九大召开营造良好氛围；做好中央和省级组织换届工作，确保政治交接平稳顺利进行；围绕健康中国和美丽中国建设两条工作主线，深入调查研究，积极建言献策。中央副主席陈述涛、何维、姚建年、杨震、朱静芝、龚建明、谢庆生，副主席兼秘书长曲凤宏和中央常委50余人出席会议，非常委的省级组织主委，中央各部门负责人、各专委会主任和各直属机构负责人等列席会议。

2. 中国农工民主党第十五届中央常务委员会第十八次会议

6月25日至26日，中国农工民主党第十五届中央常务委员会第十八次会议在京召开。中央主席陈竺出席并讲话，常务副主席刘晓峰出席会议。陈竺在讲话中总结了农工党省级组织换届的主要情况和取得的好经验，部署了农工党中央换届的重点任务，对进一步搞好政治交接、扎实做好农工党十六大各项筹备工作提出了具体要求。刘晓峰作关于《中国农工民主党中央关于做好2017年中央换届工作的意见（草案）》的说明。与会常委认真学习贯彻了中共中央领导有关重要讲话及文件精神；通报了省级委员会换届情况，研究讨论了农工党十六大筹备工作；审议通过了《中国农工民主党中央关于做好2017年中央换届工作的意见（草案）》，研究了第十六届中央委员会委员名额分配原则、方案和提名工作要求。中央副主席陈述涛、何维、姚建年、杨震、朱静芝、蔡威、龚建明，副主席兼秘书长曲凤宏和中央常委50余人出席会议，非常委的省级组织主委，中央各部门负责人、各专委会主任和各直属机构负责人等列席会议。

3. 中国农工民主党第十五届中央常务委员会第十九次（扩大）会议

10月29日至30日，中国农工民主党第十五届中央常务委员会第十九次（扩大）会议在京召开。中央主席陈竺，常务副主席刘晓峰出席并讲话。陈竺指出，当前和今后一个时期，要把学习宣传贯彻中共十九大精神作为首要政治任务。一是要全面准确学习中共十九大精神，迅速兴起学习宣传贯彻热潮。二是要紧密围绕中共十九大确定的目标任务，认真履职尽责。三是要以执政党为师，全面加强自身建设：要把政治建设放在首位，巩固团结奋斗的共同思想政治基础；要坚定不移依规从严治党，持续深入改进干部作风；要深入实施人才强党战略，着力夯实基层基础；要切实提高“五种能力”，增强参政本领。刘晓峰通报了十六大报告起草情况、党章修改工作、人事安排工作、党内监督工作、会议主要任务及日程安排、活动安排等大会筹备情况。龚建明作关于《中国农工民主党中央关于认真学习宣传贯彻中共十九大精神的决议（草案）》的说明。会议审议通过了《中国农工民主党中央关于认真学习宣传贯彻中共十九大精神的决议》。中央副主席陈述涛、何维、姚建年、杨震、朱静芝、蔡威、龚建明，副主席兼秘书长曲凤宏和中央常委50余人出席会议，非常委的省级组织主委，中央各部门负责人、各专委会主任和各直属机构负责人，省级组织专职副主委，中央监督委员会委员等列席会议。

4. 中国农工民主党第十五届中央常务委员会第二十次会议

11月26日，中国农工民主党第十五届中央常务委员会第二十次会议在京召开。中央主席陈竺主持会议，常务副主席刘晓峰出席会议。会议审议通过了农工党十五届二十次中央常委会议程（草案）、十五届中央委员会的报告（草案）、《中国农工民主党章程（修正案）（草案）》，审议通过了十五届六次中央全会议程（草案），提请十五届六次中央全会审议；审议通过了第十六届中央委员候选人建议名单，刘晓峰对建议名单作了说明，提请农工党十六大主席团审议；审议通过了农工党十六大主席团名单（草案）、十六大秘书长名单（草案）、十六大代表资格审查委员会名单（草案），提请十五届六次中央全会审议。会议推举陈竺为第十五届中央委员会报告（草案）的报告人。中央副主席陈述涛、何维、姚建年、杨震、朱静芝、蔡威、龚建明，副主席兼秘书长曲凤宏和中央常委50余人出席会议，非常委的省级组织主委，中央机关各部门负责人等列席会议。

（四）中央监督委员会会议

1. 中国农工民主党第十五届中央监督委员会第六次全体会议

10月28日，中国农工民主党第十五届中央监督委员会第六次全体会议在京召开。中央常务副主席、中央监督委员会主任刘晓峰主持会议，中央副主席、中央监督委员会副主任龚建明出席会议。会议对《中国农工民主党第十五届中央监督委员会工作报告》（征求意见稿）进行了讨论，对《中国农工民主党党内监督条例》（试行）的修订情况进行了通报，研究了对违纪党员的纪律处分事宜等。农工党第十五届中央监督委员会全体委员参加会议。

2. 中国农工民主党第十五届中央监督委员会第七次全体会议

11月26日，中国农工民主党第十五届中央监督委员会第七次全体会议在京召开。中央常务副主席、中央监督委员会主任刘晓峰，中央副主席、中央监督委员会副主任龚建明出席会议。会议听取并审议通过了刘晓峰作的题为《完善体制机制，强化责任担当，不断开创内部监督工作新局面》的十五届中央监督委员会工作报告（审议稿），提请十五届六次中央全会审议。农工党第十五届中央监督委员会全体委员参加会议。

3. 中国农工民主党第十六届中央监督委员会第一次全体会议

12月1日，中国农工民主党第十六届中央监督委员会第一次全体会议在京召开。十六届中央副主席、十六届中央监督委员会主任龚建明主持会议，十六届中央副主席、十六届中央监督委员会副主任曲凤宏出席会议。会议审议通过了《中国农工民主党第十六届中央监督委员会第一次全体会议议程》《中国农工民主党第十六届中央监督委员会2018年工作要点（草案）》，任命农工党中央组织部副部长邓蓉玲为第十六届中央监督委员会办公室主任。农工党第十六届中央监督委员会全体委员参加会议。

（五）中央理论学习中心组会议

1. 学习“7 · 26”重要讲话精神座谈会

7 月 28 日，农工党中央理论学习中心组召开座谈会，认真学习贯彻习近平总书记 7 月 26 日在省部级主要领导干部“学习习近平总书记重要讲话精神，迎接党的十九大”专题研讨班上的重要讲话精神。中央主席陈竺主持会议并讲话，常务副主席刘晓峰提交书面发言，副主席何维、姚建年、龚建明，副主席兼秘书长曲凤宏出席会议并发言。陈竺提出三点要求：一是以讲话精神统一思想，引导广大农工党员把思想和行动统一到讲话精神上来，深化对讲话重大政治意义、理论意义、实践意义的认识，深化对讲话丰富内涵、精神实质、基本要求的认识，不断增强“四个意识”，增强维护核心的思想自觉和行动自觉；二是以讲话精神坚定信念，增强接受中国共产党领导的自觉性和坚定性，不断巩固团结奋斗的共同思想政治基础，进一步增强广大农工党员的政治责任感和历史使命感；三是以讲话精神激励人心，结合正在开展的坚持和发展中国特色社会主义学习实践活动，学习好这次讲话精神，做好农工党十六大的各项准备工作，不忘合作初心，继续携手前进，切实增强我国多党合作制度自信和制度效能。中央机关各部门负责人和局级干部等参加座谈会。

2. 学习中共十九大精神专题座谈会

10 月 26 日，农工党中央理论学习中心组召开专题座谈会，认真学习宣传贯彻中共十九大精神。中央主席陈竺主持会议并讲话，常务副主席刘晓峰，副主席何维、姚建年、龚建明，副主席兼秘书长曲凤宏出席会议并发言。陈竺指出，中共十九大将习近平新时代中国特色社会主义思想写入党章，实现了中国共产党指导思想的又一次与时俱进，反映了全国各族人民的共同心愿，这也是农工党必须长期坚持的指导思想。陈竺要求全体农工党员要认真学习、深刻领会中共十九大的精神实质和丰富内涵：一要深刻学习领会中国特色社会主义进入新时代的新论断；二要深刻学习领会习近平新时代中国特色社会主义思想；三要深刻学习领会我国社会主要矛盾发生变化的新特点；四要深刻学习领会分两步走全面建设社会主义现代化国家的新目标；五要深刻学习领会中共十九大关于协商民主、统一战线、多党合作的新论述。陈竺强调，学习宣传贯彻中共十九大精神，是农工党当前和今后一个时期的首要政治任务，要把中共十九大精神贯穿到农工党十六大的政治文件和各项准备工作中，切实以习近平新时代中国特色社会主义思想武装全党，努力把农工党十六大开成一次学习领会、宣传贯彻中共十九大精神的会议，开成一次高举中国特色社会主义伟大旗帜、坚持中国特色社会主义政治发展道路的会议，开成一次继承我党光荣传统、深化政治交接、开创各项工作新局面的会议。中央机关各部门负责人和局级干部等参加座谈会。

（六）全国党务工作会议

3 月 27 日至 28 日，农工党 2017 年全国党务工作会议在京召开。中央常务副主席刘晓峰出席会议并作开幕讲话，副主席何维主持开幕式，副主席龚建明出席会议并作闭幕讲话，副主席兼秘书长曲凤宏主持闭幕式。刘晓峰就做好农工党 2017 年工作提出三点要求：一是深入学习全国“两会”精神特别是习近平总书记系列重要讲话精神，进一步统一思想，凝聚共识。二是主动担当，积极作为，确保各项工作取得更大成绩。要切实加强思想政治建设，不断巩固多党合作共同思想政治基础；要围绕中心、服务大局，充分履行参政党职能，为协调推进“四个全面”做出新贡献；要搞好政治交接，做好换届工作，深入实施人才强党战略。三是切实加强机关能力建设，提高服务保障能力。刘晓峰号召全党更加紧密地团结在以习近平同志为核心的中共中央周围，不忘合作初心，继续携手前进，把农工党各项事业推向前进，以优异成绩迎接中共十九大和农工党十六大胜利召开。开幕会上，中央各部门负责人分别介绍了 2017 年重点工作。中央机关局级干部和处室负责人，中央各专委会主任，各省级组织的专职副主委、秘书长和各项党务工作的负责人等 300 余人出席会议。

（七）各省级组织换届大会

1. 中国农工民主党重庆市第五次代表大会

4 月 25 日至 27 日，农工党重庆市第五次代表大会在渝胜利召开。中央副主席兼秘书长曲凤宏出席并代表农工党中央致贺词。会议听取并审议通过了杜黎明代表农工党重庆市第四届委员会作的报告，选举产生了农工党重庆市第五届委员会，审议通过了大会决议。在农工党重庆市五届一次全会上，杜黎明当选为主任委员，但彦铮、姚树、王本朝、戎蓉（女）、刘德绍、唐双福、吴景明（女）、吴晓琳当选为副主任委员。

2. 中国农工民主党上海市第十三次代表大会

4 月 26 日至 28 日，农工党上海市第十三次代表大会在沪胜利召开。中央常务副主席刘晓峰出席并代表农工党中央致贺词，副主席何维到会祝贺。农工党中央原副主席、上海市委会原主委陈灏珠、左焕琛等出席会议。会议听取并审议通过了蔡威代表农工党上海市第十二届委员会作的报告，选举产生了农工党上海市第十三届委员会，审议通过了大会决议等。在农工党上海市十三届一次全会上，蔡威当选为主任委员，张全、张怀琼、徐丛剑、陈晶莹（女）、胡翊群、晏波、陈芳源（女）、叶强、张英（女）当选为副主任委员。

3. 中国农工民主党山东省第七次代表大会

5 月 14 日至 15 日，农工党山东省第七次代表大会在济南胜利召开。中央副主席何维出席并代表农工党中央致贺词。会议听取并审议通过了段青英代表农工党山东省第六届委员会作的报告，选举产生了农工党山东省第七届委员会，审议通过了大会决议等。在农工党山东省七届一次全会上，段青英（女）当选为主任委员，吕善勇、陈子江（女）、仇冰玉、王军、宣世英（女）、刘德山当选为副主任委员。

4. 中国农工民主党黑龙江省第七次代表大会

5 月 17 日至 18 日，农工党黑龙江省第七次代表大会在哈尔滨胜利召开。中央常务副主席刘晓峰出席并代表农工党中央致贺词，副主席龚建明到会祝贺。会议听取并审议通过了陈述涛代表农工党黑龙江省第六届委员会作的报告，选举产生了农工党黑龙江省第七届委员会；审议通过了大会决议等。在农工党黑龙江省七届一次全会上，马立群当选为主任委员，刘长青、宋立权、林志国、高翔、刘柏辉、臧淑英（女）、魏芝红（女）、朱清霞（女）当选为副主任委员。

5. 中国农工民主党安徽省第十一次代表大会

5月22日至23日，农工党安徽省第十一次代表大会在合肥胜利召开。农工党中央副主席兼秘书长曲凤宏出席并代表农工党中央致贺词。会议听取并审议通过了牛立文代表农工党安徽省第十届委员会作的报告，选举产生了农工党安徽省第十一届委员会，审议通过了大会决议等。在农工党安徽省十一届一次全会上，牛立文当选为主任委员，董众兵、杨金龙、余成林（女）、孙学龙、黄珍（女）当选为副主任委员。

6. 中国农工民主党宁夏回族自治区第七次代表大会

5月24日至25日，农工党宁夏区第七次代表大会在银川胜利召开。中央副主席龚建明出席并代表农工党中央致贺词。会议听取并审议了戴秀英代表农工党宁夏区委会第六届委员会作的报告，选举产生了农工党宁夏区第七届委员会，审议通过了大会决议等。在农工党宁夏区七届一次全会上，戴秀英（女）当选为主任委员，王生林、潘多俊、李进（女）、王波当选为副主任委员。

7. 中国农工民主党江苏省第十二次代表大会

5月25日至26日，农工党江苏省第十二次代表大会在南京胜利召开。中央主席陈竺出席并代表农工党中央致贺词。农工党中央副主席杨震，农工党中央原副主席、江苏省委会原主委朱兆良等出席会议。会议听取并审议通过了周健民代表农工党江苏省第十一届委员会作的报告，选举产生了农工党江苏省第十二届委员会，审议通过了大会决议等。在农工党江苏省十二届一次全会上，周健民当选为主任委员，余伯阳、王水、吴智深、郑丽敏（女）、吴建坤、沙勇、胡万进、蒋巍当选为副主任委员。

8. 中国农工民主党浙江省第十二次代表大会

5月25日至27日，农工党浙江省第十二次代表大会在杭州胜利召开。中央常务副主席刘晓峰出席并代表农工党中央致贺词。会议听取并审议了姚克代表农工党浙江省第十一届委员会作的报告，选举产生了农工党浙江省第十二届委员会；审议通过了大会决议等。在农工党浙江省十二届一次全会上，罗建红当选为主任委员，俞立、蔡宛如（女）、田野（女）、周智林、陈为能、葛明华、丁列明、徐志康当选为副主任委员。

9. 中国农工民主党内蒙古自治区第七次代表大会

5月25日至26日，农工党内蒙古自治区第七次代表大会在呼和浩特胜利召开。中央副主席兼秘书长曲凤宏出席并代表农工党中央致贺词。会议听取并审议通过了牛广明代表农工党内蒙古自治区第六届委员会作的报告，选举产生了农工党内蒙古自治区第七届委员会，审议通过了大会决议等。在农工党内蒙古区七届一次全会上，云治厚（蒙古族）当选为主任委员，王学东（女）、闫敏（女、蒙古族）、蓝峰当选为副主任委员。

10. 中国农工民主党河北省第八次代表大会

6月6日至7日，农工党河北省第八次代表大会在石家庄胜利召开。中央常务副主席刘晓峰出席并代表农工党中央致贺词，副主席兼秘书长曲凤宏到会祝贺。会议听取并审议通过了段惠军代表农工党河北省第七届委员会作的报告，选举产生了农工党河北省第八届委员会，审议通过了大会决议等。在农工党河北省八届一次全会上，王宝山当选为主任委员，徐英、高瑞华（女）、李丽华（女）、孟祥红（女）、韩爱丽（女）、经顺波当选为副主任委员。

11. 中国农工民主党广西壮族自治区第十二次代表大会

6月6日至7日，农工党广西壮族自治区第十二次代表大会在南宁胜利召开。农工党中央副主席何维出席并代表农工党中央致贺词。会议听取并审议通过了彭钊代表农工党广西区第十一届委员会作的报告，选举产生了农工党广西壮族自治区第十二届委员会，审议通过了大会决议等。在农工党广西区十二届一次全会上，蒋和生当选为主任委员，何玉庭、农海波、刘翔、覃建宁（女）、何敏（女）当选为副主任委员。

12. 中国农工民主党湖北省第八次代表大会

6月10日至11日，农工党湖北省第八次代表大会在武汉胜利召开。中央副主席兼秘书长曲凤宏出席并代表农工党中央致贺词。会议听取并审议通过了吕忠梅代表农工党湖北省第七届委员会作的报告，选举产生了农工党湖北省第八届委员会，审议通过了大会决议等。在农工党湖北省八届一次全会上，杨玉华（女）当选为主任委员，侯晓华、严炳洲、邓霞飞、熊战勋、黄惠宁（女）、万晓红（女）、杨希雄当选为副主任委员。

13. 中国农工民主党海南省第七次代表大会

6月11日至12日，农工党海南省第七次代表大会在海口胜利召开。中央副主席何维出席并代表农工党中央致贺词。会议听取并审议通过了王路代表农工党海南省第六届委员会作的报告，选举产生了农工党海南省第七届委员会，审议通过了大会决议等。在农工党海南省七届一次全会上，王路当选为主任委员，毕华、吉小妹（女）、张俊清（女）、罗和平、韩克胜、吴树行当选为副主任委员。

14. 中国农工民主党四川省第十二次代表大会

6月12日至13日，农工党四川省第十二次代表大会在成都胜利召开。中央常务副主席刘晓峰出席并代表农工党中央致贺词。会议听取并审议通过了王正荣代表农工党四川省第十一届委员会作的报告，选举产生了农工党四川省第十二届委员会，审议通过了大会决议等。在农工党四川省十二届一次全会上，王正荣当选为主任委员，夏华祥、罗良娟（女）、景世刚、姚进、何延政、甘华田当选为副主任委员。

15. 中国农工民主党贵州省第八次代表大会

6月12日至13日，农工党贵州省第八次代表大会在贵阳胜利召开。中央副主席何维出席并代表农工党中央致贺词。会议听取并审议通过了张光奇代表农工党贵州省第七届委员会作的报告，选举产生了农工党贵州省第八届委员会，审议通过了大会决议等。在农工党贵州省八届一次全会上，张光奇当选为主任委员，杨瑞东（白族）、梁斌、黄惠玲（女、布依族）、付野秋（女、满族）、李和平、喻国冻（土家族）、马武开（回族）当选为副主任委员。

16. 中国农工民主党广东省第十三次代表大会

6月14日至15日，农工党广东省第十三次代表大会在广州胜利召开。中央副主席兼秘书长曲凤宏出席并代表农工党中央致贺词。农工党中央原副主席、广东省委会原主委王宁生等出席大会。会议听取并审议通过了马光瑜代表农工党广东省第十二届委员会作的报告，选举产生了农工党广东省第十三届委员会，审议通过了大会决议等。在农工党广东省十三届一次全会上，马光瑜当选为主任委员，姜文奇、刘启德、刘冠贤、李力强、赵鹏飞、龙丽娟（女）、常巨平、秦鉴当选为副主任委员。

17. 中国农工民主党云南省第七次代表大会

6月16日至17日，农工党云南省第七次代表大会在昆明胜利召开。中央副主席何维出席并代表农工党中央致贺词。会议听取并审议通过了杨鸿生代表农工党云南省第六届委员会作的报告，选举产生了农工党云南省第七届委员会，审议通过了大会决议等。在农工党云南省七届一次全会上，杨鸿生当选为主任委员，张宽寿（白族）、何云葵（女）、董峻、马林昆（回族）、陈纪军、吴静（女）当选为副主任委员。

18. 中国农工民主党青海省第七次代表大会

6月17日至18日，农工党青海省第七次代表大会在西宁胜利召开。中央副主席兼秘书长曲凤宏出席并代表农工党中央致贺词。会议听取并审议通过了张周平代表农工党青海省第六届委员会作的报告，选举产生农工党青海省第七届委员会，审议通过了大会决议等。在农工党青海省七届一次全会上，张周平当选为主任委员，何刚、王昆、赵成茂、董全民当选为副主任委员。

19. 中国农工民主党湖南省第八次代表大会

6月20日至21日，农工党湖南省第八次代表大会在长沙胜利召开。中央副主席龚建明出席并代表农工党中央致贺词。会议听取并审议通过了张灼华代表农工党湖南省第七届委员会作的报告，选举产生了农工党湖南省第八届委员会，审议通过了大会决议等。在农工党湖南省八届一次全会上，张灼华当选为主任委员，蒋秋桃（女）、陈松岭、龚振湘、兰定国、易露茜（女）、张国刚当选为副主任委员。

20. 中国农工民主党吉林省第七次代表大会

6月21日至22日，农工党吉林省第七次代表大会在长春胜利召开。中央副主席陈述涛出席并代表农工党中央致贺词。会议听取并审议通过了赵吉光代表农工党吉林省第六届委员会作的报告，选举产生了农工党吉林省第七届委员会，审议通过了大会决议。在农工党吉林省七届一次全会上，秦海涛当选为主任委员，李和跃、李其春、杨小天、华吉年、刘林林（女）当选为副主任委员。

21. 中国农工民主党福建省第十二次代表大会

6月21日至22日，农工党福建省第十二次代表大会在福州胜利召开。中央常务副主席刘晓峰出席并代表农工党中央致贺词。会议听取并审议通过了陈绍军代表农工党福建省第十一届委员会作的报告，选举产生了农工党福建省第十二届委员会，审议通过了大会决议等。在农工党福建省十二届一次全会上，刘献祥当选为主任委员，赖应辉、王焱、李笃妙、杨琳、侯建明、郭丽珍（女）、曹荣、吴健明、郑伟达当选为副主任委员。

22. 中国农工民主党江西省第十二次代表大会

6月23日至24日，农工党江西省第十二次代表大会在南昌胜利召开。中央常务副主席刘晓峰出席并代表农工党中央致贺词。会议听取并审议通过了郑小燕代表农工党江西省第十一届委员会作的报告，选举产生了农工党江西省第十二届委员会，审议通过了大会决议等。在农工党江西省十二届一次全会上，史可当选为主任委员，罗胜联、余少良、龙国英（女）、林凯、刘季春当选为副主任委员。

23. 中国农工民主党天津市第十一次代表大会

6月26日至27日，农工党天津市第十一次代表大会在津胜利召开。中央常务副主席刘晓峰出席并代表农工党中央致贺词，副主席兼秘书长曲凤宏到会祝贺。会议听取并审议通过了沈中阳代表农工党天津市第十届委员会作的报告，选举产生了农工党天津市第十一届委员会，审议通过了大会决议等。在农工党天津市十一届一次全会上，沈中阳当选为主任委员，侯欣一、乔佑杰、王毅斋、许洪玲（女）、马延和、汤欣、张智龙当选为副主任委员。

24. 中国农工民主党山西省第七次代表大会

6月28日至29日，农工党山西省第七次代表大会在太原胜利召开。中央副主席龚建明出席并代表农工党中央致贺词。会议听取并审议通过了周然代表农工党山西省第六届委员会作的报告，选举产生了农工党山西省第七届委员会，审议通过了大会决议等。在农工党山西省七届一次全会上，李思进当选为主任委员，张李锁、牛三平、武金贵、解军、张锦（女）、杜宏瑞当选为副主任委员。

25. 中国农工民主党河南省第七次代表大会

6月30日至31日，农工党河南省第七次代表大会在郑州胜利召开。中央常务副主席刘晓峰出席并代表农工党中央致贺词，副主席何维到会祝贺。会议听取并审议通过了高体健代表农工党河南省第六届委员会作的报告，选举产生了农工党河南省第七届委员会，审议通过了大会决议等。在农工党河南省七届一次全会上，高体健当选为主任委员，花亚伟、李新有、黄红霞（女）、孙晓红（女）、雷雪芹（女）、张小安当选为副主任委员。

26. 中国农工民主党陕西省第七次代表大会

7月5日至6日，农工党陕西省第七次代表大会在西安胜利召开。中央常务副主席刘晓峰出席并代表农工党中央致贺词。会议听取并审议通过了朱静芝代表农工党陕西省第六届委员会作的报告，选举产生了农工党陕西省第七届委员会，审议通过了大会决议等。在农工党陕西省七届一次全会上，朱静芝（女）当选为主任委员，唐周怀、霍学喜、李肇娥（女）、马鹏程、王国根、刘青光当选副主任委员。

27. 中国农工民主党辽宁省第七次代表大会

7月6日至7日，农工党辽宁省第七次代表大会在沈阳胜利召开。中央副主席兼秘书长曲凤宏出席并代表农工党中央致贺词。会议听取并审议通过了唐建武代表农工党辽宁省第六届委员会作的报告，选举产生了农工党辽宁省第七届委员会，审议通过了大会决议等。在农工党辽宁省七届一次全会上，杨关林当选为主任委员，王忠哲、王静（女）、朱航、田晓峰、尚红（女）、栾明拥、岳泽慧（女）、臧红（女）当选为副主任委员。

28. 中国农工民主党北京市第十三次代表大会

7月8日至10日，农工党北京市第十三次代表大会在京胜利召开。中央常务副主席刘晓峰出席并代表农工党中央致贺词，副主席何维出席闭幕式并讲话。会议听取并审议通过了于文明代表农工党北京市第十二届委员会作的报告，选举产生了农工党北京市第十三届委员会，审议通过了大会决议等。在农工党北京市十三届一次全会上，于鲁明当选为主任委员，蒋建东、王金南、张新民、常纪文、邢念增、李亚兰（女）、荆志成当选为副主任委员。

29. 中国农工民主党甘肃省第七次代表大会

7月19日至20日，农工党甘肃省第七次代表大会在兰州胜利召开。中央副主席兼秘书长曲凤宏出席并代表农工党中央致贺词。会议听取并审议通过了栗震亚代表农工党甘肃省第六届委员会作的报告，选举产生了农工党甘肃省第七届委员会，审议通过了大会决议等。在农工党甘肃省七届一次全会上，郭天康当选为主任委员，李晓霞（女）、张有成、王平基、常亚霖、魏丽红（女）、刘兴荣当选为副主任委员。

30. 中国农工民主党新疆维吾尔自治区第五次代表大会

8月19日至20日，农工党新疆维吾尔自治区第五次代表大会在乌鲁木齐胜利召开。中央副主席何维出席并代表农工党中央致贺词。会议听取并审议通过了孟庆才代表农工党新疆区第四届委员会作的报告，选举产生了农工党新疆区第五届委员会，审议通过了大会决议等。在农工党新疆区五届一次全会上，孟庆才当选为主任委员，郝建玲（女）、崔春宇、江启新当选为副主任委员。

（八）其他重要会议和活动

1. 农工党中央领导出席中华医学科技奖颁奖大会

1月14日，由中华医学会主办的中华医学科技奖（2016）颁奖大会在南京召开。全国人大常委会副委员长、农工党中央主席、中华医学会名誉会长、中华医学科技奖评审委员会主任委员陈竺等出席颁奖大会，并向获奖代表颁奖。

2. 农工党中央领导出席春节活动

1月22日，中共中央总书记、国家主席、中央军委主席习近平等中共中央领导人在人民大会堂同各民主党派中央、全国工商联负责人和无党派人士代表共迎佳节，农工党中央陈竺主席、常务副主席刘晓峰等出席活动。1月26日，中共中央、国务院在人民大会堂举行2017年春节团拜会，中共中央总书记、国家主席、中央军委主席习近平发表重要讲话，农工党中央主席陈竺、常务副主席刘晓峰、副主席何维等出席团拜会。

3. 农工党中央领导出席学习贯彻中共十八届六中全会精神专题研讨班

2月13日，省部级主要领导干部学习贯彻中共十八届六中全会精神专题研讨班在中央党校开班。中共中央总书记、国家主席、中央军委主席习近平在开班式上发表重要讲话。农工党中央主席陈竺、常务副主席刘晓峰等出席开班仪式。

4. 农工党中央领导出席健康西双版纳全球共享大会宣传推介会

3月8日，2017年健康西双版纳全球共享大会宣传推介会在京举行。会议由西双版纳自治州政府主办，农工党中央联络委、云南省委会作为支持单位。农工党中央副主席兼秘书长曲凤宏、云南省委会主委杨鸿生、中央联络委主任黄泰康、中央参政议政部副部长王素芳等参加会议。

5. 农工党中央领导出席中国医药创新品牌系列评选活动颁奖典礼

3月12日，第二届（2016）中国医药创新品牌系列评选活动颁奖典礼在京举行。全国人大常委会副委员长、农工党中央主席陈竺，全国人大常委会原副委员长、农工党中央原主席、中国工程院院士、国家重大新药创制科技重大专项技术总师桑国卫，农工党中央副主席何维出席颁奖活动。桑国卫被评审委员会专家一致推举为“医药创新终身成就奖”获得者，陈竺为桑国卫颁发了“医药创新终身成就奖”荣誉证书，桑国卫发表获奖感言。农工党党员、贝达药业股份有限公司董事长兼首席执行官丁列明被评为最具影响力创新人物，何维为丁列明颁发“最具影响力创新人物”奖杯和荣誉证书。

6. 农工党中央领导出席“寻找最美医生”颁奖典礼

3 月 16 日，由国家卫计委、中央电视台共同举办的 2016“寻找最美医生”大型公益活动颁奖典礼在京举行，全国人大常务委员会副委员长、农工党中央主席陈竺等出席活动。

7. 农工党中央领导出席中央统战部召开的党外人士座谈会

3 月 17 日，中央统战部在北京召开党外人士座谈会，各民主党派中央、全国工商联主席和无党派人士代表结合各自实际，畅谈对习近平总书记 3 月 4 日重要讲话的学习体会。农工党中央主席陈竺发言说：农工党将教育引导广大农工党员，始终与中国共产党同心、与中国特色社会主义同行、与中华民族伟大复兴同进，进一步深化政治交接，选好配强新一届领导班子和领导机构，选拔既有深厚专业造诣又有很强议政建言能力的同志，发挥专委会集体智慧，为多党合作事业健康发展提供有力组织保证。中央常务副主席刘晓峰等出席会议。

8. 农工党中央台港澳联络工作会议

3 月 30 日至 31 日，农工党中央台港澳联络工作会议在厦门召开。中央副主席何维出席会议并讲话，福建省委会主委陈绍军出席并致辞，会议由农工党中央办公厅主任隋路主持。会议邀请了福建省委会副主委、福建中医药大学副校长刘献祥等授课。会议期间，中央联络委主任黄泰康介绍了中央联络工作委员会有关情况。部分省、市级组织代表和有关专家学者共 60 余人参加会议。

9. 农工党中央领导参加公祭黄帝、伏羲活动

3 月 30 日和 4 月 4 日，受中共河南省委、省政府，中共陕西省委、省政府邀请，农工党中央副主席兼秘书长曲凤宏分别在河南省新郑市、陕西省黄陵县参加黄帝故里拜祖大典和清明公祭轩辕黄帝活动。6 月 22 日，农工党中央副主席兼秘书长曲凤宏在甘肃省天水市参加公祭中华人文始祖伏羲大典活动。

10. 农工党上海市委会成立 70 周年纪念大会

4 月 6 日，农工党上海市委会召开纪念农工党上海市地方组织成立 70 周年大会。中央主席陈竺，中央副主席、上海市委会主委蔡威出席大会并讲话。农工党中央原副主席、上海市委会原主委左焕琛，中央组织部副部长邓蓉玲等出席大会。纪念大会由上海市委会副主委金如颖主持。陈竺提出三点希望：一是深入开展学习实践活动，夯实团结奋斗的共同思想政治基础；二是围绕上海中心工作，坚持务实高效履职；三是做好换届工作，确保政治交接平稳顺利进行。纪念大会上，农工党老党员代表、上海市委会原副主委朱冰玲，基层年轻党员代表蒋欣泉以及区级组织代表、黄浦区委会主委陈芳源等作了交流发言。

11. 陈竺被授予第 10 个院士头衔

4 月 12 日，全国人大常委会副委员长、农工党中央主席陈竺当选美国人文与科学院外籍院士，这是他被授予的第 10 个院士头衔。此前，他于 1995 年当选中国科学院院士，1999 年当选发展中国家科学院院士，2003 年当选美国科学院外籍院士，2004 年当选为欧

洲艺术、科学和人文学院院士，2005 年当选为法国科学院外籍院士，2006 年当选欧洲科学院外籍院士，2007 年当选美国医学科学院外籍院士，2008 年当选中国香港医学专科学院荣誉院士和英国医学科学院荣誉院士，2013 年当选英国皇家学会外籍会员。

12. 农工党中央领导出席捐赠书画作品暨锦绣公益基金会成立仪式

4 月 12 日，农工党中央书画院、江西省政协、农工党江西省委会捐赠书画作品暨锦绣公益基金会成立仪式在江西抚州举行。全国政协副主席、农工党中央常务副主席刘晓峰出席活动。江西省政协主席黄跃金，农工党江西省委会主委郑小燕等出席仪式。为助推抚州市文化事业发展，农工党江西省委会常委、锦绣集团董事局主席管飞将收藏的 200 幅油画作品，通过农工党中央书画院、江西省政协、农工党江西省委会捐赠给抚州市，推动当地文化建设。农工党江西省委会副主委涂建以及农工党中央书画院的艺术家参加活动。

13. 农工党中央领导出席中央国家机关工委民主党派基层组织负责人培训班

5 月 5 日，中央国家机关工委民主党派基层组织负责人培训班在京举办。农工党中央副主席何维出席培训班并给学员作了题为《贯彻中央统战会议精神　切实加强民主党派自身建设》的专题辅导。

14. 农工党中央领导出席第三届全国医院后勤改革发展大会

6 月 22 日至 23 日，第三届全国医院后勤改革发展大会暨全国卫生产业企业管理协会成立 25 周年纪念活动在京举行。全国政协常委、农工党中央副主席何维等参加活动。

15. 农工党中央领导出席中医中药中国行活动

7 月 1 日，中医中药中国行——中医药健康文化推进行动在京正式启动。全国政协副主席、农工党中央常务副主席刘晓峰出席并宣布推进行动启动。农工党北京市委会主委、国家中医药管理局副局长于文明等出席启动仪式。

16. 全国政协副主席兼秘书长张庆黎走访农工党中央机关

7 月 12 日，全国政协副主席兼秘书长、机关党组书记张庆黎一行走访农工党中央机关并座谈交流。农工党中央主席陈竺出席座谈会，常务副主席刘晓峰主持会议，副主席何维、副主席兼秘书长曲凤宏出席座谈会。张庆黎介绍了全国政协机关党组就全国政协机关巡视整改工作走访农工党中央的有关情况。陈竺就农工党的基本情况和中共十五大以来在健康中国、美丽中国建设和脱贫攻坚民主监督等方面工作作了介绍。就深入推进全国政协机关巡视整改工作，陈竺代表农工党中央提了三点建议。张庆黎强调，将把农工党中央给予的肯定和鼓励变为动力，继续做好各项工作。农工党中央各部门负责人参加座谈。

17. 农工党中央领导出席《朱德总司令》油画捐赠仪式

7 月 24 日，纪念中国人民解放军建军 90 周年暨《朱德总司令》油画捐赠仪式在中国人民抗日战争纪念馆举行。全国人大常委会副委员长、农工党中央主席陈竺，全国政协副主席、农工党中央常务副主席刘晓峰及原国家主席刘少奇之子刘源将军、罗荣桓元帅之子罗东进将军、朱德元帅外孙刘建将军等多位开国将帅亲属及后代出席了捐赠仪式。捐赠仪式上，农工党中央文体委副主任、著名画家陈可之先生将其创作的《朱德总司令》油画捐赠给纪念馆。

18. 农工党中央领导出席中国肝炎论坛暨 2017 世界肝炎日宣传大会

7 月 23 日，中国肝炎防治基金会在人民大会堂召开中国肝炎论坛暨 2017 年世界肝炎日宣传大会。全国政协副主席、农工党中央常务副主席、中国肝炎防治基金会理事长刘晓峰出席会议并讲话。

19. 农工党中央领导出席庆祝中国人民解放军建军 90 周年大会

8 月 1 日，庆祝中国人民解放军建军 90 周年大会在京隆重召开。中共中央总书记、国家主席、中央军委主席习近平出席大会并发表重要讲话。农工党中央主席陈竺、常务副主席刘晓峰、副主席何维等出席会议。

20. 纪念中国人民抗日战争暨世界反法西斯战争胜利 72 周年活动

9 月 3 日，纪念中国人民抗日战争暨世界反法西斯战争胜利 72 周年座谈会在京召开。中共中央政治局委员、中央统战部部长孙春兰出席会议。农工党中央副主席兼秘书长曲凤宏参加会议。

21. 农工党河南省委会成立 30 周年系列纪念活动

9 月 12 日，纪念农工党河南省委会成立 30 周年座谈会、书画图片展以及“不忘多党合作初心，继续同心携手前进”主题宣讲等系列活动在郑州举行。农工党中央主席陈竺、副主席何维，中共河南省委副书记王炯，农工党河南省委会主委高体健等出席活动。何维在讲话中提出三点希望：一要认真学习贯彻习近平总书记“7・26”重要讲话精神，进一步夯实团结奋斗的共同思想政治基础；二要推动落实好农工党中央与中共河南省委、省政府战略合作框架协议；三要以崭新的精神状态和优异的参政业绩迎接中共十九大和农工党十六大的胜利召开。会议还对学习实践活动中成绩突出的 6 个优秀市级组织、50 名优秀党员进行了表彰。河南省委会副主委花亚伟主持座谈会。

22. 农工党中央领导出席第八届中国（泰州）国际医药博览会

9 月 15 日，第八届中国（泰州）国际医药博览会在江苏泰州中国医药城会展交易中心开幕。全国人大常委会原副委员长、农工党中央原主席、中国工程院院士桑国卫出席开幕式并作了题为《2018 专项创新药物和临床试验设计与核查》的主题报告。农工党中央副主席兼秘书长曲凤宏，农工党中央常委、国家食品药品监管总局副局长焦红等参加活动。

23. 农工党中央与惠州市人民政府签署战略框架协议

9 月 19 日，农工党中央副主席兼秘书长曲凤宏在中央机关接见到访的农工党惠州市委会主委、惠州市人民政府副市长陈高燕一行并座谈。会上，曲凤宏和陈高燕共同签署了《中国农工民主党中央委员会与惠州市人民政府关于合作共建“农工党中央惠州干部培训基地”的战略框架协议》。农工党中央办公厅主任隋路主持座谈会，宣传部副部长杨晓波参加座谈。

24. 农工党中央领导出席国庆招待会

为庆祝中华人民共和国成立 68 周年，9 月 28 日晚，全国政协办公厅、中共中央统战部、国务院侨办、国务院港澳办、国务院台办在人民大会堂联合举行国庆招待会，农工党中央副主席龚建明等出席招待会。9 月 30 日晚，国务院在人民大会堂举行国庆招待会，农工党中央副主席何维等出席招待会。

25. 农工党中央领导出席向人民英雄敬献花篮仪式

9 月 30 日，烈士纪念日向人民英雄敬献花篮仪式在天安门广场隆重举行。农工党中央副主席何维等出席敬献花篮仪式。

26. 何维被聘为中央社会主义学院统一战线高端智库咨询委员会委员

10月17日，农工党中央副主席何维在中央机关会见了中央社会主义学院副院长朱沛丰一行并座谈交流。朱沛丰为何维颁发中央社会主义学院统一战线高端智库咨询委员会委员聘书。

27. 农工党中央祝贺中共十九大胜利召开

在中共十九大开幕之际，农工党中央发去贺信，热烈祝贺中共十九大胜利召开，预祝大会取得圆满成功。贺信表示，过去的5年，是党和国家事业发生了翻天覆地的历史性变革、中国特色社会主义进入了新的发展阶段的5年，是中国共产党领导的多党合作事业蓬勃发展的5年。以习近平同志为核心的中共中央高度重视统一战线和多党合作事业，做出一系列决策部署，形成最大公约数，画出最大同心圆，统一战线工作进入新的发展阶段，多党合作事业迎来又一个春天。这些成就的取得，根本在于以习近平同志为核心的中共中央的坚强领导，在于习近平总书记系列重要讲话精神和治国理政新理念新思想新战略的科学指引。实践充分证明，中国共产党不愧为伟大、光荣、正确的马克思主义政党，不愧为领导中国人民不断开创中国特色社会主义事业的核心力量。贺信指出，农工党80多年来走过的历史道路深刻表明，自觉接受中国共产党的领导，坚持走中国特色社会主义道路，是农工党正确的历史抉择和进步的根本保证。我们将认真学习贯彻中共十九大精神，高举中国特色社会主义伟大旗帜，更加坚定中国特色社会主义道路自信、理论自信、制度自信、文化自信，更加紧密团结在以习近平同志为核心的中共中央周围，把政治交接贯穿换届工作全过程，全面加强自身建设，紧紧围绕中共十九大提出的奋斗目标和主要任务，发挥联系界别优势，认真履行参政议政、民主监督、参加中国共产党领导的政治协商职能，真正承担起中国特色社会主义事业亲历者、实践者、维护者、捍卫者的政治责任，同心同德，凝心聚力，为中国特色社会主义伟大事业做出新的更大贡献。

28. 农工党学习贯彻中共十九大精神

10月18日至24日，举世瞩目的中共十九大在京隆重召开。农工党中央主席陈竺，常务副主席刘晓峰，农工党中央原主席蒋正华、桑国卫，原常务副主席李蒙、陈宗兴，副主席何维、姚建年、龚建明，副主席兼秘书长曲凤宏，中央常委于文明、焦红等在人民大会堂列席了18日的开幕会，陈竺、刘晓峰等部分中央领导列席了24日的闭幕会。10月26日，受中共中央委托，中共中央政治局委员、中央统战部部长孙春兰向党外人士通报中共十九大精神，农工党中央主席陈竺，常务副主席刘晓峰，副主席何维、龚建明，副主席兼秘书长曲凤宏出席情况通报会。陈竺在发言时指出，习近平总书记的报告，描绘了决胜全面建成小康社会、夺取新时代中国特色社会主义伟大胜利的宏伟蓝图，是中国共产党团结带领全国各族人民进入新时代、踏上新征程、书写新篇章的政治宣言和行动指南，体现了包括农工党在内的全国各族人民的热切期盼和共同愿望。中共十九届一中全会选举产生了以习近平同志为核心的新一届中共中央领导集体，农工党同志衷心拥护。中共十九大将习近平新时代中国特色社会主义思想写入党章，实现了中国共产党指导思想的又一次与时俱进，反映了全国各族人民的共同心愿。当前和今后一个时期，农工党将把学习宣传贯彻中共十九大精神作为首要政治任务，切实把思想和行动统一到大会精神上来，把智慧和力量凝聚落实到大会提出的重要目标任务上来。10月26日，农工党中央理论学习中心组召开学习贯彻中共十九大精神专题座谈会。大会期间，农工党中央各级组织、广大党员集体收看开幕会直播，聆听习近平总书记作的政治报告，参与到收看直播、聆听讲话、学习精神的热潮中来。

29. 农工党中央领导出席全国民族地区投资贸易洽谈会

11月13日，2017第二届全国民族地区投资贸易洽谈会在京开幕。各民主党派中央社会服务部为本届“民洽会”的支持单位。农工党中央副主席龚建明、社会服务部副部长张庆伟出席活动。

30. 中共中央统战部部长尤权走访农工党中央机关

11月14日，中共中央书记处书记、中央统战部部长尤权走访农工党中央机关，就统一战线学习宣传贯彻中共十九大精神，推进统一战线和多党合作事业发展听取意见建议。农工党中央主席陈竺介绍了农工党主要情况和近年来工作，就推进新时代多党合作事业发展提出意见建议，表示要紧密团结在以习近平同志为核心的中共中央周围，不忘合作初心、牢记历史使命，不断夯实多党合作的共同思想政治基础，充分发挥中国特色社会主义参政党的职能作用。尤权高度评价了近年来农工党所取得的成绩，希望深入学习宣传贯彻中共十九大精神，深刻领会习近平新时代中国特色社会主义思想，增强“四个意识”，坚定“四个自信”，积极参政议政，认真做好换届工作，在建设社会主义现代化强国的新征程上展示新气象、实现新作为。中央常务副主席刘晓峰，副主席何维、姚建年、龚建明，副主席兼秘书长曲凤宏等参加座谈。

31. 农工党中央领导出席第八届（眉山）东坡文化节

11月23日，第八届（眉山）东坡文化节暨首届四川音乐周在东坡故里四川眉山开幕。全国政协副主席、农工党中央常务副主席刘晓峰出席并宣布开幕。

32. 农工党党员王金南、贺泓当选中国工程院院士

11月27日，中国工程院公布了新当选的67名院士名单，农工党员王金南、贺泓成功当选。王金南现任环境保护部环境规划院副院长兼总工程师，研究员，博士生导师，国家环境规划与政策模拟重点实验室主任。是农工党中央常委、中央生态环境工作委员会主任、北京市委会副主委。贺泓现任中国科学院生态环境研究中心研究员，博士生导师。是农工党中央生态环境工作委员会副主任。

33. 农工党中央领导出席南京大屠杀死难者国家公祭活动

12月13日，是第四个南京大屠杀死难者国家公祭日，南京大屠杀死难者国家公祭仪式在侵华日军南京大屠杀遇难同胞纪念馆举行。农工党中央副主席、南京邮电大学校长杨震出席公祭活动。

34. 农工党中央领导出席全国政协新年茶话会

12月29日，全国政协新年茶话会在全国政协礼堂举行。中共中央总书记、国家主席、中央军委主席习近平在茶话会上发表重要讲话。农工党中央主席陈竺代表各民主党派中央、全国工商联和无党派人士发言。陈竺表示，将更加紧密地团结在以习近平同志为核心的中共中央周围，以习近平新时代中国特色社会主义思想为指导，不忘合作初心，继

续携手前进，切实加强自身建设，自觉融入大局、服务大局、保障大局，为决胜全面建成小康社会、实现中华民族的伟大复兴贡献智慧和力量。中央常务副主席何维，副主席兼秘书长曲凤宏、副主席于文明等出席茶话会。

35. 农工党中央领导接待走访活动

2 月 21 日，全国人大常委会副委员长、农工党中央主席陈竺在中央机关会见了来访的财政部党组副书记、副部长张少春一行并座谈。农工党中央副主席何维主持会议，副主席龚建明出席座谈会，办公厅副主任李新、组织部副部长张铭彩、宣传部副部长杨晓波、参政议政部副部长王素芳等参加座谈。

2 月 23 日，农工党中央副主席何维在中央机关会见了来访的教育部社会科学司司长刘贵芹一行并座谈。中央办公厅主任隋路等参加座谈，参政议政部副部长王素芳主持会议。

7 月 19 日，全国政协副主席、农工党中央常务副主席刘晓峰在中央机关会见了来访的中共四川省委常委、省委统战部部长李静一行并座谈。中央办公室副主任李新等参加座谈。

7 月 26 日，农工党中央副主席何维在中央机关会见了来访的财政部副部长余蔚平一行并座谈。中央办公厅主任隋路、参政议政部副部长王素芳、社会服务部副部长郭洪泉等参加座谈。

8 月 24 日，全国政协副主席、农工党中央常务副主席刘晓峰在中央机关会见了来访的中共天津市委常委、统战部部长冀国强一行并座谈。农工党中央副主席兼秘书长曲凤宏参加座谈，天津市委会主委沈中阳等随行来访，中央组织部副部长邓蓉玲等参加座谈。

9 月 11 日，农工党中央副主席何维、副主席兼秘书长曲凤宏在中央机关会见了来访的云南省政府副秘书长杨洋，省卫计委主任、省健康扶贫办主任李玛琳，省卫计委副主任、省健康扶贫办常务副主任、农工党云南省委会副主委张宽寿一行并座谈。农工党中央社会服务部副部长、精准扶贫精准脱贫领导小组办公室常务副主任郭洪泉，参政议政部副部长耿丽丽、办公厅副主任李新等参加座谈。

10 月 25 日，农工党中央副主席龚建明在中央机关会见了来访的中共惠州市委书记、市人大常委会主任陈奕威一行。陈奕威介绍了建设“农工党中央惠州干部培训基地”、话剧《邓演达》进京汇报演出等有关情况。龚建明代表农工党中央表示感谢，并表明农工党中央将进一步加强与惠州市的沟通联系，一如既往地支持惠州市发展。中央有关部门负责人和同志参加座谈。

11 月 20 日，农工党中央主席陈竺在中央机关会见了来访的中共北京市委常委、统战部长齐静等一行并座谈。农工党中央副主席兼秘书长曲凤宏参加座谈，办公厅隋路主任、组织部邓蓉玲副部长、研究室负责人李想等参加座谈。

11 月 23 日，农工党中央主席陈竺在中央机关会见了来访的中共云南省委常委、省委统战部部长杨宁一行并座谈。陈竺表示，农工党中央将继续认真履行对口云南省脱贫攻坚民主监督职能，寓帮扶于监督之中，为云南省打赢脱贫攻坚战做出更大努力。农工党中央副主席兼秘书长曲凤宏，组织部副部长邓蓉玲，社会服务部副部长、精准扶贫精准脱贫工作领导小组办公室常务副主任郭洪泉等参加座谈。

36. 农工党中央领导参加涉外活动

2月17日，全国政协副主席、中国肝炎防治基金会理事长刘晓峰在上海出席第26届亚太肝脏研究学会年会并讲话。

2月20日，中国红十字基金会在京成立“丝路博爱基金”。全国人大常委会副委员长、中国红十字会会长陈竺，外交部有关领导，红十字国际委员会、红十字会与红新月会国际联合会代表，巴基斯坦红新月会负责人、阿富汗驻华领事等发表致辞，祝贺丝路博爱基金成立。

3月18日，全国政协副主席刘晓峰在四川泸州出席2017中国国际酒业博览会并宣布开幕。本届酒博会共有来自36个国家和地区的600多家酒类企业和超过1000家采购经销客商参展。

3月27日，全国政协委员、农工党中央副主席兼秘书长曲凤宏在人民大会堂出席国家主席习近平为密克罗尼西亚总统克里斯琴访华举行的欢迎仪式。

4月7日，全国人大常委会副委员长、中国和平统一促进会副会长陈竺在京会见了亚洲地区中国和平统一促进会联合总会访问团一行。访问团由来自日、菲、泰、老、马、尼、韩7个国家的12个统促会团体组成。

5月11日，全国人大常委、农工党中央副主席龚建明在人民大会堂出席国家主席习近平为越南国家主席陈大光访华举行的欢迎仪式。

6月14日，全国人大常委会副委员长陈竺在人民大会堂会见了摩洛哥众议院第一副议长阿卜杜拉阿齐兹·奥马里和副议长哈亚特·布法拉欣。

8月20日，习近平主席特使、全国政协副主席、农工党中央常务副主席刘晓峰在卢旺达首都基加利总统府会见了卢旺达总统卡加梅。刘晓峰向卡加梅转达了习近平主席的热烈祝贺和良好祝愿。刘晓峰表示，中卢建交46年来，双边关系始终稳定健康发展。2017年3月总统阁下访华，两国元首就深化中卢各领域合作达成重要共识，为双边关系未来发展指明了方向。中方愿与卢方携手努力，根据两国元首共识，进一步增强政治互信、拓展经贸合作、巩固人民友好，把中卢友好转化为惠及两国人民的成果，实现互利共赢、共同发展。卡加梅感谢习近平主席派特使出席其就职仪式，请特使转达对习近平主席的衷心感谢和诚挚问候。他表示，卢中友谊源远流长，各领域合作成果丰硕。中国长期以来为包括卢旺达在内的非洲国家提供了大量支持和帮助，是非洲发展的真诚伙伴。卢方愿同中方全面深化各领域友好合作，推动卢中关系再上新台阶。

9月9日至10日，应红十字会与红新月会国际联合会驻吉隆坡亚太地区代表处邀请，全国人大常委会副委员长、中国红十字会会长、红十字会与红新月会国际联合会副主席陈竺率团访问马来西亚。

9月11日至12日，中国—东盟红十字博爱论坛在广西南宁举办。全国人大常委会副委员长、中国红十字会会长、红十字会与红新月会国际联合会副主席陈竺出席并致辞。

9月15日，第二届中国西部国际博览会进出口商品展暨中国西部（四川）国际投资大会在四川成都开幕。全国政协副主席刘晓峰出席开幕式。本届大会突出服务“一带一路”倡议，75个国家（地区）的企业、嘉宾参展参会。

9月23日，欧美同学会（中国留学人员联谊会）第十五届21世纪中国论坛在意大利罗马召开。全国人大常委会副委员长、欧美同学会（中国留学人员联谊会）会长陈竺率团出席并讲话。

9 月 27 日，中法美业文化论坛在法国里昂举行。全国人大常委会副委员长、欧美同学会会长陈竺，法国前总理拉法兰等出席论坛并致辞。

11 月 1 日至 8 日，全国政协副主席、农工党中央常务副主席刘晓峰，中央副主席兼秘书长曲凤宏率团访问尼泊尔、斯里兰卡，就“一带一路”人口资源与可持续发展开展调研。

11 月 5 日至 9 日，农工党中央副主席何维率团访问以色列，就“一带一路”国际医药卫生领域合作开展调研。中央办公厅主任隋路、组织部副部长邓蓉玲、参政议政部副部长耿丽丽等随团出访。

12 月 9 日至 16 日，农工党中央社会服务部副部长张庆伟、组织部副部长李新等在越南、泰国就“一带一路”国际医药卫生领域合作进行调研。

12 月 14 日，农工党中央副主席于文明在人民大会堂出席国家主席习近平为韩国总统文在寅举行的欢迎仪式。

12 月 18 日，全国人大常委会副委员长陈竺在人民大会堂会见了由法国国民议会法中友好小组主席陈文雄率领的法国国民议会代表团。

1 月 28 日，红十字会与红新月会国际联合会主席近卫忠辉正式向各国红十字会和红新月会宣布：中国红十字会会长陈竺担任红十字会与红新月会国际联合会副主席。11 月 6 日至 8 日，红十字会与红新月会国际联合会第 21 届全体大会在土耳其安塔利亚举行，全国人大常委会副委员长、中国红十字会会长陈竺率中国红十字会代表团出席会议，来自 188 个国家红十字会、红新月会代表团的 1500 多名代表与会。会议选举产生了新一届联合会主席、副主席和领导委员会成员，全国人大常委会副委员长、中国红十字会会长、农工党中央主席陈竺代表亚洲区域成功当选副主席。

二、履行职能

（一）参政议政

1. 深入开展调研或座谈

1 月 10 日，全国人大常委会副委员长、农工党中央主席陈竺一行在郑州就河南省“健康中原”建设开展调研。中央副主席何维、河南省委会主委高体健，河南省人民政府副省长王艳玲陪同调研。调研组考察了中美（河南）荷美尔肿瘤研究院、阜外华中心血管病医院施工现场、河南省红十字会备灾救灾中心。陈竺表示，农工党中央将充分发挥人才、智力、资源优势，切实落实与中共河南省委、省政府签署的战略合作框架协议，协调推进优质医疗卫生资源向河南布局。

1 月 11 日，“推进设立临床药学博士专业学位工作”专题座谈会在中央机关举行。全国人大常委会副委员长、农工党中央主席陈竺出席座谈会并讲话。陈竺指出，培养高层次临床药学专业人才，对深化医药卫生体制改革和实施《健康中国 2030 规划纲要》具有重要意义，希望大家共同努力，提出意见和建议，为中共党委、政府科学民主决策提供参考。农工党中央副主席何维主持座谈会并介绍了农工党中央《关于加快培养高层次临床药学人才的建议》的有关情况。复旦大学常务副校长包信和、药学院院长王明伟介绍了《复旦大学关于设立临床药学博士专业学位的建议》的有关情况。农工党中央、国家卫计委、教育部有关领导同志参加了座谈会。与会人员就设立临床药学博士专业学位的必要性、可行性、程序性、衔接性和可操作性展开了广泛深入的讨论，并提出了一些涉及就业前景、职业发展和法律保障等问题的建议意见。

1月15日，农工党中央副主席何维率调研组在西安就“生物医药与转化医学”进行调研。调研组考察了国家分子医学转化科学中心，就中心的发展思路与科研情况、科技成果转化、体制机制创新等问题，与中国工程院院士、中心主任陈志南等相关科研人员进行了探讨交流。在西安医学院的陕西省缺血性心血管疾病重点实验室进行调研并座谈，就现代医学教育、医教协同、医疗改革、后发优势理念、重点实验室建设等话题，与西安医学院在座的专家学者进行了现场交流。调研组还到西安力邦制药有限公司进行了考察，听取了公司生产经营情况的汇报，对力邦制药的国际化战略和科研方向提出了相关建议。

1月18日，农工党中央在广西百色开展地中海贫血病防治工作调研，邀请相关政府部门和专家学者进行研讨座谈。中央主席陈竺出席会议并讲话，副主席何维主持座谈会。中国红十字会党组书记、常务副会长徐科，广西壮族自治区政协副主席黄日波，农工党广西区委会主委彭钊参加座谈会。座谈会上，陈竺详细听取了由广西区卫计委党组书记、主任李国坚作的关于广西地中海贫血病攻坚工作的情况介绍。陈竺指出，广西防治地中海贫血病的经验值得在国内和“一带一路”沿线国家推广，这是中国制度优势和健康成果转化在健康领域的一个非常好的结合，让中国方案、中国智慧在“一带一路”中得以体现。陈竺希望广西在全科医生培训方面，在以地贫防治为代表的精准扶贫、健康扶贫方面能够为国家“一带一路”建设做出独特贡献。中国医学科学院、上海瑞金医院、上海儿童医院从事地贫病研究的专家学者，广西从事地贫病防治管理和研究的专家参加座谈。

2月1日，全国政协副主席、农工党中央常务副主席刘晓峰在广东惠州考察调研经济社会发展情况。刘晓峰一行参观了邓演达纪念园，向邓演达铜像敬献花篮，考察了博罗县罗浮山第三届中医科学大会会场，听取大会筹办及所产生影响等情况的汇报，高度评价了大会取得的成果，并对惠州多年来保护罗浮山中医药文化的做法及成效给予充分肯定。

2月15日至16日，农工党中央副主席何维率调研组在深圳开展国家“创新驱动战略”在医药产业现实发展情况及生物医药技术创新情况调研，考察了深圳市高新技术产业园区和深圳市北科生物科技有限公司。其间，调研组召开座谈会，针对深圳在创新驱动与生物医药技术创新议题，听取国内知名企业、高校和科研机构代表发言，并与深圳市相关委办局进行座谈。何维指出，生物医药的发展要围绕生物医药研发与产业化的重大需求，在顶层设计：首先要突出价值理性的先导作用；其次要重视体现多要素重组的工具理性，实现人才、资本、技术、市场多要素的有机统一；最后要致力探索建立高研发率效能的新型研发组织，将传统的序贯孤立的研发模式转向新型并行互动的创新研发模式。何维从生物医药产业的六个基本特征深入分析了成立药交所的必要性，指出了在技术创新与成果转化方面应当注意的问题。

3月18日至24日，全国政协副主席、农工党中央常务副主席刘晓峰在四川调研脱贫攻坚和旅游产业工作，农工党四川省委会主委王正荣参加调研。

3月29日至31日，农工党中央副主席兼秘书长曲凤宏在河南开展“健康中原”建设调研，河南省委会主委高体健参加调研。曲凤宏先后深入焦作市温县陈家沟、信阳市新县人民医院、陡山河乡中心卫生院、田铺乡河铺村卫生室、羚锐制药公司和新县光彩实验学校等地考察调研，详细了解“健康中原”建设发展情况。曲凤宏指出，农工党将发挥主体界别优势，在促进河南省医药卫生体制改革、医疗卫生事业发展、有效提升医疗水平和科研能力等方面发挥积极作用，促进“健康中原”建设取得新进展。河南省委会副主委花亚伟，河南省、焦作市、信阳市有关领导参加调研或座谈。

4月5日，农工党中央“服务国家‘一带一路’战略　推进‘健康丝绸之路’建设”大考察专题座谈会在京召开。中央副主席何维出席并讲话指出，农工党中央选择“服务国家‘一带一路’战略　推进‘健康丝绸之路’建设”作为2017年大考察的主题，将通过系统深入、重点突出、针对性强的考察调研，提出促进“健康丝绸之路”建设的真知灼见，推进我国与沿线国家在卫生与健康领域的良好合作，从而把“一带一路”建设推向新的高度和水平。农工党中央参政议政部副部长王素芳主持座谈会。外交部、卫计委、中医药管理局、中国疾病预防控制中心、中国医学科学院、中国中医科学院等有关部委部门负责同志，农工党中央医卫委、北京大学首钢医院院长主任顾晋，农工党中央生物技术与药学委主任、中国医学科学院医药生物技术研究所所长蒋建东等30余人出席座谈会。

4月9日至10日，全国政协副主席、农工党中央常务副主席刘晓峰在江西景德镇视察调研，江西省委会主委郑小燕参加调研。景德镇市有关领导陪同调研。刘晓峰一行先后来到高岭国家矿山公园、东埠古村、汪胡国家森林公园和瑶里古镇，就自然生态资源保护及弘扬陶瓷历史文化等方面的问题进行调研，强调景德镇要继续发挥好自然生态优势，充分挖掘陶瓷历史文化，实现生态与文化发展相互促进、和谐统一。

4月14日至19日，全国人大常委会副委员长、农工党中央主席陈竺率农工党中央“推进‘健康丝绸之路’建设”大考察调研组在甘肃、云南进行全面、深入、系统的考察调研，为服务国家“一带一路”倡议的实施在卫生与健康领域贡献中国智慧、中国方案和中国力量。调研组成员有农工党中央副主席何维，农工党中央常委、国家食药监总局副局长焦红，中国工程院院士、中国医学科学院阜外心血管病医院院长胡盛寿，中国工程院院士、中国中医科学院常务副院长黄璐琦，中共中央统战部、外交部、国家发改委、商务部、卫计委、中医药管理局等相关中央和国家部委的领导专家。14日至16日，调研组在甘肃武威考察了武威重离子治疗肿瘤中心暨荣华颐养园、武威市人民医院，在兰州了解甘肃中医药大学及其附属医院、陇神戎发药业股份有限公司、兰州大学医学院、第二医院等单位服务“一带一路”开展的相关工作及遇到的难题，并召开专题调研座谈会。调研组成员和甘肃省有关部门领导专家共60余人出席会议，就甘肃省如何更好地推进“健康丝绸之路”建设提出了有针对性、建设性的意见建议。中共甘肃省委副书记孙伟主持座谈会，省委常委、省委统战部部长王玺玉，省人大常委会副主任李慧等出席座谈会，甘肃省政府副省长李斌汇报了甘肃省“健康丝绸之路”建设工作情况。17日至19日，调研组在云南开展“服务‘一带一路’战略　推进‘健康丝绸之路’建设”专题调研，实地考察了云南阜外心血管医院和云南泛亚国际心血管病医院建设情况，并召开专题调研座谈会。调研组成员和云南省有关部门领导专家围绕推进“健康丝绸之路”建设，就加快云南医疗卫生事业发展、更好发挥区位优势提升“医疗外交”软实力、加快民族医药发展步伐等方面深入交流，提出意见建议。中共云南省委常委、省委统战部部长杨宁主持座谈会，副省长高峰汇报了云南省与周边国家医疗卫生领域交往合作情况。陈竺在两次座谈会上作了重要讲话，就“健康丝绸之路”建设提出三点意见：第一，认清世界大势，服务国家战略，深刻理解建设“健康丝绸之路”的重要意义；第二，坚定“四个自信”，传播“五大理念”，充分发挥我国在“健康丝绸之路”建设上的比较优势；第三，坚持系统推进，着力重点突破，扎实推进“健康丝绸之路”建设工作。农工党甘肃省委会主委栗震亚、云南省委会主委杨鸿生分别参加了在甘肃、云南的调研，中央参政议政部副部长王素芳等参加调研。

4 月 23 日，由农工党中央医疗卫生工作委员会与农工党北京市委会联合主办的“心系医改 农工先行”研讨报告会在中央机关召开。中央主席陈竺出席报告会并讲话，副主席何维作总结讲话，副主席兼秘书长曲凤宏出席报告会，北京市委会主委于文明主持报告会。会上，北京市卫计委副主任、医院管理局局长于鲁明作了《健康北京，医改先行》报告，农工党中央医卫委主任、北京市委会副主委、北京大学首钢医院院长顾晋作了《医生的职业素质与人文精神》报告，农工党中央医卫委副主任、重庆市委会副主委、重庆医科大学附属第一医院院长任国胜作了《医养结合中三级甲等医院的作用》报告，中国医学科学院阜外心血管病医院血栓性疾病诊治中心主任、农工党阜外医院支部主任荆志成作了《重视乡村医生教育，做好扶贫助医工程》报告，农工党中央人资委副主任、北京经济管理职业学院副院长彭彧华作了《全面放开两孩政策后公共服务保障面临的挑战及对策建议》报告。中央参政议政部副部长王素芳、组织部副部长邓蓉玲，中央医卫委委员、北京市委会有关同志参加报告会。

5 月 14 日，农工党中央副主席何维率调研组在山东省平阴县开展“智慧健康工程建设”专题调研。山东省委会原主委王新陆，中央参政议政部副部长耿丽丽等参加调研。调研组到孝直镇和圣苑社区卫生服务站、孝直镇中心卫生院、平阴县中医医院进行实地查看，主要调研智慧健康平台建设、慢病的精细化管理、分级诊疗、远程医学信息系统的应用、居民电子健康档案的建立等情况，并就调研中发现的问题进行了讨论。何维指出，医改是综合性工作，要强化统筹协调，在加强医疗、医保、医药“三医联动”的基础上，加大医学人才的培养力度，提升医疗服务水平，建立医改保障机制；要以扶贫攻坚为导向，以提高健康水平为导向，加大医疗精准扶贫力度，在利用信息化手段精准识别病种的基础上，组建服务团队，分类救治，让最贫困的群众享受到最高质量的医疗卫生服务，同时统筹新农合、大病救助等资金，集中用力，发挥最大效益；要以改变结构性矛盾为导向，利用信息化手段，解决城乡医疗卫生服务不均衡问题；要以改变服务模式为导向，推动以医疗为中心向以预防保健为中心转变。

5 月 19 日至 20 日，农工党中央副主席何维率调研组在山西开展“改进和加强我国卫生援非工作”专题调研。19 日，调研组在太原召开专题座谈会，何维与来自山西省疾控中心、山西中医学院、山西医科大学第一、第二附属医院等多所医疗单位的有援非工作经验的医务人员进行了交流座谈，山西省委会主委周然主持座谈会，山西省卫计委、外事侨务办、食药监局、人社厅、疾病预防控制中心及多个参加援非工作医院的负责人参加会议。20日，调研组到山西医科大学第一附属医院和山西医科大学新校区考察调研。在山西医科大学第一附属医院，调研组参观了山西省分子影像精准诊疗协同创新中心，山西省委会副主委、山西医科大学副校长李思进介绍了走在世界前列的分子影像精准诊疗技术，以及山西医科大学分子影像精准诊疗协同创新建设情况。调研组考察了位于山西省高校新区的山西医科大学新校区，山西省委会副主委、山西医科大学副校长解军介绍了新校区建设情况。实地调研结束后，调研组召开了内部研讨会。

5月22日，2017年转化医学国家重大科技基础设施联盟会议在西安召开。全国人大常委会副委员长、农工党中央主席陈竺出席会议并致辞，中国工程院院士、转化医学国家重大科技基础设施（西安）设施主任陈志南等作报告。中央副主席何维、国家部委有关负责人、我国转化医学领域的专家学者出席。全国5个设施相关负责人报告了各自发展情况，来自国际科研机构和高等学府的知名学者作学术报告。与会人员还共同见证了“转化医学奖励计划”启动。

5月25日，农工党中央在上海召开“白血病治疗短缺药物供给保障”座谈会。中央主席陈竺出席座谈会并讲话，副主席何维主持座谈会并作总结讲话。陈竺指出，我国医药产业为维护群众用药安全、提升人民健康水平做出了重要贡献。但是，也必须正视当前药品质量安全和保障安全两方面存在的问题和挑战。陈竺强调，有效解决我国短缺药物供应是供给侧结构性改革的重要内容，是保增长、促改革、调结构、惠民生、防风险的重要领域之一，是国家治理体系和治理能力现代化的重大标志之一，有利于推动中国药品走出去，更好地服务于“一带一路”建设。为保障人民群众用药需求和用药安全，推动我国医药产业持续健康发展，要进一步研究分析和破解造成临床用药短缺的深层次原因，改革完善短缺药品的供应保障机制，确保群众用药需求。国家食药监总局、国家发改委、卫计委、人社部、工信部等有关部委部门负责同志出席并发言，国家相关行业学会代表、上海市相关部门负责同志、上海市医务工作者代表、部分医药企业代表、患者代表围绕会议主题进行了交流讨论。中央参政议政部副部长王素芳，上海市委会副主委、上海交通大学医学院副院长胡翊群，上海市委会副主委陈芳源等参加座谈。

6月6日，全国政协副主席、农工党中央常务副主席刘晓峰在雄安新区调研。河北省政协副主席姜德果陪同调研。刘晓峰先后到白洋淀新安北堤木栈道、荷花大观园、王家寨民俗村等地实地考察，详细了解白洋淀生态环境保护、水区居民生产生活、农家乐旅游、生活垃圾处理等情况。刘晓峰强调，建设雄安新区，一定要突出抓好生态环境治理和保护，坚持生态优先、绿色发展，严格划定开发边界和生态红线，实施白洋淀生态修复工程，着力建设绿色生态宜居新城区。

6月14日，农工党中央在机关召开2017年上半年经济形势研讨会。中央主席陈竺出席会议，副主席何维主持会议。国务院发展研究中心研究员张立群，国家卫计委体改司司长梁万年，中国人民大学副校长、中国人民大学国发院执行院长刘元春，南京邮电大学人口研究院院长、人文与社会科学学院院长沙勇，北京朝阳医院副院长邢念增，中国药学会科技开发中心副主任肖鲁，中国科学院生态环境研究中心副研究员马庆鑫，北京市容环境卫生协会有机废弃物处理专业委员会主任宋建国8位专家学者，围绕上半年经济形势、推动健康中国和美丽中国建设三大主题，结合自己的研究领域和方向，就宏观经济形势与政策、医药卫生体制改革、臭氧污染及控制、临床药品供应保障、脱贫攻坚民主监督、生物柴油可持续发展等问题阐述自己的观点，提出政策建议。陈竺在认真听取与会专家学者发言后指出，各位专家学者的发言坚持问题导向，数据翔实，分析到位，符合实际，非常精彩，对农工党中央做好议政建言工作有重要参考价值。

7月6日，农工党中央副主席兼秘书长曲凤宏在辽宁抚顺进行大健康调研。曲凤宏充分肯定了农工党抚顺市委会紧紧围绕农工党中央提出的建设“健康中国”“美丽中国”以及结合抚顺市建设“健康抚顺”工作目标，积极发挥党派特色开展行之有效的活动，取得了良好成效。曲凤宏指出，健康产业是可持续发展的朝阳产业，大力发展健康产业符合抚顺转型振兴的实际要求。农工党中央将一如既往地支持抚顺的发展，不断发挥农工党界别特色优势，动员和引导党员履职尽责，主动承担社会责任，积极投身抚顺“大健康”产业发展之中，助力抚顺转型振兴。调研期间，曲凤宏会见了中共抚顺市委书记、市人大常委会主任高宏彬，抚顺市有关领导参加会见。

7月7日，农工党中央副主席何维出席在福州召开的“医保管理体制改革”座谈会。福建省政协副主席、省医改领导小组副组长李红，福建省委会原主委陈绍军出席会议并发言。何维对福建省医保管理体制改革的做法和取得的成效表示肯定，指出医保管理体制改革将以控费为主向以健康保障、预防为主转变，“大卫生”改革是方向。中央参政议政部副部长王素芳主持座谈会，福建省委会主委刘献祥出席座谈会。福建省相关部门领导参加了座谈会。

7月14日至19日，农工党中央参政议政部、中央妇委会与黑龙江省委会组成联合调研组，先后深入黑龙江东宁、黑河等边境城市就“边境城镇人口合理布局与增长趋势”开展了专题调研。调研由中央参政议政部副部长耿丽丽，中央妇女委员会主任孙晓梅，黑龙江省委会副主委刘长青共同带队。调研组首先在哈尔滨召开了专题座谈会，黑龙江省委会主委马立群出席座谈会并讲话。调研组在东宁市就当地经济社会发展、基本公共服务水平、人口布局及发展等情况进行了考察调研，黑龙江省委会副主委、农工党牡丹江市委主委魏芝红陪同调研。调研组在黑河市召开了调研座谈会。

7月28日至29日，全国政协副主席、农工党中央常务副主席刘晓峰率调研组在四川内江、自贡等地，围绕“长江经济带绿色发展与生态环境保护”开展调研。四川省委会主委王正荣等参加调研。调研期间，调研组前往葫芦口水库、东兴寺片区综合改造现场、富顺县城市生活污水处理厂、金子凼堰闸等地，实地查看沱江、釜溪河水质情况，详细了解内江、自贡两市生态修复工作、水源治理情况、釜溪河流域综合治理、水污染防治等情况。29日，调研组主持召开长江经济带绿色发展与生态环境保护工作汇报会，四川省相关领导围绕沱江流域综合治理、筑牢长江生态屏障、推动绿色发展等工作开展情况作了汇报。刘晓峰强调：一要强化对长江经济带绿色发展与生态环境保护的总体认识，深刻领会习近平总书记“绿水青山就是金山银山”的重要要求，坚定走生态优先、绿色发展之路，坚持生态系统整体治理，狠抓上中下游、重点地区、重大工程项目、重大制度体系统筹协调和创新。二要以“创新、协调、绿色、开放、共享”五大发展理念为指导，把思想和行动统一到新的发展理念上来，划定生态保护红线，确立水资源利用上线，坚守环境质量底线，系统开展重点区域生态保护和修复，妥善处理江河湖库关系，推进流域水污染统防统治。三要坚持问题导向，着力抓好四川尤其是沱江的水污染防治工作，在基础设施共建共享、负面清单制定、环境污染联防联控、跨界生态补偿区域协作等方面开展深度合作，让沱江这条“金腰带”再加上一条“绿腰带”，为长江经济带的保护和发展做出新的贡献。

8月2日至3日，农工党中央副主席何维率调研组在吉林通化围绕“医药产业发展”开展调研。吉林省委会主委秦海涛等参加调研。调研组先后来到通化万通药业股份有限公司、通化玉圣药业股份有限公司、通化东宝集团、通化医药高新区东宝生物医药产业园等地进行实地调研，查看产品生产车间和生产线，了解企业发展、园区建设和项目进展情况。8月3日，农工党中央调研组召开通化市医药产业发展座谈会。何维指出，希望通化继续保持良好的发展势头，进一步解放思想，厘清思路，把握规律，坚持医药产业精品化、集约化发展。希望通化医药企业强化创新驱动，在产品研发、创新等方面加大力度，发挥带头示范效应，为促进经济提质增效做出积极贡献。

8月3日至6日，全国政协副主席、农工党中央常务副主席刘晓峰，副主席何维率调研组在山东济南、枣庄等地，围绕“中医药产业发展”开展调研。山东省委会原主委王新陆、主委段青英等参加调研。8月3日，调研组前往济南市章丘中医院、明水街道办事处社区卫生服务中心等地调研，查看了章丘中医院中西药房、名老中医工作室、百草园等中医特色科室；在章丘区明水社区卫生服务中心，查看了透析大厅、中医康复大厅、中医堂，分别听取了中医药工作汇报。8月4日，调研组召开了基层中医药工作座谈会。刘晓峰指出：一是牢牢把握中医药发展的重大机遇；二是注重发挥中医药领域的人才优势；三是加快中医药医联体建设，助力基层中医药发展；四是充分发挥中医药在健康扶贫中的重要作用。调研期间，刘晓峰、何维出席了滕州生态旅游扶贫项目启动仪式暨第十四届中国（滕州）微山湖湿地红荷节开幕式暨2017山东省“送智下乡”旅游扶贫公益行活动，参加枣庄市统一战线同心林建设暨雨季植树活动，考察了台儿庄中医药博物馆、农工党中央书画院台儿庄交流基地和北京中医药大学枣庄医院。

8月4日，农工党中央副主席、中科院院士姚建年，山东省委会副主委仇冰玉一行到烟台经济技术开发区开展调研。调研组实地考察了烟台德邦科技有限公司、上海通用东岳汽车有限公司等科技企业，并召开座谈会，围绕改革、完善科技管理体制，推动创新驱动发展战略的实施，企业人才引进等问题认真听取了开发区部分科技企业负责人的经验做法和意见建议。姚建年强调，人才是国家创新驱动发展战略实施的重要依靠力量，如何吸引和稳定优秀的科研人员参与创新研究，更好地发挥科技人才在基础研究中的重要作用，是当前国家科技事业发展面临的重要课题。

8月10日，农工党中央副主席、上海市委会主委蔡威率队赴上海市张江园区，就“构建国际人才高地生态系统，推进上海卓越全球城市建设”开展专题调研，并召开调研座谈会。农工党上海市、浦东新区有关领导和专家学者参加调研。农工党党员、上海市工商联副主席、上海微创医疗器械（集团）有限公司董事长常兆华等陪同调研。座谈会上，张江园区各领域代表企业、张江管委会科技创新处以及浦东新区归国留学人员联合会的相关负责人围绕调研主题，对住房、税收、教育、出入境便利度以及人才引进政策等方面存在的问题提出了意见及对策建议。蔡威表示，将汇总相关问题和建议，在调研报告中反映。

8月20日，农工党中央副主席何维率调研组在新疆调研，先后考察了新疆区第六人民医院中国科学院王福生院士专家工作站及新疆传染病防治情况。中央参政议政部副部长王素芳、中央生物技术与药学工作委员会副主任兰宝石及有关专家学者参加调研。调研组实地查看了院士专家工作站、肝病临床治疗中心、血液净化中心、艾滋病临床治疗中心各传染病治疗科室；院长李明及有关专家就第六人民医院基本情况、新疆艾滋病抗病毒治疗工作情况和院士专家工作站建设情况作了汇报。何维强调第六人民医院要提高政治站位，将艾滋病防控等业务工作与全疆增进民族团结、实现长治久安、稳边固疆的大局结合起来，做好患者的医疗服务和医疗保障工作，尤其要发挥好院士工作站的最新技术优势，积极为民族地区的患者解除病患。农工党中央将积极助推这项工作。

8月22日，农工党中央召开CAR-T细胞疗法治疗多发性骨髓瘤项目研究进展与监管工作研讨会。中央主席陈竺出席会议并讲话，副主席何维主持会议并介绍了国内外相关研究进展情况。国家转化医学中心（上海）主任、上海血液学研究所所长、中国工程院院士陈赛娟作了该项目的情况介绍。上海瑞金医院血液科主任糜坚青、西安交通大学第二附属医院血液科主任何爱丽、南京传奇生物科技有限公司首席科学家范晓虎分别就项目进展情况进行了汇报。国家卫计委、食药监总局有关部门负责人出席座谈会并发言。来自各相关部委的参会人员充分肯定了研发团队的前期工作成果，一致表示积极支持CAR-T项目的开发和应用，并对下一步研发、监管、审批等环节提出了建设性的意见建议。陈竺就该项目的科研情况、监管情况、后期目标、远景规划提出了明确的指导性意见。

8月25日，国务院医改领导小组综合医改现场推进会在福州召开。中共中央政治局委员、国务院副总理刘延东主持会议并作重要讲话。农工党中央对医改长期高度关注，先后多次就医保制度改革、分级诊疗制度建设、新型农村合作医疗改革等问题组织调研组赴福建、上海、安徽等地调研，形成的调研报告多次得到国务院领导同志重要批示。国务院医改办高度重视农工党中央的意见建议，特别邀请农工党中央副主席何维代表农工党中央以医改专家身份参加本次会议。

9月4日，农工党中央调研“国家生态文明试验区”建设座谈会在贵阳召开。全国政协副主席、农工党中央常务副主席刘晓峰出席并讲话。刘晓峰指出，调研组将认真总结贵州生态文明试验区建设的经验，为国家生态文明体制改革创新建言献策。一是划好生态红线，突出保护优先的原则；二是严格落实“河长制”，强化联防联控机制；三是高度重视垃圾填埋对地下水的污染，加快推进畜禽粪便的综合利用；四是立足于绿色发展，注重运用市场方式推动产业结构调整和转型升级；五是认真落实中央环保督查组的反馈意见，抓好各项环保问题的整改；六是把生态补偿作为生态扶贫的重要途径，让贫困群众共享绿色发展红利。贵州省副省长卢雍政介绍了贵州省“国家生态文明试验区”建设情况。贵州省政协副主席蒙启良主持座谈会。农工党贵州省委会主委张光奇，环境保护部、国务院扶贫办、国家林业局、中国科学院生态环境研究中心等有关单位部门负责人出席座谈会并发言。贵州省有关领导和有关厅局负责同志出席座谈会。

9月23日至26日，农工党中央副主席何维率“长江经济带绿色发展”课题组在青海西宁市、玉树藏族自治州调研清洁能源发展和长江源头水资源保护与利用等情况。调研组考察了海南州光伏产业园、黄河水电龙羊峡水光互补发电有限公司，详细了解了产业发展的困难和需要从国家层面协调解决的问题，赴玉树藏族自治州考察“4·14”玉树大地震灾后由农工党各级组织捐款援建的巴塘乡卫生院，实地考察了三江源自然保护区，听取情况介绍并就如何调整国家转移支付结构、更好发挥生态补偿资金效能等议题进行了研讨。青海省委会主委张周平陪同调研。中央参政议政部副部长耿丽丽及环境规划院、长江流域水资源保护局、安徽师范大学等有关单位部门负责同志参加调研。

9月25日至26日，农工党中央副主席兼秘书长曲凤宏就基层组织建设和水资源环境综合治理情况，在福建莆田开展调研。曲凤宏在对木兰溪防洪工程建设、南北渠连通工程及东圳水库等水环境综合治理情况调研时，指出要突出生态文明建设，注重统筹兼顾、保护自然、生态优先，把推进水生态文明建设与宜居建设工作有机结合，整合优势资源，改善城乡风貌景观，探索出适合莆田特色生态文明建设模式，着力打造“美丽莆田，幸福家园”，实现城市可持续发展。

9月26日至29日，农工党中央副主席何维率调研组在江苏南京、无锡等地开展调研。调研组考察了南京红太阳集团、南京化学工业有限公司、南京市江北生活垃圾焚烧发电厂、江苏省太湖水质监测中心站，听取了江苏省环保厅、卫计委、疾控中心，无锡市政府、环保局、卫计委负责同志关于江苏省、无锡市开展环境与健康工作的情况介绍。调研组肯定了江苏省在探索建立以健康为核心的环境管理制度，对环境污染高风险企业职工健康防护、环境与健康工作机制等问题做的研究与实践。全国政协社法委驻会副主任陈学亨、吕忠梅，江苏省委会主委周健民、宁夏区委会主委戴秀英等参加调研。

10月10日至13日，全国政协副主席、农工党中央常务副主席刘晓峰率全国政协和农工党中央联合调研组在云南开展“环境与健康制度的法治保障”专题调研。中央副主席何维，全国政协社法委驻会副主任吕忠梅，江苏省委会主委周健民、宁夏区委会主委戴秀英、天津市委会副主委侯欣一，中央编办、环保部、卫计委的有关人员参加调研。调研组先后来到会泽古城区、大海草山、驰宏锌锗有限公司会泽冶炼厂、昆明市东川区、倘甸和轿子山两区开展实地调研，现场查看生态环境保护情况，听取当地关于环境与健康的工作情况汇报。10月11日，刘晓峰在昆明市东川区召开的座谈会上指出，要加强对影响健康的环境问题治理，摸清主要危害群众健康的病种，精准施策；要加强水环境保护，提高金沙江沿岸污水处理、垃圾处理的能力，维护好金沙江流域生态环境；要以健康中国国家战略为契机，积极进行产业转型，发展旅游、大健康等绿色新兴产业；要进一步加强生态扶贫和健康扶贫，带领群众坚决打赢脱贫攻坚战。

11月3日，农工党中央在机关举行2017全年经济形势专家研讨会。中央副主席何维主持会议。何维强调，召开本次会议是受农工党中央主席陈竺、常务副主席刘晓峰的委托，主要议题是结合学习贯彻中共十九大精神，就全年经济形势和2018年经济工作建言献策。座谈会上，国家发改委经济研究所所长孙学工，国家卫计委体改司司长梁万年，环保部环境规划院院长王金南，中国社会科学院研究生院院长黄晓勇，中国医药创新促进会执行会长宋瑞霖等，围绕全年经济形势、实施健康中国战略和建设美丽中国三大主题，结合各自研究领域和方向，就宏观经济形势与政策、医药卫生体制改革、生态文明体制改革、优化能源结构、药品审评审批制度改革等深度阐述观点，提出政策建议。何维指出，各位专家学者的发言紧密围绕中共十九大战略部署，坚持问题导向、数据翔实、剖析深刻、解读全面、紧扣实际、观点鲜明，对农工党中央议政建言工作提供了重要参考。

11 月 8 日至 12 日，农工党中央副主席、上海市委会主委蔡威带队在海南开展党务交流、医疗卫生调研，首次与农工党海南省委会联合跨省举办“国际科学与和平周”活动。中共海南省委副书记、海南省省长沈晓明探望了农工党上海市委会一行。海南省副省长、农工党海南省委会主委王路介绍了海南省发展现状，双方围绕党派参政议政、社会服务、组织发展等方面情况开展了经验交流，并就有关医疗卫生合作项目进行了深入探讨。其间，上海市委会一行实地考察了位于博鳌乐城国际医疗先行区的麦迪赛尔国际医疗中心和一龄生命养护中心，与园区管委会和企业代表进行了调研座谈；赴定安县，与农工党海南省委会联合举办“国际科学与和平周”医疗培训及义诊活动；赴昌江黎族自治县开展中西医结合医院调研，赴保亭黎族苗族自治县甘什村、田头村和南电村开展美丽乡村建设情况调研。农工党上海市委会副主委陈芳源、叶强，市委会秘书长王晓东以及农工党内医学专家参加活动。海南省委会副主委毕华陪同参加活动。

11 月 12 日，全国人大常委会副委员长、农工党中央主席陈竺率“生物医药产业发展”调研组在苏州开展调研，中央副主席何维，中央常委、国家食品药品监管总局副局长焦红，江苏省委会主委周健民，中国科学院院士、中国疾病预防与控制中心主任高福等参加调研。调研组在苏州实地考察了鱼跃医疗科技有限公司和长光华医生物医学工程有限公司，深入了解企业自主创新、人才引进等情况，并召开“生物医药产业发展”专题研讨会。中国医学科学院协和医院、解放军总医院、上海交大医学院附属瑞金医院等 5 家医疗单位的相关专家作了学术交流。国家卫计委、食药监总局等有关部委部门负责人作了发言。江苏省药监局副局长俞善浚、苏州市副市长吴庆文分别介绍了江苏省和苏州市生物医药产业发展情况。陈竺指出，要认真贯彻中共十九大关于实施“健康中国”战略的要求，树立大卫生、大健康理念，不断完善国民健康政策，为人民群众提供全方位全周期健康服务。要深刻理解预防为主理念，将精准诊断摆在满足人民群众健康需求更加突出的位置；积极完善健康政策供给和制度创新，推动《意见》及配套文件及早落地；着力破解重点难点问题，扎实推进生物医药产业发展，更好地助力“健康中国 2030 规划纲要”各项目标的实现。农工党江苏省、苏州市有关领导参加调研或座谈。

2. 反映社情民意信息

反映社情民意信息是农工党中央参政议政工作的重要内容之一。2017 年，中央参政议政部共收到各省级组织、中央机关各部门、中央各专门工作委员会及农工党党员报送的社情民意信息来稿 2245 件。中央参政议政部向全国政协信息局编报《信息专报》381 件，其中，上海 53 件、福建 53 件、浙江 46 件、广西 45 件、重庆 31 件。全国政协信息局采用了 29 件，其中福建 10 件、浙江 6 件、上海 5 件、江苏 4 件。其中，《积极推广四川省乐山市扶贫经验 实施“集中供养 + 居家救助”模式精准帮扶失能贫困群众》的信息得到国家领导人批示。

根据《中国农工民主党中央反映社情民意信息工作条例》和《中国农工民主党中央反映社情民意信息采编评分和奖励表彰办法》的规定，按照41个报送单位的工作情况，对2016—2017年农工党中央反映社情民意信息工作先进集体和先进个人给予表彰，表彰2016—2017年全党反映社情民意信息工作先进集体共16个，表彰2016—2017年全党反映社情民意信息工作先进个人共100人。

5月9日至12日，农工党中央在湖南岳阳召开社情民意信息工作研讨会。湖南省委会副主委、湖南师范大学数学所所长郭晋云，岳阳市副市长、农工党岳阳市委会主委李为出席开幕式并致辞，中央参政议政部副部长兼社情民意处处长耿丽丽出席并讲话。会议邀请全国政协信息局陈梅芳同志作“关于做好社情民意信息编报工作”的专题报告。与会人员分组研讨了社情民意信息案例，交流了各报送单位社情民意信息工作开展情况、经验以及问题和困惑，并对进一步做好社情民意信息工作提出了意见和建议。各省级组织的社情民意信息联络员参加了会议。

3. 举办各类论坛活动

1月10日，由农工党中央、河南省人民政府主办，农工党河南省委会、河南省卫计委承办的“健康中原高峰论坛”在郑州隆重举行。全国人大常委会副委员长、农工党中央主席、中国科学院院士陈竺出席论坛并作了题为《健康中国 中原出彩》的主旨演讲。中共河南省委副书记、省人民政府省长陈润儿出席论坛并致辞。全国政协常委、农工党中央副主席何维主持论坛。河南省人民政府副省长王艳玲，河南省政协副主席、农工党河南省委会主委高体健等出席论坛。陈竺指出，举办“健康中原”高峰论坛是贯彻落实全国卫生与健康大会精神，特别是习近平总书记关于卫生与健康有关重要讲话精神的重要举措，也是以实际行动落实农工党中央和中共河南省委、省人民政府签署的战略合作框架协议，协调推进国家优质医疗卫生资源向河南布局，提高区域医疗和公共卫生服务能力，建设“健康中原”，让中原更加出彩。陈竺就“关于老年癌症防治的建议”作了深入浅出的讲解。论坛得到中华医学会、中国红十字会、院士+博爱基金、农工党中央医卫委的大力支持，中国红十字会副会长王海京、国家卫计委医政医管局副局长郭燕红、中国红十字基金会副理事长兼秘书长孙硕鹏出席并致辞。中华医学会副会长兼秘书长饶克勤教授，农工党中央医卫委主任、北京大学首钢医院院长顾晋教授，国家心血管病中心主任助理蒋立新教授，首都医科大学附属北京儿童医院院长倪鑫教授，中国疾病预防控制中心主任王宇研究员，中国医学科学院肿瘤医院院长、国家癌症中心主任、中科院院士赫捷教授作了主旨演讲。

7月5日，由农工党中央、北京经济技术开发区管理委员会共同主办的第三届北京—加州华人生物医药企业家高峰论坛在北京亦庄举办。全国人大常委会副委员长、农工党中央主席陈竺通过视频为论坛致辞。中央副主席、本届高峰论坛主席何维作了《肿瘤免疫治疗的进展与展望》的专题报告。中央常委、国家食药监管理总局副局长焦红，北京经济技术开发区相关负责同志为本届论坛致辞。本届论坛共设立8个专题，基本覆盖了国际上主流的生物医药产业研究方向和热点技术。论坛由美国加州华人生物技术与医药创业家协会、北京经济技术开发区产业技术创新联盟促进会和北京先进医疗设备产业创新联盟联合承办，邀请了加州大学、匹兹堡大学、City of hope、BlueJay Mobile-Health、

BIO VINC、美迪克生物医药公司、麻省总医院等相关机构和项目代表参加。农工党中央生物技术与药学工作委员会、北京市委员会等22家单位作为协办单位。国家卫计委统计信息中心、科技部生物技术发展中心，农工党湖南省委会、贵州省委会，北京市食药监管理局、中关村管理委员会等有关部门领导出席论坛。

9月7日，由农工党中央和贵州省政协共同主办，农工党中央生态环境工作委员会、贵州省委会，黔西南州政府、州政协承办的第十二届中国生态健康论坛在贵州黔西南州兴义市召开。论坛的主题是“绿色发展与脱贫攻坚”。全国政协副主席、农工党中央常务副主席刘晓峰，贵州省政协副主席蔡志君，黔西南州政协主席陈国芳出席开幕式并致辞。中央副主席何维主持开幕式。贵州省政协秘书长李月成、省政协人资环委主任姚小泉，省卫计委副主任、农工党贵州省委会主委张光奇，中共黔西南州委副书记、黔西南州委政法委书记穆荣坤等出席开幕式。刘晓峰指出，在资源环境约束条件下，破解我国当前扶贫困局的必然选择是将生态保护与产业建构相结合，从贫困地区资源实际出发，转变当前贫困治理模式，大力发展绿色生态经济，培育新的生态经济产业链增长点，寻找推动从“输血式”到“造血式”扶贫开发转变的动力源，把绿水青山真正变为金山银山。论坛第一阶段是“绿色发展与脱贫攻坚”主旨报告，国务院扶贫办全国扶贫宣传教育中心主任黄承伟，世界资源研究所中国区首席代表李来来，北师大经济与资源管理研究院教授、博导、北师大中国扶贫研究院院长张琦，浙江省丽水市松阳县委书记王峻作了报告。论坛第二阶段是“绿色发展与生态扶贫示范案例交流”，环保部环境规划院副研究员张丽荣，云南省环境科学研究院副院长陈异晖，北师大资源学院副院长孟繁蕴，福建省环境科学研究院副院长张玉珍，农工党江西省委会主委、新余学院院长史可，北京华麟合众科技有限公司董事总经理李深，黑龙江大兴安岭加格达奇林业局招商办主任陈曦作，农工党贵州省委会副主委、贵州威门药业股份有限公司董事长梁斌等作了交流发言。来自农工党省市级组织有关负责同志，国务院有关部门、科研院所、大专院校等方面的专家学者及其媒体记者等150余人参加论坛。

9月22日至23日，第四届冀港澳台中华传统医药文化发展大会在石家庄召开。中央副主席何维出席开幕式并致辞。何维指出，希望此次大会以推进中医药事业的发展繁荣为目标，围绕中医治未病健康工程、推动中医药与养老服务融合发展等问题进行深入探讨，就会上推介的项目积极对接和合作，为中医药事业持续健康发展做出新贡献。本次大会由农工党河北省委员会、河北省卫计委等单位联合主办，冀港澳台四地中医药界人士以“传承中医药文化，发展中医药产业”为主题开展研讨交流，共享中医药发展经验，共谋中医药创新良策。

4. 提升参政议政能力

6月28日至29日，农工党中央在中央统战部培训中心苏州培训中心举办农工党2017年参政议政骨干培训班，中央参政议政部副部长王素芳主持开班仪式，参政议政部副部长耿丽丽出席开班仪式。培训内容主要是深入学习贯彻习近平总书记系列重要讲话精神和治国理政新理念、新思想、新战略，围绕如何提高议政建言工作水平、提案的组织撰写、积极反映社情民意信息等内容展开。来自农工党中央和全国部分省（区）、市级组织的参政议政骨干70余人参加培训。

9 月 16 日至 19 日，农工党 2017 年参政议政骨干培训班在广西大学举办。中央副主席何维出席开班式并讲话。何维指出，加强参政议政工作培训是提升参政议政履职能力的有效途径、是落实人才强党战略的具体体现、是适应参政议政新形势的迫切需要。何维提出具体要求：一是坚持政治性导向；二是把握战略性和宏观性思维；三是要在工作中以问题为导向，做到聚焦问题精准，调研问题扎实，解决问题可行。中央参政议政部副部长耿丽丽主持开班式，广西区委会主委蒋和生等出席并致辞。开班式结束后，何维为学员做了《关于议政建言工作的思考与建议》的授课。培训班还邀请到中共广西区委党校副校长、广西行政学院副院长韦日平，全国政协信息局委员处处长于保政，广西大学马克思主义学院哲学教授蒙绍荣作了专题讲座。来自农工党中央各专门工作委员会、15 个省级组织和农工党广西区地市级组织的参政议政骨干党员 120 余人参加了培训。

（二）民主监督

1 月 18 日，各民主党派中央开展脱贫攻坚民主监督工作座谈会在京召开，中共中央政治局委员、中央统战部部长孙春兰出席会议并讲话。农工党中央副主席龚建明出席座谈会并发言。

2 月 14 日至 15 日，农工党中央对口云南省脱贫攻坚民主监督工作会议暨脱贫攻坚民主监督调研工作培训班在昆明召开。中央副主席龚建明、副主席兼秘书长曲凤宏，中共云南省委统战部常务副部长苏红军等出席并讲话。云南省扶贫办副主任闾楠介绍了云南省脱贫攻坚工作情况。会议由云南省委会主委杨鸿生主持。龚建明要求各级组织要认清形势，坚定信心，切实增强脱贫攻坚民主监督工作责任感和使命感；通过精准施策，注重实效，脱贫攻坚民主监督工作取得阶段性成果；要勇于创新，敢于担责，确保脱贫攻坚民主监督各项工作落到实处。曲凤宏要求各级组织和成员进一步深化对脱贫攻坚民主监督工作重要意义的思想认识，处理好部门工作与民主监督、调研选点与全面监督等几个重点关系。南京邮电大学人口研究院专家就脱贫攻坚民主监督调研工作进行了培训。参与对口云南省脱贫攻坚民主监督工作的北京市、上海市、天津市、江苏省、浙江省、山东省、湖南省、湖北省、福建省、广东省、深圳市等农工党组织相关负责人，中央各专委会负责人，云南省委会和各州市组织负责人出席会议。

3 月 23 日，农工党中央、北京市委会对口帮扶云南省曲靖市会泽县项目对接专题座谈会在中央机关举行，就帮扶工作及合作协议有关问题进行协商座谈。中央副主席龚建明出席座谈会并讲话。龚建明指出，希望北京市委会和中共会泽县委、县政府珍视农工党员和热心企业家的爱心，围绕做好民主监督、助推脱贫攻坚、推广大方经验，落实好对接机制、落实好帮扶项目，深化脱贫攻坚民主监督，制定医改方案，助推会泽县打赢脱贫攻坚。农工党中央、北京市委会、云南省委会有关同志，会泽县政府有关领导和项目相关企业负责人参加会议。

3 月 26 日，农工党中央“脱贫攻坚与民主监督”高峰论坛在南京邮电大学校举办。中央副主席、南京邮电大学校长杨震主持开幕式。中央副主席龚建明出席并讲话，对下一步完成好脱贫攻坚民主监督工作任务提出了要求，一是方向要精准，二是分析要精确，三是工作要精细，要有意识地细化监督，用数据说话，用指标说话，用案例说话，寻找存在的问题，帮助基层地方改进提升工作。农工党江苏省委会主委周健民、中共江苏省委统战部副部长瞿超、南京邮电大学党委书记刘陈致辞。农工党中央人资委主任云治厚、江苏省委会副主委吴建坤，江苏省社科联党组书记刘德海，群众杂志社主编朱维宁、副总编苗成斌，中国社会科学杂志社常务副总编辑王利民等出席论坛。农工党中央人资委副主任沙勇等一批专家学者发表演讲并进行学术探讨。论坛围绕“脱贫攻坚与民主监督”主题，分别就脱贫攻坚民主监督新探索、进一步缩小收入差距的挑战、脱贫攻坚应关注和解决的若干问题，民主监督与精准扶贫，脱贫攻坚民主监督的10个重要问题、脱贫致富进程中的乡村治理体系构建等主题发表演讲并进行学术探讨。论坛由农工党中央精准扶贫精准脱贫工作领导小组、农工党江苏省委会、南京邮电大学主办，农工党中央人资委、南京邮电大学人口研究院及人文与社会科学学院承办，群众杂志社协办。

3月31日至4月2日，农工党中央副主席、上海市委会主委蔡威带队在云南红河州，开展脱贫攻坚民主监督调研工作。云南省委会主委杨鸿生，红河州人大常委会副主任、农工党红河州委会主委刘竹芬，红河州领导李成武、普菊红等陪同调研。蔡威一行出席了红河州脱贫攻坚民主监督工作调研座谈会，考察了红河州滇南中心医院建设工地，赴红河州屏边县新华乡岩蜂村、玉屏镇大份子村了解脱贫工作，在屏边县召开脱贫攻坚工作座谈会，在红河州第一人民医院和屏边县人民医院考察当地医疗机构运营现状及发展规划情况，在红河州弥勒市实地调研当地养老及医疗机构建设情况。

4月9日至14日，农工党中央副主席龚建明率队在云南禄劝县、牟定县开展脱贫攻坚民主监督调研。云南省委会主委杨鸿生，中央社会服务部副部长、精准扶贫精准脱贫领导小组办公室常务副主任郭洪泉等参加调研。9日至11日，调研组赴禄劝县医院，翠华镇、团街镇等8个乡镇，大松园村、达作卧村等7个村委会，走访调查了9个农户家庭，与中共禄劝县委、县政府负责同志以及相关部门同志进行座谈，考察了县脱贫作战指挥部，较为全面地了解了禄劝县脱贫攻坚工作的整体情况，召开了农工党中央赴禄劝开展脱贫攻坚民主监督座谈会。昆明市、禄劝县领导介绍了禄劝县和昆明市脱贫攻坚工作情况，调研组成员和云南省、昆明市、禄劝县有关领导共30余人出席座谈会。龚建明指出，农工党中央将利用党内专家力量，与相关部门对接协商，帮助出主意、想办法，助力禄劝县打赢脱贫攻坚战。12日至14日，调研组在牟定县人民医院、牟定县脱贫攻坚作战指挥部进行调研，分成3个工作组分别深入戌街乡、安乐乡、新桥镇、共和镇、江坡镇调研，召开农工党中央赴牟定开展脱贫攻坚民主监督座谈会。楚雄州、牟定县领导介绍了楚雄州和牟定县脱贫攻坚工作情况。龚建明在座谈会上对牟定县进一步推进精准扶贫精准脱贫工作提出了建议。

5月2日，农工党中央脱贫攻坚民主监督工作相关部委专家座谈会在中央机关召开。中央副主席龚建明出席会议并讲话。龚建明希望农工党中央与各部委加强沟通联系合作，共同致力打赢脱贫攻坚战。一是建立信息交流合作机制，实现有关政策文件资料和数据信息的共享；二是建立调研报告撰写合作机制，就农工党中央的调研报告征求相关部门的意见建议，不断完善改进；三是建立问题导向合作机制，党派立足于调查问题、发现问题、研究问题、建议问题，各部委着重于解决问题，目的在于通过合作解决问题。国务院扶贫办、国家林业局、人力资源和社会保障部、卫计委、民政部、中国保监会、财政部等有关部委局部门负责人先后发言，分别介绍了健康扶贫、生态扶贫、社会保障兜底扶贫工作相关情况、相关政策、工作进展、存在问题及下一步工作设想。农工党中央社会服务部副部长郭洪泉主持会议，中央有关领导干部 20 余人参加座谈会。

5 月 11 日至 18 日，农工党中央社会服务部副部长郭洪泉率调研组在全国 14 个集中连片特困区之一的乌蒙山区腹地——云南省人口第一大县镇雄县的雨河镇乐利村驻村调查，开展解剖麻雀式的深入调研并走访当地医疗、教育等机构，同地方党委、政府部门座谈，以客观总结精准扶贫精准脱贫的经验做法，分析研判乌蒙山区脱贫攻坚面临的困难问题，力求提出有效管用的意见建议。

7 月 3 日至 8 日，全国人大常委会副委员长、农工党中央主席陈竺带队赴云南省开展脱贫攻坚民主监督专题调研，相继到滇东北的昭通市镇雄县、昭阳区，曲靖市会泽县和滇西北迪庆州香格里拉市调研，实地考察乌蒙山云南片区和迪庆藏区脱贫攻坚工作。中央副主席龚建明、云南省委会主委杨鸿生，国务院扶贫办社会扶贫司副司长李荣，国家卫计委财务司副司长刘魁，民政部低收入家庭认定指导中心副主任李卫东，环保部环境规划院党委副书记兼纪委书记邓志耕，国家林业局计财司副司长杨冬，中央社会服务部副部长郭洪泉，南京邮电大学人口学院院长、人文与社会科学学院院长沙勇等参加调研。4 日，调研组考察了建设中的镇雄县城南医院、云南师范大学附属镇雄中学、中屯镇深度贫困村齐心村和雨河镇乐利村，听取了镇雄县城南医院建设的工作汇报，并提出了意见建议。在雨河镇乐利村卫生室查阅了建档立卡户健康档案，并向村医详细了解了村民的慢病防治、医疗报销以及村医的收入等情况。5 日，调研组考察了昭通市昭阳区永丰镇小闸村陈家营，进到回族群众家中了解生活情况，考察了昭通市中医院眼科、推拿科、针推科等重点科室，并观摩了正在进行的眼科手术，赴会泽县召开了农工党中央对口会泽县脱贫攻坚民主监督座谈会。6 日，调研组考察了会泽县宝云街道青云村考察博爱家园项目，赴娜姑镇卫生院考察健康扶贫有关情况，考察了金钟街道以礼社区易地扶贫搬迁集中安置点，走访建档立卡贫困户。7 日，调研组走访了迪庆州藏医院，考察藏区香格里拉市小中甸镇团结村脱贫攻坚工作情况并走访藏族农户，赴迪庆州人民医院、迪庆州上海中学考察健康扶贫、教育扶贫工作情况。

7 月 8 日，农工党中央对口云南省脱贫攻坚民主监督工作座谈会在昆明召开。全国人大常委会副委员长、农工党中央主席陈竺出席会议并讲话，云南省委书记、省人大常委会主任陈豪主持会议并讲话。云南省委副书记、省长阮成发代表省委、省政府就云南省脱贫攻坚进展情况作了全面介绍。中央副主席龚建明介绍了 2017 年以来农工党中央对口云南脱贫攻坚民主监督工作开展情况和监督调研的主要发现。云南省委副书记李秀领，省委常委、省委统战部部长杨宁，省人大常委会常务副主任赵立雄，副省长张祖林，副省长、省政府秘书长何金平，农工党云南省委会主委杨鸿生等出席会议。陈竺结合前期调研情况，就落实习总书记 6 月 23 日在深度贫困地区脱贫攻坚座谈会的重要讲话精神提出三点意见：一是肯定成绩，正视困难，充分认识云南省脱贫攻坚任务的艰巨性、重要性和紧迫性。二是坚定信心，迎难而上，切实把握好深度贫困地区脱贫攻坚的六个关系。在工作进度上，处理好“快”与“稳”，也就是速度与效果的关系；在扶贫标准上，处理好“低”与“高”，也就是脱贫与致富的关系；在脱贫动力上，处理好“内”与“外”，也就是自立更生和支持帮扶的关系；在扶贫措施上，处理好“扶”与“救”，也就是扶贫开发与社会保障，生产性扶持与生活性救助的关系；在脱贫重点措施上，处理好“病”与“医”，也就是因病致贫与医疗保障的关系；在脱贫路径上，处理好“发展”与“保护”，也就是扶贫开发与生态环境保护的关系。三是总结经验，探索创新，进一步提升脱贫攻坚民主监督工作的针对性、有效性。要更加聚焦监督重点，要更加突出科学循证精神，更加着力健全工作机制，更加突出寓帮于监。农工党中央赴云南开展脱贫攻坚民主监督专题调研组成员、云南省有关领导共60余人出席会议。

7月31日至8月1日，农工党2017年脱贫攻坚民主监督及社会服务工作经验交流会在吉林省吉林市召开。中央副主席龚建明、国务院扶贫办社会扶贫司副司长李荣出席并讲话，中共吉林省委统战部常务副部长杜红旗出席会议，农工党吉林省委主委秦海涛致辞，中共吉林市委常委、吉林市委统战部部长郑国学出席会议。中央社会服务部副部长张庆伟主持开幕式，农工党中央社会服务部副部长郭洪泉主持讨论会。会议传达学习中共中央关于脱贫攻坚民主监督的新部署、新要求，回顾总结前期对口云南脱贫攻坚民主监督工作，部署下一步对口云南和中西部省份省内脱贫攻坚民主监督工作；研究今后5年全党社会服务工作思路，推动健康扶贫跟踪调研，对接中西部“杏林春雨”行动项目等。会上，云南省昭通市镇雄县雨河镇党委副书记邓云介绍了基层脱贫攻坚工作情况，南京邮电大学李春平副教授介绍了民主监督调查方法。与会人员还就对口云南省脱贫攻坚民主监督工作，推动中西部22个省份脱贫攻坚民主监督工作，今后5年全党社会服务工作思路，健康扶贫跟踪调研工作和对接中西部“杏林春雨”行动项目工作计划等内容进行了热烈的交流研讨。来自中共中央统战部办公厅、农工党全国30个省级组织分管脱贫攻坚民主监督及社会服务工作的负责人100余人出席会议。

8月31日至9月7日，农工党中央副主席龚建明率队在云南省文山壮族苗族自治州、红河哈尼族彝族自治州开展脱贫攻坚民主监督调研。调研组先后前往文山州西畴县、麻栗坡县、砚山县、文山市，红河州蒙自市、河口瑶族自治县、弥勒市，深入砚山易地扶贫搬迁安置点、砚山民族职业高级中学、蒙自滇南中心医院、河口市南溪镇等地入户走访、实地调研，并召开脱贫攻坚民主监督座谈会。龚建明指出，要增强打赢脱贫攻坚战的责任感和使命感，进一步认清脱贫攻坚的重要性、艰巨性、紧迫性，聚焦深度贫困地区，加大石漠化治理力度，加快基础设施和产业培育发展步伐，深入推进“兴边富民”行动计划，抓紧抓好教育扶贫和健康扶贫等工作。云南省委会主委杨鸿生等参加调研。云南省和文山州、红河州有关领导同志陪同调研。调研期间，中央社会服务部副部长郭洪泉等考察西畴县、麻栗坡县医疗、教育等机构和石漠化综合治理片区，并在西畴县兴街镇磨合村进行驻村入户调查，了解当地脱贫工作实情。

10月10日至12日，农工党中央副主席龚建明率调研组在贵州毕节市大方县就脱贫攻坚民主监督开展专题调研。调研组先后到大方县羊场镇新田村、陇公村入户走访脱贫攻坚情况，考察理化乡猕猴桃种植基地、理化村社区综合服务管理中心，恒大集团扶贫基地奢香古镇和贵阳护理职业学院大方校区，并于12日召开了农工党中央赴大方县开展脱贫攻坚民主监督调研座谈会。座谈会上，龚建明指出：要对照国家的扶贫标准，高标准地做好大方县脱贫攻坚工作；要聚合脱贫攻坚的力量，积极参与，共同努力，形成帮扶合力；要发挥农工党在健康扶贫、生态扶贫等方面的优势，一如既往地助力大方县打赢脱贫攻坚战。贵州省委会主委张光奇就贵州省委会帮扶大方县情况做汇报，中央社会服务部副部长郭洪泉就农工党中央脱贫攻坚民主监督调研组在羊场镇陇公村驻村调研期间的情况和发现问题作了汇报，大方县有关领导作 2017 年脱贫攻坚及农工党帮扶大方县工作情况介绍。调研组成员和贵州省、毕节市、大方县有关领导干部 30 余人出席座谈会。调研期间，郭洪泉带队在羊场镇陇公村进行了驻村调查，为在大方县开展脱贫攻坚民主监督提供了第一手的翔实资料和数据。

10 月 13 日至 15 日，全国政协副主席、农工党中央常务副主席刘晓峰率调研组在云南省开展脱贫攻坚民主监督专题调研。13 日，在昆明市召开农工党中央对口云南省脱贫攻坚民主监督专题调研座谈会。刘晓峰出席并讲话，中央副主席何维、龚建明出席会议并发言。中共云南省委副书记李秀领主持座谈会，中共云南省委常委、统战部部长杨宁出席会议，云南省政府副省长、省政府秘书长何金平就云南省脱贫攻坚工作情况作了全面汇报。刘晓峰充分肯定了农工党中央对口云南脱贫攻坚民主监督工作所取得的显著成效。刘晓峰建议：一是建议重视转化贫困群众的思想观念，逐步解决贫困人口等靠要、安贫乐贫问题；二是建议聚焦重点区域和重点人群，集中攻克深度贫困问题；三是建议突出夯实基层基础，打通脱贫攻坚最后一公里；四是建议发挥云南生态优势，深入推进生态扶贫；五是建议加大教育信息化基础投入，解决贫困地区教育薄弱问题；六是加大力度解决金沙江沿线污水垃圾处理问题。农工党中央调研组和云南省、曲靖市、文山州、昭通市有关领导共 50 余人出席会议。座谈会结束后，举行农工党助力云南脱贫攻坚帮扶项目签约暨捐赠仪式，共三个项目：一是帮扶会泽县健康扶贫“一个规划、两个中心”建设项目，包括由农工党北京市委会牵头协调的远程诊疗中心项目，由农工党首都医疗扶贫专家组承担的远程培训中心项目，由中国红十字基金会燎原基金协调的主动健康科技公司举办中西体结合主动医院项目；二是由农工党四川省委会、云南省委会协调四川大学华西医院对口支持镇雄县医疗卫生事业项目；三是明日之星教育基金会向文山州、昭通市、曲靖市捐赠价值 1500 万元教育信息化设备。在云南，调研组赴文山州丘北县实地考察了石漠化片区扶贫脱贫工作。

10 月 17 日，农工党中央向中共中央统战部报送《农工党中央关于对口云南省脱贫攻坚民主监督工作的调研报告》。

11 月 5 日至 8 日，农工党中央副主席龚建明率调研组赴云南普洱市景谷县、澜沧县、孟连县、西盟县开展脱贫攻坚民主监督调研。6 日，调研组在普洱市召开脱贫攻坚民主监督调研座谈会。中共普洱市委副书记陆平作普洱市市情和脱贫攻坚工作情况介绍。龚建明对普洱市脱贫攻坚表示肯定，建议普洱市重点在以下五方面倾力出击：一是持续推进兴边富民，补足边疆地区发展短板；二是着力激发内生动力，推动“直过民族”和人口较少民族脱贫致富；三是着力抓实教育文化治贫，阻断贫困对象代际传递；四是着力解决因病致贫返贫问题，为脱贫攻坚提供健康保障；五是充分发挥生态优势，深入推进生态扶贫。农工党云南省委会主委杨鸿生，中央社会服务部副部长、精准扶贫精准脱贫工作领导小组办公室常务副主任郭洪泉，天津市委会副主委兼秘书长王毅斋等参加调研和座谈。

11 月 15 日，农工党中央副主席龚建明出席中共中央统战部召开的脱贫攻坚民主监督座谈会，交流汇报对口云南脱贫攻坚民主监督情况。中央社会服务部副部长、精准扶贫精准脱贫工作领导小组办公室常务副主任郭洪泉参加会议。

12月7日至11日，中央社会服务部副部长、精准扶贫精准脱贫工作领导小组办公室常务副主任郭洪泉率调研组在云南开展脱贫攻坚民主监督调研。7日，在昆明市召开脱贫攻坚民主监督座谈会。会后，调研组赴怒江傈僳族自治州福贡县、泸水市开展脱贫攻坚民主监督调研。

（三）政治协商

1. 在高层政治协商中提出意见建议

1月18日，最高人民法院召开各民主党派中央、全国工商联和无党派人士座谈会，通报2016年人民法院工作，听取意见建议。最高人民法院党组书记、院长周强出席座谈会。农工党中央副主席龚建明出席会议并发言，充分肯定了2016年人民法院工作取得的成绩，就深入推进司法体制改革、多措并举破解“案多人少”难题、规范法院信息化建设、加强指导性案例对各级法院指导力度等方面提出意见建议。

1月19日，中共中央政治局常委、国务院总理李克强主持召开座谈会，听取各民主党派中央、全国工商联负责人和无党派人士代表对《政府工作报告（征求意见稿）》的意见建议。农工党中央主席陈竺就精准施策促改革补短板、建设美丽中国提出建议。常务副主席刘晓峰、副主席何维参加座谈会。

2月10日，最高人民检察院召开各民主党派中央、全国工商联负责人和无党派人士代表座谈会，征求对最高人民检察院工作报告的意见。最高人民检察院党组书记、检察长曹建明主持座谈会。农工党中央副主席何维出席会议并发言，充分肯定了2016年检察工作，建议试点地区检察机关加大在污染多发地区提起公益诉讼力度，更好地发挥公益诉讼的社会效应和示范效应。

3月27日，脱贫攻坚民主监督工作座谈会在京召开。中共中央政治局常委、全国政协主席俞正声主持会议并讲话。农工党中央主席陈竺出席会议并发言，就开展好脱贫攻坚民主监督工作提出意见建议。

6月1日，中共中央政治局常委、全国政协主席俞正声在北京主持召开调研协商座谈会，邀请民革中央、农工党中央、致公党中央、台盟中央负责人和无党派人士代表，围绕深入推进“一带一路”建设建言献策。中共中央政治局委员、中央统战部部长孙春兰出席。农工党中央主席陈竺建议，抓紧制定国家层面的《健康丝绸之路合作行动计划》，深化与“一带一路”沿线国家的政策衔接，加强医疗设施互联互通，全面提升中国在区域和全球卫生治理领域的软实力和影响力。常务副主席刘晓峰、副主席何维参加座谈会。

7月21日，中共中央在中南海召开党外人士座谈会，就当前经济形势和下半年经济工作听取各民主党派中央、全国工商联负责人和无党派人士代表的意见建议。农工党中央常务副主席刘晓峰出席会议并发言，赞同中共中央对当前我国经济形势的分析和下半年经济工作的考虑，并就助力“一带一路”建设、完善医保管理体系等内容提出意见和建议。农工党中央副主席何维出席会议。

8月30日，中共中央在中南海召开党外人士座谈会，就中共十九大报告征求意见稿听取各民主党派中央、全国工商联领导人和无党派人士代表的意见建议。中共中央总书记习近平主持座谈会并发表重要讲话。农工党中央主席陈竺出席座谈会并发言，就推进健康中国和美丽中国建设等问题提出意见和建议。农工党中央常务副主席刘晓峰出席会议。

12 月 6 日，中共中央在中南海召开党外人士座谈会，就 2017 年经济形势和 2018 年经济工作听取各民主党派中央、全国工商联负责人和无党派人士代表的意见和建议。中共中央总书记习近平主持座谈会并发表重要讲话。农工党中央主席陈竺在座谈会上发言，常务副主席何维出席会议。

12 月 15 日，中共中央在中南海召开党外人士座谈会，就中共中央关于修改宪法部分内容的建议听取各民主党派中央、全国工商联负责人和无党派人士代表的意见建议。中共中央总书记习近平主持会议并发表重要讲话。农工党中央主席陈竺出席会议并发言，提出了关于确立习近平新时代中国特色社会主义思想在国家政治和社会生活中的指导地位、明确中国共产党领导是中国特色社会主义最本质特征等建议。农工党中央常务副主席何维出席会议。

2. 在全国两会平台上积极建言献策

3 月 3 日至 13 日，全国政协十二届五次会议在京召开。全国政协副主席、农工党中央常务副主席刘晓峰，全国政协常委兼副秘书长、农工党中央副主席何维，全国政协常委、农工党中央副主席蔡威、谢庆生，全国政协委员、农工党中央副主席兼秘书长曲凤宏和担任全国政协委员的农工党员出席会议。全国人大常委会副委员长、农工党中央主席陈竺应邀参加了 3 日举行的开幕会和 13 日举行的闭幕会。农工党中央机关部分局级干部旁听了开幕会和政协大会发言。

3 月 4 日，中共中央总书记、国家主席、中央军委主席习近平看望了参加全国政协十二届五次会议的民进、农工党、九三学社委员，参加联组会，听取意见和建议。杜青林、严隽琪、陈竺、韩启德、罗富和、张庆黎、刘晓峰等参加联组会。联组会上，何维、曲凤宏、周健民 3 位农工党委员作了发言。其中，农工党中央副主席何维就医学教育改革和全科医生培养作了题为《完善培养与人事政策，壮大全科医生队伍，为人民健康保驾护航》的发言，农工党中央副主席兼秘书长曲凤宏就健康扶贫作了题为《脱贫攻坚应当高度重视健康扶贫工作》的发言，农工党江苏省委会主委周健民就环境保护作了题为《完善土壤污染防治制度　保障人民群众“舌尖上的安全”》的发言。

3 月 5 日至 15 日，第十二届全国人民代表大会第五次会议在京召开。全国人大常委会副委员长、农工党中央主席陈竺，全国人大常委、农工党中央副主席陈述涛、姚建年、杨震、朱静芝、龚建明和担任全国人大代表的农工党员出席会议。全国政协副主席、农工党中央常务副主席刘晓峰，全国政协常委兼副秘书长、农工党中央副主席何维，全国政协常委、农工党中央副主席蔡威，全国政协委员、农工党中央副主席兼秘书长曲凤宏和担任十二届全国政协委员的农工党员列席了 5 日举行的开幕会。

农工党中央向全国政协十二届五次会议提交了 37 篇提案。其中，涉及医药卫生、环境保护、人口资源等领域的提案有 23 件，占提案总数的 60%，鲜明体现了农工党的界别特色。其余 14 件提案则涉及精准扶贫、经济社会发展、深化司法体制改革、弘扬传统文化等方面。2017 年的提案以“控制总量、提升质量、突出重点、兼顾全面”为原则，突出提案的时效性、针对性、可操作性，力求推动相关问题的解决。其中，关于深化医学教育、完善特重大疾病医疗救助制度、完善土壤污染防治基本法律制度等提案，成为全国两会关注和讨论的热点。据不完全统计，农工组45位参会的全国政协委员分别以个人名义向政协大会共提交了提案174件、大会书面发言16篇，内容涵盖了医药卫生、生态环境、人口资源、法治建设、文化建设等领域的热点难点问题。

按照大会安排，农工党组共进行了11次小组讨论。农工党组委员按照会议要求，认真审议了有关会议文件。全国政协副主席、农工党中央常务副主席刘晓峰多次参加政协十二届五次会议农工党组小组讨论并作重要讲话。农工党组委员认真审议和讨论了政府工作报告、政协常委会工作报告、提案工作情况报告、《关于加强和改进人民政协民主监督工作的意见》、政协全国委员会2017年协商计划、"两高"工作报告、各项决议草案等。

3月7日，全国政协十二届五次会议界别联组会议在北京会议中心召开。全国政协副主席、农工党中央常务副主席刘晓峰出席并讲话，国家卫计委副主任曾益新、国家中医药管理局副局长王志勇、国家食药监总局副局长孙咸泽应邀参加联组会，农工党中央副主席何维、蔡威、谢庆生、曲凤宏等委员出席。联组会由何维主持。刘晓峰就推进健康中国建设谈了抓紧补齐全科医生队伍建设和大病保障两个突出短板、发挥医保核心杠杆作用、在医生薪酬体系建设体制机制和实施路径上多做探索创新、更加关注中医药发展、进一步抓好食品药品安全五点意见，希望部委同志与农工党同志运用好不同协商形式、密切合作，凝众智、聚众力。蔡威、谢庆生、高体健、王新陆、彭钊、王启仪、张喆人、岳泽慧等农工党委员在联组会上发言。国家卫计委、国家食药监总局有关同志参加了联组会。

3月10日，全国政协十二届五次会议举行第三次全体会议。全国政协委员、农工党广西区委会主委彭钊代表农工党中央作了题为《深化医学教育改革　加快全科医生培养》的大会发言。彭钊在发言中指出：解决全科医生短缺问题，既应从人事政策入手，更应加快全科医学人才培养。我国医学教育体系完备，总体水平处于发展中国家前列。但是，目前仍存在全科医学教育十分薄弱、理念上不重视、举措上无实招等突出问题。许多高校全科医学学科发展滞后，相关教育理念陈旧和教学方法落后，基础与临床教学基本隔离；全科医学人文教育严重缺失；有关人事、财政等政策支撑严重不足。建议：一是以全科医学学科建设为核心，深化院校医学教育改革；二是以全科医生培养为重点，深化毕业后教育和继续教育制度改革；三是多方协同、多措并举，为全科医生培养提供全面保障。

3月11日，全国政协提案委员会副主任王国卿、国家卫计委、国务院扶贫办等相关部委同志列席农工组关于"健康扶贫"的热点问题讨论。高体健、周然、牛广明、谢庆生、王正荣、杨鸿生、戴秀英、曲凤宏、何维等委员围绕健康扶贫这个热点问题积极发言。卫计委财务司监察专员何锦国、卫计委医政医管局副局长郭燕红、国务院扶贫办党组成员夏更生在听完委员的发言后，对农工党在深化医改、健康扶贫、扶贫监督等方面的工作给予了充分肯定，表示要共同推进健康扶贫问题的解决，为打赢扶贫攻坚战做出应有的贡献。

5月23日，全国政协在京召开"坚定文化自信，讲好中国故事"专题协商会。全国政协主席俞正声主持会议并讲话。全国政协副主席、农工党中央常务副主席刘晓峰，全国政协常委兼副秘书长、农工党中央副主席何维，农工党中央参政议政部副部长王素芳等参加会议。

6 月 27 日，全国政协十二届常委会第二十一次会议举行全体会议。全国政协主席俞正声出席会议。14 位常委和委员围绕“深化供给侧结构性改革，促进经济平稳健康发展”作大会发言。全国政协常委、农工党中央常委李朋德代表全国政协教科文卫体委员会发言，建议进一步落实科技政策供给，全方位促进科技成果转化：一是进一步促进科技创新体制改革政策配套供给；二是进一步促进对接产业需求的科技创新活动供给；三是进一步优化科技成果转化的环境建设供给；四是进一步促进服务科技成果和知识产权转让的第三方评价供给；五是进一步促进科技园区内产学研资的融合支撑能力供给。

7 月 18 日，全国政协在京召开“构建‘亲’‘清’新型政商关系，促进民营经济健康发展”专题协商会。全国政协主席俞正声主持会议并讲话。全国政协常委兼副秘书长、农工党中央副主席何维等参加会议。

8 月 29 日，全国政协十二届常委会第二十二次会议举行全体会议。全国政协主席俞正声，全国政协副主席、农工党中央常务副主席刘晓峰等出席会议。14 位全国政协常委、委员和地方政协主席围绕“实施精准扶贫中存在的问题和建议”作大会发言。全国政协常委兼副秘书长、农工党中央副主席何维代表农工党中央作了题为《提升医疗服务保障能力　完善医保救助兜底政策　打好健康扶贫攻坚战》的发言。何维指出，农工党中央十分重视健康扶贫，组织全国性抽样调查，并在对口省份云南的脱贫攻坚民主监督中深入调研，近期又赴福建调研医保改革进展。结合全国政协有关调研成果，发现存在三个主要问题：一是贫困地区的医疗服务体系不健全，医疗服务保障能力严重不足；二是贫困人口的医保水平偏低、精准健康资金保障政策有待优化；三是医保救助管理体制分割、统筹不到位严重影响了健康扶贫的成效。建议：一是尽快提升贫困地区尤其是深度贫困地区的医疗服务保障能力；二是调整优化贫困人口医保救助政策，兜底保障因病因残致贫返贫人群；三是推广福建医保改革经验，完善医疗保障制度供给。

9 月 6 日，全国政协第十二届委员会优秀提案和先进承办单位表彰会在全国政协礼堂召开。会前，中共中央政治局常委、全国政协主席俞正声接见了优秀提案个人、单位代表和先进提案承办单位代表，并发表了重要讲话。全国政协常委兼副秘书长、农工党中央副主席何维出席表彰会。农工党中央《关于积极应对区域灰霾污染的有关工作建议》等 6 件集体提案入选优秀提案，在全部优秀集体提案中占比近 7%。农工界别政协委员个人提案有 7 件入选优秀提案。

10 月 31 日，全国政协十二届常委会第二十三次会议举行全体会议。全国政协主席俞正声，全国政协副主席、农工党中央常务副主席刘晓峰等出席会议。14 位全国政协常委、委员围绕“学习贯彻中共十九大精神”作大会发言。全国政协常委兼副秘书长、农工党中央副主席何维代表农工党中央作了题为《认真学习贯彻中共十九大精神　加快推进健康中国建设步伐》的发言。何维指出，中共十九大确立了习近平新时代中国特色社会主义思想的历史地位，选举产生了新一届中共中央领导机构，描绘了中国未来发展的宏伟蓝图，具有重大的现实意义和深远的历史意义，中国农工民主党完全拥护。在新时代新征程中，我们将坚持以习近平新时代中国特色社会主义思想为指导，充分发挥社会主义协商民主的优势，结合自身特色，积极参政议政，为助推健康中国战略和美丽中国建设积极献计出力。就深入贯彻中共十九大部署的实施健康中国战略，建议：一是坚持治疗和预防并重，更好保护人民健康；二是从体制改革入手，推动医改走向深入；三是加强人口发展战略研究，积极应对人口老龄化。

3. 在双周协商座谈会上积极建言

1月12日，全国政协在京召开第六十一次双周协商座谈会，围绕“提升中华老字号品牌质量”建言献策。全国政协主席俞正声主持会议并讲话。全国政协委员、北京中医药大学国学院院长张其成在座谈会上发言，提出传承和保护老字号“诚信”“创新”的文化内核品牌，从某种意义上看是品质加文化。针对老字号的文化传承和保护建议：一是挖掘老字号品牌优秀文化当中诚信、创新的内涵；二是引导老字号品牌文化做合理延伸；三是成立工商业文化遗产保护组织。

4月27日，全国政协在京召开第六十五次双周协商座谈会，围绕“水污染防治法修订”建言献策。全国政协主席俞正声主持会议并讲话。全国政协委员、社会和法制委员会驻会副主任吕忠梅，全国政协常委、农工党江苏省委会主委周健民，农工党员、中国环境科学研究院副院长郑丙辉在座谈会上发言。吕忠梅提出，《水污染防治法修正案（草案）》基本上已经成熟，但也存在一些问题：一是涉及多个部门的利益，如何建立一个良好的监管体制；二是面临着区域和流域之间的利益冲突，如何协调好区域和流域的关系。建议：一是以改善水环境质量、保障人群健康为目标明确水污染防治法的立法定位；二是建立符合水污染防治规律的监管体制；三是以保障生态承载能力为核心协调水的开发利用与水污染防治的关系；四是完善水污染预防、控制、治理制度体系；五是以多元共治理念构建科学决策机制与公众参与机制；六是完善法律责任制度，提高违法成本，加大司法介入力度。周健民提出，在《水污染防治法》修订中，政府涉水职能部门之间应进行科学合理的职责分工。由于涉水部门开展工作、制定目标缺乏整体性考量，往往发生权责交叉和监管冲突，不利于水环境质量改善和水污染防治工作开展。建议：一是摒弃“主管与分管”“统管与配合”的部门分割管理体制，建立“整合式执法”体制；二是建立政府相关部门之间的执法协调、协作机制，增强执法的协调性、协同性。郑丙辉提出，水污染物排放标准是对排污者的基本控制要求。排放标准是环境执法、处罚的根本依据，也是排污许可制度实施的基本依据。对此，建议：一是修改立法定位，为完善水环境质量标准提供法律基础；二是鉴于水环境质量标准制定缺乏科学基础，建议增加关于水环境基准的规定；三是现行《水污染防治法》缺乏流域水环境质量标准体系的条款，提出修改建议；四是围绕流域水环境质量持续改善的需求，提出修改建议。

6月22日，全国政协在京召开第六十九次双周协商座谈会，围绕“改进校园餐食管理”建言献策。全国政协主席俞正声主持会议并讲话。全国政协常委、农工党中央常委、国家食药监管理总局副局长焦红参加会议并与委员互动交流。焦红说，委员关心的校园餐食安全，历来是食品安全监管的重点内容。委员提出了很多好的建议，对加强校园食品安全监管工作很有意义，会认真采纳，融入下一步工作中去：一是进一步加强监管工作；二是进一步加强学校餐饮安全管理体系建设。国家食药监管理总局正在推进监管信息公开工作。

7月6日，全国政协在京召开第七十次双周协商座谈会，围绕“重视去产能过程中职工就业再就业问题”建言献策。全国政协主席俞正声主持会议并讲话。全国政协委员、锦绣控股集团董事局主席管飞在座谈会上发言，提出再就业培训立法是再就业培训稳定、长远发展的根本保证，是构建劳动者终身再就业培训体系的法律保障。我国再就业培训相关法律的现状是缺乏系统性，缺乏可操作性，针对性不强，滞后社会发展。建议出台专门的《再就业培训法》，并修订《职业教育法》相关规定。

7 月 20 日，全国政协在京召开第七十一次双周协商座谈会，围绕“改进和加强我国卫生援非工作”建言献策。全国政协主席俞正声主持会议并讲话。全国政协副主席、农工党中央常务副主席刘晓峰等出席座谈会。座谈会上，全国政协常委兼副秘书长、农工党中央副主席何维，全国政协常委、农工党北京市委会主委于文明，全国政协常委、国家食药监管理总局副局长焦红，全国政协常委、农工党江西省委会主委郑小燕，以及全国政协委员王启仪、花亚伟、任国胜等在座谈会上发言。委员认为，卫生援非工作是一项艰巨而光荣的任务。50 多年来，在中共中央、国务院的高度重视和亲切关怀下，我国医疗队不畏艰苦、甘于奉献、救死扶伤、大爱无疆，做出了突出成绩，加深了中国人民同非洲人民的友谊，赢得广泛赞誉。当前，随着国内外形势变化，我国卫生援非工作面临着一些新情况新问题。委员表示，要深入学习贯彻习近平总书记关于做好卫生援外、卫生援非工作的指示精神，切实解决实际困难和问题，不断开创卫生援非工作新局面。委员建议：一是要加强规划，包括总体规划、区域规划。要根据不同国别需求，采用不同卫生援非方式，明确牵头单位，把规划做好。二是注重友好医院建设和医疗队派出相结合，加强巡回医疗、完善人员待遇。加大对非洲公共卫生能力建设的支持力度。三是探索卫生援非模式的改革。四是加强领导，建立援外卫生服务协调机制，在各部门分工负责的基础上，承担起协调和组织工作。驻外使领馆要加强统一领导，对卫生援非工作给予具体指导。地方政府要加强对援非医疗队的领导和支持，落实各项待遇和政策措施。委员还就如何加强医药产业的发展和卫生援非相结合，加大中医在非洲的推广和支持力度等问题提出了意见建议。为开好这次会议，农工党中央和全国政协外事委员会分别组织调研组，在北京、上海、湖北、山西开展了专题调研。

9 月 21 日，全国政协在京召开第七十四次双周协商座谈会，围绕“营造风清气正的网络空间”建言献策。全国政协主席俞正声主持会议并讲话。全国政协委员、农工党湖南省委会主委、南华大学校长张灼华在座谈会上发言。

12 月 7 日，全国政协在京召开第七十六次双周协商座谈会，围绕“少数民族戏剧的传承与发展”建言献策。全国政协主席俞正声主持会议并讲话。全国政协委员、农工党中央文体委副主任、安徽省戏剧家协会原副主席侯露在座谈会上发言指出，少数民族戏剧人才的状况不容乐观，一是缺乏培养少数民族戏剧人才的学校；二是少数民族戏剧团体的现状留不住青年人才。建议要牢记文化是民族之魂，高度重视少数民族戏剧青年人才培养，把培养、留住少数民族青年戏剧人才当作民族百年大计来抓，让少数民族青年戏剧人才在新时代脱颖而出。

（四）社会服务

1. 参与毕节试验区建设

2 月 18 日至 20 日，农工党中央副主席龚建明在毕节试验区大方县调研扶贫脱贫攻坚工作。农工党中央、贵州省委会、毕节市委会和中国初级卫生保健基金会有关同志参加调研。调研组考察了农工党中央参与毕节试验区示范项目大方县理化乡猕猴桃种植基地，走访了理化乡因病致贫、因病返贫的建档立卡贫困户，还实地调研了理化乡理化村社区综合服务管理中心、六龙中学、安化乡卫生院、凉井村天麻种植基地、恒大奢香古镇、恒大职院、恒大慈善医院、毕节同心农工中等职业技术学校、大方食品药品产业园区及同威药业公司、贵州达灵药业、淘宝店、九龙天麻有限公司、新中医院、织毕铁路大方南站、大方县人民医院，召开了农工党中央定点帮扶大方县脱贫攻坚座谈会。龚建明指出，脱贫攻坚工作任重且时紧，需要坚定信心，打好攻坚战；脱贫攻坚工作中要巩固好医疗扶贫成果、企业发展成果和农业种植、中草药种植成果，发挥现有优势，寻求新机；在工作中通过多种形式和途径加强各方联系，把智力帮扶放在首要位置，把企业帮扶放在重要位置，把系统帮扶放在合适位置，力求脱贫攻坚工作取得实效。

12 月 18 日至 20 日，全国人大常委会副委员长、农工党中央主席陈竺率调研组在毕节市大方县开展考察调研，对精准脱贫工作进行督促检查。中央副主席于文明参加调研。19 日，调研组在大方县理化苗族彝族乡理化社区察看了综合服务管理中心的运行情况，深入了解了村卫生室乡村医生工作职责、门诊（急、出诊）制度、消毒隔离制度、医疗差错登记报告制度和医疗质量保证方案，详细询问了对理化乡理化村新时代农民讲习所、“童伴之家”图书室利用情况，在羊场镇卫生院听取了乡镇卫生院的发展情况汇报，现场观摩了远程医疗站对患者的远程诊断，并与卫生院的同心全科医生进行了亲切交谈，询问他们的工作学习情况，考察了羊场坝航空发动机制造厂旧址、陇公村村委会、陇公村希望小学、陇公村卫生室，走访了陇公村因病致贫的贫困户。20 日，调研组召开定点扶贫工作座谈会，听取了毕节市经济社会发展情况报告、农工党中央助力大方县脱贫攻坚工作情况报告，同心全科医生、同心全科医生服务医院院长、同心全科医生导师代表发言，东部 10 省市农工党组织定点帮扶情况发言，具体帮扶项目发言，农工党贵州省委会总体工作和脱贫攻坚专项工作情况发言。陈竺指出，要以毕节试验区成立 30 周年为契机，认真总结定点扶贫工作。陈竺强调，要以农工党十六大胜利闭幕为新的起点，坚定不移推进大方县定点扶贫工作。一是加强调研总结，厘清下一步开展定点扶贫工作的思路；二是切实做好定点扶贫工作与民主党派其他工作的结合，推进新时代高素质参政党建设；三是积极发挥农工党在医疗卫生、人口资源和生态环境三大领域的优势，紧紧抓住推进健康中国、美丽中国建设工作主线，深化做实定点扶贫工作；四是切实做好对大方县脱贫攻坚工作的督促检查。其间，还举行了明日之星公益基金管委会、北京潮星集团对大方县的捐赠仪式。中央社会服务部负责人，农工党东部 10 省（市）有关领导和社会服务部门负责同志，贵州省、毕节市、大方县有关领导同志，中国民族贸易促进会、华麟果业公司、爱尔眼科医院集团有关负责人参加会议。

2. 实施“同心全科医生特岗人才计划”

1 月 18 日，农工党中央在广西百色召开同心全科医生特岗人才计划座谈会。全国人大常委会副委员长、农工党中央主席陈竺率调研组出席并讲话。农工党中央副主席何维，广西壮族自治区政协副主席黄日波，农工党中央社会服务部副部长张庆伟、参政议政部副部长耿丽丽参加了座谈会。座谈会由农工党广西区委会主委彭钊主持。陈竺一行听取了广西区卫计委相关负责人对同心全科医生特岗人才计划示范项目工作情况汇报，并与同心全科医生特岗人才计划示范项目师生代表进行了对话互动。陈竺指出，要贯彻落实习近平总书记关于“没有全民健康，就没有全面小康”的重要指示精神，不断完善医疗卫生服务体系，培养更多的医学人才，推动卫生与健康事业取得新发展；要总结和完善同心全科医生特岗人才计划示范项目实施的经验和做法，为下一批项目实施打下基础；要研究制定相关措施和办法，拓展全科医学毕业生的职业上升空间。陈竺要求农工党中央相关部门对问题进行认真研究调研，发挥民主党派优势，通过“直通车”等通道向中共中央报告，为“健康中国”建设做出更大贡献。中国医学科学院基础所、上海瑞金医院、上海市儿童医院相关专家、教授，中国初级卫生保健基金会领导参加座谈会。

2 月 19 日，同心全科医生特岗人才计划实施工作专题座谈会在贵州省大方县召开，中央副主席龚建明出席会议并讲话。会议传达了农工党中央主席陈竺关于同心全科医生特岗人才计划项目的批示精神和有关情况，听取了大方县同心全科医生特岗人才计划项目开展情况，听取同心全科医生、同心全科医生导师、同心全科医生服务医院及编制所在医院院长代表发言，交流了同心全科医生特岗人才项目情况，就有关问题深入研讨，制定了下一步总体工作计划和工作措施。龚建明指出，要充分认识全科医生培养的重要意义，加强组织领导，高度重视计划实施，加强协调沟通，调动更广泛的参与力量。农工党中央、贵州省委会、毕节市委会和中国初级卫生保健基金会有关领导，北京医院、北大医院、复旦大学中山医院、山西大医院、遵义医学院的专家教授，毕节市、大方县领导和有关同志参加会议。会后，大方县同心全科医生与同心全科医生导师团的专家教授继续进行了专业知识的深入交流。

3. 举办第四届中医科学大会

9 月 12 日至 16 日，农工党中央副主席龚建明率调研组赴福建就第四届中医科学大会暨第十三届海峡两岸中医药学术交流论坛筹备工作开展调研。中国科学院动物研究所研究员周光飚，农工党中央办公厅主任隋路、社会服务部副部长张庆伟等参加调研。13 日至 14 日，调研组连续召开筹备工作座谈会，并与福建省委统战部、省台办、省卫计委座谈。龚建明指出，中医科学大会是个影响力大的好品牌，海峡两岸中医药学术交流论坛也是存续了 20 多年的老品牌，办会的质量关系到两个品牌的延伸，关系到两岸交流的延续，关系到中医文化的发扬光大。农工党福建省委会主委刘献祥汇报了第四届中医科学大会暨第十三届海峡两岸中医药学术交流论坛的筹备情况。14 日至 15 日，调研组赴福建平潭综合实验区实地调研，了解平潭当地的医卫需求和协办能力。调研组和平潭党工委、管委会及区卫计局等相关单位在区管委会会议中心召开筹备工作座谈会，实地考察了筹备组拟定的多个候选会场，详细了解会场设施、餐饮配套和住宿供给等会议细节情况。农工党中央、福建省委会有关同志参加调研。

11 月 20 日，第四届中医科学大会暨第十三届海峡两岸中医药学术交流论坛新闻发布会在中央机关召开。中央副主席龚建明出席并讲话。龚建明指出，第四届中医科学大会将坚持以“科学认识中医药，促进中医药传承和创新”为宗旨，以“中医科学与‘一带一路’”为主题。大会将致力共同推动中医药融入“一带一路”建设，构建“健康丝绸之路”和中西医沟通的桥梁，逐步提升中医药健康服务国际影响力，为“一带一路”沿线居民提供更高质量、更加普惠、更有效率的中医药健康服务，打造“一带一路”民心相通的桥梁。第四届中医科学大会组委会有关成员，农工党中央有关同志出席会议。会上，第四届中医科学大会组委会有关领导介绍了福建平潭的简要情况及大会、论坛的筹备工作。来自新华社、中新社、《光明日报》《人民日报·海外版》、人民网、《人民政协报》《团结报》等20余家新闻媒体记者出席新闻发布会。

12月6日，第四届中医科学大会在福建平潭综合实验区开幕。农工党中央副主席龚建明致开幕词，中央副主席兼秘书长曲凤宏主持会议。福建省政协副主席陈绍军受中共福建省委常委、统战部部长雷春美委托，代表中共福建省委统战部致辞，受国家卫计委副主任、国家中医药管理局局长王国强委托，国家中医药局副局长、农工党中央副主席于文明代表国家中医药管理局致辞。诺贝尔奖获得者布鲁斯·博伊特勒（Bruce Beutler）、世界卫生组织前总干事陈冯富珍、中国工程院院士张伯礼、国医大师周岱翰、北京中医药大学教授徐安龙、中国中医科学院广安门医院教授姜泉等作主题发言。第四届中医科学大会由农工党中央主办，农工党福建省委会和平潭综合实验区管委会承办。农工党中央有关部门、国家卫计委，农工党30个省级组织、福建省中医药管理局领导，各中医药知名院校、科研院所、企业的专家学者和负责人，福建省直有关部门，平潭综合实验区有关领导，新闻媒体等社会各界嘉宾等700人出席会议。为进一步发挥农工党界别优势，促进中医事业发展，培育社会服务品牌，大会还举行了“杏林春雨行动”公益分论坛，中央副主席兼秘书长曲凤宏出席分论坛并讲话。

12月6日，“第十三届海峡两岸中医药学术交流论坛”开幕。农工党中央副主席、国家中医药局副局长于文明出席开幕式。国家中医药管理局对台港澳中医药交流合作中心副主任崔朝阳，农工党福建省委会主委、福建省中医药研究促进会会长、福建中医药大学副校长刘献祥，中共福建省委统战部常务副部长臧杰斌以及部分台湾代表致辞。台北市中医师公会林展弘等16位特邀专家作学术报告。随后，海峡两岸中医药专家在平潭中医药开展医疗义诊活动。这次论坛的举办将有力地促进海峡两岸中医药合作交流，推动两岸一家亲，也有力推动平潭国家健康旅游示范基地建设。来自台湾的143名中医药专家学者参加了论坛，并进行了学术交流。论坛开幕式由农工党福建省委会副主委杨琳主持。

12月7日，全国人大常委会副委员长、农工党中央主席陈竺，中央副主席龚建明、于文明，福建省人大常委会副主任刘群英出席闭幕大会。于文明作闭幕会致辞，农工党福建省委会主委刘献祥主持闭幕会。陈竺作了题为《利用精准医学理念促进中医药的传承与发展》的科研报告，强调治病救人是中西医共同的目标，近40年来中西医结合取得了重要研究成果，如利用西医的方法与中医的理论，青蒿素被分离鉴定并在疟疾治疗中拯救了数百万名患者的生命，高三尖杉酯碱显著改善了部分白血病病例的预后等。精准医学是新兴的结合个体基因、环境和生活方式的疾病预防和治疗的路径和方法，是医学的发展方向。中西医结合可为精准医学提供范例，精准医学研究可发现中医药新用途，促进中医发展及中西医融合，使医学更智慧、精准，促进人类健康。陈竺和刘群英分别为“海峡两岸国医馆”和“中国农工民主党医疗卫生专家平潭工作站”授牌。

4. 举办 2017 中国环境与健康宣传周活动

1 月 10 日，2017（第十届）中国环境与健康宣传周筹备会议在京召开。农工党中央副主席龚建明出席会议并讲话，环境保护部、教育部、农业部、水利部、国土资源部、国家卫生计生委、国家林业局、国家海洋局、联合国环境规划署、联合国人类住区规划署、世界卫生组织、中华环境保护基金会、中国初保基金会、北京林业大学等宣传周各主办、协办单位秘书长、副秘书长、联络员参加会议，会议由农工党中央社会服务部副部长张庆伟主持。会议听取了 2016 年宣传周活动开展情况报告，并对 2017 年第十届宣传周活动方案认真研究和热烈讨论。

6 月 2 日，由农工党中央联合国家发改委、教育部、国土资源部、环境保护部、水利部、农业部、卫计委、林业局、海洋局和气象局共同主办的 2017（第十届）中国环境与健康宣传周启动仪式在人民大会堂隆重举行。全国人大常委会副委员长、农工党中央主席陈竺，中共中央统战部副部长戴均良，环境保护部副部长刘华，卫计委副主任崔丽，农工党中央副主席龚建明，林业局副局长刘东生，气象局副局长宇如聪等出席会议。来自中央国家机关、北京市机关、企事业单位、新闻界、文化艺术界、公益组织、科研院所、高等院校及全国各地的代表 200 余人参加启动仪式。本次宣传周的活动主题是："空气质量与健康"，口号为："同呼吸共担当 齐行动""治理环境污染 重现丽日蓝天""保护空气，就是保护我们的肺"，将陆续举办第三届"国家环境与健康学术研讨会""环境与健康"慢性病防治知识宣传义诊活动和"生命绿洲"患者援助教育与关怀活动，开展"环保戏剧展演"活动。全国各地相关部门也将组织开展"环境与健康知识进社区、进农村、进校园"活动，举办一系列宣传活动，广泛、深入地践行"传播绿色文化、引领生态文明"的活动理念。

6 月 2 日，农工党重庆市委会 2017（第十届）中国环境与健康宣传周在大渡口区步行街正式启动。市委会主委杜黎明等出席启动仪式，市委会副主委吴景明主持仪式，副主委姚树等出席仪式。这次活动是按照农工党中央工作部署，农工党重庆市委会联合重庆市环保局、市卫计委开展的。宣传周期间，组织了多场环保知识问答、健康咨询、义诊服务、科普宣传和现场空气监测演示等活动。

6 月 3 日，农工党河南省委会联合河南省环保厅、共青团河南省委、河南日报报业集团、河南广播电视台、郑州市人民政府共同在郑州东区举行"河南省纪念'6・5 环境日'大型广场公益宣传活动"及大型义诊活动，正式启动了 2017（第十届）中国环境与健康宣传周活动。省人大常委会副主任赵建才、副省长张维宁、农工党河南省委会主委高体健等参加活动。省委会精心组织了医疗专家开展了大型义诊咨询活动，并在现场发放环保宣传册、疾病预防宣传页等。

6 月 5 日，农工党吉林省委会赴四平市伊通县举行造林绿化区揭牌仪式。吉林省委会主委赵吉光出席活动并讲话。省委会副主委李其春等参加活动。

6 月 7 日，农工党中央副主席，上海市政协副主席、农工党上海市委会主委蔡威出席在静安区海上文化中心出席 2017（第十届）中国环境与健康宣传周——上海站系列活动。本次活动由医疗、环保、法律咨询、健康服务、专题讲座等活动组成，共吸引了近 500 名居民群众前来参加活动，并受到广大居民的欢迎。出席活动的领导还有中共静安区委常委、统战部部长凌惠康，农工党上海市委会副主委陈芳源、叶强，秘书长王晓东等有关领导。

6月9日，农工党江西省委会与江西省“中国环境与健康宣传周”活动成员单位在南昌航空大学举办以“空气质量与健康”为主题的江西省2017（第十届）中国环境与健康宣传周活动。江西省委会主委郑小燕、副主委涂建出席活动。活动现场，各成员单位围绕“空气质量与健康”主题，展出了系列环境与健康工作成果展示画，以及环境与健康专题知识宣传展板，并发放了“空气质量与健康”宣传册和环保手袋。

6月9日，农工党宁夏区委会主委戴秀英、副主委王波带领机关干部和党员医疗专家到银川市兴庆区通贵乡通北村，开展以“空气质量与健康”为主题的2017（第十届）中国环境与健康宣传周活动。活动当天，9名党员专家为当地村民提供疾病防治、健康咨询、义诊、指导用药等服务，并为前来就诊的村民发放《农民家中的医生》《心理健康120问》等书籍、宣传资料。

6月20日，内蒙古2017（第十届）中国环境与健康宣传周走进和林格尔同心实践基地义诊、捐赠活动，在呼和浩特市和林格尔县城关镇和林格尔县蒙医中医医院举行。内蒙古区委会主委云治厚出席活动并讲话，启动仪式由呼和浩特市委会主委鲁剑钧主持。在活动仪式上，农工党内蒙古区委会、呼和浩特市委会联合向和林格尔同心实践基地捐赠奶粉200桶、西远服饰裤子120条。

6月30日，农工党河北省委会联合石家庄市委会在河北省井陉县良河东村举办2017（第十届）中国环境与健康宣传周义诊捐赠活动。河北省委会主委、石家庄市委会主委王宝山出席启动仪式，省委会副主委经顺波出席活动并讲话。活动为当地学生捐赠了学习和文体用品，为村里每户居民捐赠了一个小药箱。来自省级医院的党员专家为当地群众进行义诊，相关领导还到村中贫困家庭走访慰问，送去了慰问品和慰问金。省委会副巡视员张峻出席活动。

5. 举办“国际科学与和平周”活动

11月10日至11日，农工党朝阳区委会联合北京市委会、首都儿科研究所、廊坊市卫计委、首都儿科研究所廊坊儿童医院共同举办第29届中国“国际科学与和平周”暨出生缺陷救助公益活动。中国“国际科学与和平周”组委会副秘书长、农工党中央社会服务部副部长张庆伟，北京市委会副主委邢念增等出席活动。

11月11日，农工党河南省委会在鹤壁市举办第29届中国“国际科学与和平周”义诊讲学、捐资助学、考察调研等系列活动。河南省政协副主席、农工党河南省委会主委高体健、河南省委会副主委花亚伟、秘书长王丽亚，鹤壁市有关领导，农工党河南省委会常委、郑州安图生物工程股份有限公司董事长苗拥军，农工党鹤壁市委会主委李明煜等出席有关活动。

11月11日，农工党广西区委会联合百色市委会、中共田东县委统战部到革命老区田东县祥周镇，开展第29届中国“国际科学与和平周”广西宣传活动启动仪式。农工党广西区委会主委、广西海洋和渔业厅厅长蒋和生出席并宣布活动启动。来自自治区与百色市的60多位农工党党员及医疗专家及艺术家为田东县祥周镇的群众免费看病500多人次、赠送药品6000多元，并进行“学习十九大，宣传科学和平”的精彩文艺演出。广西区委会副主委何玉庭、秘书长庞文斌，百色市委会主委周永尧等参加活动。

11月12日至13日，农工党江西省委会在江西广昌县举办第29届中国“国际科学与和平周”活动。省委会在广昌县驿前镇田西村举行向田西村小学捐建图书室仪式，省委会主委、新余学院院长史可出席仪式并代表省委会、省直综合二支部向田西村小学捐赠了15000元图书室建设资金。省委会还组织党员医疗专家赴广昌县塘坊镇淇田村、田腰村开展对接贫困户送医送药活动。江西省委会副主委林凯等参加活动。

11月17日，农工党四川省委会、成都市委会、广元市委会在广元市苍溪县联合举办第29届中国“国际科学与和平周”活动。四川省政协副主席、农工党四川省委会主委王正荣，四川省委会副主委、成都市委会主委甘华田，四川省委会秘书长荆小庆，中共广元市委常委、统战部部长郑蓉，广元市副市长、农工党广元市委会主委吴桂华以及苍溪县相关领导出席活动启动仪式。启动仪式后，活动正式拉开序幕，主要分为三部分：专家讲座、义诊义检、调研视察。

11月22日，第29届中国“国际科学与和平周”云南站启动仪式在云南昌乐实验中学隆重举行。云南省委会主委杨鸿生出席启动仪式并讲话。云南省委会副主委何云葵主持启动仪式。本届“国际科学与和平周”将围绕“携手建设安全稳定、发展繁荣的共同家园”主题，举行环滇池生态圈生物多样性科学保护实践系列活动——生态文明教育2017年学生河长试点学校授牌，进一步唤醒全社会对滇池水资源保护的意识和责任。

6.“杏林春雨”行动

“杏林春雨”行动是农工党中央精心打造的一个社会服务品牌项目，旨在发挥农工党在医疗卫生界的特色优势，广泛联系医药卫生领域的社会力量，联合社会各界开展公益活动，支持残疾人事业，让更多的特殊民众得到救助，为逐步实现人人享有基本医疗卫生服务的目标而努力。

6月9日和15日，2017年农工党“杏林春雨”行动脑瘫患儿义诊救助公益活动分别在湖北恩施土家族苗族自治州和荆门市启动，农工党中央社会服务部副部长张庆伟出席两地启动活动并讲话。恩施州人民政府副州长高云正，荆门市人大常委会副主任丁萍，湖北省委会副主委杨希雄等出席活动。活动启动后，“杏林春雨”行动脑瘫专家团队分别为恩施州、荆门市数百名脑瘫患儿进行了一对一的免费筛查与诊断，还将开展免费筛查和义诊。

7月8日，农工党中央“杏林春雨”行动癫痫病义诊救助公益活动启动仪式在毕节市大方县人民医院举行。农工党中央社会服务部副部长张庆伟出席并讲话，贵州省委会秘书长蒙爱军、毕节市委会主委辜康乐等出席。本次癫痫病义诊救助公益活动为期5天，专家将为大方县初步筛查的500余名癫痫病患者提供义诊服务，筛选出的患者在接受治疗后，将享受至少50%医疗费用的资助和交通费补助。

9月24日，农工党中央“杏林春雨”行动——河北省武安市、涉县癫痫病义诊救助公益活动在武安市第一人民医院举行。农工党中央社会服务部副部长张庆伟、河北省委会副巡视员张峻等出席活动。活动仪式结束后，医疗专家开始为期3天的义诊筛查活动，为群众进行癫痫病科普宣教工作，集中传播癫痫病健康常识和科学诊疗理念，并提供义诊筛查服务。

7. 其他社会服务工作

1月16日，中国红十字基金会、中国初级卫生保健基金会、陕西省红十字会、延安大学附属医院在延安签署《“院士+”西部医师培训计划延安站行动合作备忘录》，共同启动了“院士+”医师培训计划延安站行动。全国人大常委会副委员长、农工党中央主席陈竺，中央副主席、陕西省委会主委朱静芝，中央社会服务部副部长张庆伟，延安市市委副书记、代市长薛占海，中国红十字会总会、中国初级卫生保健基金会、陕西省红十字会、延安大学附属医院等有关单位领导出席签约仪式。陈竺指出，“院士+”医师培训计划延安站行动，将高新医疗服务技术和包括人道精神在内的人文关怀有机结合，提高当地的医疗服务、公共卫生、医学教学科研等综合能力，为建设健康延安发挥积极作用，同时也为助力“十三五”扶贫攻坚做出贡献。

1月16日，农工党中央与北汽福田汽车股份有限公司在陕西省富平县举行了“向富平县捐赠救护车暨急诊急救培训班开班仪式”。全国人大常委会副委员长、农工党中央主席陈竺出席仪式，中央副主席、陕西省委会主委朱静芝主持仪式，中央副主席龚建明出席仪式并讲话。陈竺和北汽福田汽车股份有限公司副总经理赵维纯共同向中共渭南市委书记、市人大常委会主任陆治原和渭南市委常委、富平县委书记郭志英递交了车钥匙。龚建明指出，农工党联系北汽福田汽车股份有限公司向富平县捐赠10台救护车，邀请来自重庆医科大学附属第一医院的10名专家举办急诊急救培训班，将助力富平县的急诊急救系统的进一步完善和提高。农工党中央社会服务部副部长张庆伟，北汽福田汽车有限公司副总经理杨国涛，陕西省有关领导，以及参加培训的学员200余人出席仪式。

5月13日，农工党中央副主席龚建明率调研组赶赴重庆丰都开展健康扶贫跟踪调研。重庆市委会主委杜黎明、中央社会服务部副部长张庆伟以及丰都县有关领导陪同调研。调研组考察了树人镇万寿桥村卫生室建设和卫生人员服务当地群众的情况，走村入户实地慰问6户因病致贫返贫群众，关切询问贫困户生活生产情况。在调研座谈会上，龚建明指出要把帮助因病致贫、返贫困难群众的工作作为一项重要内容抓好、抓细、抓实。一是进一步做好全县村卫生室的标准化建设；二是进一步加强村医医疗业务能力和素质的培训；三是加强医联体建设，推进县、乡、村医疗卫生服务一体化发展；四是着力提升农村老年患者医疗救治服务水平；五是继续做好2016年上门入户的100个因病致贫家庭的跟踪调查工作。

6月13日，农工党中央副主席陈述涛在哈尔滨市延寿县东风小学出席农工党黑龙江省委会“班班通·同心助学工程”精准教育扶贫捐赠仪式活动，并向延寿县教育局授捐赠牌。仪式上，农工党山东省委会、农工党黑龙江省委会、明日之星教育基金会向延寿县1个实验班和27所中小学捐赠价值40万元的平板电脑、学习软件、学习卡等班班通教辅物资。

6月19日至22日，农工党中央社会服务部副部长张庆伟带队赴甘肃省甘南藏族自治州临潭县开展健康扶贫跟踪调研活动，农工党甘肃省委会副主委李晓霞、秘书长马岱钧陪同调研。19日，张庆伟一行与甘肃省、兰州市两级卫计、人社、教育等部门负责同志举行座谈，落实陈竺主席有关同心全科医生项目的批示精神。21日，调研组一行抵达临潭县店子乡业仁村，走村入户实地调研了9户农工党甘肃省委会调研的因病致贫返贫群众，还参观了农工党中央援建因“7・22 甘肃岷县、漳县地震”受损的临潭县扁都乡卫生院。

7 月 3 日，由农工党中央、中国红十字会总会指导，中国初级卫生保健基金会、中国红十字基金会、陕西省红十字会主办的“院士 +”西部医生培训计划暨首期基层医生培训班在延安大学附属医院开班。农工党中央副主席陈述涛出席开班仪式并讲话。中央社会服务部副部长张庆伟出席开班仪式。该行动将投入资金 300 万元，为延安地区 400 名基层医生和乡村医生提供专业培训，以提升延安地区医疗服务水平。来自延安市的 100 名基层医生参加此次为期 6 天的培训班，培训内容包括 3 天的理论培训和 3 天的临床实践培训。

7 月 5 日，农工党中央向昭通市捐赠白内障复明人工晶体仪式在云南昭通举行。全国人大常委会副委员长、农工党中央主席陈竺，中央副主席龚建明，云南省人大常委会副主任赵立雄，云南省委统战部常务副部长苏红军，农工党云南省委会主委杨鸿生，云南省、昭通市有关领导出席捐赠仪式。捐赠仪式上，农工党中央协调爱博诺德医疗科技有限公司向昭通市捐赠了价值超过 300 万元的白内障复明人工晶体 1500 枚，帮助贫困家庭白内障患者重见光明。

8 月 18 日，农工党中央副主席龚建明在京出席“会战 2020・人民健康公益行动计划”启动仪式并致辞。该活动由农工党中央参与指导。龚建明指出，农工党坚持发挥自身界别优势，以“健康中国”和“美丽中国”建设为工作主线，在健康扶贫、生态扶贫等方面，为脱贫攻坚工作建真言、献良策。龚建明表示，农工党愿和人民网携起手来，共同助力打赢脱贫攻坚战这个共同的目标。活动重点展示了农工党中央“同心全科医生特岗人才计划”等 15 个健康扶贫案例。

三、自身建设

（一）思想建设

1. 加强宣传思想工作

认真学习习近平新时代中国特色社会主义思想，围绕“坚持和发展中国特色社会主义、实现中华民族伟大复兴中国梦”主题，突出迎接中共十九大、农工党十六大，学习宣传贯彻中共十九大精神、农工党十六大精神这条主线，着力开展“不忘合作初心，继续携手前进”专题教育活动，深入贯彻《关于加强统一战线和多党合作事业宣传的意见》精神，进一步坚定“四个意识”、提高“四个自信”，不断夯实多党合作的共同思想政治基础。

一是把学习宣传贯彻中共十九大精神作为全年工作的重点。中共十九大胜利召后，联系中央级主流媒体刊登农工党中央领导对中共十九大的热烈反映，加强对理论学习中心组和各级组织学习中共十九大精神的宣传，推出各级组织收看中共十九大直播、学习中共十九大精神的系列报道。下发《中国农工民主党中央关于认真学习宣传贯彻中共十九大精神的决议》，推动全党掀起学习宣传贯彻中共十九大精神的热潮。农工党十六大期间，邀请中共十九大精神中央宣讲团成员、中央党史研究室主任曲青山作学习中共十九大精神的报告。农工党中央网站微信和《前进论坛》开设学习中共十九大精神专题专栏，刊登农工党中央和省级组织的学习活动和心得体会，把学习宣传贯彻中共十九大精神抓紧抓实抓好。

二是为迎接农工党十六大营造喜庆热烈奋进的良好舆论氛围。联系新华社、中央电视台、《人民日报》等主流媒体宣传报道十六大，在《人民政协报》《团结报》刊发农工党工作成果的报道；举办《同心共筑中国梦——中国农工党十五大以来工作回顾图片展》，通过 150 块展板、1000 多张照片，图文并茂地展示主要工作和优秀成果；摄制宣传视频《不忘初心　砥砺奋进》，反映 5 年来工作成果；邀请《邓演达》话剧剧组到农工党十六大上进行演出，作为开展政治交接、加强思想教育的一项重要内容，传承和弘扬优良历史传统；农工党中央网站微信上线农工党十六大专栏、专题，运用图像、视频、动画等多种新媒体宣传手段呈现农工党十五大以来取得的成绩；党刊《前进论坛》编辑农工党十六大专刊，全面系统报道会议文件、会议成果。

三是做大做强主题宣传、主线宣传、典型宣传。联系新华社、《人民日报》《人民政协报》《团结报》等主流媒体，采访农工党中央领导，刊登署名文章，录制视频画面。新华网发表《为“健康中国”和“美丽中国”赓续奋进——访中国农工民主党中央主席陈竺》，《人民日报》刊登《做适应新时代要求的中国特色社会主义参政党——访中国农工民主党中央主席陈竺》。与各新闻媒体密切配合，加强对农工党中央提案的宣传，突出对担任全国人大代表、全国政协委员党员的报道。做好农工党中央大考察、帮扶毕节试验区大方县、第四届中医科学大会、对口云南脱贫攻坚民主监督等工作的宣传，撰写多篇大型报道，在中央级主流媒体及农工党中央党刊、网站、微信公众号上重点推出。开展农工党十五大以来各级组织工作成绩和广大党员先进事迹的主题宣传，据不完全统计，在中央级主流媒体发布关于农工党的宣传报道 1000 余篇。

全国“两会”前夕，2 月 27 日，农工党中央在中央机关召开“两会”情况通报会。中央副主席龚建明出席会议，并与记者交流座谈。龚建明介绍了农工党的基本情况、2016 年工作概要和 2017 年工作要点，希望各界新闻媒体一如既往地给予关注和支持。中央参政议政部副部长王素芳、组织部副部长邓蓉玲等出席会议，宣传部副部长杨晓波主持会议，40 余家中央和首都主流新闻媒体的记者参加会议。全国“两会”期间，下发了《关于认真学习贯彻十二届全国人大五次会议和全国政协十二届五次会议精神的通知》，加强对全国两会精神的学习贯彻和对各级组织、广大党员的思想引导。

为加强宣传业务，7 月 18 日至 20 日，农工党全国宣传干部培训班在银川举办。农工党中央副主席龚建明、宁夏区委会主委戴秀英等出席开学典礼并讲话。龚建明指出，要深刻认识宣传工作的重要性，如果说实干是事业发展的“压舱石”，那么宣传就是事业发展的“助推器”；积极探索宣传工作的特点和规律，按照习近平总书记讲话要求，做好团结稳定鼓劲、正面宣传，关键是要提高质量和水平，把握好时度效，增强吸引力和感染力；坚持以创新精神来推动宣传工作，重点要抓好理念创新、手段创新、基层工作创新。开学典礼上还表彰了农工党党刊《前进论坛》2017 年度发行工作先进单位和个人。培训班邀请了中国人民大学新闻学院高钢教授讲授《互联网对发展和对社会运行的影响》《互联网环境中公共危机的信息管理和传播影响力的建设》课程，邀请了著名摄影师崔坚讲授新闻摄影课程。来自农工党全国各省、市组织的宣传干部、业务骨干 80 余人参加培训。

2. 开展学习实践活动

根据《中国农工民主党开展坚持和发展中国特色社会主义学习实践活动 2017 年工作计划》，一是以“不忘合作初心，继续携手前进”为题开展专题教育活动，主要包括：“不忘合作初心，重温光荣历史”主题宣讲，“不忘合作初心，重走先辈道路”主题教育，“不忘合作初心，继续携手前进”主题培训，夯实共同思想政治基础。二是制定农工党开展学习实践活动成果表彰评选方案，召开总结表彰大会，实现学习实践活动圆满收官。

4 月 8 日，不忘合作初心，继续携手前进“中国农工民主党黑龙江省党员爱国主义教育基地”揭牌仪式在侵华日军第 731 部队罪证陈列馆举行。农工党中央副主席、黑龙江省委会主委陈述涛出席活动并揭牌，黑龙江省委会副主委刘长青在揭牌仪式上致辞，哈尔滨市委会主委刘柏辉等出席活动。揭牌仪式后，陈述涛等参观了侵华日军第 731 部队罪证陈列馆，并举行座谈讨论。

4 月 20 日，农工党“不忘合作初心，继续携手前进”专题教育活动在位于武汉的武昌中央农民运动讲习所旧址正式启动。中央副主席龚建明致辞并宣布启动，中共湖北省委统战部副部长冯艳飞致辞，湖北省委会副主委严炳洲主持启动仪式。龚建明指出，农工党具有光荣历史和优良传统，围绕 2017 年政治交接和换届工作，开展“不忘合作初心，继续携手前进”专题教育活动，重温光荣历史，重走先辈道路，对各级组织和广大党员坚定理想信念、强化政治责任，增强“四个意识”，具有十分重要的意义。武昌中央农民运动讲习所是农工党创始人邓演达同志与中国共产党领袖毛泽东同志等老一辈革命家携手合作、共同推动中国农民运动的地址所在，是农工党与中国共产党共同经历血与火考验的见证，因此，在这里举行农工党“不忘合作初心，继续携手前进”专题教育活动启动仪式，具有重要的象征意义。启动仪式结束后，龚建明等参观了武昌中央农民运动讲习所和八七会议会址，开展“不忘合作初心，重走先辈道路”主题教育活动。农工党中央宣讲团成员、湖北省委会党员 60 余人出席启动仪式。

4 月 27 日，农工党重庆市第五次代表大会刚刚胜利闭幕，新一届市委会领导班子集体前往中央机关旧址陈列馆，瞻仰和缅怀农工党先辈，传承多党合作优良传统，启动市委会“不忘合作初心，继续携手前进”专题教育活动。中央副主席兼秘书长曲凤宏出席活动并讲话，他希望新班子在既有的工作基础上务实创新，奋发有为，继承和弘扬农工党优良传统，扎实开展“不忘合作初心，继续携手前进”专题教育活动，在推进农工党重庆组织工作和多党合作事业中创造新的业绩。重庆市委会主委杜黎明参加活动。

5 月 8 日，农工党“不忘合作初心，继续携手前进”专题教育走进广东惠州。中央副主席龚建明出席活动并致辞。开展了三项活动：向邓演达铜像敬献花圈，参观邓演达纪念园，开展“不忘合作初心，重走先辈道路”主题教育；举行主题宣讲，农工党中央研究室主任游宏炳以《不忘合作初心，继续携手前进》为题作了精彩宣讲；观看大型无场次话剧《邓演达》，并召开了话剧研讨会。龚建明指出，各级组织和广大党员要自觉把思想和行动统一到以习近平同志为核心的中共中央决策部署上来，始终不忘跟着中国共产党走的初心，勇于担当、务实苦干，在中国特色社会主义道路上继续前进，为全面建成小康社会、实现中华民族伟大复兴的中国梦做出新的更大贡献。国家中医药管理局副局长、农工党北京市委会主委于文明，中共惠州市委书记、市人大常委会主任陈奕威，农工党中央研究室主任游宏炳、宣传部副部长杨晓波，广东省委会副主委刘冠贤、秘书长龙建平，湖南省委会副主委蒋秋桃，惠州市委会主委陈高燕等参加相关活动。

农工党中央先后赴广西百色、柳州、贵港、玉林，湖北十堰、随州，内蒙古锡林浩特，宁夏银川，浙江金华等地开展“不忘合作初心，重温光荣历史”主题宣讲活动，农工党中央研究室主任游宏炳、江苏省委会党史研究专题组组长王宗宏等在全国作了多场党史宣讲，弘扬优良传统。

8 月 2 日，农工党秦皇岛市委会举办“不忘合作初心，继续携手前进”专题教育之纪念农工党秦皇岛市委会成立 30 周年宣讲活动。中央副主席陈述涛出席活动并讲话，河北省委会原主委段惠军、中央研究室主任游宏炳出席活动，秦皇岛市委会主委王建文主持活动。段惠军、游宏炳和农工党宁波市委原主委常敏毅分别作了题为《汲取古人智慧，涵养崇德精神》《不忘合作初心，继续携手前进》和《做好参政议政工作，提高参政议政水平》的讲座。

11 月 26 日，农工党开展坚持和发展中国特色社会主义学习实践活动总结表彰大会在京举行。中央主席陈竺出席大会并讲话，常务副主席刘晓峰主持会议，副主席何维、姚建年、杨震、朱静芝、蔡威、龚建明，副主席兼秘书长曲凤宏出席会议。大会对评选出的农工党 120 个优秀组织、518 个先进集体和 101 名优秀党员、529 名先进个人，以及农工党 5 年来十大优秀成果中做出突出贡献的部门和组织进行了统一表彰。陈竺指出，深入开展学习实践活动，基本经验主要有五条：坚持突出重点、坚持自我教育、坚持知行合一、坚持深入基层、坚持注重实效。达到了五个主要效果：进一步深刻认识到接受中国共产党领导的历史必然；进一步深化了对坚持和发展中国特色社会主义主题的认识和把握；进一步增强了实现中华民族伟大复兴中国梦的共同目标的责任感和使命感；进一步强化了作为新时代中国特色社会主义参政党的政治责任和角色定位；进一步促进了自身建设。龚建明宣读了《关于表彰坚持和发展中国特色社会主义学习实践活动优秀成果、优秀组织、先进集体、优秀党员、先进个人的决定》，何维宣读了《致中国农工民主党第十五届中央专门工作委员会的感谢信》。总结表彰大会上，农工党优秀组织代表刘献祥、韩晓枫，优秀党员代表陶迎春作为获奖代表发言。农工党十五届中央委员、中央监督委员会委员，省级组织主委、专职副主委，中央各部门负责人、专委会负责人、直属机构负责人，以及受表彰组织的代表、优秀党员代表、先进个人代表和优秀成果受表彰主体代表等近 500 人出席大会。

3. 推动媒体融合发展

抓好党刊、党网和微信公众号平台建设，完善重大宣传报道一体化统筹机制，使传统媒体与新兴媒体在保持特色的基础上，强化协作、形成合力，推出精品栏目、精品文章、精品视频，不断提高质量、增强效果、扩大影响。第一，党刊《前进论坛》建设在“深”字上下功夫，围绕中心工作，开辟专题特色栏目，充分发挥党刊作为宣传统一战线理论方针政策平台、农工党思想建设载体、精神风貌展示窗口的作用。稳步推进改革，完善各项管理制度，不断提高质量。2017 年，党刊发行量再创新高，达到 96000 册。第二，中央网站建设在“广”字上下功夫，发挥内容涵盖全、对象覆盖广的特点，全方位展示农工党的事迹风采。一年来，策划推出了《学习贯彻中共十九大精神》《中国农工民主党第十六次全国代表大会》等6个专题，编发各类稿件2900多篇、图片6000多幅，手机版网站编发各类稿件2000多篇。第三，微信公众号建设在“捷”字上下功夫，发挥使用便捷、传播快捷的优势，开展宣传和思想引导。一年来，农工党中央微信号编发330多期，发布1000多条信息，发布2000多张图片，运用H5设计制作专题页面10期，关注量、发稿量等多项重要指标在各民主党派中名列前茅。在中央带动示范下，我党微信阵地建设成效明显，规模和范围不断巩固壮大，目前已有24个省级组织、50多个市级组织开通微信号。

（二）组织建设

截至2017年12月底，农工党共有地方组织361个。其中，省级组织30个，地市级组织285个，县级组织46个。基层组织7188个，其中基层委员会501个，总支624个，支部5962个，小组101个。全年新加入成员8611人。成员总数162202人，其中女成员80557人。平均年龄50.13岁。离退休48496人。

农工党界别分布如下：医药卫生界90569人，百分比55.85%；人口资源、生态环境界4068人，占2.51%；基础教育界12155人，占7.49%；高等教育界12075人，占7.44%；科学技术界8390人，占5.17%；政府司法机关9057人，占5.58%；人大政协机关784人，占0.48%；新的社会阶层人士9072人，占5.59%；文化艺术界4580人，占2.82%；公有制经济界4342人，占2.68%；党派机关1982人，占1.22%；出版传媒界758人，占0.47%；社会团体450人，占0.28%；其他3920人，占2.42%。

担任各级人大代表的共有2620人。其中，全国人大常委会副委员长1人、人大常委7人、人大代表54人；省级人大常委会副主任4人、人大常委50人、人大代表299人；地市级人大常委会副主任37人、人大常委268人、人大代表1127人；县级人大常委会副主任98人、人大常委397人、人大代表1140人。

担任各级政协委员共有13064人。其中，全国政协副主席1人、政协常委14人、政协委员89人；省级政协副主席14人、政协常委204人、政协委员852人；地市级政协副主席175人、政协常委1227人、政协委员5352人；县市区级政协副主席249人、政协常委1630人、政协委员6771人。

政府及司法机关中，担任省、市、自治区领导1人，部委领导2人，司局级干部116人，县处级干部965人。

农工党成员学历情况如下：有大本以上学历的占70.8%；有中、高级职称的占81.41%。担任中国科学院院士的共有8人。担任中国工程院院士的共有8人。

1. 加强党员培训

2月20日至24日，第2期农工党新任市级组织主委培训班在海南海口举办。中央常务副主席刘晓峰出席开班式并讲话，海南省委会主委王路出席开班式并致辞，中央组织部副部长邓蓉玲主持开班式。刘晓峰介绍了农工党的党史和优良传统，提出了增强政治共识的要求；结合学习贯彻中共十八届六中全会精神和中央统战工作会议精神，介绍了当前多党合作的新形势新要求，分享了履职的经验体会；介绍了中央近几年的主要工作，对学员提出了加强学习、改进作风、廉洁自律的要求。培训班邀请了中共海南省委党校党委书记、常务副校长王和平教授和中国人民大学经济学院教授方福前作报告。来自全国各地的60名新任市级组织主委参加培训。

3月1日，中央社会主义学院2017年春季开学典礼在京举行。农工党中央副主席兼秘书长曲凤宏、组织部副部长张铭彩出席典礼。

4月9日至14日，第6期农工党中西部骨干党员及先进基层组织负责人培训班在中央社会主义学院举办。中央副主席兼秘书长曲凤宏出席开班式并讲话，中央社会主义学院党组副书记、副院长郑钢淼出席开班式并致辞。中央组织部副部长邓蓉玲出席开班式。中央社会主义学院教务部主任王志功主持开班式。曲凤宏对学员提出了常怀感恩之心，常思岗位之责，为多党合作事业贡献力量；积极投身农工党中央和各省级组织的活动，努力在工作中锻炼成长；履行"一岗双责"，做好本职工作的同时做好党务工作；越位思考、定位工作，大处着眼、小处着手，脚踏实地开展工作履职尽责等要求。培训班邀请了中共中央统战部、中央社会主义学院和农工党的专家学者讲授课，还安排学员到中央机关进行党史教育，到中国国家博物馆参观《复兴之路》展览等。

7月25日至28日，农工党省级组织专职副主委培训班在辽宁沈阳举办。中央副主席兼秘书长曲凤宏、辽宁省委会主委杨关林出席开班式，中央组织部副部长邓蓉玲主持开班式。培训期间，曲凤宏作了题为《与时俱进担负起党务工作的职责》的报告。曲凤宏指出，专职副主委应发挥承上启下的作用，希望专职副主委尽快进入角色，迅速打开工作局面，当好主委的参谋助手，强化责任担当，在学思践悟中不断提高自身履职能力。杨关林介绍了辽宁省各项工作开展的有关情况，并与学员分享了学习和履职的经验体会。中央研究室主任游宏炳作了题为《农工党史上的主要事件和人物简述》的报告；中共辽宁省委党校储霞教授作了关于十八届六中全会精神的报告。中央宣传部副部长杨晓波、辽宁省委会副主委朱航等出席开班式。来自各省级组织的30位专职副主委参加培训。

9月1日，中央社会主义学院2017年秋季开学典礼在京举行。农工党中央副主席兼秘书长曲凤宏、组织部副部长邓蓉玲出席典礼。

9月11日，参加中央社会主义学院第38期民主党派干部进修班、培训班学习的农工党学员座谈会在农工党中央机关召开，中央副主席兼秘书长曲凤宏出席会议并讲话，中央组织部副部长邓蓉玲等参加座谈。

9月19日，民主党派省级组织新任主委多党合作专题研究班在京举办。中共中央政治局委员、中央统战部部长孙春兰出席会议并讲话，全国政协副主席、农工党中央常务副主席刘晓峰等出席开班式，中共中央统战部常务副部长张裔炯主持开班式。9月20日，农工党中央召开省级组织主委多党合作专题研究班座谈会，中央主席陈竺出席并讲话，副主席何维主持座谈会，副主席朱静芝、龚建明，副主席兼秘书长曲凤宏及参加研究班学习的农工党省级组织主委出席座谈会，农工党中央各部门负责人列席座谈会。陈竺结合今后工作，对做好省级组织主委提出三点要求：第一，不负重任、不辱使命，要牢记主委的责任和使命，不辜负组织和党员的信任，肩负起政治责任，肩负起领导责任；第二，鼓足干劲、切实行动，要牢记参政党的职责定位，履职尽责发挥作用，加强自身队伍建设，为经济建设和社会发展做出应有的贡献；第三，树立榜样、率先垂范，要不断增强组织影响和提升社会形象，做一个严于律己、以身作则的好主委，弘扬优良作风，努力提高自我。9月30日，专题研究班在中国浦东干部学院结业，中共中央统战部副部长戴均良出席结业式，农工党中央副主席兼秘书长曲凤宏代表各民主党派中央讲话。曲凤宏表示，这次培训班的目的是深入学习领会习近平总书记系列重要讲话精神和治国理政新理念新思想新战略，特别是习近平总书记"7・26"重要讲话精神，掌握统一战线和多党合作历史传统和理论政策，不断增强接受中国共产党领导的自觉性，始终坚持走中国特色社会主义道路，切实在思想上、政治上、行动上同以习近平同志为核心的中共中央保持高度一致，更好地履行民主党派职责，为全面建成小康社会、实现中华民族伟大复兴中国梦做出新贡献。

10月27日，农工党中央副主席龚建明在中央社会主义学院为民主党派省级组织新任专职副主委培训班作题为《以执政党为师　从思想上建党》的报告。他指出，作为中国特色社会主义参政党，必须以执政党为师，向中国共产党学习，重视和加强从思想上建党。其间，龚建明接见了参加培训的农工党学员。

12月18日至22日，农工党中青年骨干党员培训班在中央社会主义学院举办。中央副主席龚建明出席开班式并讲话，中央组织部副部长邓蓉玲，中央社会主义学院教务部主任王志功出席开班式。龚建明指出，这期培训班是农工党十六大后中央举办的第一个班，是第一次举办面向非公有制经济和新社会阶层人士的专题培训班，目的是帮助学员更好地成为社会主义核心价值观的自觉践行者、创新发展实践的积极推动者、社会正能量的有力传播者。龚建明提出了继承优良传统，增进政治认同；加强学习实践，提高履职能力；勇于担当责任，贡献智慧力量；强化自律意识，树立良好形象四方面要求。其间，学员参观了"砥砺奋进的五年"大型成就展。来自全国各地的60余名农工党党员参加培训。

2. 修改好党章

修改党章，是农工党十六大的一项重要政治任务。中央高度重视，专门成立了党章修改小组，在中央换届工作领导小组领导下工作。党章修改采取自上而下部署、自下而上反馈的方式，充分发扬党内民主，广泛征求各方面意见。首先，在中央换届工作正式启动之前，中央组织部开展了党章修改等工作的专题调研，先后召开了5次片区座谈会，覆盖30个省级组织、近70个地市级组织，150余名省市级组织领导、地方组织专职党务干部和各领域熟悉情况的党员与专家参加座谈。2017年4月，中央向30个省级组织发出通知，正式向全党征求党章修改意见，各省级组织积极宣传、畅通渠道，广泛听取意见建议，并将收集的意见建议书面上报中央。中央组织部将意见建议分类汇总，提出了党章修改稿。通过各类研讨会和座谈会，不断征求党内各级组织领导、资深党务工作者、党内专家学者以及老同志的意见。中共十九大召开前，党章修改稿四易其稿。中共十九大召开后，党内专家就如何在党章中体现中共十九大精神提出了明确的书面建议，党章修改小组召开专门会议逐字逐句推敲全文，形成党章修正案（送审稿），再征求意见。经中央换届工作领导小组审议，形成党章修正案（草案），后依次提交中央主席会议、中央常委会、中央全会审议通过，提交农工党十六大审议，经过与会代表热烈讨论并最终通过形成《中国农工民主党章程（修正案）》。

3. 地方组织交流

4月20日，农工党全国副省级城市第二届第一次工作联席会议在山东青岛召开。中央副主席兼秘书长曲凤宏出席会议并讲话，山东省委会主委、济南市委会主委段青英在会上发言。曲凤宏表示，副省级城市联席会已成为农工党推进地方组织建设的重要举措之一，是发挥农工党组织优势和整合党派资源形成合力的有效工作机制。他对各副省级城市组织提出了四点要求：要深入学习全国“两会”精神，统一思想，凝聚共识，完成政治交接；要落实“人才强党”战略，切实加强自身建设；要围绕中心、服务大局，积极履行参政党职能；要创新交流形式，策划品牌项目。中央组织部副部长邓蓉玲，山东省委会副主委宋修岐、吕善勇出席会议，青岛市委会主委宣世英出席会议并致辞。来自15个副省级城市的农工党市委会领导和机关干部90余人参加会议。

9月28日，农工党全国副省级城市第二届第二次工作联席会议在福建厦门召开，本次会议围绕“如何提高民主党派参政议政的实效”和“‘一带一路’倡议下的中医药事业和产业发展”的主题开展交流研讨。中央副主席兼秘书长曲凤宏出席开幕式并讲话。曲凤宏指出，各副省级城市组织要遵循习总书记“7·26”重要讲话精神，深化政治交接，夯实共同的政治基础；要围绕中心，服务大局，积极履行好参政党职能；要凝心聚力，做好本职工作，以优异的成绩迎接中共十九大和农工党十六大的胜利召开。开幕式后，会议举办了“‘一带一路’倡议下的中医药事业和产业发展”主题论坛。中央组织部副部长邓蓉玲，福建省委会副主委杨琳、李笃妙，厦门市委会主委王焱等出席会议。来自15个副省级城市的农工党市委会领导和机关干部60余人参加会议。

4. 搞好基层调研

2月19日至24日，农工党中央副主席兼秘书长曲凤宏在四川就农工党基层党员思想动态、基层组织发展和机关建设等情况开展调研。2月20日，曲凤宏出席了农工党南充市工委党员座谈会，南充工委主委陈建业汇报了南充市党务工作开展情况。曲凤宏指出，希望农工党南充市工委在组织建设上多做文章，整合人才资源科学划分支部，继续在经济、人口、环境资源和社会发展等领域发展高素质骨干党员，以适应新时期参政党要求。2月22日，曲凤宏出席了农工党四川省委会直属广安市支部委员会成立大会。在川期间，曲凤宏分别与农工党遂宁市委会、自贡市委会、资阳市总支的领导班子成员和部分党员代表进行座谈交流，听取了基层党组织工作情况汇报，并在遂宁市圣莲岛、安岳县柠檬产业示范园、自贡市国家高新技术产业开发区等地进行调研。四川省委会副主委夏华祥、遂宁市委会主委胡家正，自贡市委会主委徐武斌等陪同调研或参加座谈。

10月11日，农工党中央主席陈竺视察农工党重庆市委会机关，亲切接见市委会领导班子成员，看望机关干部职工。在汇报会上，市委会主委杜黎明向陈竺作了汇报。陈竺指出，重庆作为具有多党合作优良历史传统的光荣城市，作为长江上游、西部地区的中心城市，其多党合作事业也很有特色，是我国统一战线和多党合作的一个缩影。陈竺强调，下一步工作中，要把学习宣传和贯彻落实中共十九大精神作为工作的重中之重，按照农工党中央总体部署，通过辅导报告、学习引领、推动工作，掀起学习贯彻中共十九大精神的高潮，夯实共同的思想政治基础。农工党十六大将在11月下旬召开，要把中共十九大、农工党十六大精神的学习宣传纳入学习实践活动的主要内容，结合自身实际，推动学习实践活动扎实开展。陈竺表示，2018年是农工党中央与中共重庆市委合作20周年，农工党中央将继续发挥人才、智力优势，通过“直通车”形式，从国家层面助推重庆发展，推动中共十九大相关要求和部署在重庆落地。中共重庆市委常委、统战部部长陶长海，统战部常务副部长周旭等陪同视察。

（三）十六大筹备工作

9月12日至14日，农工党十六大报告西南片区省级组织集中征求意见座谈会在四川成都召开。中央副主席兼秘书长曲凤宏出席会议并讲话。十六大报告起草组组长李想主持会议。会上，曲凤宏介绍了十六大报告（初稿）的起草过程和会议目的。他指出，十六大报告要突出政治性，既要充分体现中共十九大精神，又要体现农工党自身特色和要求，立足全党、着眼全局，全面体现农工党十五届中央委员会和各地方组织在过去5年中取得的各项成绩。他强调，要将征求意见的过程转化为宣传展示农工党5年工作成绩的过程，转化为增进共识、激发党员自豪感、使命感、自信心的过程，转化为凝众智、汇众力的过程，通过集中座谈、认真修改，形成凝集全党智慧的好报告。来自农工党广西、重庆、四川、贵州、云南5个省级组织的专职副主委、部分农工党十六大代表、省级组织换届报告执笔人等约30人参加了会议。

9月14日至16日，农工党十六大报告西北片区省级组织集中征求意见座谈会在山西太原召开。中央研究室主任游宏炳主持会议。来自农工党山西、陕西、甘肃、青海、宁夏5个省级组织的专职副主委、部分农工党十六大代表和省级组织换届报告执笔人等20余人参加会议。

9月21日至23日，农工党十六大报告东北片区省级组织集中征求意见座谈会在吉林长春召开。中央研究室主任游宏炳主持会议。来自辽宁、吉林、黑龙江的专职副主委、部分农工党中央委员、十六大代表和省级组织报告执笔人等近20人参加会议。

9月24日至26日，农工党十六大报告华北片区省级组织集中征求意见座谈会在河南郑州召开。十六大报告起草组组长李想出席会议。来自北京、天津、河北、内蒙古、河南5个省级组织的专职副主委、地市级组织负责人和省级组织换届报告执笔人等约30人参加会议。

9月27日至28日，农工党十六大报告东南片区省级组织集中征求意见座谈会在福建福州召开。中央副主席兼秘书长曲凤宏出席会议并讲话。中央研究室主任游宏炳主持会议。会上，曲凤宏指出，报告需立足全党、着眼全局，起到振奋人心、鼓舞士气的效果。来自农工党湖北、湖南、广东、海南、福建、江西6个省级组织的专职副主委、党员专家、基层组织负责人、省级组织换届报告执笔人等约30人参加了会议。

9月27日至29日，农工党十六大报告华东片区省级组织集中征求意见座谈会在浙江杭州召开。十六大报告起草组组长李想主持会议。来自农工党上海、浙江、江苏、安徽、山东5个省级组织的专职副主委、地市级组织负责人和省级组织换届报告执笔人等约30人参加了会议。

（四）党史理论工作

1. 党史工作

4 月 11 日，农工党中央、江西省委会联合在九江市修水县举行农工党江西革命活动史料陈列馆暨农工党党史教育基地开馆仪式。全国政协副主席、农工党中央常务副主席刘晓峰，江西省政协主席黄跃金，中共江西省委常委、统战部部长陈兴超出席开馆仪式。农工党江西省委会主委郑小燕主持开馆仪式。刘晓峰指出，江西是农工党开展组织活动较早和活动影响较大的地区之一，将农工党江西地方组织的革命活动史料汇集一堂，建成陈列馆，对展示农工党先辈走过的从爱国主义到新民主主义和社会主义的历史道路，展现农工党先辈的爱国理想、政治信念和优良传统，切实教育引导广大农工党员在新的历史时期继承和发扬爱国革命优良传统，搞好政治交接，坚定中国特色社会主义道路自信、理论自信、制度自信、文化自信，坚持走中国特色社会主义政治发展道路，具有重要的现实意义。仪式上，刘晓峰、黄跃金共同为中国农工民主党党史教育基地揭牌，陈兴超、郑小燕共同为农工党江西革命活动史料陈列馆揭牌，一起参观了陈列馆。中共江西省委统战部常务副部长张勇，中共九江市委副书记、市长林彬杨，市政协主席杨小华，市委常委、统战部部长廖奇志，农工党江西省委会副主委涂建、史可、罗胜联、余少良，九江市委会主委傅朗林等参加开馆仪式。

6 月 19 日至 22 日，农工党中央《民主革命时期中国农工民主党的武装斗争》审稿会议在江苏南通召开，农工党中央研究室主任游宏炳主持会议。农工党中央研究室原主任姜天麟参加会议。来自上海、江苏、广东等 12 个省市的 25 名撰稿人员参加会议。

6 月 22 日至 25 日，农工党中央党史教育基地管理工作交流会议在江苏南通召开。中央研究室主任游宏炳主持会议，江苏省委会副主委吴建坤、广东省委会副主委刘启德、南通市委会主委陈宋义出席会议。游宏炳希望建有党史教育基地的省、市级组织，努力做到“三建立”：建立文史工作委员会、建立党史教育基地管理工作小组、建立党史教育基地网页专栏；“一列入”：将党史教育基地管理工作列入年度工作计划，列入管理工作人员的岗位职责；“一争取”：积极争取有关方面的支持，争取财政资金安排“党史教育基地维护专项”，取得党史教育基地日常管理和修缮的资金保障。与会人员还赴党史教育基地——南通海门季方史料陈列馆实地调研。来自江苏、广东、上海、安徽、福建、重庆等 10 个省市级组织机关的同志和党史教育基地的负责同志参加会议。

7 月 19 日，中国农工民主党江苏地方组织革命活动史料陈列馆开馆仪式暨农工党党史教育基地揭牌仪式在苏州市吴江区黎里古镇毛啸岑旧居举行。农工党中央副主席杨震，中共苏州市委副书记、统战部部长朱民，中央研究室主任游宏炳、江苏省委会副主委吴建坤、苏州市委会主委周俊，中共吴江区委副书记、区人民政府代理区长李铭等出席仪式。农工党中央常务副主席刘晓峰亲笔题写“中国农工民主党江苏地方组织革命活动史料陈列馆”，为开馆祝贺。杨震指出，将毛啸岑旧居建设为“中国农工民主党江苏地方组织革命活动史料陈列馆”，成为中国农工民主党党史教育基地，发挥其“存史、资政、团结、教育”的作用，对农工党来说意义深远。仪式上，杨震与朱民为“中国农工民主党党史教育基地”铜牌揭幕；吴建坤与游宏炳为“中国农工民主党江苏省党史教育基地”

铜牌揭幕。原吴江文联主席俞前所撰《毛啸岑传》首发，朱民向毛啸岑后人毛一平女士赠送该书。毛啸岑的后人代表毛一平女士，以及农工党中央、江苏省委会，中共苏州市委统战部、吴江区委统战部的相关同志，农工党苏州市基层组织代表等参加仪式。

9月10日，农工党中央、湖南省委会联合在怀化市溆浦县举行中国农工党湖南地方组织革命活动史料陈列馆暨中国农工党党史教育基地开馆仪式。全国政协副主席、农工党中央常务副主席刘晓峰，中央副主席龚建明，湖南省政协副主席戴道晋等出席开馆仪式。刘晓峰指出，解放战争时期农工党在湘西开展的中共领导下的倒蒋武装斗争，展现了农工党同中国共产党在革命斗争中的亲密合作关系，展现了农工党同志的爱国理想、政治信念和优良传统。将“溆沅辰人民解放总队”的重要据点——武思光旧居，建设为“中国农工民主党湖南地方组织活动史料陈列馆”，成为农工党党史教育基地，发挥其“存史、资政、团结、教育”的作用，对农工党来说意义深远。湖南省委会主委张灼华主持开馆仪式。刘晓峰、戴道晋共同为“中国农工民主党党史教育基地”揭牌，龚建明、彭国甫共同为“中国农工党湖南地方组织革命活动史料陈列馆”揭牌。湖南省委会副主委蒋秋桃介绍了陈列馆建设过程。副主委陈松岭代表省委会接收了“溆沅辰人民解放总队”司令员武思光的儿子武装、孙女武洁代表武思光家属捐赠的珍藏武思光遗物。中央研究室主任游宏炳、原主任姜天麟，中共湖南省委统战部副部长、湖南省工商联党组书记陈潇，中共怀化市委书记、市人大常委会主任彭国甫，湖南省委会副主委龚振湘、兰定国、张国刚，怀化市委会主委向明等参加开馆仪式。

10月6日，全国人大常委会副委员长、农工党中央主席陈竺来到位于江苏省苏州市吴江区的黎里古镇，视察农工党第11个党史教育基地——中国农工民主党江苏地方组织革命活动史料陈列馆（毛啸岑旧居）。农工党苏州市委会主委周俊陪同。陈竺首先听取了周俊关于旧居的保护、修缮和布展工作的简要汇报，随后参观了史料陈列馆。陈竺希望史料陈列馆今后发挥好其“存史、资政、团结、教育”的作用，成为宣传中国共产党领导的多党合作事业的重要基地，成为农工党同志缅怀革命先驱、继承爱国革命优良传统的重要场所。江苏省、苏州市、吴江区有关领导陪同视察。

此外，编写完成了《中国农工民主党的历史道路》一书并正式出版，为农工党十六大献礼。

2. 理论工作

4月28日，农工党中央理论研究点课题研讨会在辽宁沈阳召开。农工党辽宁省委会主委唐建武出席会议，中央研究室主任游宏炳作了关于加强案例研究的辅导报告，中央研究室有关同志及北京、辽宁、安徽、四川等省级组织的专职副主委或理论研究点负责人等出席会议。

9月12日至13日，农工党中央2017年全国理论骨干培训班在山西太原举办。山西省委会主委李思进、副主委张李锁出席开班式，中央研究室主任游宏炳主持开班式。其间，中央社院原副院长袁廷华解读了中央统战工作会议和统战工作条例精神，辽宁省社科院社会学研究所原所长沈殿忠讲授了理论研究与参政党建设，北京师范大学教授、博导赵朝峰讲授了从领导科学看习近平的治国理政思想，张李锁讲授了撰写理论文章的经验与体会，浙江省社科院研究员黄天柱讲授了参政党理论研究的方法与问题，农工党厦门市委会组织部副部长王复光讲授了参政党理论工作体会与课题撰写实务技巧等。来自各省级组织机关负责理论工作的青年骨干 70 余人参加培训。

组织申报中央社科院统一战线高端智库课题。其中，中央研究室申报了《现阶段民主党派凝聚力研究》《中国特色社会主义政党制度的世界意义》两个课题。课题组初步形成了研究成果《当前中国共产党领导的多党合作事业发展存在的问题与对策》(暂定名)。北京、辽宁、重庆省级组织依托理论研究点申报了《参政党监督机制创新研究》《海外七种思潮对中国多党合作制度话语体系挑战问题研究》《民主党派参政议政政治效能研究》课题。

(五)专委会工作

1 月 17 日，农工党中央生物技术与药学工作委员会在京召开全体委员会议。会议通报了 2016 年重点工作情况及成果，学习农工党十五届五次中央全会精神，研究确定了 2017 年工作计划。

4 月 7 日至 9 日，农工党中央科技工作委员会在贵州黔南州布依族苗族自治州平塘县召开全体委员会议。科技委主任苏钢强主持会议。会议学习贯彻中共中央有关会议及农工党中央近期以来的重要文件精神，总结了 2016 年的工作，研究制定了 2017 年工作安排。

4 月 8 日，农工党中央社会与法制工作委员会在甘肃省庆阳市庆城县召开全体委员会议。社法委主任余明永主持会议。会议学习农工党有关会议和文件精神，研究确定了 2017 年初步工作计划，围绕“如何发挥民主党派在精准扶贫和脱贫攻坚中的作用”开展研讨。随后，社法委携手同心圆慈善基金会开展了“同心圆工程庆城县村医培训”活动并捐款赠药。

4 月 18 日，农工党中央联络工作委员会在广东肇庆召开全体委员会议。联络委主任黄泰康出席会议。会议通报了联络委 2016 年工作情况，学习农工党有关会议和文件精神，围绕农工党中央对口云南开展脱贫攻坚民主监督工作、在台港澳联络工作中如何发挥作用等开展研讨，研究确定了 2017 年工作计划。

4 月 19 日至 20 日，农工党中央妇女工作委员会全体会议在福建宁德召开。妇委会主任孙晓梅主持会议。会议确定妇委会 2017 年将重点开展新人口政策下妇儿权益问题调研。会后，与会人员赴宁德市妇女儿童活动中心、机关幼儿园调研，并就“新人口政策下的家庭教育”课题进行座谈。

5 月 12 日，由农工党中央生物技术与药学工作委员会发起的“《中国仿制药蓝皮书》发布会”京举行。全国人大常委会副委员长、农工党中央主席陈竺为《中国仿制药蓝皮书》撰写序言。全国人大常委会原副委员长、农工党中央原主席、中国工程院院士桑国卫等出席并致辞。中国医学科学院药物研究所所长蒋建东作了深度解读，国家相关部委领导、行业专家、企业家代表见证了发布会。

5 月 14 日，农工党中央科技、教育工作委员会在沈阳联合组织召开“坚定文化自信讲好中国故事”专题座谈会。科技委主任苏钢强、教育委主任杨关林，中央参政议政部副部长王素芳等参加会议。农工党大连市委会主委、大连医科大学副校长田晓峰，科技委、教育委代表及有关专家参加会议。

6月8日，农工党中央医疗卫生工作委员会在京召开全体委员会议。会议通报了2016年重点工作情况及成果，学习农工党有关会议和文件精神，围绕“农工党中央对口云南开展脱贫攻坚民主监督工作”、医卫委2017年重点工作等方面开展研讨，研究确定了医卫委2017年主要工作和重点调研课题。

6月8日，农工党中央医疗卫生工作委员会在京召开全体委员会议。医卫委主任顾晋主持会议。会议通报了医卫委2016年重点工作情况及成果，学习农工党有关会议和文件精神，围绕“农工党中央对口云南开展脱贫攻坚民主监督工作”开展研讨，研究确定了医卫委2017年主要工作和重点调研课题。

7月21日至22日，农工党中央妇女工作委员会主任孙晓梅率专家组一行，在内蒙古兴安盟科尔沁右翼中旗妇幼保健院开展捐赠、义诊活动。

7月29日，“一带一路”背景下中国东盟经济交流的法律问题论坛暨农工党中央社会与法制工作委员会全体委员会议在南宁召开。社法委主任余明永等参加会议。

10月15日至20日，农工党中央妇女工作委员会部分委员、专家一行在云南省迪庆州、丽江市开展“新人口政策下儿童保障体系建设”调研，并开展捐赠义诊等公益活动。其间，妇委会召开全体委员会议，会议围绕如何在脱贫攻坚民主监督中发挥妇委会作用展开讨论。农工党妇委会主任孙晓梅参加调研。

10月23日至24日，农工党中央科技工作委员会在江西井冈山市召开全体委员会议。科技委主任苏钢强主持会议。会议主题是学习中共十九大会议精神，学习农工党中央有关会议精神，督办2017年科技委工作安排，总结科技委5年来工作。会议研讨确定了2017年12月拟提交中央的调研报告等。

11月7日，农工党中央文化体育工作委员会在京召开全体委员会议。文体委主任张新建主持会议。会议重点学习了中共十九大精神和农工党十五届十九次中常会（扩大）精神，学习了中央领导在云南省脱贫攻坚民主监督专题调研座谈会上的讲话精神，督办2017年文体委工作安排，总结5年来工作。

11月11日，农工党中央医疗卫生工作委员会、中央生物技术与药学工作委员会共同发起的“促进发展中国家肿瘤防控圆桌会议”在中央机关召开。会议邀请多国专家共同推动发展中国家肿瘤防控项目合作。中央主席陈竺为大会发来贺信，副主席何维全程出席大会并作主题报告，中央办公厅主任隋路、宣传部副部长杨晓波、参政议政部副部长王素芳等参加会议。

12月8日至10日，中央科技工作委员会在广东惠州召开全体委员会议。科技委主任苏钢强主持会议。会议的主要内容是传达学习农工党十六大精神，并就立足本职，充分发挥参政议政和民主监督作用等问题进行了热烈讨论。其间，与会人员参观邓演达纪念园，调研惠州市中医药产业基地、中医科学大会永久会址和罗浮山国药股份有限公司。

12月18日，农工党中央联络工作委员会在西安召开总结会议。联络委主任黄泰康主持会议。与会人员立足自身领域和本职工作，结合工作实践，就如何学习贯彻中共十九大、农工党十六大精神，充分发挥参政议政和民主监督作用进行了热烈讨论。与会人员还赴西咸新区开展“以文化促发展”专题调研。

（六）中央机关工作

1月13日，农工党中央副主席何维、副主席兼秘书长曲凤宏在中央机关出席审计署审计进点会议。何维、曲凤宏要求各部门和事业单位把对接好此次审计作为第一要务，高度重视，切实配合审计署完成审计工作；通过这次审计，促进农工党中央机关有关制度更加完善，提高有关工作，特别是财务工作的管理水平。农工党中央各部门及直属事业单位负责人、财务处等相关处室工作人员与会听取了审计工作安排和有关要求。

1月20日，农工党中央迎春团拜会在中央机关举办。中央主席陈竺出席团拜会并致辞，常务副主席刘晓峰，龚建明，副主席兼秘书长曲凤宏出席团拜会。中央机关在职及离退休同志、直属单位工作人员100余人参加团拜会。

3月17日，农工党中央机关举行报告会，专题学习传达2017年全国“两会”精神。中央副主席何维传达了全国政协十二届五次会议的主要情况，重点介绍了习近平总书记3月4日参加民进、农工党、九三学社联组会时的重要讲话精神，以及联组会上农工党3名委员的发言情况，总结了农工党中央向大会提案和农工组讨论、发言情况。中央副主席龚建明介绍了十二届全国人大五次会议的主要情况，重点传达了习近平总书记在参加上海、辽宁、四川、新疆、解放军代表团审议并发表的重要讲话精神，总结了担任全国人大代表的农工党党员提出议案的情况。中央副主席兼秘书长曲凤宏主持会议。机关各部门负责人、机关干部、直属单位职工及部分退休老同志80余人参加会议。

5月4日，农工党中央机关团支部在中央机关召开纪念中国共产主义青年团建团95周年青年干部座谈会。中央副主席兼秘书长曲凤宏，机关中共支部书记、参政议政部副部长王素芳出席会议并讲话。曲凤宏对青年干部提出了殷切希望，激励青年同志要坚定理想信念，结交良师益友，向身边榜样学习，确定前进方向；始终坚持正确政治方向，牢固树立“四个意识”，同以习近平同志为核心的中共中央保持高度一致；认真履责，脚踏实地，勇于创新，为多党合作事业发展奉献自己的青春力量。中央机关及所属事业单位青年代表结合工作发言。

7月31日，农工党中央机关举行座谈会，组织机关全体干部学习习近平总书记7月26日在省部级主要领导干部“学习习近平总书记重要讲话精神，迎接党的十九大”专题研讨班开班式上的重要讲话精神。中央副主席兼秘书长曲凤宏主持座谈会并讲话，要求把学习宣传贯彻习近平总书记重要讲话精神作为当前重要政治任务：要坚定政治信仰、强化政治担当，深刻认识讲话精神内涵；要把握新的历史机遇，迎接新的挑战，充分发挥参政党作用。中央组织部副部长邓蓉玲、宣传部副部长杨晓波、参政议政部副部长王素芳、研究室负责人李想等发言。参政议政部副部长耿丽丽及机关干部80余人参加座谈会。

8月1日，农工党中央机关支部召开学习会，组织机关支部在职党员干部学习习近平总书记7月26日在省部级主要领导干部专题研讨班开班式上的重要讲话精神。中央副主席兼秘书长曲凤宏出席并讲话。中央机关支部副主委、中央研究室原主任姜天麟主持会议。曲凤宏指出，支部每位党员要勇于担当，敢于作为，进一步加强团结，将本职工作和中央精神、上级要求结合得更紧，同贯彻落实中共中央部署的具体实践贴得更实。中央机关支部在职党员参加座谈会并发言。

8月24日至25日，农工党财务负责人培训班在京举办。中央办公厅主任隋路出席开班式并讲话，办公厅副主任李新主持培训班。隋路指出，各级组织财务负责人要认真学习、深入研究，创新思路、完善举措，不断加强和改进财务管理工作。培训班邀请了有关领导和专家学者做了题为“当前财政预算管理制度建设及改革的有关情况”“加强审计监督、规范财务管理”“行政事业单位内部控制建设理论与实务”的讲座。各省级组织、副省级城市的财务负责人或财务工作人员，中央机关各部门、下属事业单位的财务负责人等90余人参加培训。

9月17日至19日，农工党中央机关支部组织部分在职党员和离退休党员赴江西修水县开展“不忘合作初心，重走先辈道路”主题教育活动。中央副主席兼秘书长曲凤宏参加主题教育活动。党员们先后参观了农工民主党江西地方组织革命活动史料陈列馆、秋收起义纪念馆、八一南昌起义纪念馆等。其间，曲凤宏与修水县领导针对陈列馆建设及进一步发挥其功用交换了意见。曲凤宏要求支部重视加强对党员的爱国主义和革命传统教育，继承和弘扬优良传统，引导全体党员从中国共产党与民主党派长期团结合作的光辉历程中，深刻认识自觉接受中国共产党领导既是历史必然，也是现实正确选择，进一步巩固团结奋斗的共同思想政治基础。中央机关支部副主委、中央研究室原主任姜天麟参加活动。

常云岐　农工党中央宣传部综合处副处长
丁灿辉　农工党中央宣传部综合处干部

中国致公党

2017年，中国致公党认真学习贯彻中共十九大精神，以习近平新时代中国特色社会主义思想为指导，围绕国家中心工作，牢牢把握政治交接这条主线全力推进自身建设，牢牢把握参政为民这个立足点全力提升履职能力，牢牢把握凝聚侨海这个优势全力做好对外交流，聚焦全面建成小康社会与脱贫攻坚做好社会服务工作，全党上下团结一致、共同奋斗，各项工作都取得了较大成绩。

一、重要会议及活动

（一）中国致公党第十五次全国代表大会

12月2—5日，中国致公党第十五次全国代表大会在北京召开。

3日，中国致公党第十五次全国代表大会在人民大会堂举行开幕会。中共中央政治局常委、中央书记处书记王沪宁会见全体与会代表，并代表中共中央致贺词。全国政协副主席、台盟中央主席林文漪代表各民主党派中央和全国工商联致贺词。全国政协港澳台侨委员会主任杨衍银代表全国人大华侨委员会、国务院侨务办公室、全国政协港澳台侨委员会和中国侨联致贺词。

大会主席团常务主席万钢代表中国致公党第十四届中央委员会做工作报告。报告在回顾和总结中国致公党5年来的主要工作和基本经验后提出，中国致公党作为中国特色社会主义参政党，要深入学习贯彻中共十九大精神，坚决维护习近平总书记的核心地位，以习近平新时代中国特色社会主义思想为指导，坚定不移地走中国特色社会主义道路，全面增强履职能力，着力彰显侨海优势，着力提升社会服务整体水平，不断加强自身建设，努力提高全党生机活力，为决胜全面建成小康社会、夺取新时代中国特色社会主义伟大胜利、实现中华民族伟大复兴的中国梦、实现人民对美好生活的向往而团结奋斗。

郭声琨、尤权、沈跃跃、卢展工，各民主党派中央、全国工商联，中央涉侨单位的领导同志应邀出席开幕会。

会议认真学习了中共十九大精神，审议并通过了《中国致公党第十五次全国代表大会关于第十四届中央委员会报告的决议》和《关于中国致公党章程（修正案）的决议》，选举产生了由116名中央委员组成的新一届中央委员会。会议期间举行的致公党第十五届中央委员会第一次全体会议，选举产生了由33名委员组成的第十五届中央常务委员会和新一届致公党中央领导班子，选举万钢为第十五届中央委员会主席，蒋作君、曹小红、李卓彬、闫小培、曹鸿鸣、甘霖、张恩迪、吕彩霞为第十五届中央委员会副主席。

大会高度评价万钢同志代表第十四届中央委员会所做的报告。大会认为，致公党第十四届中央委员会高举中国特色社会主义伟大旗帜，用习近平新时代中国特色社会主义思想武装全党，积极履行参政党职能，参政议政成效更好，海外联络层次更高，社会服务体系更全，自身建设能力更强，各方面工作取得了丰硕成果，圆满完成了致公党十四大确定的目标任务，为我国经济社会发展做出了积极贡献。大会对十四届中央委员会的工作表示满意。

万钢在闭幕会上讲话。他说，这次会议是在中共十九大精神指引下举行的一次重要会议。大会认真学习了中共十九大精神和习近平新时代中国特色社会主义思想，坚定了致公党走中国特色社会主义道路的决心，增强了对决胜全面建成小康社会和夺取新时代中国特色社会主义伟大胜利的信心。新一届致公党中央委员会和领导班子将继承和发扬多党合作优良传统，不忘合作初心，继续携手前进，为中国共产党领导的多党合作事业发展竭智尽力。

大会要求，致公党各级组织和广大党员要深入学习贯彻中共十九大精神，以习近平新时代中国特色社会主义思想为指导，坚决维护习近平总书记的核心地位，坚定不移地走中国特色社会主义道路，自觉把思想和行动统一到中共十九大精神上来，把力量凝聚到实现中共十九大确定的各项任务上来。今后五年，致公党要传承精神传统，突出党派特色，凝聚侨海力量，努力开创新时代致公党工作的新局面。

大会号召，致公党全党要高举中国特色社会主义伟大旗帜，更加紧密团结在以习近平同志为核心的中共中央周围，不忘合作初心，牢记历史使命，致力为公，侨海报国，为决胜全面建成小康社会、夺取新时代中国特色社会主义伟大胜利、实现中华民族伟大复兴的中国梦、实现人民对美好生活的向往而努力奋斗！

闭幕会还宣读了《给已退出中央领导岗位的同志的致敬信》。

致公党中央常务副主席蒋作君，原常务副主席杜宜瑾，副主席曹小红、李卓彬、闫小培、曹鸿鸣、甘霖、张恩迪、吕彩霞，原副主席吴明熹、俞云波、王珣章、程津培、黄格胜、严以新出席了闭幕会。

（二）中央委员会会议

1. 中国致公党第十四届中央委员会第七次全体会议

12 月 2 日，中国致公党第十四届中央委员会第七次全体会议在北京举行。致公党中央主席万钢，常务副主席蒋作君主持会议，副主席王珣章、程津培、严以新、黄格胜、曹小红、李卓彬、闫小培，副主席兼秘书长曹鸿鸣和中央委员及列席会议代表逾百人参加会议。主席万钢在会议上做了重要讲话。

万钢指出，即将召开的致公党第十五次代表大会，要认真学习中共十九大精神，以邓小平理论、“三个代表”重要思想、科学发展观，和习近平新时代中国特色社会主义思想为指导，认真总结致公党本届的成绩和经验，明确今后一个时期的工作方针和主要任务，选举产生新的领导班子和领导机构。

万钢强调，全体中央委员要以高度的责任感和使命感履行好各项职责，开好此次会议，确保致公党第十五次全国代表大会的顺利进行。

会议决定，中国致公党第十五次全国代表大会于12月2日至5日在北京举行。会议讨论通过了中国致公党第十四届中央委员会的报告（草案）；讨论通过了《中国致公党第十五次全国代表大会全体会议主持人、报告人、说明人、致辞人名单（草案）》；讨论通过了《中国致公党章程（修正案）》（讨论稿）；审议通过了关于《中国致公党章程（修正案）》的说明（草案）；讨论通过了中国致公党第十五次全国代表大会议程（草案）；讨论通过了中国致公党第十五次全国代表大会日程（草案）；会议还听取了中国致公党第十四届中央委员会监督委员会工作报告。

2. 中国致公党第十五届中央委员会第一次全体会议

12月5日，中国致公党第十五届中央委员会第一次全体会议在北京举行。

会议审议通过了中国致公党第十五届中央委员会第一次全体会议选举办法；审议通过了中国致公党第十五届中央委员会第一次全体会议总监票人、监票人名单；选举产生了由34名委员组成的第十五届中央常务委员会和新一届致公党中央领导机构，万钢连任主席，蒋作君、曹小红、李卓彬、闫小培、曹鸿鸣、甘霖、张恩迪、吕彩霞当选副主席；选举了中国致公党第十五届中央委员会监督委员会主任、副主任和委员。

（三）中央常务委员会会议

1. 中国致公党第十四届中央常务委员会第十九次全体会议

3月9日，中国致公党第十四届中央常务委员会第十九次全体会议在北京召开。致公党中央主席万钢，常务副主席蒋作君，副主席王珣章、程津培、严以新、黄格胜、曹小红、李卓彬、闫小培，副主席兼秘书长曹鸿鸣等中央常委出席会议。参加全国两会的致公党员中的人大代表、政协委员，部分省级、中央直属组织主委及负责同志，中央机关局级干部列席了会议。常务副主席蒋作君主持会议。

会议学习传达了两会精神，通报了《致公党中央2017年工作要点》，审议通过了《致公党中央关于学习贯彻两会精神的决议》。主席万钢在会议上做了重要讲话。

万钢在讲话中指出，今年的两会是中共十九大前，在我国大力实施“十三五”规划、深入推进供给侧结构性改革的形势下召开的一次重要会议。认真学习领会两会精神、切实抓好两会各项决策部署的贯彻落实，是当前和今后一个时期致公党的重要任务。

万钢强调，学习贯彻两会精神要把握好以下四个方面：一要把握好以习近平同志为核心的中共中央治国理政新理念新思想新战略；二要把握好两会对全局工作的重大决策部署；三要把握好习近平总书记在政协联组会上的重要讲话精神；四要把握好张高丽同志代表中共中央对致公党工作所做的指示精神。

万钢要求，致公党各级组织要结合学习贯彻两会精神，精心组织好今年的各项工作。一要坚持中国共产党的领导，深入开展“不忘合作初心，继续携手前进”专题教育活动，加强政治思想引导，做好优良传统的薪火相传，积极为中共十九大和致公党十五大的胜利召开营造良好氛围。二要紧紧围绕改革发展稳定大局履职尽责，把适应引领经济发展新常态，实施创新驱动战略，深化供给侧结构性改革，促进经济平稳健康发展作为今年调研的重要领域；把促进“一带一路”建设作为今年彰显致公党特色的主要课题，并把这一课题做深、做精、做好；扎实开展好脱贫攻坚民主监督工作，化监督于建言之中，寓支持于监督之内。三要把政治交接贯穿换届工作全过程，各省主要负责同志切实履行好第一责任人职责，严肃换届纪律，把换届工作与探索政治交接长效机制密切结合起来，使人事更替的过程成为坚定理想信念、增进政治共识、继承优良传统、提高自身建设水平的过程。

2. 中国致公党第十四届中央常务委员会第二十次全体会议

7 月 15 日，中国致公党第十四届中央常务委员会第二十次全体会议在山东济南召开。致公党中央主席万钢，常务副主席蒋作君，副主席王珣章、严以新、李卓彬、闫小培，副主席兼秘书长曹鸿鸣等中央常委出席会议。未担任致公党中央常委的省级组织主委、中央直属组织主委、中央机关部门主要负责人列席会议。常务副主席蒋作君主持会议。

本次会议主题是围绕“一带一路”建设建言献策。会议审议通过了《中国致公党第十五届中央委员会委员人选提名办法（草案）》。主席万钢在会议上做了重要讲话。

万钢就服务“一带一路”建设强调，一是要把服务“一带一路”建设作为致公党做好侨海大文章的重要内容。特别是要着力坚持“三个有助于”，即坚持有助于凝聚侨心侨力、有助于促进反独促统、有助于服务“一带一路”建设。二是要抓好致公党服务“一带一路”建设的三个着力点，即要紧紧围绕我国对外开放的三大总体目标抓好调研工作、要紧紧围绕创新发展抓好人才服务工作、要紧紧围绕“走出去”战略抓好交流合作工作。三是要着力团结一支支持“一带一路”建设的友好力量。全球大约有 6000 多万华人华侨，有近 4000 万分布在“一带一路”沿线国家和地区，这是一笔推进“一带一路”建设的重要战略资源。

万钢要求，希望大家就如何在“一带一路”沿线国家建立和壮大一支对我们致公党亲密友好的侨界力量、如何做好新时期洪门社团工作、如何扩大致公党的海外影响力使致公党成为真正意义上的侨党等问题，进行认真的研究与筹划。

会上，万钢对省级新一届领导班子成员提出三点要求：要自觉增强“四个意识”，加强政治历练、提高政治能力；要坚持团结，做好政治交接，切实加强领导班子建设；要“不忘合作初心，继续携手前进”，敢于担当，把致公党事业不断推向新的台阶。

蒋作君在闭幕式总结讲话中要求，各级组织和全体党员要认真学习贯彻万钢主席的讲话精神，以良好的精神面貌和优异的成绩迎接中共十九大和致公党十五大的召开。蒋作君还对致公党近期的一些重点工作做了部署。

3. 中国致公党第十四届中央常务委员会第二十一次全体会议

11 月 2 日，中国致公党第十四届中央常务委员会第二十一次全体会议在北京召开。致公党中央主席万钢，常务副主席蒋作君，副主席王珣章、程津培、严以新、曹小红、李卓彬、闫小培，副主席兼秘书长曹鸿鸣等中央常委出席会议。未担任致公党中央常委的省级组织主委、中央直属组织主委、中央机关局级干部列席会议。常务副主席蒋作君主持会议。

本次会议主题是学习贯彻中国共产党第十九次全国代表大会精神。会议审议通过了《致公党中央关于学习贯彻中国共产党第十九次全国代表大会精神的决议（草案）》，审议通过了《中国致公党第十五次代表大会中央提名代表建议名单》。主席万钢在会议上做了重要讲话。

万钢指出，中国共产党第十九次全国代表大会是在我国全面建成小康社会决胜阶段、中国特色社会主义进入新时代的关键时期召开的一次十分重要的会议。这次会议凝聚全党智慧，承载人民期望，体现最大共识，向全世界宣示了中国的“新时代、新思想、新目标、新征程”，具有划时代的里程碑意义。

万钢强调，我们要把认真学习、深刻领会中共十九大精神作为全党当前和今后一个时期的首要政治任务，要以习近平新时代中国特色社会主义思想为指导，自觉把思想和行动统一到中共十九大精神上来，把力量凝聚到实现中共十九大确定的各项任务上来，全面贯彻落实中共十九大精神，奋力开创致公党各项工作的新局面。

万钢要求，致公党各级领导干部在深入学习中共十九大精神中要率先垂范、做好表率。各级组织要认真学，深入学，持久学，要学懂、弄通、做实，着力用中共十九大精神武装头脑，切实同以习近平同志为核心的中共中央保持高度一致，牢固树立政治意识、大局意识、核心意识、看齐意识，坚决维护习近平总书记的核心地位；要把学习贯彻习近平新时代中国特色社会主义思想作为政治交接的时代内涵，不断巩固坚持和发展中国特色社会主义学习实践活动和“不忘合作初心，继续携手前进”专题教育活动成果，夯实共同思想政治基础，坚持好、完善好、发展好中国共产党领导的多党合作和政治协商制度；要以中国共产党为师，在新时代，全面切实加强中国特色社会主义参政党建设，围绕中共十九大做出的重大决策部署，探索创新服务大局的工作思路和重点，围绕推动创新创业、发展实体经济、助力脱贫攻坚、促进社会和谐、扩大对外开放等献计出力；要推进精准扶贫，打造扶贫品牌项目，努力提高社会服务水平，切实做好脱贫攻坚民主监督工作，将民主监督寓于参政议政工作之中；要继承弘扬优良传统，充分发挥侨海特色，凝聚侨海之心，汇集侨海之智，发挥侨海之力，维护侨海权益，最大限度地把广大归侨、侨眷、留学人员和海外侨胞团结起来，为实现中华民族伟大复兴的中国梦，为实现人民对美好生活的向往贡献力量。

蒋作君在闭幕式总结讲话中要求，各级组织和全体党员要深入学习中共十九大精神，以习近平新时代中国特色社会主义思想为指导，认真落实万钢主席在中常会上的讲话精神，以良好的精神面貌和优异的成绩迎接致公党十五大的召开。蒋作君还对致公党近期的一些重点工作做了部署。

4. 中国致公党第十四届中央常务委员会第二十二次全体会议

12 月 2 日，中国致公党第十四届中央常务委员会第二十二次全体会议在北京召开。致公党中央主席万钢，常务副主席蒋作君，副主席王珣章、程津培、严以新、黄格胜、曹小红、李卓彬、闫小培，副主席兼秘书长曹鸿鸣等中央常委出席会议。未担任致公党中央常委的省级组织主委、中央直属组织主委、中央机关局级干部列席会议。常务副主席蒋作君主持会议。

会议审议通过了致公党十四届七中全会议程（草案）；审议通过致公党十四届七中全会日程（草案）；讨论通过了中国致公党第十四届中央委员会的报告（草案）；讨论通过了《中国致公党章程（修正案）》（讨论稿）；讨论通过了关于《中国致公党章程（修正

案)》的说明(草案);审议通过了中国致公党第十五次全国代表大会筹备工作报告(草案);审议通过了中国致公党第十五次全国代表大会代表名单(草案);讨论通过了中国致公党第十五届中央委员会委员候选人建议名单;讨论通过了中国致公党第十五次全国代表大会代表资格审查委员会关于代表资格审查的报告(草案);讨论通过了中国致公党第十五次全国代表大会主席团、秘书长建议名单;讨论通过了中国致公党第十五次全国代表大会副秘书长建议名单;讨论通过了中国致公党第十五次全国代表大会主席团常务委员会建议名单;讨论通过了中国致公党第十五次全国代表大会秘书处机构设置(草案);讨论通过了中国致公党第十五次全国代表大会监督工作组建议名单;审议通过了中国致公党第十四届中央委员会监督委员会工作报告(草案);讨论通过了中国致公党第十五次全国代表大会议程(草案);讨论通过了中国致公党第十五次全国代表大会日程(草案)。

5. 中国致公党第十五届中央常务委员会第一次全体会议

12 月 5 日，中国致公党第十五届中央常务委员会第一次全体会议在北京召开。致公党中央主席万钢，常务副主席蒋作君，副主席曹小红、李卓彬、闫小培、曹鸿鸣、甘霖、张恩迪、吕彩霞及中央常委出席会议。

会议审议通过了中国致公党第十五届中央委员会副秘书长建议名单。

(四)监督委员会会议和活动

1. 致公党党内监督工作研讨会

致公党党内监督工作研讨会于 10 月 9 日至 12 日在南昌召开。全国政协常委、副秘书长，致公党中央常务副主席、中央监督委员会主任蒋作君，中共江西省委统战部常务副部长张勇出席开幕式并讲话，致公党中央直属江西支部主委陈晓勇致辞。

蒋作君对各省监督委员会 2013 年以来的监督工作给予了充分肯定。他指出，近 4 年来，各省级组织监督委员会完善了机构设置，健全了相关制度，严把党员入口关，锻炼了监督队伍，创新了监督形式，扎实推进了监督委员会自身建设，全党党内监督工作取得了可喜成绩。在肯定成绩的同时，蒋作君也提出了监督工作存在的问题，诸如人员配备有待完善，制度建设有待加强，党员发展把关还需严格，监督工作落实不够等。蒋作君要求，各省级组织新一届领导班子要针对本组织存在的问题，以高度的政治责任感和担当意识，切实担负起党内监督职责，把党内监督工作纳入重要议事日程，常研究、常部署、常检查、常推动;监督委员会要进一步加强日常巡视监督，争取在一届任期内实现本省巡视全覆盖。他强调，党内监督工作要继续创新体制机制、改进工作方法，要探索出细化、量化、可操作、易执行、见效果、能考评的党内监督工作方式，完善知情、沟通、反馈、落实等机制;要始终坚持以党章为依据，坚持内部监督与外部监督相结合，坚持积极稳妥、循序渐进，明确工作目标，规范工作程序，健全工作机制，着力提高解决自身问题的能力，努力建设高素质的中国特色社会主义参政党。

会议期间，与会同志围绕省级组织换届监督工作、党章中党内监督相关内容修订等议题进行了交流、研讨;总结了 2013 年至今党内监督工作取得的经验和成功做法，以及在工作中出现的问题;观看了中纪委反腐专题电视片《打铁还需自身硬》，进一步增强了监督委员会成员廉洁自律意识。致公党中央监督委员会委员，省级组织监督委员会有关人员参加会议。

2. 致公党中央监督委员会换届

2017 年 12 月，在致公党第十五次全国代表大会上，中央监督委员会完成了与中央委员会同步进行的换届工作，产生了新一届中央监督委员会。新一届中央监督委员会扩大了人员规模，由 1 位主任、1 位副主任及 17 位委员组成，增加了省级组织副主委，特别是增加了从事司法、监察工作的专业人士，以保证党内监督工作更加专业、规范。

3. 做好中央监督委员会各项工作

一是保证换届工作，加大监督力度。注重对省级组织换届过程的监督指导和巡视检查，中央监督委员会从各省抽调监督委员会成员，成立中央巡视组，受理换届工作中涉及干部提名推荐、考察、公示和换届选举等各个环节的问题反映、投诉，并分赴各省列席代表大会，确保省级组织换届工作程序完备、结果合法。

在致公党第十五次代表大会召开期间，由第十四届中央监督委员会委员组成的十五大监督工作组对大会全过程进行监督，通过设立举报箱和举报电话等方式，对代表大会进行全程监督，严肃了换届纪律，确保了良好的换届环境。

二是结合组织发展，落实监督工作。注意把监督工作与党员发展工作结合起来。中央和地方的监督委员会积极贯彻落实“四个重点”，严把入党审批程序关，为帮助各省级组织及时、全面地了解本组织党员发展、组织建设的详细数据，以及本组织相关数据在全党各同级组织中的相对水平，中央监督委员会办公室将年底的《组织发展情况统计表册》直接报送各省级主委，通报组织发展情况，全面了解组织发展情况。

（五）学习实践活动

1.“不忘合作初心，继续携手前进”专题教育活动

2017 年学习实践活动的主题是侨海报国，致公党全党还开展了“不忘合作初心，继续携手前进”专题教育活动。起草并下发了《致公党中央坚持和发展中国特色社会主义学习实践活动 2017 年工作计划》《致公党中央“不忘合作初心，继续携手前进”专题教育工作计划》。2017 年全年召开 3 次学习实践活动领导小组会议，讨论总结学习实践活动开展情况，研究部署总结表彰工作；向中央领导小组成员、领导小组办公室成员、本党各地方组织和中央统战部报送和印发学习实践活动简报共 8 期，将本党中央驻会副主席学习实践活动联系点工作侧记（总结）以简报的形式印发全党。致公党中央领导同志和宣传部领导赴武汉、南京、上海、长沙、广州、厦门等地开展学习实践活动和专题教育活动调研，通过召开调研座谈会等形式交流工作进展情况，研究工作步骤，推广先进典型和成功经验，形成辐射效应。“主席走基层”“主委走基层”已经成为学习实践活动的常态机制。进一步营造出了浓厚的学习实践氛围，把学习实践活动引向深入。围绕专题教育活动重点内容之一——致公党员中的新社会阶层人士和非公经济人士、青年党员和高校与科研机构中的党员的思想建设工作，在全国两会召开前，严以新中央副主席先后赴北京海淀、江苏南京和湖北武汉开展调研，举行座谈会，在了解这部分党员的思想状况基础上，有针对性地撰写了党员思想态势分析材料。

12 月 1 日，致公党中央坚持和发展中国特色社会主义学习实践活动总结大会在京

召开。全国政协副主席、致公党中央主席万钢出席会议并做了题为《深入学习贯彻中共十九大精神　全力建设高素质的新时代中国特色社会主义参政党》讲话。万钢在讲话中全面总结了致公党坚持和发展中国特色社会主义学习实践活动开展情况，充分肯定了学习实践活动取得的成绩。他指出，致公党各级组织精心筹划，广大党员积极参与，整个学习实践活动主题鲜明、领导有力、措施得当、工作扎实，实现了预期目标，取得了显著成效。万钢就新形势下以主题教育活动推进政治交接、加强思想建设提出四点要求：一要进一步深入学习贯彻中共十九大精神，深刻领会习近平新时代中国特色社会主义思想，筑牢共同思想基础；二要进一步巩固学习实践活动成果，切实增强主题教育活动的针对性和实效性；三要进一步继承和弘扬致公党优良传统，以执政党为师，不断丰富主题教育活动内涵；四要进一步加强自身建设，切实搞好政治交接，开好致公党十五大。总结大会上，上海、北京、广东、福建、江苏、安徽 6 个省级组织先后就开展学习实践活动做了情况介绍和经验交流。会议做出《关于表彰坚持和发展中国特色社会主义学习实践活动先进集体、先进个人的决定》。致公党北京市委会等 20 个省级组织、致公党北京市东城区委员会等 57 个市级组织、致公党北京市顺义区支部等 156 个基层组织、丁军强等 241 人受到了表彰。

2. “中国梦·侨海情”宣讲团活动

为把学习实践活动推向深入，在 2016 年宣讲团取得良好反响的基础上，2017 年继续在全党开展以“中国梦·侨海情”为主题的宣讲活动。宣讲团活动以讲好致公党的故事为主线，宣传各级组织在参政议政、社会服务、对外联络等工作中涌现出来的先进集体和先进个人，讲述广大党员立足本职、奉献社会的感人事迹。2017 年全年宣讲活动先后在浦东、长沙、福州、六安、北京、成都、常德、济南、柳州、厦门等城市开展。11 月，在柳州举办了宣讲员培训班，邀请专家从写和讲演两方面入手，针对性地对宣讲员进行现场指导。6 月 21 日，致公党湖南省第六次代表大会期间，宣讲活动首次以微信直播形式亮相网络。这种适应新媒体时代需求的传播方式，拓宽了宣传思想理论工作的广度与深度，提升了宣传实效。微信直播点击量达到 25 万人次。2017 年是致公党换届年，湖南、江苏、福建、四川、重庆和南京等省市级组织还以政治交接为契机，在换届代表大会期间开展宣讲活动，统一思想、凝聚人心，为政治交接活动的顺利进行奠定思想基础。在 2017 年底举行的致公党十五大上，再次组织了宣讲活动。12 月 4 日下午，万钢主席出席宣讲活动并继 2016 年两次接见宣讲员后再次接见 4 名宣讲员并与他们合影留念。宣讲会上，来自福建省委会的里约奥运冠军徐云丽讲述了《亲历里约：传承和发扬中国女排精神》，分享了她个人成长经历和中国女排顽强拼搏的精神；来自致公党四川省委会的雷鹏讲述了《一个海归青年科技工作者的健康中国梦》，让大家感受到了一位专门研究老年痴呆症的年轻人，放弃舒适的国外生活，毅然回到家乡报效祖国的情怀；来自致公党江苏省委会的颜珉讲述了《一份支部小报的力量》，介绍了一个支部 23 年来通过一张简单但不平凡的小报传承精神凝聚人心的故事；来自广东省委会的林海杰讲述了《两个海外联谊的故事》，生动展现了由一杯啤酒、一本书引发的奇思妙想，最终成就的两个“促进中美交流、推进公共外交”的佳话。四位党员给大家分享的先进事迹，展现了致公风采，树立了正面典型，弘扬了正能量，代表们深受感动和鼓舞。

（六）中国发展论坛 2017

1.“促进科技成果转化，助推民族贫困地区脱贫攻坚”论坛

6 月 22 日，“中国发展论坛 2017 · 促进科技成果转化，助推民族贫困地区脱贫攻坚”在贵州省黔西南布依族苗族自治州兴义市举行。全国政协常委、副秘书长，致公党中央常务副主席蒋作君出席论坛开幕式并做主旨发言。致公党中央副主席兼秘书长曹鸿鸣主持论坛开幕式并做论坛总结。贵州省政协副主席黄家培，中共黔西南州委副书记、州长杨永英出席论坛开幕式并致辞。

徐晓兰、司富春、朱道林、张军、刘志龙、金爱武、刘宾等 16 位专家、学者结合各自研究成果和体会，分别围绕推动大数据扶贫、推进民族地区大健康医药产业发展、创新土地资源利用、农业发展的第三次浪潮、科技扶贫技术成果、林业技术创新、粤港澳推动科技成果产业化经验等主题，从前沿理论视野和丰富的实践层面，对“促进科技成果转化，助推民族贫困地区脱贫攻坚”相关课题进行了发言和研讨。此次论坛由中国致公党中央委员会、贵州省政协主办，致公党贵州省委员会、中国致公党中央委员会参政议政部、黔西南州人民政府、黔西南州政协承办，中国致公党中央科技委员会、中国发展杂志社协办。科技部、国家民委、农业部、商务部、国家林业局、国务院扶贫办、国家铁路局、中国铁道总公司等有关部门负责人，致公党中央及部分地方组织的同志及特邀的专家学者等共 220 余人出席论坛。

2.“共创智能生活 · 共享健康中国”论坛

11 月 10 日，“中国发展论坛 2017 · 共创智能生活 · 共享健康中国”在天津举办。全国政协副主席、致公党中央主席、中国科协主席、科技部部长万钢出席论坛开幕式并做主旨发言。天津市政协主席臧献甫、致公党中央副主席兼秘书长曹鸿鸣出席开幕式。中共天津市委常委、市委统战部部长冀国强出席开幕式并致辞。全国政协常委、致公党中央副主席、致公党天津市委会主委、天津市副市长曹小红主持开幕式。

杨德才、戴绪龙、张占海、王苏生、杨英、张军、赵霞、刘静、黄小彪等 18 位专家、学者围绕“发展健康产业和医疗大数据、培育健康医疗大数据应用新业态”，就健康医疗大数据的开发和应用、“互联网 +”公共卫生服务、健康产业和人工智能等方面进行了发言和研讨。科技部、工业和信息化部、卫计委、中国科协等部委，致公党中央机关及各省级组织，中共天津市委、市政府，市政协，各区委及大专院校党委统战部，天津市科委、工信委、外办、侨办、科协等相关单位，天津市各民主党派、工商联、人民团体等，共 200 余人参加了论坛。

（七）海峡两岸中华武术论坛

5 月 21—22 日，由致公党中央主办，湖北省十堰市人民政府、致公党湖北省委会承办的第九届“海峡两岸中华武术论坛”在湖北省十堰市召开，500 多位海峡两岸和港澳地区的嘉宾、武术界朋友以及有关方面人士参会。

全国政协副主席、致公党中央主席万钢出席论坛开幕式并讲话。全国人大常委、致公党中央副主席闫小培，湖北省政协副主席、致公党湖北省委会主委张柏青，中共十堰

市委书记、市人大常委会主任张维国，中共十堰市委副书记、市长陈新武，中国武术协会副主席张玉萍出席了开幕式。万钢在开幕式讲话中指出，中华武术将成为中华民族对世界文明进步做出贡献的重要载体。两岸文化同根同源，两岸众多武术名家始终不渝地传承和发扬中华绝学，为推动中华武术在两岸的发展做出了积极的贡献，并就两岸武术文化交流提出三点倡议：以武术文化为载体，促进中国与世界各国和平友好交往，树立良好的中国国家形象；挖掘武术文化的内涵与外延及时代意义，传承中华武术文化“自强不息、刚健有为”的武德精神；研究跨文化语境下的武术发展，实现武术文化的复兴，实现武术国际传播的价值。张维国书记致辞，全国政协常委、副秘书长，致公党中央常务副主席蒋作君主持论坛开幕式。

开幕式后，来自海峡两岸和港澳地区的武术界专家教授、各门派精英代表齐聚武当，进行了论文交流、武术展演等活动，“以文证道”，探讨武术内涵，深化对中华武术的文化思考；“以武会友”，切磋武功技艺，弘扬崇德尚武的武术精神；从而增强对中华文化的认同感，增强中华民族的凝聚力。

（八）海峡论坛·两岸社区服务恳谈会

6月15日至18日，由致公党中央主办，致公党福建省委、致公党厦门市委承办，台湾社区重建协会协办的第九届海峡论坛·两岸社区服务恳谈会在厦门举行，160多位两岸嘉宾参会。

开幕式上，致公党中央副主席闫小培在致辞中指出，最近三年，恳谈会以社区服务为主题，由点及面，经历了由“社区服务”的一般性探讨到“社区服务的参与互动”再到“共享成果”的过程。议题层层递进，逐步深化，推动两岸社区合作项目相继启动，合作协议陆续签署，两岸共识不断凝聚，取得了预期的交流成果，并就近年来对两岸社区服务与社区营造的发展和创新探讨形成的共识进行了总结，一是“人人参与、共建共享”；二是“文化传承、幸福家园”；三是“青年投入、共创未来”，并希望通过致公恳谈会，推进两岸开展更广泛的人文交流，不断增强两岸民心相通，不仅为推动两岸社区建设贡献聪明才智，未来更加推动在教育、科技、文化、卫生等领域的合作，为两岸民众的共同福祉、两岸关系的和平发展、中华民族的伟大复兴贡献力量。开幕式由致公党中央联络部部长许怡主持，薛卫民、孔祥科分别代表海峡论坛组委会和台湾嘉宾先后发言。在随后进行的两岸社区服务主论坛上，台湾社区重建协会理事长卢思岳、厦门一品威客CEO田承明、台湾侨光科技大学生活创意设计系副教授李世珍分别做了《两岸社区工作交流的内涵与展望》《打造双创服务平台，助力青年创新创业》《社区营造中的妇女角色》的精彩演讲。两岸有关社区服务组织和青年创新创业机构签署了协议，促成了两岸民间交流的实质性合作。

恳谈会分“社区·公益互助幸福社区、青年·青创育成共享发展、妇女·和美社区尚美人生”三个专题进行交流。与会嘉宾根据各自的意愿和兴趣，参加专题交流。会后，与会嘉宾分两组赴厦门海归创业学院海西分院（优客工场）和美亚柏科青果创客汇，泉州华丰社区和领SHOW创业园考察交流。

（九）中国致公党社会服务工作会议

9月28日至29日，中国致公党社会服务工作会议在京举行，全国政协常委、副秘书长，致公党中央常务副主席蒋作君，全国人大常委、教科文卫委副主任，致公党中央副主席严以新，全国人大常委、致公党中央副主席闫小培出席会议开幕式。致公党中央副主席兼秘书长曹鸿鸣主持开幕式。严以新宣读全国政协副主席、致公党中央主席、科技部部长万钢对社会服务工作会议所做的批示。

会议共表彰社会服务先进集体116个，先进个人344名，优秀组织工作者80名，优秀成果76个。蒋作君等为受到表彰的先进组织和个人代表颁发了奖牌和证书，并合影留念。5名来自各地的先进代表作大会经验交流，“中国梦·侨海情”致公党宣讲团7位成员为大会做社会服务工作专场宣讲报告，会议还邀请从事媒体工作的致公党员为与会人员介绍社会服务宣传工作经验。

29日上午，全体与会人员围绕会议内容进行了热烈讨论，下午举行了致公党精准扶贫结对帮扶工作会议暨社会服务工作会议闭幕式，参与精准扶贫结对帮扶的组织代表围绕各自扶贫工作进展情况进行了汇报，闫小培做总结讲话，对落实会议精神提出如下意见：一是加强责任意识和紧迫感，参与全面建成小康社会决胜阶段攻坚战。二是以顶层设计为引领，进一步完善工作体系、工作内容和工作机制。三是深化品牌意识，以平台建设为抓手，整合统筹党内外资源，达到“1+N”的效果。四是深入开展脱贫攻坚民主监督，社会服务与参政履职工作有机结合。

致公党各省级组织社会服务工作负责同志，致公党副省级城市组织负责同志以及参与致公党中央精准扶贫结对帮扶工作的部分组织负责同志出席了会议。

（十）中国致公党精准扶贫工作交流会

10月12日，中国致公党精准扶贫工作交流会在贵州毕节举行。全国人大常委、致公党中央副主席闫小培出席会议。针对全党精准扶贫工作，闫小培指出，多年来，全党围绕农业、科技、产业、教育、医卫、就业脱贫等多个方面，积极开展精准扶贫，形成央地互动、东西部协作的有效工作模式。全党要深入学习贯彻习近平总书记扶贫开发战略思想，以精准扶贫、精准脱贫工作为主线，着力探索实施脱贫攻坚民主监督工作，为服务全面建成小康社会积极努力：一是以提升贫困地区发展内生动力为主要目标，按照“发挥优势，突出重点，注重实效，持续发展”的原则，实现物质帮扶和精神帮扶相结合，突出开展智力、志气、能力、关爱等精神扶贫；二是强化合作共赢理念，落实央地互动和东西部协作机制，继续推进全党协作参与精准扶贫；三是建立健全全党参与机制，发挥各级组织和社会服务专委会作用，利用好扶贫基地、社会服务实践基地、专委会、基金会、促进会等平台，形成“1+N”的良好互动合作局面。会上还举行致公党中央精准扶贫项目捐赠：致公党员、山东安信种苗有限公司董事长韩吉书向七星关区捐赠精准扶贫专项经费20万元，致公党中央、致福慈善基金会、致公党上海市委向七星关区捐赠40万元，用于援建两所致公科普中心。

（十一）致公党中央对口四川开展脱贫攻坚民主监督工作研讨会

10月31日至11月1日，致公党中央对口四川开展脱贫攻坚民主监督工作研讨会在四川遂宁召开。致公党中央副主席兼秘书长、致公党中央开展四川省脱贫攻坚民主监督工作领导小组副组长曹鸿鸣出席会议并讲话。

曹鸿鸣在讲话中指出，脱贫攻坚民主监督是一项具有开创性的工作，是中共中央赋予各民主党派的一项新任务。两年来，致公党中央按照习近平总书记关于脱贫攻坚民主监督工作的重要指示精神，坚持问题导向，深入贫困地区一线开展脱贫攻坚民主监督，在四川省有关方面的积极配合下，各项体制机制运转顺畅，为下一步工作的开展奠定了良好基础，并总结出一套行之有效的工作方法。他对下一步工作提出几点要求：一是吃透中共中央文件精神，准确领悟中央意图，从政治全局的角度去理解和实施脱贫攻坚民主监督工作；二是搭建工作平台，形成工作合力，有序推进各项工作落实；三是充分调动各领域党员专家积极性，发挥侨海特色，不断提升脱贫攻坚民主监督的专业性。曹鸿鸣还为参加会议的脱贫攻坚民主监督专家团成员颁发聘书。

会议印发了《致公党中央关于建立全党参与定点开展脱贫攻坚民主监督工作体系实施方案的通知》，协调致公党北京市委会等12个地方组织对口四川凉山等12个地市（州）开展脱贫攻坚民主监督工作，并通报了详细的工作方案。全体人员围绕《致公党中央开展四川省脱贫攻坚民主监督工作方案》展开分组讨论，参与对口脱贫攻坚民主监督的12个省级组织与会人员及时与四川省相关州（市）对接。

（十二）海外侨胞与“一带一路”建设研讨会

11月7日至10日，由致公党中央主办、致公党四川省委会承办的海外侨胞与“一带一路”建设研讨会在四川成都召开。来自30个国家和地区的海外侨胞和港澳台同胞、致公党各级组织负责人等150余人参加研讨会，就“一带一路”建设展开讨论，建言献策。

蒋作君在开幕式主旨讲话中说，“一带一路”倡议提出四年来，在吸引更多国家参与合作、促进更大范围民众受益等方面取得了巨大的成就。他介绍了致公党中央及地方组织配合国家战略，助推“一带一路”建设的情况。他希望海外侨胞牢筑华商经济体系，全面融入“一带一路”经济合作；对接中国发展机遇，寻求促进事业发展的新舞台；利用对外传播渠道，加速推动中国与世界“民心相通”。杨兴平副省长代表四川省政府致辞。全国人大常委、致公党中央副主席闫小培主持了开幕式。

研讨会分为专题讲座、代表发言、大会讨论三个环节。在专题讲座中，四川大学经济学教授邓玲从“一带一路”的理论和实践发展，四川的区位优势和发展机遇，海外侨胞发挥的作用等几个方面展开讲述，为与会人员上了生动的一课。在代表发言阶段，10位代表从海外侨胞、国内企业家、致公党地方组织参与“一带一路”建设的角度出发，分享了他们的经历、故事和见解。在大会讨论时，来自不同国家的侨胞反映了“一带一路”倡议在各自国家引起的反响和讨论，也就如何参与和助推“一带一路”建设谈了看法。致公党各级组织的代表介绍了各地开展相关工作，助推“一带一路”建设的情况。

（十三）参政议政工作研讨会

11月15日至16日，中国致公党参政议政工作研讨会在海口召开。致公党中央副主席兼秘书长曹鸿鸣出席会议并做参政议政工作报告，中共海南省委常委、统战部部长张韵声出席会议开幕式并致辞。

开幕式致辞中，曹鸿鸣指出，一年来，在以习近平同志为核心的中共中央的领导下，致公党中央团结带领广大党员，牢固树立新发展理念，积极建言献策，参政议政工作取得累累硕果。他希望致公党各级地方组织深入学习中共十九大精神，积极交流工作经验，在学习交流中深化对习近平新时代中国特色社会主义思想的认识，进一步筑牢政治共识，牢固树立“四个意识”和坚定“四个自信”，不断提高参政议政能力和水平，为实现中共十九大确定的奋斗目标凝心聚力，做出新贡献。

会议对致公党2016年度165项参政议政工作优秀成果进行了表彰，来自致公党各省级和中央直属组织、副省级城市、省会城市、参政议政联系点等组织的参政议政负责人和相关专家、骨干近120人参加会议，围绕学习中共十九大精神，开展参政议政相关工作进行了交流和研讨。

（十四）其他重要会议及活动

1. 致公党社会服务工作座谈会

2月13日，致公党中央社会服务部召开北京市及各区级组织社会服务工作座谈会。会上通报了去年开展的统计工作汇总情况，指出了当前存在的问题。北京市各区级组织负责人汇报了2016年社会服务工作成果，分享了经验，对中央下一步开展精准扶贫结对帮扶工作提出了意见建议。

致公党中央社会服务部部长李万通对响应中央号召参加精准扶贫结对帮扶的6个区级组织提出要求，李万通指出要通过开展调研、召开会议，根据贫困地区需求制定帮扶规划，发挥党派智力优势，多提供发展建设规划咨询、提供岗位职业技能培训、提供医疗帮扶资源、提供教育帮扶资源等力所能及的帮助。他希望北京市及各区级组织在工作中还要转变以往低调做服务做贡献的观念，开展服务活动时要多注重品牌建设，多总结记录帮扶工作成果并加以广泛宣传，以此动员更多党员和社会力量参与到我们的社会服务工作中来。并更加注重工作后的统计数据汇总和报送。

2. 致公党中央社会服务品牌建设研讨会

3月7日，致公党中央社会服务品牌建设研讨会在浙江杭州召开。致公党中央社会服务部副部长李曼出席会议并讲话，来自17个省、市、区级组织的同志参加了会议。

与会人员分享了打造社会服务品牌工作的心得体会，展示了项目创立和发展过程中的经验，围绕社会服务品牌建设工作中的组织保障、规划设计、制度建设及宣传、培训、评估、表彰工作提出建议，致公党中央宣传部干部围绕利用“宣讲团”做好社会服务宣传工作进行了经验分享。

李曼对与会人员的发言进行了总结点评。她说，近年来，各地涌现出一批品牌项目，如“致公天露助学工程”“致公天露乡村医疗工程”“致·科工程”“引凤工程”“百医培训”“一品三校”“一家一助学”“以老扶老”“明志・悦读”“同心三走进”“农村社区发展基金”“致福助侨奖学金”等，全力打造社会服务品牌项目是扩大社会服务工作影响力、动员更多资源力量参与社会服务工作的重要抓手。近年来，全党各地方组织积极响应致公党中央打造“致福工程”品牌号召，认真落实《中国致公党社会服务工作五年规划纲要》要求，孵化出很多具有典型意义的品牌项目，成绩显著，产生了很多好的做法和经验。她希望与会组织在踏实苦干的同时，继续加强交流学习和思考创新，做好宣传和信息报送工作，并将服务社会与建言献策相结合，以打造品牌项目为抓手，努力为致公党社会服务工作做出更大贡献。

3. 第五届“中国美丽乡村・万峰林峰会”

3 月 29 日至 4 月 1 日，致公党中央副主席、广东省政协副主席、致公党广东省委会主委王珣章率队赴贵州省黔西南州兴义市出席第五届“中国美丽乡村・万峰林峰会”系列活动并开展调研。

30 日上午，王珣章出席峰会开幕式启幕仪式。下午，由致公党中央社会服务部、致公党上海市委会等单位主办的“乡村梦想”——2017 万峰林国际论坛召开，王珣章出席论坛并致辞。王珣章说，近年来，致公党坚定不移地贯彻中共中央关于脱贫攻坚的重大战略部署，积极参与黔西南试验区精准扶贫工作，号召本党各级组织和广大党员勠力同心，做了大量工作，竭尽全力地支持黔西南州各项事业发展。参与主办“乡村梦想”国际论坛，是致公党参与“星火计划、科技扶贫”黔西南试验区建设的一项重要工作，致公党中央和上海市委会组织了著名的专家学者参加论坛并做主题发言，为黔西南试验区推进美丽乡村建设、破解发展难题、培育发展优势出良策献佳计，助力精准扶贫、精准脱贫奔小康。

4. 致公党社会服务统计工作成果分析研讨会

6 月 1 日至 2 日，致公党社会服务统计工作成果分析研讨会在河南洛阳召开。致公党中央社会服务部部长李万通出席会议并讲话，来自全国 20 个省及部分地市级组织的社会服务专职干部参加会议。

会议分析总结了 2016 年度社会服务统计工作的成果，交流了各地开展社会服务工作经验。继续完善《中国致公党社会服务统计工作方案》，安排部署 2017 年统计工作任务。会议还举行了“致福公益银行”揭牌仪式，并邀请致公党河南省党员开展了社会服务讲座。

李万通在讲话中对统计工作提出三点要求，一是要准确理解开展社会服务统计工作的重要意义。二是要准确及时上报社会服务工作成果，切实增强做好社会服务统计工作的责任感、紧迫感。三是要牢固树立合作理念，更好地履行社会服务统计工作职责。

5. 纪念中国致公党“三大”召开 70 周年理论研讨会

2017 年 6 月 16 日，致公党中央理论研究会、党务研究会和致公党江苏省委会在常州联合举办纪念中国致公党“三大”召开 70 周年理论研讨会。全国人大常委会委员、教科文卫委副主任、致公党中央副主席、致公党中央理论研究会主任严以新，江苏省政协副主席、致公党江苏省委会主委麻建国，中共常州市委常委、统战部长韩九云出席会议。致公党中央宣传部副巡视员、致公党中央理论研究会秘书长赵晓萍主持会议。

会上，严以新做了题为《不忘合作初心　继续携手前进》主旨讲话。他指出，“三大”

是致公党发展历史上的一座光辉里程碑。“三大”的召开，标志着中国致公党接受中国共产党的领导，由旧民主主义政党转变为新民主主义进步政党，开创了致公党历史的新篇章。今年是换届年，在此时举办纪念“三大”召开70周年理论研讨会，回望历史，不忘先贤，继承传统，切实搞好政治交接，更显意义重大。严以新强调，要始终坚持中国共产党的领导，坚定正确的政治方向；要铭记历史、继承传统，深入开展“不忘合作初心，继续携手前进”专题教育活动；要发挥侨海特色，服务全面建成小康社会宏伟目标；要以政治交接为主线，继承和发扬优良传统，努力建设高素质参政党。

会议收到有关中国致公党“三大”的最新研究成果文章近百篇。会上，中央理论研究会顾问邱国义、陈昌福以及党内专家学者共13人做了交流发言。致公党中央理论研究会、党务研究会部分成员，各省级组织分管宣传的副主委或秘书长、宣传处负责人及特邀人员等50多人参加会议。

6. 第九届海峡论坛·第五届两岸公益论坛

6月17日，由致公党中央社会发展与服务委员会与中国宋庆龄基金会联合主办的第九届海峡论坛·第五届两岸公益论坛在厦门开幕，全国人大常委会委员、致公党中央副主席闫小培主持开幕式。致公党中央社会服务部副部长李曼，致公党福建省委会秘书长吴棉国出席开幕式。

第五届两岸公益论坛以“公益行·中华梦”为主题，来自两岸70余家公益机构代表、学术专家、草根公益达人、企业家和媒体代表近300人参加活动。大家秉承“携手公益惠泽两岸”的论坛宗旨，围绕“公益行·中华梦”主题和“公益组织与社会服务”“青年公益与社会实践”两个分论坛，交流分享公益理念和实践经验，协力推进两岸公益事业的合作与发展。致公党员蒋红清代表致公党做大会发言，向两岸公益组织介绍致公党社会服务品牌项目“致福送诊”活动。

7. 致公党中央党员学习教育基地建设（试点）顺利实施

为巩固学习实践活动成果，进一步推进“不忘合作初心，继续携手前进”专题教育活动，致公党中央在2017年开展了致公党中央党员学习教育基地（试点）工作，旨在打造以党员学习教育为主，集学习、宣传、教育、培训、研究于一体的致公党中央党员学习教育基地。6月16日，首个致公党党员学习教育基地——致公党中央党部旧址陈列馆在广州挂牌。17日，万钢在王珣章、曹鸿鸣的陪同下视察陈列馆。万钢强调，要发挥好陈列馆作为全国首个党员学习教育基地的作用，讲好致公党故事，把“不忘合作初心，继续携手前进”专题教育活动不断推向深入。10月23日，第二个党员学习教育基地在上海中国留学生博物馆揭牌。在揭牌仪式上，严以新副主席肯定了广大留学生追寻民族复兴的梦想，投身祖国建设，为我国经济社会发展所做出的贡献。他勉励致公党各级组织充分利用好现有的致公党员学习教育基地，探索开展符合时代需求和适应新时期民主党派自身建设特点的宣传思想理论工作有效途径，夯实政治基础、凝聚思想共识。

8. “致科工程”第一次全体会议

7月12日上午，“致科工程”第一次全体会议在沪召开。全国人大常委会委员、致公党中央副主席闫小培出席会议并讲话。来自8所已捐建完成的“致公科普中心”所在地的教育部门负责人及师生代表，共50余人参加了此次活动。

2010年4月，致公党中央和致公党上海市委会共同在四川省都江堰市安龙学校捐赠建立了第一个教育扶贫基地——致公科普活动中心，自此开启了致公党“致科工程”这一社会服务品牌的建设之路，目前已在四川都江堰、武胜、泸州，贵州毕节、黔西南，云南华宁、香格里拉，重庆酉阳建设运营了8所。2016年，致公党中央与致公党上海市委会签署央地互动合作项目后，科普中心得以更快发展，今年又有5所正在建设中，预计年底建成后，将达到致公党中央和西南省市的定点扶贫地区“致公科普活动中心”全覆盖。

9. 致公党中央第12期参政议政干部培训班

7月31日至8月3日，致公党中央第12期参政议政干部培训班在辽宁省沈阳市召开，致公党中央副主席兼秘书长曹鸿鸣出席开幕式并讲话。

曹鸿鸣指出，致公党中央秉承“致力为公、侨海报国”的宗旨，突出侨海特色，坚持围绕中心、服务大局，认真贯彻落实五大发展理念，以加强参政议政人才培养为抓手，创新方法为支撑，多措并举开展参政议政工作。在全党同志的共同努力下，高层协商、全国政协大会提案和发言、反映社情民意信息、调查研究、中国发展论坛、制度建设六方面工作都取得了可喜的成绩。他希望参加本次培训班的学员“冷静”思考，“火热”交流，把培训的收获认真总结、消化、吸收，用于今后的工作实践，并在实践中不断深化认识，努力提高参政议政能力和水平，为致公党的参政议政工作做出新的更大贡献。

培训期间，全国政协办公厅研究室巡视员谷斌，中共中央统战部一局四处处长张衍前，商务部中国国际经济合作学会副秘书长、对外交流中心主任戴绪龙，辽宁社会科学院副院长梁启东分别就提高信息稿件质量、发挥参政党作用、“一带一路”机遇和东北老工业基地振兴等主题进行授课。此外，培训班还开展了分组讨论，各小组学员们交流了学习体会和工作经验，并对参政议政工作提出了意见和建议。致公党各地方组织参政议政骨干约120人参加了培训班。

10. 致公党中央宣传部《中国致公》特约人员、网站信息员培训班

9月14日至15日，致公党中央宣传部《中国致公》特约人员、网站信息员培训班在大连举行。全国人大常委会委员、科教文卫委副主任、致公党中央副主席严以新，致公党辽宁省委会主委、大连市委会主委王大鸣，中共大连市委统战部副部长黄刚出席开幕式。与会领导还为“侨海情丝路美”致公党第二届摄影大赛进行了颁奖。会议期间，严以新与大连市委常委、统战部部长许波进行了会谈。

基于地方组织宣传人员的工作现状和传统媒体与新媒体结合的发展趋势，将宣传干部培养为“多面手”，本次培训将《中国致公》特约人员培训班和网站信息员培训班合二为一，结合宣传工作需要邀请有关专家进行专题讲座。中央社会主义学院原副院长张峰教授进行了《习近平统一战线思想》主题讲座。中国艺术摄影学会会员、致公中央摄影社常务副秘书长田普晓进行了摄影专题讲座，并对“侨海情 · 丝路美”——致公党第二届摄影大赛获奖作品进行了精彩点评。《中华儿女》首席摄影记者、海外版副主编宋汉晓进行了人物写作专题讲座，分享了人物采写的经验与方法。专题讲座后，致公党中央宣传部副巡视员赵晓萍为宣传干部讲解了《致公党关于严格遵守宣传工作纪律的暂行规定》。范承玲做总结发言，要求与会同志将本次培训班精神和要求逐级传达、落到实处，推进

宣传工作再上新台阶。

致公党中央，致公党各省、自治区、直辖市及中央直属组织、省会城市组织和副省级城市组织的领导及宣传干部共80余人参加本次培训。参加培训的干部对培训内容表现出浓厚的兴趣，结合讲座内容，根据新时期宣传工作的特点和自身工作的经历进行了热烈的讨论交流，为中央工作提供了宝贵的意见和建议。

11. 致公党中央社会服务宣传工作培训班

11月15—18日，致公党中央社会服务宣传工作培训班在浙江绍兴召开。致公党中央社会服务部部长李万通出席培训班并讲话。致公党浙江省委会副主委裘云庆致开幕词。

致公党各省级组织、副省级城市组织、参与精准扶贫结队帮扶的东部地区组织社会服务专职干部等50余人参加了培训。

培训期间，致公党中央宣传部副巡视员赵晓萍等先后授课，培训内容包括如何推进致公党社会服务宣传工作、社会服务工作，如何参政议政、致公党中央社会服务宣传工作梳理、如何做好社会服务宣传以及PPT制作技术等。

李万通在闭幕式上做总结发言，对进一步做好社会服务宣传工作提出了要求：要提高对社会服务宣传工作的重视程度；要提升社会服务宣传工作的积极性和主动性；在日常工作中注意积累，增强社会服务品牌效果；巩固成绩，不断创新社会服务宣传模式；社会服务专职干部要把握机会，把做好社服宣传工作作为提高自身能力的有效途径。

二、履行职能

2017年，致公党中央以高度的政治责任感和使命感，以习近平新时代中国特色社会主义思想为指导，深入贯彻落实新发展理念，紧紧围绕统筹推进“五位一体”总体布局和协调推进“四个全面”战略布局，密切关注经济社会发展中的全局性问题和人民群众关心的重点难点问题，深入调查研究，积极建言献策。按照致公党中央工作要点的要求，在致公党中央的领导下，秉承“致力为公、侨海报国”宗旨，有条不紊地推进和开展各项工作，为全面做好稳增长、促改革、调结构、惠民生、防风险各项工作做出了积极贡献。

（一）参政议政

1. 调研工作

2017年，致公党中央围绕国家发展重大问题、社会热点问题开展调研共计21项，报送建议15篇，全部获得批示。

5月2日至6日，全国政协副主席、科技部部长、致公党中央主席万钢率领致公党中央调研组赴福建围绕“推进‘一带一路’建设中中国文化‘走出去’”开展专题调研，全国政协常委、副秘书长，致公党中央常务副主席蒋作君，全国政协委员、致公党中央副主席兼秘书长曹鸿鸣参加调研。在闽期间，调研组一行先后实地考察了厦门市小白鹭民间舞艺术中心、吉比特网络技术有限公司、美图科技有限公司、陈嘉庚纪念馆，泉州市海外交通史博物馆、南音传承中心、华侨历史博物馆，宁德市新能源科技有限公司、蕉城区漳湾镇福船制造基地、霍童古镇，福州市长乐网龙网络有限公司、三坊七巷非遗博览苑，福建省博物馆“海上丝绸之路精品展”等，深入了解福建省在“一带一路”建设中推动中国文化“走出去”方面的工作开展情况和存在的问题、困难，并与中共福建省委、省政府相关领导及部门围绕调研课题进行座谈，认真听取有关意见建议。这次调研是致公党中央受中共中央委托，在中共中央统战部统一协调下开展的2017年度重点调研。此次调研形成《关于推进“一带一路”建设中中国文化“走出去”的建议》，该建议上报后，得到了国务院领导同志的高度重视与批示。

2月16日至17日，为做好5月全国政协“加强垃圾无害化处理”双周协商座谈会的准备工作，致公党中央副主席兼秘书长曹鸿鸣率领致公党中央环境与可持续发展委员会调研组赴北京、天津开展“加强垃圾无害化处理”调研。曹鸿鸣一行在北京实地考察了西城区金融街道丰融园小区垃圾分类投放、收集及运输情况，在北京环卫集团马家楼垃圾分选转运站考察了解垃圾分选转运情况并举行了座谈会，听取北京市城市管理委员会副主任李如刚和北京环卫集团党委副书记、总经理张农科关于垃圾处理情况的汇报；在天津，调研组一行赴滨海新区参观了中新天津生态城，听取了生态城整体发展规划介绍，考察了生态城环卫科技体验馆，了解资源能源循环利用和垃圾回收处理情况，实地参观了社区垃圾回收设施。此次调研形成了《关于加强垃圾无害化处理的建议》，该建议得到了国务院有关领导的重视与批示。

4月11日至12日，致公党中央常务副主席蒋作君、致公党中央副主席兼秘书长曹鸿鸣率致公党调研组在北京开展“食品安全监管”调研。调研组一行考察了北京三元食品股份有限公司、蜀海（北京）供应链管理有限责任公司、北京市食品供应处34号供应部、北京市新发地农产品股份有限公司、花乡食药所和北京市食品安全监控中心，并召开座谈会，听取北京市有关部门关于食品安全监管的情况介绍和建议。此次调研形成了《关于进一步加强我国食品安全监管的建议》，该建议得到了国务院有关领导的重视与批示。

4月17日至22日，致公党中央副主席兼秘书长曹鸿鸣率致公党中央调研组赴上海、福建开展“推进自贸区建设，促进开放型经济健康发展”调研。调研组一行考察了上海自贸区外高桥保税区、金桥片区、洋山深水港，福建自贸区福州片区、厦门片区等相关单位，并分别在上海、福建、厦门召开三场座谈会，听取相关部门关于当地自贸区建设的情况介绍，以及对进一步推进自贸区发展的意见建议。此次调研形成了《关于推进自由贸易试验区建设，促进开放型经济健康发展的建议》，该建议得到了国务院有关领导的重视与批示。

4月23日至27日，致公党中央副主席兼秘书长曹鸿鸣率致公党中央调研组赴重庆、江苏开展“房地产问题”调研。调研组一行考察了重庆民安华福公租房小区、中央公园大道项目、泰山7号项目、万科御澜道项目，南京金陵饭店天泉湖项目、仙林万达茂项目，扬州桐园项目、新城吾悦广场项目等相关地产项目，并分别在重庆、南京和扬州召开三场座谈会，听取当地相关部门对房地产有关工作情况介绍和对促进房地产市场健康发展的意见建议。此次调研有关成果被吸纳入党外人士座谈会领导发言材料中。

5月15日至19日，致公党中央副主席严以新率致公党中央调研组联合交通运输部、水利部海河水利委员会赴山东、河北、天津开展“京杭运河黄河以北段复航及沿线水资源问题”调研。调研组实地考察了京杭运河济宁至梁山段河道全程、梁济运河邓楼船闸、国那里穿黄闸遗址、聊城市临清钞关运河文化遗址、德州市四女寺水利枢纽、沧州市古运河旧道、沧州市运河景观带、雄安新区白洋淀水系、西河闸、屈家店枢纽、筐儿港枢纽、木厂闸等地，并与山东省、河北省、天津市有关单位分别进行了多场座谈。与会专家围绕京杭运河现状、京杭运河黄河以北段复航必要性和可行性、更好地利用好沿线水资源等问题进行了深层次交流并提出了针对性建议。此次调研形成了《关于京杭大运河黄河以北段复航及沿线水资源问题的建议》，该建议得到了国务院有关领导的重视与批示。

5 月 15 日至 19 日，致公党中央副主席兼秘书长曹鸿鸣率调研组到广东，就我国海底光缆的建设和运营现状、面临的问题开展专题调研。调研组先后在深圳、东莞、汕头三地召开专题座谈会，听取政府有关部门和企业代表关于海底光缆的生产、建设、运营情况，面临的问题及推进海底光缆建设的建议，走访了东莞华为技术有限公司、东莞市翔通光电技术有限公司、广东亨通光电科技有限公司，实地调研了中国电信汕头南澳九尖山雷达站、海缆巡航船、汕头国际海缆登陆站，通过实地考察和座谈交流，对我国海底光缆生产建设企业的经营情况进行了深入了解。此次调研形成了《关于建设海缆强国确保互联互通的建议》，该建议得到了国务院有关领导的重视与批示。

5 月 24 日，致公党中央常务副主席蒋作君、致公党中央副主席兼秘书长曹鸿鸣率致公党中央调研组在北京开展“会馆文化”调研。调研组一行考察了中山会馆、北京杂技团、安徽会馆和湖广会馆，并召开座谈会，听取了北京市有关部门对相关情况的介绍，与会专家围绕北京会馆的发展历史、保护现状、存在问题以及会馆文化在中国文化“走出去”中可发挥的重要作用等问题进行了深入研讨和交流，并提出了针对性建议。此次调研有关成果被吸纳入党外人士座谈会领导发言材料中。

6 月 2 日、6 月 13 日至 16 日，致公党中央副主席兼秘书长曹鸿鸣率致公党中央科技委员会调研组分别在北京、浙江、湖北开展“前沿生物学技术”专题调研。调研组一行考察了中国科学院动物研究所、中国农业科学院纳米研究中心、北京大学干细胞研究中心、浙江贝达药业、浙江大学附属第一医院、华中农业大学、中国科学院水生生物研究所、武汉大学（生物城）等相关单位，召开座谈会，听取相关部门关于前沿生物学技术领域发展的有关情况、所面临的问题的介绍以及从国家层面推进我国前沿生物学技术创新与新型战略产业培育的政策建议。此次调研形成了《关于促进前沿生物学技术研究和应用的建议》，该建议得到了国务院有关领导的重视与批示。

7 月 2 日至 7 日，致公党中央副主席兼秘书长曹鸿鸣率致公党中央法制建设委员会调研组在广西南宁、崇左和桂林开展“创新乡村治理体制，推进国家治理现代化”调研。致公党中央法制建设委员会主任、中国侨联副主席李昭玲参与调研。调研组一行实地考察了崇左市宁明县爱店镇那党村、凭祥市下石镇新鸣村板小屯和友谊镇平而村；桂林市永福县曾村村，平乐县平乐镇马渭村等地的村民自治、边民纠纷调解、乡村法制建设、村规民约制定与实施等乡村治理情况，并在南宁、崇左、桂林分别召开座谈会，与民政、司法、农业、综治办等政府有关部门研讨乡村治理情况，探寻创新乡村治理体制的良策。此次调研形成了《关于创新乡村治理体系，推进国家治理现代化的建议》，该建议得到了国务院有关领导的重视与批示。

8月2日至5日，致公党中央常务副主席蒋作君率队赴安徽省开展“农林交互区土地利用与保护”调研，调研组一行深入黄山市歙县富堨镇中溪村、上丰乡溪源村，徽州区灵山村、谢裕大生态茶园，祁门县历口镇溪塘村、黄山村等地，实地考察了当地农村经济发展、农业产业发展以及土地利用分类和保护情况，并与当地干部群众进行了交流。调研组与黄山市国土资源局、农业委员会、林业局以及歙县、徽州区和祁门县的有关政府部门领导举行了座谈，听取了相关情况介绍并进行了交流、探讨。

8月22日至25日，致公党中央常务副主席蒋作君、副主席兼秘书长曹鸿鸣率队赴山东烟台、威海开展“发展海岛经济推进海上丝绸之路建设”调研。调研组一行在山东烟台市长岛县考察了庙岛、高山岛、喉矶岛、大黑山岛等地，具体考察了环岛慢行旅游服务系统规划建设、南海岸亲海体验区项目规划、南北长山岸滩整治修复和山体治理项目，海洋牧场多功能平台建设；在山东威海考察了小石岛海洋牧场与休闲渔业、荣成海洋食品博览中心、山东鑫发渔业集团有限公司蓝润金枪鱼加工、寻山长青海洋牧场建设等等。其间，调研组还与长岛县有关部门进行了座谈交流。

9月12日至14日，致公党中央常务副主席蒋作君、致公党中央副主席兼秘书长曹鸿鸣率调研组赴黑龙江省开展“农林交错区土地利用分类和保护”调研。调研组一行奔赴位于哈尔滨市的阎家岗农场、绥棱县的天华农场、绥化农管局红光农场、海伦市等地以及北大荒集团的完达山阳光乳业有限公司，实地考察了农林交错区土地利用、产业结构调整，有机农业和产业发展等情况。调研期间，在哈尔滨召开座谈会，与黑龙江省林业厅、省农业委员会、国土资源厅和黑龙江省森林工业总局等部门进行座谈，沟通交流。此次调研形成了《关于尽快厘清农林交错区土地利用类型的建议》，作为社情民意信息报送全国政协及中央统战部。

9月21日至22日，致公党中央副主席兼秘书长曹鸿鸣率调研组赴四川省攀枝花市开展“长江经济带上游地区经济发展”调研。调研组先后考察了国家钒钛制品质量监督检验中心、攀枝花钒钛交易中心、攀枝花电子商务产业园、成昆铁路扩能改造工程金沙江矮塔斜拉大桥、万家山广电项目及二滩水电站，实地了解了钒钛制品质量检测及钒钛产品市场交易、攀枝花电商项目发展现状、成昆铁路建设工作进展情况、光伏发电的发展与优势、二滩水电站日常运营等情况。调研期间，调研组在攀枝花召开了座谈会，与攀枝花市有关部门进行座谈，沟通交流。此次调研形成了《关于推进攀西国家战略资源创新开发试验区建设的建议》，该建议得到了国务院有关领导的重视与批示。

9月23日，致公党中央副主席兼秘书长曹鸿鸣在重庆开展参政议政工作调研。曹鸿鸣一行实地调研了重庆市荣昌区货运枢纽机场筹建工作，并与荣昌区相关单位进行了座谈，听取了中共荣昌区区委书记曹清尧对荣昌区相关情况和致公党荣昌区支部工作情况的介绍。此次调研形成了《关于建设西部货运枢纽机场，助推区域发展的建议》，该建议得到了国务院有关领导的重视与批示。

10月16日至20日，致公党中央副主席兼秘书长曹鸿鸣率队赴山东省开展“农业供给侧结构性改革”调研。调研组一行赴山东省济南市、滨州市和潍坊市开展实地调研，考察了山东中裕食品有限公司、广富畜产品有限公司、山东玉杰面粉有限公司、山东香驰控股有限公司、寿光蔬菜产业集团现代农业产业园、潍坊科技学院寿光农业大数据平台、寿光蔬菜产业集团总部研发中心、潍坊仲起萝卜示范园、潍坊瑞福油脂股份有限公司、潍坊乐埠山生态农业园、潍坊市铁皮石斛文化产业园区11个项目，深入了解山东省现代农业、农产品深加工、农业经济合作组织发展以及一、二、三产业融合等情况，并在济南市、潍坊市分别与山东省和潍坊市有关部门进行了座谈。

10月11日至12日、22日至24日，致公党中央副主席兼秘书长曹鸿鸣率致公党中央经济委员会调研组在北京、广东分别开展“促进分享经济发展，培育经济发展新动能”调研。调研组考察了91金融、宝驾出行、摩拜单车、好大夫在线、车和家、滴滴出行、嘟嘟巴士、互搭公司、佰仟金融、高搜易集团等企业，并分别召开座谈会，听取了北京市、深圳市发改委、经信委、人社局、国税局、工商局、质监局、统计局、网信办等部门负责人及相关企业的情况介绍和意见建议。此次调研形成了《关于促进分享经济发展，培育经济发展新动能的建议》，该建议得到了国务院有关领导的重视与批示。

2. 社情民意信息工作

今年，致公党中央进一步加强社情民意信息工作，一是根据全国政协季度选题要求，找准切入点，突出致公党侨海特色；二是通过中央专委会、各地方组织、重点专家约稿等多种途径共同形成反映社情民意信息工作的整体合力，拓宽信息来源的渠道；三是加强“三审三校”、周周报送等制度建设，提高工作效率；四是搭建致公党参政议政数据库、《建言策》等平台，优化资源共享。

在此基础上，中央社情民意信息工作取得了很大的进步。第一季度中央社情民意信息在全国政协的采用率居各民主党派之首，取得了开门红的好成绩。2017年致公党中央共收集各地报送的信息2164篇，在此基础上，我们向全国政协、中共中央统战部等报送信息442篇。其中，《关于中国与阿联酋文化交流的几点建议》等105篇信息被中共中央统战部采用，《关于加强香港社区中医诊所建设，促进香港民众对中华传统文化认同的建议》等21篇信息被全国政协信息局采用并转送相关部门。

3. 参政议政联系点工作

参政议政联系点工作自去年开展以来，工作逐步展开。今年致公党参政议政部积极创新工作方式方法，探索建立中央与联系点沟通交流、成果共享新机制，开展了联系点参与中央调研的辅助工作，配合致公党中央“房地产问题”和“创新乡村治理体制，推进国家治理现代化”调研，积极提供地方素材，极大丰富了调研信息资料，两项调研共收到34篇由联系点报送的材料，其中向房地产问题调研提交材料18篇，向创新乡村治理体系调研提交材料16篇，共计20个联系点积极给中央调研提供相关素材。通过为中央相关调研提供材料，推动了联系点工作的展开，也促进了联系点参政议政能力和水平的提高。

4. 中国发展杂志社工作

继续做好中国发展杂志社的工作。做好杂志社的正常出刊工作，坚持“三审三校”制度，加大宣传力度，鼓励投稿，扩大稿源，严把质量关，扩大影响力。截至12月底，收到投稿380余篇，送审280篇，出版6期，刊登论文96篇；做好杂志社日常事务管理，全年完成各项年检、申报工作共计15项，包括国家事业单位登记管理局、北京市新闻出版局、北京市工商行政管理局、全国期刊出版统计网、北京市国家税务局和北京市地方税务局等部门的年检工作和杂志社资产报表分析报告、行政事业单位资产表全国期刊出版统计报表、新闻出版企业事业单位财务状况与经营成果统计表、2017 年人力资源社会保障人员和工资福利统计报表等；重新申请中国邮政储蓄银行商务汇款业务等；协助承办中国发展论坛；等等。

5. 承办致公党中央专门委员会专题座谈会

举办致公党中央专门委员会专题座谈会是致公党中央参政议政工作的创新，万钢主席高度重视致公党中央专委会专题座谈会工作，提出了明确要求。蒋作君常务副主席也提出，专委会专题座谈会是发挥党员履职主体作用的重要举措，同时也为致公党中央机关干部培训创造条件。2017 年共举办专题座谈会 8 次，其中参政议政部承办了 3 次专题座谈会，分别是环发委“加强垃圾无害化处理”座谈会、经济委员会“供给侧结构性改革，促进经济平稳健康发展”座谈会、科技委员会“促进前沿生物学技术研究和应用”专题座谈会。相关专委会专家结合各自研究领域，围绕主题展开了积极讨论和交流，受邀的部委代表对专家们提出意见和建议做出回应。根据座谈会的情况，形成了《关于加强垃圾无害化处理的建议》《关于加强前沿生物技术研究的建议》2 篇建议和 9 篇社情民意信息，其中《加强垃圾无害化处理的建议》《关于加强前沿生物技术研究的建议》得到国务院有关领导的重视与批示。

（二）民主监督

2 月 6 日下午，全国政协常委、副秘书长，致公党中央常务副主席蒋作君，致公党中央副主席兼秘书长曹鸿鸣在致公党中央机关会见中共四川省委常委、省委农工委主任曲木史哈一行。

蒋作君指出，2016 年四川省在脱贫攻坚工作中上下一心，圆满完成了年度计划和目标，取得显著成就，实现脱贫攻坚首战告捷。他表示，致公党将继续秉承“精准监督”的理念，将脱贫攻坚民主监督工作寓于脱贫实践中，加大帮扶力度，关注少数民族地区发展。将围绕“教育扶贫”“科技扶贫”“医疗扶贫”等民生热点加大调研力度，同四川省有关部门一道探索建立行之有效的激励机制，激发人民群众脱贫的内生动力，实现可持续、稳定脱贫的长远目标。他强调，要加强脱贫攻坚的宣传力度，突出时代特征，将本党党员参与扶贫工作的先进事迹通过宣讲等形式宣传出去，营造积极参与脱贫攻坚的浓厚氛围。

5 月 26 日，致公党中央在机关举行主题为“精准扶贫与脱贫攻坚民主监督”座谈会。全国政协副主席、致公党中央主席万钢，全国政协常委、副秘书长，致公党中央常务副主席蒋作君，致公党中央副主席兼秘书长曹鸿鸣出席会议。全国人大常委、致公党中央副主席闫小培主持会议。

四川省扶贫移民局副局长骆西宁首先向全体参会人员介绍四川脱贫攻坚工作情况。致公党四川省委会主委杨兴平代表致公党中央作脱贫攻坚民主监督工作发言。致公党云南省委会主委、云南省侨联主席李嵘等 7 位致公党地方组织领导、专家学者分别围绕产业扶贫、小城镇建设和易地搬迁、教育扶贫、旅游扶贫、医疗扶贫等工作领域进行交流研讨，并针对相关问题提出意见建议。国务院扶贫办副主任欧青平、农业部扶贫办副主任严东权、教育部发展规划司副巡视员楼旭庆等部委领导回答了致公党中央机关干部提出的问题。

万钢代表致公党中央向参加会议的国家部委领导、四川省相关部门领导及专家表示感谢。万钢指出，改革开放以来，我国在扶贫工作领域做出巨大成绩，为全世界扶贫工作提供了借鉴。目前我国扶贫任务仍然艰巨，脱离绝对贫困成为全面建成小康社会工作过程中的一个关键课题，需要全社会齐心协力、共同努力。近年来，致公党中央积极发挥侨海特色，启动“致公东西协作行动”，开展连片贫困地区结对帮扶，广大致公党员积极参与并深受教育，产生了扶贫主客双方相互提升的良好效果。

万钢围绕会议主题提出：一是目前扶贫工作到了攻坚阶段，剩下的问题往往最艰难、最具深层次性，脱贫攻坚工作要突出共性问题。二是依托创新机制，通过科技创新、信息化扶贫等激发脱贫内生动力，建立长效机制。三是由于连片贫困地区量大、面广，各地资源禀赋有差异，致贫原因复杂，个别地区成功脱贫模式应选择性推广和借鉴，避免单一复制。四是脱贫攻坚民主监督作为多党合作、民主监督工作的一次新的实践，要在合作中监督，在监督中加强合作，促进成果转化，把监督建议转化为合作实践，创新模式，提高效率。

7 月 18 日至 19 日，全国政协常委、副秘书长，致公党中央常务副主席蒋作君率队赴四川省达州市、阿坝藏族羌族自治州开展脱贫攻坚民主监督工作调研。致公党中央副主席兼秘书长曹鸿鸣等参加调研。

蒋作君一行先后来到达川区龙会乡花石岩村，通川区碑庙镇陡坑村、石笋村，磐石乡片区，以及理县通化乡汶山村、甘堡乡八什闹村、桃坪羌寨、汶川县龙溪乡联合村、映秀镇黄家院村实地调研。在参观了地方农业产业基地建设，了解了四川防返贫基金运作机制运行情况后，蒋作君表示脱贫攻坚工作要加强产业带动，努力实现可持续脱贫，要加强村医实用技术培训，卫生扶贫要标本兼治，预防为主，建立长效机制。蒋作君对四川省脱贫攻坚工作给予肯定，他强调，脱贫攻坚工作是一场没有硝烟的战争，要切实贯彻落实习近平总书记关于扶贫开发工作的战略思想，充分发挥我国社会主义制度的优越性，动员社会各方面力量扶贫。要加大对深度贫困地区、藏区、彝区的脱贫攻坚力度，大力发展藏区、彝区旅游业，变美丽为富饶，积极开展生态扶贫。贫困村发展产业要立足当地资源禀赋，充分论证、科学选择，发展附加值高的产业。要延长产业链，促进三次产业融合，利用电商渠道打开销路，依靠科技力量促进产业可持续发展。同时，激发贫困户内生动力，创新利益链接机制，鼓励金融为扶贫开发服务，壮大农村集体经济，带动贫困户脱贫致富。

7 月 20 日，致公党中央对口四川脱贫攻坚民主监督工作座谈会在成都召开。全国政协常委、副秘书长，致公党中央常务副主席蒋作君出席座谈会并讲话。致公党中央副主席兼秘书长曹鸿鸣出席会议并介绍对口四川脱贫攻坚民主监督工作开展情况。在听取完四川省委及达州市、阿坝藏族羌族自治州有关领导同志的脱贫攻坚工作汇报后，蒋作君指出，四川省各级党委政府全面贯彻习近平总书记扶贫开发重要战略思想，将精准扶贫思想落实到位。在具体工作中，目标明确，措施有力，效果显著。致公党中央高度重视脱贫攻坚民主监督工作，积极发挥侨海特色，中央和地方联动，广泛动员党内专家、学者参与调研，将脱贫攻坚民主监督寓于践行扶贫、建言扶贫之中。

蒋作君对四川脱贫攻坚工作提出十条建议。要进一步强化藏区、彝区等深度贫困地区的脱贫攻坚工作，结合自身资源禀赋找到一条发展道路，大力发展旅游业，积极开展生态扶贫，把“美丽”转变为“富饶”。要贯彻预防为主的方针，减少因病致贫、因病返贫的现象，建立卫生扶贫的长效机制。要激发贫困户的内生动力，不能“背着走”，要“扶着走”。要发展特色产业，选准项目、依靠科技，不断延长产业链、提高附加值。要加强旅游带动致富力度，把自然景观和人文景观相结合，做大乡村旅游业。要积极发挥民企在产业扶贫中的作用，开展万企帮万村活动。要大力发展电商，打通信息高速公路，让更多特色产品走出大山。要把易地搬迁和特色小镇建设相结合，推进一、二、三产业融合，实现搬得出、稳得住、能致富。要创新金融扶贫产品，放大财政扶贫资金的杠杆作用，让金融在回归中服务脱贫攻坚。要加强区域间合作，用好各方资源，为四川决胜全面小康汇聚更多智慧力量。

9月9日至10日，全国政协副主席、致公党中央主席、科技部部长万钢率队深入四川省凉山州昭觉、美姑、西昌等地，开展脱贫攻坚民主监督专题调研，慰问当地贫困群众，指导科技创新和科技扶贫等工作。致公党中央副主席兼秘书长曹鸿鸣等参加调研。

万钢在洒拉地坡乡姐把哪打村听取驻村第一书记、科技特派员的汇报后指出，要充分利用当地有利的气候和生态资源，以科技创新为引领，在特色农业上做文章，带动贫困群众持续增收。万钢还走进异地搬迁村民家中，与贫困群众拉家常、聊产业、问收入、谈发展。万钢强调，在实施易地扶贫搬迁的同时，要加强搬出地土地利用，因地制宜发展种养殖等特色产业，为贫困群众脱贫奔康提供长远支撑。万钢一行深入大小凉山彝区深度贫困村牧地乡洼典宜牧地村、美姑县尔合乡乃祖库村进行调研，详细了解贫困户的生产生活情况。万钢指出，习近平总书记非常牵挂广大彝区贫困群众，希望大家进一步坚定战胜贫困的信心决心，不等不靠、自力更生，用勤劳的双手创造更加幸福美好的生活，尽快住上好房子、过上好日子、养成好习惯、形成好风气。万钢一行到美姑县尔合乡乃祖库村农民夜校和“一村一幼”项目基地，看望农村教师，同村民开展座谈。他强调，“扶贫先扶志，扶贫必扶智”。要将教育事业发展作为“斩穷根”的重大举措，让贫困地区的孩子们接受良好教育，坚决阻断贫困代际传递。在调研“四川科技扶贫在线”项目期间，他指出，要加大科技扶贫力度，进一步强化科学技术服务体系建设，为广大群众提供及时、准确的技术服务；发挥数据平台示范效应，加强预警预测，强化各类已解决问题和新品种推广，不断提高群众知晓率和满意度。

9月9日，致公党中央对口四川脱贫攻坚民主监督工作座谈会在成都召开。全国政协副主席、致公党中央主席、科技部部长万钢出席座谈会并讲话。全国政协副秘书长、致公党中央常务副主席蒋作君，致公党中央副主席兼秘书长曹鸿鸣，致公党北京市委会主委闫傲霜，四川省副省长、致公党四川省委会主委杨兴平出席座谈会。中共四川省委书记王东明主持座谈会，省长尹力代表四川省委、省政府汇报了四川脱贫攻坚工作情况。有关单位主要负责同志分别汇报了四川教育扶贫、科技扶贫、卫生扶贫等工作情况。

听取汇报后，万钢在讲话中对近年来四川经济社会发展特别是脱贫攻坚工作取得的成绩给予肯定。他指出，打赢脱贫攻坚战是中共中央着眼全局做出的重大战略部署，是全面建成小康社会最艰巨的任务。中共十八大以来，习近平总书记高度重视扶贫开发，提出一系列新思想新观点、做出一系列新决策新部署。致公党中央深入学习贯彻习近平总书记扶贫开发战略思想，以精准扶贫、精准脱贫工作为主线，着力加强脱贫攻坚民主监督工作，为服务全面建成小康社会积极努力、做出新贡献。万钢强调，实现全面小康，既是执政党的重要使命，也是参政党义不容辞的责任。下一步，致公党中央将与四川省委省政府一道，在新起点上开拓创新、再接再厉，推动脱贫攻坚工作再上新台阶。一要贯彻精准脱贫重要思想，注重脱贫攻坚的实效性。紧紧围绕“六个精准”，全面开启东西部地区市级组织结对帮扶，发挥致公党成员优势，广泛动员全党力量参与脱贫攻坚。二要不断深化对脱贫攻坚民主监督的认识。脱贫攻坚民主监督，是在中国共产党领导的多党合作和政治协商制度发挥民主监督的积极探索。在这个过程中，致公党将开展民主监督与助力脱贫攻坚、拓展建言献策结合起来，强化问题导向，突出民生保障机制、公共服务能力、乡村基础设施建设、特色产业发展、生态环境保护等重点，深入基层深入实际深入群众，坚持形式和内容相匹配，充分发挥好参政党的职能作用。同时，通过开展党派民主监督，做好对外宣传工作，宣传中国共产党领导的多党合作和政治协商制度的优越性。三要聚焦重点区域做好脱贫攻坚民主监督工作。着力把调研和监督重点放在四川秦巴山区、乌蒙山区、大小凉山彝区以及高原藏区，放在今年拟脱贫摘帽的区县和重点地区，深入研究连片扶贫、易地扶贫、因病返贫等问题，把监督、服务和建言献策结合起来，积极探索“造血式”精准扶贫新机制新模式，总结提炼好经验好做法，共同建立激励机制，更好激发贫困群众脱贫的内生动力，凝聚起打赢脱贫攻坚战的强大合力。

11 月 10 日至 12 月底，致公党 12 个地方组织对口四川省 12 个贫困市（州）分别开展了脱贫攻坚民主监督调研。其中，北京市委会对口凉山州，上海市委会对口甘孜州，天津市委会对口绵阳市，广东省委会对口巴中市，福建省委会对口阿坝州，江苏省委会对口泸州市，浙江省委会对口广元市，安徽省委会对口南充市，山东省委会对口宜宾市，辽宁省委会对口乐山市，河南省委会对口达州市，湖北省委会对口广安市。调研完成后，各地方组织分别撰写调研报告上报致公党中央社会服务部。

（三）政治协商

1. 高层协商

2017 年，致公党中央主要负责同志多次参加中共中央、国务院召开的党外人士座谈会，分别就参加党外人士座谈会 5 次，分别就《政府工作报告（征求意见稿）》、半年经济工作、中国共产党第十九次全国代表大会报告、全年经济工作等提出了意见和建议，得到中共中央、国务院领导同志的高度评价。其中在十九大报告征求意见会上，致公党提出的“促进少年儿童综合素质发展”的有关建议得到了中共中央领导的高度评价，最终被吸纳进了十九大报告中。在 5 月底由中共中央统战部组织的民主党派重点调研协调会上，常务副主席蒋作君向中共中央政治局常委、全国政协主席俞正声汇报了以“推进‘一带一路’建设中中国文化‘走出去’”为主题的重点调研成果，反响良好并得到相关部委的反馈。

围绕全国政协议政性常委会、专题协商会的会议主题，致公党中央采用调研和面向全党征集素材相结合的形式，形成相关建言材料，向全国政协十二届二十一次专题议政性常委会提交了以“深化供给侧结构性改革，促进经济平稳健康发展”为主题的发言4篇，向全国政协十二届二十二次专题议政性常委会提交了以“实施精准扶贫中存在的问题和建议”为主题的发言3篇，向全国政协十二届二十一次专题议政性常委会提交了以“深入学习贯彻中国共产党第十九次全国代表大会精神”为主题的发言1篇，副主席李卓彬代表致公党中央做了题为《积极发挥华侨华人在推动“走出去”中的作用》的口头发言。

5月，致公党中央环境与可持续发展委员会与全国政协人口资源环境委员会共同承办了以“加强垃圾无害化处理”为主题的全国政协双周协商座谈会，座谈会由全国政协俞正声主席主持。为办好双周协商座谈会，致公党中央开展了专题调研，并在党内举办了“关于加强垃圾无害化处理”专题座谈会，就相关问题进行研讨，最后推选出6位党内专家在双周座谈会上围绕“垃圾减量、垃圾焚烧监管、垃圾循环利用、海洋和农村垃圾处理、科技创新绿色物流”等主题做发言，反响良好。

2. 提案发言工作

2017年，致公党中央通过调研和向各地方组织、专门委员会以及党员个人征集等渠道，共征集到素材430余篇，并组织召开提案筛选工作会，召集各省级组织参政议政具体负责同志对提案素材进行集中筛选和整理。经过几轮筛选、整理、修改、评审等程序之后，向全国政协第十二届五次会议提交提案35件，大会口头发言1件，书面发言2件，曹鸿鸣副主席兼秘书长代表中央做了《健康中国建设慢病防治是关键》的口头发言，引起会议代表的强烈共鸣，掀起了新闻媒体和网友的热议。

2017年的提案工作，继续秉承致公党侨海特色，涵盖多年来持续关注的区域经济发展、“三农”问题、生态文明、医疗卫生、文化教育、法制等方面的内容，同时对一些社会热点以及民生问题给予关注。

根据反馈，35件提案全部得到了答复。其中，《关于做好新归侨服务工作的提案》为全国政协重点办理提案。承办单位国务院侨办非常重视和认可提案内容，具体承办部门国务院侨办国内司司长一行专门就提案内容与致公党中央机关有关同志作沟通答复。之后，为进一步推进提案所提建议的落实，国务院侨办专门组织了新归侨调研，致公党中央派员参加调研。

在全国政协“进一步完善政策鼓励民间资本参与PPP”提案办理协商会上，致公党中央提交的《关于加强和完善政府运用PPP模式购买公共服务的提案》被政协列为集中重点办理提案，财政部等承办单位出席，提案得到现场答复。7月，财政部副部长一行走访致公党中央机关，就该件提案给予专门答复。《关于建立金融不良资产专项基金　提升金融供给侧效率的提案》也得到了承办单位的重视，银监会法规部对该提案作专门答复。

2017年是本届政协的最后一年，按照政协惯例，每五年都会对提案工作进行表彰。在2017年政协第十二届全国委员会优秀提案和先进承办单位表彰会上，致公党中央6件提案获优秀提案表彰，分别是：《关于加强区域联防联控，改善大气质量的提案》（十二届一次会议），《关于城镇化进程中住房保障问题的提案》（十二届二次会议），《关于加强网络食品安全监管的提案》（十二届三次会议），《关于金融监管体制改革的提案》（十二届四次会议），《关于推进“河长制”长效化的提案》（十二届五次会议），《关于做好新归侨服务工作的提案》（十二届五次会议）。

（四）社会服务

1. 社会调研

3 月 21 日至 24 日，全国人大常委、致公党中央副主席闫小培率队赴贵州遵义开展“培育和发展特色小（城）镇，推进区域性整体贫困地区脱贫攻坚”调研。调研组一行围绕调研课题与遵义市相关职能部门进行了座谈交流。闫小培表示，将特色小城镇建设同脱贫攻坚工作相互融合，有序推进，从而增强人民群众获得感，有助于防止返贫现象的发生。她强调要继续深入贯彻中共中央扶贫开发战略思想，注重脱贫攻坚的实效性，避免脱贫模式的单一复制；要加强新型城镇化尤其是小城镇建设政策与脱贫攻坚的有效衔接，打造良好软环境；要尊重小城镇发展的规律，在提升小城镇基本功能的基础上，创造性地建设特色小城镇。闫小培一行赴正安县和溪镇马鞍村、“白茶古镇”项目、正安县工业园区等地开展实地考察调研。

4 月 12 日至 14 日，全国人大常委、致公党中央副主席闫小培一行赴陕西安康就“培育和发展特色小（城）镇，推进区域性整体贫困地区脱贫攻坚”进行考察调研。闫小培在听取安康市发改委、扶贫办等有关部门的汇报后指出，安康在脱贫攻坚和小城镇建设上取得了良好的成效，要继续深入贯彻中共中央扶贫开发战略思想，注重脱贫攻坚的实效性。调研期间，闫小培一行先后前往蜀河镇、恒口镇考察调研城镇建设情况，并走访贫困户实地了解各项帮困措施的落实情况。

6 月 5 日至 9 日，全国人大常委、致公党中央副主席闫小培率队赴山东济宁、济南、烟台等地调研社会服务和海外联络工作开展情况。闫小培先后为山东省社会服务实践基地、海外联络实践基地和济宁“致公书屋”揭牌，并同致公党山东省委会、济宁市委会、烟台市委会等地方组织座谈。闫小培强调，要提升党员服务发展大局的自觉性和主动性；进一步强化社会服务品牌建设水平；将社会服务工作同参政议政、海外联络相结合，凸显致公党侨海特色；实现项目的可持续发展；注重总结地市级组织好的经验和做法，加强宣传，并及时向中央汇报。

7 月 10 日，致公党中央社会服务部部长李万通、致公党广东省委会副巡视员许国强赴万泽中南研究院调研并进行座谈。李万通在座谈会上表示，万泽集团始终积极参与致公党中央在贵州、重庆、海南、广东、四川等地的帮扶项目，以实际行动参与精准扶贫。致公党中央社会服务部将继续支持万泽集团行业信息资源和侨海人才资源引进工作，希望万泽中南项目尽快实现产业化、规模化，为国家重大战略项目做出贡献。

8 月 11—12 日，致公党中央社会服务部部长李万通率党内医疗专家赴云南省红河州弥勒市等州县开展社会服务工作调研。调研组一行先后在红河州弥勒市调研弥勒市人民医院、市中医院建设和运营情况，听取当地医养结合工作计划，并在红河州举行座谈会与出席座谈会的当地致公党党员、机关干部一同交流研讨。

8 月 16 日，全国人大常委会委员、致公党中央副主席闫小培赴深圳开展高新科技企业创新创业调研。闫小培一行先后到党员企业深圳码隆科技有限公司和深圳青铜剑科技股份有限公司考察了解人工智能领域和电力电子行业发展情况及企业创新创业情况。闫小培充分肯定党员企业靠着实干和远见，在创新创业过程取得了丰硕的成果，也创造了很好的经济效益。闫小培希望各位党员也要积极履行民主党派的参政议政职能，发挥致公党的侨海资源优势，吸引人才回国参与国家建设。

10月11日，全国人大常委、致公党中央副主席闫小培率队赴贵州省毕节市七星关区开展精准扶贫调研及相关捐赠活动。闫小培一行来到七星关区杨家湾镇三合村小学开展“致公爱心妈妈”关爱留守儿童捐赠活动，向学生们发放了210套棉衣，并为三合村便民服务中心揭牌，详细了解致公党中央捐赠的图书和其他文化设备的使用情况。闫小培还前往杨家湾镇茶厂基地进行参观考察。下午，闫小培一行到七星关区人民医院看望致公党北京市委参加“致福送诊”活动的专家，并考察华耀服装厂和“致福光谷”园区。

10月13日，全国人大常委、致公党中央副主席闫小培率队到贵安新区调研。调研组先后来到贵州数字经济展示中心、信通大数据科技有限公司税务云项目、贝格数据服务有限公司、白山云科技云链全球服务中心项目、贵安新区临时规划馆、中国移动贵安大数据中心、云漫湖国际休闲旅游度假区、华侨城V谷创意园、贵安综合保税区等地开展调研。闫小培希望贵安新区继续推动大数据产业、生态旅游等方面的建设，找准定位、精准发力，做强产业、补齐配套，努力为其他国家级新区做出示范、树立标杆。

2. 定点扶贫

7月15日至29日，第二期酉阳・天津英语骨干教师培训班分别在酉阳县和天津市举行。致公党中央社会服务部副部长李曼等出席在酉阳的开班仪式。培训活动通过专家讲座、观摩研讨、实践研修、与专家同台上课等形式，促进教师更新教育观念，开阔教学视野，使酉阳青年骨干教师30余人得到系统的口语培训和教学方法提升，切实提高酉阳地区英语教学水平和质量，弥补了酉阳英语教育长期存在的短板。在天津培训期间，致公党天津市委会专职副主委缪明表示本次交流培训发挥天津市委会教育资源优势，为酉阳青年骨干教师提供外出学习机会，助推酉阳长远发展。

9月5日至7日，全国人大常委、致公党中央副主席闫小培赴重庆市酉阳土家族苗族自治县开展精准扶贫工作调研。5日，闫小培出席酉阳铜鼓乡卫生院致公门诊楼竣工典礼，并为致公门诊楼揭牌。闫小培一行还先后调研了致公党中央在酉阳桃花源街道中心小学校、花田中心校对口援建的科普中心、塑胶运动场、科技活动馆、阅览室书籍的项目落实情况。赴酉阳县医院看望了致公党天津市委会组织的正在开展“致福送诊”的医疗专家，还赴花田乡何家岩村调研了农业产业融合发展情况。在深化“致酉合作”座谈会上，致公党中央及地方组织、致公党员共向酉阳捐赠了价值人民币350万元的科普中心、卫生室和医疗设备。7日，闫小培走访了致公党重庆市委会机关，并听取了致公党重庆市委会社会服务工作汇报。

3. 社会公益及培训

（1）“致福送诊”活动

“致福送诊”活动在2017年得到了致公党各级组织的积极响应，规模进一步扩大，除贵州毕节外，延伸至重庆酉阳、广西崇左等地。全年累计送诊13次，各类医疗专家100多人次参与该项活动。“致福送诊”以县级医院需求为导向，精准派出东部三甲医院专家医生，在贫困县医院都呈现出排长队候诊现象。“致福送诊”同精准扶贫结对帮扶相衔接，成为各地开展帮扶活动的重要载体。

（2）教育帮扶

3 月 31 日，致公党中央副主席闫小培赴广东省河源市出席紫金县复兴小学“致公·爱阅”图书馆揭牌仪式。该图书馆是致公党深圳市委会在乡村小学捐建的第四所爱心图书馆。活动期间，七名致公党员还走进各个班级发挥自己的特长爱好开设了“爱心课堂”，为乡村孩子带去新知。

7 月 11 日至 15 日，全国人大常委会委员、致公党中央副主席闫小培在上海出席首届“致公科普夏令营”开营仪式。为期 5 天的活动中，来自贵州毕节、兴仁，四川都江堰、泸州、武胜，重庆酉阳，云南华宁、迪庆，8 所已捐建完成的“致公科普中心”所在地的教育部门负责人及师生代表共 50 余人参观了上海世博会博物馆、上海市科技馆和自然博物馆，考察了上海市科普教育特色学校——新农学校，赴上海科技艺术教育中心学习，参加创新之路、校园环保科技知识学习与互动，游览了黄浦江夜景和金山嘴渔村。充分感受到了科技的魅力，激发了学生的科普学习热情。

7 月 11 日至 15 日，“致福足球”教练培训班在毕节市七星关区思源实验学校顺利举办。致公党中央社会服务部副部长李曼等出席了开班仪式。来自贵州师范学院、大连工业大学、大连大学、无锡体育运动学校的 4 名教授，为七星关区 42 个乡镇（街道）及城区直属学校共 108 位教师进行了为期 5 天的专业足球培训，原国家足球队队员谢峰、曹限东参与执教，并为当地的学生捐赠爱心球衣 40 件。

7 月 21 日至 7 月 30 日，中国致公画院与致公党北京市朝阳区委会在贵州省贞丰县举办暑期美术教师培训班开班，开展艺术教育扶贫活动。全县近百名中小学专业美术教师参加培训。中国美术家协会会员王树嘉先生免费为贞丰县中小学美术教师开展中国画技法培训。本期培训共持续 10 天。10 天时间里，王树嘉先生给学员讲解竹、梅、牡丹、树、叶、石、鹿等动植物的画法，并介绍齐白石虾、蟹、牵牛花画法及其他历代名家绘画技法。

8 月，致公党中央社会服务部、致福慈善基金会赴海南、广西、云南三地部分贫困地区华侨农场举行 2017 年“致福助侨奖学金”发放仪式。此次共计发放奖学金 36.6 万元，帮助 74 名贫困归侨、难侨子女缓解学费负担。

（3）其他扶贫工作

4 月 8 日，致公党中央社会服务部、致福慈善基金会、深圳万泽集团、致公党广东省委会、致公党四川省委会一行赴四川省广元市苍溪县开展精准扶贫项目系列捐赠活动。由深圳万泽集团和致公党党员但一雄共同出资，为文昌镇中心小学捐赠价值人民币 143500 元的笔记本电脑 41 台，深圳万泽集团捐资人民币 30 万元帮助白岩村猕猴桃园区改善基础设施。

6 月 19 日，致公党中央社会服务部赴四川广元苍溪县开展“支持贫困地区农业基础设施建设”项目捐赠。致公党中央社会服务部、致公党广东省委会、深圳市委会及爱心党员共同为文昌镇石昌村捐赠 30 万元基础设施修建资金，用于修建硬化石昌村 4 处断头路、新建 2 座提灌站、安装 2 台变压器。

7 月 9 日，致公党中央社会服务部部长李万通参加姜昆艺术公益基金主办的“消除安全隐患热线开通暨 2017 年暑假帮助未成年人远离意外伤害活动”。此次活动旨在继续推广预防意外伤害知识的同时，通过开通消除安全隐患公益热线（400–998–7850）的方式，为青少年儿童构建一个平安快乐的成长环境。

10月20日，“大爱崇左致公同行”——致公党广州市委会崇左精准扶贫结对帮扶活动在广西崇左举行。致公党中央社会服务部部长李万通出席。致公党广州市委会与崇左市有关方面举行帮扶活动项目签约捐赠仪式，计划三年内捐赠款物约68万元，赴崇左市3所小学，为广大学生和村民发放棉衣、足球运动服、电视机等物品，并举行致公电子阅览室揭牌仪式。还邀请致公党广州市委会社会服务委员会暨同心志愿服务队爱心大使谢杏芳赴崇左与当地群众、学生开展羽毛球交流活动，分享个人成长体会。

4. 致福慈善基金会工作

3月完成全国社会组织等级评估材料申报和现场评估工作、10月荣获基金会3A等级称号。

4月，为云南省香格里拉市第二中学捐赠价值2.2万余元的中英文儿童读本1873册；与姜昆艺术公益基金合作，向广东、贵州、重庆、山东、湖南、广西六地学校的“致公书屋”捐赠《姜昆老师告诉你——意外伤害如何防》和礼貌礼仪类图书4.5万册。

5月，接收来自北京太合嘉园房地产开发有限责任公司的慈善捐款人民币220万元用于开展2016年度“致公学生培养计划”项目，以继续资助致公党贵州帮扶地区54名贫困学生赴北大附属实验学校，接受6年免费的优质中学教育。

6月，出资人民币30万元开展了第二届“粤港青年公益行”活动。从粤港两地12所高校各选出23名社会工作专业的学生，在广州进行为期一周的社会工作、公益发展及文化认知方面的交流活动，以加深彼此了解，推动社会工作发展，培养公益领域人才。

8月，组织实施四川泸州合江法王寺村道路二期建设项目。再次向合江县法王寺村捐资人民币80万元，帮助修缮村内道路，改善交通状况，促进当地农林及第三产业发展，加速脱贫步伐。

（五）海外联谊和港澳台工作

2017年，致公党中央继续发挥侨海优势，持续拓展联络平台，着力推进专题调研，服务国家外交大局，共派出8个出访团组赴13个国家和地区进行访问；举办“海峡论坛·致公恳谈会”、第九届海峡两岸中华武术论坛、海外侨胞与“一带一路”建设研讨会3项大型活动；公费邀请团组10个，日常接待团组9次，总接待海外侨胞、港澳台同胞及外籍友好人士达200余人次；共提交6条建议，其中，“关于中国与阿联酋文化交流的几点建议”“关于推进海外高校学历认证，助推‘一带一路’倡议的建议”被中央统战部采纳；“关于加强香港社区中医诊所建设，促进香港民众对中华传统文化认同的建议”“关于中国加入CRS机制对海外侨胞影响的情况反映”被中央统战部和全国政协双采纳。

1. 通过出访活动，进一步扩大致公党的海外影响力

3月17日至24日，应美洲萃胜工商总会、多米尼加华侨总会和多米尼加洪门致公总堂的邀请，中国致公党中央副主席兼秘书长曹鸿鸣率致公党中央代表团一行6人赴美国、多米尼加访问。访问期间，代表团参加了美洲萃胜工商总会成立150周年庆典暨第14届恳亲代表大会、多米尼加旅多华侨学校的重建落成剪彩典礼和多米尼加洪门致公总堂成立24周年庆典，与两国传统侨界进行了良好互动；参观了美国斯坦福大学和风险投资公

司——丰元创投，与旧金山湾区中国留美学者和华侨华人专业人士进行了充分交流；拜访了多米尼加参众两院，与多米尼加参议长佩雷斯、众议院中多友好委员会主席阿玛多等政界人士进行了积极沟通。

4 月 18 日至 27 日，应新西兰潮属总会、大溪地洪门致公堂和新加坡中华总商会的邀请，常务副主席蒋作君率致公党中央代表团一行六人赴新西兰、法属波利尼西亚、新加坡访问。访问期间，代表团访会了新西兰、法属波利尼西亚的议员、政要等，就推动中国与新西兰、法波的友好合作交换了意见；与新西兰、新加坡中资企业代表座谈，调研中资企业在“一带一路”倡议下的经营发展情况以及遇到的问题和困难；与新西兰、新加坡留学人员代表座谈，了解他们对回国就业、创业等方面的需求；走访华商社团，考察华侨企业，调研中、小华商的经营发展情况；走访新西兰、法波洪门团体、传统侨社和新侨社团，与新老侨胞进行深入交流。

6 月 20 日至 29 日，应芬兰华人联谊会、冰岛华人华侨协会、丹麦华人总会的邀请，致公党中央副主席闫小培率致公党中央代表团一行 5 人赴芬兰、冰岛、丹麦访问。访问期间，代表团与在当地投资的中资企业代表进行座谈，了解企业在发展中遇到的问题，听取他们对国家相关政策的意见和建议；走访三国侨社，介绍国家“一带一路”倡议和侨务政策，听取侨胞对华侨权益保护立法和中华文化海外发展的建议；与当地华商代表座谈，鼓励侨胞积极参与“一带一路”建设，实地考察华商企业，调研中、小华商的经营发展情况；走访当地大学和实验室，与华裔科学家座谈交流，了解他们对中国科技发展、留学人员政策和归国创业政策等方面的意见和建议。

7 月 22 日至 26 日，应意大利中国和平统一促进会的邀请，宣传部副巡视员赵晓萍率致公党中央代表团一行 4 人赴意大利访问。访问期间，代表团参加了由意大利中国和平统一促进会主办的 2017 全球华侨华人促进中国和平统一大会，走访了当地侨团并与侨胞代表座谈交流，考察了罗马中华语言学校，了解了当地华文教育的发展。

11 月 17 日至 21 日，应哈萨克斯坦·中国经济发展友好协会的邀请，蒋作君常务副主席率致公党中央代表团一行 4 人赴哈萨克斯坦访问。访问期间，代表团与在哈萨克斯坦投资的中资企业代表进行座谈，并赴科伦（哈萨克斯坦）药业有限公司调研，深入了解企业在经营发展中遇到的问题和困难；广泛走访阿斯塔纳和阿拉木图侨社，与新老侨胞进行深入交流，并与当地华商代表座谈，调研中、小华商的经营发展情况。

2. 通过邀请和接待活动，进一步增强致公党与海外各界的沟通和联谊

3 月 6 日，全国政协副主席、致公党中央主席、科技部部长万钢在京会见来自 30 个国家的 39 位列席全国政协十二届五次会议的海外侨胞。万钢代表致公党中央向列席全国政协十二届五次会议的海外侨胞表示热烈欢迎。他说，海外侨胞是中国改革发展的重要支持力量，侨胞们在海外生存发展的智慧、经验和视野是中国“走出去”和“引进来”的宝贵财富。致公党作为侨海特色的参政党，将一如既往地秉承“为侨服务”的宗旨，倾听侨声，维护侨益，继续加强与海外侨胞的交流与合作，共同为实现中国的完全统一和中华民族的伟大复兴而不懈努力。会见交流中，海外侨胞们踊跃发言，就自己关切的问题提出了很多意见建议，也表示今后将深化与致公党的联系，并通过这一联系渠道为祖（籍）国的发展建言献策、贡献力量。中国致公党中央常务副主席蒋作君、副主席王

珣章、程津培、严以新、曹小红、闫小培、曹鸿鸣出席了活动。

3 月 21 日，全国人大常委、致公党中央副主席闫小培在机关会见法国法华工商联合会访问一行。闫小培向来访团介绍了中国致公党的历史演进、开展海外联络及为侨服务的情况，简要解读了中国经济社会的最新发展，希望华侨华人积极融入当地主流社会、协助传播中华优秀文化，并利用在海外积累的资源和经验优势，参与祖（籍）国建设，推动中国与住在国在经贸等领域的合作。法华工商联合会会长戴安友介绍了社团的发展、开展涉侨活动的情况，也集中反映了华二代在海外发展的现况和遇到的问题，同时表示今后将深化与致公党的联系和往来，并通过这一联系渠道为祖（籍）国的发展贡献力量。

3 月 27 日下午，致公党中央主席万钢在京会见了以帕劳前总统约翰逊·托里比翁（Johnson Toribiong）为团长的帕劳政商界友好人士访问团一行 14 人。万钢在座谈时，向代表团详细阐释了中国的对外政策，并向他们详细介绍了中国的多党合作和政治协商制度，以及民主党派如何参加国家政权，参与国家事务管理，希望进一步加强两国青年人间的互动交流，推动两国科技、旅游、人文等领域合作。访问团后赴河南、上海，实地考察河南省航空港经济综合试验区，参观民营企业，感受当地投资环境和合作前景；在致公党河南省筹委会和河南省外办组织下与当地民营企业进行座谈，并就冷链物流、污水处理、中药材加工 3 个项目签署了合作备忘录。

4 月 7 日，致公党中央联络部许怡部长在机关会见了古巴洪门民治党善飞咕省支部主委唐仲喜一行。双方就古巴洪门的发展现状及前景进行了交流，许怡表达了致公党继续与古巴洪门及当地华侨华人深入交往的愿望。

4 月 17 日，致公党中央副主席闫小培在机关会见了以哥斯达黎加统促会会长陈桂明、巴拿马统促会会长麦杞佳为团长的访问团一行。闫小培在会见中回顾了中国致公党与巴拿马、哥斯达黎加两国华侨华人交往的历史，介绍了致公党中央海外联络的主要工作和有关平台，也简要解读了当前中国经济发展的重点方向，并希望两国华侨华人继续与致公党密切往来，积极融入主流社会，参与中国建设，讲好中国故事，推动中哥、中巴在经贸、文化等领域的合作，助力中国和平统一大业。访问团成员踊跃发言，就侨胞在华旅游、居住时的证照使用等问题提出了很多意见和建议，也希望今后与中国致公党继续保持深入的联系，并借助致公党这一平台反映侨声。

5 月 17 日，致公党中央常务副主席蒋作君在机关会见了来华参加“一带一路”国际合作高峰论坛的新西兰华人国会议员霍建强先生和新西兰“一带一路”智库、新西兰“一带一路”基金会联席主席约翰娜·考格兰女士。蒋作君在会谈中指出，新西兰是海上丝绸之路的自然延伸，近年来中新两国在经贸交流、人员往来、互联互通和基础设施建设等领域的务实合作成果丰硕。此次通过举办“一带一路”国际合作高峰论坛，将进一步加深包括新西兰在内的世界各国对“一带一路”的了解和认识，促进合作与交流。他还介绍了中国共产党领导的多党合作和政治协商制度以及中国致公党的有关情况。霍建强议员在会谈中谈到了海外华侨华人对于宣传“一带一路”的独特作用，并特别介绍了由他发起成立的新西兰“一带一路”智库、新西兰“一带一路”基金会的情况，希望在今后为中新双方各领域交流合作实现精准对接提供智力和法律支持。

5月23日，致公党中央副主席兼秘书长曹鸿鸣在机关会见了以韩军主席为团长的东部非洲中国和平统一促进会访问团。曹鸿鸣在会见中介绍了中国致公党的历史、宗旨和职能，以及作为具有侨海特色的参政党开展对外联络工作的主要平台，也解读了当前中国进行“一带一路”建设的重点方向，希望东部非洲华侨华人积极融入主流社会，参与“一带一路”建设，讲好中国故事，推动中非在经贸、文化等领域的合作，助力中国和平统一大业。

5月24日，致公党中央副主席闫小培在中央机关会见了以陈伟达总理和邓锦源总理为团长的美国安良工商会访问团一行。闫小培回顾了中国致公党中央与美国安良工商会的交往历史，对美国安良工商会多年来致力传承中华文化，维护旅美侨胞权益，维护中国和平统一表示赞赏，并鼓励大家积极参与到“一带一路”倡议中来，帮助中国企业“走出去”，进一步推动中美经贸文化交流。陈伟达总理、邓锦源总理、伍健生元老团主席和梅惠照元老等分别发言，感谢中国致公党中央的热情接待，并表达了与中国致公党中央进一步加强联系与交流，共同推进“一带一路”倡议的愿望，以及传承洪门精神，维护和平统一，坚决反对“台独”的决心。

9月27日，致公党中央在京举办国庆招待会，庆祝中华人民共和国成立68周年。全国政协常委、副秘书长，致公党中央常务副主席蒋作君，致公党中央副主席严以新、李卓彬、闫小培、曹鸿鸣等出席招待会，与140多位海外侨胞和港澳台同胞共度国庆。闫小培在招待会上致辞。她在致辞中回顾了一年来中国在经济、社会发展，国际合作等方面取得的突出成就；介绍了中国致公党配合国家发展战略，结合“一带一路”倡议、精准扶贫等，为海外侨胞和港澳台同胞参与中国发展搭建新平台、助推合作交流的情况。她表示，今后，中国致公党将继续秉承“致力为公”的宗旨，深化与广大侨胞和港澳台同胞的联系交往，竭力为台港澳侨同胞服务并实现更大的作为。

10月11日，致公党中央副主席曹鸿鸣在机关会见了以巴西洪门总会会长王文捷为团长的访问团一行15人。曹鸿鸣在会谈中，介绍了中国致公党的历史、宗旨和职能，回顾了中国致公党中央与巴西洪门总会交往的情况，探讨了该会未来的发展方向，并希望他们继续团结当地侨胞，融入主流社会，推进中巴友好交流。访问团后赴浙江考察访问。

10月30日，致公党中央副主席闫小培在机关会见了丹麦专业人士代表团一行。闫小培向代表团介绍了中国致公党的历史、宗旨和职能，以及作为具有侨海特色的参政党，开展对外联络工作的主要平台。她说，丹麦专业人士代表团是中国致公党在中共十九大以后接待的第一个访问团。十八大以来，中国取得了改革开放和社会主义现代化建设的历史性成就，进入了中国特色社会主义新时代。国家的发展、“一带一路”建设的推进都将为海外华侨华人事业发展开辟出更加广阔的舞台，希望大家能抓住机遇，寻求促进事业发展的新契机；同时也在促进中国与丹麦友好交流，促进两国人民相互了解等方面做出努力。

11月3日，致公党中央主席万钢在机关会见了来访的北美致公协会和北欧致公协会代表团一行。常务副主席蒋作君，副主席闫小培陪同会见。万钢向代表团介绍了中国建设和发展的情况，特别是推进大众创业、万众创新，加快实施创新驱动发展战略的相关情况，并结合自身在海外学习、工作的经历，勉励大家着眼研究领域和所在国特点，发挥融通中外的优势，为中国改革发展建言献策，为促进中外交流合作做出新的贡献。代表团主要成员介绍了协会的发展情况，及各自所从事领域的研究和成果转化情况，并就中外科技交流合作等事宜提出了意见和建议。北美致公协会和北欧致公协会代表团后分赴贵州省和重庆市，携人工智能、大数据、生物医药、环境治理等领域的具体项目与相关开发区和企业进行对接交流。

12 月 12 日，致公党中央副主席闫小培在机关会见了以俄罗斯远东华人工商联合会主席孙雷先生为团长的俄罗斯华侨华人代表团一行。会谈中，闫小培介绍了中国致公党的发展历史、组织建设、参政议政和对外联络工作情况，重点解析了中国经济社会的发展情况和“一带一路”倡议框架下的中俄合作，并对旅俄侨胞提出三点希望：一是勉励旅俄侨胞在参与推动中俄经贸文化交流的同时，寻找机遇促进自身的转型，赢得新的发展；二是发挥熟悉当地政策、文化、法律的优势，帮助“走出去”的中国企业更好地“走进去”和“走下去”；三是继续发挥桥梁纽带作用，做中俄两国“民心相通”的使者。代表团成员分别结合自己在俄罗斯的事业发展，介绍参与“一带一路”建设的相关情况，以及遇到的问题和困难。代表团后赴海南省考察访问。

3. 开展港澳工作

3 月 19 日至 22 日，应中国（澳门）致公协会的邀请，致公党中央常委、法制建设委员会主任李昭玲率致公党中央法律代表团一行 6 人赴澳门访问。其间，拜会了澳门地区有关涉法机构、团体，并积极与澳门法律界人士沟通交流，倾听对推进粤港澳大湾区法律一体化的意见建议，探讨两地法制改革和服务“一带一路”建设等情况。

5 月 16 日，致公党中央副主席闫小培在机关会见了香港新民党主席叶刘淑仪一行。闫小培在会谈中介绍了中国致公党的历史、宗旨和职能，以及作为具有侨海特色的参政党开展对外联络工作的主要平台；交流了致公党关于“一带一路”的调研情况和所取得的成果；并希望香港侨界和爱国爱港社团能够发挥香港作为金融、航运、贸易中心的优势，在“一带一路”建设中发挥更大作用。叶刘淑仪女士介绍了香港新民党和“海上丝绸之路协会”的相关情况，并希望今后能够进一步与中国致公党加强交流合作。

10 月 7 日至 10 日，应香港武术联会的邀请，致公党中央副主席曹鸿鸣率致公党中央武术代表团一行 7 人赴香港访问。访问期间，代表团出席了香港武术界在伊利沙伯体育馆举办的“香港武术界庆回归 20 周年——龙腾舞聚汇香江”系列活动。曹鸿鸣副主席在香港武术界庆回归欢迎晚宴上致辞中指出，弘扬中华优秀文化，是每一位中华儿女义不容辞的责任。以香港回归 20 周年为契机，两岸四地进行武术交流，有利于传承古老而悠久的中华文化，发扬奋发图强、精忠报国的武术精神，并使之成为凝聚中华民族的重要力量，成为维系祖国和平统一、发展进步的牢固纽带。

12 月 14 日，致公党中央副主席闫小培在机关会见了来访的香港侨友社青年代表团一行。会谈中，闫小培向香港青年朋友介绍了致公党的历史、宗旨和职能，介绍了中共十九大和致公党十五大有关情况，阐述了中共十九大确定的对港方针政策和中国致公党开展的包括港澳台同胞在内的海外交流联谊情况。她对香港侨友社及其青年委员会成立以来始终秉承“爱国、爱港、爱乡、爱侨、为侨服务”的宗旨，广泛团结在港归侨侨眷，协助落实侨务政策，积极为基层侨友排忧解难，并以实际行动坚决反对“港独”的鲜明态度和坚定立场表示钦佩和赞赏。闫小培最后指出，青年兴，侨社兴，香港兴，国家兴；青年强，侨社强，香港强，国家强。她希望香港的青年朋友继续发扬侨社优良传统，与在港其他侨社一道，维护在港归侨侨眷的合法权益和正当利益，不断壮大爱国爱港力量。同时，鼓励他们志存高远，将个人发展与国家发展同步，将个人的梦想融入中国梦、民族梦，续写狮子山下拼搏奋斗新故事，开创无愧于时代的香港青年新华章。代表团成员踊跃发言，结合自身经历介绍参与社团建设以及所从事行业的基本情况，并就香港青年创新创业、两地青年交流、青年爱国主义教育、粤港澳大湾区建设等提出了意见和建议。访问团后赴山东考察访问。

12 月 19 日，致公党中央副主席闫小培在机关会见了中国（澳门）致公协会代表团一行。闫小培代表致公党中央对中国（澳门）致公协会代表团的到访表示欢迎，并介绍了中国致公党的历史沿革、组织发展和履职情况。闫小培对中国（澳门）致公协会秉承“爱国爱澳、致力为公、团结奋进、促进祖国统一大业”宗旨，为促进澳门与内地交流合作所做出的贡献表示赞赏，并提出四点希望：一是继续发扬爱国爱澳优良传统，发挥会员职业多元化与专业多样性的优势，加强与澳门社会各界的广泛联系，共同巩固澳门繁荣稳定的社会基础；二是把握新时代国家发展的历史机遇，找准“国家所需”与“澳门所长”的结合点，主动融入国家发展大局，提升澳门在国家发展和对外开放中的地位与作用；三是注重青年后备力量培养，积极创造条件促进青年成长成才，确保协会的可持续发展；四是注重吸收专业人士，提高专业人士在会员中的比重，积极为专业人士开展不同领域沟通交流提供平台。代表团团长、中国（澳门）致公协会会长叶绍文对致公党中央的热情接待表示感谢，并表达了与致公党中央进一步加强联系的意愿。双方随后就“粤港澳大湾区”发展、澳门在“一带一路”建设中的独特作用和澳门青少年工作等方面进行了深入交流。

4. 开展对台工作

3 月 20 日，致公党中央常务副主席蒋作君、副主席闫小培在机关会见了以刘沛勋为团长的国际洪门中华总会访问团一行 30 人。蒋作君代表致公党中央向国际洪门中华总会访问团的到访表示欢迎。他充分肯定了多年来该会坚持反对“台独”、促进统一的鲜明立场，以及为推动两岸民间交流、弘扬中华传统文化方面所做的工作。他向访问团介绍了中国致公党的基本情况和近年来搭建的“海峡科技论坛”“海峡两岸中华武术论坛”“海峡论坛·致公恳谈会”等与岛内交流合作的主要平台。他希望在台海局势更加复杂严峻的情况下，国际洪门中华总会能够继续大力弘扬中华传统文化，积极推动两岸民间交流与合作，为推动两岸和平统一进程不懈努力。刘沛勋代表访问团感谢蒋作君的亲切会见。他介绍了国际洪门中华总会的情况和近年来为推动两岸民间交流所做的工作。访问团成员就如何在新形势下继续推进两岸民间交流、融合发展提出了看法和建议。

9 月 25 日至 29 日，应台湾李国鼎科技发展基金会的邀请，致公党中央常委、科技委员会主任、中国科学院院士、中国科学院水生生物研究所所长赵进东率致公党中央科技代表团一行 10 人于赴台湾访问。访问期间，代表团拜访了李国鼎科技发展基金会等科技团体，了解两岸民间科技交流情况；走访了义守大学、台湾清华大学等高校，了解两岸高校之间科研合作，学生交流等方面情况；访问了台湾“中研院”农业生物科技研究中心、基因研究中心以及海洋生物博物馆等科研机构，了解岛内在农业生物科技、海洋生物等方面的科研现状；此外，代表团还考察了赛亚基因科技有限公司等生物科技企业，拜会了国际洪门中华总会等往来密切的洪门社团。

三、自身建设

（一）宣传思想工作

2017年，致公党认真学习贯彻中共十九大精神，按照本党中央工作要点，切实加强理论研究，围绕深入开展学习实践活动、开好本党十五大、积极开展学习实践活动宣讲、中央党员学习教育基地建设（试点）工作等，各项工作顺利开展，取得了较好成效。

1. 思想政治理论学习有序开展

2017年，重点围绕学习中共十九大精神、习近平总书记系列重要讲话、全国两会精神以及致公党党史党章等内容，邀请专家和机关干部组织专题讲座学习，推动机关干部政治理论学习。

5月12日，北京市委会副主委、遥感专家中科院遥感与数字地球研究所副所长顾行发教授做题为“中国区域大气颗粒物卫星遥感监测”的讲座。6月8日，致公党中央办公厅副巡视员钱叶用做题为“迈步新常态——直面新与旧、为中国梦开门”的讲座。10月19日，致公党中央机关干部召开学习会，认真学习习近平总书记在中共十九大开幕式上所做的报告，蒋作君常务副主席出席学习会并做辅导讲话。通过听取全国人大常委会法制工作委员会主任沈春耀在本党十五大召开期间所做的中共十九大辅导报告，机关干部进一步深刻领会中共十九大精神的丰富内涵和理论实质。

2. 专题教育活动圆满收关

2017年学习实践活动的主题是侨海报国，全党还开展了“不忘合作初心，继续携手前进”专题教育活动。下发了《致公党中央坚持和发展中国特色社会主义学习实践活动2017年工作计划》《致公党中央“不忘合作初心，继续携手前进”专题教育工作计划》。2017年全年召开3次学习实践活动领导小组会议，讨论总结学习实践活动开展情况，研究部署总结表彰工作；向中央领导小组成员、领导小组办公室成员、本党各地方组织和中央统战部报送和印发学习实践活动简报共8期，将本党中央驻会副主席学习实践活动联系点工作侧记（总结）以简报的形式印发全党。

中央领导同志赴武汉、南京、上海、长沙、广州、厦门等地开展学习实践活动和专题教育活动调研，通过召开调研座谈会等形式交流工作进展情况，研究工作步骤，推广先进典型和成功经验，形成辐射效应。“主席走基层”“主委走基层”已经成为学习实践活动的常态机制。

12月1日，致公党中央坚持和发展中国特色社会主义学习实践活动总结大会在京召开。全国政协副主席、致公党中央主席万钢出席会议并做了题为《深入学习贯彻中共十九大精神　全力建设高素质的新时代中国特色社会主义参政党》讲话。总结大会上，上海、北京、广东、福建、江苏、安徽6个省级组织先后就开展学习实践活动做了情况介绍和经验交流。会议做出《关于表彰坚持和发展中国特色社会主义学习实践活动先进集体、先进个人的决定》。致公党北京市委会等20个省级组织、致公党北京市东城区委员会等57个市级组织、致公党北京市顺义区支部等156个基层组织、丁军强等241人受到了表彰。

正是有了学习实践活动和专题教育活动的有效开展，全党始终把筑牢思想根基摆在首要位置，党员共同思想基础不断夯实，全党的自身建设水平再上新台阶。致公党省市级组织换届工作程序规范、结果圆满、宣传给力、面貌更新，为致公党十五大胜利召开营造良好氛围。

3. 宣讲工作成效显著

为把学习实践活动推向深入，在去年宣讲团取得良好反响的基础上，2017年继续在全党开展以“中国梦 · 侨海情”为主题的宣讲活动。宣讲团活动以讲好致公党的故事为主线，宣传各级组织在参政议政、社会服务、对外联络等工作中涌现出来的先进集体和先进个人，讲述广大党员立足本职、奉献社会的感人事迹。2017年全年宣讲活动先后在浦东、长沙、福州、六安、北京、成都、常德、济南、柳州、厦门等城市开展，较之去年，筹备更加充分，宣讲员宣讲技巧和内容质量都有所提高，宣讲效果更加突出。11月，在柳州举办了宣讲员培训班，邀请专家从写和讲演两方面入手，针对性地对宣讲员进行现场指导，选对素材，找准角度，将身边致公党组织、致公党员中的典型人和典型事巧妙地融入宣讲内容，精练材料，提升技巧，使宣讲更贴近生活、贴近实际、贴近党员，更富感染力，更能打动人。6月21日，致公党湖南省第六次代表大会期间，宣讲活动首次以微信直播形式亮相网络。这种适应新媒体时代需求的传播方式，拓宽了宣传思想理论工作的广度与深度，提升了宣传实效。微信直播点击量达到25万人次。2017年是致公党换届年，湖南、江苏、福建、四川、重庆和南京等省市级组织还以政治交接为契机，在换届代表大会期间开展宣讲活动，统一思想、凝聚人心，为政治交接活动的顺利进行奠定思想基础。在年底举行的本党十五大上，再次组织了宣讲活动。12月4日下午，万钢主席出席宣讲活动并继去年两次接见宣讲员后再次接见4名宣讲员并与他们合影留念。

两年来，来自15个省级组织，32座城市，近46场宣讲，共有289人次进行了宣讲，近1万名党员听取了宣讲。学习实践宣讲活动传播了致公好声音、弘扬了正能量，进一步增强了致公党全党的凝聚力和向心力，对于加强致公党的自身建设、不断提高参政党的履职能力，起到了积极推动作用。

4. 党员学习教育基地建设（试点）顺利实施

为巩固学习实践活动成果，进一步推进“不忘合作初心，继续携手前进”专题教育活动，致公党中央在2017年开展了致公党中央党员学习教育基地（试点）工作，旨在打造以党员学习教育为主，集学习、宣传、教育、培训、研究于一体的致公党中央党员学习教育基地。根据《关于开展致公党中央党员学习教育基地建设（试点）的方案》，通过前期调研，选取了位于广州市的致公党中央党部旧址陈列馆和上海中国留学生博物馆为试点，首批挂牌致公党党员学习教育基地。

6月16日，首个致公党员学习教育基地——致公党中央党部旧址陈列馆在广州挂牌。

17日，万钢主席在王珣章副主席、曹鸿鸣副主席兼秘书长的陪同下视察陈列馆。10月23日，第二个党员学习教育基地在上海中国留学生博物馆揭牌。基地建设（试点）工作的影响已经初步显现，多地组织已经开始组织党员前往基地开展学习教育活动，《中国统一战线》杂志等媒体也刊文对基地建设情况进行了报道。

5. 参政党理论研究工作再上新台阶

2017年，致公党中央理论研究会充分发挥党务研究会老领导、老同志在理论和党史研究方面的作用，积极推动全党理论研究工作不断发展。更加注重与省级组织的联系，指导地方组织的理论研究队伍建设和参政党理论研究，努力形成上下联动，理论成果共享的工作机制。2017年，出版了《致公党中央理论研究文集》，第一次尝试以正式书号出版，有利于党内专家学者的研究成果申报，并借此提高研究论文的质量。

2017年6月16日，致公党中央理论研究会、党务研究会和致公党江苏省委会在常州联合举办纪念中国致公党“三大”召开70周年理论研讨会。共收到有关中国致公党“三大”的最新研究成果文章近百篇。会上，中央理论研究会顾问邱国义、陈昌福以及党内专家学者共13人做交流发言。致公党中央理论研究会、党务研究会部分成员，各省级组织分管宣传的副主委或秘书长、宣传处负责人及特邀人员等50多人参加会议。

6. 加强内刊宣传和书稿编写工作

《中国致公》杂志不断强化栏目策划，加大对致公党重大活动、会议等的宣传报道力度。2017年，先后编辑完成6期《中国致公》。为反映致公党中央2017年工作重点和特色，先后推出了“不忘合作初心，继续携手前进”“宣讲致公故事，传播致公好声音”“坚持和发展中国特色社会主义学习实践活动”“全国两会议政专栏”“学习习近平关于知识分子重要讲话精神”“纪念致公党三大召开70周年”“结识新主委”等专题栏目，以及致公党十五大专刊，对致公党中央开展的重大调研、会议等进行了连续全面的深度报道，力求全方位展现本党各项工作的新动态、新举措。

为配合中共中央统战部政治交接辅导读本《大道——多党合作历史记忆和时代心声》的出版工作，致公党中央宣传部通过组织采访、约稿和撰稿、统稿，编辑、整理了致公党部分的8篇文章，其中致公党多党合作历史记忆部分4篇、优良传统思考感悟方面的文章4篇。在本党十五大期间将《大道——多党合作历史记忆和时代心声》一书及时发放给予会代表及列席人员，获得好评。

7. 新媒体宣传工作影响不断扩大

2017年致公党中央网站新建6个专题栏目，分别是“2017年两会”“纪念致公党‘三大’召开70周年”“不忘合作初心，继续携手前进”“学习贯彻中共十九大精神”“2017年换届进行时”“中国致公党第十五次全国代表大会”。中央网站共发稿7061篇，比去年增加1000余篇，其中6568篇是地方组织信息员发布的。

“中国致公党新闻客户端”，每天从中国致公党中央官方网站的相应栏目抓取新闻后自动发布。据统计，已下载手机设备码约14000个，日活跃用户约2200人。手机新闻客户端2017年开发了点赞和评论功能，用户绑定微信就能点赞和发表评论，目前评论功能暂未开放。据后台统计，截至年底，文章点赞数达5.5万多次，转发分享也达5.6万多次。

致公党中央“中国致公”微信订阅号，截至年底有关注“粉丝”8000余人，推送频率为每周3—6次。2017年1月至12月共推送信息477条，其中地方组织供稿的有130条。各地方组织信息员在微信平台供稿工作上给予了大力支持。在中共十九大开幕当天，通过信息员工作群迅速征集各地方组织收看十九大开幕转播的图片，中国致公微信订阅号在当天中午就制作推送了致公党各级组织组织收看十九大开幕的微信稿件。

2017年以来，在中国致公微信订阅号已发布的消息中阅读转发数最高的一篇稿件是《想加入致公党的朋友们看过来！》，达19441次。转发数量第二的是《万钢：不忘初心渡重洋，百炼成钢报中华》，达19366人次。第三是《【喜讯】三名致公党党员新当选中国科学院院士》，7600人阅读并转发。第四是《中国致公党广东省第十二届委员会主任委员、副主任委员简介》，阅读转发数达5419人次。第五是《致公党历届代表大会回顾》，阅读转发数为5498人次。

8. 做好宣传工作人员培训交流工作，提高干部队伍业务水平

9月14日至15日，在大连举行《中国致公》特约人员、网站信息员培训班。对参会“特约人员”进行培训并开展业务研讨；就如何推进本党各级组织期刊工作、网络宣传工作等进行讨论交流。本次培训将《中国致公》特约人员培训班和网站信息员培训班合二为一，结合宣传工作需要邀请有关专家进行专题讲座。中央社会主义学院原副院长张峰教授进行了《习近平统一战线思想》主题讲座。中国艺术摄影学会会员、致公中央摄影社常务副秘书长田普晓进行了摄影专题讲座，并对“侨海情丝路美”致公党第二届摄影大赛获奖作品进行了精彩点评。《中华儿女》首席摄影记者、海外版副主编宋汉晓进行了人物写作专题讲座，分享了人物采写的经验与方法。专题讲座后，宣传部副巡视员赵晓萍为宣传干部讲解了《致公党关于严格遵守宣传工作纪律的暂行规定》。

9. 做好外宣工作，加强与外部媒体的沟通协作

对外宣传对于树立致公党在社会上的良好形象，提升致公党员的荣誉感与归属感意义重大。加强与各类媒体的联络互动，及时向媒体有针对性地提供线索与素材，并与媒体共同策划选题。2017年，先后围绕两会媒体通气会、大调研、“侨海情·中国梦”宣讲、纪念致公党三大召开70周年、致公党十五大等中央活动和主要工作，先后向中央电视台、新华社、《人民日报》《中国统一战线》《中国政协报》《团结报》等多家媒体提供本党新闻稿件，推出相关报道，取得了良好的社会宣传效果。与《中华儿女》杂志社合作，2017年全年合办了《致公风采榜》，截至目前，已经刊登了23名本党优秀代表性人士的专访文章，并被网站转载，反响很好。据不完全统计，2017年，中央主要社会媒体共刊发本党中央稿件380余篇。

10. 搭好文化平台，开展文化教育扶贫工作

2017年，中国致公画院与致公党北京市朝阳区委会赴贵州省贞丰县开展文化教育扶贫暨图书捐赠活动，同时组织画家分别在7月、10月，对全县的80余名中小学美术老师进行美术培训。致公摄影社成功举办“侨海情·丝路美”——致公党第二届摄影大赛，并举行了颁奖仪式。

（二）组织建设

1. 指导致公党省级组织圆满完成换届工作

致公党中央组织部依据修订好的《致公党省级组织换届文件汇编》为换届文件模板，进一步规范省级组织换届工作程序。换届过程中，组织部按照既定的换届工作程序，督促各省级组织严格履行会议研究、沟通协商、呈报请示、中央批复、召开代表大会进行选举、中央核准等各项程序确保程序合规、选举合法，严格组织程序。派员全程参加省级组织代表大会指导换届选举工作，保证了省级组织换届工作顺利完成。

2017 年 4 月至 7 月，致公党各省级组织先后召开代表大会，顺利完成了政治交接和组织上的新老交替。经过换届，一批政治素质过硬、党员和群众公认度高、敢于担当、有能力、能干事的优秀党员走上了致公党各省级组织领导岗位。19 个省级组织共选举产生新一届主委、副主委 125 人，其中，留任 71 人，新任 54 人（主委 5 人、专职副主委 8 人、兼职副主委 41 人）；选举产生常委 342 名、委员 809 名。

2.《中国致公党章程》的修订工作

会同中央宣传部参加章程修订工作组，研究制定章程修订工作计划和工作方案，在全党范围内征集对章程修订的意见和建议。章程修订工作组在汇总、整理各地提出的修改意见基础上，提出了章程修改稿，一方面与有关部门进行沟通，另一方面召开多次研讨会、座谈会，就修改的内容反复征求意见，先后几易其稿。章程修订工作组在研究修改方案时，注意认真学习习近平新时代中国特色社会主义思想，充分吸收和体现中共十九大的精神，以及《中国共产党统一战线工作条例（试行）》《关于加强政党协商的实施意见》等法规和文件要求，同时注意总结吸收党史研究的最新成果和自身建设的成熟经验。经过多次自上而下和自下而上的征求意见，使章程修订的过程成为广大致公党员学习党章、统一思想、凝聚共识的过程，保证了《中国致公党章程（修正案）》（草案）如期提交致公党第十五次全国代表大会审议。

3. 圆满完成中央换届的组织人事等工作

根据《中国致公党第十五届中央委员会委员提名及名额分配方案》，本党中央与各省级组织、中央直属组织通过物色、推荐、选拔、考察等程序，综合考虑新一届中央委员会规模、结构、年龄界限和提名条件等因素，通过反复酝酿、协商，并分别经致公党十四届二十二次主席会和二十次中常会审议通过，形成了《中国致公党第十五届中央委员会委员候选人建议名单》。

2017 年 12 月 2—5 日，中国致公党第十五次全国代表大会在北京胜利召开。大会通过了《中国致公党章程（修正案）》，选举产生了新一届中央委员会。新一届中央委员会由 116 名中央委员组成，平均年龄 52.3 岁，女性 32 人，博士 65 人，占 56%；硕士 27 人，占 23.3%，其中新任中央委员 53 人。在致公党第十五届中央委员会第一次全体会议上，选举产生了由 33 名委员组成的第十五届中央委员会常务委员会和新一届致公党中央领导班子，万钢当选为第十五届中央委员会主席，蒋作君、曹小红（女）、李卓彬、闫小培（女）、曹鸿鸣、甘霖（女）、张恩迪、吕彩霞（女）当选为第十五届中央委员会副主席。第十五届第一次主席会议明确蒋作君为第十五届中央委员会常务副主席。

4. 做好中央监督委员会各项工作

一是保证换届工作，加大监督力度。

注重对省级组织换届过程的监督指导和巡视检查，中央监督委员会从各省抽调监督委员会成员，成立中央巡视组，受理换届工作中涉及干部提名推荐、考察、公示和换届选举等各个环节的问题反映、投诉，并分赴各省列席代表大会，确保省级组织换届工作程序完备、结果合法。

在致公党第十五次代表大会召开期间，由第十四届中央监督委员会委员组成的十五大监督工作组对大会全过程进行监督，通过设立举报箱和举报电话等方式，对代表大会进行全程监督，严肃了换届纪律，确保了良好的换届环境。

二是结合组织发展，落实监督工作。

注意把监督工作与党员发展工作结合起来。中央和地方的监督委员会积极贯彻落实“四个重点”，严把入党审批程序关，为帮助各省级组织及时、全面地了解本组织党员发展、组织建设的详细数据，以及本组织相关数据在全党各同级组织中的相对水平，中央监督委员会办公室将年底的《组织发展情况统计表册》直接报送各位主委，通报组织发展情况，全面了解组织发展情况。

三是召开致公党中央监督委员会监督工作研讨会。

2017 年 10 月中央监督委员会在南昌召开监督工作研讨会。随着省级组织换届工作的完成，各省监督委员会产生了新一届成员。组织新一届省级监督委员会委员学习历次中央监督会议精神，交流以往经验、研究存在问题、探讨解决方案、制定工作规划，帮助新委员们尽快熟悉工作，进入角色。会议组织观看了中纪委反腐专题电视片《打铁还需自身硬》，进一步增强了监督委员会成员廉洁自律意识。

四是产生了新一届致公党中央监督委员会

2017 年 12 月，在致公党第十五次全国代表大会上，中央监督委员会完成了与中央委员会同步进行的换届工作，产生了新一届中央监督委员会。新一届中央监督委员会扩大了人员规模，由 1 位主任、1 位副主任及 17 位委员组成，增加了省级组织副主委，特别是增加了从事司法、监察工作的专业人士，以保证党内监督工作更加专业、规范。

5. 做好党务研究委员会工作

2017 年 6 月，致公党中央党务研究会与致公党中央理论研究会、致公党中央宣传部联合举办致公党第三次代表大会 70 周年研讨会，对致公党第三次代表大会的重大历史转折意义及贡献进行深入研讨，形成了“致公党三大意义的再思考”和“陈其尤的历史地位”两项新的研究成果。

组织党务研究会赴四川武胜县开展新农村示范区建设等情况的调研活动，并在广安组织召开中央党务研究会 2017 年工作会议，在对致公党党史进行研讨的同时，对党务研究会的工作进行了阶段性总结。

6. 继续做好教育培训工作

结合工作实际和组工干部特点，举办一期“致公党省市组工干部培训班”，围绕组织信息管理系统操作及组织工作实务，对系统的框架、功能、操作进行讲解和示范，对系统的功能拓展与管理办法进行研讨。

7. 组织信息工作

致公党中央利用现代互联网信息技术建成了致公党组织信息管理系统。新建成的系统集通知公告、委员会管理、任职管理、党员管理、专委会管理、人大政协任职管理、报表管理等功能于一体，融合了工作平台、信息平台、资料平台的作用。组织信息管理系统以组织信息“大数据”为支撑，对组织、党员、代表人士任职、日常报表以及培训等组织工作实行模块化管理，极大地提高全党组织工作的效率和水平，开创了运用大数据为组织建设服务的新局面，为中央换届工作的顺利进行提供了有力保证。

8. 致公党组织发展及党员情况

2017 年 12 月 10 日，致公党河南省委员会正式成立。截至 2017 年 12 月 31 日，致公党现有 163 个地方组织，其中 20 个省级组织，128 个市级组织，15 个县级组织，2758 个基层组织（包括中央机关支部及中央直属江西支部）。

致公党现有成员总数为 54924 人，平均年龄 50.53 岁，其中女性 24326 人，占 44.29%，归侨、侨眷、港澳台属及其他有海外关系人士 41596 人，占 75.73%；人口 500 万以上特大城市 36243 人，占 65.99%；中上层人士 47750 人，占 86.94%；中高级职称 35413 人，占 64.48%；大学以上文化程度 41201 人，占 75.01%；离退休人员 12922 人，占 23.53%。

在界别分布方面，现有成员中科教界 19358 人，占 35.25%；医卫界 7921 人，占 14.42%；文艺及传媒界 2074 人，占 3.78%；经济界（含新的社会阶层人士）15772 人，占 28.72%；人大政协政府及司法机关 6977 人，占 12.7%；党派机关及社会团体 1531 人，占 2.79%；其他 1291 人，占 2.35%。致公党党派界别特色（侨海关系）人数 41596 人，占 75.73%。致公党党员中有 1177 人次担任各级人大代表，有 5343 人次担任各级政协委员；有 202 人次在各级人大专门委员会任职，有 1640 人次在各级政协专门委员会任职，其中有 40 人次任专职。

截至 2017 年 12 月 31 日，共有 571 名党员在政府及组成部门任实职，其中省部级 5 人（国务院部委班子成员 2 人，副省长 2 人，副市长 1 人），厅局级 61 人，处级 505 人；有 22 人在法院任职，其中厅局级 1 人，处级 21 人；有 5 人在检察院任职，厅局级 1 人，处级 4 人。另外还有 55 人在高校、科研院所、社会团体、国有企业等副厅级以上单位任实职。

本党党员中两院院士 10 人，千人计划 29 人，长江学者 24 人。

担任中央文史馆馆员 1 人。

担任国务院参事 1 人。

担任“两高”和国务院部委特约（邀）人员 14 人。

（三）机关建设

2017 年，致公党中央继续推进“学习型、服务型、创新型”机关建设。组织开展了机关公务员论文竞赛活动，进一步加强干部队伍建设。

致公党中央始终把政治理论和业务学习摆在重要位置，努力营造浓厚的学习氛围。通过抓好学习、提高认识、统一思想、形成共识，适应新形势发展的迫切需要。加强机关干部培训工作，以会带训，创设了融参政议政与机关建设学习培训为一体的月度专题座谈会平台；同时在机关不定期组织学习讲座，不断提高机关干部的综合素质，为切实履行职能打下坚实的基础。

落实中央相关会议精神，继续选派机关干部到西部地区基层挂职锻炼，并接收地方组织机关干部到本党中央机关挂职锻炼。

高　莺　致公党中央社会服务部处长
陈颂原　致公党中央组织部调研员
宋亚轲　致公党中央参政议政部副处长
董巍伟　致公党中央宣传部副处长
龚思进　致公党中央联络部主任科员
汤玮晨　致公党中央参政议政部主任科员

九三学社

2017 年是全面建成小康社会进入决胜阶段、全面深化改革纵深推进的一年，是中国共产党第十九次全国代表大会胜利召开、开启全面建设社会主义现代化国家新征程之年，是九三学社薪火相传、接力奋进的换届之年。1 年来，在以习近平同志为核心的中共中央坚强领导下，九三学社深入学习贯彻中共十九大精神和中共中央重大决策部署，认真落实“思想上坚定、履职上坚实、组织上坚强”建设目标，认真履行参政议政、民主监督和参加中国共产党领导的政治协商职能，积极推进社会服务工作，着力加强自身建设，认真做好换届工作，各方面工作都取得了显著成绩。

一、重要会议及活动

（一）九三学社第十一次全国代表大会

12 月 3 日至 7 日，九三学社第十一次全国代表大会在北京召开。中共中央政治局常委赵乐际会见与会代表并在开幕会上代表中共中央致贺词。贺词指出，5 年来，九三学社紧扣统筹推进“五位一体”总体布局和协调推进“四个全面”战略布局，充分发挥界别和人才智力优势，深入调查研究，提出许多重要意见和建议，为党和政府科学决策提供了重要参考。贺词指出，中国特色社会主义进入新时代，为统一战线广大成员施展才能、发挥作用创造了更好机遇、提供了更大舞台。希望九三学社深入学习宣传贯彻中共十九大精神，团结和引导广大成员进一步继承优良传统，增强“四个意识”，坚定“四个自信”，不断夯实多党合作的思想政治基础；发挥科技界智力密集、人才荟萃的特点和优势，动员和组织广大成员围绕深化科技体制改革、加强国家创新体系建设等重大问题，深入调查研究，积极建言献策；努力适应中国特色社会主义新时代的新要求，全面加强思想建设、组织建设、制度建设和领导班子建设，按照中国特色社会主义参政党要求，充分履行参政议政、民主监督、参加中国共产党领导的政治协商职能，为建设富强民主文明和谐美丽的社会主义现代化强国贡献更多智慧和力量。中共中央相信，九三学社新一届中央领导机构一定能够肩负起历史赋予的使命和广大成员的重托，深化政治交接，弘扬优良传统，全面加强中国特色社会主义参政党建设，不断开创九三学社工作新局面。

全国人大常委会副委员长、民进中央主席严隽琪代表各民主党派中央和全国工商联致贺词，向九三学社第十一次全国代表大会的召开表示热烈祝贺并祝大会取得圆满成功。

全国政协副主席、九三学社第十一次全国代表大会主席团常务主席韩启德致开幕词并代表九三学社第十三届中央委员会做题为《建设新时代中国特色社会主义参政党　为决胜全面小康实现中华民族伟大复兴而奋斗》的报告。报告分为：过去五年的工作；五年工作实践的主要经验和体会；建设新时代中国特色社会主义参政党，在新的历史起点再创佳绩；建设思想更加坚定的中国特色社会主义参政党，把学习贯彻中共十九大精神引向深入；建设履职更加坚实的中国特色社会主义参政党，在决胜全面小康实现中华民族伟大复兴的新征程中更加出彩；建设组织更加坚强的中国特色社会主义参政党，增强组织向心力凝聚力战斗力 6 个部分。

韩启德指出，总结五年工作实践，我们在许多重大问题上提高了认识，探索和积累了新经验。一是坚持中国共产党领导，坚持和发展中国特色社会主义，是九三学社始终坚持的政治原则。二是坚持弘扬爱国民主科学优良传统，是九三学社砥砺前行的重要精神支撑。三是坚持围绕中心、服务大局，是九三学社实现参政党价值的必然要求。四是坚持全面推动工作创新，是九三学社永葆生机的力量源泉。五是坚持强化组织，凝聚全社力量，整合工作和资源，是九三学社推进各项工作的有效方法。六是坚持实施人才强社战略，是九三学社事业兴旺、不断发展的根本方略。

在分析世情、国情和多党合作格局新变化的阶段性特征以后，韩启德指出，今后五年工作的指导思想是：在以习近平同志为核心的中共中央坚强领导下，高举中国特色社会主义伟大旗帜，认真学习贯彻中共十九大精神，以马克思列宁主义、毛泽东思想、邓小平理论、“三个代表”重要思想、科学发展观、习近平新时代中国特色社会主义思想为指导，大力弘扬爱国民主科学精神，充分发挥自身特点和优势，紧紧围绕推进“四个伟大”，统筹推进“五位一体”总体布局和协调推进“四个全面”战略布局，不断开拓创新，切实履职尽责，加强自身建设，为决胜全面建成小康社会、夺取新时代中国特色社会主义伟大胜利、实现中华民族伟大复兴的中国梦做出新贡献。

韩启德强调，肩负起参政党的光荣使命，关键在于把自身建设好。过去五年，我们已经朝着九三学社十大确立的建设目标迈出坚实步伐。站在新的历史起点上，九三学社必须根据多党合作和全社工作实际，再创新局面，实现建设新时代中国特色社会主义参政党的新目标。这就是：成为政治清醒、信念牢固的中国特色社会主义参政党；成为参政有为、履职有力的中国特色社会主义参政党；成为科学民主、富有活力的中国特色社会主义参政党。也就是成为思想更加坚定、履职更加坚实、组织更加坚强的中国特色社会主义参政党。

大会高度评价韩启德所做的报告，通过九三学社第十一次全国代表大会《关于第十三届中央委员会报告的决议》和《关于九三学社章程（修正案）的决议》，选举产生了由 236 人组成的新一届中央委员会。

九三学社第十四届中央委员会主席武维华在闭幕讲话中指出，九三学社第十一次全国代表大会是在中共十九大精神指引下举行的一次十分重要的会议。大会高举中国特色社会主义伟大旗帜，以习近平新时代中国特色社会主义思想为指导，认真学习中共十九大精神，为开启新时代九三学社新征程、完成新使命坚定了坚实思想基础。他表示，新一届九三学社中央委员会要继承和发扬爱国民主科学优良传统，团结带领全社各级组织和广大社员，不忘合作初心，继续携手前进，在中国共产党坚强领导下，为建设新时代中国特色社会主义参政党，助力决胜全面小康，实现中华民族伟大复兴而不懈奋斗。

大会号召，全社要更加紧密地团结在以习近平同志为核心的中共中央周围，在中共十九大精神指引下，在九三学社新一届中央委员会带领下，求真务实、开拓创新，为全面建成小康社会、为实现中华民族伟大复兴的中国梦不断做出新贡献！

（二）中央委员会会议

1. 九三学社第十三届中央委员会第六次会议

12 月 1 日至 2 日，九三学社第十三届中央委员会第六次会议在京召开。会议学习贯彻中共十九大精神，听取和审议九三学社中央常务委员会 2017 年工作报告并通过相关决议；审议通过九三学社第十三届中央委员会向九三学社第十一次全国代表大会的报告；审议通过《九三学社章程（修正案）》，决定将这两份文件提交九三学社第十一次全国代表大会审查和审议。

全国政协副主席、九三学社中央主席韩启德出席会议并做 2017 年工作报告。韩启德指出，一年来，中央常务委员会深入学习贯彻中共中央重大决策部署，认真落实思想上坚定、履职上坚实、组织上坚强的建设目标，全面做好九三学社第十一次全国代表大会筹备工作，圆满完成了省级组织换届任务，协商议政再上新台阶，社会服务开创新局面，思想建设取得新成效，自身建设呈现新面貌，各项工作都取得了显著成绩。

韩启德强调，九三学社各级组织和全体社员要更加紧密地团结在以习近平同志为核心的中共中央周围，高举中国特色社会主义伟大旗帜，团结一心、履职尽责、砥砺奋进，努力建设新时代中国特色社会主义参政党，为决胜全面建成小康社会、夺取新时代中国特色社会主义伟大胜利、实现中华民族伟大复兴的中国梦做出新贡献！

会议表彰了第四批“九三楷模”和参政议政工作先进集体与先进个人、信息工作先进单位与先进个人。

全会期间还举办了科学报告会。九三学社中央委员、中国工程院院士、华东理工大学副校长钱锋和九三学社陕西省委主委、中国科学院院士、西安电子科技大学副校长郝跃分别做题为《原材料工业智能优化制造——人工智能与流程制造的融合》和《微电子技术的进展与展望》的科学报告。

九三学社中央常务副主席邵鸿，副主席谢小军、张桃林、赖明、马大龙、丛斌、赵雯、卢柯、武维华和九三学社中央委员出席会议。九三学社中央原副主席王志珍、陈抗甫、贺铿出席开幕会。九三学社中央监督委员会组成人员、未担任九三学社中央委员的省级组织主委、专职副主委和秘书长、九三学社中央机关各部门负责人等列席会议。

2. 九三学社第十四届中央委员会第一次会议

12 月 7 日，九三学社第十四届中央委员会第一次会议在京召开。会议选举产生了由 47 人组成的九三学社第十四届中央常务委员会和新一届九三学社中央领导班子，武维华当选主席，邵鸿、张桃林、赖明、丛斌、赵雯、卢柯、印红、黄润秋、潘建伟、刘忠范当选副主席。会议还选举产生了由 19 名委员组成的九三学社第十四届中央委员会监督委员会，邵鸿当选主任委员，丛斌、刘政奎当选副主任委员。

（三）中央常务委员会会议

1. 九三学社第十三届中央常务委员会第十八次会议

3 月 10 日，九三学社第十三届中央常务委员会第十八次会议在京召开。会议学习十二届全国人大五次会议和全国政协十二届五次会议精神，通报九三学社提交全国政协十二届五次会议提案和大会发言有关情况，通报九三学社中央十三届十九次常委会筹备工作情况，审议通过《九三学社中央 2017 年换届工作意见（草案）》，审议通过九三学社中央专门委员会副主任增补名单。

全国政协副主席、九三学社中央主席韩启德主持会议并讲话。韩启德指出，习近平总书记在 2017 年全国“两会”期间，参加九三学社和民进、农工党委员联组会并发表重要讲话。总书记在讲话中充分肯定了知识分子为我国革命、建设和改革事业做出的重要贡献，对知识分子引领践行社会主义核心价值观，积极投身创新发展实践和建设科技强国的伟大事业提出殷切希望，在当前形势下具有特殊重要意义。韩启德指出，在新的历史时期，知识分子要发挥应有作用，首先要讲政治。就是要胸怀大局，善于从政治上看问题。其次要放宽视野。韩启德强调，2017 年，九三学社将召开十一大，各省级组织也将陆续换届。换届不仅是新老交替，更重要的是政治交接。要严明换届纪律，严格标准和程序，积极做好各方协调，充分听取群众意见，把好选人用人关，确保换届风清气正。会议还通报了新版“社员之家”平台有关情况，并对做好“社员之家”试点和推广工作进行了部署。

九三学社中央常务副主席邵鸿，副主席谢小军、张桃林、赖明、马大龙、丛斌、赵雯、卢柯、武维华、印红和中央常委出席会议。九三学社中央机关各部门负责人列席会议。

2. 九三学社第十三届中央常务委员会第十九次会议

7 月 5 日至 6 日，九三学社第十三届中央常务委员会第十九次会议在包头市举行。会议总结交流九三学社省级组织换届工作情况，筹备九三学社中央换届有关工作，审议了《九三学社章程（修改稿）》。

全国政协副主席、九三学社中央主席韩启德出席会议并讲话。韩启德说，这次会议对九三学社省级组织换届工作进行阶段性总结和经验交流，为尚未换届的省级组织提供了有益借鉴，也为年底九三学社中央换届奠定了基础。会议还对社章修改第 6 稿进行了研讨，进一步凝聚了智慧，增进了共识。韩启德指出，要做好九三学社第十一次全国代表大会筹备工作。要从增强“四个意识”“四个自信”和提高“五种能力”的高度，做好《九三学社章程》修改工作，使社章修改过程成为深入学习多党合作和九三学社历史、凝聚全社政治共识、努力寻求最大公约数的过程。要高度重视九三学社中央委员人选推举工作，坚持正确用人导向，严格人选标准，充分发扬民主，广泛听取意见，真正把德才兼备、热心社务、具有良好社会形象和知名度的人选推举出来。会议期间，内蒙古、上海、湖北、广东、重庆、宁夏 6 个九三学社省级组织负责人围绕换届工作做大会发言。

会议开幕时，与会人员全体起立，向刚刚逝世的九三学社第八、九届中央副主席，第十、十一届中央名誉副主席，我国著名能源动力科学家陈学俊同志默哀 1 分钟。

中共内蒙古自治区委常委、统战部长王莉霞，中共内蒙古自治区委常委、包头市委书记张院忠莅临开幕会并致辞。九三学社中央常务副主席邵鸿，副主席谢小军、张桃林、赖明、马大龙、丛斌、赵雯、武维华、印红和中央常委出席会议。新当选的北京、黑龙江、山东、湖北、广东、海南、重庆、云南8个九三学社省级组织主委，九三学社中央机关各部门负责人，中共中央统战部和内蒙古自治区委统战部有关负责人等列席会议。

3. 九三学社第十三届中央常务委员会第二十次会议

10月29日，九三学社第十三届中央常务委员会第二十次会议在京举行。会议学习贯彻中共十九大精神，审议通过《九三学社中央关于学习贯彻中国共产党第十九次全国代表大会精神的决议》《九三学社第十一次全国代表大会提名代表名单》《九三学社第十一次全国代表大会代表资格审查委员会组成人员名单》。会议决定，11月30日至12月2日在京召开九三学社第十三届中央委员会第六次会议。

全国政协副主席、九三学社中央主席韩启德主持会议并讲话。韩启德说，中共十九大是在全面建成小康社会决胜阶段、中国特色社会主义进入新时代的关键时期召开的一次十分重要的大会。这次大会不仅在共和国发展史上、中华民族发展史上具有划时代的重大意义，在世界社会主义发展史上、人类社会发展史上也具有深远意义。习近平总书记的报告高屋建瓴、总览全局、催人奋进，具有很高的政治高度、思想高度和战略高度，充满创新精神，体现一系列新思想新观点新举措，描绘了决胜全面建成小康社会、夺取新时代中国特色社会主义伟大胜利的宏伟蓝图，是中国共产党迈进新时代、开启新征程、书写新篇章的政治宣言和行动指南。韩启德强调，学习贯彻中共十九大精神是九三学社当前和今后一个时期首要的政治任务。“时代是思想之母，实践是理论之源。”要以历史唯物主义的观点，用历史眼光、全球视野，深刻认识中国特色社会主义进入新时代，深刻认识我国发展新的历史方位，深刻认识我国社会主要矛盾的历史性变化，系统学习领会习近平新时代中国特色社会主义思想的丰富内涵，特别是报告中的“八个明确”和“十四个坚持”，把思想和行动统一到中共十九大精神上，把智慧和力量凝聚到实现中共十九大确定的目标任务上。要与参政党建设实际紧密结合，处理好传承与创新的关系，在传承中创新，在创新中传承，深刻体会中国特色社会主义新实践，坚持接受中国共产党领导，大力弘扬爱国民主科学优良传统，树立参政党建设新标杆，争做新时代奋斗目标的坚定者、奋进者、搏击者，把九三学社建设成为思想上更加坚定、履职上更加坚实、组织上更加坚强的中国特色社会主义参政党，为实现“两个一百年”奋斗目标和中华民族伟大复兴的中国梦做出新的更大贡献。会议还听取了与会人员对《九三学社第十三届中央委员会的报告（征求意见稿）》和《九三学社章程（修正案）》草案的意见。

九三学社中央常务副主席邵鸿，副主席谢小军、张桃林、赖明、马大龙、丛斌、赵雯、卢柯、武维华、印红和中央常委出席会议。北京、山西、辽宁、黑龙江、山东、广东、海南、重庆、云南、甘肃等省级组织主委，九三学社中央机关各部门负责人列席会议。

4. 九三学社第十三届中央常务委员会第二十一次会议

11月30日，九三学社第十三届中央常务委员会第二十一次会议在京召开。会议审议九三学社第十三届中央委员会第六次全体会议议程（草案）和日程（草案）并决定提交十三届六中全会通过；审议九三学社第十一次全国代表大会议程（草案）和日程（草案），审议通过九三学社第十三届中央常务委员会2017年工作报告并确定报告人，审议通过九三学社第十三届中央委员会的报告（草案）并决定提交十三届六中全会审议，审议通过九三学社第十三届中央监督委员会工作报告并决定提交十三届六中全会，审议通过《九三学社章程（修正案）》（草案）并决定提交十三届六中全会审议，审议通过九三学社第十四届中央委员会委员候选人建议名单并决定提交九三学社第十一次全国代表大会审议，审议通过了九三学社第十四届中央监督委员会组成人员建议名单，审议通过九三学社第十一次全国代表大会主席团、常务主席团、秘书长、副秘书长建议名单，审议通过九三学社第十一次全国代表大会选举办法（草案）并决定提交第十一次全国代表大会审议，审议九三学社第十三届中央委员会第六次全体会议决议（草案）并决定提交十三届六中全会审议通过。

全国政协副主席、九三学社中央主席韩启德主持会议并讲话。韩启德指出，即将召开的九三学社第十一次全国代表大会是全社政治生活中的一件大事，在九三学社历史上具有里程碑的重要意义。要把大会开成深入学习宣传贯彻中共十九大精神的大会。要以中共十九大精神为指导，认真回顾总结过去5年的工作成绩和经验，对未来5年的工作做出安排部署。要认真修改好社章，充分发扬民主，广泛凝聚思想共识，努力寻求最大公约数，使修改后的社章经得起历史检验、实践的检验和广大社员的检验。要把政治规矩和纪律挺在前面，切实贯彻民主集中制，营造热烈活泼、风清气正的换届环境，展示新时代九三学社蓬勃向上的精神风貌。

九三学社中央常务副主席邵鸿，副主席谢小军、张桃林、赖明、马大龙、丛斌、赵雯、卢柯、武维华、印红和中央常委出席会议。北京、山西、辽宁、黑龙江、山东、广东、海南、重庆、云南、陕西、甘肃等省级组织主委，九三学社中央机关各部门负责人等列席会议。

（四）中央监督委员会会议

11月30日，九三学社中央监督委员会在京召开第六次会议。会议审议通过《九三学社第十三届中央委员会监督委员会工作报告》。九三学社中央常务副主席、监督委员会主任邵鸿，九三学社中央副主席、监督委员会副主任丛斌，监督委员会副主任刘政奎和监督委员会委员出席会议。

（五）其他重要会议及活动

1月9日，中共中央、国务院在北京人民大会堂隆重举行国家科学技术奖励大会。党和国家领导人习近平、李克强、刘云山、张高丽出席大会并为获奖代表颁奖。九三学社共有34名社员主持或参与完成的31个项目荣获2016年度国家科技奖。其中，国家自然科学奖5人，国家技术发明奖5人，国家科技进步奖24人。

1月10日，九三学社中央教育文化专门委员会在九三学社中央机关召开工作会议。九三学社中央常务副主席邵鸿寄语专委会委员，要不断提高水平，多出参政议政精品。会议总结2016年教文委主要工作，研究部署2017年工作。与会委员讨论了拟提交九三学社中央作为2016年全国政协大会提案的参政议政成果及2017年调研选题。九三学社中央教育文化专门委员会主任侯义斌主持会议。

1月11日，九三学社中央经济专门委员会在九三学社中央机关召开会议，九三学社中央常委、经济专门委员会主任赵海英主持会议。赵海英传达了九三学社十三届五中全会精神、总结经济委员会2016年工作。经济专委会副主任王辉耀、肖京华、刘中、曾军、张慧霞，委员温建东、梁枫、李溦等结合中共中央经济工作会议精神、当前经济形势和九三学社中央2017年调研课题安排进行了讨论发言。

1月20日，纪念吴阶平同志诞辰100周年座谈会在北京人民大会堂举行。中共中央政治局常委、全国人大常委会委员长张德江出席座谈会并在会前会见吴阶平同志亲属。中共中央政治局委员、全国人大常委会副委员长李建国在座谈会上讲话。座谈会由中共中央政治局委员、中央统战部部长孙春兰主持。全国政协副主席、九三学社中央主席韩启德出席座谈会。九三学社中央常务副主席邵鸿代表九三学社中央发言。邵鸿说，吴阶平是中国爱国知识分子的杰出代表，经历了从旧中国到新中国的伟大时代变革。吴阶平是九三学社杰出领导人，为九三学社事业发展做出巨大贡献。邵鸿说，吴阶平的一生如同一本大书。读懂了这本大书，也就能明白中国知识分子，理解他们的追求与灵魂，也就从根本上理解了中国的多党合作。在决胜全面小康的新征程上，对吴阶平的最好纪念，就是以实际行动把九三学社各项工作推向前进，为实现“两个一百年”奋斗目标和中华民族伟大复兴的中国梦做出新的更大贡献。中共中央统战部常务副部长张裔炯，全国人大常委会副秘书长李飞，国家卫生和计生委副主任刘谦，中共江苏省委常委、宣传部长兼统战部长王燕文，也分别从不同角度缅怀了吴阶平的爱国情操、崇高品德、光辉业绩和历史贡献。

1月23日，吴阶平纪念馆在江苏常州开馆。九三学社江苏省委主委、江苏省住房和城乡建设厅厅长周岚，九三学社中央宣传部部长穆建民出席揭牌仪式并讲话。吴阶平纪念馆坐落在常州市第二人民医院阳湖院区，设有“国之良医”“九三旗帜”“故乡之恋”和“二院情缘”4个展厅，共展出吴阶平生平事迹相关照片、题字、手稿、实物及影像资料等200余件。“九三学社江苏省委员会思想教育基地”同时在此揭牌。

2月8日至9日，九三学社中央领导班子2017年度战略研讨会在北京召开。会议围绕2017年重点工作，研讨了如何加强九三学社自身建设、提升组织动员力问题。全国政协副主席、九三学社中央主席韩启德主持会议并讲话。韩启德说，2017年是我国全面实施“十三五”规划的重要一年，是推进供给侧结构性改革的深化之年。做好2017年九三学社各项工作，一是要加强思想建设，借助更多形式的抓手，增强针对性和有效性。二是要参政议政发挥优势、突出重点、聚焦问题、广泛动员社内外力量，着力提高质量。三是要进一步提高民主监督本领，发动九三学社组织整体力量，着力做好对陕西脱贫攻坚的民主监督工作。四是要进一步明确社会服务工作定位，与参政议政紧密结合，突出重点、打造品牌、提高影响力。五是要深化“人才强社”战略，加强组织建设，用信息化手段完善人才管理；在用好现有人才的同时，积极吸引优秀青年人才。与会人员认真学习习近平同志同党外人士共迎新春时的重要讲话及其系列讲话精神，谈认识、讲体会、话感悟、提建议。大家围绕提高政治把握能力，推进全社思想政治建设；精心安排部署，切实做好九三学社中央和省级组织的换届工作；找准切入点，坚持监督与支持并重，规划和推动脱贫攻坚民主监督工作；深化“人才强社”战略，加强组织建设；发挥优势，聚焦重点领域和关键环节履行参政党职能；完善各项规章制度，扎实推进机关建设等问题进行了广泛深入研讨。九三学社中央常务副主席邵鸿，副主席谢小军、张桃林、赖明、马大龙、丛斌、赵雯、卢柯、武维华、印红出席会议。

2月9日，全国政协副主席、九三学社中央主席韩启德致信九三学社中央常委、量子科学实验卫星先导专项首席科学家、中科院院士潘建伟，祝贺他荣获2016年度“感动中国”人物称号。信中说，昨晚，在中央电视台欣喜看到您荣获“2016年度感动中国人物”称号。您感动了中国！您是九三学社的骄傲！我谨代表九三学社中央并以我个人的名义，向您表示热烈祝贺和崇高敬意！信中表示，全社同志要以潘建伟为榜样，大力弘扬九三学社爱国民主科学优良传统，从我做起，勇攀高峰，在本职岗位上建功立业，在社务工作中勇挑重担，为实践科技创新的“顶天立地”，实现“两个一百年”奋斗目标和中华民族伟大复兴的中国梦贡献力量。

2月10日，九三学社中央常务副主席邵鸿在九三学社中央机关接受《团结》杂志记者专访。邵鸿认为，中共十八大和十八届四中全会提出建设社会主义政治文明，推进国家治理体系和治理能力现代化的总目标。加强社会主义协商民主建设，是题中应有之义。人民政协是协商民主的重要渠道和专门机构，俞正声同志担任全国政协主席以来，为提高工作效能、加大建言质量，在很多方面进行了改革创新，如重启双周座谈会、每年一次专题议政性常委会议、压缩提案数量强调提案质量、开展监督型考察等，取得了显著成效。邵鸿认为，民主党派要利用好人民政协舞台，就要做到“三个三”。一是议政建言要具备有调研、有见解、有胆量三个品质；二是重点关注本党派优势领域、民主政治建设领域、政府不同部门利益冲突领域三个领域；三是用好党派机关专干、党派组织整体和社会三方面力量。邵鸿还就如何发掘提案线索等相关问题回答了记者提问。

2月17日，九三学社中央副主席丛斌出席由国家卫生计生委召开的各民主党派中央和部分全国人大代表、全国政协委员座谈会。丛斌在会上建议，深化医保制度改革，完善急救体系。丛斌说，九三学社医卫界社员人数众多。每年，九三学社都要组织社内专家深入实际，调查研究，为医药卫生事业健康发展建言献策。丛斌就卫生计生工作提出4点建议。一是深化医疗保险制度改革。二是完善我国急救体系。三是加强公共营养师培养。四是加强精神卫生领域建设。与会人员围绕深化医改、推进计划生育管理改革、做好重大疾病防控、优化健康服务、发展健康产业等工作提出意见建议。

2月24日，全国政协副主席、九三学社中央主席韩启德在九三学社中央机关会见财政部副部长胡静林。九三学社中央常务副主席邵鸿，副主席赖明，副主席兼秘书长印红参加会见。韩启德对财政部多年来对九三学社中央的支持表示感谢。他说，财政部与九三学社中央长期保持良好有效沟通，为九三学社中央履行参政党职能起到了很好的促进作用。韩启德希望财政部加强医保、养老方面财政预算前瞻性，科研、医疗等专项经费使用合理性，健康产业债务风险预判性等方面的研究。同时，对九三学社中央开展对口监督、黄河源头沙漠化治理等调研方面，加大支持力度。韩启德表示，九三学社中央将进一步做好财税、金融等领域人才的引进，提高参政议政专业化水平，为推进我国经济社会持续健康发展做出贡献。邵鸿认为，社会资本投入社会事业的积极性应予保护。

《民办教育法》修订后，对营利性职业教育学校，不能完全执行市场化操作，应制定一定优惠政策；对非营利性职业教育学校，应尽快实现政策落地。赖明介绍了去年九三学社中央参政议政“直通车”、高层协商、政协协商，以及今年九三学社中央大调研等方面的有关情况。

2月24日，全国政协副主席、九三学社中央主席韩启德在九三学社中央机关会见全国政协副主席、国家科技部部长万钢。九三学社中央常务副主席邵鸿、副主席赖明参加会见。韩启德对万钢一行表示热烈欢迎并充分肯定科技部工作。韩启德说，中共十八届三中全会指出：“经济体制改革是全面深化改革的重点，核心问题是处理好政府和市场的关系，使市场在资源配置中起决定性作用和更好发挥政府作用。”近代以来，我国在科学技术方面落后于人，很大程度上是因为学科不能交叉，或者交叉少，尤其是自然科学和社会科学交叉太少；战略科学家是前瞻布局和建设国家科技创新体系的“关键少数”。我国战略科学家群体明显不足，科技部在科技战略研究方面可以发挥更多主导作用，组建代表国家综合科技实力的国家战略科技力量。九三学社中央将进一步深入调研，深入思考如何在现阶段落实十八届三中全会对科技体制改革提出的要求，为建设科技强国献计出力。赖明介绍了2016年九三学社中央有关科技方面的参政议政情况和2017年工作计划。

3月10日，九三学社中央在社中央机关举行2017年全国两会代表委员座谈会。全国政协副主席、九三学社中央主席韩启德出席会议并讲话。九三学社中央常务副主席邵鸿，副主席谢小军、张桃林、赖明、马大龙、丛斌、赵雯、卢柯、武维华、印红出席座谈会。韩启德介绍了3月4日习近平总书记看望参加全国政协十二届五次会议的民进、农工党、九三学社委员时的情景并传达了习近平总书记重要讲话精神。韩启德强调，九三学社各级组织和广大社员要增强政治意识，充分发挥优势，协助党和政府做好知识分子工作，广泛凝聚政治共识；主动担当，积极作为，深入调查研究，提高参政议政质量，特别是在民主监督方面要有所突破；加强自身建设，做好换届工作，在推进新老交替的同时，深化政治交接，以优异成绩迎接中共十九大和九三学社十一大的胜利召开。赖明简要回顾了九三学社中央2016年参政议政工作取得的成绩和做法经验；介绍了2017年九三学社中央参政议政工作设想和打算。全国政协委员、中国科学技术大学常务副校长、中国科学院院士潘建伟，全国政协委员、九三学社甘肃省委主委、国家审计署民族宗教审计局局长刘晓梅，全国政协委员、九三学社重庆市委主委屈谦，广东省政协常委、九三学社中央委员陈利浩，及参加中央社会主义学院第37期民主党派干部进修班、培训班的九三学社学员代表闵庆文、贾林海等分别发言。参加全国两会的九三学社代表委员，在中央社会主义学院参加培训的九三学社学员近100人出席座谈会。

3月17日，纪念王选同志诞辰80周年座谈会在全国政协礼堂举行。全国政协副主席、九三学社中央主席韩启德在讲话中强调，要把王选精神化为实际行动，以议政监督协商新成果、服务社会新贡献、自身建设新成绩，迎接中共十九大和九三学社十一大召开。韩启德在讲话中回顾了王选的一生，强调王选的一生，是光辉的一生，是献身科学、追求真理的一生，是为中国特色社会主义事业不懈奋斗的一生。他的非凡业绩和杰出贡献，深深铭记在科技工作者心中。他的高尚品格和崇高精神，为当代中国知识分子树立了人生楷模。韩启德指出，当前，以习近平同志为核心的中共中央正带领人民走在实现“两个一百年”奋斗目标、实现中华民族伟大复兴中国梦的新长征路上，王选孜孜以求并为之终生奋斗的伟大事业和美好理想正在一步步实现。作为中国特色社会主义参政党，我们要把王选精神化为实际行动，团结和带领全体社员，锐意进取、扎实工作，以议政监督协商的新成果、服务社会的新贡献、自身建设的新成绩，迎接中共十九大和九三学社十一大的召开！座谈会上，中国科协党组成员、书记处书记吴海鹰，北京大学党委副书记敖英芳，中国印刷技术协会常务副秘书长陈迎新，中国计算机学会理事长高文，方正集团党委书记生玉海，《王选》纪录片制片人杨丽，王选同志学生代表、北大计算机所所长郭宗明，王选同志生前秘书、王选纪念室主任丛中笑，王选同志夫人陈堃銶等先后发言。与会人员还共同观看了纪录片《王选》片花。座谈会由九三学社中央副主席丛斌主持。九三学社中央副主席马大龙，民革中央副主席郑建邦，民盟中央副主席田刚，民进中央副主席朱永新，农工党中央副主席何维，致公党中央副主席严以新，台盟中央副主席吴国祯，全国政协教科文卫体委副主任丛兵，中国工程院副院长陈左宁等近 200 人出席会议。

3 月 23 日，九三学社中央在九三学社中央机关召开专题研讨会，学习交流全国政协十二届五次会议联组会上委员发言稿。全国政协副主席、九三学社中央主席韩启德出席会议并讲话，九三学社中央常务副主席邵鸿、副主席赖明出席会议。韩启德指出，好的议政建言，一是要讲政治。从整体考量、从大局着眼，不断加强学习，把握好时度效。二是要有见地。选题新颖、焦点突出、有创新性，提出建设性解决办法。三是要有根据。用事实说话，用数据说理。四是要管用。解决问题的开关很多，有真开关、有假开关，关键是要找准总开关。总开关找准了，才能廓清思路，难题才能迎刃而解。五是要好看。以好的形式呈现好的文章，让受众喜欢看、印象深。邵鸿认为，好的议政建言要有情况、有见解、有对策，还要有胆量。赖明指出，九三学社要充分学习借鉴各民主党派参政议政的好经验好做法，认真落实韩启德主席 5 点要求，不断提升参政议政工作水平。会上，九三学社中央各专门委员会和机关有关部门负责人围绕 9 篇发言稿，从选题、立意到结构、逻辑关系和文字表述，进行了深入交流研讨。

4 月 6 日至 7 日，九三学社章程修改（华北、西南、西北片）征求意见座谈会在石家庄召开。全国人大常委会委员、法律委员会副主任委员，九三学社中央副主席、社章修改工作小组组长丛斌出席会议并讲话。河北省政协副主席、九三学社河北省委主委葛会波出席会议。丛斌说，与会人员坚持问题导向，认真思考、深入研究，各抒己见、畅所欲言，既是九三学社民主科学精神的集中体现，也是九三学社贯彻民主、科学立法的生动实践。丛斌指出，社章修改工作首先要明确依据，即以宪法、有关法律和《中国共产党统一战线工作条例（试行）》《中共中央关于加强社会主义协商民主建设的意见》《关于加强政党协商的实施意见》等有关文件为依据，提高工作的法理性及可操作性；其次要体现重点内容，即九三学社缘起及不同时期功绩的历史性，坚定的政治立场及基本价值目标的政治性，一定高度的理论性，以及利于指导工作的实践性等。丛斌还就如何充分体现参政党履职、如何提高社员投身社务工作积极性、如何实现干部管理规范化等与大家进行了交流。九三学社中央宣传部部长、社章修改工作小组副组长兼办公室主任穆建民主持会议，并就社章修改背景、工作分工、修改进度、修改过程中反映比较集中的几个问题做了说明。与会人员结合社务工作实际，围绕九三学社性质、指导思想、基本任务等方面如何进行科学规范的表述进行了热烈讨论，并就九三学社发展历程、民主科学精神，以及社章修改第四稿的逻辑关系、语言文字、标点符号等提出了修改意见。

4 月 27 日，庆祝五一国际劳动节暨全国五一劳动奖和全国工人先锋号表彰大会在北京人民大会堂举行。陈列、蒋绮云、李志敏、孙元华、吴红卫、杨晓、张文瑞、郑家文 8 位九三学社社员荣获全国五一劳动奖章。

4 月 28 日至 29 日，全国政协副主席、九三学社中央主席、中科院院士韩启德，全国政协原副主席、九三学社中央原副主席、中科院院士王志珍赴绍兴出席老年人医疗护养研讨会。韩启德、王志珍与九三学社社员、中科院院士、北京大学医学部教授童坦君，中科院脑科学与智能技术卓越中心主任、中科院院士蒲慕明，上海交通大学医学院院长、中科院院士陈国强等，从基础研究、医疗护养、公共政策多方面共同探讨中国在老龄化进程中面临的挑战，并提出建议。与会人员建议，更好地利用 50 岁以上护理人员资源提升护理市场供给，为 65 岁以上老龄人口安装家庭安全扶手避免摔伤，为适龄老人接种疫苗避免冬季感染流感，积极推动长期护理保险的实现，为贫困地区高龄失能老人提供基本养老保障。

5 月 26 日，九三学社中央副主席丛斌在广州出席 2017 中国创新创业成果交易会，并参观九三学社社员科技成果展。九三学社社员科技成果展共展出 31 项社员科技成果，其中九三学社中央促进技术创新工作委员会征集 14 个项目，九三学社陕西省委征集 14 个项目，社员自主申报 3 个项目。丛斌到九三学社社员科技成果展区逐一观看参展项目，与参展人员亲切交谈，详细了解项目情况，对九三学社中央促进技术创新工作委员会、九三学社陕西省委的组织工作和广大九三学社社员积极参展表示肯定，勉励大家进一步加深对“大众创业、万众创新”重大意义的认识，继续响应国家双创号召，积极投身这项重大改革事业，发挥九三学社中央促创工委的平台作用，注重科技成果转化，激发市场活力，更好服务国计民生。启动仪式后，中国工程院院长周济、广东省人民政府副省长袁宝成、广州市人民政府市长温国辉专程到九三学社社员科技成果展区参观，听取项目情况介绍，对九三学社中央积极参与创交会筹办工作表示高度赞赏。九三学社广东省委主委姚志彬出席启动仪式。

5 月 27 日，九三学社章程修改工作小组在北京召开全体会议，围绕《九三学社章程》修改第 5 稿进行认真梳理和深入研讨。九三学社中央副主席、社章修改工作小组组长丛斌主持会议并讲话。丛斌说，社章修改过程是深入学习研究社章、集思广益的过程，是广泛凝聚共识、寻求最大公约数的过程。大家结合社务工作实际和自身所学所长重点围绕九三学社性质、指导思想、基本任务等，如何科学规范表述进行讨论，就九三学社发展历程、爱国民主科学精神，以及社章修改第 5 稿的逻辑关系、语言文字、标点符号等提出许多很好的修改意见。会后，要认真研究吸收，尽快形成第 6 稿，提交九三学社中央十三届十九次常委会审议。

5 月 27 日，九三学社中央常务副主席邵鸿，九三学社江苏省委主委、江苏省住房和城乡建设厅厅长周岚在常熟出席纪念王淦昌诞辰 110 周年活动。全国政协副主席、九三学社中央主席、中国科学技术协会名誉主席韩启德专门为王淦昌先生诞辰110周年题词“殊勋耀华夏　大范垂后昆”。在纪念王淦昌诞辰110周年座谈会上，邵鸿代表九三学社中央讲话。邵鸿指出，王淦昌不仅是卓越的科学家，同时也是杰出的社会活动家和民主党派代表人士。王淦昌是九三学社的骄傲，是全体九三人永远铭记敬仰的楷模。在他的身上，集中体现了中国知识分子的家国情怀和责任担当，体现了九三学社爱国、民主、科学的优良传统和精神。邵鸿指出，九三学社常熟支社提出设立王淦昌纪念馆的建议。中共常熟市委高度重视，专门成立王淦昌故居修缮小组，并列为2017年重点工程，在很短时间内就完成了故居内居民搬迁、故居设计与修缮、馆内布展等工作，使先生故居同时具有纪念馆和教育馆的功能与效果。这一过程本身就是多党合作实践的生动体现。

5月27日，庆祝全国科技工作者日暨创新争先奖励大会在北京举行。九三学社中央常委、中国科学技术大学常务副校长、中科院院士潘建伟，九三学社中央科普工作委员会主任、中国科学院上海技术物理研究所学位委员会副主任、中科院院士褚君浩荣获首届全国创新争先奖章；九三学社社员、中国科学院亚热带农业生态研究所研究员、中国工程院院士印遇龙，九三学社社员、北京大学药学院天然药物学系教授屠鹏飞，九三学社社员、北京大学分子医学研究所教授、中科院院士程和平，九三学社社员、云南大学副校长、云南生物资源保护与利用国家重点实验室主任张克勤荣获首届全国创新争先奖状。

5月31日，九三学社中央副主席赖明在九三学社中央机关会见国家发展改革委有关部门负责人，就黄河首曲生态保护问题进行沟通和协商。赖明说，近年来，九三学社持续关注、聚焦生态保护问题。继三江源课题调研之后，又先后对长江流域、淮河流域、太湖流域、闽江流域及海岸带、黄土高原及中西部山区的生态保护进行了调研。2016年8月九三学社中央课题专家组又深入甘肃省玛曲地区和四川省阿坝地区进行调研，形成了《关于黄河首曲水源涵养地抢救性保护的建议》，建议将黄河首曲纳入国家公园体制试点并申请世界遗产，将黄河首曲水源涵养区抢救性保护纳入国家“十三五”相关规划，设立黄河首曲保护长期研究项目等。国家发改委高度重视这些建议是对我们认真履职的肯定和支持。

6月1日，全国政协副主席、九三学社中央主席韩启德在京出席纪念杨钟健诞辰120周年座谈会。韩启德指出，杨钟健院士的一生是一本厚厚的“大书”。书中有科学救国的爱国情怀、有专注如一的科学精神、有栽培桃李的育人远见，是“爱国、科学、民主”精神的先贤楷模，启迪、激励着后人。韩启德号召广大科技工作者继承和发扬杨钟健院士等老一辈科学家的科学精神，为科学强国，实现中华民族伟大复兴的中国梦做出新的更大贡献。中科院副院长、中国科学院大学校长丁仲礼，中科院古脊椎所所长周忠和，西北大学副校长张云翔，北京自然博物馆馆长孟庆金，杨钟健之孙杨大同等在会上先后发言。

6月9日，九三学社中央在北京召开“高校人才指标评价问题”座谈会。九三学社中央常务副主席邵鸿，副主席赖明出席会议。邵鸿强调，参政议政工作要聚焦小问题，找到建言总开关，推动解决全局大问题。在高校全局工作中，高校人才指标评价是一个比较关键的问题，把这个问题处理好，有助于消解高校行政化带来的矛盾。解决高校人才指标评价问题，需要聚焦当前指标体系弊端特别严重的地方，提出改进性建议，例如，建立科学的人才产生和评价机制；归并、减少当前人才计划、人才工程，有些人才计划应设退出机制；设定高校人才薪酬上限，用良好学术环境吸引人才；等等。赖明结合九三学社长期关注的问题和近期的调研工作，就如何对当前各类人才计划和人才工程进行有效评估发表了看法。九三学社中央人资环专委会主任周建军针对当前高校人才指标评价存在的问题以及对策做主题发言。九三学社中央科技专委会主任孟安明，九三学社中央教文专委会主任侯义斌、副主任王训练，九三学社中央人资环专委会委员韩敏芳，九三学社中央经济专委会委员刘颖、李微，九三学社中央社建专委会委员丁志宏，北京师范大学教授乔锦忠等结合各自学校的情况发表意见和看法。九三学社中央教文专委会常务副主任刘坚主持会议。

6 月 28 日，全国人大常委会委员、法律委员会副主任委员，九三学社中央副主席丛斌在九三学社中央机关出席九三学社中央法律专门委员会工作会议并讲话。丛斌说，国家的法律制度和司法体制必须相互适应，才能使国家法律公平有效实施，才能产生良好的社会效果，实现良法善治。这是法治国家应当追求的价值目标。丛斌希望，法律专门委员会一要坚持问题导向，要围绕总书记提出的努力让人民群众在每一个司法案件中都感受到公平正义这个重要政治命题和法律命题开展议政调研。密切关注互联网舆情，每个法律人有责任也有义务维护国家的司法公正，避免冤假错案的发生，维护国家意识形态领域的安全。二要善于解剖“麻雀”，要寻找有代表性的“麻雀”，这只“麻雀”就是我们在司法实践中遇到的典型案例或典型事例，对其要深度挖掘，细致剖析，从中找出规律性的东西，做好议政献策积累，以提出切实可行的意见和建议。三要高度关注脱贫攻坚战役，置身于其中，为精准脱贫提供法律援助、用法律思维、法律手段开展民主监督，为打赢这一世纪之战贡献力量。会上，法律专门委员会副主任吴景明、陈红、黄乐平，委员纪格非、陈健、罗飞、沈红雨、杨素娟、熊智、邵玉琴、单云娟、田圣斌、方拯等围绕大力推进司法体制改革课题，从科技体制改革立法、知识产权、员额制改革、陪审员制度、立案登记制等方面进行了热烈讨论，并就 2017 年调研课题安排进行了讨论发言。

7 月 4 日，我国著名的能源动力科学家、中国共产党的亲密朋友，第八届全国政协常委，九三学社第八、九届中央副主席，九三学社第十、十一届中央名誉副主席，陕西省人大常委会原副主任，九三学社陕西省委原主委，中国科学院资深院士，发展中国家科学院院士，中国工程热物理学会原理事长，西安交通大学原副校长、动力工程多相流国家重点实验室名誉主任陈学俊先生因病医治无效，在西安不幸逝世，享年 99 岁。陈学俊 1919 年 3 月 5 日出生于安徽滁县，1952 年加入九三学社，历任九三学社陕西省委副主委、主委，全国政协委员，陕西省人大常委会副主任，九三学社中央副主席，全国政协常委，九三学社中央名誉副主席。

7 月 11 日，九三学社中央副主席丛斌应邀在湖南长沙出席由中央社会主义学院主办的中国政党制度研究中心第十五届年会，并做《民主党派民主监督制度浅析》主题报告。丛斌分析了当前我国监督体系，明确了民主党派民主监督的独特地位和作用，重点解析了民主党派民主监督的性质和意义，结合工作实际论述了民主党派民主监督必须坚持的原则，阐释了民主党派民主监督的内容、形式和类别，提出了民主党派民主监督的保障机制，介绍了九三学社中央开展脱贫攻坚民主监督相关工作。丛斌指出，我国的民主党派民主监督是一种柔性监督，蕴含着中国传统文化中的和合理念。在中国特色社会主义政党制度中，各民主党派是在共产党领导下的合作者，而不是反对党；是参与国家管理的参政党，而不是在野党。丛斌强调，民主党派民主监督必须遵守以下原则：一是坚持党的领导。二是坚持共同的思想政治基础。三是坚持人民立场。四是坚持问题导向。五是坚持实事求是。六是坚持科学精神。来自中共中央统战部、各民主党派中央、高等院校，以及全国 42 家省级、副省级社院的专家学者共 120 多人参加报告会。

7 月 12 日，全国政协副主席、九三学社中央主席韩启德在九三学社中央机关会见全国政协副主席兼秘书长、机关党组书记张庆黎一行。九三学社中央常务副主席邵鸿，副主席赖明、丛斌、印红参加会见。韩启德对张庆黎一行表示热烈欢迎。他说，本次走访是全国政协机关党组落实中央巡视工作意见，加强与民主党派沟通联系的切实体现。韩启德充分肯定了全国政协机关党组所做的工作并就有关问题交换了意见。邵鸿对全国政协给予九三学社的支持和帮助表示感谢，并就有关问题提出了建议。张庆黎感谢九三学社中央对全国政协机关工作提出的意见和建议并介绍了近年来全国政协机关的工作概况，通报了有关情况。

7 月 26 日，九三学社中央常务副主席邵鸿、副主席赖明在机关会见财政部副部长余蔚平一行。邵鸿就财政部多年来对九三学社中央的支持表示感谢。他说，近年来财政部与九三学社中央工作交流不断加强，这既是财政部转变工作作风的具体实践，也体现了对中国共产党领导的多党合作制度的高度重视。希望双方进一步加强日常工作沟通，形成常态化制度化交流机制。同时，对九三学社中央开展脱贫攻坚民主监督、机关建设工作等加大支持力度。赖明介绍了今年九三学社中央参政议政“直通车”、全国两会议案提案情况，并就推进科技成果转化等问题与余蔚平一行进行了交流。余蔚平简要介绍了今年上半年中央预算执行和财政部重点工作，并就创新流域生态补偿机制等部分两会代表委员提出的提案建议办理情况进行了说明。他说，九三学社作为以科技界高中级知识分子为主体的参政党，为我国财政工作提出了很多高质量的意见建议，对推进财政体制改革有重要作用，希望一如既往支持财政工作，为“十三五”期间深入推进供给侧结构性改革献计出力。座谈会上，全国人大代表、北京信利律师事务所首席合伙人、九三学社中央法律专委会主任阎建国，全国人大代表、清华大学水利系教授、九三学社中央人口资源与环境委员会主任周建军分别就有关问题发表意见。

7 月 27 日，纪念潘菽诞辰 120 周年座谈会在北京人民大会堂举行。全国政协副主席、九三学社中央主席韩启德出席会议并讲话。韩启德说，潘菽是中国现代心理学奠基人之一，理论心理学主要开拓者。他一生著作等身，为中国心理学发展做出了巨大贡献，是 1955 年中科院心理学领域唯一一位学部委员。韩启德强调，潘菽是九三学社主要创始人之一。抗战胜利前夕，他与许德珩等人发起组织九三学社的前身——“民主科学座谈会”。在筹备九三学社过程中，潘菽根据周恩来建议，先后介绍“自然科学座谈会”成员及其他一些科技界高级知识分子参加九三学社，对形成九三学社组织特色起到决定性作用。韩启德指出，潘菽是我国知识分子的优秀代表。他的一生，是为祖国、为人民鞠躬尽瘁的一生，是为实现民主、振兴科学不懈奋斗的一生。在他身上集中体现着九三学社老一辈优良传统和高尚风范。座谈会由全国政协副秘书长、九三学社中央常务副主席邵鸿主持。中共南京大学委员会副书记朱庆葆，中科院心理所所长傅小兰，中科院心理所原所长张侃，南京大学心理系主任周仁来，天津师范大学教授白学军、中央统战部原副部长胡德平，中科院副院长张涛，九三学社江苏省委副主委陆延青，潘菽之孙潘垚天等先后发言，从不同侧面追忆潘菽光辉一生，缅怀潘菽的不朽功绩。来自九三学社、南京大学、中国心理学界及潘菽后人等90余人出席会议。

7月28日，全国政协副主席、九三学社中央主席韩启德致信程开甲，祝贺他荣获“八一勋章”。信中说，在中国人民解放军建军90周年前夕，欣闻先生荣获中央军委颁授的“八一勋章”。这是国家和人民对您在推进国防和军队现代化建设中建立卓越功勋的充分肯定。我谨代表九三学社中央委员会并以我个人名义向您表示热烈祝贺！信中简要回顾了程开甲科学报国、忠诚奉献的感人事迹后表示，全社同志要以程开甲为榜样，更好地弘扬爱国民主科学优良传统，脚踏实地、诚信治学，精益求精、志存高远，为建设创新型国家，实现中华民族伟大复兴的中国梦做出新的更大贡献。

8月10日，全国政协副主席、九三学社中央主席韩启德在上海召集并主持科学文化座谈会，从文化角度探讨现代科学。九三学社中央副主席、上海市政协副主席、社上海市委主委赵雯出席座谈会。韩启德指出，现代科学体系是近500年来西方建立起来的，在现代科学方面，我们虽然经过这些年的努力，取得了很大的进步，从全面跟跑，到部分领域并肩跑，有些领域甚至领跑，但总体上仍存在着差距。我们仍然要虚心学习，继续发展，包括科学精神、科学思想、科学态度、科学方法方面，都要做得更好，实现从科技大国向科技强国的转变。同时，我们也要看到，现代科学发展才500年，已显示出局限性，特别是人与自然不和谐的地方，因此，在发展科学的同时，必须自觉思考科学文化问题，科技发展需要有好的文化土壤，也需要人文把握方向和刹车。发展我们国家的科学文化，还要结合自己的传统文化，提倡兼容并包，提倡理性讨论，不走极端。九三学社是以科技界为主体的参政党，在科学文化发展方面，也应走在前面，担负起自己的责任。毛时安、褚君浩、曾凡一、曹旭、李党生、钱菊英、杨光辉、曹正文、刘宁、陆朝阳10位社员先后发言。大家围绕中国传统文化和现代科学，围绕现代科学的发展及其哲学思考等问题，从不同侧面各抒己见，展开了热烈的讨论。

8月17日，国家卫生计生委在北京召开全国卫生计生系统先进集体、先进工作者和劳动模范及“白求恩奖章”获得者表彰大会。九三学社中央常委、中国科学院院士、复旦大学附属中山医院心内科主任葛均波，九三学社社员、黑龙江省中医药科学院主任医师张琪，九三学社社员、天津市第三中心医院超声科主任医师经翔，荣获“白求恩奖章”。

8月31日，九三学社十一大报告起草工作座谈会在九三学社中央机关召开，九三学社中央常务副主席邵鸿出席会议并对报告起草工作提出要求。邵鸿指出，扎实做好社十一大报告起草工作，一是要坚持高屋建瓴，强调政治性，要把社十一大报告作为一个政治报告而不是普通的工作报告来起草，要运用全球视野和辩证思维，在深刻认识当前中国特色社会主义面临的机遇、问题和挑战的基础上，准确把握九三学社作为中国特色社会主义参政党在实现中华民族伟大复兴进程中的角色定位和发展逻辑；二是要坚持问题导向，突出前瞻性，要深入思考和研究新形势下我社要建设怎样的参政党，发挥怎样的职能作用，以及如何通过加强各方面自身建设，切实提高参政履职各项能力等理论问题和实际问题，争取使报告成为能够号召动员全社力量，对全社今后一段时期工作具有长远指导意义的纲领性文件；三是要坚持集思广益，增强凝聚力。会上，九三学社中央研究室主任郭悦通报了前一阶段报告起草工作情况。与会人员以高度的政治责任感，围绕报告提纲，结合社务工作经验，就报告立意、篇章结构、亮点要点等问题进行了深入交流。

9月12日，由国务院侨办、中共四川省委省政府和九三学社中央共同主办的第十六届中国西部海外高新科技人才洽谈会在成都开幕。全国政协副主席、九三学社中央主席韩启德出席开幕式并讲话。中共四川省委书记王东明出席开幕式，省委副书记、省长尹力，国务院侨办副主任郭军分别致辞。韩启德在讲话中指出，海科会着眼服务“科教兴国”和“人才强国”战略，服务西部大开发，服务海外英才共享西部机遇、实现自身发展，搭建起中国西部与世界人才合作的重要桥梁，成为全国最具影响力的科技与人才交流盛会之一。“环境好，则人才聚、事业兴。”在国家实施新一轮西部大开发战略背景下，西部地区已经成为广大海外人才创业发展的理想之地、创新创造的一方沃土，“西部机遇”向每一位致力于施展才华实现个人抱负、服务中国发展的海外英才敞开怀抱。全国人大常委会委员、法律委员会副主任委员、九三学社中央副主席丛斌，环保部副部长、九三学社四川省委主委黄润秋出席开幕式暨论坛。

9月14日，“九三学社全国传统教育基地”授牌仪式在绵阳梓潼“两弹城”邓稼先旧居前举行。全国政协常委、副秘书长、九三学社中央常务副主席邵鸿为“两弹城”授牌，并与全国政协委员、九三学社中央委员、邓稼先亲属许进一道，向邓稼先铜像敬献鲜花。邵鸿在讲话中指出，“九三学社全国传统教育基地”是开展九三学社历史和优良传统教育、加强九三学社组织文化建设、深入推进坚持和发展中国特色社会主义学习实践活动的重要载体。这项工作对加强社史宣传教育、进一步激发社员爱国爱社情怀起到了积极作用。梓潼“两弹城”是我国第二个核武器研制基地旧址，这里承载着让中国人挺起脊梁的难忘历史，具有宝贵的教育意义。相信梓潼“两弹城”在各界的关心和帮助下，必将教育更多来自全国各地的干部群众感受“两弹”红色文化，同时也希望包括九三学社社员在内的广大干部群众，积极弘扬“两弹一星”精神，为国家科技城建设贡献更多智慧力量，为弘扬多党合作事业和实现伟大中国梦不断做出积极贡献。

9月18日，九三学社中央常务副主席邵鸿出席中关村石景山科技园、中关村门头沟科技园双创周开幕式暨2017京西创新论坛并讲话。邵鸿在讲话中指出，推进“大众创业、万众创新”，是中共中央、国务院在经济发展新常态下做出的战略部署，也是落实国家创新驱动发展战略，推进供给侧结构性改革的重要举措。中关村石景山、门头沟科技园“大众创业、万众创新”精神深入人心，创新创业活动如火如荼，必将为集聚发展新动力，加快新旧动力转换提供支撑。邵鸿希望中关村石景山、门头沟科技园紧紧抓住大众创业、万众创新带来的发展机遇，不断完善“双创”所需要的公共产品和服务，真正使“双创”成为促转型、调结构、稳增长的加速器，为发展京西、建设首都、实现中华民族伟大复兴的中国梦做出贡献。

9月26日，九三学社中央委员会、中国工程院、中国铁路总公司、中国科学院、中国科学技术协会、北京市科学技术协会、茅以升科技教育基金会等单位在杭州共同举办钱塘江大桥建成通车80周年纪念系列活动。九三学社中央副主席谢小军，九三学社中央原副主席、茅以升科技教育基金会主任委员王志珍，九三学社中央原副主席冯培恩出席部分活动。王志珍指出："钱塘江大桥展示了以茅以升先生为代表的中国优秀科技工作者崇高的爱国主义精神。希望通过系列纪念活动，在人们心中树立起钱塘江大桥这座爱国主义的历史丰碑，学习和弘扬茅以升先生'爱国、科学、奋斗、奉献'的崇高精神，激励人们为实现中华民族伟大复兴的中国梦不懈奋斗，以更优异的成绩迎接党的十九大的召开。"钱塘江大桥由九三学社第五、六、七届中央委员会副主席，第八届中央委员会名誉主席，桥梁学家茅以升主持设计、建造。

10月14日至16日，由九三学社中央主办、果壳网承办的"未来已来"科幻文学沙龙在北京怀柔举办。全国政协副主席、九三学社中央主席韩启德出席活动。南方科技大学教授吴岩、科幻产业从业者姬少亭、中科院粒子天体物理重点实验室主任张双南分别以"中国科幻在科学文化中的位置和问题""中国科幻电影和产业发展""人工智能会审美吗"为主题，回顾了中国科幻文学、电影和产业发展的历程，介绍了当前面临的主要问题，以科学方法剖析"美"的本质，探讨了人工智能审美的实现手段，引发热烈讨论。随后，与会各领域的顶尖科学家分别从人类与微生物的关系及遗传进化的比较、未来建筑的可能形态、植物生理反应和未来农业、石墨烯与碳纳米管的超轻材料、环境科学的应用、精神疾病等角度，畅谈各类科学发现、技术和构想在科幻创作中展现的可能。讨论过后，韩启德指出，高质量的科幻文学，应是一群有理想有情怀的作家，在面对科学与未来时，或于个体或于种群，内心忧患意识的一种引人深思的表达。科学家也有着社会担当和哲学思考，时常会在专业领域之上思考更本源、更宏观和更长远的事物，也多会对科学文化抱有较浓厚的兴趣。此次沙龙旨在促成科学家与科幻作家的一次精彩"碰撞"，作家带领科学家进一步感受科幻文学和科学文化的魅力，科学家为作家创作提供素材、点燃灵感、开拓思路。未来可以推动各方创造更多平台，促进科学家与科幻作家交流，为繁荣中国科幻创作厚植土壤，为加速科幻产业发展增添动力。九三学社中央副主席赖明，九三学社中央副主席、中国农业大学植物生理与生化国家重点实验室主任武维华，九三学社北京市委主委、北京大学纳米科学与技术研究中心主任刘忠范，北京大学环境与经济研究所所长张世秋，中国医药工业研究总院副院长陈代杰，北京大学精神卫生研究所教授于欣，复旦大学中文系教授严锋，科幻作家刘慈欣、夏笳、江波、陈楸帆，果壳网创始人嵇晓华等参与了活动。

10月26日，受中共中央委托，中共中央政治局委员、中央统战部部长孙春兰向各民主党派中央、全国工商联负责人和无党派人士代表通报中共十九大精神。九三学社中央主席韩启德代表九三学社中央发言。韩启德在发言中说，中共十九大是一次具有里程碑意义的大会，是中国共产党继续推进伟大斗争、伟大工程、伟大事业、伟大梦想的历史性大会。大会确立了习近平新时代中国特色社会主义思想的历史地位，对新时代推进中国特色社会主义事业做出了全面部署，选举产生了新一届中央委员会，实现了新老交替。大会的各项成果，必将对夺取新时代中国特色社会主义伟大胜利、实现中华民族伟大复兴的中国梦发挥十分重要的指导和保证作用。韩启德指出，九三学社学习十九大精神，首要的就是深化坚持接受中国共产党领导、坚持和发展中国特色社会主义自觉性的认识，牢固树立“四个意识”、增强“四个自信”，自觉在思想上政治上行动上同以习近平同志为核心的中共中央保持高度一致，更加坚定维护以习近平同志为核心的中共中央权威和集中统一领导，更加坚定和自觉地贯彻落实以习近平同志为核心的中共中央各项决策部署。九三学社中央常务副主席邵鸿，副主席张桃林、赖明、马大龙、丛斌、武维华、印红出席通报会。

10月31日，政协第十二届全国委员会常务委员会第二十三次会议举行全体会议，14位全国政协常委、委员围绕“学习贯彻中共十九大精神”作大会发言。全国政协主席俞正声出席会议。九三学社中央常务副主席邵鸿代表九三学社中央发言。邵鸿说，创新是引领发展的第一动力。现在是中国科技创新的最好时代，我国科技人员总数、专利论文数和科技总投入（按实际购买力计算）均达世界第一，重大科技成果不断涌现，科技与经济社会发展结合日益紧密。要实现2035年“跻身创新型国家前列”这一目标，需要更加尊重科学规律、市场规律，深化改革、激发活力。邵鸿建议，科技创新，人的因素第一，要更加尊重科学规律；促进科技创新，政府有形之手要有所作为，但必须适当有度，要更加尊重市场规律；中国特色社会主义进入新时代，中国科技工作者务必继承发扬老一辈科学家高尚宝贵的精神品质，在以习近平同志为核心的新一代中央领导集体坚强领导下，从我做起，至诚报国，奋发担当，踏实苦干，做出无愧于人民、无愧于国家、无愧于时代的更大贡献！

11月14日，全国政协副主席、九三学社中央主席韩启德在九三学社中央机关会见教育部副部长孙尧一行，并就民族地区教育发展等问题进行座谈。韩启德对孙尧一行来访表示热烈欢迎。他说，九三学社长期关注我国教育事业。在九三学社中央帮扶助推下，贵州省威宁自治县九三中学，仅用5年时间就把一所名不见经传的乡村中学，打造成全国教育系统先进集体、毕节市普及实验教学示范校。目前，九三学社中央正在利用九三学社优势，与宜宾市、李庄镇有机结合，创造条件支持“中国·李庄中学”发展，积极探索一条在贫困地区建设一流中学的道路，为推进我国教育改革和发展做出贡献。韩启德指出，我国民族地区面临解决贫困人口温饱问题和全面建成小康社会双重任务，通过职业教育，可以提高劳动力素质、拓宽就业渠道、增加群众收入，从而加快脱贫步伐。民族地区职业教育要着眼当地经济社会发展需要，适应市场需求。民族地区还要考虑国家通用语言文字教育问题，大力加强国家通用语言文字教育。比如，可以在职业教育中开设学前双语教学专业，化解新疆南疆地区学前双语师资匮乏问题。孙尧希望九三学社中央在推进教育现代化、推进少数民族地区教育发展等方面提出前瞻性、高水平建议。

11月23日至24日，九三学社社史研究和理论研究骨干培训班在北京举办。九三学社中央常务副主席邵鸿出席开班式并讲话。邵鸿说，2017年九三学社中央继续扎实推进社史工程，稳步拓展“九三学社人物丛书”项目、“九三学社口述史”项目，制定《九三学社中央社史研究工作十年规划（2018—2027）》，继续推进“社史工程”各个项目的深化与完善，充分利用网络数据库资源，社史资料收集、整理和研究工作取得新成绩，参与编修《统一战线人物志》丛书等民主党派史志，审订海南、湖南等地方组织社史，举办吴阶平诞辰100周年、王选诞辰80周年、潘菽诞辰120周年等与社史有关的会议和纪念活动。邵鸿指出，要进一步加强社史研究工作。一是要加强规划。二是要加强工作机制建设。三是要抓住重点，争出精品。四是要利用好发挥好九三学社全国传统教育基地的作用。五是要搞好重大历史节点和重要人物纪念活动，充分利用网站和社刊等广泛开展社史和优良传统宣传教育。培训班上，华中科技大学教授贺雪峰做《如何做好“三农”调查》学术报告，介绍了利用田野调查方法调查村民自治、乡镇选举、信访制度、税费改革、农地制度等方面内容。九三学社中央研究室有关负责人就社史研究经验、口述史工作与参训人员进行了业务交流。九三学社各省级组织、副省级城市分管领导及相关部门负责人共 90 余人参加培训。

12 月 18 日，九三学社中央主席武维华在九三学社中央机关会见中共陕西省委常委、统战部部长、副省长姜峰。九三学社中央常务副主席邵鸿、副主席丛斌参加会见。武维华首先对姜峰的来访表示欢迎，对中共陕西省委多年来给予九三学社工作的支持，特别是大力协助九三学社陕西省委换届工作表示感谢。他说，九三学社中央将在尊重当地实际的基础上，建立有利于全社共同参与和广泛支持的工作机制，加深双方合作的广度和深度。同时，尝试以科学座谈会为载体，加强材料、汽车等方面的智力投入。武维华还就尽快完善九三学社中央对陕扶贫监督工作联系沟通机制等提出建议。姜峰说，九三学社自对口陕西开展脱贫攻坚民主监督工作以来，九三学社中央领导多次带队，深入农户进行实地调研，提出了很好的指导性意见，其严谨扎实的工作作风为当地扶贫工作树立了典范，赢得基层干部群众的交口称誉，极大增强了全省打赢这场脱贫攻坚战的信心和勇气。邵鸿、丛斌分别就如何增强乡村自治能力、如何落实“两不愁、三保障”的政策要求、如何做好建制村通畅工程的维护监管等方面与姜峰一行交换了意见。

12 月 19 日至 21 日，九三学社中央主席武维华一行前往九三学社诞生地——重庆考察调研，并出席学习贯彻九三学社第十一次全国代表大会精神座谈会。会上，武维华听取了九三学社重庆市委工作汇报以及学习贯彻九三学社第十一次全国代表大会精神的情况，并对九三学社重庆市委在参政议政、社会服务、自身建设等方面取得的成绩予以肯定。他说，重庆是九三学社的发祥地，具有统一战线的光荣历史和优良传统。九三学社各级组织和广大社员要深切缅怀前辈先贤的高尚风范，继承和弘扬爱国、民主、科学的优良传统，始终坚持中国共产党领导，深入学习贯彻中共十九大精神和习近平总书记统一战线重要思想，推动统一战线和多党合作事业向前发展。希望九三学社重庆市委利用好发祥地这个优势积极开展社史研究，教育引导全市社员进一步增强中国特色社会主义参政党的责任感和使命感，充分发挥九三学社界别优势，认真履行参政议政、民主监督、参加中国共产党领导的政治协商职能，扎实开展科教服务和扶贫工作，深入推进“九地合作”项目，积极投身中国特色社会主义伟大事业，为实现中华民族伟大复兴的中国梦做出应有贡献。在渝期间，武维华一行参观考察了九三学社成立旧址纪念碑、中国民主党派历史陈列馆，并前往西南大学土壤尺度界面过程与调控重庆市重点实验室、生命科学院分子发育生物学实验室、超声医疗国家工程研究中心视察调研。市委常委、统战部部长陶长海会见了武维华一行。副市长、九三学社市委主委屈谦，全国人大常委会委员谢小军等陪同考察。

12 月 26 日至 27 日，九三学社中央主席武维华率队赴河南考察调研并出席九三学社河南省学习贯彻九三学社十一大精神汇报座谈会。座谈会由河南省政协副主席、九三学社河南省委主委张亚忠主持。听取汇报和发言后，武维华在讲话中对九三学社河南省委的工作给予了充分肯定。他说，要认真学习贯彻中共十九大精神和九三学社十一大精神，把十九大精神贯穿到参政党履行职责的各项工作中，不忘合作初心，继续携手前进。要坚持全心全意为人民服务的立场，巩固多党合作的共同思想政治基础。新时期做好九三学社各项工作，都要切实保持和增强全心全意为人民服务的自觉性，一切从人民的利益出发，关心关注民生和人民群众的重大关切，助推经济社会发展，对人民群众深恶痛绝的现象给予尖锐批评，并就如何从制度上消除这些现象提出意见建议。调研期间，武维华一行赴兰考县参观了焦裕禄纪念馆并拜谒焦陵，瞻仰了“焦桐”“习桐”，缅怀焦裕禄的感人事迹；赴通许县考察九三学社“同心康福”优德行动假肢安装现场，慰问了受资助的贫困肢残者。

12 月 28 日，九三学社中央在社中央机关召开《涂长望传（修订版）》出版座谈会。九三学社中央常务副主席邵鸿出席会议并讲话。邵鸿说，《涂长望传（修订版）》一书修订再版具有重要意义。首先，它在原版基础上进行了充分修正和补充，使得全书内容更加完整丰富；其次，本书以生动形象方式记录了涂长望先生生平和九三学社的历史，是对思想建设特别是传统教育的好教材；最后，《涂长望传（修订版）》是在查阅研究了大量资料后才得以成书的，是一本有积淀、有分量的传记，倾注了修订小组和工作人员的心血，是《九三学社人物丛书》的优秀典范。邵鸿指出，要加强《涂长望传（修订版）》的宣传，借助新媒体等现代传播途径，以更加新颖活泼的形式，更好地弘扬涂长望等九三学社先贤的事迹和精神，引导广大社员不忘合作初心，继续携手前进，夯实多党合作共同思想政治基础。会上，中国气象局原局长温克刚、原副局长刘英金，九三学社中央宣传部长穆建民、研究室主任郭悦，学苑出版社孟白，许德珩之孙许进，涂长望先生之女涂多彬等从不同角度追忆了涂长望先生的感人事迹和可贵精神，深切缅怀这位中国气象事业开拓者的历史功绩和人格魅力，充分肯定《涂长望传（修订版）》一书的文学和史料价值。

二、履行职能

（一）参政议政

1. 专题调研

2 月 14 日至 15 日，九三学社中央常务副主席邵鸿、九三学社中央副主席赖明一行来到故宫博物院就文物保护与利用情况进行调研。调研组一行深入故宫教育中心、修缮技艺部、文物医院等处，了解公众教育互动和修缮工艺传承情况，并到部分待修缮古建筑实地查看文物和古建筑保存保护情况，就文物安全、内部管理、古建筑修缮、文博人才培养、专业技术职称评定等，与相关人员进行交流。在随后举行的座谈会上，邵鸿说，九三学社中央十分关注文物保护与利用问题。2017 年伊始，我们应邀来到故宫博物院，进一步深化和聚焦文物保护课题。故宫承载了厚重的历史和文化意义，九三学社曾有一批大师级文保文博专家长期在故宫博物院工作。我们愿意也有责任参与故宫文物保护事业，积极建言献策、贡献智慧，为故宫文物保护工作做点事，为推进历史文化传承创新做点事。

3 月 15 日，全国政协副主席、九三学社中央主席韩启德赴“小马管家”北京办公区就互联网家政服务业展开调研。全国政协常委、副秘书长，九三学社中央常务副主席邵鸿，全国政协常委、九三学社中央副主席印红陪同调研。韩启德实地走访并了解了互联网家政服务企业的业务内容、市场定位及发展情况；在随后召开的座谈会上，听取企业代表对消费升级和社区服务业发展情况的汇报，并组织与会人员就互联网服务业发展面临的主要困难，如何破除瓶颈助推产业发展等问题展开热烈深入讨论。韩启德说，家政服务是实现全面小康的需要、是供给侧结构性改革的需要、是民生的需要、也是补短板的需要。家政服务业发展快、需求广、潜力大，与之相对的是优质供给明显不足，需要从完善配套政策、规范从业人员资质、优化税收调节机制、提供保险等金融产品支持等方面入手，补齐短板，着力解决优秀人力资源培养和使用脱节、服务供给和群众需求脱节等问题。韩启德希望互联网家政服务业可以进一步发挥互联网的优势，继续创新、坚持梦想，用优质高效的服务满足群众对家政服务的需求。

3 月 28 日至 31 日，全国政协副主席、九三学社中央主席韩启德率队就“促进科技型中小微企业创新发展”课题赴湖北调研。九三学社中央副主席赖明随同调研。在湖北省政协副主席、九三学社湖北省委主委田玉科陪同下，韩启德一行先后调研了武汉菲沙基因、明德生物科技、光庭科技、众宇动力系统、鼎龙控股、大唐广电和位于黄石的上达电子、博大生物和三丰智能等公司，与企业负责人和技术人员面对面交流，听取各企业在创新驱动、技术推广和产品销售中取得的成绩以及面临的困难和问题，并提出指导性意见。韩启德指出，要落实好中共十八届三中全会精神，让市场成为资源配置的决定性因素，政府在推动科技创新上有所作为，管住该管的；政府职能部门之间要协调配合，形成联动，切实抓好职责中合理方面，简化相关政策和流程，让中小微企业对政策能看得懂，用得上，能长久。九三学社要认真履行参政党职能，结合党派大调研系列活动，深入讨论研究后，向中共中央、国务院提出合理建议，争取落实 2 条至 3 条管用的措施，为我国结构性改革、创新驱动和实体经济发展做出贡献。

4 月 15 日至 17 日，九三学社中央副主席、农业部副部长张桃林率调研组赴怒江州调研农业农村工作。调研组先后到怒江州瑞佳农林科技发展有限公司上江镇火龙果示范基地，福贡县匹河怒族乡老姆登陆金茶厂，贡山独龙族怒族自治县独龙江乡肖切独龙鸡保种场、丙中洛镇、贡山汇泽种植农民专业合作社等地开展调研，详细了解产业科技扶贫、农技推广、职业农民培育、新农村建设等情况。通过走访调研，张桃林对怒江州农业农村工作开展情况给予了充分肯定，他希望怒江州进一步强化措施，补齐短板，继续强化对农业农村工作的组织领导，整合各种资源，加大农技推广力度，大力培育新型职业农民，有效拓宽农民增收致富渠道，助力贫困农民脱贫致富奔小康。

4 月 22 日至 23 日，全国政协副主席、九三学社中央主席韩启德率队赴宁夏就“互联网 + 医疗”课题展开调研。九三学社中央常务副主席邵鸿，九三学社中央副主席赖明，九三学社宁夏区委主委、区卫计委主任马秀珍陪同调研。调研组一行前往银川智慧互联网医院、宁夏互联网医院、银川市民大厅和银川市第一人民医院，现场考察了互联网医院的整体运营、公立医院与互联网医院线上线下合作运营情况，就行政审批服务局对互联网医院的审批、医师多点执业备案、医保中心与智慧互联网医院对接等情况进行了深入了解。在随后召开的座谈会上，调研组听取了宁夏卫生计生委等相关部门代表、部分市属公立医院和互联网医院负责人，关于银川市“互联网 + 医疗”推进情况的详细汇报，围绕互联网医疗服务和信息安全、医疗人员与实体医院、互联网医院关系等问题展开了讨论。韩启德指出，公平可及，是医疗体制改革的目的之一。有效利用大数据技术转化为实际产出和服务，对实现全社会统筹享受医疗资源分配提供了有效的探索途径。创新有风险，但改革需要创新。特别是关乎百姓切身利益的改革，我们不能忽略百姓的需求和积极性，应坚持解放思想、审慎包容的态度，在政府有效作为的基础上，充分发挥市场在资源配置中的决定作用，重塑现代医疗体系，推动医疗健康事业发展。在宁期间，韩启德会见了中共宁夏区委书记李建华等领导同志。

5 月 4 日至 6 日，全国政协副主席、九三学社中央主席韩启德率调研组赴浙江湖州、嘉兴调研“促进科技型中小微企业创新发展”课题。九三学社中央副主席赖明，浙江省人大常委会副主任、九三学社浙江省委主委姒健敏和国家有关部委负责人、相关领域专家等陪同调研。在调研中，韩启德认真听取了湖州、嘉兴在扶持科技型中小微企业创新发展中的有关做法和各企业在创新驱动发展中遇到的有关问题，并提出了指导性意见。韩启德说，综合考察情况来看，科技型中小微企业创新发展，一要有技术，二要有资金，三要有市场。要针对中小微企业发展实际，进一步优化政府治理体系，使市场在资源配置中发挥决定性作用，让资源配置更科学更有效。要针对反映较多的实际问题，进一步加大知识产权保护和侵权行为打击力度，加强小微企业金融服务，健全完善政策支持，让小微企业对各项政策措施看得懂、落得实、用得上。九三学社将认真吸收有关意见，提出合理建议，努力为我国结构性改革、创新驱动和实体经济发展做出贡献。

5 月 14 日至 16 日，九三学社中央常务副主席邵鸿，九三学社中央副主席谢小军、赖明率九三学社中央调研组，赴四川遂宁、成都等地，就“促进科技型中小微企业创新发展”课题再次进行调研。调研组在实地调研后召开的调研座谈会上听取了相关情况介绍，与会人员围绕中小微企业创新发展工作推进中遇到的困难和问题进行了交流。邵鸿在座谈会上充分肯定了四川省促进科技型中小微企业创新发展的各项举措。他说，通过此次调研，我们看到四川省的创新创业发展势头良好，这既得益于科技服务政策、平台配置完善，更是企业家创新精神的重要体现。尤其是民主党派也积极参与其中。九三学社四川省委结合自己的科技资源优势，设立四川九三创享科技服务有限公司，搭建转化帮在线服务平台，成立知识产权评议办公室，建立九地合作孵化区，以及通过社员专家“坐诊”的方式，有效整合了社内企业、科技、人才三方资源，可以作为社中央长期关注科技型中小微企业创新发展的调研基地。邵鸿鼓励大家在促进实体经济发展和产业协同创新链条中发挥更大作用，实现更大发展。

6 月 19 日，九三学社中央副主席、农业部副部长张桃林赴江西都昌，考察调研鄱阳湖流域春桥支流农业面源污染综合防治试点项目。九三学社江西省委主委李华栋等陪同调研。张桃林一行先后来到春桥乡雄风养殖厂、春桥港、晨晖农场等地，实地了解农业面源污染综合防治工作开展情况。张桃林指出，我国农业面源污染量大面广、复杂多样，污染防治工作起步也比较晚，综合防治工作还面临许多困难和问题。各级农业部门要有针对性地开展农业面源污染防治工作，大力推进农业清洁生产，积极发展循环农业，突出重点环节，鼓励和引导农民增施有机肥，使用低毒生物农药，加强规模化养殖场沼气工程建设，大力保护和改善农村生态环境。要紧紧围绕“一控两减三基本”目标，以提高农业资源利用率为主线，转变生产方式，创新农作模式和生产经营管理机制，大力发展生态循环农业，坚决打好农业面源污染防治攻坚战。

7月7日至8日，九三学社中央副主席、农业部副部长张桃林一行到乌海市调研。中共乌海市委常委、副市长陈文库，副市长白彦分别陪同调研。调研中，张桃林对乌海市特色农业发展取得的成绩给予肯定。他说，乌海市立足地区实际，在发展生态、高效、特色、精品农业方面进行了许多有益探索，取得了明显成效。乌海市要在现有特色农业发展的优势基础上，树立精品意识，打造优质品牌，把绿色化发展融入农业特色产业和培育新兴产业中，健全完善企业与农户利益联结机制，促进农业产业化经营与农民增收致富。张桃林一行还深入内蒙古柠植源生物科技有限公司、黄河海勃湾水利枢纽等处进行调研。

7月11日，全国政协副主席、九三学社中央主席韩启德赴北京顺义区调研，全国政协常委、提案委副主任、九三学社中央副主席赖明参加调研。韩启德考察了正元地理信息有限公司、雅昌文化发展有限公司。在北京临空经济核心区管委会召开的座谈会上，韩启德听取了顺义区副书记、区长高朋和区委常委、副区长初军威对核心区基本情况、发展历程、产业结构及下步发展目标的介绍。他指出，一是核心区的发展要紧紧围绕国际航空枢纽这个中心，发挥临空经济独一无二的优势和国际化平台优势，吸引更多的国外航空企业入驻运营，以航空经济带动金融、高科技等产业的发展，优化产业布局。二是在承接北京非首都功能疏解方面，要明确优先承接发展和布局的产业方向，服务首都经济的转型升级和京津冀协同发展。三是在城镇化的过程中，要往逆城市的发展方向去做，保留农村原汁原味的风貌，让城市人享受农村田园生活，更好的城市让人生活更美好。

7月31日至8月8日，赖明率队赴四川省、青海省就川甘青接合部全域旅游与生态安全情况展开调研。调研组一行深入四川省阿坝州松潘、若尔盖、红原、阿坝、马尔康、小金、汶川，甘孜州色达，青海省果洛州班玛、久治等市县的近30个调研点，详细了解近年来川甘青接合部地区全域旅游、通道建设、生态治理、产业扶贫等工作的推进情况，并在马尔康市召开座谈会，与四川省直部门和阿坝州、甘孜州的主要负责同志就三省接合部地区的现状及未来发展方向，进行了深入细致的讨论。赖明指出，川甘青接合部地区在全国生态、政治、经济发展和文化建设中占有重要地位。中共十八大以来，接合部地区发生了翻天覆地的变化，与此同时，传统的发展方式越来越难适应新形势的需要，发展理念、发展方式必须加以转变。综合考虑川甘青地区的区位优势，特别是经济发展、社会进步、政治稳定、生态安全、民族团结和全面决胜小康社会的需要，大力推进旅游供给侧结构性改革，发展全域旅游是川甘青接合部发展最好的转型方向、重要抓手和突破口。赖明强调，开展全域旅游应深刻把握其全空间、全方位、全链条等三条重要内涵，推动中央与地方、政府与市场统筹协调、精准发力，保生态、促发展，落实中央第六次西藏工作座谈会精神，推进川甘青接合部地区经济社会的持续稳定发展。

9月13日，全国政协副主席、九三学社中央主席韩启德率队赴四川省自贡市，围绕长江上游生态保护与流域城市绿色发展工作开展专题调研。他强调，要以习近平总书记系列重要讲话精神和治国理政新理念新思想新战略为统揽，统筹推进“五位一体”总体布局、协调推进“四个全面”战略布局，认真践行新发展理念，始终保持转型发展绿色发展的定力，奋力谱写“中国梦”自贡篇章，以优异的工作实绩迎接党的十九大胜利召开。九三学社中央副主席赖明参加调研。调研中，韩启德强调，当前，自贡面临一系列重大机遇，也面临着诸多挑战，全市上下一定要坚定信心、保持定力，不断推动产业升级、城市转型迈上新台阶。九三学社要充分发挥界别优势，支持自贡改革发展各项工作，尤其是要不断加强自身建设，紧紧围绕党委政府的中心工作，不断提高社员参政议政实效，更好服务地方经济发展。

9月27日至10月1日，九三学社中央副主席赖明率队赴广西柳州市融水苗族自治县、三江侗族自治县就滇桂黔石漠化地区旅游扶贫情况进行调研。调研组一行深入两地的异地扶贫搬迁和生态旅游扶贫点，了解两地利用石漠化地区岩溶地质景观和少数民族地区民族文化资源，发展生态旅游产业、带动旅游扶贫的情况。对旅游产业发展在交通基础设施建设、政策配套落实、实施机制和可持续等方面存在的问题进行了深入调研。赖明强调“全域生态旅游应放在区域中推进，配套旅游基础设施应在整体规模上考虑，各项政策措施应统筹协调”。一是继续深刻把握全域旅游“全空间、全方位、全链条”三条重要内涵，提升生态旅游产业的规模化、市场化和社会化水平。二是做好交通基础设施和旅游基础设施的整体规划，打通断头路、连通旅游环线，提高资金投入的使用效率。三是统筹协调，做好中央和地方之间的政策协调，加强地方和地方之间的合作联系，统筹推进石漠化地区旅游扶贫工作，实现石漠化地区经济和社会、生态、文化的协调发展。

11月24日，九三学社中央副主席赖明赴神华集团调研。赖明听取了神华集团公司主要产业分布、企业煤电路港航化一体、产运销一条龙经营等情况介绍。在随后召开的座谈会上，双方就利用CIGS光伏建筑一体化项目提供游牧定居点，推进草原牧民脱贫工作课题进行了深入交流。赖明说，习总书记在统揽全局的基础上，强调要把脱贫攻坚这个重任放在心上、扛在肩上、抓在手上。脱贫攻坚工作也是民主党派民主监督的一项重点内容，做好草原牧民的脱贫工作具有重要的政治效益、社会效益、生态效益和经济效益。神华集团运用现代方式不断推动科技创新，光伏建筑一体化是未来发展的方向，也是一个大课题，希望九三学社与神华集团加强合作，通过党派优势和集团资源，共同为履行社会责任、推动社会进步做出贡献。

2. 信息工作

2017年度，九三学社共收到社情民意信息4000条，采编形成《九三学社信息》《九三学社信息专报》646期，被全国政协采用43篇。其中，《解决科技型中小微企业“营改增”之后税负增加问题的建议》得到中共中央领导同志批示，《关于融通中外讲好中国故事的建议》《关于进一步促进海水淡化产业发展的建议》《关于加快建立大数据应用制度体系的建议》3篇信息转化为全国政协十二届五次会议提案。

3. 科学座谈会和九三论坛

4月7日至8日，九三学社中央以“中国超算的国产创新与应用强国之路”为主题，在北京召开第十一次科学座谈会。全国政协副主席、九三学社中央主席韩启德出席会议并讲话。九三学社中央常务副主席邵鸿，副主席赖明、武维华出席会议。韩启德说，自2014年举办第一次科学座谈会以来，九三学社中央先后举办11次科学座谈会，这是对九三学社前身——“民主科学座谈会”的继承和发展。本次科学座谈会旨在为社内外“超算”专家提供讨论碰撞、交流借鉴的平台，以此弘扬科学精神，增强凝聚力，共同为国家发展提出有针对性的意见建议，供中共中央决策参考。韩启德希望与会人员紧密围绕会议主题，碰撞思想、交流切磋，提出创新性建议，为把我国建设成科技强国贡献力量。邵鸿在总结讲话中说，高性能计算是国家战略的体现，其水平彰显一个国家的综合国力。我国超算事业起步较晚，从奋力追赶到逐步超越，从局部突破到综合技术领先，虽然取得了一定成绩，但与发达国家相比仍有差距，我们缺乏国家层面的关于高性能计算的战略性规划；在产学研结合和充分利用市场方面还存在不足；在人才培养特别是人才培养体系建设等存在不足。邵鸿结合各位专家学者提出的意见建议，对下一步工作进行了安排和部署。中国科学技术大学软件学院院长、南京邮电大学高性能计算和大数据处理研究所所长、中国科学院院士陈国良，北京应用物理与计算数学研究所研究员袁国兴，科技部高性能计算专家组组长、中山大学数据科学与计算机学院院长钱德沛，中国科协副主席、中国工程院副院长、中国工程院院士陈左宁，中国科学院软件所首席研究员孙家昶，中国科学院大气物理研究所研究员张明华，西安电子科技大学教授张玉，青岛海洋科学与技术国家实验室高性能科学计算与系统仿真平台主任魏志强，中国科学院过程工程研究所研究员、多相复杂系统国家重点实验室主任葛蔚，北京应用物理与计算数学研究所副所长、研究员莫则尧，九三学社中央科技专门委员会委员、中国科学院计算所研究员、国家超算济南中心主任张云泉，中国科学技术大学微尺度物质科学国家实验室教授苑震生，中国科学院计算所所长孙凝晖等分别在会上做发言。

5月17日至18日，第十二届“九三论坛”在成都召开。论坛围绕党派大调研主题邀请全社30个省级组织，就如何促进科技型中小微企业创新发展进行研讨。九三学社中央常务副主席邵鸿，九三学社中央副主席谢小军、赖明出席论坛。中共四川省委常委、统战部部长、省政协副主席崔保华出席开幕式并致辞，九三学社四川省委主委、环保部副部长黄润秋出席论坛并致欢迎词。邵鸿在开幕式上说，今年，九三学社中央继续动员全社力量开展党派大调研，在京召开了专家座谈会，在全国政协小组会议开展了专题讨论，先后在湖北、浙江、四川进行了调研。各省级组织也分别成立课题专家组，相继开展了多种形式的调研。在省级组织换届任务很重的情况下，大家仍然积极参与、精心组织调研，显示了我社强大的组织动员力，值得充分肯定。邵鸿指出，各省级组织参加九三论坛，不仅是为社中央形成建言报告提供支持，还应当积极学习借鉴其他省市组织的成果，进一步完善自己的报告，在此基础上向本地党委政府提出促进科技型中小微企业发展的意见和建议，起到广泛助推实体经济发展的实际效果。闭幕会上，赖明从论坛目的、任务、背景、成果四个方面做了总结讲话。为期两天的论坛中，百余位社内专家、省级组织代表、企业家们深入探讨了科技型中小微企业创新发展面临的政策瓶颈、成本制约、社会化服务体系缺失等问题，从加强科技金融创新，完善政府购买科技服务体系，加强知识产权保护，发挥九三学社基层科技人才优势，建立健全开放式创新平台等方面，为深化供给侧结构性改革，促进科技型中小微企业创新发展积极建言献策。

7月13日至14日，九三学社中央以能源改革为主题，在北京召开第十二次科学座谈会。全国政协副主席、九三学社中央主席韩启德出席会议并讲话。九三学社中央常务副主席邵鸿，副主席赖明、印红出席会议。韩启德说，能源在人类历史上一直充当着无可比拟的角色。人类文明进步离不开能源技术发展和能源使用方式变革，其改革具有复杂性和敏感性。目前，我国能源发展在取得巨大成就的同时，能源总量、结构和排放已经对可持续发展产生严重制约。提高能源利用效率，减少能源使用量，是我国面临的一项紧迫任务。韩启德指出，要以更加开阔的视野看待能源改革，与经济建设、政治建设、文化建设、社会建设和生态文明建设紧密结合，与"三去一降一补"紧密结合。中国工程院院士、能源与矿业学部主任彭苏萍，国家气候变化专家委员会副主任、清华大学原常务副校长何建坤，国家应对气候变化战略研究和国际合作中心原主任李俊峰，九三学社湖北省委原主委、煤燃烧国家重点实验室原主任、华中科技大学教授郑楚光，中科院大气物理研究所研究员王跃思，中国可再生能源学会氢能专委会主任、中国有色研究院研究员蒋利军，国家"千人计划"专家、南方科技大学教授徐保民，九三学社中央人资环专委会委员、长江学者、中国能源研究会燃料电池专委会副主任兼秘书长、清华大学教授韩敏芳，中科院物理所研究员李泓，九三学社中央人资环专委会主任、清华大学教授周建军，电力系统及发电设备控制和仿真国家重点实验室主任、清华大学教授梁曦东，九三学社人资环专委会委员、深圳市新迪能源科技有限公司执行董事刘波等分别在会上发言。

9月11日至13日，以"中国防震减灾对策"为主题的九三学社中央第十三次科学座谈会在成都召开。全国政协副主席、九三学社中央主席韩启德出席会议并讲话。九三学社中央常务副主席邵鸿，副主席赖明、丛斌、武维华出席会议。韩启德指出，在应对地震造成的灾害方面，人类一直在进步，但仍然面临许多问题。"十三五"时期是我国全面建成小康社会的决胜阶段，迫切需要高度重视防震减灾工作。此次会议以防震减灾对策为主题，通过与会专家学者的交流探讨，深入研究我国尤其是四川地区地震形势以及防灾减灾技术和措施等问题，对于加快推动地震预测预报、防震技术研发应用和应急救援取得的实质性进展，全面提高我国抵御地震灾害综合能力，更好服务改革、发展、稳定大局都具有重要意义。与会的20余名国内防震减灾领域院士和专家学者，围绕地震形势及预测预报、防灾减灾技术与措施等问题，进行了广泛深入探讨。座谈会期间，参会人员还前往成都理工大学地质灾害防治与地质环境保护国家重点实验室、省测绘地理信息局、省测绘应急指挥中心考察调研。中国地震局局长郑国光到会介绍情况。

9月12日，九三学社中央主办的"九三绿色发展论坛"在成都举行。全国政协副主席、九三学社中央主席韩启德出席论坛并讲话。韩启德强调，中国发展不能再以牺牲生态环境为代价。从党的十八大提出"建设美丽中国"的要求以来，习近平总书记在多个场合对"绿色发展"理念进行了系列阐述，这都标志着我国已经把生态文明建设提高到前所未有的高度。四川坚持将生态文明建设摆在突出位置，是全国第一个实现省内环保督察全覆盖的省份，出台《关于推进绿色发展建设美丽四川的决定》，构建适应绿色发展的空间体系、产业体系、城乡体系和制度体系，很多方面走在全国前列，有力推动了中共中央决策部署的落地落实。韩启德指出，作为以科技界高中级知识分子为主的参政党，为绿色发展献计出力，是九三学社履行参政党职能题中应有之义。韩启德表示，九三学社中央将以“九三绿色发展论坛”为桥梁，一如既往支持四川绿色发展与生态环境保护，为推动我国经济社会可持续发展做出新的更大贡献。在论坛上，国内多位专家学者围绕科技创新推动生态保护与生态治理这一主题分别做交流发言。九三学社中央副主席印红、四川省副省长刘捷、省政协副主席崔保华出席论坛。

10月11日至12日，九三学社中央第十四次科学座谈会在银川召开。会议围绕“文物考古与丝绸之路”的主题展开深入研讨与交流。全国政协副主席、九三学社中央主席韩启德出席会议并讲话。九三学社中央常务副主席邵鸿，副主席赖明、丛斌出席会议。韩启德指出，推进“一带一路”建设，是以习近平同志为核心的中共中央统筹国内国际两个大局，做出的重大战略决策，其发展速度之迅猛超出人们想象，“一带一路”沿线国家广泛认同、反响热烈，国内各方面各部门尽全力投入其中，众多项目落地实施、合作发展势头良好。举办这次科学座谈会，旨在从考古学角度，通过广泛深入研讨，发掘丝绸之路的信息和特点，弥补文献记载的不足，丰富丝绸之路史的内容，使文物考古成果被丝绸之路研究充分利用，为“一带一路”建设提供历史借鉴和文化支撑。韩启德强调，“一带一路”建设要注重人文交流。中国与“一带一路”沿线国家历史上有着非常多的民族交往融合，彼此文化中都有互相学习借鉴的因素。推进“一带一路”建设，加强人文交流是重要条件。这方面需要人文社会科学工作者共同努力，凝聚文化共识、提升情感认同。宁夏回族自治区政协原副主席、宁夏大学原党委书记、校长陈育宁，中国社会科学院学部委员、民族学与人类学研究所研究员史金波，中国科学院自然科学史研究所所长张柏春，九三学社社员、中国社会科学院考古研究所副所长朱岩石，中国社会科学院考古研究所研究员、复旦大学科技考古研究院院长袁靖，中国社会科学院民族学与人类学研究所研究员聂鸿音，国家文物局水下文化遗产保护中心副主任、研究员宋建忠，九三学社社员、西安曲江艺术博物馆馆长、陕西省历史博物馆原馆长周天游，九三学社社员、甘肃省文物考古研究所所长王辉，吉林大学边疆考古研究中心主任朱泓，首都师范大学历史学院教授、长江学者李华瑞，宁夏大学西夏学研究院院长、长江学者杜建录，九三学社社员、宁夏大学西夏学研究院副院长彭向前在会上分别围绕丝绸之路文物考古研究、中西方文化交流历史和考古学研究、西夏学研究、海上丝绸之路研究等内容做主题发言。

（二）民主监督

1月18日，九三学社中央副主席丛斌在北京出席由最高人民法院召开的各民主党派中央、全国工商联负责人和无党派人士座谈会。丛斌建议，切实防范和纠正冤假错案，努力让人民群众在每一个司法案件中都感受到公平正义。丛斌说，最高人民法院每年向各民主党派中央、全国工商联和无党派人士代表通报工作情况、听取意见建议，充分说明人民法院对多党合作制度的高度重视。丛斌就防范和纠正冤假错案提出三点建议。一是健全审判内控机制。二是发挥外部监督作用。三是重视社会监督。包括新闻媒体监督、人民群众监督等，积极回应社会关切、采纳合理建议。

2月10日，九三学社中央副主席丛斌出席由最高人民检察院召开的各民主党派中央、全国工商联负责人和无党派人士代表座谈会并建言。丛斌说，中共十八大以来，九三学社中央高度重视司法体制改革，多次开展专题调研。丛斌就深化司法体制改革和检察工作提出3点建议。一是高度重视检察官助理和书记员队伍建设。二是健全检察机关办案组织形式和内控监督机制。三是强化对行政执法与刑事司法衔接的指导和监督。

2月20日，九三学社中央在北京召开脱贫攻坚民主监督工作领导小组（扩大）会议。会议学习习近平总书记在2016年12月6日党外人士座谈会上关于脱贫攻坚民主监督工作的重要讲话，研究讨论《九三学社中央2017年脱贫攻坚民主监督工作实施方案》。九三学社中央主席韩启德出席会议并讲话。九三学社中央常务副主席邵鸿，副主席赖明、丛斌出席会议。韩启德指出，脱贫攻坚民主监督工作是以习近平同志为核心的中共中央赋予民主党派的一项全新政治任务，是民主党派作为参政党参与国家政治生活的一种新形式。做好脱贫攻坚民主监督工作首要的是提高政治站位。韩启德强调，脱贫攻坚民主监督工作要做到六句话。一是坚持党的领导；二是监督有重点；三是调查入农户；四是研究求破题；五是建议管实用；六是行动要协调。邵鸿、赖明在会上谈了对开展下一阶段脱贫攻坚民主监督工作的想法。丛斌汇报了前一阶段九三学社中央对口陕西开展脱贫攻坚民主监督工作有关情况和下一步工作考虑。九三学社陕西省委主委周卫健、专职副主委赵力强就开展脱贫攻坚民主监督工作提出意见建议，并汇报了在陕西选布监测点的有关情况。

4月11日至18日，九三学社中央副主席丛斌率队赴陕西开展脱贫攻坚民主监督工作。丛斌一行深入延安市延长、延川两县和汉中市宁强县的4个村。其间分成4个至8个组，走访151家农户，完成延长县和延川县关庄镇大张村、刘家湾村，汉中市宁强县巨亭镇流溪沟村、广坪镇曹家沟村1县4村监测点的布点工作。在调研结束前向中共陕西省委省政府反馈情况座谈会上，丛斌对陕西认真贯彻落实中共中央决策部署，举全省之力抓好精准识别、精准扶贫、精准脱贫工作取得的进展和成效给予充分肯定。丛斌提出4点建议。一是政策宣传工作更加细致扎实。建议制作贫困户须知手册，把农民需要知晓的政策和能享受的权利等内容整理归纳，做到人手一册，方便查阅；二是系统谋划脱贫攻坚工作，稳中求进；三是加强“村三委”和基层干部队伍建设，以基层党建为抓手加强干部队伍建设，增强基层干部人员素质和工作技能，充分发挥他们在扶贫工作特别是产业扶贫中的引领和带动作用；四是增强扶贫工作可持续性，加大对兜底保障群体的关注，及时追踪他们的生活，增强他们的信心。

6月13日，最高人民法院召开专家论证会，就涉枪犯罪司法解释听取意见建议。全国人大代表、九三学社中央委员、法律委员会主任、最高人民法院特约监督员、北京市信利律师事务所首席合伙人阎建国在会上表示，坚持以造成社会危害为标准对涉枪案件量刑。阎建国就此提出4点建议。一是认定枪支标准应当符合刑法的任务和基本原则。二是涉枪犯罪应考虑给公众造成的心理恐慌。三是涉枪案件坚持以造成社会危害为标准量刑。四是统一涉枪案件裁判尺度。6月29日，九三学社中央副主席、上海市政协副主席、九三学社上海市委主委赵雯率领专项监督工作组赴上海市静安区，召开对静安区《上海市食品安全条例》贯彻落实情况专项监督工作座谈会。静安区有关部门负责人介绍了静安区贯彻落实《上海市食品安全条例》的工作情况。赵雯肯定了中共静安区委、区府贯彻落实《上海市食品安全条例》的工作。她指出，今天的座谈和调研，旨在了解情况，实现信息沟通、工作对接，找到实施的难点和盲点，确定调研计划和监督重点。专项监督既是监督也是合作，社市委将持续跟踪调研，切实为提升静安区食品安全管理水平献计出力。与会工作组成员结合静安区实际，围绕食品安全的重点工作谈了意见和建议。

6月29日，九三学社中央在北京召开扶贫监督调研座谈会。九三学社中央副主席赖明出席会议并讲话。座谈会邀请甘肃、湖北、湖南三省的国定贫困县扶贫办主任，驻村帮扶工作队队长等基层一线扶贫干部面对面交流，10余名与会同志直奔主题，深入研讨分析健康扶贫、搬迁扶贫、涉农资金整合等精准脱贫工作中的突出问题，提出意见建议。赖明在认真听取大家的发言后指出，扶贫攻坚工作是当前一项重要而紧迫的任务，也是民主党派民主监督的一项重点内容。一要精准聚焦。扶贫攻坚是庞大的系统工程，涉及方方面面，要聚焦在具体问题上，找出其中最重要、最关键、最需要解决的问题。二要精准发力。针对问题提出切实、可行、管用的建议，提出的监督性意见要符合中国国情，既立足当前，又着眼长远。赖明说，在脱贫攻坚工作中要处理好五对关系：一是当前与长远的关系；二是政府和市场的关系；三是政府与社会力量的关系；四是外在支持和内生动力之间的关系；五是政策资金的短期投入和长期保障的关系。

8月12日至18日，全国政协副主席、九三学社中央主席韩启德，九三学社中央副主席丛斌一行赴陕西开展脱贫攻坚民主监督工作。调研组深入汉中市宁强县巨亭镇流溪沟村和广坪镇曹家沟村，延安市延长县以及延川县关庄镇大张村和刘家湾村3县4村，入户144户，召开8场座谈会，与百姓面对面，了解当地在精准扶贫、产业带动、易地搬迁、扶贫资金使用等方面存在的问题。韩启德在西安出席由中共陕西省委书记娄勤俭主持召开的脱贫攻坚民主监督情况座谈会时指出，中共陕西省委、省政府高度重视脱贫攻坚民主监督，深入推进前期脱贫攻坚民主监督提出意见建议的整改落实，扶贫精准程度明显提高，干部队伍调整及时、职责落实到位，扶贫资金整合有序有力，基础设施建设步伐加快，扶持集体经济发展方式多元有效，针对因病致贫帮扶举措深入落实，全省脱贫攻坚工作成效显著，干部群众精神面貌焕然一新。韩启德强调，要高度重视扶贫资金使用安全和监督管理，切实保障扶贫资金安全有效。要更加稳健推进易地搬迁工作，做好信息引导、技术支撑、保障服务等工作。要积极探索农村集体经济发展新模式新经验，整合各方资源，形成抱团发展良好局面。要妥善解决因病致贫问题，建立更加合理的医疗服务体系，控好存量、减少增量。要高度重视精神文明建设，坚持物质文明和精神文明"两手抓"、互促进，将精神文明建设更好地融入脱贫攻坚工作中。

9月10日，九三学社中央扶贫监督调研座谈会在成都召开。九三学社中央副主席赖明出席座谈会并讲话。赖明指出，中共十八大以来，习近平总书记最关注的工作之一就是农村人口脱贫，他始终牵挂着贫困群众，关心和思考着扶贫脱贫工作。开展脱贫攻坚民主监督工作是以习近平总书记为核心的中共中央赋予各民主党派中央的一项重要任务，是中共中央推动多党合作制度发展和完善的重要步骤。赖明强调，九三学社各级组织要深入贫困地区、贫困群众中开展调查研究，不断找出焦点难点，多提建设性意见，帮助地方党委政府更好地完成扶贫任务。开展脱贫攻坚民主监督要始终坚持群众路线。贫困群众既是脱贫攻坚的对象，更是脱贫攻坚的主体，要尊重群众意愿，依靠群众，相信群众；要坚持目标标准，不能盲目拔高，科学设置考评指标，实事求是地反映客观情况；要狠下绣花功夫，突出重点，求真务实，典型带动。

10 月 31 日，最高人民法院与国务院法制办联合举办“加强行政审判工作，助力法治政府建设”座谈会。全国人大代表、最高人民法院特约监督员、九三学社中央委员、法律专门委员会主任、北京市信利律师事务所首席合伙人阎建国出席会议并发言。阎建国说，2014 年 11 月 1 日，全国人大常委会通过《关于修改〈中华人民共和国行政诉讼法〉的决定》，标志着实施 20 多年的行政诉讼法完成首次大修。修订后的行政诉讼法 2015 年 5 月 1 日开始实施，恰逢在党中央部署下人民法院开展立案登记制，行政诉讼通道一下子通畅起来，行政案件数量呈现井喷式增长。但两年多来，也出现了告官不见官、限制原告证据复制权、政府拆迁行为商业化、滥用诉讼调解制度、立案环节直接裁定驳回、领导干部插手具体案件、行政复议监督作用不充分、行政诉讼法宣传普及不够等问题。阎建国就此提出 6 点建议。一是强化行政机关负责人出庭应诉制度。二是明确原告有复制被告证据的权利。三是通过行政庭审核或举办听证会做出裁定方式，驳回行政诉讼。四是进一步优化司法环境。五是充分发挥行政复议的监督作用。六是加大行政诉讼法的宣传力度。

（三）政治协商

1. 在高层政治协商和征求意见座谈会上提出意见和建议

1 月 19 日，全国政协副主席、九三学社中央主席韩启德在中南海出席国务院总理李克强主持召开的党外人士座谈会。韩启德代表九三学社中央就《政府工作报告（征求意见稿）》建言。韩启德说，2016 年，在以习近平同志为核心的中共中央坚强领导下，全国上下攻坚克难，改革创新，经济社会发展稳中有进，实现了预期目标。九三学社赞同中央对去年政府工作回顾和今年工作部署。韩启德就《政府工作报告（征求意见稿）》提出三点建议。一是加快海绵城市建设，促进城市水环境改善。二是加快重点区域农业面源污染治理。三是提升农民专业合作社质量。九三学社中央常务副主席邵鸿、副主席赖明也参加了座谈会。

3 月 17 日，九三学社中央常务副主席邵鸿在中央统战部出席就学习贯彻习近平总书记在全国政协十二届五次会议期间参加民进、农工党、九三学社委员联组会重要讲话精神召开的党外人士座谈会并代表九三学社中央发言。邵鸿说，习近平总书记在民进、农工党、九三学社委员联组会上的重要讲话，对知识分子的作用给予充分肯定、寄予殷切希望，回应了知识分子的关切，道出了知识分子的心声，为进一步团结广大知识分子、做好知识分子统战工作、充分调动广大知识分子积极性提供了基本遵循。九三学社广大社员备感振奋，同时深感责任重大。邵鸿表示，学习贯彻习近平总书记重要讲话精神，一是要凝聚思想共识，团结引导广大社员做社会主义核心价值观的模范践行者。二是要强化担当意识，为实施创新驱动发展战略、建成创新型国家贡献力量。三是要加强自身建设，着力提升履职能力和水平。中共中央政治局委员、中央统战部部长孙春兰出席会议并讲话。民革中央主席万鄂湘、民盟中央主席张宝文、民建中央主席陈昌智、民进中央副主席罗富和、农工党中央主席陈竺、致公党中央主席万钢、台盟中央主席林文漪、全国工商联主席王钦敏、无党派人士代表林毅夫等也在会上发了言。

7月21日，全国政协副主席、九三学社中央主席韩启德在中南海出席中共中央总书记习近平主持召开的党外人士座谈会并代表九三学社中央就当前经济形势和下半年经济工作建言。韩启德说，今年，面对错综复杂的国内外经济形势，中共中央深刻把握发展规律、主动引领发展新常态，对外坚持开放包容，“一带一路”建设行稳致远，“人类命运共同体”构建成果丰硕，为世界经济发展贡献了“中国方案”；对内坚持以人民为中心的发展理念，“去降补”“全创改”“放管服”深入推进，供给侧结构性改革日益深化，发展新动能不断积聚，经济发展稳中向好，为中共十九大召开营造了良好氛围。九三学社中央赞同中共中央对当前经济形势的判断和工作部署。韩启德结合调研提3点建议。一是多措并举推进新能源可持续发展。二是将超算速度优势转化为应用优势。三是优化科技创新支持方式。

8月30日，全国政协副主席、九三学社中央主席韩启德在中南海出席由中共中央总书记习近平主持召开的党外人士座谈会并代表九三学社中央建言。韩启德说，中共十八大以来，以习近平同志为核心的中共中央，高瞻远瞩，度时代大势，顺民众之心，以巨大的勇气、智慧和坚毅的行动，开创了中国改革发展新境界。韩启德在发言中就提高人民幸福感、做实做好马克思主义中国化时代化大众化、加强党外知识分子工作等问题提出意见建议。民革中央主席万鄂湘、民盟中央主席张宝文、民建中央主席陈昌智、民进中央主席严隽琪、农工党中央主席陈竺、致公党中央常务副主席蒋作君、台盟中央主席林文漪、全国工商联主席王钦敏、无党派人士代表郭雷也在会上发言。大家认为，中共十九大报告稿站在历史和时代高度，深刻阐述中共十八大以来中国共产党和国家事业发生的历史性变革，深刻阐述新的历史条件下坚持和发展中国特色社会主义的一系列重大理论和实践问题，提出一系列重要思想、重要观点、重大判断、重大举措。与会同志围绕推进结构性减税、优化经济发展环境、深化农村体制改革、推进创新型国家建设、重视科技创新系统性环境建设、为非公有制经济发展营造更为公平公正的法治环境、完善权力运行制约和监督体系、统筹谋划脱贫攻坚和生态建设、重视少年儿童综合素质提高、推进健康中国和美丽中国建设、统筹生态文明体制改革、推动全面从严治党向基层延伸、加强党的基层组织建设等问题提出意见建议。

12月6日，全国政协副主席、九三学社中央主席韩启德在中南海出席由中共中央总书记习近平主持召开的党外人士座谈会并代表九三学社中央就今年经济形势和明年经济工作建言。韩启德说，今年以来，在以习近平同志为核心的中共中央坚强领导下，全国上下喜迎十九大召开和贯彻十九大精神，坚持稳中求进工作总基调，着力优化经济结构、培育发展新动能，发展质量和效益明显提升，经济运行稳中向好，为推进新时代中国特色社会主义伟大事业奠定了坚实基础。九三学社赞同中共中央对当前经济形势的判断和明年经济工作的部署。韩启德结合调研提出3点建议。一是更加重视扶贫产业协调发展。开展产能、产业结构性风险调查，扶持优势特色产业发展，加强产业社会化服务。二是重视住房财富管理。以房产财富管理带动租赁市场，通过租赁市场盘活住房存量，挤压炒房利润空间，更好地实现住有所居。三是优化杠杆结构。优化国资投资结构，改善国企债务结构，完善市场融资结构，有压有保、去中促优。

2. 在政协充分发挥作用

在全国政协十二届五次会议期间，九三学社提交九三学社中央提案 47 件，九三学社界别提案 38 件；潘建伟代表九三学社中央作了《敢于担当从我做起　为建设科技强国建功立业》的发言，印红以个人名义作了《力戒表面看齐狠抓政策落地》的发言，另有 5 篇发言被选为大会书面发言。13 件提案被选为全国政协重点提案或入选全国政协《重要提案摘报》。《关于以市场为导向深化农业供给侧改革的建议》列全国政协十二届五次会议提案号之首。一些提案得到办理单位的高度重视。

2 月 14 日，全国政协提案委员会副主任、九三学社中央副主席赖明在北京出席由全国政协提案委员会召开的各民主党派中央和全国工商联提案工作座谈会。赖明介绍了九三学社拟提交全国政协十二届五次会议的提案准备情况并就加强和改进提案工作提出意见建议。

3 月 4 日，中共中央总书记、国家主席、中央军委主席习近平看望参加全国政协十二届五次会议的九三学社和民进、农工党委员并参加联组会，听取意见和建议。中共中央政治局常委、全国政协主席俞正声参加看望和讨论。全国政协副主席、九三学社中央主席韩启德主持会议。全国政协常委、九三学社中央副主席武维华就加快农业补贴政策体系改革问题发言。武维华说，改革开放以来，我国农业发展举世瞩目。但同时付出了巨大的资源和生态环境代价。农业生产资源环境承载能力已达到极限，“转方式、调结构”迫在眉睫。武维华提出 6 点建议，一是加大耕地保护。二是扩大退耕还林还草规模，巩固生态建设成果。三是完善草原生态奖补政策。四是建立农业用水精准补贴机制，鼓励节水农业。五是开展湿地生态效益补偿和退耕还湿试点，建立湿地保护补贴制度。六是取消或削减部分与“绿色、生态”理念不符的补贴政策。全国政协常委、九三学社中央副主席印红，全国政协委员，九三学社中央委员周锋先后就抓好政策落实问题和重大工程建设须坚守科学之道问题发言。

3 月 8 日，全国政协常委、九三学社中央副主席赖明出席全国政协十二届五次会议围绕“推进农业供给侧结构性改革，广辟农民增收致富门路”主题举办的提案办理协商会。赖明建议，强化农业社会化服务体系建设，补齐农业社会服务化短板。赖明说，农业供给侧结构性改革的目标是，促进农业农村发展由过度依赖资源消耗、主要满足量的需求，向追求绿色生态可持续、更加注重满足质的需求转变。在这一过程中，既要发挥政府统筹规划、支持引导作用，又要充分发挥市场决定性作用，努力推进农业现代化。从九三学社长期的调研情况看，加强现代农业建设亟须补齐农业社会服务化短板。随着农业生产专业化、商品化程度的提高，农业发展对社会化服务的依赖程度必然越来越高。赖明建议，强化农业社会化服务体系建设，采取政府购买服务、定向委托、奖励补助等方式促进生产性服务业发展，加强农业社会化服务组织的跨区域统筹，增强现代农业的社会化服务能力。

3 月 10 日，九三学社中央常委、中科院院士潘建伟在全国政协十二届五次会议第三次全体会议上代表九三学社中央做大会发言。潘建伟在这篇题为《敢于担当从我做

起　为建设科技强国建功立业》发言中说，建设科技强国，必须进一步深化科技体制改革，打破束缚科技人员施展才华的条条框框，把鼓励创新的各项政策落到实处，让人才无后顾之忧，让“英雄”有用武之地。与此同时，科技工作者也要扛起自己的责任，不怨天、不尤人，从我做起，全身心投入科技创新当中。对科技工作者，潘建伟提出4点呼吁，一是要敢于担当。二是要追求原创。三是要包容友善。四是要崇尚道德。

4月10日至14日，全国政协副主席、九三学社中央主席韩启德率全国政协教科文卫体委员会、九三学社中央联合调研组，就校园餐食管理工作赴云南开展专题调研。全国政协教科文卫体委员会副主任李卫红，全国政协常委、副秘书长、九三学社中央常务副主席邵鸿，云南省政协主席罗正富，云南省政协副主席、九三学社云南省委主委曾华等陪同调研。调研组先后到红河哈尼族彝族自治州的蒙自市、元阳县、个旧市和文山壮族苗族自治州的丘北县、砚山县深入8所中小学校深度调研。在昆明召开的调研总结会上，调研组对校园餐食管理工作给予充分肯定并提出建议。一是希望云南省在试点的基础上，进一步推行阳光校园餐食，增加校园供餐透明度，让家长和社会拥有知情权和监督权；二是建立校园餐食营养监测评估体系，用数据评价此项工作效果；三是营养教育要从娃娃抓起，将营养科学和文明礼仪融入教育；四是进一步加强校园餐食人才队伍建设，保证校园餐食管理工作有序开展。

4月24日，全国政协副主席、九三学社中央主席韩启德率全国政协教科文卫体委员会、九三学社中央联合调研组来到宁夏吴忠市和固原市两地，就“改进校园餐食管理”主题对统一配餐和学校食堂供餐两种模式的探索进行实地调研。全国政协教科文卫体委员会副主任李卫红，全国政协副秘书长、九三学社中央常务副主席邵鸿，全国政协提案委员会副主任、九三学社中央副主席赖明，全国政协教科文卫体委员会副主任马德秀参加调研。在调研中，韩启德表示，“国家营养膳食补助资金，要专款专用，足额用于学生。要让孩子们吃饱吃好，真正把这一惠民政策落到实处”。

4月27日，全国政协在京召开第65次双周协商座谈会，围绕“水污染防治法修订”建言献策。全国政协主席俞正声主持会议并讲话。九三学社中央副主席、农业部副部长张桃林，九三学社中央常委、环保部副部长黄润秋就相关问题与委员互动交流。张桃林说，农业面源污染是整个水污染防治的一个重要方面，处理好农业和水环境之间的关系非常重要。下一步农业部将继续积极配合有关部门，做好《水污染防治法》的修订，特别是认真研究吸纳各位委员的建议，将其转化为工作措施，并继续抓好农业面源污染防治攻坚战。黄润秋说，环保部是修订《水污染防治法》的主要参与部门，也是今后的牵头实施部门。近些年，环保部配合国务院法制办就修订问题开展一系列调研、座谈和讨论。同时加大和水利等有关部门的沟通，对一些重点问题进行了一系列协商。黄润秋表示，环保部将认真吸取各位委员的建议，配合国务院法制办，修订好《水污染防治法》。

5月10日，全国政协副主席、九三学社中央主席韩启德率全国政协教科文卫体委员会、九三学社中央联合调研组赴北京市海淀区万泉小学、中关村第三小学就“改进校园餐食管理”课题展开调研。全国政协副秘书长、九三学社中央常务副主席邵鸿，全国政协提案委员会副主任、九三学社中央副主席赖明，全国政协人口资源环境委员会副主任、九三学社中央副主席马大龙陪同调研。调研组实地查看了两所学校营养配餐中心及食堂食品安全管理制度、突发应急处置预案和各项记录，并查看了面食、成品和动物性加工等操作间。韩启德肯定了两所学校在校园餐食管理工作上取得的成绩，指出校园餐食管理是提高青少年身体素质的重要环节，希望两所学校继续强化监管，进一步加强校园餐食营养监测和从业人员能力建设。

5 月 23 日，住房和城乡建设部城乡规划司司长冯忠华一行走访九三学社中央机关，协商办理全国政协大会提案《关于重视新型城镇化中大拆大建问题的建议》。全国政协常委、提案委副主任，九三学社中央副主席赖明会见。赖明说，城市建筑物的拆与建，在一定历史阶段应属正常现象，如战后、灾后的重建。我国城镇化过程中出现大拆大建也有其历史必然性，与经济发展、社会进步、文化传承和民生改善密切相关。但是，凡事皆有度，皆有其自身规律。赖明指出，避免胡乱拆建，规范城镇建设要从以下几个方面来推进：一是要有法可依，补齐政策法规短板，用相应的法律政策来规范；二是要科学规划，要用发展的思维做好科学规划，避免城市中盲目的大拆大建，尽量保留历史文化城市和百年建筑的原貌；三是要严格化管理，要从建筑的设计、规划、建设、运营、维护和拆除进行系列化严格管理；四是要明确主体权责，更好地发挥政府的作用，提高治理能力和水平；五是要加强民主监督，包括利益相关方的监督、社会的监督和其他监督等。冯忠华对九三学社中央的积极建言表示感谢，并充分肯定提案提出的建议。

5 月 25 日，全国政协在京召开第 67 次双周协商座谈会，围绕“完善住宅房地产调控，有序推进新型城镇化建设”建言献策。全国政协主席俞正声主持会议并讲话。全国政协常委、提案委副主任、九三学社中央副主席赖明，全国政协委员、九三学社成都市委主委徐玖平在会上建言。赖明就构建长短结合房地产市场调控机制提出 6 点建议。一是摸清住宅底数与结构。二是完善城镇住房保障体系。三是协调“产城人地”关系。四是优化供地格局，遏制“炒地”。五是拓宽投资渠道，遏制“炒房”。六是加强预期引导，打压炒作。徐玖平从保护、提标、监管等方面提出 3 点建议。一是做好顶层设计，加大保护历史建筑力度，传承城市文脉。二是提高设计标准，严格规划执行，延长建筑使用寿命。三是严抓市场监管，落实相关责任，加强执法监督，强化质量保障。

6 月 5 日至 10 日，全国政协副主席、九三学社中央主席韩启德率全国政协委员视察团，就健康产业发展情况在青海省视察。韩启德指出，健康是促进人的全面发展的必然要求，是经济社会发展的基础条件。大力发展健康产业是中共中央、国务院坚持以人民为中心的发展思想，为提高人民健康水平做出的重大决定。韩启德提出，一定要把握好健康产业的内涵，以维护和增进人民健康为根本出发点和落脚点，让人民群众从健康产业发展中有真切的获得感；青海要充分利用好高原区位、资源优势，组织好高原体育赛事、开展好高原养生研究，深入挖掘藏医药文化宝贵价值，做强做优特色产业；要以创新驱动健康产业提质增效，加强相关基础研究和知识产权保护，借助互联网、大数据等现代技术，实现科技与健康融合发展；要加强改革和政策落实，充分发挥市场在资源配置中的决定作用，厘清政府和市场的不同角色，推动产业健康有序发展。视察团在青海期间，深入西宁市、海东市、海南藏族自治州等地基层一线的医院、养老院、特色农产品种植园区、食品药品加工龙头企业、藏医药博物馆、高原体育训练基地、体育场馆等地，查看各地依托生态资源优势发展健康产业助力精准脱贫的生动实践。

6月22日，全国政协主席俞正声在北京主持召开第69次双周协商座谈会，围绕“改进校园餐食管理”建言献策。全国政协副主席、九三学社中央主席韩启德在会上讲话。九三学社重庆市委主委屈谦，九三学社湖南省委主委张大方，九三学社社员董小平，九三学社中央委员戴晓雁，九三学社中央科普工作委员会委员肖新月，九三学社上海市委专职副主委周锋，九三学社河北省委副主委胡万宁在会上建言。韩启德建议，以控盐为突破口，建立健全学生营养标准。通过对孩子的营养教育和推广，改变整个民族饮食中的不良习惯。屈谦呼吁，“在《国家膳食指南》基础上，制定国家层面的学生营养标准，鼓励并指导各省市建立地方性学生营养标准”。张大方建议，由各省级财政统筹解决学校食堂用工编制问题，或者以政府购买服务方式外聘人力服务。周锋建议，政府牵头建立公开的信息化管理平台，充分利用信息技术，将学校的供餐全过程进行信息化管理，提高规范性和透明度，降低管理成本，提高管理效率，并便于各方监督。董小平建议，由教育部门牵头，制作科教片，系统介绍“营养改善计划”产生、实施、成效和对中华民族长远的影响；积极开展营养改善计划研究，获得更为详尽的科学数据和结论，并以科学论文和研究报告形式在国内国际学术期刊上发表。为《计划》（农村义务教育学生营养改善计划）的进一步实施、调整提供科学依据。

6月29日，中央维稳办与九三学社中央提案办理协商座谈会在九三学社中央机关召开。会议围绕九三学社中央今年政协大会提案《关于进一步完善重大决策社会稳定风险评估机制的建议》办理工作开展协商。全国政协常委、提案委副主任，九三学社中央副主席赖明出席座谈会。赖明首先感谢中央维稳办对该提案的重视。赖明说，当前正处于改革深水区、发展快速期、社会变革转型期，政府制定的重大改革决策、实施的重大工程项目，是否会产生一定的社会风险？如何识别、有效化解这些风险？关键就是要建立风险评估机制。赖明从“四个全面”战略布局高度阐述了重大决策社会风险评估的重要性。他说，全面建成小康社会不仅要经济上实现小康，更要实现政治、社会、文化、生态等方面的小康，要关注社会、政治方面的短板；从全面深化改革的角度看，重大决策的风险评估事关治理能力、治理水平的现代化；从全面依法治国的角度看，就是要保障重大决策的“法制化”；从全面从严治党的角度看，中国特色社会主义道路核心是坚持党的领导，要以政治稳定保障社会稳定，以社会稳定保障经济的平稳健康发展。九三学社社员、普亲老龄产业发展研究院院长贾云竹介绍了该篇提案的案由、案据及课题背景。中央维稳办调研室主任孔祥涛与副主任郭馨分别介绍了提案办理情况与相关工作。

6月30日，全国政协副主席、九三学社中央主席韩启德在北京出席由中共中央政治局常委、全国政协主席俞正声主持召开的调研协商座谈会，并代表九三学社中央就大力振兴和提升实体经济建言献策。韩启德说，科技型中小企业是实体经济中最具潜力、最活跃的部分。今年，九三学社中央以“促进科技型中小企业发展”为主题组成课题组，先后赴湖北、浙江、四川、北京，以及中科院进行调研。总体上，科技型中小企业发展态势良好，但仍然面临不少问题。韩启德提出4点建议。一是提升政策精准性。二是优化创新创业服务供给方式。三是释放创新创业动能。四是精准施策降成本。民盟中央主席张宝文、民建中央主席陈昌智、民进中央主席严隽琪、全国工商联主席王钦敏也在座谈会上发言。

7月10日，全国政协常委、提案委副主任、九三学社中央副主席赖明在九三学社中央机关会见环保部环境影响评价司副司长刘薇一行，就九三学社报送全国政协提案《关于加强“后三峡”时期库区环保工作的建议》办理工作进行协商。赖明感谢环保部对该提案的重视。赖明说，三峡库区建设伊始，就有专家提出“后三峡”时期对出现新的环境问题要加强研究，该提案所列三个问题、四条建议就是在多年调研基础上提出的。环保部全面系统的答复，体现出对中共中央五大发展理念的落实，对推动“后三峡”时期的环保工作意义重大。九三学社愿同环保部一起，共同推进我国的生态文明建设。刘薇高度肯定了该提案提出的问题与建议。提案参与人、九三学社重庆市委资源环境委主任、重庆市政府发展研究中心秘书处副处长彭国川介绍了课题背景与提案成稿过程。

7月17日，全国政协常委、提案委副主任、九三学社中央副主席赖明就九三学社中央《关于完善科技成果转让制度的建议》的提案办理工作会见科技部有关人员。赖明对近年来科技部高度重视九三学社提案建议表示感谢。他指出，以习近平同志为核心的党中央明确了民主党派参政议政、民主监督，参加中国共产党领导的政治协商三项基本职能。作为参政党，九三学社发挥多党合作与政治协商制度优势，围绕党和国家以及百姓的切身利益履行职能。科技部每年走访九三学社中央，沟通情况、协商问题，为九三学社做好参政议政工作、提高参政议政能力和水平提供助力和支持。科技部一行就该提案的办理方案和拟回复内容做了说明，表示将针对九三学社中央提出的意见，进一步完善提案办理工作。科技部拟会同提案单位、作者，针对提案中反映的突出问题选点进行现场调研，还将邀请九三学社和最高法、知识产权局相关负责同志召开座谈会，进一步听取意见建议、沟通和交流情况。中科院上海生命科学院生物化学与细胞生物学研究所中科院系统生物学重点实验室副主任胡荣贵、上海生命科学研究院研究员金佩、上海市激光技术研究所副所长贾锋三位社内专家，分别介绍了提案调研行程过程、科技成果转化在基层院所的难点、症结等，并结合各自科研工作提出建议。

8月18日，科技部就九三学社中央在全国“两会”提出的《关于推进科研资源统筹整合的建议》提案，在北京召开协商座谈会。科技部副部长黄卫听取九三学社中央委员、重庆市科学技术研究院院长、重庆市科协副主席潘复生对该提案相关情况的说明及办理情况的意见。科技部、财政部、中编办和重庆市科委有关负责人围绕提案提出的主要意见和建议进行深入协商交流，共同探讨推动我国科研资源统筹整合的对策举措。同日，科技部创新发展司副司长张旭就九三学社中央《关于完善科技成果转让制度的建议》提案，在上海市科学会堂主持召开协商办理座谈会。九三学社中央委员、九三学社上海市委科技委副主任、上海市知识产权局副局长季晓烨，九三学社上海市委科技委副主任、中科院上海生命科学研究院生物化学与细胞生物学研究所研究员胡荣贵对该提案有关情况做了介绍。最高人民法院、科技部及国家知识产权局有关负责人分别就提案办理情况、健全知识产权保护法院、巡回制度和严格专利审查情况进行了说明，并与课题组成员围绕成果转化政策导向、职务发明权利设定、提升专利质量等问题进行了深入探讨。

8月25日，全国政协常委、提案委副主任，九三学社中央副主席赖明就九三学社中央《关于改进和完善稀有金属管理的建议》的提案办理工作会见工信部有关人员。赖明感谢工信部对该件提案的重视。他说，工信部牵头制定的《稀有金属管理条例》(以下简称《条例》)具有提纲挈领、纲举目张的作用，是解决我国稀有金属战略规划、开发管理等多方面问题的关键。比如在协商中，双方多次提到钨的配额管理。配额总量要涵盖通过综合利用带来的增量，关掉非法开采小矿场，将优势资源价格调整到合理价位，这需要管理体制机制的变革，而管理问题关键是要有法律法规的制度依据。因此，及时推出《条例》非常有必要。九三学社愿意就进一步推动《条例》出台做出努力。工信部原材料工业司副司长余薇表示工信部将此件提案作为部内重点提案办理，感谢九三学社对我国稀有金属产业的关注并提出建设性建议，更希望九三学社能够继续推动《条例》出台。提案主笔人、九三学社社员、江西省黄金管理局高级工程师肖云辉围绕预答复做了三点补充。一是我国稀有金属管理现状仍然复杂，建议将稀土办改成稀有金属管理办公室，以便涵盖全部稀有金属。二是现有工作方式仍有所偏重，建议既要重视国内优势品种，也要顾及短缺品种的进口支持。三是钨的战略优势未得到充分发挥。双方围绕相关问题进行了进一步深入沟通。

9月6日，全国政协第十二届委员会优秀提案和先进承办单位表彰会在北京召开。中共中央政治局常委、全国政协主席俞正声会前会见优秀提案和先进承办单位获奖代表并讲话。九三学社共有13件提案荣获优秀提案。其中包括九三学社中央6件提案，马大龙、武维华、赵海英、潘复生、雷后兴、胡万宁、赵东科7名委员个人提案。

12月14日，九三学社中央副主席赖明在九三学社中央机关会见全国政协文史和学习委员会办公室主任、政协大会发言组副组长陈爱妃，就全国政协大会发言备稿工作交流情况、交换意见。赖明指出，九三学社中央高度重视政协大会发言备稿工作。九三学社中央主要领导同志对每次大会发言都要提出重要指导意见，从选题内容到确定发言人精心准备，取得非常好的效果。近年来，九三学社中央提交的政协大会发言紧密围绕党和国家中心工作，扣住时代主题、体现界别特色、反映百姓关切，力求做到切口小、立意深，反映问题一针见血、对策切实可行。赖明建议，全国政协十三届一次会议大会发言紧扣新时代新使命，重点围绕打赢三大攻坚战、推动区域协调发展等任务建言献策。陈爱妃转达全国政协副主席兼秘书长张庆黎对大会发言准备工作的要求，并对九三学社中央长期以来给予政协大会发言重视支持，以及广受好评的发言效果表示肯定。

(四)社会服务

1月19日，九三学社中央常务副主席邵鸿赴北京市门头沟区妙峰山镇卫生院“九三学社名医工作室”考察。邵鸿实地查看妙峰山镇卫生院全科门诊、“九三学社名医工作室”等科室，听取了妙峰山镇卫生院有关负责人情况介绍。邵鸿对九三学社北京市委在门头沟区开展的社会服务品牌工作给予充分肯定。邵鸿强调，民主党派开展社会服务所取得的成果是双赢。九三学社北京市委发挥自身优势，为山区建设发挥力所能及的作用，在助推门头沟经济社会发展的同时，也促进了九三学社自身建设，培养锻炼了社内骨干，广大社员参与帮扶活动很接地气，提升了组织凝聚力和动员力，增强了九三学社社会影响力。邵鸿希望九三学社北京市委进一步总结经验，不断提升社会服务水平，为门头沟宜居宜业宜游目标的早日实现贡献力量。

2月14日至15日，全国人大常委会委员、法律委员会副主任委员，九三学社中央副主席、中国工程院院士丛斌赴河北调研“同心康福”脑瘫患者救治行动。河北省政协副主席、九三学社河北省委主委葛会波陪同调研。丛斌来到开展救治行动的实施单位——石家庄脑系医院，听取院方情况介绍，实地查看医疗设施、病房环境，看望贵州、四川等地住院患儿，询问医院开展救治行动以来遇到的困难，并从医学角度，与医院专家探讨救治运动功能障碍性脑瘫患者的最新技术和康复方法。丛斌强调，要加强对救治行动的宣传报道力度，抓典型、树标杆。医院也要不断创新，把技术做精，把握尽力而为、量力而行的原则，将收入一部分拿出来做公益事业的同时，也要努力争取社会公益组织和政府的支持，要与医保对接，将其纳入当地精准扶贫项目，解决资金问题，使救治行动更长久。

3月21日至25日，九三学社中央副主席丛斌率队赴贵州威宁调研中药材种植产业发展、草海污水处理等项目。丛斌一行先后来到威宁县二塘镇艾家坪村中药材种植示范园、哲觉镇兴茂合作社、林下天麻种植基地、中药材育苗基地等，听取情况介绍，了解政府帮扶政策落实成效，并详细询问目前发展思路、存在的困难和问题。丛斌说，长期以来，中医药在维护人民群众健康方面发挥了重要作用，为中华民族繁衍昌盛做出了重大贡献。2016年制定的《中医药法》，对威宁既是重要机遇也是严峻挑战。威宁有1500多种中药材，其中有80多种是道地药材。大力发展中医药产业是大势所趋，对中药材需求将呈几何倍数增长。品质和质量标准是中药材产业能否实现跨越性发展的关键。丛斌建议，一是把中药材产业上升为威宁县域经济第一支柱产业；二是要有“精打细算”发展中药材产业的思路。发展中药材产业要循序渐进，抓住3至5个属于道地药材范围的关键品种，形成规模化种植，创建具有威宁地方特色的品牌；三是着力打造中药材产业技术队伍，中药材产业对技术依赖性强，要做好相关人才储备工作；四是抓紧制定符合国家标准体系的中药材种植标准；五是调动农民种植中药材积极性。全国政协常委、九三学社贵州省委主委黄宗洪陪同调研。

3月30日，全国政协常委、九三学社中央常务副主席邵鸿出席由各民主党派中央、全国工商联黔西南“星火计划、科技扶贫”试验区联合推动组、贵州省人民政府、欧美同学会·中国留学人员联谊会主办的第五届“中国美丽乡村·万峰林峰会”并致辞。邵鸿在致辞中说，“中国美丽乡村·万峰林峰会”自2013年以来已连续举办四届，影响力持续提升。这是探索各民主党派中央、全国工商联和国家有关部委支持地方发展建设的新途径，业已成为一个开放、包容的高端交流和合作平台。本届峰会以“凝心聚力、脱贫攻坚”为主题，内容务实、规划前瞻，可以说，这是凝聚统一战线资源优势，深入贯彻落实中央创新、协调、绿色、开放、共享五大新发展理念开展脱贫攻坚的又一努力，一定会取得丰硕的成果。邵鸿表示，九三学社中央将与联合推动组各成员单位一起，在黔西南“星火计划、科技扶贫”试验区联席会议统筹指导下，充分发挥建言献策、脱贫攻坚民主监督和示范带动作用，广泛动员社会力量，整合资源携手奋进，助力黔西南打赢脱贫攻坚战，实现同步小康宏伟目标。在兴义期间，邵鸿前往兴义市文化路小学进行了视察，现场考察了九三学社中央援建的文化路小学多功能教室，听取了学校领导工作汇报，并就下一步发挥九三学社优势，助力文化路小学发展与相关方面负责人充分交换了意见。邵鸿还赴义龙新区、普安县、晴隆县等地考察了新农村建设示范点，移民搬迁工程建设项目以及“种草养畜”晴隆模式，并就相关工作提出了指导建议意见。

4 月 15 日，九三学社中央常务副主席邵鸿在重庆调研九三学社中央多党合作社会主义新农村建设项目——重庆市涪陵区大顺乡明月村幸福院建设情况。九三学社中央副主席谢小军，重庆市人民政府副市长、九三学社重庆市委主委屈谦陪同调研。邵鸿一行在幸福院与老人们进行亲切交流，了解他们的生活状况、询问幸福院运行情况和存在困难，并提出解决之策。九三学社中央多党合作社会主义新农村建设项目——重庆市涪陵区大顺乡明月村幸福院于 2016 年 3 月启动，2016 年 8 月竣工并通过验收。该项目投资 60 余万元，按农村养老院建设标准改造老年人休息室、老人娱乐室、厨房及餐厅，还修建了院内花园和老人健身活动场。项目建成后，极大地提升了明月村幸福院的档次和服务能力。

4 月 20 日，九三学社中央“院士科学报告会”在甘肃酒泉举办。九三学社中央副主席、中国科学院院士武维华做题为“我国农业可持续发展的问题与挑战”的专题报告。武维华以粮食安全、农业资源利用、农业供给侧结构改革等几个方面为主要内容，用鲜活的事例、生动的讲解介绍了我国农业生态文明建设可持续发展的问题与挑战，并结合酒泉市实际情况描述现代农业发展的现实路径，对酒泉市今后加快发展现代农业指明了方向。

4 月 27 日，九三学社“亮康行动 2017 · 陕西行”启动仪式在安康市中心医院举行。全国政协委员、九三学社中央社会服务部部长徐国权，全国政协委员、九三学社陕西省委副主委赵东科出席启动仪式并讲话。此次“亮康行动”是九三学社中央首次来到安康为白内障患者实施免费复明手术，由安康市中心医院组织实施。

5 月 24 日至 25 日，全国政协副主席、九三学社中央主席韩启德率队赴山东省临沂市就白内障防治精准扶贫工作考察调研。九三学社中央副主席丛斌参加调研。韩启德一行在山东省人民政府副省长、九三学社山东省委主委王随莲陪同下先后到山东医学高等专科学校、鲁南眼科医院、临沂市城市规划展览馆和效峰菌业有限公司等处进行实地考察调研，详细了解鲁南眼科医院白内障防治精准扶贫工作、医疗资源整合模式，以及临沂当地教育卫生事业发展、产业转型升级等方面情况。考察过程中，韩启德对白内障防治精准扶贫、临沂城市建设、教育卫生等方面的工作给予充分肯定。韩启德在听取汇报和发言后指出，中共临沂市委、市政府高度重视医疗资源整合工作，以鲁南眼科医院白内障脱盲精准扶贫为切入点，探索形成社会运作、政府监管、互联网支撑新医联体的模式，取得了良好成绩和可供借鉴的经验。希望临沂市把医疗资源整合工作摆在更加重要位置，加大科研投入力度，充分利用互联网技术，研究新规律、新特点，探索新机制、新方法，推动创新医疗资源整合模式工作再上新台阶，努力打造临沂样板。调研期间，韩启德还听取了九三学社临沂市委工作汇报，并与部分社员代表进行座谈。他指出，九三学社社员在开展参政议政工作时要紧扣时代主题，紧密围绕党委政府的中心工作，坚持不懈地把课题做实做深，做出成效；要始终坚持“人才强社”的战略，发展社员做到好中选优，积极发展领军式人才和旗帜性人物；要努力完善制度、搭建平台，让更多的社员积极投身到社务工作中，让每个基层组织都活跃起来。

6月2日至3日，九三学社中央副主席丛斌率九三学社中央调研组赴四川省广元市旺苍县调研脱贫攻坚工作。丛斌一行出席三江中学“同心树人”捐赠仪式，深入三江镇厚坝村、嘉川镇五红村，查看新农村建设情况，考察九三学社中央定点帮扶国华中药材基地，看望九三学社定点帮扶户，对建档立卡贫困户脱贫情况进行民主监督。在九三学社中央定点帮扶旺苍县脱贫攻坚座谈会上，丛斌指出，“三农”的根本问题就是农民问题，因此，只有解决农民贫困问题，中国共产党才能夯实在农村的执政基础。丛斌认为，精准扶贫不是到2020年全面建成小康就会一劳永逸，而是一项长期任务。没有农民的小康就没有全国人民的小康，农民脱贫增收这根弦不能松。要坚持问题导向，探索和建立可持续发展的精准扶贫、精准脱贫长效机制，大力发展农村集体经济助推精准脱贫。丛斌指出，九地合作的重点在广元，“九广合作”的重点在旺苍。要继续拓展九广合作，将“九广合作”上升到“五位一体”总体布局，开展全方面多领域多层次的“九广合作”，我们可以探索在旺苍建立创新农村集体经济发展模式试验区。九三学社中央将一如既往，帮助旺苍解决脱贫攻坚具体问题，不断增强老区人民的获得感、幸福感，让老区人民过上更加幸福美好的生活。

6月7日，青海省互助县国家级农业示范园区“九三学社院士专家工作站”成立，九三学社中央副主席赖明，全国政协常委、九三学社中央副主席、中科院院士武维华，中共海东市委书记于丛乐共同揭牌。在揭牌仪式上，武维华说，互助县国家级农业示范园区“九三学社院士专家工作站”的成立是“九互合作”开展三年多来的一件大事，九三学社是以科学技术界高、中级知识分子为主体的政党，会集了一大批科技领域的高端人才，互助县“九三学社院士专家工作站”的成立，就是充分发挥九三科技优势，实施创新驱动战略，促进科技成果转化，推动科技进步的重要举措，是九三学社中央对青海省科技发展的强有力支持，也是深化“九互合作”的重要举措。院士专家工作站是九三学社、科研院所和园区之间长期合作交流的平台和载体。在建站过程中要坚持发挥院士专家的高端人才作用，把前沿、高端的科技引进园区。通过传播新技术、新知识，技术论证和决策把关，引领互助县高新技术发展，促进技术创新，切实帮助园区乃至互助县解决技术难题，提升技术创新能力。在院士专家的帮助下，促进互助县现代农业科技创新发展，推动农业产业做大做强，促进经济发展与繁荣。希望双方始终坚持“需求为基础，科研为核心，实效为主体”的工作理念，在院士团队的指导帮助下，充分发挥九三学社科技优势，使双方的合作取得更加丰硕的成果，推动互助县经济社会取得新的更大的发展。

6月12日至14日，九三学社全国社会服务工作会议暨脱贫攻坚民主监督研讨会在西安举办。会议主题是“脱贫攻坚民主监督的理论研究与工作实践”。九三学社中央副主席丛斌出席会议并讲话。丛斌做《切实做好脱贫攻坚民主监督》的主题报告，强调新形势下脱贫攻坚民主监督工作是民主监督的新实践、新探索和新平台，要准确把握脱贫攻坚民主监督的目的、性质和内容，坚持三个基本原则，运用科学的方式方法，集全社之力，勠力同心，扎实奋进，为打赢脱贫攻坚战、夺取全面建成小康社会新胜利做出新的更大贡献。丛斌指出，九三学社开展脱贫攻坚民主监督，要关注探索适应我国农业现代化的生产方式，在农村建立上层建筑与经济基础相适应的经济社会发展模式。改革开放初期，农村生产力水平低下，中央适时提出家庭联产承包责任制，这是基于生产关系和生产力相适应的要求，决策明智正确。改革开放30多年，农村生产力水平已有很大程度提高，因此要进一步探索建立适合现代农业生产力发展水平的生产方式，即农村社会化的生产方式。农村的社会化生产要体现宪法规定的“以公有制为主体，多种所有制共同发展”的经济制度。农村的公有制经济就是集体经济。随着生产力和社会的发展，改革开放30多年后的集体经济的内涵已发生深刻变化。当前集体经济的法人治理结构和管理方式，亟须上升到一个更高层级，才能充分发挥基层党组织和自治组织的作用，才能切实解决好农村的可持续的脱贫致富、社会保障等难题。九三学社陕西省委主委周卫健、中共陕西省委统战部常务副部长张雷出席并致辞。国务院扶贫办社会扶贫司副司长王春燕作辅导报告。会议期间，100余位社内外专家学者、九三学社省级组织代表围绕主题，交流对脱贫攻坚民主监督的认识，探讨九三学社参与脱贫攻坚民主监督工作的思路。

7月18日至19日，九三学社中央副主席，中国工程院院士丛斌率队赴安徽滁州出席“九三学社中央院士专家滁州行”活动。丛斌在“九滁合作”签约仪式上致辞时说，“九滁合作”离不开科技支撑，我们要强力引进人才，多措并举打破人才引进障碍，努力为实现创新发展凝聚强大智力支撑。“九滁合作”三年来，共组织协调专家200多人次赴滁州经开区调研考察，进行技术指导，为滁州企业转型升级不遗余力，做出了重要贡献。九三学社北京市委主委、北京大学教授、中国科学院院士、北京石墨烯研究院院长刘忠范做客滁州大讲堂，做题为《石墨烯产业：机遇与挑战》专题报告。在滁期间，丛斌一行深入滁州经开区和苏滁现代产业园部分企业开展实地调研。

8月2日至8日，全国人大常委会委员、九三学社中央副主席、中国工程院院士丛斌率队就服务“一带一路”助推新疆医疗、高等教育发展情况进行调研并开展社会服务活动。丛斌强调，服务“一带一路”战略，实现“两个一百年”奋斗目标和中华民族伟大复兴的中国梦，是九三学社在新时代传承爱国民主科学优良传统的生动实践。丛斌在九三学社新疆区委主委贾殿赠陪同下，先后赴新疆大学、伊犁师范学院参加“新疆特色优势资源科学与技术”研讨会、调研“一带一路”核心区高等教育师资队伍建设；分别在新疆生产建设兵团总医院、第四师医院、四师七十四团团场医院开展义诊咨询活动；在特克斯县琼库什台村等地就生态环境建设与保护工作、农村集体经济、特色产业发展情况、多党合作社会主义新农村建设等问题进行调研。其间，共举办座谈会7场，学术研讨会2场，义诊活动3场，门诊诊疗570人次，查房会诊14人次。

9月15日至16日，全国政协常委、副秘书长、九三学社中央常务副主席邵鸿到旺苍调研九三学社帮扶项目。邵鸿一行先后深入国华镇花街村中药材种植基地、三合现代农业园区黄茶种植基地、木门小学，了解九三学社帮扶项目发展情况。邵鸿强调，旺苍应充分利用当地气候、土壤等独特自然优势，依托专家技术指导做大做强，保证黄茶的优良品质，形成特色品牌，为百姓增收打下坚实基础。邵鸿指出，旺苍是九三学社中央对口帮扶县，九三学社中央将继续拓展九广合作内容，在资金筹措、项目引进、医疗救助、教育扶持上发挥党派优势，调动全社资源，重点关注旺苍，推动解决有关具体问题，不断增强老区人民的获得感、幸福感，助推旺苍实现同步小康。

9月22日至24日，全国政协常委，九三学社中央副主席，中国科学院院士武维华在延安调研陕北苹果产业发展问题。中共陕西省委副书记毛万春，省委常委、延安市委书记徐新荣分别参加部分调研活动。调研组一行在洛川县深入旧县镇洛阳苹果标准园、西北农林科技大学洛川苹果试验站、中国洛川苹果博览园、洛川国家苹果产业科技创新中心、顶端电子商务公司，实地查看洛川苹果“产、供、销”发展现状，了解苹果产业促进脱贫攻坚等情况。在延川县文安驿镇梁家河村、杨家圪台镇上大木村、延安美域高生态农业科技公司和宝塔区柳林镇孔家沟村、新茂台村、麻塔村与果农、公司负责人、基层干部交流。在24日召开的座谈会上，武维华说，调研组一行此次来延安调研，是落实韩启德主席指示，目的是帮助延安做强苹果产业，助推脱贫攻坚。武维华指出，中共延安市委、市政府认真整改落实民主监督提出的意见建议，高度重视产业扶贫、产业脱贫，坚持把发展苹果产业作为脱贫攻坚的重要抓手，走出了一条苹果产业带动、多产业齐头并进的脱贫攻坚之路，苹果产业对区域内脱贫攻坚发挥了重要作用。武维华强调，下一步要重点做好果园节水和有机肥推广，抓好苹果产业后整理工作，切实解决好延安及陕北地区苹果的可持续发展问题。武维华希望，西北农林科技大学、苹果产业科研机构给予延安果业发展全方位的支持，解决制约果业发展的实际困难，在帮助果业升级、农民增收、助推脱贫攻坚中发挥积极作用。调研组的专家学者从育种、栽培、水肥、产业经济等方面对陕北苹果产业发展助力脱贫提出了针对性的意见和建议。

11月14日，由九三学社中央、中共武汉市委、市政府主办，九三学社湖北省委、武汉市委承办的九三学社中央院士专家武汉行——长江新城（新区）规划建设研讨会在汉召开。九三学社中央副主席、中国工程院院士丛斌，九三学社中央副主席、中国科学院院士武维华以及社内外院士专家为长江新城（新区）规划建设出谋划策。丛斌指出，长江新城的规划建设，不但要在物理空间上谋划，还要在体制机制及文化上做好规划。他建议，以专家提出的问题、规划建设中遇到的难题以及其他城市建设的经验教训作为切入点，科学制定系统的研究报告；要本着解决人民日益增长的美好生活需要和不平衡不充分的发展之间的矛盾这个目的，着重解决人的发展不平衡导致区域和城乡不平衡的问题，推动人的全面发展和社会进步；要关注生态问题，保证城市绿荫覆盖率，做到人在城中，城在林中；要一张蓝图画到底，以立法形式固定下来。武维华提出，武汉要与周边城市互联互通、协同发展。九三学社北京市委主委、中国科学院院士刘忠范，九三学社清华大学委员会主委李景虹，九三学社社员、中国中建设计集团有限公司副总经理吴宜夏，中国工程院院士江欢成，中国工程院院士宁津生，同济大学副校长吴志强，中国工程院院士刘加平，九三学社湖北省委主委、中国工程院院士秦顺全，九三学社湖北省委副主委、长江水利委员会长江设计院副院长仲志余，九三学社中央常委田玉科，九三学社江苏省委主委、江苏省住建厅厅长周岚，九三学社河北省委副主委、国土资源部物化探研究所应用地球化学室主任王学求，九三学社社员、中国公路工程咨询集团总经理李志军，九三学社武汉市委原副主委、武汉科技大学副校长陈奎生，中铁大桥勘测设计院集团有限公司总工程师高宗余等人分别提出意见建议。

12月15日，九三学社中央副主席、北京市委主委刘忠范率队赴门头沟区黄安坨村，考察社北京市委社会服务项目——“九三学社科技助农示范小院”。刘忠范考察了毛主席对黄安坨批示的纪念馆，认真了解了毛主席为《黄安坨农、林、牧生产合作社的远景规划》批示的过程。随后，刘忠范来到“九三学社科技助农示范小院”，在社北京市委科服委主任、中国农业大学委员会主委高振江，科服委副主任、小院“院长”、中国农业大学教授吴学民和驻村学生的引导下参观了小院的生产厂房、果品保鲜库，详细了解了“九三学社科技助农示范小院”开展植保、农产品再加工、残次果品再利用、开展科普大讲堂等工作。考察期间，刘忠范还与社中国农业大学委员会的社员们亲切座谈，听取了高振江关于农大委员会组织发展情况、开展参政议政和社会服务工作情况汇报。他对委员会的工作给予充分肯定，希望大家在今后一段时间认真学习贯彻中共十九大精神和社十一大精神，鼓励大家继续发挥专业优势，为北京市乃至全国的经济社会发展积极建言献策、开展社会服务工作。

三、自身建设

（一）思想建设

1 月 22 日，九三学社中央书画院与北京九三书画院联合赴门头沟区妙峰山镇，举办助力“8+1”迎新春送福下乡活动。九三学社中央常务副主席邵鸿出席活动并讲话。邵鸿说，新春佳节前夕，九三学社中央书画院与北京九三书画院一起来到妙峰山镇为乡亲们送上新春祝福。这样的活动已经坚持多年。通过这种形式，艺术家把书画奉献给群众，同时更接地气，加深对“三农”有关情况的了解。

3 月 11 日至 14 日，九三学社中央书画院在山西省图书馆、山西传媒学院开展“送文化下基层”“送文化进校园”活动。九三学社中央书画院院务委员、中国书法家协会会员、中央书画艺术研究院研究员方放，九三学社中央书画院院务委员、大连大学美术学院副院长、中国美术家协会会员高荐，九三学社中央文化工作委员会委员、九三学社中央书画院副秘书长、国家一级美术师范建宇分别做了三场书画讲座。

3 月 20 日，九三学社中央与九三学社北京市委在京联合召开全国两会精神传达学习会。全国政协副主席、九三学社中央主席韩启德出席会议并讲话。全国政协常委、九三学社中央常务副主席邵鸿和全国人大常委、九三学社中央委员侯义斌分别传达全国政协十二届五次会议和十二届全国人大五次会议精神。全国政协常委、九三学社中央副主席印红主持会议。韩启德说，近年来，由于综合国力大幅提升，加之正处于统筹推进“五位一体”总体布局和协调推进“四个全面”战略布局关键期，全国两会受到越来越多国内外舆论关注。九三学社学习贯彻全国两会精神，一是要增强政治意识，强化责任担当。二是要推动工作创新，提高履职能力。三是要加强自身建设，圆满完成换届工作。邵鸿介绍了全国政协十二届五次会议基本情况以及九三学社履职情况。他说，全国政协十二届五次会议履行了基本政治职能、凝聚了政治共识、丰富了政协理论与实践、明确了工作目标和任务。会议有 4 个特点：一是习近平总书记参加联组会议并做重要讲话。二是民主监督被突出强调。三是审议民法总则草案。四是增补香港特首梁振英为全国政协副主席。九三学社中央各专门委员会及各工作委员会在京成员，九三学社中央思想建设研究中心在京研究员，部分在京社员，九三学社中央机关，九三学社北京市委机关工作人员 100 余人参加会议。

3月24日，九三学社中央委员、九三学社中央宣讲团成员许进赴南京为九三学社江苏省委直属基层组织和南京市委200余名社员做社史讲座。许进借用“我是谁，我从哪里来，我要到哪里去”这一关于人的属性、人生目的和意义的哲学命题，畅谈了对社史的几点认识，阐述了九三学社缘起、优良传统及发展，重点介绍了民主科学座谈会、九三学社成立大会、参加新政协等重要历史节点的故事。与会社员表示，通过报告会的学习，进一步加深了对社史的了解，在今后工作中，要立足本职，以九三学社先贤为榜样，弘扬九三学社优良传统，承担起中国特色社会主义亲历者、实践者、维护者和捍卫者的政治责任，为建设思想上坚定、履职上坚实、组织上坚强的参政党多做贡献；为实现“两聚一高”战略目标，建设“强富美高”新江苏多做贡献。

4月19日，全国政协委员、九三学社中央宣讲团成员许进和九三学社思想建设研究中心研究员、北京石油化工学院德育教研室主任罗道全，为参加九三学社秦皇岛市委2017年综合培训暨新社员见面会的与会人员做辅导报告。许进在报告中讲述了以许德珩为代表的九三学社先贤与中国共产党创始人毛泽东、周恩来等风雨同舟、和衷共济、亲密交往的故事，以及邓稼先、王淦昌等九三学社前辈忧国忧民、无私奉献、舍身为国的事迹。罗道全结合撰写1000多条社情民意信息的实践经验，介绍了信息是什么、为什么要写信息、如何写信息、写信息应该注意哪些问题，分享了他多年从事社情民意信息、调研工作的感悟。与会人员感受到九三学社前辈的家国情怀，受到深刻爱国民主科学优良传统教育。同时对“参政参在点子上，议政议到关键处”和“加入党派为什么、干什么、怎么干”等问题有了更深刻的认识。

5月4日，九三学社中央在苏州举办“五四运动与九三学社缘起”学术研讨会，探讨五四运动与九三学社的历史渊源，共话民主科学精神的时代内涵。九三学社中央副主席丛斌做主旨演讲。丛斌认为，五四运动树立了一座推动中国历史进步的时代丰碑，对20世纪中国发展进步产生了深远影响。丛斌指出，五四运动中，许德珩、杨振声、潘菽、初大告、杨钟健等九三学社先贤不惜以生命和热血践行民主科学精神。当前中国仍处于社会转型期，国内外思想文化交流交锋交融深刻复杂。只有上升到哲学层面认识民主科学，才能全面把握民主科学的深刻内涵和本质特征。要坚持用唯物辩证法来认识民主科学，全面把握民主科学的深刻内涵。中共十八大以来，中共中央高度重视统一战线和多党合作事业的发展，对新时期民主党派工作提出了新要求，明确了新任务。九三学社要凝聚思想上的高度共识，做好社章修改工作，立足自身实际履行民主监督职能，积极讲好中国故事。许进、罗道全、赵瑞、杨复斌、何兰、王宏海、穆建民、姜涛、张培富、董锋、赖正直、于盛庭、高琴、邹晶、周才方、林乐芬、缪小红等，围绕五四运动与九三学社的孕育、民主科学精神与九三学社的组织文化、民主科学的时代内涵、五四运动与九三学社青年社员成长、许德珩社会学讲话研究、探寻九三学社民主科学之道、民主科学与法治建设等方面发言。

5月19日，九三学社中央副主席丛斌走访民主与科学杂志社并与杂志社工作人员座谈。丛斌回顾了九三学社与中国共产党的历史渊源，追溯“民主与科学”这一九三学社精神旗帜的缘起，寄语杂志社采编人员要把杂志办好，办出特色，使每一期杂志都体现九三学社精神，讲好九三学社与中国共产党风雨同舟、肝胆相照、荣辱与共的故事；使每篇文章字里行间都闪烁出民主与科学精神的光辉，都渗透着“不忘合作初心，继续携手前进”的坚定信念。丛斌指出，作为民主党派杂志一定要讲好四个故事，一是要讲好中国特色社会主义的故事，二是要讲好中国共产党的故事，三是要讲好九三学社的故事，四是要讲好多党合作的故事；希望《民主与科学》杂志能够办成独具特色的党派刊物。

5月23日，九三学社中央副主席丛斌为河南各民主党派工商联无党派人士联合中心组集中学习做题为《不忘合作初心　继续携手前进——参政党建设的政治自觉》辅导报告。报告从不忘合作初心、继承优良传统；加强思想建设、继续携手前进；不忘合作初心、讲好中国故事；认真履行职能、践行民主监督四个方面进行阐述。报告站位高、立意深，视野宽、观点新，为河南各民主党派、工商联负责人和无党派人士代表深入推进坚持和发展中国特色社会主义学习实践活动，加强参政党建设提供了方法论指导。

6月19日，九三学社中央理论学习中心组举行第六次集体学习，交流对当前意识形态工作的认识和体会。全国政协副主席、九三学社中央主席韩启德主持学习并讲话。九三学社中央常务副主席邵鸿，副主席赖明、丛斌、印红先后发言。韩启德说，社会上有一种错误观点，认为讲意识形态就是“左”，事实上任何社会都有占主导地位的意识形态。资本主义500多年的历史，看似其意识形态长期占据统治地位。美国学者福山在20世纪所著《历史的终结》一书中断定，人类历史的前进与意识形态之争正走向终结，自由民主的资本主义将取得最后胜利。然而近年来，在严峻的社会现实面前，该学者却不得不反思西方民主政治制度，承认资本主义远非人类理想社会，历史还远未终结。韩启德指出，当前，信仰马克思主义的中国共产党正在以习近平同志为核心的中共中央率领下，指引全国人民走中国特色社会主义发展道路，其中也包括对社会主义意识形态的创新和发展。我们以更加开放包容的姿态融入全球化进程并努力发出中国声音。习近平总书记在国际社会首次提出“构建人类命运共同体”并被联合国采纳，“一带一路”倡议被100多个国家和国际组织认同，创新了一种以应对人类共同挑战为目的的全球价值观，为世界提供了解决国际秩序和人类生存问题的中国方案，证明了马克思主义在当代仍然具有强大生命力，依然代表着先进思想文化的发展方向。韩启德强调，面对意识形态领域的复杂情况，九三学社各级组织和广大成员要守住政治底线，不断增强中国特色社会主义道路、理论、制度和文化自信，不断巩固团结合作共同思想政治基础。九三学社各级领导干部要深入基层、接触实际，善于从历史中汲取智慧、从现实中加深认识，不断提高政治把握能力；要善于用清新朴实的语言讲清道理，以生动、新颖的方式讲好中国故事特别是多党合作和九三学社的故事，最大限度凝聚人心、凝聚智慧、凝聚力量。大家认为，意识形态领域是政治安全的前沿阵地，互联网是意识形态领域斗争的主战场，要坚持以社员为中心的工作导向，深入开展坚持和发展中国特色社会主义学习实践活动，突出不忘合作初心、继续携手前进的主题，在推进新老交替的同时，深化政治交接，切实履行中国特色社会主义亲历者、实践者、维护者、捍卫者的政治责任，为中共十九大和九三学社十一大的胜利召开营造良好思想舆论环境。

6月19日至20日，九三学社中央书画院在漯河举办系列文化活动。九三学社中央办公厅副主任张魁林，漯河市人大常委会副主任、九三学社漯河市委主委焦红艳，九三学社中央文化委员会委员、九三学社中央书画院副秘书长洪亮，中国美术家协会会员、九三学社中央书画院副秘书长王贵华，九三学社中央书画院院务委员李太清，九三学社中央书画院副秘书长李小麟，九三学社河南省委书画院院长刘照渊等出席活动。

6月26日，九三学社中央宣讲团成员、北京市政协委员朱良赴合肥，为九三学社安徽省委2017年基层组织负责人培训班作专题讲座。朱良在题为《协商民主在中国特色社会主义中的重要作用》的讲座中，从具体案例入手，结合自身多年参政议政实践，讲述了什么是社情民意信息、如何采写信息、应注意哪些问题，进而阐述了他对中国特色社会主义制度尤其是中国特色政党制度的理解和认识。他还结合实践中的经典案例，分享了自身履职体会和接受媒体采访时的注意事项等。

6月27日，全国政协原副秘书长、九三学社中央原常务副主席陈抗甫赴福建省福州市，为九三学社福州市委与福建省直工委作"政治交接与合作共事"专题讲座。福州市政协副主席、九三学社福州市委主委林绍彬主持。陈抗甫着重从九三学社70多年来始终与中国共产党风雨同舟、患难与共中形成的优良传统和高尚风范；增强接受中国共产党领导的自觉性和坚定性；如何充分发挥九三学社人才库、智囊团作用，积极履行参政党职能，为构建社会主义和谐社会，服务福建、福州经济建设和社会发展做出更大贡献三个方面，深刻全面地诠释了政治交接的内涵，详尽阐述了以政治交接为主线，加强参政党建设的现实意义。并结合学习实践教育活动，强调了政治交接的时代任务和要求。

7月13日至14日，九三学社全国宣传工作研讨会在青岛召开。九三学社中央副主席丛斌在会上强调，要深入学习贯彻习近平总书记在党的新闻舆论工作座谈会、网络安全与信息化工作座谈会上的重要讲话和中央统战工作会议精神，大力推动九三学社宣传工作理念、内容、渠道、方法、手段创新。丛斌强调，九三学社宣传工作要尽快实现三个转变。一是实现从单纯信息发布向信息发布与引导并重转变。二是实现新闻宣传从传统阵地向传统阵地与网络阵地融合转变。三是实现从单向的自上而下向双向的自上而下与自下而上互动转变。实现这些转变需要九三学社各级组织对宣传工作的重视和支持，需要宣传干部切实提高政治能力和工作能力，尤其是运用新媒体开展宣传工作的能力，大胆尝试、勇于创新，努力做一名懂多党合作、懂九三学社、懂新闻传播、懂新兴媒体的"四懂"宣传干部，以饱满的工作热情、创新的工作精神、踏实的工作作风迎接中共十九大、九三学社十一大的胜利召开。会议邀请北京大学新闻与传播学院院长陆绍阳做题为《提升网络时代新闻宣传的传播力影响力》的专题讲座。陈志民、张华容、王仁祥、沈光明、李丽萍、姜延义、张立志、任红梅等先后做大会发言。与会人员围绕如何使九三学社宣传内容和表达方式更好适应新媒体传播特点，如何在互联网时代推动九三学社宣传方法手段创新，如何整合力量，更好发挥九三学社新媒体集群优势等问题，各抒己见、相互切磋，进行了广泛深入研讨。

8月9日，九三学社中央在北京召开学习贯彻习近平总书记"7·26"重要讲话精神座谈会。九三学社中央副主席丛斌出席会议并讲话。丛斌说，习近平总书记在省部级主要领导干部专题研讨班上的重要讲话，提出一系列新的重要思想、重要观点、重大判断、重大举措，高屋建瓴、思想深邃、内涵丰富，具有很强的思想性、战略性、前瞻性、指导性，是继续推进党和国家事业发展的行动纲领。一是讲话提出了重要主题，就是全党必须高举中国特色社会主义伟大旗帜，牢固树立中国特色社会主义道路自信、理论自信、制度自信和文化自信。二是讲话明确了今后一个时期重点工作。三是讲话突出和强调忧患意识。四是讲话科学总结了5年工作。五是讲话重申坚持马克思主义立场、观点和方法，抓住重点带动面上工作，提出8个“更好”，阐述我们一切工作的出发点和落脚点就是改善民生，让人民共享改革成果。六是讲话体现了坚持真理、实事求是的精神。七是讲话宣告中国特色社会主义进入新的发展阶段。八是讲话强调理论建设是一切建设的基础，理论创新是一切创新的根本。九是讲话对全面建成小康社会提出了新要求，即推动经济社会持续健康发展，全面建成小康社会要得到人民认可、经得起历史检验。十是讲话强调党的建设是一切建设的统领，党建永远在路上。大家一致认为，习近平总书记“7·26”重要讲话紧紧围绕中国特色社会主义这个主题，系统阐明了以习近平同志为核心的中共中央治国理政的新理念新思想新战略，明确宣示了中国共产党举什么旗、走什么路，以什么样的精神状态，担负什么样的历史使命，实现什么样的奋斗目标，为中共十九大的胜利召开奠定了重要的政治基础、思想基础和理论基础。与会人员表示，要增强“四个意识”、坚定“四个自信”，弘扬爱国民主科学优良传统，不忘合作初心，继续携手前进，为中华民族伟大复兴贡献力量。

8月27日，在纪念九三学社成立72周年之际，全国政协委员、九三学社中央委员、九三学社中央宣讲团成员许进为九三学社北京市海淀区委举办的青年工作联络员暨新社员培训班青年社员做社史报告。讲座介绍了九三学社的发展源流，重点阐释了九三学社的核心价值观和优秀传统，使青年社员对九三学社的发展历史了解更加深刻，对新时期的社会使命认识更加清晰。社员们表示作为社会主义中坚分子，要在今后工作中立足本职，继承九三先贤的宝贵精神遗产，肩负起在新时期的历史使命，积极履行参政议政职责，为中华民族伟大复兴贡献力量。

9月1日，九三学社中央理论学习中心组学习习近平总书记7月26日在省部级主要领导干部专题研讨班开班式上重要讲话。全国政协副主席、九三学社中央主席韩启德说，习近平总书记重要讲话内涵丰富、高屋建瓴，具有很强的思想性、战略性、前瞻性、指导性。我国正站在一个新的历史起点上，中华民族将迎来从站起来、富起来到强起来的历史性飞跃。如果说新中国成立到改革开放以前，是“站起来”，中共十一届三中全会到20世纪90年代初，是“富起来”，接下来就到了“强起来”阶段。我们要站在为人类文明做新贡献的高度理解“强起来”。强起来不仅指中国成为全球第二大经济体，还应该包括科技、航空航天、国防以及文化软实力等。与此同时，我们应当充分认识到，我国仍处于社会主义初级阶段，任何情况下都要牢牢把握这个最大国情，把握社会主义社会基本矛盾的新特征。“三个意味着”，为我们深刻理解和把握中国社会主义新境界提供了科学指引。九三学社中央副主席赖明、丛斌、印红结合工作实际，畅谈了学习习近平总书记“7·26”重要讲话精神的体会。大家认为，讲话紧紧围绕中国特色社会主义的主题，准确把握我国所处的时代坐标，深刻洞悉社会发展内在逻辑，深刻阐述了新的历史条件下坚持和发展中国特色社会主义的一系列重大理论和实践问题，把共产党执政规律、社会主义建设规律、人类社会发展规律的认识提升到一个新水平，为中共十九大胜利召开奠定了坚实理论基础和思想引领。大家纷纷表示，深入学习贯彻习总书记讲话精神，首先要领会其重大政治、理论和实践意义，坚持辩证唯物主义和历史唯物主义立场、观点、方法，以更宽广视野和更长远眼光把握国家和九三学社未来发展的重大战略问题，努力提高“五种能力”，把九三学社建设成为思想上更加坚定、履职上更加坚实、组织上更加坚强的中国特色社会主义参政党。

9月24日，九三学社宁夏区委文化传承报告会在银川召开。九三学社中央副主席丛斌应邀出席会议并做题为《不忘合作初心　继续携手前进——参政党建设的政治自觉》报告。丛斌以九三学社历史与文化的传承为脉络，以习近平总书记在2017年1月22日同党外人士共迎新春时的重要讲话精神为切入点，以参政党不断加强自身建设的需要为根本，从不忘合作初心、加强思想建设、讲好中国故事三个方面，介绍了九三学社的文化和传承，强调了思想建设的意义与重要性，明确了参政党的任务及使命。丛斌在报告中强调，希望大家认真学习贯彻习近平总书记“7·26”重要讲话精神，深入理解其重大政治、理论和实践意义，准确把握时代特征，坚定中国特色社会主义道路自信、理论自信、制度自信、文化自信，进一步增强政治意识、大局意识、核心意识、看齐意识，努力提高“五种能力”，把九三学社建设成为思想上更加坚定、履职上更加坚实、组织上更加坚强的中国特色社会主义参政党，以优异成绩迎接党的十九大胜利召开。九三学社宁夏区委主委马秀珍，社宁夏区委在宁委员、社宁夏区直工委在宁委员及部分社员代表共100余人聆听报告。

10月27日，九三学社中央理论学习中心组以中国共产党第十九次全国代表大会精神为主题，举行第八次集体学习。全国政协副主席、九三学社中央主席韩启德主持会议并讲话。九三学社中央常务副主席邵鸿、副主席赖明、丛斌、印红先后发言。韩启德说，中共十九大是在全面建成小康社会决胜阶段、中国特色社会主义进入新时代的关键时期召开的一次十分重要的大会。习近平总书记的报告高屋建瓴、总览全局、催人奋进，具有政治高度、思想高度和战略高度，充满创新精神，体现一系列新思想新观点新举措，是中国共产党迈进新时代、开启新征程、书写新篇章的政治宣言和行动指南。韩启德强调，学习贯彻中共十九大精神是九三学社当前和今后一个时期的首要政治任务。全社各级组织特别是领导班子成员要率先垂范，先学一步、学深一些，努力做到心明眼亮，保持高度政治自觉。要面向基层组织和广大社员开展多形式、多层次、全覆盖的学习培训，原原本本、原汁原味学习好十九大文件特别是习近平总书记的报告，引导社员准确领会报告的思想精髓、核心要义。新时代要树立新标杆、明确新目标、推出新举措；要加强工作筹划，提出具体措施；要大力弘扬爱国民主科学优良传统，在各项工作中倡导科学精神、体现科学思想、讲求科学方法；把九三学社建设成为思想上更加坚定、履职上更加坚实、组织上更加坚强的中国特色社会主义参政党。大家一致认为，中共十九大是一次在历史新起点开启新征程的大会，在中华民族发展历史上具有里程碑意义。习近平所做的报告，描绘了决胜全面建成小康社会、夺取新时代中国特色社会主义伟大胜利的宏伟蓝图，是中国共产党团结带领全国人民迈向新时代中国特色社会主义道路的政治宣言和行动纲领。要深刻理解中共十八大以来我国发生的历史性变革，深刻理解中国特色社会主义进入新时代的政治论断，深刻理解习近平新时代中国特色社会主义思想的丰富内涵，深刻理解新时代我国社会主要矛盾变化的新特点，深刻理解分两个阶段建设社会主义现代化强国的战略安排，深刻理解按照新时代党的建设要求全面从严治党的伟大意义，深刻理解新时代统一战线的重要法宝作用，学深学透、融会贯通、讲好多党合作的故事，更加紧密地团结在以习近平同志为核心的中共中央周围，加强自身建设，切实履行职能，为实现“两个一百年”奋斗目标和中华民族伟大复兴的中国梦做出新的更大贡献。

11月5日至6日，九三学社中央坚持和发展中国特色社会主义学习实践活动总结表彰大会暨第四届专题论坛在北京举行。全国政协副主席、九三学社中央主席韩启德说，中共十九大报告描绘了决胜全面建成小康社会、夺取新时代中国特色社会主义伟大胜利的宏伟蓝图，是中国共产党迈进新时代、开启新征程、书写新篇章的政治宣言和行动指南。韩启德强调，深入学习贯彻中共十九大精神是全社当前和今后一个时期的首要政治任务。要坚持领导带头、以上率下，面向基层开展内容丰富、形式多样的学习宣传活动；要创新学习载体，讲述新时代中国特色社会主义的故事、中国共产党的故事、多党合作的故事和九三学社的故事，让社员听得懂、能领会、可落实，把学习逐步引向深入；要将学习中共十九大精神与创新性履职实践相结合，紧扣新时代建设和发展中国特色社会主义基本方略，充分发挥科技优势，整合社内外力量，统筹谋划、聚焦问题、深入调研，提出更加具有战略意义、更具有原始创新乃至颠覆性创新意义的建议，在履职尽责中展现新气象新作为；要适应新时代发展要求搞好自身建设，深入实施人才强社战略，搞好政治交接，把广大社员和所联系知识分子团结在中国共产党周围，最大限度地凝聚共识、凝聚智慧、凝聚力量；开好九三学社第十一次全国代表大会，顺利完成新老交替，确保九三学社事业健康持续发展，为实现“两个一百年”奋斗目标和中华民族伟大复兴的中国梦做出新的更大贡献。九三学社中央副主席丛斌总结全社学习实践活动基本情况和论坛成果并做闭幕讲话。大会分别授予九三学社上海市委员会等100个单位为“九三学社坚持和发展中国特色社会主义学习实践活动”先进集体，许进等100名社员为“九三学社坚持和发展中国特色社会主义学习实践活动”先进个人。会议期间，6个先进集体代表围绕学习实践活动做经验交流发言，8名论文作者围绕“九三学社文脉与传承”主题做主旨发言。

（二）组织建设

3月6日，九三学社新版“社员之家”平台论证会在九三学社中央机关召开。全国政协副主席、九三学社中央主席韩启德在会上强调，要勇于担当，积极作为，切实做好“社员之家”试点和推广工作。九三学社中央常务副主席邵鸿，副主席丛斌出席会议。韩启德说，“社员之家”定位于工作平台，主要目的是加强社员与九三学社组织之间的联系。通过“社员之家”平台，九三学社组织可以把意图直接传达到社员，社员的意见建议可以直接反映给九三学社组织。建设“社员之家”平台，有利于更好地坚持群众路线，把广大社员发动起来，增强九三学社组织动员能力。韩启德指出，“社员之家”的建设要以市级组织为主，试点推广工作要扩大覆盖面，各级组织要敢于担当、积极作为。九三学社中央委员、“社员之家”平台研发负责人、远光软件公司董事长陈利浩对新版“社员之家”平台的建设作了说明。与会人员观看了新版“社员之家”平台功能演示。

5月26日，九三学社中央副主席、上海市政协副主席、九三学社上海市委主委赵雯带队赴九三学社复旦大学委员会和上海师范大学委员会调研并座谈。在复旦大学，中科院院士、九三学社上海市委原副主委杨雄里建议加强医学院校建设，希望社市委加强参政议政工作，提升民主监督水平，为建设更美好的中国贡献力量。九三学社复旦大学委员会常务副主委左伋、副主委周国民就如何合理设置组织架构、如何有效凝聚社员、如何平衡本职工作和社务工作以及参政议政、民主监督中遇到的困难等问题坦陈了想法。赵雯表示，九三学社上海市委将从人才、机制上，加强参政议政工作，推动民主监督落到实处；将通过建言献策，为医学院校的发展鼓与呼；将科学合理地设置组织架构，为基层组织开展有效工作创造条件、提供保障。作为参政党成员，希望大家既要在本职上建功立业，也要积极建言献策，多参与社务工作，为高校内涵发展做出贡献。

6月2日至3日，九三学社“社员之家”平台试点骨干培训班在珠海举办。全国政协常委、副秘书长，九三学社中央常务副主席邵鸿在培训班讲话中强调，试点推广“社员之家”平台是顺应信息化时代要求的社务工作创新之举，是“大势所趋，无可驱避”。各试点单位要充分认识这项工作的重要意义，破除畏难情绪，加强统筹协调，创造性地做好试点工作，为平台的优化完善和下一步推广积累经验、创造条件。培训过程中，远光软件公司技术人员详细介绍了“社员之家”平台（2.0版）的开发背景、整体情况，并对平台各模块的功能和操作，后台管理平台的使用以及试点推广方案（基本版）进行了现场演示和讲解。来自26个省级组织、34个市级组织的“社员之家”平台联络员在真实数据环境中进行分组演练。在珠海期间，邵鸿还在广东省政协副主席、九三学社广东省委主委姚志彬陪同下，就“高等教育新型合作办学模式”“科技创新发展”等问题赴北师大——香港浸会大学联合国际学院新校区、珠海光驭科技有限公司以及国家级众创空间——电子科技大学E创空间进行调研。

6月6日，九三学社中央副主席、上海市政协副主席、九三学社上海市委主委赵雯一行来到复旦大学邯郸校区调研，并同九三学社社员代表座谈交流。座谈会由九三学社中央委员、复旦大学委员会副主委兼邯郸分委会主委唐颐主持，他首先汇报了社邯郸分委会工作，着重介绍了组织建设及人员发展的情况。与会社员代表踊跃发言，围绕“如何吸引有影响力的人才入社”“如何发挥好复旦大学文、理、医齐全的特色，在参政议政和社会服务方面有所建树”“如何发挥优秀社员的引领作用，提升社组织感召力”“如何搭建社内外平台，发挥各类社员作用”等话题发表了意见和看法。赵雯认真听取了各位社员的发言，并与社员积极互动。她表示，希望大家坚持“国家至上、民族至上、人民至上”的信念，养“浩然之气”，树“家国情怀”，立足工作，恪尽职守，做当代知识分子的出色代表。九三学社上海市委副主委吴健生及九三学社复旦大学邯郸分委会近30名社员代表参加了座谈会。

6月8日，九三学社中央副主席、上海市政协副主席、九三学社上海市委主委赵雯先后赴社上海海洋大学委员会、社上海海事大学委员会调研。在座谈会上，近40位社员就发挥专业特长、普及科学理念，简化社市委课题流程，加强普通高校干部培养，平衡社务工作和本职工作，提升基层组织吸引力，加强新社员培训，加大社市委对基层组织指导，加强基层组织间的互通互联等畅谈了意见和建议。赵雯一一回应了社员的发言。她希望社员们不断提升专业水平和品行素养，做有学识、有见识、有胆识的高素质人才。坚定理想信念，立足本职工作，为组织、为社会，为国家、为人民多做贡献。

7月19日，九三学社中央副主席丛斌赴马鞍山市调研。丛斌一行首先来到九三学社马鞍山市委机关，与社马鞍山市委委员和机关干部座谈交流。在听取工作情况汇报后，丛斌对九三学社马鞍山市委近年来所做的工作给予充分肯定。他指出，作为参政党，九三学社马鞍山市委要在履职过程中充分彰显政治性、政党性、人民性、实践性和科学性；要扎实开展"不忘合作初心，继续携手前进"专题教育活动，牢固树立政治意识、大局意识、核心意识和看齐意识；要切实增强组织凝聚力，从思想建设、组织建设、制度建设、作风建设四个方面全面提高自身建设水平；要围绕党委政府的工作重点、社会关注的焦点、老百姓关心的热点，结合九三学社自身的特点，找准参政议政切入点，建睿智之言、献务实之策；要深入基层、脚踏实地，坚持以调查研究为基础，切实提出解决问题的有效方案；要坚持科学理性、实事求是，遵循事物发展的客观规律，在实践中不断进步。随后，丛斌一行来到马鞍山市残疾儿童康复中心，了解九三学社"同心康福"脑瘫患者救治行动开展情况，现场指导脑瘫患儿筛查工作。在马期间，丛斌一行还考察了马鞍山市城乡规划展示馆。

7月28日，九三学社中央副主席武维华赴九三学社深圳市委座谈，并前往骨干社员任职的高新技术企业调研。座谈会上，九三学社深圳市委主委蒋宇扬介绍了近年来社市委社务工作开展情况，社市委副主委聂国辉、杨小文和沈凌云分别反映了专委会、参政议政和组织发展工作中遇到的困难。武维华对九三学社深圳市委各方面工作特别是社会服务工作给予充分肯定，对深圳社员在各自领域取得的成绩表示赞赏，并就大家反映的情况和困难进行了交流解答。

8月17日至18日，九三学社中央常务副主席邵鸿，九三学社中央副主席、九三学社中央青工委主任卢柯在宁夏中卫出席九三学社第三届全国青年论坛并讲话。邵鸿希望广大青年社员把实现个人价值与国家民族命运紧密联系起来，处理好理想追求与脚踏实地的关系，勇于创新，努力融入时代发展洪流。邵鸿说，九三学社中央青工委成立以来，青年工作蓬勃发展，面貌焕然一新。邵鸿指出，要进一步做好青年工作。一是要高度重视。二是要统筹规划。三是要创新机制。卢柯对青年社员提出3点希望。一是要志存高远、坚定信念。二是要锐意创新，勇于担当。三是要夯实根基，知行合一。论坛期间还召开了九三学社中央青工委第八次主任（扩大）会议。

9月5日至6日，九三学社中央社内监督工作会议在江苏南京举行。九三学社中央常务副主席、监督委员会主任邵鸿，九三学社中央副主席、监督委员会副主任丛斌出席会议并讲话。邵鸿指出，社内监督是九三学社自我完善、自我提高的有效抓手，是九三学社自身建设的重要载体。社中央高度重视社内监督工作，五年来，通过强化部署，不断凝聚监督共识；通过扩增机构、完善制度，不断健全监督体系；通过抓住重点、努力实践，不断丰富监督手段；通过鼓励创新、典型示范，不断总结推广经验。五年来，社内监督工作继续前进，取得了较为突出的成绩和效果。在部署下一步社内监督工作时，邵鸿强调，要从加强参政党自身建设、履行参政党职责的高度认识社内监督工作，切实增强做好社内监督工作的责任感和紧迫感，要在完善监督体系、丰富监督手段、务求监督实效等方面下功夫，补齐工作短板，不断开创社内监督工作新局面，努力建设适应新时代需要的中国特色社会主义参政党。丛斌对今后一个时期的监督工作提出了具体要求。他指出，一是要继续加强相关学习，努力提升监督工作能力和水平；二是要加强顶层设计，研究制定关于社内监督约束的相关规定、办法，为社内监督约束提供制度性依据；三是要积极开展理论研究，切实增强对监督工作规律性的认识，真正做到理论上清晰、方向上明确；四是要重视宣传，充分运用全媒体着力对社内监督的重要性、好经验和监督实效进行宣传，营造社内监督的良好工作环境和氛围。会上，江苏、辽宁、河南、重庆、山东、湖南6个省级组织做交流发言；与会人员围绕邵鸿常务副主席讲话、省级组织交流发言和社章修改稿中有关社内监督的内容进行了分组讨论。九三学社中央常委、社中央监督委员会副主任刘政奎等80余人参加会议。

9月6日，全国政协副主席、九三学社中央主席韩启德赴九三学社北京市委调研，就北京市文化建设、新一届社北京市委领导班子工作开展情况等进行了座谈。九三学社北京市委主委刘忠范参加座谈。韩启德说，九三学社北京市委换届以后，短期内开展了很多工作，进展很快，希望继续坚持下去。九三学社北京市委的中期评估会讨论了28项调研课题，可见积极性很高，成果很多，要注意聚焦和抓重点，做出几项代表性标志性的成果来。韩启德说，中共北京市委书记蔡奇对“文化专项行动”的批示提到“九三学社北京市委的工作建议富有建设性”，这是对建议具有的原创性和创造性的肯定和鼓励，这项工作切入点非常好，我听了以后很受鼓舞。刘忠范介绍了社北京市委目前开展的重点工作“文化北京专项行动”。九三学社中央常委方炎介绍了社市委换届以来开展的思想建设、组织建设、参政议政、社会服务等各项工作情况，以及与其他兄弟省市的社组织互访交流的情况。

9月20日，全国政协副主席、九三学社中央主席韩启德在九三学社中央机关与在北京参加“民主党派省级组织主委多党合作专题研究班”的九三学社学员座谈。九三学社中央常务副主席邵鸿，副主席丛斌、赵雯、印红出席座谈会。韩启德强调，新一届九三学社省级组织主委要深化政治交接，强化使命担当。一是要主动学习，提升境界。通过学习拓展视野，提升精神境界，坚定政治信念。二是要勤奋工作，开拓创新。增强使命感和责任感，处理好本职工作与社务工作的关系，为九三学社事业投入更多时间与精力。三是要先人后己，团结协作。“久利之事勿为，众争之地勿往”，遇事多为别人考虑，善于团结协作，营造团结和谐的领导班子。四是要遵纪守正，廉洁奉公。严守政治纪律，坚持严以律己，增强廉洁自律的自觉性，筑牢拒腐防变思想道德防线。座谈会上，刘忠范、秦顺全、赵金云、过建春、孟庆海、庞达、李青山、程林、张少康、屈谦等先后发言。他们汇报担任主委后的工作思路，交流学习体会，表示要珍惜这次参加研究班的难得机会，认真学习、努力思考、坚定信念，增强“四个意识”，坚定“四个自信”，提高“五种能力”，传承九三学社爱国民主科学优良传统，为实现“两个一百年”奋斗目标做出更大贡献，以优异成绩迎接中共十九大召开。新任和连任的22位九三学社省级组织主委，九三学社中央机关各部门负责人参加会议。

9月26日至29日，九三学社中央常务副主席邵鸿一行赴十堰市调研对口联系基层组织建设有关工作，同时就精准扶贫、南水北调中线核心水源区生态保护、武当道教文化研究等工作开展调研。邵鸿考察了南水北调水源地丹江口水库，先后赴九三学社十堰市委员会、湖北汽车工业学院、湖北医药学院等地，详细了解九三学社十堰市委员会机关建设、基层组织工作开展等情况。在实地调研并听取汇报后，邵鸿充分肯定九三学社十堰市委员会在参政议政、社会服务、自身建设等方面取得的成绩。他要求，九三学社十堰市委员会要始终围绕中共十堰市委、市政府的中心工作和人民群众关心的热点、难点问题，充分发挥人才荟萃、智力密集的优势，认真做好建议、提案和社情民意工作，提高社员参政议政、民主监督能力。同时，要充分利用好九三学社湖北省委和九三学社北京市委在“京鄂框架合作协议”基础下搭建的合作平台，为十堰市争取更多发达地区的帮助和扶持，更好地学习发达地区发展经验和先进理念，努力为十堰经济社会发展做出更大贡献。

9月26日至29日，九三学社中央副主席武维华在山西省临汾、运城两地就九三学社组织建设、现代农业发展等工作进行调研。山西省政协副主席、九三学社山西省委原主委刘滇生陪同调研。调研组一行在九三学社临汾市委机关同社员代表进行座谈，就基层组织建设情况、存在的困难、社员的思想状况等内容进行了深入交流。武维华指出，九三学社临汾市委要加强“四个意识”，树立“四个自信”，不断巩固多党合作的思想政治基础，自觉接受中国共产党的领导；要进一步加强自身建设，努力把九三学社临汾市委建设成“思想上坚定、履职上坚实、组织上坚强”的参政党；同时要围绕地方实际，认真履职，多干事、干实事，为临汾经济社会发展做出新的贡献。调研组一行还先后赴山西省农业科学院小麦研究所、运城闻喜县山大沃丰·润田农牧惠农服务中心等地进行调研，详细了解临汾市及山西省的农业发展现状及存在的问题，在听取了各方的汇报、实地视察了农情后，武维华结合自身专业为地方农业的长远发展提出了建设性的意见。

11月28日，全国政协副主席、九三学社中央主席、北京九三王选关怀基金会理事长韩启德在九三学社中央机关主持召开北京九三王选关怀基金会二届八次理事会。九三学社中央常务副主席、北京九三王选关怀基金会副理事长邵鸿，北京九三王选关怀基金会副理事长陈堃銶出席会议。韩启德对北京九三王选关怀基金会工作给予充分肯定。他指出，基金会2017年的工作有了进一步发展，今后要更多地发挥九三学社资源优势，宣传基金会及王选精神，让更多社员或单位参与慈善捐助；基金会的资金来源可拓宽渠道，在继续进行保本理财、定向资助的同时，更多地开展慈善公益项目，扩大基金会的影响；九三学社中央将继续支持基金会工作。会上，北京九三王选关怀基金会理事兼秘书长方炎汇报了基金会2017年度主要工作。北京九三王选关怀基金会副秘书长赵鑫汇报了基金会2016年度资助困难社员工作及2017年财务状况。会议审议通过了基金会2017年度资助对象及发放细则，决定2017年度给予栾昕平等20名困难社员每人资助3万元。会议还研究了基金会2018年工作计划等有关事项。北京九三王选关怀基金会理事刘秀晨、徐国权，监事李溦，北京大学王选纪念室主任丛中笑等出席会议。

12月15日至17日，以“新时代、新青年、新作为”为主题的九三学社中央青年工作委员会第三期培训班在昆明举办。此次培训由九三学社中央青工委委托九三学社北京市委青工委设计培训方案，联合九三学社云南省委组织实施。来自九三学社30个省级组织的100多名青年工作骨干社员和机关专职干部参加培训。

截至2017年12月底，九三学社共有地方组织339个。其中包括省级组织30个，省辖市级组织280个，县级组织29个。基层组织6742个，其中基层委员会783个，支社委员会 5797 个，直属小组 162 个。全年新加入成员 9656 人。成员总数 172866 人，其中女成员 70724 人。平均年龄 54.3 岁。离退休 53582 人。

成员中高校 38778 人，占 22.4%；普教 4788 人，占 2.8%；科技界 57281 人，占 33.1%；文化艺术 2417 人，占 1.4%；公有制经济界 7364 人，占 4.3%；新阶层人士 9432 人，占 5.5%，其中私营企业主 2905 人，占 1.7%；医药卫生 34428 人，占 19.9%；机关团体及其他 18378 人，占 10.6%。

担任各级人大代表的有 2431 人，其中全国人大代表、常委、副委员长、专职副秘书长及专委会主任副主任 64 人，省级人大代表、常委、副主任、专职副秘书长及专委会主任副主任 348 人，市地级人大代表、常委、副主任 1106 人，县市区级人大代表、常委、副主任 913 人。

担任各级政协委员共有 11441 人，其中全国政协委员、常委、副主席、专职副秘书长及专委会主任副主任 104 人，省级政协委员、常委、副主席、专职副秘书长及专委会主任副主任 1076 人，市地级政协委员、常委、副主席 5187 人，县市区级政协委员常委、副主席 5074 人。

担任中央机关部级干部 2 人（不含专职副主席），省、市、自治区领导 3 人，厅局级 219 人（不含公检法），县处级 1154 人（不含公检法）。

成员中有大专以上学历的占 97.2%；有中级、高级职称的占 90.9%。担任中国科学院院士的共有 47 人。担任中国工程院院士的共有 15 人。

（三）机关建设

5 月 12 日，九三学社中央机关建设检查小组赴新乡就机关建设进行交叉检查。在机关能力建设试点汇报会上，社新乡市委负责人汇报了 2015 年以来社市委创建社中央机关能力建设试点的主要做法，并从展示组织文化、编发工作手册、开展培训活动、举办履职研讨、完善信息数据和配置图书资料六个方面具体介绍了创建内容和完成情况；与会人员还一起观看了新乡市委组织发展专题片，立体、生动地了解了社新乡市委成立以来的主要历程和履职尽责的主要成绩。会后，检查小组一行实地查看了社市委机关能力建设长廊、办公室、档案室、图书室等。张魁林对社市委机关工作表示认可，认为社市委作为社中央第一批机关能力建设试点，创建活动认真扎实、敢于创新，各项创建内容落实具体、突出特色。

7 月 11 日，九三学社中央机关支社一行赴国家博物馆参观香港回归祖国 20 周年成就展。九三学社中央常务副主席邵鸿参加活动。本次展览由香港特别行政区政府主办，主题为“同心创前路，掌握新机遇”，分为 10 个展区，共有 40 余套展品、40 余段视频和 230 余张照片，反映了香港回归 20 年来多姿多彩的城市面貌、最新发展，以及未来的发展前途。社员们通过认真参观，进一步感受到“一国两制”的成功与伟大，以及香港与内地的民心相通。纷纷表示，作为中国特色社会主义参政党成员，一定要坚定信念、不忘初心，立足本岗，多做贡献，同心共圆国家富强、民族复兴的中国梦。

7 月 27 日至 29 日，九三学社中央机关建设检查组在江苏省检查机关建设情况。检查组由社中央办公厅和社广西区委、社海南省委派员组成。根据社中央办公厅的工作方案，检查组在江苏省检查了社省委机关和社南京市委机关、社镇江市委机关。九三学社江苏省委有关负责人出席汇报会并参加相关活动。

9月8日，九三学社中央机关支社组织社员赴北京搜狗科技发展有限公司考察，九三学社中央常务副主席邵鸿，副主席兼秘书长印红参加活动。在九三学社社员、搜狗公司CEO王小川的陪同下，邵鸿、印红和九三学社中央机关支社社员一起，考察搜狗公司文化走廊和智慧办公环境，体验汪仔问答机器人、搜狗同传翻译技术、搜狗搜索引擎、搜狗输入法、搜狗浏览器等公司产品，了解市场开发情况。邵鸿表示，九三学社是以科技界高、中级知识分子为主体的参政党，始终致力于爱国民主科学。此次活动为我们了解以互联网为代表的信息技术发展进程，认识科技领军人物，更好履行政党职能，为建设创新型国家贡献力量大有助益，对加强基层组织建设也是一种很好的形式。王小川介绍搜狗公司发展历程、所获成果及产品研发情况。九三学社中央机关支社社员共30余人参加活动。

10月16日，九三学社第三期省级以下机关专职干部培训班在中央社会主义学院举办。九三学社中央常务副主席邵鸿作了题为《我社自身建设的形势与任务》的报告，从“当前形势与民主党派的使命”“我社自身建设的成绩与问题”“做好组织建设工作的若干思考”“更新理念，与时俱进，努力搞好思想建设”和“进一步加强机关建设，打造高水平的参政党机关”五个方面结合丰富案例详细介绍如何做好九三学社的自身建设工作。九三学社中央副主席赖明做了题为《参政议政的两点思考》的报告，从“政治参与是参政党的重要职能”和“做好政治参与的六个原则、十个要求”两个方面，详述了参政议政工作的基本内容，并结合当前中心工作介绍如何做好参政议政工作。九三学社中央副主席丛斌做了题为《不忘初心肝胆相照　巩固思想政治共识》的报告，从“不忘合作初心、坚定政治信念”“加强思想建设、继续携手前进”和“勇于使命担当、讲好中国故事”三个方面，阐述了加强思想建设的重要性，并结合十九大报告详细介绍如何做好九三学社的思想建设工作。中央社会主义学院统战理论教研部副主任孙信讲授《大统战理论与马克思主义中国化》，国防大学战略教研部教授孙科佳讲授《国防现代化建设与我国周边安全环境》，中央社会主义学院统战理论教研部参政党建设室主任、教授王小鸿讲授《中国特色政党制度的历史文化根基和独特优势》，中央社会主义学院统一战线高端智库驻站研究员张梧做题为《中国共产党与中华民族的伟大复兴》的报告。

10月17日至20日，九三学社全国地市级组织机关建设试点暨机关建设交叉检查工作总结交流会在贵州安顺举行。会议收听收看了党的十九大开幕会，对开展的机关能力建设试点和机关建设交叉检查工作进行了总结并就下一步工作做出部署。会上，共有30个试点市级组织代表进行了经验交流；开展交叉检查工作的15个检查组汇报了交叉检查工作情况。会议认为，地市级组织肩负着对社基层组织领导、管理和服务的职责，增强地市级组织机关的能力建设是九三学社永葆生机的重要保障。会议肯定了试点工作取得的成效，各试点地市级组织在机关制度建设、文化建设、能力建设、信息化建设等多方面都有了明显提升，更在社各级组织机关营造了奋勇争先、勇创佳绩的热烈氛围，有力推动了社内各项工作的蓬勃发展，试点工作同时也得到了各地统战部门的肯定和支持，受到广大基层社员的热切欢迎。会议强调，加强机关能力建设工作永远在路上，九三学社中央办公厅将一如既往地推进全社各级组织机关建设工作，也希望各省级组织结合自身实际出台举措，加强域内地市级组织机关建设。

11 月 3 日，为深入学习贯彻党的十九大会议精神，九三学社中央机关工作人员赴北京展览馆，参观“砥砺奋进的五年”大型成就展，充分感受过去五年来党和国家事业发展取得的辉煌成就。通过翔实的文字数据、生动的图片，触手可及的实物、先进的多媒体，大家直观全面地了解五年来全党、全国各族人民砥砺奋进取得的伟大成就。大家感到，展览内容丰富，五年成就巨大，令人精神振奋，应该不忘初心、继续前进，扎实为实现中华民族伟大复兴中国梦履行自己的责任。

12 月 20 日，九三学社中央宣传部与社会服务部联合举行中共十九大和九三学社十一大精神学习会。九三学社中央副主席丛斌出席会议并讲话。丛斌指出，中共十九大是中国共产党历史上具有划时代和里程碑意义的一次十分重要的大会。习近平新时代中国特色社会主义思想的确立，是中共十九大的最大亮点和最重要历史贡献，是我们建设新时代中国特色社会主义参政党的思想指南和行动纲领。刚刚闭幕的九三学社十一大对学习贯彻中共十九大精神做出全面部署。要紧密结合宣传思想工作和社会服务工作实际，学习贯彻中共十九大和九三学社十一大精神，着力推进思想建社，进一步增强“四个意识”、牢固树立“四个自信”，不断巩固团结奋斗的共同思想政治基础；要把对陕西脱贫攻坚民主监督工作做实做细，坚持问题导向，推动政策落实。要以新发展理念为引领，不断完善服务脱贫攻坚、“一带一路”建设模式，不断巩固“九地合作”“亮康行动”等社会服务品牌带动作用，在学深悟透、融会贯通、狠抓落实上下功夫。与会同志围绕中共十九大报告和九三学社十一大报告，畅谈学习认识、交流学习体会。大家表示，要紧密结合各自工作实际，不忘初心，牢记使命，增强服务意识，强化责任担当，练就过硬本领，提高工作成效。宣传部和社会服务部机关干部共 20 余人参加会议。

乔发进　九三学社中央研究室理论研究处处长

台湾民主自治同盟

2017年，党和国家事业取得历史性成就、发生历史性变革。中国共产党第十九次全国代表大会胜利召开，将习近平新时代中国特色社会主义思想确立为行动指南，中华民族伟大复兴展现出前所未有的光明前景。

2017年，中国共产党领导的多党合作事业蓬勃向上。一系列统一战线重要规范文件的推进实施，凝聚爱国心、汇聚团结力，为民主党派参政履职开辟了广阔空间。

2017年，习近平总书记的重要指示，始终引领着两岸关系前进的正确方向，为台盟落实两岸命运共同体重要理念注入了强大动力。

2017年，在以习近平同志为核心的中共中央带领下，台盟着力全局之重、矢志两岸之为，与全国人民一道，携手奋进、逐梦前行。推动两岸交流、共图民族伟大复兴，是台盟一以贯之的历史责任。我们深深牢记习近平总书记的重要嘱托，始终聚焦国家所望、大局所需、两岸所盼，圆满完成了参政履职的各项任务。

一、重要会议及活动

（一）台湾民主自治同盟第十次全盟代表大会

12月5日，台湾民主自治同盟第十次全盟代表大会暨纪念台盟成立七十周年大会在北京举行。大会圆满完成各项议程，深入学习贯彻中共十九大精神和习近平新时代中国特色社会主义思想，表决通过了台湾民主自治同盟第十次全盟代表大会决议、关于台湾民主自治同盟第九届中央委员会报告的决议，审议通过了《台湾民主自治同盟章程（修正案）》，选举产生了由69人组成的新一届中央委员会。

会议期间举行的台盟第十届中央委员会第一次全体会议选举产生了由23人组成的第十届中央常务委员会，苏辉当选主席，李钺锋、杨健、张泽熙、连介德、吴国华、郑建闽当选副主席。

苏辉在致闭幕词时指出，台湾民主自治同盟第十次全盟代表大会是在中共十九大精神指引下召开的一次重要会议，是坚定信心、凝聚力量的大会，是明确目标、催人奋进的大会，是同心同德、团结民主的大会。在全体与会代表的共同努力下，大会认真学习贯彻中共十九大精神和中共中央贺词，进一步统一思想、明确方向，更加坚定了台盟作为致力于中国特色社会主义参政党的信心和决心，确立了今后5年的工作目标和任务。

苏辉表示，台盟新一届中央领导集体一定会团结带领全体盟员，继承和发扬优良传统，不负厚望与重托，紧紧围绕中共十九大确定的中心任务，服从服务于党和国家的工作大局，努力把工作做好。

大会强调，中共十九大指明了党和国家前进的方向，绘就了新时代中国特色社会主义事业的宏伟蓝图，对我们参政党更好地履职尽责提出了新的更高要求。深入学习贯彻中共十九大精神，是台盟当前和今后一个时期的首要政治任务。全盟要深入学习贯彻习近平新时代中国特色社会主义思想，确保台盟事业沿着正确的政治方向前进。要紧紧围绕中共十九大工作部署，大力推进各项工作，更好地承担起台盟的历史责任。要坚持以深化政治交接为主线，不断提高自身建设的科学化水平，推进台盟事业薪火相传。

大会号召，全盟要高举中国特色社会主义伟大旗帜，更加紧密团结在以习近平同志为核心的中共中央周围，同心同德，砥砺奋进，不断开创台盟工作的新局面，为推进祖国和平统一大业、实现中华民族伟大复兴的中国梦做出新的贡献。

台盟中央常务副主席李钺锋主持闭幕会。闭幕会上还宣读了给不再担任台盟领导职务的老同志的致敬信。

（二）中央常务委员会会议

1. 台湾民主自治同盟第九届中央常务委员会第十八次会议

3月7日，台湾民主自治同盟第九届中央常务委员会第十八次会议在北京召开，全国政协副主席、台盟中央主席林文漪出席并讲话。台盟中央常务副主席黄志贤，副主席吴国祯、陈蔚文、苏辉及中央常委出席会议。台盟中央副主席杨健主持会议。

会议认真学习了十二届全国人大五次会议和全国政协十二届五次会议精神和近期中央有关会议、讲话精神，通过了《台盟中央2017年工作要点》和《台湾民主自治同盟第十次全盟代表大会代表产生办法及名额分配方案》，会议还研究了其他事项。

会议指出，这次全国两会是在中共十九大即将胜利召开、“十三五”规划实施进入关键阶段的重要时刻召开的，意义重大。中共中央对台盟代表、委员的履职情况高度重视。会议期间，3月6日和7日，中共中央政治局常委、全国政协主席俞正声等中央领导同志参加了全国人大台湾代表团审议。俞正声在讲话中就继续贯彻以习近平同志为核心的中共中央关于对台工作的政策主张、促进两岸关系和平发展提出了明确要求。我们要认真学习贯彻。

会议强调，今年是台盟中央和各省级组织的换届之年，做好换届工作对于坚持和完善中国共产党领导的多党合作和政治协商制度，深化政治交接，加强台盟自身建设，具有重要意义。3月4日，习近平总书记在参加全国政协十二届五次会议民进、农工党、九三学社界政协委员联组会时强调：“各民主党派要搞好政治交接，努力换出新干劲，换出新气象。中国共产党同各民主党派秉承共同理想、坚持共同奋斗，汇聚成坚持和发展中国特色社会主义、实现中华民族伟大复兴中国梦的磅礴合力。”对各民主党派提出了殷切期望，为我们深化政治交接指明了方向。我们一定要认真学习贯彻习近平总书记的重要讲话精神，自觉增强“四个意识”，继承和弘扬老一辈爱国爱乡的光荣传统，立足台盟事业的长远发展，确保正确的政治方向，圆满完成换届任务。

会议要求，要严格换届程序，严肃换届纪律。要严格遵循中央有关文件规定，实行集体领导、民主决策，在每个程序、每个细节上都不打折扣、不走过场，保持换届工作风清气正。

台盟中央各专委会主任、台盟陕西省委主委、参加全国两会的省级组织专职副主委、主委任职情况为兼职的省级组织专职副主委、台盟直属组织主委及机关各部门负责人列席会议。

2. 台湾民主自治同盟第九届中央常务委员会第十九次会议

7月4日至5日，台湾民主自治同盟第九届中央常务委员会第十九次会议在大连召开。全国政协副主席、台盟中央主席林文漪，台盟中央常务副主席黄志贤，副主席吴国祯、陈蔚文、杨健、苏辉，中共辽宁省委常委、省委统战部部长范继英等出席会议。

会议传达学习了近期中央有关会议、讲话精神，通报了台盟中央2017年上半年工作情况，审议通过了台盟中央换届工作有关文件和《关于成立生态与环境资源保护工作委员会的决定》，听取了关于推进民主监督工作的专题报告。

会议指出，要紧紧围绕迎接中共十九大胜利召开，坚持不懈地推进全盟思想政治建设，牢固树立“四个意识”，不断增强“四个自信”，在思想上政治上行动上，始终与以习近平同志为核心的中共中央保持高度一致，进一步坚定对中国特色社会主义道路的政治认同、思想认同、情感认同，更加扎实地把中共中央的决策部署落到实处，不断开创台盟工作新局面。

会议认为，目前台盟各省级组织的换届工作已经基本完成。通过人事更替实现了新老交替，一批年富力强的同志走上了领导岗位，台盟的优良传统和政治纲领得以传承和发扬。这充分体现出全盟上下高度的政治责任感和使命感，充分体现了台盟组织不断增强的凝聚力和向心力，充分体现了台盟“五种能力”建设取得的成绩。台盟中央换届将于今年年底之前完成，要继续坚持把规矩和纪律挺在前面，严格执行换届程序和纪律，确保风清气正；要以换届为契机，加强自身建设，重视后备干部培养，不断提高履职能力和水平；要把政治交接贯穿于换届工作全过程，不忘合作初心，继续携手前进，更加自觉地接受中国共产党的领导，始终坚持走中国特色社会主义政治发展道路。

会议要求，下半年要全面推进台盟各项工作，努力建设中国特色社会主义参政党，不断巩固走中国特色社会主义政治发展道路的共同思想政治基础；要把换届工作与全盟参政履职各方面工作紧密结合起来，实现双丰收，推动台盟事业迈上新台阶，以优异成绩迎接中共十九大和台盟十大的胜利召开。

台盟中央常委、台盟省级组织新任主委出席会议，台盟中央各专门工作委员会、参事室主任和机关各部门负责人列席会议。

3. 台湾民主自治同盟第九届中央常务委员会第二十次会议

10月11日至12日，台湾民主自治同盟第九届中央常务委员会第二十次会议在北京召开。全国政协副主席、台盟中央主席林文漪出席并讲话。台盟中央常务副主席苏辉，副主席吴国祯、陈蔚文、杨健出席会议。

会议研究部署了学习贯彻中共十九大精神的相关工作，传达学习了近期中央有关会议、讲话精神，通报了台盟中央2017年第三季度工作情况，审议通过了台盟十大提名代表和列席代表名单，通报了台盟十大筹备情况，通报了调整台盟中央2017年换届工作领导小组的决定，听取了关于民主党派的历史道路和优良传统的专题报告。

林文漪指出，中共十九大是在全面建成小康社会决胜阶段、中国特色社会主义发展关键时期召开的一次十分重要的大会。大会将认真总结中共十八大以来建设中国特色社会主义伟大实践取得的辉煌成就和宝贵经验，全面把握党和国家事业发展新要求和人民群众新期待，站在新的历史起点上，制定适应时代要求的行动纲领和大政方针，从战略全局上对党和国家事业发展做出规划和部署，对于动员和鼓舞全党全国各族人民团结一心、接续奋斗，踏上社会主义现代化建设新征程，不断开创中国特色社会主义新局面具有重大意义。

林文漪强调，目前台盟十大的各项准备工作正在紧张有序地进行。完成组织交接，是台盟十大的一项关键任务。今年上半年全盟各省级组织换届圆满成功，要认真总结地方组织换届工作中好的做法、体会和经验，坚持按照台盟中央确定的换届工作指导思想、基本原则和选配领导班子人选等方面的规定，做好相关工作，确保换届平稳顺利完成。

林文漪指出，要总结经验，与时俱进，进一步明确参政党履职的定位，选好履职的角度，找准具体工作的切入点，以“小切口反映大问题”的思路开展工作。作为与中国共产党通力合作的中国特色社会主义参政党，台盟要有紧迫感、使命感和责任感，要认真学习贯彻中共十九大精神，不断开拓前进，努力在各方面有新的气象，有新的作为，为决胜全面建成小康社会，努力开创中国特色社会主义新局面，为实现祖国和平统一大业和中华民族伟大复兴的中国梦做出新的贡献。

台盟中央常委、台盟省级组织新任主委出席会议，台盟中央各专门工作委员会、参事室主任和机关各部门负责人列席会议。

（三）中央其他重要会议

3月29日，台盟中央机关中心组召开2017年第一次集体学习会，就关于民主党派民主监督的理论与实践进行专题学习。全国政协常委、台盟中央常务副主席黄志贤出席会议。民主监督是民主党派的重要职能之一，也是多党合作的重要制度安排。中共十八以来，以习近平同志为核心的中共中央高度重视多党合作，多次强调发挥民主党派民主监督作用。对民主党派民主监督工作高度肯定，为新的历史条件下做好民主党派民主监督工作提供了根本遵循，指明了方向。为进一步学习领会中共中央关于民主党派民主监督相关政策和《关于加强和改进人民政协民主监督工作的意见》，更好地履行参政党民主监督职能，结合新形势新任务新要求，此次学习会邀请了中央社会主义学院原副院长袁廷华为机关全体干部做有关民主党派民主监督的相关理论与实践内容的讲解。学习会由台盟中央宣传部副部长穆学锋主持。台盟中央副秘书长、研究室主任宋焱，办公厅主任冉永进等部门负责同志及机关干部、台海出版社负责同志参加会议。

5月25日上午，台盟中央机关中心组2017年第二次集体学习会在台盟中央机关礼堂召开，专题学习习近平总书记关于“一带一路”战略思想。全国政协常委、台盟中央常务副主席黄志贤，全国政协常委、台盟中央副主席杨健出席会议。本次学习会邀请中国人民大学经济学院教授程大为主讲。程大为从全球治理的角度为大家深入解读了习近平总书记“一带一路”战略思想的产生背景、历史渊源、形成过程、主要内容等，给了与会同志以深刻启发。台盟中央宣传部副部长穆学锋主持会议。台盟中央副秘书长宋焱、吴国华，机关各部门负责人，机关全体干部和台海出版社工作人员共40余人参加了学习会。

8月8日，台盟中央专职主席会议专题学习习近平总书记“7·26”重要讲话精神。全国政协副主席、台盟中央主席林文漪主持会议并讲话。全国政协常委、台盟中央常务副主席黄志贤，全国政协常委、台盟中央副主席杨健出席会议。林文漪指出，习总书记“7·26”重要讲话高屋建瓴、总览全局、内涵丰富，全面总结中共十八大以来党和国家事业发展取得的历史性成就，深刻阐述新的历史条件下坚持和发展中国特色社会主义的一系列重大理论和实践问题，深刻阐明未来一个时期党和国家事业发展的大政方针和行动纲领，通篇闪耀着马克思主义思想光辉，具有重大的政治意义、理论意义和实践意义，让我们深受鼓舞，备感振奋。林文漪强调，作为参政党，台盟要始终坚持中国共产党的领导，坚定不移走中国特色社会主义道路，进一步增强中国特色社会主义道路自信、理论自信、制度自信、文化自信，切实承担起作为中国特色社会主义事业亲历者、实践者、维护者和捍卫者的政治责任，始终与中国共产党同心同向，砥砺前行，为决胜全面建成小康社会、夺取中国特色社会主义伟大胜利、实现中华民族伟大复兴的中国梦而共同奋斗。林文漪表示，学习贯彻习总书记“7·26”重要讲话精神，是台盟当前和今后一个时期的首要政治任务。台盟各级组织和广大盟员要认真学习贯彻习总书记“7·26”重要讲话精神，深化政治交接，加强自身建设，牢固树立“四个意识”，努力增强“四个自信”，不断提高“五种能力”，切实把思想和行动统一到讲话精神上来，在思想上政治上行动上始终同以习近平同志为核心的中共中央保持高度一致，进一步坚定对中国特色社会主义道路的政治认同、思想认同、情感认同，扎扎实实做好今年的各项工作，以参政履职的优异成绩，迎接中共十九大和台盟十大的胜利召开。黄志贤表示，习总书记“7·26”重要讲话思想深邃，意境深远，是一篇马克思主义的纲领性文献，为中共十九大的召开奠定了重要的政治基础、思想基础、理论基础。习总书记在讲话中提出“全面从严治党永远在路上”，作为与中国共产党团结合作的亲密友党，台盟要以党为师，加强自身建设，提高履职能力。今年适逢台盟成立70周年，我们要继承弘扬台盟老一辈坚持中国共产党的领导、与中国共产党同心奋斗的光荣传统，深入开展“不忘合作初心，继续携手前进”专题教育，进一步坚定走中国特色社会主义的道路自信、理论自信、制度自信、文化自信，切实承担起作为中国特色社会主义事业亲历者、实践者、维护者和捍卫者的政治责任。杨健表示，我们要深入学习习总书记“7·26”重要讲话精神，用习总书记“7·26”重要讲话精神武装头脑，指导实践，认真做好参政履职的各项工作，为决胜全面建成小康社会，夺取中国特色社会主义伟大胜利，实现祖国和平统一和中华民族伟大复兴的中国梦做出新的更大的贡献。台盟中央副秘书长宋焱、吴国华及部分机关部门负责人参加了会议。

10月26日，台盟中央机关中心组第四次集体学习会在京召开，专题学习中共十九大精神。全国政协副主席、台盟中央主席林文漪主持会议并讲话。台盟中央常务副主席苏辉、台盟中央副主席杨健出席会议。林文漪指出，10月24日，举世瞩目的中共十九大在北京胜利闭幕。会议确立了习近平新时代中国特色社会主义思想的历史地位，确定了决胜全面建成小康社会、开启全面建设社会主义现代化国家新征程的目标，对新时代推进中国特色社会主义伟大事业和党的建设新的伟大工程做出了全面部署，彰显了中国共产党的伟大创造力。中共十九届一中全会选出了以习近平同志为核心的新一届中共中央领导集体。台湾民主自治同盟对此表示由衷的祝贺，对会议通过的各项报告、决议完全赞成，坚决拥护以习近平同志为核心的新一届中共中央领导集体。林文漪表示，学习贯彻中共十九大精神是台盟当前和今后一个时期的首要政治任务。台盟各级组织和广大盟员要认真学习领会中共十九大精神的丰富内容和深刻内涵，深化政治交接，做好参政履职工作，彰显台盟党派特色，发挥台盟自身特点和优势，为决胜全面建成小康社会、实现祖国统一大业和中华民族伟大复兴的中国梦做出新贡献。苏辉表示，中共十九大报告提出习近平新时代中国特色社会主义思想，并就新时代坚持和发展中国特色社会主义提出了 14 条基本方略，从战略全局上对党和国家事业做出了部署。我们要自觉增强坚持中国共产党的领导，牢固树立中国特色社会主义道路自信、理论自信、制度自信、文化自信，凝聚共识，汇聚力量，牢记使命，奋发有为，为决胜全面建成小康社会贡献力量。杨健表示，台盟作为由生活在祖国大陆的台湾省人士组成的参政党，我们要深入学习领会中共十九大报告中对台工作的新要求，用于指导工作实践，为对台工作提供更具针对性、可行性的决策建议。十九大报告提出“确保到 2020 年我国现行标准下农村贫困人口实现脱贫”，台盟要坚决贯彻中共中央关于打赢脱贫攻坚战重大决策部署，凝聚更多的智慧、汇聚更多的力量、做出更多的贡献。学习会上，台盟中央原秘书长张宁，副秘书长、研究室主任宋焱，副秘书长、组织部部长吴国华，办公厅主任冉永进，宣传部副部长穆学锋等同志也畅谈了学习体会。与会同志一致表示，坚决拥护、完全赞同中共十九大的各项决议，要把思想和行动统一到中共中央的决策部署上来，认真学习领会会议精神，明确目标，汇聚共识，紧密结合自身工作实际，为夺取新时代中国特色社会主义伟大胜利做出积极贡献。台盟中央机关局级以上同志、台海出版社主要负责人参加会议。

（四）重要国事和外事活动

2017 年，台盟中央领导同志多次应邀参加重要外事、内事活动，其中包括参加庆祝中华人民共和国成立 68 周年国庆招待会等重要庆典、慰问、纪念活动，陪同中共中央和国家领导人会见阿根廷总统马克里、塞尔维亚总统尼克里齐等外宾。

（五）专题工作会议

1 月 19 日至 20 日，台盟中央“不忘合作初心，继续携手前进”专题教育推动会在重庆召开。全国政协常委、台盟中央常务副主席黄志贤，重庆市政协副主席、台盟重庆市委主委李钺锋，中共重庆市委统战部常务副部长周旭出席会议。台盟中央宣传部副部长穆学锋、吴艺煤，台盟中央组织部副巡视员陈勇，台盟各省级组织、直属组织分管宣传思想工作的有关负责同志参加会议。会上，周旭介绍了重庆经济社会发展情况及统战工作有关情况。穆学锋围绕开展专题教育作主题发言，指出按照今年工作计划，将在全盟开展以“不忘合作初心，继续携手前进”为主题的纪念台盟成立 70 周年系列活动。通过活动的开展，大力弘扬优良传统，深入推进坚持和发展中国特色社会主义学习实践活动，不断巩固与中国共产党同心奋斗的共同思想政治基础。穆学锋总结了全盟开展学习实践活动的宝贵经验，解读了开展专题教育的重大意义、主要内容、基本要求等。各地方组织与会同志围绕本地组织2016年深入开展学习实践活动的主要情况和经验，当前盟员思想状况及情况分析，开展专题教育的工作进展及相关建议进行座谈交流。黄志贤在讲话中充分肯定了全盟学习实践活动的开展情况，指出各地在开展学习实践活动中，有部署、有落实，思路清晰，主题明确，活动有力，效果明显。在下一步的工作中，要进一步提高认识，增强持续开展学习实践活动的信心，夯实盟员政治思想基础，抓好专题教育工作方案的落实。黄志贤强调，加强台盟思想建设是新形势下做好台盟工作的需要。当前国内外形势发生了深刻变化，在世界多极化、经济全球化、文化多元化、社会信息化的大格局下，局势错综复杂。中共中央统筹国内外两个大局，对内深化改革，坚持从严治党，依法治国，为人民谋幸福，提出一系列新思想、新观念、新战略，统筹推进"五位一体"总体布局，协调推进"四个全面"战略布局，我国经济社会发展继续取得巨大成就。对外用中国文化、中国思维，讲好中国故事。这些都需要我们从事宣传工作的同志认真学习，加强宣传，使之深入人心，增进共识。加强台盟思想建设是多党合作事业新发展的需要。习近平总书记讲，我们国家的制度优势与特点，中国共产党领导的多党合作和政治协商制度是很重要的一方面，也是我国政治格局稳定的重要制度保证。民主党派作为中国特色社会主义参政党，其基本职能是参政议政、民主监督、参加中国共产党领导的政治协商。这是对民主党派性质和职能的新定位，明确了民主党派的中国特色社会主义属性，进一步彰显了我国多党合作制度的优势和魅力。习总书记的讲话，标志着中国共产党领导的多党合作事业踏上了新的时代征程。大家都看到，近年来中央统战工作会议的召开，中央出台了《关于加强社会主义协商民主建设的意见》《中国共产党统一战线工作条例（试行）》等一系列文件，安排脱贫攻坚民主监督工作新任务。中共十八届六中全会提出，"要支持民主党派履行监督职能，重视民主党派和无党派人士提出的意见、批评、建议"等，让我们深刻体会到多党合作事业的前景更加广阔、使命更加光荣、责任更加重大，对我们履职尽责的要求更高。我们要加强思想建设，多学习，多宣传，更好地适应多党合作事业新发展的需要。针对下一阶段工作，黄志贤指出，要把学习贯彻中共十八届六中全会精神作为宣传思想工作的重要任务。全会就新形势下加强党的建设做出了新的重大部署，充分体现了中共中央坚定不移推进全面从严治党的坚强决心和历史担当。台盟各级组织和广大盟员要用十八届六中全会精神武装思想，树立"四个意识"，特别是核心意识、看齐意识，坚持中国共产党的领导，坚持和完善中国共产党领导的多党合作和政治协商制度。加强全盟的思想宣传教育工作，积极宣传引导，开展理论研究，丰富实践活动，解决自身问题，达到加强台盟自身建设的目的。要把加强盟史传统教育摆在重要位置。台盟有坚定不移跟随中国共产党不断发展进步的光荣历史。不论今天我们取得多大的成绩，都不能忘记合作初衷，我们要将台盟前辈的优良传统发扬光大。在学习中体会，在传承中知晓来路，明确方向，自觉与中国共产党携手继续前进。要把创新作为推动宣传思想工作的重要动力。面对新形势，宣传思想工作既要有理念的创新，也要有手段的创新。理论创新就是需要我们负责宣传思想工作的同志们更新工作观念，从多党合作的全局来筹划，从时代发展的趋势来推进宣传思想工作。因此就需要我们学早一点、学深一点，提早谋划，早做打算。手段创新就是需要我们深入地研究，认真总结我们已做的工作，以中国共产党为师。要以盟员为本，强化服务意识、受众意识，盟员在哪，我们的工作就去哪，多策划开展盟员愿意听、愿意看、愿意参加的活动，使宣传思想工作有血有肉，接地气，聚人气，切实加强宣传思想工作的成效。当前，台盟面临着省级组织和中央换届的任务，宣传思想工作要服务大局，确保全盟团结一致，确保换届工作平稳顺利，确保台盟事业薪火相传。

2月21日，台盟中央2017年重点课题调研协调会在广州召开。台盟中央及地方组织负责参政议政工作的50余位同志参加会议，研究部署全年重点课题调研相关工作。全国政协常委、台盟中央副主席杨健出席会议。杨健指出，1月22日，习近平总书记在与各民主党派中央、全国工商联负责人和无党派人士代表迎春座谈时，发表了重要讲话，提出了三点希望。下一步，全盟的同志要认真学习贯彻习近平总书记的重要讲话精神，用讲话精神指导我们参政议政的各项工作。杨健指出，在众多参政议政任务之中，课题调研是基础性的工作，政党协商、党派提案、社情民意信息等重要成果都是在调研基础上提炼转化而成。做好课题调研，一是要主动谋划，积极作为，量身定做课题调研的“时间表”和“路线图”，不断增强参政议政工作的主动性、针对性和前瞻性。二是要创新机制，真抓实干，找准工作切入点，坚持大视野、小切口，多用数据和实例说话，提高调研报告的水平和质量。三是要拓宽渠道，善作善成，兼顾中央与地方两个层面，让调研工作既为中央层面的协商议政服务，也要为促进地方经济社会发展服务，实现“双赢”。会上，与会人员围绕台盟中央2017年重点调研课题开展了交流讨论。各课题牵头单位和参与单位分别结合自身实际提出了调研方案、思路和进度安排。台盟中央参政议政工作委员会主任王中，台盟中央副秘书长、研究室主任宋焱分别就全年课题调研的总体安排、调研要求和课题结题等，做了思路引导和方法指导。台盟中央副主席、广东省政协副主席、台盟广东省委主委陈蔚文到会看望了与会代表，并与大家交换了对做好参政议政工作的意见和看法。

3月21日至22日，台盟中央定点帮扶工作协调会在广东珠海召开。全国政协常委、台盟中央副主席杨健在会上就全盟如何统筹规划好定点帮扶工作，凝心聚力，开创定点帮扶工作新局面作了部署。针对在毕节赫章、黔西南全盟定点帮扶工作，杨健指出，要坚持用习近平总书记重要讲话精神指导帮扶工作实践，精准聚焦帮扶发展短板，拓宽工作思路，进一步加强“上下联动、横向结合”工作机制，集全盟之智，更好地参与定点帮扶工作。并就如何开展好定点帮扶工作提出三点意见：一是进一步提高思想，深刻领会中央定点帮扶工作的精神实质；二是在健全工作机制上下功夫，聚集全盟力量参与帮扶工作；三是在优化方式上，“聚焦精准”、切实提高帮扶工作成效。各地盟组织参会代表结合各自的实际工作情况做了交流发言。会议邀请了中央统战部办公厅副巡视员王丽颖作了“关于定点帮扶工作”的专题报告。中共珠海市委统战部副部长、市台办主任、市台湾事务管理局局长曾谷；台盟中央常委、台盟云南省主委杨晓红，台盟安徽省总支主委陈清海，中央统战部办公厅社会扶贫处处长张奔，台盟中央社会服务部扶贫工作处调研员刘晓英，台盟珠海市支部主委容锦和台盟19个省市盟组织有关同志参加会议。

4月11日至12日，台盟中央对台联络（台情研究）工作座谈会在京召开。全国政协常委、台盟中央副主席杨健出席会议并讲话。杨健在讲话中指出，过去一年，台盟以习近平总书记对台工作重要思想为指导，落实中央对台工作会议精神，发挥台盟乡情亲情优势，坚定不移扩大深化两岸民间交流往来。台盟以大江论坛为平台，广泛联系岛内各领域、各界别精英人士，深化两岸民间交流；以台湾青少年、统派人士、台湾中南部代表性人士为重点，坚持不懈深化乡情亲情，寻求两岸同胞的心灵契合；针对岛内形势发展变化，发挥盟内外智囊作用，深入开展台情研究工作，致力于维护两岸和平、增进同胞福祉。一年来，全盟对台联络和台情研究工作有成果、有突破、有亮点。他代表台盟中央林文漪主席、黄志贤常务副主席向大家表示衷心的感谢。杨健就今后一个时期的对台联络和台情研究工作提出了五点要求：一是要深入学习贯彻习近平总书记对台工作重要思想，认真落实中央对台工作方针政策；二是要创新形式，将争取台湾民心工作做到位；三是要整合资源，将台湾青年工作推向新层次；四是要创造条件，开创台湾统派工作新局面；五是要抓住重点，促进台情调研信息工做出精品。座谈会上，台盟中央联络部部长潘新洋提出了第四届大江论坛及相关活动的筹备工作计划。台盟中央联络部部长助理张骏通报了下一阶段对台联络和台情研究工作规划和安排。与会同志积极踊跃发言，深入讨论交流，就台盟对台联络和台情研究工作机制、队伍建设、品牌项目、联研结合等议题提出意见建议。一是要充分发挥地方盟组织和各专委会作用，运用好“上下联动，横向联合”工作机制，集全盟之力，打造完善好“大江论坛”这一台盟中央重要对台交流品牌。二是建议在下一个对台联络五年规划制定中，加强台盟中央层面的顶层设计，着力整合地方组织资源，促进联动联合。三是丰富完善“中华文化研习营”活动，创新交流形式，深化交流内涵。四是建议着力推动台情研究的“横向联合”，策划筹备举办“台情研究论坛”，培养台情研究新生力量，强化台情研究队伍建设。台盟北京市委常务副主委陈军、台盟上海市委副主委李碧影、台盟天津市委副主委董卫红、台盟福建省委副主委柯连妹、台盟吉林省委副主委郑吉虎、台盟云南省委副主委高素芳等来自台盟中央和各级地方组织的40余名同志参加了会议。

5月12日，台盟中央2017年脱贫攻坚民主监督协调会在大连召开，全国政协常委、台盟中央副主席杨健出席会议并讲话。重庆市政协副主席、台盟重庆市委主委李钺锋，辽宁省政协副主席、台盟辽宁省主委王松出席会议并致辞。杨健指出，开展脱贫攻坚民主监督，是各民主党派在中国共产党领导下，积极参与中国特色社会主义建设实践的一项新的政治任务。自2016年6月统一战线正式启动脱贫攻坚民主监督工作以来，台盟中央认真贯彻习近平总书记的重要指示精神，凝聚全盟力量，扎实开展对口甘肃省的脱贫攻坚民主监督工作，成立了以林文漪主席为组长的工作领导小组，制订了工作实施方案和年度工作计划，建立了全盟工作协调、工作联系和社会力量参与工作机制，在“上下联动、横向结合”上着力下功夫。杨健强调，这次会议的目的，就是要在前期工作的基础上，在全盟范围内进一步加强对脱贫攻坚民主监督的理解认知和政治把握，深入贯彻习近平总书记系列重要讲话精神，充分认识开展脱贫攻坚民主监督的重要性，进一步统一思想、凝聚共识，真正把这项工作落到实处，增强脱贫攻坚民主监督的针对性和实效性，为打赢脱贫攻坚战献计出力。会上，与会代表围绕台盟中央今年的脱贫攻坚民主监督这一主题开展交流座谈，并着重在电商扶贫、金融扶贫、大数据技术扶贫、参与式扶贫四项调研课题和全盟就如何开展脱贫攻坚民主监督等若干工作机制建设方面进行探讨。来自上海的大数据专家为与会代表做了精彩的专题讲座。中共辽宁省委统战部常务副部长马辉、中共大连市委统战部副部长黄刚、台盟大连市委主委胡军以及来自台盟各省级组织的相关领导、工作骨干和特约专家等40余人参加会议。

5月17日至20日，以“实施振兴国家与地方实体经济重要战略的相关问题及对策研究”为主题的台盟中央第三次协商议政论坛在上海召开。全国政协常委、台盟中央副主席杨健，台盟中央常委、台盟中央参政议政工作委员会主任王中，台盟中央副秘书长、研究室主任宋焱，全国人大代表、台盟上海市委主委李碧影出席论坛。杨健在论坛开幕式上致辞。他指出，台盟作为中国特色社会主义参政党，坚持以“四个意识”为引领，在准确把握中共中央对当前经济形势分析和判断的基础上，结合自身优势，不断深入开展调研，就经济领域的重点问题、难点问题、共性问题，努力提出具有较强针对性和可操作性的意见和建议，为推动国民经济持续健康发展献计出力。杨健指出，此次论坛以“实施振兴国家与地方实体经济重要战略的相关问题及对策研究”为主题，既是落实“四个意识”，学习贯彻中央统战工作会议精神的具体举措，也是致力在全盟大力倡导人人为参政履职献策出力的良好氛围，对于培养和发现青年参政议政人才，具有重要的意义。杨健指出，振兴实体经济是一项复杂的系统工程，也是全盟参政议政工作一个大有可为的领域。希望同志们以本次论坛为平台，把思想和行动统一到中共中央的决策部署上来，自觉树立和贯彻创新、协调、绿色、开放、共享的发展理念，以问题为导向，把对振兴实体经济相关问题的调研进行得更深、更细、更实，并在交流探讨过程中，互相学习，互相启发，不断提出好的意见和建议，为顺利实现“中国制造2025”和中华民族伟大复兴的中国梦贡献智慧的力量。会上，来自台盟各地方组织的23名青年盟员和机关盟务干部，围绕“实施振兴国家与地方实体经济重要战略的相关问题及对策研究”这一主题，结合各自工作经验和调研成果，从推进供给侧结构性改革、打造服务平台、加大科技创新力度、加强金融服务实体经济的体制机制建设等多种角度切入，在协商议政论坛上做出了精彩的发言，为振兴实体经济提出了很多观点鲜明、对策务实的意见和建议。在论坛现场提问环节，评委现场发问，演讲者对答如流，出彩的问答赢来一阵阵赞许和掌声。论坛最后由与会的21位评委评选出最具魅力奖5名，最具实力奖7名，最具潜力奖11名。李碧影致欢迎词。王中为大家介绍论坛背景情况，并对演讲者进行点评。论坛由台盟中央参政议政工作委员会副主任、台盟云南省委副主委陈俊聪和台盟中央参政议政工作委员会副主任、台盟天津市委副主委孙昌隆主持。本次会议由台盟上海市委承办。来自台盟18个地方组织的60余位参政议政骨干参加会议。

6月14日至15日，台盟中央“不忘初心薪火相传”口述历史座谈会在上海召开。全国政协常委、台盟中央常务副主席黄志贤出席会议并讲话。黄志贤指出，台盟中央高度重视盟史的抢救发掘、整理研究和宣传工作，从2014年以来坚持每年召开一次口述历史专题会议，目的在于弘扬台盟老一辈坚定不移的政治信念、爱国爱乡的优良传统以及坚韧不拔的高尚品德，进一步增强全盟的凝聚力和向心力。黄志贤强调，台盟成立70年来，始终坚持和接受中国共产党的领导，与中国共产党肝胆相照、荣辱与共。全盟团结奋进，共同努力，切实履行参政党职责，在国家的政治舞台上发挥了不可或缺的重要作用。近年来，各地台盟组织非常关心和支持口述历史工作，希望大家更好地传承台盟光荣历史，用老一辈的革命史实教育和引导青年盟员，做到讲政治、讲团结，让革命的薪火代代相传。会议由台盟中央宣传部副部长吴艺煤主持。会议邀请部分为台盟发展做出过贡献的台盟老前辈的子女到会，回忆讲述父辈们的革命经历。上海台盟老领导谢雪堂之子谢黎明讲述了台盟在中国共产党的领导下，在上海解放后，对上海的建设与改革发挥的重要作用，并深情回忆了谢雪堂等台盟老一辈对中国共产党的深厚情感和对新中国的热爱。郭炤烈之女郭南燕以其父亲的日记为线索，讲述了郭炤烈在上海台盟工作时，努力为台盟引进人才，为中共的对台广播工作尽心竭力的感人故事，体现其一生对中国共产党的挚爱。许文思之女许静之谈到她父亲生前对她说过的一句，“我这辈子最幸福的一段时光，就是解放后回国，参与了我国众多抗生素研制与生产的筹备和组织工作，这是中国共产党对我的信任”。表明了台盟老一辈对国家和民族事业的责任心与使命感。著名台籍电影导演何非光之子何大欣讲述了其父亲在目睹国民党的腐朽专制统治后，毅然决定放弃优越生活，投身中国共产党领导的解放战争的历史，表明了台盟老一辈用行动响应中共号召的优良传统。台盟上海市委主委李碧影、台盟中央组织部副部长陈勇、台海出版社社长马铁、台盟中央台情研究委员会主任郑世凯、台盟中央盟史与自身建设委员会副主任孔令人，以及北京、广东、南京、上海等地台盟组织代表参加会议，交流讨论开展口述历史工作的经验与体会。台盟中央宣传部有关同志介绍了台盟早期在香港的革命活动和台盟中央纪念“二二八”起义70周年的相关情况。会议期间，中共上海市委常委、统战部部长施小琳会见了来沪参会的台盟中央一行。

7月31日至8月4日，台盟地市级组织新任负责人及骨干盟员培训班在吉林长春举办。全国政协副主席、台盟中央主席林文漪出席结业式并为学员颁发结业证书。全国政协常委、台盟中央常务副主席黄志贤出席开班式并讲话。全国政协常委、台盟中央副主席吴国祯为培训班学员授课。林文漪在结业式上听取了学员代表的学习汇报。她希望大家要认真学习习近平总书记系列重要讲话精神和中央有关会议、文件精神，认真领悟中共中央治国理政新理念新思想新战略，自觉强化“四个意识”，努力提升“五种能力”，在思想上政治上行动上同以习近平同志为核心的中共中央保持高度一致。以更强的历史责任感、更大的工作干劲积极投身到全面建成小康社会的伟业中，切实提高参政议政、对台联络和社会服务的能力水平，选好参政履职的定位、角度、切入点，紧紧围绕中共中央重大决策，结合台盟自身特点，坚持正向发力，“以小切口反映大问题”的思路来开展工作，为国家地方经济社会进步和两岸关系和平发展献计出力，努力为实现中华民族伟大复兴的中国梦贡献智慧和力量。黄志贤在开班式上对做好此次培训提出具体要求。他要求各位学员加强对统一战线和多党合作历史以及台盟优良传统的学习，自觉夯实与中国共产党同心奋斗的思想政治基础。团结带领广大盟员勤于实践，不断在参政议政、对台交流、社会服务、自身建设等各方面取得新的成绩。珍惜学习机会，相互学习、共同提高，在工作中磨砺提升，在锻炼中成长进步，以优异的成绩迎接中共十九大和台盟十大的胜利召开。台盟中央副秘书长、研究室主任宋焱，办公厅主任冉永进参加结业式。联络部部长潘新洋、宣传部副部长吴艺煤参加相关活动。台盟中央副秘书长、组织部部长吴国华主持培训班各项活动。来自全盟各地的50多名学员参加培训。

9月20日至21日，台盟中央参事室座谈会在上海召开。全国政协副主席、台盟中央主席林文漪出席座谈会并讲话，台盟中央副主席黄志贤、杨健，台盟中央参事陈昭典、石四箴、陈蔚文、王松等出席。林文漪指出，台盟的党派特点就是特别注重政治信念与家国情怀的传承，盟内老中青团结一心，始终传承与秉承台胞的爱国心故乡情。希望参事室继续为台盟事业的发展、为助推两岸关系和平发展贡献智慧与力量。会上，林文漪向陈蔚文、王松两位新聘任的参事颁发了聘书。会上，各位参事围绕台盟十大报告起草工作，提出了宝贵的意见建议。大家认为，随着国家事业的发展、多党合作事业的进步，台盟也进入了历史上的重要发展阶段。全盟上下凝心聚力一盘棋、顶层设计建制度、特色鲜明促履职，参政党建设取得了重要成就。要认真总结好实践中形成的履职做法与经验，确保全盟不忘合作初心，继续携手前进。在沪期间，林文漪、黄志贤出席了2017沪台精英高峰论坛开幕式并会见台湾嘉宾。台盟中央副秘书长、研究室主任宋焱，办公厅主任冉永进，研究室主任助理马宇鹏参加相关活动。

9月26日，2017·台盟中央第四次协商议政论坛暨“两岸社会融合”重点课题研讨会在厦门举行，全国政协常委、台盟中央副主席杨健，全国政协常委、台盟中央生态与环境资源保护委员会主任王天戈，台盟中央参政议政工作委员会主任王中，台盟中央副秘书长、研究室主任宋焱出席论坛。在论坛开幕式上，杨健表示，协商议政论坛对加强全盟参政议政人才队伍及智库建设，提升全盟协商议政能力，发挥了不可替代的重要作用。他强调，台盟作为由生活在祖国大陆的台湾省籍人士组成的参政党，要着力关注两岸关系和平发展这一重要议题，并持续发力。近年来，台盟结合自身优势，立足两岸关系发展大局，围绕两岸关系发展中的热点问题科学选题，努力加强全局性、战略性、前沿性、动态性问题研究，竭心尽智，在促进两岸关系和平发展、争取台湾民心方面提出了一系列好的建议。杨健还勉励与会同志互相学习，集思广益，深入学习贯彻习近平总书记重要讲话精神，以维护两岸关系和平发展、推进两岸民众心灵契合为使命，以拳拳的亲情、乡情为纽带，努力推进两岸关系和平发展，助推“两岸一家亲，共圆中国梦”的早日实现。在本次论坛上，来自全盟18个地方组织的26位台盟盟员及机关干部围绕“践行习近平总书记对台工作重要思想，积极推进两岸关系和平发展及国家统一进程”这一主题进行了演讲和问答。在演讲环节中，有的选手结合自己亲身参与两岸青年交流、联络台商台生的经历和收获，娓娓道来、情真意切，有的选手发挥自己的专业知识背景优势，畅谈两岸产业融合、创新创业的广阔前景。在近七个小时的演讲交锋过程中，选手们的演讲高潮迭起、精彩纷呈，鲜明的观点、鲜活的案例、流畅的表达、精湛的技巧，无不引起在场评委和观众的称赞和共鸣。最终由23位评委打分，评出了最具魅力奖（一等奖）8名，最具实力奖（二等奖）8名，最具潜力奖（三等奖）10名。演讲结束后，王中对26位选手的表现进行了集中点评，他对选手们的精心准备和精彩展示给予了高度赞扬，认为这次论坛不仅是全盟青年骨干盟员参政议政和台情研究能力的一次高水平展示，更是全盟深入学习和践行习近平总书记对台工作重要思想的生动实践，他勉励各位演讲选手在今后的实际工作中，以实际行动积极推进两岸关系和平发展和祖国和平统一进程。9月27日，台盟中央“两岸社会融合”重点课题研讨会在厦门召开，11个课题参与单位的课题负责人在会上就课题内容进行了研讨。台盟中央参委会主任王中，台盟中央副秘书长、研究室主任宋焱出席研讨会并讲话。会议期间，与会代表还赴海峡两岸青年创业基地——云创智谷进行了调研考察。

10月18日至19日，台盟九届中央委员会妇委会第三次全体会议在沪召开。全国人大常委、台盟中央副主席陈蔚文出席开幕会并讲话。台盟上海市委主委李碧影、上海市妇联副主席黎荣出席并致辞。会议集中收看了中共十九大开幕会，认真聆听并学习了习近平总书记所做的十九大报告；传达了林文漪主席在台盟九届二十次中常会上的讲话精神；通报并分组讨论了台盟九届中央委员会妇委会工作报告；听取了台盟北京、上海市委妇委会五年工作情况。陈蔚文代表台盟中央对台盟九届中央委员会妇委会的工作给予充分肯定，他指出，台盟九届中央妇委会在台盟中央的正确领导下，在全国妇联的关心支持下，在妇委会领导班子带领下，与台盟各省市组织妇委会紧密合作，团结和动员广大妇女盟员，认真贯彻中共十八届历次全会精神，紧紧围绕中心工作，积极履行职能，切实维护妇女权益，密切两岸沟通交流，发挥妇女同志的特色和优势，积极为台盟事业和妇女工作发展献计出力，取得了出色的成绩。他希望台盟中央妇委会能够继续带领广大妇女盟员，认真学习贯彻中共十九大精神，发挥自身独特优势，不断提高妇女盟员的各项能力，努力建言献策，进一步加强与台湾妇女团体的交流交往，推动妇委会工作更上一个新台阶，以优异成绩迎接台盟十大的召开。台盟中央妇委会主任高美琴，副主任、顾问及委员，台盟中央办公厅主任冉永进，台盟中央参委会主任王中共30余人参加会议。

12月19日至20日，台盟中央2017年社会服务暨脱贫攻坚民主监督工作会议在广州召开。台盟中央副主席吴国华出席会议并讲话，来自全盟17个省（直辖市）地方组织从事社会服务及相关工作的负责人和盟员干部50余人参加会议。作为台盟十大之后台盟中央召开的第一个全盟专项工作会议，本次会议旨在认真总结一年来全盟开展助力脱贫攻坚工作的经验成果，研究讨论下一阶段全盟开展助力脱贫攻坚相关工作的机制建设、工作框架和计划安排。会上，吴国华做了《真抓实干、攻坚克难，为打赢脱贫攻坚战做出新贡献》的工作报告。她指出，一年来，台盟中央高度重视助力脱贫攻坚工作，主要领导带头深入脱贫攻坚基层第一线，认真指导全盟扎实开展定点帮扶、专题调研和督查评估，全盟助力脱贫攻坚取得了可喜成果，相关工作受到了中央领导同志的肯定以及有关部门和社会各界的赞扬。经过全盟的共同努力，台盟的社会服务和脱贫攻坚民主监督工作已经初步形成了台盟中央决策领导、台盟中央社会服务部统筹协调、台盟各级组织积极有序参与、盟内外专家提供智力支持的全新工作格局。吴国华强调，2018年是贯彻中共十九大精神的开局之年，是决胜全面建成小康社会的关键一年，脱贫攻坚也将面临着更加繁重和艰巨的工作任务。全盟要紧紧围绕党和国家的工作大局，继续做好助力脱贫攻坚各项工作。一是全盟要以强烈的事业心、高度的责任感和使命感，努力克服工作中遇到的困难，以锲而不舍、百折不挠的精神完成所承担的任务。二是继续发挥与台湾同胞联系密切的优势，以定点帮扶和专题调研为主要抓手，推动全盟脱贫攻坚工作再上一个新台阶。三是加强助力脱贫攻坚工作的机制建设，进一步增强台盟组织参与工作的整体性、协同性和统筹性。四是加强队伍建设和干部培养，为台盟助力脱贫攻坚工作提供良好的人才支撑。北京、上海、重庆等七个台盟地方组织的代表分别围绕助力脱贫攻坚工作情况发言，积极分享各自实践中的经验探索和工作体会。会议期间，与会代表深入学习中共十九大精神和台盟十大工作部署，认真听取国务院扶贫办社会扶贫司副司长王春燕关于《做好民主监督，助推打赢脱贫攻坚战》的政策解读专题讲座，以分组讨论的形式，重点就明年台盟中央和台盟地方组织的定点帮扶、对口脱贫攻坚民主监督工作重点计划进行了交流研讨。本次会议由台盟中央社会服务部副部长张骏主持。台盟中央社会服务部原部长蔡国斌、台盟广东省委主委张嘉极、台盟陕西省委主委王二虎、台盟中央参政议政委员会主任王中、台盟广东省委副主委郑广台等出席会议。

12 月 25 日至 28 日，台盟中央 2017 年参政议政工作会议暨五年总结表彰大会在北京召开。会议就过去五年全盟参政议政工作进行了总结，对 2017 年先进集体、先进个人及台盟九届中央委员会参政议政先进集体、先进个人进行了表彰，研究并明确了 2018 年及今后五年参政议政工作的主要任务。全国人大常委、台盟中央主席苏辉出席会议并讲话。苏辉强调，此次会议承前启后，站在中共十九大胜利召开、中国特色社会主义事业开启新时代这个重大历史节点，全面贯彻台盟十大精神，总结经验，科学谋划未来，对于台盟参政议政工作立足新起点、开创新局面意义重大。苏辉充分肯定了过去五年台盟的参政议政工作，并全面总结了四点工作经验。一是各级领导高度重视、恪尽职守、亲自抓好参政议政工作；二是按照《参政议政工作五年规划纲要》，有计划、有步骤地开展工作；三是培养出了一支能打硬仗、有想法、肯实干的优秀的参政议政队伍；四是建立并不断完善专业、严谨、科学的参政议政量化考核评价体系。苏辉指出，成绩属于过去，全盟参政议政工作队伍要再接再厉，开拓奋进，进一步开创台盟参政履职新篇章。一是要围绕深入学习领会、贯彻落实中共十九大精神，编制《参政议政工作五年规划纲要（2018—2022 年）》，进一步明确参政议政工作的目标和任务；二是要充分发挥工作机制的作用，凝聚全盟力量，进一步提高参政议政的质量和水平；三是要着力打造一支高素质、专业化参政议政队伍，注重培养新鲜血液、做好梯队建设，实现台盟的事业后继有人、永不停滞。全国政协委员、台盟中央常务副主席李钺锋做台盟参政议政工作总结。他指出，在过去的五年中，全盟努力按照中国特色社会主义参政党建设的要求，扎实调查、深入研讨、全面实施成果转化，为推动我国经济社会发展、促进两岸关系和平发展积极建言献策，全盟参政履职取得了新的重要进展。下一步，全盟要按照苏辉主席讲话中提出的要求，全面学习贯彻中共十九大精神，努力推动工作取得新成绩。会上，苏辉、李钺锋等领导同志为参政议政先进集体和先进个人颁奖，并向他们表示祝贺。会议期间，与会同志围绕苏辉主席讲话、台盟中央参政议政五年工作总结、《参政议政工作五年规划纲要（2018—2022 年）》及 2018 年全盟重点调研课题选题展开深入交流研讨，对如何开展今后的参政议政工作进行了认真谋划，并提出了意见建议。与会同志还听取了中共北京市委党校刁琳琳副教授做的题为《深入推动京津冀协同发展，有序疏解北京非首都功能》的专题辅导报告。台盟中央参政议政工作委员会召开全体（扩大）会议，对相关工作进行了总结和部署。辽宁省政协副主席、台盟中央参事室参事王松，中共北京市委统战部常务副部长周开让，台盟北京市委主委陈军，台盟中央参政议政工作委员会主任王中，全国政协常委、台盟中央生态资源与环境保护委员会主任王天戈，台盟中央两岸经济合作交流委员会主任、台盟福建省委副主委江尔雄，台盟中央两岸文化交流委员会主任、台盟中央参政议政工作委员会副主任骆沙鸣，全国政协委员、台盟湖北省委主委江利平，全国人大代表、台盟上海市委主委李碧影，台盟辽宁省委主委胡军，全国人大代表、台盟吉林省委主委孔令智，台盟中央副秘书长、研究室主任宋焱，台盟中央联络部部长潘新洋，台盟中央办公厅主任冉永进等出席会议。来自台盟各级组织的机关负责同志和盟员130余人参加会议。

（六）座谈会、纪念会

1月4日下午，全国政协常委、台盟中央副主席杨健在台盟中央机关会见了中共黔西南州委常委、州纪委书记刘良一行并进行座谈。刘良对多年来台盟中央积极支持参与黔西南“星火计划、科技扶贫”试验区的脱贫攻坚和发展山地经济建设表示衷心的感谢。并通报了2016年当地经济社会发展情况。他表示，面对新常态下区域结构性改革带来的机遇与挑战，试验区的脱贫攻坚任务艰巨，希望台盟中央继续关心支持黔西南州民族特色山地经济创新示范区发展，继续实施素质提升培训工程，帮助黔西南提升培训干部、教师、医生等各类技术人才的素质能力，协调台资企业到黔西南发展与创业，为实验区建设提供人才保障与技术支撑。杨健对黔西南试验区经济社会发展的良好态势给予了高度评价，并表示台盟中央将进一步发挥台字特色与优势，加大教育、医疗、产业扶贫等领域的帮扶力度，继续开展骨干教师和基层乡村医师培训、健康扶贫、台商投资考察等多元化的帮扶举措，努力助推黔西南脱贫攻坚事业发展。台盟中央副秘书长、组织部部长吴国华，台盟中央社会服务部部长蔡国斌，台盟中央办公厅主任冉永进，中共黔西南州委常委、州统战部部长罗春红等参加座谈。

1月10日，全国政协副主席、台盟中央主席林文漪在台盟中央机关慰问在京台生，与来自北大、清华、人大等十所高校的在京台生进行了亲切交流。会见期间，同学们畅所欲言，对台盟中央长期以来关怀在大陆求学的学生表示感谢。并从对在大陆生活的感受、就业创业方面的想法和困难以及台生权益保护等方面谈了经历和体会。中华两岸交流促进会名誉理事长蔡秉宪谈到，自己多次参加台盟中央举办的活动，看到了台盟在两岸交流交往方面所做的努力。新的一年里，将继续加强并深化两岸青年的交流，切实融入中华民族的大家庭中。林文漪首先代表台盟中央向在京台生致以节日问候和新春祝福，详细听取了在京台生学习、生活、就业等方面的情况介绍。林文漪表示，台盟高度关注台湾青年在大陆的学习、生活及工作情况，积极解决他们遇到的实际困难，让台湾青年感受到家的温暖。同学们在座谈会上表达的诉求，台盟会积极反映给有关部门，切实维护台生的合法权益，帮助台生更好地融入祖国大陆的生活和创业就业的浪潮中。林文漪希望，海峡两岸的青年应该多来往，多交流，携手奋进，坚持“两岸一家亲”理念，砥砺奋进，逐梦前行。在困难和挑战面前，勇敢地肩负起历史赋予的责任，担当起开拓两岸关系和平发展美好前景、实现中华民族伟大复兴的重任。全国政协常委、台盟中央副主席杨健，台盟中央副秘书长、研究室主任宋焱，联络部部长潘新洋，办公厅主任冉永进，宣传部副部长穆学锋等参加会见活动。

1月11日，2016年度台盟中央机关局级干部述职会议在机关会议室召开。全国政协常委、台盟中央常务副主席黄志贤出席会议并讲话。全国政协常委、台盟中央副主席杨健主持会议。黄志贤首先转达了林文漪主席对机关各部门同志的问候，肯定了各部门的工作成绩。黄志贤指出，2016 年机关各部门做了大量工作，硕果累累，亮点很多。一是机关干部能力得到提升；二是机关办公会议在推动完成各项工作中发挥重要作用；三是各部门都努力谋划全年工作；四是各部门都按计划认真组织开展活动；五是各部门都主动配合完成工作；六是各部门领导敢于担当、勇于负责；七是思想教育工作深入开展，干部思想政治素质得到有力提升；八是机关党团工会盟员支部积极配合开展工作，机关凝聚力不断增强。黄志贤说，2016 年的工作成绩显著，但也有不足。希望各部门领导要加强学习，严格管理，团结协作，提前谋划各项工作；要勇于担当，狠抓落实，不断攻坚克难，以奋发有为的工作状态迎接新一年的各项任务，努力推动台盟的各项工作上一个新台阶。台盟中央副秘书长宋焱、吴国华，机关各部门局级干部参加会议。

1 月 12 日，全国政协副主席、台盟中央主席林文漪一行走访在京台资企业北京紫玉山庄，调研台资企业发展情况，并与在京台商共叙乡情亲情。林文漪首先代表台盟中央向在京台湾乡亲致以节日的问候和新春的祝福。她认真听取了在京台资企业经营及台商工作生活情况介绍，并与香港恒丰集团主席、北京紫玉山庄房地产开发有限公司董事长黄紫玉女士，威盛集团副总裁、中国区行政长徐涛先生，中华海外联谊会副会长、北京育青食品开发有限公司董事长黄梅�武先生，北京台资企业协会荣誉会长、北京捷安特京商贸有限公司董事长林清发先生，北京台资企业协会副会长、天福集团副总裁曾明栋先生等在京知名台资企业代表人士就继续促进两岸经贸文化交流，助力台资企业在大陆发展等议题座谈交流。林文漪表示，两岸同胞是血浓于水的一家人。台盟将继续深入贯彻习近平总书记提出的“两岸一家亲”理念，继续努力推动两岸各领域交流合作，一如既往地关心和支持台湾乡亲在祖国大陆投资兴业。希望各位台商朋友在复杂严峻的两岸关系形势下坚定信心，做两岸关系和平发展的坚定维护者。在“十三五”规划深入实施的当下，抓住新经济兴起的契机，主动融入“一带一路”、京津冀协同发展等发展战略当中，实现互利双赢。全国政协常委、台盟中央副主席杨健，台盟中央副秘书长、组织部部长吴国华，办公厅主任冉永进，联络部部长潘新洋等陪同走访。中共北京市委统战部常务副部长周开让，北京市朝阳区委副书记、区长王灏，朝阳区委常委、区委统战部部长黄晓伟等参加了相关活动。

1 月 13 日上午，台盟中央、全国台联在台湾会馆共同主办 2017 年在京台胞新春同乐会。全国政协副主席、台盟中央主席林文漪，全国人大常委、台盟中央副主席、全国台联党组书记苏辉，全国政协港澳台侨委员会委员、海协会副会长叶克冬，全国政协常委、台盟中央副主席杨健，台盟中央原副主席田富达等出席。新春同乐会由杨健主持。他表示，每当在这辞旧迎新的重要时刻，生活在祖国大陆的台湾同胞，都会倍加思念岛内的乡亲，倍加期盼祖国和平统一，两岸同胞幸福团圆。实现祖国和平统一大业，是中华民族根本利益所在，是全体中华儿女的共同愿望和神圣职责。让我们共同携手，为促进祖国和平统一和实现中华民族伟大复兴的中国梦而不懈努力。全国台联副会长杨毅周代表台盟中央和全国台联致辞，向现场的各位来宾和台湾乡亲致以新春问候与美好祝福。杨毅周表示，刚刚过去的 2016 年，是我国发展历程上非凡的一年。在以习近平同志为核心的党中央坚强领导下，全党全国各族人民解放思想、凝聚力量、开拓前进。两岸经济交流合作不断深化，青年和基层交流开创新局，各领域交流密切，反映了两岸同胞持续开展交流合作的强烈愿望和参与热情。杨毅周强调，新的一年里，台盟、台联将认真学习贯彻习近平总书记系列重要讲话精神，秉承“两岸一家亲”重要理念，坚持体现一个中国原则的“九二共识”，坚决反对“台独”分裂势力及其活动。充分发挥亲情乡情优势，继续推动两岸各领域交流交往，促进两岸经济社会融合发展，共同弘扬中华文化，持续增进两岸同胞的了解和感情。中央统战部、国台办、中国和平统一促进会、中共北京市委统战部、台盟北京市委、北京市台联等部门的有关领导，在京台商、台生代表等约240人参加了新春同乐会。

1月19日下午，全国政协常委、台盟中央常务副主席黄志贤赴台盟重庆市委巴南区工委进行调研，参观巴南区规划展览馆并与盟员座谈。座谈会上，台盟巴南区工委主委邱献锋就盟工委成立5年多来，参政议政、对台联系、自身建设等方面的工作做了汇报。重庆市政协副主席、台盟重庆市委主委李钺锋介绍了台盟巴南区工委筹备成立以来，在政治安排、办公场所、人员编制、工作经费等方面的情况。参会盟员在会上积极发言，介绍了参与盟务工作和本职工作情况，并提出了相关的建议。黄志贤指出，台盟巴南区工委的成立和取得的成绩是各位盟员共同努力的结果，更离不开中共巴南区委、区政府的高度重视和大力支持，台盟盟员要更加努力、奋发有为，不辜负地方领导的关心和厚爱，把工作做得更好。巴南区区长陈刚、台盟中央组织部副巡视员陈勇、中共巴南区委常委、统战部部长胡百中、台盟重庆市委秘书长王昱、台盟市委办公室副主任蒋立平陪同调研。

2月23日，纪念台湾人民“二二八”起义70周年座谈会在北京举行。全国政协副主席、台盟中央主席林文漪出席并讲话。十届全国政协副主席、台盟中央原主席张克辉，全国政协常委、台盟中央副主席吴国祯，国务院台办副主任龙明彪，北京市政协副主席、台盟北京市委主委蔡国雄等出席。全国政协常委、台盟中央常务副主席黄志贤主持会议。林文漪指出，70年前的2月28日，英勇爱国的台湾人民发动了反对国民党当局独裁统治的爱国民主运动，与祖国大陆人民开展的反饥饿、反迫害、反内战运动相互呼应，汇聚成了全国同胞爱国民主运动的巨大洪流，展现出台湾同胞薪火相传的强大爱国主义精神。回顾台湾人民“二二八”起义以来的70年历程，作为生活在祖国大陆的台湾同胞，我们深有感触的是，不管两岸关系如何风云变幻，祖国大陆始终与台湾同胞手相连、心相依。实践证明，两岸关系和平发展之路，是造福两岸同胞的正确道路。坚持“九二共识”、反对“台独”是两岸关系和平发展的政治基础。当前，台湾当局拒不承认“九二共识”，不认同两岸同属一个中国，更有极少数人篡改歪曲“二二八”的历史真相，这些极端的言行，最终损害的是包括台湾同胞在内的整个中华民族的利益。林文漪强调，在中共中央大政方针的指引下，台盟自成立以来，始终与中国共产党同心同德，坚决维护国家主权和领土完整，反对一切“台独”分裂活动，积极推动两岸关系发展。我们坚信，在以习近平同志为核心的中共中央领导下，在全国人民的共同努力下，祖国统一大业一定能实现，两岸同胞也一定能谱写出中华民族伟大复兴的盛世华章！座谈会上，全国台联副会长杨毅周、“二二八”亲历者代表黄幸、台湾中国统一联盟主席戚嘉林和台湾中华青年发展联合会理事长王正分别做了发言。中央统战部、国务院台办、台盟中央、全国台联、台盟北京市委有关同志，有关专家学者，台湾嘉宾及部分在京盟员、台胞100余人出席了座谈会。

2月24日下午，全国政协常委、台盟中央常务副主席黄志贤在台盟中央机关会见了来访的财政部党组成员、副部长胡静林一行并进行了座谈。座谈会上，胡静林介绍了2016年度中央预算执行情况、财税体制改革工作进展情况以及2017年财政部重点工作安排，并就财政部2016年政协提案办理情况进行了说明。黄志贤代表全国政协副主席、台盟中央主席林文漪对胡静林一行表示热烈欢迎，并对财政部多年来给予台盟的支持表示感谢，对财政部过去一年取得的工作成绩表示钦佩。黄志贤简要介绍了台盟中央各项工作开展情况，他指出，台盟各项工作成绩的取得，离不开财政部在预算工作中给予的关心和支持，台盟中央将继续严格按照中央预算管理有关要求，抓实抓好预算管理工作。财政部税政司副司长陈东浩，预算司副司长陈新华，行政政法司副司长陈志斌，行政政法司副司长区利民，行政政法司中央行政三处处长孙力，台盟中央原秘书长张宁，副秘书长、研究室主任宋焱，副秘书长、组织部部长吴国华，社会服务部部长蔡国斌，办公厅主任冉永进参加了座谈会。

3月20日上午，台盟中央机关召开学习贯彻2017年全国两会精神会议。全国政协常委、台盟中央常务副主席黄志贤出席会议并讲话。黄志贤向与会同志提出三点希望：一是认真学习领会全国两会精神，为迎接中共十九大召开营造良好的氛围；二是认真学习贯彻习近平总书记在看望参加政协会议的民进、农工党、九三学社委员时的重要讲话精神，坚决落实中共中央的决策部署，做好台盟的换届工作，搞好政治交接，确保台盟的优良传统薪火相传；三是把学习贯彻习近平总书记系列重要讲话精神和全国两会精神结合起来，与台盟中央的工作相结合，扎实有序推进台盟今年的各项工作，用昂扬向上的精神面貌和求真务实、奋发有为的工作态度，以优异的工作成绩迎接中共十九大的胜利召开。台盟中央副秘书长、组织部部长吴国华传达了全国两会精神，台盟中央宣传部副部长穆学锋通报了两会期间宣传报道台盟的情况。台盟中央副秘书长、研究室主任宋焱主持会议。台盟中央机关各部门负责人、机关全体干部参加了学习会。

4月17日，全国政协常委、台盟中央副主席、清华大学教授吴国祯在台盟中央机关会见了（台湾）中华青年发展联合会理事长王正率领的中华青年发展联合会“2017年台湾青年学者北京智库参访团”一行，双方进行了深入的座谈交流。参访团成员多是台湾青年以及在祖国大陆就读的台湾学生，主要来自台湾日本综合研究所、（台湾）中华海峡两岸交流促进会、（台湾）中华两岸少数民族文化经贸交流协会、（台湾）高雄大学、（台湾）世新大学、（台湾）开南大学、（台湾）义守大学以及在祖国大陆学习的台湾学生。这是该团第一次访问祖国大陆，第一站即拜会台盟中央。吴国祯结合自身经历介绍了台盟的历史，并就如何客观看待“二二八”、如何分辨历史事实向青年们提出建议，他指出，要结合时代的背景、以开放的格局，从时间和空间的纬度来看待台湾问题，对历史要全面地看，历史的大是大非问题要明确，要客观看待问题，不能以偏概全。在交流中，台盟中央机关青年干部介绍了台盟的基本情况、台湾人民“二二八”起义与台盟的历史渊源、台盟早期在香港的革命活动等内容。参访团成员纷纷表示，很多人都是第一次这么翔实地听到关于台盟的历史，对台盟前辈爱国爱乡、反对“台独”的高尚品格和优良传统非常敬仰，很多在过去疑惑的事情都迎刃而解，诸如所谓“二二八”是“台独”诉求的起始点谬论、台盟前辈后来在祖国大陆发展的情况等。“感觉书上看到的革命传承，化作了眼前的实际存在。”双方交流热烈，融洽，从上午一直到下午三时，大家都还意犹未尽。台盟中央宣传部副部长穆学锋、吴艺煤及部分机关青年干部出席了交流会。

5月5日，全国政协副主席、台盟中央主席林文漪在全国政协机关会见法国中国和平统一促进会访问团。法国中国和平统一促进会成立于2000年，十七年来致力于团结旅法华人华侨开展有利于促进祖国和平统一的各种交流活动，以实际行动支持祖国和平统一大业。访问团团长、法国统促会执行会长王加清介绍了协会近年来的工作及进行会务改组的情况，表示改组后的法国统促会吸纳法华侨界各个社团的代表加入，进一步凝聚了爱国力量，有决心有信心为开展海外反“独”促统工作做出更大的贡献。林文漪对法国统促会在维护旅法华人华侨权益、代表侨胞参政议政、增进中法两国人民友谊，以及反“独”促统工作等方面发挥的有益作用表示了肯定，并提出三点希望。一是继续做好服务侨胞、凝心聚力的工作，不断扩大和巩固“九二共识”的民意基础，壮大海外反“独”促统力量；二是展示华人华侨诚信友善的良好形象，身体力行传递中华传统美德，做弘扬和传承中华文化的使者，讲好“中国故事”，增强法国人民对中华文化的认同；三是希望旅法侨胞积极发掘自身优势，搭乘“一带一路”快车，为中法商贸合作添砖加瓦，实现两国人民互利双赢。全国政协常委、港澳台侨委员会副主任喻林祥，全国政协常委、台盟中央副主席杨健参加会见。

5月25日，台盟中央组织部在机关西区礼堂举行2016年度机关优秀公务员颁奖仪式。全国政协常委、台盟中央常务副主席黄志贤，全国政协常委、台盟中央副主席杨健出席仪式。根据《2016年度台盟中央机关考核工作方案》安排，确定2016年度优秀等次公务员为：宋焱、吴国华、刘金华、贾沁颖、毕磊、曹玮鸿、穆俊龙、曹嫚嫚、陈美龙。其中宋焱连续三年获得优秀公务员等次，记三等功。黄志贤、杨健为获得三等功及优秀公务员等次的干部颁发了奖励证书、奖章并合影留念。

6月6日，全国政协常委、台盟中央常务副主席黄志贤在台盟中央机关会见中共福建省漳平市委副书记赖进益、中共漳平台湾农民创业园工委书记廖国联，漳平台湾农民创业园台籍副主任、鸿鼎农场开发有限公司董事长李志鸿一行。赖进益首先代表中共漳平市委，对台盟中央长期以来助推漳平经济社会发展、关心漳平台湾农民创业园建设表示感谢。赖进益表示，林文漪主席、黄志贤常务副主席等台盟中央领导多次率队赴漳平台创园调研，利用台盟“直通车”渠道向中央和有关部门反映台农心声，使台盟成为漳平台农信赖的“台胞之家”，希望台盟继续关心漳平台创园发展。李志鸿向黄志贤介绍了林文漪主席赴漳平农创园调研以来，台农们生产经营的相关情况。他介绍，今年风调雨顺，春茶产量品质都达到近年最佳，仅鸿鼎茶场就聘用了35个“精准扶贫户”采茶，按照每小时28元的酬劳，当季工钱即已超过脱贫标准；台盟中央赴台创园调研的新闻传播效应，更助推今年樱花节来园旅客达到44.7万人次。他介绍，借助台盟中央设立“台湾青年产业融合创业示范基地”的东风，漳平农创园已启动台湾邻里茶山体验行、台二代青年联谊、高校师生校外教学实践等活动，加强对岛内台胞的示范引领，举行妈祖节派送平安面活动，回馈当地农民，漳平台创园已成为两岸基层民众互动交流的重要品牌。他表示，漳平台农越来越感受到，台湾农民的希望和愿景就在大陆。黄志贤代表林文漪主席对赖进益副书记率漳平台创园一行到访表示欢迎，对中共漳平市委、漳平市人民政府对在漳台胞生产生活给予的关心和帮助表示感谢，对漳平台创园所取得的成绩给予充分肯定。他表示，漳平将一座座荒山变成千万亩茶园，离不开中央和有关部委、当地党委政府的关心，也需要台农们“撸起袖子加油干”，台湾农民将岛内农业生产的先进技术和务实精神带到漳平，更凝聚了台湾同胞对祖国大陆的热爱。黄志贤表示，台创园在发展中，难免存在一些困难，有些中央和有关部门已着手研究解决，有些还需要多方努力。他表示，推动祖国统一、实现中华民族伟大复兴是每个人的责任，台盟将一如既往地关心和支持台湾同胞在大陆投资兴业，为台湾乡亲多办实事、办好事，促进两岸同胞融合发展。台盟中央副秘书长兼研究室主任宋焱、台盟中央联络部部长潘新洋、副部长张骏参加会见活动。

6 月 7 日上午，全国政协常委、台盟中央副主席杨健在台盟中央机关会见了阿里巴巴集团综合政策研究室主任朱卫国，并就脱贫攻坚民主监督相关问题进行了座谈。甘肃省是台盟中央开展脱贫攻坚民主监督的对口省份，近年来，甘肃省陇南、定西等地区通过引进阿里巴巴的村淘电商模式，为当地脱贫致富提供了新的思路。有鉴于此，杨健对阿里巴巴实施农村化战略，助力贫困地区脱贫攻坚的做法表示赞赏，并对朱卫国的到访表示欢迎。朱卫国从阿里巴巴集团的农村化战略、甘肃省电商发展和参与当地扶贫进展三个方面介绍了相关情况。通过座谈，双方就促进甘肃省电商发展，助力脱贫攻坚等事项初步达成了进一步加强合作的意向。台盟中央副秘书长、研究室主任宋焱，台盟中央社会服务部部长蔡国斌等参加会见。

8 月 2 日上午，全国政协常委、台盟中央常务副主席黄志贤在台盟中央机关会见了来访的财政部党组成员、副部长刘伟一行并进行了座谈。座谈会上，刘伟介绍了 2017 年上半年中央预算执行情况、财税体制改革工作进展情况，并就财政部 2017 年政协提案办理情况进行了说明。黄志贤代表全国政协副主席、台盟中央主席林文漪对刘伟一行表示热烈欢迎，对财政部多年来给予台盟工作的支持表示感谢，对财政部 2017 年上半年取得的工作成绩表示钦佩。黄志贤简要介绍了台盟的基本情况和台盟中央各项工作开展情况。他指出，财政部时隔半年再次来访，体现了财政部对包括台盟在内的各民主党派工作的高度重视和大力支持。台盟各项工作成绩的取得，离不开财政部在预算工作中给予的支持。台盟将以此为契机，进一步提高预算管理工作水平。财政部税政司副司长张天犁、行政政法司副司长区利民、行政政法司中央行政三处调研员孙力、副处长张锐斯，台盟中央原秘书长张宁、副秘书长兼研究室主任宋焱、社会服务部部长蔡国斌、办公厅主任冉永进、宣传部副部长穆学锋、组织部副部长陈勇参加了座谈会。

8 月 25 日，全国政协副主席、台盟中央主席林文漪在台盟中央机关办公东区会见来访的国台办副主任龙明彪一行并进行座谈，全国政协常委、台盟中央常务副主席黄志贤出席会见活动。龙明彪就今年 7 月中共中央领导同志对台盟中央关于“高度关注政策细化落实环节，加快推动台湾青年在大陆更好融合发展”调研报告的批示情况，进行了反馈。龙明彪表示，多年来台盟中央大力支持国台办工作，利用与台胞联系广泛的优势，反馈台胞意见，推动两岸交流，做了大量的工作，国台办对此表示感谢。龙明彪介绍，十八大以来，为贯彻落实习近平总书记关于推动两岸经济社会融合发展的重要讲话精神，给台湾同胞特别是青年在大陆学习、实习、就业、创业、生活创造更好的便利条件，国台办和有关部委密切沟通，出台了一系列政策措施。针对台盟中央调研报告中所提及的问题，龙明彪介绍，近期国台办与教育部、财政部、民航总局、中国铁路总公司、公安部、国家旅游局正在研究出台相关政策，以为在陆台胞营造更好的创业环境、更好的工作机会、更多的生活便利和保障。龙明彪表示，国台办将继续秉承“两岸一家亲”理念，本着一视同仁的原则，努力推动两岸同胞在多个方面实现同等待遇，逐步实现两岸经济社会的融合发展。希望台盟利用与台湾同胞联系密切的优势，共同推动相关工作开展。林文漪对龙明彪一行来访表示欢迎，对国台办长期以来支持台盟举办的各项对台交流活动表示感谢。林文漪表示，台盟中央连续多年举办大江论坛，龙明彪副主任代表国台办与会，不仅是对台盟工作的重大支持，更在与会台胞中产生了重大反响，增进了台盟所联系的广大台胞对党和国家事业的信心，以及扎根在祖国大陆发展的信心。林文漪向龙明彪一行介绍了台盟近年来与台湾大学生、青年团体、中小学生以及专业人士交流的相关品牌活动。林文漪表示，台盟将继续发挥与台胞乡情亲情深厚的优势，落实好习近平总书记“两岸一家亲”理念，团结台湾同胞一道“共圆中国梦”。黄志贤介绍了台盟开展的两岸中小学生体育交流活动和图书入岛相关情况。其中，台盟每年组织台南市医师公会知名专家到贵州、云南、江西、安徽、陕西老少边穷地区开展医疗咨询服务，助力精准扶贫，在当地民众和台湾医师中都产生良好反响，密切了两岸同胞情谊；台盟积极引导鼓励台湾青年到二线、三线城市和中西部地区发展，助推泉州、景德镇等城市探索建设台湾青年创业平台，为台湾青年就业创业开创了新空间；台盟连续三年举办两岸中小学生足球、排球交流活动，两岸中小学生在同吃、同住、同场竞技中，激发了“我们是兄弟”“我们是一家人”的情感共鸣。这些都给龙明彪一行留下深刻印象，表示将继续支持台盟举办的两岸交流活动。国台办交流局副局长王振宇、一处处长肖洪陪同走访，台盟中央联络部部长潘新洋、办公厅主任冉永进参加座谈。

9月5日上午，全国政协副主席、台盟中央主席林文漪在台盟中央机关会见了来访的中共北京市委常委、市委统战部部长齐静一行。全国政协常委、台盟中央常务副主席黄志贤，全国政协常委、台盟中央副主席杨健，台盟中央副秘书长、研究室主任宋焱，副秘书长、组织部部长吴国华，办公厅主任冉永进，组织部副部长陈勇，中共北京市委副秘书长赵玉金，中共北京市委统战部常务副部长周开让出席。

9月5日上午，全国政协副主席、台盟中央主席林文漪在台盟中央机关会见了来访的中共广东省委常委、省委统战部部长严植婵一行。全国政协常委、台盟中央常务副主席黄志贤，全国政协常委、台盟中央副主席杨健，台盟中央副秘书长、研究室主任宋焱，副秘书长、组织部部长吴国华，办公厅主任冉永进，组织部副部长陈勇，中共广东省委统战部副部长郭汉毅，台盟广东省委主委张嘉极出席。

9月8日至9日，为精心细致做好台盟十大各项筹备工作，更好地完成全年各项任务，提升机关干部思想政治素质和履职能力，由全国政协常委、台盟中央副主席杨健带队，台盟中央机关干部赴河南省兰考县举办“学习焦裕禄精神，做合格公务员”主题培训活动。培训班开班仪式上，焦裕禄干部学院常务副院长廖海敏介绍了焦裕禄的生平和主要事迹，台盟中央副秘书长、组织部部长吴国华做动员讲话。培训期间，学员首先来到焦裕禄纪念园拜谒了焦裕禄烈士墓、缅怀先烈伟绩，杨健代表台盟中央敬献了花圈。培训班学员随后到兰考文化交流中心、焦桐广场、兰考东坝头段黄河、兰考四面红旗纪念馆、中州民族乐器厂进行了现场教学，观看了教学片《时代人物——我眼中的焦裕禄》。通过身临其境地感受兰考县的生态环境，深入学习焦裕禄同志的先进事迹，大家对焦裕禄“亲民爱民，艰苦奋斗，科学求实，迎难而上，无私奉献”的精神有了更加深刻的领会，一致表示要把焦裕禄精神运用到工作实践中，提高“四个意识”，以优异的成绩迎接中共十九大和台盟十大的胜利召开。台盟中央副秘书长、研究室主任宋焱，办公厅主任冉永进，组织部副部长陈勇，台盟中央机关干部30余人参加活动。

9月14日下午，全国政协常委、台盟中央副主席杨健在台盟中央机关会见了来访的全国政协机关党组副书记、常务副秘书长潘立刚一行并进行座谈。座谈会上，潘立刚就全国政协机关巡视整改工作征求台盟中央意见建议。杨健首先对全国政协机关对台盟中央的工作支持表示感谢，在谈到全国政协近年来的工作时，他指出，全国政协不断创新工作方式，精心组织各种活动，政协平台进一步完善，委员议政积极性进一步高涨；不断完善协商机制，积极为民主党派和政协委员履职创造条件，加强与民主党派沟通和交流，形成工作合力；围绕两岸和平发展献计出力，坚持“九二共识”共同政治基础，广泛开展联谊交流活动，不断壮大“反独促统”力量；全国政协领导高度重视整改、严抓管理、狠抓落实，整改实效明显。台盟中央与会人员围绕进一步加强与民主党派互动交流、组织考察调研中吸纳更多民主党派成员、支持台盟中央机关建设等问题对全国政协机关提出了具体建议。全国政协机关党组成员、副秘书长邓宗良，党组成员、副秘书长刘佳义，副秘书长刘家强，办公厅秘书局局长刘晓冰、办公厅秘书局总值班室副主任李阳平，台盟中央副秘书长、研究室主任宋焱，副秘书长、组织部部长吴国华，社会服务部原部长蔡国斌，办公厅主任冉永进，宣传部副部长吴艺煤，社会服务部副部长张骏参加座谈。

9月20日，全国人大常委、台盟中央常务副主席苏辉在台盟中央机关礼堂会见参加民主党派省级组织新任主委多党合作专题研究班的台盟省级组织主委、第38期民主党派干部进修班、培训班台盟参训学员，就学习贯彻中共中央政治局委员、中央统战部部长孙春兰在研究班开班式上的讲话精神及学习体会进行座谈交流。苏辉代表林文漪主席对大家的到来表示热烈欢迎。她向与会同志提出三点希望：一是自觉加强理论学习。在此次培训班的开班式上，孙春兰部长就认真学习贯彻习近平总书记“7·26”重要讲话精神，高举中国特色社会主义伟大旗帜，不忘合作初心、勇担政治责任和认真履职尽责、努力开创工作新局面等重大问题发表了讲话，对民主党派成员加强理论学习、提升履职能力提出了殷切希望和明确要求。希望大家一定要对照孙部长的讲话要求，把学习贯彻习近平总书记系列重要讲话精神和即将召开的中共十九大精神作为一项重要的政治任务。二是切实深化政治交接。在今年两会期间，习近平总书记指出：“今年，各民主党派中央及其省级组织要进行换届，各民主党派要搞好政治交接，努力换出新干劲、换出新气象。”台盟各级组织换届以后，一大批年富力强的中青年骨干走上了各级领导岗位，希望各级组织一定要将政治交接常抓不懈，做好“传帮带”，确保多党合作事业薪火相传。一定要始终不渝地坚持中国共产党的领导，牢固树立中国特色社会主义理想信念，继承弘扬台盟爱国爱乡光荣历史传统。三是努力提升履职水平。希望大家以此次培训为契机，今后以更强的历史责任感、更大的工作干劲投身到全面建成小康社会，实现“两个一百年”奋斗目标的历史洪流中。要找准角度，明确定位，注意学习和积累，不断增强履职参政的能力储备。要围绕中心、服务大局，自觉为推动国家和地方经济社会发展献计出力。学以致用，用以促学，切实提高各级组织和广大盟员参政议政、对台交流、社会服务和自身建设等各项工作的能力和水平。与会的省级组织主委和参训学员畅谈了学习体会。大家一致认为，孙春兰部长在研究班开班式上的讲话思想深刻，内容丰富，充分体现了中央统战部对各民主党派省级组织主委的关心与期望。大家表示，要不忘合作初心，切实承担政治责任，自觉同以习近平同志为核心的中共中央保持高度一致。要发挥好主委的带头引领作用，做好政治交接，加强队伍建设，认真履职尽责，努力开创工作新局面。台盟中央副秘书长、组织部部长吴国华主持座谈会。台盟中央联络部部长潘新洋、台盟中央宣传部副部长穆学锋、台盟中央组织部副部长陈勇、台盟中央社会服务部副部长张骏参加座谈。

9月26日，台盟中央、全国台联在北京台湾会馆召开2017年在京台胞中秋茶话会。全国政协副主席、台盟中央主席林文漪，全国政协常委、港澳台侨委员会主任杨衍银，国台办副主任龙明彪、台盟中央原副主席田富达、北京市台联党组书记王兰栋、中国和平统一促进会副秘书长韩晓光出席。茶话会由全国人大常委、台盟中央常务副主席苏辉主持。全国台联副会长纪斌代表台盟中央、全国台联致辞。苏辉表示，今年是两岸同胞打破隔绝、开启交流交往30年。30年来，两岸在诸多领域的交流交往极大增进了两岸同胞的福祉，越来越多台湾同胞以各种形式参与到推动两岸关系和平发展的事业中。今年是中共十九大和台盟十大召开之年，台盟还将迎来成立70周年。在新的历史起点上，台盟、台联将继续秉承“两岸一家亲”理念，充分发挥乡情亲情优势，与所联系的广大台胞一道，坚决反对“台独”分裂势力及其活动，为促进祖国和平统一大业和实现中华民族伟大复兴的中国梦而不懈努力。纪斌在致辞中说，30年的交流成果来之不易，我们要倍加珍惜。台湾民进党当局拒不承认“九二共识”，拒不认同两岸同属一个中国，破坏了两岸关系发展的共同政治基础。祖国大陆在坚定维护一个中国原则、坚定反对“台独”分裂活动的同时，本着“两岸一家亲”理念，继续推动两岸各领域交流合作，促进两岸经济社会融合发展，持续增进两岸同胞亲情与福祉。台盟、台联贯彻落实中央对台工作方针和决策部署，坚定维护“九二共识”，一如既往地团结服务台胞乡亲，为台胞乡亲谋福祉，为两岸关系和平发展、实现祖国和平统一不懈努力。中央统战部、国台办、北京市政协、中共北京市委统战部、台盟北京市委、北京市台联等部门有关领导同志，在京台胞、台生代表等近200人参加了茶话会。

10月20日上午，台盟中央机关召开座谈会，专题学习中国共产党第十九次全国代表大会报告。全国政协常委、台盟中央副主席杨健，台盟中央副秘书长、研究室主任宋焱出席。杨健表示，作为应邀列席中共十九大开幕会的民主党派成员，能现场聆听习近平总书记代表第十八届中央委员会向中共十九大所做的报告，深受鼓舞、催人奋进。中共十九大是在全面建成小康社会决胜阶段、中国特色社会主义进入新时代的关键时期召开的一次十分重要的大会。中共十九大报告总览全局、内涵丰富，是一个凝聚共识、鼓舞人心的报告。报告指明了今后一个历史时期党和国家事业的前进方向，是中国共产党团结带领全国各族人民在新时代坚持和发展中国特色社会主义的政治宣言和行动纲领。杨健指出，台盟九大以来的五年，在林文漪主席的带领下，台盟积极参政履职，发挥参政党作用，在参政议政、对台联络、社会服务等各项工作中取得了显著成绩。今年是台盟十大召开之年，有关筹备工作正在紧张有序地进行，我们要认真学习习近平新时代中国特色社会主义思想，贯彻落实中央对台工作方针，凸显“台”字特色，努力担负起中国特色社会主义参政党的使命。宋焱表示，中共十九大报告全面把握我国发展新要求和人民群众新期待，提出了习近平新时代中国特色社会主义思想，为我们今后各项工作提供了根本遵循。台盟中央机关各部门要认真学习领会中共十九大精神并落实到本职工作中。会议讨论气氛热烈。大家一致认为，中共十九大报告是一个动员和激励全党全国各族人民为决胜全面建成小康社会，夺取新时代中国特色社会主义伟大胜利，实现中华民族伟大复兴的中国梦不懈奋斗的报告。我们要学习贯彻好中共十九大精神，撸起袖子加油干，积极投入台盟十大各项筹备工作。台盟中央办公厅主任冉永进、宣传部副部长穆学锋、吴艺煤、办公厅副主任王若鲲，研究室主任助理马宇鹏等同志参加学习会并发言。

10 月 31 日，台盟中央学习贯彻中共十九大精神座谈会在京召开。全国政协副主席、台盟中央主席林文漪出席会议并讲话。全国人大常委会委员、台盟中央常务副主席苏辉主持会议。全国政协常委、台盟中央副主席杨健出席会议。林文漪表示，10 月 24 日举世瞩目的中共十九大胜利闭幕。大会批准了习近平同志代表第十八届中央委员会所做的报告，审议通过了《关于十八届中央委员会报告的决议》，选举产生了新一届中央委员会和中央纪律检查委员会，随后召开的中共十九届一中全会选出了以习近平同志为核心的新一届中共中央领导集体。台盟各级组织和广大盟员对此表示由衷的祝贺，坚决拥护习近平同志所做的报告和大会通过的各项决议，坚决拥护以习近平同志为核心的新一届中共中央领导集体，始终不渝地传承弘扬台盟优良传统，与中国共产党一道，为夺取新时代中国特色社会主义伟大胜利而奋斗。林文漪指出，中共十九大是在全面建成小康社会决胜阶段、中国特色社会主义进入新时代的关键时期召开的一次十分重要的大会，在党和国家发展进程中具有极其重大的历史意义。大会提出的习近平新时代中国特色社会主义思想，明确了新时代坚持和发展中国特色社会主义的总目标、总任务、总体布局、战略布局等，内涵丰富，博大精深，涵盖改革发展稳定、内政外交国防、治党治国治军各个方面，是一个完整的科学理论体系，是对马克思列宁主义、毛泽东思想、邓小平理论、“三个代表”重要思想、科学发展观的继承和发展，是马克思主义中国化的最新成果，是党和人民实践经验和集体智慧的结晶，是全党全国各族人民为实现中华民族伟大复兴中国梦的强大思想武器。林文漪表示，中共十九大再次明确一个中国原则是两岸关系的政治基础，指出“两岸同胞是命运与共的骨肉兄弟，是血浓于水的一家人”，“尊重台湾现有的社会制度和台湾同胞生活方式，愿意率先同台湾同胞分享大陆发展的机遇”，“扩大两岸经济文化交流合作，实现互利互惠”，充分体现了祖国大陆对台湾同胞的关心，对改善和发展两岸关系的善意和诚意。中共十九大阐述的中央对台大政方针和原则立场，为新形势下做好对台工作提供了根本指引和基本遵循。台盟作为由居住在祖国大陆的台湾省人士组成的参政党，我们要继续秉承“两岸一家亲”重要理念，认真落实中共十九大关于对台工作的新部署新要求，持续扩大两岸各领域交流，深入做好与台湾工商界、医师界、文化界等重点领域和重点台胞团组的持续联络交往，做好台湾青少年工作，集中力量打造具有台盟特色的主题体验式交流活动，通过亲情乡情互动拉近彼此距离，在绵绵用力、潜移默化的交往中不断厚植两岸心灵契合的社会基础，不断推动两岸同胞对两岸关系和平发展的共同认知，为推进祖国和平统一进程不懈努力。林文漪强调，学习贯彻中共十九大精神是台盟当前和今后一个时期的首要政治任务。台盟各级组织和广大盟员要撸起袖子加油干，积极投入新时代中国特色社会主义的伟大实践之中，切实履行好参政党职责，围绕中共十九大关于建设中国特色社会主义参政党的要求，以台盟成立70周年为契机，加强台盟盟史教育，用台盟人物讲好台盟故事，用台盟历史弘扬优良传统，深入开展“不忘合作初心，继续携手前进”专题教育，不断增强坚持中国共产党的领导、坚定走中国特色社会主义道路的信念决心，筑牢与中国共产党同心奋斗的思想政治基础，把坚持和发展中国特色社会主义学习实践活动进一步引向深入，在深化政治交接的过程中将台盟与中国共产党风雨同舟、肝胆相照的光荣传统薪火相传，在提升“五种能力”的目标下全面加强自身建设，展现台盟的参政党形象。我们要更加紧密地团结在以习近平同志为核心的中共中央周围，高举中国特色社会主义伟大旗帜，以习近平新时代中国特色社会主义思想为指导，认真贯彻落实中共十九大的决策部署，凝心聚魂，汇聚共识，汇聚人心，汇聚力量，为夺取新时代中国特色社会主义伟大胜利，为实现祖国和平统一、实现中华民族伟大复兴的中国梦、实现人民对美好生活的向往做出新的更大的贡献。座谈会上，台盟中央副秘书长、组织部部长吴国华，台盟中央科教医药交流委员会主任洪净、台海出版社社长马铁及青年盟员代表李怡晨等同志结合各自工作实际畅谈了有关中共十九大精神的学习体会。台盟中央副秘书长、研究室主任宋焱等机关部门负责人及全体干部参加座谈会。

12月4日，为纪念台湾民主自治同盟成立70周年，弘扬台湾人民爱国爱乡的光荣传统，展现台盟盟员为推动两岸和平发展和推进祖国和平统一大业而不懈奋斗的精神，由台盟中央宣传部主办的“台盟盟员爱乡爱土摄影展暨台海出版社两岸文化交流展”在京举办。全国政协副主席、台盟中央主席林文漪观看了展出。林文漪对摄影展作品给予高度评价，认为用摄影艺术再现家乡的风土人情，充分体现了台盟盟员的风采和爱国爱乡的情怀；同时，对台海出版社20年的发展给予了充分的肯定，希望台海出版社以“架设文化桥梁，促进两岸统一”为宗旨，继续为两岸文化交流、反对“台独”做出贡献。摄影展以“两岸一家亲，台盟乡土情”为主题，旨在反映台盟盟员爱国爱乡的情怀，再现台湾民俗与中华文化密不可分的关系以及广大台盟盟员与岛内乡亲的感人故事；图书展主要展览台海出版社成立20年来，在台盟中央领导下编辑出版涉及两岸文化交流、台盟盟史、获奖图书三大系列图书。台盟中央副主席吴国祯、陈蔚文、杨健等一同参观了展览。

12月14日，全国政协文史和学习委员会办公室主任陈爱妃、副主任王重道一行走访台盟中央机关，就全国“两会”大会发言、全国政协常委会和专题协商会发言等工作交流座谈。台盟中央主席苏辉会见了全国政协文史和学习委员会办公室一行。苏辉指出，全国“两会”、政协常委会和专题协商会是台盟参政议政的重要平台，也是台盟高度重视的一项工作。在全国政协的支持帮助下，过去五年台盟的参政议政工作取得了很大成绩，也为我们今后的工作打下了很好的基础。下一步，我们将按照全国政协要求，努力做好全国“两会”、政协常委会和专题协商会相关工作。同时，也希望全国政协文史和学习委员会一如既往地给予支持。陈爱妃表示，全国政协文史和学习委员会办公室将与台盟中央有关部门共同做好全国“两会”大会发言等各项工作。座谈会还就各项具体工作进行了交流沟通。座谈会由台盟中央副秘书长、研究室主任宋焱主持。台盟中央研究室主任助理马宇鹏等参会。

12 月 20 日上午，财政部驻北京市财政监察专员办事处党组书记、监察专员丁国光一行就落实财政部相关工作部署，听取民主党派中央对财政部及专员办的意见建议走访台盟中央。全国人大常委、内务司法委副主任、台盟中央主席苏辉会见了丁国光一行并座谈。苏辉对丁国光一行表示欢迎并感谢财政部对台盟中央工作的重视和支持。苏辉指出，财政部一直以来为台盟中央各项工作的开展提供了大力支持和有力保障，对财政部高度重视各民主党派中央意见建议的做法表示肯定。苏辉强调，台盟中央希望与财政部不断加强沟通，发挥参政议政、对台联络等自身特色优势，为推进国家各项事业的不断发展做出努力。苏辉还就进一步加强双方沟通和协作提出了意见建议。丁国光转达了财政部党组、部领导对台盟盟员人大代表、台盟界别政协委员的问候，对台盟中央长期以来对财政部北京专员办工作的关心和支持表示感谢，并表示要将台盟中央的相关意见建议反馈给财政部相关部门，以进一步完善财政部各项工作。台盟中央办公厅主任冉永进参加座谈。

（七）论坛、研讨会

1 月 6 日至 9 日，第十六届中国西部（重庆）国际农产品交易会（以下简称“西部农交会”）在重庆南坪国际会展中心隆重举行。全国政协常委、台盟中央副主席杨健，农业部副部长屈冬玉，重庆市人大常委会副主任夏祖相，副市长刘强，重庆市政协副主席、台盟重庆市委主委李钺锋出席“西部农交会”开幕式及相关活动。本届“西部农交会”由国家农业部、台盟中央、重庆市人民政府共同主办，重庆市农委、台盟重庆市委、南岸区人民政府承办。杨健 1 月 5 日晚出席“区县长推介品牌农产品”活动并为重庆名牌农产品代表颁奖授牌，1 月 6 日下午出席“西部农交会”重大项目及农产品交易签约仪式。农交会期间，杨健一行还参观了交易会展区。杨健专门看望了前来参展的台湾客商，并与他们进行亲切交谈，详细了解他们的展销情况和在渝期间生活情况，送去了台盟中央的关心和祝福。杨健要求，参加“西部农交会”的重庆台盟工作人员全程做好参展台商的服务工作，主动听取他们的意见和建议，及时帮助他们协调解决展会期间遇到的困难和问题，让他们充分感受到大陆同胞的热情和善意。本届西部农交会以“绿色品牌合作发展”为主题，吸引了 17 个兄弟省市政府和市内 38 个区县政府及市级部门组团参展，参展企业达 2200 余家，是台盟中央、台盟重庆市委第七次参与举办，共联系组织了 20 多家台湾企业来渝参展。台盟重庆市委主委李钺锋、副主委许沛、秘书长王昱、台盟中央联络部部长助理张骏陪同参加了农交会的相关活动。

3 月 29 日上午，台盟中央第二届台湾青年企业家国情区情培训班在上海行政学院举行开班式，全国政协常委、台盟中央副主席吴国祯出席，全国政协常委、台盟中央副主席、台盟上海市委主委杨健出席并讲话。杨健在讲话中希望各位学员坚定信念，维护两岸关系和平发展大局，推进两岸同胞之间的交流融合与心灵契合；抓住机遇，搭乘大陆经济发展快车，实现自身价值，成就一番事业；多交朋友，与大陆的年轻人共同成长，共同为实现中华民族的伟大复兴贡献力量。台盟中央联络部部长潘新洋主持开班式，上海行政学院常务副院长沈炜致欢迎词。台盟中央青年工作委员会主任、台盟上海市委副主委刘艳，台盟上海市委副主委兼秘书长李碧影出席开班式。开班式结束后，由中国人民大学庞红教授主讲首个专题“中国经济增长与中国金融改革”。本届培训班由台盟中央联络部主办，台盟中央青年工作委员会、台盟上海市委协办。在大陆及港澳地区发展的近40位台湾青年企业家，就“中国经济增长与中国金融改革”“两岸经济合作现状与未来发展趋势”“国际视野下的中国道路”“思维创新的体系性”等专题进行为期2天的培训学习。

4月18日至23日，台盟中央科教医药交流委员会和台盟安徽总支共同在安徽省金寨县和蒙城县两地举办“两岸医师医疗咨询公益活动”。活动邀请了台南市医师公会理事长黄仁享、监事长王正坤一行14人和大陆知名医学专家一行11人，分别在金寨县人民医院和蒙城县人民医院，为近千名群众提供了内科、外科、骨科、精神科、妇产科等10余种专业诊疗咨询活动，受到当地政府和群众的热烈欢迎。活动期间，北京中医药大学东方医院副院长林谦和中国中医科学院广安门医院老年病科主任医师朱建贵，在当地举办了关于“心血管疾病预防与早期治疗及康复”“经方治疗老年呼吸病”的讲座，深化互动交流。台盟安徽总支在蒙城县和金寨县分别捐赠一万元的药品款，为改善贫困地区医疗服务做出积极贡献。医疗咨询现场，义诊医师和当地医师就当地多发病、疑难病的治疗方案以及未来医疗发展空间展开了交流和讨论，加强了两岸医疗工作者之间的联系交流，加深了台南市医师公会成员对大陆医药卫生政策的了解，进一步增强了对祖国大陆的认同感。活动结束后，主办单位组织两岸医师在安徽省参访，了解徽派文化，实地感受安徽省社会经济发展成果。

6月15日至17日，由台盟中央指导，福州市人民政府、台盟福建省委、福州市政协、福建省文史研究馆主办，马尾区人民政府、福州晚报承办，中国社会科学院台湾史研究中心、福建师范大学历史文化学院、台盟福州市委协办的第九届海峡论坛重点项目之一——第八届海峡两岸船政文化研讨会在福州举行。6月16日，研讨会在福州福建会堂开幕。本届研讨会的主题为“船政文化与中国近现代科技教育发展”。全国政协常委、台盟中央副主席杨健，中共福建省委统战部常务副部长臧杰斌、福州市副市长杭东先后在开幕式上致辞。台盟福建省委主委郑建闽、省政协港澳台侨和外事委员会副主任蔡尔申、台盟福建省委专职副主委柯连妹、台盟中央联络部副部长张骏等出席开幕式。来自中国社会科学院、国家商务部研究院、海军军事学术研究所、北京大学、天津大学以及台湾“中央研究院”、台湾大学、台湾政治大学等23家高校、科研院所共200余名专家学者、文史爱好者参加研讨。杨健在开幕式致辞中阐述了福建船政在推动科技进步、培养专业人才、传播先进思想的历史贡献，提议在“一带一路”建设背景下，继承发扬船政先人图强兴国、艰苦奋斗、勇于创新的精神，在加强自主创新、职业教育、爱国主义教育、两岸交流等方面奉献真知灼见。臧杰斌在欢迎词中指出，“船政文化”是福建人民的涵泳百年不懈的历史骄傲，也是中华民族世代相传的精神瑰宝，应将其发扬光大，推动“新福建”各项事业发展。开幕式上，国家商务部研究员金柏松、国民党发展研究院院长林忠山，分别代表两岸学者致辞。中国社科院研究员王键、台湾大学教授王远义、海军军事学术研究所研究员李杰、台湾联合大学副教授刘焕云、北京大学副研究员林齐模、台湾中华经贸文化促进会顾问张明睿等，先后做主旨学术发言。6月16日下午，在第八届海峡两岸船政文化研讨会开幕式后，“船政与中国科技教育圆桌论坛”召开，海峡两岸专家学者就此主题进行研讨。研讨会期间，两岸船政名家进校园活动举行，中国科学院地缘战略研究中心特聘研究员李杰，中国社会科学院控史研究所王键研究员、中国家商务部研究院研究员金柏松，分别在福州的高校做了三场专题讲座。已持续举办8年的海峡两岸船政研讨会吸引了海内外船政后人和专家学者，成为全国最有影响力的船政文化主题学术活动，不仅有船政后人与专家学者，还随着海峡两岸船政文化研讨会在台湾的影响力不断增加，首次吸引了台湾在读的年轻博士生组团参加并提交论文，首次有台湾博士后研究员携带研究成果参加，首次收到台湾学者专门研究在世界范围内推广船政文化的论文。这体现了海峡两岸船政文化研讨会在台湾学界影响力不断提升，参与研究福建船政的队伍不断扩大。

7月16日上午，由台盟中央主办，台盟福建省委承办，台盟厦门市委、台盟泉州市委、台盟南平市委、厦门大学统战部等协办的“2017年两岸学生乡土文化研习营”开营式在厦门大学举行。全国政协常委、台盟中央副主席杨健，台盟福建省委专职副主委柯连妹，台湾明道大学副教授管志明等领导、来宾和参加研习营的两岸大中学师生共120人出席开营仪式。台盟中央联络部副部长张骏主持开营式。台盟中央副主席杨健致辞并宣布开营。他说，80%以上台湾同胞的祖籍地是福建，历史上大陆先民从福建“唐山过台湾”，开基立业，带去了先进的生产技术，也带去了家乡的文化，当前台湾文化中就带有深厚的闽南文化元素，在这次研习营的活动中，大家将会体会到两岸文化的一脉相承。他表示，通过两岸学生乡土文化研习营，两岸大学生共同收获知识、收获友情、碰撞思想的火花、记取美好的记忆和对两岸和平的良好期许。年青一代是两岸关系的未来，希望两岸的学生利用先进的网络途径，沟通见解、求同存异、增进共识。本次活动以“血脉相连乡土文化之旅”为主题，旨在弘扬福建乡土文化，增强台湾青少年对中华民族和文化的认同感，推动两岸青少年交流交往。7月15日至21日，91名两岸大（中）学师生在厦门、武夷山、泉州等地，通过参观大学生创新创业基地、游览历史名胜、举办乡土文化讲座等活动，开展福建乡土文化研习活动。两岸学生乡土文化研习营自2008年举行至今，已连续10年邀请来自台湾南部、从未到过大陆的大中学生来闽研习，成为台湾青少年了解福建、认知祖地的重要窗口，成为两岸青少年交流沟通的重要平台。

7月25日上午，由台盟中央、台盟辽宁省委作为指导单位，阜新市人民政府、台海出版社共同主办的“2017第三届海峡两岸校园足球友谊邀请赛”在辽宁阜新开幕。全国政协常委、台盟中央常务副主席黄志贤出席并宣布邀请赛开幕。辽宁省政协副主席王松为邀请赛开球。中共阜新市委书记张铁民、阜新市长甄杰、台南一中校长张添唐等出席开幕式。开幕式结束后，阜新市蒙古中学足球队、阜新第五中学足球队与台南一中足球队切磋球艺，交流友谊。台南一中校长张添唐表示，通过这样的交流活动，学生们可以知道怎样学习和改进球艺，很多来过大陆参加足球赛的学生表示不虚此行。台南一中足球经理陈怡雯认为，台南一中的同学们觉得通过足球进行两岸友谊交流是一个很新鲜的体验，并且通过交流可以见识和学习到更多。台南一中队的队长陈彦廷被评为最佳球员之一，赛后，陈彦廷表示“两岸一家亲，都是兄弟。足球比赛中交到非常多的好朋友，我们以球会友，收获良多，我觉得应该要多一些这样的交流”。邀请赛于7月26日在阜新圆满结束。26日下午，台南一中的师生们走进阜新市实验中学，参观了高考状元榜、游泳馆和书法室，了解祖国大陆的校园文化。最后，他们与阜新市中学联队，互换球衣，组成一支混编队，重新回到绿茵场上，在足球友谊赛中配合、比拼、交流。依依惜别之际，大家互留微信，频频拥抱、合影，相约以后再相见。接下来的几天里，台南一中的师生们前往沈阳，继续参加一系列丰富多彩的参观和文化交流活动。

8月15日下午，统战系统出版社社长研讨会在台盟中央机关礼堂召开。本次研讨会由中共中央统战部宣传办主办、台海出版社承办。全国政协常委、台盟中央常务副主席黄志贤出席会议并讲话。中央统战部宣传办主任高飞主持会议。台盟中央宣传部副部长吴艺煤、台海出版社社长马铁等在京统战系统出版社负责人参加会议。黄志贤指出，习近平总书记“7·26”重要讲话从党和国家事业全局的高度，科学分析了当前国际国内形势，深刻阐述了五年来党和国家事业发生的历史性变革，深刻阐述了新的历史条件下坚持和发展中国特色社会主义的一系列重大理论和实践问题，提出了一系列新的重要思想、重要观点、重大判断、重大举措，是坚持和发展中国特色社会主义的政治宣言和行动纲领，为党的十九大胜利召开奠定了重要的政治、思想和理论基础。统战系统出版社认真学习贯彻习总书记“7·26”重要讲话，就是要深刻领会讲话的精神实质，用讲话精神指引我们前进的方向，指导我们的出版工作。黄志贤表示，今年底各民主党派将召开全国代表大会，这是统一战线的一件大事。台海出版社要与统战系统各出版单位一道，进一步增强政治意识、大局意识、核心意识、看齐意识，在思想上政治上行动上同以习近平同志为核心的党中央保持高度一致，勇于担当，守土有责，努力做好服务大局、服务本党派本系统中心任务的工作，使我们的各类出版物都成为维护改革发展稳定大局的正能量，以优异的成绩迎接中共十九大和各民主党派全国代表大会的胜利召开。会议传达了全国出版工作会议精神，与会人员围绕统战系统出版社应如何服务好本党派工作以及统战系统出版社在业务上怎样把好选题关、提高图书编校质量展开研讨。

8月28日上午，由台盟中央主办的第四届大江论坛——两岸关系和平发展精英论坛在北京台湾会馆开幕，包括岛内产、经、学各领域精英人士和青年代表在内的两岸嘉宾二百多人会聚一堂，围绕论坛主题，积极建言献策，共同展望两岸关系和平发展的光明前景。论坛开幕式由全国政协常委、台盟中央副主席杨健主持，国台办副主任龙明彪，台盟中央副主席、全国台联党组书记苏辉出席开幕式并致辞，出席开幕式的还有中央统战部、北京市台联和台盟各地方组织、各专委会的相关负责人。龙明彪在致辞中表示，今年是两岸同胞打破隔绝状态、开放交流往来30周年，30年来越来越多的台湾同胞以各种形式参与到和平发展的事业中，反对“台独”、支持两岸关系和平发展已成为台湾社会主流民意。龙明彪说，近一段时间以来，我们相继出台了20多项政策措施，为在大陆学习、工作、生活的台湾同胞提供更多便利、创造更好条件。大陆有关省市近年来相继成立了53个两岸青年就业创业基地和示范点，已经有近2万名台湾青年参加基地或示范点组织的各类实习就业、创业创新交流活动。他表示，我们将努力为台湾同胞特别是台湾青年同胞提供更多、更广阔的施展才华、实现抱负的舞台。欢迎更多的台湾同胞参与到两岸交流中，两岸同胞携手开创中华民族的美好明天。台盟中央副主席、全国台联党组书记苏辉在致欢迎词时表示，第四届大江论坛秉承习近平总书记倡导的“两岸一家亲，共圆中国梦”重要理念，以“融入乡情亲情，助推和平发展”为主题，旨在团结两岸同胞在交流中增进互信，在合作中深化融合。苏辉介绍，本届大江论坛期间将举办“一老一青”两项分论坛，其中已连续举办两届的两岸青年成长创业论坛将继续举办，以持续关注台湾青年在大陆求学、工作、生活的诉求愿望，为他们更好地融入大陆创造便利条件；首次举办的两岸养老与健康产业论坛，邀请到两岸养老和健康产业的众多团体负责人及行业从业者参加，共同推动两岸养老与健康产业融合跨越发展，为两岸产业创新发展探索思路和方法。开幕式上，台湾雁博青年创业家协会荣誉会长卢思伯、中华青年发展联合会理事长王正、台南市诊所协会理事李明阳、中华两岸交流促进会青年部部长陈文成、两岸关系和平发展协同创新中心教授谢郁等两岸嘉宾代表围绕论坛主题做了主题演讲。

8月28日，由台盟中央主办的第四届大江论坛·两岸养老与健康产业论坛在北京台湾会馆举行。作为第四届大江论坛的系列活动之一，论坛邀请到来自海峡两岸的养老与健康产业方面的专家、团体负责人及行业从业者近百名，共商推动两岸养老及健康产业实现融合跨越发展。台盟中央有关部门负责人，部分地方盟组织和专委会负责人出席论坛。全国政协常委、台盟中央副主席杨健在致欢迎词时表示，两岸在健康养老产业上存在优势互补及互利双赢空间，完全可以通过深入交流，探索更加密切、有效的合作方式，发展现代化的健康养老产业、建立更为科学化的养老体系，造福两岸同胞。杨健介绍，台盟作为参政党，积极推动两岸关系和平发展，增进两岸同胞福祉，长期以来积极关注健康养老这一关系到两岸同胞切身利益的议题，举办此次论坛，就是希望从两岸产业战略合作的层次，集中探讨两岸养老产业的接轨与融合，推动建立两岸养老产业合作平台。论坛上，北京市民政局副局长李红兵、台湾全成社会福利基金会主任李汉文、广州中医药大学继续教育学院院长洪创雄、台湾日本系统环境研究所台湾CEO金晓蕾、北京大学护理学院人文教研室副教授谢红、台湾多扶植智能科技有限公司总经理李敦基、国家康复辅具研究中心高级辅助器局工程师罗椅民、台湾春宁长期照护集团执行长丁秀娟、广州市景宜颐养有限公司总经理张彦君、广州中医药大学热带病学研究所中西医结合医院主治医师吴俊宽等两岸嘉宾分别围绕论坛主题做了主题演讲，表达两岸养老与健康产业方面人士对实现融合发展、互利双赢的期待。据了解，台盟中央近年来积极关注两岸养老与健康产业合作交流，自2013年开始持续组织包括知名中西医在内的两岸医师赴云南、贵州、江西、四川、陕西、安徽等地开展两岸医师健康咨询活动，2016年又针对藏药的种植情况、藏医药的现状及未来发展规划、两岸基层社区养老、两岸中医药合作发展等议题赴青海、海南、天津等地做专题调研，2017年针对两岸养老健康产业课题专程赴山东进行调研，不断为两岸养老与健康产业合作探索献计献力。

8月29日，由台盟中央主办的第四届大江论坛·两岸青年成长创业论坛在北京举行。作为第四届大江论坛的系列活动之一，两岸青年成长论坛吸引了海峡两岸百余位青年才俊、精英人士齐聚一堂，交流在祖国大陆茁壮成长、沃土成才的故事，分享两岸青年携手创业、融合发展的心得体会。国台办经济局副局长郑慷、台盟中央有关部门、专委会和台盟部分地方组织负责人出席论坛。全国政协常委、台盟中央常务副主席黄志贤出席论坛并致辞。黄志贤表示，中华民族正在走向伟大复兴，两岸经济社会融合发展深入人心。两岸青年朋友把握发展机遇投身创业创新大潮，在成就自己精彩人生的同时，也为促进两岸融合发展尽了一份心力。当前，两岸关系虽然面临困难，但历史潮流始终向前发展，两岸是割舍不断的命运共同体，两岸关系和平发展、民族伟大复兴的未来可期。希望与会的两岸青年能够在两岸关系发展受阻之时，肩负起自身的历史使命，用你们在祖国大陆的亲身经历和体会，告诉广大台湾青年朋友：两岸关系只有走和平发展的正确道路，才能造福两岸同胞；两岸青年只有携手合作、融合发展，才能共同建设美好家园。中华青年发展联合会理事长王正，共青团上海市委副书记、沪江联合创始人、蚂蚁计划发起人于杰，台盟江西省委筹委会副主委、江西省体育发展有限公司董事长、江西网球运动管理中心主任吕少军，中国贸促会台港澳企业服务中心主任俞鸿波，上海衡山信息科技有限公司CEO、上海春申旅游进修学院执行院长唐威，日高鸿体育用品（深圳）有限公司总经理刘哲闻，上海工商职业技术学院PICH餐旅服务学院院长、绅公馆酒店管理（上海）有限公司董事长、彼途教育科技（上海）有限公司总裁孙云立分别围绕论坛主题，就两岸青年创业新模式、两岸职业教育合作以及大陆未来消费升级趋势下的创新机会与业态等专题进行了演讲和交流。论坛开幕前，适逢中华民族传统民间节日“七夕”，两岸青年以同胞心、民族情携手相牵，合作呈现了一场充满浓浓家国情怀的联欢晚会，表达了“两岸一家亲，共圆中国梦”的共同心声与美好愿望。据台盟中央有关部门负责人介绍，台盟中央为贯彻习近平总书记关于“让两岸关系和平发展为他们（两岸青年）的成长、成才、成功注入新动力、拓展新空间”的重要讲话精神，于2015年第二届大江论坛期间首次举办台湾青年创业发展论坛，此次论坛是第三次在大江论坛这一两岸特色交流平台上设置的两岸青年主题活动。

8月26日，由台盟中央、海南省政府大力支持并作为指导单位，台盟海南省委同海南省台办、海南省政协港澳台侨外事委员会、海南省台联、台湾农会、台湾休闲农业学会主办的“2017年海峡两岸休闲农业发展（海南）研讨会”在海口举行。2010年至2016年，在台盟中央与海南省政府指导与大力支持下，台盟海南省委会联合相关单位已成功举办七届“海峡两岸休闲农业发展（海南）论坛（研讨会）”。在前几届论坛（研讨会）基础上，2017年研讨会围绕“休闲农业与美丽乡村建设”的主题和“两岸青年农业创业就业分享”的分论题，就借鉴台湾休闲农业产业发展的成功经验，依托全域旅游和美丽乡村的建设，加强两岸在休闲农业、旅游产业、民宿经营等方面的交流与合作进行研讨。全国政协常委、台盟中央副主席杨健，中共海南省委常委、省委统战部部长张韵声莅临研讨会开幕式并致辞。台湾农业主管部门前负责人陈志清代表台湾方面致辞。台盟海南省委主委连介德代表研讨会主办单位致辞。出席开幕式的嘉宾还有台盟中央、各省市台盟组织、海南省政府相关部门、海南省各民主党派、人民团体、科研院所的领导嘉宾。

海峡两岸学者业者和主流媒体记者共160多人出席了本次研讨会。杨健代表台盟中央对与会嘉宾的到来表示热烈欢迎，他说，两岸农业交流合作，是台盟一直关注的重点领域，台盟一直致力于把海峡两岸休闲农业发展研讨会打造为提升国家农业现代化水平、推动两岸农业合作，乃至实现两岸同胞心灵契合的重要载体。本届研讨会在延续“深化海峡两岸休闲农业交流合作”主题的同时，融入“美丽乡村”的概念，更拓展了“两岸青年农业创业就业分享”的论题，以开放的眼光，将“大众创业、万众创新”的国家战略，与加强琼台休闲农业交流合作相结合，进一步增强两岸青年情感认同，促进共同创业创新，推动两地农业交流合作更上一层楼。张韵声在致辞中说，海南是全国第一个生态示范省，是我国唯一具有相对完整的热带农业区域，发展休闲农业具有独特的优势与地位。2017年海南将以“农民”为中心的发展思想、以“农业”为基础的发展定位、以“绿色”为导向的发展方式、以“文化”为灵魂的发展特色，大力发展休闲农业。台湾休闲农业起步早，发展快，业态成熟，可以为海南休闲农业的发展提供良好的借鉴。希望两岸专家学者、业界精英透过不同视角积极开展对话交流和思想碰撞，为政府管理者和企业经营者提供理论支持和现实启示。连介德代表研讨会主办单位致辞，他说，研讨会充分发挥“台”字特色和优势，积极促进两岸交流合作，连续成功举办七届“海峡两岸休闲农业（海南）发展论坛/研讨会”，已成行之有效的“请进来”“走出去”的品牌活动。2017年海南省第七次党代会后，中共海南省委正开展“深入学习贯彻习近平总书记视察海南时的重要讲话精神建设美好新海南”大研讨大行动活动。本届研讨会以“休闲农业与美丽乡村建设”为主题，深入研讨加快建设国际旅游岛相关议题恰逢其时。通过大力深化两岸民间交流，两岸同胞携手合作，共谋发展，可以巩固扩大两岸和平发展的经济基础、民意基础，为两岸关系和平发展凝聚力量，为两岸关系和平发展和实现中华民族伟大复兴的中国梦开辟更为广阔的前景。研讨会邀请到来自两岸的12位专家学者做大会主旨发言，并收到的论文40多篇，汇集了海峡两岸休闲农业研究方面专家学者的智慧，观点新颖，层次较高。

二、履行职能

（一）参政议政

1. 专题调研

2017年，台盟中央将年度重点课题分列三个层次：包括大调研课题1项，“构建集海上、陆上和网上于一体的开放合作体系，打造21世纪海上丝绸之路战略支点”；全盟重点调研课题7项，“治理过度包装，促进绿色消费”“无障碍环境建设”“深化供给侧结构性改革，促进经济平稳健康发展”“坚定文化自信，讲好中国故事”“实施精准扶贫中存在的问题和建议”“建设‘亲’‘清’新型政商关系，促进民营企业发展”“关于两岸社会融合趋势的探讨”；各专门委员会重点课题8项，台盟中央参政议政工作委员会“实施振兴国家与地方实体经济重要战略的相关问题及对策研究”“科学践行习近平总书记对台工作重要思想，积极推进两岸关系发展及国家统一进程的对策研究”，台盟中央妇女工作委员会“全社会应关注自闭症的对策研究”，台盟中央青年工作委员会“台资制造业在大陆的持续发展问题研究”，台盟中央两岸关系政策研究委员会“大陆台商对近期两岸关系及企业自身发展的态度看法——问卷及典型调研”，台盟中央科教医药交流委员会“台湾中医药保护现状调研”，台盟中央两岸文化交流委员会“两岸慈善文化比较和社会组织融合发展调研”“在一带一路语境下的中华文化自信与增进两岸文化认同的路径调研”，台盟中央两岸经济合作交流委员会“关于鼓励台湾青年来大陆就业创业的调研”。共形成年度重点课题调研报告190余份。

（1）党派大调研

4月17日至22日，全国政协副主席、台盟中央主席林文漪率台盟中央调研组赴浙江围绕“构建开放合作平台，打造21世纪海上丝绸之路战略支点”开展民主党派大调研。全国政协常委、台盟中央常务副主席黄志贤，全国政协常委、台盟中央副主席杨健参加调研。

4月18日，调研组在杭州召开座谈会，听取中共浙江省委、省政府有关负责同志介绍浙江经济发展、主动融入“一带一路”以及浙台经贸合作等情况。林文漪在讲话中指出，台盟中央今年的大调研是学习领会习近平总书记治国理政新理念新思想新战略，助推落实“一带一路”战略的具体行动，希望通过参政党的渠道，总结好浙江省在服务国家“一带一路”战略，特别是21世纪海上丝绸之路战略方面“先行先试”的典型经验与做法体会，促进浙江进一步开放发展、打造“一带一路”战略支点、服务国家战略。

中共浙江省委、省政府对台盟中央大调研高度重视。中共浙江省委副书记袁家军向调研组介绍了相关情况，省委省政府相关部门负责人参加座谈会并与调研组交流研讨。省政协副主席、台盟浙江省委主委张泽熙陪同调研。

调研组分成三路开展实地调研，分别在杭州走访考察了阿里巴巴、网易考拉等浙江省的代表性跨境电商企业，以及梦想小镇、之江文创园等创业园区；在舟山、宁波走访考察了江海联运中心、宁波梅山港区、舟山大宗商品交易平台和浙江海港集团等开放合作平台建设发展情况；在义乌走访了义乌铁路口岸、义乌港等地了解义乌与“一带一路”沿线国家互联互通情况，并赴义乌国际商贸城、国际邮件互换局、保税物流中心了解义乌进出口贸易情况。

调研组由中央统战部、国家发改委、交通运输部、商务部等相关部委，台盟中央专委会和专家学者，以及中央有关媒体记者共同组成。台盟中央参政议政工作委员会主任王中，全国政协委员、台盟中央盟史与自身建设工作委员会主任张宁，全国政协委员、台盟中央两岸文化交流委员会主任、台盟福建省委副主委骆沙鸣，台盟中央副秘书长、研究室主任宋焱，台盟中央办公厅主任冉永进等陪同调研。

（2）专项调研课题

2月13日至16日，全国政协副主席、台盟中央主席林文漪带队赴福建漳平永福台湾农民创业园，围绕台商、台农在当地发展情况开展考察调研。调研期间，林文漪一行查看了位于园区的台品茶园、特色花卉精品展、鸿鼎茶厂，详细了解台商的企业发展经营情况和生活状况，并组织27位台商、台农代表召开了座谈会，倾听他们的意见建议，共同探讨发展新思路。座谈会上，林文漪与大家进行了亲切的交流，对于台商、台农在座谈会上提出的问题，也当场一一给予了回应和鼓励。她说，二十年前，时任中共福建省委副书记的习近平同志在永福镇调研时，就鼓励台农一定要利用好当地的自然和生态优势，把茶产业做优做大。二十年过去了，看到台创园发展得欣欣向荣，已经有500多名台胞在这里扎根，特别是很多台二代、台三代在这里生活得也很好，感到很高兴，也很欣慰。林文漪表示，两岸同胞是一家人，台盟将一如既往关心和支持台湾同胞在大陆投资兴业，积极为台胞乡亲多办实事、多办好事。希望大家紧密团结起来，使两岸同胞在祖国大陆经济社会发展的大背景下，互惠互利，共同完成中华民族伟大复兴的中国梦。希望台商企业加强品牌的创建提升和宣传推广，扩大企业和产品的知名度、影响力。要开拓经营理念，将现代农业与文化旅游、教育培训、健康养生等产业融合，延伸产业链，提升产品附加值；要注重新业态融合，利用“互联网+”平台，线上线下发展相结合，为产业持续做大做强注入新动力。为推动台湾青年更好地在大陆投资、创业和发展，台盟中央在永福设立了“台湾青年产业融合创业示范基地”，林文漪和中共福建省委常委、统战部部长雷春美共同为基地揭牌。座谈会由台盟中央副秘书长、研究室主任宋焱主持。浙江省政协副主席、台盟浙江省委主委张泽熙，福建省政协副主席张燮飞，台盟中央联络部部长潘新洋，台盟福建省委主委郑建闽，台盟湖北省委主委江利平，台盟福建省委副主委柯连妹，福建省台联会会长江尔雄等同志陪同考察调研。

5月8日，全国政协常委、台盟中央常务副主席黄志贤一行赴江西省景德镇市调研。江西省台办副主任徐建星、台盟江西支部负责人曾鲁台、台盟江西支部原主委何大欣陪同。9日上午黄志贤常务副主席一行与景德镇市相关部门领导就两岸陶瓷艺术展暨台湾青年创业园工作进行座谈。黄志贤认真听取了汇报并对景德镇市所做的工作给予高度评价，他指出景德镇是一座历史悠久的名城，是世界上最早的工业化城市，有着浓厚的陶瓷文化底蕴，鲜明的陶瓷产业特色，将两岸陶瓷艺术展暨台湾青年创业园设立在景德镇，是两岸陶瓷艺术交流的大事件，要做得有声有色。随后，黄志贤一行还前往景德镇市陶瓷研究所、陶瓷股份有限公司、法蓝瓷实业有限公司等台资企业实地进行考察。台盟中央副秘书长、研究室主任宋焱，联络部部长潘新洋，台海出版社社长马铁参加。

7月6日，全国政协副主席、台盟中央主席林文漪一行到中科院大连化学物理研究所调研。辽宁省政协副主席王松，台盟辽宁省委主委胡军，大连市政协副主席张传吉陪同调研。林文漪一行参观走访了甲醇制烯烃国家工程实验室和储能技术研究部，详细了解了技术研发情况，并观看了大连光源的介绍短片。在听取中科院大连化物所党委书记王华介绍研究所概况及国家实验室建设情况之后，林文漪指出，化物所从研发到直接产业化链条连接特别紧密，符合国家对能源特别是清洁能源的迫切需求，而且推进很快；在筹备清洁能源国家实验室建设中，主动作为、只争朝夕、先走一步，为国家实验室的建设奠定了很好基础。她强调，台盟要做好传递信息、提出建议的工作，为国家实验室落户化物所建言献策。台盟中央副秘书长、研究室主任宋焱，办公厅主任冉永进，台盟辽宁省委相关部门负责人参加调研。

2. 反映社情民意

台盟中央在各地方组织上报的420余篇信息基础上，综合编发并向全国政协报送《台盟社情民意信息》43期，在保持质量数量稳定的同时，进一步提高了信息的时效性。其中,《在印尼设立中国科技工业园区可一举多得》《党外人士对当前对台工作若干热点问题的看法和建议》等信息得到全国政协采用。特别是在全国“两会”期间，台盟骆沙鸣、陈俊聰两位委员集中报送社情民意信息29篇，采用9篇，占大会全部被采用信息的近六分之一。

3. 与政府部门、国家部委和司法机关开展联系合作情况

（1）进一步落实与农业部签署的合作备忘录

为落实台盟中央与农业部于2010年签署的合作备忘录，2017年，台盟中央与农业部共同举办了多次以推动两岸农业交流为主题的论坛、研讨会等活动。如，1月在重庆举办的第十五届中国西部（重庆）国际农产品交易会，11月在福建举办的第十一届海峡两岸茶业博览会等。同时，台盟中央还持续关注台湾农民创业园的课题，就此开展专题调研，与农业部密切沟通，共同推动台创园的发展建设。

（2）加强与司法部门的联系沟通

台盟中央重视加强与最高人民法院、最高人民检察院的联系和沟通，积极发挥参政议政、民主监督的作用。1月18日，最高人民法院召开各民主党派中央、全国工商联和无党派人士座谈会，通报2016年人民法院工作，听取意见建议。最高人民法院党组书记、院长周强出席并讲话。全国政协常委、台盟中央副主席杨健出席会议并发言，围绕细化海峡两岸司法认可领域、推动祖国大陆与港澳地区签署刑事司法协助的法律性文件提出了建议。

（二）民主监督

坚持全盟推动、汇聚合力。台盟中央常委会专题研究脱贫攻坚民主监督工作，并成立专项领导小组，建立了组织协调、联系沟通和社会参与等工作机制，凝聚起全盟19个地方组织的合力。坚持“在参与中支持，在支持中服务，在服务中监督”的工作定位。台盟中央领导带队，专委会、地方组织参与，先后深入甘肃陇南、甘南、天水、定西、临夏等地的一线贫困村，开展深度化、解剖式调研，调研成果得到俞正声、汪洋、孙春兰、杜青林等中央领导同志的重视与批示。

一是制定2017年脱贫攻坚民主监督工作方案。进一步明确了开展脱贫攻坚民主监督工作的指导思想、主要思路、主要内容、具体工作和工作分工，确保脱贫攻坚民主监督工作有计划、按步骤、高质量、有成效地开展。

二是实施台盟中央脱贫攻坚民主监督工作领导小组办公室的工作调研。3月20日至22日，调研组赴甘肃省开展脱贫攻坚民主监督专题调研，重点对临夏回族自治州东乡族自治县汪集乡沙黑池村的“参与式”扶贫试点开展情况进行现场观摩和考察，并与甘肃省扶贫办、财政厅、农工委等11个部门就脱贫攻坚工作进展情况进行了座谈交流。

三是召开了台盟中央脱贫攻坚民主监督协调会。5月12日，台盟中央邀请13个台盟省级组织的相关负责人、工作骨干以及盟内专家在大连市召开先关会议。进一步在全盟范围内明确了脱贫攻坚民主监督的性质、意义，交流了开展相关工作的方式方法，初步议定由台盟北京市委牵头“参与式扶贫试点情况的调查分析”课题调研，由台盟上海市委牵头“大数据技术在脱贫攻坚民主监督中的工作探索”课题调研，由台盟重庆市委牵

头“农村电子商务发展在精准扶贫中的应用研究”课题调研，由台盟福建省委牵头“金融创新在精准扶贫中的应用研究”课题调研。

四是组织协调重庆、上海的台盟组织赴甘肃开展专题调研。5月20日至25日，台盟重庆市委主委李钺峰率调研组就电商和金融在脱贫攻坚中的应用情况深入陇南市基层一线开展调研。6月23日，台盟上海市委主委李碧影率调研组就大数据技术应用等专题赴甘南州基层一线开展调研，对接帮扶项目。

五是与阿里巴巴集团就甘肃电商发展情况进行了工作对接。6月7日，杨健副主席在台盟中央机关会见了阿里巴巴集团综合政策研究室主任朱卫国，双方重点就“村淘”电商模式在甘肃相应网点建设运转情况以及阿里巴巴的农村化战略实施情况进行了互动交流。

六是台盟中央主要领导率队赴甘肃开展脱贫攻坚民主监督调研活动。其中，6月21日至23日，全国政协常委、台盟中央副主席杨健率台盟中央调研组赴甘肃省开展脱贫攻坚民主监督调研。3天内，调研组先后赴定西市临洮县、陇西县2个国家级贫困县走访了6个乡镇、8个贫困村，入户走访调查100家建档立卡贫困户。21日上午，调研组在兰州召开工作会议。会议由台盟中央社会服务部部长蔡国斌主持。会上，调研组进行内部分工，杨健传达了全国政协副主席、台盟中央主席林文漪关于脱贫攻坚民主监督“小切口，深调研”的指示精神，要求调研组成员高度重视此次调研。随后，调研组一行来到临洮县，走访当地3家“村淘”服务站。杨健认真听取当地村干部和服务站负责人对服务站运营情况的介绍，他勉励服务站负责人依托“村淘”平台为当地农户，尤其是贫困户做贡献，并就服务站遇到的困难提出意见建议。当天，调研组一行还走访了当地部分贫困户，详细了解国家有关扶贫政策在贫困户中的落实情况和贫困户生产、生活情况。22日，调研组一行来到陇西县。在陇西县菜子镇，杨健对当地建立企业和农户利益联结机制，建立互惠互利共同体的扶贫办法表示赞赏。调研组详细了解当地扶贫资金投入成效、贫困户住房安全保障和贫困户搬迁规划安排等情况。23日上午，台盟中央民主监督甘肃脱贫攻坚工作汇报会在兰州召开。会议由甘肃省政府副秘书长郭春旺主持。调研组听取了甘肃省有关部门同志关于全省脱贫工作开展整体情况和健康扶贫工作、退耕还林工作、电商扶贫工作等脱贫攻坚细分领域开展情况的介绍和在脱贫攻坚工作中遇到的问题与困难。杨健对甘肃省脱贫攻坚工作的开展和取得的成效给予高度评价。他表示，开展脱贫攻坚民主监督是以习近平同志为核心的中共中央赋予各民主党派中央的重要政治任务。近几天，调研组通过交流座谈、入户访谈等形式，初步掌握了当地脱贫攻坚工作的开展情况和贯彻落实中共中央扶贫政策决策部署情况。下一步，台盟中央将坚持问题导向，为助力甘肃省脱贫攻坚工作献计出力。台盟中央常委、参政议政委员会主任王中，台盟中央社会服务部部长蔡国斌，台盟上海市委主委李碧影，台盟安徽总支主委陈清海，台盟中央联络部副部长张骏，台盟中央研究室主任助理马宇鹏，阿里巴巴集团甘肃村淘项目负责人徐小冬，部分盟员及盟外专家，台盟北京、上海、湖北地方组织，台盟中央办公厅、社会服务部、宣传部等相关人员参加调研。中共甘肃省委统战部副部长、省工商联党组书记赵少智，甘肃省扶贫办党组成员、全国贫困地区培训中心兰州分院院长康建文，中共定西市委常委、统战部部长李斌，中共临洮县县委书记石琳，中共甘肃省委统战部、省扶贫办等相关人员陪同调研。调研期间，中共甘肃省委常委、省委统战部部长马廷礼，甘肃省政府副省长杨子兴与调研组进行了交流。

7月18日至19日，全国政协副主席、台盟中央主席林文漪带队赴甘肃开展脱贫攻坚民主监督调研。中共甘肃省委书记、省人大常委会主任林铎会见调研组一行。全国政协常委、台盟中央副主席杨健参加调研，甘肃省副省长杨子兴陪同调研。7月18日上午，台盟中央脱贫攻坚民主监督调研座谈会在兰州召开。全国政协副主席、台盟中央主席林文漪出席并讲话。中共甘肃省委副书记、省长唐仁健主持会议。林文漪指出，受自然、历史、区位等客观条件影响，甘肃省是全国脱贫任务最重的省份之一。自2016年6月各民主党派中央开展脱贫攻坚民主监督工作启动会召开以来，台盟以高度的政治责任感和使命感认真贯彻落实习近平总书记有关脱贫攻坚民主监督的重要讲话精神，将脱贫攻坚民主监督工作列为全盟重点工作，并成立了专项领导小组，建立了相关工作机制。一年来，动员全盟力量共同参与，开展了两轮较大规模的调查研究，深入临夏、陇南、甘南、天水、定西五个市州的二十余个贫困村，在脱贫攻坚一线开展摸底调研。从调研中了解到的具体情况出发，林文漪提出三点建议：一是进一步学习贯彻中共中央决策部署，从根本上增强脱贫攻坚的内生动力；二是进一步围绕“精准”开展工作，多措并举提高脱贫攻坚实效；三是进一步把握好完成阶段性任务与实现长远发展的关系，化绿水青山为金山银山。座谈会上，甘肃省副省长、省脱贫攻坚领导小组副组长杨子兴介绍了甘肃省脱贫攻坚工作情况。台盟中央调研组与甘肃省各有关部门负责人针对甘肃省脱贫攻坚具体内容开展了互动交流。会后，调研组深入临洮县中铺镇何家山村，认真听取临洮县脱贫攻坚工作情况介绍，实地查看中铺镇何家山村易地扶贫搬迁情况，考察临洮县雪源金正百合有限责任公司百合产业扶贫情况，走进何家山村易地扶贫搬迁贫困户家中慰问并详细了解贫困户易地搬迁和生产生活情况；深入临夏州东乡族自治县，与东乡族村民面对面开展脱贫攻坚情况交流，并参加了东乡县汪集乡沙黑池村参与式扶贫村民大会。重庆市政协副主席、台盟重庆市委主委李钺锋，浙江省政协副主席、台盟浙江省委主委张泽熙，台盟中央参政议政工作委员会主任王中，台盟中央副秘书长、研究室主任宋焱，台盟中央办公厅主任冉永进，台盟中央社会服务部部长蔡国斌、副部长张骏，台盟中央研究室主任助理马宇鹏，部分盟外专家，中央统战部一局、台盟中央办公厅、社会服务部、宣传部等有关同志，甘肃省政协副主席张世珍、甘肃省政协副秘书长陈强、甘肃省扶贫办主任任燕顺、中共定西市委书记唐晓明、中共临洮县县委书记石琳等有关同志参加调研。

（三）政治协商

1. 积极参与政党协商

2017年，台盟中央参加中共中央、国务院和有关部门召开的党外人士协商会、座谈会、情况通报会23次。台盟中央萃取全盟各级组织的调研成果，在高层协商会上发出了有分量、有影响的声音，受到中共中央和国务院的高度重视。

1月19日，国务院总理李克强主持召开座谈会，听取各民主党派中央、全国工商联负责人和无党派人士代表对《政府工作报告（征求意见稿）》的意见建议。台盟中央主席林文漪出席座谈会并发言。发言围绕加快推进沿边地区开发开放、有效实施产业脱贫、坚定不移推动两岸融合发展等问题提出了具体建议。

1月22日，中共中央总书记习近平在人民大会堂同各民主党派中央、全国工商联负责人和无党派人士代表欢聚一堂，共迎新春。台盟中央主席林文漪代表各民主党派中央、全国工商联和无党派人士致辞，就协助参政党加强自身建设等问题提出了意见和建议。

6月1日，全国政协主席俞正声主持召开调研协商座谈会，围绕深入推进“一带一路”建设建言献策。台盟中央主席林文漪出席座谈会并发言。发言围绕加大政策协调、加强资源整合、完善跨境电商发展环境，构建集陆上、海上和网上于一体的开放合作体系和平台提出了意见和建议。

7月21日，中共中央总书记习近平在中南海主持召开党外人士座谈会，就当前经济形势和下半年经济工作听取各民主党派中央、全国工商联领导人和无党派人士的意见和建议。台盟中央主席林文漪出席座谈会并发言。发言围绕统筹考虑新技术应用与就业问题、加强对我国公民和企业海外投资的公共信息服务、细化落实关于台湾青年来大陆就业的相关优惠政策等问题提出了意见建议。

8月30日，中共中央总书记习近平主持召开党外人士座谈会，征求对中共十九大报告的意见建议。台盟中央主席林文漪出席座谈会并发言。发言围绕引导年轻群体学习成长为社会中坚力量、广泛吸引台湾优秀青年人才共襄祖国统一大业、修复贫困地区生态系统等问题提出了意见建议。

12月6日，中共中央总书记习近平在中南海主持召开党外人士座谈会，就当前经济形势和明年经济工作听取各民主党派中央、全国工商联领导人和无党派人士的意见和建议。台盟中央主席林文漪出席座谈会并发言。发言围绕培育内生动力、落实乡村振兴战略，提高中医药国际市场竞争力、助推“一带一路”战略实施，牢牢掌握对台工作主动权等问题提出了具体建议。

此外，台盟中央在深入调研的基础上，向中共中央报送8份党派中央专报，内容涉及进一步促进台湾农民创业园发展、甘肃脱贫攻坚民主监督、设立洁净能源国家实验室等建议，获得习近平、俞正声等中央领导同志16次重要批示并交有关部门研究落实。

2. 在全国政协会议上的发言和提案

（1）全国政协十二届五次会议

在全国政协十二届五次会议期间，台盟中央提交了大会发言3件，党派提案27件，台盟界别委员共提交大会发言16件、个人提案109件，内容涵盖当前经济社会发展以及两岸关系发展的众多领域。在总量精简的情况下，6件提案入选全国政协提案现场办理协商会、重要提案摘报和专题调研。其中，党派提案《关于以优秀文艺作品为载体，讲好中国故事，提升文化自信的提案》入选全国政协《重要提案摘报》；党派提案《关于支持台资企业积极融入“一带一路”发展战略的提案》以及郑广台委员《关于深入实施创新驱动发展战略的提案》、陈俊骢委员《关于进一步做好长城保护利用的提案》、骆沙鸣委员《关于推进体育产业改革发展，推动“健康中国”建设的提案》被确定为全国政协专题调研提案；高美琴委员《关于加强自闭症患者教育康复工作的提案》入选重点提案办理协商会。这些提案聚焦问题精准、对策建议务实，得到办理单位的高度重视。财政部、商务部、交通运输部、民政部等单位或部门，通过上门专题协商、邀请参与调研、专人跟踪办理等方式，落实转化提案建议，彰显了台盟的履职成效。

会议期间，江利平委员代表台盟中央、全国台联做了题为《团结两岸青年，共同反对“台独”，携手开创美好未来》的大会口头发言。发言提出，两岸关系的前途和希望在青年。近年来，为帮助和促进台湾青年在大陆学习、发展，中共中央、国务院实施了一系列优惠政策，各地党委政府和高校也积极行动，工作取得了明显进展，充分体现了“两岸一家亲”血浓于水的深情厚意。但是2016年以来，台湾政局发生重大变化，民进党当局拒不承认“九二共识”，对2008年以来的两岸关系和平发展成果造成极大伤害，给两岸同胞带来了深深的忧虑。在此背景下，推进两岸青年交流交往、就学创业也面临重重困难。发言呼吁台湾当局，以民族大义、民众福祉为重，正视台湾青年的实际困难和诉求，早日承认“九二共识”的共同政治基础，在一个中国框架内，与大陆展开协商合作，不断消除障碍、创造条件，让更多的台湾年轻人走上康庄大道，在更广阔的舞台上，实现自己的人生价值。发言提出，盼望两岸青年能够共同学习和弘扬中华传统文化，不断增强民族自豪与文化自信，推动两岸同胞的情感相容、心灵契合；盼望两岸青年能够及时把握机遇，积极投身祖国大陆改革发展的洪流，早日实现美好的梦想；更盼望两岸青年能够团结一心，发扬爱国爱乡的光荣传统，并肩承担起反对“台独”分裂势力、维护两岸关系和平发展的重任，以青春的磅礴力量，在实现中华民族伟大复兴的历史进程中，交出一份合格的答卷。

此外，台盟中央还向会议提交了题为《进一步加强政策引导，促进农业循环经济发展》的书面发言。发言提出，近年来，国家十分重视和关心农村居民生产生活环境和能源有效利用，从总书记的能源革命理念到部门的顶层设计，形成了一套完整的推动生物质资源转化、促进循环经济发展战略。但由于受操作层面和技术路线选择影响，目前还没有形成可靠的战术保障。为此，发言建议：一是强化顶层设计，明确生物质能源化应用的主推模式，促进循环经济发展。建议把生物质资源以厌氧发酵获得沼气并提纯成天然气作为核心，并积极加以引导，将饲料应用、燃料应用和肥料应用有机整合，促进农业、能源和环保产业相互促进、永续发展。二是立足农业资源优势，打造全国一盘棋的清洁能源产业格局。建议立足生物质厌氧发酵获得天然气这一技术，按照“单体规模适度、区域布局合理、分散运行、集中管理”的模式建设全国一盘棋的分布式清洁能源基地，选择科学的技术路线实现目标，同时兼顾其他生物质资源的转化。三是大力推广使用沼渣、沼液作为生物有机肥。生物质资源经过分解转化发酵产生沼气后剩余的沼渣、沼液是非常好的有机肥，其养分含量比任何一种堆沤方法制取的有机肥都高，具有肥田、改良土壤、防治病虫害、提高产量等多种功效，可以有效增加土壤有机质含量。四是以促进农民增收为导向，推进农业种植结构的调整。通过农业与能源产业联姻，在适合的地区大力推动农业种植结构由传统单一种植粮食向种植高产能源作物转化，推动农业种植结构调整和能源供给侧结构性调整，形成供给、需求双驱动的循环经济发展格局。

同时，台盟中央还提交了题为《加强两岸中医药领域合作，促进大陆中医药产业转型升级》的书面发言。发言提出：目前两岸中医药交流合作还存在一些问题。一是中医药交流合作层面不广，处于两岸民间学会小规模小范围的水平，使交流合作影响力不大。二是中医药产业合作缺乏深度。由于受限于两岸的中医药规定，两地在中医药的医疗保健、养生旅游等产业方面缺乏更深入的交流。三是两岸中医药人才交流发展较为缓慢。由于受两岸中医药人才的学历互认、专业资质互认问题的影响。目前台湾承认大陆111 所高校名单中，大部分中医药大学不在范围之内。这些导致来大陆学习中医药、从事中医药工作的台生、台胞总体数量有限。为此，发言建议：一是加大政策扶持，加强两岸生物医药方面的合作。可以选择一些西医治疗有难度、中医正在关注和探索的病种，如在肿瘤、肝病、糖尿病、重大传染性和自身免疫性疾病等领域，应用先进的现代科学技术和方法，与台湾共同合作研发新药，不断提高中医药的创新能力，为中医药进入全球主流医药市场发挥支撑引领作用。二是借鉴台湾“科学中药”，加大两岸中药颗粒剂领域的合作研发。鼓励两岸加强临床交流，并在政策上支持台湾的 GMP 药厂与大陆药厂加强项目合作，提升大陆中药颗粒剂研发能力和质监能力。条件成熟，两岸还应合作组建大型中药制药企业，提升两岸中药材研发能力和国际竞争力，促进中药产品的出口。三是进一步加强两岸中医药医疗保健、养生旅游等领域的合作。大陆应借助丰富的中医药资源，以及庞大的医疗保健市场、旅游市场、养老市场，与台湾医疗保健、养生旅游业，以及健康养老产业相结合，积极打造两岸中医药健康服务链。四是进一步加强两岸两地中医药人才交流。如联合大陆、台湾知名的中医医疗机构，建立“海峡两岸中医医疗服务平台”“海峡两岸中医培训中心”等。

（2）全国政协十二届常委会第二十次会议

全国政协十二届常委会第二十次会议上，台盟中央提交了题为《以深化财税改革为抓手提高资源配置效率，推动供给侧结构性改革引向深入》的书面发言。发言提出，可通过推动财税体制改革，促进政府职能转变，提高资源配置效率，盘活存量资源，促进技术创新，引导供给达到与需求相适应的新水平，从而推动供给侧结构性改革引向深入。发言建议：一是稳步推进央地财政事权和支出责任体系改革，为供给侧结构性改革营造宽松的财税体系支撑。建议以支出科目为脉络，明确列出各级政府责任清单，形成与事权相对应的支出责任一览表；简化财政行政审批程序，赋予预算单位政府采购更大的自主权，扩大预算单位专项资金统筹使用权，适当赋予预算单位新增资产配置比例调整权；进一步探索推进各级财政基本支出和项目支出预算的公开制度，建立统一的公开模板，规范公开程序，接受社会监督。二是充分利用财税政策引导创新要素向产业聚集，为供给侧结构性改革配置强有力的创新驱动引擎。发挥财政资金的引导撬动作用，引导各类投资主体把资金投向科技创新领域；从地方财政中设立混合所有制股改奖励基金，鼓励国有企业、事业单位自有资金投资参股科技创新型企业；建立健全科技决策咨询、创新调查、科技报告等基础制度，实行财政定额补助或全额抵扣的财税政策，鼓励促进科技创新资源开放共享；完善创新型产业小规模纳税人消费型增值税政策，提高创新型企业产品的增值税出口退税率；发挥政府采购的拉动作用，建立扶持企业创新的政府采购政策。三是通过财税手段推进收入分配制度改革，使供给侧结构性改革成果惠及全民。加大税收征管力度，增强财政的转移支付能力；尽快确立以个人所得税为主体、以财产税和社会保障税为保障、以其他税种为补充的个税调控体系；完善消费税制，适当提高高档商品、奢侈品消费税率，降低生活必需品的增值税税率。四是扩大积极性财政政策的减负红利，落实供给侧结构性改革的降成本任务。推进“营改增”继续扩围，推动促进新兴产业发展的减税政策；加速推进职工基础养老金全国统筹，完善国有资本划转补充政策，缓解养老保险基金缺口地区的财政压力；规范清理政府基金、行政事业、金融收费，全面落实收费目录清单制度。五是充分发挥财税政策对产业发展的引导作用，落实供给侧结构性改革的去产能任务。完善和落实化解过剩产能的税收政策，推进“绿色税制”建设；找准财政政策的施力点，合理制定“僵尸企业”处置政策，采用市场化方式倒逼落后产能退出。

台盟中央还提交了题为《以科技创新助推供给侧改革，引领中国经济新起航》的书面发言。发言提出，通过科技创新可以有效地提升全要素生产率，创造新供给、释放新需求，助力供给侧结构性改革。发言建议：一是推进产业链融合创新，促进产业转型升级。利用信息技术改造传统产业，促进工业全产业链、全价值链信息交互和智能协作；提升“基础材料、基础零部件、基础工艺、基础制造装备”等基础性的研发、设计和制造能力，通过应用新能源；以市场为导向，强化企业创新主导地位，让科技创新坐上企业发展的“头把交椅”。二是促进科技与市场紧密结合，培育战略性新兴产业。增加关键技术供给，提高基础性技术专利数量；把科技攻关与市场开发紧密结合，推动技术与资本等要素的结合，加快科技成果转化；壮大科技创新主体，加快培育新动能，多措并举扩大科技企业总量，推进科技型中小企业快速发展。三是提高政府公共服务水平，优化创新生态环境。通过体制改革和制度创新，破除束缚科技创新的体制机制障碍，激发各类主体创新活力和潜能；深入实施国家知识产权战略，深化知识产权重点领域改革，建立完善的知识产权保护机制。四是大力发展科技服务业，推动科技成果转化。构建技术咨询、经纪机构、技术转移、技术评估、科技金融、孵化器等种类齐全、形式多样、专业化程度高的科技服务中介机构体系；大力发展科技金融服务，改革创新投融资体制，建立多元化资金投入体系，发挥科技金融在产、学、研、用各个环节的作用。

此外，台盟中央还提交了题为《大力推进智慧农业发展，深化农业供给侧结构性改革》的书面发言。发言围绕进一步推进智慧农业建设提出几点建议：一是关于政策规划方面。做好顶层设计，制定我国智慧农业发展战略；优先布局，推动落实农业农村信息化基础设施建设；实施智慧农业重点工程，积极创新规模企业、专业合作组织与农户的利益联结机制和方式，通过发展“订单农业”等方式，为智慧农业集约化发展奠定基础。二是关于技术应用方面。如物联网技术应用。可组建无线传感器网络，开发智能农业应用系统，对空气、土壤、作物生长状态等数据进行实时采集和分析，系统规划农业产业园分布、合理选配农作物品种、在线疾病识别和治理、科学指导生态轮作。再如，云计算技术应用。云数据中心可以处理来源于企业级、市县级的数据，存储和处理例如气象数据、灾情预测诊断及应急反应、农业资源的评估与管理、作物长势预测与估产等数据。三是关于财政金融方面。建议加快土地流转和承包权法律支持，完善土地流转机制；加大财政扶持力度，建立财政部门、税收部门与农业部门的财税支持协调机制，加大各项政策资源整合力度和协同支持力度；积极稳妥地开展信贷创新，推动土地承包经营权等新型贷款方式。

（3）全国政协十二届常委会第二十一次会议

全国政协十二届常委会第二十一次会议上，郑建闽委员代表台盟中央作了题为《进一步加大教育扶贫力度，阻断贫困代际传递风险》的发言。发言提出，让贫困地区的孩子们接受良好教育，是扶贫开发的重要任务，也是阻断贫困代际传递的重要途径。为此，发言建议，按照总书记关于深度贫困地区脱贫攻坚重要讲话精神和国务院《关于实施教育扶贫工程的意见》要求，继续加大教育扶贫力度，充分发挥其在精准扶贫中的基础性、带动性作用。一是切实改善贫困地区办学条件，建设安全、方便、完善的校园环境。进一步调整优化农村中小学布局，实施农村义务教育薄弱学校改造计划，在翻新校舍的同时，合理增添文体设施；新建和完善一批农村寄宿制学校，改善偏远村落学生住宿和食堂条件，让学生住得下、吃得饱。二是提高农村教师队伍的整体素质，提升学校软实力。建立城区优质学校与农村学校支援协作机制；不断加强农村教师专业技能培训；推广远程教学，请优质学校教师通过远程教学给农村师生上课辅导。三是高度重视“职教扶贫”，帮助贫困学生成才。在连片贫困地区招收农村贫困户、低保户和低收入户家庭应届初中毕业生，就读中高职一体化学校时，适当减免学费。四是加大就业辅导和创业支持力度，提高创业就业能力。建立政府、学校相结合的就业指导和跟踪服务体系，保障贫困学生稳定就业；将接收贫困地区职业学校学生实训、实习纳入国有企业的精准扶贫攻坚计划，鼓励和增强国有企业与贫困地区职业学校的合作；开展以高山贫困地区乡村旅游开发和旅游产品营销为主的创业培训，积极培养乡村旅游带头人；鼓励农村扶贫对象创办微型企业，加大政府无偿资助力度；建立扶贫创业基金，打造返乡农民工扶贫创业园和大学生村官创业示范村；加大政府购买培训服务力度，调动各类培训主体开展订单、定向、岗前等形式多样的劳动技能培训。

（4）全国政协“坚定文化自信，讲好中国故事”专题协商会

全国政协“坚定文化自信，讲好中国故事”专题协商会上，胡有清委员代表台盟中央作了题为《用优秀的影视作品讲好中国故事》的发言。发言提出，影响我国影视作品文化传播力的原因主要有：一是原创能力不足。对于生动丰富的现实社会生活中的中国故事缺乏有力的反映，而且对于浩繁博大的民族文化遗产中的中国故事也尚欠深入的开掘。二是过度追求娱乐化，思想内涵正能量不足。一些影片在张扬主流价值观、传播中国精神方面底气不足，嗓门不大。三是片面追求商业利益，急功近利，粗制滥造。有的战争题材影视作品情节严重脱离生活，有的影视作品过度依赖大牌明星和“小鲜肉”，有的影视作品炫富摆阔，搜奇猎艳等。这些问题的存在，严重制约了中国影视作品质量的提高和讲述中国故事的效果。为了发挥影视艺术的特殊优势，讲好中国故事，传播中国文化，急需提振影视行业的士气，弥补影视生产存在的不足。为此，发言建议：一是抓好选题与剧本创作。建立和不断丰富中国故事题材素材库，拓宽创作思路；建立重点题材招标制度，吸引优秀创作队伍参与；完善原创剧本的研讨与发表平台，助推提高作品质量，方便制作单位发现和认购；加大力度对优秀影视作品进行宣传与奖励。二是进一步加强创作队伍建设，激发影视作品创作活力。对于周期长、经济投入多的重点题材创作，加大财力支持；可对青年剧本创作者给予免税优惠，对青年电影制作项目申请发放一定制作基金，尝试建立青年原创作品试映机制。三是重点支持具有正能量传播效应的

影视文化作品走进院线和卫视平台。优先安排主流影片排片；对影院放映弘扬社会主义核心价值观的优秀影片的公益场次做出明确规定，纳入相关考核体系。四是重视海外受众特点，改进影视作品的表达方式和传播方式。推动国内视频网站在海外推广中国影视作品，并积极采集国外观众对中国影视作品的评价，为国内的制片、发行工作提供准确的反馈意见。

（5）全国政协“构建‘亲’‘清’新型政商关系”专题协商会

全国政协“构建‘亲’‘清’新型政商关系”专题协商会上，李钺锋委员代表台盟中央做了题为《实施双向评价制度，促进政商良性互动》的书面发言。发言提出，政府部门与民营企业开展“双向评价”在一些地方已经产生了积极的成效。为进一步在全国范围内推广“双向评价”机制，建议从国家层面研究出台关于在政府部门和民营企业间建立双向评价制度的指导意见，对“双向评价”的指导思想、评价原则、评价对象、评价内容、评价程序和结果运用等进行顶层设计安排，以推动各省市根据自身实际制定出台相应的实施办法，切实为建立良好政商关系提供制度保障。发言建议：一是加强部门、团体间的联动协作。积极探索建立由各地党委、政府主要领导或分管领导牵头，纪检监察、统战部、工商联等部门参与的“双向评价”组织架构。二是科学安排“双向评价”的对象和内容。建议国家相关部门从宏观层面上制定评价的主要指标体系，可以根据被评议部门和单位的职责、职能、管理范围、服务对象等，从办事效率、服务态度、工作业绩及落实政策等方面对政府部门进行考评打分；从企业发展、合法经营、社会诚信、组织建设等方面对企业进行评价。三是创新评价手段和方法。积极探索引入研究机构、高校专家、行业协会等第三方评估力量，通过采用座谈交流、问卷调查等传统评价方法与大数据、互联网、云计算等新技术测评方法相结合，提高评价的专业化和科学化水平序。四是强化“双向评价”工作的相关保障。为“双向评价”制度的落实提供数据和信息保障，人力、物力和财力保障以及纪律保障，不仅要保障企业的知情权、参与权和监督权，而且要将“双向评价”工作经费纳入每年财政的预算安排，此外，纪检、监察部门也要对“双向评价”全过程进行跟踪监督，确保评价结果真实、公正、可信。五是发挥好评议结果的导向功能。促使存在问题的相关单位和民营企业严格追责、限期整改，给予评价较好的政府部门和优秀民营企业通报表彰，并作为提拔任用、评优评先等方面的重要考量，以更好地发挥其典型示范和激励辐射作用，进一步促进政商关系的良性互动。

（6）全国政协“无障碍环境建设”双周协商座谈会

6 月 8 日，台盟中央与全国政协社会和法制委员会共同主办了“无障碍环境建设”双周协商座谈会。全国政协主席俞正声主持会议并讲话。住房和城乡建设部、工业和信息化部、交通运输部等部委的负责同志出席会议并与委员互动交流。为了开好这次会议，台盟中央与全国政协社会和法制委员会组织联合调研组赴上海、北京开展了调研。座谈会上，台盟界别的王天戈、张泽熙、江利平、郑广台 4 位委员分别做了题为《将无障碍设施改造纳入精准扶贫工作范围》《提升社会无障碍设施供给能力》《补康复辅助器具产业发展短板，提高残疾人老年人生活质量》《完善现有信息无障碍服务环境，使所有人受益于信息无障碍》的发言，角度各异、建议务实，受到与会中央领导同志和各方面的高度肯定。

其中，张泽熙委员题为《提升社会无障碍设施供给能力》的发言提出，当下全国各地无障碍设施越建越多，但利用率并不高。表现在不系统、不配套、不实用。如车站售票大厅、部分银行网点等公共服务窗口单位有无障碍通道，但没有低柜服务台，残疾人够不着；有的办事部门有残疾人专用停车位，但车位与车位的间距不够，残疾人的轮椅仍然无法进出；等等。这些问题的存在给残疾人出行、办事带来了很大不便。为更好地解决无障碍设施的系统性、实用性问题，发言建议：一是开展无障碍环境建设宣传教育，引导全社会养成关注、支持、爱护无障碍设施的良好习惯。二是突出问题导向，尽早启动有关地方立法调研，加快制定省、市级“无障碍环境建设实施办法”和“无障碍设施使用和管理办法”，落实无障碍环境建设的标准规范，对侵占、损毁、挪用无障碍设施行为制定明确的处罚措施。三是重视无障碍环境建设的统一规划。党政机关、影剧院、图书馆、体育馆和银行、超市、停车场等与残疾人日常生活联系密切场所要实现无障碍区域性贯通。增加大中型城市无障碍公共汽车的投放量，增配满足残疾人需求的无障碍出租车。增设残疾人专用厕所、厕位和明显的专用标志。特别是要针对残障人士的身体特点，注重运用互联网技术、视频技术、北斗定位技术、语音智慧技术等实现精准高效服务，提升残障人士的生活品质。四是保持或适当增加县级以上人大代表、政协委员中的残疾人和残疾人工作者代表、委员比例，畅通参政议政渠道，为维护残疾人合法权益提供体制保障。将无障碍环境建设的主要指标列入各地文明城市与社会发展考核内容，探索开展“无障碍环境社区”“无障碍环境街道”创建工作，让无障碍环境成为城市的文明标签。

江利平委员题为《补康复辅助器具产业发展短板，提高残疾人老年人生活质量》的发言提出，近年来，我国康复辅助器具产业规模、产品种类、供给能力有了稳步提升，但也存在一些发展短板：一是残疾人康复辅具产业结构不合理，自主创新能力不强，一些中标企业未严格按标准提供产品，高端市场长期被国外产品占据；二是服务体系、支付保障制度不完善；三是相关人才和康复治疗人才相对匮乏，未能使器具发挥最大功效；四是相关宣传力度不够，未能充分调动社会各方面参与康复辅助器具产业建设和管理的积极性。为此，发言建议：一是以问题为导向，强化政府引导。加快制定康复辅助器具产业发展规划和康复辅助器具服务流程标准；研究出台国家层面分级分类康复辅助器具补贴政策，对已出台企业扶持政策落实情况进行检查；将贫困残疾人康复辅具纳入扶贫脱贫工作；探索在残疾人、老年人集中生活社区试点，配备康复辅助器具专业人员和护理人员，指导使用。二是规范市场主体，推进产业结构转型升级。加强康复辅助器具市场监管；鼓励和扶持相关企业融入“中国制造 2025”“互联网 +”、现代服务业发展进程，重视人工智能、虚拟现实等新技术在康复辅助器具产品中的集成应用；加强康复辅助器具品牌建设保护知识产权；加强国际交流合作，促进结构升级。三是重视康复治疗、服务人才队伍建设。加强康复治疗专业在高等教育中的比重，试点制定康复咨询、器具训练、肢体康复训练、心理疏导等细化培养方向；积极引导提供康复治疗服务就业岗位，促使更多相关人才向基层、贫困地区流动；向群众普及康复辅助器具使用方法，维修保养常识，使残疾人能获得大众的帮助。四是加强关爱残疾人宣传力度，鼓励社会各界关心、支持康复辅助器具产业发展。民政部门、残联要加强相关政策宣传，解读相关管理制度，及时掌握残疾人对康复辅助器具的需求、意见和建议；建立二手辅具的回收利用机制，规范从上门回收到集中消毒、整修投入二次使用的服务流程；鼓励社会团体、慈善机构、企业设立残疾人康复辅助器具公益项目，鼓励支持残疾人康复辅助器具志愿者组织开展公益活动。

郑广台委员题为《完善现有信息无障碍服务环境，使所有人受益于信息无障碍》的发言提出，目前信息无障碍建设工作中还存在很多薄弱环节，包括：我国信息无障碍法律法规立法内容较宏观，适用性与实操性不足；没有一套完备的信息无障碍建设标准；社会对信息无障碍建设的认知不足，等等。发言结合在广东开展的无障碍环境建设调研，对加强信息无障碍建设建议如下：一是完善信息无障碍建设法律法规体系。建议政府通过制定专门性法规，将《残疾人保障法》《老年人权益保障法》等基本法中与信息无障碍有关的规定进行细化与补充。二是制定鼓励和引导信息无障碍优化的政策。建议鼓励和引导各公共服务网站、公用企事业单位网站、商业网站、互联网企业等进行互联网产品信息无障碍优化。如通过委托专业机构测评的方式，对进行信息无障碍优化的互联网产品授予无障碍认证标志，形成示范效应，提升社会认知度；政府宣传推广在信息无障碍方面表现出色的各类网站等。三是完善现有的信息无障碍服务环境。如，完善公共交通导盲系统建设，引入“通用设计”理念，将公交导盲系统纳入城市智能公交系统并进行统筹和优化，同时形成公交导盲系统运转长效机制，建设、维护、管理等职责由城市公共交通行政管理部门统一负责，将导盲设备纳入公交车上路段“标配规范”，并将车载导盲终端机使用纳入司机岗位培训和盲人应用培训。再如，完善“无障碍电子地图”，建议联合经信部门与残联的力量，完善“无障碍电子地图”，为残疾人和行动不便的人群出行创造更好的条件，使他们能够走出家门。此外，推广信息无障碍产品应用。通过政府集中采购、应用示范工程、政府补贴或社会捐助等模式，面向部分低收入的视听力残疾人和孤寡老年人群体配备必要的通信设备和设施，使他们具备基本的无障碍信息交流和行动能力。

此外，一年来，叶惠丽、高美琴、骆沙鸣等台盟界别的委员还先后参与了全国政协其他双周协商座谈会，分别就“加强垃圾无害化处理”“重视学前教育”“营造风清气正的网络环境”“优化电子商务监管”等问题积极建言。

（四）社会服务

1. 扎实开展对口帮扶工作

积极投身毕节试验区和黔西南试验区的同心帮扶实践。继续完善“上下联动、横向联合”的工作机制，加大全盟资源力量的优化整合与合理协调。强化帮扶工作的协调科学性和计划性。3 月 20 日至 23 日，在广东珠海首次召开了台盟中央定点帮扶工作协调会。深入学习脱贫攻坚工作的最新会议精神，协商确定 2017 年全盟参与毕节、黔西南的各项帮扶计划，并在全盟各级地方组织的层面取得工作共识。

5 月 8 日至 10 日，全国政协常委、台盟中央副主席杨健率台盟中央社会服务部、台盟北京市委、台盟上海市委、台盟广东省委、台盟云南省委、台盟湖北省委、台盟武汉市委，赴贵州省赫章县开展聚力助推脱贫攻坚“六一慰问”捐赠活动。5 月 9 日上午，由中共赫章县委副书记、统战部部长刘军主持捐赠仪式，台盟中央、台盟上海市委、台盟广东省委、台盟湖北省委、台盟云南省委、台盟武汉市委在赫章援建了第二个“同心电教室”，向白果镇中心小学捐赠电脑40台；台盟中央向结构乡初级中学捐赠500册图书价值1万元；杨健副主席向赫章一中爱好文学的学生捐赠自己精心撰写的《邮票上的英国文学》和《邮票上的儿童诗歌》100册图书，并与获赠同学合影留念；台盟北京市委向赫章三小捐赠价值4.5万元电教显示设备和管理软件。会上，赫章县教育局局长刘宗贵介绍了赫章县的教学发展方向，赫章三小校长介绍了台盟中央去年援建“同心电教室”的使用和管理情况，中共赫章县委书记刘建平参加捐赠仪式并致辞。刘建平表示，多年来，台盟中央以海雀为起点，拉起了对口帮扶赫章的序幕。12年来，台盟中央聚全盟之力，倾情帮扶赫章，做了大量惠民生、促发展的工作，为助推赫章脱贫攻坚注入了强大动力。杨健指出，我们每一次的前行，都会真切地感受到赫章的发展与变化。在国家打赢脱贫攻坚战的大背景下，看到赫章教育提升和各方面发展进步，感到由衷的高兴，也希望尽其所能多为赫章做一些工作。这次受台盟中央林文漪主席的委托，台盟中央及各地方盟组织一同前往赫章，希望在去年的基础上再援建第二个“同心电教室”，让更多的同学掌握数字技术，走进信息时代。教育扶贫能让贫困地区的孩子掌握知识、改变命运、造福家庭，是最有效、最直接的精准扶贫。希望同学们珍惜时光，养成良好的阅读习惯，从书中汲取知识，拓展胸襟，时时勉励自己，敢于有梦，勇于追梦，勤于圆梦。9日下午，调研组一行前往白果镇中心小学实地考察台盟中央援建的“同心电教室”，听取了白果镇镇长周焱介绍白果镇的教育工作情况，白果镇中心小学校长陈润英汇报电教室的使用及管理情况，独山小学校长史洪富介绍学校基本情况，并与学校老师进行座谈交流。中共毕节市委常委、统战部部长张欣，副部长张玉杰，中共赫章县委副书记、县长胡海以及北京、上海、广东、湖北、云南盟组织参加捐赠活动。

7月17日上午，台盟中央社会服务部、北京青年政治学院、台盟北京市委共同举办的2017年“筑梦师者”骨干教师培训班在北京开班。来自贵州省赫章县、黔西南州以及福建省平和县的50名骨干教师参加本次培训。全国政协常委、台盟中央副主席杨健，北京青年政治学院党委副书记、北京市团校副校长高世英，台盟北京市委副主委蔡勉，中共黔西南州政协副主席、州委统战部常务副部长蒋静，中共赫章县统战部部长刘军等出席。在开班式致辞中，杨健向承办此次活动的北京青年政治学院对台盟中央社会服务工作的支持表示感谢。杨健表示，此次培训内容丰富充实，具有很强的针对性和实用性。为本次培训班授课的教师都是在教育教学方面颇有造诣、独有建树的专家，通过授课，对学员提高自身综合素质和业务技能水平会大有帮助。他对参训学员提出了两点希望：一是希望学员们认真学习，既向老师学习，又要互相学习，力求学得更多一点，更深一点，更好一点；二是希望学员们坚持学以致用，以学促思，不断提升能力素质和业务水平，努力成为教育教学的业务骨干和中坚力量。台盟中央社会服务部副部长张骏，中共赫章县委常委、副县长鲁予诺，中共赫章县统战部副部长王琳参加开班式。

8月24日至30日，台盟中央“筑梦医者”乡镇医师培训班在安徽省合肥市举办。培训班由台盟中央社会服务部和安徽医科大学主办，由台盟安徽总支和安徽医科大学第一附属医院具体承办。学员包括毕节赫章县、黔西南州的乡镇卫生院的基层医师30名，安徽蒙城县乡村卫生室乡村医生10名。24日上午培训班在梅山饭店正式开班。全国政协常委、台盟中央副主席杨健出席开班仪式并讲话，中共安徽省委统战部副部长程小俊、安徽医科大学党委书记李俊、台盟中央社会服务部部长蔡国斌、安徽台盟总支主委陈清海、安徽医科大学第一附属医院党委书记梁朝朝等领导出席了开班仪式。杨健指出，因病致贫是贫困地区最具代表性的致贫原因之一，严重制约了贫困群众自力更生、如期脱贫目标的实现。长期以来，台盟中央高度重视健康扶贫工作，举办这样的培训班，旨在通过盟内外资源力量的整合，协助贫困地区进一步提升乡镇医务工作者的专业能力与素质，为促进基层医疗卫生事业发展做出应有的贡献。李俊代表安徽医科大学及第一附属医院，对各位学员的到来表示热烈欢迎，他介绍了安医大及第一附属医院近年来的发展概况，并希望大陆及台湾地区各位授课老师，精心准备、认真完成教学课程，高质量地完成本次培训任务。“筑梦医者”乡镇医师培训班是台盟中央开展健康扶贫的重点品牌项目。本次学习课程安排得非常丰富，考虑到基层卫生医疗工作的特点，安排了关于高血压社区管理、急性心衰的诊断和治疗、心肺复苏技能培训、常见皮肤病、糖尿病的诊治和糖尿病健康教育、在台湾如何治疗儿科常见病等20个课程内容。台湾胡忠玄医师还做了自己在台湾怎样做一名基层医师的专题讲座。学员们认真完成了教学计划，其间，还参观了即将开诊的第一附属医院高新分院。29日晚学员们参加了台盟安徽总支、安徽省台联举办的两岸医师交流联欢活动。30日下午，举办结业仪式。台盟安徽总支副主委、安徽医科大学一附院心脏外科主任医师林敏主持结业式。台盟中央社会服务部扶贫工作处处长田靖、台盟安徽总支副主委林敏、安徽医科大学党委统战部部长顾秀平等出席结业仪式并向学员颁发了结业证书。

10月9日至15日，由台盟中央主办，台盟浙江省委、中共义乌市委统战部和义乌工商职业技术学院协办的2017年“筑梦乡村”行政管理干部培训班在浙江省义乌市举办。全国政协常委、台盟中央副主席杨健出席开班仪式并作讲话。杨健在讲话中指出，中共十八大以来，台盟认真贯彻以习近平同志为核心中共中央关于打赢脱贫攻坚战的重大部署，把参与脱贫攻坚作为一项重大责任，一项光荣使命。举办这次“筑梦乡村”行政管理干部培训，是台盟中央为助力贫困地区拓宽发展思路、如期打赢脱贫攻坚战的新举措。县乡两级行政管理干部是脱贫攻坚队伍的重要力量，拓宽发展思路，转变发展思维，提升发展能力，是打赢脱贫攻坚战的重要人力基础。他强调，义乌是中国经济发展的一个奇迹，学员要坚持问题导向，学思结合，通过切身感受义乌人的艰苦奋斗精神、先进经济发展观念和科学的社会治理模式，把义乌精神、义乌经验、义乌模式学在深处，用在实处，为贫困地区的产业扶贫和致富脱贫提供更多可供借鉴的经验和思路。本次培训班是台盟中央第一次组织的地方行政管理干部培训班。60余名培训学员均为来自贵州、甘肃、云南、海南、陕西、浙江六省的奋战在脱贫攻坚一线的县乡两级行政管理干部。培训班通过邀请阿里巴巴集团高级智囊、融伍集团企业老总、北京交大的知名旅游专家、义乌工商职业技术学院优秀创业导师、义乌市优秀党支部书记组成培训师资团队，采取专题讲座、现场教学、沙龙研讨相结合的培训方式，以数字经济、新媒体运用、乡村旅游建设、农村电商、新农村治理为专题讲座内容，选取了中国网店第一村——青岩刘、世界小商品之都——义乌国际商贸城以及义乌乡村治理模范何斯路三个村作为教学点，目的就是让学员多学一点、多看一点，全方位地了解义乌发展精神、义乌发展经验、义乌发展模式。中共甘肃省委统战部副部长万泽刚，台盟中央社会服务部原部长蔡国斌，台盟中央社会服务部副部长张骏，义乌工商职业技术学院党委书记王振洪，中央统战部一局调研员陆红艳，台盟浙江省委秘书长陶骏，义乌工商职业技术学院副院长王建新，中共浙江省委统战部干部陈云亮，中共义乌市委常委、统战部部长董利明，中共赫章县委副书记、统战部部长刘军，中共义乌市委常委副部长方良荣等领导参加培训相关活动。

2. 统筹推进社会帮扶工作

助力台盟吉林省委做好产业扶贫。1 月 13 日，邀请北京的企业家赴台盟吉林省委帮扶点大安市烧锅镇新兴村开展产业帮扶活动。台盟中央、台盟吉林省委向新兴村捐赠产业扶持资金 10 万元，用于帮助新兴村贫困户成立笤帚捆扎产业合作社，通过“贫困户 + 合作社 + 企业”的模式，发展笤帚捆扎产业。

助力台盟海南省委定点帮扶工作开展。2 月 8 日，邀请企业家赴台盟海南省委联系帮扶点陵水县本号镇白石村开展帮扶调研工作，协调企业家为白石村捐赠 10 万元设立产业帮扶资金，提升村民致富造血功能。8 月 26 日至 30 日，台盟中央再次到台盟海南省委对口帮扶的陵水县白石村，向该村捐助教育帮扶资金 6 万元，资助学龄儿童减轻贫困家庭教育负担。

助力台盟湖北省委定点帮扶工作。4 月 10 日至 14 日，台盟中央赴湖北省开展帮扶调研，向台盟湖北省委的帮扶点十堰市西沟乡捐赠产业帮扶资金 5 万元，实地调研了恩施州宣恩县的大数据扶贫进展情况。并与武汉市万松街青年社区的因失独、残疾、重症而导致贫困的农民工家庭和孤寡老人进行互动交流，向他们作了“圆梦微心愿”的物资捐赠。

助力台盟南宁支部继续实施网校帮扶项目。5 月 25 日至 27 日，赴广西南宁市马山县合作中学进行网校建设捐赠活动并与学校老师座谈交流，争取帮助更多的寒门学子走出大山、有所作为。

3. 积极支持盟员岗位建功

引导支持盟员在本职岗位上勤于工作、勇于创新、甘于奉献。重点推出了从事新能源科技研发、医疗卫生服务、基层社会管理等行业的青年盟员事迹，作为台湾同胞在祖国大陆成长成才的典型，多家媒体予以宣传报道，取得了很好效果。

（五）对台工作

一年来，全盟落实习近平总书记关于两岸关系发展的六点意见，坚持“九二共识”、坚决反对“台独”分裂势力及其活动，在对台工作中突出“专、精、深、久”的思路和亲情乡情优势，注重从“心”出发、以情感人。

1. 播种两岸同胞心灵契合的种子，着力开展两岸青年主题体验式活动

丁酉新春之际，林文漪主席、杨健副主席与北大、清华、人大等十余所高校的在京台生进行亲切交流，详细听取了在京学生在大陆生活学习方面、就业创业方面以及台生权益保护方面的想法、困难及建议，并表示，将密切关注和竭力解决台湾青年在大陆发展中所遇到的问题。座谈会后，根据台生所提出的现状和问题，在全国八省市开展关于

台湾青年学生在大陆生活和发展状况的调研活动。

以助力两岸青年就业创业为主题，8月第三次在大江论坛这一两岸特色交流平台上设置两岸青年主题活动，包括主论坛开幕式、主题演讲、两岸青年成长创业论坛、两岸养老与健康产业论坛、两岸青年“七夕”联欢晚会、两岸青年企业家沙龙等活动。台盟中央副主席苏辉、副主席杨建出席主论坛开幕式，苏辉致欢迎词并宣布论坛开幕。台盟中央常务副主席黄志贤出席两岸青年成长创业论坛并致欢迎词。台盟中央副主席杨建出席两岸养老与健康产业论坛并致欢迎词。两岸青年成长创业发展论坛延续了第三届大江论坛所采取的“创业大赛＋主旨演讲＋主题沙龙＋联欢晚会”的“四位一体“模式，为两岸青年成为好朋友、好伙伴牵线搭桥。论坛上，“创业”成为两岸青年在论坛期间交流的高频热词，“融合”成为台湾青年总结在大陆成长、发展经验时的最大共识，“机会”成为台湾青年面对大陆经济发展和社会转型的突出感受。结合盟内外资源，2月在福建省永福镇设立“台湾青年产业融合创业示范基地”，林文漪主席、福建省委统战部部长雷春美亲自为基地揭牌，助力两岸青年融合发展，希望在闽的青年二代、三代台商继续扎根大陆，为两岸经济融合发展注入新活力。应台湾青年企业家要求，举办台湾青年国情区情培训班。3月底，来自台湾、北京、南京、深圳、重庆、珠海、福建漳平等地的近40名台湾青年企业家积极报名参加在上海行政学院举办的第二届培训班。围绕“两个一百年”“一带一路”“两岸经济合作”和“青年创业与青年干部培养”等主题，采取课堂教学与实地参观学习相结合的形式进行培训。杨健副主席出席开班式，吴国祯副主席全程参与培训班活动。通过高水平教学和乡情亲情式接触，培训班不仅实现了帮助台湾青年了解国情、区情的目的，还通过两岸同胞情感的融合，进一步夯实了维护两岸关系和平发展的民意基础，为实现中华民族伟大复兴的“中国梦”凝聚起更多力量。

以助力文化认同、心灵契合为主题，台盟中央与福建、北京、浙江、陕西、广东等地方组织联动，依托地域特色文化，举办台湾青年中华文化研习营系列活动，包括海峡两岸乡土文化研习营（福建）、京台文化研习营（北京）、汉唐文化研习营（陕西）、岭南文化研习营（广东）、海派文化研习营（上海）、民族文化研习营（云南）等；与辽宁、广东等地方组织联动，举办两岸青少年（中学生）足球友谊赛及小学生排球邀请赛，并邀请台湾媒体全程跟踪报导；与福建、海南等地方组织联动，在海峡论坛、海峡两岸船政文化研讨会、海峡两岸休闲农业（海南）研讨会等一系列已形成品牌特色的交流活动中，增设青年文化体验、农业创业等各种贴近新世代、更加接地气的主题环节，使两岸青年在互动参与中增进心灵契合。

2. 厚植两岸同胞心灵契合的土壤，着力加强与台胞代表性人士的交流

秉承“专、精、深、久”的工作方针，持续深化与台湾医师界、统派团体、中小企业界、少数民族及海外台胞团体等重点台胞团组的联络交往，与一批影响力强的台胞代表性人士建立了深厚感情，支持他们参访、办学、投资、兴业，参与祖国发展建设。

春节前夕，林文漪主席、杨健副主席走访在京台资企业北京紫玉山庄，调研台资企业发展情况，并与香港恒丰集团主席、北京紫玉山庄房地产开发有限公司董事长黄紫玉女士，威盛集团副总裁、中国区行政长徐涛先生，中华海外联谊会副会长、北京育青食品开发有限公司董事长黄梅邨先生等在京知名台资企业代表人士，就继续促进两岸经贸

文化交流，助力台资企业在大陆发展等议题座谈交流。

持续与台湾中南部有较大影响力的民间专业人士团体——台南医师公会开展联络交流，组织他们与祖国大陆医生一起，深入安徽等中西部地区、红色老区开展义诊活动，结合医疗咨询及基层医务人员培训，促进两岸医疗卫生事业交流合作，增进两岸医师之间的情感及专业交流，使台湾医师切身感受到祖国大陆的经济社会发展成果。

3. 营造两岸同胞心灵契合的良好氛围，着力突出台盟宣传特色

一方面，以重大纪念日为契机，在台湾人民“二二八”起义、台湾光复等重要时间节点，举办纪念宣传活动，还原两岸同根的历史真相，驳斥混淆视听的“台独”史观。另一方面，汲取盟史深厚滋养，出版台盟先辈专题图书，用台盟人物讲好两岸故事，传播台湾同胞始终与祖国同呼吸、共命运的两岸“好声音”。此外，以台海出版社为平台，推进中华文化进校园等工作，在台北举办《台湾府志》复刻版推介会，并赠送该套图书给台湾文化界人士及 70 余所图书馆典藏，向海峡两岸的广大读者提供了了解、研究台湾历史和台湾与祖国关系的一份原汁原味的珍贵史料。

4. 夯实两岸同胞心灵契合的基础，着力开展台湾民情研究

立足亲情乡情优势，充分运用对台联络平台收集台胞意见，网络交流平台及时反映岛内动态，涉台会商研判机制共享台情研究资讯。调研形成的关于推动两岸青年融合发展等台情专报，得到中央领导同志的高度重视，为开展对台工作提供了重要的政策参考。

三、自身建设

截至 2017 年 12 月底，共有地方组织 39 个，其中包括省级组织 14 个，省辖市级组织 25 个。基层组织 123 个，其中总支 10 个，支部 102 个。全年新加入成员 115 人。成员总数 3218 人，其中女成员 1644 人。平均年龄 50.5 岁。离退休 1052 人。

界别特色，高校 227 人，百分比 7.1%；普教 288 人，百分比 8.9%；科技界 176 人，百分比 5.5%；文化艺术 58 人，百分比 1.8%；公有制经济 681 人，百分比 21.2%；新社会阶层 635 人，百分比 19.7%；医药卫生 349 人，百分比 10.8%；出版传媒 42 人，百分比 1.3%；机关团体及其他 762 人，百分比 23.7%。

担任各级人大代表的共有 111 人，其中全国人大常委会副委员长、委员、专职副秘书长及专委会主任副主任、人大代表 15 人，省级人大常委会副主任、委员、专职副秘书长及专委会主任副主任、人大代表 31 人，市地级人大常委会副主任、委员、人大代表 48 人，县市区级人大常委会副主任、委员、人大代表 17 人。

担任各级政协委员的共有 539 人，其中全国政协副主席、常委、专职副秘书长及专委会主任副主任、政协委员 30 人，省级政协副主席、常委、专职副秘书长及专委会主任副主任、政协委员 125 人，市地级政协副主席、常委、政协委员 236 人，县市区级政协副主席、常委、政协委员 148 人。

担任地方政府及司法机关领导职务的，有省级 1 人，厅局级 2 人。

成员学历中有大本以上学历的占 58.6%；有中级、高级职称的占 39.3%。

（一）以传承政治薪火为根本，思想建设引领有力

2017年是中共十九大胜利召开之年，也是台盟省级组织和中央换届之年，为深化政治交接，继承优良传统，凝心聚力，为中共十九大和台盟十大胜利召开营造良好氛围，为将坚持和发展中国特色社会主义学习实践活动不断引向深入，1月在重庆组织召开了台盟中央“不忘合作初心，继续携手前进”专题教育推动会，台盟中央常务副主席黄志贤出席并讲话，对在全盟开展“不忘合作初心，继续携手前进”专题教育做出部署。台盟中央相关部门先后赴吉林、陕西、江西、北京、天津、成都开展专题教育宣讲和走访调研，了解了各地开展专题教育所形成的经验和收获。

台盟各级组织以认真学习贯彻中共十九大精神为引领，扎实开展坚持和发展中国特色社会主义学习实践活动，将学习贯彻习近平新时代中国特色社会主义思想与“不忘合作初心，继续携手前进”专题教育紧密结合，进一步增强了全盟走中国特色社会主义政治发展道路的自觉性和坚定性。同时，注重突出盟史教育特色，出版台盟历史系列丛书、台湾历史系列丛书、台湾同胞抗日丛书等，为弘扬老一辈的坚定政治信念和光荣爱国爱乡传统发挥了重要作用。

（二）以提升履职能力为重点，组织建设推进有力

着力深化政治交接。强化工作指导、严明政策纪律，台盟中央与地方组织换届工作圆满完成，顺利实现了新老交替。着力强化基层组织。7月27日，台盟江西省委筹委会成立，成为台盟第14个省级组织。全盟已在全国19个省、直辖市、自治区建立了组织。着力打造人才队伍。以青年盟员为重点，在全盟范围内开展了多层次、广覆盖、多批次的骨干盟员培训，着力加强盟史及参政能力等方面的教育和培养，为全盟参政履职打下坚实基础。

其中，5月16日至17日，全国政协常委、台盟中央常务副主席黄志贤率队赴辽宁省、吉林省调研两省台盟省级组织换届工作筹备情况。在辽宁调研期间，黄志贤常务副主席与台盟辽宁省委主委王松、大连市委领导班子成员及机关工作人员进行了座谈。座谈会上，王松介绍了台盟辽宁省委换届工作筹备情况，强调台盟辽宁省委将坚决按照台盟中央对省级组织换届工作的部署，抓紧各项工作，保证换届工作顺利完成；台盟大连市委有关同志就大连市委换届工作及新一届盟市委工作开展情况进行了汇报。在与台盟吉林省委领导班子及机关干部座谈期间，台盟吉林省委主委王天戈、副主委孔令智分别汇报了吉林省委会换届工作筹备情况及组织建设、盟员发展情况，表示换届工作是今年台盟吉林省委工作的重中之重，将全力以赴完成换届工作任务。黄志贤对台盟辽宁省委、吉林省委换届筹备工作给予了充分肯定。他指出，台盟中央对省级组织换届工作高度重视，台盟辽宁、吉林省委应充分总结市级组织换届工作经验，在中共辽宁、吉林省委统战部的指导下，以换届工作纪律为准绳，全力以赴做好换届工作，深化政治交接，传承台盟组织的优良传统，凝心聚力，为辽宁、吉林两省的经济社会发展贡献力量。座谈中，黄志贤对台盟辽宁省委、吉林省委、大连市委机关干部勤勉务实、认真负责的工作作风给予了肯定，指出台盟地方组织机关编制普遍较少，人员紧张，取得今天的成绩实属不易，

勉励大家继续做好本职工作，发扬吃苦耐劳精神，做好省级组织换届的服务工作。调研期间，黄志贤还分别会见了中共辽宁省委常委、统战部部长范继英，常务副部长马辉和中共吉林省委常委、统战部部长姜育莹，副部长杜红旗。黄志贤对辽宁、吉林省委统战部多年来给予台盟工作的关心和支持表示感谢，并就换届工作交换了意见。台盟中央办公厅主任冉永进陪同参加。

7月25日至7月27日，全国政协常委、台盟中央常务副主席黄志贤率台盟中央调研组一行深入台盟南京市委、台盟江西省委筹委会，与地方组织领导班子成员、盟员骨干、青年盟员、盟内老同志及机关干部等座谈交流，征求对台盟十大工作报告及盟章修改工作的意见建议，与大家在交流中交心，在凝心中聚力。7月26日，黄志贤一行与台盟南京市委新老班子成员、盟员代表围坐一起，听取他们对台盟十大工作报告起草、盟章修改工作以及台盟中央今后五年工作的意见建议。座谈中，台盟中央组织部副部长陈勇、研究室主任助理马宇鹏先后就盟章修改和台盟中央五年来参政履职情况作了介绍。盟员们充分肯定台盟九大以来各项工作所取得的显著成绩，并围绕座谈主题，各抒己见、积极建言。黄志贤指出，台盟中央五年来取得的所有成绩凝聚着全盟各级组织和广大盟员以及机关干部的智慧和汗水。同时，希望大家以高度的政治责任感，深入抓理论学习、统筹抓工作谋划、重视抓团结合作，传承台盟优良传统，加强“五种能力”建设，不断提高中国特色社会主义参政党建设水平。7月27日，台盟江西省委筹委会成立大会刚刚闭幕。黄志贤一行就来到台盟江西省委筹委会领导班子和盟员中间，征求他们对台盟十大工作报告起草、盟章修改以及台盟中央今后五年工作的意见建议。座谈中，盟员们对台盟中央深入地方组织面对面征求意见的求真务实作风表示赞赏，认为这是台盟中央凝聚全盟合力的具体体现。黄志贤感谢大家为推进台盟事业发展提出的意见建议，表示将认真研究总结、梳理吸纳，将大家的智慧和心血融入台盟十大工作报告和盟章之中。调研中，黄志贤指出，今年是中共十九大召开的重要之年。对于与中国共产党同心合作、携手前进的台盟来说，也是成立70周年、召开台盟十大的喜事之年。开好台盟十大，进一步团结凝聚全体盟员及机关干部，巩固共同思想政治基础，深化政治交接，总结过去五年工作，谋划今后一个时期工作，对台盟事业的薪火相传具有十分重要的意义。台盟中央此次深入各地方组织开展专题调研，是希望倾听来自基层一线、来自盟员及机关干部的意见建议，努力把工作报告起草和盟章修改工作，转化为统一思想、凝心聚力的过程，从而集全盟之智、举全盟之力服务台盟十大的召开。在宁、赣期间，黄志贤分别会见了中共南京市委常委、市委统战部部长陈勇，中共江西省委常委、省委统战部部长陈兴超和江西省台办主任邓保生。台盟中央参事室主任孙南雄，台盟南京市委主委邹振球、原主委胡有清，台盟江西省委筹委会主委曾鲁台等参加座谈。

8月1日至5日，全国政协常委、台盟中央副主席杨健率调研组一行，接连赴贵阳、云南、南宁、湖北等地方组织，征求对十大报告起草及盟章修改的意见建议。相关地方组织领导班子成员、盟员骨干、青年盟员、盟内老同志及机关干部等参加座谈，与调研组进行了热烈的交流讨论。杨健在各地调研过程中表示，此次调研的目的主要是：用心报告工作，向大家介绍台盟中央五年来的主要工作思路，让大家对全盟工作有一个总体了解和把握，以达到鼓劲加油、振奋信心的目的；诚心听取意见，努力把报告起草及盟章修改工作，转化为统一思想、凝心聚力的过程；虚心交流学习，将大家的智慧和心血融入十大报告及盟章修改之中，集全盟之智、举全盟之力服务台盟十大的召开。在贵阳、南宁等地，杨健对当地盟组织在机构、人员困难的情况下，依然以高度的政治责任感，积极参政履职、发挥作用，表示充分肯定。在云南、湖北等地，杨健对当地盟组织结合自身实际，开展对台联络交流、青年盟员培训等方面的特色亮点工作，给予了高度赞赏。杨健表示，十大报告起草及盟章修改，将吸收各地方盟组织的生动履职实践，更好地总结过去工作，并对今后一个时期的工作做出谋划，推动台盟事业薪火相传。台盟湖北省委主委江利平，台盟云南省委主委杨晓红、原主委郑凡，台盟南宁支部主委张小庆，台盟贵阳支部主委黄学军等参加座谈。台盟中央台情研究委员会主任、盟章修改小组成员郑世凯，台盟中央社会服务部副部长张骏参加调研。

8 月 2 日至 4 日，全国政协常委、台盟中央常务副主席黄志贤率台盟中央调研组一行先后赴台盟上海市委、台盟安徽总支，听取地方组织对台盟十大工作报告及盟章修改工作意见建议，面对面与盟员座谈交流，聚合力做好台盟十大召开准备工作。8 月 3 日，黄志贤一行来到台盟上海市委机关，与盟员骨干、青年盟员、盟内老同志及机关干部座谈交流，听取他们对台盟十大工作报告起草、盟章修改工作以及台盟中央今后五年工作的意见建议。为了更加全面深入地听取意见建议，座谈会将更多时间留给了盟员代表发言。在近三个小时的交流座谈中，与会盟员代表围绕台盟事业话发展，着眼盟务工作谈建议，结合自身实际聊感想，充分肯定台盟九大以来各项工作所取得的显著成绩，积极建言台盟中央今后五年的工作思路与举措。黄志贤表示大家的发言饱含着对台盟的深情与责任，将认真研究梳理，加以转化运用。8 月 4 日，黄志贤一行又深入台盟安徽总支，征求对台盟十大工作报告起草、盟章修改以及台盟中央今后五年工作的意见建议。座谈中，黄志贤对盟员骨干、青年盟员、盟内老同志提出的意见建议听得仔细、记得认真，并不时与他们讨论交流，在盘点发展中总结经验体会，在亮点工作中再谋提升之策。黄志贤充分肯定台盟安徽总支的各项工作，并希望再接再厉，取得更好的成绩。在皖期间，黄志贤还会见了中共安徽省委常委、统战部部长刘莉。

台盟中央参政议政工作委员会主任王中、台盟中央妇女工作委员会主任高美琴、台盟上海市委主委李碧影、台盟安徽总支主委陈清海等参加座谈。台盟中央组织部副部长陈勇参加调研。

8 月 11 日，全国政协常委、台盟中央常务副主席黄志贤率台盟中央调研组一行在重庆召开专题调研座谈会，征求台盟重庆市委、陕西省委和成都支部对台盟十大工作报告起草及盟章修改工作的意见建议。座谈会上，重庆、陕西、成都等地方组织负责人以及盟员代表，围绕台盟十大工作报告起草、盟章修改以及台盟中央今后五年工作畅谈建议与体会，并充分肯定了台盟九大以来各项工作取得的显著成绩。在与大家讨论交流时，黄志贤指出，大家以高度的政治责任感，将对台盟事业的热爱寓于合理可行的建议之中，对全面总结五年工作、谋划今后一个时期的工作提供了重要参考，集中展现了全盟心往一处想、劲往一处使的大局意识与良好精神风貌。调研中，黄志贤还专门安排了与青年盟员、机关干部进行谈心交流，倾听所思所想，了解他们参政履职、本职工作与学习生活情况，鼓励他们参政有成、岗位建功，取得更大的成绩。在渝期间，黄志贤会见了中共重庆市委常委、统战部部长陶长海。台盟中央组织部副部长陈勇主持会议、研究室主任助理马宇鹏参加调研。台盟重庆市委主委李钺峰、陕西省委主委王二虎、成都支部主委潘裕萍等参加座谈。

8月中上旬，全国政协常委、台盟中央副主席杨健率调研组一行先后赴吉林、辽宁、天津、北京等地方组织，征求对台盟十大报告起草及盟章修改的意见建议。在各地举行的座谈会上，杨健向与会同志介绍了台盟中央五年来开展的重点工作和台盟十大报告起草的相关情况。各地方组织的主要负责人、盟内老同志及骨干盟员对过去五年台盟中央开展的工作和取得成绩给予高度赞扬。他们认为，过去五年台盟中央参政党能力建设取得长足进步，参政履职能力得到显著提升，“上下联动、横向联合”的工作机制得到广泛认同，全盟上下形成了台盟中央引领、各地方组织参与，共同推动参政议政、对台联络和社会服务等各项工作协同进步的生动局面。结合与会同志的发言，杨健表示，在过去的五年，各地方组织结合自身特点，打造出一批亮点突出的品牌特色活动，为台盟中央各项工作的完成提供了有力支撑。大家的发言，对完成好台盟十大报告和盟章修改工作帮助很大，调研组将对所有意见建议进行认真梳理，并予以转化吸收。台盟中央副秘书长、研究室主任宋焱陪同调研。台盟中央常委、辽宁省政协副主席王松，台盟中央常委、生态与环境资源保护工作委员会主任王天戈，台盟中央常委、妇女工作委员会副主任叶惠丽，台盟吉林省委主委孔令智，台盟辽宁省委主委胡军，台盟天津市委主委刘朝霞，台盟北京市委主委陈军，以及部分盟内老同志、盟员骨干、青年盟员及机关干部等参加座谈。

（三）以转变工作作风为重点，制度建设规范有力

进一步落实常委会每次围绕一个主题深入讨论的制度，更好发挥了常委会议事决策的功能。参事室和各专委会不断加大与盟中央机关职能部门、地方组织协作，优势和作用得到凸显。大力加强机关建设，机关公文运行、财务管理、人事制度、外事管理、行政后勤等各项工作制度进一步修订完善，安全保密工作进一步加强，服务盟务中心工作的能力和水平不断提升。

郭　婷　台盟中央研究室综合处处长

政党人物

中国国民党革命委员会

中国国民党革命委员会第十三届新晋中央委员会副主席简介

高小玫，女，汉族，1961 年 3 月生，陕西渭南人。1988 年 2 月加入民革。1982 年 8 月参加工作，北京科技大学金属材料及热处理专业毕业，研究生学历，工学博士学位，教授级高级工程师。现任民革中央副主席，民革上海市委员会主任委员，全国政协常务委员、社会和法制委员会副主任，上海市人大常委会副主任，上海市科学技术协会副主席。

1978 年 10 月至 1982 年 7 月，西安交通大学金属材料及热处理专业大学学习，获学士学位。1982 年 8 月至 1983 年 9 月，江苏苏南煤机厂工作。1983 年 10 月至 1986 年 7 月，上海钢铁研究所金属材料系金属材料及热处理专业研究生学习，获硕士学位。1986 年 7 月至 1993 年 9 月，上海钢铁研究所应用基础部工程师。1993 年 9 月至 1997 年 12 月，北京科技大学金属材料及热处理专业研究生学习，获博士学位。1997 年 12 月至 1999 年 1 月，上海钢铁研究所研究中心副主任、高级工程师。1999 年 2 月至 2002 年 8 月，上海市经委科技处主任科员、副处级调研员，投资与技改处副处长。2002 年 8 月至 2006 年 5 月，上海建材集团总公司总工程师、教授级高级工程师。2006 年 5 月至 2009 年 2 月，上海市知识产权局副局长。2009 年 2 月至今，上海市科学技术协会副主席。

曾任民革第十届中央委员，第十一、十二届常委；民革上海市第十届委员会候补委员，第十一届委员、副主委，第十二、十三届主委；民革上海市宝山区第三届委员会副主委；民革上海市黄浦区第二届委员会副主委，第三届主委。第十届全国人大代表；上海市第十、十一届人大代表；宝山区第三届、四届人大常委会委员。第十一、十二届全国政协常委；上海市第十一、十二届政协副主席；黄浦区（原）第二届政协常委。

何报翔，男，汉族，1963 年 4 月生，湖南岳阳人。2013 年 9 月加入民革。1982 年 7 月参加工作，中南大学管理科学与工程专业毕业，研究生学历，管理学博士学位，高级工程师。现任民革中央副主席，湖南省人大代表，全国政协常务委员，民革湖南省委员会主任委员，湖南省副省长。

1978 年 10 月至 1982 年 7 月，北京化工学院机械系橡胶机械专业大学学习，获学士学位。1982 年 7 月至 1986 年 8 月，天津橡胶密封件厂研究所“六五”科技攻关项目主要负责人，厂办主任，厂长助理。1986 年 8 月至 1987 年 12 月，湖南省岳阳县农委副主任。1987 年 12 月至 1989 年 5 月，岳阳县第二轻工业局局长。1989 年 5 月至 1996 年 9 月，岳阳县县长助理、副县长。1996 年 9 月至 1997 年 12 月，湖南省岳阳市工商联会长。1997 年 12 月至 2002 年 7 月，岳阳市政协副主席、市工商联会长（其间：2001 年 5 月至 2002 年 2 月挂任国家环保总局污染控制司副司长）。2002 年 7 月至 2008 年 1 月，湖南省工商联会长（其间：2000 年 9 月至 2007 年 11 月中南大学管理科学与工程专业研究生学习，获博士学位）。2008 年 1 月至 2016 年 12 月，湖南省工商联主席。2011 年 9 月至今，湖南省副省长。

曾任民革第十二届中央常委。第十、十一、十二届全国政协委员，湖南省第十届政协副主席。

张伯军，男，汉族，1956 年 12 月生，吉林扶余人。2011 年 12 月加入民革。1973 年 9 月参加工作，吉林师范大学物理系毕业，大学普通班学历，教授。现任民革中央专职副主席，民革吉林省委员会主任委员，全国人大常委会委员、外事委员会副主任委员，吉林省政协副主席。

1973 年 9 月至 1973 年 12 月，吉林省扶余县弓棚子乡“抓三分之一”工作队员。1973 年 12 月至 1975 年 9 月，扶余县弓棚子乡通讯员。1975 年 9 月至 1978 年 7 月，吉林师范大学物理系大学普通班学习。1978 年 7 月至 1992 年 1 月，长春地质学院物理系教师。1992 年 1 月至 1996 年 6 月，长春地质学院基础科学系副主任、物理系主任。1996 年 6 月至 2000 年 5 月，吉林省长春市朝阳区副区长。2000 年 5 月至 2006 年 1 月，吉林省科技厅副厅长（其间：2002 年 5 月至 11 月挂任教育部科技司副司长）。2006 年 1 月至 2013 年 3 月，吉林师范大学校长。2013 年 3 月至 2018 年 1 月，吉林省教育厅厅长。2017 年 12 月至今，民革中央专职副主席。

曾任民革第十二届中央常委；民革吉林省第十一届委员会主委。第十二届全国政协委员；吉林省第十届政协常委，第十一届政协副主席。

田红旗，女，汉族，1959年12月生，河南鲁山人。2011年11月加入民革。1982年1月参加工作，中国空气动力研究与发展中心流体力学专业毕业，研究生学历，工学博士学位，教授。现任民革中央副主席，全国人大常委会委员、教育科学文化卫生委员会委员，中南大学校长，中国工程院院士。

1978年3月至1981年12月，长沙铁道学院铁道车辆专业大学学习，获学士学位。1982年1月至2000年4月，长沙铁道学院助教、讲师、副教授、教授（其间：1985年9月至1988年12月长沙铁道学院机车车辆专业研究生学习，获硕士学位；1996年9月至1999年12月中国空气动力研究与发展中心流体力学专业研究生学习，获博士学位）。2000年4月至2008年9月，中南大学教授、交通运输工程学院副院长（其间：2005年至2010年长江学者特聘教授）。2008年9月至2010年4月，中南大学校长助理、教授。2010年4月至2016年6月，中南大学副校长、教授。2016年6月至2017年6月，中国工程院副院长。2017年5月至今，中南大学校长、教授。

曾任民革第十二届中央委员；民革湖南省第十三届委员会副主委、主委。长沙市第十二届人大代表。第十一、十二届全国政协委员；湖南省第九届政协委员，第十一届政协常委。

王　红，女，满族，1962年5月生，辽宁兴城人。2000年4月加入民革。1986年8月参加工作，辽宁大学经济管理学院国际金融专业毕业，大学学历，公共管理硕士学位，高级经济师。现任民革中央专职副主席，民革北京市委员会主任委员，民革西城区委员会主任委员，全国政协常务委员、民族和宗教委员会委员。北京市副市长。

1982年9月至1986年7月，辽宁大学经济管理学院国际金融专业大学学习，获学士学位。1986年8月至2002年4月，国家外汇管理局管理检查司贸易处科员、副主任科员、主任科员，检查二处助理调研员，非贸易外汇管理处副处长。2002年4月至2006年10月，国家外汇管理局经常项目管理司综合处副处长、处长，业务监管处处长（其间：2005年3月至2007年7月北京大学与国家行政学院合作培养公共管理专业研究生学习，获硕士学位；2005年8月至2006年6月挂任北京经济技术投资开发总公司总经理助理）。2006年10月至2009年2月，北京市石景山区副区长。2009年2月至2016年5月，北京市金融工作局局长。2016年5月至2018年3月，国务院参事室副主任。2017年12月至今，民革中央专职副主席。2018年1月至今，北京市副市长。

曾任民革第十二届中央委员；民革北京市第十三届委员会常委，第十四届副主委；民革西城区（原）第一届委员会副主委，第二届主委；民革西城区（新）第一届委员会主委。北京市第十三届人大代表。第十二届全国政协委员；西城区（原）第十一届政协委员。

冯　巩，男，汉族，1957年12月生，天津人。2000年11月加入民革，2005年11月加入中国共产党。1977年9月参加工作，华中师范大学文艺学专业毕业，研究生学历，文学硕士学位，一级演员。现任民革中央副主席，全国政协常务委员、文史和学习委员会委员，中国广播艺术团团长、艺术总监，中国文联副主席，中国曲艺家协会副主席。

1977年9月至1977年12月，天津纺织机械厂工人。1977年12月至1979年3月，基建工程兵00419部队战士。1979年3月至1980年9月，天津制线厂工人。1980年9月至1984年9月，中国铁路文工团演员。1984年9月至2001年7月，中国广播艺术团演员（其间：1990年至1991年中央戏剧学院戏文系大专学习；1998年9月至2001年1月华中师范大学文艺学专业研究生学习，获硕士学位）。2001年7月至2003年11月，中国广播艺术团副团长、艺术总监。2003年11月至2011年9月，中国广播艺术团艺术总监。2011年9月至今，中国广播艺术团团长、艺术总监。

曾任民革第十届中央委员，第十一、十二届中央常委。第九、十届全国政协委员，第十一、十二届全国政协常委。

中国民主同盟

中国民主同盟第十二届新晋中央委员会主席、副主席简历

丁仲礼，男，汉族，1957年1月生，浙江嵊州人。1996年9月加入民盟。1988年7月在中国科学院地质研究所获博士学位。现任中国科学院副院长、中国科学院大学校长、研究员、博士生导师，中国科学院院士，全国人大常委会副委员长，民盟中央主席，北京市人民政府参事。

1978年9月至1982年7月，在浙江大学学习，获学士学位。1982年9月至1988年8月，在中国科学院地质研究所学习，先后获硕士、博士学位。1988年8月至1999年6月，在中国科学院地质研究所工作，历任副研究员、研究员、博士生导师等职。1999年6月至2008年1月，在中国科学院地质与地球物理所工作，历任常务副所长、所长、研究员、博士生导师等职。2008年1月至今，任中国科学院副院长，2014年4月至今，兼任中国科学院大学校长。

第十一、十二届全国人大常委会委员，十三届全国人大常委会副委员长。第十届全国政协委员。民盟第九届中央委员，第十、十一届中央副主席，第十二届中央主席。民盟北京市委第八、九届副主委。

发表学术论文100余篇。1998年获中科院自然科学一等奖。2000年所领导的科研群体被国家自然科学基金会连选为首批青年科学家创新群体。2002年获中国青年科学家奖、黄汲青地质科技奖、何梁何利科技进步奖。2005年当选中国科学院院士。

曹卫星，男，汉族，1958 年 8 月生，江苏南通人。1994 年 12 月加入民盟，1998 年 12 月加入中国共产党。1989 年 3 月在美国俄勒冈州立大学获博士学位。现任中华人民共和国自然资源部副部长、教授、博士生导师、国务院学位委员会委员，全国政协常委、人口资源环境委员会委员，民盟中央副主席。

1978 年 2 月至 1982 年 1 月，在江苏农学院学习，获学士学位。1982 年 2 月至 1985 年 1 月，在南京农学院学习，获硕士学位。1985 年 2 月至 8 月，在南京农学院任教。1985 年 9 月至 1989 年 3 月，在美国俄勒冈州立大学学习，获博士学位，任助理研究员。1989 年 3 月至 1994 年 3 月，在美国威斯康星大学先后做博士后、助理科学家。1994 年 3 月至 2009 年 1 月，在南京农业大学工作，历任副教授、教授、博士生导师、系副主任、农学院院长、校长助理、副校长等职。2009 年 1 月至 2016 年 3 月，任江苏省人民政府副省长。2016 年 3 月至 2018 年 3 月，任国土资源部副部长。2018 年 3 月至今，任自然资源部副部长。

第十、十一届全国人大代表，江苏省第十一、十二届人大代表。第十二、十三届全国政协常委，江苏省政协第九、十届副主席。民盟第八届中央委员，第九、十、十一届中央常委，第十二届中央副主席。民盟江苏省委第八届副主委，第九、十、十一届主委。

出版专著 4 部、教材 4 部，发表 SCI 收录论文 202 篇、被引用近 3100 次。获国家发明专利 38 件，登记国家软件著作权 32 项。获得国家科技进步二等奖 3 项、省部级科技进步一等奖 5 项（均为第一完成人）。1997 年获国家杰出青年科学基金项目资助。曾获中国作物学会科技成就奖、全国留学回国人员成就奖、全国政协优秀提案等奖项。

程　红，女，汉族，1966 年 2 月生，山西武乡人。1995 年 3 月加入民盟。1995 年 7 月在中国人民大学获博士学位。现任北京市政协副主席、研究员、博士生导师，全国政协常委、教科卫体委员会副主任，全国妇联副主席，民盟中央副主席、北京市委主委。

1984 年 9 月至 1991 年 1 月，在北京经济学院学习，先后获学士、硕士学位。1991 年 1 月至 2002 年 7 月，在北京物资学院工作，历任教师、经济系副主任、研究生部主任、流通经济研究所所长等职（其间：1992 年 9 月至 1995 年 7 月，在中国人民大学学习，获博士学位）。2002 年 7 月至 2006 年 8 月，历任北京市商业委员会副主任、北京市商务局副局长（其间：2003 年 12 月至 2004 年 6 月，在美国华盛顿大学做访问学者）。2006 年 8 月至 2008 年 1 月，任北京市朝阳区人民政府副区长，兼任北京市商务中心区管理委员会主任。2007年12月至2017年9月，任北京市工商联主席。2008年1月至2018年1月，任北京市人民政府副市长（其间：2012年12月至2017年11月，任全国工商联副主席）。2018年1月至今，任北京市政协副主席。

第十届全国人大代表，北京市第十一、十二、十三、十四届人大代表。第十一届全国政协委员，第十二、十三届全国政协常委。民盟第十届中央委员、第十二届中央副主席，北京市委第八届委员、第九届常委、第十届副主委、第十二届主委。

发表论文近60篇，著有《城市市场与经济发展》等专著。参与编著的《流通经济学》于1997年获国内贸易部科技进步一等奖。1997年入选“新世纪百千万人才工程”国家级人选，1999年获国务院颁发的政府特殊津贴。任北京市副市长以来，先后分管商务、旅游、工商行政管理、食品药品监督管理、参事、侨务、口岸、粮食、投资促进、贸易促进、民族宗教等方面工作，注重围绕中心，服务大局，分管部门多项工作位居全国前列。积极开展服务业扩大开放综合试点工作，形成开放创新举措40余项，促成中国国际服务贸易交易会永久落户北京。直接参与指挥北京奥运会奥运村、APEC会议、“一带一路”高峰论坛等重大活动，圆满完成保障任务。

张道宏，男，汉族，1959年3月生，河北青县人。1992年9月加入民盟。1982年12月在同济大学获学士学位。现任民盟中央专职副主席、教授、博士生导师，全国政协常委、副秘书长、陕西省政协副主席，民盟陕西省委主委。

1975年2月至1978年2月，任河北省青县王店公社民办教师。1978年2月至1983年1月，在同济大学学习，获学士学位。1983年1月至1994年7月，在西安理工大学工作，历任工商管理系副主任、主任等职（其间：1984年9月至1985年9月，在联邦德国慕尼黑管理学院进修）。1994年7月至1998年10月，任西安市体改委副主任（其间：1997年3月至1998年10月，兼任西安市证券办主任）。1998年10月至2008年3月，任西安市人民政府副市长（其间：1999年1月至2003年8月，任西安联合大学校长；2003年8月至2008年3月，兼任西安文理学院院长；2006年6月至2007年6月，在长江三峡总公司挂职锻炼）。2008年3月至2013年1月，任陕西省人大常委会副主任兼陕西社会主义学院院长。2017年12月至今，任民盟中央副主席。2018年1月至今，任陕西省政协副主席。

第十、十二届全国政协委员，第十一、十三届全国政协常委。陕西省第十一届人大常委会副主任，第十二届人大代表。陕西省政协第十二届副主席，西安市政协第十届副主席。民盟第八届中央委员，第九、十、十一届中央常委，第十二届中央副主席。民盟陕西省第八、九届副主委，第十、十一、十二届主委。民盟西安市委第九、十、十一届主委。

作为分管科技、环保等工作的副省长，近五年陕西有168项科技成果获国家科学技术奖励，位居全国前列；战略性新兴产业年均增长15.8%；技术合同交易额平均增长超过30%，位居全国前列。积极实施渭河三年变清行动，渭河水质明显改善，受到环保部肯定。

陈　群，男，汉族，1964年4月生，江苏宜兴人。2014年6月加入民盟。1991年7月在华东师范大学获博士学位。现任上海市人民政府副市长、教授、博士生导师，全国政协常委，民盟中央副主席、上海市委主委，中国物理学会波谱学专业委员会副主任、上海市物理学会副理事长。

1980年9月至1987年7月，在南京大学学习，先后获学士、硕士学位。1987年9月至1991年7月，在华东师范大学学习，获博士学位。1991年8月至2018年1月，在华东师范大学工作，历任讲师、副教授、教授、博士生导师、分析测试中心主任、校长助理、副校长兼研究生院院长、校长等职。2017年7月至今，任上海市人民政府副市长。

第十一届全国政协委员，第十二、十三届全国政协常委，上海市政协第十届委员。民盟第十二届中央副主席，上海市委第十四届副主委、第十五届主委。

承担国家与省部级课题20余项，发表论文120余篇。1998年获国务院颁发的政府特殊津贴，2007年入选上海市领军人才。曾获各民主党派、工商联、无党派人士为全面建设小康社会做贡献全国先进个人。教育部跨世纪人才，华东师范大学终身教授。

邓秀新，男，汉族，1961年11月生，湖南宜章人。1988年8月加入民盟，1995年1月加入中国共产党。1987年12月在华中农业大学获博士学位。现任华中农业大学校长、教授、博士生导师，中国工程院院士，教育部"长江学者奖励计划"特聘教授，全国人大常委会委员，民盟中央副主席，中国科协副主席。

1978年2月至1981年12月，在湖南农业大学学习，获学士学位。1982年2月至1987年12月，在华中农业大学学习，先后获硕士、博士学位。1987年12月至今，在华中农业大学工作，历任讲师、副教授、教授、博士生导师、作物遗传改良国家重点实验室副主任、园艺系主任、副校长、校长等职（其间：1989年7月至1990年7月、1993年1月7月、1996年10月至11月先后在美国佛罗里达大学柑橘研究及教育中心、植物病理系做访问学者和合作研究）。

第十一、十二、十三届全国人大常委会委员。第九、十届全国政协委员。民盟第八、九届中央委员，第十、十一届中央常委，第十二届中央副主席。民盟湖北省委第八届常委。

先后获国家科技进步奖二等奖，农业部科技进步一等奖、三等奖，湖北省自然科学二等奖、科技进步一等奖，贵州省科技进步三等奖，何梁何利科技进步奖，霍英东教育基金会青年教师奖（研究类二等奖）和青年科技奖。先后被农业部、人事部授予“有突出贡献的优秀中青年专家”，获湖北省十大杰出青年、全国师德先进个人、全国农村科普工作先进个人、全国引智先进个人、全国农业科技推广标兵、全省科普先进个人、国际柑橘学会“会士”等称号。先后获跨世纪人才基金和美国园艺学会杰出国际园艺学奖。1996 年获国家杰出青年科学基金项目资助，2001 年获聘教育部“长江学者奖励计划”特聘教授，2007 年当选中国工程院院士，并获全国五一劳动奖章。入选农业部“神农计划”和“新世纪百千万人才工程”国家级人选，享受国务院颁发的政府特殊津贴。

郑功成，男，汉族，1964 年 9 月生，湖南平江人。1998 年 12 月加入民盟。1985 年 7 月在武汉大学获学士学位。现任中国人民大学“杰出学者”特聘教授（A 岗）、博士生导师，全国人大常委会委员、社会建设委员会委员，民盟中央副主席，中国社会保障学会会长，《社会保障评论》主编。

1981 年 9 月至 1985 年 7 月，在武汉大学学习，获学士学位。1985 年 7 月至 2000 年 5 月，在武汉大学工作，历任助教、讲师、副教授、教授、经济学院社会保障研究所所长等职。2000 年 6 月至今，在中国人民大学工作，历任博士生导师、劳动人事学院副院长、中国社会保障研究中心主任、残疾人事业发展研究院院长、校务委员会副主任等职（其间：2011 年 8 月至 2013 年 1 月，挂职任北京汽车集团副总经理）。2015 年 2 月，创立中国社会保障学会并任会长。2017 年 1 月，创办《社会保障评论》（学术期刊）并任主编。

第十、十一、十二、十三届全国人大常委会委员。武汉市政协第九届常委。民盟第九届中央委员，第十、十一届中央常委，第十二届中央副主席，湖北省委第九届委员。

出版著作 35 部，发表论文 400 余篇，多篇论文被《新华文摘》等转载或被译成英德日韩文发表。30 余项政研成果获中央领导批示。2000 年获湖北省“有突出贡献中青年专家”称号。2001 年入选北京市优秀理论人才百人工程。2002 年获国务院颁发的政府特殊津贴。2004 年获“为首都建设做出突出贡献先进个人”称号、入选教育部优秀人才支持计划。2006 年入选“新世纪百千万人才工程”国家级人选。2009 年获教育部第五届高等学校科学研究优秀成果奖（人文社会科学类）三等奖。2010 年、2012 年获北京市第十一、十二届哲学社会科学优秀成果奖一等奖。2013 年、2015 年获教育部第六、七届高等学校科学研究优秀成果奖（人文社会科学类）一等奖。2013 年获第三届中国政府出版物图书奖提名奖。

中国民主建国会

中国民主建国会第十一届新晋中央委员会主席、副主席简介

郝明金，男，汉族，1956 年 12 月生，山东嘉祥人。2004 年 2 月加入民建。博士研究生学历，博士学位，教授。现任民建中央主席，全国政协常委。

1971 年 12 月至 1978 年 10 月，菏泽地区、梁山县邮电局工作。1978 年 10 月至 1982 年 7 月，山东师范大学历史系学习，获学士学位。1982 年 9 月至 1985 年 7 月，东北师范大学历史系世界史专业研究生，获硕士学位。1985 年 7 月至 1996 年 12 月，山东大学法学院（系）工作，历任法律系副主任、法学院副院长兼民商法系副主任，1998 年被评定为教授（其间：1989 年 1 月至 1990 年 6 月，美国路易斯安纳州格兰布林大学做访问学者；2001 年 9 月至 2004 年 6 月，中国政法大学法学院诉讼法学专业研究生，获博士学位）。1996 年 12 月至 2007 年 12 月，山东省高级人民法院副院长（其间：2003 年 12 月晋为正厅级、一级高级法官）。2007 年 12 月至 2017 年 1 月，监察部副部长，中国监察学会会长。2012 年 12 月至 2016 年 12 月，民建中央副主席；2016 年 12 月至 2017 年 12 月，民建中央常务副主席。2017 年 12 月至今，民建中央主席。

曾任民建第八届中央委员，第九届中央常委，第十届中央副主席、常务副主席，第七届山东省委主委；第九、十、十一届全国政协委员。

担任法院副院长期间，分管行政审判、国家赔偿、民商事审判，行政审判多年在全国法院领先；民事审判创造了便民诉讼网络、法庭文化建设、法官进社区等经验，扩大涉外案件管辖范围，最高人民法院批复在全国法院推广；提出“商事审判”的工作思路，民、商事审判分设，后在全国法院实行。

担任监察部副部长期间，先后分管执法监察室、纪检监察室、法规室、杂志社、外事局、机关事务管理局等多个办案、综合、后勤部门，参与调查处理了 50 多起特别重大生产安全事故，参加了多起严重违纪违法案件的查处工作，参加了多部党内重要法规、

国家重要法律的研究制定工作。

担任民建中央常务副主席以来，协助主席负责中央日常工作，参加民建中央“大调研”课题，负责筹备十一大、修改会章，参加起草大会工作报告。

出版专著2部，著作7部，发表学术论文30多篇。《国家人权法》一书获1994年山东省高校社会科学一等奖。

认真履行参政议政职责，提出多个政协提案，受到国家有关部门的重视或采纳。

高　峰，男，汉族，1963年10月生，云南红河人。2005年11月加入民建。博士研究生学历，工学博士学位，教授。现任云南省人民政府副省长，民建中央副主席、云南省委主委，全国政协委员，云南省人大代表，云南省中华职业教育社主任，云南省红十字会会长，云南省计划生育协会会长，国务院学位委员会委员。

1980年9月至1984年9月，湖南大学电气工程系学习，获工学学士学位。1984年9月至1985年10月，哈尔滨电工学院电机系教师。1985年10月至1987年7月，云南工学院电气系教师。1987年7月至1990年7月，重庆大学电气工程系硕士研究生学习，获工学硕士学位。1990年7月至1991年9月，云南工学院电气系教师。1991年9月至1995年12月，重庆大学电力系统及其自动化专业博士研究生学习，获工学博士学位。1995年12月至1996年11月，云南工学院电力工程学院教师。1996年11月至1998年6月，云南工学院电力工程学院副院长。1998年6月至1999年5月，云南工业大学电力工程学院院长、校长助理。1999年5月至9月，昆明理工大学筹备领导小组成员。1999年9月至2001年10月，昆明理工大学副校长；2001年10月至2005年9月，大理学院院长。2005年9月至12月，云南省政府信息产业办公室主任。2005年12月至今，云南省人民政府副省长。2017年12月至今，民建中央副主席。

2006年4月至今任民建云南省委主委。曾任民建第九、十届中央常委；第十届全国人大代表，第十一届全国政协委员。

主持完成国家级、省级科研项目15项，其中2项获省科技进步二等奖、三等奖。1998年获全国“优秀教师”称号，2002年被授予云南省“五四”青年奖章。2005年起享受云南省政府特殊津贴、省政府学术带头人津贴。2017年8月，被联合国艾滋病规划署授予“杰出领导与创新者奖”。

先后在国内外主流刊物发表学术论文40余篇，其中被EI、SCI收录8篇。发表《唱响高原情怀　弘扬大山精神　努力提高文化服务科学发展和谐发展跨越发展能力》(《云南日报》2012年3月29日)、《坚持公益性　兼具市场性　城市公立医院改革的“偏方”》(国家行政学院《行政管理改革》2014年第6期)、《凝心聚力　与时俱进　打一场保卫食品安全的人民战争》(《中国食品药品监管》2015年第6期)等多篇工作体会文章。其中,《重温五一口号　共圆中国梦想》获2012年度民建中央宣传稿件优秀奖,《领悟精神实质　勇担历史重责》获2014

年度民建中央优秀作品奖。向全国政协提交多个提案，其中，《关于加快打通中印公路缅甸段交通瓶颈　全面推进孟中印缅经济走廊建设的提案》被国家发改委重视采纳，并列入云南省政府文件。

陈文华，男，汉族，1955年12月生，四川自贡人。1987年3月加入民建。硕士研究生学历，硕士学位，研究员。现任四川省政协副主席，民建中央副主席、四川省委主委，全国人大代表、四川省人大代表，四川省中华职业教育社主任，西南财经大学、四川大学客座教授。

1974年10月至1978年10月，自贡市高峰信用社会计。1978年11月至1982年7月，四川财经学院（现西南财经大学）工业会计专业学习，获经济学学士学位。1985年9月至1988年7月，西南财经大学会计理论专业学习，获经济学硕士学位。1982年8月至1993年7月，西南财经大学助教、讲师、副教授，审计学教研室副主任、主任。1993年8月至1998年8月，成都市审计局副局长。1998年8月至2001年12月，四川省监察厅副厅长。2002年1月至2008年1月，四川省人民检察院副检察长。2008年1月至2016年1月，四川省人民政府副省长。2016年1月至今，四川省政协副主席。2017年12月至今，民建中央副主席。

2007年5月至今任民建四川省委主委。曾任民建第八届中央委员，第九、十届中央常委，第五、六届四川省委副主委；第十届全国政协委员，第十一届全国人大代表。

出版发行专业著作、教材9部，发表文章100余篇。主编的《基础审计学》《审计学》《西方通用会计实务》等著作被选为大学本科教材，《会计内部控制制度审计概论》《审计工作实用手册》《国营大中型企业内部改革的一条路子》等7项科研成果获省级专业学科奖励，发表科研论文50余篇，获“做出突出贡献的中国硕士学位获得者”称号。

认真履行民建和各项行政、司法职务职责，工作取得较好成绩，三次被评为年度优秀公务员。

向全国政协、省政协独立提出提案20余件，提出有影响力的社情民意20余条，多篇政论文章被中国共产党新闻网、人民网、《中国党政干部论坛》《中国统一战线》等国家级媒体刊载。

孙东生，男，汉族，1964年6月生，黑龙江克东人。1999年12月加入民建。博士研究生学历，博士学位，教授。现任黑龙江省人民政府副省长，民建中央副主席、黑龙江省委主委，全国政协委员，黑龙江省人大代表，黑龙江省中华职业教育社主任。

1981年9月至1985年7月，黑龙江商学院商业经济系学习。1985 年 7 月至 1999 年 8 月，黑龙江商学院商业经济系任教（其间：1987 年 7 月至 1988 年 7 月，中国人民大学商业企业管理专业助教进修班学习）。1997 年 3 月至 2000 年 9 月，哈尔滨工业大学研究生院管理科学与工程专业学习，获管理学博士学位。1999 年 8 月至 2001 年 8 月，黑龙江商学院教务处副处长。2001 年 8 月至 2004 年 8 月，哈尔滨商业大学工商管理学院院长。2002 年 12 月至 2004 年 12 月，哈尔滨工程大学做博士后研究。2004 年 8 月至 2008 年 9 月，哈尔滨商业大学校长助理兼工商管理学院院长、MBA 教育中心主任。2008 年 11 月至 2012 年 12 月，哈尔滨商业大学中小企业发展研究中心主任。2008 年 1 月至 2013 年 1 月，黑龙江省政协副主席。2013 年 1 月至今，黑龙江省人民政府副省长；2017 年 12 月至今，民建中央副主席。

2007 年 5 月至今任民建黑龙江省委主委。曾任民建第八、九届中央委员，第十届中央常委，第六届黑龙江省委副主委；第十一届全国政协委员。

近年来，先后发表《企业价值链管理研究：循环经济视角》《人力资本存量与经济增长关系实证研究——基于国际比较视角》《黑龙江省劳动力供需失衡及其治理机制研究》《基于 DEA 方法的科技企业孵化器运行效率评价——以东北地区 14 家国家级企业孵化器为例》《我国制造业技术创新效率的变动及其影响因素——基于 2001—2008 年 29 个行业的面板数据分析》等多篇科研论文，完成《经济增长与劳动力资源结构性匹配的验证与优化研究》课题。向全国政协提交《关于加强陆路边境地区人口安全的建议》《关于加强对计划生育特殊家庭救助的建议》等多篇提案。

秦博勇，女，汉族，1964 年 11 月生，河北永清人。2009 年 1 月加入民建。研究生学历，硕士学位。现任审计署副审计长，民建中央副主席、监督委员会副主任，全国政协委员。

1982 年 9 月至 1986 年 7 月，河北大学法律系法学专业学习，获学士学位。1986 年 7 月至 1992 年 9 月，廊坊地区、廊坊市中级人民法院工作。1992 年 9 月至 1995 年 7 月，北京大学法律系刑法专业学习，获硕士学位。1995 年 7 月至 1999 年 11 月，廊坊市中级人民法院历任业大分部副主任、专职副主任（正科级），研究室主任（其间：1997 年 5 月至 1999 年 4 月，挂职任廊坊市安次区法院副院长）。1999 年 11 月至 2001 年 1 月，廊坊市监察局副局长。2001 年 1 月至 2003 年 3 月，廊坊市安次区人民政府副区长。2003 年 3 月至 12 月，廊坊市人民政府副市长。2003 年 12 月至 2012 年 4 月，河北省监察厅副厅长。2012 年 4 月至 2013 年 8 月，河北省人民政府法制办公室主任。2013 年 1 月至 2016 年 3 月，河北省人民政府副省长。2016 年 3 月至今，审计署副审计长。2017 年 12 月至今，民建中央副主席。

曾任民建第十届中央常委，第八届河北省委主委。

担任副省长期间，分管对外对内开放、国内外经济合作、商务、外事、旅游、法制、对口支援等工作。创新招商方式，首次引入中国银行为参会企业提供“一对一”跨境投资撮合服务，取得丰硕成果。创新引资方式，重点组建河北境外上市股权投资基金，引导和支持优势企业在境外资本市场上市融资。研究出台打好外贸稳增长攻坚战十条措施，电子口岸正式上线运行。积极融入“一带一路”发展战略，强力推动省内优势产能开展国际合作。研究制定《中共河北省委河北省人民政府关于加快开发区改革发展的意见》《关于促进旅游业改革发展的实施意见》及十余个重点规划，每年省级财政安排3亿元资金支持旅游产业发展，与海航集团合作设立首期总规模10亿元的河北省旅游产业引导股权投资基金正式运营。研究制定《关于深入推进依法行政加快建设法治政府的实施意见》，提请审议地方性法规草案16件，制定省政府规章29件。突出民生和产业两大重点领域，扎实推进对口援疆援藏工作。

担任审计署副审计长后，分管资源环境审计、外资审计、境外审计、外事等方面工作。组织开展领导干部自然资源资产离任审计试点，实施审计试点项目827个，涉及领导干部1210人。研究起草的《领导干部自然资源资产离任审计规定（试行）》已经中办、国办印发，新华社等主流媒体广泛宣传报道。服务国家大外交战略，审计署成功当选亚洲审计组织秘书长。

担任民建河北省主委期间，坚持制度建设、组织建设、机关建设、领导班子建设齐抓并举，并全面开展会内监督工作，广大会员的整体素质和能力不断提升，河北民建各级组织的凝聚力和影响力不断增强。在全国政协双周协商座谈会上关于化解过剩产能、大气污染防治等方面的建议，得到了中央和有关部委的高度重视。

李世杰，男，汉族，1957年12月生，辽宁人。1995年3月加入民建。大学学历。现任民建中央专职副主席兼秘书长，兼任民建中央组织部部长，全国政协委员，公安部特邀监督员。

1977年3月至1978年3月，北京市海淀区永丰公社知青。1978年3月至1980年2月，北京市财贸学校财政金融专业学习。1980年2月至1982年8月，北京市财税局干部。1982年8月至1985年5月，北京市财政九分局干部（其间：1985年5月，调入民建中央机关工作）。1982年8月至1987年6月，中国人民大学函授学院中文专业学习。1988年12月至1994年6月，民建中央办公厅秘书处副处长。1994年6月至1998年3月，民建中央调研部一处处长。1998年3月至2001年3月，民建中央调研部副部长。2001年3月至2003年6月，民建中央组织部副部长（主持工作）。2003年6月至今，民建中央组织部部长。2017年12月至今，民建中央专职副主席兼秘书长。

曾任民建第八届中央委员，第九、十届中央常委；第十、十一届全国政协委员。

参加了民建中央关于风险投资一号提案的起草工作。由其本人提出并执笔、以民建中央名义向全国政协提出的《关于实行银行储蓄存款实名制的提案》，2002年被九届全国政协评为优秀提案，此提案被国务院有关部门采纳，在全国实行。《关于央企高管决策失误问责制的提案》2007 年被十届全国政协评为优秀提案。《关于重视和解决公务员收入不平等问题的提案》《关于倾听群众呼声　实行手机单项收费的提案》《关于加强对骚扰电话管理的提案》受到重视。在《人民日报》《光明日报》《中国改革报》《中国政协》《中国经济周刊》等报刊发表《取信于民》《认清形势　抓住关键　切实推进下岗再就业》《必须高度重视贫富差距拉大问题》《二十一世纪的中国经济呼唤风险投资》《既是一个普通人　又不是一个普通人》等有关经济、社会方面的论文、文章和纪实文学作品 150 余篇。在《民讯》撰写《加强领导集体作风建设》等多篇关于组织建设的文章，“关于民建中央委员候选人推荐名额遴选工作经验介绍”在中共中央统战部《民主党派工作交流》上刊登。

担任处长、部长期间，在民建中央机关公务员年终考核中，先后十次被评为优秀；先后三次被民建北京市委评为优秀会员。

中国民主促进会

中国民主促进会第十四届新晋中央委员会主席、副主席简介

蔡达峰，男，汉族，1960年6月生，浙江宁波人。民进成员，1985年7月参加工作。同济大学建筑系建筑历史与理论专业毕业，研究生学历，工学博士学位，教授。现任十三届全国人大常委会副委员长，民进中央主席。

1978年至1982年，同济大学建筑系建筑学专业学习。1982年至1985年，同济大学建筑系建筑学专业硕士研究生。1985年至1987年，上海市文物管理委员会职工。1987年至1990年，同济大学建筑系建筑历史与理论专业博士研究生。1990年至1993年，同济大学建筑系教师。1993年至1996年，复旦大学文博系教师。1996年至1999年，复旦大学文博系主任。1999年至2000年，复旦大学教务处处长、文博系主任。2000年至2002年，复旦大学教务处处长。2002年至2003年，民进上海市委会副主委，复旦大学教务处处长（其间：2002年9月至2002年12月上海市委党校党外中青干部培训班学习）。2003年，民进上海市委会副主委，复旦大学副校长、教务处处长。2003年至2007年，民进上海市委会副主委，复旦大学副校长。2007年，民进上海市委会主委，复旦大学副校长。2007年至2008年，民进中央副主席、上海市委会主委，复旦大学副校长。2008年至2015年，民进中央副主席、上海市委会主委，上海市人大常委会副主任，复旦大学副校长。2015年至2016年，民进中央副主席、上海市委会主委，上海市人大常委会副主任。2016年，民进中央副主席、上海市委会主委，上海市人大常委会副主任，同济大学副校长。2016年至2017年，民进中央常务副主席（按部长级待遇）、上海市委会主委，上海市人大常委会副主任，同济大学副校长。2017年，民进中央常务副主席（按部长级待遇），上海市人大常委会副主任。2017年至2018年，民进中央主席，上海市人大常委会副主任。

2018 年 3 月至今，十三届全国人大常委会副委员长，民进中央主席。第十届全国人大代表，十三届全国人大常委会副委员长。第十一、十二届全国政协常务委员。

王　刚，男，汉族，1958 年 11 月生，辽宁大连人。民进成员，1976 年 7 月参加工作。研究生，博士，教授。现任民进中央副主席、河北省委会主委，全国人大常委会委员、农业与农村委员会副主任委员，河北省人大常委会副主任，河北省社会主义学院院长。

1982 年毕业于西南农学院，并留校任教，先后取得日本国立静冈大学硕士学位和国立岐阜大学博士学位，并从事博士后研究工作。1998 年在河北师范大学任教，先后担任系副主任、生命科学学院副院长、研究生院常务副院长。2000 年任民进河北省石家庄市委会副主委。2001 年任民进河北省委会副主委、石家庄市委会主委。2003 年当选为石家庄市人民政府副市长。2007 年任民进中央常委、河北省委会主委、石家庄市委会主委。2008 年起，任民进中央常委、河北省委会主委、河北省政协副主席、省科学院院长。2013 年起，任民进中央常委、河北省委会主委、河北省人大常委会副主任、省社会主义学院院长。2017 年 12 月，当选民进中央副主席。2018 年起，任民进中央副主席、河北省委会主委，河北省人大常委会副主任，河北省社会主义学院院长，全国人大常委会委员、农业与农村委员会副主任委员，河北省社会主义学院院长。第十一届全国政协委员，第十二、十三届全国人大常委会委员。

陶凯元，女，汉族，1964 年 3 月生，湖南湘潭人。民进成员，研究生，博士，教授。现任最高人民法院副院长，民进中央副主席，全国政协常委。

1988 年 6 月至 1999 年 4 月，在暨南大学法学系任教，历任助教、讲师、副系主任、副教授、教授。1999 年 4 月至 2008 年 3 月，任广东省高级人民法院副院长，先后分管行政审判（含国家赔偿）、法官教育培训、知识产权审判、涉外涉港澳台商事审判及海商海事审判。2008 年 3 月至 2014 年 1 月，任广东省知识产权局局长。2007 年 5 月至 2011 年 6 月，任民进广东省委会副主委。2011 年 6 月至 2015 年 12 月，任民进广东省委会主委。2013 年 1 月至 2015 年 2 月，任广东省政协副主席。2013 年 12 月起，任最高人民法院副院长。曾先后在香港理工大学商学院、加拿大不列颠哥伦比亚大学商学院及法学院、美国加州伯克利大学商学院、世界知识产权组织世界学院、美国哈佛大学肯尼迪政府学院等做访问学者、进修和学习。2017 年 12 月任民进中央副主席。

庞丽娟，女，汉族，1962 年 8 月生，浙江宁海人。民进成员，研究生，博士，教授。现任北京师范大学校务委员会副主任、中国教育政策研究院副院长、教育学部教授，民进中央副主席、北京市委会主委，全国人大常委会委员、教育科学文化卫生委员会委员，北京市人大常委会副主任。

1982 年 8 月至 1991 年 9 月，先后任北京师范大学教育系助教、讲师。1991 年 9 月至 2002 年 6 月，先后任北京师范大学教育系副教授、教授，教研室副主任。2002 年 5 月，任民进北京市委会副主委。2002 年 6 月，任北京师范大学科学教育研究中心主任、教育学院教授。2002 年 12 月，任民进中央常委。2009 年 1 月任北京师范大学校务委员会副主任。2010 年 1 月，任北京师范大学中国教育政策研究院副院长。2011 年 9 月至 2013 年 10 月，挂职任北京首都旅游集团有限责任公司副总经理。2014 年 1 月，任民进北京市委会主委。2017 年 1 月，当选为北京市人大常委会副主任。2017 年 12 月，任民进中央副主席。2018 年起，任民进中央副主席、北京市委会主委，北京师范大学校务委员会副主任、中国教育政策研究院副院长、教育学部教授，全国人大常委会委员、教育科学文化卫生委员会委员，北京市人大常委会副主任。第九届全国政协委员，第十、十一、十二届全国人大常委会委员、教科文卫委员会委员。

黄　震，男，汉族，1960 年 8 月生，浙江鄞县人。民进成员，研究生，博士，教授。现任上海交通大学副校长，民进中央副主席、上海市委会主委，全国政协常委，上海市政协副主席。

1988 年 12 月至 1991 年 10 月，上海交通大学动力机械工程系讲师。1991 年 10 月至 1993 年 3 月，日本群马大学博士后。1993 年 3 月至 1994 年 7 月，上海交通大学动力机械工程系讲师、副教授。1994 年 7 月至 1997 年 5 月，上海交通大学动力机械工程系副主任（其间：1994 年 12 月被评为教授；1995 年 9 月至 1996 年 3 月，日本早稻田大学任客座教授）。1997 年 5 月至 1998 年 7 月，上海交通大学动力与能源工程学院副院长。1998 年 7 月至 2000 年 9 月，上海交通大学动力与能源工程学院院长。2000 年 9 月至 2002 年 1 月，上海交通大学动力与能源工程学院副院长。2002 年 1 月至 2005 年 6 月，上海交通大学机械与动力工程学院副院长。2005 年 6 月至 2009 年 6 月，上海交通大学机械与动力工程学院副院长、能源研究院院长。2009 年 6 月至 2010 年 1 月，上海交通大学能源研究院院长。2010 年 1 月至 2013 年 9 月，上海交通大学副校长、研究生院院长、能源研究院院长。2013 年 9 月至今，上海交通大学副校长、能源研究院院长；2017 年起任民进中央副主席、上海市委会主委。

高友东，男，汉族，1958 年 5 月生，河南项城人。民进成员，大学，学士。现任民进中央副主席、秘书长，全国人大常委会委员、监察和司法委员会副主任委员，全国政协理论研究会常务理事，叶圣陶研究会秘书长。

1978 年至 1982 年，就读于兰州大学中文系。1982 年至 1996 年，在西藏自治区人大常委会工作，历任教科文卫（民族宗教）委员会办公室副主任，办公厅秘书处副处长、办公室主任。1996 年至 2003 年，在中共中央统战部二局工作，历任西藏国内处调研员、民族干部处处长兼综合处处长、中国少数民族人才培训中心秘书长。2004 年至 2006 年，中国人民大学社会学系在职研究生。2003 年至今，在民进中央机关工作，历任民进中央社会服务部副部长、组织部副部长、研究室主任、办公厅主任、副秘书长兼办公厅主任、秘书长兼办公厅主任、秘书长。2017 年 12 月，任民进中央副主席、秘书长。十二届全国政协委员、提案委员会委员，十三届全国人大常委会委员、监察和司法委员会副主任委员。

中国农工民主党

中国农工民主党第十六届新晋中央委员会副主席简介

曲凤宏，男，汉族，1960 年 10 月出生，山东蓬莱人。1983 年 8 月参加工作，理学博士。现任十二届全国政协委员，农工党十六届中央专职副主席兼秘书长、监督委员会副主任。

1983 年 8 月，中国医科大学医学系医疗专业大学毕业。1983 年至 1985 年，任北京中医药大学基础医学院助教。1985 年至 1993 年，历任北京中日友好医院医师、主治医师。1993 年至 1994 年，任中国科技开发院副所长、医药及医疗器械开发总公司副总经理兼法人代表。1994 年至 1998 年，历任国家科委生命科学技术发展中心综合处负责人、项目产业部副主任。1998 年至 2001 年，任科学技术部生命科学技术发展中心副处长。2001 年至 2006 年，历任中国 21 世纪议程管理中心、中国生物技术发展中心处长。2003 年至 2006 年，沈阳药科大学药事管理学博士研究生。2006 年至 2009 年，任北京市大兴区副区长。2009 年至 2011 年，任农工党中央组织部副部长。2011 年至 2016 年，任农工党中央组织部部长。2014 年任农工党中央秘书长。2016 年任农工党十五届中央专职副主席。2017 年任农工党十六届中央专职副主席兼秘书长、监督委员会副主任。

王　路，男，汉族，1963 年 2 月出生，浙江桐庐人。1983 年 8 月参加工作，理学博士。现任十二届全国政协委员，农工党十六届中央副主席、海南省委会主委，海南省人民政府副省长。

1983 年 8 月，中国科技大学近代力学系大学毕业。1983 年至 1986 年，天津城建学院教师。1986 年至 1989 年，中国海洋大学海洋动力学专业硕士研究生。1989 年至 1993 年，海南省海洋监测预报和研究开发中心专业技术人员、海洋资源开发研究室副主任。1993 年至 1998 年，历任海南省海洋开发规划设计研究院总工办主任、副院长。1993 年至 1998 年，中国海洋大学海洋学专业博士研究生。1998 年至 2000 年，任海南省科技厅副厅长。2000 年至 2001 年，任海南省海洋与渔业厅副厅长。2001 年至 2003 年，任海南省人大常委会农村工作委员会主任、法制委员会副主任。2003 年至 2007 年，任海南省海口市人民政府副市长。2007 年至 2013 年，任海南省科技厅厅长。2007 年任农工党海南省委会主委。2008 年至 2013 年，任海南省政协副主席。2013 年任海南省人民政府副省长。2017 年 12 月任农工党十六届中央副主席。

焦　红，女，汉族，1963 年 9 月出生，山东烟台人。1988 年 8 月参加工作，理学硕士学位。现任十二届全国政协常委，农工党十六届中央副主席，国家食品药品监督管理总局局长。

1988 年 7 月，中国科学院微生物研究所硕士研究生毕业。1988 年至 1989 年，任武汉大学生物系教师。1989 年至 1995 年，在宜昌制药厂研究所工作。1995 年至 1999 年，历任宜药集团公司研究所副所长、总工程师办公室主任、副总工程师、总工程师、高级工程师。1999 年至 2001 年，任宜昌开发区管委会副主任。2001 年至 2002 年，任宜昌市人民政府副秘书长。2002 年至 2004 年，任宜昌市政协副主席、市长助理。2004 年至 2006 年，任宜昌市政府副市长。2006 年至 2008 年，任湖北省食品药品监督管理局副局长。2008 年至 2012 年，任湖北省卫生厅厅长。2012 年至 2013 年，任国家食品药品监督管理局副局长。2013 年至 2014 年，任国家食品药品监督管理总局食品药品总监。2014 年任国家食品药品监督管理总局副局长。2017 年 12 月，任农工党十六届中央副主席。

于文明，男，汉族，1963 年 6 月出生，山东单县人。1988 年 8 月参加工作，医学硕士。现任十二届全国政协常委，农工党十六届中央专职副主席，国家中医药管理局副局长。

1985 年 8 月，山东中医学院中医专业毕业。1988 年 8 月，天津中医学院中医专业硕士研究生毕业。1988 年至 1997 年，历任中国中医药报社记者、编辑，中药与通联部负责人、副主任。1997 年至 2004 年，任中国中医药科技开发交流中心主任。2004 年任国家中医药管理局副局长。2007 年至 2017 年，任国家药典委员会副主任委员。2007 年至 2017 年，任农工党北京市委会主委。2017 年 12 月，任农工党十六届中央专职副主席。

中国致公党

中国致公党第十五届新晋中央委员会副主席简介

曹鸿鸣，男，汉族，1963年9月生，山东武城人。致公党党员。1982年7月参加工作，山东农业大学农学系作物栽培学与耕作学专业毕业，研究生学历，农学博士学位，教授，博士生导师，享受国务院特殊津贴专家。

1978年10月至1982年7月，山东农学院农学系农学专业学习。1982年7月至1983年8月，山东德州农业学校教师。1983年8月至1986年8月，山东农业大学农学系作物栽培学与耕作学专业硕士研究生。1986年8月至1998年5月，山东农业大学德州专科部、德州农业学校讲师、副教授、教授，教务科副科长、专科部副主任、农校副校长（其间：1990年9月至1995年7月，山东农业大学农学系作物栽培学与耕作学专业在职研究生学习，获农学博士学位）。1998年5月至2001年9月，山东省德州市农业局副局长，山东农业大学德州专科部副主任，德州农业学校副校长、教授（其间：1999年5月至1999年8月，在日本研修）。2001年9月至2002年10月，山东省德州市副市长，山东农业大学教授。2000年12月至2001年12月，中国科学院高级访问学者。2002年10月至2002年12月，致公党山东省德州市主委，德州市副市长，山东农业大学教授。

2002年12月至2004年7月，致公党中央副秘书长兼办公厅副主任、山东省德州市主委，德州市副市长，山东农业大学教授、博士生导师。2004年7月至2004年12月，致公党中央副秘书长、办公厅副主任兼机关服务中心主任、山东省德州市主委，德州市副市长，山东农业大学教授、博士生导师。2004年12月至2005年11月，致公党中央秘书长兼机关服务中心主任、山东省德州市主委，德州市副市长，山东农业大学教授、博士生导师。2005年11月至2006年2月，致公党中央秘书长兼机关服务中心主任，山东省德州市副市长，山东农业大学教授、博士生导师。2006年2月至2009年5月，致公党中央秘书长兼机关服务中心主任，山东农业大学教授、博士生导师。2009年5月至2016

年3月，致公党中央秘书长，山东农业大学教授、博士生导师。2016年3月至2017年12月，致公党中央专职副主席兼秘书长。2017年12月至2018年3月，致公党中央专职副主席、中央监督委员会副主任。2018年3月至今，全国人大常委会委员、代表资格审查委员会委员，全国人大华侨委员会副主任委员，致公党中央专职副主席、中央监督委员会副主任，十三届全国人大代表、全国人大常委会委员，第十、十一、十二届全国政协委员。

甘　霖，女，汉族，1963年10月出生，湖南湘阴人，1994年1月加入致公党。美国侨眷，博士研究生，教授。现任致公党中央副主席，全国政协常委、民族和宗教委员会委员，国家工商行政管理总局副局长。

1981年9月至1988年7月，湖南农学院学习，获学士、硕士学位。1988年7月至1991年2月，湖南农学院园艺系果树栽培教研室助教。1991年2月至1993年12月，华中农业大学园艺系学习，获博士学位。1993年12月至1994年8月，湖南农业大学园艺系讲师。1994年8月至1996年12月，湖南农业大学园艺系副教授，园艺系副主任。1996年12月至1997年12月，英国诺丁汉大学生命科学系博士后。1997年12月至1999年12月，加拿大农业部马铃薯研究中心博士后。1999年12月至2000年8月，湖南农业大学园艺系副教授。2000年8月至2001年5月，湖南农业大学园艺系主任，教授，博导。2001年5月至2002年7月，湖南省农业厅副厅长。2002年7月至2003年1月，致公党湖南省委会主委，湖南省农业厅副厅长。2002年12月至2003年1月，致公党中央常委、湖南省委会主委，湖南省农业厅副厅长。2003年1月至2011年2月，致公党中央常委、湖南省委会主委，湖南省人民政府副省长。2011年2月至2012年5月，致公党中央常委、湖南省委会主委，国家工商行政管理总局副局长。2012年5月至2013年3月，致公党中央常委，国家工商行政管理总局副局长。2013年3月至2017年12月，全国政协常委，致公党中央常委，国家工商行政管理总局副局长。2017年12月至今，全国政协常委，致公党中央副主席，国家工商行政管理总局副局长。

吕彩霞，女，汉族，1957 年 6 月出生，山东青岛人，美国侨眷。2005 年 6 月加入致公党。博士研究生，工程师。现任全国人大常委会委员、环境与资源保护委员会副主任委员，致公党中央副主席，国家海洋局总工程师，北京市人大代表，北京市西城区人大代表。

1976 年 11 月至 1983 年 9 月，中国科学院海洋研究所水文物理室技术员（其间：1978 年 8 月至 1982 年 7 月，山东海洋学院物理海洋与海洋气象系物理海洋专业进修）。1983 年 9 月至 1985 年 7 月，中国科技大学计算机科学技术系软件专业学习。1985 年 7 月至 1990 年 7 月，国家海洋局海洋科技情报研究所干部（1998 年 1 月晋升工程师）。1990 年 7 月至 1994 年 1 月，国家海洋局管理监测司台站监测处主任科员。1994 年 1 月至 1994 年 12 月，国家海洋局综合管理司保护区处主任科员。1995 年 1 月至 1998 年 7 月，国家海洋局综合管理司自然保护区处副处长（主持工作）。

1998 年 7 月至 2000 年 10 月，国家海洋局海域管理司海域管理处处长（其间：1997 年 9 月至 2000 年 6 月，青岛海洋大学海洋环境学院环境科学专业学习，获工学硕士学位）。2000 年 10 月至 2001 年 12 月，国家海洋局海域管理司助理巡视员兼海域管理处处长。2001 年 12 月至 2007 年 10 月，国家海洋局海域管理司副司长（其间：2000 年 9 月至 2003 年 7 月，中国海洋大学海洋环境学院环境科学专业学习，获工学博士学位）。2007 年 10 月至 2008 年 9 月，国家海洋局海域管理司副司长兼海岛管理办公室主任，第十四届北京市西城区人大代表。2008 年 9 月至 2010 年 11 月，国家海洋局海域和海岛管理司巡视员兼副司长，全国妇联十届执行委员，第十三届北京市人大代表。2010 年 11 月至 2011 年 12 月，国家海洋局海域和海岛管理司巡视员兼副司长、兼海岛管理办公室主任。2011 年 12 月至 2013 年 3 月，国家海洋局海岛管理司司长（2012 年 12 月当选致公党中央常委）。2013 年 3 月至 2013 年 12 月，全国人大代表、环境与资源保护委员会委员，致公党中央常委，国家海洋局海岛管理司司长，第十四届北京人大代表，第十五届北京市西城区人大代表。2013 年 12 月至 2014 年 7 月，全国人大代表、环境与资源保护委员会委员，致公党中央常委，国家海洋局海域综合管理司司长，全国妇联十一届执行委员，中国国家机关侨联副主席。2014 年 7 月至 2016 年 1 月，全国人大代表、环境与资源保护委员会委员，致公党中央常委，国家海洋局北海分局巡视员、副局长。2016 年 1 月至 2017 年 12 月，全国人大代表、环境与资源保护委员会委员，致公党中央常委，国家海洋局总工程师。2017 年 12 月至 2018 年 3 月，全国人大代表、环境与资源保护委员会委员，致公党中央副主席，国家海洋局总工程师，第十五届北京市人大代表，第十六届北京市西城区人大代表。2018 年 3 月至今，全国人大常委会委员、环境与资源保护委员会副主任委员，致公党中央副主席，国家海洋局总工程师，全国妇联执行委员，中央国家机关侨联副主席，北京市人大代表、北京市西城区人大代表。

第十二届全国人大代表、环境与资源保护委员会委员，十三届全国人大常委会委员、环境与资源保护委员会副主任委员，致公党第十三届中央委员，十四届中央常委，十五届中央副主席。

张恩迪，男，汉族，1960年12月出生，上海人。1998年4月加入致公党。英国留学归国，博士研究生，教授。现任致公党中央副主席、上海市委会主委，全国政协委员、上海市政协副主席。

1979年9月至1986年7月，华东师范大学生物系学习，获学士、硕士学位。1986年7月至2001年11月，华东师范大学讲师、副教授、教授、博士生导师，生命科学学院副院长（其间：1991年5月至1991年9月，赴美担任培训教员；1992年9月至1996年8月，英国剑桥大学动物系学习，获博士学位）。2001年11月至2003年1月，华东师范大学生命科学学院副院长。2003年1月至2008年2月，上海市浦东新区人民政府副区长（其间：2003年2月至2004年9月，致公党浦东区委会主委）。2008年2月至2009年6月，上海市浦东新区人民政府副区长、张江高科技园区管委会主任。2009年6月至2012月1月，上海市浦东新区人民政府副区长。2012年1月至2012年4月，上海市民政局副局长。2012年4月至2012年12月，致公党上海市委会主委，上海市民政局副局长。2012年12月至2013年2月，致公党中央常委、上海市委会主委，上海市民政局副局长。2013年2月至2015年11月，上海市政协副主席，致公党中央常委、上海市委会主委，上海市民政局副局长。2015年11月至2017年12月，上海市政协副主席，致公党中央常委、上海市委会主委。2017年12月至今，上海市政协副主席，致公党中央副主席、上海市委会主委。

九三学社

九三学社第十四届新晋中央委员会主席、副主席简介

武维华，男，汉族，1956年9月生，山西孝义人。九三学社社员，1974年12月参加工作，美国新泽西州立大学植物科学系植物科学专业毕业，研究生学历，理学博士学位，教授，中国科学院院士。现任十三届全国人大常委会副委员长，九三学社中央主席。

1974年至1978年，山西省孝义市兑镇小学、初中教师。1978年至1982年，山西大学生物系植物生理专业学习。1982年至1984年，中国科学院上海植物生理研究所植物生理专业硕士研究生。1984年至1989年，北京农业大学生物学院讲师（其间：1987年至1989年美国新泽西州立大学植物科学系访问学者）。1989年至1991年，美国新泽西州立大学植物科学系植物科学专业博士研究生。1991年至1993年，美国哈佛大学生物学实验室博士后。1993年至1994年美国宾州州立大学生物系博士后。1994年至1996年，中国农业大学讲师、副教授。1996年至1999年，中国农业大学教授、植物科学系主任。1999年至2002年，中国农业大学生物学院院长。2002年至2004年，中国农业大学植物生理学与生物化学国家重点实验室主任、生物学院院长。2004年至2012年，中国农业大学植物生理学与生物化学国家重点实验室主任，国家自然科学基金委生命科学部主任（2008年11月）（其间：2007年当选中国科学院院士；2011年至2012年，挂职任北京市农村工作委员会副主任）。2012年至2015年，九三学社中央副主席，中国农业大学植物生理学与生物化学国家重点实验室主任，国家自然科学基金委生命科学部主任。2015年至2017年，九三学社中央副主席，中国农业大学学术委员会主任、植物生理学与生物化学国家重点实验室主任，国家自然科学基金委生命科学部主任（2016年11月免）。2017年至2018年，九三学社中央主席，中国农业大学学术委员会主任、植物生理学与生物化学国家重点实验室主任（2018年1月免）。2018年至今，十三届全国人大常委会副委员长，九三学社中央主席，中国农业大

学学术委员会主任。

第十三届全国人大常委会副委员长。第十届全国政协委员，十一、十二届全国政协常务委员。

黄润秋，男，汉族，1963 年 8 月出生，湖南长沙人。1994 年加入九三学社。教授，博士生导师。现任生态环境部副部长。九三学社第十四届中央委员会副主席，四川省第八届委员会主委。第十三届全国政协常委。中国环境科学学会理事长。

1979 年至 1988 年，就读于成都地质学院（现成都理工大学）水文系，获博士学位。1988 年至 2016 年，历任成都理工大学校长助理、水文系主任、环境与土木工程学院院长、成都理工大学副校长、地质灾害防治与地质环境保护国家重点实验室主任。2016 年至 2018 年，任环境保护部副部长。2018 年，任生态环境部副部长。2017 年起，兼任中国环境科学学会理事长。

曾任九三学社第十、十一届中央委员会委员，第十二、十三届中央委员会常委；四川省第四、五届委员会副主委，第六、七届委员会主委；成都市第八、九届委员会副主委；第九、十、十一届全国政协委员，第十二届全国人大常委会委员，第十二届全国人大代表；四川省第七、八届政协委员，第十、十一届政协副主席；四川省第十二届人大常委会副主任。

潘建伟，男，汉族，1970 年 3 月出生，浙江东阳人。2005 年加入九三学社。教授，博士生导师。中国科学院院士，发展中国家科学院院士，奥地利科学院外籍院士。现任中国科学技术大学常务副校长，中国科学院量子信息与量子科技创新研究院院长。九三学社第十四届中央委员会副主席，安徽省第十一届委员会主委。第十三届全国政协委员，安徽省第十二届政协常委。全国青联第十一届副主席，中国科协第九届副主席，中国青年科技工作者协会第五届会长。

1987 年至 1995 年，就读于中国科学技术大学近代物理系，先后获学士、硕士学位。1995 年至 1996 年，任中国科学技术大学助教。1996 年至 1999 年，赴奥地利留学，获维也纳大学博士学位。1999 年至 2001 年，历任奥地利维也纳大学实验物理所博士后研究员、高级研究员。2001 年至今，任中国科学技术大学近代物理系教授。2005 年至今，任中国科学技术大学合肥微尺度物质科学国家实验室量子物理与量子信息研究部主任（其间：2002 年至 2007 年，任教育部“长江学者奖励计划”特聘教授）。2003 年至2008年，兼任德国海德堡大学玛丽·居里讲席教授。2008年至今，任德国海德堡大学物理所荣誉教授。2012年至今，历任中国科学技术大学校长助理、副校长、常务副校长。2017年，任中国科学院量子信息与量子科技创新研究院院长。

曾任九三学社第十二届中央委员会委员、第十三届中央委员会常委，安徽省第九、十届委员会副主委；第十二届全国政协委员，安徽省第十、十一届政协常委。

刘忠范，男，汉族，1962年10月出生，吉林九台人。2007年加入九三学社。中国科学院院士，发展中国家科学院院士，长江学者特聘教授。"万人计划"杰出人才。现任北京大学博雅讲席教授、博士生导师，北京石墨烯研究院院长、北京大学纳米科技中心主任。九三学社第十四届中央委员会副主席，北京市第十三届委员会主委。第十三届全国政协常委，北京市第十三届政协副主席。

1979年至1983年，就读于长春工业大学，获学士学位。1983年至1984年，在东北师范大学留日日本语学校学习。1984年至1987年，赴日本横滨国立大学留学，获硕士学位。1987年至1990年，在东京大学工学部化学能源工学系光电化学专业读研究生，获博士学位。1990年至1993年，在东京大学和分子科学研究所做博士后研究。1993年至今，历任北京大学化学学院副教授、教授、北大博雅讲席教授，北京大学现代物理化学研究中心主任、物理化学研究所所长，北京市低维碳材料工程中心主任，科技部攀登计划、973计划和纳米重大研究计划项目首席科学家，国家自然科学基金委创新研究群体学术带头人（其间：2016年至2017年，挂职任北京市科学技术委员会副主任）。

曾任九三学社第十三届中央委员会委员，北京市第十二届委员会委员；第十二届全国人大代表。

台湾民主自治同盟

台湾民主自治同盟第十届新晋中央委员会主席、副主席简介

苏　辉，女，汉族，1956年5月出生于吉林长春，台湾台南人。1984年6月加入中国共产党，2007年12月加入台盟。1975年7月参加工作。中央财经大学财政系财政学专业毕业，大学学历，经济学学士，高级会计师。现任全国政协副主席，台盟中央主席。

1975年5月至1978年12月，任中国计量科学研究院电磁室工人。1978年12月至1982年9月，在中央财经大学财政系财政学专业学习。1982年9月至1986年11月，任北京市财政局工管处干部。1986年11月至1990年3月，任北京市财政局驻厂员处副处长、房改管理处副处长。1990年3月至1994年3月，任北京市财政局驻厂员处副处长、房改管理处副处长，北京市税收、财务、物价大检查办公室综合处副处长。1994年3月至2000年12月，任北京市财政局城建处处长、预算处处长。2000年12月至2002年11月，任北京市财政局副巡视员。2002年11月至2009年3月，任北京市财政局党组成员、副局长。2009年3月至2012年12月，任北京市统计局党组书记、局长。2012年12月至2016年1月，任台盟中央专职副主席。2016年1月至2017年9月，任全国台联党组书记、副会长。2017年9月至2017年12月，任台盟中央常务副主席。2017年12月当选台盟中央主席。2018年3月当选全国政协副主席。

第九届台盟中央副主席，第十届台盟中央主席，第十届台盟北京市委副主委。中共十七大、十八大、十九大代表。第十一届全国政协委员，第十二届全国人大常委、内务司法委员会副主任，第十四届海淀区人大代表。第八、九届全国台联副会长，第八、九届北京市台联会长。

李钺锋，男，1958 年 7 月出生于重庆市渝中区，台湾中坜人。2001 年 11 月加入台盟。1976 年 6 月参加工作。重庆大学经济与工商管理学院 EMBA 高级工商管理专业毕业，在职研究生学历，工商管理硕士，二级高级律师，国家二级大检察官。现任重庆市人民检察院副检察长，台盟中央常务副主席，全国人大常委、监察和司法委员会副主任，台盟重庆市委主委，重庆两岸经济研究所所长，重庆多党合作历史研究中心副理事长。

1976 年 6 月至 1979 年 12 月，重庆大阳沟工业公司工人。1979 年 12 月至 1986 年 12 月，重庆长征五星电器厂工人（其间：1982 年 9 月至 1985 年 7 月，在中央广播电视大学中文专业全脱产学习；1986 年 3 月至 1986 年 9 月，在西南政法学院重庆市企事业法律顾问培训班全脱产学习）。1986 年 12 月至 1997 年 9 月，任重庆市第一律师事务所律师（其间：1989 年 9 月至 1992 年 7 月，在西南政法大学法律系函授本科法律专业学习）。1997 年 9 月至 2004 年 11 月，重庆永和律师事务所主任（其间：1998 年 2 月至 2000 年 2 月，在西南政法大学刑法学专业研究生班学习）。2004 年 11 月至 2012 年 11 月，任重庆市人民检察院第一分院副检察长（其间：2006 年 3 月至 7 月，在中央党校学习；2007 年 7 月，在中央社院民主党派省级组织新任主委培训班学习；2007 年 12 月至 2009 年 12 月，在重庆大学经济与工商管理学院 EMBA 高级工商管理专业学习，获在职研究生学历，工商管理硕士学位；2011 年 8 月至 9 月，在中央社院第 26 期民主党派中青年干部进修班学习）。2012 年 11 月至今，任重庆市人民检察院副检察长（其间：2013 年 5 月至今，任重庆两岸经济研究所所长；2013 年 5 月，在国家检察官学院学习；2013 年 10 月，在国家行政学院党政省部级廉洁从政研修班学习；2014 年 9 月至 11 月，在中央党校秋季学期培训班学习）。2017 年 12 月，当选台盟中央常务副主席。

第八、九届台盟中央常委，第十届台盟中央常务副主席。台盟重庆市第一届工委副主委、第二届工委主委，台盟重庆市委第一、二、三届主委。第十一、十二届全国政协委员，第二届重庆市人大代表，第三届重庆市政协常委，第四届重庆市政协副主席，第五届重庆市政协委员。

张泽熙，男，汉族，1955 年 10 月出生于浙江杭州，台湾台北人。1995 年 9 月加入台盟。1976 年 12 月参加工作。南京邮电大学通信载波专业毕业，在职大学本科学历，高级工程师职称，享受国务院政府特殊津贴。现任台盟中央副主席、台盟浙江省委主委，浙江省台联会长，全国政协常委，浙江省政协副主席，全国台联副会长。

1976年12月至1989年7月，在邮电部五二二厂工作（其间：于1979年9月至1985年8月，参加南京邮电大学函授学院载波专业学习，获本科学历）。1989年7月至1991年1月，任邮电部杭州通信设备厂生产部副主任。1991年1月至1994年9月，任邮电部杭州通信设备厂生产处处长、经营处处长。1994年9月至1996年8月，任邮电部杭州通信设备厂系统部常务副总经理。1996年8月至1999年3月，任东方通信股份有限公司副总裁。1999年3月至2000年4月，任东方通信股份有限公司副总裁兼系统部总经理（其间：于1999年9月至2000年1月，参加中央党校台籍干部培训班学习）。2000年4月至2003年7月，任东方通信股份有限公司执行副总裁（其间：2000年8月参加中央统战部第二期民主党派中青年干部培训班）。2003年7月至2005年3月，任普天东方通信集团有限公司副总经理。2005年3月至2006年2月，任普天东方通信集团有限公司总经理。2006年2月至2006年4月，任普天东方通信集团有限公司总经理，东方通信股份有限公司董事长。2006年4月至2007年6月，任普天东方通信集团有限公司副董事长、总经理，东方通信股份有限公司董事长。2007年6月至2015年12月，任中国普天信息产业股份有限公司执行董事，普天东方通信集团有限公司副董事长、总经理，东方通信股份有限公司董事长（其间：2007年7月参加民主党派省级组织新任主委培训班；2013年9月至10月参加中央党校省部级领导干部“战略与思维”研讨班学习）。2015年12月至今，任台盟浙江省委专职主委、浙江省台联会长。2017年12月当选台盟中央副主席。

第八届、九届台盟中央常委，第十届台盟中央副主席。台盟浙江省委第一、二届副主委，第三、四、五届主委。第十一、十三届全国政协常委，第十二届全国政协委员。浙江省政协第八届委员，第九届委员、副秘书长，第十届常委，第十一、十二届副主席。全国台联第九、十届副会长。浙江省台联第六、七届副会长，第八届会长。

连介德，男，汉族，1956年2月出生于海南海口，台湾台北人。1985年7月加入中国共产党，1990年9月加入台盟。1975年8月参加工作。华南师范大学中文专业毕业，大学本科学历，文学学士学位，讲师职称。现任台盟中央副主席、台盟海南省委主委，全国政协常委、海南省政协常委。

1975年8月至1978年3月，在琼山县甲子公社农场当知青，任队长、场团支书、场总辅导员。1978年3月至1982年1月，在华南师范大学中文系学习。1982年1月至1991年1月，在海南师范学院中文系历任助教、讲师、办公室主任（其间：1985年9月至1986年7月，在暨南大学高校助教进修班学习；1988年9月至1989年7月，在中共中央党校培训部台籍中青年干部培训班学习；1990年12月至1991年1月，任台盟海南省委筹备小组副组长）。1991年1月至2002年1月，任台盟海南省委专职副主委兼秘书长（其间：1993年12月至1997年3月，兼任台盟海口市委主委；1993年3月至2002年9月先后兼任《华夏青年》《特区时空》杂志社社长兼总编、《海风》

杂志社社长；1998 年 10 月至 2002 年 9 月，兼任海台实验学校董事长）。2002 年 1 月至 2003 年 12 月，任台盟海南省委专职副主委。2003 年 12 月至 2007 年 4 月，台盟海南省委专职副主委、海南省台联主持日常工作的副会长。2007 年 4 月至 2008 年 5 月，任台盟海南省委专职主委、海南省台联主持日常工作的副会长。2008 年 5 月至今，任台盟海南省委专职主委。2017 年 12 月当选台盟中央副主席。

第五、六、七届台盟中央委员，第八、九届台盟中央常委，第十届台盟中央副主席。第一、二、三届台盟海南省委副主委，第四、五、六届台盟海南省委主委。第十一、十二届全国政协委员，第十三届全国政协常委，第二、五、六、七届海南省政协常委，第四届海南省政协委员，第二届海南省人大常委。第八、九届全国青联委员，第一、二届海南省统一战线理论研究会副会长。

吴国华，女，汉族，1961 年 9 月出生于黑龙江富锦，台湾苗栗人。1989 年 3 月加入农工党，2007 年 10 月加入台盟。1981 年 8 月参加工作。东北师范大学教育学原理专业毕业，在职研究生学历，学士学位。现任台盟中央副主席，全国政协常委、港澳台侨委员会副主任。

1979 年 9 月至 1981 年 8 月，在佳木斯市师范专科学校英语专业学习。1981 年 8 月至 1988 年 5 月，在佳木斯市第十二中学任教。1988 年 5 月至 1988 年 12 月，在佳木斯市台联工作。1988 年 12 月至 1998 年 4 月，历任农工党佳木斯市委科员、办公室副主任、办公室主任、秘书长（其间：1993 年 4 月至 1997 年 10 月，在哈尔滨师范大学中文系学习）。1998 年 4 月至 2000 年 1 月，任佳木斯市教委副主任（其间：1998 年 9 月至 1999 年 7 月，在北京大学经济学院经济管理系学习）。2000 年 1 月至 2002 年 11 月，任佳木斯市郊区副区长（其间：1999 年 7 月至 2001 年 5 月，在东北师范大学教育学原理专业在职研究生学习）。2002 年 11 月至 12 月，任佳木斯市人民政府市长助理。2002 年 12 月至 2008 年 11 月，任佳木斯市人民政府副市长（其间：2000 年 4 月至 2003 年 6 月，在黑龙江大学高等教育自学考试行政管理专业学习，获学士学位；2006 年 3 月至 2006 年 7 月，在中央党校台籍干部培训班学习）。2008 年 11 月至 2009 年 10 月，任台盟中央办公厅副主任。2009 年 10 月至 2013 年 1 月，任台盟中央副秘书长兼办公厅主任。2013 年 1 月至 2017 年 12 月，任台盟中央副秘书长兼组织部部长。2017 年 12 月当选台盟中央副主席。

第八、九届台盟中央常委，第十届台盟中央副主席。第十二届全国政协委员，第十三届全国政协常委，第八届黑龙江省政协委员，第九、十届黑龙江省政协常委，第十一届佳木斯市人大常委。第八、九、十届全国妇联执委。第七届全国台联理事，第八届全国台联常务理事，第六、七届黑龙江省台联副会长。

郑建闽，男，1965年6月出生于福建省泰宁县，台湾台北人。2007年12月加入台盟。1989年7月参加工作。华东师范大学西欧北美地理研究所地理专业毕业，研究生学历，地理学博士学位。现任台盟中央副主席，福建省人民政府副省长，福建省质量技术监督局局长，全国政协常委，台盟福建省委主委。

1982年9月至1986年9月，福建师范大学地理系学习。1986年9月至1989年7月，福建师范大学地理系硕士研究生学习。1989年7月至1990年7月，任福建省漳州市土地管理局办事员。1990年7月至1992年9月，任福建省漳州市土地管理局科员。1992年9月至1996年6月，华东师范大学西欧北美地理研究所地理专业博士研究生学习。1996年6月至2000年9月，任福建省土地管理局地籍处主任科员。2000年9月至2002年12月，任福建省国土资源厅规划处副处长。2002年12月至2006年9月，任福建省国土资源厅规划处处长。2006年9月至2008年9月，任福建省福州市国土资源局局长。2008年9月至2010年3月，任福建省福州市国土资源局局长、福州市土地发展中心主任。2010年3月至2014年6月，任福建省福州市国土资源局局长。2014年6月至2016年5月，专职任福建省福州市政协副主席。2016年5月至今，任福建省质量技术监督局局长。2017年12月，当选台盟中央副主席。

第九届台盟中央常委，第十届台盟中央副主席。第八届台盟福建省委副主委，第九、十届台盟福建省委主委，第六、七届台盟福州市委主委。第十二、十三届全国政协常委，第十、十一届福建省政协常委，第十一、十二届福州市政协副主席。

学术会议

学术会议

第七届参政党建设论坛

3月23日，第七届参政党建设论坛暨湖北省参政党理论研究专委会第十一届年会在湖北省社会主义学院举行，全国人大常委会委员、教科文卫委员会副主任、代表资格审查委员会副主任、致公党中央副主席严以新，省政协副主席、致公党湖北省委会主委张柏青，中央社会主义学院副院长朱沛丰，省委统战部副部长、省社会主义学院党委书记马萍出席论坛并致辞。九三学社省委专职副主委应楚洲出席论坛，并代表社省委作为第十二届执行副会长单位讲话。

严以新充分肯定了湖北省参政党建设理论研究所取得的成绩，并认为本届论坛暨年会的主题“民主监督与参政党建设”体现了中共中央关于加强民主监督工作的要求。他指出，民主监督是我国多党合作制度的重要内容，是民主党派的基本职能，是我国社会主义监督体系的重要组成部分。中共十八大以来，以习近平同志为核心的中共中央高度重视民主党派民主监督工作，民主监督的环境不断优化，内容和形式也不断创新发展。民主党派民主监督要适应新时期、新阶段提出的新要求，不断提高民主监督的针对性和时效性，更好地继承和发扬民主党派与中国共产党风雨同舟、亲密合作的优良传统，更好地坚持和完善中国共产党领导的多党合作和政治协商制度。

应楚洲在论坛执行副会长交接仪式上表示，民主监督是参政党的一项重要职能，对于中共党委、政府开展依法行政、精准扶贫、经济发展等工作具有很强的推动作用，对于加快参政党的自身建设，具有很好的提升效果。2017年，社省委将在选题上下功夫，与中共中央的会议精神相结合，与湖北省民主党派的履职工作相结合，在充分征求各方意见的基础上，确定合适的主题；在宣传发动上下功夫，号召全省党派成员和理论研究工作者积极参与，面向党派基层组织征集稿件，广泛开展调查研究，形成高质量的论文稿件；在论文评审上下功夫，延续论文查重的成功范例，配合省社院开展论文综合评审，确保评审过程公平、公正、公开；在年会论坛的举办上下功夫，邀请九三学社中央领导参加明年的年会，协力将论坛年会办成规模大、规格高、影响广的盛会，进而推动湖北省参政党理论研究事业蓬勃发展，再结硕果。

张柏青指出，要深入贯彻习近平总书记系列重要讲话精神和治国理政新理念新思想新战略，紧密团结在以习近平同志为核心的中共中央周围，多研究富有前瞻性、战略性的理论前沿问题，促进我国多党合作事业的蓬勃发展。

中央社会主义学院副院长朱沛丰肯定了湖北省社会主义学院参政党建设理论研究所取得的成绩，希望中央社会主义学院与湖北省社会主义学院进一步加强对接合作，共同开展理论研究，形成更多优秀成果，促进统一战线高端智库建设。

第七届参政党建设论坛暨湖北省参政党理论研究专委会第十一届年会是由湖北省社会主义学院、致公党湖北省委会、武汉大学、武汉理工大学、湖北省参政党理论研究专业委员会、中国统一战线理论研究会党外知识分子统战工作理论研究基地共同举办的学术论坛，本届论坛的主题为“民主监督与参政党建设”，省社会主义学院院长黄利鸣、武汉大学教授宋俭、武汉理工大学教授王智等专家在论坛上做了主题演讲，来自全国各地100余名专家学者参与了研讨。

“制度自信：比较视野中的中国政党制度”学术研讨会

7月6日下午，“制度自信：比较视野中的中国政党制度”学术研讨会在中共中央党校召开。来自中央统战部、中央党校、中央社会主义学院、北京大学、复旦大学、《求实》杂志社等单位的专家学者参加会议。

研讨会分为上下半场，分别由中央党校党建教研部副主任祝灵君教授和复旦大学政治学系主任、统战基础理论研究基地专家委员会主任陈明明教授主持，中央党校党建教研部主任张志明教授出席会议并致辞。复旦大学陈明明教授、中央统战部易玉娟巡视员、北京大学金安平教授等先后进行主题发言，中央党校祝灵君教授作研讨总结。《中共中央党校学报》编辑部主任刘学侠、《求实》杂志主编刘云华、中央党校党建教研部部分教师及研究生共同参与了此次研讨会。

中央社院中国政党制度研究中心第15届年会

中央社会主义学院中国政党制度研究中心第15届年会7月11日在湖南长沙开幕。来自中央统战部、各民主党派中央、部分高校、全国社院系统单位的120多位专家学者围绕“民主党派民主监督研究”主题进行了研讨。

中央社院党组副书记、副院长郑钢森在讲话中指出，7月3日，中共中央政治局委员、中央统战部部长孙春兰在中国统一战线理论研究会第六届理事大会上，对统战理论研究提出了政治引导、决策咨询、人才集聚三点希望和要求，这也是对政党制度研究中心下一步工作的要求。本次年会要在准确理解和把握习近平总书记统一战线重要思想，确保多党合作理论研究的正确政治方向的同时，对中国政党制度中的热点、难点、疑点和焦点问题进行深入研究，力争取得有说服力的研究成果，打造中国政党制度理论体系，确立中国政党制度的话语权，从而坚定中国政党制度的制度自信；会议将对民主党派民主监督问题进行深入研究和探讨，建真言，出实招，谋良策，为中共中央决策提供参考；要借这次年会把中国政党制度研究中心办成人才培养、人才成长、人才集聚之地。

郑钢森还介绍了去年以来中央社院围绕学习贯彻习近平总书记在中央社会主义学院建院60周年的贺信精神要求所进行的一系列改革，即着眼于政治共识教育，大力推进以“五史合一”为核心引领、以“五大建设”为现实支撑、以“大统战”为突出特色的模块化教学改革；着眼于文化共识教育，正式启动面向统战十大群体讲清楚中华文化的“十个讲清楚”教培项目。

九三学社中央副主席丛斌在主题报告中认为，我国的民主党派是中国特色社会主义参政党，民主党派民主监督是坚持中国特色社会主义政党制度的必然要求，是民主党派的重要政治职能之一。他从民主党派民主监督的性质、应坚持的原则、具体内容、形式和分类、保障机制五个方面深入分析了民主党派该如何发挥民主监督职能作用。

中共湖南省委常委、省委统战部部长黄兰香在致辞中指出，希望与会专家学者为完善民主监督理论政策体系、推动民主监督实践创新、提升民主监督实效，为阐释我国多党合作制度优越性、提升我国多党合作制度话语权、维护我国政治格局稳定，做出新的重要贡献。

据介绍，中国政党制度研究中心自成立以来先后举办了14次理论研讨会，编辑出版了14部年会论文集、10部《中国政党制度年鉴》。在政党制度研究领域享有较高声誉。作为社会主义学院系统规模最大、连贯性最强、持续性最久的研究平台和联系纽带，在学术交流、政策宣传、资政助教、人才培养等方面发挥了积极作用，在政党制度研究领域享有较高的声誉。与以往历次年会相比，本次会议专题讲座专家水平高，全国社院系统参加单位最多，中央统战部、民主党派中央和许多新闻媒体的朋友都参加了会议，可谓盛况空前。

中国人民政协理论研究会2017年度理论研讨会

9月17日至18日，中国人民政协理论研究会2017年度理论研讨会在广西壮族自治区南宁市召开。这次会议的主题是“党的十八大以来人民政协的创新实践”。全国政协副主席兼秘书长、理论研究会会长张庆黎出席并讲话，强调要深入学习贯彻习近平总书记关于人民政协工作的重要思想，总结交流党的十八大以来人民政协工作的创新实践，进一步深化对人民政协工作规律性的认识，部署迎接十九大、学习宣传贯彻十九大精神中的人民政协理论研究工作。

张庆黎强调，总结党的十八大以来人民政协工作的创新实践，首先要学习好、领会好习近平总书记关于人民政协工作的重要思想。要深刻理解把握习近平总书记关于坚持中国共产党对人民政协事业领导，坚持人民政协性质定位，加强团结联谊，围绕党和国家中心任务献计出力，实现好维护好发展好最广大人民根本利益，发挥人民政协在社会主义协商民主建设中的重要作用，加强和改进政协民主监督工作和推进政协履职能力建设等一系列重要思想。

张庆黎指出，党的十八大以来，全国和地方各级政协，坚决贯彻落实以习近平同志为核心的党中央关于人民政协工作的重大决策部署，坚持用新理念谋划工作，靠新思路解决问题，以新机制推动发展，政协工作取得显著成绩：一是完善党在政协的领导体制，把党中央的集中统一领导落实到政协工作各方面和全过程。二是打造人民政协协商议政格局，充分发挥社会主义协商民主重要渠道和专门协商机构作用。三是加强和改进民主监督工作，协助党和政府改进工作，解决问题。四是强化制度建设，不断提高政协工作制度化规范化程序化水平。五是狠抓政协委员和机关干部两支队伍建设，为做好各项履职工作夯实组织基础。六是推进经常性工作创新，不断提高政协工作科学化水平。

张庆黎强调，即将召开的党的十九大，是在全面建成小康社会决胜阶段、中国特色社会主义发展关键时期召开的一次十分重要的大会。深入学习贯彻习近平总书记“7·26”重要讲话，迎接十九大、学习宣传贯彻十九大精神，是当前和今后一个时期全党的重大政治任务，也是人民政协的重大政治任务。要抓住机遇、不负使命，开拓创新、扎实工作，立时代之潮头，通古今之变化，发思想之先声，不断提高政协理论建设水平，以优异的成绩迎接党的十九大胜利召开，为实现“两个一百年”奋斗目标、实现中华民族伟大复兴的中国梦不断做出新的更大的贡献。

广西壮族自治区党委副书记孙大伟出席会议并讲话。会议进行了大会发言。

全国政协副秘书长、理论研究会副会长刘佳义，全国政协副秘书长、理论研究会副会长舒启明，理论研究会副会长顾伯平分别主持会议。全国政协文史和学习委员会驻会副主任、理论研究会副会长陈惠丰做总结讲话。

中国人民政协理论研究会副会长、常务理事、理事、专家学者及地方政协有关负责人等 150 余人参加会议。

“学习贯彻党的十九大精神，总结推进政协工作创新实践”理论研讨会

11 月 24 日至 25 日，由中国人民政协理论研究会支持指导、深圳市政协和人民政协报社共同主办的“学习贯彻党的十九大精神，总结推进政协工作创新实践”理论研讨会在深圳召开。会议深入学习党的十九大精神、习近平新时代中国特色社会主义思想；总结近年来人民政协履行职能的工作亮点、创新做法，交流探讨城市政协工作规律特点，努力推进人民政协工作实践。

研讨会上，中央党校原副校长李君如、中国人民大学国际关系学院教授周淑真、中央社会主义学院教授张峰、中国政治学会副会长包心鉴、武汉大学政治文明与政治发展研究中心主任虞崇胜、复旦大学国际关系与公共事务学院教授浦兴祖、上海市社会主义学院副院长姚俭建等专家学者，就习近平新时代中国特色社会主义协商民主思想研究、人民政协制度在人民当家做主制度体系中的地位作用、协商民主是有根有源有生命力的中国智慧、社会主义协商民主的国家治理功能、准确把握“协商式监督”、十九大精神与政协新作为、协商式监督的理论意蕴与实践价值等内容提出了富有启发性的观点和建议。

南京、深圳、武汉、长春等15个副省级城市政协领导及浙江省、湖北省、上海静安区、海南三亚市等政协代表，就以习近平新时代中国特色社会主义思想为指引推进工作、以智慧政协建设推动创新发展、立足性质与定位探索履职践责、用足政协话语权、建立有效机制保证真协商、强化各级政协工作联动、畅通协商式监督“最后一米”、探索建立双月协商座谈会制度、打造人民政协定期协商平台等方面介绍了各地政协工作的实践与思考。

全国政协副秘书长刘佳义作总结讲话。他指出，这次理论研讨会立足思考、研究和推进城市政协工作，很有必要也很有意义。他提出，要按照党中央总体部署和全国政协的工作要求，深入学习宣传贯彻党的十九大精神，既要整体把握、全面系统，又要突出重点、抓住关键，坚持理论联系实际的马克思主义学风，切实做到学懂弄通做实。

中国人民政协理论研究会副会长顾伯平在开幕会议上致辞时指出，深刻认识和准确把握十九大精神，对人民政协理论工作找准方位、明确方向、强化责任十分重要。参会代表在一起学习领会十九大精神，交流政协工作实践经验，进行理论研讨，加强了各地政协联动、优势互补，促进了理论和实践成果共享。

全国政协副秘书长、民进中央副主席朱永新在会上发言提出，要推进协商民主广泛多层制度化发展，切实履行民主监督职能，建设无愧于新时代的参政党。

中央十九大精神宣讲团成员、全国政协社会和法制委员会副主任施芝鸿在会上做学习贯彻党的十九大精神辅导报告。

参政议政案例选

中国国民党革命委员会

一、关注环渤海地区水域治理与保护

党的十八大以来，中共中央将生态文明建设融入经济建设、政治建设、文化建设、社会建设各方面和全过程，努力建设美丽中国，实现中华民族永续发展。面对中央重视和社会关切，民革中央结合自身特色，围绕“保护生态环境，促进绿色发展”进行参政议政，2017年将环渤海地区水环境问题确定为年度重点调研课题。

民革中央邀请了国家多个部委的官员及专家学者共同就环渤海地区水域治理与保护问题进行座谈研讨；并由万鄂湘主席和齐续春常务副主席分别带队，同时邀请环保部、国家海洋局、中国环境监测总站、中国环境科学研究院等有关单位负责人及多位专家学者组成调研组，对环渤海水域治理和保护开展重点调研。调研组最终向中共中央和国务院呈报了《关于加强环渤海地区水域治理与保护的建议》，深入分析了环渤海地区水域治理与保护情况及存在的问题，提出渤海治理应按照陆海统筹、河海兼顾、联防联治的原则，通过体制机制创新，切实转变渤海周边产业发展和污染治理思路，在维护渤海生态健康的同时，实现环渤海地区经济社会可持续发展。

设立渤海综合管理委员会，这是民革中央给出的首要路径。具体来说，设立由国务院牵头，国家有关部委和环渤海三省一市政府参加的渤海综合管理委员会，由管委会统一安排环渤海地区的发展与保护规划，提出环渤海区域的有关立法建议，对渤海的污染防治、资源可持续利用、生态保护、产业布局、项目审批、环境监测实施综合管理，鼓励和引导公众广泛参与渤海生态环境保护。同时，在破除部门、地方利益的基础上，制定专门的《渤海保护法》或由国务院出台《渤海保护条例》，立法规范渤海污染防治、资源开发、产业规划、生态保护等。

其次，民革中央提出要严格控制海洋开发规模。严格审批开发项目，严格控制围填海规模，提高渤海新上项目和改扩建项目的海洋环境准入门槛，加大对海上船舶污染排放的监控和惩治力度，避免港口等基础设施重复建设。当前渤海海域海上油井数量达3400多个，海上油气产量占全国一半以上。而近年来频发的填海、污染、无序养殖等过度开发问题，正在透支着渤海海洋生态。建议应吸取蓬莱19—3油田重大溢油事故的教训，不在渤海水域新建油气开采项目，把渤海的油气资源尽量留给子孙后代。同时，要完善海域排污标准，以海域环境容量为基础，在渤海地区推进实施重点海域排污总量控制制度，加快制定与环境容量和总量控制相关规划、标准，严格控制陆源污染物排放。

再次，在海水养殖方面，民革中央建议按照养殖容量科学布局，实施近海养殖水域生态环境修复，明确限养区和禁养区，支持养殖生产向外海发展，推广健康和生态养殖技术，减少海水养殖对环境的不利影响。

最后，民革中央还提出要设立长效生态补偿机制。以生态补偿机制为抓手，扩大补偿范围，合理提高补偿标准，加快生态保护补偿效益评估、生态服务价值评估、生态损害鉴定评估机构和能力建设，逐步拓展跨地区、跨流域、上下游、近远海相衔接的生态补偿。同时，加大科研力度，成立专门的渤海治理科研院所，紧紧围绕解决当前渤海污染防治、资源衰退的实际问题，积极开展环境监测、环境评价、控制新污染源、渔业资源监测和调查及有关的基础研究工作。民革中央还建议国家设立渤海保护修复专项基金，同时建立“政府引导，地方为主，市场运作，社会参与”的多元化经费筹集机制，拓宽融资渠道，引导社会资本投入，用经济手段促进渤海流域治理和保护工作。

此建议很快得到了中共中央主要领导同志的重视，习近平、李克强、张德江、俞正声、张高丽五位中共中央政治局常委做出重要批示。

二、履行参政党职责，开展脱贫攻坚民主监督工作

中共中央在打赢脱贫攻坚战的总体部署下，赋予各民主党派与8个省份对接开展脱贫攻坚民主监督工作的新任务，是各民主党派履行职能、助力执政党和政府打好脱贫攻坚战的重要形式和崭新平台。贵州是民革中央脱贫攻坚民主监督的省份，自2016年7月以来，民革中央领导同志多次率队就此议题赴贵州调研，举全党之力，开展脱贫攻坚民主监督工作。经过调研，民革中央调研组发现三个事关脱贫攻坚战役全局的问题。

首先，民革中央组认为，要重视并帮扶安置易地搬迁群众就业的企业。

《中共中央国务院关于打赢脱贫攻坚战的决定》(以下简称《决定》)提出易地扶贫搬迁工作要“确保搬迁对象有业可就、稳定脱贫，做到搬得出、稳得住、能致富”。“十三五”期间，国家计划对近1000万建档立卡贫困人口实施易地扶贫搬迁，解决居住在“一方水土养不起一方人”地区贫困人口的脱贫问题。实现这个宏大的目标离不开一大批安置易地搬迁群众就业的企业。这些企业如果能够持续健康发展，搬迁群众的就业就能稳得住，致富奔小康的道路就能越走越宽。

《决定》明确指出“吸纳农村贫困人口就业的企业，按规定享受税收优惠、职业培训补贴等就业支持政策”。

民革中央调研组发现，安置易地搬迁群众就业的企业普遍存在一些困难：一是规模小实力弱，以中小企业、民营企业为主体，普遍缺乏科技创新能力和市场竞争力。二是财政金融扶持力度不够，企业获得银行贷款比东部地区中小民营企业更难，税收优惠也存在办事流程不够简化、办事期限较长等问题。三是职业培训能力不足，不少搬迁群众初期难以适应企业用工需求，企业和贫困地区人社部门无力对搬迁群众实施更多有针对性的培训。

针对这些问题，民革中央建议国家重视并帮扶安置易地搬迁群众就业的企业，出台精准政策，让企业有更大的能力帮助易地搬迁群众就业致富。具体建议如下。

一是给予融资便利与优惠。在税收优惠之外，根据各贫困地区企业的实际情况，动

用财政贴息资金及部分金融机构的富余资金，给予和支农再贷款同样优惠甚至更优惠的利率，优惠程度可与安置易地搬迁群众比例挂钩。对有稳定订单的企业，允许采用过桥贷款方式帮助稳定生产。

二是帮助企业获得科技成果转让。通过扶贫开发大数据平台和社会扶贫对接平台，鼓励国有企业、大中型企业、科研院所向这类企业无偿或优惠转让专利或技术，帮助企业以较低的成本获得科技成果转让，提高市场竞争力。

三是落实中央的税收优惠。落实中央文件精神，对吸纳易地搬迁群众就业及在搬迁安置区创办企业吸收就业的企业予以税收支持，如针对吸纳 10 人以上搬迁群众就业的企业，可比照残疾人用工政策，给予优惠鼓励，如优先纳入政府采购名单等。

四是开展订单式职业教育。建立贫困学生职业教育资助管理信息系统，为易地搬迁的困难学生、有用工需求的企业、职业学校三方沟通需求，实施“9+3”教育精准扶贫，让易地搬迁的困难学生资助政策与扶贫职业教育培训政策无缝连接。

其次，民革中央认为，要增强脱贫识别阶段的协同性，提高精准度。

调研组在民主监督调研中发现识别阶段有几个问题。一是个别区县的核准贫困对象数与省级扶贫办下达的贫困对象数有差距。二是个别地区的民政、扶贫等部门政策和数据口径不统一，如有的县低保线标准为 3060 元，贫困线标准为 2968 元，两部门的兜底贫困数据也不对应，低保户、五保户等既有政策尚未与脱贫政策有效衔接。三是识别程序和标准还有待进一步完善，如普遍采用的“四看法”关注“一看房、二看粮、三看劳力强不强，四看有无读书郎”，但建房举债、余粮养猪等问题在个别地区标准不一。

民革中央建议：一是各级各部门更好协同合作。完善省市县三级统筹协调，利用好大数据平台，提高工作精细化水平，部门间尽可能同步、同口径核算，共享数据信息。二是更为精准地识别贫困户。综合考虑贫困户负债和负债原因、外出务工人员收入等情况，在测算贫困户人均可支配收入时，除按当年市场价格测算粮食和禽畜，也应扣除贫困户生活所需粮食，以尽量精准。三是将脱贫政策与既有低保户、五保户等政策衔接。在住房、医疗等方面，给予低保户、五保户等更切合实际的扶助办法。

最后，民革中央认为，要重视贫困人口同步实现精神脱贫。

留守老人、妇女和儿童生活条件和心理健康状况及其潜在的社会后果堪忧，贫困加剧了亲情淡薄的现象，调研组了解到很多家庭甚至五年都没有与在外打工的亲人团聚，个别贫困地区甚至出现了留守儿童自杀等事件。

民革中央建议在重视物质精准脱贫的同时，高度重视精神脱贫问题，提出几点建议：

一是帮助贫困户家庭在重要节日团聚。发挥各级帮扶主体、公益组织和社会爱心人士的力量，帮助没有条件阖家团圆的贫困户家庭在家乡或打工所在地团聚，用爱心温暖亲情。仅需花费往返火车票和意外险的费用，即可帮助部分留守儿童和老人在重要节日和家人团聚。

二是注重“扶智”和“扶志”。加强宣传引导，鼓励勤劳致富，自强不息，反对好逸恶劳、不劳而获，在学校教育中增加自立、自强的传统美德教育内容，防止等靠要的思想。对易地搬迁群众中自强不息、通过勤劳脱贫致富的模范人物在全国、全省表彰奖励宣传。

三是配套建设一批寄宿学校。通过大数据平台和农村留守儿童摸底排查，选定留守学龄儿童较为集中的区域，规划建设一批高质量的寄宿学校，建设与管理可公办、民办相结合，既能解决家长的后顾之忧，也能让儿童健康成长，还能接轨中等和高等职业教育。

2017年2月，民革中央就相关问题向中共中央、国务院领导同志报送《关于脱贫攻坚民主监督中发现的问题的建议》，得到了习近平、李克强、俞正声、汪洋同志的批示。

三、借力“一带一路”　助推西北发展

2017年4月至5月，全国人大常委会副委员长、民革中央主席万鄂湘和全国政协副主席、民革中央常务副主席齐续春分别率民革中央调研组，就“‘一带一路’西北发展战略”赴陕西、甘肃、内蒙古、宁夏等地开展调研，并形成《关于确立“一带一路”西北发展战略的建议》，旨在助力西北地区的可持续发展和“一带一路”建设的深入推进。

1. 呼吁国家层面　尽早确立“一带一路”西北发展战略

民革中央向中共中央、国务院提出，确立“一带一路”西北发展战略，即在“一带一路”建设框架下制定西北发展战略，通过制度安排提供有力的政策和资金保障，优化西北地区发展环境，建立开放型经济体系，拓展我国区域发展新空间。坚持国际视野、全局观念、中国特色，统筹国内、国际两个市场，发展壮大西北地区优势特色产业集群。明确西北六省区参与和融入“一带一路”建设的功能定位，依托国际大通道和经济走廊建设，因地制宜实施重大规划、重大政策和重大项目，推动西北地区创新发展、协调发展、绿色发展、开放发展和共享发展。

具体而言，民革中央建议，成立“一带一路”西北发展战略领导小组及办公室，建立西北地区合作发展机制，加强统筹指导和综合协调，推动西北六省区发挥优势、相互借力、抱团发展。

2. 坚持协同发展　建立西北地区开放型经济体系

在“一带一路”建设的大背景下，孤立，只能无援。民革中央建议，进一步提高互联互通设施水平，统一规划建设西北地区对接“一带一路”的基础设施，增强西北地区东进西出、北上南下的连接性，为要素集聚和产业发展创造条件。同时，通过国家大数据中心建设规划布局，加强西北地区信息基础设施水平和国际通信出入口能力，打造和平、安全、开放、合作的网上“一带一路”。

具体路径包括：结合西北地区脱贫扶贫、就近就地城镇化、产业转型升级等发展需求，引导东部污染少、吸纳就业多的产业向西北地区转移；明确“受益者付费”方式，推进水权、碳排放权等市场交易，对西北地区生态保护加大补偿力度；加快引进符合西北地区发展需要的国内外先进理念、技术、经验等，制定收入分配激励政策和特殊贡献荣誉奖励制度，吸引人才向西北地区聚集，鼓励各类人才扎根西北地区建功立业。

3. 坚持重点突破　构建中国经济发展重要支撑带

民革中央提出，要积极引导西北地区各省区差异化发展，统筹西北六省区发挥比较优势、加强分工协作，推动西北地区发挥整体效能。比如，结合陕西、甘肃等地军工和地缘优势，建设军民深度融合创新示范基地，促进国防经济和地方经济深度融合发展；

结合内蒙古、新疆、宁夏等地农牧业优势，建设现代农牧业发展中心，建立种子（种畜、种禽）研发培育中心，加快形成健康土壤、安全食品、生态“肉仓”发展新格局；加强西北地区历史文化遗迹、非物质文化遗产的保护利用，大力发展文化创意产业；支持甘肃、青海、内蒙古等地建设中医药（含民族医药）基地，在宁夏建设丝绸之路生命健康工程中心，促进国际健康服务合作等。

调研结束后，民革中央报送的《关于确立“一带一路”西北发展战略的建议》，得到习近平、李克强、张德江、俞正声、刘云山、张高丽、孙春兰等领导同志重要批示。

四、建言提高可再生能源使用效率，助推我国能源结构优化

积极发展水电是“十三五”时期我国优化能源供给结构、提升非化石能源消费比重的重要手段。2017 年春节前夕，李克强总理到云南考察，要求积极探索电力电量平衡调度模式，把区域内乃至西南地区的电站整合起来，搭建合作共赢的电力统筹调度中心，平衡水电火电发展，实现电网平衡稳定运行，在充分论证的基础上，争取把“能源云”放大，探索构建西南地区水火平衡模型，化解云南对外输电、水电弃水矛盾。为提高水电等可再生能源利用效率，2017 年 5 月 7 日至 9 日，民革中央主席万鄂湘率队在云南调研期间，专门就云南水电等能源利用问题听取了相关部门意见。

调研组了解到，云南是我国水力资源最为富集的地区，清洁能源占绝对比重，也是我国“西电东送”重要的电源基地，但随着电力需求增长放缓，电力供求失衡的矛盾逐渐凸显，弃水窝电比重连年攀高。云南可再生能源利用中存在的问题主要有：“西电东送”目标市场主要集中在南方电网，消纳能力有限，电力资源没有得到充分利用；两网分割的局面难以突破，占全国四分之一的云南水电资源只送给广东、广西和上海三地，统一开放、竞争有序的“西电东送”市场格局尚未形成；受多方面因素影响，“西电东送”电价偏离水电资源价值；各类能源企业恶意竞争、无序竞争；仅依靠云南省难以推进能源国际合作，需要做好国家之间的顶层设计和政策支持。

根据调研中发现的问题，民革中央提出六点建议：

1. 建立西南水电消纳协调机制

成立由国务院分管领导任组长的西南水电消纳协调领导小组，在全国范围内协调统筹各地、各类能源建设，并逐步提高非化石能源消费比重，实现水电资源的充分利用。加大统筹平衡，在全国范围内统筹火电和清洁能源建设。坚持开发与市场消纳相结合，统筹水电的开发与外送，在保证电网安全的前提下让西部水电大省在更大的电力市场中参与水电火电平衡。

2. 研究通过大数据、“互联网 +”建立调度监控模型

应用大数据和“互联网 +”等技术，在云南省实施流域水电、多种能源优化调度。在此基础上，探索实现跨流域、跨区域的统筹优化调度，协调解决各区域受降雨影响，水电的年度、季度之间运行和调控不稳定等问题。通过建立以水电为主的西南调度监控模型，在昆明建立西南水电调度中心，面向全国电力市场，更好地实现水火电平衡调度。

3. 加快送电通道和市场建设

推动跨网跨省送电通道和市场建设，拓展云南水电国内、国际消纳空间。打破两网

和省际壁垒，协调华中、华东乃至全国火电占比高的省区向西南水电开放市场。加大跨网跨省跨区输电通道建设投资补贴力度，以边际成本核定增量输配电价，并创新输电价格形成机制，通过形成稳定的投资回报预期，吸引社会资本参与输电通道建设。

协调推进云南与缅甸、越南、老挝、泰国以及孟加拉等周边国家电力互联互通项目建设。同时出台严格措施，确保网、源同步规划建设，并要求新建项目提前落实市场空间，防止新“弃水窝电”现象发生。

4. 出台火电去产能相关具体政策

出台火电去产能涉及的具体政策，提高火电企业去产能积极性。重点开展布局不合理的、无法调节的 30 万千瓦以下火电机组的去产能工作。进一步完善两部制电价，促进电力用户节约公共电力设施的固定成本和运行成本。利用现代技术，把在基本负荷运行的机组改造为调峰运行，增强清洁能源和电力负荷的波动性调节能力。

5. 协调输配电价有关问题

合理核定输电电价，做好输配电价的多元化疏导。区分计划电量输电价格与超计划增量送电输电价格，提高水电竞争力，促进消纳。进一步下放电价改革权限，允许各省根据自身实际在监管周期内调整输配电价格，使更多电力用户享受改革红利。

6. 采取综合措施促进水电消纳

国家将水电列入鼓励利用的可再生能源范围，将消纳水电资源份额作为非化石能源消费考核指标，在能源消费“双控”中，不计入接纳外来水电。在节能指标考核、绿证制度、碳交易等政策中，同等对待水电与非水可再生能源。分区域制定用能相关的产业政策，促进水电资源的开发利用。

根据调研结果，民革中央向中共中央、国务院领导同志报送了《关于提高云南水电等可再生能源利用效率的建议》，得到了李克强、张高丽、汪洋、马凯等领导同志的批示。

五、关注农业供给侧改革，推进农产品质量提升

2016 年召开的中央农村工作会议和 2017 年中央一号文件都提出，要深入推进农业供给侧结构性改革，立足比较优势，优化区域结构，加快建设粮食生产功能区、重要农产品生产保护区、特色农产品优势区，推进农业提质增效与农民收入持续增长。为此，2017 年 3 月，民革中央主席万鄂湘率调研组前往湖北，就“深化农业供给侧结构性改革，推进农产品质量提升与有效供给”开展专题调研。

调研组与相关部门负责人以及部分农业专家和企业代表座谈，详细了解湖北省推进农产品质量提升与有效供给方面的实践、经验及建议。

调研组了解到，近年来，湖北省委、省政府以推进农业供给侧结构性改革为主线，着力调整优化农产品结构，进一步推广农业绿色生产方式，全面加大质量安全监管力度，农产品的质量和有效供给能力不断提升，许多特色明显的绿色优质农产品产业集群已经形成，在国内、国际市场都有一定的竞争力。如：

稻田综合种养成果显著。稻田综合种养是农业调结构转方式的成功探索，对稳定粮食生产、促进农民增收，推动农业供给侧改革和可持续发展具有重要意义。湖北是稻田综合种养大省，其稻田综合种养产业的技术研发水平和推广应用规模，均处于全国领先

地位，尤其是“稻 — 虾”模式在全国处于主导地位，经济效益和生态效益非常显著，为推进稻田综合种养在全国的发展积累了丰富的经验。

“双低”油菜产业前景无限。湖北是油菜大省，不仅油菜总产量和双低率连续 21 年位居全国第一，而且精深加工科研成果突出，居国内外领先水平。湖北“双低”菜籽油安全卫生指标高于国家标准，营养含量可与橄榄油媲美，极具市场竞争力。当前，湖北以技术创新和产业化经营为重点，以满足城乡居民安全营养需求为方向，积极建设“双低”优质油菜保护区，全力打造优质菜籽油品牌。

水产品产业潜力巨大。作为我国重要的淡水水产品产业基地，湖北发挥“千湖之省”的天赋优势，以做大水产品产业为目标，坚持以加工增值为核心，以园区建设为依托，以品牌建设为抓手，积极开拓国内国际两个市场，取得了良好的发展成效，已成为农业和农村经济中发展最快的产业。

水生蔬菜产业得天独厚。湖北水生蔬菜的种植规模、产量、产值多年来稳居全国第一。目前，湖北调整农业产业结构，在适宜地区大力发展水生蔬菜生产及其相关加工企业，水生蔬菜基地、科研、加工和市场稳步发展，已初步形成区域化布局、专业化生产、产业化经营的良好格局。

同时，调研组在调研中也了解到，湖北特色农产品的潜力发挥和空间提升还有很多不足，存在着产业链条短，加工业发展滞后；农产品市场体系建设滞后，流通体系不健全；品牌培育不够，品牌知名度不高等问题。针对问题，调研组提出了两点建议：

1. 深化农业产业结构调整，继续对湖北特色优质农产品产业发展给予重点支持和鼓励

湖北特色农产品产业优势明显、基础牢固、特色鲜明，特别是稻田综合种养模式和“双低”油菜等产业，对保障国家粮食安全、生态安全和农产品有效供给具有重要意义。建议进一步加大扶持力度，充分发挥湖北稻田综合种养模式和“双低”油菜等特色优质农产品产业在全国的示范与带动作用。

2. 在湖北创建特色农产品优势区

2017 年农业部、中农办、发改委、财政部等九部门联合印发《关于开展特色农产品优势区创建工作的通知》。据了解，湖北省正在积极准备相关材料，申报创建特色农产品优势区。为此，建议国家在湖北创建特色农产品优势区，对湖北特色农产品建设给予指导，进一步提升湖北农业发展的综合实力。

根据调研结果，民革中央向中共中央、国务院领导同志报送了《关于发挥湖北特色农产品资源优势，推动现代农业发展的建议》，得到了李克强、张高丽、汪洋等领导同志的批示。

中国民主同盟

一、加快推进我国农机装备产业转型升级的建议

农机装备是发展现代农业的重要支撑和物质基础，是《中国制造 2025》重点发展的十大领域之一。中共中央、国务院在 2017 年初发布了《关于深入推进农业供给侧结构性改革　加快培育农业农村发展新动能的若干意见》，提出加快研发一批农机装备，提升农机核心零部件自主研发能力。国家高度重视农机装备产业发展，政策支持力度持续加强，生产规模跃居世界首位，产品技术水平明显提高，国际化步伐逐步加快。但是，总体而言，我国农机装备产业“大而不强”，与国内农业实际需要和国际农机发展趋势相比，存在一些突出问题。

一是产品种类不全、结构较为单一；二是关键技术和零部件受制于人；三是农机农艺融合不紧密；四是体制机制尚不健全，补贴政策存在不足；五是国内农机装备产业竞争格局分散，行业整体效益低水平徘徊。

为此，民盟中央建议：以推进供给侧结构性改革为主线，改革创新，破除障碍机制，提升行业资源配置效益，突出产业结构调整重点，引导企业增强创新能力，促进我国由农机装备制造大国向制造强国转变。

1. 推进供给侧结构性改革，增加农机装备有效供给。针对要求和需求，发展高端农机装备、适宜丘陵山区的农机装备、经济作物用农机装备，采用先进技术改造提升农机装备产业，建立健全农机装备标准化管理体系，加大检验检测机构的整合和重组力度。

2. 强化产业创新能力，加大农机人才培养。加快建立一批面向全行业的国家重点实验室、工程技术研究中心、创新联盟等共性科研创新平台；支持地方开展特色优势产业技术研发，支持企业提升农机农艺融合技术研发能力；择优扶持一批重点农机骨干企业；设立国家农机装备研发创新资金，将农机装备列入国家“双一流”建设序列。

3. 完善行业管理体系，加大财税金融支持力度。尽快建立、完善农机装备发展部际协调机制；注重发挥行业协会、商会的市场主导作用；建立精准长效的农机购置补贴机制；扩大新机具补贴试点范围、扩大作业补贴范围；进一步降低农机企业增值税和所得税的税率，减轻企业负担；鼓励建立农民购机的信贷扶持政策。

4. 紧抓“一带一路”发展机遇，推动农机产品“走出去”。把农机装备纳入国家“走出去”战略，制定农机装备“走出去”规划；倡导建立“一带一路”农机联盟，搭建区域各国农机信息交流平台；引导、鼓励我国农机企业积极参与国际标准制订修订；认定

一批农机产品出口基地，鼓励和支持基地发挥出口导向作用。

民盟中央的政策建议信得到了中共中央领导的高度重视，习近平总书记、李克强总理做出重要批示，汪洋、马凯等中央领导同志也予以批示。2017 年 11 月 7 日，时任国务院副总理汪洋亲自主持会议，落实总书记、总理的批示要求，专门研究“加快推进农机装备产业转型升级”问题，并邀请民盟中央领导出席会议。国家发改委、教育部、科技部、工信部、财政部、商务部、人民银行、国资委、质检总局、国研室等 13 家单位负责同志出席会议。农业部部长韩长赋、副部长张桃林和工信部副部长辛国斌做了汇报，民盟中央副主席徐辉、参政议政部部长范芳参加会议，徐辉副主席代表民盟中央做了发言。会议对促进农机装备产业发展做出了切实有效的部署。

陈　亮　民盟中央参政议政部调研处副调研员

二、改进和完善师范生免费教育工作的建议

2007 年，国务院决定依托 6 所教育部直属师范大学开始实施师范生免费教育，这一政策带动了 28 个省（区、市）在当地实施同类政策，形成了国家和地方师范生免费教育分层政策体系。这一政策对改善东中西部地区及城乡之间的师资配置、补充农村中小学教师、推动基础教育师资建设、促进教育公平产生了积极的推动作用，同时缓解了困难家庭的经济压力，这在全力推进脱贫攻坚任务的现阶段具有重要的现实意义。

但在这一政策的实施过程中，还存在着人才培养的投入与实际成效未达到理想匹配状态、就业现状与政策预期产生一定差距等问题。

当前师范生免费教育存在以下主要问题：

第一，政策效果和政策吸引力下降。部属师范大学招生人数逐年下降，毕业后违约率却呈上升趋势，例如华东师大，2009 年招生数为 1468 人，2016 年已减少至 413 人。

第二，地方需求一直很大，但部属师范大学却“志不在此”。各地每年上报教育部的免费师范生招生需求数量始终维持在两万人以上的高位，特别是中西部省份需求更是强烈；但在当前“双一流”建设背景下，免费师范生培养任务在很大程度上与部属师范大学规划的发展方向不一致。

第三，现行政策规定在一定程度上抵消了“免费”的吸引力，也影响了优质生源报考。另外，部属师范大学的教育水平和质量都比较高，其毕业生自身职业期望和规划也比较高，不满足于去中西部、农村中小学教书。

第四，保障免费师范毕业生“有编有岗”政策与现行人社、编制等部门“逢进必考”政策存在一定冲突，部分免费师范生到中小学任教长期处于“无编无岗”状态。

为此，民盟中央建议：

1. 大力推动和鼓励地方扩大实行师范生免费教育政策，使地方师范院校成为培养主体。如：加大省级财政对地方学校的支持；省级教育行政部门结合本地教师岗位分布情况及发展趋势，科学制定中小学教师队伍建设长远规划；明确地方师范生免费教育主要侧重解决地方教师短缺和结构性问题，重点为农村中小学培养骨干教师。这样做，既可

有效保持招生规模，并促其持续增长；地方学校对于服务当地也更具针对性优势，能更好地实现为农村基础教育培养“下得去、留得住、教得好”的骨干教师的政策目的。

2. 部属师范大学主要发挥指导和政策研究的作用。经过十年实践，部属师范大学积累了较为丰富的经验，也形成了一系列行之有效的培养方案。应发挥其优势，鼓励其持续开展指导和政策研究、评估工作，并以部属师范大学为主体，开展与地方师范院校的合作，逐渐建立沟通、交流和研究政策效果的区域性乃至全国性网络，为政策的改进、完善提供支撑。

3. 将政策重点逐步从培养过程转向岗位保障。师范生免费教育政策虽然具有很好的正面意义，但为规定性就业所设计的限制性条款，与当代社会年轻人的职业规划和期望之间难免存在矛盾。更好也是更有效的做法，是将相关政策的重点转向提高农村基础教育师资岗位的吸引力和从业者的权益保障。应完善相关制度安排，贯彻落实好《乡村教师支持计划（2015—2020年）》；进一步完善“特岗计划”“支教轮岗”，多渠道补充农村地区师资。

4. 进一步加强和完善免费师范毕业生就业管理，适度调整政策，以调动生源的报考积极性。一是参考国际类似项目、国内其他行业类似项目，适当缩短免费师范毕业生强制性服务年限。比如：由10年调整为6年；其中，到城镇学校工作的免费师范生，应到农村义务教育学校任教服务1年。二是制定免费师范毕业生履约管理办法，健全在职履约跟踪管理机制，加强履约管理，确保其严格履行教育协议；完善退出与补充机制，对免费师范毕业生违约退费管理等做出进一步规范。三是加强与“特岗计划”等项目的衔接，吸引更多优秀学生就读师范。四是加强地方政府统筹领导，落实地方教育部门、人社部门和编制部门相关责任，确保免费师范毕业生到中小学任教有编有岗。五是将“师范生免费教育政策”更名为“师范生公费教育政策”，以使政策名副其实。

在2017年7月21日召开的中共中央党外人士座谈会上，全国政协副主席、民盟中央常务副主席陈晓光代表民盟中央发言，他在发言中提出了“调整和完善师范生免费教育政策，助推基础教育均衡发展”建议。会后，民盟中央补充完善相关内容，向国务院领导报送了《关于改进和完善师范生免费教育工作的建议》，建议得到了时任国务院副总理刘延东同志的重要批示。2017年9月28日，教育部领导率相关司局负责人来民盟中央，汇报落实领导人批示的情况，就深化新时期教师队伍建设改革等方面工作做了沟通和交流，同时就即将出台的教师教育等政策进一步征求民盟中央的意见、建议。

伊　方　民盟中央参政议政部信息处副主任科员

三、高度重视生物多样性保护利用及生态安全的建议

中共十八大以来，中共中央、国务院高度重视生态文明建设，统筹推进“五位一体”总体布局和创新、协调、绿色、开放、共享的新发展理念，倡导尊重自然、顺应自然、保护自然的生态文明理念，坚持绿水青山就是金山银山，坚定不移走绿色发展之路。云南是我国生态系统最为丰富的省份，除海洋、沙漠生态系统外，拥有中国几乎所有的生态系统类型，占4.1%的国土面积拥有超过全国50%的植物、动物和微生物种类；加之云

南地处 6 条大江河的上游或发源地，有 4060 公里的边界线，其生物多样性及生态安全在国家生态安全中的地位和作用举足轻重，具体体现为：

1. 生态保障屏障作用。云南有中国面积最大、类型最多的热带雨林和十分特殊的干热河谷生态类型，如果这些生态系统遭到破坏，将会使大江河下游的中国东部及东南亚国家的社会经济发展遭受损失，直接影响下游地区约 5 亿人的生产和生活。

2. 物种保存的国际影响。许多生物物种是云南独有，这些物种如果在云南消失，将会在中国甚至世界上消失；如：世界独有的滇金丝猴和中国仅在云南存在的亚洲象、绿孔雀及中国最高的望天树等。中国 500 多种主要栽培植物中有 200 多种起源于云南；云南省境内的 19365 种高等植物中，特有植物约占三分之一，濒危物种约 5000 种。

3. 粮食安全的保障作用。种植水稻的野生近缘种所保存的一些生物学性状，为人类提供了重要的遗传基础，一旦我们的粮食安全受到威胁，这些粮食野生近缘种将发挥重要作用，为国家的粮食安全提供基因多样性的保证。野生稻在云南保存有 3 个物种，均为国家一级保护植物，但一些生存地已经消失。

4. 生物药的独特效果。如：三七系列产品每年产生上百亿的产值并造福于人类的健康，而三七来源于云南当地的野生种；灯盏花是典型的云南民间药用野生植物，每年产生数十亿的产值，并已成为具有中国特色的治疗心血管病的重要药物；在云南野外分布广泛的红豆杉，可提取紫杉醇，是治疗癌症的重要药物。

5. 生物资源在科研应用中无法合成或被替代。如：沉香仍无法人工合成，大部分共生真菌仍只能依靠野生资源，云南的小耳猪、大河猪是独有的饲养动物遗传资源，云南野生的猕猴在研究人类疾病中仍无法替代。

近年来，云南省秉承“生态立省、环境优先”发展战略，注重相关科学研究，通过地方立法、建立自然保护区、强化水土治理措施、石漠化治理、野生动植物保护等措施，使得生物多样性及生态安全相关工作取得明显成效，但仍然面临不少困难和问题。

1. 境内生物多样性保护形势依然严峻。云南的自然保护区面积仅占云南省国土面积的 7.23%，不及中国自然保护区占国土面积水平（14.83%）的一半，与一个生物多样性大省及其重要地位严重不符。一些重要的生态系统仍没有得到有效保护，流域内江河水质污染、森林系统脆弱、水土流失与沙漠化严重、河湖湿地退化、生物多样性减少等问题依然突出。

2. 跨境生态安全需要引起高度重视。云南与东南亚多个毗邻国家有着广泛的跨境农业生态区，该区既是我国农业“走出去”的便利通道，又是外来生物入侵的天然路径。周边国家欠发达、有害生物种类多、疫情复杂、疫情防控措施不力、双边及多边合作机制不全等因素导致云南成为我国遭受外来生物入侵最为严重的地区。目前，云南已查明紫茎兰等外来入侵物种 209 种，给当地农林业生产及生态带来了重大经济损失；有的外来有害物种（如稻飞虱）还经由云南迁移扩散到南方多个省区，对国家生态安全和生物多样性构成严重威胁。

民盟中央建议，充分认识加强生物多样性保护利用和生态安全事关国家利益，充分认识加强云南生物多样性保护利用和生态安全的重大作用，将云南及周边区域建成我国重要生物多样性资源库和国家西南生态安全主要屏障，凸显其在全国生态建设大局中的重要地位和独特优势，确保国家生态安全。

1. 采取多项政策措施，进一步强化和发挥好西南生态屏障建设在国家生态安全中的作用。按照保护优先、持续利用、公众参与和惠益共享的基本原则，从国家层面，通过加大财政转移支付和实施重大项目等扶持措施向生物多样性保护重点区域倾斜。适时将野生动物驯养繁殖和野生植物培育利用纳入国家扶持范围，完善野生动物致害补偿和生态补偿机制。

2. 进一步加强以自然保护区为主的就地就近保护能力建设。在云南建立生物多样性保护特区，增加保护区、保护地类型，合理划定、扩展和调整保护区的数量及面积，打破条块分割，试点打造具有区域代表性的国家公园，推进典型生态系统和种质资源保护。加大典型生态系统、物种、基因和景观多样性的保护力度，全面提高自然保护区管理系统化、精细化和信息化水平。分类稳妥有序地组织自然保护区的核心区、缓冲区生态移民，把保护与产业发展、改善民生有效结合，给予特殊的保护政策，调整重要区域地方政府考核评价机制，将保护成效作为考核的内容。

3. 构建生物多样性与生态安全的科技支撑体系。以三个国家重大科学基础设施（中国西南野生生物种质资源库、模式动物表型与遗传研究设施、华大基因研究院深圳国家基因库）为主线，包括植物化学与西部植物资源持续利用国家重点实验室（昆明植物研究所）、遗传资源与进化国家重点实验室（昆明动物研究所）、云南生物资源保护与利用省部共建国家重点实验室（云南大学与云南农业大学），整合全国在生物多样性和生态安全领域的创新资源，组建生物多样性与生态安全国家重点实验室和研究中心，依托我国生物多样性研究最有优势的创新单元，推动科技创新，破解绿色发展难题。

李克强总理收到民盟中央政策建议信后高度重视，并做出重要批示。2017 年 4 月 6 日，为贯彻落实李克强总理的批示精神，环保部和民盟中央参政议政部在云南省环保厅召开座谈会，进一步调研了解云南生物多样性的保护利用及生态安全的现状和需求，听取、研究与会专家的意见建议。在此基础上，进一步提出有针对性、可操作性的政策措施，促进云南乃至全国生物多样性保护工作的开展。

姚　婧　民盟中央参政议政部办公室主任科员

四、运河文化经济带建设，助推“一带一路”倡议

2017 年 2 月 24 日，习近平总书记在调研时强调，保护大运河是运河沿线所有地区的共同责任。建设运河文化经济带，正是“一带一路”发展战略中非常重要的一部分。然而，由于京杭大运河的开发利用一直缺少国家层面的统一规划，致使运河沿线各地的文化经济资源长期处于无序开发、岸线低效利用的状态。运河开发与保护存在的一系列亟待解决的问题。具体如下：

一是大运河保护缺乏法律体系支撑。国家层面对大运河并没有专项法规保护，2012 年文化部颁布的《大运河遗产保护管理办法》并不能完全涵盖运河保护的方方面面。地方层面仅山东省颁布了《山东省大运河遗产山东段保护管理办法》，其他运河沿线各省市

都没有地方法规。

二是大运河保护开发缺乏完善的协调和沟通机制。中国大运河文化遗产的管理一直没有坐实国家层面的统一规划，也没有坐实运河管理相关部门间的协调和沟通机制。申遗成功后中国大运河沿线各级政府的运河管理工作，基本上仍然处在多头管理状态，运河资源开发处于无序状态。

三是运河文化价值挖掘不足，开发利用意识不强。运河水工设施和沿岸的衙署官仓、会馆商铺、城镇乡村、古街古园、驿馆钞关等，缺乏代表性点位的修复建设。运河沿线地下遗址、沉船等运河附属遗存与相关遗产缺乏必要的考古挖掘和展示。

四是运河保护经费来源单一。2012 年文化部颁布的《大运河遗产保护管理办法》规定，负责运河文化遗产管理的主管部门文物局应“依法与其他相关主管部门合作开展工作，并将大运河遗产保护经费纳入本级财政预算”。但这一国家法规既没有明确规定纳入本级财政预算的具体数额或拨款比例，也没有明确其他可以使用的经费来源。

在实地调研的基础上，民盟中央提出了四点建议：

1. 制定运河文化经济带发展规划。将大运河文化经济带纳入国家重要战略布局，把运河文化经济带建设成为连接京津冀和长三角两大经济圈的经济纽带。以“文化融合，经济汇通”“同地互联，异地互通”“同业借势，异业造势”为主旨，从建设的内容、区域的合作模式、产业布局的结构诸方面，形成宏观、中观和微观建设规划。宏观上与“一带一路”、京津冀协同发展、长江经济带等重大战略规划相结合。中观上制定与“一核五圈四带”长江三角洲城市群空间格局中的“四圈”——南京、杭州、苏锡常、宁波都市圈和“四带”——沿海发展带、沿江发展带、沪宁合杭甬发展带、沪杭金发展带相互嵌入、聚合发展的规划。微观上，根据运河沿线城镇特色历史文化资源，规划旅游线路、运河文化项目，提出保护生态及景观资源的具体措施，建立与上下游沿线城市互动与合作的机制，形成一套突出地方特点、兼顾运河文化经济廊道的战略规划。

2. 完善运河遗产保护的法律法规体系。运河遗产是运河文化经济带依托的本体，必须切实加强运河遗产的保护和开发工作。运河遗产管理复杂，建议尽快制定实施《大运河保护条例》，从法规层面实现部门间、地域间的充分协调，与相关法律法规之间有效衔接，切实加强大运河这一特殊文化遗产的保护管理，推动大运河文化遗产为经济社会发展发挥更积极的作用。各省市制定配套地方性法规和实施细则，形成完善的运河文化遗产保护的法律法规体系。

3. 明确运河保护开发的管理主体和沟通协调机制。建议设立省级层面大运河管理委员会，协调处理与大运河相关的各项事务并约束地方政府行为。国家运河管理机构与运河沿线各市政府签订《大运河（省市段）保护政府责任书》，落实责任，明确任务，纳入考核。确定定期例会制度，实现国家有关部门与各省市之间沟通无障碍。建立相邻省市协商机制，协调解决大运河遗产保护和开发建设中的重大问题，明确任务分工，落实保护管理责任。建立和完善实体监控运河文化遗产平台，利用数据平台对各遗产点保护管理情况及存在的问题进行实时报送。

4. 为运河文化经济带建设争取多渠道的资金支持。建议设立国家和省级大运河保护开发基金，各级政府每年安排一定数额的开支，专款用于大运河保护开发；同时抓住国家调整产业结构、大力支持文化产业和服务业发展的机遇，围绕运河文化经济带的建设，积极争取政策性资金；搞好运河文化遗产项目的对外推介，吸引各类社会资本参与开发建设。设立运河文化遗产研究的出版基金，加大运河文化遗产研究的力度，研究内容扩展到戏曲、曲艺、舞蹈、戏剧、文学、民间艺术等非物质遗产方面，构成大运河文化遗产研究的大系列，编纂运河丛书，全面挖掘运河文化。

民盟中央这一提案受到了高度重视，被全国政协列入 2017 年重点提案督办调研，并被评为第十二届全国政协优秀提案。2017 年 4 月 20 日至 26 日，全国政协调研组在江苏、山东两省，就建设“大运河经济带”重点提案进行了督办调研。

姚　远　民盟中央参政议政部办公室副主任

五、推动文化“走出去”，促进与东南亚国家“民心相通”

东南亚地区，是 21 世纪海上丝绸之路规划中的域外第一站，也是“一带一路”战略的重心之一。推动文化“走出去”、促进与东南亚人民的“民心相通”，对于“一带一路”战略的实施具有十分重要的意义。

民盟中央在云南、福建进行实地调研发现，我国在推动文化“走出去”、实现“民心相通”上仍存在一些不足，主要表现在三个方面：

一是重官方行为、轻民间交融。政府的直接推动作用发挥较好，但对民间传播渗入的政策扶持和机制构建相对忽视，观念上习惯于将文化“走出去”等同于外宣，以民间组织为依托的“新公共外交”生态培育尚待时日。

二是重“高大上”、轻落地实效和文化创意。“送出去”的项目多为所耗不菲的高端产品，服务精英人群，依赖财政买单，却往往演变为自娱自乐；对当地草根民众喜闻乐见的文化审美心理了解不够、关注不多，且文化创意创新不足。

三是“大文化”意识不足，得到“走出去”政策支持的文化种类比较单一，范围也比较狭窄。

调研组认为，要实现与东南亚国家“民心相通”，应重视民间力量的跨国界往来和交流，以民间力量，发出中国声音、表达中国看法、传递中国价值观，让海外民众“听得见、听得清”，进而实现“听得懂、听得进”。

企业商贸人员、求学任教人员和各类民间组织可以作为扩大我国对外传播影响力和话语权的重要依托力量，应对他们加强引导与资源整合，拓展对外文化传播的渠道和途径。同时以“亲民”力量打造中国形象，抢占海外通俗文化市场，聚焦那些宽容、热心、为家人幸福而奋斗的平凡中国人，讲好“草根故事”，建立充满情感体温的新的“话语体系”，增进海外受众的感情认同，将中华文化价值观以通俗易懂、巧妙圆融的方式渗入海外民众的内心。

为此，调研组建议：

1. 引导和强化文化交流中的民间力量。

在国家层面为海外企业人士提供一个国际化的文化传播培训平台，比如纳入教育部在未来规划施行的“共商共建区域性职业教育框架”，对相关经贸界人员进行有针对性的公共外交培训和文化传播培训，鼓励他们积极主动地参与到公共外交体系内，让这股民间力量能够及时响亮地发出中国声音。

完善和扩展教育部《推进共建“一带一路”教育行动》，考虑较大幅度增加资助东南亚、南亚国家学生攻读学位奖学金名额，注重短期来华培训人员的选拔方式和课程设置，注重柔性教育的影响。实施“国门学校”建设工程，对于来华求学群体，应注重分析、追踪他们来华前后的观点变化和返国后从事中华文化推广等方面的表现情况，将这些分析、追踪的积累成果运用于改进留学生教育的体系和方式，运用于改进推动中华文化“走出去”的决策和具体实施；同时，扩展培训范围，覆盖现今已经参与“一带一路”建设的建设者。

2. 创新文化“走出去”的形式和载体。

充分运用新媒体，细化传播目标，瞄准年轻网民，在海外社交网络平台创建他们爱听爱看的中国故事，在网络舆论中发出并放大中国声音。发挥好海外华文传媒在文化交流中的重要作用；扶持一些民间文化机构在周边国家开展影视节目制作和传播，承办海外电视栏目；组织翻译和营销力量，大力推动中国优秀影视作品以多种方式进入海外文化市场。

进一步增强文化资源的转化能力。以创意激活文创产业，优先选择符合“一带一路”沿线国家民众审美兴趣的文化符号，将中华文化特质巧妙融入文创产品，促进“文化+中国制造”融合发展；加强文化和科技的融合，将我国非物质文化遗产等文化资源实体化、商品化，并借助数码科技打造“无空间限制”的数字文化产品，让海外民众便于直观触摸和感知中华文化。

3. 充分发挥传统文化的软实力作用。

加大对我国民族医药的政策扶持，加强我国民族医药人才的培养和队伍建设，大力鼓励传统资源的创新研发，同时，搭建区域性的民族医药研发、技术交流和人才培养等方面的国际交流合作平台，借助民族医药的“龙头”作用，推进相关国家对我国的向心和认同。例如傣医药，在澜沧江—湄公河流域具有较高的认同感和影响力，在泰国、老挝、缅甸、越南、柬埔寨、印度等国家被广泛应用和认可。中国在傣医药的理论研究、临床应用、科研开发等领域长期处于领先地位，是傣医药流行地区的“龙头”。傣医药是东南亚国家到中国来学习和“寻根”的重要因素之一，也是固化、壮大中国在东南亚国家影响力的有效载体。

依据此次调研成果，2017 年 1 月 19 日，时任全国人大常委会副委员长、民盟中央主席张宝文在国务院党外人士座谈会上代表民盟中央发言，对《政府工作报告（征求意见稿）》提出了“推动文化‘走出去’，促进与‘一带一路’沿线国家民心相通”的建议。在此基础上，民盟中央提交了《关于推动文化“走出去”促进与东南亚国家“民心相通”的建议》，这一政策建议信得到了时任国务院副总理刘延东的重要批示。

王　璇　民盟中央参政议政部办公室调研员

中国民主建国会

一、大力发展光伏产业，推进能源革命与绿色发展

目前我国光伏发电已建立了完备的产业体系，设备制造、系统应用均处于全球领先水平，成为具有国际竞争优势的战略性新兴产业。国际光伏巨头 SolarWorld 宣布破产、FirstSolar 被迫裁员等现状，进一步为我国光伏企业巩固全球领先地位，进而推动我国在全球能源变革中发挥引领作用提供了良机。与此同时，光伏产业发展也面临着不少困难和问题。国际方面，经济环境动荡，贸易摩擦增多，近期美国发起“201”条款调查，再次使我国光伏企业，包括通过海外设厂出口产品的光伏企业面临巨大考验；国内方面，与传统能源相比，光伏产业对政策依赖性仍较强。体制机制不顺畅，相关政策不完善，弃光限电问题等都在不同程度上制约光伏产业良性发展。因此，把握能源发展大势，有效破解政策和体制障碍，是推动光伏产业加快技术变革，继续保持领先优势，实现健康可持续发展的关键所在。

光伏产业发展面临的困难与问题：

1. 弃光限电严重，东西部地区用电量和发电量的矛盾需统筹解决。2016 年全国光伏发电总量 662 亿千瓦时，弃光量 70.42 亿千瓦时，主要区域为西北五省，弃光率近 20%。新疆、甘肃 2016 年弃光率分别高达 32.23%、30.45%，极大浪费了资源。

2. 光伏补贴拖欠，影响光伏产业链正常运营。光伏补贴资金缺口较大。每年的可再生能源补贴都存在一定的资金缺口，截至 2016 年底，补贴资金缺口已累计 624 亿元。如果 2017 年不能有效解决补贴资金来源问题，拖欠补贴将累计高达 900 亿元。

3. 税费负担偏重，融资难题依然存在。税费方面，当前光伏行业涉及税费主要包括企业所得税 25% 及其附加、增值税 17%，此外还有海域使用费、土地使用税、印花税、房产税等。据测算，光伏电站项目实际缴纳的度电增值税平均是运维成本的 1.8 倍，占净利润的 30%。此外，各地税务部门对耕地占用税具体税额拥有 5 倍的裁量空间，对城镇土地使用税拥有 20 倍的裁量空间，这对光伏电站建设成本影响较大。

4. 技术仍存差距，产品单一存在被替代风险。我国光伏行业在提高转换效率和电池使用寿命等关键工艺方面与国际先进技术相比仍存在技术差距；且产品集中在晶硅组件方面，一旦海外市场在薄膜或其他柔性结构方面出现创新性颠覆，将对我国企业带来巨大挑战，基础研究亟待提升。

5. 外部环境复杂，贸易纠纷和争端频发。近期，美国对全球光伏电池及组件发起

“201”条款光伏产品保障措施调查。此次“201”调查由濒临破产的光伏企业 Suniva 申请最低价格保护，该价格是目前中国价格的一倍。如果调查结果认为损害成立，那么意味着未来 4—8 年，美国将相当于变相对我国光伏企业（包括通过海外设厂出口光伏产品的企业）征收 100% 关税。这必将使国内企业生产的光伏产品出口受阻，境外企业生产的光伏产品也将受到围堵，并间接加大国内市场竞争，给我国光伏行业发展带来严重危害。

大力支持光伏产业发展的对策建议：

1. 进一步树立绿色发展理念，坚定发展光伏产业的信心。一是晶体硅太阳能电池转换效率使用水平在 15%—20% 之间，是可使用的能源中一次性转换效率最高，使用最简单、最可靠、最经济的新兴能源。二是发展光伏产业是解决环境污染问题的有效路径。一方面，光伏等可再生能源替代煤炭等化石能源，可有效降低污染排放；另一方面，光伏电站建设有利于环境保护。三是发展光伏产业是实施西部大开发战略的重要推动力。

2. 落实和完善相关政策，支持光伏产业健康发展。当前政府需着力解决以下几方面问题：

（1）逐步填补光伏补贴缺口。一是研究将可再生能源电价附加征收标准从每千瓦时 1.9 分增加到 3 分，四年可以多征收 1800 亿元；二是通过加强对自备电厂征收可再生能源电价附加政策执行力度、实施可再生能源绿色电力证书交易政策等手段，落实 900 多亿元补贴资金；三是通过竞价方式配置项目，促进光伏企业加快技术进步和降低成本，逐步减少对政府补贴的依赖；四是完善补贴拨付程序，定期公布可再生能源补贴目录，确保光伏发电项目及时获得补贴；五是鼓励企业通过技术创新降低成本尽早实现光伏平价上网，力争到 2020 年新建项目不再需要政府补贴。

（2）适时出台可再生能源配额制。要尽快研究出台我国可再生能源配额制，逐步建立全面的可再生能源指标管理和考核体系，真正落实国家提出的能源转型和非化石能源占比要求。同时，建立全国统一的可再生能源绿色证书交易机制，要求市场主体通过购买绿色电力证书完成可再生能源配额义务，尽早实现所有新增可再生能源发电项目统一纳入可再生能源绿色证书交易。

（3）多措并举促进新能源消纳。一是加快西部地区电力外送通道建设；二是在有条件的地区试点依托光伏电力的清洁供暖，以“清洁替代，电能替代”为最大化目标，推进以清洁为方向，电为核心、电网为平台的能源结构调整，增加本地消纳；三是重视对自身消纳市场的培育。

3. 减免企业税费，降低融资成本。建议清理并减免光伏企业的不合理税费，当前应重点解决企业反映强烈的光伏项目用地管理及土地税费问题。对符合国家政策规定的光伏发电项目占用的土地在不改变土地性质的情况下，尤其是未利用地、荒漠戈壁、荒漠化草地，予以减免土地使用税或耕地占用税。

4. 促进技术创新，加强高端装备研发制造。一是及时调整光伏制造业行业规范，打破地方保护主义壁垒，淘汰落后企业和产能；二是重点支持电池核心技术创新，开展低成本晶体硅电池国产化技术攻关；三是集中攻关新型高效低成本光伏发电关键技术，同时强化分布式电站和集中式电站的智能化控制管理技术研究；四是加强电站标准建设，不断完善和升级标准体系，加强标准执行，严格监督考核，完善奖惩制度。

5. 发挥市场作用，更多采用市场化、法制化方式支持产业发展。一是协调西部地区与中东部地区新能源电力交易，继续稳步推行电力体制改革，落实区域间送售电协议；二是建立辅助服务市场化机制鼓励火电机组参与调峰；三是完善发电权交易转换机制，增加企业自备电站消纳新能源的比例；四是鼓励新能源发电企业与电力用户采取双边协商或集中撮合的方式开展中长期交易和实时交易，降低交易电价成本，促进新能源多发满发。

6. 加大扶持力度，鼓励企业参与“一带一路”能源合作。加大信贷对光伏产业海外投资的支持，利用“丝路基金”、国开行、亚投行等机制，支持光伏企业在“一带一路”区域开发建设光伏电站基础。充分发挥政府机关、行业协会的引导作用，积极鼓励光伏上游、下游企业联合“走出去”，科学布局，提高光伏行业在国际市场的抗风险能力。此外，积极应对美国提出的“201”调查，加强政府层面磋商谈判，做好充分的案件应对准备，必要时诉诸 WTO 争端解决机制，同时引导光伏企业充分警惕并做好准备积极应对可能导致的行业下滑形势。

该调研报告得到了李克强总理批示。2017 年 6 月初，结合江苏调研情况，专题组提出了《关于积极稳妥应对美“201”调查的建议》，该专项建议得到了汪洋副总理批示。

二、大力推动创业投资，促进科技型中小企业发展

中小企业是国民经济和社会发展的重要力量。进一步推动创业投资，促进科技型中小企业发展，对于加快实施创新驱动发展战略、建设创新型国家意义重大。

“大力推动创业投资，促进科技型中小企业发展”面临的困难和问题：

1. 发展环境有待改善。一是尚未出台专门针对创业投资的相关法律。目前仅有《公司法》《合伙企业法》《中小企业促进法》等适用于创业投资和科技型中小企业。市场对《证券法》修订后推动创业投资的期望较高，但修订工作尚在研究中。二是落实创业投资税收试点政策还有一个过程。《关于创业投资企业和天使投资个人有关税收试点政策的通知》出台后，创业投资机构和天使投资人都将受益，但该政策效果的显现还需时日。三是初创期科技型中小企业难以享受现行优惠政策。现行优惠政策对风险程度较高的技术研发和事前研发活动支持不足，个人所得税优惠范围偏窄。

2. 市场发展有待完善。一是创业投资引导基金作用尚未充分发挥。政府和各级地方政府设立的创业投资引导基金有政府出资比例过高导致社会资金参与有限，审批手续冗长以及地方保护主义等问题。二是天使投资比较缺乏。北京中关村地区的天使投资人超过 2 万名，占全国的 80%，但也仅为美国硅谷地区的 10%。三是创业投资退出渠道不畅。当被投资企业发展壮大、能够通过资本市场募集发展资金时，创业投资需要通过企业上市或溢价并购等方式退出，实现投资回报。从实际情况看，退出渠道不畅在一定程度上影响了创业投资和天使投资的发展。

3. 人才瓶颈有待突破。一是我国创业投资行业起步晚、发展快，能够判断技术发展方向、把握市场发展趋势、进行投资项目管理、为企业提供服务的高级专业人才缺口较大。二是创业投资行业和科技型中小企业在吸引人才、留住人才方面，还面临户口、住房、医疗、子女入学等现实困境。

4. 知识产权保护有待加强。一是知识产权保护面临取证难、周期长、成本高、赔偿低、效果差的局面，移动互联网技术的发展为知识产权保护带来了更大的挑战。二是知识产权行政管理分散、侵权处罚力度有限、司法救济周期长、虚拟经济中侵权行为难以监管，导致知识产权侵权案件呈多发易发趋势。三是一些科技型中小企业的技术拥有者或创业者在申请创业投资，或在科技成果转化、二次开发过程中，缺乏对核心技术产权的有效保护。

“大力推动创业投资，促进科技型中小企业发展”的建议：

1. 完善有利于创业投资发展的政策法制环境。一是建立和完善有利于创业投资和科技型中小企业生存发展的法制环境。二是加强政策协调。要建立部门之间、部门与地方之间协调联动机制和信息共享机制，加强行业发展政策和监管政策的协同配合，增强政策的针对性、连续性、协同性。三是创新监管方式。坚持适度监管、差异性监管和统一功能监管的原则，探索建立适应创业投资行业特点的适度、有效的监管体制，提高监管的科学性、针对性和有效性，处理好服务、管理和监督的关系。四是完善税收政策。尽快落实对创业投资机构和天使投资人的税收优惠政策。允许创业投资机构按一定比例在税前列支计提风险准备金。

2. 创新创业投资模式。一是发挥政府财政资金的引导作用。要充分发挥新兴产业创业投资引导基金、中小企业发展基金、科技成果转化引导基金等引导作用，促进创业投资发展；要加大对地方创业投资引导基金的支持力度，建立和完善政府产业基金对接服务平台，吸引、带动社会资本增加投入，提升创业投资行业的资金吸引力；要综合运用参股基金、联合投资、政府出资适当让利于社会出资等多种形式，进一步引导社会资本增加对实体经济的投入。二是发展多元创业投资主体。鼓励具有资本实力和管理经验的个人依法设立公司从事创业投资活动，培育和壮大天使投资人群体；鼓励行业骨干企业、创业孵化器、产业（技术）创新中心、创业服务中心、保险资产管理机构等相关机构参与创业投资；支持有条件的国有企业参股民营创业投资企业，发挥混合所有制企业在体制机制上的优势。三是扩大创业投资资金规模。支持有实力的国有企业、民营企业、保险公司、大学基金等各类机构投资者和合格的个人投资者投资创业投资企业；鼓励商业保险资金加大对创业投资的投入，推动投贷联动、投债联动等新模式；鼓励创业投资企业发行专项企业债券和其他债务融资工具融资等。四是完善创业投资退出机制。支持符合条件的创业投资企业、创业投资参股企业发行上市。设立并购基金，鼓励并购重组，通过资产重组实现创业投资退出。

3. 重点支持天使投资。一是设立政府天使投资引导基金，引导社会资本投向符合国家产业政策导向的、处于天使期的科技型中小企业，充分发挥政府财政资金的引导作用，有效激发社会资本的投资热情。二是将天使投资机构纳入税收优惠范畴。现有政策明确天使投资为个人投资行为，而非机构行为。但目前国内天使投资呈现机构化的趋势，在政策执行过程中，应高度关注这一趋势并适时将税收优惠范畴扩大到天使投资机构。三是进一步吸引全球天使投资人和机构来中国投资和发展。

4. 培养聚集创业投资人才。一是鼓励高等学校建设创业投资相关院系和科研机构，加强学科建设，开设相关专业，完善相关课程设置。鼓励高等学校、科研机构与创业投资企业开展交流合作，建设一批创业投资实训基地。二是鼓励相关行业协会以多种形式加强专业人才培养，加大教育培训力度，吸引更多优秀人才从事创业投资活动。三是加大创业投资人才引进力度，引进一批高水平复合型人才，并不断完善相关政策，留住人才。

5. 完善科技型中小企业服务体系。一是加快建设孵化体系、高新园区、特色小镇等载体，完善孵化培育体系。二是坚持企业技术需求导向，通过常态化开展科技成果竞拍、建立网上技术市场和完善技术市场体系等，不断拓展企业获得先进技术的渠道，促进科技成果转化和产业化。三是通过引入合格的评估公司、律师事务所、会计师事务所和担保公司等中介机构，为科技型中小企业发展提供服务。

6. 健全科技型中小企业投融资体系。一是加快设立科技型中小企业发展基金。设立产业引导基金、股权投资引导基金，加大对科技型中小企业的投资力度。二是积极支持符合条件的科技型中小企业在主板市场上市融资，科技型中小企业提供发行专项债券的绿色通道。设立区域性科技金融资产交易中心，提高科技型中小企业金融资产的流动性。三是完善科技型中小企业金融服务组织体系。鼓励金融机构设立科技金融专营部门，在客户准入、信贷审批、风险偏好、业绩考核等方面实施差异化管理。四是建立科技型中小企业融资担保和风险缓释机制。建立全国和省级两个层面的科技中小企业融资担保公司，建立科技型中小企业的信贷风险分担机制，通过设立风险补偿基金、政府性担保基金、应急转贷基金等方式，支持金融机构加大信贷投入。五是创新科技型中小企业金融产品和服务模式。支持金融机构运用信用贷款、知识产权质押贷款、股权质押贷款、应收账款质押贷款和以品牌为基础的商标专利权质押贷款等方式，扩大科技型中小企业的融资规模，提高融资便利性。

7. 着力加强知识产权保护。一是成立知识产权终审法院，统一知识产权重大案件最终判决标准。二是加大对知识产权侵权行为的处罚力度，对严重和屡次侵权者要将其纳入企业和个人信用记录等，限制或禁止其参与市场经营活动。三是加强创业创新过程中的知识产权保护，特别是科技型中小企业在原始创新、二次开发、科技成果转化和产业化过程中的知识产权保护。

该专题调研报告得到李克强总理重要批示。报告还为民建中央参加高层协商座谈会提供了发言素材。

三、关于开展脱贫攻坚民主监督的建议

各民主党派中央开展脱贫攻坚民主监督工作是中共中央赋予各民主党派的一项重要政治任务，是各民主党派发挥各自优势，围绕国家重大战略部署，服务大局的充分体现。为了推进脱贫攻坚民主监督工作的开展，民建中央成立了专题调研组，就如何搞好脱贫攻坚民主监督到贵州、广西、四川等地方进行了深入调研。三省（区）党委和政府坚决贯彻落实党中央、国务院关于搞好精准扶贫、脱贫攻坚的决策部署，按照“六个精准”要求，结合实际制定精准扶贫、脱贫攻坚的方略、计划和方案，做到严格标准、严谨程序、严把质量、严明纪律，扎实有效开展精准扶贫和脱贫攻坚，组织领导有力，贫困人口的精准识别率和退出准确率高，国家和省（区）的各项扶贫政策落实到位，帮扶措施

针对性、有效性强，精准扶贫和脱贫攻坚的成效比较显著，2016 年贵州省减少贫困人口 120.8 万人、四川省减少贫困人口 107.8 万人、广西自治区减少贫困人口 111 万人，脱贫户满意度高，社会反响好。同时，调研组也发现了一些问题。

面临的问题和挑战：

1. 因病因学致贫返贫仍是制约贫困人口脱贫致富的重要因素。以广西为例，2015 年底广西有 452 万贫困人口，致贫原因主要为因病、因学、因残和缺资金、缺技术、缺劳动力，其中因病致贫占 18.77%、因学致贫占 15.6%。我们入户调查的桂林市龙胜各族自治县龙胜镇平野村有 54 家贫困户，其中因病致贫 22 户占 40.74%、因学致贫 9 户占 16.67%，两项占比 57.41%。当前，贫困人口看病难、看病贵、看不起病的状况没有根本性好转，农民出远门看病的路费多、陪护费用大，疾病导致贫困，贫困加剧疾病，影响了贫困人口脱贫致富。贵州省和四川省也存在同样的情况。

2. 国家扶贫政策的衔接和落实尚未完全到位。

（1）精准扶贫政策衔接尚未到位。一是易地搬迁补助标准不衔接，出现新老易地搬迁政策不一致、前后差距巨大的情况，造成已搬迁户与新建档立卡搬迁户、部分搬迁与整体搬迁的矛盾。二是精准扶贫政策与农村低保政策不衔接。由于低保叠加项目的吸引，直接影响到精准脱贫成效，由此带来的弊端已成为精准脱贫中需要解决的问题。

（2）国家级重大项目或重点工程在贫困地区较难落地。由于贫困地区条件所限，国家重大项目或重点工程实际落地的数目与贫困地区的实际需求存在较大差距。

（3）国家扶贫资金的使用监管亟待加强。据国家审计署 2016 年对 17 个省、直辖市的 40 个县、区（其中国家扶贫开发工作重点县 26 个）2013 年至 2015 年财政扶贫资金管理使用情况的审计结果，共抽查扶贫资金 50.13 亿元，发现的问题：一是有 8.43 亿元扶贫资金结存 1 年以上未投入使用，其中 2.6 亿元闲置超过 2 年，最长的闲置超过 15 年，因项目取消或完成等原因形成 8795.29 万元结余未按要求盘活使用；二是基层扶贫资金监管比较薄弱，有 1.38 亿元被骗取套取或违规使用；三是有 7 个单位在扶贫开发工作中违犯规定收取项目推广费、设计费等 1249.36 万元，主要用于弥补经费等支出；四是扶贫项目管理不善，有 2.99 亿元资金未发挥效益或形成损失浪费；五是有的扶贫资金分配未与建档立卡贫困人口数据建立有效衔接机制，扶贫资金使用和项目安排未充分瞄准建档立卡对象。

3. 地方财力薄弱难以强力支持贫困地区发展。三省（区）的财力却相对薄弱，特别是广西人均财力仅相当于全国平均水平的 65.6%，列全国倒数第二，相当于民族 8 省区平均水平的 65.4%，列民族地区倒数第一，并且广西的财政支出中 56.8% 依赖于中央财政的转移支付，使得自主脱贫的财力支持就更弱了。

4. 贫困地区产业支撑乏力，难以形成脱贫致富的长效机制。一是产业发展缓慢。贫困县乡围绕当地的资源条件发展种植业和养殖业，工业化程度低，第三产业不发达，农业生产仍是规模小、效率低、成本高，靠天吃饭现象依然普遍存在，导致脱贫初期的返贫现象明显。二是种植业利润微薄，挫伤了农民的积极性。三是就业渠道狭窄。贫困地区大部分易地搬迁的安置点受地域条件限制，难以依托园区和企业全部安置移民就业，致使不少搬迁移民失去稳定的生活来源。

5. 精准扶贫中的深层次问题显现。

一是土地资源和环境承载的压力大。从土地供给看，搬迁地既要保证移民的生产生活条件，又要符合避灾要求，但现有贫困地区一些地理和发展条件较好的地方已经先期利用，适宜搬迁可选择的地方比较有限。二是易地搬迁的基础设施建设薄弱。教育、文化、医疗、商业等公共服务设施的建设资金投入大，但国家在搬迁资金中未安排专项资金，因而导致地方基础设施建设配套投入严重不足，基础设施建设薄弱。三是少数民族习俗与国家易地搬迁的政策出现矛盾。国家对贫困人口易地搬迁的政策规定影响少数民族贫困户改善居住条件的积极性，也影响少数民族村寨的整体风貌和旅游开发。四是少数贫困群众脱贫致富的内生动力不足。

改进建议：

1. 构建积极有效的“因病致贫返贫”的治理机制。

（1）建立对“因病致贫返贫”的治理机制。深化县乡医疗卫生体制改革，加大医疗投入力度，改善医疗卫生条件：一是加强县级医院标准化建设，加快乡镇卫生院规范化建设，推进县乡医疗卫生服务一体化管理，提升乡镇卫生院的医疗卫生服务能力，巩固和完善三级医疗卫生服务网络，实现“分级诊疗、双向转诊、结果互认”的要求；二是对建档立卡“因病致贫返贫”对象实行城乡居民基本医疗保险参保缴费补贴，提高基本医疗保险报销比例，实施大病专项集中救治；三是开展“精准医疗扶贫”，为县医院配备“移动诊疗车”，让专家上门为因病致贫的建档立卡户服务，做到精准诊治，降低贫困户看病治病的成本。

（2）妥善安置残疾和老年贫困人口。推动在乡镇建立公办福利性的救助院和托老院，将失去劳动能力的残疾贫困人口在救助院安置、老年贫困人口在托老院安置，实行统一照料，使年轻贫困劳动力能够外出务工增加收入，早日摆脱困境。

2. 减轻重度贫困地区的财力负担。一是2018—2020年，对重度贫困县实施精准扶贫项目的资金，全部由国家财政承担；二是加大中央财政对重度贫困地区的转移支付力度，在2020年之前将增值税全额或高比例留给重度贫困地区，明确规定资金用于专项改善贫困乡村的基础设施建设和提高公共服务水平，2020年之后考虑逐年提高上交比例，适时恢复到法定的比例。

3. 加大对贫困地区产业扶持的力度。一是有计划增加贫困地区的国家重点项目和工程。大力发展既有区域资源优势又适应市场需求的支柱性产业、特色农业产业、特色旅游业等，在带动地域经济发展，将开发和保护并重，筑牢脱贫攻坚的基础，保障贫困户持续增收，构建脱贫致富的长效机制。二是加大金融扶贫力度，建立“政府主导、市场运作”的精准扶贫模式，将财政一次性使用的无偿扶贫资金转变为金融多次周转使用的信贷资金，使有限资金发挥最大作用，财政资金则用于贴息、免息、担保、培训及风险补偿等，起到引导和撬动作用。金融机构要从贫困地区和贫困人口的需求入手，探索符合农业产业化、规模化的金融产品，积极为扶持贫困地区的产业发展做好服务。三是加大对“农村致富带头人”的扶持力度，各地实施精准扶贫的实践证明，扶持好一名“农村致富带头人”就能带动一批贫困农户脱贫致富，大大提高精准扶贫的成效，因而要大力选拔和扶持好“农村致富带头人”，充分发挥他们脱贫致富共同富裕的带头作用。

4. 加强部门脱贫人口统计数据的衔接。国务院扶贫办、民政部与国家统计局应在脱贫人口的统计方法、统计程序、统计口径方面加强衔接，以保证公布数据的准确性与权威性。国家统计局可将核定脱贫人数的公布时间提前到每年 1 月，便于各省（区）尽早科学制订年度脱贫摘帽的计划。

四、关于优化创业创新生态环境的八条政策建议

推进大众创业、万众创新深入发展，是培育经济增长新动能、改造提升传统动能、增加就业和促进我国经济转型升级的重要举措。为优化“双创”生态系统，弘扬企业家精神和工匠精神，激发多元创业创新主体的积极性，促进创业创新要素高效自由流动，加速推进新旧动能转换，营造适宜创业创新的良好生态环境，民建调研组在充分调研的基础上提出如下建议：

1. 强化高校和科研院所在创新源头供给中的重要作用，加快推进科研院所科技成果使用权、处置权、收益权“三权”改革，进一步深化高校、科研机构同企业的产学研合作，促进科技创新成果产业化，使科技长入经济。

鼓励科研人员将科技成果通过自主创业、联合创业、技术转移和交易等方式转化为实际生产力，建立“双创”与实体经济良性互动的“桥梁”。加快推进高校、科研院所同企业的产学研协同创新机制建设，完善以市场为导向的科研项目形成机制和组织实施机制，促进科技成果产业化。同时，要建立政府、科研单位、企业、金融机构、社会资本共同参与的科技成果转化风险分担机制。确保科技成果转化的各个环节有法可依、有章可循，科技成果所有者的合法权益得到有效保障。此外，要以市场为导向，提高科技创新投入的精准度和利用效率，加大对基础研究的投入力度，强化科技创新源头供给。

2. 打造更多以大企业为“龙头”的开放共享的创新机制和创新平台，并充分发挥大企业的“龙头”带动作用，支持大企业内部创新与衍生、“裂变”创业，发挥大企业创新溢出效应，带动上下游的中小微企业共同发展，形成“顶天立地”的大企业和“铺天盖地”的中小微企业共生共荣的企业生态格局。

要发挥科技大企业、互联网平台企业在创业创新中的引领作用。一是企业内部创新。要通过建立内部的交流互动平台，不断探索和完善内部创业者之间的竞争机制和内部创业者与大企业间的利益分享机制，激发创业创新热情；二是企业精英离职衍生、裂变创业创新。要积极推动大企业有技术、懂市场的科技人员和高管离职衍生、裂变创业，让大企业成为培养优质企业的孵化器。

3. 构建科学合理、行之有效的创业创新人才激励机制，畅通创新型人才知识合法转化为财富的通道，弘扬企业家创新精神和工匠精神，重视“海归”创业与成功人士回归创业，发挥博士后群体的创业创新骨干作用，加快形成创新、创业、创富联动的“金三角”。

要多措并举调动各类人才参与创业创新活动的主动性和积极性，激发创业创新潜能，形成规模宏大、结构合理、素质优良的创业创新人才队伍。要大力弘扬和培育“工匠精神”和“企业家精神”。以市场需求和创业创新为导向，开展现代学徒制试点和“导师带徒”等活动，完善工匠人才职业教育培训体系。

4. 构建更好地服务创业创新的金融体系，加快多层次资本市场建设，完善股权投资

链，鼓励更多闲钱进入实体经济，打造创业、创新、创投“铁三角”，拓宽融资渠道，实现“技术创新”与“金融创新”双轮驱动

加快构建多层次资本市场，推进资本市场的市场化和法治化改革；深化新三板分层制度改革；加快私募基金做市落地，提高市场内部流动性和融资效率；规范发展区域性股权交易市场，完善相关制度设计。引导和鼓励孵化器和众创空间针对创业创新企业设立种子基金、天使基金、直投基金等，缓解企业资金压力；大力发展天使投资和机构化创业投资，鼓励创投企业关注种子期和初创期的创业创新企业，实现退出渠道多元化。进一步完善股权投资税收优惠政策，改善“双重征税”制度。落实对创业投资机构和天使投资人的税收抵扣政策，逐步将天使投资机构纳入税收优惠范畴，允许创业投资机构按一定比例在税前列支计提风险准备金。

探索新型融资方式，拓展创业创新融资渠道。积极发展科技金融，利用大数据、云计算、区块链等新兴技术提高创业创新企业融资效率，降低创业创新风险；积极开展股权众筹融资业务试点，引导更多社会资本支持萌芽期、初创期企业发展。此外，要加强社会征信体系建设，建立覆盖全行业的互联网征信系统，减少融资信息不对称问题。

5. 完善创业创新服务体系，政府要强化“双创”公共服务，为创业者提供一定的“双创”空间，用市场机制推进各类创业服务载体发展，建立一批技术交易中介服务机构，发挥其在市场评价、价值确定等方面的功能，构建“多形式、多渠道、广覆盖”的创业辅导与培训体系，提高创业成功概率。

要完善市场化的创业服务体系，不断提高创服机构的服务质量和效率。要通过资源整合、政策扶持、政府购买、典型推广等方式搭建一批低成本、便利化、全要素、开放式的“双创”平台，完善“众创空间—孵化器—加速器”梯级创业孵化体系，为创业创新者提供资本对接、信息获取、财务管理、知识产权、法律咨询、技术转移等专业服务。要改变传统的对全行业铺开做基本孵化服务的模式，立足当地产业特色，瞄准自身行业属性和定位，做好市场细分；通过产业的横向和纵向结合，完善创业服务产业链，充分利用现代信息技术手段和工具，支持创业孵化机构打造开放式资源整合平台，为初创企业提供全方位、定制化、高附加值的服务项目和服务内容。

要构建多层次、全方面、专业化的创业辅导与培训体系，对科技型中小企业、创业者提供持续性、专业性、针对性的综合服务。

6. 营造良好的创业创新环境，充分发挥市场的主导作用，以竞争有序的市场环境推动创业创新资源优化配置，强化政府的引导和扶持作用，深入推进“放管服”改革，为创业创新提供更公平的环境、更开放的空间、更低的门槛和成本、更活跃的初始资本。

要推进政府“放管服”改革向纵深发展，明确政府的权力清单、责任清单和负面清单。进一步加大简政放权力度，清理、修改和调整不利于创业创新的法规政策；不断深化商事制度改革，简化审批程序、提高审批效率，适度放宽行业准入、前置审批、经营范围核准等门槛限制；完善创业创新监管模式，构建包容创新的审慎监管机制；严格规范行业协会、中介组织的收费行为，斩断中介机构与行政单位之间的利益链；切实完善创业创新引导扶持政策，对处于不同生命周期的企业采取适合各自发展阶段的政策措施；完善政府官员考核体系，避免因追求政绩工程而盲目“大干快上”。

7. 完善产权保护制度，营造全社会重视产权保护、弘扬契约精神、尊重合法收益的氛围，让“有恒产者有恒心”，加强政府信用体系建设，加强知识产权保护，增强创业创新者的“安全感”和“方向感”。

要不断推进产权保护走向制度化与法治化，加快完善产权保护相关的法律法规建设。要倡导自主创新，切实保护创业创新者的产权特别是知识产权。遵循市场“契约精神”，完善知识产权制度，强化知识产权创造、保护、运用、管理等，为创业创新保驾护航。此外，要深入普及知识产权知识，增强全社会尊重、保护知识产权的意识。

8. 建立创业创新容错机制，消除创业创新主体的后顾之忧，培育崇尚创新、勇于创业、宽容失败、允许试错、鼓励冒险的“双创”文化，在全社会形成“想创业创新、敢创业创新、尊重创业创新”的社会氛围，激发创业创新主体的内生动力。

要在全社会营造“敢于创新、勇于创业”的文化氛围，为创业创新者提供宽松的创业创新空间。个人既要实现从墨守成规、小富即安向勇于创新、大富思进转变，形成不惧冒险、不怕失败、迎难而上的坚定信念，还要善于从失败中吸取教训，总结经验；企业要提高其对创新失败的包容程度，使创业创新者“轻装上阵”，激发他们敢为人先、勇于开拓的智谋和胆略；政府要对新生事物多包容、少苛责，多鼓励、少设限，提升社会整体创新能力，让创业创新的“种子”能够生根发芽；社会要形成尊重试错、崇尚创新、鼓励创业、“不以成败论英雄”的社会观念，提高社会对创业创新的支持度和对其失败的容忍度，挖掘“失败价值”，增强创业创新者的信心。

本次调研取得了较好效果，相关调研成果通过专项建议、协商会议、决策咨询、形势报告会、讲座论坛等多种方式向有关部门和社会各方进行了反映，得到有关方面的重视和肯定。

五、关于化解我国地方政府债务风险的建议

我国地方政府负债存在的主要问题：

1. 个别地区规模超警戒线，风险凸显。截至 2016 年末，我国 100 多个市（地）级、400 多个县级的债务率超过 100%，政府债务余额较 2013 年 6 月末增长 87%，部分基层区县和西部地区增长超过 1 倍，个别地区风险凸显，债务率最高达 212%。

2.PPP 未来风险加大。因参与公共产品建设经验相对不足、相关法律尚未健全等，社会资本对 PPP 仍有“怕陷阱”“怕违约”“怕反复”等顾虑而持观望态度，使得实践中 PPP 项目多采用政府付费模式，特别是基础设施建设项目大多包装成建设 + 维护项目，变相形成地方政府基建工程分期付款式举债，由政府付费，并由政府财政兜底。长期来看，此类 PPP 项目不仅无法缓解地方政府的资金压力，反而将增加地方政府的财政风险。

3. 地方政府认识存在误区。具体表现为：重债务融资，轻本息偿还；重投入，轻效益；重建设规格，轻当地负担能力。

4. 信息不够透明，风险责任不明晰。长期以来，地方政府债务运用及偿付信息披露和监督机制不健全，容易引发道德风险。同时，风险责任不明晰，本届政府可以向下届政府转移债务风险，下级政府指望上级财政风险兜底。这样，在既无有效监督，又无风险分担机制的情况下，形成所谓“大锅饭”的局面，地方政府负债过度膨胀。

5. 债务管理“缺位”，政府风险意识薄弱。一是财权与事权分离的财政体制缺陷使得地方政府常以牺牲地方税权为代价，加大地方政府债务。地方政府承担了本该由中央政府承担的事权而长期面临资金缺口，迫于压力大量借债，甚至不惜违规融资。二是过度依赖土地偿债。通常，土地出让收入占地方政府总收入的比重达 20%—30%，很多地方政府风险意识薄弱，仗着土地出让收入大肆举债。三是地方融资平台自身偿债能力不足，陷入“以贷养贷”窘境，蕴藏巨大风险。

我国地方政府债务快速增长的原因：

1.GDP 增长目标驱动。党的十九大提出 2020 年我国 GDP 要达到 90 万亿元，要求未来四年内实现增幅 21.6%（2016 年我国 GDP74 万亿元），为提升 GDP 增速，实现经济增长目标，地方政府举债拉动投资仍是主要选择。

2. 金融机构和投资企业审批不严。为获取投资收益，商业银行、政策性银行、融资租赁公司等金融机构及投资企业对地方政府的融资往往审批不严，只要地方政府出具各种形式的保底承诺，就敢放款。

3. 省级层面监管不积极且存盲区。作为地方政府债务的主管部门，省级财政理应对本省各地方政府债务情况进行监督，严控高风险地区地方政府债务增速。但因省级财政难以撼动地方长官意志，且与地方财政是利益共同体，其监管积极性不高。此外，对地方政府债务的监管涉及地方政府及其融资平台、地方财政、金融机构、投资机构、社会中介机构、人行、银监、保监、证监等多个主体，其中投资机构还可能归属国家国资委管理，省级财政无权干涉，难以监管。

改进我国地方政府负债管理的政策建议：

1. 完善地方政府债务管理体系。一是完善相关法律法规，规范地方政府举债行为，厘清各相关主体责任边界；二是合理合法公开地方政府负债资金运用情况，提高信息透明度；三是设立统一且权责明确的地方政府债务管理机构，避免多头管理的弊端，只有将全国地方政府债务纳入统一管理体系，才能够有效控制债务规模，合理调节资金流向；四是强化平衡预算规则，加强预算管理；五是把好债务资金使用关，严禁地方政府债务资金用于经常性支出；六是科学制定债务规划，建立健全相关管理制度。

2. 科学界定各级政府的事权。一是按照财权与事权匹配原则，优化中央及各级地方政府的事权结构，分步有序上移支出责任，缓解地方财政压力。二是科学建立中央和地方两级政府支出的标准体系，积极推进基本公共服务均等化，当地方政府因财力不足难以提供基本公共服务时，中央政府应给予一定支持。

3. 健全地方政府债务监督机制。一是完善地方政府债务的信息披露制度，定期向社会公众通报债务的借、用、偿情况，充分发挥社会公众的监督作用。二是将地方政府债务纳入预算，由当地人大审查批准，发挥地方人大及其常委会的监督作用。三是加强审计部门的监督职能，摸清地方政府各类债务规模，揭示债务管理存在的问题并督促及时整改。

4. 多渠道拓宽政府财源。一是大力发展实体经济，探索利用预算外资金缓解地方政府的资金压力。二是经营好地方政府资产，一方面，盘活国有资产，增加地方政府财源；另一方面，做好城市规划、建设和开发，合理利用和经营城市资产，获取经济效益和社会效益。三是探索资产证券化及引进民间资本，拓宽地方政府融资渠道。

中国民主促进会

一、探索职业教育发展之路

为响应中央提出的“振兴实体经济”重要决策部署，民进中央围绕“职业教育改革助推制造业发展”开展了2017年大调研。这一课题的选择，充分考虑了民进的界别特色和近年来的工作基础。

作为以教育、文化、出版为主要界别的参政党，民进长期关注教育，特别是职业教育，在不同时期从多个角度发出过有力声音、起到过重要作用。2009年，民进中央曾专门就农村职业教育开展大调研，为《职业教育法》的修订工作进行过研讨，一直关注职业院校的招生、师资队伍建设等问题，呼吁对农民工群体开展广泛的职业技能培训，“变农民工大国为技工大国”。2017年，围绕脱贫攻坚重点调研课题，民进中央又开展了职业教育的系列调研：赴广西、云南、河南、北京、福建、江苏等地调研，召开座谈会，收集了大量资料。应该说，民进中央对职业教育以及相关的人力资源建设问题的关注是长期的，从职业教育改革的角度，切入制造业发展，进而为国家振兴发展实体经济建言献策，是水到渠成、自然而然的事情。

为做好这次大调研，民进中央进行了周密的论证和准备工作。连续召开三次务虚会，邀请职业教育、人力资源和制造业相关领域的专家学者参会，就调研选题的可行性、“真问题”、调研及建言方向重点，进行了充分研讨，做到心中有数。在福建、江苏开展了2次预调研，在广东开展了2次补充调研。同期，民进中央教育委员会、经济委员会等多个专门委员会，11个省级组织也开展了同步调研。

现代职业教育体系怎样完善，产学融合、校企合作的瓶颈如何打通，围绕“职业教育改革助推制造业发展”这一主题，全国人大常委会副委员长、民进中央主席严隽琪率调研组，于2017年3月赴福建展开了年度大调研。

直扑一线，获得第一手资料

调研组在突出实效上下足功夫。求真务实的作风，首先体现在调研点的选择上。福建既是我国制造业重镇、改革前沿、“一带一路”的核心区，也是职业教育大省。“福建省在构建强有力的职教统筹协调机制、打造‘亲制造业产业’的专业群、搭建人才成长立交桥、校企合作协同育人、兼职教师政府买单、发挥行业组织和工会作用、积极扶持民办职业教育、注重用职业技能竞赛培育高技能人才、闽台合作等方面探索出了诸多经验。”在与福建省交换意见的座谈会上，蔡达峰常务副主席做出了这样的评价。

近年来，福建同样面临技工荒，技能型人才匮乏成为产业转型升级的软肋。调研组把发现问题、剖析问题、解决问题作为出发点和落脚点。走进基层、直扑一线，3 月 28 日上午，调研组来到调研第一站——福建工业学校。在学校与宝马集团共同设立的 BEST 培训基地内，学生们正在最新款的宝马汽车上手疾眼快地操作着：轮胎动平衡、汽车仿真软件、车辆检修基础技能……“学生到企业后能否直接上手？”“现在学习所用的设备是不是最新的？”“到企业实习有补贴吗？”“双师型教师收入是否比普通教师收入高一些？”调研组成员们一边听介绍，一边就关心的问题进行询问。在福建东南（福建）汽车工业有限公司的车间里，严隽琪主席与生产线上的工人交谈，详细了解他们的家庭、收入状况，工作强度和培训提升等情况。在安踏集团泉州轻工学院校内生产性实训基地，调研组了解了福建省“二元制”人才培养模式改革试点项目的详细情况。学生们操作着缝纫器械，一件件精美的服装在他们手中逐渐成形。来自安踏集团股份有限公司服装设计中心的专家在其间认真指导，帮助他们答疑解惑。依托“二元制”培养模式，职业院校能够为企业提供适应需求的高素质技能型人才……

在为期 4 天的调研中，调研组先后实地考察了福建工业学校、福建船政交通学院、新大陆科技集团、福建东南汽车、泉州轻工职业学院、晋江华侨职业中专、泉州佰源机械科技、嘉泰数控科技等示范性职业院校和代表性企业，在福州市、泉州市分别召开了座谈会。带着问题、直指关键，每到一处，调研组成员都认真了解情况，掌握真实可靠的第一手资料，发现了职业教育改革在助推制造业发展中的困难和问题。

调研组看到，在目前经济发展增速换挡、结构调整、动能转换的背景下，与实现制造业由大到强转变的新需求相比，职业教育还有很大差距。可以说，职业教育仍然处于“上热下不热、校热企不热、官热民不热”的困境之中。职业学校内缺生源，外遭歧视，在夹缝中求生存；职校学生被社会贴上负面标签；行业和企业与职业教育貌合神离，导致一方面职业教育招生困难重重，另一方面技工荒不断告急。但调研组同时发现，职业教育发展的空间同样很大：中级技能的劳动力存在很大缺口，制造业企业出现持续“招工难”“技工荒”，职业教育供给侧结构性改革的任务艰巨。

在广东开展的补充调研中，民进中央还发现，现在对行业和企业办的技工学校全靠企业自筹、行业自筹，这些学校的发展面临很大的困难。同时，由于管理部门的职能交叉，人社部分管的技工院校招生没有列入中考或高考统一招生的序列，技工院校学生无法获得学历证书，被排斥在“教育系统”之外。

通过精准对接促进产教融合、探索产业转型的价值点与人才提升的价值点结合途径、教育费附加支出应向职教倾斜……调研中，一个个问题得以明晰，一条条建议不断涌现。

问题导向，问诊发展难题

制造业是实体经济的主体。振兴制造业是经济“脱虚向实”、良性发展的关键，需要大量多层次、高素质的技能劳动者。习近平总书记指出，“作为一个制造业大国，我们的人才基础应该是技工”。技能型人才的培养需要完善的职业教育体系支撑；职业教育又是离贫困人群最近的教育类型，在我国从“农民工大国”迈向“技工大国”的发展阶段，具有重大战略意义；无论职业教育还是推进教育综合改革，均是实现马克思主义“人的自由全面发展”的突破口。

通过实地调研和专家研讨，民进中央不仅丰富了对职业教育的认识，深化了对职业教育与制造业发展关系的认识，同时也更精准地总结了目前我国制造业对技能劳动者的需求与职业教育供给之间存在突出矛盾，即，同时存在、交织在一起的“三难”：企业招技工难、职业院校招生难、大学毕业生就业难。

制造业技能劳动者总量不足。我国近年技能劳动者的求人倍率一直在 1.5 以上，其中高级技师、技师和高级工程师的求人倍率分别达到 2.72、2.31 和 2.13。尤其是与制造业企业需要数以亿计的中级劳动力相比，培养中级劳动力的主要渠道——中等职业教育近年来却是学校数、学生数、教师数都在逐年缩减。没有相当规模的中职教育，将导致初始就业年龄增高、青年劳动力供给不足，还将加剧中级劳动力短缺的结构性矛盾，对我国制造业发展很不利，也脱离了我国“教育脱贫”的国情需要。

技能水平总体不高。我国高技能人才仅占全国就业人员的 5.81%；制造业劳动力受教育水平较低，装备制造业工人中，仅有 14% 为高职毕业生；农民工群体缺乏技能积累渠道，只有 33% 的农民工接受过非农技能培训，5.9% 的农民拥有职业技能证书。较低的技能水平难以满足制造业“提品质”的需求。据测算，我国制造业每年直接质量损失超过 2000 亿元，制造业的质量问题与从业者技能水平不无关系。

技能岗位缺乏吸引力。制造业工人工资待遇低、工作环境差、上升空间窄、社会地位不高，导致年轻人不愿意做产业工人。职业院校毕业生就业稳定性较差，转行的较多，在个别地区，中职毕业生稳定就业率（初次入职 1 年稳定率）不到 30%，流动性远大于其他行业（岗位）。有些中高职毕业生，宁可接受服务性岗位的低薪，也不愿到薪酬更高的生产一线技能岗位就业。

制造业人才需求与职业教育供给存在突出矛盾的同时，职业教育本身的改革也亟待深化。近年来，政府针对职业教育发展密集出台了政策文件，但由于对职业教育规律和特点的尊重和认识不足，目前的改革具有极大局限性：未触动现行的照搬普通教育模式的职业教育体系，未根本改变产教脱节问题，未建成就业导向、职业需求、技能特色的现代职教体系，未将职前与职后教育统筹——难以打破“三难”并存的僵局。

建言献策，助力综合改革

“深化职业教育改革助推制造业发展”，民进中央既是从制造业的技能需求来检视职业教育现状，也是从职业教育的技能供给来检视制造业技能现状，力图从二者的结合部——技能劳动者和技能型人才——入手提出助推我国制造业发展的政策建议。民进中央提出，要以终身教育为框架，遵从职业教育的特点和规律，从就业导向、职业需求、技能特色出发，构建一个符合中国国情的多层次、多形式，面向全社会开放的“校企合作、产教融合、工学结合、职前职后一体化、公办民办并举”的现代职业教育体系。

参与大调研的相关部门负责同志、专家学者针对调研中发现的问题，贡献出了宝贵的意见建议。人力资源与社会保障部职业能力建设司王晓君副司长提出“校企合作是职业教育发展亟待加以解决的问题。现有的政策主要是补学校、补培训机构、补个人，建议在减轻企业负担、撬动企业发挥培训的主体作用方面加强支持政策，如企业职工教育经费的充分使用、地方征收的教育费附加支持企业职工参加培训”。

民进中央教育委员会主任、山东省教育厅副厅长张志勇认为，“职业教育的供给侧改革、整个职业院校和专业结构的布局，必须关注到制造业的人才需求。职业教育改革，目光应该关注到高端和中低端两个方面，并更加关注中低端的供给，因为它更涉及老百姓的切身利益，更涉及农民工的利益，更涉及城镇化和工业化的重大割据问题”。张志勇还提出了行业应该在职业教育的发展中发挥更大作用，技术工人的社会保障体系必须加以完善等建议。

机械工业教育发展中心主任陈晓明建议，在鼓励企业提高校企合作积极性的措施方面，要在科技部门项目立项、成果评定中把鼓励和参与职业教育作为评价的依据；要发挥税收的杠杆作用。

民进中央汇集了调研组专家学者的意见建议，以及民进各省级组织提交的调研成果，形成了《关于职业教育改革助推制造业发展的建议》，报送中共中央、国务院。

民进中央建议，政府主管部门要从直接管理职业学校的事务中摆脱出来，重在创造制度环境，提供政策引导，制定职业学校和人才培养的基本标准，加强技能教育培训市场的监管，给予合法的办学主体以招生、发放学历证书、设置专业和招聘教师等自主权。要释放多元办学主体积极性，制定更开放合理的办学资质规定，制定更有效的企业激励性政策，发挥行业组织的作用。要增加职教体系的开放度和灵活性：科学地划分纵向衔接的职业学校、技工学校层级；给予技工学校与职业教育学校同等的招生、学历认定、财政支持政策；放开多种学制，提供可供劳动者多样选择的职业教育服务供给；丰富各类教育之间的“立交桥”，尽快形成学分互认、累积、兑换，使各级各类教育能基于学历与技能资格进行相互衔接或转换，实现“人人、时时、处处”皆可学的学习型社会，破除“一考定终身”；改进对职业院校和职校生的考核评价方式，建立以整体办学水平、综合职业能力、技能水平为标准的评价体系。要为技能劳动者建立“进阶”通道：尽快建立国家职业资格框架，提供统一的学历证书和职业资格证书的比对、评价、认定的国家平台，实现两种证书的等值互认；提高技能型劳动在一次分配中的比重；建立劳动者技术技能水平与薪酬挂钩制度，逐步弱化以学历等级为标准确定薪酬；完善技能劳动者培养使用、考核评价、竞赛选拔政策体系；消除在选人用人上对技能劳动者的体制性障碍。

《关于职业教育改革助推制造业发展的建议》《发挥中等职业教育在扶贫攻坚中的作用》得到了党和国家领导同志的重要批示；民进中央向全国政协大会提交的《关于大力发展中职教育，助力农村脱贫攻坚的提案》，被列为重点办理提案；在全国政协十二届二十一次常委会上，张帆副主席代表民进中央做了题为《供给侧结构性改革既要“见物”更要“见人”》的发言，指出供给侧改革要下大力气解决劳动力的供给结构和质量问题。

职业教育，不仅是经济社会发展的需要，同时也是个体发展的需要；不仅作用于当下的需要，同时也指向未来的发展；不仅指向经济的发展，同时也指向社会的正义。民进中央始终心系这个“离贫困人口最近的教育类型”，选择了职业教育这个具有重大意义的课题。面对课题本身的复杂性、改革任务的艰巨性，民进中央勇敢担当、深入调研、认真研讨，取得了阶段性的研究成果，供中共中央决策参考。路漫漫其修远兮，职业教育的发展任重而道远，但民进探索的脚步不会停止。

二、阅读中国　对话世界

中共十九大报告指出，推进国际传播能力建设，讲好中国故事，展现真实、立体、全面的中国，提高国家文化软实力。进入5月以来，中央和地方主流媒体按照中宣部的部署，对“砥砺奋进的五年”重大主题报道精心组织、有力推进，形成规模、形成声势，新闻工作者用生动的笔触、鲜活的镜头，生动展示了以习近平总书记为核心的党中央治国理政新理念新思想新战略的生动实践和伟大成就，勾勒五年来奋进中国的铿锵轨迹，一个个带着泥土气息的新闻作品纷纷出炉。以“中国故事”解读“中国奇迹”，给人感悟，也给人信心。新华社的《产业扶贫助力脱贫不返贫——甘肃定西一个贫困村的脱贫实践》《深怀家乡情 扶贫凤还巢——那些回乡的致富带头人》等报道，中央电视台的《鲁久村的扶贫故事》《宁夏蔡川村：小资金撬动大脱贫》等报道，都以小见大，通过小切口记录时代巨变，反映贫困群众脱胎换骨的精气神儿。

“这些中国好故事，如何做到墙内鲜花墙外香”是民进中央同样关注的问题。

小切口高立意

当今世界，国际体系和国际格局深度调整，中国与世界的关系发生着深刻变化，文化影响力已经成为国家竞争力的重要因素。面对如此宏大的课题，民进中央通过走访业界人士、举行专题座谈，比较敏锐地捕捉到：中文图书的对外译介是中国文化“走出去”“唱响中国声音，讲好中国故事”，在潜移默化中用中国文化、中国价值观影响世界，提升中国文化影响力的重要载体之一。这是一个看似“小”的问题，却可能影响到我们能否将中国故事“讲出去”“讲好”“讲明白”，让世界想听、听得明白的“大”问题。

从《习近平谈治国理政》引发热议，到《少年读马克思》版权输出美国，从外研社联手美国同行推出四部学术新著到扫扫看数字出版平台为书展注入数字化元素，美国书展上，中国主宾国系列活动如同拂面春风，带来了引人入胜的中国故事，加深了国际社会对当代中国的深入了解，促进了中国与美国及世界其他国家的文化出版交流。

这些喜人的成绩逐渐成为公共外交的一张张闪亮名片，为深化中国与各国的政治、经济合作奠定坚实基础。这中间体现着政府主导的优势，能在有限的时间内集中力量办“大事”，能在一定程度上弥补中文图书对外译介出版工作起步晚、经验少、外部阻力大的劣势。通过实施“中国图书对外推广计划”和“中国文化著作翻译出版工程”，中国出版机构与世界70多个国家的500多家出版机构建立工作关系，中国版权贸易逆差大幅度缩小至1.6 ∶ 1。也充分说明跨国界合作的“本土化运作”，更易让中文图书进入主流发行渠道，提高出版物的销售量和影响力。以这种模式对外译介的《习近平谈治国理政》，已发行至100多个国家和地区，海外发行量达50多万册。还有就是数字出版的研发运用，推动出版业融合发展和创新，有可能助力我们实现“弯道超车”。期刊数据库海外付费下载等各类数字产品出口金额正呈几何级数增长。

但是，不容回避的是，长期以来，我国存在外国译进作品数量远超中文图书译出作品数量的现象，这说明中国还未能成为文化大国，其文化影响力亟待提高。其中，中国文化对外传播的一个重要瓶颈，就是缺少好翻译。合格的翻译人才严重不足，高素质、专业化的翻译人才严重匮乏；出版发行渠道有限，让好的译作也难以进入国外主流市场。

让我们的“好故事”，只是“走出去了”，而未真正“走进去”。

小分队搞调研

民进中央将“加强中文图书对外译介出版工作，在‘一带一路’倡议实施中推进我国文化走出去”作为2017年的重点调研课题。2月至5月，民进中央副主席刘新成带“4人小分队”先后赴清华大学、外研社、中译出版社进行调研座谈，邀请外交部翻译室、中共中央编译局组织外交部翻译室、中山大学外语学院研究中心、“中华思想文化术语传播工程”学术委员会、《大中华文库》工作委员会、中国政法大学比较法学研究院等相关单位的专家学者举行专题研讨会。

6月14日至21日，刘新成率“5人小分队”赴美国、加拿大，就“在‘一带一路’倡议实施中推进我国文化走出去，如何更好地借助海外力量”问题，进行短时实地调研。调研组先后与中国驻美国旧金山总领事馆、中国驻美国芝加哥总领事馆、中国驻加拿大温哥华总领事馆、芝加哥孔子学院进行专题座谈；拜会斯坦福大学、芝加哥大学、加拿大华裔作家协会成员；实地调研了卡城（卡尔加里）中华文化中心、加拿大中国文化促进会、亚洲艺术博物馆、芝加哥美术馆。

民进中央的“小分队”调研搞得热闹，民进地方组织的“小分队”调研也毫不落后。单兵作战、二人协同调研……让通过社情民意信息这个“轻骑兵”反映此类问题更接地气。截至7月中旬，民进中央共收到民进各省级组织上送有关助力“一带一路”倡议发展的社情民意信息74条，民进中央择优编报23条《民进信息》报送中共中央统战部研究室和全国政协信息局。

多搞“小分队”，少搞“大部队”。这是民进中央一贯提倡的调研方法，也是一直坚持的调研形式。轻车简从，组成精干的小分队，尽量不惊动媒体，减少地方陪同，一竿子插到群众中间，用行动消除距离，用脚步丈量民情。让民进中央的很多调研更容易听到真话、查到实情。

小建议大胸怀

习近平总书记在“一带一路”国际合作高峰论坛上提出，“国之交在于民相亲，民相亲在于心相通”。“民相亲、心相通”的前提是交流，交流的基础是语言和文字，交流的主要媒介载体是图书翻译。要从国家语言能力和文化软实力建设的高度关注和推进中国文化和中文图书的对外译介工作，用外国人听得懂的语言介绍中国、解释中国发展理念。在扎实的调研、大量一手的数据、比较清楚的一线事实基础上，民进中央的发声更有了底气。

在4月18日全国政协“坚定文化自信，讲好中国故事”的专题协商会上，民进中央副主席朱永新代表民进中央做了题为《重视翻译工作，用世界语言讲好中国故事》的主旨发言（党派中央唯一口头发言），就提高我国翻译水平提出相关建议。6月，民进中央先后向中共中央、国务院报送了《关于加强中文图书对外译介出版工作，提升中国文化世界影响力的建议》《在“一带一路”倡议实施中推进我国文化走出去，如何更好地借助海外力量》等建议。

民进中央建议要做细做实对外译介出版的国别研究，力争精准传播；鉴于我国文化“走出去”还处于起步阶段，基础薄弱，人才紧缺，市场尚需培育，为保证“走出去”的质量，需严审资助项目，缩小资助范围，防止一哄而上，自毁长城；要增强导向意识，打造畅销热销的中国出版物；要统筹建立对外翻译和传播的国家队；要加大对重点国家、周边国家、“一带一路”沿线国家的市场拓展和布局，扩大版权输出优势。同时，建议加强合做出版，大力培育国际作者和海外经纪人、版权代理人队伍；开展“汇校工程”，建立开放共享的语料库，用以支持中外译者更好翻译中文图书，同时作为中华文化对外传播和中外译者交流的平台。

建议可谓“能言”，也敢于“直言”。民进真正把自己当成与中国共产党同心、同向、同行的亲密友党，做挚友、献诤言。建议受到有关领导的批示，责成有关部门认真研究，提出顶层设计，有系统有重点地加以推进。

这是一个好的开始。围绕“一带一路”文化“走出去”问题，民进中央将作为一个长期课题，就其中的相关问题做更多的专题调研。

三、助力湖南脱贫攻坚

2017 年以来，民进中央认真学习贯彻习近平总书记“7・26”讲话、深度贫困地区脱贫攻坚座谈会和全国金融工作会议讲话等一系列重要讲话精神；按照俞正声主席在 3 月 27 日脱贫攻坚民主监督工作座谈会上提出的要求，以高度的政治责任感，集智聚力对湖南省脱贫攻坚开展民主监督。

高度重视　深入开展调查研究

民进中央高度重视，周密部署，通过常委会、主席会、主席办公会多次传达脱贫攻坚民主监督有关重要精神，先后召开多次专题会、协商会和协调会，听取工作情况汇报，专门进行研究部署，统一思想认识，聚焦关键问题，深入推进各项工作全面开展。

要想扎扎实实做好脱贫攻坚民主监督，除了高规格谋划部署，更需要深入基层、深入群众当中。截至 2017 年 9 月，民进中央主要领导和专职、兼职副主席全部参与了脱贫攻坚民主监督各项工作，带队奔赴脱贫攻坚第一线进村入户扎实开展调研，了解真实情况，发现真正问题，不断推动精准扶贫和脱贫攻坚政策落实。

2017 年，民进中央分别在郴州、怀化、永州、株洲、湘西、邵阳、长沙（浏阳）7 地市的 12 个县开展实地调研，调研地覆盖了湖南省内国家连片特困地区武陵和罗霄山区以及非国家连片特困地区的国贫县，并且“跳出湖南看湖南脱贫攻坚”，分别在浙江、江苏、贵州、山东、江西、宁夏、河南、四川等省（自治区），围绕农村基层社会治理、村级集体经济发展、生态扶贫区域联动、金融精准扶贫等问题开展 7 次跨省“对比调研”，各方面和各类型的脱贫攻坚民主监督调研都很有收获。

通过主要领导和领导班子成员带队调研、央地联合调研、专家调研、工作小分队调研、湖南省外调研等多种形式的调研，民进中央先后形成了 7 份专项调研报告，并在这一工作基础上，形成了 2017 年年度调研报告。

深入沟通　建立协商交流机制

民进中央脱贫攻坚民主监督工作得到了湖南省大力支持。湖南省主要领导同志多次强调，把民进中央的民主监督作为推进脱贫攻坚的难得机遇和强大动力，把自觉接受监督作为重大政治任务和重要政治责任，全力支持配合，扎实做好服务工作。

2017 年 3 月 10 日和 6 月 28 日，民进中央和湖南省脱贫攻坚民主监督协商座谈会分别在北京和长沙召开，双方主要领导及有关领导班子成员出席。通过协商座谈，促进双方在脱贫攻坚关键问题的把握、民主监督工作进度的控制与工作方式的选择等方面保持高度的共识；民进中央向湖南反馈了开展脱贫攻坚民主监督的调研成果，直面问题，交换意见，坦诚相见。

民进中央的反馈得到湖南省主要领导的高度重视和积极响应。2017 年 7 月 6 日，湖南省委书记杜家毫专门与来自 12 个贫困县的县委书记交流座谈 6 个多小时，直面 65 个问题，提出了 64 条建议，进一步印证民进中央脱贫攻坚民主监督发现的情况和问题、提出的意见和建议。湖南省抓紧研究、改进完善，2017 年 9 月初，正式发文至民进中央通报了落实结果。

目前，双方主要领导同志定期会商沟通的机制已经建立，极大提高了民进中央对口湖南开展脱贫攻坚民主监督的积极性。

集智聚力　发挥地方和专家作用

“集智聚力”是民进发挥组织优势的工作方针。开展脱贫攻坚民主监督工作以来，湖南民进各级组织在民进中央的坚强领导下，密切配合，扎实推进。

民进湖南省委会发动 12 个地市级组织全部参与，与民进中央联动，在湖南全省建立了县、乡（镇）、村三级脱贫攻坚民主监督定点观察窗口，通过对每一个观察窗口进行长期监测，分析样本、解剖麻雀，把“点”上的事情说清楚讲明白；同时积极反映脱贫攻坚民主监督社情民意信息，从多个角度真实反映当地群众对湖南脱贫攻坚的感受和评价，帮助民进中央察实情、说实话、出良策。

随着脱贫攻坚民主监督工作的不断深入，民进中央聘请了周建明、蔡继明、汪六七等专家担任“脱贫攻坚民主监督工作顾问”，充分发挥专家们在民主监督工作中的作用，其中依托金融专家深入湖南保靖、江华和茶陵县就金融精准扶贫开展了深入调研。2017 年以来，专家顾问多次多地深入基层一线，使调研更具专业含量、更多独立思考，从多角度力图为湖南省提供一些决策参考。

主动谋划　组合施策推进工作

为更好适应政党协商形势不断发展的需要，深入推进脱贫攻坚民主监督工作扎实开展，民进中央专门设立“民主监督工作处”，专职承担 2020 年之前对口湖南省开展的脱贫攻坚民主监督工作，并拟安排年轻干部轮流赴湖南省扶贫办挂职担任联络员。

不当“门外汉”，不说“外行话”，这是民进中央对脱贫攻坚民主监督的要求。2017 年 11 月 2 日，民进中央在京举办了脱贫攻坚民主监督工作研训班，动员 29 个省级组织深入学习贯彻中共十九大精神、习近平总书记脱贫攻坚战略思想，认真研读脱贫攻坚相关政策法规，总结交流脱贫攻坚民主监督工作经验，把感性认识上升为理性思考，积极开展民主监督理论研究和探索。

民进中央社会服务及时跟进，在产业扶贫和教育扶贫方面发力，先后在有关市县引进育种、茶花和中药材种植等产业扶贫项目，牵头上海有关职教集团帮扶湖南建档立卡贫困户学生在上海和长沙接受免费职业教育。民进中央还发动 10 个民进省级组织，对口湖南开展了产业和教育扶贫活动，受到当地好评。

2017 年 6 月，湖南发生了历史罕见洪涝灾害，共致 1223.8 万人受灾，直接经济损失 381.5 亿元人民币。民进中央领导第一时间询问湖南的灾情，寄去慰问信，派专人前往湖南了解受灾情况特别是对脱贫攻坚的影响程度；民进中央开明慈善基金会、民进湖南省委会通过多种渠道向湖南灾区捐赠善款，用于抗洪救灾和脱贫攻坚，并统筹民进各级组织投身抗洪抢险救灾和支援灾后重建工作。

此外，在宣传报道上，中央电视台、新华社、人民日报和光明日报等主流媒体，人民政协报、团结报等统战媒体，以及民进宣传平台都通过各种形式，不断加大对民进中央脱贫攻坚民主监督工作的宣传报道力度，产生了广泛的社会影响。

随着脱贫攻坚民主监督工作的深入，我们越来越认识到精准扶贫的深远意义，这是执政党执政理念向全国人民和全世界的重大宣示，是中国特色社会主义制度优越性的有力证明，是对基层党建的重大推进，对改善农村农民的物质和精神文明水平具有历史性作用。我们对打好精准脱贫攻坚战充满信心，对脱贫攻坚民主监督工作充满感情，充分投入。主要经验如下：

一是以问题为导向，开展协商监督。在脱贫攻坚民主监督工作中，民进中央坚持问题导向，实事求是开展调研，“不说风凉话”，“不说虚话”，“不说冲动话”，“帮忙而不添乱”。坚持协商式监督，把自己摆进湖南、摆到贫困村、摆到扶贫干部中，设身处地考虑问题，加上立场中立和直通车优势，受到基层干部和群众的信任和欢迎，他们愿意坦诚交流，能够说掏心窝子话。建立定期协商交流机制。民进中央与湖南省双方主要领导今年两次召开脱贫攻坚民主监督协商座谈会（分别在北京和长沙），面对面交流，促进双方在关键问题的把握、工作进度的控制与工作方式的选择等方面取得共识；及时反馈民主监督成果，双方直面问题、坦诚相见。湖南主动接受民主监督。把自觉接受民主监督作为重大政治任务和重要政治责任，省委书记和省长亲自抓。深化监督成果的运用，视民主监督为推进脱贫攻坚的机遇和动力，在民进中央反馈上半年民主监督成果后，湖南省委省政府立即出台改进措施，体现了对民主党派的充分信任和对监督意见的高度重视。此外，湖南省政府分管扶贫工作的领导和扶贫办负责人主动走访民进中央，商议推动中央各项扶贫政策措施落地落实。

二是以政策为引领，开展过程监督。围绕国家精准扶贫和脱贫攻坚政策文件落地执行及完善情况，特聘“脱贫攻坚民主监督工作顾问”组成专家小分队开展全过程监督，专门成立“民进中央民主监督工作处”提供服务支持，充分发挥专家的专业知识优势，持续深入贫困家庭、田间地头了解政策执行情况和存在问题，基层一线扶贫力量真实感受和贫困户的获得感，助力国家脱贫攻坚科学决策和改进工作。如围绕国家金融精准扶贫政策落实情况，在江华、茶陵等地开展调研；围绕土地政策支持扶贫开发落实情况，在保靖、浏阳等地开展调研；围绕生态建设专项扶贫政策落实情况，在汝城、张家界等地开展调研；等等。

三是以点面相结合，开展深入监督。首先是全面覆盖。今年以来，民进中央在湖南脱贫攻坚一线中的 6 地市 11 个县深入调研，调研地覆盖了湖南省内国家连片特困地区武陵和罗霄山区以及非国家连片特困地区的国贫县（如全国最大的瑶族自治县湖南省江华县），兼顾贫困村和非贫困村。其次是定点观测。与民进湖南地方组织密切协作，将湖南武陵山片区的保靖县、罗霄山片区的茶陵县、雪峰山区的安化县设为“民进中央脱贫攻坚民主监督县级观测点”，通过长期跟踪积累、数据分析，力争把“点”上的事情说清楚讲明白，为“庙堂之上”与“江湖之远”搭建直通车。最后是“跳出湖南”。在河南（金融精准扶贫经验）、贵州（集体经济发展做法）、宁夏（深度贫困地区脱贫经验）、江西（土地政策支持脱贫攻坚经验）、浙江（农村基层党建做法）、山东和江苏（农村基层社会治理经验）等地开展 8 次跨省“对比调研”，形成 7 份专题报告，了解全国各地脱贫攻坚的经验做法，助推湖南脱贫攻坚工作深入开展。

四是以项目促脱贫，开展帮扶监督。在监督中跟进帮扶，在帮扶中实施监督，发现具体问题，提出解决办法。湖南省希望民进中央能进一步发挥人才智力、资源平台等独特优势，为湖南脱贫攻坚提供更多支持帮助。民进中央社会服务及时跟进，发动不在全国 14 个集中连片特困地区之列的民进省级组织对产业扶贫和教育扶贫提供力所能及的支持，在怀化市有关各县引进育种和中药材种植等扶贫项目，促进上海有关职教集团帮扶湖南建档立卡贫困户学生接受免费职业教育，多种渠道筹集善款帮助湖南抗击严重洪涝灾害、降低对湖南脱贫攻坚进程的影响。

作为履行参政党职能的又一个着力点，民进将继续高度重视和加强民主监督能力建设，凝心聚力，攻坚克难，以脱贫攻坚民主监督的新成绩，为决胜全面建成小康社会做出新的贡献。

四、“绿”与“黄”的较量

石羊河流域极度恶化的生态环境问题引起了中共中央、国务院的高度重视和社会各界的广泛关注。2007 年 10 月，温家宝赴民勤县视察石羊河流域综合治理工作情况时强调“绝不能让民勤成为第二个罗布泊。”2007 年 12 月，《石羊河流域重点治理规划》获国家批复实施，民勤生态治理全面加速，2010 年，青土湖重见天日，不少媒体欢呼青土湖“重生”了。又见青土湖，从漫漫黄沙到碧波再起。青土湖“沧海桑田”变化背后离不开民进中央十年如一日的坚守。在石羊河流域生态治理恢复中，民进中央发挥党派优势，献策出力，十年坚守，在这幅波澜壮阔的画卷上，为石羊河流域治理画上浓烈一笔。

不忘初心　十年坚守情系石羊河

武威市民勤县位于河西走廊东北部，石羊河流域下游，东西分别接邻腾格里沙漠和巴丹吉林沙漠。多年来民勤绿洲像楔子一样插进沙海，阻止了两大沙漠的“握手”和南进。由于环境恶化，前几年民勤“危矣”的报道屡见不鲜。实施石羊河流域重点治理，抢救民勤绿洲，既是关系河西走廊大通道安全和西北地区发展稳定的重大战略举措，也是关系国家经济社会发展的长远大计。

多年来，民进中央始终关心、关注着石羊河流域的治理，以各种途径向中共中央、国务院汇报石羊河流域生态变化及下游生态恶化情况。民勤绿洲被风沙“围剿”，民进中央看在眼里，急在心里。

2007 年 4 月，时任民进中央主席许嘉璐率民进中央调研组一行，在沙尘暴频发期赴甘肃民勤实地考察，全面深入地了解民勤沙漠化现状和沙漠化治理情况。调研结束后，许嘉璐同志写信给当时的国务院总理温家宝，建议将石羊河流域综合治理纳入国家规划。

建议得到温家宝批示，有力地推进了石羊河流域综合治理和民勤防沙治沙，也为石羊河流域重点治理上升为国家项目做了铺垫。

2008年，全国政协十一届一次会议期间，民进中央提交了《关于进一步加强甘肃民勤生态环境综合治理的政策建议》的提案，再一次对民勤荒漠化治理建言献策。提出将重点从“各个击破”延伸到“综合治理”，全力开展甘肃民勤生态环境综合治理相关工作，同时要适当加大重点治理规划资金中有关综合治理的投入比重等建议，为实现温家宝提出的“绝不能让民勤成为第二个罗布泊”的目标贡献力量。民进中央“十大”后，新一届领导班子继续关心、关注石羊河流域生态问题。

2017年10月9日至12日，晚秋初寒，全国政协副主席、民进中央第一副主席罗富和率民进中央调研组，从汉代居延古道的金塔县，一路逶迤向东，走向民勤县青土湖，驱车数百公里，实地感受固沙、绿化的杰作。

“石羊河流域十年重点治理取得了显著的成效，成绩来之不易。”在11日晚武威民勤县的调研座谈会上，罗富和表示，石羊河流域治理成果得益于党中央、国务院的高度重视和亲切关怀，得益于甘肃省各级党委政府的坚强领导和扎实工作，得益于各有关部门的大力支持和密切配合，特别是流域内党政干部带头治沙，广泛动员群众、科学决策、艰苦奋斗。

一水激活万里苏。甘肃省水文局设置的青土湖地下水位观测井观测数据显示，截至2016年底，青土湖地下水位埋深2.99米，较2007年上升1.03米，青土湖区域完成压沙造林6.7万亩，滩地造林2.3万亩，实施退耕还林1.5万亩，封山育林（草）12万亩，芦苇等旱湿生植物逐年增加，连片封育面积达到20多万亩，植被覆盖度由2007年前的5%—20%提高到目前的40%以上。十年坚守，不忘初心。做一件事不难，难的是一直坚持做一件事，民进两代人的守望终见成果。《石羊河流域重点治理规划》实施十年之际，也是民进情系石羊河十年之时。

“接力”领跑　砥砺前行结硕果

2007年《石羊河流域重点治理规划》实施批复，打响了石羊河治理起跑枪声。为了完成石羊河流域治理工作，多位民进人勇担责任，发挥优势，一路“领跑”，贡献力量。全国政协常委、民进甘肃省委会主委尚勋武便是其中之一。2009年尚勋武调任武威市做副市长，主管石羊河流域治理工作，缺水和风沙成为“拦路虎”。

通过一段时间调研考察和对《石羊河流域重点治理规划》的整体研究，尚勋武发现，统一思想是关键。尚勋武组织全市干部，亲自上阵培训，首先做通干部思想工作。同时他也发动水务、农业、林业、畜牧等有关单位制作专题片《水少了怎么办？》在电视台循环播出，向民众科普节水知识。关井压田就意味着收入减少，如何在耕地减少情况下，农民收入不减少，技术是关键。

为解决技术难题，尚勋武提出要学习以色列先进节水技术，并多次到中国农业大学调研。2010年他请来10位中国农业大学教授讲授滴灌技术，让农民在自家地头，手把手接受现场培训。他还积极利用会员企业优势，与各大经销市场建立合作关系，解决了农民最担心的销路问题。“现在北京市民吃的人参果，大部分都是我们武威市产的。”尚勋武自豪地对记者说。

功夫不负有心人，通过治理，到 2016 年，武威市总用水量由 21 亿立方米下降到 16 亿立方米，其中农业用水减少了 40%；2016 年，干涸 50 多年的青土湖区形成了 25 平方千米水面、156 平方千米湿地，生态改善的同时，武威市财政收入提高了 6 倍，农民人均纯收入由 3302 元提高到 9784 元。2001 年白广会所在的上泉村成立了防沙治沙协会，统一组织大家科学有序地压沙造林。通过政府支持、项目带动和干部群众义务参加，在老虎口总共压沙造林十万亩。近几年，政府又创新模式，将栽好的梭梭林免费承包给群众，发展沙产业，接种肉苁蓉。2014 年，白广会带头承包接种了 100 亩，一亩地一年能收入 2000 元左右，群众积极性很高，管好梭梭林的同时，增加群众收入，实现了生态效益与经济效益双赢，治沙又治穷。

2017 年 8 月，第十二届国际生态学大会（INTECOL 2017 Beijing）在北京举行，尚勋武应邀出席开幕式并在全球环境基金（GEF）项目专题做“石羊河流域生态治理十年——做法和成效”报告，这无疑是对民进石羊河治理工作的极大肯定。

石羊河流域综合治理，技术突破和专业规划是重要抓手。中科院科技战略咨询研究院副院长王毅，中国农业大学食品科学与营养工程学院教授黄卫东，中国林业科学研究院荒漠化研究所所长卢琦等多位民进专家学者，十多年来也关注跟进着石羊河流域治理工作。对于下一步该如何走，他们也在此次调研中提出了自己的意见。“保护和发展要相互协调”，从 2003 年开始就跟随民进中央在甘肃多次调研的王毅院长，在此次民勤调研座谈会上继续建言说，石羊河是一个内陆河流域管理，可以建立一个规律体系，除了国家层面，甘肃省也可以挖掘出更多工作潜力。他建议，石羊河要考虑多元化群体治理，包括利用企业和社会力量，建立多层次、精细化模式，而非一味扩大规模。各位民进人在石羊河流域治理中，众志成城，接力前行，向下扎根，向上结果，一水奔腾绿尽来。

薪火相传　多党合作谱新篇

20 世纪 60 年代以来，随着自然环境变迁和人为因素影响，敦煌生态环境逐渐恶化，绿洲面积从新中国成立初期 430 万亩减少到 210 万亩，原有的 1 万多亩咸水湖和 1000 多亩淡水湖中的 80% 面积已不复存在，敦煌正经受着可能成为“第二个楼兰”的严峻考验。

石羊河流域治理的成功经验，坚定了敦煌生态保护综合治理的信心，也续写了民进中央的西部“不了情”。2011 年 4 月，罗富和率民进中央调研组在甘肃考察调研后，向国务院有关领导提出了参照《石羊河流域重点治理规划》的经验和模式，尽早批准《敦煌水资源合理利用与生态保护综合规划（2011—2020）》（以下简称《规划》）的建议。在民进中央的关心推动下，国务院于同年 6 月正式批准了这一《规划》，总投资额为 47.22 亿元，这项《规划》的实施为科学解决敦煌地区经济社会发展与生态保护发挥了重要作用。引哈济党工程是《规划》的核心工程，是实现敦煌生态保护目标和解决敦煌资源型缺水的重要途径，也是国务院“十三五”期间重点推进的 172 项重大水利工程之一。民进中央科技医卫委员会副主任、研究员孔清霓认为《规划》的实施将是石羊河流域重点治理经验在敦煌的续写。

“作为中国特色社会主义参政党，民进不仅是石羊河流域生态建设积极的参与者，也是收获者。”在酒泉的调研座谈会上，罗富和说，作为中国特色社会主义参政党，民进在参与生态文明建设中，与甘肃省进行了卓有成效的合作。民进在参与石羊河流域生态建设过程中，得到了酒泉市和武威市的大力支持。我们更加坚定了走中国特色社会主义道路的信心，更加坚定了坚持接受中国共产党领导的信心，更加坚定了在贫困地区开展生态文明建设的信心。能发挥民进优势为石羊河流域重点治理助力，让我们引以为骄傲。

“石羊河流域重点治理是讲好中国故事的重要题材，它不仅是中国生态文明建设史上的一个奇迹，也是中国共产党领导的多党合作和政治协商制度的生动实践。”民进中央副主席朱永新表示，讲好民勤故事，既是总结石羊河流域重点治理工作经验，也是反映中国生态文明建设的一个缩影。民进中央会继续积极参与石羊河流域重点治理，续写多党合作的新篇章。

建设生态文明，不是政绩工程，不是短期行为，需要以成功不必在我的精神，薪火相传，一任接一任、一代接一代，持续不断往下干。这是一场不能停歇的“接力赛”，也是一条充满希望的发展之路。如今，碧水蓝天，人水和谐是石羊湖对中共十九大的最美献礼。

五、教师队伍建设与中国教育现代化

教育是民进最突出的界别特色，关注教育、投身教育、助推教育改革发展是民进坚持不懈的使命。民进十一大以来，全会深入贯彻“有思有行、集智聚力、顺势而为、开拓创新”的工作方针，在参政议政的教育老阵地上，集聚民进全会乃至社会各方力量，以新作为巩固老阵地，谱写了一曲民进参政议政的华彩乐章。自 2007 年起，创建中国教师发展论坛平台，秉承和发扬民进“尊师重教”的优良传统，关注我国教育事业发展、关注教师队伍成长，为国内有关的专家学者、教育行政官员、一线校长教师们搭起了一个交流讨论、启发思辨、凝聚改革共识的平台。十年来，各方在这个平台上探讨教师发展的战略方向、改革路径、推进办法，一起为教师队伍建设、教师专业发展贡献智慧，也曾为落实《国家教育规划纲要》、助推《乡村教师支持计划》落地建言献策。形成了有一定社会知名度的品牌，在教育界产生了良好的影响；由论坛成果转化的政策建议，有的已对国家的政策产生了积极影响。教师发展论坛已经成为推进民进在中国教师发展方面持续的参政议政活动。扩大了民进在教育老阵地的社会影响力，教育老阵地的参政议政工作呈现出了崭新面貌。

2017 年 9 月 6 日上午，庆祝第三十三个教师节暨 2017 · 中国教师发展论坛在湖北省武汉市开幕，论坛主题为“教师队伍建设与中国教育现代化 2030”。论坛期间，与会专家学者围绕“教师队伍建设与中国教育现代化 2030”这一主题，通过主题发言、专题演讲和分论坛研讨等多种形式，开展了广泛而深入的研讨交流，并形成一系列成果。

教师是关键

2017 年 3 月 5 日，国务院总理李克强在政府工作报告中提出，要制定实施《中国教育现代化 2030》，以教育现代化支撑国家现代化。“一支适应中国教育现代化发展需要，主动思考和实现教育变革的高素质教师队伍，是中国教育现代化的关键。”全国人大常委会副委员长、民进中央主席严隽琪在中国教师发展阶段论坛的开幕讲话中对教育现代化的实现路径如是破题。今天我们培养的教师，将决定十多年后中国教育的发展水平。那么，支撑教育现代化发展的教师队伍应该具备什么样的素质结构？教师教育自身应该如何变革？ 2015 年 11 月 4 日，联合国教科文组织在巴黎总部通过并发布了“教育 2030 行动框架”，周洪宇向大家介绍了这一行动框架的特点。他认为，框架中对于教育本质的新定义、未来世界教育发展的目标、未来教育的变革模式等，对中国教育现代化都具有启示意义。中国的教育现代化，在教育提供主体方面应多元并重，对各种性质的教育提供者应统一同等地纳入政策视野。教育现代化的终极目标，是要建立一个终身学习、终身教育的学习型社会。

“除了现代教学科学素养之外，最根本的是要塑造教师的现代人的人格，这个人格不是道德意义上的，是心理学意义上的现代文化人格。”民进中央教育委员会副主任、南京师范大学教育科学学院教授项贤明提出，未来师范体系要探索转型，要启动教师教育课程改革，要讨论培养教师时教学技能与观念培养哪一项更重要。

北京师范大学教师教育研究所胡艳教授对教学研究组织在中国诞生100多年的发展历程进行了系统梳理。她认为，当前，我国正处于从现代社会向高度知识化、多元文化共生、去中心化后现代社会转型的过程中，自上而下的教研制度已难以适应新的教育环境，应代之以平等互信、相互扶持的教师学习共同体。

广东教育研究院高教室主任孙丽昕从数量、区域分布、学科专业结构等方面向大家介绍了“双一流”背景下我国高等师范院校的布局与再调整。她建议，要明确高等师范院校的办学定位，实施创建高水平的一流高等师范院校战略，规范高等师范院校的专业设置。与会的专家学者或横向借鉴国外经验，或纵向梳理历史得失，或从大处着眼，或从小处入手，从不同角度探索建设高素质教师队伍的路径，描绘了现代化教师教育制度和教师管理制度的轮廓。

以信息化带动教育现代化

要实现教育的现代化，首先要实现信息化。以信息化带动教育的现代化，教师队伍同样是关键。华中师范大学校长杨宗凯指出，教师队伍未来的培养要注意信息技术与教育的深度融合，来推动未来教育的发展。未来教育一定是构建在互联网上的新教育，这种新教育就是要实现优质、公平、终身的学习，最终实现人的全面发展、自由发展和个性化发展。

随着信息化时代的到来，教育信息技术日新月异，这对教师专业发展既是挑战也是机遇。“今天的教师不生活在未来，未来的学生就会生活在过去。”北京师范大学教育学部副部长余胜泉通过视频远程做了发言。余胜泉认为，知识性的教学迟早会被互联网取代，将来学生主要用互联网来获取知识。但是学生很难有持续学习的毅力，教师的工作重心将转变为要陪伴、督促、检查、帮助学生使用互联网。教师要不断更新自己的知识结构，只有使自己不断数字化才能不被新时代抛弃。

华东师范大学教育学部科研部主任柯政谈了他对在线课程的理解。他认为，在线课程本质上就是传统教学的升级版，教师主要的任务是激发、维持、促进学生从教材中获取知识。对教师来说现在的教材更加有利于学习，但教师本身的角色并没有改变，所以关键问题是通过高质量在线课程的供给和教研机制的建立，让教师学会用新的教材来教学。

华中师范大学教育学院院长雷万鹏也对信息技术与教育融合发表了自己的看法，他认为，信息技术发展迅速并具有替代性，而教育和人的成长是一个漫长的过程，具有保守性。两者之间的差异性，导致实践界、理论界有两种不同的声音，一种是技术本位，另一种是教育本位，两者都需要从对方身上寻找一种可以吸收的智慧或者讯息。教育信息技术对于促进城乡义务教育均衡发展的实际效果如何？华中师范大学数字资源中心主任、信息化与基础教育均衡发展湖北省协同中心执行主任王继新介绍说，华中师范大学采取了“互联网+”的方式，建立起数字学校，通过城乡同步互动混合课堂，基本上可以解决农村教学中课程开齐、开足、开好的问题，并制定了专门的教师培养目标、培训内容和培训路径。

补齐农村教育这块“短板”

全面建成小康社会主要困难在农村，中国教育的“短板”也在农村。在教师这个特殊的职业群体中，乡村教师又是特殊中的特殊，能否有一支相对稳定的乡村教师队伍决定了中国农村教育落后面貌能否改变。与会专家学者就涉及乡村教师的方方面面进行了讨论交流，有现状调查，有典型个案，有比较分析，有针对实践问题提出的建议，还有对问题和理论的反思。

北师大教育学部教育基本理论研究院郑新蓉教授一直关心着最新的乡村教师未来个人发展，她通过对全国500位工作1—3年的特岗教师进行抽样问卷调查，对特岗教师们的工作和生活现状、离职率、个人规划、职业倦怠感等做了全面调查，调查结果对特岗教师政策的完善极具参考价值。

南京师范大学教育科学学院副院长邵泽斌提出了一个“三环差序结构”的概念：如果根据教师居住和工作地点的现代和繁华程度，可以分为三个环，一环最优，二环次之，三环落后。他认为，城乡教师队伍结构事实上形成了以中心地区为核心、以地域差异为特征的等级化体系结构，这种“三环差序结构”的存在，使得乡村教师队伍出现了很多问题。要解决这些问题，必须下大力气办好乡村教育，坚定实施教育资源的反向歧视和优质资源下沉战略。

“农村贫困表现出来的是经济贫困，其实是教育贫困，十年前的教育水平决定了今天的经济水平，今天的教育水平决定十年后的经济水平。”西南大学副校长陈时见结合自己在地方的挂职经历，深有感触。他认为，教育是乡村发展的基石，教师是乡村学校的灵魂。要改进乡村学校，建立以乡村学校为中心的乡村社会，培养信守乡村志向、融入乡村生活、造福乡村孩子的本土化、专业化乡村教师队伍。

北师大中国教育与社会发展研究院教授薛二勇的观点与陈时见不谋而合。“世界银行2009年有过一个研究，随着受教育年限的增加，贫困率逐步降低”。薛二勇指出，教育贫困实质是教育领域人的贫困，人的贫困主要是教师，教师问题不解决，教育扶贫、教育脱贫就不能持久。他建议，要强化教师本地化培养和本地试点，有针对性培训贫困地区教师，实施贫困地区教师收入倍增计划。

论坛期间，一百五十余位专家学者以高度的事业心和责任感，围绕论坛主题，开展了广泛而深入的研讨交流，分享了经验，增进了共识，促进了思考，取得了丰硕成果，为我国教育事业发展贡献了智慧和良策，向第三十三个教师节奉献了厚礼。

冯琳琳　民进中央参政议政部综合处干部

中国农工民主党

一、深化医学教育改革，筑牢健康中国人才之基

新中国成立以来我国医学教育事业成绩巨大，但与“健康中国”建设需求相比，人才总量不足、结构失衡、分布不合理、医学教育质量参差不齐等问题仍十分突出。农工党中央对此项工作长期高度关注，组织医学教育专家，研究国内外医学教育改革发展趋势，并组成调研组赴沪、京对医学教育改革进行专题调研。

当前我国医学教育发展存在的问题主要有以下几个方面。一是医学人才结构失衡，分布不合理。医学人才结构失衡，突出表现为全科医生与专科医生比例严重失衡。2016年，我国注册为全科医学专业的医生仅7.8万人，占318.8万执业（助理）医师的2.45%，占20.9万参加培训的全科医生的37.32%。公共卫生、儿科、精神卫生、病理人才培养无法满足需求。医学人才分布不合理，城乡差距巨大。二是医疗人才总量不足。我国每千人口医生数、护士数和医护比均低于OECD国家。三是医学教育质量参差不齐，整体质量呈下滑趋势。第一，年度招生规模与生源质量缺乏科学控制。第二，大多数医学院校教育理念陈旧、教学方法落后，基础与临床教学联系基本隔离。第三，院校专业设置不尽合理，培养与需求脱节较为普遍。第四，人文教育严重缺失。四是医学教育缺乏整体规划。对医学生招生数量，部属高校与地方院校招生规模比例，高校医学专业设置，全科医生和专科医生培养规模等没有具体规划、刚性措施和保障机制。五是医学教育改革进展不均衡。除北京、上海等地重点医学院校外，但绝大多数医学院校尤其是地方医学院校并没有实施医学教育改革。六是政府统筹协调尚有较大工作空间，政策法治保障有待加强。七是专科医师培训制度有待建立。八是医学教育管理体制不顺。九是社会组织在教育改革发展中发挥作用不够，继续教育新型机制有待建立。

目前，我国医学教育发展正处于重要发展机遇期，为此建议：

1. 提升医学教育的战略地位，为推动全面深化医改和教改提供人才支撑。

医学教育改革应加强医教协同，以提高培养质量和优化结构为核心目标任务，以医学专业教育与国民健康教育相互融合贯通为改革发展的根本方向。通过医疗的服务保障、医保的经费保障、医药的市场保障与医教的人才保障紧密结合，全方位、全周期保护好人民群众健康，使医改在深水区产生新的突破，为我国医药卫生体制改革和医药卫生事业发展提供坚实的人才保障。

2. 建立医学教育宏观管理协调机制，完善人事、财政政策，为医学教育改革提供体

制机制保障和政策支撑。

一是建立医学教育宏观管理协调机制。在国务院层面建立多部门的医学教育宏观管理协调机制，成立领导小组，组长由国务院分管副总理担任，副组长由教育部、卫生计生委、人社部等部门主管领导担任。加强教育部与卫生计生委内部协调，可考虑由教育部门负责医学教育的副部长兼任卫生计生委副主任，并在教育部成立医学教育司。二是完善人才使用激励政策，为医学教育改革提供人事政策支撑。建立适应医疗卫生行业特点的人事薪酬制度，大幅提高医疗卫生人员薪酬水平。率先启动全科医生薪酬制度改革，制定不低于专科医生平均收入水平的薪酬标准，并提高其绩效工资水平，将其同全科医生为签约居民提供个性化、多样化健康管理服务挂钩，多劳多得，优劳优得。完善职称晋升办法，重点向基层医疗卫生机构倾斜，提高基层医生尤其是全科医生的职级晋升速度。三是增加财政投入。构建以政府投入为主，学校、医院、社会等各方共同承担的经费投入机制。西部贫困地区要有更加特殊的优惠政策，在中央财政设立专门的转移支付专项。

3. 率先启动全科医学教育改革，以点带面撬动整体医学教育改革。

一是加强全科医学学科建设。将全科医学作为医学院校教育发展的重点方向，抓好规划设计、师资配置、条件保障和教改支撑；在所有医学院校设立全科医学专业学科，作为重点学科重点支持；扩大全科医学博士点招生，探索建立跨学科的全科医学教育体系。二是加强全科医生毕业后教育。在住院医师规范化培训中强化全科方向引导；继续抓好“5+3”全科医生直通车培养；加强对基层潜在全科医生的培养和转岗培训，可采用远程函授和短期医院集中学习相结合的方式进行全科培训；在有资质的医疗机构中，开展“5+3+2”高水平全科医生培训，授予全科医学博士学位；在二级以上医院设立全科医学科，并作为医院评级的标准；鼓励大医院与社区卫生中心、乡镇卫生院联合组建全科医生培训基地。三是制定坡度小、台阶小、出口大的全科医生职业发展路径。探索以全科医疗为主的服务模式；鼓励专科知名教授到社区联合会诊，并培训全科医生；在医师多点执业中，优先安排社区的全科门诊。

4. 强化医学院校独立办学模式，保证医学教育的整体性。

遵循医学教育发展规律，保障医学教育的整体性。综合性大学的医学院（部）应建立独立的管理体制，统一管理基础医学院和临床医学院以及各附属教学医院，拥有独立的财务、人事等权力，统筹相关教学资源。将药学、公共卫生等与临床医学相关学科在功能上进行整合，实行一体化管理。医学院（部）的主要领导应是综合大学的领导班子成员，统一协调医学发展和交叉融合资源。支持现有独立医学院校独立办学，不再并入综合性大学。

刘延东副总理对专报高度重视，并于 2017 年 5 月做出重要批示。2017 年 7 月 11 日，国务院办公厅发布《关于深化医教协同进一步推进医学教育改革与发展的意见》，农工党中央关于加强医教协同管理、建立医学教育宏观管理协调机制、完善人才使用激励政策、加强全科医生培养等意见建议得到了充分吸纳。

二、完善国家医疗保障制度供给的建议

在“三医联动”中，医疗保障制度发挥着基础性、关键性、主导性的作用，是改革的核心环节。但由于城乡居民基本医保缺乏总体规划和统一管理，使其保障效能、综合监管和资源调配的杠杆作用尚未得到有效发挥，未能充分调动社会和个人积极参与医疗保障体系建设的积极性，制约了医改的进一步深化。对此，农工党中央在广泛调研的基础上，特提出如下建议：

1. 建立运行独立、客观公正、水平专业、科学统筹的医疗保障机构是国际上医疗卫生体制改革的主流方向和关键举措。

从国际经验看，德国通过成立联邦医保局，负责医保基金的归集与再分配、风险调节和运行监管，在平衡控费和医疗质量保障两者关系上处理得较好，值得我国医改予以借鉴。因此，组建一个运行独立、客观公正、水平专业、科学统筹的医疗保障机构是全面深化医改的一个重要的改革方向与重点任务。

该机构可以在控费和保障国民健康权益与水平这两个主要管理目标的平衡上发挥协调统筹功能，可以在协调医护人员、患者、企业从业人员等群体和医疗机构、药店、制药企业等单位的利益关系平衡上起到客观、公正的组织协调作用，可以通过多种保障资金统筹使用、医疗服务保障项目准入与退出、支付方式改革等技术手段确保医疗保障基金使用的最优效能，并将传统的行政管理模式向独立化、专业化、科学化的社会治理模式转变，产生人民健康有保障、医疗行为更科学、有效调动医护人员积极性、确保基金安全和可持续发展等综合性效应。

2. 国内的医改实践证明，独立运行的医疗保障机构可推动医改产生新成效。

在深化医药卫生体制改革过程中，福建三明市成立了独立运行的省医疗保障管理委员会，实施三保合一，集药品与耗材集中采购管理、医疗救助管理、医疗服务价格和药品价格管理、药品配送管理、医疗行为监管职责于一身，在职能和体制整合上均进一步做了功能性优化。福建省党委和政府高度重视，充分发挥组织领导的政治优势，保障了整合快速、高效、顺利完成，使分散在各相关部门从事医疗保障管理的机构与人员有效整合，形成了一个更加专业化的团队，既整合优化了医保管理功能，极大减少了部门协调的行政成本，又逐步将分散在各部门的资金统一管理，做大资金拼盘，增强抵御风险能力，还充分发挥医保对医院运行监管的合力优势，有力地推动了“三医”联动。这一成功案例取得了以下主要成效：

一是人民群众得实惠。一方面，广大群众就医负担减轻。另一方面，福建在保障大病和保障贫困人口上也发挥了优势。既维护了基本医保的公平性，又兼顾了大病人群和贫困人口的特殊性。

二是有效调动了医务人员的积极性。福建省建立公立医院价格动态补偿机制，利用药品招标、医院控费和医保各项制度整合腾出的费用空间，及时对省属医院进行医疗服务价格调整和动态补偿，为提升医务人员薪酬水平创造了条件。开大处方、药品回扣等不良医疗行为得到有效约束，医疗服务和质量明显提升。

三是百姓合理用药需求得到良好供给。福建省实施以医保支付结算价为基础的药品

联合限价阳光采购，采购环境公开透明，有效降低了药品价格。中医药作用得以继续发挥。在全国率先区分治疗性用药、辅助性用药和营养性用药，引导合理用药。高值医用耗材的应用略有增加。上述改革有力地促进了医药产业供给侧结构性改革，并规范了药品流通供给秩序，建立了良好的市场供给环境。

福建医保体制改革启动尚不满一年，但是主要成效已经显现。此外，国内还有一些地区，如上海、天津、甘肃、河南等地，虽然没有成立单独的医保机构，但建立了统一的领导机制，即由负责医改的省级领导统管医保和医疗卫生。这种领导机制，有利于医保和医疗服务的统筹协同与精细化管理，也取得了明显的成效。

3. 推广福建医保改革宝贵经验，完善全面深化医改的医疗保障制度供给。

福建医保改革至少有十条宝贵经验可在全国范围内尽快推广，为全面深化医改提供强有力的医疗保障制度供给。

一是组建机构，独立运行——整合相关行政资源，组建独立运行、统一管理的医疗保障机构。各设区市成立市医疗保障管理局，下设医疗保障基金管理中心，并在县级派驻基金管理部，实行垂直管理，形成全省统一的医保管理体制。二是统筹统管，促进“三医”联动——统筹医保及相关资源，统管控费、定价、招采、配送、保障、救助、监管。福建省充分发挥医疗保障管理要素整合优势，实施三保合一，由医疗保障管理委员会全面负责药品、耗材集中采购管理，医疗救助管理，医疗服务价格和药品价格管理，药品配送管理、医疗行为监管，有效统筹医、价、保各方资源，发挥医保在“三医”联动中的杠杆作用。三是强化监管，实施复合型支付和代码监管——推行复合型支付制度改革，将医保监管向遏制浪费、节约成本、取消以药补医、规范医疗行为的方向延伸。四是抓好招采，降低虚高药价——创新药品采购渠道与方法，完善招采与流通机制，实现降低虚高药价的改革目标。建立以医保支付结算价为谈判机制的动态开放阳光采购平台，采用通用名、通用剂型、通用规格、通用包装“四通用”竞价原则，采购过程公开透明，突出市场竞争。五是保障大病，统筹能力水平明显提升——通过统一标准、资金统筹、资金增量调整等措施，分级分层强化大病保障。六是救贫济困，托底保障健康扶贫——专项资金筹措，叠加保险补偿，大额救助兜底，有效支撑扶贫攻坚。七是促进公立医院改革，医保杠杆效应显现——采取医疗服务价格调整、公立医院动态补偿机制建立等举措，有效推动了公立医院改革的深化。八是实现“一网通”，信息化支撑保障有力——将多个平台整合成一个省级综合管理服务信息平台，实施信息公开，信息化与大数据技术有效支撑了医保监管和医改深化。九是调整薪酬，调动医务人员积极性——通过实施目标年薪制和“工分制”考核等措施，提高医务人员收入。十是建医联体，加强家庭医生签约服务——医保综合性推进分级诊疗和全科医生签约，将病人留在基层。

借鉴福建医改经验，建议在国家层面成立医疗保障局，接受国务院医改领导小组的组织领导，由主管医改的国务院领导同志分管。国家医疗保障局的组建可参考福建经验，将分散在各部门有关医疗保障的职能与机构进行合并。全面负责国家医疗保障制度（包括基本医疗保险和商业医疗保险）整体规划，财政投入及补贴政策、医保报销政策、医疗相关价格政策、药物相关政策、医务人员的人事薪酬政策、医疗救助等政策制定，国家医保目录的制定和定期调整，医保基金的运营管理和监督，药品和医用耗材招标、采购、配送和结算管理以及信息化平台建设等。原有机构单元在新体制机制架构下进行重组，不增加编制，相对独立运行。国家财政部、发改委、中编办、人社部、卫计委、民政部给予配合和支持。各地方也可参照福建经验，建立统一的领导组织协调机制和组建独立运行的医疗保障局。

此专报上报后，李克强总理、刘延东副总理高度重视并做出重要批示。如今，国务院机构改革新设立国务院直属的国家医疗保障管理局，这一重大改革举措必将确保我国基本医疗保障制度的可持续性，并促进医疗服务、生物医药、健康产业的创新驱动、优化结构、提质增效，产生惠民生、可持续、强产业的多重效应。

三、加快推进“健康丝绸之路”建设的建议

“一带一路”建设，是中共中央统筹国内国际两个大局提出的重大倡议。农工党中央确定以“服务国家‘一带一路’倡议，推进‘健康命运共同体’建设”作为落实习近平总书记提出的“在文化、体育、卫生领域，要创新合作模式，推动务实项目，要用好历史文化遗产”工作新要求的具体内容，就关于加快推进“健康丝绸之路”建设的问题做了广泛深入的调研，发现如下问题：

第一，政策法规互通不够，合作模式有待创新。首先，对沿线国家卫生政策、健康需求等研究尚不系统深入，合作模式较单一。其次，缺乏政策法律互通。

第二，务实合作项目偏少，合作平台与机制亟待建立完善。众多沿线国家面临慢病、传染病、地方病的防控挑战，而我方成熟的防控经验和技术手段缺乏向外输送的合作平台与项目。

第三，协调机制不健全，人财物等保障不足。一是顶层设计有待完善。我国与周边国家尚未签署国家层面的卫生合作框架，相关工作缺乏协调机制，部门间的工作合力有待加强。二是对重点专项支持不够。如目前援非医疗队派遣政策有待完善，医务人员的薪资待遇、职称晋升等激励措施严重不足，选派工作越来越难。三是复合型人才匮乏。懂外语、精通专业、富有对外交流能力人才相当匮乏，严重影响对外卫生交流合作的质量水平。四是人道救助领域合作需要加强。当前，中东、中亚等地区战争频发、恐怖主义横行，叙利亚、伊拉克、阿富汗等国家饥荒、疾病等人道危机加剧。但我国在向这些国家提供人道援助时，尚存在缺乏可持续的资金支持、应急救护体系不健全、专业化人才匮乏等问题。为此，建议：

1. 建立强有力的“健康丝绸之路”推进机制

在“健康丝绸之路”建设过程中应充分发挥我国集中力量办大事的制度优势。一是强化中央统筹和规划引导，建议中共中央将“健康丝绸之路”明确为“一带一路”民心相通的核心内容和主要合作方向，抓紧制定国家层面的《健康丝绸之路合作行动计划》，全面统筹“健康丝绸之路”建设相关工作，提升中国在区域和全球卫生治理领域的软实力和影响力。二是按不同区域分类施策，系统改进和加强卫生援非工作，强化与中亚、西亚、东南亚等沿线国家的双边和多边合作，积极争取欧美等发达国家的资金和技术支持，并做好与六大经济走廊和其他重要倡议支点建设的衔接，形成“健康外交”与“经济外交”良性互动局面。三是做好组织保障和科技支撑，积极推动中医药及中华文化走

出去，通过卫生与人道领域务实项目的规划、设计、建设和运营，尤其是医学教育领域的合作，培养一批亲华友华的高层次医卫管理和科技人才。

2. *力争在若干重点方面取得突破*

（1）深化政策沟通，加强顶层设计。一是加强政策研究与衔接。加强对沿线国家医疗卫生法规政策、技术标准、重大健康需求的研究，使得我国与沿线国家的卫生与人道政策有效衔接，将顶层规划、政策设计与具体项目有机结合起来，推动联合国2030可持续发展议程目标的实现。二是分享健康国家建设经验。通过中非合作论坛卫生分会等交流平台和项目，分享我国的大卫生大健康理念、卫生事业发展经验特别是医改经验。可考虑帮助非洲有关国家建立医疗服务、公共卫生和医学教育等体系；在摩洛哥等国建立疫苗和常规药品生产基地，等等。三是协助相关国家完善慢病、地方病、传染病的防控政策措施。对东南亚国家的地中海贫血、中亚国家的包虫病、非洲国家的血吸虫病等提供防控技术和经验。开展新发突发传染病防控的合作，积极协助沿线国家应对埃博拉病毒、禽流感、寨卡病毒、区域与全球性流感等传染病。

（2）加强设施联通，完善合作网络。一是充分发挥重点医疗机构的辐射带动作用。将区域医疗中心正式纳入国家“一带一路”建设规划，建成可为沿线国家提供医疗服务、科研合作、人员培训的综合平台。加强边境地区国门医院建设，服务中外群众和疾病联防联控工作。继续完善援助非洲国家抗击疟疾的工作机制，促进青蒿素复方抗疟药物应用与公共卫生措施相结合，为全球范围控制和消除疟疾做出更大贡献。

（3）提升贸易畅通，推动中国医药走出去。一是加大中医药推广力度。国务院相关部门应联手协作，充分利用现有政府间合作机制，为有条件的中医药机构“走出去”搭建平台。借助世卫组织和国际标准化组织，主导研究制定中医药有关国际标准和规范，推动中药颗粒制剂等走出国门。二是促进最新医疗器械、药品创新成果转移转化。我国第一台拥有自主知识产权的武威重离子加速器，即将通过审评用于治疗肿瘤，造福沿线国家患者。建议大力发展高端医学装备制造业，将其与自主创新药、优质仿制药研究成果（如抗肿瘤靶向药物埃克替尼）等，一道向沿线国家输送。

（4）扩大资金融通，提升保障能力。一是设立“健康丝绸之路”专项基金。为加大对“一带一路”建设的资金支持，我国将向丝路基金新增资金1000亿元人民币。建议部分用于设立卫生和人道服务领域专项基金。二是充分发挥政策性金融机构作用。国家开发银行、亚洲基础设施投资银行等机构应加大对沿线国家的卫生和人道服务基础设施建设支持力度，积极同沿线国家磋商落实该领域投资需求。三是加大民间投融资力度。前不久，中国红十字会设立了丝路博爱基金，为“一带一路”建设提供公益资金支持。这种融资方式可以引领更多的爱心企业、公益组织和志愿人士参与“一带一路”建设，值得总结推广。

（5）促进民心相通，多建交流平台。一是改进援非医疗队派遣和管理模式。二是加强高安全风险地区医疗救助。向巴基斯坦、阿富汗、叙利亚等国，派出一支高度组织化、专业化的医疗工作队伍。三是推进医学教育合作。把医学教育和人才培养摆在优先发展的倡议地位，与沿线国家联合办学或扩大公派医学留学生，尤其是中医留学生的规模，培育更多同心同向的外籍医学人才。四是传播中医药文化。中宣部、外交部等部门宜加强协调，对中医药文化传播做出整体规划，通过驻外使领馆、孔子学院和中医药海外中心等多种机构，开展立体多样的宣传推介活动，增强中华文明的影响力。五是开展各类慈善公益行动。推介“博爱家园”“博爱单车志愿者行动”等项目，团结汇聚更多力量，共襄“健康丝绸之路”建设大业。

张高丽副总理对该建议专报高度重视和重要批示，要求“一带一路”建设领导小组办公室会同有关方面认真研究农工党中央的意见建议。

四、加强全科医生队伍建设的几点建议

当前制约健康中国建设快速推进的突出短板之一，是我国当前严重缺乏在基本医疗卫生服务中处于核心地位、被称为居民健康和医疗费用支出“守门人”的全科医生。2016年，我国注册为全科医学专业的医生7.8万人，占318.8万执业（助理）医师的2.45%，与2020年每万人有2—3名全科医生的目标相去甚远，边远贫困地区状况更为严重。自2015年以来，农工党中央结合对口帮扶工作，在国家卫计委和地方党委政府的共同支持下，尝试通过多重政策措施，激励和引导医学院校青年学子选择做全科医生，收到了明显成效。

1. 主要做法和经验

一是突破原有管理模式，实行“县管乡用”，为特岗医生提供良好的职业发展前景。对同心全科特岗医生实行编制在县、岗位在乡的管理方式。

二是加大培训培养力度，实行“双导师制”，努力提升特岗医生的医技服务能力。要求招录的特岗医生必须完成住院医师规范化培训再上岗。县人民医院建立了同心全科特岗医生培训基地，每季度组织特岗医生在县人民医院进行短期临床技能培训。实行“双导师制”，一方面在县内聘请专家医师建立一对一帮带制度，另一方面农工党中央筛选了全国知名医院、医学院专家组成导师团队，采取一对一或多对一的方式给予指导。

三是积极筹措经费提高待遇，实行“差别化补贴”，让特岗医生享有体面的工作生活条件。

四是综合多种激励措施，实行“晋升有奖”，使特岗医生产生较强的职业成就感。

五是倾听心声适时关怀，给予“精神激励”，让特岗医生具有较强的职业荣誉感。

2. 遇到的困难和问题

一是培养教育体系不完善，全科医学学科建设比较薄弱。

二是管理使用制度不配套，全科医生的岗位设置、职称评定体系尚不完善。

三是激励资金缺乏制度保障，相关配套政策支持不到位。

四是招录人数有限，依然不能满足基层需求。

3. 相关意见建议

一是积极推动全科医学教育改革。首先，加强全科医学学科建设。将全科医学作为医学院校教育发展的重点方向，抓好规划设计、师资配置、条件保障和教改支撑；在所有医学院校设立全科医学专业学科，作为重点学科重点支持；扩大全科医学博士点招生，探索建立跨学科的全科医学教育体系。其次，加强全科医生毕业后教育。在住院医师规范化培训中强化全科方向引导；继续抓好“5+3”全科医生直通车培养；加强对基层潜在

全科医生的培养和转岗培训，可采用远程函授和短期医院集中学习相结合的方式进行全科培训；在二级以上医院设立全科医学科，并作为医院评级的标准；鼓励大医院与社区卫生中心、乡镇卫生院联合组建全科医生培训基地。形成坡度小、台阶小、出口大的全科医生职业发展路径，要求完成规培的医学院校毕业生首次就业、专科医生晋级前须有一定时间的基层全科执业经历，以保障基层全科医生来源充足、有序轮替。

二是协同落实全科医生综合保障制度。建议吸纳农工党中央“同心全科医生特岗人才计划”实践成果，中央及各地政府的人社、卫生、财政等职能部门联手协同行动，加大政策激励力度，为全科医生特岗人才“量身定制”符合当前当地经济发展水平、有较强吸引力的优惠政策，并提供制度性的资金保障，提升特岗医生的薪酬待遇水平和职业荣誉感，形成有效的对内激励和对外吸引效应。

三是探索构建以全科医疗为核心的服务模式。结合加强“医联体”建设、落实分级诊疗和家庭签约服务等制度，在社区和乡镇卫生院、村卫生室等基层医疗机构，探索以全科医疗为主的服务模式，并将全科医生的收入与为签约居民提供个性化、多样化健康管理服务挂钩，多劳多得、优劳优酬，促进服务质量与水平的提高。在当前以专科医生为主体、全科医生短期内仍然匮乏的情况下，鼓励专科知名教授到基层医疗机构联合会诊，培训全科医生。尝试由三级医院委派多名不同学科的中高级专科医生组建“全科医生帮扶团”，对基层医疗机构的全科医生进行对口帮扶、长期指导，全面提升基层医疗机构的全科服务能力。

四是重点加强边远贫困地区全科和公共卫生服务体系建设。结合当前脱贫攻坚工作，建议由中央财政出资，继续推进贫困地区基层医疗卫生机构提质达标工程，同时给予贫困地区更优厚的人事薪酬激励政策，吸引和鼓励更多全科医生到贫困地区乡镇卫生院服务，以其为核心形成由全科医生、助理医师和护士、村医组成的“全科服务和公共卫生团队”，并筹措资金为基层配置灵便的可穿戴移动数据医疗设备，通过建立信息平台和专家远程诊疗指导系统，做好贫困群众的慢病管理和疾病预防工作，从源头上减少因病致贫因病返贫现象。

该建议上报后，得到了刘延东副总理的高度重视和重要批示。2018 年 1 月，国务院办公厅出台了《关于改革完善全科医生培养与使用激励机制的意见》（国办发〔2018〕3 号），农工党中央的建议基本都得到了采纳。

王善学　农工党中央参政议政部调研处处长
熊　凤　农工党中央参政议政部调研处副处长

中国致公党

一、推进“一带一路”建设中中国文化“走出去”

文化是国家文明程度的重要标志，也是国家综合国力的重要组成部分。我国文化“走出去”相比经济“走出去”还比较滞后，文化产品国际竞争力不强，需要加快推进中国文化“走出去”。为此，致公党中央开展了3次推进中国文化“走出去”调研，举行了5场座谈会，听取各地推进文化“走出去”工作情况和意见建议。

调研组发现一些问题：一是文化“走出去”统筹层次不高，统一协调的单位不明确，政出多门，监管不到位，存在资源、渠道、经费等重复浪费现象。二是文化“走出去”的企业偏小、竞争力不够强，缺乏优势企业、拳头产品和品牌；手段缺乏，展示展演多，商业开发少，模式简单。三是对外文化贸易结构不合理，市场局限，文化服务出口比重小。四是没有建立起完善的对外文化贸易的政策扶持体系，缺乏引导资金，文化企业融资难、经费投入不足。五是民间组织参与不够充分、交流渠道不畅，且较为单一。六是中医药特色文化优势未能得到充分发挥，“走出去”基础弱，规模小。为此，调研组提出以下建议：

1. 加强顶层设计，明确目标，制定规划

一是从国家层面科学谋划，明确目标，制定中长期规划，设计“走出去”路径，本着先易后难的原则，有重点、分层次地开展文化传播和交流，如亚洲地区特别是周边国家，与我们血脉相连、文化相近，可以作为我国文化“走出去”的首选目的地，非洲、拉美国家可以作为第二级目的地，欧美国家文化交流的重点应放在有效展示、沟通理解、求同存异上。二是建立科学有效的统筹协调机制，发挥政策的杠杆作用，治理政出多门、资源重复浪费、各地区各自为政的现状。三是严格甄别和审核文化“走出去”产品，要把真正反映真善美的优秀文化如国粹、民族特色文化等传播出去。四是加强文化国际交流合作，加强与国外主流媒体的沟通，广泛开展与国外媒体和记者的合作交流，借助西方主流媒体了解西方文化传播机制，从而有效影响西方受众，形成对中国全面、客观的认识。

2. 开展文化“走出去”基础性工程

一是进一步加强对外汉语教育，重视汉语教师师资队伍建设，保护现有教师队伍，加大汉语教师本土化的培养力度。二是推动海外华文教育“标准化、正规化、专业化”，设立统一标准，统一推荐教材。三是以“互联网+”为载体搭建汉语全球化教学资源共享平台，实现全球范围内的师资共享、课程共享、工具共享及信息共享。四是推进人才支持体系，把培养一批熟悉中西方文化的产品研发人才纳入计划，加快培养文化“走出去”复合型人才，包括文化创意、设计、市场营销、语言等专业性技术人才，加强汉语翻译本土人才培养，特别要加强为“一带一路”沿线国家培养翻译人才，依托本土翻译人员将中国故事翻译成符合本国口味易于理解的故事。五是在海外各大洲选择性地建立“中国馆”。在馆内，可以设立中医诊所和华文学校等，还可以办各种展示中国文化，尤其是地方特色文化的展览、演出等。

3. 加强文化“走出去”能力建设，增强国际竞争力

一是加快培育一批能与西方文化企业相比肩的骨干文化企业和与西方文化产品相比肩的中国文化产品，鼓励有条件的文化企业及相关机构在海外投资、设立分支机构，争取从单纯的文化产品贸易转变为全方位的国际合作；将丝绸之路国际电影节打造成品牌，鼓励更多的对外合拍影片，让更多代表中国文化的电影精品与各国广泛交流；把中国文化、中国故事（如黄河颂、梁祝等）用西方所熟悉的歌剧、交响乐等形式创做出来，成为国际共享的精品力作；充分发挥我国在外留学学习西方音乐文化的留学人员、音乐家的作用，推动在西方歌剧、乐曲、影视中准确融入“中国元素”。二是加强文化与科技的融合，推动有关科技领域先进、共性、关键技术成果向文化领域的转化应用，支持具有自主知识产权的核心技术研发、推广和应用，创新文化产品及服务模式。三是设立对外文化贸易大项目扶持专项基金，探索加大对文化出口重点企业和重点项目的扶持，促进国内有实力的文化企业与世界一流文化企业合作。四是加快构建文化资产评估体系、文化产权交易和版权交易体系，促进文化创意成果转化。五是制定金融扶持文化产业的可操作性优惠政策，推动金融资本进入文化产业实体，拓宽文化企业融资渠道，引导各类社会资本投资文化产业。六是加快创建国家级特色文化产业示范区、示范企业、示范项目，重点培育和推进民族民间演艺、传统民族民间工艺品、地域特色文化体验等文化项目产业化发展。

4. 畅通交流渠道，充分发挥民间组织推进文化“走出去”的作用

一是从国家层面出台扶持民间组织文化“走出去”的具体政策，制定统一规划，理顺协调机制，防止政出多门。二是重视民间组织在国际文化交流中的特殊作用，充分挖掘中国民间及海外华侨华人的潜力，政府在体制和机制上重点保障，上下联动，优势互补，使政府机构、文化组织、民间团体、社会人士共同践行“走出去”战略，构成全方位、宽领域、深层次的文化交流局面。三是推进出口平台和海外营销渠道建设，拓展文化贸易网络，加大海外推介和招商力度，改善硬件软件方面的服务。四是注重发挥“大众”作用，使每一位出国的中国人都能展示良好的形象，成为中国文化“走出去”的推动者。

5. 进一步推动中医药文化“走出去”

一是加大宣传中医“治未病”健康理念，引领更多国家和地区认可中医，促使中医在全世界具有更广泛基础。二是整合中医药医疗机构等资源，建设以中医药文化传播和体验为主题，集中医医疗、养生、康复、养老、文化传播、商务会展、中药材科考与旅游于一体的国家中医药健康旅游基地。三是拓展中医药国际交流与合作，进一步加强中

医药翻译人才队伍建设，加快培养一批通晓中医药和外语的复合型人才，大力支持中医药技术、药物、服务“走出去”，积极鼓励有条件的中医药企业开展对外投资和跨国经营，鼓励优秀的中医药机构开设中医药文化讲坛，设立中医诊疗机构，输出中医药技术，开展国际间的中医药合作。四是加强与“一带一路”沿线国家的教育合作，扩大中医药学留学生招生规模和范围，提高办学质量，培养留学生成为中医药跨文化传播的使者和本土化落地生根的行者；拓展中医药海外办学渠道，大力支持国内外相关高校合作办学，培养全球中医药学的人才。

6. 进一步发挥华人华侨推动文化“走出去”的作用

一是实施“海外文化留根工程”，在海外培养具备中华优秀文化品质的友我新生力量，加强对侨二代、侨三代中国文化的熏陶。二是利用华人华侨对住在国文化熟悉的优势，加强信息沟通和规划对接，推进文化精准“走出去”。三是支持和促进海外侨社文化建设，通过委托、协议、联合等形式将海外社团打造成常驻海外的文化、经贸交流的“联络处”，为“一带一路”争取更多的海外资源。四是深拓海外华人华侨实业的主导功能、华人侨社的凝聚功能、华文教育的留根功能、华人媒体的传播功能四项渠道，促进中国文化“走出去”，使广大海外华人华侨成为中国文化“走出去”的参与者和受益者。

该建议上报后，得到了国务院领导同志的高度重视与批示。

二、加强垃圾无害化处理

随着我国城镇化进程的加快，人民生活水平不断提高，垃圾产生量也随之呈快速增加态势，“垃圾围城”问题日益突出，垃圾乱堆乱放、污染环境等问题成了老百姓普遍关心的问题，推进垃圾无害化处理已成为环境改善的重要工作而且迫在眉睫。为此，致公党中央专门组织开展了“加强垃圾无害化”调研和专题座谈会。调研组了解到在国家和各级地方政府高度重视下，我国垃圾无害化处理成效初显，垃圾收运体系日趋完善，处理设施数量和能力快速增长。到“十二五”末，全国设市城市和县城生活垃圾无害化处理能力达到 75.8 万吨 / 日，生活垃圾无害化处理率达到 90.2%，其中设市城市 94.1%，县城 79.0%。

但是，由于我国垃圾处理整体技术水平落后，还存在以下问题：一是垃圾分类认识不统一，体系不完善，制度尚未全面形成，分类责任落实不到位，居民实际参与率低，混装混运问题严重。二是城市垃圾处理设施缺乏科学规划布局，存在选址难、落地难、市政配套难问题；部分垃圾填埋或焚烧处理设施未按标准建设和运行管理，存在严重的二次污染问题。三是行业垃圾缺乏有效的分类和监管，再生资源回收和利用出口不畅，缺少国家层面的法律处罚和激励奖励措施。四是农村垃圾处理管理方案和规划方案缺失，资金投入不足，海洋垃圾污染严重。为此建议：

1. 强化生活垃圾分类，提高源头减量效用

一是制定生活垃圾分类管理的相关法规，明确垃圾分类收集处置的各责任主体，厘清政府、企业、社会公众的职责，对垃圾分类的全流程、全环节管理加以规范。二是根据我国生活垃圾含水率较高的特征，结合末端处理技术和能力，建议将生活垃圾前端按“干、湿”进行分类，并在有条件的大型社区建设湿垃圾生物化处理设施，处理周边区域

的湿垃圾，形成的肥料用于周边小区绿化或供应市场。三是研究现有的财政补贴政策，完善生活垃圾源头减量化、资源化、无害化导向的激励机制，出台促进垃圾分类的收费、税收优惠等经济政策。四是建立以社区治理为主的生活垃圾分类的自治监督机制。

2. 加强垃圾处理基础设施建设，提高垃圾处理能力

一是将垃圾处理设施建设纳入城市规划建设，依据当前及未来垃圾量科学预测垃圾处理项目需求，打破地域限制，前瞻性规划布局垃圾处理设施。二是在规划建设过程中构建科学民主的决策体系，强化事中事后的环境监管，建立完善项目协商补偿机制等化解邻避冲突，解决选址难、落地难、配套难的问题。三是加快推进生活垃圾焚烧处理厂和卫生填埋场建设，同步建设渗滤液处理、焚烧残渣、飞灰处置等配套设施，对现有不达标准的填埋、焚烧设施应按标准加快改造升级或停用，防止二次污染。四是大力推行PPP、特许经营和引入第三方治理等模式，鼓励各种社会资本参与垃圾无害化处理项目的投资、建设和经营。五是推动生活垃圾处理装置等关键技术研究，如焚烧厂飞灰的高压压制安全填埋技术、渗滤液零排放技术、高可靠性运行技术、填埋场渗滤液零排放技术、生活垃圾堆场甲烷收集净化和矿化垃圾开采利用技术、分类垃圾各组分无水清洁技术和再加工技术等。

3. 加快生活垃圾管理信息化系统建设，健全监督管理体系

一是建议完善生活垃圾管理的信息统计体系，细化统计指标，明确信息公开内容，每年公布城市生活垃圾管理绩效评估报告，明确责任追究办法，加强公众知情权，引导市民参与监管，加强媒体监督，形成有效的社会参与监管机制。二是强化垃圾填埋场、焚烧厂和生化处理厂标准建设监管和日常运营监管，定期开展处理设施污染排放物监测，并公开监测指标，对不达标企业依法进行处罚，责令限期整顿或关停，并将信息对外公开。三是尽快对生活垃圾填埋场、垃圾焚烧厂实施空气排污、水排污以及焚烧残渣填埋等监督监管和社会公示制度，规范垃圾焚烧处理行业标准和现场实时监控制度。四是因地制宜制定相应的垃圾处理费收费标准，探索合理有效的征收方式，对欠缴、拒缴行为予以处罚并社会公示，必要时可以列入征信系统。

4. 加强行业垃圾监管，提高资源化利用效率

一是探索试点适合中国国情的生产者责任延伸制度，将生产者对其产品承担的资源环境责任从生产环节延伸到产品设计、流通消费、回收利用、废物处置等全生命周期，并通过立法确立基于该制度的废旧产品回收管理制度体系。二是构建工业垃圾对水、土、气污染的防管控体系，充分利用传感与物联网技术建立工业垃圾对水、土、气污染的实时监控系统防控管理规范及评估制度，并建立无障碍、无过滤的信息上报和社会公示体系。三是建立建筑垃圾分类收集制度，完善行业标准，对建筑垃圾资源化企业提供税费优惠，将处置消纳建筑垃圾企业纳入增值税全部免除、减少所得税的范畴，通过拨款、低息和无息贷款、税收优惠等政策，鼓励全社会利用再生建材或产品。四是建设和健全电子废物的收集与输运网络，创新研究资源化处理处置技术、工艺以及人员保护措施。五是建议尽快修订《医疗废物分类目录》，将烈性传染病患者的生活垃圾作为感染性废物，适当缩小范围；建立相关部门定期联动、沟通机制，加强监管，避免发生流失造成重大环境污染事件。

5. 填补农村和海洋垃圾管理处置短板

一是在国家层面已经明确由住建部门牵头主管的情况下，建议在具体落实过程中，厘清管理体系，明确基层统一归口到住建部门，并将垃圾分类具体工作任务落实到农业（农办）、国土、城管、环保等各个相关部门。二是加大农村垃圾处理资金投入，对贫困村建集中式生活垃圾、畜禽排放物沼气站、垃圾填埋坑、购置农村垃圾清运车等予以明确的补助政策。三是建立合理的城乡统筹污染者付费制度，鼓励适度的社会资本参与农村垃圾处理。四是构建县、乡、村三级智能监控系统，智慧管理垃圾收集、运输、处理和利用全过程。五是明确农村环境卫生设施用地指标，建议由国务院相关部门出台意见，按各地农村人口比例明确配套用地指标。六是加强海洋垃圾污染监管，建立系统的海上垃圾回收体系和全方位排海陆源垃圾的监测、管控与执法体系。

6. 加大宣传教育力度，提高全社会的认识水平

一是加强环境意识教育，建议从中小学学生抓起，将垃圾分类、资源循环利用知识纳入中小学课本体系，将垃圾安全处置等作为通识课基础知识纳入教学体系。二是加强舆论引导，并通过举办各种活动吸引广大群众参观环卫设施，了解垃圾处理过程和垃圾增长对城市环境的影响，提升市民参与垃圾分类减量的主动性。三是通过电视网络等方式，以短片、动漫等群众喜闻乐见的形式加大垃圾分类、推进垃圾减量化、资源化、无害化的宣传力度，提倡绿色简约生活，减少垃圾产生。四是吸引市民参与，加强科普活动，开展政策咨询讨论，参与监督监管工作，形成全社会关注环保、参与环保、为环保事业做贡献的氛围。

该建议上报后，得到了国务院领导同志的高度重视与批示。

三、推进自由贸易试验区建设，促进开放型经济健康发展

为了深入了解自贸试验区设立三年多来积累的成功经验及需要突破的制度瓶颈，给全国开放型经济建设提供借鉴，致公党中央调研组赴上海、福建自贸试验区进行了实地调研。调研组了解到：三年来，自贸试验区解放思想、勇于突破、紧抓制度创新这个核心，主动服务国家战略，工作取得多方面重大进展，一批重要成果复制推广到全国，彰显全面深化改革和扩大开放的试验田作用。但仍然存在着对外开放总体水平不高、法治保障不完善、金融开放创新受阻、事中事后监管体系不健全、政策落地阻力大等诸多问题。为此，建议：

1. 加强顶层设计，着力培育法制化的营商环境

（1）从国家层面构筑面向全球自由贸易网络的顶层设计。以加快负面清单、事中事后监管、法治保障及对标国际标准为顶层设计的重要抓手，促进自贸试验区更加科学化、协调化与系统化发展。从国家层面指导各自贸试验区按照战略定位，形成各有侧重、协同创新的发展格局，避免各地自贸试验区重复开发建设和同质化发展。

（2）充分发挥国务院自由贸易试验区工作部际联系会议的作用。从国家层面上对自贸试验区建设工作提出宏观指导和统筹规划。及时出台相关政策实施细则，明确相关负责部门职能与责任，定期汇报监督政策推进情况。对涉及多个主管部门的交叉改革领域，要建立健全相关工作协调机制，统筹多方利益诉求，加强各部门之间、部门与地方的沟

通协调，实现改革措施相互配套，协同推进。

（3）加强法治环境建设，着力培育法制化的营商环境。在国家层面上颁布专门的自由贸易试验区特别法，提高自贸试验区相关法律的立法层次，尽快填补自贸试验区在新业态、政府行政监管等诸多方面还存在的法律空白。尽快建立改革立法“绿色通道”，坚持立法和改革决策相统一、相衔接，及时修改完善涉及改革的法律。在原有法律法规的基础上进一步调整、创新与突破，既要符合自贸试验区发展需求，又要与国际惯例接轨，解决新的自贸试验区法律和行政规范与我国现有法律法规的冲突与衔接问题。

2. 对标国际贸易通则，加快推进金融服务业对外开放

（1）缩短负面清单。积极学习借鉴国际负面清单的制定，因地制宜，减少我国自贸试验区负面清单中关于特别管理措施的规定，大幅减少外资准入的限制性措施，探索对外资实行准入前国民待遇加负面清单管理模式，进一步推进对符合条件的民营资本和外资机构扩大开放。

（2）推动金融服务业对外开放。将自由贸易（FT）账户推广到福建等其他自贸试验区，择机推动合格境内个人投资者（QD Ⅱ 2）试点。进一步畅通人民币走出去和人民币回流的渠道，建设面向国际国内的人民币资金池，加快实施流入侧的资本项目可兑换，逐步实现人民币资本项目可兑换，尤其是个人项下的资本可兑换。

（3）加快国际金融资产交易平台建设。积极推动自贸试验区开展“债券通”“沪伦通”、原油期货等创新试点，大力发展海外保险、出口信用保险，货物运输保险、工程建设保险等业务，为参与“一带一路”建设的市场主体提供风险保障。

（4）加强金融风险规范。要继续完善和推进跨境金融活动的宏观审慎管理制度和“反洗钱、反恐怖融资、反逃税”制度，建立对外资进入金融业的安全审查和反垄断审查，加强金融风险处置协作，守住不发生系统性、区域性金融风险底线。

（5）推进金融改革精准服务实体经济。鼓励银行、信托等金融机构设立科技专业投资公司，推动投贷联动。完善金融支持“中国制造 2025”措施，拓宽融资渠道，降低融资成本，推动中国制造向中国智造升级。

3. 深化改革系统集成，加速健全事中事后监管体系

（1）强化各部门事中事后监管理念。以“职责明确、信用约束、协同监管、社会共治”为原则，完善监管体系顶层设计，实现监管主体的多元化，健全协调统一的事中事后监管体系，真正实现“放管结合”，做到“放得开”，还“管得住”“管得好”。

（2）提升监管改革系统集成度。加大政府部门间的信息共享与权力共享，利用大数据等信息化手段建立政府监管部门信息化平台，构建企业信息联网系统，实现系统集成化，积极推进各部门之间信息联动与执法联动，打破政府监管部门之间的壁垒，真正建成精准、协同、高效的事中事后监管体系。

（3）推进社会共治。积极建立全过程信用约束机制，推行跨部门信用激励和惩戒制度，对于诚信企业给予相应奖励，对于失信企业给予联合惩罚，真正做到“守信企业一路绿灯，失信企业处处受限”。同时，积极引入第三方参与事中事后监管，构建市场主体自治、行业自治、政府监管与社会监督等多维度社会共治的监管体系。

4. 创新政府管理新模式，提升政府治理能力

（1）打造智能便捷、系统集成的政府服务体制。加强“互联网+政务服务”基础平台体系建设，创新应用云计算、大数据、移动互联网等新技术，分级分类推进新型智慧自贸试验区建设，力争早日实现国际贸易整体链条相关部门系统、数据和流程的信息共享和一站式服务，全面提升政府管理效能和联防联控水平。

（2）推进政府系统实现“五化”转变。治理主体实现由政府单一主导向政府、市场、社会、公众等多元化主体共同参与转变；治理结构从科层制管理向多主体协作化治理转变；治理制度从法治意识淡薄向规范的法制化体系转变；治理体系从各自为政、单兵突进向集成化转变，推动政务服务跨地区、跨部门、跨层级业务协作；治理方式从碎片化、分散化向信息化转变，推进“互联网+政府服务”纵深发展。

（3）优化和创新政府服务方式。优化政务服务办理流程，深化并联审批；不断与新型智慧城市建设、信息惠民建设等工作形成合力，创新政务服务方式；建设统一的政务服务事项库，建立事项信息库动态更新机制和业务协作工作机制，组织梳理政务服务资源，提升政务服务供给水平。

5. 进一步推动自贸试验区与自主创新示范区“双自联动”发展

搭建创新创业平台，引导创新要素加速流动和集聚，发挥市场作用，引导社会资本，加大创新投入力度，不断提升创新发展水平。深入实施科技成果转化行动，完善配套措施，开展先行先试探索，进一步破除制约成果转移转化的体制机制障碍，鼓励培育建设国际化、市场化技术转移机构，壮大专业化技术转移人才队伍。紧扣制度创新，利用自贸试验区“先进区，后报关”海关监管制度、保税研发政策和境外投资管理体制改革等制度优势，促进企业跨境研发活动便利化，破除制约新兴产业发展的制度瓶颈，推动创新资源集聚，进一步发挥外资的溢出效应。发挥好自贸试验区开放制度和自主创新示范区科技创新政策的叠加优势，推动两区深度融合，辐射带动区域联动发展，真正实现两区改革开放的合力和创新转型的红利。

该建议上报后，得到了国务院领导同志的高度重视与批示。

四、创新乡村治理体系，推进国家治理现代化

推进国家治理体系和治理能力现代化是十八届三中全会所确立的全面深化改革总目标。乡村治理、基层治理是国家治理的底层微观设计，对推进国家治理现代化具有重要的基础性支撑作用。致公党中央历来高度关注国家治理和法治建设问题。为此，致公党中央法制建设委员会部分委员及党内外专家，会同民政部、司法部、农业部组成联合调研组，赴广西崇左、南宁、桂林等地进行专题调研，了解当地的村民自治、乡村法制建设、村规民约制定实施、边民纠纷调解等乡村治理情况，并召开多场座谈会，与当地党委政府及其他相关部门共同交流探讨。

调研组了解到，近年来，广西壮族自治区积极探索创新乡村治理现代化，同时紧密结合、协同推进脱贫攻坚工作和美丽乡村建设，取得良好成效。调研组也注意到，在创新乡村治理取得成绩的同时，还存在一些困难和问题。主要有：部分群众乡村治理主体意识淡薄，自治能力有待提高；部分村干部年龄偏大，现代基层治理理念有所欠缺，需

要培养和引进一批具有现代法制观念和治理水平，且用得上和留得住的“乡土人才”；部分地方乡村治理经费不足，乡村建设资金依赖财政拨款和外部投入，集体经济收入来源不足；边境管控仍面临不少问题，维稳压力日益繁重，亟待增加人防技防投入等。

为进一步丰富、深化和完善乡村治理体系，推进国家治理能力现代化，促进经济社会持续健康发展，建议：

1. 创新乡村治理首先要做好脱贫攻坚工作

消除贫困、改善民生、逐步实现共同富裕，是创新乡村治理体系的物质基础。当前，仍须加大农村基础设施建设投入，发展农村集体经济，推进农村供给侧结构性改革，夯实脱贫攻坚经济基础。在农村综合服务体系建设、法治建设、警务体制改革、信访体制完善、农村腐败预防惩治体系建设等多个领域，要不断创新，形成有利于脱贫攻坚的社会治理体系，让治理成果更好地服务于脱贫攻坚工作。

2. 抓住“一带一路”建设机遇，推动沿边地区的乡村治理创新，实现安民固边、富民兴边和民族团结

在全面建成小康社会的关键时期，边疆民族地区的社会治理和脱贫攻坚工作显得尤为重要。借鉴广西的经验，沿边乡村可以通过与沿线国家的互联互通，打通边民致富之路的最后一公里；通过相关金融机构的投融资功能，加快基础设施建设和发展特色产业，创造就业机会，实现安民固边；通过设立边贸合作社，发展互市贸易和进出口加工业，实现富民兴边；通过举办对外开放的民族传统节日盛会，打造文化旅游品牌，实现富民兴边和民族团结的有机统一。

3. 建立全民参与的乡村治理体系，发挥生态优势，助推西部乡村绿色发展

生态优势是我国广西、云南、贵州等西部乡村最大的后发优势。保持生态优势，促进绿色发展需要全民的参与。一是挖掘广大群众参与生态治理的内生动力，引导村民发展观光农业、生态旅游、健康养生等产业，让广大村民在生态建设中有获得感，形成共建共享的治理格局。二是通过整合资源弥补乡村环境治理基础设施不足。完善政府主导、农民参与、社会支持等办法，多方筹集资金，为乡村环保基础设施建设提供财力保障。三是通过权力下放和制度下沉弥补乡村环境治理机制缺陷。通过制定村规民约，组建村民理事会、乡村保洁会、绿化协会等自治组织，形成乡村生态治理的长效机制。

4. 进一步强化基层党组织在乡村治理中的领导核心地位

在中央层面，建议由中央有关部门统筹乡村治理工作，组织民政、司法、农业等多部门联合制定关于乡村治理的政策文件，提升党建工作对全国乡村治理的统领作用。在地方层面，应适应乡村市场经济和村民自治发展的新形势，促进专业经济组织、新型自治组织与基层党组织相融合。健全和完善党组织领导下充满活力的村民自治制度，一方面让农民能够在制度改革中享有更充分的权利，另一方面让党组织能够在政治上更有力地领导新型经济组织和自治组织。

5. 注重发挥乡规民约、行为守则等社会规范的积极作用

从调研情况来看，村规民约是国家治理的重要制度工具。随着国家治理现代化命题的提出，强调善治的实现更多地需要综合运用多元制度规范，更多地依赖于软法与硬法混合治理。应继续推进相关研究，以软法推进软治理，为群众参与民主协商提供规范机

制。为群众有序的政治参与和利益博弈提供运作方式、途径及具体规则，完善村规民约、行为守则等软法规范，把法律与人们的日常生活紧密联系起来。

6. 加强对边疆民族地区安民固边工作的支持

针对边疆民族地区的特殊情况，进一步改进治理机制。在边境民间纠纷处置方面，应完善现有涉外人民调解机制，通过聘请外籍调解员参与调解和化解边境纠纷，实现边境和谐；同时拓宽法治化解决途径，如涉外仲裁、涉外司法协助等。在边境安全体系建设方面，针对边境地区国防、治安压力不断加大的情况，要增加人防和技防投入，除了要动员广大边民构建严密的人防体系，还要增加财政投入，修建物理隔离设施、边境监测设施，并与边境县市及省或自治区的治安、边防监测系统联网，实现无缝衔接，不留死角。

该建议上报后，得到了国务院领导同志的高度重视与批示。

五、促进前沿生物学技术研究和应用

改革开放以来，中国在生命科学基础研究和生物技术研发方面投入巨大，取得了举世瞩目的研究成果，在干细胞调控、基因组编辑、农业生物技术、农业纳米技术、植物生物反应器、生物制药、靶向治疗、新生物能源、现代测序及生物大数据研究、合成生物学、结构生物学、组织工程等方面尤为突出，得到国际同行的高度认可。同时，构建了由杰出科学家领军的国际高水平创新团队，发展了有较强创新实力的相应研发平台，为我国生物科技与产业的创新发展打下了坚实基础。

但是，目前我国生物技术创新领域整体水平与国际相比仍处于跟跑状态，为此，致公党中央科技委员会联合科技部、国家卫计委、农业部等部门组成调研组分别在北京、杭州和武汉等地开展了“前沿生物学技术”专题调研和座谈。经过调研和座谈，调研组提出以下建议：

1. 充分认识我国前沿生物学技术领域的发展状况

“十二五”以来，我国生物产业复合增长率超过15%，2015年产业规模超过3.5万亿元。《“十三五”生物产业发展规划》明确提出，到2020年，生物产业规模将达到8万—10万亿元，生物产业增加值占GDP的比重超过4%，成为国民经济主导产业。统计显示，目前我国将生物医药作为主要产业的国家级和省级园区近200家，对全国生物产业产值的贡献度超过30%，培育了一批龙头企业，形成了一批专业化高新技术园区及生物医药产业聚集区。在部分生物技术创新领域如基因检测服务能力、超级稻、生物发酵产业、生物能源、CRISPR基因编辑技术、干细胞技术与再生医学、小分子靶向药物研发、农业纳米技术应用、转基因农作物技术、人血清白蛋白的水稻生物反应器技术等前沿生物学技术，与发达国家水平相当或具备一定优势。

2. 深刻把握我国前沿生物学技术发展所面临的问题

（1）前沿生物学技术的研发力量需要整合与优化

我国前沿生物学技术研究领域顶层设计不足，缺乏科学、技术和产品协调高效的核心创新体系与机制，创新资源欠整合与优化，研究力量散、碎片化，制约了创新效率。此外，相关科研仪器和产品的研究与开发严重滞后，高端精密仪器和许多化学试剂都依赖进口，国产化率极低。

（2）前沿生物学技术的基础探索与技术创新需要加强

我国在若干前导技术和颠覆性前沿生物学技术领域，如基因组编辑技术、定向蛋白质组学技术、单细胞技术、光遗传学技术、新测序技术和合成生物学等，创新能力不强，源头性的科学发现与技术创新偏少。需要加强源头性的科技创新引导，发挥前沿创新平台优势，加大项目与资金支持力度，争取实现在重大生物学问题与技术前沿领域创新竞争地位的根本转变。

（3）前沿生物学技术的成果转化需要政策保障和经费支持

我国尚缺乏促进前沿生物学技术产业化的政策支持体系，生物产业涉及的农业、卫计、医药、食品、检验、金融、税收等行业管理部门对促进生物技术产业化的协调保障体系与机制有待完善，影响了植物生物反应器转化、创新药物和转基因优良作物品种等技术的推广。此外，干细胞调控技术的再生医学研发、小分子靶向等创新药物的临床研发、纳米生物技术的产品化试验等产业化过程相关的研究项目和经费支持严重不足，迫切需要加强对技术成果延伸与产业转化研究的支持力度，构建技术研发机构与企业联合研发体，促进具有自主知识产权的创新生物制品和生物基化学品的研发，促进生物技术的产业化进程。

（4）转基因技术安全性评价体系需进一步加强

转基因的问题日益受到社会高度关注，公众普遍关心转基因的食用安全和环境安全。目前国内形成了不利于前沿生物技术及产品发展的舆论环境，也影响了相关政府部门对经过科学验证的生物技术产品是否市场化的判断。转基因生物安全性评价的体系应该是完善的、公正透明的，这样才有利于引导社会舆论，消除人们的顾虑。

（5）医药产业配套政策的不完善对创新药物的发展带来了不利影响

创新药物的有效专利期短。药品专利享受20年的专利保护期，但是药品的相关专利通常在新化合物筛选时就已经申请，其后要经过临床前研究、临床研究和审批阶段，需要消耗8—12年的时间，加上药品招标、进医保目录、进医院等市场准入环节，使得新药上市后的“有效专利保护期”实际只有7—10年时间。

创新药物市场准入难。近几年，在省级药品集中招标后，各地医疗机构逐渐兴起“二次议价”，完全背离了国家医改的根本目的，使得药品集中采购制度失去公信力和政策刚性。

创新企业税收负担重。新药研发的产品研发、人员成本和推广支出投入巨大，目前在增值税征收体系中，其作为增值税税基，基数过大。此外，“营改增”后，企业技术开发、专利技术和特许准入等支出逐步被纳入增值税征税范围，增加进项抵扣降低税负，但由于其仍以3%—6%增值税税率为主，存在进销项税率差异悬殊问题，导致医药创新企业实际增值税税负均达到或超过16%，远高于其他行业。

遗传资源审批流程为创新药物研发带来了很大阻碍。遗传资源审批多根据单个临床研究进行，而一个创新药的研发包括多阶段的临床研究，且每阶段又包括多个研究。针对同一个药物不同阶段的多个研究单独审批，无论对于药物研发企业、开展研究单位，还是地方或科技部审评人员，都会产生人力、物力和时间的巨大浪费。

3. 采取有效对策，促进我国前沿生物学技术研究和应用

（1）加强前沿生物学技术发展顶层设计，促进产业发展

一是加强有利于前沿生物学技术创新发展与产业化的科学决策与政策保障体系建设，科学制定前沿生物学技术战略布局、产业发展规划和管理制度，对于哪些技术在国际上处在“领跑”地位，哪些处在“并跑”地位，哪些处在“跟跑”地位，需要区别开来，采取相应对策；二是做好创新平台建设，加强重点实验室建设、大型生物科学仪器研制工作，进一步提升科研硬件条件。

（2）构建前沿生物学技术发展战略智库，整合优质创新资源

一是以促进前沿生物学技术发展、增强我国在该战略领域的产品与产业竞争力为宗旨，遴选前沿生物学技术领域的战略科学家，为国家生物科技与产业发展提供智库支持；二是整合优质研发资源，构建前沿生物学技术领域的大科学、大技术和大产品的高水平的组织体系与创新团队，提升我国生物科技的核心竞争力；三是加强前沿生物技术的基础研究、技术研发与产业化开发的协同创新网络体系构建，促进技术成果的转化与应用。

（3）建立促进前沿生物学技术成果转化的扶持政策体系

一是要完善科研政策，包括项目资金支持、科研环境、评奖导向等，使科研人员的创造性、积极性得到发挥；二是加强创新企业在前沿生物学技术产品开发领域的主体定位，制定鼓励企业创新产品研发与产业化的资金支持与优惠税收政策；三是前沿生物技术创新产业的新产品有较大的前期研发投入，有探索性和公益性，应该实行产品研发的补贴制，鼓励自主创新发展；四是在技术产品安全可靠的情况下，建立生物技术成果转化的推动机制，通过政府采购的事业途径，启动和促进产业化发展。

（4）健全转基因技术安全性评价体系，加强科普宣传和媒体监管

一是建议由国务院协调，国家食品药品监督管理局牵头，协调农业部、卫计委，加快制定和颁布医用、工业用转基因植物的生物安全评价法规，制定转基因技术产品依法入市机制，促进我国转基因生物产业的良性发展；二是成立“国家转基因生物安全管理局（署）”全面负责转基因生物的研究和安全评价评审；三是要做好科学普及的工作，针对转基因技术的具体问题，用可信服的证据进行宣传引导，及时回应公众关切；四是加强媒体管理，着重监管在转基因报道领域不规范的媒介行为，不为造谣传谣和反科学的言论提供舆论阵地。

（5）完善鼓励企业研发创新药物的政策体系，让创新药物更好地惠及民生

延长药品专利期 3—5 年（有效专利保护期 10—15 年），调动企业自主知识产权新药研发积极性，形成医药创新的良性循环。完善当前药品招标制度，规范药品招标周期，杜绝药品招标之后医疗机构再开展“二次议价”；针对拥有自主知识产权的创新药物采取特殊的进院销售政策，免去药品招标流程，直接进医院销售。对医药企业创新药物业务采取参照软件行业 3% 即征即退的税收支持政策。建议以获得国家药监局批准的 1.1 类新药证书为依据制定创新药的评估标准，每年批准上市的 1.1 类新药为 1—3 个。这样该政策对国家财政收入影响很小，但却能大大提升医药创新企业创新的积极性。

简化遗传资源审批流程，提高效率。建议科技部将部分审批权下放至地方相应机构，或依托社会上有能力、有资质的机构，探索不再采取分阶段的批准方式，提高审批效率；

对遗传资源出境与非出境分别管理，对于遗传资源出境应严格审批把控，对于非出境的遗传资源则可采取备案制。

该建议上报后，得到了国务院领导同志的高度重视与批示。

汤玮晨　致公党中央参政议政部主任科员

九三学社

一、关注促进科技型中小企业发展

在我国，中小企业在实体经济中具有举足轻重的地位，而科技型中小企业是其中最具潜力、最活跃的部分。在经济新常态下，促进科技型中小企业发展有利于调结构、转方式、稳增长、惠民生，意义重大。2017 年上半年，九三学社中央和中共中央统战部联合开展了以“促进科技型中小企业发展”为主题的重点调研，向中共中央报送了《关于促进科技型中小企业发展的调研报告》，得到了中共中央领导同志批示。调研报告主要包括以下内容：

（一）针对科技成果转移转化中存在的体制机制障碍，九三学社中央建议：一是关注职务科技成果产权改革。深入研究西南交大“职务科技成果混合所有制”改革，如可行，可由国务院提请全国人大常委会在 8 个全面创新改革试验区暂停适用《专利法》第六条第一款；条件成熟时，由全国人大常委会对该条款做出相应修改。二是完善政府引导基金绩效考核办法。重在考核基金的引导作用和放大效应；落实“鼓励创新、宽容失败、允许试错”原则，建立实实在在的尽职免责制度；建立投资补助机制，适当弥补民间跟投资金的亏损。建议在中科院试点完善国家科技成果转化引导基金考核办法。三是做实科技人才政策。以广纳英才为原则，做实各类人才计划、人才工程，发挥其创新创业领军作用；以人尽其才为目标，督促地方、单位出台落实国务院“激励科技人员创新创业”、人社部“支持和鼓励事业单位专业技术人员创新创业”等政策的具体措施，更好地促进人才流动；落实《关于深化职称制度改革的意见》，对科技型企业人才职称评定时，将其所从事工作的技术创新和成果转化成效作为主要的评价依据。四是维护公平的市场秩序。完善知识产权保护体系，尽快建立全国统一的知识产权综合行政管理体制、探索知识产权民事、行政、刑事案件“三合一”审判机制；推进专利法修改，在加大对专利侵权行为的威慑力、减轻权利人的举证责任、加大专利侵权赔偿力度等方面着力，形成知识产权的“强保护”法律制度；政府采购应“重品质，轻资质”，降低招投标门槛，完善和落实政府采购促进中小企业创新发展的相关措施；规定大型国企应采购一定比例的、符合技术要求的“首台套”和国产化的民企产品；建设法治化市场环境，对政府在商事活动中的不守约行为做出严格的担责规定；严格执行《反垄断法》，打击“行业巨头”滥用市场支配地位等垄断行为；严格执行《反不正当竞争法》，维护市场秩序。

（二）针对各地创新创业服务工作中存在的问题，九三学社中央建议：一是以政府为主导搭建科技公共服务平台。深入了解科技型中小企业面临的服务缺口，政府以购买等方式，提供必要的公共物品和服务；鼓励地方因地制宜整合科技资源，构建国家科技型中小企业服务平台；组建中小企业资源系统服务商，提供诸如政策解读、财务管理、法律咨询、金融支持、技术创新、人力资本、市场需求等高层次的战略咨询服务，解决科技型中小企业“成长的烦恼”；鼓励高校院所和大型企业开放科技资源，转变中央财政投入方式，设立科技型中小企业创新服务券专项资金。二是以企业为主体提供创新创业服务。创新创业服务应以市场为导向，以企业为主体。应在总结经验的基础上，支持有条件的企业通过租赁、股权并购、合作开发等方式建设创新型孵化器、创客空间、创业公寓和特色专业园区等载体，为入孵企业、创业团体或个人提供低成本、全要素、全方位的创新创业服务。三是推动科技服务业规范化发展。提升科技服务标准化程度，按研究开发、技术转移、科技咨询、知识产权、创业孵化、检验检测等科技服务业建立细分标准，提升服务质量；完善科技服务业价格、收费等政策，建立公开、透明的定价制度；强化中介服务机构和执业人员通过行业组织实行自律。

（三）针对科技型中小企业普遍反映经营成本高的问题，九三学社中央建议：一是落实税收优惠政策。允许科技型中小企业将研发人员工资“资本化”，计入无形资产，并比照外购无形资产计算进项税，在计缴增值税时予以抵扣，与研发费用加计扣除互为补充；对“四技”企业符合免征增值税标准的收入，比照对软件企业增值税的处理办法，允许其开具增值税专用发票并即征即退，或选择简易征收方式（适用3%征收率）缴纳增值税；应明确“境外机构”是否包含境内企业因业务需要在境外设立的研发机构；或研究如何对此类研发活动给予适当税收优惠。二是落实减费措施。开展专项督查，必要时聘请第三方对政策落实情况和实施效果进行评估；全面建立政府收费目录清单，明确新收费项目应按照法定程序先入清单才可征收；加大政府性基金减免力度，进一步降低企业成本；对于一些合法合规的收费项目，兼顾法律效力和中小企业的实际承受能力，明确适用费用减免、返还的具体情形，减轻企业负担。三是完善科技型中小企业融资制度。按照大中型商业银行设立普惠金融事业部要求，尽快在科技支行落实“五专”经营机制；完善知识产权质押融资配套机制。规定财政部门给予相应风险补贴，规范和发展以知识产权价值评估为核心的中介机构，促进商业银行积极稳妥地开展知识产权质押贷款业务；落实支持创业投资健康发展的相关政策，扩大科创企业投贷联动试点范围，提高直接融资比例；发挥信用激励作用。通过企业信用评级等方式，提高企业诚信意识，激励企业提高自身融资条件，推动信用贷款、银税互动、信用保险和贸易融资等以科技型中小企业信用为基础的融资解决方案应用。总结地方探索，建立国家层面针对科技型中小企业的信贷风险补偿资金。四是因地制宜解决企业用人的实际困难。抓住中央建立房地产市场长效调控机制契机，在一些房价过高城市对科技型中小企业人才住房保障予以支持，如建设人才公寓等。

（四）针对目前支持科技型中小企业发展的政策措施精准性不够的问题，九三学社中央建议：一是大力简化简便政策。在全面梳理相关政策基础上，根据经济社会发展实际做好政策的修改、废止、解释工作，特别是解决好部门间政策冲突问题，确保行政一致性，并有针对性进行汇编和简化流程。二是适应企业需求细化政策。总结武汉光谷制定文化科技融合政策的“政策众筹”做法，由企业家、创业者参与政策制定，使政策真正为企业所需；分产业、分阶段细化支持科技型中小企业创新发展的政策措施；建立包括“权力清单”“负面清单”“责任清单”的科技型中小企业服务清单制度。三是适时将一些成熟政策上升为法律，逐步形成一套比较完善的科技型中小企业专门法律制度。

二、建言发挥市场作用，推进农业供给侧结构性改革

九三学社中央长期关注农业发展，每年都会提交多个与农业相关的提案。2017 年，九三学社中央调研发现，虽然各地在农业供给侧改革中运用政策手段进行了积极的尝试并取得了一定成效，但由于对市场机制认识不够，机械地理解“三去一降一补”，在实际工作中仍倾向于用传统的政策手段沿单一路径推动，主要表现在以下几个方面：

第一，将“去产能”片面理解为缩减粮食面积。在当前粮食库存高企、国内外农产品价格倒挂，新粮难储、陈粮难出等背景下，一些地方片面认为产量高、库存多就是粮食生产过剩了，纷纷把压缩粮食种植面积作为农业供给侧改革的主要措施。这种做法看似合情合理，但没有准确理解粮食呈现结构性过剩的实质。如适宜生产面包等深加工优质粮食总体不足，需要大量进口。因此，当前实际情况不是粮食多了，而是低品质粮食比重太大，各地都压缩粮食种植，可能会出现粮食供给不足的问题。

第二，单纯依靠低端农产品加工企业“去库存”。在实际工作中，一些地方把农产品加工作为农业“去库存”的主要选择，普遍采取大力发展农产品加工业的模式。由于重数量轻质量，大量规模小、技术含量低的中小企业如雨后春笋般出现，呈现低端膨胀式发展态势。质量安全难以保障、产品科技含量低、研发能力不足、缺乏创新和特色，产品同质化，难以面对激烈的市场竞争，反而造成资源的浪费。

第三，过度依赖土地流转规模经营“降成本”。当前各地在农业降成本时多以推动规模经营为主，强力扶持发展农民专业合作社、家庭农场、产业联合体等，推动土地流转的快速发展，将“降成本”这个难题抛给了土地流转经营方。而实际上，由于受粮食价格大幅下降的影响，再加上不断攀升的土地租金和人工成本，流转土地从事粮食规模种植的压力逐步显现，相当部分粮食规模种植处于亏损状态。

第四，将“补短板”局限于经济作物和休闲农业。一些地方在削减粮食种植面积的同时，积极扩大蔬菜、瓜果和苗木花卉等经济作物的种植规模，造成经济作物面积暴涨，且没有特色和区别。受存储条件、上市期、保质期的限制，极易出现经济作物产量过剩，价格暴跌现象。同时，一些地方以三产融合为口号，纷纷出现以个人、民间资本投资为主的休闲农业热。除具有特殊风景或人文风貌的地域外，大都以采摘、垂钓、餐饮为主要形式，同质化现象严重，缺少文化底蕴，已有部分处于惨淡经营、难以为继的状态。

因此，九三学社中央建议，转变工作思路、创新工作方式，更好地发挥市场作用，有效推进农业供给侧改革。

第一，理性定位并实施正确的粮食安全策略。重新检视过去对粮食安全的理解，由谷物安全聚焦至口粮安全，并将国际市场看作保证粮食安全的积极力量。在此基础上，实施更加积极稳健的粮食安全策略，在对国内粮食供给情况有较为清晰判断的前提下，尽量减少对粮食生产的政策干预范围和力度，给市场调整粮食生产结构留出足够运行空间。

第二，依靠价格信号优化调整种植结构。逐渐减少对农产品价格补贴，缩小农产品收储范围，针对不同品质采取不同收购价格，更多地发挥价格信号对农产品供给的调节作用。在稳定水稻小麦等口粮种植的同时，大力去除低品质的粮食生产，对不适宜粮食种植的地区大幅削减粮食生产，扩大马铃薯、杂粮杂豆、油料等作物种植规模，试点耕地休耕，给土地休养生息，藏粮于地、藏粮于技。

第三，通过改变生产方式降低农业生产成本。开展农业生产科技创新和集成应用，大力推广优质高产品种、测土配方施肥、秸秆还田和农牧结合循环利用。强化农业社会化服务体系建设，为从事农业生产经营主体提供产前、产中和产后的全过程农业社会化综合配套服务。大力发展农产品烘干、冷库等设施建设，解决农产品产后损耗严重的问题。

第四，弥补农业生产整体效率的短板。以发展电子商务、品牌农业等方式提高农产品流通效率，倒逼农业市场化、标准化、规模化、品牌化，推动农业转型升级。加快构建农业信贷担保体系，完善农业保险政策，为农业适度规模经营主体提供保障和服务。突出地方特色和优势，加大科技研发，扩大有地理区域特色的农产品产能，满足市场需求。

九三学社中央提交的《关于发挥市场作用　推进农业供给侧结构性改革的建议》列全国政协十二届五次会议提案号之首，受到社会高度关注。

三、扎实开展脱贫攻坚民主监督工作

脱贫攻坚民主监督是中共中央交付给民主党派中央的一项重大政治任务，既体现了中共中央对脱贫攻坚工作的高度重视，也体现了中共中央对民主党派履行民主监督职能的高度重视。为做好这项工作，2017 年，九三学社中央分别在陕北延安和陕南汉中选取“3 县 4 村”作为监测点，解剖“麻雀”、实地调研、查找问题，研究对策。同时，围绕健康扶贫、易地搬迁和财政涉农资金整合使用等主题，开展了监督性调研工作。

结合调研情况，九三学社中央提出以下建议：

第一，深入研究一些问题。脱贫攻坚不可能一蹴而就，有许多问题需要深入研究。如贫困人口数量问题，贫困退出标准问题，“两不愁、三保障”标准问题，贫困地区干部队伍建设问题，对深度贫困地区支持问题，“建档立卡边缘群体”发展问题，等等。

第二，注重产业前瞻性和科学性。一是做好对产业扶贫项目的统筹规划、信息引导、技术支撑和保障服务。二是加强对相关产业发展与市场需求的跟踪研判，设定合理的产业发展预期，防范扶贫产业项目建设一哄而上、产品集中上市所引发的经营和市场风险，真正让扶贫产业带动贫困户脱贫。

第三，探索农村集体经济发展新模式。一是整合驻村干部、帮扶单位、村两委班子、村民等多方力量，尝试建立“村社一体”集体经济组织，真正把农民团结起来抱团发展。建议在贫困村设立村级集体经济发展启动扶持资金，探索村级集体经济发展路径，建立依托村级集体经济长效扶贫机制。二是探索农村集体经济现代法人治理结构和管理方式。既明确各方权责，按市场规律办事，又重视发挥村基层党支部和村委会作用，坚持党的领导，坚持村民自治。同时，建立现代财务制度，健全监督机制，确保各方利益不受损

害。

第三，推动易地搬迁工作更稳健。一是“挪穷窝”和“换穷业”同步配套，下大力气解决搬迁后就业问题。二是坚持向城区、景区、公路沿线搬迁，同时加大对已搬迁贫困户后续产业发展扶持力度，确保搬迁农民就业增收。三是发挥搬迁后社区基层党组织作用，探索发展社区集体经济，为贫困户搬迁后生活提供基本保障。

第四，健康扶贫“减存量”“控增量”。一是建立合理医疗服务体系，注重发挥互联网技术在健康扶贫中的运用。借鉴互联网医疗公司做法，提高医疗资源利用效益。同时，在医疗资源下沉的过程中注意防范三甲医院“跑马圈地”行为。二是健康扶贫关口向预防转移，减少因病致贫、返贫增量。树立大健康理念，关注公共卫生安全、健康生活方式和小孩营养问题和老人养护问题。

第五，加强扶贫资金监管，提高扶贫资金使用绩效。一是建立扶贫资金风险防范机制。对于扶贫资金使用中一些苗头性、倾向性问题，坚持底线思维，前瞻性考虑应对方案。合理控制贷款规模，明确划定政府融资平台业务的界限，规范政府运用财政资金进行风险担保的行为，保障国家扶贫资金能够安全有效、真正用于扶贫。二是加快扶贫资金拨付进度，强化存量资金管理，建立预算与项目执行动态调整机制。建议编制涉农资金整合三年规划，提前谋划筹备项目，提高财政涉农资金使用效益。三是探索建立扶贫政策事前评估机制，完善项目执行跟踪问效制度，建立重点扶贫项目事后绩效评价机制，以项目发挥的效益为主线，调整和完善政策制定、预算安排和项目管理，使扶贫政策更加精准有效。四是创新财政资金使用方式，如研究将补助改股份、补助改基金、补助改购买服务、补助改担保、补助改贴息分险等，进一步提升财政扶贫资金使用效益。五是明晰扶贫资金使用当中派生出来的物权、产权，做到物有所归、责有所当。比如，在加大基础设施建设的同时，要同步研究这些基础设施的权属和管理运营问题，进一步健全农村基础设施管养的长效机制。

第六，重视精神文明建设，坚持物质文明和精神文明“两手抓”、互促进。发挥基层党支部作用，干部带头，正村风、树民风、带家风，传承中国优秀传统文化，营造良好社会氛围；开展丰富多彩的文艺体育活动，将精神文明建设更好地融入脱贫攻坚工作。

第七，引入大数据平台对脱贫攻坚工作进行有效监管。建立覆盖全省的扶贫攻坚基础信息网络，包括采集动态数据、建档立卡，即时追踪扶贫项目进展，不断根据实际情况，调整帮扶措施。利用大数据平台找准扶贫攻坚中的关键问题，提升扶贫工作的效率。

九三学社中央所提意见建议，得到中共陕西省委省政府的高度重视和积极回应。调研结束后，九三学社中央向中共中央报送《关于脱贫攻坚民主监督情况的报告》，得到中共中央领导同志高度重视，认为建议有深度，对改进工作有帮助，并将报告转有关部门提出改进工作意见。

四、建议推进科研资源统筹整合

科研资源是构建科研体系的基础，有效整合现有科研资源是加快建设高效科研体系的前提之一。目前，我国科研机构科研资源稳步增加，以科研经费为例，据统计，2015年我国已成为仅次于美国的世界第二大研发经费投入国，但科研资源受管理体制影响，资源分散、重复配置、利用率低、转化率低等问题仍较为突出，是制约创新驱动发展战略实施的重要因素之一。

九三学社调研发现，目前，我国科研资源在科技研发、科技服务及协作创新中，整合利用存在许多不足，主要体现在：

一是科研设施共享率低。科研机构主要通过能力建设、平台建设以及科研项目等获得科研设备设施及其所有权和使用权，这导致一些机构设备设施重复配置、闲置和浪费。我国从“十五”时期就开始着力科技基础条件平台建设，推动包括科研设施和科学仪器在内的科研资源的开放共享。上海在 2008 年就搭建了我国第一个区域性科技设备共享平台——长三角大型仪器共享网。重庆、广东近年来也在探索通过合并多个科研院所组建新的研究机构，实现科研资源的整合。国务院 2014 年专门发布了《国务院关于国家重大科研基础设施和大型科研仪器向社会开放的意见》，着力提高科研设施与仪器利用率和共享水平。但是总体来看，我国科研资源开放共享的政策保障力度还不够，分级分类开放共享的机制尚需完善，科研资源共享服务体系仍未建立。

二是科研资源配置碎片化同质化。受管理体制影响，政府部门各自投入、多头配置科研资源的情况较为突出，导致不同类型的科研机构之间研究领域重叠、资源碎片化分布、科研同质化低水平竞争等问题。中科院也存在类似情况，其系统内仅与物理相关的研究所就达 10 余个——物理所、理论物理所、高能物理所、近代物理所、大气物理所、应用物理所、技术物理所、生物物理所、新疆物理所、工程热物理所、理化技术所、物理与数学所、固体物理所、化学物理所，等等。同样是化学物理所，西北有兰州化学物理所，东北还有大连化学物理所。

三是协同创新机制不活。目前，科研机构在实施协同创新中，还没有建立一套完整的目标任务、人员互用、设备共享、经费分配及绩效激励等评价考核体系，没能把相关人员、科研资源真正捆绑到一起，协同创新仍然处于初级发展阶段，更多的是协同找钱、分钱、凑成果，而不是协同攻关。

九三学社中央调研发现，阻碍科研资源整合的主要原因有：

一是科研资源统筹配置机制缺失。国务院各部委之间统筹协调合理配置科研资源的机制还未建立。教育部、科技部、发改委、工信部等部委分别负责高等学校、中央级科研机构、国家重点实验室、国家工程技术研究中心以及企业等机构的科研资源配置。地方政府中科研资源的配置权分散在不同的部门，同样缺少统筹配置机制。这是造成科技资源大量投入而利用效率不高的重要原因之一。

二是科研资源综合利用平台缺乏。全国有 2940 个地方科研院所，每个省市平均近 100 个。科研资源分布零散，缺少综合性大型科研机构，难以实现科研资源的整合和统筹。

三是稳定的财政科研投入不足。公益类科研机构主要依靠竞争立项取得研究经费和维持发展，难以稳定科研方向和人才团队，无法长期持续开展科学研究、技术开发和成果推广，往往出现低水平重复研究，更使得部分科研资源难以使用而闲置浪费。

2017 年 3 月，在前期调研的基础上，九三学社中央形成《关于推进科研资源统筹整合的建议》(以下简称《建议》)，提交全国政协十二届五次会议。《建议》从三个方面加强科研资源统筹整合：

一是加强科研资源统筹配置的顶层设计。以《国家创新驱动发展战略纲要》为指导，按照党中央、国务院统一部署，在国家科技体制改革和创新体系建设领导小组的领导下，各部委和各地方加强协同、形成合力，建立科研资源统筹配置机制，推动区域科研资源合理规划和布局，促进区域科研基础设施、大型科研仪器等资源开放互通、共享共用，推动区域科技创新发展。

二是组建省级综合性科学院统筹配置地方科研资源。借鉴中国科学院的组织模式，建设省级综合性大型科学院，直属省级政府管理。通过整合地方科研机构及其资源，建立资源信息平台、人才管理中心、科研实验中心等综合服务平台，促进科研人财物资源的高效利用，全面提升地方科研机构对地方发展的支撑和服务能力。

三是完善公益类科研机构财政稳定支持机制。坚持公益研发与市场竞争发展相结合，在加快科技体制机制改革和推进科研院所市场化发展的同时，强化公益类科研机构财政经费稳定保障机制，推动公益类科研机构进一步优化研究方向和领域，持续培育公益科研团队，提高科研持续研究能力、资源使用能力和成果转化能力。

《关于推进科研资源统筹整合的建议》提案被全国政协列为重点提案。2017 年 8 月 18 日，科技部就该提案在京召开协商座谈会。科技部、财政部、中编办和重庆市科委有关负责人围绕提案提出的主要意见和建议进行深入协商交流，共同探讨推动我国科研资源统筹整合的对策举措。

五、建议抢救性保护黄河首曲水源涵养地

多年来，九三学社中央持续关注大江大河生态环境问题，联合九三学社省级组织，邀请国家有关部委、科研院所，进行多次调研。九三学社中央认为，实施黄河首曲水源涵养地抢救性保护十分必要，主要体现在：

一是维护国家生态安全。黄河源区海拔高且生态脆弱，是重点保护区域，也是黄河径流主要来源。龙羊峡以上河段地表水径流量占黄河地表水总量的 38.4%，其中 1/2 来源于首曲地区。目前，首曲水源涵养量约 76 亿立方米。其面积最大、最为主要的草原生态系统退化严重。尽管有研究认为，玛曲等地近年来生态治理成效不小，草原沙化呈现逆转态势，但这一生态敏感区潜在沙化威胁始终存在。黄河首曲径流贡献大、水源涵养多，但若不及时遏制其生态恶化趋势，将严重影响水源区生态屏障安全，使生态系统遭持续破坏，造成碳汇资源、许多珍稀野生动物资源流失，并进一步加剧草原鼠、虫害，时间越久，生态安全形势将越严峻。

二是生态经济效益显著。黄河以占全国 2% 的河川径流量承担着 15% 耕地的灌溉任务与 12% 人口的供水任务。与各类调水工程相比，若能投资于遏制水源涵养区大面积的草地、湿地退化的生态工程，通过治理实现“增草增水”，不但技术经济性较优，也有助于更有效地实现“天然蓄水 + 人工调水”资源利用机制。

三是以维护“绿水青山”倒逼老、少、欠发达地区供给侧结构性改革。红原、若尔盖、阿坝、玛曲等地，遍布红军走过的雪山草地，是先烈英灵忠骨所在。长征中最艰苦的这一段路上，少数民族同胞特别是藏族同胞以筹粮、参军等方式给红军以极大支持。目前这些地区仍是民族聚居区。少数民族群众中大部分为农牧民，各县农村人均可支配

收入均低于全国平均水平。调研了解到，一些地方依托国家项目，将生态恢复、环境治理和全域生态旅游、现代畜牧业发展充分结合，以对“绿水青山”的保护，倒逼当地特色产品和服务的供给水平和质量不断提升，提升农牧民收入。

2017年初，九三学社中央形成《关于黄河首曲水源涵养地抢救性保护的建议》(以下简称《建议》)，报送中共中央、国务院。《建议》认为，黄河水资源对国家总体生态安全具有不可替代的作用，首曲地区是维护黄河水资源关键一环。

一是将黄河首曲纳入国家公园体制试点，并申请世界遗产。充分借鉴三江源国家公园和保护区经验，将相关政策向首曲地区延伸，例如大量吸收当地农牧民担当巡护员的人数和待遇，建立与非营利性组织、志愿者团队等社会力量的制度化合作机制，等等；明确央地事权划分和支出责任。借鉴各地流域治理经验，健全生态保护激励约束机制，研究开展跨区域横向生态补偿试点；适度调高生态环境保护各类奖补标准。

二是加强规划协调。将黄河首曲水源涵养区抢救性保护纳入国家“十三五”相关规划。与完善地理信息系统工作相结合，尽快组织力量对黄河首曲基本情况进行更为全面、细致研究，推进各地区和部门形成共识。参考大熊猫国家公园试点区中“三省联合办园”机制，避免破碎化管理，保护生态系统的原真性和完整性。

三是出台专项支持。设立黄河首曲保护长期研究项目，循序渐进解决各类生态问题。研究设立生态产业发展专项资金，将“全域旅游”模式推广到省域之间，重点支持红色旅游资源整合、民族风情开发、牧旅结合和牧业绿色发展。初期中央财政加大投入，支持相关基础设施和配套设施建设；形成一定规模时，鼓励各地自主吸引社会投资，并将旅游收入一定比例用于跨区域实施生态补偿。

建议报送中共中央、国务院后，得到国务院领导同志重视和批示。根据国务院领导同志的批示要求，国家发改委向财政部、环保部、农业部、水利部、林业局等多个部委发出征询意见函，并进行多次会商。

台湾民主自治同盟

一、聚焦海上丝绸之路建设，助力构建沿海开放合作平台

助推“一带一路”建设，是近几年来台盟参政履职的重点课题。此前，台盟曾先后围绕建立“一带一路国际科技园区联盟”、进一步发展西部开放型经济、支持海外侨商融入“一带一路”建设等问题，开展考察调研，并向国家提出政策建议，得到中央领导同志的高度重视。

2017 年，台盟按照习近平总书记关于“一带一路”建设的一系列重要讲话精神和决策部署，重点聚焦集陆上、海上和网上于一体的开放合作体系建设情况，赴浙江省杭州市、宁波市、舟山市和义乌市开展了民主党派大调研，了解以浙江为代表的东南沿海地区，在服务海上丝绸之路建设中的做法与经验。

为了调研取得实效，在正式调研之前，台盟中央先后于 4 月上旬和中旬，由分管副主席率队开展了两次预调研，与浙江省发改委、商务厅、海港委等省直部门座谈交流，研讨确定调研切入点和总体安排。并在此基础上，先期深入杭州、宁波、舟山、义乌等地，调研了解初步情况，进一步聚焦调研重点，为正式调研摸底探路。与此同时，还组织全盟 15 个地方组织参与课题，结合本地服务国家“一带一路”建设的有关情况，选择具有本地特色的切入点，开展自主调研，并专门制定了大调研课题总体实施安排，指导地方组织开展调研。

赴浙江的集中大调研活动由全国政协副主席、台盟中央主席林文漪同志带队，台盟中央常务副主席黄志贤同志、副主席杨健同志以及相关部委同志和部分专家学者参加。调研组在杭州召开座谈会，听取了中共浙江省委、省政府有关负责同志介绍浙江省主动融入“一带一路”建设的相关情况。座谈会后，调研组分成三路开展实地调研，分别在杭州走访考察了阿里巴巴、网易考拉等浙江省的代表性跨境电商企业，以及梦想小镇、之江文创园等创业园区；在舟山、宁波走访考察了江海联运中心、宁波梅山港区、舟山大宗商品交易平台和浙江海港集团等开放合作平台建设发展情况；在义乌走访了义乌铁路口岸、义乌港等地，了解义乌与“一带一路”沿线国家互联互通情况，并赴义乌国际商贸城、国际邮件互换局、保税物流中心了解义乌进出口贸易情况。

在实地考察中，调研组了解到，浙江省自觉服务“一带一路”战略大局，立足地理区位的优势、创新开放的红利和民营经济的特色，着力推动自由贸易港区、跨境电子商务综合试验区、江海联运服务中心、国际贸易综合改革试点等重大平台建设，并进一步

谋划以义甬舟开放大通道为主线，将各个开放平台有机地串联整合一体，构建起一个多元化、综合性、互联互通、开放合作的支撑体系，彰显了浙江在“一带一路”建设中先行先试的重要作用，为服务国家“一带一路”战略，特别是21世纪海上丝绸之路建设，提供了鲜活样本。

与此同时，调研组对浙江省在参与“一带一路”建设的先行先试过程中，遇到的一些困难和问题，也进行了深入分析探讨。

首先是在联通海上丝绸之路建设方面。如，舟山江海联运服务中心建设是国家重大战略任务，旨在更好地将长江经济带发展战略与21世纪海上丝绸之路衔接互动，推动江海联运发展。然而，由于沿江沿海涉及省份众多，加之建设处于起步阶段，跨地区、跨行政层级协调难度较大，服务中心功能目前还很单一，此外，海陆联动的互联互通体系也有待完善。浙江省正在推进建设的义甬舟开放大通道，通过海铁联运、江海联运等多种联运方式，实现沿海和内陆的联动，是落实“一带一路”战略的重要引擎。但其沿线的宁波、舟山、义乌等市，涉及计划单列市、地级市、县级市等多层级，在项目立项、资金、土地利用等要素协调方面还存在一定困难。

其次是在联通陆上丝绸之路建设方面。如，中欧班列是对接国家西进战略，打通亚欧物流贸易大通道的重要一环。但在实际运营过程中，一方面，还存在为争抢货源争相压低运价，无序竞争导致运营成本高、境外线路重合使得运力浪费等问题，回程货源少的矛盾比较突出。另一方面，中欧班列的跨国协调仍然存在一定难度。此外，当前对境外投资企业的公共信息服务还有待完善。如杭州某电商平台，主要面向中东地区出口女性服饰类产品，很有市场潜力，也带动了千余家国内产品供应商实现转型。但在公司“走出去”包括建设海外仓库的过程中，由于中东地区政治形势、社会治安状况不稳定，企业对当地文化宗教、社会风俗缺乏深入了解，很大程度上影响了其海外投资的积极性。

最后是在畅通网上丝绸之路建设方面。如，跨境电商的发展环境有待优化。以杭州为例，仅2016年，电子商务领域就产生1万余件纠纷，未来随着跨境电商的进一步发展，商务纠纷特别是国家间的商务纠纷可能会不断增多。此外，跨境电商新经济模式的作用还有待发挥。以引领消费回流为例，据统计，2016年中国居民境外消费超7300亿人民币，相当于当年GDP的0.98%，消费回流空间依然巨大。而跨境电商可以为消费者提供规范便捷的海外购买通道，在吸引消费回流、促进国内产业升级和消费升级等方面还可以进一步发挥作用。

为进一步构建开放合作平台，打造21世纪海上丝绸之路战略支点，结合考察调研了解到的情况，台盟形成了若干政策建议：

首先是着力加强资源整合，进一步联通海上丝绸之路。如，进一步加强政策规划与指导，细化明确海上丝绸之路沿线省份以及港口、自由贸易区、国家级新区等重要开放合作平台的主要任务和支持政策，从而更好实现各个省级乃至国家级重大开放开发平台的协调一体；进一步拓展江海联运服务中心功能，可通过在国家相关部委层面设立联席会议制度等方式，协调解决舟山江海联运服务中心在项目建设、沿海沿江省际协调等方面存在的困难，完善长江全流域江海联运协调运作机制；进一步发挥沿海港口的平台作用，在海上丝路建设中统筹考虑我国沿海良港的差异化互补功能，如处理好上海港、宁波舟山港等港口的联动发展，更好发挥“东方大港”的作用。

其次是加大政策协调力度，进一步联通陆上丝绸之路。如，继续深化中欧班列沿线各方的协调合作，进一步统筹整合国内已开通的各条中欧班列，更多依靠市场机制配置资源，还可以考虑根据口岸货物出口量相应调整其进口权限；加强对企业海外投资的公共信息服务，可研究设立“一带一路”沿线国家综合投资环境指数，将沿线国家的政局态势、经济基础、对华关系、当地社会治安、文化习俗、中资机构数量、货物进出口情况等各项动态信息进行量化处理，以指数的形式对外公开发布。

最后是抓住跨境电商发展机遇，进一步畅通网上丝绸之路。如，进一步发挥跨境电商助推产业升级的作用，将制造企业优秀的生产工艺，与品牌电商的互联网优势和大数据资源有机结合，助推制造业“互联网 +”的转型升级，实现更多优秀的中国制造直接面向国内外消费者；进一步发挥跨境电商引领消费回流的作用，继续坚持对跨境电商市场的鼓励政策，持续将境外消费吸引回国内，促进国内产业升级和消费升级；进一步完善跨境电商发展环境，推动电子商务特别是跨境电子商务的立法规范，切实推进新设立的杭州互联网法院建设，探索领先于国际的互联网审判方式与司法运行体系；以跨境电商发展为基础，为制定国际贸易新规则提供中国方案，鼓励国内跨境电商龙头企业加大技术、模式等海外输出，可在两国企业中先行先试，再推广到双边或多边政府之间，实现在监管服务、技术标准、知识产权等方面的合作，使我国能够成为全球贸易规则，特别是跨境电商规则制定的推动者和引领者。

此外，台盟还特别提出，建议进一步支持台资企业共享“一带一路”发展机遇。大力支持台资企业由东部沿海向具有比较优势的中西部地区转移，深度参与“一带一路”建设，助推台资企业转型升级、根植大陆。

在深入考察研讨的基础上，台盟将相关调研成果整理形成了党派中央专报《关于构建融海上、陆上和网上于一体的开放合作体系，打造 21 世纪海上丝绸之路战略支点的几点建议》，报送中共中央、国务院，得到中央领导同志的重要批示。落实中央领导同志的批示精神，国家推进“一带一路”建设工作领导小组会同外交部、发展改革委、工业和信息化部、财政部、交通运输部、商务部等部门，认真研究了台盟的《关于构建融海上、陆上和网上于一体的开放合作体系，打造 21 世纪海上丝绸之路战略支点的几点建议》，并有针对性地提出了下一步工作打算。在习近平总书记主持的经济工作征求意见座谈会上，以及俞正声主席主持的调研协商座谈会上，台盟也集中汇报了相关政策建议，从不同层面、不同角度集中分析解剖浙江省参与“一带一路”建设特别是 21 世纪海上丝绸之路建设的成功经验、存在问题和有益启示，努力为国家“一带一路”建设提供务实的政策参考。

二、调研脱贫攻坚一线情况，在正向发力中开展民主监督

按照中共中央要求，台盟对口甘肃省开展脱贫攻坚民主监督工作。2017 年，台盟中央领导带队，专委会、地方组织参与，先后深入甘肃陇南、甘南、天水、定西、临夏等地的一线贫困村，开展深度化、解剖式调研，坚持在调查研究中掌握脱贫难点，在正向发力中开展民主监督。

通过深入实地的走访考察，调研组了解到，近年来，甘肃省委、省政府按照中央脱

贫攻坚的要求部署，精心谋划工作载体和抓手，脱贫攻坚工作取得重大进展。甘肃省有人口2700万，2011年底，全省贫困人口达842万，截至2016年底，全省贫困人口下降至227万，贫困发生率由40.48%下降至10.9%，贫困地区农民人均收入由3329元增加到6487元，年均增长达14.3%。

调研组特别选择了贫困人口最多的陇南市，集中走访调研了成县、礼县、武都区等地的脱贫攻坚工作，了解到许多具有典型意义与代表性的问题。近年来，在当地党委、政府和广大人民群众共同努力下，贫困面貌得到很大改善，特别是在农村电子商务扶贫和金融扶贫方面取得阶段性成绩。

为切实解决陇南农特产品卖难问题，建立陇南优势资源与市场对接的快捷通道，把特色农产品卖出去、卖出好价钱，切实增加贫困群众收入，陇南市主动、积极利用好互联网发展机遇，拓展脱贫攻坚新渠道，特别是在农村电商扶贫方面，取得了显著成效。2014年底，陇南市被国务院扶贫办确定为全国唯一的电商扶贫试点市，先后在9县区1365个建档立卡村中选择确定了750个贫困村开展电商扶贫试点工作。陇南市进一步加强贫困村的信息、交通、物流基础设施建设，推广特困片区宽带进村试点经验，努力推进信息流、物流、资金流向贫困村发展，确保让贫困群众享受电商扶贫红利。紧盯建档立卡贫困村和贫困户，采取以奖代补等多种形式，积极推进贫困村“一村一店”建设，探索形成电商扶贫“五路带动”模式。此外，陇南市借力金融、合理施策，加大资金扶贫力度。近年来，陇南市实施了“3+1”金融体系建设，农村产权抵押贷款试点工作取得积极成效，成立陇南龙江城乡发展有限公司、陇南信通城市经济发展有限公司、陇南龙江资金池管理有限公司，有效缓解了农民、中小微企业和项目建设融资难问题。在全市探索推广“支部+群众+贫困户”“合作社+贫困户”和“企业+贫困户”等脱贫带动模式，组织贫困农户，通过资金、土地入股分红、劳务务工等措施多渠道增加收入。

通过调研发现，陇南市的脱贫工作在取得重大进展的同时，也存在一些亟待解决的困难和问题。从客观上看，陇南市绝大部分地区自然条件恶劣、土地贫瘠且改造难度大、单位产出率低、自然灾害频发、产业基础薄弱，导致贫困程度很深，加之城乡二元结构矛盾突出、差距很大，基础设施建设依然滞后等因素，脱贫的动力不足。

调研组特别关注了电商带贫渠道作用发挥有待完善的问题。调研发现，农村电商实际运行中，一是效果发挥存在失衡问题，商品下行节流显著，然而农产品上行较少、开源不足。如，成县电商多达920家，但规模化经营的网店较少，有销量的网店数量占比仅为20%左右，能赚钱的网店就更少。在电商孵化中心陈列的店铺中，表现最佳的农民小段年销售才200万元，其余店铺的月销量基本在个位数，每年交易量只有十几笔。二是农业相关产业基础仍然较弱，未形成规模化、标准化种植，农产品也未形成品牌化认证，附加值有待提高，影响电商带贫通道的作用发挥。三是由于道路偏远、上行货物少等原因，导致电商物流成本高，暂未形成市场化机制，存在亏损问题，目前以政府补贴推动运营。四是电商管理和运营人才培训有待加强。在网商、网店、快递物流等市场主体方面，缺少大量懂专业技术知识的人才，主要体现在包装设计、营销推广、视觉摄影等具体需要现代互联网、计算机、网络营销知识方面人才缺乏。此外，村淘最直接的运营人村小二，在做商品上行方面的意识和能力需要进一步提升。目前村小二收入的95%

来源于代买代购，说明村小二在商品上行方面开发力度还远远不够。

调研组认为，目前甘肃省脱贫工作面临的都是难以解决的“硬骨头”，甘肃省的脱贫攻坚工作依然任重道远。在甘肃各级党委、政府和人民群众进一步努力的同时，还需要中央对甘肃的脱贫攻坚工作给予更大的支持和帮助。为此，调研组建议：

一是在政策上更加倾斜，特别是在生产力布局上加大支持力度，积极引导要素资源回流，补齐全面小康区域短板。对于像甘肃省这样情况比较特殊，自然条件相对较差的地区，又承担着黄河流域上游、长江嘉陵江流域上游的生态保护职能，加之地方经济发展相对落后，自身财力有限，加大“输血式”扶贫力度支持仍然非常必要。

二是加大产业扶持力度，培育特色产业体系，进一步增强贫困地区经济活力。包括进一步强化农村基础设施建设；完善农村金融体系建设；努力延伸扶贫产业链条，将甘肃农业特色产业加工设施设备纳入农机器具补贴范围，并提高补助比例，鼓励进行深加工；强化市场营销的支持力度，通过在中央媒体和地方媒体的重点时段推出广告片，加大对贫困地区农产品品牌推介营销支持力度。

三是进一步创新完善对口帮扶机制，引导大型企业参与社会扶贫事业，帮助贫困地区提升“造血”功能。如引导农业产业国有企业，与甘肃贫困县特色资源条件对接，探索政府参与和市场化相结合运作方式，到贫困地区开展资源开发、产业园区建设、新型城镇化发展等，助力其第一、第二、第三产业融合发展，推进农业供给侧结构性改革。

四是重点支持农村电商发展，打通鲜活农产品上行“绿色通道”，带动贫困群众增收。建议对分拣装车的生鲜物流车辆免收过关费，对物流企业生鲜业务给予适度补贴，进一步降低贫困地区鲜活农产品上行的物流成本，提高市场竞争力。抢抓互联网＋扶贫产业机遇，加大贫困地区农村电商在种养殖保险、加工、品牌营销方面的补贴力度，推动农村电商发展。此外，加强农村电商管理和运营人才建设，通过集中培训、定点培养、示范带动、适当的工资补贴等办法，孵化更多回乡创业的年轻人，带动农村电商快速发展。

五是提高高山易地扶贫搬迁补助金额，吸引深度贫困户由分散向集中分布，进一步提高扶贫效益。同时，多渠道多方式解决移民搬迁。对于依托工业园区、产业基地、小城镇、旅游景区、乡村旅游区的建档立卡搬迁人口，努力拓宽就业创业渠道，加强就业指导和劳务输出工作，鼓励引导他们向旅游服务业、商贸流通业、交通运输业、工业企业等第二、第三产业转移。

六是出台巩固脱贫成果实施意见，建立扶贫兜底长效机制，防止返贫。在将来相对更长的时间里，加大兜底力度的同时，继续实施需要财政兜底的扶贫政策，给贫困户提升自身发展能力留足时间和空间，共同进入全面小康社会。

台盟坚持“在参与中支持，在支持中服务，在服务中监督”的工作定位，在深入一线贫困村实地调研的基础上，形成了《夯实产业基础，创新扶贫方式，深入推进甘肃脱贫攻坚工作——台盟中央对甘肃脱贫攻坚民主监督调研报告》报送中共中央，得到汪洋、俞正声、孙春兰、杜青林等中央领导同志的重视与批示，为助力打赢脱贫攻坚战提供了有益参考。

三、持续跟踪调研台湾农民创业园发展，助推两岸基层民众交流

习近平总书记多次强调，要增进两岸基层民众交流，推动两岸经济社会融合发展。

台盟通过多年的跟踪调研，认为发展好祖国大陆现有的29个台湾农民创业园可以是一个很好的切入点。为此，台盟通过多种宣传和建言渠道推动相关工作，提出的政策建议得到中央领导同志的高度肯定，认为言之有理、论之有据。相关主管部门多次邀请台盟共商支持台创园发展，推动两岸基层民众往来的工作方案。调研反映的台农普遍关心的贷款利率问题，在国家有关部门的支持下，已在福建等地区的台创园中开展了贷款贴息试点，有效缓解了一直困扰台资农企的贷款难、贷款贵问题。

在持续多年跟踪调研的基础上，按照两岸关系新形势下中央提出的促进两岸经济社会融合发展的精神，2017年3月，林文漪主席率调研组再次赴福建漳平台创园进行调研。调研组实地考察了台农经营的茶园和制茶车间，并与台农代表及台湾青年企业家交流座谈，深入了解台创园发展状况和台农生产生活遇到的问题。在这里创业发展的台农台商动情地向林文漪主席表示：20年前，时任福建省委副书记的习近平同志在永福镇考察台农生产经营情况时，鼓励台农充分利用好当地自然和生态优势，把茶产业做优做大。他们一直把习总书记的期望铭记于心。经过20年的发展，总书记当年视察过的山坡地已是千亩茶园，永福镇已成为大陆地区最大的高山乌龙茶生产基地和台农在大陆投资最集中的地区，漳平台创园已经成为两岸基层民众互动交流的重要平台。在这里，他们和大陆同胞一起经营、一同奋斗，共渡难关、共享成果，两岸同胞的心是连在一起的，相信台创园未来一定会成为两岸同胞交流交往的纽带，而从台创园出发，两岸关系也一定会走向更加光明的未来。

考察过程中，调研组了解到，目前，台创园在农业提质增效、促进三产融合、改善生态环境、拉动就业创业以及促进两岸基层民众情感融合等方面发挥了不可替代的独特作用。很多台农初到大陆投资并不被亲友看好，也有岛内同行持怀疑态度，认为“台湾农业走不出台湾岛”。经过多年的发展，借助台创园的事业平台，原本在岛内只有有限土地的小农成为数百亩甚至千亩农场的企业家，引来岛内亲友和同行的羡慕，赢得了台湾社会的尊重，也吸引越来越多的台湾民众将事业投向大陆。

但与此同时，台商（台农）在生产经营中面临的贷款难、销售难、保障难等具体问题仍然存在，制约了台创园作用的进一步发挥。如，台湾农业拥有成熟的分工体系，农民只需要专注于生产、管理，其他技术支撑、金融服务、市场营销等工作都由农会系统和职业经理人完成。但目前大陆农业现代化仍处于起步阶段，还没有形成细致的社会分工，既没有培养出足够懂生产、会经营、善管理的复合型农民，也缺乏足够专精市场营销的职业经理人。原本在岛内可以依靠农会解决的贷款融资、技术培训等工作，需要企业经营人想办法解决，增加了台商的创业压力。

调研组认为，台创园作为做台湾基层人民工作的重要品牌，应继续着力优化其发展的软件硬件环境，使其发挥更大的作用。为此，调研组提出如下建议：

一是进一步提升台创园持续发展的软硬件环境。

发展高优精致农业投资大周期长见效慢，要实现台创园的可持续发展有赖于软硬件环境的共同提升。如，建设标准化自来水厂，改善居民生产生活用水质量；派驻专业消防力量，保护林区农场和居民生命财产安全；增加住宿餐饮零售业，适应日益增长的旅游接待需求；持续改善道路交通状况，满足园区企业扩大生产的物流需求、便利人员往来；扩容通信网络，为园区大力发展电商提供基础保障。相关政策配套要兼顾招商引资和长远发展的需要。一方面，应继续保障在土地、水电、税收等方面提供“减少成本”的空间；另一方面，应积极通过政策帮扶，提高台创园入驻企业“造血增收”的能力。如，完善金融政策，鼓励相关银行针对台创园开发贷款项目，在无林权证、土地证情况下实行实物担保、企业联保等多种形式担保；参考岛内农业贷款利率，通过政府贴息等方式实现两岸农民“同业同息”；结合不同产品的生产周期，采取“延贷延还”等方法缓解“一年还贷”压力；在防止非法民间集资的前提下，鼓励民间资本进入助推台创园发展。完善扶持政策，在质量可保、数量可控的基础上，推动全国29家台创园体系内独立开展评优评级工作，相关评比结果直接纳入各级政府主导的评优评级体系，并体现台创园企业的独特地位。出台台创园成果推广政策。建立国家级成果检测和评比机制，对台创园所生产出来的产品，予以政府认证、宣传、推广。例如，给予各家台创园产品原产地保护政策，与中粮集团、本来生活网等具有公信力的单位合作予以推广等。

二是为吸引台湾青年创业扎根创造更有利的条件。

在“互联网+”的驱动下，传统台资企业需要注入新鲜血液，台湾青年人也需要相对成熟的平台施展拳脚融入创业的大潮。台创园可充分把握和利用这一趋势，在金融服务、政策宣介、专业支持、居住落户等方面对台二代台三代予以更多关注，吸引更多的台湾青年入园就业、创业，将台创园打造成两岸青年交流的基地，促进两岸青年合作共赢。

三是积极宣传台创园在两岸交流中的引领示范作用。

台创园从无到有的发展得益于两岸关系的和平发展，也推动了两岸农业专业合作和基层民众的交流往来。为应对十年来台创园的发展和对两岸交流的贡献加强宣传、扩大影响，重点宣传台湾高优精致农业理念对大陆农业提质增效的作用、台农在大陆的成功对岛内小农经济的影响以及两岸农民生活方式和观念变化等方面，突出两岸农业优势互补合作共赢与基层民众的情感融合。通过营造有利的舆论和社会氛围，进一步带动两岸民间交流。

在深入走访调研基础上，台盟形成了《关于进一步促进台湾农民创业园发展的建议》以及专题调研报告。报告以党派直通车的形式报送中共中央、国务院，得到俞正声、汪洋等中央领导同志的高度肯定。农业部会同国台办等相关部门，落实中央领导批示意见，与台盟深入沟通协商，提出了进一步促进台创园建设以及两岸农业融合发展的工作思路和支持政策。福建省委、省政府对于台盟中央的意见建议也高度重视，省委主要领导多次批示研究办理。省政府领导同志还多次赴台创园考察，协调推进解决台创园发展建设的相关问题，制定了加快推进台创园发展的具体举措。

四、课题调研结合议政论坛，多角度建言实体经济发展

国际金融危机后我国实体经济整体呈现收缩态势。随着互联网与虚拟经济的崛起，工业增速创历史新低。为此，台盟中央将“实施振兴国家与地方实体经济重要战略的相关问题及对策研究”作为2017年度全盟重点课题，由参政议政工作委员会牵头开展。

调研组认为，中国制造业收缩与发达国家经济“空心化”性质不同。发达国家产业

“空心化”本质是产业资本和市场向海外转移，然而中国实体经济正在转型调整过程，正在经历从低端到中高端的升级，仍有充足的国内市场空间与发展支撑，未来仍拥有巨大的成长机会。首先，从“产品经济”转向“品牌经济”，必须改变传统思维的粗放式发展惯性，摒弃大批量工业流水线生产模式，由此不可避免带来制造业产量产值规模与固定资产投资的减少，需要强调“做强”而非“做大”。其次，多层次国内市场需求能为中国制造提供转型升级的战略支持。中国制造业拥有庞大而多层次的国内新兴市场，细化其特点，可概括为：规模大、潜力大、差异化。这源于快速推进的城镇化和迅速扩张的中产阶级数量，以及中国各领域的巨大市场可以为企业新技术的孕育提供所必需的规模门槛。再次，梯度化的社会与区域结构能够推动制造业转型的纵深发展。发展的梯次性决定了中国消费市场的总量扩张和结构升级态势还将持续，需求差异化将提供多样化使用场景，可用于试验不同的技术产品和升级路径。由于市场需求差异大，技术创新和扩散在行业都要经历一个过程，企业将面对接力式的需求浪潮。这个意义上说，全球没有任何一个其他市场能够像中国一样，可以孕育如此多样性、成规模的创新。最后，出于国家安全与发展战略导向的考虑，政府从研发、税收、融资等各方面为实体经济发展提供帮助，能够促进产业结构向中高端制造业转型升级。

但调研也发现，目前我国实体经济不振来源于多重原因叠加：

一是实体经济税费负担较重。政府出台了大量的结构性减税措施，全国和各省陆续建立收费目录清单制度，企业税费负担有所减轻，但实体经济企业税费负担总体偏重的状况没有得到根本改变。企业所得税率占比较高，抑制实体经济企业追求利润的积极性；在“营改增”的过程中，存在部分企业负担不减反增的现象，如对于技术型实体经济企业，其生产要素为高技术人才，人工成本及管理费用较高，但这部分不属于增值税进项税额抵扣的范围，这就造成可抵扣进项税额较小，而销售税额较大的情况；专项收入、涉企行政事业性收费和政府性基金等“费负”，导致实体经济所面对的费用成本具有不确定性。

二是发达国家重新重视制造业，中国制造海外市场与 FDI 有所流失。国际金融危机打破了原有的世界经济循环体系，发达国家“回归”制造业，东南亚等地区异军突起，让曾以物美价廉独步天下的“中国制造”面临前有虎后有狼的境遇。随着发达国家重新重视制造业，中国与发达经济体贸易摩擦将再入高发期。中国与发达国家之间的贸易摩擦呈现从一般工业制造品到向新能源、新产业等领域进一步蔓延升级的态势，贸易保护主义抬头让中国企业“走出去”面临层层障碍。

三是中国制造业缺乏颠覆性技术创新，市场潜力开发能力不足。制造业领域绝大多数创新只是在原有方式或路径上的延伸、改造，甚至模仿，未能发展出对现有产品和生产模式具有替代性的革新性技术，无法最大限度挖掘甚至开发有效需求。

四是经济发展水平提高带来制造业标准和压力不断抬升。可持续发展战略与绿色发展理念对制造业提出更高的环境标准；城镇化进程不断深入，土地价格不断上涨，企业用地成本明显提高；居民生活水平和理念的改善对制造业产品提出更高的品质要求，本土制造业在国内外消费市场骤然变化的当下，尽快拿出市场适销对路的高品质、高质量、高附加值的商品，满足中高收入阶层个性化、差异化的消费需求，成为“中国制造”迎接挑战，创造效益的当务之急。

五是制造业走自主创新之路的创新环境有待完善。尽管不少科技政策都强调激励主体创新投入，但缺少从前提性看法层面将创新与收益直接挂钩。且创新内在追求向实际行动延伸存在的两个机制缺陷。首先是万众创新从想法到行动缺少足够风险保障。一些商业模式创新，在获得外部资金支持并快速发展时，却难以通过注册专利得到保护，很容易被模仿拷贝而难以获得创新收益。其次是应用创新与学术创新的动力导向有失衡倾向。现有一些政策，如职称评审、学术评奖等，尽管已开始重视应用创新，但仍然偏重学术创新，这导致很多创新成果不注重应用，流于形式。此外，在审批环节终身和全链条追究责任的行政强约束下，由于审批责任和事中事后监管责任没有明确，负责审批的部门往往提高审批门槛。对于创新成果应用在无先例可依、无法规遵循的创新成果运用，不愿承担潜在责任风险。

六是资本“脱实入虚”对实体经济造成很大影响。实体投资回报低，导致企业资金脱实向虚。大企业与中小企业之间的资金两极严重分化，拉大大型国企与中小微企业之间资金“马太效应”，形成资金反向运作。

七是“一刀切”式产业结构调整方式不适应多元化的中国制造业，结构性去产能的方式仍在摸索。

为此，调研组提出如下政策建议：

一是通过财政政策降低实体经济税负成本。这不仅包括营改增、提高个税起征点、削减小微企业税负、削减创新企业税负等措施全面削减显性税负，而且还需要破除国企垄断、土地开发垄断等改革措施消除隐性税负。首先是加快已有政策的落实。对已发布的减税降费及补贴政策，应强化宣传力度，积极主动引导企业实现规范经营以纳入政策优惠范围，帮助企业争取相关优惠政策。同时，在实施企业减税降费政策后，着重评估政策效应及中间可能存在的梗阻，及时进行调整。其次是进一步降低企业的货物与劳务税收负担，降低企业所得税税收负担。再次是进一步规范非税收入，降低企业费用负担。建立收费单位与实体经济企业的信息平台，建立项目收费清单，公开收费信息，实时更新消息，使得二者之间信息对称。复次是发挥专项收入、行政事业性收费和政府基金“精准调控”的作用。根据不同规模、不同类型的企业制定不同的收费标准，打造大型企业和小型企业共存的生态化市场环境。最后是从税负上对科技型产业、环保型产业进行支持，发挥积极财政政策激励性作用。

二是积极推进土地制度改革，解决实体经济用地难题。在扩大土地有效供给方面，需要大幅度提高现有工业用地的土地利用率。在降低实体经济用地成本方面应主要降低土地取得成本，兼顾降低开发成本，即摊薄初始成本、缩减费用成本、分担开发成本和压低交易成本。

三是放宽实体经济领域的市场准入限制。从有利于提高企业竞争力和总体经济效率的基本要求出发，创造继续深化混合所有制改革的条件，包括打破政策障碍、拓宽投资领域等。同时，要形成有效的监督机制，保证非公有制企业参与国有经济过程的透明性和竞争性，保证交易的公正公平。在治理结构、公司章程上划分和平衡好各类资本的权利。同时，进一步释放国有企业中的垄断资源。

四是财税支持由重项目转向重服务、重市场。加强政策财税支持的有效性，缩小直接性、项目式补贴的范围，转而加强市场手段的援助。例如，利用税收抵扣、贷款贴息、加速折旧等多种支持方式，支持实体企业特定生产制造与研发活动，增强企业创新的积极性；为科技型企业新产品市场开拓期间提供一定期限的税收优惠，提供融资贷款利息补贴；等等。也可以借鉴新加坡普惠制的“创新券”，为中小微企业在自主选择合适顾问公司、科研机构，获得创新、生产力、人力资源管理与财务管理等服务提供费用减免。同时，可发挥产业投资基金优势，扶持实体经济发展。

五是破除劳动力和人才约束对实体经济发展的制约。制定面向不同层次实体经济人才的激励性政策。为了更好适应制造业企业的需要，可适当将人才政策的重点从高端转向中高端。

六是营造公平竞争的市场环境。有针对性地提出破除各种隐性障碍的具体配套措施，明确民间资本进入相关行业的具体途径和方式。规范设置投资准入门槛。加快推进重点行业领域改革，进一步调整国有经济布局和结构。清理和修改不利于民间投资发展的政策规定，特别是要彻底清除各地区和各部门通过地方性法规规章、部门规章以及规范性文件设置的不合理限制门槛，并建立常规的定期清理机制。增强民资“内功”，民间投资准入具体行业领域可以采取包括独资、控股、参股、购买股票或债券等在内的多种方式。

七是完善金融对实体经济的普惠式服务。综合考虑金融与实体经济的联动有效性，统筹货币信贷、部门利润和融资结构等多重关系，加快体制机制改革创新，提高资源配置效率和金融服务水平，增强资金流向实体经济的能动性和主动性。

八是建立提升实体经济回报率的激励机制。在机制上通过降低创新风险、强调应用创新保证创新动力的持续性。推出更多面向创新的金融产品，降低创新创业的风险。在职称评审、学术评奖等配套制度上，不断加大对应用创新的鼓励和支持。

在深入开展课题调研的同时，台盟中央还结合该课题，于 2017 年 5 月举办了台盟中央第三次协商议政论坛。18 个地方组织 23 位盟员和盟务干部围绕发展战略性新兴产业、改造提升传统产业、提质增效、科技创新、金融改革等方面进行了分析、撰写和演讲，既有宏观层面，比如加强供给侧结构性改革提振实体经济，也有微观层面，比如从装修业的发展、竹产业现状看实体经济发展等，提出了很多观点鲜明、对策务实的意见和建议，进一步深化了课题调研成果。

在李克强总理主持召开的政府工作报告党外人士征求意见座谈会上，台盟将相关调研成果转化为政策建议，提出进一步完善激励机制、提升投资回报率、支持实体经济发展等建议，为国家大力推动实体经济发展，建设现代化经济体系提供政策参考。

五、关注无障碍环境建设，深入开展双周协商座谈

无障碍环境，既是残疾人走出家门、参与社会生活的基本条件，也是方便老年人、妇女儿童和其他社会人员生活的重要措施。加强无障碍环境建设，是物质文明和精神文明的集中体现，是社会进步的重要标志。2017 年，全国政协将“无障碍环境建设”列为双周协商座谈会的重要议题，由台盟中央与全国政协社会和法制委员会共同主办。围绕这个议题，台盟中央组织全盟各地方组织开展了深入调研。同时，台盟中央还与全国政

协社法委组织联合调研组，赴上海、北京开展了专题调研。

调研发现，目前我国无障碍环境建设还存在很多不足，如：

无障碍环境建设主体不明，监管不力。目前，我国无障碍环境的监督管理体系还没有建立。首先，在项目规划设计和项目验收过程中，相关部门对无障碍环境建设关注度并不够，审批不严格，没有按照规范履行无障碍环境建设的验收。其次，在《无障碍环境建设条例》中并没有对无障碍环境建设做强制性要求，也没有对责任主体、处罚主体以及相关的处罚措施进行说明，对当建未建、当改未改和占用、破坏无障碍设施等行为，没有相应的处罚措施。最后，很多城市的无障碍环境建设都缺乏执行主体。因为无障碍环境建设点多、面广，并且涉及住建、工信、民政、残联等多个部门，谁来发现问题，发现问题时反映给谁，谁来解决，在我国并没有形成比较畅通的监督渠道，无障碍环境管理成为无人监管的真空。

无障碍设施建设系统性与通用性严重缺失。一些已建的无障碍设施对盲道、通道门、楼梯、电梯、电话、洗手间、扶手及标志物等部位设计不细，有的部位有所遗漏，形不成系统，影响了无障碍工程的规范性。如道路与建筑出入口没有实现连接；低位电话亭缺乏；坐便器旁安装的扶手，尺度不合理，材料选择不当，造成很多人在抓扶手站起来时，手滑甚至摔倒，起不到扶手的作用；公厕中专为老年人设计的急救呼叫器，由于标志、色彩难以辨认，无法正确识别从而利用率极低等，有的甚至形成了人为障碍。无障碍设施设计、建设还没有形成系统，无障碍设施建设缺乏系统性、规范性、实用性。

信息无障碍建设薄弱。一是我国信息无障碍法律法规立法内容较宏观，适用性与实操性不足；二是信息无障碍建设标准尚待完善；三是社会对信息无障碍建设的认知有待提高，参与支持度不够。

社会各界的认识有待提高。一方面，部分群众甚至一些政府部门认为无障碍环境建设只是少数残疾人、老年人受惠，无障碍设计要求复杂、特殊，从而忽略无障碍设施的设计和建设。部分企业在建设无障碍设施上存在只顾眼前利益忽视无障碍设施建设的问题，导致许多行动能力丧失或者不齐全者不能共享社会公共资源，一定程度上制约无障碍设施建设的发展。具体表现，如新建管沟、井盖阻断盲道；道路后期增加斑马线，未及时新增无障碍通道；绿化树桶设置及新栽树木阻断盲道、新改的公交站未及时贯通盲道等。另一方面，软环境建设上，整个社会在营造无障碍环境的氛围上面相较于发达国家较弱，公交车上老弱病残孕专座，往往并不是“专座”，专用停车位往往也不是“专位”。即使在医院，助残服务也不多见。

无障碍设计的相关教育和研发不足，专业化程度有待加强。一是在我国无障碍设计还没有被作为一种专业进行专门教育和研究，没有专门的实验室对无障碍设计进行研发，这极大地限定了我国无障碍建设的可持续发展后劲。二是设计人员的专业水平还有待提高。由于缺乏专业人才及系统性的专业培训和工作指导，实践中无障碍环境的设计和管理往往容易出现差错，出现不符合设计规范现象，如盲道的衔接上出现断层，无障碍设施没有串联成系统、与城建相冲突，公园坡道坡度过大、坡面过窄、坡道安装位置不宜，无障碍厕所扶手安装错误等现象。这样的无障碍设施不能很好地起到辅助作用，形同虚设。

针对这些存在的问题和不足，调研组提出：

一是应建立无障碍环境建设监察和评估机制。在无障碍环境建设的监督方面，政府有很多局限性，不能无所不包。不同于政府，又区别于市场的非政府组织，可以参与到监督、评估工作中，既可以弥补政府监督的不足，又可以增加社会的信任度。建议建立健全无障碍设施建设督查制度，以规划、建设、城管等部门为主体、吸收残疾人组织、残疾人代表和新闻媒体参与，定期开展专项监督检查，确保无障碍设施真正为残疾人服务，建立起通畅的社会监督、投诉渠道，充分发挥残疾人联合会、非政府组织、志愿者的作用。

二是提高无障碍设施设计施工的科学性和系统性。残疾人无障碍设施建设之前，要进行科学的统筹和规划，要注意无障碍设施建设的衔接性和与周围建筑的协调性。建议提高设计和施工人员的无障碍专业素质，不断提高无障碍设施设计质量和功能。在施工中，也可以让残疾人派代表参与规划设计施工。在无障碍设施验收阶段，组织残疾人体验，这样才能使无障碍设施尽力做到无障碍。

三是加强信息无障碍建设。首先是完善信息无障碍建设法律法规体系。建议政府通过制定专门性法规，将《残疾人保障法》《老年人权益保障法》等基本法中与信息无障碍有关的规定进行细化与补充，从而增强各法律法规之间的衔接性，强化信息无障碍建设法律法规体系的保障功能。可借鉴与参考其他国家和地区的先进经验，如美国 section 508 标准，详细规定了 16 条网页无障碍设计标准，是网络、网页开发设计必须遵照制造的无障碍技术标准。其次是制定鼓励和引导信息无障碍优化的政策。建议各地政府出台有关政策，鼓励和引导各公共服务网站、公用企事业单位网站、商业网站、互联网企业等进行互联网产品信息无障碍优化。如通过委托专业机构测评的方式，对进行信息无障碍优化的互联网产品授予无障碍认证标志，形成示范效应，提升社会认知度；政府宣传推广在信息无障碍方面表现出色的各类网站等。最后是加快推进信息无障碍标准制定。我国的网站无障碍设计及信息无障碍科技产品都急需规范，进一步统一同类产品或软件的使用操作方法，以方便特殊人士学习、适应、掌握。要继续完善现行信息无障碍标准体系的内容。标准制定工作中，既要有社会福利组织的参与，也要有企业的广泛参与，要考虑技术支持和服务提供方面的实际情况，通过各类组织机构之间充分的协商和讨论，共同制定标准，共同推进标准的实施。

四是加大宣传力度，营造良好氛围。以政府购买服务等多种形式，组织相关单位积极开展无障碍环境建设课题研究，充分发挥无障碍环境建设专家作用，为“十三五”时期无障碍工作开展提供智力支持。同时，多形式、多载体、多渠道开展无障碍建设宣传活动，推动无障碍知识进校园、进社区、进企业、进机关，“从孩子抓起、从小处抓起”，进一步普及无障碍知识，提高无障碍意识，扩大无障碍效应，营造全社会关心、支持、参与无障碍建设的良好氛围。

五是将无障碍环境建设纳入相关行业的课程学习和考核之中。首先，大学应专门设置无障碍相关的科系，并同步在规划、设计、建筑等专业的学生中强化无障碍意识，将无障碍环境建设等有关内容纳入各大专院校的相关专业并积极开展科学研究。其次，每年相关专业的执业资格、从业资格人员在学习培训、继续教育时，将无障碍技术规范列为重要内容。通过教育培训，使从业人员能准确掌握、熟练运用无障碍建设的各项专业技能，使专业技术人员能够真正将无障碍技术规范落实到实际工作中。最后，要发挥规划的引领作用，在规划师、建筑师中建立起普适、通用的无障碍设计理念，把建设功能性强、使用方便的无障碍环境变成设计师自觉、自愿的行动，使无障碍环境成为规划设计体现“人文关怀”的物质载体。如通过进行居住建筑、公共建筑、公共交通枢纽的“无障碍设计评比”等活动，制造影响，进行更广泛传播。

在深入实际、多方调研的基础上，6 月 8 日，台盟中央与全国政协社法委共同主办了“无障碍环境建设”双周协商座谈会。全国政协主席俞正声主持会议并讲话。住房和城乡建设部、工业和信息化部、交通运输部等部委的负责同志出席会议并与委员互动交流。台盟界别的王天戈、张泽熙、江利平、郑广台 4 位委员分别做了题为《将无障碍设施改造纳入精准扶贫工作范围》《提升社会无障碍设施供给能力》《补康复辅助器具产业发展短板，提高残疾人老年人生活质量》《完善现有信息无障碍服务环境，使所有人受益于信息无障碍》的发言，角度各异、建议务实。通过双周协商座谈这个平台，政协委员、相关领域专家学者、国务院有关部委负责同志围坐一起，深入协商议政，为推动国家无障碍环境建设提供了有益的参考与建言。

郭　婷　台盟中央研究室综合处处长

附录

附录一：台湾政党制度研究

2017 年，台湾岛内政治格局转变进入了关键性的加速期。执政困境常态化成为“全面执政”的民进党当局面临的主要问题，民进党内部围绕着资源争夺，派系斗争等矛盾也逐步显现，党内政治生态进入重新分化组合的新阶段。同时，民进党执政一年多来，持续对国民党施加压力，使国民党的生存困境越来越突出，重振乏力，发展不容乐观。吴敦义在出任国民党主席后，依旧没能提出有力措施，也看不到其带领该党振衰起敝的希望。国民党的衰落虽然客观上为“第三势力”的发展提供了一定空间，但“第三势力”的发展前景面临诸多不确定因素影响，在两个主要大党的压制下，要突破发展困境，难度仍然很大。顺应岛内政治结构变化的趋势，学者们对台湾政党制度的研究重心主要放在台湾各政党的发展困境、党务改革，以及两岸关系等问题上。

一、研究论文概要

2017 年，学者们在各大期刊上发表的关于台湾政党制度的文章，主要集中在对国民党、民进党，“时代力量”党务改革的评析，对选举及政党治理的论析，以及对政党政治变迁的研究上。总体上看，研究内容涉及范围广且颇具深度。

（一）国民党研究

2017 年，困扰国民党的老问题尚未消失，新问题又在不断凸显。内部不团结、世代交替迟缓、人才断层等问题一直困扰着国民党，使该党气势一直低迷。近期民进党通过追讨“党产”等措施对国民党步步紧逼，使国民党的境遇雪上加霜。面对这些问题，虽然国民党完成了党主席改选，但吴敦义上任后并没有提出卓有成效的解决方案。由此，2017 年国民党研究的主轴就是分析国民党的发展现状与探究国民党的党务改革。同时，学者们还对 2017 年举行的国民党主席选举进行了分析，并对国民党主席吴敦义上任后的国民党“新气象”“新举措”进行了评析，对未来国民党的发展作了期许。学者们大都认为，政党运作资金的危机和党内矛盾是目前国民党面临的最大问题。同时，两岸论述主导权丧失的问题对国民党来说也不容忽视。但我们同时也注意到，学者们都一致认为在两岸关系上，国民党目前的困境，并不代表着其两岸政策的失败，国民党的难点是如何在新形势下，积极发挥在两岸关系领域中的特殊作用，争取民意支持，增加胜选。

董玉洪在《国民党主席选举情况分析》（《现代台湾研究》2017 年第 2 期）一文中分

三部分对 2017 年 5 月 20 日举行的国民党主席选举进行了评析。第一部分是对国民党主席选举多人竞争的原因进行分析。作者认为，出现这种情况与下列因素有着密切关系：一是国民党“大选”惨败后元气有所恢复，尽管遭民进党政治追杀，困难重重，但迄今为止仍是台湾第二大政党，且败而不倒，有所发展。二是民进党执政让多数民众失望。蔡英文就职以来，政治清算国民党，拒绝承认“九二共识”，加上年金改革、“一例一休”等政策引起巨大争议，导致民众不满情绪升高，频繁的街头抗争成为社会新常态。三是“习洪会”为国民党再起提供了助力。2016 年 11 月 1 日的“习洪会”以及随后升温的国共两党交流，展现了大陆坚持与承认“九二共识”的国民党继续合作推动两岸关系和平发展的立场与决心，为两岸关系和平发展注入了正能量，也有助于国民党重新崛起。第二部分分析了国民党主席选举存在的主要问题：一是人头党员传闻不断。所谓人头党员，是指拉人头充数，以代缴党费的方式发展党员。二是相互攻讦时有发生。尽管洪秀柱主席期盼参选者“竞争勿斗争，论述勿揭短”，但实际上各参选阵营各拥其主，互相攻讦，使选举充满着火药味。三是选务中立屡遭质疑。虽然国民党中央党部一再表示要保持选务中立，党主席洪秀柱也反复强调要举办一场公平公正的选举，但其他参选阵营则屡有选务不公的质疑。四是党代表参选资格引发激辩。第三部分主要是对六位国民党主席参选人的主要政见与优劣势进行了分析。作者在文章最后指出，此次国民党主席选举是参选人数最多、竞争最激烈的一次。从岛内多家媒体近期公布的民调看，进入前三名的分别为吴敦义、洪秀柱、郝龙斌，且位次时有变化，究竟谁能最后胜出，还需继续观察与研究。

吴亚明在《国民党再生，不能只寄望党主席一人“天纵英明”》(《台声》2017 年第 3 期）一文中指出，国民党主席选战，洪（秀柱）、吴（敦义）、郝（龙斌）之争已正式开打，究竟谁能胜利，尚未可知，但谁能让国民党从“六都、‘立委’、地区领导人”大选三连败的谷底翻身，却是众所关注的焦点。作者认为，就国民党的体制而言，“政党”的属性并未因民主化而稍减，其特质在党主席集决策、组织、人事、预算乃至党营事业、人与钱的大权于一身。如果主席不授权、不分工，众多副主席其实只是聊备一格，未来不论谁当选主席，国民党将无法东山再起。此外，面对蔡英文当局对国民党党产的“追杀”，国民党若能“先制于人而致于人”，不待民进党的“转型不正义”，公开宣示除党工薪资外，愿将党产完全捐赠作为单亲、老兵等弱势社服基金，且去芜存菁，重组功能化各级党部，“脱下西装穿草鞋”，深耕厚植，则不只化被动为主动，更能让民众耳目一新。文章指出，国民党的再起、再生，不能只寄望党主席一人的“天纵英明”，更不能心存侥幸寄望民进党“执政”的失败。

刘红在《整装待发的国民党》(《统一论坛》2017 年第 4 期）一文中对自吴敦义当选党主席、实际主持党的工作以来，国民党的工作要点及难点进行了分析与说明。作者认为，国民党作为岛内反对“台独”的主力军，吴敦义在竞选过程中以及在当选国民党主席后，从其主要政见中可以看到国民党的工作重点：一是坚持“九二共识”。吴敦义多次强调要“持续强化‘九二共识’”，这是国共两党继续联手推动两岸关系和平发展不可或缺的基础。二是继续反对“台独”。反对“台独”，是两岸同胞面临的共同任务。国民党作为台湾反对“台独”的第一道防火墙，担负着揭露“台独”阴谋、制止“台独”蔓延、削弱“台独”实力、减少“台独”危害的重任。三是推动两岸交流。推动两岸经济社会融合、实现两岸交流的创新和多样化方面，发挥国民党在两岸交流中的主导作用方面。四是做好选举准备，党主席选举后的国民党，作为最大在野党，政务上有三大要务。第一要务是显示执政能力；第二要务是监督执政当局；第三要务是备战 2018 年选举。作者同时还指出，国民党目前是前途光明道路曲折，工作上仍存在诸多难点，一是在党的改革方面，冲出传统势力和习惯的包围，打破利益交织、盘根错节、错综复杂的陈旧结构，创造有利于新人出头的文化、环境和机制，吴敦义和全党要有所作为。二是在党的团结方面，有蓝营的团结，做好友党工作，要改变长期以来在立法机构内亲民党和民进党联手对付国民党的状况。三是在党的形象方面，进行党务改革的同时，需要树立国民党的新形象，改变从前的老面孔、老腔调和老做法。四是在党的转型方面，国民党应该主动清理白色恐怖的影响，变被动为主动，占领转型正义的道德和政治制高点。四是在党的认同方面，针对民进党借“本土化”图谋“去中国化”的举措，国民党要把握准“本土化”的方向。

张文生在《当前国民党的发展与困境分析》(《现代台湾研究》2017 年第 5 期）一文中对国民党目前的发展、困境及吴敦义领导下的国民党未来进行了分析与探究。作者认为，现阶段国民党发展受挫的原因有：一是国民党未能维系支持者的投票热情；二是国民党未能掌控台湾民意的变化；三是国民党未能吸引青年选民的支持。国民党票源流失的原因也有很多方面。一方面，源于经济上的失败，经济原因是近年来台湾民意变化的重要因素；另一方面，泛蓝支持者对国民党的失望。这其中暴露出了国民党自身的许多问题，首先，国民党从“九合一”选举以来就弥漫着“失败主义”的情绪，党内高层畏战怯战，毫无斗志。其次，国民党内“马王政争”，余波荡漾，王金平与马英九双方权力斗争的心结未解。最后，国民党精英和人才选拔途径局限在“政二代”和地方派系出身的世家子弟，青年一代在国民党内难以出头，导致国民党对青年人的吸引力丧失。国民党的发展面临前所未有的政治困境，其中包括民进党的政治清算、党内高层的政治斗争、党务改革的种种困难，这些都阻碍了国民党的浴火重生。作者指出，虽然国民党的发展现状不容乐观，但从整体上看，吴敦义的当选有利于国民党的气势重整以及泛蓝阵营的力量凝聚，也有利于蓝营在岛内制约绿营的内外政策，国民党的壮大有利于从各个方面牵制民进党施政。

刘红在《国民党的坎坷路》(《统一论坛》2017 年第 5 期）一文中指出，从战略、思路和工作重点上看，历经两次大败以来，国民党还存在许多问题：面对政治基础，国民党该坚持的坚持不够；面对革新要求，该推动的推动不够；面对政治乱象，该斗争的斗争不够。因而，整装上路的国民党，前方的路不好走。作者认为，国民党重返执政是硬任务，达成这一目标，首先是解决党本身的问题，即全面推进党的革新。但国民党的革新存在诸多难点：一是革新认识和动作太迟，没有跟上社会发展的步伐。二是丧失了最佳时机，国民党推动和主导“宪政改革”，完成了台湾的政治转型，但并没有及时进行党政革新同步，党内传统反对势力太多，失去有利革新时机。三是要占领岛内政治伦理制高点。党产和政治转型既是革新的重点，也是绿营打垮国民党的主要借口，因此国民党要通过革新夺取政治伦理制高点。作者同时指出，从朝野政争角度看，国民党重返执政舞台仍任重道远。其主要表现为：一是国民党延误监督执政、错失制衡蔡英文执政失误的有利时机。二是蔡英文当局不按游戏规则办事，国民党执政经验优势难以发挥。三是国民党迎战下两场选举准备不够。文章最后写道，国民党的难点是如何在新形势下，积极发挥在两岸关系领域中的特殊作用，争取民意支持，增加胜选概率。具体可分为：一是如何在“九二共识”上不走偏。二是如何做到做实做好坚决反对“台独”。三是如何发挥国民党在两岸交流上的优势。

邹梦莹在《当前国民党青年认同危机浅析》(《统一论坛》2017 年第 6 期）一文中指出，在国民党第 20 届中央委员选举的当选人中，青年共 39 人，较上届多 13 人，占总席次 18.57%。年轻中央委员比例的提升对国民党来说固然是个机会，然而国民党长期执政并未获得岛内年轻人广泛认可，青年认同危机不断加剧，背后原因值得深思。作者认为，国民党青年认同危机加剧的因素有很多，一是国民党政党形象僵化陈旧，党内青年出头无望；二是国民党党意与民意严重脱节，难与青年产生共鸣；三是国民党的理念丧失、内斗严重，引发青年严重不满；四是国民党的两岸政策未获认可，被青年贴上“卖台”标签。事实上，自 2005 年马英九任党主席以来，国民党已经意识到争取青年认同的重要性，推动开展了一系列青年工作，但受主客观因素影响，实际效果并不明显。其主要表现在：国民党成立了青年团、发展青年军，但未能推动国民党年轻化；起用了青年人才，但缺乏系统性的选拔培养管道；推动落实青年事务，但青年政策执行率低。文章最后就国民党青年认同危机问题提出了几点建议与启示，作者认为，民进党执政已一年多，年轻人对蔡英文当局的满意度一路走低，却未见年轻人转向支持国民党。未来，在争取岛内青年认同方面，国民党还需找到正确的切入点和方向。一是找回核心理念是重中之重，国民党与青年关系的重点在于“是否有理想、有目标”；二是“扎根向下”是正确方向，若要贴近青年、赢得青年认同，国民党自身必须先要“年轻化”；三是夺回新媒体话语权是重要手段，若要扭转青年认同危机的不利局面，国民党必须紧跟时代的步伐，积极经营新媒体等网络阵地、赢得年轻人，夺得新媒体话语权。

张顺在《国民党诸侯混战争“党魁”》(《世界知识》2017 年第 8 期）一文中对国民党党主席选举所引发的诸侯混战进行了分析与探究。作者认为，此次选举堪称史上最激烈的国民党党主席选举，其表现为：一是国民党自 2001 年启动党主席由党员直选以来，首次出现六人参选的激烈局面，本次参选人员有洪秀柱、郝龙斌、吴敦义、韩国瑜、詹启贤及潘维刚。二是选举陷入持续混战。各参选人浮出水面后，选情迅速升温，纷纷跑基层拜票固桩，四处宣传其政策理念，并力争青年和岛外选票。同时，参选人之间频频相互质疑、指责，一场混战已经白热化。三是蓝营对此亦喜亦忧。对于此次党主席选举的热闹场面，有些蓝营支持者感到振奋，而大部分人则感到担忧，认为党内向来“内斗内行、外斗外行”，对自己人斗得太狠，选后难以弥合。随后，文章分析了本次选举三足鼎立的状况，作者认为，洪秀柱优势在“深蓝”选票，在六位参选人中，只有洪秀柱旗帜鲜明地提出“一中同表”、支持“两岸统一”，理念上与“深蓝”最为一致。郝龙斌选票涵盖最广、气势最高，由于郝龙斌地方票、“深蓝”票通吃，郝在近几次党员民调中都保持领先，气势持续冲高。吴敦义主打本土票和组织票，吴敦义声望和资历在几位候选人中最强，其票源也主要来自这两个方面。文章最后，作者认为选举后的国名党道路仍然艰难：一是自身问题急需解决。长期以来国民党内大老林立、各拥山头，内部斗争导致分裂是国民党在台由盛转衰的重要原因。二是新任党主席政治声望不足。洪、郝、吴三人虽然都有较强实力，但政治声望距一线政治人物还有较大差距。三是两岸关系立场有倒退危险。目前国民党的本土化倾向越来越严重，在两岸关系路线、国族认同等统“独”基本问题上越来越模糊。

《吴敦义能否为国民党注入新血》（《联合报》2017 年 8 月 21 日）一文中认为，团结、组织和世代交替是国民党面对的三大危机。文章指出，国民党 8 月 20 日举行“全代会”，吴敦义终于正式接任党主席。从主席交接、人事嬗递、制度和路线的修正以及未来两年的选举看，这次“全代会”的重要性，将是近年之最。失去政权的一年多，国民党不断陷于“党内互打”的内乱中，“团结”一直是国民党的致命伤：从意识形态和路线分歧，到领导者的刚愎，从党内菁英的师心自用，到地方派系的利益争逐，无一不是国民党的内忧。领导风格和党内失和是人的问题，但路线分歧的危害不亚于人的纠纷。其重中之重是两岸政策。吴敦义选择重回“九二共识”，固然是求取党内最大公约数，但是未来要如何在“与民进党作更细致的政策区隔”“争取中间选民支持”以及“不造成传统蓝营反弹”之间取得平衡，仍是极高的挑战。另外，国民党始终无法摆脱“黑金”形象，也是致命伤之一。直选后的地方党部主委掌握选票和经费，将等同于“党中党”，未来党中央要如何羁縻，如何防止其尾大不掉，也是重大考验。然而，国民党更大的问题仍是人才面临断层。过去执政时，就未能好好地培育优质，且愿意付出的新生代，总是以血统或地方派系决定权力的授受，这让有意从政的年轻世代对国民党望而却步。团结、组织和世代交替是国民党面对的三大危机，也正因为这三大危机，让国民党迟迟无法从败选的重创中复原。文章最后指出，吴敦义执政后要带给台湾民众的国民党形象，首先，应该先扮演好“忠诚的反对党”角色；其次，是一个“团结的政党”；最后，是与台湾人民站在同一方的政党，而不是为己谋私的政党。

吴亚明在《国民党主席选举须摒弃“酱缸文化”》（《台声》2017 年第 9 期）一文中认为，国民党要浴火重生，必须彻底摈弃“酱缸文化”，穿起草鞋、从零出发，才能找回民众热情。文章指出，此次 2017 年国民党主席选举形成了 6 人竞逐的态势。虽说党主席从“烫手山芋”忽然成了“香饽饽”，引来那么多人争抢是好事，但在国民党支持者看来，这场选举从一开始就有人充斥着政治算计、蓄意攻讦，加上绿营、绿媒的见缝插针、挑拨离间，因此他们担心选举结果产生之时，也是国民党再次分裂之始，国民党前路吉凶未卜。国民党主席选举负面新闻不断传出，对几欲奋起的国民党造成重创。同时，国民党的支持者发现，有些参选人因为选举已经不能愉快地聊天了。历经多次败选，国民党被对手看衰、被支持者唾弃，如今党主席选举有 6 位强棒竞逐，国民党在长期低迷情形下，仿佛“看到党再起的曙光”。作者同时也指出，虽然党主席选举变量极大，但对国民党本身有两项有利之处：一是搅动了自败选后的暮气沉沉，面对党产清算、民心压力的困窘局面，候选人各方必得使出洪荒之力，提出新气象的论述争取支持。二是经选举一役，不管明年选举布局、成绩如何，这个党的路线都将清楚地呈现在大家面前，这大半年以来的混沌局面有望暂时结束，步入新阶段。

花俊雄在《国民党欲振衰起敝，吴敦义须迈出实质性步伐》（《台声》2017 年第 11 期）

一文中指出，吴敦义赢得了国民党党主席选举，这是他资历完整、人脉深广、组织动员力强的胜利，同时也是党员面对民进党无情的全力追杀和清算，感到退一步即死、奋起自救的结果。国民党希望有一个坚强的领导核心，能够带领他们振衰起敝。为此，作者认为，首先必须让国民党年轻化。现今，簇拥在吴敦义身边的尽是老官僚、民代、地方派系，距社会期望还有一段距离，如何重新再造团结是吴敦义必须坦诚面对的问题。作者还指出，蔡英文执政以来，两岸关系陷入冷冻，经济停滞不前，其解药在两岸政策，而两岸政策历来是国民党的长项。但两岸政策除了坚持“九二共识”“一个中国”原则之外，还必须与时俱进，才能满足两岸同胞的期望。时至今日，只谈经济不论政治，已不适宜现状，经热政冷不可持续。中国国民党千万不能因为害怕被戴“红帽子”的标签，而模糊了自己的立场，忘记了自己的历史传承和历史使命，抛弃了自己的核心价值和“党魂”。文章最后指出，蔡英文执政一年多以来充分表明，民进党选举有术执政无方，观光产业变成“关光惨业”，“新南向”政策被证明是“新难向”。人民如大旱之望云霓，这正是中国国民党坚持正确方向、重新再起的契机。

任冬梅在《国民党权力改组进行时》（《世界知识》2017 年第 20 期）一文中指出，2017 年 9 月 9 日，国民党第 20 届中央委员选举结果出炉。10 月 1 日，从当选的 210 名中央委员中产生了 32 席选任中常委，形成了国民党最高权力核心。国民党在吴敦义上台后，权力结构正进行重新洗牌。这一次的国民党权力改组，不但关系到 2018 年县市长选举，更牵涉 2020 年的“立委”选举及台湾领导人选举，对吴敦义能否带领国民党走出困境、重返执政具有重大影响。作者认为，此次中央委员选举呈现出以下几个明显的特点。其一，投票率创历届最高，当选者中青年比例大幅增加。其二，现任中常委参选者全数当选。其三，“立院”系统实力强大。除候选人知名度、是否勤跑基层外，影响选举结果的主要因素有两点：一是“换票联盟”，二是所属派系。文章最后指出，这次国民党权力改组，呈现出三个特点：一是蓝营权力核心呈现“吴强洪消”。二是地方党部主委分量提升。这次国民党十个地方党部主委直选，其中四个还是“直辖市”，可以预见党部主委与地方结合后，国民党地方党部主委的重要性和影响力明显加强。三是国民党地方派系恐再度抬头。过去国民党集权、集钱，对内管控力量大，很难“党中有党”。党主席吴敦义上台后，党内权力重心多元化，党产遭清查后又已近枯竭，党派系化方向恐不可逆。

（二）民进党研究

执政困境常态化是民进党当局 2017 年执政面临的主要问题。2016 年民进党在岛内实现“全面执政”，在“立法”和“行政”上的绝对优势使其能够在关键问题上掌握主动权，国民党等在野势力的反制对民进党当局的执政并不能产生根本性的影响。不过，民进党施政时在诸多方面决策粗糙，受意识形态左右，引起了民众的强烈反弹。民进党再次执政后，顽固坚持“台独”立场，力图降低对大陆的经济依存度，从而导致两岸交流与合作规模的萎缩，对岛内经济产生了一定的负面影响。同时，自民进党重返执政舞台以来，党内派系矛盾逐渐浮现，矛盾和斗争主要围绕“英系”与“新潮流系”之间的博弈展开，2017 年学者们关于民进党的研究，主要集中在对民进党党务治理的探究、对民进党两岸政策的评析，以及对民进党执政后的政绩进行观察。

季伊昕在《民进党与台湾社会运动的关系》(《台湾研究》2017 年第 2 期）一文中指出，民进党与台湾社会运动间关系具有共生交互、可合作与矛盾冲突的属性。在岛内民主化进程的不同阶段，两者间的关系经历了共生依附、密切合作、隔阂疏离以及再次联手等变化。作者认为，选举挂帅则丧失运动性格，运动挂帅则欠缺务实适应，这反映出民进党在运动与选举两条路线之间寻找动态平衡点的矛盾与纠结。蔡英文上台后民进党与社会运动间的关系呈现出新趋势：首先，在野期间，民进党党主席蔡英文高度重视社运，重新举起“公平正义”的旗帜与社会运动紧密结合。民进党塑造社运流水线，批量制造多次社会运动。其次，民进党将社运重点从环保、劳工、性别等传统议题转移至“反权贵财团”与炒作大陆因素议题，煽动人心，以达到排挤传统社运团体，重新塑造话语权目的。最后，民进党试图培植隶属于自己的社运激进侧翼。文章最后，作者对民进党与社会运动的未来关系进行了展望。作者认为，民进党与社会运动间关系的前景也可谓暗潮涌动。尽管民进党操弄民意、掌控社运打击国民党，并最终夺取政权看似成功，手段亦日趋成熟老练，但上台后，台湾外部环境与内部问题对执政党的挑战始终存在。民进党面临新的政治周期，新的政经与社会问题，更加脆弱的社会心态与更上涨的民粹主义以及自身并不乐观的政治领导力，可谓挑战重重。在民进党再度执政的新政治周期内，民进党与社会运动间的关系更加复杂多变，有待进一步观察与分析。

赵爽在《民进党“台独”动作不断》(《统一论坛》2017 年第 2 期）一文中指出，民进党在 2016 年大选前后有三个动作，“文化台独”“清算国民党的历史”“放宽公投门槛，迈向‘法理台独’”。作者认为，从民进党上台后的三个动作来看，它正在一步一步从各个方面运用循序渐进的手法，来达成其蓄谋已久的目的——“台独”，它绝不会放弃这一目标，相反地，它正在想尽办法，竭尽全力地为其“台独”理想出谋划策，妄图使其成为现实。民进党在“仇中”上能够操作成功，有以下几点原因：第一，早在陈水扁当政时期，民进党就利用政治权力打压蓝营媒体，并不断扶植亲绿媒体，甚至让深绿地下电台“合法化”，抢占台湾言论市场。第二，在民进党种种肆意妄为的“台独”活动面前，国民党显得软弱无能，并未采取有效措施加以反制，甚至纵容“台独”引导民意，这就更加助长了民进党的气焰，也使得“台独”思想肆意蔓延。第三，被李登辉、陈水扁时期教科书洗脑的年青一代，身强力壮，具有破坏力，头脑却容易受到“台独”思想的蛊惑，被别有用心的政客所利用。文章最后指出，对祖国大陆来说，应对民进党层出不穷、变化多端的“台独”招数，首先必须看清民进党的本质，它是一个“台独”党，是“台独”的大本营，不管它在两岸关系问题上如何模糊焦点，都掩盖不了其“台独”本意。台湾民众应该看清民进党披在外面的所谓“转型正义”和“本土化”的外衣，认清事实，尊重历史，坚持“一中”原则。早日结束两岸“敌对”状态，增进政治互信和沟通，扩大民间交流，消除误解，最终实现和平统一，共同繁荣发展，才是两岸人民共同的福祉所在。

倪永杰在《民进党执政后的派系结构、运作模式及其政治冲突》(《台湾研究》2017 年第 2 期）一文中指出，民进党向来“派系共治”，2016 年政党轮替引发民进党派系结构、权力运作的重大变化。“英派”一统江湖，“新系”独占鳌头，“正国会”渐成气候。蔡英文成为决策与资源配置中心，既结盟“新系”又拉拢非“新系”加以制衡，但蔡始终无法摆脱各派系的掣肘，难以从容应对各项挑战，党内持续上演政治冲突，执政危机日益严重，动摇稳定执政、长期执政的根基。作者认为，政治的核心就是争夺决策权与分配权，本质就是权力斗争。蔡英文胜选后民进党的权力冲突主要围绕两岸路线与人事权展开。首先，民进党内出现深绿“独派”与浅绿“维持现状派”的路线冲突与权力较量，在岛内外掀起新一轮的“台独”浊流，在民进党“全代会”“入联”、修改“公投法”“大法官”提名等节点中制造声势。蔡英文竞选与执政的政策核心要点在于“亲美联日抗中”，其两岸路线定调于“维持两岸现状”，并提出“宪法说”“两岸执政党对话说”“区域合作说”等。其次，党内的权力争夺围绕五波人事展开，各派系互有得失。第一波是争夺“立法院”主导权。第二波是争夺“内阁”人事。第三波是争夺党权。第四波是争夺在于公营事业、基金会、农渔水利会长。第五波是争夺“内阁”改组与2018年地方选举。文章最后指出，民进党的派系政治冲突呈现以下趋势：一是蔡英文与各派系分享权力，但内在冲突不可避免。二是非“新系”结盟对抗“新、苏”连线。三是“新系”与“正国会”激烈争夺。四是“世代交替”加速。

童立群在《民进党当局的对外政策及其趋势》(《台海研究》2017年第3期）一文中从比较的角度解读了民进党再次执政后的对外政策，并对民进党当局对外政策的可行性做出相应的分析和评估。文章指出，民进党再次执政后，试图扭转和改变马英九当局“外交休兵”政策及两岸在国际社会共同认同的互动基础——“一中框架”，转而实施了以“从世界走向中国”为基点、凸显“台湾主体性”的对外政策。民进党当局对外政策的目标、重点与举措表现为“攻、转、守”。作者认为，与陈水扁高举“人权主义”做法有所差别的是，蔡英文更强调“价值同盟”，其意在对比大陆，以“共同价值”为号召深化与美日欧的关系，同时标榜以“普世价值”进行国际参与。蔡英文在“就职演说”中就声称，“如果台湾不善用自己的实力和筹码，积极参与区域事务，不但将会变得无足轻重，甚至可能被边缘化，丧失对于未来的自主权”。蔡英文所言的“实力与筹码”，就是所谓的“民主”与“价值同盟”。所以，蔡英文在“就职演说”中表示，“会继续深化与包括美国、日本、欧洲在内的友好民主国家的关系，在共同的价值基础上，推动全方位的合作”，是企图以“民主自由的共同价值观”获得美国、日本和欧洲民主国家支持的同时，在台湾民众面前展现其所谓的“积极与主动”，维护台湾的“主权与权益”的形象。文章最后指出，民进党当局对外政策以“包围大陆”“替代大陆”为核心，却又始终回避与大陆在国际社会正面交锋，这种隐性和软性的手法为大陆制定对台政策制造了困难和麻烦。

陈先才、温良谦在《民进党重返执政后派系政治发展及其影响研究》(《现代台湾研究》2017年第3期）一文中对民进党执政后派系政治的发展及其影响进行了研究与探析。作者认为，派系政治文化在民进党内部一直根深蒂固。民进党重返执政后，随着执政资源的大幅增加，派系政治发展又有了一系列新的变化，呈现出派系政治运作加强、派系间出现新的整合、派系内部权力更替加速等特征，特别是民进党籍地方县市首长的影响力日渐超越派系，传统派系发展正面临不断式微的危机。文章指出，当前民进党派系长期存在的原因主要有：一是民进党长期有派系文化的基因；二是为了争夺和分配资源，民进党需要以派系为媒介进行资源与利益的再分配；三是从选举的角度来看，民进党派系的存续与选举有着重大关系，一方面是派系的存在和发展是出于选举利益的考量；另一方面，部分选举制度有利于派系的生存。文章同时指出，民进党的派系政治对派系自身与蔡英文当局的执政产生一系列的影响。对于民进党各派系自身的发展而言，为了求得自身的生存和发展，一方面其必须采取新的结盟战略，特别是对于逐渐式微的苏系谢系而言更是如此，另一方面随着民进党世代更替的发展，派系自身的发展也更多取决于各派系的中青世代的发展，各派系的新世代政治人物能否在民进党内站稳脚跟将直接影响着派系的未来。同时，民进党党内派系政治生态对蔡英文当局的影响也逐渐显现，主要表现在政策制定与人事布局两个方面。

肖日葵在《民进党民生执政困境、原因及其影响分析——基于政党与政策关系视角》（《台湾研究》2017 年第 5 期）一文中基于政党与政策关系的理论视角，通过分析民进党的执政表现，探究了民进党民生执政的困境、原因及其影响。作者认为，民进党意识形态执政，不仅两岸关系受到冲击，民生执政也面临诸多困境，引发社会抗议不断，政党支持度呈现断崖式下降，其主要表现为：一是诚信和善沟通形象几近破产；二是政策造成民众利益损害，社会抗议频发；三是施政满意度雪崩式下滑，青年族群不满度持续攀升；四是民进党民生执政本质是蓝绿对决的意识形态。民进党陷入执政困境的根源在于投机主义的执政文化、台湾分裂型的政治生态和日益民粹化的民意环境，以及经济资源匮乏等。民进党执政能力不足主要表现为：首先，民进党是善于操作议题，主导选战议题，并精于政治算计的政党。其次，政党诚信度低下，就民生政策、意识形态而言，在野时“左”倾，执政变成右倾是其典型的执政路径依赖，因而政策跳票不断。最后，由于民进党的适应性弱。民进党的执政困境必然对岛内政党政治、台湾社会团结，以及两岸关系产生影响。尤其是民生执政与两岸关系存在着联动性，当经济民生无法有效施政，可能加大对“台独”意识形态靠拢力度，两岸关系很可能成为转移内部矛盾的主要对象，成为民生执政失败的替罪羊。文章最后指出，蔡当局若不能有效改善两岸关系，仍然秉承“台独”立场，岛内经济振兴将看不到希望，民进党唯有放弃一党私利，真正为民，提升非意识形态化的公共政策品质，才能获得民众支持，也才能继续稳定执政。

张文生在《蔡英文当局两岸政策的“台独”本质》（《统一论坛》2017 年第 5 期）一文中指出，蔡英文上任以来，拒绝承认“九二共识”及其核心意涵“两岸同属一中”，其内外政策依然沿着“拒统反中”的方向发展。从表面上看，蔡英文表现出所谓“不挑衅”的低姿态，用“维持现状”迷惑台湾民众，但是在本质上，蔡英文没有改变“一边一国”的“台独”政治主张，其两岸政策的核心目标就是去除“一中框架”。作者认为，蔡英文当局两岸政策的“台独”本质主要表现在：一是政治上蔡英文通过拒绝“九二共识”来否定“两岸同属一中”。蔡英文对“九二共识”避而不答，因为她的两岸政策基础就是建立在“一边一国”路线之上的，可见蔡英文不可能，也没有意愿承认“九二共识”，更不可能接受“大陆和台湾同属一个中国”这一核心意涵。二是法理上蔡英文试图利用“中华民国宪政体制”来贯彻“两国论”，虽然不改变“中华民国”的“国号”，但是把“中华民国”等同于“台湾”，把两岸定位为“两国”，这也是蔡英文长期以来坚持的政治立场。三是经济上蔡英文试图通过“新南向政策”来弱化两岸经贸往来。坚持“台独、分裂”路线，没有能力处理两岸关系，可以说是蔡英文面临内外困境的重要根源。四是教育文化上蔡英文推行“去中国化”的“柔性台独”策略。五是对外关系上蔡英文推行“亲美日反中国”的政策。但在美台关系上，美国一贯认为自己是完全的主导者，台湾则是随时可以放弃和牺牲的“棋子”，日本在对台关系上则是配合美国战略的角色而已。

梁杰在《民进党“去中国化”恶果累累》(《两岸关系》2017年第9期）一文中指出，民进党在台湾两次执政，其间都利用行政资源和手段大肆推动“去中国化”，并通过绿营媒体操弄舆论，逐步建构“去中国化”话语体系。作者认为，蔡英文当局“去中国化”并未像陈水扁执政时期那样采取简单粗暴的手法，而是在维持两岸现状的幌子下以所谓“转型正义”来推动，更加注重运用柔性方式迷惑台湾民众，更加注重从理念上影响台湾民众，试图在话语体系上掌握影响台湾民众认同取向的主导权。这种或明或暗、刚柔相济的方式渗透性强、感染力大，如果不加以揭露和防范，久而久之，就会对台湾民众带来潜移默化的影响，将台湾社会置于集体非理性的危险之中。陈水扁、蔡英文在具体操作手法上虽存在一定差异，但本质上都以“台独”为依归，为推行“台独”分裂铺路，主要目的是企图通过政治操弄，将台湾同胞的乡土意识异化为“台独”分裂意识，削弱台湾民众对中华民族和中华文化的认同，逐步构建起“台独”意识形态，进而树立民进党在台湾政党政治中屹立不倒的根基。这对台湾社会产生严重负面影响，对两岸关系形成严重挑战，同时，也将影响台湾参与国际组织及其活动，必须引起两岸有识之士的高度警惕。

周忠菲在《民进党谋求高度集权将把台湾引向何方》(《世界知识》2017年第14期）一文中提出了观察民进党内政的另一根主线，即以蔡英文为首的民进党当局，绝不会对“台独”路线偃旗息鼓。他们正在谋求高度集权，为民进党的“长治久安”进行铺垫。而且，为了实现“柔性台独”的目标，民进党在加快再集权的同时，还会进一步对外“放软姿态”，以便把台湾“不得不独立”、不得不“捍卫主权”的“台独”行径，“归罪”于大陆的“打压”。作者认为，民进党的这一策略，隐藏极深。从手法看，民进党一是利用“转型正义”的政治资源，对其“台独”目的进行掩护；二是抛出“亲中爱台”等口号，以假乱真，把水搅浑。因此，直到现在，民进党的这一用心，还没有引起人们的普遍警觉。民进党再集权的趋势可能产生严重的政治后果，将会把台湾的发展引入军政体制的轨道，以此造成两岸的长期对立。自蔡英文执政以来，从岛内政治方面看，蔡英文所采取的政党政策除了要对国民党斩尽杀绝、令其“绝无生还”之机外，还有一个重大特征，就是加快对行政、立法、司法的高度集权。在“转型正义”的旗号下，通过削弱法制、控制资源，为民进党长期执政奠定新的“合法性基础”。文章最后表示，对于两岸关系的和平发展而言，在蔡英文执政下，台湾当局这种“乱出牌”的趋势，比公开的“法理台独”更加危险。民进党的问题，已经不仅仅局限于不承认“九二共识”的问题。民进党以“转型正义”谋高度集权，是一种极端危险的新信号，大陆对此必须要提高警惕，对“台独”的种种蓄谋，绝不能有任何疏忽。

（三）“时代力量”研究

“时代力量”是在台湾内外环境面临激烈变革与深度调整的大背景下崛起的新兴政治力量，成立时间虽短但发展迅猛，已成为台湾第三大政党。“时代力量”在立党取向、基本政策主张、领导层结构、选民基础等方面都具有自己的特点。它的崛起反映出台湾社会思潮与民意动向的新变化，其政党建设路径及其对台湾政治与社会产生的影响值得关注。“时代力量”以体制内方式参与台湾地区政治运作时间虽短，却能以岛内社会思潮与民意走向为支点，撬动庞大选民板块，并成功利用台湾社会与政治气候激变，以“公民参与”为旗号，实现了从社会运动向政治运动的转变，其崛起背后反映的问题也值得关注。“时代力量”的崛起，带动了学者们的相关研究，2017 年的研究数量较之前有了大幅度增加，研究内容主要集中在对台湾“时代力量”崛起的背景、政治主张及发展趋势的分析与探究上。学者们的这些声音反映了“时代力量”的现实境况，也表达了对其未来的希冀。

朱艳丰、林怀艺在《台湾政党政治中的“时代力量”》(《中央社会主义学院学报》2017 年第 1 期）一文中指出，成立于 2015 年的“时代力量”，号称目前台湾地区除国民党、民进党之外的第三大政党。台湾政党政治的复杂性为“时代力量”推行极端的“台独”路线提供了条件。“时代力量”在立党取向、基本政策主张、领导层结构、选民基础等方面都具有自己的特点。“时代力量”的兴起与国民党的衰败、民进党的扶持、近年来台湾社会运动、外部势力对“台独”政党的支持有着密切的关联。作者认为，尽管“时代力量”兴风作浪，但难以摆脱沦落为“泡沫党”的结局。其发展走势可概括为：第一，摆在台湾地区曾经的或者现在的第三大党面前的一个无法逾越的障碍，就是国民党和民进党这两个根基深厚、执政经验丰富、基层组织实力雄厚的政党，对此，“时代力量”也概莫能外。第二，台湾地区实行的单一选区相对多数决制的选举制度，是不利于包括“时代力量”在内的小党的存活的。第三，“时代力量”的领导人都没有从政经验。这一方面与曾经的第三大党对比一下，其劣势则更为突出。第四，基层实力薄弱，基本上为零。基层实力薄弱是台湾地区进入政党政治以来，所有的第三大党都面临的一个问题。第五，“时代力量”叫嚣的“台独”，不符合所有中国人民的根本利益，特别是在当今世界普遍承认“一个中国”的情况下，它想在国际上产生影响力也基本不可能。文章最后指出，“时代力量”对两岸关系发展的政治基础即“一个中国”原则的挑战，需要我们提出相应的对策，遏制和分化“台独”势力，不断推动两岸关系和平发展。第一，坚定不移恪守“九二共识”、坚持“一个中国”和反对“台独”的立场。第二，重视青年群体在台湾地区的政治生态以及在两岸关系中扮演的角色。第三，警惕并化解台湾青年中出现的“天然独”现象。

蒋捷、王冲在《社交网络与台湾“时代力量”的政治传播》(《现代台湾研究》2017 年第 2 期）一文中指出，网络政治传播是台湾地区竞争性选举政治的重要组成部分。2016 年台湾地区领导人与“立法委员”选举中，网络社交平台发挥着动员与组织年轻选民的重要作用。新兴政党“时代力量”自成立后，短短的一年时间内就在台湾政坛迅速崛起，在 2016 年“立法委员”选举中一跃成为在“立法院”扮演关键角色的第三大党。作者认为，这与“时代力量”善于运用新媒体社交平台传递政治信息，塑造亲民形象，传播政治理念与影响政治态度不无关系。该党的网络政治传播策略充分利用网民和选民心理，搭建双向互通的网络反馈机制，借助社交网络进行病毒式政治营销。“时代力量”的网络政治传播策略及其崛起为观察台湾政治走向和研判民意变化，提供了一个重要的窗口。“时代力量”的政治传播主要针对的是青年群体，“时代力量”善于迎合年轻人的喜好，充分发掘网络政治传播素材。针对台湾青年群体的独特性，“时代力量”的网络政治传播表现出两个特点：一是以“改变”作为宣传主轴，渲染激进思想。二是采用文字、图片、视频等多样化的形式进行网络政治传播。文章最后指出，“时代力量”异军突起，一跃成为台湾政坛第三大党，不是一蹴而就的，而是经过了全面细致的政治谋划，进行了深刻广泛的政治耕耘。伴随互联网在台湾社会的普及，台湾地区的选民尤其是青年群体早已与移动终端产生共生关系。细分选民群体，采取适当策略，是政治营销学的基本模式。可以说“时代力量”在2016年“立委”选举中，为政治候选人示范了一场成功的网络政治营销。

艾明江在《台湾社会运动制度化转型研究——以台湾时代力量党为例》(《台海研究》2017年第3期）一文中指出，“时代力量”党是近年来台湾社会运动孕育的产物。从政治社会结构的视角分析发现，伴随社会运动产生的同时，台湾社会的政治参与结构、政治权力结构、政治传播结构三个方面也呈现出重大变化，从而推动了社会运动的政党化转型。作者认为，正是在以下三个结构性因素共同变动的前提下，台湾时代力量党得以从社会运动中脱胎而出。这三个因素分别是：青年群体积极参与政治，政治参与结构出现变动，为社会运动政党化转型提供了社会支持；社会运动促成了政治权力结构的变动，社会运动人士获得了社会运动的主导权，避免了社会运动资源被其他政党组织稀释或削弱；新媒体推动了政治传播结构的变动，社会运动依靠新媒体平台获得了广泛的组织和传播。但时代力量党的崛起仅仅是从社会运动到政党政治转型的第一步。不同于社会运动，政党政治有着更为复杂的政治运作规律，“时代力量”脱胎于社会运动，并从社会运动中获得发展资源，这并不意味着社会运动只有一个发展方向，更不代表时代力量党与社会运动就是承上启下的传承关系。文章最后指出，进入政党政治环境后，“时代力量”党更多在议会政治中发挥政治影响，为了巩固与提升自身的政党支持，“时代力量”党也开始大力发展基层组织。未来，“时代力量”党是继续向前发展，还是逐步陷入政治衰退，这取决于其能否真正建立起稳定的社会支持结构。一旦社会运动中的青年支持者逐步分化，时代力量党就会迅速走向泡沫化。

刘匡宇在《起底“时代力量”》(《统一论坛》2017年第4期）一文中指出，“时代力量”创党两年，“社运”色彩渐褪而进入稳定扩张期。综合岛内政党倾向民调来看，“时代力量”基本盘在5%上下，最高冲到15%支持度，已成为紧追国民党、威胁民进党的稳定第三大党。作者认为，“时代力量”具有三个特点：一是其骨干分子迎合“新政治生态”想象，二是组织模式符合“新型政党”预期，存在许多争议或污点：高呼“台独”“反中”却表里不一；参政后出现反复与摇摆；“时代力量”对民进党的制衡力道虚大于实，遭批是卑躬屈膝的“大绿扈从”；激进问政风格四面树敌。三是以“反中打蓝”为己任，表现在：鼓吹“反中”和“台独”；欲解构“中华民国宪政体制”；充当绿营“打蓝”先锋。文章指出，“时代力量”正在精细布局2018年县市长选举。主要表现为：一是以选举为中心完善组织建设。展开党务改造，布局地方选举。同时，扩张地方党部，强化基层经营，发掘选举人才。二是选举对策谋算以小博大。完善选举对策机制。以“一区一席”主攻都会区。文章最后对“时代力量”的野心与局限进行了分析。作者认为，“时代力量”面临着基层弱、桩脚少、资金不足，依赖民进党扶持的现实困境，而青年选民的参政热情、政治倾向并不稳定，“时代力量”在此年龄段的优势不必然会随选民的新陈代谢自然传导到下一个年龄段。与此同时，诉求极端的“时代力量”不但会掣肘蔡英文的路线，也会与岛内政党政治和社会意识的民粹、激进与非理性倾向相激励，而这并非成熟社会的正常现象。

王鸿志在《“时代力量”崛起的背景与政党建设研究》（《现代台湾研究》2017 年第 5 期）一文中对“时代力量”的崛起背景和政党建设方面的基本做法进行了分析与研究。作者认为：第一，“时代力量”的崛起是全球化下社会运动兴起与传统政党反应滞后之间矛盾的反映。蔡英文当选党主席后，抓住社会运动与公共政治参与热情高涨的契机，在一些民进党的艰困选区启用新兴政治人物挑战国民党，为“时代力量”的政治实力迅速成长乃至实现“跨越式发展”提供了重要支撑。第二，“时代力量”崛起是台湾本土意识、民粹观念扩张以及“国家认同”混乱的后果。一方面，“时代力量”的崛起是台湾民粹主义与本土主义的反映；另一方面，“时代力量”崛起与台湾青年的“中国认同”缺失有关联性。第三，“时代力量”的崛起是台湾社会结构固化、经济增长动力不足等矛盾交织的结果。一方面，在社会结构难以撼动、岛内经济增长动力又明显不足的情况下，台湾青年世代虽然受过良好教育，却面临更为严峻的生活压力。此困局与“本土主义”、民粹情绪不断激荡，为岛内社会运动提供了丰富的群众基础，也孕育出了“时代力量”之类打着本土旗帜的新兴政治势力。另一方面，今天的台湾年轻世代，其生存法则与核心价值观已出现巨大变化。文章第二部分，介绍了“时代力量”政党建设的基本做法，作者将其概括为：在组织建设方面向下扎根，注重实效；形象塑造方面走差异化路线，树立本土激进政党形象；宣传策略上积极开展“政党外交”，提升政党影响力；党际关系方面在社会议题上与民进党区隔，增加政治资本凸显自主性。文章最后对“时代力量”政党建设的效果与影响进行了评估。作者认为：首先，它加速了台湾政治格局重组；其次，对民进党走中间路线形成了制约；再次，加剧了台湾的“国家认同”混乱与社会分化；最后，加深了台湾的民主困境。

张文生在《台湾“时代力量”党的政治主张与发展趋势》（《台湾研究集刊》2017 年第 6 期）一文中对台湾“时代力量”党的政治主张和发展趋势进行了概括与分析。作者认为，“时代力量”党在台湾社会“反中反统”的政治氛围中产生，是台湾社会民粹主义极端发展的政治产物，是长期以来“独派”政治势力推波助澜的结果，是台湾青年受“去中国化”毒害生出的恶之花，是“台独”色彩鲜明的激进“台独”政党。从短期看，“时代力量”党仍处于上升的态势，但从长期来看，“时代力量”党的政治主张极端，其最终难脱泡沫化的命运。作者认为，“时代力量”党的政治主张带有如下特点：一是“时代力量”带有强烈的“台独”色彩；二是“时代力量”反映了部分台湾民众要求变革的声音；三是“时代力量”主张司法改革；四是“时代力量”主张建立永续的绿能环境；五是“时代力量”主张推动转型正义。就“时代力量”的发展趋势，作者认为，“时代力量”目前仍是小党，从短期看，“时代力量”仍处于上升的态势，有较大可能在 2018 年的县市议会选举中扩大政党地盘，取得一部分基层政治势力，利用绿营当政的有利形势积极拓展政党势力，在台湾南部成立地方党部，积极布局 2018 年台湾地方选举，采取“一区提一席”的策略，把双北列为重兵区，和民进党地方党部合作协调，以抢夺国民党席次、“边缘化国民党”为最大政治目标。但从长期来看，“时代力量”的政治主张极端，政治市场狭隘，没有能力改变台湾社会的蓝绿结构，也不可能取代国民党，其最终命运难脱泡沫化的趋势。

刘凌斌在《世代政治学视角下“时代力量”与台湾青年世代的互动探析》(《中国青年研究》2017 年第 8 期）一文中指出，世代政治学理论提供了一个研究青年政治行为、青年与政党互动模式的独特视角。作为台湾政坛的新兴政治力量，“时代力量”的成立与参与“太阳花学运”的青年群体的支持密不可分。建党两年多以来，“时代力量”始终十分重视青年工作，通过各种途径培养青年人才，提出迎合年轻人诉求的政策主张，积极开展与青年群体的互动，赢得了诸多年轻选民的支持，不仅在 2016 年“大选”赢得 5 席“立委”，一跃成为岛内政坛第三大党，而且为其布局 2018 年地方选举，进一步拓展政治版图奠定了基础。作者将“时代力量”与台湾青年群体的互动状况概括为以下几个方面：一是结合青年心理特点进行选举营销；二是提出迎合年轻人诉求的政策主张；三是在政党组织运作上吸引年轻人支持；四是举办活动加强与青年群体互动；五是积极培养年轻人参与地方选举。关于“时代力量”的发展前景，就本文的研究来看，作者认为，既然青年世代已经逐渐成长为影响台湾政治变迁的关键政治力量，那么拥有最多年轻选民支持、最受青年人青睐的“时代力量”，只要能继续维持该党与青年世代的良性互动，精心选拔栽培青年人才，积极布局地方选举并力争有所突破，其政治前景或将不容小觑。可以说，拥有青年世代的支持将成为“时代力量”最大的政治资本，也为其不断壮大政治实力奠定了坚实的基础。当然，“时代力量”的发展也存在若干困难和隐忧：一是经费问题是制约其发展的关键因素。二是选举制度不利于其后续发展。三是如何处理与民进党的竞合关系。四是“罢免黄国昌”的后续效应。综上所述，作者认为，“时代力量”重视与青年世代开展互动，在争取青年群体支持方面取得显著成效，成为当前台湾政坛最受青年选民青睐与支持的政党。尽管仍然存在若干困难与隐忧，但凭借青年世代的鼎力支持加上具备不同于其他小党的几方面自身优势，决定了其在短期内不会走向泡沫化。

（四）选举与政党治理研究

选举之所以引人注目，往往是因为人们可能更加关注选出谁来做官。但选举的作用却并非选出人来做官这么简单。它起码还包括如下几方面的作用：完成赋权过程，实现合乎现代合法性要求的统治；组织政府、确立责任政治，实现对公权力的有效控制；意见表达、凝聚共识，形成公众政治议程并且对政府议程形成潜在或直接的影响和控制；实现权力的平稳交接，化解分歧和冲突。此外，还包括作为公民教育重要手段和途径等其他功能。在竞争性的政党体制下，政党作为连结社会与公权力系统的桥梁和纽带，自然成为选举的主体，它们也因此而自然成为治理的重要主体。由此，选举与治理自然构成政党政治、政党制度的关键内容。一般来说，选举塑造政党体制，选举决定治理目标和治理形式。反之，治理的绩效决定选举的结果，同时决定每个政党未来的政治前途。2017 年并非台湾的选举之年，学者们对选举与政党治理的研究并不多，研究主要集中在对台湾选民特征、选举文化及政党治理的探究上。

陈志在《国民党连续败选原因与“如何再起”问题研究——基于台湾地区近三次大型选举投票数据的对比分析》(《现代台湾研究》2017年第1期)一文中指出，在2016年初的台湾“二合一”选举中，执政的国民党遭遇巨大挫败，不仅在“大选”中落败并且得票率和得票数都大幅落后于民进党，在“立委”选举中获得的席次也大幅缩减，首次失去了“立法院”的多数党地位。结合2014年底台湾“九合一”选举的溃败，国民党的接连惨败给台湾政坛投下巨大的“震撼弹”。文章经过深入分析认为，国民党在2014年和2016年连续败选的原因包括蓝军铁杆支持者的“铁票沉默”、中间选民的“惩罚性投票”以及年轻世代普遍“倾绿”引发的“蓝绿板块”位移三个方面。国民党要想在台湾政坛重新再起，一方面，要扮演好在野党角色，强力监督民进党施政，坚持“九二共识”，维护两岸和平与促进经济文化交流；另一方面，要调整内外政策，对内进行民主革新，处理好“本土”与“外省”族群的融合问题，对外须采取清晰的选举方针，在不同类型的县市采取最适合的选战策略。文章最后指出，面对2018年地方县市长选举和2020年“大选”，国民党应坚持民主公平的初选提名机制，采取有针对性的选举议题操作和选战策略，稳定北部，强化中部，深耕南部，复制2012年“大选”的“胜选模式”，即“北大赢、中小赢、南中输”。国民党如能做到以上两个方面，一定有机会稳步夺回“失去的阵地”，实现“地方包围中央”，从而赢得最终的胜利。

党朝胜、杨晶华在《台湾青年选举参与现状研究》(《中国青年社会科学》2017年第3期)一文中从选举参与的角度切入，对台湾青年参选公职的现状、特点与影响因素作了研究。文章指出，近年来，台湾青年选举参与“由冷变热”，不仅对岛内政局产生巨大影响，也给两岸关系带来全新挑战。当前台湾青年参与选举的主要特征有：一是台湾青年对选举参与正“由冷变热”，但青年参选公职比例仍偏低；二是青年参选尤其是当选者大多有深厚的政经背景，多是“官二代”“富二代”“助理幕僚帮”，或是“社运”“学运”骨干。三是台湾青年参政有明显的政党差异。作者认为，影响台湾青年选举参与的因素很多，既有制度因素，也有政党、教育、经济与国际环境等因素。复杂的选举制度对青年参政热情、参选方向产生了复杂影响：一是准入高门槛将许多青年直接排除在选举外，二是“立委”选制变革让普通青年更难出头，三是各党现行提名机制增加了普通青年参选难度。政党因素主要表现为政党体质差异让民进党对青年更具吸引力。教育因素则体现在长期的学校教育让岛内青年越来越关心并投入政治，一是“公民意识”的灌输。二是“台独史观”的灌输。因此，作者认为，台湾青年要想在现行体制下通过选举实现“公平正义”根本是个伪命题。实现台湾青年在政治上的“公平正义”，不仅需要改革选制，更应唾弃“民粹”、提升台湾青年的政治经济地位，实现真正选贤举能。

谢清果、李淼在《台湾选举文化与媒体生态下的竞选文宣研究》(《东南传播》2017年第5期)一文中从台湾选举文宣的发展、台湾特色选举制度与文化、台湾地区媒体生态对文宣的影响三方面入手对台湾选举竞选文宣进行了分析与研究。文章指出，台湾选举文化随着台湾政治制度变化而变化，尤其是政党轮替后，竞选文宣成为竞选成败的关键。而竞选文宣也随着媒体生态日益多样而越加花样繁多，特别是新媒体的出现，使青年人成为竞选文宣的重点受众，并形塑着台湾青年超越蓝绿政治斗争的新的选举文化。从台湾选举文宣的发展历程可以发现，台湾的嫁接型民主，使广大民众在未能得到充分的民主启蒙与教育的环境下，被盲目要求践行民主制度。台湾特色的选举文化，与其自身特色的选举制度有着盘根错节的关联，每年为数众多的大小选举的无序与混乱，夹杂着政治门争、派系恶斗、族群冲突、民粹涌现这些因素，贯穿于台湾特色的民主中。而台湾包含选举文宣在内的选举乱象下，选民狭隘的民主认知与政治人物刻意的非理性引导，使得广大选民在本来就不成熟的民主心理机制下，将他们对公共领域的认知与参与，被简单从族群、派系等方面加以认知与考量。

李洪波、韩略在《台湾地区选民结构特征及其理论阐释——基于台湾民众对国民两党的投票倾向分析》(《台湾研究》2017 年第 6 期）一文中结合符号政治理论和理性选择理论对台湾地区选民结构特征及其理论进行阐释，作者认为，台湾地区因其特殊的历史和文化背景，其选民结构特征与西方相比有很多明显区别，其中最突出的是政治化和政党化色彩浓厚。选民结构包含各种选民类型，而不同类型的选民具有不同的投票倾向。台湾社会政治分歧始终主导着台湾选民的投票倾向，而“国家认同”是其中最为核心的影响因素。长期而言，“国家认同”仍然在台湾选举中具有举足轻重的地位，是影响台湾地区选民结构的关键因素。文章指出，大陆应采取措施积极影响台湾民众的“国家认同”，以推动两岸关系和平发展。一是要利用好互联网平台，通过互联网对台传播中国优秀历史文化。二是要注重历史文化宣传的针对性。台湾民众的先辈大都是自大陆迁来，他们的生活中或多或少地会保留其迁出地的文化特色。我们要做的就是多发掘与这些相关的历史文化，并通过各种渠道传递给台湾民众。三是将历史文化因素融入两岸经贸往来中，帮助台湾民众塑造健康的身份认同。如对台经济优惠政策更多地向历史文化产业倾斜，如扶持有利于两岸文化历史联系的书籍和音像制品出版、开辟更多高质量的“寻根”旅游路线等。

（五）政党、政局与政治变迁研究

现代社会中，政党透过自身变化及其与其他相关政治主体关系的变化，在理念、行为和制度等诸多方面推动政治发展或政治变迁。与此同时，政党往往还是直接推动政治变迁进程、决定政治变迁内容和节奏的首要力量。政党也以此充分体现出其作为民主政治工具和手段的基本价值与功能。这一点在当前台湾地区政治生活中就非常明显。需要特别指出的是，由于适逢选举休整年的关系，关于台湾意识与台湾认同的讨论更加热络。与以往相比，这方面问题研究的成果更加客观、平实。

梁维科在《“台湾主体意识”对台湾青年政治价值观的影响》(《青少年学刊》2017 年第 2 期）一文中从“台湾主体意识”的变迁、“台湾主体意识”对台湾青年政治价值观影响的多元与分层、“台湾主体意识”重塑的困境、弱化“台独意识”对台湾青年政治价值观负面影响的方法和措施这四方面对“台湾主体意识”对台湾青年政治价值观的影响进行了分析与探究。文章指出，“台湾主体意识”既包含台湾民众的乡土情怀和悲情意识，又有台湾本土化和民主化的支撑，且与“台独意识”相伴而行。“台湾主体意识”对台湾青年政治价值观的影响因政治世代的不同表现出一定差异与分层。以“七年级生”和“八年级生”为主的新世代台湾青年多秉承“台湾人”的身份认同，在统独立场上渴望“独立”却持“观望态度”。“台湾主体意识”重塑的困境主要表现在：首先，在李、扁执政

20多年的刻意策划下，台湾对大陆采取“政治对抗”“军事竞赛”“经贸锁国”“文化断绝”等路线，推进“去中国化”的教育与文化政策，强化“台独意识”。其次，国民党重新成为台湾执政党后，马英九政府在承认“九二共识”“一中各表”的基础上，提出“不统不独不武”的维持现状政策，并在以台湾为主、对人民有利的原则下，按先经济后政治的顺序推动两岸经贸正常化。最后，虽然两岸青年交流不断加强，但想要改变台湾青年政治价值观中的身份认同、统独立场、政党倾向、民主政治观念等还是非常困难的。文章最后指出，面对“台湾主体意识”重塑的诸多困境，可以通过深化两岸青年交流、共建历史记忆、强化自身发展，缓和不同政治体制间的对抗等措施来弱化“台湾主体意识”对台湾青年政治价值观的负面影响。

杨端程在《从政治衰败到认同危机——台湾民主化的检视与反思》（《统一论坛》2017年第3期）一文中指出，民主化给台湾带来的影响归纳起来主要有四点：第一，民主化对台湾当局的治理能力形成严峻挑战。第二，民主化不仅降低了政治信任，也损害了自由民主政体的合法性。第三，民主化导致民粹主义泛滥并进一步陷入“劣质民主”的恶性循环。第四，民主化不仅解构了国民党一党执政的合法性，而且使得台湾岛内的“国家认同”进一步分裂，引发“认同危机”。作者认为，未来两岸的交往及台湾参与国际组织必须遵循“两岸同属一个中国”的原则共识，这个共识不仅需要作为官方的台湾执政当局坚持，也需要在台湾民众特别是青年一代心中深化。事实上，民主化之前，台湾一度认为祖国大陆远比台湾落后是不能统一的关键。而在台湾民主化后，岛内多数民意一度认为两岸不能统一是因为祖国大陆没有和台湾一样民主化。然而随着中国大陆一跃成为世界第二大经济体，并且民众长期对自身所处的政治制度保持较高的信任水平，历史正在出现反转。因此，近来周光辉教授提出作为“领土的认同”是现代国家认同的基石，可能给予当代学界如何将“九二共识”操作具体化更开阔的思考空间。文章最后指出，实现中华民族伟大复兴的中国梦不能没有台湾，台湾的繁荣永续发展也离不开祖国大陆的鼎力支持，毕竟“合则万里河山为屏障，分则浩渺大洋相无依”。

钟厚涛在《台湾社会阶层新动向与蔡英文当局执政困境》（《统一论坛》2017年第4期）一文中指出，近年来，随着岛内经济发展持续低迷、政党恶斗接连不断，台湾贫富差距问题日益凸显，贫困人口逐年增多。台湾社会阶层的不断分化重组，将进一步加剧蔡英文当局的执政困境，也将对两岸关系和平发展带来重要变数。台湾社会阶层始终处于动态变化过程当中，近年来逐渐往贫富两极化、中产阶层萎缩化、低收入阶层膨胀化方向发展。其具体表现为：一是贫富差距逐年拉大，蔡英文当局对“穷人”和“富人”两面碰壁；二是中产阶层整体规模呈现萎缩状态，未来政治态度或将发生转变；三是低收入阶层规模急剧增长，向上流通管道不畅；四是青年群体失业率居高不下，对蔡英文纷纷“倒戈”；五是老年人口比重显著增高，蔡英文当局“年金改革”导致老龄化困境雪上加霜。作者认为，台湾社会阶层的不断分化重组，虽然与全球化趋势有关，根本原因则是岛内自身政经环境恶化。综合岛内各项统计数据来看，目前台湾社会的阶层正在发生新的结构性重组，财富正在以加速度的态势往高收入阶层集聚，中产阶层整体规模有所萎缩，而且中产阶层的标准与其他国家和地区相比也呈现明显下降态势，与之形影不离的是，中下阶层人数却在急剧上涨。这种社会阶层的新变化，将进一步加剧岛内的贫富差距和城乡差距，也将使得社会阶层议题逐渐成为岛内各项选举核心议题之一。作者在文章最后指出，未来蔡英文当局若无法应对客观形势变化，妥善回应中下阶层呼声，不是通过调整税收政策等向富人征税来解决社会问题，反而继续通过“年金改革”等措施来“损不足以奉有余”，势必会引发人数占据绝对优势的中下阶层强烈不满，蔡英文个人的2020年“连任之路”也将充满变数。

张瑞波在《政治世俗化下的台湾政党格局多元化面向》(《广州社会主义学院学报》2017年第4期）一文中从政治文化世俗化的视角阐明了多元格局出现的原因，阐述了政治文化因素为小党的生存与发展提供了可能性。文章指出，在2016年台湾地区民意机关选举中，除国、民两党外尚有时代力量、亲民党以及无党团结联盟取得了“立法院”席次。台湾现行的选举制度塑造了两党制而且会使之延续下去，但通过对政党竞争力及意识形态的分析，作者认为岛内政党格局已经呈现出多元化面向，小党虽然不能获得核心权力，却已经在真实地影响着政治生活。作者分析，台湾政党格局的现状：一是小党竞争力的增强；二是台湾社会中的意识形态相较于政治转型之前更加多元，而非“一党威权”时代政治光谱的相对单一。政治文化的世俗化发展在台湾社会也是显而易见的：首先，台湾社会世俗化在体系层次的体现便是国民党威权统治的覆灭以及进而产生的国家认同错乱。其次，台湾政治世俗化的进程提高了大众的政治效能感，随着对政治知识的了解与政治能力的提高，普通民众更加积极与负责任地参与政治。最后，台湾频繁的社会运动可以看作政治文化世俗化在政策倾向上的具体表现，民众对于政府现行政策的不满，以及他们对未来政府政策的诉求与期待全部在运动中得到体现，他们相信可以通过社运、政治改革等活动对政府施加压力。文章在最后指出，政治文化世俗化为理解台湾的政党政治提供了一个崭新视角，它重在强调社会的多元性、政治机会的增多以及政治行为主体的主观能动性。

王鸿志在《试析台湾的政治发展与民主困境》(《统一论坛》2017年第4期）一文中对台湾的政治发展历程和政治发展遭遇的民主困境进行了分析与阐释。首先，台湾的政治发展历程是由权威走向多元民主。目前政治发展呈两大趋势：一是政治格局重组。台湾的两党政治建立在省籍族群对立基础之上，尽管目前所谓的外省人与本省人彼此间已趋于融合，但绿营政党为了政治利益刻意形塑与其对手的意识形态对立，将过去“本省外省”之争转换为“独立还是统一”“爱台或卖台”“反中或亲中”的选择。二是经济社会进入“滞”“涨”期。台湾民主转型政治上的完美光环已被打破，并引发连带的经济、社会效应。台湾陷入民主困境主要表现在三个方面：一是民主回潮的困境。二是民主品质的困境。三是政治极化与社会对立的困境。台湾的民主化转型并不彻底，在民主巩固过程中反陷入民主困境，作者认为，主要原因有：一是缺乏民主的同质性条件，台湾的转型困境，突出表现为台湾内部在“统独认同”“国家认同”上存在明显分歧，而在国家、民族认同严重撕裂的社会中，很难建立起稳定运行的民主制度。二是族群主义诱发民主化并发症。族群主义具有明显的非理性的一面，导致近年来台湾地区的政治参与均出现不同形式的激进化、暴力化、极端化现象。三是难以摆脱传统文化的影响。尽管台湾标榜建立了西方式民主体制，但中国传统文化因素始终深入骨髓，其竞争性选举虽照搬了西方的“形”，却缺乏让民主制度生根发芽的文化土壤。

林冈在《再论台湾地区两党体系的可延续性》(《统一战线学研究》2017 年第 4 期)一文中指出，2016 年中国台湾地区领导人和立法机构选举结果，意味着岛内政党生态已经发生“绿大于蓝”的逆转，但根据文章对台湾选票结构和政党认同的分析，国民党仍属台湾的第二大政党。国民党内出现“一中共表”(以洪秀柱为代表)和“一中各表”(以吴敦义、郝龙斌为代表)的争论，说明“一中”仍是其内部不同派系的共同点，可以通过政策反省，重整内部凝聚力。台湾对抗性的社会分歧，决定了民进党和国民党各有其存在的客观原因。党际竞争中的地位优劣与否对党内派系的整合或分化具有形塑作用，而党内斗争的激化又会透露党际竞争的生态改变和政党轮替的蛛丝马迹。作者认为，台湾发生政党轮替的深层原因是台湾面临的治理问题，即在社会期望值居高不下的情况下，如何兼顾经济增长和收入公平，如何界定和处理两岸关系问题。由于马英九政绩不佳，相当数量的国民党支持者不是转移选票，就是放弃投票。如果民进党当局未来不能妥善处理上述治理难题，将面临同样的困局，蔡英文将面临党内外不同政治力量的挑战。党内权力斗争的爆发势必将改变党际竞争的既有格局。换言之，台湾的政党政治在经历了 20 世纪 90 年代的解构和 21 世纪初的重组之后，两党体系已经伴随 2008 年的选举制度改革而进一步成型，并将通过定期的政党轮替，形成动态性的权力平衡。这既是选举制度诱导的结果，也与台湾社会的“重叠性分歧”高度关联。文章最后指出，台湾社会对同一问题的不同思维倾向，将轮番牵动中间选民，包括年轻而尚未确定长期政党认同的选民的投票行为。这将导致政党轮替和政策变更不断发生。

王睿智在《近年来网络新媒体对台湾政治的影响》(《现代台湾研究》2017 年第 6 期)一文中指出，随着互联网信息技术的发展与普及，以社交媒体为主的网络新媒体，极大地改变了人们的生活方式、行为方式和思维方式，并日趋深刻地影响着世界政治、经济、文化结构的变化。对于互联网技术发展较早且电子产业发达的台湾地区，网络新媒体等互联网技术也逐渐成为影响台湾政治发展的重要因素。作者认为，网络新媒体影响台湾政治的原因主要有：一是网络新媒体在台湾的高渗透率；二是台湾目前的选民年龄结构在不断地年轻化；三是年轻选民的政治参与积极性和投票热情不断提高；四是网络政治宣传的扩大也可以说是政治营销、政治传播在社交媒体中的扩大，它与年轻群体的高政治参与率是相辅相成的。正是由于网络新媒体在台湾的高渗透率，台湾选民年龄结构不断年轻化，以及年轻选民的政治参与积极性不断提高、网络政治宣传的扩大等，以社交媒体为主的网络新媒体正在不断深入影响台湾政治发展。这主要体现在两个方面，一是通过信息传播引导公众舆论，然后引导选民的投票倾向，从而影响了选举结果；二是通过发布信息营造或引导公众舆论，然后组织动员社会运动从而影响当局决策。文章最后指出，随着互联网信息技术的持续发展，在未来相当长的一段时期内，网络新媒体在岛内政治发展中或许还将扮演更重要的角色。但随着网民素质的提高和理性思考能力的提升，未来对网络政治营销、网络政治传播的要求会越来越高，网民很难再被当前这些“肤浅”的“懒人包”所轻易影响，对相关政治话题的网络舆论探讨将会更深入，更理性。

王建民、刘钊汛在《台湾政治和解难！》(《世界知识》2017 年第 24 期)一文中指出，“朝野领袖会议”议题一度成为岛内政坛一大新闻。这始于蔡英文提出的“政党领袖对话宪改”议题。蔡英文当政后，一方面不断呼吁政党和解、蓝绿和解、团结台湾，另一方面却在不断追杀国民党，制造政治对立。作者认为，台湾的政治对抗与蓝绿较量，不只是简单的经济社会政策的左右翼之争，或是政策路线的激进和保守之争，而是与复杂、敏感的统“独”之争交织在一起，与台湾政治定位与两岸关系发展交织在一起，大陆因素或两岸关系因素成为一个重要变量。台湾内部除了达成共识、与大陆走向统一之途外，真的找不到其他出路。依台湾的社会政治现实，要达到统一共识，非常困难。这就决定了无论如何，台湾的政治对抗与政治斗争都难以化解。同时作者认为，蔡英文上台执政后，高举“转型正义”大旗，以全面执政优势，开始了一场政治改革。但以“转型正义”为名的政治改革，不是真正的政治体制与制度改革，而是一场全面追杀国民党、打击国民党、企图彻底消灭国民党的政治斗争。民进党为了政权，不择手段，超越了民主政治的基本规范，靠污名化与打击国民党登上权力巅峰。在这样恶劣的政治环境中，在民进党种下的政治仇恨中，蓝绿难以和解，台湾也难以团结。文章最后指出，没有政治和解的台湾就没有出路，台湾将会长期陷入蓝绿对立、政治对立与统“独”对立之中。政治对立将不断消耗台湾的资源与能量。只要“台独”这个政治毒瘤不除，统“独”之争就不会消失，蓝绿对抗也就不会平息，台湾也就不会有政治和解与社会和谐。“台独”不除，政治和解在台湾只不过是一个不切实际的空想。

二、研究性著作简介

2017 年学者们在台湾政党制度领域的研究性著作不多。研究主要聚焦在对台湾政局的述评和对两岸关系的研究上。

谢清果的《两岸关系与新闻宣传研究》（九州出版社 2017 年版）一书分为上中下三篇，本书上篇，一方面，探究台湾媒体新闻报道的话语框架与评论特色，关注大陆涉台报纸、杂志、电视台的个案研究；另一方面，则分析大陆两岸新闻交流政策、两岸智库与政治互信等涉及两岸关系议题。中篇聚焦了台湾新电影和大陆第六代电影的纪实美学特征的异同，关注其背后的文化、经济、政治等影响因素。下篇则力求建构“对台宣传学”的学术体系，从宣传的主体、受众、环境、内容、方法、动机、效果、时机等方面进行了系统阐述。

曾建丰的《台情述评文集》（九州出版社 2017 年版）一书中所收录的 40 篇文章，为 2008 年之后《台情述评》的部分研究成果。文集仅根据内容归类大致划分成四个部分：第一部分是岛内政局嬗变，第二部分是两岸交流互动，第三部分是对外关系影响，第四部分是专题调研对策。

三、重要的学术会议概况

2017 年两岸举办的重要会议主要有第十九次两岸青年观点论坛、第十九届海交会、第九届海峡论坛、第二十六届海峡两岸关系学术研讨会、第十届“交流与共享”研讨会，两岸间的交流与研讨象征着两岸将循序渐进地推动两岸和平制度化框架，建立起两岸命运共同体，达成两岸同胞的心灵契合，最终实现国家统一。

第九届海峡论坛

2017 年 6 月 17 日至 23 日，第九届海峡论坛在福建举行。本届海峡论坛以“扩大民间交流、深化融合发展”为主题，包括大会活动、青年交流、基层交流、经贸交流四大板块共 21 项活动，以及同期举办的 15 项活动，为两岸民众搭建了一个相互交流、沟通了解的大舞台，有力促进了两岸同胞的心灵契合。在为期一周的时间里，8000 余名台湾各界人士，跨过浅浅一湾海峡，参加了论坛活动。海峡论坛是一个两岸民间基层广泛交流的平台，随着两岸交流日益扩大，迈入第九年的海峡论坛已成为两岸联合参与机构最多、活动规模最大、涉及范围最广、民间色彩最浓的大型交流活动。凸显草根性、基层唱主角，海峡论坛正成为一场不折不扣的两岸民间嘉年华——跨越海峡的沟通之桥，第九届海峡论坛始终坚持面向两岸基层民众的方向，始终保持草根性、民间性、广泛性的鲜明特色，不断创新活动形式、丰富交流内涵、提升合作水平，为推进两岸关系的和平发展发挥着独特而重要的作用。“千年暗室，一灯即明”，6 月 18 日海峡论坛大会上，第三次参加海峡论坛的中国国民党主席洪秀柱引用此句诠释对两岸交流的期许。只要我们为和平点燃心灯，坚毅力行，一灯引千灯，灯灯相映，必能破除黑暗，让两岸的未来重现光明。

第二十六届海峡两岸关系学术研讨会

2017 年 7 月 24 日至 25 日，第 26 届海峡两岸关系学术研讨会在山西省太原市举行，来自两岸、港澳及海外 120 余名学者会聚一堂，围绕“推动两岸融合，维护和平基础”的主题进行了交流研讨。全国台湾研究会会长、前国务委员戴秉国，中共中央台办、国务院台办主任张志军出席开幕式并致辞。全国台联会长汪毅夫、山西省委副书记黄晓薇出席开幕式。本届研讨会以“推动两岸融合，维护和平基础”为主题，与会的专家学者以主题演讲、分组讨论、自由发言等形式展开了全面、深入的讨论。专家学者普遍认为，民进党再次上台执政以来，拒不承认“九二共识”及其一个中国的核心意涵，使两岸的政治互信遭到严重伤害；在台湾推动“去中国化”政策，搞渐进式的“文化台独”，使两岸关系陷入了恶性循环的状态。当前，两岸关系和平发展的现状受到严峻挑战，民进党当局的这些政策也不得人心，执政陷入困境。专家学者指出，祖国大陆的发展与进步，是两岸关系发展的决定性因素。两岸融合发展，是应对当前新形势、新挑战的最重要的方向。两岸同胞要在“两岸一家亲”的基础上，通过两岸深度的融合发展，才有可能消除台湾同胞的焦虑感、疑虑感和恐惧感，建立起两岸命运共同体，达成两岸同胞的心灵契合，最终实现国家统一。

附录二：国外政党制度研究

2017 年，国内学界继续保持对国外政党建设与执政经验、国外政党政治新动向与政党制度新发展等问题的关注。不过，与前几年相比，2017 年度国内学界关于国外政党制度研究的成果数量有较为明显的下降。为什么会出现这种情况，这种情况会不会持续，值得进一步观察。民粹主义问题是本年度的研究热点。无论是探讨民粹主义对政党乃至政党政治发展的影响，还是研究民粹主义政党崛起的原因及发展趋势，都是该热点的展现。

一、国外政党建设与执政经验研究

（一）国外政党建设的主要举措及经验研究

2017 年，国内学界对国外政党建设的研究，有的从整体上梳理国外政党开展建设的举措及经验，有的则重点关注了某一方面建设。

1. 国外政党建设整体性研究

方文在《老挝人民革命党全面加强党的建设》（《社会主义论坛》2017 年第 2 期）一文中认为，60 多年来，人民革命党以思想理论建设、纪律建设、作风建设和制度建设为抓手，全面加强党的建设，使其在一个相对落后的国家能够保持长期执政地位，得到人民群众的广泛信任和拥护。具体而言，把思想理论建设作为全面加强党的建设首要任务，包括：提出“六项原则”和“五个观点”，开展党员干部教育实践活动；把加强思想理论建设写入党章，以党内法规制度形式确保思想理论建设的首要地位；重视思想理论建设成功经验的学习借鉴。把纪律建设作为全面加强党的建设根本，包括：严守政治纪律；严明组织纪律；严格工作纪律；严肃廉洁纪律。把作风建设作为全面加强党的建设关键，包括：改进党的领导作风；优化联系群众作风；抓实生活作风。把制度建设作为全面加强党的建设保障，包括：完善党内法规制度；健全基层党组织建设和干部培养制度；强化执纪监督制度。

于海青在《塞浦路斯劳动人民进步党建党治党的经验与启示》[《中国矿业大学学报（社会科学版）》2017 年第 2 期] 一文中总结了劳动人民进步党建党治党方面的有益经验，包括：坚持马克思主义基本原则与思想观念与时俱进的有机统一；巩固扩大群众基础与捍卫党的阶级性和先进性的有机统一；保持党组织稳定性和连续性与不断创新组织活动方式的有机统一；发展党内民主与树立和维护党的权威的有机统一；坚持执政为民宗旨与关注解决现实问题的有机统一。

2. 国外政党某方面建设研究

2017年，国内学界对国外政党某方面建设的研究，涉及思想建设、制度建设、反腐倡廉建设、文化建设等众多方面。

（1）国外政党思想建设研究

对国外政党思想建设的研究重点关注了国外政党的意识形态建设问题。有的总结了国外政党加强意识形态建设的经验，有的分析了国外政党意识形态的内核，有的梳理了国外政党对自身意识形态的调整。

意识形态建设经验方面，莫放春在《老挝人民革命党意识形态建设的基本经验》（《当代世界与社会主义》2017年第6期）一文中认为，人民革命党在意识形态建设过程中积累了丰富经验，包括：始终忠于和坚持马列主义、凯山·丰威汉主席的科学思想，坚定社会主义目标，走革新开放路线；始终重视党的自身建设，确保党在政治、思想和组织上稳固坚强；始终忠于国家和人民的利益，做到“以民为本”。这些经验为中国特色社会主义意识形态建设提供了一定借鉴。

意识形态内核方面，阎照祥在《论20世纪英国保守党政治哲学的优势》［《四川大学学报（哲学社会科学版）》2017年第6期］一文中梳理了20世纪英国保守主义演变的特征，认为20世纪英国三大政党的权力角逐中，保守党占据明显优势，执政时间最久，作为最显著。这一是因该党在理论上守成稳健，二是因它在关键时刻能实行适度变革，调整政治理论和政策，并尽力宣传以赢得选民关注和支持。20世纪20年代至70年代保守党大选宣言的部分内容，印证了该党政治哲学的核心价值，展现出保守主义的实用主义和包容性等特征。保守党理论和政策的变化适应了不列颠社会发展的态势，使之一再扩充和强化社会基础，这是保守党和保守主义久盛不衰的深层原因。

意识形态的调整方面，高建明、宋晓栋在《西班牙工人社会党的意识形态调整：从社会民主主义到共和主义》（《当代世界与社会主义》2017年第2期）一文中认为，为了达成改变该党留给民众的腐败印象、争取西班牙新左翼的支持、延续人民党政府时期的新自由主义经济政策三个目的，工人社会党将党的意识形态由社会民主主义调整为共和主义，力图通过调整意识形态，在稳固中产阶级选票的同时，用新左翼的选票弥补流失的工人选票，以争取再次上台执政。工社党连续赢得2004年和2008年大选，表明意识形态调整在短时间内发挥了作用，但并未从根本上解决该党面临的困境。

（2）国外政党制度建设研究

对国外政党制度建设的研究关注的主题广泛，涉及代表大会制度、党内监督制度、党内规章制度、监督机构建设等问题。

代表大会制度建设方面，靳呈伟在《国外政党全国代表大会制度比较》（《经济社会体制比较》2017年第1期）一文中从国外政党全国代表大会的类型、地位与职责、构成、运行等方面介绍了国外主流政党的全国代表大会制度。文章认为，多数国外政党实行代表大会制度。作为政党内部权力架构及运行的主要制度基础，代表大会制度地位特殊、意义非凡。政党代表大会制度是观察国外政党内部运作或政党内务乃至国外政党政治运作等问题的一个重要窗口。同一国家或地区不同政党的全国代表大会制度存在较多共同之处的可能性非常大，同一类型的政党尤其是共产党、绿党的全国代表大会制度存在较多共同之处的可能性也比较大。而由于政党的发展经历、理念、政党文化及其所处生态环境尤其是其中的政治社会生态环境等因素的影响，国外不同政党的全国代表大会制度存在差异。

党内监督制度建设方面，《国外理论动态》杂志专门组织了一个栏目探讨国外政党党内监督制度建设问题。其中，靳呈伟在《墨西哥三大政党的党内监督制度及启示》一文中简要梳理了革命制度党、国家行动党、民主革命党党内监督的内容和重点、党内监督的主体及其职权，概括了三党党内监督制度设计的主要特点。文章认为，三党党内监督的内容涵盖较为广泛，重点包括党内规章的执行、党员管理、选举活动、特权的使用四个方面。三党党内负有监督义务或具有监督职权的主体众多：既有党员领导干部，也有党的组织机构；既有全国性组织机构，也有地方性组织机构；既有专门性职能机构，也有常规领导机构；等等。三党的党内监督制度设计具有如下特点：第一，突出对重点内容的党内监督。第二，党内监督主体众多，有利有弊。第三，侧重单向度监督。第四，以党章和相关条例规定为依据。第五，以国家相关法律为准绳，严格遵守法律规定。第六，注意协调党内监督与党外监督的关系。相应启示有：第一，协调好党内监督内容的全面性与突出重点监督的关系。第二，协调好不同党内监督主体之间的职权和工作，形成监督合力，避免因监督主体多而可能带来的问题。第三，发展多向度党内监督，打造全方位党内监督体系。第四，加强相关党内规章制度建设，为党内监督有据、有力、有序进行提供保障。第五，协调好党内监督与党外监督的关系，实现两者的有机结合。林德山在《欧洲政党党内纪律监督制度探析》一文中认为，欧洲国家的一些主流政党在其长期的历史发展中形成了与其自身的政党政治制度及文化环境相适应的党内纪律监督机制，分别体现在监督机构的制度设计以及监督内容和程序的特色上。在政治结果方面，政党纪律促进了政党的一致性。但与此同时，欧洲各国政党的党内监督机制本身，尤其是政党纪律的运用带有明显缺陷，容易导致新的政治风险。陈文、张彭强、史滢滢在《新加坡人民行动党监督体系的制度构建与运作机制》一文中从党纪监督、法律监督、行政监督、政党监督和社会监督方面考察了人民行动党的监督制度框架和运行机制。党纪监督方面：其一，重视对党员干部的前期筛选审查和监督考察。其二，严格监督党员干部的政治行为和生活作风。其三，强调政党核心价值对党员和干部的柔性约束。其四，推行“党鞭（党督）”制度监督党的议员贯彻政党意志。法律监督方面：其一，将政党活动和党员行为统一纳入国家法律监督的制度框架之内。其二，制定了一系列监督权力运行和规避官员腐败的法律法规。其三，专为反腐设立了特别的法律监督和责任追究条款。行政监督方面：其一，将政党活动和党员行为统一纳入国家法律监督的制度框架之内。其二，制定了一系列监督权力运行和规避官员腐败的法律法规。其三，专为反腐设立了特别的法律监督和责任追究条款。政党监督系存在于政治场域中的监督制约力量。社会监督系丰富与民立体沟通的方式。

党内规章制度建设方面，赵婷、董沐夕在《澳大利亚工党党规建设》（《当代世界与社会主义》2017 年第 1 期）一文中总结了澳工党党规建设的基本经验，包括：党章、党纲是政党内部规章制度的根本，集中反映了政党的立场和信念；政党内部规章制度建设的成熟程度、完善程度，在很大程度上决定政党的发展状况；党内规章制度建设应注重发扬党内民主，切实保障党员权利；政党的规章制度应实事求是、与时俱进，不断增强自身的政党适应性。储建国、李江在《新加坡人民行动党的政党自律研究》（《当代世界与社会主义》2017 年第 4 期）一文中从精神约束、规则约束两方面解析了人民行动党的行为准则。文章认为，在实现党的政治目标的过程中，人民行动党以道德约束和动员激励的方式增强党员的精神约束，以制度约束和纪律约束的方式加强党员的规则约束。还通过中央执行委员会成员的党内选举、领导党支部的工作、严格遴选社会人才的方式加强党的组织运作，维护和增加社会民众的利益。

党内监督机构方面，李光平在《中共和越共两党党内监督机构现状的比较》（《上海党史与党建》2017 年 12 月号）一文中对中共和越共党内监督机构进行了比较，认为中共和越共党内监督机构的共同之处在于：一是都由选举产生和实行“双重”领导体制；二是党内监督机构“一把手”由同级党委主要领导人兼任，以凸显其在党内的地位与重要性；三是在垂直设置层次方面具有相同点；四是在履行的职能方面大体相同。差异则体现在党内监督机构产生方式和领导体制、内设机构、权限、监督时长及方式、与各自国家行政监察机关的关系等方面。

（3）国外政党反腐倡廉建设研究

朱立在《新加坡人民行动党制度化反腐的经验与启示》（《东方论坛》2017 年第 4 期）一文中梳理了人民行动党依法反腐的制度和机制，并形成了经验与启示，包括：第一，科学合理构建权力结构框架，以权力制约权力的制度能够有效地防止权力扩张和滥用导致的腐败；第二，实现依法反腐，必须精准立法，尽快制定通过中国的反腐败法；第三，强化反腐败机构独立执法的职能；第四，强化政府管理制度的公开化和透明性，建立健全各项监督机制；第五，增强执政党的自觉意识，坚持制度面前人人平等，制度面前没有特权的教育宣传。

（4）国外政党党内文化建设研究

靳呈伟在《国外政党塑造、宣传政党文化的举措及启示》（《当代世界与社会主义》2017 年第 2 期）一文中梳理了国外主流政党塑造、宣传政党文化的举措，包括：在保持党的意识形态继承性、稳定性的同时，适时调整或变革党的意识形态，增强其包容性；充分发挥党的专门机构在塑造、宣介政党文化过程中的重要作用；积极开展党员干部教育培训，增强其对党的认知和认同；鼓励党员甚至党外民众积极参与党的文化活动和文化建设；通过各种途径打造政党形象；通过多种形式、利用各种途径宣传推广政党文化。文章还形成了若干启示：坚定理论自信和文化自信；充分重视政党意识形态问题的重要性；充分发挥专门职能机构在塑造、宣介政党文化中的作用；加强对党员干部的教育培训，增强其对党的认知和认同；注意维护党的形象；通过多种形式、利用各种途径宣传推广党的文化。

（二）苏共亡党的教训研究

相关研究从苏共自身因素、政治体制改革、社会民主运动等角度探讨了苏共亡党的原因，总结了其历史教训，明确了其对我们全面从严治党的启示。

薛小荣、王萍的《来自上面的革命》和薛小荣、高民政的《来自下面的革命》（天津人民出版社）系“大党治理与大国兴衰研究丛书”系列中的两本。丛书力图从政治体制改革、社会民主运动、苏联共产党与改革关系、苏联——东欧社会主义国家改革与西方国家的关系四个方面总结戈尔巴乔夫改革失败的深层原因及其惨痛教训。《来自上面的革命》一文中认为，政治体制改革历来是社会主义国家改革的核心组成部分，它直接关系共产党的执政地位、无产阶级专政的政治存续和社会主义道路的制度坚持。20 世纪八九十年代苏联东欧社会主义阵营改革失败的教训就出在政治体制问题上。在“一切权力归苏维埃”的旗号下，戈尔巴乔夫积极推进以苏共让权放权弃权为核心的政治体制改革，力图在法制国家框架下通过政治多元化和多党竞争的方式，恢复和重建苏共的执政合法性和苏维埃政权的政治民主性。当戈尔巴乔夫拆除苏共这一苏维埃政权的政治核心部件时，却没有找到一个能够与之匹配的“民主代替品”，由此造成的结果就是苏联分崩离析、苏共土崩瓦解。《来自下面的革命》一文中认为，戈尔巴乔夫时期的社会民主运动，既是改革民主逻辑发展的必然结果，又是改革进程中国家政治控制能力弱化乃至丧失的结果；既是苏联社会在长期发展进程中社会矛盾不断累积爆发的结果，又是在戈尔巴乔夫改革刺激下社会过度反应后不满和怨气的情绪宣泄。在中央政府不断失去对局势的控制后，政治压力集团迅速演变成政治夺权势力。最终，在社会民主运动的激情狂欢中，曾经恢宏壮阔、威严肃穆的苏维埃政权轰然倒塌。

袁银传、秦红在《从苏共亡党历史教训看习近平全面从严治党思想的现实价值》（《学校党建与思想教育》总第 548 期）一文中认为苏共亡党的内因主要表现在三个方面：忽视党的作风建设，脱离群众工作路线，加大了苏共与人民群众的隔阂；忽视党的思想建设，造成意识形态领域混乱，动摇了人民群众的社会主义和共产主义信仰根基；忽视党的组织建设特别是制度建设、反腐倡廉建设，特权利益阶层的形成，使人民群众失去了对苏共的信心。相应启示有：从严加强党的思想建设，筑牢党的思想道德防线；从严加强党的组织建设，建设一支宏大高素质干部队伍；从严加强党的作风建设，密切党群血肉联系；从严加强党的反腐倡廉建设，坚决祛除社会毒瘤；从严加强党的制度建设，严明党的政治纪律和政治规矩。

（三）不同类型政党执政的经验教训与启示研究

2017 年国内学界关于国外政党执政经验教训的研究主要涉及长期执政的执政党执政经验、得失政权经验教训、治党理政经验等问题。

1. 长期执政的执政党执政经验研究

相关研究有的关注了某一政党长期执政的经验，有的对多个政党长期执政的原因进行了比较分析。

李鹏涛在《坦桑尼亚革命党的角色转变及其面临的挑战》（《当代世界与社会主义》2017 年第 5 期）一文中认为，革命党长期执政的原因在于：第一，在维持坦桑尼亚和平稳定过程中扮演了重要角色，尼雷尔等党的领袖深受民众爱戴；第二，充分利用制度环境确保持续统治；第三，经过多年反殖民斗争和长期执政，革命党建立起大规模政党机器，深入渗透到乡村基层地区，成为其在多党制时代保持优势地位的基础；第四，军队、合作社等机构也被纳入革命党控制之下。为适应多党竞争环境，革命党采取了多项措施：第一，重点宣传革命党长期执政取得的突出成就；第二，面对来自反对党的竞争压力，强调“变革”和“反腐”，积极争夺话语主导权，引导民众共同应对经济社会发展挑战；第三，高度重视党的建设，尤其是农村基层党建；第四，强化选举机器。

储建国、李江在《新加坡人民行动党与马来西亚国阵联盟长期执政的原因及启示》[《深圳大学学报（人文社会科学版）》2017 年第 3 期] 一文中总结了人民行动党与国阵联盟长期执政原因的共性，包括：掌握划分选区的权力；限制反对党的活动；掌握国家资源分配权力；重视国家经济建设；组织精英参加竞选。人民行动党与国阵联盟长期执政原因的差异主要有：人民行动党重视领袖的作用；人民行动党重视廉政建设；国阵联盟坚持“马来人优先”的种族政策；国阵联盟重视提高农村马来人的生活水平。并形成了相应启示：完善一党领导多党合作制度，发挥民主党派的政治作用；吸收社会精英参与国家治理，促进精英的有序政治参与；重视国家的经济建设，充实党的执政基础；健全社会保障体系，促进发展成果共享；加强党的廉洁自律建设，巩固党的执政地位。

2. 国外执政党得失政权经验教训研究

谢繁卉在《印度人民党赢得 2014 年选举的原因探析》(《上海党史与党建》2017 年 12 月第 12 期）一文中从印度人民党的自身优势、候选人魅力和选举战略三个方面分析了印人党能够在 2014 年选举中取得压倒性胜利的原因：人民党与时俱进的竞选纲领是赢得选举的决定性因素。莫迪的实干口碑是赢得选举的关键性因素。采用全方位、针对性的选举策略是赢得选举的基本条件。

3. 治党理政经验研究

周敬青在《中外执政党治党与理政研究论纲》（上海人民出版社）一文中全面梳理了国外执政党治党理政的主要活动、类型模式与制约因素、维度、挑战和对策、基本举措和主要经验，并分析了中国共产党治党理政的现实挑战。从社会主义国家执政党治党理政形成的思考包括：必须坚持从本国本党实际出发；必须创造一个公开透明的治党理政环境；必须将群众参与作为治党理政的重要内容；必须推动党内民主取得实质性进展。从西方发达资本主义国家执政党治党理政形成的思考包括：发挥意识形态对党的聚合和组织动员作用，提高适应性促进党的组织体系的有效性，注重执政理念与政策的实用创新，推进社会的平衡与和谐发展。从亚洲独大型政党治党理政形成的思考包括：务实的意识形态，掌握主流的政治话语权；经济优先发展，赢取社会得利阶层支持；重视民意互动，建立联系民众机制；严肃党纪国法，遏制清除腐败；加强自身建设，注重提升党员质量。从新兴国家执政党治党理政形成的思考包括：致力于加强执政党自身建设，凝聚社会共识，探索超越“中等收入陷阱”的有效途径，重视规避全球化时代的政治经济风险，积极创造有利的外部环境。从北非西亚国家执政党治党理政形成的思考包括：不断加强自身建设，遏制党内既得利益集团的发展；实现国家经济与政治发展的协调与统一；注重社会公平，更好地解决民生问题；保障和实现公民的政治权利，建立科学有效的国家治理体系。中国共产党治党理政面临执政合法性、执政有效性等方面的挑战和危险。

二、国外政党政治及政党制度发展研究

（一）国外政党发展研究

1. 国外政党发展面临的挑战及应对

此类研究主要关注了新媒体对政党的影响及国外政党的应对。陈文胜在《社交媒体时代西方政党的调适性变革及其新困境》（《当代世界与社会主义》2017 年第 5 期）一文中梳理了社交媒体时代西方政党政治面临的冲击和挑战，包括：社交媒体成为政党竞争对手，弱化了传统政党的功能；传统的政党组织结构受到冲击，呈现简化和扁平化趋势；政党领袖人物产生方式发生变化，候选人独立性增强；公众思想日趋多元，政党的纲领、政策和价值观的感召力下降；政党之间的意识形态界限日益模糊，政党间的竞争呈现均等化态势。西方政党利用社交媒体创新党建和党的活动方式有：加强自身宣传和形象策划，扩大政党影响；组织动员民众，服务于政党的多棱镜竞选活动；促进党内外沟通，深化社会民主与党内民主；扩大舆论监督空间，促使政党运作更加“透明化”；加大资金和技术投入，不断完善“数字政党”的各项功能。西方政党社交媒体的运作面临社交媒体成为政党竞选的新工具和金钱政治的推进者、社交媒体影响下的政党政治越加空洞化与低级趣味化、社交媒体技术造成党内外新的“阶层分化”和“数字鸿沟”、社交媒体参与给民众带来了民主的幻象和对技术政治的迷思以及社交媒体易成为底层抗争行为和抗争政治的策划者和助推者等新困境。

2. 国外政党发展倾向研究

民粹化和极化是当前欧美政党发展的显著倾向。张小劲、王海东在《欧洲政党最新演化的类型学分析》（《当代世界与社会主义》2017 年第 2 期）一文中认为，当前欧洲政党呈现出愈演愈烈的民粹主义倾向。这类演化现象大致可以分为三类：新兴民粹主义政党快速崛起、老牌民粹主义政党强势复兴、传统主流政党相应调适。这三种类型的政党民粹主义演化，勾勒出欧洲政党最新演化的全部图景，同时描绘出欧洲政党政治的最新动向：在历经三次组织形态转变而使政党组织形态趋同后，欧洲政党有迈向意识形态层面趋同的可能。欧洲政党的民粹主义演化趋势，是欧洲政党在新社交媒体时代中，为应对难民危机、经济衰退等问题所做出的应激反应。欧洲政党的民粹主义演化不仅对欧洲的政治生态产生了剧烈冲击，而且还昭示着民主政治面临严峻挑战。如何应对当前欧洲政党的民粹主义演化，不仅关系到欧洲政党政治的走向，也关系到民主政治的未来。

倪春纳在《论美国国会政党极化的结构性根源》（《当代世界与社会主义》2017 年第 5 期）一文中认为，两党间的政治极化已成为当代美国政治的一个显著特征，其中又以国会中的政党极化表现得最为突出。从结构性视角来看，导致国会中政党极化的主要原因是：首先，越来越多意识形态激进的议员进入国会，同时部分议员发生了“适应性调整”，不断向意识形态光谱的两端移动。其次，国会自身的制度变革尤其是议事规则和程序上的变化，客观上对政党极化起到了推波助澜的作用。再次，国会中的多数党领袖主导着立法议程，他们不断强化政党纪律，致使国会中“政党投票”越加频繁。最后，国会中

政党领袖自身的不断极化也是一个不容忽视的重要因素。在充满不确定性的特朗普时代，“否决政治”将成为美国政治生活的常态并持续下去，其未来发展趋势及影响值得关注。

3. 某种类型政党的发展变化研究

2017 年，关于国外左翼政党发展变化研究的成果极为丰富：既有对发达国家左翼政党的研究，也有对发展中国家和地区左翼政党的研究；既有对民族国家某一左翼政党的研究，也有左翼政党国际组织研究；研究主题涉及左翼政党面临的挑战、政策策略、历史演变；等等。对民粹主义政党的研究也算一个热点。对右翼政党的研究较少。对草根政党和新型政党的研究几乎没有。

（1）国外左翼政党发展变化研究

其一，国外共产党发展变化研究。

有的关注了发达国家和地区的共产党。于海青在《西欧共产党的变革与挑战》（中国社会科学出版社）一书中较为全面地探讨了 21 世纪尤其是国际金融经济危机以来西欧共产党的危机与变革、实践困境与理论抉择、思想革新与组织重构，深入剖析了各党的发展特点及其面临的困难和挑战，探寻了西欧共产党未来的发展道路和趋势以及世界社会主义运动的前景和走向。高建明、梁可妮在《十月革命与美国共产党的成立》（《当代世界社会主义问题》2017 年第 3 期）一文中认为，在社会党左派组建共产党的过程中，俄国十月革命是一个关键性影响因素。主观上，十月革命使社会党左派更加坚信阶级斗争理论和产业工会主义是正确的，认为社会主义在美国即将实现；客观上，十月革命促使一些东欧移民、社会党员和工人运动转向左派，从而壮大了左派力量。在具备这两个方面条件并受到共产国际的进一步激励后，美国社会党左派在宣传上和组织上积极地同右派和中派进行斗争。面对右派和中派的猛烈抵制，左派认为社会党这一名称已无益于美国社会主义运动，决定从社会党中分离出来，另行成立美国共产党。刘力波在《美国共产党斗争策略分析与展望——以 2016 年美国总统大选为视镜》（《当代世界与社会主义》2017 年第 1 期）一文中认为，美国共产党在 2016 年美国总统大选中采取的“帮助民主党击败共和党，壮大进步力量，打击极右势力，为实现工人阶级政治独立准备条件”的斗争策略，从大选结果看，并未取得成功。但美共在指明左翼斗争目标、力促进步力量阵营建立并维护其团结、打击共和党和极右势力等方面取得了一定成绩。大选虽然已经落下帷幕，但斗争必将持续下去，要冲破当前的种种困境，美共应在进步力量阵营中争取主导权，重塑自身在国民心中的形象，并力促第三政党建立，摆脱两党制框架的禁锢。代金平、钟连发在《日本共产党对中国特色社会主义的看法及评析》（《当代世界社会主义问题》2017 年第 4 期）一文中认为，日共对中国改革开放政策与中国特色社会主义的态度与看法总体上积极，但也有一个变化演进的过程，这与该党自身追求社会主义的经历及立场、主张有很大关联。日共寄希望于中国特色社会主义的不断成功，从而开创 21 世纪世界社会主义的未来，但其对社会主义的认知也有理想主义的一面。对日共的这些态度与看法，应全面、客观地看待。曹天禄、罗如新在《日本共产党第 27 次全国代表大会述评》（《当代世界社会主义问题》2017 年第 3 期）一文中介绍了日本共产党第 27 次全国代表大会的情况：大会分析了日本国内政治形势和世界格局的新动向，总结了日本共产党在选举以及党建方面所取得的成就，通过了建立在野党统一战线、改变日本政局的决议，提出了推翻安倍晋三政权、反对修宪、反对重启核电站、反对提高消费税、反对美化侵略战争、反对“两个异常”等工作方针，确定了下一步地方和全国选举的目标以及扩大党势等党建措施。另外，日本共产党还首次邀请了在野党干部出席大会，表明其所倡导的“在野党统一战线”将成为日本共产党今后选举和国会斗争的重要策略。王建、程晓辰在《西班牙共产党与人民共产党的理论分歧及其影响》（《当代世界社会主义问题》2017 年第 1 期）一文中认为，西班牙共产党与人民共产党是西班牙较有影响的传统左翼力量。苏东剧变后，两党分别走上了“革新”与“传统”两条截然不同的社会主义道路，在理论主张上产生了明显分歧。多个共产主义政党的存在和相互间的分歧、矛盾和斗争，不仅削弱了西班牙的共产主义力量，也让人民群众的思想产生严重混乱，放弃了对共产主义政党的支持，这成为西班牙在独立探索本国社会主义道路过程中面临的严峻挑战。在发达资本主义国家，处理好不同共产主义政党间的理论分歧，对于加强共产主义力量的团结和合作、实现社会主义运动的协调统一具有重要理论和现实意义。王喜满、张晓曼、苏莉佳在《三十年来希腊共产党联盟组织形式的演变》（《当代世界社会主义问题》2017 年第 2 期）一文中认为，希腊共产党是一个十分注重将马克思主义基本原理同时代特征和具体国情相结合的马克思主义工人政党。20 世纪 80 年代以来，希腊共产党先后提出社会政治变革阵线、反帝反垄断民主阵线与工人和人民革命阵线，并在议会斗争中积极实践，取得了阶段性成果，也留下了不少经验教训。希腊共产党对联盟组织形式的探索，反映了一个马克思主义工人政党对国内外形势的积极应对和调整。

有的关注了后苏东国家的共产党。李亚洲在《俄罗斯联邦共产党理论与实践新发展概述》（《当代世界与社会主义》2017 年第 2 期）一文中概括了俄罗斯联邦共产党 2016 年度丰富和发展社会主义理论的举措：主办奥廖尔经济论坛，提出与执政当局不同的国家经济发展方案；召开第十六次非常代表大会，阐明杜马竞选形势、竞选纲领与任务；积极参加国家杜马竞选，总结竞选失利的主客观原因，并提出新形势下的任务；关注中国社会发展，高度评价中国共产党的治党方略与举措。李亚洲还在《俄罗斯联邦共产党反省杜马选举失利提出未来发展新任务》（《国外理论动态》2017 年第 8 期）一文中介绍了俄共中央委员会和中央监察委员会联席全会的情况。会议认为俄共杜马选举失利的客观原因在于：第一，选民被政党数量的急剧增长所迷惑；第二，国家杜马选举制度从比例选举制向混合选举制转变；第三，当局推行了一种“花瓣式切割选区”的做法；第四，选举日从传统的 12 月调整到 9 月；第五，选举前夕信息操纵机制积极发挥作用；第六，当局想方设法把民众注意力从国内事务上引开；第七，当局充分发挥了调查数据的潜在影响力；第八，选举论战失去威信；第九，统一俄罗斯党积极利用了“普京的党”这一形象。俄共杜马选举失利的主观原因有：第一，不是所有选民都能够把俄共视为社会的积极力量，而俄共在选举过程中却没有加强进攻的主动性；第二，有一些党组织选择了随波逐流，并没有尽全力工作；第三，很多俄共党员没有做好应对日益加剧的紧张局面和尖锐形势的准备，没有组织好与民众交流的工作，没有在选举日担负起应尽的监督责任。刘淑春在《苏联解体以来的独联体国家共产党》（《当代世界社会主义问题》2017 年第 1 期）一文中概述了苏联解体以来独联体国家各共产党的组织演变及政治影响力，评述了其论与实践，并从主客观两方面分析了制约独联体国家共产党发展的原因，分析了这些共产党面临的挑战及前景。文章认为，苏联解体后，苏联共产党的后继者——独联体国家各共产党经历了身份转换，从执政党变为在野党或曰反对党。20多年来，这些共产党组织规模锐减，但仍坚持以马克思主义为指导，反思苏联社会主义失败的教训，根据国际国内形势的变化，制定新的纲领和行动策略，为使国家重新走上社会主义之路而顽强奋斗。由于受到自身矛盾的羁绊和外部环境的制约，独联体国家共产党要实现重建社会主义的目标，尚面临诸多挑战，包括：第一，如何实现理论创新，在坚持马克思列宁主义基本原则的前提下，形成符合当今时代的理论主张，以统一思想，凝聚队伍；第二，如何扩展政治空间，在现有法律框架内进行灵活有效的政治斗争，以巩固和扩大自己的阵地和影响；第三，如何处理内部矛盾；第四，如何避免陷入议会陷阱；第五，如何应对新的地缘政治局势。

有的关注了发展中国家的共产党。张凯在《南非共产党探索建设社会主义的战略路径、困境与前景》（《当代世界与社会主义》2017年第5期）一文中认为，种族隔离制度结束后，南非共产党将历史传统与现实需求相结合，依靠与非洲人国民大会、南非工会大会结盟的策略，积极在南非探索建设社会主义的基本路径。然而，以三方执政联盟为核心探索社会主义道路的基本路径却日益面临非国大领导能力和形象弱化、南非工会大会分裂以及民粹主义运动高涨等多重挑战。在此背景下，要求南非共产党独立参与竞选的呼声再次显现。南非共产党最终是否会实现战略转向，走上独立参与竞选的道路，很大程度上取决于以非国大为核心的三方执政联盟还能否满足南非共探索建设社会主义的基本目标和战略诉求。

有的关注了共产党国际会议或区域性会议。王喜满、苏莉佳、张晓曼在《2017年欧洲共产党会议的理论主张、主要特点和简要评价》（《当代世界与社会主义》2017年第5期）一文中介绍了第十次欧洲共产党会议的情况：与会党代表围绕“资本主义—垄断—欧盟带来的危机”“战争和贫困”“社会主义是适时和必要的”等主题分析形势，沟通思想，凝聚共识，谋划未来。并对会议进行了评价：会议有助于欧洲地区共产党组织凝聚共识、加强团结和联合斗争；会议为维护工人和人民利益，捍卫社会主义历史，争取和平、民主和社会主义起到了积极推动作用；会议是国际共产主义运动区域联合的一种探索；会议尚需吸引更多富有影响力的政党参与进来；会议还存在不少局限性，需进一步改善。

其二，国外社会党发展变化研究。

有的关注了社会党的困境和未来。王燕在《欧洲的困境与社会党的未来》（《当代世界社会主义问题》2017年第1期）一文中认为，民粹主义浪潮缘起于欧洲面临的多重危机：在经济领域，欧洲经济近年来增速放缓，尤其是欧债危机爆发后，很多国家的经济雪上加霜，经济持续低迷，失业率居高不下；在社会领域，欧洲近年来社会矛盾深重，在种族、宗教、文化、移民难民、同性恋、治安、家庭伦理、环保、女权议题上，社会分裂明显；在外交领域，欧盟内部面临结构性问题，英国脱欧、难民危机、欧债危机激发了民众的极端民族主义、排外主义情绪，欧盟发展前景堪忧。民粹主义浪潮及极端主义政党的崛起冲击了欧洲原有的政坛格局，动摇了现行制度的根基。

有的关注了英国工党、澳大利亚工党等发达国家的社会党。刘玉安、玄理在《英国工党何时东山再起？》（《当代世界社会主义问题》2017 年第 3 期）一文中认为，在资本与劳动的矛盾与斗争中，英国工党始终站在劳动一方。虽然由于全球化的加快和知识经济的兴起，作为工党选民基础的传统蓝领工人阶级在人数上已经大大减少，工党的战略与策略都不得不进行调整，但它仍然还是占人口绝大多数的劳动者的政治代表，有着深厚的社会基础。因此，在老牌、典型资本主义的英国，工党虽然不可能始终占据主导地位，但由于工党既无力也无意推翻英国资本主义制度，而只是对它修修补补，所以工党随时都可能重新执政。李宏在《民粹主义与英国工党》（《当代世界社会主义问题》2017 年第 1 期）一文中认为，被左翼民粹主义裹挟的工党在英国政治中的处境并不乐观：首先，工党的地位在英国政党格局的变动中持续走低；其次，主流民意对工党的不信任感进一步增强；最后，工党在具有传统优势的领域面临其他政党的强势竞争。工党当前的困境是多重原因综合作用的结果：首先，后工业社会的来临持续侵蚀工党的社会基础；其次，选民投票行为发生变化；最后，工党持续左转导致中间选民的疏离。就目前来看，被左翼民粹主义裹挟的英国工党处于两难境地：秉承布莱尔路线，或将难保工党特性，引发认同危机，导致部分选民进一步流失；如继续科尔宾路线，回归工党传统价值，虽能吸引蓝领、体力劳动者或依靠政府救济生活的群体，但其激进立场及主张会引发主流民意恐慌，从而丧失再次执政的可能性。因此，如何在保持自身特性的前提下，吸引更多选民，避免在政党竞争的格局中被边缘化，避免从反对党沦为抗议党是工党在民粹时代面临的一大挑战。吴韵曦在《从“科尔宾现象”看英国工党的变革与面临的挑战》（《当代世界与社会主义》2017 年第 2 期）一文中分析了科尔宾胜选的原因：工党左转是“科尔宾现象”的政治背景；草根群体是“科尔宾现象”的社会基础；直接选举是“科尔宾现象”的制度条件。指出了科尔宾领导下的工党面临的挑战：平衡的领导艺术，维护工党团结；提出明确的竞选纲领，推动理论创新；采取有效的选举策略，扩大选民基础。董沐夕在《二战后澳大利亚工党变革的梳理与思考》（《国外理论动态》2017 年第 1 期）一文中梳理了“二战”后澳工党变革的历程和举措。“二战”后的澳工党历经了以加强党的团结为主题的第一轮变革、以执政能力建设为主题的第二轮变革以及以塑造身份特征为主题的第三轮变革。澳工党加强党的团结的变革措施有：第一，通过确立民主社会主义意识形态调解思想分歧；第二，通过组织内部权力的再分配平衡党内政治力量；第三，通过重构阶级保护主义政策协调利益矛盾；第四，通过调整同澳共的关系宣示政治立场。加强执政能力建设的措施有：第一，民主社会主义意识形态的新自由主义化；第二，为党的政治实践提供组织上的支持；第三，在进一步弱化阶级保护主义政策的同时，开始关注新的政策议题；第四，借助电视平台展示执政能力。塑造身份特征的措施有：第一，确立“第三条道路”的指导思想；第二，以开放、民主为价值导向，加强党的组织建设；第三，以平衡效率与公平为基本原则，对党的经济和社会政策进行调整；第四，充分利用互联网平台在竞选活动中宣传党的形象。文章认为，澳工党变革的首要目标间或得以实现，但与“社会主义”目标却渐行渐远；澳工党在一定程度上得到跨阶级的支持，但在工人阶级中的支持率却严重下降；澳工党的社会整合功能得到某些强化，但阶级利益代表功能却逐渐弱化；澳工党组织的运行效率得到提高，但组织基础却出现松动。董沐夕在《澳大利亚工党与绿党的政治联盟：基础、机制与特征》（《社会主义研究》2017 年第 6 期）一文中认为，工党和绿党的政治联盟关系作为澳大利亚政治体制下的一种特殊现象，具有其生成和发展逻辑。左翼性质是政治联盟关系的建立基础，利益交换是政治联盟关系的运行机制，不稳定性是政治联盟关系的鲜明特征。

有的关注了社会党国际组织。向文华在《社会党国际的内部分裂及其原因与评价》（《当代世界与社会主义》2017 年第 1 期）一文中分析了社会党国际内部分裂的原因，并评价了社会党国际的内部分裂。文章认为，以德国社会民主党为首的西欧传统社会党对社会党国际领导层进行了猛烈批评，最终与其他进步力量联合成立了与社会党国际平行的进步联盟。吸纳有争议的成员党、内部存在争取主导权的斗争及其内在缺陷是导致社会党国际分裂的主观原因，而社会党国际正式成员党地区结构的变化、欧洲社会党的发展壮大及西欧传统社会党联合更广泛力量的愿望成为社会党国际分裂的客观原因。世界社会民主主义运动出现了两个平行的国际组织，社会党国际的实力因此得到削弱。来庆立在《社会民主主义发展的新趋势——以“进步联盟”和社会党国际分裂为视角》（《当代世界社会主义问题》2017 年第 4 期）一文中认为，2013 年“进步联盟”的成立意味着社会党国际开始分裂。“进步联盟”一大完成了组织建构，正式脱离社会党国际。这意味着经过多年酝酿，社会民主主义的发展出现了新趋势。“进步联盟”试图以进步主义为主导，推动社会民主主义的转型；通过重塑社会民主，重树左翼标识，明确提出用民主战胜资本主义；通过重建民主社会，提出替代性的民主道路，以提升社会民主主义的认同度。这一新趋势能否使社会民主主义走向新生，需要持续关注。

其三，国外激进左翼政党发展变化研究。

来庆立在《西欧激进左翼政党概况》（《当代世界与社会主义》2017 年第 5 期）一文中明确了西欧激进左翼政党的定义、构成、社会群体基础及组织结构，梳理了其意识形态诉求及演变，指出了西欧激进左翼政党未来发展面临的问题。文章认为，西欧激进左翼政党在危机后的三点变化：一是苏东剧变后分化的西欧激进左翼力量，在危机后逐渐“找回”了“计划经济”“权威政府”等共同诉求，成为“颠覆”、变革现存秩序的主要力量；二是西欧激进左翼政党代表了工人阶级和“失意者”；三是激进左翼政党在实践中不断探索新的组织形式，力求适应环境变化，以期取得更大成就。西欧激进左翼政党表现活跃的原因有：第一，欧洲大多数国家仍深陷主权债务危机，这为激进左翼政党的发展创设了场域；第二，面对经济危机，社会民主党没有及时适应形势变化，这为激进左翼政党提供了生长空间；第三，极右翼思潮和运动的兴起，为激进左翼政党提供了成长基础。

王聪聪在《欧洲多重危机背景下的激进左翼政党》（《当代世界社会主义问题》2017 年第 1 期）一文中认为，民粹主义在欧洲复归的重要原因在于，欧洲的债务危机、难民危机、恐怖主义威胁等使民众对传统政治的“精英主义”感到失望，转而支持激进政党，特别是极右翼政党。欧洲激进左翼政党的目标是重建欧洲，创建新的进步融合联盟。具体而言：第一，建立广泛的进步统一战线；第二，创办永久性的年度欧洲政治论坛；第三，欧洲激进左翼政党的替代性方案。

其四，国外其他左翼党发展变化研究。

潘亚玲、张艳芳在《2017 年德国大选前看左翼党》（《当代世界社会主义问题》2017

年第 1 期）一文中以 2017 年德国大选年为背景，总结了左翼党的基本纲领以及该党在德国政坛的发展历程与现状，阐述了其对于解决德国国内外问题的主要立场与主张，分析了该党发展所面临的挑战和机遇，并展现了德国政坛的最新发展状况，探讨了以民主社会主义为目标的左翼党在德国的前景。文章认为，虽然左翼党自成立以来在德国政坛上站稳了脚跟，在德国东部地区一直保持广泛支持，是德国一支重要的政治力量。但要进一步发展并得到更多选民的支持，还应解决包括党内二元化问题、缺少真正的领袖人物、党内不同力量的整合问题、东西部发展不平衡问题、德国国内外右倾势力的发展等在内的一系列党内和党外问题。

余维海、黄冰琼在《圭亚那人民进步党的理论发展与政治实践》（《拉丁美洲研究》2017 年第 2 期）一文中认为，圭亚那人进党在拉美左翼政治力量中表现出一定的独特性。人进党自成立以来已经历波折期、低谷期、崛起期和转折期。苏东剧变后人进党根据国内国际新形势调整自己的理论战略，在政治、经济、文化、社会和国际形势等层面提出了一系列新看法：主张建立民族民主的包容性国家，实行以市场为导向的经济战略，发展进步的多元文化，建立和谐稳定的社会，建立全球人类新秩序等。在政治实践领域，人进党坚持民主选举和议会斗争道路，扩大党的群众基础，构建“善治、联盟、民主”的政治文化，促进民族团结，改善女性的社会地位，奉行和平友好、独立自主的外交政策，寻求国外援助、减少国家债务负担等。积极有效的政治实践是人进党长期执政的根本保证。2015 年大选中人进党以微弱差距失去执政地位，但未来该党仍有重新上台执政的实力和可能性，同时也面临几方面的挑战。

易小明在《转型时期的摩洛哥左翼政党》（《当代世界与社会主义》2017 年第 3 期）一文中认为，左翼政党在摩洛哥历史悠久，是摩洛哥政坛最主要力量之一，具有重要政治影响力。当前，左翼政党在摩洛哥政坛的影响力呈下降趋势，这主要归因于左翼政党频繁的分裂以及体制内和体制外左翼政党悬殊的政策，使得它们无法形成统一阵营。中东剧变之后，摩洛哥内外形势发生了深刻变化，也给摩洛哥左翼政党的生存和发展带来了挑战。转型时期，尽管左翼政党积极参与摩洛哥政治议程，但是仍未能有效挽回影响力下降的颓势。与政治伊斯兰的互动，是摩洛哥左翼政党最重要的政治活动之一，但两者关系不甚和谐，不利于摩洛哥民主化进程。如何处理这一关系，摩洛哥左翼政党尚需更多的智慧。

（2）国外右翼政党发展变化研究

玄理、刘玉安在《边缘政党的主流化：探究英国独立党的崛起》（《新视野》2017 年第 1 期）一文中从制度背景、政党自身策略方面分析了英国独立党为什么能够迅速崛起以及其崛起对主流政党的影响。文章认为，英国两党制的衰退为独立党提供了政治空间，排外主义和民粹主义是独立党吸引传统工人阶层选民的重要因素。独立党在政治议程设定和内部团结等方面对主流政党产生了冲击。对于英国独立党而言，英国成功脱离欧盟是其建党以来所获得的最辉煌的政治胜利，但这场胜利并不一定意味着独立党的前景一片光明，其政治动能还面临着一些制约因素。如果独立党能够平稳度过暂时群龙无首的“后公投”时代，继续在自己目标选区中巩固选民支持，仍然会是一支不可忽视的政治力量，有望在未来的英国政治乃至欧洲政治中发挥更大作用。

（3）国外民粹主义政党发展变化研究

有的分析了民粹主义政党崛起的原因、影响和发展趋势。田德文在《欧洲民粹主义政党崛起的原因与走势》(《当代世界与社会主义》2017年第2期）一文中认为，欧洲国家民粹主义政党崛起的表现包括：第一，通过公民投票实现自己的主要政治目标；第二，取得执政地位；第三，给主流政党执政制造麻烦。欧洲民粹主义政党崛起的直接原因是欧洲很多人对“共识政治”状态下的主流政党失去了信心与信任，深层原因则是20世纪80年代后“自由资本主义”回归欧洲引发的社会反弹。民粹主义政党对欧洲政治格局产生影响的重要路径是推动主流政党发生变化：第一，民粹主义政党的很多政策主张已经被主流政党所采纳；第二，民粹主义政党的组织形式也被欧洲主流政党所借鉴；第三，在民粹主义政党的推动下，“直接民主”的决策方式正在越来越多地出现在欧洲政治舞台上。民粹主义政党给欧洲政党格局带来的最大变化是推动所有政党加快“后意识形态化”甚至“后纲领化”的进程，未来欧洲各种政党之间的“原则性”区别可能会进一步缩小。在民粹主义政党的冲击下，未来若干年内欧洲政党格局将处于转型期，最终会形成新的相对稳定的左翼、中间和右翼政党体系。

有的力图借助某种研究框架解析民粹政党的兴起和发展。郑春荣、范一杨在《欧洲右翼民粹政党的发展条件分析——以奥地利自由党为例》(《当代世界与社会主义》2017年第2期）一文中借助卡斯·穆德的政党发展理论框架，回溯了奥地利自由党的发展历史。文章认为，奥地利在现代化与欧洲化浪潮中所面临的社会认同危机、“两党分肥”体制弊端凸显是自由党发展的“需求侧”因素。

（二）世界政党制度研究

1. 世界政党制度综合性研究

此类研究重点关注政党制度的类型、特征和演变。周延胜在《借鉴与超越：世界政党制度的类型与特征》(世界知识出版社）一书中试图以世界政党制度类型为经，以重要国家政党制度的历史发展为纬，以近二十个代表性的国家和地区为范本，以高度概括的体例方式，展示当代世界政党制度的一般面貌。全书共分为绪论、一党制类型和基本特征、两党制类型和基本特征、多党制类型和基本特征、一党制到多党制的演变、中国政党制度的演进与特征和余论七章。周建勇在《欧洲主要国家的政党与政党体制》(江西人民出版社）一书中从厘清政党与政党制度的相关概念和理念入手，建立了区分政党与政党制度类型的理论模型。对欧洲主要国家英国、德国、法国、西班牙、葡萄牙、希腊六国的政党和政党体制的变化进行了观察和分析。

2. 某国政党制度研究

许丰在《民主化以来委内瑞拉政党制度的变迁》(《当代世界与社会主义》2017年第6期）一文中梳理了委内瑞拉政党制度的演变。文章认为，民主化以来委内瑞拉政党制度经历了从多党制到两党制，再到主导党制的演变。20世纪50年代末到60年代的委内瑞拉政党制度接近于极化多党制；七八十年代，体现出鲜明的两党制特征；90年代，表现出某些极化多党制的特征，但并未形成稳定的多党架构；90年代末以来的委内瑞拉政党制度接近于主导党制，同时反对党联盟的反体制色彩明显。受国际油价直接影响的经济荣衰是半个多世纪以来委内瑞拉政党制度变迁的重要推动力量。

3. 政党与其他组织之间的关系研究

政党之间以及政党与其他组织之间的关系是政党制度的主要内容。2016 年，一些学者从党际关系、党政关系、党经关系、党社关系、党军关系等角度解读了国外政党制度。

党际关系方面，卢文娟、臧秀玲的《德国红绿联盟执政时期政党协商的做法与启示》（《山东社会科学》2017 年第 9 期）一文回顾了德国社民党和绿党协商执政的经历，总结了相应经验。文章认为，社民党和绿党通过订立两党协商的联盟协议，搭建协商平台，在平等、民主和相对独立的协商原则指导下，实施互相妥协的政党协商策略，实现了两党间为期 7 年的协商执政，产生系列协商成果。其经验对我们今天的政党协商建设具有重要借鉴意义：要从协商民主的战略高度重视政党协商；政党协商要有制度规范和长效机制；政党协商要建立在民主、平等、共赢的原则之上；要不断提高政党协商的能力和艺术方法。

党政关系方面，刘智利、檀培培的《冷战后越共党内民主与人民民主的互动：进程、经验与问题》（《当代世界与社会主义》2017 年第 3 期）一文将冷战后越共党内民主与人民民主互动的发展历程分为启动阶段、形成阶段和深化发展阶段。冷战后越共党内民主与人民民主互动的经验有：党内民主与人民民主互动发展的首要条件是理顺党政关系；建立健全党内民主与人民民主互动发展的制度平台；重视人民民主对党内民主的促进作用；党内民主与人民民主互动发展的关键是合理设计民主程序。冷战后越共党内民主与人民民主互动面临的问题有：党内候选人竞争可能使越共党内形成派别；“四驾马车”的权力配置会加剧党内矛盾；越共对于党的性质的新定位可能会引起分歧。

祝灵君、郭玥的《经济增长与政党认同》（人民出版社）一文以墨西哥、印度、俄罗斯、意大利、新加坡五国执政党为案例，通过大量数据和材料展示并探讨了经济增长与政党认同的关系。该书认为，经济增长是政党认同的重要基础，但经济增长并非政党认同的决定性因素。执政党既要做好经济建设工作，又要做好人的工作，使经济增长体现为惠及全民的共赢发展。在优选化背景下，执政党必须始终关注经济安全问题，唯有建立在经济安全基础上的经济增长才是可持续的财富增长，才能巩固执政安全、政治安全。

党社关系方面，曾祥裕、张春燕在《印度人民党与印度国民志愿服务团：协调、分歧与未来走向》（《南亚研究季刊》2017 年第 4 期）一文中认为，莫迪政府具有鲜明的印度国民志愿服务团底色。目前印度人民党与国民志愿服务团关系表现出比较强的相互支持，具体表现为竞选协调、组织协调、人事协调和政策协调。作为政党的印度人民党和作为文化组织的国民志愿服务团各有自己的关注重点，二者的选举分歧和政策分歧已有所凸显，将来还有可能进一步发展，为印度政坛带来变数。余泳、胡亦然在《土耳其正义与发展党和“居伦运动”的关系演化》（《阿拉伯世界研究》2017 年第 6 期）一文中梳理了正义与发展党和“居伦运动”的发展历程，认为，正发党上台前后，因受到世俗精英势力的挑战、“居伦运动”与政府交好的先例以及两者相似的政治观、民主观和“宗教—社会”观等因素的影响，选择同“居伦运动”“结盟”的政治策略。但受两者政治合作空间锐减和“居伦运动”屡次“越界”导致“国家—社会”关系失衡、正发党内政外交政策调整等因素影响，双方在政治、经济及外交领域的矛盾日益加剧，对实行伊斯兰民主的“土耳其模式”产生了消极影响。

党军关系方面，陈晓律的《发展中国家的党军关系与我军党指挥枪根本原则》(《南京政治学院学报》2017 年第 4 期）一文认为，从世界历史视野来看，西方国家近代以来的军队“国家化”改造有其历史渊源和相应的政治经济、思想观念土壤，而发展中国家并不存在这样的条件。党政军关系在中国不可分割，党对军队的绝对领导具有必然性。我们必须从历史给定的条件出发，不能将自身发展硬套上某种“标准模型”，无端进行瞎折腾而再一次丧失中华民族崛起的机遇。

（三）世界政党政治发展过程与趋势研究

1. 世界政党政治发展的形势及趋势研究

于洪君在《关于“西方国家政党政治现状与走势”的对话》(《当代世界与社会主义》2017 年第 2 期）一文中认为，世界政党形势正在发生深刻变化，西方国家政党政治正陷入某种困境。资本主义国家政党政治出现的不良症状集中反映在：一是多党制走向极端，各类政党山头林立、多如牛毛；二是政党间的分化重组持续不已，令人眼花缭乱；三是“钟摆效应”扭曲，朝野交替的传统模式开始变异。但是，断言西方国家的政党政治“已经衰败”，或者说“走向终结”，恐怕还为时过早。政党政治在西方社会中的基本定位和主要功能，并没有因为近年来主要资本主义国家爆发金融危机、引起诸多矛盾和冲突而发生实质性改变。政党政治的运作范式，也就是政党影响政治生活、影响社会发展进程的主要方式，在过去和今天都没有发生本质性变化。只是随着现代科技的迅速发展，特别是信息技术的广泛使用，政党政治运行所采用的手段更加现代化而已。

柴尚金在《西方国家政党政治新变化与发展趋势》(《当代世界与社会主义》2017 年第 2 期）一文中认为，西方国家政党政治新变化主要表现在：民粹主义极端政党崛起、传统左右翼政党力量下降、以绿色运动为代表的众多新兴社会运动影响扩大、政党精英民主力不从心、政党政治日益“媒体化”几个方面。政党恶斗加剧朝野分裂和政治极化、政党民粹化加剧“街头革命”、以政党为核心的代议制民主根基破损彰显西方政党政治扭曲效应。政党格局更加碎片化、强人政治继续发展、选举政治的不确定性加剧、西方国家左翼政党进一步边缘化将是西方政党格局的演变趋势。

史志钦、赖雪仪在《西欧国家政党政治的多重两难困境》(《当代世界与社会主义》2017 年第 2 期）一文中认为，近年来，西欧政党政治乱象丛生的根本问题在于欧洲传统政党政治陷入多重两难困境。无论是传统左翼社会党，还是右翼保守党，经历长时期生存危机后，在找寻出路的诸多尝试中越来越举步维艰。首先，许多政党为了延续生命，追求吸引新支持者以最大化选票的同时却丧失了原来的身份及传统支持者。其次，由于大众媒体和自媒体的发展，原本依靠议题设置来争取民众支持的政党转而求助于舞台式的表演风格来讨好选民，政党丧失议题设置功能，不只是放弃了竞选过程的手段，更是放弃了其作为代议政制中一个重要角色的责任。最后，西欧政府在经济上面对国内外的压力及责任，而对经济发展的支配能力又被全球化、欧盟一体化所削弱，在如何回应选民的短期利益诉求与维持国家的长期利益与良好对外关系的责任之间存在着两难。除此之外，政党实现政治的社会化以及为国家挑选及培训领导人的功能也明显在政党追求扩大选票过程中被削弱了。

2. 某类政党政治发展研究

王韶兴的《社会主义国家政党政治百年探索》(《中国社会科学》2017 年第 7 期）一文从社会主义国家政党政治的基本认知与发生机理、社会主义国家政党政治的实践基点、社会主义国家政党政治的理论自觉多个方面展现了社会主义国家政党政治的百年探索。文章认为，在人类政治文明演进的历史长河中，社会主义国家政党政治作为一种新型政治形态，经历了百年发展历程。社会主义国家政党政治百年探索，涉及马克思主义执政党治党管党和治国理政两大领域，体现于党内关系、政党关系、党政关系、党社关系以及对外关系各方面，经历了苏俄首开先河，多国实践及其遭遇挫折，中国、越南等国在新的历史起点上创新发展三个历史时期。总结百年经验，社会主义国家政党政治基本制度的确立与制度优势的充分发挥，与马克思主义执政党进行富有成效的理论反思和价值认知，以超乎寻常的战略定力和策略水平坚持真理、修正错误，不断开拓理论认识和实践发展的新境界紧密相关。21 世纪的社会主义国家政党政治，有力地发展和推进着社会主义国家的现代化进程，不断地塑造和完善着社会主义国家政党政治的实践力量，二者统一于社会主义制度文明可持续发展的宏阔历史进程中，必将对人类建设美好未来产生重大而深远的影响。

3. 某国政党政治的新变化研究

有的以小观大，从某国政党政治的变化反观西方国家政党政治的变化。周淑真在《从美国现状看西方国家政党政治的新变化、新特点》(《当代世界与社会主义》2017 年第 2 期）一文中概括了美国政党政治变化的新特点：传统主流政党不再趋中、整合民意，而是比拼“互黑”；政权交接过程充满冲突对立和恶斗厮打；动员选民方式社交媒体胜于传统媒体。分析了西方国家政党政治新变化的原因和内在逻辑：旧的政党体系衰落导致传统的左翼、右翼政党一蹶不振；执政党脱离现实社会和下层民众；政党之间的对立对抗导致政治衰败。文章认为，以美国为代表的西方国家政党政治正在发生重大变化，主要表现为政党的竞争方式和竞争手段、新旧政权交替方式、传统左翼、右翼政党发展态势、政党政治运行机制的变化。

有的考察了当前盛行的民粹主义对政党政治变化的影响。林德山在《民粹主义政党崛起对欧美政党政治的结构性变化的影响》(《党政研究》2017 年第 6 期）一文中认为，可以从欧美政党政治的意识形态图谱、政党格局的结构性变化以及政治或政策趋向等方面评估民粹主义政党崛起对欧美政党政治的影响。民粹主义更像一种特定的思维方式，将传统意识形态图谱中的不同位置力量聚合在一起，并不足以改变传统的意识形态图谱。民粹主义的蔓延以及民粹主义政党的崛起显示了欧美国家社会意识中的极化倾向的发展。民粹主义政党崛起对既有政治体系更直接的影响在于它们对既有政党结构，尤其是对主流政党和平衡性政党的构成格局变化的影响，在直接影响传统左右翼政党权力结构的同时，也对政党之间的相互作用关系，尤其是围绕政府的联盟关系产生了深远影响。民粹主义政党的崛起也在多种意义上影响了欧洲政党政治或政策的趋向。

三、政党理论观点和有关材料的引介与评析

（一）国外政党研究成果的引介

徐琳翻译了拉里·戴蒙德等著的《政党与民主》（上海人民出版社）。该书从理论和历史的视角解析了政党的类型与功能、西方民主国家政党的兴起、欧洲左翼的美国化、选举制度对政党的影响等问题，梳理了意大利、日本等国改革后的政党与政党制度以及拉丁美洲、印度、土耳其、中国台湾、后共产主义国家等发展中的政党制度，明确了当代政党面临的挑战。全书的核心观点是：政党仍然是必需的，假如政党衰弱，良性民主会受到严重损害。

陆赟翻译了桑迪梅塞尔的《美国政党与选举》（译林出版社）。该书以“政党”和“选举”这两个与美国政治运作息息相关的主题为切入点，对美国式民主的游戏规则做了详细介绍，展示了美国选举制度的实际运作方式，揭示了其中的不足之处。

（二）国外政党研究评析

张君在《政党公职候选人遴选研究述评》（《国外理论动态》2017 年第 1 期）一文中从研究路径、研究范围、研究维度及变量角度等方面回顾了国外学界公职候选人遴选研究的发展历程，扼要阐述了部分研究成果并进行了评论。文章认为，自 20 世纪后半叶以来，国外学界对政党内部民主状况的重视程度日益提高，在政党公职候选人遴选研究方面的成果逐渐增多，不仅关注的地区显著扩大，而且在研究维度和研究方法上的共识也越来越多。未来学界有必要围绕政党公职候选人遴选这一主题，加快推进跨国家、跨政党的比较性研究，同时加强其与其他变量的相关性研究。

（三）有关材料的译介

朱海迷、郑昊、杨春婷、段沁、向雪宁、祝捷的《德国政党法规和党内法规选译》和许营亚、孙正琼、李海鸥、祝捷的《日本政党法规和党内法规选译》（社会科学文献出版社）系珞珈党规精品书系中的两本。前者汇集了德国基民盟、基社盟和社民党三党的党内法规译文；重点翻译了基民盟的章程、财政及党费收缴规定、党内法院条例、基民盟议事规则和基民盟专门委员会条例；详译了基社盟的章程、域外成员准则、党费收缴规定和党内仲裁条例；精译了社民党的组织章程、选举条例、党内仲裁条例和财政条例。后者汇集了日本自民党、民进党和共产党这三大重要政党的党内法规以及《政治资金规制法》《政党助成法》《为确定政治伦理而公开国会议员的资产》等相关法律。

朱昔群　中央党史和文献研究院研究员
靳呈伟　中央党史和文献研究院副研究员

附录三：中国政党制度年鉴文献目录

本目录共收录论文 1385 篇，分为政党制度、执政党建设、参政党建设、国外政党研究与比较研究四部分。收录图书 93 种。

一、论文

1. 政党制度

杨卫敏 . 中国特色政党制度的优势及对世界的贡献——“为人类对更好社会制度的探索提供中国方案”之管见［J］. 统一战线学研究，2017（01）.

陆嘉慧 . 中国特色政党制度文化建设探析［J］. 广东省社会主义学院学报，2017（01）.

鲁开垠 . 新常态下政党协商与政协协商的边界与融合研究［J］. 广东省社会主义学院学报，2017（01）.

刘菊香 . 构建多党合作制度国际话语权的思考［J］. 湖北省社会主义学院学报，2017（01）.

王振 . 多党合作参与毕节试验区建设的经验启示［J］. 新西部（理论版），2017（04）.

黄天柱 . 可持续发展：中国多党合作制度研究的新议程［J］. 广州社会主义学院学报，2017（01）.

王春旭 . 中国政党制度历史必然性探析［J］. 中国高新区，2017（04）.

刘振强 . 中国特色社会主义政治协商的生成逻辑［J］. 宜宾学院学报，2017（02）.

郭晓禄 . 对外传播视域下多党合作话语体系的构建［J］. 江苏省社会主义学院学报，2017（01）.

王春旭 . 中国政党制度历史必然性探析［J］. 中国高新区，2017（04）.

卢春龙，张华 . 制度选择对民主转型结果的影响［J］. 政治学研究，2017（01）.

马鑫 . 制度视域下的当代中国政治“特色”简析［J］. 中共云南省委党校学报，2017（01）.

陈杨 . 中国特色政党制度的坚持和完善［J］. 云南社会主义学院学报，2017（01）.

齐春雷 . 和合文化视域里的中国特色政党制度［J］. 攀登，2017（01）.

王海明 . 协商民主及其中国意蕴的再探讨［J］. 社会科学文摘，2017（01）.

张志永．建国与建制：西柏坡时期当代中国政党制度的初创［J］．安徽师范大学学报（人文社会科学版），2017（01）．

蒋锐．中国特色社会主义政党制度的理论和实践基础——兼议中国共产党领导的多党合作和政治协商制度是两项制度说［J］．统一战线学研究，2017（01）．

沈艳．用问题导向型研究推进我国多党合作话语体系建设［J］．广州社会主义学院学报，2017（01）．

贾德忠．从大学生的政党认同看高校中国特色政党制度教育［J］．苏州科技大学学报（社会科学版），2017（01）．

王振娟．论共产党支持与引领民主党派提升协商能力［J］．大庆师范学院学报，2017（01）．

代星均．坚持中国特色政党制度的“四个自信”［J］．学理论，2017（01）．

胡政宏，钱文华．中国政党制度政治包容性的价值［J］．教育教学论坛，2017（01）．

苏童．构建中国式民主话语权的路径研究［J］．贵州省党校学报，2017（01）．

李海新．人民政协团结统战功能研究［J］．湖北省社会主义学院学报，2017（01）．

周荣．树立多党合作的文化自信［N］．团结报，2017-02-18（002）．

李微微．以章程为基本遵循加强和改进政协民主监督工作［J］．新湘评论，2017（04）．

陈杨．中国特色政党制度的坚持和完善［J］．云南社会主义学院学报，2017（01）．

郑言惠．扎实推进人民政协理论建设和实践创新［J］．中国政协理论研究，2017（01）．

张宝文．坚持多党合作　增强文化自信［J］．群言，2017（01）．

李振鹏．浅谈中国当代政党制度［J］．党史博采（理论），2017（04）．

于维力．中国特色政党制度与协商民主：基于历史、比较与发展的分析方法探究［J］．大连干部学刊，2017，33（04）．

王周刚，李庆．治国理政进程中我国政党监督的转型优化及其路径选择［J］．理论导刊，2017（04）．

张毅．完善多党合作制度的话语体系以提升其话语权［J］．湖南省社会主义学院学报，2017，18（02）．

冯建波．多党合作制度的历史发展与重大成果［N］．宁波日报，2017-04-13（009）．

张献生，肖照青．社会主义协商民主的历史底蕴和现实基础［J］．山西社会主义学院学报，2017（01）．

贾国哲．求同存异是科学处理多党合作中一致性与多样性的“总钥匙”［N］．联合日报，2017-03-23（003）．

李其春．关于提高政党协商实效性研究［J］．吉林省社会主义学院学报，2017（01）．

施敏．试论抗战时期多党合作的历史经验及现实启示［J］．天津市社会主义学院学报，2017（01）．

彭雪莲．毕节试验区建设多党合作高地的几点思考［J］．贵州社会主义学院学报，2017（01）．

陈杨 . 坚持和完善具有中国特色的政党制度［J］. 贵州社会主义学院学报，2017（01）.

段治文，杨光 . 论中国式协商民主的逻辑形成［J］. 理论探讨，2017（02）.

张献生 . 我国政党制度是对人类社会政治文明的重要贡献［J］. 红旗文稿，2017（05）.

黄颂凯，邓可英 .“四个全面”战略布局中民主党派推进政党协商的思考［J］. 广西社会主义学院学报，2016，27（06）.

崔珏 . 多党合作话语体系：理论建构与话语权建构的双重需要［J］. 广西社会主义学院学报，2016，27（06）.

董必荣 . 建国以来中国共产党与民盟关系探讨——兼论政党关系和谐［J］. 上海市社会主义学院学报，2017（01）.

刘坤 . 国家治理现代化视域下中国政党协商机制优化研究［D］. 山东大学，2017.

韩跃进 . 新形势下中国政党协商存在的问题与优化路径探究［D］. 山东大学，2017.

腰雪然 . 中国特色社会主义制度的人民性及优化路径研究［D］. 集美大学，2017.

杜楠楠 . 主体间性视域下和谐党际关系发展研究［D］. 扬州大学，2017.

农工党辽宁省委理论组，唐建武 . 彰显中国政党制度优势　增强具有中国气派的政党理论话语权［J］. 辽宁省社会主义学院学报，2017（01）.

张建伟 . 政党制度差异探源：理论范式与创新框架［J］. 甘肃理论学刊，2017（02）.

齐卫平 . 加强政党协商与推进国家治理现代化［J］. 社会科学，2017（04）.

岑树海 . 政党发展视野下民国初年的“不党主义”及其启示［J］. 人文杂志，2017（03）.

王天楠 . 增强中国共产党领导的多党合作和政治协商理论话语权的对策建议［J］. 辽宁省社会主义学院学报，2017（02）.

陈钰业 . 从大历史视野看中国政党政治实践的历史分期［J］. 湖南省社会主义学院学报，2017，18（03）.

常庆林 . 论民主监督的问题与对策［J］. 湖南省社会主义学院学报，2017，18（03）.

徐锋 . 对我国政党制度效能问题的几点思考［J］. 山东省社会主义学院学报，2017（03）.

许超宇 . 中国特色政党制度理论体系框架构成［J］. 吉林省社会主义学院学报，2017（02）.

瓮晓璐，朱烨昕，郭丹 . 试论中国共产党党内政治文化的先进性［J］. 党史文苑，2017（12）.

陈杨 . 坚持和完善中国特色社会主义政党制度［J］. 中共桂林市委党校学报，2017，17（02）.

杜怀亮 . 浅议中国政党形态的由来及发展［J］. 贵州社会主义学院学报，2017（02）.

陈钰业 . 中国特色政党制度的实践价值［J］. 江苏省社会主义学院学报，2017（03）.

李先伦，杨弘 . 中国政党协商民主科学发展必须坚持的基本原则［J］. 广西社会科学，2017（05）.

石然，段治文．中国特色社会主义民主的逻辑形成［J］．扬州大学学报（人文社会科学版），2017，21（04）．

李际卫．多党合作参与全面建成小康社会的国家凝聚力功能分析［J］．江苏省社会主义学院学报，2017（03）．

熊必军．合作治理理论与政党协商［J］．天津市社会主义学院学报，2017（02）．

张红国．中国协商民主发展的逻辑与现实［J］．天津市社会主义学院学报，2017（02）．

马艳．构建中国多党合作制度话语权的思考［J］．中共银川市委党校学报，2017，19（03）．

张献生．我国多党合作事业发展的新阶段新起点［J］．中央社会主义学院学报，2017（03）．

贾珺婕，朱盼盼．近年来关于“中国政治模式”研究述评［J］．新西部，2017（13）．

张淑兰．高校九三学社社员对多党合作制度的认知及分析——基于山东省的调查研究［J］．统一战线学研究，2017，1（03）．

谢双成．奋发有为再谱新篇［J］．民主，2017（05）．

吉林．发挥社会主义协商民主优势　加强社会主义民主政治建设［J］．中国政协理论研究，2017（02）．

黄福寿．十八大以来人民政协理论创新研究［J］．中国政协理论研究，2017（02）．

陈钰业．多党合作制度话语体系建设的理论维度［J］．上海市社会主义学院学报，2017（04）．

池步云．中国政党制度与现代国家互动历程研究［J］．当代世界与社会主义，2017（04）．

张献生．多党合作制度在中国国家治理中的基本作用［J］．政治学研究，2017（04）．

宋俭，袁珠萍．现代国家治理视域下政党协商的法理困境及其破解［J］．江汉论坛，2017（08）．

张毅．以完善的多党合作制度话语体系增强其国际话语权［J］．广州社会主义学院学报，2017（03）．

任世红．提升我国多党合作制度效能的着力点——兼论民主党派的主体性培育［J］．广州社会主义学院学报，2017（03）．

朱小宝．增强中国特色政党理论话语权的路径选择［J］．江苏省社会主义学院学报，2017（04）．

胡小燕．从和谐政党关系构建的视角看充分发挥民主监督职能的重要意义［J］．湖北省社会主义学院学报，2017（04）．

廖家财．中国特色党际协商民主的发展现状与完善路径［J］．老区建设，2017（14）．

董亚炜．历史与理论：政治学视角下的中国政党制度［J］．中共浙江省委党校学报，2017，33（04）．

刘菊香．协商民主促进政党关系发展的内在逻辑［J］．求实，2017（07）．

叶麒麟．定位、测量与形态：政党与社会的关系研究［J］．武汉大学学报（哲学社会科学版），2017，70（04）.

袁廷华 . 中国政党制度提供了一种新范式［J］. 世界社会主义研究，2017，2（04）.

陈钰业 . 中西方比较视野下的中国多党合作制度话语体系建设［J］. 广东省社会主义学院学报，2017（03）.

肖建平 . 论政党协商的双重属性与内在张力［J］. 上海市社会主义学院学报，2017（05）.

赵培栋 . 中国政党制度结构优化的路径选择［J］. 特区经济，2017（10）.

郇雷 ."三三制"民主：社会主义协商民主制度的雏形［J］. 科学社会主义，2017（05）.

齐春雷 . 关于增强政党协商实效性的几点思考［J］. 广州社会主义学院学报，2017（04）.

张淑娟 . 多维视野下中国特色政党协商制度析论［J］. 理论导刊，2017（10）.

夏波 . 政党协商的制度化规范化程序化研究［J］. 广东省社会主义学院学报，2017（04）.

王凯 . 社会主义协商民主的理论渊源及制度内涵［J］. 广西社会主义学院学报，2017，28（03）.

赵云 . 加强我国政党协商保障机制建设的思考［J］. 理论建设，2017（05）.

孙奥 . 浅析中国的政党制度对社会秩序的维护［J］. 西南林业大学学报（社会科学），2017，1（05）.

莫岳云 . 继续把政党协商坚持好发展好运用好［N］. 学习时报，2017-10-02（003）.

王刚 . 当代中国政党制度话语权建设研究［J］. 辽宁省社会主义学院学报，2017（03）.

刘志礼 . 共同体视域下当代中国的政党协商之道［J］. 辽宁省社会主义学院学报，2017（03）.

卢正涛，王唯惟，吴藜岚 . 制度竞赛中的多党合作制［J］. 贵州社会主义学院学报，2017（03）.

任映红，任江南 . 政党协商的基本原则与策略选择［J］. 江西社会科学，2017，37（09）.

钱牧 . 试论当代中国政党制度中的基本范畴和特殊范畴［J］. 湖北社会科学，2017（09）.

骆平 ."民主之家"特园在多党合作史上的地位和作用研究［J］. 上海市社会主义学院学报，2017（05）.

郑秋野 . 不忘初心　深化共识　夯实多党合作的思想政治基础［J］. 福建省社会主义学院学报，2017（05）.

郭红军 . 中国共产党协商民主的基本经验探论［J］. 中州学刊，2017（10）.

韩金伟 . 多党合作的新思想新实践［N］. 团结报，2017-09-26（001）.

孙德魁 . 基层多党合作实践的内涵、特征及成效［J］. 天津市社会主义学院学报，2017（03）.

孙德魁 . 基层多党合作实践的对策研究［J］. 云南社会主义学院学报，2017，19（03）.

孙信 . 中国政党制度是新时代中国特色社会主义优越性的鲜明体现［N］. 团结报，2017-12-26（008）.

赵昕 . 依法治国视域下的当代中国政党制度建设［J］. 人民论坛 · 学术前沿，2017（23）.

周巧生 . 多党合作在旧政协和新政协中的比较研究［J］. 统一战线学研究，2017，1（06）.

阚宗兰，管新华 . 多党合作制度视域下的中国特色社会主义政治发展道路［J］. 邓小平研究，2017（06）.

吴艳春，温冠男 . 推进我国政党协商发展和完善的路径选择［J］. 山西社会主义学院学报，2017（04）.

朱小宝 . 统一战线学视域下的政党关系探略［J］. 湖南省社会主义学院学报，2017，18（06）.

李书省 . 国家治理现代化语境下协商民主制度体系构建［J］. 南方论刊，2017（12）.

董亚炜 ."大众民主"与社会整合 : 中国政党制度构建的理论依据［J］. 中共中央党校学报，2017，21（06）.

祝灵君 . 从制度自卑走向制度自信和制度自觉——中国政党制度的成本、效能分析［J］. 中共浙江省委党校学报，2017，33（06）.

2. 执政党建设

曹金龙 . 中国共产党思想政治教育意识形态功能的历史考察［J］. 思想教育研究，2017（02）.

史艺军，郑益 . 论中国共产党在自身建设中探索治国理政的历史逻辑［J］. 广西社会科学，2017（02）.

肖铁肩，肖军勇 . 论中国共产党指导思想的提法及其现实启示［J］. 思想政治教育研究，2017，33（01）.

汪仕凯 . 先锋队政党的治理逻辑 : 全面从严治党的理论透视［J］. 政治学研究，2017（01）.

陈学明，李先悦 . 论中国共产党治国理政的合法性［J］. 思想理论教育，2017（02）.

黄晓辉 . 中国共产党与中国法治建设——基于党的本质属性与党的历史实践的分析［J］. 思想理论教育，2017（02）.

于学强 . 论共产党人坚守理想信念的历史经验与路径选择——关于习近平理想信念重要论述的研究与思考［J］. 探索，2017（01）.

马拥军 . 论中国共产党执政基础的变化［J］. 中国浦东干部学院学报，2017，11（01）.

任晓伟 . 新中国成立以来中国共产党探索党内监督的历史经验和时代创新［J］. 理论学刊，2017（01）.

廉睿，卫跃宁.发端于中国本土的“软法”机制——中国共产党“党内法规”的性质透析及其逻辑解构［J］.青海社会科学，2017（01）.

李辽宁.共产党人应具有的历史视野与使命担当［J］.红旗文稿，2017（02）.

王增国.中国共产党价值理念的当代样态及其实现［J］.南京师大学报（社会科学版），2017（01）.

王辉，王让新.习近平中国传统价值观思想的维度探析——以中国共产党执政为视角［J］.扬州大学学报（人文社会科学版），2017，21（01）.

陈柳裕.党内法规：内涵、外延及与法律之关系——学习贯彻党的十八届六中全会精神的思考［J］.浙江学刊，2017（01）.

魏晓东.中国共产党领导统一战线的历史演变［J］.中共浙江省委党校学报，2017，33（01）.

朱哲，邓超.中国共产党政党精神及其时代价值［J］.理论探讨，2017（01）.

王兵，刘林元.中国共产党探索从严治党规律的历史逻辑与理论创新［J］.江西社会科学，2017，37（01）.

储著源.中国共产党世界责任观的历史演变——从毛泽东到习近平［J］.江苏师范大学学报（哲学社会科学版），2017，43（01）.

王遐见.论共产党治国理政的党性思维向度［J］.马克思主义研究，2017（01）.

丁俊萍.党的领导是中国特色社会主义最本质的特征和最大优势［J］.红旗文稿，2017（01）.

郭永虎，暴占杰.“问题倒逼”与中国共产党理论创新［J］.社会科学论坛，2017（01）.

李斌雄，张银霞.中国共产党强化党内监督的新形势新理念新法规——解读党的十八届六中全会通过的《中国共产党党内监督条例》［J］.政策，2017（01）.

王华华.制度治党：中国共产党长期执政的价值选择与推进路径［J］.岭南学刊，2017（01）.

史坤坤.新时期执政党建设的理论创新与经验总结——以七次党代会政治报告为考察中心［J］.晋中学院学报，2017，34（01）.

罗星.改革开放以来历届六中全会对执政党建设理论的贡献［J］.福建理论学习，2017（02）.

孙会岩，郝宇青.互联网时代执政党政治生态面临的挑战及其应对［J］.探索，2017（01）.

李冰，叶金国.社会治理创新与基层党组织建设［J］.社会科学论坛，2017（02）.

江必新.为全面从严治党提供强有力的法治保障——全面从严治党下执政党与法治的十大关系［J］.人民法治，2017（02）.

朱佳木.关于党执政后还要不要革命以及当今时代的性质问题［J］.世界社会主义研究，2017，2（01）.

康雁冰，何羽.中国共产党领导的政治合法性拓展思考［J］.长春大学学报，2017，27（01）.

李海青，赵玉洁．执政党的决策逻辑及其调适［J］．天津社会科学，2017（01）．

谢金辉．习近平的执政风格及其对执政党建设的影响［J］．中共石家庄市委党校学报，2017，19（01）．

田阳，张红．论建设学习型马克思主义执政党［J］．佳木斯职业学院学报，2017（01）．

田旭明，李春艳．中国共产党建设廉洁型执政党的理论认知和实践路径［J］．理论探讨，2017（01）．

奚春华．中国共产党巡视制度的民主价值［J］．宁夏党校学报，2017，19（01）．

任建明．论破解党内权力监督难题的关键制度突破［J］．河南社会科学，2017，25（01）．

王辉．论习近平的共产党人“底线”思想——以生活作风为视角［J］．中共南昌市委党校学报，2017，15（01）．

张军，刘俊杰．改革开放以来中国共产党国家治理能力提升历程研究［J］．广西社会科学，2017（02）．

褚娟．十八大以来中国共产党的作风建设研究［D］．南京师范大学，2017.

沈建波．十八大以来党建创新实践及其有效路径研究［J］．山东行政学院学报，2017（01）．

王庆华，范建荣．国共两党党章比较视野下的中国共产党先进性研究［J］．理论建设，2017（01）．

刘伟．习近平全面从严治党思想的战略深意与实践要求［J］．社会主义研究，2017（01）．

雷厚礼，雷蕾．中国共产党管党治党理论的核心要义［J］．贵州师范大学学报（社会科学版），2017（01）．

邱春林．中国共产党与农村治理的中国特色［J］．理论学刊，2017（01）．

张艳青，肖立辉．全面执政条件下中国共产党政治沟通的特点［J］．甘肃理论学刊，2017（01）．

瞿宛林．中国共产党党内学习的历史经验与启示［J］．中国延安干部学院学报，2017，10（01）．

徐涛．从斗争排斥到竞争共存——抗战时期中国共产党与近代中国政治整合的转向［J］．理论与改革，2017（01）．

史艺军，张笑雨，纪中强．改革开放以来中国共产党取得的执政成效及基本经验［J］．广东行政学院学报，2017，29（01）．

冯俊．理想信念是中国共产党人的精神支柱和政治灵魂［N］．学习时报，2017-01-02（001）．

冯颜利．全面从严治党的常态化制度化——把握《中国共产党党内监督条例》的核心要义［J］．河南社会科学，2017，25（01）．

万秀丽，陈傲雪．自媒体视阈下中国共产党密切党群关系的路径探析［J］．安徽行政学院学报，2017，8（01）．

顾高亮．赢得民心：中国共产党执政以来的经验探析［J］．改革与开放，2017（03）．

肖小华．新民主主义时期中国共产党从严治党的历史回顾及启示［J］．南昌师范学院学报，2017，38（01）．

朱联平．毛泽东党的纯洁性建设思想及其现实启示［J］．理论导刊，2017（02）．

蔡金荣．党内法规发展的阶段性特征及性质认定［J］．人民法治，2017（02）．

王香平．中国共产党的领导是中国特色社会主义最本质的特征［J］．世界社会主义研究，2017，2（01）．

施新州．中国共产党党内法规及其制度体系的内在逻辑［J］．中国延安干部学院学报，2017，10（01）．

李君如．对从严治党的自我监督机制要有自信［N］．北京日报，2017-02-20（013）．

徐友龙，董敬畏．社会重构：中国共产党领导社会建设规律研究［J］．观察与思考，2017（02）．

朱卫卿．中国共产党领导社区协同治理的行动逻辑［J］．领导科学，2017（05）．

于欣．中国共产党马克思主义理论教育经验研究［J］．南方论刊，2017（02）．

李建华，郑基．习近平全面从严治党思想的政治伦理内涵［J］．毛泽东研究，2017（01）．

蒲恩灿．以五大发展理念提升中国共产党的执政能力建设［J］．法制与社会，2017（01）．

魏安迪．中国共产党党内法规与国家法的区别及衔接［J］．法制博览，2017（01）．

王梓，王愿．中国共产党对马克思主义党建理论的创新与发展［J］．人民论坛，2017（01）．

刘飞．从价值观层面推进党的建设［N］．学习时报，2017-02-22（002）．

刘世军．民心是最大的政治：中国共产党执政的合法性基础［J］．学习月刊，2017（01）．

王媛，曾晓丹．浅谈中国共产党党内干部监督［J］．传承，2017（01）．

唐任伍．“从严治党”才能永葆党的生机和活力［J］．人民论坛，2017（01）．

赵靓．马克思主义党建理论的创新及发展研究［J］．人民论坛，2017（06）．

郑海祥．南非共产党政治理念三维向度［N］．中国社会科学报，2017-01-26（005）．

佟玉华．论全面推进从严治党中的党内监督［J］．廉政文化研究，2017，8（01）．

雷厚礼，雷蕾．论中国共产党管党治党的基本规律［J］．淮阴师范学院学报（哲学社会科学版），2017，39（01）．

于江．从“制度建党”到“制度治党”——基于历史、现实和路径的维度［J］．大连干部学刊，2017，33（01）．

衣仁翠．中国共产党领导法治发展的历史逻辑及特点探寻［J］．桂林师范高等专科学校学报，2017，31（01）．

高建明．习近平对中国特色社会主义制度先进性的系统阐释［J］．探索，2017（01）．

杨峥嵘．党内政治生活规范化论析［J］．党政论坛，2017（02）．

王久高．“党内政治生活”的内涵界定探析［J］．中国特色社会主义研究，2017

（01）.

侯嘉斌 . 改革开放以来党内法规建设思路与经验［J］. 人民法治，2017（02）.

宋福范 . 论习近平治国理政的宏观理路［J］. 中共中央党校学报，2017，21（01）.

熊若愚 . 全面净化党内政治生态思想述要［J］. 毛泽东思想研究，2017，34（01）.

毕霞，沙良杰 . 习近平党风廉政建设和反腐败思想的渊源与创新［J］. 廉政文化研究，2017，8（01）.

韩雷 . 中国特色社会主义道路中隐喻的“实践智慧”及时代意义［J］. 甘肃理论学刊，2017（01）.

刘建军 . 政党治理的中国方案——贯彻落实十八届六中全会精神的三重路径［J］. 南京社会科学，2017（01）.

辛鸣 . 论党内政治文化［N］. 北京日报，2017-01-16（013）.

胥文章 . 十七大以来党建问题研究［J］. 才智，2017（02）.

何彦通 . 习近平党风廉政建设思想的意蕴探析［J］. 学校党建与思想教育，2017（01）.

何增科 . 全面从严治党：加强党内监督问题专题研究［J］. 河南社会科学，2017，25（01）.

董朝霞，甄学涛 . 十八大以来反腐倡廉制度建设经验及启示［J］. 牡丹江师范学院学报（哲学社会科学版），2017（01）.

刘金程 . 依规治党：从“不敢腐”到“不能腐”［J］. 人民论坛，2017（06）.

刘力波 . 美国共产党斗争策略分析与展望——以 2016 年美国总统大选为视镜［J］. 当代世界与社会主义，2017（01）.

辛向阳 . 习近平治国理政思想中的“实事求是”［J］. 理论导报，2017（02）.

柴国娜 . 中国共产党意识形态建设策略研究［J］. 中共银川市委党校学报，2017，19（01）.

刘汉峰 . 增强党内政治生活的“四性”［J］. 中国特色社会主义研究，2017（01）.

张琴 . 习近平全面从严治党思想的人民性意蕴［J］. 求实，2017（02）.

刘世军 . 党长期执政的合法性基础［J］. 理论学习，2017（02）.

裴泽庆 . 构建以马克思主义政党为坚强领导核心的政治关系［J］. 中国井冈山干部学院学报，2017，10（01）.

郭祎 . 试论习近平的党性思想［J］. 毛泽东思想研究，2017，34（01）.

卢继元，祖鹏凯 . 论思想建党与制度治党［J］. 桂海论丛，2017，33（01）.

孙兰英 .“四个全面”开启中国共产党在新形势下治国理政的新航程［J］. 理论与现代化，2017（01）.

牛余庆 . 维护党中央权威是马克思主义政党建设的重大课题［J］. 领导之友，2017（02）.

王彩玲 . 让民主监督在从严治党中发挥重要作用［N］. 人民政协报，2017-01-11（011）.

靳诺 . 党内监督：推进全面从严治党的利器［J］. 中国高校社会科学，2017（01）.

刘玉安 . 从“共享发展”看中国共产党治国理念的发展［J］. 河北师范大学学报（哲学社会科学版），2017，40（01）.

冯鹏志 . 大时代的历史选择与政党自觉［N］. 学习时报，2017–02–13（001）.

张佳琪 . 全面从严治党——马克思主义党建理论的新发展［J］. 现代经济信息，2017（02）.

钟碧妮 . 毛泽东与习近平“从严治党”思想比较研究［J］. 中外企业家，2017（03）.

田嵩燕 . 坚持共产党人价值观的三重维度［N］. 学习时报，2017–01–25（002）.

王岐山 . 推动全面从严治党向纵深发展　以优异成绩迎接党的十九大召开［N］. 人民日报，2017–01–20（004）.

吴林龙 . 十八大以来习近平关于共产党人坚定理想信念的重要论述研究［J］. 思想理论教育导刊，2017（04）.

冯浩 . 中国共产党党内法规的功能与作用［J］. 河北法学，2017，35（05）.

韩庆祥，唐爱军 . 共产党人安身立命的根本——学习习近平关于理想信念的重要论述［J］. 中国特色社会主义研究，2017（02）.

武振华 . 论中国共产党执政意识形态现代化［J］. 北京教育学院学报，2017，31（01）.

王华华 . 中国共产党长期执政中“制度治党”的政治优势及实践路径［J］. 广西社会科学，2017（03）.

刘斌 . 改革开放以来中国共产党绿色发展理念的演进［J］. 山东师范大学学报（人文社会科学版），2017，62（02）.

王娟娟 . 冷战后中国共产党对印度政党外交的特点、问题及建议［J］. 南亚研究季刊，2017（01）.

姚红，杨飏 . 从“四个全面”战略布局看中国共产党执政理念的新飞跃［J］. 云南行政学院学报，2017，19（02）.

黄怡文 . 加强中国共产党自我纠错能力建设——从思想建党和制度治党相结合的视角［J］. 求实，2017（03）.

余科杰 . 关于中国共产党执政合法性的几点思考［J］. 新视野，2017（02）.

董亚炜 . 论中国共产党“思想建党”原则及其影响［J］. 新视野，2017（02）.

季春芳，李正华 . 新中国成立初期中国共产党治国理政思想研究评述［J］. 河南师范大学学报（哲学社会科学版），2017，44（02）.

罗振建，汪守军 . 中国共产党领导的统一战线政权历史研究［J］. 统一战线学研究，2017，1（02）.

刘吕红 . 中国共产党坚定理想信念的当代意蕴［J］. 湖湘论坛，2017，30（02）.

王启亮，陈霞 . 中国共产党对网络社会的治理 : 价值取向、核心问题和战略目标［J］. 湖湘论坛，2017，30（02）.

贾绘泽 . 中国共产党文化自信的理论与历史逻辑［J］. 山西师大学报（社会科学版），2017，44（02）.

王忠勇 . 中国共产党共享理念的生成与实践［J］. 中共福建省委党校学报，2017

（02）.

廖冲绪．党内政治生活建设的特点、经验与路径思考——基于中国共产党党内政治生活的历史考察［J］. 贵州社会科学，2017（03）.

吴育林，李腾凯．“四个意识”话语的新发展——从《共产党宣言》到“四个全面”战略期［J］. 贵州社会科学，2017（03）.

李泽泉．中国共产党党内法规建设的历史考察［J］. 浙江科技学院学报，2017，29（02）.

仲伟通．中国共产党制度治党的路径选择［J］. 中州学刊，2017（04）.

解永强，任禀洁，黄晓翠．统一战线是中国共产党治国理政的重要法宝——深入学习习近平总书记关于统一战线的重要论述［J］. 陕西社会主义学院学报，2017（02）.

李晓兰．准确理解《中国共产党党内监督条例》［J］. 理论与当代，2017（04）.

潘维．中国的社会主义道路与中国共产党的四个三十年［J］. 经济导刊，2017（04）.

刘庆．毛泽东关于思想建党塑造中国共产党形象问题研究——以《关于纠正党内的错误思想》为蓝本［J］. 胜利油田党校学报，2017，30（02）.

李华，徐友龙．群众路线：中国共产党执政规律的逻辑起点［J］. 观察与思考，2017（03）.

张俊峰，张传辉．十八大以来中国共产党全面从严治党的创新发展研究［J］. 塔里木大学学报，2017，29（01）.

倪春纳．吐故纳新：改革开放以来中国共产党的组织制度化研究［J］. 宁夏社会科学，2017（02）.

孔新峰．中国共产党治疆方略研究的现状与进路［J］. 实事求是，2017（02）.

张传能．中国共产党党性的三个层次［J］. 上海党史与党建，2017（03）.

郭海龙．《中国共产党党内问责条例》：构建纠错机制的良好开端［J］. 湖北行政学院学报，2017（01）.

李曼诗．中国共产党执政价值观视域下的焦裕禄精神研究［J］. 洛阳理工学院学报（社会科学版），2017，32（02）.

吴莹．国家治理现代化视阈下中国共产党执政资源的开发与利用［J］. 广西社会科学，2017（04）.

罗建华．十八大以来中国共产党党内巡视制度研究综述［J］. 延边党校学报，2017，33（02）.

刘海涛．中国共产党治国理政思想的创新发展［J］. 科学社会主义，2017（02）.

胡蝶．新媒体时代中国共产党意识形态话语权的建构［J］. 大连干部学刊，2017，33（04）.

胡小君．全面从严治党与中国共产党政党治理模式的变迁［J］. 江汉论坛，2017（04）.

任云飞．全面从严治党的里程碑式成果——《中国共产党党内监督条例》的创新点与重大历史意义［J］. 福建党史月刊，2017（04）.

钟宪章．中国共产党加强纪律建设的历程与经验研究［J］. 中共福建省委党校学报，

2017（04）.

陈艳飞 . 抗战时期中国共产党政党形象塑造的文本视角［J］. 广西社会科学，2017（03）.

张艳霞，范军 . 把全面从严治党贯穿于党员队伍建设全过程——中国共产党从严建设党员队伍的经验和启示［J］. 理论探讨，2017（02）.

张城 . 重申共产党人价值观严防党内政治虚无主义［J］. 紫光阁，2017（03）.

张建国 . 历史、现实与超越：论马克思主义中国化形成的必然规律［J］. 贵州大学学报（社会科学版），2017，35（02）.

张晓辉 . 中国共产党局部执政与当代中国国家凝聚力的孕育［J］. 广东省社会主义学院学报，2017（02）.

刘晖 . 大别山区局部执政时期中国共产党从严治党的实践探索［J］. 学习论坛，2017，33（04）.

孙成尧，徐友龙 . 中国共产党治国理政的历史进程与实践逻辑［J］. 观察与思考，2017（04）.

程福根 . 古田会议对中国共产党纪律建设思想的独特贡献［J］. 佳木斯大学社会科学学报，2017，35（02）.

亓光，僧蜿妍 .《中国共产党章程》与全面从严治党［J］. 理论学刊，2017（02）.

李宝江，宁锦歌 . 法国共产党由兴盛到衰微的数据分析及原因探析［J］. 江西师范大学学报（哲学社会科学版），2017，50（02）.

张世定，茹世青 . 赓续与革新：十八大以来中国共产党传统文化创新的当代价值与逻辑建制［J］. 经济与社会发展，2017，15（02）.

马孟庭 . 试论延安时期中国共产党的文化建设思想及当代启示［J］. 中共济南市委党校学报，2017（02）.

杨宪民 . 论十八大以来中国共产党反腐倡廉建设［J］. 教育教学论坛，2017（15）.

贾玉楠 . 从中国共产党政党文化看全面从严治党［J］. 求知，2017（04）.

蒙慧，王雅菲，刘卫东 . 新时期加强党内监督的制度设计——基于对《中国共产党党内监督条例》的分析［J］. 攀登，2017，36（02）.

张秀芳 . 中国共产党绿色发展思想的演进历程［J］. 中共太原市委党校学报，2017（02）.

敖带芽 . 改革开放以来中国共产党执政话语体系创新的路径［J］. 探求，2017（02）.

刘建国 . 中国共产党的历史贡献及基本经验［J］. 吉林省社会主义学院学报，2017（01）.

覃燕 . 十八大以来党内政治生活研究综述［J］. 胜利油田党校学报，2017，30（02）.

王娜 . 延安时期中国共产党理论学习活动研究述评［J］. 胜利油田党校学报，2017，30（02）.

文娇慧 . 十八大以来中国共产党党内巡视制度执行效果研究［J］. 理论观察，2017（03）.

王万江 . 延安时期中国共产党从严治党的实践及启示［J］. 理论观察，2017（03）.

朱永刚．党内运用批评与自我批评思想研究——基于马克思主义经典文本的考察［J］．中共福建省委党校学报，2017（03）．

柳建辉．全面从严治党才能夯实党执政的政治基础［J］．中共天津市委党校学报，2017，19（02）．

陈杨．《党章》是中国共产党全面从严治党的根本遵循［J］．黑龙江省社会主义学院学报，2017（01）．

林泉．评述改革开放以来中国共产党探索法治建设的历程［J］．呼伦贝尔学院学报，2017，25（02）．

姬静静．努力构建中国化的马克思主义党建理论体系——深入学习贯彻习近平总书记党建思想的思考［J］．法制与社会，2017（12）．

徐晓光．论毛泽东党内民主建设理论［J］．沈阳工业大学学报（社会科学版），2017，10（02）．

陈辉吾．中国共产党文化建设的历史经验与深刻启示［J］．桂海论丛，2017，33（02）．

陶良虎．理想信念是中国共产党的核心竞争力［J］．学习月刊，2017（03）．

姚选民．论政治意志力的内在结构——以中国共产党政治实践为背景［J］．云梦学刊，2017，38（02）．

姜亦炜，陈旸．从革命党到执政党：中国共产党的伟大转型［J］．湖州师范学院学报，2017，39（03）．

罗建华．全面从严治党与中国共产党的现代化建设［J］．才智，2017（07）．

曹化勤．全面从严治党背景下激活基层党组织创新的动力机制与实现路径［J］．学校党建与思想教育，2017（06）．

李天香．浅析基层党员队伍建设与增强党员意识［J］．才智，2017（08）．

郑海霞．浅析中国共产党理论创新的基本经验［J］．才智，2017（08）．

刘少华．体现了执政的中国共产党治国理政的方略［N］．人民日报海外版，2017-03-14（002）．

丁兆梅．十八大以来中国共产党群众观的新发展［N］．中国社会科学报，2017-04-25（007）．

胡键．制度治党是全面从严治党的根本［J］．探索，2017（02）．

施秀莉，张士海．习近平全面从严治党思想的科学体系［J］．马克思主义与现实，2017（02）．

吴灿新．党内政治生活、政治文化、政治生态关系研究——学习党的十八届六中全会精神［J］．桂海论丛，2017，33（02）．

张立伟．党内法规体系的理论建构［J］．理论视野，2017（04）．

张瑶，杨丽坤．新中国成立以来党内监督的历史考察及现实思考［J］．党史文苑，2017（08）．

刘雅坤．党内政治生活的历史考察与启示［J］．理论学习与探索，2017（02）．

刘靖北．关于党内政治文化建设的几个问题［J］．中国浦东干部学院学报，2017，11

（02）.

王增智 . 中国特色社会主义道路的另样视角解读［J］. 湖北社会科学，2017（04）.

姜明安 . 论党内法规在依法治国中的作用［J］. 中共中央党校学报，2017，21（02）.

鲁春艳 . 论党内监督的形成与发展［J］. 辽宁行政学院学报，2017（02）.

李朋 . 试论全面从严治党的政治逻辑［J］. 中共桂林市委党校学报，2017，17（01）.

肖光文 . 新时期思想建党和制度治党相结合思想的历程、特征和经验［J］. 中国延安干部学院学报，2017，10（02）.

赵媛媛 . 新时期发展党内民主的困境及路径选择［J］. 改革与开放，2017（08）.

尚庆飞 ."新的历史特点论"：党中央治国理政科学体系的历史基座［J］. 中国社会科学，2017（04）.

廉睿，卫跃宁 . 党内法规的法学逻辑及其与国家法的契合路径［J］. 学习论坛，2017，33（04）.

高云飞 . 全面从严治党下的规矩意识——基于党的优良传统和工作惯例的历史考察［J］. 福州党校学报，2017（02）.

刘阳 . 刍议必须严格党内政治生活［J］. 新西部（理论版），2017（07）.

刘先春，李亚 . 政治信仰：政党治理现代化的精神内核［J］. 中共浙江省委党校学报，2017，33（02）.

梅萍，张凡 ."党规党纪严于国家法律"的理论依据与执行特征［J］. 学习与实践，2017（03）.

牛月永 . 在全面从严治党中走在前列［N］. 青岛日报，2017-04-15（008）.

许耀桐 . 党内民主探索的三次热潮［J］. 中共福建省委党校学报，2017（04）.

李金哲 . 中共党史上三次净化党内政治生态的理论与实践述论［J］. 理论导刊，2017（04）.

王岩 . 习近平全面从严治党思想的逻辑理路［J］. 贵州省党校学报，2017（02）.

王超 . 习近平全面从严治党思想的时代建构和执政逻辑［J］. 探求，2017（02）.

孙雯 . 中共八大对党的领导体制和领导方式的改革探索［J］. 党史文苑，2017（06）.

邸乘光 . 陈云的党纪建设思想与全面从严治党［J］. 江苏师范大学学报（哲学社会科学版），2017，43（02）.

牟春伟 . 中共七届二中全会提出的党建思想［J］. 学理论，2017（03）.

商孝才 . 习近平"讲政治"的鲜明特色及时代意义［J］. 毛泽东邓小平理论研究，2017（04）.

祝彦 . 从党的历史看增强"四个意识"必要性［N］. 辽宁日报，2017-04-25（005）.

张富文 . 论"以人民为中心"思想的基本向度［J］. 科学社会主义，2017（02）.

郑益，师吉金 . 党的制度建设与国家治理现代化［J］. 人民论坛，2017（11）.

桑学成，王世谊 . 全面从严治党永葆党的生机活力［J］. 党建研究，2017（04）.

范力勇 . 中国共产党党内监督历史经验的思考［J］. 决策探索（下半月），2017（03）.

肖贵清 . 加强党内政治文化建设的思考［J］. 中国浦东干部学院学报，2017，11（02）.

胡现岭 . 习近平党建思想论析［J］. 毛泽东思想研究，2017，34（02）.
王俊淇 . 习近平群众监督思想的实践向度［J］. 理论导刊，2017（04）.
马援 . 党内政治文化建设对推进中国特色社会主义文化建设的重大意义［N］. 学习时报，2017-04-05（001）.
田旭明 . 善规与善德的统一：依规治党与以德治党互动互促的多维论析［J］. 理论导刊，2017（03）.
刘颖 . 改革开放以来党的文化治理经验及时代运用［J］. 中共福建省委党校学报，2017（02）.
郭建宁 . 习近平治国理政新理念新思想新战略［J］. 人民论坛，2017（12）.
关凤利 . 习近平关于加强党的文化建设思想探析［J］. 思想理论教育导刊，2017（04）.
曲值 . 从严治党思想的脉络演进研究［J］. 党史博采（理论），2017（03）.
徐晓冬 . 略谈制度治党［J］. 哈尔滨市委党校学报，2017（02）.
何汉斌，谭向阳，孙涓 . 马克思人本思想视阈下夯实党科学决策的群众基础探析［J］. 广西社会科学，2017（03）.
刘维兰，陈泫伊 . 新形势下如何提升党的舆论引导能力［J］. 沈阳大学学报（社会科学版），2017，19（01）.
熊光清 . 十八大以来党对网络社会治理的探索［J］. 理论与改革，2017（02）.
邹谨，李敬煊 . 论探索从严治党规律［J］. 求实，2017（03）.
程国花 . 执政党治理现代化视域中全面从严治党的实践逻辑［J］. 江汉论坛，2017（04）.
杨倩 . 信息化时代执政党网络角色的塑造［J］. 产业与科技论坛，2017，16（08）.
石超 . 当代中国社会转型期执政党社会治理创新研究［D］. 四川省社会科学院，2017.
王荣 . 我国执政党道德形象研究［D］. 中共广东省委党校，2017.
尚景龙 . 浅析马克思主义执政党要增强的“四个意识”［J］. 党史博采（理论），2017（03）.
朱桂峰 . 执政党意识形态机制的两个构建［J］. 党史文苑，2017（06）.
张梦云 . 中国共产党对新的社会阶层的价值整合思考［J］. 四川省社会主义学院学报，2017（01）.
何翯，陈雪峰 . 服务型执政党的内涵及建设路径研究［J］. 胜利油田党校学报，2017，30（02）.
陈会林 . 转型时期中国共产党执政党合法性基础探析［J］. 理论观察，2017（03）.
陈位志 . 社会治理与执政党价值整合的理念与路径变革［J］. 云南行政学院学报，2017，19（02）.
王义 . 国家治理现代化视阈下执政党与社会组织关系调整的价值向度与路径［J］. 云南行政学院学报，2017，19（02）.
黄明元 . 合作治理进程中执政党价值探析［J］. 大连干部学刊，2017，33（03）.

肖春花 . 全面从严治党战略思想的多维探析［J］. 厦门特区党校学报，2017（02）.

包心鉴 . 当代中国治国理政的政治逻辑［J］. 智库时代，2017（01）.

江运东，刘锋，祝小宁 . 守纪律与讲规矩：习近平对列宁党建思想的发展［J］. 理论与改革，2017（02）.

徐邦友 . 以法治思维推进党内法规制度体系建设的理性思考［J］. 中共宁波市委党校学报，2017，39（02）.

王辉 . 论习近平马克思主义执政党政治合力建构思想［J］. 湖北省社会主义学院学报，2017（03）.

薛成莉 . 责任与担当是执政党题中应有之义［J］. 中共乌鲁木齐市委党校学报，2017（02）.

刘舒 . 中国共产党执政话语体系创新的四个着力点［J］. 广西社会科学，2017（06）.

宋潇蓉 . 政党认同视域下的执政党建设探究［J］. 农村经济与科技，2017，28（11）.

郑文琦 . 浅析陈云关于执政党干部队伍建设思想［J］. 党史文苑，2017（12）.

梁晓宇 . 浅谈建设服务型执政党需要明确的基本原则［J］. 中共珠海市委党校 . 珠海市行政学院学报，2017（03）.

孙涛 . 国家治理现代化视域下的执政党法治能力建设论析［J］. 中共青岛市委党校 . 青岛行政学院学报，2017（03）.

方世南 . 深刻把握以人民为中心思想的价值论意蕴［J］. 学习论坛，2017，33（06）.

杜鹃 . 如抽丝！西班牙执政党饱受腐败困扰［N］. 中国纪检监察报，2017-05-28（004）.

赵谦 . 论协商民主下依宪执政的共同体属性［J］. 河北法学，2017，35（07）.

高青 . 牢固树立执政党意识需要认清楚几个关系［J］. 学理论，2017（06）.

胡刚 . 试论执政党的力量之源［J］. 学理论，2017（06）.

杜刚 . 伦理与规制：论执政党的传媒治理［J］. 湖北社会科学，2017（05）.

刘昀献 . 全球视野下的党的执政能力建设研究［J］. 晋阳学刊，2017（03）.

李会勋，肖金明 . 从主体间性理论看执政党与人大的关系［J］. 广西社会科学，2017（05）.

莫秋婵 . 中国共产党执政公信力建设路径的当代探索［J］. 广西社会科学，2017（05）.

李云峰 . 文化自信视域下执政党文化建设问题研究［J］. 安阳工学院学报，2017，16（03）.

吴阳松 . 新媒体时代政党形象建构的内涵、目标与路径论析［J］. 廉政文化研究，2017，8（03）.

牛田盛 . 中国共产党良治之道：习近平执政党治理观初探［J］. 甘肃理论学刊，2017（03）.

丁远朋 . 嵌入式整合：中共党组整合功能的逻辑探究［J］. 中共天津市委党校学报，2017，19（03）.

李义，祝全永 . 执政党社会性功能的调适逻辑——基于中国共产党执政模式现代化演进的视角［J］. 中国延安干部学院学报，2017，10（03）.

邓兰香，曲凯梁 . 中共七届二中全会的执政党建设思想及启示［J］. 重庆科技学院学报（社会科学版），2017（05）.

朱新现 . 全面依法治国亟须处理的三个问题［J］. 党政论坛，2017（05）.

曹立庆 . 执政条件下中国共产党的政治整合研究［D］. 华侨大学，2017.

宫玉涛，常良宇 .《给代表大会的信》中的执政党建设思想及其现实价值［J］. 宁夏党校学报，2017，19（03）.

蒋永甫 . 政党自主性：当代中国执政党建设的重要命题［J］. 湖北行政学院学报，2017（02）.

孙会岩 . 互联网时代的执政党认同研究［D］. 华东师范大学，2017.

孟庆云 . 执政党建设研究的新视野——《信息网络条件下执政党建设研究》述评［J］. 领导之友，2017（09）.

邹谨 . 国家治理体系和治理能力现代化视阈下中共党建创新历程与经验研究［D］. 华中师范大学，2017.

郑吉峰 . 全面从严治党与国家治理现代化［J］. 新疆社科论坛，2017（03）.

沈国明 . 依法治国、依法执政、依规治党之关系［N］. 文汇报，2017-06-08（011）.

史云贵 . 党内政治文化建设的基本经验、主要问题与路径创新［J］. 武汉科技大学学报（社会科学版），2017，19（03）.

胡清芳 . 健全党内监督机制存在的问题和建议［J］. 法制博览，2017（15）.

王子蕲 . 互联网环境下执政党意识形态传播中的风险防范［J］. 华东师范大学学报（哲学社会科学版），2017（03）.

刘先春，王小鹏 . 中国化马克思主义党建理论体系的建构逻辑［J］. 马克思主义研究，2017（06）.

宋俭，凌琦 . 中国共产党以人民为中心发展思想的建构特性［J］. 贵州社会科学，2017（06）.

李海 . 中国共产党领导意识形态工作的战略演进、基本特点与历史经验［J］. 学术论坛，2017，40（02）.

唐爱军 . 论中国共产党意识形态的自我调适［J］. 马克思主义与现实，2017（03）.

李殿仁 . 从“全心全意为人民服务”到“以人民为中心的发展”——论中国共产党人民观的发展演进［J］. 中国井冈山干部学院学报，2017，10（03）.

王忠勇 . 中国共产党共享理念理论向度与实践向度的统一［J］. 求实，2017（05）.

陈先达 . 论中国共产党人的文化自信［J］. 党建，2017（05）.

胡映兰，王国斌 . 从管理到治理：中国共产党社会建设的理念创新［J］. 湖湘论坛，2017，30（04）.

余守萍 . 民主革命时期中国共产党意识形态教育的经验与启示［J］. 思想政治教育研究，2017，33（03）.

姚亚平，李江波 . 论中国共产党代表性和先进性的统一［J］. 江西社会科学，2017，37（06）.

宗刚 . 延安时期中国共产党规范党内政治生活的历史考察及当代价值［J］. 大连干部学刊，2017，33（06）.

徐涛 . 延安时期中国共产党政党文化建设的经验与启示［J］. 理论月刊，2017（06）.

金民卿 . 中国共产党精神的逻辑依据、实践动力和文化根基［J］. 红色文化学刊，2017（01）.

汪如磊 . 中国共产党执政形象的内涵、外延及其影响要素［J］. 红色文化学刊，2017（01）.

张磊 . 新时期中国共产党形象建设研究综述［J］. 红色文化学刊，2017（01）.

周显信，罗馨，张瑶 . 真理与道义：中国共产党先进性的生成逻辑［J］. 贵州社会科学，2017（06）.

任晓伟 . 中国共产党党章中纪律建设条文变动的历史轨迹［J］. 中共党史研究，2017（05）.

吴起民 . 中国共产党新民主主义文化思想研究述评［J］. 中共党史研究，2017（05）.

张万余 . 基于党史视阈的中国共产党软实力建设［J］. 甘肃社会科学，2017（03）.

马亚军 . 中国共产党人特色立场观点方法的政治价值与理论意义［J］. 甘肃社会科学，2017（03）.

周虎 . 从中国共产党执政地位形成的历史逻辑看“四个自信”［J］. 甘肃理论学刊，2017（03）.

王彩云 . 中国共产党领导是中国民主政治建设的本质特征［J］. 济南大学学报（社会科学版），2017，27（03）.

徐友龙 . 中国共产党执政规律的逻辑理路［J］. 浙江学刊，2017（03）.

罗文东 . 中国共产党对马克思主义政党学说的坚持和发展［J］. 中国社会科学院研究生院学报，2017（03）.

凌承纬，刘兴旺 . 中国共产党政治思想传播与理论形象塑造——以 1938—1947 年《新华日报》为考察对象［J］. 长白学刊，2017（03）.

雷蕾，雷厚礼 . 论中国共产党管党治党的基本范式［J］. 贵州社会科学，2017（05）.

丁胜 . 新时期中国共产党权力自觉的伟大实践及其重要启示［J］. 贵州社会科学，2017（05）.

廖冲绪，杨旭 . 改革开放以来中国共产党反腐倡廉教育及其经验启示［J］. 中华文化论坛，2017（06）.

祝福恩，张滨 . 全面从严治党是中国共产党理论自信的体现［J］. 哈尔滨市委党校学报，2017（03）.

高珊 . 中国共产党科学发展思想的历史演进论略［J］. 西南大学学报（社会科学版），2017，43（03）.

曹晓辉，李安增 . 中国共产党加强意识形态建设面临的挑战及策略——基于苏联解体视角的分析［J］. 中共云南省委党校学报，2017，18（03）.

邓跃茂 . 论习近平治国理政思想的整体逻辑［J］. 中共中央党校学报，2017，21（03）.

肖剑，刘卓．论中国共产党运用媒体塑造良好形象的能力建设［J］．湖南行政学院学报，2017（03）．

曹根记．习近平思想建党理论探析［J］．桂海论丛，2017，33（03）．

肖业忠．中国共产党从严治党的经验研究［J］．山东农业工程学院学报，2017，34（05）．

肖光文．改革开放以来中国共产党对思想建党和制度治党相结合的理论探索［J］．理论导刊，2017（05）．

张建．中国共产党治国理政新理念新思想新战略三题［J］．理论导刊，2017（05）．

陈立旭．中国共产党形成监督机制的历程［J］．党政研究，2017（03）．

段光鹏．深入把握加强党内政治文化建设的五大基本要求［J］．领导之友，2017（09）．

靳琰琰．十八大以来中国共产党制度反腐的研究综述［J］．厦门特区党校学报，2017（03）．

杨杰，庞鹏．全面从严治党背景下党内问责程序研究——以《中国共产党问责条例》为视角［J］．重庆理工大学学报（社会科学），2017，31（06）．

曲彦，关欣．中国共产党执政公信力的逻辑理路［J］．中共南京市委党校学报，2017（03）．

林雪梅．《共产党宣言》的政党纯洁性思想与全面从严治党［J］．法制与社会，2017（17）．

董云虎．论中国共产党的政党自信［N］．学习时报，2017-06-12（001）．

蒋英文，王习贤．全面从严治党视野下“实现不想腐”思想的依据和路径［J］．湖湘论坛，2017，30（03）．

张磊．中国共产党“从严治党”的历史发展及创新研究［J］．改革与开放，2017（09）．

何忠国．深化对共产党执政规律的认识［N］．学习时报，2017-05-03（003）．

秦超．马克思主义中国化的理论自觉与实践路径［J］．河南大学学报（社会科学版），2017，57（03）．

白冰，马林冲．简述中国共产党开展党内政治生活的历史考察［J］．世纪桥，2017（06）．

李小红．土地革命时期中国共产党政权观及其实践探析［J］．中共济南市委党校学报，2017（03）．

梅青，熊丽英．中国共产党执政合法性解读［J］．世纪桥，2017（05）．

郭清燕，宋玉忠．建国以来中国共产党对马克思主义中国化认识的现实启示［J］．新东方，2017（03）．

周晓静．西柏坡时期中国共产党文化建设综述［J］．河北广播电视大学学报，2017，22（03）．

黄建圣，兰天．抗战时期中国共产党反腐倡廉建设的历史经验［J］．吉林省社会主义学院学报，2017（02）．

蒋光贵．十八大以来中国共产党巩固和发展统一战线思想路径探析［J］．吉林省社会主义学院学报，2017（02）．

武超．中国共产党党内监督制度建设的规律探寻［J］．延边党校学报，2017，33（03）．

林海燕．中国共产党发展理念的演进与创新——兼论五大发展理论与全面建成小康社会［J］．教育教学论坛，2017（24）．

孙晓晖，廖皇珠．近十年来海外学者对中国共产党推进依法治国的研究述评［J］．探求，2017（03）．

王国龙．从党员主体角度审视习近平关于依规治党思想的基本逻辑［J］．岭南学刊，2017（03）．

朱联平．中国共产党苏区执政时期干部权力监督的经验与启示［J］．湖北行政学院学报，2017（02）．

胡利明．论中国共产党党内监督条例中的法治理念［J］．湖北省社会主义学院学报，2017（03）．

叶德跃．中国共产党长期执政面临的风险及其对策研究［J］．中外企业家，2017（18）．

肖纯柏．习近平对马克思主义党建理论的新发展［J］．中国井冈山干部学院学报，2017，10（03）．

辛志军．以人为本：中国共产党新民主主义理论的核心——基于马克思主义人学视域［J］．北方民族大学学报（哲学社会科学版），2017（03）．

胡玉荣．论习近平党建思想的深刻内涵及其重要意义［J］．知行铜仁，2017（03）．

莫东林，庞虎．全面从严治党必须防止信仰缺失［J］．吉林省社会主义学院学报，2017（02）．

巩茹敏，王力．近年来中国共产党文化建设研究述评［J］．吉林省教育学院学报，2017，33（06）．

杨俊．论党内政治生活基本规范的形成、发展与创新［J］．毛泽东邓小平理论研究，2017（05）．

黄显中，李保全．党的概念：党建的内在根据——毛泽东党建思想的哲学探析［J］．湘潭大学学报（哲学社会科学版），2017，41（03）．

黄湘媛．习近平全面从严治党思想研究［J］．佳木斯职业学院学报，2017（05）．

马丽．党的十八大以来制度治党的新特点［J］．理论研究，2017（03）．

王海澎．中共八大群众路线思想对当前党的建设启示初探［J］．理论观察，2017（06）．

杨林刚．强化党内监督与全面从严治党［J］．中共云南省委党校学报，2017，18（03）．

顾华详．论依规全面从严治党与依法治国［J］．邓小平研究，2017（03）．

张城．中国共产党“自我革命”的理论逻辑［J］．中国领导科学，2017（06）．

张俊国．中国共产党凝聚党心民心的经验与启示［J］．世界社会主义研究，2017，2

（03）.

王常柱，夏晓丽 . 网络舆论挑战下党的执政能力建设思考［J］. 天津行政学院学报，2017，19（03）.

金桥 . 全面从严治党视域下的“关键少数”治理［J］. 湖北行政学院学报，2017（02）.

王宇凤 . 新中国成立初期中国共产党从严治党的历史经验与现实启示［J］. 红色文化资源研究，2017，3（01）.

孙大雄,兰天玉 . 论党内法规对党领导立法的保障与规范［J］. 中共青岛市委党校 . 青岛行政学院学报，2017（03）.

戴焰军 . 关于加强党的作风建设的几点思考［J］. 党的文献，2017（03）.

王建芹 . 法治视野下的党内法规体系建设［J］. 中共浙江省委党校学报，2017，33（03）.

沈传亮 . 中国共产党高层决策结构及其运行特点分析（1949—1956）［J］. 教学与研究，2017（05）.

陈燕 . 延安时期党内政治生活基本规范建构——以延安整风运动为视角［J］. 中国延安干部学院学报，2017，10（03）.

修长昆 . 全面从严治党的历史发展及启示［J］. 理论学习与探索，2017（03）.

戴安林 . 毛泽东抗日战争时期的党风建设思想［J］. 红广角，2017（Z3）.

李朋 . 论毛泽东思想建党的思想及当代价值［J］. 中共云南省委党校学报，2017，18（03）.

于江 . 严肃党内政治生活畛域下“批评与自我批评”［J］. 领导之友，2017（11）.

程艳 . 论习近平治国理政思想的担当理念［J］. 玉林师范学院学报，2017，38（03）.

张敏 . 关于党的执政能力建设的三点思考［J］. 党史博采（理论），2017（05）.

肖纯柏 . 马克思主义党性理论的新发展［N］. 学习时报，2017-05-17（002）.

祝灵君 . 办好中国的事情关键在管党治党［N］. 学习时报，2017-05-08（008）.

双传学 . 政治文化建设：时代诉求、价值目标及优化路径［J］. 中共中央党校学报，2017，21（03）.

张晓燕 . 关于党内法规制度实施体系建设的思考和建议［J］. 理论学刊，2017（03）.

刘豪，王雨杉 . 简析中共八大正确路线未能延续的原因［J］. 世纪桥，2017（05）.

陈光 . 党内法规在社区治理中的作用研究［J］. 中共浙江省委党校学报，2017，33（03）.

袁婷婷，徐云峰 . 从知易行难到知行合一——全面加强党的建设［J］. 学理论，2017（05）.

周树辉，陈妮 . 毛泽东思想建党理论与中国革命的伟大胜利［J］. 中共南宁市委党校学报，2017，19（03）.

曹晓辉 . 新形势下加强党性教育措施［J］. 世纪桥，2017（06）.

李英强，高民政 . 党内巡视监督创新策略探析［J］. 人民论坛，2017（13）.

张俊生，苏敏 . 论习近平“严肃党内政治生活”思想［J］. 安庆师范大学学报（社会科学版），2017，36（02）.

李华 . 论加强党的优良作风建设［J］. 党政论坛，2017（06）.

孙亚杰 . 新时期党员干部队伍作风建设的思考［J］. 领导科学论坛，2017（07）.

尹汉宁 . 从列宁的建党思想看严格党内政治生活的极端重要性［J］. 红旗文稿，2017（09）.

李娜 . 全面从严治党开启管党治党新时代［J］. 前进，2017（06）.

汪火良 . 中国共产党领导立法的理论阐释［J］. 领导之友，2017（09）.

邹薇 . 党的人民性与人民主体性统一的逻辑和方式［J］. 西安政治学院学报，2017，30（03）.

蔡文华 . 党的十八大以来依规治党的理论发展与实践探索［J］. 党的文献，2017（03）.

傅小青 . 略论党的领导与依法治国的内在关联性［J］. 理论导刊，2017（06）.

苗祥文 . 党的十八大以来从严治党制度建设的成就、经验和启示［J］. 南方论刊，2017（06）.

王彦 . 党群协商：协商民主对党群治理方法创新的启示［J］. 中南民族大学学报（人文社会科学版），2017，37（03）.

毛军吉，刘意 . 提高全面从严治党制度执行效力研究［J］. 中共天津市委党校学报，2017，19（03）.

孙希江 . 全面从严治党要处理的五大关系［J］. 领导之友，2017（09）.

连铁源 . 从供给视角认识党在国家治理中的作用［J］. 理论导报，2017（06）.

甄小英 . 提高党内政治生活质量的着力点［J］. 观察与思考，2017（06）.

李燕，闫丁 . 政治生态视域下中国共产党党内监督的困境及对策探析［J］. 社科纵横，2017，32（06）.

孙丹 . 思想建党和制度治党紧密结合——全面从严治党的根本途径［J］. 学理论，2017（06）.

辛延恒，刘思宇，辛绍军 . 习近平治国理政思想浅析［J］. 现代交际，2016（17）.

唐文玉 . 从严治党常态化的实践路径［N］. 中国社会科学报，2017-05-31（007）.

李鉴修 . 全面从严治党走上新征程［J］. 领导之友，2017（10）.

王帅 . 新媒体环境下优化党内政治生活的四个维度［J］. 中共南宁市委党校学报，2017，19（03）.

屈宏辉，李伟，薛海龙 . 维护党中央权威的理性思考［J］. 西安政治学院学报，2017，30（03）.

张埔华 . 中共八大对管党治党策略的探索［J］. 党史文苑，2017（12）.

李磊 . 新的历史条件下制约党的执政能力建设的因素及其对策［J］. 观察与思考，2017（06）.

马援 . 党内政治文化建设对推进中国特色社会主义文化建设的重大意义［J］. 理论建设，2017（03）.

孟婷 . 全面从严治党：基层党组织必须严起来［J］. 中共杭州市委党校学报，2017

（03）.

陈国平 . 从严治党的几个基本问题［J］. 辽宁师范大学学报（社会科学版），2017，40（03）.

陈家兴 . 党内政治文化的破与立［J］. 理论导报，2017（05）.

公丕祥 . 坚持依法治国与制度治党、依规治党统筹推进、一体建设［J］. 群众，2017（09）.

欧庭宇 . 论习近平党建思想的实践背景［J］. 决策与信息，2017（05）.

胥苗苗 . 党的十八大以来党风廉政建设创新与发展［J］. 中共郑州市委党校学报，2017（03）.

孟繁英，李瑞 . 改革开放以来党提出的发展战略［J］. 中共石家庄市委党校学报，2017，19（06）.

王然 . 习近平党内法规制度建设思想论析［J］. 社会主义研究，2017（03）.

肖新喜，杨炳超 . 刍论党内法规的基本属性［J］. 理论导刊，2017（05）.

郑桦，杨秀春 . 从中国梦看执政党的合法性建设［J］. 湖南第一师范学院学报，2017，17（04）.

杨英 . 作为一种可能：以政党超自主性突破国家自主性［J］. 上海市社会主义学院学报，2017（04）.

王昭 . 从革命党向执政党的转变——以中共八大到十八大党章为分析文本［J］. 安徽行政学院学报，2017，8（04）.

张喜平 . 执政党的基层治理创新对中国道路的捍卫与推进——以佛山南海“政经分离”为例［J］. 贵州大学学报（社会科学版），2017，35（04）.

康立芳 . 当代中国执政党认同发展的内在逻辑［J］. 思想政治教育研究，2017，33（04）.

李青青，崔瑾 . 从历史的纵向看全面从严治党的实践与意义［J］. 前沿，2017（08）.

吕百利 . 怎样提升党的网络执政能力［J］. 人民论坛，2017（23）.

黄红平，王小金 . 马克思主义廉洁型执政党建设三题［J］. 唯实，2017（08）.

刘宗洪 . 不断革新的执政党才能保持生机和活力［J］. 重庆社会科学，2017（08）.

蒋俊明，凌霄 . 社会转型背景下党的社会性功能建设［J］. 社会主义研究，2017（04）.

邓杰 . 国家形象、政党形象和执政形象之关系论析——政治学视野下的当代中国国家形象理论研究［J］. 青海社会科学，2017（04）.

周仲秋，严向远，谢榭 . 列宁开创党内民主“伟大时代”的实践及其当代启示［J］. 求索，2017（07）.

王超 . 习近平全面从严治党思想的核心主题及实现路径［J］. 中国井冈山干部学院学报，2017，10（04）.

张甲哲 .20 世纪 50 年代邓小平党的建设思想论析［J］. 党史文苑，2017（14）.

张金福 . 试论全面从严治党思想形成的理论渊源［J］. 世纪桥，2017（07）.

刘蕊，陈善友 . 政治生态理论的历史演进及现实转向［J］. 前沿，2017（07）.

纪中强．“四个全面”战略布局下党执政成效的多维透视［J］．党政干部学刊，2017（07）．

张国宏，左雪松．习近平治国理政新理念新思想新战略的逻辑定位及其展开［J］．理论探讨，2017（04）．

纪中强，杜亦菲．服务型政党评价指标体系构建探析［J］．大连干部学刊，2017，33（07）．

张喜彬．国家安全视野下党风廉政建设的战略意义［J］．改革与开放，2017（13）．

张正州．理论向度、制度层次与比较境遇——当代中国政治社会中的民主集中制［J］．山东行政学院学报，2017（04）．

陈俞频．“四个全面”战略布局指导下执政党合法性资源建设规律探析［J］．领导科学论坛，2017（11）．

周小明．近几年来的执政党认同研究［J］．上海党史与党建，2017（07）．

肖滨，姚贵雄．政党转型视角中的反腐败注意力研究——以G省纪委1978至2016年的反腐败实践为例［J］．社会科学家，2017（07）．

周小明，孙岩．执政党认同：主要功能、层次结构及建构逻辑［J］．湖北行政学院学报，2017（03）．

王国龙．“两学一做”：加强马克思主义执政党建设的新探索［J］．湖北行政学院学报，2017（03）．

于亚杰．近十年来国内党政关系研究综述［J］．湖南行政学院学报，2017（04）．

丁俊萍．党建学科构建的几点思考［J］．理论探索，2017（04）．

宋严．中国共产党领导核心制度溯源及内涵意义［J］．广西社会科学，2017（08）．

陈世润，胡喜如．中国共产党纪律检查的历史沿革、特点与经验［J］．南昌大学学报（人文社会科学版），2017，48（04）．

曹翠芬．论中国共产党成立初期政治话语的构建［J］．党史文苑，2017（16）．

于学强，王婧．坚守共产党人理想信念必须破除的几种错误观点——基于习近平关于共产党人理想信念论述的学习［J］．江西理工大学学报，2017，38（04）．

张振，张美娟．延安时期中国共产党净化党内政治生态的实践探索与当代价值［J］．学术探索，2017（08）．

李江波，姚亚平，黎滢．改革开放以来中国共产党的意识形态建构［J］．求实，2017（08）．

钟天娥．习近平对中国共产党革命精神的弘扬与发展［J］．理论导刊，2017（08）．

侯嘉斌．中国共产党党内法规建设的价值导向：从功能主义到规范主义的嬗变［J］．中共中央党校学报，2017，21（04）．

唐爱军．从“革命”到“改革”——论中国共产党意识形态的话语变迁［J］．浙江学刊，2017（04）．

曹海琴，魏宏．论当代中国共产党的职能定位与执政能力提升［J］．云南行政学院学报，2017，19（04）．

罗建华．全面从严治党视阈下中国共产党的现代化建设［J］．天中学刊，2017，32

（05）.

唐亚林.使命 — 责任体制：中国共产党新型政治形态建构论纲［J］.南京社会科学，2017（07）.

车辚.中国共产党执政生态系统的非线性安全分析［J］.党政研究，2017（04）.

肖贵清，田桥.政党治理引领国家治理：中国共产党治国理政的逻辑理路［J］.山东社会科学，2017（07）.

贺东航，徐进功，胡荣涛.十八大以来中国共产党治国理政话语权构建研究［J］.东南学术，2017（04）.

戴焰军.中国共产党人价值观的若干理论问题［J］.党建，2017（07）.

秦慧，潘学良.论中国共产党公平正义理论的思想基础［J］.思想政治教育研究，2017，33（04）.

李会勋.党内法规的价值维度研究［J］.华侨大学学报（哲学社会科学版），2017（04）.

张神根.论析中国共产党对社会主义政治发展道路的探索［J］.红广角，2017（Z4）.

陈蓉蓉，吴学琴.中国共产党发展进程中的话语变迁考察［J］.学习与实践，2017（08）.

梁罡.十八大以来中国共产党权力监督思想的理论与实践研究［J］.长春大学学报，2017，27（07）.

毛宽海.十八大以来中国共产党党风廉政建设研究［J］.哈尔滨学院学报，2017，38（07）.

张笑雨.中国共产党党内巡视制度的历史嬗变研究［J］.辽宁师范大学学报（社会科学版），2017，40（04）.

冯留建，管婧.中国共产党绿色发展思想的历史考察［J］.云南社会科学，2017（04）.

王立.论中国共产党政党建设的文化自觉［J］.胜利油田党校学报，2017，30（04）.

车辚.中国共产党执政生态系统的思想边界控制［J］.湖北行政学院学报，2017（03）.

杨茜茜.中国共产党党内政治生活经验研究［J］.党史博采（理论），2017（08）.

张寅.中国共产党推进民主执政建设的时代价值［J］.法制与社会，2017（24）.

王飞，王艳.中国共产党从严治党的历史溯源、现实设计和未来推进［J］.党史文苑，2017（16）.

刘家贺.中国共产党党内监督的历程和启示［J］.社科纵横，2017，32（08）.

冒林波.国家治理现代化视阈下中国共产党执政理念创新［J］.四川职业技术学院学报，2017，27（04）.

王珂.马克思主义基本原理与中国共产党的思想建设［J］.决策探索（下半月），2017（07）.

王静.改革开放以来中国共产党发展话语体系的建构与发展［J］.理论与改革，2017（04）.

杜裕禄，侯月英．中国共产党理论话语权建设的挑战与建构［J］．山东农业工程学院学报，2017，34（07）．

魏晓文，姚丹．十八大以来中国共产党治理腐败的新态势［J］．中共天津市委党校学报，2017，19（04）．

陈邵桂．从毛泽东到习近平：中国共产党“四个自信”思想的形成与发展［N］．湖南日报，2017-07-13（008）．

刘晓丽．新形势下全面从严治党——从《准则》《条例》的修订完善透视共产党自身建设［J］．上海市社会主义学院学报，2017（04）．

周光俊．政治文化视域下中国共产党政治象征的塑造、实体与规制［J］．领导科学，2017（26）．

刘丹璇．抗日战争时期党的作风建设问题初探［J］．延边党校学报，2017，33（04）．

梁梁．全面从严治党：中国共产党的政治自信［J］．红旗文稿，2017（15）．

韩喜平，巩瑞波．边界与效度：政党内部激励活动的原则论析——以中国共产党党内表彰活动为例［J］．中共中央党校学报，2017，21（04）．

高亚龙．中国共产党党性修养历史实践及其当代启示［J］．中共合肥市委党校学报，2017（04）．

李潇．延安整风运动时期中国共产党的思想政治路线启示［J］．改革与开放，2017（14）．

蔡娟，冯长东．净化党内政治生态应注重党内政治文化建设［J］．廉政文化研究，2017，8（04）．

黄建军．国家治理现代化视阈下党的执政能力建设论略［J］．求实，2017（07）．

孔金．论全面从严治党与坚持人民性的逻辑统一［J］．学校党建与思想教育，2017（13）．

陈松友，李雪．习近平制度治党思想的科学内涵与实践要求［J］．河南社会科学，2017，25（06）．

范海龙，李玉敏．坚守人民立场与党的执政地位的巩固［J］．湖北行政学院学报，2017（03）．

房世刚．论增强党内政治生活的时代性［J］．理论导刊，2017（08）．

邓汪扬．新形势下思想建党面临的困境及对策研究［J］．知识经济，2017（16）．

何维芳．建党、整党、治党：党的建设之逻辑演进与跃升［J］．毛泽东思想研究，2017，34（04）．

张江洁．理论视角下习近平“从严治党”思想的基本内容［J］．理论观察，2017（07）．

朱明强．浅析习近平全面从严治党思想［J］．世纪桥，2017（07）．

王恒．关于完善当前党内巡视制度的思考［J］．世纪桥，2017（07）．

高英华．加强党内政治文化建设［J］．理论与当代，2017（07）．

王威，石淑华．习近平国家治理现代化思想的三个来源［J］．昆明理工大学学报（社会科学版），2017，17（04）．

董学，王洪树．党内监督：培育党内政治信任的重要路径［J］．探索，2017（04）．

章征科．新世纪中国共产党解决民生问题的新思想新方略论要［J］．理论导刊，2017（08）．

王今诚．延安时期中共党内政治生活严肃化实践经验研究［J］．毛泽东思想研究，2017，34（04）．

李磊．论党的执政能力建设与推进国家治理现代化的逻辑关联［J］．山东农业工程学院学报，2017，34（07）．

田玉敏，张雅光．十八大以来中国共产党法治中国建设理念研究［J］．理论月刊，2017（07）．

张士海．论习近平党建思想的鲜明特点［J］．思想理论教育导刊，2017（08）．

常婧超．运用法治方式探究全面从严治党的实现路径［J］．法制与社会，2017（23）．

祝灵君．党内政治文化是党内政治生活的灵魂［J］．当代贵州，2017（30）．

刘燕婷．也谈加强中国共产党基层党内政治文化建设［J］．福建教育学院学报，2017，18（07）．

刘延华．中国共产党干部选拔任用的历史经验与现实选择［J］．改革与开放，2017（14）．

陶庆，顾小倩．"常任制"改革中的政党治理中国探索［J］．学术界，2017（05）．

柯华庆．党导民主制：正当性与价值［J］．学术界，2017（05）．

丘丽红．论新时期中国共产党执政文化特征的内在统一性［J］．法制与社会，2017（20）．

于江．严肃党内政治生活视域下"批评与自我批评"［J］．观察与思考，2017（07）．

任勇．以政党治理优化国家治理［J］．唯实（现代管理），2017（07）．

龚凤祥．有效推进党内政治文化建设［J］．新湘评论，2017（15）．

邹宏如．把握从严治党与"四个自信"的辩证统一关系［J］．新湘评论，2017（15）．

卢忠萍，王先亮，曹京燕．全面从严治党彰显中国共产党的责任与担当［J］．红旗文稿，2017（14）．

姚兵．全面从严治党思想的形成与发展的历史分析［J］．教育教学论坛，2017（29）．

周政龙．论网络动员对中国共产党执政能力的挑战及对策［J］．宁夏党校学报，2017，19（04）．

刘琦．早期中国共产党人探索马克思主义时代化的经验［J］．湖南行政学院学报，2017（04）．

欧庭宇．习近平党建思想的科学体系、民族气质与中国特质［J］．上海市社会主义学院学报，2017（04）．

田双．当前形势下严明党的纪律问题探究［J］．党史博采（理论），2017（08）．

王黎锋．从党的历史发展深刻认识维护中央权威的重大意义［J］．大连干部学刊，2017，33（08）．

孙蚌珠．从战略高度认识党和国家的行动纲领［J］．人民论坛，2017（22）．

刘明一．"全面从严治党"对马克思主义政党建设的新推进［J］．山东青年政治学院学报，2017，33（04）.

王韵词 . 党内批评与自我批评功能探析［J］. 领导科学论坛，2017（15）.

李娜 . 从理论视角浅析思想建党与制度治党［J］. 教育现代化，2017，4（34）.

李艳飞，任佳 . 延安整风运动对新时期党的建设的启示［J］. 党史文苑，2017（16）.

袁绍东 . 党的十八大以来全面从严治党的实践逻辑［J］. 中共郑州市委党校学报，2017（04）.

姜林林，于泉蛟 . 建党以来党的内在思维方式经验总结［J］. 世纪桥，2017（08）.

李昕，王月霞 . 中国共产党全面从严治党的路径探析［J］. 中共银川市委党校学报，2017，19（04）.

朱映雪，孙秦敏 . 建设党内政治生态需要发展党内民主［J］. 中州学刊，2017（08）.

王卫兵 . 党内政治文化的价值定位与建设路径［J］. 中州学刊，2017（08）.

董云虎 . 论中国共产党的政党自信［J］. 理论与当代，2017（08）.

黄建圣，兰天 . 抗战时期中国共产党反腐倡廉建设的历史经验及其启示［J］. 中共乐山市委党校学报，2017，19（04）.

蒯正明 . 将党内法规纳入社会主义法治化国家建设中的若干思考［J］. 中南大学学报（社会科学版），2017，23（04）.

吴炜，马慧怡 . 改革开放以来中国共产党关于社会稳定的思想与实践［J］. 岭南学刊，2017（04）.

张正敏 . 党内监督体系研究［J］. 智库时代，2017（09）.

龚晨 . 自我革命视域下加强基层党内政治文化建设的思考［J］. 理论研究，2017（04）.

文斌 . 党内政治文化的构建动因与生成路径［J］. 理论研究，2017（04）.

何况 . 新时期全面从严治党的价值指向与深化路径探析［J］. 中共济南市委党校学报，2017（04）.

唐亮，董宇峰 . 话语权力与国家形象：中国共产党的政治哲学视野［J］. 中共济南市委党校学报，2017（04）.

谭文红，吴薇 . 政治学视域下中国共产党党员政治人格的培育和优化［J］. 中共合肥市委党校学报，2017（04）.

何腊生 . 从严治党遵循的基本原则：坚持思想建党和制度治党紧密结合［J］. 思想理论教育导刊，2017（07）.

蒋伏虎 . 推动全面从严治党向基层延伸重在反腐倡廉［J］. 廉政文化研究，2017，8（04）.

张伟 . 中国共产党政治沟通评析［J］. 党政论坛，2017（07）.

李珈瑶 . 新媒体时代执政党意识形态传播路径探究［D］. 中共中央党校，2017.

施龙德 . 全面从严治党的“变”与“不变”［N］. 新华日报，2017-07-12（011）.

王小鹏，刘先春 . 新形势下中国共产党讲政治的内在逻辑解析［J］. 探索，2017（05）.

蒙云龙，黎伟盛 . 中国共产党意识形态建设的文化诠释［J］. 广西社会科学，2017

(10).

谢忠鹏.中国共产党构建下的“中国模式”研究［J］.衡水学院学报，2017，19(05).

楚向红.浅析中国共产党依法治国的特色和优势［J］.沈阳干部学刊，2017，19(05).

文建龙.习近平理想信念论断及其对党的建设的启示——以“理想信念就是共产党人精神上的‘钙’”论断为基点［J］.知与行，2017(10).

吴大兵，岳琦琳.改革开放以来中国共产党巩固执政基础的基本经验［J］.重庆社会科学，2017(10).

高翔莲，郭关玉.抗战时期中国共产党的执政理念：内涵、实践与价值［J］.江汉论坛，2017(10).

李合亮.民生取向：中国共产党意识形态建设的基本价值诉求［J］.教学与研究，2017(10).

唐亚林.从党建国体制到党治国体制再到党兴国体制：中国共产党治国理政新型体制的建构［J］.行政论坛，2017，24(05).

齐卫平.中国共产党廉洁形象建设的思考［J］.江西师范大学学报（哲学社会科学版），2017，50(05).

杨莉芸.网络时代中国共产党执政形象建设：困境与路径［J］.毛泽东思想研究，2017，34(05).

董娟.中国共产党巡视制度研究的梳理与思考［J］.广西社会科学，2017(09).

吴兴德，吴明永.中国共产党全面从严治党的主要经验［J］.重庆理工大学学报（社会科学），2017，31(09).

郭超.文化多样性视域下中国共产党意识形态建设的历史经验［J］.湖湘论坛，2017，30(05).

赵朝峰，高超.中国共产党群众观的内在逻辑及启示［J］.中共浙江省委党校学报，2017，33(05).

赵秀敏，孔德永.延安时期中国共产党话语权的建构途径［J］.苏州科技大学学报（社会科学版），2017，34(05).

周叶中.关于中国共产党党内法规体系化的思考［J］.武汉大学学报（哲学社会科学版），2017，70(05).

刘海春，廖皇珠.政治生态视阈下全面从严治党的推进路径［J］.广西社会科学，2017(10).

屠静芬，范伟.党的十八大以来中国共产党传统文化观的拓展与创新［J］.思想理论教育导刊，2017(10).

伍小涛.中国共产党话语体系的历史考察［J］.红广角，2017(Z5).

言浩杰，李婧.习近平全面从严治党思想中的“自我革命”论［J］.思想政治教育研究，2017，33(05).

朱永刚.中国共产党治国理政实践的历史演进与经验探赜——基于党的理论·历

史 · 实践的多维透视［J］. 商丘师范学院学报，2017，33（10）.

林炳玉 . 中国共产党思想建党的成功轨迹［J］. 党政论坛，2017（10）.

谢仁海 . 论中国共产党党内法规的规范性［J］. 学校党建与思想教育，2017（18）.

肖存良 . 执政能力与领导能力：习近平党建思想的双重维度［J］. 理论与改革，2017（05）.

伍颖 . 论中国共产党“走”的战略战术思想［J］. 行政科学论坛，2017（09）.

孙绍勇 . 全面从严治党视域下中国共产党意识形态能力建设论析［J］. 东南学术，2017（05）.

张艳斌 . 改革开放以来中国共产党意识形态观演进的重要启示［J］. 宜春学院学报，2017，39（10）.

曲洪波，陈珊珊 . 中国共产党制度治党的发展历程及其当代启示［J］. 江苏第二师范学院学报，2017，33（10）.

段妍，李向英 . 抗战时期中国共产党“从严治党”的历史考察［J］. 思想理论教育导刊，2017（10）.

刘云章，傅英会，王廷林 . 十八大以来党的执政建设研究：目标、道路与能力［J］. 中共石家庄市委党校学报，2017，19（10）.

郑必坚 . 互联网时代的群众路线和中国共产党［J］. 中国信息安全，2017（10）.

梁发明 . 中国共产党党章制定和修改盘点［J］. 党史文苑，2017（19）.

何悦 . 中国共产党人的廉洁理念探析［J］. 科教文汇（上旬刊），2017（10）.

赵美玲，于云荣 . 十八大以来中国共产党生态思维的多重探索［J］. 广西社会科学，2017（09）.

杜楠 . 中国共产党党内监督制度建设的历史回顾与经验总结［J］. 中共石家庄市委党校学报，2017，19（09）.

杨家林 . 中国共产党自我监督思想的发展和完善［J］. 中共四川省委党校学报，2017（03）.

陈燕 . 突破与创新：十八大以来中国共产党的巡视工作研究［J］. 求实，2017（09）.

梁光晨 . 论中国共产党党内法规立法的根本价值取向［J］. 学理论，2017（10）.

覃翠生 . 以坚定的理想信念推动党内政治生活严肃化［J］. 中共山西省委党校学报，2017，40（05）.

陈立峰 . 党章的本源、本质和本体的哲学论析——中国共产党党章的本体论展开［J］. 理论与改革，2017（05）.

郑必坚 . 新阶段的群众路线和中国共产党［J］. 中国领导科学，2017（09）.

张德明，刘微 . 改革开放以来中国共产党统一战线理论研究述评［J］. 统一战线学研究，2017，1（05）.

张刚刚 . 中国共产党建设创新型政党的历史经验和现实逻辑［J］. 学校党建与思想教育，2017（17）.

曹锦清 . 中国共产党时代叙事与历史使命［J］. 经济导刊，2017（09）.

聂启元 . 论全面从严治党与民主政治建设的良性互动［J］. 中共珠海市委党校珠海市

行政学院学报，2017（05）.

左原旗 . 习近平全面从严治党思想探析［J］. 新疆社科论坛，2017（05）.

梁柱 . 全面从严治党视野下的理想信念教育［J］. 中国浦东干部学院学报，2017，11（05）.

苟安经，严琼芳 . 在深化对共产党执政规律的认识中增强“四个意识”［J］. 中共乐山市委党校学报，2017，19（05）.

刘向东 . 论党在依法治国中的地位和作用［J］. 法制博览，2017（27）.

刘明 . 新形势下如何坚持好党的群众路线［J］. 唯实，2017（09）.

刘飞 . 中国特色社会主义与党的建设的历史逻辑［J］. 重庆社会科学，2017（09）.

王芳 . 从三个维度谈加强党内政治文化建设的几点认识［J］. 奋斗，2017（17）.

邸乘光 . 论习近平新时代中国特色社会主义思想［J］. 新疆师范大学学报（哲学社会科学版），2018，39（02）.

汤文颖，范力勇 . 习近平强化党内监督理论初探［J］. 决策探索（下半月），2017（10）.

尚庆飞 . 习近平新时代中国特色社会主义思想理论创新的三重维度［J］. 求索，2017（10）.

杜楠，刘俊杰 . 建国以来中共党内监督的历史经验与实践创新［J］. 中共福建省委党校学报，2017（10）.

李秋风 . 新中国成立以来党的社会治理思想与实践研究［J］. 党史博采（理论），2017（09）.

张宏斌 . 坚持思想建党和制度治党紧密结合的路径探讨［J］. 内蒙古统战理论研究，2017（05）.

石宏亮 . 党内批评和自我批评的历史考察［J］. 世纪桥，2017（10）.

伍书颖 . 习近平全面从严治党思想研究［J］. 郑州航空工业管理学院学报（社会科学版），2017，36（05）.

苏振东 . 中国共产党政党法治建设路径探析［J］. 山东广播电视大学学报，2017（04）.

史学正 . 论党内政治文化的特征［J］. 特区实践与理论，2017（05）.

王玉鹏 . 全面从严治党是史之所鉴、时之所驱、势之所为［J］. 社会科学家，2017（10）.

徐光寿 . 陈独秀对中国共产党早期建设的探索和实践［J］. 中共创建史研究，2017（00）.

沈阳 . 在模式与“经验”之间：中国共产党坚持独立自主建党之路述评［J］. 中共创建史研究，2017（00）.

朱联平 . 毛泽东关于党的自我监督思想［J］. 毛泽东思想研究，2017，34（05）.

李忠 . 构建依规治党法规制度体系研究［J］. 西北大学学报（哲学社会科学版），2017，47（05）.

罗云瀚 . 习近平治国理政中的历史思维［J］. 中国延安干部学院学报，2017，10

（05）.

万高隆 . 构建党内法规制度体系是全面从严治党的根本保障［J］. 学理论，2017（09）.

王玉堂 . 批评和自我批评：加强和规范党内政治生活的重要手段［J］. 沈阳干部学刊，2017，19（05）.

石文静 . 把握习近平全面从严治党思想的四个维度［J］. 科学社会主义，2017（05）.

万高隆 . 依法治国与依规治党一体建设的历史演进及法理基础［J］. 四川行政学院学报，2017（05）.

喻红秋 . 加强党内政治文化建设［N］. 中国纪检监察报，2017-10-11（005）.

李军 . 大力推进党内法规制度建设［J］. 奋斗，2017（18）.

姜林林，于泉蛟 . 建党九十年来党的内在思维方式演化历程研究［J］. 黑河学刊，2017（05）.

王水平 . 强化党内监督需要科学把握好三个关系［J］. 理论导报，2017（09）.

陈振 . 论党内问责工作原则［J］. 中共四川省委党校学报，2017（03）.

蒋霞晖 . 全面从严治党需发扬党的传统革命精神［J］. 理论学习，2017（09）.

周斌，周建超 . 马克思主义政党保持纯洁性的思想溯源与现实问题［J］. 毛泽东邓小平理论研究，2017（10）.

邬海军 . 新形势下加强党性修养自觉的路径选择［J］. 党史博采（理论），2017（09）.

韩强 . 十八大以来党内法规制度建设的做法、成效与经验［J］. 中国井冈山干部学院学报，2017，10（05）.

金成波，刘慧磊 . 试论党规中的政治纪律［J］. 中国井冈山干部学院学报，2017，10（05）.

张忠跃，穆艳杰 . 全面从严治党背景下中国化的马克思主义党建理论再生产［J］. 北方论丛，2017（05）.

林志香，康红蕾 . 习近平治国理政的问题意识研究［J］. 福建省社会主义学院学报，2017（04）.

肖剑忠 . 十八大以来党内监督的新进展［J］. 井冈山大学学报（社会科学版），2017，38（05）.

王桂兰，马泽放 . 全面从严治党与优化社会政治生态［J］. 河南师范大学学报（哲学社会科学版），2017，44（05）.

王建国，王昭 . 十八大以来党内法规建设研究述评［J］. 党政研究，2017（05）.

赵培 . 新时期贯彻全面从严治党的五条路径［J］. 求知，2017（09）.

李月 . 意识形态视域下从严治党的挑战与对策探析［J］. 知行铜仁，2017（05）.

房亚群 . 正确把握从严治党和依法治国的关系［J］. 西部学刊，2017（10）.

刘飞 . 加强党内政治文化建设关乎根本［N］. 学习时报，2017-10-18（002）.

陈广亮 . 国家治理现代化视域下的习近平“全面从严治党”战略思路探微［J］. 广西社会主义学院学报，2017，28（03）.

朱兴博 . 党的先进性纯洁性建设的历史回顾与现实思考［J］. 改革与开放，2017

（19）.

杨德山．试论“全面从严治党”的理论价值［J］．马克思主义研究，2017（10）.

龚先庆．依规治党：新时代全面从严治党的鲜明主题［J］．学习与实践，2017（10）.

曾庆美．习近平全面从严治党思想的五大理论创新［J］．攀登，2017，36（05）.

焦振南．延安整风对当前党的建设的几点启示［J］．中共合肥市委党校学报，2017（05）.

张立伟．党内政治文化的制度之维［J］．理论视野，2017（09）.

李思学，李敬煊．论习近平全面从严治党的思维方法［J］．中共福建省委党校学报，2017（09）.

张丹．全面从严治党常态化制度化科学化面临的挑战［J］．重庆理工大学学报（社会科学），2017，31（09）.

唐庆．全面从严治党常态化制度化科学化的基本蕴含与实践指向［J］．重庆理工大学学报（社会科学），2017，31（09）.

陈金龙．重视党内政治文化建设［J］．理论导报，2017（09）.

李德虎，曾艳．全面从严治党的制度逻辑［J］．长白学刊，2017（05）.

朱炳元．“四个全面”：新时期中国共产党理论与实践创新的典范［J］．长白学刊，2017（05）.

公丕祥．十八大以来全面依法治国的理论与实践论纲［J］．中国高校社会科学，2017（05）.

王建华．探寻党建科学化的创新机制——基于组织建设的维度［J］．理论探索，2017（05）.

张明仓．新时代中国共产党理论创新的基本经验［N］．学习时报，2017-10-30（001）.

孙士云．论习近平保持党的纯洁性思想特色及实现路径［J］．科技经济导刊，2017（30）.

焦连志．严肃党内政治生活的价值、意义与路径［J］．山西高等学校社会科学学报，2017，29（10）.

何肇烈．中国共产党文化建设理论的演进［J］．党史博采（理论），2017（10）.

马树颜，韩慧．全面从严治党视域下党内法规制度的推进路径探究［J］．新疆社科论坛，2017（05）.

梁光晨．关于建立党内法规施行监督机制的几点思考［J］．新西部，2017（25）.

罗月佳．全面从严治党战略思想对中共八大党建思想的继承与发展［J］．中共合肥市委党校学报，2017（05）.

郑吉峰．党建学科化刍议［J］．中共浙江省委党校学报，2017，33（05）.

梁秋，胡万庆．习近平全面从严治党思想的意识形态内涵［J］．边疆经济与文化，2017（09）.

谢春涛．坚持和加强党的全面领导［N］．学习时报，2017-10-27（002）.

任苒．国家治理现代化视阈下党的网络执政能力建设研究［J］．安徽行政学院学报，

2017，8（05）.

曹继明，傅琼．浅论农村党组织的建设困境与策略［J］．延边党校学报，2017，33（05）.

王炳林．党的十八大以来推进理论创新的基本经验［N］．福建日报，2017-10-09（009）.

赵秀华．从宏观层面把握习近平的党建战略思想［J］．中共福建省委党校学报，2017（09）.

黄小军，张德兵．十八大以来党的建设理论创新与云南的实践探索［J］．云南社会科学，2017（05）.

杨雪．浅析全面从严治党视域下党内监督的重要性［J］．学理论，2017（09）.

张筱荣．微时代执政党意识形态安全的两个理论追问——“何以必要”与“何以可能”［J］．思想教育研究，2017（10）.

陈冠南，曾盛聪．政党治理视域下全面从严治党的制度建构与创新路径［J］．中共福建省委党校学报，2017（10）.

张荣臣．马克思主义执政党建设的新境界［J］．人民论坛，2017（29）.

雷蕾，雷厚礼．习近平对中国化马克思主义党建理论的新发展［J］．观察与思考，2017（10）.

杜刚．论大众传媒与党的执政民主［J］．浙江传媒学院学报，2017，24（05）.

亢安毅，吴宏，杨晓东．网络文化视域下执政党意识形态建设的有效途径［J］．奋斗，2017（18）.

高军峰．全面从严治党：执政党社会化治理的新视域［J］．中南民族大学学报（人文社会科学版），2017，37（05）.

何旭，张彪．基于大数据时代的执政党建设研究［J］．管理观察，2017（26）.

廖皇珠，何旗．强化参政党监督：执政党政治生态建设的新思考［J］．湖湘论坛，2017，30（05）.

董一冰，刘静．新时期我国社会阶级阶层结构新变化对执政党的挑战及对策［J］．理论探讨，2017（05）.

周鹏．赋权、用权与治权：全面从严治党的权力进路论纲［J］．宁夏社会科学，2017（05）.

陈位志．新时期执政党治理话语体系的构建、特征与意义［J］．社会工作与管理，2017，17（05）.

韩强．执政党治理的中国方案及其世界意义［J］．济南大学学报（社会科学版），2017，27（05）.

宋伟．“四种形态”：执政党自我净化的创新实践［N］．检察日报，2017-09-05（008）.

韩慧．中国共产党政党法治的内涵、价值与建设路径［J］．当代世界社会主义问题，2017（04）.

韩华．习近平关于中国共产党价值观建设思想探析［J］．思想理论教育导刊，2017

（12）.

靳大力，张士海 . 中国共产党规范党内政治生活史论［J］. 中州学刊，2017（12）.

唐爱军 . 中国共产党民主话语建构及其变迁［J］. 天津社会科学，2017（06）.

郭丹，陈兰馨 . 中国共产党党内政治文化建设的历史演变［J］. 理论与改革，2017（06）.

刘林元 . 中国共产党是如何实现马克思主义中国化的——以新民民主主义革命为例［J］. 山东社会科学，2017（11）.

李忠杰 . 中国共产党党章的与时俱进［J］. 当代世界与社会主义，2017（06）.

李永忠 . 中国共产党推进社会治理精细化的理念、价值及实践［J］. 中共四川省委党校学报，2017（04）.

苑书耸 . 解放战争时期中国共产党从严治党的实践经验与启示［J］. 理论建设，2017（06）.

宗刚 . 延安时期中国共产党严肃党内政治生活的历史经验及其启示［J］. 中共福建省委党校学报，2017（11）.

冷兆松，宣宇才 . 中国共产党处理党内关系的历史经验——兼谈学习十九大报告的体会［J］. 云南社会科学，2017（06）.

张鸿奇，李合亮 . 探究中国共产党的社会主义精神本质观［J］. 前沿，2017（11）.

廖显辉 . 中国共产党严肃党内政治生活的历史经验与启示［J］. 中共云南省委党校学报，2017，18（06）.

李路生，朱前星 . 论中国共产党社会整合与功能调适的双向互动关系——基于社会治理现代化视角［J］. 玉林师范学院学报，2017，38（06）.

常筑 . 加强中国共产党精神建设提升党的软力量［J］. 毛泽东思想研究，2017，34（06）.

郭良平 . 中国共产党治理方式的独特之处［J］. 人民论坛，2017（33）.

周淑真 . 抗战时期中国共产党处理党派关系的历史经验和现实启示［J］. 统一战线学研究，2017，1（06）.

陈杰，何云庵 . 试析中国共产党群众工作话语体系的建构［J］. 西南交通大学学报（社会科学版），2017，18（06）.

张振杰 . 中国共产党统一战线的实践经验与当代价值——以西柏坡时期为例［J］. 社科纵横，2017，32（11）.

孙绍勇 . 全面从严治党视域下中国共产党意识形态能力建设［J］. 社会科学文摘，2017（12）.

刘翠芬 . 中国共产党成立以来制度建设的历史回顾与现实思考［J］. 前沿，2017（12）.

车辚 . 中国共产党执政生态系统的离散性安全分析［J］. 长春市委党校学报，2017（06）.

景亚宁 . 中国共产党党内法规历史发展研究［J］. 法制博览，2017（35）.

龚晨 . 马克思主义制度理论视角下中国共产党探寻中国特色贫困治理的历史经验［J］.

黑龙江省社会主义学院学报，2017（04）.

潘晔，唐晓云.抗战时期中国共产党文化统战的经验及启示［J］.湖南省社会主义学院学报，2017，18（06）.

王予锋.试论中国共产党思想建党的探索实践与经验［J］.和田师范专科学校学报，2017，36（06）.

刘明.中国共产党政党权威研究的若干关系辨析［J］.理论探讨，2017（06）.

李明倩.中国共产党形象建设“转型”的实践路径研究［J］.产业与科技论坛，2017，16（21）.

刘伟.“四个伟大”：新时代中国共产党的使命担当［N］.中国审计报，2017-12-27（005）.

李聪.深刻认识新时代中国共产党的历史使命［J］.领导之友，2017（24）.

成敏，于海鹰.中国共产党执政规律研究［J］.交通职业教育，2017（04）.

李会.习近平对共产党执政规律的新认识［J］.特区实践与理论，2017（06）.

李东.中国共产党政党文化建设研究［D］.辽宁大学，2017.

马明.关于建构中国共产党执政合法性基础的几点思考［J］.世纪桥，2017（11）.

张杨，谢榭.十八大以来中国共产党反腐倡廉建设的新进展［J］.湖湘论坛，2017，30（06）.

杜楠.中国共产党对党内监督的探索——以党的十八大为起点［J］.中共天津市委党校学报，2017，19（06）.

吴波.政党现代性视域下推进全面从严治党的发展理路［J］.重庆邮电大学学报（社会科学版），2017，29（06）.

朱金瑞.思想建党：新时代党的建设的基础性工程［N］.河南日报，2017-12-27（009）.

周利生.中国共产党早期党内监督述论［J］.党史文苑，2017（24）.

余发良，赵建.中国共产党在改革开放中对社会主义的新认识［J］.改革与开放，2017（23）.

佟亚洲.中国共产党廉政文化建设回顾与展望［J］.党政论坛，2017（12）.

胡静，曲洪波.中国共产党建设小康社会战略思想的历史演进探析［J］.三峡大学学报（人文社会科学版），2017，39（S2）.

张慧芝.从中国共产党的奋斗历程探析党的优良传统［J］.攀登，2017，36（06）.

刘靖北.肩负起新时代中国共产党的伟大历史使命［N］.文汇报，2017-11-29（005）.

滕明政.十八大以来党内监督理论与实践研究综述［J］.理论与改革，2017（06）.

张荣臣，蒋成会.新时代中国共产党的历史使命［J］.求知，2017（11）.

于果果，王国胜.习近平党的建设思想及其意义［J］.中共南昌市委党校学报，2017，15（06）.

任思文.十八大以来中国共产党群众路线的新发展［J］.改革与开放，2017（24）.

张荣华，匡圆圆.习近平党的政治建设思想：理论渊源·核心要义·时代价值［J］.

中共青岛市委党校 . 青岛行政学院学报，2017（06）.

王生怀 . 论中国共产党“规矩思想”的新功能［J］. 理论建设，2017（06）.

李小刚 . 坚定理想信念是严肃党内政治生活的永恒课题［J］. 学理论，2017（12）.

胡文木 . 论党内法规对权力的规制［J］. 浙江学刊，2017（06）.

王广锋 . 党内政治文化自信的生成逻辑［J］. 改革与开放，2017（21）.

杨崇磊 . 党内政治文化内在逻辑的理论审视［J］. 理论月刊，2017（11）.

谢春涛 . 中国共产党章程的历史沿革［J］. 当代兵团，2017（21）.

田文彤 . 新中国成立以来中国共产党人的发展理念概述［J］. 改革与开放，2017（24）.

贾江华，谭扬芳 . 新形势下从严治党与国家治理发展［J］. 理论建设，2017（06）.

许宝健 . 加强党的长期执政能力建设［J］. 中国党政干部论坛，2017（12）.

李薇，李美玲 . 试论中国共产党的新闻舆论监督思想的演进主线［J］. 声屏世界，2017（12）.

梁道刚 . 关于加强党的政治建设的几点认识［J］. 岭南学刊，2017（06）.

袁新华 . 坚定中国共产党的政党自信［N］. 学习时报，2017-11-01（002）.

管玄同 . 党内政治文化视野下提高党员修养问题研究［J］. 理论研究，2017（06）.

陈志杰 . 新时代党的建设新要求：把政治建设摆在首位［J］. 中共珠海市委党校 . 珠海市行政学院学报，2017（06）.

刘小蒙 . 突出党的政治建设，推进新的伟大工程［J］. 中共四川省委党校学报，2017（04）.

陈忠华，阳茂庆，王攀 . 习近平全面从严治党思想及特征［J］. 中共云南省委党校学报，2017，18（06）.

刘树燕 . 中国共产党执政伦理的内涵与属性探析［J］. 伦理与文明，2018（00）.

孟颖 . 中央苏区党建经验对规范党内政治生活的启示［J］. 老区建设，2017（22）.

何成学 . 从党史国史维度看党的十九大对人民群众根本利益的新诠释［J］. 桂海论丛，2017，33（06）.

肖光文，蔡春燕 . 关于党内监督制度科学化的若干思考［J］. 理论导刊，2017（11）.

公茂虹 . 从世界视野认识和把握党的领导［N］. 中国社会科学报，2017-12-26（008）.

熊辉，谭诗杰 . 党的领导与依法治国内在统一关系的逻辑生成［J］. 当代世界与社会主义，2017（06）.

孙信 . 习近平新时代统一战线思想探析［J］. 中央社会主义学院学报，2017（06）.

胡洪彬 . 习近平新时代党的政治建设思想论析［J］. 探索，2017（06）.

陈井安，赵小波 . 推进新时代党的建设新的伟大工程［J］. 中国特色社会主义研究，2017（06）.

郝永平，赵慧 .“四个伟大”：完整严密的科学体系［J］. 中国党政干部论坛，2017（12）.

张云德，郭建娜 . 习近平以人民为中心的发展思想研究［J］. 学理论，2017（12）.

张亮 . 全面提高党建科学化水平的法律保障研究［J］. 法制博览，2017（34）.

董振华 . “以人民为中心”的理论逻辑和政治价值［J］. 中共中央党校学报，2017，21（06）.

许耀桐 . 党内民主和人民民主的相互关系［J］. 毛泽东研究，2017（06）.

龚先庆 . 思想建党与制度治党同向发力是全面从严治党的根本要求［J］. 中国井冈山干部学院学报，2017，10（06）.

万高隆 . 依法治国与依规治党有机统一的发展阶段及法理基础［J］. 广西社会科学，2017（11）.

王海如 . 深刻领会党的政治建设是党的根本性建设［N］. 宁夏日报，2017-11-22（014）.

徐文文 . 思想建党与制度治党相结合的党建新思想［J］. 濮阳职业技术学院学报，2017，30（06）.

吴新文 . 马克思主义中国化的历史性飞跃［N］. 中国社会科学报，2017-11-16（001）.

郭建明 . 发展积极健康的党内政治文化［J］. 中国延安干部学院学报，2017，10（06）.

李丹梦 . 习近平党建思想的理论创新［J］. 江南论坛，2017（11）.

胡利明 . 论全面从严治党的法治内涵［J］. 山东行政学院学报，2017（06）.

盛舒弘 . 党权自限性对党法关系的决定性意义［J］. 中共云南省委党校学报，2017，18（06）.

罗清 . 坚持“四个自信”对新时期党建的重要意义［J］. 法制与社会，2017（34）.

朱晓征 . 全面从严治党之党内政治文化建设［J］. 新乡学院学报，2017，34（11）.

洪向华，杨润聪 . 把党的政治建设摆在首位［J］. 唯实，2017（11）.

周虎 . 论习近平全面从严治党的逻辑理路［J］. 兵团党校学报，2017（06）.

杨宏志 . 坚定不移加强党的政治建设［N］. 河南日报，2017-12-15（015）.

李抒望 . 新时代新思想新使命——学习党的十九大报告［J］. 社科纵横，2017，32（12）.

杨德山 . 坚持“党是领导一切的”基本原则［N］. 中国教育报，2017-12-07（005）.

蒋瑛 . 改革开放以来党内巡视制度的创新发展研究［J］. 学理论，2017（12）.

徐晨光，朱雄君 . 新时代党的建设新要求［J］. 湖南社会科学，2017（06）.

齐卫平 . 从伟大的建党精神中汲取不懈奋斗的力量［N］. 文汇报，2017-11-28（005）.

秦晋芳 . 党内政治生活的历程、特点及经验［J］. 山西高等学校社会科学学报，2017，29（11）.

张淳 . 任弼时关于执政党建设的思想初探［J］. 党史博采（理论），2017（11）.

刘靖北 . 如何理解党的全面领导［N］. 解放日报，2017-11-21（009）.

邓联繁 . 中央全会大历史视野下的党内法规制度建设研究［J］. 湖湘论坛，2017，30（06）.

赵恺．严肃党内政治生活是“四个伟大”的题中之义［J］．辽宁行政学院学报，2017（06）．

陈娅飞．延安整风对全面从严治党的经验启示［J］．中共石家庄市委党校学报，2017，19（11）．

毕瑛涛．“党内政治文化”命题基本特征的分析［J］．中共四川省委党校学报，2017（04）．

李琳．全面从严治党视角下的党性修养［J］．中共云南省委党校学报，2017，18（06）．

万纪耀．推进党的政治建设必须把握的几个问题［J］．理论与当代，2017（12）．

冯留建．以党性修养为依托重构党内政治生态［J］．人民论坛·学术前沿，2017（22）．

赵耀宏．把政治建设摆在首位是党建理论的重大创新［J］．中国延安干部学院学报，2017，10（06）．

罗成雁．视觉时代的执政文化建设［J］．江汉学术，2017，36（06）．

蔡常青，赵树禄．突出党的政治建设的重大创新价值——习近平新时代中国特色社会主义党建思想的标志性成果［J］．内蒙古社会科学（汉文版），2017，38（06）．

陈仲．党规党纪严于国法论析［J］．长白学刊，2017（06）．

薛小荣．对新时代提升“两新”组织党建组织力的新思考［J］．毛泽东邓小平理论研究，2017（12）．

贾凯．价值、制度、组织：论习近平全面从严治党思想创新的三个维度［J］．思想理论教育导刊，2017（12）．

赖长奇．把握六个政治问题推进党的政治建设——深入学习党的十九大精神［J］．江南论坛，2017（12）．

彭前生．新时期党内巡视制度运行的挑战与应对方略［J］．山东行政学院学报，2017（06）．

朱伯兰．强化问责是全面从严治党的战略举措［J］．重庆工商大学学报（社会科学版），2017，34（06）．

王昭．用全面从严治党推进“四个全面”战略布局［J］．求知，2017（12）．

汤文颖，范力勇．习近平强化党内监督理论的研究学习［J］．决策探索（下半月），2017（11）．

吴传毅．思想建党与制度建党结合的科学性——以人性的两重性为视角［J］．理论视野，2017（11）．

纪明．全面从严治党视阈下我国党内政治生态构建问题研究［J］．青海师范大学民族师范学院学报，2017，28（02）．

刘先春，王小鹏．全面从严治党是马克思主义中国化党建理论的最新成果［J］．思想理论教育导刊，2017（11）．

张荣臣．新时代党的指导思想的与时俱进［J］．人民论坛·学术前沿，2017（21）．

谷少杰．新时代中国共产党意识形态领导能力提升路径探究［J］．中国延安干部学院学报，2017，10（06）.

徐兴旺 . 大数据时代全面从严治党的发展探寻［J］. 重庆社会科学，2017（11）.

李娜 . 毛泽东关于党的纯洁性建设思想及其现代启示［J］. 改革与开放，2017（24）.

刘先春，葛英儒 . 新时代党的政治建设的科学内涵与时代要求［J］. 马克思主义理论学科研究，2017，3（06）.

秦宣 . 习近平新时代中国特色社会主义思想的特色［J］. 教学与研究，2017（12）.

王雪梅，鲁昕 . 党内政治生态治理的现状与完善［J］. 中共山西省直机关党校学报，2017（06）.

齐卫平 ."四个伟大"与习近平新时代中国特色社会主义思想［J］. 思想理论教育，2017（11）.

徐龙建 . 习近平以人民为中心的发展理念论析［J］. 实事求是，2017（06）.

邬思源 . 新科技革命对中国共产党党内监督的影响及其价值［J］. 毛泽东邓小平理论研究，2017（12）.

龙平平，杭颖 . 关于"新时代中国特色社会主义"的思考［J］. 毛泽东邓小平理论研究，2017（12）.

杨峥嵘 . 习近平新时代中国特色社会主义思想的科学内涵、指导意义和理论体系［J］. 江南社会学院学报，2017，19（04）.

王慧 . 加强党内监督：推进全面从严治党、增强政治信任的重要路径［J］. 现代国企研究，2017（24）.

王学俭，许斯诺 . 中国共产党思想建党常态化的问题省思与路径优化［J］. 思想理论教育，2017（12）.

梁梁 . 十八大以来党内法规建设的逻辑理路［J］. 理论视野，2017（12）.

景亚宁 . 党内法规体系借鉴国家法律体系建设的可行性研究［J］. 法制博览，2017（33）.

祝福恩，丁宇 . 论全面从严治党永远在路上的三个转换［J］. 大庆师范学院学报，2017，37（06）.

顾海良 . 习近平新时代中国特色社会主义思想的历史视界与当代意蕴［J］. 人民论坛，2017（S2）.

周敬青 . 新时代加强党内法规制度体系建设的理论逻辑和实践思考［J］. 毛泽东邓小平理论研究，2017（12）.

龚晨 . 发展积极健康的党内政治文化的问题缘起与要求探析［J］. 内蒙古统战理论研究，2017（06）.

王淑荣，陈吉鄂 . 党在革命性锻造中更加坚强［J］. 红旗文稿，2017（24）.

胡伟 . 党的十九大的重大论断及其意蕴［J］. 科学社会主义，2017（06）.

张荣臣，蒋成会 . 把党建设得更加坚强有力［J］. 中共石家庄市委党校学报，2017，19（12）.

成永军 . 净化党内政治生态路径探析［J］. 湖州师范学院学报，2017，39（11）.

金民卿 . 中国化马克思主义党建理论的重大创新［J］. 世界社会主义研究，2017，2

（09）.

孙宝华 . 新时代宏观语境下全面从严治党建设［J］. 实事求是，2017（06）.

姚晗犇 . 新兴政党对西班牙政局造成冲击［J］. 当代世界，2017（11）.

张珂维 . 全面从严治党与核心价值观的辩证关系［J］. 人民论坛，2017（31）.

徐岩波，柳泽民 . 新时代加强党的建设的时代内容与原则要求［J］. 合肥学院学报（综合版），2017，34（06）.

李攀 . 全面从严治党视域下群众路线的当代价值［J］. 党史博采（理论），2017（12）.

刘国成 . 延安时期党的廉政制度建设及现实启示［J］. 改革与开放，2017（24）.

陈克娥，杨邓红 . 马克思主义执政党廉洁形象建设论析［J］. 学校党建与思想教育，2017（24）.

宗芳，张荣华 . 新时代党的领导核心地位的逻辑证成［J］. 重庆社会科学，2017（12）.

赵毅 . 论党的十九大报告所蕴涵的科学思维方式［J］. 新疆社科论坛，2017（06）.

梅丽红 . 党的十八大以来巡视监督的改革创新［J］. 上海党史与党建，2017（12）.

韩强 ."党内政治生活"概念辨析［J］. 理论学刊，2017（06）.

公茂虹 . 深化对新时代党的使命和本质的认识［N］. 中国纪检监察报，2017-12-20（005）.

鲍雪松 . 中国共产党意识形态话语权理论的创新［J］. 中共山西省委党校学报，2017，40（06）.

王慧颖 . 延安整风历史经验与党的作风建设［J］. 中共石家庄市委党校学报，2017，19（11）.

韩强 . 论党的领导是政治、思想、组织领导的有机统一［J］. 中共宁波市委党校学报，2017，39（06）.

李斌雄 . 党内先进政治文化与党内法规制度的相互作用［J］. 决策与信息，2017（11）.

吴庆华 . 党内政治文化建设面临的突出问题与对策［J］. 决策与信息，2017（11）.

刘鑫 . 关于全面从严治党的思考［J］. 渤海大学学报（哲学社会科学版），2017，39（06）.

曾毅 . 把党建设得更加坚强有力［N］. 学习时报，2017-11-24（006）.

许宝健 . 着眼于长期执政加强执政能力建设［N］. 学习时报，2017-11-17（004）.

江晨颖 . 新形势下执政党意识形态引导力提升研究［J］. 中国领导科学，2017（12）.

张荣臣 . 开创马克思主义执政党建设理论新境界［N］. 学习时报，2017-12-15（003）.

王姣艳 . 服务型执政党建设的困境及消解［J］. 人民论坛，2017（31）.

3. 参政党建设

朱云慧，宋乐乐 . 关于民主党派人才强党战略的思考［J］. 湖北省社会主义学院学报，2017（01）.

张瑞琨．发挥民主党派监督作用推进全面从严治党［J］．山东省社会主义学院学报，2017（01）．

杨永刚．关于发挥民主党派的民主监督作用研究［J］．内蒙古统战理论研究，2017（01）．

周海峰．民主党派提高解决自身问题能力的实现路径［N］．团结报，2017-02-21（008）．

王学成．民主党派利用现代媒体加强思想建设浅析［N］．团结报，2017-02-21（008）．

顾榕昌．参政党在创新基层社会治理中的优势与作用［J］．广西社会主义学院学报，2017，28（01）．

中共南宁市委统战部联合课题组．优化民主党派成员结构问题研究——以南宁市为例［J］．广西社会主义学院学报，2017，28（01）．

王劲松，王维．关于大数据时代民主党派提高参政议政能力的思考［J］．中央社会主义学院学报，2017（01）．

宋菊芳．民主党派高层次人才培养与安排使用研究——以北京市为例［J］．中央社会主义学院学报，2017（01）．

湘进．民主党派参与脱贫攻坚的思考与建议［J］．民主，2017（02）．

杨宗科．提高民主党派履职水平的思考［J］．民主，2017（02）．

张栋．民主党派如何在人民政协发挥作用——邵鸿常务副主席访谈［J］．团结，2017（01）．

谷振春．民主党派干部要讲诚信、懂规矩、守纪律［J］．团结，2017（01）．

黄福寿．民主党派与人民政协［J］．团结，2017（01）．

黄天柱．团体提案视野下民主党派的利益代表功能探析［J］．团结，2017（01）．

肖存良．个体与界别：民主党派在政协发挥作用的双重维度［J］．团结，2017（01）．

王翔．从杭州政协实践看民主党派如何在政协发挥作用［J］．团结，2017（01）．

宋广磊．如何发挥民主党派智库的作用［J］．团结，2017（01）．

刘雅萍．发挥民主党派民主监督职能的三点建议［J］．团结，2017（01）．

王小鸿．论民主党派民主监督与全面从严治党［J］．湖南省社会主义学院学报，2017，18（01）．

张怀东，杨冲．从意识形态视角看民主党派智库优势［J］．前进论坛，2017（02）．

周淑真．论民主党派履行民主监督职能问题［J］．中国政协理论研究，2017（01）．

徐隽．习近平同党外人士共迎新春［N］．人民日报，2017-01-23（001）．

肖存良．民主党派在政党协商与政协协商中的非均衡性及其化解［J］．统一战线学研究，2017，1（01）．

华正学．党章视阈下的民主党派参政能力建设问题探析——以民建章程为例［J］．广州社会主义学院学报，2017（01）．

仝双印．提升民主党派履行民主监督职能的有效性［J］．广州社会主义学院学报，2017（01）．

刘菊香．民主党派参与中国特色新型智库建设研究［J］．广州社会主义学院学报，2017（01）．

李志辉．不断提升民主党派基层组织履职能力［N］．团结报，2017-01-17（008）．

颜陈．民主党派参与舆情智库建设的思考［N］．团结报，2017-01-17（008）．

李淑萍．民主党派参政议政能力问题研究——以宁夏为例［J］．河北省社会主义学院学报，2017（01）．

王振娟．论共产党支持与引领民主党派提升协商能力［J］．大庆师范学院学报，2017，37（01）．

任禀洁，黄晓翠．民主革命时期民主党派的历史沿革［J］．陕西社会主义学院学报，2017（01）．

周洪双．在监督中发挥参政党优势［N］．光明日报，2017-01-10（015）．

刘翔．浅谈民主党派如何培育和践行社会主义核心价值观［J］．前进论坛，2017（01）．

吴星辰．民主党派舆情信息人才建设初探［N］．团结报，2017-01-03（008）．

王学东．用“工匠精神”指导新形势下的民主党派机关工作［J］．前进论坛，2017（02）．

龚蕊．民主党派学习教育内容应有自身特色［N］．团结报，2017-02-04（002）．

江欣．如何提高民主党派专委会履职能力［J］．前进论坛，2017（01）．

孟小鸣．做好民主党派宣传工作的几点思考［N］．团结报，2017-01-03（008）．

陈文蓉．浅谈民主党派基层组织如何在推进地方经济社会发展中发挥作用［N］．贵州政协报，2017-01-12（A03）．

致公党湖北省委会课题组．参政党成员应着力增强民主监督的制度自觉［J］．湖北省社会主义学院学报，2017（01）．

曹伟．参政党协商能力建设探析：基于协商全过程的视角［J］．湖北省社会主义学院学报，2017（01）．

吴继峰．民建周口市第三次代表大会召开［N］．周口日报，2017-02-24（001）．

张兴凯．民革地方组织必须学习践行“五个认同”［N］．团结报，2017-02-21（008）．

胡建兰．大数据运用于参政党民主监督初探［J］．中央社会主义学院学报，2017（01）．

赵慧礼．全面从严治党视域下参政党民主监督作用的发挥［J］．云南社会主义学院学报，2017（01）．

民进上海市委课题组．参政党如何落实“四个全面”［N］．联合时报，2017-02-07（006）．

郭文亮．全面从严治党视域下政党政治生态建设新思考［J］．思想理论教育，2017（01）．

吴亮．参政党基层组织参与协商治理的路径研究［J］．河北省社会主义学院学报，2017（01）．

庞丽娟．以党为师，建设高素质参政党［J］．民主，2017（01）．

赵增昆 . 从“五老火锅宴”看民建在政党协商中的经济底色［N］. 云南政协报，2017-01-11（007）.

杨军 . 加强参政党能力建设的方法和途径探析［J］. 宁夏党校学报，2017，19（01）.

杜黎明 . 不断强化“四个意识”努力建设高素质参政党［N］. 团结报，2017-01-03（008）.

雷明贵 . 定位、功能与路径 : 参政党社会服务辨析——结合《中国共产党统一战线工作条例（试行）》相关规定的考察［J］. 湖北省社会主义学院学报，2017（02）.

武晓瑞 . 有效利用新媒体促进参政党思想建设［J］. 内蒙古统战理论研究，2017（02）.

田圣斌 . 参政党履行民主监督工作研究［J］. 民主与科学，2017（02）.

齐春雷 . 柔性监督彰显民主刚性约束彰显活力——增强参政党民主监督效能研究［J］. 广东省社会主义学院学报，2017（02）.

王丽锟 . 论参政党在国家治理现代化中的作用［J］. 河北省社会主义学院学报，2017（02）.

郭志云 . 论全面从严治党视域下的参政党建设［J］. 湖南省社会主义学院学报，2017，18（02）.

刘芳 . 建设适应时代要求的高素质参政党机关［N］. 团结报，2017-04-13（001）.

民革北京市委课题组 . 参政党参政议政和民主监督职能发挥问题研究［A］. 统一战线理论研究（2016）［C］.2017（14）.

史争伟 . 中国参政党功能发挥问题研究——以辽阳市民主党派为例［J］. 辽宁省社会主义学院学报，2017（01）.

李志辉 . 以作风建设为着力点加强参政党自身建设［N］. 团结报，2017-03-21（008）.

张阿樱，李志平 . 中国特色社会主义参政党履职范式研究［J］. 黑龙江省社会主义学院学报，2017（01）.

胡敏新 . 浅议参政党民主监督创新［J］. 福建省社会主义学院学报，2017（01）.

荆小庆，李益 . 新媒体对参政党建设的作用及影响浅析［J］. 四川统一战线，2017（02）.

姚跃传 . 统战视域下民主党派基层组织建设路径探析［J］. 江苏省社会主义学院学报，2017（02）.

李坦，李晖 . 论民主党派内新阶层人士的政治诉求——以湖北省九三学社为样本［J］. 湖北省社会主义学院学报，2017（02）.

顾新军 . 论民主党派在社会主义民主监督创新与发展中的作用［J］. 湖北省社会主义学院学报，2017（02）.

林卫 . 改革开放以来民主党派民主监督历程研究［J］. 湖北省社会主义学院学报，2017（02）.

欧斌，陈洪连 . 增强民主党派民主监督实效性的价值、困境与对策研究［J］. 山东省社会主义学院学报，2017（02）.

宋其洪．二十世纪八十年代以来民主党派历史研究综述［J］．中共党史研究，2017（04）．

王造兰，吴欢欢．民主党派在依法治国中发挥建设性作用问题研究——以南宁市民主党派为例［J］．福建省社会主义学院学报，2017（02）．

广州市社会主义学院课题组，崔珏．民主党派地方组织领导班子建设研究——以广州市为例［J］．广州社会主义学院学报，2017（02）．

刘锦春．广州地区民主党派成员政党认同情况分析——基于广州民盟的研究［J］．广东省社会主义学院学报，2017（02）．

王远启，沈立铭．民主党派依法参政制度基础探析［J］．广西社会主义学院学报，2017，28（02）．

吴棉国，申家驹．积极发挥民主党派在人民政协民主监督中的作用——以致公党福建省委为例［J］．广西社会主义学院学报，2017，28（02）．

吴棉国．推动民主党派在政协履行民主监督职能［N］．团结报，2017-04-18（008）．

杨明．民主党派舆论建设现状及对策研究［J］．河北省社会主义学院学报，2017（02）．

石媛．国家治理现代化对民主党派能力的要求与影响［J］．河北省社会主义学院学报，2017（02）．

王礼金，柯芬，程玉文．充分发挥民主党派对执政党党风廉政建设民主监督作用论析［J］．长江论坛，2017（02）．

仝双印．建设“精英政党”是民主党派自身建设的核心问题［J］．湖南省社会主义学院学报，2017，18（02）．

董文武．政府决策民主化视阈下民主党派履职研究［D］．黑龙江大学，2017．

冯颖红．关于加强民主监督制度建设的思考［J］．陕西社会主义学院学报，2017（02）．

张洪兵，冯松，石宗鑫．新形势下民主党派自身建设问题研究［J］．中国高新区，2017（07）．

韩跃进．新形势下中国政党协商存在的问题与优化路径探究［D］．山东大学，2017．

董玉明．民主党派履行监督职能研究［J］．山西社会主义学院学报，2017（01）．

严丽娟．试论新时期民主党派的思想政治教育［J］．贵州社会主义学院学报，2017（01）．

郑彦．民主党派服务地方文化经济发展研究——以厦门民盟组织推动全国首部老字号地方立法为例［J］．黑龙江省社会主义学院学报，2017（01）．

李雪．抗战时期民主党派研究综述［J］．法制与社会，2017（08）．

袁春红．法治视阈下的民主党派参政议政刍议［J］．福建省社会主义学院学报，2017（01）．

王木森．存同与求异：民主党派“发声”的逻辑、路径与机制［J］．岭南学刊，2017（02）．

戴洁，王磊．体认与顺应：民主党派成员身份认同实证研究［J］．统一战线学研究，

2017，1（02）.

林海 . 民主党派地方组织参加协商民主建设研究［J］. 广西社会主义学院学报，2016，27（06）.

曹政伟 . 民主党派参政议政工作规律性研究［N］. 团结报，2017-04-18（008）.

王德志 . 履行职责当好“四员”——如何做好一名民主党派市委会专职副主委［J］. 民主，2017（04）.

乌兰图雅 . 新媒体时代民主党派宣传工作机制研究［J］. 法制博览，2017（09）.

谢文飞 . 切实加强民主党派自身建设谱写多党合作事业新篇章［N］. 贵州政协报，2017-03-23（A03）.

杨霄 . 民主党派如何在中国共产党领导的政党协商中发挥作用刍议［N］. 贵州政协报，2017-03-16（A03）.

庞达 . 发挥民主党派作用多献务实良策［J］. 黑龙江省社会主义学院学报，2017（01）.

贺凯 . 略论如何运用档案进行民主党派研究［J］. 兰台世界，2017（06）.

乔虹 . 推动民主党派女性成员参政比例提高［N］. 中国妇女报，2017-03-08（A03）.

农工党黑龙江省委理论研究课题组 . 民主党派推进人才强党战略机制研究［J］. 前进论坛，2017（03）.

张鹏立 . 关于民主党派提高解决自身问题能力的思考［J］. 山东省社会主义学院学报，2017（03）.

彭光华，曹庆国，蒋优萍 . 民主党派民主监督职能的形成发展及其启示［J］. 湖北省社会主义学院学报，2017（03）.

常庆林 . 加强民主党派协商能力建设的方略研究［J］. 湖北省社会主义学院学报，2017（03）.

陈云亮 . 新媒体条件下发挥民主党派在意识形态工作中积极作用的思考［J］. 江苏省社会主义学院学报，2017（03）.

王焕平 . 制度效能视角下民主党派能力建设研究［J］. 山西社会主义学院学报，2017（02）.

刘卫国，闻壮宏 . 民主党派基层民主监督效能问题研究［J］. 辽宁省社会主义学院学报，2017（02）.

蒋红丹 . 新形势下增强民主党派民主监督活力问题研究［J］. 辽宁省社会主义学院学报，2017（02）.

李金河 . 论民主党派的民主监督［J］. 当代世界社会主义问题，2017（02）.

张燕红 . 加强民主党派自身建设问题研究［J］. 福建省社会主义学院学报，2017（03）.

常庆林 . 加强民主党派协商能力建设的若干问题研究［J］. 福建省社会主义学院学报，2017（03）.

吴平魁 . 民主党派与政党协商［J］. 上海市社会主义学院学报，2017（03）.

贾亭 . 新媒体时代加强民主党派舆论工作研究［J］. 上海市社会主义学院学报，2017

（03）.

聂玉华 . 重视加强基层民主党派组织参政议政能力建设［N］. 人民政协报，2017-06-21（008）.

常庆林 . 新形势下民主党派民主监督的价值体现与策略［J］. 吉林省社会主义学院学报，2017（02）.

张林鸿 . 民主党派组织在政党协商中的地位和作用研究［J］. 贵州社会主义学院学报，2017（02）.

刘春雷 . 大数据视域下，增强民主党派民主监督实效性的路径初探［J］. 贵州社会主义学院学报，2017（02）.

陈慧英，王东兰 . 民主党派履行民主监督职能研究［J］. 贵州社会主义学院学报，2017（02）.

秦小珊，许烨 . 民主党派老一辈领军人物成长规律研究［J］. 黑龙江省社会主义学院学报，2017（02）.

杨明 . 民主党派舆论宣传有效性探析［J］. 黑龙江省社会主义学院学报，2017（02）.

胡越 . 推进民主党派基层支部建设的思考［J］. 团结，2017（03）.

梁丹 . 加强高校民主党派基层组织建设，助力应用型本科科学发展［J］. 辽宁科技学院学报，2017，19（03）.

李为民 . 民主党派参与文化建设探析［J］. 云南社会主义学院学报，2017（02）.

郭洪泉 . 关于民主党派民主监督的几点思考［J］. 前进论坛，2017（06）.

王腊梅，邢中先 ."互联网 +"视阈下民主党派参政议政信息平台研究［J］. 重庆理工大学学报（社会科学），2017，31（05）.

张凌 . 大数据时代下民主党派的参政议政［J］. 民主，2017（05）.

董国军，余红成 . 高校民主党派思想建设存在的问题及对策探究［J］. 云南开放大学学报，2017，19（02）.

汪丞 . 民主党派加强民主监督的问题与对策刍议［J］. 湖北第二师范学院学报，2017，34（05）.

王翔 . 民主党派在政协协商民主平台上作用无可替代［J］. 中国政协理论研究，2017（02）.

毕华 . 借鉴中共经验加强民主党派党内监督［J］. 前进论坛，2017（05）.

周淑真 . 提升民主党派履行民主监督职能水平的对策建议［N］. 人民政协报，2017-05-03（008）.

李旸 . 民主党派组织建设的现状调查与对策分析［D］. 南昌大学，2017.

管小六 . 社会治理视域下民主党派基层组织建设［D］. 南华大学，2017.

周长城，程红梅 . 民主党派助力民生建设的思考［J］. 湖北省社会主义学院学报，2017（03）.

朱启华 . 民主党派要在从严治党中发挥好民主监督作用［N］. 贵州政协报，2017-06-22（A03）.

郭长寿，陈静，王雪松 . 强化高校民主党派反对历史虚无主义战略路径探究［J］. 辽宁师专学报（社会科学版），2017（03）.

穆祥臣．民主党派政治交接的几点思考［N］．团结报，2017-06-20（008）.

张兴凯．在新形势下民主党派地方组织要加强自身建设［N］．团结报，2017-06-20（008）.

韩景慧．进一步提升民主党派干部挂职锻炼的实效性［J］．团结，2017（03）.

唐艾．浅谈民主党派成员如何履行民主监督职责［N］．贵州政协报，2017-06-15（A03）.

李艳菊．基层民主党派开展民主监督刍议［N］．贵州政协报，2017-06-15（A03）.

陈存根．做好政治交接　巩固多党合作　为十九大胜利召开营造良好氛围［J］．紫光阁，2017（06）.

陈慧英．进一步加强民主党派民主监督职能的几点建议［N］．贵州政协报，2017-06-08（A03）.

赵洪丽．合力建设民主党派智库体系［N］．团结报，2017-06-06（008）.

陈凯．正确认识和发挥民主党派民主监督的作用［J］．前进论坛，2017（06）.

王彝伟．民主党派在政党协商中担负重要政治责任的思考［J］．前进论坛，2017（06）.

里赞．继承和发扬民主党派优良传统［N］．团结报，2017-05-23（008）.

丁希宇．慈溪民建的新实践：探索具有民主党派特色的精准扶贫之路［J］．宁波经济（三江论坛），2017（05）.

郑国沁．加强民主党派自身建设不断提升政党协商水平［N］．江淮时报，2017-05-12（003）.

朱启华．对民主党派开展民主监督的思考［N］．贵州政协报，2017-05-11（A03）.

旺国兴．谈民主党派机关干部的素养［N］．贵州政协报，2017-06-22（A03）.

万光彩．我国扶贫攻坚的民主监督创新［N］．江淮时报，2017-05-26（003）.

李淑萍．关于全面从严治党对参政党建设的影响和要求的思考［J］．湖北省社会主义学院学报，2017（03）.

常庆林．参政党推进国家治理体系和治理能力现代化路径的双重维度［J］．山西社会主义学院学报，2017（02）.

杨雪燕．关于新形势下参政党协商能力建设的若干思考［J］．福建省社会主义学院学报，2017（03）.

民革天津市委会课题组，王玉佩．提高参政党协商能力和水平的问题研究［J］．天津市社会主义学院学报，2017（02）.

李仲先．参政党基层组织参与公共决策研究——以致公党攀枝花市委会为例［J］．云南社会主义学院学报，2017（02）.

胡琴．增强参政党协商治理能力的路径研究［D］．广西师范学院，2017.

刘秋云．我国参政党在政党协商中的地位和作用研究［D］．湘潭大学，2017.

王远启，焦玲．参政党依法参政探析［J］．江苏省社会主义学院学报，2017（04）.

强亦忠，许红．对参政党参政议政能力建设的思考［J］．江苏省社会主义学院学报，

2017（04）.

左洪佳 . 更好地发挥参政党作用积极履行参政党职能［N］. 黑龙江日报，2017-08-17（001）.

刘盛开 . 继续携手建设高素质参政党地方组织［N］. 团结报，2017-08-08（002）.

尹航 .“中国特色社会主义参政党”概念形成的历史考察［J］. 统一战线学研究，2017，1（04）.

华正学 . 党章视阈下民主党派性质演进的三维互动——以民建章程为例［J］. 统一战线学研究，2017，1（04）.

车庆芳 .“一”与“多”视阈下的参政党趋同问题研究［J］. 河北省社会主义学院学报，2017（03）.

常庆林 . 参政党提高解决自身问题能力的对策研究［J］. 陕西社会主义学院学报，2017（03）.

赵秀芳 . 国家治理视域下我国参政党民主监督的效能研究［J］. 山东青年政治学院学报，2017，33（04）.

胡利明 . 论依法参政的法治化内涵［J］. 岭南学刊，2017（04）.

张师伟 . 中国特色社会主义参政党党内民主建设的法治路径［J］. 社会科学研究，2017（04）.

段青英，林霞 . 民主党派基层组织建设初探——以农工党济南市委为例［J］. 山东省社会主义学院学报，2017（04）.

陈倩 . 浅议新时期民主党派如何履行民主监督职能［N］. 贵州政协报，2017-08-31（A03）.

王雅 . 充分发挥民主党派在协商民主中的作用［N］. 四川政协报，2017-08-31（003）.

杨宝康 . 论提高民主党派的“五种能力”［J］. 普洱学院学报，2017，33（04）.

陈奇文 . 试论民主党派民主监督的创建和发展［J］. 湖北省社会主义学院学报，2017（04）.

肖恒俊，鲍惜光 . 浅谈民主党派民主监督在我国的发展、问题与对策［J］. 湖北省社会主义学院学报，2017（04）.

荆州市社会主义学院统战理论课题组 . 民主党派履行民主监督职能的思考［J］. 湖北省社会主义学院学报，2017（04）.

闫红果 .“同心”视角下民主党派建言献策研究［J］. 湖北省社会主义学院学报，2017（04）.

张震宇 . 高校民主党派成员参政议政能力提升研究［N］. 团结报，2017-08-29（008）.

王维 . 民主党派如何在依法治国中发挥作用［N］. 团结报，2017-08-29（008）.

杨爱珍 . 监控腐败：分析民主党派民主监督职能的现实视角［J］. 上海市社会主义学院学报，2017（04）.

赵金玮 . 浅析民主党派的民主监督［J］. 内蒙古统战理论研究，2017（04）.

赵彤．不断推动民主党派民主监督实践创新［N］．人民政协报，2017-08-16（008）．

江志全．加强高校民主党派新成员思想建设的思考［J］．民主，2017（08）．

郑国沁．民主党派如何更好地为中心工作服务［N］．团结报，2017-08-15（008）．

李健岗．新媒体背景下民主党派加强宣传思想工作要点［N］．团结报，2017-08-15（008）．

宋丽慧，万建中，张和友．北京市高校民主党派基层组织建设的现状与发展对策［J］．北京教育（高教），2017（Z1）．

赵发扬．增强民主监督实效性充分发挥民主党派民主监督作用［N］．贵州政协报，2017-08-10（A03）．

周云玲．发挥民主党派政治优势、界别优势和个体优势浅析［J］．前进论坛，2017（08）．

徐文清．厘清认识进一步发挥好民主党派民主监督职能［N］．贵州政协报，2017-08-03（A03）．

王维．从大历史视角理解民主党派的“初心”［N］．团结报，2017-08-01（008）．

王彝伟．民主党派肩负政党协商重要政治责任［N］．联合时报，2017-08-01（006）．

朱虹．民主党派民主监督的创新与发展［N］．人民政协报，2017-07-26（008）．

宋俭．关于民主党派民主监督的几个问题［J］．广州社会主义学院学报，2017（03）．

蔡蕊．新形势下完善和创新民主党派监督机制研究［J］．理论观察，2017（07）．

盛桂枝．对民主党派履行民主监督职能的思考［N］．贵州政协报，2017-07-20（A03）．

张德海．民主党派如何进行“民主监督”［N］．团结报，2017-07-18（008）．

韩启德．讲政治有依据真管用文风实民主党派参政议政“四要”［J］．人民论坛，2017（20）．

王雅．民主党派发挥政党协商作用的对策探讨［N］．团结报，2017-07-04（008）．

吴星辰．民主党派政治交接中领导班子建设的实践与思考［N］．团结报，2017-07-04（008）．

唐华生．“人才强党”战略的实施与高校民主党派基层组织建设［N］．团结报，2017-08-15（008）．

民建宣．“互联网+”探索民主党派社会服务新途径［N］．新华日报，2017-07-07（010）．

黄强．新形势下加强党派机关效能建设的几点建议［N］．团结报，2017-07-04（008）．

于溯．将参政党建设水平提升到新高度［N］．团结报，2017-10-31（001）．

记者栾絮洁，蒋天玲．肩负起新时代参政党历史使命［N］．团结报，2017-10-31（001）．

吴胜兴，丁柄中．加强参政党协商能力建设［J］．江苏省社会主义学院学报，2017（05）．

喻旭．参政党脱贫攻坚民主监督工作实现路径研究［J］．湖北省社会主义学院学报，

2017（05）.

陈群．以新发展理念为引领切实履行参政党职能［N］．人民政协报，2017-10-25（008）.

张毅．论参政党协商能力评价指标体系构建［J］．广西社会主义学院学报，2017，28（05）.

杨雪燕．参政党民主监督实效性诊断及强化之道［J］．中央社会主义学院学报，2017（05）.

田铭钊．增强参政党协商能力及路径选择［J］．陕西社会主义学院学报，2017（04）.

北京市西城区社会主义学院课题组．建设参政党智库，提高多党合作水平［A］．统一战线理论研究（2017）［C］.2017（12）.

宋村珠．正确认识和把握参政党政治交接的时代内涵［J］．吉林省社会主义学院学报，2017（03）.

贺俊春．民主党派民主监督的主体自觉——提高民主党派民主监督实效性的必然路径［J］．江苏省社会主义学院学报，2017（05）.

陈宏寿．新形势下民办高校民主党派基层组织的建设研究［J］．湖北省社会主义学院学报，2017（05）.

唐长久，周密．不忘合作初心　强化监督职能——对民主党派民主监督理论与政策的再认识［J］．湖北省社会主义学院学报，2017（05）.

蓝天，李文献．民主党派政治交接理论研究综述［J］．湖北省社会主义学院学报，2017（05）.

盛佩琰．"补短板"语境中民主党派基层组织参与社会治理的路径探索［J］．上海市社会主义学院学报，2017（05）.

李运波．民主党派基层支部组织建设和发展影响因素的研究［J］．上海市社会主义学院学报，2017（05）.

周宁宁．民主监督：政党行为的合理规范［J］．广州社会主义学院学报，2017（04）.

韩淑华．民主党派履行民主监督职能的内生动力与实践路径［J］．广东省社会主义学院学报，2017（04）.

张鹏立．新时期民主党派民主监督的现状、问题及对策［J］．广东省社会主义学院学报，2017（04）.

崔北军．提升民主党派民主监督实效的对策研究——基于安徽省蚌埠市的实践探索［J］．广东省社会主义学院学报，2017（04）.

张继兰．民主党派民主监督的价值基础、实践难题及其多维创新［J］．广西社会主义学院学报，2017，28（05）.

黄天柱．民主党派组织发展界别特色的形成演变及理论思考［J］．广西社会主义学院学报，2017，28（03）.

蒋红丹．新形势下进一步增强民主党派民主监督活力研究［J］．广西社会主义学院学报，2017，28（03）.

汪守军．民主党派民主监督的现状、问题及对策［J］．中央社会主义学院学报，2017

（05）.

崔珏 . 国家治理视角下民主党派的监督职能探析［J］. 中央社会主义学院学报，2017（05）.

王相红 . 民主党派民主监督应当稳立本位［J］. 中央社会主义学院学报，2017（05）.

武汉市社会主义学院课题组 . 关于提升民主党派地方组织民主监督效能的思考——以民革武汉市委工作实践为例［J］. 中央社会主义学院学报，2017（05）.

吴星辰，吴金华 ."五种能力建设"理论与民主党派政治交接中领导班子建设工作研究探析［J］. 湖南省社会主义学院学报，2017，18（05）.

曾明星 ."互联网 +"背景下民主党派治理能力现代化研究［J］. 湖南省社会主义学院学报，2017，18（05）.

刘琨 . 新媒体环境下民主党派思想建设研究［J］. 江苏理工学院学报，2017，23（05）.

王喆 . 中共支持民主党派发挥民主监督作用路径分析［J］. 陕西社会主义学院学报，2017（04）.

吴艳春 . 民主党派履行参政议政基本职能着力点论析［J］. 陕西社会主义学院学报，2017（04）.

段青英，林霞 . 民主党派基层组织建设初探——以农工党济南市委会基层组织建设为例［J］. 前进论坛，2017（10）.

李仁质 . 从民主党派早期章程看我国民主党派的性质［J］. 山西社会主义学院学报，2017（03）.

李家祥 . 新形势下加强民主党派奉献务实作风建设研究［J］. 山西社会主义学院学报，2017（03）.

姚东元 . 民主党派基层组织内部监督问题刍议［J］. 辽宁省社会主义学院学报，2017（03）.

杨澜 . 关于民主党派在政协履行民主监督职能的思考［N］. 贵州政协报，2017-09-21（A03）.

王珊 . 关于民主党派制度建设的几点思考——基于中国民主党派章程的视角［J］. 天津市社会主义学院学报，2017（03）.

民建天津市委会课题组，朱剑峰 . 民主党派做好政党协商关键的研究［J］. 天津市社会主义学院学报，2017（03）.

林燕 . 建立民主党派监督体制机制的探索［J］. 天津市社会主义学院学报，2017（03）.

崔晓彤 . 社会联系机制创新：推进民主党派自身建设研究的新视角［J］. 天津市社会主义学院学报，2017（03）.

谭清华 . 加强民主党派协商能力建设的路径选择［J］. 福建省社会主义学院学报，2017（04）.

仝双印 . 民主党派政党协商实效性刍议［J］. 云南社会主义学院学报，2017，19（03）.

阚秀玲 . 新形势下提升民主党派民主监督效能探析［J］. 云南社会主义学院学报，2017，19（03）.

邱永文 . 统一战线语境中的民主监督：概念、政策和实践［J］. 统一战线学研究，2017，1（05）.

徐军 . 民主党派民主监督的基本问题研究［J］. 统一战线学研究，2017，1（05）.

鲍跃华 . 民主党派民主监督的生成逻辑及其流变——基于党际信任维度的分析［J］. 统一战线学研究，2017，1（05）.

周海峰 . 民主党派提高解决自身问题能力的思考［J］. 前进论坛，2017（09）.

廖晟 . 浅析民主党派建言献策的注重点［J］. 民主，2017（10）.

朱虹，王江燕 . 民主党派民主监督职能探析——基于台州市民主党派民主监督工作的观察与思考［J］. 湖南省社会主义学院学报，2017，18（05）.

陈勇 . 民主党派依法发挥政党协商作用与关联政治信息完备化的效应［J］. 陕西社会主义学院学报，2017（04）.

民进上海市委 . 民主党派如何提升参政议政能力［N］. 联合时报，2017-10-10（006）.

桂娟妮 . 从社会活动家视域谈民主党派机关干部能力建设［J］. 前进论坛，2017（10）.

朱建明 . 创新民主党派和政府职能部门对口联系机制［N］. 团结报，2017-09-26（008）.

叶娜 . 健全民主党派无党派人士政治吸纳机制的思考［J］. 辽宁省社会主义学院学报，2017（03）.

刘丽利，杨正琳，王东全 . 民主党派优良传统的时代价值与继承［J］. 吉林省社会主义学院学报，2017（03）.

王珊 . 民主党派制度建设须遵循的基本原则［N］. 团结报，2017-09-12（008）.

张震宇 . 建立常态化的民主党派参政议政工作机制［N］. 人民政协报，2017-09-06（008）.

游晓菊 . 民主党派基层组织如何搞好宣传工作［J］. 前进论坛，2017（09）.

季中平 . 基于公共服务视角的温州市民主党派机关建设［D］. 四川师范大学，2017.

李征远 . 如何发挥民主党派在协商民主中的作用［N］. 友报，2017-09-01（003）.

王小鸿 . 论新时代民主党派的职责使命［J］. 山东省社会主义学院学报，2017（06）.

邱永文 . 民主党派民主监督的问题及对策探析［J］. 山东省社会主义学院学报，2017（06）.

王相红 . 构建民主党派民主监督动力机制研究［J］. 江苏省社会主义学院学报，2017（06）.

吴平魁 . 民主党派履行民主监督职能的现状、问题与对策［J］. 江苏省社会主义学院学报，2017（06）.

杨健，徐昂 . 对当前民主党派民主监督状况的分析及未来实施建议［J］. 江苏省社会主义学院学报，2017（06）.

郭强，贾贤良，陈景．代际变化视野下的民主党派政治交接问题研究［J］．湖北省社会主义学院学报，2017（06）．

王飞，刘琼，方秀娟．民主党派政治交接与参政能力建设研究［J］．湖北省社会主义学院学报，2017（06）．

喻旭．新时代民主党派政治交接实践路径研究［J］．湖北省社会主义学院学报，2017（06）．

中共湖北省委统战部党派处课题组，周大春．关于民主党派开展脱贫攻坚民主监督工作的思考——以湖北省为例［J］．湖北省社会主义学院学报，2017（06）．

杨志清．加强民主党派基层组织建设的实践与探索——以河南农业大学为例［J］．闽西职业技术学院学报，2017，19（04）．

王远启．习近平问题导向思想对于民主党派民主监督的方法论意义［J］．山西社会主义学院学报，2017（04）．

王珊．民主党派制度建设要遵循规范性、系统性、科学性［N］．团结报，2017-12-26（008）．

姚俭建，李响．参政党民主监督与公共政策机制优化——以各民主党派中央脱贫攻坚民主监督专项工作为例［J］．上海市社会主义学院学报，2017（06）．

李仲才．深化民主党派民主监督的三维度［J］．上海市社会主义学院学报，2017（06）．

何海英，李森．关于充分发挥民主党派民主监督作用的创新研究［J］．辽宁省社会主义学院学报，2017（04）．

王晓琎．新形势下提高民主党派民主监督实效探析［J］．吉林省社会主义学院学报，2017（04）．

谭建军．中国共产党支持民主党派发挥民主监督作用的探析［J］．天津市社会主义学院学报，2017（04）．

李彦博．传统政治文化视角下民主党派民主监督问题研究［J］．天津市社会主义学院学报，2017（04）．

孟凤英．我国民主党派民主监督的逻辑演进与发展路径探析［J］．世纪桥，2017（12）．

李天明，李翠兰．民主党派履行民主监督职能的历史意义和现实价值［J］．黑龙江省社会主义学院学报，2017（04）．

范闯．创新民主党派基层组织建设［J］．黑龙江省社会主义学院学报，2017（04）．

吴平魁．论新时期高校民主党派成员思想政治工作［J］．黑龙江省社会主义学院学报，2017（04）．

张翠莲，李桂梅．民主党派自营新媒体运营管理研究［J］．湖南省社会主义学院学报，2017，18（06）．

胡光辉．提高民主党派解决自身问题能力刍议［J］．湖南省社会主义学院学报，2017，18（06）．

唐华生．增强民主党派基层组织活力的再思考［J］．广西社会主义学院学报，2017，

28（04）.

王霞 . 民主党派参政议政能力优化研究——基于组织结构的视角［J］. 黔南民族师范学院学报，2017，37（06）.

庄严 . 民主党派基层组织参与社会治理探讨［D］. 山东大学，2017.

华正学 . 政党互动中的民主党派性质演进［J］. 统一战线学研究，2017，1（06）.

姜力 . 当代民主党派领导干部成长规律——基于全国人大代表、政协常委的实证研究［J］. 北京社会科学，2017（11）.

张震宇 . 高校民主党派成员参政议政能力提升研究［J］. 民主，2017（11）.

张豪建 . 打造民主党派能力提升新平台［N］. 团结报，2017-11-09（002）.

杨君武 . 国家治理体系视角中民主党派民主监督若干问题探讨［J］. 统一战线学研究，2017，1（06）.

钱再见 . 论民主党派民主监督的主体意识［J］. 统一战线学研究，2017，1（06）.

张建明 . 国家监察体制改革中民主监督制度设计探讨［J］. 统一战线学研究，2017，1（06）.

孙学君 . 新形势下民主党派社会服务的新思考［J］. 前进论坛，2017（11）.

王松 . 论高校民主党派在反腐败中的民主监督作用［J］. 学理论，2017（11）.

苏建成 . 浅议如何加强民主党派基层组织思想建设工作［N］. 朔州日报，2017-12-23（002）.

任珊红 . 浅谈如何提升民主党派的民主监督实效［N］. 舟山日报，2017-11-21（004）.

康杰 . 关于网络时代民主党派民主监督能力建设的思考［N］. 友报，2017-11-03（003）.

陈兵斌，闵建中 . 参政党民主监督机制创新问题思考［J］. 山西社会主义学院学报，2017（04）.

谢伟铭 . 讲好参政党的故事——不忘初心，把握新时代参政党建设的宗旨与目标［J］. 天津市社会主义学院学报，2017（04）.

济南市社会主义学院课题组 . 参政党基层民主监督职能提升研究——以济南为例［J］. 中共济南市委党校学报，2017（06）.

刘菊香 . 政党监督视角下参政党民主监督有效性思考［J］. 领导科学，2017（35）.

朱虹 . 如何肩负起新时代参政党的历史使命［N］. 学习时报，2017-12-18（003）.

严可仕 . 学习中共十九大精神强化参政党使命担当［J］. 民主，2017（12）.

吴艳春 . 新时代中国特色社会主义参政党的政治责任［J］. 黑龙江省社会主义学院学报，2017（04）.

王红玉 . 全面从严治党背景下参政党履行民主监督职能论析［J］. 湖南省社会主义学院学报，2017，18（06）.

叶晓楠 . 推动参政党履职进入新境界［N］. 人民日报海外版，2017-12-07（002）.

田晓玉 . 执政党支持参政党发挥民主监督作用的路径探析［J］. 广西社会主义学院学报，2017，28（04）.

夏涛 . 按照中国特色社会主义参政党要求更好履行职能［N］. 团结报，2017-11-18（002）.

沙勇 . 科学建构参政党新型智库［N］. 中国社会科学报，2017-11-16（002）.

张师伟，窦欢 . 中国特色社会主义参政党主体性建设的必要性及党建工作抓手［J］. 理论与改革，2017（06）.

高彦彬 . 以参政党的责任担当助推实现中国梦［J］. 北京观察，2017（11）.

陈冬 . 建设新时代中国特色社会主义参政党［N］. 厦门日报，2017-11-09（A04）.

张宝文 . 积极履行新时代中国特色社会主义参政党职能［N］. 团结报，2017-11-09（001）.

潘跃 . 做适应新时代要求的中国特色社会主义参政党［N］. 人民日报，2017-12-02（005）.

柴文忠 . 切实履行参政党职能［J］. 北京观察，2017（11）.

4. 国外政党研究与比较研究

沙亚妮 . 东欧地区政党制度发展历程及启示［J］. 党政干部学刊，2017（02）.

储建国，李江 . 新加坡人民行动党与马来西亚国阵联盟长期执政的原因及启示［J］. 深圳大学学报（人文社会科学版），2017，34（03）.

方文 . 老挝人民革命党全面加强党的建设［J］. 社会主义论坛，2017（02）.

莫放春 . 老挝人民革命党意识形态建设的基本经验［J］. 当代世界与社会主义，2017（06）.

于海青 . 塞浦路斯劳动人民进步党建党治党的经验与启示［J］. 中国矿业大学学报（社会科学版），2017（02）.

高建明，宋晓栋 . 西班牙工人社会党的意识形态调整：从社会民主主义到共和主义［J］. 当代世界与社会主义，2017（02）.

吴珺 . 西班牙执政党强调反腐［N］. 人民日报，2017-02-15（003）.

于秀秀 . 古巴、越南共产党的党内问责［J］. 上海党史与党建，2017（01）.

王建 . 欧洲多国共产党的难民危机主张［N］. 中国社会科学报，2017-01-26（005）.

唐志远 . 古巴共产党党内监督思想及其启示［N］. 中国社会科学报，2017-02-13（007）.

王聪聪 . 欧洲激进左翼政党的适应性变革与政治走向［J］. 社会主义研究，2017（01）.

吴成林 . 列宁从严治党的思想实践及其现实启示［J］. 理论导刊，2017（01）.

靳呈伟 . 国外政党全国代表大会制度比较［J］. 经济社会体制比较，2017（01）.

郑海祥 . 南非共产党政治战略的定位［N］. 中国社会科学报，2017-02-23（005）.

王建，程晓辰 . 西班牙共产党与人民共产党的理论分歧及其影响［J］. 当代世界社会主义问题，2017（01）.

刘淑春 . 苏联解体以来的独联体国家共产党［J］. 当代世界社会主义问题，2017（01）.

李亚洲 . 俄罗斯联邦共产党理论与实践新发展概述［J］. 当代世界与社会主义，2017（02）.

周华平，郭太英 . 苏东剧变以来瑞典共产党对社会主义道路的新探索［J］. 辽宁大学学报（哲学社会科学版），2017，45（03）.

王建，程晓辰 . 欧洲共产党关于当前难民危机的分析及其策略主张［J］. 世界社会主义研究，2017，2（02）.

王喜满，陈震 . 以色列共产党的百年抗争与对社会主义的新探索［J］. 中国矿业大学学报（社会科学版），2017，19（02）.

程光德 . 南非共产党深化民族民主革命的策略［J］. 中国矿业大学学报（社会科学版），2017，19（02）.

王喜满 . 以色列共产党的晚期资本主义观与以色列的三重危机［J］. 辽宁大学学报（哲学社会科学版），2017，45（03）.

冯燚 . 以色列建国前的巴勒斯坦共产主义运动［J］. 阿拉伯世界研究，2017（02）.

佳怡 . 独联体国家共产党现状［N］. 中国社会科学报，2017-03-07（007）.

于海青 . 塞浦路斯劳动人民进步党建党治党的经验与启示［J］. 中国矿业大学学报（社会科学版），2017，19（02）.

于海青 . 法国左翼阵线的演进、问题与大选前景［J］. 辽宁大学学报（哲学社会科学版），2017，45（03）.

李光平 . 革新开放以来越共应对“和平演变”的举措［J］. 湖北经济学院学报（人文社会科学版），2017，14（03）.

谢金辉 . 列宁晚年执政党建设探索论析［J］. 长江论坛，2017（03）.

刘智利，檀培培 . 冷战后越共党内民主与人民民主的互动：进程、经验与问题［J］. 当代世界与社会主义，2017（03）.

韩奥林 . 列宁的党建思想及其当代价值研究［J］. 湖北经济学院学报（人文社会科学版），2017，14（06）.

闫磊 . 英国大选执政党选情堪忧［N］. 经济参考报，2017-06-07（004）.

张树彬 . 新宪法颁行后政局演变中的尼泊尔共产党［J］. 当代世界社会主义问题，2017（01）.

余维海，黄冰琼 . 黎巴嫩共产党的历史演进、理论探索与现实挑战［J］. 阿拉伯世界研究，2017（02）.

史少博 .《共产党宣言》与日本共产党的创建［N］. 中国社会科学报，2017-02-23（005）.

余维海 . 希腊共产党论斗争的战略战术［N］. 中国社会科学报，2017-01-26（005）.

沙亚妮 . 东欧地区政党制度发展历程及启示［J］. 党政干部学刊，2017，（02）.

李斌 . 哥穆尔卡的多党合作制思想及其当代意义［J］. 社会科学家，2017（04）.

陈建林 . 法国战后政党及政党体制的演进［J］. 比较政治学前沿，2017（01）.

李琦 . 俄罗斯政党发展状况评述（2000—2014）［J］. 比较政治学前沿，2017（01）.

任海燕 . 加拿大政党及政治发展变迁：体制、选举与组织化建设［J］. 比较政治学前沿，2017（01）.

史少博 . 论日本共产党的建立与近期举措［J］. 社科纵横，2017，32（05）.

郭春生 . 越南共产党对苏联模式的移植和突破［J］. 求索，2017（06）.

王喜满，张晓曼，苏莉佳 . 三十年来希腊共产党联盟组织形式的演变［J］. 当代世界社会主义问题，2017（02）.

吕凤娟 . 尼泊尔共产党（毛主义）的兴替与启示［J］. 三峡大学学报（人文社会科学版），2017，39（S1）.

刘卫卫 . 加拿大共产党未来发展面临的机遇与前景展望［J］. 上海党史与党建，2017（05）.

徐世澄 . 十月革命后拉美共产主义运动发展［J］. 唯实，2017（05）.

刘卫卫 . 加拿大共产党社会主义和平过渡的行动方案［N］. 中国社会科学报，2017-05-25（005）.

赛明明 . 越南共产党党内监督的经验与启示［J］. 求知，2017（05）.

王永刚 . 澳大利亚共产党对时代及社会主义实践的最新探索［J］. 世界社会主义研究，2017，2（03）.

巨慧慧 . 独联体国家共产党面临的挑战［J］. 学术交流，2017（05）.

王聪聪 . 比较视野下的欧洲激进左翼政党选举支持探析［J］. 欧洲研究，2017，35（03）.

戴辉礼 . 从有效集中到权威丧失——苏联共产党领导核心制的历史轨迹及启示［J］. 科学社会主义，2017（03）.

王静 . 新世纪的印度"毛主义"运动［J］. 世界知识，2017（12）.

赵丹枫 . 澳大利亚工党对华政策倾向研究（1972—2013）［D］. 河南大学，2017.

游楠 . 三个视角下解读彼得 · 梅尔欧洲政党和政党体制变迁的问题［J］. 河北青年管理干部学院学报，2017，29（03）.

肖存良 . 社会冲突、政治力量与政党制度——政党制度解释的新视角［J］. 中南大学学报（社会科学版），2017，23（03）.

陈崎 . 西方政党制度与民主陷入悖论［N］. 中国社会科学报，2017-08-22（008）.

周建勇 . 英国：稳定又脆弱的两党制？——基于 1979—2017 年十次大选的分析［J］. 当代世界与社会主义，2017（04）.

储建国，李江 . 新加坡人民行动党的政党自律研究［J］. 当代世界与社会主义，2017（04）.

袁超 . 国外政党与民众关系比较分析——基于"结构 — 过程"维度的分类探察［J］. 探索，2017（04）.

刘红凛 . 政党政治发展与政党制度变迁：以英国为例［J］. 探索，2017（04）.

谌园庭 . 从 2017 年地方选举看墨西哥政党格局变化［J］. 当代世界，2017（08）.

姬文刚 . 中东欧国家民主化进程的反思：基于政党政治发展的视角［J］. 国外理论动态，2017（08）.

王韶兴 . 社会主义国家政党政治百年探索［J］. 中国社会科学，2017（07）.

王林兵，雷琳．吉尔吉斯斯坦“低态化”政党政治形成的制度性因素分析［J］．新疆社会科学，2017（04）．

易承志．瑞典社会民主党培育与开发结构性执政资源的经验教训与启示［J］．中共宁波市委党校学报，2017，39（04）．

宋鲁郑．失灵与衰败：当代西方民主的新特点［J］．中国投资，2017（13）．

宋鲁郑．从东西方对比看西方的民主制度危机［J］．人民论坛·学术前沿，2017（13）．

李靖堃．欧洲民主制度之困：合法性与有效性危机［J］．人民论坛·学术前沿，2017（13）．

周敏凯．当前西方民主乱象的根源与未来走向——基于英美“黑天鹅事件”的理论思考［J］．人民论坛·学术前沿，2017（13）．

常欣欣，张子谏．世界社会主义国家发展：新动态·新特点·新挑战——以2016年越南、老挝、朝鲜、古巴为例［J］．中共云南省委党校学报，2017，18（04）．

李国玲．列宁执政党建设思想及其当代指导意义［J］．南方论刊，2017（08）．

刘晓锋，廖晓明．欧洲政党意识形态极化倾向的原因和影响分析［J］．国际展望，2017，9（04）．

袁群．瑞典共产党的百年沧桑［J］．求索，2017（08）．

高艳杰，王世圆．印度尼西亚共产党兴衰研究［J］．当代世界与社会主义，2017（04）．

志位和夫．日本共产党在东京都议会选举中实现了选举目标［J］．世界社会主义研究，2017，2（05）．

王正．南亚社会主义运动的现状、贡献和前景［J］．当代世界，2017（07）．

林建雄．从严治党视阈下苏共亡党研究及启示［J］．党史博采（理论），2017（07）．

王建礼．南非政党政治新变化及其对南非共产党的影响［J］．社会主义研究，2017（04）．

杨素群．国外共产党和左翼学者对当前世界社会主义的认识［J］．马克思主义研究，2017（07）．

倪春纳．论美国国会政党极化的结构性根源［J］．当代世界与社会主义，2017（05）．

袁东振．理解拉美主要国家政治制度的变迁［J］．世界经济与政治，2017（10）．

朱丽卉．国外社会主义国家政党建设的经验及挑战［J］．重庆理工大学学报（社会科学），2017，31（09）．

钟丽娇．后李光耀时代新加坡微型政党的发展［J］．东南亚南亚研究，2017（03）．

白艳，李娜，陈剑．透析西方政治制度模式历史局限——兼论中国绝不照搬西方政治制度模式［J］．理论探讨，2017（05）．

卢文娟，臧秀玲．德国红绿联盟执政时期政党协商的做法与启示［J］．山东社会科学，2017（09）．

杨礼银．论中国社会主义协商民主与当代西方协商民主的差别［J］．马克思主义哲学研究，2017（02）．

郑海祥 . 南非共产党深化民族民主革命的行动战略［N］. 中国社会科学报，2017-07-27（005）.

王喜满，苏莉佳，张晓曼 .2017 年欧洲共产党会议的理论主张、主要特点和简要评价［J］. 当代世界与社会主义，2017（05）.

张凯 . 南非共产党探索建设社会主义的战略路径、困境与前景［J］. 当代世界与社会主义，2017（05）.

杨成果，张慧中 . 波希米亚和摩拉维亚共产党的历史演进、理论探索与现实挑战［J］. 马克思主义研究，2017（09）.

禚明亮 . 日本共产党二十七大述评［J］. 马克思主义研究，2017（09）.

林清龙，林怀艺 . 国外执政共产党处理与宗教关系的理论与实践及其启示［J］. 学术探索，2017（10）.

曹天禄 . 日本共产党统一战线：历史 · 机遇 · 挑战［J］. 马克思主义研究，2017（09）.

高建明，梁可妮 . 十月革命与美国共产党的成立［J］. 当代世界社会主义问题，2017（03）.

刘卫卫 . 加拿大共产党的工人斗争问题与策略［N］. 中国社会科学报，2017-10-26（005）.

姜永建，刘向军 . 中国共产党信仰建设的五个着力点——兼论苏共亡党的历史教训［J］. 湖北行政学院学报，2017（05）.

程光德 . 南非共产党加强党的建设的“三大法宝”［J］. 马克思主义哲学论丛，2017（03）.

檀培培 . 越南共产党探索法治国家建设的革新实践［N］. 中国社会科学报，2017-09-28（005）.

王新华 . 从苏共亡党看“两面人”的危害［J］. 燕山大学学报（哲学社会科学版），2017，18（05）.

吴雅茹 . 俄罗斯民主政治转型的影响因素及思考［J］. 晋中学院学报，2017，34（06）.

林怀艺，林清龙 . 列宁对布尔什维克政党制度选择的探索［J］. 华侨大学学报（哲学社会科学版），2017（06）.

李东明 . 多维视阈下的威廉 · 福斯特及美国共产主义运动研究［J］. 聊城大学学报（社会科学版），2017（05）.

李光平，李世江 . 中国政协与越南祖国阵线比较初探［J］. 红河学院学报，2017，15（05）.

张玉友，孙德刚 . 摩洛哥政党治理的理念与实践［J］. 阿拉伯世界研究，2017（05）.

冯颜利，陈兴亮 .“公正俄罗斯党”的历史、现状及愿景［J］. 当代世界，2017（09）.

吴倩 . 苏东剧变后古巴政治改革对我国的启示［J］. 才智，2017（27）.

杨建平，向阳 . 中西方协商民主理论与实践的比较研究［J］. 贵州社会主义学院学报，2017（04）.

许丰 . 民主化以来委内瑞拉政党制度的变迁［J］. 当代世界与社会主义，2017（06）.

邱雨 . 制度自信与深化改革：比较视野下的中俄政党制度［J］. 大连干部学刊，2017，33（12）.

简繁 . 西方共产党和工人党国际会议述评［J］. 人民论坛 · 学术前沿，2017（21）.

钟准 . 民粹主义与西方民主制度的关系——以特朗普与共和党关系为例［J］. 党政研究，2017（06）.

白云宙 . 香港地区政党与内地民主党派的发展比较研究［J］. 学理论，2017（11）.

张树彬 . 尼泊尔共产党的演变与分合走向［J］. 南亚研究季刊，2017（04）.

陈刚 . 近百年来法国共产党选举市场表现分析［J］. 法国研究，2017（04）.

陈元中 . 越南共产党党内民主建设的路径与发展［J］. 当代世界与社会主义，2017（06）.

刘春元 . 希腊共产党 20 大述评［J］. 世界社会主义研究，2017，2（09）.

潘金娥 . 越南共产党关于党的建设的理论与实践［J］. 世界社会主义研究，2017，2（08）.

潘金娥 . 越南政治权力结构特征探析［J］. 当代世界与社会主义，2017（06）.

杨非凡，石玉平 . 南非共产党关于苏东剧变的认识与思考［J］. 中共太原市委党校学报，2017（06）.

王静 . 菲律宾共产党及左翼社会主义运动——重塑菲美、菲中关系的潜在力量［J］. 世界社会主义研究，2017，2（08）.

李瑞琴 . 多党制下的俄罗斯左翼政党：困境与出路［J］. 当代世界，2017（11）.

夏庆宇，张莉 . 剧变后原苏东国家左翼政党回潮现象之探析［J］. 知与行，2017（12）.

李晓彬 . 古共领导人新老交替以来加强党自身建设的举措及启示［J］. 上海党史与党建，2017（11）.

王晴锋 . 印度纳萨尔运动早期斗争及其外部影响因素［J］. 当代世界社会主义问题，2017（04）.

李光平 . 中共和越共两党党内监督机构现状的比较［J］. 上海党史与党建，2017（12）.

于向东 . 十二大以来越共加强领导地位和党建的战略举措［J］. 当代世界与社会主义，2017（06）.

吴辉 . 执政党建设的开创性探索——列宁的执政党建设理论及历史地位［J］. 党建研究，2017（12）.

廖小明 . 苏共政治软力量建设之意识形态发展困境及中国应对［J］. 理论与改革，2017（06）.

王慧 . 执政合法性与执政党形象建设理路——以瑞典社会民主党为例［J］. 河南师范大学学报（哲学社会科学版），2017，44（06）.

陈安杰 . 列宁的执政党作风建设思想及其现实启示［J］. 上海党史与党建，2017（11）.

何晴倩 . 文化抵制还是文化反弹？——西欧右翼民粹主义政党兴起的因果效应比较［J］. 世界经济与政治，2017（12）.

夏庆宇，张莉 . 苏东剧变以来东欧四国主要左翼政党比较［J］. 大连干部学刊，

2017，33（11）.

主父笑飞.新加坡人民行动党执政的基本经验［J］.当代世界，2017（05）.

梁曙光，解丽霞.中美政党政治生成机制的比较研究［J］.齐齐哈尔大学学报（哲学社会科学版），2017（01）.

肖恩·P.罗伯茨，李琦，王子帅.统一俄罗斯党及“支配型政党”框架——比较视阈下的俄罗斯权力政党［J］.比较政治学前沿，2017（01）.

佐佐田博敦，藤村直史，待鸟聪史，方俊.政党极化的其他路径：日本政党内部组织的外部影响［J］.比较政治学前沿，2017（01）.

英格丽·范·比森，彼得·迈尔，托马斯.波甘克，张晨阳.论当今欧洲政党党员数量的衰减［J］.比较政治学前沿，2017（01）.

格里高利·F.休斯顿.苏联社会主义政权解体背景下的南非共产党［J］.世界社会主义研究，2017，2（01）.

二、著作

魏晓文，刘志礼.当代中国政党建设互动关系研究.北京：人民出版社，2017.

中央社会主义学院中国政党制度研究中心编.中国政党制度年鉴.2016.北京：中国文史出版社，2017.

中央社会主义学院中国政党制度研究中心编.中国多党合作制度话语体系研究.北京：九州出版社，2017.

张士海主编.政党政治研究：第八届中国政党论坛文集.济南：山东大学出版社，2017.

朱建田.马克思主义党际关系理论研究.北京：人民出版社，2017.

王东勤.政党协商的理论与实践.北京：学苑出版社，2017.

于华.中国共产党意识形态领导权研究.北京：人民出版社，2017.

任中平，李睿.党内民主带动人民民主的路径和机制研究.北京：中国社会科学出版社，2017.

任仲文主编.从严治党永远在路上.北京：人民日报出版社，2017.

任鹏.从严治党理论与实践研究.北京：社会科学文献出版社，2017.

何隆德主编.全面从严治党：十八大以来党的建设创新研究.长沙：湖南人民出版社，2017.

刘宗洪，杨俊主编.全面从严治党研究.南昌：江西人民出版社，2017.

刘月主编.全面从严治党重大理论与实践.北京：人民日报出版社，2017.

刘淑霞编.中国共产党廉政建设史纲.北京：中国政法大学出版社，2017.

刘靖北，周奇主编.特大型城市基层党建新探索新实践：城市基层党建理论研讨会论文集.上海：上海交通大学出版社，2017.

卢少求.中国共产党执政文化建设史论.北京：人民出版社，2017.

史伟刚主编.“全面从严治党”大家谈.宁波：宁波出版社，2017.

吕健 . 新时期党的建设工作理论与实践研究 . 北京 : 九州出版社，2017.

吴波，董磊 . 中国共产党怎样解决发展问题 . 南昌 : 江西人民出版社，2017.

周敬青等 . 中外执政党治党与理政研究论纲 . 上海 : 上海人民出版社，2017.

周斌 . 党的纯洁性建设制度保障研究 . 北京 : 社会科学文献出版社，2017.

奚玲 . 党群关系和谐互动研究 . 大连 : 辽宁师范大学出版社，2017.

姚桓 . 新时期党建研究论集 . 北京 : 人民出版社，2017.

宋福范 . 执政党建设的中国逻辑 . 北京 : 国家行政学院出版社，2017.

尹德慈，武三中主编 . 社会组织党的建设 . 广州 : 广东人民出版社，2017.

廖冲绪 . 中国共产党组织纪律建设研究 . 成都 : 西南交通大学出版社，2017.

张振 . 中国共产党执政伦理建设研究 . 上海 : 上海三联书店，2017.

张旭东 . 历史如何选择了中国共产党 . 芜湖 : 安徽师范大学出版社，2017.

张明楚主编 . 中国共产党基层组织建设史 :1921—2016.2 版，修订本 . 福州 : 福建人民出版社，2017.

戴木才 . 中国共产党如何依法执政 . 南昌 : 江西教育出版社，2017.

戴木才 . 中国共产党治国理政之道 : 坚持依法治国与以德治国相结合 . 南昌 : 江西教育出版社，2017.

晁岳玉编 . 新农村建设视野下的农村基层党建研究 . 长春 : 吉林大学出版社，2017.

曹鹏飞 . 互联网时代的党建创新 . 北京 : 国家行政学院出版社，2017.

朱新现 . 关于执政党建设理论与实践的若干思考 . 北京 : 光明日报出版社，2017.

王长江主编 . 2016 执政党建设研究年度报告 . 南京 : 江苏人民出版社，2017.

李斌雄 . 扎紧制度的笼子 : 中国共产党党内法规制度的重大发展研究 . 武汉 : 武汉出版社，2017.

李莹莹 . 新时代非公有制经济组织党的建设 : 以泸州市为例 . 成都 : 西南财经大学出版社，2017.

杨光主编 . 民主执政与党风廉政建设理论研究 . 长春 : 吉林大学出版社，2017.

杨凤城，赵淑梅，张世飞 . 全面从严治党新阶段 . 北京 : 中国人民大学出版社，2017.

林尚立 . 中国共产党与国家建设 .2 版 . 天津 : 天津人民出版社，2017.

殷焕举，胡海编 . 基层服务型党组织建设研究 . 成都 : 西南交通大学出版社，2017.

汤俊峰 . 自我革命 : 全面从严治党战略 . 北京 : 研究出版社，2017.

王广报主编 . 全面从严治党永远在路上 . 北京 : 经济日报出版社，2017.

祝捷，伍华军主编 . 永远在路上 : 全面从严治党关键词 . 北京 : 人民出版社，2017.

耿洪彬 . 中国共产党党内基层民主建设科学化研究 . 长春 : 吉林人民出版社，2017.

艾四林主编 . 十八大以来党中央治国理政思想与高校思想政治教育 . 北京 : 中国文史出版社，2017.

苏涛编 . 学习型党组织建设重难点问题研究 . 武汉 : 崇文书局，2017.

薛建中，楚建义，李聚山 . 农村基层党组织建设创新研究 . 石家庄 : 河北人民出版社，2017.

谌玉洁 . 转型期农村基层党建论 . 南京 : 南京师范大学出版社，2017.

赵洪祥 . 新时代条件下思想建党研究 . 长春 : 吉林人民出版社，2017.

赵长芬 . 转型期党的社会凝聚力研究 . 北京 : 中国社会科学出版社，2017.

阮云强主编 . 城市基层党建与社会治理创新研究 . 上海 : 华东理工大学出版社有限公司，2017.

陈建波，庄前生 . 互联网时代党的建设研究 . 北京 : 中国社会科学出版社，2017.

陈文胜 . "微博问政"与党的建设创新研究 . 北京 : 中国社会科学出版社，2017.

韩立红 . 中国共产党的社会管理创新之道 . 北京 : 人民出版社，2017.

马建彬主编 . 西柏坡时期党的纪律建设 . 石家庄 : 河北人民出版社，2017.

高莹，李新生主编 . 中国共产党建设理论与实践 . 北京 : 中共中央党校出版社，2017.

黄亚果主编 . 全面从严治党责任体系建设研究 . 成都 : 四川大学出版社，2017.

黄继生 . 党建工作研究与实践 . 北京 : 团结出版社，2017.

齐卫平 . 勇于全面从严治党 : 时代担当 . 上海 : 上海人民出版社，2017.

刘国华主编 . 全面从严治党理论与实践 . 长春 : 吉林人民出版社，2017.

邓小平思想生平研究会，山东社会科学院编 . 加强党的建设，推进全面建成小康社会 : 学习贯彻十八届六中全会精神学术研讨会论文集 . 北京 : 中央文献出版社，2017.

李勇 . 新时期党建前沿理论研究 . 北京 : 中共党史出版社，2017.

中共中央组织部研究室（政策法规局）编 . 全面从严治党 : 铸造伟大事业坚强领导核心 . 北京 : 党建读物出版社，2017.

刘娜 . 中国共产党当代政党文化建设研究 . 北京 : 中国经济出版社，2017.

徐玉生，徐药 . 中国反腐败与执政党建设研究 . 北京 : 中国社会科学出版社，2017.

金民卿主编 . 执政党建设 : 理论与实践的新发展 . 北京 : 社会科学文献出版社，2017.

中央统战部编 . 国是 : 民主党派中央参政议政工作案例选编 . 北京 : 民主与建设出版社，2017.

孙春兰主编 . 大道——多党合作历史记忆和时代心声 . 北京 : 团结出版社，2017.

中国农工民主党中央研究室编 . 中国农工民主党的历史道路 . 北京 : 中国社会科学出版社，2017.

黄利鸣主编 . 参政党理论研究论文集 . 第十一辑 . 武汉 : 湖北人民出版社，2017.

浙江省社会主义学院参政党建设研究中心编 . 参政党建设与履职案例集 . 下 . 北京 : 中共中央党校出版社，2017.

吴棉国 . 一路同心 : 现代视野下的参政党建设 . 北京 : 中国致公出版社，2017.

刘献军，高小林主编 . 中国民主党派 . 北京 : 中国传媒大学出版社，2017.

张彦华 . 台湾大众传媒与政党政治关系衍变研究 . 北京 : 九州出版社，2017.

李金河 . 社会主义国家政党制度研究 . 北京 : 九州出版社，2017.

宫玉涛 . 世界社会主义运动视野下的马克思主义政党与农民阶级 . 北京 : 中央民族大学出版社，2017.

李永全 . 俄国政党史 : 权力金字塔的形成与坍塌 . 北京 : 社会科学文献出版社，2017.

于海青 . 西欧共产党的变革与挑战 . 北京 : 中国社会科学出版社，2017.

薛小荣，王萍 . 来自上面的革命 . 天津 : 天津人民出版社，2017.

薛小荣，高民政 . 来自下面的革命 . 天津：天津人民出版社，2017.

郭业洲主编 . 当代世界政党形势 . 2016 . 北京 : 党建读物出版社，2017.

祝灵君，郭玥 . 经济增长与政党认同 : 全球化视野下五国执政党的比较研究 . 北京 : 人民出版社，2017.

周延胜 . 借鉴与超越：世界政党制度的类型与特征 . 北京 : 世界知识出版社，2017.

高奇琦主编 . 比较政党政治的新进展 . 北京 : 中央编译出版社，2017.

高岩松 . 英国现代政党的起源与发展 . 长春 : 吉林大学出版社，2017.

周建勇 . 欧洲主要国家的政党与政党体制 . 南昌：江西人民出版社，2017.

朱海迷等译 . 德国政党法规和党内法规选择 . 北京 : 社会科学文献出版社，2017.

许营亚，孙正琼，李海鸥译 . 日本政党法规和党内法规选译 . 北京 : 社会科学文献出版社，2017.

[美] 拉里・戴蒙德（Larry Diamond），理查德・冈瑟（Richard Gunther）等 . 政党与民主 .2 版 . 徐琳译 . 上海 : 上海人民出版社，2017.

[美] L. 桑迪・梅塞尔 . 美国政党与选举 . 陆赟译 . 南京 : 译林出版社，2017.

[新加坡] 吴俊刚 . 新加坡政党的基层工作 : 议员如何联系选民 . 长沙 : 湖南人民出版社，2017.

[瑞典] 斯特凡・L. 林德伯格 . 非洲的民主与选举 . 程迈译 . 南京 : 译林出版社，2017.

朱　虹　中央社会主义学院中国政党制度研究中心编辑